최근 전 국민의 공분을 자아내고 있는 '한국토지주택공사(LH) 임직원의 부동산 투기 사건', 아동 성착취물을 공유한 소위 '텔레그램 N번방 사건', '웰컴투비디오(W2V) 사건' 및 '전두환 前 대통령의 추징금 집행 사건', '가습기 살균제 및 세월호 사건' 등과 연관되어 **범죄수익환수 분야는 우리 사회현상과 매우 밀접한 관련을 맺고 그 중요성이 더욱 커져가고 있습니다.** 이는 우리 **형사법의 중심이 인신을 구속하는 대인(對人) 처분을 넘어 대물(對物) 처분으로 옮겨가고 있음을** 방증합니다.

　　산업화 시대를 거쳐 오늘날에 이르기까지 자본이 모든 삶의 토대가 되어가는 이 시대에 대다수의 선량한 시민들은 힘들게 근로를 제공하고 급여를 받아 성실하게 살아갑니다. 그런데 이상하게도 힘들게 번 돈은 모이지 않고 주변에서는 쉽게 부를 축적한 사람들이 넘쳐납니다. 그 부의 불균형이 나날이 심해져 가는 세상이 되어 가는 것이지요. 왜일까요. 여러 가지 경제적, 사회적 요인이 있겠지만 **이 책에서는 「불법」의 관점에서 살펴보고자 하였습니다.**

　　정직하지 않은 방법으로, 불법을 자행하면서 부를 축적하는 사람들은 음지에서 쉬운 방법으로 돈을 벌 방법을 궁리합니다. 범죄를 곧 돈으로 연결시키는 것이지요. 「**불법**」으로 돈을 버는 사람들이 존재하는 한, 이를 국가가 단죄하지 않는 한 누구에게나 공정한 기회가 부여되고, 노력에 따라 부를 축적하게 되는 세상은 기대하기 어렵습니다. 그렇기 때문에 위와 같이 범죄로 벌어들인 범죄수익에 대한 추적과 박탈은 그 중요성이 날로 증대되어 가고 있습니다.

　　우리나라는 범죄수익의 추적과 박탈, 자금세탁범죄를 처벌하기 위해 5개 법률[① 범죄수익은닉의규제및처벌등에관한법률(약칭, 범죄수익은닉규제법), ② 부패재산의몰수및회복에관한특례법(약칭, 부패재산몰수법), ③ 불법정치자금등의몰수에관한특례법(약칭, 불법정치자금법), ④ 마약류불법거래방지에관한특례법(약칭, 마약거래방지법), ⑤ 공무원범죄에관한몰수특례법(약칭, 공무원범죄몰수법)]을 두고 있습니다. 위 5개 법률에서는 '중대범죄', '부패범죄', '특정공무원범죄', '마약류범죄', '불법정치자금범죄'를 규정하고 있고, 그 범죄의 종류 만해도 수백 가지가 넘습니다.

　　예컨대 범죄수익은닉규제법은 포섭하는 중대범죄가 너무 많아 별표로 이를 따로 규정하고 있는데, 형법을 포함하여 수십 개의 법률과 각 법률의 여러 개의 범죄가 그 중대범죄에 해당합니다. 따라서 구체적으로 위 각 범죄의 유형에는 어떤 것이 있는지, 해당 법률이 직용되어 처벌되어 범죄수익이 환수된 사례가 어떤 것들이 있는지를 정리하고 이해하는 것은 매우 중요한 문제입니다. 그런데 <u>2021년 현재 국내 어디에도 이를 모아 정리하거나, 실무자 및 일반 국민들에게 도대체 어떤 범죄가 환수대상범죄인지 설명하고 있는 서적이 전무한 실정</u>입니다.

　이 책은 범죄수익환수 업무를 다루는 판사, 검사, 변호사 등 법률가들뿐만 아니라 범죄수익환수 업무에 관심이 있는 일반 국민들께 환수의 대상이 되는 범죄가 어떤 것들이 있는지 각 법률에서 규정하고 있는 범죄의 구성요건은 어떻고, 주로 어떤 분야에서 환수가 일어나고 있는지를 살펴보기 위하여 저술되었습니다.

　이 책에서는 범죄수익환수의 대상을 규율하고 있는 5대 법률의 구성요건을 「<u>범죄수익은닉규제법 ⇒ 부패재산몰수법 ⇒ 불법정치자금법 ⇒ 마약거래방지법 ⇒ 공무원범죄몰수법」 순서로 구성</u>하여 각 항목별로 나누어 살피고, 각 <u>구성요건의 경우에는 구성요건의 주체와 행위의 상대방, 구체적인 구성요건적 행위와 객체, 죄수와 처벌까지 아울러 검토</u>하였습니다. 그리고 위 5대 법률에서 중복하여 규정하고 있는 구성요건들의 경우에는 주로 범죄수익은닉규제법 부분에서 검토하고, 중복되지 않는 부분은 해당 법률의 구성요건 부분에서 살펴보고자 하였습니다.

　그리고 범죄수익은닉규제법은 그 중대범죄를 ① <u>형법범죄</u>(제1장), ② <u>사행등 범죄</u>(제2장), ③ <u>경제범죄</u>(제3장), ④ <u>부패범죄</u>(제4장), ⑤ <u>성범죄·소년범죄</u>(제5장), ⑥ <u>강력·폭력범죄</u>(제6장), ⑦ <u>식품·의약·환경범죄</u>(제7장) 및 ⑧ <u>첨단범죄</u>(제8장)로 분류하고 각 장의 중대범죄는 <u>별표의 순서에 맞게 배치하여 각각 서술</u>하였습니다.

　나아가 단순히 구성요건을 살피는 것에서 더 나아가 <u>국내 대법원 판결뿐만 아니라 대법원 대국민서비스, 종합법률정보 시스템에서 열람·제공하거나 참고한 논문과 문헌에서 언급하고 있는 하급심 판결문을 중심으로</u> 위 대상범죄들이 성립하는 경우 <u>어떻게 범죄수익을 환수하였는지, 자금세탁범죄가 성립한 사례는 어떤 것들이 있었는지 그 유형을 상세히 모두 모아 정리</u>하고자 노력하였습니다.

　한편 2021. 12. 9. 범죄수익은닉규제법이 전면 개정됨으로써 범죄수익환수의 대상이 되는 중대범죄는 기존의 나열식에 기준식을 추가하는 혼합식으로 변경되었는바, 범죄수익환수의 영역은 범죄수익은닉규제법이 제정·시행된 2001. 11. 28. 이래 약 20년 만에 그 외연이 크게 확장되는 중차대한 변화를 맞이하게 되었습니다. 이에 저자는 본 서문과 차례의 바로 뒤에 부록으로 개정 범죄수익은닉규제법의 상세한 규정과 의미, 새롭게 추가된 중대범죄(한국토지주택공사법위반)에 대해 간략히 소개하였습니다.

 이와 관련하여 본 저서 제2편에서는 구 범죄수익은닉규제법상 중대범죄를 해설하고 있는데 이는 위 개정법이 시행되기 전에 범한 죄에 대해 적용되는 것으로 여전히 중요한 의미가 있습니다. 다만 범죄수익은닉규제법이 전면개정되었으므로 이에 발맞추어 그 상세한 개정 내용과 변화의 점은 추후 계속될 개정판에 성실히 반영하도록 하겠습니다.

 약 1년여 동안의 집필 기간 동안 여가시간을 쪼개어 약 1,000페이지가 넘는 분량의 책을 작성하였는데 여러 차례 검토와 수정을 거쳤음에도 여전히 부족하고 모자람이 많은 책자가 되었을지 모르겠습니다. 또한 **범죄수익환수에 대한 제 개인적인 사견(私見)도 많이 담겨 있고 환수 대상법률에 대한 개정의견**을 밝히기도 하였는데 부족한 실력에 도가 넘는 것은 아닌지 걱정입니다. 이 부족한 책에 대해 독자 여러분께서 애정을 가지시고 저의 부족함과 모자람을 지적하여 주신다면 감사히 여기고 이를 향후 계속될 예정인 개정판 등 작업에도 충실히 반영하겠습니다.

 마지막으로 이 책자가 나오기까지 옆에서 열심히 응원해주고 기꺼이 감수를 맡아준 사랑하는 아내 조현연 변호사에게 특히 감사의 말씀을 전합니다. 아무쪼록 이 책이 환수 업무에 관심이 있는 실무가 여러분뿐만 아니라 이 책을 읽는 일반 독자들께서 범죄수익환수를 이해하시는데 아주 미약하게나마 도움이 되었으면 하는 바람입니다.

2021. 겨울 무렵에
검사 이주형 올림

CONTENTS 차례

제3편　부패재산의 몰수 및 회복에 관한 특례법상 부패범죄

제4편　불법정치자금등의 몰수에 관한 특례법상 불법정치자금등 범죄

제5편   마약류 불법거래에 관한 특례법상 마약류 범죄

부록

Explanation and precedents on crimes subject to restitution of criminal proceeds

2021. 12. 9. 개정
「범죄수익은닉규제법」 해설

2021. 12. 9. 개정
「범죄수익은닉규제법」 해설

1. 개요

2021. 12. 9. 범죄수익은닉규제법 개정안이 국회 본회의를 통과하여 곧 공포·시행될 예정이다(2021. 12. 10. 기준). **기존 범죄수익은닉규제법은 범죄수익환수의 대상이 되는 중대범죄에 대하여 일부 범죄를 하나씩 열거하는 「나열식」으로 규정**하고 있어 부정한 방법으로 취득한 범죄수익이라고 하더라도 미리 법률에 열거된 범죄가 아니라면 환수할 수 없고, 변화된 사회 환경에 따른 신종범죄에 대해서는 법률이 개정될 때까지 실효적으로 대처할 수 없는 한계가 있었다.

하지만 **위 법률개정**을 통하여 일정한 법정형 이상의 범죄가 모두 범죄수익환수의 대상이 되는 「기준식」 규정이 신설되었는바, 개정 범죄수익은닉규제법에 의하면 법정형이 **사형, 무기 또는 장기 3년 이상의 징역이나 금고에 해당하는 범죄는 모두 범죄수익환수의 대상이 되는 중대범죄**에 해당한다.

이 때 **장기 3년 이상의 징역이나 금고**는 법원이 정한 처단형 또는 법정에서 선고하는 선고형이 아니라 **법률에 규정된 법정형이라는 점에 유의**하여야 한다. 예컨대 특정한 범죄의 법정형이 10년 이하의 징역 또는 3,000만 원 이하의 벌금이라면 해당 범죄의 법정형의 장기가 3년 이상이므로 위 범죄는 범죄수익은닉규제법상 중대범죄에 해당한다고 해석된다.

또한 개정 범죄수익은닉규제법은 위와 같은 기준을 충족하지 못하는 경우, 즉 법정형이 장기 3년 미만의 징역 또는 금고, 벌금 등에 해당하는 범죄라 하더라도 **범죄수익의 환수가 필요한 경우 그 죄를 [별표]에 열거하는 방법으로 중대범죄에 포함**시킬 수 있도록 하는 기존의 「나열식」 규정도 일부 남겨두었다. 이는 향후 사회적 필요에 따라 위 기준에 미치지 못하는 범죄라 하더라도 [별표]에 중대범죄로 추가함으로써 그 범죄로 취득한 수익을 여전히 환수할 수 있도록 그 길을 열어둔다는 의미가 있다.

다만 주의해야 할 것은 개정 범죄수익은닉규제법 부칙에 따라 **개정된 규정은 법이 시행된 「후」에 발생한 범죄부터 적용**되므로 개정법 시행 「전」에 범한 범죄들은 여전히 구

범죄수익은닉규제법이 적용되어 범죄수익환수 가부가 결정된다는 점이다. 그러므로 여전히 구 범죄수익은닉규제법상 중대범죄는 중요한 의미를 갖는다.

　새로운 범죄수익은닉규제법상 **개정규정**은 **법률 제2조 제1호와 별표의 변경**을 주된 내용으로 하는데 상세한 내용은 아래와 같다.

관련조문

범죄수익은닉규제법 제2조(정의) 이 법에서 사용하는 용어의 뜻은 다음과 같다. <개정 2014. 5. 28., 2014. 11. 19., 2021. 12. 9.>

1. "특정범죄"란 재산상의 부정한 이익을 취득할 목적으로 범한 죄로서 다음 각 목의 어느 하나에 해당하는 것을 말한다.

　가. **사형, 무기 또는 장기 3년 이상의 징역이나 금고**에 해당하는 죄(제2호 나목에 규정된 죄를 제외한다)

　나. **별표에 규정된 죄**

　다. **제2호 나목에 규정된 죄**

　라. 가목과 나목에 규정된 죄(이하 "중대범죄"라 한다) 및 제2호 나목에 규정된 죄와 다른 죄가 「형법」 제40조에 따른 상상적 경합(想像的 競合) 관계에 있는 경우에는 그 다른 죄

　마. 외국인이 대한민국 영역 밖에서 한 행위가 대한민국 영역 안에서 행하여졌다면 중대범죄 또는 제2호 나목에 규정된 죄에 해당하고 행위지(行爲地)의 법령에 따라 죄에 해당하는 경우 그 죄

2. **"범죄수익"이란 다음 각 목의 어느 하나에 해당하는 것을 말한다.**

　가. 중대범죄에 해당하는 범죄행위에 의하여 생긴 재산 또는 그 범죄행위의 보수(報酬)로 얻은 재산

　나. **다음의 어느 하나의 죄에 관계된 자금 또는 재산**

　　1) 「성매매알선 등 행위의 처벌에 관한 법률」 제19조 제2항 제1호(성매매알선등행위 중 성매매에 제공되는 사실을 알면서 자금·토지 또는 건물을 제공하는 행위만 해당한다)의 죄

　　2) 「폭력행위 등 처벌에 관한 법률」 제5조 제2항 및 제6조(제5조 제2항의 미수범만 해당한다)의 죄

　　3) 「국제상거래에 있어서 외국공무원에 대한 뇌물방지법」 제3조 제1항의 죄

　　4) 「특정경제범죄 가중처벌 등에 관한 법률」 제4조의 죄

　　5) 「국제형사재판소 관할 범죄의 처벌 등에 관한 법률」 제8조부터 제16조까지의 죄

6) 「공중 등 협박목적 및 대량살상무기확산을 위한 자금조달행위의 금지에 관한 법률」 제6조 제1항·제4항(제6조 제1항 제1호의 미수범에 한정한다)의 죄

범죄수익은닉규제법 별표

중대범죄(제2조 제1호 관련)

1. 「형법」 중 다음 각 목의 죄
　가. 제2편 제19장 유가증권, 우표와 인지에 관한 죄 중 제224조(제214조 및 제215조의 예비·음모만 해당한다)의 죄
　나. 제2편 제22장 성풍속에 관한 죄 중 제243조 및 제244조의 죄
　다. 제2편 제34장 신용, 업무와 경매에 관한 죄 중 제315조의 죄
　라. 제2편 제40장 횡령과 배임의 죄 중 제357조 제2항의 죄
2. 「관세법」 제270조의2의 죄
3. 「정보통신망 이용촉진 및 정보보호 등에 관한 법률」 제74조 제1항 제2호·제6호의 죄
4. 「영화 및 비디오물의 진흥에 관한 법률」 제95조 제6호의 죄
5. 「여권법」 제25조 제2호의 죄
6. 「한국토지주택공사법」 제28조 제1항의 죄

부　칙

제1조(시행일) 이 법은 **공포한 날부터 시행**한다.
제2조(몰수·추징에 관한 적용례) 이 법의 **개정규정은 이 법 시행 후 발생한 범죄행위부터 적용**한다.

위와 같이 개정 범죄수익은닉규제법은 기준식과 나열식을 합친 「**혼합식**」 **규정** 방식을 **도입**함으로써 범죄수익 환수의 공백을 최소화하게 되었는데 이러한 변화는 범죄수익은닉규제법이 제정·시행된 2001. 11. 28. 이래 약 20년 만의 **전면적 개편으로 범죄수익환수의 새로운 지평을 열었다**고 평가할 수 있다. 이와 같은 개정으로 인하여 범죄수익환수의 대상이 되는 중대범죄가 기존의 그것에 비해 매우 폭넓게 늘어나게 됨으로써 범죄수익은닉규제법과 마약거래방지법에 따른 **몰수·추징보전의 대상과 그 집행의 범위, 자금세탁범죄 성립 범위가 크게 확장**되었기 때문이다. 이번 법률의 개정으로 인하여 **범죄수익환수의 영역은 기존보다 수천, 수만 배 이상 그 외연이 넓어지게 될 것으로 보인다**

본 저서 중 「**제2편 범죄수익은닉규제법상 중대범죄**」 부분은 기존 구 범죄수익은닉규제법 별표 등에 따라 나열식으로 저술되어 있는데 이는 구법상 편제에 따른 것으로 **개정**

범죄수익은닉규제법 시행 이전에 범한 범죄들에 그대로 적용된다. 한편 개정 범죄수익은 닉규제법 시행 후 범한 범죄들은 개정법이 적용되는데 개정법 [별표] 중대범죄들은 대부분 본 저서의 범죄수익은닉규제법상 중대범죄에 모두 포함된다. 다만 이번 개정으로 한국토지 주택공사법만이 중대범죄로 새롭게 추가되었으므로 해당 범죄만 아래에서 항을 바꾸어 소 개하기로 한다.

2. 한국토지주택공사법위반(제6호)

개정 범죄수익은닉규제법은 별표 제6호에서 **한국토지주택공사법 제28조 제1항의 죄를 중대범죄로 규정**하고 있다. 앞에서 살펴본 바와 같이 법정형이 장기 3년 미만임에도 불구 하고 **[별표]**를 통하여 중대범죄로 추가한 것이다. 해당 조문은 아래와 같다.

관련조문

한국토지주택공사법 제28조(벌칙) ① <u>제22조</u>를 위반한 자는 2년 이하의 징역 또는 2천만원 이 하의 벌금에 처한다.

☞ 제22조(비밀누설금지 등) 공사의 임원 또는 직원이나 그 직에 있었던 자는 그 직무상 알 게 된 비밀을 누설하거나 도용하여서는 아니 된다.

한국토지주택공사법은 한국토지주택공사를 설립하여 토지의 취득·개발·비축·공급, 도시 의 개발·정비, 주택의 건설·공급·관리 업무를 수행하게 함으로써 국민주거생활의 향상과 국토의 효율적인 이용을 도모하여 국민경제의 발전에 이바지함을 목적으로 한다(동법 제1조 참조).

본죄는 **2021년 크게 사회적으로 이슈가 되었던 한국토지주택공사(LH) 임직원의 부동 산 투기 사건과 관련**하여 한국토지주택공사 임직원이나 그 직에 있었던 사람이 직무상 알 게 된 비밀을 누설하여 범죄수익을 취득한 사례가 문제되자 2021. 12. 9. **범죄수익은닉규 제법 개정을 통해 중대범죄로 추가**되었다. 다만 위 규정은 법률의 시행 후에 범한 범죄에 한하여 적용되므로 기존에 범한 범죄에 소급하여 적용될 수 없다.

한편 한국토지주택공사법은 동법 제28조 제2항을 위반하여 죄를 범한 후 취득한 재물 또는 재산상 이익을 필요적으로 몰수·추징하도록 하고 있으므로(제30조 참조), 위 범죄수 익은닉규제법상 중대범죄인 제28조 제1항은 필요적 몰수·추징의 대상에서 제외된다. 따 라서 본죄를 범하고 취득한 범죄수익의 경우 범죄수익은닉규제법상 임의적 몰수·추징규정이 적용된다.

관련조문

한국토지주택공사법 제30조(몰수·추징) 제28조 제2항의 죄를 범한 자가 해당 죄로 인하여 취득한 재물 또는 재산상의 이익은 몰수한다. 다만, 이를 몰수할 수 없을 때에는 그 가액을 추징한다.

본죄의 **구성요건 주체**는 한국토지주택공사의 임원 또는 직원이나 그 직에 있었던 사람으로서 일정한 신분을 요구하는 신분범이다. 위 **행위의 상대방**은 특별한 신분상의 제한이 없다.

구성요건적 행위는 직무상 알게 된 비밀을 누설하거나 도용하는 것으로 이 때 비밀은 직무상 알게 될 것을 요하므로 직무와 무관하게 취득한 비밀을 누설하거나 도용하는 경우에는 본죄가 성립하지 않는다.

한편 위 **구성요건의 객체**인 '비밀'은 국민이 객관적·일반적 입장에서 외부에 알려지지 않는 것에 상당한 이익이 있는 사항 및 실질적으로 그것을 비밀로서 보호할 가치가 있는 것을 의미한다고 해석함이 상당하다(제3편 부패재산몰수법 제2장 부패범죄 중 9. 부패방지 및 국민권익위원회 설치 및 운영에 관한 법률위반죄 부분 참조).

본죄를 위반하면 2년 이하의 징역 또는 2천만 원 이하의 벌금에 처한다. 2021. 12. 9. 범죄수익은닉규제법의 개정으로 중대범죄로 추가되었으므로 본죄를 범하여 취득한 범죄수익을 몰수·추징하여 환수하거나 그 범죄수익의 취득 또는 처분을 가장하여 자금세탁범죄가 성립한 사례는 찾기 어렵다.

한국토지주택공사 임·직원이 직무상 알게 된 비밀을 함부로 누설하거나 도용하는 방법으로 범죄수익을 취득한 경우 이를 모두 환수할 수 있고, 이를 숨기기 위하여 그 취득 또는 처분을 가장하거나 범죄수익을 수수·은닉하는 경우 이는 자금세탁범죄에 해당한다.

제1편

범죄수익, 불법수익, 부패재산, 불법재산

제 1 장
대상범죄와 범죄수익

우리나라에서 범죄수익을 규정하고 있는 관련 법률은 5개가 있다. 범죄수익은닉의 규제 및 처벌 등에 관한 법률(이하, 『범죄수익은닉규제법』이라 한다), 마약류 불법거래 방지에 관한 특례법(이하, 『마약거래방지법』이라 한다), 부패재산의 몰수 및 회복에 관한 특례법(이하, 『부패재산 몰수법』이라 한다), 공무원 범죄에 관한 몰수특례법(이하, 『공무원범죄몰수법』이라 한다), 불법정치 자금 등의 몰수에 관한 특례법(이하, 『불법정치자금법』이라 한다)이 바로 그것이다.

그런데 각 법률이 각각 따로 제정되어 시행되는 바람에 각 법률에서 규정하고 있는 대상 범죄와 범죄수익에 관한 용어가 달라 처음 접하는 사람의 입장에서는 이를 이해하기가 매우 혼란스러운 것이 사실이다. 각 법률에서 규정하고 있는 대상범죄와 범죄수익 관련 용어를 정리하면 다음과 같다.

법률	대상범죄		범죄수익 관련 용어
범죄수익은닉규제법	특정범죄	중대범죄(제2조 제2호 가목)(별표)	범죄수익
		제2조 제2호 나목의 특정범죄 6개	
마약거래방지법	마약류범죄(제2조 제2항)		불법수익
부패재산몰수법	부패범죄(제2조 제1호)(별표)		부패재산
공무원범죄몰수법	특정공무원범죄(제2조 제1호 가목 내지 다목)		불법재산
불법정치자금법	불법정치자금범죄 (제2조 제1호 가, 나목)		불법재산

이와 같이 용어가 혼란스럽게 규정되어 있기 때문에 가장 중심이 되는 범죄수익은닉규제 법을 중심으로 5개 법률을 통합하여 일관된 법해석을 도모해야 한다는 제안도 있다.[1]

---

1 신도욱, "범죄수익 환수 법제의 통일 방안에 관한 연구", 박사학위 논문, 서울대학교(2020) 참조.

제 2 장
대상범죄 이해의 중요성

1. 5개 법률 규정의 혼재

아래 제2장부터는 위 각 법률에서 규정하고 있는 범죄들에 대해서 살펴보겠다. 그런데 그에 앞서서 그 범죄들을 이해하는 것이 왜 중요하고, 그것이 어떤 의미가 있는지 먼저 검토할 필요가 있다.

범죄수익은 범죄행위를 전제로 한다. 범죄수익, 불법재산, 불법수익 등은 모두 '전제'가 되는 범죄행위가 존재하기 때문에 발생한다. 이러한 범죄수익 환수의 전제가 되는 범죄들은 모두 **'대상범죄'**에 해당한다. 그 '대상범죄'가 각 법률에 따라 범죄수익은닉규제법에서는 **'중대범죄'**, 마약거래방지법에서는 **'마약류 범죄'**, 공무원범죄몰수법에서는 **'특정공무원범죄'**, 부패재산몰수법에서는 **'부패범죄'**, 불법정치자금법에서는 **'불법정치자금범죄'**로 각각 달리 표현되어 있을 뿐이다. 따라서 범죄수익은 그 전제가 되는 '대상범죄'를 이해하는 것에서부터 시작하여야 한다.

한편 위 각 법률에서 규정하는 대상범죄가 중첩되는 경우가 있다. 가령 형법상 뇌물죄(형법 제129조 내지 제132조)의 경우, 범죄수익은닉규제법 별표 제1호 나목의 중대범죄에도 해당하고, 부패재산몰수법 별표 제1호 가목의 부패범죄에도 해당한다. 나아가 위 범죄는 공무원범죄몰수법 제2조 제1호 가목의 특정공무원범죄에도 해당하는 등 위 3개의 법률에서 각각 대상범죄로 규정하고 있다. 이러한 경우에는 사안에 따라 적용하는 법조가 각각 달라진다. 예컨대 위 뇌물죄의 경우, ① 뇌물죄로 취득한 범죄수익을 몰수하거나 추징하는 경우 임의적 몰수·추징을 규정하고 있는 범죄수익은닉규제법 규정이 아닌 필요적 몰수·추징을 규정하고 있는 형법 제134조 또는 공무원범죄몰수법 제3조 또는 제6조를 적용함이 타당하다.

또한, ② 뇌물죄로 취득한 범죄수익의 환수를 위해 불법재산을 몰수·추징보전 청구하는 경우에는 공무원범죄몰수법 제23조 이하의 몰수보전 및 추징보전 절차 규정을 적용할 수도 있고, 범죄수익은닉규제법이 준용하는 마약거래방지법 제33조 이하 규정에 따라 보전절차를 진행할 수도 있다. 나아가, ③ 뇌물죄는 부패범죄에도 해당하므로 부패재산몰수법 제9조 이하의 부패재산 회복절차 규정에 따라 해외에 존재하는 부패재산에 대한 국제공조절차를 진행할 수도 있다.

　이와 같이 법률 5개가 혼재되어 있는 상황에서 대상범죄가 어느 법률에 어떻게 규정되어 있는지를 제대로 이해하고 적용하는 것은 범죄수익 환수에 있어 매우 중요한 문제다.

2. 대상범죄의 구성과 범죄수익의 개념

　범죄수익환수의 가장 기본이 되는 법률은 범죄수익은닉규제법이다. 범죄수익은닉규제법이 몰수·추징 및 국제공조와 관련하여 마약거래방지법의 규정을 준용하고 있는 것이 사실이나(범죄수익은닉규제법 제12조 참조) 범죄수익은닉규제법이 규정하고 있는 중대범죄가 5대 특례법 중 가장 많을 뿐만 아니라 자금세탁범죄 처벌규정을 두고 있는 점, 범죄수익의 개념에 대해 가장 일반적인 규정을 두고 있는 점에 비추어 보면 **위 5개 법률 중 가장 중요한 척도가 되는 법률은 범죄수익은닉규제법으로 봄이 상당하다.**

　한편 범죄수익은닉규제법 제2조 제1호는 해당 법률의 대상범죄(특정범죄)를 두 개로 나누고 있다. ① 위 법 별표의 중대범죄가 그 하나이고, ② 제2조 제2호 나목의 대상범죄 6개가 다른 하나다. 따라서 위 법 별표의 중대범죄 뿐만 아니라 나머지 6개의 대상범죄까지도 함께 살펴볼 필요가 있다.

관련조문 ────────────────────────────────

범죄수익은닉규제법 제2조(정의) 이 법에서 사용하는 용어의 뜻은 다음과 같다. <개정 2014. 5. 28., 2014. 11. 19.>

1. "특정범죄"란 재산상의 부정한 이익을 취득할 목적으로 범한 죄로서 별표에 규정된 죄(이하 "중대범죄"라 한다)와 제2호 나목에 규정된 죄를 말한다. 이 경우 중대범죄 및 제2호 나목에 규정된 죄와 다른 죄가 「형법」 제40조에 따른 상상적 경합(想像的 競合) 관계에 있는 경우에는 그 다른 죄를 포함하며, 외국인이 대한민국 영역 밖에서 한 행위가 대한민국 영역 안에서 행하여졌다면 중대범죄 또는 제2호 나목에 규정된 죄에 해당하고 행위지(行爲地)의 법령에 따라 죄에 해당하는 경우 그 죄를 포함한다.

──

　그리고 범죄수익은닉규제법은 범죄수익을 아래와 같이 규정하고 있다. 해당 규정에서 알 수 있듯이 범죄수익의 발생은 그 대상범죄의 성립을 기본으로 하고 있다. 따라서 **어떤 범죄가 범죄수익은닉규제법상 대상범죄에 해당하는지 여부를 먼저 이해하는 것은 범죄수**

익환수에 접근하는 가장 첫 번째 단계에 해당한다.

관련조문

범죄수익은닉규제법 제2조(정의) 2. "범죄수익"이란 다음 각 목의 어느 하나에 해당하는 것을 말한다.

　　가. 중대범죄에 해당하는 범죄행위에 의하여 생긴 재산 또는 그 범죄행위의 보수(報酬)로 얻은 재산

　　나. 다음의 어느 하나의 죄에 관계된 자금 또는 재산

　　　　1)「성매매알선 등 행위의 처벌에 관한 법률」제19조 제2항 제1호(성매매알선등행위 중 성매매에 제공되는 사실을 알면서 자금·토지 또는 건물을 제공하는 행위만 해당한다)의 죄

　　　　2)「폭력행위 등 처벌에 관한 법률」제5조 제2항 및 제6조(제5조 제2항의 미수범만 해당한다)의 죄

　　　　3)「국제상거래에 있어서 외국공무원에 대한 뇌물방지법」제3조 제1항의 죄

　　　　4)「특정경제범죄 가중처벌 등에 관한 법률」제4조의 죄

　　　　5)「국제형사재판소 관할 범죄의 처벌 등에 관한 법률」제8조부터 제16조까지의 죄

　　　　6)「공중 등 협박목적 및 대량살상무기확산을 위한 자금조달행위의 금지에 관한 법률」제6조 제1항·제4항(제6조 제1항 제1호의 미수범에 한정한다)의 죄

　3. "범죄수익에서 유래한 재산"이란 범죄수익의 과실(果實)로 얻은 재산, 범죄수익의 대가(對價)로 얻은 재산 및 이들 재산의 대가로 얻은 재산, 그 밖에 범죄수익의 보유 또는 처분에 의하여 얻은 재산을 말한다.

　4. "범죄수익등"이란 범죄수익, 범죄수익에서 유래한 재산 및 이들 재산과 그 외의 재산이 합쳐진 재산을 말한다.

---

3. 각 대상범죄의 구성요건 이해

　위 5대 법률의 대상범죄 해당성은 각 범죄의 구성요건을 이해하는 것에서부터 출발한다. 구성요건의 특징을 이해하고 구체적인 사실관계를 해당 구성요건에 어떻게 적용하는지에 따라 범죄수익을 환수할 수 있느냐 없느냐가 판가름 나게 된다.

　그리고 각 범죄행위에 따라 범죄수익은닉규제법에서 규정하고 있는 자금세탁범죄가 성립하는 경우는 어떤 것들이 있는지, 몰수와 추징에서 중요한 쟁점이 된 사례들은 어떤 것들이 있는지 살펴볼 필요가 있다. **제2편에서부터는 5대 법률을 나누어 각 대상범죄들의 ① 구성요건 ② 범죄수익환수 및 자금세탁범죄 처벌 사례와 환수 관련 쟁점을 살펴보고자** 한다.

제2편

범죄수익은닉규제법상 중대범죄

제 1 장
범죄수익은닉규제법상 「형법」의 중대범죄

1. 총설

범죄수익은닉규제법 **별표 제1호에서는 형법상 중대범죄를 규정**하고 있는데, 형법 제2편 제5장 공안을 해하는 죄부터 제41장 장물에 관한 죄까지 중대범죄로 지정되어 있는 처벌조항만도 100여 개에 이른다. 따라서 형법상 어떤 범죄가 범죄수익은닉규제법상 중대범죄에 해당하는지 각 범죄의 구성요건이 어떻게 규정되어 있는지에 대한 이해가 중요하다.

2. 형법상 중대범죄의 구분

범죄수익은닉규제법은 형법의 전반에 걸쳐 중대범죄를 선별하여 규정하고 있는데 이는 크게 ① **국가적 법익**에 대한 죄(제1절), ② **사회적 법익**에 대한 죄(제2절), ③ **개인적 법익**에 관한 죄(제3절) 중 ㉠ **생명과 신체**에 대한 죄(제1관), ㉡ **자유**에 대한 죄(제2관), ㉢ **명예와 신용**에 대한 죄(제3관), ④ **재산**에 대한 죄(제4절)로 구분할 수 있다.

위와 같이 각각의 법익을 침해하는 범죄행위로 생긴 재산, 그 범죄행위를 하고 보수(대가)로 받은 재산, 이러한 범죄수익의 과실, 대가로 얻은 재산 및 이들 재산의 대가로 얻은 재산(과실의 과실), 그 범죄수익의 보유 또는 처분에 의하여 얻은 재산은 모두 범죄수익 및 범죄수익 유래재산으로서 몰수·추징의 대상이 된다.

결국 그 이익의 전제가 되는 범죄행위에는 어떤 것들이 있는지가 중요한 논점이 되므로, 이하에서는 법익을 기준으로 하여 국가적 법익, 사회적 법익, 개인적 법익을 나누어 형법상 각 중대범죄의 구성요건을 살펴보고 각 범죄행위와 관련하여 자금세탁범죄가 성립한 사례와 범죄행위로 인해 생긴 재산 또는 보수로 받은 재산에 대한 몰수·추징과 관련된 대법원 및 하급심 판결 사례를 살펴보고자 한다.

제1절 국가적 법익에 관한 죄

1 형법상 뇌물죄 총설

1. 뇌물죄와 범죄수익환수

범죄수익은닉규제법 별표 제1호 나목에서는 **형법 제129조 내지 제133조(형법상 뇌물죄) 의 죄**를 중대범죄로 규정하고 있다. 본래 형법 제133조 위반죄는 중대범죄가 아니었는데 2006. 7. 30. 범죄수익은닉규제법 개정으로 중대범죄로 추가되었다. 나아가 부패재산몰수법 별표 제1호 가목에서는 본죄를 부패범죄로, 공무원범죄몰수법 제2조 제1호 가목에서도 본 죄를 특정공무원범죄로 각각 규정하고 있다. 공무원범죄몰수법상 특정공무원범죄에는 형법 제133조(뇌물공여등)가 제외되는데, 형법상 뇌물공여자에 대한 필요적 몰수·추징 규정이 적 용되고, 보전절차 또한 무리 없이 가능하므로 공무원범죄몰수법에서 뇌물공여의 점을 제외 한 것은 큰 의미가 없다고 생각한다(私見).

위와 같이 형법상 뇌물죄가 성립하는 경우 **위 각 환수관련 법률이 모두 적용**된다.

관련조문

범죄수익은닉규제법 별표

중대범죄(제2조 제1호 관련)

1. 「형법」 중 다음 각 목의 죄
   나. 제2편 제7장 공무원의 직무에 관한 죄 중 **제129조부터 제133조까지**의 죄

관련조문

부패재산몰수법 별표

부패범죄(제2조 제1호 관련)

1. 「형법」 중 다음 각 목의 죄
   가. 제2편 제7장 공무원의 직무에 관한 죄 중 **제129조부터 제133조까지**의 죄

관련조문

공무원범죄몰수법 제2조(정의) 이 법에서 사용하는 용어의 뜻은 다음과 같다.

　1. "특정공무원범죄"란 다음 각 목의 어느 하나에 해당하는 죄[해당 죄와 다른 죄가 「형법」 제40조에 따른 상상적 경합(想像的 競合) 관계인 경우에는 그 다른 죄를 포함한다]를 말한다.

　　가. 「형법」 **제129조부터 제132조까지**의 죄

관련조문

　제129조(수뢰, 사전수뢰) ① 공무원 또는 중재인이 그 직무에 관하여 뇌물을 수수, 요구 또는 약속한 때에는 5년 이하의 징역 또는 10년 이하의 자격정지에 처한다.

　② 공무원 또는 중재인이 될 자가 그 담당할 직무에 관하여 청탁을 받고 뇌물을 수수, 요구 또는 약속한 후 공무원 또는 중재인이 된 때에는 3년 이하의 징역 또는 7년 이하의 자격정지에 처한다.

　제130조(제삼자뇌물제공) 공무원 또는 중재인이 그 직무에 관하여 부정한 청탁을 받고 제3자에게 뇌물을 공여하게 하거나 공여를 요구 또는 약속한 때에는 5년 이하의 징역 또는 10년 이하의 자격정지에 처한다.

　제131조(수뢰후부정처사, 사후수뢰) ① 공무원 또는 중재인이 전2조의 죄를 범하여 부정한 행위를 한 때에는 1년 이상의 유기징역에 처한다.

　② 공무원 또는 중재인이 그 직무상 부정한 행위를 한 후 뇌물을 수수, 요구 또는 약속하거나 제삼자에게 이를 공여하게 하거나 공여를 요구 또는 약속한 때에도 전항의 형과 같다.

　③ 공무원 또는 중재인이었던 자가 그 재직 중에 청탁을 받고 직무상 부정한 행위를 한 후 뇌물을 수수, 요구 또는 약속한 때에는 5년 이하의 징역 또는 10년 이하의 자격정지에 처한다.

　④ 전3항의 경우에는 10년 이하의 자격정지를 병과할 수 있다.

　제132조(알선수뢰) 공무원이 그 지위를 이용하여 다른 공무원의 직무에 속한 사항의 알선에 관하여 뇌물을 수수, 요구 또는 약속한 때에는 3년 이하의 징역 또는 7년 이하의 자격정지에 처한다.

　제133조(뇌물공여등) ① 제129조 내지 제132조에 기재한 뇌물을 약속, 공여 또는 공여의 의사를 표시한 자는 5년 이하의 징역 또는 2천만 원 이하의 벌금에 처한다. <개정 1995. 12. 29.>

　② 전항의 행위에 공할 목적으로 제삼자에게 금품을 교부하거나 그 정을 알면서 교부를 받은 자도 전항의 형과 같다.

한편 형법상 뇌물죄는 공무원 또는 중재인이 직무행위에 대한 대가로서 부당한 이익을 취하는 것을 금지하는 것으로서 뇌물수수행위를 통해 취득한 범죄수익의 경우 형법 자체적

으로 필요적 몰수·추징 규정을 두고 있다.

관련조문

형법 제134조(몰수, 추징) 범인 또는 정을 아는 제삼자가 받은 뇌물 또는 뇌물에 공할 금품은
　몰수한다. 그를 몰수하기 불능한 때에는 그 가액을 추징한다.

　다만 공무원범죄몰수법은 이와 같은 필요적 몰수·추징 규정에 더하여 ① 불법재산 추정
규정이 적용되고(**동법 제7조** 참조), ② 제3자가 그와 같은 정을 알고 취득한 재산까지 몰수
할 수 있도록 하며(**동법 제5조 제1항** 참조) ③ 뇌물죄로 취득한 불법재산의 추징에 있어 범인
외의 자가 그 정황을 알면서 취득한 불법재산 및 그로부터 유래한 재산에 대해 범인외의 자
에 대한 직접 집행을 가능하도록 하는 예외규정을 두고 있어(**동법 제9조의2** 참조) 뇌물을 수
수한 사람이 이를 제3자에게 이전하는 등의 행위를 하여 이를 몰수·추징할 필요성이 있는
경우에는 공무원범죄몰수법을 우선 적용함이 상당하다(상세한 내용은 「**제6편 공무원범죄몰수법
제1장 총설**」 부분 참조).

관련조문

공무원범죄몰수법 제3조(불법재산의 몰수) ① 불법재산은 몰수한다.
　② 제1항에 따라 몰수하여야 할 재산에 대하여 재산의 성질, 사용 상황, 그 재산에 관한 범
　인 외의 자의 권리 유무, 그 밖의 사정을 고려한 결과 그 재산을 몰수하는 것이 타당하지
　아니하다고 인정될 경우에는 제1항에도 불구하고 몰수하지 아니할 수 있다.
　③ 제1항의 경우 「형사소송법」 제333조 제1항 및 제2항은 적용하지 아니한다.
제4조(불법재산이 합하여진 재산의 몰수방법) 불법재산이 불법재산 외의 재산과 합하여진 경우
　에 제3조 제1항에 따라 그 불법재산을 몰수하여야 할 때에는 불법재산과 불법재산 외의 재산이
　합하여진 재산(이하 "혼합재산"이라 한다) 중 불법재산의 비율에 해당하는 부분을 몰수한다.
제5조(몰수의 요건 등) ① 제3조에 따른 몰수는 불법재산 또는 혼합재산이 범인 외의 자에게 귀
　속되지 아니하는 경우에만 한다. 다만, 제2조 제1호 나목의 죄와 같은 호 다목의 죄 중 「특
　정범죄가중처벌 등에 관한 법률」 제5조의 죄의 경우로서 불법재산 또는 혼합재산이 국가 또
　는 지방자치단체의 소유인 경우 및 범인 외의 자가 범죄 후 그 정황을 알면서도 그 불법재
　산 또는 혼합재산을 취득한 경우(법령상의 의무 이행으로서 제공된 것을 취득한 경우나 채
　권자에게 상당한 재산상의 이익을 제공하는 계약을 할 당시에 그 계약에 관련된 채무 이행
　이 불법재산 또는 혼합재산에 의한다는 사실을 알지 못하고 그 계약에 관련된 채무의 이행

으로 제공된 것을 취득한 경우는 제외한다)에는 그 불법재산 또는 혼합재산이 범인 외의 자에게 귀속되었더라도 몰수할 수 있다.

② 지상권·저당권 또는 그 밖의 권리가 그 위에 존재하는 재산을 제3조에 따라 몰수하는 경우, 범인 외의 자가 범죄 전에 그 권리를 취득한 경우 또는 범인 외의 자가 범죄 후 그 정황을 알지 못하고 그 권리를 취득한 경우에는 해당 권리를 존속시킨다.

제6조(추징) 불법재산을 몰수할 수 없거나 제3조 제2항에 따라 몰수하지 아니하는 경우에는 그 가액(價額)을 범인에게서 추징(追徵)한다.

제7조(불법재산의 증명) 특정공무원범죄 후 범인이 취득한 재산으로서 그 가액이 취득 당시의 범인의 재산 운용 상황 또는 법령에 따른 지급금의 수령 상황 등에 비추어 현저하게 고액(高額)이고, 그 취득한 재산이 불법수익 금액 및 재산 취득시기 등 모든 사정에 비추어 특정공무원범죄로 얻은 불법수익으로 형성되었다고 볼 만한 상당한 개연성이 있는 경우에는 특정공무원범죄로 얻은 불법수익이 그 재산의 취득에 사용된 것으로 인정할 수 있다.

이하에서는 형법상 뇌물죄의 구성요건을 상세히 살펴보고 이에 대한 범죄수익환수 사례를 검토하기로 한다. 나아가 위 뇌물죄의 가중적 구성요건이자 범죄수익은닉규제법상 중대범죄의 하나인 특정범죄가중법 제2조 또한 말미에 같이 검토하기로 한다.

관련조문

특정범죄가중법 제2조(뇌물죄의 가중처벌) ① 「형법」 제129조·제130조 또는 제132조에 규정된 죄를 범한 사람은 그 수수(收受)·요구 또는 약속한 뇌물의 가액(價額)(이하 이 조에서 "수뢰액"이라 한다)에 따라 다음 각 호와 같이 가중처벌한다.

1. 수뢰액이 1억 원 이상인 경우에는 무기 또는 10년 이상의 징역에 처한다.
2. 수뢰액이 5천만 원 이상 1억 원 미만인 경우에는 7년 이상의 유기징역에 처한다.
3. 수뢰액이 3천만 원 이상 5천만 원 미만인 경우에는 5년 이상의 유기징역에 처한다.

② 「형법」 제129조·제130조 또는 제132조에 규정된 죄를 범한 사람은 그 죄에 대하여 정한 형(제1항의 경우를 포함한다)에 수뢰액의 2배 이상 5배 이하의 벌금을 병과(倂科)한다.

[전문개정 2010. 3. 31.]

[한정위헌, 2011헌바117, 2012. 12. 27. 형법(1953. 9. 18. 법률 제293호로 제정된 것) 제129조 제1항의 '공무원'에 구 '제주특별자치도 설치 및 국제자유도시 조성을 위한 특별법'(2007. 7. 27. 법률 제8566호로 개정되기 전의 것) 제299조 제2항의 제주특별자치도통합영향평가심의위원회 심의위원 중 위촉위원이 포함되는 것으로 해석하는 한 헌법에 위반된다.]

2. 뇌물의 개념

가. 서설

뇌물이라 함은 직무에 관한 부정한 보수로서 모든 재물 또는 재산상 이익을 말한다. 그 개념상 직무와의 관련성, 부정한 보수로서의 의미, 재물 또는 재산상 이익으로서의 성질을 모두 충족시켜야 한다.

이하에서 뇌물의 개념요소에 따라 그 요건을 살펴보기로 한다.

나. 뇌물의 요건

1) 직무와의 관련성

해당 직무라 함은 공무원 또는 중재인 등 뇌물죄의 주체가 되는 사람이 담당하는 일체의 사무를 말한다. 법령·훈령·행정규칙 등에 의한 직무는 물론이고 회사 내부 관례 또는 상관의 명령에 따라 이행하는 업무,[1] 스스로 일시적으로 맡는 업무도 포함된다. 공무원의 일반적인 직무권한에 속하면 충분하고 과거 또는 장래의 직무라도 무방하다.[2]

판례도 같은 취지로 판시하면서 육군본부 항공사업 집행 장교로서 업무를 담당하는 사람에게 무기상인 사람이 항공장비사업 등에 관한 정보를 알려달라고 말하며 금품을 제공한 경우 이는 위 집행 장교로서의 직무와 관련성이 있다고 판시하였다.[3]

> **판례**
>
> 뇌물죄는 직무집행의 공정과 이에 대한 사회의 신뢰에 기하여 직무행위의 불가매수성을 그 직접의 보호법익으로 하고 있으므로 뇌물성은 의무위반 행위나 청탁의 유무, 개개의 직무행위와의 대가적 관계, 금품수수 시기와 직무집행 행위의 전후를 가리지 아니한다 할 것이고, 공무원의 직무와 금원의 수수가 전체적으로 대가관계에 있으면 뇌물수수죄는 성립하며, 뇌물죄에서 말하는 **'직무'**에는 법령에 정하여진 직무뿐만 아니라 그와 관련 있는 직무, 과거에 담당하였거나 장래에 담당할 직무 외에 사무분장에 따라 **현실적으로 담당하지 않는 직무라도 법령상 일반적인 직무권한에 속하는 직무 등 공무원이 그 직위에 따라 공무로 담당할 일체의 직무로서 직무와 밀접한 관계가 있는 행위 또는 관례상이나 사실상 소관하는 직무행위도 포함한다**(대법원 2000. 1. 28. 선고 99도4022 판결 참조).

---

[1] 대법원 2002. 3. 15. 선고 2001도970 판결 참조.
[2] 대법원 2003. 6. 13. 선고 2003도1060 판결 참조.
[3] 대법원 2000. 1. 28. 선고 99도4022 판결 참조.

나아가 농림부 주관 농림기술개발사업의 일환으로 시행되고 국립대학교 총장 명의로 체결된 연구용역 약정에 따라 해당 국립대학 교수가 진행하는 연구는 공무원인 교수의 직무와의 관련성이 인정된다.[4]

한편 그 직무와 관련하여 밀접한 관계가 있거나 사실상 처리하는 행위와의 관련성이 요구되므로 직무와 무관한 사적(私的)인 행위와 관련된 이익은 뇌물이라고 볼 수 없다.

대법원은 **직무관련성의 판단 기준**으로 사회일반인이라면 이에 대한 직무집행의 공정성을 의심하게 되는지 여부를 들고 있다.[5] 즉 객관적으로 직무집행 행위의 외형을 갖추고 있는지 여부가 중요하다.

판례

공무원이 얻은 어떤 이익이 직무와 대가관계가 있는 부당한 이익으로서 **뇌물에 해당하는지 여부**는 그 **공무원의 직무내용·직무와 이익제공자와의 관계·쌍방 간에 특수한 사적친분관계가 존재하는지 여부·이익의 다과·이익을 수수한 경위와 시기 등 모든 사정을 참작하여 결정되어야 하고**, 뇌물죄가 직무집행의 공정과 이에 대한 사회의 신뢰를 그 보호법익으로 하고 있음에 비추어 공무원이 그 이익을 수수하는 것으로 인하여 **사회일반으로부터 직무집행의 공정성을 의심받게 되는지 여부도 뇌물죄 성부의 판단 기준이 되어야 한다.** 그리고 뇌물죄에서 말하는 직무에는 공무원이 **법령상 관장하는 직무 그 자체뿐만 아니라 직무와 밀접한 관계가 있는 행위 또는 관례상이나 사실상 관여하는 직무행위도 포함된다**(대법원 2000. 6. 15. 선고 98도3697 전원합의체 판결 참조).

이와 관련하여 **직무관련성이 부정된 사례**를 몇 가지 살펴보면, ① 서울대학교 의과대학 교수 겸 서울대학교 병원 의사가 **구치소로 왕진을 나가 진료를 하고 진단서를 작성해 주거나 법원의 사실조회에 대하여 회신을 해주는 행위**와 관련하여 금품을 수수한 사안에서 이는 의사로서의 진료업무에 불과할 뿐이고 교육공무원인 서울대학교 의과대학 교수의 직무와 밀접한 관련이 있다고 볼 수 없다고 판시한 사례,[6] ② 국립대학교 부설연구소가 **국가와는 별개의 지위에서 연구소라는 단체의 명의로 체결한 어업피해조사용역계약상 과업내용에 의해 국립대학교 교수가 위 연구소 소속 연구원으로서 수행하는 조사용역업무**는 해당 계약이 국가를 당사자로 하는 계약에 관한 법률에 근거하여 체결된 것이 아니고 교

---

4 대법원 2005. 10. 14. 선고 2003도1154 판결 참조.
5 대법원 2002. 3. 15. 선고 2001도970 판결 참조.
6 대법원 2006. 6. 15. 선고 2005도1420 판결 참조.

육공무원의 직무와 밀접한 관련이 있다고 볼 수 없다고 본 사례,[7] ③ 검사인 피고인에게 **"장래 검찰에서 내가 운영하는 주식회사 등과 관련된 사건을 조사하거나 처분하게 될 경우, 그 직무권한 범위 내에 들어오는 사건이면 직접 유리한 처분이나 각종 편의를 제공해 주고, 그 범위 내에 들어오지 않는 사건이면 담당 검사에게 영향력을 행사하여 유리한 처분 또는 각종 편의를 제공받게 해 달라."**고 청탁하고 이익을 교부한 경우 그 이익을 수수할 당시 장래에 담당할 직무에 속하는 사항이 그 수수한 이익과 관련된 것임을 확인할 수 없을 정도로 막연하고 추상적이거나, 장차 그 수수한 이익과 관련지을 만한 직무권한을 행사할지 여부 자체를 알 수 없으므로 그 이익이 장래에 담당할 직무에 관하여 수수되었다거나 그 대가로 수수되었다고 단정하기 어렵다고 판시한 사례가 있다.[8]

2) 부정한 보수로서의 이익

가) 대가성 인정

뇌물죄가 성립하려면 직무관련 행위의 **부정한 보수로서 이익을 수수**하여야 한다. 이 때 뇌물과 직무 행위 사이에는 대가관계가 인정되어야 하는데 이 때 대가관계는 개개의 직무행위에 대해 구체적으로 존재할 필요는 없고 그 공무원의 직무에 관한 것이면 포괄적 대가관계가 인정되는 경우에도 대가성이 인정된다.[9]

한편 공무원이 수수한 금품에 직무행위와 대가관계가 있는 부분과 그렇지 않은 부분이 불가분적으로 결합되어 있는 경우에는 수수한 금품 전액이 직무행위와 대가관계가 인정된다.[10]

나) 이익의 불법성 내지 부정성

나아가 뇌물은 직무에 관하여 수수한 '부정한' 보수일 것을 요하는데 이 때 **'부정하다'**는 것은 법령이나 윤리적 관점에서 인정될 수 있는 정당한 대가는 제외되고, 사회 일반의 신뢰를 해할 정도에 이르지 않는 경우에는 부정한 이익이라고 볼 수 없다. 즉 사회통념 및 신의성실의 원칙에 따라 이를 '옳지 않다'고 평가할 수 있는지 여부가 판단기준이 된다.

따라서 사교적 의례로서 지급되는 **'선물'**은 그 자체가 부정하다고 볼 수 없는 것으로 뇌물이 아닌 선물을 수수한 것은 뇌물죄의 구성요건에 해당하지 않는다고 이해함이 상당하다.

그런데 실무상 위와 같은 뇌물과 선물의 구별이 애매한 경우가 다수 발생한다. 이러한 경

---

7 대법원 2002. 5. 31. 선고 2001도670 판결 참조.
8 대법원 2017. 12. 22. 선고 2017도12346 판결 참조(소위, '진○○ 검사장 비상장 주식 뇌물수수' 사건).
9 대법원 2000. 1. 21. 선고 99도4940 판결 참조.
10 대법원 2012. 1. 12. 선고 2011도12642 판결 참조.

우와 관련하여 공무원이 그 직무의 대상이 되는 사람으로부터 교부받은 금품 기타 이익은 특별한 사정이 없는 한 직무와의 관련성이 인정된다고 보아야 한다.

이에 대하여 대법원 또한 「공무원으로 의제되는 지방공사의 임직원이 그 직무와 관련 있는 사람으로부터 금품 기타 이익을 받은 때에는 사회상규에 비추어 볼 때에 의례적인 것에 불과하거나, 개인적인 친분관계가 있어서 교분상의 필요에 의한 것이라고 명백하게 인정할 수 있는 경우 등 특별한 사정이 없는 한 직무와의 관련성이 없는 것으로 볼 수 없고, 직무와 관련하여 금품을 수수하였다면 비록 사교적 의례의 형식을 빌려 금품을 주고받았다고 하더라도 그 수수한 금품은 뇌물이 된다.」고 판시한 바 있다.[11]

한편 '**이익**'은 금전, 물품 기타의 재산적 이익뿐만 아니라 사람의 수요 욕망을 충족시키기에 족한 일체의 유형, 무형의 이익을 포함한다고 해석되고, 투기적 사업에 참여할 기회를 얻는 것도 이에 해당한다.[12]

이와 관련하여 **실무상 뇌물죄와 횡령죄의 관계**가 문제되는데 횡령 범행으로 취득한 돈을 공범자끼리 수수한 행위에 불과한 경우에는 공동정범들 사이의 범행에 의하여 취득한 돈을 공모에 따라 내부적으로 분배한 것에 지나지 않는다면 별도로 그 돈의 수수행위에 관하여 뇌물죄가 성립하는 것은 아니고, 그와 같이 **수수한 돈의 성격을 뇌물로 볼 것인지 횡령금의 분배로 볼 것인지 여부**는 돈을 공여하고 수수한 당사자들의 의사, 수수된 돈의 액수, 횡령 범행과 수수행위의 시간적 간격, 수수한 돈이 횡령한 그 돈인지 여부, 수수한 장소와 방법 등을 종합적으로 고려하여 객관적으로 평가하여 판단하여야 한다.[13]

생각건대 애초부터 횡령범행을 함께 공모하여 자금을 횡령한 것인지, 아니면 직무의 대가로 금품을 요구·약속함으로써 뇌물공여자가 자금을 횡령하여 이를 제공한 것인지는 그 범행의 선후관계와 당사자들의 의사·관계를 기준으로 개별 사안에 따라 판단해야 한다고 생각한다(私見).

3. 뇌물죄로 공여된 금품·이익등의 몰수·추징 법리

앞에서 살펴본 바와 같이 뇌물죄로 수수한 금품은 형법상 또는 공무원범죄몰수법상 필요적 몰수·추징의 대상이 된다. 위 몰수와 추징은 범인이 그 뇌물죄와 관련된 부정한 이익을

---

11 대법원 2016. 6. 23. 선고 2016도3753 판결 참조.
12 대법원 2002. 5. 10. 선고 2000도2251 판결 참조.
13 대법원 2019. 11. 28. 선고 2019도11766 판결 참조. 상세한 판결문 내용은 「제6편 공무원범죄몰수법 제2장」 부분 참조.

보유하지 못하도록 하기 위한 것으로 **이익박탈형 몰수·추징**으로 봄이 상당하다.

따라서 실제로 뇌물을 '요구'하기만 하거나 뇌물을 요구하였는데 상대방이 이를 거부하여 이를 취득하지 못하여 이익을 실현하지 못한 경우에는 뇌물에 공할 금품이 특정되지 않았다고 볼 수 있으므로 이를 몰수·추징할 수 없음은 당연하다.[14]

한편 **금품의 무상차용**을 통하여 위법한 재산상 이익을 취득한 경우에는 추징의 대상이 되는 것은 무상으로 대여 받은 금품 자체가 아니라 **이자 상당의 금융이익으로 대출이율 또는 법정이율이 그 기준이** 된다.[15]

그리고 몰수·추징의 상대방은 뇌물을 현재 보유하고 있는 사람이므로 수뢰자가 뇌물을 보관하고 있다가 증뢰자에게 다시 반환한 경우에는 증뢰자로부터 몰수·추징하지만,[16] 수뢰자가 수수한 뇌물을 예금계좌에 입금하였다가 인출하는 것과 같이 이를 **소비한 후 그 상당가액을 다시 증뢰자에게 반환한 경우에는 수뢰자로부터 추징**한다.[17]

나아가 **수뢰한 돈을 다른 사람에게 전부 공여**하거나 **일부를 경비로 소비**하였다고 하더라도 이는 **뇌물을 소비한 것에 불과**하므로 이를 공제하지 아니하고 수뢰자로부터 전부 **추징**한다.[18] 그러나 **뇌물 중의 일부**를 받은 취지에 따라 다시 관계 공무원에게 뇌물로 공여한 경우 위와 같이 공여한 부분은 실질적으로 범인에게 귀속된 것으로 볼 수 없으므로 수뢰자에게 추징할 수 없고 위와 같이 **다른 공무원에게 공여한 금액을 제외하고 추징**하여야 한다.[19]

한편 수인이 공동으로 수수한 뇌물을 서로 분배한 경우에는 **각자가 실제로 분배받은 금품 또는 이익만을 개별적으로 몰수·추징**하여야 하고,[20] 서로 분배받은 비율이나 지분이 명확하지 않은 경우에는 **평등하게 균분**하여 추징한다.[21]

그리고 위와 같이 교부한 뇌물 그 자체를 몰수할 수 없는 경우 그 가액을 추징하는데 **몰수할 수 없는 금품 또는 물건의 가액이 시가에 따라 변동되는 경우 그 추징가액의 산정시점**을 언제로 삼아야 하는지 문제될 수 있다. **대법원**은 「몰수의 취지가 범죄에 의한 이득의 박탈을 그 목적으로 하는 것이고 추징도 이러한 몰수의 취지를 관철하기 위한 것이라

14 대법원 2015. 10. 29. 선고 2015도12838 판결 참조.
15 대법원 2014. 5. 16. 선고 2014도1547 판결 참조.
16 대법원 1984. 2. 28. 선고 83도2783 판결 참조.
17 대법원 1986. 10. 14. 선고 86도1189 판결 참조.
18 대법원 2000. 5. 26. 선고 2000도440 판결, 대법원 1986. 11. 25. 선고 86도1951 판결 등 참조.
19 대법원 2002. 6. 14. 선고 2002도1283 판결 참조.
20 대법원 1993. 10. 12. 선고 93도2056 판결 참조.
21 대법원 2011. 11. 24. 선고 2011도9585 판결 참조.

는 점을 고려하면 몰수하기 불능한 때에 추징하여야 할 가액은 범인이 그 물건을 보유하고 있다가 몰수의 선고를 받았더라면 잃었을 이득상당액을 의미한다고 보아야 할 것이므로 그 가액산정은 재판선고시의 가격을 기준으로 하여야 할 것이다.」라고 판시하여 **판결선고시의 가액으로 산정**하여야 한다고 판시하고 있다.[22]

2 수뢰죄(형법 제129조 제1항)

1. 구성요건

관련조문

형법 제129조(수뢰, 사전수뢰) ① 공무원 또는 중재인이 그 직무에 관하여 뇌물을 수수, 요구 또는 약속한 때에는 5년 이하의 징역 또는 10년 이하의 자격정지에 처한다.
[한정위헌, 2011헌바117, 2012. 12. 27. 형법(1953. 9. 18. 법률 제293호로 제정된 것) 제 129조 제1항의 '공무원'에 구 '제주특별자치도 설치 및 국제자유도시 조성을 위한 특별 법'(2007. 7. 27. 법률 제8566호로 개정되기 전의 것) 제299조 제2항의 제주특별자치도통합영향평가심의위원회 심의위원 중 위촉위원이 포함되는 것으로 해석하는 한 헌법에 위반된다.]

가. 구성요건의 주체 및 객체

본죄의 **구성요건의 주체**는 **공무원 또는 중재인**이다(신분범). 공무원은 법령에 근거하여 국가·지방자치단체 및 이에 준하는 공법인의 사무에 종사하는 사람으로서 그 사무의 내용이 단순한 기계적이거나 육체적인 것에 한정되어 있지 않은 사람을 말한다.[23] **대법원**은 서울특별시 후생복지심의위원회 위원장에 의해 서울시청 구내식당 소속 시간제 종사원으로 고용된 피고인은 뇌물수수죄의 주체인 '공무원'에 해당하지 않는다고 보았고,[24] 집행관사무소의 사무원 또한 집행관(집행관법 제2조)과는 달리 그 업무를 보조하는 자에 불과할 뿐이므로 공무원에 해당하지 않는다고 판시한 바 있다.[25]

그리고 공무원이 아닌 사람(이하 '비공무원'이라 한다)이 공무원과 공동가공의 의사와 이를

---

22 대법원 1991. 5. 28. 선고 91도352 판결 참조.
23 대법원 2012. 8. 23. 선고 2011도12639 판결
24 위 대법원 2011도12639 판결 참조.
25 대법원 2011. 3. 10. 선고 2010도14394 판결 참조.

기초로 한 기능적 행위지배를 통하여 공무원의 직무에 관하여 뇌물을 수수하는 범죄를 실행하였다면 공무원이 직접 뇌물을 받은 것과 동일하게 평가할 수 있으므로 공무원과 비공무원에게 모두 형법 제129조 제1항에서 정한 뇌물수수죄의 공동정범이 성립한다.[26]

한편 각 특별법상 형법 제129조 등 뇌물죄의 적용에 있어 공무원으로 의제되는 사람들의 경우에는 모두 공무원의 신분을 갖는 것으로 본다(상세한 내용은 「제3편 부패재산몰수법 별지 공무원 의제 규정」 참조).

'**중재인**'은 법령에 의하여 중재의 직무를 담당하는 사람만 의미하는 것으로, 단순한 사적 조정자는 포함되지 않는다.

행위의 상대방은 아무런 제한이 없고, **구성요건의 객체**는 '뇌물'이다.

나. 구성요건적 행위

본죄의 **구성요건적 행위**는 직무에 관하여 **뇌물을 수수·요구·약속**하는 것이다.

여기서 '**수수**'는 취득을 의미하는 것으로 뇌물에 대한 '**사실상의 처분권**'을 획득하는 것을 말하고 뇌물인 물건의 법률상 소유권까지 취득하여야 하는 것은 아니므로 뇌물수수자가 뇌물공여자에 대한 내부관계에서 물건에 대한 실질적인 사용·처분권한을 취득하였으나 뇌물수수 사실을 은닉하거나 뇌물공여자가 계속 그 물건에 대한 비용 등을 부담하기 위하여 소유권 이전의 형식적 요건을 유보하는 경우에도 뇌물수수죄와 뇌물공여죄가 성립한다.[27]

그리고 뇌물죄는 공여자의 출연에 의한 수뢰자의 영득의사의 실현인바 공여자의 특정은 직무행위와 관련이 있는 이익의 부담주체라는 관점에서 파악하여야 한다. 따라서 금품이나 재산상 이익이 반드시 공여자와 수뢰자 사이에서 직접 수수될 필요는 없다.[28]

> **판례**
>
> 공무원인 **피고인 甲은** 피고인 乙로부터 "**선물을 할 사람이 있으면 새우젓을 보내 주겠다.**"라는 말을 듣고 이를 승낙한 뒤 **새우젓을 보내고자 하는 사람들의 명단을 피고인 乙에게 보내 주고 피고인 乙로 하여금 위 사람들에게 피고인 甲의 이름을 적어 마치 피고인 甲이 선물을 하는 것처럼 새우젓을 택배로 발송하게 하고 그 대금을 지급하지 않는 방법**으로 직무에 관하여 뇌물을 교부받고, 피고인 乙은 피고인 甲에게 뇌물을 공여하였다는 내용으로 기소된 사안에서, **피고인 乙의 새우젓 출연에 의한 피고인 甲의**

---

26 대법원 2019. 8. 29. 선고 2018도2738 전원합의체 판결 참조.
27 대법원 2019. 8. 29. 선고 2018노2738 전원합의체 판결 참조.
28 대법원 2020. 9. 24. 선고 2017도12389 판결 참조.

> 영득의사가 실현되어 형법 제129조 제1항의 뇌물공여죄 및 뇌물수수죄가 성립하고, 공여자와 수뢰자
> 사이에 직접 금품이 수수되지 않았다는 사정만으로 이와 달리 볼 수 없다(대법원 2020. 9. 24. 선고
> 2017도12389 판결 참조).

한편 뇌물수수의 동기와 용도는 묻지 않는다. 따라서 오로지 공무원을 함정에 빠뜨리기 위하여 직무와 관련되어 있다는 형식을 빌려 그 공무원에게 금품을 공여하였다 하더라도 수뢰자가 뇌물을 받았다면 그 자체로 뇌물수수죄가 성립한다.[29]

이때 '**요구**'라고 함은 취득의 의사로 상대방에게 뇌물을 달라고 청구하는 것을 말하고, '**약속**'은 당사자 사이에서 뇌물을 주고받기로 하는 의사가 확정적으로 합치하는 것을 말한다.[30] 따라서 이와 같은 확정적인 의사합치가 없는 경우에는 '약속'죄가 성립한다고 볼 수 없다.

위와 같은 요구 및 약속행위가 있으면 본죄는 곧바로 성립한다. 이 때 약속의 대상이 된 뇌물의 액수가 반드시 특정되어야 한다고 볼 수 없다.[31]

나아가 **주관적 구성요건요소**로서 뇌물을 수수하여 이익을 취득하겠다는 '**불법영득의 의사**'가 있어야 함은 당연하고, 자신의 직무에 관하여 그 대가로 부정한 이익을 수수·요구·약속한다는 의사가 있어야 한다(고의범). 수뢰 후 부정처사죄와는 달리 실제로 부정한 행위로 나아가겠다는 의사까지는 요구되지 않는다.

2. 죄수 및 처벌

본죄는 뇌물을 요구·약속한 뒤 수수한 경우에는 포괄하여 1개의 수수죄가 성립하고, 같은 사람으로부터 동일한 기회에 같은 사유로 여러 차례 뇌물을 수수한 경우에는 연속범의 법리에 따라 포괄일죄가 성립한다.

다만 수개의 수뢰행위가 각 다른 직무행위의 대가로 진행된 것이라면 각각 별개의 수뢰죄가 성립하고 각 수뢰죄 상호간은 경합범 관계에 있다.

한편 뇌물을 수수한 공무원이 공여자를 기망하여 뇌물을 수수한 경우에는 **수뢰죄와 사기죄가 모두 성립**하고 **양 죄는 상상적 경합범 관계**에 있다.[32]

---

[29] 대법원 2008. 3. 13. 선고 2007도10804 판결 참조.
[30] 대법원 2012. 11. 15. 선고 2012도9417 판결 참조.
[31] 대법원 2016. 6. 23. 선고 2016도3753 판결 참조.
[32] 대법원 2015. 10. 29. 선고 2015도12838 판결 참조.

그리고 공무원이 직무집행의 의사로 타인을 협박하여 뇌물을 수수한 경우에는 수뢰죄와 공갈죄의 상상적 경합범이 성립하지만, 그러한 직무집행의 의사 없이 타인을 협박하여 이익을 수수한 경우에는 공갈죄만 성립할 뿐 수뢰죄가 성립하지 않음은 당연하다.[33]

본죄를 범하면 5년 이하의 징역 또는 10년 이하의 자격정지에 처하고, 위와 같이 취득한 뇌물은 모두 몰수·추징의 대상이 된다(형법 제134조, 공무원범죄몰수법 제3조, 제6조).

3 사전수뢰죄(형법 제129조 제2항)

관련조문

제129조(수뢰, 사전수뢰) ② 공무원 또는 중재인이 될 자가 그 담당할 직무에 관하여 청탁을 받고 뇌물을 수수, 요구 또는 약속한 후 공무원 또는 중재인이 된 때에는 3년 이하의 징역 또는 7년 이하의 자격정지에 처한다.

1. 구성요건의 주체 및 객체

본죄의 **구성요건 주체**는 '**공무원 또는 중재인이 될 사람**'이다. 공무원·중재인이 될 것이 확실시 될 것까지는 요하지 않고, 어느 정도의 개연성을 갖춘 사람을 포함한다. **대법원**은 도시개발조합의 임원인 조합장 또는 상무이사로 선출될 상당한 개연성이 있는 피고인들이 그 담당할 직무에 관하여 청탁을 받고 소유권이전등기를 마칠 수 있는 기회를 제공받는 방법으로 이익을 수수한 사안에서, 사전수뢰죄의 성립을 인정하였다.[34]

행위의 상대방 또한 특별한 제한이 없고, **객체**는 '뇌물'이다.

2. 구성요건적 행위

본죄의 **구성요건적 행위**는 '**자신이 담당할 직무에 관하여 청탁을 받고 뇌물을 수수·요구 또는 약속하는 것**'이다.

이 때 '담당할 직무'라 함은 실제로 공무원 또는 중재인이 되었을 때 하게 될 업무를 말하고, 그 직무의 수행과 이익 사이에 대가관계가 인정되어야 한다.

나아가 형법 제129조 제2항의 사전수뢰는 단순수뢰의 경우와는 달리 청탁을 받을 것을

---

[33] 대법원 1994. 12. 22. 선고 94도2528 판결 참조.
[34] 대법원 2010. 5. 13. 선고 2009도7040 판결 참조.

요건으로 하고 있는바, 여기에서 **'청탁'**이라 함은 공무원에 대하여 일정한 직무행위를 할 것을 의뢰하는 것을 의미하고, 그 직무행위가 부정한 것인가 하는 점은 묻지 않으며 그 청탁이 반드시 명시적이어야 하는 것도 아니다.[35]

3. 처벌

본죄를 범하면 3년 이하의 징역 또는 7년 이하의 자격정지에 처하고, 위와 같이 취득한 뇌물은 모두 몰수·추징의 대상이 된다(형법 제134조, 공무원범죄몰수법 제3조, 제6조).

4 제3자뇌물제공죄(형법 제130조)

관련조문

제130조(제삼자뇌물제공) 공무원 또는 중재인이 그 직무에 관하여 부정한 청탁을 받고 제3자에게 뇌물을 공여하게 하거나 공여를 요구 또는 약속한 때에는 5년 이하의 징역 또는 10년 이하의 자격정지에 처한다.

1. 구성요건의 주체 및 객체

본죄의 **구성요건 주체**는 **'공무원 또는 중재인'**이다. 이는 앞서 본 '수뢰죄'의 그것과 동일하다.

행위의 상대방은 특별한 제한이 없고, **객체**는 '뇌물'이다.

2. 구성요건적 행위

본죄의 **구성요건적 행위**는 '그 직무에 관하여 부정한 청탁을 받고 제3자에게 뇌물을 공여하게 하거나 공여를 요구 또는 약속하는 것'이다.

이 때 직무관련성과 대가성이 있어야 함은 당연하나 수뢰죄 또는 사전수뢰죄와는 다르게 **'부정한 청탁'**을 요한다. 이 때 **'부정한 청탁'**의 의미에 대하여 **대법원**은 다음과 같이 판시하고 있다.[36]

---

35 대법원 1999. 7. 23. 선고 99도1911 판결 참조.
36 대법원 2014. 9. 4. 선고 2011도14482 판결 참조.

> **판례**
>
> 형법 제130조의 제3자뇌물제공죄에서 '청탁'이란 공무원에 대하여 일정한 직무집행을 하거나 하지 않을 것을 의뢰하는 행위를 말하고, **'부정한' 청탁**이란 의뢰한 **직무집행 자체가 위법하거나 부당한 경우 또는 의뢰한 직무집행 그 자체는 위법하거나 부당하지 아니하지만 당해 직무집행을 어떤 대가관계와 연결시켜 그 직무집행에 관한 대가의 교부를 내용으로 하는 경우** 등을 의미한다.
> 그런데 제3자뇌물제공죄에서 공무원이 '그 직무에 관하여 부정한 청탁을 받을 것'을 요건으로 하는 취지는 처벌의 범위가 불명확해지지 않도록 하기 위한 것으로서, 이러한 **부정한 청탁은 명시적 의사표시에 의해서뿐만 아니라 묵시적 의사표시에 의해서도 가능하지만, 묵시적 의사표시에 의한 부정한 청탁이 있다고 하려면 청탁의 대상이 되는 직무집행의 내용과 제3자에게 제공되는 이익이 그 직무집행에 대한 대가라는 점에 대하여 공무원과 이익 제공자 사이에 공통의 인식이나 양해가 있어야** 한다.
> 따라서 그러한 인식이나 양해 없이 **막연히 선처하여 줄 것이라는 기대나 직무집행과는 무관한 다른 동기에 의하여 제3자에게 금품을 공여한 경우**에는 묵시적 의사표시에 의한 **부정한 청탁이 있다고 볼 수 없다** (대법원 2009. 1. 30. 선고 2008도6950 판결, 대법원 2011. 4. 14. 선고 2010도12313 판결 등 참조).

위에서 보는 바와 같이 **'부정한 청탁'**은 ① 청탁한 **직무집행 자체가 위법·부당**하거나 ② 직무 자체는 위법·부당하지 않지만 **그 직무집행을 어떤 대가관계와 연결시켜 그 직무집행에 관한 대가의 교부를 내용으로 하는 경우** 등을 의미하며, ③ 이러한 청탁은 **명시적·묵시적을 불문**하지만 묵시적 청탁의 경우 양 당사자 사이에서는 직무집행의 내용과 **제3자에게 제공되는 이익이 직무집행의 대가라는 점에 대한 상호간 인식·양해**가 반드시 요구된다.

그리고 본죄의 뇌물을 수수하는 주체는 **'제3자'**다. 이 때 '제3자'는 행위자와 공동정범 외의 사람으로 제3자가 그와 같은 사정을 알았는지를 요하지 않는다. 또한 제3자라 하더라도 이를 공무원과 동일하게 평가할 수 있다면 '제3자'성이 부정된다.

대법원은 도시 및 주거환경정비법상 공무원으로 의제되는 정비사업전문관리업체의 대표이사가 여러 건설회사들로부터 뇌물을 수수하면서 이를 **자신이 실질적으로 장악하고 있는 컨설팅 회사명의 계좌로 지급받은 사안**에서 위 대표이사가 뇌물을 직접 받은 것으로 평가할 수 있으므로 제3자뇌물제공죄가 성립하지 않는다고 판시하였다.[37]

그리고 공무원과 비공무원이 공모하여 뇌물을 수수한 경우 비공무원이 공무원과 공동정범의 관계에 있다면 위 '비공무원'은 제3자라고 볼 수 없고 이때는 단순수뢰죄의 공동정범이 성립하고 제3자뇌물수수죄가 성립하지 않는다.[38]

---

[37] 대법원 2011. 11. 24. 선고 2011도9585 판결 참조.
[38] 대법원 2019. 8. 29. 선고 2018도2738 전원합의체 판결 참조.

판례

공무원이 아닌 사람(이하 '비공무원'이라 한다)이 공무원과 공동가공의 의사와 이를 기초로 한 기능적 행위지배를 통하여 공무원의 직무에 관하여 뇌물을 수수하는 범죄를 실행하였다면 공무원이 직접 뇌물을 받은 것과 동일하게 평가할 수 있으므로 공무원과 비공무원에게 형법 제129조 제1항에서 정한 뇌물수수죄의 공동정범이 성립한다.

형법은 제130조에서 제129조 제1항 뇌물수수죄와는 별도로 공무원이 그 직무에 관하여 뇌물공여자로 하여금 제3자에게 뇌물을 공여하게 한 경우에는 부정한 청탁을 받고 그와 같은 행위를 한 때에 뇌물수수죄와 법정형이 동일한 제3자뇌물수수죄로 처벌하고 있다. 제3자뇌물수수죄에서 뇌물을 받는 제3자가 뇌물임을 인식할 것을 요건으로 하지 않는다. 그러나 **공무원이 뇌물공여자로 하여금 공무원과 뇌물수수죄의 공동정범 관계에 있는 비공무원에게 뇌물을 공여하게 한 경우에는 공동정범의 성질상 공무원 자신에게 뇌물을 공여하게 한 것으로 볼 수 있다. 공무원과 공동정범 관계에 있는 비공무원은 제3자뇌물수수죄에서 말하는 제3자가 될 수 없고**, 공무원과 공동정범 관계에 있는 **비공무원이 뇌물을 받은 경우에는 공무원과 함께 뇌물수수죄의 공동정범이 성립하고 제3자뇌물수수죄는 성립하지 않는다**(대법원 2019. 8. 29. 선고 2018도2738 전원합의체 판결 참조).

3. 처벌

본죄를 범하면 5년 이하의 징역 또는 10년 이하의 자격정지에 처하고, 위와 같이 취득한 뇌물은 모두 몰수·추징의 대상이 된다(형법 제134조, 공무원범죄몰수법 제3조, 제6조).

5 수뢰 후 부정처사죄(형법 제131조 제1항)

관련조문

제131조(수뢰후부정처사, 사후수뢰) ① 공무원 또는 중재인이 전2조의 죄를 범하여 부정한 행위를 한 때에는 1년 이상의 유기징역에 처한다.

1. 구성요건의 주체 및 객체

본죄의 **구성요건 주체**는 '공무원 또는 중재인'이다. 이는 앞서 본 '수뢰죄'의 그것과 같다. **행위의 상대방** 또한 특별한 제한이 없고, **객체**는 '뇌물'이다.

2. 구성요건적 행위

본죄의 **구성요건적 행위**는 '前2조(수뢰, 사전수뢰, 제3자뇌물수수)의 죄를 범하여 부정한 행위를 하는 것'으로, 뇌물을 받은 다음 그 내용에 맞게 부정한 행위에 나아가는 경우 이를 가중처벌하는 것이다. 이 때 **'부정한 행위'**란 직무에 위배하는 위법·부당한 일체의 행위를 말하는 것으로 직무와의 관련성이 요구된다. 이때의 행위는 작위 또는 부작위를 불문한다. 그리고 위 부정한 행위는 뇌물수수 등 행위 중에 이루어지더라도 무방하다.[39]

> **판례**
>
> 수뢰후부정처사죄를 정한 형법 제131조 제1항은 공무원 또는 중재인이 형법 제129조(수뢰, 사전수뢰) 및 제130조(제3자뇌물제공)의 죄를 범하여 부정한 행위를 하는 것을 구성요건으로 하고 있다. 여기에서 **'형법 제129조 및 제130조의 죄를 범하여'란 반드시 뇌물수수 등의 행위가 완료된 이후에 부정한 행위가 이루어져야 함을 의미하는 것은 아니고,** 결합범 또는 결과적 가중범 등에서의 기본행위와 마찬가지로 **뇌물수수 등의 행위를 하는 중에 부정한 행위를 한 경우도 포함하는 것으로 보아야 한다.** 따라서 단일하고도 계속된 범의 아래 일정 기간 반복하여 일련의 뇌물수수 행위와 부정한 행위가 행하여졌고 그 뇌물수수 행위와 부정한 행위 사이에 인과관계가 인정되며 피해법익도 동일하다면, **최후의 부정한 행위 이후에 저질러진 뇌물수수 행위도 최후의 부정한 행위 이전의 뇌물수수 행위 및 부정한 행위와 함께 수뢰후부정처사죄의 포괄일죄로 처벌함이 타당**하다(대법원 2021. 2. 4. 선고 2020도12103 판결 참조).

3. 처벌

본죄를 범하면 1년 이상의 유기징역에 처하고, 위와 같이 취득한 뇌물은 모두 몰수·추징의 대상이 된다(형법 제134조, 공무원범죄몰수법 제3조, 제6조).

6 부정처사 후 수뢰·제3자뇌물수수죄(형법 제131조 제2항)

관련조문

제131조(수뢰후부정처사, 사후수뢰) ② 공무원 또는 중재인이 그 직무상 부정한 행위를 한 후 뇌물을 수수, 요구 또는 약속하거나 제삼자에게 이를 공여하게 하거나 공여를 요구 또는 약속한 때에도 전항의 형과 같다.

---

[39] 대법원 2021. 2. 4. 선고 2020도12103 판결 참조.

1. 구성요건의 주체 및 객체

본죄의 **구성요건 주체**는 '공무원 또는 중재인'이다. 이는 앞서 본 '수뢰죄'의 그것과 같다. **행위의 상대방** 또한 특별한 제한이 없고, **객체**는 '뇌물'이다.

2. 구성요건적 행위

본죄의 **구성요건적 행위**는 '그 직무상 부정한 행위를 한 후 뇌물을 수수, 요구 또는 약속하거나 제삼자에게 이를 공여하게 하거나 공여를 요구 또는 약속하는 것'이다.

공무원이 직무상 부정한 행위를 먼저 한 다음 공여자에게 뇌물을 직접 수수·요구·약속하는 경우(단순수뢰죄 유형), 제3자에게 이를 공여하도록 하는 경우(제3자뇌물수수 유형)를 모두 포괄하고 있다.

이와 관련하여 **대법원**은 공중위생법에 따라 검사를 위탁받은 법인의 직원이 전자유기기구 내에 설치된 프로그램의 점검필 여부를 확인하지도 아니한 채 점검필유기기구확인표시증을 컴퓨터게임장 업주에게 함부로 교부하여 주고 그 대가로 금품을 수수하였다면 이는 부정처사 후 수뢰죄에 해당한다고 판시하였다.[40]

이 때 '**수수·요구·약속**'의 개념은 수뢰죄의 개념과, '**제3자**'의 개념은 제3자 뇌물수수죄의 개념과 동일하다.

3. 처벌

본죄를 범하면 1년 이상의 유기징역에 처하고, 위와 같이 취득한 뇌물은 모두 몰수·추징의 대상이 된다(형법 제134조, 공무원범죄몰수법 제3조, 제6조).

7 사후수뢰죄(형법 제131조 제3항)

관련조문

제131조(수뢰후부정처사, 사후수뢰) ③ 공무원 또는 중재인이었던 자가 그 재직 중에 청탁을 받고 직무상 부정한 행위를 한 후 뇌물을 수수, 요구 또는 약속한 때에는 5년 이하의 징역 또는 10년 이하의 자격정지에 처한다.

---

[40] 대법원 1999. 7. 23. 선고 99도390 판결 참조.

1. 구성요건의 주체 및 객체

본죄의 **구성요건 주체**는 '공무원 또는 중재인이었던 사람'이다. 그와 같은 신분에 있을 당시 청탁을 받아 직무상 부정한 행위를 하면 충분하다.

행위의 상대방 또한 특별한 제한이 없고, **객체**는 '뇌물'이다.

2. 구성요건적 행위

본죄의 **구성요건적 행위**는 '그 재직 중에 청탁을 받고 직무상 부정한 행위를 한 후 퇴직하고 나서 뇌물을 수수, 요구 또는 약속하는 것'이다.

공무원이 재직 하고 있을 당시 청탁을 받아 직무상 부정한 행위를 하였다면 퇴직 후에 뇌물을 수수·요구·약속하더라도 뇌물죄가 성립하도록 한 것이다. 따라서 뇌물을 실제로 수수·요구·약속 한 시점보다는 청탁을 받고 부정한 행위를 할 당시의 신분이 중요하다.

대법원은 이와 관련하여 「형법은 공무원이었던 자가 재직 중에 청탁을 받고 직무상 부정한 행위를 한 후 뇌물을 수수, 요구 또는 약속을 한 때에는 제131조 제3항에서 사후수뢰죄로 처벌하도록 규정하고 있으므로, **뇌물의 수수 등을 할 당시 이미 공무원의 지위를 떠난 경우**에는 제129조 제1항의 수뢰죄로는 처벌할 수 없고 **사후수뢰죄의 요건에 해당할 경우에 한하여 그 죄로 처벌할 수 있을 뿐**이다.」라고 판시하고 있다.[41]

이 경우에도 **'수수·요구·약속'**의 개념은 수뢰죄의 개념과, **'제3자'**의 개념은 제3자 뇌물수수죄의 개념과 동일하다.

3. 처벌

본죄를 범하면 5년 이하의 징역 또는 10년 이하의 자격정지에 처하고, 위와 같이 취득한 뇌물은 모두 몰수·추징의 대상이 된다(형법 제134조, 공무원범죄몰수법 제3조, 제6조).

---

41 대법원 2013. 11. 28. 선고 2013도10011 판결 참조.

8 **알선수뢰죄(형법 제132조)**

관련조문

> 제132조(알선수뢰) 공무원이 그 지위를 이용하여 다른 공무원의 직무에 속한 사항의 알선에 관하여 뇌물을 수수, 요구 또는 약속한 때에는 3년 이하의 징역 또는 7년 이하의 자격정지에 처한다.

1. 구성요건의 주체 및 객체

본죄의 **구성요건 주체**는 '공무원'이다. 앞에서 서술한 뇌물죄와는 달리 '중재인'이 구성요건의 주체에서 제외된다는 것이 특징이다. 이 때 '공무원'은 업무를 실제로 처리하는 다른 공무원과 직·간접적 연관관계를 가지고 있어야 하고 법률상·사실상의 영향력을 행사할 수 있는 사람이어야 한다. 실제 업무를 처리하는 공무원의 상사여야 한다거나 결재권을 가지고 있어야 할 필요는 없다.

행위의 상대방 또한 특별한 제한이 없고, **객체**는 '뇌물'이다. 다만 주의하여야 할 점은 위 뇌물의 요건인 '대가관계'는 알선수뢰죄의 경우 뇌물을 수수하는 공무원 자신의 직무와의 대가관계가 아니라 자신이 영향력을 행사할 수 있는 '**다른 공무원의 직무에 속한 사항**'의 알선에 대한 대가를 의미한다는 점이다.

2. 구성요건적 행위

본죄의 **구성요건적 행위**는 '그 지위를 이용하여 다른 공무원의 직무에 속한 사항의 알선에 관하여 뇌물을 수수, 요구 또는 약속하는 것'이다.

이 때 '**지위를 이용하여**'라 함은 다른 공무원의 직무에 영향력을 미칠 수 있는 신분 또는 지위를 사용하는 것을 말한다.

대법원은 이와 관련하여 「형법 제132조 소정의 알선수뢰죄에 있어서 "공무원이 그 지위를 이용하여"라고 함은 친구, 친족관계 등 사적인 관계를 이용하는 경우이거나 단순히 공무원으로서의 신분이 있다는 것만을 이용하는 경우에는 여기에 해당한다고 볼 수 없으나, **다른 공무원이 취급하는 업무처리에 법률상 또는 사실상으로 영향을 줄 수 있는 공무원이 그 지위를 이용하는 경우에는 여기에 해당**하고 그 사이에 반드시 **상하관계, 협동관계, 감독권한 등의 특수한 관계에 있거나 같은 부서에 근무할 것을 요하는 것은 아니다.**」라고 판시한 바 있다.[42] 다른 공무원과의 관계보다 그 공무원에게 '**사실상의 영향력**

---

42 대법원 1994. 10. 21. 선고 94도852 판결 참조.

을 행사할 수 있는지' 여부에 그 방점이 있다.

나아가 다른 공무원의 직무에 속한 사항의 알선에 관하여 그 대가로 뇌물을 수수하면 충분하므로 그 공무원의 직무에 속하는 사항에 관한 것이면 되는 것이고 그것이 반드시 부정행위라거나 그 직무에 관하여 결재권한이나 최종결정권한을 갖고 있어야 하는 것은 아니다.[43]

이 때 '수수·요구·약속'의 개념은 수뢰죄의 그것과 동일하다.

3. 처벌

본죄를 범하면 3년 이하의 징역 또는 7년 이하의 자격정지에 처한다. 위와 같이 취득한 뇌물은 모두 몰수·추징의 대상이 된다(형법 제134조, 공무원범죄몰수법 제3조, 제6조).

9 뇌물공여죄(형법 제133조 제1항)

관련조문

제133조(뇌물공여등) ① 제129조 내지 제132조에 기재한 뇌물을 약속, 공여 또는 공여의 의사를 표시한 자는 5년 이하의 징역 또는 2천만 원 이하의 벌금에 처한다. <개정 1995. 12. 29.>

1. 구성요건의 주체 및 객체

본죄의 **구성요건 주체**는 아무런 제한이 없다. 따라서 누구든지 본죄의 주체가 될 수 있다. **행위의 상대방**은 형법 제129조 내지 제132조의 각 행위의 주체이므로 양 당사자는 필요적 공범관계에 있다. **객체**는 '뇌물'이다. 따라서 위와 같은 뇌물공여행위는 공무원 등 신분자의 직무행위와 관련되어야 하고 대가관계 또한 인정되어야 한다.

2. 구성요건적 행위

본죄의 **구성요건적 행위**는 '제129조 내지 제132조에 기재한 뇌물을 약속, 공여 또는 공여의 의사를 표시하는 것'이다.

이 때 '**공여**'라 함은 상대방이 뇌물을 수수할 수 있도록 제공하는 것을 의미한다. 이 때 상대방이 반드시 뇌물수수죄가 성립하여야만 뇌물공여죄가 성립하는 것은 아니다.[44]

---

[43] 대법원 1992. 5. 8. 선고 92도532 판결 참조.
[44] 대법원 2013. 11. 28. 선고 2013도9003 판결 참조.

3. 처벌

본죄를 범하면 5년 이하의 징역 또는 2천만 원 이하의 벌금에 처한다. 위와 같이 공여한 뇌물은 모두 몰수·추징의 대상이 되는데(형법 제134조, 공무원범죄몰수법 제3조, 제6조) 통상 수뢰자로부터 이를 몰수·추징할 것이나 수뢰자가 뇌물을 소비하지 않고 그대로 공여자에게 반환한 경우에는 예외적으로 증뢰자로부터 몰수·추징한다.

10 뇌물전달죄(형법 제133조 제2항, 제1항)

관련조문

제133조(뇌물공여등) ① 제129조 내지 제132조에 기재한 뇌물을 약속, 공여 또는 공여의 의사를 표시한 자는 5년 이하의 징역 또는 2천만 원 이하의 벌금에 처한다. <개정 1995. 12. 29.>
② 전항의 행위에 공할 목적으로 제삼자에게 금품을 교부하거나 그 정을 알면서 교부를 받은 자도 전항의 형과 같다.

1. 구성요건의 주체 및 객체

본죄의 **구성요건 주체**는 아무런 제한이 없다. 따라서 누구든지 본죄의 주체가 될 수 있다. **행위의 상대방**은 뇌물공여자가 된다. **객체**는 **'뇌물'**이다. 따라서 위와 같이 뇌물전달행위의 경우 모두 공무원 등 신분자의 직무행위와 관련되어야 한다.

2. 구성요건적 행위

본죄의 **구성요건적 행위**는 '전항의 행위(뇌물공여)에 공할 목적으로 제삼자에게 금품을 교부하거나 그 정을 알면서 교부를 받는 것'이다.

이 때 증뢰자가 수뢰자에게 뇌물을 공여함에 있어 중간에 이를 전달하는 제3자가 있는 경우 제3자에게 뇌물을 건네주는 행위와 제3자가 그와 같은 사정을 알면서 이를 전달받는 행위를 처벌하는 것이다.

따라서 공무원이 취급하는 사건 또는 사무에 관하여 청탁한다는 명목으로 자신의 이득을 취하기 위하여 금품 등을 교부받은 것이 아니고, 공무원이 취급하는 사무에 관한 청탁을 받고 청탁 상대방인 공무원에게 제공할 금품을 받아 그 공무원에게 단순히 전달한 경우에는 알선수뢰죄나 증뢰물전달죄만이 성립할뿐, 변호사법 제111조 위반죄는 성립할 수 없다(변호

사법 제111조 위반죄의 경우 본편 제4장 「부패범죄」편 참조).[45]

주관적 구성요건요소와 관련하여서는 제3자가 뇌물공여자로부터 받은 금품이 수뢰자에게 공여할 것이라는 사정을 모두 알고 있어야 한다(**고의범**).

3. 죄수 및 처벌

약속·공여의 의사표시를 하고 실제로 제3자에게 수뢰자에게 건네라는 취지로 뇌물을 건네준 다음 제3자가 수뢰자에게 이를 건넨 경우에는 뇌물공여죄의 일죄만 성립한다.

본죄를 범하면 5년 이하의 징역 또는 2천만 원 이하의 벌금에 처한다. 위와 같이 공여한 뇌물은 모두 몰수·추징의 대상이 되는데(형법 제134조, 공무원범죄몰수법 제3조, 제6조) 제3자가 뇌물공여자로부터 받은 뇌물을 일부 소비하고 수뢰자에게 건네지 않는 경우 제3자가 중간에 착복한 금전을 제3자로부터 몰수·추징한다.

11 형법상 뇌물죄 가중처벌 규정(특정범죄가중법 제2조)

관련조문

특정범죄가중법 제2조(뇌물죄의 가중처벌) ① 「형법」 제129조·제130조 또는 제132조에 규정된 죄를 범한 사람은 그 수수(收受)·요구 또는 약속한 뇌물의 가액(價額)(이하 이 조에서 "수뢰액"이라 한다)에 따라 다음 각 호와 같이 가중처벌한다.
  1. 수뢰액이 1억 원 이상인 경우에는 무기 또는 10년 이상의 징역에 처한다.
  2. 수뢰액이 5천만 원 이상 1억 원 미만인 경우에는 7년 이상의 유기징역에 처한다.
  3. 수뢰액이 3천만 원 이상 5천만 원 미만인 경우에는 5년 이상의 유기징역에 처한다.
  ② 「형법」 제129조·제130조 또는 제132조에 규정된 죄를 범한 사람은 그 죄에 대하여 정한 형(제1항의 경우를 포함한다)에 수뢰액의 2배 이상 5배 이하의 벌금을 병과(倂科)한다.

특정범죄가중법은 앞에서 살펴본 형법 제129조, 제130조 또는 제132조에 규정된 죄를 범한 사람이 수수·요구 또는 약속한 뇌물의 가액에 따라 위와 같이 가중처벌하는 규정을 두고 있다. 이 때 형법 제131조(수뢰후부정처사죄, 부정처사 후 수뢰죄, 사후수뢰죄) 및 제133조(뇌물공여죄, 뇌물전달죄) 등은 제외된다.

위 수뢰액이 3천만 원 이상 5천만 원 미만인 경우는 5년 이상의, 5천만 원 이상 1억 원

---

[45] 대법원 2007. 2. 23. 선고 2004도6025 판결 참조.

미만인 경우 7년 이상의 유기징역에 각 처하고, 1억 원 이상인 경우에는 무기 또는 10년 이상의 징역에 처하며 위 각 죄가 성립하면 수뢰액의 2배 내지 5배 이하의 벌금을 병과한다.

나아가 특정범죄가중법 제2조는 앞에서 본 바와 같이 공무원범죄몰수법상 특정공무원범죄에 해당하므로 공무원범죄몰수법에 따라 위와 같이 취득한 뇌물은 모두 필요적 몰수·추징의 대상이 된다.

관련조문

공무원범죄몰수법 제2조(정의) 이 법에서 사용하는 용어의 뜻은 다음과 같다.
1. "특정공무원범죄"란 다음 각 목의 어느 하나에 해당하는 죄[해당 죄와 다른 죄가 「형법」 제40조에 따른 상상적 경합(想像的 競合) 관계인 경우에는 그 다른 죄를 포함한다]를 말한다.
   다. 「특정범죄가중처벌 등에 관한 법률」 제2조 및 제5조의 죄

---

12 범죄수익환수 및 자금세탁범죄 처벌 사례

비공무원이 공무원과 공모하여 공무원의 직무에 관하여 뇌물을 수수한 경우 뇌물죄의 공동정범으로 처벌되고 그 과정에서 범죄수익의 발생원인을 가장하고 그 처분을 가장한 경우에는 자금세탁범죄가 성립한다.[46]

이와 관련하여 **대법원**은 **뇌물로서 수수한 말(馬)**임에도 불구하고 말의 소유권을 다른 회사가 보유한 것처럼 관련 서류를 허위로 작성하고 실제 말 제공에 관한 문제가 발생하자 이미 제공한 말을 전혀 다른 말들로 교체한 사안에서, **서류를 허위로 작성한 행위**는 범죄수익의 발생원인 사실 가장행위로, **다른 말들로 교체한 행위**는 범죄수익의 처분에 관한 사실을 가장한 행위로 판시하였다.[47]

뇌물죄 및 이를 가중처벌하는 특정범죄가중법 규정은 모두 범죄수익은닉규제법상 중대범죄에 해당하므로 이를 위반하여 취득한 범죄수익을 숨기기 위하여 **그 발생원인 사실을 가장하는 행위**(허위의 문서 등 작성) 및 그 **처분을 가장하는 경우**에는 **자금세탁범죄가 함께 성립하게 된다는 점을 판시한 의미 있는 사례**다.

---

46 대법원 2019. 8. 29. 선고 2018도13792 판결 참조[이곳에서는 위 대법원 판결문에 기재되어 있는 판시 이유 중 '말'에 대한 뇌물 관련 특정범죄가중법위반(뇌물)죄와 자금세탁범죄 부분에 대해 설명한다].
47 위 대법원 2018도13792 판결 참조.

> **사례**

2. 특정범죄가중법위반(뇌물)

나) 피고인 1과 전 대통령 사이에 공모관계가 있는지 여부

원심은 피고인 1과 전 대통령 사이의 공모관계와 피고인 1의 기능적 행위지배를 인정하였다. 그 이유로 전 대통령이 공소외 2에게 공소외 1에 대한 승마 지원이라는 뇌물을 요구하고, 피고인 1은 승마 지원을 통한 뇌물수수 범행에 이르는 핵심 경과를 조종하거나 저지·촉진하는 등 피고인 1과 전 대통령의 의사를 실행에 옮기는 정도에 이르렀다는 점을 들었다.

원심판결 이유를 적법하게 채택된 증거에 비추어 살펴보면, 원심의 판단에 상고이유 주장과 같이 공동정범에서의 공모, 기능적 행위지배 등에 관한 법리를 오해하거나 논리와 경험의 법칙에 반하여 자유심증주의의 한계를 벗어나는 등의 잘못이 없다.

다) 말들이 뇌물인지 여부

(1) 뇌물죄에서 뇌물의 내용인 이익은 금전, 물품 그 밖의 재산적 이익과 사람의 수요 욕망을 충족시키기에 충분한 일체의 유형·무형의 이익을 포함한다(대법원 1979. 10. 10. 선고 78도1793 판결, 대법원 2014. 1. 29. 선고 2013도13937 판결 등 참조). **뇌물수수죄에서 말하는 '수수'란 받는 것, 즉 뇌물을 취득하는 것이다. 여기에서 취득이란 뇌물에 대한 사실상의 처분권을 획득하는 것을 의미하고, 뇌물인 물건의 법률상 소유권까지 취득하여야 하는 것은 아니다.** 뇌물수수자가 법률상 소유권 취득의 요건을 갖추지는 않았더라도 뇌물로 제공된 물건에 대한 점유를 취득하고 뇌물공여자 또는 법률상 소유자로부터 반환을 요구받지 않는 관계에 이른 경우에는 그 물건에 대한 실질적인 사용·처분권한을 갖게 되어 그 물건 자체를 뇌물로 받은 것으로 보아야 한다(대법원 2006. 4. 27. 선고 2006도735 판결 등 참조).

뇌물수수자가 뇌물공여자에 대한 내부관계에서 물건에 대한 실질적인 사용·처분권한을 취득하였으나 뇌물수수 사실을 은닉하거나 뇌물공여자가 계속 그 물건에 대한 비용 등을 부담하기 위하여 소유권 이전의 형식적 요건을 유보하는 경우에는 뇌물공여자와 뇌물수수자 사이에서는 소유권을 이전받은 경우와 다르지 않으므로 그 물건을 뇌물로 받았다고 보아야 한다. 뇌물수수자가 교부받은 물건을 뇌물공여자에게 반환할 것이 아니므로 뇌물수수자에게 영득의 의사도 인정된다.

(2) 원심은 피고인 1과 공소외 3 사이에서 2015. 11. 15.경에는 살시도와 향후 구입할 말들에 관하여 실질적인 사용·처분권한이 피고인 1에게 있다는 의사의 합치가 있었다고 보아 제1심과 마찬가지로 피고인 1이 공소외 2 등으로부터 말들 자체를 뇌물로 받았다고 판단하였다.

(3) 원심판결 이유를 적법하게 채택된 증거에 비추어 살펴보면, 원심의 판단에 상고이유 주장과 같이 뇌물수수죄에 관한 법리를 오해하거나 논리와 경험의 법칙에 반하여 자유심증주의의 한계를 벗어나는 등의 잘못이 없다. 그 이유는 다음과 같다.

(중략)

(마) 요컨대, 공소외 2는 전 대통령과 단독 면담을 할 때 전 대통령으로부터 승마 지원을 요구받고 그 직무와 관련한 뇌물을 제공하기 위하여 공소외 1에게 승마 지원을 하였다. 두 차례의 단독 면담에서 전 대통령으로부터 '좋은 말을 사줘라'는 요구를 받았고 2차 단독 면담에서 재차 요구를 받은 다음 적극적이고 신속하게 승마 지원을 진행하였다. 그 과정에서 지원의 구체적인 내용은 피고인 1 측에서 정하는 대로 이루어졌다. 전 대통령의 요구에 따라 피고인 1에게 뇌물을 제공하는 공소외 2 등으로서는 피고인 1이 가급적 만족할 수 있도록 원하는 대로 뇌물을 제공하되 그 사실이 외부에 드러나지 않도록 하는 것이 중요한 관심사였다고 볼 수 있다. 이러한 경위로 피고인 1에게 공소외 1이 탈 말과 피고인 1이 요구하는 돈을 지급한 공소외 2 등이 피고인 1로부터 말 소유권을 갖기를 원한다는 의사를 전달받고 원하는 대로 해주겠다는 의사를 밝혔으므로 양측 사이에 말을 반환할 필요가 없고 실질적인 사용·처분권한을 이전한다는 의사의 합치가 있었다고 보아야 한다.

위와 같은 합의 이후 말들에 대한 조치들은 모두 위 합의를 기초로 이루어졌다. 공소외 2 등이 공소외 6 회사의 자금으로 구입한 말들에 대한 점유가 피고인 1에게 이전되어 피고인 1이 원하는 대로 말들을 계속 사용하였다. 2015. 11. 15. 이후에는 피고인 1이 공소외 6 회사에 말들을 반환할 필요가 없었으며, 피고인 1이 말들을 임의로 처분하거나 잘못하여 말들이 죽거나 다치더라도 그 손해를 공소외 6 회사에 물어주어야 할 필요가 없다. 이러한 경우에 공소외 2 등이 피고인 1에게 제공한 뇌물은 말들이라고 보아야 한다. 이와 달리 뇌물로 제공한 것이 말들에 관한 액수 미상의 사용이익에 불과하다고 보는 것은 논리와 경험의 법칙에 반하고 일반 상식에도 어긋난다.

라) 액수 미상의 뇌물수수약속죄가 성립하는지 여부

원심은, 공소외 6 회사와 공소외 7 회사 사이의 용역계약(이하 '이 사건 용역계약'이라 한다)이 체결된 2015. 8. 26. 무렵 피고인 1과 공소외 2 등 사이에서 적어도 당초 합의한 2018년 아시안게임 때까지는 공소외 1에 대한 승마 지원을 목적으로 액수 미상의 뇌물을 주고받겠다는 확정적인 의사 합치가 있었다고 판단하였다.

원심판결 이유를 적법하게 채택된 증거에 비추어 살펴보면, 원심의 판단에 상고이유 주장과 같이 뇌물수수약속죄 등에 관한 법리를 오해하거나 논리와 경험의 법칙에 반하여 자유심증주의의 한계를 벗어나는 등의 잘못이 없다.

3. 범죄수익은닉의 규제 및 처벌 등에 관한 법률(이하 '범죄수익은닉규제법'이라 한다) 위반

가. 피고인 1의 상고이유 주장

원심은 다음과 같이 판단하였다. 이 사건 용역계약은 피고인 1이 공소외 6 회사로부터 뇌물을 받기 위한 수단에 불과한 것으로 뇌물수수가 마치 정당한 승마 지원인 것처럼 범

죄수익의 발생원인에 관한 사실을 가장하는 행위에 해당한다. 공소외 6 회사가 이 사건 용역계약을 이용하여 그 용역대금 명목의 돈을 뇌물로 제공하는 과정에서 내부품의서를 작성하는 행위도 마찬가지이다. 피고인 1이 공소외 2 등으로부터 받은 말들은 범죄수익이고, 공소외 6 회사가 ☆☆☆☆☆☆에 말을 매도하는 내용의 말 매매계약과 공소외 6 회사와 ☆☆☆☆☆ 사이에 체결된 함부르크 용역계약은 허위이므로 범죄수익의 처분에 관한 사실을 가장한 것이다. 이것은 범죄수익 발생원인에 관한 사실을 가장하는 행위에 대한 불가벌적 사후행위에 해당하지 않는다.

원심판결 이유를 관련 법리와 적법하게 채택된 증거에 비추어 살펴보면, 원심의 판단에 상고이유 주장과 같이 범죄수익의 발생원인에 관한 사실을 가장하는 행위, 범죄수익의 처분에 관한 사실을 가장하는 행위 등에 관한 법리를 오해하거나 논리와 경험의 법칙에 반하여 자유심증주의의 한계를 벗어나는 등의 잘못이 없다(대법원 2019. 8. 29. 선고 2018도13792 판결 참조).

제2절 사회적 법익에 관한 죄

1 범죄단체·집단 조직·가입·활동죄(형법 제114조)

1. 총설

범죄수익은닉규제법 별표 제1호 가목에서는 **형법 제2편 제5장 공안을 해하는 죄 중 형법 제114조의 죄**를 중대범죄로 규정하고 있다.

관련조문 ─────────

범죄수익은닉규제법 별표

중대범죄(제2조 제1호 관련)

1. 「형법」 중 다음 각 목의 죄
   가. 제2편 제5장 공안을 해하는 죄 중 **제114조**의 죄

범죄수익은닉규제법에서 범죄단체·집단에 관한 죄를 중대범죄로 규정하고 있는 것은 범죄단체·집단에 관한 죄가 사회적 법익을 해하는 범죄인바, 그와 같은 사회적 법익침해 행위를 통해 취득한 범죄수익을 근원적으로 박탈하기 위함이다.

2. 구성요건 및 처벌

관련조문 ─────────────

> 형법 제114조(범죄단체 등의 조직) 사형, 무기 또는 장기 4년 이상의 징역에 해당하는 범죄를 목적으로 하는 단체 또는 집단을 조직하거나 이에 가입 또는 그 구성원으로 활동한 사람은 그 목적한 죄에 정한 형으로 처벌한다. 다만, 형을 감경할 수 있다.

가. 구성요건의 주체 및 행위의 상대방

본죄의 **구성요건 주체**는 아무런 제한이 없으므로 누구든지 본죄의 주체가 될 수 있다. 나아가 **행위의 상대방** 또한 아무런 제한이 없다. 구성요건적 행위가 범죄단체 또는 집단을 조직하여 가입 및 활동하는 것이므로 특별히 행위의 상대방을 상정하기 어렵다.

나. 구성요건적 행위

본죄의 **구성요건적 행위**는 범죄단체 또는 집단을 조직하거나 이에 가입 또는 그 구성원으로 활동하는 것이다.

범죄단체조직·가입·활동죄가 성립하기 위해선 ① 사형, 무기 또는 장기 4년 이상의 징역에 해당하는 범죄를 목적으로 ② 계속적인 결합체 내지 최소한의 통솔체계(㉠ 인적·물적 설비, ㉡ 수괴, 간부, 가입자 등 조직원들의 지위 구분, ㉢ 내부질서 유지체계, ㉣ 내부질서 유지행위의 존재)를 구비하여 ③ 범죄단체를 조직, 가입하고 활동하는 행위가 있어야 한다.[48]

이 때 범죄 「**단체**」와 범죄 「**집단**」은 명확히 구별됨을 주의하여야 한다. 학설로는 집단과 단체는 '조직성' 및 '통솔체계'를 기준으로 구별된다는 견해,[49] 집단은 단체를 주도하는 통솔체계를 갖추지 못했다는 점에서 다르다는 견해[50] 등이 있고, **대법원**은 **최근 범죄단체와 범죄집단은 엄연히 구분된다고 판시**하면서 다음과 같은 구별 기준을 제시하고 있다.

---

48 대법원 2017. 10. 26. 선고 2017도8600 판결 등 다수
49 임웅, 형법각론(제6정판), 2015, 585면 참조.
50 이재상 외 2, 형법각론(제10판), 2017, 495면 참조.

형법 제114조에서 정한 '범죄를 목적으로 하는 단체'란 특정 다수인이 일정한 범죄를 수행한다는 공동 목적 아래 구성한 계속적인 결합체로서 그 단체를 주도하거나 내부의 질서를 유지하는 최소한의 통솔체 계를 갖춘 것을 의미한다(대법원 2016. 5. 12. 선고 2016도1221 판결). **(중략)** 형법 제114조에서 정한 '범죄를 목적으로 하는 집단'이란 특정 다수인이 사형, 무기 또는 장기 4년 이상의 범죄를 수행한 다는 공동목적 아래 구성원들이 정해진 역할분담에 따라 행동함으로써 **범죄를 반복적으로 실행할 수 있 는 조직체계를 갖춘 계속적인 결합체를 의미한다. '범죄단체'에서 요구되는 '최소한의 통솔체계'를 갖출 필요는 없지만, 범죄의 계획과 실행을 용이하게 할 정도의 조직적 구조를 갖추어야 한다**(대법원 2020. 8. 20. 선고 2019도16263 판결 참조).

즉 **범죄단체**는 '**최소한의 통솔체계**'를 구비하여야 하나, **범죄집단**은 통솔체계 없이 '**조 직적 구조**'를 갖추면 충분하므로 해당 단체가 범죄단체에 이를 정도인지 범죄집단에 해당 하는지 구분하여야 한다는 것이다. 이하에서는 범죄단체 또는 집단의 성립요건에 대해 상세 히 살펴본다.

1) 사형, 무기 또는 장기 4년 이상의 징역에 해당하는 범죄를 범할 목적이 있을 것

형법상 범죄단체가 성립하기 위해서는 범죄단체를 통해 범하려 하는 범죄의 법정형이 사 형, 무기 또는 장기 4년 이상에 해당해야 한다. 법정형이 장기 4년 이상인 범죄이므로 선고 형이 4년 미만이어도 무방하고, 형의 단기의 존재 여부는 상관이 없다. 위 범죄들은 형법 또는 특별법에 규정된 범죄여도 무방하다. 또한 본죄는 위와 같은 **중대한 범죄를 저지르기 위한 고의뿐만 아니라 목적을 요구**하는데 이와 관련하여 판례는 본 죄의 목적을 다음과 같이 판시하고 있다.[51]

폭력행위등처벌에관한법률 제4조(단체등의 조직) 소정의 범죄단체는 같은 법 소정의 범죄를 한다는 공 동목적 하에 특정다수인에 의하여 이루어진 계속적이고도 최소한의 통솔체제를 갖춘 조직화된 결합체를 말하고, 같은 법조 소정의 **범죄집단은 같은 법에서 규정하고 있는 폭력 등 범죄의 실행을 공동목적으로 한 다수 자연인의 결합체를 의미하는 것으로서** 위의 범죄단체와는 달라서 계속적일 필요는 없고 **위의 목적 하에 다수자가 동시에 동일 장소에 집합되어 있고, 그 조직의 형태가 위 법조에서 정하고 있는 수**

51 대법원 1976.12.14. 선고 76도3267 판결, 1978.11.28. 선고 78도2586 판결, 1983.12.13. 선고 83도2605 판결, 대법원 1987. 3. 24. 선고 87도157, 87감도15 판결 각 참조.

괴, 간부, 가입자를 구분할 수 있는 정도로 결합체를 이루고 있어야 하는 것이며, 단순히 위 폭력 등의 범죄를 예비, 음모하거나 또는 그 범죄의 모의에 가담하여 실행행위의 분담을 정함에 불과하거나 실행행위를 하였다는 사실만으로는 위와 같은 폭력의 범죄단체를 조직하거나 범죄집단을 구성한 것이라고 할 수 없다(대법원 1991. 1. 15. 선고 90도2301 판결 참조).

여기서 판례는 단순한 소극적인 가담행위, 실행행위의 분담을 넘는 **'단체 구성원들의 공동의 목적'**을 요구하고 있음을 주의하여야 한다.

나아가 **불법적 범죄의 목적에 대해서는 조직원들의 명확한 인식을 요구**한다. 따라서 조직에 소속되어 일을 할 당시부터 위와 같은 중대한 범죄를 함께 한다는 명확한 인식이 필요한데 통상적으로 담당하는 업무에 대해 교육을 받거나, 업무의 방식이 극히 이례적이어서 범죄로 충분히 인식할 수 있을 정도는 되어야 한다.[52] 즉 ① 처음부터 불법적인 활동을 할 목적으로 단체가 조직되거나, ② 합법적인 목적을 가장하고 있다고 하더라도 차명사용, 점조직 형태의 조직 운영, 불법적인 행동 매뉴얼의 존재, 단속에 대한 대응책 마련 등 비정상적인 운영이 있었고 이를 조직원들이 인식하였다는 점에 대한 입증이 필요하다.[53] 범죄를 위한 단체를 조직하였다 하더라도 그 목적이 인정되지 않으면 범죄단체로 처벌할 수 없다는 것이다.

중고차 판매사기 범죄단체조직 사건[54]

(전략) ⑦ 피고인들은 중고차를 파는 과정에서 어느 정도 불법적인 요소가 동원된다는 점을 인식하였지만, 인천에 있는 다른 중고차매매상사에서도 그러한 수법들이 종종 사용되었을 뿐만 아니라 적발되더라도 대체로 자동차관리법위반죄로 벌금형 정도의 처벌이 이루어졌기 때문에 가볍게 생각하고서 외부사무실에 들어오게 된 경향이 있고(피고인들은 스스로 판단하기에도 불법의 정도가 큰 강요의 수법을 사용하면 중하게 처벌을 받으니 이러한 수법을 사용하는 것은 삼가자는 인식을 가지고 있었다), 따라서 **단체 목적의 위법성에 대한 인식의 측면에서 볼 때에도 피고인들은 이 사건 외부사무실이 사기 범죄를 목적으로 한 단체라는 점에 대한 인식이 부족하였던 것으로 볼 수 있는 점 등의 사정에 비추어 보면 이 사건 외부사무실이 형법 제114조에서 정한 '범죄를 목적으로 하는 단체'에 이르렀다고 보기 어렵다**(후략).

---

52 서울동부지방법원 2018. 6. 11. 선고 2018고단253 판결 참조(출처: 대법원 종합법률정보 판례, <u>이하 이 책에서 소개하는 모든 하급심 판결의 경우 대법원 대국민서비스에서 열람·제공받거나 대법원 종합법률정보 판례시스템에 게재된 판례, 또는 논문과 참고문헌에 언급된 판례를 인용하여 소개하였다. 이하 같다.</u>)

53 같은 취지, 하담미, "보이스피싱 조직의 범죄단체 의율에 관한 제문제", 형사법의 신동향, 대검찰청(2018), 351면 참조.

2) 특별법상 범죄단체·집단의 구성요건에 해당하지 않을 것

한편 형법상 범죄단체조직죄에 대한 특별규정이 존재하는 아래와 같은 경우에는 형법 제114조가 아닌 각 특별법 규정에 따른 죄로 봄이 옳다. 범죄수익은닉규제법 별표 제21호는 폭력행위등처벌에관한법률(이하, '폭력행위처벌법'이라 한다) 제4조를 중대범죄로 규정하고 있는데 이는 위 형법 제114조의 특별규정에 해당한다.[55]

관련조문

범죄수익은닉규제법 별표

3. 「성매매알선 등 행위의 처벌에 관한 법률」 제22조의 죄

21. 「폭력행위 등 처벌에 관한 법률」 제2조부터 제4조까지

45. 「국민보호와 공공안전을 위한 테러방지법」 제17조 제1항의 죄

☞ **성매매알선처벌법 제22조(범죄단체의 가중처벌)** 제18조 또는 제19조에 규정된 범죄를 목적으로 단체 또는 집단을 구성하거나 그러한 단체 또는 집단에 가입한 사람은 「폭력행위 등 처벌에 관한 법률」 제4조의 예에 따라 처벌한다.

☞ **폭력행위처벌법 제4조(단체 등의 구성·활동)** ① 이 법에 규정된 범죄를 목적으로 하는 단체 또는 집단을 구성하거나 그러한 단체 또는 집단에 가입하거나 그 구성원으로 활동한 사람은 다음 각 호의 구분에 따라 처벌한다.

1. 수괴(首魁): 사형, 무기 또는 10년 이상의 징역

2. 간부: 무기 또는 7년 이상의 징역

3. 수괴·간부 외의 사람: 2년 이상의 유기징역

③ 타인에게 제1항의 단체 또는 집단에 가입할 것을 강요하거나 권유한 사람은 2년 이상의 유기징역에 처한다.

④ 제1항의 단체 또는 집단을 구성하거나 그러한 단체 또는 집단에 가입하여 그 단체 또는 집단의 존속·유지를 위하여 금품을 모집한 사람은 3년 이상의 유기징역에 처한다.

☞ **테러방지법 제17조(테러단체 구성죄 등)** ① 테러단체를 구성하거나 구성원으로 가입한 사람은 다음 각 호의 구분에 따라 처벌한다.

1. 수괴(首魁)는 사형·무기 또는 10년 이상의 징역

2. 테러를 기획 또는 지휘하는 등 중요한 역할을 맡은 사람은 무기 또는 7년 이상의 징역

---

54 인천지방법원 2018. 12. 10. 선고 2018고단4303, 7941(병합) 판결 참조. 해당 판결은 위 범죄단체와 범죄집단의 구별에 관한 대법원 2019도16263 판결에서 해당 중고차 판매 조직은 범죄단체에 이를 정도는 되지 아니하나 범죄집단에 해당한다는 이유로 파기 환송되었다.

55 현행법상 범죄단체 및 범죄집단의 규율과 관련하여, 김민석, "범죄단체의 규범적 개념 및 범죄집단의 해석론", 법조 제68권 제2호(통권 제734호)(2019), 120면 이하 참조.

3. 타국의 외국인테러전투원으로 가입한 사람은 5년 이상의 징역

4. 그 밖의 사람은 3년 이상의 징역

② 테러자금임을 알면서도 자금을 조달·알선·보관하거나 그 취득 및 발생원인에 관한 사실을 가장하는 등 테러단체를 지원한 사람은 10년 이하의 징역 또는 1억 원 이하의 벌금에 처한다.

③ 테러단체 가입을 지원하거나 타인에게 가입을 권유 또는 선동한 사람은 5년 이하의 징역에 처한다.

⑥ 「형법」 등 국내법에 죄로 규정된 행위가 제2조의 테러에 해당하는 경우 해당 법률에서 정한 형에 따라 처벌한다.

따라서 폭력행위처벌법상 범죄단체조직죄를 적용하는 경우 형법 제114조는 적용이 배제된다고 새김이 옳고, 이는 국민보호와 공공안전을 위한 테러방지법, 성매매알선등 행위의 처벌에 관한 법률 등 특별법이 규정하고 있는 범죄단체조직죄의 경우에도 마찬가지로 해석하여야 한다.

결국 구성된 조직이 형법 또는 다른 특별법상 범죄단체에 해당하는지 명확히 하여 해당 규정을 적용하고, 이와 같은 범죄단체 조직행위가 범죄수익은닉규제법상 중대범죄에 해당하는 경우라면 그 범죄행위로 생긴 재산과 보수로 얻은 재산은 범죄수익으로서 환수할 수 있다.[56]

3) 계속적인 결합체 및 최소한의 통솔체계(범죄단체의 경우)가 있을 것

가) 인적·물적 설비의 구비 및 조직원 사이의 명확한 지휘 구분

범죄단체·조직이 성립하기 위해선 어느 정도의 **기본적인 인적·물적 설비를 갖추고 본사(또는 본부, 센터), 하부조직(지점, 지원) 등의 구성**을 갖추어야 한다. 이와 같은 구성을 유지하여야만 계속적인 결합체로 인정될 수 있기 때문이다.

나아가 범죄단체·집단이 성립하기 위해선 인적, 물적 설비를 갖추고 있는 것에 더하여 인적 구성원 상호간 위계질서가 뚜렷해야 한다. 다만, 폭력행위처벌법에 규정되어 있는 폭력단체와는 달리 엄격한 수직적 질서를 요구하는 것은 아니고 그 범죄의 실행행위를 분담할 수 있는 체계를 구비하여야 한다는 것이다. 각 단체마다 부르는 용어가 다르지만 하급심 판결을 통해 보면 다음과 같은 사례들이 발견된다.

---

56 위 대법원 2017도8700 판결 참조. 한편, 대법원 2016. 5. 12. 선고 2016도122 판결은 국내에서 보이스피싱 조직을 범죄단체로 인정하여 처벌한 첫 사례에 해당한다(하담미, 앞 논문, 332면 참조).

┌─ **조직원 사이 명칭구분 사례** ─────────────────────────┐

① 보이스피싱 범죄단체: 총책 – 간부급 조직원 – 상담원 – 현금인출책

② 불법 도박사이트 범죄단체: 사장(최고관리자) – 본부장 – 과장 – 팀장 – 조직원

③ 불법 유사수신행위 범죄단체: 총괄대표 – 지역대표 – 팀장 – 팀원

④ 상습절도 범죄단체: 두목 – 행동대원 – 팀원(장물 처분담당)

└──┘

나) 내부질서 유지행위

(1) 규범의 존재 여부

범죄단체가 성립하기 위해서는 **내부질서 유지를 위한 규범**이 있어야 한다. 위에서 살펴본 바와 같이 **대법원**은 최근 판시에서 범죄단체와 범죄집단을 구분하면서 그 구분 기준으로 '최소한의 통솔체계'를 갖추었는지 여부를 제시한 바 있다.[57] 위 '최소한의 통솔체계'의 존재 여부를 판단하는 기준은 위 내부질서 유지행위로 봄이 상당하다. 인적, 물적 설비와 조직원 사이의 위계질서뿐만 아니라 그 질서를 확실하게 다지는 규범의 존재가 단체와 집단을 구분하는 기준이라는 것이다.

위 내부규범은 반드시 문서로 된 매뉴얼이 존재할 필요는 없고, 단체의 계속적인 유지와 존속을 위한 신규조직원 영입과 교육 등 조직의 지휘체계 유지를 통한 목적 수행을 위한 방안이 구비되어 있어야 한다.

대표적인 사례로는 ① 「간부급 조직원들이 신규 조직원들에게 범행방법이 기재된 매뉴얼을 지급하고 시범을 보이는 등 범행방법을 교육」한 사례,[58] ② 중간간부들이 팀원들에게 「대표나 팀장에게 90도로 인사하기, 대표나 팀장의 명령에 무조건 순응하기, 배신금지 등의 규범을 반복적으로 교육」한 사례 등이 있다. 그런데 ③ **'지각비'** 제도가 존재하였으나 성실한 근무를 독려하는 차원이었고 해당 제도는 다른 중고차 매매상사에서도 존재한 점, 지각비를 내기 싫은 사람들은 자유로이 거절의사를 표시한 점에 비추어 '지각비'라는 제도의 존재만으로 내부규범이 있었다고 보기 어렵다고 판시한 사례도 있다.[59] 다만 해당 사례에서 **대법원**은 **중고차량 불법판매 집단을 범죄를 목적으로 하는 '범죄집단'에 해당한다는 점은 인정**하여 전부 무죄를 선고한 원심을 파기 환송하였다.[60]

---

57 앞서 살펴본 대법원 2020. 8. 20. 선고 2019도16263 판결 참조.

58 김민석 앞의 논문, 140면 이하 및 서울고등법원 2017. 5. 19. 선고 2017노209 판결 참조.

59 대법원 2020. 9. 7. 선고 2020도7915 판결 참조.

60 위 대법원 2020도7915 판결 참조(원심: 인천지방법원 2020. 5. 29. 선고 2019노4317 판결).

(2) 가입과 탈퇴의 제한 여부

범죄단체가 성립하기 위하여는 **가입과 탈퇴의 자유가 제한**되어야 한다. 범죄단체의 가장 주요한 특징 중 하나다. 다만 형법상 범죄단체의 경우, 폭력행위처벌법상 범죄단체와는 달리 가입활동 및 탈퇴의 과정에서 그 의사를 억압할 정도의 폭행이나 협박 등이 없었다고 하더라도 구성원 상호간 경제적 이익 추구를 기반으로 통솔체계를 유지한 경우라면 사실상 가입과 탈퇴가 제한된다고 보고 있다.

주요한 사례로는, ① 보이스피싱 범죄단체 사안에서, 「중국 콜센터 상담원은 중국 도착 즉시 중간관리자가 여권을 제출받아 관리한 점, 중국 내 이동에도 통제를 받고 상담원을 그만두기 위해서는 보이스피싱 피해금 중 일부를 반환하거나 정산을 요구받으므로 탈퇴가 자유롭지 못하였을 뿐만 아니라 탈퇴시 조직에 대해 함구를 요구받았으므로 탈퇴의 자유가 제한된다.」고 본 사례,[61] ② 유사수신행위 범죄단체 사안에서, 「총괄대표가 팀 내부의 배신자를 관리하고 배신자에 대한 보복을 지시하는 등의 경우 탈퇴의 자유가 제한된다.」고 판시한 사례 등이 있다.[62]

(3) 수익의 분배

경제적 이익을 추구하는 범죄단체의 특성상 **수익의 분배는 내부질서의 중요한 유지 방안**이다. 일반적인 회사와 같이 지위와 역할에 따라 급여에 차이를 두고 감봉, 급여 삭감 등의 경제제재를 통해 조직을 유지하는 방법을 쓴다.

이와 관련하여서는 「보이스피싱 범행 실적에 따라 조직원들에게 수당 내지 월급을 지급하고, 이미 피해를 입은 피해자에게 다시 전화하여 추가로 금원을 편취하면 편취금원의 10~15%를 기존 상담원과 절반씩 분배 받으며, 팀장은 전체 수익금의 3~5%를 추가로 분배받는 등의 방법으로 범죄수익을 분배」한 사례가 있다.[63]

4) 조직, 가입, 활동행위가 있을 것

구성요건적 행위로서 조직, 가입 및 활동행위가 요구된다. '**조직**'은 특정·다수인의 의사연락 하에 계속적 결합체를 구성하는 것이고, '**가입**'은 이미 조직된 단체의 취지에 동조하여 구성원으로서 참가하는 것을, '**활동**'은 범죄단체의 존속 및 유지를 지향하는 적극적인 행위를 의미한다.[64]

---

61 대법원 2016. 5. 12. 선고 2016도1221호 판결 참조(원심: 대구지방법원 2015노3655 판결).
62 대법원 2018. 10. 25. 선고 2018도11644 판결 참조(원심: 창원지방법원 2018노37 판결).
63 서울중앙지방법원 2020. 6. 18. 선고 2020노338 판결 참조(원심: 서울중앙지방법원 2019고단6194 판결).
64 임웅, 앞의 책, 585면 이하 참조. 같은 취지, 대법원 2009. 9. 10. 선고 2008도10177 판결 참조.

따라서 범죄단체 또는 집단의 수괴나 간부 등 상위 구성원으로부터 모임에 참가하라는 등의 지시나 명령을 소극적으로 받고 이에 단순히 응하는데 그친 경우, 구성원 사이의 사적이고 의례적인 회식이나 경조사 모임 등을 개최하거나 참석하는 경우 등은 '활동'에 해당한다고 볼 수 없다.[65]

다. 처벌

본죄를 범하면 사형, 무기 또는 장기 4년 이상의 징역에 해당하는 범죄에 정한 형으로 처벌한다. 다만 그 형을 감경할 수 있다. 나아가 앞에서 본 바와 같이 위 범죄는 범죄수익은닉규제법상 중대범죄에 해당하고 그 행위를 통해 취득한 범죄수익은 임의적 몰수·추징의 대상이므로 환수 대상이다.

3. 대표 사례

위에서 본 바와 같이 판례에서 범죄단체로 인정한 사례는 다음과 같다. 대표적인 인정례와 부정례의 비교를 통해서 법원의 입장을 알아둘 필요가 있다.

긍정례	부정례
[중고차 판매 사기 사건] ① 외부 독자적 사무실 존재 ② 직원이 20명에서 40명 정도로 구성(팀장은 3명에서 6명) ③ 대표, 팀장, 팀원(출동조, 전화상담원) 조직 ④ 업무 보고시스템 구축 ⇒ 범죄집단으로 인정(대법원 2020. 8. 20. 선고 2019도16263 판결 참조[66]	[가상코인 판매 사기 사건] ① 관련자가 총 10명에 불과 ② 임원회의에 임원들의 참석이 강제되지 않고 내부규범이 없음 ③ 구성원은 언제나 자유롭게 회사를 그만둘 수 있는 사정이 있었던 점 ⇒ 대법원 2019. 1. 30. 선고 2019도3030[원심: 인천지방법원 2018고단251호, 2018노2951호(대법원 확정)]

---

65 위 대법원 2008도10177 판결 참조.

66 단 해당 판결에서는 「…이 사건 외부사무실은 특정 다수인이 사기범행을 수행한다는 공동목적 아래 구성원들이 대표, 팀장, 출동조, 전화상담원 등 정해진 역할분담에 따라 행동함으로써 사기범행을 반복적으로 실행하는 체계를 갖춘 결합체, 즉 형법 제114조의 '범죄를 목적으로 하는 집단'에 해당한다.…」고 판시하여 **범죄집단에 해당**한다고 판시하였으나, 최소한의 통솔체계를 갖추지는 못하였다고 보아 **범죄단체에는 해당하지 않는다고 판단**하였다.

[보이스피싱 사기조직 사건]	[중고차 판매 사기 사건]
① 국내와 중국에 보이스피싱 콜센터 조직(3개팀: 상담, 콜센터, 현금인출팀)	① 각 구성원들이 대체적으로 상호간의 친분관계를 바탕으로 개별적 팀을 구성
② 직원이 30명에서 40명 정도로 구성	② 각 팀별 수익활동을 위주로 활동하였을 뿐 지휘 또는 명령, 복종체계 없음
③ 총책, 관리책임자(이사), 중간관리자(팀장), 상담원, 현금인출책 구성	③ 지각비 제도는 내부적인 규율에 이르렀다고 보이지 않음
④ 대포폰을 이용한 업무 보고시스템 구축	④ 구성원들의 가입 및 탈퇴도 자유로웠음
⇒ 범죄단체로 인정(대법원 2016. 5. 12. 선고 2016도1221호 판결 참조[67])	⑤ 사무실 전체 차원의 범행수법에 대한 교육이 이루어지지 않았음

[불법 대부업체 범죄단체 사건]	※ 단, 아래와 같은 사정이 인정되어 대법원은 범죄단체 아닌 범죄집단으로 판단[68]
① 면담팀, 수금팀, 인출팀, 콜팀, 경리팀 구성	① 외부 독자적 사무실 존재
② 직원이 약 60명으로 구성	② 직원이 20명에서 40명 정도로 구성(팀장은 3명에서 6명)
③ 총책, 과장, 팀장, 대리, 주임 등 회사조직	③ 대표, 팀장, 팀원(출동조, 전화상담원) 조직
④ 주임부터 총책까지 보고절차 및 조직원 이탈시 보복하는 수법 사용	④ 업무 보고시스템 구축
⑤ 대포폰과 대포통장만을 사용하고, 수사기관 검거시 상선 진술거부등 행동강령 마련	
⇒ 범죄단체로 인정(대법원 2019. 4. 23. 선고 2019도2641호 판결 참조[69])	

4. 자금세탁범죄 처벌 사례

형법상 범죄단체·집단의 조직·가입·활동죄는 범죄수익은닉규제법상 중대범죄이므로 해당 범죄로 생긴 재산, 보수로 얻은 재산을 세탁하는 경우 범죄수익은닉규제법상 자금세탁범죄가 성립한다.

자금세탁행위는 ① 범죄수익등의 취득·처분가장행위(동법 제3조 제1항 제1호), ② 범죄수익의 발생원인 사실 가장행위(동조 제1항 제2호), ③ 특정범죄 조장 및 적법한 재산으로 가장할 목적의 은닉행위(동조 제1항 제3호), ④ 범죄수익등의 수수행위(동법 제4조)로 구성된다.

이러한 **자금세탁범행의 대표적 사례**로는 ① 범행에 차명계좌 내지 대포계좌를 사용하여 범죄수익등의 취득 및 처분을 가장하는 사례, ② 범죄단체 및 집단에서 일을 하고 그 보수를 지급받으면서 이를 차명계좌로 입금받는 사례, ③ 해외에서 범행을 하고 국내로 환치기와 같은 비정상적인 방법으로 금원을 송금하고, 이를 국내에서 현금으로 출금하여 보관함으

---

67 이 사안은 보이스피싱 조직을 형법상 범죄단체로 인정하여 처벌한 최초의 사례로 소개되고 있다(하담미, 앞의 논문 참조).

68 대법원 2020. 8. 20. 선고 2019도16263 판결 참조.

69 대법원 판결의 원심은, 서울동부지방법원 2019. 1. 24. 선고 2018노827 판결 참조(1심: 서울동부지방법원 2018고단253).

로써 은닉하는 사례, ④ 범죄단체 및 집단에서 사용하는 대포통장 등을 공급하여 주고 그 대가를 수수하는 사례 등이 있다.

가. 대포통장 사용을 통한 범죄수익 취득·처분 가장 사례

위에서 언급한 범죄단체들은 통상적으로 국내에서 대포계좌를 판매하는 속칭 '장집'을 통해서 수십 내지 수백 개의 대포계좌를 가져와 피해금원을 입금받는 용도로 사용한다. 이와 같이 보이스피싱 조직을 갖추고 피해자를 기망한 다음 피해자들로부터 대포통장으로 금원을 지급받음으로써 범죄단체활동을 통해 벌어들인 범죄수익등의 취득에 관한 사실을 가장하는 경우 범죄수익은닉규제법위반죄로 처벌된다.[70]

나. 현금수거책을 통한 범죄수익 취득·처분 가장 사례

범죄단체를 구성한 조직원들이 현금 수거책을 통하여 피해자들을 통해 현금을 수금한 다음 불상의 대포계좌로 입금하도록 하는 방법으로 취득하는 경우, 이 또한 대포통장을 이용한 자금세탁범죄에 해당한다. 직접 피해자들로부터 대포계좌로 피해금을 지급받든, 현금수거책을 통해 현금을 지급받아 대포계좌로 입금하든 관계없이 모두 자금세탁범죄로 처벌대상이 된다.

다. 특정범죄 조장 또는 적법하게 취득한 재산 가장목적 은닉 사례

범죄수익등 은닉이라 함은 「범죄수익등의 특정, 추적 또는 발견을 불가능하게 하거나 현저히 곤란하게 하는 행위로서 통상의 보관방법이라고 보기 어려운 경우」를 의미한다.[71] 이 때, 은닉행위의 방법에는 제한이 없으므로 ① 소재나 소유관계를 불분명하게 하는 경우, ② 성질을 변경하거나 출처를 알 수 없게 하는 경우, ③ [현금 → 수표 → 현금 → 수표] 등과 같이 순차적으로 금원을 교환하는 경우 모두 은닉행위에 해당한다.[72]

결국 범죄수익의 특정이나 수사기관의 추적·발견을 어렵게 하는 일련의 과정을 모두 은닉행위로 파악함이 상당하다. 다만 「적법하게 취득한 재산으로 가장할 목적」의 해석과 관련하여 범죄수익등의 출처에 관한 수사를 방해하거나 범죄수익의 몰수를 회피할 의사가 있었다고 하더라도 단순히 공범으로부터 교부받은 109억 원 상당의 돈을 땅에 묻은 소극적

---

70 서울중앙지방법원 2020. 6. 17. 선고 2020노374 판결 참조(대법원 2020도8979 판결로 확정).
71 대법원 2004. 12. 10. 선고 2004도5652 판결 참조.
72 자금세탁범죄 해설과 판례, 법무부, 2011, 109면 이하 참조.

행위만으로 적법하게 취득한 재산으로 가장할 목적이 있다고 보기 어렵다는 법원의 판시가 있어 소개한다.

판례|73

(전략) 나. 먼저, 피고인들에게 '특정범죄를 조장할 목적'이 있었는지에 관하여 본다.

'특정범죄를 조장할 목적'은 특정범죄의 범죄행위를 용이, 촉진 또는 확대하는데 지원할 목적을 의미하고, 조장의 대상이 반드시 특정범죄의 중요부분일 필요가 없고 특정범죄가 조장된 결과가 실제로 발생할 것이 요구되지도 않으며, 범죄수익이 발생한 특정범죄와 동일할 필요도 없고, 장래의 범죄라 하더라도 은닉행위 당시에 반드시 구체적 범죄계획이 있을 것을 요하지 않는다. 그리고 위 목적은 특정범죄를 조장한다는 결과발생을 희망·의욕할 필요까지는 없고, 결과발생에 대한 미필적 인식으로 족하다.

(중략) 피고인들은 F로부터 인터넷 불법 도박사이트를 운영하여 번 돈을 숨겨달라는 부탁을 받고 112억 3,474만 원 상당을 수수한 사실, 그러나 피고인들은 F가 어떠한 방법으로 이와 같은 거액의 돈을 벌었는지 그 구체적 내용은 알지 못하였는데, 그 후 F의 지시에 따라 그 중 109억 7,874만 원 상당의 돈을 흙에 파묻은 사실, 피고인들은 위와 같은 거액의 돈을 보관하면서도 F로부터 생활비 명목으로 1억 5,600만 원을 받은 외에는 달리 대가를 받지 아니한 사실을 인정할 수 있는바, 위 인정사실에 비추어 보면, 피고인들은 단지 F의 부탁을 받고 돈을 보관한 것으로서 단지 돈의 보관 장소로서 이용된 것에 불과한 것으로 보이고, 피고인들에게 특정범죄를 용이, 촉진 또는 확대하는데 지원할 목적이 있었다고 보기 어려우며, 더 나아가 피고인들에게 특정범죄를 조장한다는 결과발생에 대한 미필적 인식이라도 있었다고 보기 어렵고, 달리 이를 인정할 만한 증거도 없다.

다. 한편, 피고인들에게 '적법하게 취득한 재산으로 가장할 목적'이 있었는지에 관하여 본다.

'적법하게 취득한 재산으로 가장할 목적'에는 특정범죄의 발견 또는 범죄수익등의 출처에 관한 수사를 방해하거나 범죄수익등의 몰수를 회피할 목적이 포함되지만, 한편, 형벌법규의 해석은 엄격하여야 하고 명문규정의 의미를 피고인에게 불리한 방향으로 지나치게 확장해석거나 유추해석 하는 것은 죄형법정주의의 원칙에 어긋나는 것으로서 허용되지 않는바(대법원 2010. 12. 23. 선고 2008도2182 판결), 범죄수익등의 출처에 관한 수사를 방해하거나 범죄수익등의 몰수를 회피하기 위한 행위에 해당한다고 하여 이에 해당하는 모든 행위에 이와 같은 목적이 있다고 인정할 것은 아니고, **'적법하게 취득한 재산으로 가장'하는 행위의 범주 내로 평가될 수 있어야 비로소 이와 같은 목적이 있다고 보아야 한다.**

즉, **범죄수익등을 단순히 땅에 파묻거나 자신만이 아는 은밀한 장소에 은닉하는 행위는 그 출처에 관한 수사를 방해하고 몰수를 회피하는 행위에 해당한다고 볼 것이지만, 범죄수익등으로 얻은 현금을 채권, 외화 또는 자기앞수표로 교환하여 그 형태를 변경하는 행위, 차명계좌를 이용한 은닉행위 등과는 달리 소극적으로 출처를 숨기는 행위에 불과하고, 이러한 소극적인 행위만으로는 범죄수익등이 적법하게 취득한 재산으로 변질된다거나 적법하게 취득한 재산으로 가장된다고 보기도 어려우므로, '적법하게 취득한 재산으로 가장'하는 행위의 범주 내로 평가할 수 없다.**

---

73 전주지방법원 2011. 8. 10. 선고 2011고합85 판결 참조(대법원 2011도14737 판결로 확정).

결국 은닉죄의 성립이 문제가 되는 경우는 뚜렷한 가장행위[74]가 존재하지 않는 경우로 한정된다. 왜냐하면 위와 같은 범죄로 벌어들인 수익은 가장행위를 거쳐 은닉되는 경우가 대부분이므로 범죄수익은닉규제법 제3조 제1항 제1호의 취득 및 처분가장행위와 제3호의 은닉행위가 일련의 행위로 이어지게 되고 이러한 경우 포괄하여 하나의 죄만 성립하기 때문이다.[75]

따라서 실무상 보이스피싱 사범들의 위와 같은 자금세탁행위는 범죄수익은닉규제법 제3조 제1항 제3호를 의율하지 아니하고 대부분 제3조 제1항 제1호를 의율하여 처벌하고 있다.

5. 범죄수익환수 사례

가. 별개의 독자적 법익을 침해하므로 추징 가능(판례)

범죄단체·집단의 조직·가입 및 활동으로 인하여 형법 제114조의 죄가 성립하는 경우 이러한 범죄로 인하여 취득한 재산은 추징의 대상이 된다. 한편 범죄수익은닉규제법에서 범죄피해재산은 원칙적으로 추징할 수 없다고 규정하고 있는데,[76] 형법 제114조 위반죄는 통상적으로 범죄피해자가 존재하는 사기죄와 함께 성립하는 경우가 많으므로 이 때 취득한 범죄수익등을 추징할 수 있을 것인지 문제가 된다.

이에 대하여 추징 가능 여부에 견해의 대립이 있었으나, **대법원**은 보이스피싱으로 취득한 범죄수익이 범죄피해재산이라고 하더라도 동시에 독자적 법익을 침해하는 경우에는 추징의 대상이 된다고 판시하여 법리를 확립하였다.[77]

같은 취지에서 **대법원**은 사기죄와 범죄수익은닉규제법위반죄 및 상표법위반죄가 함께

---

74 위 판결문에서도 언급하고 있는 바와 같이, 차명계좌 사용, 범죄수익의 현금을 채권, 외화, 자기앞수표로 교환하는 행위 등의 가장행위를 일컫는다.

75 같은 취지, 범죄수익환수 실무연구, 서울중앙지방검찰청, 2019, 431면 이하 참조.

76 **범죄수익은닉규제법 제8조(범죄수익등의 몰수)** ③ 제1항에도 불구하고 같은 항 각 호의 재산이 범죄피해재산(**재산에 관한 죄**, 「특정범죄 가중처벌 등에 관한 법률」 제5조의2 제1항 제1호·제2항 제1호의 죄 또는 「채무자 회생 및 파산에 관한 법률」 제650조·제652조 및 제654조의 죄에 해당하는 범죄행위에 의하여 그 피해자로부터 취득한 재산 또는 그 재산의 보유·처분에 의하여 얻은 재산을 말한다. 이하 같다)인 경우에는 몰수할 수 없다. 제1항 각 호의 재산 중 일부가 범죄피해재산인 경우에는 그 부분에 대하여도 또한 같다.
제10조(추징) ① 제8조 제1항에 따라 몰수할 재산을 몰수할 수 없거나 그 재산의 성질, 사용 상황, 그 재산에 관한 범인 외의 자의 권리 유무, 그 밖의 사정으로 인하여 그 재산을 몰수하는 것이 적절하지 아니하다고 인정될 때에는 그 가액(價額)을 범인으로부터 추징할 수 있다.
② 제1항에도 불구하고 **제8조 제1항의 재산이 범죄피해재산인 경우에는 그 가액을 추징할 수 없다.**

77 대법원 2017. 10. 26. 선고 2017도8600 판결 참조.

성립한 사례,[78] 사기죄와 범죄수익은닉규제법위반죄, 게임산업진흥에관한법률위반죄가 함께 성립한 사례[79] 모두 별개의 독자적 법익을 침해한다는 이유로 피고인이 취득한 재산을 추징함이 상당하다고 판시하였다.

> **판례**
>
> **(전략) 범죄수익은닉규제법 제8조 제3항, 제10조 제2항이 범죄수익등의 재산이 범죄피해재산인 경우에는 이를 몰수 또는 추징할 수 없다고 규정하고 있으나** 이는 **재산에 관한 죄 외에 독자적 법익을 함께 침해한 경우까지 적용되는 것은 아니다. (중략)** 이 사건 범죄단체활동죄에 의한 범죄수익은 범죄수익은닉규제법 제2조 제1호, **[별표] 제1의 (가)목, 제2호 (가)목, 제8조 제1항, 제10조 제1항에 의하여 각 추징의 대상이 되고, 그 범죄수익이 사기죄의 피해자로부터 취득한 재산에도 해당한다 하여 달리 볼 것은 아니다(후략)**(대법원 2017. 10. 26. 선고 2017도8600 판결 참조).

나. 추징금 산정

범죄단체를 조직하여 활동함으로써 범죄수익을 취득하는 경우 그 추징금은 통상 해당 조직원이 실제로 취득한 범죄수익으로 한정한다.[80] 위 추징의 성격이 징벌적 추징이 아닌 이익박탈형 추징의 성격을 갖기 때문이다. 결국 범죄단체 가입 및 활동의 경우 추징금은 범죄행위의 보수(대가)로 얻은 재산으로 산정하는 경우가 대부분이다. 상세한 판결 사례는 다음과 같다.

> **사례**
>
> (전략) 원심 및 당심이 적법하게 채택하여 조사한 증거들을 종합하여 인정되는 다음과 같은 사정, 즉 ① 피고인 A는 수사기관에서, ㉠ 상담원으로 근무하던 2014년 10월경부터 2015년 6월경까지는 월평균 400 내지 500만 원의 급여를 가져갔고, ㉡ 2차 콜센터의 팀장으로 근무하던 2015년 7월경부터 2015년 9월경까지는 월평균 700 내지 800만 원의 급여를 가져갔다고 진술한 점, ② 이 사건 보이스피싱 조직의 콜센터 팀장에 대한 급여 등 정산내역이 기재된 급여정산내역서에는 피고인 A의 급여로 2015년 10월의 경우 17,840,000원, 2015년 11월의 경우 7,840,000원, 2015년 12월의 경우 11,400,000원으로 기재되어 있는 점, ③ 검사는 이를 기초

78 대법원 2012. 10. 11. 선고 2010도7129 판결 참조.
79 대법원 2015. 1. 29. 선고 2014도13446 판결문 참조.
80 수원지방법원 안산지원 2016. 12. 16. 선고 2016고합203호 판결 참조(위 대법원 2017도8600 판결로 확정).

로 94,080,000원의 추징금을 산정한 점 등을 종합하면, 피고인 A가 94,080,000원의 범죄수익을 취득한 사실을 인정할 수 있으므로, 피고인 C의 위 주장은 이유 없다.

다. 범죄피해재산에 대한 환부의 문제

다만 위와 같은 독자적 법익을 침해하지 않는 경우, 즉 범죄단체의 성립이 부정되는 경우에는 부패재산몰수법상 특정사기범죄에만 해당하게 되어 피고인이 취득한 범죄수익을 추징한 후 피해자에게 환부해야 하고 국고에 귀속할 수 없음을 주의하여야 한다.[81]

② 통화에 관한 죄

1. 총설

범죄수익은닉규제법 별표 제1호 다목에서는 **형법 제2편 제18장 통화에 관한 죄 중 형법 제207조, 제208조, 제212조 및 제213조의 죄**를 중대범죄로 규정하고 있다.

관련조문

범죄수익은닉규제법 별표

중대범죄(제2조 제1호 관련)

1. 「형법」 중 다음 각 목의 죄
   다. 제2편 제18장 통화에 관한 죄 중 **제207조·제208조·제212조(제207조 및 제208조의 미수범만 해당한다) 및 제213조**의 죄

관련조문

제207조(통화의 위조 등) ① 행사할 목적으로 통용하는 대한민국의 화폐, 지폐 또는 은행권을 위조 또는 변조한 자는 무기 또는 2년 이상의 징역에 처한다.
   ② 행사할 목적으로 내국에서 유통하는 외국의 화폐, 지폐 또는 은행권을 위조 또는 변조한 자는 1년 이상의 유기징역에 처한다.

---

81 이에 대하여는 형법 제347조 제1항의 사기죄 부분(본장 제4절 「재산에 관한 죄」 참조)에서 상술한다.

③ 행사할 목적으로 외국에서 통용하는 외국의 화폐, 지폐 또는 은행권을 위조 또는 변조한 자는 10년 이하의 징역에 처한다.

④ 위조 또는 변조한 전3항 기재의 통화를 행사하거나 행사할 목적으로 수입 또는 수출한 자는 그 위조 또는 변조의 각 죄에 정한 형에 처한다.

제208조(위조통화의 취득) 행사할 목적으로 위조 또는 변조한 제207조 기재의 통화를 취득한 자는 5년 이하의 징역 또는 1천500만 원 이하의 벌금에 처한다. < 개정 1995. 12. 29. >

제212조(미수범) 제207조, 제208조와 전조의 미수범은 처벌한다.

제213조(예비, 음모) 제207조 제1항 내지 제3항의 죄를 범할 목적으로 예비 또는 음모한 자는 5년 이하의 징역에 처한다. 단, 그 목적한 죄의 실행에 이르기 전에 자수한 때에는 그 형을 감경 또는 면제한다.

통화에 관한 죄를 통하여 취득한 범죄수익은 모두 범죄수익은닉규제법에 따른 임의적 몰수·추징의 대상이 된다. 위 중대범죄는 내국통화 위조·변조죄(제207조 **제1항**), 내국유통 외국통화 위조·변조죄(제207조 **제2항**), 외국통용 외국통화 위조·변조죄(제207조 **제3항**), 위조·변조 통화 행사·수출입죄(제207조 **제4항**), 위조·변조통화 취득죄(제208조) 및 제207조 내지 제208조의 **미수범**(제212조), 제207조 제1항 내지 제3항 **예비음모죄**(제213조)로 각각 구성되어 있다. 이하에서는 객체별로 각각 구성요건이 달리 규정되어 있는 형법 제207조를 한꺼번에 살펴보고, 나머지 구성요건(취득죄)을 나누어 검토한다.

2. 내국통화, 내국유통 외국통화, 외국통용 외국통화 각 위조·변조죄(형법 제207조)

관련조문 ─────

제207조(통화의 위조 등) ① 행사할 목적으로 통용하는 대한민국의 화폐, 지폐 또는 은행권을 위조 또는 변조한 자는 무기 또는 2년 이상의 징역에 처한다.

② 행사할 목적으로 내국에서 유통하는 외국의 화폐, 지폐 또는 은행권을 위조 또는 변조한 자는 1년 이상의 유기징역에 처한다.

③ 행사할 목적으로 외국에서 통용하는 외국의 화폐, 지폐 또는 은행권을 위조 또는 변조한 자는 10년 이하의 징역에 처한다.

④ 위조 또는 변조한 전3항 기재의 통화를 행사하거나 행사할 목적으로 수입 또는 수출한 자는 그 위조 또는 변조의 각 죄에 정한 형에 처한다.

가. 구성요건의 주체 및 행위의 상대방

본죄의 **구성요건 주체**는 아무런 제한이 없으므로 누구든지 본죄의 주체가 될 수 있다. 나아가 **행위의 상대방** 또한 아무런 제한이 없다.

나. 구성요건적 행위 및 객체

본죄의 **구성요건적 행위**는 ① 행사할 목적으로 **통용하는 대한민국**의 화폐, 지폐 또는 은행권을 위조 또는 변조하는 행위(제207조 제1항), ② 행사할 목적으로 **내국에서 유통하는 외국**의 화폐, 지폐 또는 은행권을 위조 또는 변조하는 행위(제2항), ③ 행사할 목적으로 **외국에서 통용하는 외국**의 화폐, 지폐 또는 은행권을 위조 또는 변조하는 행위(제3항) 및 ④ 위조 또는 변조한 전3항 기재의 통화를 행사하거나 행사할 목적으로 수입 또는 수출하는 행위다.

이 때 '**위조**'는 일반인이 진화로 오해할 정도의 외관을 갖추면 충분하므로 반드시 진화와의 식별이 불가능할 정도까지 정교하게 위조할 것을 요하지 않는다. 다만 객관적으로 이를 진정한 것으로 오인할 염려가 전혀 없는 정도인 경우에는 본죄가 성립하지 않는다.[82]

한편 '**변조**'는 진화에 가공행위를 하여 그 가치를 변경시키는 것을 의미하는 것으로서 진화와의 동일성이 상실되지 않는 정도를 의미한다.

그리고 '**유통**'이라 함은 사실상 사용되고 있는 것을 말하므로 사용이 국내에서 금지되어 있는지 여부는 묻지 않는다.

주관적 구성요건요소로서 위조·변조·행사죄 내지 수출입죄가 성립하려면 해당 객체가 위조·변조된 통화라는 점에 대한 인식이 있어야 하고(**고의범**), 나아가 위와 같은 위조·변조된 통화를 행사할 목적이 요구된다(**목적범**).

따라서 자신의 신용력을 증명하기 위해 타인에게 보일 목적으로 통화를 위조한 경우에는 행사의 목적이 있다고 볼 수 없다.[83]

다. 처벌

위 각 본죄를 범하면 그 객체에 따라 ① 대한민국의 화폐 등을 위·변조하는 경우 무기 또는 2년 이상의 징역에, ② 내국유통 외국의 화폐 등의 경우에는 1년 이상의 유기징역에,

---

82 대법원 1985. 4. 23. 선고 85도570 판결 참조.
83 대법원 2012. 3. 29. 선고 2011도7704 판결 참조.

③ 외국통용 외국화폐의 경우에는 10년 이하의 징역에 처하고 위 각 통화에 대한 행사 및 수입·수출죄는 각 본조의 처벌에 따른다.

나아가 위와 같이 위조·변조한 화폐 등 또는 그 대가로 수수한 금전 등은 모두 범죄수익은닉규제법에 따라 몰수·추징의 대상이 된다.

3. 위조·변조통화취득죄(형법 제208조)

관련조문 ─────

제208조(위조통화의 취득) 행사할 목적으로 위조 또는 변조한 제207조 기재의 통화를 취득한 자는 5년 이하의 징역 또는 1천500만 원 이하의 벌금에 처한다. <개정 1995. 12. 29.>

가. 구성요건의 주체 및 행위의 상대방

본죄의 **구성요건 주체**는 아무런 제한이 없으므로 누구든지 본죄의 주체가 될 수 있다. 나아가 **행위의 상대방** 또한 아무런 제한이 없다.

나. 구성요건적 행위 및 객체

본죄의 **구성요건적 행위**는 행사할 목적으로 위조 또는 변조한 제207조 기재의 통화를 취득하는 것이다. 이때의 '**취득**'은 자기의 점유로 옮기는 일체의 행위를 말하고 유상 또는 무상을 불문한다.

이 때 **구성요건의 객체**는 형법 제207조 제1항 내지 제3항의 각 화폐이다.

주관적 구성요건요소로서 해당 취득의 객체가 위조·변조된 통화라는 점에 대한 인식이 있어야 하고(고의범), 나아가 위와 같은 위조·변조된 통화를 행사할 목적이 요구된다(목적범).

다. 처벌

위 각 본죄를 범하면 5년 이하의 징역 또는 1,500만 원 이하의 벌금에 처한다.

나아가 위와 같이 취득한 위조·변조한 화폐 등 또는 그 대가로 수수한 금전 등은 모두 범죄수익은닉규제법에 따라 몰수·추징의 대상이 된다.

4. 미수·예비음모죄(형법 제212조, 제213조)

관련조문

제212조(미수범) 제207조, 제208조와 전조의 미수범은 처벌한다.

제213조(예비, 음모) 제207조 제1항 내지 제3항의 죄를 범할 목적으로 예비 또는 음모한 자는 5년 이하의 징역에 처한다. 단, 그 목적한 죄의 실행에 이르기 전에 자수한 때에는 그 형을 감경 또는 면제한다.

5. 범죄수익환수 사례

이와 관련하여 **외국통화를 위조하는 행위에 제공된 각종 물건 및 위조 외국통화를 형법에 따라 몰수한 사례**가 있는데,[84] 해당 사건에서 대법원은 몰수 또한 범죄수익은닉규제법이 아닌 형법상 일반 몰수·추징 규정을 적용하였고, 나아가 특정범죄가중법 제10조 중 형법 제207조 제2항에 관한 부분이 평등원칙에 어긋나 위헌이라는 취지로 판시한 바 있다.[85]

외국통화를 위조한 다음 그 위조 화폐 자체뿐만 아니라 이를 통해 취득한 수익이 있는 경우에는 범죄수익은닉규제법에 따라 환수가 가능하다(私見).

3 유가증권에 관한 죄(형법 제214조 내지 제217조)

1. 총설

범죄수익은닉규제법 별표 제1호 라목에서는 **형법 제2편 제19장 유가증권, 우표와 인지에 관한 죄 중 유가증권에 관한 죄 일부**를 중대범죄로 규정하고 있다.

관련조문

범죄수익은닉규제법 별표

중대범죄(제2조 제1호 관련)

1. 「형법」 중 다음 각 목의 죄

라. 제2편 제19장 유가증권, 우표와 인지에 관한 죄 중 **제214조부터 제217조까지**의 죄,

---

84 대법원 2015. 2. 16. 선고 2014도14843 판결 참조.

85 위 대법원 판결 취지에 따라 2016. 1. 6. 특정범죄가중법 제10조는 삭제되었다.

___제223조___(제214조부터 제217조까지의 미수범만 해당한다) 및 ___제224조___(제214조 및 제215조의 예비·음모만 해당한다)의 죄

관련조문

제214조(유가증권의 위조 등) ① 행사할 목적으로 대한민국 또는 외국의 공채증서 기타 유가증권을 위조 또는 변조한 자는 10년 이하의 징역에 처한다.

② 행사할 목적으로 유가증권의 권리의무에 관한 기재를 위조 또는 변조한 자도 전항의 형과 같다.

제215조(자격모용에 의한 유가증권의 작성) 행사할 목적으로 타인의 자격을 모용하여 유가증권을 작성하거나 유가증권의 권리 또는 의무에 관한 사항을 기재한 자는 10년 이하의 징역에 처한다.

제216조(허위유가증권의 작성 등) 행사할 목적으로 허위의 유가증권을 작성하거나 유가증권에 허위사항을 기재한 자는 7년 이하의 징역 또는 3천만 원 이하의 벌금에 처한다. <개정 1995. 12. 29.>

제217조(위조유가증권 등의 행사 등) 위조, 변조, 작성 또는 허위기재한 전3조 기재의 유가증권을 행사하거나 행사할 목적으로 수입 또는 수출한 자는 10년 이하의 징역에 처한다.

제223조(미수범) 제214조 내지 제219조와 전조의 미수범은 처벌한다.

제224조(예비, 음모) 제214조, 제215조와 제218조 제1항의 죄를 범할 목적으로 예비 또는 음모한 자는 2년 이하의 징역에 처한다.

위 중대범죄는 유가증권위조(제214조), 자격모용에 의한 유가증권 작성(제215조), 허위유가증권 작성(제216조), 위조유가증권 행사(제217조)의 죄 및 위 각 본죄에 대한 미수범(제223조), 위 유가증권위조 및 자격모용에 의한 유가증권 작성죄의 예비·음모죄로 구성되어 있다.

이하에서는 위 각 구성요건을 나누어 살펴보고 이에 대한 범죄수익환수 사례를 살펴보도록 한다.

2. 유가증권 위조·변조죄 및 기재의 위조·변조죄(형법 제214조)

관련조문

제214조(유가증권의 위조 등) ① 행사할 목적으로 대한민국 또는 외국의 공채증서 기타 유가증권을 위조 또는 변조한 자는 10년 이하의 징역에 처한다.

② 행사할 목적으로 유가증권의 권리의무에 관한 기재를 위조 또는 변조한 자도 전항의 형과 같다.

가. 구성요건의 주체 및 행위의 상대방

본죄의 **구성요건 주체**는 아무런 제한이 없으므로 누구든지 본죄의 주체가 될 수 있다. 나아가 **행위의 상대방** 또한 아무런 제한이 없다.

나. 구성요건적 행위 및 객체

본죄의 **구성요건적 행위**는 ① 대한민국 또는 외국의 공채증서 기타 유가증권을 위조 또는 변조하는 것이고(제214조 제1항 참조), ② 유가증권의 권리의무에 관한 기재를 위조 또는 변조하는 것이다(제214조 제2항 참조).

이 때 **객체**가 되는 '**유가증권**'이라 함은 재산권을 표창하는 증권으로서 증권상에 기재한 권리의 행사나 처분에 그 증권의 점유를 필요로 하는 것을 의미한다. 이때의 유가증권은 원본이어야 하므로 사본은 본죄의 객체에 해당하지 않는다.

그리고 '**공채증서**'는 국가 또는 지방자치단체가 발행하는 국공채 또는 지방채의 증권을 의미하는데 이는 유가증권의 예시다.

나아가 '**권리의무에 관한 기재**'라고 함은 배서·인수·보증과 같은 부수적 증권행위의 기재사항을 의미한다. 이와 관련하여 **대법원**은 수표의 배서를 위조 변조하는 경우에는 부정수표단속법위반죄가 성립하는 것이 아니고 수표의 권리의무에 관한 기재를 위조·변조한 것으로 보아야 한다고 판시한 바 있다.[86]

---

86 대법원 2019. 11. 28. 선고 2019도12022 판결 참조.

> **판례**
>
> 형법 제214조에서 발행에 관한 위조·변조는 대상을 '유가증권'으로, 배서 등에 관한 위조·변조는 대상을 '유가증권의 권리의무에 관한 기재'로 구분하여 표현하고 있는데, 구 부정수표 단속법 제5조는 위조·변조 대상을 '수표'라고만 표현하고 있다. 구 부정수표 단속법 제5조는 유가증권에 관한 형법 제214조 제1항 위반행위를 가중처벌하려는 규정이므로, 그 처벌범위가 지나치게 넓어지지 않도록 제한적으로 해석할 필요가 있다.
>
> 따라서 **구 부정수표 단속법 제5조에서 처벌하는 행위는 수표의 발행에 관한 위조·변조를 말하고, 수표의 배서를 위조·변조한 경우에는 수표의 권리의무에 관한 기재를 위조·변조한 것으로서, 형법 제214조 제2항에 해당하는지 여부는 별론으로 하고 구 부정수표 단속법 제5조에는 해당하지 않는다**(대법원 2019. 11. 28. 선고 2019도12022 판결 참조).

이 때 '**위조**'는 작성권한이 없는 사람이 타인의 명의를 사칭하여 그 명의자 이름으로 유가증권을 발행하는 것으로 '**작성권한이 없는 것**'이 핵심요소다. 따라서 작성권한을 위임받았다면 위조죄가 성립할 수 없다.

한편 '**명의**'를 모용(사칭)하는 죄의 경우, 명의가 아닌 자격을 사칭하면 본죄가 아닌 제215조 자격모용에 의한 유가증권 작성죄가 성립한다. 그리고 위조의 정도는 일반인으로 하여금 진정한 유가증권으로 오인하도록 할 정도면 충분하다.

한편 '**변조**'는 이미 진정하게 성립된 타인 명의의 유가증권을 동일성이 유지되는 범위에서 변경을 가하는 것을 의미한다. 그 발행일자와 액면금액 등을 임의로 변경하는 것이 그 사례다. 따라서 이미 위조되거나 변조된 유가증권은 변조행위의 객체가 될 수 없다.[87]

주관적 구성요건요소로서 위조·변조에 대한 인식이 있어야 하고(고의범), 나아가 위와 같은 위조·변조된 유가증권을 행사할 목적이 요구된다(목적범).

다. 죄수 및 처벌

본죄는 위조·변조한 유가증권의 수를 기준으로 결정하고 여러 장의 유가증권을 위조·변조한 경우 경합범이 된다.[88]

본죄를 범하면 10년 이하의 징역에 처하고, 나아가 위와 같이 위조·변조한 유가증권 등 또는 그 대가로 수수한 금전 등은 모두 범죄수익은닉규제법에 따라 몰수·추징의 대상이 된다.

---

[87] 대법원 2012. 9. 27. 선고 2010도15206 판결 참조.
[88] 대법원 1983. 4. 12. 선고 82도2938 판결 참조.

3. 자격모용에 의한 유가증권작성죄(형법 제215조)

관련조문

제215조(자격모용에 의한 유가증권의 작성) 행사할 목적으로 타인의 자격을 모용하여 유가증권을 작성하거나 유가증권의 권리 또는 의무에 관한 사항을 기재한 자는 10년 이하의 징역에 처한다.

가. 구성요건의 주체 및 행위의 상대방

본죄의 **구성요건 주체**는 아무런 제한이 없으므로 누구든지 본죄의 주체가 될 수 있다. 나아가 **행위의 상대방** 또한 아무런 제한이 없다.

나. 구성요건적 행위 및 객체

본죄의 **구성요건적 행위**는 '행사할 목적으로 타인의 자격을 모용하여 유가증권을 작성하거나 유가증권의 권리 또는 의무에 관한 사항을 기재하는 것'이다.

이 때 객체가 되는 '**유가증권**'이라 함은 앞에서 본 바와 같고, '**타인의 자격을 모용한다**' 함은 대리권·대표권이 없는 자가 타인의 대리인·대표자로서의 자격을 사칭하여 유가증권을 작성하는 것을 의미한다.

즉 아무런 자격이 없는 사람이 '**자격이 있는 것처럼**' 그 자격을 표시하여 유가증권을 작성하면 본죄가 성립하지만 '**자격에 대한 아무런 표시 없이**' 타인 명의의 유가증권을 발행하면 이는 '**위조**'행위가 된다.

본죄의 권리의무에 관한 사항의 기재는 앞에서 본 바와 같이 배서·인수·보증과 같은 부수적 증권행위를 일컫는다.

주관적 구성요건요소로서 대리인 또는 대표자의 자격을 모용한다는 인식이 있어야 하고(**고의범**), 나아가 위와 같은 위조·변조된 유가증권을 행사할 목적이 요구된다(**목적범**).

다. 죄수 및 처벌

본죄를 범하면 10년 이하의 징역에 처하고, 위와 같이 위조·변조한 유가증권 등 또는 그 대가로 수수한 금전 등은 모두 범죄수익은닉규제법에 따라 몰수·추징의 대상이 된다.

4. 허위유가증권작성죄(형법 제216조)

관련조문

제216조(허위유가증권의 작성 등) 행사할 목적으로 허위의 유가증권을 작성하거나 유가증권에 허위사항을 기재한 자는 7년 이하의 징역 또는 3천만 원 이하의 벌금에 처한다. <개정 1995. 12. 29.>

가. 구성요건의 주체 및 행위의 상대방

본죄의 **구성요건 주체**는 아무런 제한이 없으므로 누구든지 본죄의 주체가 될 수 있다. 나아가 **행위의 상대방** 또한 아무런 제한이 없다.

나. 구성요건적 행위 및 객체

본죄의 **구성요건적 행위**는 '행사할 목적으로 허위의 유가증권을 작성하거나 유가증권에 허위사항을 기재하는 것'이다.

이 때 객체가 되는 **'유가증권'**이라 함은 앞에서 본 바와 같고, **'허위의 유가증권을 작성 또는 유가증권에 허위의 사항을 기재한다'**는 것은 유가증권을 발행할 권한이 있는 사람이 허위의 내용을 담은 유가증권을 발행하거나 권리의무에 관한 허위의 사항을 기재하는 것이다. 작성할 권한이 있는 사람의 허위 작성 또는 기재를 처벌한다는 점에 특징이 있다.

이와 관련하여 **대법원**은 선하증권 기재의 화물을 인수하거나 확인하지도 아니하고 또한 선적할 선편조차 예약하거나 확보하지도 않은 상태에서 수출면장만을 확인한 채 실제로 선적한 사실이 없는 화물을 선적하였다는 내용의 선하증권을 발행하였다면 허위유가증권작성죄가 성립한다고 판시하였으나,[89] 한편으로 자기앞수표의 발행인이 수표의뢰인으로부터 수표자금을 입금 받지 아니한 채 자기앞수표를 발행하더라도 그 수표의 효력에는 아무런 영향이 없으므로 허위유가증권작성죄가 성립하지 아니한다고 판시한 사례도 있다.[90]

주관적 구성요건요소로서 권한이 있음에도 불구하고 유가증권에 허위의 사실을 기재한다는 인식이 있어야 하고(**고의범**), 나아가 위와 같은 허위 작성된 유가증권을 행사할 목적이 요구된다(**목적범**).

---

[89] 대법원 1995. 9. 29. 선고 95도803 판결 참조.
[90] 대법원 2005. 10. 27. 선고 2005도4528 판결 참조.

다. 죄수 및 처벌

본죄를 범하면 7년 이하의 징역 또는 3천만 원 이하의 벌금에 처하고, 위와 같이 허위 작성한 유가증권 등 또는 그 대가로 수수한 금전 등은 모두 범죄수익은닉규제법에 따라 몰수·추징의 대상이 된다.

5. 위조유가증권 등의 행사죄(형법 제217조)

관련조문

제217조(위조유가증권 등의 행사 등) 위조, 변조, 작성 또는 허위기재한 전3조 기재의 유가증권을 행사하거나 행사할 목적으로 수입 또는 수출한 자는 10년 이하의 징역에 처한다.

가. 구성요건의 주체 및 행위의 상대방

본죄의 **구성요건 주체**는 아무런 제한이 없으므로 누구든지 본죄의 주체가 될 수 있다. 나아가 **행위의 상대방** 또한 아무런 제한이 없다.

나. 구성요건적 행위 및 객체

본죄의 **구성요건적 행위**는 '위조, 변조, 작성 또는 허위기재한 전3조 기재의 유가증권을 행사하거나 행사할 목적으로 수입 또는 수출하는 것'이다.

이 때 **객체**는 위조, 변조, 작성 또는 허위기재한 형법 제214조 내지 제216조 기재 유가증권이다.

주관적 구성요건요소로서 행사하는 유가증권이 위조, 변조, 작성 또는 허위 기재된 유가증권이라는 인식이 있어야 하고(**고의범**), 나아가 위와 같은 유가증권을 행사할 목적이 요구된다(**목적범**).

다. 죄수 및 처벌

본죄를 범하면 10년 이하의 징역에 처하고, 위와 같이 위조·변조·자격모용 또는 허위기재한 유가증권 등 또는 그 대가로 수수한 금전 등은 모두 범죄수익은닉규제법에 따라 몰수·추징의 대상이 된다.

6. 미수·예비음모죄(형법 제223조, 제224조)

관련조문

제223조(미수범) 제214조 내지 제219조와 전조의 미수범은 처벌한다.

　☞ 중대범죄는 제214조 내지 제217까지 범죄의 미수범에 한정한다.

제224조(예비, 음모) 제214조, 제215조와 제218조 제1항의 죄를 범할 목적으로 예비 또는 음모한 자는 2년 이하의 징역에 처한다.

　☞ 중대범죄는 제214조 및 제215조의 예비·음모만 해당한다.

---

7. 범죄수익환수 사례

이와 관련하여 **유가증권을 위조한 후 이를 판매하는 방법으로 행사한 범죄를 통해 얻은 범죄수익을 범죄수익은닉규제법에 따라 추징한 사례**가 있어 소개한다.[91] 이러한 경우 위와 같은 범죄수익을 차명계좌로 관리하거나 은닉하면 자금세탁범죄가 성립할 수 있다.

사례

범죄사실

1. 유가증권위조

피고인은 성명불상의 위조책을 통하여 롯데백화점 MVP PRESTIGE 등급 주차권(롯데백화점에서 연간 우수회원에게 지급하는 무료 주차권, 이하 '이 사건 주차권'이라 한다)을 위조한 후 지인들에게 판매하여 수익을 남기기로 마음먹었다.

피고인은 2015. 1.경부터 2017. 5.경까지 불상의 장소에서 위 성명불상자에게 카카오톡을 이용하여 이 사건 주차권 600매를 위조해 줄 것을 의뢰하고, 주문일로부터 약 1~2주일 후 신세계백화점 강남점 1층 주차장에서 퀵서비스를 통하여 위조된 주차권을 건네받았다.

이로써 피고인은 성명불상자와 공모하여 행사할 목적으로 유가증권인 이 사건 주차권 600매를 위조하였다.

2. 위조유가증권행사

피고인은 위 1항과 같은 일시경 서울 서초구 신반포로 소재 롯데백화점에서 **직장 동료인 D, E 등 지인들에게 장당 5만 원~6만 원을 받는 등 위와 같이 위조한 이 사건 주차권 중 579매를 판매하여 이를 행사하였다.**

---

91 의정부지방법원 2018. 9. 13. 선고 2018고단2917 판결 참조(같은 법원 2018노2681 판결로 확정).

법령의 적용

1. 범죄사실에 대한 해당법조

　형법 제214조(유가증권위조의 점), 형법 제217조, 제214조(위조유가증권 행사의 점)

1. 경합범가중

　형법 제37조 전단, 제38조 제1항 제2호, 제50조

1. 추징

범죄수익은닉의 규제 및 처벌 등에 관한 법률 제10조 제1항, 제8조 제1항

　[검사는 31,450,000원의 추징을 구형하였으나, 피고인이 수사기관에서부터 이 법정에 이르기까지 일관되게 이 사건 주차권 중 일부는 지인들에게 무료로 배부하였다고 주장하고 있고 (반면 검찰은 계좌내역으로 확인되지 않는 판매분에 관하여 일괄하여 장당 5만 원으로 계산하였다), <u>이 사건 주차권을 판매한 금액이 피고인이 인정하는 판매금액인 25,000,000원을 초과한다는 점에 관하여 이를 구체적으로 인정할 증거가 없으므로, 위 25,000,000원을 추징하기로 한다.</u>]

4 문서에 관한 죄(형법 제225조 등)

1. 총설

　범죄수익은닉규제법 별표 제1호 마목에서는 **형법 제2편 제20장 문서에 관한 죄 중 일부**를 중대범죄로 규정하고 있다.

관련조문

범죄수익은닉규제법 별표

<u>중대범죄</u>(제2조 제1호 관련)

1. 「형법」 중 다음 각 목의 죄

　마. 제2편 제20장 문서에 관한 죄 중 **제225조부터 제227조까지, 제227조의2, 제228조 제1항, 제229조**(제228조 제2항은 제외한다), **제231조, 제232조, 제232조의2, 제233조, 제234조 및 제235조**[제225조부터 제227조까지, 제227조의2, 제228조 제1항, 제229조(제228조 제2항은 제외한다), 제231조, 제232조, 제232조의2, 제233조 및 제234조의 미수범만 해당한다]의 죄

관련조문

제225조(공문서등의 위조·변조) 행사할 목적으로 공무원 또는 공무소의 문서 또는 도화를 위조 또는 변조한 자는 10년 이하의 징역에 처한다. <개정 1995. 12. 29.>

제226조(자격모용에 의한 공문서 등의 작성) 행사할 목적으로 공무원 또는 공무소의 자격을 모용하여 문서 또는 도화를 작성한 자는 10년 이하의 징역에 처한다. <개정 1995. 12. 29.>

제227조(허위공문서작성등) 공무원이 행사할 목적으로 그 직무에 관하여 문서 또는 도화를 허위로 작성하거나 변개한 때에는 7년 이하의 징역 또는 2천만 원 이하의 벌금에 처한다.

제229조(위조등 공문서의 행사) 제225조 내지 제228조의 죄에 의하여 만들어진 문서, 도화, 전자기록등 특수매체기록, 공정증서원본, 면허증, 허가증, 등록증 또는 여권을 행사한 자는 그 각 죄에 정한 형에 처한다.

제227조의2(공전자기록위작·변작) 사무처리를 그르치게 할 목적으로 공무원 또는 공무소의 전자기록등 특수매체기록을 위작 또는 변작한 자는 10년 이하의 징역에 처한다.

제228조(공정증서원본 등의 부실기재) ① 공무원에 대하여 허위신고를 하여 공정증서원본 또는 이와 동일한 전자기록등 특수매체기록에 부실의 사실을 기재 또는 기록하게 한 자는 5년 이하의 징역 또는 1천만 원 이하의 벌금에 처한다.<개정 1995. 12. 29.>

제229조(위조등 공문서의 행사) 제225조 내지 제228조의 죄에 의하여 만들어진 문서, 도화, 전자기록등 특수매체기록, 공정증서원본, ~~면허증, 허가증, 등록증 또는 여권~~[92]을 행사한 자는 그 각 죄에 정한 형에 처한다.

제231조(사문서등의 위조·변조) 행사할 목적으로 권리·의무 또는 사실증명에 관한 타인의 문서 또는 도화를 위조 또는 변조한 자는 5년 이하의 징역 또는 1천만 원 이하의 벌금에 처한다.

제232조(자격모용에 의한 사문서의 작성) 행사할 목적으로 타인의 자격을 모용하여 권리·의무 또는 사실증명에 관한 문서 또는 도화를 작성한 자는 5년 이하의 징역 또는 1천만 원 이하의 벌금에 처한다.

제232조의2(사전자기록위작·변작) 사무처리를 그르치게 할 목적으로 권리·의무 또는 사실증명에 관한 타인의 전자기록등 특수매체기록을 위작 또는 변작한 자는 5년 이하의 징역 또는 1천만 원 이하의 벌금에 처한다. [본조신설 1995. 12. 29.]

제233조(허위진단서등의 작성) 의사, 한의사, 치과의사 또는 조산사가 진단서, 검안서 또는 생사에 관한 증명서를 허위로 작성한 때에는 3년 이하의 징역이나 금고, 7년 이하의 자격정지 또는 3천만 원 이하의 벌금에 처한다.
[전문개정 1995. 12. 29.]

제234조(위조사문서등의 행사) 제231조 내지 제233조의 죄에 의하여 만들어진 문서, 도화 또는

---

92 형법 제228조 제2항은 중대범죄에서 제외된다.

전자기록등 특수매체기록을 행사한 자는 그 각 죄에 정한 형에 처한다.

[전문개정 1995. 12. 29.]

제235조(미수범) 제225조 내지 제234조의 미수범은 처벌한다. < 개정 1995. 12. 29.>

위 중대범죄는 공문서등의 위조·변조죄(형법 제225조), 자격모용에 의한 공문서 등의 작성(제226조), 허위공문서작성(제227조), 공전자기록위작·변작죄(제227조의2), 공정증서원본등부실기재(제228조 제1항), 위조등공문서행사(제229조), 사문서등의 위조·변조(제231조), 자격모용에 의한 사문서의 작성(제232조), 사전자기록위작·변작(제232조의2), 허위진단서등의 작성(제233조), 위조사문서등의 행사(제234조), 미수범 처벌규정(제235조)으로 구성되어 있다.

이하에서는 위 각 범죄의 객체가 되는 문서의 개념에 대해 먼저 간단히 살펴보고 위 각 구성요건을 나누어 살펴본 후 이에 대한 범죄수익환수 사례를 검토하도록 한다.

2. 문서죄의 일반법리

가. 문서의 계속적 기능

형법상 문서에 관한 죄에 있어서 문서란, 문자 또는 이를 대신할 수 있는 가독적 부호로 계속적으로 물체 상에 기재된 의사 또는 관념의 표시인 원본 또는 이와 사회적 기능, 신용성 등을 동시할 수 있는 기계적 방법에 의한 복사본으로서 **그 내용이 법률상, 사회생활상 주요 사항에 관한 증거로 될 수 있는 것**을 말한다.[93]

따라서 그와 같은 문서의 내용을 저장한 전자 파일이나 그 파일을 실행시켜 컴퓨터 모니터 화면에 나타낸 문서의 이미지는 계속적으로 물체 상에 고정된 것으로 볼 수 없으므로 형법상 문서에 관한 죄에 있어 '문서'에 해당되지 않는다.[94]

한편 문서는 계속적 기능을 가지므로 표시가 계속되지 않는다면 이는 문서가 될 수 없다. **대법원은 ① 국립대학교 교무처장 명의의 '졸업증명서' 파일**을 위조한 경우, 위 파일은 형법상 문서에 해당하지 않는다고 판시한 바 있고,[95] **② 컴퓨터 스캔 작업을 통하여 만들어낸 자격증의 이미지 파일** 또한 형법상 문서에 해당하지 않는다고 보았다.[96] 나아가 **③ A**

---

[93] 대법원 2006. 1. 26. 선고 2004도788 판결 등 참조.

[94] 대법원 2007. 11. 29. 선고 2007도7480 판결, 대법원 2008. 4. 10. 선고 2008도1013 판결, 대법원 2018. 5. 15. 선고 2017도19499 판결 참조.

[95] 대법원 2010. 7. 15. 선고 2010도6068 판결 참조.

[96] 대법원 2008. 4. 10. 선고 2008도1013 판결 참조.

가 HWP 파일을 이용하여 대한승마협회장 명의 공문 1부를 임의로 작성하여, 그 문서 파일을 이메일과 모바일 메신저를 통해 B에게 송부한 경우 이는 전자파일에 불과하여 문서에 해당하지 않는다고 보았고,[97] ④ 자신의 이름과 나이를 속이는 용도로 사용할 목적으로 주민등록증의 이름·주민등록번호 란에 글자를 오려붙인 후 이를 **컴퓨터 스캔 장치를 이용하여 이미지 파일로** 만들어 컴퓨터 모니터로 출력하는 한편 타인에게 이메일로 전송한 사안에서, **컴퓨터 모니터 화면에 나타나는 이미지**는 형법상 문서에 관한 죄의 문서에 해당하지 않으므로 공문서위조 및 위조공문서행사죄를 구성하지 않는다고 판시하였다.[98]

나. 문서의 증명적·보장적 기능

문서는 일정한 법률관계 내지 사회생활상의 중요사항을 증명할 수 있고, 이를 증명하기 위한 것이어야 하며 명의인이 표시되어야 한다. 따라서 명의인이 특정되어 있지 않은 경우에는 문서라고 볼 수 없다.[99] 그러나 명의인이 실재하고 있을 필요는 없으므로 허무인 또는 사망자 명의의 사문서를 위조한 경우에도 위조죄가 성립한다.[100]

한편 형법 제237조의2는 복사문서의 문서성을 인정하는 명문의 규정을 두고 있으므로 복사문서의 문서성은 당연히 인정된다.

관련조문
> 제237조의2(복사문서등) 이 장의 죄에 있어서 전자복사기, 모사전송기 기타 이와 유사한 기기를 사용하여 복사한 문서 또는 도화의 사본도 문서 또는 도화로 본다.
> [본조신설 1995. 12. 29.]

대법원 또한 전사복사기 등을 사용하여 복사한 문서의 사본을 다시 복사한 문서의 재사본이 문서위조죄 및 동 행사죄의 객체인 문서에 해당하고, 진정한 문서의 사본을 전자복사기를 이용하여 복사하면서 일부 조작을 가하여 그 사본 내용과 전혀 다르게 만드는 행위가 문서위조행위에 해당한다고 판시하였다.[101] 따라서 타인의 주민등록증 사본의 사진 란에 자신의 사진을 붙여 복사하여 행사한 행위는 공문서위조죄 및 동행사죄에 해당한다.

---

97 대법원 2018. 5. 15. 선고 2017도19499 판결 참조.
98 대법원 2007. 11. 29. 선고 2007도7480 판결 참조.
99 대법원 1992. 5. 26. 선고 92도353 판결 참조.
100 대법원 2005. 2. 24. 선고 2002도18 전원합의체 판결 참조.
101 대법원 2000. 9. 5. 선고 2000도2855 판결 참조.

3. 공문서에 관한 죄

가. 공문서 등의 위조·변조죄(형법 제225조)

관련조문

제225조(공문서등의 위조·변조) 행사할 목적으로 공무원 또는 공무소의 문서 또는 도화를 위조 또는 변조한 자는 10년 이하의 징역에 처한다.

1) 구성요건의 주체 및 행위의 상대방

본죄의 **구성요건 주체**는 아무런 제한이 없으므로 누구든지 본죄의 주체가 될 수 있다. 나아가 **행위의 상대방** 또한 아무런 제한이 없다.

2) 구성요건적 행위 및 객체

본죄의 **구성요건적 행위**는 행사할 목적으로 공무원 또는 공무소의 문서 또는 도화를 위조 또는 변조하는 것이다. 공문서는 사문서에 비하여 신용성이 크므로 그 불법성을 가중하여 처벌한다.

이 때 **객체**는 '**공무원 또는 공무소의 문서 또는 도화**'로서 '공문서'이다. 이때의 '**공문서**'는 공무소 또는 공무원이 그 직무에 관하여 작성한 문서를 말한다. 따라서 그 작성명의가 공무원 또는 공무소인 문서 또는 도화는 모두 본죄에 객체가 된다.

이 때 '**위조**'는 작성권한이 없는 사람이 타인의 명의를 사칭하여 그 명의자 이름으로 문서를 작성하는 것을 의미하고, '**변조**'는 유효하게 작성되어 있는 공문서를 그 동일성을 해하지 않는 범위 내에서 고치는 행위를 의미한다.

이와 관련하여 **대법원**은 업무보조자인 공무원이 위임의 취지에 반하여 공문서 용지에 허위내용을 기재하고 그 위에 보관하고 있던 작성권자의 직인을 날인하였다면 공문서위조죄가 성립하고, 그에게 위와 같은 행위를 하도록 지시한 중간결재자인 공무원 또한 본죄의 공범으로서 책임을 진다고 판시하였다.[102]

주관적 구성요건요소로서 위조·변조에 대한 인식이 있어야 하고(**고의범**), 나아가 위와 같은 위조·변조된 문서를 행사할 목적이 요구된다(**목적범**).

---

[102] 대법원 1996. 4. 23. 선고 96도424 판결 참조.

3) 죄수 및 처벌

본죄는 위조·변조한 문서의 수를 기준으로 결정하고 여러 장의 문서를 위조·변조한 경우 경합범이 된다. 다만 연명문서를 한꺼번에 위조하는 경우에는 각 명의자별로 공문서위조죄가 성립하고 이는 상상적 경합범 관계에 있다.

본죄를 범하면 10년 이하의 징역에 처하고, 나아가 위와 같이 위조·변조한 공문서 또는 그 대가로 수수한 금전 등은 모두 범죄수익은닉규제법에 따라 몰수·추징의 대상이 된다.

나. 자격모용에 의한 공문서 등의 작성죄(형법 제226조)

관련조문

제226조(자격모용에 의한 공문서 등의 작성) 행사할 목적으로 공무원 또는 공무소의 자격을 모용하여 문서 또는 도화를 작성한 자는 10년 이하의 징역에 처한다. <개정 1995. 12. 29.>

1) 구성요건의 주체 및 행위의 상대방

본죄의 **구성요건 주체**는 아무런 제한이 없으므로 누구든지 본죄의 주체가 될 수 있다. 나아가 **행위의 상대방** 또한 아무런 제한이 없다.

2) 구성요건적 행위 및 객체

본죄의 **구성요건적 행위**는 행사할 목적으로 공무원 또는 공무소의 자격을 모용하여 문서 또는 도화를 작성하는 것이다.

이 때 **객체**는 공문서위조죄의 그것과 같고, 공무원 또는 공무소의 자격을 모용한다는 것은 그 자격이 없음에도 불구하고 마치 자격이 있는 것처럼 표시하여 문서를 작성하는 것을 의미한다.

이와 관련하여 **대법원**은 식당의 주·부식 구입 업무를 담당하는 공무원이 주·부식구입요구서의 과장결재란에 권한 없이 자신의 서명을 한 경우, 자격모용공문서작성죄가 성립하고 공문서위조죄는 문제되지 않는다고 판시하였다.[103]

주관적 구성요건요소로서 자신이 자격이 없음에도 불구하고 그러한 자격을 모용하여 문서를 작성한다는 점에 대한 인식이 있어야 하고(**고의범**), 나아가 위와 같은 자격을 모용한 문서를 행사할 목적이 요구된다(**목적범**).

---

[103] 대법원 2008. 1. 17. 선고 2007도6987 판결 참조.

3) 죄수 및 처벌

본죄를 범하면 10년 이하의 징역에 처하고, 나아가 위와 같이 자격을 모용하여 작성한 공문서 또는 그 대가로 수수한 금전 등은 모두 범죄수익은닉규제법에 따라 몰수·추징의 대상이 된다.

다. 허위공문서작성죄(형법 제227조)

관련조문

제227조(허위공문서작성등) 공무원이 행사할 목적으로 그 직무에 관하여 문서 또는 도화를 허위로 작성하거나 변개한 때에는 7년 이하의 징역 또는 2천만 원 이하의 벌금에 처한다.
[전문개정 1995. 12. 29.]

---

1) 구성요건의 주체 및 행위의 상대방

본죄의 **구성요건 주체**는 공무원이다(**신분범**). 이 공무원은 직무에 관하여 문서 또는 도화를 작성할 권한이 있는 공무원에 한정된다. 이러한 권한이 없다면 공문서위조죄가 문제될 뿐이다.

한편 공문서 작성의 보조자가 허위인 정을 모르는 작성권자의 결재를 이용하여 허위의 공문서를 완성한 경우에는 **허위공문서작성죄의 간접정범**이 성립한다.[104] 그리고 공무원이 아닌 자가 공무원과 공동하여 허위공문서작성죄를 범하는 경우 공무원이 아닌 자도 형법 제33조 및 제30조에 따라 **허위공문서작성죄의 공동정범**이 된다.[105]

행위의 상대방은 아무런 제한이 없다.

2) 구성요건적 행위 및 객체

본죄의 **구성요건적 행위**는 행사할 목적으로 그 직무에 관하여 문서 또는 도화를 허위로 작성하거나 변개하는 것이다.

이 때 **객체**는 공무원 또는 공무소가 직무의 권한 범위 내에서 작성한 문서·도화로 한정된다. **허위공문서작성죄의 객체가 되는 문서**는 문서상 작성명의인이 명시된 경우뿐 아니라 작성명의인이 명시되어 있지 않더라도 문서의 형식, 내용 등 문서 자체에 의하여 누가 작성하였는지를 추지할 수 있을 정도의 것이면 된다.[106]

---

104 대법원 1990. 2. 27. 선고 89도1816 판결 참조.
105 대법원 2006. 5. 11. 선고 2006도1663 판결 참조.
106 대법원 2019. 3. 14. 선고 2018도18646 판결 참조.

그리고 허위공문서작성죄에 있어서의 **'직무에 관한 문서'**라 함은 공무원이 그 직무권한 내에서 작성하는 문서를 말하고, 그 문서는 대외적인 것이거나 내부적인 것(대내적인 기안문서인 예산품의서)을 구별하지 아니한다. 이 때 **직무권한은 반드시 법률상 근거가 있음을 필요로 하는 것이 아니고, 널리 명령, 내규 또는 관례에 의한 직무집행의 권한으로써 작성하는 경우를 포함**한다.[107]

한편 본죄에서 **'변개'**라 함은 작성권한 있는 공무원이 진정하게 작성된 기존문서의 내용을 허위로 고치는 것을 말한다. 이 때 변개의 대상이 되는 공문서는 진정한 문서일 것을 전제로 한다.

주관적 구성요건요소로서 자신이 작성권한이 있는 사람임에도 불구하고 공문서에 허위의 사항을 기재한다는 점에 대한 인식이 있어야 하고(고의범), 나아가 위와 허위의 공문서를 행사할 목적이 요구된다(목적범).

3) 죄수 및 처벌

본죄를 범하면 7년 이하의 징역 또는 2천만 원 이하의 벌금에 처하고, 나아가 위와 같이 허위로 작성한 공문서 또는 그 대가로 수수한 금전 등은 모두 범죄수익은닉규제법에 따라 몰수·추징의 대상이 된다.

라. 공전자기록위작·변작죄(형법 제227조의2)

관련조문

제227조의2(공전자기록위작·변작) 사무처리를 그르치게 할 목적으로 공무원 또는 공무소의 전자기록등 특수매체기록을 위작 또는 변작한 자는 10년 이하의 징역에 처한다.
[본조신설 1995. 12. 29.]

1) 구성요건의 주체 및 행위의 상대방

본죄의 **구성요건 주체**는 아무런 제한이 없다. 따라서 누구든지 본죄의 주체가 될 수 있다. 나아가 **행위의 상대방** 또한 아무런 제한이 없다.

2) 구성요건적 행위 및 객체

본죄의 **구성요건적 행위**는 사무처리를 그르치게 할 목적으로 공무원 또는 공무소의 전자기록등 특수매체기록을 위작 또는 변작하는 것이다.

---

[107] 대법원 1981. 12. 8. 선고 81도943 판결 참조.

이 때 **객체**는 공무원 또는 공무소의 전자기록등 특수매체기록이다. 이 때 작성권한이 있는 공무원이 그 권한을 남용하여 허위의 정보를 입력하는 경우에도 본죄가 성립하는지 여부에 대해 견해의 대립이 있지만 **대법원**은 긍정설의 입장에서 정보의 입력권한을 부여받은 사람이 그 권한을 남용하여 허위의 정보를 입력함으로써 시스템의 설치·운영 주체의 의사에 반하는 전자기록을 생성하는 경우도 공전자기록위작에 포함된다고 판시하였다.[108]

판례

형법 제227조의2에서 위작의 객체로 규정한 전자기록은, 그 자체로는 물적 실체를 가진 것이 아니어서 별도의 표시·출력장치를 통하지 아니하고는 보거나 읽을 수 없고, 그 생성 과정에 여러 사람의 의사나 행위가 개재됨은 물론 추가 입력한 정보가 프로그램에 의하여 자동으로 기존의 정보와 결합하여 새로운 전자기록을 작출하는 경우도 적지 않으며, 그 이용 과정을 보아도 그 자체로서 객관적·고정적 의미를 가지면서 독립적으로 쓰이는 것이 아니라 개인 또는 법인이 전자적 방식에 의한 정보의 생성·처리·저장·출력을 목적으로 구축하여 설치·운영하는 시스템에서 쓰임으로써 예정된 증명적 기능을 수행하는 것이므로, 위와 같은 **시스템을 설치·운영하는 주체와의 관계에서 전자기록의 생성에 관여할 권한이 없는 사람이 전자기록을 작출하거나 전자기록의 생성에 필요한 단위 정보의 입력을 하는 경우는 물론** 시스템의 설치·운영 주체로부터 각자의 직무 범위에서 개개의 단위정보의 입력 권한을 부여받은 사람이 그 권한을 남용하여 허위의 정보를 입력함으로써 시스템 설치·운영 주체의 의사에 반하는 전자기록을 생성하는 경우도 형법 제227조의2에서 말하는 전자기록의 '위작'에 포함된다(대법원 2005. 6. 9. 선고 2004도6132 판결 참조). [경찰관이 고소사건을 처리하지 아니하였음에도 경찰범죄정보시스템에 그 사건을 검찰에 송치한 것으로 허위사실을 입력한 행위가 공전자기록위작죄에서 말하는 위작에 해당한다고 본 사례]

주관적 구성요건요소로서 자신이 공전자기록 등 특수매체기록을 위작한다는 점에 대한 인식이 있어야 하고(**고의범**), 나아가 그 사무처리를 그르치게 할 목적이 요구된다(**목적범**).

3) 죄수 및 처벌

본죄를 범하면 10년 이하의 징역에 처하고, 나아가 위와 같이 위작한 공전자기록 등 특수매체기록 또는 그 대가로 수수한 금전 등은 모두 범죄수익은닉규제법에 따라 몰수·추징의 대상이 된다.

---

108 대법원 2005. 6. 9. 선고 2004도6132 판결 참조.

마. 공정증서원본 등의 부실기재죄(형법 제228조 제1항)

관련조문

제228조(공정증서원본 등의 부실기재) ① 공무원에 대하여 허위신고를 하여 공정증서원본 또는
이와 동일한 전자기록등 특수매체기록에 부실의 사실을 기재 또는 기록하게 한 자는 5년 이
하의 징역 또는 1천만 원 이하의 벌금에 처한다. <개정 1995. 12. 29.>

1) 구성요건의 주체 및 행위의 상대방

본죄의 **구성요건 주체**는 아무런 제한이 없다. 따라서 누구든지 본죄의 주체가 될 수 있
다. 나아가 **행위의 상대방**은 공무원이다. 결국 허위신고를 통해 공정증서 원본 등에 부실의
사실이 기재되도록 하는 행위는 공무원을 상대로 하는 것이어야 한다. 공문서 작성 권한이
없는 사람이 그와 같은 정을 모르는 공무원을 이용하여 범행을 하는 간접정범의 형식이다.
만약 공무원이 그와 같은 정을 알면서도 부실의 사실을 기재하였다면 공무원은 허위공문서
작성죄의 정범이 되고 이에 가담한 비공무원은 공범이 된다.

2) 구성요건적 행위 및 객체

본죄의 **구성요건적 행위**는 공무원에 대하여 허위신고를 하여 공정증서원본 또는 이와
동일한 전자기록등 특수매체기록에 부실의 사실을 기재 또는 기록하게 하는 것이다.

이 때 **객체**는 공정증서원본 또는 이와 동일한 전자기록등 특수매체기록이다. 이 때 공정
증서원본이라 함은 공무원이 직무상 작성하는 공문서로서 **권리·의무에 관한 사실을 증명
하는 효력을 갖는 것**을 의미한다.[109]

한편 공정증서원본과 동일한 전자기록 등 특수매체기록은 전산화한 부동산등기파일, 가족
관계등록파일, 주민조회 파일, 국세청의 세무자료 파일 등이 포함된다.

이와 관련하여 범죄수익은닉규제법은 중대범죄를 형법 제228조 제1항만으로 규정하고 있
고 제2항은 제외하고 있으므로 면허증, 허가증, 등록증 또는 여권(제228조 제2항)은 중대범죄
에서 제외된다.

가) 허위신고

본죄의 '**허위신고**'의 의미는 일정한 사실의 존부에 관하여 진실에 반하는 신고를 하는 것
으로 신고 내용 자체가 허위인 경우는 물론이고 신고의 자격을 다르게 사칭하는 경우도 포

---

109 대법원 1988. 5. 24. 선고 87도2696 판결 참조.

함된다. 이때의 '허위'는 사실관계에 대한 것임을 전제로 하므로 사실관계에 대한 내용에 거짓이 없다면 법령상 요건에 맞지 않는 내용을 신고하였다는 것만으로 허위의 신고라고 볼 수 없다.[110]

나) 부실사실의 기재

본죄의 **'부실사실의 기재'**라 함은 **중요한 점에 있어 객관적 진실에 반하는 사실을 기재·기록하게 하는 것을 의미**한다. 따라서 부동산 거래당사자가 '거래가액'을 시장 등에게 거짓으로 신고하여 받은 신고필증을 기초로 사실과 다른 내용의 거래가액이 부동산등기부에 등재되도록 한 경우, 이는 부동산의 권리의무관계에 중요한 의미를 갖는 사항에 해당한다고 볼 수 없어 공전자기록등부실기재죄 및 부실기재공전자기록등행사죄가 성립하지 않는다.[111]

한편 허위의 회사설립등기, 허위매매로 인한 소유권이전등기, 상법상 납입가장 행위,[112] 유상증자 등기 신청 시 발행주식 총수 및 자본의 총액이 증가한 사실이 허위임을 알면서 증자등기를 신청하여 상업등기부 원본에 그 기재를 하게 한 경우,[113] 종중의 대표자 기재,[114] 허위의 소유권이전등기를 경료한 자가 그 부동산에 관하여 자신의 채권자와의 합의로 근저당권설정등기를 경료한 경우[115] 등은 대법원 판례에 따라 모두 중요한 사항에 대한 부실기재가 인정되었다.

다만 기재된 사항이 아예 없는 경우이거나 그 사항이 허위 또는 무효사유에 해당하는 경우에는 부실기재죄가 성립하나 **취소사유인 하자가 있을 뿐인 경우**에는 **부실기재라고 볼 수 없다.**[116] 그리고 기재절차에는 하자가 있다 하더라도 당사자의 의사나 실체적 권리관계에 부합하는 경우에는 본죄가 성립하지 않는다.[117] 이 때 실체관계 부합여부는 등기가 마쳐진 시점을 기준으로 한다.[118]

주관적 구성요건요소로서 자신이 그 정을 모르는 공무원을 이용하여 공정증서원본등에 허위의 사실을 기재한다는 것에 대한 인식이 있어야 하나(고의범) 별도의 목적은 요구되지

---

110 대법원 2011. 5. 13. 선고 2011도1415 판결 참조.
111 대법원 2013. 1. 24. 선고 2012도12363 판결 참조.
112 대법원 2004. 6. 17. 선고 2003도7645 전원합의체 판결 참조.
113 대법원 2006. 10. 26. 선고 2006도5147 판결 참조.
114 대법원 2006. 1. 13. 선고 2005도4790 판결 참조.
115 대법원 1997. 7. 25. 선고 97도605 판결 참조.
116 대법원 2018. 6. 19. 선고 2017도21783 판결 참조.
117 대법원 2011. 7. 14. 선고 2010도1025 판결 참조.
118 대법원 1998. 4. 14. 선고 98도16 판결 참조.

않는다.

3) 죄수 및 처벌

본죄를 범하면 5년 이하의 징역 또는 1천만 원 이하의 벌금에 처하고, 나아가 위와 같이 부실기재한 공정증서 원본 등 또는 그 대가로 수수한 금전 등은 모두 범죄수익은닉규제법에 따라 몰수·추징의 대상이 된다.

바. 위조공문서등 행사죄(형법 제229조)

관련조문

제229조(위조등 공문서의 행사) 제225조 내지 제228조의 죄에 의하여 만들어진 문서, 도화, 전자기록등 특수매체기록, 공정증서원본, ~~면허증, 허가증, 등록증 또는 여권~~을 행사한 자는 그 각 죄에 정한 형에 처한다.

　☞ 제228조의 경우 제1항은 중대범죄로 포함되나, 제2항(면허증, 허가증, 등록증 또는 여권)은 중대범죄에서 제외된다.

범죄수익은닉규제법은 형법 제225조 내지 제228조의 죄에 의해 만들어진 문서, 도화, 전자기록 등 특수매체기록, 공정증서원본을 행사하는 행위 또한 중대범죄로 규정하고 있다. 이 때 형법 제228조 제2항에 따른 면허증, 허가증, 등록증 또는 여권을 행사하는 것은 중대범죄에서 제외된다는 점은 앞에서 본 바와 같다.

위조등 공문서의 행사죄의 **구성요건 주체**는 아무런 제한이 없고, **행사의 상대방**은 그와 같은 사정을 알지 못하는 사람이므로 위조된 정을 아는 공범에게 문서를 교부하더라도 행사죄가 성립하지 않는다.[119]

본죄의 **구성요건적 행위**는 위조등 공문서를 교부 또는 제시하여 행사하는 것으로 그 방법에는 특별한 제한이 없고 그와 같이 위조, 허위작성 된 공문서 등을 비치하는 등 누구든지 이를 인지할 수 있는 상태에 두면 충분하다. 본죄는 행사의 대상이 된 문서죄의 각죄에 정한 형에 처하고, 문서죄와 행사죄는 실체적 경합범 관계에 있다.

나아가 위 행사죄가 범죄수익은닉규제법상 중대범죄로 규정되어 있으므로 본죄를 범하는 대가로 수수한 금전, 그 보수로 얻은 재산, 본죄를 통해 생긴 재산 등은 모두 범죄수익은닉

---

[119] 대법원 1986. 2. 25. 선고 85도2798 판결 참조.

규제법에 따른 임의적 몰수·추징의 대상이 된다.

4. 사문서에 관한 죄

가. 사문서 등의 위조·변조죄(형법 제231조)

관련조문

제231조(사문서등의 위조·변조) 행사할 목적으로 권리·의무 또는 사실증명에 관한 타인의 문
서 또는 도화를 위조 또는 변조한 자는 5년 이하의 징역 또는 1천만 원 이하의 벌금에 처한다.

---

1) 구성요건의 주체 및 행위의 상대방

본죄의 **구성요건 주체**는 아무런 제한이 없으므로 누구든지 본죄의 주체가 될 수 있다.
나아가 **행위의 상대방** 또한 아무런 제한이 없다.

2) 구성요건적 행위 및 객체

본죄의 **구성요건적 행위**는 권리·의무 또는 사실증명에 관한 타인의 문서 또는 도화를
위조 또는 변조하는 것이다.

본죄의 **객체**는 '**권리·의무 또는 사실증명에 관한 타인의 문서 또는 도화**'이다. 이 때
위 문서 또는 도화의 명의자는 공무소 또는 공무원이 아닌 범인 또는 공범 이외의 자가 작
성명의인인 문서이다.

'**권리·의무에 관한 문서**'라 함은 공법상 또는 사법상 권리 또는 의무의 발생과 유지, 변
경 및 소멸에 관한 사항을 내용으로 하는 문서를 의미하고, '**사실증명에 관한 문서**'라 함은
권리의무에 관한 문서 이외의 문서로서 법률상 또는 사회생활상 중요한 사실을 증명하는 문
서를 말한다.[120]

또한 '**거래상 중요한 사실을 증명하는 문서**'는, 법률관계의 발생·존속·변경·소멸의 전
후과정을 증명하는 것이 주된 취지인 문서뿐만 아니라 직접적인 법률관계에 단지 간접적으
로만 연관된 의사표시 내지 권리·의무의 변동에 사실상으로만 영향을 줄 수 있는 의사표시
를 내용으로 하는 문서도 포함될 수 있다고 할 것인데, 이에 해당하는지 여부는 문서의 제
목만을 고려할 것이 아니라 문서의 내용과 더불어 문서 작성자의 의도, 그 문서가 작성된

---

120 대법원 2008. 11. 27. 선고 2008도7018 판결 참조.

객관적인 상황, 문서에 적시된 사항과 그 행사가 예정된 상대방과의 관계 등을 종합적으로 고려하여 판단하여야 한다.[121]

한편 '**위조**'는 작성권한이 없는 사람이 타인의 명의를 사칭하여 그 명의자 이름으로 문서를 작성하는 것을 의미하고, '**변조**'는 문서를 작성할 권한이 없는 사람이 이미 유효하게 작성되어 있는 사문서를 그 동일성을 해하지 않는 범위 내에서 고치는 행위를 의미한다.

위조는 타인명의를 모용하는 것을 의미하므로 명의인은 실존할 것을 요하지 않는다. 따라서 **사자·허무인의 명의를 모용하는 경우에도 위조죄가 성립**한다. 그리고 문서의 형식과 내용이 완전할 것을 요하지 않으므로 일반인들이 진정한 문서로 오인할 정도 형식과 외관을 갖추면 되고 반드시 작성명의자의 서명 또는 날인이 있을 것을 요하지 않는다.[122]

작성자가 명의인의 승낙 또는 위임을 받는 경우는 '**양해**'에 해당하므로 구성요건해당성이 없다. 따라서 이러한 경우 사문서위조죄는 성립하지 않는다.[123] 승낙은 사전 승낙일 것을 요하고, 명의인의 승낙이 당연히 예상되는 경우 즉 '**추정적 승낙**'이 인정되는 경우에도 본죄는 성립하지 않는다.[124]

주관적 구성요건요소로서 위조·변조에 대한 인식이 있어야 하고(**고의범**), 나아가 위와 같은 위조·변조된 사문서를 행사할 목적이 요구된다(**목적범**).

3) 죄수 및 처벌

본죄는 위조·변조한 문서의 수를 기준으로 결정하고 여러 장의 문서를 위조·변조한 경우 경합범이 된다. 다만 연명문서를 한꺼번에 위조하는 경우에는 각 명의자별로 공문서위조죄가 성립하고 이는 상상적 경합범 관계에 있다.[125]

본죄를 범하면 5년 이하의 징역 또는 1천만 원 이하의 벌금에 처하고, 나아가 위와 같이 위조·변조한 사문서 또는 그 대가로 수수한 금전 등은 모두 범죄수익은닉규제법에 따라 몰수·추징의 대상이 된다.

---

121 대법원 2009. 4. 23. 선고 2008도8527 판결 참조.
122 대법원 2011. 2. 10. 선고 2010도8361 판결 참조.
123 대법원 2015. 6. 11. 선고 2012도1352 판결 참조.
124 대법원 2008. 4. 10. 선고 2007도9987 판결 참조.
125 대법원 1987. 7. 21. 선고 87도564 판결 참조.

나. 자격모용에 의한 사문서 등의 작성죄(형법 제232조)

관련조문
> 제232조(자격모용에 의한 사문서의 작성) 행사할 목적으로 타인의 자격을 모용하여 권리·의무 또는 사실증명에 관한 문서 또는 도화를 작성한 자는 5년 이하의 징역 또는 1천만 원 이하의 벌금에 처한다. <개정 1995. 12. 29.>

1) 구성요건의 주체 및 행위의 상대방

본죄의 **구성요건 주체**는 아무런 제한이 없으므로 누구든지 본죄의 주체가 될 수 있다. 나아가 **행위의 상대방** 또한 아무런 제한이 없다.

2) 구성요건적 행위 및 객체

본죄의 **구성요건적 행위**는 행사할 목적으로 타인의 자격을 모용하여 권리·의무 또는 사실증명에 관한 문서 또는 도화를 작성하는 것이다.

이 때 **객체**는 사문서위조죄의 그것과 같고, 타인의 자격을 모용한다는 것은 그 자격이 없음에도 불구하고 마치 자격이 있는 것처럼 표시하여 문서를 작성하는 것을 의미한다.

이와 관련하여 **대법원**은 「대표자 또는 대리인의 자격으로 임대차 등 계약을 하는 경우 그 자격을 표시하는 방법에는 특별한 규정이 없다. **피고인 자신을 위한 행위가 아니고 작성명의인을 위하여 법률행위를 한다는 것을 인식할 수 있을 정도의 표시가 있으면 대표 또는 대리관계의 표시로서 충분하다.** 일반인이 명의인의 권한 내에서 작성된 문서로 믿게 하기에 충분한 정도인지는 문서의 형식과 외관은 물론 문서의 작성 경위, 종류, 내용과 거래에서 문서가 가지는 기능 등 여러 사정을 종합하여 판단해야 한다.」고 판시한 바 있다.[126]

한편 대리권·대표권이 있는 사람이 **그 권한 밖의 사항**에 관하여 대리·대표권자의 명의 문서를 작성한 경우에는 **본죄가 성립**하나, **권한을 남용하여** 문서를 작성한 경우에는 **본죄가 성립하지 않는다.**[127] 따라서 토지매수권한을 위임받은 대리인이 매도인측 대표자와 공모하여 매매대금 일부를 착복하기로 하고 **위임받은 특정금액보다 낮은 금액을 허위로 기재한 매매계약서를 작성**한 경우에는 본죄가 성립하지 않는다.

---

126 대법원 2017. 12. 22. 선고 2017도14560 판결 참조.
127 대법원 2007. 10. 11. 선고 2007도5838 판결 참조.

주관적 구성요건요소로서 자신이 자격이 없음에도 불구하고 그러한 자격을 모용하여 문서를 작성한다는 점에 대한 인식이 있어야 하고(**고의범**), 나아가 위와 같은 자격을 모용한 문서를 행사할 목적이 요구된다(**목적범**).

3) 죄수 및 처벌

본죄를 범하면 5년 이하의 징역 또는 1천만 원 이하의 벌금에 처하고, 나아가 위와 같이 자격을 모용하여 작성한 사문서 또는 그 대가로 수수한 금전 등은 모두 범죄수익은닉규제법에 따라 몰수·추징의 대상이 된다.

다. 사전자기록위작·변작죄(형법 제232조의2)

관련조문

제232조의2(사전자기록위작·변작) 사무처리를 그르치게 할 목적으로 권리·의무 또는 사실증명에 관한 타인의 전자기록등 특수매체기록을 위작 또는 변작한 자는 5년 이하의 징역 또는 1천만 원 이하의 벌금에 처한다.
[본조신설 1995. 12. 29.]

1) 구성요건의 주체 및 행위의 상대방

본죄의 **구성요건 주체**는 아무런 제한이 없다. 따라서 누구든지 본죄의 주체가 될 수 있다. 나아가 **행위의 상대방** 또한 아무런 제한이 없다.

2) 구성요건적 행위 및 객체

본죄의 **구성요건적 행위**는 사무처리를 그르치게 할 목적으로 권리·의무 또는 사실증명에 관한 타인의 전자기록등 특수매체기록을 위작 또는 변작하는 것이다.

이 때 **객체**는 권리·의무 또는 사실증명에 관한 타인의 전자기록등 특수매체기록이다. 이 때 특수매체기록이라 함은 사람의 지각으로 인식할 수 없는 방식에 의해 만들어진 기록을 의미하는 것으로서 전자적 방식 또는 자기적 방식에 의하여 만들어진 기록 등이 그 예이다. **대법원**은 컴퓨터의 기억장치 중 하나인 램(RAM, Random Access Memory)에 올려진 전자기록이 형법 제232조의2의 사전자기록위작·변작죄에서 말하는 권리의무 또는 사실증명에 관한 타인의 전자기록 등 특수매체기록에 해당한다고 판시한 바 있다.[128]

---

[128] 대법원 2003. 10. 9. 선고 2000도4993 판결 참조.

위 권리·의무 또는 사실증명의 의미는 사문서위조죄의 그것과 동일하다.

이 때 위작에는 공전자기록위작죄와 마찬가지로 작성권한이 있는 자가 허위의 사실을 기재하는 경우도 포함한다고 봄이 상당하고 **대법원**도 같은 입장이다.[129]

> 판례
>
> 공전자기록등위작죄에서 말하는 전자기록의 '위작'에, 전자적 방식에 의한 정보의 생성·처리·저장·출력을 목적으로 구축하여 설치·운영하는 시스템의 설치·운영 주체와의 관계에서 전자기록의 생성에 관여할 권한이 없는 사람이 전자기록을 작출하거나 전자기록의 생성에 필요한 단위정보의 입력을 하는 경우 외에 **시스템의 설치·운영 주체로부터 각자의 직무 범위에서 개개의 단위정보의 입력 권한을 부여받은 사람이 그 권한을 남용하여 허위의 정보를 입력함으로써 시스템 설치·운영 주체의 의사에 반하는 전자기록을 생성하는 경우도 포함**되고 위 법리는 **사전자기록등위작죄에서 행위의 태양으로 규정한 '위작'에 대해서도 마찬가지로 적용**된다(대법원 2020. 8. 27. 선고 2019도11294 전원합의체 판결 참조).

주관적 구성요건요소로서 자신이 사전자기록 등 특수매체기록을 위작한다는 점에 대한 인식이 있어야 하고(**고의범**), 나아가 그 사무처리를 그르치게 할 목적이 요구된다(**목적범**).

3) 죄수 및 처벌

본죄를 범하면 5년 이하의 징역 또는 1천만 원 이하의 벌금에 처하고, 나아가 위와 같이 위작한 사전자기록 등 특수매체기록 또는 그 대가로 수수한 금전 등은 모두 범죄수익은닉규제법에 따라 몰수·추징의 대상이 된다.

라. 허위진단서작성죄(형법 제233조)

관련조문

제233조(허위진단서등의 작성) 의사, 한의사, 치과의사 또는 조산사가 진단서, 검안서 또는 생사에 관한 증명서를 허위로 작성한 때에는 3년 이하의 징역이나 금고, 7년 이하의 자격정지 또는 3천만 원 이하의 벌금에 처한다.
[전문개정 1995. 12. 29.]

1) 구성요건의 주체 및 행위의 상대방

본죄의 **구성요건 주체**는 의사, 한의사, 치과의사 또는 조산사이다(**신분범**). 의사 아닌 자

---

[129] 대법원 2020. 8. 27. 선고 2019도11294 전원합의체 판결 참조.

가 의사명의를 모용하여 진단서를 작성한 경우에는 위조죄가 성립할 뿐이다.

나아가 **행위의 상대방**은 아무런 제한이 없다.

2) 구성요건적 행위 및 객체

본죄의 **구성요건적 행위**는 진단서, 검안서 또는 생사에 관한 증명서를 허위로 작성하는 것이다.

이 때 **객체**는 진단서, 검안서 또는 생사에 관한 증명서(사망진단서, 출생증명서 등)이다. 이 때 '**진단서**'는 의사 등이 진찰 결과에 대한 판단을 표시하여 사람의 건강상태를 증명하기 위하여 작성하는 문서로서 그 명칭은 불문한다. 따라서 '**소견서**'는 진단서의 일종에 해당하지만,[130] '**입퇴원확인서**'는 진단서에 포함되지 않는다.[131]

그리고 '**허위**'라고 함은 객관적으로 진실에 반하는 내용을 기재하는 것을 말한다. 이 때 허위의 대상은 현재의 진단명과 증상에 관한 기재뿐만 아니라 현재까지의 진찰결과로서 발생 가능한 합병증과 향후 치료에 대한 소견도 모두 포함된다.[132]

주관적 구성요건요소로서 자신이 작성한 진단서 등의 내용이 허위라는 점에 대한 인식이 있어야 하고(**고의범**), 별도로 행사할 목적은 요하지 않는다.

3) 죄수 및 처벌

본죄를 범하면 3년 이하의 징역이나 금고, 7년 이하의 자격정지 또는 3천만 원 이하의 벌금에 처한다. 나아가 위와 같이 허위로 작성한 진단서 또는 그 대가로 수수한 금전 등은 모두 범죄수익은닉규제법에 따라 몰수·추징의 대상이 된다.

마. 위조사문서등 행사죄(형법 제234조)

관련조문

제234조(위조사문서등의 행사) 제231조 내지 제233조의 죄에 의하여 만들어진 문서, 도화 또는 전자기록등 특수매체기록을 행사한 자는 그 각 죄에 정한 형에 처한다.
[전문개정 1995. 12. 29.]

---

130 대법원 1990. 3. 27. 선고 89도2083 판결 참조.
131 대법원 2013. 12. 12. 선고 2012도3173 판결 참조.
132 대법원 2017. 11. 9. 선고 2014도15129 판결 참조.

5. 공문서·사문서의 미수범에 관한 죄(형법 제235조)

관련조문 ────────────

제235조(미수범) 제225조 내지 제234조의 미수범은 처벌한다. <개정 1995. 12. 29.>

☞ 범죄수익은닉규제법은 제225조부터 제227조까지, 제227조의2, 제228조 제1항, 제229조 (제228조 제2항은 제외한다), 제231조, 제232조, 제232조의2, 제233조 및 제234조의 미수범에 한하여 중대범죄로 규정하고 있다.

6. 범죄수익환수 및 자금세탁범죄 처벌 사례

이와 관련하여 공문서 내지 사문서를 위조하여 이를 행사하고 그 대가로 범죄수익을 취득한 경우 이를 해당 문서들을 모두 몰수하고 문서를 위조·행사하여 받은 대가를 추징한 사례가 있어 소개한다.[133]

실무상 몰수, 추징이 되는 사안들은 대체로 문서를 위조하고 행사한 동기가 범죄수익의 취득과 관련되어 있는 경우가 많은 바, 범죄 동기를 명확히 확인할 필요가 있다.

> **사례**
>
> **범죄사실**
>
> D는 중국에 체류하면서 인터넷이나 속칭 '대포폰' 등을 통하여 불법으로 미국 비자를 발급받으려는 사람들을 모집하여 명단과 연락처를 피고인 A에게 알려주고, 공문서나 사문서를 직접 위조하여 피고인 A가 메일로 접속하여 이를 출력할 수 있도록 해 주었다.
>
> 피고인 A는 D가 모집한 분리된 피고인 B, C 등으로부터 1인당 30만 원씩을 받고 D가 보낸 이메일을 통해 위조된 문서를 컴퓨터로 출력하고 도장을 찍는 방법으로 공문서와 사문서를 위조해 주기로 하였다. 그리고 의뢰인들이 미국 비자를 발급받으면 400만 원을 추가로 받아 D와 나누어 사용하기로 하였다.
>
> **1. 공문서위조**
>
> B는 2010. 8.경 서울 송파구 E에 있는 자신의 집에서, 전화를 이용하여 D에게 미국 비자를 발급받기 위한 서류를 만들어 달라고 부탁하였다.
>
> D로부터 연락을 받은 피고인은 2010. 11. 14.경 서울 동대문구 F에 있는 자신의 집에서, 컴

---

[133] 서울중앙지방법원 2011. 2. 18. 선고 2010고단7123 판결 참조(항소심 같은 법원 2011노899 판결로 확정).

퓨터를 이용하여 D로부터 이메일로 송부 받은 '소득금액증명, 성명 B, 소득금액 25,573,419원, 총결정세액 1,517,823원, 2010년 11월 11일, G세무서장'이라고 작성된 문서를 출력하였다.

또한, '소득금액증명, 성명 H, 소득금액 41,171,654원, 총결정세액 1,833,437원, 2010년 11월 9일, I세무서장'이라고 작성된 문서를 출력하였다.

피고인은 그때쯤 오토바이 퀵서비스를 이용하여 B에게 위 문서를 송부해 주었다.

이로써, 피고인은 D, B와 공모하여, 행사할 목적으로 공문서인 G세무서장 및 I세무서장 명의로 된 B 및 B의 아버지 J에 대한 소득금액증명 2장을 위조하였다.

피고인은 이를 비롯하여, 2010. 4. 19.경부터 2010. 11. 16.경까지 별지 범죄일람표 중 제3, 6, 8, 9, 10항 기재와 같이 총 5회에 걸쳐 공문서를 위조하였다.

2. 사문서위조

피고인은 2010. 11. 14.경 서울 동대문구 F에 있는 자신의 집에서, 컴퓨터를 이용하여 D로부터 이메일로 송부 받은 '잔액·잔고증명서, 예금주 K, 합계 ₩25,438,064, 2010년 11월 10일, 국민은행 L'라고 작성된 문서를 출력하였다.

또한, "잔액·잔고증명서, 예금주 K, 합계 ₩121,498,603, 2010년 11월 10일, 국민은행 L"라고 작성된 문서를 출력하였다.

또한, '갑종근로소득에 대한 소득세원천징수확인서, 납세자 J, 상호 또는 명칭 (주)M, 확인서의 사용 목적 미국 비자 신청용, 2010년 11월 12일, (주)N O'라고 작성된 문서를 출력한 후 미리 새겨서 가지고 있던 회사법인 도장을 찍었다.

피고인은 그때쯤 오토바이 퀵서비스를 이용하여 B에게 위 문서를 송부해 주었다.

이로써, 피고인은 D, B와 공모하여, 행사할 목적으로 권리의무에 관한 사문서인 B 및 B의 아버지 진천식 명의의 잔액·잔고증명서 2장, J에 대한 (주)N 대표 O 명의의 갑종근로소득에 대한 소득세원천징수확인서 1장을 위조하였다.

피고인은 이를 비롯하여, 2009. 11. 1.경부터 2010. 11. 16.경까지 별지 범죄일람표 기재와 같이 총 10회에 걸쳐 사문서를 위조하였다.

3. 위조공문서행사, 위조사문서행사

피고인의 지시를 받은 B는 2010. 11. 15.경 서울 종로구 세종로 32에 있는 주한 미국대사관 영사과 사무실에서, 미국 비자를 신청하면서 그 위조 사실을 모르는 담당 직원에게 위와 같이 위조한 G세무서장 및 I세무서장 명의로 된 B 및 B의 아버지 J에 대한 소득금액증명 2장, 위조한 사문서인 B 및 J 명의의 잔액·잔고증명서 2장, J에 대한 (주)N 대표 O 명의의 갑종근로소득에 대한 소득세원천징수확인서 1장을 교부하였다.

이로써, 피고인은 D, B와 공모하여 위조한 공문서와 사문서를 행사하였다.

피고인은 이를 비롯하여, 2009. 11. 1.경부터 2010. 11. 16.경까지 별지 범죄일람표 기재와 같이 총 10회에 걸쳐 위조한 공문서와 사문서를 행사하였다.

4. 범죄수익은닉의 규제 및 처벌 등에 관한 법률 위반

범죄수익등의 취득 또는 처분에 관한 사실을 가장하여서는 아니 된다.

가. 피고인은 2010. 6. 14.경 B로부터 미국 비자를 발급받기 위한 서류를 만들어 달라는 부탁을 받고, 사문서를 위조해 주는 대가로 30만 원을 속칭 '대포통장'인 P 명의의 국민은행 통장(Q)으로 송금받은 후, 2010. 6. 16.경 현금지급기에서 30만 원을 인출하였다.

나. 피고인은 2010. 10. 25.경 B로부터 미국 비자를 발급받기 위한 서류를 만들어 달라는 부탁을 받고, 공문서와 사문서를 위조해 주는 대가로 30만 원을 속칭 '대포통장'인 R 명의의 농협 통장(S)으로 송금받은 후, 같은 날 현금지급기에서 30만 원을 인출하였다.

다. 피고인은 2010. 10. 25.경 D로부터 미국 비자를 발급받기 위한 서류를 만들어 달라는 부탁을 받고, 공문서와 사문서를 위조해 주는 대가로 30만 원을 속칭 '대포통장'인 R 명의의 농협 통장(S)으로 송금받은 후, 같은 날 현금지급기에서 30만 원을 인출하였다.

이로써, 피고인은 T, B, D와 각각 공모하여, 공문서나 사문서를 위조하는 대가인 범죄수익의 취득 및 처분에 관한 사실을 가장하였다.

법령의 적용

1. 범죄사실에 대한 해당법조

형법 제225조, 제229조, 제30조(판시 각 공문서위조 및 행사의 점), 범죄수익은닉의 규제 및 처벌 등에 관한 법률 제3조 제1항 제1호, 형법 제30조(판시 각 범죄수익등 취득의 가장의 점), 형법 제231조, 제234조, 제30조(판시 각 사문서위조 및 행사의 점)

1. 몰수

형법 제48조 제1항

1. 추징

범죄수익은닉의 규제 및 처벌 등에 관한 법률 제10조

---

5 성풍속에 관한 죄(형법 제243조, 제244조 등)

1. 총설

범죄수익은닉규제법 별표 제1호 바목에서는 형법 제2편 제22장 성풍속에 관한 죄 중 **음화반포 등 죄**(제243조) **및 음화제조 등 죄**(제244조)**를 중대범죄로 규정**하고 있다. 본죄는 2012. 1. 17. **범죄수익은닉규제법이 개정**(2012. 4. 18. 시행)**되면서 중대범죄로 모두 추가**되었다.

관련조문 ───

범죄수익은닉규제법 별표

중대범죄(제2조 제1호 관련)

1. 「형법」 중 다음 각 목의 죄

　바. 제2편 제22장 성풍속에 관한 죄 중 **제243조 및 제244조**의 죄

───

관련조문 ───

제243조(음화반포 등) 음란한 문서, 도화, 필름 기타 물건을 반포, 판매 또는 임대하거나 공연히 전시 또는 상영한 자는 1년 이하의 징역 또는 500만 원 이하의 벌금에 처한다.

제244조(음화제조 등) 제243조의 행위에 공할 목적으로 음란한 물건을 제조, 소지, 수입 또는 수출한 자는 1년 이하의 징역 또는 500만 원 이하의 벌금에 처한다. <개정 1995. 12. 29.>

───

이하에서는 위 각 구성요건을 나누어 살펴본 후 이에 대한 범죄수익환수 사례를 검토하도록 한다.

2. 음화반포등의 죄

가. 구성요건

관련조문 ───

제243조(음화반포 등) 음란한 문서, 도화, 필름 기타 물건을 반포, 판매 또는 임대하거나 공연히 전시 또는 상영한 자는 1년 이하의 징역 또는 500만 원 이하의 벌금에 처한다.

[전문개정 1995. 12. 29.]

───

1) 구성요건의 주체

본죄의 **구성요건 주체**는 아무런 제한이 없다. 나아가 **행위의 상대방** 또한 제한이 없다.

2) 구성요건적 행위 및 객체

본죄의 **구성요건적 행위**는 음란한 문서, 도화, 필름 기타 물건을 반포, 판매 또는 임대하거나 공연히 전시 또는 상영하는 것이다.

이 때 **'음란성'**이란 그 내용이 사람의 성욕을 자극·흥분시킴으로써 보통인의 성적수치심을 해치고 선량한 성적 관념에 반하는 것을 의미한다. 이는 사회적 일반인의 기준에서 객관적으로 판단하여야 한다.

위 **구성요건의 객체**는 문서, 도화, 필름 기타 물건인데 **대법원**은 컴퓨터프로그램 파일은 본죄의 객체가 아니라고 판시하고 있다.[134]

한편 본죄의 **행위유형**은 **반포, 판매 또는 임대하거나 공연히 전시 또는 상영**하는 것인데, 통상 인터넷 등 정보통신망을 이용하여 공연히 전시 또는 상영하는 경우가 많으므로 이 때에는 정보통신망법위반죄가 성립한다.[135]

대법원은 인터넷사이트에 집단 성행위 목적의 카페를 운영하는 자가 남녀 회원을 모집한 후 특별모임을 빙자하여 집단으로 성행위를 하고 그 촬영물이나 사진 등을 카페에 게시한 사안에서, 위 카페의 회원 수에 비추어 위 게시행위가 음란물을 공연히 전시한 것에 해당한다고 판시하였다.[136]

3) 처벌

본죄를 범하면 1년 이하의 징역 또는 500만 원 이하의 벌금에 처한다. 한편 위와 같이 반포, 판매한 음화 등은 모두 몰수의 대상이 되고, 위와 같은 행위를 통해 벌어들인 수익은 모두 범죄수익은닉규제법에 따라 추징의 대상이 된다.

3. 음화제조등의 죄

가. 구성요건

관련조문

제244조(음화제조 등) 제243조의 행위에 공할 목적으로 음란한 물건을 제조, 소지, 수입 또는
  수출한 자는 1년 이하의 징역 또는 500만 원 이하의 벌금에 처한다. <개정 1995. 12. 29.>
  [제목개정 1995. 2. 29.]

---

134 대법원 1999. 2. 24. 선고 98도3140 판결 참조.
135 대법원 2009. 5. 14. 선고 2008도10914 판결 참조.
136 위 2008도10914 판결 참조.

1) 구성요건의 주체

본죄의 **주체**는 아무런 제한이 없다. 나아가 **행위의 상대방** 또한 제한이 없다.

2) 구성요건적 행위 및 객체

본죄의 **구성요건적 행위**는 제243조의 행위에 공할 목적으로 음란한 물건을 제조, 소지, 수입 또는 수출하는 것이다.

본죄는 제243조의 행위 즉, 반포, 판매 또는 임대하거나 공연히 전시 또는 상영하는 행위에 제공할 목적을 요구하는 목적범이다. 본죄의 객체는 '**음란한 물건**'인바, 이는 문서·도화까지 넓게 포괄하는 개념이다.

한편 본죄의 **행위유형**은 제조·소지·수입 또는 수출하는 것이다.

3) 처벌

본죄를 범하면 1년 이하의 징역 또는 500만 원 이하의 벌금에 처한다. 한편 위와 같이 제조·소지·수출·수입한 음란한 물건 등은 모두 몰수의 대상이 되고, 위와 같은 행위를 통해 벌어들인 수익은 모두 범죄수익은닉규제법에 따라 추징의 대상이 된다.

4. 범죄수익환수 사례

실무상 음란물은 정보통신망을 통하여 배포, 판매되는 경우가 대부분인데, 그 음란물의 종류에 따라 성폭력범죄처벌법, 청소년성보호법, 정보통신망법 등이 적용되고 해당 법률에서 규율하는 범죄들은 대체로 범죄수익은닉규제법상 중대범죄에 해당한다. 따라서 본죄가 적용되어 범죄수익이 환수되는 사례는 쉽게 찾기 어렵다.

보다 상세한 내용은 **본편 제5장 성범죄 및 소년범죄 또는 제8장 첨단범죄 해당 부분을 참조**하기 바란다.

6 도박에 관한 죄(형법 제246조 제2항, 제247조)

1. 총설

범죄수익은닉규제법 별표 제1호 사목에서는 **형법 제2편 제23장 도박과 복표에 관한 죄 중 상습도박**(제246조 제2항) **및 도박공간개설**(제247조)**의 죄**를 중대범죄로 규정하고 있다.

관련조문 ────────────

범죄수익은닉규제법 별표

<u>중대범죄(제2조 제1호 관련)</u>

1. 「형법」 중 다음 각 목의 죄

　　사. 제2편 제23장 도박과 복표에 관한 죄 중 **제246조 제2항 및 제247조**의 죄

────────────────────────

관련조문 ────────────

제246조(도박, 상습도박) ① 도박을 한 사람은 1천만 원 이하의 벌금에 처한다. 다만, 일시오락 정도에 불과한 경우에는 예외로 한다.

② 상습으로 제1항의 죄를 범한 사람은 3년 이하의 징역 또는 2천만 원 이하의 벌금에 처한다.

[전문개정 2013. 4. 5.]

제247조(도박장소 등 개설) 영리의 목적으로 도박을 하는 장소나 공간을 개설한 사람은 5년 이하의 징역 또는 3천만 원 이하의 벌금에 처한다.

[전문개정 2013. 4. 5.]

────────────────────────

　이하에서는 위 각 구성요건을 나누어 살펴본 후 이에 대한 범죄수익환수 사례를 검토하도록 한다.

2. 상습도박의 죄(형법 제246조 제2항)

가. 구성요건

관련조문 ────────────

제246조(도박, 상습도박) ① 도박을 한 사람은 1천만 원 이하의 벌금에 처한다. 다만, 일시오락 정도에 불과한 경우에는 예외로 한다.

② 상습으로 제1항의 죄를 범한 사람은 3년 이하의 징역 또는 2천만 원 이하의 벌금에 처한다.

[전문개정 2013. 4. 5.]

────────────────────────

1) 구성요건의 주체

본죄의 **주체**는 아무런 제한이 없다. 도박의 당사자들은 모두 필요적 공범이며 대향범의 관계에 있다. 나아가 **행위의 상대방** 또한 제한이 없다.

2) 구성요건적 행위 및 객체

본죄의 **구성요건적 행위**는 상습적으로 도박행위를 하는 것이다.

'도박'이란 당사자가 서로 재물 또는 재산상의 이익을 걸고 우연한 승부에 의하여 그 재물 등의 얻고 잃음을 결정하는 것을 말한다. 우연성을 요건으로 하므로 당사자 스스로에게 불확실하면 충분하다. 따라서 우연성이 요소가 아닌 속칭 **'사기도박'**의 경우에는 도박죄가 성립하지 않고, 사기죄가 성립하게 된다.[137]

한편 **'상습성'**이라 함은 반복하여 도박행위를 하는 습벽으로서 행위자의 속성을 말하는데, 이러한 습벽의 유무를 판단함에 있어서는 도박의 전과나 도박횟수 등이 중요한 판단자료가 되나, 도박전과가 없다 하더라도 **도박의 성질과 방법, 도금의 규모, 도박에 가담하게 된 태양 등의 제반 사정을 참작하여 도박의 습벽이 인정되는 경우에는 상습성을 인정**할 수 있다.[138]

한편 **스포츠 경기, 경륜·경정, 경마** 등은 당사자의 육체적·정신적 역량에 따라 그 승패가 결정되므로 그 도박성이 충분히 인정된다고 봄이 상당하고 **대법원**도 같은 취지에서 판시한 바 있다.[139]

> **판례**
>
> 도박은 2인 이상의 자가 서로 간에 재물을 걸고 우연에 의하여 재물의 득실을 결정하는 것을 의미한다. 여기서 **우연이란 주관적으로 당사자가 확실히 예견 또는 자유로이 지배할 수 없는 사실에 관하여 승패를 결정하는 것**을 말하고, 객관적으로 불확실할 것을 요구하지 아니한다. 따라서 당사자의 능력이 승패의 결과에 영향을 미친다고 하더라도 **다소라도 우연성의 사정에 의하여 영향을 받게 되는 때에는 도박죄가 성립할 수 있다**(대법원 2008. 10. 23. 선고 2006도736 판결 참조).
>
> 원심은 판시와 같은 이유로, **마사회가 시행하는 경주를 이용하여 도박행위**를 하였다는 이 사건 공소사실에 관하여 사설경마 운영자의 이름이 특정되어 있지 않더라도 피고인의 방어권 행사에 지장이 있는 것도 아니라고 판단하여, 공소사실이 제대로 특정되어 있지 않다는 등의 법리오해에 관한 항소이유 주

---

137 대법원 2015. 10. 29. 선고 2015도10948 판결 참조.
138 대법원 2017. 4. 13. 선고 2017도953 판결 참조.
139 대법원 2014. 6. 12. 선고 2013도13231 판결 참조.

> 장을 받아들이지 아니하고, 이 사건 공소사실을 유죄로 인정한 제1심판결을 그대로 유지하였다.
> 원심판결 이유를 위 법리와 적법하게 채택된 증거들에 비추어 살펴보면, 원심판결 이유의 설시 중에 일부 미흡한 부분이 있다고 하더라도, 위와 같은 원심의 판단에 상고이유의 주장과 같이 공소사실의 특정, 한국마사회법위반죄에서의 도박 및 편면적 도박행위, 처벌법규의 흠결, 확장해석 금지 등에 관한 법리를 오해하여 판결에 영향을 미친 위법이 있다고 할 수 없다(대법원 2014. 6. 12. 선고 2013도13231 판결 참조).

나아가 범죄수익은닉규제법은 단순도박죄는 중대범죄에서 제외하고 상습도박죄만을 중대범죄로 인정하고 있다. 이 때 상습도박은 다른 대향범들과의 가담형태가 공동정범이든, 방조범이든 묻지 않는다. 즉 직접 다른 사람들과 함께 도박을 하거나, 다른 사람이 상습적으로 도박을 하는 것을 방조하는 행위(예를 들어, 상습적으로 도박을 하는 사람들에게 도박자금을 빌려주는 속칭 '꽁지' 또는 '롤링'업자의 경우)도 여기에 포함된다.

주관적 구성요건요소와 관련하여 자신이 상습적으로 도박 또는 그 방조행위를 한다는 점에 대한 인식이 있으면 충분하고 별도의 목적을 요구하지는 않는다.

3) 죄수 및 처벌

도박의 습벽이 있는 사람이 타인의 도박을 방조하면 **상습도박방조의 죄에 해당**할 뿐이고 도박의 습벽이 있는 자가 도박을 하고 또다시 도박을 방조하는 경우에는 상습도박방조의 죄는 상습도박죄에 흡수되어 **상습도박죄의 1죄**만 성립한다.[140]

본죄를 범하여 상습적으로 도박행위를 하면 3년 이하의 징역 또는 2천만 원 이하의 벌금에 처한다. 나아가 위와 같은 상습도박행위 또는 상습도박방조행위를 통해 취득한 범죄수익은 모두 범죄수익은닉규제법에 따라 임의적 몰수·추징의 대상이 된다. 나아가 그와 같이 벌어들인 수익을 은닉하거나 취득·처분을 가장하는 경우 자금세탁범죄가 성립함은 당연하다.

나. 위법성 조각

단순도박죄의 경우 일시오락에 그치는 경우에는 그 위법성이 조각된다(형법 제246조 제1항). 그러나 상습도박의 경우 그 개념표지상 '**상습**'이 포함되어 있으므로 위 위법성 조각사유가 적용될 여지는 없다.

---

140 대법원 1984. 4. 24. 선고 84도195 판결 참조.

3. 도박공간 등 개설죄(형법 제247조)

관련조문

제247조(도박장소 등 개설) 영리의 목적으로 도박을 하는 장소나 공간을 개설한 사람은 5년 이하의 징역 또는 3천만 원 이하의 벌금에 처한다.

가. 구성요건의 주체

본죄의 **주체**는 아무런 제한이 없다. 따라서 누구든지 본죄의 주체가 될 수 있다. 나아가 **행위의 상대방** 또한 제한이 없다.

나. 구성요건적 행위 및 객체

본죄의 **구성요건적 행위**는 영리의 목적으로 도박을 하는 장소나 공간을 개설하는 것이다.

'**도박을 하는 장소나 공간의 개설**'이라 함은 스스로 도박을 주재하는 사람이 되어 그 지배하에 일정한 장소 또는 공간에서 도박을 할 수 있도록 설비를 갖추는 것을 말한다. 위 장소 또는 공간은 반드시 물리적으로 **사무실, 창고 등 공간일 필요는 없고 인터넷 사이트 등을 통한 공간도 여기에 포함**된다.[141]

> **판례**
>
> 사설 인터넷 도박사이트를 운영하는 사람이, 먼저 소셜 네트워크 서비스 앱에 오픈채팅방을 개설하여 아동·청소년이용음란 동영상을 게시하고 1:1 대화를 통해 불특정 다수를 위 오픈채팅방 회원으로 가입시킨 다음, 그 오픈채팅방에서 자신이 운영하는 도박사이트를 홍보하면서 회원들이 가입 시 입력한 이름, 전화번호 등을 이용하여 전화를 걸어 위 도박사이트 가입을 승인해주는 등의 방법으로 가입을 유도하고 **그 도박사이트를 이용하여 도박을 하게 하였다면, 영리를 목적으로 도박공간을 개설한 행위가 인정됨은 물론, 나아가 영리를 목적으로 아동·청소년이용음란물을 공연히 전시한 행위도 인정**된다(대법원 2020. 9. 24. 선고 2020도8978 판결 참조).

주관적 **구성요건**과 관련하여 고의 외에도 영리의 목적이 인정되어야 한다(**목적범**).

---

[141] 대법원 2020. 9. 24. 선고 2020도8978 판결 참조.

다. 죄수 및 처벌

인터넷을 통하여 불법스포츠토토 사이트를 운영하면서 도박공간을 개설하는 경우 국민체육진흥법위반죄와 도박공간개설죄는 **상상적 경합범 관계**에 있다.[142] 나아가 상습도박을 하는 사람들에게 자금을 빌려주는 방법으로 상습도박방조행위를 한 사람이 실제로 도박공간개설 행위를 함께 한 경우에는 양 죄는 **실체적 경합범관계**에 있다고 봄이 상당하다. 서로 별개의 행위이기 때문이다.[143]

본죄를 범하면 5년 이하의 징역 또는 3천만 원 이하의 벌금에 처한다.

4. 범죄수익환수 및 자금세탁범죄 처벌 사례

이와 관련하여 **인터넷을 이용해 도박사이트를 개설하고 불특정 다수의 사람들로부터 도금을 차명계좌로 입금받은 다음 이를 이용해 상습도박행위를 하도록 한 사안에서, 이때 취득한 범죄수익을 모두 몰수·추징하면서 위와 같은 차명계좌 사용행위를 자금세탁범죄로 처벌한 사례**가 있다.[144]

사례

범죄사실

피고인 A는 'H', 'I'이라는 도박사이트의 본사 운영 관련자, 피고인 B는 본사의 하부인 총판을 운영하는 사람, 피고인 C는 총판의 하부인 매장을 운영하는 사람이다.

1. 피고인 A

가. 도박개장 및 도박공간개설

1) 불법 도박사이트 운영총책인 J, K 등은 온라인 도박사이트를 구축하여 본사−총판−매장의 단계를 두어 각 운영자를 모집하고, 총판들과 매장들이 모집한 회원들로부터 돈을 받고 인터넷 상에서 도박을 개장하기로 공모하였다. 이에 따라 J 등은 2012. 3. 초순경부터 2012. 8. 7.경까지 불법 도박사이트인 'H' 및 'L'을 운영하면서, 위 사이트 회원들로 하여금 1원당 1점

---

142 대법원 2017. 11. 14. 선고 2017도13140 판결 참조.

143 아래에서 소개하는 광주지방법원 2014. 4. 24. 선고 2014고단954호[대법원 2014도9331 판결로 확정] 판결도 같은 취지다.

144 광주지방법원 2014. 4. 24. 선고 2014고단954 판결 참조[항소심(광주지방법원 2014노1052 판결) 및 상고심(대법원 2014도9331 판결)판결로 확정되었다. 다수의 피고인이 있으나 일부 피고인은 기재를 생략하였고, 추징과 관련된 항소심 판결이유를 발췌하여 소개하였다.]

씩의 사이버머니를 구입한 후 사이트에 개설된 게임방에서 카드 숫자와 모양이 다른 4매의 카드를 조합하여 낮은 숫자의 배열이 승자가 되는 속칭 '바둑이'라는 도박을 하게 하고, 게임이 종료된 후에 남은 사이버머니를 환전하여 주되 환전금액의 10%를 수수료로 공제하여 본사 운영자들이 3% 가량을 취득하고, 총판 측이 2% 가량, 매장 운영자들이 5% 가량을 수익금으로 취득하는 방식으로 운영하였다.

피고인은 위 J의 제의를 받고 2012. 5. 중순경부터 2012. 7. 말경까지 경기 수원시 팔달구 M 오피스텔과 전주시 N 소재 사무실에서 콜센터 전화 상담과 게임머니 충·환전 업무를 담당하며 위 사이트상에서 도박을 하려는 사람들로부터 별지 범죄일람표(H) 기재와 같이 O 명의의 국민은행 계좌(P) 등으로 16,150,108,045원 상당의 도금을 입금 받았다.

이로써 피고인은 J 등과 공모하여 영리를 목적으로 도박을 개장하였다.

2) 불법 도박사이트 운영총책인 위 J는 2012. 7.경 위 도박사이트 승부 및 텐프로가 경찰에 적발되자 필리핀으로 출국하여 도주 한 후 해외에 충·환전 사무실을 두고, 오** 등은 국내에서 총판들을 관리하며 다시 새로운 도박사이트를 운영하기로 하고, 'T'(이후 'Q', 'R'로 명칭 변경)이라는 온라인 도박사이트를 구축하여 '본사-총판-매장'의 단계를 두어 각 운영자를 모집하고, 총판과 매장들이 모집한 회원들로부터 돈을 받고 인터넷상에서 도박공간을 개설하기로 공모하였다. 이에 따라 J, S등은 위 인터넷 도박사이트에서 회원들로 하여금 1원당 1점씩의 사이버머니를 구입한 후 사이트에 개설된 게임방에서 카드 숫자와 모양이 다른 4매의 카드를 조합하여 낮은 숫자의 배열이 승자가 되는 속칭 '바둑이'라는 도박을 하게하고, 게임이 종료된 후에 남은 사이버머니를 환전하여 주되 환전금액의 10%를 수수료로 공제하여 본사 운영자들이 취득하고, 총판 측은 본사 운영자들로부터 그 총판이 모집한 매장이나 회원들이 충전한 금액의 7%를 받아 그 중 2/7은 총판 자신이, 5/7은 하부 매장에게 분배하여 이득을 취득하는 방식으로 운영하였다.

피고인은 위 J 등의 제의를 받고 천안과 서울 T 등 장소를 바꾸며 설치한 국내 콜센터 사무실에서 총판들의 매장등록, 비밀번호 변경 등을 해주고, 수수료 계좌를 관리하면서 매주 월요일 총판들에게 각 그 총판들이 하부의 매장이나 회원을 통해 충전한 금원의 7~8%를 수수료로 지급해 주고, 남은 수익금을 현금으로 인출하기 위해 U 명의의 우체국 계좌(V) 등으로 이체하였다.

이로써 피고인은 J 등 위 사이트 본사 운영자들과 공모하여 2012. 8. 15.경부터 2013. 12. 19.경까지 위와 같은 방법으로 별지 범죄일람표(I)와 같이 W 명의의 하나은행(X) 등 충전계좌로 총 158,058,767,386원의 도금을 입금 받아 영리를 목적으로 인터넷 상에서 도박공간을 개설하였다.

나. 범죄수익의규제및처벌등에관한법률위반

1) 피고인은 J, K 등과 공모하여 위 가.의 1)항과 같이 인터넷 도박사이트인 'H' 및 'L'을 운영하면서 2012. 6. 4.경부터 2012. 7. 30.경까지 위 사이트에서 도박을 하려는 사

람들로부터 별지 범죄일람표(H)와 같이 o 명의의 국민은행 계좌(P)등 3개 계좌로 총 16,150,108,045원의 게임머니 판매 대금을 입금 받아 범죄수익등의 취득에 관한 사실을 가장하였다.

2) 피고인은 J, S 등과 공모하여 위 가.의 2항과 같이 인터넷 도박사이트인 'I'을 운영하면서 2012. 8. 15.경부터 2013. 12. 19.경까지 위 사이트에서 도박을 하려는 사람들로부터 별지 범죄일람표(I)와 같이 W 명의의 하나은행(X) 등 26개의 계좌로 총 158,058,767,386원의 게임머니 충전대금을 입금 받아 범죄수익등의 취득에 관한 사실을 가장하였다.

(중략)

3. 피고인 C

가. 도박공간개설

피고인은 위 I 사이트의 매장 운영자로서, 2012. 12. 31.경부터 2013. 9. 9.경까지 위 사이트상에서 도박을 할 사람들을 모집하여 자신을 추천인으로 한 아이디와 비밀번호를 입력하여 회원 가입을 하게 한 후 회원들로 하여금 도금을 걸고 동시 접속한 다른 회원들과 사이트에 개설된 게임방에서 카드 숫자와 모양이 다른 4매의 카드를 조합하여 낮은 숫자의 배열이 승자가 되는 속칭 바둑이 등의 도박을 하게하고 별지 범죄일람표(B－수수료)와 같이 사이트 운영자들이 수수료 계좌로 사용하는 U 명의의 국민은행(Y)계좌 등으로부터 피고인 명의의 국민은행 계좌(Z) 등으로 자신이 모집한 회원들이 한 총 도금의 4%인 252,810,000원을 수수료 명목으로 받았다.

이로써 피고인은 오** 등 사이트 운영자들과 순차 공모하여 영리를 목적으로 인터넷 상에서 도박공간을 개설하였다.

나. 상습도박

피고인은 2012. 9. 17.경부터 2013. 9. 25.경까지 위 I 사이트상에서 별지 범죄일람표(B－도박)와 같이 피고인 명의의 위 국민은행 계좌 등에서 사이트 운영자들이 사용한 충전 계좌인 AA 명의의 국민은행(AB) 계좌 등으로 도금 2,874,318,805원을 입금하여 게임머니를 충전한 후 동시 접속한 다른 회원들과 사이트에 개설된 게임방에서 카드 숫자와 모양이 다른 4매의 카드를 조합하여 낮은 숫자의 배열이 승자가 되는 속칭 바둑이라는 도박을 하였다.

이로써 피고인은 상습으로 도박을 하였다.

법령의 적용

1. 범죄사실에 대한 해당법조 및 형의 선택

가. 피고인 A

구 형법(2013. 4. 5. 법률 제11731호로 개정되기 전의 것) 제247조, 제30조(도박개장의 점, 포괄하여), 형법 제247조, 제30조(도박공간개설의 점, 포괄하여), 각 범죄수익은닉의 규제 및 처벌 등에 관한 법률 제3조 제1항 제1호, 형법 제30조(각 범죄수익은닉의규제및처벌등에관한

법률위반의 점), 각 징역형 선택

나. 피고인 B, C

각 형법 제247조, 제30조(도박공간개설의 점, 포괄하여), 각 형법 제246조 제2항, 제1항(상습도박의 점, 포괄하여), 각 징역형 선택

1. 추징

피고인들: 각 범죄수익은닉의 규제 및 처벌 등에 관한 법률 제10조 제1항, 제8조 제1항 제1호

항소심(광주지방법원 2014노1052 판결 이유 中]

다. 피고인 C의 항소에 관한 판단

2) 추징 부분

원심이 적법하게 채택하여 조사한 증거들에 의하여 인정되는 다음과 같은 사정들 즉, ① I 도박사이트의 수익금으로 총판 및 매장에 수수료를 정산해 준 피고인 A는 검찰조사에서 "I에서 수수료를 보낼 때는 적요란에 'AM'라고 표시하여 보냈다. 'AM'로 표시된 것 중에 월요일 오전 10시부터 오후 4시경까지 연속되는 거래 안에 있는 것은 수수료가 맞다. 환전은 중국에서 하기 때문에 그쪽 애들이 이름을 때때로 정해서 하는 것으로 안다."라고 진술한 점, ② 피고인 C도 검찰조사에서 "매주 월요일 12시에서 오후 2시 사이에 수수료가 입금되는데 입금자가 'AM'로 들어왔다."라고 진술한 점, ③ 피고인 C는 매장으로서 총판으로부터 수수료를 지급받아야 하나 예외적으로 본사로부터 직접 수수료를 지급받아 왔는데, 실제로 피고인 C는 2012. 12. 31.부터 2013. 9. 9.까지 거의 매주 월요일 12:00경부터 15:00사이에 'AM'를 입금자로 하여 I의 수수료 계좌인 AC 명의의 국민은행계좌(AE)로부터 돈을 지급받아 온 점, ④ 피고인 C가 수수료를 입금받는 자기 명의의 국민은행 계좌(계좌번호 AE)를 충전 및 환전계좌로 사용하기도 하였으나, 그 경우 입금자 명의는 'AM'가 아니었고 거래일 및 거래시간도 일정하지 않은 점 등을 종합하면, **원심이 252,810,000원 전액을 수수료로 보고 거기에서 피고인 C가 충전한 도금에 해당하는 수수료인 114,972,752원(=2,874,318,805원×0.04)을 공제한 137,837,248원(=252,810,000원－114,972,752원)을 추징액으로 산정한 것은 정당하다.** 피고인 C의 이 부분 주장은 이유 없다.

제3절 개인적 법익에 관한 죄

제1관 생명과 신체에 대한 죄

1 살인죄 등(형법 제250조 등)

1. 총설

범죄수익은닉규제법 별표 제1호 아목에서는 **형법 제2편 제24장 살인의 죄 중 형법 제250조 단순살인 및 존속살해죄**(미수범, 예비음모 포함)를 중대범죄로 규정하고 있다.

관련조문 ─────────────────────────────

범죄수익은닉규제법 별표

중대범죄(제2조 제1호 관련)

1. 「형법」 중 다음 각 목의 죄
    아. 제2편 제24장 살인의 죄 중 **제250조 · 제254조(제250조의 미수범만 해당한다) 및 제255조(제250조의 예비 · 음모만 해당한다)**의 죄

---

2. 구성요건

관련조문 ─────────────────────────────

제250조(살인, 존속살해) ① 사람을 살해한 자는 사형, 무기 또는 5년 이상의 징역에 처한다.
  ② 자기 또는 배우자의 직계존속을 살해한 자는 사형, 무기 또는 7년 이상의 징역에 처한다.
제254조(미수범) 전4조의 미수범은 처벌한다.
제255조(예비, 음모) 제250조와 제253조의 죄를 범할 목적으로 예비 또는 음모한 자는 10년 이하의 징역에 처한다.
  ☞ 범죄수익은닉규제법상 중대범죄는 형법 제250조의 미수 · 예비 · 음모의 경우에만 한정한다.

가. 구성요건의 주체 및 행위의 상대방

본죄의 **구성요건 주체**는 아무런 제한이 없으므로 누구든지 본죄의 주체가 될 수 있다.

다만 피해자는 그 개념상 살인죄의 주체가 될 수 없음은 당연하다. 나아가 **행위의 상대방**은 **단순살인죄**의 경우에는 아무런 제한이 없고, **존속살해죄**의 경우에는 자신의 직계존속 또는 배우자의 직계존속이다.

나. 구성요건적 행위 및 객체

본죄의 **구성요건적 행위**는 사람을 살해하는 것이다. 객체는 사람이므로 행위자 이외의 타인이어야 하고, 자연인이어야 하므로 법인은 제외된다. 사람이 되기 시작한 시점(始期)과 관련하여 **대법원**은 진통이 시작된 시점(**진통설**)을 사람이 되는 시점으로 보는 입장이다.[145]

사람을 살해하는 방법에는 제한이 없다. 고의로 사람의 생명을 자연적인 사망 시기에 비해 앞당기는 일체의 행위를 말한다. 실행의 착수 시점은 위와 같이 타인의 생명을 위태롭게 하는 구체적인 행위를 개시한 시점을 말한다.

한편 **존속살해죄의 객체**는 자신의 직계존속 또는 배우자의 직계존속으로 이는 민법에 따라 정해진다. 따라서 계모와 아들 사이, 인지된 서자와 적모 사이에는 법률상 직계존속·비속관계가 부정된다. 다만 혼외자의 경우에는 실제 부친은 민법상 인지절차를 거쳐야 법률상 직계존속관계가 성립하나, 실제 모친은 이러한 절차 없이도 직계존속으로 인정될 수 있다.

위 '**배우자**' 또한 민법상 개념이다. 따라서 법률상 부부관계가 인정되어야 하므로 사실혼 관계에 있는 사람은 위 '배우자'의 개념에서 제외된다. 그리고 범죄행위 '**당시**'의 배우자만을 의미하므로 이혼한 배우자 또는 사별한 배우자는 위 '배우자'에 포함되지 않는다고 봄이 상당하다.

한편 위 각 단순살인죄 또는 존속살해죄의 경우 미수범과 예비·음모죄를 처벌하고 있고 범죄수익은닉규제법은 위 형법 제250조의 미수범 또는 예비·음모죄만을 중대범죄로 규정하고 있다.

주관적 구성요건요소와 관련하여 사람을 살해한다는 미필적 인식으로 충분하고 별도의 목적을 요하지 않는다.

다. 죄수 및 처벌

사람을 여러 명 살해한 경우에는 피해자별로 별 죄가 성립한다. 다만 하나의 행위로 사람을 여러 명 살해하였다면 살인죄의 상상적 경합범이 된다.

---

145 대법원 2007. 6. 29. 선고 2005도3832 판결 참조.

단순살인죄를 범하면 사형, 무기 또는 5년 이상의 징역에 처하고, **존속살해죄**를 범하면 사형, 무기 또는 7년 이상의 징역에 처한다.

3. 범죄수익환수 및 자금세탁범죄 처벌 사례

사람 또는 자신 및 배우자의 직계존속을 살해함으로써 범죄수익을 직접 취득하는 경우는 쉽게 생각할 수 없고 실무상으로도 그 사례를 찾기 어렵다. 그런데 살해행위와 관련하여 범죄수익을 취득하는 별개의 범죄행위가 있는 경우, 그 별개의 범죄행위로 취득한 범죄수익을 몰수·추징하여 환수할 필요가 있다.

다만 사람을 살해하고 마치 자연사한 것처럼 꾸며 보험회사를 기망한 후 보험금을 편취한 경우와 같이 범죄피해자가 있는 경우에는 범죄수익은닉규제법상 추징할 수 없는 한계가 있다(범죄수익은닉규제법 제8조 제3항 참조).

그러나 이런 경우에도 ① 위와 같은 범죄행위가 **별개의 법익을 함께 침해**하거나(예컨대, 재산에 관한 죄인 사기죄가 변호사법위반, 상표법위반, 범죄단체조직·활동 등 국가적, 사회적 법익 침해 범죄와 함께 성립하는 경우 등),[146] ② 범죄수익이 **범죄행위의 보수로 얻은 재산인 경우**(예컨대, 살인을 해주면 보수를 대가를 주겠다는 제안을 받고 사람을 살해하고 지급받은 금전 등)**에는 이를 몰수·추징할 수 있다**(상세한 내용은 「본장 제4관 재산에 관한 죄」 및 「제3장 사행 등 범죄 관련 중대범죄」 부분 참조).

이와 관련하여 **사람을 살해한 다음, 마치 자연사한 것처럼 꾸며 보험사로부터 보험금을 지급받은 후 이를 금괴로 바꾸어 집의 금고에 보관한 사안에서 이와 같은 행위를 범죄수익은닉규제법상 자금세탁범죄로 처벌한 사례**가 있다.[147]

이 사례에서 **범인이 집에 보관하고 있던 금괴는 별도로 몰수되지 않았고 피고인에게 별도의 추징선고 또한 되지 않았는데** 이는 아마도 위 금괴가 범죄피해재산에도 해당하기 때문인 것으로 보인다. **대법원**도 범죄수익의 취득·처분을 가장하거나 이를 은닉하여 자금세탁범죄가 성립하는 경우라 하더라도 그 범죄수익이 범죄피해재산인 경우에는 이를 몰수 또는 추징할 수 없다고 판시한 바 있다.[148]

---

146 대법원 2017. 10. 26. 선고 2017도8600 판결 참조.
147 의정부지방법원 2015. 8. 20. 선고 2015고합67 판결 참조(서울고등법원 2015노2382 판결로 확정).
148 대법원 2017. 10. 26. 선고 2017도9254 판결 참조.

판례

(전략) 나. 추징에 관한 법리오해 및 사실오인 주장에 관하여

(1) **구 범죄수익은닉의 규제 및 처벌 등에 관한 법률(2010. 3. 31. 법률 제10201호로 개정되기 전의 것, 이하 '범죄수익은닉규제법'이라 한다) 제3조 또는 제4조의 범죄행위에 관계된 범죄수익 등이나 위 조항의 범죄행위에 의하여 생긴 재산 또는 그 범죄행위의 보수로 얻은 재산은 같은 법 제8조 제1항 제3호, 제4호 및 제10조 제1항에 따라 각 추징의 대상이 된다.** 그러나 위와 같은 재산이 같은 법 제8조 제3항에서 정한 범죄피해재산인 경우에는 같은 법 제10조 제2항에 따라 그 가액을 추징할 수 없다.

(2) 원심은 피고인에 대하여 범죄수익은닉규제법 위반죄를 유죄로 인정하면서, 피고인이 공소외 1로부터 건네받은 이 사건 무기명 양도성예금증서 7장을 해지한 후 자신 등의 계좌로 입금한 해지금 1,258,955,269원에서 공소외 2, 공소외 3 명의의 계좌로 반환한 1,700만 원을 공제한 나머지 1,241,955,269원에 대하여 범죄수익은닉규제법 제10조 제1항, 제8조 제1항을 적용하여 피고인에게 추징을 선고하였다.

(3) 그러나 원심의 위와 같은 판단은 다음과 같은 이유로 이를 수긍할 수 없다.

원심판결 이유 및 적법하게 채택된 증거들을 종합하면, **피고인이 공소외 1로부터 건네받은 이 사건 무기명 양도성예금증서 7장은 공소외 4 등이 금융다단계 사기 범행을 통하여 취득한 범죄수익 등에 해당함을 알 수 있다.** 그러므로 **이는 재산에 관한 죄의 범죄행위에 의하여 그 피해자로부터 취득한 재산 또는 그 재산의 보유·처분에 의하여 얻은 재산으로 범죄수익은닉규제법 제8조 제3항 소정의 범죄피해재산에 해당한다.** 또한, **피고인이 이와 같은 범죄수익 등을 은닉, 가장하는 범죄수익은닉규제법 제3조의 범죄행위에 의하여 생긴 이 사건 무기명 양도성예금증서의 해지금 역시 범죄피해재산에 해당한다고 할 것이므로, 범죄수익은닉규제법에 따라 이를 추징할 수 없다.**

이 사건에서 피고인은 범죄수익은닉규제법 제3조 위반죄만을 범하였을 뿐이고, 위 범죄 외에 별개의 독자적 법익을 함께 침해한 경우가 아니므로, **범죄수익은닉규제법 제8조 제3항, 제10조 제2항의 몰수·추징 제한 규정이 적용되지 아니하는 예외적인 경우(대법원 2012. 10. 11. 선고 2010도7129 판결, 대법원 2015. 1. 29. 선고 2014도13446 판결 참조)에 해당한다고 볼 수도 없다**(대법원 2017. 10. 26. 선고 2017도9254 판결 참조).

그러나 이와 같이 별도의 자금세탁행위는 전혀 별개의 법익(자금세탁방지를 통한 국가의 금융시스템의 신뢰 보호라는 국가적·사회적 법익)을 침해하는 것에 해당하므로 이에 관계된 자금 등은 '자금세탁범죄에 관계된 범죄수익'으로 몰수·추징하여 환수할 필요가 있다. 그렇게 해석하여야만 중대범죄로 취득한 범죄수익을 실질적으로 박탈할 수 있기 때문이다. 따라서 위 대법원 판시에는 동의할 수 없다(私見).[149]

---

[149] 이주형, 자금세탁범죄에 관계된 범죄수익등에 대한 징벌적 추징에 관한 연구, 형사법의 신동향(2020 여름), 318면 이하 참조.

물론 이러한 경우, 범죄피해자에 대한 보호가 문제될 수 있으나 국가가 환수한 범죄수익을 범죄피해자에게 환부하는 별도의 절차를 통해 이를 입법적으로 보완할 수 있을 것이다. 현행 법상 **범죄피해자에 대한 환부는 부패재산몰수법에만 규정**되어 있으므로(「본편 제1장 형법 범죄 제4관 재산에 관한 죄 총설」 부분 및 「제3편 부패재산몰수법 제1장 총설」 부분 각 참조), 범죄 수익은닉규제법에 따라 범죄피해재산에 대한 몰수·추징을 원천적으로 금지할 것이 아니라, 부 패재산몰수법과 같이 이를 피해자에게 환부하는 규정을 두는 입법적 개선이 필요하다(私見).

한편 **타인으로부터 청부를 받고 사람을 살해한 다음 그 대가를 받은 경우**, 그 대가는 중대범죄의 '대가'로 취득한 금전일 뿐 범죄피해재산과 무관하므로 자금세탁행위 유무를 불 문하고 **범죄수익은닉규제법상 범죄수익으로 환수할 수 있음은 당연하다.**

사례

(전략) 9. 범죄수익은닉의규제및처벌등에관한법률위반

피고인은 위와 같이 G를 살해한 후 마치 G가 폐렴으로 병사한 것처럼 사망보험금을 청구 하였고, 이에 속은 교보생명 등 생명보험회사들로부터 2013. 8. 20.부터 2013. 9. 30.까지 사 이에 사망보험금 명목으로 합계 525,108,382원을 교부받았다.

피고인은 그 무렵 포천시 및 서울 종로구 일원에서 위와 같은 범행으로 인하여 법집행 기관으로부터 추적 또는 몰수를 당하거나 당시 진행 중이던 소송 상대방으로부터 압류를 당할 것을 우려하여, 이를 피하기 위하여 그 중 약 3억 6,000만 원을 현금화한 후 서울시 종로구에 있는 귀금속 상가에서 1개에 375g 무게의 골드바(개당 약 2,000만 원 상당) 18 개를 구입하여 피고인의 집 개인 금고에 보관하였다.

이로써 피고인은 적법하게 취득한 재산으로 가장할 목적으로 범죄수익등을 은닉하였다.

법령의 적용

1. 범죄사실에 대한 해당법조 및 형의 선택

형법 제250조 제1항(각 살인의 점, 무기징역형 선택), 형법 제250조 제2항(존속살해의 점, 무기징역형 선택), 형법 제254조, 제250조 제1항(각 살인미수의 점, 무기징역형 선택), 형법 제347조 제1항(각 사기의 점, 징역형 선택), 형법 제231조(사문서위조의 점, 징역형 선택), 범 죄수익은닉의 규제 및 처벌 등에 관한 법률 제3조 제1항 제3호(포괄하여, 범죄수익 은닉의 점, 징역형 선택)(앞 의정부지방법원 2015고합67판결 참조)

제2관 자유에 대한 죄

1 감금등의 죄(형법 제276조 내지 제281조)

1. 총설

범죄수익은닉규제법 별표 제1호 자목에서는 **형법 제2편 제29장 체포·감금의 죄 중체포의 경우를 제외하고 감금죄에 한하여 형법 제276조**(감금, 존속감금), **제277조**(중감금, 존속중감금), **제278조**(특수감금), **제279조**(상습감금), **제280조**(미수범), **제281조**(감금등의 치사상), **제324조**(강요)**의 죄**를 중대범죄로 규정하고 있다[다만 별표의 구성체계상 강요죄는 재산에 관한 죄 부분에서 설명하기로 한다(제4관 참조)].

이 규정은 2019. 4. 23. 범죄수익은닉규제법이 개정되면서 추가된 조문으로 2019년 사회적으로 크게 문제가 된 바 있는 소위 '**신안 염전노예사건**'으로 말미암아 사람을 감금하거나 가혹행위를 하여 얻은 수익을 환수하여 박탈할 필요가 있다는 공감대에 따라 추가된 것이다.

따라서 위 중대범죄가 추가되기 이전의 범행에 대해서는 범죄수익은닉규제법이 적용되지 않는다는 점을 주의할 필요가 있다.

관련조문 ─────────────────────────

범죄수익은닉규제법 별표

중대범죄(제2조 제1호 관련)

1. 「형법」 중 다음 각 목의 죄

　　자. 제2편 제29장 체포와 감금의 죄 중 **제276조부터 제281조까지**(**체포는 제외**한다)의 죄

─────────────────────────

관련조문 ─────────────────────────

제276조(체포, 감금, 존속체포, 존속감금) ① 사람을 체포 또는 감금한 자는 5년 이하의 징역 또는 700만 원 이하의 벌금에 처한다. <개정 1995. 12. 29.>

② 자기 또는 배우자의 직계존속에 대하여 제1항의 죄를 범한 때에는 10년 이하의 징역 또는 1천500만 원 이하의 벌금에 처한다. <개정 1995. 12. 29.>

제277조(중체포, 중감금, 존속중체포, 존속중감금) ① 사람을 체포 또는 감금하여 가혹한 행위를

가한 자는 7년 이하의 징역에 처한다.

② 자기 또는 배우자의 직계존속에 대하여 전항의 죄를 범한 때에는 2년 이상의 유기징역에 처한다.

제278조(특수체포, 특수감금) 단체 또는 다중의 위력을 보이거나 위험한 물건을 휴대하여 전 2조의 죄를 범한 때에는 그 죄에 정한 형의 2분의 1까지 가중한다.

제279조(상습범) 상습으로 제276조 또는 제277조의 죄를 범한 때에는 전조의 예에 의한다.

제280조(미수범) 전4조의 미수범은 처벌한다.

제281조(체포·감금등의 치사상) ① 제276조 내지 제280조의 죄를 범하여 사람을 상해에 이르게 한 때에는 1년 이상의 유기징역에 처한다. 사망에 이르게 한 때에는 3년 이상의 유기징역에 처한다.

② 자기 또는 배우자의 직계존속에 대하여 제276조 내지 제280조의 죄를 범하여 상해에 이르게 한 때에는 2년 이상의 유기징역에 처한다. 사망에 이르게 한 때에는 무기 또는 5년이상의 징역에 처한다. [전문개정 1995. 12. 29.]

살인죄의 경우와 마찬가지로 사람을 **감금하는 행위 자체로 직접 범죄수익을 얻는 경우**뿐만 아니라 **감금행위를 하고 그 대가 또는 보수로 금전을 지급받는 경우**에도 이를 모두 환수할 수 있다고 봄이 상당하다. 예컨대, 특정 공간에 사람을 감금하여 놓고 지속적으로 노동력을 제공받았음에도 정당한 급여를 지급하지 않는 등의 방법으로 이익을 취득하였다면 그에 상응하는 범죄수익을 산정하여 환수할 수 있다.

이하에서는 위 각 구성요건을 살펴보고 범죄수익환수 및 자금세탁범죄 처벌사례에 대해 살펴본다. 다만 **범죄수익은닉규제법은 '체포'는 제외**하고 있으므로 체포와 관련된 부분은 검토 대상에서 제외한다.

2. 감금(존속감금), 중감금(존속중감금), 특수감금의 죄(형법 제276조 내지 제280조)

관련조문

제276조(체포, 감금, 존속체포, 존속감금) ① 사람을 체포 또는 감금한 자는 5년 이하의 징역 또는 700만 원 이하의 벌금에 처한다. <개정 1995. 12. 29.>

② 자기 또는 배우자의 직계존속에 대하여 제1항의 죄를 범한 때에는 10년 이하의 징역 또는 1천500만 원 이하의 벌금에 처한다. <개정 1995. 12. 29.>

제277조(중체포, 중감금, 존속중체포, 존속중감금) ① 사람을 체포 또는 감금하여 가혹한 행위를 가한 자는 7년 이하의 징역에 처한다.

② 자기 또는 배우자의 직계존속에 대하여 전항의 죄를 범한 때에는 2년 이상의 유기징역에 처한다.

제278조(특수체포, 특수감금) 단체 또는 다중의 위력을 보이거나 위험한 물건을 휴대하여 전 2조의 죄를 범한 때에는 그 죄에 정한 형의 2분의 1까지 가중한다.

제279조(상습범) 상습으로 제276조 또는 제277조의 죄를 범한 때에는 전조의 예에 의한다.

제280조(미수범) 전4조의 미수범은 처벌한다.

가. 구성요건의 주체 및 행위의 상대방

본죄의 **구성요건 주체**는 아무런 제한이 없으므로 누구든지 본죄의 주체가 될 수 있다. 다만 피해자는 그 개념상 감금죄의 주체가 될 수 없음은 당연하다. 나아가 **행위의 상대방**은 '**사람**' 또는 '**자기 또는 배우자의 직계존속**'이다. 이 때 사람과 배우자 및 직계존속의 개념은 살인의 죄의 그것과 같다.

나. 구성요건적 행위 및 객체

본죄의 **구성요건적 행위**는 ① 사람, 자기 또는 배우자의 직계존속을 감금하는 것(**단순감금, 형법 제276조**)과 ② 사람, 자기 또는 배우자의 직계존속을 감금하여 가혹행위를 하는 것(**중감금, 형법 제277조**)이다. 또한 ③ 단체 또는 다중의 위력을 보이거나 위험한 물건을 휴대하여 형법 제276조 내지 제277조의 각 죄를 범한 경우에는 가중처벌한다(**특수감금, 형법 제278조**).

그리고 범죄수익은닉규제법은 위 **감금, 중감금, 특수감금의 상습범, 미수범을 모두 중대범죄로 규정**하고 있으므로 위 각 죄의 상습범과 미수범 모두 중대범죄에 해당한다.

1) 감금행위의 의미

'**감금(형법 제266조)**'이라 함은 일정한 장소 밖으로 나가지 못하게 하여 신체활동의 자유를 장소적으로 제한하는 것이다. 특정한 장소에서 나가는 것이 절대적으로 불가능한 경우뿐만 아니라 사실상 곤란한 경우에도 감금행위가 성립할 수 있다. 그리고 일정한 공간 하에서 어느 정도의 자유가 주어졌다 하더라도 본죄가 성립할 수 있다.[150]

감금의 수단과 방법에는 제한이 없으므로 유형적 수단(자물쇠 채우기, 문 잠그기 등) 또는

---

[150] 대법원 1984. 5. 15. 선고 84도655 판결 참조.

무형적 수단(협박, 수치심 주기 등)을 불문한다. 나아가 그와 같은 정을 모르는 수사기관 등을 이용하여 간접정범의 형태로 이를 범할 수도 있다.

본죄는 사람의 신체활동의 자유가 침해되면 기수가 되고 감금행위가 계속되면 범죄가 종료되지 않고 계속된다(계속범).

주관적 구성요건요소는 다른 사람을 감금한다는 점에 대한 인식을 요하고(고의범) 별도의 목적은 요구되지 않는다.

2) 가혹행위의 의미

본죄의 '**가혹행위**(형법 제277조)'라 함은 사람에게 신체적·정신적으로 고통을 주는 일체의 행위를 의미한다. 음란한 행위를 시키거나 식사를 공급하지 않고 굶기는 행위, 수치심을 주는 행위, 잠을 재우지 않는 행위 등이 모두 가혹행위의 범주에 포함된다.

본죄의 **주관적 구성요건요소**로는 사람을 일정한 장소에 감금하여 가혹한 행위를 한다는 것을 인식하면 충분하다.

3) 단체 또는 다중의 위력을 보이거나 위험한 물건을 휴대하는 경우

본죄의 '**단체 또는 다중의 위력**' 또는 '**위험한 물건 휴대**'의 경우(형법 제278조)에는 여러 사람이 집단 또는 단체로 위력을 행사하는 경우와 사회통념상 위험하다고 인식되는 물건을 휴대해 사람을 감금하는 것을 의미한다. 실무상 여러 명이 집단으로 특정인을 감금하거나 야구방망이, 식칼 등을 이용해 사람을 감금하는 경우 본죄가 성립한다.

다. 처벌

단순 감금행위의 경우에는 5년 이하의 징역 또는 700만 원 이하의 벌금에 처하고(제276조 제1항), 자기 또는 배우자의 직계존속에 대한 감금죄를 범하는 경우 10년 이하의 징역 또는 1천500만 원 이하의 벌금에 처한다(제276조 제2항).

나아가 **사람을 감금하여 가혹한 행위**를 하는 경우 7년 이하의 징역에 처하고(제277조 제1항), 자기 또는 배우자의 직계존속을 감금하여 가혹한 행위를 하면 2년 이상의 유기징역에 처한다(제277조 제2항).

나아가 **특수감금의 경우**에는 형법 제276조 내지 제277조의 각 본죄의 법정형에 1/2씩 가중하여 처벌한다.

한편 위와 같은 범죄행위를 통해 취득한 범죄수익은 모두 몰수·추징의 대상이 되고 이를 은닉하거나 취득·처분을 가장하면 자금세탁범죄가 성립함은 당연하다.

3. 감금치사상(존속감금치사상)의 죄(형법 제281조)

관련조문

제281조(체포·감금등의 치사상) ① 제276조 내지 제280조의 죄를 범하여 사람을 상해에 이르게 한 때에는 1년 이상의 유기징역에 처한다. 사망에 이르게 한 때에는 3년 이상의 유기징역에 처한다.

② 자기 또는 배우자의 직계존속에 대하여 제276조 내지 제280조의 죄를 범하여 상해에 이르게 한 때에는 2년 이상의 유기징역에 처한다. 사망에 이르게 한 때에는 무기 또는 5년이상의 징역에 처한다.

가. 구성요건의 주체 및 행위의 상대방

본죄의 **구성요건 주체**는 아무런 제한이 없으므로 누구든지 본죄의 주체가 될 수 있다. 다만 피해자는 그 개념상 감금치사상죄의 주체가 될 수 없음은 당연하다. 나아가 **행위의 상대방**은 '**사람**' 또는 '**자기 또는 배우자의 직계존속**'이다. 이 때 사람과 배우자 및 직계존속의 개념은 살인의 죄의 그것과 같다.

나. 구성요건적 행위 및 객체

본죄의 **구성요건적 행위**는 단순감금, 중감금, 특수감금 및 각 범죄의 상습범·미수범을 범하여 사람을 상해에 이르게 하거나(제281조 **제1항 전문**), 사망에 이르게 하는 행위(제281조 **제1항 후문**), 자기 또는 배우자의 직계존속에 대한 단순감금, 중감금, 특수감금 및 각 범죄의 상습범·미수범을 범하여 사람을 상해에 이르게 하거나(제281조 **제2항 전문**), 사람을 사망에 이르게 하는 것(제281조 **제2항 후문**)이다.

사람을 상해에 이르게 하거나 사망에 이르게 한다는 것은 결과적 가중범이므로 기본행위(감금, 중감금, 특수감금)에 대한 고의와 중한 결과(치상 또는 치사)에 대한 예견가능성, 인과관계 등이 인정되어야 함은 법리상 당연하다. 이 때 **중한 결과에 대한 예견가능성이 있었는지 여부가 중요한 쟁점이** 된다.

다. 처벌

본죄를 범하면 제276조 내지 제280조의 죄를 범하여 사람을 상해에 이르게 하면 1년 이상의 유기징역에 처하고, 사망에 이르게 한 때에는 3년 이상의 유기징역에 처한다(제281조 제1항).

나아가 자기 또는 배우자의 직계존속에 대하여 제276조 내지 제280조의 죄를 범하여 상해에 이르게 한 때에는 2년 이상의 유기징역에 처하고, 사망에 이르게 한 때에는 무기 또는 5년 이상의 징역에 처한다(제281조 제2항).

4. 범죄수익환수 및 자금세탁범죄 처벌 사례

본죄는 앞에서 본 바와 같이 범죄수익은닉규제법상 중대범죄로 도입된 지 약 2년 정도에 불과하여 실제로 실무상 감금죄 등으로 처벌하면서 이로 인해 취득한 수익을 환수한 사례는 찾기 어렵다.

본죄의 경우도 다른 범죄와 마찬가지로 감금행위 등을 하고 보수로 얻은 재산, 그 대가로 얻은 재산 및 그 행위 자체로 얻은 수익이 확인되는 경우 이에 대한 환수를 필요로 한다(私見).

2 약취·유인·인신매매 등의 죄(형법 제287조 내지 제292조, 제294조 및 제296조)

1. 총설

범죄수익은닉규제법 별표 제1호 차목에서는 **형법 제2편 제31장 약취, 유인 및 인신매매의 죄 중 형법 제287조**(미성년자의 약취, 유인), **제288조**(추행 등 목적 약취, 유인 등), **제289조**(인신매매), **제290조**(약취, 유인, 매매, 이송 등 상해·치상), **제291조**(약취, 유인, 매매, 이송 등 살인·치사), **제292조**(약취, 유인, 매매, 이송된 사람의 수수·은닉 등) **및 미수범**(제294조), **예비·음모**(제296조)**의 죄**를 각 중대범죄로 규정하고 있다. 이 규정들은 2019. 4. 23. **범죄수익은닉규제법이 개정되면서 추가되었다.**

관련조문

범죄수익은닉규제법 별표

중대범죄(제2조 제1호 관련)

1. 「형법」 중 다음 각 목의 죄
   차. 제2편 제31장 약취, 유인 및 인신매매의 죄 중 **제287조부터 제292조까지**, **제294조 및 제296조**의 죄

관련조문

제287조(미성년자의 약취, 유인) 미성년자를 약취 또는 유인한 사람은 10년 이하의 징역에 처한다.

제288조(추행 등 목적 약취, 유인 등) ① 추행, 간음, 결혼 또는 영리의 목적으로 사람을 약취 또는 유인한 사람은 1년 이상 10년 이하의 징역에 처한다.

② 노동력 착취, 성매매와 성적 착취, 장기적출을 목적으로 사람을 약취 또는 유인한 사람은 2년 이상 15년 이하의 징역에 처한다.

③ 국외에 이송할 목적으로 사람을 약취 또는 유인하거나 약취 또는 유인된 사람을 국외에 이송한 사람도 제2항과 동일한 형으로 처벌한다.

제289조(인신매매) ① 사람을 매매한 사람은 7년 이하의 징역에 처한다.

② 추행, 간음, 결혼 또는 영리의 목적으로 사람을 매매한 사람은 1년 이상 10년 이하의 징역에 처한다.

③ 노동력 착취, 성매매와 성적 착취, 장기적출을 목적으로 사람을 매매한 사람은 2년 이상 15년 이하의 징역에 처한다.

④ 국외에 이송할 목적으로 사람을 매매하거나 매매된 사람을 국외로 이송한 사람도 제3항과 동일한 형으로 처벌한다.

제290조(약취, 유인, 매매, 이송 등 상해·치상) ① 제287조부터 제289조까지의 죄를 범하여 약취, 유인, 매매 또는 이송된 사람을 상해한 때에는 3년 이상 25년 이하의 징역에 처한다.

② 제287조부터 제289조까지의 죄를 범하여 약취, 유인, 매매 또는 이송된 사람을 상해에 이르게 한 때에는 2년 이상 20년 이하의 징역에 처한다.

제291조(약취, 유인, 매매, 이송 등 살인·치사) ① 제287조부터 제289조까지의 죄를 범하여 약취, 유인, 매매 또는 이송된 사람을 살해한 때에는 사형, 무기 또는 7년 이상의 징역에 처한다.

② 제287조부터 제289조까지의 죄를 범하여 약취, 유인, 매매 또는 이송된 사람을 사망에 이르게 한 때에는 무기 또는 5년 이상의 징역에 처한다.

제292조(약취, 유인, 매매, 이송된 사람의 수수·은닉 등) ① 제287조부터 제289조까지의 죄로 약취, 유인, 매매 또는 이송된 사람을 수수(授受) 또는 은닉한 사람은 7년 이하의 징역에 처한다.

② 제287조부터 제289조까지의 죄를 범할 목적으로 사람을 모집, 운송, 전달한 사람도 제1항과 동일한 형으로 처벌한다.

제294조(미수범) 제287조부터 제289조까지, 제290조 제1항, 제291조 제1항과 제292조 제1항의 미수범은 처벌한다.

제296조(예비, 음모) 제287조부터 제289조까지, 제290조 제1항, 제291조 제1항과 제292조 제1항의 죄를 범할 목적으로 예비 또는 음모한 사람은 3년 이하의 징역에 처한다.

범죄수익은닉규제법은 미성년자를 약취·유인하거나 이를 매매하는 등의 행위를 하는 경우 그 대가로 받은 범죄수익이나 그러한 행위에 가담하고 보수로 얻은 재산 등은 모두 환수할 수 있도록 하였다. 이하에서는 각 구성요건을 먼저 살펴보고 구체적인 범죄수익환수 사례 및 자금세탁범죄 처벌사례를 검토한다.

2. 미성년자 약취·유인죄(형법 제287조)

관련조문 ─────────────────────────

제287조(미성년자의 약취, 유인) 미성년자를 약취 또는 유인한 사람은 10년 이하의 징역에 처한다.

가. 구성요건의 주체 및 행위의 상대방

본죄의 **구성요건 주체**는 아무런 제한이 없으므로 누구든지 본죄의 주체가 될 수 있으므로 미성년자에 대한 보호감독의 의무가 있는 사람 또한 본죄의 주체가 된다.[151] 나아가 **행위의 상대방**은 '**미성년자**'로서 이는 민법상 개념과 동일하게 19세 미만의 자를 말한다.

나. 구성요건적 행위 및 객체

본죄의 **구성요건적 행위**는 미성년자를 약취 또는 유인하는 것이다. 이 때 '**약취·유인**'이라 함은 폭행, 협박, 기망, 유혹 등 수단으로 사람을 보호받는 상태 또는 자유로운 상태에서 자기 또는 제3자의 실력적 지배에 옮기는 것을 의미한다.

약취는 폭행 또는 협박을 수단으로 하는 것이지만 유인은 그와 같은 폭력행사 없이 기망이나 유혹 등의 수단을 이용하는 것을 말한다. 이 때 위와 같은 약취·유인을 통하여 상대방을 '**자신 또는 제3자의 실력적 지배 하**'에 옮길 것을 요하므로 미성년자로 하여금 가출하게 하는 등 보호관계에서 이탈시켰으나 자신의 지배하에 옮기지 못하면 약취·유인죄가 성립하지 않는다.

이 때 자신 또는 제3자의 실력적 지배하에 옮길 것을 요하므로 미성년자를 별도의 장소로 이전시킬 필요는 없다.[152]

───────────────────────────

[151] 대법원 2008. 1. 31. 선고 2007도8011 판결 참조.
[152] 대법원 2008. 1. 17. 선고 2007도8485 판결 참조.

주관적 구성요건요소로서 행위의 상대방이 미성년자라는 점에 대한 인식을 요하고 약취 또는 유인행위를 통해 미성년자를 자신 또는 제3자의 지배로 옮긴다는 점을 인식하여야 한다.

다. 처벌

본죄를 범하면 10년 이하의 징역에 처한다. 나아가 위 약취·유인행위를 통하여 그 대가 또는 보수로 얻은 수익은 모두 환수의 대상이 된다.

3. 추행·간음·결혼 또는 영리 등 목적 약취·유인죄(형법 제288조)

관련조문

제288조(추행 등 목적 약취, 유인 등) ① 추행, 간음, 결혼 또는 영리의 목적으로 사람을 약취 또는 유인한 사람은 1년 이상 10년 이하의 징역에 처한다.

② 노동력 착취, 성매매와 성적 착취, 장기적출을 목적으로 사람을 약취 또는 유인한 사람은 2년 이상 15년 이하의 징역에 처한다.

③ 국외에 이송할 목적으로 사람을 약취 또는 유인하거나 약취 또는 유인된 사람을 국외에 이송한 사람도 제2항과 동일한 형으로 처벌한다.

가. 구성요건의 주체 및 행위의 상대방

본죄의 **구성요건 주체**는 아무런 제한이 없으므로 누구든지 본죄의 주체가 될 수 있다. 나아가 **행위의 상대방** 또한 아무런 제한이 없다.

나. 구성요건적 행위 및 객체

본죄의 **구성요건적 행위**는 ① 추행, 간음, 결혼 또는 영리의 목적으로 사람을 약취 또는 유인하거나(제288조 제1항) ② 노동력 착취, 성매매와 성적 착취, 장기적출을 목적으로 사람을 약취 또는 유인하거나(제2항), ③ 국외에 이송할 목적으로 사람을 약취 또는 유인하거나 약취 또는 유인된 사람을 국외에 이송하는 것(제3항)이다.

약취·유인의 의미는 미성년자 약취·유인죄에서 본 그것과 동일하다.

주관적 구성요건요소로서 약취·유인의 목적을 각항마다 다르게 요구하는데, 제1항의 경우 **추행, 간음, 결혼 또는 영리의 목적**을, 제2항의 경우에는 **노동력 착취, 성매매와 성적**

착취, 장기적출의 목적을, 제3항의 경우에는 **국외에 이송할 목적**을 각각 요구하고, 제2항
과 제3항의 경우 법정형이 동일하다.

다. 처벌

본죄의 **처벌**과 관련하여 추행, 간음, 결혼 또는 영리의 목적으로 사람을 약취 또는 유인
한 죄의 경우에는 **1년 이상 10년 이하의 징역**에 처하고, 노동력 착취, 성매매와 성적 착
취, 장기적출을 목적 또는 국외에 이송할 목적이 있는 경우에는 **2년 이상 15년 이하의 징
역**에 처한다.

위와 같은 범행의 대가로 금전 등의 수익을 취득한 경우 범죄수익은닉규제법에 따라 환
수의 대상이 된다는 점은 앞에서 본 바와 같다.

4. 인신매매의 죄(형법 제289조)

관련조문

제289조(인신매매) ① 사람을 매매한 사람은 7년 이하의 징역에 처한다.

② 추행, 간음, 결혼 또는 영리의 목적으로 사람을 매매한 사람은 1년 이상 10년 이하의 징
역에 처한다.

③ 노동력 착취, 성매매와 성적 착취, 장기적출을 목적으로 사람을 매매한 사람은 2년 이상
15년 이하의 징역에 처한다.

④ 국외에 이송할 목적으로 사람을 매매하거나 매매된 사람을 국외로 이송한 사람도 제3항
과 동일한 형으로 처벌한다.

[전문개정 2013. 4. 5.]

가. 구성요건의 주체 및 행위의 상대방

본죄의 **구성요건 주체**는 아무런 제한이 없으므로 누구든지 본죄의 주체가 될 수 있다.
나아가 **행위의 상대방** 또한 아무런 제한이 없다.

나. 구성요건적 행위 및 객체

본죄의 **동법 제289조 제1항 내지 제3항의 구성요건적 행위**는 사람의 인신을 매매하는
것이다. 본죄의 **객체**는 '**사람**'이고, '**매매**'는 사람의 신체를 물건과 같이 유상으로 인도하고
상대방은 이를 교부받아 그 지배력을 행사하는 것이다. 매매가 반드시 금전으로 매개되어야

하는 것은 아니므로 교환도 여기의 매매에 포함된다고 해석함이 상당하다.

　이와 관련하여 **대법원**은 개정 전 형법이 적용된 사안에서 '부녀매매죄'의 성립을 인정한 바 있는데[153] 현행법에 따르면 제289조 제3항 위반죄가 성립된다.

판례

　가. 부녀매매죄는 부녀자의 신체의 자유를 그 일차적인 보호법익으로 하는 죄로서 그 행위의 객체는 부녀이고, 여자인 이상 그 나이나 성년, 미성년, 기혼 여부 등을 불문한다고 보아야 하고, 행위의 주체에는 제한이 없으니 반드시 친권자등의 보호자만이 본 죄의 주체가 될 수 있다는 것도 근거 없는 해석이라 할 것이며, 요컨대 **본죄의 성립 여부는 그 주체 및 객체에 중점을 두고 볼 것이 아니라 매매의 일방이 어떤 경위로 취득한 부녀자에 대한 실력적 지배를 대가를 받고 그 상대방에게 넘긴다고 하는 행위에 중점을 두고 판단**하여야 하므로 매도인이 매매 당시 부녀자를 실력으로 지배하고 있었는가 여부 즉 계속된 협박이나 명시적 혹은 묵시적인 폭행의 위협 등의 험악한 분위기로 인하여 **보통의 부녀자라면 법질서에 보호를 호소하기를 단념할 정도의 상태에서 그 신체에 대한 인계인수가 이루어졌는가의 여부에 달려 있다**고 하여야 할 것이다(대법원 1992. 1. 21. 선고 91도1402 전원합의체 판결 참조).

(후략)

　그리고 **제289조 제4항의 구성요건적 행위**는 국외에 이송할 목적으로 사람을 매매하거나 매매된 사람을 국외로 이송하는 것이다.

　주관적 구성요건요소는 제1항의 경우에는 사람을 매매한다는 점에 대한 인식이 있으면 충분하나, **제2항 내지 제4항**은 추행, 간음, 결혼 또는 영리의 목적 또는 노동력 착취, 성매매와 성적 착취, 장기적출 목적 그리고 국외에 이송할 목적을 요한다(각 **목적범**).

다. 처벌

　본죄의 처벌과 관련하여 ① 사람을 매매하는 행위는 7년 이하의 징역에, ② **추행, 간음, 결혼 또는 영리의 목적**으로 사람을 매매하는 행위는 1년 이상 10년 이하의 징역에, ③ **노동력 착취, 성매매와 성적 착취, 장기적출을 목적**으로 사람을 매매하는 행위는 2년 이상 15년 이하의 징역에, ④ **국외에 이송할 목적으로 사람을 매매하거나 매매된 사람을 국외로 이송**하는 행위는 제3항과 동일하게 2년 이상 15년 이하의 징역에 각 처한다.

---

153 대법원 1992. 1. 21. 선고 91도1402 전원합의체 판결 참조.

위와 같은 범행의 대가로 금전 등의 수익을 취득한 경우 범죄수익은닉규제법에 따라 환수의 대상이 된다는 점은 앞에서 본 바와 같다.

5. 피약취·유인·매매, 이송한 사람에 대한 상해(치상), 살인(치사)의 죄(형법 제290조, 제291조)

관련조문

제290조(약취, 유인, 매매, 이송 등 상해·치상) ① 제287조부터 제289조까지의 죄를 범하여 약취, 유인, 매매 또는 이송된 사람을 상해한 때에는 3년 이상 25년 이하의 징역에 처한다.
② 제287조부터 제289조까지의 죄를 범하여 약취, 유인, 매매 또는 이송된 사람을 상해에 이르게 한 때에는 2년 이상 20년 이하의 징역에 처한다.
제291조(약취, 유인, 매매, 이송 등 살인·치사) ① 제287조부터 제289조까지의 죄를 범하여 약취, 유인, 매매 또는 이송된 사람을 살해한 때에는 사형, 무기 또는 7년 이상의 징역에 처한다.
② 제287조부터 제289조까지의 죄를 범하여 약취, 유인, 매매 또는 이송된 사람을 사망에 이르게 한 때에는 무기 또는 5년 이상의 징역에 처한다.

가. 구성요건의 주체 및 행위의 상대방

본죄의 **구성요건 주체**는 아무런 제한이 없으므로 누구든지 본죄의 주체가 될 수 있다. 나아가 **행위의 상대방** 또한 아무런 제한이 없다.

나. 구성요건적 행위 및 객체

본죄는 형법 제287조부터 제289조까지 약취·유인·인신매매 각 본죄를 범하여 그 객체가 된 사람에게 상해를 가하거나 상해의 결과에 이르게 하는 행위, 그 사람을 살해하거나 사망의 결과에 이르게 하는 행위를 각각 처벌하고 있다.

감금치사상과 마찬가지로 결합범(상해, 살인) 내지 결과적 가중범(치상, 치사)에 해당하므로 ① 중대한 결과인 **상해·살인**의 경우에는 중대한 결과에 대한 미필적 인식을 요하고, ② **치상·치사**의 경우에는 중대한 결과를 **예견가능**하여야 하며 기본적 구성요건과 중대한 결과 발생 사이의 **인과관계**가 인정되어야 한다.

다. 처벌

본죄의 처벌과 관련하여 ① 제287조부터 제289조까지의 죄를 범하여 약취, 유인, 매매

또는 이송된 **사람을 상해한 때**에는 3년 이상 25년 이하의 징역에, ② 제287조부터 제289
조까지의 죄를 범하여 약취, 유인, 매매 또는 이송된 사람을 **상해에 이르게 한 때**에는 2년
이상 20년 이하의 징역에 각 처하고, ③ 제287조부터 제289조까지의 죄를 범하여 약취, 유
인, 매매 또는 이송된 **사람을 살해한 때**에는 사형, 무기 또는 7년 이상의 징역에, ④ 제
287조부터 제289조까지의 죄를 범하여 약취, 유인, 매매 또는 이송된 사람을 **사망에 이르
게 한 때**에는 무기 또는 5년 이상의 징역에 각 처한다.

위와 같은 범행의 대가로 금전 등의 수익을 취득한 경우 범죄수익은닉규제법에 따라 환
수의 대상이 된다는 점은 앞에서 본 바와 같다.

6. 피약취·유인·매매, 이송자에 대한 수수·은닉의 죄(형법 제292조)

관련조문

제292조(약취, 유인, 매매, 이송된 사람의 수수·은닉 등) ① 제287조부터 제289조까지의 죄로
약취, 유인, 매매 또는 이송된 사람을 수수(授受) 또는 은닉한 사람은 7년 이하의 징역에 처
한다.
② 제287조부터 제289조까지의 죄를 범할 목적으로 사람을 모집, 운송, 전달한 사람도 제1
항과 동일한 형으로 처벌한다.

가. 구성요건의 주체 및 행위의 상대방

본죄의 **구성요건 주체**는 아무런 제한이 없으므로 누구든지 본죄의 주체가 될 수 있다.
나아가 **행위의 상대방** 또한 아무런 제한이 없다.

나. 구성요건적 행위 및 객체

본죄의 **구성요건적 행위**는 ① 제287조부터 제289조까지의 죄로 약취, 유인, 매매 또는
이송된 사람을 **수수(授受) 또는 은닉**하는 것과, ② 제287조부터 제289조까지의 죄를 범할
목적으로 사람을 **모집, 운송, 전달**하는 것이다.

‘이미’ 약취·유인·매매된 사람을 사후에 주고받거나 은닉하는 행위 및 그 사람을 ‘약취·
유인·매매하기 전 또는 그 과정’에서 그 객체가 되는 사람을 모집하거나 운송 및 전달하
는 행위에 관여한 사람을 모두 정범으로써 처벌하겠다는 취지다.

주관적 구성요건요소로서 **제292조 제1항**의 경우 위와 같은 수수, 은닉하는 행위를 할

당시 그 객체가 되는 사람이 형법 제287조 내지 제289조에 따라 약취·유인·매매된 사람이라는 사실을 인식하여야 한다.

한편 **제292조 제2항**의 경우 사람을 **모집, 운송, 전달**하는 행위의 경우에는 위와 같은 약취·유인·매매행위를 할 목적을 요구하는 목적범이다.

다. 처벌

본죄의 처벌과 관련하여 ① 제287조부터 제289조까지의 죄로 약취, 유인, 매매 또는 이송된 사람을 **수수(授受) 또는 은닉**하는 경우 7년 이하의 징역에, ② 제287조부터 제289조까지의 죄를 범할 목적으로 **사람을 모집, 운송, 전달**한 사람도 제1항과 동일한 형(7년 이하의 징역)으로 처벌한다.

위와 같은 범행의 대가로 금전 등의 수익을 취득한 경우 범죄수익은닉규제법에 따라 환수의 대상이 된다는 점은 앞에서 본 바와 같다.

7. 미수범 및 예비·음모 처벌 규정(형법 제294조, 제296조)

관련조문 —————————————————————————————————

제294조(미수범) 제287조부터 제289조까지, 제290조 제1항, 제291조 제1항과 제292조 제1항의 미수범은 처벌한다.

제296조(예비, 음모) 제287조부터 제289조까지, 제290조 제1항, 제291조 제1항과 제292조 제1항의 죄를 범할 목적으로 예비 또는 음모한 사람은 3년 이하의 징역에 처한다.

——

범죄수익은닉규제법은 **위 각 미수범과 예비·음모 전체를 중대범죄로 규정**하고 있으므로 이에 해당하는 경우 모두 환수대상이 된다.

8. 범죄수익환수 및 자금세탁범죄 처벌 사례

이와 관련하여 **미성년자를 영리목적으로 유인한 다음 성매매알선 영업을 함으로써 범죄수익을 취득한 사안**에서 위와 같은 영리유인행위와 성매매알선 영업을 통해 취득한 수익을 추징하여 환수한 사례가 있다.[154]

———————————

154 광주지방법원 2017. 7. 28. 선고 2017고합163 판결 참조(광주지방법원 2017노389 판결로 확정. 제2항의 범죄사실은 항소심에서 공소장이 변경되어 변경된 사실로 유죄가 선고, 확정되었으므로 변경된 범죄사실을 기재하였다.)

위 사안은 영리유인 자체에 대한 대가를 추징한 것이 아니고 영리유인행위를 한 이후 성매매알선행위를 함으로써 얻은 수익을 추징하였다는 점에 특징이 있고 실무상 이와 같은 사례가 더 많이 확인된다.

사례

범죄사실

1. 영리유인

피고인은 인터넷 네이버 'D' 카페를 통해 알게 된 피해자 E(여, 14세)를 유인하여 가출하게 한 후 전국을 함께 다니며 피해자가 성매매를 하게 알선하고 그 대가를 받아 생활비로 사용하기로 마음먹었다.

가. 2016. 5. 14.경 범행

피고인은 2016. 5. 14. 18:00경 광주 북구 F에 있는 피해자의 집 앞에서 피해자에게 "내가 차가 있으니 바람도 쐬고 놀러 다니자. 여기서 기다리고 있을 테니 집에 있는 가족들 지갑과 옷을 챙겨 나오라."라고 말하여 같은 날 21:50경 피고인의 지시에 따라 옷 등을 챙겨 나온 피해자를 자신의 G 아반떼 승용차에 태워 데리고 갔다.

이로써 피고인은 영리를 목적으로 사람을 유인하였다.

나. 2016. 5. 31.경 범행

피고인은 2016. 5. 31. 03:30경 경기 연천군 연천로 239에 있는 연천경찰서 앞에서, 가출신고 및 성매매단속으로 소재가 발견되어 보호자에게 인계된 후 부친의 차량에 탑승해 있던 피해자를 발견하고, 피해자의 부모가 연천경찰서 안에서 담당 경찰관과 면담하고 있는 틈을 이용하여 피해자에게 손짓으로 오라는 신호를 보내 피해자를 자신의 G 아반떼 승용차에 태워 데리고 갔다.

이로써 피고인은 영리를 목적으로 사람을 유인하였다.

다. 2017. 2. 14.경 범행

피고인은 2017. 2. 14. 00:30경 광주 북구 F에 있는 피해자의 집 앞에서, 가출신고 및 성매매단속으로 소재가 발견되어 보호자에게 인계된 후 귀가조치된 피해자를 발견하고, "나와 함께 다니자, 나주로 가자."라고 말하여 피해자를 자신의 G 아반떼 승용차에 태워 데리고 갔다.

이로써 피고인은 영리를 목적으로 사람을 유인하였다.

2. 아동·청소년의성보호에관한법률위반(알선영업행위등)[155]

피고인은 2016. 7. 초순경 창원시 이하 불상지에서 스마트폰 어플리케이션 'H' 및 'I'를 이

---

[155] 항소심 판결문을 인용하였다.

용하여 '도움 주실 분'이라는 글을 올려 피해자와 성매매 할 남성을 물색한 후 같은 날 22:30 경 창원시 의창구 J에 있는 K모텔 불상의 호실로 피해자를 들여보내 성명불상의 남성과 성교하고 그 대가로 현금 15만 원을 받게 한 것을 비롯하여, 2016. 5. 30.경부터 2017. 2. 23.경까지 사이에 같은 방법으로 별지 범죄일람표 기재와 같이 총 11회에 걸쳐 아동·청소년의 성을 사는 행위를 알선하였다.

법령의 적용

1. 범죄사실에 대한 해당법조 및 형의 선택

각 형법 제288조 제1항(영리목적 유인의 점), 아동·청소년의 성보호에 관한 법률 제15조 제2항 제3호(아동·청소년 성매매 알선의 점, 포괄하여, 징역형 선택)

1. 추징

범죄수익은닉의 규제 및 처벌 등에 관한 법률 제10조 제1항, 제8조 제1항 제1호(추징금 1,310,000원＝판시 범죄사실 제2항의 범죄수익 합계 1,310,000원)

제3관 명예와 신용에 대한 죄

1 업무방해 및 입찰 등 방해의 죄(형법 제314조, 제315조)

1. 총설

범죄수익은닉규제법 별표 제1호 카목에서는 **형법 제2편 제34장 신용·업무와 경매에 관한 죄 중 형법 제314조(업무방해), 제315조(입찰 등 방해)의 죄**를 각 중대범죄로 규정하고 있다.

관련조문

범죄수익은닉규제법 별표

중대범죄(제2조 제1호 관련)

1. 「형법」 중 다음 각 목의 죄

카. 제2편 제34장 신용, 업무와 경매에 관한 죄 중 **제314조** 및 **제315조**의 죄

관련조문 ─────────────────────────────────

  제314조(업무방해) ① 제313조의 방법 또는 위력으로써 사람의 업무를 방해한 자는 5년 이하
    의 징역 또는 1천500만 원 이하의 벌금에 처한다. <개정 1995. 12. 29.>
    ② 컴퓨터등 정보처리장치 또는 전자기록등 특수매체기록을 손괴하거나 정보처리장치에 허
    위의 정보 또는 부정한 명령을 입력하거나 기타 방법으로 정보처리에 장애를 발생하게 하여
    사람의 업무를 방해한 자도 제1항의 형과 같다. <신설 1995. 12. 29.>
  제315조(경매, 입찰의 방해) 위계 또는 위력 기타 방법으로 경매 또는 입찰의 공정을 해한 자
    는 2년 이하의 징역 또는 700만 원 이하의 벌금에 처한다. <개정 1995. 12. 29.>

──

  실무상 업무방해죄를 중대범죄로 의율하여 그로 인해 취득한 범죄수익을 범죄수익은닉규
제법에 따라 몰수·추징하여 환수하는 사례가 다수 확인되고 있으므로 이하에서는 그 구체
적인 사례에 대해 살펴보도록 한다.

2. 업무방해의 죄(형법 제314조)

관련조문 ─────────────────────────────────

  제314조(업무방해) ① **제313조의 방법 또는 위력**으로써 사람의 업무를 방해한 자는 5년 이하
    의 징역 또는 1천500만 원 이하의 벌금에 처한다. <개정 1995. 12. 29.>
    ② 컴퓨터등 정보처리장치 또는 전자기록등 특수매체기록을 손괴하거나 정보처리장치에 허
    위의 정보 또는 부정한 명령을 입력하거나 기타 방법으로 정보처리에 장애를 발생하게 하여
    사람의 업무를 방해한 자도 제1항의 형과 같다. <신설 1995. 12. 29.>
    ☞ 제313조(신용훼손) 허위의 사실을 유포하거나 기타 위계로써 사람의 신용을 훼손한 자는
      5년 이하의 징역 또는 1천500만 원 이하의 벌금에 처한다.

──

가. 구성요건의 주체 및 행위의 상대방

  본죄의 **구성요건 주체**는 아무런 제한이 없으므로 누구든지 본죄의 주체가 될 수 있다.
그리고 **행위의 상대방** 또한 아무런 제한이 없다. 결국 업무방해죄의 핵심은 어떠한 행위가
업무방해 행위에 해당하는지 여부다.

나. 구성요건적 행위 및 객체

본죄의 **구성요건적 행위**는 ① 허위의 사실을 유포하거나 기타 위계, 위력으로 사람의 업무를 방해하는 것(제314조 제1항, 제313조)과 ② 컴퓨터등 정보처리장치 전자기록등 특수매체기록을 손괴하거나 정보처리장치에 허위의 정보 또는 부정한 명령을 입력하거나 기타 방법으로 정보처리에 장애를 발생하게 하여 사람의 업무를 방해하는 것이다(제314조 제2항).

1) 제314조 제1항의 업무방해

가) 업무의 의미

본죄의 객체는 '**사람의 업무**'이므로 타인인 자연인 외에 법인 또는 법인격 없는 단체도 모두 포함된다. 이 때 '업무'는 사람이 그 사회생활상의 지위에 기하여 계속적으로 종사하는 사무·사업 등을 일컫는 것으로서 경제적 사무에 국한되지 않는다. **대법원**도 같은 취지로 판시하고 있다.[156]

판례

[1] 업무방해죄에 있어서의 **업무란 직업 또는 사회생활상의 지위에 기하여 계속적으로 종사하는 사무나 사업의 일체를 의미**하고, 그 업무가 주된 것이든 부수적인 것이든 가리지 아니하며, **일회적인 사무라 하더라도 그 자체가 어느 정도 계속하여 행해지는 것이거나 혹은 그것이 직업 또는 사회생활상의 지위에서 계속적으로 행하여 온 본래의 업무수행과 밀접불가분의 관계에서 이루어진 경우에도 이에 해당한다 할 것이며**, 한편 업무방해죄의 업무방해는 널리 그 경영을 저해하는 경우에도 성립하는데, 업무로서 행해져 온 회사의 경영행위에는 그 목적 사업의 직접적인 수행뿐만 아니라 그 확장, 축소, 전환, 폐지 등의 행위도 정당한 경영권 행사의 일환으로서 이에 포함된다.

[2] 회사가 사업장의 이전을 계획하고 그 이전을 전후하여 사업을 중단 없이 영위할 목적으로 이전에 따른 사업의 지속적인 수행방안, 새 사업장의 신축 및 가동개시와 구 사업장의 폐쇄 및 가동중단 등에 관한 일련의 경영상 계획의 일환으로서 **시간적·절차적으로 일정기간의 소요가 예상되는 사업장 이전을 추진, 실시하는 행위**는 그 자체로서 일정기간 계속성을 지닌 업무의 성격을 지니고 있을 뿐만 아니라 회사의 본래 업무인 목적 사업의 경영과 밀접불가분의 관계에서 그에 수반하여 이루어지는 것으로 볼 수 있으므로 이 점에서도 **업무방해죄에 의한 보호의 대상이 되는 업무에 해당**한다 (대법원 2005. 4. 15. 선고 2004도8701 판결 참조).

다만 **초등학생들이 학교에 등교하여 교실에서 수업을 듣는 것**은 헌법 제31조가 정하

---

[156] 대법원 2005. 4. 15. 선고 2004도8701 판결 참조.

고 있는 무상으로 초등교육을 받을 권리 및 초·중등교육법 제12, 13조가 정하고 있는 국가의 의무교육 실시의무와 부모들의 취학의무 등에 기하여 학생들 본인의 권리를 행사하는 것이거나 국가 내지 부모들의 의무를 이행하는 것에 불과할 뿐 그것이 **'직업 기타 사회생활상의 지위에 기하여 계속적으로 종사하는 사무 또는 사업'**에 해당한다고 할 수 없다.157 나아가 **'공무'**는 업무방해죄의 **'업무'**에 포함되지 않는다.158

판례

[1] [다수의견] 형법상 업무방해죄의 보호법익은 업무를 통한 사람의 사회적·경제적 활동을 보호하려는 데 있으므로, 그 보호대상이 되는 **'업무'란 직업 또는 계속적으로 종사하는 사무나 사업을 말하고, 여기서 '사무' 또는 '사업'은 단순히 경제적 활동만을 의미하는 것이 아니라 널리 사람이 그 사회생활상의 지위에서 계속적으로 행하는 일체의 사회적 활동을 의미한다.**

한편, 형법상 업무방해죄와 별도로 규정한 공무집행방해죄에서 '직무의 집행'이란 널리 공무원이 직무상 취급할 수 있는 사무를 행하는 것을 의미하는데, 이 죄의 보호법익이 공무원에 의하여 구체적으로 행하여지는 국가 또는 공공기관의 기능을 보호하고자 하는 데 있는 점을 감안할 때, 공무원의 직무집행이 적법한 경우에 한하여 공무집행방해죄가 성립하고, 여기에서 적법한 공무집행이란 그 행위가 공무원의 추상적 권한에 속할 뿐 아니라 구체적 직무집행에 관한 법률상 요건과 방식을 갖춘 경우를 가리키는 것으로 보아야 한다. 이와 같이 **업무방해죄와 공무집행방해죄는 그 보호법익과 보호대상이 상이할 뿐만 아니라 업무방해죄의 행위유형에 비하여 공무집행방해죄의 행위유형은 보다 제한되어 있다. 즉 공무집행방해죄는 폭행, 협박에 이른 경우를 구성요건으로 삼고 있을 뿐 이에 이르지 아니하는 위력 등에 의한 경우는 그 구성요건의 대상으로 삼고 있지 않다.**

또한, 형법은 공무집행방해죄 외에도 여러 가지 유형의 공무방해행위를 처벌하는 규정을 개별적·구체적으로 마련하여 두고 있으므로, 이러한 처벌조항 이외에 공무의 집행을 업무방해죄에 의하여 보호받도록 하여야 할 현실적 필요가 적다는 측면도 있다. 그러므로 형법이 업무방해죄와는 별도로 공무집행방해죄를 규정하고 있는 것은 사적 업무와 공무를 구별하여 공무에 관해서는 공무원에 대한 폭행, 협박 또는 위계의 방법으로 그 집행을 방해하는 경우에 한하여 처벌하겠다는 취지라고 보아야 한다. 따라서 **공무원이 직무상 수행하는 공무를 방해하는 행위에 대해서는 업무방해죄로 의율할 수는 없다고 해석함이 상당하다**(대법원 2009. 11. 19. 선고 2009도4166 전원합의체 판결 참조).

나아가 본죄의 **'업무'**는 보호가치가 있는 업무이면 충분하고 그 위법의 정도가 중하여 도저히 사회생활상 용인할 수 없는 정도의 반사회성을 띄는 경우에는 업무방해죄의 보호대상

---

157 대법원 2013. 6. 14. 선고 2013도3829 판결 참조.
158 대법원 2009. 11. 19. 선고 2009도4166 전원합의체 판결 참조.

이라고 할 수 없다.[159]

판례

법원의 직무집행정지 가처분결정에 의하여 그 직무집행이 정지된 자가 법원의 결정에 반하여 직무를 수행함으로써 업무를 계속 행하는 경우 그 업무는 국법질서와 재판의 존엄성을 무시하는 것으로서 사실상 평온하게 이루어지는 사회적 활동의 기반이 되는 것이라 할 수 없고, 비록 그 업무가 반사회성을 띠는 경우라고까지는 할 수 없다고 하더라도 법적 보호라는 측면에서는 그와 동등한 평가를 받을 수밖에 없으므로, **그 업무자체는 법의 보호를 받을 가치를 상실하였다고 하지 않을 수 없어 업무방해죄에서 말하는 업무에 해당하지 않는다**(대법원 2002. 8. 23. 선고 2001도5592 판결 참조).

나) 허위사실의 유포 기타 위계

본죄의 행위는 허위사실 유포 기타 위계·위력으로써 업무를 방해하는 것이다. **'허위사실의 유포'**라 함은 객관적 진실과 다른 내용의 사실을 불특정 또는 다수인에게 전파시키는 것을 의미하고 단순한 의견이나 가치판단은 제외된다.[160]

'위계'라 함은 상대방의 착오 등을 이용하여 기망 또는 유혹을 이용해 그 상대방의 판단을 그르치게 하는 것을 의미한다. 이 때 상대방의 **오인·착각 또는 부지**를 일으켜야 하므로 그러한 결과가 발생하지 않을 정도인 경우에는 본죄의 '위계'로 볼 수 없다.[161]

판례

갑 주식회사의 상무이사인 피고인이 갑 회사의 신규 직원 채용 과정에서, 면접위원인 을이 면접이 끝난 후 인사 담당 직원에게 채점표를 작성하여 제출하고 면접장소에서 먼저 퇴장하자, 남은 면접위원들과 협의하여 피고인이 지정한 응시자를 최종합격자로 선정함으로써 피해자 을의 공정하고 객관적인 직원채용에 관한 업무를 위계로써 방해하였다는 내용으로 기소된 사안에서, **피고인이 최종합격자를 선정하는 데 영향력을 행사하였더라도 그러한 행위가 면접업무를 이미 마친 을에게 오인·착각 또는 부지를 일으켰다고 할 수 없으므로 을에 대한 업무방해의 점을 유죄로 인정한 원심판단에 법리오해의 잘못이 있다**(대법원 2017. 5. 30. 선고 2016도18858 판결 참조).

---

159 대법원 2002. 8. 23. 선고 2001도5592 판결 참조.
160 대법원 1983. 2. 8. 선고 82도2486 판결 참조.
161 대법원 2017. 5. 30. 선고 2016도18858 판결 참조.

한편 **대법원**은 위와 같은 '위계'행위를 통하여 실제로 업무의 방해를 초래할 위험이 발생하여야 하므로 게임회사들이 제작한 모바일 게임의 이용자들의 게임머니나 능력치를 높게 할 수 있는 변조된 게임프로그램을 게시·유포하였다는 사실만으로 본죄가 성립할 수 없고 **실제로 게임이용자가 변조된 게임프로그램을 설치·이용하여 게임서버에 접속하여야 위계에 의한 업무방해죄가 성립**한다고 판시하였다.[162]

나아가 상대방으로부터 신청을 받아 일정한 자격요건 등을 갖춘 경우에 한해 그에 대한 수용여부가 결정되는 업무의 경우에는 심사를 담당하는 사람이 '**충분히 심사를 하였음에도**' 이를 확인하지 못한 경우 본죄의 성립이 인정되고, '**불충분한 심사**'에 기인한 것이라면 본죄가 성립되지 않는다.[163]

판례

[1] 업무방해죄의 성립에 있어서는 업무방해의 결과가 실제로 발생함을 요하지 않고 업무방해의 결과를 초래할 위험이 발생하면 족하다.

[2] 상대방으로부터 신청을 받아 상대방이 일정한 자격요건 등을 갖춘 경우에 한하여 그에 대한 수용여부를 결정하는 업무에 있어서는 신청서에 기재된 사유가 사실과 부합하지 않을 수 있음을 전제로 자격요건 등을 심사·판단하는 것이므로, **업무담당자가 사실을 충분히 확인하지 않은 채 신청인이 제출한 허위의 신청사유나 허위의 소명자료를 가볍게 믿고 이를 수용**하였다면 이는 **업무담당자의 불충분한 심사에 기인한 것으로서 신청인의 위계가 업무방해의 위험성을 발생시켰다고 할 수 없어 위계에 의한 업무방해죄를 구성하지 않**는다. 그러나 신청인이 업무담당자에게 허위의 주장을 하면서 이에 부합하는 허위의 소명자료를 첨부하여 제출한 경우 **그 수리 여부를 결정하는 업무담당자가 관계 규정이 정한 바에 따라 그 요건의 존부에 관하여 나름대로 충분히 심사를 하였으나 신청사유 및 소명자료가 허위임을 발견하지 못하여 신청을 수리하게 될 정도**에 이르렀다면 이는 업무담당자의 불충분한 심사가 아니라 신청인의 위계행위에 의하여 업무방해의 위험성이 발생된 것이어서 **이에 대하여 위계에 의한 업무방해죄가 성립된다**(대법원 2020. 9. 24. 선고 2017도19283 판결 참조).

다) 위력

본죄의 '**위력**'이라 함은 **사람의 의사를 제압할 만한 일체의 세력**을 의미한다. 따라서 현실적으로 피해자의 자유의사가 제압될 것을 요하는 것은 아니다.[164] 폭행 또는 협박, 권세

---

162 대법원 2017. 2. 21. 선고 2016도15144 판결 참조.
163 대법원 2020. 9. 24. 선고 2017도19283 판결 참조.
164 대법원 1999. 5. 28. 선고 99도495 판결 참조.

와 위세를 동원하는 경우, 함부로 출입문을 폐쇄하거나 욕설과 고함을 지르며 난동을 부리는 경우도 모두 여기에 포함된다.

한편 **쟁의행위와 관련**하여, 사용자의 사업계속에 관한 자유의사가 제압·혼란될 수 있다고 평가되는 경우에 비로소 집단적 노무제공의 거부가 위력에 해당하게 된다.[165]

판례

[1] [다수의견] (가) 업무방해죄는 위계 또는 위력으로써 사람의 업무를 방해한 경우에 성립하며(형법 제314조 제1항), '위력'이란 사람의 자유의사를 제압·혼란케 할 만한 일체의 세력을 말한다. 쟁의행위로서 파업(노동조합 및 노동관계조정법 제2조 제6호)도, 단순히 **근로계약에 따른 노무의 제공을 거부하는 부작위에 그치지 아니하고 이를 넘어서 사용자에게 압력을 가하여 근로자의 주장을 관철하고자 집단적으로 노무제공을 중단하는 실력행사이므로, 업무방해죄에서 말하는 위력에 해당하는 요소를 포함**하고 있다.

(나) 근로자는 원칙적으로 헌법상 보장된 기본권으로서 근로조건 향상을 위한 자주적인 단결권·단체교섭권 및 단체행동권을 가지므로(헌법 제33조 제1항), **쟁의행위로서 파업이 언제나 업무방해죄에 해당하는 것으로 볼 것은 아니**고, 전후 사정과 경위 등에 비추어 사용자가 예측할 수 없는 시기에 전격적으로 이루어져 **사용자의 사업운영에 심대한 혼란 내지 막대한 손해를 초래하는 등으로 사용자의 사업계속에 관한 자유의사가 제압·혼란될 수 있다고 평가할 수 있는 경우에 비로소 집단적 노무제공의 거부가 위력에 해당하여 업무방해죄가 성립한다고 보는 것이 타당하다**.

(다) 이와 달리, 근로자들이 집단적으로 근로의 제공을 거부하여 사용자의 정상적인 업무운영을 저해하고 손해를 발생하게 한 행위가 당연히 위력에 해당하는 것을 전제로 노동관계 법령에 따른 정당한 쟁의행위로서 위법성이 조각되는 경우가 아닌 한 업무방해죄를 구성한다는 취지로 판시한 대법원 1991. 4. 23. 선고 90도2771 판결, 대법원 1991. 11. 8. 선고 91도326 판결, 대법원 2004. 5. 27. 선고 2004도689 판결, 대법원 2006. 5. 12. 선고 2002도3450 판결, 대법원 2006. 5. 25. 선고 2002도5577 판결 등은 이 판결의 견해에 배치되는 범위 내에서 변경한다(대법원 2011. 3. 17. 선고 2007도482 전원합의체 판결 참조).

라) 결과발생의 요부 및 주관적 구성요건요소

업무방해죄는 업무를 방해할 우려가 있는 때 기수가 되므로 방해결과의 현실적 발생은 필요하지 않다(**추상적 위험범**). **대법원**도 같은 입장이다.[166]

---

165 대법원 2011. 3. 17. 선고 2007도482 전원합의체 판결 참조.
166 대법원 2012. 5. 24. 선고 2011도7943 판결 참조.

본죄의 주관적 구성요건요소로서 허위사실 기타 위계, 위력으로 타인의 업무를 방해할 위험이 존재한다는 사실에 대한 인식을 요한다.

2) 제314조 제2항의 컴퓨터등업무방해

본죄의 객체는 컴퓨터등 정보처리장치 또는 전자기록등 특수매체기록이다. 이 때 컴퓨터등 정보처리장치에는 **하드웨어와 소프트웨어를 모두 포함**한다.[167]

구성요건적 행위는 위 컴퓨터등 정보처리장치 또는 전자기록 등 특수매체기록을 손괴하거나 허위정보 또는 부정한 명령을 입력하거나 기타 방법으로 정보처리장치에 장애를 발생시키는 것이다.

이 때 '**손괴**'라 함은 물리적으로 파괴하는 것을 말하고, 전자기록을 없애거나 자력에 의한 교란행위 또는 소멸시키는 행위를 모두 포함한다.[168]

그리고 '**허위정보 · 부정한 명령의 입력**'이라 함은 객관적으로 진실에 반하는 내용의 정보를 입력하거나 정보처리장치를 운영하는 본래의 목적과 상이한 명령을 입력하는 것을 말한다.[169]

따라서 컴퓨터시스템 서버를 관리하던 사람이 전보명령을 받아 더 이상 웹서버를 관리·운영할 권한이 없는 상태에서 웹서버에 접속하여 홈페이지 관리자의 아이디와 비밀번호를 무단으로 변경한 경우 이는 부정한 명령을 입력한 컴퓨터등업무방해죄가 성립한다.[170]

한편 본죄는 정보처리에 장애의 발생이 현실적으로 일어날 것을 요건으로 하므로 컴퓨터등이 사용목적에 따라 작동을 제대로 하지 못하는 경우 본죄가 성립한다.[171] 다만 업무방해의 결과까지 반드시 현실화될 필요는 없으므로 본죄도 여전히 추상적 위험범이다.[172]

주관적 구성요건요소는 본죄의 객관적 구성요건에 해당하는 사실에 대한 인식과 의사를 요한다.

다. 처벌

본죄를 범하면 5년 이하의 징역 또는 1천500만 원 이하의 벌금에 처한다. 나아가 위와 같은

---

[167] 대법원 2004. 7. 9. 선고 2002도631 판결 참조.
[168] 대법원 2012. 5. 24. 선고 2011도7943 판결 참조.
[169] 대법원 2012. 5. 24. 선고 2011도7943 판결 참조.
[170] 대법원 2006. 3. 10. 선고 2005도382 판결 참조.
[171] 대법원 2009. 4. 9. 선고 2008도11978 판결 참조.
[172] 위 대법원 2008도11978 판결 참조.

행위의 대가로 받은 수익 등은 모두 범죄수익은닉규제법에 따른 몰수·추징의 대상이 된다.

라. 범죄수익환수 및 자금세탁범죄 처벌 사례

이와 관련하여 **공문서를 위조하여 주택분양권을 취득함으로써 조합의 업무를 방해하여 분양권을 공급받은 범죄행위를 업무방해죄로 의율하여 기소하고 업무방해로 취득한 범죄수익을 범죄수익은닉규제법에 따라 추징하여 환수한 사례**가 있다.[173]

이 때 검사는 공문서위조행위 또한 범죄수익은닉규제법상 중대범죄에 해당하므로 이를 원인으로 범죄수익을 취득하였다며 추징을 구형하였으나 법원은 위와 같은 위조문서를 제출함으로써 조합 등이 충분한 심사를 하였음에도 불구하고 분양업무가 방해된 것으로 해석하여 업무방해죄를 중대범죄로 보고 추징을 선고하였다는 점이 특징이다.

사례

범죄사실

『2018고단3017』

피고인들은 서울 은평구 C에서 'D부동산'이라는 상호로 공인중개사 사무소를 운영하면서 생활정보지에 '청약상담'이라는 광고를 게시하고 이를 보고 연락한 자들로부터 입주자저축증서(이하 '청약통장'이라 함)를 매입한 후 청약통장 명의자들을 아파트 분양 지역으로 위장전입시키고, 그들에 대한 주민등록등·초본, 가족관계증명서 등 공문서를 중국에 있는 문서위조범인 일명 'E'를 통하여 부양가족 수를 늘리는 방법으로 위조하게 한 후 이를 청약신청 구비서류로 제출하여 청약가점을 부풀려 분양권을 당첨 받으면 당첨된 분양권을 전매하여 그 수익금을 나눠 가지기로 공모하였다.

1. 공문서위조

피고인들은 위 'E'와 공모하여, 청약통장 명의자인 F가 부산 G에 있는 'H아파트' 분양권을 취득하는데 사용하기 위하여 청약신청 구비서류로 주민등록표 초본 등 공문서를 위조하기로 마음먹었다.

피고인들은 2017. 10. 11.경 위 '현*부동산' 공인중개사 사무소에서 위 F로부터 청약통장을 매입하면서 양도받은 주민등록표 초본 등 공문서를 스캔하여 그 파일을 위조할 내용과 함께 위 'E'에게 이메일로 보내고, 위 'E'는 F의 배우자가 I가 아니고 F가 각 주소지에 전입한 사실이 없음에도 F의 주민등록표 초본의 1번 주소란에 '서울특별시 강서구 J건물 K호)', 2번 주소

---

[173] 부산지방법원 2019. 1. 24. 선고 2018고단3017, 4993(병합) 판결 참조[대법원 2019도7643 판결로 확정. 범죄사실은 업무방해와 관련 있는 부분에 한하여 발췌하였다].

란에 '서울특별시 양천구 L', 3번 주소란에 '부산광역시 남구 M', 4번 주소란에 '부산광역시 금정구N건물O호'라고 기재하고, 각 세대주 및 관계 등록상태 란에 'I의 배우자'라고 기재하는 등 F에 대한 부산광역시 금정구청장 명의의 주민등록표 초본을 위조하였다.

피고인들은 위 'E'와 공모하여, 위와 같이 F에 대한 주민등록표 초본을 위조한 것을 비롯하여 별지 범죄일람표 (1) 기재와 같이 2016. 5. 30.부터 2018. 4. 24.까지 총 195회에 걸쳐 105명에 대한 주민등록등·초본, 가족관계증명서, 혼인관계증명서 등 공문서를 권한 없이 행사할 목적으로 위조하였다.

(중략)

4. 주택법위반

누구든지 주택법에 따라 건설·공급되는 주택을 공급받거나 공급받게 하기 위하여 입주자저축증서 또는 지위를 양도·양수 또는 이를 알선하여서는 아니 된다.

피고인들은 2015. 가을경 서울 은평구 V에 있는 W은행에서 청약통장 명의자인 Q에게 450만 원의 대가를 지급하고 Q 명의의 청약통장을 양수하고, 2016. 여름경 서울 은평구 X에 있는 W은행에서 청약통장 명의자인 F에게 400만 원의 대가를 지급하고 F 명의의 청약통장을 양수하고, 2017. 8. 서울 은평구 수색동에 있는 국민은행에서 청약통장 명의자인 F에게 450만 원의 대가를 지급하고 F 명의의 청약통장을 양수하고, 2017. 8.경 서울 은평구 연신내동에 있는 국민은행에서 청약통장 명의자인 F에게 400만 원의 대가를 지급하고 F 명의의 청약통장을 양수하고, 2017. 가을경 서울 중랑구 Y에서 청약통장 명의자인 T에게 800만 원의 대가를 지급하고 T명의의 청약통장을 양수하였다.

피고인들은 공모하여 위와 같이 총 5회에 걸쳐 Q, F, T로부터 입주자저축증서를 양수하였다.

5. 주택법위반 및 업무방해

누구든지 거짓이나 그 밖의 부정한 방법으로 주택법에 따라 건설·공급되는 증서나 지위 또는 주택을 공급받거나 공급받게 하여서는 아니 된다.

가. F 관련 범행

피고인들은 공모하여 청약통장 명의자인 F에게 400만 원을 주고 청약통장 및 주민등록등·초본 등 청약에 필요한 서류, 공인인증서 등을 매입한 후 2017. 9. 21.경 위 'D부동산' 공인중개사 사무소에서, 그 곳에 있는 컴퓨터로 인터넷 'Z'에 접속하여 F 명의로 부산 강서구 G에서 분양한 'H아파트'에 청약 신청을 하면서 제3항과 같이 거짓으로 신고된 주민등록주소와 별지 범죄일람표 (1)의 연번 163부터 연번 168까지와 같이 위조된 공문서를 이용하여 위 아파트 AA호의 분양권을 당첨 받게 하고, 공급계약 시 위와 같이 위조한 공문서를 증빙서류로 제출하였다.

피고인들은 공모하여 위계로써 피해자 AB(주)의 주택공급 업무를 방해하고, 거짓이나 그 밖의 부정한 방법으로 주택법에 따라 건설·공급되는 증서나 지위 또는 주택을 공급받거나 공급받게 하였다.

나. Q 관련 범행

피고인들은 공모하여 청약통장 명의자인 F에게 450만 원을 주고 청약통장 및 주민등록등·초본 등 청약에 필요한 서류, 공인인증서 등을 매입한 후 2017. 9. 21.경위 'D부동산' 공인중개사 사무소에서, 그 곳에 있는 컴퓨터로 인터넷 'Z'에 접속하여 F 명의로 부산 강서구 G에서 분양한 'H아파트'에 청약 신청을 하면서 제3항과 같이 거짓으로 신고된 주민등록주소와 별지 범죄일람표 (1)의 연번 169부터 연번 174까지와 같이 위조된 공문서를 이용하여 위 아파트 AC호의 분양권을 당첨 받게 하고, 공급계약 시 위와 같이 위조한 공문서를 증빙서류로 제출하였다.

피고인들은 공모하여 위계로써 피해자 AB(주)의 주택공급 업무를 방해하고, 거짓이나 그 밖의 부정한 방법으로 주택법에 따라 건설·공급되는 증서나 지위 또는 주택을 공급받거나 공급받게 하였다.

법령의 적용[174]

1. 범죄사실에 대한 해당법조 및 형의 선택

피고인들:

- 각 형법 제225조, 제30조(공문서위조의 점)
- 각 형법 제229조, 제225조 제30조(위조공문서행사의 점)
- 각 구 주민등록법(2016. 12. 2. 법률 제14286호로 개정되기 전의 것) 제37조 제3호의2, 형법 제30조(2017. 6. 2.까지의 주민등록에 관한 허위사실신고의 점), 각 주민등록법 제37조 제3호의2, 형법 제30조(2017. 6. 3.부터의 주민등록에 관한 허위사실신고의 점)
- 각 구 주택법(2015. 12. 29. 법률 제13687호로 개정되기 전의 것) 제96조 제1호, 제39조 제1항 전단, 형법 제30조(2016. 6. 29.까지의 입주자저축 증서 양수의 점), 각 구 주택법(2016. 1. 19. 법률 제13805호로 개정되기 전의 것) 제96조 제2호, 제39조 제1항 전단, 형법 제30조(2016. 6. 30.부터 2016. 8. 11.까지의 입주자저축 증서 양수의 점), 각 주택법 제101조 제3호, 제65조 제1항 전단, 형법 제30조(2016. 8. 12.부터의 입주자저축 증서 양수의 점)
- 각 구 주택법(2015. 12. 29. 법률 제13687호로 개정되기 전의 것) 제96조 제1호, 제39조 제1항 후단, 형법 제30조(2016. 6. 29.까지의 주택부정수급의 점), 각 구 주택법(2016. 1. 19. 법률 제13805호로 개정되기 전의 것) 제96조 제2호, 제39조 제1항 후단, 형법 제30조(2016. 6. 30.부터 2016. 8. 11.까지의 주택부정수급의 점), 각 주택법 제101조 제3호, 제65조 제1항 후단, 형법 제30조(2016. 8. 12.부터의 주택부정수급의 점
- 각 형법 제314조 제1항, 제313조, 제30조(업무방해의 점)

---

[174] 항소심 판결을 인용하였다.

1. 추징[175]

피고인들: 범죄수익은닉의 규제 및 처벌 등에 관한 법률 제8조 제1항 제1호, 제10조 제1항

- **검사가 추징을 구형한 이유는, 추징액 산정 근거, 의견서 등을 종합해 볼 때 공문서 위조 행위와 그 행사 행위에 의하여 생긴 재산이라며 그 재산에 대해 추징을 구하는 것으로 보인다.**

범죄수익은닉의 규제 및 처벌 등에 관한 법률」(이하 '범죄수익은닉규제법'이라고 한다) 제2조 제2호에서 '범죄수익'의 하나로 중대범죄의 범죄행위에 의하여 '생긴 재산' 또는 범죄행위의 '보수로 얻은 재산'(가목)이라고 하고 있고, **별표의 중대범죄에는 공문서위조죄와 그 행사죄뿐만 아니라 업무방해죄도 포함된다. 피고인들이 공문서를 위조하고 이를 청약신청 서류로 제출함으로써 행사하긴 하였으나, 분양권이 당첨된 것은 위조된 공문서 행사 자체에 의해서가 아니라, 위조된 공문서 등과 다른 서류들이 합쳐서 제출되어진 분양신청 서류를 심사기관이 심사하여 비로소 당첨된 것이므로, 이는 업무방해행위와 주택법위반 행위로 인한 것이다.**

따라서 **검사가 추징액을 산정한 분양권 전매로 수익은 중대범죄의 하나인 공문서위조죄나 그 행사죄에 의하여 생긴 재산이라고 할 수 없으니 몰수, 추징의 대상이 아니나, 업무방해 행위에 의하여 '생긴 재산'으로 인정할 수 있어, 몰수, 추징의 대상이 된다.**

- 업무방해죄로 기소되어 유죄로 인정한 2018고단3017의 범죄 사실 제5항의 업무방해죄에 의해 취득한 3건의 전매차익 116,412,000원(=52,500,000+30,000,000+33,912,000)의 1/2인 58,206,000원(=116,412,000원÷2)을 피고인들에게 각 추징한다.

3. 입찰방해의 죄(형법 제315조)

관련조문

제315조(경매, 입찰의 방해) 위계 또는 위력 기타 방법으로 경매 또는 입찰의 공정을 해한 자는 2년 이하의 징역 또는 700만 원 이하의 벌금에 처한다. <개정 1995. 12. 29.>

가. 구성요건의 주체 및 행위의 상대방

본죄의 **구성요건 주체**는 아무런 제한이 없으므로 누구든지 본죄의 주체가 될 수 있다.

---

175 1심 판결문 이유를 인용하였다.

그리고 **행위의 상대방** 또한 아무런 제한이 없다.

나. 구성요건적 행위 및 객체

본죄의 **구성요건적 행위**는 위계 또는 위력 기타 방법으로 경매 또는 입찰의 공정을 해하는 것이다. 이 때 '**위계**'와 '**위력**'의 해석은 위 업무방해죄의 그것과 같다.

1) 경매와 입찰

한편 본죄는 경매와 입찰의 공정을 해하여야 하는데 이 때 '**경매**'란 매도인이 다수의 매수인으로부터 구두로 청약을 받고 그 중 최고 가격의 청약자에게 승낙을 함으로써 성립하는 매매를 의미하고, '**입찰**'이란 경쟁계약에 있어서 다수인으로 하여금 문서로 계약내용을 표시하게 하고 그 중 가장 유리한 청약자와 계약을 체결하는 것을 말하는데 이 때 '입찰'은 국가에서 시행하는 것뿐만 아니라 사인이 행하는 것도 포함되고, 입찰시행자가 입찰을 실시할 법적인 의무에 기하여 시행한 입찰일 필요도 없다.[176]

2) 입찰의 공정을 해할 것

나아가 '**입찰의 공정을 해하는 것**'이라 함은 적정한 가격을 이루는 공정한 경쟁이 방해될 염려가 있는 상태를 발생시키는 것을 말한다. 이 때 '**공정**'은 '**가격의 공정**'뿐만 아니라 '**경쟁방법의 공정**'도 포함된다고 해석함이 상당하다.

대법원은「'**입찰의 공정을 해하는 행위**'란 공정한 자유경쟁을 방해할 염려가 있는 상태를 발생시키는 것, 즉 공정한 자유경쟁을 통한 적정한 가격형성에 부당한 영향을 주는 상태를 발생시키는 것으로, 그 행위에는 **가격결정뿐 아니라 '적법하고 공정한 경쟁방법'을 해하는 행위도 포함**되고, 지명경쟁입찰의 시행자인 법인의 대표자가 **특정인과 공모하여 그 특정인이 낙찰자로 선정될 수 있도록 예정가격을 알려 주고 그 특정인은 나머지 입찰 참가인들과 담합하여 입찰에 응하였다**면 입찰의 실시 없이 서류상으로만 입찰의 근거를 조작한 경우와는 달리 현실로 실시된 입찰의 공정을 해하는 것으로 평가되어 입찰방해죄가 성립한다.」고 판시하였다.[177]

다만 입찰방해죄는 추상적 위험범이므로 '입찰의 공정'이 방해되는 결과가 발생할 것까지 요구되는 것은 아니므로 결과의 불공정이 현실적으로 나타날 것까지 요하지는 않는다.[178]

---

[176] 대법원 2007. 5. 31. 선고 2006도8070 판결 참조.
[177] 대법원 2007. 5. 31. 선고 2006도8070 판결 참조.
[178] 대법원 2010. 10. 14. 선고 2010도4940 판결 참조.

3) 담합을 통한 입찰방해

담합(談合)이라 함은 경매·입찰의 참가자 상호간의 통모에 의하여 특정인을 경락자·낙찰자로 하기 위해 일정한 사람들은 특정 가격 또는 그 이하로 입찰하지 않을 것을 약정하는 것을 말한다.

대법원은 「(전략)그 행위가 설사 동종업자 사이의 **무모한 출혈경쟁을 방지하기 위한 수단에 불과**하여 입찰가격에 있어 입찰실시자의 이익을 해하거나 입찰자에게 부당한 이익을 얻게 하는 것이 아니었다 하더라도 **실질적으로는 단독입찰을 하면서 경쟁 입찰인 것과 같이 가장하였다면 그 입찰가격으로써 낙찰하게 한 점에서 경쟁 입찰의 방법을 해한 것이 되어 입찰의 공정을 해한 것으로 되었다 할 것이다.**」라고 판시하고 있다.[179]

4) 주관적 구성요건요소

본죄는 **고의범**이므로 위계·위력 기타 방법으로 경매·입찰의 공정을 해한다는 사실에 대한 인식과 의사를 요한다. 별도의 목적은 요구되지 않는다.

다. 처벌

본죄를 범하면 2년 이하의 징역 또는 700만 원 이하의 벌금에 처한다.

라. 범죄수익환수 및 자금세탁범죄 처벌 사례

실무상 입찰방해죄의 경우 본죄로 인한 범죄수익은 그러한 입찰방해 행위가 없었더라면 낙찰이 전혀 이루어지지 않았을 때와 같이 특별한 경우가 아닌 한, 낙찰가액 자체라기보다는 '정상적인 낙찰가액'과 '입찰이 방해됨으로써 발생한 낙찰가액'의 '차액 상당액'을 계산하는 방법으로 산정함이 상당하다는 이유로 범죄수익이 명확하게 특정되지 않아 추징을 선고하지 않는 경우가 많다.[180]

그런데 이와 관련하여 **전기공사를 수주하기 위하여 공모하여 입찰방해 범행**을 하고 위와 같은 **입찰방해 행위에 참여하는 대가 또는 보수로 수수한 15억 원 상당의 금전을 범죄수익은닉규제법에 따라 추징한 사례**가 있다.[181]

결국 입찰방해죄는 여러 공범들이 함께 범할 수밖에 없으므로 이와 같은 입찰방해 행위

---

179 대법원 2003. 9. 26. 선고 2002도3924 판결 참조.
180 서울중앙지방법원 2018. 7. 13. 선고 2018노573 판결(대법원 2018도12439 판결로 확정) 참조.
181 광주고등법원 2016. 9. 28. 선고 2016노199 판결 참조(대법원 2016도16681 판결로 확정).

를 통하여 그 보수로 받은 재산 및 그 범죄행위의 대가로 받은 재산을 환수하는 방안을 강구해 볼 수 있을 것이다.

사례

범죄사실

【F 전자입찰 시스템 개요】

F(이하 'F'이라 한다)가 발주하는 각종 전기공사 중 적격심사제 방식에 따른 전자입찰은 자체 전자조달시스템(G)상에서 이루어지고, 입찰공고, 예비가격 기초금액[추정가격(입찰, 계약방법 결정, 적격심사 기준의 적용 범위를 규정하는 금액)에 부가가치세를 더한 금액으로서 기초금액을 기준으로 일정 사정률 범위 내에서 복수예비가격(이하, '복수예가'라 한다)을 산정한다] 작성, 투찰, 개찰, 낙찰 예정자에 대한 적격심사, 낙찰자 선정, 계약의 순서로 진행되는데, ① 먼저 계약체결 부서 책임자가 해당 공사에 관한 예비가격 기초금액을 결정하여 입찰공고하고, ② 전자조달시스템 서버는 입찰 마감 전일 16:00 기초금액의 ±2.5% 범위 내에서 생성이 가능한 예비가격 중 15개를 임의로 선택하여 암호화한 후 저장하며, ③ 입찰자가 입찰기간 중 전자조달시스템에 접속하여 투찰금액을 입력하고 각각의 예비가격을 상징하는 15개의 추첨번호 중 임의로 4개를 선택하면 그 값이 서버에 전송·저장되고, ④ 개찰이 개시되면 전자조달시스템 서버는 위 15개의 예비가격을 15개의 추첨번호에 자동으로 무작위로 연결지어 입찰자들이 선택한 예비가격 추첨번호 중 가장 많이 선택된 상위 4개의 번호에 대응하는 예비가격을 확정한 후, 이를 평균하여 공사예정가격을, 여기에 투찰율(공사 가액 10억 원 미만: 87.745%, 공사 가액 10억 원 이상 30억 원 미만: 86.745%)을 곱한 낙찰하한가를 산정하게 되며, ⑤ 낙찰하한가 이상 공사예정가격 이하로서 낙찰하한가에 가장 근접한 입찰금액으로 투찰한 입찰자를 낙찰예정자로 선정한 후, 계약이행경험, 기술능력, 재무상태, 신인도 등에 대한 적격심사를 거쳐 최종 낙찰자로 결정하여 계약을 체결하게 된다.

【피고인 등의 지위】

피고인, H, i, J는 각자 IT업계에서 프로그램 개발, 관리 업무를 하던 중, H는 2005. 1. 20.경부터 2008. 12. 말경까지 IT인력파견업체인 주식회사 k 소속 직원으로서 F의 자회사이자 F 입찰시스템 유지·보수업무를 담당하고 있는 L 주식회사 내 M 팀에 파견되어 F 입찰시스템 유지·보수업무를 담당하였고, 피고인은 2008. 8. 6.경부터 2013. 1.경까지, i는 2012. 7. 26.경부터 2014. 7. 25.경까지, J는 2014. 10. 1.경부터 현재까지 각 IT인력파견업체인 주식회사 **뷰 소속 직원으로서 FKDN 주식회사 내 E-biz 팀에 파견되어 같은 업무를 담당하였다. O는 주식회사 P(변경 전 상호 주식회사 Q), 주식회사 R, 주식회사 S, 주식회사 T 등의 전기공사업체들을 실질적으로 운영하고 있고, U는 주식회사 V, 주식회사 W, 주식회사 X 등의 전기공사업체들을 실질적으로 운영하고 있다.

【범죄사실】

　H는 2008. 12. 초순경 O로부터 'Y공사'의 낙찰결과를 조작하려는 특정 입찰공고의 일련번호를 전달받아 피고인에게 전달하였다. 피고인은 2008. 12. 초순경 위 특정 입찰공고의 일련번호가 인식될 경우 자신들이 사전에 정한 순열대로 복수예가를 추첨번호에 배열하여 낙찰하한가를 산출토록 하는 부정한 명령문을 와스서버(입찰시스템에서 논리, 연산기능을 수행하는 서버를 말하고, 와스서버의 각종 작업 결과가 DB 서버에 저장된다)에 업로드하여 낙찰금액 결정에 관한 중요 연산 기능을 장악하였다. H는 입찰시스템의 민감한 정보를 조회할 목적으로 자신들이 은밀하게 만들어 놓은 웹페이지를 통해 입찰 마감 전날 입찰시스템에서 만들어진 15개의 복수예가 및 입찰 마감 무렵까지 입찰자들이 가장 많이 선택한 4개의 추첨번호 정보를 빼내거나 조작하여 해당 공구의 낙찰금액을 정확히 계산하였다. H는 O에게 전화하여 낙찰받을 수 있는 투찰가를 전달하고, O는 다시 위 투찰가를 Z에게 알려주어 Z가 운영하는 주식회사 AA가 위 'Y공사' 입찰(경쟁률 827:1)에서 부정하게 낙찰 받게 하였다.

　Z는 2008. 12. 4.경 위와 같이 총 827개의 전기공사업체가 입찰에 참가한 '154KV 내촌분기 송전선로 건설공사'를 위와 같이 부정하게 낙찰 받았음에도 마치 정상적인 경쟁 입찰을 거쳐 낙찰 받은 것처럼 피해자 F를 기망하여 형식적인 자격심사를 거쳐 2008. 12. 30. 피해자 F와 공사계약을 체결하였다.

　피고인은 H, i, O, U 및 별지 범죄일람표 공범란 기재 전기공사업자들과 공모하여, 이를 비롯하여 2008. 12. 4.경부터 2014. 8. 7.경까지 별지 범죄일람표 기재와 같이 위와 같은 방법으로 F 입찰시스템에서 진행된 공사의 낙찰결과를 조작함과 동시에 별지 범죄일람표 순번 8 내지 24, 26 내지 51, 53 내지 58, 60 내지 65, 68 내지 91 기재와 같이 위와 같은 방법으로 피해자 F와 공사계약을 체결하고, 공사를 수행하여 2009. 3. 2.경부터 2015. 2. 13.경까지 피해자 F로부터 합계 172,183,620,905원 상당의 공사대금을 지급받았으며, 별지 범죄일람표 순번 25, 52, 59, 66, 67 기재와 같이 위와 같은 방법으로 피해자 F와 공사계약을 체결하려 하였으나 적격심사에 탈락하는 등의 이유로 피해자 F와 공사계약을 체결하지 못하였다.

　이로써 피고인은 H, i, O, U 및 별지 범죄일람표 공범란 기재 전기공사업자들과 공모하여, 별지 범죄일람표 순번 1 내지 7 기재와 같이 컴퓨터 등 정보처리장치에 부정한 명령을 입력하고 정보처리에 장애를 발생하게 하여 낙찰금액 산출 및 낙찰자 결정에 관한 피해자 F의 업무를 방해함과 동시에 피해자 F를 기망하여 피해자 F와 계약을 체결한 계약당사자의 지위라는 액수 미상의 재산상 이익을 취득하고, 별지 범죄일람표 순번 8 내지 91 기재와 같이 컴퓨터 등 정보처리장치에 부정한 명령을 입력하고 정보처리에 장애를 발생하게 하여 낙찰금액 산출 및 낙찰자 결정에 관한 피해자 F의 업무를 방해하고, 정상적인 경쟁 입찰을 거쳐 낙찰 받은 것처럼 가장하는 등 위계를 이용하여 입찰의 공정을 해함과 동시에 별지 범죄일람표 순번 8 내지 24, 26 내지 51, 53 내지 58, 60 내지 65, 68 내지 91 기재와 같이 피해자 F를 기망하여 피해자 F와 공사계약을 체결한 계약당사자의 지위라는 액수 미상의 재산상 이익을 취득하였거나, 별지 범죄일람표 순번25, 52, 59, 66, 67 기재와 같이 피해자 F를 기망하여 피해자 F와 공사계약을 체결한 계약당사자의 지위라는 액수 미상의 재산상 이익을 취득하려 하였으나 그 뜻을 이루지 못하고 미수에 그쳤다.

법령의 적용

1. 범죄사실에 대한 해당법조

각 형법 제347조 제1항, 제30조(사기의 점), 각 형법 제352조, 제347조 제1항, 제30조(사기미수의 점), 각 형법 제314조 제2항, 제1항, 제30조(컴퓨터등장애업무방해의 점), 각 형법 제315조, 제30조(입찰방해의 점)

1. 추징

범죄수익은닉의 규제 및 처벌 등에 관한 법률 제10조 제1항, 제8조 제1항 제1호, 제2조 제1호 [별표] 제1호 자.목, 형법 제315조

[피고인이 H로부터 지급받은 15억 2,000만 원(피고인에 대한 제4회 검찰 피의자신문조서 중 증거기록 제2216 내지 2218쪽 참조)은 피고인의 판시 입찰방해 범행의 보수로 얻은 재산으로서 범죄수익은닉의 규제 및 처벌 등에 관한 법률에서 정한 범죄수익에 해당한다.
또한 피고인 등이 이 사건 사기 범행으로 피해자 F로부터 공사계약에 따른 공사대금을 편취한 것이 아니라 피해자 F와 공사계약을 체결한 계약당사자의 지위라는 액수 미상의 재산상 이익을 취득한 것으로 인정되므로, 피고인이 H로부터 지급받은 15억 2,000만 원이 설령 피해자 F와 체결한 공사계약에 따른 공사대금의 일부라고 하더라도 이를 이 사건 사기 범행의 범죄피해재산이라고 볼 수 없으므로, 피고인이 H로부터 지급받은 15억 2,000만 원 상당은 범죄수익은닉의 규제 및 처벌 등에 관한 법률에 따른 추징의 대상이 된다]

제4관 재산에 대한 죄

1 총설

범죄수익은닉규제법은 별표 제1호 타목 내지 더목에서 **형법상 재산에 관한 죄 중 일부**를 중대범죄로 규정하고 있다.

관련조문

범죄수익은닉규제법 별표

중대범죄(제2조 제1호 관련)

1. 「형법」 중 다음 각 목의 죄

    타. 제2편 제37장 권리행사를 방해하는 죄 중 **제323조, 제324조,**[182] **제324조의2부터 제324조의5까지, 제325조 및 제326조**의 죄

    파. 제2편 제38장 절도와 강도의 죄 중 **제329조부터 제331조까지, 제333조부터 제340조까지, 제342조(제331조의2·제332조 및 제341조의 미수범은 제외한다) 및 제343조**의 죄

    하. 제2편 제39장 사기와 공갈의 죄 중 **제350조, 제350조의2 및 제352조(제350조 및 제350조의2의 미수범만 해당한다)**의 죄

    거. 제2편 제39장 사기와 공갈의 죄 및 같은 편 제40장 횡령과 배임의 죄 중 **제347조, 제347조의2, 제348조, 제351조(제347조, 제347조의2 및 제348조의 상습범만 해당한다), 제355조 또는 제356조**의 죄(각 범죄행위로 인하여 취득하거나 제3자로 하여금 취득하게 한 재물 또는 재산상 이익의 가액이 3억 원 이상 5억 원 미만인 경우만 해당한다)

    너. 제2편 제40장 횡령과 배임의 죄 중 **제355조[「회계관계직원 등의 책임에 관한 법률」 제2조 제1호·제2호 또는 제4호(제1호 또는 제2호에 규정된 사람의 보조자로서 그 회계사무의 일부를 처리하는 사람만 해당한다)에 규정된 사람이 국고 또는 지방자치단체에 손실을 미칠 것을 알면서도 그 직무에 관하여 「형법」 제355조의 죄를 범한 경우만 해당한다] 및 제357조 제1항·제2항**의 죄

    더. 제2편 제41장 장물에 관한 죄 중 **제362조**의 죄

다만 범죄수익은닉규제법은 위 재산에 관한 죄로 취득한 범죄수익에 대해서는 몰수·추징할 수 없다고 규정하고 있어 이에 대한 추징은 원칙적으로 불가하다는 점을 유의하여야 한다(동법 제8조 제3항 참조).

위와 같은 재산에 관한 죄로 취득한 재물 또는 재산상 이익은 모두 **범죄피해재산에 해당하므로 원칙적으로 환수가 불가능**하다. 다만 부패재산몰수법상 **특정사기범죄(범죄단체, 유사수신, 방문판매, 다단계, 보이스피싱으로 인한 사기범죄)**에 해당하는 경우에 한하여 예외적으로 범죄피해재산을 몰수·추징하여 이를 범죄피해자에게 환부할 수 있다. 이를 표로 정리하면 다음과 같다.

---

182 형법 **제324조, 제324조의2 내지 324조의5의 강요의 죄**는 재산에 대한 죄가 아니라 자유에 대한 죄이므로 제2관(자유에 대한 죄)에서 검토하여야 하나, 별표의 규정체계와 검토순서의 편의상 본 관(재산에 대한 죄)에서 함께 검토하기로 한다.

법률	범죄피해재산(환수 불가)		
범죄수익은닉 규제법	형법상 재산죄[183]	특가법 제5조의2 제1항 제1호, 제2항 제1호(어린이 납치 후 몸값을 요구하는 경우, 그 지불 몸값)	채무자회생법 제650조, 제652조, 제654조(사기 파산죄로 채권자가 손해를 보는 경우)
법률	범죄피해재산(원칙 환수 불가, 예외적 환수 가능)		
부패재산 몰수법	① 형법상 (업무상)횡령, 배임, ② 상습사기(아래 특정사기범죄의 상습범에 한정됨), ③ 형법상 특정사기범죄(범죄단체 이용, 유사수신, 방문판매, 다단계, 보이스피싱 사기[184]) ④ 특정경제범죄법 제3조 중 (업무상) 횡령, 배임죄 ⑤ 특정경제범죄법 제3조 중 특정사기범죄(금액 가중)		

이와 같이 재산에 관한 죄 중 부패재산몰수법에 규정되어 있는 '**특정사기범죄**' 등에 한해 범죄피해재산을 예외적으로 몰수·추징한 사례들이 있고, 이는 관련 법령에 따라 피해자들에게 모두 환부하여야 한다(2019. 8. 20. 부패재산몰수법 개정·시행에 따라 당시 수사 중이거나 법원에 계속 중인 사건에도 적용된다).

관련조문

부패재산몰수법 제2조(정의) 이 법에서 사용하는 용어의 정의는 다음과 같다.

  3. **"범죄피해재산"**이란 별표에 규정된 죄 가운데 다음 각 목의 어느 하나에 해당하는 죄의 범죄행위에 의하여 그 피해자로부터 취득한 재산 또는 그 재산의 보유·처분에 의하여 얻은 재산을 말한다.

  가. 「형법」 제2편 제39장 사기와 공갈의 죄 중 **제347조, 제347조의2 및 제351조(제347조 및 제347조의2의 상습범만 해당한다)에 해당하는 죄[「형법」 제114조에 따른 범죄단체를 조직하여 범행한 경우, 「유사수신행위의 규제에 관한 법률」 제2조에 따른 유사수신행위 또는 「방문판매 등에 관한 법률」 제2조 제5호에 따른 다단계판매의 방법으로 기망(欺罔)하여 범행한 경우 및 「전기통신금융사기 피해 방지 및 피해금 환급에 관한 특별법」 제2조 제2호에 따른 전기통신금융사기에 해당하는 경우(이하 "특정사기범죄"라 한다)로 한정한다]와 「특정경제범죄 가중처벌**

---

183 부패범죄로 규정된 배임수·증재는 재산에 관한 죄의 영역에 해당하나 부패범죄로서의 본질상 몰수·추징을 통한 환수가 가능하고, 그 외 횡령, 배임죄, 최근 개정된 특정사기범죄의 경우에는 부패재산몰수법에 따라 예외적으로 환수가 가능한 경우가 있다. 그러나 나머지 형법 제38장 절도, 강도부터 제40장 손괴까지 강학상 재산죄는 환수가 불가능하나.

184 2019. 8. 20. 부패재산몰수법 개정으로 일부 특정사기 범죄의 경우 **환수가 가능**하도록 개정되었다.

<u>등에 관한 법률」 제3조 중 「형법」 제347조, 제347조의2 및 제351조(제347조 및 제347조의2의 상습범만 해당한다)에 해당하는 죄(특정사기범죄로 한정한다)</u>

이 때 범죄피해재산임에도 불구하고 **예외적으로 환수가 가능한 요건**은 다음과 같다.

범죄피해재산 예외적 환수 가능 요건

① 범죄피해재산이라도, **별개의 독자적 법익을 침해**하는 경우(판례)
  ‣ 가짜 물건에 유명상표를 부착해 정품인 것처럼 속여 판매해 사기, 상표법위반죄가 성립하는 경우, 상표법위반죄는 중대범죄에 해당하므로 수익금 환수(○, 대법원 2010도7129)
  ‣ 보이스피싱으로 인한 사기죄와 범죄단체조직·가입죄가 동시에 성립하는 경우(대법원 2017도8600, 서울고등법원 2017노209, 수원지법 안산지원 2016고합203)
  ‣ 범죄단체 구성원으로 활동하는 행위와 집단감금 또는 집단상해행위가 함께 이루어지는 경우, 범죄단체 활동으로 인한 수익은 중대범죄이므로 환수(○, 대법원 2008도1857)
  ‣ 인터넷 게임사이트를 만든 다음 피해자들을 속여 돈을 가로 챈 사기, 게임산업진흥에관한법률위반죄의 경우, 게임사이트를 운영하고 얻은 수익은 중대범죄로 환수(○, 대법원2014도13446)
② **범죄피해자가 범인에 대한 반환청구권, 손해배상청구권 행사할 수 없는 '등' 피해회복이 심히 곤란하다고 인정**되는 경우(부패재산몰수법 제6조 제1항)
  ‣ ㉠ **피해자의 수가 많고, 피해자 스스로 피해금액을 산정할 수 없는 경우**
    ㉡ 범죄수익 은닉, 해외 반출로 인해 **피해자가 자력으로 범죄수익을 발견할 수 없는 경우**
    ㉢ **피해자가 피고인의 인적관계 또는 피해자의 정신·경제적 상황으로 적극적으로 피해회복을 구할 수 없는 경우** ⇒ 이 때 **피해자가 피해 회복을 요청**하는 등으로 사인의 재산권 행사에 국가가 부당하게 개입하고 있는 **경우가 아닐** 것(대법원 2015도8319, 서울고등법원 2014노3607)

이하에서는 형법상 재산에 관한 죄로 규정되어 있는 범죄들의 각 구성요건과 자금세탁범죄 처벌사례, 위 범죄피해재산임에도 불구하고 예외적으로 환수가 가능한 일부 재산에 관한 죄의 경우 범죄수익환수 사례를 아울러 살펴보도록 한다.

2 권리행사를 방해하는 죄(형법 제323조 내지 제326조)

1. 총설

범죄수익은닉규제법 별표 제1호 타목에서는 **형법 제2편 제37장 권리행사를 방해하는 죄** 중 형법 제323조(권리행사방해), 제324조(강요), 제324조의2(인질강요), 제324조의3(인질상해 · 치상), **제324조의4(인질살해 · 치사), 제324조의5(미수범), 제325조(점유강취, 준점유강취),** **제326조(중권리행사방해)의 죄**를 중대범죄로 규정하고 있다.

관련조문

범죄수익은닉규제법 별표

중대범죄(제2조 제1호 관련)

1. 「형법」 중 다음 각 목의 죄
   타. 제2편 제37장 권리행사를 방해하는 죄 중 **제323조, 제324조, 제324조의2부터 제324조의** **5까지, 제325조 및 제326조의 죄**

관련조문

제323조(권리행사방해) 타인의 점유 또는 권리의 목적이 된 자기의 물건 또는 전자기록등 특수 매체기록을 취거, 은닉 또는 손괴하여 타인의 권리행사를 방해한 자는 5년 이하의 징역 또 는 700만 원 이하의 벌금에 처한다.

제324조의2(인질강요) 사람을 체포 · 감금 · 약취 또는 유인하여 이를 인질로 삼아 제3자에 대하 여 권리행사를 방해하거나 의무없는 일을 하게 한 자는 3년 이상의 유기징역에 처한다.

제324조의2(인질강요) 사람을 체포 · 감금 · 약취 또는 유인하여 이를 인질로 삼아 제3자에 대하 여 권리행사를 방해하거나 의무없는 일을 하게 한 자는 3년 이상의 유기징역에 처한다.

제324조의3(인질상해 · 치상) 제324조의2의 죄를 범한 자가 인질을 상해하거나 상해에 이르게 한 때에는 무기 또는 5년 이상의 징역에 처한다.

제324조의4(인질살해 · 치사) 제324조의2의 죄를 범한 자가 인질을 살해한 때에는 사형 또는 무 기징역에 처한다. 사망에 이르게 한 때에는 무기 또는 10년 이상의 징역에 처한다.

제324조의5(미수범) 제324조 내지 제324조의4의 미수범은 처벌한다.

제325조(점유강취, 준점유강취) ① 폭행 또는 협박으로 타인의 점유에 속하는 자기의 물건을 강취한 자는 7년 이하의 징역 또는 10년 이하의 자격정지에 처한다.

② 타인의 점유에 속하는 자기의 물건을 취거함에 당하여 그 탈환을 항거하거나 체포를 면 탈하거나 죄적을 인멸할 목적으로 폭행 또는 협박을 가한 때에도 전항의 형과 같다.

③ 전 2항의 미수범은 처벌한다.

제326조(중권리행사방해) 제324조 또는 제325조의 죄를 범하여 사람의 생명에 대한 위험을 발 생하게 한 자는 10년 이하의 징역에 처한다. <개정 1995. 12. 29.>

2. 권리행사방해죄(형법 제323조)

관련조문

제323조(권리행사방해) 타인의 점유 또는 권리의 목적이 된 자기의 물건 또는 전자기록등 특수 매체기록을 취거, 은닉 또는 손괴하여 타인의 권리행사를 방해한 자는 5년 이하의 징역 또는 700만 원 이하의 벌금에 처한다. <개정 1995. 12. 29.>

가. 서설

권리행사방해죄는 타인의 점유 또는 권리의 목적이 된 자기의 물건 또는 전자기록 등 특수매체기록을 취거, 은닉, 손괴하여 타인의 권리행사를 방해하면 성립한다. 자기 소유의 물건이라 하더라도 다른 사람의 제한물권이 설정되어 있는 경우에는 이를 함부로 처분하지 못하도록 함으로써 그 상대방의 권리를 두텁게 보호하기 위함이다.

나. 구성요건의 주체 및 행위의 상대방

본죄의 **구성요건 주체**는 자기의 물건 등을 타인의 점유 또는 권리의 목적으로 제공한 물건의 소유자이다(**신분범**). 그 행위의 상대방은 다른 사람 소유의 물건 등을 점유하거나 권리를 행사하는 사람으로 그 신분에는 제한이 없다.

다. 구성요건적 행위 및 객체

본죄의 **구성요건적 행위**는 타인의 점유 또는 권리의 목적이 된 자기의 물건 또는 전자기록등 특수매체기록을 취거, 은닉 또는 손괴하여 타인의 권리행사를 방해하는 것이다.

1) 객체: 자기소유의 물건 또는 전자기록 등 특수매체기록

본죄는 '**자기 소유의 물건 또는 전자기록 등 특수매체기록**'을 객체로 한다. 따라서 자신과 타인이 공유하고 있는 물건은 '타인의 물건'으로 봄이 상당하므로 본죄의 객체가 된다고 할 수 없다.

물건은 재산죄의 '**재물**'과 동일한 개념으로 이해함이 상당하고, 전자기록 등은 사람의 지각으로 인식할 수 없는 방식에 의하여 만들어진 기록을 말한다.

2) 타인의 점유 및 권리의 목적

본죄가 성립하기 위해서는 자기 소유의 물건이 타인의 점유 하에 있거나 다른 사람의 권리의 목적이 되어야 한다. 이 때 '**점유**'라 함은 타인이 사실상의 지배를 하고있는 것을 말하고, 적법한 권원에 기초할 것을 요한다. 하지만 **대법원**은 위 '**타인의 점유**'의 해석에 관하여 반드시 점유할 권원에 기한 점유만을 의미하는 것은 아니고 ① **일단 적법한 권원에 기하여 점유를 개시하였으나 사후에 이를 상실한 경우,** ② 점유 권원의 존부가 외관상 명백하지 아니하여 **법정절차를 통해 권원의 존부가 밝혀질 때까지의 점유** 및 ③ 권원에 기하여 점유를 개시한 것은 아니나 동시이행의 항변권 등으로 대항할 수 있는 점유[185] 등과 같이 **법정절차를 통한 분쟁 해결시까지 잠정적으로 보호할 가치가 있는 점유**도 모두 포함된다고 판시하여 본죄의 점유를 폭넓게 인정하고 있다.[186] 본죄의 '권리의 목적'은 저당권, 지상권 등 제한물권이나 채권의 목적이 되어 있는 것을 의미한다. 이 때 채권은 점유를 수반하지 않는 것도 포함된다.[187]

3) 취거·은닉·손괴하여 타인의 권리행사를 방해하는 것

본죄의 **구성요건적 행위**는 '**취거·은닉·손괴하여 타인의 권리행사를 방해하는 것**'이다. '**취거**'라 함은 점유자의 의사에 반하여 재물에 대한 점유자의 사실상의 지배를 배제하고 자기 또는 제3자의 사실상 지배 하로 옮기는 것을 의미한다.

한편 '**은닉**'이라 함은 물건의 소재 발견이 불가능 또는 현저히 곤란한 상태에 두는 것을 말하고, '**손괴**'라 함은 물건의 전부 또는 일부를 물리적으로 훼손하거나 그 효용가치를 해하는 것을 의미한다.

권리행사방해죄는 추상적 위험범이므로 타인의 권리행사가 방해될 우려가 있으면 충분하고 현실적으로 권리행사가 방해될 것까지 요구되지 않는다.[188]

주관적 구성요건요소와 관련하여 본죄는 고의범이므로 위 객관적 구성요건에 대한 인식을 요구하고 별다른 목적은 필요 없다.

라. 죄수 및 처벌

본죄를 범하면 5년 이하의 징역 또는 700만 원 이하의 벌금에 처한다. 나아가 위와 같이 권리행사방해죄로 취득한 재물 자체는 범죄피해재산에 해당하므로 이를 몰수·추징할 수 없으나, 위 **범죄행위의 대가 또는 보수로 받은 재산**이 있는 경우 이에 대한 환수는 당연히 가능하다.

---

185 유치권의 경우에도 본죄의 '점유'로 인정된다는 취지의 판시는 대법원 2011. 5. 13. 선고 2011도2368 판결 참조.
186 대법원 2010. 10. 14. 선고 2008도6578 판결 참조.
187 대법원 1991. 4. 26. 선고 90도1958 판결 참조.
188 대법원 2017. 5. 17. 선고 2017도2230 판결 참조.

3. 강요죄(형법 제324조)

관련조문

> 제324조(강요) ① 폭행 또는 협박으로 사람의 권리행사를 방해하거나 의무없는 일을 하게 한
> 자는 5년 이하의 징역 또는 3천만 원 이하의 벌금에 처한다.
> ② 단체 또는 다중의 위력을 보이거나 위험한 물건을 휴대하여 제1항의 죄를 범한 자는 10년
> 이하의 징역 또는 5천만 원 이하의 벌금에 처한다.

가. 서설

범죄수익은닉규제법은 형법 제324조 강요의 죄를 중대범죄로 규정하고 있다. 위 **강요의 죄는 재산에 관한 죄가 아니고 자유에 대한 죄(제2관)의 영역에 포함되나 조문의 순서에 따라 여기서 검토**한다.

나. 구성요건

1) 구성요건의 주체 및 행위의 상대방

본죄의 구성요건 주체는 아무런 제한이 없다. 따라서 누구든지 본죄의 주체가 될 수 있으나 피해자는 본죄의 주체에서 제외됨은 당연하다. **행위의 상대방** 또한 아무런 제한이 없다.

2) 구성요건적 행위 및 객체

본죄의 **구성요건적 행위**는 ① 폭행 또는 협박으로 사람의 권리행사를 방해하거나 의무없는 일을 하게 하는 것(제1항)과, ② 단체 또는 다중의 위력을 보이거나 위험한 물건을 휴대하여 제1항의 강요죄를 범하는 것(제2항)이다. 단체 또는 다중의 위력 또는 위험한 물건을 휴대하는 경우 가중처벌한다.

가) 폭행 또는 협박

이 때 '**폭행**'은 사람의 의사결정에 영향을 미쳐 강제적인 효과를 일으킬 수 있는 유형력의 행사를 말하는 것이다(광의의 폭행). '**협박**'이라 함은 해악을 고지하여 상대방에게 현실적으로 공포심을 일으키는 것이다(협의의 협박).

대법원 또한 같은 취지에서 **강요죄의 수단으로서의 협박**은 사람의 의사결정의 자유를 제한하거나 **의사실행의 자유를 방해할 정도로 겁을 먹게 할 만한 해악의 고지이며 권리실현의 수단이라 하더라도 사회통념상 허용의 범위를 넘는 경우 본죄가 성립할 수 있다**

고 판시하였다.[189]

> **판례**
>
> 강요죄는 폭행 또는 협박으로 사람의 권리행사를 방해하거나 의무 없는 일을 하게 하는 범죄이다(형법 제324조). **강요죄의 수단으로서 협박은 사람의 의사결정의 자유를 제한하거나 의사실행의 자유를 방해할 정도로 겁을 먹게 할 만한 해악을 고지하는 것**을 말하고, **해악의 고지는 반드시 명시적인 방법이 아니더라도 말이나 행동을 통해서 상대방으로 하여금 어떠한 해악에 이르게 할 것이라는 인식을 갖게 하는 것이면 족**하다. 이러한 해악의 고지가 비록 정당한 권리의 실현 수단으로 사용된 경우라고 하여도 **권리실현의 수단 방법이 사회통념상 허용되는 정도나 범위를 넘는다면 강요죄가 성립**하고, 여기서 어떠한 행위가 구체적으로 사회통념상 허용되는 정도나 범위를 넘는 것인지는 그 행위의 주관적인 측면과 객관적인 측면, 즉 추구된 목적과 선택된 수단을 전체적으로 종합하여 판단하여야 한다(대법원 2017. 10. 26. 선고 2015도16696 판결 참조).

나아가 해악의 고지는 반드시 명시적인 방법이 아니더라도 말이나 행동을 통해서 상대방에게 어떠한 해악을 끼칠 것이라는 인식을 갖도록 하면 충분하고, 제3자를 통해서 간접적으로 할 수도 있다. 행위자가 그의 직업, 지위 등에 기초한 **위세를 이용하여 불법적으로 재물의 교부나 재산상 이익을 요구하고 상대방이 불응하면 부당한 불이익을 입을 위험이 있다는 위구심을 일으키게 하는 경우**에도 해악의 고지가 된다. 협박받는 사람이 공포심 또는 위구심을 일으킬 정도의 해악을 고지하였는지는 행위 당사자 쌍방의 직무, 사회적 지위, 강요된 권리·의무에 관련된 상호관계 등 관련 사정을 고려하여 판단해야 한다.[190]

나) 권리행사의 방해 또는 의무 없는 일을 하게 하는 것

본죄의 '**권리행사의 방해**'라 함은 행사할 수 있는 권리를 행사하지 못하게 하는 것을 말하고, 여기에서 '**행사할 수 있는 권리**'라 함은 권리의 행사여부가 권리자의 자유에 속하는 것을 말한다. 반드시 위 권리에 법적 근거가 있을 것을 요하지는 않는다.

나아가 '**의무 없는 일을 하게 하는 것**'은 의무 없는 자에게 할 필요가 없는 일을 하도록 만드는 것을 의미한다. 이때의 '**의무**'는 권리행사의 '권리'와는 다르게 법령, 계약 등에 기하여 발생하는 법률상의 의무를 말한다.[191]

---

189 대법원 2017. 10. 26. 선고 2015도16696 판결 참조.
190 대법원 2019. 8. 29. 선고 2018도13792 전원합의체 판결 참조.
191 대법원 2008. 5. 15. 선고 2008도1097 판결 참조.

강요죄는 실제로 권리행사가 현실적으로 방해되거나 의무 없는 일을 하였을 때 기수가 된다. 따라서 폭행·협박을 통해 강요행위의 실행에 착수하였는데 피해자가 이에 응하지 않는 경우에는 강요미수죄가 성립할 뿐이다.

주관적 구성요건요소와 관련하여 본죄는 고의범이므로 위와 같은 객관적 구성요건요소를 인식하면 충분하고 목적은 요구되지 않는다.

다. 처벌

본죄를 범하면, 단순 강요죄의 경우에는 5년 이하의 징역 또는 3천만 원 이하의 벌금에 처하고, 단체 또는 다중의 위력을 보이거나 위험한 물건을 휴대하여 강요행위를 하는 경우에는 10년 이하의 징역 또는 5천만 원 이하의 벌금에 처한다.

한편 위와 같은 행위를 통해 그 보수 등으로 취득한 재산은 모두 범죄수익은닉규제법에 따라 환수의 대상이 된다.

4. 인질강요죄(형법 제324조의2)

관련조문

제324조의2(인질강요) 사람을 체포·감금·약취 또는 유인하여 이를 인질로 삼아 제3자에 대하여 권리행사를 방해하거나 의무 없는 일을 하게 한 자는 3년 이상의 유기징역에 처한다.
[본조신설 1995. 12. 29.]

가. 서설

범죄수익은닉규제법은 형법 제324조의2 인질강요의 죄를 중대범죄로 규정하고 있다. 위 **인질강요의 죄는 재산에 관한 죄가 아니고 자유에 대한 죄(제2관)의 영역에 포함되지만 조문의 순서상 여기에서 검토**하기로 한다.

나. 구성요건

1) 구성요건의 주체 및 행위의 상대방

본죄의 구성요건 주체는 아무런 제한이 없다. 따라서 누구든지 본죄의 주체가 될 수 있으나 피해자는 본죄의 주체에서 제외됨은 당연하다. **행위의 상대방** 또한 아무런 제한이 없고, 피해자 아닌 제3자도 포함된다.

2) 구성요건적 행위 및 객체

본죄의 **구성요건적 행위**는 사람을 체포·감금·약취 또는 유인하여 이를 인질로 삼아 제3자에 대하여 권리행사를 방해하거나 의무 없는 일을 하게 하는 것이다. 사람을 **체포·감금·약취·유인**하는 것은 인질로 잡는 수단을 열거한 것으로 이는 사람의 인신 구속의 자유를 침해하여 자신의 지배하에 두는 행위를 말한다.

본죄는 위와 같이 사람을 인질로 잡아 **피해자 본인 또는 제3자의 권리행사를 방해하거나 의무 없는 일을 하게 하면 성립**하는데, 행위의 상대방에 '**제3자**'가 포함된다는 점이 특징이다. 사람의 인신을 구속하여 재물 또는 재산상 이익을 취득하거나 제3자로 하여금 이를 취득하게 경우에는 형법 제336조의 인질강도죄가 성립하게 되므로 본죄는 재물 또는 재산상 이익의 취득을 전제로 하지 않는 경우에만 성립한다.

주관적 구성요건과 관련하여 본죄는 고의범이므로 위 객관적 구성요건에 대한 인식을 요한다.

다. 처벌

본죄를 범하면 3년 이상의 유기징역에 처한다. 위와 같은 행위의 대가로 받은 금전 등은 모두 환수의 대상이 됨은 앞에서 본 바와 같으나 실무상 본죄를 위반하여 취득한 금전을 몰수·추징한 사례는 발견되지 않는다.

5. 인질상해(치상), 인질살해(치사)죄 (형법 제324조의3, 제324조의4)

관련조문

제324조의3(인질상해·치상) 제324조의2의 죄를 범한 자가 인질을 상해하거나 상해에 이르게 한 때에는 무기 또는 5년 이상의 징역에 처한다.

제324조의4(인질살해·치사) 제324조의2의 죄를 범한 자가 인질을 살해한 때에는 사형 또는 무기징역에 처한다. 사망에 이르게 한 때에는 무기 또는 10년 이상의 징역에 처한다.

가. 서설

범죄수익은닉규제법은 형법 제324조의3 내지 제324조의4 인질상해(치상) 및 인질살해(치사)의 죄를 각 중대범죄로 규정하고 있다. 기본적 구성요건인 인질강요죄의 결합범 내지 결과적가중범의 형태로 위와 같은 중대한 결과가 발생한 경우 가중처벌된다.

나. 구성요건

1) 구성요건의 주체 및 행위의 상대방

본죄의 구성요건 주체는 아무런 제한이 없다. 따라서 누구든지 본죄의 주체가 될 수 있으나 피해자는 본죄의 주체에서 제외됨은 당연하다. **행위의 상대방** 또한 아무런 제한이 없고, 피해자 아닌 제3자도 포함된다.

2) 구성요건적 행위 및 객체

본죄의 구성요건적 행위는 형법 제324조의2 강요죄를 저지른 사람이 인질에게 상해를 가하거나 상해에 이르게 하는 것과 인질을 살해하거나 사망에 이르게 하는 것을 의미한다. 인질상해와 인질살해는 **결합범**이므로 상해와 살인에 대한 고의가 요구되나 인질치상과 인질치사는 **결과적 가중범**으로 상해의 결과와 사망의 결과에 대한 예견가능성이 있으면 충분하다.

다. 처벌

본죄를 범하면 인질상해(치상)의 점은 무기 또는 5년 이상의 징역에, 인질살해(치사)의 점은 무기 또는 10년 이상의 징역에 처한다. 실무상 본죄를 위반하여 취득한 금전을 몰수·추징할 수 있으나 그러한 사례는 발견되지 않는다.

6. 강요, 인질강요, 인질상해(치상), 인질살해(치사)죄의 각 미수범 (형법 제324조의5)

관련조문

제324조의5(미수범) 제324조 내지 제324조의4의 미수범은 처벌한다.

☞ 제324조(강요) ① 폭행 또는 협박으로 사람의 권리행사를 방해하거나 의무 없는 일을 하게 한 자는 5년 이하의 징역 또는 3천만 원 이하의 벌금에 처한다.
② 단체 또는 다중의 위력을 보이거나 위험한 물건을 휴대하여 제1항의 죄를 범한 자는 10년 이하의 징역 또는 5천만 원 이하의 벌금에 처한다.

☞ 제324조의2(인질강요) 사람을 체포·감금·약취 또는 유인하여 이를 인질로 삼아 제3자에 대하여 권리행사를 방해하거나 의무없는 일을 하게 한 자는 3년 이상의 유기징역에 처한다.

☞ 제324조의3 (인질상해·치상) 제324조의2의 죄를 범한 자가 인질을 상해하거나 상해에 이르게 한 때에는 무기 또는 5년 이상의 징역에 처한다.

☞ <u>제324조의4 (인질살해·치사)</u> 제324조의2의 죄를 범한 자가 인질을 살해한 때에는 사형 또는 무기징역에 처한다. 사망에 이르게 한 때에는 무기 또는 10년 이상의 징역에 처한다.

7. 점유강취, 준점유강취죄(형법 제325조)

관련조문

제325조(점유강취, 준점유강취) ① 폭행 또는 협박으로 타인의 점유에 속하는 자기의 물건을 강취한 자는 7년 이하의 징역 또는 10년 이하의 자격정지에 처한다.
② 타인의 점유에 속하는 자기의 물건을 취거함에 당하여 그 탈환을 항거하거나 체포를 면탈하거나 죄적을 인멸할 목적으로 폭행 또는 협박을 가한 때에도 전항의 형과 같다.
③ 전 2항의 미수범은 처벌한다.

가. 구성요건의 주체 및 행위의 상대방

본죄의 **구성요건 주체**는 물건의 소유자이다(신분범). **행위의 상대방**은 다른 사람 소유의 물건을 점유하는 사람이다.

나. 구성요건적 행위 및 객체

본죄의 **구성요건적 행위**는 폭행 또는 협박으로 타인의 점유에 속하는 자기의 물건을 강취하는 것(제1항)과, 타인의 점유에 속하는 자기의 물건을 취거함에 당하여 그 탈환을 항거하거나 체포를 면탈하거나 죄적을 인멸할 목적으로 폭행 또는 협박을 가하는 것이다(제2항). 준점유강죄는 준강도죄와 유사하게 타인이 점유하고 있는 자기의 물건을 취거하는 때 그 탈환을 항거하는 등의 목적으로 상대방을 폭행·협박하는 경우 성립하는 죄이다. 양 죄는 폭행·협박의 시기가 물건에 대한 점유를 빼앗기 전인지 후인지에 따라 차이가 나는 구성요건이다.

주관적 구성요건요소로서 점유강취죄 및 준점유강취죄 모두 고의범이나, 준점유강취죄는 타인 점유, 자기소유의 물건을 취거할 때 그 탈환을 항거하거나 체포를 면탈하거나 죄적을 인멸할 목적을 요구하는 목적범이다.

다. 처벌

본죄를 범하면 7년 이하의 징역 또는 10년 이하의 자격정지에 처한다. 본죄는 재산에 관한 죄에 해당하므로 위와 같이 강취한 물건은 범죄피해재산으로서 환수의 대상이 되지 않는다. 다만 위 범죄행위의 대가 또는 보수로 받은 재산은 몰수·추징할 수 있음은 앞에서 본 바와 같다.

한편 위 점유강취 내지 준점유강취죄의 미수범은 모두 처벌한다(동조 제3항).

8. 중권리행사방해죄(형법 제326조)

관련조문

제326조(중권리행사방해) 제324조 또는 제325조의 죄를 범하여 사람의 생명에 대한 위험을 발생하게 한 자는 10년 이하의 징역에 처한다.

☞ 제324조(강요) ① 폭행 또는 협박으로 사람의 권리행사를 방해하거나 의무없는 일을 하게 한 자는 5년 이하의 징역 또는 3천만 원 이하의 벌금에 처한다. <개정 1995. 12. 29., 2016. 1. 6.>
② 단체 또는 다중의 위력을 보이거나 위험한 물건을 휴대하여 제1항의 죄를 범한 자는 10년 이하의 징역 또는 5천만 원 이하의 벌금에 처한다. <신설 2016. 1. 6.>

☞ 제325조(점유강취, 준점유강취) ① 폭행 또는 협박으로 타인의 점유에 속하는 자기의 물건을 강취한 자는 7년 이하의 징역 또는 10년 이하의 자격정지에 처한다.
② 타인의 점유에 속하는 자기의 물건을 취거함에 당하여 그 탈환을 항거하거나 체포를 면탈하거나 죄적을 인멸할 목적으로 폭행 또는 협박을 가한 때에도 전항의 형과 같다.
③ 전 2항의 미수범은 처벌한다.

본죄는 강요죄 및 점유강취(준점유강취)죄를 범하여 사람의 생명에 대한 위험을 발생하게 하는 행위를 처벌하는 구성요건이다. 그 주체와 상대방에 아무런 제한이 없고, 행위의 객체는 '사람'이다. 본죄를 범하면 10년 이하의 징역에 처한다.

3 절도·강도의 죄(형법 제329조 등)

1. 총설

범죄수익은닉규제법 별표 제1호 파목에서는 **형법 제2편 제38장 절도와 강도의 죄** 중 제329조(절도), 제330조(야간주거침입절도), 제331조(특수절도), 제333조(강도), 제334조(특수강도), 제335조(준강도), 제336조(인질강도), 제337조(강도상해, 치상), 제338조(강도살인·치사), 제339조(강도강간), 제340조(해상강도), 제342조(미수범 중 자동차등불법사용, 절도 및 강도죄의 상습범 제외) 및 **제343조**(예비, 음모)**의 죄**를 중대범죄로 규정하고 있다.

관련조문

범죄수익은닉규제법 별표

중대범죄(제2조 제1호 관련)

1. 「형법」 중 다음 각 목의 죄
   파. 제2편 제38장 절도와 강도의 죄 중 **제329조부터 제331조**까지, **제333조부터 제340조까지, 제342조(제331조의2·제332조 및 제341조의 미수범은 제외한다) 및 제343조**의 죄

관련조문

제329조(절도) 타인의 재물을 절취한 자는 6년 이하의 징역 또는 1천만 원 이하의 벌금에 처한다.

제330조(야간주거침입절도) 야간에 사람의 주거, 간수하는 저택, 건조물이나 선박 또는 점유하는 방실에 침입하여 타인의 재물을 절취한 자는 10년 이하의 징역에 처한다.

제331조(특수절도) ① 야간에 문호 또는 장벽 기타 건조물의 일부를 손괴하고 전조의 장소에 침입하여 타인의 재물을 절취한 자는 1년 이상 10년 이하의 징역에 처한다.

② 흉기를 휴대하거나 2인 이상이 합동하여 타인의 재물을 절취한 자도 전항의 형과 같다.

제333조(강도) 폭행 또는 협박으로 타인의 재물을 강취하거나 기타 재산상의 이익을 취득하거나 제삼자로 하여금 이를 취득하게 한 자는 3년 이상의 유기징역에 처한다.

제334조(특수강도) ① 야간에 사람의 주거, 관리하는 건조물, 선박이나 항공기 또는 점유하는 방실에 침입하여 제333조의 죄를 범한 자는 무기 또는 5년 이상의 징역에 처한다. <개정 1995. 12. 29.>

② 흉기를 휴대하거나 2인 이상이 합동하여 전조의 죄를 범한 자도 전항의 형과 같다.

제335조(준강도) 절도가 재물의 탈환을 항거하거나 체포를 면탈하거나 죄적을 인멸할 목적으로 폭행 또는 협박을 가한 때에는 전2조의 예에 의한다.

제336조(인질강도) 사람을 체포·감금·약취 또는 유인하여 이를 인질로 삼아 재물 또는 재산상의 이익을 취득하거나 제3자로 하여금 이를 취득하게 한 자는 3년 이상의 유기징역에 처한다.

제337조(강도상해, 치상) 강도가 사람을 상해하거나 상해에 이르게 한때에는 무기 또는 7년 이상의 징역에 처한다. <개정 1995. 12. 29.>

제338조(강도살인·치사) 강도가 사람을 살해한 때에는 사형 또는 무기징역에 처한다. 사망에 이르게 한 때에는 무기 또는 10년 이상의 징역에 처한다.

제339조(강도강간) 강도가 사람을 강간한 때에는 무기 또는 10년 이상의 징역에 처한다. <개정 2012. 12. 18.>

제340조(해상강도) ① 다중의 위력으로 해상에서 선박을 강취하거나 선박 내에 침입하여 타인의 재물을 강취한 자는 무기 또는 7년 이상의 징역에 처한다.

② 제1항의 죄를 범한 자가 사람을 상해하거나 상해에 이르게 한때에는 무기 또는 10년 이상의 징역에 처한다. <개정 1995. 12. 29.>

③ 제1항의 죄를 범한 자가 사람을 살해 또는 사망에 이르게 하거나 강간한 때에는 사형 또는 무기징역에 처한다. <개정 1995. 12. 29., 2012. 12. 18.>

제342조(미수범) 제329조 내지 제341조의 미수범은 처벌한다.

제343조(예비, 음모) 강도할 목적으로 예비 또는 음모한 자는 7년 이하의 징역에 처한다.

위와 같은 절도 및 강도죄로 취득한 재물 또는 재산상 이익은 모두 **범죄피해재산에 해당하므로 환수가 불가능**하다. 다만 이를 **은닉하거나 취득 및 처분을 가장하는 경우 자금세탁범죄가 성립할 수 있을 뿐**이다.

즉 절취 또는 강취의 방법으로 취득한 **재물 또는 재산상 이익은 그 자체가 범죄수익에 해당**하므로 이를 수사기관의 추적을 피하기 위해 숨겨 은닉하거나 마치 중대범죄로 취득하지 않은 것과 같이 그 취득을 가장하는 경우 및 그 발생원인을 가장하기 위해 허위의 문서 등을 작출하는 경우 등에는 모두 **자금세탁범죄가 성립**할 수 있다는 점을 유의할 필요가 있다.

이하에서는 절도 및 강도죄의 각 구성요건을 간단히 살펴보고 실무상 환수가 문제되었던 사례를 살펴본다.

2. 절도죄(형법 제329조)

관련조문

제329조(절도) 타인의 재물을 절취한 자는 6년 이하의 징역 또는 1천만 원 이하의 벌금에 처한다.

가. 구성요건의 주체 및 행위의 상대방

본죄의 **구성요건 주체**는 아무런 제한이 없다. 따라서 누구든지 본죄의 주체가 될 수 있고 나아가 그 **행위의 상대방** 또한 제한이 없다.

나. 구성요건적 행위 및 객체

본죄의 **구성요건적 행위**는 타인의 재물을 절취하는 것으로 '타인이 점유하는 타인의 재물'이 그 객체가 된다.

점유의 타인성이 인정되어야 하는데, 공동점유의 경우에도 점유의 타인성이 인정된다. 한편 소유의 타인성 또한 인정되어야 하는데, 단독소유가 아닌 공동소유의 경우에도 타인소유로 본다.

나아가 본죄의 **객체**는 '**재물**'이고, 이는 관리할 수 있는 유체물과 동력을 말한다. 재산상 이익은 제외된다.

한편 **구성요건적 행위**는 '**절취**'하는 것으로서 타인점유의 재물에 대하여 점유자의 의사에 반해 그 점유자의 점유를 배제하고 자신의 또는 또 다른 제3자의 점유로 옮기는 것을 말한다. 따라서 점유자의 의사에 합치하는 경우에는 절도죄의 구성요건 해당성이 없다(양해).

본죄의 실행의 착수시기는 절취의 대상이 되는 재물에 대한 구체적 물색행위가 있을 때라고 봄이 상당하다(이른바, '**물색행위설**'). **대법원** 또한 절취할 재물의 물색행위를 시작하는 등 그에 대한 사실상의 지배를 침해하는 데에 밀접한 행위를 개시하면 **절도죄의 실행의 착수가 인정**된다고 판시하였다.[192]

그리고 행위자 또는 제3자가 재물에 대해 사실상의 지배를 행사하면 재물에 대한 점유를 취득하여 본죄는 기수가 된다(**취득설**).

주관적 구성요건요소로서 본죄는 고의범이므로 위 객관적 구성요건에 대한 인식을 요하고, 재물을 영득하겠다는 **불법영득의 의사**가 필요하다. 별도의 목적은 필요없다.

다. 죄수 및 처벌

본죄는 점유의 침해 개수에 따라 죄가 성립한다. 따라서 1인이 점유하는 것이라면 재물의 소유자가 수인이라 하더라도 1개의 절도죄가 성립할 뿐이다. 또한 절도가 기수가 된 이후 장물을 손괴 또는 처분하는 행위를 하는 경우에는 불가벌적 사후행위에 해당하여 별도의 손괴죄 또는 사기죄가 성립하지는 않는다.[193] 본죄를 범하면 6년 이하의 징역 또는 1천만 원 이하의 벌금에 처한다.

---

[192] 대법원 2003. 6. 24. 선고 2003도1985,2003감노26 판결 참조.
[193] 대법원 1987. 1. 20. 선고 86도1728 판결 참조.

라. 자금세탁범죄 처벌 사례

이와 관련하여 **보이스피싱 현금수거책이 피해자의 집에 찾아가 피해자가 놓아둔 현금을 가져가 절취하고 이를 대포통장으로 입금하여 그 취득 및 처분을 가장한 사실에 대해 자금세탁범죄를 인정하여 처벌한 사례**가 있다.[194]

통상 보이스피싱의 경우 그 중대범죄를 사기죄로 의율하는 경우가 대부분인데 사안의 특수성을 고려하여 절도죄를 중대범죄로 하여 범죄수익은닉규제법위반죄로 처벌한 특징이 있는 사례다. 나아가 이 사안의 경우에도 위 절취한 현금은 모두 범죄피해재산에 해당하므로 이에 대한 추징은 불가하다.

사례

범죄사실

피고인은 말레이시아 국적의 외국인으로 2019. 10. 중순경 말레이시아에서 인터넷 B를 통해 '외국에서 돈을 찾고 송금하는 등의 일을 할 자를 모집한다'는 광고를 보고 위챗 메신저를 통하여 속칭 '보이스피싱' 조직원인 성명불상자들(메신저 위챗 아이디 C, D)과 연락하여, 위 C로부터 항공료, 숙박비를 제공받아 2019. 10. 24.경 국내로 입국하였다.

피고인은 보이스피싱 조직의 총책인 성명불상자와 성명불상의 보이스피싱 조직원들과 함께 불특정 다수인에게 불법으로 취득한 개인정보를 이용하여 경찰관이나 금융감독원 직원 등을 사칭하면서 피해자들로 하여금 현금을 인출하도록 해 이를 절취하기로 마음먹고, 총책인 성명불상자는 대포통장 모집, 피해금의 절취 및 송금방법 등을 지시하는 역할을, 성명불상의 보이스피싱 조직원은 피해자들에게 전화 등으로 경찰관 등을 사칭하면서 범죄 등에 연루된 예금을 보호해 주겠다는 등으로 피해자들을 기망해 현금을 검정색 비닐봉지에 넣어 주거지 인근에 보관하도록 유인하는 유인책을, 성명불상의 보이스피싱 조직원은 피고인과 같은 수거책에게 피해자의 주소지에 대한 정보를 제공하고 절취금 송금 방법을 안내하는 연락책을, 피고인은 위 연락책의 지시에 따라 휴대전화 메신저인 '딩톡'으로 알려주는 장소에서 대기하며 피해자가 현금이 담긴 검은 비닐봉지를 주거지 인근에 두는 것을 지켜보다 이를 절취해 연락책이 지정한 계좌로 송금하는 수거책을 담당하기로 순차 공모하였다.

1. 절도, 주거침입

성명불상 보이스피싱 조직의 유인책은 2019. 10. 28.(공소장에 기재된 '10. 24.'는 오기이고, 피고인의 방어권 행사에 불이익이 없으므로 수정한다) 09:00경 알 수 없는 장소에서 피해자 E에게 전화를 걸어 금융감독원 직원을 사칭하며 '범죄자들이 F은행을 통해 피해자들의 계좌에 있는 돈

---

[194] 제주지방법원 2020. 1. 8. 선고 2019고단2400 판결 참조(같은 법원 2020노31 판결로 확정).

을 계속 빼가고 있는데 G은행에 예치된 현금을 인출한 다음 집 앞에 놔두면 범인을 잡고 돈을 안전하게 지켜주겠다.'라고 지시하였고, 이에 속은 피해자는 자신의 G은행 계좌에서 인출한 현금 18,728,000원을 검정색 비닐봉지에 담아 제주시 H에 있는 주거지 마당에 놓아두었다.

피고인은 위 성명불상의 연락책의 지시에 따라 같은 날 11:30경 위 피해자의 주거지 앞에 이르러 피해자가 마당 앞에 검은 비닐봉지를 놓아두는 것을 지켜보다 피해자가 주거지 안으로 들어간 틈을 타 같은 날 11:45경 피해자의 주거지로 들어가 마당 화분 앞에 놓여있던 피해자 소유의 현금 18,728,000원이 담긴 검정색 비닐봉지를 가져가 절취하였다.

이로써 피고인은 성명불상의 보이스피싱 조직원들과 공모하여 피해자의 주거에 침입하고, 피해자의 재물을 절취하였다.

2. 범죄수익`은닉의규제및처벌등에관한법률위반

누구든지 중대범죄에 해당하는 범죄행위에 의하여 생긴 범죄수익, 범죄수익에서 유래한 재산 및 이들 재산과 그 외의 재산이 합쳐진 재산의 취득 또는 처분에 관한 사실을 가장하여서는 아니 된다.

피고인은 2019. 10. 28. 13:14경 제주시 I에 있는 J은행 신제주지점에서 그곳에 있는 현금지급기를 이용하여 E로부터 절취한 현금을 보이스피싱 범죄조직이 사용하는 주식회사K의 J은행 계좌(L)로 입금함에 있어, 성명불상의 연락책으로부터 제공받은 M 등의 주민등록번호 등을 입력해 100만 원을 무통장 입금한 것을 비롯하여, 그때부터 같은 날 14:09경까지 별지 범죄일람표 기재와 같이 총 19회에 걸쳐 타인의 인적사항을 송금인으로 입력하여 합계 18,288,000원을 위 주식회사 K의 계좌로 송금하여 마치 피해자 또는 피고인이 아닌 제3자가 위 주식회사 K 계좌로 송금하는 것처럼 가장하였다.

이로써 피고인은 성명불상자 보이스피싱 조직원들과 공모하여 범죄수익의 취득 또는 처분에 관한 사실을 가장하였다.

법령의 적용

1. 범죄사실에 대한 해당법조 및 형의 선택

형법 제329조, 제30조(절도의 점, 징역형 선택), 형법 제319조 제1항, 제30조(주거침입의 점, 징역형 선택), 범죄수익은닉의 규제 및 처벌 등에 관한 법률 제3조 제1항 제1호, 형법 제30조(범죄수익 취득·처분 가장의 점, 징역형 선택)

1. 몰수

형법 제48조 제1항 제1호

3. 야간주거침입절도죄(형법 제330조)

관련조문

제330조(야간주거침입절도) 야간에 사람의 주거, 간수하는 저택, 건조물이나 선박 또는 점유하는 방실에 침입하여 타인의 재물을 절취한 자는 10년 이하의 징역에 처한다.

가. 구성요건의 주체 및 행위의 상대방

본죄의 **구성요건 주체**는 아무런 제한이 없다. 따라서 누구든지 본죄의 주체가 될 수 있고 나아가 그 **행위의 상대방** 또한 제한이 없다.

나. 구성요건적 행위 및 객체

본죄의 **구성요건적 행위**는 야간에 사람의 주거, 간수하는 저택, 건조물이나 선박 또는 점유하는 방실에 침입하여 타인의 재물을 절취하는 것이다. 사람의 주거, 간수하는 저택과 건조물, 선박, 점유하는 방실에 침입하여야 하고, 그 침입 또는 절취의 시점이 야간이어야 한다는 점이 특징이다(주거침입 또는 절취행위시설).

이 때 본죄의 **실행의 착수시기**는 주거 등에 침입한 때이고, **기수시기**는 실제로 재물의 점유를 취득한 시점이다.

주관적 구성요건요소로서 본죄는 고의범이므로 위 객관적 구성요건에 대한 인식을 요하고, 재물을 영득하겠다는 **불법영득의 의사**가 필요하다. 별도의 목적은 요하지 않는다.

다. 처벌

본죄를 범하면 10년 이하의 징역에 처한다.

4. 특수절도죄(형법 제331조)

관련조문

제331조(특수절도) ① 야간에 문호 또는 장벽 기타 건조물의 일부를 손괴하고 전조의 장소에 침입하여 타인의 재물을 절취한 자는 1년 이상 10년 이하의 징역에 처한다.
② 흉기를 휴대하거나 2인 이상이 합동하여 타인의 재물을 절취한 자도 전항의 형과 같다.

가. 구성요건의 주체 및 행위의 상대방

본죄의 **구성요건 주체**는 아무런 제한이 없다. 따라서 누구든지 본죄의 주체가 될 수 있고 나아가 그 **행위의 상대방** 또한 제한이 없다.

나. 구성요건적 행위 및 객체

본죄의 **구성요건적 행위**는 ① 야간에 문호 또는 장벽 기타 건조물의 일부를 손괴하고 전조의 장소에 침입하여 타인의 재물을 절취하는 것(제1항)과 ② 흉기를 휴대하거나 2인 이상이 합동하여 타인의 재물을 절취하는 것(제2항)이다.

형법 제331조 제1항의 손괴 후 야간주거침입절도의 경우, 문호 또는 장벽 기타 건조물의 일부를 손괴하여 그 효용을 해하여야 하므로 식당의 창문과 방충망을 창틀에서 분리하고 침입하여 현금을 절취한 경우에는 위 창문과 방충망을 손괴하였다고 볼 수 없어 본죄가 성립하지 않는다.[195] 그리고 위 손괴행위를 개시하면 본죄의 실행의 착수가 인정되고 재물을 취득하면 기수가 된다.

형법 제331조 제2항의 흉기휴대 절도에서, '**흉기**'는 본래의 목적이 사람의 살상을 위해 제작된 것을 말하므로 '위험한 물건'과 구별된다. 나아가 '휴대'는 몸에 지니거나 몸 가까이 소지하는 것을 의미하는 것이다.

같은 항의 **합동절도**에서, '**합동(合同)**'이라 함은 다수인의 시간적·장소적 협동을 의미하는 것으로(현장설), 공동실행의 의사 및 실행행위의 분담 그리고 공범자 전원이 범행 현장에 존재할 것을 요한다.[196] 한편 합동절도죄의 실행의 착수시기는 물색행위시라고 봄이 상당하다.

위 각 본죄의 **객체**는 '**재물**'이므로 절도죄의 그것과 동일하다.

주관적 구성요건요소로서 본죄는 고의범이므로 위 객관적 구성요건에 대한 인식을 요하고, 재물을 영득하겠다는 **불법영득의 의사**가 필요하다. 별도의 목적은 요하지 않는다.

다. 처벌

본죄를 범하면 모두 10년 이하의 징역에 처한다.

---

195 대법원 2015. 10. 29. 선고 2015도7559 판결 참조.
196 대법원 1996. 3. 22. 선고 96도313 판결 참조.

라. 자금세탁범죄 처벌 사례

본죄와 관련하여 **여러 명이 합동하여 절도죄를 범하고 그 범행으로 영득한 재물을 여러 환전소를 통해 달러 또는 원화로 환전한 다음 이를 각 차명계좌로 송금한 행위를 범죄수익 은닉규제법위반죄로 처벌한 사례**가 있다.[197] 특수절도죄를 중대범죄로 보고 그로 인하여 취득한 범죄수익을 달러와 원화로 지속적으로 환전·교환함으로써 이를 세탁하는 행위를 처벌하였는데 실무상 본죄를 중대범죄로 보아 자금세탁행위를 처벌한 드문 사례라는 점에서 의미가 있다.

사례

범죄사실

1. 피고인들의 특수절도 및 폭력행위등처벌에관한법률위반(공동주거침입)

피고인 D는 2018. 6. 일자불상경 이전에 함께 교도소에 수감되어 있으면서 알게 된 피고인 C에게 '내가 일하고 있는 회사 사장의 친형이 집에 현금을 많이 가지고 있다, 그 돈을 훔쳐서 함께 나눠 갖자'는 취지의 제안을 하면서 범행 대상 집의 내부 사정 및 피해자 부부가 일요일에 교회를 간다는 정보 등을 알려주고, 피고인 C는 위 제안을 승낙하고 범행 대상 주소 등을 전해들은 후 그즈음 고향 선배인 피고인 A에게 '광주 북구 E에 있는 F 안에 현금이 많다는데 그 돈을 훔쳐서 나눠 갖자'는 취지의 제안을 하고, 피고인 A는 위 제안을 승낙하고 그즈음 사회 선배로 열쇠 수리업자인 피고인 B에게 위 절도 범행에 참여할 것을 제안하여 피고인 B는 위 제안을 승낙하였는바, 피고인들은 위와 같이 피해자 이**의 집에 침입하여 현금을 절취하고 훔친 돈을 나눠 갖기로 순차 공모하였다.

피고인 A는 이전에 교도소에 수감되어 있으면서 알게 된 H와 함께 2018. 6. 27.경 H가 빌려준 번호불상의 스타렉스 승합차를 타고 피해자가 살고 있는 광주 북구 E소재 F 앞으로 가서 건물 구조 및 출입구, 열쇠 잠금장치 등을 살피며 사진을 촬영한 후 위 사진을 휴대폰을 이용하여 피고인 C, B에게 전송하고, 피고인 C는 위 사진을 피고인 D에게 다시 재전송하고, 위 사진을 전송받은 피고인 D는 네이버 지도검색 서비스를 통해 F의 위치를 확인한 후 위 검색결과를 캡처하여 피고인 C에게 전송하는 등의 방법으로 장소를 확인하며 범행을 준비하였다.

피고인 A, B는 2018. 7. 8. 08:10경 H로부터 빌린 J 카니발 승용차를 타고 대전에서 광주로 내려 와 피해자의 집 앞에 이르러 범행을 준비하면서 주변을 살폈으나 행인들이 많이 지나가는 것을 확인하고 범행 시도를 중단하고 대전으로 돌아가고, 2018. 8. 4. 23:00경 H로부터 다시 빌린 J 카니발 승용차를 타고 대전에서 광주로 내려 와 피해자의 집 부근에 승용차를 주

---

197 광주지방법원 2019. 1. 8. 선고 2018고단3515, 3625(병합) 판결 참조[항소심(같은 법원 2019노453), 대법원(2019도7952 판결)로 확정].

차한 후, 다음날 아침까지 승용차 안에 대기하면서 피해자가 집에서 나가는 것을 기다리고, 피해자 부부가 2018. 8. 5. 09:22경 교회를 가기 위해 집을 나간 것을 확인하고, 피고인 B는 미리 준비한 열쇠수리용 공구인 적쇠를 이용하여 피해자 집의 시정되어 있는 대문을 열고, 피고인 A는 피해자 집에 들어가 건물 4층 거실에 있는 가방에서 현금 320만 원을 꺼내고, 계속하여 안방에 있는 나무상자의 잠금장치를 부순 후 위 상자 안에 있는 현금 1억 4,410만 원을 꺼낸 후 위와 같이 꺼낸 현금을 안방에 있는 소형 캐리어 가방에 넣어서 가지고 나와 이를 절취하였다.

이로써 피고인들은 위와 같이 순차 공모공동하여 피해자의 주거에 침입하고, 합동하여 피해자 소유의 현금 1억 4,730만 원을 절취하였다.

2. 피고인 C, D의 범죄수익의규제및처벌등에관한법률위반

누구든지 범죄수익, 범죄수익에서 유래한 재산 및 이들 재산과 그 외의 재산이 합쳐진 재산의 취득 또는 처분에 관한 사실을 가장하여서는 아니 된다.

그럼에도 피고인들은 공모하여, **피고인 A, B가 절취하여 가지고 온 현금을 분배하는데 있어 미화 달러 환전 및 차명계좌 이용 등의 수법으로 자금세탁을 하기로 마음먹고, 피고인 D는 특수절도 범행 당일인 2018. 8. 5. 13:48경 대전 서구 K아파트 단지에서 L을 통해 피고인 A로부터 위와 같이 절취한 금원 중 현금 6,000만 원을 건네받은 후, 그즈음 서울 중구 명동에 있는 상호불상의 사설 환전소 3곳을 다니며 위와 같이 받은 현금 중 약 2,600만 원을 미화 달러로 환전하고, 같은 달 14.경 광주 광산구 M에 있는 N은행 하남공단 지점에서 위와 같이 환전했던 미화 달러를 다시 원화로 환전한 후, 환전한 현금 2,600만 원을 O 명의 N은행 계좌에 입금하였다가 즉시 피고인 C가 미리 알려 준 P 명의 Q은행 계좌로 송금하고, 계속하여 피고인 D의 누나가 사용하는 불상의 은행 계좌에서 위 P 명의 Q은행 계좌로 300만 원을 송금함으로써, 피고인 D는 미화 달러 환전 및 재환전, 차명계좌 이용 등의 수법으로 자금세탁을 하면서 피고인 C에게 특수절도 범행으로 통해 취득한 금원의 분배 명목으로 총 2,900만 원을 송금하였다.**

위와 같이 피고인들은 공모하여 특수절도 범행으로 취득한 범죄수익등에 대하여 그 처분에 관한 사실을 가장하였다.

법령의 적용

1. 범죄사실에 대한 해당법조 및 형의 선택

가. 피고인 A, B

각 형법 제331조 제2항, 제1항, 제30조(특수절도의 점), 폭력행위 등 처벌에 관한 법률 제2조 제2항 제1호, 형법 제319조 제1항, 제30조(공동주거침입의 점, 징역형 선택)

나. 피고인 C, D

각 형법 제331조 제2항, 제1항, 제30조(특수절도의 점), 폭력행위 등 처벌에 관한 법률 제2조

제2항 제1호, 형법 제319조 제1항, 제30조(공동주거침입의 점, 징역형 선택), 범죄수익은닉의
규제 및 처벌 등에 관한 법률 제3항 제1항 제1호, 형법 제30조(범죄수익 처분사실 가장의 점,
징역형 선택)

5. 강도죄(형법 제333조)

관련조문

제333조(강도) 폭행 또는 협박으로 타인의 재물을 강취하거나 기타 재산상의 이익을 취득하거
나 제삼자로 하여금 이를 취득하게 한 자는 3년 이상의 유기징역에 처한다.

가. 구성요건의 주체 및 행위의 상대방

본죄의 **구성요건 주체**는 아무런 제한이 없다. 따라서 누구든지 본죄의 주체가 될 수 있
고 그 **행위의 상대방** 또한 제한이 없다. 따라서 피해자가 아닌 제3자를 폭행, 협박하여 피
해자로부터 재물을 강취하는 경우에도 본죄가 성립한다.

나. 구성요건적 행위 및 객체

본죄의 **구성요건적 행위**는 폭행 또는 협박으로 타인의 재물을 강취하거나 기타 재산상
의 이익을 취득하거나 제3자로 하여금 이를 취득하게 하는 것이다. 본 죄의 '**폭행**'은 사람에
대한 직접·간접적 유형력의 행사로 피해자의 반항을 억압하는 정도의 것이어야 한다. 그
방법에는 제한이 없으므로 마취제·수면제·주류 등을 이용하여 항거불능의 상태를 만든 경
우에도 본 죄의 폭행에 해당한다.

나아가 '**협박**'은 해악을 고지하여 상대방에게 공포심을 일으키는 것을 의미한다. 해악의
내용에는 제한이 없고, 현실적으로 반드시 실현 가능할 필요도 없다. 그리고 위 폭행·협박
과 재물의 강취 기타 재산상 이익의 취득 또는 제3자로 하여금 재물 또는 재산상의 이익을
취득하게 하는 행위 사이에 인과관계가 인정되어야 하므로 폭행·협박과 무관하게 재물 또
는 재산상 이익을 받았다면 강도죄가 성립할 수 없다.

본죄는 '**재물을 강취**'하거나 '**기타 재산상의 이익을 취득**'하는 경우 성립하는데 이 때
재산상의 이익은 반드시 사법상 유효한 재산상의 이익만을 말하는 것이 아니고 외견상 재산
상의 이득을 얻을 것이라고 인정할 수 있는 사실관계만 있어도 충분하다.[198]

한편 본죄는 강도죄의 의사로 폭행·협박에 나아가면 **실행의 착수**가 인정되고 재물 또는 재산상의 이익을 취득한 때에 기수가 된다. **주관적 구성요건요소**로서 본죄는 고의범이므로 위 객관적 구성요건에 대한 인식을 요하고, 불법영득의 의사가 필요하다.

다. 처벌

본죄를 범하면 3년 이상의 유기징역에 처한다.

라. 자금세탁범죄 처벌사례

이와 관련하여 **강도행위를 통해 영득한 재물의 출처 및 귀속관계를 불분명하게 하기 위하여 범죄수익을 수표 등으로 교환하여 세탁하고 이를 수수한 행위**를 처벌한 사례가 있다.[199]

위 사건에서 법원은 피고인들이 다른 중대범죄인 **도박공간개설죄로 발생한 범죄수익이라는 사정을 모두 알면서 이를 수수한 범행을 자금세탁범죄로 처벌하면서 각 피고인들이 취득한 범죄수익을 추징**하였다. 여기서 재산에 관한 죄인 강도죄로 취득한 수익을 추징한 것이 아니고, 자금세탁범죄에 관계된 범죄수익을 추징한 것이라는 점을 유의할 필요가 있다.

사례

주 문

(전략)

피고인 B로부터 15,000,000원, 피고인 C로부터 5,000,000원, 피고인 D로부터 2,000,000원을 각 추징한다.

위 추징금 상당액의 가납을 명한다.

범죄사실

【모두사실】

피고인 A는 캄보디아 파일린 소재 H호텔 카지노 중 일부를 임차하여 운영하는 I, 여행 가이드인 J와 공모하여 국내에서 재력이 있는 피해자 K(48세)를 물색한 후 해외 골프여행을 빙

---

198 대법원 1994. 2. 22. 선고 93도428 판결 참조.

199 수원지방법원 2016. 5. 27. 선고 2015고합730 판결 참조(대법원 2016도18391 판결로 확정. 본 사건에서는 사기죄도 함께 문제되었으나 이에 대한 기재는 생략함).

자하여 캄보디아에 있는 카지노로 유인하고 피해자로 하여금 바카라 도박을 하게 하면서 거액의 도박 빚을 지게 한 후 빚 변제를 빌미로 돈을 빼앗은 다음 그 돈을 서로 분배하기로 계획하였다.

【범죄사실】

1. 피고인 A의 강도 및 사기

가. 강도

피고인은 위 계획에 따라 2014. 12. 24.경 피해자, 지인 L과 M을 데리고 태국으로 출국하였고, 태국에 도착하자 J는 피고인, 피해자, L, M을 데리고 태국 여행을 안내하였고, 피고인은 같은 달 26.경 "캄보디아 국경 근처에 있는 골프장이 좋으니 골프를 치고 캄보디아로 들어가자"고 제안한 후 J의 안내에 따라 피해자, L, M을 캄보디아 국경 근처에 있는 골프장에 데리고 가 골프를 친 다음 예정된 일정과 달리 위 캄보디아 H 카지노로 그들을 데리고 갔다.

이후 피고인은 위 카지노 VIP실 내 피해자와 같은 테이블에서 자신도 실제 바카라 도박을 하는 것처럼 가장하면서 피해자에게 "여행경비라도 벌게 같이 한번 해보자"라며 바카라 도박을 하도록 부추기고, 자신도 도박을 하면서 돈을 잃은 것처럼 행세하며 카지노 사장 I를 불러 차용증을 쓰고 2억 8,000만 원 상당의 칩을 빌리고, 피해자에게 "내가 칩을 빌리게 해 줄 테니 빌려서 해보라"고 말하며 I에게 차용증을 쓰고 그로부터 칩을 빌리도록 유도하고, I는 피고인과 전혀 모르는 사이인 것처럼 행동하면서 도박에 사용할 칩을 빌려주어 도박을 하게 하는 등으로 피해자로 하여금 5억 5,600만 원의 빚을 지게 하였다.

게임이 끝난 후 I는 피고인과 함께 있는 자리에서 피해자에게 "여권을 호텔에 맡겼으니 어디 도망가지 못한다. 호텔방에 올라가 있으면 아침에 가겠다. 어디 나가지 말라"고 말한 후 피해자의 호텔 방 앞에 소총을 든 캄보디아인을 세워 감시하게 하고, 이에 겁을 먹은 피해자가 피고인에게 도망갈 방법이 없냐고 묻자 피고인은 "얘들이 어떤 애들인데 도망갈 생각을 하느냐. 무서운 애들이다. 한국에도 조직이 있고 만약에 도망을 간다고 해도 한국에 있는 가족이나 애들에게도 보복을 할 것이다"라고 말하여 피해자로 하여금 도망갈 생각을 단념하게 하였다.

다음날인 2014. 12. 27. 아침 무렵 I는 피해자가 있는 호텔 객실로 온 후 피해자에게 "여기는 군인들과 같이 하는 카지노장이다. 무서운 곳이니 함부로 밖으로 나가지 마라. 여기서는 사람 하나 죽이는 것은 일도 아니다. 갚지 않으면 가만 두지 않겠다. 여기서 나갈 수 없다."라고 말하며 빚을 갚지 않으면 피해자를 죽일 수도 있다는 취지로 협박하여 피해자의 반항을 억압한 후 같은 날 피해자로부터 B의 딸인 N 명의의 국민은행 계좌로 2억 원을, 씨티은행 계좌로 3억 원을 송금받았다.

이로써 피고인은 I, J와 공모하여 피해자로부터 합계 5억 원을 강취하였다.

(중략)

2. 피고인 B의 범죄수익 가장, 은닉 및 범죄수익 수수

가. 범죄수익 가장, 은닉

피고인은 I의 카지노에서 일을 하던 사람으로, I는 위 1항의 기재와 같이 피해자로부터 강취한 금원을 그대로 사용할 경우 그 출처가 드러나게 될 것을 염려하여 피고인에게 위 자금을 세탁하여 자신이 지정하는 C에게 전달하거나 D의 계좌로 돈을 이체해 달라고 부탁하였고, 피고인은 위 자금이 I가 운영하는 카지노의 도박개장 수익과 관련된 것이라는 것을 알면서도 이를 수락하고 위 자금을 적법하게 취득한 재산인 것처럼 가장하여 특정, 추적 또는 발견을 현저히 곤란하게 만들기로 마음먹었다.

피고인은,

1) 2014. 12. 27.경 피고인의 딸 N 명의의 국민은행 계좌로 위 1항 기재와 같이 K로부터 도박 빚 변제 대금 2억 원을 송금받은 다음 같은 달 29.경 N을 통해 1,000만 원권 수표 20장으로 교환하여 C에게 전달하고,

2) 2014. 12. 27.경 위 N 명의의 씨티은행 계좌로 위 1항 기재와 같이 K로부터 도박 빚 변제 대금 3억 원을 송금받은 다음 같은 달 30.경 N을 통해 2억 8,500만 원을 D의 계좌로 송금하였다.

이로써 피고인은 I와 공모하여 범죄수익의 취득, 처분에 관한 사실을 은폐하여 가장하고, 범죄수익의 추적, 발견을 곤란하게 하여 이를 은닉하였다.

나. 범죄수익 수수

피고인은 위 2의 가항 기재와 같이 I에게 자금세탁을 해준 대가로 1,500만 원을 받기로 한 후, 2014. 12. 27.경 I의 자금세탁 부탁으로 N의 씨티은행 계좌로 이체된 위 3억 원 중 1,000만 원을 피고인의 처 김**에게 송금하고, 500만 원을 N의 국민은행 계좌로 송금하는 방법으로 합계 1,500만 원의 범죄수익을 그 정황을 알면서 수수하였다.

3. 피고인 C, D의 범죄수익 가장, 은닉 및 수수

가. 범죄수익 가장, 은닉

피고인들은 I와 오래 전부터 알고 지내온 사이로, I는 위 1항의 기재와 같이 피해자로부터 강취한 금원을 그대로 사용할 경우 그 출처가 드러나게 될 것을 염려하여 위 자금을 세탁하여 줄 것을 피고인들에게 부탁하고 피고인들은 위 자금이 I가 운영하는 카지노의 도박개장 수익과 관련된 것이라는 것을 알면서도 이를 수락하였다.

피고인들은 위 자금을 적법하게 취득한 재산인 것처럼 가장하여 위 5억 원의 특정, 추적 또는 발견을 현저히 곤란하게 만들기로 마음먹고, 2014. 12. 29.경 N으로부터 위 2의 가항 기재와 같이 교환된 1,000만 원권 수표 20장을 전달받아 국민은행 성남지점 등을 돌아다니며 전부 현금으로 교환하고, 2014. 12. 30.경 N으로부터 피고인 D 명의의 계좌로 2억 8,500만 원을 송금받은 다음 성남중원새마을금고 등을 돌아다니며 전부 현금으로 교환하였다.

이로써 피고인들은 I와 공모하여 범죄수익의 취득, 처분에 관한 사실을 은폐하여 가장하고, 범죄수익의 추적, 발견을 곤란하게 하여 이를 은닉하였다.

나. 범죄수익 수수

1) 피고인 C는 2014. 12. 30.경 위 3항의 가항 기재와 같이 I의 도박개장 수익금을 자금세탁한 후 그 대가로 위 D의 계좌로 송금된 2억 8,500만 원 중 500만 원을 수수료로 취득하여 그 정황을 알면서 범죄수익을 수수하였다.

2) 피고인 D는 2014. 12. 30.경 위 3항의 가항 기재와 같이 I의 도박개장 수익금을 자금세탁한 후 그 대가로 C로부터 200만 원 상당의 식사와 술 등을 제공받아 그 정황을 알면서 범죄수익을 수수하였다.

법령의 적용

1. 범죄사실에 대한 해당법조 및 형의 선택

가. 피고인 A

형법 제333조, 제30조(강도의 점), 형법 제347조 제1항, 제30조(사기의 점, 징역형 선택)

나. 피고인 B, C, D

범죄수익은닉의 규제 및 처벌 등에 관한 법률 제3조 제1항 제1호(범죄수익은닉의 점), 범죄수익은닉의 규제 및 처벌 등에 관한 법률 제4조(범죄수익수수의 점), 각 징역형 선택

1. 추징

피고인 B, C, D: 범죄수익은닉의 규제 및 처벌 등에 관한 법률 제10조 제1항, 제8조 제1항

6. 특수강도죄(형법 제334조)

관련조문

제334조(특수강도) ① 야간에 사람의 주거, 관리하는 건조물, 선박이나 항공기 또는 점유하는 방실에 침입하여 제333조의 죄를 범한 자는 무기 또는 5년 이상의 징역에 처한다. <개정 1995. 12. 29.>

② 흉기를 휴대하거나 2인 이상이 합동하여 전조의 죄를 범한 자도 전항의 형과 같다.

가. 구성요건의 주체 및 행위의 상대방

본죄의 **구성요건 주체**는 아무런 제한이 없다. 따라서 누구든지 본죄의 주체가 될 수 있고 그 **행위의 상대방** 또한 제한이 없다. 따라서 피해자가 아닌 제3자를 폭행, 협박하여 피

해자로부터 재물을 강취하는 경우에도 본죄가 성립한다.

나. 구성요건적 행위 및 객체

　본죄의 **구성요건적 행위**는 ① 야간에 사람의 주거, 관리하는 건조물, 선박이나 항공기 또는 점유하는 방실에 침입하여 제333조의 강도죄를 범하는 것(제1항)과, ② 흉기를 휴대하거나 2인 이상이 합동하여 제333조의 죄를 범하는 것(제2항)이다.

　제334조 제1항의 야간주거침입강도죄의 경우, 야간에 사람의 주거, 관리하는 건조물, 선박이나 항공기 또는 점유하는 방실에 침입하여 강도하는 것이므로 주거에 침입하는 행위가 개시되면 실행의 착수가 인정된다고 봄이 상당하다(**주거침입시설**). 다만 **대법원** 판례는 주거침입시설을 취한 것[200]과 폭행·협박시설을 취한 것[201]이 모두 있다.

　한편 **제334조 제2항의 흉기휴대 강도의 점**은 흉기를 휴대하여 강도행위를 하는 경우, **합동강도의 점**은 합동절도의 그것과 같이 다수의 사람이 현장에 모여 실행행위를 분담하는 경우 성립한다.

다. 처벌

　본죄를 범하면 무기 또는 5년 이상의 징역에 처한다.

라. 자금세탁범죄 처벌 사례

　본죄와 관련하여 흉기를 이용하여 타인을 협박하여 재물을 강취함으로써 특수강도죄를 범한 사건에서 이러한 **특수강도행위를 통해 영득한 재물의 처분대가(범죄수익등)라는 사정을 알면서도 금전을 수수한 경우 이를 범죄수익은닉규제법상 자금세탁범죄로 처벌한 사례**가 있어 소개한다.[202]

　특수강도죄의 본범이 아닌 사람이 그와 같은 사정을 모두 알면서도 강취한 재물을 교부받아 수수하는 경우 자금세탁범죄로 처벌할 수 있다. 이 사안에서는 범죄수익인 정을 알면서도 이를 수수한 사범에 대해 추징을 선고하지 않았는데 이는 위 재물이 재산범죄인 특수강도죄로 영득한 재물 그 자체였기 때문으로 보인다. 다만 이러한 경우라 하더라도 자금세

---

200 대법원 1992. 7. 28. 선고 92도917 판결 참조.
201 대법원 1991. 11. 22. 선고 91도2296 판결 참조.
202 창원지방법원 통영지원 2013. 5. 30. 선고 2013고합32 판결 참조(항소심 창원지방법원 2013노216 판결로 확정).

탁범죄를 저지른 사람이 그 대가 또는 보수로 받은 재산이 있다면 이는 별도로 추징할 수 있을 것이다.

사례

범죄사실

1. 피고인 A

피고인은 B의 중학교 후배인 피해자 E(35세) 및 피해자 F(32세)가 G를 통하여 한국의 중고 휴대폰을 태국으로 가져와 판매하고자 한다는 사실을 알게 되자, 미리 섭외한 일명 'H' 등 태국 경찰관 3명으로 하여금 피해자들을 여권 미소지 및 밀반입 휴대폰 소지 혐의로 체포하게 하여 형사처벌을 빌미로 협박하게 한 후 피해자들로부터 석방의 대가로 피해자들이 소지한 중고 휴대폰 등을 강취하기로 G와 공모하였다.

G는 2012. 11. 19. 16:00경 피해자들이 태국으로 가지고 와 소지하고 있던 시가 3,200만 원 상당의 중고 아이폰 4S 휴대폰 58대에 대하여 태국인 업자에게 한꺼번에 판매할 수 있도록 중개해 주겠다며 피해자를 태국 방콕시 I에 있는 G의 거주지인 J 콘도 7층 호실 불상의 방으로 유인한 후, 미리 섭외한 중고 휴대폰 매입업자인 일명 'K'라는 태국인으로 하여금 피해자들에게 터무니없이 낮은 매입가격을 제시하도록 하여 협상이 결렬되도록 한 후 다음날 다른 업자에게 다시 중개를 해주겠다며 피해자들을 돌려보냈다.

한편, 피고인은 G와 피해자들이 위와 같이 G의 주거지에서 위 'K'와 협상을 하고 있던 사이 G의 지시를 받아 미리 섭외한 태국 현지 경찰에게 피해자들을 여권 미소지 및 밀반입 휴대폰 소지 혐의로 신고하였다.

피해자들은 같은 날 17:00경 위 J 콘도 앞길에서 위와 같이 협상이 결렬되어 G와 집으로 돌아가던 중, 피고인의 신고로 출동한 성명불상의 태국 경찰에 의해 체포되었고, 그 과정에서 위 경찰은 피해자들에게 여권 확인을 요구하며 허리에 차고 있던 권총에 손을 가져다 대고, 피해자들의 양손을 머리위로 들게 하는 등 피해자들의 반항을 억압한 후 피해자들을 L출장소로 연행하고, 그때부터 다음날인 같은 달 20. 02:00경까지 위 L출장소에서 체포되어 있는 피해자들에게 수갑과 권총을 내보이며 겁을 주어 피해자들로 하여금 항거를 불능하게 하였다.

G는 2012. 11. 19. 17:30경 위 L장소에서 피해자들로부터 도움을 요청받자 피해자들에게 "태국에 아는 검사가 있어 이야기를 해 놨으니 걱정마라"는 등으로 피해자들을 안심시키고, 피고인은 같은 날 20:30경 피해자들에게 신원보증 등을 통해 석방을 해주겠다고 이야기하면서, "기계(휴대폰)들은 다 포기해라, 그리고 보석금으로 40만 바트(한화 약 1,400만 원)를 내야 나갈 수 있다"고 말하고, G는 그 직후 피해자들에게 "내가 태국검사한테 부탁을 하는 바람에 태국 경찰들이 뿔이 났다, 그래서 40만 바트를 내야 풀려날 수 있다"고 하여 피해자들에게 겁을 주었다.

G는 2012. 11. 20. 02:00경 피해자들이 위와 같이 석방에 필요한 뇌물 40만 바트를 구하여 깎아달라고 사정하자, 피해자들에게 "30만 바트(한화 약 1,100만 원)를 주면 풀어주기로 협상을 보았다, 지금 풀려나가지 못하면 5~6년 정도 감옥에 간다, 프랑스 사람은 이렇게 잡혀 20년 형을 받았다"라고 겁을 주어, 이에 겁을 먹은 피해자들은 같은 날 02:17경 피해자 F의 친구 M을 통하여 피고인이 불러주는 속칭 환치기 계좌인 N 명의의 국민은행 계좌(O)로 현금 1,100만 원을 송금하고, 피고인은 그 직후 환치기 업자로부터 피고인 명의의 카시콘 은행 계좌(P)로 위 금원을 송금받아 이를 강취하였다.

그 직후 피고인은 위 L출장소 부근에 있는 카시콘 은행 현금지급기 앞에서 동행한 태국 경찰에게 위와 같이 입금되었음을 확인시켜 주면서 4만 바트(한화 약 140만 원)를 인출하여 위 경찰관에게 주고, 2012. 11. 20. 09:00경 피고인의 주거지 부근에 있는 카시콘 은행 뒤편 Q 마트 주차장에서 G를 만나 일명 'H'라는 태국 경찰에게 위 은행에서 인출한 20만 바트를 전달하고, 피고인은 나머지 6만 바트(한화 약 210만 원)를 수고비 명목으로 가졌다.

또한 G는 2012. 11. 20. 10:00경 위 L출장소 뒤편 주차장에서 '오'라는 태국 경찰로부터 출장소 안에 있던 피해자들의 중고 휴대폰 58대를 건네받은 다음, 방콕시 소재 엠비케이(MBK) 상가 4층 휴대전화 매장에서 위 휴대폰을 처분하여 그 대금 57만 바트(한화 약 2,000만 원)를 G의 동거녀인 일명 'S'의 계좌로 입금받은 후, 같은 날 오후경 G의 위 거주지 부근 센트럴 백화점 지하 1층에 있는 카시콘 은행에서 위 57만 바트를 인출하여 B에게 교부하고, 피고인은 그 자리에서 B로부터 10만 바트(한화 약 350만 원)를 교부받았다.

이로써 피고인은 G와 합동하여 피해자들로부터 시가 3,200만 원 상당의 중고 휴대폰 58대 및 현금 1,100만 원 합계 4,300만 원을 강취하였다.

2. 피고인 B

피고인은 2012. 11. 19. 22:30경 피해자 E와 휴대폰 판매업계에 같이 종사하던 U로부터 전화로 피해자들이 G와 휴대폰 거래를 하던 도중 G에 의하여 태국 경찰에 체포되었다는 사실을 들은 후, 피해자들이 체포되어 있는 위 L출장소로 가 피해자들로부터 체포된 경위 등을 들어 G 등이 제1항 기재와 같이 피해자들로부터 휴대폰 등을 강취하였다는 것을 알게 되었다.

그럼에도 피고인은 같은 달 20. 오후경 위 센트럴 백화점 지하 1층에 있는 카시콘 은행 앞길에서 G로부터 47만 바트(한화 약 1,650만 원)를 교부받았다.

이로써 피고인은 G 등이 피해자들로부터 강취한 휴대폰을 처분한 대금인 정황을 알면서 위와 같이 47만 바트(한화 약 1,650만 원)를 수수하였다.

법령의 적용

1. 범죄사실에 대한 해당법조 및 형의 선택

가. 피고인 A
형법 제334조 제2항, 제1항(유기징역형 선택)
나. 피고인 B
범죄수익은닉의 규제 및 처벌 등에 관한 법률 제4조(징역형 선택)

7. 준강도죄(형법 제335조)

관련조문

제335조(준강도) 절도가 재물의 탈환을 항거하거나 체포를 면탈하거나 죄적을 인멸할 목적으로 폭행 또는 협박을 가한 때에는 전2조의 예에 의한다.

가. 구성요건의 주체 및 행위의 상대방

본죄의 **구성요건 주체**는 절도죄를 범한 사람이다. 이 때 절도죄는 기수범이든 미수범이든 묻지 않는다. 따라서 누구든지 본죄의 주체가 될 수 있고 나아가 그 **행위의 상대방**은 아무런 제한이 없다. 따라서 피해자 아닌 제3자도 폭행·협박의 상대방이 될 수 있다.

나. 구성요건적 행위 및 객체

본죄의 **구성요건적 행위**는 절도가 재물의 탈환을 항거하거나 체포를 면탈하거나 죄적을 인멸할 목적으로 폭행 또는 협박을 가하는 것이다. 이 때 '폭행'과 '협박'의 개념은 강도죄의 그것과 동일하다.

한편 위 폭행과 협박은 '**절도의 기회**'에 이루어져야 하므로 이는 시간적 및 장소적 근접성과 관련이 있다. 이 때 ① '**시간적 근접성**'은 절도범행의 실행에 착수하여 사회통념상 범죄 행위가 완료되지 않았다고 인정되거나,[203] 절도죄가 이미 성립하였다 하더라도 그 직후의 단계까지를 모두 절도의 기회라고 해석[204]함이 상당하다.

나아가 ② '**장소적 근접성**'의 경우 절도현장 또는 그 부근에서 행해져야 하나 추적 중인 경우에는 상당한 원거리에 있어도 상관없다.

---

[203] 대법원 1984. 9. 11. 선고 84도1398, 84감도214 판결 참조.
[204] 대법원 1982. 7. 13. 선고 82도1352 판결 참조.

준강도죄의 기수 또는 미수의 판단은 **절취행위를 기준**으로 하여 절취행위가 기수에 이르면 준강도죄가, 절취행위가 미수라면 준강도미수죄가 성립한다.[205] 본죄의 **주관적 구성요건요소**와 관련하여 객관적 구성요건요소에 대한 인식 및 불법영득의 의사가 필요함은 당연하고, 재물탈환항거·체포면탈·죄적인멸의 목적이 필요한 목적범이다.

다. 처벌

본죄는 형법 제333조, 제334조 각 본조의 법정형에 따른다. 따라서 준강도 행위의 태양에 따라 그 처벌의 정도도 달라진다.

8. 인질강도죄(형법 제336조)

관련조문

제336조(인질강도) 사람을 체포·감금·약취 또는 유인하여 이를 인질로 삼아 재물 또는 재산상의 이익을 취득하거나 제3자로 하여금 이를 취득하게 한 자는 3년 이상의 유기징역에 처한다.

가. 구성요건의 주체 및 행위의 상대방

본죄의 **구성요건 주체**는 아무런 제한이 없다. 따라서 누구든지 본죄의 주체가 될 수 있다. 나아가 그 **행위의 상대방**도 아무런 제한이 없다. 따라서 체포·감금·약취·유인행위 대상이 되어 인질이 된 사람과 재물 또는 재산상 이익을 제공한 사람 모두 본죄의 행위 상대방이 된다.

나. 구성요건적 행위 및 객체

본죄의 **구성요건적 행위**는 사람을 체포·감금·약취 또는 유인하여 이를 인질로 삼아 재물 또는 재산상의 이익을 취득하거나 제3자로 하여금 이를 취득하게 하는 것이다. 앞에서 살펴본 바 있는 '**인질강요죄(형법 제324조의2)**'와는 재물 또는 재산상 이익이 매개되는지 여부에 따라 차이가 난다.

---

205 대법원 2004. 11. 18. 선고 2004도5074 전원합의체 판결 참조.

이 때 행위의 **객체**는 '**사람**'으로 인질과 재산상의 피해자가 동일인이 아니어도 무방하다. 본죄의 **주관적 구성요건요소**는 객관적 구성요건요소에 대한 인식을 요하는 **고의범**이고, 불법영득의 의사를 요한다.

다. 처벌

본죄를 범하면 3년 이상의 유기징역에 처한다.

9. 강도상해·치상죄 및 강도살인·치사죄(형법 제337조, 제338조)

관련조문

제337조(강도상해, 치상) 강도가 사람을 상해하거나 상해에 이르게 한때에는 무기 또는 7년 이상의 징역에 처한다.

제338조(강도살인·치사) 강도가 사람을 살해한 때에는 사형 또는 무기징역에 처한다. 사망에 이르게 한 때에는 무기 또는 10년 이상의 징역에 처한다.

가. 구성요건의 주체 및 행위의 상대방

본죄의 **구성요건 주체**는 강도이다. 나아가 그 **행위의 상대방**은 아무런 제한이 없으므로 누구든지 본죄의 상대방이 될 수 있다.

나. 구성요건적 행위 및 객체

본죄의 **구성요건적 행위**는 ① 강도가 사람을 상해하거나 상해에 이르게 하는 것(제337조)과 ② 강도가 사람을 살해하거나 사망에 이르게 하는 것(제338조)이다. 강도상해와 강도살인은 **결합범**으로서 강도 및 상해 또는 살인에 대한 고의가 요구되나, 강도치상과 강도치사는 **결과적 가중범**으로서 중한 결과에 대한 예견가능성 및 인과관계가 모두 인정되어야 한다.

나아가 위 각 죄는 '**강도의 기회**'에 이루어져야 하므로 시간적·장소적 근접성이 모두 인정되어야 한다. **대법원**도 같은 입장이다.[206]

---

[206] 대법원 2014. 9. 26. 선고 2014도9567 판결 참조.

> 판례
>
> 형법 제337조의 강도상해죄는 강도범인이 강도의 기회에 상해행위를 함으로써 성립하므로 **강도범행의 실행 중이거나 실행 직후 또는 실행의 범의를 포기한 직후로서 사회통념상 범죄행위가 완료되지 아니하였다고 볼 수 있는 단계에서 상해가 행하여짐을 요건**으로 한다. 그러나 반드시 강도범행의 수단으로 한 폭행에 의하여 상해를 입힐 것을 요하는 것은 아니고 상해행위가 강도가 기수에 이르기 전에 행하여져야만 하는 것은 아니므로, **강도범행 이후에도 피해자를 계속 끌고 다니거나 차량에 태우고 함께 이동하는 등으로 강도범행으로 인한 피해자의 심리적 저항불능 상태가 해소되지 않은 상태에서 강도범인의 상해행위**가 있었다면 강취행위와 상해행위 사이에 다소의 **시간적·공간적 간격이 있었다는 것만으로는 강도상해죄의 성립에 영향이 없다**(대법원 2014. 9. 26. 선고 2014도9567 판결 참조).

위 각 죄의 기수와 미수는 중한 결과인 상해(치상), 살해(치사)의 결과가 발생하였는지 여부에 따른다. 이 때 강도의 기수와 미수 여부는 묻지 않는다.

다. 처벌

제337조에 따라 강도가 사람을 상해하거나 상해에 이르게 한때에는 무기 또는 7년 이상의 징역에 처하고, 제338조에 따라 강도가 사람을 살해한 때에는 사형 또는 무기징역에 처한다. 사망에 이르게 한 때에는 무기 또는 10년 이상의 징역에 처한다.

10. 강도강간죄(형법 제339조)

관련조문

제339조(강도강간) 강도가 사람을 강간한 때에는 무기 또는 10년 이상의 징역에 처한다.

가. 구성요건의 주체 및 행위의 상대방

본죄의 **구성요건 주체**는 강도이다. 이 때 강도는 단순강도, 특수강도, 준강도 등을 묻지 않고, 강도의 기수 또는 미수 또한 아무 상관이 없다. 한편 강간범이 강간행위 후 강도의 범의를 일으켜 재물을 강취한 경우에는 강간죄와 강도죄의 경합범이 될 뿐 본죄가 성립할 수 없다.[207]

---

[207] 대법원 2002. 2. 8. 선고 2001도6425 판결 참조.

그 **행위의 상대방**은 아무런 제한이 없으므로 누구든지 본죄의 상대방이 될 수 있다.

나. 구성요건적 행위 및 객체

본죄의 **구성요건적 행위**는 강도가 사람을 강간하는 것으로 결합범이다. 이때의 강간행위는 강도의 기회에 이루어지면 충분하다. 나아가 본죄의 기수 또는 미수는 강간행위의 기수·미수에 따라 결정된다.

나아가 **주관적 구성요건요소**로서 강도 및 강간에 대한 고의 및 재물, 재산상 이익에 대한 불법영득의 의사를 요한다.

다. 죄수 및 처벌

본죄의 죄수와 관련하여 **대법원**은 강도가 피해자에게 상해를 입혔으나 재물의 강취에는 이르지 못하고 그 자리에서 항거불능 상태에 있는 피해자를 간음한 경우 강도상해죄와 강도강간죄가 성립하고 양 죄는 상상적 경합범 관계에 있다고 보았다.[208]

나아가 강도가 재물강취의 뜻을 재물의 부재로 이루지 못한 채 미수에 그쳤으나 그 자리에서 항거불능의 상태에 빠진 피해자를 간음할 것을 마음먹고 실행에 착수하였으나 이 또한 역시 미수에 그쳤고, 그 과정에서 반항을 억압하기 위한 폭행으로 피해자에게 상해를 가한 경우 강도강간미수죄와 강도치상죄가 성립하고 양 죄는 상상적 경합범 관계에 있다고 판시하였다.[209]

본죄를 범하면 무기 또는 10년 이상의 징역에 처한다.

11. 해상강도죄, 해상강도상해 · 치상 · 살인 · 치사 · 강간죄(형법 제340조)

관련조문

제340조(해상강도) ① 다중의 위력으로 해상에서 선박을 강취하거나 선박 내에 침입하여 타인의 재물을 강취한 자는 무기 또는 7년 이상의 징역에 처한다.

② 제1항의 죄를 범한 자가 사람을 상해하거나 상해에 이르게 한때에는 무기 또는 10년 이상의 징역에 처한다. <개정 1995. 12. 29.>

③ 제1항의 죄를 범한 자가 사람을 살해 또는 사망에 이르게 하거나 강간한 때에는 사형 또는 무기징역에 처한다. <개정 1995. 12. 29., 2012. 12. 18.>

---

[208] 대법원 2010. 4. 29. 선고 2010도1099 판결 참조.
[209] 대법원 1988. 6. 28. 선고 88도820 판결 참조.

가. 구성요건의 주체 및 행위의 상대방

해상강도죄의 경우 **구성요건 주체**는 아무런 제한이 없으므로 누구든지 본죄의 주체가 될 수 있다(동조 제1항). 한편 **해상강도 상해·치상·살인·치사·강간죄**의 경우(동조 제2항, 제3항) 그 구성요건의 주체는 '해상강도'이다.

나아가 위 각 죄의 **행위의 상대방**은 아무런 제한이 없으므로 누구든지 본죄의 상대방이 될 수 있다.

나. 구성요건적 행위 및 객체

해상강도죄의 **구성요건적 행위**는 다중의 위력으로 해상에서 선박을 강취하거나 선박 내에 침입하여 타인의 재물을 강취하는 것이다. 이 때 '다중'이라 함은 다수인이 모인 집단을 의미하고 '위력'이란 사람의 의사를 제압할 수 있는 세력으로서 유형 또는 무형력을 묻지 않는다.

한편 **해상강도 상해·치상·살인·치사·강간죄**의 경우 기본적 구성요건이 **'해상강도'**라는 것 외에는 강도상해·치상·살인·치사·강간죄의 그것과 법리가 동일하다.

나아가 **주관적 구성요건요소**로서 위 해상강도죄의 객관적 구성요건에 대한 인식을 요하고 재물, 재산상 이익에 대한 불법영득의 의사를 요한다.

다. 죄수 및 처벌

다중의 위력으로 해상에서 선박을 강취하거나 선박 내에 침입하여 타인의 재물을 강취한 자는 무기 또는 7년 이상의 징역에 처하고(제340조 제1항), 제340조 제1항의 죄를 범한 자가 사람을 상해하거나 상해에 이르게 한때에는 무기 또는 10년 이상의 징역에(제340조 제2항), 제340조 제1항의 죄를 범한 자가 사람을 살해 또는 사망에 이르게 하거나 강간한 때에는 사형 또는 무기징역에 각 처한다(제340조 제3항).

12. 미수범, 예비·음모(형법 제342조, 제343조)

관련조문

제342조(미수범) 제329조 내지 제341조의 미수범은 처벌한다.

☞ 범죄수익은닉규제법은 위 미수범 중 제331조의2(자동차등불법사용), 제332조(상습범), 제341조(상습범)는 중대범죄에서 제외하고 있다.

제343조(예비, 음모) 강도할 목적으로 예비 또는 음모한 자는 7년 이하의 징역에 처한다.

4 공갈의 죄(형법 제350조, 제350조의2)

1. 총설

범죄수익은닉규제법 별표 제1호 하목에서는 **형법 제2편 제39장 사기와 공갈의 죄 중제350조(공갈), 제350조의2(특수공갈) 및 이에 대한 각 미수범**을 중대범죄로 규정하고 있다. 이 중 특수공갈죄의 경우 2019. 4. 23. 범죄수익은닉규제법이 개정되면서 중대범죄로 추가되었다.

관련조문

범죄수익은닉규제법 별표

중대범죄(제2조 제1호 관련)

1. 「형법」 중 다음 각 목의 죄
   하. 제2편 제39장 사기와 공갈의 죄 중 <u>**제350조, 제350조의2**</u> 및 <u>**제352조(제350조 및 제350조의2의 미수범만 해당한다**</u>)의 죄

관련조문

제350조(공갈) ① 사람을 공갈하여 재물의 교부를 받거나 재산상의 이익을 취득한 자는 10년 이하의 징역 또는 2천만 원 이하의 벌금에 처한다. <개정 1995. 12. 29.>
   ② 전항의 방법으로 제삼자로 하여금 재물의 교부를 받게 하거나 재산상의 이익을 취득하게 한 때에도 전항의 형과 같다.

제350조의2(특수공갈) 단체 또는 다중의 위력을 보이거나 위험한 물건을 휴대하여 제350조의 죄를 범한 자는 1년 이상 15년 이하의 징역에 처한다.

제352조(미수범) 제347조 내지 제348조의2, 제350조, 제350조의2와 제351조의 미수범은 처벌한다.

위와 같은 공갈죄로 취득한 재물 또는 재산상 이익은 모두 **범죄피해재산에 해당하므로 환수가 불가능**하다. 다만 이를 은닉하거나 취득 및 처분을 가장하는 경우 **자금세탁범죄가 성립할 수 있을 뿐**이다.

즉 공갈의 방법으로 취득한 **재물 또는 재산상 이익**은 그 자체가 **범죄수익에 해당**하므로 이를 수사기관의 추적을 피하기 위해 숨겨 은닉하거나 마치 중대범죄로 취득하지 않

은 것과 같이 그 취득을 가장하는 경우 및 그 **발생원인을 가장하기 위해 허위의 문서 등을 작출하는 경우** 등에는 모두 **자금세탁범죄가 성립**할 수 있다는 점을 유의할 필요가 있다.

이하에서는 위 공갈죄의 각 구성요건을 간단히 살펴보고 실무상 환수가 문제되었던 사례를 살펴보기로 한다.

2. 공갈죄(형법 제350조)

관련조문

제350조(공갈) ① 사람을 공갈하여 재물의 교부를 받거나 재산상의 이익을 취득한 자는 10년 이하의 징역 또는 2천만 원 이하의 벌금에 처한다. <개정 1995. 12. 29.>
② 전항의 방법으로 제삼자로 하여금 재물의 교부를 받게 하거나 재산상의 이익을 취득하게 한 때에도 전항의 형과 같다.

가. 구성요건의 주체 및 행위의 상대방

본죄의 **구성요건의 주체**는 아무런 제한이 없다. 따라서 누구든지 본죄의 주체가 될 수 있고, **행위의 상대방** 또한 제한이 없다. 이 경우 그 상대방은 공갈죄의 폭행·협박의 상대방 및 재물 또는 재산상의 이익을 교부하는 제3자도 포함된다. 다만 이 때 폭행·협박의 상대방과 재물 또는 재산상의 이익을 교부하는 사람이 서로 다른 경우(이른바 '**삼각공갈**')에는 폭행·협박의 상대방이 피해자의 재물 기타 재산상의 이익을 처분할 수 있는 사실상 또는 법률상의 권한을 갖거나 그러한 지위에 있을 것을 요한다.[210]

나. 구성요건적 행위 및 객체

본죄의 **구성요건적 행위**는 사람을 공갈하여 재물의 교부를 받거나 재산상의 이익을 취득하거나 제삼자로 하여금 재물의 교부를 받게 하거나 재산상의 이익을 취득하게 하는 것이다. **본죄의 객체**는 재물 또는 재산상의 이익으로서 이에 대한 취득 주체는 공갈행위자 자신 또는 제3자 모두 포함된다.

---

[210] 대법원 2005. 9. 29. 선고 2005도4738 판결 참조.

1) 공갈행위와 폭행·협박

여기에서 '**공갈**'이라 함은 재물 또는 재산상의 이익을 취득하기 위해 폭행 또는 협박으로 외포심을 일으키게 하는 행위를 말한다. 폭행·협박은 강도죄의 그것과는 달리 사람의 의사결정과 행동의 자유를 제한하는 정도로 충분하고 상대방의 반항을 억압할 정도일 필요는 없다.

이 때 '**협박**'은 해악을 고지하여 상대방에게 외포심을 일으키는 것으로서 해악의 내용과 그 고지의 방법에는 제한이 없으나 행위자에 의하여 직접, 간접적으로 좌우될 수 없는 해악의 고지는 공갈죄의 '협박'이라고 볼 수 없다.[211] 따라서 천재지변 또는 길흉화복을 해악으로 고지하는 경우에는 상대방으로 하여금 행위자 자신이 그 천재지변 또는 신력이나 길흉화복을 사실상 지배하거나 그에 영향을 미칠 수 있는 것으로 믿게 하는 명시적 또는 묵시적 행위가 필요하다.

2) 처분행위와 인과관계

나아가 위와 같은 폭행·협박을 통하여 피해자가 외포심이 야기된 상태로 재물 또는 재산상 이익을 교부하여야 하므로 **피해자의 처분의사에 기한 처분행위**가 필요하다. 이러한 처분행위와 재물 또는 재산상 이익 취득 상호간의 **인과관계**가 인정되어야 함은 당연하다. 피해자의 자발적인 처분의사가 없는 경우에는 절도 또는 강도죄 등이 성립할 수 있을 뿐이다.

3) 권리행사와 공갈죄

권리자가 권리실현의 수단으로서 공갈에 의하여 재물을 교부받은 경우라 하더라도 사회통념상 허용되는 범위를 넘어서 상대방을 외포하게 함으로써 재물을 교부받은 경우에는 공갈죄가 성립한다.[212] 여기서 어떠한 행위가 구체적으로 사회통념상 허용되는 정도나 범위를 넘는지는 그 행위의 주관적인 측면과 객관적인 측면, 즉 추구한 목적과 선택한 수단을 전체적으로 종합하여 판단한다.[213] 한편 본죄가 성립하기 위해선 주관적 구성요건요소로서 고의와 불법영득의 의사가 요구된다.

다. 죄수 및 처벌

본죄를 범하면 10년 이하의 징역 또는 2천만 원 이하의 벌금에 처한다. 공무원이 직무집행의 의사 없이 또는 직무처리와 대가적 관계없이 다른 사람을 공갈하여 재물을 교부하게

---

211 대법원 2002. 2. 8. 선고 2000도3245 판결 참조.
212 대법원 1995. 3. 10. 선고 94도2422 판결 참조.
213 대법원 2019. 2. 14. 선고 2018도19493 판결 참조.

한 경우에는 공갈죄만 성립하고, 이러한 경우 재물의 교부자는 공갈죄의 피해자가 될 뿐이고 뇌물공여죄가 성립할 수 없다.[214]

라. 자금세탁범죄 처벌 사례

본죄와 관련하여 **타인을 공갈하여 재산상 이익을 취득한 것임에도 불구하고 그 발생원인을 가장하기 위하여 허위의 공사대금 정산서를 작성하고 이를 차명계좌로 지급받은 경우 이를 중대범죄로 취득한 범죄수익의 발생원인 가장행위로 의율·처벌한 사례**가 있다.[215]

사례

범죄사실

1. 공갈

피고인은 건축업에 종사하는 사람으로, 피해자 D(여, 42세) 운영의 주식회사 E(이하, 'E')로부터 2014. 5. 26.경 인천 남동구 논현동 ***-5 소재 'G호텔' 공사현장의 가설 및 철근 콘크리트 공사 부분을 14억 2,120만 원, 완공 2015. 2. 15. 등으로 정하여 하도급 받은 H 주식회사(이하, 'H')의 현장소장으로 2014. 5. 23.부터 같은 해 12. 29.까지 근무한 사람이다.

피고인은 위 하도급 부분 공사를 마무리한 후 2015. 4. 15.경 피해자와 최초 체결된 공사계약에 더하여 화장실 벽면 콘크리트 타설을 비롯한 지하 층 등 일부 추가된 공사로 인하여 증액된 공사 대금 1억 2,958만 원을 E로부터 지급받기로 하여 공사대금 명목으로 총 15억 78만 원을 지급받는 취지의 정산합의서를 작성하고, 다만 E는 피고인이 공사를 개시하던 시점에 피고인에게 일부 공사비를 지급하였음에도 인건비 등을 지급받지 못하였다는 주장이 제기되어 이미 공사비 전액을 직불처리하여 왔던 바 위와 같이 정산합의서를 작성한 후에도 추가 비용을 포함하여 공사 인부 임금, 자재비 등 그 시점까지의 모든 공사비를 피의자의 동의하에 E에서 직불하여 그 지급을 완료하였다.

그런데 피고인은 E의 호텔 공사 이전에 다른 공사현장에서 현장 근로자들의 노임 등을 체불하여 2015. 6.경 그 근로자들로부터 노동청 및 수사기관에 진정이 제기되는 등 상당한 금액의 임금 등을 지불하여야 하거나 수사 또는 재판을 받을 것으로 예상되자, 피해자가 2015. 8. 11.경 위 호텔공사 준공승인을 받고자 관련 서류를 인천광역시 남동구청 건축과에 제출하였음을 알고 그 준공승인이 민원 등으로 늦어지게 되면 시공사인 E가 경제적으로 큰 손해를 입게 될 것임을 이용하여, 위 호텔 신축공사 감독관청인 인천 남동구청 건축과에 허위 민원을 반복

---

214 대법원 1994. 12. 22. 선고 94도2528 판결 참조.

215 인천지방법원 2018. 1. 11. 선고 2016고단7343, 2017고단1156(병합) 판결 참조(대법원 2018도8297 판결로 확정. 해당 사건은 공갈, 범죄수익은닉규제법위반죄 외에도 다수의 죄명이 더 문제되었으나 이는 모두 생략한다).

하여 제기하고 그 민원을 취하하는 대가로 피해자로부터 금원을 갈취하기로 마음먹었다.

피고인은 위 호텔공사 준공을 앞둔 2015. 8. 23.경 및 같은 달 28.경 인천 I 피고인의 주거지에서 인천광역시 남동구청 건축과에 전화로 '철근 이음부가 부실하게 시공되었다. 계단 구조 옹벽을 임의로 철거하였다.'는 등 민원을 제기하였고, 이에 위 감독관청에서 공사현장 감리에게 사실을 확인하고 검토 결과 현장에 민원 내용과 같은 하자가 없음이 확인되었으나 민원이 계속 중이라는 이유로 준공검사가 계속하여 늦어져 마음이 조급해진 피해자가 E 공무팀장인 J 등과 함께 2015. 8. 31.경 파주시 소재 당시 피고인이 일하던 제3의 공사현장으로 찾아오자 그곳에서 피해자, 위 J에게 "2억 원을 달라. 2억 원을 주지 않으면 계속하여 민원을 제기하겠다."고 말하여 겁을 주었다.

피고인은 이와 같이 피해자를 공갈하여 이에 겁을 먹은 피해자로부터 2015. 9. 1.경 피고인이 지정한 H 우체국 계좌(번호: K)로 E의 자금 1억 4,300만 원을 송금받아 이를 갈취하였다.

2. 범죄수익의규제및처벌등에관한법률위반

피고인은 제1항에 기재된 것과 같이 D를 공갈하여 이에 겁을 먹은 D로부터 2015. 9. 1.경 결국 1억 3,000만 원 상당을 지급받기로 하였고, 다만 D 등은 피고인에게 '지급할 자금이 E의 자금이므로 회계처리 등을 위하여 근거 없이 피고인 개인에게는 이를 지급할 수 없다.'고 말하였다.

그리하여 **피고인은 위와 같이 2015. 4. 공사비 정산이 모두 완료되었고 따라서 더 이상 지급받을 공사대금이 없음에도 불구하고, D 등으로 하여금 '부가가치세 등 포함하여 총 1억 4,300만 원의 추가 정산금이 (H에)지급되어야 한다.'는 취지로 추가 공사대금 정산서를 작성하게 하고 부가가치세 등을 포함한 1억 4,300만 원을 피고인이 2015. 9. 1. 개설하여 이를 입금받을 계좌로 지정한 H 우체국 계좌(번호: K)로 송금하게 하여 피고인이 이를 개인적으로 갈취한 것임에도 마치 E로부터 추가 공사대금 정산금으로 1억 4,300만 원을 정상적으로 송금받은 것처럼 가장하였다.**

이로써 피고인은 범죄수익의 발생원인에 관한 사실을 가장하였다.

(중략)

법령의 적용

1. 범죄사실에 대한 해당법조

형법 제350조 제1항(공갈의 점), 범죄수익은닉의 규제 및 처벌 등에 관한 법률 제3조 제1항 제2호(범죄수익발생 원인사실 가장의 점), 형법 제352조, 제350조 제1항(공갈미수의 점), 형법 제313조, 제30조(신용훼손의 점), 형법 제314조 제1항, 제30조(업무방해의 점), 형법 제347조 제1항(사기의 점)

3. 특수공갈죄(형법 제350조의2)

관련조문 ───

제350조의2(특수공갈) 단체 또는 다중의 위력을 보이거나 위험한 물건을 휴대하여 제350조의
죄를 범한 자는 1년 이상 15년 이하의 징역에 처한다.

가. 구성요건의 주체 및 행위의 상대방

본죄의 **구성요건의 주체**는 아무런 제한이 없다. 따라서 누구든지 본죄의 주체가 될 수
있고, **행위의 상대방** 또한 제한이 없다.

나. 구성요건적 행위 및 객체

본죄의 **구성요건적 행위**는 단체 또는 다중의 위력을 보이거나 위험한 물건을 휴대하여
공갈죄를 범하는 것이다. 이 때 '**단체**'는 다수인의 집합을 의미한다. **본죄의 객체**는 재물 또
는 재산상의 이익으로서 이에 대한 취득 주체는 공갈행위자 자신 또는 제3자 모두 포함된
다. 위와 같이 단체 또는 다중의 위력을 이용한 경우에는 공갈죄의 불법성이 가중되어 더
무겁게 처벌한다.

다. 처벌

본죄를 범하면 1년 이상 15년 이하의 징역에 처한다.

4. 미수범(형법 제352조)

공갈죄(제350조), 특수공갈죄(제350조의2)의 미수범은 모두 중대범죄에 해당한다.

5 사기의 죄(형법 제347조, 제347조의2, 제348조, 제351조)

1. 총설

범죄수익은닉규제법 별표 제1호 거목에서는 **형법 제2편 제39장 사기와 공갈의 죄 중**
제347조(사기), **제347조의2**(컴퓨터등 사용사기), **제348조**(준사기) 및 **제351조**(상습범)의 죄를
중대범죄로 규정하고 있다. 그 중 사기, 상습사기의 죄는 2005. 7. 29. 범죄수익은닉규제
법 개정으로(2006. 7. 30. 시행), **컴퓨터등사용사기**의 죄는 2012. 1. 17. **동법 개정으로**

(2012. 4. 18. 시행), 준사기죄는 2019. 4. 23. 동법이 개정에 따라 중대범죄로 각각 추가되었다.

관련조문

범죄수익은닉규제법 별표

중대범죄(제2조 제1호 관련)

1. 「형법」 중 다음 각 목의 죄

    거. 제2편 제39장 사기와 공갈의 죄 및 같은 편 제40장 횡령과 배임의 죄 중 **제347조, 제347조의2, 제348조, 제351조(제347조, 제347조의2 및 제348조의 상습범만 해당한다), 제355조 또는 제356조의 죄(각 범죄행위로 인하여 취득하거나 제3자로 하여금 취득하게 한 재물 또는 재산상 이익의 가액이 3억 원 이상 5억 원 미만인 경우만 해당한다)**

관련조문

제347조(사기) ① 사람을 기망하여 재물의 교부를 받거나 재산상의 이익을 취득한 자는 10년 이하의 징역 또는 2천만 원 이하의 벌금에 처한다. <개정 1995. 12. 29.>

② 전항의 방법으로 제삼자로 하여금 재물의 교부를 받게 하거나 재산상의 이익을 취득하게 한 때에도 전항의 형과 같다.

제347조의2(컴퓨터등 사용사기) 컴퓨터등 정보처리장치에 허위의 정보 또는 부정한 명령을 입력하거나 권한 없이 정보를 입력·변경하여 정보처리를 하게 함으로써 재산상의 이익을 취득하거나 제3자로 하여금 취득하게 한 자는 10년 이하의 징역 또는 2천만 원 이하의 벌금에 처한다.

제348조(준사기) ① 미성년자의 지려천박 또는 사람의 심신장애를 이용하여 재물의 교부를 받거나 재산상의 이익을 취득한 자는 10년 이하의 징역 또는 2천만 원 이하의 벌금에 처한다.

② 전항의 방법으로 제삼자로 하여금 재물의 교부를 받게 하거나 재산상의 이익을 취득하게 한 때에도 전항의 형과 같다.

제351조(상습범) 상습으로 제347조 내지 전조의 죄를 범한 자는 그 죄에 정한 형의 2분의 1까지 가중한다.

한편 위 사기의 죄 중 앞에서 살펴본 바와 같이(제4관 재산에 관한 죄 총설 참조) 특정사기범죄에 해당하는 경우에는 부패재산몰수법에 따라 예외적으로 환수의 대상이 되고, 그렇지 않은 일반 사기죄의 경우에는 해당 **범죄수익을 은닉하거나 취득 및 처분을 가장**하는 경

우 **자금세탁범죄로 처벌**할 수 있을 뿐이다.

즉 사기의 방법으로 취득한 **재물 또는 재산상 이익은 그 자체가 범죄수익에 해당**하므로 이를 수사기관의 추적을 피하기 위해 숨겨 은닉하거나 **마치 중대범죄로 취득하지 않은 것과 같이 그 취득을 가장하는 경우 및 그 발생원인을 가장하기 위해 허위의 문서 등을 작출하는 경우 등은 모두 자금세탁범죄가 성립**할 수 있다는 점을 유의할 필요가 있다.

한편 범죄수익은닉규제법 별표 제1호 거목은 그 말미에 「**각 범죄행위로 인하여 취득하거나 제3자로 하여금 취득하게 한 재물 또는 재산상 이익의 가액이 3억 원 이상 5억 원 미만인 경우만 해당한다.**」고 규정하고 있는데 해당 괄호가 형법 제355조 또는 제356조의 죄(횡령·배임 및 업무상 횡령·업무상배임)에만 미치는 것인지, 아니면 형법 제347조 제1항 등 사기죄에도 미치는 것인지가 문제된다. 이는 **사기죄의 중대범죄 해당성의 기준을 3억 원 이상으로 제한할 것인지에 대한 문제로 매우 중요한 논점**이 된다. 왜냐하면 사기죄의 중대범죄 해당성이 인정되는 경우에 한하여 범죄수익은닉규제법이 적용되어 자금세탁범죄 성립 여부가 판가름되기 때문이다. 이에 대한 명확한 대법원 판결은 없고, 하급심 판결은 3억 원 미만인 사기죄에 대해서도 범죄수익은닉규제법위반죄를 인정한 사례, 1억 원 미만인 경우에도 자금세탁을 인정한 사례, 3억 원 이상인 경우에 한하여 중대범죄 해당성을 인정한 사례 등이 병존하고 있어 **일관되지 않은 입장이다.**

이에 대하여는 범죄수익은닉규제법 별표가 형법 제2편 제39장의 사기와 공갈의 죄를 둘로 나누어 공갈의 죄는 '하목'에, 사기의 죄는 '거목'에 규정하고 있는 점에 주목하여, 3억 원 이상 5억 원 미만을 규정하고 있는 괄호가 위 '거목' 전체에 미친다고 해석할 여지가 있고, 이에 따라 사기죄의 경우에는 3억 원 이상인 경우에만 중대범죄에 해당한다고 보는 해석례도 다수 있다.

그러나 ① **사기죄는 횡령죄 및 배임죄와는 다르게 피해자가 서로 다른 경우에는 별 죄가 성립하고 이는 경합범관계에 있는** 점(횡령·배임죄는 행위의 연속성, 접속성에 따라 범행을 포괄하여 일죄가 성립하는 사례가 많다), ② 각각의 사기죄의 피해금액은 3억 원 미만이지만 이를 모두 합산하는 경우에는 3억 원이 넘는 경우에도 각 사기죄가 경합범 관계라는 이유만으로 위 사기죄는 중대범죄에 해당하지 않는다고 보는 것은 현저히 불합리한 점(예를 들어 보이스피싱 사기범이 피해자 A로부터 2억 5,000만 원 상당의 피해금액을 편취하여 이를 대포계좌에 입금함으로써 자금세탁행위를 하였는데, 다른 피해자 B로부터 1억 원을 또다시 편취하였으나 별도의 자금세탁행위를 하지는 못한 경우, 총 합산 피해금액은 3억 5,000만 원에 이르지만 자금세탁의 대상이 된 피해금액은 3억 원 미만이 되어 위 피고인의 행위가 중대범죄에 해당하지 않는다고 하는 결과가 발생한다)을 모두 종합하여 보면 **위 3억 원 제한 규정의 효력은 횡령·배임죄에 한하여 미친다고 봄이 상당**하다. **입법론**으로는 위 별표의 규정 내용이 다소 모호하므로 향후 **이를 아래**

와 같이 명확하게 개정할 필요가 있다(私見).

관련조문

범죄수익은닉규제법 별표**(개정안)**

<u>중대범죄(제2조 제1호 관련)</u>

1. 「형법」 중 다음 각 목의 죄

　거. 제2편 제39장 사기와 공갈의 죄 및 같은 편 제40장 횡령과 배임의 죄 중 제347조, 제347조의2, 제348조, 제351조(제347조, 제347조의2 및 제348조의 상습범만 해당한다), 제355조 또는 제356조의 죄(각 **횡령·배임의 범죄행위로 인하여 취득하거나 제3자로 하여금 취득하게 한 재물 또는 재산상 이익의 가액이 3억 원 이상 5억 원 미만인 경우만 해당한다)**

2. 사기죄(형법 제347조)

관련조문

제347조(사기) ① 사람을 기망하여 재물의 교부를 받거나 재산상의 이익을 취득한 자는 10년 이하의 징역 또는 2천만 원 이하의 벌금에 처한다. <개정 1995. 12. 29.>
② 전항의 방법으로 제삼자로 하여금 재물의 교부를 받게 하거나 재산상의 이익을 취득하게 한 때에도 전항의 형과 같다.

가. 구성요건의 주체 및 행위의 상대방

본죄의 **구성요건의 주체**는 아무런 제한이 없다. 따라서 누구든지 본죄의 주체가 될 수 있고, **행위의 상대방** 또한 제한이 없으나 유아·심신상실자 등 자신의 의사를 스스로 결정할 수 없는 사람은 제외된다. 이러한 경우에는 형법 제348조의 준사기죄가 성립할 수 있을 뿐이다.

한편 피기망자와 피해자가 서로 다른 이른바 '**삼각사기(소송사기)**'의 경우에는 피기망자가 피해자의 재물 또는 재산상 이익에 대한 **법적 또는 사실상 처분권을 보유**하고 있을 것을 요건으로 한다.[216]

---

[216] 대법원 2007. 11. 16. 선고 2007도3475 판결 참조.

이와 관련하여 '**소송사기**'의 경우 그 주체는 원고뿐만 아니라 피고도 그 주체가 될 수 있다. 처분권한을 보유하고 있는 피기망자인 법원을 속이는 행위는 양 당사자 모두 할 수 있기 때문이다. 이 때 법원을 기망하는 행위는 '**적극적인 사술**'을 동원할 것을 요한다.[217]

그리고 판결은 그 자체로 처분성을 가지므로 공모관계에 있는 자를 상대로 한 소송,[218] 사자 또는 성명불상자에 대한 소송[219] 및 재판의 효력이 진정한 소유자에게 미치지 않는 경우에는 본죄를 구성하지 않는다.[220]

> **판례**
>
> 이른바 소송사기에 있어서도 **피기망자인 법원의 재판은 피해자의 처분행위에 갈음하는 내용과 효력이 있는 것이어야 하고 그렇지 아니한 경우에는 착오에 의한 재물의 교부행위가 있다고 할 수 없다**(대법원 1985. 10. 8. 선고 84도2642 판결 등 참조).
> 따라서 자기의 비용과 노력으로 건물을 신축하여 그 소유권을 원시취득한 미등기건물의 소유자가 있고 그에 대한 채권담보 등을 위하여 건축허가명의만을 가진 자가 따로 있는 상황에서, 건축허가명의자에 대한 채권자가 위 명의자와 공모하여 명의자를 상대로 위 건물에 관한 강제경매를 신청하여 법원의 경매개시결정이 내려지고, 그에 따라 위 명의자 앞으로 촉탁에 의한 소유권보존등기가 되고 나아가 그 경매절차에서 건물이 매각되었다고 하더라도, 위와 같은 **경매신청행위 등이 진정한 소유자에 대한 관계에서 사기죄가 된다고 볼 수는 없다. 왜냐하면 위 경매절차에서 한 법원의 재판이나 법원의 촉탁에 의한 소유권보존등기의 효력은 그 재판의 당사자도 아닌 위 진정한 소유자에게는 미치지 아니하는 것이어서, 피기망자인 법원의 재판이 피해자의 처분행위에 갈음하는 내용과 효력이 있는 것이라고 보기는 어렵기 때문이다**(대법원 2013. 11. 28. 선고 2013도459 판결 참조).

나. 구성요건적 행위 및 객체

본죄의 **구성요건적 행위**는 사람을 기망하여 재물의 교부를 받거나 재산상의 이익을 취득하거나(제1항), 제347조 제1항의 방법으로 제삼자로 하여금 재물의 교부를 받게 하거나 재산상의 이익을 취득하게 하는 것이다(제2항). 기망행위를 통한 편취행위로 재물 또는 재산상의 이익을 교부받는 사람은 기망행위자 본인뿐만 아니라 제3자도 포함된다.

본죄의 **객체**는 **재물 또는 재산상의 이익**이다. 이 때 재물은 타인소유, 타인점유의 재물

---

217 대법원 1982. 7. 27. 선고 82도1160 판결 참조.
218 대법원 1997. 12. 23. 선고 97도2430 판결 참조.
219 대법원 2002. 1. 11. 선고 2000도1881 판결 참조.
220 대법원 2013. 11. 28. 선고 2013도459 판결 참조.

일 것을 요하고, 동산 및 부동산을 묻지 않는다. 재산상 이익의 경우에는 그 이익의 취득이 사법상 유효할 것을 요하지 않고 외관상 재산상 이익을 취득했다고 볼 수 있는 사실관계만 있으면 충분하다.[221] 그리고 그 객체가 불법원인급여라 하더라도 무방하다.[222] 자금세탁 범죄가 성립하기 위하여는 위와 같이 취득한 재물 또는 재산상 이익의 출처와 귀속관계를 불분명하게 하기 위한 은닉·가장·수수행위가 있어야 한다.

1) 기망행위

기망행위라 함은 허위의 의사표시에 기하여 상대방인 타인을 착오에 빠뜨리는 모든 행위를 말한다. 이때의 기망행위는 명시적·묵시적인 것을 불문하고 작위 또는 부작위로 행할 수도 있다. 기망행위의 대상은 구체적인 **'사실'**이다.

한편 **부작위에 의한 기망행위**의 경우에는 법률상 고지의무가 있는 자가 일정한 사실에 관하여 상대방이 착오에 빠져 있음을 알면서도 이를 고지하지 않는 경우에 성립할 수 있다.[223]

> **판례**
>
> 사기죄의 요건으로서의 기망은 널리 재산상의 거래관계에서 서로 지켜야 할 신의와 성실의 의무를 저버리는 모든 적극적 또는 소극적 행위를 말하고, 이러한 소극적 행위로서의 부작위에 의한 기망은 법률상 고지의무 있는 자가 일정한 사실에 관하여 상대방이 착오에 빠져 있음을 알면서도 이를 고지하지 않는 것을 말한다. 여기에서 **법률상 고지의무는 법령, 계약, 관습, 조리 등에 의하여 인정되는 것으로서 문제가 되는 구체적인 사례에 즉응하여 거래실정과 신의성실의 원칙에 의하여 결정되어야 한다.**
> 피고인이 평소 알고 지내던 화가 갑에게 돈을 주고 자신의 기존 콜라주 작품을 회화로 그려오게 하거나, 자신이 추상적인 아이디어만 제공하고 이를 갑이 임의대로 회화로 표현하게 하거나, 기존 자신의 그림을 그대로 그려달라고 하는 등의 작업을 지시한 다음 갑으로부터 완성된 그림을 건네받아 배경색을 일부 덧칠하는 등의 경미한 작업만 추가하고 자신의 서명을 하였음에도, 위와 같은 방법으로 그림을 완성한다는 사실을 고지하지 아니하고 사실상 갑 등이 그린 그림을 마치 자신이 직접 그린 친작(親作)인 것처럼 전시하여 피해자들에게 그림(이하 '미술작품'이라고 한다)을 판매하고 대금 상당의 돈을 편취하였다는 내용으로 기소된 사안에서, 피고인이 미술작품의 창작과정, 특히 조수 등 다른 사람이 관여한 사정을 알리지 않은 것이 신의칙상 고지의무 위반으로서 사기죄에서의 기망행위에 해당하고 그 그림을 판매한 것이 판매대금의 편취행위라고 보려면 두 가지의 전제, 즉 **미술작품의 거래에서 창작과정을 알려주는 것, 특히 작가가 조수의 도움을 받았는지 등 다른 관여자가 있음을 알려주는 것이 관행이라는 것 및**

---

221 대법원 1975. 5. 27. 선고 75도760 판결 참조.
222 대법원 2006. 11. 23. 선고 2006도6795 판결 참조.
223 대법원 2020. 6. 25. 선고 2018도13696 판결 참조(이른바, 미술품 대작 사건).

미술작품을 구매한 사람이 이러한 사정에 관한 고지를 받았더라면 거래에 임하지 아니하였을 것이라는 **관계가 인정되어야** 하고, **미술작품의 거래에서 기망 여부를 판단할 때에는 미술작품에 위작 여부나 저 작권에 관한 다툼이 있는 등의 특별한 사정이 없는 한 법원은 미술작품의 가치 평가 등은 전문가의 의 견을 존중하는 사법자제 원칙을 지켜야 한다**는 이유로, 피해자들의 구매 동기 등 제반 사정에 비추어 검사가 제출한 증거만으로는 **피해자들이 미술작품을 피고인의 친작으로 착오한 상태에서 구매한 것이라 고 단정하기 어렵다**(대법원 2020. 6. 25. 선고 2018도13696 판결 참조).

이 때 위 **기망행위의 정도**는 경험칙상 일반인을 착오에 빠지게 할 수 있는 정도일 것을 요하 는데 그러한 행위가 거래관계에 있어 신의칙에 반하는 것인지 여부를 기준으로 판단한다.

2) 착오 및 처분행위(처분의사)

사기죄는 위와 같은 기망행위에 의하여 상대방이 착오에 빠져 처분의사에 기한 처분행위 를 하는 경우 성립한다. 이때의 착오는 반드시 법률행위의 중요부분에 대한 것임을 요하는 것이 아니므로 **동기의 착오로도 충분**하다.[224]

한편 기망행위와 피기망자의 착오 사이에는 **인과관계**가 인정되어야 한다. 즉 기망행위와 상대방의 착오 및 재물의 교부 또는 재산상 이익의 공여 사이에 순차적인 인과관계가 있어 야 한다는 것이다.[225]

나아가 위와 같은 기망행위에 기하여 피기망자가 처분의사에 기한 **처분행위**를 하여야 한 다. 이때의 처분행위는 작위·부작위를 묻지 않는다. 사기죄는 자신의 하자 있는 자발적 의 사에 따라 재물 또는 재산상 이익의 점유를 옮기는 경우이어야 하므로 명백하게 피기망자의 의사에 반하는 경우에는 본죄가 성립하지 않는다.

대법원 또한 위 처분행위가 사기죄와 절도죄와의 구별표지라고 판시하고 있다.[226]

> 판례
>
> 1. **사기죄에서 처분행위**는, 행위자의 기망행위에 의한 피기망자의 착오와 행위자 등의 재물 또는 재산 상 이익의 취득이라는 최종적 결과를 중간에서 매개·연결하는 한편, 착오에 빠진 피해자의 행위를 이용하여 재산을 취득하는 것을 본질적 특성으로 하는 **사기죄와 피해자의 행위에 의하지 아니하고 행위자가 탈취의 방법으로 재물을 취득하는 절도죄를 구분하는 역할을 한다.** 처분행위가 갖는 이러

---

[224] 대법원 1996. 2. 27. 선고 95도2828 판결 참조.
[225] 대법원 2017. 12. 5. 선고 2017도14423 판결 참조.
[226] 대법원 2018. 8. 1. 선고 2018도7030 판결 참조.

한 역할과 기능을 고려하면, 피기망자의 의사에 기초한 어떤 행위를 통해 행위자 등이 재물 또는 재산상의 이익을 취득하였다고 평가할 수 있는 경우라면, 사기죄에서 말하는 처분행위가 인정된다(대법원 2017. 2. 16. 선고 2016도13362 전원합의체 판결 참조).

또한 재물에 대한 사기죄에 있어서 처분행위란, 범인의 기망에 따라 피해자가 착오로 재물에 대한 사실상의 지배를 범인에게 이전하는 것을 의미하므로, **외관상 재물의 교부에 해당하는 행위가 있었다고 하더라도, 재물이 범인의 사실상의 지배 아래에 들어가 그의 자유로운 처분이 가능한 상태에 놓이지 않고 여전히 피해자의 지배 아래에 있는 것으로 평가된다면, 그 재물에 대한 처분행위가 있었다고 볼 수 없다**(대법원 2018. 8. 1. 선고 2018도7030 판결 참조).

나아가 **처분행위는 자신의 자발적인 처분의사에 기한 것이어야** 한다. 자기의 행위로 인해 재물의 점유 또는 재산상 이익이 타인에게 이전된다는 것을 인식하여야 한다는 것이나 반드시 그에 따른 '결과'까지도 인식하여야 하는 것은 아니다. **대법원**도 같은 취지로 판시하고 있다.[227]

> ### 판례
>
> 사기죄에서 피기망자의 처분의사는 기망행위로 착오에 빠진 상태에서 형성된 하자 있는 의사이므로 불완전하거나 결함이 있을 수밖에 없다. 처분행위의 법적 의미나 경제적 효과 등에 대한 피기망자의 주관적 인식과 실제로 초래되는 결과가 일치하지 않는 것이 오히려 당연하고, 이 점이 사기죄의 본질적 속성이다. 따라서 **처분의사는 착오에 빠진 피기망자가 어떤 행위를 한다는 인식이 있으면 충분하고, 그 행위가 가져오는 결과에 대한 인식까지 필요하다고 볼 것은 아니다.**
>
> 사기죄의 성립요소로서 기망행위는 널리 거래관계에서 지켜야 할 신의칙에 반하는 행위로서 사람으로 하여금 착오를 일으키게 하는 것을 말하고, 착오는 사실과 일치하지 않는 인식을 의미하는 것으로, 사실에 관한 것이든, 법률관계에 관한 것이든, 법률효과에 관한 것이든 상관없다. 또한 사실과 일치하지 않는 하자 있는 피기망자의 인식은 처분행위의 동기, 의도, 목적에 관한 것이든, 처분행위 자체에 관한 것이든 제한이 없다. 따라서 **피기망자가 기망당한 결과 자신의 작위 또는 부작위가 갖는 의미를 제대로 인식하지 못하여 그러한 행위가 초래하는 결과를 인식하지 못하였더라도 그와 같은 착오 상태에서 재산상 손해를 초래하는 행위를 하기에 이르렀다면 피기망자의 처분행위와 그에 상응하는 처분의사가 있다고 보아야 한다.** 피해자의 처분행위에 처분의사가 필요하다고 보는 근거는 처분행위를 피해자가 인식하고 한 것이라는 점이 인정될 때 처분행위를 피해자가 한 행위라고 볼 수 있기 때문이다. 다시 말하여 사기죄에서 피해자의 처분의사가 갖는 기능은 피해자의 처분행위가 존재한다는 객관적 측면에 상응하여 이를 주관적 측면에서 확인하는 역할을 하는 것일 뿐이다. 따라서 **처분행위라고 평가되는 어떤 행위를 피해자가 인식하고 한 것이라면 피해자의 처분의사가 있다고 할 수 있다. 결국 피해자가 처분행위로 인**

---

[227] 대법원 2017. 2. 16. 선고 2016도13362 전원합의체 판결 참조.

한 결과까지 인식할 필요가 있는 것은 아니다.결론적으로 사기죄의 본질과 구조, 처분행위와 그 의사적 요소로서 처분의사의 기능과 역할, 기망행위와 착오의 의미 등에 비추어 보면, 비록 **피기망자가 처분행 위의 의미나 내용을 인식하지 못하였더라도, 피기망자의 작위 또는 부작위가 직접 재산상 손해를 초래 하는 재산적 처분행위로 평가되고, 이러한 작위 또는 부작위를 피기망자가 인식하고 한 것이라면 처분 행위에 상응하는 처분의사는 인정된다.** 다시 말하면 피기망자가 자신의 작위 또는 부작위에 따른 결과 까지 인식하여야 처분의사를 인정할 수 있는 것은 아니다(대법원 2017. 2. 16. 선고 2016도13362 전원합의체 판결 참조).

3) 재산상의 손해 발생필요 없음

나아가 **사기죄의 성립에 있어 재산상의 손해가 반드시 발생해야 하는지**에 대해 견해 의 대립이 있으나 **대법원**은 사기죄의 본질은 기망행위에 의한 재산이나 재산상 이익의 취 득에 있는 것이고 상대방에게 현실적으로 재산상 손해가 발생함을 요건으로 하는 것이 아니 라고 판시하고 있다.[228] 따라서 분식회계에 의한 재무제표 등을 이용해 금융기관을 기망하 고 대출을 받았다면 그 때 사기죄는 성립하고, 충분한 담보가 제공되었거나 피해자의 재산 상 손해가 없고 대출금이 모두 상환되었다 하더라도 사기죄의 성립에는 영향이 없다.[229]

4) 재산상 이익의 취득

다만 행위자의 재산상 이익의 취득은 사기죄의 구성요건이 된다. 통상적으로는 행위자의 재산상 이익의 취득과 피해자의 재산상 손해의 발생은 서로 맞물리게 된다. 이 때 앞에서 본 바와 같이 기망행위와 처분의사에 기한 처분행위, 재산상 이익의 취득은 순차적인 인과 관계로 연결되어 있어야 한다.

5) 주관적 구성요건

본죄는 **고의범**이므로 위 객관적 구성요건에 대한 인식을 요하고, **불법영득의 의사**가 있 을 것을 요하지만 별도의 목적이 필요한 것은 아니다.

다. 죄수 및 처벌

본죄의 죄수와 관련하여 하나의 기망행위로 한 사람으로부터 수회 재물을 편취하거나 재 산상 이익을 취득한 경우에는 그 연속성에 기하여 포괄일죄가 성립한다. 다만 수인에 대하

---

[228] 대법원 2004. 4. 9. 선고 2003도7828 판결 참조.
[229] 대법원 2005. 4. 29. 선고 2002도7262 판결 참조.

여 수개의 기망행위를 하여 각각 재물을 편취한 경우에는 범의가 단일하고 범행방법이 동일하더라도 수개의 사기죄의 실체적 경합범이 된다. 다만 1개의 기망행위로 여러 사람을 기망하여 재물을 편취한 경우에는 그 점유 침해의 개수에 따라 수개의 사기죄가 성립하고 이는 상상적 경합범이 된다.[230]

본죄를 범하면 10년 이하의 징역 또는 2천만 원 이하의 벌금에 처한다.

라. 범죄수익환수 사례

위와 같은 사기범행이 부패재산몰수법에 따른 특정사기범죄에 해당하는 경우에는 예외적 범죄피해재산 환부 대상이 되어 몰수·추징이 가능하다. 나아가 이러한 범행이 형법상 범죄단체 또는 범죄집단의 구성 및 활동으로 영득한 재물 또는 재산상 이익인 경우에는 별개의 법익을 침해한 것이 되므로 이에 대한 환수가 가능하다.

이와 관련하여 **위 특정사기범죄 중 하나인 유사수신범행으로 피해자들로부터 금전을 편취한 경우 이를 부패재산몰수법에 따라 추징한 사례**가 있다.[231]

사례

범죄사실

피고인 A는 부동산 유동화 사업, 건강분석기 임대사업, 암호화폐 개발사업 등을 목적으로 설립된 주식회사 D(이하 'D'이라 한다)의 대표이사로서 D의 업무 전반을 총괄하였다.

피고인 B는 D의 관리이사로서 본인 명의 계좌로 투자금을 수신하는 등 투자금 관리 업무를 담당하였다.

피고인 C는 D의 사내이사로서 본인 명의 계좌로 투자금을 수신하는 등 투자금과 직원을 관리하는 업무를 담당하였다.

1. 피고인 A의 특정경제범죄가중처벌등에관한법률위반(사기) 및 사기

피고인 A는 2019. 1. 4.경 서울 강남구 E빌딩 6층에 있는 D 사무실에서 피해자 F 등 불특정 다수의 피해자들을 상대로 'D는 재개발이 중단된 부동산을 인수한 뒤 건설회사에 매각하는 부동산 유동화 사업, 암호화폐 개발사업, 특허받은 의료기기인 건강분석기 제조 및 임대사

---

[230] 대법원 2015. 4. 23. 선고 2014도16980 판결 참조.
[231] 서울고등법원 2020. 4. 3. 선고 2019노2300 판결 참조[대법원 2020도4432 판결로 확정. 해당 사건의 1심 판결은(서울중앙지방법원 2019고합311) 추징선고를 기각하였으나 항소심은 이를 파기하고 검사의 추징 구형을 인용하여 106억 원 상당의 추징을 선고하였다. 따라서 범죄사실 및 법령의 적용 모두 항소심의 것을 인용한다.]

업 등을 진행하여 수익을 내고 있다, 위 사업에 투자하면 6주 후에 투자원금을 보장하고 투자원금의 40%를 수익금으로 지급하겠다, 또한 투자자를 모집해 오면 그 투자자가 투자한 금액의 30%를 소개수당으로 지급하겠다'는 취지로 거짓말을 하였다.

그러나 사실은 피고인 A가 운영하는 D는 부동산 유동화 사업, 암호화폐 개발사업 등에 투자하여 수익을 낸 사실이 없었고, 오직 투자자들의 투자금만을 수입원으로 하여 기존 투자자들에게 원금과 고율의 수익금을 지급하는 소위 '돌려막기' 방법으로 사업을 운영하기 때문에 계속적으로 후순위 투자금이 기하급수적으로 증가하지 않는 한 피해자들에게 원금과 고율의 수익금을 지급해 줄 의사나 능력이 없었다.

피고인 A는 위와 같이 피해자 F를 기망하여 이에 속은 피해자 F로부터 같은 날부터 같은 달 25.경까지 투자금 명목으로 총 3억 원을 교부받은 것을 비롯하여, 2018. 12. 중순경부터 2019. 2. 중순경까지 별지 범죄일람표 기재(순번 13, 122 제외)와 같이 위와 같은 방법으로 피해자들을 기망하여 이에 속은 피해자 126명으로부터 투자금 명목으로 합계 12,742,500,000원을 교부받아 이를 편취하였다.

2. 피고인들의 유사수신행위의규제에관한법률위반

누구든지 당국의 인가·허가를 받지 아니하고 장래에 출자금의 전액 또는 이를 초과하는 금액을 지급할 것을 약정하고 불특정 다수인으로부터 투자금 등의 명목으로 금전 등을 수입하는 '유사수신행위'를 하여서는 아니 된다.

그럼에도 불구하고 피고인들은 공모하여 위 제1항 기재 일시, 장소에서 F 등 불특정 다수인을 상대로 위 제1항 기재와 같이 '투자금을 부동산 유동화 사업, 암호화폐 개발사업 등에 투자하여 6주 후에 투자원금을 보장하고 투자원금의 40%를 수익금으로 지급하겠다'고 설명하여 위 F로부터 같은 날부터 같은 달 25.경까지 투자금 명목으로 총 3억 원을 교부받은 것을 비롯하여, 2018. 12. 중순경부터 2019. 2. 중순경까지 별지 범죄일람표 기재(순번 13, 28, 42, 51, 61, 63, 74, 80, 89, 122 제외)와 같이 위와 같은 방법으로 투자자 118명으로부터 투자금 명목으로 합계 11,792,500,000원을 교부받아 유사수신행위를 하였다.

법령의 적용

1. 범죄사실에 대한 해당법조 및 형의 선택

가. 피고인 A

각 형법 제347조 제1항(피해자 ***을 제외한 나머지 피해자들에 대한 각 사기의 점, 피해자 (생략)에 대하여는 포괄하여, 징역형 선택), 특정경제범죄 가중처벌 등에 관한 법률 제3조 제1항 제2호, 형법 제347조 제1항(피해자 H에 대한 사기의 점, 포괄하여), 유사수신행위의 규제에 관한 법률 제6조 제1항, 제3조, 형법 제30조(유사수신행위의 점, 포괄하여, 징역형 선택)

나. 피고인 B, C

각 유사수신행위의 규제에 관한 법률 제6조 제1항, 제3조, 형법 제30조(포괄하여, 징역형 선택)

1. 몰수

피고인 A: 형법 제48조 제1항 제1호, 부패재산의 몰수 및 회복에 관한 특례법 제6조 제1항, 제3조 제1항

1. 추징

피고인 A: 부패재산의 몰수 및 회복에 관한 특례법 제6조 제1항, 제3조 제1항, 제5조 제1항

(중략)

나. 검사의 추징 구형에 관한 판단

1) 관련 법리

부패재산몰수법 제6조 제1항, 제2조 제3호 가목[232]에 따르면 유사수신행위의 방법으로 피해자를 기망하여 범행한 특정사기범죄에 의해 피해자로부터 취득한 재산 또는 그 재산의 보유·처분에 의하여 얻은 재산은 '범죄피해재산'에 해당하고, 범죄피해자의 피해회복이 심히 곤란하다고 인정되는 경우에는 몰수·추징할 수 있으며, 부패재산몰수법에 따라 몰수·추징된 범죄피해재산은 피해자에게 환부한다.

한편, **부패재산몰수법이 정하는 추징은 피고인으로부터 부정한 이익을 박탈하여 이를 보유하지 못하게 함에 그 목적이 있으므로 추징의 범위는 피고인이 실제로 취득한 이익에 한정된다고 봄이 타당하고(대법원 2008. 6. 26. 선고 2008도1392 판결 참조), 이러한 법리는 범죄피해재산에 대한 추징을 명하는 경우에도 그대로 적용된다.**

2) 판단

이 사건 범행과 같은 유사수신행위로 인한 사기의 경우에는 그 피해자들의 수가 많고 범죄피해재산이 은닉되어 있는 경우가 많아 피해자들 스스로 피고인을 상대로 손해배상청구권을 행사하기가 현실적으로 곤란하므로, 부패재산몰수법 제6조 제1항에 따른 추징의 필요성이 인정된다. 따라서 피고인 A로부터 피고인 A가 판시 범죄사실 제1항 범행으로 피해자들로부터 취득한 편취금액 중에서 판시 범죄사실 제2항의 유사수신행위의 방법으로 취득한 범죄피해재산의 가액을 추징하여 피해자들의 손해를 회복시켜 줄 필요가 있다. 그렇다면 피고인 A가 별지 범죄일람표 기재 피해자들(13 *, 122 *** 제외)로부터 취득한 편취금액 12,742,500,000원 중에서 유사수신행위의 방법으로 취득한 편취금액 11,792,500,000원(별지 범죄일람표 순번 28, 42, 51, 61, 63, 74, 80, 89의 편취금액을 추**

---

[232] 2019. 8. 20. 법률 제16444호로 일부 개정된 법률로, 그 부칙 제2조에 의하여 이 법 시행 당시 수사 중이거나 법원에 계속 중인 사건에도 적용된다.

가로 제외)을 피고인 A로부터 추징하여야 한다.

다만, 원심 및 당심이 적법하게 채택하여 조사한 증거들에 의하면 ① D는 투자금을 지급받은 당일 투자자들에게 그 투자금의 5%에 해당하는 금액만큼을 실권 상품권으로 되돌려 주고 이에 관한 예치금을 납부한 것으로 보이고, ② 별지 범죄일람표 순번 117 피해자 ***는 그의 처인 순번 19 피해자 ***과 자신의 이름으로 합계 5억 원을 투자하였다가 투자 당일 1억 원을 현금으로 되돌려 받았다고 진술하였다.

그러므로 결국 **피고인 A가 판시 범죄사실과 같이 유사수신행위의 방법으로 편취한 범죄피해재산 합계액 11,792,500,000원에서 D가 피해자들에게 다시 교부한 실권 상품권 대금인 589,625,000원(=11,792,500,000원×5%)과 피해자 ***에게 반환되었음이 밝혀진 1억 원 및 몰수된 460,000,000원은 추징 대상에서 제외되어야 한다.**

3) 소결

따라서 피고인 A로부터 합계 10,642,875,000원[＝11,792,500,000원－(589,625,000원＋100,000,000원＋460,000,000원)]을 추징한다.

3. 컴퓨터등사용사기죄(형법 제347조의2)

관련조문

제347조의2(컴퓨터등 사용사기) 컴퓨터등 정보처리장치에 허위의 정보 또는 부정한 명령을 입력하거나 권한 없이 정보를 입력·변경하여 정보처리를 하게 함으로써 재산상의 이익을 취득하거나 제3자로 하여금 취득하게 한 자는 10년 이하의 징역 또는 2천만 원 이하의 벌금에 처한다.

가. 구성요건의 주체 및 행위의 상대방

본죄의 **구성요건의 주체**는 아무런 제한이 없다. 따라서 누구든지 본죄의 주체가 될 수 있고, 행위의 상대방 또한 제한이 없다.

나. 구성요건적 행위 및 객체

본죄의 **구성요건적 행위**는 컴퓨터등 정보처리장치에 허위의 정보 또는 부정한 명령을 입력하거나 권한 없이 정보를 입력·변경하여 정보처리를 하게 함으로써 재산상의 이익을 취득하거나 제3자로 하여금 취득하게 하는 것이다. **본죄의 객체**는 재산상의 이익으로서 재물은 제외되므로 재물을 객체로 하는 경우에는 절도죄가 성립할 뿐이다.

이 때 '**컴퓨터 등 정보처리 장치**'라 함은 자동적으로 계산 또는 정보처리를 할 수 있는 전자장치를 말하는 것으로서 중앙컴퓨터 뿐만 아니라 네트워크 시스템에서의 단말기 장치도 포함된다. '은행의 현금지급기'도 여기에 해당한다.

한편 '허위정보나 부정한 명령의 입력'이라 함은 진실에 반하는 내용의 정보를 입력하거나, 당해 시스템의 사무처리 목적에 비추어 해서는 안 될 명령을 입력하는 것을 말한다. 대법원도 같은 취지다.[233]

> **판례**
>
> **'부정한 명령의 입력'은 당해 사무처리시스템에 예정되어 있는 사무처리의 목적에 비추어 지시해서는 안 될 명령을 입력하는 것을 의미**한다. 따라서 설령 '허위의 정보'를 입력한 경우가 아니라고 하더라도, 당해 사무처리시스템의 프로그램을 구성하는 개개의 명령을 부정하게 변개·삭제하는 행위는 물론 **프로그램 자체에서 발생하는 오류를 적극적으로 이용하여 그 사무처리의 목적에 비추어 정당하지 아니한 사무처리를 하게 하는 행위도 특별한 사정이 없는 한 위 '부정한 명령의 입력'에 해당한다고 보아야 한다**(대법원 2013. 11. 14. 선고 2011도4440 판결 참조).

그리고 **'권한 없이 정보를 입력·변경'**한다 함은 권한이 없는 사람이 진정한 정보를 임의로 입력하거나 변경하는 행위를 말한다. **'정보처리를 하게 한다'**는 것은 입력된 허위정보나 부정한 명령에 따라 계산 과정을 처리·실행하도록 함으로써 진실에 반하는 전자기록을 만들게 하는 것이다. 따라서 위와 같은 허위정보 또는 부정한 명령의 입력을 통해 직접 정보처리가 일어나는 경우만을 의미할 뿐 중간에 별도의 사람의 처분행위가 게재되는 경우 본죄가 성립하지 않는다.[234]

> **판례**
>
> 형법 제347조의2는 컴퓨터 등 정보처리장치에 허위의 정보 또는 부정한 명령을 입력하거나 권한 없이 정보를 입력·변경하여 정보처리를 하게 함으로써 재산상의 이익을 취득하거나 제3자로 하여금 취득하게 하는 행위를 처벌하고 있다. 이는 재산변동에 관한 사무가 사람의 개입 없이 컴퓨터등에 의하여 기계적·자동적으로 처리되는 경우가 증가함에 따라 이를 악용하여 불법적인 이익을 취하는 행위도 증가하였으나 이들 새로운 유형의 행위는 사람에 대한 기망행위나 상대방의 처분행위 등을 수반하지 않아 기존 사기죄로는 처벌할 수 없다는 점 등을 고려하여 신설한 규정이다. **여기서 '정보처리'는 사기죄에서 피해자의 처분행위에 상응하므로 입력된 허위의 정보 등에 의하여 계산이나 데이터의 처리가 이루어짐으로써 직접적으로 재산처분의 결과를 초래하여야 하고, 행위자나 제3자의 '재산상 이익 취득'은 사람의**

---

[233] 대법원 2013. 11. 14. 선고 2011도4440 판결 참조.
[234] 대법원 2014. 3. 13. 선고 2013도16099 판결 참조.

> **처분행위가 개재됨이 없이 컴퓨터등에 의한 정보처리 과정에서 이루어져야 한다**(대법원 2014. 3. 13.
> 선고 2013도16099 판결 참조).

위와 같이 정보처리장치에 허위 또는 부정한 명령을 입력할 때 **실행의 착수가 인정**되고 **피해자에게 재산상 손해가 발생**하는 경우 기수가 된다. 실제로 행위자 또는 제3자가 이득을 취하였는지는 불문한다.[235]

주관적 구성요건요소와 관련하여 본죄도 **고의범**이므로 객관적 구성요건에 대한 인식을 요하고 **불법영득의사**가 필요함은 당연하다.

다. 처벌

본죄를 범하면 10년 이하의 징역 또는 2천만 원 이하의 벌금에 처한다.

라. 자금세탁범죄 처벌 사례

본죄와 관련하여 피해자들에게 무작위로 전화를 걸어 신용대출을 해준다고 거짓말하여 피해자들로부터 알아낸 인터넷 뱅킹 보안카드 등을 이용해 공인인증서를 재발급 받아 금원을 직접 이체함으로써 **컴퓨터등정보처리장치에 권한 없이 정보를 입력 변경함으로써 재산상 이익을 취득하고, 차명계좌에 이를 이체함으로써 그 범죄수익의 취득 및 처분을 가장한 행위**를 자금세탁범죄로 처벌한 사례가 있다.[236]

보이스피싱 범행의 경우, 현금 수거책을 통해 직접 피해금원을 수거하는 경우가 있는 반면 피해자들로부터 직접 전자정보를 전달받아 이를 통해 컴퓨터등정보처리장치를 이용함으로써 재산상 이익을 취득하는 경우가 있다. 후자와 같은 방법으로 취득한 범죄수익을 은닉·가장·수수하는 경우에도 자금세탁범죄가 성립한다.

사례

범죄사실

1. 공모 관계

피고인은 국내 불특정 다수의 피해자들에게 무작위로 전화를 걸어 대출업체 등을 사칭하며

---

[235] 대법원 2006. 9. 14. 선고 2006도4127 판결 참조.
[236] 서울동부지방법원 2014. 8. 14. 선고 2014고단1400 판결 참조(같은 법원 2014노1163 판결로 확정).

신용대출을 해 준다고 거짓말하여 피해자들로 하여금 미리 확보한 타인 명의의 계좌(일명 '대포 계좌')로 금원을 이체하게 하거나 피해자들로부터 알아낸 인터넷뱅킹 보안카드번호 등을 이용하여 공인인증서를 재발급 받아 피해자들의 계좌에서 금원을 이체하는 방법으로 금원을 편취하는 전화금융사기(속칭 '보이스피싱') 범죄조직의 현금인출책이다.

일명 'C실장', 'D사장' 등 성명불상의 전화금융사기 조직원들은 대포 계좌 및 그 현금카드를 미리 확보하여 퀵서비스 등을 통하여 현금인출책들에게 이를 전달하는 한편, 불특정 다수의 피해자들에게 마치 신용대출 등을 해 줄 것처럼 거짓말하여 그들로부터 위와 같이 대포 계좌로 금원을 송금하게 하는 등의 방법으로 이를 편취하고, 피고인은 2013. 10. 초경 위 조직원에게 포섭되어 그 지시에 따라 위 불상의 조직원으로부터 건네받은 현금카드로 피해자들이 위 대포 계좌로 송금한 금원을 현금으로 인출한 다음 피고인 명의의 계좌에 다시 입금하고, 미리 위 조직원들에게 건넨 피고인 명의의 계좌 비밀번호, 공인인증서 등을 사용하여 위 조직원들이 인터넷뱅킹 등의 방법으로 다른 범죄수익 관리 계좌로 편취한 금원을 분산 이체하도록 하여 범죄수익을 은닉·가장하여 빼돌릴 수 있도록 해 주는 대가로 15~40만 원의 일당을 받기로 하는 등 위 조직원들과 순차로 범행을 모의하였다.

2. 컴퓨터등사용사기

성명불상의 전화금융사기 조직원은 2013. 11. 11.~11. 14.경 불상의 장소에서, 사실은 대출을 해 줄 의사가 전혀 없음에도 휴대전화로 피해자 E에게 "NH농협 F 팀장인데, 한국자산관리공사에서 대환대출을 해 주겠다. 대환대출 신청 접수를 위하여 한국자산관리공사 홈페이지에 접속하려면 공인인증서가 필요하니 우체국 계좌번호, 아이디, 보안카드 번호, 일련번호를 알려 달라"라고 한 후 그 무렵 "우체국 계좌에 돈이 들어 있어야 한다."라고 거짓말을 하여 피해자로 하여금 피해자의 우체국 계좌에 196만 원을 입금하도록 하는 한편, 우체국의 인터넷뱅킹 사이트에서 피해자의 공인인증서를 재발급받았다.

이에 불상의 조직원은 2013. 11. 14. 13:14경 불상지에서, 재발급받은 위 공인인증서를 이용하여 피해자의 위 우체국 계좌의 거래를 위한 인터넷뱅킹에 로그인하여 이체할 금액, 이체비밀번호, 보안카드 번호 등을 입력하는 방법으로 위 우체국 계좌에서 대포 계좌인 G의 스탠다드차타드 은행 계좌(H)로 196만 원을 이체시켰다.

그 후 피고인은 불상의 조직원의 지시에 따라 2013. 11. 14. 13:20경 불상의 조직원으로부터 미리 전달받은 위 G 명의의 대포 계좌와 연결된 현금카드를 이용하여 국민은행 을지로*가 지점의 현금지급기에서 위와 같이 편취한 금원을 전액 인출해 주었다.

이로써 피고인은 불상의 조직원들과 순차로 공모하여 이와 같이 컴퓨터등 정보처리장치에 권한 없이 정보를 입력·변경하여 정보처리를 하게 함으로써 196만 원 상당의 재산상의 이익을 취득하였다.

3. 범죄수익의규제및처벌등에관한법률위반

피고인은 2013. 10. 초경 보이스피싱 범죄 조직의 현금인출책으로 포섭되어 미리 불상의 조직원들이 모집해 놓은 대포 계좌의 직불·현금카드 등을 이용하여 불상의 조직원(일명 D사장)의 지시에 따라 2013. 10. 17.경 불상지의 현금지급기에서 전화금융사기 피해자들이 대포 계좌로 입금한 999,000원을 현금으로 인출하여 그 즉시 피고인 명의인 기업은행 계좌(I)에 입금한 것을 비롯하여 그때부터 2013. 11. 1.경까지 사이에 범죄일람표(1) 기재와 같이 같은 방법으로 총 367회에 걸쳐 합계 330,785,300원을 입금하는 한편, 2013. 10. 25.경 불상지의 현금지급기에서 전화금융사기 피해자들이 대포 계좌로 입금한 999,400원을 현금으로 인출하여 그 즉시 피고인 명의인 우리은행 계좌(J)에 입금한 것을 비롯하여 그때부터 2013. 11. 22.경까지 사이에 범죄일람표(2) 기재와 같이 같은 방법으로 총 169회에 걸쳐 합계 116,654,900원을 입금한 후, 위 불상의 전화금융사기 조직원들이 인터넷뱅킹을 이용하여 이를 다시 피고인의 위 계좌에서 (주)K 명의의 우리은행 계좌(L) 및 국민은행 계좌(M) 등으로 분산 이체하도록 하였다.

이로써 피고인은 이와 같이 중대범죄에 해당하는 범죄행위에 의하여 생긴 재산 등의 범죄수익등의 취득 또는 처분에 관한 사실을 가장하였다.

4. 전자금융거래법위반

누구든지 접근매체를 사용 및 관리함에 있어서 접근매체를 양도하는 행위를 하여서는 아니된다.

그럼에도 불구하고 피고인은 2013. 10. 초순경 위 불상의 전화금융사기 조직원으로부터 대가를 받기로 한 후, 그 무렵 불상지에서 자신 명의의 위 기업은행 계좌의 현금카드, 비밀번호, 보안카드 등을 건네주고, 2013. 10. 25.경 자신 명의의 위 우리은행 계좌를 개설한 후 불상지에서 위 불상의 조직원에게 그 현금카드, 비밀번호, 보안카드 등을 건네주었다.

이로써 피고인은 이와 같이 접근매체를 각각 양도하였다.

법령의 적용

1. 범죄사실에 대한 해당법조

형법 제347조의2, 제30조(컴퓨터등사용사기, 징역형 선택), 범죄수익은닉의 규제 및 처벌에 관한 법률 제3조 제1항 제1호, 형법 제30조(범죄수익등의 취득 또는 처분에 관한 사실 가장, 징역형 선택), 전자금융거래법 제49조 제4항 제1호, 제6조 제3항 제1호, 형법 제30조(접근매체양도, 징역형 선택)

1. 경합범가중

형법 제37조 전단, 제38조 제1항 제2호, 제50조

4. 준사기죄(형법 제348조)

관련조문

제348조(준사기) ① 미성년자의 지려천박 또는 사람의 심신장애를 이용하여 재물의 교부를 받거나 재산상의 이익을 취득한 자는 10년 이하의 징역 또는 2천만 원 이하의 벌금에 처한다.
② 전항의 방법으로 제삼자로 하여금 재물의 교부를 받게 하거나 재산상의 이익을 취득하게 한 때에도 전항의 형과 같다.

가. 구성요건의 주체 및 행위의 상대방

본죄의 **구성요건의 주체**는 아무런 제한이 없다. 따라서 누구든지 본죄의 주체가 될 수 있고, **행위의 상대방**은 일반 사기죄와는 다르게 미성년자 또는 심신장애가 있는 사람이 대상이 된다.

위 미성년자의 '**지려천박**'이라 함은 사리분별력 부족을 의미하는데 개정 형법에서는 '**미성년자의 사리분별력 부족**'으로 용어가 변경되었다.[237]

나. 구성요건적 행위 및 객체

본죄의 **구성요건적 행위**는 미성년자의 사리분별력 부족 또는 사람의 심신장애를 이용하여 재물의 교부를 받거나 재산상의 이익을 직접 취득하거나(제1항), 제3자로 하여금 교부를 받게 하거나 취득하게 하는 것(제2항)이다.

이 때 위와 같은 **사리분별력 부족과 심신장애를 '이용'**하여야 하므로 그러한 행위 상대방의 상태에 편승하여 이를 활용하는 것이어야 하고, 실제 '기망행위'에 이르지 않는 경우만 본죄가 성립한다.

본죄의 **객체는 재물 또는 재산상의 이익**이다. 이 때 재물은 타인소유, 타인점유의 재물일 것을 요하고, 동산 및 부동산을 묻지 않는다. 재산상 이익의 경우에는 그 이익의 취득이 사법상 유효할 것을 요하지 않고 외관상 재산상 이익을 취득했다고 볼 수 있는 사실관계만 있으면 충분하다.[238] 그리고 그 객체가 불법원인급여라 하더라도 무방하다.[239]

---

237 개정 형법은 2021. 12. 9. 시행된다.
238 대법원 1975. 5. 27. 선고 75도760 판결 참조.
239 대법원 2006. 11. 23. 선고 2006도6795 판결 참조.

다. 처벌

본죄를 범하면 10년 이하의 징역 또는 2천만 원 이하의 벌금에 처하고 이와 같이 취득한 범죄수익을 은닉·가장·수수하면 자금세탁범죄가 성립하나, 실무상 사례는 발견되지 않는다.

5. 상습범(형법 제351조)

관련조문

제351조(상습범) 상습으로 제347조 내지 전조의 죄를 범한 자는 그 죄에 정한 형의 2분의 1까지 가중한다.

☞ 범죄수익은닉규제법은 <u>형법 제347조(사기), 제347조의2(컴퓨터등사용사기), 제348조(준사기)의 상습범만 중대범죄에 해당</u>한다고 규정하고 있다.

---

6 횡령·배임의 죄(형법 제355조, 제356조, 제357조)

1. 총설

범죄수익은닉규제법 별표 제1호 거목에서는 **형법 제2편 제40장 횡령과 배임의 죄 중 피해금액 3억 원 이상 5억 원 미만의 제355조(횡령, 배임), 제356조(업무상의 횡령과 배임)의 죄를 중대범죄로** 규정하고 있다. 본죄는 2005. 7. 29. 범죄수익은닉규제법 개정(2006. 7. 30. 시행)에 따라 중대범죄로 추가되었다.

관련조문

범죄수익은닉규제법 별표

중대범죄(제2조 제1호 관련)

1. 「형법」 중 다음 각 목의 죄

   거. 제2편 제39장 사기와 공갈의 죄 및 같은 편 제40장 횡령과 배임의 죄 중 제347조, 제347조의2, 제348조, 제351조(제347조, 제347조의2 및 제348조의 상습범만 해당한다), <u>제355조 또는 제356조의 죄(각 범죄행위로 인하여 취득하거나 제3자로 하여금 취득하게 한 재물 또는 재산상 이익의 가액이 3억 원 이상 5억 원 미만인 경우만 해당한다)</u>

관련조문 ──────────

제355조(횡령, 배임) ① 타인의 재물을 보관하는 자가 그 재물을 횡령하거나 그 반환을 거부한 때에는 5년 이하의 징역 또는 1천500만 원 이하의 벌금에 처한다. <개정 1995. 12. 29.>
② 타인의 사무를 처리하는 자가 그 임무에 위배하는 행위로써 재산상의 이익을 취득하거나 제삼자로 하여금 이를 취득하게 하여 본인에게 손해를 가한 때에도 전항의 형과 같다.
제356조(업무상의 횡령과 배임) 업무상의 임무에 위배하여 제355조의 죄를 범한 자는 10년 이하의 징역 또는 3천만 원 이하의 벌금에 처한다. <개정 1995. 12. 29.>

──────────

한편 위 **횡령·배임의 죄**는 앞에서 살펴본 바와 같이(앞 제4관 재산에 관한 죄 총설 참조) 부패재산몰수법에 따라 예외적으로 환수의 대상이 되고, 횡령·배임죄로 취득한 **범죄수익을 은닉하거나 취득 및 처분을 가장**하는 경우 **자금세탁범죄로 처벌**할 수 있다.

관련조문 ──────────

부패재산몰수법 제2조(정의) 이 법에서 사용하는 용어의 정의는 다음과 같다.
3. **"범죄피해재산"**이란 별표에 규정된 죄 가운데 다음 각 목의 어느 하나에 해당하는 죄의 범죄행위에 의하여 그 피해자로부터 취득한 재산 또는 그 재산의 보유·처분에 의하여 얻은 재산을 말한다.
나. 「형법」 제2편 제40장 횡령과 배임의 죄 중 **제355조, 제356조 및 제359조의 죄**와 「특정경제범죄 가중처벌 등에 관한 법률」 제3조 중 「형법」 제355조 및 제356조에 해당하는 죄

──────────

나아가 범죄수익은닉규제법은 위 횡령·배임의죄 전체(제355조, 제356조)에 대하여 그 **이득액이 3억 원 이상 5억 원 미만인 경우에 한하여 중대범죄에 해당**한다고 규정하고 있다. 5억 원이 넘는 경우에는 특정경제범죄가중법위반(횡령·배임)죄가 성립하기 때문에 위 중대범죄가 적용되는 사례는 이득액이 3억 원 이상 5억 원 미만에 해당하는 경우로 한정되는 것이다. 이하에서는 단순 횡령 및 배임, 업무상횡령 및 업무상배임죄의 구성요건을 살펴보고 위 각 구성요건에서 범죄수익환수 및 자금세탁범죄 처벌 사례를 검토하기로 한다.

2. (업무상)횡령죄(형법 제355조 제1항, 제356조)

관련조문

제355조(횡령, 배임) ① 타인의 재물을 보관하는 자가 그 재물을 횡령하거나 그 반환을 거부한
때에는 5년 이하의 징역 또는 1천500만 원 이하의 벌금에 처한다.
제356조(업무상의 횡령과 배임) 업무상의 임무에 위배하여 제355조의 죄를 범한 자는 10년 이
하의 징역 또는 3천만 원 이하의 벌금에 처한다. <개정 1995. 12. 29.>

가. 구성요건의 주체 및 행위의 상대방

본죄의 **구성요건의 주체**는 타인의 재물을 보관하는 사람이다(보관자 지위). 이 때 '**보관**'
이라 함은 **재물을 사실상·법률상 지배**하는 것으로서 **신임관계를 기초**로 한다.[240] '**부동산
보관**'의 경우 부동산에 대한 점유가 아니라 부동산을 유효하게 처분할 수 있는 권능의 존부
를 의미한다.[241] 이 때 통상적으로 등기명의인은 보관자가 되지만 등기가 원인무효인 경우
에는 법률상 유효하게 처분할 수 있는 지위에 있지 않으므로 보관자 지위가 인정되지 않는
다.[242] 그리고 '**위탁관계**'에 기하여 현실적으로 부동산을 관리·지배하는 사람은 명의인이
아니라 하더라도 보관자가 된다.[243]

횡령죄에 있어서의 '**위탁관계**'라고 함은 **사실상의 관계가 있으면 충분**하고 반드시 민사
상 계약의 당사자일 필요는 없다. **사용대차·임대차 등의 계약**에 의해 발생하는 경우가 일
반적이나 사무관리와 같은 **법률의 규정, 관습이나 조리 또는 신의성실 원칙**에 의해 발생
할 수도 있다. 이러한 위탁관계는 **보호가치가 있는 경우에 한정**된다.[244] 따라서 불법원인
급여로 지급받은 금전을 임의로 소비하는 경우 횡령죄가 성립하지 않는다.[245]

따라서 보이스피싱 범행으로 편취한 금전을 사기의 공범명의 계좌로 송금한 경우, 자신이
가담한 범행의 결과 피해금을 보관하게 된 것일 뿐 피해자와 사이에 위탁관계가 없으므로
공범인 계좌명의인이 송금·이체된 돈을 인출하더라도 별도의 횡령죄를 구성하지 않는다.[246]

240 대법원 2015. 2. 12. 선고 2014도11244 판결 참조.
241 대법원 2005. 6. 24. 선고 2005도2413 판결 참조.
242 대법원 1989. 2. 28. 선고 88도1368 판결 참조.
243 대법원 1993. 3. 9. 선고 92도2999 판결 참조.
244 대법원 2018. 7. 19. 선고 2017도17494 전원합의체 판결 참조.
245 대법원 2017. 4. 26. 선고 2016도18035 판결 참조.
246 위 대법원 2017도17494 전원합의체 판결 참조.

판례

[2] [다수의견] 송금의뢰인이 다른 사람의 예금계좌에 자금을 송금·이체한 경우 특별한 사정이 없는 한 송금의뢰인과 계좌명의인 사이에 그 원인이 되는 법률관계가 존재하는지 여부에 관계없이 계좌명의인(수취인)과 수취은행 사이에는 그 자금에 대하여 예금계약이 성립하고, 계좌명의인은 수취은행에 대하여 그 금액 상당의 예금채권을 취득한다. 이 때 송금의뢰인과 계좌명의인 사이에 송금·이체의 원인이 된 법률관계가 존재하지 않음에도 송금·이체에 의하여 계좌명의인이 그 금액 상당의 예금채권을 취득한 경우 계좌명의인은 송금의뢰인에게 그 금액 상당의 돈을 반환하여야 한다. 이와 같이 계좌명의인이 송금·이체의 원인이 되는 법률관계가 존재하지 않음에도 계좌이체에 의하여 취득한 예금채권 상당의 돈은 송금의뢰인에게 반환하여야 할 성격의 것이므로, 계좌명의인은 그와 같이 송금·이체된 돈에 대하여 송금의뢰인을 위하여 보관하는 지위에 있다고 보아야 한다. 따라서 계좌명의인이 그와 같이 송금·이체된 돈을 그대로 보관하지 않고 영득할 의사로 인출하면 횡령죄가 성립한다.

이러한 법리는 계좌명의인이 개설한 예금계좌가 전기통신금융사기 범행에 이용되어 그 계좌에 피해자가 사기피해금을 송금·이체한 경우에도 마찬가지로 적용된다. **계좌명의인은 피해자와 사이에 아무런 법률관계 없이 송금·이체된 사기피해금 상당의 돈을 피해자에게 반환하여야 하므로, 피해자를 위하여 사기피해금을 보관하는 지위에 있다고 보아야 하고, 만약 계좌명의인이 그 돈을 영득할 의사로 인출하면 피해자에 대한 횡령죄가 성립**한다. 이 때 **계좌명의인이 사기의 공범이라면 자신이 가담한 범행의 결과 피해금을 보관하게 된 것일 뿐이어서 피해자와 사이에 위탁관계가 없고, 그가 송금·이체된 돈을 인출하더라도 이는 자신이 저지른 사기범행의 실행행위에 지나지 아니하여 새로운 법익을 침해한다고 볼 수 없으므로 사기죄 외에 별도로 횡령죄를 구성하지 않는다**(대법원 2018. 7. 19. 선고 2017도17494 전원합의체 판결 참조).

나. 구성요건적 행위 및 객체

본죄의 **구성요건적 행위**는 횡령 또는 반환을 거부하는 것이다. '**횡령**'이란 타인의 재물을 보관하는 사람이 그 재물에 대한 불법영득의 의사를 객관적으로 인식할 수 있도록 표현하는 것을 말한다. 이 때 횡령은 **법률행위**와 **사실행위**를 따지지 않는다. 다만 법률행위가 **강행법규에 위반하여 당연 무효**인 경우에는 횡령죄가 성립하지 않고,[247] **사법상 무효**인 경우에는 횡령죄가 성립한다.[248]

한편 '**반환의 거부**'라 함은 보관물에 대하여 소유자의 권리를 배제하는 의사표시로서 불법영득의 의사를 객관적으로 표현하는 것을 말한다. 이는 횡령행위에 준하는 정도여야 한다.[249]

---

247 대법원 1978. 11. 28. 선고 75도2713 판결 참조.
248 대법원 2002. 11. 13. 선고 2002도2219 판결 참조.
249 대법원 2013. 8. 23. 선고 2011도7637 판결 참조.

　나아가 **업무상횡령죄**의 경우 '업무자'라는 가감적 신분에 따라 형이 가중되는 부진정신분범으로서 이때의 **'업무'**는 위탁관계에 의한 타인의 재물보관을 내용으로 하는 업무로 봄이 상당하다. 부수적 업무라도 상관없고, **법률·계약**에 의한 것뿐만 아니라 관례를 좇거나 사실상이거나를 묻지 않고 **같은 행위를 반복할 지위에 따른 사무**를 가리킨다.[250]

　본죄의 기수시기와 관련하여 표현설과 실현설의 대립이 있고, **대법원**은 대체로 이를 외부에 표현하는 경우 기수가 된다는 입장(표현설)이나,[251] 실현설의 입장으로 해석되는 경우도 있다.[252]

　본죄의 객체는 자기가 보관하고 있는 **타인의 재물**이다. 이 때 타인의 재물이라 함은 재물의 소유권이 자기 이외의 다른 사람에게 속하는 것을 말한다. 공동소유권이 인정되는 경우에도 이는 타인성이 인정된다. 합유(合有)에 해당하는 **조합재산**,[253] **동업자 사이의 재산**[254] 등은 모두 재물의 타인성이 인정된다.

　한편 **용도와 목적을 정하여 위탁된 금전**의 경우 이에 대한 소유권은 위탁자에게 유보되어 있는 것이므로 이를 임의로 소비하면 횡령죄가 성립한다.[255] 결국 위와 같이 용도와 목적이 정해져 있는 금전의 경우에는 위임의 취지에 맞게 소비된 것인지에 따라 횡령죄의 성부가 결정된다.

　한편 채권양도인이 채권양도 통지 이전에 채무자로부터 변제받은 금원을 채권양수인에게 교부하지 않고 임의로 소비한 경우에는 양도인이 수령한 금전은 양도인과 양수인 사이에서 양수인의 소유에 속하므로 횡령죄가 성립한다.[256]

　본죄의 **주관적 구성요건요소**와 관련하여 본죄는 고의범이므로 위 객관적 구성요건에 대한 인식을 요하고, 불법영득의 의사가 있어야 한다. 이와 관련하여 예산을 집행할 직책에 있는 사람이 예산을 전용한 경우에는 **위법한 목적으로 예산을 유용한 경우 내지 예산의 용도가 엄격하게 제한되어 있는 때** 불법영득의 의사가 인정된다.[257]

---

250 대법원 1982. 1. 12. 선고 80도1970 판결 참조.
251 대법원 1993. 3. 9. 선고 92도2999 판결 참조.
252 대법원 2015. 2. 26. 선고 2014도15182 판결 참조.
253 대법원 2011. 11. 24. 선고 2010도5014 판결 참조.
254 대법원 2011. 6. 10. 선고 2010도17684 판결 참조.
255 대법원 2014. 2. 27. 선고 2013도12155 판결 참조.
256 대법원 1999. 4. 15. 선고 97도666 전원합의제 판결 참조.
257 대법원 2004. 12. 24. 선고 2003도4570 판결 참조.

다. 죄수 및 처벌

횡령죄의 죄수는 **위탁관계의 수**를 기준으로 판단한다. 따라서 피해자가 여러 명이라 하더라도 위탁관계가 1개이면 1개의 횡령죄의 포괄일죄가 된다. 다만 여러 위탁관계에 기하여 보관하던 여러 개의 재물을 1개의 행위에 의해 횡령하면 수개의 횡령죄의 상상적 경합범 관계에 있다.[258]

단순 횡령죄를 범하면 5년 이하의 징역 또는 1천500만 원 이하의 벌금에 처하고, **업무상의 임무에 위배하여 횡령죄**를 범한 자는 10년 이하의 징역 또는 3천만 원 이하의 벌금에 처한다. 업무상횡령죄는 '업무'라는 부진정 신분에 따라 가중처벌되는 구성요건이다.

라. 범죄수익환수 및 자금세탁범죄 처벌 사례

앞에서 살펴본 바와 같이 횡령죄 및 업무상횡령죄 모두 범죄수익은닉규제법상 중대범죄에 해당하고(피해금액이 3억 원 이상인 경우), 나아가 부패재산몰수법상 부패범죄에 해당한다. 그리고 해당 범죄로 영득한 재물은 범죄피해재산에 해당하지만 예외적으로 몰수·추징하여 범죄피해자에게 환부할 수 있다(상세한 내용은 제4관 「재산에 관한 죄」 총설 부분 참조). 나아가 위와 같이 영득한 재물을 은닉·가장·수수하는 경우에는 자금세탁범죄 또한 당연히 성립한다.

이와 관련하여 **회사의 자금을 횡령한 다음 이를 차명계좌를 이용해 분산이체하는 방법으로 세탁한 사안에서 특정범죄가중법위반(횡령)죄와 범죄수익은닉규제법위반죄의 성립을 인정하고, 횡령한 자금을 부패재산몰수법에 따라 범죄피해재산으로 추징하여 환수한 사례**가 있다.[259]

사례

범죄사실

[범죄전력]

피고인은 2015. 10. 7. 수원지방법원에서 유사수신행위의규제에관한법률위반죄 등으로 징역 1년에 집행유예 2년의 형을 선고받고, 2016. 2. 18. 그 판결이 확정되었다.

[신분관계 및 전제사실]

피고인은 서울 강남구 B에 있는 투자자문업체인 C주식회사(이하 'C'이라고 함)의 경영지원

---

[258] 대법원 2013. 10. 31. 선고 2013도10020 판결 참조.
[259] 부산지방법원 2018. 9. 28. 선고 2018고합126 판결 참조(대법원 2019도13330 판결로 확정).

실 대리로 근무하며 인사관리 등을 담당하였던 사람이다. D(2018. 3. 31. 구속)는 같은 경영 지원실 팀장으로 근무하며 자금관리 등을 담당하였던 사람이다. E, F(2018. 3. 20. 각 지명수 배)는 경기 화성시 일대에서 활동하는 폭력조직 'G파'의 조직원이다. H, I, J는 경기 구리시 K 에 있는 L주식회사(이하 'L'이라고 함)의 대표이사로 각 등재되었던 사람들이다.

한편 M은 C의 실질 대표이고, N은 C 투자자들로부터 투자금을 입금받는 계좌 명의자이자 C 의 투자금을 관리하는 개인기업체인 O의 명목상 대표로서, M, N 등은 C를 운영하면서 2015. 3. 경부터 같은 해 8.경까지 총 2,900여명의 투자자들로부터 합계 1,380억 원대 투자금을 편취한 사 기 범행을 저질러 이에 2015. 8.말경 금융감독원에서 C에 대한 조사에 착수하고 2015. 9. 17.경 검찰에서 C의 사무실을 압수수색 하는 등 수사가 개시되었던 상태로, 당시 M은 별건 P 사건으로 2015. 8. 12. 수원지방법원에서 유사수신행위의규제에관한법률위반죄 등으로 징역 4년을 선고받 아 법정구속되고 N은 2015. 10. 15. C 사기 사건으로 체포될 때까지 도주 중인 상황에 있었다.

[범죄사실]

1. 특정경제범죄가중처벌등에관한법률위반(횡령)

피고인은 D와 함께, M이 2015. 8. 12.경 별건으로 법정구속된 상태에서 위와 같이 2015. 8.말경부터 C에 대하여 금융감독원 및 검찰 수사가 진행됨에 따라 C에서 다수 투자자들로부 터 투자금 등 명목으로 교부받아 대표 사무실 내에 보관하고 있던 거액의 수표 등에 대한 관 리가 소홀해지게 되자, 이를 기화로 M을 대신하여 관리하던 위 수표 중 일부를 임의로 나누 어 사용하기로 모의하였다.

이에 피고인은 D와 함께 2015. 9. 16.경 C 대표 M의 사무실에서 그곳 서랍장 내에 보관되 어 있던 1억 원 권 자기앞수표 30매(C의 자회사 Q R명의 T 계좌에서 2015. 9. 3.자 발행) 합계 30억 원을 꺼내어 보관하고 있던 중, 피고인은 2015. 11. 23. SC은행 남역삼동지점에서 피고인의 아내 V 명의 U은행계좌(W)에 위 수표 중 3장(수표번호: X-Y)을 입금하고 2015. 11. 25. 같은 은행에서 위 이슬 명의 계좌에 위 수표 중 17장(수표번호: Z-AA)을 입금한 뒤 합계 20억 원을 그 무렵 사채업자에게 투자하는 등 개인 목적으로 임의 소비하고, D는 나머지 수 표 10억 원을 그 무렵 외제차량 및 고가시계 구입, 주식투자 등 개인 목적으로 임의 소비하였다.

이로써 피고인은 D와 공모하여 업무상 보관하던 피해자 C 소유 수표 30매 합계 30억 원을 횡령하였다.

2. 범죄수익은닉의규제및처벌등에관한법률위반

피고인은 2015. 9. 중순경 **M로부터 C 관련 투자사기 및 유사수신 범행을 통하여 취득 한 범죄수익(M은 특정경제범죄가중처벌등에관한법률위반(사기)죄 등으로 징역 13년 선고· 확정) 자금을 건네받아 보관하면서 현금화하여 돌려달라는 취지로 일명 '자금세탁'을 해 달라는 요구를 받고 이를 승낙한 다음, 그 무렵 E, F 등과 함께 L 등 다수 차명계좌를 동 원하여 자금세탁 작업을 하기로 모의하였다.**

이에 따라 <u>피고인은 2015. 9. 18.경 C의 투자금을 관리하여 온 N로부터 N 명의 **은행</u>
<u>계좌(AD)에서 L 명의 **은행계좌로 40억 원, **개발 명의 **은행계좌로 20억 원 등 합계</u>
<u>60억 원을 송금받고, *** 명의 하나은행계좌로 5억 원, *** 명의 **은행계좌로 5,000만 원,</u>
<u>*** 명의 **은행계좌로 513,192,344원, *** 명의 **은행계좌로 6억 원을 송금받는 등 합계</u>
<u>7,663,192,344원을 다수의 차명계좌 내지 피고인 및 E 등이 관리하는 계좌들로 분산하여 입</u>
<u>금받고, 이를 각 계좌에 있는 다른 자금과 합쳐지게 한 다음 E 등 명의의 다수 계좌로 재차</u>
<u>차용금, 거래자금 등을 가장하여 수회 이체한 후 인출하는 수법으로 현금화하고, 2015. 9.</u>
<u>경 그 중 현금 12억 원 상당을 M의 지시에 따라 M의 내연녀인 ***에게 전달하였다.</u>

이로써 피고인은 E, F 등과 공모하여 위와 같이 범죄수익 자금 합계 7,663,192,344원을 다
수의 차명계좌 등을 통해 거래하는 방법으로 그 취득 또는 처분 등에 관한 사실을 가장하고,
이를 적법하게 취득한 재산으로 가장할 목적으로 다수 차명계좌에 들어있던 자금과 합쳐서 관
리하는 등의 방법으로 범죄수익을 은닉하였다.

[법령의 적용]

1. 범죄사실에 대한 해당법조

구 특정경제범죄 가중처벌 등에 관한 법률(2016. 1. 6. 법률 제13179호로 개정되기 전의
것) 제3조 제1항 제2호, 형법 제356조, 제355조 제1항, 제30조(업무상횡령의 점), 범죄수익은
닉의 규제 및 처벌 등에 관한 법률 제3조 제1항 제1호, 제3호, 형법 제30조(범죄수익 취득·
처분사실 가장 및 은닉의 점, 징역형 선택)

1. 추징

부패재산의 몰수 및 회복에 관한 특례법 제6조 제1항, 제3조 제1항, 제5조 제1항

[이 사건 횡령 범행의 피해자가 C이기는 하나, 그 피해금원은 실질적으로 M 등의 사기
범행 피해자들에게 반환되거나 손해배상되어야 할 재산이다. C가 그 피해금원에 관한 종
국적인 권리를 행사하는 것이 바람직하지 않고, C가 피고인을 상대로 손해배상청구권 등
을 적극적으로 행사하지도 않을 것으로 보인다. 또한 사기 범행 피해자들이 C를 대위하
여 피고인에 대한 손해배상청구권 등을 행사하는 것도 현실적으로 어려워 보인다. 따라
서 부패재산의 몰수 및 회복에 관한 특례법 제6조 제1항에 따라 피고인으로부터 피고인
이 취득한 20억 원을 추징한다]

3. (업무상)배임죄(형법 제355조 제2항, 제356조)

관련조문

제355조(횡령, 배임) ② 타인의 사무를 처리하는 자가 그 임무에 위배하는 행위로써 재산상의
이익을 취득하거나 제삼자로 하여금 이를 취득하게 하여 본인에게 손해를 가한 때에도 전항

의 형과 같다.

제356조(업무상의 횡령과 배임) 업무상의 임무에 위배하여 제355조의 죄를 범한 자는 10년 이하의 징역 또는 3천만 원 이하의 벌금에 처한다. <개정 1995. 12. 29.>

가. 구성요건의 주체 및 행위의 상대방

본죄의 **구성요건의 주체**는 '**타인의 사무를 처리하는 사람**'이다. 이 때 '**타인의 사무를 처리하는 사람**'이라 함은 타인과의 대내적 신임관계에 비추어 맡겨진 사무를 신의성실의 원칙에 맞게 처리해야 할 의무가 있는 사람을 말한다. 대외적으로 법적 권한을 요구되지 않지만 대내적으로 임무에 따라 성실하게 사무를 처리해야 할 의무가 있어야 한다.

이 때 '**사무**'는 타인의 사무여야 하는바 타인의 재산을 보호·관리해야 할 의무가 주된 것으로서 **신임관계의 본질**을 이루고 있어야 하고 재산상의 사무로 제한된다.[260]

> **판례**
>
> 배임죄는 타인의 사무를 처리하는 자가 그 임무에 위배하는 행위로써 재산상의 이익을 취득하거나 제3자로 하여금 이를 취득하게 하여 사무의 주체인 타인에게 손해를 가할 때 성립하는 것이므로 범죄의 주체는 타인의 사무를 처리하는 지위에 있어야 한다. 여기에서 '**타인의 사무를 처리하는 자**'라고 하려면, **타인의 재산관리에 관한 사무의 전부 또는 일부를 타인을 위하여 대행하는 경우와 같이 당사자 관계의 전형적·본질적 내용이 통상의 계약에서의 이익대립관계를 넘어서 그들 사이의 신임관계에 기초하여 타인의 재산을 보호 또는 관리하는 데에 있어야 한다.** 이익대립관계에 있는 통상의 계약관계에서 채무자의 성실한 급부이행에 의해 상대방이 계약상 권리의 만족 내지 채권의 실현이라는 이익을 얻게 되는 관계에 있다거나, 계약을 이행함에 있어 상대방을 보호하거나 배려할 부수적인 의무가 있다는 것만으로는 채무자를 타인의 사무를 처리하는 자라고 할 수 없고, **위임 등과 같이 계약의 전형적·본질적인 급부의 내용이 상대방의 재산상 사무를 일정한 권한을 가지고 맡아 처리하는 경우에 해당하여야 한다**(대법원 2020. 2. 20. 선고 2019도9756 전원합의체 판결 참조).

한편 위 사무처리의 근거는 법령·계약을 불문하고 사실상의 신임관계, 관습 또는 사무관리도 될 수 있으며, 자신의 고유의 권한으로 그 사무를 처리하는 것에 한정되지 않고 그 자의 보조기관으로서 직접 또는 간접으로 그 처리에 관한 사무를 담당하는 자도 포함한다.[261]

---

[260] 대법원 2020. 2. 20. 선고 2019도9756 전원합의체 판결 참조.
[261] 대법원 2004. 6. 24. 선고 2004도520 판결 참조.

나. 구성요건적 행위 및 객체

본죄의 **구성요건적 행위**는 배임행위에 의하여 재산상 이익을 취득하여 본인에게 손해를 가하는 것이다. '**배임행위**'란 사무처리자로서 임무에 위배하여 본인과의 신임관계를 파괴하는 모든 행위를 말한다. 임무위배의 여부는 신의성실의 원칙에 기초해 판단함이 상당하다. 그리고 업무상배임죄에서의 '**업무**'는 업무상 횡령죄의 그것과 동일하다.

판례

업무상배임죄는 타인의 사무를 처리하는 자가 그 임무에 위배하는 행위로서 재산상의 이익을 취득하거나 제3자로 하여금 이를 취득하게 하여 본인에게 손해를 가함으로써 성립하는바, 이 경우 **그 임무에 위배하는 행위라 함은 처리하는 사무의 내용, 성질 등 구체적 상황에 비추어 법률의 규정, 계약의 내용 혹은 신의칙상 당연히 할 것으로 기대되는 행위를 하지 않거나 당연히 하지 않아야 할 것으로 기대하는 행위를 함으로써 본인과 사이의 신임관계를 저버리는 일체의 행위를 포함하는 것**으로 그러한 행위가 법률상 유효한가 여부는 따져볼 필요가 없고, 행위자가 가사 본인을 위한다는 의사를 가지고 행위를 하였다고 하더라도 **그 목적과 취지가 법령이나 사회상규에 위반된 위법한 행위로서 용인할 수 없는 경우에는 그 행위의 결과가 일부 본인을 위하는 측면이 있다고 하더라도 이는 본인과의 신임관계를 저버리는 행위로서 배임죄의 성립을 인정함에 영향이 없다**(대법원 2002. 7. 22. 선고 2002도1696 판결 참조).

한편 본죄가 성립하기 위해선 배임행위로 인하여 재산상 손해가 발생하여야 한다. 여기에서 '**재산상 손해**'라 함은 본인의 전체 재산가치의 감소를 의미한다. 이는 법률적 판단이 아닌 경제적 관점에서 판단하여야 하고 구체적·현실적인 재산상 실해 발생의 위험이 인정되어야 한다.

판례

업무상배임죄는 업무상 타인의 사무를 처리하는 자가 임무에 위배하는 행위를 하고 그러한 임무위배행위로 인하여 재산상의 이익을 취득하거나 제3자로 하여금 이를 취득하게 하여 본인에게 재산상의 손해를 가한 때 성립하는데, 여기서 **재산상의 손해에는 현실적인 손해가 발생한 경우뿐만 아니라 재산상 실해 발생의 위험을 초래한 경우도 포함되고, 재산상 손해의 유무에 대한 판단은 법률적 판단에 의하지 않고 경제적 관점에서 파악하여야 한다**. 그런데 재산상 손해가 발생하였다고 평가될 수 있는 **재산상 실해 발생의 위험**이란 본인에게 **손해가 발생할 막연한 위험이 있는 것만으로는 부족하고 경제적인 관점에서 보아 본인에게 손해가 발생한 것과 같은 정도로 구체적인 위험이 있는 경우를 의미한다**. 따라서 재산상 실해 발생의 위험은 **구체적·현실적인 위험이 야기된 정도에 이르러야** 하고 단지 막연한 가능성이 있다는 정도로는 부족하다(대법원 2017. 10. 12. 선고 2017도6151 판결 참조).

나아가 배임죄는 배임행위와 재산상 손해발생 이외에 **자기 또는 제3자가 재산상의 이익을 취득할 것**을 요건으로 하고 있다. 이 때 재산상의 이익은 모든 재산적 가치의 증가를 의미한다. 적극적·소극적 이익을 묻지 않는다.[262]

주관적 구성요건요소로서 배임죄는 고의범이므로 위 객관적 구성요건에 대한 인식 즉 배임행위를 하여 자기 또는 제3자가 재산상 이익을 취득하고 본인에게 손해를 가한다는 점에 대한 인식과 의사를 요한다. 나아가 불법이득의 의사가 있어야 함은 당연하다.

다. 죄수 및 처벌

본죄의 죄수는 **신임관계의 수**를 기준으로 한다. 따라서 사무처리자가 수회 배임행위를 하였다 하더라도 신임관계가 단일하고 범죄의사와 태양이 동일하고 연속되어 있는 경우에는 포괄일죄가 성립한다.[263]

단순 배임죄를 범하면 5년 이하의 징역 또는 1천500만 원 이하의 벌금에 처하고, **업무상의 임무에 위배하여 배임죄**를 범한 자는 10년 이하의 징역 또는 3천만 원 이하의 벌금에 처한다. 업무상배임죄는 '업무'라는 부진정 신분에 따라 가중처벌되는 구성요건이다.

라. 범죄수익환수 및 자금세탁범죄 처벌 사례

앞에서 살펴본 바와 같이 배임죄 및 업무상배임죄 모두 범죄수익은닉규제법상 중대범죄에 해당하고(피해금액이 3억 원 이상인 경우), 나아가 부패재산몰수법상 부패범죄에 해당한다. 그리고 해당 범죄로 취득한 재산상 이익은 범죄피해재산에 해당하지만 예외적으로 몰수·추징하여 범죄피해자에게 환부할 수 있다(상세한 내용은 제4관 「재산에 관한 죄」 총설 부분 참조). 위와 같이 취득한 이익을 은닉·가장·수수하는 경우에는 자금세탁범죄 또한 당연히 성립한다.

그런데 실무상 횡령죄와는 달리 배임죄의 경우 배임행위로 인한 재산상 손해와 이익이 명확히 특정되지 않는 경우가 많아 부패재산몰수법상 예외적 범죄피해재산 환수 규정을 적용하여 추징을 선고한 사례는 거의 확인되지 않는다.

나아가 배임죄의 경우 그 객체가 재물이 아닌 재산상 이익이어서 범죄수익은닉규제법상 가장·은닉·수수에 의한 자금세탁범죄가 성립하여 처벌된 사례도 드물다. 그러나 그 경우에도 타인에게 손해를 가하고 취득한 재산상 이익의 취득 및 처분을 가장하거나 함부로 이를

---

262 대법원 2007. 7. 26. 선고 2005도6439 판결 참조.
263 대법원 2009. 7. 23. 선고 2007도541 판결 참조.

은닉하는 경우에는 자금세탁범죄가 성립한다는 점을 유의할 필요가 있다(私見).

7 회계관계직원의 국고등 손실 관련(별표 제1호 너목 전단)

범죄수익은닉규제법 별표 제1호 너목에서는 **형법 제2편 제40장 횡령과 배임의 죄 중 회계관계직원 등의 책임에 관한 법률에 규정된 사람이 국고 또는 지방자치단체에 손실을 미칠 것을 알면서도 그 직무에 관하여 횡령행위를 하는 경우**를 중대범죄로 규정하고 있다.

관련조문

범죄수익은닉규제법 별표

중대범죄(제2조 제1호 관련)

1. 「형법」 중 다음 각 목의 죄
    너. 제2편 제40장 횡령과 배임의 죄 중 <u>제355조[「회계관계직원 등의 책임에 관한 법률」 제2조 제1호·제2호 또는 제4호(제1호 또는 제2호에 규정된 사람의 보조자로서 그 회계사무의 일부를 처리하는 사람만 해당한다)에 규정된 사람이 국고 또는 지방자치단체에 손실을 미칠 것을 알면서도 그 직무에 관하여 「형법」 제355조의 죄를 범한 경우만 해당한다] 및 제357조 제1항·제2항의 죄</u>

다만 위 중대범죄는 공무원범죄몰수법에도 똑같이 특정공무원범죄로 규정되어 있는바 그 부분에서 상세히 검토하기로 하고 여기에서는 그 기재를 생략한다(「제6편 공무원범죄몰수법 제2장」 부분 참조).

8 배임수증재죄(형법 제357조)

1. 총설

범죄수익은닉규제법 별표 제1호 너목에서는 **형법 제2편 제40장 횡령과 배임의 죄 중 제357조(배임수증재)의 죄**를 중대범죄로 규정하고 있다. 본죄는 2013. 5. 28. 범죄수익은닉규제법이 개정되면서 중대범죄로 추가되었다.

관련조문 ─────────────────────────────────────

범죄수익은닉규제법 별표

중대범죄(제2조 제1호 관련)

1. 「형법」 중 다음 각 목의 죄

   너. 제2편 제40장 횡령과 배임의 죄 중 제355조[「회계관계직원 등의 책임에 관한 법률」 제2조 제1호·제2호 또는 제4호(제1호 또는 제2호에 규정된 사람의 보조자로서 그 회계사무의 일부를 처리하는 사람만 해당한다)에 규정된 사람이 국고 또는 지방자치단체에 손실을 미칠 것을 알면서도 그 직무에 관하여 「형법」 제355조의 죄를 범한 경우만 해당한다] 및 **제357조 제1항·제2항의 죄**

관련조문 ─────────────────────────────────────

제357조(배임수증재) ① 타인의 사무를 처리하는 자가 그 임무에 관하여 부정한 청탁을 받고 재물 또는 재산상의 이익을 취득하거나 제3자로 하여금 이를 취득하게 한 때에는 5년 이하의 징역 또는 1천만 원 이하의 벌금에 처한다. <개정 2016. 5. 29.>
② 제1항의 재물 또는 이익을 공여한 자는 2년 이하의 징역 또는 500만 원 이하의 벌금에 처한다.

   배임수재 및 배임증재죄는 횡령·배임죄의 장에 위치하고 있으나 그 본질은 재산에 관한 죄라고 보기 어렵고 타인의 사무를 처리하는 자가 임무에 관하여 부정한 청탁을 받고 재물 또는 재산상 이익을 취득하는 '**부패범죄**'로 이해함이 상당하다(다만 조문의 위치와 검토의 편의에 따라 본관에서 검토한다).

   따라서 **형법 제357조 제3항**은 위와 같이 주고받은 재물 또는 재산상 이익은 필요적으로 몰수·추징하도록 하고 있고, 이는 범죄수익은닉규제법 및 마약거래방지법에 따라 보전조치 가능하다.

관련조문 ─────────────────────────────────────

제357조(배임수증재) ③ 범인 또는 정(情)을 아는 제3자가 취득한 제1항의 재물은 몰수한다. 그 재물을 몰수하기 불가능하거나 재산상의 이익을 취득한 때에는 그 가액을 추징한다.

   이하에서는 배임수재 및 배임증재죄의 구성요건을 각각 살펴보고, 본죄를 위반하여 주고

받은 재물 또는 재산상 이익을 환수한 사례, 자금세탁범죄 처벌사례를 살펴보도록 한다.

2. 배임수재죄(형법 제357조 제1항)

관련조문

제357조(배임수증재) ① 타인의 사무를 처리하는 자가 그 임무에 관하여 부정한 청탁을 받고 재물 또는 재산상의 이익을 취득하거나 제3자로 하여금 이를 취득하게 한 때에는 5년 이하의 징역 또는 1천만 원 이하의 벌금에 처한다.

가. 구성요건의 주체 및 행위의 상대방

본죄의 **구성요건의 주체**는 **타인의 사무를 처리하는 사람**이다(신분범). 이때의 사무는 배임죄와는 달리 재산상의 사무로 한정되지 않는다. 이 때 타인의 사무를 처리하는 자는 타인과의 대내관계에 있어 신의성실의 원칙에 비추어 그 사무를 처리할 신임관계가 존재한다고 인정되는 자를 의미하고, 반드시 제3자에 대한 대외관계에서 사무에 관한 권한이 존재할 것을 요건으로 하지 않으며 **신임관계의 발생근거는 법령의 규정, 법률행위, 관습, 사무관리에 의해서도 가능하다.**[264]

나. 구성요건적 행위 및 객체

본죄의 **구성요건적 행위**는 그 임무에 관하여 부정한 청탁을 받고 재물 또는 재산상의 이익을 취득하거나 제3자로 하여금 이를 취득하게 하는 것이다.

이 때 '**임무에 관하여**'의 의미에 대해 살펴보면, 임무관련성은 위임받은 본래의 사무뿐만 아니라 그와 밀접한 관계가 있는 범위 내의 사무를 모두 포함한다.[265] 나아가 '**부정한 청탁**'이라 함은 사무처리자에 대해 그의 임무상 사회상규와 신의성실의 원칙에 반하는 행위를 하여 줄 것을 청하는 것을 말한다.[266] 배임수재죄는 부정한 청탁을 '**받아야**' 하므로 배임증재자가 한 청탁을 승낙하여야 한다.

본죄의 객체는 재물 또는 재산상 이익이고, 본죄는 이를 현실적으로 수령하여야 성립한

---

264 대법원 2003. 2. 26. 선고 2002도6834 판결 참조.
265 대법원 1982. 2. 9. 선고 80도2130 판결 참조.
266 대법원 2005. 1. 14. 선고 2004도6646 판결 참조.

다. 이때의 취득행위는 부정한 청탁과 **인과관계**가 있어야 하므로 재물 또는 재산상 이익의 취득과 무관한 경우에는 본죄가 성립하지 않는다.[267] 이때의 취득은 본인이 취득하거나 제3자로 하여금 취득하게 하는 모든 경우를 포함한다.

본죄의 **주관적 구성요건요소**와 관련하여 본죄는 **고의범**이므로 위 객관적 구성요건에 대한 인식을 요하고, **불법영득(이득)의 의사**가 있어야 한다.

다. 죄수 및 처벌

배임수재죄를 범하면 5년 이하의 징역 또는 1,000만 원 이하의 벌금에 처하고, 위와 같이 취득한 재물 또는 재산상 이익은 필요적 몰수·추징의 대상이 됨은 앞에서 본 바와 같다.

3. 배임증재죄(형법 제357조 제2항)

관련조문

제357조(배임수증재) ② 제1항의 재물 또는 이익을 공여한 자는 2년 이하의 징역 또는 500만 원 이하의 벌금에 처한다.

가. 구성요건의 주체 및 행위의 상대방

본죄의 **구성요건의 주체**는 아무런 제한이 없다. 따라서 누구든지 본죄의 주체가 될 수 있다. 나아가 **행위의 상대방**은 배임수재죄의 주체인 타인의 사무를 처리하는 사람이다.

나. 구성요건적 행위 및 객체

본죄의 **구성요건적 행위**는 그 임무에 관하여 부정한 청탁을 하고 재물 또는 재산상의 이익을 공여하는 것이다. 위 구성요건의 해석은 배임수재죄의 그것과 같다.

본죄의 **주관적 구성요건요소**와 관련하여 본죄는 고의범이므로 위 객관적 구성요건에 대한 인식을 요한다.

다. 죄수 및 처벌

배임증재죄를 범하면 2년 이하의 징역 또는 500만 원 이하의 벌금에 처한다.

---

[267] 대법원 1982. 7. 13. 선고 82도874 판결 참조.

4. 범죄수익환수 및 자금세탁범죄 처벌 사례

본죄는 앞에서도 언급한 바와 같이 '재산에 관한 죄'가 아닌 **부패범죄**'에 해당하므로 위와 같이 임무에 관하여 부정한 청탁을 받고 취득한 재물 또는 재산상 이익은 모두 환수의 대상이 되고, 이를 가장·은닉·수수한 경우에는 자금세탁범죄가 성립한다.

이와 관련하여 **회사의 시공사 선정 업무와 관련하여 부정한 청탁을 받고 차명계좌로 재산상 이익을 지급받은 경우 위 재산상 이익을 모두 추징하고 해당 범죄수익을 차명계좌로 입금받은 행위를 자금세탁범죄로 처벌한 사례**가 있다.[268] 실무상 이와 같이 임무에 관하여 부정한 청탁을 받고 수수한 금품을 환수하고 이를 은닉·가장·수수하는 경우 범죄수익은닉규제법위반죄로 처벌하는 사례는 다수 발견된다.

사례

범죄사실

(전략) (21) 2006고합342호 배임수재의 점

　(가) 공소사실의 요지

　위 피고인은 2003. 6.경부터 △△종합건설, 146 주식회사 회장 공소외 2를 알게 되면서 서울 강남구 대치동 소재 한국토지공사 빌딩 내 사무실에 △△종합건설을 지칭하는 " △△건설"이라는 명판을 걸어놓고 공소외 2의 자리를 마련하여 두며, △△종합건설의 명함을 소지하고 다니면서 △△종합건설의 회장 또는 고문으로 행세하면서공소외 2와 친밀한 관계를 맺어오던 중, 2004. 4. 30.경 한국토지공사가 분양하는 하남시 풍산지구 택지 비(B)-4 블록 대지분양가 783억 원 상당을 △△종합건설이 낙찰 받아 38평 기준 489세대, 시공금액 844억 원 상당의 아파트 시행사업을 하게 되자 평소 대형 건설회사를 많이 알고 있던 위 피고인이 △△종합건설의 고문으로서 △△종합건설을 위하여 시공사를 선정하는데 도움을 주기로 공소외 2와 약속한 후 공소외 2로부터 시공사 선정에 관한 일체를 위임받게 되었는데 이러한 경우 위 피고인으로서는 △△종합건설을 위해 시공사가 되고자 하는 회사들의 아파트 시공능력이나 시공경험, 분양가, 아파트의 브랜드, 분양시 소비자들의 선호도와 판매가능성, 완공 이후 아파트 관리문제 등을 전반적으로 검토한 뒤 신의성실의 원칙에 따라 시공사를 선정하여야 할 임무가 있음에도 불구하고 시공사 선정 대가를 주겠다는 업체를 시공사로 선정하기로 마음먹고, 2004. 5. 13.경 서울 강남구 역삼동 소재 르네상스호텔에서 위 풍산지구 택지의 시공사로 선정되기를 바라는 △△토건의 부회장인공소외 80에게 시공사로 선정하여 줄 테니 10억 원을

---

268 서울고등법원 2007. 11. 2. 선고 2007노377 판결 참조.

달라고 하면서 우선 4억 원을 먼저 달라고 요구하고, 그 다음 날 전화로 공소외 80에게 "시공사 선정대가 명목으로 4억 원을 우선 지급하면 △△토건에서 이번 공사를 수주할 수 있도록 책임지고 수주 불가시 돌려줄 것을 약속한다"고 제의하여 즉석에서 공소외 80으로부터 "돈 4억 원을 송금하여 줄 테니 시공사로 반드시 선정하여 달라"는 취지의 부정한 청탁을 받고, 같은 날 위 피고인의 차명계좌인공소외 57 명의의 농협계좌((계좌번호 생략))로 4억 원을 송금받은 것을 비롯하여 별지 2 기재 범죄일람표 기재와 같이 그 때부터 2005. 11. 10.경까지 사이에 14회에 걸쳐 같은 명목으로 합계 9억 5,500만 원을 교부 받아 동액 상당의 재물을 취득하였다.

(중략) (25) 2006고합350호, 2006고합355호 각 범죄수익은닉의규제및처벌등에관한법률위반의 점

(가) 공소사실의 요지

1) (2006고합350호) 위 피고인은 ○○경찰서 방범과장 공소외 33으로부터 경찰청장에게 공소외 33에 대한 징계 선처를 청탁을 한 것에 대한 사례명목으로 활동비를 위 피고인이 관리하는 타인 명의 차명 계좌로 송금받는 방법으로 공무원의 직무에 속한 사항의 알선에 관하여 금품을 수수하는 등(2005고합1178호) 범죄수익등의 취득에 관한 사실을 가장하기로 마음먹고, 2003. 12. 5. 공소외 33으로부터 위와 같은 활동비 명목으로 공소외 33의 처 공소외 34 명의로 950만 원을, 위 공소외 33의 딸 공소외 35 명의로 50만 원을 위 피고인의 차명계좌인 공소외 36명의 우리은행 계좌(계좌번호생략)로 송금받은 후 그 정을 모르는 공소외 36으로 하여금 즉시 현금으로 인출하게 한 다음 다시 위 피고인의 차명계좌인 공소외 87명의 조흥은행 계좌(계좌번호생략)로 입금토록 하는 등 범죄수익등의 취득에 관한 사실을 가장하고,

2) (2006고합355호) 위 피고인은 공소외 21 주식회사 부사장 공소외 22로부터 계열사인 공소외 23 주식회사 대표이사인 공소외 24의 배임수재죄 사건과 관련하여 판사, 검사에게 청탁하는데 경비를 사용하였다면서 그 경비를 피고인이 관리하는 타인 명의 차명계좌로 송금받는 방법으로 공무원의 직무에 속한 사항의 알선에 관하여 금품을 수수하는 등(2005고합1143호) 범죄수익등의 취득에 관한 사실을 가장하기로 마음먹고, 2003. 7. 9. 경 공소외 22로부터 위와 같은 경비명목으로 위 피고인의 차명계좌인 공소외 25 명의 외환은행 계좌(계좌번호생략)로 1,860만 원을 송금받아 범죄수익등의 취득에 관한 사실을 가장하였다.

(중략)

(다) 당심의 판단

1) 검사는 이 부분 각 공소사실에 관하여 범죄수익은닉의규제및처벌등에관한법률 제3조 제1항 제1호를 적용하여 기소하고 있는바, 위 규정은 '범죄수익등의 취득 또는 처분에 관한 사실을 가장한' 경우를 처벌하는 것으로서, 적법하게 취득한 재산으로 가장할 목적이 인정되는 경우에 한하여 처벌하는 같은 조 제1항 제3호의 경우(범죄수익은닉죄)와 달리

(대법원 2004. 12. 10. 선고 2004도5652 판결 참조), 위와 같은 가장의 목적이 없어도 범죄수익등의 취득 또는 처분에 관한 사실을 가장하면 성립한다고 할 것이다.

2) 이 사건 각 금원이 범죄수익에 해당함은 판시 제2의 나 (1)항(2005고합1143호), 제2의 나 (4)항(2005고합1178호)에서 살펴본 바와 같고, 앞에서 본 증거들에 의하여 인정되는 다음과 같은 사정 즉, ① 위 피고인은 위와 같이 타인의 차명계좌를 사용하여 송금받은 이유에 대하여 위 피고인의 사무실 직원이나 강원랜드 카지노에 함께 찾아간 사람을 이용하여 쉽게 수표를 찾아 사용하기 위한 것이라고 진술하고 있으나, 위 피고인은 2004. 3.경 위 피고인 명의의 조흥은행 계좌(계좌번호 생략)를 개설하여 사용한 사실까지 있음에도(2006형제42950호 수사기록 168쪽) 굳이 타인의 계좌를 거치는 방법으로 수표를 찾은 점, ② 공소외 36은 위 피고인의 지시에 의하여 위에서 본 바와 같이 송금받은 후 공소외 87의 계좌에 다시 송금한 것일 뿐 그 이유에 대해서는 모른다고 진술하였고(2006형제42949호 수사기록 230쪽), 공소외 87은 위 피고인이 강원랜드 카지노에서 공소외 87 명의의 통장을 개설하라고 하여 개설한 후 이를 위 피고인에게 알려 주었더니 돈이 들어왔다며 찾아오라고 하여 자신의 사인을 하고 수표를 찾아와 이를 위 피고인에게 건네 준 사실이 있다고 진술한 점(2006형제42949호 수사기록 215~217쪽), ③ 공소외 25는 위 피고인의 직원인공소외 88의 누나이자 공소외 11의 언니로서 위 피고인의 직원이라거나 업무상 관계가 있는 사이가 아님에도 위 피고인은 공소외 25 명의의 통장을 개설하여 이 사건 공소외 22로부터 1,860만 원을 송금받는데 사용한 점 등을 종합하면, **위 피고인이 위 각 금원을 차명계좌로 송금받음으로써 범죄로 얻은 수익을 적법하게 취득한 재산으로 가장하였음을 인정할 수 있으므로 결국 위 피고인의 이 부분 항소논지 역시 모두 이유 없다.**

9 장물의 죄(형법 제362조)

1. 서설

범죄수익은닉규제법 별표 제1호 더목에서는 **형법 제2편 제41장 장물의 죄 중 제362조** (장물의 취득, 알선 등)의 **죄**를 중대범죄로 규정하고 있다.

관련조문
범죄수익은닉규제법 별표

<u>중대범죄</u>(제2조 제1호 관련)

1. 「형법」 중 다음 각 목의 죄
  더. 제2편 제41장 장물에 관한 죄 중 **제362조**의 죄

이하에서는 장물죄의 구성요건을 각각 살펴보고, 범죄수익환수 사례 및 자금세탁범죄 처벌사례를 살펴보도록 한다.

2. 장물취득 등의 죄(형법 제362조)

관련조문

제362조(장물의 취득, 알선 등) ① 장물을 취득, 양도, 운반 또는 보관한 자는 7년 이하의 징역 또는 1천500만 원 이하의 벌금에 처한다.
② 전항의 행위를 알선한 자도 전항의 형과 같다.

가. 구성요건의 주체 및 행위의 상대방

본죄의 **구성요건의 주체**는 법문상 아무런 제한이 없으나 장물죄의 본질에 비추어 본범의 정범(공동정범, 간접정범 등)은 본죄의 주체에서 제외된다. **행위의 상대방**은 아무런 제한이 없다.

나. 구성요건적 행위 및 객체

본죄의 **구성요건적 행위**는 장물을 취득, 양도, 운반 또는 보관 및 알선하는 것이다.

이 때 '**장물**'은 재물이어야 하고(따라서 재산상 이익은 제외된다), 재산범죄에 의하여 영득한 재물 그 자체이거나 적어도 그것과 물질적 동일성이 인정되어야 한다. 따라서 대체장물은 장물이라고 볼 수 없다. 다만 '**환전통화**'의 경우에는 금전적 가치에는 아무런 차이가 없으므로 장물로서의 성질을 그대로 갖는다.[269] 나아가 '**자기앞수표**'는 거래상 현금과 동일하게 취급되고 있으므로 금전의 경우와 동일하게 판단하여야 한다.[270]

한편 장물은 재산죄에 의하여 영득한 재물이므로 본범은 영득죄(재물을 객체로 하는 재산에 관한 죄)이어야 한다. 따라서 배임죄로 취득한 재산상 이익은 장물이 될 수 없다. 나아가 본범(영득죄)의 행위는 구성요건에 해당하고 위법하여야 한다.[271]

구체적인 행위와 관련하여 '**취득**'이라 함은 장물에 대한 점유를 이전받음으로써 사실상의 처분권을 획득하는 것을 말하므로 유상·무상을 묻지 않는다. '**양도**'라 함은 장물인 정을 알지 못하고 취득한 후에 그 정을 알면서 제3자에게 이를 넘기는 것을 의미한다.[272] 이때에도

---

269 대법원 2000. 3. 10. 선고 98도2579 판결 참조.
270 위 대법원 98도2579 판결 참조.
271 대법원 2011. 4. 28. 선고 2010도15350 판결 참조.

유상·무상을 불문한다.

한편 '**운반**'이라 함은 장물의 소재를 장소적으로 이전하는 것을 말하고, '**보관**'은 위탁을 받고 장물인 정을 알면서 이를 자기 지배하에 두는 것을 말한다. 나아가 '**알선**'은 장물의 취득·양도·운반·보관을 매개 또는 주선하는 것을 의미한다.

본죄의 **주관적 구성요건**과 관련하여 본죄는 고의범이므로 위와 같은 객관적 구성요건에 대한 인식을 요한다.

다. 처벌

본죄를 범하면 7년 이하의 징역 또는 1,500만 원 이하의 벌금에 처한다. 다만 장물죄를 범한 사람과 피해자 사이에 직계혈족, 배우자, 동거친족, 동거가족 또는 그 배우자(형법 제328조 제1항)의 신분관계가 있는 경우 형이 면제되고, 그 외의 신분관계가 있는 경우에는 친고죄가 된다(제365조 제1항).

나아가 장물범과 본범 사이에 제328조 제1항의 친족관계가 있는 경우 형을 필요적으로 감면한다(제365조 제2항).

라. 범죄수익환수 사례

본죄는 재산에 관한 죄이므로 범죄수익은닉규제법에 따라 이에 대한 몰수·추징은 원칙적으로 불가하다. 그러나 장물죄를 범하는 대가 또는 보수로 받는 재산의 경우에는 이는 범죄수익등에 해당하므로 환수할 수 있다.

이와 관련하여 **장물을 운반하여 주는 대가로 금전을 지급받기로 하고 장물을 운반하여 준 사안에서 그 대가로 받은 재산을 환수한 사례**가 있다.[273]

사례

범죄사실

피고인은 2018. 7.경 **인터넷 구직사이트에서 알게 된 속칭 대포통장 매입책으로부터 휴대폰 장물업자인 성명불상자(카카오톡 ID B)를 소개받아 그로부터 '고속버스, KTX 수화물편, 지하철 물품보관함에 들어 있는 장물 휴대폰을 수거하고 이를 중국 보따리상(일명**

---

272 대법원 2011. 5. 13. 선고 2009도3552 판결 참조.
273 의정부지방법원 2020. 7. 1. 선고 2020고단1509 판결 참조(그대로 확정).

따이공)에게 전달해주면 휴대폰 1대당 50,000원씩 주겠다'라는 제안을 받고 이를 수락하여 장물을 운반하기로 마음먹었다.

피고인은 위와 같이 물품보관함에서 그곳에 있는 기종 불상의 휴대폰이 장물인 정을 알면서도 이를 수거하여 피고인이 운영하던 서울 C C에서 보관하다가 휴대폰 5대 이상이 모이면 위 성명불상의 장물업자가 지시하는 서울 소재 면세점 등지에서 성명불상의 중국 보따리상을 만나 이를 건네주었다.

피고인은 2018. 8. 4.경 서울 중구 E 앞 노상에서, 장물인 기종 불상의 휴대폰 6대를 성명불상의 중국 보따리상에게 건네주어 운반한 것을 비롯하여 그때부터 2019. 3. 12.경까지 사이에 별지 범죄일람표에 기재와 같이 총 35회에 걸쳐 합계 376대의 장물을 같은 방법으로 각 운반하였다.

법령의 적용

1. 범죄사실에 대한 해당법조 및 형의 선택
   각 형법 제362조 제1항(징역형 선택)

1. 추징
   범죄수익은닉의 규제 및 처벌 등에 관한 법률 제10조 제1항, 제8조 제1항

마. 자금세탁범죄 처벌 사례

본죄와 관련하여 배임수재로 취득한 재물이라는 사정을 알면서 금전을 취득하고, 이를 가장하기 위하여 위 장물을 차명계좌로 입금한 경우 이를 자금세탁범죄로 처벌한 사례가 있다.[274]

> **사례**
>
> (전략) 4. 피고인 D
>
> 가. 장물취득
>
> 피고인은 A와 B가 제2항과 같이 협력업체인 C로부터 부정한 청탁을 받고 교부받은 장물이라는 사실을 인지하고도, '생활비 등 개인적인 용도에 사용하라'는 상급자 A의 지시에 따라 이를 취득하기로 마음먹었다.
>
> 피고인은 2012. 12. 4.경 A 및 B가 배임수재 범행을 통해 수수한 장물 중 8,000,500원을 교부받아 취득한 것을 비롯하여, 그때부터 2014. 6. 23.경까지 별지 범죄일람표(3) 기재와 같이 총 14회에 걸쳐 합계 131,875,500원의 장물을 취득하였다.

---

[274] 부산지방법원 동부지원 2018. 5. 15. 선고 2017고합260 판결 참조(대법원 2018도15855 판결로 확정).

나. 범죄수익의규제및처벌등에관한법률위반

피고인은 <u>위 가.항 기재와 같이 합계 131,875,500원을 수수하면서, 범행을 은닉하고 적법하게 취득한 금품으로 가장할 목적으로 피고인이 지정한 차명계좌인 E 명의 계좌로 송금받아 범죄수익의 취득에 관한 사실을 가장하였다.</u>

법령의 적용

1. 범죄사실에 대한 해당법조 및 형의 선택

나. 피고인 D

형법 제362조 제1항(장물취득의 점, 포괄하여, 징역형 선택), 범죄수익은닉의 규제 및 처벌 등에 관한 법률 제3조 제1항 제1호(범죄수익 취득사실 가장의 점, 포괄하여, 징역형 선택), 각 형법 제356조, 제355조 제1항, 제30조(업무상횡령의 점, 포괄하여, 징역형 선택)

제 2 장
범죄수익은닉규제법상 「사행범죄 등」 관련 중대범죄

1 총설

1. 사행범죄의 유형과 범죄수익환수 대상범죄

사행범죄는 사행성의 조장으로 인해 국민들의 근로의욕을 저해하고 도박자금을 마련하기 위해 제2, 제3의 다른 범죄를 유발할 수 있어 그 사회적 해악이 매우 큰 범죄에 해당하므로 이를 근절할 필요성이 매우 크다.

범죄수익은닉규제법 별표 중대범죄에서 규정하고 있는 특별법상 사행범죄는 경륜·경정법(제2호), 사행행위 규제 및 처벌특례법(제7호), 게임산업진흥에관한법률(제14호), 한국마사회법(제22호), 국민체육진흥법(제46호) 등이 있다. 그 외에도 정보통신망을 이용하여 주가조작, 선물거래 등을 통해 도박행위를 하는 경우는 일반 형법상 도박공간개설죄로 처벌되므로 이 또한 환수 대상범죄에 해당한다.[1]

2. 사행범죄로 취득한 범죄수익환수의 중요성

사행범죄는 불법 도박행위를 원인으로 불특정 다수의 사람으로부터 도박자금을 빼앗아 취득하는 것이므로 **범죄수익의 취득이 중요한 전제**가 된다. 따라서 사행범죄의 경우 처벌을 넘어 불특정 다수의 사람들로부터 지급받아 취득한 범죄수익을 특정하여 이를 환수할 필요성이 있을 뿐만 아니라 범죄수익등의 취득 및 처분을 가장하거나 은닉하는 행위, 범죄수익이라는 정을 알면서 수수하는 행위를 자금세탁범죄로 처벌할 필요성 또한 크다.

특히 위 사행범죄는 여러 조직원이 하나의 단체 또는 집단을 이루어 범행을 함께 범하는 경우가 많은데 그 과정에서 범죄수익을 수수하는 행위가 빈번하게 일어나게 된다. ① 운영

---

1 해당 내용은 앞 형법 제247조 도박공간개설죄 부분 참조.

자, ② 운영자에 준하는 공범(간부급 조직원), ③ 공범 아닌 직원(종업원), ④ 대포통장을 만들어 양도하여 공급하는 소위 '장집' 조직원은 모두 사행범죄 카르텔에 포함되는 구성원이다. 이 각각의 구성원들이 취득한 범죄수익을 어떻게 환수할 것인지가 문제된다.

3. 사행범죄에 가담한 공범에 대한 범죄수익환수 법리

사행범죄로 취득한 범죄수익을 환수하는 경우 공범들이 실제로 분배받은 금원, 즉 실질적으로 귀속된 이익만을 개별적으로 몰수·추징하는 것이 원칙이다. 다만 각각 실제로 취득한 범죄수익을 알 수 없을 때에는 평등하게 분할한 금원을 몰수·추징하는 방법으로 범죄수익을 환수한다.[2]

조금 더 구체적으로 살펴보면, 우선 ① **운영자가 운영자에 준하는 공범에게 분배한 이익**은 수익금의 배분에 준하는 것이므로 **개별적으로 추징**하나,[3] ② **기타 공범으로 인정된 단순 종업원에게 지급한 급여의 경우에는** 운영자의 수익에서 공제할 것은 아니고 **운영자로부터 추징**하여야 한다.[4] 왜냐하면 단순 종업원에게 지급한 급여는 운영자의 범죄수익 소비행위에 불과하므로 이를 공제할 것은 아니기 때문이다.[5]

그리고 ③ **운영자가 사행행위를 하기 위해 지출한 공과금, 임대료 등은 공제하지 아니하고**[6] 법인세, 소득세, 주민세, 부가세 등 세금 또한 공제하지 아니하고 운영자로부터 전부 추징한다.[7] ④ 한편 **종업원이 급여로 취득한 금전**의 경우에는 이는 중대범죄에 가담하여 그 범죄행위의 대가, 보수로 얻은 재산에 해당하므로 종업원을 기소하는 경우 **종업원으로부터 이를 추징**한다.[8]

---

2 대법원 2020. 1. 30. 선고 2019도16866 판결(원심 서울중앙지방법원 2019노1545 판결), 대법원 2010. 1. 28.선고 2009도13912 판결 각 참조.

3 대법원 2018. 7. 11. 선고 2018도6163 판결 참조.

4 대법원 2013. 4. 11. 선고 2013도1859 판결 참조.

5 대법원 2015. 7. 9. 선고 2015도3331 판결 참조.

6 대법원 1998. 10. 8. 선고 99도1638 판결 참조.

7 대법원 2010. 3. 25. 선고 2009도11660 판결 참조.

8 대법원 2019. 3. 28. 선고 2019도460 판결 참조(원심: 서울중앙지방법원 2018노2006).
대법원은 도박사이트 운영자에 대한 추징금이 문제된 사안에서 운영자가 종업원에게 지급한 급여의 경우 위 급여를 운영자에 대한 추징금에서 공제할 수 없다고 판시(대법원 2018도6163 판결 참조)하였다. 한편, 위 판결(2019도460 판결)은 원심이 기소된 종업원에 대하여 종업원이 도박사이트에서 근무하면서 보수로 얻은 금전을 추징한 것을 그대로 확정하였다. 따라서 위 대법원의 법리에 따르면 기소된 공범의 지위에 따라 ① 운영자인 경우에는 범죄행위로 생긴 재산으로 의율하여 운영자로부터 추징하고, ② 종업원인 경우에는 범죄행위의 보수로 얻은 재산으로 의율하여 종업원으로부터 금전을 추징할 수 있다.

4. 범죄수익등 수수죄에 관계된 자금에 대한 몰수·추징 사례

한편 사이트 운영에는 가담하지 않은 사람이 도박사이트 수익금이라는 사실을 알면서도 범죄수익금을 지급받아 수수한 경우 수수한 범죄수익 전부를 몰수·추징한 사례가 실무상 다수 확인된다.

범죄수익은닉규제법은 자금세탁범죄에 관계된 자금 또는 재산을 몰수·추징할 수 있다고 규정하고 있다.[9] 그런데 자금세탁범죄에「관계된」범죄수익을 몰수·추징할 수 있다는 문구의 해석과 관련하여 실제로 취득한 범죄수익을 한도로 환수할 수 있다는 것인지, 아니면 자금세탁범죄에 관계되어 있다면 실제로 취득한 이익이 아니더라도 환수할 수 있다는 것인지 견해의 대립이 있다. 이는 범죄수익은닉규제법상 몰수·추징이 징벌적형인지, 이익박탈형인지와도 관련이 있다.

그런데 ① 자금세탁범죄는 범행을 통해 어떤 이익을 실현하는 것이 아니라, 이미 전제범죄로 실현된 이익을 은폐·은닉하는 것이므로 자금세탁범죄에 관계된 범죄수익(불법수익)등에 대한 환수는 본질적으로 이익박탈의 성격을 갖기 어려운 점, ② 범죄수익은닉규제법은 몰수·추징의 대상을 '자금세탁범죄와 관계된' 범죄수익이라고 규정하고 있어 그 규정의 형식이 범죄수익의 취득 즉, 이익의 취득을 전제로 하지 않고 있어 규정상 명확히 차이가 있는 점,[10] ③ 나아가 범죄수익은닉규제법 제2조 제2호 나목 1)−6)에서는 특정한 범죄에 '관계된 자금 또는 재산'을 범죄수익으로 규정하고 있는바, 위와 같이 '관계된 자금 또는 재산'을 범죄수익으로 규정하고 이를 몰수·추징하는 경우, 범죄행위자가 해당 범죄로 인해 실제로 이익을 보았는지 여부와는 무관하게 그와 같은 '제공 행위에 대한 징벌'의 의미가 담겨 있다고 봄이 상당한 점, ④ 여러 명이 공모하여 자금세탁범죄를 범하였을 경우 공범들이 자금세탁행위를 통해 어떠한 이익을 얻는 것으로 볼 수 없고, 범죄수익등을 은닉하는 행위를 통해 국가적·사회적 법익을 침해하는 결과가 발생하게 되는 결과 자금세탁범죄의 입법목적 및 제정취지에 비추어 이를 징벌함으로써 재범을 방지할 충분한 필요성이 있는 점, ⑤ 범죄

---

9 범죄수익은닉규제법 제8조(범죄수익등의 몰수) ① 다음 각 호의 재산은 몰수할 수 있다.

3. 제3조 또는 제4조의 범죄행위에 관계된 범죄수익등

10 법무부·금융위원회 금융정보분석원, 자금세탁범죄 해설과 판례, 235면 이하 참조. 범죄수익은닉규제법 및 마약거래방지법은 몰수·추징의 대상이 되는 범죄수익등에 대하여 5개의 호를 규정하여 두고 있는데, 그 중 자금세탁범죄에 '관계된' 범죄수익 및 불법수익 등에 대한 몰수·추징 규정(마약거래방지법 제13조 제1항 제3호, 제16조 제1항, 범죄수익은닉규제법 제8조 제1항 제3호, 제10조 제1항)의 경우 그 객체가 '자금세탁범죄의 대상이 되는 범죄수익등'을 의미하므로 범죄수익의 취득을 전제로 하지 않고 있다. 그러나 나머지 각호의 객체는 범죄수익등의 취득을 전제로 규정되어 있으므로 양자가 명백한 차이가 있다는 점에 주목할 필요가 있다.

수익은닉규제법상 자금세탁범죄는 미수범을 처벌(범죄수익은닉규제법 제3조 제2항)하고 있는데 실제로 자금세탁범죄가 미수에 그치는 경우라 하더라도 이에 관계된 범죄수익등을 임의적으로 몰수·추징할 수 있도록 규정(범죄수익은닉규제법 제8조 제1항 제3호, 제10조 제1항)하고 있으며, 마약거래방지법상 자금세탁범죄의 경우에도 같은 점(마약거래방지법 제7조 제2항, 제13조 제1항 제3호, 제16조 제1항. 다만, 이 때 마약거래방지법상 자금세탁범죄 미수범의 경우에도 '필요적'으로 자금세탁범죄에 관계된 불법수익 등을 몰수·추징하도록 규정한 것이 다르다. 이 때 예비·음모죄는 제외된다), ⑥ 마약거래를 위한 자금세탁의 경우 이에 가담한 공범들로부터 이에 관계된 자금을 공동 연대추징하면서 이와 대동소이한 구성요건으로 자금세탁범죄를 범한 사범들에 대한 몰수추징은 개별적으로 추징한다면 정의와 형평의 관점에서 부당한 점 등을 모두 종합하여 보면, 범죄수익은닉규제법 및 마약거래방지법상 자금세탁범죄로 처벌하는 경우, 해당 범죄행위에 '관계된' 재산에 대한 몰수·추징(마약거래방지법 제13조 제1항 제3호, 제16조 제1항, 범죄수익은닉규제법 제8조 제1항 제3호, 제10조 제1항)은 그와 같은 범행을 한 범인들에 대한 징벌적 성격을 갖는다고 해석함이 상당하다(私見).[11]

　이하에서는 범죄수익은닉규제법 상 사행행위에 해당하는 범죄에 대하여 살펴보고 각 범죄와 관련하여 자금세탁범죄로 수사가 진행되어 처벌된 사례, 범죄수익환수가 이루어진 사례를 살펴본다.

2 경륜·경정법위반(제2호)

1. 총설

　범죄수익은닉규제법 별표 제2호에서는 **경륜·경정법 제26조, 제27조, 제29조 및 제30조의 죄**를 범죄수익환수 대상범죄로 규정하고 있다. 한편 부패재산몰수법은 별표 제15호에서 경륜·경정법 제29조부터 제31조까지의 죄를 부패범죄로 규정하고 있어 각 구성요건에 차이가 있다.

관련조문 ──────────────────

범죄수익은닉규제법 별표

중대범죄(제2조 제1호 관련)

2. 「경륜·경정법」 <u>제26조·제27조·제29조 및 제30조의 죄</u>

────────────────────────────

[11] 이주형, 자금세탁범죄에 관계된 범죄수익등에 대한 징벌적 추징에 관한 연구, 형사법의 신동향(2020 여름 제67호), 318면 이하 참조.

관련조문

부패재산몰수법 별표

부패범죄(제2조 제1호 관련)

15. 「경륜·경정법」 제29조부터 제31조까지의 죄

경륜은 자전거 경주에, 경정은 모터보트 경주에 승자투표권을 발매하고 경주 결과를 맞춘 자에게 환급금을 교부하는 행위를 말한다. 이 법률이 규정하는 용어의 정의는 다음과 같다.

관련조문

제2조(정의) 이 법에서 사용하는 용어의 뜻은 다음과 같다.

1. "경륜"이란 자전거 경주에 대한 승자투표권(勝者投票券)을 발매하고 경주 결과를 맞힌 사람에게 환급금을 내주는 행위를 말한다.

2. "경정"이란 모터보트 경주에 대한 승자투표권을 발매하고 경주 결과를 맞힌 사람에게 환급금을 내주는 행위를 말한다.

3. "승자투표권"이란 경륜 또는 경정에서 경주 결과를 맞혀 환급금을 교부받기를 원하는 사람의 청구에 따라 경륜사업자 또는 경정사업자가 발매하는 승자투표 방법·선수번호 및 금액 등이 적혀 있는 표를 말한다.

4. "환급금"이란 경륜선수 또는 경정선수의 도착 순위가 확정되었을 때 경륜사업자나 경정사업자가 승자투표권 발매 금액 중에서 발매이익금(發賣利益金) 및 제세 등을 뺀 후 경주 결과를 맞힌 사람 또는 승자투표권을 구매한 사람에게 내주는 금액을 말한다.

5. "단위투표금액"이란 승자투표권 발매의 기본단위로서 최저발매금액을 말한다.

6. "구매권"이란 승자투표권과 교환할 수 있도록 금액, 고유번호 및 소멸시효 등을 기재하여 경륜사업자 또는 경정사업자가 발행한 표를 말한다.

위 각 구성요건은 한국마사회법, 국민체육진흥법에도 비슷한 유형으로 나열되어 있는데 대부분 스포츠 행위를 매개하여 도박을 하거나, 스포츠를 통한 결과 발생에 부정이 개입하는 것을 금지하는 규정이다.

관련조문

제26조(벌칙) ① 다음 각 호의 어느 하나에 해당하는 자는 7년 이하의 징역 또는 7천만 원 이하의 벌금에 처한다. <개정 2018. 12. 24., 2019. 11. 26.>

　1. 제24조 제1항·제2항 또는 같은 조 제3항 제1호를 위반하여 유사행위 등을 한 자

　2. 이 법에 따른 경주에 관하여 영리를 목적으로 도박을 한 자 또는 이를 방조한 자

　3. 제25조 제2항 각 호(같은 항 제4호는 제외한다)의 어느 하나에 해당하는 자로서 이 항 제2호에 따른 행위의 상대가 된 자

② 제1항의 미수범은 처벌한다.

　[제27조에서 이동, 종전 제26조는 제27조로 이동 <2019. 11. 26.>]

제27조(벌칙) 다음 각 호의 어느 하나에 해당하는 자는 5년 이하의 징역 또는 5천만 원 이하의 벌금에 처한다. <개정 2018. 12. 24., 2019. 11. 26.>

　1. 위계(僞計) 또는 위력(威力)을 사용하여 경주의 공정(公正)을 해치거나 공정한 시행을 방해한 자

　2. 경기장 안으로 무단 진입하거나 이물질(異物質) 등을 던져 원활한 경주시행을 방해한 자 또는 선수·심판 등 경주종사자의 안전을 위협한 자

　3. 제24조 제1항 또는 제2항에 따른 유사행위 등의 상대가 된 자

　4. 제24조 제3항 제2호를 위반하여 시스템을 설계·제작·유통 또는 제공한 자

　5. 제25조 제2항을 위반하여 승자투표권을 구매·주선 또는 양도받은 자

　[제26조에서 이동, 종전 제27조는 제26조로 이동<2019. 11. 26.>]

제29조(벌칙) ① 선수나 심판이 그 업무에 관하여 부정한 청탁을 받고 재물 또는 재산상의 이익을 수수·요구 또는 약속한 경우에는 5년 이하의 징역 또는 5천만 원 이하의 벌금에 처한다.

② 선수나 심판이 제1항의 죄를 범하여 부정한 행위를 한 경우에는 7년 이하의 징역 또는 7천만 원 이하의 벌금에 처한다. <개정 2018. 12. 24.>

제30조(벌칙) 선수 또는 심판이 그 업무에 관하여 부정한 청탁을 받고 제3자에게 재물 또는 재산상의 이익을 제공하게 하거나 이익의 제공을 요구 또는 약속한 경우에는 5년 이하의 징역 또는 5천만 원 이하의 벌금에 처한다. <개정 2018. 12. 24.>

　한편 경륜·경정법위반죄 중 일부 범죄(동법 제26조 제1항 및 제29조부터 제31조까지)의 경우 **필요적 몰수·추징 규정**을 두고 있는바 동법 위반죄에 해당하는 경우에는 경륜·경정법상 자체적인 몰수·추징 규정을 적용하여야 하고, 범죄수익은닉규제법 및 마약거래방지법을 적용하여 몰수·추징 보전절차를 진행할 수 있다.

관련조문 ────────────────────────────────

제32조(몰수와 추징) **제26조 제1항 및 제29조부터 제31조까지의 규정**에 따른 재물은 몰수한
다. 다만, 재물을 몰수하는 것이 불가능하거나 재산상의 이익을 취득한 경우에는 병과가액
(併科價額)을 추징한다.

────────────────────────────────

본 장에서는 범죄수익은닉규제법이 규정하고 있는 경륜·경정법위반 중대범죄의 각 구성
요건을 나누어 살펴보고 각 해당 구성요건에 해당하는 경우 범죄수익을 환수한 사례 및 자
금세탁범죄 처벌사례를 중점적으로 살펴보고자 한다.

2. 유사행위 등 금지규정 위반의 점(제26조)

관련조문 ────────────────────────────────

제26조(벌칙) ① 다음 각 호의 어느 하나에 해당하는 자는 7년 이하의 징역 또는 7천만 원 이
하의 벌금에 처한다. <개정 2018. 12. 24., 2019. 11. 26.>
  1. **제24조 제1항·제2항 또는 같은 조 제3항 제1호를 위반**하여 유사행위 등을 한 자
  2. 이 법에 따른 경주에 관하여 영리를 목적으로 도박을 한 자 또는 이를 방조한 자
  3. **제25조 제2항 각 호(같은 항 제4호는 제외한다)**의 어느 하나에 해당하는 자로서 이 항
    제2호에 따른 행위의 상대가 된 자
  ② 제1항의 미수범은 처벌한다.
☞ **제24조(유사행위 등의 금지)** ① 경주사업자가 아닌 자는 다음 각 호의 어느 하나에 해당하
  는 행위를 하여서는 아니 된다. <개정 2019. 11. 26.>
  1. 경주를 시행하는 행위
  2. 경주사업자가 시행하는 경주를 대상으로 승자투표권 발매나 이와 비슷한 행위를 하여
    경주 결과를 맞힌 사람에게 재물 또는 재산상의 이익을 제공하는 행위
  ② 누구든지 다음 각 호의 어느 하나에 해당하는 행위를 하여서는 아니 된다. <신설
  2019. 11. 26.>
  1. 외국에서 시행하는 자전거 또는 모터보트 경주를 대상으로 국내에서 승자투표권 발매나
    이와 비슷한 행위를 하여 경주 결과를 맞힌 사람에게 재물 또는 재산상의 이익을 제공
    하는 행위
  2. 영리 목적으로 승자투표권이나 이와 비슷한 것의 구매를 대행 또는 알선하거나 승자투
    표권을 양도하는 행위
  ③ 누구든지 다음 각 호의 어느 하나에 해당하는 행위를 하여서는 아니 된다. <신설
  2019. 11. 26.>

1. 제1항 또는 제2항의 행위를 위하여 경주사업자가 제공하는 경주의 배당률, 경주화면 및 음성, 컴퓨터 프로그램저작물(경주정보에 관한 전자문서를 포함한다) 등을 복제·개작 또는 전송하는 행위
2. 제1항 또는 제2항의 행위를 위하여 「정보통신망 이용촉진 및 정보보호 등에 관한 법률」 제2조 제1항 제1호에 따른 정보통신망을 이용하여 승자투표권이나 이와 비슷한 것을 발행하는 시스템을 설계·제작·유통하거나 공중이 이용할 수 있도록 제공하는 행위
3. 제1항 또는 제2항의 행위를 홍보하는 행위

☞ 제25조(승자투표권의 구매 제한 등) ① 경주사업자는 미성년자에게 승자투표권을 발매하여서는 아니 된다.

② 다음 각 호의 어느 하나에 해당하는 자는 승자투표권을 구매·주선하거나 양도받아서는 아니 된다. <개정 2019. 11. 26.>

1. 경주사업 감독기관 소속 공무원으로서 경주사업 관련 업무를 담당하는 자
2. 제4조 제1항에 따라 경주시행허가를 받은 지방자치단체 및 진흥공단(제19조에 따라 지방자치단체 및 진흥공단으로부터 경주사업을 위탁받은 자를 포함한다)의 경주사업 관장 부서의 공무원과 임직원
3. 제7조 제1항에 따라 선수 또는 심판으로 등록한 자
4. 미성년자
5. 제2호에 규정된 자 외에 경주사업장에 근무하는 자

가. 경주사업자 아닌 자의 유사행위 등 금지의 점(제26조 제1항 제1호, 제24조 제1항)

관련조문

제26조(벌칙) ① 다음 각 호의 어느 하나에 해당하는 자는 7년 이하의 징역 또는 7천만 원 이하의 벌금에 처한다. <개정 2018. 12. 24., 2019. 11. 26.>

1. 제24조 제1항·제2항 또는 같은 조 제3항 제1호를 위반하여 유사행위 등을 한 자

☞ 제24조(유사행위 등의 금지) ① 경주사업자가 아닌 자는 다음 각 호의 어느 하나에 해당하는 행위를 하여서는 아니 된다. <개정 2019. 11. 26.>

1. 경주를 시행하는 행위
2. 경주사업자가 시행하는 경주를 대상으로 승자투표권 발매나 이와 비슷한 행위를 하여 경주 결과를 맞힌 사람에게 재물 또는 재산상의 이익을 제공하는 행위

1) 구성요건의 주체 및 행위의 상대방

동법 제26조 제1항 제1호, 제24조 제1항 위반죄의 **구성요건 주체**는 경주사업자가 아닌 사람이다. 그 **행위의 상대방**은 아무런 제한이 없으므로 경륜·경정을 통하여 유사행위의 상대방이 된 사람들은 모두 본죄 행위의 상대방이 된다.

2) 구성요건적 행위

동법 제26조 위반죄의 **구성요건적 행위**는 ① 경주사업자가 아님에도 사설 경주를 시행하는 행위(제24조 제1항 제1호), ② 경주사업자가 시행하는 경주를 대상으로 승자투표권 발매나 이와 비슷한 행위를 하여 경주 결과를 맞힌 사람에게 재물 또는 재산상 이익을 제공하는 행위(제24조 제1항 제2호)이다.

경륜·경정에 도박성을 배제하고, 공정성을 유지하기 위하여 경주사업자가 아닌 사람들이 사설 경륜·경정을 통하여 도박행위를 하는 것을 금지하고자 함이다.

주관적 구성요건요소로서 행위자가 자신이 경주사업자가 아니면서 위와 같은 동법 제24조 제1항 각호의 행위를 한다는 사실을 인식하는 것으로 충분하고 별도의 목적은 요구되지 않는다(고의범).

3) 처벌

본죄를 위반하는 경우 7년 이하의 징역 또는 7천만 원 이하의 벌금에 처하고, 본죄를 위반하여 취득한 범죄수익은 경륜·경정법에 따라 필요적 몰수·추징의 대상이 됨은 앞에서 본 바와 같다(동법 제32조 참조).

나. 외국 시행 경륜·경정의 유사행위 등 금지의 점(제26조 제1항 제1호, 제24조 제2항)

관련조문

제26조(벌칙) ① 다음 각 호의 어느 하나에 해당하는 자는 7년 이하의 징역 또는 7천만 원 이하의 벌금에 처한다. <개정 2018. 12. 24., 2019. 11. 26.>

　1. 제24조 제1항·제2항 또는 같은 조 제3항 제1호를 위반하여 유사행위 등을 한 자

☞ 제24조(유사행위 등의 금지) ② 누구든지 다음 각 호의 어느 하나에 해당하는 행위를 하여서는 아니 된다. <신설 2019. 11. 26.>

　1. **외국에서 시행하는** 자전거 또는 모터보트 경주를 대상으로 국내에서 승자투표권 발매나 이와 비슷한 행위를 하여 경주 결과를 맞힌 사람에게 재물 또는 재산상의 이익을 제공하는 행위

2. **영리 목적으로** 승자투표권이나 이와 비슷한 것의 구매를 대행 또는 알선하거나 승자투
표권을 양도하는 행위

1) 구성요건의 주체 및 행위의 상대방

동법 제26조 제1항 제1호, 제24조 제2항 위반죄의 **구성요건 주체**는 아무런 제한이 없다. 동
법 제24조 제1항과는 달리 동법 제24조 제2항의 경우 외국에서 시행하는 경륜·경정의 경
우에는 경주사업자인지 여부와는 아무런 상관없이 이를 이용하여 유사행위를 하는 경우를
모두 처벌하고 있고, 영리를 목적으로 하는 경우에는 경주사업자라고 하더라도 본죄의 주체
가 될 수 있다고 해석함이 상당하다. **그 행위의 상대방** 또한 아무런 제한이 없다. 따라서 외
국에서 시행하는 경륜·경정의 경우 및 영리 목적으로 유사행위를 하는 경우 등에는 누구든지
본죄의 주체 및 행위 상대방이 된다.

2) 구성요건적 행위

동법 제26조 위반죄의 **구성요건적 행위**는 ① 외국에서 시행하는 자전거 또는 모터보트
경주를 대상으로 국내에서 승자투표권 발매나 이와 비슷한 행위를 하여 경주 결과를 맞힌
사람에게 재물 또는 재산상의 이익을 제공하는 행위(**제24조 제2항 제1호**), ② 영리 목적으로
승자투표권이나 이와 비슷한 것의 구매를 대행 또는 알선하거나 승자투표권을 양도하는 행
위(**제24조 제2항 제2호**)이다.

주관적 구성요건요소로서 동법 제24조 제2항 제1호의 경우에는 행위자가 위와 같은 동
법 제24조 제2항 제1호의 행위를 한다는 사실을 인식하는 것으로 충분하고 별도의 목적은
요구되지 않는다(**고의범**).

다만 동법 제24조 제2항 제2호의 경우에는 국내에서 시행되는 경륜·경정과 관련하여 영
리의 목적을 요구한다는 점에서 차이가 있다(**목적범**).

3) 처벌

본죄를 위반하는 경우 7년 이하의 징역 또는 7천만 원 이하의 벌금에 처하고, 본죄를 위
반하여 취득한 범죄수익은 경륜·경정법에 따라 필요적 몰수·추징의 대상이 됨은 앞에서
본 바와 같다(동법 제32조 참조).

다. 유사행위를 위한 컴퓨터 프로그램등 복제 등 금지의 점(제26조 제1항 제1호, 제24조 제3항 제1호)

관련조문 ────────────────────────────────

제26조(벌칙) ① 다음 각 호의 어느 하나에 해당하는 자는 7년 이하의 징역 또는 7천만 원 이하의 벌금에 처한다. <개정 2018. 12. 24., 2019. 11. 26.>

1. 제24조 제1항·제2항 또는 같은 조 제3항 제1호를 위반하여 유사행위 등을 한 자

☞ 제24조(유사행위 등의 금지) ③ 누구든지 다음 각 호의 어느 하나에 해당하는 행위를 하여서는 아니 된다. <신설 2019. 11. 26.>

1. 제1항 또는 제2항의 행위를 위하여 경주사업자가 제공하는 경주의 배당률, 경주화면 및 음성, 컴퓨터 프로그램저작물(경주정보에 관한 전자문서를 포함한다) 등을 복제·개작 또는 전송하는 행위

────────────────────────────────

1) 구성요건의 주체 및 행위의 상대방

본죄의 **구성요건적 행위 주체**는 아무런 제한이 없다. **그 행위의 상대방** 또한 아무런 제한이 없다. 본죄는 동법 제24조 제1항 내지 제2항의 행위를 위하여 경주사업자가 제공하는 음성, 컴퓨터 프로그램저작물 등을 복제·개작 또는 전송하는 구체적 행위의 상대방을 포함한다.

2) 구성요건적 행위

동법 제26조 위반죄의 **구성요건적 행위**는 동법 제24조 제1항(유사행위) 또는 제2항(외국에서 시행하는 경륜·경정에 대한 유사행위 또는 영리목적 유사행위)을 위하여 경주사업자가 제공하는 경주의 배당률, 경주화면 및 음성, 컴퓨터 프로그램저작물(경주정보에 관한 전자문서를 포함한다) 등을 복제·개작 또는 전송하는 것이다.

통상적으로 유사행위는 인터넷 사이트를 통하여 진행되는 경우가 대부분이므로 이와 같은 행위를 위하여 프로그램등을 개발하여 제공하는 사람을 모두 처벌하고 그와 같은 행위의 대가로 취득하는 대가를 모두 환수하기 위함이다.

주관적 구성요건요소로서 동법 제24조 제3항 제1호의 경우에는 위 프로그램등을 실제로 이용하는 사람이 이를 제24조 제1항 내지 제2항의 행위에 사용할 것이라는 사실을 충분히 인식하고 있었음을 요한다(**고의범**). 나아가 프로그램 복제, 개작 또는 전송행위를 함에 있어 그와 같은 프로그램을 제공받는 행위자가 이를 유사행위 등에 사용하도록 하기 '**위하여**' 위

프로그램 복제·개작·전송하여야 사용하므로 위 각 유사행위자들의 사용에 제공하도록 할 목적을 요한다고 해석함이 상당하다(**목적범**).

3) 처벌

본죄를 위반하는 경우 7년 이하의 징역 또는 7천만 원 이하의 벌금에 처하고, 본죄를 위반하여 취득한 범죄수익은 경륜·경정법에 따라 필요적 몰수·추징의 대상이 됨은 앞에서 본 바와 같다(동법 제32조 참조).

한편 동법 제26조 제2항은 제26조 제1항의 미수범을 처벌하고 있는바 경륜·경정법상 제26조 제2항은 필요적 몰수·추징의 대상에서 제외된다. 따라서 제26조 제2항, 제26조 제1항의 미수범의 경우에는 범죄수익은닉규제법에 따른 임의적 몰수·추징규정의 적용을 받을 것이나 실제로 범죄행위가 미수에 그쳤는데 그에 따라 범죄수익을 취득한다는 것을 논리적으로 상정하기 어려우므로 실무상 적용례가 거의 없다.

라. 경주에 관한 영리 목적 도박행위 금지 등의 점(제26조 제1항 제2호)

관련조문

제26조(벌칙) ① 다음 각 호의 어느 하나에 해당하는 자는 7년 이하의 징역 또는 7천만 원 이하의 벌금에 처한다. <개정 2018. 12. 24., 2019. 11. 26.>
　　2. 이 법에 따른 **경주에 관하여 영리를 목적으로 도박을 한 자** 또는 **이를 방조**한 자

---

1) 구성요건의 주체 및 행위의 상대방

동법 제26조 제1항 제2호의 **구성요건적 행위 주체**는 아무런 제한이 없다. **그 행위의 상대방** 또한 아무런 제한이 없다. 따라서 누구든지 본법에 따른 경주에 관하여 도박을 하거나 이를 방조하는 경우 처벌의 대상이 된다.

2) 구성요건적 행위

동법 제26조 제1항 제2호 위반죄의 **구성요건적 행위**는 이 법에 따른 **경주에 관하여 영리를 목적으로 도박을 하거나 이를 방조**하는 것이다.

이 법에 따른 경륜·경정에 관하여 이루어지므로 국내 또는 해외의 것을 불문한다. 결국 경륜·경정의 결과에 따라 도박행위를 하는 경우, 그 도박행위를 용이하게 하기 위하여 도박장을 개설하는 등의 방조행위를 하는 경우가 모두 본죄의 구성요건적 행위에 해당한다.

이와 같은 도박 또는 도박방조행위를 통하여 취득한 범죄수익은 모두 환수의 대상이 됨은 앞에서 본 바와 같다.

주관적 구성요건요소로서 자신이 하는 행위가 도박행위 또는 이를 용이하게 하여 방조하는 행위라는 점에 대한 충분한 인식을 요구하며(**고의범**), 영리의 목적을 요구한다(**목적범**).

3) 처벌

본죄를 위반하는 경우 7년 이하의 징역 또는 7천만 원 이하의 벌금에 처하고, 본죄를 위반하여 취득한 범죄수익은 경륜·경정법에 따라 필요적 몰수·추징의 대상이 됨은 앞에서 본 바와 같다(동법 제32조 참조).

마. 특정신분자의 도박 등 행위의 상대방 금지 등의 점(동법 제26조 제1항 제3호, 제25조 제2항 각 호)

관련조문

제26조(벌칙) ① 다음 각 호의 어느 하나에 해당하는 자는 7년 이하의 징역 또는 7천만 원 이하의 벌금에 처한다. <개정 2018. 12. 24., 2019. 11. 26.>

3. **제25조 제2항 각 호**(같은 항 제4호는 제외한다)**의 어느 하나에 해당하는 자**로서 이 항 **제2호에 따른 행위의 상대**가 된 자

☞ **제25조(승자투표권의 구매 제한 등)** ② 다음 각 호의 어느 하나에 해당하는 자는 승자투표권을 구매·주선하거나 양도받아서는 아니 된다. <개정 2019. 11. 26.>

1. 경주사업 감독기관 소속 공무원으로서 경주사업 관련 업무를 담당하는 자
2. 제4조 제1항에 따라 경주시행허가를 받은 지방자치단체 및 진흥공단(제19조에 따라 지방자치단체 및 진흥공단으로부터 경주사업을 위탁받은 자를 포함한다)의 경주사업 관장 부서의 공무원과 임직원
3. 제7조 제1항에 따라 선수 또는 심판으로 등록한 자
4. 미성년자
5. 제2호에 규정된 자 외에 경주사업장에 근무하는 자

---

1) 구성요건의 주체 및 행위의 상대방

본죄의 **구성요건적 행위 주체**는 동법 제25조 제2항 각호(제4호 미성년자 제외)의 어느 하나에 해당하는 사람이다.

즉 ① 경주사업 감독기관 소속 공무원으로서 경주사업 관련 업무를 담당하는 자(**제1호**),

② 제4조 제1항에 따라 경주시행허가를 받은 지방자치단체 및 진흥공단(제19조에 따라 지방자치단체 및 진흥공단으로부터 경주사업을 위탁받은 자를 포함한다)의 경주사업 관장부서의 공무원과 임직원(제2호), ③ 제7조 제1항에 따라 선수 또는 심판으로 등록한 자(제3호), ④ 제2호에 규정된 자 외에 경주사업장에 근무하는 자(제5호)가 모두 본죄의 주체가 된다(신분범). 위 각 신분자들이 동법 제26조 제1항 제2호에 따른 경주에 관한 영리목적 도박행위 또는 도박방조행위의 상대방이 되는 것을 금지하는 것이다.

본죄의 **행위의 상대방**은 동법 제26조 제1항 제2호의 '이 법에 따른 경주에 관하여 영리를 목적으로 도박을 한 자 또는 이를 방조한 자'이다.

2) 구성요건적 행위

동법 제26조 제1항 제3호 위반죄의 **구성요건적 행위**는 이 법에 따른 **경주에 관하여 영리를 목적으로 도박을 하거나 또는 이를 방조하는 행위의 상대방이 되는 것**이다.

위에서 본 바와 같이 경륜·경정과 관련하여 밀접한 지위에 있는 사람들은 모두 승자투표권을 구매, 주선하거나 양도받아서는 안되는데(**동법 제25조 제2항**), 이러한 사람들이 도박행위 또는 도박방조행위의 상대방이 되어 도박행위에 개입하게 되면 경륜·경정의 공정성을 심각하게 훼손할 수 있기 때문이다.

주관적 구성요건요소로서 자신이 하는 행위가 상대방의 도박행위 또는 이를 용이하게 하여 방조하는 행위의 상대방이 되는 것이라는 사실에 대한 충분한 인식을 요구한다(**고의범**). 따라서 별도의 목적을 요한다고 볼 수 없다.

3) 처벌

본죄를 위반하는 경우 7년 이하의 징역 또는 7천만 원 이하의 벌금에 처하고, 본죄를 위반하여 취득한 범죄수익은 경륜·경정법에 따라 필요적 몰수·추징의 대상이 됨은 앞에서 본 바와 같다(**동법 제32조 참조**). 통상적으로 승자투표권을 이용하여 도박행위를 하려는 사람의 상대방이 되어 승자투표권을 구매, 주선하거나 양도하는 행위를 하는 신분자들을 처벌하는데 적용된다.

바. 범죄수익환수 및 자금세탁범죄 처벌 사례

1) 자금세탁범죄 처벌 사례

경륜·경정법 제27조 제1항 제1호(구법이 적용된 사안으로 2019. 11. 26. 동법의 개정으로 법 제27조가 제26조로 이동하였으므로 현행법상 제26조 제1항 제1호에 해당함), 제24조(경주사업자가 아닌 자가 승자투표권을 발매하고 적중자에게 금전을 내어준 행위) 위반죄가 성립한 사안에서 **불법 경**

륜·경정행위로 벌어들인 수익금을 차명계좌로 입금하고 자금출처를 허위로 밝힌 경우 이를 범죄수익의 취득 및 처분에 관한 사실을 가장한 것으로 인정하여 처벌하였다.[12]

사례

6. 범죄수익의규제및처벌등에관한법률위반

피고인은 위와 같이 2012. 12. 20.경부터 2013. 10. 19.경까지 사설 경마·경륜·경정 인터넷 사이트인 "H"를 운영하면서 불법으로 취득한 범죄수익금에 대하여 그 취득에 관한 사실을 가장하기로 마음먹었다.

가. 피고인의 단독범행

피고인은 2013. 9. 26. 구리시 이문안로에 있는 국민은행 교문지점에서, **"H" 운영 수입금 1억 원을 연인관계이던 AA에게 그녀의 계좌로 입금 지시하여, 자금의 출처를 알지 못하는 AA로 하여금 피고인의 지시에 따라 위 교문지점의 성명불상 직원에게 "땅을 판 돈이다. 결혼 준비자금이다"라고 자금의 출처를 숨기고 위 1억 원을 AA 명의의 국민은행 계좌(AB)로 입금 하게 하였다.**

이로써 피고인은 범죄수익의 취득 또는 처분에 관한 사실을 가장하였다.

나. AC와 공동범행

피고인은 AC에게 "H"의 베팅금액으로 입금된 금원 등을 인출하여 AA 등의 계좌로 입금하는 등으로 불법 사이트를 운영하여 취득한 금원을 사용할 수 있도록 지시하고, AC는 그 대가로 피고인으로부터 매달 100만 원 내지 150만 원을 지급 받기로 하였다.

AC는 피고인의 지시에 따라, 2013. 6. 13.부터 2013. 10. 24.까지 "H"의 베팅금액으로 입금된 금원을 인출하여 별지 범죄일람표 7 기재(순번 26항의 현금 입금 1억 원은 제외)와 같이 AA의 신한은행 계좌(AB) 내지 국민은행 계좌(AD) 계좌로 총 306,350,000원(위 신한은행 계좌에서 국민은행 계좌로 재 이체된 금액 79,900,000원 포함)을 입금하였다.

또한 F는 피고인의 지시에 따라 "H"의 베팅금액으로 입금된 금원 등을 인출한 다음, 2013. 10. 20. 00:49경 AE로 하여금 삼성서울병원에 있는 현금인출기를 이용하여 AA의 신한은행 계좌(AD)로 16회에 걸쳐 84,980,000원을 입금하게 하고, F 자신이 2013. 10. 20. 12:36경 신한은행 구리금융센터점에 있는 현금인출기를 이용하여 C의 같은 계좌로 14회에 걸쳐 50,020,000원을 입금하여 결국 별지 범죄일람표 8 기재와 같이 총 135,000,000원을 C의 계좌로 입금하였다.

이로써 피고인은 F와 공모하여 범죄수익의 취득 또는 처분에 관한 사실을 가장하였다.

---

[12] 서울중앙지방법원 2015. 11. 6. 선고 2015고합444 판결 참조(대법원 2016도5057 판결로 확정).

법령의 적용

1. 추징

　범죄수익은닉의 규제 및 처벌 등에 관한 법률 제10조 제1항[판시 제6항의 범죄수익금 461,450,000원(＝1억 원＋306,350,000원－79,900,000원＋135,000,000원)을 추징]

　[구 한국마사회법 제56조는 판시와 같은 한국마사회법위반 범행으로 취득한 재물 또는 재산상 이익을 몰수·추징하도록 규정하고 있다. 그러나 이 사건에 있어 피고인이 판시 한국마사회법위반죄로 취득한 돈이 얼마인지 알 수 있는 자료가 없으므로(판시 제5항 범행으로 취득한 돈 중 얼마만큼이 한국마사회법위반 범행으로 취득한 돈이고, 얼마만큼이 경륜·경정법위반 범행으로 취득한 돈인지 알 수 없으며, 각 범행으로 피고인이 분배받은 돈이 얼마인지 또한 알 수 없다), 판시 한국마사회법위반 범행에 대하여는 몰수·추징하지 아니한다]

2) 범죄수익환수 사례

　경륜·경정법을 위반하여 범죄수익을 취득한 사안에서 ① 범죄에 사용한 차명계좌의 전체 거래내역 중 입금액과 출금액의 차액을 계산하여 범죄수익을 추징한 사례, ② 차명계좌를 통해 입금하여 그 취득을 가장한 수익금 4억 6,145만 원 전액을 추징한 사례가 있다.[13]

　사설 도박사이트를 운영하는 사범들의 경우 대부분 그 수익금을 차명계좌로 관리하여 취득하는 경우가 대부분인 점, 도박행위의 경우 그 수익금의 규모가 명확하게 확인되지 않는 점 등을 이유로 차명계좌 거래내역 분석을 통해 범죄수익을 환수하는 사례가 다수를 차지하고 있다.

3. 경륜·경정의 공정을 해하는 행위 금지 위반의 점(제27조)

관련조문

　제27조(벌칙) 다음 각 호의 어느 하나에 해당하는 자는 5년 이하의 징역 또는 5천만 원 이하의 벌금에 처한다. ＜개정 2018. 12. 24., 2019. 11. 26.＞

　1. 위계(僞計) 또는 위력(威力)을 사용하여 경주의 공정(公正)을 해치거나 공정한 시행을 방해한 자

　2. 경기장 안으로 무단 진입하거나 이물질(異物質) 등을 던져 원활한 경주시행을 방해한 자 또는 선수·심판 등 경주종사자의 안전을 위협한 자

---

13 위 서울중앙지방법원 2015고합444호 판결문 참조.

3. 제24조 제1항 또는 제2항에 따른 유사행위 등의 상대가 된 자

4. 제24조 제3항 제2호를 위반하여 시스템을 설계·제작·유통 또는 제공한 자

5. 제25조 제2항을 위반하여 승자투표권을 구매·주선 또는 양도받은 자

[제26조에서 이동, 종전 제27조는 제26조로 이동＜2019. 11. 26.＞]

☞ **제24조(유사행위 등의 금지)** ① 경주사업자가 아닌 자는 다음 각 호의 어느 하나에 해당하는 행위를 하여서는 아니 된다. ＜개정 2019. 11. 26.＞

1. 경주를 시행하는 행위

2. 경주사업자가 시행하는 경주를 대상으로 승자투표권 발매나 이와 비슷한 행위를 하여 경주 결과를 맞힌 사람에게 재물 또는 재산상의 이익을 제공하는 행위

② 누구든지 다음 각 호의 어느 하나에 해당하는 행위를 하여서는 아니 된다. ＜신설 2019. 11. 26.＞

1. 외국에서 시행하는 자전거 또는 모터보트 경주를 대상으로 국내에서 승자투표권 발매나 이와 비슷한 행위를 하여 경주 결과를 맞힌 사람에게 재물 또는 재산상의 이익을 제공하는 행위

2. 영리 목적으로 승자투표권이나 이와 비슷한 것의 구매를 대행 또는 알선하거나 승자투표권을 양도하는 행위

③ 누구든지 다음 각 호의 어느 하나에 해당하는 행위를 하여서는 아니 된다. ＜신설 2019. 11. 26.＞

2. 제1항 또는 제2항의 행위를 위하여 「정보통신망 이용촉진 및 정보보호 등에 관한 법률」 제2조 제1항 제1호에 따른 정보통신망을 이용하여 승자투표권이나 이와 비슷한 것을 발행하는 시스템을 설계·제작·유통하거나 공중이 이용할 수 있도록 제공하는 행위

☞ **제25조(승자투표권의 구매 제한 등)** ② 다음 각 호의 어느 하나에 해당하는 자는 승자투표권을 구매·주선하거나 양도받아서는 아니 된다. ＜개정 2019. 11. 26.＞

1. 경주사업 감독기관 소속 공무원으로서 경주사업 관련 업무를 담당하는 자

2. 제4조 제1항에 따라 경주시행허가를 받은 지방자치단체 및 진흥공단(제19조에 따라 지방자치단체 및 진흥공단으로부터 경주사업을 위탁받은 자를 포함한다)의 경주사업 관장 부서의 공무원과 임직원

3. 제7조 제1항에 따라 선수 또는 심판으로 등록한 자

4. 미성년자

5. 제2호에 규정된 자 외에 경주사업장에 근무하는 자

가. 위계·위력 사용 등 경주의 공정을 해하는 행위 등(제27조 제1호, 제2호)

관련조문

제27조(벌칙) 다음 각 호의 어느 하나에 해당하는 자는 5년 이하의 징역 또는 5천만 원 이하의 벌금에 처한다. <개정 2018. 12. 24., 2019. 11. 26.>

1. 위계(僞計) 또는 위력(威力)을 사용하여 경주의 공정(公正)을 해치거나 공정한 시행을 방해한 자
2. 경기장 안으로 무단 진입하거나 이물질(異物質) 등을 던져 원활한 경주시행을 방해한 자 또는 선수·심판 등 경주종사자의 안전을 위협한 자

1) 구성요건의 주체 및 행위의 상대방

본죄의 **구성요건의 주체**는 아무런 제한이 없다. 따라서 그 누구든지 본죄의 주체가 될 수 있다. 그 **행위의 상대방**은 법문상 아무런 제한이 없다.

2) 구성요건적 행위

본죄의 **구성요건적 행위**는 ① 위계 또는 위력을 사용하여 경주의 공정을 해치거나 방해하는 행위(제1호), ② 경기장 안으로 무단진입 또는 이물질을 던져 경주시행을 방해하거나 선수, 심판 등을 위협하는 행위(제2호)이다.

위계 또는 위력을 이용하여 심판·선수 등에게 제대로 된 판정 또는 실력발휘를 하지 못하도록 하거나 무단진입 이물질을 던지는 등의 위협적 행위를 통해 공정한 경륜·경정 시행을 방해하는 경우 처벌대상이 되는데 그 자체만으로 어떠한 범죄수익이 발생할 것으로 상정하기 어려우므로 **제3자의 지시를 받거나 어떠한 금전적 이익을 취득하기 위해 위와 같은 행위를 하는 경우, 그 행위의 대가를 특정해 환수할 수 있다.**

주관적 구성요건요소와 관련하여 위와 같은 각 행위를 통하여 경주의 공정을 해치거나 경주시행을 방해하리라는 점, 선수, 심판 등을 위협할 것이라는 점에 대한 미필적 인식이 있으면 충분하고 별도의 금전 취득의 목적 등은 요구되지 않는다(고의범).

3) 처벌

본죄를 범하면 5년 이하의 징역 또는 5천만 원 이하의 벌금에 처한다. 나아가 위 범죄행위로 인하여 생긴 재산, 발생한 이익은 모두 경륜·경정법이 아닌 **범죄수익은닉규제법상 임의적 몰수·추징 규정의 적용**을 받는다. 동법 제32조는 동법 제26조 제1항 및 제29조부

터 제31조까지의 규정을 위반한 경우에 한하여 범죄수익의 필요적 몰수·추징 규정을 두고 있기 때문이다.

나. 유사행위의 상대가 되는 행위 등 금지의 점(제27조 제3호 내지 제5호, 제24조 제1항, 제2항, 제3항 제2호, 제25조 제2항)

관련조문

제27조(벌칙) 다음 각 호의 어느 하나에 해당하는 자는 5년 이하의 징역 또는 5천만 원 이하의 벌금에 처한다. <개정 2018. 12. 24., 2019. 11. 26.>

3. **제24조 제1항 또는 제2항**에 따른 유사행위 등의 상대가 된 자

4. **제24조 제3항 제2호**를 위반하여 시스템을 설계·제작·유통 또는 제공한 자

5. **제25조 제2항을 위반**하여 승자투표권을 구매·주선 또는 양도받은 자

[제26조에서 이동, 종전 제27조는 제26조로 이동<2019. 11. 26.>]

☞ **제24조(유사행위 등의 금지)** ① 경주사업자가 아닌 자는 다음 각 호의 어느 하나에 해당하는 행위를 하여서는 아니 된다. <개정 2019. 11. 26.>

1. 경주를 시행하는 행위

2. 경주사업자가 시행하는 경주를 대상으로 승자투표권 발매나 이와 비슷한 행위를 하여 경주 결과를 맞힌 사람에게 재물 또는 재산상의 이익을 제공하는 행위

② 누구든지 다음 각 호의 어느 하나에 해당하는 행위를 하여서는 아니 된다. <신설 2019. 11. 26.>

1. 외국에서 시행하는 자전거 또는 모터보트 경주를 대상으로 국내에서 승자투표권 발매나 이와 비슷한 행위를 하여 경주 결과를 맞힌 사람에게 재물 또는 재산상의 이익을 제공하는 행위

2. 영리 목적으로 승자투표권이나 이와 비슷한 것의 구매를 대행 또는 알선하거나 승자투표권을 양도하는 행위

③ 누구든지 다음 각 호의 어느 하나에 해당하는 행위를 하여서는 아니 된다. <신설 2019. 11. 26.>

2. 제1항 또는 제2항의 행위를 위하여 「정보통신망 이용촉진 및 정보보호 등에 관한 법률」 제2조 제1항 제1호에 따른 정보통신망을 이용하여 승자투표권이나 이와 비슷한 것을 발행하는 시스템을 설계·제작·유통하거나 공중이 이용할 수 있도록 제공하는 행위

☞ **제25조(승자투표권의 구매 제한 등)** ②다음 각 호의 어느 하나에 해당하는 자는 승자투표권을 구매·주선하거나 양도받아서는 아니 된다. <개정 2019. 11. 26.>

1. 경주사업 감독기관 소속 공무원으로서 경주사업 관련 업무를 담당하는 자

2. 제4조 제1항에 따라 경주시행허가를 받은 지방자치단체 및 진흥공단(제19조에 따라 지방자치단체 및 진흥공단으로부터 경주사업을 위탁받은 자를 포함한다)의 경주사업 관장 부서의 공무원과 임직원

3. 제7조 제1항에 따라 선수 또는 심판으로 등록한 자

4. 미성년자

5. 제2호에 규정된 자 외에 경주사업장에 근무하는 자

---

1) 구성요건의 주체 및 행위의 상대방

본죄(동법 제27조 제3호 내지 제5호)의 **행위의 주체**는 각각 아무런 제한이 없다. 따라서 누구든지 본죄의 주체가 될 수 있다.

다만 **행위의 상대방**과 관련하여 ① **동법 제27조 제3호**의 경우 동법 제24조 제1항 또는 제2항의 유사행위를 한 사람이 행위의 상대방이 되고, ② **동법 제27조 제4호**의 경우 제24조 제3항 제2호를 위반하여 시스템을 설계, 제작, 유통 또는 제공받은 사람이 행위의 상대방이 된다.

나아가 ③ **제27조 제5호**의 경우 제25조 제2항을 위반하여 승자투표권을 구매·주선 또는 양수받은 사람이 그 행위의 상대방이다.

2) 구성요건적 행위

본죄(제27조 제3호)는 제24조 제1항 위반죄의 상대가 된 사람을 처벌하는 구성요건이다. 즉 행위자를 기준으로 하여 **동법 제26조**는 사설 경륜경정 도박장, 인터넷 사이트 등을 운영하여 유사행위, 도박행위, 승자투표권 판매행위를 한 사람을, **제27조**는 그 상대방을 처벌하는 구성요건으로 두 죄는 대향범 관계에 있다.[14] 이와 같은 규정형식은 국민체육진흥법,

---

14 2019. 11. 26. 경륜경정법의 개정으로 기존의 제27조 위반죄는 제26조 위반죄로, 구법 제26조 위반죄는 현행 제27조 위반죄로 각각 이동하였다. 구법(2019. 11. 26. 법률 16587호로 개정되기 전의 것)은 경륜·경정법상 금지규정을 아래와 같이 규정하고 있었다. 그런데 법률이 개정되면서 유사행위를 하거나 도박행위를 한 사람을 그 상대가 된 자에 비하여 더욱 무겁게 처벌하도록 법률을 개정하였고, 조문의 순서도 변경하였다.

아래

구 경륜·경정법 제26조(벌칙) 다음 각 호의 어느 하나에 해당하는 자는 5년 이하의 징역 또는 1천500만 원 이하의 벌금에 처한다.

1. 위계(僞計) 또는 위력(威力)을 사용하여 경주의 공정(公正)을 해치거나 공정한 시행을 방해한 자

2. 경기장 안으로 무단 진입하거나 이물질(異物質) 등을 던져 원활한 경주시행을 방해한 자 또는 선수·심판 등 경주종사자의 안전을 위협한 자

한국마사회법도 같다.

구체적으로 살펴보면 ① **제27조 제3호의 구성요건적 행위**는 동법 제24조 제1항 또는 제2항에 따라 유사행위를 하는 사람들의 상대방이 되어 직접 승자투표권과 비슷한 것을 구매하고 이에 따라 재산상 이익을 제공받는 것이다. 이 때 **주관적 구성요건요소**는 위와 같은 유사행위의 상대방이 되어 승자투표권과 비슷한 것을 구매하고 그 적중 결과에 따라 금전 또는 재산상의 이익을 제공받는다는 것을 인식하면 충분하다.

나아가 ② **제27조 제4호의 구성요건적 행위**는 동법 제24조 제3항 제2호를 위반하여 정보통신망을 이용한 시스템을 설계·제작·유통하거나 이를 제공하는 것이다. 이 때 **주관적 구성요건요소**로서 정보통신망을 통하여 경륜·경정과 관련된 유사행위에 이용되는 시스템을 설계·제작·유통·제공한다는 점에 대한 인식이 필요하다.

그리고 ③ **제27조 제5호의 구성요건적 행위**는 제25조 제2항을 위반하여 승자투표권을 구매·주선 또는 양도받는 것이다. 즉 위와 같은 승자투표권을 구매·주선 또는 양도할 수 없는 신분자들로부터 승자투표권을 양수한 상대방을 처벌하는 것이다. 이 경우 **주관적 구성요건요소**로서 동법 제25조 제2항에 따른 신분자로부터 승자투표권을 구매·주선 받거나 양수받는다는 사정에 대한 인식이 필요하다.

3) 처벌

본죄(동법 제27조 제3호 내지 제5호)를 각 범하는 경우 5년 이하의 징역 또는 5천만 원 이하의 벌금에 처한다. 이 때 본죄는 범죄수익은닉규제법상 중대범죄에는 해당하므로 임의적 몰수·추징 규정이 적용되고 마약거래방지법에 따른 몰수·추징보전 절차를 진행하는 것은 가능하나 경륜·경정법상 필요적 몰수·추징 규정의 적용이 없음은 앞에서 본 바와 같다.

한편 실무상 유사행위의 상대방이 되는 사람들 즉 도박을 실제로 하는 일반인 등의 경우에는 위와 같은 행위를 통하여 범죄수익을 취득하는 경우보다 도금을 잃는(손실을 보는) 경우가 대부분이므로 동법 제27조 제3호를 적용하여 처벌하면서 범죄수익을 환수하는 사례는 쉽게 찾기 어렵다.

제27조(벌칙) ① 다음 각 호의 어느 하나에 해당하는 자는 3년 이하의 징역 또는 1천만 원 이하의 벌금에 처한다.
1. 제24조를 위반한 자
2. 이 법에 따른 경주에 관하여 영리를 목적으로 도박을 한 자 또는 이를 방조한 자
3. 제25조 제2항 제1호·제2호 및 제5호에 해당하는 자로서 이 항 제2호에 따른 행위의 상대가 된 자
② 제1항의 미수범은 처벌한다.

다만 동법 제27조 제4호의 경우 정보통신망을 통한 시스템을 유통, 제공하는 행위를 하고 그에 대한 대가를 지급받는 때, 제27조 제5호에 따라 승자투표권을 양수하고 이익을 취득하는 때에는 그로 인하여 생긴 재산에 대한 환수는 충분히 가능하다.

4. 부정한 청탁 재물 등 수수 등 금지의 점(제29조, 제30조)

관련조문

제29조(벌칙) ① 선수나 심판이 그 업무에 관하여 부정한 청탁을 받고 재물 또는 재산상의 이익을 수수·요구 또는 약속한 경우에는 5년 이하의 징역 또는 5천만 원 이하의 벌금에 처한다. ② 선수나 심판이 제1항의 죄를 범하여 부정한 행위를 한 경우에는 7년 이하의 징역 또는 7천만 원 이하의 벌금에 처한다.

제30조(벌칙) 선수 또는 심판이 그 업무에 관하여 부정한 청탁을 받고 제3자에게 재물 또는 재산상의 이익을 제공하게 하거나 이익의 제공을 요구 또는 약속한 경우에는 5년 이하의 징역 또는 5천만 원 이하의 벌금에 처한다.

가. 구성요건

1) 구성요건의 주체 및 행위의 상대방

동법 제29조의 구성요건의 주체는 선수나 심판이다(신분범). 따라서 위와 같은 특정한 신분자가 그 업무에 관하여 부정한 청탁을 받고 재물 또는 재산상의 이익을 취득하는 경우 가중처벌된다. 한편 **그 행위의 상대방**은 아무런 제한이 없다.

나아가 **동법 제30조의 경우 그 구성요건의 주체**는 선수 또는 심판이다(신분범). 다만 그 재물 또는 재산상 이익의 취득의 주체가 본인이 아닌 제3자라는 점에서 제29조와 차이가 있을 뿐이다.

2) 구성요건적 행위

동법 제29조 제1항은 형법상 배임수재죄와 유사하게 업무에 관하여 부정한 청탁을 받고, 금전을 수수, 요구, 약속하는 행위를 처벌하고, **제2항**은 형법상 수뢰후부정처사죄와 유사하게 위 금전 수수 등 행위 후 부정한 행위를 하면 가중처벌하고 있다.

즉 동법 제29조 위반죄의 **구성요건적 행위는** 선수나 심판이 업무에 관하여 부정한 청탁을 받고 재물 또는 재산상 이익을 수수하는 행위(제1항), 위와 같이 금전을 수수한 후 부정한 행위를 하는 것(제2항)이다. 그 재물 또는 재산상 이익의 제공은 선수나 심판의 업무와 관련하여 이루어져야 하므로 **재물 또는 재산상 이익의 제공과 그 업무 상호 간의 대가성이 인정되어야 함**은 당연하다.

이 때 **업무의 관련성**은 반드시 선수나 심판이 담당하고 있는 구체적인 업무일 필요는 없고 그 부정한 청탁 및 재물 또는 재산상 이익의 제공 이유, 동기와 연관되어 있으면 충분하다.

나아가 **동법 제30조**는 재물 또는 재산상 이익을 자신이 아니라 제3자로 하여금 취득하게 하는 경우를 처벌하는 규정이다. 실제로 동법 제29조 제1항의 심판이나 선수가 취득한 것과 동일하게 평가할 수 있는 경우에는 제29조 제1항이 적용될 것이고 그렇지 않고 제3자가 취득한 것으로 볼 수 있는 경우에는 제30조가 적용된다.

나. 처벌

동법 제29조 제1항의 죄를 범하는 경우 5년 이하의 징역 또는 5천만 원 이하의 벌금에 처한다. 한편 동법 제29조 제2항의 죄를 범하는 경우 7년 이하의 징역 또는 7천만 원 이하의 벌금에 처하고, 동법 제30조 위반의 죄를 범하는 경우 5년 이하의 징역 또는 5천만 원 이하의 벌금에 처한다.

한편 위와 같은 중대범죄를 통해 얻은 수익은 경륜·경정법에 따라 **필요적 몰수·추징의 대상**이 된다(동법 제32조 참조).

경륜·경정에 관련된 선수나 심판이 금전을 수수하고 스포츠의 공정을 해하는 행위를 하는 것을 금지하는 규정으로 이에 관련된 범죄수익을 모두 환수대상으로 포섭한 것이다.

다. 범죄수익환수 사례

1) 재산상 이익 약속 후 부정한 행위를 하여 취득한 이익 환수사례

이와 관련하여 공범 B로부터 빌린 2억 원 상당의 차용금 채무에 시달리던 국민체육진흥공단 소속 경정선수 A가 의도적으로 3위 안에 입상하지 않기로 하고, 공범 B는 A를 제외한 나머지 선수에 베팅함으로써 **승부조작을 공모하여 A는 그 대가로 공범 B에 대한 위 미지급 차용금 채무의 이자 1,600만 원을 탕감받기로 약속한 다음 실제로 A가 의도적으로 3위 안에 입상하지 않은 사안에서 A가 탕감받은 위 미지급 이자 1,600만 원은 A가 중대범죄행위**(재산상이익 약속 후 부정한 행위의 점)**로 취득한 범죄수익에 해당한다는 이유로 A로부터 추징한 사례**가 있다.[15]

경륜·경정에 금전이 개입된 승부조작행위를 근절하기 위한 구성요건이므로 위와 같이 취

---

15 대전고등법원 2019. 7. 12. 선고 2018노566 판결 참조.

득한 금전은 추징할 필요성이 있다.

사례

[범죄사실]

　피고인 A는 국민체육진흥공단 경륜·경정사업본부 소속 경정 선수였던 사람으로, 지인인 B(전 경정 선수)로부터 금을 수입·수출하여 수익을 낸다는 금지금 사업을 알게 된 뒤, 위 사업에 투자할 돈을 마련하기 위하여 B의 소개로 알게 된 F를 통해 피고인 C로부터 2014. 9. 24.경 2억 원을 변제기 2015. 1. 25., 이자 연 25%로 정하고 차용한 후 이를 위 금지금 사업에 투자하게 되었다.

　이후 피고인들 및 F는 2014. 11. 말경부터 2014. 12. 초순경 사이에 대전시 유성구에 있는 레전드호텔 내 카페에서 F가 피고인 A의 미지급 차용금 이자 1,600만 원을 피고인 C에게 대신 지급하기로 약속한 후 피고인 A는 경정경기에서 의도적으로 3위 안에 입상하지 않기로 하고, 피고인 C와 F는 피고인 A를 제외한 다른 선수들에게 베팅하는 방식으로 승부조작을 하기로 공모하였다.

　이로써 피고인 A는 경정경기 업무에 관하여 부정한 청탁을 받고 재산상의 이익을 약속하고, 피고인 C는 B, F와 공모하여 피고인 A에 대하여 그 재산상의 이익을 약속하였다.

[법령의 적용]

1. 범죄사실에 대한 해당법조
   ○ 피고인 A: 각 경륜·경정법 제26조 제1호, 형법 제30조(경주의 공정한 시행 방해의 점), 각 경륜·경정법 제29조 제2항, 제1항(재산상 이익 약속 후 부정한 행위의 점), 경륜·경정법 제29조 제1항(부정한 청탁에 관한 재산상 이익 약속의 점)
1. 추징(피고인 A)
   경륜·경정법 제32조

---

2) 재물 수수 후 부정한 행위를 하여 취득한 금전 환수사례

　이와 관련하여 자신이 참가할 경정경주에 있어 자신의 등수와 승자투표권을 구입하는 데 필요한 정보를 공범들에게 알려주는 대가로 2억 7,000만 원을 수수한 사안에서 위 2억 7,000만 원을 전액 추징한 사례가 있다.[16]

---

16 의정부지방법원 2012. 9. 13. 선고 2012노1123 판결 참조. 이 사안에서 피고인이 지급받은 2억 7,000만 원을 어떻게 소비하였는지, 현금으로 지급받은 금전을 차명으로 은닉한 것은 아닌지 문제될 수 있었을 것으로 보이나 이에 대한 수사는 진행되지 않은 것으로 보인다. 피고인이 수수한 2억 7,000만 원은 범죄수익에 해

> **사례**
>
> **범죄사실**
>
> (전략) 2. 2억 7,000만 원 수수 관련 부분
>
> 가. 피고인 A
>
> 피고인은 위와 같이 <u>피고인이 참가할 경정경주에 있어서 피고인의 등수 및 경정 승자투표권을 구입하는데 필요한 정보를 B, C에게 알려주는 대가로, 2011. 4. 16.경 서울 강남구 X에 있는 'Y'에서 B, C를 만나 B로부터 9,000만 원을 교부받고, 2011. 5. 16.경 서울 서초구 W 앞 'E' 커피숍에서 C를 만나 C로부터 B가 C에게 전달시켰던 1억 8,000만 원을 교부받고, 별지 범죄일람표 기재와 같이 피고인이 참가할 17개의 경정경주에 대하여 피고인의 등수 및 경정승부 관련 정보를 B, C에게 대포폰 문자메시지로 알려주었다.</u>
>
> 이로써 피고인은 B, C로부터 경정선수의 업무에 관하여 부정한 청탁을 받고 2회에 걸쳐 합계 2억 7,000만 원을 교부받고, 부정한 행위를 하였다.
>
> **법령의 적용**
>
> 1. 범죄사실에 대한 해당법조
>
> 나. 피고인 A
>
> 포괄하여 경륜·경정법 제29조 제2항, 제1항(재물 수수 후 부정한 행위의 점, 징역형 선택)
>
> 1. 추징
>
> 피고인 A: 경륜·경정법 제32조 후문, 전문

3 사행행위 등 규제 및 처벌 특례법위반(제7호)

1. 총설

범죄수익은닉규제법 별표 제7호에서는 **사행행위 등 규제 및 처벌 특례법**(이하, '사행행위규제법'이라 한다) **제30조 제1항, 제2항의 죄**를 범죄수익환수 대상범죄로 규정하고 있다.

당하므로 이를 차명계좌로 입금하거나 수표 등으로 교환하는 행위, 차명으로 부동산을 매입하여 재산을 구입하는 행위는 모두 범죄수익 처분가장행위 또는 은닉행위에 해당할 수 있다.

관련조문

범죄수익은닉규제법 별표

중대범죄(제2조 제1호 관련)

7. 「사행행위 등 규제 및 처벌 특례법」 **제30조 제1항 및 제2항의 죄**

관련조문

제30조(벌칙) ① 다음 각 호의 어느 하나에 해당하는 자는 5년 이하의 징역 또는 5천만 원 이하의 벌금에 처한다.

1. 사행행위영업 외에 투전기나 사행성 유기기구를 이용하여 사행행위를 업(業)으로 한 자
2. 제1호의 행위를 업으로 하는 자에게 투전기나 사행성 유기기구를 판매하거나 판매할 목적으로 제조 또는 수입한 자

② 다음 각 호의 어느 하나에 해당하는 자는 3년 이하의 징역 또는 2천만 원 이하의 벌금에 처한다.

1. 제4조 제1항 또는 제7조 제2항에 따른 허가를 받지 아니하고 영업을 한 자
2. 제12조 제2호 또는 제3호를 위반하여 사행기구를 설치·사용하거나 변조한 자
3. 제13조 제1항 또는 제2항에 따른 허가를 받지 아니하고 영업을 한 자

사행행위를 통해 범죄행위로 생긴 재산, 그 범죄행위를 저지르고 보수로 받은 재산은 범죄수익으로서 환수 대상이 된다는 것이다. 사행행위 규제법은 ① 허가의 대상이 되는 「**사행행위영업**」과 ② 애초 허가의 대상조차 되지 않는 「**사행행위영업 外 영업**」을 구별하여 전자의 경우 동법 제30조 제2항에서, 후자의 경우 제30조 제1항에서 나누어 규율하고 있음을 유의할 필요가 있다. 이 법률에서 사용한 환수대상 범죄와 관련 용어는 다음과 같다.

관련조문

사행행위규제법 제2조(정의) ① 이 법에서 사용하는 용어의 뜻은 다음과 같다.

1. "**사행행위**"란 여러 사람으로부터 재물이나 재산상의 이익(이하 "재물등"이라 한다)을 모아 우연적(偶然的) 방법으로 득실(得失)을 결정하여 재산상의 이익이나 손실을 주는 행위를 말한다.
2. "**사행행위영업**"이란 다음 각 목의 어느 하나에 해당하는 영업을 말한다.
   가. 복권발행업(福券發行業): 특정한 표찰(컴퓨터프로그램 등 정보처리능력을 가진 장치에 의한 전자적 형태를 포함한다)을 이용하여 여러 사람으로부터 재물등을 모아

추첨 등의 방법으로 당첨자에게 재산상의 이익을 주고 다른 참가자에게 손실을 주는
행위를 하는 영업

나. **현상업(懸賞業)**: 특정한 설문 또는 예측에 대하여 그 답을 제시하거나 예측이 적중
하면 이익을 준다는 조건으로 응모자로부터 재물등을 모아 그 정답자나 적중자의 전
부 또는 일부에게 재산상의 이익을 주고 다른 참가자에게 손실을 주는 행위를 하는
영업

다. **그 밖의 사행행위업**: 가목 및 나목 외에 영리를 목적으로 회전판돌리기, 추첨, 경품
(景品) 등 사행심을 유발할 우려가 있는 기구 또는 방법 등을 이용하는 영업으로서
대통령령17으로 정하는 영업

3. **"사행기구 제조업"**이란 사행행위영업에 이용되는 기계, 기판(機板), 용구(用具) 또는 컴
퓨터프로그램(이하 "사행기구"라 한다)을 제작·개조하거나 수리하는 영업을 말한다.

4. **"사행기구 판매업"**이란 사행기구를 판매하거나 수입(輸入)하는 영업을 말한다.

5. **"투전기"**란 동전·지폐 또는 그 대용품(代用品)을 넣으면 우연의 결과에 따라 재물등이
배출되어 이용자에게 재산상 이익이나 손실을 주는 기기를 말한다.

6. **"사행성 유기기구"**란 제5호의 투전기 외에 기계식 구슬치기 기구와 사행성 전자식 유기
기구 등 사행심을 유발할 우려가 있는 기계·기구 등을 말한다.

② 제1항 제2호부터 제4호까지의 영업은 대통령령으로 정하는 바에 따라 세분할 수 있다.

최근에는 **온라인, 인터넷 스포츠 토토 도박, 불법 사설 경마, 경륜, 경정**을 통한 사행
행위가 이루어지는 경우가 많아 국민체육진흥법, 한국마사회법, 경륜·경정법이 특별규정으
로 적용되어 처벌된다. 따라서 사행행위규제법은 오프라인상 사행기구를 차려 게임장을 운
영하는 경우만 적용된다.

한편 사행행위규제법은 독자적인 몰수·추징 규정을 두고 있지 않으므로 위 행위로 취득한
범죄수익등은 범죄수익은닉규제법에 따른 임의적 몰수·추징 규정이 적용되고 범죄수익은닉

---

17 사행행위 등 규제 및 처벌 특례법 시행령 제1조의2(기타 사행행위업) 「사행행위 등 규제 및 처벌 특례
법」(이하 "법"이라 한다) 제2조 제1항 제2호 다목에서 "대통령령으로 정하는 영업"이란 다음 각 호의 영업
을 말한다. <개정 2018. 12. 24.>
 1. **회전판돌리기업**: 참가자에게 금품을 걸게 한 후 그림이나 숫자 등의 기호가 표시된 회전판이 돌고 있
 는 상태에서 화살 등을 쏘거나 던지게 하여 회전판이 정지되었을 때 그 화살 등이 명중시킨 기호에 따
 라 당첨금을 교부하는 행위를 하는 영업
 2. **추첨업**: 참가자에게 번호를 기입한 증표를 제공하고 지정일시에 추첨 등으로 당첨자를 선정하여 일정
 한 지급기준에 따라 당첨금을 교부하는 행위를 하는 영업
 3. **경품업**: 참가자에게 등수를 기입한 증표를 제공하여 당해 증표에 표시된 등수 및 당첨금의 지급기준
 에 따라 당첨금을 교부하는 행위를 하는 영업

규제법 및 마약거래방지법에 따른 몰수·추징 보전이 가능하다는 점을 유의할 필요가 있다.

2. 사행성 유사기구 등 이용 사행행위 영업 등의 점(사행행위규제법 제30조 제1항)

관련조문 ─────────────────────────────

제30조(벌칙) ① 다음 각 호의 어느 하나에 해당하는 자는 5년 이하의 징역 또는 5천만 원 이하의 벌금에 처한다.

1. 사행행위영업 외에 투전기나 사행성 유기기구를 이용하여 사행행위를 업(業)으로 한 자
2. 제1호의 행위를 업으로 하는 자에게 투전기나 사행성 유기기구를 판매하거나 판매할 목적으로 제조 또는 수입한 자

가. 구성요건의 주체

본죄의 **구성요건의 주체**는 아무런 제한이 없다. 따라서 누구든지 본죄의 주체가 될 수 있고, 그 구성요건적 행위가 사행행위를 업으로 하거나 사행성 유사기구를 판매할 목적으로 제조 또는 수입하는 것이므로 **행위 상대방** 또한 특별한 제한이 없다.

나. 구성요건적 행위

사행행위규제법은 사행행위영업(복권발행업, 현상업, 대통령령으로 정하는 그 밖의 사행행위업) 외에 사행성 유사기구나 투전기를 이용하여 사행행위를 업으로 하는 행위를 금지하고 있다(제30조 제1항 제1호). 결국 법률에서 규정하고 있는 사행행위영업 이외의 게임기를 활용한 사행행위를 금지하겠다는 취지다.

나아가 제1호의 행위를 업으로 하는 자에게 투전기나 사행성 유사기구를 판매하거나 판매할 목적으로 제조 또는 수입하는 행위 또한 금지한다(제30조 제1항 제2호).

다. 처벌

본죄를 범하면 5년 이하의 징역 또는 5천만 원 이하의 벌금에 처한다. 나아가 앞에서 본 바와 같이 본죄를 범하고 취득한 범죄수익은 모두 범죄수익은닉규제법에 따른 임의적 몰수·추징 대상이 된다.

이와 관련하여 **업으로 사행성 유사기구나 투전기를 이용하여 사행행위를 하는 경우**는 **통상 불법 게임기를 설치하여 이루어지는 경우가 대부분이므로 게임산업진흥에관한 법**

률위반죄와 함께 처벌되는 사례가 많다.[18]

사례

[범죄사실]

   누구든지 사행성 게임물에 해당되어 게임물관리위원회로부터 등급분류가 거부된 게임물을 이용에 제공하여서는 아니 되고, 게임물의 이용을 통하여 획득한 유·무형의 결과물을 환전 또는 환전 알선하거나 재매입을 업으로 하는 행위를 하여서도 아니 되며, 사행성유기기구를 이용하여 사행행위를 업으로 하여서는 아니 된다.

   피고인은 2017. 6. 3.경부터 같은 해 7. 30.경까지 울산 중구 B에서, **사행성 게임물에 해당되어 게임물관리위원회로부터 등급 분류가 거부된 C 게임기 10대를 설치하여 그곳을 찾는 손님들에게 제공하고, 손님들로 하여금 시작 버튼을 눌러 베팅을 하게하여 화면상의 그림이나 숫자가 돌아가다가 멈췄을 때 그림이나 숫자의 가로, 세로, 대각선의 배열이 일정한 규칙에 따라 일치되면 점수를 획득케 하여, 손님들이 획득한 점수 1점 당 5,000원으로 환산한 후 환전 수수료 10%를 제한 나머지 금액을 손님들에게 환전해 줌으로써, 우연의 결과에 따라 손님들에게 재산상의 이익 또는 손실을 주는 사행행위를 업으로 하였다.**

[법령의 적용]

1. 범죄사실에 대한 해당법조 및 형의 선택
   ○ 등급분류 거부 게임물 이용 제공의 점: 게임산업진흥에 관한 법률 제44조 제1항 제2호, 제32조 제1항 제4호(포괄하여), 징역형 선택
   ○ 환전업의 점: 게임산업진흥에 관한 법률 제44조 제1항 제2호, 제32조 제1항 제7호(포괄하여), 징역형 선택
   ○ 사행행위업의 점: 사행행위 등 규제 및 처벌 특례법 제30조 제1항 제1호(포괄하여), 징역형 선택

1. 몰수
   형법 제48조 제1항 제1호, 게임산업진흥에관한법률 제44조 제2항

1. 추징
   게임산업진흥에 관한 법률 제44조 제2항(장부에 의하여 확인되는 701만 원＋월 차임 2회 50만 원＝751만 원)

---

[18] 울산지방법원 2018. 5. 24. 선고 2018노203 판결 참조.

라. 자금세탁범죄 처벌 사례

사행행위를 업으로 하면서 벌어들인 **범죄수익을 공범**(바지사장), **내연녀, 동거인 등 명의 계좌로 입금하여 이를 관리하는 경우 자금세탁범죄로 처벌**된다.

이와 관련하여 **업으로 사행성 유사기구를 설치하여 막대한 범죄수익을 취득한 다음 이를 여러 차명계좌로 분산 이체하여 그 취득 및 처분을 가장하는 행위를 자금세탁범죄로 처벌한 사례**가 있다.[19]

사례

범죄사실

1. 사행행위등규제및처벌특례법위반

피고인은 대전 동구 D건물 2층 관리사무실에 상주하면서 건물 지하 1층의 게임장을 실질적으로 관리하고, E는 게임장 명의 사장을 하며, F는 게임장에 손님을 데려오며 게임장을 전반적으로 관리하는 영업부장을 하기로 E, F와 공모하였다.

가. 피고인은 E, F와 공모하여 2010. 10. 17.경부터 2010. 10. 20.경까지 위 게임장에서 사행성 전자식 유기기구인 '바다이야기' 게임기 70대를 설치해놓고 손님들로 하여금 위 게임기에 현금을 투입하여 게임을 하게 하여 게임기의 화면에 그림이나 문자 등이 일정한 배열을 이루면 점수를 얻거나 잃게 한 다음 손님들이 획득한 점수 5,000점당 5,000원권 상품권 1장을 경품으로 제공하고 손님들이 밖으로 나가 미상의 수수료를 제하고 경품을 현금으로 환전하도록 하는 방법으로 사행행위영업을 하였다.

나. 피고인은 E와 공모하여 2011. 2. 6.경부터 같은 달 28.경까지 위 게임장에서 사행성 전자식 유기기구인 '바다이야기' 게임기 54대를 설치해놓고 손님들로 하여금 위 게임기에 현금을 투입하여 게임을 하게 하여 게임기의 화면에 그림이나 문자 등이 일정한 배열을 이루면 점수를 얻거나 잃게 한 다음 손님들이 획득한 점수 5,000점당 5,000원권 상품권 1장을 경품으로 제공하고 손님들이 밖으로 나가 미상의 수수료를 제하고 경품을 현금으로 환전하도록 하는 방법으로 사행행위영업을 하였다.

다. 피고인은 E와 공모하여 2011. 4. 1.경부터 같은 달 3.경까지 위 게임장에서 사행성 전자식 유기기구인 '바다이야기' 게임기 54대를 설치해놓고 손님들로 하여금 위 게임기에 현금을 투입하여 게임을 하게 하여 게임기의 화면에 그림이나 문자 등이 일정한 배열을 이루면 점수를 얻거나 잃게 한 다음 손님들이 획득한 점수 5,000점당 5,000원권 상품권 1장을 경품으

---

[19] 대전지방법원 2013. 1. 31. 선고 2012노1381 판결(대법원 2013도2251 판결로 확정).

로 제공하고 손님들이 밖으로 나가 미상의 수수료를 제하고 경품을 현금으로 환전하도록 하는 방법으로 사행행위영업을 하였다.

2. 게임산업진흥에관한법률위반

피고인은 G와 환전사무소인 H를 설립하여 동거녀 I, J로 하여금 F에게 지분투자를 하고 위 환전사무소에서 일하도록 하였다.

피고인은 G, I, J, F와 공모하여 2009. 5. 12. 14:26경 대전 동구 H환전사무소에서 손님으로 온 L이 그 무렵 같은 동 68−2에 있는 M 게임장에서 경품으로 획득하여 가지고 온 책갈피 10개를 1개당 4,500원씩 45,000원으로 바꾸어 준 것을 비롯하여 2009. 4. 6.경부터 같은 해 6. 말경까지 성명불상의 손님들이 인근 게임장 등에서 경품으로 획득하여 가지고 온 책갈피를 1개당 4,500원에 바꾸어 주고 합계 56,595,000원의 부당한 이익을 취득하는 방법으로 게임장 환전업을 하였다.

3. 범죄수익은닉의규제및처벌등에관한법률위반

피고인은 <u>위 1. 2.항 일시, 장소에서 위와 같이 사행성 게임장과 환전 사무소를 운영하여 얻은 범죄 수익을 감출 목적으로 법원에 허위로 파산신고를 하고, 동거녀 I의 모 N(하나은행, 계좌번호 O)과 피고인의 누나 P(국민은행, Q) 명의의 각 계좌에 범죄수익을 분산 입금, 관리하였다.</u>

<u>이로써 피고인은 I와 공모하여 금액 미상의 범죄수익을 은닉하였다.</u>

법령의 적용

1. 범죄사실에 대한 해당법조 및 형의 선택

각 사행행위 등 규제 및 처벌특례법 제30조 제1항 제1호, 형법 제30조(사행성 유기기구 이용 사행행위 영업의 점), 게임산업진흥에 관한 법률 제44조 제1항 제2호, 제32조 제1항 제7호, 형법 제30조(게임결과물 환전의 점), 범죄수익은닉의 규제 및 처벌 등에 관한 법률 제3조 제1항 제1호(범죄수익 은닉의 점, 포괄하여), 각 징역형 선택

1. 경합범가중

형법 제37조 전단, 제38조 제1항 제2호, 제50조

1. 추징

게임산업진흥에 관한 법률 제44조 제2항

마. 범죄수익환수 사례

앞에서 살펴본 바와 같이 사행행위규제법은 허가 대상조차 되지 않는 사행행위를 업으로 하는 것을 더 무겁게 처벌하고 있고, 이와 같은 범죄행위를 통해 취득한 이익은 범죄수익은닉규제법상 몰수·추징한다.

사행성 유사기구인 '바다이야기'를 이용하여 영업을 하고 이를 통해 취득한 범죄수익을 환수한 사례가 있다.[20] 위 사례에서는 공범들이 각 1/4 지분에 따라 게임장을 운영하기로 하였으므로 전체 수익금액을 1/4로 나누어 피고인으로부터 추징하였다.

사례

범죄사실

1. 피고인A

F는 2007. 11. 하순경 피고인 G, H에게 '내가 바다이야기 게임장을 여러 군데 다녀봤는데 운영해볼만 하더라.'는 취지로 말하고, G는 '그럼 우리 함께 동업으로 불법게임장을 차려 운영을 하자.'는 취지로 말하고, 피고인 및 H는 이를 승낙하여 피고인, G, H, F는 각자 2,000만 원씩을 투자하여 각 1/4 지분에 따라 이익을 분배하기로 약정하고 불법게임장을 운영하기로 모의하고, 그 무렵 피고인, G, H와 F는 각 2,000만 원을 갹출하여 8,000만 원의 게임장 초기 투자비용을 확보하였다.

위와 같은 모의에 따라 <u>피고인은 G, H, F와 공모하여 2007. 11. 13.경부터 2007. 12. 21.경까지 천안시 서북구 I 건물 *층 약 122.86제곱미터에서 속칭 '바지사장' J를 내세워 상호 없는 게임장을 개설하여, 이른바 '예시 및 메모리연타기능'이 부가된 사행성전자식 유기기구인 '바다이야기 버전 1.1' 게임기 53대를 설치하여 놓고, 손님들로 하여금 위 게임기에 10,000원 권 지폐를 넣고 5,000점을 부여받아 1회당 약 100점씩을 걸고 화면에 나타나는 그림의 배열에 따라 점수를 따거나 잃게 하는 방식으로 게임을 하게 한 뒤 누적 점수 5,000점당 1점씩 상품권인식점수를 부여하고, 다시 이 1점당 10%의 수수료를 공제한 후 9,000원씩의 현금으로 환전해줌으로써, 우연적 방법에 의하여 득실을 결정하여 손님들에게 재산상의 이익 또는 손실을 주는 방법으로 사행성유기기구를 이용하여 사행행위를 업으로 하였다.</u>(이하 생략)

법령의 적용

[피고인A]

1. 범죄사실에 대한 해당법조 및 형의 선택

각 사행행위등규제및처벌특례법 제30조 제1항 제1호, 형법 제30조, 각 징역형 선택

1. 경합범가중

형법 제37조 전단, 제38조 제1항 제2호, 제50조

1. 추징

범죄수익은닉의규제및처벌에관한법률 제10조 제1항, 제8조 제1항

---

20 대전지방법원 천안지원 2014. 7. 10. 선고 2014고단285 판결 참조(대법원 2014도17618 판결로 확정).

3. 무허가 사행행위 영업의 점 등(제30조 제2항)

관련조문

제30조(벌칙) ② 다음 각 호의 어느 하나에 해당하는 자는 3년 이하의 징역 또는 2천만 원 이하의 벌금에 처한다.

1. **제4조 제1항 또는 제7조 제2항**에 따른 허가를 받지 아니하고 영업을 한 자
2. **제12조 제2호 또는 제3호를 위반**하여 사행기구를 설치·사용하거나 변조한 자
3. **제13조 제1항 또는 제2항**에 따른 허가를 받지 아니하고 영업을 한 자

☞ **제4조(허가 등)** ① 사행행위영업을 하려는 자는 제3조에 따른 시설 등을 갖추어 행정안전부령으로 정하는 바에 따라 지방경찰청장의 허가를 받아야 한다. 다만, 그 영업의 대상 범위가 둘 이상의 특별시·광역시·도 또는 특별자치도에 걸치는 경우에는 경찰청장의 허가를 받아야 한다. <개정 2013. 3. 23., 2014. 11. 19., 2017. 7. 26.>

☞ **제7조(영업허가의 유효기간)** ② 제1항에 따른 영업허가의 유효기간이 지난 후 계속하여 영업을 하려는 자는 행정안전부령으로 정하는 바에 따라 다시 허가를 받아야 한다. <개정 2013. 3. 23., 2014. 11. 19., 2017. 7. 26.>

☞ **제12조(영업자의 준수사항)** 영업자(대통령령으로 정하는 종사자[21]를 포함한다)는 다음 각 호의 사항과 제11조에 따른 영업의 방법 및 당첨금에 관하여 대통령령으로 정하는 사항, 영업시간 등의 제한 사항을 지켜야 한다. <개정 2011. 9. 15., 2013. 3. 23., 2014. 11. 19., 2017. 7. 26.>

2. 법령을 위반하는 사행기구를 설치하거나 사용하지 아니할 것
3. 법령을 위반하여 사행기구를 변조하지 아니할 것

☞ **제13조(사행기구 제조업의 허가 등)** ① 사행기구 제조업을 하려는 자는 행정안전부령으로 정하는 시설·설비 및 인력 등을 갖추어 행정안전부령으로 정하는 바에 따라 경찰청장의 허가를 받아야 한다. <개정 2013. 3. 23., 2014. 11. 19., 2017. 7. 26.>
② 사행기구 판매업을 하려는 자는 행정안전부령으로 정하는 바에 따라 경찰청장의 허가를 받아야 한다. <개정 2013. 3. 23., 2014. 11. 19., 2017. 7. 26.>

---

21 사행행위규제법 시행령 제9조(사행행위영업의 종사자의 범위) 법 제12조 본문의 규정에서 "대통령령이 정하는 종사자"라 함은 명칭여하를 불문하고 영업자를 대리하거나 영업자의 지시를 받아 상시 또는 일시 영업행위를 하는 대리인·사용인 기타의 종업원을 말한다.

가. 구성요건의 주체 및 행위의 상대방

본죄의 **구성요건행위의 주체**는 아무런 제한이 없다. 따라서 누구든지 본죄의 주체가 될 수 있다. 한편 위 각 구성요건행위가 특별한 행위의 상대방을 요하는 것이 아니고 무허가 사행행위 영업을 하거나 사행기구를 설치·사용하거나 변조하는 행위 등이므로 **행위의 상대방**도 특별한 제한이 없다.

나. 구성요건적 행위

사행행위규제법은 허가 받은 사행행위영업을 인정하고 있다. 이 때 사행행위 영업이라 함은 앞에서 본 바와 같이 법률상 규정하고 있는 사행행위 영업인 ① 복권발행업, ② 현상업, 동법 시행령에서 규정하고 있는 ③ 회전판돌리기업, ④ 추첨업 및 ⑤ 경품업을 의미한다. 결국 허가를 받고 영업할 수 있는 위 5가지 영업의 경우 허가 없이 또는 허가를 받았더라도 영업자의 준수사항을 위반하는 경우 위 조문이 적용되는 것이다.[22]

따라서 본죄의 **구성요건적 행위**는 ① 허가를 받지 않고 영업을 하거나(제1호), 영업자가 준수사항을 위반하여 영업을 하는 경우(제2호), 허가 없이 사행기구 제조업을 영위하는 행위(제3호)이다.

허가를 받아야 하는 위 5개 업종에 해당하는 경우 허가를 받고 영업을 하였는지, 허가를 받았다 하더라도 사행행위규제법 제12조 제2호 및 제3호에 따른 준수사항을 지켰는지 살펴볼 필요가 있다.

나아가 동법 제12조의 영업자 준수사항 중 2개의 호(법령을 위반하여 사행기구 설치, 사용 변조) 위반의 경우에만 중대범죄에 해당함을 유의할 필요가 있다.[23]

다. 처벌

본죄를 범하면 3년 이하의 징역 또는 2천만 원 이하의 벌금에 처한다. 나아가 본죄는 범죄수익은닉규제법상 중대범죄에 해당하므로 본죄를 범하고 취득한 범죄수익은 모두 임의적 몰수·추징의 대상이 된다.

---

22 따라서 애초 허가 대상에 해당하지 않는 사행성 유사기구를 사용한 영업의 경우에는 본조가 아닌 사행행위규제법 제30조 제1항이 적용된다.
23 따라서 영업 명의를 대여하는 행위(제1호), 위 법령상 19세 미만의 청소년을 입장시키거나, 제한시간을 위반하는 행위(제4호), 지나친 사행심을 유발하는 등 선량한 풍속을 해칠 우려가 있는 광고 또는 선전을 하는 행위(제5호) 등의 경우는 중대범죄 행위에 해당하지 않는다.

라. 범죄수익환수 사례

사행행위 영업인 복권발행업을 관할 관청의 허가 없이 영위하고 이를 이용하여 도박 공간을 개설한 행위와 관련하여 이 범행을 범죄수익은닉규제법상 중대범죄로 의율하고, 영업으로 취득한 이익을 추징한 사례가 있다.[24] 허가를 받아야 하는 사행행위 영업을 통해 범죄수익을 취득하는 행위는 위에서 본 바와 같이 중대범죄이므로 이를 통해 취득한 수익을 추징할 수 있다.

사례

범죄사실

1. 피고인 A

여러 사람으로부터 재물이나 재산상 이익을 모아 우연적 방법으로 득실을 결정하여 재산상 이익이나 손실을 주는 사행행위 영업을 하려는 자는 지방경찰청장의 허가를 받아야 하며, 누구든지 영리 목적으로 도박공간을 개설하여서는 아니 된다.

피고인은 지방경찰청장의 허가를 받지 아니하였음에도 불구하고 2019. 6. 13.경부터 같은 해 7. 30.경까지 전주시 덕진구 C *층에서 <u>주식회사 D 시행의 사행행위인 'E'를 중계하거나 직접 베팅할 수 있는 사설 도박사이트 E 프로그램이 입력된 컴퓨터등을 설치하여 위 게임장에 출입하는 불특정 다수의 손님으로부터 1회 베팅에 1만 원에서 100만 원까지 돈을 걸 수 있게 하고 게임의 결과에 따라 배당률에 맞추어 당첨금을 환전하여 주는 방법으로 사행행위영업을 하여 E 프로그램 이용자가 베팅하는 금액의 3%를 수수료로 받아 위 기간에 500만 원 상당의 수익을 취득하고, 위 손님들로 하여금 위 게임장에서 위 E 프로그램이 입력된 컴퓨터를 이용하여 위와 같은 방법으로 도박을 할 수 있도록 도박공간을 개설하여 주었다.</u>

이로써 피고인은 지방경찰청장의 허가를 받지 않고 사행행위영업을 하고, 영리 목적으로 도박공간을 개설하였다.

법령의 적용

1. 범죄사실에 대한 해당법조 및 형의 선택

피고인 A: 사행행위 등 규제 및 처벌 특례법 제30조 제2항 제1호, 제4조 제1항(무허가 사행행위영업), 형법 제247조(도박개장), 각 징역형 선택

1. 추징

피고인 A: 범죄수익은닉의 규제 및 처벌 등에 관한 법률 제10조 제1항

---

[24] 전주지방법원 2020. 7. 15. 선고 2020고단73 판결(확정) 참조.

4 게임산업 진흥에 관한 법률위반(제14호)

1. 총설

범죄수익은닉규제법 별표 제14호에서는 **게임산업 진흥에 관한 법률**(이하, '게임산업법'이라 한다) **제44조 제1항의 죄**를 범죄수익환수 대상범죄로 규정하고 있다. 해당 규정은 총 4개의 호로 구성되어 있다. 본죄는 본래 음반·비디오물 및 게임물에 관한 법률위반죄로 규정되어 있다가 2006. 4. 28. **범죄수익은닉규제법이 개정**(2006. 10. 29. 시행)**되면서 현재와 같이 구성요건이 변경**되었다.

관련조문

범죄수익은닉규제법 별표

중대범죄(제2조 제1호 관련)

14. 「게임산업진흥에 관한 법률」 **제44조 제1항**의 죄

관련조문

제44조(벌칙) ①다음 각 호의 어느 하나에 해당하는 자는 5년 이하의 징역 또는 5천만 원 이하의 벌금에 처한다. <개정 2007. 1. 19., 2016. 12. 20.>
  1. 제28조 제2호의 규정을 위반하여 도박 그 밖의 사행행위를 하게 하거나 이를 하도록 방치한 자
  1의2. 제28조 제3호의 규정을 위반하여 사행성을 조장한 자
  2. 제32조 제1항 제1호·제4호·제7호·제9호 또는 제10호에 해당하는 행위를 한 자
  3. 제38조 제1항 각 호의 규정에 의한 조치를 받고도 계속하여 영업을 하는 자

게임산업법은 게임산업의 기반을 조성하고 게임물의 이용에 관한 사항을 정하여 게임산업의 진흥 및 국민의 건전한 게임문화를 확립함으로써 국민경제의 발전과 국민의 문화적 삶의 질 향상에 이바지함을 목적으로 한다(동법 제1조 참조).

범죄수익은닉규제법은 위 게임산업법의 입법목적에 비추어 게임기를 이용하여 도박 또는 사행성 조장행위를 하는 경우, 불법게임기를 유통하여 이익을 얻는 경우 등의 행위를 중대범죄로 규정함으로써 이로 인하여 취득하는 수익을 환수할 수 있도록 하고 있다.

게임산업법은 제44조 제2항에서 **개별적인 몰수·추징 규정**을 두고 있으므로 위 법률 위

반에 따른 환수의 근거 규정은 게임산업법 제44조 제2항이 된다.

관련조문

게임산업법 제44조(벌칙) ② 제1항의 규정에 해당하는 자가 **소유 또는 점유하는 게임물, 그 범죄행위에 의하여 생긴 수익**(이하 이 항에서 "범죄수익"이라 한다)과 **범죄수익에서 유래한 재산은 몰수하고, 이를 몰수할 수 없는 때에는 그 가액을 추징한다.**

③ 제2항에서 규정한 범죄수익 및 범죄수익에서 유래한 재산의 몰수·추징과 관련되는 사항은 「범죄수익은닉의 규제 및 처벌 등에 관한 법률」 제8조 내지 제10조의 규정을 준용한다.

---

2. 게임물 이용 도박·사행성 조장의 점(제44조 제1항 제1호, 제28조 제2호, 제44조 제1항 제1의2호, 제28조 제3호)

관련조문

제44조(벌칙) ① 다음 각 호의 어느 하나에 해당하는 자는 5년 이하의 징역 또는 5천만 원 이하의 벌금에 처한다.

1. **제28조 제2호의 규정을 위반**하여 도박 그 밖의 사행행위를 하게 하거나 이를 하도록 방치한 자

1의2. **제28조 제3호의 규정을 위반**하여 사행성을 조장한 자

☞ **제28조(게임물 관련사업자의 준수사항)** 게임물 관련사업자는 다음 각 호의 사항을 지켜야 한다.

2. **게임물을 이용하여 도박 그 밖의 사행행위**를 하게 하거나 이를 하도록 내버려 두지 아니할 것

3. **경품 등을 제공하여 사행성을 조장하지 아니할 것.** 다만, 청소년게임제공업의 전체이용가 게임물에 대하여 대통령령이 정하는 경품의 종류(완구류 및 문구류 등. 다만, 현금, 상품권 및 유가증권은 제외한다)·지급기준·제공방법 등에 의한 경우에는 그러하지 아니하다.

가. 구성요건의 주체

본죄의 **구성요건의 주체**는 아무런 제한이 없다. 따라서 누구든지 본죄의 주체가 될 수 있다. 그리고 각 구성요건적 행위는 동법 규정을 위반하여 게임물을 이용해 도박 그 밖의

사행행위를 하는 것이므로 그 **행위의 상대방**은 게임기를 이용하여 도박행위를 하는 불특정 다수의 사람들이다.

나. 구성요건적 행위

본죄의 **구성요건적 행위**는 게임물을 이용하여 도박 그 밖의 사행행위를 하게 하거나 이를 하도록 내버려두는 행위(**동법 제28조 제2호**), 경품 등을 제공하여 사행성을 조장하는 행위(**동법 제28조 제3호**)이다.

게임물은 우연적 요소에 의해 그 결과가 바뀌는 것으로 그 과정에서 느끼는 즐거움과 재미를 목적으로 하는데 이러한 게임물을 매개로 도박을 하거나 경품을 제공하는 경우 그 사행성이 커지게 되어 이를 금지하고자 하는 취지이다.

단 청소년게임제공업의 전체이용가 게임물에 대하여 대통령령이 정하는 경품의 종류(완구류 및 문구류 등. 다만, 현금, 상품권 및 유가증권은 제외한다)·지급기준·제공방법 등에 의한 경우에는 사행성 조장행위로 보지 아니한다(**동법 제28조 제3호 단서 참조**).

주관적 구성요건요소로서 위와 같이 게임물을 이용하여 도박 그 밖의 사행행위를 하거나 이를 내버려두는 행위를 한다는 점 및 경품 등을 제공하여 사행성을 조장하는 행위를 한다는 점에 대한 인식을 요한다(**고의범**).

다. 처벌

본죄를 위반하면 5년 이하의 징역 또는 5천만 원 이하의 벌금에 처한다. 나아가 본죄를 위반하여 취득한 범죄수익은 모두 게임산업법에 따른 필요적 몰수·추징의 대상이 되고 범죄수익은닉규제법 및 마약거래방지법에 따라 몰수·추징보전 조치가 가능하다.

3. 불법게임물 유통금지의 점 및 불법환전의 점 등(제44조 제1항 제2호, 제32조 제1항 제1호, 제4호, 제7호, 제9호, 제10호)

관련조문 ─────────────────────────────────

제44조(벌칙) ① 다음 각 호의 어느 하나에 해당하는 자는 5년 이하의 징역 또는 5천만 원 이하의 벌금에 처한다.

 2. <u>제32조 제1항 제1호·제4호·제7호·제9호 또는 제10호</u>에 해당하는 행위를 한 자

☞ <u>제32조(불법게임물 등의 유통금지 등)</u> ① 누구든지 게임물의 유통질서를 저해하는 다음 각 호의 행위를 하여서는 아니 된다. 다만, 제4호의 경우 「사행행위 등 규제 및 처벌특례법」 에 따라 사행행위영업을 하는 자를 제외한다.

1. 제21조 제1항의 규정에 의하여 **등급을 받지 아니한 게임물을 유통 또는 이용에 제공 하거나 이를 위하여 진열·보관**하는 행위

4. 제22조 제2항의 규정에 따라 **사행성게임물에 해당되어 등급분류가 거부된 게임물을 유통시키거나 이용에 제공하는 행위 또는 유통·이용제공의 목적으로 진열·보관**하는 행위

7. 누구든지 **게임물의 이용을 통하여 획득한 유·무형의 결과물**(점수, 경품, 게임 내에서 사용되는 가상의 화폐로서 대통령령이 정하는 게임머니 및 대통령령이 정하는 이와 유사한 것을 말한다)**을 환전 또는 환전 알선하거나 재매입을 업**으로 하는 행위

9. **게임물 관련사업자가 제공 또는 승인하지 아니한 게임물을 제작, 배급, 제공 또는 알선**하는 행위

10. 제9호에 따른 **불법행위를 할 목적으로 컴퓨터프로그램이나 기기 또는 장치를 제작 또는 유통**하는 행위

가. 구성요건의 주체

본죄의 **구성요건의 주체**는 아무런 제한이 없다. 따라서 누구든지 본죄의 주체가 될 수 있다. **행위의 상대방**은 불법 게임물 등을 이용하여 게임을 하는 불특정 다수의 사람 또는 이와 같은 불법게임물 등을 공급받는 사람이다.

나. 구성요건적 행위

본죄의 **구성요건적 행위**는 ① 동법 제21조 제1항의 규정에 의하여 등급을 받지 아니한 게임물을 유통 또는 이용에 제공하거나 이를 위하여 진열·보관하는 행위(제32조 제1항 제1호), ② 제22조 제2항의 규정에 따라 사행성게임물에 해당되어 등급분류가 거부된 게임물을 유통시키거나 이용에 제공하는 행위 또는 유통·이용제공의 목적으로 진열·보관하는 행위(제32조 제1항 제4호)이다. 등급분류를 받지 않은 게임물 또는 등급분류가 거부된 게임물의 경우 이를 유통하여 불특정 다수인의 이용에 제공하면 그 사행성이 증폭되기 때문에 금지한다.

그리고 ③ 게임물의 이용을 통하여 획득한 유·무형의 결과물(점수, 경품, 게임 내에서 사용되는 가상의 화폐로서 대통령령이 정하는 게임머니 및 대통령령이 정하는 이와 유사한 것을 말한다)을 **환전 또는 환전 알선하거나 재매입을 업**으로 하는 행위(제32조 제1항 제7호)를 금지한다. 게임물을 이용하여 획득한 유·무형의 결과물을 환전 또는 환전알선하는 행위는 단순히 즐

김의 정도를 넘어 게임물을 이용한 도박행위로 이어지므로 이를 금지하는 것이다.

실무상 **게임산업법에서 가장 많이 문제가 되는 구성요건은 위 환전 또는 환전알선하거나 재매입을 업으로 하는 행위**다. 아래에서 보는 바와 같이 게임물을 이용하여 환전행위를 하는 경우 취득한 범죄수익을 환수한 사례 및 위와 같은 범죄수익의 취득 및 처분을 가장한 사례가 다수 확인된다.

나아가 ④ 게임물 관련사업자가 제공 또는 승인하지 아니한 게임물을 제작, 배급, 제공 또는 알선하는 행위(제32조 제1항 제9호), ⑤ 제9호에 따른 불법행위를 할 목적으로 컴퓨터 프로그램이나 기기 또는 장치를 제작 또는 유통하는 행위(제32조 제1항 제10호)를 금지하고 있다. 불법 게임물을 제작, 배급, 제공하거나 불법행위를 할 목적으로 컴퓨터 프로그램등을 제작 또는 유통하는 행위는 불법게임물의 유통을 통한 건전한 게임산업 질서를 해할 수 있으므로 이를 금지하는 것이다.

다. 죄수 및 처벌

본죄를 범하면 5년 이하의 징역 또는 5천만 원 이하의 벌금에 처한다. 나아가 본죄를 위반하여 취득한 범죄수익은 모두 게임산업법에 따른 필요적 몰수·추징의 대상이 되고 범죄수익은닉규제법 및 마약거래방지법에 따라 몰수·추징보전 조치가 가능하다.

한편 게임장을 운영하면서 환전행위를 하도록 하는 경우 게임장 업주는 게임산업법위반죄 뿐만 아니라 형법상 도박공간개설죄(제247조)도 함께 성립한다. 양 죄의 관계에 대하여는 상상적 경합으로 보는 것이 일반적인 견해다.

라. 범죄수익환수 사례

앞에서도 살펴본 바와 같이 게임산업법은 그 자체적으로 **필요적 몰수·추징 규정**을 두고 있으므로 몰수·추징 시 위 특별규정이 적용된다.

게임장 운영에 따른 수익을 산정할 때 **대법원**은 환전행위를 동원하여 게임장을 운영한 경우 특별한 사정이 없는 한 그 전체 수익이 범죄수익이 되는바, 여기서 말하는 그 전체 수익은 **게임장 사업자에게 실질적으로 귀속된 수익을 말하는 것이므로 게임장의 전체 매출액에서 게임장 이용자에게 환전하여 준 돈을 공제하고 남은 금액**이 된다고 판시하고 있다.[25]

그리고 직원의 급여, 게임기 제작·구입 비용 등과 같이 범죄수익을 얻기 위하여 범인이

---

25 대법원 2014. 7. 10. 선고 2014도4708 판결, 대법원 2012. 9. 27. 선고 2012도7843 판결 참조.

지출한 비용은 그것이 범죄수익으로부터 지출되었다고 하더라도 이는 범죄수익을 소비하는 방법에 지나지 아니하여 추징할 범죄수익에서 공제할 것은 아니고,[26] 수인이 공동으로 불법 **게임장 영업을 하여 이익을 얻은 경우에는 그 분배받은 돈, 즉 실질적으로 귀속된 이익금만을 개별적으로 추징하여야 한다.**[27]

그런데 게임산업법위반으로 불법 환전업을 영위하는 경우 업주가 벌어들인 범죄수익을 구체적으로 어떻게 산정할 것인지에 관하여 법원은 "**게임산업법 제44조 제2항 소정의 범죄수익은 제44조 제1항 각 호에 정한 범죄행위에 의하여 직접적으로 취득한 수익에 한정되는 것이 아니라 그와 상당인과관계가 인정되는 게임장 전체 수익이 범죄수익으로 봄이 상당하다**"고 판시하면서 아래와 같이 그 이유를 상세히 설시하고 있다.[28]

사례

(전략)

나) 관련 법리

(1) 게임산업진흥에 관한 법률(이하 '게임산업법'이라 한다) 제44조 제2항 소정의 범죄수익(이하 '범죄수익'이라고만 한다)은 **게임산업법 제44조 제1항 각 호에서 정한 범죄행위에 의하여 직접적으로 취득한 수익에 한정되는 것이 아니라 그와 상당인과관계가 인정되면 이에 포함된다고 할 것인바**(직접적인 사안은 아니지만 구 증권거래법 소정의 불공정거래행위로 얻은 이익에 관한 대법원 2013. 7. 11. 선고 2011도15056 판결 등 참조), 이 사건 범죄행위와 같이 게임산업법 제44조 제1항 각 호가 정한 범죄행위를 동원하여 게임장을 운영한 경우 특별한 사정이 없는 한 **게임장 전체 수익이 범죄행위와 상당인과관계가 있는 것으로 보아 범죄수익에 해당한다고 봄이 타당하다.** 그 이유는 다음과 같다.

(가) 이 사건 범죄행위는 제32조 제1항 제7호, 그중에서도 게임물의 이용을 통하여 획득한 유·무형의 결과물을 환전하는 것을 업으로 하는 행위인바, 이 사건 범죄행위는 사실 그 자체로는 수익을 취득하는 행위가 아니다.

(중략)

(나) 바꾸어 말하면 피고인과 같은 게임장 사업자는 오로지 게임장 이용자가 게임을 하기 위하여 게임장 내 게임기에 투입한 현금에 의하여 수익을 취득하는 것일 뿐 이 사건 범죄행위와 같은 환전행위를 통하여 수익을 취득하는 것이 아니고, 이 사건 범죄행위와

---

26 대법원 2007. 5. 10. 선고 2007도2171 판결 등 참조.

27 대법원 2008. 6. 26. 선고 2008도1312 판결 참조.

28 울산지방법원 2017. 9. 7. 선고 2017노651 판결 참조(대법원 2017도15826 판결로 확정).

같은 환전행위는 더 많은 이용자를 게임장 내에 유치하고, 나아가 게임장에 들어온 이용자가 더 많은 돈을 게임기에 투입하여 게임을 하도록 하기 위한 영업의 방식이다. 그런데 이 사건 범죄행위와 같은 환전을 통하여 게임장을 운영할 경우 이는 실질적으로 게임장을 강원랜드와 같은 카지노, 하지만 강원랜드와 달리 불법적인 카지노로 변질시키는 것과 마찬가지이기 때문에 게임산업법 제44조 제1항은 이러한 행위를 형사처벌의 대상으로 삼고 제2항은 그 범죄수익을 몰수·추징하도록 정하고 있는 것이다.

(중략)

(2) 위에서 본 바와 같이 **환전행위를 동원하여 게임장을 운영한 경우 특별한 사정이 없는 한 그 전체 수익이 범죄수익이 되는바, 여기서 말하는 그 전체 수익은 게임장 사업자에게 실질적으로 귀속된 수익을 말하는 것이므로 게임장의 전체 매출액에서 게임장 이용자에게 환전하여 준 돈을 공제하고 남은 금액이 된다**(대법원 2014. 7. 10. 선고 2014도4708 판결, 대법원 2012. 9. 27. 선고 2012도7843 판결 참조).

그리고 **직원의 급여, 게임기 제작·구입 비용 등과 같이 범죄수익을 얻기 위하여 범인이 지출한 비용은 그것이 범죄수익으로부터 지출되었다고 하더라도 이는 범죄수익을 소비하는 방법에 지나지 아니하여 추징할 범죄수익에서 공제할 것은 아니되**(대법원 2007. 5. 10. 선고 2007도2171 판결 등 참조), **수인이 공동으로 불법 게임장 영업을 하여 이익을 얻은 경우에는 그 분배받은 돈, 즉 실질적으로 귀속된 이익금만을 개별적으로 추징하여야 한다**(대법원 2008. 6. 26. 선고 2008도1312 판결 참조).

2) 이 사건의 경우

가) 피고인은 이 사건 범죄행위가 이루어진 기간 동안 업으로서 환전행위를 하였는바, 피고인이 환전행위가 적발될 것을 방지하기 위해서 지문과 연락처를 등록한 회원들에 한정하여 출입을 허용하고, 계단이나 게임장 내에 CCTV를 여러 대 설치하는 등 게임장 자체를 극히 폐쇄적으로 운영하였으며, 연락처가 저장된 회원들을 상대로 한 달에 2~3번씩 게임을 홍보하는 문자를 보내 방문을 유치하기까지 한 점(증거기록 2권 1551, 1579, 1858쪽)에 비추어 볼 때, **피고인은 이 사건 범죄행위가 이루어진 기간 동안 불법 환전을 핵심적인 영업수단으로 삼아 게임장을 운영한 것으로 봄이 타당하다.**

따라서 **이 사건 범죄행위가 이루어진 기간 동안 N 게임장 및 P 게임장 전체 매출액에서 게임장 이용자에게 환전하여 준 금액을 공제하고 남은 금액이 범죄수익이 되는 것이지, 피고인의 주장처럼 이 사건 범죄행위가 이루어진 기간 동안 환전을 한 이용자에 대한 매출 부분과 환전을 하지 않은 이용자에 대한 매출 부분을 구분하여 전자의 매출액 부분만 범죄수익으로 볼 것은 아니다.**

위 판결에 의하면 **게임장을 운영하면서 불법 환전행위를 한 피고인**의 경우 환전을 한 이용자에 대한 매출 부분과 환전을 하지 않은 이용자에 대한 매출 부분을 구분하여 환전을 한 이용자에 대한 매출액 부분만 범죄수익으로 볼 것이 아니라 **환전행위를 통해 손님을 끌어들여 게임장을 운영하면서 벌어들인 전체 수익을 범죄수익**으로 보고 피고인의 **범행과 상당인과관계가 있다고 인정되는 이익을 환수**할 수 있다.

마. 자금세탁범죄 처벌 사례

불법환전업을 통해 게임장 영업을 하면서 타인 명의 차명계좌를 양수하여 게임장 수익금, 불법 환전자금을 입금 및 출금하는 방법으로 범죄수익의 취득 및 처분을 가장하는 경우 범죄수익은닉규제법위반죄가 성립하게 된다.[29]

또한 게임장 운영 과정에서 차명계좌를 사용하는 경우 그 범죄수익의 취득 및 처분을 가장하는 행위는 자금세탁범죄에 해당한다.

사례

범죄사실

『2018고단6460』

1. 게임머니 환전 관련 범행

누구든지 게임물의 이용을 통하여 획득한 유·무형의 결과물을 환전 또는 환전 알선하거나 재매입을 업으로 하는 행위를 하여서는 아니 된다.

피고인 A는 2015. 10.경 F(2018. 8. 13. 구속기소), G(2018. 8. 13. 불구속기소) 등과 함께 일정 수수료를 받고 NHN 주식회사가 운영하는 '한게임' 사이트에서 사용하는 게임머니의 거래 및 현금교환을 알선하는 "J"이라는 환전 알선 사이트(2018. 3.경 홈페이지 이름을 "K"로 변경)를 운영할 것을 마음먹고, 피고인 A는 위 사이트의 운영을 총괄하고, F는 자신이 운영하던 성남시 중원구 L에 있는 "M" PC방을 범행장소로 제공하고 고객상담 및 계좌입출금 업무를 담당하면서 수사기관의 추적을 피하기 위해 지인 명의 계좌를 제공하고, G는 위 사이트의 도메인 및 서버 유지·보수 및 홈페이지 화면 관리 업무를 담당하기로 공모하고, 피고인 B는 2017. 11.경에 이르러 피고인 A로부터 입출금에 필요한 계좌를 구해와서 위 사이트를 함께 운영하자는 제안을 받고 이를 승낙하여 위 사이트 운영에 가담하였다.

---

29 인천지방법원 2018. 11. 29. 선고 2018고단6460 판결 참조(인천지방법원 2018노4312, 대법원 2019도8519 판결로 확정).

이후 피고인들은 2017. 12. 초순경 양주시 N에 있는 O로 사업장을 이전한 뒤 위 사이트를 운영하던 중 F가 2018. 4. 16.경 범행에서 탈퇴하자, 2018. 5. 초순경 P를 영입하여 고객상담 및 계좌입출금 업무를 담당하도록 순차 공모하였다.

가. 피고인 A

(1) 게임산업진흥에관한법률위반

피고인은 F, G 등과 함께 2015. 10.경 위 PC방에서 위 "J" 사이트를 운영하면서 위 사이트에 가입한 회원들이 게임머니를 거래할 수 있는 게시판을 마련한 후, 2015. 10. 13.경 위 사이트를 통해 게임머니를 구입하려는 Q로부터 D공소장에 기재된 'R'은 오기로 본다) 명의의 S은행 계좌(T)로 224,000원을 입금받고 위 사이트 내에서 게임머니를 구입할 수 있는 동액 상당의 포인트를 충전해 주면서, Q에게 위 게시판에 게임머니를 판매한다는 글을 게시한 성명불상의 회원의 연락처를 열람할 수 있게 한 뒤, Q와 성명불상자가 'I'에서 함께 게임을 하여 성명불상자가 일방적으로 패하는 방법으로 Q에게 게임머니를 넘겨주면, Q의 포인트 중 수수료(0.8%에서 1.6%)를 차감한 나머지 포인트를 성명불상자에게 이전해주고, 성명불상자가 자신의 포인트 상당 금액의 출금을 요청하면 D*(공소장에 기재된 'Q'는 오기로 보인다) 명의 위 계좌에서 성명불상자 명의 계좌로 송금해 준 것을 비롯하여, 그때부터 2017. 12. 31.경까지 별지 범죄일람표 (1) 및 (5) 기재와 같이 32,448회에 걸쳐 게임머니 매입 및 판매를 업으로 하는 속칭 '머니상' 및 회원들(이하 '머니상 등'이라 한다)로부터 합계 20,051,413,308원을 D 등 명의의 계좌로 입금받은 후 동액 상당의 포인트를 충전해 주고 별지 범죄일람표 (2) 및 범죄일람표 (6) 기재와 같이 같은 기간 동안 포인트 출금을 원하는 머니상 등에게 18,513회에 걸쳐 합계 20,007,594,625원을 송금하였다.

이로써 피고인은 F, G와 공모하여 게임물의 이용을 통하여 획득한 결과물의 환전 알선을 업으로 하였다.

(2) 범죄수익은닉의규제및처벌등에관한법률위반

피고인은 위와 같이 게임물의 환전 알선을 업으로 함에 있어 2015. 10. 13.경부터 2017. 1. 16.경까지 C로부터 대여 받은 명의의 S은행 계좌(T)를 입출금계좌로 이용한 것을 비롯하여 그때부터 2017. 12. 31.까지 다수의 명의의 차명계좌를 입출금계좌로 이용하였다.

이로써 피고인은 F와 공모하여 중대범죄인 게임산업진흥에관한법률위반으로 인한 범죄수익 등의 취득에 관한 사실을 가장하였다.

나. 피고인A, 피고인 B

피고인들은 F 등과 함께 2017. 12. 2.경 양주시 N에 있는 O에서 위 "J" 사이트를 위 가.항과 같은 방법으로 운영하면서, 게임머니를 구입하려는 AC으로부터 500,000원을 차명계좌인 AD 명의의 AE은행 계좌(AF)로 입금받은 뒤 위 사이트 내에서 게임머니를 구입할 수 있는 동액 상당의 포인트를 충전해 준 것을 비롯하여 그때부터 2018. 6. 25.경까지 별지 범죄일람표 (3) 기재와 같이 19,183회에 걸쳐 머니상 등으로부터 합계 14,079,230,000원을 AD 등 5명

명의의 차명계좌로 입금 받아 동액 상당의 포인트를 충전해 주고, 2017. 12. 2.경 게임머니와 교환한 포인트의 출금을 원하는 AG에게 AD 명의의 계좌에서 1,345,000원을 송금해 준 것을 비롯하여 그때부터 2018. 6. 25.경까지 별지 범죄일람표 (4) 기재와 같이 10,691회에 걸쳐 위 계좌들을 이용하여 합계 14,018,956,000원을 송금하여 주었다.

이로써 피고인들은 F 등과 공모하여 게임물의 이용을 통하여 획득한 결과물의 환전 알선을 업으로 하고, 중대범죄인 게임산업진흥에관한법률위반으로 인한 범죄수익등의 취득에 관한 사실을 가장하였다.

법령의 적용

1. 범죄사실에 대한 해당법조 및 형의 선택

피고인 A: 각 게임산업진흥에 관한 법률 제44조 제1항 제2호, 제32조 제1항 제7호, 형법 제30조(게임물 이용 결과물 환전의 점, 포괄하여), 각 범죄수익은닉의 규제 및 처벌 등에 관한 법률 제3조 제1항 제1호, 형법 제30조(범죄수익 취득 가장의 점), 각 전자금융거래법 제49조 제4항 제2호, 제6조 제3항 제3호(접근매체 대여의 점), 징역형 선택

1. 추징

피고인 A, B: 게임산업진흥에 관한 법률 제44조 제2항 후단

가. 추징액의 산정근거

피고인 A의 자백 진술(『2018고단6460』 수사기록 추가기록 326~327쪽), 피고인 B의 자백 진술(위 수사기록 1권 1970쪽)

나. 피고인 B에 대한 추징 이유

피고인은 핵심적인 범행수단인 사이트와 계좌를 지속적으로 관리하였을 뿐만 아니라 범행 장소 확보에 필요한 보증금을 직접 마련하는 등 장기간 범죄조직에서 중요한 역할을 담당하였다.

피고인이 가담기간에 A로부터 지급받았음을 시인하는 2,050만 원은 전체 범죄수익에서 상당한 비중을 차지한다.

A는 매월 얻는 범죄수익 1,500만~1,600만 원에서 월세와 식비, 관리비용 등 350만~450만 원을 제하면, 자신은 400만 원을 가져가고 피고인에게 250만~300만 원을 주었다고 진술한다(위 수사기록 1권 1949~1950쪽).

이로써 피고인이 가져가는 잉여금에 한정하여 공범 각자가 분배받는 범죄수익의 동질성을 부정할 만큼 현저한 차이를 발견하기 어렵다.

피고인이 맡은 역할과 가담기간, 친밀성이 높은 공범의 구성, 피고인의 가담경위, 사이트 수익과 지출구조를 고려해보아도 그러하다.

더욱이 공범인 A로부터 피고인에게 분배된 범죄수익까지 추징된 바는 없다.

사정이 이와 같다면, **피고인이 A로부터 지급받은 돈을 마치 주범의 비용 지출이나 급여 명목의 범죄수익 소비방법으로 보아 추징의 대상에서 배제할 것은 아니다**(대법원 2018. 7. 11. 선고 2018도6163 판결 등 참조).

4. 영업소 폐쇄조치 후 계속 영업의 점(제44조 제1항 제3호, 제38조 제1항 각호)

관련조문

제44조(벌칙) ① 다음 각 호의 어느 하나에 해당하는 자는 5년 이하의 징역 또는 5천만 원 이하의 벌금에 처한다.

3. **제38조 제1항 각 호**의 규정에 의한 조치를 받고도 계속하여 영업을 하는 자

☞ **제38조(폐쇄 및 수거 등)** ① 특별자치시장·특별자치도지사·시장·군수·구청장은 제25조 또는 제26조의 규정에 따른 허가를 받지 아니하거나 등록 또는 신고를 하지 아니하고 영업을 하는 자와 제35조 제1항 또는 제2항의 규정에 의하여 영업폐쇄명령을 받거나 허가·등록 취소처분을 받고 계속하여 영업을 하는 자에 대하여는 관계 공무원으로 하여금 그 영업소를 폐쇄하기 위하여 다음 각 호의 조치를 하게 할 수 있다.

1. 해당 영업 또는 영업소의 간판 그 밖의 영업표지물의 제거·삭제
2. 해당 영업 또는 영업소가 위법한 것임을 알리는 게시물의 부착
3. 영업을 위하여 필요한 기구 또는 시설물을 사용할 수 없게 하는 봉인

가. 구성요건의 주체

본죄의 **구성요건 주체**는 동법 제38조 제1항 각 호에 따른 영업소 폐쇄 등의 조치를 받은 사람이다. **행위의 상대방** 또한 특별한 제한이 없다.

나. 구성요건적 행위

본죄의 **구성요건적 행위**는 영업소 폐쇄조치를 받고도 계속하여 영업하는 행위를 처벌하고 있다. 관할 행정관청으로부터 영업소의 간판 그 밖의 영업표지물의 제거·삭제(제1호), 영업소가 위법한 것임을 알리는 게시물의 부착(제2호) 및 영업을 위하여 필요한 기구 또는 시설물을 사용할 수 없게 하는 봉인(제3호) 등의 조치를 취하였음에도 불구하고 계속하여 영업하는 경우를 처벌한다.

다. 처벌

본죄를 범하면 5년 이하의 징역 또는 5천만 원 이하의 벌금에 처한다. 위와 같은 영업제한 또는 폐쇄 조치를 받고도 계속 영업하여 얻은 수익은 모두 게임산업법 규정에 따라 몰수·추징

대상이 되고 범죄수익은닉규제법 및 마약거래방지법에 따라 몰수·추징 보전조치가 가능하다.

5   한국마사회법위반(제22호)

1. 총설

범죄수익은닉규제법은 별표 제22호에서 **한국마사회법 제50조 제1항, 제2항 및 제51조 제1호, 제2호, 제4호의 죄**를 중대범죄로 규정하고 있고, 부패재산몰수법 별표 제16호에서는 한국마사회법 제51조 제1호부터 제3호까지의 죄를 부패범죄로 규정하고 있어 다소 차이가 난다.

관련조문

범죄수익은닉규제법 별표

중대범죄(제2조 제1호 관련)

22. 「한국마사회법」 **제50조 제1항·제2항 및 제51조 제1호·제2호·제4호의 죄**

관련조문

부패재산몰수법 별표

부패범죄(제2조 제1호 관련)

16. 「한국마사회법」 제51조 제1호부터 제3호까지의 죄

한국마사회법은 한국마사회를 설립하여 경마(競馬)의 공정한 시행과 말산업의 육성에 관한 사업을 효율적으로 수행하게 함으로써 축산의 발전에 이바지하고 국민의 복지 증진과 여가선용을 도모함을 목적으로 한다(동법 제1조). 한국마사회는 경마를 개최하는 기관으로 명시되어 있으므로(동법 제3조 제1항) 한국마사회가 아닌 다른 기관 또는 개인이 경마를 개최하거나 경마를 이용하여 도박행위를 하는 것은 지나치게 사행성을 조장할 수 있어 위 법률에서 모두 금지하고 있다.

특히 범죄수익은닉규제법상 중대범죄는 마사회가 아니면서 경마를 시행하거나 이를 이용하여 도박행위를 하는 행위(동법 제50조 제1항)와 그 미수범(동법 제50조 제2항), 조교사, 기수 및 말관리사가 업무에 관하여 부정한 청탁을 받고 재물 또는 재산상 이익을 수수·요구·약속 하는 행위(동법 제51조 제1호), 제3자에게 재물 또는 재산상 이익을 공여하게 하는 행위

(동법 제51조 제2호), 위계나 위력을 사용하여 경마의 공정을 해치거나 경마 시행을 방해하는 행위(동법 제51조 제4호)로 구성되어 있다.

관련조문

제50조(벌칙) ① 다음 각 호의 어느 하나에 해당하는 자는 7년 이하의 징역 또는 7천만 원 이하의 벌금에 처한다. <개정 2015. 2. 3., 2020. 3. 24.>

1. 제48조 제1항, 제2항 또는 같은 조 제3항 제1호를 위반한 자

2. 마사회가 시행하는 경주를 이용하여 도박을 하거나 이를 방조한 자

3. 제49조 제2항 각 호(같은 항 제4호는 제외한다)에 해당하는 자로서 제2호에 따른 행위의 상대가 된 자

4. 출전할 말의 경주능력을 일시적으로 높이거나 줄이는 약물, 약제, 그 밖의 물질을 사용한 자

5. 경마에 관하여 재물 또는 재산상의 이익을 얻거나 타인으로 하여금 얻게 할 목적으로 경주에서 말의 전능력(全能力)을 발휘시키지 아니한 기수

6. 제51조 제1호 또는 제2호의 죄를 범하여 부정한 행위를 한 자

② 제1항 제1호부터 제5호까지의 미수범은 처벌한다. <신설 2015. 2. 3.>

제51조(벌칙) 다음 각 호의 어느 하나에 해당하는 자는 5년 이하의 징역 또는 5천만 원 이하의 벌금에 처한다. <개정 2020. 3. 24.>

1. 조교사·기수 및 말관리사가 그 업무와 관련하여 부정한 청탁을 받고 재물 또는 재산상의 이익을 수수·요구 또는 약속한 자

2. 조교사·기수 및 말관리사가 그 업무와 관련하여 부정한 청탁을 받고 제3자에게 재물 또는 재산상의 이익을 공여(供與)하게 하거나 공여를 요구 또는 약속한 자

4. 위계(僞計)나 위력을 사용하여 경마의 공정을 해치거나 경마 시행을 방해한 자

한편 한국마사회법은 **제50조 제1항 제1호부터 제3호까지 및 제6호와 제51조 제1호부터 제3호까지 및 제8호의 재물은 필요적으로 몰수·추징**하도록 하고 있으므로(동법 제56조 참조), 위 각 구성요건에 해당하여 취득한 범죄수익은 범죄수익은닉규제법상 임의적 몰수·추징 규정이 따로 적용되지 않는다.

관련조문

제56조(몰수·추징) 제50조 제1항 제1호부터 제3호까지 및 제6호와 제51조 제1호부터 제3호까지 및 제8호의 재물은 몰수한다. 다만, 재물을 몰수할 수 없거나 재산상의 이익을 취득하였을 때에는 그 가액(價額)을 추징(追徵)한다.

다만 한국마사회법 상 **필요적 몰수·추징 규정이 적용되지 않는 범죄수익은닉규제법상 중대범죄**(동법 제50조 제1항 제4호, 제5호, 제2항, 제51조 제4호)의 경우에는 **범죄수익은닉규제법상 임의적 몰수·추징 규정이 적용**된다.

결국 범죄수익은닉규제법상 중대범죄에 해당하는 한국마사회법위반죄에 따라 범죄수익등을 취득한 경우 한국마사회법상 필요적 몰수·추징 규정이 적용되는지, 범죄수익은닉규제법상 임의적 몰수·추징 규정에 따르는지 명확히 하여야 한다. 만약 중대범죄 해당성이 없는 경우라면 한국마사회법상 필요적 몰수·추징 규정이 적용된다 하더라도 범죄수익은닉규제법이 준용하는 마약거래방지법에 따라 보전조치 할 수 없음은 당연하다.

2. 불법 사설경마 시행 및 승마투표 유사행위의 점(제50조 제1항 제1호, 제48조 제1항)

관련조문

제50조(벌칙) ① 다음 각 호의 어느 하나에 해당하는 자는 7년 이하의 징역 또는 7천만 원 이하의 벌금에 처한다.

1. 제48조 제1항, 제2항 또는 같은 조 제3항 제1호를 위반한 자
☞ 제48조(유사행위의 금지 등) ① 마사회가 아닌 자는 다음 각 호의 어느 하나에 해당하는 행위를 하여서는 아니 된다.
1. 경마를 시행하는 행위
2. 마사회가 시행하는 경주에 관하여 승마투표와 비슷한 행위를 하게 하여 적중자에게 재물 또는 재산상의 이익을 지급하는 행위

가. 서설

한국마사회법은 마사회가 아니면서 경마를 시행하거나(동법 제48조 제1항 제1호), 마사회가 시행하는 경주에 관하여 승마투표와 비슷한 행위를 하게 하여 적중자에게 재물 또는 재산상의 이익을 지급하는 행위를 금지하고 있다(동법 제48조 제1항 제2호).

나. 구성요건의 주체

본죄의 **구성요건의 주체**는 마사회가 아닌 사람으로, 본죄는 속칭 사설경마장 금지 규정이다. 따라서 마사회가 아닌 사람은 모두 본 죄의 주체가 된다. **행위의 상대방**은 유사행위의 대상이 되는 불특정 다수의 사람들이다.

다. 구성요건적 행위

본죄의 **구성요건적 행위**는 경마를 직접 시행하거나 마사회가 시행하는 경주에 관해 승마투표 유사행위를 하여 적중자에게 재물 또는 재산상의 이익을 지급하는 것이다.

경마장이 아닌 곳에서 마사회가 시행하는 경주에 관해 마권을 팔고 경마 결과에 따라 적중자에게 재물 또는 재산상 이익을 교부하는 승마투표 유사 행위를 허용하게 되면 경마의 사행성이 조장될 수 있다는 점을 고려한 것이다.

과거 ① 경마장 밖에서 전화 또는 대면으로 사설 마권을 구매하여 사설 경마업자로부터 경마 결과에 따른 배당금을 받거나 회원 상호간 경마 결과내기를 하는 속칭 '맞대기' 방식으로 사설경마가 이루어졌고(**제1기: 전화구매 방식**), ② 그 이후에는 사설 경마사이트를 제작하여 회원들로부터 사이트 입금계좌에 돈을 입금하고 베팅하게 한 다음 경주 결과에 따라 배당금을 지급해주거나 베팅 금액을 환수하는 방식으로 전환되었다(**제2기: 사이트 구매 방식**).

그러다가 ③ 최근에는 별도의 인터넷 홈페이지 없이 본사(부본사), 총판, 센터 및 회원 등이 해당 파일을 다운로드 받아 아이디와 비밀번호를 입력하여 메인서버에 접속하는 IP 주소를 승인받는 방법으로 운영되는 프로그램 설치형 방식으로 속칭 '찍기 베팅' 등[30] 사행성이 한층 강화된 신종 사설 경마 프로그램이 운영 중(**제3기: 사설경마 프로그램**)이다.

위 **제3기 사설경마 프로그램**은 ① 회원이 사설경마 운영자의 대포통장에 경마도금을 입금하고, ② 사설경마 운영자는 회원모집책(일명, '롤링')을 통해 사설경마 사이트 관리자 페이지에서 도금을 송금한 회원의 ID에 송금한 도금을 사이버머니로 전환하여 충전해준다. 그

---

[30] 한국마사회에서 주관하는 경마 경주에 베팅하는 방법은 복승식(경주마들 중에 2마리를 선정하여 경주에서 순서에 상관없이 1위와 2위로 들어오면 당첨되는 방식), 쌍승식(1등과 2등을 순서대로 맞추는 방식), 복연승(3등 이내로 들어올 말 2마리를 순서에 관계없이 맞추는 방식), 복승조합(3마리 이상 말에 베팅하고 베팅한 수 마리의 말 중에 1, 2등이 나오면 이기는 방식), 삼복승(3등 이내로 들어올 말 3마리를 순서에 관계없이 맞추는 방식), 삼복승조합(4마리 이상 말에 베팅하고 베팅한 수 마리의 말 중에 1, 2, 3등이 나오면 이기는 방식)이 있는데 주로 복승식이 이용된다.
위와 같은 베팅 방법을 이용하여 승마투표 결과를 예상하여 맞추는 방법으로 베팅하는 '구매' 베팅 방식과, '구매' 베팅한 사람들이 경주 결과를 맞추지 못할 것이라고 예상하여 베팅하는 '찍기(지우개)' 베팅 방식을 병행한다. 본사와 총판, 센터에서 사용자의 베팅에 대한 배당금을 직접 지급하는 것이 아니라, '구매' 사용자의 예측이 적중할 경우 '찍기' 사용자가 마사회의 배당률만큼 '구매' 사용자에게 돈을 지급하고, '찍기' 사용자의 예측이 적중할 경우 '구매' 사용자의 베팅금을 '찍기' 사용자가 지급받는 형식으로 구매자들끼리 자동 정산되도록 함으로써 사행성이 더욱 증가한 형태가 된다.
그 과정에서 본사, 총판은 센터장에게 서버이용료를 받아 비율로 나눠가지고 센터장은 '구매'표(장당 8만 원 계산)와 '찍기'표(장당 7만 원으로 계산)의 이용자들이 베팅시 발생하는 차액(1만 원) 등을 운영수수료로 받아 계속된 경주 결과에 따라 배당금이 지급되더라도 일반 사용자들끼리 서로 돈을 주고받는 수법으로 이루어지기 때문에 본사, 총판 및 센터는 손해가 발생하지 않는 구조로 운영된다.

후 ③ 회원은 경마 사이트에서 베팅 대상 경주, 베팅 방식과 금액을 선택하여 베팅하고, ④ 사설경마 운영자는 베팅 적중 시 한국마사회가 정한 배당률에 따라 배당금을 계산하여 회원 계좌로 배당금을 송금하거나 사이버머니로 충전하여 주고, 베팅이 적중하지 않았을 경우 회원의 도금을 몰취하면서 회원이 잃은 금액의 약 10%를 서비스 머니로 충전하여 계속하여 도금을 입금하도록 유도하는 방식을 사용한다.

주관적 구성요건요소로서 불특정 다수인을 상대로 승마투표 유사행위를 하여 적중자에게 금품 또는 재산상 이익을 제공한다는 점을 인식하고 있어야 한다(**고의범**).

라. 처벌

본죄를 범하면 7년 이하의 징역 또는 7천만 원 이하의 벌금에 처한다. 나아가 한국마사회법상 필요적 몰수·추징 규정의 적용을 받으므로 본죄를 범하여 승마투표 유사행위를 하고 얻은 범죄수익은 모두 환수의 대상이 된다.

나아가 본죄는 미수범을 처벌하고(동법 제51조 제2항) 이 또한 범죄수익은닉규제법상 중대범죄의 범주에 포함된다.

마. 사설경마사이트 운영에 따른 범죄수익환수 사례

사설경마사이트를 운영하면서 차명계좌를 이용하여 불특정 다수의 이용자들로부터 도금을 입금받고 이를 통해 범죄수익을 취득한 사례는 실무상 가장 많이 문제된다. 이 때 사설경마사이트 운영에 가담한 공범이 여러 명인 경우 위와 같이 입금된 도금을 서로 어떻게 분배하였는지를 명확히 밝혀 각 범인들에게 귀속된 금원만큼 추징하여 환수할 필요가 있다.

이에 관하여 도박사이트 운영자는 회원들로부터 지급받은 수수료를 기준으로 하여 범죄수익의 전체 규모를 산정하고, **위 사이트에서 함께 일한 공범들에게 분배된 금원은 범죄수익을 분배한 것으로 봄이 상당하므로 각 공범들로부터 추징하여야 하며, 사설 경마사이트 운영자는 위 수수료로 산정한 범죄수익에서 공범들에게 분배한 금원을 공제한 나머지 금원만을 추징하여 환수할 필요가 있다고 판시한 사례**가 있어 소개한다.[31]

한편 위와 같은 과정에서 차명계좌를 이용하여 범죄수익의 취득 및 처분을 가장하는 경

---

31 의정부지방법원 2018. 9. 12. 선고 2017고단5832 판결 참조[항소심(의정부지방법원 2018. 12. 6. 선고 2018노2603 판결)은 위 1심 판결 중 추징금 부분에 대해서만 일부 파기하여 판결을 선고하였으므로 추징금 부분은 항소심 판결을 인용하여 소개한다].

우 자금세탁범죄가 성립함은 당연하다.

사례

▶ 원심(의정부지방법원 2017고단5832 판결)

범죄사실

1. 한국마사회법위반(도박개장등)

피고인은 2016. 11.경 구리시 D에 있는 피고인의 사무실에서, 컴퓨터 본체 5개, 모니터 7개를 설치하고, '무명' 프로그램을 이용해 불법 사설 경마 사이트(E)를 운영하면서 사설마권 구매자들로부터 한국마사회가 시행하는 경주에 대하여 사설마권 구입대금을 F 명의의 농협계좌(G), H 명의의 국민은행 계좌(I) 및 J 명의의 농협계좌(K)로 송금받고 경주 결과에 따라 우승마를 적중시킨 사설마권 구매자들에게 배당금을 지급해주는 방법으로 2016. 11.경부터 2017. 6. 19.경까지 총 1,988,710,000원 상당의 사설마권을 판매하였다.

이로써, 피고인은 한국마사회가 시행하는 경주에 관하여 승마투표와 유사한 행위를 하게 하여 적중자에게 재물 또는 재산상의 이익을 지급하는 행위를 하였다.

2. 한국마사회법위반(도박등)

피고인은 2017. 6. 17.경 불법 사설 경마 사이트(L)에 접속하여 한국마사회가 주관하는 경마 경기 결과에 따라 배당금을 받기 위해 856만 원을 베팅하여 도박을 한 것을 비롯해 별지 범죄일람표 기재와 같이 그 무렵부터 2017. 6. 18.경까지 총 13회에 걸쳐 불법 사설 경마 사이트에 접속하여 같은 방법으로 합계 30,843,000원을 베팅하여 한국마사회가 시행하는 경주를 이용하여 도박을 하였다.

3. 범죄수익의은닉규제및처벌등에관한법률위반

한국마사회법위반(도박개장등)죄는 범죄수익은닉의규제및처벌등에관한법률에서 규정한 중대범죄에 해당하고, 누구든지 이러한 중대범죄에 해당하는 범죄행위에 의하여 생긴 재산 또는 그 범죄행위의 보수로 얻은 재산과 같은 범죄수익등의 취득 또는 처분에 관한 사실을 가장하거나 은닉하여서는 아니 된다.

그럼에도 **피고인은 위와 같이 불법 사설 경마 사이트(E)를 운영하면서 불특정 다수의 회원들로부터 사설마권 구입을 위한 돈을 입금 받을 때 수사기관의 추적을 피하기 위해 차명계좌인 F 명의 농협계좌, H 명의의 국민은행 계좌, J 명의의 농협 계좌로 합계 1,988,710,000원을 입금 받아 불법 사설 경마 사이트 운영으로 벌어들인 범죄수익등의 취득에 관한 사실을 가장하였다.**

법령의 적용

1. 범죄사실에 대한 해당법조 및 형의 선택

한국마사회법 제50조 제1항 제1호, 제48조 제1항 제2호(마사회 유사행위 금지 위반의 점,

포괄하여), 한국마사회법 제50조 제1항 제2호(마사회 시행 경주 이용 도박의 점, 포괄하여), 범죄수익은닉의 규제 및 처벌 등에 관한 법률 제3조 제1항 제1호(범죄수익 취득 가장의 점), 각 징역형 선택

1. 추징

한국마사회법 제56조, 범죄수익은닉의 규제 및 처벌 등에 관한 법률 제10조 제1항, 제8조 제1항, 제2조 제1호 [별표] 제22호[32]

[한국마사회법 제56조(몰수·추징)에서는 "제50조 제1항 제1호부터 제3호까지 및 제6호와 제51조 제1호부터 제3호까지 및 제8호의 재물은 몰수한다. 다만, 재물을 몰수할 수 없거나 재산상의 이익을 취득하였을 때에는 그 가액을 추징한다."라고 규정하여 유사경마행위 또는 도박으로 취득한 재물과 재산상 이익에 대하여 필요적으로 몰수·추징하도록 정하고 있고, **범죄수익은닉의 규제 및 처벌에 관한 법률 제2조 제1호 [별표] 제22호는 한국마사회법 제50조, 제51조 등의 죄를 중대범죄로 규정하면서 그로 인한 '범죄수익등'의 몰수와 추징을 규정하고 있는바**(제8조, 제10조), 이러한 몰수·추징은 부정한 이익을 박탈하여 이를 보유하지 못하게 함에 그 목적이 있다 할 것이다(대법원 2007. 6. 14. 선고 2007도2451 판결 참조). 한편, **범죄수익의 추징에 있어서 범죄수익을 얻기 위해 범인이 지출한 비용은 그것이 범죄수익으로부터 지출되었다고 하더라도 이는 범죄수익을 소비하는 방법에 지나지 않아 추징할 범죄수익에서 공제할 것은 아니라고 할 것이다**(대법원 2006. 6. 29. 선고 2005도7146 판결, 대법원 2008. 6. 26. 선고 2008도1312 판결 등 참조).

이 사건에 관하여 보건대, <u>피고인은 경마일인 금, 토, 일요일을 포함한 1주일을 기준으로 서버 사용비, 종업원 3명의 월급, 집세 및 각종 유지비와 세금을 제하고 실제 남는 금액은 400~500만 원 정도가 된다고 진술하였는바, 서버 사용비는 주당 160만 원, 직원 M의 급여는 주당 40만 원, 직원 N의 급여는 주당 50만 원, 직원 O의 급여는 주당 30만 원으로서, 이 법원이 적법하게 채택한 증거에 의하여 확인되는 비용은 주당 총 280만 원이 되므로, 피고인이 이 사건 범행으로 취득한 범죄수익은 피고인이 실제 남는 금액임을 인정하는 400~500만 원에 비용 280만 원을 더하여 주당 680~780만 원, 평균으로는 주당 730만 원이 된다. 여기에 이 사건 범행기간인 2016. 11.경부터 2017. 6. 19.경까지 경마일을 포함한 주수는 총 33주이므로, 피고인이 이 사건 범행으로 취득한 수익은 총 240,900,000(=7,300,000×33)원이다.]</u>

---

[32] 원심은 추징의 근거규정으로 한국마사회법과 범죄수익은닉규제법을 함께 설시하였으나, 위 추징은 한국마사회법위반으로 취득한 범죄수익을 필요적으로 몰수·추징하는 것이므로 범죄수익은닉규제법은 별도로 설시할 필요가 없다고 사료된다(私見).

▶ 항소심(의정부지방법원 2018노2603 판결)

3. 추징 부분에 대한 직권판단

한국마사회법 제50조 제1항 제1호 위반의 범죄행위에 의하여 생긴 수익의 추징은 부정한 이익을 박탈하여 이를 보유하지 못하게 하는 데에 목적이 있으므로, **수인이 공모하여 유사 경마사이트를 운영하여 이익을 얻은 경우에는 그 분배받은 금원, 즉 실질적으로 귀속된 이익금만을 개별적으로 추징하여야 하고, 실질적으로 귀속된 이익이 없는 피고인에 대하여는 추징할 수 없다.**

기록에 의하면, 피고인은 사설 경마사이트 서버와 프로그램등을 제작하고 총괄하는 본사의 서버관리자인 성명불상자로부터 서버 2개를 빌려 이 사건 유사 경마사이트를 운영하면서, 그 대가로 서버 1개에 주당 80만 원의 서버비를 지급한 사실, 피고인은 회원으로부터 배팅받은 금액 중 10%를 공제한 나머지를 배당률이 좋은 다른 사설 경마사이트에 회원이 배팅한 내용과 동일한 내용으로 배팅하여, 회원이 우승마를 적중시킨 경우 피고인이 다른 경마사이트에서 지급받은 배당금으로 회원에게 배당금을 지급하고, 회원이 우승마를 적중시키지 못하였을 경우 **피고인 역시 다른 사설 경마사이트에 배팅한 돈을 잃는 방법으로 회원이 배팅한 금액의 10%를 수수료로 취득한 사실, M, N, O는 피고인의 사무실에서 회원들로부터 배팅받은 금액을 다른 사설 경마사이트에 배팅해주는 등의 역할을 하면서 피고인으로부터 주당 30~50만 원을 지급받은 사실** 등을 알 수 있다.

위 법리와 이러한 사실관계에 따르면, **위 서버관리자인 성명불상자, N, M, O는 피고인의 이 사건 유사 경마사이트 운영을 공모하였거나 적어도 방조하였다고 할 것이므로, 위 공범들이 취득한 범죄수익을 피고인이 이 사건 유사 경마사이트 운영으로 취득한 범죄수익에서 공제하여 추징금을 산정하여야 할 것이다.** 그럼에도 불구하고 원심은 피고인이 취득한 범죄수익을 산정함에 있어서 피고인에게 그 전액이 실질적으로 귀속되었다고 볼 수 없는 금액까지 포함하여 추징하였으므로, 원심판결에는 추징에 관한 법리를 오해하여 판결에 영향을 미친 위법이 있다.

따라서 **피고인이 이 사건 유사 경마사이트 운영으로 취득한 범죄수익은 피고인이 회원들로부터 배팅받은 금액 중 10%의 수수료 합계 198,871,000원(= 1,988,710,000원×10%)에서, ① 서버관리자가 분배받은 금액 합계 52,800,000원(= 주당 80만 원×서버 2개×33주), ② N이 분배받은 금액 합계 9,000,000원(= 주당 50만 원×18주), ③ M이 분배받은 금액 합계 800,000원(= 주당 40만 원×2주), ④ O가 분배받은 금액 합계 2,700,000원(= 주당 30만 원×9주)을 모두 합한 금액을 공제한 나머지 133,571,000원(= 198,871,000원 − 65,300,000원)이라 할 것이다.**

3. 해외 불법 사설경마 및 영리목적 마권 구매대행 등(제50조 제1항 제1호, 제48조 제2항)

관련조문

제50조(벌칙) ①다음 각 호의 어느 하나에 해당하는 자는 7년 이하의 징역 또는 7천만 원 이하의 벌금에 처한다. <개정 2015. 2. 3., 2020. 3. 24.>

1. 제48조 제1항, **제2항** 또는 같은 조 제3항 제1호를 위반한 자

☞ <u>제48조(유사행위의 금지 등)</u> ② 누구든지 다음 각 호의 어느 하나에 해당하는 행위를 하여서는 아니 된다.

   1. 외국에서 개최되는 말의 경주에 전자적 방법으로 국내에서 승마투표나 이와 비슷한 행위를 하게 하여 적중자에게 재물 또는 재산상의 이익을 지급하는 행위

   2. 영리 목적으로 마권 또는 이와 비슷한 것의 구매를 대행 또는 알선하거나 마권을 양도하는 행위

가. 서설

누구든지 외국에서 개최되는 말의 경주에 전자적 방법으로 국내에서 승마투표나 이와 비슷한 행위를 하게 하여 적중자에게 재물 또는 재산상 이익을 지급하는 행위를 금지하고(동법 제48조 제2항 제1호), 영리 목적으로 마권 또는 이와 비슷한 것의 구매를 대행 또는 알선하거나 마권을 양도하는 행위를 금지한다(제48조 제2항 제2호).

나. 구성요건의 주체 및 행위의 상대방

본죄의 **구성요건의 주체**는 아무런 제한이 없다. 따라서 누구든지 본죄의 주체가 될 수 있다. 나아가 **행위의 상대방**은 외국에서 개최되는 말의 경주에 관하여 승마투표 유사행위의 상대방이 되는 불특정 다수의 일반인 또는 영리 목적으로 마권 구매 대행 또는 알선 양도하는 행위의 경우 해당 마권을 구매하거나 양수한 사람이다.

다. 구성요건적 행위

본죄의 **구성요건적 행위**는 사설경마장 운영과정에서 국내뿐만 아니라 해외에서 개최되는 말의 경주를 이용하는 유사행위 및 영리를 목적으로 타인으로부터 마권 구매대행을 위임

받아 이를 구매하거나 구매한 마권을 타인에게 양도하는 것이다.

통상적으로 사설경마장에서 실시하는 경마는 국내뿐만 아니라 일본, 중국 등 해외의 경마까지도 함께 진행되므로 외국에서 개최되는 말의 경주도 규제대상에 포함시킨 것으로 보인다. 나아가 경마장에서 직접 마권을 구입하는 행위 외에 타인으로부터 위임을 받아 마권구매 대행, 알선을 하거나 이를 양도하는 행위를 모두 금지하고 있는데, 이는 **경마의 사행성을 차단**하기 위한 것이다.

라. 처벌

본죄를 범하면 7년 이하의 징역 또는 7천만 원 이하의 벌금에 처한다. 나아가 한국마사회법상 필요적 몰수·추징 규정의 적용을 받으므로 본죄를 범하여 승마투표 유사행위를 하고 얻은 범죄수익은 모두 환수의 대상이 된다. 나아가 본죄의 미수범 또한 처벌하고(동법 제51조 제2항) 이 또한 범죄수익은닉규제법상 중대범죄의 범주에 포함된다.

4. 경마 프로그램 무단 복제·개작·전송 등의 점(제50조 제1항 제1호, 제48조 제3항 제1호)

관련조문

제50조(벌칙) ① 다음 각 호의 어느 하나에 해당하는 자는 7년 이하의 징역 또는 7천만 원 이하의 벌금에 처한다.

1. 제48조 제1항, 제2항 또는 **같은 조 제3항 제1호**를 위반한 자

☞ <u>**제48조(유사행위의 금지 등)**</u> ③ 누구든지 다음 각 호의 어느 하나에 해당하는 행위를 하여서는 아니 된다.

1. 제1항 또는 제2항의 행위를 위하여 마사회가 제공하는 경주의 배당률, 경주화면 및 음성, 컴퓨터 프로그램 저작물(경마정보에 관한 전자문서를 포함한다) 등을 복제·개작 또는 전송하는 행위

가. 서설

누구든지 위 제1항 또는 제2항의 행위를 위하여 마사회가 제공하는 경주의 배당률, 경주화면 및 음성, 컴퓨터 프로그램 저작물(경마정보에 관한 전자문서를 포함한다)등을 복제·개작 또는 전송하는 행위를 하여서는 아니 된다(동법 제48조 제3항 제1호).

나. 구성요건의 주체 및 행위의 상대방

구성요건의 주체는 아무런 제한이 없다. 따라서 누구든지 본 죄의 주체가 될 수 있다. 나아가 행위의 상대방은 특별한 신분상 제한이 없다.

다. 구성요건적 행위

본죄의 구성요건적 행위는 마사회 제공 경주의 배당률, 화면, 음성, 컴퓨터 프로그램 저작물을 복제·개작 또는 전송하는 것이다.

통상 사설 경마장은 마사회가 제공하는 경마 화면을 띄워 놓고 그곳을 찾은 불특정 다수의 사람들로부터 마권 구매대금을 받아 승마투표 행위를 하도록 하고 적중자에게 재물 또는 재산상 이익을 지급하는 행위를 통해 이루어지는데 그와 같은 사설경마장 운영 자체를 금지하기 위한 규정이다.

라. 처벌

본죄를 범하면 7년 이하의 징역 또는 7천만 원 이하의 벌금에 처한다. 나아가 한국마사회법상 필요적 몰수·추징 규정의 적용을 받으므로 본죄를 범하여 승마투표 유사행위를 하고 얻은 범죄수익은 모두 환수의 대상이 된다. 나아가 본죄의 미수범 또한 처벌하고(동법 제51조 제2항) 이 또한 범죄수익은닉규제법상 중대범죄의 범주에 포함된다.

5. 경마이용 도박금지 및 마권구매제한 규정 위반의 점(제50조 제1항 제2호, 제3호)

관련조문

제50조(벌칙) ① 다음 각 호의 어느 하나에 해당하는 자는 7년 이하의 징역 또는 7천만 원 이하의 벌금에 처한다.

2. 마사회가 시행하는 경주를 이용하여 도박을 하거나 이를 방조한 자

3. 제49조 제2항 각 호(같은 항 제4호는 제외한다)에 해당하는 자로서 제2호에 따른 행위의 상대가 된 자

☞ 제49조(마권의 구매제한 등) ② 다음 각 호의 어느 하나에 해당하는 자는 마권을 구매·알선 또는 양수(讓受)하여서는 아니 된다. <개정 2015. 1. 20.>

1. 마사회의 감독기관 소속 공무원으로서 마사회 관련 업무를 담당하는 자

2. 마사회의 임직원

3. 조교사·기수·말관리사

5. 경마개최 업무에 종사하는 자(마사회와의 계약에 따라 경마개최 업무에 종사하는 자를 포함한다)

[전문개정 2009. 5. 27.]

가. 서설

한국마사회법은 마사회가 시행하는 경주를 이용하여 도박을 하거나 이를 방조한 사람을 처벌하고 있다(제2호). 형법상 도박죄, 국민체육진흥법위반죄와는 달리 그 도박행위의 객체가 마사회가 시행하는 경주라는 점에서 차이가 있다.

한편 경마에 관여할 수 있는 일정한 신분에 있는 사람이 마사회가 시행하는 경주를 이용하여 도박을 하거나 이를 방조하는 행위의 상대방이 되는 경우 처벌한다(제3호).

나. 구성요건의 주체 및 행위의 상대방

본죄의 **구성요건의 주체**와 관련하여 동법 제50조 제1항 제2호의 도박행위의 경우 아무런 제한이 없으므로 누구든지 본 죄의 주체가 될 수 있다. 한편 **행위의 상대방** 또한 특별한 제한이 없다.

한편 제50조 제1항 제3호의 경우 그 **구성요건의 주체**는 마권을 구매·알선 또는 양수하는 것이 일절 금지되어 있는 동법 제49조 제2항 제1호, 제2호, 제3호, 제5호의 각 신분자에 한정된다(신분범). 위 **행위의 상대방**은 별다른 신분상의 제한이 없다.

다. 구성요건적 행위

본죄의 **구성요건적 행위**는 동법 제50조 제2호의 경우, 따른 마사회 시행 경주를 이용하여 도박을 하거나 이를 방조하는 것이다. 마사회가 시행하는 경주를 이용해 도박을 스스로 하거나 이러한 도박을 용이하게 하여 방조하는 행위를 처벌함으로써 경마가 도박으로 변질되는 것을 막기 위한 것이다.

한편 **동법 제50조 제3호**의 경우, 특정 신분자로서 도박 또는 도박방조 행위의 상대방이 되는 것이다. 즉 불특정 다수의 사람들이 마사회 시행의 경마에 관하여 도박 또는 도박방조 행위를 함에 있어 그들에게 그 적중 여부에 따라 재물 또는 재산상 이익을 지급하는 유사행위를 금지한다.

주관적 구성요건요소로서 스스로 불특정 다수의 사람들이 경마에 관하여 도박 또는 도박방조행위를 하고, 그들에게 그 적중 여부에 따라 재물 또는 재산상 이익을 제공한다는 점에 대한 미필적 인식을 요한다.

라. 처벌

　본죄를 범하면 7년 이하의 징역 또는 7천만 원 이하의 벌금에 처한다. 나아가 한국마사회법상 필요적 몰수·추징 규정의 적용을 받으므로 본죄를 범하여 승마투표 유사행위를 하고 얻은 범죄수익은 모두 환수의 대상이 된다. 본죄의 미수범 또한 처벌하고(동법 제51조 제2항) 이 또한 범죄수익은닉규제법상 중대범죄의 범주에 포함된다.

6. 경마의 전능력을 발휘시키지 않고 재물 또는 재산상 이익 취득의 점 등(한국마사회법 제50조 제1항 제4호, 제5호)

관련조문 ─────────────────────────────────

제50조(벌칙) ① 다음 각 호의 어느 하나에 해당하는 자는 7년 이하의 징역 또는 7천만 원 이하의 벌금에 처한다. <개정 2015. 2. 3., 2020. 3. 24.>
　4. 출전할 말의 경주능력을 일시적으로 높이거나 줄이는 약물, 약제, 그 밖의 물질을 사용한 자
　5. 경마에 관하여 재물 또는 재산상의 이익을 얻거나 타인으로 하여금 얻게 할 목적으로 경주에서 말의 전능력(全能力)을 발휘시키지 아니한 기수

가. 구성요건의 주체

　본죄의 **구성요건 주체**와 관련하여 동법 제50조 제1항 제4호의 경우 아무런 제한이 없다. 따라서 누구든지 본죄의 주체가 될 수 있다.

　한편 **동법 제50조 제1항 제5호**의 경우 '**기수**'가 본죄의 주체가 된다(**신분범**). 이 때 '**기수**'는 마사회의 면허를 받아 경마 시행 시 경주마에 타는 자를 말한다(동법 제2조 제5호 참조). **행위의 상대방은** 경마에 관하여 경주에서 말의 전능력을 발휘하지 않음으로 인하여 재물 또는 재산상 이익을 얻을 제3자가 위와 같은 행위의 상대방이 된다고 볼 수 있다.

나. 구성요건적 행위

　본죄의 **구성요건적 행위**는 **제50조 제1항 제4호**의 경우 출전한 말의 경주능력을 인위적으로 높이거나 줄이는 약물, 약제 그 밖의 물질을 사용하는 것이다. 인위적인 방법으로 경주마의 능력을 향상시키거나 저하시켜 정당한 승부를 막는 행위를 금지하는 것이다.

　한편 **제50조 제1항 제5호**의 경우 경마에 관하여 스스로 재물 또는 재산상의 이익을 얻거

나 타인으로 하여금 이를 얻게 할 목적으로 경주에서 말의 전능력을 발휘시키지 않는 것이다.

주관적 구성요건요소와 관련하여 동법 제50조 제1항 제5호의 경우 스스로 재물 또는 재산상의 이익을 얻거나 타인으로 하여금 이를 얻게 할 목적을 요구하는 목적범이다. 기수는 경주에 임하여 말의 모든 능력을 발휘하여야 하는데 위와 같은 목적으로 일부러 말의 능력을 발휘시키지 않는 방법으로 정당한 승부를 조작하는 행위를 금지하는 것이다.

다. 처벌

본죄를 범하면 7년 이하의 징역 또는 7천만 원 이하의 벌금에 처한다. 나아가 본죄(제50조 제1항 제4호, 제5호)는 한국마사회법상 필요적 몰수·추징 규정의 적용을 받지 않으므로 **범죄수익은닉규제법에 따른 임의적 몰수·추징 규정의 적용**을 받는다.

관련조문

제56조(몰수·추징) 제50조 제1항 제1호부터 제3호까지 및 제6호와 제51조 제1호부터 제3호까지 및 제8호의 재물은 몰수한다. 다만, 재물을 몰수할 수 없거나 재산상의 이익을 취득하였을 때에는 그 가액(價額)을 추징(追徵)한다. <개정 2015. 2. 3.>

본죄의 미수범 역시 처벌하고(동법 제51조 제2항) 이 또한 범죄수익은닉규제법상 중대범죄의 범주에 포함된다.

7. 부정한 청탁에 따른 재물 등 취득 및 재물 등 취득 후 부정한 행위의 점 (제50조 제1항 제6호, 제51조 제1호, 제2호)

관련조문

제50조(벌칙) ① 다음 각 호의 어느 하나에 해당하는 자는 7년 이하의 징역 또는 7천만 원 이하의 벌금에 처한다.

　6. **제51조 제1호 또는 제2호**의 죄를 범하여 부정한 행위를 한 자

☞ **제51조(벌칙)** 다음 각 호의 어느 하나에 해당하는 자는 5년 이하의 징역 또는 5천만 원 이하의 벌금에 처한다. <개정 2020. 3. 24.>

　1. **조교사·기수 및 말관리사**가 그 업무와 관련하여 부정한 청탁을 받고 재물 또는 재산상의 이익을 수수·요구 또는 약속한 자

2. **조교사·기수 및 말관리사**가 그 업무와 관련하여 부정한 청탁을 받고 제3자에게 재물 또는 재산상의 이익을 공여(供與)하게 하거나 공여를 요구 또는 약속한 자

가. 서설

한국마사회법은 조교사·기수 및 말관리사가 그 업무와 관련하여 부정한 청탁을 받고 재물 또는 재산상의 이익을 수수·요구·약속하는 행위(동법 제51조 제1호), 제3자에게 재물 또는 재산상의 이익을 공여하게 하거나 공여를 요구 또는 약속하는 행위(동법 제51조 제2호)를 처벌하며 위와 같은 각 죄를 범하여 부정한 행위를 한 자를 아울러 처벌한다(동법 제50조 제1항 제6호).

나. 구성요건의 주체

본죄의 **구성요건의 주체**는 마사회의 면허를 받아 경주마를 관리하고 조련하는 자인 조교사(동법 제2조 제4호), 기수(동법 2조 제5호), 말관리사에 한정된다. **행위의 상대방**은 조교사, 기수 등의 업무에 관하여 부정한 청탁을 하고 재물 또는 재산상 이익을 공여하거나 약속한 사람으로 특별한 제한이 없다.

다. 구성요건적 행위

본죄의 **구성요건적 행위**는 ① 경마의 결과에 실질적으로 영향력을 행사할 수 있는 위 사람들이 경마 업무와 관련하여 부정한 청탁을 받고 직접 재물 또는 재산상 이익을 수수, 요구 또는 약속하는 행위(**동법 제51조 제1호**), ② 제3자에게 이를 공여하게 하는 등의 행위(**동법 제51조 제2호**) 및 위 행위를 한 다음 실제로 부정한 행위를 하는 것(**동법 제50조 제1항 제6호**)이다. 형법상 공무원의 뇌물수수, 제3자뇌물제공 및 수뢰후부정처사죄의 구조와 유사하다.

한편 범죄수익은닉규제법상 한국마사회법 제51조 제3호는 중대범죄에서 제외되므로 단순히 재물 또는 재산상의 이익을 약속·공여하거나 공여할 의사를 표시하는 행위는 환수 대상 범죄에 해당하지 않음을 주의해야 한다.

라. 승부조작 수단과 방법

경마 결과에 따라 경제적 이익을 얻는 사설경마 사이트 운영자 및 조직폭력배가 개입되어 경마를 시행하는 조교사, 기수, 말관리사에 접근해 승부를 조작할 것을 내용으로 하는 부정한 청탁을 하면서 재물 또는 재산상 이익을 제공하고 기수 등은 이에 따라 부정한 행위

를 하는 사례가 실무상 많이 문제된다.

대부분의 마권 구매자들은 배당이 높은 복승식 마권(경마경주에서 순서에 상관없이 1, 2착(着)이 예상되는 말에 베팅하는 방법)을 구입하는데 우승이 예상되는 인기마는 통상 한 경주당 3∼4필이므로 승부조작을 통해 1∼2필을 제외시키고 나머지 2∼3필에 베팅하여 적중률을 높이는 방법이 쓰인다.

한편 승부조작 청탁을 받고 금품을 받은 기수는 출주 전에 말을 긴장시켜 스타트를 늦추고 경주 중에는 고의로 고삐를 뒤로 당겨 말의 진로를 방해하거나 추진 동작을 작게 하는 방법으로 배당권 밖인 3착(着) 이하로 늦게 들어오는 방법을 주로 사용한다.

사설경마장은 원래 한국마사회의 경주 결과 및 한국마사회와 동일한 배당률에 따라 배당하는 불법 경마도박장으로, 그 운영자는 자신의 사설경마장에서 마권을 구매한 사람들에 대한 배당금 지급 위험을 줄이고 다른 사설경마장에서 적중률이 높은 마권을 구매해 수익을 높이기 위하여 기수들에게 승부조작을 제안하고 금품을 지급할 유인이 있다.

위와 같은 사설경마조직에 의한 승부조작은 사설경마장에서 마권을 구매한 도박자들뿐만 아니라 한국마사회에서 정당하게 마권을 구매한 선량한 일반 국민들까지 피해를 입게 된다는 점에서 심각한 폐해가 있다.

마. 처벌

본죄를 범하면 7년 이하의 징역 또는 7천만 원 이하의 벌금에 처한다. 나아가 한국마사회법상 필요적 몰수·추징 규정의 적용을 받게 되므로 위 업무에 관하여 부정한 청탁을 받고 취득한 재물 또는 재산상 이익은 모두 환수의 대상이 된다.

바. 범죄수익환수 사례

이와 관련하여 **한국마사회 경마공원에서 기수로 활동한 피고인이 조직폭력배와 사설경마장 운영자로부터 승부조작을 의뢰받고 금품을 수수한 후 고의로 경주마의 전능력(全能力)을 발휘시키지 않는 방법으로 부정한 행위를** 한 사안에서 **위와 같이 수수한 금품은 모두 범죄수익은닉규제법상 중대범죄에 해당하는 것으로 보고 위 금품을 한국마사회법에 따라 추징한 사례가** 있어 소개한다.

해당 사례에서 피고인은 자신의 계좌가 아닌 자신의 처 명의 계좌로 금품을 지급받음으로써 범죄수익의 취득에 관한 사실을 가장한 사실로도 기소되어 유죄판결이 확정되었다.[33]

---

[33] 서울중앙지방법원 2016. 8. 31. 선고 2016고단3113 판결 참조(대법원 2017. 4. 26. 선고 2017도522 판결로 확정).

사례

범죄사실

1. 피고인 A

피고인은 2010. 7. 중순경 'M' 조직폭력배 N, 사설경마장 운영자 O로부터 돈을 받고 승부조작을 하고 있던 동료기수 E로부터 '출주하면 고의로 말을 1, 2위권 밖으로 들어오게 하는 방법'으로 함께 승부조작할 것을 제안받았다. 피고인은 E에게 "어차피 기수 생활을 오래할 생각이 없기 때문에 이왕이면 단시간에 돈을 벌겠다"며 승부조작을 승낙하고, E와 경기 시작 전에 말을 고의로 1, 2위권 밖으로 들어오게 하는 방법으로 승부조작을 하고 그 대가로 일정액의 금품을 건네받기로 약속하였다.

가. 한국마사회법위반

(1) E로부터 금품수수 후 부정행위

피고인은 2010. 8. 6.경 제주특별자치도 이하 불상지에서 E와 승부조작을 약속하고 그 대가를 건네받기로 하였다.

피고인은 같은 날 제주경마장 2경주에 'P'를 타고 출주하여, 출발을 지연하거나 말이 자신의 능력을 충분히 발휘할 수 없도록 달리는 과정에서 추진동작을 작게 하는 방법 등으로 고의로 늦게 들어오도록 하여 4착(着)하게 하고, 2010. 8. 8.경 처 Q 명의 농협 계좌로 E로부터 600만 원을 송금받은 것을 비롯하여 그때부터 2011. 8. 중순경까지 별지 범죄일람표 1 기재와 같이 같은 방법으로 총 11회에 걸쳐 합계 5,200만 원을 수수하고 위와 같은 방법으로 승부를 조작하는 부정행위를 하였다.

이로써 피고인은 기수로서 그 업무에 관하여 부정한 청탁을 받고 금품을 수수한 후 부정한 행위를 하고, 재물을 얻게 할 목적으로 경주에서 말의 전능력을 발휘시키지 않았다.

(2) E 등과 공모하여 승부조작

피고인은 위 1의 가. (1)항과 같이 동료기수 E로부터 부정한 청탁을 받아 재물을 수수한 것을 기화로 제주경마장 2경주에 'P'를 타고 출전하여 고의적으로 말을 늦게 들어오도록 하여 4착(着)하게 한 것을 비롯하여 그때부터 2011. 8. 19.까지 별지 범죄일람표 1 기재와 같이 총 11회에 걸쳐 승부조작을 하였다.

이로써 피고인은 E 등과 공모하여 고의적으로 말을 늦게 들어오는 방법으로 위계를 사용하여 경마의 공정성을 해하거나 그 시행을 방해하였다.

나. 범죄수익의규제및처벌등에관한법률위반

피고인은 E로부터 승부조작을 대가로 금품을 건네받기로 약속하고 향후 적발될 경우 Q와 E 사이의 개인적인 거래인 것처럼 가장하기 위하여 위 E에게 처 Q 명의 농협 계좌(R)를 알려주며 위 계좌로 송금해 줄 것을 요구하였다.

피고인은 2010. 8. 8.경 불상지에서 위 1의 가. (1)항과 같이 승부조작을 하고 그 대가로 E로부터 Q 명의의 위 농협계좌로 600만 원을 송금받았다.

이로써 피고인은 범죄수익등의 취득에 관한 사실을 가장하였다.

법령의 적용

1. 범죄사실에 대한 해당법조 및 형의 선택

가. 피고인 A

○ 금품수수 후 부정행위의 점: 포괄하여, 구 한국마사회법(2015. 1. 20. 법률 제13146호로 개정되기 전의 것) 제53조 제2항, 제1항

○ 재산취득 목적으로 경주마 전능력 미발휘의 점: 구 한국마사회법(2015. 2. 3. 법률 제13146호로 개정되기 전의 것) 제51조 제2호

○ 승부조작의 점: 구 한국마사회법(2015. 2. 3. 법률 제13146호로 개정되기 전의 것) 제58조 제1호, 형법 제30조

○ 범죄수익 취득에 관한 사실을 가장한 점: 범죄수익은닉의 규제 및 처벌 등에 관한 법률 제3조 제1항 제1호

1. 추징(피고인 A, B, C, D)

구 한국마사회법 제56조

8. 미수범 처벌규정(제50조 제2항)

관련조문

제50조(벌칙) ② 제1항 제1호부터 제5호까지의 미수범은 처벌한다. <신설 2015. 2. 3.>

9. 위계·위력 사용 경마의 공정을 해하는 행위 등(제51조 제4호)[34]

관련조문

제51조(벌칙) 다음 각 호의 어느 하나에 해당하는 자는 5년 이하의 징역 또는 5천만 원 이하의 벌금에 처한다. <개정 2020. 3. 24.>

4. 위계(僞計)나 위력을 사용하여 경마의 공정을 해치거나 경마 시행을 방해한 자

---

34 동법 제51조 제1호 및 제2호 또한 중대범죄에 해당하나 이는 앞서 「**7. 부정한 청탁에 따른 재물 등 취득 및 재물 등 취득 후 부정한 행위의 점(제50조 제1항 제6호, 제51조 제1호, 제2호)**」 부분에서 모두 살펴보았다.

가. 구성요건의 주체

본죄의 **구성요건 주체**는 아무런 제한이 없다. 따라서 누구든지 본 죄의 주체가 될 수 있고 **행위의 상대방** 또한 제한이 없다.

나. 구성요건적 행위

본죄의 **구성요건적 행위**는 위계나 위력을 사용하여 경마의 공정을 해치거나 경마 시행을 방해하는 것이다(동법 제51조 제1항 제4호). 본 구성요건은 통상 동법 제51조 제1항 제1호, 제2호의 부정한 청탁행위와 맞물려 범죄가 성립하는 경우가 많다.

주관적 구성요건요소와 관련하여 자신의 행위가 위계 또는 위력을 사용하여 경마의 공정을 해하거나 경마시행을 방해한다는 점에 대한 인식이 있어야 한다(**고의범**). 별도로 재물 또는 재산상 이익을 취득할 목적을 요구하지는 않는다.

다. 처벌

본죄를 범하면 5년 이하의 징역 또는 5천만 원 이하의 벌금에 처한다. 나아가 위 범죄 또한 한국마사회법에 따른 필요적 몰수·추징 규정의 적용을 받지 않고 범죄수익은닉규제법상 임의적 몰수·추징의 대상이 된다.

관련조문

제56조(몰수·추징) 제50조 제1항 제1호부터 제3호까지 및 제6호와 제51조 제1호부터 제3호까지 및 제8호의 재물은 몰수한다. 다만, 재물을 몰수할 수 없거나 재산상의 이익을 취득하였을 때에는 그 가액(價額)을 추징(追徵)한다. <개정 2015. 2. 3.>

---

6 국민체육진흥법위반(제46호)

1. 총설

범죄수익은닉규제법 별표 제46호는 **국민체육진흥법 제47조 및 제48조의 죄**를 중대범죄로 규정하고 있다. 본죄는 2019. 4. 23. **범죄수익은닉규제법이 개정되면서 중대범죄로 모두 추가**되었다.

관련조문

범죄수익은닉규제법 별표

중대범죄(제2조 제1호 관련)

46. 「국민체육진흥법」 **제47조 및 제48조의 죄**

관련조문

제47조(벌칙) 다음 각 호의 어느 하나에 해당하는 자는 7년 이하의 징역이나 7천만 원 이하의 벌금에 처한다. <개정 2014. 1. 28.>

1. 제14조의3 제1항을 위반하여 부정한 행위를 한 운동경기의 선수(「초·중등교육법」 제2조에 따른 학교의 학생선수는 제외한다)·감독·코치·심판 및 경기단체 임직원

2. 제26조 제1항을 위반한 자

[전문개정 2012. 2. 17.]

제48조(벌칙) 다음 각 호의 어느 하나에 해당하는 자는 5년 이하의 징역이나 5천만 원 이하의 벌금에 처한다. <개정 2014. 1. 28.>

1. 제14조의3의 재물이나 재산상의 이익을 약속·제공 또는 제공할 의사를 표시한 자(「초·중등교육법」 제2조에 따른 학교의 학생선수는 제외한다)

2. 제14조의3을 위반한 운동경기의 선수(「초·중등교육법」 제2조에 따른 학교의 학생선수는 제외한다)·감독·코치·심판 및 경기단체 임직원

3. 제26조 제1항의 금지행위를 이용하여 도박을 한 자

4. 제26조 제2항 제1호에 해당하는 행위를 한 자

5. 제30조 제2항을 위반한 자

6. 속임수나 위력을 사용하여 체육진흥투표권 발행 대상 운동경기의 공정한 시행을 방해한 자

국민체육진흥법위반죄의 경우 2019. 4. 23. **범죄수익은닉규제법의 개정**(법률 제16343호)**에 따라 중대범죄로 추가**되었으므로 위 시행 일시 이전의 범행의 경우에는 중대범죄에 해당하지 않는다는 점을 주의하여야 한다. 특히 아래에서 살펴보는 바와 같이 불법스포츠토토 도박사이트를 이용한 범행의 경우 그 범행 일시가 2019. 4. 23. 이전부터 계속 이어져 오는 경우가 많으므로 문제될 수 있는데 이러한 경우 형법상 도박개장(도박공간개설)죄를 추가로 의율하여 **국민체육진흥법위반**(도박개장등)**죄와 상상적 경합범으로 처벌함으로써 범죄수익을 환수할 수 있을 것이다.**

국민체육진흥법은 국민체육을 진흥하여 국민의 체력을 증진하고, 건전한 정신을 함양하여

명랑한 국민 생활을 영위하게 하며, 나아가 체육을 통하여 국위 선양에 이바지함을 목적으로 한다(동법 제1조 참조).

범죄수익은닉규제법 별표에서 규정하고 있는 국민체육진흥법에 따른 중대범죄의 유형은 매우 다양한데 크게는 ① **승부조작 금지 규정 위반**의 점(동법 제47조 제1호, 제14조의3 제1항 및 제48조 제1호, 제2호, 제14조의3), ② **불법 사설 스포츠토토 금지**의 점(동법 제47조 제2호, 제26조, 제48조 제3호, 제4호), ③ **체육진흥투표권 구매제한 규정 위반**의 점(동법 제48조 제5호, 제30조 제2항), ④ **속임수나 위력 사용 체육진흥투표권 발행 대상 운동경기의 공정한 시행 방해**의 점(동법 제048조 제6호)으로 분류할 수 있다.

한편 국민체육진흥법은 ① 동법 제47조 제2호에 따른 유사행위를 하기 위하여 소유·소지한 기기 및 장치 등 물건과 유사행위를 통하여 얻은 재물, ② 동법 제47조 제1호, 제48조 제1호 및 제2호에 따라 얻은 물건과 재물은 모두 몰수하고 이를 몰수할 수 없을 때는 추징하도록 규정하고 있다(**동법 제51조 참조**).

관련조문

제51조(몰수·추징) ① 제47조 제2호에 따라 처벌받은 자가 유사행위를 하기 위하여 소유·소지한 기기 및 장치 등 물건과 유사행위를 통하여 얻은 재물은 몰수한다.

② 제47조 제1호 및 제48조 제1호·제2호에 따른 재물은 몰수한다.

③ 제1항 및 제2항에 따른 물건과 재물을 몰수하기 불가능하거나 재산상의 이익을 취득한 경우에는 그 가액(價額)을 추징한다. [전문개정 2012. 2. 17.]

따라서 위 중대범죄 중 **국민체육진흥법 제47조 제1호, 제2호, 제48조 제1호, 제2호 위반행위로 얻은 범죄수익은 필요적 몰수·추징 규정인 국민체육진흥법 제51조를 적용**하여 환수하고, **나머지 중대범죄(동법 제48조 제3호 내지 제6호)를 위반하여 얻은 범죄수익등은 범죄수익은닉규제법상 임의적 몰수·추징 규정을 적용**하여 환수함이 상당하다.

이하에서는 각 중대범죄의 구성요건을 각각 나누어 살펴보고 범죄수익환수 및 자금세탁범죄 처벌사례를 살펴보도록 한다.

2. 운동경기 선수 등이 부정한 청탁을 받고 재물등의 수수·요구·약속 후 부정한 행위의 점(제47조 제1호, 제14조의3 제1항)

관련조문

제47조(벌칙) 다음 각 호의 어느 하나에 해당하는 자는 7년 이하의 징역이나 7천만 원 이하의 벌금에 처한다. <개정 2014. 1. 28.>

1. 제14조의3 제1항을 위반하여 부정한 행위를 한 운동경기의 선수(「초·중등교육법」 제2조에 따른 학교의 학생선수는 제외한다)·감독·코치·심판 및 경기단체 임직원

☞ 제14조의3(선수 등의 금지행위) ① 전문체육에 해당하는 운동경기의 선수·감독·코치·심판 및 경기단체의 임직원은 운동경기에 관하여 부정한 청탁을 받고 재물이나 재산상의 이익을 받거나 요구 또는 약속하여서는 아니 된다.

가. 서설

국민체육진흥법은 전문체육에 해당하는 운동경기의 선수(초·중등교육법 제2조에 따른 학교의 학생선수는 제외, 이하 같다)·감독·코치·심판 및 경기단체의 임직원(이하, '선수 등'이라 한다)이 운동경기에 관하여 부정한 청탁을 받고 재물이나 재산상의 이익을 받거나 요구 또는 약속하는 행위(동법 제47조 제1호, 제14조의3 제1항)를 금지하고 있다.

나아가 위와 같은 운동경기의 선수 등에게 운동경기에 관하여 부정한 청탁을 하고 재물이나 재산상의 이익을 약속·제공 또는 제공의 의사를 표시를 하는 행위(초·중등교육법 제2조에 따른 학생선수는 제외) 또한 금지되고(동법 제48조 제1호, 제14조의3), 운동경기에 관하여 부정한 청탁을 받고 재물이나 재산상의 이익을 제공받은 운동경기의 선수 등도 처벌 대상이 된다(동법 제48조 제2호, 제14조의3).

나. 구성요건의 주체 및 객체

본죄의 **구성요건의 주체**는 전문체육에 해당하는 운동경기의 선수(초·중등교육법 제2조에 따른 학교의 학생선수는 제외)·감독·코치·심판 및 경기단체의 임직원이다(**신분범**).

따라서 해당 신분이 없는 사람의 경우 원칙적으로 주체가 될 수 없으나 비신분자가 위 신분자에 가공하여 범행을 하는 경우 형법 제33조에 따라 공범과 신분의 규정이 적용되어 처벌된다. 여기에서 '**전문체육**'이라 함은 선수들이 행하는 운동경기 활동을 말하고(동법 제2조 제2호 참조), '**경기단체**'란 특정 경기 종목에 관한 활동과 사업을 목적으로 설립되고 통합체

육회나 대한장애인체육회에 가맹된 법인이나 단체 또는 문화체육관광부장관이 지정하는 프로스포츠 단체를 말한다(동법 제2조 제11호 참조).

다. 구성요건적 행위 및 객체

본죄의 **구성요건적 행위**는 ① **운동경기에 관하여 부정한 청탁**을 받고 재물이나 재산상의 **이익을 받거나 요구 또는 약속**한 다음 ② 위 부정한 청탁에 따라 **실제로 부정한 행위를 하는 것**이다.

위 구성요건의 경우 선수 등이 '**직접**' 부정한 청탁을 받고 재물이나 재산상의 이익을 수수, 요구, 약속한 다음 부정한 행위까지 할 것을 요한다. 따라서 ① 선수 등이 '**제3자에게**' 재물이나 재산상의 이익을 제공하거나 제공할 것을 요구 또는 약속하는 행위는 본죄의 구성요건에 해당하지 않고, ② 경기에 관하여 부정한 청탁을 받고 재물 또는 재산상의 이익을 수수, 요구, 약속하였으나 실제로 **부정한 행위를 하지 않는 경우**도 본 구성요건에 해당하지 않는다.

위 '**부정한 청탁**'은 형법상 배임수재의 그것과 같게 해석함이 상당하므로 그 청탁이 반드시 업무상 배임의 내용이 되는 정도에 이를 것을 요하지 않고 **사회상규 또는 신의성실의 원칙에 반하는 것을 내용으로 하면 족**하며 이를 판단할 때에는 청탁의 내용 및 이에 관련한 대가의 액수, 형식, 보호법익인 거래의 청렴성 등을 종합적으로 고찰하여야 한다.[35]

나아가 위와 같은 부정한 청탁에 따른 재물 또는 재산상 이익의 수수, 요구, 약속 등은 운동경기에 '**관하여**' 이루어져야 하므로 부정한 청탁과 재물등의 수수, 요구, 약속 사이에 대가관계가 인정되어야 한다.

예를 들어 야구, 축구, 농구, 배구 등 스포츠 경기의 선수 등이 자신이 참여하는 운동경기에서 의도적으로 득점을 하지 않거나 아웃을 당하는 등 스포츠 경기의 우연성에 반하는 특정한 행위를 하는 내용의 부정한 청탁의 대가로 재물 또는 재산상 이익을 수수, 요구, 약속하여야 본죄가 성립하는 것이다. 따라서 부정한 청탁과 무관하게 재물 또는 재산상 이익이 수수되는 경우는 본죄가 성립한다고 볼 수 없다.

구성요건의 객체는 재물이나 재산상 이익으로서 무형 또는 유형의 이익뿐만 아니라 각종 향응과 이익, 신분상의 우대와 지위 상승 등도 모두 포함된다고 해석함이 상당하다.

주관적 구성요건요소와 관련하여 선수 등은 상대방의 청탁이 스포츠 경기의 특성에 어긋나 사회상규 또는 신의성실의 원칙에 반하는 부정한 것이라는 사실, 자신이 수수, 요구,

---

35 대법원 2011. 8. 18. 선고 2010도10290 판결 참조.

약속하는 재물 또는 재산상 이익이 부정한 청탁의 대가라는 사실, 위와 같은 부정한 청탁과 재물 또는 재산상 이익의 수수, 요구, 약속 후 이에 따라 부정한 행위를 한다는 사실을 미필적으로나마 인식하면 충분하다(고의범).

라. 처벌

본죄를 범하면 7년 이하의 징역이나 7천만 원 이하의 벌금에 처한다. **나아가 국민체육진흥법상 필요적 몰수·추징 규정이 적용**되므로 위와 같은 방법으로 취득한 재물 또는 재산상 이익은 모두 환수 대상이 된다.

마. 승부조작에 따른 범죄수익환수 사례

국민체육진흥법은 스포츠 비리 중 하나로서 운동경기 활동 중 발생하는 승부조작, 편파판정 등 운동경기의 공정한 운영을 저해하는 행위를 규정(동법 제2조 제11의2호 참조)하고 있다. 앞에서 살펴본 바와 같이 선수 등이 **부정한 청탁을 받고 재물 또는 재산상 이익을 수수, 요구, 약속한 다음 부정한 행위까지 하는 사례가 국민체육진흥법이 금지하는 스포츠 비리의 한 유형**이라고 볼 수 있다.

이와 관련하여 **씨름협회의 전무이사가 씨름 선수들에게 부정한 청탁을 하고 재물을 제공하는 방법으로 승부를 조작하고, 운동경기의 공정을 해한 사례**가 있다. 다만 해당 사례의 경우 그 범행이 국민체육진흥법위반죄가 중대범죄로 편입되기 이전에 성립하였을 뿐만 아니라, 필요적 몰수·추징을 규정하고 있는 국민체육진흥법 제51조가 2014. 1. 28. 신설되기 이전의 범행인 관계로 위 구성요건에 따른 추징이 이루어지지 못하였으나 함께 기소된 특정범죄가중법(알선수재)의 점과 관련하여 취득한 금전을 환수하고 이를 차명계좌로 지급받아 범죄수익의 취득을 가장한 행위를 자금세탁범죄로 처벌하였다.[36] 이와 유사하게 국민체육진흥법상 각종 스포츠 경기의 승부조작과 관련하여 금품을 수수하는 경우 모두 환수의 대상이 된다.

사례

범죄사실

『2013고단2698』

피고인은 전주 D고등학교 씨름부 감독으로서 E협회 총무이사, F협회 전무이사를 각 맡고 있다.

---

36 전주지방법원 2014. 5. 22. 선고 2013고단2698 판결 참조(같은 법원 2014노556 판결로 확정).

1. 씨름대회 승부조작 관련 범행

피고인은 2012. 1. 22.경 전북 F시 사정동 소재 ** 체육관에서 E협회가 주최하고 F협회가 주관하는 '전국 **장사 씨름대회'에 F협회 전무이사로서 대회행사 주관업무를 맡게 되었다.

2010. 9.경 창단된 G씨름단은 위 씨름대회 개최지인 ** 지역의 유일한 씨름 실업팀으로 위 씨름대회에 참가하게 되면서, 위 G씨름단 소속 H급(90kg 이하) 씨름선수인 I가 시드(seed) 배정을 받아 다른 선수들과 달리 예선전을 거치지 아니한 채 2012. 1. 22.경 전 국민이 시청하는 **** TV방송에서 생중계를 시작하는 8강전 경기부터 치르게 되었다.

피고인은 위 G씨름단 감독 J 및 위 I와 함께, I가 H장사에 등극한 전력이 전혀 없어 만약 상대 씨름선수들과 공정하게 경기를 치를 경우 위 K군수 및 씨름관계자 등이 지켜보는 가운데 위와 같이 씨름대회 개최지역 소재 실업팀 소속 씨름선수로서 시드배정의 이익을 받고도 H장사에 오르지 못할 것을 우려하여, I의 8강전 상대선수 L(당시 **체육회 소속, 현 **체육회 소속), 4강전 상대선수 N(당시 수원시청 소속), 결승전 상대선수 M(울산동구청 소속)을 상대로 사전에 승패를 미리 결정하여 경기에 임하게 하는 방법으로 승부를 조작하여 I를 H장사에 등극시키기로 마음먹고, 위 L, N, M에게 각 I에게 고의로 패해줄 것을 제안하여 그중 L, M으로부터 금품 수수를 조건으로 승부조작에 응해주기로 각 승낙을 받았다.

그에 따라 같은 날 L은 I와의 8강전(3판 2승제) 경기를 치르면서 셋째 판에서 부상을 핑계로 고의로 기권패를 해 주고, M은 I와의 결승전(5판 3승제) 경기를 치르면서 첫째 판, 셋째 판, 다섯째 판에서 자신의 기량을 적극 발휘하지 아니한 채 I의 공격을 기다리며 소극적으로 경기에 임하는 방법으로 고의로 패해 줌으로써 I로 하여금 생애 첫 H장사에 등극하도록 해 주었다.

이후 I는 피고인, J와 사전에 논의한 바에 따라 위 대회가 끝난 직후인 2012. 2. 4.경 위 승부조작 대가 명목으로 L에게 1,000,000원을, M에게 13,000,000원을 각각 송금해 주었다.

이로써 **피고인은 J, I, L, M과 순차로 공모하여, 체육진흥투표권 발행 대상 운동경기(씨름) 선수들에게 위와 같이 부정한 청탁을 하여 재물을 각각 제공함과 동시에 계약직 공무원인 M에게 그 직무와 관련하여 뇌물을 공여하고, 또한 위와 같이 위계로써 **씨름협회 및 **씨름협회의 공정한 씨름대회 운영업무를 각 방해함과 동시에 속임수를 사용하여 위 운동경기의 공정성을 해치고 공정한 시행을 방해하였다.**

(중략)

『2014고단33』

3. 피고인은 제2항 기재와 같이 <u>2010. 12. 24.경 씨름선수 P의 G씨름단 입단 알선과 관련하여 P로부터 금품을 수수함에 있어 그 범죄수익이 마치 제3자인 Q에게 귀속하는 것처럼 피고인이 관리하는 차명계좌인 위 Q 명의 **은행 계좌(R)로 20,000,000원을 송금받음으로써 범죄수익의 취득에 관한 사실을 가장하였다.</u>

법령의 적용

1. 범죄사실에 대한 해당법조

각 특정범죄 가중처벌 등에 관한 법률 제3조, 형법 제30조(알선수재의 점), 각 구 국민체육 진흥법(2012. 2. 17. 법률 제11309호로 개정되기 전의 것, 이하 같다) 제47조, 형법 제30조 (운동경기의 공정성 침해 및 공정한 시행 방해의 점), 각 형법 제314조 제1항, 제313조, 제30조 (위계에 의한 업무방해의 점), 각 구 국민체육진흥법 제50조, 제48조, 형법 제30조(부정한 청 탁에 따른 재물 제공의 점), 형법 133조 제1항, 제129조 제1항, 제30조(뇌물공여의 점), 범죄 수익은닉의 규제 및 처벌 등에 관한 법률 제3조 제1항 제1호(범죄수익 가장의 점)

1. 상상적 경합

각, 형법 제40조, 제50조(판시 운동경기의 공정성 침해 및 공정한 시행 방해로 인한 구 체 육진흥법위반죄와 판시 각 업무방해죄 사이에서는 형이 더 중한 판시 운동경기의 공정성 침해 및 공정한 시행 방해로 인한 구 체육진흥법위반죄에 정한 형으로 처벌, 판시 각 부정한 청탁 에 따른 재물 제공으로 인한 구 체육진흥법위반죄와 판시 뇌물공여죄 사이에서는 형이 더 중 한 판시 뇌물공여죄에 정한 형으로 처벌)

1. 추징

특정범죄 가중처벌 등에 관한 법률 제13조

3. 운동경기 선수 등에게 재물등의 약속·제공·의사표시의 점(제48조 제1호, 제14조의3)

관련조문

제48조(벌칙) 다음 각 호의 어느 하나에 해당하는 자는 5년 이하의 징역이나 5천만 원 이하의 벌금에 처한다. <개정 2014. 1. 28.>

　1. **제14조의3**의 재물이나 재산상의 이익을 약속·제공 또는 제공할 의사를 표시한 자(「초· 중등교육법」 제2조에 따른 학교의 학생선수는 제외한다)

☞ **제14조의3(선수 등의 금지행위)** ① 전문체육에 해당하는 운동경기의 선수·감독·코치·심판 및 경기단체의 임직원은 운동경기에 관하여 부정한 청탁을 받고 재물이나 재산상의 이익을 받거나 요구 또는 약속하여서는 아니 된다.

② 전문체육에 해당하는 운동경기의 선수·감독·코치·심판 및 경기단체의 임직원은 운동 경기에 관하여 부정한 청탁을 받고 제3자에게 재물이나 재산상의 이익을 제공하거나 제공 할 것을 요구 또는 약속하여서는 아니 된다.[본조신설 2014. 1. 28.]

가. 구성요건의 주체

본죄의 **구성요건의 주체**는 아무런 제한이 없으므로 누구든지 본 죄의 주체가 될 수 있다. 나아가 **행위의 상대방**은 동법 제14조의3에 규정된 전문체육에 해당하는 운동경기의 선수·감독·코치·심판 및 경기단체의 임직원이다. 부정한 청탁의 상대방인 운동경기의 선수 등에는 초·중등교육법 제2조에 따른 학교의 학생선수는 제외된다.

나. 구성요건적 행위 및 객체

본죄의 **구성요건적 행위**는 ① 전문체육에 해당하는 운동경기의 **선수·감독·코치·심판 및 경기단체의 임직원에게** 운동경기에 관하여 부정한 청탁을 하고 재물이나 재산상의 이익을 약속·제공 또는 제공할 의사를 표시하는 행위(제14조의3 제1항) 및 ② 위 **선수 등이 아닌 제3자에게** 재물이나 재산상의 이익을 약속·제공 또는 제공할 의사를 표시하는 것(제14조의3 제2항)이다.

구성요건의 객체는 전문체육에 해당하는 운동경기의 선수·감독·코치·심판 및 경기단체의 임직원에게 약속·제공 또는 제공의 의사표시를 하는 재물이나 재산상의 이익이므로 그 해석은 동법 제47조 제1호의 그것과 동일하다.

위 구성요건의 경우 선수 등에게 운동경기에 관하여 부정한 청탁을 하고 선수 등에게 '**직접**' 또는 '**제3자에게**' 재물 또는 재산상 이익의 약속·제공 또는 제공의 의사표시를 하는 경우를 모두 포함하는 점을 주의하여야 한다(동법 제47조 제1호의 경우는 동법 제14조의3 제1항만을 규정하고 있으므로 선수 등이 직접 재물 등을 받는 경우가 아닌 제3자에게 제공하는 경우는 제외).

주관적 구성요건요소와 관련하여 전문체육에 해당하는 운동경기의 선수 등에게 운동경기에 관하여 신의성실의 원칙 또는 사회상규에 반하는 청탁을 한다는 사실, 이에 따라 선수 등에게 직접 또는 제3자에게 재물 또는 재산상 이익을 약속·제공 또는 제공의 의사표시를 한다는 사실을 인식하면 충분하다(고의범).

다. 처벌

본죄를 범하면 5년 이하의 징역이나 5천만 원 이하의 벌금에 처한다. 재물 또는 재산상 이익을 수수하는 행위에 비해 처벌이 가볍다.

나아가 **본죄 또한 국민체육진흥법상 필요적 몰수·추징 규정이 적용**되므로 위와 같은 방법으로 취득한 재물 또는 재산상 이익은 모두 환수 대상이 된다.

4. 운동경기 선수 등의 부정한 청탁 후 재물등의 수수·요구·약속 점(제48조 제2호, 제14조의3)

관련조문
───────────────────────────────

제48조(벌칙) 다음 각 호의 어느 하나에 해당하는 자는 5년 이하의 징역이나 5천만 원 이하의 벌금에 처한다. <개정 2014. 1. 28.>

2. <u>제14조의3을 위반</u>한 운동경기의 선수(「초·중등교육법」 제2조에 따른 학교의 학생선수는 제외한다)·감독·코치·심판 및 경기단체 임직원

☞ <u>제14조의3(선수 등의 금지행위)</u> ① 전문체육에 해당하는 운동경기의 선수·감독·코치·심판 및 경기단체의 임직원은 운동경기에 관하여 부정한 청탁을 받고 재물이나 재산상의 이익을 받거나 요구 또는 약속하여서는 아니 된다.
② 전문체육에 해당하는 운동경기의 선수·감독·코치·심판 및 경기단체의 임직원은 운동경기에 관하여 부정한 청탁을 받고 제3자에게 재물이나 재산상의 이익을 제공하거나 제공할 것을 요구 또는 약속하여서는 아니 된다.[본조신설 2014. 1. 28.]

───────────────────────────────

가. 구성요건의 주체

위 **구성요건의 주체**(신분범)는 동법 제47조 제1호의 그것과 같다. 따라서 전문체육에 해당하는 운동경기의 선수(초·중등교육법 제2조에 따른 학교의 학생선수는 제외)·감독·코치·심판 및 경기단체의 임직원이다(신분범).

결국 해당 신분이 없는 사람의 경우 원칙적으로 주체가 될 수 없으나 비신분자가 위 신분자에 가공하여 범행을 하는 경우 형법 제33조에 따라 공범과 신분의 규정이 적용되어 처벌된다. 여기에서 '**전문체육**'이라 함은 선수들이 행하는 운동경기 활동을 말하고(동법 제2조 제2호 참조), '**경기단체**'란 특정 경기 종목에 관한 활동과 사업을 목적으로 설립되고 통합체육회나 대한장애인체육회에 가맹된 법인이나 단체 또는 문화체육관광부장관이 지정하는 프로스포츠 단체를 말한다(동법 제2조 제11호 참조).

나. 구성요건적 행위

본죄의 **구성요건적 행위**는 동법 제47조 제1호와는 달리 위 선수 등이 운동경기에 관하여 부정한 청탁을 받고 **자신이 직접** 재물 또는 재산상의 이익을 수수·요구·약속하거나(제14조의3 제1항), **제3자에게** 재물이나 재산상의 이익을 제공하거나 제공할 것을 요구 또는 약속(제14조의3 제2항)하는 경우 모두 범죄가 성립한다. 이 때 실제로 부정한 행위까지 나아

갈 것을 요하지 않는다.

위 구성요건은 **직접 또는 제3자에게** 재물 또는 재산상 이익을 수수·요구·약속하면 성립한다는 점에서 자신이 직접 재물 또는 재산상 이익을 수수·요구·약속한 경우에만 성립하는 동법 제47조 제1호의 구성요건보다 성립범위가 더 넓다.

구성요건의 객체는 재물이나 재산상 이익으로서 무형 또는 유형의 이익뿐만 아니라 각종 향응과 이익, 신분상의 우대와 지위 상승 등도 모두 포함된다고 해석함이 상당하다.

다. 처벌

본죄를 위반하면 5년 이하의 징역이나 5천만 원 이하의 벌금에 처한다. 실제로 부정한 행위까지 나아간 경우(7년 이하의 징역이나 7천만 원 이하의 벌금)보다 법정형이 낮게 설정되어 있다(5년 이하의 징역이나 5천만 원 이하의 벌금).

나아가 **본죄 또한 국민체육진흥법상 필요적 몰수·추징 규정이 적용**되므로 위와 같은 방법으로 취득한 재물 또는 재산상 이익은 모두 환수 대상이 된다.

5. 불법 스포츠 토토 도박공간개설 등 금지의 점(제47조 제2호, 제26조 제1항)

관련조문

제47조(벌칙) 다음 각 호의 어느 하나에 해당하는 자는 7년 이하의 징역이나 7천만 원 이하의 벌금에 처한다. <개정 2014. 1. 28.>

2. **제26조 제1항을 위반**한 자

☞ 제26조(유사행위의 금지 등) ① 서울올림픽기념국민체육진흥공단과 수탁사업자가 아닌 자는 체육진흥투표권 또는 이와 비슷한 것을 발행(정보통신망에 의한 발행을 포함한다)하여 결과를 적중시킨 자에게 재물이나 재산상의 이익을 제공하는 행위(이하 "유사행위"라 한다)를 하여서는 아니 된다.

가. 서설

국민체육진흥법은 서울올림픽기념국민체육진흥공단과 수탁사업자가 아닌 자가 체육진흥투표권 또는 이와 비슷한 것을 발행(정보통신망에 의한 발행을 포함한다)하여 결과를 적중시킨 자에게 재물이나 재산상의 이익을 제공하는 행위(이하 '**유사행위**'라 한다)를 금지하고 있다.

서울올림픽기념국민체육진흥공단과 수탁사업자가 시행하는 '**스포츠 토토**'와 관련하여 위 공단 및 수탁사업자가 아님에도 불구하고 불특정 다수의 도박행위자들로부터 도금을 입금

받고 실제 스포츠 경기의 결과를 맞추는 내용의 도박행위를 하도록 한 다음 그 적중 결과에 따라 재물 또는 재산상 이익을 제공하는 내용의 도박사이트를 운영하거나 실제로 도박공간을 개설하여 운영하는 운영진, 이에 가담하는 구성원들을 처벌하는 구성요건이다.

이와 같은 불법 스포츠 도박사이트를 이용한 '유사행위'는 일반적으로 ① 도박사이트 운영을 위한 **프로그램의 개발**, ② 도박자금을 입금 받기 위한 **대포통장의 모집**, ③ **사이트의 홍보 및 운영**, ④ **수익금의 인출 및 분배** 등의 과정을 거쳐 이루어지는데, 통상 각 행위의 단계마다 다수의 사람들이 개입하여 조직적·분업적으로 범행을 실행하게 된다.

나. 구성요건의 주체

위 **구성요건의 주체**는 서울올림픽기념국민체육진흥공단과 수탁사업자가 아닌 사람이면 누구든지 본죄의 주체가 될 수 있다. 그 **행위의 상대방**은 불특정 다수의 사람으로 특별한 제한이 없다.

통상적으로 불법 스포츠 토토의 경우에는 불특정 다수의 도박행위자들이 온라인으로 스포츠 경기 결과 등에 베팅을 하고 그 결과에 따라 재물 또는 재산상 이익을 교부받으므로 체육진흥투표권이 실물로 발행되는 경우는 거의 없어 제26조 제1항의 '**체육진흥투표권**'에는 해당하지 않으나 '**이와 비슷한 것**'에는 해당한다.

다. 구성요건적 행위 및 객체

본죄의 **구성요건적 행위**는 체육진흥투표권 또는 이와 비슷한 것을 발행하여 결과를 적중시킨 사람에게 재물이나 재산상의 이익을 제공하는 유사행위이다. 실무상 국민체육진흥법이 가장 많이 문제되는 구성요건이 바로 이것이다.

온라인 또는 오프라인을 불문하고 불특정 다수인에게 우연한 요소에 따라 당첨여부가 결정되는 운동경기의 결과 등에 도금을 입금받음으로써 **체육진흥투표권 또는 이와 비슷한 것을 발행하여 주고 그 경기 결과 적중여부에 따라 이익금을 교부한다는** 점에서 그 사행성이 매우 높은 도박공간개설행위와 다를 바 없다.

한편 체육진흥투표권 또는 이와 비슷한 것을 발행하기만 하고 결과를 적중시킨 자에게 재물이나 재산상의 이익을 제공하지 않거나 이러한 체육진흥투표권 또는 이와 비슷한 것을 발행하지 않은 채 결과를 적중시킨 자에게 재물이나 재산상의 이익만을 제공하는 경우에는 '유사행위'에 해당한다고 볼 수 없다.[37]

---

37 대법원 2017. 11. 14. 선고 2017도13140 판결 참조.

구성요건의 객체는 오프라인 또는 정보통신망에 의해 발행된 체육진흥투표권 또는 이와 비슷한 것으로서 그 형식과 유형, 명칭은 불문한다. 이 때 '체육진흥투표권'이란 운동 경기 결과를 적중시킨 자에게 환급금을 내주는 표권(票券)으로서 투표 방법과 금액, 그 밖에 대통령령으로 정하는 사항이 적혀 있는 것을 말한다(동법 제2조 제12호 참조). 이 때 구체적인 체육진흥투표권 발행대상 운동 경기는 다음과 같다.

관련조문

국민체육진흥법 시행령 제29조(체육진흥투표권 발행 대상 운동경기) 체육진흥투표권 발행 대상이 되는 운동경기의 종목은 <u>축구·농구·야구·배구·골프·씨름과 그 밖에 문화체육관광부장관이 정하는 종목</u>으로 하되, 다음 <u>각 호의 어느 하나에 해당하는 운동경기</u>로 한다. <개정 2012. 1. 6.>

1. **다음 각 목의 요건을 모두 갖춘 운동경기 주최단체 중 문화체육관광부장관이 지정하는 단체**(이하 "주최단체"라 한다)**가 개최하는 운동경기**
   가. 운동경기를 계획성 있고 안정적으로 개최할 수 있는 능력을 갖고 있을 것
   나. 주최단체에 소속된 경기팀의 선수, 감독, 코치 및 심판에 관한 등록과 등록말소를 할 수 있는 권한을 갖고 있을 것
   다. 개최하는 운동경기에 대한 경기규칙을 정하고 있을 것
2. 주최단체가 **선수단을 구성하여 참가하는 국내외 운동경기**
3. **제1호 가목 및 다목의 요건을 구비한 국내외 운동경기**(제1호 및 제2호에 따른 운동경기는 제외한다)

라. 죄수 및 처벌

죄수와 관련하여, 통상적으로 위와 같은 불법스포츠토토 도박사이트의 경우 스포츠 경기 결과의 적중 여부에 배팅을 하게 하는 것 외에도 「**맞고, 바둑이, 사다리 타기, 포커, 바카라**」 등 일반 온라인 도박을 병행하는 경우가 대부분을 차지하고 있어, 국민체육진흥법위반(도박개장등) 외에도 **도박공간개설죄**가 함께 성립하고 **양 죄는 상상적 경합범 관계**에 있다.[38]

다만 대포통장을 이용하여 도금을 입금 받고 이를 불특정 다수의 이용자들에게 지급하는 경우 차명계좌 사용에 따른 **범죄수익은닉규제법위반죄 및 전자금융거래법위반죄**가 성립하게 되고 이는 국민체육진흥법위반(도박개장등)죄와 **실체적 경합범 관계**에 있다.

---

38 대법원 2017. 1. 12. 선고 2016도18119 판결 참조.

본죄를 범하면 7년 이하의 징역이나 7천만 원 이하의 벌금에 처한다. 나아가 본죄를 범하면 국민체육진흥법에 따른 필요적 몰수·추징 규정의 적용을 받는다.

마. 불법 스포츠 토토 유사행위 금지에 따른 범죄수익환수 및 자금세탁범죄 처벌 사례

실무상 국민체육진흥법에 따른 범죄수익환수가 가장 많이 문제되는 경우가 불법 스포츠토토 도박사이트를 이용한 유사행위를 하고 그 행위를 통하여 재물 또는 재산상 이익을 취득하는 사례다.

앞에서도 살펴보았다시피 2019. 4. 23. 이전에는 국민체육진흥법위반죄가 중대범죄에 해당하지 않았으므로 국민체육진흥법위반(도박개장등)죄와 도박공간개설죄를 상상적 경합으로 의율하여 범죄수익은닉규제법에 따라 몰수·추징보전 등의 조치를 취할 수밖에 없었으나 2019. 4. 23. 이후의 범행은 국민체육진흥법에 따른 필요적 몰수·추징 규정이 적용될 뿐만 아니라 범죄수익은닉규제법상 중대범죄인 국민체육진흥법을 적용하여 몰수·추징보전이 가능하므로 범죄수익에 대한 환수의 가능성 및 필요성이 더욱 커졌다고 할 수 있다.

국민체육진흥법 제47조 제2호에 따라 처벌받는 자가 유사행위를 통하여 얻은 재물은 같은 법 제51조 제1항 및 제3항에 의하여 추징의 대상이 되고, 위 추징은 **부정한 이익을 박탈하여 이를 보유하지 못하게 함에 목적**이 있으므로, 수인이 공동으로 유사행위를 하여 이익을 얻은 경우 분배받은 금원, 즉 **실질적으로 귀속된 이익금을 개별적으로 추징하여야** 한다. 한편 범죄수익을 얻기 위해 범인이 지출한 비용은 그것이 범죄수익으로부터 지출되었더라도 범죄수익을 소비하는 방법에 지나지 않으므로 추징할 범죄수익에서 공제할 것은 아니다.[39]

나아가 불법 스포츠 토토 도박사이트 운영과 관련하여 이익을 분배받은 공범이 아니라 도박사이트 운영에 필요한 대포통장을 공급하고 그 대가로 금전을 지급받은 경우, 대포통장을 판매한 사람이 지급받은 수익에 대하여는 국민체육진흥법 제51조에 따른 필요적 몰수·추징의 규정이 적용되지 않는다.[40] 그러나 이러한 경우에도 자신이 양도한 대포통장이 도박

---

[39] 대법원 2020. 5. 28. 선고 2020도2074 판결 참조.
[40] 위 대법원 2020도2074 판결 참조.
  [판결 요지 中]
  [2] 갑 등과 도박사이트의 운영에 필요한 **대포통장을 제공하는 역할**을 하는 피고인이, 소위 총책인 을과 병 등이 불법 **인터넷 도박사이트를 개설하여 운영**하는 데 이용될 대포통장을 제공하였는데, 이로써 피고인이 갑 및 위 도박사이트 운영자들과 공모하여 국민체육진흥법 위반(도박개장등) 등의 범행을 저질렀다는 내용으로 기소되어 유죄로 인정된 사안에서, 제반 사정에 비추어 **갑이 대포통장 제공의 대가로 얻은 수익**은 피고인과 갑 등이 도박사이트 운영자들에게 접근매체를 양도한 뒤 접근매체

사이트 운영에 사용된다는 사정을 충분히 알고 대포통장을 양도함으로써 그 범행을 용이하게 하여 방조한 것에 해당하는 경우에는 국민체육진흥법위반(도박개장)방조죄가 성립하고 그 행위의 대가로 얻은 범죄수익(대포통장 양도 대가)은 모두 환수의 대상이 된다고 봄이 상당하다.[41]

그리고 도박사이트 운영과정에서 종업원에게 지급한 급여의 경우 종업원 또한 불법도박사이트 운영에 적극 가담한 공범에 해당하므로 종업원이 지급받은 급여 상당액을 중대범죄행위의 **'보수'로 얻은 재산**으로 의율하여 범죄수익은닉규제법에 따라 해당 종업원으로부터 몰수·추징할 수 있다고 봄이 타당하다.[42]

이와 관련하여 불법 스포츠 토토 도박사이트 운영자와 종업원들이 대포통장을 이용하여 도금을 관리하고 이를 불특정 다수의 사용자에게 환급한 사안에서 운영자가 아닌 **종업원의**

수에 일정 금액을 곱한 비율로 받은 것으로 보이며, 이는 **도박사이트 운영자들이 범행을 위해 지출한 비용이자 피고인 등이 전자금융거래법 위반 행위로 얻은 이익으로 봄이 타당**하고, 피고인 등이 도박사이트 운영자들과 공동으로 국민체육진흥법 위반(도박개장등) 범행을 저지른 뒤 이익을 분배받은 것으로 보기는 어려우므로, 결국 피고인으로부터 **국민체육진흥법 제51조 제3항, 제1항에 따른 추징은 허용되지 않**는데도, 이와 달리 위 조항을 근거로 피고인으로부터 추징한 것이 정당하다고 본 원심판단에 추징 및 추징액 산정에 관한 법리오해 등의 잘못이 있다고 한 사례.

41 의정부지방법원 2018. 5. 31. 선고 2018노383 판결 참조.
[판결 이유 中] 2. **판단**
가. **추징 부분에 관한 사실오인 주장에 대한 판단**
국민체육진흥법 제51조 제1항, 제3항은 같은 법 제47조 제2호에 따라 처벌받은 자가 유사행위를 통하여 얻은 재물은 몰수하고, 그 재물을 몰수하기 불가능하거나 재산상의 이익을 취득한 경우에는 그 가액을 추징한다고 규정하고 있다. **유사행위로 인하여 취득한 부정한 이익의 박탈을 목적으로 하는 위 규정의 입법 취지에 비추어볼 때 위 규정의 '제47조 제2호에 따라 처벌받은 자'에는 정범으로 처벌받은 경우뿐만 아니라 교사범 또는 방조범으로 처벌받은 경우도 포함**된다고 볼 것이다.
또한 범죄수익의 추징에 있어서 **범죄수익을 얻기 위해 범인이 지출한 비용은 그것이 범죄수익으로부터 지출되었다고 하더라도 이는 범죄수익을 소비하는 방법에 지나지 않아 추징할 범죄수익에서 공제할 것은 아니라고 할 것이다**(대법원 2007. 11. 15. 선고 2007도6775 판결 등 참조).
위와 같은 법리에 비추어 이 사건에 관하여 보건대, 피고인은 이 사건 공소사실 기재와 같이 E, F로부터 스포츠토토 사이트 운영에 필요한 대포통장을 만들어 달라는 부탁을 받고, 피고인이 보유하고 있던 법인명의 통장을 비롯하여 다른 법인 명의자들로부터 모집한 통장 등을 위 E, F에게 양도하는 방법으로 유사행위를 방조하고 그 대가로 122,128,623원을 취득하였는바, 이는 피고인이 유사행위를 방조함에 따라 얻은 재산상 이익에 해당하므로, 피고인으로부터 그 재산상 이익 상당의 가액을 추징하여야 한다. 또한 피고인이 대포통장을 개설하기 위하여 지출한 법인 설립 비용과 통장 명의인들에게 지급한 비용은 모두 범죄수익을 얻기 위해 지출한 비용으로서 범죄수익을 소비하는 방법에 지나지 않으므로, 피고인에 대한 추징액에서 이를 공제할 것은 아니다.
따라서 피고인에 대하여 122,128,623원을 추징하여야 한다고 본 원심의 판단은 타당하고, 거기에 사실을 오인하여 판결에 영향을 미친 위법이 없다.
42 대법원 2019. 5. 10. 선고 2018도20303 판결, 대법원 2019. 3. 28. 선고 2019도460 판결 등 참조.

경우 운영자로부터 지급받은 보수를 범죄수익은닉규제법상 범죄행위의 보수로 얻은 재산으로 판단하여 환수하고 도박사이트 운영에 대포통장을 사용함으로써 범죄수익의 취득 및 처분을 가장한 행위를 자금세탁범죄로 처벌한 사례가 있다.[43]

사례

[광주지방법원 2019노2408호 판결문 中]
2. 추징에 관한 법리오해 주장에 대한 판단
　가. 원심의 판단
　국민체육진흥법상 유사행위를 범한 주범이 공범인 직원에게 급여를 지급한 경우, 주범이 단순히 범죄수익을 얻기 위한 비용지출의 일환으로 공범인 직원에게 급여를 지급한 것에 불과하다면 공범인 직원에 대하여 국민체육진흥법 제51조 제1항 및 제3항에 따라 급여 상당액을 추징할 수 없다. 이 사건에서 피고인들이 범죄수익을 분배받았다고 볼 수 있을 정도로 범죄조직에서 핵심적인 위치에 있었다거나 중추적인 역할을 담당하였다고 보기 어렵고, **피고인들이 범행기간 동안 급여를 지급받은 것을 두고 범죄수익을 분배받은 것으로 볼 수 없으므로, 피고인들로부터 급여 상당액을 추징하지 아니한다.**
　나. 이 법원의 판단
　검사는 이 법원에 이르러 범죄수익은닉규제법 제10조 제1항, 제8조 제1항을 피고인들이 범행기간 동안 지급받은 급여의 추징 근거로 주장한다.
　국민체육진흥법상 유사행위를 범한 주범이 공범인 직원에게 급여를 지급한 경우, 주범이 단순히 범죄수익을 얻기 위하여 비용 지출의 일환으로 공범인 직원에게 급여를 지급한 것에 불과하다면 공범인 직원에 대하여 국민체육진흥법 제51조 제1항 및 제3항에 따라 추징할 수 없더라도, 국민체육진흥법위반(도박개장등)죄와 도박공간개설죄는 상상적 경합범 관계에 있고 도박공간개설죄에 의하여 생긴 재산은 범죄수익은닉규제법 제2조 제1호 [별표]에 규정된 죄(중대범죄)에 해당하는 '범죄행위의 보수로 얻은 재산'으로 '범죄수익'에 해당하므로, 공범인 직원이 받은 급여는 범죄수익은닉규제법 제10조 제1항, 제8조 제1항에 따라 추징할 수 있다(대법원 2019. 5. 10. 선고 2018도20303 판결, 대법원 2019. 3. 28. 선고 2019도460 판결 등 참조).
　원심이 적법하게 채택하여 조사한 증거들에 의하면, 피고인들은 형법 제247조 도박공간개

---

[43] 광주지방법원 2020. 8. 11. 선고 2019노2408 판결 참조(대법원 2020도22849 판결로 확정. 1심 광주지방법원 목포지원 2019고단478). 해당 사례에서 1심은 종업원이 지급받은 보수의 경우 국민체육진흥법 제51조에 따라 추징할 수 없다고 판시하였으나 항소심에서는 범죄수익은닉규제법 제10조, 제8조에 따라 위 보수의 경우에도 추징할 수 있다고 판시하면서 원심을 파기하였고 대법원에서 그대로 확정되었다. 따라서 여기서는 **추징에 대한 판단에 관한 항소심의 판결문을 소개**한다.

설죄 및 이와 상상적 경합 관계에 있는 국민체육진흥법 제47조 제2호, 제26조 제1항의 범행을 저질렀고, 그 범행 과정에서 급여 명목으로 금원을 지급받은 사실을 인정할 수 있으므로, 피고인들이 이 부분 범행을 통하여 지급받은 돈은 범죄수익은닉규제법에서 정한 '범죄수익'에 해당한다. 이 부분 범행의 사회적 폐해, 피고인들의 범행동기 및 역할 등에 비추어 피고인들이 급여 명목으로 지급받은 돈은 범죄수익은닉규제법 제10조 제1항, 제8조 제1항에 따라 추징함이 타당하다. 피고인 D는, 범죄수익은닉의규제및처벌등에관한법률위반죄로 기소되지 않은 경우 범죄수익은닉규제법에 근거하여 범죄수익을 추징할 수 없다고 주장하나, 위 추징 규정은 범죄수익은닉의규제및처벌등에관한법률위반죄로 기소되었는지 여부와 무관하게 적용될 수 있는 것이므로 피고인 D의 이 부분 주장은 받아들이지 않는다.

따라서 검사의 추징에 관한 법리오해 주장은 이유 있다(다만 피고인 A가 범죄수익 분배의 일환으로 급여를 지급받았다는 취지의 검사의 주장은 받아들이지 않는다).

법령의 적용

1. 범죄사실에 대한 해당법조

○ 피고인 A, B, Q: 국민체육진흥법 제47조 제2호, 제26조 제1항, 형법 제30조(유사스포츠토토 도박장개장의 점), 형법 제247조, 형법 제30조(도박공간 개설의 점), 범죄수익은닉의규제및처벌등에관한법률 제3조 제1항 제1호, 형법 제30조(범죄수익등의 취득 또는 처분에 관한 사실 가장의 점)

○ 피고인 AC: 국민체육진흥법 제47조 제2호, 제26조 제1항, 형법 제30조(유사스포츠토토 도박장개장의 점), 형법 제247조, 형법 제30조(도박공간 개설의 점)

1. 상상적 경합

○ 피고인들: 형법 제40조, 제50조[국민체육진흥법위반(도박개장등)죄와 도박공간개설죄 상호간, 형이 더 무거운 국민체육진흥법위반(도박개장등)죄에 정한 형으로 처벌]

1. 추징

○ 피고인들: 범죄수익은닉의 규제 및 처벌 등에 관한 법률 제10조 제1항, 제8조 제1항

6. 불법 스포츠 토토 금지행위를 이용한 도박행위 금지의 점(제48조 제3호, 제26조 제1항)

관련조문

제48조(벌칙) 다음 각 호의 어느 하나에 해당하는 자는 5년 이하의 징역이나 5천만 원 이하의 벌금에 처한다. <개정 2014. 1. 28.>

3. <u>제26조 제1항의 금지행위</u>를 이용하여 도박을 한 자

☞ **제26조(유사행위의 금지 등)** ① 서울올림픽기념국민체육진흥공단과 수탁사업자가 아닌 자는 체육진흥투표권 또는 이와 비슷한 것을 발행(정보통신망에 의한 발행을 포함한다)하여 결과를 적중시킨 자에게 재물이나 재산상의 이익을 제공하는 행위(이하 "유사행위"라 한다)를 하여서는 아니 된다.

가. 구성요건의 주체

본죄의 **구성요건의 주체**는 아무런 제한이 없으므로 누구든지 본죄의 주체가 될 수 있다. 나아가 유사행위를 이용하여 도박을 하는 것이므로 **행위의 상대방**은 상정하기 어렵다.

나. 구성요건적 행위

본죄의 **구성요건적 행위**는 국민체육진흥법 제26조 제1항에 따른 금지행위(유사행위)를 이용하여 도박을 하는 것이므로 형법상 도박죄의 특별규정이다. 다만 통상적으로 위와 같은 유사행위를 함에 있어 불법 스포츠토토뿐만 아니라 일반적인 도박(바둑이, 맞고, 사다리타기 등)을 함께 하게 되므로 동법 제26조 제1항 위반죄와 형법상 도박죄가 상상적 경합으로 처벌되는 사례가 많다.

다. 처벌

본죄를 범하면 5년 이하의 징역이나 5천만 원 이하의 벌금에 처한다. 앞에서 살펴본 바와 같이 국민체육진흥법 제48조 제3호 위반행위를 하고 취득한 범죄수익의 경우 국민체육진흥법에 따른 필요적 몰수·추징 규정(동법 제51조 참조)이 적용되지 않으므로 **범죄수익은닉규제법에 따른 임의적 몰수·추징 규정의 적용**을 받는다.

다만 도박행위의 특성상 도박행위를 통해 실제로 얻은 이익이 없는 경우가 많을 뿐만 아니라 이에 대한 입증이 곤란하여 실무상 도박행위자가 얻은 수익을 환수하는 사례가 많지는 않다.

7. 불법 스포츠 토토 도박사이트 등 정보통신망 시스템 설계 등 금지의 점(제 48조 제4호, 제26조 제2항 제1호)

관련조문

제48조(벌칙) 다음 각 호의 어느 하나에 해당하는 자는 5년 이하의 징역이나 5천만 원 이하의 벌금에 처한다.

4. **제26조 제2항 제1호**에 해당하는 행위를 한 자

☞ 제26조(유사행위의 금지 등) ② 누구든지 다음 각 호의 어느 하나에 해당하는 행위를 하여서는 아니 된다.

1. 「정보통신망 이용촉진 및 정보보호 등에 관한 법률」 제2조 제1항 제1호에 따른 정보통신망을 이용하여 체육진흥투표권이나 이와 비슷한 것을 발행하는 시스템을 설계·제작·유통 또는 공중이 이용할 수 있도록 제공하는 행위

가. 서설

국민체육진흥법은 불법 스포츠 토토 도박사이트를 운영하는데 사용되는 정보통신망 이용 시스템을 설계, 제작, 유통 또는 공중이 이용할 수 있도록 제공하는 행위를 금지하고 있다. 국민체육진흥법 제26조가 제1항에서 '유사행위'를 금지하는 외에, 제2항에 유사행위와 관련한 각 호의 행위를 금지하는 조항을 신설한 취지는, 제26조 제1항의 '유사행위'에까지 이르지 않았지만 유사행위와 밀접한 관련이 있는 행위도 금지하고 이를 위반한 자를 처벌하도록 함으로써 불법적인 스포츠 도박 사업 운영을 근원적이고 효과적으로 방지하고자 하는 데에 있다.[44]

나. 구성요건의 주체

본죄의 **구성요건의 주체**는 아무런 제한이 없다. 따라서 누구든지 본 죄의 주체가 될 수 있다. 나아가 **행위의 상대방**은 정보통신망을 이용하여 체육진흥투표권이나 이와 비슷한 것을 발행하는 시스템을 설계·제작·유통 또는 공중이용할 수 있도록 제공받는 사람으로 특별한 제한은 없다.

---

[44] 대법원 2017. 1. 12. 선고 2016도18119 판결 참조.

다. 구성요건적 행위

본죄의 **구성요건적 행위**는 **정보통신망을 이용**하여 국민체육진흥법이 금지하는 체육진흥투표권 또는 이와 비슷한 것을 발행하도록 하는 **시스템을 설계·제작·유통 또는 공중이 이용할 수 있도록 제공**하는 것이다.

실제로 도박사이트를 운영하거나 이에 가담하는 경우가 아니라고 하더라도 그와 같은 행위를 가능하게 하도록 정보통신망에 사이트를 설계하여 제작하고 이를 유통함으로써 공중이 이용할 수 있도록 한 사람까지도 모두 처벌하도록 한 것이다.

만약 실제로 도박사이트 운영에 가담하는 범행을 하여 동법 제26조 제1항 위반죄의 공범에도 해당하고 위 사이트 제작·설계행위를 하여 동법 제26조 제2항 위반죄에도 해당하는 경우 **대법원**은 동법 제26조 제1항 위반죄의 공범에 해당하고 동법 제26조 제2항 위반죄는 이에 흡수된다고 판시하고 있다.[45]

한편 ① 정보통신망을 이용하여 체육진흥투표권 등을 발행하는 시스템에서 경기의 승부에 걸기 위하여 체육진흥투표권 등의 구매에 없어서는 안 되는 게임머니를 그 시스템 운영자를 통하여 미리 확보해 두었다가 이용자들에게서 돈을 받고 이를 충전시켜 주는 행위, ② 해외 베팅사이트의 운영업체와 중계계약을 체결하여 중계사이트를 개설한 후 불특정 다수의 내국인들을 회원으로 모집하고 회원들로 하여금 중계사이트를 통해 해외 베팅사이트에서 제공하는 각종 스포츠 경기의 승부에 베팅을 하게 하여 베팅이 적중할 경우 미리 정해진 비율에 따라 환전을 해주고, 적중하지 못하면 베팅금을 자신들이 취득하는 방법으로 중계사이트를 운영하는 행위는 모두 **국민체육진흥법 제26조 제2항 제1호 행위 중 위 발행 시스템을 공중이 이용할 수 있도록 제공하는 행위에 해당**한다.[46]

---

45 위 대법원 2016도18119 판결 참조.
　[판결 이유 中] ···(전략) 이러한 관련 규정의 입법 취지, 내용과 함께 국민체육진흥법 제26조의 각 행위에 대하여 형법 총칙의 공범 규정 적용을 배제하는 규정이 없는 점 등에 비추어 보면, **국민체육진흥법 제26조 제1항 위반죄의 공범에 해당하는 사람이 실행행위로서 제2항 각 호의 행위를 한 경우**에는 공범에 관한 형법 총칙 규정에 따라 **같은 조 제1항 위반죄의 공범이 성립하고, 같은 조 제2항 위반죄는 이에 흡수된다**. 이와 달리 해석한다면 국민체육진흥법 제26조 제2항 각 호의 행위를 한 자에 대하여는 제1항의 유사행위에 공모·가담하더라도 같은 항 위반죄의 공범으로 처벌할 수 없고 그보다 형이 가벼운 같은 조 제2항 위반죄로만 처벌할 수 있게 되므로, 다른 행위를 하여 제26조 제1항의 공범으로 처벌하는 경우와 비교하여 형평에도 맞지 않다.

46 대법원 2018. 10. 30. 선고 2018도7172 **전원합의체** 판결 참조.
　[판결이유 中] [다수의견] (전략) (국민체육진흥법 제26조) 제1항 행위와 비교하면, (국민체육진흥법 제26조 제2항) 제1호 행위는 제1항 행위의 구성요건인 체육진흥투표권 등을 발행하는 행위 및 결과를 적중시킨 자에게 재물이나 재산상의 이익을 제공하는 행위라는 두 가지 요소에 대하여 각기 정범의 기능적 행위

라. 처벌

본죄를 범하면 5년 이하의 징역이나 5천만 원 이하의 벌금에 처한다. 앞에서 살펴본 바와
같이 국민체육진흥법 제48조 제4호 위반행위를 하고 취득한 범죄수익의 경우 국민체육진흥
법에 따른 필요적 몰수·추징 규정(동법 제51조 참조)이 적용되지 않으므로 범죄수익은닉규제
법에 따른 임의적 몰수·추징 규정의 적용을 받는다.

8. 체육진흥투표권 구매 제한 등 금지규정 위반의 점(제48조 제5호, 제30조 제2항)

관련조문

제48조(벌칙) 다음 각 호의 어느 하나에 해당하는 자는 5년 이하의 징역이나 5천만 원 이하의
벌금에 처한다. <개정 2014. 1. 28.>
5. <u>제30조 제2항을 위반</u>한 자
☞ 제30조(체육진흥투표권의 구매 제한 등) ② 다음 각 호의 어느 하나에 해당하는 자는 **체육
진흥투표권을 구매·알선하거나 양도받아서는 아니** 된다.
1. 체육진흥투표권 **발행사업자와 수탁사업자**

지배에는 이르지 못하였지만 **이와 밀접한 관련이 있는 행위를 규제하기 위한 것으로 해석하여야 한다.**
이러한 해석은 제1호 행위 유형으로 규정된 '설계·제작·유통'을 '체육진흥투표권 등을 발행하기만 하는 행
위'를 구체화하면서 범위를 확장하여 별도의 구성요건으로 규정한 것으로 볼 수 있다는 점에서도 타당하
다. 그렇다면 **제1호의 나머지 행위 유형인 '공중이 이용할 수 있도록 제공하는 행위'** 역시 같은 범주
에서 **해석하여야 한다.**
이러한 관련 규정의 입법 취지, 내용, 불법 스포츠 도박 사업을 규제하는 법의 체계 및 형벌법규 해석의
원칙 등을 종합하면, **정보통신망을 이용하여 체육진흥투표권 등을 발행하는 시스템**에서 경기의 승부에
걸기 위하여 체육진흥투표권 등의 구매에 없어서는 안 되는 **게임머니를 그 시스템 운영자를 통하여 미
리 확보해 두었다가 이용자들에게서 돈을 받고 이를 충전시켜 주는 행위**는, 제1호 행위 중 **위 발행 시
스템을 공중이 이용할 수 있도록 제공하는 행위로 볼 수 있다. 위와 같은 방법으로 게임머니를 충전
시켜 주는 행위는 위 발행 시스템에 대한 공중의 이용에 필수적인 기능을 하는 것으로 평가할 수 있
기 때문이다.**
또한 위 발행 시스템의 관리 권한을 가진 운영자만이 이를 공중의 이용에 제공할 수 있다고 볼 수는 없고,
위 발행 시스템의 관리 권한을 가진 운영자가 아니더라도 위와 같이 발행 시스템 이용에 필수적인 게임머
니를 확보하여 이를 충전시켜 줌으로써 위 발행 시스템을 이용에 제공할 수 있다. 이처럼 제1호 행위 등
의 해석에 있어서, 정보통신망을 이용한 체육진흥투표권 등의 발행 시스템은 정보통신기술의 발달과 더
불어 상소적 제약과 규제를 피하여 국가 간 여러 시스템이 연동되어 하나의 발행 시스템으로서의 완전한
기능을 수행할 수 있게 되었다는 점도 충분히 고려해야 한다.

2. 체육진흥투표권 **발행** 사업에 대하여 감독하는 지위에 있는 자
3. 체육진흥투표권 **발행** 대상 운동경기의 선수·감독·코치·심판 및 경기단체의 임직원
4. 체육진흥투표권 **발행** 대상 운동경기를 주최하는 단체의 임직원
5. 그 밖에 체육진흥투표권 **발행** 사업에 종사하는 자

가. 서설

국민체육진흥법은 일정한 신분자들의 경우 체육진흥투표권을 구매, 알선하거나 양도받는 행위를 금지하고 있다. 체육진흥투표권 관련 업무에 종사하는 사람이 스스로 이를 구매하거나 알선 및 양도받는 행위를 하는 경우 발생할 수 있는 각종 비위를 차단하기 위한 것이다.

나. 구성요건의 주체

구성요건의 주체는 동법 제30조 제2항 각호에 규정되어 있는 신분자에 한정된다(**신분범**). 물론 해당 신분자의 범죄행위에 가담하는 경우 비신분자라고 하더라도 형법 제33조에 따라 공범으로 처벌될 수 있음은 당연하다. 상세한 신분자의 범위는 다음과 같다.

관련조문

1. 체육진흥투표권 **발행사업자와 수탁사업자**
2. 체육진흥투표권 **발행** 사업에 대하여 감독하는 지위에 있는 자
3. 체육진흥투표권 **발행** 대상 운동경기의 선수·감독·코치·심판 및 경기단체의 임직원
4. 체육진흥투표권 **발행** 대상 운동경기를 주최하는 단체의 임직원
5. 그 밖에 체육진흥투표권 **발행** 사업에 종사하는 자

다. 구성요건적 행위

본죄의 **구성요건적 행위**는 체육진흥투표권을 구매, 알선하거나 양도받는 행위로서 자신이 직접 구매하거나 타인으로 하여금 구매를 알선하는 행위, 다른 사람이 이미 구입한 체육진흥투표권을 양수하는 행위까지 전면 금지된다.

라. 처벌

본죄를 범하면 5년 이하의 징역이나 5천만 원 이하의 벌금에 처한다. 앞에서 살펴본 바와 같이 국민체육진흥법 제48조 제5호 위반행위를 하고 취득한 범죄수익의 경우 국민체육진흥

법에 따른 필요적 몰수·추징 규정(동법 제51조 참조)이 적용되지 않으므로 범죄수익은닉규제법에 따른 임의적 몰수·추징 규정의 적용을 받는다.

9. 속임수 등 이용 운동경기의 공정한 시행 방해의 점(제48조 제6호)

관련조문

제48조(벌칙) 다음 각 호의 어느 하나에 해당하는 자는 5년 이하의 징역이나 5천만 원 이하의 벌금에 처한다. <개정 2014. 1. 28.>

6. 속임수나 위력을 사용하여 체육진흥투표권 발행 대상 운동경기의 공정한 시행을 방해한 자

가. 서설

국민체육진흥법은 속임수나 위력을 사용하여 체육진흥투표권 발행 대상 운동경기의 공정한 시행을 방해하는 행위를 금지하고 있다.

나. 구성요건의 주체 및 객체

본죄의 구성요건 주체는 아무런 제한이 없으므로 누구든지 본 죄의 주체가 될 수 있다. **구성요건의 객체**는 체육진흥투표권 발행 대상 운동경기로서 그 대상은 앞에서 살펴본 바와 같이 축구·농구·야구·배구·골프·씨름과 그 밖에 문화체육관광부장관이 정하는 종목으로 하되, 국민체육진흥법 시행령이 정한 어느 하나에 해당하는 운동경기로 한정한다(동법 시행령 제29조 참조).

다. 구성요건적 행위

본죄의 **구성요건적 행위**는 속임수나 위력을 이용하여 운동경기의 공정한 시행을 방해하는 것이다. 공정한 시행에 대한 방해를 위해 운동경기에 관하여 부정한 청탁을 하고 재물 또는 재산상 이익을 수수, 요구, 약속하는 행위를 하는 경우 별도의 구성요건이 마련(동법 제47조 제1호, 제48조 제1호, 제2호)되어 있으므로 그러한 경우에는 당해 구성요건의 적용이 제외되는 것으로 해석함이 상당하고 본죄의 경우는 그 외 속임수 또는 위력을 동원하여 운동경기를 공정하게 진행되지 못하도록 하는 일체의 행위를 포함한다.

예를 들어 조직폭력배를 동원하여 특정 운동경기의 결과를 원하는 대로 만들기 위해 운동선수 등에게 위력을 행사하는 방법, 운동경기의 심판이 속임수 기타 방법으로 임의적으로

판정을 함으로써 운동경기의 공정성을 해하는 사례 등을 상정할 수 있다.

라. 처벌

본죄를 범하면 5년 이하의 징역이나 5천만 원 이하의 벌금에 처한다. 앞에서 살펴본 바와 같이 국민체육진흥법 제48조 제6호 위반행위를 하고 취득한 범죄수익의 경우 국민체육진흥법에 따른 필요적 몰수·추징 규정(동법 제51조 참조)이 적용되지 않으므로 범죄수익은닉규제법에 따른 임의적 몰수·추징 규정의 적용을 받는다.

제 3 장
범죄수익은닉규제법상 「경제범죄」 관련 중대범죄

1 총설

범죄수익은닉규제법은 경제범죄와 관련된 특별법을 중대범죄로 규정하고 있다. 관세법위반[별표 제3호, 특정범죄가중처벌등에관한법률(이하, '특정범죄가중법') 제6조에 따른 가중처벌규정(별표 제19호) 포함] 대외무역법위반(제4호), 부정수표단속법위반(제6호), 상법위반(제8호), 상표법위반 및 저작권법위반(각 제9호), 자본시장과 금융투자업에 관한 법률위반(제10호), 여신전문금융업법위반(제12호), 특정경제범죄 가중처벌 등에 관한 법률위반(제18호), 특정범죄 가중처벌 등에 관한 법률위반(제19호), 채무자 회생 및 파산에 관한 법률위반(제20호), 영화 및 비디오물의 진흥에 관한 법률위반(제25호), 출입국관리법위반(제27호), 여권법위반(제28호), 대부업 등의 등록 및 금융이용자 보호에 관한 법률위반(제32호) 등이 이에 해당한다.

관련조문

범죄수익은닉규제법 별표

중대범죄(제2조 제1호 관련)

3. 「관세법」 제269조·제270조의2 및 제271조 제2항(제269조의 미수범만 해당한다)의 죄

4. 「대외무역법」 제53조 제2항 제2호·제3호 및 제9호의 죄

6. 「부정수표 단속법」 제5조의 죄

8. 「상법」 제622조 및 제624조(제622조의 미수범만 해당한다)의 죄

9. 「상표법」 제230조, 「저작권법」 제136조 제1항의 죄

10. 「자본시장과 금융투자업에 관한 법률」 제443조 및 제445조 제42호의 죄

12. 「여신전문금융업법」 제70조 제1항, 같은 조 제3항 제2호 가목·나목 및 같은 조 제6항의 죄

18. 「특정경제범죄 가중처벌 등에 관한 법률」 제3조·제5조 및 제7조의 죄

19. 「특정범죄 가중처벌 등에 관한 법률」 제2조·제3조·제5조·제5조의2·제5조의4·제6조 및 제8조(「조세범 처벌법」 제3조 제1항, 제4조 및 제5조, 「지방세기본법」 제102조 제1항에 규정된 죄 중 조세 및 지방세를 환급받는 경우만 해당한다)

20. 「채무자 회생 및 파산에 관한 법률」 제650조·제652조·제654조의 죄

25. 「영화 및 비디오물의 진흥에 관한 법률」 제95조 제6호의 죄

27. 「출입국관리법」 제93조의2 제2항의 죄

28. 「여권법」 제24조(부정한 방법으로 여권 등의 발급, 재발급을 알선한 사람만 해당한다) 및 제25조 제2호의 죄

32. 「대부업 등의 등록 및 금융이용자 보호에 관한 법률」 제19조 제2항 제3호의 죄

2 관세법위반(제3호)

1. 총설

범죄수익은닉규제법 별표 제3호에서는 **관세법 제269조, 제270조의2 및 제271조 제2항 (제269조의 미수범에 한정)의 죄**를 범죄수익환수 대상범죄로 규정하고 있다. 그 중 관세법 제 270조의2 위반죄는 2019. 4. 23. **범죄수익은닉규제법이 개정되면서 중대범죄로 추가되** 었다.

관련조문

범죄수익은닉규제법 별표

중대범죄(제2조 제1호 관련)

3. 「관세법」 제269조·제270조의2 및 제271조 제2항(제269조의 미수범만 해당한다)의 죄

가. 관세법상 주요 개념

관세법상 밀수출입죄, 가격조작죄 등의 범죄행위로 생긴 재산, 그 범죄행위를 저지르고 보수로 받은 재산은 범죄수익으로서 환수 대상이 된다는 것이다. 이 법률에서 사용한 환수 대상 범죄와 관련 용어는 다음과 같다.

관련조문

관세법 제2조(정의) 이 법에서 사용하는 용어의 뜻은 다음과 같다.

1. **"수입"**이란 외국물품을 우리나라에 반입(보세구역을 경유하는 것은 보세구역으로부터 반 입하는 것을 말한다)하거나 우리나라에서 소비 또는 사용하는 것(우리나라의 운송수단 안에서의 소비 또는 사용을 포함하며, 제239조 각 호의 어느 하나에 해당하는 소비 또는

사용은 제외한다)을 말한다.

2. **"수출"**이란 내국물품을 외국으로 반출하는 것을 말한다.

3. **"반송"**이란 국내에 도착한 외국물품이 수입통관절차를 거치지 아니하고 다시 외국으로 반출되는 것을 말한다.

4. **"외국물품"**이란 다음 각 목의 어느 하나에 해당하는 물품을 말한다.

　　가. 외국으로부터 우리나라에 도착한 물품[외국의 선박 등이 공해(公海, 외국의 영해가 아닌 경제수역을 포함한다. 이하 같다)에서 채집하거나 포획한 수산물 등을 포함한다]으로서 제241조 제1항에 따른 수입의 신고(이하 "수입신고"라 한다)가 수리(受理)되기 전의 것

　　나. 제241조 제1항에 따른 수출의 신고(이하 "수출신고"라 한다)가 수리된 물품

5. **"내국물품"**이란 다음 각 목의 어느 하나에 해당하는 물품을 말한다.

　　가. 우리나라에 있는 물품으로서 외국물품이 아닌 것

　　나. 우리나라의 선박 등이 공해에서 채집하거나 포획한 수산물 등

　　다. 제244조 제1항에 따른 입항전수입신고(이하 "입항전수입신고"라 한다)가 수리된 물품

　　라. 제252조에 따른 수입신고수리전 반출승인을 받아 반출된 물품

　　마. 제253조 제1항에 따른 수입신고전 즉시반출신고를 하고 반출된 물품

12. **"차량용품"**이란 선용품에 준하는 물품으로서 해당 차량에서만 사용되는 것을 말한다.

13. **"통관"**(通關)이란 이 법에 따른 절차를 이행하여 물품을 수출·수입 또는 반송하는 것을 말한다.

14. **"환적"**(換積)이란 동일한 세관의 관할구역에서 입국 또는 입항하는 운송수단에서 출국 또는 출항하는 운송수단으로 물품을 옮겨 싣는 것을 말한다.

나. 관세법위반죄에 따른 징벌적 추징

범죄수익은닉규제법 별표에서 규정하고 있는 관세법위반죄가 성립하는 경우 밀수출 또는 밀수입의 대상이 된 물품 자체는 몰수하여야 하고, 몰수할 수 없는 경우 해당 물품의 범칙 당시의 국내도매가격에 상당한 범칙시가를 산정한 다음 이를 필요적으로 추징하도록 하고 있다. 따라서 관세법위반죄의 경우 해당 규정이 우선 적용되면 범죄수익은닉규제법 제10조, 제8조의 임의적 몰수·추징 규정은 적용이 배제된다.

관련조문

　관세법 제282조(몰수·추징) ① 제269조 제1항(제271조 제3항에 따라 그 죄를 범할 목적으로 예비를 한 자를 포함한다)의 경우에는 그 물품을 몰수한다.

② **제269조 제2항**(제271조 제3항에 따라 그 죄를 범할 목적으로 예비를 한 자를 포함한다. 이하 이 조에서 같다), **제269조 제3항**(제271조 제3항에 따라 그 죄를 범할 목적으로 예비를 한 자를 포함한다. 이하 이 조에서 같다) 또는 제274조 제1항 제1호(같은 조 제3항에 따라 그 죄를 범할 목적으로 예비를 한 자를 포함한다. 이하 이 조에서 같다)의 경우에는 범인이 소유하거나 점유하는 그 물품을 몰수한다. 다만, 제269조 제2항 또는 제3항의 경우로서 다음 각 호의 어느 하나에 해당하는 물품은 몰수하지 아니할 수 있다.

1. 제154조의 보세구역에 제157조에 따라 신고를 한 후 반입한 외국물품
2. 제156조에 따라 세관장의 허가를 받아 보세구역이 아닌 장소에 장치한 외국물품
3. 「폐기물관리법」 제2조 제1호부터 제5호까지의 규정에 따른 폐기물
4. 그 밖에 몰수의 실익이 없는 물품으로서 대통령령으로 정하는 물품

③ 제1항과 제2항에 따라 몰수할 물품의 전부 또는 일부를 몰수할 수 없을 때에는 그 몰수할 수 없는 물품의 범칙 당시의 국내도매가격에 상당한 금액을 범인으로부터 추징한다. 다만, 제274조 제1항 제1호 중 제269조 제2항의 물품을 감정한 자는 제외한다.

④ 제279조의 개인 및 법인은 제1항부터 제3항까지의 규정을 적용할 때에는 이를 범인으로 본다.

대법원은 위 **관세법상 국내도매가격의 해석과 관련**하여 「국내도매가격이라 함은 도매업자가 수입물품을 무역업자로부터 매수하여 국내도매시장에서 공정한 거래방법에 의하여 공개적으로 판매하는 가격(관세법 시행령 제266조 참조), 물품의 도착원가에 관세 등의 제세금과 통관절차 비용, 기업의 적정이윤까지 포함한 국내 도매물가시세인 가격을 뜻하는 것」이라고 판시하였다.[1]

한편 **대법원**은 관세법상 추징을 **징벌적 성격의 추징으로 인정**하면서 「**관세법상의 추징은 관세법위반에 대한 하나의 징벌이라 할 것이므로 범칙자가 수인일 때에는 공범은 물론 범칙물을 점유하며 알선한 자에 대하여도 그 가격 전부를 추징하여야 한다.**」고 판시하고 있다.[2]

결국 관세법상 몰수·추징은 징벌적 성격을 갖는 것으로서 범행에 가담한 공범들은 모두 추징금을 납부할 연대채무를 부담한다.

---

1 대법원 2007. 12. 28. 선고 2007도8401 판결 참조.
2 대법원 1983. 3. 8. 선고 82도3050 판결 참조.

다. 관세법상 추징금 보전을 위한 보전청구

1) 서울고등법원 결정

관세법 제282조에서 규정하고 있는 관세법 제269조 제1항, 제2항, 제3항은 모두 범죄수익은닉규제법 별표 제3호의 중대범죄에 해당하므로 ① 이 범죄행위에 의해 생긴 재산, ② 범죄행위의 보수로 얻은 재산은 모두 환수의 대상이 된다.

그런데 이 때 관세법위반죄에 따라 밀수출입한 물품을 몰수할 수 없는 경우, 그 물품의 범칙 당시 국내도매가격을 산정해 추징금을 산정하게 되는데 그 금액을 피고인으로부터 추징하는 것은 별론으로 하고 그 자체가 범죄수익은닉규제법상 범죄수익으로 인정할 수 있을 것인지에 대하여 다툼이 있다. 이는 **범죄수익은닉규제법 및 마약거래방지법에 따른 보전조치의 가부를 결정하므로 매우 중요한 논점**이 된다.

일부 하급심 판례는 밀수출, 밀수입에 제공된 물품은 형법 제48조에 따라「**범행에 제공된 물건**」에 해당할 수는 있을지언정 범죄수익은닉규제법상 범죄행위에 의하여 생긴 재산 또는 범죄행위의 보수로 얻은 재산에 해당하지 아니하므로 추징금을 선고하는 것과는 별론으로 범죄수익은닉규제법상「**범죄수익**」에 해당한다고 볼 수 없어 마약거래방지법에 따른 추징보전의 대상에 해당하지 않는다고 결정하였다.[3]

판례

가. 검사는, 피고인이 세관장에게 신고하지 않고 2016. 9. 5.부터 2017. 1. 2.까지 40회에 걸쳐 시가 합계 4,049,254,000원 상당의 금괴 80㎏(물품원가 합계 2,668,458,280원)을 수입하였다는 공소사실에 관하여, 피고인이 추징보전액 4,049,254,000원 상당의 범죄수익을 취득하여 추징의 필요성이 있다며 범죄수익은닉규제법 제10조 제1항에 따라 피고인 명의의 예금채권, 보험채권, 임대차보증금반환채권에 관하여 추징보전을 구하고 있다.

나. 그런데 **피고인이 취득한 것은 수입한 금괴를 판매한 대금이 아니라 수입한 금괴자체이고, 관세법 제269조 제2항 제1호에 따라 신고하지 않고 수입한 물품 자체는 범죄행위에 제공한 물건일 수는 있지만, 죄형법정주의의 원칙상 범죄수익은닉규제법 제2조 제2호 가목이 규정한 '범죄행위에 의하여 생긴 재산 또는 그 범죄행위의 보수로 얻은 재산'에 해당한다고 볼 수는 없다. 따라서 그 가액을 관세법 제282조 제3항, 제2항에 따라 추징할 수 있는지는 별론으로 하고, 범죄수익은닉규제법 제10조 제1항에 따른 추징의 대상이 된다고 볼 수 없다**(서울고등법원 2017. 5. 18.자 2017로45 결정 참조).

---

3 서울고등법원 2017. 5. 18.자 2017로45 결정 참조.

2) 검토 및 비판

그러나 이는 다음과 같은 점에서 타당하다고 볼 수 없다. 우선, ① 범죄수익은닉규제법상 중대범죄 행위로 '생긴' 재산을 범죄수익을 규정하고 있는데 밀수입 또는 밀수출 범행이 없었다면 그 대상이 되는 물품이 각 범인들의 소유물로 생성될 수 없었을 것으로 봄이 상당하다. 따라서 **관세법위반으로 취득한 물품은 범죄행위에 '제공된 물건'임과 동시에 '생긴' 재산으로 해석하여야 한다.**

또한 ② 범죄수익은닉규제법 제12조는 몰수·추징의 보전 절차에 관하여 마약거래방지법을 준용하고 있는데 마약거래방지법상 몰수·추징보전은 민사상 가압류와 동일한 효력을 갖고 있고[4], 그 절차는 민사집행법상 민사절차를 따르므로 보전의 대상이 되는지 여부는 죄와 형벌을 법으로 정한다는 대원칙인 「죄형법정주의」가 그대로 적용되는 영역으로 볼 수 없다. 위 법원은 국가의 추징금 채권의 존재를 인정하면서도 범죄수익은닉규제법 및 마약거래방지법상 보전절차는 진행할 수 없다고 판시하고 있는데 이는 채권자가 채권의 보전을 위한 관련 법령에 따른 보전조치를 할 수 없다는 것으로 타당하지 아니하다.

나아가 ③ 국가의 추징금 채권은 가압류, 가처분의 피보전채권으로서의 권리를 인정받아 이를 보전하기 위한 민사상 보전처분, 사해행위 취소소송, 채권자대위소송의 피보전채권으로 인정되고 있는 점, 국가는 추징금 채권에 대한 판결 확정 후 그 집행을 위해 검찰청법, 재산형등에 관한 검찰 집행사무규칙(법무부령) 등에 근거하여 민사집행법상 채권압류·추심절차를 진행하고 있을 뿐만 아니라 그 강제집행 절차에는 국세기본법상 체납처분 절차, 민사집행법이 적용되는 점[5]에 비추어 보면 추징금 채권 보전을 위한 절차를 진행할 수 없다는 위 결정은 타당하지 않다고 생각한다(私見).[6]

---

4 마약거래방지법 제54조(추징보전명령의 집행) ① 추징보전명령은 검사의 명령에 따라 집행한다. 이 경우 검사의 명령은 「민사집행법」에 따른 가압류명령과 동일한 효력을 가진다.
5 **검찰청법 제11조(위임규정)** 검찰청의 사무에 관하여 필요한 사항은 법무부령으로 정한다.
  재산형등에 관한 집행사무규칙(법무부령 제818호) 제17조(강제집행의 명령 등) 검사가 벌과금등에 관하여 강제집행을 할 때에는 별지 제20호서식의 집행명령서를 작성하여 집행관에게 집행을 명하거나 법원에 부동산 강제 경매신청을 하는 등 필요한 조치를 하여야 하며, 재산형등 집행 사무 담당직원은 조치 내용을 전산입력하여야 한다. 법원 또는 집행관으로부터 강제집행에 관한 통보를 받았을 때에도 또한 같다.
  제17조의2(체납처분) ① 검사는 벌과금등 납부의무자가 별지 제12호서식의 벌과금 납부독촉서를 받거나 가납벌과금 납부의무자가 별지 제44호서식의 가납벌과금 납부독촉서를 받고 각각 지정된 기한까지 납부하지 아니하였을 때에는 「형사소송법」 제477조 제4항에 따라 「국세징수법」에 따른 **국세 체납처분의 예에 따라 집행**할 수 있다.
6 이주형, '차명으로 은닉된 범죄수익의 종국적 환수방안 연구', 법조협회 법조 誌, 2020 통권 제741호, 388면 이하 참조.

위 법원의 결정대로라면 국가는 관세법위반에 따른 추징금 채권의 보전을 위하여 추징보전절차가 아닌 별도의 민사상 가압류, 가처분을 진행해야 한다는 것인데 마약거래방지법상 추징보전의 집행은 민사집행법상 가압류와 동일한 효력이 있고, 해당 절차는 모두 민사집행법의 그것을 준용하고 있어 추징보전과 민사집행법상 가압류는 그 실질이 아무런 차이가 없으므로 위 법원의 결정은 실무적 관점에서 부당하다.

이하에서는, 위 논의와는 별론으로 관세법위반에 따른 추징금 채권이 어떻게 발생하는지, 구체적인 추징 사례는 어떤 것들이 있는지를 확인해보도록 한다.

라. 각 구성요건별 분석의 필요성

관세법 제269조는 밀수출입죄를 처벌하고 있는데, 밀수출 및 밀수입 범죄행위로 생긴 재산 및 그 범죄행위의 보수로 얻은 재산 등은 모두 환수의 대상이 된다. 그리고 미수범 처벌규정인 관세법 제271조 제2항은 제269조의 미수범에 한정하여 중대범죄에 해당한다고 규정하고 있으므로 관세법 제269조 위반행위의 미수범 또한 환수대상 범죄에 해당한다.

관세법 제269조는 각 항 및 호별로 밀수출입의 점의 구성요건이 다양하게 규정되어 있으므로 대상범죄를 나누어 자세히 살펴볼 필요가 있다.

2. 관세법 제269조 제1항 관련 중대범죄

가. 구성요건

관련조문

관세법 제269조(밀수출입죄) ① **제234조 각 호**의 물품을 수출하거나 수입한 자는 7년 이하의 징역 또는 7천만 원 이하의 벌금에 처한다. <개정 2014. 12. 23.>

☞ **관세법 제234조(수출입의 금지)** 다음 각 호의 어느 하나에 해당하는 물품은 수출하거나 수입할 수 없다.

    1. 헌법질서를 문란하게 하거나 공공의 안녕질서 또는 풍속을 해치는 서적·간행물·도화, 영화·음반·비디오물·조각물 또는 그 밖에 이에 준하는 물품

    2. 정부의 기밀을 누설하거나 첩보활동에 사용되는 물품

    3. 화폐·채권이나 그 밖의 유가증권의 위조품·변조품 또는 모조품

    [전문개정 2010. 12. 30.]

관세법 제269조 제1항은 관세법 제234조에서 수출입을 금지하고 있는 물품을 수출 및 수입하는 경우를 처벌하는 구성요건이다.

구성요건의 주체는 아무런 제한이 없고, **행위의 상대방** 또한 제한이 없다.

구성요건적 행위는 헌법질서를 문란하게 하거나 풍속을 해치는 도서, 영화 등, 정부의 기밀을 누설 또는 첩보활동에 사용하는 물품, 위조 통화, 채권 등 금지물품을 밀수출 또는 밀수입하는 것이다. **본죄를 위반**하면 7년 이하의 징역 또는 7천만 원 이하의 벌금에 처한다.

나. 범죄수익환수 사례

관세법 제269조 제1항, 제234조 위반으로 처벌된 사례는 위조된 외화를 밀수입하려다 적발된 경우가 대부분으로 밀수입하려다 적발된 외환은 관세법 제282조에 따라 몰수하여 폐기한다. 실제로 금지품을 수입한 사건으로 그 범칙시가 상당의 금원을 추징한 사례는 따로 확인되지 아니한다.

3. 관세법 제269조 제2항 관련 중대범죄

가. 구성요건

관세법 제269조 제2항은 관세법 제241조, 제244조에 따른 신고 없이 물품을 수입하거나 신고 내용과 달리 물품을 수입하는 경우를 처벌하는 구성요건이다. 그런데 ① 관세법 제269조 제2항 제1호는 미신고 수입을, ② 제2호는 신고한 물품과 다른 물품을 수입하는 경우 각각 적용되는 구성요건인데 이를 분명히 구별할 필요가 있다.

1) 미신고 수입의 점(제269조 제2항 제1호)

관련조문 ─────────────────────────────────

관세법 제269조(밀수출입죄) ② 다음 각 호의 어느 하나에 해당하는 자는 5년 이하의 징역 또는 관세액의 10배와 물품원가 중 높은 금액 이하에 상당하는 벌금에 처한다.

  1. **제241조 제1항·제2항 또는 제244조 제1항**에 따른 신고를 하지 아니하고 물품을 수입한 자. 다만, 제253조 제1항에 따른 반출신고를 한 자는 제외한다.
 ☞ **제244조(입항전수입신고)** ① 수입하려는 물품의 신속한 통관이 필요할 때에는 제243조 제2항에도 불구하고 대통령령으로 정하는 바에 따라 해당 물품을 적재한 선박이나 항공기가 입항하기 전에 수입신고를 할 수 있다. 이 경우 입항전수입신고가 된 물품은 우리나라에 도착한 것으로 본다.

☞ 제241조(수출·수입 또는 반송의 신고) ① 물품을 수출·수입 또는 반송하려면 해당 물품의 품명·규격·수량 및 가격과 그 밖에 대통령령으로 정하는 사항을 세관장에게 신고하여야 한다. ② 다음 각 호의 어느 하나에 해당하는 물품은 대통령령으로 정하는 바에 따라 제1항에 따른 신고를 생략하게 하거나 관세청장이 정하는 간소한 방법으로 신고하게 할 수 있다. <개정 2014. 12. 23., 2018. 12. 31.>

1. 휴대품·탁송품 또는 별송품

2. 우편물

3. 제91조부터 제94조까지, 제96조 제1항 및 제97조 제1항에 따라 관세가 면제되는 물품

3의2. 제135조, 제136조, 제149조 및 제150조에 따른 보고 또는 허가의 대상이 되는 운송수단. 다만, 다음 각 목의 어느 하나에 해당하는 운송수단은 제외한다.

　　가. 우리나라에 수입할 목적으로 최초로 반입되는 운송수단

　　나. 해외에서 수리하거나 부품 등을 교체한 우리나라의 운송수단

　　다. 해외로 수출 또는 반송하는 운송수단

4. 국제운송을 위한 컨테이너(별표 관세율표 중 기본세율이 무세인 것으로 한정한다)

☞ 제253조(수입신고전의 물품 반출) ① 수입하려는 물품을 수입신고 전에 운송수단, 관세통로, 하역통로 또는 이 법에 따른 장치 장소로부터 즉시 반출하려는 자는 대통령령으로 정하는 바에 따라 세관장에게 즉시반출신고를 하여야 한다. 이 경우 세관장은 납부하여야 하는 관세에 상당하는 담보를 제공하게 할 수 있다.

　　본죄의 **구성요건 주체**는 별다른 제한이 없고, **행위의 상대방** 또한 특별한 제한이 없다. **구성요건적 행위**는 수입 신고를 하지 아니한 채 물품을 수입하는 것이다. 상용물품(여행자 휴대품 중에서 자가소비가 아니라 판매를 위하여 반입하는 물품)은 간이수입신고를 통하여 면세통관할 수 없으므로, 설령 통관되었다고 하더라도 밀수입죄를 구성한다.[7]

> ┌─ **판례** ─
> 관세법 제241조 제2항에서 규정하고 있는 **간이통관절차의 대상 물품에 해당하지 않는 상용물품을 수입하면서, 같은 조 제1항에서 규정하고 있는 일반수입신고를 하지 아니하고 부정한 방법을 이용하여 간이통관절차를 거쳐 통관하였다면, 이러한 수입행위는 적법한 수입신고 절차 없이 통관한 경우에 해당하므로 관세법 제269조 제2항 제1호의 밀수입죄를 구성한다**(대법원 2008. 6. 26. 선고 2008도2269 판결 참조).

---

7 대법원 2008. 6. 26. 선고 2008도2269 판결 참조.

한편 수입신고한 물량에 비하여 현저하게 많은 물량의 물품을 수입하였다면 수입신고를 하지 않고 수입한 물품에 대하여 위 관세법상 밀수입죄가 성립한다. 다만 물량 차이가 현저하지 아니한 경우에는 신고한 물품과 실제 수입한 물품의 동일성을 인정할 수 있어 밀수입죄를 인정하기 어렵다.[8]

판례

물품을 수입함에 있어 실제로 수입하는 물량 중 일부만을 수입하는 것으로 신고하고 나머지 물량에 대하여는 수입신고를 하지 않을 의사로 각종서류를 신고한 물량에 맞추어 허위로 작성, 통관절차를 밟는 방법으로 **수입신고한 물량에 비하여 현저하게 많은 물량의 물품을 수입하였다면, 수입신고를 하지 않고 수입한 물량의 물품은 수입신고한 물량의 물품과 동일성을 인정할 수 없어 이에 대하여는 관세법 제269조 제2항 제1호 소정의 밀수입죄가 성립한다**(대법원 2006. 4. 27. 선고 2005도6405 판결 참조).

본죄를 위반하면 5년 이하의 징역 또는 관세액의 10배와 물품원가 중 높은 금액 이하에 상당하는 벌금에 처한다.

2) 신고한 물품과 다른 물품 수입의 점(제269조 제2항 제2호)

관련조문

제269조(밀수출입죄) ② 다음 각 호의 어느 하나에 해당하는 자는 5년 이하의 징역 또는 관세액의 10배와 물품원가 중 높은 금액 이하에 상당하는 벌금에 처한다.

  2. <u>제241조 제1항·제2항 또는 제244조 제1항</u>에 따른 신고를 하였으나 해당 수입물품과 다른 물품으로 신고하여 수입한 자

☞ <u>제244조(입항전수입신고)</u> ① 수입하려는 물품의 신속한 통관이 필요할 때에는 제243조 제2항에도 불구하고 대통령령으로 정하는 바에 따라 해당 물품을 적재한 선박이나 항공기가 입항하기 전에 수입신고를 할 수 있다. 이 경우 입항전수입신고가 된 물품은 우리나라에 도착한 것으로 본다.

☞ <u>제241조(수출·수입 또는 반송의 신고)</u> ① 물품을 수출·수입 또는 반송하려면 해당 물품의 품명·규격·수량 및 가격과 그 밖에 대통령령으로 정하는 사항을 세관장에게 신고하여야 한다.

---

8 대법원 2006. 4. 27. 선고 2005도6405 판결 참조.

② 다음 각 호의 어느 하나에 해당하는 물품은 대통령령으로 정하는 바에 따라 제1항에 따른 신고를 생략하게 하거나 관세청장이 정하는 간소한 방법으로 신고하게 할 수 있다. <개정 2014. 12. 23., 2018. 12. 31.>

1. 휴대품·탁송품 또는 별송품

2. 우편물

3. 제91조부터 제94조까지, 제96조 제1항 및 제97조 제1항에 따라 관세가 면제되는 물품

3의2. 제135조, 제136조, 제149조 및 제150조에 따른 보고 또는 허가의 대상이 되는 운송수단. 다만, 다음 각 목의 어느 하나에 해당하는 운송수단은 제외한다.

　가. 우리나라에 수입할 목적으로 최초로 반입되는 운송수단

　나. 해외에서 수리하거나 부품 등을 교체한 우리나라의 운송수단

　다. 해외로 수출 또는 반송하는 운송수단

4. 국제운송을 위한 컨테이너(별표 관세율표 중 기본세율이 무세인 것으로 한정한다)

본죄의 **구성요건 주체**는 별다른 제한이 없고, **행위의 상대방**은 수입신고를 받은 세관이다.

구성요건적 행위는 신고 내용과 다른 물품으로 신고하여 수입하는 것이다. 수입신고 자체는 있었으나 해당 수입물품과 다른 물품으로 신고하여 신고의 동일성을 상실한 경우 적용되므로 신고의 동일성 여부가 쟁점이 된다.

위 **구성요건의 객체**는 '수출·수입의 대상이 되는 신고 내용과 다른 물품'으로 관세액에 차이가 나는 경우 동일성이 인정되는 물품이라고 할 수 없는데, 이 때 **관세·통계통합품목분류표(HSK)상 10단계 분류체계가 상품의 동일성 여부를 판단하는 기준**이 된다. **대법원**도 같은 취지에서 위 HSK 코드를 기준으로 물품의 동일성 여부를 판단해야 한다고 판시하고 있다.[9]

> **판례**
>
> 가. 법 제241조 제1항은 물품을 수출하고자 할 때에는 당해 물품의 품명·규격·수량 및 가격 등을 세관장에게 신고하도록 정하고 있고, 법 제269조 제3항 제2호는 법 제241조 제1항의 규정에 의한 신고를 하였으나 당해 수출물품과 다른 물품으로 신고하여 수출한 자를 3년 이하의 징역 또는 물품원가 이하의 벌금에 처하도록 정하고 있는바, 여기서 **당해 수출물품과 '다른 물품'이라 함은 수출신고서에 의하여 신고한 바로 그 물품 이외의 모든 물품을 의미하는 것이 아니고, 수출신고한 물품 또는 그와 동일성이 인정되는 물품을 제외한 모든 물품을 의미하는 것으로 보아야 한다.**

---

9 대법원 2006. 1. 27. 선고 2004도1564 판결 참조.

나. 우리나라에서는 수출입에 관한 면허제도가 이미 폐지되었을 뿐 아니라 특히 수출에 대하여는 아니하고 있고, 관세도 부과되지 아니하므로, 법 제241조 제1항이 물품을 수출하고자 할 때 당해 물품의 품명·규격·수량 및 가격 등을 세관장에게 신고하도록 규정한 취지는, 관세법과 기타 수출입 관련 법령에 규정된 허가·승인·표시 기타 조건의 구비 여부를 확인하고(법 제226조 제1, 2항), 수출과 관련된 적정한 통계자료를 확보하고자 하는 데 있다고 보아야 할 것인데, **수출 통계를 위한 품목 분류는 재정경제부 장관이 고시한 10단계 분류체계인 '관세·통계통합품목분류표(Harmonized System Korea)'에 따르고 있고,** 법 제226조 제2항 및 관세법 시행령 제233조의 규정에 의하여 통관시 세관장이 확인하여야 할 수출입 물품 및 그 확인방법을 정하기 위하여 관세청장이 고시한 "관세법 제226조의 규정에 의한 세관장확인물품 및 확인방법 지정 고시" 제3조 제1항 및 [별표 1, 2] 또한 위 관세·통계통합품목분류표의 10단위까지 세분한 항목에 따라 통관시 세관장이 확인하여야 할 수출입 물품 및 확인사항을 정하고 있다.

다. 그렇다면 **수출신고서에 의하여 신고한 물품과 실제 통관하여 수출한 물품 간에 동일성이 인정되는지는 양자의 관세·통계통합품목분류표상 10단위 분류코드가 같은지 다른지를 기준으로 결정되어야 할 것임에도,** 원심은 피고인이 세관에 수출신고한 차량들과 실제 수출한 차량들의 관세·통계통합품목분류표상 10단위 분류코드가 같은 경우까지 제조회사, 차량의 종류 또는 규격(톤수, 연식) 등에 차이가 있다는 이유만으로 동일성을 인정하지 아니하였으니, 이러한 원심의 조치에는 법 제269조 제3항 제2호의 '당해 수출물품과 다른 물품'에 관한 법리를 오해하여 판결 결과에 영향을 미친 위법이 있다(대법원 2006. 1. 27. 선고 2004도1564 판결 참조).

이 때 **관세법 제269조 제2항 제2호의 밀수입죄와 관세법 제276조의 허위신고죄**는 구성요건상 구분되는데 ① 수입신고한 물품과 동일성이 인정되지 않는 경우 밀수입죄가 적용되고, ② 동일성은 인정되나 품명·규격·수량 등을 신고하지 아니하거나 허위로 신고한 경우 허위신고죄가 적용됨을 주의하여야 한다.

본죄를 위반하면 5년 이하의 징역 또는 관세액의 10배와 물품원가 중 높은 금액 이하에 상당하는 벌금에 처하고, 관세법 제269조 제2항 또한 관세법 제282조에 따라 해당 물품은 필요적 몰수의 대상에 해당하며, 몰수할 수 없는 경우 범칙시가 상당의 가액을 추징한다.

나. 범죄수익환수 및 자금세탁범죄 처벌 사례

1) 미신고 수입에 따른 관세법위반 사례

물품의 미신고 수입행위와 관련하여, 중국산 건고추를 수입하여 보세창고에 보관하고 있다가 이를 그대로 필리핀으로 수출하는 것처럼 꾸미기 위해 중국산 담배, 건고추를 수출한다고 신고한 다음 생수 등으로 바꿔치기하여 건고추를 밀수입한 사안에서 **건고추에 대한 국내 수입은 세관장에 대한 수입 신고가 전혀 없었던 것이므로 이는 관세법 제269조**

제2항 제1호, 제241조 제1항에 따른 미신고수입행위에 해당하는 것으로 보고 해당 물품의 범칙시가 상당 국내도매가격을 추징한 사례가 있다.[10]

이 때, 위와 같이 미신고한 수입한 물품을 판매하고 받은 범죄수익의 취득을 가장하기 위하여 타인 명의 대포계좌를 양수한 다음 이를 이용하여 판매대금을 입금하여 관리한 행위는 범죄수익은닉규제법 제3조 제1항 제1호의 범죄수익 취득 및 처분가장행위에 해당한다.

사례

범죄사실

[2016고단7665](피고인 D)

1. 관세법위반

피고인은 C, AX, AY, AZ, BA 등과 함께 중국으로부터 건고추를 수입하여 필리핀으로 수출하는 것처럼 중계무역을 가장하여 중국산 건고추를 밀수입하기로 모의하였다.

피고인은 2014. 7.경 부산 중구에 있는 부산항에서 (주)BB 명의로 건고추 20,680kg(시가 162,813,640원 상당)을 수입하여 **냉동보세창고에 보관시켰다가 2014. 8. 1. 부산세관에 필리핀으로 반송수출 신고를 하였고, C는 AX, AY, AZ, BA와 함께 위 건고추를 컨테이너 화물차로 옮겨 실은 후 선적지가 아닌 양산시에 소재한 'BD모텔' 부근의 공터로 운반하여 건고추를 내리고 생수로 바꿔치기하였으며, 피고인은 필리핀 소재 'Z'사에 마치 건고추를 수출하는 것처럼 관련 수출서류(B/L, 인보이스, 팩킹리스트 등)를 E를 통하여 필리핀에 송부하는 방법으로 건고추를 밀수입하였다.

피고인은 이를 비롯하여 그 무렵부터 2014. 10. 10.경까지 사이에 별지 범죄일람표(6) 연번 1~3번 기재와 같이 3회에 걸쳐 중국산 건고추 합계 68,680kg(시가 502,269,640원 상당)을 위와 같이 '바꿔치기' 방법으로 반출하여 건고추를 밀수입하고, 2014. 10. 24.경 별지 범죄일람표(6) 연번 4번 기재와 같이 '바꿔치기' 방법으로 건고추 24,000kg(시가 147,600,000원 상당)을 반출하려다가 세관에 단속되어 미수에 그쳤다.

2. 전자금융거래법위반

누구든지 접근매체를 사용 및 관리함에 있어서 접근매체를 양수하여서는 아니 된다.

그럼에도 불구하고 피고인은 2014. 1. 내지 2014. 2. 초경 경북 성주군 성주읍에 있는 농협 앞길에서 오**로부터 오**명의의 농협 계좌(계좌번호:BV)와 연결된 통장 1개, 비밀번호를 양수하였다.

---

10 부산지방법원 2017. 3. 23. 선고 2016고단7665 판결 참조(부산지방법원 2017노1628 판결, 대법원 2017도18025 판결로 확정).

3. 범죄수익의규제및처벌등에관한법률위반

누구든지 범죄수익등의 취득 또는 처분에 관한 사실을 가장하여서는 아니 된다.

피고인은 2014. 5. 6.경 필리핀 마닐라항에서 한국 부산항으로 종이필터로 품명을 가장하여 반입된 담배 8,000보루(5GT)를 보세운송하는 도중 양산시에 있는 BW공단 창고에서 '바꿔치기'하는 방법으로 밀수입한 것을 비롯하여 그 무렵부터 2016. 3. 14.경까지 9회에 걸쳐 보세운송 도중 '바꿔치기'하는 방법으로 시가 합계 27억 원 상당의 국산 담배 92,000보루를 밀수입하고, 위 밀수입한 담배를 '바꿔치기'한 장소인 양산 BW공단 창고, 대구 BX창고, · 수성구 파동로 코오롱하늘채아파트 뒤편 노상 등에서 소위 'BY' 등에게 현금을 받고 판매하였다.

피고인은 위와 같이 **밀수입한 담배를 판매한 대금을 현금으로 보관하던 중 2014. 5. 27. 경 피고인이 밀수입대금을 관리하기 위하여 제2항 기재와 같이 양수한 차명계좌인 BU 명의 농협계좌(BV)에 15만 원을 현금 입금한 뒤 즉시 보세운송기사 A에게 15만 원을 송금하여 범죄수익인 밀수입대금의 취득 또는 처분에 관한 사실을 가장한 것을 비롯하여 그 무렵부터 2014. 12. 18.까지 별지 범죄일람표(7) 기재와 같이 13회에 걸쳐 차명계좌인 BU 명의 농협계좌, 중국 국적 BZ명의 계좌를 통하여 입출금하여 합계 9,048만 원 상당 범죄수익등의 취득 또는 처분에 관한 사실을 가장하였다.**

[법령의 적용]

1. 범죄사실에 대한 해당법조 및 형의 선택

2016고단7665: 관세법 제269조 제2항 제1호, 제241조 제1항, 형법 제30조(미신고수입의 점, 징역형 선택), 관세법 제271조 제2항, 제269조 제2항 제1호, 제241조 제1항, 형법 제30조(미신고수입 미수의 점, 징역형 선택), 전자금융거래법 제49조 제4항 제1호, 제6조 제3항 제1호(접근매체 양수의 점, 징역형 선택), 범죄수익은닉의 규제 및 처벌 등에 관한 법률 제3조 제1항 제1호(범죄수익 취득 또는 처분 가장의 점)

1. 추징

관세법 제282조 제3항 본문, 제2항(원심 2016고단3594호 담배 시가 2,048,279,500원＋원심 2016고단4059호 담배 시가 216,000,000원＋원심 2016고단7665호 건고추 시가 502,269,640원 ＝2,766,549,140원)

2) 다른 물품 수입에 따른 관세법위반 사례

다른 물품 수입행위와 관련하여, 필리핀으로 수출된 한국산 담배를 필리핀에서 한국으로 재반입하면서 마치 필리핀에서 원목의자를 수입하는 것처럼 가장하여 밀수입한 후 보세창고로 운송하는 과정에서 담배와 원목의자를 서로 바꿔치기 한 사안에서, **실제로 수입신고한 원목의자와는 동일성이 인정되지 않는 담배를 수입한 행위는 관세법 제269조 제2항 제2호,**

제241조 제1항에 따른 미신고수입행위에 해당한다고 보고, 위와 같이 밀수입한 담배 가액 상당을 추징하였다.[11] 이 사안에서는 담배와 원목의자가 전혀 다른 물품임이 명확하여 HSK 코드에 따른 동일성 식별 여부가 쟁점이 되지는 않았다.

> **사례**
>
> ## [2016고단3594](피고인 C, D, A)
>
> ### 1. 피고인 C, D의 공동범행 및 피고인 A의 방조
>
> 피고인 C, D는 2014년경 필리핀에 있는 E와 함께 필리핀으로 수출된 한국산 담배를 필리핀에서 한국으로 재반입하면서 마치 필리핀에서 원목의자를 수입하는 것처럼 가장하여 한국산 담배를 밀수입한 후 보세창고로 운송하는 과정에서 밀수입한 담배와 수입신고한 원목의자를 서로 바꿔치기하는 방법으로 한국산 담배를 밀수입하기로 하고, E는 필리핀에서 밀수입할 담배를 확보하고 마치 원목의자인 것처럼 포장된 사진과 선적서류(B/L)를 피고인 D에게 송부하는 역할을, 피고인 C는 밀수입된 담배가 한국에 도착하였을 때 이를 수입통관하기 위하여 물류회사, 관세사사무소 등을 지정하고 물품이 한국에 도착하면 통관절차를 진행하는 역할을, 피고인 D는 담배대금을 필리핀으로 송금하고, 보세운송기사인 피고인 A로 하여금 위 물품을 부산 소재 보세운송창고에서 대구 소재 보세운송창고로 운반하는 과정에서 물품을 바꿔치기 할 수 있도록 보세운송 도중 화물차를 정차하여 밀수입한 담배를 하차하고 수입신고한 원목의자를 상차시킨 후 원목의자를 대구 소재 보세운송창고로 운반하도록 한 후 밀수입한 담배를 국내에서 처분하는 역할을 담당하기로 공모하였다.
>
> 피고인 D는 밀수입할 담배를 확보하기 위하여 2013. 5. 29.경부터 2013. 10. 22.경까지 4회에 걸쳐 필리핀을 방문하여 그곳에서 E를 만나 한국으로 밀수입할 담배를 공급받을 방법을 논의한 후 2014. 9. 26.경 담배구입 대금 미화 46,000달러를 필리핀에 있는 E에게 송금하고, E는 그 무렵 밀수입할 담배 9,600보루의 사진과 필리핀산 원목의자 6GT에 대한 허위 선적서류(B/L)를 피고인 D에게 송부하고, 2014. 11. 27.경 필리핀 마닐라항에서 한국 부산항으로 원목의자로 품명을 가장하여 반입된 위 담배 9,600보루(6GT)가 도착하자, 피고인 C는 AF(주) 등을 통하여 수입통관 절차를 진행하고, 피고인 A는 보세운송기사로서 부산 AG에 있는 AH(주) 보세창고에서 위 시가 합계 216,000,000원 상당의 담배 9,600보루를 신고번호 AI호로 보세운송 신고한 후 위 담배를 AJ 화물차에 상차하여 목적지인 대구 서구 AK에 있는 (주)AL보세창고로 바로 운반하지 아니하고 대구 동구 AM에 있는 (주)AN물류창고에 도착하였고, 그 곳에서 미리 대기하고 있던 피고인 D는 위 화물차에 실려 있던 위 밀수입된 담배와 미리 준비하여 둔 원목의자를 서로 바꿔치기하고 밀수입된 담배를 불상의 자가 운전하는 화물

---

11 부산지방법원 2017. 3. 23. 선고 2016고단3594 판결 참조(대법원 2017도18025 판결로 확정).

차에 상차하여 이를 교부하고, 피고인 A는 위 원목의자를 (주)AL보세창고로 운반하여 수입통관절차를 마친 후 이를 반출하여 다시 (주)AN물류창고로 반입하는 등 그 때부터 2016. 3. 14.경까지 별지 범죄일람표(1) 기재와 같이 총 6회에 걸쳐 시가 합계 2,048,279,500원 상당의 국산 에쎄 등 담배 63,200보루를 밀수입하였다.

이로써 피고인 D, C는 E와 공모하여 필리핀으로부터 마치 원목의자를 수입하는 것처럼 수입신고를 하고 수입신고한 물품과 다른 물품인 국산 담배를 수입하여 이를 밀수입하였고, 피고인 A는 위와 같이 피고인 D 등이 국산 담배를 밀수입하는 데에 있어 위와 같이 총 6회에 걸쳐 대구 보세창고로 보세운송하는 도중 개인창고에 차량을 정차하고 신고 온 물품과 개인창고에 보관되어 있는 물품을 바꿔치기 할 수 있도록 함으로서 위 밀수입 범행을 용이하게 하였다. (중략)

3. 피고인 C의 단독범행(범죄수익의규제및처벌등에관한법률위반)

누구든지 범죄수익등의 취득 또는 처분에 관한 사실을 가장하여서는 아니 되고, 특정범죄를 조장하거나 적법하게 취득한 재산으로 가장할 목적으로 범죄수익등을 은닉하여서는 아니 된다.

그럼에도 피고인은 제1항 기재와 같이 **중국산 건고추를 밀수입한 관세법위반 범죄행위에 의하여 생긴 재산인 범죄수익의 취득 또는 처분 사실을 가장하고 범죄수익의 특정이나 추적 또는 발견을 불가능하게 하기 위해 2015. 4. 16.경 밀수입한 건고추를 중간 유통상인인 소위 'BN'에게 판매하고 현금으로 판매대금을 받은 뒤 그 중 495만 원을 제3자인 BO 명의 대구은행 계좌(BQ)에 입금한 후 사용한 것을 비롯하여 그 무렵부터 2016. 3. 30.경까지 사이에 같은 방법으로 별지 범죄일람표(5) 기재와 같이 밀수입한 건고추 판매대금을 위 BO 명의 대구은행 계좌, BQ 명의 대구은행 계좌(BR), G 명의 농협 계좌(BS)에 현금 입금하는 방법으로 범죄수익 합계 297,563,000원의 취득 또는 처분 사실을 가장하고, 특정범죄를 조장하거나 적법하게 취득한 재산으로 가장할 목적으로 위 범죄수익을 은닉하였다.**

법령의 적용

1. 범죄사실에 대한 해당법조 및 형의 선택

○ 피고인 C

– 2016고단3594: 관세법 제269조 제2항 제2호, 제241조 제1항, 형법 제30조(허위신고수입의 점, 징역형 선택), 관세법 제271조 제2항, 제269조 제2항 제2호, 제241조 제1항, 형법 제30조(허위신고수입 미수의 점, 징역형 선택), 형법 제225조, 제30조(공문서위조의 점)

– 2016고단4059: 관세법 제269조 제2항 제2호, 제241조 제1항, 형법 제30조(허위신고수입의 점, 징역형 선택)

– 2016고단7028: 관세법 제269조 제2항 제1호, 제241조 제1항, 형법 제30조(미신고수입의

점, 징역형 선택), 관세법 제271조 제2항, 제269조 제2항 제1호, 제241조 제1항, 형법 제
30조(미신고수입 미수의 점, 징역형 선택), 범죄수익은닉의 규제 및 처벌 등에 관한 법률
제3조 제1항 제1호(범죄수익 취득 또는 처분 가장의 점)

(중략)

1. 추징

○ 피고인 C, D, A, G, B: 관세법 제282조 제3항 본문, 제2항

○ 추징금 산출근거

- 피고인 C: 2016고단3594호 담배 시가 2,048,279,500원＋2016고단4059호 담배 시가 216,000,000원＋2016고단6011호 건고추 시가 778,389,640원＋2016고단7028호 건고추 시가 2,329,304,858원 ＝5,371,973,998원

- 피고인 D: 2016고단3594호 담배 시가 2,048,279,500원＋2016고단4059호 담배 시가 216,000,000원＋2016고단7665호 건고추 시가 502,269,640원＝2,766,549,140원

- 피고인 A: 2016고단3594호 담배 시가 2,048,279,500원＋2016고단4059호 담배 시가 216,000,000원＝2,264,279,500원

- 피고인 E: 2016고단4059호 담배 시가 2,264,279,500원

- 피고인 G: 2016고단7028호 건고추 시가 2,329,304,858원

- 피고인 B: 2016고단7028호 건고추 시가 214,765,992원

4. 관세법 제269조 제3항 관련 중대범죄

가. 구성요건

관련조문

제269조(밀수출입죄) ③ 다음 각 호의 어느 하나에 해당하는 자는 3년 이하의 징역 또는 물품 원가 이하에 상당하는 벌금에 처한다.

1. **제241조 제1항 및 제2항**에 따른 신고를 하지 아니하고 물품을 수출하거나 반송한 자

2. **제241조 제1항 및 제2항**에 따른 신고를 하였으나 해당 수출물품 또는 반송물품과 다른 물품으로 신고하여 수출하거나 반송한 자

☞ 제241조(수출·수입 또는 반송의 신고) ① 물품을 수출·수입 또는 반송하려면 해당 물품의 품명·규격·수량 및 가격과 그 밖에 대통령령으로 정하는 사항을 세관장에게 신고하여야 한다.

② 다음 각 호의 어느 하나에 해당하는 물품은 대통령령으로 정하는 바에 따라 제1항에 따른 신고를 생략하게 하거나 관세청장이 정하는 간소한 방법으로 신고하게 할 수 있다. <개정 2014. 12. 23., 2018. 12. 31.>

1. 휴대품·탁송품 또는 별송품

2. 우편물

3. 제91조부터 제94조까지, 제96조 제1항 및 제97조 제1항에 따라 관세가 면제되는 물품

3의2. 제135조, 제136조, 제149조 및 제150조에 따른 보고 또는 허가의 대상이 되는 운송수단. 다만, 다음 각 목의 어느 하나에 해당하는 운송수단은 제외한다.

　　가. 우리나라에 수입할 목적으로 최초로 반입되는 운송수단

　　나. 해외에서 수리하거나 부품 등을 교체한 우리나라의 운송수단

　　다. 해외로 수출 또는 반송하는 운송수단

4. 국제운송을 위한 컨테이너(별표 관세율표 중 기본세율이 무세인 것으로 한정한다)

관세법 제269조 제3항은 관세법 제241조, 제244조에 따른 신고 없이 물품을 수출하거나 신고 내용과 다른 물품을 수출하는 경우를 처벌하는 구성요건이다. 수입이 아닌 수출 또는 반송을 규정한다는 점이 제2항과 다르다.

구성요건의 주체는 별다른 제한이 없고, 본죄의 **구성요건적 행위**는 관세법 제241조, 제244조에 따른 신고 없이 물품을 수출 또는 반송하거나 신고 내용과 다른 물품을 수출 또는 반송하는 것이다.

본죄를 위반하면 3년 이하의 징역 또는 물품원가 이하에 상당하는 벌금에 처한다.

이에 대하여 홍콩에서 금괴를 국내 보세구역으로 반입한 다음 이를 환승구역을 거쳐 일본으로 반출한 사례에서 반송신고를 하지 않는 경우 이는 위 관세법 제269조 제3항에 따른 밀수출에 해당한다고 판시한 사례가 있다.[12] 이에 대해서는 항을 바꾸어 상술한다.

나. 공항환승구역 내 금괴밀반송 사건[13]

1) 관세법상 통관 및 반송의 의미에 관하여

관세법은 관세의 부과·징수 및 수출입물품의 통관을 적정하게 하고 관세수입을 확보함으로써 국민경제의 발전에 이바지함을 목적으로 하는데, **'통관'**(通關)이란 이 법에 따른 절차

---

12 대법원 2020. 1. 30. 선고 2019고11489 판결 및 2018. 5. 3. 부산지검 「2조원 상당 불법 금괴중계무역조직」 적발 보도자료 참조.

13 김현웅, 공항환승구역 내 금괴밀반송 사건 수사사례, 2019. 3. 영남판례연구회 발표자료 참조.

를 이행하여 물품을 수출·수입 또는 반송하는 것을 말한다(관세법 제2조 제13호 참조). 그리고 이와 같이 통관, 즉 물품을 수출·수입 또는 반송하려면 해당 물품의 품명·규격·수량 및 가격 등을 세관장에게 신고하여야 한다(관세법 제241조 제1항).[14]

위 통관의 3개 유형(수출, 수입, 반송) 중 **'반송'**이란 국내에 도착한 외국물품이 수입통관절차를 거치지 아니하고 다시 외국으로 반출되는 것을 말하고(관세법 제2조 제3호), **'외국물품'**이란 외국으로부터 우리나라에 도착한 물품으로서 수입신고가 수리되기 전의 것을 말한다(동조 제3호).

구체적으로 대법원 판결(2004도1133)의 취지와 같이 물품이 관세선을 통과하는 것은 우리나라로 반입과 우리나라로부터 반출, 2가지 태양이고, 우리나라로부터 반출되는 행위는 '내국물품'이 반출되는 경우와 '외국물품'인 상태에서 반출(보세구역에서 국내로 반입되지 않고 그대로 외국으로 반출)되는 경우로 구분할 수 있는바, 전자를 **'수출'**이라고 하고, 후자를 **'반송'**이라는 개념으로 규율하고 있다.

즉 수출과 반송은 물품이 국외로 반출되는 형태는 동일하나, 반출되는 물품이 국내물품인지, 외국물품인지에 따라 구별되므로, 실제로 반송 절차에 수출 규정을 상당 부분 준용하고 있으며, 밀수출과 밀반송을 동일한 조항으로 처벌하고 있다. 한편, 위와 같은 반송 요건이 충족된 반송신고 대상 물품인 경우, 절차적으로는 「**반송절차에 관한 고시**」에 따라 반송사

---

14 대법원 2006. 5. 25. 선고 2004도1133 판결 참조. "화물의 국제 간 이동 시에는 국가마다 여러 가지 규제를 가하는데, 이러한 규제는 세관이란 관문을 통하여 실현되는바, 이와 같이 화물이 국경(관세영역 또는 관세선)을 넘어갈 때 **세관을 통과하는 것을 통관이라 한다.** 그리고 이러한 **통관은 화물의 이동경로에 따라 수입통관, 수출통관 및 반송통관으로 구분된다.** 그리하여 **외국물품이 우리나라의 관세영역에 도착한 경우**에는 세관의 여러 가지 절차를 거친 후 내국물품의 지위를 얻어 국내로 반입되는 경우와 **외국물품 상태 그대로 반출되는 경우**가 있을 수 있는데, 전자의 경우의 통관을 수입통관이라 하고 **후자의 경우의 통관을 반송통관**이라 한다. 그리고 내국물품이 우리나라의 관세영역을 벗어나게 되는 경우에도 세관의 여러 가지 절차를 거쳐 외국물품의 지위를 얻어 반출되는데 이 경우의 통관을 수출통관이라 한다. 이에 따라 구 관세법 제9장에서도 통관을 이와 같이 세 가지로 분류하는 전제하에 통관제도에 대하여 규율하고 있으며…"

유 부호를 기재하여 반송신고를 하는데, 이 사건 금괴는 아래에서 구체적으로 설명하는 바와 같이 '중계무역물품'에 해당한다.

2) 구체적인 사안의 쟁점

이 사건의 경우, 피고인들은 금괴를 보세구역인 국내 국제공항 환승장에 반입하였다가 관세선을 통과하지 않고, 다시 일본으로 반출하였으므로 이는 **'외국물품의 반출'**에 해당함에도 일본으로 반출 시 신고를 하지 않는 방법으로 금괴를 밀반송하였다는 혐의로 기소되었다.

이 사건과 관련하여 문제가 된 쟁점은 크게 4가지로 ① 홍콩에서 국내, 일본을 거쳐 금괴를 밀반출한 행위가 **'중계무역'**에 해당하는지, 이 사건 금괴가 중계무역 물품에 해당하는지 여부, ② 금괴가 밀반출된 공항 환승구역이 관세법에 규정된 장치장소에 해당하는지 여부, ③ 이 사건 금괴는 환승객의 휴대물품이어서 반송신고의 대상이 아닌 것인지 또는 상용물품으로서 반송심고의 대상인지 여부, ④ 피고인들은 관세법 적용대상이 아닌 교토협약 상 통과여객에 해당하는지 여부였다.

이에 대하여 1심[15]과 항소심[16] 및 대법원[17]은 위 각 쟁점에 대해 다음과 같이 판시하여 피고인들의 주장을 배척하고 전부 유죄판결을 선고하였다.

가) 중계무역 해당성 여부(수입과 수출의 전제)

중계무역은 대외무역법상 **'수출할 것을 목적으로 물품 등을 수입하여 관세법에 따른 보세구역 및 보세구역외 장치의 허가를 받은 장소 등 이외의 국내에 반입하지 아니하고 수출하는 수출입'**을 의미한다(대외무역관리규정 제2조 제11호). 이 사건 홍콩−한국−일본 간 중계무역은 일본에 금괴를 수출할 것을 목적으로 물품 등을 홍콩에서 수입하여 국내에 반입하지 않고 보세구역에서 수출하는 수출입에 해당한다(외국물품인 상태로 수출을 하는 것이 중계무역의 본질이며, 모두 반송신고의 대상이다).

따라서 피의자와 그 공범들이 ① 홍콩에서 물품을 구입하여 국내로 들여오는 행위는 「**수입**」, ② 국내에 들여온 물품을 보세구역에서 일본으로 반출하여 판매하는 행위는 「**수출**」에 해당하고 이에 가담한 피고인들은 중계무역의 직접당사자에 해당하며 금괴는 중계무역대상 물품에 해당한다.

---

15 부산지방법원 2019. 1. 11. 선고 2018고합127, 172, 194, 452, 496(병합) 판결 참조.
16 부산고등법원 2019. 7. 24. 선고 2019노56 판결 참조.
17 대법원 2020. 1. 30. 선고 2019도11489 판결 참조.

나) 공항환승구역이 관세법상 반송신고를 할 수 있는 장치장소[18]에 해당하는지 여부

관세법 제243조 제3항은 "제241조 제1항에 따른 반송의 신고는 해당 물품이 이 법에 따른 장치장소에 있는 경우에 한하여 이를 할 수 있다"고 규정하여 반송신고의 요건을 정하고 있고, 관세법 제155조 제1항 본문은 "외국물품과 제221조 제1항에 따른 내국운송의 신고를 하려는 내국물품은 보세구역이 아닌 장소에 장치할 수 없다"고 규정하고 있다.

위 규정 및 앞에서 본 반송과 외국물품의 의미에 관한 관세법 제2조 제3호, 같은 조 제4호 가목의 규정들에 의하면, 반송의 적용대상인 수입통관절차를 거치지 아니한 외국물품은 보세구역 또는 관세법 제156조에 따라 세관장으로부터 보세구역 외 장치허가를 받은 장소에만 장치할 수 있다. 즉 관세법상 장치장소는 ① 지정보세구역 및 ② 보세구역 외 장치허가를 받은 장소를 모두 아우른다.

그런데 인천국제공항의 경우 3층 출국검사장 전체가 세관검사장으로 지정되어 있고, 김해국제공항의 경우 2층 출국검사장 전체가 세관검사장으로 지정되어 있는 점, 세관검사장도 그 장치장소에 포함됨을 당연한 전제로 규정한 관세법 제247조 제1항, 제3항 등의 규정을 고려하면, **환승구역은 세관검사장으로서 관세법에 따른 장치장소인 지정보세구역에 해당**한다.

한편 김해공항세관장은 2002. 9. 19. 무렵에, 인천공항세관장은 늦어도 2014. 10. 18. 무렵에는 각 환승구역을 세관검사장으로 지정하는 행위에 관한 행정의사를 각 공항시설관리법인에 통지함으로써 그 의사가 외부에 표시되었으므로, 각 그 무렵에 세관검사장 지정행위가 외부적으로도 성립하였다고 볼 수 있어 반드시 세관검사장 지정행위의 성립이 고시나 공고를 통하여야 한다거나, 고시나 공고가 없었다고 하여 세관검사장 지정행위가 행정행위로서 존재하지 않는다고까지 볼 것은 아니다.

다) 금괴가 여행객의 휴대품인지 아니면 상용물품[19]인지 여부

관세법은 원칙적으로 물품이 ① 우리나라에 반입되거나 ② 우리나라에서 반출되거나 ③ 국내 도착 후 다시 반출되는 경우 세관에 신고하도록 요구하면서, 여행자가 휴대하는 신변용품이나 신변 장식용품 등 예외에 해당하는 경우 이를 생략하도록 하고 있다.

그런데 이 사건 금괴는 관세법 및 관련 고시에 따라 여행자휴대품에 아니고, 명백히 상용물품이므로 '신고대상 물품'에 해당되고 일반 통관절차에 따라야 하고, 반송신고를 생략할 수 있는 휴대품에 해당하지 않는다.

---

18 장치장소(藏置場所): 보세 화물을 보관하여 두는 장소(출처: 네이버 국어사전).
19 상용물품: 여행자 휴대품 중에서 자가소비가 아니라 판매를 위하여 반입하는 물품(출처: 네이버 국어사전).

　대법원은 여행자가 상용물품을 휴대하여 신고 없이 입출국하여 이를 반입·반출하는 경우 **상용물품은 '여행자 휴대품'에 해당하지 않는다**고 판시하면서 밀수입과 밀수출에 해당한다고 판시하였다.[20]

　라) 통과여객에 관한 국제협약(교토협약)의 적용을 받는지 여부

관련조문

《'통과여객'에 관한 국제협약(개정 '교토협약')[21] 中》

① 환승지역이란, 국제선 항공기편 도착 여객이 다른 국제선에 탑승하는 경우 **세관절차를 거칠 필요 없이 출국탑승 시까지 대기**하는 장소
② 세관은 **환승지역 대기 여객(환승지역을 벗어나지 않는 통과여객)**에 대해 어떠한 형태의 세관통제를 거치도록 요구할 수 없다.
③ 그럼에도 불구하고 세관은 환승지역에 대해 일반적인 감시를 유지하고, **관세사범의 혐의가 있는 경우** 필요한 조치를 취할 수 있다.

　우리나라가 가입하여 2006. 2. 3.부터 국내에서 발효된 위 '개정 교토협약'의 특별부속서의 이행지침에서는, 환적물품에 대하여 통관절차가 면제되는 취지로 규정하면서, 환적의 필수적인 특성으로 해당 물품은 오직 해당 관세영역으로부터 반출을 위하여 다른 운송수단으로 옮겨 실을 목적으로만 그 관세영역에 도착할 것 등을 규정하고 있다.

　따라서 출국지를 우리나라로 변경할 목적으로 국내에 도착한 외국물품은 개정 교토협약에 따라 반송신고 등 통관절차가 면제되는 환적물품에 해당하지 않는다. 결국 홍콩으로부터 우리나라 국제공항의 환승구역에 반입되었다가 본래의 출발지와 점유자가 변경되어 다시 일본으로 반출된 이 사건 금괴들은 단순히 환적신고에 그칠 것이 아니라 반송신고의 대상으로 보아야 한다.

　아래는 이 사안과 관련된 **대법원**의 주요 판시 사안을 소개한다.[22]

---

20 상용물품을 반입하는 경우에는 여행자휴대품신고서를 제출하는 방법의 간이수입신고를 통하여 면세통관할 수 없다 할 것이어서, 설령 상용물품이 여행자휴대품신고서를 제출하는 방법의 간이수입신고를 통하여 면세통관되었다고 하더라도 이는 적법하게 통관된 것으로 볼 수 없어 그 수입행위는 관세법 제269조 제2항 제1호 소정의 무신고수입죄를 구성한다 할 것이다(대법원 2002. 8. 27. 선고 2001도2820 판결 등 참조).
21 Protocol of Amendment to the International Convention on the Simplification and Harmonization of Customs Procedures(세관절차의 간소화 및 조화에 관한 국제협약 개정의정서)의 'Kyoto협약 특별부속서 중 'J (여행자) 이행지침'
22 대법원 2020. 1. 30. 선고 2019도11489 판결 참조.

> **판례**
>
> 1) 관세법은 '반송'이란 '국내에 도착한 외국물품이 수입통관절차를 거치지 아니하고 다시 외국으로 반출되는 것을 말한다'라고 정의하면서(제2조 제3호), '외국으로부터 우리나라에 도착한 물품으로서 제241조 제1항에 따른 수입의 신고가 수리되기 전의 것'은 '외국물품'에 해당한다고 규정하고 있다(제2조 제4호 가목). 또한 관세법은 물품을 '반송'하려면 해당 물품의 품명·규격·수량 및 가격과 그 밖에 대통령령으로 정하는 사항을 세관장에게 신고하도록 규정하면서(제241조 제1항), 위 규정에 따른 신고를 하지 아니하고 물품을 '반송'한 자를 처벌하도록 규정하고 있다(제269조 제3항 제1호). 다만 관세법 제241조 제2항은 '휴대품·탁송품 또는 별송품 등에 해당하는 물품은 대통령령으로 정하는 바에 따라 제1항에 따른 신고를 생략하게 할 수 있다'고 규정함으로써 그 신고의무의 예외를 두고 있다. 한편 관세법 제2조 제13호는 "통관이란 이 법에 따른 절차를 이행하여 물품을 수출·수입 또는 '반송'하는 것을 말한다."라고 규정하고 있고, 제2조 제14호는 "환적이란 동일한 세관의 관할구역에서 입국 또는 입항하는 운송수단에서 출국 또는 출항하는 운송수단으로 물품을 옮겨 싣는 것을 말한다."라고 규정하고 있다.
>
> 관세법은 통관을 화물의 이동경로에 따라 크게 수입통관, 수출통관 및 반송통관 등 세 가지로만 분류하는 전제에서 통관제도에 대하여 규율하고 있는데, 관세법 제241조 제1항이 물품을 수출·수입 또는 '반송'하고자 할 때 세관장에게 신고하도록 규정한 취지는 통관절차에서 관세법과 기타 수출입 관련 법령에 규정된 조건의 구비 여부를 확인하고자 하는 데 있다(대법원 2006. 5. 25. 선고 2004도1133 판결 취지 참조). 한편 **관세법 제269조에서 무신고 수출입 및 '반송' 행위를 처벌하는 주된 취지는 수출입 및 반송 물품에 대한 적정한 통관절차의 이행을 확보하는 데에 있는 것이고, 관세수입의 확보는 그 부수적인 목적에 불과하다**(대법원 2005. 12. 23. 선고 2005도6484 판결 취지 참조).
>
> 이와 같은 관련 규정의 문언, 체계와 취지 등을 종합하여 보면, **외국으로부터 국내에 도착한 외국물품이 수입통관절차를 거치지 아니하고 다시 외국으로 반출되는 경우에는 관세법 제241조 제2항에 해당하는 등 특별한 사정이 없는 한 반송신고의 대상이 되므로, 이러한 신고 없이 해당 물품을 '반송'하는 행위는 관세법 제269조 제3항 제1호에 해당한다고 봄이 타당하다.**
>
> 한편 우리나라가 가입하여 2006. 2. 3.부터 국내에서 발효된「세관절차의 간소화 및 조화에 관한 국제협약 개정 의정서」(이하 '개정 교토협약'이라고 한다)의 특별부속서 E(운송) 제2장(환적)의 이행지침에서는, 환적물품에 대하여 통관절차가 면제되는 취지로 규정하면서, **환적의 필수적인 특성으로 해당 물품은 오직 해당 관세영역으로부터 반출을 위하여 다른 운송수단으로 옮겨 실을 목적으로만 그 관세영역에 도착할 것 등을 규정하고 있다. 따라서 출국지를 우리나라로 변경할 목적으로 국내에 도착한 외국물품은 개정 교토협약에 따라 반송신고 등 통관절차가 면제되는 환적물품에 해당하지 않는다고 볼 것이다**(대법원 2020. 1. 30. 선고 2019도11489 판결 참조).

3) 범죄수익환수 경과

이 사건에서 금괴밀반송 공범들이 홍콩에서 국내를 거쳐 일본으로 밀반출한 금괴가 약 4만개 상당으로 시가 2조원을 넘어 피고인들에 대하여 많게는 2조 원, 적게는 약 1,000억 원 상당의 추징금이 선고되어 확정되었다. **추징금은 각 금괴의 개수에 각 물품의 범칙 당시의 범칙시가(국내도매가격)를 곱한 금원으로 산정하였다.**

나아가 이 사건에서는 위와 같이 밀반출한 금괴 가액 상당의 추징금을 보전하기 위하여 청구한 피고인들의 재산에 대한 추징보전이 인용된 바 있는데 법원이 관세법위반죄의 경우 실제 취득한 범죄수익이 아니라 범칙시가 전체를 추징보전액으로 산정하는 일관된 입장을 설시한 것으로 보이지는 않는다.

생각건대, **관세법상 밀수입, 밀수출 및 밀반송의 객체가 된 물품**은 단순히 범죄행위에 제공된 물건으로 볼 것이 아니라 **범죄행위로 생긴 재산으로 보아 해당 물품의 범칙시가 상당의 추징금을 보전하기 위한 마약거래방지법상 보전절차가 인정되어야 한다**고 생각한다(私見).

5. 관세법 제270조의2 관련 중대범죄

가. 구성요건

관련조문

제270조의2(가격조작죄) 다음 각 호의 신청 또는 신고를 할 때 부당하게 재물이나 재산상 이득을 취득하거나 제3자로 하여금 이를 취득하게 할 목적으로 물품의 가격을 조작하여 신청 또는 신고한 자는 2년 이하의 징역 또는 물품원가와 5천만 원 중 높은 금액 이하의 벌금에 처한다.

　1. 제38조의2 제1항·제2항에 따른 보정신청

　2. 제38조의3 제1항에 따른 수정신고

　3. 제241조 제1항·제2항에 따른 신고

　4. 제244조 제1항에 따른 신고

☞ **제244조(입항전수입신고)** ① 수입하려는 물품의 신속한 통관이 필요할 때에는 제243조 제2항에도 불구하고 대통령령으로 정하는 바에 따라 해당 물품을 적재한 선박이나 항공기가 입항하기 전에 수입신고를 할 수 있다. 이 경우 입항전수입신고가 된 물품은 우리나라에 도착한 것으로 본다.

☞ **제243조(신고의 요건)** ② 제241조 제1항에 따른 수입의 신고는 해당 물품을 적재한 선박이나 항공기가 입항된 후에만 할 수 있다.

☞ **제241조(수출·수입 또는 반송의 신고)** ① 물품을 수출·수입 또는 반송하려면 해당 물품의 품명·규격·수량 및 가격과 그 밖에 대통령령으로 정하는 사항을 세관장에게 신고하여야 한다.

② 다음 각 호의 어느 하나에 해당하는 물품은 대통령령으로 정하는 바에 따라 제1항에 따른 신고를 생략하게 하거나 관세청장이 정하는 간소한 방법으로 신고하게 할 수 있다. <개정 2014. 12. 23., 2018. 12. 31.>

1. 휴대품·탁송품 또는 별송품
2. 우편물
3. 제91조부터 제94조까지, 제96조 제1항 및 제97조 제1항에 따라 관세가 면제되는 물품

3의2. 제135조, 제136조, 제149조 및 제150조에 따른 보고 또는 허가의 대상이 되는 운송 수단. 다만, 다음 각 목의 어느 하나에 해당하는 운송수단은 제외한다.

   가. 우리나라에 수입할 목적으로 최초로 반입되는 운송수단

   나. 해외에서 수리하거나 부품 등을 교체한 우리나라의 운송수단

   다. 해외로 수출 또는 반송하는 운송수단

4. 국제운송을 위한 컨테이너(별표 관세율표 중 기본세율이 무세인 것으로 한정한다)

관세법 제270조의2는 관세법 제241조, 제244조에 따른 신고 당시 부당하게 재물이나 재산상 이익을 취득하거나 제3자로 하여금 이를 취득하게 할 목적으로 물품의 가격을 함부로 조작하여 신청, 신고하는 것을 처벌하는 구성요건이다. 앞에서 본 바와 같이 본죄는 2019. 4. 23. **범죄수익은닉규제법이 개정되면서 중대범죄로 추가**되었다.

구성요건의 주체는 아무런 제한이 없으므로 누구든지 본죄의 주체가 될 수 있다. 나아가 **행위의 상대방**은 조작된 가격으로 신고를 받은 세관이 될 것이다. **구성요건적 행위**는 신고를 할 때 부당하게 재물이나 재산상 이득을 취득하거나 제3자로 하여금 이를 취득하게 할 목적으로 물품의 가격을 조작하여 신청 또는 신고를 하는 것이다. 본죄를 범하면 2년 이하의 징역 또는 물품원가와 5천만 원 중 높은 금액 이하의 벌금에 처한다.

관세법상 **수출가격조작**의 경우, ① 수출신고인이 수출가격을 저가 조작하거나(수출대금 차액을 해외 은닉, 매출 누락으로 내국세 탈루 등), ② 수출가격을 고가 조작하는 경우(수출금융 부당 수혜로 공공재원 편취, 매출 과대계상으로 주가 조작을 하고자 하는 경우)가 있다.

그리고 **수입가격조작**의 경우, ① 수입신고인이 수입가격을 저가 조작하거나(세액결정에 영향을 주어 주로 관세포탈죄 성립), ② 수입가격을 고가 조작하는 경우(차액 상당을 해외 송금하여 재산국외도피, 국민건강보험재정이 지원되는 경우 공공재원 편취 등 성립)를 상정할 수 있다.

한편 대외무역법상 가격조작죄와 관련하여 관세법은 '**부당이득 목적**'을 요구하고, 대외무역법은 '**외화도피 목적**'을 요구하는 등 수출입가격조작의 목적이 다르다. 위 각 죄의 관계에 대하여 대외무역법을 특별규정으로 해석하는 견해와 경합범으로 해석하는 견해가 대립하나, 양 죄는 요구하는 목적이 전혀 상이한 점에 비추어 구성요건적 동일성이 인정되지 않으므로 경합범 관계에 있다고 봄이 상당하다고 판단된다.

나. 범죄수익환수 사례

관세법상 가격조작죄는 부당하게 재물 또는 재산상 이익을 얻을 목적으로 수출 또는 수입의 가격을 조작하는 것으로서 관세법 제282조의 필요적 몰수·추징 규정의 적용을 받지 않는다. 따라서 관세법상 가격조작죄로 인하여 취득한 범죄수익을 추징하기 위해서는 범죄수익은닉규제법 제10조, 제8조의 임의적 몰수·추징 규정을 적용하여야 한다.

그런데 위와 같은 가격조작행위로 인해 얻은 부당이득을 산정하려면 위반행위로 얻은 이익 또는 회피한 손실액을 산정하여야 하는데 이는 결코 쉬운 일이 아니다. 가격조작행위를 통해 얻은 이익을 구체적으로 특정하기 어렵기 때문이다. 따라서 위 가격조작행위로 얻은 범죄수익을 직접적으로 환수한 사례는 찾기 어렵다. 다만 대외무역법상 외화도피 목적 가격조작이 문제된 사례에서 범죄수익을 은닉하여 자금세탁한 행위를 추가로 밝혀 기소함으로써 자금세탁범죄에 관계된 재산을 환수한 사례가 있다.[23]

결국 범죄행위를 저지른 사람이 가격조작행위에 가담하고 그 대가로 급여 또는 보수를 받았다면 이를 범죄수익은닉규제법상 「**범죄행위의 보수로 얻은 재산**」으로 의율하여 환수하는 방안, 범죄행위를 통해 얻은 수익을 은닉한 자금세탁범죄를 처벌함으로써 이에 관계된 재산을 환수하는 방안을 강구할 필요가 있다(私見).

6. 특정범죄가중법 제6조 관련 중대범죄

가. 서설

특정범죄가중법은 위 각 관세법위반죄의 가중처벌 규정을 두고 있고, 해당 가중처벌규정은 범죄수익은닉규제법(별표 제19호)에 따라 중대범죄에 해당한다.

---

23 아래 대외무역법위반 부분 참조(부산지방법원 2019고합571 판결 참조).

관련조문

범죄수익은닉규제법 별표

중대범죄(제2조 제1호 관련)

19. 「특정범죄 가중처벌 등에 관한 법률」 제2조·제3조·제5조·제5조의2·제5조의4·**제6조** 및
    제8조(「조세범 처벌법」 제3조 제1항, 제4조 및 제5조, 「지방세기본법」 제102조 제1항에
    규정된 죄 중 조세 및 지방세를 환급받는 경우만 해당한다)

앞에서 살펴본 관세법위반죄의 중대범죄는 관세법 제269조, 제270조의2, 제271조 제2항
(제269조의 미수범에 한정한다)에 한정되지만 특정범죄가중법은 위 각 구성요건 외에도 관세법
제270조 제1항 제1호, 제2호, 같은 조 제2항, 제4항, 제5항(제3항은 제외), 관세법 제271조
제1항(교사범, 방조범 처벌 규정)에 규정된 죄를 범한 사람 중 일정한 범위에 해당하는 경우를
중대범죄로 규정하고 있다.

관련조문

특정범죄가중법 제6조(「관세법」 위반행위의 가중처벌) ① 「관세법」 제269조 제1항에 규정된
죄를 범한 사람은 다음 각 호의 구분에 따라 가중처벌한다.
  1. 수출 또는 수입한 물품의 가액(이하 이 조에서 "물품가액"이라 한다)이 1억 원 이상인
     경우에는 무기 또는 7년 이상의 징역에 처한다.
  2. 물품가액이 3천만 원 이상 1억 원 미만인 경우에는 3년 이상의 유기징역에 처한다.
② 「관세법」 제269조 제2항에 규정된 죄를 범한 사람은 다음 각 호의 구분에 따라 가중
처벌한다.
  1. 수입한 물품의 원가가 5억 원 이상인 경우에는 무기 또는 5년 이상의 징역에 처한다.
  2. 수입한 물품의 원가가 2억 원 이상 5억 원 미만인 경우에는 3년 이상의 유기징역에 처
     한다.
③ 「관세법」 제269조 제3항에 규정된 죄를 범한 사람이 수출하거나 반송한 물품의 원가
가 5억 원 이상인 경우에는 1년 이상의 유기징역에 처한다.
④ 「관세법」 제270조 제1항 제1호 또는 같은 조 제4항·제5항에 규정된 죄를 범한 사람
은 다음 각 호의 구분에 따라 가중처벌한다.
  1. 포탈(逋脫)·면탈(免脫)하거나 감면(減免)·환급받은 세액이 2억 원 이상인 경우에는 무
     기 또는 5년 이상의 징역에 처한다.
  2. 포탈·면탈하거나 감면·환급받은 세액이 5천만 원 이상 2억 원 미만인 경우에는 3년 이
     상의 유기징역에 처한다.

⑤ 「관세법」 제270조 제1항 제2호 또는 같은 조 제2항에 규정된 죄를 범한 사람은 다음 각 호의 구분에 따라 가중처벌한다.

1. 수입한 물품의 원가가 5억 원 이상인 경우에는 3년 이상의 유기징역에 처한다.

2. 수입한 물품의 원가가 2억 원 이상 5억 원 미만인 경우에는 1년 이상의 유기징역에 처한다.

⑥ 제1항부터 제5항까지의 경우에는 다음 각 호의 구분에 따른 벌금을 병과한다.

1. 제1항의 경우: 물품가액의 2배 이상 10배 이하

2. 제2항의 경우: 수입한 물품 원가의 2배

3. 제3항의 경우: 수출하거나 반송한 물품의 원가

4. 제4항의 경우: 포탈·면탈하거나 감면·환급받은 세액의 2배 이상 10배 이하

5. 제5항의 경우: 수입한 물품의 원가

⑦ 「관세법」 제271조에 규정된 죄를 범한 사람은 제1항부터 제6항까지의 예에 따른 그 정범(正犯) 또는 본죄(本罪)에 준하여 처벌한다.

⑧ 단체 또는 집단을 구성하거나 상습적으로 「관세법」 제269조부터 제271조까지 또는 제274조에 규정된 죄를 범한 사람은 무기 또는 10년 이상의 징역에 처한다.

따라서 특정범죄가중법에 따라 가중되는 관세법위반죄의 위 각 규정에 해당하여 처벌되는 사람이 취득한 범죄수익은 모두 범죄수익은닉규제법에 따라 환수의 대상이 된다. 이하에서는 위에서 이미 살펴본 관세법위반죄의 중대범죄 외에 **특정범죄가중법 제6조 제4항 및 제5항에 따라 가중처벌되는 관세법위반죄의 각 해당 규정을 살펴보는 방법으로 대상범죄를 검토**하기로 한다.

나. 특정범죄가중법 제6조 제4항 관련 중대범죄

특정범죄가중법은 관세법 제270조 위반에 해당하는 범죄행위 중 포탈, 면탈하거나 감면, 환급받은 세액 또는 수입한 물품의 원가를 기준으로 형을 가중하고 있는데 이에 해당하는 경우 모두 환수의 대상이 되는 중대범죄에 해당한다.

범죄수익의 몰수·추징과 관련하여 특정범죄가중법 제6조 제4항, 관세법 제270조 제1항 제1호, 제4항·제5항 등은 모두 관세법 제282조에 따른 필요적 몰수·추징의 규정이 적용되지 않으므로 특정범죄가중법 제6조에 따라 가중처벌되는 경우 각 범죄행위로 취득한 범죄수익은 모두 **범죄수익은닉규제법에 따라 임의적 몰수·추징의 대상**이 된다는 점(특정범죄가중법 제13조 규정 또한 특정범죄가중법 제6조를 필요적 몰수·추징의 대상에서 제외하고 있다)을 주의할 필요가 있다.

1) 관세법 제270조 제1항 제1호 위반죄 각 구성요건

관련조문

특정범죄가중법 제6조(「관세법」 위반행위의 가중처벌) ④ <u>「관세법」 제270조 제1항 제1호</u> 또는 <u>같은 조 제4항·제5항에 규정된 죄를 범한 사람</u>은 다음 각 호의 구분에 따라 가중처벌한다.

1. 포탈(逋脫)·면탈(免脫)하거나 감면(減免)·환급받은 세액이 2억 원 이상인 경우에는 무기 또는 5년 이상의 징역에 처한다.

2. 포탈·면탈하거나 감면·환급받은 세액이 5천만 원 이상 2억 원 미만인 경우에는 3년 이상의 유기징역에 처한다.

☞ <u>관세법 제270조(관세포탈죄 등)</u> ① 제241조 제1항·제2항 또는 제244조 제1항에 따른 수입신고를 한 자 중 다음 각 호의 어느 하나에 해당하는 자는 3년 이하의 징역 또는 포탈한 관세액의 5배와 물품원가 중 높은 금액 이하에 상당하는 벌금에 처한다. 이 경우 제1호의 물품원가는 전체 물품 중 포탈한 세액의 전체 세액에 대한 비율에 해당하는 물품만의 원가로 한다. <개정 2015. 12. 15.>

1. 세액결정에 영향을 미치기 위하여 과세가격 또는 관세율 등을 거짓으로 신고하거나 신고하지 아니하고 수입한 자

☞ 제241조(수출·수입 또는 반송의 신고) ① 물품을 수출·수입 또는 반송하려면 **해당 물품의 품명·가격·수량 및 가격과 그 밖에 대통령령으로 정하는 사항을 세관장에게 신고하여야 한다.**

② 다음 각 호의 어느 하나에 해당하는 물품은 대통령령으로 정하는 바에 따라 **제1항에 따른 신고를 생략하게 하거나 관세청장이 정하는 간소한 방법으로 신고하게 할 수 있다.**

1. 휴대품·탁송품 또는 별송품

2. 우편물

3. 제91조부터 제94조까지, 제96조 제1항 및 제97조 제1항에 따라 관세가 면제되는 물품

3의2. 제135조, 제136조, 제149조 및 제150조에 따른 보고 또는 허가의 대상이 되는 운송수단. 다만, 다음 각 목의 어느 하나에 해당하는 운송수단은 제외한다.

　가. 우리나라에 수입할 목적으로 최초로 반입되는 운송수단

　나. 해외에서 수리하거나 부품 등을 교체한 우리나라의 운송수단

　다. 해외로 수출 또는 반송하는 운송수단

4. 국제운송을 위한 컨테이너(별표 관세율표 중 기본세율이 무세인 것으로 한정한다)

☞ <u>제244조(입항전수입신고)</u> ① 수입하려는 물품의 신속한 통관이 필요할 때에는 제243조 제2항에도 불구하고 대통령령으로 정하는 바에 따라 **해당 물품을 적재한 선박이나 항공기가 입항하기 전에 수입신고를 할 수 있다.** 이 경우 입항전수입신고가 된 물품은 우리나라에 도착한 것으로 본다.

가) 서설

관세법 제270조 제1항 제1호는 관세포탈죄를 규정하면서 수입신고를 하면서 과세가격 또는 관세율 등을 거짓으로 신고하거나 신고하지 아니하고 수입을 하는 행위를 구성요건으로 하고 있다.

위 규정은 범죄수익은닉규제법 별표 제3호에 따른 관세법위반죄의 중대범죄에 해당하지 않지만 특정범죄가중법이 적용되어 가중처벌되는 경우(포탈, 면탈하거나 감면, 환급받은 세액이 5,000만 원 이상 2억 원 미만 또는 2억 원 이상)에는 특정범죄가중법에 따라 중대범죄에 해당하게 된다.

나) 구성요건의 주체 및 행위의 상대방

관세법 제270조 제1항 제1호 위반죄의 **구성요건의 주체**는 제241조 제1항, 제2항 또는 제244조 제1항에 따라 신고를 한 사람이다(**신분범**). 제241조 제1항은 수출·수입 또는 반송의 신고를 한 사람, 동조 제2항은 신고를 생략하거나 간소한 방법으로 신고한 사람 및 제244조 제1항은 선박이나 항공기가 입항하기 전에 수입신고를 한 사람이 각 주체가 된다. 나아가 위 **행위의 상대방**은 신고의 상대인 세관 등이 된다.

이 때 위 각 주체가 '**세액결정에 영향을 미치기 위하여**' 과세가격 또는 관세율 등을 거짓으로 신고하거나 신고하지 아니하는 경우 관세법 제270조 제1항 제1호 위반죄가 성립하게 되므로 세액결정에 영향을 미치기 위한 목적을 별도로 요구하는 **목적범**에 해당한다고 해석함이 상당하다.

이와 관련하여 **대법원**은 「수입업자인 피고인이 수입신고를 함에 있어 수입업자가 운임을 부담하는 본선인도가격조건(BOF)이 아니라 수출업자가 운임을 부담하는 운임포함가격조건 (C&F)으로 수입가격을 신고하였다고 하더라도 실제로는 사실상 본선인도가격조건(BOF)에 불과하여 수입업자가 그와 별도로 그 운임을 실질적으로 부담하기로 한 사실이 인정되는 경우 세액결정에 영향을 미치기 위하여 그 운임 상당액을 고의로 누락하고 저가로 신고하였다면 다른 특별한 사정이 없는 한 그 운임 상당액에 부과될 관세를 포탈한 것으로 보아야 할 것이다.」라고 판시한 바 있다.[24]

한편 하급심 판결 중에는 「피고인들이 직접 가공을 할 의사 없이 마치 그러한 의사가 있는 것처럼 신고하고 할당관세의 적용을 받아 옥수수를 수입한 행위는, 관세법 제270조 제1항 제1호에서 말하는 '세액결정에 영향을 미치기 위하여 관세율을 허위로 신고하고 수입한 행

---

[24] 대법원 2005. 7. 15. 선고 2005도2520 판결 참조.

위'에 해당 된다」고 판시한 사례도 있다.[25]

다) 구성요건적 행위

나아가 **구체적인 구성요건적 행위**는 과세가격 또는 관세율 등을 거짓으로 신고하거나 신고하지 않는 것이다. 과세가격 또는 관세율을 허위로 신고하는 경우 통상적으로 장부 또는 증빙서류를 사실과 달리 허위로 작성하거나 이를 은닉하는 방법으로 신고하지 않는 행위가 대부분이다. 이 때 포탈세액을 산정하는 입증책임은 검사에게 있다고 할 것이지만 위 포탈세액을 산정하는 방법은 관세법상 포탈세액 추정규정(관세법 제31조 내지 제35조)을 적용하여 계산할 수 있다.

이에 대하여 **대법원** 또한 「관세포탈죄는 포탈세액이 구체적으로 계산되어 확정될 수 있어야 하는데, 장부 기타 증빙서류를 허위작성하거나 이를 은닉하는 등의 방법으로 실제 거래가격을 줄이거나 신고하지 아니함으로써 관세를 포탈한 경우, 포탈세액의 계산기초가 되는 수입물품의 대가로서 구매자가 실제 지급하였거나 지급하여야 할 가격을 인정할 확실한 증거를 요한다고 고집할 수는 없다. 따라서 이러한 경우에는 **일반적으로 용인될 수 있는 객관적, 합리적인 방법으로서 구 관세법이 규정한 제31조 내지 제35조를 순차적으로 적용하여 포탈세액을 추정하는 방법도 허용**되고, 추정계산의 기초가 되는 거래가격 또는 비용의 증명책임은 검사에게 있다.」고 판시하고 있다.[26]

라) 처벌

본죄의 경우, 「관세법」 제270조 제1항 제1호 또는 같은 조 제4항·제5항에 규정된 죄를 범한 사람은 ① 포탈(逋脫)·면탈(免脫)하거나 감면(減免)·환급받은 세액이 2억 원 이상인 경우에는 무기 또는 5년 이상의 징역에(제1호), ② 포탈·면탈하거나 감면·환급받은 세액이 5천만 원 이상 2억 원 미만인 경우에는 3년 이상의 유기징역에(제2호) 각 처하여 가중처벌한다.

2) 관세법 제270조 제4항·제5항 위반죄 구성요건

관련조문

특정범죄가중법 제6조(「관세법」 위반행위의 가중처벌) ④ 「관세법」 제270조 제1항 제1호 또는 **같은 조 제4항·제5항에 규정된 죄를 범한 사람**은 다음 각 호의 구분에 따라 가중처벌한다.
  1. **포탈(逋脫)·면탈(免脫)하거나 감면(減免)·환급받은 세액이 2억 원 이상**인 경우에는 무기 또는 5년 이상의 징역에 처한다.

---

25 서울고등법원 2007. 6. 1. 선고 2006노2732 판결 참조.
26 대법원 2016. 10. 27. 선고 2014도16271 판결

2. 포탈·면탈하거나 감면·환급받은 세액이 5천만 원 이상 2억 원 미만인 경우에는 3년 이상의 유기징역에 처한다.

☞ 관세법 제270조(관세포탈죄 등) ④ 부정한 방법으로 관세를 감면받거나 관세를 감면받은 물품에 대한 관세의 징수를 면탈한 자는 3년 이하의 징역에 처하거나, 감면받거나 면탈한 관세액의 5배 이하에 상당하는 벌금에 처한다.

⑤ 부정한 방법으로 관세를 환급받은 자는 3년 이하의 징역 또는 환급받은 세액의 5배 이하에 상당하는 벌금에 처한다. 이 경우 세관장은 부정한 방법으로 환급받은 세액을 즉시 징수한다.

가) 구성요건의 주체 및 행위의 상대방

본죄의 **구성요건의 주체**는 부정한 방법으로 관세를 감면받거나 면탈하거나 관세를 환급받은 사람이다. 따라서 위 **행위의 상대방**은 관세를 감면하거나 환급하여 준 세관 등이 된다.

나) 구성요건적 행위

본죄의 **구성요건적 행위**는 관세법 제270조 제4항의 경우 부정한 방법으로 관세를 감면받거나 관세를 감면받은 물품에 대한 관세의 징수를 면탈하는 것이고, 동조 제5항의 경우 부정한 방법으로 관세를 환급받는 것이다.

위 각 규정은 범죄수익은닉규제법 별표 제3호에 따른 관세법위반죄의 중대범죄에 해당하지 않지만 특정범죄가중법이 적용되어 가중처벌되는 경우(포탈, 면탈하거나 감면, 환급받은 세액이 5,000만 원 이상 2억 원 미만 또는 2억 원 이상)에는 특정범죄가중법에 따라 중대범죄에 해당하게 된다.

위 **구성요건적 행위와 관련하여 쟁점이 되는 것**은 '**부정한 방법**'의 해석이라 할 것인데 '**부정한 방법**'은 **관세 감면, 환급의 대상이 되지 않는 대상을 마치 그 대상이 되는 것처럼 허위로 꾸미는 일체의 행위를 모두 포함**한다.

이와 관련하여 **대법원**은 「관세 환급의 대상이 되는 수입고추 5,700kg과 함께 관세 환급의 대상이 될 수 없는 국내산 고추 6,000kg을 혼합하여 제조한 고추편 10,000kg을 일본으로 수출하였음에도 그 전량을 수입고추로 제조하여 수출한 것처럼 관세 환급 신청을 하여 부정한 방법으로 관세 금 38,101,580원을 환급받은 경우 이는 모두 부정한 방법으로 관세를 환급받은 경우에 해당한다.」고 판시한 바 있다.[27]

---

[27] 대법원 2003. 12. 26. 선고 2002도4550 판결 참조.

　나아가 **관세율을 적용받기 위한 정당한 절차를 거치지 않거나 허위의 자료를 제출하여 적법절차를 위반한 경우에도 모두 '부정한 방법'을 사용한 행위에 해당**한다. 이에 관하여 **대법원**은 「수입업자가 추천기관으로부터 해당 물품에 정하여진 일정 수량 범위 안에서 할당관세 적용 '추천'을 받아 그 추천서를 수입신고 수리 전까지 세관장에게 제출하여야 할당관세를 적용받을 수 있으므로, 이러한 추천기관의 추천은 할당관세를 적용받기 위하여 필수적으로 갖추어야 할 절차적 요건이라 할 수 있고, 수입업자는 할당관세 적용을 통해 관세를 감면받으려면 정당한 절차를 거쳐 적법하게 추천기관의 추천을 받아야 한다. 따라서 **수입업자가 추천기관에 추천을 신청하면서 추천기관 등이 요구하는 추천 자격에 관하여 허위의 소명자료를 제출함으로써 추천기관을 기망하여 추천을 받은 경우에는 부정한 방법으로 추천을 받은 것**으로서 적법한 추천 절차를 거쳐 할당관세를 적용받았다 할 수 없으므로, 관세법 제270조 제4항에서 정한 관세포탈 행위에 해당한다」고 판시하여, 할당관세를 적용받기 위해 정당한 절차를 거쳐 적법하게 추천기관의 추천을 받아야 함에도 그 추천기관이 요구하는 추천 자격에 관한 허위의 소명자료를 제출한 행위를 '부정한 방법'에 해당한다고 보았다.[28]

다) 처벌

　본죄의 경우, 「관세법」 제270조 제4항·제5항에 규정된 죄를 범한 사람은 ① 포탈(逋脫)·면탈(免脫)하거나 감면(減免)·환급받은 세액이 2억 원 이상인 경우에는 무기 또는 5년 이상의 징역에(제1호), ② 포탈·면탈하거나 감면·환급받은 세액이 5천만 원 이상 2억 원 미만인 경우에는 3년 이상의 유기징역에(제2호) 각 처하여 가중처벌한다.

다. 특정범죄가중법 제6조 제5항 관련 중대범죄

　특정범죄가중법 제6조 제5항은 관세법위반죄 중 제270조 제1항 제2호, 제2항 위반에 해당하는 범죄행위 중 수입한 물품의 원가를 기준으로 형을 가중하고 있는데 이에 해당하는 경우(수입한 물품의 원가 2억 원 이상 5억 원 미만 또는 5억 원 이상) 모두 환수의 대상이 되는 중대범죄에 해당한다. 특정범죄가중법 제6조 제5항이 규정하고 있는 중대범죄는 **세액결정에 영향을 미치기 위하여 거짓의 서류를 꾸며 수입한 경우, 또는 수입에 필요한 적법한 조건을 갖추지 못하였거나 기타 부정한 방법으로 수입한 경우** 그 수입한 물품의 원가가 2억 원 이상인 때 가중처벌한다.

---

[28] 대법원 2017. 9. 21. 선고 2016두34417 판결 참조.

범죄수익의 몰수·추징과 관련하여 특정범죄가중법 제6조 제5항, 관세법 제270조 제1항 제2호, 제2항은 모두 관세법 제282조에 따른 필요적 몰수·추징의 규정이 적용되지 않으므로 특정범죄가중법 제6조에 따라 가중처벌되는 경우 각 범죄행위로 취득한 범죄수익은 모두 **범죄수익은닉규제법에 따라 임의적 몰수·추징의 대상이 된다**는 점(특정범죄가중법 제13조 규정 또한 특정범죄가중법 제6조를 필요적 몰수·추징의 대상에서 제외하고 있다)은 앞에서 본 바와 같다.

1) 관세법 제270조 제1항 제2호 위반죄

관련조문

특정범죄가중법 제6조(「관세법」 위반행위의 가중처벌) ⑤ **「관세법」 제270조 제1항 제2호** 또는 같은 조 제2항에 규정된 죄를 범한 사람은 다음 각 호의 구분에 따라 가중처벌한다.

1. 수입한 물품의 원가가 5억 원 이상인 경우에는 3년 이상의 유기징역에 처한다.

2. 수입한 물품의 원가가 2억 원 이상 5억 원 미만인 경우에는 1년 이상의 유기징역에 처한다.

☞ 관세법 제270조(관세포탈죄 등) ① **제241조 제1항·제2항 또는 제244조 제1항에 따른 수입신고를 한 자** 중 다음 각 호의 어느 하나에 해당하는 자는 3년 이하의 징역 또는 포탈한 관세액의 5배와 물품원가 중 높은 금액 이하에 상당하는 벌금에 처한다. 이 경우 제1호의 물품원가는 전체 물품 중 포탈한 세액의 전체 세액에 대한 비율에 해당하는 물품만의 원가로 한다.

   2. **세액결정에 영향을 미치기 위하여 거짓으로 서류를 갖추어 제86조 제1항·제3항에** 따른 사전심사·재심사 및 **제87조 제3항**에 따른 재심사를 신청한 자

☞ 제86조(특정물품에 적용될 품목분류의 사전심사) ① 물품을 수출입하려는 자, 수출할 물품의 제조자 및 「관세사법」에 따른 관세사·관세법인 또는 통관취급법인(이하 "관세사등"이라 한다)은 제241조 제1항에 따른 수출입신고를 하기 전에 **대통령령으로 정하는 서류를 갖추어 관세청장에게 해당 물품에 적용될 별표 관세율표상의 품목분류를 미리 심사하여 줄 것을 신청**할 수 있다.

   ② 제1항에 따른 심사(이하 "사전심사"라 한다)의 신청을 받은 **관세청장은 해당 물품에 적용될 품목분류를 심사하여 대통령령으로 정하는 기간 이내에 이를 신청인에게 통지하여야 한다.** 다만, 제출자료의 미비 등으로 품목분류를 심사하기 곤란한 경우에는 그 뜻을 통지하여야 한다.

   ③ 제2항에 따라 통지를 받은 자는 **통지받은 날부터 30일 이내에 대통령령으로 정하는 서류를 갖추어 관세청장에게 재심사를 신청할 수 있다.** 이 경우 관세청장은 해당 물품에 적용될 품목분류를 재심사하여 대통령령으로 정하는 기간 이내에 이를 신청인에게 통지하여야 하며, 제출자료의 미비 등으로 품목분류를 심사하기 곤란한 경우에는 그 뜻을 통지

하여야 한다.

☞ **제87조(특정물품에 적용되는 품목분류의 변경 및 적용)** ③ 제2항에 따라 통지를 받은 자는 통지받은 날부터 30일 이내에 대통령령으로 정하는 서류를 갖추어 관세청장에게 재심사를 신청할 수 있다. 이 경우 재심사의 기간, 재심사 결과의 통지 및 고시·공표, 수수료 및 재심사의 절차·방법 등에 관하여는 제86조 제3항, 제4항, 제6항 및 제8항을 준용한다.

☞ **관세법 제270조** ② 제241조 제1항·제2항 또는 제244조 제1항에 따른 수입신고를 한 자 중 법령에 따라 **수입에 필요한 허가·승인·추천·증명 또는 그 밖의 조건을 갖추지 아니하거나 부정한 방법으로 갖추어 수입한 자는** 3년 이하의 징역 또는 3천만 원 이하의 벌금에 처한다.

☞ <u>**제241조(수출·수입 또는 반송의 신고)**</u> ① 물품을 수출·수입 또는 반송하려면 **해당 물품의 품명·규격·수량 및 가격과 그 밖에 대통령령으로 정하는 사항을 세관장에게 신고하여야 한다.**

② 다음 각 호의 어느 하나에 해당하는 물품은 대통령령으로 정하는 바에 따라 **제1항에 따른 신고를 생략하게 하거나 관세청장이 정하는 간소한 방법으로 신고하게 할 수 있다.**

1. 휴대품·탁송품 또는 별송품

2. 우편물

3. 제91조부터 제94조까지, 제96조 제1항 및 제97조 제1항에 따라 관세가 면제되는 물품

3의2. 제135조, 제136조, 제149조 및 제150조에 따른 보고 또는 허가의 대상이 되는 운송수단. 다만, 다음 각 목의 어느 하나에 해당하는 운송수단은 제외한다.

　가. 우리나라에 수입할 목적으로 최초로 반입되는 운송수단

　나. 해외에서 수리하거나 부품 등을 교체한 우리나라의 운송수단

　다. 해외로 수출 또는 반송하는 운송수단

4. 국제운송을 위한 컨테이너(별표 관세율표 중 기본세율이 무세인 것으로 한정한다)

☞ **제244조(입항전수입신고)** ① 수입하려는 물품의 신속한 통관이 필요할 때에는 제243조 제2항에도 불구하고 대통령령으로 정하는 바에 따라 **해당 물품을 적재한 선박이나 항공기가 입항하기 전에 수입신고를 할 수 있다.** 이 경우 입항전수입신고가 된 물품은 우리나라에 도착한 것으로 본다.

관세법 제270조 제1항 제2호 위반죄의 **구성요건 주체**는 **세액결정에 영향을 미치기 위하여** 거짓으로 서류를 갖추어 제86조 제1항·제3항에 따른 사전심사·재심사 및 제87조 제3항에 따른 재심사를 신청한 사람이다. 위 **행위의 상대방**은 심사의 주체이므로 세관 등이 된다.

위 **구성요건적 행위**와 관련하여 위 죄는 수입을 위한 사전심사, 재심사 과정에서 세액결정에 영향을 미치기 위한 목적을 필요로 하는 **목적범**이고, 거짓으로 서류를 갖추어 심사를 신청할 것이 요구된다. 위 특정범죄가중법 상 중대범죄에 해당하기 위해서는 위와 같이 거

짓으로 서류를 꾸며 수입한 물품의 원가가 2억 원 이상에 해당하여야 한다.

　　본죄를 범하여 **특정범죄가중법이 적용**되는 경우, 수입한 물품의 원가가 5억 원 이상인 경우에는 3년 이상의 유기징역(제1호), 수입한 물품의 원가가 2억 원 이상 5억 원 미만인 경우에는 1년 이상의 유기징역(제2호)에 각 처한다.

2) 관세법 제270조 제2항 위반죄

관련조문

특정범죄가중법 제6조(「관세법」 위반행위의 가중처벌) ⑤ **「관세법」 제270조** 제1항 제2호 또는 **같은 조 제2항**에 규정된 죄를 범한 사람은 다음 각 호의 구분에 따라 가중처벌한다.

　1. 수입한 물품의 원가가 5억 원 이상인 경우에는 3년 이상의 유기징역에 처한다.

　2. 수입한 물품의 원가가 2억 원 이상 5억 원 미만인 경우에는 1년 이상의 유기징역에 처한다.

☞ **관세법 제270조(관세포탈죄 등)** ② **제241조 제1항·제2항 또는 제244조 제1항**에 따른 수입신고를 한 자 중 법령에 따라 수입에 필요한 허가·승인·추천·증명 또는 그 밖의 조건을 갖추지 아니하거나 부정한 방법으로 갖추어 수입한 자는 3년 이하의 징역 또는 3천만 원 이하의 벌금에 처한다.

☞ **제241조(수출·수입 또는 반송의 신고)** ① 물품을 수출·수입 또는 반송하려면 해당 물품의 품명·규격·수량 및 가격과 그 밖에 대통령령으로 정하는 사항을 세관장에게 신고하여야 한다. ② 다음 각 호의 어느 하나에 해당하는 물품은 대통령령으로 정하는 바에 따라 제1항에 따른 신고를 생략하게 하거나 관세청장이 정하는 간소한 방법으로 신고하게 할 수 있다.

　1. 휴대품·탁송품 또는 별송품

　2. 우편물

　3. 제91조부터 제94조까지, 제96조 제1항 및 제97조 제1항에 따라 관세가 면제되는 물품

　3의2. 제135조, 제136조, 제149조 및 제150조에 따른 보고 또는 허가의 대상이 되는 운송수단. 다만, 다음 각 목의 어느 하나에 해당하는 운송수단은 제외한다.

　　가. 우리나라에 수입할 목적으로 최초로 반입되는 운송수단

　　나. 해외에서 수리하거나 부품 등을 교체한 우리나라의 운송수단

　다. 해외로 수출 또는 반송하는 운송수단

　4. 국제운송을 위한 컨테이너(별표 관세율표 중 기본세율이 무세인 것으로 한정한다)

☞ **제244조(입항전수입신고)** ① 수입하려는 물품의 신속한 통관이 필요할 때에는 제243조 제2항에도 불구하고 대통령령으로 정하는 바에 따라 **해당 물품을 적재한 선박이나 항공기가 입항하기 전에 수입신고를 할 수 있다.** 이 경우 입항전수입신고가 된 물품은 우리나라에 도착한 것으로 본다.

관세법 제270조 제2항 위반죄의 **구성요건의 주체**는 제241조 제1항·제2항 또는 제244조 제1항에 따른 수입신고를 한 사람이다. 한편 **행위의 상대방**은 위와 같은 신고를 받는 주체인 세관 등이다.

위 **구성요건적 행위**는 법령에 따라 수입에 필요한 허가·승인·추천·증명 또는 그 밖의 조건을 갖추지 아니하거나 부정한 방법으로 갖추어 수입하는 행위로서 특정범죄가중법상 위 수입원가가 2억 원 이상에 해당하여야 한다.

위 죄의 **실행의 착수시기**와 관련하여 **대법원**은 '세관장에 대한 수입신고 시' 그 실행의 착수가 인정된다고 하면서 「외국으로부터 우리나라에 도착하여 보세구역에서 수입신고 절차를 밟는 수입자동차는 수입신고 수리 시에 사실상 관세법에 따른 구속에서 해제되어 내국물품이 되므로 수입신고 수리 시에 보세구역으로부터 반입되어 수입이 이루어진 것이라고 보아야 한다.」고 판시하고 있다.[29]

한편 **위 부정수입죄의 죄수와 관련**하여 **대법원**은 「관세법상 무신고수입죄 및 관세포탈죄에 있어서 서로 다른 시기에 수회에 걸쳐 이루어진 무신고수입행위 및 관세포탈행위는 그 행위의 태양, 수법, 품목 등이 동일하다 하더라도 원칙적으로 별도로 각각 1개의 무신고수입 및 관세포탈로 인한 관세법위반죄를 구성한다 할 것이고(대법원 2000. 5. 26. 선고 2000도1338 판결, 2000. 11. 10. 선고 99도782 판결 등 참조), 이와 같은 법리는 부정수입으로 인한 관세법위반죄에 있어서도 마찬가지라고 할 것이다」라고 판시하고 있다.[30] 따라서 원칙적으로 부정수입죄의 각 행위는 경합범 관계에 있다고 할 것이므로 위 각 부정수입죄가 단일한 범의 하에 계속하여 이루어졌다는 점을 증명하여야만 특정범죄가중법이 적용될 수 있다.

본죄를 범하여 **특정범죄가중법이 적용**되는 경우, ① 수입한 물품의 원가가 5억 원 이상인 경우에는 3년 이상의 유기징역(제1호), ② 수입한 물품의 원가가 2억 원 이상 5억 원 미만인 경우에는 1년 이상의 유기징역(제2호)에 각 처한다.

라. 특정범죄가중법 제6조 제4항, 제5항에 따른 범죄수익환수 사례

그러나 실무상 특정범죄가중법 제6조 제4항, 제5항이 적용되어 관세법 제270조 제1항 제1호, 제2호, 제2항, 제4항, 제5항에 따라 가중처벌되는 경우 범죄수익은닉규제법에 따라 범죄수익이 환수된 사례는 찾기 어렵다.

대부분의 사례들은 관세법 자체의 중대범죄에 해당하는 경우이거나 특정범죄가중법 제6조

---

29 대법원 2019. 9. 10. 선고 2019도6252 판결 참조.
30 대법원 2001. 5. 15. 선고 99도1046 판결 참조.

제1항 내지 제3항에 따라 위 관세법 자체의 중대범죄(관세법 제269조 제1항 내지 제3항)가 가중처벌되는 경우에 해당한다.

관련조문

특정범죄가중법 제6조(「관세법」위반행위의 가중처벌) ① 「관세법」 제269조 제1항에 규정된 죄를 범한 사람은 다음 각 호의 구분에 따라 가중처벌한다.

1. 수출 또는 수입한 물품의 가액(이하 이 조에서 "물품가액"이라 한다)이 1억 원 이상인 경우에는 무기 또는 7년 이상의 징역에 처한다.

2. 물품가액이 3천만 원 이상 1억 원 미만인 경우에는 3년 이상의 유기징역에 처한다.

② 「관세법」 제269조 제2항에 규정된 죄를 범한 사람은 다음 각 호의 구분에 따라 가중처벌한다.

1. 수입한 물품의 원가가 5억 원 이상인 경우에는 무기 또는 5년 이상의 징역에 처한다.

2. 수입한 물품의 원가가 2억 원 이상 5억 원 미만인 경우에는 3년 이상의 유기징역에 처한다.

③ 「관세법」 제269조 제3항에 규정된 죄를 범한 사람이 수출하거나 반송한 물품의 원가가 5억 원 이상인 경우에는 1년 이상의 유기징역에 처한다.

3 대외무역법위반(제4호)

1. 총설

범죄수익은닉규제법 별표 제4호에서는 **대외무역법 제53조 제2항 제2호, 제3호, 제9호의 죄**를 범죄수익환수 대상범죄로 규정하고 있다. 그 중 제53조 제2항 제2호, 제3호 위반죄는 2019. 4. 23. **범죄수익은닉규제법이 개정되면서 중대범죄로 추가**되었다.

관련조문

범죄수익은닉규제법 별표
      중대범죄(제2조 제1호 관련)
4. 「대외무역법」 **제53조 제2항 제2호·제3호 및 제9호**의 죄

관련조문

제53조(벌칙) ② 다음 각 호의 어느 하나에 해당하는 자는 5년 이하의 징역 또는 수출·수입·경유·환적·중개하는 물품등의 가격의 3배에 해당하는 금액 이하의 벌금에 처한다. <개정 2013. 7. 30.>

2. 제19조 제3항에 따른 상황허가를 받지 아니하고 상황허가 대상인 물품등을 수출한 자

3. 제23조 제3항에 따른 경유 또는 환적 허가를 받지 아니하고 전략물자등을 경유 또는 환적한 자

9. 제43조를 위반하여 물품등의 수출과 수입의 가격을 조작한 자

대외무역법은 대외 무역을 진흥하고 공정한 거래질서를 확립함을 주된 목적으로 한다. 이 법률에서 사용한 환수대상 범죄와 관련 용어는 다음과 같다.

관련조문

대외무역법 제2조(정의) 이 법에서 사용하는 용어의 뜻은 다음과 같다. <개정 2014. 1. 21., 2020. 2. 4.>

1. "무역"이란 다음 각 목의 어느 하나에 해당하는 것(이하 "물품등"이라 한다)의 수출과 수입을 말한다.

   가. 물품

   나. 대통령령으로 정하는 용역

   다. 대통령령으로 정하는 전자적 형태의 무체물(無體物)

2. "물품"이란 다음 각 목의 것을 제외한 동산(動産)을 말한다.

   가. 「외국환거래법」에서 정하는 지급수단

   나. 「외국환거래법」에서 정하는 증권

   다. 「외국환거래법」에서 정하는 채권을 화체(化體)한 서류

3. "무역거래자"란 수출 또는 수입을 하는 자, 외국의 수입자 또는 수출자에게서 위임을 받은 자 및 수출과 수입을 위임하는 자 등 물품등의 수출행위와 수입행위의 전부 또는 일부를 위임하거나 행하는 자를 말한다.

4. "정부간 수출계약"이란 외국 정부의 요청이 있을 경우, 제32조의3제1항에 따른 정부간 수출계약 전담기관이 대통령령으로 정하는 절차에 따라 국내 기업을 대신하여 또는 국내 기업과 함께 계약의 당사자가 되어 외국 정부에 물품등(「방위산업 발전 및 지원에 관한 법률」 제2조 제1항 제1호에 따른 방위산업물자등은 제외한다)을 유상(有償)으로 수출하기 위하여 외국 정부와 체결하는 수출계약을 말한다.

[시행일: 2021. 2. 5.]

대외무역법상 환수 대상범죄 3개의 유형을 살펴보면, ① 수출허가를 받지 아니하고 전략물자를 밀수출하는 경우(제53조 제2항 제2호, 제19조 세2항), ② 거짓이니 그 밖의 부정한 방

법으로 수출허가를 받는 경우(제53조 제2항 제3호, 제19조 제2항), ③ 물품등의 수출과 수입의 가격을 조작하는 경우(제53조 제2항 제9호, 제43조)가 있다. **사례를 살펴보면 대부분 제53조 제2항 제9호, 제43조로 의율되어 처벌**되고 있고, 앞의 2개의 사례는 많이 확인되지 않는다.

한편 대외무역법은 관세법과는 달리 해당 법령에 몰수·추징 규정이 마련되어 있지 않아 위 중대범죄에 해당하여 생긴 재산 및 보수로 얻은 재산을 특별법에 따라 환수할 수는 없다. 결국 **대외무역법에 따라 얻은 범죄수익은 범죄수익은닉규제법 및 일반 형법 규정에 따라 임의적으로 몰수·추징**할 수밖에 없다.

2. 전략물자 밀수출의 점(제53조 제2항 제2호, 제19조 제2항)

가. 구성요건 및 처벌

관련조문

제53조(벌칙) ② 다음 각 호의 어느 하나에 해당하는 자는 5년 이하의 징역 또는 수출·수입· 경유·환적·중개하는 물품등의 가격의 3배에 해당하는 금액 이하의 벌금에 처한다.

2. **제19조 제2항**에 따른 수출허가를 받지 아니하고 전략물자를 수출한 자

☞ **대외무역법 제19조(전략물자의 고시 및 수출허가 등)** ①산업통상자원부장관은 관계 행정기관의 장과 협의하여 대통령령으로 정하는 국제수출통제체제(이하 "국제수출통제체제"라 한다)의 원칙에 따라 국제평화 및 안전유지와 국가안보를 위하여 수출허가 등 제한이 필요한 물품등(대통령령으로 정하는 기술을 포함한다. 이하 이 절에서 같다)을 지정하여 고시하여야 한다. <개정 2008. 2. 29., 2009. 4. 22., 2013. 3. 23., 2013. 7. 30.>

② 제1항에 따라 지정·고시된 물품등(이하 "전략물자"라 한다)을 수출(제1항에 따른 기술이 다음 각 호의 어느 하나에 해당되는 경우로서 대통령령으로 정하는 경우를 포함한다. 이하 제19조 제3항부터 제5항까지, 제20조, 제23조, 제24조, 제24조의2, 제24조의3, 제25조, 제28조, 제29조, 제31조, 제47조부터 제49조까지, 제53조 제1항 및 제53조 제2항 제2호부터 제4호까지에서 같다)하려는 자는 대통령령으로 정하는 바에 따라 산업통상자원부장관이나 관계 행정기관의 장의 허가(이하 "수출허가"라 한다)를 받아야 한다. 다만, 「방위사업법」 제57조 제2항에 따라 허가를 받은 방위산업물자 및 국방과학기술이 전략물자에 해당하는 경우에는 그러하지 아니하다. <개정 2008. 2. 29., 2013. 3. 23., 2013. 7. 30.>

1. 국내에서 국외로의 이전

2. 국내 또는 국외에서 대한민국 국민(국내법에 따라 설립된 법인을 포함한다)으로부터 외국인(외국의 법률에 따라 설립된 법인을 포함한다)에게로의 이전

이 범죄는 수출허가를 받지 아니하고 전략물자를 밀수출 하는 경우 성립한다(제53조 제2항

제2호, 제19조 제2항). 위 전략물자는 산업통상자원부 장관이 관계 행정기관의 장과 협의하여 국제수출통제체제의 원칙에 따라 고시하는 물자를 기준으로 한다.[31] 전략물자의 수출을 적절히 통제함으로써 국제평화 및 안전유지와 국가안보에 기여함을 목적으로 한다.[32] 앞에서 본 바와 같이 2019. 4. 23. 버모지수익은닉규제법이 개정되면서 중대범죄로 **추가**되었다.

본죄의 **구성요건의 주체**는 아무런 제한이 없고, **행위의 상대방** 또한 특별한 신분상의 제한이 없다. 나아가 본죄의 **구성요건적 행위**는 수출허가를 받지 않고 전략물자를 수출하는 것으로 전략물자의 개념은 앞에서 본 바와 같다.

본죄를 위반하면 5년 이하의 징역 또는 수출·수입·경유·환적·중개하는 물품등의 가격의 3배에 해당하는 금액 이하의 벌금에 처한다.

나. 범죄수익환수 사례

이 범죄는 수출허가를 받지 아니하고 전략물자를 밀수출하면 성립하는 범죄인 바 밀수출에 따라 발생하는 이익을 어떻게 산정할 것인지가 쟁점이 된다. 그러나 허가 없는 수출행위를 통해 생긴 재산을 특정하기 쉽지 않아 그 이익을 추징한 사례는 발견되지 않는다.

허가 없이 밀수출 범행을 하게 된 이유가 무엇인지, 그 과정에서 부정한 청탁을 받고 금품을 수수한 사실은 없는지, 밀수출 범행 과정에서 생긴 재산 또는 보수로 받은 재산은 없는지를 확인하여 이를 적극적으로 환수할 필요가 있다(私見).

3. 부정한 방법 수출허가 후 수출의 점(제53조 제2항 제3호, 제19조 제2항)

가. 구성요건 및 처벌

관련조문 ────────────────────────────────

제53조(벌칙) ② 다음 각 호의 어느 하나에 해당하는 자는 5년 이하의 징역 또는 수출·수입·경유·환적·중개하는 물품등의 가격의 3배에 해당하는 금액 이하의 벌금에 처한다.

3. 거짓이나 그 밖의 부정한 방법으로 **제19조 제2항**에 따른 수출허가를 받은 자

☞ **대외무역법 제19조(전략물자의 고시 및 수출허가 등)** ①산업통상자원부장관은 관계 행정기관의 장과 협의하여 대통령령으로 정하는 국제수출통제체제(이하 "국제수출통제체제"라 한

---

31 전략물자 수출입고시(산업통상자원부고시 제2020−94호, 2020. 6. 19. 일부개정). 해당 고시 별표에는 물자에 따라 수출허가를 받아야 히는 전략물자가 규정되어 있다.

32 위 고시 제1조 목적 참조.

다)의 원칙에 따라 국제평화 및 안전유지와 국가안보를 위하여 수출허가 등 제한이 필요한 물품등(대통령령으로 정하는 기술을 포함한다. 이하 이 절에서 같다)을 지정하여 고시하여야 한다. <개정 2008. 2. 29., 2009. 4. 22., 2013. 3. 23., 2013. 7. 30.>

② 제1항에 따라 지정·고시된 물품등(이하 "전략물자"라 한다)을 수출(제1항에 따른 기술이 다음 각 호의 어느 하나에 해당되는 경우로서 대통령령으로 정하는 경우를 포함한다. 이하 제19조 제3항부터 제5항까지, 제20조, 제23조, 제24조, 제24조의2, 제24조의3, 제25조, 제28조, 제29조, 제31조, 제47조부터 제49조까지, 제53조 제1항 및 제53조 제2항 제2호부터 제4호까지에서 같다)하려는 자는 대통령령으로 정하는 바에 따라 산업통상자원부장관이나 관계 행정기관의 장의 허가(이하 "수출허가"라 한다)를 받아야 한다. 다만, 「방위사업법」 제57조 제2항에 따라 허가를 받은 방위산업물자 및 국방과학기술이 전략물자에 해당하는 경우에는 그러하지 아니하다. <개정 2008. 2. 29., 2013. 3. 23., 2013. 7. 30.>

1. 국내에서 국외로의 이전
2. 국내 또는 국외에서 대한민국 국민(국내법에 따라 설립된 법인을 포함한다)으로부터 외국인(외국의 법률에 따라 설립된 법인을 포함한다)에게로의 이전

이 범죄는 거짓이나 그 밖의 부정한 방법으로 수출허가를 받아 수출하는 경우 성립한다(제53조 제2항 제3호, 제19조 제2항). 여기에서 거짓이나 그 밖의 부정한 방법은 통상 문서위조, 위계에 의한 공무집행방해 등 구체적이고 적극적인 기망행위 등을 동반하게 된다. 앞에서 본 바와 같이 본죄는 2019. 4. 23. **범죄수익은닉규제법이 개정되면서 중대범죄로 추가**되었다.

본죄의 **구성요건의 주체**는 아무런 제한이 없고, 본죄의 **구성요건적 행위**는 거짓이나 그 밖의 부정한 방법으로 수출허가를 받고 전략물자를 수출하는 행위로 전략물자의 개념은 앞에서 본 바와 같다.

이에 대하여 전략물자의 최종사용자 증명서, 최종수하인 진술서 등을 위조하여 이를 방위사업청에 제출함으로써 수출허가를 받아 총기류 등을 수출한 사례가 있다.[33] 문서위조를 동반하여 수출허가를 담당하는 관공서를 기망하는 경우 거짓 기타 부정한 방법으로 수출허가를 받은 것으로 볼 수 있다.

본죄를 위반하면 5년 이하의 징역 또는 수출·수입·경유·환적·중개하는 물품등의 가격의 3배에 해당하는 금액 이하의 벌금에 처한다.

---

[33] 서울중앙지방법원 2016. 9. 20. 선고 2016고단4596판결 참조(같은 법원 2016노3722 판결로 확정).

나. 범죄수익환수 사례

이 범죄는 거짓 기타 부정한 방법으로 수출허가를 받지 아니하고 전략물자를 밀수출하면 성립하는 범죄인 바 앞에서 살펴본 전략물자 밀수출 범죄와 마찬가지로 허가 없는 수출행위를 통해 생긴 재산을 특정하기 쉽지 않아 그 이익을 추징한 사례는 발견되지 않는다.

4. 외화도피 목적 가격조작의 점(제53조 제2항 제9호, 제43조)

가. 구성요건 및 처벌

관련조문

제53조(벌칙) ②다음 각 호의 어느 하나에 해당하는 자는 5년 이하의 징역 또는 수출·수입·경유·환적·중개하는 물품등의 가격의 3배에 해당하는 금액 이하의 벌금에 처한다.

9. 제43조를 위반하여 물품등의 수출과 수입의 가격을 조작한 자

☞ 제43조(수출입 물품등의 가격 조작 금지) 무역거래자는 외화도피의 목적으로 물품등의 수출 또는 수입 가격을 조작(造作)하여서는 아니 된다.

이 범죄는 물품등의 수출과 수입의 가격을 조작하는 경우 성립한다(제53조 제2항 제9호, 제43조). 관세법위반죄의 가격조작죄와 비슷한 구성요건이나 대외무역법상 가격조작죄는 그 목적이 「외화도피의 목적」이라는 점이 관세법의 그것과 다르다. 위 각 범죄의 상관관계는 앞에서 살펴본 바와 같다.

본죄의 **구성요건의 주체**는 무역거래자일 것을 요하고(신분범), 본죄의 **구성요건적 행위**는 외화도피의 목적으로 물품등의 수출 또는 수입 가격을 조작(造作)하는 것이다. **주관적 구성요건요소**로 외화도피의 목적이 요구된다(목적범).

수출입을 하는 무역거래자가 국내에 있는 외화를 해외로 도피시킬 목적으로 수출 또는 수입가격을 조작하고, 외화가 해외로 반출되는 경우를 상정하므로 국내와 해외의 무역거래가 전제된다는 점이 특징이다.

본죄를 위반하면 5년 이하의 징역 또는 수출·수입·경유·환적·중개하는 물품등의 가격의 3배에 해당하는 금액 이하의 벌금에 처한다.

나. 범죄수익환수 및 자금세탁범죄 처벌 사례

이와 관련하여 수입신용장 거래에 있어 수입자가 물품인수를 거절하고 수입대금을 지급하지 않을 경우 수입신용장 개설은행이 수입자를 대신하여 수출자에게 대금을 지급할 의무가 발생하는 점을 악용하여 가치가 없는 물품을 수입하면서도 마치 정상적인 물품을 수입하는 것처럼 수입가격을 조작하고 국내에서 중국으로 외화를 도피시켜 편취한 사례가 있다.[34]

이 사례는 **수입가격을 조작하는 방법으로 은행으로부터 금원을 편취하여 외화를 도피시키고, 이를 중국에 있는 공범을 통해 환치기 방법으로 국내에 송금함으로써 은닉한 자금세탁범죄까지 함께 처벌**하였다. 이를 통해 ① 외화도피 행위를 한 공범이 반출한 외화 중 일부를 중국 위안화로 직접 지급받아 취득한 부분, ② 나머지 범죄수익을 중국 및 국내에 있는 환치기 업자를 통해 공범에게 지급함으로써 취득한 부분을 각 범죄수익을 취득한 공범들로부터 추징하였다.

이는 범죄수익은닉규제법상 자금세탁범죄에 관계된 자금을 몰수·추징한 것으로 **가격조작죄와 같이 추징금을 산정하기 곤란한 중대범죄의 경우 자금세탁행위에 관계된 재산을 환수할 수 있음을 보여준 사례**다.

사례

[범죄사실]

(전략) 다. 대외무역법위반

무역거래자는 외화도피의 목적으로 물품등의 수출 또는 수입 가격을 조작하여서는 아니 된다.

피고인들은 함께 수입신용장 거래에 있어 수입자가 물품인수를 거절하고 수입대금을 지급하지 않을 경우 수입신용장 개설은행이 수입자를 대신하여 수출자에게 대금을 지급할 의무가 발생하는 점을 이용하여 위 가항, 나항 기재와 같이 국내 은행 금원을 편취하여 외화도피의 목적으로 수입가격을 조작하기로 마음먹었다.

피고인들은 함께 실제로는 상품 가치가 낮은 저가의 중국 갈치를 수입하면서 상품가치 있는 정상적인 제품의 갈치를 국내 수입하는 것처럼 허위의 수입계약서를 작성한 후 피고인 A는 2018. 9. 7.경, 2018. 9. 19.경 부산 부산진구 I에 있는 (주)J은행 부전역지점에서 담당자 K에게 위 가항 기재와 같이 저가갈치를 수입하는 것임에도 정상 갈치 미화 165,600달러 상당(한화 185,670,720원 상당)을 수입하는 것처럼 수입신용장번호 L호의 수입신용장과 정상 갈치 미화 163,200달러 상당(한화 183,812,160원 상당)을 수입하는 것처럼 수입신용장번호 M

---

34 부산지방법원 2020. 5. 15. 선고 2019고합571 판결 참조(부산고등법원 2020노283 판결로 확정).

호의 수입신용장을 각 개설하였다.

이어서 피고인 B는 중국에 있는 N을 통해 저가의 갈치를 구입하여 2018. 9. 28.경 중국에서 선적한 뒤 2018. 10. 13.경, 2018. 10. 23.경 각 부산항으로 반입하고, 피고인 C는 그 무렵 (주)J은행 부전역지점로부터 선적서류 및 물품을 인수해 가라는 통보를 받고서도 이를 거절한 뒤 고의로 부도처리함으로써 수입신용장 개설은행인 (주)J은행 부전역지점으로 하여금 2018. 11. 5.경 미화 165,520달러와 미화 163,120달러를 신용장 통지은행인 P에 신용장 대금 명목으로 교부하게 하고 2018. 9. 25.경부터 2019. 9. 26.경까지 O로부터 N 명의의 계좌로 2,280,000위안을 송금받는 방법으로 (주)J은행 부전역지점의 외화를 중국으로 도피시키기 위해 물품등의 수입가격을 조작한 것을 비롯하여 그 때부터 2018. 11. 11.경까지 별지 범죄일람표 2 기재와 같이 총 4회에 걸쳐 위와 같은 방법의 외화도피의 목적으로 합계 미화 657,600 달러 (한화 744,795,240원 상당)의 물품 수입가격을 조작하였다.

이로써 피고인들은 공모하여 외화도피의 목적으로 물품등의 수입 가격을 조작하였다.

라. 범죄수익은닉의규제및처벌등에관한법률위반

특정범죄를 조장하거나 적법하게 취득한 재산으로 가장할 목적으로 범죄수익등을 은닉하여서는 아니 된다.

피고인들은 공모하여 위 다항 기재와 같이 **외화도피의 목적으로 물품등의 수입 가격을 조작하여 컨테이너당 9,000만 원 상당에 해당하는 피고인 A몫을 중국에서 한국으로 이동시키는 방법으로 중국에서 취득한 범죄수익의 출처를 은닉하기로 마음먹었다.**

피고인 B는 중국 상해에서 N을 통하여 조선족 U에게 인민폐를 송금하면 그 자리에서 컨테이너당 피고인 B의 몫인 한화 1,000만 원 상당을 인민폐 현금으로 받고, 재차 위 U로 하여금 성명을 알 수 없는 환치기업자에게 인민폐를 송금하게 하였으며, 다시 성명을 알 수 없는 환치기업자가 피고인 A에게 현금을 전달하는 방법을 이용하기로 하였다.

피고인 B는 2018. 9. 25.경부터 2018. 9. 26.경까지 중국 O로부터 위 가항 기재와 같이 수입신용장번호 L호의 수입신용장과 수입신용장번호 M호의 수입신용장의 대금 2,280,000위안을 N의 계좌로 송금 받았고, 재차 N이 2018. 9. 27.경 중국 인민폐 1,300,000위안을 U에게 송금하자 피고인 B의 몫인 130,000위안을 U로부터 현장에서 교부받았으며 U로 하여금 나머지 1,170,000위안을 성명을 알 수 없는 환치기업자에게 송금하도록 한 뒤 피고인 A는 즉시 한국에서 위 성명을 알 수 없는 환치기업자로부터 180,000,000원을 교부받아 생활비 등으로 사용한 것을 비롯하여 **그때부터 2018. 10. 24.경까지 별지 범죄일람표 3 기재와 같이 위와 같은 방법으로 취득한 범죄수익을 총 3회에 걸쳐 합계 360,000,000원 상당의 현금으로 피고인 A에게 교부하는 방법을 이용하여 범죄수익을 은닉하였다.**

이로써 피고인들은 공모하여 특정범죄를 조장하거나 적법하게 취득한 재산으로 가장할 목적으로 범죄수익등을 은닉하였다.

적용법조

1. 범죄사실에 대한 해당법조 및 형의 선택

　가. 피고인 A, 피고인 B

　각 특정경제범죄 가중처벌 등에 관한 법률 제3조 제1항 제2호, 형법 제347조 제1항, 제30조 [피해자 (주)****은행에 대한 사기의 점, 포괄하여], 각 형법 제347조 제1항, 제30조(피해자 **은행에 대한 사기의 점, 징역형 선택), 각 대외무역법 제53조 제2항 제9호, 제43조, 형법 제30조(수입가격 조작의 점, 각 징역형 선택), 각 범죄수익은닉의 규제 및 처벌 등에 관한 법률 제3조 제1항 제3호, 형법 제30조(범죄수익등 가장 및 은닉의 점, 포괄하여, 징역형 선택)

　나. 피고인 C

　대외무역법 제57조, 제53조 제2항 제9호, 제43조, 범죄수익은닉의 규제 및 처벌 등에 관한 법률 제7조, 제3조 제1항 제3호

1. 추징

　피고인 A, 피고인 B: 각 범죄수익은닉의 규제 및 처벌 등에 관한 법률 제10조 제1항[피고인 B: 260,000위안(C로부터 위안화로 수령한 부분)×이 판결 선고 일에 가까운 2020. 5. 13.자 매매기준율 1위안 당 172.28원＝44,792,800원]

4 부정수표단속법위반(제6호)

1. 총설

　범죄수익은닉규제법 별표 제6호에서는 **부정수표단속법 제5조의 죄**를 범죄수익환수 대상 범죄로 규정하고 있다.

관련조문

범죄수익은닉규제법 별표

중대범죄(제2조 제1호 관련)

6.「부정수표 단속법」 **제5조**의 죄

　수표를 위조 또는 변조함으로써 생긴 재산과 그 보수로 얻은 재산을 환수할 수 있도록 규정한 것으로, 위조 또는 변조행위 자체로 생긴 재산은 몰수의 대상이 되고, 그와 같은 행위를 하고 대가로 받은 재산이 있는 경우 이를 환수할 수 있다.

2. 구성요건 및 처벌

관련조문

부정수표단속법 제5조(위조·변조자의 형사책임) 수표를 위조하거나 변조한 자는 1년 이상의 유기징역과 수표금액의 10배 이하의 벌금에 처한다.

형법 제217조(위조유가증권 등의 행사 등) 위조, 변조, 작성 또는 허위기재한 전3조 기재의 유가증권을 행사하거나 행사할 목적으로 수입 또는 수출한 자는 10년 이하의 징역에 처한다.

본죄의 **구성요건의 주체**는 아무런 제한이 없고, **행위의 상대방** 또한 제한이 없다.

본죄의 **구성요건적 행위**는 수표를 위조하거나 변조하는 것으로 수표 변조죄의 행위의 **객체**는 진정하게 작성된 수표다.

위 범죄는 수표를 위조하거나 변조한 범죄를 처벌하는 것으로 이를 행사하면 위조 또는 변조 유가증권행사죄가 성립하고, 이를 이용하여 금원을 편취하면 사기죄가 함께 성립하게 된다. 이 때 사기죄로 영득한 금원은 범죄피해재산에 해당하므로 범죄수익은닉규제법상 추징할 수 없다.

본죄를 범하면 1년 이상의 유기징역 및 수표금액 10배이하의 벌금에 처한다(필요적 병과).

3. 범죄수익환수 및 자금세탁범죄 처벌 사례

대법원 및 하급심 판결을 확인해보아도 부정수표단속법 제5조 위반죄를 통해 취득한 범죄수익을 세탁한 범죄, 위 범죄를 통해 생긴 재산이나 보수로 얻은 재산을 추징한 사례는 찾아보기 어렵다.

대부분의 사례는 수표를 위조 또는 변조하여 이를 행사한 다음 타인을 기망하여 재산상 이익을 취득하는 경우를 처벌하고 있는데 수표를 위·변조한 이유가 무엇인지, 위·변조를 통해 얻은 구체적인 이익이 무엇인지, 위와 같이 얻은 이익을 차명계좌로 입금받거나 타인 명의로 은닉하지는 않았는지 확인하여 범죄수익등을 환수할 필요가 있다(私見).

5 상법위반(제8호)

1. 총설

범죄수익은닉규제법 별표 제8호에서는 **상법 제622조 및 제624조(제622조의 미수범만 해당한다)의 죄**를 범죄수익환수 대상 중대범죄로 규정하고 있고, 부패재산몰수법 별표 제12호에서는 **상법 제630조, 제631조 및 제634조의2의 죄**를 부패범죄로 규정하고 있다. 부패재산몰수법상 부패범죄와 범죄수익은닉규제법상 중대범죄에는 아래와 같은 차이가 있다.

관련조문

범죄수익은닉규제법 별표

중대범죄(제2조제1호 관련)

8. 「상법」 <u>제622조 및 제624조(제622조의 미수범만 해당한다)</u>의 죄

관련조문

부패재산몰수법 별표

부패범죄(제2조 제1호 관련)

12. 「상법」 <u>제630조, 제631조 및 제634조의2</u>의 죄

상법은 제633조에서 개별적인 몰수·추징규정을 두고 있고 그 적용범위가 동법 제630조 제1항 또는 제631조 제1항에 한정되므로 위 범죄수익은닉규제법상 중대범죄에는 적용되지 않는다. 따라서 위 **상법 제630조 제1항, 제631조 제1항 부패범죄로 취득한 범죄수익은 상법에 따른 필요적 몰수·추징의, 나머지 범죄의 경우 범죄수익은닉규제법 또는 부패재산몰수법에 따라 임의적 몰수·추징 대상**이 된다.

관련조문

상법 제633조(몰수, 추징) <u>제630조 제1항 또는 제631조 제1항</u>의 경우에는 범인이 수수한 이익은 이를 몰수한다. 그 전부 또는 일부를 몰수하기 불능한 때에는 그 가액을 추징한다.

이 장에서는 범죄수익은닉규제법상 중대범죄에 한하여 검토하고 부패재산몰수법상 부패

범죄 부분은 제3장 부패재산몰수법 부분에서 살펴보기로 한다.

2. 발기인, 이사 기타 임원 등의 특별배임죄(제622조, 제624조)

가. 구성요건

관련조문

제622조(발기인, 이사 기타의 임원 등의 특별배임죄) ① 회사의 발기인, 업무집행사원, 이사, 집
행임원, 감사위원회 위원, 감사 또는 제386조 제2항, 제407조 제1항, 제415조 또는 제567조
의 직무대행자, 지배인 기타 회사영업에 관한 어느 종류 또는 특정한 사항의 위임을 받은
사용인이 그 임무에 위배한 행위로써 재산상의 이익을 취하거나 제삼자로 하여금 이를 취득
하게 하여 회사에 손해를 가한 때에는 10년 이하의 징역 또는 3천만 원 이하의 벌금에 처한
다. <개정 1984. 4. 10., 1995. 12. 29., 1999. 12. 31., 2011. 4. 14.>
② 회사의 청산인 또는 제542조 제2항의 직무대행자, 제175조의 설립위원이 제1항의 행위
를 한 때에도 제1항과 같다. <개정 1984. 4. 10.>
제624조(특별배임죄의 미수) 전2조의 미수범은 처벌한다.

---

1) 구성요건의 주체 및 행위의 상대방

본죄의 **구성요건 주체**는 회사의 발기인, 업무집행사원, 이사, 집행임원, 감사위원회 위원,
감사 또는 제386조 제2항, 제407조 제1항, 제415조 또는 제567조의 직무대행자, 지배인 기
타 회사영업에 관한 어느 종류 또는 특정한 사항의 위임을 받은 사용인(제1항), 회사의 청산
인 또는 제542조 제2항의 직무대행자, 제175조의 설립위원(제2항)이다. 위와 같은 신분자들
이 회사에 손해를 가하는 배임행위를 하면 '**특별배임**'이라 하여 가중처벌하는 것이다.

위 상법 제622조 소정의 **특별배임죄의 주체**는 **상법상 회사의 적법한 이사나 대표이사
의 지위에 있는 자**여야 한다.[35]

위 **행위의 상대방**은 배임행위의 피해자인 회사 등이라고 봄이 상당하다. 한편 위와 같은
배임행위로 제3자로 하여금 재산상 이익을 취득하도록 한 경우 그 이익의 귀속 주체가 제3
자일 뿐 행위 상대방은 차이가 없다.

---

[35] 대법원 1978. 11. 28. 선고 78도1297 판결 참조.

2) 구성요건적 행위

본죄의 **구성요건적 행위**는 임무에 위배한 행위로써 재산상의 이익을 취하거나 제3자로 하여금 이를 취득하게 하여 회사에 손해를 가하는 것이다. 일반적인 배임행위의 요건과 동일하다. 한편 범죄수익은닉규제법은 제624조(제622조 미수범만 해당한다)를 중대범죄로 규정하고 있으므로 특별배임죄의 미수 또한 포함된다.

이 때 그 **임무위배행위**는 배임행위는 사무의 내용, 성질 등 구체적 상황에 비추어 법률의 규정, 계약의 내용 혹은 신의칙상 당연히 할 것으로 기대되는 행위를 하지 않거나 당연히 하지 않아야 할 것으로 기대되는 행위를 함으로써 본인과 사이의 신임관계를 저버리는 행위를 말한다.[36]

그리고 위와 같은 임무위배행위에 있어 **사실상 대주주의 양해를 얻었다거나, 이사회의 결의가 있었다고 하여 배임죄의 성립에 어떠한 영향이 있는 것이 아니며**, 배임죄에 있어서 재산상 손해의 유무에 대한 판단은 본인의 전 재산 상태와의 관계에서 경제적 관점에 따라 판단되어야 하므로 법률적 판단에 의하여 당해 배임행위가 무효라 하더라도 경제적 관점에서 파악하여 본인에게 현실적인 손해를 가하였거나 재산상 실해 발생의 위험을 초래한 경우에는 재산상의 손해를 가한 때에 해당하여 배임죄를 구성한다.[37]

나아가 '**회사에 손해를 가한 때**'라 함은 회사에 현실적으로 재산상의 손해가 발생한 경우뿐만 아니라 회사 재산 가치의 감소라고 볼 수 있는 재산상 손해의 위험이 발생한 경우도 포함되고,[38] 일단 회사에 대하여 재산상 손해의 위험을 발생시킨 이상 사후에 피해가 회복되었다고 하더라도 특별배임죄의 성립에 영향을 주지 못한다.[39]

그러나 법인의 대표자가 법인 명의로 한 채무부담행위가 법률상 효력이 없는 경우에는 특별한 사정이 없는 한 그로 인하여 법인에 어떠한 손해가 발생하거나 발생할 위험이 있다고 할 수 없으므로 대표자의 행위가 배임죄를 구성하지 않는다.[40]

3) 주관적 구성요건요소

한편 본죄의 **주관적 구성요건요소**로서 상법 제622조 소정의 임원 등의 특별배임죄가 성립하려면 임원 등의 임무위배행위로 인하여 당해 회사에 대하여 재산상손해를 발생시키고

---

36 대법원 1998. 2. 10. 선고 96도2287 판결 참조.
37 대법원 2000. 11. 24. 선고 99도822 판결 참조.
38 위 대법원 99도822 판결 참조.
39 대법원 1998. 2. 24. 선고 97도183 판결 참조.
40 대법원 2011. 7. 14. 선고 2011도3180 판결 참조.

그 임무위배성 및 손해발생의 각 요건에 대한 인식과 인용을 요한다(고의범).

대법원은 「피고인들이 주식회사의 대표이사 또는 상무이사로서 과대계상에 의하여 생긴 잉여금을 주주 전원에게 주식비율에 따라 배당함에 있어서 이사회의 결의와 주주 전원의 동의를 얻었을 뿐만 아니라 주주들이 위 회사설립 이후 10여개월 동안 무보수로 노력봉사를 하고 노임을 정상적으로 받지 못하던 차에 추석명절을 맞이하게 되어 추석찬대 겸 그 동안의 노력봉사에 대한 노임조로 위 잉여금을 주주들에게 배당하였는데 그 배당액은 위 회사에서 위 주주들에게 정상적으로 노임을 지급하였을 경우의 노임액수에 미달되므로 결국 이건 배당으로 인하여 회사에게 손해를 가한 것이 없고, 또 이건 배당으로 인하여 회사에 대하여 임무를 위배하여 회사에 손해를 가하려는 범의가 있었던 것으로도 볼 수 없다.」고 판시하였다.[41]

나. 죄수 및 처벌

한편 상법 제622조 특별배임죄 및 상법 제625조의 회사재산을 위태롭게 하는 죄의 관계에 관하여 동법 제625조는 회사 임원 등의 특별배임죄를 규정한 상법 제622조 및 일반적인 업무상배임죄를 규정한 형법 제356조의 보충규정으로서, 특별배임죄 또는 업무상배임죄가 성립하는 경우에는 별도로 상법 제625조 위반죄가 성립하지 않는다.[42]

본죄를 범하면 10년 이하의 징역 또는 3천만 원 이하의 벌금에 처한다.

다. 자금세탁범죄 처벌 사례

상법 제622조 특별배임죄를 위반하여 얻은 범죄수익을 차명계좌로 입금받아 그 취득을 가장하는 경우 범죄수익은닉규제법상 취득가장죄가 성립함은 당연하다.

주식회사 감사 및 국회의원이 골프장 사업을 위해 별도의 회사를 설립하고 토지를 매입하였으나 사정이 여의치 않자 위 토지를 매도하여 매매대금을 지급받아 취득하였는데, 상법과 회사의 정관 규정에 따라 수익금을 정당하게 배당하여야 함에도 이를 위반하여 배당가능이익[43]보다 많은 금원을 배당받아 간 행위는 상법상 특별배임죄에 해당하고, 이와 같은 배

---

41 대법원 1981. 1. 27. 선고 79도2810 판결 참조.
42 대법원 2007. 3. 15. 선고 2004도5742 판결 참조.
43 상법 제462조(이익의 배당) ① 회사는 대차대조표의 순자산액으로부터 다음의 금액을 공제한 액을 한도로 하여 이익배당을 할 수 있다.
  1. 자본금의 액
  2. 그 결산기까지 적립된 자본준비금과 이익준비금의 합계액
  3. 그 결산기에 적립하여야 할 이익준비금의 액
  4. 대통령령으로 정하는 미실현이익

당금을 차명주주 명의 계좌로 송금받아 취득한 행위를 취득가장행위에 해당한다고 인정한 사례가 있다.[44]

다만 위 상법위반으로 취득한 금전은 범죄피해재산에 해당하므로 **범죄수익은닉규제법상 몰수·추징할 수 없다**고 봄이 옳다.[45]

> ## 사례
>
> **[범죄사실]**
>
> **[강화군 J 소재 임야 매도경위 및 특별배임행위]**
>
> 　피고인은 G와 함께, 위와 같이 J에 있는 위 임야들을 매입하여 골프장 사업을 하려고 하였으나 사정이 여의치 않게 되자, 위 임야들을 매도하기로 결정하였다.
>
> 　피고인은 G와 함께, 2008. 1. 4.경 주식회사 AA(이하 'AA'라 한다)에 S임야 2,579m², T임야 4,860m², W 임야 11,901m² 및 Y 임야 4,959m² 등 4필지 임야(이하 모두 가리켜 'J 토지'라 한다)를 1,396,450,000원에 매도하기로 하는 내용의 계약을 체결하고, 2008. 1. 4.경 계약금 명목으로 피고인 명의의 계좌로 139,650,000원을, 2008. 4. 1.경 중도금 및 잔금 명목으로 피고인 명의의 계좌로 756,850,000원을, 2008. 4. 7.경 사업포기대가 명목으로 D의 계좌로 499,950,000원을 각각 AA로부터 송금받았다.
>
> 　한편, D의 정관 제33조, 제34조, 제35조 및 상법 제447조, 제462조, 제464조, 제464조의 2 각 규정에 의하면, 이익배당에 관하여 사업연도는 매년 1. 1.부터 12. 31.까지로 하고 이사는 매 결산기에 주주총회의 승인결의에 따라 대차대조표의 순자산액으로부터 자본금의 액, 그 결산기까지 적립된 자본준비금과 이익준비금의 합계액 및 그 결산기에 적립하여야 할 이익준비금의 액을 공제한 잔액 중 소유주식 수의 비율에 따라 지급하도록 규정하고 있으므로, 피고인과 G는 위 각 규정을 준수하여 배당금을 지급함으로써, 피해자 D의 재산상 손해를 방지하여

---

② 이익배당은 주주총회의 결의로 정한다. 다만, 제449조의2제1항에 따라 재무제표를 이사회가 승인하는 경우에는 이사회의 결의로 정한다.

③ 제1항을 위반하여 이익을 배당한 경우에 회사채권자는 배당한 이익을 회사에 반환할 것을 청구할 수 있다.

④ 제3항의 청구에 관한 소에 대하여는 제186조를 준용한다. [전문개정 2011. 4. 14.]

44 인천지방법원 2015. 5. 8. 선고 2014고합668 판결 참조.

45 범죄수익은닉규제법 **제8조(범죄수익등의 몰수)** ③ 제1항에도 불구하고 같은 항 각 호의 재산이 **범죄피해재산(재산에 관한 죄,** 「특정범죄 가중처벌 등에 관한 법률」 제5조의2제1항 제1호·제2항 제1호의 죄 또는 「채무자 회생 및 파산에 관한 법률」 제650조·제652조 및 제654조의 죄에 해당하는 범죄행위에 의하여 그 피해자로부터 취득한 재산 또는 그 재산의 보유·처분에 의하여 얻은 재산을 말한다. 이하 같다)인 경우에는 몰수할 수 없다. 제1항 각 호의 재산 중 일부가 범죄피해재산인 경우에는 그 부분에 대하여도 또한 같다.[전문개정 2010. 3. 31.]

야 할 업무상 임무가 있다.

그런데 피고인은 위와 같이 위 J 소재 임야들을 피고인 명의로 이전등기를 경료할 당시 위 임야들을 **개발의 고정자산으로 회계처리를 하였다가 2008. 3.경 고정자산 항목에서 삭제함과 동시에 위 임야의 매수가액인 372,500,000원을 피고인에 대한 가지급금으로 처리하고, 피고인 명의 계좌로 입금된 매매대금인 896,500,000원을 D의 매출액에서 누락하는 방법으로 회계처리를 하였다.

또한, 피고인과 G가 위 각 규정을 준수할 경우 정상적으로 배당받을 수 있는 금액은 101,728,800원에 불과하였다.

그럼에도 불구하고 피고인은 그 임무에 위반하여 2008. 3.경 정관개정이나 주주총회 승인 결의 없이 AA로부터 받은 매매대금 중 사업포기대가 명목의 위 499,950,000원, 피고인이 **개발에 대여한 121,536,487원, 양도소득세 납부 예정분 170,000,000원, 부동산 중개수수료 및 세무컨설팅 비용 41,500,000원을 공제하고 남은 563,463,513원을 E와 나누어 가지기로 하여 합법적인 배당가능이익인 위 101,728,800원을 초과한 금액 563,463,513원을 상법과 정관의 각 규정에 정한 절차를 거치지 아니한 채 이익배당 형식으로 나누어 가지기로 마음먹었다.

이에 따라 피고인은 2008. 1. 4.경 AA로부터 계약금 명목으로 피고인 명의의 계좌로 139,650,000원을 송금받은 다음, D의 요구에 따라, 2008. 3. 14. 20,000,000원을 현금으로 인출하여 E의 지인인 F를 통해 D에게 전달한 것을 비롯하여, 같은 방법으로 2008. 3. 19. 18,000,000원, 2008. 3. 21. 16,000,000원, 2008. 3. 31. 19,000,000원, 2008. 4. 2. 1,000,000원 등 총 90,000,000원을 현금으로 인출하여 위 F를 통해 E에게 이익배당금 명목으로 전달하고, 나머지 49,650,000원은 피고인이 자신의 이익배당금 명목으로 가지고 갔다.

또한 피고인은 2008. 4. 1.경 AA로부터 중도금 및 잔금 명목으로 피고인 명의의 계좌로 756,850,000원을 송금받은 다음, G의 요구에 따라, 2008. 7. 22. 17,000,000원을 현금으로 인출하여 G의 지인인 AB를 통해 G에게 전달한 것을 비롯하여, 같은 방법으로 2008. 8. 7. 17,000,000원, 2008. 8. 13. 18,000,000원, 2008. 9. 10. 18,000,000원, 2008. 11. 12. 21,231,757원 등 총 91,231,757원을 현금으로 인출하여 위 F를 통해 E에게 이익배당금 명목으로 전달하고, 위 756,850,000원 중 100,000,000원은 2008. 5. 21. G의 차명 주주인 Q 명의의 계좌로 100,000,000원을 송금해 주는 방법으로 G에게 이익배당금 명목으로 전달하고, 나머지 돈 중 231,581,757원은 피고인이 자신의 이익배당금 명목으로 가지고 갔다.

이로써 피고인은 D의 대표이사로서 그 임무에 위배하여 합계 349,370,121원의 재산상 이익을 취득하고, 피해자인 D에게 같은 금액 상당의 재산상 손해를 가하였다.

2. 범죄수익의규제및처벌등에관한법률위반

피고인은 위 제1항과 같이 **D의 정관이나 상법에 규정된 절차를 거치지 아니한 채 배당가능이익의 한도를 초과한 금액을 G에게 전달하면서, G의 몫으로 약정한 281,231,757원**

중 100,000,000원은, G의 차명 주주인 P가 G의 다른 차명 주주인 Q에게 D 주식 10,000주를 1억 원에 양도하는 것처럼 가장하여 G에게 전달하기로 마음먹었다.

피고인은 2008. 4. 1.경 AA로부터 중도금 및 잔금 명목으로 피고인 명의의 계좌로 756,850,000원을 송금받은 다음, 그 중 100,000,000원을 2008. 5. 21. G의 차명주주인 Q 명의의 계좌로 송금하고, 위 Q는 G의 요구에 따라 2008. 5. 22. 위와 같이 송금받은 100,000,000원을, 마치 주식양수대금인 것처럼 G가 차명으로 관리하고 있던 P명의의 계좌로 송금하였다.

이로써 피고인은 상법상 특별배임행위로 인하여 취득한 범죄수익의 처분에 관한 사실을 가장하였다.

법령의 적용

1. 범죄사실에 대한 해당법조 및 형의 선택

상법 제622조 제1항(상법위반의 점, 징역형 선택), 범죄수익은닉의 규제 및 처벌 등에 관한 법률 제3조 제1항 제1호(범죄수익은닉의규제및처벌등에관한법률위반의 점, 징역형 선택), 정치자금법 제45조 제1항(정치자금법위반의 점, 징역형 선택)

6 상표법위반(제9호)

1. 총설

범죄수익은닉규제법 별표 제9호에서는 **상표법 제230조의 죄**를 범죄수익환수 대상범죄로 규정하고 있다.

관련조문

범죄수익은닉규제법 별표

중대범죄(제2조 제1호 관련)

9. 「**상표법**」 **제230조**, 「저작권법」 제136조 제1항의 죄

상표법상 상표권 또는 전용사용권의 침해행위를 중대범죄로 규정하면서 위 침해행위에 제공되거나 그 침해행위로 인하여 생긴 침해물은 필요적으로 몰수하도록 하고 있다(상표법 제236조 참조).

관련조문

> **제236조(몰수)** ① 제230조에 따른 상표권 또는 전용사용권의 침해행위에 제공되거나 그 침해
> 행위로 인하여 생긴 상표·포장 또는 상품(이하 이 항에서 "침해물"이라 한다)과 그 침해물
> 제작에 주로 사용하기 위하여 제공된 제작 용구 또는 재료는 몰수한다.
> ② 제1항에도 불구하고 상품이 그 기능 및 외관을 해치지 아니하고 상표 또는 포장과 쉽게
> 분리될 수 있는 경우에는 그 상품은 몰수하지 아니할 수 있다.

　단 상표권을 침해하여 취득한 범죄수익을 추징하는 규정이 따로 존재하지 않는 점이 특이하다. 생각건대 타인의 상표권을 침해한 소위 '**짝퉁**'을 몰수할 수 없는 경우 이에 대한 재산 가치를 인정하는 것이 부당하다는 입법자의 판단에 따라 필요적 추징규정을 두지 않은 것으로 보인다.

　하지만 **상표권에 대한 침해행위로 생긴 재산, 보수로 얻은 재산은 상표권을 침해함으로써 얻은 수익에 해당하므로 이를 몰수하고 추징하는 것은 범죄수익은닉규제법에 따라 당연히 가능하다.** 따라서 타인의 전용상표권을 침해하고 얻은 재산은 임의적으로 몰수·추징할 수 있다고 판단된다.

2. 구성요건

관련조문

> **제230조(침해죄)** 상표권 또는 전용사용권의 침해행위를 한 자는 7년 이하의 징역 또는 1억 원
> 이하의 벌금에 처한다.

가. 구성요건의 주체 및 행위의 상대방

　본죄의 **구성요건의 주체**는 아무런 제한이 없고 **행위의 상대방** 또한 특별한 제한이 없다.

나. 구성요건적 행위 및 객체

　본죄의 **구성요건적 행위**는 상표권 또는 전용사용권의 침해행위를 하는 것으로서 그 **객체**는 상표권 또는 전용상표권이다.

　상표권 침해죄(동법 제230조 참조)의 성립요건은 상표권이 유효하게 존재하고, 상표권의 권리

사용범위 내의 침해이며(유사상표, 속지주의) 정당한 권원 없이 위법적인 상표 사용으로 업(業)으로의 사용일 것을 요구한다.[46] 본 죄는 친고죄가 아니므로 상표권자의 고소가 필요하지 않다.

이와 관련하여 **문제가 되는 쟁점**은 ① 유효한 상표의 존재여부, ② 상표적 사용에 해당하는지(상표법 제2조 제1항 제11호, 제2항) 여부, ③ 상표권 보호범위 내의 사용인지 여부(동일·유사한 상표인지 관련 쟁점), ④ 정당한 권원의 존부(병행수입, 상표 양도로 인한 권리소진의 문제), ⑤ 상표권 효력의 제한 사유 해당 여부(상표법 제90조), ⑥ 권리남용에 해당하는지 여부, ⑦ 사용자에게 침해의 고의가 있는지 여부다.

본죄의 **구체적 행위 태양**은 영업을 위하여 타인에게 유효하게 존재하는 전용상표권을 정당한 권원 없이 위법하게 사용하는 것으로 상표법 제108조에서 상세하게 규정하고 있다. 나아가 상표법상 등록상표를 침해한 경우 침해사범은 상표가 등록된 사실을 알고 있었다고 추정된다(동법 제112조 참조).

관련조문

제2조(정의) ① 이 법에서 사용하는 용어의 뜻은 다음과 같다.

11. "상표의 사용"이란 다음 각 목의 어느 하나에 해당하는 행위를 말한다.

가. 상품 또는 상품의 포장에 상표를 표시하는 행위

나. 상품 또는 상품의 포장에 상표를 표시한 것을 양도 또는 인도하거나 양도 또는 인도할 목적으로 전시·수출 또는 수입하는 행위

다. 상품에 관한 광고·정가표(定價表)·거래서류, 그 밖의 수단에 상표를 표시하고 전시하거나 널리 알리는 행위

② 제1항 제11호 각 목에 따른 상표를 표시하는 행위에는 다음 각 호의 어느 하나의 방법으로 표시하는 행위가 포함된다.

1. 표장의 형상이나 소리 또는 냄새로 상표를 표시하는 행위

2. 전기통신회선을 통하여 제공되는 정보에 전자적 방법으로 표시하는 행위

제230조(침해죄) 상표권 또는 전용사용권의 침해행위를 한 자는 7년 이하의 징역 또는 1억 원 이하의 벌금에 처한다.

제108조(침해로 보는 행위) ① 다음 각 호의 어느 하나에 해당하는 행위는 상표권(지리적 표시 단체표장권은 제외한다) 또는 전용사용권을 침해한 것으로 본다.

1. 타인의 등록상표와 동일한 상표를 그 지정상품과 유사한 상품에 사용하거나 타인의 등록상표와 유사한 상표를 그 지정상품과 동일·유사한 상품에 **사용하는 행위**

2. 타인의 등록상표와 동일·유사한 상표를 그 지정상품과 동일·유사한 상품에 사용하거나

---

[46] 윤선희, 지적재산권법(제16정판), 2016, 369면 이하 참조.

사용하게 할 목적으로 **교부·판매·위조·모조 또는 소지하는 행위**

3. 타인의 등록상표를 위조 또는 모조하거나 위조 또는 모조하게 할 목적으로 그 용구를 **제 작·교부·판매 또는 소지하는 행위**

4. 타인의 등록상표 또는 이와 유사한 상표가 표시된 지정상품과 동일·유사한 상품을 **양도 또는 인도하기 위하여 소지하는 행위**

② 다음 각 호의 어느 하나에 해당하는 행위는 지리적 표시 단체표장권을 침해한 것으로 본다.

1. 타인의 지리적 표시 등록단체표장과 유사한 상표(동음이의어 지리적 표시는 제외한다. 이하 이 항에서 같다)를 그 지정상품과 동일하다고 인정되는 상품에 사용하는 행위

2. 타인의 지리적 표시 등록단체표장과 동일·유사한 상표를 그 지정상품과 동일하다고 인정되 는 상품에 사용하거나 사용하게 할 목적으로 교부·판매·위조·모조 또는 소지하는 행위

3. 타인의 지리적 표시 등록단체표장을 위조 또는 모조하거나 위조 또는 모조하게 할 목적 으로 그 용구를 제작·교부·판매 또는 소지하는 행위

4. 타인의 지리적 표시 등록단체표장과 동일·유사한 상표가 표시된 지정상품과 동일하다고 인정되는 상품을 양도 또는 인도하기 위하여 소지하는 행위

제112조(고의의 추정) 제222조에 따라 등록상표임을 표시한 타인의 상표권 또는 전용사용권을 침해한 자는 그 침해행위에 대하여 그 상표가 이미 등록된 사실을 알았던 것으로 추정한다.

---

1) 침해의 대상이 된 상표권은 등록되어 있어야 할 것

상표법 상 보호되는 상표는 등록주의를 취하고 있는 우리 법체계에서는 등록되어야 보호 받을 수 있다. 따라서 상표의 등록여부를 반드시 확인하여야 하는데 특허청이 발행하는 상 표등록원부를 통해 확인할 수 있다.

2) 침해행위가 상표적 사용에 해당하여야 할 것

상표적 사용은 위 법 제2조 제1항 제11호 및 제2항에서 상세하게 규정하고 있다. 위 법 에 따른 형식적 사용행위 뿐만 아니라 실질적으로 자타상품을 식별하기 위한 상품의 출처표 시로서 사용하는 행위에 해당해야 한다.[47] 따라서 상표권을 양도하는 행위, 사용권을 설정 하는 행위,[48] 소송상 상표권을 행사하는 행위[49]는 상표적 사용이 아니다.

---

[47] 대법원 2003. 4. 11. 선고 2002도3445 판결 참조. 해당 판결에서는 후지필름의 등록상표가 각인된 1회용 카메라의 빈 용기를 수집하여 다시 필름을 장전하고 일부 포장을 새롭게 하여 제조·판매한 행위가 후지필 름의 등록상표를 침해하였다고 판시하였다.

[48] 대법원 2004. 9. 24. 선고 2002다58984 판결 참조.

[49] 대법원 2001. 4. 24. 선고 2001후188 판결 참조.

가) 행위 유형

위 상표적 사용은 ① 상품 또는 상품의 포장에 상표를 표시하는 표시행위, ② 상품을 양도 또는 인도하거나 그 목적으로 전시, 수출 또는 수입하는 유통행위, ③ 광고, 정가표, 거래서류 및 그 밖의 수단에 상품을 표시하고 전시하거나 널리 알리는 광고행위,[50] ④ 표장의 형상이나 소리 또는 냄새로 특수하게 상표를 표시하는 행위, ⑤ 인터넷 홈페이지, 배너광고, 이메일을 통한 전자적 수단에 의한 상표 표시행위[51]로 나누어 볼 수 있다.

나) 상표적 사용 부정 사례

대법원에서 상표적 사용을 부정한 대표적 사례를 살펴보면, ① 상품의 내부 부품에만 표시된 표장 및 상품의 기능이 적용되는 기종을 밝히기 위해 사용한 표장의 경우,[52] ② 'Windows'를 사용설명서, 참고서 등에 표시하였을 뿐인 경우,[53] ③ 강의 교재의 앞표지와 세로 표지에 표시된 'EBS'는 책의 내용, 용도를 설명하기 위한 것일 뿐이라고 본 사례,[54] ④ 금반지에 새겨진 문자 및 문양은 디자인적 사용일 뿐이므로 상표적 사용에 해당하지 않는다고 본 사례,[55] 침대 머리판에 쌍학 문양을 장식한 경우,[56] 접시류에 꽃과 같은 자연물을 표시하는 경우, 거래통념상 상품의 출처는 접시의 뒷면에 표시되는 경우가 많고 꽃과 같은 자연물은 의장으로 사용되는 경우가 일반적이어서 상표적 사용에 해당하지 않는다고 본 사례[57] 등이 있다.

그리고 상표는 상품에 사용되어야 하므로 교환가치가 없는 물건에 대해 상표를 사용한 경우는 상표적 사용에 해당하지 않고,[58] 무상 배포되는 사은품은 상품이 아니므로 사은품에 표장을 표시하는 것은 상표적 사용에 해당하지 않는다.[59]

---

[50] 대법원 2002. 11. 13.자 2000마4424 결정 참조. 해당 결정에서 대법원은 명함의 이면, 거래명세서에 상표를 표시하고 이를 거래 상대방에게 교부한 행위는 상표 사용행위에 해당하나, 세관에 제출하는 수입신고서는 거래 당사자 간에 교부되는 거래서류라고 볼 수 없으므로 상표의 사용행위가 아니라고 판단하였다.

[51] 2016. 9. 1. 개정 상표법에 따라 표시행위로 포함

[52] 대법원 2005. 6. 10. 선고 2005도1367 판결 참조. 원격조정기(일명, 리모콘)의 내부에 기능하는 부품의 일종으로 이를 분해하여야만 거래나 일반 수요자들이 인식할 수 있는 회로 기판 내에 표기된 'SONY' 표장의 경우 이를 상표사용행위로 볼 수 없다고 판단하였다.

[53] 대법원 2003. 10. 10. 선고 2002다63640 판결 참조. 이는 단순히 서명적으로 사용할 것일 뿐 상표적 사용에 해당하지 않는다는 취지로 판시하였다.

[54] 대법원 2011. 1. 13. 선고 2010도5994 판결 참조.

[55] 대법원 2004. 10. 15. 선고 2004도5034 판결 참조.

[56] 대법원 2004. 10. 28. 선고 2003후2027 판결 참조.

[57] 대법원 2005. 11. 25. 선고 2005호810 판결 참조.

[58] 대법원 2010. 9. 9. 선고 2010후1459 판결 참조.

[59] 대법원 1999. 6. 25. 선고 98후58 판결 참조.

다) 상표와 상호의 구별

한편 상표는 상품을 식별하는 「**물적 표지**」이고, 상호는 상인을 식별하기 위한 「**인적 표지**」이므로 둘은 서로 다른 개념이다. 단 **대법원**은 이에 대하여 「상호를 상표적 사용으로 인정하기 위해서는 상호를 독특한 글씨체, 색체, 도안화된 특수한 태양으로 표시하거나 도형 등 다른 요소와 결합하는 등으로 특별한 식별력을 갖도록 하여 표시하는 것을 의미한다.」고 판시하고 있다.[60] 이에 대해 아파트 분양광고, 아파트 벽면에 표시한 상호는 상표적 사용에 해당한다고 본 사례가 있다.[61]

3) 상표권의 보호범위 내에서 사용되어야 할 것

가) 독점적 사용권 및 배타적 등록금지효

상표권자는 지정상품에 관하여 그 등록상표를 사용할 권리를 독점한다. 다만 그 상표권에 관하여 전용사용권을 설정한 때에는 제95조 제3항에 따라 전용사용권자가 등록상표를 사용할 권리를 독점하는 범위에서는 그렇지 않다(상표법 제89조 참조). 결국 상표권의 보호범위는 독점적인 사용효가 미치는 범위와 배타적 사용금지·등록금지효가 미치는 동일·유사한 범위에 대한 판단이 중요하다.

나) 동일·유사한 상표의 판단 기준

대법원은 상표의 유사 여부를 다음과 같은 기준과 관점에서 살핀다.

판례

① 상표의 **외관, 호칭, 관념**에 대해,
② **일반 수요자나 거래자의 입장**에서,
③ **전체적, 객관적, 중요한 부분(요부)을 위주로 관찰**하여,
④ 상품의 **출처에 관하여 오인, 혼동을 일으킬 우려가 있는지 여부**를 기준으로 판단한다.[62]

우선 상표는 크게 3가지 측면인 ㉠ **외관의 유사성**(생김새의 비슷함), ㉡ 호칭의 유사성(상표를 발음했을 때 나는 소리의 비슷함) 및 ㉢ **관념의 유사성**(뜻의 비슷함)을 기준으로 유사 상표인지 여부를 식별한다. 셋 중 하나라도 유사하게 되면 유사상호로 판단할 수 있는데 외관,

---

60 대법원 2001. 3. 23. 선고 2000후3708 판결 참조.
61 대법원 1995. 9. 29. 선고 94다31365 판결 참조.
62 대법원 2002. 11. 26. 선고 2001후3415 판결 참조.

호칭과 관념의 유사성을 판단하는 기준은 일반 수요자, 거래의 입장이다. 어떤 상호가 동일, 유사한지 여부는 사안에 따라 각각 달리 판단할 수밖에 없다.

나아가 상표는 전체적으로 중요한 부분을 위주로 결합 또는 분리하여 관찰함으로써 식별한다. 즉, ㉠ 상표를 「전체적」으로 관찰하고(**전체적 관찰**), ㉡ 일정한 부분이 특히 수요자의 주의를 끌고 그런 부분이 존재함으로써 비로소 그 상표의 식별기능이 인정되는 경우에는 전체적 관찰과 병행하여 상표를 기능적으로 관찰하고 그 중심적 식별력을 가진 「**요부**」를 추출하여 두 개의 상표를 대비함으로써 유사 여부를 판단한다(**요부관찰**).[63] 다시 말해 소비자의 입장에서 가장 주목하는 '중요한 부분'을 선정하여 이를 기준으로 집중적으로 유사 여부를 판단한다는 것이다. 나아가, ㉢ 문자와 문자 또는 문자와 도형의 각 구성부분이 결합한 결합상표의 경우 각 구성 부분을 분리 관찰하여 유사한 호칭 여부를 검토하기도 한다(**분리관찰**).[64]

마지막으로 **대법원**은 「유사판단 시 구체적인 거래의 실정을 고려하여 비교대상상표가 서로 유사해 보이더라도 일반적 거래실정을 종합하여 수요자들이 상품의 품질이나 출처에 관한 오인·혼동의 염려가 없을 경우 양 상표는 유사하지 않다.」고 판시하고 있다.[65]

한편 동일·유사한 범위의 판단 기준에 관하여 **대법원**은 「지정상품의 유사 여부는 대비되는 상품에 동일 또는 유사한 상표를 사용할 경우 동일 업체에 의하여 제조 또는 판매되는 상품으로 오인될 우려가 있는가의 여부를 기준으로 판단하되, 상품 자체의 속성인 품질, 형상, 용도와 생산 부문, 판매 부문, 수요자의 범위 등 거래의 실정 등을 종합적으로 고려하여 일반 거래의 통념에 따라 판단한다.」고 판시하고 있다.[66]

이에 대하여 지정상품은 손수건, 유니폼(운동복), 와이셔츠, 아동복, 작업복 등인데 실제로 피고인이 사용한 상품은 악력기, 스텝퍼, 줄넘기 등인 경우 그 품질 및 형상 등에서 등록상표와 크게 달라 유사하다고 볼 수 없다고 판시한 사례도 있다.[67]

4) 정당한 권한이 없을 것

가) 계약에 의한 전용사용권 및 통상사용권

상표권자의 침해주장이 성립하기 위하여는 사용자가 계약에 따라 전용사용권(상표법 제95조)

---

[63] 대법원 2006. 11. 9. 선고 2005후1134 판결 참조.
[64] 대법원 2004. 10. 15. 선고 2003후1871 판결 참조.
[65] 대법원 1996. 7. 30. 선고 95호1821판결 참조.
[66] 대법원 2004. 7. 22. 선고 2003후144 판결 참조.
[67] 대법원 2007. 4. 27. 선고 2006도8459 판결 참조.

또는 통상사용권(동법 제97조)이 없어야 한다. 전용사용권의 경우 설정행위로 효력이 발생하고 특허청에 등록함으로써 제3자에 대한 대항력이 생긴다. 통상사용권은 상표권자 또는 상표권자의 허락을 받은 전용사용권자의 설정행위로 특정 지역, 지정상품 등 안에서 상표를 비독점적으로 사용할 수 있는 채권적 권리이다.

나) 병행수입의 문제

이와 관련하여 **대법원**은 상표법상 병행수입[68]업자가 상표를 사용할 수 있는 범위(명함, 광고지, 포장지, 간판에의 표시 등)와 관련하여 다음과 같이 판시하고 있다. 병행수입은 위법성이 없는 정당한 행위이고, 국내 수입업자가 판매하는 상품과 품질에 차이가 없다면 해외로부터 물품을 수입하여 국내에 판매하는 행위가 상표권을 침해한다고 할 수 없다는 것이다.

판례

…**병행수입 그 자체는 위법성이 없는 정당한 행위로서 상표권 침해 등을 구성하지 아니하므로 병행수입업자가 상표권자의 상표가 부착된 상태에서 상품을 판매하는 행위는 당연히 허용된다**…피고가 수입한 상품이 국내 독점적인 수입판매 대리점이 수입하여 판는 상품과 품질에 있어 차이가 있다고 보기 어려우므로 **결국 상표제도의 목적이나 상표의 기능 등에 비추어 피고가 위 선전광고물이나 명함 및 외부 간판 등에 그러한 표장을 사용한 행위는 실질적으로 위법하다고 할 수 없다**(대법원 2002. 9. 24. 선고 99다42332 판결 참조).[69]

다만 진정상품을 대용량으로 수입하여 임의로 소분, 포장한 후 등록상표를 표시한 것은 진정상품으로 볼 수 없으므로 이는 상표권을 침해한 것이라고 본 사례,[70] K−SWISS의 국내 전용사용권자가 독자적으로 상품품을 제조, 판매하고 있어 병행수입품과 동일출처의 상품이라 볼 수 없어 병행수입이 허용될 수 없다고 본 사례[71]가 있다.

5) 상표적 권리가 소진되지 않을 것

상표권자가 등록상표가 표시된 상품을 양도하면 상표권은 그 목적을 달성한 것이므로 소진된다. 그러나 원래의 상품의 동일성을 해할 정도의 가공이나 수선을 하는 경우와 같이 실질적으로 생산행위를 하는 경우에는 상표권자의 권리를 침해하는 것으로 보아야 한다.[72] 즉

---

68 국내외 동일한 상표권을 소유하고 있는 상표권자에 의해 일국에서 적법하게 상표가 부착되어 유통된 상품 (진정상품)을 권원 없는 제3자가 타국으로부터 수입하여 판매하는 행위를 일컫는다.
69 대법원 2002. 9. 24. 선고 99다42332 판결 참조.
70 대법원 2012. 4. 26. 선고 2011도17524 판결 참조.
71 대법원 2010. 5. 27. 선고 2010도790 판결 참조.
72 대법원 2003. 4. 11. 선고 2002도3445 판결 참조.

소비자가 자신이 산 명품가방을 그대로 중고 물품으로 판매하는 것은 이미 상표권이 소진되었으므로 상표침해에 해당하지 않으나 그 물건을 개량, 가공하여 이를 다시 판매하는 경우 상표권 침해에 해당한다는 것이다.

이와 관련하여 단순한 가공이나 수리의 범위를 넘어 상품의 동일성을 해할 정도로 본래의 품질이나 형상에 변경을 가한 경우 이는 실질적으로 새로이 생산된 상품이므로 상표권 침해죄가 성립한다고 본 사례,[73] 특수염료로 인쇄한 카드는 원래 상품과 동일성이 유지되므로 여전히 등록상표의 권리가 소진되는 결과 위 카드에 특수처리(트럼프 카드 뒷면에 특수염료로 무늬와 숫자를 인쇄하여 색약 보정용 렌즈를 착용하면 식별할 수 있는 일종의 사기도박을 위한 카드)를 하였다 하더라도 상표권을 침해한 것으로 볼 수 없다고 한 사례[74]가 있다.

6) 상표권 효력의 제한사유에 해당하지 않을 것

상표법은 공익적 측면과 상표법의 목적에 따라 특정인에게 상표권으로 독점시키기에 적합하지 않은 상표는 등록할 수 없고 적법하게 등록된 상표권의 배타적 금지효도 미치지 않도록 아래와 같이 규정하고 있다.

관련조문

상표법 제90조(상표권의 효력이 미치지 아니하는 범위) ① 상표권(지리적 표시 단체표장권은 제외한다)은 다음 각 호의 어느 하나에 해당하는 경우에는 그 효력이 미치지 아니한다.
1. 자기의 성명·명칭 또는 상호·초상·서명·인장 또는 저명한 아호·예명·필명과 이들의 저명한 약칭을 상거래 관행에 따라 사용하는 상표
2. 등록상표의 지정상품과 동일·유사한 상품의 보통명칭·산지·품질·원재료·효능·용도·수량·형상·가격 또는 생산방법·가공방법·사용방법 및 시기를 보통으로 사용하는 방법으로 표시하는 상표
3. 입체적 형상으로 된 등록상표의 경우에는 그 입체적 형상이 누구의 업무에 관련된 상품을 표시하는 것인지 식별할 수 없는 경우에 등록상표의 지정상품과 동일·유사한 상품에 사용하는 등록상표의 입체적 형상과 동일·유사한 형상으로 된 상표
4. 등록상표의 지정상품과 동일·유사한 상품에 대하여 관용하는 상표와 현저한 지리적 명칭 및 그 약어 또는 지도로 된 상표
5. 등록상표의 지정상품 또는 그 지정상품 포장의 기능을 확보하는 데 불가결한 형상, 색채, 색채의 조합, 소리 또는 냄새로 된 상표

---

[73] 대법원 2003. 4. 11. 선고 2002도3445 판결 참조. 앞에서 살펴본 후지필름 사례이다.
[74] 대법원 2009. 10. 15. 선고 2009도3929 판결 참조.

② 지리적 표시 단체표장권은 다음 각 호의 어느 하나에 해당하는 경우에는 그 효력이 미치지 아니한다.

1. 제1항 제1호·제2호(산지에 해당하는 경우는 제외한다) 또는 제5호에 해당하는 상표
2. 지리적 표시 등록단체표장의 지정상품과 동일하다고 인정되어 있는 상품에 대하여 관용하는 상표
3. 지리적 표시 등록단체표장의 지정상품과 동일하다고 인정되어 있는 상품에 사용하는 지리적 표시로서 해당 지역에서 그 상품을 생산·제조 또는 가공하는 것을 업으로 영위하는 자가 사용하는 지리적 표시 또는 동음이의어 지리적 표시
4. 선출원에 의한 등록상표가 지리적 표시 등록단체표장과 동일·유사한 지리적 표시를 포함하고 있는 경우에 상표권자, 전용사용권자 또는 통상사용권자가 지정상품에 사용하는 등록상표

③ 제1항 제1호는 상표권의 설정등록이 있은 후에 부정경쟁의 목적으로 자기의 성명·명칭 또는 상호·초상·서명·인장 또는 저명한 아호·예명·필명과 이들의 저명한 약칭을 사용하는 경우에는 적용하지 아니한다.

상표법 제90조에서는 위와 같이 **상표권의 효력이 미치지 아니하는 범위**를 ① 자기의 상호 등을 사용하는 경우(제1호), ② 보통명칭 또는 기술적 표장을 사용하는 경우(제2호), ③ 식별력 없는 입체 형상을 사용하는 경우(제3호), ④ 관용명칭 또는 현저한 지리적 명칭을 사용하는 경우(제4호), ⑤ 기능적 표장을 사용하는 경우(제5호)를 상표의 효력이 제한되는 사유로 명시하고 있다.

가) 자기의 상호를 사용하는 경우

자기의 상호는 자신의 인격과 동일성을 표시하기 위한 수단이므로 상호 등이 상품에 사용되는 방법이 거래사회의 통념상 자기의 상호 등을 나타내기 위한 것이라면 비록 그것이 타인의 등록상표권과 유사하더라도 그 효력이 미치지 않는다는 것이다.

다만 이때에도 같은 조 제3항에 따라 부정경쟁의 목적이 없어야 함은 당연하다. 이 때 「**부정 경쟁의 목적**」이라 함은 등록된 상표권자의 신용을 이용하여 부당한 이익을 얻을 목적을 말하고 이는 등록된 상표를 알고 있었던 점, 영업목적의 유사성, 지역적 인접성, 상표권 침해자 측의 현실적인 신용상태 등 객관적 사정을 고려하여 판단한다.[75]

---

[75] 대법원 2011. 7. 28. 선고 2011후538 판결 참조.

나) 보통명칭 또는 기술적 표장을 사용한 경우

상품의 보통명칭, 산지, 품질, 원재료 등의 기술적 용어를 「**보통으로 사용하는 방법으로 표시**」한 경우에 불과한 경우는 상표권의 효력이 제한된다. 이와 관련하여, 홍삼음료에 관하여 「홍삼정G」는 상품의 원료를 보통으로 표시한 것에 불과하여 상표권의 효력이 미치지 않는다고 본 사례,[76] 「재래 광천김」은 재래는 생산 방법을, 광천은 산지를 표현하므로 상표권의 효력이 미치지 않는다고 본 사례,[77] 「족쌈」은 상품의 품질과 원재료 등을 보통으로 사용하는 방법으로 표시하는 표장에 불과하므로 등록 상표권의 효력이 제한된다고 본 사례[78] 등이 있다.

다) 관용명칭 또는 현저한 지리적 명칭을 사용한 경우

상품에 대해 관용하는 상표, 현저한 지리적 명칭은 누구나 사용할 수 있으므로 상표권의 효력이 제한된다. 이에 대하여 「매직블럭」은 거래계에서 기름때를 제거하는 연마 스펀지의 관용 명칭에 불과하므로 등록상표의 효력이 미치지 않는다고 본 사례[79]가 있다.

7) 식별력 취득에 의해 등록된 상표의 효력

상표법 제33조는 상표등록출원 전부터 그 상표를 사용한 결과, 수요자 간에 특정인의 상품에 관한 출처를 표시하는 것으로 식별할 수 있게 된 경우에는 그 상표를 사용한 상품에 한정하여 상표등록을 받을 수 있다고 규정하고 있다. 상표등록 이전에 상표법 제33조 제2항에 따라 이미 식별력을 취득한 경우에는 상표법 제90조 제2호에 따른 상표권 효력 제한을 받지 않는다는 것이다.[80]

이에 대하여 「재능교육」이라는 기술적 상표가 후발적으로 상표법 소정의 식별력을 취득한 경우, 상표권 효력제한을 받지 않아 「꿈을 키우는 재능교육」사용에 상표권의 효력이 미치므로 「꿈을 키우는 재능교육」은 「재능교육」의 상표권을 침해한 것이라고 판단한 사례가 있다.[81]

8) 상표권의 사용이 권리남용에 해당하지 않을 것

상표법상 ① 등록상표에 명백한 무효사유(상표법 제33조)가 있는 경우, ② 상표권 행사가

---

76 대법원 2014. 9. 25. 선고 2013후3289 판결 참조.
77 대법원 2010. 12. 9. 선고 2010도6646 판결 참조.
78 대법원 2010. 6. 10. 선고 2010도2536 판결 참조.
79 대법원 2013. 12. 16. 선고 2013후2446 판결 참조.
80 대법원 1997. 5. 30. 선고 96다56382 판결 참조.
81 대법원 1996. 5. 13.자 96마217결정 참조.

부정한 목적에 의한 것이고 상표제도의 근본 목적이나 근본을 일탈한 경우는 그 상표권의 행사가 권리남용에 해당하므로 허용되지 않는다.

상표법이 정하고 있는 등록상표 무효사유는 **상표법 제33조의 각 호** 기재와 같다.

관련조문

제33조(상표등록의 요건) ① 다음 각 호의 어느 하나에 해당하는 상표를 제외하고는 상표등록을 받을 수 있다.

1. 그 상품의 보통명칭을 보통으로 사용하는 방법으로 표시한 표장만으로 된 상표
2. 그 상품에 대하여 관용(慣用)하는 상표
3. 그 상품의 산지(産地)·품질·원재료·효능·용도·수량·형상·가격·생산방법·가공방법·사용방법 또는 시기를 보통으로 사용하는 방법으로 표시한 표장만으로 된 상표
4. 현저한 지리적 명칭이나 그 약어(略語) 또는 지도만으로 된 상표
5. 흔히 있는 성(姓) 또는 명칭을 보통으로 사용하는 방법으로 표시한 표장만으로 된 상표
6. 간단하고 흔히 있는 표장만으로 된 상표
7. 제1호부터 제6호까지에 해당하는 상표 외에 수요자가 누구의 업무에 관련된 상품을 표시하는 것인가를 식별할 수 없는 상표

② 제1항 제3호부터 제6호까지에 해당하는 상표라도 상표등록출원 전부터 그 상표를 사용한 결과 수요자 간에 특정인의 상품에 관한 출처를 표시하는 것으로 식별할 수 있게 된 경우에는 그 상표를 사용한 상품에 한정하여 상표등록을 받을 수 있다.

③ 제1항 제3호(산지로 한정한다) 또는 제4호에 해당하는 표장이라도 그 표장이 특정 상품에 대한 지리적 표시인 경우에는 그 지리적 표시를 사용한 상품을 지정상품(제38조 제1항에 따라 지정한 상품 및 제86조 제1항에 따라 추가로 지정한 상품을 말한다. 이하 같다)으로 하여 지리적 표시 단체표장등록을 받을 수 있다.

보통명칭, 관용표장(관용적으로 사용되는 것), 기술적 표장,[82] 현저한 지리적 명칭,[83] 상표 외에 수요자가 누구의 업무에 관련된 상품을 표시하는 것인가를 식별할 수 없는 경우 등에는 상표의 등록이 허용되지 않는다. 이와 관련하여, 「evezary(이브자리)」는 사람의 잠자리용 물품과 관련된 제반 서비스업에 대한 식별력이 없는 표장에 해당하므로 등록 대상이 되지

---

[82] 대법원 2016. 1. 14. 선고 2015후1911 판결 참조. 대법원은 이 판결에서 '알바천국'은 등록이 금지되는 기술적 표장에 해당하지 않으므로 등록대상이 된다고 판시하였다.

[83] 대법원 2012. 12. 13. 선고 2011후958 판결 참조. 대법원은 이 판결에서 'GEORGIA'는 현저한 지리적 명칭에 해당하므로 등록대상이 되지 않는다고 판시하였다.

않는다고 판단한 사례[84], 「몬테소리」는 유아교육, 유아교육교재 등에 대해서 식별력이 없는 표장에 해당한다고 한 사례[85]가 있다.

한편 **상표법 제34조 제1항은 상표등록의 무효사유를 나열하여 규정**하고 있는데, 그 **대표적인 사례**로는 ① 선출원 등록상표와 동일·유사한 경우(제7호), ② 수요자에게 널리 인식된 타인의 상표와 동일·유사한 경우(제9호),[86] ③ 수요자에게 현저히 인식된 타인의 상품·영업과 혼동유발, 또는 식별성과 명성을 손상할 염려가 있는 경우(제11호),[87] ④ 상품품질을 오인하고 수요자를 기만할 염려가 있는 경우(제12호), ⑤ 국내외 수요자들에게 특정인의 출처로 인식된 상표와 동일·유사하고 부정한 목적이 있는 경우(제13호)[88] 등을 들 수 있다.

3. 처벌

본죄를 범하면 7년 이하의 징역 또는 1억 원 이하의 벌금에 처한다. 나아가 상법 제230조에 따른 상표권 또는 전용사용권의 침해행위에 제공되거나 그 침해행위로 인하여 생긴 상표·포장 또는 상품(이하 이 항에서 "침해물"이라 한다)과 그 침해물 제작에 주로 사용하기 위하여 제공된 제작 용구 또는 재료는 몰수한다(제236조 참조).

4. 범죄수익환수 및 자금세탁범죄 처벌 사례

상표법 제230조 위반죄로 취득한 범죄수익을 세탁한 경우 이를 자금세탁범죄로 처벌한 사례는 다수 발견된다. **타인의 전용상표권을 침해한 물건을 판매하고 그와 같은 범죄수익을 차명계좌로 입금받아 그 취득을 가장하는 경우**가 가장 대표적인 사례다.

한편 앞에서 살펴본 바와 같이 상표법위반죄로 취득한 범죄수익의 경우 상표법상 필요적 추징 규정이 존재하지 않으므로 범죄수익은닉규제법 제10조 제1항, 제8조 제1항에 따른 추징규정의 적용을 받는다. 위 범죄수익은닉규제법상 추징규정은 임의적임에도 불구하고 상표법 제230조에 따른 침해죄가 문제된 사례에서 추징을 선고하지 않은 경우는 거의 찾기 어

---

84 대법원 2014. 2. 27. 선고 2013후2330 판결 참조.
85 대법원 2012. 12. 27. 선고 2012후2951 판결 참조.
86 대법원 2006. 11. 23. 선고 2006다29983 판결 참조. 「영어공부 절대로 하지마라」는 상표법 제9호의 수요자에게 널리 인식된 타인의 상표에 해당한다고 본 사례.
87 대법원 2012. 10. 18. 선고 2010다103000 판결 참조. 「하이우드(HIWOOD)」는 목재로 된 상품에 대한 기술적 표장이고, 목재가 아닌 상품에 대하여는 수요자가 목재로 오인할 수 있으므로 상표등록이 무효에 해당한다고 본 사례.
88 대법원 2008. 9. 25. 선고 2008후1586 판결 참조. 「natracare」는 외국에서 주지된 상표이므로 이와 유사한 「나트라케어」는 등록이 무효에 해당한다고 본 사례.

렵다. **이 때 추징은 실질적으로 피고인에게 귀속된 이익만을 개별적으로 박탈**하기 위한 것이므로[89] 피고인이 상표권을 침해하고 벌어들인 매출액 전액을 추징할 수 있다고 봄이 상당하다. 따라서 위조 물품을 판매하는 과정에서 제반 비용이 발생하였다고 하더라도 이를 추징액에서 제외할 것은 아니다. 한편 피고인이 자금세탁을 위해 그 수익금을 차명계좌에 입금한 사실이 확인되는 경우 이를 자금세탁범죄와 관계된 범죄수익으로 보아 전액 추징할 수 있다고 봄이 상당하다. 이와 관련하여, **도박사이트 운영에는 가담하지 않은 사람이 도박사이트 수익금이라는 사실을 알면서도 범죄수익금을 지급받아 수수한 경우 그 후 범죄수익을 도난당하거나 타인에게 전달하였다 하더라도 수수한 범죄수익 전부를 몰수·추징한 사례가 있다.**[90] 이 사례는 자금세탁범죄에 관계된 자금을 전액 추징할 수 있음을 보여준 것으로 참고할 만한 사례다.

7 저작권법위반(제9호)

1. 총설

범죄수익은닉규제법 별표 제9호에서는 상표법 제230조와 함께 **저작권법 제136조 제1항의 죄**를 범죄수익환수 대상범죄로 규정하고 있다. 본죄는 2009. 3. 20. **범죄수익은닉규제법이 개정되면서 중대범죄로 추가**되었다.

관련조문

범죄수익은닉규제법 별표
중대범죄(제2조 제1호 관련)
9. 「상표법」 제230조, **「저작권법」 제136조 제1항**의 죄

저작권법위반죄는 타인의 저작물을 침해하는 행위를 금지하고 있는데 이로 인해 생긴 재산과 보수로 얻은 재산에 대한 저작권법상 몰수·추징 규정은 존재하지 않는다. 따라서 **범죄수익은닉규제법상 몰수·추징 규정을 적용하여 임의적으로 범죄수익을 환수하는 조치**를 취하여야 한다.

저작재산권 또는 저작권법이 인정하는 재산적 권리에 대한 침해행위에 해당하기 위해선

---

[89] 대법원 2010. 1. 28. 선고 2009도13912 판결 참조.
[90] 대법원 2019. 4. 2. 선고 2019도2888 판결 참조.

다음과 같은 단계를 거쳐야 한다.

저작권 등 침해 여부 판단 순서

① 고소기간 내(범죄사실을 안날로부터 6개월 내)의 고소인지 여부: 범죄사실을 안날의 판단
② 저작권법에서 인정하는 권리를 가진 자에 의한 고소인지 여부: 저작권자인지 판단
③ 저작물성이 있는지 여부(저작권이 발생하였는지 여부): 저작물성의 판단
④ 권리침해가 성립하는지 여부: 복제, 공연, 공중송신, 전시, 배포, 대여, 2차적 저작물작성 등
⑤ 재산적 권리 침해의 실질적 유사성, 의거성(침해자의 접근 가능성)이 있는지 여부
⑥ 저작재산권 제한 사유에 해당하는지 여부(저작권법 제23조 내지 제38조)
⑦ 고의가 있는지 여부

---

2. 구성요건 및 처벌

관련조문

제136조(벌칙) ① 다음 각 호의 어느 하나에 해당하는 자는 5년 이하의 징역 또는 5천만 원 이하의 벌금에 처하거나 이를 병과할 수 있다. <개정 2011. 12. 2.>

　1. 저작재산권, 그 밖에 이 법에 따라 보호되는 재산적 권리(제93조에 따른 권리는 제외한다)를 복제, 공연, 공중송신, 전시, 배포, 대여, 2차적 저작물 작성의 방법으로 침해한 자
　2. **제129조의3 제1항**에 따른 법원의 명령을 정당한 이유 없이 위반한 자

☞ **제5조(2차적저작물)** ① 원저작물을 번역·편곡·변형·각색·영상제작 그 밖의 방법으로 작성한 창작물(이하 "2차적저작물"이라 한다)은 독자적인 저작물로서 보호된다.
　② 2차적저작물의 보호는 그 원저작물의 저작자의 권리에 영향을 미치지 아니한다.

☞ **제140조(고소)** 이 장의 죄에 대한 공소는 고소가 있어야 한다. 다만, 다음 각 호의 어느 하나에 해당하는 경우에는 그러하지 아니하다. <개정 2009. 4. 22., 2011. 12. 2.>

　　1. **영리를 목적으로 또는 상습적으로 제136조 제1항 제1호**, 제136조 제2항 제3호 및 제4호(제124조 제1항 제3호의 경우에는 피해자의 명시적 의사에 반하여 처벌하지 못한다)에 해당하는 행위를 한 경우

☞ **제129조의3(비밀유지명령)** ① 법원은 저작권, 그 밖에 이 법에 따라 보호되는 권리(제25조, 제31조, 제75조, 제76조, 제76조의2, 제82조, 제83조, 제83조의2 및 제101조의3에 따른 보상을 받을 권리는 제외한다. 이하 이 조에서 같다)의 침해에 관한 소송에서 그 당사자가 보유한 영업비밀에 대하여 다음 각 호의 사유를 모두 소명한 경우에는 그 당사자의 신청에 따라 결정으로 다른 당사자, 당사자를 위하여 소송을 대리하는 자, 그 밖에 해당 소송으로 인하여 영업비밀을 알게 된 자에게 해당 영업비밀을 해당 소송의 계속적인 수행 외의 목적으로 사용하거나 해당 영업비밀에 관계된 이 항에 따른 명령을 받은 자 외의 자에게 공개하지

아니할 것을 명할 수 있다. 다만, 그 신청 시까지 다른 당사자, 당사자를 위하여 소송을 대리하는 자, 그 밖에 해당 소송으로 인하여 영업비밀을 알게 된 자가 제1호에 따른 준비서면의 열람 및 증거조사 외의 방법으로 해당 영업비밀을 이미 취득한 경우에는 그러하지 아니하다.

1. 이미 제출하였거나 제출하여야 할 준비서면 또는 이미 조사하였거나 조사하여야 할 증거(제129조의2제4항에 따라 제공된 정보를 포함한다)에 영업비밀이 포함되어 있다는 것

2. 제1호의 영업비밀이 해당 소송수행 외의 목적으로 사용되거나 공개되면 당사자의 영업에 지장을 줄 우려가 있어 이를 방지하기 위하여 영업비밀의 사용 또는 공개를 제한할 필요가 있다는 것

저작권법위반죄(동법 제136조 제1항 참조)의 구성요건과 관련하여, 제1호에서는 저작재산권 기타 저작권법에서 보호되는 재산적 권리를 침해하는 행위를, 제2호에서는 법원의 비밀유지명령을 위반하는 행위를 처벌하고 있다.

본죄의 **구성요건의 주체**는 아무런 제한이 없고, **행위의 상대방** 또한 제한이 없다.

본죄의 **구성요건적 행위**는 저작재산권, 그 밖에 이 법에 따라 보호되는 재산적 권리(제93조에 따른 권리는 제외한다)를 복제, 공연, 공중송신, 전시, 배포, 대여, 2차적 저작물 작성의 방법으로 침해하는 것(제136조 **제1호**), 제129조의3 제1항에 따른 법원의 명령을 정당한 이유 없이 위반하는 것(제136조 **제2호**)이다. 본죄를 위반하면 모두 5년 이하의 징역 또는 5천만 원 이하의 벌금에 처한다.

한편 저작권법위반죄는 저작자의 고소가 필요한 친고죄에 해당한다(저작권법 제140조). 따라서 저작권자는 범죄사실을 안날로부터 6개월 내에 고소를 하여야 한다(형사소송법 제230조 제1항). 단 영리를 목적으로 또는 상습적으로 제136조 제1항 제1호를 범하는 경우에는 고소가 필요 없다. 이에 따라 영리목적 또는 상습성 여부가 하나의 쟁점이 된다. 이하에서는 권리침해가 성립하는지, 실질적 유사성과 의거성의 존재 여부를 중심으로 살펴본다.

가. 저작재산권 기타 재산권에 대한 침해행위(제136조 제1항 제1호)

관련조문

제136조(벌칙) ① 다음 각 호의 어느 하나에 해당하는 자는 5년 이하의 징역 또는 5천만 원 이하의 벌금에 처하거나 이를 병과할 수 있다. <개정 2011. 12. 2.>

   1. **저작재산권, 그 밖에 이 법에 따라 보호되는 재산적 권리(제93조에 따른 권리는 제외한다)를 복제, 공연, 공중송신, 전시, 배포, 대여, 2차적 저작물 작성의 방법으로 침해**한 자

---

1) 저작권의 보호대상 판단

저작권법에서 보호하고 있는 대상과 관련하여 **대법원**은 다음과 같이 판시하고 있다.[91]

판례

[1] **저작권의 보호 대상은 학문과 예술에 관하여 사람의 정신적 노력에 의하여 얻어진 사상 또는 감정을 말, 문자, 음, 색 등에 의하여 구체적으로 외부에 표현한 창작적인 표현형식이고,** 표현되어 있는 내용 즉 **아이디어나 이론 등의 사상 및 감정 그 자체는 설사 그것이 독창성, 신규성이 있다 하더라도 원칙적으로 저작권의 보호 대상이 되지 않는 것이므로, 저작권의 침해 여부를 가리기 위하여 두 저작물 사이에 실질적인 유사성이 있는가의 여부를 판단함에 있어서도 창작적인 표현형식에 해당하는 것만을 가지고 대비하여야 할 것이며,** 소설 등에 있어서 추상적인 인물의 유형 혹은 어떤 주제를 다루는 데 있어 전형적으로 수반되는 사건이나 배경 등은 아이디어의 영역에 속하는 것들로서 저작권법에 의한 보호를 받을 수 없다(대법원 2000. 10. 24. 선고 99다10813 판결 참조).

해당 대법원 판시에 따르면 저작권의 보호대상은 사람의 정신적 노력에 의하여 얻어진 사상 등을 표현한 「**창작물**」이고 단순한 아이디어나 이론 등 그 자체는 저작권의 보호대상에 해당하지 않는다는 것이다. 이는 미국의 판례에 의해 정립된 「**아이디어·표현 이분법**」에 의거한 판단이다.[92]

따라서 **저작권 침해여부 판단에 있어 가장 중요한 점**은 ① 대상물이 저작권의 보호대상인 「**저작물성**」이 있는지 여부, ② 구체적으로 어떤 부분이 「**창작적인 표현형식**」인지여부를 판단하는 것이다.

2) 저작권의 침해행위 판단

저작권법상 침해행위에 해당하기 위해선 ① 침해자가 권리자의 저작물에 의거하여(**의거성 판단**), ② 권리자의 저작물과 동일하거나 실질적으로 유사한 작품을(**실질적 유사성**), ③ 저작권법이 정한 유형의 행위방법(복제, 공연, 공중송신, 전시, 배포, 대여, 2차적 저작물 작성의 방법)으로 이용하여야 하고, ④ 저작재산권 행사 제한사유에 해당하지 않아야 한다(저작권법 제23조 내지 제38조 참조).

실무상 저작권법이 정한 7가지 유형의 행위방법에 해당하는지 여부, 저작재산권 행사 제한사유에 해당하는지 여부는 크게 문제되지 않고, **침해 저작물이 원 저작물과 실질적으**

---

91 대법원 2000. 10. 24. 선고 99다10813 판결 참조.

92 Nicholas v. Universal Pictures Corp. 45 F. 2d 119(2d Cir. 1930)

로 유사한지, 침해 저작물이 원저작물에 근거하여 만들어진 것인지 여부가 가장 중요한 쟁점이 되는데, 이를 판단하는 개념이 의거성과 실질적 유사성이라 할 수 있다.

가) 의거성

저작권에 대한 침해가 인정될 수 있으려면 **침해자가 저작물 침해를 인식하고 해당 저작물에 근거해서 작품을 만들었다는 사정이 인정되어야** 한다. 이를 의거성(依據性)이라고 한다.

쉽게 말해, 원 저작물을 보고 베꼈다는 사정이 인정되어야 한다는 것이다. 甲이라는 사람이 乙의 작품인 미술품과 비슷한 미술품을 만들어 이를 전시하였다고 하더라도 甲이 乙의 저작물에 접근할 수 없는 상황이었다는 사정(甲과 乙이 살아가는 환경이 전혀 다르고, 乙이 그 미술품을 공개한 적이 없었다는 등)이 소명된다면 의거성을 인정할 수 없을 것이다.

그런데 멀티미디어가 극도로 발달한 21세기에 위와 같은 의거성을 부정하는 것은 쉽지 않으므로 **대법원**은 침해자가 기존의 저작물에 접근할 수 있었는지, 침해자가 만들어낸 창작물과 기존의 저작물 사이에 실질적 유사성이 있는지와 같은 간접사실을 근거로 의거성이 사실상 추정된다고 볼 수 있다고 한다.[93] 결국 핵심은 실질적 유사성의 판단으로 귀결된다.

나) 실질적 유사성

실질적 유사성의 판단 기준은 저작권법에서 보호하는 대상인 **'창작적인 표현'**이므로 **창작적인 표현이 '어디까지' 유사한지가 중요한 판단 기준**이 된다. 위와 같이 '어디까지' 비슷한지는 매우 추상적인 개념이므로 사안에 따라 달리 판단되어야 할 성질의 것이나, 창작물의 전체와 부분, 양과 질, 문언적 유사성과 비문언적 유사성을 종합적으로 고려하여 판단할 수밖에 없을 것이다.

실무상 어문(소설, 드라마, 서적, 대본 등), 음악(노래가사, 리듬, 화음 등), 연극(안무 등), 미술(그림, 일러스트레이션, 캐릭터, 이미지), 건축(상징건축물), 사진, 영상, 도형, 컴퓨터프로그램 등 다양한 분야에서 실질적 유사성이 문제되고 있는데 각 저작물의 특징과 핵심 표현요소 등을 토대로 사안에 따라 개별적으로 판단하여야 한다.

한편 2차적 저작물(저작권법 제5조 제1항 참조)은 원 저작물에 대하여 번역, 편곡, 변형, 각색, 영상제작 그 밖의 방법으로 작성한 창작물 등을 말하는데 이 때 2차적 저작물의 저작권을 침해하였는지 여부는 2차적 저작물과 침해 저작물상호간의 '새로운 창작성이 부가된 부분'이 실질적으로 유사한지를 기준으로 판단한다.[94] 예를 들어 원 저작물을 편집한 편집저작

---

93 대법원 2014. 5. 16. 선고 2012다55068 판결 참조.
94 대법원 2004. 7. 8. 선고 2004다18736 판결 참조.

물[95]의 경우에는 소재의 선택과 배열 및 구성을 통한 편집의 유사성을 기준으로 실질적 유사성을 비교 판단하여야 한다.

나. 비밀유지명령 위반행위(제136조 제1항 제2호)

관련조문

제136조(벌칙) ① 다음 각 호의 어느 하나에 해당하는 자는 5년 이하의 징역 또는 5천만 원 이하의 벌금에 처하거나 이를 병과할 수 있다. <개정 2011. 12. 2.>

2. 제129조의3 제1항에 따른 법원의 명령을 정당한 이유 없이 위반한 자

☞ 제129조의3(비밀유지명령) ① 법원은 저작권, 그 밖에 이 법에 따라 보호되는 권리(제25조, 제31조, 제75조, 제76조, 제76조의2, 제82조, 제83조, 제83조의2 및 제101조의3에 따른 보상을 받을 권리는 제외한다. 이하 이 조에서 같다)의 침해에 관한 소송에서 그 당사자가 보유한 영업비밀에 대하여 다음 각 호의 사유를 모두 소명한 경우에는 그 당사자의 신청에 따라 결정으로 다른 당사자, 당사자를 위하여 소송을 대리하는 자, 그 밖에 해당 소송으로 인하여 영업비밀을 알게 된 자에게 해당 영업비밀을 해당 소송의 계속적인 수행 외의 목적으로 사용하거나 해당 영업비밀에 관계된 이 항에 따른 명령을 받은 자 외의 자에게 공개하지 아니할 것을 명할 수 있다. 다만, 그 신청 시까지 다른 당사자, 당사자를 위하여 소송을 대리하는 자, 그 밖에 해당 소송으로 인하여 영업비밀을 알게 된 자가 제1호에 따른 준비서면의 열람 및 증거조사 외의 방법으로 해당 영업비밀을 이미 취득한 경우에는 그러하지 아니하다.

1. 이미 제출하였거나 제출하여야 할 준비서면 또는 이미 조사하였거나 조사하여야 할 증거(제129조의2 제4항에 따라 제공된 정보를 포함한다)에 영업비밀이 포함되어 있다는 것

2. 제1호의 영업비밀이 해당 소송수행 외의 목적으로 사용되거나 공개되면 당사자의 영업에 지장을 줄 우려가 있어 이를 방지하기 위하여 영업비밀의 사용 또는 공개를 제한할 필요가 있다는 것

범죄수익은닉규제법은 저작권법 제136조 제1항 제2호, 제129조의3 제1항에 따라 법원의 비밀유지 명령을 위반한 행위 또한 중대범죄로 규정하고 있다. 저작권 침해가 문제되는 소송절차에서 영업비밀에 해당하는 저작물에 대하여 법원으로부터 비밀유지명령을 받았음에도 불구하고 이를 위반하여 이익을 얻는 경우 이를 박탈하겠다는 취지이다.

---

95 저작권법 제2조 제18호 참조.

그러나 실무상 저작권법 제136조 제1항 제2호 위반죄가 문제된 사례는 쉽게 찾기 어렵고 영업비밀을 해외로 유출하고 이를 통해 수익을 얻는 행위의 경우 범죄수익은닉규제법 별표 제42호, 부정경쟁방지 및 영업비밀보호에 관한 법률 제18조 제1항[96] 위반죄로 의율하고 있으므로 해당 부분에서 자세히 살펴보도록 한다(「제2편 제8장 첨단범죄」 부분 참조).

3. 범죄수익환수 및 자금세탁범죄 처벌 사례

저작권법 제136조 제1항 제1호 또는 제2호 위반죄로 취득한 범죄수익을 세탁한 경우 이를 자금세탁범죄로 처벌한 사례는 다수 발견된다. 타인의 저작권을 침해한 저작물을 함부로 판매하고 이를 통해 얻은 범죄수익을 차명계좌로 입금받아 그 취득을 가장하거나 이를 처분함으로써 처분행위를 가장하는 경우가 가장 대표적인 사례다.

가. 웹툰 저작권을 침해하고 차명계좌로 범죄수익을 취득하여 세탁한 사례

웹툰을 자동으로 가져오는 프로그램(파싱 프로그램)을 제작·사용하여 웹툰을 웹사이트에 함부로 업로드하고 접속자들로 하여금 이를 이용하도록 한 다음 배너광고를 통해 광고수익을 차명계좌로 지급받은 사안에서, 피고인에게 저작권법위반 및 정보통신망이용촉진및정보보호등에관한법률위반죄로 유죄판결을 선고하면서 ① 광고수익으로 지급받은 비트코인을 모아 리플코인으로 전환한 후 보관하였고 수사기관에서는 리플코인 자체가 아니라 리플코인 반환채권을 추징보전해 놓은 경우, 리플코인 반환채권을 몰수할 수 있을 뿐 리플코인 자체를 몰수할 수 없고, ② 피고인으로부터 압수한 현금 또한 범죄수익 자체로 몰수하여야 하므로 추징금에서 공제하여야 한다고 판시한 사례가 있다.[97] **범죄수익을 암호화폐로 지급**

---

96 **부정경쟁방지법 제18조(벌칙)** ① 영업비밀을 외국에서 사용하거나 외국에서 사용될 것임을 알면서도 다음 각 호의 어느 하나에 해당하는 행위를 한 자는 15년 이하의 징역 또는 15억 원 이하의 벌금에 처한다. 다만, 벌금형에 처하는 경우 위반행위로 인한 재산상 이득액의 10배에 해당하는 금액이 15억 원을 초과하면 그 재산상 이득액의 2배 이상 10배 이하의 벌금에 처한다. <개정 2019. 1. 8.>
  1. 부정한 이익을 얻거나 영업비밀 보유자에 손해를 입힐 목적으로 한 다음 각 목의 어느 하나에 해당하는 행위
    가. 영업비밀을 취득·사용하거나 제3자에게 누설하는 행위
    나. 영업비밀을 지정된 장소 밖으로 무단으로 유출하는 행위
    다. 영업비밀 보유자로부터 영업비밀을 삭제하거나 반환할 것을 요구받고도 이를 계속 보유하는 행위
  2. 절취·기망·협박, 그 밖의 부정한 수단으로 영업비밀을 취득하는 행위
  3. 제1호 또는 제2호에 해당하는 행위가 개입된 사실을 알면서도 ㄱ 영업비밀을 취득하거나 사용(제13조 제1항에 따라 허용된 범위에서의 사용은 제외한다)하는 행위
97 부산지방법원 2019. 1. 11. 선고 2018노3082 판결 참조(대법원 2019. 6. 13. 선고 2019도1555 판결로 확정).

받는 경우, 몰수·추징의 보전 대상을 어떤 것으로 할 것인지(코인 자체 또는 코인반환채권)를 먼저 검토하여야 한다. 나아가 **암호화폐 자체에 대한 보전조치**뿐만 아니라 암호화폐 거래를 위해 거래소에 예치하는 **예치금반환채권에 대한 보전조치**를 누락하여서는 안 된다.

> **사례**
>
> ### 2. 판단
>
> #### 가. 직권판단(몰수 부분에 대하여)
>
> 원심은 피고인 소유의 리플코인 318,180.929948개(이하 '이 사건 리플코인'이라 한다)가 압수되어 있음을 전제로 이 사건 리플코인 자체의 몰수를 명하였으나, 원심이 적법하게 채택하여 조사한 증거들에 의하면, ① 이 사건 리플코인은 BZ 가상화폐 거래소 내 피고인 계정에 보관되어 있는 사실, ② 경찰은 수사단계에서 주식회사 BM에 위 피고인 계정의 지급정지를 요청하여 지급정지된 사실(증거기록 957~959쪽), ③ 검사는 2018. 7. 12. 피고인의 주식회사 BM에 대한 이 사건 리플코인 반환채권에 관하여 부산지방법원 2018초기****호로 추징보전청구를 하여 2018. 7. 19. 이 사건 리플코인 반환채권에 대한 가압류 결정이 내려진 사실을 인정할 수 있는바, **이 사건 리플코인은 수사기관이 생성한 전자지갑에 이체하여 보관하는 방법으로 압수된 것이 아니라 가상화폐 거래소 내 피고인 계정에 지급정지된 상태로 보관되어 있을 뿐이므로 몰수의 대상은 이 사건 리플코인 자체가 아니라 추징보전 된 이 사건 리플코인 반환채권이 되어야 한다.**
>
> 따라서 이 사건 리플코인이 압수되어 있음을 전제로 이 사건 리플코인 자체의 몰수를 명한 원심판결에는 몰수에 관한 법리를 오해하여 판결에 영향을 미친 위법이 있으므로, 원심판결 중 피고인에 대한 몰수 부분은 그대로 유지될 수 없게 되었다.
>
> #### 나. 사실오인 주장에 대한 판단
>
> 이 사건 저작권법위반죄와 정보통신망이용촉진및정보보호등에관한법률위반죄는 범죄수익은닉의 규제 및 처벌 등에 관한 법률 제2조 제1호 [별표] 제9호 및 제24호의 '중대범죄'에 해당하고, 중대범죄에 해당하는 범죄행위에 의하여 생긴 재산인 '범죄수익'(같은 법 제2조 제2호 가목)과 범죄수익에서 유래한 재산은 몰수할 수 있으며(같은 법 제8조 제1항 제1, 2호), 이를 몰수할 수 없을 때에는 그 가액을 범인으로부터 추징할 수 있다(같은 법 제10조 제1항).
>
> 원심이 적법하게 채택하여 조사한 증거들에 의하면, 피고인은 이 사건 저작권법위반 범행과 정보통신망이용촉진및정보보호등에관한법률위반 범행에 의하여 522,186,700원(광고대금 수취 계좌의 출금내역)과 이 사건 리플코인(피고인은 범죄수익으로 취득한 각 비트코인을 취합한 후 이를 리플코인으로 전환하여 보관하였다)을 취득한 사실, 위 범죄수익 522,186,700원 중 5만 원권 2,340매(1억 1,700만 원) 및 미화 100달러권 200매(2,153만 원) 합계 138,530,000원이 압수된 사실을 인정할 수 있다.

따라서 <u>이 사건 몰수의 대상은 범죄수익과 범죄수익에서 유래한 재산으로서 앞서 본 바와 같은 이 사건 리플코인 반환채권과 압수된 현금 138,530,000원이고, 피고인으로부터 몰수할 수 없어서 추징해야 할 금액은 위 범죄수익 522,186,700원에서 압수된 현금 138,530,000원을 공제한 나머지 383,656,700원(522,186,700원 – 138,530,000원)이 되어야 한다.</u>

그런데도 원심은 피고인으로부터 위 금액보다 많은 579,940,223원을 추징하였으니 원심판결에는 추징액 산정에 관한 사실을 오인하여 판결에 영향을 미친 위법이 있으므로, 이 점을 지적하는 피고인의 위 주장은 이유 있다.

[한편 피고인은 원심이 범죄사실 제1항(저작권법위반 범행)에서 인정한 이 사건 광고수익금 952,367,568원은 광고대금 수취 계좌의 출금내역 522,186,700원과 이 사건 리플코인의 재판선고시 가액 106,272,430원을 합한 628,459,130원으로 변경되어야 한다는 취지의 주장을 하나, <u>피고인이 취득한 광고수익금은 범행으로 인하여 취득한 그 당시의 가액으로 인정함이 타당하고, 설령 취득한 재산의 시가가 그 이후에 감소하는 등의 사정이 있다고 하더라도 이는 불법이득을 박탈하는 데 목적이 있는 몰수, 추징 과정에서 그러한 사정을 반영하면 족할 뿐이므로, 이와 다른 전제에 있는 피고인의 위 주장은 받아들일 수 없다</u>]

한편 법원은 위와 같이 취득한 범죄수익을 이용하여 공범 명의로 부동산을 구입한 다음 자기 명의로 부동산에 근저당권을 설정한 사안에서 범죄수익을 통해 마치 공범이 그 부동산을 취득한 것처럼 꾸며 차명으로 부동산을 매입한 행위는 범죄수익의 처분가장행위에 해당한다고 판시하였다.

나. 리니지 사설게임서버 개설을 통한 저작권법위반 및 자금세탁범죄 처벌 사례

피고인이 온라인 게임 '리니지'의 저작권자인 주식회사 엔씨소프트의 게임 프로그램의 일부 내용을 변경하여 정규 게임서버가 아닌 피고인 운영의 사설 서버로 이용자들을 유도하고, 이용자들을 대상으로 게임머니 등을 복제하여 판매하면서 그 수익금을 차명계좌로 입금받은 사안에서, **게임아이템 판매대금과 캐릭터의 변경 및 관리등의 대가로 받은 대금이 혼합되어 있어 범죄수익을 명확하게 특정할 수 없다는 이유로 추징을 선고하지 않은 사례**가 있다.[98] 저작권법위반 범죄로 취득한 금전과 단순한 노무의 대가로 취득한 금전이 혼합되어 있는 경우 이를 구별하는 것은 실무상 쉽지 않으므로 주의를 요한다.

---

98 제주지방법원 2020. 5. 14. 선고 2018노711 판결 참조.

> **사례**
>
> (전략) 나. 검사의 법리오해 주장에 관한 판단
>
> 몰수·추징의 대상이 되는지 여부나 추징액의 인정 등은 범죄구성요건사실에 관한 것이 아니어서 엄격한 증명은 필요 없지만 역시 증거에 의하여 인정되어야 함은 당연하고, 그 대상이 되는 범죄수익을 특정할 수 없는 경우에는 추징할 수 없다(대법원 2014. 7. 10. 선고 2014도4708 판결 참조).
>
> 이 사건 증거에 의하면, 피고인 A가 자신이 개설한 'H' 서버를 운영하는 과정에서 발생한 수익을 이 사건 공소사실에 기재된 K 명의의 계좌 및 피고인 명의의 계좌로 송금받은 사실은 인정된다. 그러나 피고인들은 이 사건 공소사실에 적시된 것처럼 이 사건 게임의 게임머니, 아이템 등을 임의로 생성한 후 회원들에게 판매함으로써 돈을 송금받는 것 외에 게임 캐릭터의 변경 및 관리 등의 대가로 돈을 송금받기도 하였다고 주장하고 있는데, 검사가 제출한 증거들만으로는 **그와 같은 게임 캐릭터의 변경 및 관리 등의 대가가 이 사건 공소사실 기재와 같은 저작권법위반 범행으로 취득한 범죄수익에 해당하는지 여부가 불분명하고, 이 사건 공소사실 기재와 같이 K 명의의 계좌로 송금받은 638,695,992원과 피고인 A 명의의 계좌로 송금받은 36,407,216원 전부가 이 사건 게임의 게임머니, 아이템 등의 판매대금 명목으로 송금받은 것이라고 인정하기에 부족하며**(특히 이 사건 공소사실은 위 각 금액의 송금 명목을 '게임머니 판매대금'으로 특정하고 있다), 달리 이를 인정할 만한 증거가 없다.
>
> 또한 **피고인 B의 경우, 피고인 B에게 실질적으로 귀속된 수익을 특정할 만한 증거가 없다. 따라서 피고인들이 이 사건 저작권법위반 범행으로 취득한 범죄수익의 액수가 특정되었다고 보기 어렵다.** 나아가 위와 같이 범죄수익의 액수가 특정되지 않았다고 보는 이상, 검사가 주장하는 바와 같이 B명의의 계좌로 송금받은 638,695,992원 전부를 '범죄수익등의 취득 또는 처분에 관한 사실을 가장·은닉한 범죄행위(범죄수익은닉규제법 제3조)에 관계된 금원'에 해당한다고 보아 범죄수익은닉규제법 제8조 제1항 제3호에 따라 추징할 수도 없다.
>
> 결국 피고인들이 이 사건 각 범행으로 취득한 범죄수익이 충분히 특정되었다거나 증명되었다고 볼 수 없다는 이유로 검사의 추징청구를 받아들이지 않은 원심판결은 정당하고, 거기에 법리오해의 위법이 없으므로, 검사의 이 부분 주장은 받아들이지 않는다.

8 자본시장과 금융투자업에 관한 법률위반(제10호)

1. 총설

범죄수익은닉규제법 별표 제10호에서는 **자본시장과 금융투자업에 관한 법률**(이하, '**자본시장법**'이라 한다) **제443조 및 제445조 제42호의 죄**를 범죄수익환수 대상범죄로 규정하고 있다. 본죄는 원래 '증권거래법위반죄'로 규정되어 있었으나 증권거래법이 자본시장법으로

개정되었고 이에 따라 2007. 8. 3. 범죄수익은닉규제법이 개정(2009. 2. 4. 시행)됨으로써
현재와 같이 중대범죄가 변경되었다.

관련조문

범죄수익은닉규제법 별표

중대범죄(제2조 제1호 관련)

10. 「자본시장과 금융투자업에 관한 법률」 제443조 및 제445조 제42호의 죄

관련조문

제443조(벌칙) ① 다음 각 호의 어느 하나에 해당하는 자는 1년 이상의 유기징역 또는 그 위반행
위로 얻은 이익 또는 회피한 손실액의 3배 이상 5배 이하에 상당하는 벌금에 처한다. 다만, 그
위반행위로 얻은 이익 또는 회피한 손실액이 없거나 산정하기 곤란한 경우 또는 그 위반행위로
얻은 이익 또는 회피한 손실액의 5배에 해당하는 금액이 5억 원 이하인 경우에는 벌금의 상한
액을 5억 원으로 한다. <개정 2013. 5. 28., 2014. 12. 30., 2017. 4. 18., 2018. 3. 27.>
1. 제174조 제1항을 위반하여 상장법인의 업무 등과 관련된 미공개중요정보를 특정증권등
   의 매매, 그 밖의 거래에 이용하거나 타인에게 이용하게 한 자
2. 제174조 제2항을 위반하여 주식등에 대한 공개매수의 실시 또는 중지에 관한 미공개정
   보를 그 주식등과 관련된 특정증권등의 매매, 그 밖의 거래에 이용하거나 타인에게 이용
   하게 한 자
3. 제174조 제3항을 위반하여 주식등의 대량취득·처분의 실시 또는 중지에 관한 미공개정
   보를 그 주식등과 관련된 특정증권등의 매매, 그 밖의 거래에 이용하거나 타인에게 이용
   하게 한 자
4. 제176조 제1항을 위반하여 상장증권 또는 장내파생상품의 매매에 관하여 그 매매가 성
   황을 이루고 있는 듯이 잘못 알게 하거나, 그 밖에 타인에게 그릇된 판단을 하게 할 목적
   으로 같은 항 각 호의 어느 하나에 해당하는 행위를 한 자
5. 제176조 제2항을 위반하여 상장증권 또는 장내파생상품의 매매를 유인할 목적으로 같은
   항 각 호의 어느 하나에 해당하는 행위를 한 자
6. 제176조 제3항을 위반하여 상장증권 또는 장내파생상품의 시세를 고정시키거나 안정시킬 목적
   으로 그 증권 또는 장내파생상품에 관한 일련의 매매 또는 그 위탁이나 수탁을 한 자
7. 증권 또는 파생상품에 관한 매매등과 관련하여 제176조 제4항 각 호의 어느 하나에 해당
   하는 행위를 한 자
8. 금융투자상품의 매매(증권의 경우 모집·사모·매출을 포함한다), 그 밖의 거래와 관련하
   여 제178조 제1항 각 호의 어느 하나에 해당하는 행위를 한 자

9. 제178조 제2항을 위반하여 금융투자상품의 매매(증권의 경우 모집·사모·매출을 포함한다), 그 밖의 거래를 할 목적이나 그 시세의 변동을 도모할 목적으로 풍문의 유포, 위계의 사용, 폭행 또는 협박을 한 자

② 제1항 각 호의 위반행위로 얻은 이익 또는 회피한 손실액이 5억 원 이상인 경우에는 제1항의 징역을 다음 각 호의 구분에 따라 가중한다. <개정 2018. 3. 27.>

1. 이익 또는 회피한 손실액이 50억 원 이상인 경우에는 무기 또는 5년 이상의 징역

2. 이익 또는 회피한 손실액이 5억 원 이상 50억 원 미만인 경우에는 3년 이상의 유기징역

③ 제1항 또는 제2항에 따라 징역에 처하는 경우에는 10년 이하의 자격정지를 병과(竝科)할 수 있다.

제445조(벌칙) 다음 각 호의 어느 하나에 해당하는 자는 3년 이하의 징역 또는 1억 원 이하의 벌금에 처한다.

42. 제383조 제1항(제78조 제6항, 제323조의17 및 제441조에서 준용하는 경우를 포함한다)을 위반하여 비밀을 누설하거나 이용한 자

중대범죄로 규정되어 있는 자본시장법위반죄는 크게 ① **미공개 중요정보 이용행위 금지**의 점(자본시장법 제443조 제1항 제1호 내지 제3호, 제174조), ② **시세조종행위 금지**의 점(자본시장법 제443조 제1항 제4호 내지 제7호, 제176조), ③ **부정거래행위 금지**의 점(자본시장법 제443조 제1항 제8호 내지 제9호, 제178조), ④ **정보이용금지**의 점(자본시장법 제445조 제42호, 제383조 제1항)으로 나눌 수 있다.

나아가 ⑤ 자본시장법은 **위반행위로 얻은 이익 또는 회피한 손실액이 5억 원 이상**인 경우에는 가중처벌하도록 규정(자본시장법 제443조 제2항 각호 참조)하고 있고 위와 같은 가중처벌 규정 또한 범죄수익은닉규제법상 중대범죄의 범주에 모두 포함된다.

한편 자본시장법 제443조 제1항 및 제2항(위 ①번 내지 ③번 및 ⑤번 항목 참조)에 따라 징역에 처하는 경우에는 같은 조 제1항에 따른 벌금을 필요적으로 병과하고(자본시장법 제447조 제1항 참조), **제443조 제1항 각 호의 어느 하나에 해당하는 자가 해당 행위를 하여 취득한 재산은 몰수하며, 몰수할 수 없는 경우에는 그 가액을 추징**한다(자본시장법 제447조의2 참조).

관련조문

제447조(징역과 벌금의 병과) ① 제443조 제1항 및 제2항에 따라 징역에 처하는 경우에는 같은 조 제1항에 따른 벌금을 병과한다. <신설 2014. 12. 30.>

② 제444조부터 제446조까지의 규정에 해당하는 죄를 범한 자에게는 징역과 벌금을 병과할 수 있다. <개정 2014. 12. 30.>

제447조의2(몰수·추징) <u>제443조 제1항 각 호</u>의 어느 하나에 해당하는 자가 해당 행위를 하여 취득한 재산은 몰수하며, 몰수할 수 없는 경우에는 그 가액을 추징한다.

[본조신설 2014. 12. 30.]

범죄수익은닉규제법에서 중대범죄로 규정하고 있는 자본시장법상 중대범죄는 미공개 중요정보를 이용하거나 주가를 조작하여 또는 사기적 방법으로 부정거래행위를 함으로써 부당한 이익을 취득하는 것을 그 구성요건으로 하고, **부당이득의 액수에 따라 그 형량이 가중되므로 부당이득은 범죄의 구성요건적 요소다.**

나아가 위와 같은 중대범죄로 취득한 재산은 필요적으로 몰수·추징의 대상이 되어 이를 범죄자로부터 환수하여야 하므로 위 부당이득의 의미와 이를 산정하는 방식 및 기준은 매우 중요한 의미를 갖고, 이에 대한 판례가 다수 축적되어 있다.

아래에서는 **실무상 활용례가 거의 없는 정보이용금지의 점을 제외한 위 3가지 영역** (미공개 정보이용, 시세조종 및 사기적 부정거래)**을 구성하는 구성요건을 각각 나누어 살펴보고, 해당 중대범죄에서 부당이득의 산정 기준, 중대범죄로 취득한 부당이득이 문제된 사례, 실제로 추징이 선고된 사례들을 각각 검토**하여 보기로 한다.

2. 미공개 중요정보 이용행위 금지 관련 중대범죄(제443조 제1항)

가. 서설

자본시장법은 미공개중요정보 이용하여 특정증권등의 매매, 그 밖의 거래행위를 하지 못하도록 규정하고 있다. 범죄수익은닉규제법은 위와 같은 미공개정보를 활용하여 이익을 취득하는 행위를 중대범죄로 규정하여 불공정 거래행위를 통해 얻은 수익을 환수할 수 있도록 하고 있다.

미국에서는 이와 같은 거래행위를 **내부자 거래**(Insider Trading, 영국에서는 Insider Dealing)**로 규정**하고 있는데 그 개념은 "거래 상대방이나 일반투자자들이 접근할 수 없는 정보에 접근할 수 있는 자가 하는 증권의 매수 또는 매도하는 행위" 또는 "내부자가 회사에 관한 중요하고 미공개된 정보에 기하여 공개시장에서 거래되는 주식을 매수 또는 매도하는 것"이다.[99] 이와 같은 내부자 거래를 금지하는 규정이 자본시장법상 미공개 중요정보 이용행위 금지다.

---

99 임재연, 자본시장법, 2018 박영사, 885면 이하 참조.

자본시장법상 미공개중요정보 이용행위 금지규정은 같은 법 제443조 제1항 각 호, 제174조 각 항에서 금지의 대상이 되는 정보에 따라 나누어 규정하고 있는데 구체적으로, ① 상장법인의 업무 등과 관련된 정보(**법 제443조 제1항 제1호**), ② 주식등에 대한 공개매수의 실시 또는 중지에 관한 정보(**제2호**), ③ 주식등의 대량취득·처분의 실시 또는 중지에 관한 정보(**제3호**)가 바로 그것이다.

미공개 중요정보 이용행위는 해당 정보에 접근할 수 있는 사람을 처벌하는 신분범 처벌규정이라고 봄이 상당하다. 위 금지규정(법 제174조 제1항 내지 제3항)은 각 호에서 미공개 중요정보 이용행위를 할 수 있는 신분자들을 열거하면서 해당 신분자들이 각항의 중요정보를 이용하는 경우를 금지하는 방법으로 아래와 같이 구성요건을 나열하고 있다.

나. 미공개 정보의 개념(공통)

1) 서설

미공개 중요정보 이용행위가 성립하기 위해선 이용한 정보가 ① **미공개 상태**인, ② **중요한 정보**이어야 하며, ③ **특정한 업무 내지 거래와의 관련**성[㉠ 상장법인의 업무와 관련성(제1호) 또는 ㉡ 주식등의 공개매수의 실시·중지 관련성(제2호), ㉢ 주식등의 대량취득·처분의 실시 또는 중지 관련성(제3호)]이 인정되어야 한다. 제2호 및 제3호의 법문에는 '미공개정보'라고 기재되어 있어 '중요성' 요건이 빠진 것으로 볼 여지도 있으나 자본시장법 제174조 자체가 '미공개 중요정보 이용행위 금지'를 규정하고 있는 점, 주식등의 공개매수의 실시·중지, 주식등의 대량취득·처분의 실시 또는 중지에 관련된 정보는 그 자체가 중요성을 가지고 있어 각 호의 정보는 모두 '중요한 정보'를 대상으로 한다고 이해함이 상당하다. 이하에서는 차례대로 살펴본다.

2) 미공개

정보는 눈에 보이지 않는 개념이므로 해당 정보가 공개되었는지, 아니면 공개되지 않았는지를 구별하는 것은 여간 어려운 일이 아니다. 따라서 공개 여부에 대한 명확한 기준이 제시되어야 하는데 자본시장법 시행령에서는 일응 위 공개된 정보의 개념에 대해 다음과 같이 규정하고 있다.

관련조문

> **자본시장법 시행령 제201조(정보의 공개 등)** ② 법 제174조 제1항 각 호 외의 부분에서 "대통령령으로 정하는 방법"이란 해당 **법인**(해당 법인으로부터 공개권한을 위임받은 자를 포함한다) **또는 그 법인의 자회사**(「상법」 제342조의2제1항에 따른 자회사를 말하며, 그 자회사로부터 공개권한을 위임받은 자를 포함한다)**가 다음 각 호의 어느 하나에 해당하는 방법으로 정보를 공개하고 해당 호에서 정한 기간이나 시간이 지나는 것**을 말한다. <개정 2009. 7. 1., 2010. 1. 27., 2013. 8. 27.>
>
> 1. 법령에 따라 금융위원회 또는 거래소에 **신고되거나 보고된 서류에 기재되어 있는 정보**: 그 내용이 기재되어 있는 **서류가 금융위원회 또는 거래소가 정하는 바에 따라 비치된 날부터 1일**
> 2. 금융위원회 또는 거래소가 설치·운영하는 전자전달매체를 통하여 그 내용이 공개된 정보: **공개된 때부터 3시간**
> 3. 「신문 등의 진흥에 관한 법률」에 따른 **일반일간신문 또는 경제분야의 특수일간신문 중 전국을 보급지역으로 하는 둘 이상의 신문에 그 내용이 게재된 정보**: 게재된 날의 **다음 날 0시부터 6시간**. 다만, 해당 법률에 따른 전자간행물의 형태로 게재된 경우에는 게재된 때부터 6시간으로 한다.
> 4. 「방송법」에 따른 방송 중 전국에서 시청할 수 있는 **지상파방송을 통하여 그 내용이 방송된 정보**: **방송된 때부터 6시간**
> 5. 「뉴스통신진흥에 관한 법률」에 따른 **연합뉴스사를 통하여 그 내용이 제공된 정보**: **제공된 때부터 6시간**

위 자본시장법 시행령에 따라 **정보가 담겨 있는 방식이 관공서 신고 서류인지, 정보전달매체인지, 취급하는 언론매체가 신문, 방송 또는 인터넷 연합뉴스인지에 따라 위 각 일시가 지나기 전이라면 미공개 상태에 해당**한다.

위 정보의 공개는 회사의 의사에 따라 이루어져야 하므로 회사가 내부적인 의사 결정에 따라 스스로 공개하기 전 언론, 인터넷 등을 통해 추측성으로 보도되었다고 하더라도 이는 미공개 정보에 해당한다.[100]

한편 증권거래가 공개시장에서 이루어지는 것이 아니고 거래 당사자 간의 직접적인 협상에 의해서 이루어지는 이른바, '**상대거래**'의 경우에는 거래 목적에 해당하는 증권 관련 내부정보가 이미 거래당사자에게 알려진 상태에 해당하므로 공개되지 아니한 중요한 정보를

---

[100] 대법원 2006. 5. 12. 선고 2004도491 판결, 대법원 1995. 6. 29. 선고 95도467 판결 등 각 참조.

이용한 것으로 볼 수 없다는 판례가 있다.[101] 그러나 이러한 상대거래의 경우에도 한쪽 거래당사자가 그 협상 과정에서 상대방 회사 내부의 정보를 지득한 다음 이를 상부에 보고 없이 개인적으로 제3자에게 제공하여 이를 이용하도록 하였다면 정보가 완전히 공개되었다고 볼 수 없으므로 미공개 정보 이용에 해당한다.[102]

이러한 '상대거래'는 주로 M&A 등 증권의 내부 거래 과정에서 일어나게 되는데 상장회사와 비상장 회사의 합병 협상이 진행 중 비상장 회사의 임원이 제3자에게 합병에 관한 정보를 제공하였고 그 제3자는 상장회사가 발행한 전환사채를 매수하여 주식으로 전환해 매각함으로써 그 차익을 얻은 경우 이는 미공개 거래에 해당한다는 것이다.

3) 중요한 정보

가) 판단기준

자본시장법은 '**중요한 정보**'의 이용행위만을 규제하므로 미공개 상태의 정보라도 중요하지 않으면 객체에 해당하지 않는다. 따라서 해당 '**중요한 정보**'의 개념이 문제될 수 있는데 법률에서는 「**투자자의 투자판단에 중대한 영향을 미칠 수 있는 정보**」로 대상을 한정하고 있다. 이는 대법원의 판단을 입법적으로 반영한 결과이다.[103]

대법원은 나아가 「투자자의 투자판단에 중대한 영향을 미칠 수 있는 정보」의 개념에 대하여 「…법인의 경영·재산 등에 관하여 중대한 영향을 미칠 사실들 가운데 합리적인 투자자라면 그 정보의 중대성과 사실이 발생할 개연성을 비교 평가하여 판단할 경우 유가증권의 거래에 관한 의사를 결정함에 있어서 중요한 가치를 지닌다고 생각하는 정보를 가리킨다.」고 판시하여 이를 구체화 하였다.[104] 위 투자자는 '**합리적인 투자자**'를 상정하여 객관적으로 판단한다.

나) 정보의 생성시점

나아가 정보는 여러 단계를 거쳐 순차적으로 형성되게 되는데 정보의 구체적인 생성시기를 언제로 인정할 것인지가 또 하나의 쟁점이 된다. 왜냐하면 내부 정보의 생성시기를 지나치게 늦게 인정하게 되면 그 이전에 이용된 정보를 이용하는 경우를 미공개 정보이용행위로 처벌할 수 없게 되기 때문이다.

---

101 대법원 2003. 6. 24. 선고 2003도1456 판결 참조.
102 대법원 2006. 5. 11. 선고 2003도4320 판결 참조.
103 대법원 2000. 11. 24. 선고 2000도2827 판결 참조.
104 대법원 2010. 5. 13. 선고 2007도9769 판결 참조.

이에 대하여 **대법원**은 「일반인에게 공개되지 아니한 중요한 정보를 직무와 관련하여 알게 된 자 등이 이를 이용하거나 다른 사람으로 하여금 이용하게 하지 못하도록 금지하고 있는데, 일반적으로 법인 내부에서 생성되는 중요정보란 갑자기 완성되는 것이 아니라 여러 단계를 거치는 과정에서 구체화되는 것으로서 중요정보의 생성 시기는 반드시 그러한 정보가 객관적으로 명확하고 확실하게 완성된 때를 말하는 것이 아니며, **합리적인 투자자의 입장에서 그 정보의 중대성과 사실이 발생할 개연성을 비교 평가하여 유가증권의 거래에 관한 의사결정에서 중요한 가치를 지닌다고 생각할 정도로 구체화되면 그 정보가 생성된 것이다.**」라고 판시하고 있다.[105]

보다 구체적으로는, 거래소의 상장폐지가 사실상 확정된 때, 발행한 어음의 부도처리가 확실시 되는 때,[106] 계열사의 사장이 모회사의 부회장에게 자본확충계획을 포함한 보고를 한 경우 정보가 생성되었다고 보고 있으며,[107] 회사가 자기 회사 주식을 취득한 후 이익의 소각하는 방법으로 회사 내부의 주가 부양방법이 구체적으로 검토되고 있다는 내용의 정보는 그와 같은 계획이 확정되기 전이라고 하더라도 해당 주식거래에 관한 의사결정의 판단자료로 삼을 수 있으므로 미공개 정보에 해당한다고 판시한 사례도 있다.[108]

다) 진실한 정보

미공개 정보는 회사의 투자에 영향을 주는 중요한 정보이어야 하므로 그 내용이 진실한 것으로 한정함이 상당하다. 따라서 만약 허위의 정보를 생성한 경우라면 시세조종행위로 의율하여야 할 것이다. 한편 정보의 일부에 허위 또는 과장된 부분이 포함된 경우에도 그것만을 이유로 중요한 정보임을 부정할 근거가 될 수는 없다.[109]

라) 중요정보 인정 사례

중요한 정보로 인정된 사례를 보면 **무상증자 정보,**[110] **M&A 성사 관련 정보,**[111] **제3자 배정 유상증자 정보,**[112] **대규모 적자 발생 정보,**[113] **재무구조악화로 인한 대규모 유상증**

---

105 대법원 2014. 2. 27. 선고 2011도9457 판결 참조.
106 대법원 2000. 11. 24. 선고 2000도2827 판결 참조.
107 대법원 2008. 11. 27. 선고 2008도6219 판결 참조.
108 대법원 2009. 11. 26. 선고 2008도9623 판결 참조.
109 대법원 2010. 2. 25. 선고 2009도4662 판결 참조.
110 대법원 2005. 4. 29. 선고 2005도4653 판결 참조.
111 대법원 2005. 4. 29. 선고 2005도1835 판결 참조.
112 대법원 2010. 5. 13. 선고 2007도9769 판결 참조.
113 대법원 1995. 6. 30. 선고 94도2792 판결 참조.

자 정보[114] 등이 있다. 회사의 주식 발행과 소각, 수익 발생과 관련된 내부 의결사항, 경영진의 변동 등의 각종 요소들은 투자자들의 투자 심리와 관련되어 있으므로 대부분 중요정보로 인정된다고 봄이 상당하다.

다. 상장법인의 업무 등 관련 미공개중요정보 이용의 점(제443조 제1항 제1호, 제174조 제1항)

관련조문

자본시장법 제443조(벌칙) ① 다음 각 호의 어느 하나에 해당하는 자는 1년 이상의 유기징역 또는 그 위반행위로 얻은 이익 또는 회피한 손실액의 3배 이상 5배 이하에 상당하는 벌금에 처한다. 다만, 그 위반행위로 얻은 이익 또는 회피한 손실액이 없거나 산정하기 곤란한 경우 또는 그 위반행위로 얻은 이익 또는 회피한 손실액의 5배에 해당하는 금액이 5억 원 이하인 경우에는 벌금의 상한액을 5억 원으로 한다.

1. **제174조 제1항을 위반**하여 **상장법인의 업무 등과 관련된 미공개중요정보**를 특정증권 등의 매매, 그 밖의 거래에 이용하거나 타인에게 이용하게 한 자

☞ **제174조(미공개중요정보 이용행위 금지) ① 다음 각 호의 어느 하나에 해당하는 자**(제1호부터 제5호까지의 어느 하나의 자에 해당하지 아니하게 된 날부터 1년이 경과하지 아니한 자를 포함한다)는 **상장법인**[6개월 이내에 상장하는 법인 또는 6개월 이내에 상장법인과의 합병, 주식의 포괄적 교환, 그 밖에 대통령령으로 정하는 기업결합 방법에 따라 상장되는 효과가 있는 비상장법인(이하 이 항에서 "상장예정법인등"이라 한다)을 포함한다. 이하 이 항 및 제443조 제1항 제1호에서 같다]**의 업무 등과 관련된 미공개중요정보**(투자자의 투자판단에 중대한 영향을 미칠 수 있는 정보로서 대통령령으로 정하는 방법에 따라 불특정 다수인이 알 수 있도록 공개되기 전의 것을 말한다. 이하 이 항에서 같다)**를 특정증권등**(상장예정법인등이 발행한 해당 특정증권등을 포함한다. 이하 제443조 제1항 제1호에서 같다)**의 매매, 그 밖의 거래에 이용하거나 타인에게 이용하게 하여서는 아니 된다.** <개정 2009. 2. 3., 2013. 5. 28.>

1. **그 법인**(그 계열회사를 포함한다. 이하 이 호 및 제2호에서 같다) **및 그 법인의 임직원·대리인**으로서 그 직무와 관련하여 미공개중요정보를 **알게 된 자**
2. 그 법인의 **주요주주**로서 **그 권리를 행사하는 과정**에서 미공개중요정보를 **알게 된 자**
3. 그 법인에 대하여 **법령에 따른 허가·인가·지도·감독, 그 밖의 권한을 가지는 자**로서 그 권한을 행사하는 과정에서 미공개중요정보를 **알게 된 자**

---

114 대법원 2008. 11. 27. 선고 2008도6219 판결 참조.

4. 그 법인과 계약을 체결하고 있거나 체결을 교섭하고 있는 자로서 그 계약을 체결·교섭 또는 이행하는 과정에서 미공개중요정보를 알게 된 자

5. 제2호부터 제4호까지의 어느 하나에 해당하는 자의 대리인(이에 해당하는 자가 법인인 경우에는 그 임직원 및 대리인을 포함한다)·사용인, 그 밖의 종업원(제2호부터 제4호까지의 어느 하나에 해당하는 자가 법인인 경우에는 그 임직원 및 대리인)으로서 그 직무와 관련하여 미공개중요정보를 알게 된 자

6. 제1호부터 제5호까지의 어느 하나에 해당하는 자(제1호부터 제5호까지의 어느 하나의 자에 해당하지 아니하게 된 날부터 1년이 경과하지 아니한 자를 포함한다)로부터 미공개중요정보를 받은 자

1) 구성요건의 주체: 내부자, 준내부자와 정보수령자

본죄의 **구성요건의 주체**는 내부자 또는 준내부자와 정보수령자이다. 내부자 거래를 규제하는 이유는 내부자가 직무상 알게 된 미공개 중요 정보를 이용하여 이를 알지 못하는 일반 투자자들을 희생시켜 부당한 이득을 얻게 되어 불공정하기 때문이다.[115] 이 때, **내부자 거래가 금지되는 주체는 공개 또는 회피의무를 부담하는 내부자(Insider) 또는 제1차 정보수령자(Tippee)에 한정**된다.

내부자가 아닌 제3자가 우연히 위와 같은 정보를 알게 되어 증권거래를 하는 것은 문제가 없고, 제1차 정보수령자로부터 재차 정보를 수령한 제2차 정보수령자부터는 행위 주체에 포함되지 아니한다. 다만 제2차 정보수령자가 제1차 정보수령자가 1차로 정보를 받는 단계에서 그 정보를 거래에 곧바로 이용하는 행위에 공동가담하였다면 그 제2차 정보수령자를 제1차 정보수령자의 공동정범으로 처벌할 수 있다.[116]

한편 내부자 또는 준내부자의 지위에 해당하는 자들뿐만 아니고 이에 해당하지 아니하게 된 날로부터 1년이 경과하지 아니한 사람도 규제대상이나, 이는 해당 내부자 또는 준 내부자의 지위에 있는 동안 직무와 관련하여 취득한 정보에 한정되고 퇴직한 후에 취득한 정보의 경우, 정보수령자에 해당하지 않으면 제외된다(내부자 지위의 연장).

자본시장법은 위 **내부자에 대해 다음과 같이 규정**한다(동법 제174조 제1항 각호).

---

115 같은 취지, 임재연, 앞의 책 909면 이하 참조.
116 대법원 2019. 7. 11. 선고 2017도9087 판결 참조.

관련조문

1. <u>그 법인</u>(그 계열회사를 포함한다. 이하 이 호 및 제2호에서 같다) 및 <u>그 법인의 임직원·대</u><u>리인</u>으로서 **그 직무와 관련**하여 미공개중요정보를 **알게 된 자**
2. 그 법인의 **주요주주**로서 **그 권리를 행사하는 과정**에서 미공개중요정보를 **알게 된 자**
3. 그 법인에 대하여 **법령에 따른 허가·인가·지도·감독, 그 밖의 권한을 가지는 자**로서 **그 권한을 행사하는 과정**에서 미공개중요정보를 알게 된 자
4. 그 법인과 **계약을 체결하고 있거나 체결을 교섭하고 있는 자**로서 그 **계약을 체결·교섭 또는 이행하는 과정**에서 미공개중요정보를 **알게 된 자**
5. **제2호부터 제4호까지의 어느 하나에 해당하는 자의 대리인**(이에 해당하는 자가 법인인 경우에는 그 임직원 및 대리인을 포함한다)·**사용인, 그 밖의 종업원**(제2호부터 제4호까지의 어느 하나에 해당하는 자가 법인인 경우에는 그 임직원 및 대리인)으로서 **그 직무와 관련**하여 미공개중요정보를 **알게 된 자**
6. **제1호부터 제5호까지의 어느 하나에 해당하는 자**(제1호부터 제5호까지의 어느 하나의 자에 해당하지 아니하게 된 날부터 1년이 경과하지 아니한 자를 포함한다)로부터 미공개중요정보를 **받은 자**

자본시장법 제174조 제1항 내지 제3항은 각각 미공개 정보와 상장법인 업무와의 관련성(제1항), 주식등의 공개매수 실시 또는 중지와의 관련성(제2항), 주식 등의 대량취득 또는 처분과의 관련성(제3항)을 따로 규정하고 있다. 그런데 각 항의 각 호는 해당 구성요건의 행위주체를 ① 상장법인, ② 공개매수예정자, ③ 대량취득·처분을 하려는 자로 나누어 규정하고 있을 뿐 해당 미공개정보 이용의 주체인 내부자, 준내부자 및 정보수령자의 개념은 동일하게 사용하고 있음을 유의할 필요가 있다.

가) 해당법인 및 그 법인의 임원, 직원 및 대리인(제174조 제1항 제1호)

관련조문

1. <u>그 법인</u>(그 계열회사를 포함한다. 이하 이 호 및 제2호에서 같다) 및 그 법인의 임직원·대리인으로서 그 직무와 관련하여 미공개중요정보를 알게 된 자

내부자는 회사에 고용되어 있는 기회에 얻은 미공개 중요정보를 이용해 거래를 하지 않을 의무를 지는 사람이다. 해당 법인의 임원, 고위직을 모두 포함하고 고용관계에 있는 직원(임시직, 아르바이트 등 모두 포함), 대리인(변호사, 회계사 등)을 모두 포함한다.

해당법인의 임직원이 자신의 이익을 추구할 목적으로 자기의 계산으로 또는 타인의 이익을 위하여 타인의 계산으로 법인의 주식을 매각하는 행위를 포함한다. 따라서 부도위기에 처한 회사의 임원들이 회사 감자에 관한 이사회 결의가 예정되어 있는 상황에서 회사가 차명으로 보유하고 있던 자기 주식을 매각한 경우 이는 미공개정보 이용행위에 해당한다.[117]

나) 계열회사(제174조 제1항 제1호)

자본시장법은 해당 법인뿐만 아니라 **계열회사**[독점규제 및 공정거래에 관한 법률(이하, '공정거래법'이라 한다) 제2조 제3호 참조(공정거래법이 2020. 12. 29. 전부 개정되어 2021. 12. 30. 시행되는 바, 개정법에 의하면 제2조 제12호 참조)[118]]도 포함한다.

---

[117] 대법원 2002. 4. 12. 선고 2000도3350 판결 참조.
[118] 공정거래법 제2조(정의) 이 법에서 사용하는 용어의 정의는 다음과 같다.
    3. "계열회사"라 함은 2이상의 회사가 동일한 기업집단에 속하는 경우에 이들 회사는 서로 상대방의 **계열회사라 한다.**
        공정거래법 시행령 제3조(기업집단의 범위) 법 제2조 제2호 각 목 외의 부분에서 **"대통령령이 정하는 기준에 의하여 사실상 그 사업내용을 지배하는 회사"** 란 다음 각 호의 어느 하나에 해당하는 회사를 말한다. <개정 1999. 3. 31., 2000. 4. 1., 2001. 3. 27., 2002. 3. 30., 2005. 3. 31., 2007. 7. 13., 2009. 5. 13., 2016. 3. 8.>
    1. 동일인이 단독으로 또는 다음 각 목의 어느 하나에 해당하는 자(이하 "동일인관련자"라 한다)와 합하여 해당 회사의 발행주식(「상법」 제344조의3제1항에 따른 의결권 없는 주식을 제외한다. 이하 이 조, 제3조의2, 제17조의5, 제17조의8 및 제18조에서 같다) 총수의 100분의 30이상을 소유하는 경우로서 최다출자자인 회사
        가. 배우자, 6촌 이내의 혈족, 4촌이내의 인척(이하 "친족"이라 한다)
        나. 동일인이 단독으로 또는 동일인관련자와 합하여 총출연금액의 100분의 30이상을 출연한 경우로서 최다출연자가 되거나 동일인 및 동일인관련자중 1인이 설립자인 비영리법인 또는 단체(법인격이 없는 사단 또는 재단을 말한다. 이하 같다)
        다. 동일인이 직접 또는 동일인관련자를 통하여 임원의 구성이나 사업운용등에 대하여 지배적인 영향력을 행사하고 있는 비영리법인 또는 단체
        라. 동일인이 이 호 또는 제2호의 규정에 의하여 사실상 사업내용을 지배하는 회사
        마. 동일인 및 동일인과 나목 내지 라목의 관계에 해당하는 자의 사용인(법인인 경우에는 임원, 개인인 경우에는 상업사용인 및 고용계약에 의한 피용인을 말한다)
    2. 다음 각목의 1에 해당하는 회사로서 당해 회사의 경영에 대하여 지배적인 영향력을 행사하고 있다고 인정되는 회사
        가. 동일인이 다른 주요 주주와의 계약 또는 합의에 의하여 대표이사를 임면하거나 임원의 100분의 50이상을 선임하거나 선임할 수 있는 회사
        나. 동일인이 직접 또는 동일인관련자를 통하여 당해 회사의 조직변경 또는 신규사업에의 투자등 주요 의사결정이나 업무집행에 지배적인 영향력을 행사하고 있는 회사
        다. 동일인이 지배하는 회사(동일인이 회사인 경우에는 동일인을 포함한다. 이하 이 목에서 같다)와 당해 회사간에 다음의 1에 해당하는 인사교류가 있는 회사
          (1) 동일인이 지배하는 회사와 당해 회사간에 임원의 겸임이 있는 경우

　해당법인(모회사)과 계열회사(자회사)에 공통된 정보는 미공개 정보에 해당함은 당연하고, 모회사의 임직원이 자회사 내부의 정보를 이용한 경우에도 규제대상이 된다.

　대법원은 자본금이 101억 원인 회사의 자회사에서 화재가 발생하여 약 20억 원의 손실을 입은 것을 비롯하여 연도말 결산 결과 약 35억 원의 적자가 발생하였는데 그와 같은 내용이 아직 공개 전이었다면 이는 구 증권거래법상 중요한 정보에 해당한다고 판시하였다.[119]

다) 주요주주(제174조 제1항 제2호)

관련조문 ─────────────────────────────────

2. 그 법인의 **주요주주**로서 그 **권리를 행사하는 과정**에서 미공개중요정보를 **알게 된 자**

　주요주주는 금융회사의 지배구조에 관한 법률(이하, '금융사지배구조법'이라 한다) 제2조 제6호 나목에 규정되어 있다. 주요주주는 위 법률상 '대주주'에 포함되는 개념으로 ① **정량적 개념**(10%이상 주식 소유자)과 ② **법률상 개념**(중요한 경영사항에 대한 사실상의 영향력을 행사하는 주주)을 포함한다.

관련조문 ─────────────────────────────────

　금융사지배구조법 제2조(정의) 이 법에서 사용하는 용어의 뜻은 다음과 같다.
　　6. "대주주"란 다음 각 목의 어느 하나에 해당하는 주주를 말한다.
　　　가. 금융회사의 의결권 있는 발행주식(출자지분을 포함한다. 이하 같다) 총수를 기준으로 본인
　　　　및 그와 대통령령으로 정하는 특수한 관계가 있는 자(이하 "특수관계인"이라 한다)가 누구
　　　　의 명의로 하든지 자기의 계산으로 소유하는 주식(그 주식과 관련된 증권예탁증권을 포함
　　　　한다)을 합하여 그 수가 가장 많은 경우의 그 본인(이하 "최대주주"라 한다)

---

　(2) 동일인이 지배하는 회사의 임·직원이 당해 회사의 임원으로 임명되었다가 동일인이 지배하는
　　　회사로 복직하는 경우(동일인이 지배하는 회사중 당초의 회사가 아닌 회사로 복직하는 경우를
　　　포함한다)
　(3) 당해 회사의 임원이 동일인이 지배하는 회사의 임·직원으로 임명되었다가 당해 회사 또는 당
　　　해 회사의 계열회사로 복직하는 경우
　라. 통상적인 범위를 초과하여 동일인 또는 동일인관련자와 자금·자산·상품·용역 등의 거래를 하고 있
　　　거나 채무보증을 하거나 채무보증을 받고 있는 회사, 기타 당해 회사가 동일인의 기업집단의 계열회
　　　사로 인정될 수 있는 영업상의 표시행위를 하는 등 사회통념상 경제적 동일체로 인정되는 회사

[119] 대법원 1995. 6. 30. 선고 94도2792 판결 참조.

나. 다음 각 1) 및 2)의 어느 하나에 해당하는 자(이하 "주요주주"라 한다)

1) 누구의 명의로 하든지 자기의 계산으로 금융회사의 의결권 있는 발행주식 총수의 100분의 10 이상의 주식(그 주식과 관련된 증권예탁증권을 포함한다)을 소유한 자

2) 임원(업무집행책임자는 제외한다)의 임면(任免) 등의 방법으로 금융회사의 중요한 경영사항에 대하여 사실상의 영향력을 행사하는 주주로서 대통령령[120]으로 정하는 자

라) 준내부자(제174조 제1항 제3호, 제4호)

관련조문

3. 그 법인에 대하여 법령에 따른 허가·인가·지도·감독, 그 밖의 권한을 가지는 자로서 그 권한을 행사하는 과정에서 미공개중요정보를 알게 된 자

4. 그 법인과 계약을 체결하고 있거나 체결을 교섭하고 있는 자로서 그 계약을 체결·교섭 또는 이행하는 과정에서 미공개중요정보를 알게 된 자

---

120 **금융사지배구조법 시행령 제4조(주요주주의 범위)** 법 제2조 제6호나목2)에서 "대통령령으로 정하는 자"란 다음 각 호의 어느 하나에 해당하는 자를 말한다.

1. 혼자서 또는 다른 주주와의 합의·계약 등에 따라 대표이사 또는 이사의 과반수를 선임한 주주

2. 다음 각 목의 구분에 따른 주주

가. 금융회사가 「자본시장과 금융투자업에 관한 법률」 제8조 제1항에 따른 금융투자업자(겸영금융투자업자는 제외하며 이하 "금융투자업자"라 한다)인 경우: 다음의 구분에 따른 주주

1) 금융투자업자가 「자본시장과 금융투자업에 관한 법률」에 따른 투자자문업, 투자일임업, 집합투자업, 집합투자증권에 한정된 투자매매업·투자중개업 또는 온라인소액투자중개업 외의 다른 금융투자업을 겸영하지 아니하는 경우: 임원(「상법」 제401조의2제1항 각 호의 자를 포함한다. 이하 이 호에서 같다)인 주주로서 의결권 있는 발행주식 총수의 100분의 5 이상을 소유하는 사람

2) 금융투자업자가 「자본시장과 금융투자업에 관한 법률」에 따른 투자자문업, 투자일임업, 집합투자업, 집합투자증권에 한정된 투자매매업·투자중개업 또는 온라인소액투자중개업 외의 다른 금융투자업을 영위하는 경우: 임원인 주주로서 의결권 있는 발행주식 총수의 100분의 1 이상을 소유하는 사람

나. 금융회사가 금융투자업자가 아닌 경우: 금융회사(금융지주회사인 경우 그 금융지주회사의 「금융지주회사법」 제2조 제1항 제2호 및 제3호에 따른 자회사 및 손자회사를 포함한다)의 경영전략·조직 변경 등 주요 의사결정이나 업무집행에 지배적인 영향력을 행사한다고 인정되는 자로서 금융위원회가 정하여 고시하는 주주

자본시장법은 **해당 법인과의 일정한 관계가 있는 사람을 내부자에 준(準)하여 미공개 정보이용금지의 주체로 포섭**하고 있다.

이와 관련하여 주로 제4호(해당 법인과 계약을 체결하고 있거나 교섭하고 있는 사람)의 해석이 문제되고 있다. 우선 ① 구 증권거래법상 M&A 및 컨설팅 계약을 체결한 사람이 '**제3자 배정 유상증자계획**'이라는 미공개 정보를 이용한 경우 이는 준내부자에 해당한다.[121] 한편 ② 제약회사가 자기자본을 출자하여 바이오 전문회사인 乙회사의 신주를 인수하여 甲제약회사가 乙회사의 출자지분 10%상당을 보유하게 된다는 내용의 정보는 미공개 중요정보에 해당하고, 위 신주인수 계약을 체결함으로써 그 법인의 미공개 중요정보에 용이하게 접근하여 이를 이용할 수 있는 지위에 있다고 인정되는 사람은 비록 그 계약이 효력을 발생하기 위한 절차적 요건을 갖추지 않았다 하더라도 당해 법인과 계약을 체결하고 있는 자에 해당한다.[122] 미공개 정보에 접근할 수 있는 사람은 그 계약이 완전히 효력을 발휘하기 전이라 하더라도 준내부자에 해당한다는 것이다.

나아가 ③ 준내부자를 규제하는 이유는 정보에 대한 접근가능성 때문이므로 계약체결 과정에서 이와 같은 정보를 지득하여 거래를 한 경우라면 그와 같은 계약이 향후에 취소되거나 무효가 되었다고 하더라도 미공개 정보이용에 해당한다.[123]

마) 내부자의 대리인·사용인·종업원(제174조 제1항 제5호)

관련조문

5. 제2호부터 제4호까지의 어느 하나에 해당하는 자의 대리인(이에 해당하는 자가 법인인 경우에는 그 임직원 및 대리인을 포함한다)·사용인, 그 밖의 종업원(제2호부터 제4호까지의 어느 하나에 해당하는 자가 법인인 경우에는 그 임직원 및 대리인)으로서 그 직무와 관련하여 미공개중요정보를 알게 된 자

자본시장법은 **제2호부터 제4호(주요주주, 준 내부자)의 어느 하나에 해당하는 자의 대리인, 사용인, 그 밖의 종업원으로서 그 직무와 관련하여 미공개중요정보를 알게 된 자를 내부자로 인정**하고 있다.

121 서울고등법원 2009. 3. 19. 선고 2008노2314 판결 참조.
122 대법원 2010. 5. 13. 선고 2007도9769 판결 참조.
123 서울중앙지방법원 2007. 7. 20. 선고 2007고합159 판결 참조.

위 규정은 제2호부터 제4호까지로 대상자를 한정하고 있어 제1호가 제외되는데 이는 제1호에서 이미 해당 상장법인의 임직원, 대리인을 내부자로 규정하였기 때문이다. 따라서 상장법인 甲의 대리인 乙법인의 임직원과 乙법인의 대리인(복대리) 丙법인의 임직원 등은 보호의 규제대상에서 제외된다고 해석함이 상당하다.

한편 위 법률은 주요주주, 준내부자의 대리인과 관련하여, 「대리인(이에 해당하는 자가 법인인 경우에는 그 임직원 및 대리인을 포함한다)」라고 규정하고 있으므로 위 대리인의 주요주주, 준내부자는 본죄의 주체에서 제외된다.

바) 정보수령자(제174조 제1항 제6호)

관련조문

6. 제1호부터 제5호까지의 어느 하나에 해당하는 자(제1호부터 제5호까지의 어느 하나의 자에 해당하지 아니하게 된 날부터 1년이 경과하지 아니한 자를 포함한다)로부터 미공개중요정보를 받은 자

자본시장법은 내부자등으로부터 미공개 중요정보를 받은 사람을 정보수령자로서 내부자로 함께 규정하고 있다. 이 때 정보수령자는 그 직무와 관련하여 정보를 수령한다는 인식이 있어야 함은 당연하다.[124]

내부자와 정보수령자를 가르는 구별 기준은 「**직무관련성**」에 있다. 주요주주나 임직원이 직무관련성 없이 내부자로부터 정보를 얻은 경우에는 단순한 정보수령자에 해당하나, 해당 법인의 내부 업무 집행과정에서 정보가 공유된 경우에는 단순한 정보수령자가 아닌 직무관련자로서 내부자에 해당한다고 해석함이 상당하다.[125]

정보수령자 해석에 있어 중요한 점은 그 범위를 어떻게 적절하게 제한할 것인지에 있다. 왜냐하면 내부자로부터 미공개중요정보를 받은 사람을 처벌하므로 해당 정보가 전전 유통되었을 경우 제2차, 제3차, 제4차 정보수령자를 처벌할 수 있는지 여부가 문제되기 때문이다.

이에 대하여 **대법원**은 내부자로부터 정보를 수령한 증권회사 영업부장이 거래를 하지 않고 고객에게 다시 정보를 전달하여 그 고객이 거래를 한 사안에서 위 증권회사 영업부장도

---

124 대법원 2017. 10. 31. 선고 2015도8342 판결 참조.
125 임재연, 앞의 책 918면 이하 참조.

정보 수령자에 해당한다고 판시하고 있다.[126] 한편 **대법원**은 내부자로부터 미공개 정보를 전달받은 제1차 정보수령자가 제1차 정보수령 후에 미공개 내부정보를 전달받아 이용한 경우 제2차 정보수령자는 제1차 정보수령자의 공동정범으로 처벌할 수 없다고 판시하고 있다.[127] 위 정보수령자의 범위에 관한 규정에 의하면 내부자로부터 미공개 중요정보를 받은 사람에 한정하여 정보수령자를 규정하고 있으므로 제2차, 제3차 정보수령자는 처벌대상이 아니라는 것으로 이는 죄형법정주의 및 책임제한의 원칙에 비추어 타당하다.

2) 구성요건의 객체

본죄의 미공개 정보 이용행위의 대상이 되는 '**정보**'는 **상장법인의 업무와 관련된 정보**여야 한다. 상장법인의 업무의 범위를 어디까지로 설정할지가 문제될 수 있으나 상장법인의 투자자의 투자에 영향을 미칠 수 있는 정보라면 그 계열회사의 업무와 주된 관련성이 있다 하더라도 상장법인의 업무와 간접적인 관련성이 인정되는 한 그 관련성을 폭넓게 인정함이 상당하다.

업무 관련성은 매우 추상적인 개념이지만 미공개 정보 이용행위를 처벌하는 자본시장법의 입법취지에 비추어 보면 **해당 상장법인에 투자하는 일반 투자자의 입장에서 그 투자의 결정에 영향력을 미칠 수 있는 업무라면 그 관련성이 인정된다**고 봄이 상당하다.

이에 대하여 **대법원**은 「법인의 업무 등과 관련하여 법인 내부에서 생성된 것이면 거기에 일부 외부적 요인이나 시장정보가 결합되어 있더라도 미공개중요정보에 해당한다.」고 판시하면서 「피고인이 甲 주식회사와 신주인수권부사채 인수계약 체결을 교섭하면서 '乙 주식회사의 전 회장인 피고인이 甲 회사가 발행하는 신주인수권부사채를 대량으로 인수한다.'는 정보의 생성에 관여하고 위 정보가 공개되기 전에 甲 회사 주식을 매수함으로써 甲 회사의 미공개중요정보를 주식 매매에 이용한 경우 자본시장법위반죄가 성립한다.」고 판시하였다.[128]

3) 구성요건적 행위

본죄의 **구성요건적 행위**는 매매(또는 그 밖의 거래) 이용행위, 이용하게 하는 행위다.

가) 매매, 그 밖의 거래를 이용하는 행위

미공개중요정보를 매매, 그 밖의 거래를 위해 이용하는 행위를 하는 경우 처벌한다. 고의범이므로 미공개 중요정보라는 점을 알면서(미필적으로나마 인식하면서) 이를 이용한다는 의사가 있어야 한다.

---

126 대법원 1995. 6. 29. 선고 95도467 판결.
127 대법원 2002. 1. 25. 선고 2000도90 판결 참조.
128 대법원 2017. 10. 31. 선고 2015도5251 판결 참조.

이용행위까지 나아가야 하므로 단순한 보유행위로는 처벌할 수 없음은 당연하고 미공개 정보를 포함하여 다른 정보를 한꺼번에 고려하여 매매, 그 밖의 거래가 이루어진 경우도 이용행위에 포함된다.[129]

한편 미공개 정보를 알기 전에 이미 거래가 예정되어 있었고 그러한 거래를 할 수밖에 없는 불가피한 사정이 있었다는 등 미공개중요정보와 관계없이 다른 동기에 의하여 거래를 하였다고 인정되는 때에는 미공개중요정보를 이용한 것으로 볼 수 없다.[130]

구체적으로 **대법원**은 회사의 지분을 인수한다는 취지의 정보는 피고인들이 위 회사 지분 인수를 위한 자금조달계획과 동시에 구체화 된 것으로 피고인들이 위 정보를 공유하고 있다고 볼 수 있을지언정 위 정보를 이용한 것으로 볼 수 없다고 판시하였다.[131]

이 때 미공개 중요정보를 이용한 사실은 있으나, 실제로 거래가 성사되지 않은 사례에서 이를 위 구성요건적 행위로 볼 수 있는지 여부에 대해 ① 이용행위설(정보를 이용하기만 하면 거래가 성립되지 않더라도 기수라는 견해), ② 거래행위설(정보를 이용하여 거래가 성립되어야만 기수라는 견해)의 견해대립이 있다.[132]

자본시장법이 미공개 중요정보 이용행위를 처벌하는 취지는 그와 같은 정보를 이용하여 거래행위를 함으로써 이익을 취득하는 것을 근절하기 위한 것인 점, 정보의 이용행위는 있고 거래가 이루어지지 않는 경우는 실무상 발견하기 어려운 점, 이용행위 자체만으로 이를 처벌하는 것은 부당할 뿐만 아니라 이용행위의 범위를 자의적으로 확대 적용할 수 있는 점 등에 비추어 거래행위설이 타당하다고 생각한다(私見).[133]

나) 이용하게 하는 행위

자본시장법은 미공개중요정보를 '**타인에게 이용하게 하는 행위**'를 처벌하고 있는데 이는 내부자가 정보를 제3자(정보수령자)에게 알려주는 것으로 충분하다.

정보를 제공하는 사람을 기준으로 '**제3자에게 미공개 정보를 이용하게 한다.**'는 행위의 인식여부를 따지므로 정보를 받는 제3자가 그와 같은 정보가 제공된다는 사실을 알지 못하는 경우(단순히 주식을 팔라고만 이야기 하였을 뿐 왜 팔아야 하는지 그 정보의 내용까지는 알려주지 않은 경우)에도 위 구성요건에 해당한다.

---

129 서울동부지방법원 2011. 12. 30. 선고 2011고합221 판결 참조.

130 대법원 2017. 10. 31. 선고 2015도3707 판결 참조.

131 대법원 2017. 1. 12. 선고 2016도10313 판결 참조.

132 임재연, 앞의 책 950면 이하 참조.

133 같은 취지, 임재연 앞의 책 952면 이하 참조.

한편 위와 같은 정보제공행위와 제3자의 매매 기타 그 밖의 거래행위와의 사이에는 인과관계가 있어야 하므로 이미 제3자가 주식등의 거래행위를 할 생각을 가지고 있는 상황에서 미공개 정보를 제공한 경우에는 제3자로 하여금 정보를 이용하게 하는 행위에 해당한다고 볼 수 없다.[134]

나아가 위 구성요건은 제3자의 정보 이용행위를 전제로 하므로 제3자가 정보를 이용하여 거래행위를 하였을 때 기수에 이른다고 봄이 상당하다.

4) 처벌

본죄를 위반하면 1년 이상의 유기징역 또는 그 위반행위로 얻은 이익 또는 회피한 손실액의 3배 이상 5배 이하에 상당하는 벌금에 처한다. 다만, 그 위반행위로 얻은 이익 또는 회피한 손실액이 없거나 산정하기 곤란한 경우 또는 그 위반행위로 얻은 이익 또는 회피한 손실액의 5배에 해당하는 금액이 5억 원 이하인 경우에는 벌금의 상한액을 5억 원으로 한다(제443조 제1항).

나아가 위와 같은 행위를 통하여 취득한 범죄수익은 모두 자본시장법에 따라 필요적 몰수·추징의 대상이 됨은 앞에서 본 바와 같다(동법 제447조의2 참조).

라. 주식 등 공개매수의 실시 또는 중지에 관한 미공개 중요정보 이용의 점 (제443조 제1항 제2호, 제174조 제2항)

관련조문

제443조(벌칙) ① 다음 각 호의 어느 하나에 해당하는 자는 1년 이상의 유기징역 또는 그 위반행위로 얻은 이익 또는 회피한 손실액의 3배 이상 5배 이하에 상당하는 벌금에 처한다. 다만, 그 위반행위로 얻은 이익 또는 회피한 손실액이 없거나 산정하기 곤란한 경우 또는 그 위반행위로 얻은 이익 또는 회피한 손실액의 5배에 해당하는 금액이 5억 원 이하인 경우에는 벌금의 상한액을 5억 원으로 한다.

2. 제174조 제2항을 위반하여 <u>주식등에 대한 공개매수의 실시 또는 중지에 관한 미공개 정보</u>를 그 주식등과 관련된 특정증권등의 매매, 그 밖의 거래에 이용하거나 타인에게 이용하게 한 자

☞ <u>제174조(미공개중요정보 이용행위 금지)</u> ② **다음 각 호의 어느 하나에 해당하는 자**(제1호부터 제5호까지의 어느 하나의 자에 해당하지 아니하게 된 날부터 1년이 경과하지 아니한

---

134 서울중앙지방법원 2007. 12. 21. 선고 2007고합569 판결 참조.

자를 포함한다)**는 주식등에 대한 공개매수**(제133조 제1항의 공개매수를 말한다. 이하 이 항에서 같다)**의 실시 또는 중지에 관한 미공개정보**(대통령령으로 정하는 방법에 따라 불특정 다수인이 알 수 있도록 공개되기 전의 것을 말한다. 이하 이 항에서 같다)**를 그 주식등과 관련된 특정증권등의 매매, 그 밖의 거래에 이용하거나 타인에게 이용하게 하여서는 아니 된다.** 다만, 공개매수를 하려는 자(이하 이 조에서 "공개매수예정자"라 한다)가 공개매수공고 이후에도 상당한 기간 동안 주식등을 보유하는 등 주식등에 대한 공개매수의 실시 또는 중지에 관한 미공개정보를 그 주식등과 관련된 특정증권등의 매매, 그 밖의 거래에 이용할 의사가 없다고 인정되는 경우에는 그러하지 아니하다.

1. 공개매수예정자(그 계열회사를 포함한다. 이하 이 호 및 제2호에서 같다) 및 공개매수예정자의 임직원·대리인으로서 그 직무와 관련하여 공개매수의 실시 또는 중지에 관한 미공개정보를 알게 된 자
2. 공개매수예정자의 주요주주로서 그 권리를 행사하는 과정에서 공개매수의 실시 또는 중지에 관한 미공개정보를 알게 된 자
3. 공개매수예정자에 대하여 법령에 따른 허가·인가·지도·감독, 그 밖의 권한을 가지는 자로서 그 권한을 행사하는 과정에서 공개매수의 실시 또는 중지에 관한 미공개정보를 알게 된 자
4. 공개매수예정자와 계약을 체결하고 있거나 체결을 교섭하고 있는 자로서 그 계약을 체결·교섭 또는 이행하는 과정에서 공개매수의 실시 또는 중지에 관한 미공개정보를 알게 된 자
5. 제2호부터 제4호까지의 어느 하나에 해당하는 자의 대리인(이에 해당하는 자가 법인인 경우에는 그 임직원 및 대리인을 포함한다)·사용인, 그 밖의 종업원(제2호부터 제4호까지의 어느 하나에 해당하는 자가 법인인 경우에는 그 임직원 및 대리인)으로서 그 직무와 관련하여 공개매수의 실시 또는 중지에 관한 미공개정보를 알게 된 자
6. 공개매수예정자 또는 제1호부터 제5호까지의 어느 하나에 해당하는 자(제1호부터 제5호까지의 어느 하나의 자에 해당하지 아니하게 된 날부터 1년이 경과하지 아니한 자를 포함한다)로부터 공개매수의 실시 또는 중지에 관한 미공개정보를 받은 자

---

1) 구성요건의 주체

본죄는 공개매수의 대상인 주식등과 관련된 특정증권등에 대한 공개매수의 실시 또는 중지에 관한 미공개정보를 매매, 그 밖의 거래에 이용하거나 타인에게 이용하게 하는 행위를 금지하는 구성요건이다.

본죄의 **구성요건 주체**는 아래와 같다. 제173조 세1항의 행위 주체는 상장법인을 기준으로 하였다면 제2항의 행위주체는 공개매수예정자를 기준으로 한다는 점에서 다르다. 다만

내부자, 준내부자 및 정보수령자의 개념은 위에서 살펴본 바와 같다.

관련조문

1. **공개매수예정자**(그 계열회사를 포함한다. 이하 이 호 및 제2호에서 같다) **및 공개매수예정자의 임직원·대리인**으로서 그 **직무와 관련하여** 공개매수의 실시 또는 중지에 관한 **미공개정보를 알게 된 자**
2. 공개매수예정자의 **주요주주**로서 **그 권리를 행사하는** 과정에서 공개매수의 실시 또는 중지에 관한 **미공개정보를 알게 된 자**
3. 공개매수예정자에 대하여 법령에 따른 **허가·인가·지도·감독, 그 밖의 권한을 가지는 자**로서 **그 권한을 행사하는** 과정에서 공개매수의 실시 또는 중지에 관한 **미공개정보를 알게 된 자**
4. 공개매수예정자와 **계약을 체결하고 있거나 체결을 교섭하고 있는 자**로서 그 **계약을 체결·교섭 또는 이행하는** 과정에서 공개매수의 실시 또는 중지에 관한 **미공개정보를 알게 된 자**
5. **제2호부터 제4호까지의 어느 하나에 해당하는 자의 대리인**(이에 해당하는 자가 법인인 경우에는 그 임직원 및 대리인을 포함한다)·**사용인, 그 밖의 종업원**(제2호부터 제4호까지의 어느 하나에 해당하는 자가 법인인 경우에는 그 임직원 및 대리인)으로서 **그 직무와 관련하여** 공개매수의 실시 또는 중지에 관한 **미공개정보를 알게 된 자**
6. 공개매수예정자 또는 제1호부터 제5호까지의 어느 하나에 해당하는 자(제1호부터 제5호까지의 어느 하나의 자에 해당하지 아니하게 된 날부터 1년이 경과하지 아니한 자를 포함한다)로부터 **공개매수의 실시 또는 중지에 관한 미공개정보를 받은 자**

2) 구성요건의 객체

본죄의 **구성요건 객체**는 주식등에 대한 공개매수의 실시 또는 중지에 관한 미공개정보다. 미공개정보의 개념은 이미 앞에서 본 바와 같고, 위 미공개 정보는 공개매수의 실시 또는 중지와 관련되어 있어야 한다.

이 때 **공개매수**라 함은 자본시장법 제133조 제1항에 따라 해석하는데, 그 구체적인 규정은 아래와 같다. 이 때 위 법률 규정에 따라 대통령령에서 규정하는 증권의 범위는 매우 넓으므로 개념을 구체적으로 특정하는 것은 쉽지 않다.

관련조문

제133조(공개매수의 적용대상) ① 이 절에서 **"공개매수"란 불특정 다수인에 대하여 의결권 있는 주식, 그 밖에 대통령령으로 정하는 증권**(이하 "주식등"이라 한다)의 **매수**(다른 증권과의 교환을 포함한다. 이하 이 절에서 같다)**의 청약**을 하거나 **매도**(다른 증권과의 교환을 포함한다. 이하 이 절에서 같다)**의 청약을 권유**하고 **증권시장 및 다자간매매체결회사**(이와 유사한 시장으로서 해외에 있는 시장을 포함한다. 이하 이 절에서 같다) **밖에서 그 주식등을 매수하는 것**을 말한다.

위와 같이 공개매수 대상에 해당하는 특정증권등의 실시, 중지에 관한 미공개 정보이용행위 금지행위에도 예외가 있다. 공개매수를 하려는 자(공개매수예정자)가 공개매수공고 이후에도 상당한 기간 동안 주식등을 보유하는 등 주식등에 대한 공개매수의 실시 또는 중지에 관한 미공개 정보를 그 주식등과 관련된 특정증권등의 매매, 그 밖의 거래에 이용할 의사가 없다고 인정되는 경우는 처벌할 수 없다(동법 제174조 제2항 단서). 시세차익 실현을 위해 미공개 정보를 이용하여 공개매수 대상 증권을 매입한 다음 이를 재판매하는 경우가 아니면 처벌하지 않겠다는 취지다.

3) 구성요건적 행위

본죄의 **구성요건적 행위**는 제174조 제2항을 위반하여 주식등에 대한 공개매수의 실시 또는 중지에 관한 미공개정보를 그 주식등과 관련된 특정증권등의 매매, 그 밖의 거래에 이용하거나 타인에게 이용하게 하는 것이다. 이 때 **'매매, 그 밖의 거래에 이용하거나 타인에게 이용하는 것'**의 의미는 제174조 제1항 위반죄 부분에서 살펴본 내용과 동일하다.

4) 처벌

본죄를 위반하면 1년 이상의 유기징역 또는 그 위반행위로 얻은 이익 또는 회피한 손실액의 3배 이상 5배 이하에 상당하는 벌금에 처한다. 다만 그 위반행위로 얻은 이익 또는 회피한 손실액이 없거나 산정하기 곤란한 경우 또는 그 위반행위로 얻은 이익 또는 회피한 손실액의 5배에 해당하는 금액이 5억 원 이하인 경우에는 벌금의 상한액을 5억 원으로 한다(제443조 제1항).

나아가 위와 같은 행위를 통하여 취득한 범죄수익은 모두 자본시장법에 따라 필요적 몰수·추징의 대상이 됨은 앞에서 본 바와 같다(동법 제447조의2 참조).

마. 주식등의 대량취득·처분의 실시·중지에 관한 미공개 중요정보 이용의 점(제443조 제1항 제3호, 제174조 제3항)

관련조문

제443조(벌칙) ① 다음 각 호의 어느 하나에 해당하는 자는 1년 이상의 유기징역 또는 그 위반행위로 얻은 이익 또는 회피한 손실액의 3배 이상 5배 이하에 상당하는 벌금에 처한다. 다만, 그 위반행위로 얻은 이익 또는 회피한 손실액이 없거나 산정하기 곤란한 경우 또는 그 위반행위로 얻은 이익 또는 회피한 손실액의 5배에 해당하는 금액이 5억 원 이하인 경우에는 벌금의 상한액을 5억 원으로 한다.

3. <u>제174조 제3항을 위반</u>하여 <u>주식등의 대량취득·처분의 실시 또는 중지에 관한 미공개정보</u>를 그 주식등과 관련된 특정증권등의 매매, 그 밖의 거래에 이용하거나 타인에게 이용하게 한 자

☞ 제174조(미공개중요정보 이용행위 금지) ③ **다음 각 호의 어느 하나에 해당하는 자**(제1호부터 제5호까지의 어느 하나의 자에 해당하지 아니하게 된 날부터 1년이 경과하지 아니한 자를 포함한다)**는 주식등의 대량취득·처분**(경영권에 영향을 줄 가능성이 있는 대량취득·처분으로서 대통령령으로 정하는 취득·처분을 말한다. 이하 이 항에서 같다)**의 실시 또는 중지에 관한 미공개정보**(대통령령으로 정하는 방법에 따라 불특정 다수인이 알 수 있도록 공개되기 전의 것을 말한다. 이하 이 항에서 같다)**를 그 주식등과 관련된 특정증권등의 매매, 그 밖의 거래에 이용하거나 타인에게 이용하게 하여서는 아니 된다.** 다만, 대량취득·처분을 하려는 자가 제149조에 따른 공시 이후에도 상당한 기간 동안 주식등을 보유하는 등 주식등에 대한 대량취득·처분의 실시 또는 중지에 관한 미공개정보를 그 주식등과 관련된 특정증권등의 매매, 그 밖의 거래에 이용할 의사가 없다고 인정되는 경우에는 그러하지 아니하다.

1. 대량취득·처분을 하려는 자(그 계열회사를 포함한다. 이하 이 호 및 제2호에서 같다) 및 대량취득·처분을 하려는 자의 임직원·대리인으로서 그 직무와 관련하여 대량취득·처분의 실시 또는 중지에 관한 미공개정보를 알게 된 자

2. 대량취득·처분을 하려는 자의 주요주주로서 그 권리를 행사하는 과정에서 대량취득·처분의 실시 또는 중지에 관한 미공개정보를 알게 된 자

3. 대량취득·처분을 하려는 자에 대하여 법령에 따른 허가·인가·지도·감독, 그 밖의 권한을 가지는 자로서 그 권한을 행사하는 과정에서 대량취득·처분의 실시 또는 중지에 관한 미공개정보를 알게 된 자

4. 대량취득·처분을 하려는 자와 계약을 체결하고 있거나 체결을 교섭하고 있는 자로서 그 계약을 체결·교섭 또는 이행하는 과정에서 대량취득·처분의 실시 또는 중지에 관한

미공개정보를 알게 된 자

5. 제2호부터 제4호까지의 어느 하나에 해당하는 자의 대리인(이에 해당하는 자가 법인인 경우에는 그 임직원 및 대리인을 포함한다)·사용인, 그 밖의 종업원(제2호부터 제4호까지의 어느 하나에 해당하는 자가 법인인 경우에는 그 임직원 및 대리인)으로서 그 직무와 관련하여 대량취득·처분의 실시 또는 중지에 관한 미공개정보를 알게 된 자

6. 대량취득·처분을 하려는 자 또는 제1호부터 제5호까지의 어느 하나에 해당하는 자(제1호부터 제5호까지의 어느 하나의 자에 해당하지 아니하게 된 날부터 1년이 경과하지 아니한 자를 포함한다)로부터 대량취득·처분의 실시 또는 중지에 관한 미공개정보를 알게 된 자

1) 구성요건의 주체

자본시장법은 경영권에 영향을 줄 수 있는 주식등의 대량취득 및 처분의 실시 또는 중지에 관한 미공개 정보를 이용하는 행위를 금지하고 있다. 회사 경영에 관여하기 위하여 내부자 또는 준내부자, 정보수령자가 특정 주식을 대량으로 취득한 다음 처분하는 행위를 금지하는 구성요건이다.

자본시장법은 본죄의 **구성요건 행위 주체**를 아래와 같이 규정한다. 제174조 제1항의 행위 주체는 상장법인을, 제2항은 공개매수예정자를 기준으로 하였으나 제3항은 주식등의 대량취득·처분을 하려는 자를 기준으로 한다는 점에서 다르다. 다만 내부자, 준내부자 및 정보수령자의 개념은 제1항 부분에서 살펴본 바와 같다.

관련조문

1. **대량취득·처분을 하려는 자**(그 계열회사를 포함한다. 이하 이 호 및 제2호에서 같다) 및 **대량취득·처분을 하려는 자의 임직원·대리인**으로서 그 **직무와 관련**하여 대량취득·처분의 실시 또는 중지에 관한 **미공개정보를 알게 된 자**

2. 대량취득·처분을 하려는 자의 **주요주주로서 그 권리를 행사하는 과정**에서 대량취득·처분의 실시 또는 중지에 관한 **미공개정보를 알게 된 자**

3. 대량취득·처분을 하려는 자에 대하여 **법령에 따른 허가·인가·지도·감독, 그 밖의 권한을 가지는 자**로서 그 권한을 행사하는 과정에서 대량취득·처분의 실시 또는 중지에 관한 **미공개정보를 알게 된 자**

4. 대량취득·처분을 하려는 자와 **계약을 체결하고 있거나 체결을 교섭하고 있는 자**로서 그 **계약을 체결·교섭 또는 이행하는 과정**에서 대량취득·처분의 실시 또는 중지에 관한 **미공개정보를 알게 된 자**

5. **제2호부터 제4호까지의 어느 하나에 해당하는 자의 대리인**(이에 해당하는 자가 법인인 경우에는 그 임직원 및 대리인을 포함한다)·**사용인, 그 밖의 종업원**(제2호부터 제4호까지의 어느 하나에 해당하는 자가 법인인 경우에는 그 임직원 및 대리인)으로서 **그 직무와 관련**하여 대량취득·처분의 실시 또는 중지에 관한 **미공개정보를 알게 된 자**

6. **대량취득·처분을 하려는 자 또는 제1호부터 제5호까지의 어느 하나에 해당하는 자**(제1호부터 제5호까지의 어느 하나의 자에 해당하지 아니하게 된 날부터 1년이 경과하지 아니한 자를 포함한다)**로부터** 대량취득·처분의 실시 또는 중지에 관한 **미공개정보를 알게 된 자**

2) 구성요건의 객체

본죄의 객체에 해당하는 **미공개 중요정보**는 '**주식등의 대량취득·처분의 실시 또는 중지에 관한 미공개정보**'에 한정된다. 자본시장법은 위와 같은 미공개정보와 관련하여 그 구체적인 내용을 대통령령에 위임하였다.

자본시장법 시행령 제201조 제4항에서 이를 상세하게 규정하고 있는데 그 내용은 다음과 같다.

관련조문 ─────────────────────────────────

자본시장법 시행령 제201조(정보의 공개 등) ④ 법 제174조 제3항 각 호 외의 부분에서 "**대통령령으로 정하는 취득·처분**"이란 **다음 각 호의 요건을 모두 충족하는 취득·처분**을 말한다.

1. **제154조 제1항의 목적**으로 할 것(취득의 경우만 해당한다)
2. 금융위원회가 정하여 고시하는 비율 이상의 대량취득·처분일 것
3. 그 **취득·처분이 법 제147조 제1항에 따른 보고대상**에 해당할 것

☞ **시행령 제154조(대량보유 등의 보고에 대한 특례)** ① 법 제147조 제1항 후단에서 "대통령령으로 정하는 것"이란 다음 각 호의 어느 하나에 해당하는 것을 위하여 **회사나 그 임원에 대하여 사실상 영향력을 행사**(「상법」, 그 밖의 다른 법률에 따라 「상법」 제363조의2·제366조에 따른 권리를 행사하거나 이를 제3자가 행사하도록 하는 것과 법 제152조에 따라 의결권 대리행사를 권유하는 것을 포함하며, 단순히 의견을 전달하거나 대외적으로 의사를 표시하는 것은 제외한다)**하는 것**을 말한다. <개정 2014. 12. 9., 2020. 1. 29.>

1. **임원의 선임·해임 또는 직무의 정지**. 다만, 「상법」 제385조 제2항(같은 법 제415조에서 준용하는 경우를 포함한다) 또는 제402조에 따른 권리를 행사하는 경우에는 적용하지 않는다.
2. **이사회 등 「상법」에 따른 회사의 기관과 관련된 정관의 변경**. 다만, 제2항 각 호의 어느 하나에 해당하는 자 또는 그 밖에 금융위원회가 정하여 고시하는 자가 투자대상기업 전체의 지배구조 개선을 위해 사전에 공개한 원칙에 따르는 경우에는 적용하지 않는다.

3. **회사의 자본금의 변경**. 다만, 「상법」 제424조에 따른 권리를 행사하는 경우에는 적용하지 않는다.

4. 삭제<2020. 1. 29.>

5. **회사의 합병, 분할과 분할합병**

6. **주식의 포괄적 교환과 이전**

7. **영업전부의 양수·양도** 또는 금융위원회가 정하여 고시하는 **중요한 일부의 양수·양도**

8. **자산 전부의 처분** 또는 금융위원회가 정하여 고시하는 **중요한 일부의 처분**

9. **영업전부의 임대 또는 경영위임**, 타인과 영업의 손익 전부를 같이하는 계약, 그 밖에 이에 준하는 계약의 체결, 변경 또는 해약

10. **회사의 해산**

☞ **자본시장법 제147조(주식등의 대량보유 등의 보고)** ① **주권상장법인의 주식등**(제234조 제1항에 따른 상장지수집합투자기구인 투자회사의 주식은 제외한다. 이하 이 절에서 같다)**을 대량보유**(본인과 그 특별관계자가 보유하게 되는 주식등의 수의 합계가 그 주식등의 총수의 100분의 5 이상인 경우를 말한다)**하게 된 자**는 그 날부터 5일(대통령령으로 정하는 날은 산입하지 아니한다. 이하 이 절에서 같다) 이내에 그 보유상황, 보유 목적(발행인의 경영권에 영향을 주기 위한 목적 여부를 말한다), 그 보유 주식등에 관한 주요계약내용, 그 밖에 대통령령으로 정하는 사항을 대통령령으로 정하는 방법에 따라 금융위원회와 거래소에 보고하여야 하며, 그 보유 주식등의 수의 합계가 그 주식등의 총수의 100분의 1 이상 변동된 경우(그 보유 주식등의 수가 변동되지 아니한 경우, 그 밖에 대통령령으로 정하는 경우를 제외한다)에는 그 변동된 날부터 5일 이내에 그 변동내용을 대통령령으로 정하는 방법에 따라 금융위원회와 거래소에 보고하여야 한다. 이 경우 그 보유 목적이 발행인의 경영권에 영향을 주기 위한 것(임원의 선임·해임 또는 직무의 정지, 이사회 등 회사의 기관과 관련된 정관의 변경 등 대통령령으로 정하는 것을 말한다)이 아닌 경우와 전문투자자 중 대통령령으로 정하는 자의 경우에는 그 보고내용 및 보고시기 등을 대통령령으로 달리 정할 수 있다. <개정 2008. 2. 29., 2016. 3. 29.>

위 자본시장법 시행령 제201조 제4항 각 호의 요건(① 취득 및 처분이 자본시장법 제147조 제1항에 따른 금융위원회 등에 대한 **보고대상에 해당**하고, ② 시행령 제154조 제1항의 대량보유를 통해 회사나 그 임원에 대하여 **영향력을 행사할 목적**으로 ③ 금융위원회가 정하여 고시하는 **일정 비율 이상의 주식을 취득**하여야 함)을 '모두' 충족하는 경우에 한하여 주식등의 대량취득·처분으로 인정한다고 규정하고 있다. '**회사나 그 임원에 대하여 영향력을 행사한다**'는 것은 그 자체로 매우 추상적인 개념이므로 보고대상 해당성, 회사에 대한 영향력 행사의 목적, 일정 비율 이상의 취득과 같은 구체적인 요건을 모두 만족하는 경우에 한정하도록 한 것이다.

3) 구성요건적 행위

본죄의 **구성요건적 행위**는 제174조 제3항을 위반하여 주식등의 대량취득·처분의 실시 또는 중지에 관한 미공개정보를 그 주식등과 관련된 특정증권등의 매매, 그 밖의 거래에 이용하거나 타인에게 이용하게 하는 것이다(제443조 제1항 제3호, 제174조 제3항).

이 때 '**매매, 그 밖의 거래에 이용하거나 타인에게 이용하는 것**'의 의미는 제174조 제1항 위반죄 부분에서 살펴본 내용과 동일하다.

4) 처벌

본죄를 위반하면 1년 이상의 유기징역 또는 그 위반행위로 얻은 이익 또는 회피한 손실액의 3배 이상 5배 이하에 상당하는 벌금에 처한다. 다만 그 위반행위로 얻은 이익 또는 회피한 손실액이 없거나 산정하기 곤란한 경우 또는 그 위반행위로 얻은 이익 또는 회피한 손실액의 5배에 해당하는 금액이 5억 원 이하인 경우에는 벌금의 상한액을 5억 원으로 한다(제443조 제1항).

나아가 위와 같은 행위를 통하여 취득한 범죄수익은 모두 자본시장법에 따라 필요적 몰수·추징의 대상이 됨은 앞에서 본 바와 같다(동법 447조의2 참조).

한편 자본시장법은 행위자를 자본시장법 제443조 제1항 및 제2항에 따라 징역형에 처하는 경우 같은 조 제1항에 따른 벌금형을 필요적으로 병과하도록 하고 있으므로 본죄를 범하는 경우에도 벌금형이 병과된다.

바. 미공개정보 이용행위에 의한 범죄수익환수 사례

1) 부당이득의 일반적 산정 기준

자본시장법 제447조의2는 동법 제443조 제1항 각 호의 어느 하나에 해당하는 자가 해당 행위를 하여 취득한 재산은 몰수하며 몰수할 수 없는 경우 그 가액을 추징한다고 규정함으로써 미공개 중요정보 이용에 따른 범죄수익을 필요적으로 몰수·추징할 수 있도록 하고 있다.

자본시장법 제443조 제1항 각 호의 죄에 미공개 중요정보이용행위(제1호 내지 제3호)가 포함되어 있으므로 **미공개 정보이용에 따라 취득한 수익은 부당이득에 해당하여 환수 대상이** 된다.

이와 관련하여 자본시장법 제443조 제1항은 그 위반행위로 얻은 이익 또는 회피한 손실액의 1배 이상 3배 이하에 상당하는 벌금을 부과할 수 있다고 규정하고 있는데, 「**그 위반행위로 얻은 이익 또는 회피한 손실액**」과 관련하여 **대법원**은 다음과 같이 판시하고 있다.[135]

---

135 대법원 2002. 7. 22. 선고 2002도1696 판결 참조.

> **판례**
>
> **'위반행위로 얻은 이익 또는 회피한 손실액'**은 유가증권의 처분으로 인한 행위자의 개인적이고 유형적인 경제적 이익에 한정되지 않고, **기업의 경영권 획득, 지배권 확보, 회사 내에서의 지위 상승 등 무형적 이익 및 적극적 이득 뿐 아니라 손실을 회피하는 경우와 같은 소극적 이득, 아직 현실화되지 않는 장래의 이득도 모두 포함하는 포괄적인 개념으로 해석한다**(대법원 2002도1696 판결 등).

이 때 그 위반행위로 얻은 이익은 통상적으로 위반행위와 관련된 거래로 인한 총수입에서 그 거래를 위한 총비용을 공제한 차액을 산정[총 매도금액 − (총 매수금액 + 거래비용)]하여 부당이득을 계산하게 된다.

이에 대하여 **대법원**은 「'위반행위로 얻은 이익'은 당해 위반행위로 인하여 행위자가 얻은 이익을 의미하고, 여러 사람이 공동으로 미공개정보 이용행위 금지의 범행을 저지른 경우 **그 범행으로 인한 이익은 범행에 가담한 공범 전체가 취득한 이익을 말하는 것일 뿐, 범행에 가담하지 아니한 제3자에게 귀속하는 이익은 이에 포함되지 아니한다.**」고 판시하여 추징의 대상이 되는 위반행위로 얻은 이익은 당해 행위자 및 공범에게 귀속된 것에 한정한다고 보았다.[136]

또한 **대법원**은 범죄수익은닉규제법상 몰수 또는 추징의 대상이 되는 수익과 관련하여 「…몰수 또는 추징 대상으로 정한 구 증권거래법 제207조의2의 범죄행위에 의하여 생긴 재산인 불법수익 역시 위와 마찬가지로 구 증권거래법 제207조의2 **위반행위와 관련된 거래로 인한 이익 또는 회피한 손실액으로 보아야** 하고[137], 다만 여러 사람이 공동으로 미공개정보 이용행위 금지의 범행을 저지른 경우에는 그 분배받은 이익, **즉 실질적으로 귀속한 이익만을 개별적으로 몰수·추징하여야 하고, 그 분배받은 금원을 확정할 수 없을 때에는 이를 평등하게 분할한 금원을 몰수·추징하여야 한다.**」고 판시하였다.[138]

한편 타인으로 하여금 미공개 정보를 이용하게 하는 유형의 범죄에 있어 그 정보를 이용한 타인을 정보제공자인 내부자나 제1차 정보수령자의 공범으로 보아 그가 취득한 이익을 내부자나 제1차 정보수령자의 이익으로 간주할 수는 없다.[139] 따라서 **정보수령자의 부당이**

136 대법원 2014. 5. 29. 선고 2011도11233 판결, 대법원 2011. 4. 28. 선고 2010도7622 판결, 대법원 2011. 7. 14. 선고 2011도3180 판결 등 참조.
137 대법원 2009. 7. 9. 선고 2009도1374 판결, 대법원 2012. 1. 27. 선고 2011도14247 판결 등 참조.
138 대법원 2007. 11. 30. 선고 2007도635 판결, 대법원 2010. 1. 28. 선고 2009도13912 판결 등 참조.
139 서울고등법원 2014. 7. 24. 선고 2014노1034 판결 참조.

득을 정보제공자 또는 정보전달자의 이익으로 보아 이를 정보제공자로부터 추징할 수 없다고 봄이 상당하다.

2) 구체적 산정기준(대법원 판례): 거래로 인한 총 수입 – 거래를 위한 총 비용

미공개중요정보 이용행위에 따라 취득한 범죄수익은 그 이용행위에 따라 발생하는 이익을 특정하는 것이 결코 쉽지 않으므로 명확한 기준 설정이 중요하다.

이에 대하여 **대법원**은 **미공개 정보 이용행위로 얻은 범죄수익(부당이득)의 개념**에 대해 「미공개정보 이용행위로 얻은 이익은 그와 관련된 유가증권 거래의 총 매도금액에서 총 매수금액 및 그 거래비용을 공제한 순 매매이익을 의미한다.」고 판시하고 있다.[140]

판례

"위반행위로 얻은 이익"이라 함은 거기에 함께 규정되어 있는 "손실액"에 반대되는 개념으로서 **당해 위반행위로 인하여 행위자가 얻은 이득** 즉, **그 거래로 인한 총 수입에서 그 거래를 위한 총 비용을 공제한 차액**을 말하므로, **미공개정보 이용행위로 얻은 이익은 그와 관련된 유가증권거래의 총 매도금액에서 총 매수금액 및 그 거래비용을 공제한 나머지 순 매매이익을 의미하고**(대법원 2002. 6. 14. 선고 2002도1256 판결, 2005. 4. 15. 선고 2005도632 판결 등 참조), 그와 같은 이익의 산정에 있어서는 **피고인의 이익실현행위를 기준으로 하여 그에 따른 구체적 거래로 인한 이익, 아직 보유 중인 미공개정보 이용 대상 주식의 가액, 미공개정보 이용행위와 관련하여 발생한 채권 등이 모두 포함**되어야 하며, 이 경우 특별한 사정이 없는 한 **아직 보유 중인 주식의 가액은 그와 동종 주식의 마지막 처분행위시를 기준으로, 주식양도를 목적으로 하는 채권의 가액은 그 약정이행기를 기준**으로 산정함이 상당하다(대법원 2006. 5. 12. 선고 2004도491 판결 참조).

결국 미공개 정보이용을 통해 취득한 이익의 산정을 할 때에는 행위자가 미공개 정보이용을 통해 유가증권을 매입한 후 이익실현행위로서 이를 일부 처분한 경우 ① **구체적 거래를 통해 취득한 이익**(실현이익: 증권 매도가액), ② 아직 **보유 중인 미공개정보 이용 대상 주식의 가액**(미실현이익: 동종 주식의 마지막 처분행위시 기준으로 가액 산정) 및 ③ **미공개정보 이용행위와 관련하여 발생한 채권**(미실현이익: 채권의 약정이행기 기준으로 가액 산정)을 모두 포함한다.

---

140 대법원 2006. 5. 12. 선고 2004도491 판결 참조.

3) 범죄수익 산정시점

위와 같은 미공개정보 이용행위에 따른 수익액을 산정하는 시점과 관련하여 하급심 판결 중에는 ① 피고인이 미공개 정보 A(甲제약회사가 乙바이오 회사의 제3자 배정 유상증자에 참여한다는 내용)를 이용하여 甲 제약회사 관계자가 乙 바이오 회사의 주식을 매입한 다음 위 정보 이외의 다른 정보 B(乙바이오 회사가 세계최초로 인간 유전자를 가진 형질전환 복제돼지를 생산하는데 성공하였다는 내용)가 공개되어 주가가 폭등한 사례에서 위 **정보 B가 주가에 반영되기 전날의 종가를 기준으로 매도대금을 산정함이 타당**하다고 본 사례,[141] ② 위반행위로 얻은 이익은 미공개 정보를 이용하여 매수하였다가 처분하지 않고 보유 중인 주식의 평가이익(미실현이익)이 포함되며 **당해 정보공개로 인한 효과가 주가에 직접 반영되는 기간의 종기를 기준으로 산정함이 타당**하다고 본 사례,[142] ③ 미공개정보를 이용하여 손실을 회피한 사례에서 피고인이 얻은 이익은 피고인이 **정보공개 이전에 매도한 주식의 총 매도대금**(거래수수료 등 공제)에서 **정보공개 이후에 최초로 형성된 최저가에 따라 산정한 주식의 총 매도대금**(거래수수료 등 공제)의 **차액**을 의미한다고 본 사례,[143] ④ 어느 정보가 공개되어 그 영향으로 인하여 주가가 상승 또는 하락함으로써 이익을 얻거나 손실을 회피하였는지 여부는 **해당 정보가 충분히 시장에 공개된 이후 주가가 안정된 시점을 기준으로 판단**하여야 한다고 본 사례,[144] ⑤ 분식회계를 하였다는 내용의 미공개 정보를 이용하여 사전에 주식을 매도하여 손실을 회피한 사안에서 분식회계 사실이 공개되어 주식거래가 정지되었다가 약 10개월 정도 경과 후 거래가 재개된 경우, **거래재개 이후 형성된 최저가를 기준으로 회피손실액을 산정한 것은 타당**하다고 본 사례[145] 등이 있다.

---

141 서울중앙지방법원 2007. 7. 20. 선고 2007고합159 판결 참조. 1심에서는 특정제약회사가 자기자본의 3.07%를 투입하여 국내 최초의 바이오 장기 개발 전문회사의 제3자 배정 유상증자에 참여한다는 정보를 미공개 중요정보로 보았으나, 항소심(서울고등법원 2007. 10. 26. 선고 2007노1733 판결)에서는 위와 같은 정보는 출자비율에 미달하여 법령상 신고의무사항에 해당하지 아니할 뿐만 아니라 법령상 정보가 예정되어 있는 정보도 아니므로 이를 중요한 정보라고 볼 수 없다고 판시하면서 미공개 정보 이용의 점에 대하여 무죄를 선고하였다.

142 서울고등법원 2014. 7. 24. 선고 2014노1034 판결 참조.

143 서울중앙지방법원 2007. 5. 30. 선고 2007노346 판결(대법원 확정) 참조.

144 서울고등법원 2008. 6. 24. 선고 2007노653 판결 참조. 해당 사례에서 법원은 LG카드의 실적악화로 인한 유상증자 정보를 이용하였다 하더라도 미공개정보 이용을 통한 손실회피가 인정될 수 없다고 판시하여 무죄를 선고하였다.

145 창원지방법원 2013. 5. 30. 선고 2012고합558등 병합(대법원 확정) 판결 참조.

4) 구체적인 환수 사례

가) 미공개정보 이용 부당이득에 대한 벌금형 부과 사례

피고인이 미공개 중요정보를 이용하여 다른 회사 주식을 인수하고 그 중 일부를 처분하여 이익을 실현하고 나머지 주식은 보유하게 된 사례가 있다.[146] 구체적인 사실관계는 다음과 같다.

사례

피고인은,

① 2001. 4. 24. 미공개 정보를 이용하여 A회사 발행 전환사채를 인수하고 **인수대금 1,095,779,918원을 지급**

② 2001. 6. 중순경 A회사 전환사채를 양도하는 대신 **A회사 주식 50만 주 양수 계약** 체결

③ 2001. 6. 21. **30만 주 양수**

 ※ 20만 주는 미공개 정보 이용행위 적발로 이전받지 못해 **미실현이익에** 해당

④ 2001. 7. 19.까지 양수한 30만 주 중 **16만 주 매각**(순이익 738,158,205원 취득)

 ※ 매도대금(743,361,720원) − 증권거래세 및 수수료(5,203,515원)

④ 이후 3만 주를 추가로 인수한 뒤 2002. 4. 26.경까지 15만 주 매각(순이익 513,069,852원)

 ※ 추가로 인수한 3만주는 미공개정보이용으로 취득한 것으로 볼 수 없으므로 **12만주를 매각한 것만을 실현이익으로 산정**함

 − 피고인은 미공개 정보를 이용하여 A회사 주식 총 30만주를 양수하여 28만주를 매각으로써 그 이익을 실현하고 2만주는 보유한 사례

 − 이 때, 피고인이 보유하고 있는 2만주는 최종 처분행위시(2002. 4. 26.)를 기준으로 하여 총 31,200,000원(2만 주×1,560원)으로 산정하고, 양수받기로 하였으나 실패한 20만주는 그 약정기간 동안 가장 낮은 주가를 기준으로 한 총 190,000,000원(20만 주×950원)임

 ⇒ 결국, 피고인이 **미공개 정보 이용행위로 취득한 부당이득**은 ① 거래로 인한 이익 (738,158,205원＋513,069,852원＋31,200,000원＋190,000,000원) − ② 거래로 인한 총비용(인수대금 1,095,779,918원)＝376,648,139원으로 봄이 상당함(대법원 2004도491 판결 참조)

위 사례는 구 증권거래법상 피고인에게 부과하는 **벌금액 산정을 위하여 부당이득을 산정한 기준을 제시한 사례로서 의미**가 있다.

---

[146] 대법원 2006. 5. 12. 선고 2004도491 판결 참조.

나) 미공개정보 이용 부당이득에 대한 추징 선고 사례

(1) 주식의 대량취득 관련 계약체결 교섭과정에서 직무와 관련하여 알게 된 미공개 중요
정보 이용을 통해 취득한 범죄수익환수 사례

자본시장법상 주식의 대량취득 관련 미공개정보를 이용하여 주식을 사전에 매수하고 이
를 되팔아 부당이득을 취득한 사안에서 실현이익과 미실현이익 전액을 합산하여 이를 자
본시장법에 따라 추징한 사례가 있다.[147] 상세한 범죄사실과 적용법조는 다음과 같다.

사례

범죄사실

1. (주)B 관련 미공개정보이용

코스닥 상장사인 (주)B의 최대주주인 C 외 8인은 D와 2015. 11. 30. 최대주주 변경을 수
반하는 주식양수도 계약을 체결하였고, 피고인은 D의 조합출자금 투자처를 결정하는 역할을
하는 대표 조합원이다.

대량취득·처분을 하려는 자와 계약을 체결하고 있거나 체결을 교섭하고 있는 자로서 그 대량
취득·처분의 실시 또는 중지에 관한 미공개정보를 알게 된 자는 위 미공개정보를 그 주식등과 관
련된 특정증권등의 매매, 그 밖의 거래에 이용하거나 타인에게 이용하게 하여서는 아니 된다.

피고인은 2015. 11. 27.경 서울 강남구 E에 있는 (주)B 사무실에서, D의 대표조합원으로서
(주)B의 최대주주인 C 외 8인의 대리인 F와 주식양수도 계약 체결에 대한 협의를 하면서
'2015. 11. 30. D가 (주)B의 최대주주 변경을 수반하는 주식양수도 계약을 체결한다.'라는
호재성 정보를 지득하고 위 정보가 공시(2015. 11. 30. 19:01)되기 전인 2015. 11. 27. G
증권 H지점 피고인의 모 I 명의계좌로 (주)B 주식 49,579주를 매수하고, 같은 날 (주)J 명
의계좌로 (주)B 25,688주를 매수한 후 2015. 12. 9. 위와 같이 매수한 (주)B 주식을 전량
매도하여 124,519,564원의 부당이득을 취득하였다.

이로써 피고인은 주식을 대량처분을 하려는 자인 (주)B의 최대주주인 C 등과 계약 체결을
교섭하면서 직무와 관련하여 알게 된 위 호재성 미공개정보를 (주)B의 주식거래에 이용하여
부당이득을 취득하였다.

2. (주)K 관련 미공개정보이용

피고인은 코스닥 상장사인 (주)K의 1대주주인 L의 주요주주인 M의 대표이사이고, 2대주주
인 (주)N의 대표로서 (주)K의 실질적인 경영권을 행사하면서 O에 출자하여 지분을 취득하는
업무를 담당하였다.

상장법인의 임직원·대리인으로서 그 직무와 관련하여 미공개중요정보를 알게 된 자는 그

---

[147] 서울남부지방법원 2019. 2. 28. 선고 2017고단6423 판결 참조(같은 법원 2019노576 항소기각 판결로 확정).

법인의 업무 등과 관련된 미공개중요정보를 특정증권등의 매매, 그 밖의 거래에 이용하거나 타인에게 이용하게 하여서는 아니 된다.

피고인은 2016. 10. 20.경 서울 강남구 E에 있는 (주)K 사무실에서, (주)K의 대표이사인 P, (주)Q의 대표이사인 R과 함께 신규 카지노사업 진출을 위한 O를 구성하는 것에 대한 협의를 하면서 **'2016. 11. 15. (주)K가 O 주식 10,000주, 100억 원 상당을 취득한다.'라는 호재성 정보를 지득하고 위 정보가 공시(2016. 11. 15. 18:34)되기 전인 2016. 10. 31. G증권 S지점 피고인의 명의계좌로 (주)K 주식 4,045주를 매수하고, 2016. 11. 2. G증권 S지점 피고인의 명의계좌로 (주)K 주식 7,117주를, G증권 청담지점 D의 명의계좌로 (주)K 주식 13,312주를 각 매수하고, 2016. 11. 4. G증권 S지점 피고인의 명의계좌로 (주)K 주식 3,795주를 매수한 후 2016. 11. 16. 위와 같이 매수한 (주)K 주식 14,975주를 매도하여 50,679,465원의 부당이득을 취득하였다(실현이익 20,192,015원, 미실현이익 30,487,450원).**

이로써 피고인은 (주)K의 경영자 또는 대리인으로서 O에 대한 출자 관련 직무와 관련하여 알게 된 위 호재성 미공개정보를 (주)K의 주식거래에 이용하여 부당이득을 취득하였다.

법령의 적용

1. 범죄사실에 대한 해당법조

구 자본시장과 금융투자에 관한 법률(2017. 4. 18. 법률 제14827호로 개정되기 전의 것) 제443조 제1항 제1호, 제174조 제1항 제1호(각 징역형을 선택하고 자본시장과 금융투자업에 관한 법률 제447조 제1항에 따라 벌금형을 병과함)

1. 추징

자본시장과 금융투자업에 관한 법률 제447조의2, 제443조 제1항 제1호

(2) 상장법인의 임직원으로부터 그 법인의 업무와 관련하여 미공개 중요정보를 받은 정보수령자가 취득한 범죄수익환수 사례

자본시장법상 **상장법인의 지주회사 임직원으로부터 그 법인의 업무와 관련하여 호재성 정보와 악재성 정보를 알게 된 정보수령자가 상장법인의 주식을 매수하여 이익을 취득하고, 이를 곧바로 되팔아 손실을 회피한 사안에서 위와 같이 취득한 부당이득과 손실회피액을 합산한 금액을 피고인으로부터 추징한 사례**가 있다. 단 해당 사건의 항소심에서는 부당이득액과 손실회피액이 함께 주가에 반영되어 있는 경우 위반행위자가 취득할 수 있는 재산은 양 금액 중 더 큰 금액을 최대치로 하여 산정하여야 하고 각 금액을 합산할 수 없다고 판시하였다.[148]

---

[148] 서울남부지방법원 2018. 10. 18. 선고 2017노1516 판결 참조.

해당 판결에서 법원은 ① 호재정보와 악재정보가 공존하는 경우라고 하더라도 부당이득 액과 손실회피액을 구별하는 것은 충분히 가능하고, ② 손실회피액은 피고인이 부정거래로 매도한 주식의 '평균매도단가'에서 '최초형성 최저종가'를 공제한 차액을 기준으로 함이 상당하며, ③ 부당이득액과 손실회피액이 함께 주가에 반영되어 있는 경우에는 양 금액을 비교하여 더 큰 금액을 기준으로 피고인이 취득한 범죄수익을 산정하여 추징함이 상당하다고 보았다. 미공개 호재정보와 악재정보를 함께 이용한 경우 어떻게 범죄수익을 산정하는지 기준을 제시한 것으로 의미가 있는 사례다.

3. 시세조종(주가조작) 관련 중대범죄(제443조 제1항 제4호 내지 제6호)

가. 서설

자본시장법 제176조는 **수요공급의 원칙에 의하지 않고 인위적으로 주식의 가격을 조정하는 행위**(시세조종 또는 주가조작)를 금지하고 있다. 주식에 대한 시세조종 행위는 주식시장에서의 수요와 공급에 따른 공정한 가격 형성을 방해하여 건전한 주식시장의 육성 및 발전을 저해할 뿐만 아니라, 주식거래에 참여하고 있는 불특정 다수의 일반 투자자들에게 예측하지 못한 손해를 입게 하므로 이와 같은 행위를 근절하기 위한 것이다.

위 시세조종행위는 민법상 사기취소(민법 제110조)에 해당하고, 형법상 사기죄(형법 제347조)에도 해당하지만 자본시장법상 특별규정을 둔 것으로 봄이 상당하다. 주식시장에서 주식의 가격을 함부로 조작하여 부당한 이득을 취득하는 경우 그 수익은 모두 필요적으로 추징한다(법 제447조의2 참조).

구체적으로는 ① **위장거래**에 의한 시세조종행위(동조 제1항), ② **허위표시**에 의한 시세조종행위(제2항), ③ **시세의 고정·안정**에 따른 시세조종행위(제3항), ④ **연계시세조종**행위(제4항) 등을 규정하고 있고 각 범죄행위는 모두 범죄수익은닉규제법상 중대범죄에 해당한다. 각 항목별로 나누어 살펴본다.

나. 위장거래에 의한 시세조종행위(제443조 제1항 제4호, 제176조 제1항)

관련조문 ─────────────────────────────

제443조(벌칙) ① 다음 각 호의 어느 하나에 해당하는 자는 1년 이상의 유기징역 또는 그 위반행위로 얻은 이익 또는 회피한 손실액의 3배 이상 5배 이하에 상당하는 벌금에 처한다. 다만, 그 위반행위로 얻은 이익 또는 회피한 손실액이 없거나 산정하기 곤란한 경우 또는 그 위반행위로 얻은 이익 또는 회피한 손실액의 5배에 해당하는 금액이 5억 원 이하인 경우

에는 벌금의 상한액을 5억 원으로 한다.

4. **제176조 제1항을 위반**하여 상장증권 또는 장내파생상품의 매매에 관하여 그 매매가 성황을 이루고 있는 듯이 잘못 알게 하거나, 그 밖에 타인에게 그릇된 판단을 하게 할 목적으로 같은 항 각 호의 어느 하나에 해당하는 행위를 한 자

☞ <u>제176조(시세조종행위 등의 금지)</u> ① 누구든지 상장증권 또는 장내파생상품의 매매에 관하여 **그 매매가 성황을 이루고 있는 듯이 잘못 알게** 하거나, **그 밖에 타인에게 그릇된 판단을 하게 할 목적**으로 **다음 각 호의 어느 하나에 해당하는 행위**를 하여서는 아니 된다.

1. 자기가 매도하는 것과 같은 시기에 그와 같은 가격 또는 약정수치로 타인이 그 증권 또는 장내파생상품을 매수할 것을 사전에 **그 자와 서로 짠 후 매도**하는 행위

2. 자기가 매수하는 것과 같은 시기에 그와 같은 가격 또는 약정수치로 타인이 그 증권 또는 장내파생상품을 매도할 것을 사전에 **그 자와 서로 짠 후 매수**하는 행위

3. 그 증권 또는 장내파생상품의 매매를 함에 있어서 그 권리의 이전을 목적으로 하지 아니하는 **거짓으로 꾸민 매매**를 하는 행위

4. 제1호부터 제3호까지의 행위를 **위탁하거나 수탁**하는 행위

---

1) 구성요건의 주체 및 행위의 상대방

본죄의 **구성요건의 주체**는 아무런 제한이 없다. 따라서 누구든지 본죄의 주체가 될 수 있다. 나아가 **행위의 상대방** 또한 특별한 신분상 제한이 없다.

2) 구성요건적 행위 및 객체

본죄의 **구성요건적 행위**는 **위장거래를 통한 시세조종행위**이다. 위장거래는 통정허위표시에 의한 매매, 가장매매 등을 포괄하는 개념으로 자본시장법은 한정된 자금을 반복적으로 동원하여 실제로 매입할 의사가 없으면서도 서로 통정하여 주식을 매매하거나 거래를 꾸미는 행위를 금지하고 있다.

한편 본죄의 **구성요건적 행위**를 상세히 살펴보면, 위장거래는 매매성황 오인 또는 타인에게 그릇된 판단을 하게 할 목적으로 ① **통정매매행위**(제1호 내지 제2호), ② **가장매매행위**(제3호) 및 각 행위의 위탁 및 수탁행위로 나뉜다. 통정매매, 가장매매를 위탁 및 수탁하는 행위까지 처벌하므로 통정 또는 가장매매를 위해 위탁한 다음 실제로 매매계약이 체결되지 않는 경우도 처벌대상이 된다. 상세한 법률 규정은 다음과 같다.

관련조문

제176조(시세조종행위 등의 금지) ① 누구든지 상장증권 또는 장내파생상품의 매매에 관하여 **그 매매가 성황을 이루고 있는 듯이 잘못 알게** 하거나, **그 밖에 타인에게 그릇된 판단을 하게 할 목적으로 다음 각 호의 어느 하나에 해당하는 행위**를 하여서는 아니 된다.

1. 자기가 매도하는 것과 같은 시기에 그와 같은 가격 또는 약정수치로 타인이 그 증권 또는 장내파생상품을 매수할 것을 사전에 **그 자와 서로 짠 후 매도**하는 행위

2. 자기가 매수하는 것과 같은 시기에 그와 같은 가격 또는 약정수치로 타인이 그 증권 또는 장내파생상품을 매도할 것을 사전에 **그 자와 서로 짠 후 매수**하는 행위

3. 그 증권 또는 장내파생상품의 매매를 함에 있어서 그 권리의 이전을 목적으로 하지 아니하는 **거짓으로 꾸민 매매**를 하는 행위

4. 제1호부터 제3호까지의 행위를 **위탁하거나 수탁**하는 행위

가) 통정매매행위

통정매매(Matched Orders)라 함은 **자기가 매도(매수)하는 것과 같은 시기에 그와 같은 가격으로 타인이 그 증권을 매수(매도)할 것을 사전에 통정한 다음 매도(매수)하는 것**을 의미한다.

이 때, 「**타인**」은 매매행위로 인한 이익과 손해가 다르게 귀속되는 사람을 의미하는 것으로서 **대법원**은 「통정매매는 반드시 매도인과 매수인 사이에 직접적인 협의가 이루어져야 하는 것은 아니고 그 중간에 매도인과 매수인을 지배·장악하는 주체가 있어 그가 양자 사이의 거래가 체결되도록 주도적으로 기획·조종한 결과 실제 매매가 체결되는 경우도 포함한다고 해석함이 타당하다.」고 판시하였다.[149] 통상적으로 주식매매를 대리하는 증권회사 직원이 주도하여 통정매매를 주도하는 경우가 여기에 해당한다.

한편 통정매매는 '**같은 시기**'에 '**같은 가격**'으로 매매가 이루어질 것을 요건으로 하는데, 같은 시기는 매도와 매수 주문이 반드시 동일한 시기에 있을 필요는 없고 쌍방의 주문이 시장에서 대응하여 성립할 가능성이 있는 시간이면 충분하다고 해석하여야 하고, 매도주문이 체결되지 않고 남아 있는 상황에서 통모한 상대방이 매수주문을 내서 매매가 성립하게 되면 동시가의 주문에 의한 매매가 아니더라도 통정매매에 해당한다.[150]

마찬가지로 '**같은 가격**'도 쌍방의 주문이 대응하여 성립할 가능성이 있는 범위 내의 가격

---

149 대법원 20123. 9. 26. 선고 2013도5214 판결 참조.

150 임재연 앞의 책 971면 이하 참조. 김건식·정순섭 자본시장법(제3판), 두성사, 2013, 450면 이하 참조.

을 의미한다.[151]

나) 가장매매행위

가장매매(Wash Sales)는 **외관상 매도인과 매수인간에 권리의 이전을 목적으로 하는 매매이나 실질은 권리의 이전이 없는 매매**를 의미한다. 통정매매는 매도인과 매수인이 서로 짜고 실제로 매매를 진행하지만, 가장매매는 그러한 매매계약 체결의 의사자체가 없으면서도 외관만을 작출한다는 점에서 다르다. 단 통정매매와 가장매매가 계속된 범의 아래 일정기간 계속·반복하여 이루어지는 경우에는 이는 모두 포괄일죄에 해당한다.[152]

3) 주관적 구성요건요소(투자자의 오인 또는 오판하도록 할 목적)

본죄의 **주관적 구성요건요소**와 관련하여 통정 및 가장매매는 주식매매가 성황을 이루고 있다고 **투자자의 오인 또는 오판하도록 할 목적**이 요구된다(**목적범**).

실제로 거래가 이루어지지 않고 있는 주식인데 통정·가장매매로 활발하게 거래가 이루어지고 있다는 외관이 작출되면 그와 같은 사정을 모르는 일반투자자들의 투자가 증가하고 이에 따라 주가조작의 결과로 이어질 수 있기 때문이다.

나아가 통정·가장매매는 **투자자의 투자 판단에 실질적인 영향을 미칠 정도**여야 하고, 실제로 투자자의 오해를 유발하였는지 여부나 타인에게 손해가 발생하였는지 여부 등은 요구되지 않으므로,[153] 자본시장법 제176조 제2항에 따른 허위표시에 의한 시세조종행위에서 요구되는 '**매매유인 목적**'과 구별하여야 한다.[154]

한편 위 목적은 인위적인 조작을 가하여 시세를 변동시킴에도 불구하고, **투자자에게는 그 시세가 유가증권시장 등에서의 자연적인 수요·공급의 원칙에 의하여 형성된 것으로 오인시켜 유가증권의 매매에 끌어들이려는 것**을 말하고, 이 역시 다른 목적과의 공존 여부나 어느 목적이 주된 것인지는 문제되지 아니하며, 목적에 대한 인식은 미필적 인식으로 충분하다.[155]

나아가 **그 목적을 판단함**에 있어 그 유가증권의 성격과 발행된 유가증권의 총수, 가격 및 거래량의 동향, 전후의 거래상황, 거래의 경제적 합리성과 공정성, 가장 혹은 허위매매 여부, 시장관여율의 정도, 지속적인 종가관리 등 거래의 동기와 태양 등 여러 간접사실을 종합적으로 고려할 수 있다.[156]

---

151 서울중앙지방법원 2008. 5. 23. 선고 2007고합243 판결 참조.
152 대법원 2011. 10. 27. 선고 2011도8109 판결 참조.
153 대법원 2013. 7. 11. 선고 2011도15056 판결 참조.
154 위 대법원 2011도15056 판결 참조.
155 위 대법원 2011도15056 판결 참조.
156 대법원 2005. 11. 10. 선고 2004도1164 판결, 대법원 2009. 4. 9. 선고 2009도675 판결 등 참조.

따라서 순수하게 지분을 확대하기 위해 단기간에 대량으로 증권을 매수하는 경우, 투자상담사가 고객 계좌의 신용만기에 따른 반대매매를 피하기 위해 일단 주식을 매도하였다가 다시 동일 물량을 유지하기 위해 동일 가격에 매수하는 과정에서 통정매매를 하는 경우 이는 매매의 성황에 대한 오인 또는 오판 유발의 목적이 있다고 볼 수 없으므로 시세조종행위로 처벌할 수 없다.[157]

4) 처벌

본죄를 위반하면 1년 이상의 유기징역 또는 그 위반행위로 얻은 이익 또는 회피한 손실액의 3배 이상 5배 이하에 상당하는 벌금에 처한다. 다만, 그 위반행위로 얻은 이익 또는 회피한 손실액이 없거나 산정하기 곤란한 경우 또는 그 위반행위로 얻은 이익 또는 회피한 손실액의 5배에 해당하는 금액이 5억 원 이하인 경우에는 벌금의 상한액을 5억 원으로 한다(제443조 제1항).

나아가 위와 같은 행위를 통하여 취득한 범죄수익은 모두 자본시장법에 따라 필요적 몰수·추징의 대상이 됨은 앞에서 본 바와 같다(동법 제447조의2 참조).

다. 매매유인 목적에 따른 시세조종행위(제443조 제1항 제5호, 제176조 제2항)

관련조문

제443조(벌칙) ① 다음 각 호의 어느 하나에 해당하는 자는 1년 이상의 유기징역 또는 그 위반행위로 얻은 이익 또는 회피한 손실액의 3배 이상 5배 이하에 상당하는 벌금에 처한다. 다만, 그 위반행위로 얻은 이익 또는 회피한 손실액이 없거나 산정하기 곤란한 경우 또는 그 위반행위로 얻은 이익 또는 회피한 손실액의 5배에 해당하는 금액이 5억 원 이하인 경우에는 벌금의 상한액을 5억 원으로 한다.

5. 제176조 제2항을 위반하여 상장증권 또는 장내파생상품의 매매를 유인할 목적으로 같은 항 각 호의 어느 하나에 해당하는 행위를 한 자

☞ 제176조(시세조종행위 등의 금지) ② 누구든지 상장증권 또는 장내파생상품의 매매를 유인할 목적으로 다음 각 호의 어느 하나에 해당하는 행위를 하여서는 아니 된다.

1. 그 증권 또는 장내파생상품의 매매가 성황을 이루고 있는 듯이 잘못 알게 하거나 그 시세(증권시장 또는 파생상품시장에서 형성된 시세, 다자간매매체결회사가 상장주권의

---

157 임재연, 앞의 책 969면 이하 참조. 대법원 2008. 11. 27. 선고 2007도6558 판결 참조.

매매를 중개함에 있어서 형성된 시세, 그 밖에 대통령령으로 정하는 시세를 말한다. 이
하 같다)를 **변동시키는 매매 또는 그 위탁이나 수탁을 하는 행위**
  2. 그 증권 또는 장내파생상품의 **시세가 자기 또는 타인의 시장 조작에 의하여 변동한
     다는 말을 유포**하는 행위
  3. 그 증권 또는 장내파생상품의 **매매를 함에 있어서 중요한 사실에 관하여 거짓의 표
     시 또는 오해를 유발시키는 표시**를 하는 행위

---

1) 구성요건의 주체 및 행위의 상대방

본죄의 **구성요건의 주체**는 아무런 제한이 없다. 따라서 누구든지 본죄의 주체가 될 수
있다. 나아가 **행위의 상대방** 또한 특별한 신분상 제한이 없다.

2) 구성요건적 행위 및 객체

본죄의 **구성요건적 행위**는 제176조 제2항을 위반하여 본 죄의 객체인 상장증권 또는 장
내파생상품의 매매를 유인할 목적으로 같은 항 각 호의 어느 하나에 해당하는 행위를 하는
것이다. 특별한 목적을 요구하는 매매유인목적행위(제176조 제2항 각호)는 총 3가지의 행위로
구분된다. 그 3가지는 ㉠ 매매성황오인 유발행위 또는 시세변동행위(제1호), ㉡ 시세조작 유
포행위(제2호), ㉢ 허위표시ㆍ오해유발표시행위(제3호)다.

가) 매매성황 오인유발행위(제1호)

위 시세조종행위의 구체적인 행위 유형으로서의 오인유발행위는 통정매매와 가장매매가
실제로 많이 활용되는데 여기서 '**매매**'가 실제로 체결될 것까지 요구되지 않으므로 허위로
주문을 내어 투자자들로 하여금 오인을 유발하는 행위도 위 구성요건적 행위에 포함된다.

(1) 현실매매와 시세조종

위 제1호의 시세조종행위의 유형은 '현실매매'를 전제로 하지는 않는다. 아래에서 보는 바
와 같이 허수주문 또한 시세조종의 유형에 포섭되기 때문이다. 다만 실제로(현실적으로) 매매
까지 진행하였는데 해당 증권 또는 장내파생상품의 가격을 인위적으로 끌어올리거나 끌어
내리려는 목적을 갖는 경우 이 또한 시세조종에 해당한다는 것이다. 갑작스럽게 상한가 매
수주문을 넣어 주식을 매입하거나 직전 거래가격에 비해 고가의 매수주문을 하는 경우 등이
그 유형이다. 단 위에서 언급한 바와 같이 다른 투자자들을 매매로 끌어들이려는 매매의 목
적이 있어야 함은 당연하다.

414 제2편 범죄수익은닉규제법상 중대범죄

(2) 허수주문과 시세조종

매수 또는 매도 주문량이 많은 것처럼 꾸미기 위하여 매매를 할 생각 없이 하는 일련의 허수주문행위 또한 실제로 매매가 이루어지지 않는다 하더라도 제1호의 시세조종행위에 해당한다.[158] 단 '매도(매수)를 하려는 의사표시'를 하였다고 하여 실제로 시세조종행위까지 인정되는 경우는 흔하지 않다. 통정허위나 가장매매가 아닌 단순 매도(매수) 허수주문이 있었다 하더라도 이를 입증할 방법이 거의 없기 때문이다.

나) 시세조작 유포행위(제2호)

위 시세조종행위의 구체적인 행위 유형으로서의 시세조작 유포행위는 **자기 또는 타인의 시장조작에 의하여 시세변동이 일어난다는 말을 직접적 또는 간접적으로 유포하는 행위**를 말한다. 위와 같은 말을 하는 행위를 구성요건으로 규정하고 있을 뿐 그 '**말**'이 실제로 진실한 것인지 여부는 묻지 않는다. 그 말이 거짓인 경우에는 제3호의 구성요건에 해당한다.

다) 허위표시·오해유발표시행위(제3호)

위 시세조종행위의 구체적인 행위는 상장증권 또는 장내파생상품의 매매를 함에 있어 '**중요한 사실에 관하여 거짓의 표시 또는 오해를 유발시키는 표시를 하는 행위**'가 규제의 대상이 된다. 위 **표시의 상대방은 반드시 매매의 상대방에 국한되지 않는다.**

나아가 위 '**중요한 사실**'의 판단기준에 관하여 **대법원**은 다음과 같이 판시하고 있다.[159]

> #### 판례
>
> '**중요한 사항**'이란, 미공개정보 이용행위 금지조항인 같은 법 제188조의2 제2항에서 정한 '**일반인에게 공개되지 아니한 중요한 정보**'와 궤를 같이 하는 것으로서, **당해 법인의 재산·경영에 관하여 중대한 영향을 미치거나 유가증권의 공정거래와 투자자 보호를 위하여 필요한 사항으로서 투자자의 투자판단에 영향을 미칠 수 있는 사항**을 의미한다. 또한, 위와 같은 **중요한 사항에 관하여 허위 또는 부실 표시된 문서**를 증권선물거래소를 통하여 이미 공시한 상태에서 이를 단순히 시정하지 않고 방치하는 데 그치는 것이 아니라, 구체적인 상황에서 **그 문서가 투자자의 투자판단에 영향을 미칠 수 있는 사항에 관하여 오해를 유발할 수 있는 상황임을 알면서도, 이를 금전 기타 재산상의 이익을 얻는 기회로 삼기 위해서 유사한 취지의 허위 또는 부실 표시 문서를 계속 증권선물거래소에 보고하는 등의 방법으로 적극적으로 활용하는 행위**는 위 조항에서 정한 **문서의 이용행위에 포함**될 수 있다(대법원 2009. 7. 9. 선고 2009도1374 판결 참조).

---

[158] 대법원 2002. 6. 14. 선고 2002도1256 판결 참조.
[159] 대법원 2009. 7. 9. 선고 2009도1374 판결 참조.

3) 주관적 구성요건요소

위 시세조종행위가 성립하기 위해선 투자자들을 해당 증권 또는 장내파생상품의 **매매에 끌어들이기 위한 목적**이 요구된다(목적범).

실제로는 인위적인 조작을 가하여 시세를 변동시키는 것임에도 불구하고 투자자들에게는 위 시세변동이 자연적인 수요와 공급의 원칙에 따른 것이라고 오인하도록 만들 적극적인 의도가 필요하다는 것이다. 위와 같은 목적은 행위자의 내심의 의사 문제이므로 행위자가 스스로 그와 같은 매매유인의 목적을 인정하지 않는 경우에는 거래의 동기와 매매 전후의 사정 및 거래의 합리성 등 간접사실을 통해서 입증할 수밖에 없을 것이다.

대법원은 유상증자를 앞두고 원활한 유상증자를 하기 위해 거래량을 증가시키는 경우 매매유인목적이 인정된다고 다음과 같이 판시하였다.[160]

> **판례**
>
> (전략) 구 증권거래법 제188조의4 제1항 위반죄가 성립하기 위하여는 통정매매 또는 가장매매 사실 외에 주관적 요건으로 **'거래가 성황을 이루고 있는 듯이 잘못 알게 하거나 기타 타인으로 하여금 그릇된 판단을 하게 할 목적'**이 있어야 하는데, 이러한 목적은 다른 목적과의 공존 여부나 어느 목적이 주된 것인지는 문제되지 아니하고, 그 목적에 대한 인식의 정도는 적극적 의욕이나 확정적 인식임을 요하지 아니하고 미필적 인식이 있으면 족하며, **투자자의 오해를 실제로 유발하였는지 여부나 타인에게 손해가 발생하였는지 여부 등은 문제가 되지 아니**하며, 구 증권거래법 제188조의4 제2항 소정의 **'매매거래를 유인할 목적'**이라 함은 인위적인 조작을 가하여 시세를 변동시킴에도 불구하고, 투자자에게는 그 시세가 유가증권시장에서의 자연적인 수요·공급의 원칙에 의하여 형성된 것으로 오인시켜 유가증권의 매매에 끌어들이려는 목적으로서 이 역시 다른 목적과의 공존 여부나 어느 목적이 주된 것인지는 문제되지 아니하고, 목적에 대한 인식의 정도도 미필적 인식으로 충분하며, 나아가 위 조항 제1호 소정의 **'유가증권의 매매거래가 성황을 이루고 있는 듯이 잘못 알게 하거나 그 시세를 변동시키는 매매거래'**라 함은 본래 정상적인 수요·공급에 따라 자유경쟁시장에서 형성될 시세 및 거래량을 시장요인에 의하지 아니한 다른 요인으로 인위적으로 변동시킬 가능성이 있는 거래를 말하는 것일 뿐 그로 인하여 실제로 시세가 변동될 필요까지는 없고, 일련의 행위가 이어진 경우에는 전체적으로 그 행위로 인하여 시세를 변동시킬 가능성이 있으면 충분한데, **이상의 각 요건에 해당하는지 여부는 당사자가 이를 자백하지 않더라도 그 유가증권의 성격과 발행된 유가증권의 총수, 가격 및 거래량의 동향, 전후의 거래상황, 거래의 경제적 합리성과 공정성, 가장 혹은 허위매매 여부, 시장관여율의 정도, 지속적인 종가관리 등 거래의 동기와 태양 등의 간접사실을 종합적으로 고려하여 이를 판단**할 수 있다(대법원 2005. 11. 10. 선고 2004도 1164 판결, 대법원 2006. 5. 11. 선고 2003도4320 판결, 대법원 2007. 11. 29. 선고 2007도7471 판결, 대법원 2009. 4. 9. 선고 2009도675 판결 참조).

---

160 대법원 2009. 4. 9. 선고 2009도675 판결 참조.

4) 처벌

본죄를 위반하면 1년 이상의 유기징역 또는 그 위반행위로 얻은 이익 또는 회피한 손실액의 3배 이상 5배 이하에 상당하는 벌금에 처한다. 다만 그 위반행위로 얻은 이익 또는 회피한 손실액이 없거나 산정하기 곤란한 경우 또는 그 위반행위로 얻은 이익 또는 회피한 손실액의 5배에 해당하는 금액이 5억 원 이하인 경우에는 벌금의 상한액을 5억 원으로 한다 (제443조 제1항).

나아가 위와 같은 행위를 통하여 취득한 범죄수익은 모두 자본시장법에 따라 필요적 몰수·추징의 대상이 됨은 앞에서 본 바와 같다(동법 제447조의2 참조).

라. 시세의 고정·안정을 통한 시세조종행위(제443조 제1항 제6호, 제176조 제3항)

관련조문

제443조(벌칙) ① 다음 각 호의 어느 하나에 해당하는 자는 1년 이상의 유기징역 또는 그 위반행위로 얻은 이익 또는 회피한 손실액의 3배 이상 5배 이하에 상당하는 벌금에 처한다. 다만, 그 위반행위로 얻은 이익 또는 회피한 손실액이 없거나 산정하기 곤란한 경우 또는 그 위반행위로 얻은 이익 또는 회피한 손실액의 5배에 해당하는 금액이 5억 원 이하인 경우에는 벌금의 상한액을 5억 원으로 한다. <개정 2013. 5. 28., 2014. 12. 30., 2017. 4. 18., 2018. 3. 27.>

6. **제176조 제3항**을 위반하여 상장증권 또는 장내파생상품의 시세를 고정시키거나 안정시킬 목적으로 그 증권 또는 장내파생상품에 관한 일련의 매매 또는 그 위탁이나 수탁을 한 자

☞ 제176조(시세조종행위 등의 금지) ③ 누구든지 **상장증권 또는 장내파생상품**의 **시세를 고정시키거나 안정시킬 목적**으로 그 증권 또는 장내파생상품에 관한 **일련의 매매 또는 그 위탁이나 수탁을 하는 행위**를 하여서는 아니 된다. 다만, 다음 각 호의 어느 하나에 해당하는 경우에는 그러하지 아니하다.

1. **투자매매업자**(모집 또는 매출되는 증권의 발행인 또는 소유자와 인수계약을 체결한 투자매매업자로서 대통령령으로 정하는 자에 한한다. 이하 이 조에서 같다)가 대통령령으로 정하는 방법에 따라 그 증권의 모집 또는 매출의 청약기간의 종료일 전 30일의 범위에서 대통령령으로 정하는 날부터 그 청약기간의 종료일까지의 기간 동안 **증권의 가격을 안정시킴으로써 증권의 모집 또는 매출을 원활하도록 하기 위한 매매거래**(이하 이 항에서 "**안정조작**"이라 한다)를 하는 경우

2. **투자매매업자**가 대통령령으로 정하는 방법에 따라 **모집 또는 매출한 증권의 수요·공**

급을 그 증권이 상장된 날부터 6개월의 범위에서 대통령령으로 정하는 기간 동안 **조성하는 매매거래**(이하 이 항에서 **"시장조성"**이라 한다)를 하는 경우

3. **모집 또는 매출되는 증권 발행인의 임원 등** 대통령령으로 정하는 자가 투자매매업자에게 **안정조작을 위탁**하는 경우

4. **투자매매업자가** 제3호에 따라 **안정조작을 수탁**하는 경우

5. **모집 또는 매출되는 증권의 인수인**이 투자매매업자에게 **시장조성을 위탁**하는 경우

6. **투자매매업자가** 제5호에 따라 **시장조성을 수탁**하는 경우

---

1) 구성요건의 주체 및 행위의 상대방

본죄의 **구성요건의 주체**는 아무런 제한이 없다. 따라서 누구든지 본죄의 주체가 될 수 있다. 나아가 **행위의 상대방** 또한 특별한 신분상 제한이 없다.

2) 구성요건적 행위 및 객체

본죄의 **구성요건적 행위**는 제176조 제3항을 위반하여 상장증권 또는 장내파생상품의 시세를 고정시키거나 안정시킬 목적으로 그 증권 또는 장내파생상품에 관한 일련의 매매 또는 그 위탁이나 수탁을 하는 것이다. 본죄의 **객체**는 상장증권 또는 장내파생상품이다.

가) 구체적 행위의 유형

시세의 고정 또는 안정시킬 목적을 요구하는 위 시세조종행위는 크게 두 가지로 나뉘는데 ㉠ 투자매매업자가 그 증권의 가격을 안정시킴으로써 증권의 모집 또는 매출을 원활하도록 하기 위한 매매거래(**안전조작행위**, Stabilization), ㉡ 투자매매업자가 모집 또는 매출한 증권의 수요·공급을 그 증권이 상장된 날로부터 6개월의 범위 내에서 조성하는 매매거래(**시장조성행위**, Market Making)가 그것이다. 한편 모집 또는 매출되는 증권 발행인의 임원 등이 투자매매업자에게 안정조작·시장조성행위를 위탁·수탁하는 경우도 모두 규제 대상이다.

나) 안정조작과 시장조성을 할 수 있는 예외

안정조작과 시장조성행위는 자본시장법상 특정한 사람, 기간, 장소 등의 제한에 따라 예외적으로 허용된다. 즉 위와 같은 안정조작과 시장조성행위를 할 수 있는 사람은 ① 증권신고서를 제출한 경우에는 신고서에 안정조작이나 시장조성을 할 수 있다고 기재된 투자매매업자이고, ② 증권신고서를 제출하지 않은 경우에는 인수계약의 내용에 안정조작이나 시장조성을 할 수 있다고 기재된 투자매매업자다(자본시장법 시행령 제203조 참조, **주체의 제한**).

나아가 투자매매업자는 투자설명서에 안정조작 또는 시장조성행위를 할 수 있다는 점을 명시하여야 하며(**투자설명서 명시의무**) 증권시장 외에서는 위와 같은 행위를 하지 못한다(**장**

소적 제한). 그리고 안정조작기간은 해당 증권의 모집·매출의 청약기간의 종료일 전 30일의 범위 내에서 대통령령으로 정하는 날부터 그 청약기간의 종료일까지의 기간이고(동법 시행령 제204조 제7항 참조), 시장조성기간은 증권이 상장된 날로부터 1개월 이상 6개월 이하의 범위에서 인수계약으로 정하는 날까지이며(동법 시행령 제205조 제4항, **각 시간적 제한**), 안정조작과 시장조성행위를 하려는 자는 금융위원회와 거래서에 그 신고서를 제출하여야 하고 신고서가 제출되면 금융위원회는 이를 공시한다(**신고 의무**).

한편 안정조작과 시장조성은 그 가격 또한 제한적으로 인정되어 해당 가격을 초과하여서는 안정조작 및 시장조성의 대상이 되는 증권을 매수하지 못한다(동법 시행령 제204조 제4항, 제205조, **가격의 제한**). 또한 위와 같은 행위를 한 후에는 안정조작과 시장조성보고서를 제출하여야 한다(**사후 보고서 제출 의무**).

위와 같은 엄격한 요건을 모두 준수하는 경우에는 안정조작과 시장조성행위에 따른 시세조종 행위의 구성요건에 해당하지 않는다.

3) 주관적 구성요건요소: 시세를 고정시키거나 안정시킬 목적의 일련의 매매

시세의 고정 또는 안정시킬 목적과 관련하여 **대법원**은 유가증권의 시장가격을 고정시키거나 안정시키는 경우뿐만 아니라 행위자가 일정한 가격을 형성하고 그 가격을 고정시키거나 안정시키는 경우에도 인정되며 그러한 목적이 인정된다면 매매거래가 계속 반복적으로 이루어질 필요는 없고 단 한 번으로도 족하다고 판시한다.

다만 위 판결은 구 증권거래밥상 구성요건이 '**매매거래**'라고 규정하고 있었던 당시를 기준으로 한 것이고 자본시장법상 구성요건은 '**일련의 매매**'로 규정하고 있으므로 현재에도 판례가 같은 입장을 취할 것인지 여부는 의문이다. 상세한 판시내용은 다음과 같다.[161]

판례

[1] 자유로운 유가증권시장에 개입하여 인위적으로 유가증권의 시세를 조작하는 것을 방지하려는 증권거래법의 입법 취지에 비추어 살펴보면 증권거래법 제188조의4 제3항은 **유가증권의 시세를 고정시키거나 안정시킬 목적으로 유가증권시장 또는 협회공개시장에서 행하는 매매거래 또는 그 위탁이나 수탁을 금지하되, 다만 유가증권의 모집·매출을 원활하게 하기 위한 시장에서의 필요성에 의하여 그 시행령 제83조의8 제1항 소정의 안정조작과 시장조성을 그 이하 조항이 정하는 기간·가격 및 주체 등에 관한 엄격한 조건하에 예외적으로 허용하는 의미라고 보아야 한다.**

---

161 대법원 2004. 10. 28. 선고 2002도3131 판결 참조.

> [2] **유가증권의 시세를 고정시키거나 안정시킬 목적**은 유가증권의 현재의 시장가격을 고정시키거나 안
> 정시키는 경우뿐 아니라, 행위자가 일정한 가격을 형성하고 그 가격을 고정시키거나 안정시키는 경
> 우에도 인정되고, 행위자가 그러한 목적을 가지고 매매거래를 한 것이라면, 그 매매거래가 일정한
> 기간 계속 반복적으로 이루어져야 하는 것이 아니라 **한 번의 매매거래도 증권거래법 제188조의4
> 제3항의 구성요건을 충족**한다(대법원 2004. 10. 28. 선고 2002도3131 판결 참조).

한편 주식을 높은 가격으로 **자전거래(自傳去來)**[162]시키기 위하여 시장조작에 의하여 높은 가격을 형성하는 매매거래를 하고 그 가격으로 자전거래를 하였다면 그 매매거래 행위는 유가증권의 시세를 고정시킬 목적으로 한 것이라고 인정할 수 있다.[163]

4) 처벌

본죄를 위반하면 1년 이상의 유기징역 또는 그 위반행위로 얻은 이익 또는 회피한 손실액의 3배 이상 5배 이하에 상당하는 벌금에 처한다. 다만 그 위반행위로 얻은 이익 또는 회피한 손실액이 없거나 산정하기 곤란한 경우 또는 그 위반행위로 얻은 이익 또는 회피한 손실액의 5배에 해당하는 금액이 5억 원 이하인 경우에는 벌금의 상한액을 5억 원으로 한다(제443조 제1항).

나아가 위와 같은 행위를 통하여 취득한 범죄수익은 모두 자본시장법에 따라 필요적 몰수·추징의 대상이 됨은 앞에서 본 바와 같다(동법 제447조의2 참조).

---

162 자전거래(Cross Trading)라 함은 **대량으로 주식을 거래할 때 사용하는 방법으로 매매를 중개하는 증 권회사가 같은 주식을 동일 가격으로 동일 수량의 매도·매수 주문을 내어 매매거래를 체결시키는 것**으로 '자전매매'라고도 한다. 거래량 급변동으로 인해 주가에 영향을 끼칠 수 있기 때문에 증권거래 소에 신고하도록 되어 있다. 자전거래에는 다음의 3가지 방법이 사용된다. 첫째, 신고대량매매방법으로 자전거래를 하는 당사자들이 장 개시시점에 시가로 매매하거나 장 종료시점에 종가로 매매하겠다고 신고 한 뒤 거래하는 방법과 둘째, 시간외 대량매매방법으로 장이 끝난 뒤 오후 3시 40분에서 30분 동안 종가 를 기준으로 상하 5호가 범위 내에서 매매를 체결하는 방법으로, 이 두 경우에는 거래 당사자가 매매에 합의한 후 신고서를 증권거래소에 제출해야 한다. 마지막으로 보통 주식거래와 마찬가지로 장 중에 호가 를 내서 매매를 체결하는 장 중 대량매매방법이 있다. **주로 기업이 장부가격을 현실화하기 위해 보유 중인 주식을 판 뒤 곧바로 동일한 가격과 동일한 수량으로 되사는 경우 또는 그룹 계열사끼리 지분 을 주고받을 때 나타난다.**[(두산백과) 참조]

163 대법원 2004. 10. 28. 선고 2002도3131 판결 참조.

마. 연계시세조종행위(제443조 제1항 제7호, 제176조 제4항)

관련조문

제443조(벌칙) ① 다음 각 호의 어느 하나에 해당하는 자는 1년 이상의 유기징역 또는 그 위반행위로 얻은 이익 또는 회피한 손실액의 3배 이상 5배 이하에 상당하는 벌금에 처한다. 다만, 그 위반행위로 얻은 이익 또는 회피한 손실액이 없거나 산정하기 곤란한 경우 또는 그 위반행위로 얻은 이익 또는 회피한 손실액의 5배에 해당하는 금액이 5억 원 이하인 경우에는 벌금의 상한액을 5억 원으로 한다. <개정 2013. 5. 28., 2014. 12. 30., 2017. 4. 18., 2018. 3. 27.>

7. 증권 또는 파생상품에 관한 매매등과 관련하여 **제176조 제4항 각 호**의 어느 하나에 해당하는 행위를 한 자

☞ **제176조(시세조종행위 등의 금지)** ④ 누구든지 증권, 파생상품 또는 그 증권·파생상품의 기초자산 중 어느 하나가 거래소에 상장되거나 그 밖에 이에 준하는 경우로서 대통령령으로 정하는 경우에는 그 증권 또는 파생상품에 관한 매매, 그 밖의 거래(이하 이 항, 제177조 및 제443조 제1항 제7호에서 "매매등"이라 한다)와 관련하여 다음 각 호의 어느 하나에 해당하는 행위를 하여서는 아니 된다. <개정 2009.2.3, 2013.5.28>

1. 파생상품의 매매등에서 부당한 이익을 얻거나 제삼자에게 부당한 이익을 얻게 할 목적으로 그 파생상품의 기초자산의 시세를 변동 또는 고정시키는 행위
2. 파생상품의 기초자산의 매매등에서 부당한 이익을 얻거나 제삼자에게 부당한 이익을 얻게 할 목적으로 그 파생상품의 시세를 변동 또는 고정시키는 행위
3. 증권의 매매등에서 부당한 이익을 얻거나 제삼자에게 부당한 이익을 얻게 할 목적으로 그 증권과 연계된 증권으로서 대통령령으로 정하는 증권 또는 그 증권의 기초자산의 시세를 변동 또는 고정시키는 행위
4. 증권의 기초자산의 매매등에서 부당한 이익을 얻거나 제삼자에게 부당한 이익을 얻게 할 목적으로 그 증권의 시세를 변동 또는 고정시키는 행위
5. 파생상품의 매매등에서 부당한 이익을 얻거나 제삼자에게 부당한 이익을 얻게 할 목적으로 그 파생상품과 기초자산이 동일하거나 유사한 파생상품의 시세를 변동 또는 고정시키는 행위

1) 구성요건의 주체 및 행위의 상대방

본죄의 **구성요건의 주체**는 아무런 제한이 없다. 따라서 누구든지 본죄의 주체가 될 수 있다. 나아가 **행위의 상대방** 또한 특별한 신분상 제한이 없다.

2) 구성요건적 행위 및 객체

본죄의 **구성요건적 행위**는 증권 또는 파생상품에 관한 매매등과 관련하여 **제176조 제4항 각 호**의 어느 하나에 해당하는 행위를 하는 것이다. 본죄의 **객체**는 증권 또는 파생상품이다.

가) 구체적인 행위의 유형

자본시장법은 파생상품과 기초자산 간의 연계시세조종행위(제1호, 제2호), 증권과 증권 또는 그 증권의 기초자산 간의 연계시세조종행위(제3호, 제4호), 파생상품 간의 연계시세조종행위(제5호)를 금지하고 있다.

매매유인목적의 시세조종행위(자본시장법 제176조 제2항)는 '매매를 유인할 목적'을 요구함에 반하여 이 항의 시세조종행위는 **'자기 또는 제3자에게 부당한 이익을 얻게 할 목적'**을 요건으로 한다는 점이 다르다.

주식시장의 거래 대상이 되는 상품은 **증권뿐만 아니라 증권에서 파생된 각종 상품**(ELS,[164] ELW,[165] ETF[166] 등)**으로 다양**한데 위와 같이 각종 상품이 연계된 경우의 시세조종행위를

---

[164] ELS(Equity Linked Securities, 주가연계증권): 개별 주식의 가격이나 주가지수에 연계되어 투자수익이 결정되는 유가증권이다. 자산을 우량채권에 투자하여 원금을 보존하고 일부를 주가지수 옵션 등 금융파생 상품에 투자해 고수익을 노리는 금융상품으로, 2003년 증권거래법 시행령에 따라 상품화되었다. 일반적으로 ELN(Equity-Linked Note)으로 불리고, 넓은 뜻으로는 신주인수권 증서인 워런트(warrant)도 포함된다. 장외파생금융상품업 겸영 인가를 받은 증권회사만 발행할 수 있는데, 만기는 3개월~2년으로 1년 이하의 단기가 주종을 이룬다. 유가증권에 대하여 적용되는 일반적인 규제가 동일하게 적용되나 주식이나 채권에 비해 손익구조가 복잡하다. 또한 원금과 수익을 지급받지 못할 위험성도 있고 투자자가 만기 전에 현금화하기가 어렵다는 특징도 지닌다.(두산백과 참조)

[165] ELW(Equity Linked Warrant, 주식워런트증권): 주식워런트증권은 당사자 일방의 의사표시에 의하여 특정 주권의 가격 또는 주가지수의 변동과 연계하여 미리 약정된 방법에 따라 주권의 매매 또는 금전을 수수하는 권리가 부여된 증권이다. 특정한 주식을 기초자산으로 하여 특정시점(예: 만기 3개월) 후에 사전에 정한 가격(행사가격, 예: 10원)보다 높은지 낮은지에 따라 그 수익이 결정되는 상품이다. 주식워런트증권은 **콜 워런트(Call Warrant)와 풋 워런트(Put Warrant)로 구분**한다. 콜 워런트는 기초자산을 권리행사가격으로 발행자로부터 인수하거나 그 차액(만기결제가격-권리행사가격)을 수령할 수 있는 권리가 부여된 워런트로 기초자산의 가격상승에 따라 이익이 발생한다. 반면, 풋 워런트는 기초자산을 권리행사가격으로 발행자에게 인도하거나 그 차액(권리행사가격-만기결제가격)을 수령할 수 있는 권리가 부여된 워런트로 기초자산의 가격하락에 따라 이익이 발생한다.(NEW 경제용어사전, 2006. 4. 7., 미래와경영연구소 참조)

[166] ETF(Exchange Traded Fund, 상장지수펀드): KOSPI200이나 특정 자산을 추종하도록 설계된 펀드. 해당 주가지수에 편입된 주식의 바스켓(10개 이상의 주식 조합)과 동일하게 펀드를 구성하고, 이에 따라 발행된 주식이나 수익증권을 한국거래소에 상장해 일반 개인들도 거래할 수 있도록 한 것이다. 개별 주식처럼 매매가 편리하고 인덱스펀드처럼 거래비용이 낮다. 펀드에 비해 투자 정보를 파악하기 쉽다. 지수묶음 1주당 가격은 1원이고 매매 최소단위는 10주이기 때문에 10만 원 이상이면 언제든 펀드투자가 가능하다.

금지하기 위해 마련된 규정이다.

나) 파생상품의 기초자산과 파생상품 간 연계시세조종(제1호, 제2호)

자본시장법은 선물, 옵션의 매매등에서 부당한 이익을 얻을 목적으로 그 **기초자산**(증권 등)**의 시세를 변동·고정시키는 행위**(제1호), 그 반대로 **파생상품의 기초자산**(증권, 상품 등)**의 매매등에서 위와 같은 목적으로 선물, 옵션의 시세를 변동·고정시키는 행위**(제2호)를 규제한다. 기초자산과 파생상품 양방향의 시세조종을 모두 금지하는 취지로 이해할 수 있다.

파생상품의 기초가 되는 주식의 시세는 파생상품과 밀접하게 연동되어 있기 때문에 주식 의 시세를 조종함으로써 파생상품의 가치를 조종하는 행위가 충분히 가능하다.

예컨대 위에서 살펴본 상장지수펀드(ETF)는 특정 주가지수의 움직임과 수익률이 연동되 도록 설계된 지수연동형 펀드로, 가장 대표적인 주가지수인 KOSPI200을 추종하는 ETF의 경우 KOSPI200을 구성하는 종목들을 지수비중 대로 편입하여 펀드를 구성하고 이를 바탕 으로 ETF 증권을 발행하기 때문에 그 수익률이 KOSPI200에 연동되어 연계시세조종의 가 능성이 비교적 크다.[167]

다) 증권과 연계증권·기초자산 사이의 연계시세조종(제3호, 제4호)

증권의 매매등에서 부당한 이익을 얻거나 제3자에게 부당한 이익을 얻게 할 목적으로 그 증권과 연계된 증권으로서 대통령령으로 정하는 증권 또는 그 증권의 기초자산의 시세를 변 동·고정시키는 행위가 금지된다.

대표적인 사례는 ELS(주가연계증권)의 기초자산인 주식의 시세를 변동·고정시킴으로써 위 주식에 연계된 ELS의 시세를 조종하는 것이다. 이와 관련하여 **대법원**은 「…장 마감 직 전에 단일가매매 시간대 전체 주식 거래량의 80%가 넘는 수량의 주식을 상환기준가격보다 낮은 가격으로 집중적인 매도주문을 함으로써 시세고정행위를 하였다고 봄이 상당하고 **비 록 델타헤지(Delta – hedge)[168]를 위하여 위와 같은 수량의 주식을 매도할 필요가 있었**

일반 펀드의 경우 가입이나 환매(펀드자금 인출) 때 다음날 기준가로 가격이 결정되는데 반해 상장 지수펀드는 실시간 가격으로 매매가격이 결정된다는 점도 특징이다. 상장지수 펀드의 특징은 수익률 이 특정지수에 연동되고, 환매 요구시 요구단위에 제한을 둔 점, 그리고 환매가 이루어지더라도 투자 자들이 위탁회사로부터 현금이 아닌 현물(주식)을 수령한다는 점이 일반 인덱스 펀드와 다른 점이 다.(한경 경제용어사전 참조)

167 임재연, 앞의 책 995면 이하 참조.
168 델타헤지: 보유하고 있는 기초 자산이 시장의 움직임에 영향을 받지 않도록 선물(先物)이나 옵션거래의 양을 조절하여 델타값(옵션 평가 시 기초자산의 가격이 변함에 따라 옵션가격이 얼마나 변동되는가를 측 정하는 지표)을 영(零)으로 맞추어 위험을 분산 또는 회피하는 금융기법을 의미한다(두산백과 참조).

다고 하더라도 그러한 사정의 존재가 피고인에 대한 시세고정목적의 인정에 방해가 되지 않는다.」[169]고 판시하여 연계시세조종행위를 함에 있어 그 위험을 분산시키기 위한 금융기법인 델타헤지를 주장하더라도 시세조종의 목적을 부인할 수 없다고 판시하였다. **상세한 판시 내용**은 다음과 같다.

판례

(전략) 가. 주가연계증권(ELS)과 델타헤지

(1) 주가연계증권(Equity-LinkedSecurities, 이하 'ELS'라고 한다)은 투자수익이 특정 주식의 가격이나 주가지수의 변동에 연계되어 결정되는 파생결합증권으로, **주식을 기초자산으로 하는 ELS는 그 발행사가 ELS의 발행대금으로 기초자산인 주식을 매수하여 '델타헤지' 라는 금융기법에 따라 그 주식을 계속적으로 매수·매도**함으로써 **기초자산의 가격변동으로 인한 위험을 회피**함과 아울러 **투자자들에 대한 상환자금을 마련**하고, **상환기준일에 기초자산인 주식의 가격이 상환기준가격 이상이 되면 투자자들에게 원금에 약정수익을 더하여 상환**하고 **상환기준가격에 미달하게 되면 투자자들에게 원금에 손실률을 곱한 금액을 상환하는 구조**를 갖고 있다.

(2) **기초자산의 가격변동에 따른 파생상품의 가격변동 비율을 델타값**이라고 하고, 기초자산 가격변동에 따른 파생상품 가격변동을 상쇄시키기 위하여 **델타값이 커지면 기초자산을 매수하고 델타값이 작아지면 기초자산을 매도하는 방법으로 기초자산의 보유량을 조절하는 헤지방법을 델타헤지**라고 하는데, ELS에서는 앞서 본 바와 같은 수익구조로 인하여 상환기준일 부근에 기초자산의 가격이 상환기준가격에 근접하게 되면 델타값이 급격하게 커지고, 상환기준일의 종류 등에 따른 정도의 차이는 있으나 상환기준일이 지남으로써 델타값이 급격하게 감소하는 특징을 갖는다.

또한 이론적으로는 기초자산의 가격변동에 따른 델타값의 변화에 맞추어 계속하여 기초자산의 보유량을 조절하여야 하나, 실제 거래에서는 통상 일정한 시간(매일 1~2회)마다 델타값을 계산하여 기초자산의 보유량을 조절하면서 당일 장 마감 시각을 기준으로 델타값에 따라 보유하여야 하는 기초자산의 수량과 실제 보유하는 기초자산의 수량을 비교하는 방법으로 헤지가 적절하게 수행되고 있는지를 관리하고 있어, 델타헤지 업무를 수행하는 트레이더에게는 일정 범위의 재량이 인정되고 있다.

3. 위 사실관계를 앞서 본 법리에 비추어 피고인이 시장에 인위적인 조작을 가하여 공소외 3회사 주식의 시세를 형성 내지 고정시킬 목적으로 위와 같은 매매거래를 하였는지 여부에 관하여 본다.

가. ELS의 발행사는 델타헤지에 의한 기초자산의 매매로 투자자들에 대한 상환자금을 마련하게 되는데 **이 사건 ELS의 경우 그 기초자산인 공소외 2회사 주식과 공소외 3회사 주식의 헤지거래에서 큰 손실을 보고 있다가 이 사건 기준일에 이르러서야 수익이 발생하기 시작하였으므로, 피고인으로서는 위 기초자산들을 차회 조기상환기준일 내지 만기상환기준일까지 운용하여 그동안의 손실을 만회할 기회를 얻기 위하여 이 사건 기준일에 조기상환을 무산시킬 유인이 있었다고**

---

169 대법원 2015. 6. 11. 선고 2014도11280 판결 참조.

> 볼 수 있다. (중략)
>
> 다. 이상과 같은 거래의 동기와 태양 및 그 밖에 앞서 본 이 사건 ELS에 관하여 제기된 민원에 대
> 한 공소외 1회사의 대처 내용 등에 비추어 보면, **피고인은 이 사건 기준일에 공소외 3회사 주식**
> **의 종가를 이 사건 ELS의 상환기준가격인 96,000원 미만으로 인위적으로 형성 및 고정시킬 목**
> **적으로 앞서 본 바와 같은 방식으로 장 마감 직전에 단일가매매 시간대 전체 공소외 3회사 주식**
> **거래량의 80%가 넘는 87,000주에 대하여 상환기준가격보다 낮은 가격으로 집중적인 매도주문**
> **을 함으로써 자본시장법 제176조 제3항에 정한 시세고정행위를 하였다고 봄이 상당하고, 비록**
> **델타헤지를 위하여 위와 같은 수량의 공소외 3회사 주식을 매도할 필요가 있었다고 하더라도 그**
> **러한 사정의 존재가 피고인에 대한 시세고정목적의 인정에 방해가 되지는 않는다.**(후략) (대법원
> 2015. 6. 11. 선고 2014도11280 판결 참조).

위 사안은 ELS 파생결합증권으로 계속하여 손해를 보고 있던 피고인이 그 손실을 만회하
기 위하여 투자자들에 대한 조기상환을 무산시킬 목적으로 ELS의 상환기준가격 미만으로
시세를 고정시켰으므로 이와 같은 행위가 델타헤지를 위한 것이었다 하더라도 그 거래의 방
식이나 형태, 합리성의 결여 등에 비추어 연계시세조종행위에 해당한다는 것이다.

결국 **대법원**은 증권회사가 델타헤지의 원리에 충실한 것만으로는 부족하고 위 헤지거래
의 시기와 방법 등에 비추어 합리성이 필요하고, 그 과정에서 기초자산의 공정한 가격형성
에 영향을 끼쳐 조건의 성취를 방해하지 않아야만 투자자 보호 의무를 이행한 것으로 볼 수
있다고 보았다.[170]

라) 파생상품 사이의 연계시세조종(제5호)

자본시장법은 파생상품의 매매등에서 부당한 이익을 얻거나 제3자에게 부당한 이익을 얻
게 할 목적으로 그 파생상품과 기초자산이 동일하거나 유사한 파생상품의 시세를 변동 또는
고정시키는 행위를 금지하고 있다. 기초자산이 동일한 선물 및 옵션 등 사이의 연계시세조
종을 금지하는데 그 입증이 쉽지 않아 실무상 문제되는 사례가 많지 않다.

3) 처벌

본죄를 위반하면 1년 이상의 유기징역 또는 그 위반행위로 얻은 이익 또는 회피한 손실
액의 3배 이상 5배 이하에 상당하는 벌금에 처한다. 다만, 그 위반행위로 얻은 이익 또는
회피한 손실액이 없거나 산정하기 곤란한 경우 또는 그 위반행위로 얻은 이익 또는 회피한

---

170 임재연, 앞의 책 1005면 참조.

손실액의 5배에 해당하는 금액이 5억 원 이하인 경우에는 벌금의 상한액을 5억 원으로 한다(제443조 제1항).

나아가 위와 같은 행위를 통하여 취득한 범죄수익은 모두 자본시장법에 따라 필요적 몰수·추징의 대상이 됨은 앞에서 본 바와 같다(동법 제447조의2 참조).

바. 시세조종행위와 범죄수익환수의 쟁점

1) 시세조종행위의 부당이득 산정

가) 순 매매이익(총 수입−총 비용)

시세조종에 따른 부당이득의 산정방식은 그 거래로 인한 총 수입에서 그 거래를 위한 총 비용을 공제한 차액을 의미하고 시세조종행위와 관련된 **총 매도금액에서 총 매수금액 외에 그 거래를 위한 매도수수료, 증권거래세 등의 거래비용을 공제**한다.[171]

단 양도소득세, 시세조종을 위해 외부청약 과정에서 청약자들에게 지급하기로 한 청약환불금, 대출금 이자 등은 거래비용에 포함되지 아니하므로 공제하지 않는다.

나) 총 수입 산정

(1) 평가이익 및 미실현이익 포함

위반행위자가 시세조종행위로 종료 시점까지 처분하지 않고 있는 보유주식이 있는 경우 시세조종행위 종료 시점 당시 보유 중이던 시세조종 대상 주식의 평가이익을 포함하고,[172] 시세조종행위로 얻은 이익에 미실현이익을 포함시키는 것은 당연하다.[173]

(2) 시세조종기간의 특정

시세조종기간은 위반행위로 얻은 이익의 가액을 좌우할 수 있으므로 엄격하고 신중하게 특정하여야 하는데, 이에 관하여 시세조종기간의 산정에 대한 기준을 제시한 판결이 있다.[174] 시세조종기간의 종기 판단은 해당 주식의 가격 및 거래량의 동향, 전후의 거래상황과 경제적 합리성과 공정성, 시장관여율의 정도와 지속적인 종가관리 등 거래의 동기와 태양을 종합적으로 고려하여야 하고 총 거래량 대비 특정 투자자의 매매비율을 뜻하는 '**시장지배력**'만을 기준으로 시세조종의 종기를 산정할 수 없다는 것이다. 상세한 내용은 다음과 같다.

---

[171] 대법원 2002. 6. 14. 선고 2002도1256 판결 참조.
[172] 대법원 2003. 12. 12. 선고 2001도606, 2013. 7. 11. 선고 2011도15056 판결 등 참조.
[173] 대법원 2014. 10. 15. 선고 2014도8111 판결 참조.
[174] 위 대법원 2014도8111 판결 참조.

판례

(전략) 한편 구 증권거래법 제207조의2 제1항 단서 및 제2항과 자본시장법 제443조 제1항 단서 및 제2항은 '위반행위로 얻은 이익'을 범죄구성요건의 일부로 삼아 그 가액에 따라 형벌을 가중하고 있으므로, 이를 적용할 때에는 위반행위로 얻은 이익의 가액을 엄격하고 신중하게 산정함으로써 책임과 형벌 사이의 비례원칙 등을 훼손하지 않도록 유의하여야 하는바(대법원 2011. 10. 27. 선고 2011도8109 판결 등 참조), 구체적인 사건에서 위 가액을 좌우하는 시세조종기간을 특정함에 있어서도 같은 원칙이 적용되어야 할 것이다.

이러한 법리에 따라 보건대, 2008. 8. 28.을 시세조종기간의 종기로 본 원심의 판단은 다음과 같은 이유에 비추어 수긍하기 어렵다.

구 증권거래법 제188조의4 및 자본시장법 제176조가 금지하는 시세조종행위란 본래 정상적인 수요·공급에 따라 자유경쟁시장에서 형성될 시세 및 거래량을 시장요인에 의하지 아니한 다른 요인으로 인위적으로 변동시킬 가능성이 있는 거래를 말하는 것으로서, 시세조종행위가 이루어진 기간을 정함에 있어서는 **해당 주식의 가격 및 거래량의 동향, 전후의 거래상황, 거래의 경제적 합리성과 공정성, 시장관여율의 정도, 지속적인 종가관리 등 거래의 동기와 태양을 종합적으로 고려하여야 할 것이다.**

이 사건에 관하여 보건대, 피고인들의 **투어 주식에 대한 고가매수주문 등이 2008. 9. 19. 무렵까지 계속되었고, 결국 피고인들은 실제로 10억 원 상당의 손해를 입었음에도(증거기록 1권 443면 이하, 공판기록 1권 248면), 그 기간 중 주가가 가장 높아 미실현이익이 최고로 산정되는 2008. 8. 28.까지를 시세조종행위 기간으로 한정하기 위해서는 그에 대한 합리적인 사유를 검사가 입증하여야 한다.

검사가 제출한 이 부분 공소사실을 뒷받침하는 증거로는 '피고인들이 2008. 8. 28.까지 10%의 시장지배력을 가지고 있었기 때문에 그 때까지의 시세조종행위만이 의미를 가진다.'는 취지의 금융감독원 직원 A의 수사기관 및 원심 법정에서의 진술이 있으나, ① 위 **'시장지배력'은 총 거래량 대비 피고인들의 매매비율을 뜻하는 개념으로 사용되고 있는데, 그 비율이 10% 이상이어야 시세조종이 된다는 것은 A의 개인적 의견에 불과**하고(공판기록 1권 253면 이하), 거래의 동기와 태양을 드러내는 다른 여러 요소를 고려함이 없이 위와 같은 **시장지배력 개념만으로 시세조종기간을 단정할 수는 없다**고 보이는 점, ② 피고인들은 2008. 3. 3.부터 2008. 8. 28.까지 **투어 주식 17,183,524주를 매수하고 9,356,418주를 매도하여 2008. 8. 28. 주식시장 종료 당시 7,827,106주를 보유하고 있었고(**투어 총 발행주식 수는 2006. 6. 25. 기준 26,653,589주이다), 위 잔여 보유주식 대부분을 2008. 9. 17.경까지 처분하였는바(증거기록 1권 58면, 2권 913면, 3권 1546면), 피고인들이 이처럼 상당한 수량의 주식을 2008. 8. 28. 이후 단기간 내에 매매함에 따라 **투어 주식의 시세 및 거래량이 인위적으로 변동될 가능성이 없다고 단정하기 어려움에도 이러한 가능성을 반박할 객관적인 자료가 제시되지 아니하고 있는 점, ③ A는 피고인 남**이 2008. 8. 30. 캐나다로 출국한 사정을 시세조종행위의 종기를 2008. 8. 28.로 보는 한 근거로 들고 있지만, 위 출국시점 이후에도 피고인들이 **투어 주식을 계속하여 거래하였던 점 등을 고려하여 보면, **A의 진술만으로 시세조종행위의 종기를 2008. 8. 28.로 보기는 부족하고, 달리 이 점을 인정할 증거가 없다**(대법원 2014. 10. 15. 선고 2014도8111 판결 참조).

한편 시세조종행위 종료일로부터 비교적 단기간 내에 주식처분이 단기간 집중적으로 반복되어 실현이익 산정이 용이한 경우, 시세조종행위 기간을 최고가 시점을 기준으로 정하게 되면 행위자가 실제 얻은 이익보다 훨씬 많은 금액이 이익액으로 산정될 가능성이 있으므로 위 시세조종행위의 종기는 **시세조종행위 자체가 종료된 시점이 아니고** 시세를 상승시키는 행위와 상승된 시세를 통하여 이익을 실현하는 행위 사이의 시간적 계속성과 상호연관성을 고려하여 **주식의 처분이 종료된 시점을 기준으로 파악**하여야 한다.[175]

(3) 기타 고려사항

시세조종행위 종료 후의 손실은 이익 산정에서 따로 고려하지 않는다.[176] 그리고 자기주식을 취득한 다음 시세조종행위(통정매매, 고가·허위매수 및 종가관여주문 등)를 통해 주가가 상승한 사안에서 **대법원**은 「피고인 회사가 자기 주식을 적법하게 취득하였고, 시세조종기간에 취득한 사실이 있긴 하지만 외자유치와 관련된 경영권 방어 등을 위한 독자적인 경영판단에 따라 행해진 기업 활동인 점, 취득한 자기주식 90만 주는 처음 매수한 이래 처분되거나 추가 시세조종거래에 이용된 사실이 없는 점에 비추어 자기주식 취득행위로 인한 미실현이익은 부당이득에 포함되지 않는다.」고 판시하였다. 따라서 **자기주식 취득이 경영판단에 따른 것인 경우에는 그러한 자기주식 취득에 따른 미실현이익은 부당이득에서 공제**하여야 한다.[177]

다) 총 비용 산정

(1) 매수단가의 산정 방식

시세조종에 따른 부당이득을 산정할 때 **주식을 판매하고 얻은 총 매도금액에서 총 매수금액을 공제하는 방식을 사용**하는데 이 때 **총 매수금액을 언제를 기준으로 산정할지가** 문제다.

이에 대하여 판례는 「시세조종기간이란 **매집기에서 주가상승기, 매도기에 이르는 일련의 기간 전체를 의미하는 것**이지 상승기에서 매도기에 이르는 이익실현기간만을 따로 떼어내서 지칭하는 것은 아니므로 시세조종이 시작된 시기(始期)는 최초로 고가허수매도주문이 시작된 2002. 11. 4.경으로 봄이 상당하고, 피고인의 주장과 같이 2004. 2. 2.로 볼 수 없다.」고 판시하였다.[178] 즉 시세조종을 위하여 주식을 매수한 후 인위적으로 주가를 부양시키고 그 후 주식을 매도한 경우 주식 가격의 증감변동이 있었다 하더라도 **최초 주식을**

---

175 서울고등법원 2010노514 판결 참조.

176 대법원 2010. 6. 24. 선고 2010도4453 판결 등 참조.

177 대법원 2014. 5. 16. 선고 2012도11971 판결 참조.

178 서울고등법원 2007. 10. 18. 선고 2006노230 판결 참조.

매집한 시점을 기준으로 매수단가를 산정하는 것이 상당하다는 것이다.

한편 시세조종에 관여하기 전 보유주식의 매수단가를 산정하는 방식과 관련하여 **대법원**은 「시세조종에 최초로 관여한 일자의 전일 종가를 기준으로 하는 것이 원칙이지만 이는 시세조종과 무관하게 취득하여 보유 중인 주식에 대한 산정근거일 뿐이므로 **시세조종 직전에 취득한 주식과 같이 범죄행위와 직접 관련성이 인정되는 주식의 경우에는 실제 매수단가를 적용하여 부당이득을 산정함이 바람직하다.**」고 판시하였다.[179] 즉 피고인이 처음부터 주가조작을 위해 시세보다 낮은 가격인 550원에 주식을 매수한 다음 위 주식 및 주식을 담보로 취득한 자금을 이용하여 시세조종 범행을 저질렀다고 봄이 상당하므로 시세조종을 통해 얻은 부당이득액을 계산함에 있어 장외에서 주식을 매수한 가격인 550원을 기초로 부당이득액을 산정함이 타당하다는 것이다.[180]

그리고 발행시장과 유통시장을 연계시켜 시세조종을 하기로 계획하고 구주 매집과 신주 발행을 통해 시세조종을 하였다면 **신주발행가를 기준으로 주식 매입단가를 산정함이 타당**하다.[181]

> 판례
>
> 피고인 1 등은 처음부터 구조조정과 관련한 제3자 배정 방식의 신주 발행 및 청약자 모집을 의미하는 **'발행시장' 부분**과 구조조정 완료 후 확보한 신주 및 이를 담보로 취득한 자금 등을 이용하여 주가를 조작하는 것을 의미하는 **'유통시장' 부분**을 **연계시켜 시세조종하기로 계획**하였고, **그 전체적인 계획 하에 구주 매집과 신주 발행 단계를 포함한 이 사건 시세조종**을 하였다고 봄이 상당하므로, **신주 발행이 주가조작을 위한 수단으로 이용**되었다고 볼 수 있고, 그렇다면 **시세조종을 통하여 얻은 이익을 계산함에 있어 발행시장을 통하여 입고된 주식의 평균 취득단가를 신주 발행가인 550원으로 보는 것이 합리적이다**(대법원 2004. 5. 28. 선고 2004도1465 판결 참조).

---

(2) 시세조종에 의하지 않고 취득한 주식의 경우

시세조종에 의하지 아니하고 취득한 주식의 경우에도 시세조종행위로 인하여 주가가 상승한 경우 그 상승한 이익은 시세조종행위로 인하여 취득한 이익에 포함되고, 여기서 **'시세조종행위로 인하여 취득한 이익'**이라 함은 **시세조종행위로 인하여 상승한 주식의 평가액**을 의미한다.

---

179 대법원 2005. 4. 15. 선고 2005도632 판결 참조.
180 서울중앙지방법원 2006. 1. 12. 선고 2005고합420 판결 참조.
181 대법원 2004. 5. 28. 선고 2004도1465 판결 참조.

따라서 시세조종 직전일인 2007. 6. 29.의 B사 주식의 종가 9,700원은 시장원리에 의하여 형성된 가격이므로, 피고인이 그 가격 이하에 이 사건 주식을 취득하였다고 하더라도 그 취득행위 자체가 시세조종행위로 평가되지 않는 이상, 그 취득가액(6,650원)과 위 시세조종 직전일의 종가(9,700원)의 차액은 이 사건 시세조종행위와 아무런 인과관계가 인정되지 아니하여 이 사건 **시세조종행위로 인한 위반행위로 얻은 이익에서 공제되어야** 한다.[182]

사례

(전략) 위 인정사실에 의하면, 피고인 A가 2007. 6. 29. B와 C사이에 체결된 주식매매계약에 따라 이 사건 주식을 1주당 6,650원에 취득할 것이 예정되어 있는 상황에서 2007. 7. 2.경부터 이 사건 시세조종 범행을 저질렀음을 알 수 있는바, 비록 이 사건 주식의 실제 취득일은 잔금지급일인 2007. 8. 22.이기는 하나 피고인 A는 2007. 6. 29. 이 사건 주식매매계약을 체결하고 그 후 2007. 7. 2.부터 이 사건 주식의 가치를 높이기 위하여 이 사건 시세조종 범행을 저질렀으므로 이러한 이 사건 시세조종행위로 인하여 주가가 상승하였다면 그 가액 상승분은 시세조종행위로 인한 위반행위로 얻은 이익에 포함되는 것으로 볼 수 있다.

그러나 위 인정사실에 의하여 알 수 있는 다음과 같은 사정들 즉, ① 이 사건 시세조종기간 동안의 D가구 주식의 시세는 시세조종의 시기인 2007. 7. 2.경 10,200원에서부터 2007. 8. 1. 21,450원에 이를 때까지 꾸준히 상승하였고, 10,200원 이하로 내려간 적은 없는 점, ② 이 사건 시세조종이 있기 직전인 2007. 6. 29. D가구 주식의 종가는 9,700원이었던 점 등을 종합하여 보면, **이 사건 시세조종 직전일인 2007. 6. 29.의 D가구 주식의 종가 9,700원은 이 사건 시세조종의 영향을 받지 않고 시장의 원리에 의하여 형성된 가격이므로 피고인 F가 그 가격 이하에 이 사건 주식을 취득하였다고 하더라도 그 취득행위 자체가 시세조종행위로 평가되지 않는 이상 그 취득가액과 위 시세조종 직전일의 종가인 9,700원 사이의 차액은 이 사건 시세조종행위와 아무런 인과관계가 인정되지 아니하여 이 사건 시세조종행위로 인한 위반행위로 얻은 이익에서 공제되어야 마땅**하다.

그렇다면, 피고인 A가 B와 C 사이에 체결된 이 사건 주식매매계약으로 인하여 취득한 D가구 주식 4,003,820주에 관하여 그 취득가액인 6,650원과 이 사건 시세조종행위로 인하여 영향을 받지 않고 형성된 최저한의 가액인 이 사건 시세조종기간 직전일의 종가 9,700원의 차액인 12,211,651,000원{4,003,820주×(9,700원－6,650원)}은 이 사건 시세조종으로 인한 위반행위로 얻은 이익에서 공제하여야 하고, 이 사건 공소사실에 기재된 'C 인수주식 처분을 통한 이득금액' 6,099,889,256원에서 위 금액을 공제하면 결국 피고인들이 위반행위로 얻은 이익은 없다고 봄이 상당하며, 달리 피고인들이 4,874,602,471원의 위반행위로 얻은 이익을 취하였음을 인정할 만한 증거가 없다.

---

182 서울중앙지방법원 2010. 10. 7. 선고 2009고합1489 판결 참조(대법원 2011도1054 판결로 확정).

라) 공범의 부당이득 관련 쟁점

시세조종행위에 여러 명의 공범이 가담하여 부당이익을 얻은 경우 이는 **범행에 가담한 공범 전체가 취득한 이익을 말하는 것**으로 범행에 가담한 각 범인별로 얻은 이익을 말하는 것이 아니다.[183] 따라서 범죄 구성요건으로서 벌금액을 산정하기 위한 부당이득의 경우 공범 전체가 얻은 이익을 기준으로 그 액수를 산정하여야 한다. 다만, 자본시장법상 추징금 산정의 경우 **각 공범들에게 귀속한 이익을 개별적으로 산정**하여야 한다.[184]

나아가 시세조종행위에 가담하지 않은 제3자에게 귀속하는 이익은 부당이득에 포함되지 않는다고 봄이 상당하다.[185] 그리고 피고인이 사용한 차명계좌에 피고인이 시세조종으로 취득한 이익과 차명계좌 명의인의 자금이 혼재되어 있고 피고인에게 귀속되는 이익을 특정할 수 없는 경우 부당이득 부분이 입증되었다고 볼 수 없다.[186]

한편 피고인이 증권사에 근무할 당시 고객이 계좌를 개설하여 일임매매를 부탁하였고 피고인이 시세조종행위를 통해 얻은 수익이 그 계좌로 입금된 경우 그 계좌의 수익은 바로 고객에게 귀속되므로 그 계좌에서 발생한 이익은 피고인의 부당이득에 포함시킬 수 없다.[187]

마) 법인에 귀속된 부당이득 관련 쟁점

법인의 대표자 등이 그 법인의 기관으로서 그 법인의 업무에 관하여 자본시장법상 위반행위를 한 경우에는 그 위반행위로 인하여 **법인이 얻은 이익도 법인의 대표자 등의 위반행위로 얻은 이익에 포함**된다.[188] 또한 회사의 실질적 대표자가 회사에 대한 지배력에 기하여 회사의 주식에 대한 시세조종행위를 한 결과 생긴 이익이 회사에 귀속되었다 하더라도 그 이익을 행위자인 실질적 대표자 및 공범들이 얻은 것으로 볼 수 있으며, 대표자 등의 시세조종행위가 **회사와 무관한 차명계좌**를 통한 대출금 등으로 이루어진 경우라 하더라도 그와 같은 시세조종행위로 인하여 회사에 귀속된 이익을 대표자 등의 위반행위로 얻은 이익에 포함시킬 수 있다.[189]

---

183 대법원 2011. 2. 24. 선고 2010도7404 판결, 대법원 2005. 8. 16. 선고 2005도2710 판결 참조.
184 같은 취지, 서울고등법원 2018. 5. 18. 선고 2017노3609 판결 참조.
185 대법원 2011. 7. 14. 선고 2011도3180 판결 참조.
186 대법원 2011. 2. 24. 선고 2010도7404 판결 참조.
187 서울중앙지방법원 2014. 8. 22. 선고 2011고합1610 판결 참조(대법원 2015도3897 판결로 확정).
188 대법원 2011. 12. 22. 선고 2011도12041 판결 참조.
189 대법원 2014. 5. 16. 선고 2012도11971 판결 참조.

2) 시세조종행위에 따른 범죄수익환수 사례

시세조종행위를 통해 벌어들인 부당이득은 추징의 대상에 해당한다. 자본시장법은 위와 같은 시세조종행위로 취득한 재산은 몰수하며 몰수할 수 없는 경우 가액을 추징한다고 규정하고 있으므로 추징 선고의 근거규정은 자본시장법 제447조의2로 봄이 상당하다.[190] 범죄수익은닉규제법상 추징규정은 임의적 추징인바, 위 자본시장법이 특별규정으로 우선 적용된다.

한편 **시세조종행위를 통해 실현한 이익에 대해 추징을 선고한 사례가 다수 발견되는** 데 그 중 하나를 소개한다.[191] 특정 주식의 시세를 조종하기 위하여 가장·통정매매, 시가·종가 관여 및 고가·허수 매수 주문을 한 사안으로 피고인은 그와 같은 방법으로 상장증권이 마치 매매가 성황을 이루고 있는 것처럼 꾸민 다음 이를 되팔아 이익을 실현하였는데 피고인에 대하여는 스스로 실현한 이익 상당을 추징하였다.

사례

범죄사실

피고인은 2005년경부터 2014년경까지 B 등 금융투자회사에서 근무하다가 2016년경부터 주식 전업투자를 하고 있는 사람이다.

1. 범행동기

누구든지 상장증권의 매매에 관하여 그 매매가 성황을 이루는 듯이 잘못 알게 하거나 그 밖에 타인에게 그릇된 판단을 하게 할 목적으로 그 증권의 매매를 함에 있어 그 권리의 이전을 목적으로 하지 아니하는 거짓으로 꾸민 매매를 하는 행위를 하거나 그 시세를 변동시키는 매매를 하여서는 아니됨에도 불구하고, 피고인은 코넥스 시장에 상장된 주식회사 C(이하 'C') 주식의 시가총액이 크지 않고, 일평균 거래량 등이 적어 손쉽게 시세에 영향을 미칠 수 있다는 점을 이용하여, 피고인 명의의 D 계좌(E), 피고인의 매형인 F 명의의 D 계좌(G)를 이용하여 C 주식에 대한 시세조종성 주문을 제출하기로 마음먹었다.

2. 시세조종성 주문

가. 가장·통정매매 주문

피고인은 2015. 1. 9. 11:43:14경 서울 영등포구 H빌딩 사무실에서 HTS를 이용하여 피고인 명의의 D 계좌를 통하여 C 주식 1,903주를 주당 20,800원에 매도하는 주문을 제출하고, 같은 날 11:43:40경 F 명의의 D 계좌를 통하여 1,294주를 20,800원에 매수하는 주문을 제출

---

190 단, 해당 자본시장법 규정은 2014. 12. 30. 신설되어 2015. 7. 1. 신설되었으므로 2015. 7. 1. 이후의 범행에 대해서는 자본시장법이, 그 이전의 범행에 대해서는 범죄수익은닉규제법이 적용된다.
191 서울남부지방법원 2020. 2. 4. 2019고단4987 판결 참조(같은 법원 2020노357 판결로 확정).

하여 매매가 체결되게 한 것을 비롯하여 2015. 1. 9.경부터 2015. 7. 20.경까지 별지 범죄일람표 1과 같이 총 13회에 걸쳐 가장·통정매매를 하였다.

나. 시가관여 주문

피고인은 2015. 1. 7. 09:46:34경 위 사무실에서 매도 1호가가 21,100원인 상태에서 매도 주문만 있고 매수주문이 없어 시장거래가 형성되지 않자, F 명의의 위 D 계좌를 이용하여 21,150원에 300주를 매수 주문하여 전량 체결시켜 시가를 21,150원으로 상승시키는 등 2015. 11. 6.경까지 별지 범죄일람표 2와 같이 총 30회에 걸쳐 시가 관여 주문을 하였다.

다. 종가관여 주문

피고인은 2015. 1. 14. 14:54:42경 위 사무실에서 종가 단일가 상황에서 제출된 주문이 없어 종가가 형성되지 아니하자 F 명의 D 계좌를 이용하여 18,000원에 20주 매수 주문을 하고, 같은 날 14:55:12경 이명호 계좌를 통하여 18,000원에 10주를 매도 주문하여 당일 종가를 18,000원으로 체결하는 등 2015. 3. 10.경까지 별지 범죄일람표 3과 같이 총 4회에 걸쳐 종가 관여 매수주문을 하였다.

라. 고가매수 주문

피고인은 2015. 1. 7. 09:46:34경 위 사무실에서 시가를 21,150원으로 상승시킨 후 같은 날 09:46:39경 F 명의의 D 계좌를 이용하여 200주를 21,150원에 매수 주문하여 80주에 대한 매매를 체결하여 주식의 시세를 21,150원으로 고정시키는 등 2015. 11. 17.경까지 별지 범죄일람표 4와 같이 총 55회에 걸쳐 고가매수 주문을 하였다.

마. 허수매수 주문

피고인은 2015. 1. 14. 09:21:11경 제2의 가항 사무실에서 매수·매도 호가가 모두 없는 상황에서 F 명의의 D 계좌를 통하여 현재가 21,200원보다 1,200원 낮은 20,000원에 910주 매수주문을 하여 마치 매수세가 많이 있는 듯이 가장한 것을 비롯하여 2015. 1. 30.경까지 별지 범죄일람표 5와 같이 총 6회에 걸쳐 허수 매수주문을 하였다.

3. 결론

피고인은 2015. 1. 7.경부터 2015. 11. 17.경까지 사이에 위와 같이 C 주식에 관하여 별지 범죄일람표 1 내지 5 기재와 같이 총 108회에 걸쳐 시세조종성 주문을 제출함으로써 매매를 유인할 목적으로 주식의 매매가 성황을 이루고 있는 듯이 잘못 알게 하거나, 그 시세를 변동시키는 매매를 하여 피고인이 56,078,295원(실현이익) 상당의 이익을 취득하고, 피고인의 처형인 F가 209,297,470원(실현이익 23,592,038.5원, 미실현이익 185,715,430.5원) 상당의 이익을 취득하게 하였다.

법령의 적용

1. 추징

범죄수익은닉의 규제 및 처벌 등에 관한 법률 제10조 제1항, 제8조 제1항(2015. 6. 30. 이전 범행에 한한다), 자본시장과 금융투자업에 관한 법률 제447조의2(2015. 7. 1. 이후 범행에 한한다)

4. 사기적 부정거래 관련 중대범죄(제443조 제1항 제8호, 제9호, 제178조)

관련조문

제443조(벌칙) ① 다음 각 호의 어느 하나에 해당하는 자는 1년 이상의 유기징역 또는 그 위반행위로 얻은 이익 또는 회피한 손실액의 3배 이상 5배 이하에 상당하는 벌금에 처한다. 다만, 그 위반행위로 얻은 이익 또는 회피한 손실액이 없거나 산정하기 곤란한 경우 또는 그 위반행위로 얻은 이익 또는 회피한 손실액의 5배에 해당하는 금액이 5억 원 이하인 경우에는 벌금의 상한액을 5억 원으로 한다. <개정 2013. 5. 28., 2014. 12. 30., 2017. 4. 18., 2018. 3. 27.>

8. 금융투자상품의 매매(증권의 경우 모집·사모·매출을 포함한다), 그 밖의 거래와 관련하여 **제178조 제1항 각 호의 어느 하나에 해당하는 행위**를 한 자

9. **제178조 제2항을 위반**하여 금융투자상품의 매매(증권의 경우 모집·사모·매출을 포함한다), 그 밖의 거래를 할 목적이나 그 시세의 변동을 도모할 목적으로 풍문의 유포, 위계의 사용, 폭행 또는 협박을 한 자

☞ <u>제178조(부정거래행위 등의 금지)</u> ① 누구든지 금융투자상품의 매매(증권의 경우 모집·사모·매출을 포함한다. 이하 이 조 및 제179조에서 같다), 그 밖의 거래와 관련하여 다음 각 호의 어느 하나에 해당하는 행위를 하여서는 아니 된다.

1. 부정한 수단, 계획 또는 기교를 사용하는 행위
2. 중요사항에 관하여 거짓의 기재 또는 표시를 하거나 타인에게 오해를 유발시키지 아니하기 위하여 필요한 중요사항의 기재 또는 표시가 누락된 문서, 그 밖의 기재 또는 표시를 사용하여 금전, 그 밖의 재산상의 이익을 얻고자 하는 행위
3. 금융투자상품의 매매, 그 밖의 거래를 유인할 목적으로 거짓의 시세를 이용하는 행위
② 누구든지 금융투자상품의 매매, 그 밖의 거래를 할 목적이나 그 시세의 변동을 도모할 목적으로 풍문의 유포, 위계(僞計)의 사용, 폭행 또는 협박을 하여서는 아니 된다.

가. 서설

자본시장법 제178조는 **금융투자상품의 매매와 그 밖의 거래에 관련하여 부정한 수단 등으로 거래행위를 하는 것을 금지**하고 있다. 증권거래에 관한 사기적 부정거래가 다수인에게 영향을 미치고 증권시장 전체를 불건전하게 할 수 있기 때문에 증권거래에 참가하는 개개의 투자자의 이익을 보호함과 함께 투자자 일반의 증권시장에 대한 신뢰를 보호하여 증권시장이 국민경제의 발전에 기여할 수 있도록 함에 그 목적이 있다.[192]

---

[192] 대법원 2011. 3. 10. 선고 2008도6335 판결 등 다수.

자본시장법은 사기적 부정거래의 유형을 구체적으로 규정하고 있는데 **먼저 제1항에서는** 금융투자상품의 매매(증권의 경우 모집·사모·매출을 포함), 그 밖의 거래와 관련하여 ① 부정한 수단, 계획 또는 기교를 사용하는 행위(제1호), ② 중요사항에 관하여 거짓의 기재 또는 표시를 하거나 타인에게 오해를 유발시키지 아니하기 위하여 필요한 중요사항의 기재 또는 표시가 누락된 문서, 그 밖의 기재 또는 표시를 사용하여 금전, 그 밖의 재산상의 이익을 얻고자 하는 행위(제2호), ③ 금융투자상품의 매매, 그 밖의 거래를 유인할 목적으로 거짓의 시세를 이용하는 행위(제3호)를 금지하고 있다.

한편 제2항에서는 금융투자상품의 매매, 그 밖의 거래를 할 목적이나 그 시세의 변동을 도모할 목적으로 풍문의 유포, 위계의 사용 폭행 또는 협박을 하는 행위를 금지하고 있다.

이하에서 항을 바꾸어 각 구성요건을 각각 살펴본다.

나. 구성요건의 주체 및 객체

본죄의 **구성요건 주체**는 아무런 제한이 없다. 따라서 누구든지 본죄의 주체가 될 수 있다. 나아가 **행위의 상대방** 또한 특별한 제한이 없다.

본죄의 **구성요건적 객체**와 관련하여 본죄의 **적용대상 상품**은 '**금융투자상품**'이므로 상장 여부를 불문하고 모든 투자상품이 부정거래행위의 대상이 된다. 시세조종 행위의 경우 '**상장증권 또는 장내파생상품**'이라고 규정하고 있으므로 부정거래행위의 적용대상이 훨씬 더 넓다.

한편 법률 규정상 거래 장소 또한 장내로 한정되지 않고,[193] 장외 대면거래를 모두 포함하며 '그 밖의 거래'에는 합병, 교환, 담보설정 계약 등도 거래 유형 중 하나다. 따라서 상장법인 등이 재무구조에 변경을 초래하는 감자 또는 증자에 관한 정보를 공표하는 행위, 상장법인이 자회사와의 합병을 추진하면서 보도자료 및 기자간담회를 통해 자회사의 감자계획이 검토될 것이라는 내용의 발표와 발언을 한 것 또한 사기적 부정거래의 유형으로서 '그 밖의 거래'에 포함된다.[194]

다. 구성요건적 행위

사기적 부정거래행위는 **총 4가지 유형**으로 나뉜다. 항을 각각 나누어 살펴본다.

---

[193] 대법원 2006. 4. 14. 선고 2003도6759 판결 참조.
[194] 대법원 2011. 3. 10. 선고 2008도6355 판결 참조.

1) 부정한 수단, 계획 또는 기교를 사용하는 행위(제178조 제1항 제1호)

가) 규정의 의미 및 주체

위 제1호 규정은 금융투자상품의 매매, 그 밖의 거래와 관련하여 사회통념상 부정하다고 인정되는 일체의 수단, 계획 또는 기교를 일반적, 포괄적으로 금지하는 규정이다.[195] '**사회통념**'을 기준으로 금융투자상품에 관련하여 **부정하다고 인정되는 수단이나 기교 등을 사용하는 행위**가 규율대상이다.

이 때 주체는 '**누구든지**'로 규정되어 있으므로 금융투자상품의 거래에 관여한 발행인이나 판매인뿐만 아니라 발행인과 스와프계약 등 금융투자상품과 연계된 다른 금융투자상품을 거래하여 권리행사나 조건성취와 관련하여 투자자와 대립되는 이해관계를 가지게 된 자도 모두 포함된다.[196]

나) 부정성

대법원은 자본시장법상 사기적 부정거래의 해석과 관련하여 '**기망행위**'까지 요구하지는 **않고 사회통념상 부정하다고 인정되는 일체의 부정한 수단, 계획 또는 기교를 말한다고** 판시하고 있다.[197] 자본시장법의 규정형식 자체로 '기망행위'까지 요구하고 있지 않으므로 **사회통념상 '부정한 행위'에 해당하는 정도의 불법성을 갖추면 본죄가 성립한다고 봄이** 타당하다.

이와 같이 '부정성'이라는 추상적 개념을 구성요건으로 넣다보니 이에 대한 해석기준이 중요할 수밖에 없다. **대법원**은 이에 대하여 다음과 같은 기준을 제시하고 있다.[198]

> **판례**
>
> …**어떠한 행위를 부정하다고 할지는 그 행위가 법령 등에서 금지된 것인지, 다른 투자자들로 하여금 잘못된 판단을 하게 함으로써 공정한 경쟁을 해지하고 선의의 투자자에게 손해를 전가하여 자본시장의 공정성, 신뢰성 및 효율성을 해칠 위험이 있는지를 고려해야 할 것인데,** 특히 금융투자업자 등이 특정 투자자에 대하여만 투자기회 또는 거래 수단을 제공한 경우에는 **그 금융거래시장의 특성과 거래참여자의 종류와 규모, 거래의 구조와 방식, 특정투자자에 대하여만 투자기회 등을 제공하게 된 동기와 방법, 이로 인하여 다른 일반투자자들에게 손해를 초래할 위험이 있는지 여부**, 이와 같은 행위로 인하여 **금융상**

---

[195] 대법원 2014. 1. 16. 선고 2013도9933 판결 참조.
[196] 대법원 2016. 3. 24. 선고 2013다2740 판결 참조.
[197] 대법원 2011. 10. 27. 선고 2011도8109 판결 참조.
[198] 대법원 2014. 1. 16. 선고 2013도4064 판결 참조.

> 품 거래의 공정성에 대한 투자자들의 신뢰가 중대하게 훼손되었다고 볼 수 있는지 등의 사정을 자본시장법의 목적, 취지에 비추어 종합적으로 고려하여 판단하여야 할 것이다(대법원 2014. 1. 16. 선고 2013도4064 판결 참조).

한편 **대법원**은 「…어떠한 공시내용이 계약의 내용을 그대로 반영하여 그 기재 자체만으로는 허위로 보기 어렵다고 하더라도, 다른 수단이나 거래의 내용, 목적, 방식 등과 결부되어 사회통념상 부정하다고 볼 수 있으면 이에 해당된다고 할 것이다.」라고 판시한 바 있다.[199]

다) 다른 부정거래행위 구성요건과의 관계

자본시장법 제178조 제1항 제1호 위반죄의 경우, 자본시장법 제176조의 시세조종행위보다 규율 대상이 넓고 각 죄의 보호법익이 모두 주식 등 거래의 공정성 및 유통의 원활성 확보라는 사회적 법익인 점을 고려하면 제178조 제1항 제1호는 제176조의 보충적 규정으로서 양 규정은 법조경합 관계에 있다고 봄이 옳다는 판결이 있다.[200]

나아가 위 구성요건의 불법성은 같은 항 제2호 내지 제3호, 같은 조 제2항에서 보다 구체화되고 동일한 법정형이 적용되므로 부정거래행위에 준하는 정도의 불법성을 가지는 것이어야 한다.

라) 적용 사례(대법원 판결)

자본시장법 제178조 제1항 제1호를 적용한 사례와 관련하여 ① **대법원**은 甲주식회사 임원인 피고인이 乙과 투자수익보장약정을 체결한 후 乙로 하여금 외국법인 丙명의로 甲회사의 유상증자에 참여하도록 한 사안에서, 피고인의 행위가 자본시장과 금융투자업에 관한 법률 제178조 제1항 제1호 위반죄 및 제178조 제2항 위반죄에 해당한다고 판시한 바 있다.[201]

또한 ② **대법원**은 「…실제로는 자금력이 없는 피고인 개인이 사채를 동원하여 엑큐리스 주식과 경영권을 인수하는 것임에도 마치 자금력이 풍부한 외국계 회사가 이를 인수하는 것처럼 이 사건 공시를 하고 그와 같은 기사가 보도되도록 한 것은 주식시장에 참여하는 자로 하여금 그 인수자가 인수대금을 부담할 자력이 있는 자라고 오인할 수 있게 만드는 중요사항에 관한 거짓의 기재를 하거나 부정한 수단을 사용한 부정거래행위에 해당한다.」고 판시한 바 있다.[202]

---

199 대법원 2018. 4. 26. 선고 2017도19019 판결 참조.
200 서울고등법원 2011. 6. 9. 선고 2010노3160 판결 참조.
201 대법원 2011. 10. 27. 선고 2011도8109 판결 참조.
202 대법원 2018. 4. 26. 선고 2017도19019 판결 참조.

나아가 ③ **대법원**은 「…투자자문업자, 증권분석가, 언론매체 종사자, 투자 관련 웹사이트 운영자 등(이하 '투자자문업자 등'이라고 한다)이 **특정 증권을 장기투자로 추천하기 직전에 자신의 계산으로 그 증권을 매수한 다음, 추천 후 그 증권의 시장가격이 상승할 때에 즉시 차익을 남기고 매도하는 이른바 스캘핑**(scalping) **행위**를 하는 경우, 그 행위가 명백하게 거짓인 정보를 시장에 흘리는 방법으로 특정 증권을 추천하는 것이라면 이는 정상적인 자본의 흐름을 왜곡시켜 자본시장의 공정성과 효율성을 해침은 물론이다. 또한 그 증권 자체에 관한 정보는 거짓이 아니어서 자본의 흐름을 왜곡시키는 것은 아니라도, **이러한 스캘핑 행위가 용인되면 자본시장에서의 공정한 경쟁에 대한 시장참여자들의 신뢰가 훼손**되고 시장 내의 각종 투자 관련 조언행위가 평가절하 됨으로써, **양질의 정보를 생산하고 소비하려는 유인이 감소하여 자본시장에서의 자원배분의 효율성을 해치고 투자자들이 자본시장으로부터 이탈하는 결과**를 가져올 수 있다.」고 판시하였다. 이러한 판례에 따르면, 투자자문업자 등이 추천하는 증권을 자신이 선행 매수하여 보유하고 있고 추천 후에 이를 매도할 수도 있다는 그 증권에 관한 자신의 이해관계를 표시하지 않은 채 그 증권의 매수를 추천하는 행위는 자본시장과 금융투자업에 관한 법률 제178조 제1항 제1호에서 말하는 **'부정한 수단, 계획, 기교를 사용하는 행위'**에 해당한다. 그리고 투자자들의 오해를 초래하지 않기 위하여 필요한 중요사항인 개인적인 이해관계의 표시를 누락함으로써 투자자들에게 객관적인 동기에서 그 증권을 추천한다는 인상을 주어 거래를 유인하려는 행위는 같은 법 제178조 제2항에서 정한 **'위계의 사용'**에도 해당한다.[203]

2) 부실표시 사용 행위(제178조 제1항 제2호)
가) 규정의 의미

자본시장법은 금융투자상품의 매매, 그 밖의 거래와 관련해 ① 중요사항에 관하여 거짓의 기재 또는 표시(허위표시)를 하여 금전, 그 밖의 재산상 이익을 얻고자 하는 행위, ② 타인에게 오해를 유발시키지 아니하기 위하여 필요한 중요사항의 기재 또는 표시가 누락된 문서, 그 밖의 기재 또는 표시를 사용(누락)하여 금전, 그 밖의 재산상의 이익을 얻고자 하는 행위를 금지하고 있다. **적극적으로 허위표시를 하는 경우뿐만 아니라 의도적으로 그와 같은 내용을 누락하는 행위까지 모두 구성요건**으로 함으로써 이를 통상 **'부실표시'**로 칭하고 있다.

---

203 대법원 2017. 3. 30. 선고 2014도6910 판결 참조.

나) 중요사항의 판단

위 규정의 '**중요사항**'은 결국 해석을 통해서 판가름할 수밖에 없다. 결국 금융투자상품의 매매, 그 밖의 거래와 관련하여 법인의 재산 및 경영에 관하여 중대한 영향을 미치거나 유가증권의 공정거래와 투자자 보호를 위하여 필요한 사항으로서 **합리적인 투자자들(Reasonable Investors)의 투자판단에 영향을 미칠 수 있는 사항**을 의미한다고 볼 수 있다. 따라서 해당 투자상품에 대한 고유정보 뿐만 아니라 동종업종의 전망 및 업체 동향 등 상품 외적 정보도 포함될 수 있다. 결국 위 중요사항의 의미는 미공개정보 이용행위의 구성요건 요소인 '중요정보'와 같은 의미로 해석할 수 있다.[204]

대법원은 「경영참여로 취득목적을 공시한 사람들의 취득자금이 본인자금인지, 차입금인지 여부는 그 공시의 진정성, 추가주식취득의 가능성, 경영권 분쟁의 발생이나 M&A의 성공 가능성과 그 후의 투자 적정성 등을 판단하는 기본적이고 중요한 자료이므로 취득자금의 내역도 중요한 사항에 해당한다.」고 판시한 바 있고,[205] 나아가 「**최대주주 또는 주요주주에 관하여 대량보유보고서에 기재된 사실들**은 회사의 경영에 관하여 중대한 영향을 미치거나 기업환경에 중대한 변경을 초래할 수 있는 사실로서 **일반 투자자들의 투자판단에 영향을 미칠 수 있는 사실에 해당한다.**」고 판시한 바 있다.[206]

다) 부실표시의 의미

위 규정의 **부실표시는 크게 허위표시와 누락행위 두 가지**로 나뉘는데 해당 규정은 허위표시 또는 누락행위를 사용하여 금전, 그 밖의 재산상의 이익을 얻고자 하는 행위라는 목적범 형식으로 규정되어 있으므로 그 사용행위로 인하여 실제 타인에게 오해를 유발하거나 금전기타 재산상의 이익을 얻을 것을 요하지 않는다. 또한 위와 같은 기재 또는 표시를 사용한 행위와 타인의 오해 사이의 인과관계 여부는 위 규정 위반의 성립에 아무런 영향을 미치지 않는다.[207]

한편 회사가 주주총회의 결의를 거쳐 회사의 사업목적에 '**정보통신 관련 등**'이라는 사업 내용을 추가하는 정관변경을 하고 이를 공시한 사실이 인정되는 경우 그것이 비록 실현가능 성이 없는 내용이라 하더라도 위와 같은 공시 내용 자체가 허위라고 볼 수 없으므로 부실표시에 해당하지 않는다.[208] 즉 **표시 자체의 허위성 여부를 기준으로 범죄 성립여부를 판**

---

204 대법원 2009. 7. 9. 선고 2009도1374 판결 참조.
205 대법원 2006. 2. 9. 선고 2005도8652 판결 참조.
206 대법원 2003. 11. 14. 선고 2003도686 판결 참조.
207 대법원 2015. 1. 15. 선고 2014도9691 판결 참조.
208 대법원 2003. 11. 14. 선고 2003도686 판결 참조.

단하여야 한다는 것이다.

이러한 **부실표시가 인정된 사례**로는 재벌그룹 관련자 또는 연예인이 경영권을 인수한 것처럼 가장하는 경우,[209] 임원 및 주요주주의 소유주식보고서에 차명주식 처분 내역을 기재하지 않는 경우,[210] 취득자금의 조성내역을 허위로 기재하는 경우,[211] 허위로 해외투자를 유치하였다는 사실을 발표하는 경우,[212] 기자들에게 허위의 보도자료를 배포한 경우[213] 등이 있다.

라) 금전, 그 밖의 재산상의 이익을 얻을 목적

해당 규정은 '**금전 기타 재산상의 이익을 얻고자**'라는 형식으로 규정하고 있으므로 실제로 금전 기타 재산상의 이익을 얻었는지 여부는 불문하고 위와 같은 목적으로 허위표시 또는 누락행위를 하는 경우 성립한다.[214]

여기서의 이익은 적극적 이익 및 손실을 회피하는 소극적 이익을 모두 포함한다. 나아가 **대법원**은 기업의 경영권 획득, 지배권 확보, 회사 내에서의 지위 상승 등 무형적 이익을 포함하고 아직 현실화되지 않은 장래의 이익도 모두 포함하는 포괄적 개념으로 해석하는 것이 상당하다고 판시하였다.[215]

3) 거짓의 시세 이용 행위(제178조 제1항 제3호)

자본시장법은 금융투자상품의 매매, 그 밖의 거래를 유인할 목적으로 거짓의 시세를 이용하는 행위를 금지하고 있다. 매매유인목적이 요구된다는 점에서 자본시장법 제176조 제2항의 시세조종행위와 유사하다. 단 시세조종행위는 증권 또는 장내파생상품만을 대상으로 하지만 위 **구성요건의 객체는 금융투자상품**에 해당하므로 적용범위가 훨씬 더 넓다는 점은 앞에서 살펴본 바와 같다.

4) 풍문의 유포, 위계사용 등의 행위(제178조 제2항)

가) 서설

자본시장법은 누구든지 금융투자상품의 매매, 그 밖의 거래를 할 목적이나 그 시세변동을

---

209 서울고등법원 2009. 2. 5. 선고 2008노210 판결 참조.
210 서울고등법원 2009. 1. 23. 선고 2008노2564 판결 참조.
211 대법원 2006. 2. 9. 선고 2005도8652 판결 참조.
212 대법원 2002. 7. 22. 선고 2002도1696 판결 참조.
213 대법원 2011. 10. 27. 선고 2009도1370 판결 참조.
214 대법원 2006. 4. 14. 선고 2003도6759 판결 참조.
215 대법원 2009. 7. 9. 선고 2009도1374 판결 참조.

도모할 목적으로 풍문의 유표, 위계의 사용, 폭행 또는 협박을 하여서는 아니 된다고 규정하고 있다. **대법원**은 이 **규정의 목적 및 의미**에 관하여 「…자본시장과 금융투자업에 관한 법률 제178조 제2항에서 사기적 부정거래행위를 금지하는 것은, 상장증권 등의 거래에 관한 사기적 부정거래가 다수인에게 영향을 미치고, 증권시장 전체를 불건전하게 할 수 있기 때문에, **상장증권 등의 거래에 참가하는 개개 투자자의 이익을 보호함과 함께 투자자 일반의 증권시장에 대한 신뢰를 보호하여, 증권시장이 국민경제의 발전에 기여할 수 있도록 하는 데 목적**이 있다. 그러므로 상장증권의 매매 등 거래를 할 목적인지 여부나 위계인지 여부 등은 행위자의 지위, 행위자가 특정 진술이나 표시를 하게 된 동기와 경위, 그 진술 등이 미래의 재무상태나 영업실적 등에 대한 예측 또는 전망에 관한 사항일 때에는 합리적인 근거에 기초하여 성실하게 행하여진 것인지, 그 진술 등의 내용이 거래 상대방이나 불특정 투자자들에게 오인·착각을 유발할 위험이 있는지, 행위자가 그 진술 등을 한 후 취한 행동과 주가의 동향, 행위 전후의 제반 사정 등을 종합적·전체적으로 고려하여 객관적인 기준에 따라 판단하여야 한다.」고 판시하고 있다.[216] 이하에서는 각각의 구성요건적 행위의 의미 및 인정 사례를 항을 바꾸어 살펴본다.

나) 풍문의 유포

자본시장법 제178조 제2항의 **풍문**(風聞)이라 함은 **"시장에 알려짐으로써 주식등의 시세의 변동을 일으킬 수 있을 정도의 사실로서 합리적 근거가 없는 것"**을 의미한다.[217] **유포의 방법**은 인터넷, 휴대폰, SNS, 이메일 등의 모든 방법이 포함된다. 한편 허위의 기업홍보자료를 작성한 다음 기업설명회 자리에서 증권분석가들 또는 기자들에게 배포한 행위는 허위사실 유포에 해당한다.[218]

다) 위계의 사용

'위계'란 거래 상대방이나 불특정 투자자를 기망하여 일정한 행위를 유인할 목적의 수단, 계획, 기교 등을 말한다.[219] 여기서 **'기망'**은 객관적 사실과 다른 내용의 허위사실을 내세우는 등의 방법으로 다른 사람을 속이는 것을 의미한다.[220]

대법원은 피고인이 자기가 보유한 회사의 주식의 주가 하락을 예상하고 있었음에도, 자

---

216 대법원 2018. 4. 12. 선고 2013도6962 판결 참조.
217 서울고등법원 2013. 3. 22. 선고 2012노3764 판결 참조.
218 서울고등법원 2009. 1. 22. 선고 2008노2315 판결, 2011. 9. 22. 선고 2011노2691 판결 참조.
219 대법원 2018. 4. 12. 선고 2013도6962 판결 참조.
220 대법원 2011. 7. 14. 선고 2011도3180 판결 참조.

신의 매도, 매수 관련 추천을 신뢰하는 인터넷 주식 연구소 회원들에게 게시글 등을 통하여 위 회사 주식을 계속 보유할 것을 강조한 반면, 그 동안 자신과 피고인 회사 보유 위 회사 주식은 그 대부분을 매도하여 현금화한 경우 이러한 피고인의 행위는 위계(僞計)에 해당한다고 판시하였다.[221]

한편 **대법원**은 「…상장법인 등이 객관적으로 보아 감자 등을 할 법적 또는 경제적 여건을 갖추고 있지 아니하거나 또는 임직원이 감자 등을 진지하고 성실하게 검토·추진하려는 의사를 갖고 있지 않은데도, 감자 등의 검토계획을 공표하면 투자자들이 그 실현가능성이 높은 것으로 판단하여 주식거래에 나설 것이고 이로 인하여 주가의 변동이 초래될 것이라고 인식하면서도 그에 따른 이득을 취할 목적으로 검토계획의 공표에 나아간 경우에는, 이러한 행위는 투자자들의 오인·착각을 이용하여 부당한 이득을 취하려는 기망적인 수단, 계획 내지 기교 '**위계를 쓰는 행위**'에 해당한다.」고 판시하였다.[222]

라. 처벌

본죄를 위반하면 1년 이상의 유기징역 또는 그 위반행위로 얻은 이익 또는 회피한 손실액의 3배 이상 5배 이하에 상당하는 벌금에 처한다. 다만, 그 위반행위로 얻은 이익 또는 회피한 손실액이 없거나 산정하기 곤란한 경우 또는 그 위반행위로 얻은 이익 또는 회피한 손실액의 5배에 해당하는 금액이 5억 원 이하인 경우에는 벌금의 상한액을 5억 원으로 한다(제443조 제1항).

나아가 위와 같은 행위를 통하여 취득한 범죄수익은 모두 자본시장법에 따라 필요적 몰수·추징의 대상이 됨은 앞에서 본 바와 같다(동법 제447조의2 참조).

마. 사기적 부정거래행위와 부당이득의 산정

1) 부당이득의 개념

사기적 부정거래에서의 **부당이득의 개념**과 관련하여 **대법원**은 「위반행위로 얻은 이익이라 함은 거기에 함께 규정되어 있는 '손실액'에 반대되는 개념으로서 **당해 위반행위로 인하여 행위자가 얻은 이득 즉, 그 거래로 인한 총수입에서 그 거래를 위한 총비용을 공제한 차액**을 말한다.」고 판시하고 있다.

나아가 **대법원**은 「부당한 이득은 유가증권의 처분으로 인한 행위자의 개인적이고 유형적

---

221 대법원 2018. 4. 12. 선고 2013도6962 판결 참조.
222 대법원 2011. 3. 10. 선고 2008도6335 판결 참조.

인 경제적 이익에 한정되지 않고 기업의 경영권 획득, 지배권 확보, 회사 내에서의 지위상승 등 무형적 이익 및 적극적 이득뿐만 아니라 손실을 회피하는 경우와 같은 소극적 이득, 아직 현실화되지 않는 장래의 이득도 모두 포함하는 포괄적인 개념으로 해석하는 것이 상당하다.」고 보았다.[223]

한편 위반행위로 얻은 이익은 원칙적으로 당해 위반행위로 인하여 행위자가 얻은 이익을 의미하고, 범행에 가담하지 않은 **제3자에게 귀속한 이익은 포함되지 않는다.**[224] 법인의 대표자 등이 그 법인의 기관으로서 그 법인의 업무에 관하여 위반행위를 한 경우, 그 위반행위로 얻은 이익도 법인의 대표자 등의 위반행위로 얻은 이익에 포함된다.[225] 나아가 고객과의 포괄적 일임매매약정에 따라 취득한 이익의 경우에도 피고인의 이익에 해당한다고 판시한 사례도 있다.[226]

2) 통상적인 부당이득 산정방식

사기적 부정거래행위에서는 통상적으로 다음과 같은 방식으로 부당이득을 산정한다.[227]

부당이득 산정방식

▲ 위반행위로 얻은 이익 = (실현이익 + 미실현이익) − 거래비용

▲ 실현이익 = (거래량가중평균 매도단가 − 거래량가중평균 매수단가) × 매매일치수량

▲ 미실현이익 = (거래량가중평균 매도단가 − 거래량가중평균 매수단가) × 잔여수량

여기서 '**가중주가평균(Weighted Average)**'이라 함은 각 증권의 가격을 당해 종목의 거래량이나 상장주식의 수의 가중치로 계산하여 평균화한 것을 의미하는데 가중치의 기준에 따라 ① 매매거래량을 가중치로 하는 산정방식과 ② 상장주식수를 가중치로 하는 산정방식이 있고 전자를 거래량가중평균(VWAP, Volume−Weighted Average Price)이라고 한다.[228]

이렇게 매매거래량을 통해 가중한 매도단가에서 매수단가를 공제한 금액에 매매일치수량을 곱하면 실현이익이 산정된다.[229] 여기에서 매매일치수량은 매도 또는 매수한 수량 중 적

---

223 대법원 2012. 6. 28. 선고 2012도3782 판결 참조.

224 대법원 2014. 5. 29. 선고 2011도11233 판결 참조.

225 대법원 2013. 7. 11. 선고 2011도15056 판결 참조.

226 서울고등법원 2013. 12. 6. 선고 2013노2382 판결 참조(대법원 2013도16236 판결로 확정)

227 대법원 2002. 6. 14. 선고 2002도1256 판결, 대법원 2009. 7. 9. 선고 2009도1374 판결 참조.

228 매일경제 경제용어사전 참조.

229 대법원 2018. 10. 12. 선고 2018도8438 판결 참조.

은 수량을 의미하는 것으로서 나머지 부분은 잔여수량에 해당하여 미실현이익을 산정하는데 사용한다.

예를 들어, 甲이 A법인의 100만 원(거래량가중평균)에 주식 100주를 매입하여 사기적 부정거래행위(허위표시, 허위사실유포)를 하여 주가를 띄운 다음 그 중 60주를 150만 원(거래량가중평균)에 매도하였다면 ① 甲의 **실현이익**은 [(거래량가중평균 매도단가 150만 원 - 거래량가중평균 매수단가 100만 원) × 매매일치수량(60주) = 3,000만 원]이 되고, ② **미실현이익**은 [(거래량가중평균 매도단가 150만 원 - 거래량가중평균 매수단가 100만 원) × 잔여수량(40주) = 2,000만 원]이 된다.

이에 관하여 **대법원**은 시세조종행위의 부당이득 산정방식과 관련하여 다음과 같이 판시하였다.[230]

판례

'위반행위로 얻은 이익'은 위반행위로 행위자가 얻은 인과관계에 있는 이익의 전부를 뜻하므로, **시세조종행위 기간 중에 한 구체적 거래로 인하여 이미 발생한 이익(이하 '실현이익'이라 한다)과 시세조종행위 종료 시점 당시 보유 중인 시세조종 대상 주식 또는 신주인수권증권의 평가이익(이하 '미실현이익'이라 한다)이 모두 포함된다**(대법원 2003. 12. 12. 선고 2001도606 판결, 대법원 2013. 7. 11. 선고 2011도15056 판결 등 참조).

시세조종행위로 주가를 상승시킨 경우 그에 따른 실현이익은 '**매도단가와 매수단가의 차액에 매매일치수량(매수수량과 매도수량 중 더 적은 수량)을 곱하여 계산한 금액**'에서 '주식을 처분할 때 든 거래비용'을 공제하여 산정된다. **시세조종행위로 이익을 얻기 위해 주식을 취득하였다면 실제 매수가액을 매수수량으로 가중평균한 단가를 매수단가로 적용하고, 신주인수권증권을 취득한 뒤 이를 행사하여 주식을 발행받아 처분하였다면 신주인수권 행사가격에 신주인수권증권 매입가액을 더한 금액(이하 '신주인수권 매수가격'이라 한다)을 매수수량으로 가중평균한 단가를 매수단가로 보아야 한다.**

그러나 시세조종행위로 이익을 얻기 위해 주식이나 신주인수권증권을 취득한 것이 아니라면, 시세조종기간 전일 주식의 종가를 매수단가로 보아야 한다. 기존에 보유하고 있던 주식 또는 신주인수권 매수가격은 시세조종행위와 무관하기 때문이다.

결국 시세조종기간 전일의 종가가 정상적인 주가변동이나 위반행위자와 무관한 변동요인으로 말미암아 기존에 보유하고 있던 주식 또는 신주인수권 매수가격보다 높다면, 그 차액만큼의 이익은 시세조종행위와 관계없이 얻은 것이어서 '위반행위로 얻은 이익'으로 볼 수 없다. 반면 **시세조종기간 전일 종가가 주식 또는 신주인수권 매수가격보다 낮았는데 시세조종행위로 주가가 주식 또는 신주인수권 매수가격보다 상승하였다면, 주식 또는 신주인수권 매수가격과 시세조종기간 전일의 종가의 차액만큼의 이익도 시세**

---

230 위 대법원 2018도8438 판결 참조.

조종행위로 형성된 것이므로 '위반행위로 얻은 이익'에 해당한다.
한편 **시세조종기간에 주식이 매도된 경우 매도단가는 실제 매도가액을 매도수량으로 가중평균하는 방식으로 정하여야 한다.**

3) 인과관계의 인정

불공정거래행위에 대한 형사처벌의 구성요건이기도 한 인과관계 즉, **"위반행위로 얻은 이익 또는 회피한 손실액"**에 대한 해석과 관련하여 **대법원**은 다음과 같이 판시하고 있다.[231]

> **판례**
>
> (전략) 구 증권거래법 제207조의2와 제214조에서 정한 '위반행위로 얻은 이익'이라 함은 위반행위로 인하여 발생한 위험과 인과관계가 인정되는 이익을 의미하고, 여기에는 공범에게 귀속된 이익도 포함된다. 통상적인 경우에는 **위반행위와 관련된 거래로 인한 총수입에서 그 거래를 위한 총 비용을 공제한 차액을 산정하는 방법으로 인과관계가 인정되는 이익을 산출할 수 있으나**, 구체적인 사안에서 위반행위로 얻은 이익의 가액을 위와 같은 방법으로 인정하는 것이 부당하다고 볼 만한 사정이 있는 경우에는 사기적 부정거래행위를 근절하려는 구 증권거래법 제207조의2와 제214조의 입법 취지와 형사법의 대원칙인 책임주의를 염두에 두고 **위반행위의 동기, 경위, 태양, 기간, 제3자의 개입 여부, 증권시장 상황 및 그 밖에 주가에 중대한 영향을 미칠 수 있는 제반 요소들을 전체적·종합적으로 고려하여 인과관계가 인정되는 이익을 산정하여야 하고, 그에 관한 입증책임은 검사가 부담한다**(대법원 2007. 12. 14. 선고 2005도4645 판결, 대법원 2009. 7. 9. 선고 2009도1374 판결 등 참조).

한편 위 **인과관계의 해석**에 관하여, 「직접적인 인과관계로 해석할 경우 지나치게 그 처벌범위가 축소되어 사실상 구 증권거래법 처벌 규정을 사문화시키는 부당한 결과를 가져오게 되고, 유가증권의 매매 기타 거래행위에 관하여 시세조종 등 불공정거래를 하여 부정하게 막대한 이익을 취득함으로써 불특정다수의 투자자들에게 큰 피해를 입히고 국가 경제에 부정적 영향을 끼치는 것을 막기 위하여 위반행위로 얻은 이익이 일정액을 넘은 경우 가중처벌하는 구 증권거래법 제207조의2 제2항의 입법 취지에 역행하는 점 등을 고려하면, 형사법에서 일반적으로 요구되는 상당인과관계라고 보아야 한다.」고 판시한 사례도 있다.[232]

위반행위와 부당이득 사이의 인과관계의 해석 범위에 대해서는 사안에 따라 넓게 인정

---

231 대법원 2010. 12. 9. 선고 2009도6411 판결 참조.
232 서울고등법원 2011. 10. 6. 선고 2011노806 판결 참조(대법원 2012. 2. 9. 선고 2011도14248 판결로 확정).

한 사안도 있으나, 자본시장법상 부당이득 자체가 구성요건적 요소에 해당하는 경우에는 좁고 엄격하게 해석하는 것이 일반적이다.

4) 주가상승을 위한 부정거래의 경우

주가를 상승시키기 위해 사기적 부정거래를 한 경우, **부정거래행위로 인하여 주가가 상승하기 시작하는 시점 이전까지의 평가액은 부당이득에서 제외**함이 상당하다. 나아가 이득액은 인과관계가 인정되는 범위에서 산정한다.

이와 관련하여 허위의 내용이 기재된 유가증권신고서가 장 마감 이후에 공시된 사실을 인정하여 부정거래 전 피고인이 보유한 주식의 간주매수단가는 위 공시 직전의 주식 종가를 기준으로 산정하여야 한다는 취지의 판례가 있다.[233] 상세한 내용은 다음과 같다.

판례

(전략) 다. 판단

1) 피고인이 취득한 부당이득액에 관하여

검사는 이 사건 부정거래행위에 따른 부당이득액 산정과 관련하여, 이 사건 부정거래행위 이전 **피고인의 보유주식 4,180,893주의 간주매수단가는 2007. 7. 13. 종가인 4,955원을 적용**하고, **이 사건 부정거래행위 기간 중 매수한 210,269주는 평균매수가인 7,325원을 적용**하여 **총 보유주식 4,391,162주의 가중평균매수단가를 5,068.5원으로 산정**하고, 총 보유주식의 **간주매도단가는 2008. 1. 24. 종가인 8,300원을 적용**하여 그 매매차익을 산정한 다음, 간주매수수수료(0.5%), 간주매도수수료(0.5%) 및 간주거래세(0.3%)를 공제하여 피고인의 부당이득금을 13,900,717,163원으로 산정하였다.

그런데 **허위표시 문서이용 및 허위사실 유포에 의한 부정거래행위 이전부터 보유 중인 주식의 경우 부정거래행위로 인하여 취득한 이익은 부정거래행위로 인하여 상승한 주식의 평가액을 의미하는 것이라고 보아야 하는바,** 변호인 제출 증제10호증의 기재에 의하면 **이 사건 유가증권신고서는 장 마감 이후인 2007. 7. 16. 17:23에 공시된 사실이 인정되므로, 위 시점 이전까지의 주가변동은 이 사건 부정거래행위와 무관한 것으로 보이고 달리 2007. 7. 13.부터 2007. 7. 16.까지의 주가변동이 이 사건 부정거래행위와 인과관계가 있음을 인정할 충분한 증거가 없으므로, 이 사건 부정거래행위 이전 피고인 보유의 F 주식 4,180,893주의 간주매수단가는 2007. 7. 16. 종가인 5,690원을 기준으로 산정함이 상당하다.**

한편, 이 사건 부정거래행위 이전 피고인의 보유주식 4,180,893주의 간주매수단가를 5,690원으로 할 경우,

---

[233] 대법원 2012. 6. 28. 선고 2012도3782 판결 참조(원심 서울고등법원 2011노2691, 서울중앙지방법원 2011고합268 판결 참조).

총 보유주식 4,391,162주의 **가중평균매수단가는 5,768원**[= {(4,180,893주×5,690원)+(210,269주 ×7,325원)} ÷4,391,162주]이므로,

이 사건 **부정거래행위로 인하여 상승한 주식 평가액**은 11,118,422,184원{ = (8,300원−5,768원) ×4,391,162주}이고[234], 위 금액에서 **간주매수수수료** 126,641,112원(= 5,768원×4,391,162주 ×0.5%), **간주매도수수료** 182,233,223원(= 8,300원×4,391,162주×0.5%) 및 **간주거래세** 109,339,934원(= 8,300원×4,391,162주×0.3%)을 각 공제한 결과 **피고인의 이 사건 부정거래 행위로 인한 부당이득액**은 10,700,207,915원(= 11,118,422,184원−126,641,112원−182,233,223원 −109,339,934원)으로 산출된다.

따라서 이 부분 공소사실 중 피고인의 부당이득액 중 10,700,207,915원을 초과하는 부분은 범죄 의 증명이 없어 형사소송법 제325조 후단에 의하여 무죄를 선고하여야 하나, 이와 일죄 관계에 있 는 증권거래법위반죄를 유죄로 인정하는 이상 주문에서 무죄를 선고하지 아니한다.

한편 **허위사실을 유포하기 전에 주식을 취득한 다음 부정거래를 통해 주가를 부양한 사안**에서 「2005. 5. 30. ~ 2005. 8. 9.경까지 'A의 계열사인 B가 진단용 칩의 판매허가를 필리 핀 식품의약국으로부터 받고, 2005. 7.경부터 검사실 설치와 더불어 검사가 실시될 예정이다.' 라는 허위 보도자료 등을 배포하여 신문에 보도되게 하고, 피고인 C(A의 대주주)는 보도자료 작 성 배포 전 거래일의 종가는 3,380원이고, 보도자료가 작성, 배포된 마지막 날인 2005. 8. 9. 종가는 5,460원이고, 이 경우 **피고인 C가 취득한 A주식의 매수단가를 최초 관여일 전일의 종가인 3,380원으로 하여 부당이득을 산정하여야** 한다.」고 판시한 사례가 있다.[235]

5) 주가하락을 위한 부정거래의 경우

일명 **'론스타' 사건**에서 론스타가 외환은행 주식의 보유를 목적으로 설립한 법인인 LSF (외환은행 대주주)와 외환은행이 인수대상인 회사인 외환카드에 대하여 **"외환카드의 감자(減 資)의 가능성이 크거나 마치 감자가 진지하게 검토되고 있다"**는 내용의 허위사실을 공표

---

234 이 사건의 경우, 피고인의 실제 매도 및 매수에 따른 이익을 산정하는 것이 아니고 매도와 매수를 '간주'하 여 부당이득을 산정한 결과 간주매도단가 및 간주매수단가라는 용어를 사용한 것으로 보인다. 즉 매도와 매수가 있었다고 전제하고, ① 2008. 1. 24. 매도단가 8,300원을 매도단가로 간주하고, ② 이 사건 사기적 부정거래 공시행위 직전에 보유하고 있던 주식 4,180,893주는 그 종가인 2007. 7. 16. 종가인 5,690원을 매수단 가로, 그 이후 매입한 210,269주는 평균 매수가인 7,325원을 매수단가로 산정한 다음 가중평균매수단가 5,768원으로 산정[{(4,180,893주×5,690원) + (210,269주×7,325원)} ÷ 4,391,162주]]하였다. 그리고 나서 이 를 토대로 피고인이 얻은 실제 이익[(가중평균매도단가 8,300원 − 가중평균매수단가 5,768원)×총 보유주식 수 4,391,162주(실제로 매도한 것이 아니므로 매매일치수량과 잔여수량을 나누지 않음)]을 산정한 것이다.
235 임재연 앞의 책 및 서울고등법원 2008노2315 판결 참조.

함으로써 외환카드의 주가를 하락시킨 다음 합병결의를 한 경우, 인수합병에 따른 부당이익에 대하여 법원은 다음과 같이 판단하였다.[236]

판례

(전략) **일반적으로 상장법인에 대한 감자는 주가를 하락시키는 대표적 악재이고, 당시 외환카드에 대한 감자설이 시장에 퍼져 있었던 점, 비록 외환카드가 심각한 유동성 위기를 겪고 있었다고 하지만, 론스타의 투자로 재무구조가 견실해진 모회사인 외환은행에 합병된다면 이는 외환카드의 주가에 긍정적으로 작용할 것이 명백하므로**(실제 외환카드의 주가는 2003. 11. 20. 오전경 외환은행과의 합병 가능성이 커지면서 일시 상승하였으며, 2003. 11. 27. 합병이 감자 없이 이루어질 것이라는 내부정보가 유출되면서 급락하던 주가가 급반등하였다), 합병추진결의만을 발표했다면 외환카드 주가는 상승하였을 것으로 예상되는 점, 그럼에도 불구하고 **합병추진결의와 함께 감자 검토 계획이 발표되면서 시장으로부터 과연 양 회사가 합병하는 것인지에 관하여 불신을 사게 됨으로써 주가가 급락한 점 등을 종합하면, 이 사건 감자 검토 발표와 외환카드의 주가하락 사이에는 상당인과관계가 있다.**

⇒ **(외환은행의 부당이익)** (감자계획 발표 없이 그 다음 거래일인 2003. 11. 24. 합병결의를 했을 경우의 주식매수청구권 가격 – 실제 합병결의를 한 2003. 11. 28.의 주식매수청구권 가격)×(주식매수청구권을 행사한 주식수) = 123억 7,577만 원

⇒ **(LSF의 부당이익)** 외환카드의 주주들에 대하여 상대적으로 더 적은 수의 합병 신주를 발행하게 되어 외환은행의 최대주주이던 LSF는 외환은행에 대한 지분율이 상대적으로 덜 희석되는 재산상 이익을 얻었다고 할 것: [실제 합병결의를 하여 보유하게 된 지분율 (50.53%, 2003. 11. 28. 시점의 지분율)] – [현실적으로 합병결의가 가능했던 시점인 2003. 11. 24. 시점의 지분율 (50.31%)] = 0.22%(100억 250만 원)(서울고등법원 2011. 10. 6. 선고 2011노806 판결 참조))

---

9 여신전문금융업법위반(제12호)

1. 총설

범죄수익은닉규제법 별표 제12호에서는 **여신전문금융업법 제70조 제1항, 같은 조 제3항 제2호 가목, 나목 및 같은 조 제6항의 죄**를 중대범죄로 규정하고 있다.

서울고등법원 2011. 10. 6. 선고 2011노806 판결 참조(대법원 2012. 2. 9. 선고 2011도14248 판결로 확정)

관련조문

범죄수익은닉규제법 별표

중대범죄(제2조 제1호 관련)

12. 「여신전문금융업법」 **제70조 제1항, 같은 조 제3항 제2호 가목·나목 및 같은 조 제6항**의 죄

관련조문

제70조(벌칙) ① 다음 각 호의 어느 하나에 해당하는 자는 7년 이하의 징역 또는 5천만 원 이하의 벌금에 처한다. <개정 2016. 3. 29.>

1. 신용카드등을 위조하거나 변조한 자

2. 위조되거나 변조된 신용카드등을 판매하거나 사용한 자

3. 분실하거나 도난당한 신용카드나 직불카드를 판매하거나 사용한 자

4. 강취(强取)·횡령하거나, 사람을 기망(欺罔)하거나 공갈(恐喝)하여 취득한 신용카드나 직불카드를 판매하거나 사용한 자

5. 행사할 목적으로 위조되거나 변조된 신용카드등을 취득한 자

6. 거짓이나 그 밖의 부정한 방법으로 알아낸 타인의 신용카드 정보를 보유하거나 이를 이용하여 신용카드로 거래한 자

7. 제3조 제1항에 따른 허가를 받지 아니하거나 등록을 하지 아니하고 신용카드업을 한 자

8. 거짓이나 그 밖의 부정한 방법으로 제3조 제1항에 따른 허가를 받거나 등록을 한 자

9. 제49조의2제1항 또는 제8항을 위반하여 대주주에게 신용공여를 한 여신전문금융회사와 그로부터 신용공여를 받은 대주주 또는 대주주의 특수관계인

9의2. 제50조 제1항을 위반하여 대주주가 발행한 주식을 소유한 여신전문금융회사

10. 제50조의2 제5항을 위반하여 같은 항 각 호의 어느 하나에 해당하는 행위를 한 대주주 또는 대주주의 특수관계인

③ 다음 각 호의 어느 하나에 해당하는 자는 3년 이하의 징역 또는 2천만 원 이하의 벌금에 처한다.

2. 다음 각 목의 어느 하나에 해당하는 행위를 통하여 자금을 융통하여 준 자 또는 이를 중개·알선한 자

　　가. 물품의 판매 또는 용역의 제공 등을 가장하거나 실제 매출금액을 넘겨 신용카드로 거래하거나 이를 대행하게 하는 행위

　　나. 신용카드회원으로 하여금 신용카드로 구매하도록 한 물품·용역 등을 할인하여 매입하는 행위

⑥ 제1항 제1호 및 제2호의 미수범은 처벌한다. <개정 2015. 1. 20.>

동법 제70조 제1항은 제1호부터 제10호까지 범죄유형이 나뉘어 있고 동법 제70조 제3항 제2호 가목 및 나목은 물품의 판매 또는 용역을 가장하거나 실제 매출금액을 넘겨 신용카드를 거래하는 소위 '**카드깡**'을 금지하는 규정이다. 나아가 동법 제70조 제6항은 같은 조 제1항 제1호(신용카드 등 위조·변조죄), 제2호(위조·변조된 신용카드 판매·사용죄)의 미수범을 처벌하는 규정으로 이 또한 중대범죄에 해당한다.

여신전문금융업법을 위반하여 취득한 범죄수익에 대하여는 해당 법률에 별도의 몰수·추징 규정이 없으므로 **일반 규정인 범죄수익은닉규제법 제10조, 제8조**에 따라 임의적 몰수·추징의 대상이 된다.

이하에서는 위 각 중대범죄를 나누어 구성요건을 살펴보고, 여신전문금융업법을 위반하여 범죄수익을 취득한 경우 이를 환수한 사례에 대해 검토한다.

2. 여신전문금융업법 제70조 제1항 위반죄

관련조문

제70조(벌칙) ① 다음 각 호의 어느 하나에 해당하는 자는 7년 이하의 징역 또는 5천만 원 이하의 벌금에 처한다. <개정 2016. 3. 29.>
 1. 신용카드등을 위조하거나 변조한 자
 2. 위조되거나 변조된 신용카드등을 판매하거나 사용한 자
 3. 분실하거나 도난당한 신용카드나 직불카드를 판매하거나 사용한 자
 4. 강취(强取)·횡령하거나, 사람을 기망(欺罔)하거나 공갈(恐喝)하여 취득한 신용카드나 직불카드를 판매하거나 사용한 자
 5. 행사할 목적으로 위조되거나 변조된 신용카드등을 취득한 자
 6. 거짓이나 그 밖의 부정한 방법으로 알아낸 타인의 신용카드 정보를 보유하거나 이를 이용하여 신용카드로 거래한 자
 7. 제3조 제1항에 따른 허가를 받지 아니하거나 등록을 하지 아니하고 신용카드업을 한 자
 ☞ 제3조(영업의 허가·등록) ① 신용카드업을 하려는 자는 금융위원회의 허가를 받아야 한다. 다만, 제3항 제2호에 해당하는 자는 금융위원회에 등록하면 신용카드업을 할 수 있다.
 8. 거짓이나 그 밖의 부정한 방법으로 제3조 제1항에 따른 허가를 받거나 등록을 한 자
 9. 제49조의2 제1항 또는 제8항을 위반하여 대주주에게 신용공여를 한 여신전문금융회사와 그로부터 신용공여를 받은 대주주 또는 대주주의 특수관계인
 ☞ 제49조의2(대주주에 대한 신용공여한도 등) ① 여신전문금융회사가 그의 대주주(대통령령으로 정하는 대주주의 특수관계인을 포함한다. 이하 이 조에서 같다)에게 제공할 수 있는 신용공여의 합계액은 그 여신전문금융회사의 자기자본의 100분의 50을 넘을 수 없으며, 대주주는 그 여신전문금융회사로부터 그 한도를 넘겨 신용공여를 받아서는 아니 된다.

⑧ 여신전문금융회사는 그의 대주주의 다른 회사에 대한 출자를 지원하기 위한 목적으로 신용공여를 하여서는 아니 된다.

9의2. <u>제50조 제1항을 위반하여 대주주가 발행한 주식을 소유한 여신전문금융회사</u>

☞ <u>제50조(대주주가 발행한 주식의 소유한도 등)</u> ① 여신전문금융회사는 자기자본의 100분의 150의 범위에서 대통령령으로 정하는 비율에 해당하는 금액을 초과하여 그 여신전문금융회사의 대주주(대통령령으로 정하는 대주주의 특수관계인을 포함한다. 이하 이 조에서 같다)가 발행한 주식을 소유하여서는 아니 된다. <개정 2016. 3. 29.>

10. <u>제50조의2 제5항을 위반하여 같은 항 각 호의 어느 하나에 해당하는 행위를 한 대주주 또는 대주주의 특수관계인</u>

☞ 제50조의2(자금지원 관련 금지행위 등) ⑤ 여신전문금융회사의 대주주(그의 특수관계인을 포함한다. 이하 이 항에서 같다)는 회사의 이익에 반하여 대주주 자신의 이익을 목적으로 다음 각 호의 어느 하나에 해당하는 행위를 하여서는 아니 된다. <개정 2015. 7. 31.>

1. 부당한 영향력을 행사하기 위하여 여신전문금융회사에 대하여 외부에 공개되지 아니한 자료나 정보의 제공을 요구하는 행위. 다만, 「금융회사의 지배구조에 관한 법률」 제33조 제6항에 따라 주주의 권리를 행사하는 경우는 제외한다.

2. 경제적 이익 등 반대급부의 제공을 조건으로 다른 주주와 담합하여 여신전문금융회사의 인사 또는 경영에 부당한 영향력을 행사하는 행위

3. 그 밖에 제1호 및 제2호에 준하는 행위로서 대통령령으로 정하는 행위

⑥ 제1항 제1호 및 제2호의 미수범은 처벌한다. <개정 2015. 1. 20.>

☞ 여신전문금융업법 제70조(벌칙) ① 다음 각 호의 어느 하나에 해당하는 자는 7년 이하의 징역 또는 5천만 원 이하의 벌금에 처한다. <개정 2016. 3. 29.>

1. 신용카드등을 위조하거나 변조한 자

2. 위조되거나 변조된 신용카드등을 판매하거나 사용한 자

가. 구성요건의 주체

본죄의 **구성요건 주체**와 관련하여 여신전문금융업법 제70조 제1항 제1호 내지 제8호의 경우 아무런 제한이 없으므로 누구든지 본죄의 주체가 될 수 있다.

다만 **제70조 제1항 제9호**의 경우 대주주에게 신용공여를 한 여신전문금융회사와 그로부터 신용공여를 받은 대주주 또는 대주주의 특수관계인이 행위의 주체가 되고, **제70조 제1항 제9호의2**는 제50조 제1항을 위반하여 대주주가 발행한 주식을 소유한 여신전문금융회사가 주체가 된다. 나아가 **제70조 제1항 제10호**의 경우 제50조의2 제5항을 위반하여 같은 항 각 호의 어느 하나에 해당하는 행위를 한 대주주 또는 대주주의 특수관계인이 주체가 된다.

나. 구성요건적 행위

본조의 **구성요건적 행위**는 타인의 신용카드, 직불카드 등을 이용하여 각종 범죄행위를 저지르는 것이다. 위 **각 구성요건은 크게 4가지의 유형으로 구분**할 수 있다. 신용카드 위조·변조 관련범죄, 명의자의 의사와 무관하게 점유가 배제된 신용카드등을 사용하는 범죄, 무허가 등 신용카드업자를 처벌하는 범죄 및 여신전문금융회사 및 대주주 사이의 범죄가 그것이다.

1) 신용카드에 대한 위조·변조 행위 유형(제1호, 제2호, 제5호)

우선 여신전문금융업법은 **신용카드 위조·변조죄**와 관련하여, ① 신용카드를 직접 위조·변조하는 행위(제1호), ② 위조·변조된 신용카드를 판매하여 이익을 얻거나 사용하는 행위(제2호), ③ 행사할 목적으로 위조·변조된 신용카드를 취득하는 행위(제5호)를 모두 처벌한다. 신용카드를 위조·변조하여 이를 판매하고 취득하는 행위를 근절함과 아울러 이러한 행위를 통해 얻은 범죄수익은 모두 환수할 수 있도록 한 것이다.

2) 재산범죄로 영득한 카드 사용행위 유형(제3호, 제4호, 제6호)

한편 여신전문금융업법은 ① 도난·분실된 신용카드(직불카드 포함, 제3호) 사용행위, ② 강취·편취·횡령·공갈로 취득한 신용카드(직불카드 포함, 제4호)를 함부로 판매하거나 사용하는 행위, ③ 거짓이나 그 밖의 부정한 방법으로 알아 낸 타인의 신용카드 정보를 보유하거나 이용해서 신용카드로 거래한 행위(제6호)를 모두 처벌한다.

타인의 의사와 무관하게 점유가 배제된 신용카드, 작불카드를 함부로 사용하여 취득한 범죄수익은 모두 환수대상이 된다. 나아가 타인의 신용카드 정보를 거짓된 방법으로 취득하여 그 정보를 이용해 취득한 수익도 환수 대상이다.

3) 무허가 신용카드업 영위 행위 유형(제7호, 제8호)

또한 여신전문금융업법은 ① 무허가(제7호) 또는 ② 거짓이나 그 밖의 부정한 방법으로 신용카드업 등록을 한 사람(제8호)을 처벌한다. 허가 없이 또는 부정한 방법으로 신용카드업을 하여 취득한 수익도 모두 환수할 수 있다.

4) 기타 유형(제9호, 제9의2호, 제10호)

그리고 여신전문금융업법은 ① 여신전문금융회사가 자신의 대주주에게 신용공여를 하는 행위 및 그와 같은 신용공여를 받은 여신전문금융회사의 대주주 및 특수관계인(제9호), ② 자신의 대주주 주식을 소유한 여신전문금융회사(제9의2호), ③ 여신전문금융회사의 대주주로서 해당 금융회사에 부당한 영향력 행사를 위한 자료나 정보를 요구하는 행위, 금융회사의 인사 또는 경영에 부당한 영향력을 행사하는 행위(제10호) 등을 금지하고 있다.

5) 제70조 제1항 제1호 및 제2호 범죄의 미수범(제70조 제6항)

한편 범죄수익은닉규제법은 제70조 제6항의 죄를 중대범죄로 규정하고 있는데 이는 위 제70조 제1항 제1호 및 제2호의 미수범에 대한 처벌규정이다.

다. 처벌

본죄를 위반하면 7년 이하의 징역 또는 5천만 원 이하의 벌금에 처한다. 위 각 본죄를 범하여 취득한 범죄수익은 모두 범죄수익은닉규제법에 따라 환수 대상이 됨은 앞에서 본 바와 같다.

3. 여신전문금융업법 제70조 제3항 제2호 가목·나목 위반죄

관련조문

제70조(벌칙) ③ 다음 각 호의 어느 하나에 해당하는 자는 3년 이하의 징역 또는 2천만 원 이하의 벌금에 처한다.
   2. 다음 각 목의 어느 하나에 해당하는 행위를 통하여 자금을 융통하여 준 자 또는 이를 중개·알선한 자
      가. 물품의 판매 또는 용역의 제공 등을 가장하거나 실제 매출금액을 넘겨 신용카드로 거래하거나 이를 대행하게 하는 행위
      나. 신용카드회원으로 하여금 신용카드로 구매하도록 한 물품·용역 등을 할인하여 매입하는 행위

가. 구성요건의 주체 및 행위의 상대방

본죄의 **구성요건 주체**는 아무런 제한이 없다. 따라서 누구든지 본죄의 주체가 될 수 있다. **행위의 상대방** 또한 특별한 신분적 제한이 없다.

나. 구성요건적 행위

본죄의 **구성요건적 행위**는 물품의 판매 또는 용역의 제공 등을 가장하거나 실제 매출금액을 넘겨 신용카드로 거래하거나 이를 대행하게 하는 것(제2호 가목)과 신용카드회원으로

하여금 신용카드로 구매하도록 한 물품·용역 등을 할인하여 매입하는 것이다(제2호 나목).

소위 물품의 판매 또는 용역의 제공 등을 가장하거나 실제 매출금액을 넘겨 신용카드를 거래하는 등 소위 '카드깡' 범죄를 금지하는 규정이다. **실제로 물품을 판매하거나 용역을 제공한 것이 아님에도 불구하고 그와 같은 거래가 있었던 것처럼 꾸며 현금을 융통하는 행위를 금지함으로써 신용카드 거래의 진실성을 담보**하기 위한 것이다.

나아가 실제 매출액을 초과하여 신용카드를 거래하는 경우, 신용카드 회원이 신용카드로 구입한 물품과 용역 등을 할인하여 다시 매입하는 행위 또한 금지한다.

주관적 구성요건요소로서 본죄는 고의범이므로 위 각 객관적 구성요건요소에 대한 인식을 요한다(고의범).

다. 처벌

본죄를 범하면 3년 이하의 징역 또는 2천만 원 이하의 벌금에 처한다. 또한 위와 같은 행위를 통하여 취득한 수익 등은 모두 범죄수익은닉규제법에 따라 환수의 대상이 된다.

4. 범죄수익환수 사례

위 각 구성요건과 관련하여 실무상 범죄수익환수가 문제되는 사례는 통상 ① 위조·변조된 신용카드등을 사용하여 물품을 구매하고 이를 이용해 수익을 취득하는 경우(제70조 제1항 제2호) 및 ② 카드깡 영업을 통해 범죄수익을 취득한 사례(제70조 제3항 제2호 가목)가 대부분을 차지한다.

성명불상자로부터 **위조 신용카드를 교부받아 백화점 등지에서 명품시계 등 고가의 물품을 구입한 다음 이를 재차 장물업자에게 판매하여 취득한 돈을 성명불상자에게 전달한 사안에서 피고인이 위와 같은 일을 하면서 벌어들인 수익을 추징한 사례**가 있다.[237]

실제로 위조 신용카드사용을 지시한 주범과 실제로 물품을 구입하는 행위를 한 하부 조직원 등이 공모하여 범행을 한 경우에는 각 범인들이 실제로 취득한 수익을 특정하여 환수할 수 있다.

---

[237] 서울중앙지방법원 2018. 6. 15. 선고 2018고단2717 판결 참조(같은 법원 2018노1895 판결로 확정).

사례

범죄사실

피고인은 중국 국적의 외국인으로서, 성명불상자로부터 위조 신용카드를 교부받아 D, E, F, G, H에게 전달하여 백화점에서 명품시계 등 고가 물품을 구입하게 한 후, 그 물품을 건네받은 다음 장물업자에게 판매하여 취득한 돈을 위 성명불상자에게 전달하기로 순차 모의하였다.

피고인은 2018. 2. 27. 12:00경 서울 영등포구 대림동에 있는 대림역 7번 출구 앞에서, **위조 신용카드 6장을 위 D에게 교부하여 같은 날 13:19경 위 D로 하여금 서울 서초구에 있는 신세계백화점 강남점 IWC 매장에서 시가 5,320,000원 상당의 IWC 시계 1개를 구입하면서 그곳 업주인 피해자 성명불상자에게 위조 신용카드(발급회사: 미국 Capital One Bank N,A, 카드번호: J)를 마치 진정한 신용카드인 것처럼 제시하여 그 대금이 결제되게 하고, 그 신용카드가 위조된 사실을 모르는 피해자로부터 위 시계 1개를 교부받게 한 것을 비롯하여 그 때로부터 2018. 3. 11. 17:37경까지 사이에 별지 범죄일람표 기재와 같이 총 25회에 걸쳐 D, E, F, G, H 하여금 같은 방법으로 위조 신용카드 11장을 사용하여 시가 합계 139,257,000원 상당의 물품을 교부받게 하였다.**

이로써 피고인은 위 성명불상자 및 위 D, E, F, G, H와 공모하여 위조된 신용카드를 사용하고, 피해자 성명불상자들을 기망하여 재물을 교부받았다.

법령의 적용

1. 범죄사실에 대한 해당법조 및 형의 선택

각 형법 제347조 제1항, 제30조(사기의 점), 각 여신전문금융업법 제70조 제1항 제2호, 형법 제30조(위조 신용카드사용의 점), 각 징역형 선택

1. 추징

범죄수익은닉의 규제 및 처벌 등에 관한 법률 제10조 제1항, 제8조 제1항

한편 실제로 **물품의 판매 또는 용역의 제공 없이 신용카드로 거래한 것처럼 꾸며서 그 중 일부를 공제하고 현금을 융통하는 행위를 한 경우 위와 같이 신용카드 거래대금에서 융통한 현금을 공제한 나머지 차액을 피고인이 직접 취득한 범죄수익으로 보아 추징하여 환수한 사례가 있다.**[238]

통상적으로 카드깡은 급하게 현금이 필요한 사람들이 신용카드를 결제하고 해당 결제금액 중 일부를 수수료로 공제한 나머지 금원을 현금으로 지급받는 방식으로 이루어지므로 카

---

[238] 대전지방법원 논산지원 2011. 6. 3. 선고 2010고단538 판결 참조(그대로 확정).

드깡 업자가 벌어들인 수수료의 규모와 액수를 명확히 특정할 필요가 있다.

사례

범죄사실

누구든지 물품의 판매 또는 용역의 제공 없이 신용카드로 거래한 것처럼 꾸며서는 아니 됨에도 불구하고, 피고인은 2004. 8. 24.경 대전 O에서 A로부터 금전대출을 의뢰받고 'E'에서 전자제품을 판매한 것처럼 카드결재기를 이용하여 2,000,000원을 결재한 후 결재금액의 14%인 280,000원을 공제한 나머지 1,720,000원을 융통하여 준 것을 비롯하여, 2004. 11. 1.경까지 별지 범죄일람표 기재와 같이 총 6회에 걸쳐 11,937,000원 상당의 허위 매출전표를 작성하여 금원을 융통해 주었다.

법령의 적용

1. 범죄사실에 대한 해당법조 및 형의 선택

각 구 여신전문금융업법(법률 제6909호) 제70조 제2항 제3호, 벌금형 선택

1. 추징

범죄수익은닉의규제및처벌등에관한법률 제10조 제1항, 제8조 제1항

---

10 특정경제범죄 가중처벌 등에 관한 법률위반(제18호)

1. 서설

범죄수익은닉규제법은 별표 제18호에서 **특정경제범죄 가중처벌 등에 관한 법률**(이하, '특정경제범죄법'이라 함) **제3조**(특정재산범죄의 가중처벌), **제5조**(수재 등의 죄), **제7조**(알선수재의 죄)**의 죄**를 중대범죄로 규정하고 있고, 범죄수익은닉규제법 제2조 제2호 나목 4)는 특정경제범죄법 제4조(재산국외도피) 위반죄에 관계된 자금 또는 재산을 범죄수익의 유형으로 명시하고 있다.

관련조문

범죄수익은닉규제법 별표

<u>중대범죄(제2조 제1호 관련)</u>

18. 「특정경제범죄 가중처벌 등에 관한 법률」 **제3조·제5조 및 제7조**의 죄

관련조문 ────────────────────────────────────

범죄수익은닉규제법 제2조(정의) 이 법에서 사용하는 용어의 뜻은 다음과 같다.

2. "범죄수익"이란 다음 각 목의 어느 하나에 해당하는 것을 말한다.

나. 다음의 어느 하나의 죄에 관계된 자금 또는 재산

4) 「특정경제범죄 가중처벌 등에 관한 법률」 제4조의 죄

──

위 특정경제범죄법 **제3조**의 경우 형법상 재산범죄를 가중처벌하는 것이고, 동법 제4조는 재산국외 도피의 죄를, 동법 **제5조**는 수재 등의 죄를, **제7조**는 알선수재의 죄를 중대범죄로 규율하고 있다.

한편 특정경제범죄법은 **별도의 몰수·추징 규정**을 두고 있으므로 **동법 제4조 제1항부터 제3항까지의 경우 범인이 도피시키거나 도피시키려고 한 재산은 필요적으로 몰수하고, 제5조부터 제7조까지 및 제9조 제1항, 제3항의 경우 범인 또는 정황을 아는 제3자가 받은 금품이나 그 밖의 이익은 몰수하며 이를 각 몰수할 수 없을 때에는 그 가액을 추징한다.**

관련조문 ────────────────────────────────────

제10조(몰수·추징) ① 제4조 제1항부터 제3항까지의 경우 범인이 도피시키거나 도피시키려고 한 재산은 몰수한다.

② 제5조부터 제7조까지 및 제9조 제1항·제3항의 경우 범인 또는 정황을 아는 제3자가 받은 금품이나 그 밖의 이익은 몰수한다.

③ 제1항 또는 제2항의 경우 몰수할 수 없을 때에는 그 가액을 추징한다.

──

위 특정경제범죄법상 각 범죄수익환수 대상범죄의 상세한 조문은 다음과 같다.

관련조문 ────────────────────────────────────

특정경제범죄법 제3조(특정재산범죄의 가중처벌) ① 「형법」 제347조(사기), 제347조의2(컴퓨터등 사용사기), 제350조(공갈), 제350조의2(특수공갈), 제351조(제347조, 제347조의2, 제350조 및 제350조의2의 상습범만 해당한다), 제355조(횡령·배임) 또는 제356조(업무상의 횡령과 배임)의 죄를 범한 사람은 그 범죄행위로 인하여 취득하거나 제3자로 하여금 취득하게 한 재물 또는 재산상 이익의 가액(이하 이 조에서 "이득액"이라 한다)이 5억 원 이상일 때에는 다음 각 호의 구분에 따라 가중처벌한다.

1. 이득액이 50억 원 이상일 때: 무기 또는 5년 이상의 징역

2. 이득액이 5억 원 이상 50억 원 미만일 때: 3년 이상의 유기징역

② 제1항의 경우 이득액 이하에 상당하는 벌금을 병과(倂科)할 수 있다.

제4조(재산국외도피의 죄) ① 법령을 위반하여 대한민국 또는 대한민국국민의 재산을 국외로 이동하거나 국내로 반입하여야 할 재산을 국외에서 은닉 또는 처분하여 도피시켰을 때에는 1년 이상의 유기징역 또는 해당 범죄행위의 목적물 가액(이하 이 조에서 "도피액"이라 한다)의 2배 이상 10배 이하에 상당하는 벌금에 처한다.

② 제1항의 경우 도피액이 5억 원 이상일 때에는 다음 각 호의 구분에 따라 가중처벌한다.

1. 도피액이 50억 원 이상일 때: 무기 또는 10년 이상의 징역

2. 도피액이 5억 원 이상 50억 원 미만일 때: 5년 이상의 유기징역

③ 제1항 또는 제2항의 미수범은 각 죄에 해당하는 형으로 처벌한다.

④ 법인의 대표자나 법인 또는 개인의 대리인, 사용인, 그 밖의 종업원이 그 법인 또는 개인의 업무에 관하여 제1항부터 제3항까지의 어느 하나에 해당하는 위반행위를 하면 그 행위자를 벌하는 외에 그 법인 또는 개인에게도 제1항의 벌금형을 과(科)한다. 다만, 법인 또는 개인이 그 위반행위를 방지하기 위하여 해당 업무에 관하여 상당한 주의와 감독을 게을리 하지 아니한 경우에는 그러하지 아니하다.

제5조(수재 등의 죄) ① 금융회사등의 임직원이 그 직무에 관하여 금품이나 그 밖의 이익을 수수(收受), 요구 또는 약속하였을 때에는 5년 이하의 징역 또는 10년 이하의 자격정지에 처한다.

② 금융회사등의 임직원이 그 직무에 관하여 부정한 청탁을 받고 제3자에게 금품이나 그 밖의 이익을 공여(供與)하게 하거나 공여하게 할 것을 요구 또는 약속하였을 때에는 제1항과 같은 형에 처한다.

③ 금융회사등의 임직원이 그 지위를 이용하여 소속 금융회사등 또는 다른 금융회사등의 임직원의 직무에 속하는 사항의 알선에 관하여 금품이나 그 밖의 이익을 수수, 요구 또는 약속하였을 때에는 제1항과 같은 형에 처한다.

④ 제1항부터 제3항까지의 경우에 수수, 요구 또는 약속한 금품이나 그 밖의 이익의 가액(이하 이 조에서 "수수액"이라 한다)이 3천만 원 이상일 때에는 다음 각 호의 구분에 따라 가중처벌한다.

1. 수수액이 1억 원 이상일 때: 무기 또는 10년 이상의 징역

2. 수수액이 5천만 원 이상 1억 원 미만일 때: 7년 이상의 유기징역

3. 수수액이 3천만 원 이상 5천만 원 미만일 때: 5년 이상의 유기징역

⑤ 제1항부터 제4항까지의 경우에 수수액의 2배 이상 5배 이하의 벌금을 병과한다.

제7조(알선수재의 죄) 금융회사등의 임직원의 직무에 속하는 사항의 알선에 관하여 금품이나 그 밖의 이익을 수수, 요구 또는 약속한 사람 또는 제3자에게 이를 공여하게 하거나 공여하게 할 것을 요구 또는 약속한 사람은 5년 이하의 징역 또는 5천만 원 이하의 벌금에 처한다.

2. 특정경제범죄법 제3조 위반죄(특정재산범죄의 가중처벌)

관련조문 ───

제3조(특정재산범죄의 가중처벌) ① 「형법」 제347조(사기), 제347조의2(컴퓨터등 사용사기), 제350조(공갈), 제350조의2(특수공갈), 제351조(제347조, 제347조의2, 제350조 및 제350조의2의 상습범만 해당한다), 제355조(횡령·배임) 또는 제356조(업무상의 횡령과 배임)의 죄를 범한 사람은 그 범죄행위로 인하여 취득하거나 제3자로 하여금 취득하게 한 재물 또는 재산상 이익의 가액(이하 이 조에서 "이득액"이라 한다)이 5억 원 이상일 때에는 다음 각 호의 구분에 따라 가중처벌한다.

1. 이득액이 50억 원 이상일 때: 무기 또는 5년 이상의 징역
2. 이득액이 5억 원 이상 50억 원 미만일 때: 3년 이상의 유기징역
② 제1항의 경우 이득액 이하에 상당하는 벌금을 병과(倂科)할 수 있다.

───

　본죄는 형법 제347조(사기), 제347조의2(컴퓨터등 사용사기), 제350조(공갈), 제350조의2(특수공갈), 제351조(제347조, 제347조의2, 제350조 및 제350조의2의 상습범만 해당한다), 제355조(횡령·배임) 또는 제356조(업무상의 횡령과 배임)의 죄를 범한 사람이 취득한 재물 또는 재산상 이익의 가액이 5억 원 이상 50억 미만인 경우 3년 이상의 유기징역으로, 50억 원 이상인 경우 무기 또는 5년 이상의 유기징역으로 각각 가중처벌하고 있다.

　위 각 형법상 중대범죄들은 「제2편 제1장 형법범죄」부분에서 모두 살펴본 바 있으므로 여기서는 상세한 설명을 생략한다.

3. 특정경제범죄법 제4조 위반죄(재산국외도피의 죄)

관련조문 ───

제4조(재산국외도피의 죄) ① 법령을 위반하여 대한민국 또는 대한민국국민의 재산을 국외로 이동하거나 국내로 반입하여야 할 재산을 국외에서 은닉 또는 처분하여 도피시켰을 때에는 1년 이상의 유기징역 또는 해당 범죄행위의 목적물 가액(이하 이 조에서 "도피액"이라 한다)의 2배 이상 10배 이하에 상당하는 벌금에 처한다.

② 제1항의 경우 도피액이 5억 원 이상일 때에는 다음 각 호의 구분에 따라 가중처벌한다.

1. 도피액이 50억 원 이상일 때: 무기 또는 10년 이상의 징역
2. 도피액이 5억 원 이상 50억 원 미만일 때: 5년 이상의 유기징역

③ 제1항 또는 제2항의 미수범은 각 죄에 해당하는 형으로 처벌한다.

④ 법인의 대표자나 법인 또는 개인의 대리인, 사용인, 그 밖의 종업원이 그 법인 또는 개인의 업무에 관하여 제1항부터 제3항까지의 어느 하나에 해당하는 위반행위를 하면 그 행위자를 벌하는 외에 그 법인 또는 개인에게도 제1항의 벌금형을 과(科)한다. 다만, 법인 또는 개인이 그 위반행위를 방지하기 위하여 해당 업무에 관하여 상당한 주의와 감독을 게을리하지 아니한 경우에는 그러하지 아니하다.

가. 서설

본죄는 법령을 위반하여 대한민국 또는 대한민국 국민의 재산을 국외로 이동하거나 국내로 반입하여야 할 재산을 국외에서 은닉 또는 처분하여 도피시키는 행위를 처벌하고(제1항), 위 도피액수에 따라 그 도피액이 5억 원 이상 50억 원 미만인 경우, 50억 원 이상인 경우를 각각 나누어 가중처벌하고 있다(제2항).

한편 동조 제3항은 제1항 및 제2항의 미수범을 처벌하고, 제4항에서는 양벌규정에 따라 법인 등을 처벌하는 규정을 두고 있다. 한 조문에 본범과 가중처벌 규정, 미수범과 양벌규정을 한꺼번에 규정한 점이 특징이다.

나. 구성요건의 주체 및 행위의 상대방

본죄의 **구성요건 주체**는 아무런 제한이 없다. 따라서 누구든지 본죄의 주체가 될 수 있고, **행위의 상대방** 또한 아무 제한이 없다.

다. 구성요건적 행위 및 객체

본죄의 **구성요건적 행위**는 법령을 위반하여 대한민국 또는 대한민국 국민의 재산을 국외로 이동하거나 국내로 반입하여야 할 재산을 국외에서 은닉 또는 처분하여 도피시키는 것이다.

1) 법령을 위반하여

'**법령을 위반하여**'에서의 '**법령**'은 '**외국환 관리에 관한 법률과 법규명령**'을 의미한다. 그런데 대외무역법에 따른 물품의 수출·수입대금의 결제가 결국 외국환에 의하여 이루어지는 점, '외화 도피 목적의 수출입 가격 조작'을 금지하는 대외무역법 제43조의 경우 그 자체로 외국환의 거래 및 국외 이동이 예정되어 있는 점, 특정경제범죄법 제4조 제1항의 '법령'은 입법 취지 등을 고려할 때 법령의 형식적 명칭과 목적이 어떠한지를 가리지 않고 국내 재산의 국외로의 이동을 규율·관리하는 법령을 모두 포함하는 취지로 볼 수 있는 점 등을

종합하면 **대외무역법도 위 법령에 포함된다.**[239]

2) 재산국외도피 행위의 판단 기준

한편 재산국외도피사범에 대한 징벌의 정도를 강화하고 있는 점이나 국가경제의 발전과 세계화 추세 등에 따라 외환거래에 관한 규제가 크게 완화된 점 등에 비추어, **어떠한 행위가 재산국외도피에 해당하는지를 판단**할 때에는, 당시 행위자가 처하였던 경제적 사정 내지 그 행위를 통하여 추구하고자 한 경제적 이익의 내용 등 그러한 행위에 이르게 된 동기, 행위의 방법 내지 수단이 은밀하고 탈법적인 것인지 여부, 행위 이후 행위자가 취한 조치 등 여러 사정을 두루 참작하여 엄격하고 신중하게 판단하여야 한다.[240]

3) 은닉 및 처분을 통한 도피행위

본죄에서 말하는 '재산의 은닉'은 재산의 발견을 불가능하게 하거나 곤란하게 만드는 것을 말하고, **재산의 소재를 불명하게 하는 경우뿐만 아니라 재산의 소유관계를 불명하게 하는 경우도 포함**한다.[241]

이와 관련하여 본죄는 **국내 재산을 해외로 이동**하여 대한민국 또는 대한민국 국민의 재산이 **유출될 위험이 있는 상태를 발생하게 한 때에 성립**한다. 따라서 대한민국 또는 대한민국 국민의 국내 재산을 국외로 이동한 행위가 도피에 해당하려면 **재산에 대한 지배·관리 상태를 국내에서 국외로 옮기는 경우여야** 하고 **이동으로 인하여 재산에 대한 지배·관리 상태를 상실하는 경우는 여기에 해당하지 않는다.**[242]

따라서 위 '**도피**'행위라 함은 은닉 또는 처분행위를 통하여 그 발견을 어렵게 하는 행위라고 이해함이 상당하다.

4) 객체

본죄의 **객체**는 ① **국외 이동**의 경우, 대한민국 또는 대한민국 국민의 재산이고, ② **국내 미반입**의 경우, 대한민국으로 반입하여야 할 재산이 그 대상이 된다. 여기서 '**국내에 반입하여야 할 재산**'이라 함은 법령에 의하여 국내에 반입하여야 할 의무를 부담하는 대한민국 또는 대한민국 국민의 재산을 의미하므로 이와 달리 '국내에 반입하여야 할 재산'을 법령상 국내로의 반입의무 유무와 상관없이 '**국내로의 반입이 예정된 재산**'을 의미하는 것으로 확

---

239 대법원 2015. 5. 29. 선고 2013도3295 판결 참조.
240 대법원 2010. 9. 9. 선고 2007도3681 판결 참조.
241 대법원 2008. 2. 15. 선고 2006도7881 판결 참조.
242 대법원 2019. 8. 29. 선고 2018도2738 전원합의체 판결 참조.

장하여 해석하는 것은 형벌법규를 지나치게 유추 또는 확장해석하여 죄형법정주의의 원칙에 어긋나는 것으로서 허용될 수 없다.[243]

5) 주관적 구성요건요소

본죄의 **주관적 구성요건요소**와 관련하여 본죄는 **고의범**이므로 자신의 행위가 법령을 위반하여 국내 재산을 해외로 이동한다는 인식과 그 행위가 재산을 대한민국의 법률과 제도에 의한 규율과 관리를 받지 않고 자신이 해외에서 임의로 소비, 축적, 은닉 등 지배·관리할 수 있는 상태에 두는 행위라는 인식을 요한다.[244]

다. 처벌

본죄를 범하면 ① 도피액에 따라 5억 원 미만인 경우에는 1년 이상의 유기징역 또는 해당 범죄행위의 목적물 가액(이하 이 조에서 "도피액"이라 한다)의 2배 이상 10배 이하에 상당하는 벌금에 처하고(제4조 제1항), ② 도피액이 5억 원 이상 50억 원 미만일 때에는 5년 이상의 유기징역(제4조 제2항 제2호), ③ 도피액이 50억 원 이상일 때에는 무기 또는 10년 이상의 징역(제4조 제2항 제1호)에 각 처한다.

나아가 앞에서 본 바와 같이 동조 제1항부터 제3항까지의 경우 범인이 도피시키거나 도피시키려고 한 재산은 몰수하고, 몰수할 수 없을 때 그 가액을 추징한다(동법 제10조 제1항, 제3항). **대법원**은 위와 같은 재산국외도피의 점의 추징의 성격을 '**징벌적 추징**'으로 이해하고 있다.[245] 따라서 **위 행위를 통해 얼마의 이익을 얻었는지와 무관하게 도피시키려 한 목적물 자체를 몰수하거나 그 가액을 전부 추징**한다.

나아가 실제 범죄수익은닉규제법 제2조 제2호 나목 4)에서는 본죄에 관계된 자금 또는 재산을 범죄수익으로 규정하고 있으므로 범죄수익은닉규제법 및 마약거래방지법에 따라 몰수·추징 보전조치를 할 수 있고, 이 때 **추징보전액은 실제 취득한 이득액이 아니라 위 범죄에 관계된 자금 또는 재산 전체라고 봄이 상당**하다(私見).

라. 범죄수익환수 및 자금세탁범죄 처벌 사례

이와 관련하여 선박매매를 중개하고 교부받은 **선박중개수수료를 해외에 개설한 유령회사 명의 계좌에 입금하는 방법으로 국외로 도피**시키고 그 후 위 자금을 마치 회사 직원 개인 간의 증여에 의한 것처럼 꾸며 국내로 반입한 경우, 이를 범죄수익의 취득 및 처

---

243 대법원 2010. 9. 9. 선고 2007도3681 판결 참조.
244 위 대법원 2018도2738 전원합의체 판결 참조.
245 대법원 2005. 4. 29. 선고 2002도7262 판결 참조.

분을 가장한 것에 해당한다고 인정하여 자금세탁범죄로 처벌한 사례가 있다.[246]

사례

범죄사실

1. 피고인 A

　가. 특정경제범죄가중처벌에관한법률위반(재산국외도피)

　누구든지 법령을 위반하여 대한민국 또는 대한민국 국민의 재산을 국외로 이동하거나, 국내로 반입하여야 할 재산을 국외에서 은닉 또는 처분하여 도피시켜서는 아니 되며, 외국환거래법상 거주자가 해외에서 비거주자와 외화예금거래를 하고자 하는 경우 지정거래외국환은행의 장에게 신고하여야 한다.

　그럼에도 불구하고, <u>피고인은 외국환은행의 장에게 신고하지 아니하고, 피고인이 운영하던 B 주식회사가 선박매매 등을 중개하고 교부받은 선박중개수수료 등을 홍콩에 개설한 유령회사(paper company)인 E 명의의 해외계좌에 입금하여 국외로 재산을 이동시킬 것을 마음먹었다.</u>

　<u>피고인은 2005. 12. 30.경 B 주식회사와 C 사이의 중개계약에 따라 B 주식회사가 수령하여야할 중개수수료 중 미화 174,152달러(원화 176,415,976원 상당)를 위 E 명의의 홍콩 Standard Chartered 은행 계좌로 송금받은 것을 비롯하여 별지 범죄일람표(재산국외도피) 기재와 같이 2005. 12. 30.경부터 2010. 10. 12.경까지 같은 방법으로 송금하도록 하여 합계 1,494,836달러(원화 1,534,725,395원)를 국외로 이동하였다.</u>

　위와 같이 피고인은 외국환거래법을 위반하여 재산을 국외로 이동함으로써, 합계 미화 1,494,836달러(원화 1,534,725,395원)를 도피시켰다.

　나. 범죄수익은닉의규제및처벌에관한법률위반

　피고인은 <u>B 주식회사의 선박매매 및 해운 중개대금을 위 회사 명의의 계좌가 아닌 위 회사가 홍콩에 설립한 페이퍼 컴퍼니인 E 명의의 계좌로 입금받아 재산을 국외도피한 후 그 자금 중 일부를 위 B 주식회사의 직원들의 국내계좌로 개인 간의 증여인 것처럼 가장하여 재차 입금받고, 이를 다시 피고인이 전달받아 범죄수익의 발생원인 및 취득 또는 처분에 관한 사실을 가장하기로 마음먹었다.</u>

　피고인은 <u>2008. 6. 30.경 홍콩 소재 페이퍼컴퍼니인 E 명의의 Standard Chartered 계좌에 보관하던 돈 중 19,988달러를 인터넷 뱅킹을 통해 B 주식회사의 직원 X 명의 기업은행 계좌로 입금받은 것을 비롯하여 그 무렵부터 2011. 1. 7.경까지 별지 범죄일람표(자금세탁) 기재와 같이 입금받아 재산국외도피 범죄의 범죄수익의 발생원인 및 취득 또는 처분에 관한 사실을 가장하였다.</u>

---

246 부산지방법원 2014. 6. 13. 선고 2014고합10 판결 참조(부산고등법원 2014노457 판결로 확정).

2. 피고인 B 주식회사

가. 특정경제범죄가중처벌에관한법률위반(재산국외도피)

피고인은 피고인의 대표인 A가 제1의 가항 기재 일시경 위와 같이 합계 미화 1,494,836달러(원화 1,534,725,395원) 상당의 재산을 국외로 이동시켜 도피시켰다.

나. 범죄수익은닉의규제및처벌에관한법률위반

피고인은 피고인의 대표이사인 A가 제1의 나항 기재 일시경 위와 같이 재산국외도피범죄의 범죄수익의 발생원인 및 취득 또는 처분에 관한 사실을 가장하였다.

법령의 적용

1. 범죄사실에 대한 해당법조 및 형의 선택

가. 피고인 A

특정경제범죄가중처벌등에관한법률 제4조 제2항 제2호, 제1항(재산국외도피의 점, 포괄하여), 범죄수익은닉의규제및처벌등에관한법률 제3조 제1항 제1호, 제2호(범죄수익은닉의 점, 포괄하여, 징역형 선택)

나. 피고인 B 주식회사

특정경제범죄가중처벌등에관한법률 제4조 제4항, 제1항, 제2항 제2호(재산국외도피의 점, 포괄하여), 범죄수익은닉의규제및처벌등에관한법률 제7조, 제3조 제1항 제1호, 제2호(범죄수익은닉의 점, 포괄하여)

1. 추징

피고인 A: 특정경제범죄 가중처벌 등에 관한 법률 제10조 제3항, 제1항

4. 특정경제범죄법 제5조 위반죄(수재 등)

관련조문

제5조(수재 등의 죄) ① 금융회사등의 임직원이 그 직무에 관하여 금품이나 그 밖의 이익을 수수(收受), 요구 또는 약속하였을 때에는 5년 이하의 징역 또는 10년 이하의 자격정지에 처한다.

② 금융회사등의 임직원이 그 직무에 관하여 부정한 청탁을 받고 제3자에게 금품이나 그 밖의 이익을 공여(供與)하게 하거나 공여하게 할 것을 요구 또는 약속하였을 때에는 제1항과 같은 형에 처한다.

③ 금융회사등의 임직원이 그 지위를 이용하여 소속 금융회사등 또는 다른 금융회사등의 임직원의 직무에 속하는 사항의 알선에 관하여 금품이나 그 밖의 이익을 수수, 요구 또는 약

속하였을 때에는 제1항과 같은 형에 처한다.

④ 제1항부터 제3항까지의 경우에 수수, 요구 또는 약속한·금품이나 그 밖의 이익의 가액 (이하 이 조에서 "수수액"이라 한다)이 3천만 원 이상일 때에는 다음 각 호의 구분에 따라 가중처벌한다.

1. 수수액이 1억 원 이상일 때: 무기 또는 10년 이상의 징역
2. 수수액이 5천만 원 이상 1억 원 미만일 때: 7년 이상의 유기징역
3. 수수액이 3천만 원 이상 5천만 원 미만일 때: 5년 이상의 유기징역

⑤ 제1항부터 제4항까지의 경우에 수수액의 2배 이상 5배 이하의 벌금을 병과한다.

[전문개정 2012. 2. 10.]

가. 서설

본죄는 금융회사등의 임직원이 그 직무에 관하여 금품이나 그 밖의 이익을 수수(收受), 요구 또는 약속하는 경우 처벌하고(제1항), 금융회사등의 임직원이 그 직무에 관하여 부정한 청탁을 받고 제3자에게 금품이나 그 밖의 이익을 공여(供與)하게 하거나 공여하게 할 것을 요구 또는 약속하는 행위를 처벌한다(제2항).

나아가 금융회사등의 임직원이 그 지위를 이용하여 소속 금융회사등 또는 다른 금융회사 등의 임직원의 직무에 속하는 사항의 알선에 관하여 금품이나 그 밖의 이익을 수수, 요구 또는 약속하는 경우에도 처벌한다(제3항).

그리고 동조 제4항에서는 동조 제1항 내지 제3항의 수수액의 정도에 따라 ① 3천만 원 이상 5천만 원 미만인 경우, ② 5천만 원 이상 1억 원 미만인 경우, ③ 1억 원 이상인 경우 를 각각 나누어 처벌규정을 두고 있다.

한편 동조 제5항에서는 제1항 내지 제4항의 경우 각 수수액의 2배 이상 5배 이하의 벌금 을 필요적으로 병과하도록 하고 있다.

금융기관 임·직원이 직무와 관련하여 금품을 수수한 행위 등을 처벌하는 **특정경제범죄 법 제5조의 입법 취지**는 금융기관은 특별법령에 의하여 설립되고 그 사업 내지 업무가 공 공적 성격을 지니고 있어 국가의 경제정책과 국민경제에 중대한 영향을 미치기 때문에 그 **임·직원에 대하여 일반 공무원과 마찬가지로 엄격한 청렴의무를 부과하여 그 직무의 불가매수성을 확보**하고자 하는 데 있다.[247]

---

[247] 대법원 2011. 2. 24. 선고 2010도15989 판결 참조.

나. 금융회사등 임직원의 금품 등 수수 등의 점(제5조 제1항)

관련조문 ─────────────────────────────

제5조(수재 등의 죄) ① 금융회사등의 임직원이 그 직무에 관하여 금품이나 그 밖의 이익을 수수(收受), 요구 또는 약속하였을 때에는 5년 이하의 징역 또는 10년 이하의 자격정지에 처한다.

─────────────────────────────────────

1) 구성요건의 주체

본죄의 주체는 **금융회사 등 임직원**이다. 본죄의 주체는 '**범행 당시 금융기관 임직원의 직에 있는 자**'에 한정된다고 봄이 상당하다.[248] 이 때 금융회사등은 다음과 같다.

관련조문 ─────────────────────────────

특정경제범죄법 제2조(정의) 이 법에서 사용하는 용어의 뜻은 다음과 같다.
  1. "**금융회사등**"이란 다음 각 목의 어느 하나에 해당하는 것을 말한다.
    가. 「한국은행법」에 따른 한국은행, 「금융위원회의 설치 등에 관한 법률」에 따른 금융감독원 및 「은행법」이나 그 밖의 법률에 따른 은행
    나. 「자본시장과 금융투자업에 관한 법률」에 따른 투자매매업자, 투자중개업자, 집합투자업자, 신탁업자, 증권금융회사 및 종합금융회사
    다. 「상호저축은행법」에 따른 상호저축은행과 그 중앙회
    라. 「농업협동조합법」에 따른 조합과 농협은행
    마. 「수산업협동조합법」에 따른 조합과 수협은행
    바. 「신용협동조합법」에 따른 신용협동조합과 그 중앙회
    사. 「새마을금고법」에 따른 새마을금고와 그 연합회
    아. 「보험업법」에 따른 보험업을 경영하는 자
    자. 「신용보증기금법」에 따른 신용보증기금
    차. 「기술보증기금법」에 따른 기술보증기금
    카. 그 밖에 가목부터 차목까지의 기관과 같거나 유사한 업무를 하는 기관으로서 대통령령으로 정하는 기관

─────────────────────────────────────

---

[248] 대법원 2010. 10. 14. 선고 2010도387 판결 참조.

2) 구성요건적 행위 및 객체

본죄의 **구성요건적 행위**는 금융회사등의 임직원이 그 직무에 관하여 금품이나 그 밖의 이익을 수수(收受), 요구 또는 약속하는 것이다.

가) 직무에 관하여

이 때 '**금융기관 임·직원이 직무에 관하여**'라 함은 금융기관의 임·직원이 그 지위에 수반하여 취급하는 일체의 사무를 말하는 것으로서, 그 권한에 속하는 직무행위뿐만 아니라 그와 **밀접한 관계가 있는 사무 및 그와 관련하여 사실상 처리하고 있는 사무도 포함**된다.[249] 또한 위 법률 제5조의 금융기관 임·직원이 수수한 금품에 직무행위에 대한 대가로서의 성질과 직무 외의 행위에 대한 사례로서의 성질이 불가분적으로 결합되어 있는 경우에는 그 전부가 불가분적으로 직무행위에 대한 대가로서의 성질을 가진다.[250]

그리고 금융기관의 임·직원이 거래처 고객으로부터 금품 기타 이익을 받은 때에는 그것이 당해 거래처 고객이 종전에 금융기관의 임·직원으로부터 접대 또는 수수받은 것을 갚는 것으로서 **사회상규에 비추어 볼 때에 의례상의 대가에 불과한 것**이라고 여겨지거나, **개인적인 친분관계가 있어서 교분상의 필요에 의한 것이라고 명백하게 인정할 수 있는 경우 등 특별한 사정이 없는 한 직무와의 관련성이 있다고 봄이** 상당하다.[251]

다만 금융기관의 임직원이 그 지위를 이용하여 금융기관으로부터 자금을 대출받아 이를 타인에게 대여한 후 그로부터 대여금에 대한 이자 또는 사례금을 수수한 행위는 금융기관 임직원이 개인적인 지위에서 취급하는 사무에 해당하고 금융기관의 임직원의 사무에 해당하지 않으므로 직무관련성을 인정할 수 없어 본죄에 해당하지 않는다.[252]

본 구성요건은 형법상 수뢰죄와 구조가 유사한바, 금융기관 임직원이 지급받는 금품 기타 재산상 이익과 자신이 처리하는 직무와 대가관계가 인정되어야 한다.

나) 수수·요구·약속

본죄의 '**수수**'는 취득을 의미하는 것으로 금품 등에 대한 '**사실상의 처분권**'을 획득하는 것을 말하고, '**요구**'라고 함은 취득의 의사로 상대방에게 금품을 달라고 청구하는 것을 말하며, '**약속**'은 당사자 사이에서 금품 등을 주고받기로 하는 의사가 확정적으로 합치하는 것을

---

249 대법원 2000. 2. 22. 선고 99도4942 판결 등 참조.
250 대법원 2011. 2. 24. 선고 2010도15989 판결 참조.
251 대법원 2002. 8. 23. 선고 2002도46 판결 참조.
252 대법원 2000. 2. 22. 선고 99도4942 판결 참조.

말한다.[253] 따라서 이와 같은 확정적인 의사합치가 없는 경우에는 '약속'죄가 성립한다고 볼 수 없다.

다) 객체

본죄의 객체는 금품이나 그 밖의 이익이므로 **재물 또는 재산상 이익** 모두 포함된다. 이 때 '**이익**'이란 금전, 물품 기타의 재산적 이익뿐만 아니라, 사람의 수요나 욕망을 충족시키기에 족한 일체의 유형, 무형의 이익을 포함하는 것이고, 투기적 사업에 참여할 기회를 얻는 것도 이에 해당한다고 보아야 할 것이며, 이처럼 투기적 사업에 참여하는 기회를 얻는 이익의 경우에는 그로 말미암아 예상되는 이익의 크기를 확정할 수 없거나 그 후의 경제사정의 변동 등으로 말미암아 처음의 예상과는 달리 그 사업에 참여하여 아무런 이득을 얻지 못한 경우라 할지라도 죄의 성립에는 아무런 영향이 없다.[254]

3) 처벌

본죄를 범하면 5년 이하의 징역 또는 10년 이하의 자격정지에 처한다. 나아가 앞에서 본 바와 같이 위와 같이 취득한 금전, 물품 기타의 재산적 이익은 특정경제범죄법에 따라 필요적 몰수·추징의 대상이 된다(동법 제10조 제1항, 제3항).

다. 금융회사등 임직원의 제3자 금품 등 제공 등의 점(제5조 제2항)

관련조문

제5조(수재 등의 죄) ② 금융회사등의 임직원이 그 직무에 관하여 부정한 청탁을 받고 제3자에게 금품이나 그 밖의 이익을 공여(供與)하게 하거나 공여하게 할 것을 요구 또는 약속하였을 때에는 제1항과 같은 형에 처한다.

---

1) 구성요건의 주체 및 행위의 상대방

본죄의 **구성요건 주체는 금융회사 등 임직원**이다. 이 때 금융회사등은 앞에서 본 바와 같다. 한편 본죄는 금융회사 등 임직원이 그 직무에 관하여 부정한 청탁을 받고 금품이나 그 밖의 이익을 제3자에게 공여하게 하거나 공여하게 할 것을 요구 또는 약속하는 것이므로 금품이나 그 밖의 이익을 받는 사람은 금융회사 등 임직원이 아니라 제3자라는 점에서 특징이 있다.

---

[253] 대법원 2012. 11. 15. 선고 2012도9417 판결 참조.
[254] 대법원 2005. 7. 15. 선고 2003도4293 판결 참조.

2) 구성요건적 행위 및 객체

본죄의 **구성요건적 행위**는 금융회사등의 임직원이 그 직무에 관하여 부정한 청탁을 받고 제3자에게 금품이나 그 밖의 이익을 공여(供與)하게 하거나 공여하게 할 것을 요구 또는 약속하는 것이다.

형법상 제3자뇌물제공죄(형법 제130조)와 그 구성요건이 유사하다. 다만 그 주체가 공무원이 아닌 금융기관 임직원이라는 점에서 차이가 있을 뿐이다.

이 때 직무관련성과 대가성이 있어야 함은 당연하나 본죄는 '**부정한 청탁**'을 요한다. 형법상 제3자 뇌물제공죄에 있어 '**부정한 청탁**'의 의미에 대하여 **대법원**은 다음과 같이 판시하고 있다.[255]

판례

형법 제130조의 제3자뇌물제공죄에서 '청탁'이란 공무원에 대하여 일정한 직무집행을 하거나 하지 않을 것을 의뢰하는 행위를 말하고, '**부정한**' 청탁이란 의뢰한 **직무집행 자체가 위법하거나 부당한 경우 또는 의뢰한 직무집행 그 자체는 위법하거나 부당하지 아니하지만 당해 직무집행을 어떤 대가관계와 연결시켜 그 직무집행에 관한 대가의 교부를 내용으로 하는 경우** 등을 의미한다.

그런데 제3자뇌물제공죄에서 공무원이 '그 직무에 관하여 부정한 청탁을 받을 것'을 요건으로 하는 취지는 처벌의 범위가 불명확해지지 않도록 하기 위한 것으로서, 이러한 **부정한 청탁은 명시적 의사표시에 의해서뿐만 아니라 묵시적 의사표시에 의해서도 가능하지만, 묵시적 의사표시에 의한 부정한 청탁이 있다고 하려면 청탁의 대상이 되는 직무집행의 내용과 제3자에게 제공되는 이익이 그 직무집행에 대한 대가라는 점에 대하여 공무원과 이익 제공자 사이에 공통의 인식이나 양해가 있어야** 한다.

따라서 그러한 인식이나 양해 없이 **막연히 선처하여 줄 것이라는 기대나 직무집행과는 무관한 다른 동기에 의하여 제3자에게 금품을 공여한 경우**에는 묵시적 의사표시에 의한 **부정한 청탁이 있다고 볼 수 없다**(대법원 2009. 1. 30. 선고 2008도6950 판결, 대법원 2011. 4. 14. 선고 2010도12313 판결 등 참조).

위에서 보는 바와 같이 '**부정한 청탁**'은 ① 청탁한 **직무집행 자체가 위법·부당**하거나 ② 직무 자체는 위법·부당하지 않지만 그 **직무집행을 어떤 대가관계와 연결시켜 그 직무집행에 관한 대가의 교부를 내용으로 하는 경우** 등을 의미하며, ③ 이러한 청탁은 **명시적·묵시적**을 불문하지만 묵시적 청탁의 경우 양 당사자 사이에서는 직무집행의 내용과 **제3자에게 제공되는 이익이 직무집행의 대가라는 점에 대한 상호간 인식·양해가 반드시 요구된**

---

255 대법원 2014. 9. 4. 선고 2011도14482 판결 참조.

다. 그리고 본죄의 금품 등을 수수하는 주체인 '**제3자**'는 행위자와 공동정범 외의 사람으로 제3자가 그와 같은 사정을 알았는지를 요하지 않는다. 다만 제3자라 하더라도 이를 금융기관 임직원 등과 동일하게 평가할 수 있다면 '제3자'성이 부정된다.

3) 처벌

본죄를 범하면 5년 이하의 징역 또는 10년 이하의 자격정지에 처한다. 나아가 위와 같이 제3자가 취득한 금전, 물품 기타의 재산적 이익은 특정경제범죄법에 따라 필요적 몰수·추징의 대상이 된다(동법 제10조 제1항, 제3항).

라. 금융회사등 임직원의 알선 금품 수수 등의 점(제5조 제3항)

관련조문

제5조(수재 등의 죄) ③ 금융회사등의 임직원이 그 지위를 이용하여 소속 금융회사등 또는 다른 금융회사등의 임직원의 직무에 속하는 사항의 알선에 관하여 금품이나 그 밖의 이익을 수수, 요구 또는 약속하였을 때에는 제1항과 같은 형에 처한다.

1) 구성요건의 주체 및 행위의 상대방

본죄의 **구성요건 주체**는 **금융회사 등 임직원**이다. 이 때 금융회사등은 앞에서 본 바와 같다. 한편 본죄의 **행위 상대방**은 아무런 제한이 없다.

2) 구성요건적 행위 및 객체

본죄의 **구성요건적 행위**는 금융회사등의 임직원이 그 지위를 이용하여 소속 금융회사등 또는 다른 금융회사등의 임직원의 직무에 속하는 사항의 알선에 관하여 금품이나 그 밖의 이익을 수수, 요구 또는 약속하는 것이다.

이는 형법상 알선수뢰죄(형법 제132조)와 그 구성요건이 유사하다. 다만 그 주체가 공무원이 아닌 금융기관 임직원이라는 점에서 차이가 있을 뿐이다.

이 때 '**지위를 이용하여**'라 함은 다른 금융기관 임직원의 직무에 영향력을 미칠 수 있는 신분 또는 지위를 사용하는 것을 말한다.

본죄의 **객체**는 '**금품이나 그 밖의 이익**'이다. 다만 이 때 주의하여야 할 점은 위 뇌물의 요건인 '대가관계'는 알선수뢰죄의 경우 뇌물을 수수하는 공무원 자신의 직무와의 대가관계가 아니라 자신이 영향력을 행사할 수 있는 '**다른 공무원의 직무에 속한 사항**'의 알선에 대한 대가의 의미라는 점이다. 다른 금융기관 임직원과의 관계보다 그 금융기관 임직원에게

'사실상의 영향력을 행사할 수 있는지' 여부에 그 방점이 있다.

나아가 다른 금융기관 임직원의 직무에 속한 사항의 알선에 관하여 그 대가로 금품 등을 수수하면 충분하므로 그 금융기관 임직원의 직무에 속하는 사항에 관한 것이면 되는 것이고 그것이 반드시 부정행위라거나 그 직무에 관하여 결재권한이나 최종결정권한을 갖고 있어야 하는 것은 아니다.[256]

3) 처벌

본죄를 범하면 5년 이하의 징역 또는 10년 이하의 자격정지에 처한다. 나아가 위와 같이 제3자가 취득한 금전, 물품 기타의 재산적 이익은 특정경제범죄법에 따라 필요적 몰수·추징의 대상이 된다(동법 제10조 제1항, 제3항).

마. 가중처벌 및 벌금형의 필요적 병과 규정(제5조 제4항, 제5항)

관련조문

제5조(수재 등의 죄) ④ 제1항부터 제3항까지의 경우에 수수, 요구 또는 약속한 금품이나 그 밖의 이익의 가액(이하 이 조에서 "수수액"이라 한다)이 3천만 원 이상일 때에는 다음 각 호의 구분에 따라 가중처벌한다.
　1. 수수액이 1억 원 이상일 때: 무기 또는 10년 이상의 징역
　2. 수수액이 5천만 원 이상 1억 원 미만일 때: 7년 이상의 유기징역
　3. 수수액이 3천만 원 이상 5천만 원 미만일 때: 5년 이상의 유기징역
　⑤ 제1항부터 제4항까지의 경우에 수수액의 2배 이상 5배 이하의 벌금을 병과한다.

바. 범죄수익환수 및 자금세탁범죄 처벌 사례

특정경제범죄법 제5조는 그 신분의 주체가 공무원이 아닌 금융기관 임직원으로 바뀐 형법 제129조(수뢰), 제130조(제3자뇌물제공), 제132조(알선수뢰)의 죄와 유사하다. 따라서 금융기관 임직원이 그 직무에 관하여 또는 다른 금융기관 임직원의 직무에 관한 알선에 관하여 수수한 금품 등은 모두 환수의 대상이 된다.

이와 관련하여 **금융기관 임직원이 대출에 관한 편의를 제공하는 조건으로 이복동생 명의의 차명계좌로 금품을 수수한 경우** 특정경제범죄법 제5조 제1항 위반죄를 인정하여 위와 같이 수수한 금품 전액을 추징하고, 위와 같이 범죄수익의 취득을 가장한 행위

---

256 대법원 1992. 5. 8. 선고 92도532 판결 참조.

를 자금세탁범죄로 처벌한 사례가 있다.[257]

사례

범죄사실

1. 피고인 A

가. 특정경제범죄가중처벌등에관한법률위반(수재등)

피고인은 1992. 12. 24.경 농협은행에 입사하여 2012. 3.경부터 2016. 7. 21.경까지 광명시 E에 있는 농협은행 F지점에서 과장대리로 근무한 사람이다.

피고인은 2014. 3.경 위 은행에서 <u>대출 거래처인 B에게 대출에 관한 편의를 제공하는 조건으로 B로부터 2014. 3. 10.경 400만 원을 이복동생인 G 명의 농협 계좌(H)로 송금받은 것을 비롯하여, 그때부터 2016. 3. 16.경까지 별지 범죄일람표 기재와 같이 총 16회에 걸쳐 합계 1억 1,230만 원을 입금받아 금원을 수수하였다.</u>

나. 범죄수익의규제및처벌에관한법률위반

피고인은 <u>위 가항 기재와 같이 B로부터 합계 1억 1,230만 원을 받아 직무에 관하여 금원을 수수하는데 있어 이복동생인 위 G 명의 농협 계좌로 금원을 송금받고 위 계좌에서 돈을 인출하여 사용하는 방법으로 범죄수익의 취득에 관한 사실을 가장하였다.</u>

2. 피고인 B

피고인은 2014. 3.경 위 농협은행F지점에서 대출업무를 담당하는 위 A 과장대리로부터 대출에 관한 편의를 제공받는 조건으로 A에게 2014. 3. 10.경 400만 원을 A가 지정한 위 G 명의 농협 계좌로 송금한 것을 비롯하여, 그때부터 2016. 3. 16.경까지 별지 범죄일람표 기재와 같이 같은 명목으로 총 16회에 걸쳐 합계 1억 1,230만 원을 송금하여 A에게 그 직무에 관하여 1억 1,230만 원 상당을 공여하였다.

법령의 적용

1. 범죄사실에 대한 해당법조 및 형의 선택

가. 피고인 A

특정경제범죄 가중처벌 등에 관한 법률 제5조 제4항 제3호, 제1항, 제5항(2015. 12. 31.자 금품수수의 점, 벌금형 병과), 각 특정경제범죄 가중처벌 등에 관한 법률 제5조 제1항, 제5항 (나머지 각 금품수수의 점, 각 징역형 선택, 각 벌금형 병과), 각 범죄수익은닉의 규제 및 처벌 등에 관한 법률 제3조 제1항 제1호(범죄수익 취득 가장의 점, 각 징역형 선택)

---

257 수원지방법원 안산지원 2017. 2. 16. 선고 2016고합357 판결 참조(항소심 수원지방법원 2017노920 판결, 대법원 2017도8828 판결로 확정).

나. 피고인 B

각 특정경제범죄 가중처벌 등에 관한 법률 제6조 제1항, 각 징역형 선택

1. 추징(피고인 A)

특정경제범죄 가중처벌 등에 관한 법률 제10조 제3항, 제2항

5. 특정경제범죄법 제7조 위반죄(알선수재의 죄)

관련조문

제7조(알선수재의 죄) 금융회사등의 임직원의 직무에 속하는 사항의 알선에 관하여 금품이나 그 밖의 이익을 수수, 요구 또는 약속한 사람 또는 제3자에게 이를 공여하게 하거나 공여하게 할 것을 요구 또는 약속한 사람은 5년 이하의 징역 또는 5천만 원 이하의 벌금에 처한다.

가. 서설

특정경제범죄법 제7조는 같은 법 제2조 제1호에서 정한 금융기관의 업무가 공공적 성격을 지니고 있어 국가의 경제정책과 국민경제에 중대한 영향을 미치는 관계로 그 임·직원의 직무관련 수재(제5조)나 그들에 대한 증재(제6조) 외에도, **그 직무에 개입하여 금품을 수수하는 행위를 금지함으로써 그 직무의 불가매수성을 확보하고자 함에 입법취지가 있**다.[258]

나. 구성요건의 주체 및 행위의 상대방

본죄의 **구성요건 주체**는 아무런 제한이 없다. 따라서 누구든지 본죄의 주체가 될 수 있다. 특정경제범죄법 제5조는 그 행위의 주체가 금융회사 등 임직원이었으나 본죄는 그러한 구성요건 주체의 제한이 없다는 것이 특징이다.

나아가 **행위의 상대방** 또한 아무런 제한이 없다.

다. 구성요건적 행위 및 객체

본죄의 **구성요건적 행위**는 금융회사등의 임직원의 직무에 속하는 사항의 알선에 관하여

---

[258] 대법원 2015. 1. 15. 선고 2012도7571 판결 참조.

금품이나 그 밖의 이익을 수수, 요구 또는 약속하거나 또는 제3자에게 이를 공여하게 하거나 공여하게 할 것을 요구 또는 약속하는 것이다.

1) 금융회사등의 임직원의 직무에 속하는 사항

본죄의 '금융기관의 임·직원의 직무'라 함은 금융기관의 임·직원이 그 지위에 수반하여 취급하는 일체의 사무를 말하는 것으로서, 그 권한에 속하는 직무행위뿐만 아니라 이와 밀접한 관계가 있는 경우와 그 직무와 관련하여 사실상 처리하고 있는 행위까지도 모두 포함된다. 이 때 그 직무가 금융기관의 신용사업 내지 주된 사업과 관련된 것인지, 그 외의 사업과 관련된 것인지 구별할 것은 아니다.[259]

2) 알선행위의 의미

여기에서 '알선'은 '일정한 사항에 관하여 어떤 사람과 그 상대방과의 사이에 서서 중개하거나 편의를 도모하는 행위'를 의미하므로, 어떤 사람이 **청탁한 취지를 그대로 상대방에게 전하는 경우**뿐만 아니라 그 사람을 대신하여 스스로 상대방에게 청탁을 하는 행위도 이에 해당하고, 그 알선행위가 과거의 것이나 정당한 직무행위를 대상으로 하는 경우에도 이에 포함된다.

그리고 이러한 알선의 명목으로 금품 등을 수수하였다면 **실제로 어떤 알선행위를 하였는지와 관계없이 본 죄는 성립**한다. 한편 금융기관 임·직원의 직무에 속한 사항의 알선과 수수한 금품 사이에 대가관계가 있는지 여부는 해당 알선의 내용, 알선자와 이익 제공자 사이의 친분관계 여부, 이익의 다과, 이익을 수수한 경위와 시기 등의 제반 사정을 종합하여 결정하되, 알선과 수수한 금품 사이에 전체적, 포괄적으로 대가관계가 있으면 족하다.[260]

그러나 알선행위자의 알선행위에 대한 공동가공의 의사 없이 **단순히 알선할 자를 소개하거나 그 대가인 금품 기타 이익을 중간에서 전달한 것에 불과한 행위는 알선행위에 해당하지 않**는다.[261]

나아가 '금융기관의 임·직원의 직무에 속한 사항의 알선에 관하여 금품을 수수한다' 함은 금융기관의 임·직원의 직무에 속한 사항에 관하여 알선을 의뢰한 사람(알선의뢰인)과 알선의 상대방이 될 수 있는 금융기관의 임·직원(알선상대방) **사이를 중개한다는 명목으로 금품 기타 이익을 수수하는 경우라야 하는 것**이고, 이를 전제로 하지 않고 단순히 금융기

---

259 대법원 2006. 7. 13. 선고 2006도1341 판결 참조.
260 대법원 2015. 1. 15. 선고 2012도7571 판결 참조.
261 대법원 2012. 12. 27. 선고 2012도11200 판결 참조.

관의 임·직원의 직무에 속하는 사항과 관련하여 **알선의뢰인에게 편의를 제공하고 그 대가로서 금품을 수수하였을 뿐인 경우**에는 금융기관의 임·직원의 직무에 속한 사항의 **알선에 관하여 금품을 수수한 것이라고 할 수 없다.**[262]

그리고 알선자가 수수한 금품에 그 알선행위에 대한 대가로서의 성질과 그 외의 행위에 대한 대가로서의 성질이 불가분적으로 결합되어 있는 경우에는 그 전부가 불가분적으로 알선행위에 대한 대가로서의 성질을 가진다고 봄이 상당하다.[263]

3) 구성요건의 객체

본죄의 **객체**는 금품이나 그 밖의 이익이다. 알선의뢰인이 알선수재자에게 공무원이나 금융기관 임직원의 직무에 속한 사항에 관한 **알선의 대가를 형식적으로 체결한 고용계약에 터잡아 급여의 형식으로 지급한 경우**에, 알선수재자가 수수한 알선수재액은 명목상 급여액이 아니라 **원천징수된 근로소득세 등을 제외하고 알선수재자가 실제 지급받은 금액으로 보아야** 한다.[264]

라. 처벌

본죄를 범하면 5년 이하의 징역 또는 5천만 원 이하의 벌금에 처한다. 나아가 위와 같이 취득한 금품이나 그 밖의 이익은 특정경제범죄법에 따라 필요적 몰수·추징의 대상이 된다(동법 제10조 제1항, 제3항).

마. 범죄수익환수 및 자금세탁범죄 처벌 사례

이와 관련하여 금융기관 임직원과 잘 알고 있다고 말하고 대출을 알선하여 주겠다는 명목으로 금품을 지급받고, 그 범죄수익의 취득을 가장하기 위하여 금품을 차명계좌로 지급받은 사안에서 **특정경제범죄처벌법(알선수재)죄 및 범죄수익은닉규제법위반죄의 성립을 인정하고, 위와 같이 대출알선 명목으로 지급받은 금품 등을 전액 환수한 사례**가 있다.[265]

---

262 대법원 2010. 9. 9. 선고 2010도5972 판결 참조.
263 대법원 2008. 1. 31. 선고 2007도8117 판결 등 참조.
264 대법원 2012. 6. 14. 선고 2012도534 판결 참조.
265 창원지방법원 2016. 8. 11. 선고 2016고단516 판결 참조(같은 법원 2016노2117, 대법원 2016도20854 판결로 확정).

사례

범죄사실

1. 특정경제범죄가중처벌등에관한법률위반(알선수재)

피고인은 2014. 5.경 김해시 E에 있는 F 현장 사무실에서, 위 산업단지 내 부지 소유자 G로부터 사업자금이 필요한 사업시행자인 (주)H 실제 운영자 I를 소개받고, I에게 "대출 업무를 많이 해왔고 금융권에 아는 인맥이 많이 있다. 수개의 금융기관이 공동으로 대주단을 구성하여 대출을 받을 수 있도록 해주겠다. 대출이 성사되면 알선 수수료를 달라"고 요구하였다.

그 후 피고인은 금융권에 아는 인맥을 통해 대출을 받으려고 시도하다 제대로 성사되지 아니하자 J에서 이사의 직책으로 부동산 담보대출 등을 담당하는 K에게 연락하여 대출을 받을 수 있도록 도와달라고 하면서 대출에 필요한 서류를 건네주고, 위 K는 피고인을 통해 위 I 측과 금융자문용역계약을 체결하고 대출업무를 진행하였으나 대출이 원활하게 진행되지 아니하였다.

그러던 중 피고인은 2014. 8. 하순경에서 같은 해 9월 초순경 사이에 위 K에게 '대출이 성사되면 내가 받을 수수료가 1억 원인데 그 중 세금을 제외하면 약 7,000만 원을 받게 된다. 대출이 성사되면 그 돈을 개인적으로 너에게 다 주겠으니 대출이 반드시 성사될 수 있도록 해라'고 제의하였고, 위 K는 이를 승낙한 후 평소 거래관계에 있던 L농업협동조합 신용상무 M 등과 수시로 만나 위 산업단지 부지 담보로 대출을 빠른 시일 내에 해줄 것을 부탁하여 2014. 12. 1.경 L농업협동조합 등 9개 금융회사로부터 위 산업단지 부지를 담보로 총 318억 원 상당의 대출을 성사시켰다.

이에 따라 **피고인은 2014. 12. 2.경 위 사업시행자 I 측에게 피고인이 금융기관 관계자 등을 만나 대출을 성사시킨 것이라고 말을 하면서 위와 같이 약속한 수수료를 요구하여 위 I로부터 대출 알선 수수료 명목으로 4억 4,000만 원을 피고인이 지정한 (주)N 명의로 개설된 계좌로 송금받은 후, 같은 달 4.경 서울 강동구에 있는 길동사거리 부근에서 위 K에게 대출 알선 수수료 명목으로 7,000만 원을 건네주었다.**

결국 피고인은 위와 같이 금융회사의 임직원의 직무에 속하는 사항인 대출의 알선에 관하여 금품을 수수하였다.

2. 범죄수익은닉의규제및처벌등에관한법률위반

피고인은 위와 같이 I에게 금융권에 인맥을 통하여 대출을 성사시켜 주면 알선 수수료를 달라고 요구한 다음, 2014. 11.경 실제 피고인이 명의만 빌렸을 뿐이지 위 대출 업무와는 아무런 관련이 없는 주식회사 N 대표이사 O 명의로 위 I 측과 시행자문 계약을 체결한 후, 2014. 12. 1.경 L농업협동조합 등 9개 금융회사로부터 위 산업단지 부지를 담보로 총 318억 원 상당의 대출금을 받도록 대출을 성사시키고 같은 달 2.경 위 I로부터 알선 수수료 명목으로 4억 4,000만 원을 위 (주)N 명의로 개설된 계좌로 송금받았다.

결국 <u>피고인은 위와 같이 대출 알선 수수료 명목으로 4억 4,000만 원을 받은 것임에도 위 I 측과 주식회사 N 대표이사 O사이에 정상적인 시행 자문 계약이 체결된 후 대출이 실행되어 주식회사 N이 자문 수수료를 적법하게 취득하는 것처럼 범죄수익의 취득 및 발생원인에 대한 사실을 가장하였다.</u>

법령의 적용

1. 범죄사실에 대한 해당법조 및 형의 선택

특정경제범죄 가중처벌 등에 관한 법률 제7조(금융회사 임직원의 직무에 관한 알선수재의 점), 범죄수익은닉의 규제 및 처벌 등에 관한 법률 제3조 제1항 제1호, 제2호(범죄수익의 취득 및 발생원인에 관한 사실 가장의 점), 징역형 선택

1. 추징

특정경제범죄 가중처벌 등에 관한 법률 제10조 제3항, 제2항

11 특정범죄 가중처벌 등에 관한 법률위반(제19호)

1. 서설

범죄수익은닉규제법은 별표 제19호에서 **특정범죄 가중처벌 등에 관한 법률**(이하, '특정범죄가중법'이라 함) 제2조(뇌물죄의 가중처벌), 제3조(알선수재), 제5조(국고 등 손실), 제5조의2(약취·유인죄의 가중처벌), 제6조(「관세법」위반행위의 가중처벌)죄, 제8조의 죄(조세 포탈의 가중처벌 중 일부)를 중대범죄로 규정하고 있다.

관련조문

범죄수익은닉규제법 별표

중대범죄(제2조 제1호 관련)

19. <u>「특정범죄 가중처벌 등에 관한 법률」</u> 제2조·제3조·제5조·제5조의2·제5조의4·제6조 및 제8조(「조세범 처벌법」 제3조 제1항, 제4조 및 제5조, 「지방세기본법」 제102조 제1항에 규정된 죄 중 조세 및 지방세를 환급받는 경우만 해당한다)

관련조문

제2조(뇌물죄의 가중처벌) ① 「형법」 제129조·제130조 또는 제132조에 규정된 죄를 범한 사람은 그 수수(收受)·요구 또는 약속한 뇌물의 가액(價額)(이하 이 조에서 "수뢰액"이라 한다)에 따라 다음 각 호와 같이 가중처벌한다.

1. 수뢰액이 1억 원 이상인 경우에는 무기 또는 10년 이상의 징역에 처한다.

2. 수뢰액이 5천만 원 이상 1억 원 미만인 경우에는 7년 이상의 유기징역에 처한다.

3. 수뢰액이 3천만 원 이상 5천만 원 미만인 경우에는 5년 이상의 유기징역에 처한다.

② 「형법」 제129조·제130조 또는 제132조에 규정된 죄를 범한 사람은 그 죄에 대하여 정한 형(제1항의 경우를 포함한다)에 수뢰액의 2배 이상 5배 이하의 벌금을 병과(倂科)한다.

제3조(알선수재) 공무원의 직무에 속한 사항의 알선에 관하여 금품이나 이익을 수수·요구 또는 약속한 사람은 5년 이하의 징역 또는 1천만 원 이하의 벌금에 처한다.

제5조(국고 등 손실) 「회계관계직원 등의 책임에 관한 법률」 제2조 제1호·제2호 또는 제4호(제1호 또는 제2호에 규정된 사람의 보조자로서 그 회계사무의 일부를 처리하는 사람만 해당한다)에 규정된 사람이 국고(國庫) 또는 지방자치단체에 손실을 입힐 것을 알면서 그 직무에 관하여 「형법」 제355조의 죄를 범한 경우에는 다음 각 호의 구분에 따라 가중처벌한다.

1. 국고 또는 지방자치단체의 손실이 5억 원 이상인 경우에는 무기 또는 5년 이상의 징역에 처한다.

2. 국고 또는 지방자치단체의 손실이 1억 원 이상 5억 원 미만인 경우에는 3년 이상의 유기징역에 처한다.

제5조의2(약취·유인죄의 가중처벌) ① 13세 미만의 미성년자에 대하여 「형법」 제287조의 죄를 범한 사람은 그 약취(略取) 또는 유인(誘引)의 목적에 따라 다음 각 호와 같이 가중처벌한다.

1. 약취 또는 유인한 미성년자의 부모나 그 밖에 그 미성년자의 안전을 염려하는 사람의 우려를 이용하여 재물이나 재산상의 이익을 취득할 목적인 경우에는 무기 또는 5년 이상의 징역에 처한다.

2. 약취 또는 유인한 미성년자를 살해할 목적인 경우에는 사형, 무기 또는 7년 이상의 징역에 처한다.

② 13세 미만의 미성년자에 대하여 「형법」 제287조의 죄를 범한 사람이 다음 각 호의 어느 하나에 해당하는 행위를 한 경우에는 다음 각 호와 같이 가중처벌한다. <개정 2016. 1. 6.>

1. 약취 또는 유인한 미성년자의 부모나 그 밖에 그 미성년자의 안전을 염려하는 사람의 우려를 이용하여 재물이나 재산상의 이익을 취득하거나 이를 요구한 경우에는 무기 또는 10년 이상의 징역에 처한다.

2. 약취 또는 유인한 미성년자를 살해한 경우에는 사형 또는 무기징역에 처한다.

3. 약취 또는 유인한 미성년자를 폭행·상해·감금 또는 유기(遺棄)하거나 그 미성년자에게 가혹한 행위를 한 경우에는 무기 또는 5년 이상의 징역에 처한다.

4. 제3호의 죄를 범하여 미성년자를 사망에 이르게 한 경우에는 사형, 무기 또는 7년 이상의 징역에 처한다.

③ 제1항 또는 제2항의 죄를 범한 사람을 방조(幇助)하여 약취 또는 유인된 미성년자를 은닉하거나 그 밖의 방법으로 귀가하지 못하게 한 사람은 5년 이상의 유기징역에 처한다.

④ 삭제<2013. 4. 5.>

⑤ 삭제<2013. 4. 5.>

⑥ 제1항 및 제2항(제2항 제4호는 제외한다)에 규정된 죄의 미수범은 처벌한다. <개정 2013. 4. 5.>

⑦ 제1항부터 제3항까지 및 제6항의 죄를 범한 사람을 은닉하거나 도피하게 한 사람은 3년 이상 25년 이하의 징역에 처한다. <개정 2013. 4. 5., 2016. 1. 6.>

⑧ 제1항 또는 제2항 제1호·제2호의 죄를 범할 목적으로 예비하거나 음모한 사람은 1년 이상 10년 이하의 징역에 처한다. <개정 2013. 4. 5., 2016. 1. 6.>

제5조의4(상습 강도·절도죄 등의 가중처벌) ① 삭제<2016. 1. 6.>

② 5명 이상이 공동하여 상습적으로 「형법」 제329조부터 제331조까지의 죄 또는 그 미수죄를 범한 사람은 2년 이상 20년 이하의 징역에 처한다. <개정 2016. 1. 6.>

③ 삭제<2016. 1. 6.>

④ 삭제<2016. 1. 6.>

⑤ 「형법」 제329조부터 제331조까지, 제333조부터 제336조까지 및 제340조·제362조의 죄 또는 그 미수죄로 세 번 이상 징역형을 받은 사람이 다시 이들 죄를 범하여 누범(累犯)으로 처벌하는 경우에는 다음 각 호의 구분에 따라 가중처벌한다. <개정 2016. 1. 6.>

1. 「형법」 제329조부터 제331조까지의 죄(미수범을 포함한다)를 범한 경우에는 2년 이상 20년 이하의 징역에 처한다.

2. 「형법」 제333조부터 제336조까지의 죄 및 제340조 제1항의 죄(미수범을 포함한다)를 범한 경우에는 무기 또는 10년 이상의 징역에 처한다.

3. 「형법」 제362조의 죄를 범한 경우에는 2년 이상 20년 이하의 징역에 처한다.

⑥ 상습적으로 「형법」 제329조부터 제331조까지의 죄나 그 미수죄 또는 제2항의 죄로 두 번 이상 실형을 선고받고 그 집행이 끝나거나 면제된 후 3년 이내에 다시 상습적으로 「형법」 제329조부터 제331조까지의 죄나 그 미수죄 또는 제2항의 죄를 범한 경우에는 3년 이상 25년 이하의 징역에 처한다.

제6조(「관세법」 위반행위의 가중처벌) ① 「관세법」 제269조 제1항에 규정된 죄를 범한 사람은 다음 각 호의 구분에 따라 가중처벌한다.

1. 수출 또는 수입한 물품의 가액(이하 이 조에서 "물품가액"이라 한다)이 1억 원 이상인 경우에는 무기 또는 7년 이상의 징역에 처한다.

2. 물품가액이 3천만 원 이상 1억 원 미만인 경우에는 3년 이상의 유기징역에 처한다.

② 「관세법」 제269조 제2항에 규정된 죄를 범한 사람은 다음 각 호의 구분에 따라 가중처벌한다.

  1. 수입한 물품의 원가가 5억 원 이상인 경우에는 무기 또는 5년 이상의 징역에 처한다.

  2. 수입한 물품의 원가가 2억 원 이상 5억 원 미만인 경우에는 3년 이상의 유기징역에 처한다.

③ 「관세법」 제269조 제3항에 규정된 죄를 범한 사람이 수출하거나 반송한 물품의 원가가 5억 원 이상인 경우에는 1년 이상의 유기징역에 처한다.

④ 「관세법」 제270조 제1항 제1호 또는 같은 조 제4항·제5항에 규정된 죄를 범한 사람은 다음 각 호의 구분에 따라 가중처벌한다.

1. 포탈(逋脫)·면탈(免脫)하거나 감면(減免)·환급받은 세액이 2억 원 이상인 경우에는 무기 또는 5년 이상의 징역에 처한다.

2. 포탈·면탈하거나 감면·환급받은 세액이 5천만 원 이상 2억 원 미만인 경우에는 3년 이상의 유기징역에 처한다.

⑤ 「관세법」 제270조 제1항 제2호 또는 같은 조 제2항에 규정된 죄를 범한 사람은 다음 각 호의 구분에 따라 가중처벌한다.

1. 수입한 물품의 원가가 5억 원 이상인 경우에는 3년 이상의 유기징역에 처한다.

2. 수입한 물품의 원가가 2억 원 이상 5억 원 미만인 경우에는 1년 이상의 유기징역에 처한다.

⑥ 제1항부터 제5항까지의 경우에는 다음 각 호의 구분에 따른 벌금을 병과한다.

1. 제1항의 경우: 물품가액의 2배 이상 10배 이하

2. 제2항의 경우: 수입한 물품 원가의 2배

3. 제3항의 경우: 수출하거나 반송한 물품의 원가

4. 제4항의 경우: 포탈·면탈하거나 감면·환급받은 세액의 2배 이상 10배 이하

5. 제5항의 경우: 수입한 물품의 원가

⑦ 「관세법」 제271조에 규정된 죄를 범한 사람은 제1항부터 제6항까지의 예에 따른 그 정범(正犯) 또는 본죄(本罪)에 준하여 처벌한다.

⑧ 단체 또는 집단을 구성하거나 상습적으로 「관세법」 제269조부터 제271조까지 또는 제274조에 규정된 죄를 범한 사람은 무기 또는 10년 이상의 징역에 처한다.

제8조(조세 포탈의 가중처벌) ① 「조세범 처벌법」 제3조 제1항, 제4조 및 제5조, 「지방세기본법」 제102조 제1항에 규정된 죄를 범한 사람은 다음 각 호의 구분에 따라 가중처벌한다.

1. 포탈하거나 환급받은 세액 또는 징수하지 아니하거나 납부하지 아니한 세액(이하 "포탈세액 등"이라 한다)이 연간 10억 원 이상인 경우에는 무기 또는 5년 이상의 징역에 처한다.

2. 포탈세액등이 연간 5억 원 이상 10억 원 미만인 경우에는 3년 이상의 유기징역에 처한다.

② 제1항의 경우에는 그 포탈세액등의 2배 이상 5배 이하에 상당하는 벌금을 병과한다.

본 중대범죄에는 뇌물죄, 알선수재죄 등의 가중처벌 규정이 포함되어 있고 이는 경제범죄가 아닌 부패범죄로 이해함이 상당하지만 검토의 편의상 이 부분에서 살핀다.

한편 특정범죄가중법은 **별도의 몰수·추징 규정**을 두고 있는데(동법 제13조) **위 중대범죄 중 해당 규정의 적용을 받는 것은 제3조(알선수재)의 죄뿐이다.** 해당 범죄로 취득한 범죄수익은 필요적으로 몰수하며 이를 각 몰수할 수 없을 때는 가액을 추징한다.

관련조문

제13조(몰수) **제3조 또는 제12조의 죄**를 범하여 범인이 취득한 해당 재산은 몰수하며, 몰수할 수 없을 때에는 그 가액을 추징(追徵)한다.

---

2. 특정범죄가중법 제2조 위반죄(뇌물죄의 가중처벌)

관련조문

제2조(뇌물죄의 가중처벌) ① 「형법」 제129조·제130조 또는 제132조에 규정된 죄를 범한 사람은 그 수수(收受)·요구 또는 약속한 뇌물의 가액(價額)(이하 이 조에서 "수뢰액"이라 한다)에 따라 다음 각 호와 같이 가중처벌한다.
1. 수뢰액이 1억 원 이상인 경우에는 무기 또는 10년 이상의 징역에 처한다.
2. 수뢰액이 5천만 원 이상 1억 원 미만인 경우에는 7년 이상의 유기징역에 처한다.
3. 수뢰액이 3천만 원 이상 5천만 원 미만인 경우에는 5년 이상의 유기징역에 처한다.
② 「형법」 제129조·제130조 또는 제132조에 규정된 죄를 범한 사람은 그 죄에 대하여 정한 형(제1항의 경우를 포함한다)에 수뢰액의 2배 이상 5배 이하의 벌금을 병과(併科)한다.

본죄는 「형법」 제129조·제130조 또는 제132조에 규정된 죄를 범한 사람이 수수·요구·약속한 뇌물의 가액에 따라서 뇌물죄를 가중처벌하는 규정을 두고 있다.

위 각 형법상 중대범죄들은 「**제2편 제1장 형법범죄 제1절 국가적 법익에 관한 죄**」부분에서 모두 살펴본 바 있으므로 여기에서는 상세한 설명을 생략한다.

3. 특정범죄가중법 제3조 위반죄(알선수재)

관련조문

제3조(알선수재) 공무원의 직무에 속한 사항의 알선에 관하여 금품이나 이익을 수수·요구 또는 약속한 사람은 5년 이하의 징역 또는 1천만 원 이하의 벌금에 처한다.

가. 서설

특정범죄가중법 제3조는 공무원의 직무에 개입하여 금품을 수수하는 행위를 금지함으로써 그 직무의 불가매수성을 확보하고자 함에 입법취지가 있다.

나. 구성요건의 주체 및 행위의 상대방

본죄의 **구성요건의 주체**는 아무런 제한이 없다. 따라서 누구든지 본죄의 주체가 될 수 있다. 나아가 **행위의 상대방** 또한 아무런 제한이 없다.

다. 구성요건적 행위 및 객체

본죄의 **구성요건적 행위**는 공무원의 직무에 속하는 사항의 알선에 관하여 금품이나 그 밖의 이익을 수수, 요구 또는 약속하는 것이다.

1) 공무원의 직무에 속하는 사항

본죄의 **'공무원의 직무에 속한 사항'**에는 공무원이 **법령상 관장하는 직무** 그 자체뿐만 아니라 **직무와 밀접한 관계가 있는 행위** 또는 **관례상이나 사실상 관여하는 직무**행위도 포함된다고 할 것이나, 구체적인 행위가 공무원의 직무에 속하는지 여부는 그것이 공무의 일환으로 행하여졌는가 하는 형식적인 측면과 함께 그 공무원이 수행하여야 할 직무와의 관계에서 합리적으로 필요하다고 인정되는 것이라고 할 수 있는가 하는 실질적인 측면을 아울러 고려하여 결정하여야 한다.[266]

이 경우 공무원의 직무는 **정당한 직무행위인 경우도 포함**되고, 알선의 상대방이나 그 직무내용이 구체적으로 특정되어 있을 필요는 없다.[267]

---

[266] 대법원 2006. 5. 26. 선고 2005도1904 판결 참조.
[267] 대법원 2014. 10. 30. 선고 2012도12394 판결 참조.

2) 알선행위의 의미

여기에서 '알선'은 '일정한 사항에 관하여 어떤 사람과 그 상대방과의 사이에 서서 중개하거나 편의를 도모하는 행위'를 의미하므로, 어떤 사람이 청탁한 취지를 그대로 상대방에게 전하는 경우뿐만 아니라 그 사람을 대신하여 스스로 상대방에게 청탁을 하는 행위도 이에 해당하고, 그 알선행위가 과거의 것이나 정당한 직무행위를 대상으로 하는 경우에도 이에 포함된다.

나아가 본죄에서의 '알선'은 공무원의 직무에 속하는 일정한 사항에 관하여 당사자의 의사를 공무원 측에 전달하거나 편의를 도모하는 행위 또는 공무원의 직무에 관하여 부탁을 하거나 영향력을 행사하여 당사자가 원하는 방향으로 결정이 이루어지도록 돕는 등의 행위를 의미한다.[268]

그리고 본 죄에서 '공무원의 직무에 속하는 사항의 알선에 관하여 금품이나 이익을 수수한다.' 함은 공무원의 직무에 속한 사항을 알선한다는 명목으로 금품 등을 수수하는 행위로써, 반드시 알선의 상대방인 공무원이나 그 직무의 내용이 구체적으로 특정될 필요까지는 없다 할 것이지만, 알선수재죄가 성립하기 위하여는 알선할 사항이 공무원의 직무에 속하는 사항이고, 금품 등 수수의 명목이 그 사항의 알선에 관련된 것임이 어느 정도 구체적으로 나타나야 하므로, 단지 금품 등을 공여하는 자가 금품 등을 수수하는 자에게 잘 보이면 그로부터 어떤 도움을 받을 수 있다거나 손해를 입을 염려가 없다는 정도의 막연한 기대감 속에 금품 등을 교부하고, 금품 등을 수수하는 자 역시 공여자가 그러한 기대감을 가지고 금품 등을 교부하는 것이라고 짐작하면서 이를 수수하였다는 정도의 사정만으로는 알선수재죄가 성립한다고 볼 수 없다.[269]

한편 공무원의 직무에 속한 사항에 관한 청탁을 받고 스스로 알선행위를 하지 아니하고 알선행위를 할 사람을 소개시켜 준 경우에도 본조의 알선수재죄가 성립한다.[270]

본죄의 객체는 금품이나 이익이고, 주관적 구성요건요소와 관련하여 본죄는 고의범이므로 위 객관적 구성요건요소에 대한 인식을 요한다.

3) 수수·요구·약속

본죄의 '수수'는 취득을 의미하는 것으로 금품 등에 대한 '사실상의 처분권'을 획득하는 것을 말하고 '요구'라고 함은 취득의 의사로 상대방에게 금품을 달라고 청구하는 것을 말하

---

[268] 대법원 2014. 10. 30. 선고 2012도12394 판결 참조.
[269] 대법원 2004. 11. 12. 선고 2004도5655 판결 참조.
[270] 대법원 2002. 10. 8. 선고 2001도3931 판결 참조.

고, '약속'은 당사자 사이에서 금품 등을 주고받기로 하는 의사가 확정적으로 합치하는 것을 말한다.[271] 따라서 이와 같은 확정적인 의사합치가 없는 경우에는 '약속'죄가 성립한다고 볼 수 없다.

라. 처벌

본죄를 범하면 5년 이하의 징역 또는 1천만 원 이하의 벌금에 처한다. 나아가 위와 같이 취득한 금품이나 그 밖의 이익은 특정범죄가중법에 따라 필요적 몰수·추징의 대상이 된다(동법 제13조).

마. 범죄수익환수 및 자금세탁범죄 처벌 사례

본죄와 관련하여 공무원의 직무에 관하여 알선한다는 명목으로 금품을 수수하고 해당 금품이 범죄수익과 무관한 것처럼 가장하기 위해 자신이 정당하게 급여를 수령한 것과 같이 꾸민 사안에서 위와 같이 알선 명목으로 받은 금품을 모두 몰수·추징하여 환수하고 자금세탁범죄(발생 원인가장 행위)로 처벌한 사례가 있다.[272]

사례

범죄사실

(전략)

2. 피고인 B (중략)

나. 범죄수익의규제및처벌등에관한법률위반

(1) 피고인은 위와 같이 BU로부터 공무원의 직무에 속한 사항의 알선에 관하여 금품을 수수하면서, 그 범죄수익을 급여로 지급받은 것처럼 가장하기 위하여, 2007. 7. 초순경 BU 사무실에서 BU 부회장으로 등재한 후 2007. 7. 25.경부터 2008. 12. 24.경까지 사이에 별지 범죄일람표 (6) 기재와 같이 17회에 걸쳐 합계 124,267,060원을 송금받아 그 가운데 공무원의 직무에 속한 사항을 알선한다는 명목으로 액수 미상의 금품을 수수하여 마치 BU로부터 급여를 수령한 것처럼 가장하는 방법으로 범죄수익의 발생원인에 관한 사실을 가장하였다.

---

271 대법원 2012. 11. 15. 선고 2012도9417 판결 참조.
272 서울북부지방법원 2011. 11. 4. 선고 2011고합192 판결 참조(항소심 같은 법원 2011노3292, 대법원 2012도4428 판결로 확정).

(2) 피고인은 위와 같이 A로부터 공무원의 직무에 속한 사항의 알선에 관하여 금품을 수수하면서, 그 범죄수익이 제3자에게 귀속하는 것처럼 2007. 9. 18.경부터 2008. 10. 1.경까지 사이에 별지 범죄일람표 (7) 기재와 같이 6회에 걸쳐 A로부터 교부받은 1,000만 원권 및 1억 원권 수표 32장 합계 4억 1,000만 원을 이미 폐업한 BV 및 일본인 BW 명의의 차명계좌에 입금한후, 다시 계좌명의자가 입·출금 하는 형식을 취하여 피고인 명의의 정기적금 계좌 10여 개에분산 예치하는 방법으로 범죄수익의 취득에 관한 사실을 가장하였다.

법령의 적용
1. 범죄사실에 대한 해당법조 및 형의 선택
   나. 피고인 B
   각 포괄하여 특정범죄 가중처벌 등에 관한 법률 제3조(알선수재의 점, 각 징역형 선택), 포괄하여 범죄수익은닉의 규제 및 처벌 등에 관한 법률 제3조 제1항 제2호(범죄수익의 발생원인에 관한 사실 가장의 점, 징역형 선택), 포괄하여 범죄수익은닉의 규제 및 처벌 등에 관한 법률 제3조 제1항 제1호(범죄수익의 취득에 관한 사실 가장의 점, 징역형 선택)
1. 추징
   피고인 B: 특정범죄 가중처벌 등에 관한 법률 제13조

4. 특정범죄가중법 제5조 위반죄(회계관계직원의 횡령죄)

관련조문

제5조(국고 등 손실) 「회계관계직원 등의 책임에 관한 법률」 제2조 제1호·제2호 또는 제4호(제1호 또는 제2호에 규정된 사람의 보조자로서 그 회계사무의 일부를 처리하는 사람만 해당한다)에 규정된 사람이 국고(國庫) 또는 지방자치단체에 손실을 입힐 것을 알면서 그 직무에 관하여 「형법」 제355조의 죄를 범한 경우에는 다음 각 호의 구분에 따라 가중처벌한다.
1. 국고 또는 지방자치단체의 손실이 5억 원 이상인 경우에는 무기 또는 5년 이상의 징역에 처한다.
2. 국고 또는 지방자치단체의 손실이 1억 원 이상 5억 원 미만인 경우에는 3년 이상의 유기징역에 처한다.

본죄는 「회계관계직원 등의 책임에 관한 법률」 제2조 제1호·제2호 또는 제4호(제1호 또는 제2호에 규정된 사람의 보조자로서 그 회계사무의 일부를 처리하는 사람만 해당한다)에 규정된 사람이 국고(國庫) 또는 지방자치단체에 손실을 입힐 것을 알면서 그 직무에 관하여 「형법」 제

355조의 죄를 범한 경우 처벌하는데, 공무원범죄몰수법에서 본죄를 특정공무원범죄로 규정하여 처벌하고 있으므로 공무원범죄몰수법 부분에서 살펴보기로 한다(「**제6편 공무원범죄몰수법 제2장**」 부분 참조).

5. 특정범죄가중법 제5조의2 위반죄(약취·유인죄의 가중처벌)

관련조문

제5조의2(약취·유인죄의 가중처벌) ① **13세 미만의 미성년자에 대하여** 「형법」 제287조의 죄를 범한 사람은 그 약취(略取) 또는 유인(誘引)의 목적에 따라 다음 각 호와 같이 가중처벌한다.

1. 약취 또는 유인한 미성년자의 **부모나 그 밖에 그 미성년자의 안전을 염려하는 사람의 우려를 이용하여 재물이나 재산상의 이익을 취득할 목적**인 경우에는 무기 또는 5년 이상의 징역에 처한다.

2. **약취 또는 유인한 미성년자를 살해할 목적**인 경우에는 사형, 무기 또는 7년 이상의 징역에 처한다.

② **13세 미만의 미성년자에 대하여** 「형법」 제287조의 죄를 범한 사람이 다음 각 호의 어느 하나에 해당하는 행위를 한 경우에는 다음 각 호와 같이 가중처벌한다. <개정 2016. 1. 6.>

1. 약취 또는 유인한 미성년자의 부모나 그 밖에 그 미성년자의 안전을 염려하는 사람의 우려를 이용하여 재물이나 재산상의 이익을 취득하거나 이를 요구한 경우에는 무기 또는 10년 이상의 징역에 처한다.

2. 약취 또는 유인한 미성년자를 살해한 경우에는 사형 또는 무기징역에 처한다.

3. 약취 또는 유인한 미성년자를 폭행·상해·감금 또는 유기(遺棄)하거나 그 미성년자에게 가혹한 행위를 한 경우에는 무기 또는 5년 이상의 징역에 처한다.

4. 제3호의 죄를 범하여 미성년자를 사망에 이르게 한 경우에는 사형, 무기 또는 7년 이상의 징역에 처한다.

③ 제1항 또는 제2항의 죄를 범한 사람을 방조(幇助)하여 약취 또는 유인된 미성년자를 은닉하거나 그 밖의 방법으로 귀가하지 못하게 한 사람은 5년 이상의 유기징역에 처한다.

④ 삭제 <2013. 4. 5.>

⑤ 삭제 <2013. 4. 5.>

⑥ 제1항 및 제2항(제2항 제4호는 제외한다)에 규정된 죄의 미수범은 처벌한다.

⑦ 제1항부터 제3항까지 및 제6항의 죄를 범한 사람을 은닉하거나 도피하게 한 사람은 3년 이상 25년 이하의 징역에 처한다.

⑧ 제1항 또는 제2항 제1호·제2호의 죄를 범할 목적으로 예비하거나 음모한 사람은 1년 이상 10년 이하의 징역에 처한다.

　본죄는 형법상 약취·유인죄를 가중처벌하는 규정으로서 ① 그 **행위의 상대방이 13세 미만의 미성년자**라는 점, ② **특별한 목적**이 있는 경우(부모나 그 밖에 그 미성년자의 안전을 염려하는 사람의 우려를 이용하여 재물이나 재산상의 이익을 취득할 목적 또는 미성년자를 살해할 목적 등) **이를 가중처벌한다는 점**에 특징이 있다.

　나머지 약취·유인죄의 구성요건은 「**제2편 제1장 제3절 제2관 자유에 대한 죄**」부분에서 상세히 살펴보았으므로 이 부분에서는 기재를 생략한다.

6. 특정범죄가중법 제5조의4 위반죄(상습강도·절도죄의 가중처벌)

관련조문

　제5조의4(상습 강도·절도죄 등의 가중처벌) ① 삭제<2016. 1. 6.>

　② 5명 이상이 공동하여 상습적으로 「형법」 제329조부터 제331조까지의 죄 또는 그 미수죄를 범한 사람은 2년 이상 20년 이하의 징역에 처한다. <개정 2016. 1. 6.>

　③ 삭제<2016. 1. 6.>

　④ 삭제<2016. 1. 6.>

　⑤ 「형법」 제329조부터 제331조까지, 제333조부터 제336조까지 및 제340조·제362조의 죄 또는 그 미수죄로 세 번 이상 징역형을 받은 사람이 다시 이들 죄를 범하여 누범(累犯)으로 처벌하는 경우에는 다음 각 호의 구분에 따라 가중처벌한다. <개정 2016. 1. 6.>

　1. 「형법」 제329조부터 제331조까지의 죄(미수범을 포함한다)를 범한 경우에는 2년 이상 20년 이하의 징역에 처한다.

　2. 「형법」 제333조부터 제336조까지의 죄 및 제340조제1항의 죄(미수범을 포함한다)를 범한 경우에는 무기 또는 10년 이상의 징역에 처한다.

　3. 「형법」 제362조의 죄를 범한 경우에는 2년 이상 20년 이하의 징역에 처한다.

　⑥ 상습적으로 「형법」 제329조부터 제331조까지의 죄나 그 미수죄 또는 제2항의 죄로 두 번 이상 실형을 선고받고 그 집행이 끝나거나 면제된 후 3년 이내에 다시 상습적으로 「형법」 제329조부터 제331조까지의 죄나 그 미수죄 또는 제2항의 죄를 범한 경우에는 3년 이상 25년 이하의 징역에 처한다. <개정 2016. 1. 6.>

　본죄는 형법상 절도·강도죄를 가중하여 처벌하는 구성요건으로 5명 이상이 공동하여 상습으로 절도죄를 범하는 경우(제2항) 기타 누범가중 등에 해당하는 경우 이를 더욱 무겁게 처벌하는 규정이다.

　형법상 절도·강도죄의 구성요건은 「**제2편 제1장 제3절 제4관 재산에 관한 죄**」부분에서 상세히 살펴보았으므로 여기서는 기재를 생략한다.

7. 특정범죄가중법 제6조 위반죄(관세법위반죄의 가중처벌)

관련조문

제6조(「관세법」 위반행위의 가중처벌) ① 「관세법」 제269조 제1항에 규정된 죄를 범한 사람은 다음 각 호의 구분에 따라 가중처벌한다.

1. 수출 또는 수입한 물품의 가액(이하 이 조에서 "물품가액"이라 한다)이 1억 원 이상인 경우에는 무기 또는 7년 이상의 징역에 처한다.

2. 물품가액이 3천만 원 이상 1억 원 미만인 경우에는 3년 이상의 유기징역에 처한다.

② 「관세법」 제269조 제2항에 규정된 죄를 범한 사람은 다음 각 호의 구분에 따라 가중처벌한다.

1. 수입한 물품의 원가가 5억 원 이상인 경우에는 무기 또는 5년 이상의 징역에 처한다.

2. 수입한 물품의 원가가 2억 원 이상 5억 원 미만인 경우에는 3년 이상의 유기징역에 처한다.

③ 「관세법」 제269조 제3항에 규정된 죄를 범한 사람이 수출하거나 반송한 물품의 원가가 5억 원 이상인 경우에는 1년 이상의 유기징역에 처한다.

④ 「관세법」 제270조 제1항 제1호 또는 같은 조 제4항·제5항에 규정된 죄를 범한 사람은 다음 각 호의 구분에 따라 가중처벌한다.

1. 포탈(逋脫)·면탈(免脫)하거나 감면(減免)·환급받은 세액이 2억 원 이상인 경우에는 무기 또는 5년 이상의 징역에 처한다.

2. 포탈·면탈하거나 감면·환급받은 세액이 5천만 원 이상 2억 원 미만인 경우에는 3년 이상의 유기징역에 처한다.

⑤ 「관세법」 제270조 제1항 제2호 또는 같은 조 제2항에 규정된 죄를 범한 사람은 다음 각 호의 구분에 따라 가중처벌한다.

1. 수입한 물품의 원가가 5억 원 이상인 경우에는 3년 이상의 유기징역에 처한다.

2. 수입한 물품의 원가가 2억 원 이상 5억 원 미만인 경우에는 1년 이상의 유기징역에 처한다.

⑥ 제1항부터 제5항까지의 경우에는 다음 각 호의 구분에 따른 벌금을 병과한다.

1. 제1항의 경우: 물품가액의 2배 이상 10배 이하

2. 제2항의 경우: 수입한 물품 원가의 2배

3. 제3항의 경우: 수출하거나 반송한 물품의 원가

4. 제4항의 경우: 포탈·면탈하거나 감면·환급받은 세액의 2배 이상 10배 이하

5. 제5항의 경우: 수입한 물품의 원가

⑦ 「관세법」 제271조에 규정된 죄를 범한 사람은 제1항부터 제6항까지의 예에 따른 그 정범(正犯) 또는 본죄(本罪)에 준하여 처벌한다.

⑧ 단체 또는 집단을 구성하거나 상습적으로 「관세법」 제269조부터 제271조까지 또는 제274조에 규정된 죄를 범한 사람은 무기 또는 10년 이상의 징역에 처한다.

[전문개정 2010. 3. 31.]

[단순 위헌, 2016헌가13, 2019. 2. 28. '특정범죄 가중처벌 등에 관한 법률'(2010. 3. 31. 법률 제10210호로 개정된 것) 제6조 제7항 중 관세법 제271조 제3항 가운데 제269조 제2항에 관한 부분은 헌법에 위반된다.]

본죄는 관세법위반죄의 경우 그 물품가액의 정도에 따라 가중처벌하는 규정이다. 관세법위반죄의 구체적인 구성요건은 본장에서 이미 살펴본 바 있으므로 여기서는 그 구체적인 기재를 생략한다.

8. 특정범죄가중법 제8조 위반죄(조세범처벌법 등 가중처벌)

관련조문

제8조(조세 포탈의 가중처벌) ① 「조세범 처벌법」 제3조 제1항, 제4조 및 제5조, 「지방세기본법」 제102조 제1항에 규정된 죄를 범한 사람은 다음 각 호의 구분에 따라 가중처벌한다. <개정 2011. 12. 31., 2016. 12. 27.>

1. 포탈하거나 **환급받은 세액** 또는 징수하지 아니하거나 납부하지 아니한 세액(이하 "포탈세액등"이라 한다)이 연간 10억 원 이상인 경우에는 무기 또는 5년 이상의 징역에 처한다.

2. 포탈세액등이 연간 5억 원 이상 10억 원 미만인 경우에는 3년 이상의 유기징역에 처한다.

② 제1항의 경우에는 그 포탈세액등의 2배 이상 5배 이하에 상당하는 벌금을 병과한다.

☞ 제3조(조세 포탈 등) ① **사기나 그 밖의 부정한 행위**로써 조세를 포탈하거나 조세의 **환급·공제**를 받은 자는 2년 이하의 징역 또는 포탈세액, **환급·**공제받은 세액(이하 "포탈세액등"이라 한다)의 2배 이하에 상당하는 벌금에 처한다. 다만, 다음 각 호의 어느 하나에 해당하는 경우에는 3년 이하의 징역 또는 포탈세액등의 3배 이하에 상당하는 벌금에 처한다.

1. 포탈세액등이 3억 원 이상이고, 그 포탈세액등이 신고·납부하여야 할 세액(납세의무자의 신고에 따라 정부가 부과·징수하는 조세의 경우에는 결정·고지하여야 할 세액을 말한다)의 100분의 30 이상인 경우

2. 포탈세액등이 5억 원 이상인 경우

☞ 제4조(면세유의 부정 유통) ① 「조세특례제한법」 제106조의2제1항 제1호에 따른 석유류를 같은 호에서 정한 용도 외의 다른 용도로 사용·판매하여 조세를 포탈하거나 조세의 **환급·**공제를 받은 석유판매업자(같은 조 제2항에 따른 석유판매업자를 말한다)는 3년 이하의 징역 또는 포탈세액등의 5배 이하의 벌금에 처한다.

② 「개별소비세법」 제18조 제1항 제11호 및 「교통·에너지·환경세법」 제15조 제1항 제3호에 따른 외국항행선박 또는 원양어업선박에 사용할 목적으로 개별소비세 및 교통·에너지·환경세를 면제받는 석유류를 외국항행선박 또는 원양어업선박 외의 용도로 반출하여 조세를 포탈하거나, 외국항행선박 또는 원양어업선박 외의 용도로 사용된 석유류에 대하여 외국항행선박 또는 원양어업선박에 사용한 것으로 환급·공제받은 자는 3년 이하의 징역 또는 포탈세액등의 5배 이하의 벌금에 처한다. <개정 2018. 12. 31.>

☞ **제5조(가짜석유제품의 제조 또는 판매)** 「석유 및 석유대체연료 사업법」 제2조 제10호에 따른 가짜석유제품을 제조 또는 판매하여 조세를 포탈한 자는 5년 이하의 징역 또는 포탈한 세액의 5배 이하의 벌금에 처한다. <개정 2013. 1. 1.>

[제목개정 2013. 1. 1.]

☞ **지방세기본법 제102조(지방세의 포탈)** ① **사기나 그 밖의 부정한 행위**로써 지방세를 포탈하거나 지방세를 **환급**·공제받은 자는 2년 이하의 징역 또는 탈세액이나 **환급**·공제받은 세액(이하 "포탈세액등"이라 한다)의 2배 이하에 상당하는 벌금에 처한다. 다만, 다음 각 호의 어느 하나에 해당하는 경우에는 3년 이하의 징역 또는 포탈세액등의 3배 이하에 상당하는 벌금에 처한다.

1. 포탈세액등이 3억 원 이상이고, 그 포탈세액등이 신고납부하여야 할 세액의 100분의 30 이상인 경우
2. 포탈세액등이 5억 원 이상인 경우

범죄수익은닉규제법은 특정범죄가중법 제8조를 중대범죄로 규정하고 있으면서도 조세범처벌법 제3조 제1항, 제4조 및 제5조, 지방세기본법 제102조 제1항에 규정된 죄 중 조세 및 지방세를 '**환급**'받는 경우만 해당한다고 규정하여 중대범죄의 범위를 축소하고 있다.

관련조문

범죄수익은닉규제법 별표

19. 「특정범죄 가중처벌 등에 관한 법률」 제2조·제3조·제5조·제5조의2·제5조의4·제6조 및 **제8조(「조세범 처벌법」 제3조 제1항, 제4조 및 제5조, 「지방세기본법」 제102조 제1항에 규정된 죄 중 조세 및 지방세를 환급받는 경우만 해당한다)**

따라서 본죄의 경우 중대범죄의 구성요건은 조세범처벌법 제3조 제1항, 제4조, 제5조 및 지방세기본법 제102조 제1항에 따라 사기나 그 밖의 부정한 방법으로(조세범처벌법 제3조 제1항, 지방세기본법 제102조 제1항), 면세유나 가짜석유의 유통을 통하여(조세범처벌법 제4조, 제5조)

세금을 '환급'받는 것이다.

그러나 실무상 본죄가 중대범죄로 적용되어 범죄수익을 환수하거나 자금세탁범죄로 처벌된 사례는 쉽게 찾기 어렵다.

12 채무자 회생 및 파산에 관한 법률위반(제20호)

1. 서설

범죄수익은닉규제법은 별표 제20호에서 **채무자 회생 및 파산에 관한 법률**(이하, '채무자회생법'이라 함) **제650조, 제652조, 제654조의 죄**를 중대범죄로 규정하고 있다. 본죄는 최초 '파산법위반죄'로 규정되어 있다가 2006. 4. 1. 파산법이 채무자회생법으로 개정되면서 현재와 같이 중대범죄가 변경되었다.

그런데 부패재산몰수법은 채무자회생법 제645조, 제646조, 제655조 및 제656조의 죄를 부패범죄로 규정하고 있어 범죄수익은닉규제법과 차이가 있다.

관련조문

범죄수익은닉규제법 별표
중대범죄(제2조 제1호 관련)
20. 「채무자 회생 및 파산에 관한 법률」 **제650조·제652조·제654조의 죄**

관련조문

부패재산몰수법 별표
부패범죄(제2조 제1호 관련)
14. 「채무자 회생 및 파산에 관한 법률」 제645조, 제646조, 제655조 및 제656조의 죄

채무자회생법은 재정적 어려움으로 인하여 파탄에 직면해 있는 채무자에 대하여 채권자·주주·지분권자 등 이해관계인의 법률관계를 조정하여 채무자 또는 그 사업의 효율적인 회생을 도모하거나, 회생이 어려운 채무자의 재산을 공정하게 환가·배당하는 것을 목적으로 한다(동법 제1조).

이와 같이 채무자 및 이해관계인의 회생을 도모하는 과정에서 발생하는 불법행위를 통해 범죄수익등을 취득하는 경우 이를 환수할 수 있도록 한 것으로 채무자회생법위반은 경제범

죄의 영역에 포함된다고 판단되어 이 장에서 다루기로 한다.

구체적으로는 채무자가 채권자를 해할 목적으로 파산행위를 하는 사기파산 행위(**동법 제 650조**), 일정한 지위에 있는 자의 사기 파산 행위(**동법 제652조**), 제3자의 사기 파산 행위(**동법 제654조**)가 중대범죄에 해당한다. 채무자회생법은 사기파산 행위와 과태파산행위를 구별하여 규정하고 있는데 과태파산 행위(동법 제651조)는 중대범죄에서 제외하고 있는 점에 비추어 보면 일정한 지위에 있는 자의 파산 행위(동법 제652조)의 경우에도 과태파산의 죄는 제외된다고 해석함이 상당하다(私見).

관련조문

제650조(사기파산죄) ① 채무자가 파산선고의 전후를 불문하고 자기 또는 타인의 이익을 도모하거나 채권자를 해할 목적으로 다음 각호의 어느 하나에 해당하는 행위를 하고, 그 파산선고가 확정된 때에는 10년 이하의 징역 또는 1억 원 이하의 벌금에 처한다. <개정 2013. 5. 28.>

1. 파산재단에 속하는 재산을 은닉 또는 손괴하거나 채권자에게 불이익하게 처분을 하는 행위
2. 파산재단의 부담을 허위로 증가시키는 행위
3. 법률의 규정에 의하여 작성하여야 하는 상업장부를 작성하지 아니하거나, 그 상업장부에 재산의 현황을 알 수 있는 정도의 기재를 하지 아니하거나, 그 상업장부에 부실한 기재를 하거나, 그 상업장부를 은닉 또는 손괴하는 행위
4. 제481조의 규정에 의하여 법원사무관등이 폐쇄한 장부에 변경을 가하거나 이를 은닉 또는 손괴하는 행위

② 수탁자, 신탁재산관리인, 수탁자의 법정대리인, 수탁자의 지배인 또는 법인인 수탁자의 이사가 파산선고의 전후를 불문하고 자기 또는 타인의 이익을 도모하거나 채권자를 해할 목적으로 제1항 각 호의 어느 하나에 해당하는 행위를 하고, 유한책임신탁재산에 대한 파산선고가 확정된 경우에는 10년 이하의 징역 또는 1억 원 이하의 벌금에 처한다.

제652조(일정한 지위에 있는 자의 사기파산 및 과태파산죄) 다음 각호의 어느 하나에 해당하는 자가 제650조 및 제651조에 규정된 행위를 하고, 채무자에 대한 파산선고가 확정된 때에는 제650조 및 제651조의 예에 의한다. 상속재산에 대한 파산의 경우 상속인 및 그 법정대리인과 지배인에 관하여도 또한 같다.

1. 채무자의 법정대리인
2. 법인인 채무자의 이사
3. 채무자의 지배인

제654조(제3자의 사기파산죄) 채무자 및 제652조 각호의 자가 아닌 자가 파산선고의 전후를 불문하고 자기 또는 타인의 이익을 도모하거나 채권자를 해할 목적으로 제650조 각호의 행

위를 하거나 자기나 타인을 이롭게 할 목적으로 파산채권자로서 허위의 권리를 행사하고, 채무자에 대한 파산선고가 확정된 경우 그 행위를 한 자는 10년 이하의 징역 또는 1억 원 이하의 벌금에 처한다.

채무자회생법은 법률상 자체적인 범죄수익 몰수·추징 규정이 없으므로 위 각 중대범죄로 취득한 범죄수익등에 대한 환수에는 **범죄수익은닉규제법상 임의적 몰수·추징 규정이 적용**된다.

2. 사기파산죄(동법 제650조, 제652조, 제654조)

관련조문

제650조(사기파산죄) ① 채무자가 파산선고의 전후를 불문하고 자기 또는 타인의 이익을 도모하거나 채권자를 해할 목적으로 다음 각 호의 어느 하나에 해당하는 행위를 하고, 그 파산선고가 확정된 때에는 10년 이하의 징역 또는 1억 원 이하의 벌금에 처한다. <개정 2013. 5. 28.>

1. 파산재단에 속하는 재산을 은닉 또는 손괴하거나 채권자에게 불이익하게 처분을 하는 행위
2. 파산재단의 부담을 허위로 증가시키는 행위
3. 법률의 규정에 의하여 작성하여야 하는 상업장부를 작성하지 아니하거나, 그 상업장부에 재산의 현황을 알 수 있는 정도의 기재를 하지 아니하거나, 그 상업장부에 부실한 기재를 하거나, 그 상업장부를 은닉 또는 손괴하는 행위
4. **제481조**의 규정에 의하여 법원사무관등이 폐쇄한 장부에 변경을 가하거나 이를 은닉 또는 손괴하는 행위

☞ **제481조(재산장부의 폐쇄)** 파산관재인은 파산선고 후 지체 없이 채무자의 재산에 관한 장부를 폐쇄하고 그 취지를 기재한 후 기명날인하여야 한다.

② **수탁자, 신탁재산관리인, 수탁자의 법정대리인, 수탁자의 지배인 또는 법인인 수탁자의 이사가** 파산선고의 전후를 불문하고 자기 또는 타인의 이익을 도모하거나 채권자를 해할 목적으로 제1항 각 호의 어느 하나에 해당하는 행위를 하고, 유한책임신탁재산에 대한 파산선고가 확정된 경우에는 10년 이하의 징역 또는 1억 원 이하의 벌금에 처한다. <신설 2013. 5. 28.>

제652조(일정한 지위에 있는 자의 사기파산 및 과태파산죄) 다음 각 호의 어느 하나에 해당하는 자가 제650조 및 제651조에 규정된 행위를 하고, 채무자에 대한 파산선고가 확정된 때에는 제650조 및 제651조의 예에 의한다. **상속재산에 대한 파산의 경우 상속인 및 그 법정대리인과 지배인**에 관하여도 또한 같다.

1. 채무자의 법정대리인
2. 법인인 채무자의 이사
3. 채무자의 지배인

제654조(제3자의 사기파산죄) 채무자 및 제652조 각호의 자가 아닌 자가 파산선고의 전후를 불문하고 자기 또는 타인의 이익을 도모하거나 채권자를 해할 목적으로 제650조 각호의 행위를 하거나 자기나 타인을 이롭게 할 목적으로 파산채권자로서 허위의 권리를 행사하고, 채무자에 대한 파산선고가 확정된 경우 그 행위를 한 자는 10년 이하의 징역 또는 1억 원 이하의 벌금에 처한다.

가. 서설

채무자회생법은 채무자가 파산선고의 전후를 불문하고 자기 또는 타인의 이익을 도모하거나 채권자를 해할 목적으로 여러 가지 행위를 하는 경우 이를 엄하게 처벌하도록 규정하고 있다. 특히 채무자회생법 제650조 제1항 제1호, 제2호는 **파산재단에 속하는 재산을 은닉, 손괴하거나 채권자에게 불이익한 처분을 하는 행위, 파산재단의 부담을 허위로 증가시키는 행위를 처벌하도록 규정**하고 있는데 구체적으로 파산재단에 속하는 재산이 어떤 것인지, 채무자의 재산(채무 포함) 중 파산재단에서 제외되는 것은 무엇인지를 면밀히 살필 필요가 있다.

만약 채무자가 위와 같은 은닉, 손괴 채무 허위부담 등의 행위를 한다 하더라도 그 재산이 파산재단의 범주에 포함되지 않는다면 범죄가 성립할 수 없다.

나. 구성요건의 주체

채무자회생법상 사기파산죄의 행위 주체는 ① 기본적으로 파산선고의 전후를 불문한 채무자이다(동법 제650조 제1항). 다만 ② 수탁자, 신탁재산관리인, 수탁자의 법정대리인, 수탁자의 지배인 또는 법인인 수탁자의 이사 또한 위 죄의 주체가 될 수 있다(동법 제650조 제2항).

또한 ③ 채무자의 법정대리인, 법인인 채무자의 이사, 채무자의 지배인(동법 제652조 각호), 상속재산에 대한 파산의 경우 상속인 및 그 법정대리인과 지배인(동법 제652조 후문)도 주체가 된다.

나아가 ④ 채무자 및 제652조 각 호가 아닌 자라고 하더라도 파산선고의 전후를 불문하고 자기 또는 타인의 이익을 도모하거나 채권자를 해할 목적으로 제650조 각 호의 행위를 하거나 자기나 타인을 이롭게 할 목적으로 파산채권자로서 허위의 권리를 행사하고 채무자에 대한 파산선고가 확정된 경우, 그와 같은 행위를 한 자도 주체가 될 수 있다(동법 제654조). 제3자 사기파산죄의 경우 채무자 또는 일정한 지위에 있는 사람이 아니더라도 채권자를 해할 목적으로 허위로 파산채권자로서의 권리를 행사한다면 위 죄의 주체가 될 수 있다는 점에서 주의를 요한다.

한편 본죄와 관련하여 **채무자는 파산선고의 전후를 불문한다고 규정하고 있는데 구체적으로 언제부터 위 죄의 주체가 되는지 문제**된다. 생각건대 위 구성요건 각 호에는 파산재단을 명시하고 있는 점, 채무자회생법상 범죄가 성립하기 위해선 파산신청이라는 구체적인 절차가 개시될 필요가 있는 점에 비추어 채무자와 그 수탁자, 신탁재산관리인, 수탁자의 법정대리인, 수탁자의 지배인 또는 법인인 수탁자의 이사가 파산신청을 한 경우에 한하여 위 범죄의 주체성을 인정함이 상당하다(私見).

다. 구성요건의 객체

사기파산의 대상이 되는 객체는 '파산재단'이어야 하는데(동법 제650조 제1항 제1호 내지 제2호) 채무자회생법상 채무자가 파산선고 당시에 가진 모든 재산은 파산재단에 속하고(동법 제382조 제1항), 채무자가 파산선고 전에 생긴 원인으로 장래에 행사할 청구권 또한 파산재단에 속하지만(동조 제2항), 압류금지 채권은 제외되고(동법 제383조 제1항, 민사집행법 제246조 참조), 채무자 등의 신청으로 법원이 파산재단에서 제외한 재산 또한 파산재단에서 배제된다(동법 제383조 제2항 각호 참조).

한편 법률의 규정에 의하여 작성하여야 하는 상업장부(동법 제650조 제1항 제3호)에 관한 범죄와 관련하여 위 상업장부는 상법 제33조에 따라 10년간 보존의무를 부담하는 경우가 대표적이므로 위와 같이 법률상 작성, 보존 의무가 부여되는 상업장부가 사기파산의 객체가 된다.

관련조문

상법 제33조(상업장부등의 보존) ① 상인은 10년간 상업장부와 영업에 관한 중요서류를 보존하여야 한다. 다만, 전표 또는 이와 유사한 서류는 5년간 이를 보존하여야 한다. <개정 1995. 12. 29.>
② 전항의 기간은 상업장부에 있어서는 그 폐쇄한 날로부터 기산한다.
③ 제1항의 장부와 서류는 마이크로필름 기타의 전산정보처리조직에 의하여 이를 보존할 수 있다. <신설 1995. 12. 29.>
④ 제3항의 규정에 의하여 장부와 서류를 보존하는 경우 그 보존방법 기타 필요한 사항은 대통령령으로 정한다. <신설 1995. 12. 29.>

나아가 파산관재인은 파산선고 후 지체 없이 채무자의 재산에 관한 장부를 폐쇄하는데 이와 같이 법원사무관등이 폐쇄한 장부도 사기파산죄의 객체가 된다(동법 제650조 제1항 제4호).

라. 구성요건적 행위

본죄의 **구성요건적 행위**는 채무자, 일정한 지위에 있는 자의 **사기 파산행위**(동법 제 650조, 제652조)**의 경우** ① 위와 같은 파산재단에 속하는 재산을 은닉 또는 손괴하거나 채 권자에게 불이익하게 처분을 하는 행위(제650조 제1항 제1호), ② 파산재단의 부담을 허위로 증가시키는 행위(같은 항 제2호), ③ 법률의 규정에 의하여 작성하여야 하는 상업장부를 작 성하지 아니하거나, 그 상업장부에 재산의 현황을 알 수 있는 정도의 기재를 하지 아니하거 나, 그 상업장부에 부실한 기재를 하거나, 그 상업장부를 은닉 또는 손괴하는 행위(같은 항 제 3호), ④ 채무자회생법 제481조의 규정에 의하여 법원사무관등이 폐쇄한 장부에 변경을 가 하거나 이를 은닉 또는 손괴하는 행위이다(같은 항 제4호).

한편 **제3자 사기 파산행위의 경우**(동법 제654조), ① 파산선고의 전후를 불문하고 자기 또는 타인의 이익을 도모하거나 채권자를 해할 목적으로 제650조 각호의 행위를 하거나 ② 자기나 타인을 이롭게 할 목적으로 파산채권자로서 허위의 권리를 행사하는 것이다. 이 때 **채무자에 대한 파산선고가 향후 확정될 것을 요한다.** 채무자 또는 일정한 지위에 있지 않더라도 위와 같이 허위채권자로 행세한 제3자를 처벌하기 위한 규정이다.

여기서, '**은닉**'이란 채권자 또는 파산관재인에 대하여, 재산의 발견을 불가능 또는 곤란하 게 하는 것을 말한다. 재산을 장소적으로 이동시켜 그 소재를 불명하게 하는 행위뿐만 아니 라, 재산의 소유관계를 불명하게 하는 것도 은닉에 해당하며, 강제집행면탈죄의 허위양도도 포함한다. 그러나 채무자가 법원에 파산신청을 하면서 단순히 소극적으로 자신의 재산 상황 을 제대로 기재하지 아니한 재산목록 등을 제출하는 행위는 위 죄에서 말하는 '재산의 은닉' 에 해당한다고 할 수 없다.[273]

행위의 시기는 파산선고의 전후를 묻지 않는다. 다만 사기파산죄는 총 채권자의 이익을 보호하기 위한 규정이므로 그 해당 행위를 인정하기 위해서는 그 행위 시에 총 채권자의 이 익을 해할 수 있는 객관적인 상황, 즉 파산원인인 채무초과 또는 지급불능이 발생할 상황에 있어야 한다.

사기파산죄에 해당하기 위해서는 **주관적 구성요건요소로서** 해당 행위에 대한 인식이 있 어야 한다. 또한 파산개시에 대한 위험을 인식해야 하며, 고의 외에 '**자기 또는 타인의 이 익을 도모하거나 채권자를 해할 목적**'이라는 주관적 요소를 구성요건으로서 요구하고 있 다. 목적이란 결과에 대한 미필적 인식만으로는 부족하고, 확정적인 인식 또는 적극적인 의 욕을 필요로 한다.

---

[273] 대법원 2009. 1. 30. 선고 2008도6950 판결, 대법원 2009. 7. 9. 선고 2009도4008 판결 등 참조.

위 재산의 은닉행위와 관련하여 **대법원**은 「피고인 1이 기존에 보유하던 차명재산의 명의를 바꾸거나 이를 처분하여 새로운 형태의 자산을 차명으로 취득하는 것은 이전보다 재산의 발견을 더욱 곤란하게 하거나 적극적으로 재산의 소유관계를 불명하게 하는 행위로서 '재산의 은닉'에 해당한다는 취지로 판단한 것은 정당하다」라고 판시한 바 있다.[274]

마. 처벌

본죄를 위반하면 모두 10년 이하의 징역 또는 1억 원 이하의 벌금에 처한다.

바. 범죄수익환수 사례

실무상 사기파산죄의 성립을 인정하면서 그와 같은 범죄행위를 통해 취득한 범죄수익을 몰수·추징한 사례는 발견되지 않는다. 위와 같은 중대범죄행위로 재산을 은닉하거나 손괴한 경우 이와 같은 행위를 통해 취득한 재산은 모두 범죄수익환수 대상에 해당한다는 점을 유념하여 실무상 이를 적극 적용할 필요가 있다.

가령 다음과 같이 허위의 채무를 부담하여 파산선고를 받는 행위를 한 경우, 파산선고를 통해 면책의 대상이 된 기존의 채무는 피고인이 사기파산을 통해 채무자가 면제받아 취득한 범죄수익에 해당한다고 보아 이를 환수할 필요성이 있다(私見).

13 영화 및 비디오물의 진흥에 관한 법률위반(제25호)

1. 서설

범죄수익은닉규제법은 별표 제25호에서 **영화 및 비디오물의 진흥에 관한 법률**(이하, '영화비디오법'이라 함) **제95조 제6호의 죄**를 중대범죄로 규정하고 있다. 본죄는 2012. 1. 17. **범죄수익은닉규제법이 개정**(2012. 4. 18. 시행)**되면서 중대범죄로 모두 추가**되었다.

관련조문

범죄수익은닉규제법 별표

중대범죄(제2조 제1호 관련)

25. 「영화 및 비디오물의 진흥에 관한 법률」 제95조 제6호의 죄

---

[274] 대법원 2016. 10. 13. 선고 2016도8347 판결 참조.

영화비디오법은 영화 및 비디오물의 질적 향상을 도모하고 영상문화 및 영상산업의 진흥을 촉진함으로써 국민의 문화생활 향상과 민족문화의 창달에 이바지함을 목적으로 하고(동법 제1조 참조) 있으므로 본죄는 경제범죄의 영역에 포함된다고 봄이 상당하다.

구체적으로는 영화비디오법 제95조 제6호, 제53조 제1항에 따라 불법비디오물을 제작, 유통, 시청에 제공하거나 이를 위하여 진열, 보관하는 행위를 중대범죄로 규정하고 있는데 위와 같은 중대범죄로 취득한 범죄수익에 대해서는 영화비디오법상 자체적인 범죄수익 몰수·추징 규정이 없으므로 **범죄수익은닉규제법상 임의적 몰수·추징 규정이 적용**된다.

2. 불법비디오물 제작, 유통, 시청제공 및 진열, 보관의 점

관련조문

제95조(벌칙) 다음 각 호의 어느 하나에 해당하는 자는 2년 이하의 징역 또는 2천만 원 이하의 벌금에 처한다. <개정 2009. 5. 8., 2018. 10. 16.>

6. **제53조 제1항의 규정을 위반**하여 불법비디오물을 제작·유통·시청에 제공하거나 이를 위하여 진열·보관한 자

☞ **제53조(불법비디오물의 판매 등의 금지)** ①누구든지 다음 각 호의 어느 하나에 해당하는 비디오물을 제작하거나 공급·판매·대여(이하 "유통"이라 한다) 또는 시청에 제공하거나 이를 위하여 진열·보관하여서는 아니 된다. <개정 2018.10.16>

1. **제50조 제1항**의 규정을 위반하여 등급분류를 받지 아니한 비디오물
2. **제51조 제1항**의 규정을 위반하여 확인을 받지 아니하고 복제하거나 배급한 비디오물
3. **제52조 제1항**의 규정에 따라 등급분류 또는 확인이 취소된 해당 비디오물
4. **제57조 제1항**의 규정을 위반하여 신고를 하지 아니한 자가 제작하거나 수입 또는 배급한 비디오물
5. 등급분류를 받은 내용을 변경하거나 등급을 변경한 비디오물

☞ **제50조(등급분류)** ① **비디오물을 제작 또는 배급(수입을 포함한다. 이하 같다)하는 자는 해당 비디오물을 공급하기 전에 해당 비디오물의 내용에 관하여 영상물등급위원회로부터 등급분류를 받아야 한다.** 다만, 다음 각 호의 어느 하나에 해당하는 비디오물의 경우에는 그러하지 아니하다. <개정 2008. 2. 29., 2012. 2. 17., 2018. 10. 16.>

1. 대가를 받지 아니하고 특정한 장소에서 청소년이 포함되지 아니한 특정인을 대상으로 하여 시청에 제공하는 비디오물
2. 대가를 받지 아니하고 정보통신망을 이용하여 공중의 시청에 제공하는 비디오물. 다만, 「음악산업 진흥에 관한 법률」 제2조 제8호부터 제11호까지에 해당하는 영업을 하는 자가 제작·유통하거나 공중의 시청에 제공하는 음악영상파일은 제외한다.

3. 문화체육관광부장관 또는 관계중앙행정기관의 장이 추천하는 영상물 대회, 전시회 등에
서 시청에 제공하는 비디오물

4. 등급분류를 받은 영화(제한상영가 영화를 제외한다)를 동일한 내용으로 제작하는 비디
오물. 이 경우 해당 영화의 상영등급을 비디오물의 등급으로 본다.

5. 그 밖에 비디오물의 제작 주체, 유통 형태 등에 비추어 보아 등급분류가 필요하지 아니
한 비디오물로서 대통령령이 정하는 것

☞ **제51조(복제 등의 확인)** ① 등급분류를 받은 비디오물을 동일한 내용의 다른 비디오물로 복
제하거나 이를 배급하고자 하는 자(이하 이 조에서 "제작자등"이라 한다)는 그 복제 또는
배급에 관한 정당한 권리를 가진 자임을 증명하는 서류를 갖추어 등급분류를 받은 비디오
물과 동일한 내용인지의 여부를 영상물등급위원회로부터 확인받아야 한다. 다만, 제작자등
이 등급분류를 받은 비디오물을 동일한 내용의 다른 비디오물로 복제하거나 배급할 권리가
있음을 제50조 제1항의 규정에 의한 등급분류신청 시에 영상물등급위원회로부터 확인받은
경우에는 그러하지 아니하다.

☞ **제52조(등급분류 등의 취소)** ① 영상물등급위원회는 거짓 그 밖의 부정한 방법으로 제50조
제1항의 규정에 의한 등급분류 또는 제51조 제1항의 규정에 의한 확인을 받거나 정당한
권리자가 아닌 자가 등급분류 또는 확인을 받은 경우에는 해당 등급분류 또는 확인을 취소
하여야 한다. <개정 2018. 10. 16.>

☞ **제57조(비디오물제작업 등의 신고)** ① 비디오물제작업 또는 비디오물배급업을 하려는 자는
시장·군수·구청장에게 신고하여야 한다. 다만, 다음 각 호의 어느 하나에 해당하는 경우
에는 신고하지 아니하고 이를 할 수 있다. <개정 2009. 5. 8.>

1. 국가 또는 지방자치단체가 제작하는 경우

2. 법령에 의하여 설립된 교육기관 또는 연수기관이 자체교육 또는 연수의 목적으로 사용
하기 위하여 제작하는 경우

3. 「방송법」에 의한 방송사업자가 방송의 목적에 사용하기 위하여 제작하는 경우

4. 「공공기관의 운영에 관한 법률」에 따른 공공기관이 그 사업의 홍보에 사용하기 위하여
제작하는 경우

5. 관혼상제 또는 종교의식 등의 행사를 기념으로 남기기 위한 목적으로 제작하는 경우.
다만, 공중에게 유통시키거나 시청에 제공하는 경우를 제외한다.

6. 정보통신망만을 이용하여 시청에 제공할 목적으로 제작·배급하는 경우

7. 불특정 다수인을 대상으로 유통하거나 시청에 제공할 목적 외의 다른 목적으로 제작하
는 경우

8. 제50조 제1항 각 호의 규정에 해당하는 비디오물을 제작하는 경우

가. 구성요건의 주체

본죄의 **구성요건 주체**는 영화비디오법 제53조 제1항 각 호에 따라 각각 다르다.

① **같은 항 제1호, 제50조 제1항**의 경우 그 행위의 주체는 비디오물을 제작 또는 배급(수입을 포함한다)하는 사람이고, ② **같은 항 제2호, 제51조 제1항**의 경우, 등급분류를 받은 비디오물을 동일한 내용의 다른 비디오물로 복제하거나 이를 배급하고자 하는 사람이다.

나아가 ③ **같은 항 제3호, 제52조 제1항**의 경우, 거짓 그 밖의 부정한 방법으로 제50조 제1항의 규정에 의한 등급분류 또는 제51조 제1항의 규정에 의한 확인을 받거나 정당한 권리자가 아닌 사람으로 영상물등급위원회로부터 등급분류 또는 확인이 취소된 자가 주체가 되고, ④ **같은 항 제4호, 제57조 제1항**은 비디오물제작업 또는 비디오물배급업을 하려는 사람으로서 관할 관청에 신고를 하지 아니한 자가 주체가 된다.

나. 구성요건적 행위 및 객체

위 영화비디오법 제53조 제1항 각 호에 따른 **구성요건적 행위의 객체**는 등급분류를 받지 않은 비디오물(제1호), 복제 등 확인을 받지 않고 무단 복제하여 배급한 비디오물(제2호), 등급분류 또는 확인이 취소된 비디오물(제3호), 미신고 비디오물 제작업자가 제작하거나 수입, 배급한 비디오물(제4호) 및 등급분류 내용을 변경한 비디오물이다(제5호). 위 각 **구성요건적 행위**는 불법비디오물을 제작, 유통, 시청에 제공하거나 이를 위하여 진열, 보관하는 것이다.

다. 처벌

2년 이하의 징역 또는 2천만 원 이하의 벌금에 처한다. 본죄를 범하고 취득한 범죄수익은 모두 범죄수익은닉규제법에 따라 환수의 대상이 됨은 앞에서 본 바와 같다.

3. 범죄수익환수 사례

실무상 등급분류를 받지 아니한 비디오물을 함부로 제작, 판매, 유통하는 경우 이러한 행위가 대개 인터넷 등 정보통신망을 통해 이루어지므로 이 때는 정보통신망법 제74조 제1항 제2호 위반죄와 본죄가 함께 성립하고 양 죄는 경합범 관계에 있다. 이에 대하여 본죄를 적용하여 범죄수익을 환수한 사례는 쉽게 확인되지 않는다.

14 출입국관리법위반(제27호)

1. 서설

범죄수익은닉규제법은 별표 제27호에서 **출입국관리법 제93조의2 제2항의 죄**를 중대범죄로 규정하고 있다. 본죄는 2012. 1. 17. **범죄수익은닉규제법이 개정(2012. 4. 18. 시행)되면서 중대범죄로 추가**되었다.

관련조문

범죄수익은닉규제법 별표

<u>중대범죄(제2조 제1호 관련)</u>

27. 「출입국관리법」 **제93조의2 제2항**의 죄

출입국관리법은 대한민국에 입국하거나 대한민국에서 출국하는 모든 국민 및 외국인의 출입국관리를 통한 안전한 국경관리, 대한민국에 체류하는 외국인의 체류관리와 사회통합 등에 관한 사항을 규정함을 목적으로 하고 있다(동법 제1조 참조). 위 중대범죄는 외국인을 불법입국하게 하거나 이를 알선하는 행위를 처벌하고 있으므로 출입국관리법의 규정취지와 목적, 중대범죄 구성요건을 고려하면 위 법률 위반의 점은 경제범죄의 영역에 포함된다고 해석되어 이 장에서 다루기로 한다.

위 중대범죄는 영리를 목적으로 ① 동법 제12조 제1항 또는 제2항의 입국심사를 받아야 하는 외국인을 집단으로 불법입국하게 하거나 이를 알선하는 행위(**동법 제93조의2 제2항 제1호**), ② 동법 제12조의3 제1항을 위반하여 외국인을 집단으로 불법입국 또는 불법출국하게 하거나 대한민국을 거쳐 다른 국가로 불법입국하게 할 목적으로 선박 등이나 여권·사증, 탑승권, 그 밖에 출입국에 사용될 수 있는 서류 및 물품을 제공하거나 알선하는 행위(**같은 항 제2호**), ③ 동법 제12조의3 제2항을 위반하여 불법으로 입국한 외국인을 집단으로 대한민국에서 은닉 또는 도피하게 하거나 은닉 또는 도피하게 할 목적으로 교통수단을 제공하거나 이를 알선하는 행위(**같은 항 제3호**)로 구성되어 있다.

출입국관리법상 중대범죄로 취득한 범죄수익에 대해서는 자체적인 범죄수익 몰수·추징 규정이 없으므로 **범죄수익은닉규제법상 임의적 몰수·추징 규정이 적용**된다. 다만 몰수나 추징을 선고하기 위해서는 몰수나 추징의 요건이 공소가 제기된 범죄사실과 관련되어 있어야 하므로, 법원으로서는 범죄사실에서 인정되지 아니한 사실에 관하여는 몰수나 추징을 선고할 수 없다.[275] 몰수대상이 되는지 여부나 추징액의 인정 등 몰수·추징의 사유는 범죄구

성요건 사실에 관한 것이 아니어서 엄격한 증명은 필요 없지만 역시 증거에 의하여 인정되어야 한다.[276]

2. 외국인 집단 불법 출입국·알선의 점(제93조의2 제2항 제1호, 제12조 제1항, 제2항)

관련조문

출입국관리법 제93조의2(벌칙) ② 다음 각 호의 어느 하나에 해당하는 사람으로서 **영리를 목적**으로 한 사람은 7년 이하의 징역 또는 7천만 원 이하의 벌금에 처한다. <개정 2012. 1. 26., 2014. 1. 7., 2020. 3. 24.>

1. **제12조 제1항 또는 제2항**에 따라 입국심사를 받아야 하는 외국인을 집단으로 불법입국하게 하거나 이를 알선한 사람

☞ **출입국관리법 제12조(입국심사)** ① 외국인이 입국하려는 경우에는 입국하는 출입국항에서 **대통령령**으로 정하는 바에 따라 여권과 입국신고서를 출입국관리공무원에게 제출하여 입국심사를 받아야 한다.

② 제1항에 관하여는 **제6조 제1항 단서 및 같은 조 제3항**을 준용한다.

☞ **출입국관리법 제6조(국민의 입국)** ① 대한민국 밖의 지역에서 대한민국으로 입국(이하 "입국"이라 한다)하려는 국민은 유효한 여권을 가지고 입국하는 출입국항에서 출입국관리공무원의 입국심사를 받아야 한다. 다만, 부득이한 사유로 출입국항으로 입국할 수 없을 때에는 지방출입국·외국인관서의 장의 허가를 받아 출입국항이 아닌 장소에서 출입국관리공무원의 입국심사를 받은 후 입국할 수 있다.

③ 제1항에 따른 입국심사는 대통령령으로 정하는 바에 따라 정보화기기에 의한 입국심사로 갈음할 수 있다.

☞ **출입국관리법 시행령 제15조(입국심사)** ① 외국인은 법 제12조 제1항에 따른 입국심사를 받을 때에는 여권과 입국신고서를 출입국관리공무원에게 제출하고 질문에 답하여야 한다. 다만, 다음 각 호의 어느 하나에 해당하는 경우에는 입국신고서의 제출을 생략할 수 있다. <개정 2016. 9. 29.>

---

[275] 대법원 2016. 12. 15. 선고 2016도16170 판결 등 참조. 대법원 2019. 12. 27. 선고 2018도18533 판결 참조(위 사례에서 대법원은 피고인이 받은 범죄수익은 '외국인을 고용, 알선받고 지급받은 대가'이고, 피고인에게 선고된 유죄판결의 내용은 피고인이 '체류자격이 없는 외국인을 고용하였다'는 것이므로 추징의 대상이 되는 '범죄행위로 생긴 재산'에 대한 기초사실이 유죄판결의 범죄사실과 서로 달라 그 금원을 추징할 수 없다고 판시한 바 있다).

[276] 대법원 2006. 4. 7. 선고 2005도9858 전원합의체 판결 등 참조.

1. 법 제31조에 따른 외국인등록이 유효한 경우
2. 「재외동포의 출입국과 법적지위에 관한 법률」 제6조에 따른 국내거소신고가 유효한 경우
3. 그 밖에 법무부장관이 정하는 경우
② 출입국관리공무원은 제1항에 따른 입국심사를 할 때에는 입국의 적격 여부와 그 밖에 필요한 사항을 확인하여야 한다.
③ 출입국관리공무원은 제1항 및 제2항에 따라 입국심사를 마친 때에는 제출받은 여권에 입국심사인을 찍거나 입국심사증을 발급해야 한다. 이 경우 입국심사인 및 입국심사증에는 허가된 체류자격과 체류기간을 적어야 한다.
④ 다음 각 호의 요건을 모두 갖춘 외국인은 법 제12조 제2항에 따라 정보화기기에 의한 입국심사를 받을 수 있다. 이 경우 법 제38조 제1항 제1호에 따라 지문과 얼굴에 관한 정보를 제공한 외국인으로서 정보화기기를 이용한 입국심사에 지장이 없는 경우에는 제2호의 요건을 갖춘 것으로 본다.
1. 17세 이상으로서 다음 각 목의 어느 하나에 해당하는 사람일 것
    가. 다음의 어느 하나에 해당하는 사람
        1) 법 제31조에 따른 외국인등록이 유효한 사람
        2) 「재외동포의 출입국과 법적 지위에 관한 법률」 제6조에 따른 국내거소신고가 유효한 사람
    나. 대한민국과 상호 간에 정보화기기를 이용한 출입국심사를 할 수 있도록 양해각서·협정 등을 체결하거나 그 밖의 방법으로 합의한 국가의 국민으로서 법무부장관이 정하는 사람
    다. 그 밖에 법무부장관이 정보화기기에 의한 입국심사를 받을 필요가 있다고 인정하는 사람
2. 법무부령으로 정하는 바에 따라 스스로 지문과 얼굴에 관한 정보를 등록하였을 것
3. 그 밖에 법무부장관이 정하여 고시하는 요건을 갖추고 있을 것
⑤ 제4항에 따라 입국심사를 마친 외국인에 대해서는 제1항 본문에 따른 입국신고서의 제출과 제3항에 따른 입국심사인의 날인 또는 입국심사증의 발급을 생략한다.
⑥ 출입국관리공무원은 법 제12조 제4항 및 제12조의2제2항에 따라 외국인의 입국을 허가하지 아니하기로 결정한 경우 그 사안이 중요하다고 인정되면 지체 없이 법무부장관에게 보고하여야 한다.
⑦ 출입국관리공무원은 법 제7조 제2항 제2호에 해당하는 외국인의 입국을 허가할 때에는 여권에 제3항에 따른 입국심사인을 찍거나 입국심사증을 발급해야 한다. 이 경우 입국심사인 및 입국심사증에는 별표 1 중 1. 사증면제(B-1) 체류자격과 체류기간을 적어야 하되, 외교·관용 사증면제협정 적용대상으로서 대한민국에 주재하려는 외국인의 입국을 허가할 때에는 별표 1의2 중 1. 외교(A-1) 또는 2. 공무(A-2) 체류자격과 체류기간을 적어야 한다.

⑧ 출입국관리공무원은 입국심사를 받는 외국인이 가지고 있는 사증의 구분, 체류자격 및 체류기간 등이 잘못된 것이 명백한 경우에는 법무부령으로 정하는 바에 따라 해당 사증의 내용을 정정하여 입국을 허가할 수 있다.

⑨ 법 제12조의4제1항에 따른 위조 또는 변조된 여권·선원신분증명서의 보관과 그 통지절차에 관하여는 제6조 제1항(발급기관의 장에 대한 통지는 제외한다) 및 제2항을 준용한다.

⑩ 대한민국의 선박등에 고용된 외국인승무원의 입국절차에 관하여는 제1조 제4항을 준용한다.

가. 구성요건의 주체

본죄의 **구성요건 주체**는 아무런 제한이 없다. 따라서 누구든지 본죄의 주체가 될 수 있다. **행위의 상대방**은 입국심사를 받아야 하는 외국인이다.

나. 구성요건적 행위

본죄의 **구성요건의 행위**와 관련하여 출입국관리법에 따라 입국심사가 요구되는 외국인을 집단으로 불법입국하게 하거나 알선하는 것이다.

행위의 객체는 입국심사가 요구되는 외국인 '**집단**'이므로 최소 2인 이상의 외국인을 불법 입국시키는 경우 위 구성요건에 해당한다고 해석함이 상당하고, 위와 같은 외국인 집단을 불법 입국시키거나 그와 같은 행위를 알선하는 행위를 하면 처벌된다. 이때의 '**불법 입국**'은 출입국관리법 및 동법시행령 제15조 규정을 위반하는 경우를 포괄한다. 본죄의 **주관적 구성요건요소로서 영리의 목적**을 요구한다(**목적범**).

다. 처벌

본죄를 위반하면 7년 이하의 징역 또는 7천만 원 이하의 벌금에 처한다. 나아가 위와 같이 외국인을 불법적으로 출입국 시키면서 보수로 받은 자금, 그와 같은 행위로 취득한 수익은 모두 환수 대상이 된다.

3. 불법 출입국을 위한 선박, 서류, 물품 제공 및 알선의 점(제93조의2 제2항 제2호, 제12조의3 제1항)

관련조문 ───────────────────────────────

제93조의2(벌칙) ② 다음 각 호의 어느 하나에 해당하는 사람으로서 영리를 목적으로 한 사람은 7년 이하의 징역 또는 7천만 원 이하의 벌금에 처한다. <개정 2012. 1. 26., 2014. 1. 7., 2020. 3. 24.>

  2. <u>제12조의3 제1항을 위반</u>하여 외국인을 집단으로 불법입국 또는 불법출국하게 하거나 대한민국을 거쳐 다른 국가로 불법입국하게 할 목적으로 **선박등이나 여권·사증, 탑승권, 그 밖에 출입국에 사용될 수 있는 서류 및 물품을 제공하거나 알선**한 사람

☞ <u>제12조의3(선박등의 제공금지)</u> ① 누구든지 외국인을 불법으로 입국 또는 출국하게 하거나 대한민국을 거쳐 다른 국가에 불법으로 입국하게 할 목적으로 다음 각 호의 행위를 하여서는 아니 된다.

  1. 선박등이나 여권 또는 사증, 탑승권이나 그 밖에 출입국에 사용될 수 있는 서류 및 물품을 제공하는 행위

  2. 제1호의 행위를 알선하는 행위

가. 구성요건의 주체 및 행위의 상대방

본죄의 **구성요건 주체** 또한 아무런 제한이 없다. 따라서 누구든지 본죄의 주체가 될 수 있고, **행위의 상대방**은 '외국인'이다.

나. 구성요건적 행위 및 객체

본죄의 **구성요건적 행위**는 동법 제12조의3 제1항을 위반하여 외국인을 집단으로 불법 출·입국시키는 행위 또는 대한민국을 거쳐 다른 국가로 불법입국하게 할 목적으로 **선박등이나 여권·사증, 탑승권, 그 밖에 출입국에 사용될 수 있는 서류, 물품을 제공하는 행위 및 이와 같은 행위를 알선하는 것**이다. 직접 외국인들을 집단으로 불법 출·입국하는 행위뿐만 아니라 그와 같은 행위를 위한 서류, 물품을 제공하거나 이를 알선하는 행위까지도 포괄적으로 금지하고 있다.

주관적 구성요건요소로서 영리의 목적을 요구하고, 외국인을 집단으로 불법입국 또는 불법출국하게 하거나 대한민국을 거쳐 다른 국가로 불법입국하게 할 목적을 요한다.

다. 처벌

본죄를 범하면 7년 이하의 징역 또는 7천만 원 이하의 벌금에 처한다. 나아가 위와 같은 행위에 제공된 각종 서류 등 물품, 범죄행위의 대가 또는 보수로 얻은 재산 등은 모두 환수 대상이다.

4. 불법 출입국 외국인 은닉·도피의 점(제93조의2 제2항 제3호, 제12조의3 제2항)

관련조문 ────────────────────

제93조의2(벌칙) ② 다음 각 호의 어느 하나에 해당하는 사람으로서 영리를 목적으로 한 사람은 7년 이하의 징역 또는 7천만 원 이하의 벌금에 처한다.

3. <u>제12조의3 제2항을 위반</u>하여 불법으로 입국한 외국인을 집단으로 대한민국에서 은닉 또는 도피하게 하거나 은닉 또는 도피하게 할 목적으로 교통수단을 제공하거나 이를 알선한 사람

☞ <u>제12조의3(선박등의 제공금지)</u> ② 누구든지 불법으로 입국한 외국인에 대하여 다음 각 호의 행위를 하여서는 아니 된다.

1. 해당 외국인을 대한민국에서 은닉 또는 도피하게 하거나 그러한 목적으로 교통수단을 제공하는 행위
2. 제1호의 행위를 알선하는 행위

본죄의 **구성요건의 주체**는 아무런 제한이 없고, **행위의 객체**는 '외국인'이다. **구성요건적 행위**는 동법 제12조의3 제2항을 위반하여 불법으로 입국한 외국인을 집단으로 대한민국에서 은닉 또는 도피하게 하거나 은닉 또는 도피하게 할 목적으로 교통수단을 제공하거나 이를 알선하는 것이다.

위 구성요건은 불법으로 입국한 외국인을 국내에서 은닉, 도피하게 하거나 그 은신처, 교통수단을 제공하는 행위를 처벌하는 것으로 범인은닉·도피죄의 특별한 구성요건요소로 해석함이 상당하다. **주관적 구성요건요소**로서 영리의 목적이 요구된다(**목적범**).

본죄를 범하면 7년 이하의 징역 또는 7천만 원 이하의 벌금에 처한다. 나아가 위와 같은 행위의 대가 또는 보수로 얻은 재산 등은 모두 환수 대상이다.

5. 범죄수익환수 사례

출입국관리법위반죄의 중대범죄와 관련하여 외국인을 집단으로 밀입국시키기 위하여 금원을 교부받아 취득한 사안에서 **실제로 밀입국을 성공하지 못하고 미수에 그쳤다고 하더라도 위와 같은 행위의 대가로 지급받은 밀입국에 필요한 비용을 범죄수익은닉규제법에 따라 몰수·추징한 사례**가 있다.[277]

사례

범죄사실

피고인은 베트남 출신으로 2009. 12.경 귀화한 사람이다.

외국인이 입국하려는 경우에는 입국하는 출입국항에서 출입국관리공무원의 입국심사를 받아야 하고, 누구든지 영리를 목적으로 입국심사를 받아야 하는 외국인을 집단으로 불법입국하게 하거나 이를 알선하는 행위를 하여서는 아니 된다.

그럼에도 불구하고, **피고인은 2012. 일자불상경 서울에 있는 불상의 장소에서 평소 알고 지내던 베트남인 B로부터 베트남에 있는 B의 남편인 'C' 등을 한국에 밀입국시켜달라는 부탁을 받고 B에게 나는 베트남에서 한국에 올 수 있는 비자를 많이 만들어 줬다. 한국에 올 수 있는 비자를 만들어 줄 수 있다. 배를 타게 되면 기름 값과 서류비용으로 미화 2만 달러가 필요하고, 한국에 오면 나머지 1만 6천 달러를 주면 된다."라고 말하여 B의 남편 'C'로부터 2013. 4. 2.경 베트남 남린성 하이하오군 하이츄면에 있는 피고인의 아버지를 통해 밀입국 비용 명목으로 미화 3,000달러를 교부받았다.**

피고인은 B와 B의 남편 C, D로 하여금 그 무렵부터 한국으로 밀입국할 베트남인들을 모집하게 하고, B로부터 밀입국에 필요한 비용 명목으로 2012. 11. 26. 550,000원, 2013. 2. 27. 760,000원, 2013. 4. 17. 1,000,000원, 2013. 4. 29. 600,000원, 2013. 5. 17. 6,000,000원, 2013. 5. 17. 1,500,000원 등 합계 10,410,000원을 교부받았다.

그리고 피고인은 2013. 5. 일자불상경 베트남에서 밀입국에 필요한 선박을 구하고 2013. 5. 20.경 엔*탑으로 하여금 베트남에서 한국에 밀입국하는데 필요한 선박을 운행할 성명불상자에게 167,360,000동(한화 약 8,903,522원)을 송금하게 하였다.

그런 다음 피고인은 2013. 12. 일자불상경 B를 통해 한국에 밀입국할 'C' 등 별지 범죄일람표의 기재와 같이 베트남인 22명의 명단을 받았고, B와 C 등이 베트남에서 한국으로 출발하면 한국에서 배를 구하여 공해상에서 배를 갈아 태워 밀입국시키기로 하였다.

그리고 C 등 22명의 베트남인들은 2013. 12. 일자불상경 베트남 탄화성에 있는 항구에서

---

277 인천지방법원 부천지원 2018. 12. 20. 선고 2017고단2999 판결 참조(대법원 2019도5096 판결로 확정).

성명불상자가 운행하는 선박에 탑승한 후 약 10여 일 동안 항해하여 한국 인근의 공해까지 접근하고, 피고인은 수원시에 있는 동수원터미널 부근 커피숍에서 B의 소개로 성명불상의 베트남인을 만나 위 22명의 베트남인을 태워 한국으로 데리고 올 배를 구하려 하였으나 배를 구하지 못하여 C 등을 다시 베트남으로 돌아가게 되었다.

이로써 피고인은 입국심사를 받아야 하는 외국인을 집단으로 불법입국하게 하려다 미수에 그쳤다.

법령의 적용

1. 범죄사실에 대한 해당법조 및 형의 선택
출입국관리법 제99조 제1항, 제93조의2 제2항 제1호, 제12조 제1항, 징역형 선택

1. 추징
범죄수익은닉의 규제 및 처벌 등에 관한 법률 제10조 제1항, 제8조 제1항

[추징금 산정: 13,797,000원{=미화 3,000달러를 판결선고일 이틀 전인 2018. 12. 18.의 매매기준율을 기준(미화 1달러=1,129원)으로 한화로 환산한 3,387,000원(=미화 3,000달러 ×1,129원)+10,410,000원}, 피고인은 미화 3,000달러를 C에게 반환하였다고 하나, 범죄수익으로 취득한 금원 자체를 그대로 반환한 것도 아니므로 범죄수익 전부를 추징한다]

15 여권법위반(제28호)

1. 서설

범죄수익은닉규제법은 별표 제28호에서 **여권법 제24조**(부정한 방법으로 여권 등의 발급, 재발급을 알선한 사람만 해당한다) 및 **제25조 제2호의 죄**를 중대범죄로 규정하고 있다. 본죄는 2012. 1. 17. 범죄수익은닉규제법이 개정(2012. 4. 18. 시행)되면서 중대범죄로 모두 추가되었다.

관련조문

범죄수익은닉규제법 별표

중대범죄(제2조 제1호 관련)

28. 「여권법」 제24조(부정한 방법으로 여권 등의 발급, 재발급을 알선한 사람만 해당한다) 및 제25조 제2호의 죄

관련조문

제24조(벌칙) 제16조 제1호(제14조 제3항에 따라 준용되는 경우를 포함한다)를 위반하여 여권 등의 발급이나 재발급을 받기 위하여 제출한 서류에 거짓된 사실을 적은 사람, 그 밖의 부정한 방법으로 여권 등의 발급, 재발급을 받은 사람이나 이를 알선한 사람은 3년 이하의 징역 또는 3천만 원 이하의 벌금에 처한다. <개정 2014. 1. 21.>

제25조(벌칙) 다음 각 호의 어느 하나에 해당하는 사람은 2년 이하의 징역 또는 2천만 원 이하의 벌금에 처한다. <개정 2014. 1. 21.>

1. 제16조 제2호(제14조 제3항에 따라 준용되는 경우를 포함한다)를 위반하여 다른 사람 명의의 여권 등을 사용한 사람
2. 제16조 제3호(제14조 제3항에 따라 준용되는 경우를 포함한다)를 위반하여 사용하게 할 목적으로 여권 등을 다른 사람에게 양도·대여하거나 이를 알선한 사람

여권법은 여권(旅券)의 발급, 효력과 그 밖에 여권에 관하여 필요한 사항을 규정함을 목적으로 하고 있고(동법 제1조 참조), 위 중대범죄는 여권의 발급, 재발급 과정에서 불법이 개입된 경우 이를 처벌하는 규정을 두고 있으므로 여권법의 규정취지와 목적, 중대범죄 구성요건의 특성을 종합하여 보면, 위 법률 위반의 점은 경제범죄의 영역에 포함된다고 해석되어 이 장에서 다루기로 한다.

2. 불법 여권 발급·재발급 알선의 점(제24조, 제16조 제1호)

관련조문

제24조(벌칙) **제16조 제1호(제14조 제3항에 따라 준용되는 경우를 포함한다)를 위반**하여 여권 등의 발급이나 재발급을 받기 위하여 제출한 서류에 거짓된 사실을 적은 사람, 그 밖의 부정한 방법으로 여권 등의 발급, 재발급을 받은 사람이나 이를 알선한 사람은 3년 이하의 징역 또는 3천만 원 이하의 벌금에 처한다. <개정 2014. 1. 21.>

☞ **제16조(여권의 부정한 발급·행사 등의 금지)** 누구든지 다음 각 호에 해당하는 행위를 하여서는 아니 된다.

1. 여권의 발급이나 재발급을 받기 위하여 제출한 서류에 거짓된 사실을 적거나 그 밖의 부정한 방법으로 여권의 발급·재발급을 받는 행위나 이를 알선하는 행위

☞ **제14조(여권을 갈음하는 증명서)** ③ 여행증명서의 발급과 효력에 관하여는 제7조부터 제10조까지, 제12조, 제13조와 제16조부터 제18조까지의 규정을 준용한다. <개정 2009. 10. 19.>

가. 서설

여권법은 동법 제16조 제1호(제14조 제3항에 따라 준용되는 경우를 포함한다)를 위반하여 여권 등의 발급이나 재발급을 받기 위하여 제출한 서류에 거짓된 사실을 적은 사람, 그 밖의 부정한 방법으로 여권 등의 발급, 재발급을 받은 사람이나 이를 알선한 사람을 처벌한다(동법 제24조 참조).

위 **범죄수익은닉규제법상 중대범죄는 여권법 제24조 위반죄 중 부정한 방법으로 여권 등의 발급, 재발급을 알선한 행위만을 중대범죄로 한정**하고 있으므로 해당 구성요건적 행위에 대해서만 살펴본다.

나. 구성요건의 주체

구성요건의 주체는 아무런 제한이 없으므로 누구든지 주체가 될 수 있다. **행위의 상대방** 또한 제한이 없다.

다. 구성요건적 행위 및 객체

본죄의 구성요건적 행위는 부정한 방법으로 여권 등의 발급, 재발급을 알선하는 행위인데 대가를 받고 여권발급·재발급을 업으로 하는 브로커를 처벌하기 위한 규정이고 그 과정에서 수수되는 금전을 중대범죄로 생긴 재산인 범죄수익으로 보아 환수하도록 한 것이다.

본죄의 행위의 객체는 여권뿐만 아니라 동법 제14조 제3항에서 준용하는 여행증명서도 포함된다.

위와 같은 여권부정수급행위의 **실행의 착수시기**와 관련하여, 여권부정수급으로 인한 여권법위반죄는 여권 (재)발급 신청서를 제출함으로써 실행에 착수하고 여권을 (재)발급 받은 때에 기수에 이른다고 보아야 하므로 **여권을 (재)발급 받은 때란 '여권이 (재)발행되어 신청인에게 교부할 수 있는 상태가 된 때'라고 해석함**이 상당하다.

다만 위 중대범죄는 부정한 방법으로 여권 발급·재발급을 알선한 행위만을 대상으로 하므로 행위자가 위와 같은 알선행위를 하면 범행의 실행의 착수가 인정되고 위와 같은 행위로 인해 여권 발급·재발급 절차가 개시되는 즉시 기수가 인정된다고 볼 것이다. 따라서 실제로 여권이 발급·재발급되었는지 여부는 이 범죄의 성립여부와 무관하다.

라. 처벌

본죄를 위반하면 3년 이하의 징역 또는 3천만 원 이하의 벌금에 처한다.

3. 불법 여권 양도·대여 및 알선의 점(제25조 제2호, 제16조 제3호)

관련조문

제25조(벌칙) 다음 각 호의 어느 하나에 해당하는 사람은 2년 이하의 징역 또는 2천만 원 이하의 벌금에 처한다. <개정 2014. 1. 21.>

　2. **제16조 제3호(제14조 제3항에 따라 준용되는 경우를 포함한다)를 위반**하여 사용하게 할 목적으로 여권 등을 다른 사람에게 양도·대여하거나 이를 알선한 사람

☞ **제16조(여권의 부정한 발급·행사 등의 금지)** 누구든지 다음 각 호에 해당하는 행위를 하여서는 아니 된다.

　3. 사용하게 할 목적으로 여권을 다른 사람에게 양도·대여하거나 이를 알선하는 행위

☞ **제14조(여권을 갈음하는 증명서)** ③ 여행증명서의 발급과 효력에 관하여는 제7조부터 제10조까지, 제12조, 제13조와 제16조부터 제18조까지의 규정을 준용한다. <개정 2009. 10. 19.>

여권법은 동법 제16조 제3호(제14조 제3항에 따라 준용되는 경우를 포함한다)를 위반하여 사용하게 할 목적으로 여권 등을 다른 사람에게 양도·대여하거나 이를 알선한 사람을 처벌하고 있다(동법 제25조 제2호 참조).

여권은 외국을 여행하려는 특정 국민이 소지하여야 하는 것으로 타인이 사용하게 할 목적으로 이를 양도, 대여하거나 그와 같은 행위를 알선하는 것은 여권의 취지에 정면으로 반하는 것이어서 금지의 대상이 된다.

위 **구성요건의 주체**에는 아무런 제한이 없으므로 누구든지 본죄의 주체가 될 수 있다. 한편 **행위의 상대방** 또한 특별한 신분 제한이 없다.

본죄의 **구성요건적 행위**는 여권을 다른 사람에게 양도·대여하거나 이와 같은 행위를 알선하는 것이고, 그 **행위의 객체**는 여권뿐만 아니라 동법 제14조 제3항에서 준용하는 여행증명서도 포함된다.

주관적 구성요건요소와 관련하여 타인이 사용하도록 할 목적을 요구한다는 점에서 본죄는 목적범이다.

4. 범죄수익환수 사례

실무상 위와 같은 중대범죄로 처벌되는 경우라도 그 행위의 대가로 취득한 범죄수익을 실제로 추징하여 환수한 사례는 발견되지 않고 있다. 여권의 부정한 발급을 알선하는 속칭 '**브로커**' 행위(여권법 제24조 위반), 타인 사용 목적의 여권 대여와 차용행위(동법 제25조 제2

호)를 통해 그 대가로 오간 수익(여권 발급·재발급을 위한 알선비용, 여권 양도대가 및 여권대여의 대가 등)이 있는 경우 이를 적극적으로 환수할 필요성이 있다. 특히 이와 같은 불법 출입국을 위한 알선행위는 영리를 목적으로 하는 경우가 많아 이에 대한 경제적 유인을 박탈할 필요성이 크기 때문이다.

여기서는 **실제로 여권을 재발행하여 타인에게 여권을 대여하면서 그 대가를 취득하였음에도 불구하고 해당 범죄수익을 추징하지 않은 사례**를 살펴본다.[278] 해당 사건 판결문을 살펴보면 범죄수익에 대한 추징관련 판단이 전혀 없는 것으로 미루어 검찰에서는 여권을 불법 양도한 피고인을 기소하면서 추징구형을 하지 않은 것으로 추정되고 법원 또한 위와 같은 범죄로 취득한 범죄수익의 추징에 대한 고민이 없었던 것으로 보인다.

생각건대 아래와 같은 유형의 사건에서는 **여권을 불법양도·대여하고 받은 수익에 대한 추징이 가능하므로 이와 같은 조치를 통해 범죄수익을 환수함이 상당**하다(私見).

사례

범죄사실

누구든지 사용하게 할 목적으로 여권을 다른 사람에게 양도·대여하거나 이를 알선하게 하여서는 아니 됨에도 불구하고, 피고인은 2019. 11.경 성명불상자(일명 'B')로부터 "신분증으로 여권을 빌려줄 수 있겠냐, 내 머리스타일과 비슷하게 하여 증명사진을 찍어 여권을 재발행해서 빌려주면 월 150만 원을 주겠다"는 제안을 받고 이를 승낙한 다음, 2019. 11. 14.경 서울 강남구 소재 강남구청 앞에서 성명불상자(일명 B)가 베트남으로 출국하는데 사용하게 할 목적으로 성명불상자에게 피고인의 여권을 직접 건네주었다.

이로써 피고인은 사용하게 할 목적으로 여권을 대여하였다.

법령의 적용

1. 범죄사실에 대한 해당법조 및 형의 선택

여권법 제25조 제2호, 제16조 제3호(징역형 선택)

---

278 대구지방법원 2020. 9. 15. 선고 2020고단2733 판결 참조.

16 석유 및 석유대체연료사업법위반(제29호)

1. 서설

범죄수익은닉규제법은 별표 제29호에서 **석유 및 석유대체연료사업법**(이하, '석유사업법')
제44조 제3호의 죄를 중대범죄로 규정하고 있다. 본죄는 2013. 5. 28. **범죄수익은닉규제**
법이 개정되면서 중대범죄로 모두 추가되었다.

관련조문

범죄수익은닉규제법 별표

중대범죄(제2조 제1호 관련)

29. 「석유 및 석유대체연료 사업법」 **제44조 제3호**의 죄

석유사업법은 석유 수급과 가격 안정을 도모하고 석유제품과 석유대체연료의 적정한 품
질을 확보함으로써 국민경제의 발전과 국민생활의 향상에 이바지함을 목적으로 하고 있다
(동법 제1조 참조). 가짜석유를 제조하여 판매하는 범행은 가짜석유를 주입한 차량의 내연기
관을 손상시킬 염려가 있으므로 직접적으로는 차량 소유자의 재산적 손해를 초래할 수 있는
점, 나아가 차량운행에 지장을 주어 교통안전을 저해할 위험도 상당하다는 점에서 그 불법
성의 정도가 높다.

나아가 **가짜석유의 제조 및 판매는 석유제품에 대한 국가의 정당한 조세부과 및 징수**
행위를 방해한다는 점에서도 불법성의 정도가 높게 평가되어야 하고, 나아가 위 범행은
주유소에서 판매되는 일반적인 석유제품의 제조방법과 질에 대한 소비자들의 신뢰를 침해
하는 행위로서 소비자를 기망하였다는 행위 자체의 불법성 역시 매우 높다. 뿐만 아니라 이
는 **석유제품의 건전한 유통질서를 해할 수 있다는 점에서 사회경제 전반에 미치는 악**
영향도 상당하므로 가짜석유의 제조 및 판매행위에 대하여는 무거운 처벌이 필요하다는 점
을 모두 고려하여 위와 같은 범죄행위로 취득한 수익은 전부 환수할 수 있도록 한 것이다.

석유사업법은 별도의 몰수·추징 규정을 두고 있지 않으므로 **중대범죄로 취득한 재물**
또는 재산상의 이익은 범죄수익은닉규제법에 따라 임의적 몰수·추징의 대상이 된다.

한편 위 중대범죄가 아닌 다른 석유사업법위반죄에 해당하는 범죄를 저지르고 수익을 얻
은 경우 이를 형법 제48조 제1항, 제2항에 따라 추징할 수 있다. 그러나 하급심 판결 중에
는 범죄수익은닉규제법상 중대범죄에 따라 발생한 수익은 추징함이 상당하나 중대범죄가

아닌 석유사업법위반죄로 얻은 수익은 일반 형법상 추징으로 법원의 재량이 넓게 인정되는 것으로 보아 이에 대한 추징을 선고하지 않는 경우가 많다.

위 중대범죄는 가짜석유제품을 제조, 수입, 저장, 운송, 보관 또는 판매는 행위를 처벌하는 것으로 위와 같은 석유사업법의 규정취지와 목적, 중대범죄 구성요건을 종합하여 보면 위 법률 위반의 점은 경제범죄의 영역에 포함된다고 해석되어 이 장에서 다루기로 한다.

2. 구성요건 및 처벌

관련조문

석유사업법 제44조(벌칙) 다음 각 호의 어느 하나에 해당하는 자는 5년 이하의 징역 또는 2억 원 이하의 벌금에 처한다. <개정 2011. 7. 25., 2012. 1. 26.>

3. <u>제29조 제1항 제1호를 위반</u>하여 가짜석유제품을 제조·수입·저장·운송·보관 또는 판매하거나, 같은 항 제3호를 위반하여 가짜석유제품으로 제조·사용하게 할 목적으로 석유제품, 석유화학제품, 석유대체연료, 탄소와 수소가 들어 있는 물질을 공급·판매·저장·운송 또는 보관한 자

☞ <u>제29조(가짜석유제품 제조 등의 금지)</u> ① 누구든지 다음 각 호의 가짜석유제품 제조 등의 행위를 하여서는 아니 된다. <개정 2011. 7. 25., 2012. 1. 26.>

1. 가짜석유제품을 제조·저장·운송·보관 또는 판매하는 행위

☞ <u>석유사업법 제2조(정의)</u> 이 법에서 사용하는 용어의 뜻은 다음과 같다. <개정 2012. 1. 26., 2013. 3. 23., 2014. 1. 21., 2017. 4. 18.>

10. **"가짜석유제품"**이란 조연제(助燃劑), 첨가제(다른 법률에서 규정하는 경우를 포함한다), 그 밖에 어떠한 명칭이든 다음 각 목의 어느 하나의 방법으로 제조된 것으로서 「자동차관리법」 제2조 제1호에 따른 자동차 및 대통령령으로 정하는 차량·기계(휘발유 또는 경유를 연료로 사용하는 것만을 말한다)의 연료로 사용하거나 사용하게 할 목적으로 제조된 것(제11호의 석유대체연료는 제외한다)을 말한다.

　　가. 석유제품에 다른 석유제품(등급이 다른 석유제품을 포함한다)을 혼합하는 방법

　　나. 석유제품에 석유화학제품(석유로부터 물리·화학적 공정을 거쳐 제조되는 제품 중 석유제품을 제외한 유기화학제품으로서 산업통상자원부령으로 정하는 것을 말한다. 이하 같다)을 혼합하는 방법

　　다. 석유화학제품에 다른 석유화학제품을 혼합하는 방법

　　라. 석유제품이나 석유화학제품에 탄소와 수소가 들어 있는 물질을 혼합하는 방법

11. **"석유대체연료"**란 석유제품 연소 설비의 근본적인 구조 변경 없이 석유제품을 대체하여 사용할 수 있는 연료(석탄과 천연가스는 제외한다)로서 대통령령으로 정하는 것을 말한다.

가. 구성요건의 주체 및 행위의 상대방

본죄의 **구성요건 주체**는 제한이 없으므로 누구든지 위 행위의 주체가 될 수 있다. 나아가 **행위의 상대방** 또한 특별한 제한이 없다.

나. 구성요건적 행위 및 객체

본죄의 객체는 ① 석유사업법 제29조 제1항 제1호를 위반하여 제조·수입·저장·운송·보관 또는 판매가 금지되는 가짜석유(**동법 제44조 제3호 전단**)와 ② 위와 같은 가짜석유 제품으로 제조·사용하게 할 목적으로 공급·판매·저장·운송 또는 보관이 금지되는 석유제품, 석유화학제품, 석유대체연료, 탄소와 수소가 들어 있는 물질이다(**동법 제44조 제3호 후단**). **가짜석유 뿐만 아니라 가짜석유 제조·사용에 필요한 재료물질까지도 객체에 포함된다는 점에서 특징이 있다.**

구체적인 사례를 보면 식별제가 제거된 등유와 경유를 1:2로 혼합한 가짜석유를 불특정 손님들에게 판매한 사례, 등유에 탄소와 수소가 들어 있는 물질(염료 등)이 혼합된 제품을 판매한 사례, 등유와 윤활유 등이 6:4 비율로 혼합된 물질을 판매한 사례 등 가짜석유로 판명된 다수의 사례가 있다.

본조의 구성요건적 행위는 ① 가짜석유의 경우, **가짜석유 제품을 제조·수입·저장·운송·보관 또는 판매하는 것**이고, ② 가짜석유 제조 물질의 경우, **가짜석유 제품으로 제조·사용하게 할 목적으로 위 제조 물질을 공급·판매·저장·운송 또는 보관하는 것**으로서 위와 같은 물질이 가짜석유 제조·사용에 사용된다는 점에 대한 고의뿐만 아니라 적극적인 목적까지 요구된다(**목적범**).

다. 처벌

본죄를 범하면 5년 이하의 징역 또는 2억 원 이하의 벌금에 처한다.

3. 범죄수익환수 사례

실무상 가짜석유를 판매하고 얻은 범죄수익을 환수한 사례는 다수 발견된다. 주유소를 운영하는 사람이 싼 가격에 가짜석유를 직접 구입하여 일반 석유가격으로 판매하거나 가짜석유 제조에 필요한 물질을 구입하여 가짜석유를 제조한 다음 이를 판매하는 사례가 모두 확인된다.

가짜석유를 판매한 경우 범죄수익을 어떻게 산정해야하는지가 쟁점이 될 수 있는데 **법원**

은 가짜석유를 판매하고 얻은 전체 대금[판매량(L, 일일 평균 판매량×판매기간)×L당 판매금액]이 범죄수익에 해당하는 것이고 실제 이윤을 남긴 부분만이 범죄수익으로 한정된다고 볼 것은 아니라고 판시한 바 있다.[279]

생각건대 가짜석유를 제조하여 판매하는 행위는 그 자체로 금지되는 것이므로 가짜석유 제조를 위해 사용한 비용을 공제할 것은 아니라는 점에서 지극히 타당한 판시라고 본다.

사례

1. 피고인 A, 피고인 B, 피고인 C의 공동범행

누구든지 가짜석유제품을 제조·저장·운송·판매하는 행위를 하여서는 아니 된다.

그럼에도 불구하고 피고인들은 가짜경유를 제조·저장·운송·판매할 것을 마음먹고 피고인 A는 제조 기술자 등 역할을, 피고인 B는 제조 장소 및 판로 물색 등 역할을, 피고인 C는 자재 구입 등 역할을 하기로 모의하였다.

위 모의에 따라 피고인 A 및 피고인 B는 2018. 10. 1.경 대전 대덕구 신탄진 일대에서 충남 금산군 제원면 신안사로 ***27 잡종지 660m² 위에 있는 콘크리트 저장소(이하 "**저장소"라고 한다) 소유자인 F를 만나 위 '**저장소' 임대차계약을 체결하고, 2018. 10. 초순경 대전 동구 가양동에 있는 상호불상 카페에서 주유소를 운영하는 D를 만나 김**에게 향후 기름을 공급하기로 약속하고, 피고인 A 및 피고인 I는 2018. 10. 초순경가짜석유를 제조할 목적으로 공구, 모터 등을 구입하고, 피고인 A는 2018. 11. 11.경 위 '**저장소'에서 등유 10,000ℓ를 구입하여 1번 지하 저장탱크(50,000ℓ)에 저장하고, 그 무렵부터 특수 드럼통(일명 '마사토', 부직포 등을 넣어 제조)에 등유를 걸러내 '식별제'를 제거하는 방식으로 가짜경유를 제조하여 2번 지하 저장탱크(50,000ℓ)에 저장하고, 피고인 B, 피고인 I는 그 과정에서 망을 보거나 운전을 하는 등 피고인 A를 도와주었다.

이후 피고인들은 2018. 11. 26.경 위 D가 제공한 85보0528호 현대 탱크로리 차량으로 대전 대덕구 한밭대로 **** 소재 '*기름주유소'에 1,070,000원 상당의 가짜경유 1,000ℓ를 운송 판매한 것을 비롯하여 그 무렵부터 2018. 12. 27.경까지 사이에 위와 같은 방법으로 별지 범죄일람표 기재와 같이 총 6차례에 걸쳐 가짜경유 6,000ℓ를 645만 원에 판매하였다.

이로써 피고인들은 공모하여 가짜석유제품을 제조·저장·운송·판매하였다.

2. 피고인 D

누구든지 가짜석유제품을 저장·판매하는 행위를 하여서는 아니 된다.

---

[279] 의정부지방법원 2018. 10. 11. 선고 2018노2195 판결 참조(대법원 2018도17196 판결로 확정).

그럼에도 불구하고 **피고인은 2018. 11. 26.경부터 2018. 12. 27.경까지 사이에 피고인이 운영하는 대전 대덕구 H소재 'I 주유소'와 같은 구 J소재 'K주유소'에서 위 1항 기재와 같이 매입한 가짜경유 6,000ℓ 를 정상 경유가 저장된 탱크에 각 3,000ℓ 씩 보관하면서, 그 무렵 경유를 구입하기 위해 주유소를 찾아 온 불특정 다수의 고객들에게 8,094,000원에 판매하였다.**

이로써 피고인은 가짜석유제품을 저장·판매하였다.

법령의 적용

1. 범죄사실에 대한 해당법조 및 형의 선택

피고인들: 각 석유 및 석유대체연료 사업법 제44조 제3호, 제29조 제1항 제1호, 형법 제30조(포괄하여, 피고인 김수환의 경우는 형법 제30조 제외, 각 징역형 선택)

1. 추징

피고인들: 각 범죄수익은닉의 규제 및 처벌에 관한 법률 제10조 제1항, 제8조 제1항

나아가 위와 같은 가짜석유 판매, 운반, 저장, 보관 등 구성요건 행위에 가담한 공범들은 모두 각각의 행위를 통해 생긴 재산 그 행위의 대가로 얻은 보수 상당액을 모두 환수할 수 있는데 상세한 내용은 아래와 같다.[280]

17 대부업 등의 등록 및 금융이용자 보호에 관한 법률위반(제32호)

1. 서설

범죄수익은닉규제법은 별표 제32호에서 **대부업 등의 등록 및 금융이용자 보호에 관한 법률**(이하, '대부업법') **제19조 제2항 제3호의 죄**를 중대범죄로 규정하고 있다. 본죄는 **2013. 5. 28. 범죄수익은닉규제법이 개정되면서 중대범죄로 추가되었다.**

관련조문

범죄수익은닉규제법 별표

중대범죄(제2조 제1호 관련)

32. 「대부업 등의 등록 및 금융이용자 보호에 관한 법률」 **제19조 제2항 제3호**의 죄

---

[280] 대전지방법원 2020. 6. 25. 선고 2020고단1981 판결 참조(피고인들의 항소포기로 확정).

대부업법은 대부업·대부중개업의 등록 및 감독에 필요한 사항을 정하고 대부업자와 여신금융기관의 불법적 채권추심행위 및 이자율 등을 규제함으로써 대부업의 건전한 발전을 도모하는 한편, 금융이용자를 보호하고 국민의 경제생활 안정에 이바지함을 목적으로 하고 있다(동법 제1조 참조).

대부업법 제19조 제2항 제3호는 동법 제8조 또는 제11조 제1항에 따른 이자율을 초과하여 이자를 받은 사람을 처벌하고 있는데 법정이율을 초과하여 받은 이자를 범죄수익으로 환수할 수 있도록 한 것이다.

대부업법은 별도의 필요적 몰수·추징 규정을 두고 있지 않으므로 중대범죄로 취득한 재물 또는 재산상의 이익은 **범죄수익은닉규제법에 따라 임의적 몰수·추징의 대상**이 된다.

한편 위 중대범죄는 고리의 이자를 수취하여 대부업의 건전한 발전과 국민의 경제생활 안정을 해하는 행위에 해당하므로 위와 같은 대부업법의 규정취지와 목적, 중대범죄 구성요건을 종합하여 보면 위 법률 위반의 점은 경제범죄의 영역에 포함된다고 해석되어 이 장에서 다루기로 한다.

2. 구성요건 및 처벌

관련조문

제19조(벌칙) ② 다음 각 호의 어느 하나에 해당하는 자는 3년 이하의 징역 또는 3천만 원 이하의 벌금에 처한다.

　3. **제8조 또는 제11조 제1항**에 따른 이자율을 초과하여 이자를 받은 자

☞ **제8조(대부업자의 이자율 제한)** ① 대부업자가 개인이나 「중소기업기본법」 제2조 제2항에 따른 소기업(小企業)에 해당하는 법인에 대부를 하는 경우 그 이자율은 연 100분의 27.9 이하의 범위에서 **대통령령**으로 정하는 율을 초과할 수 없다.

　② 제1항에 따른 이자율을 산정할 때 사례금, 할인금, 수수료, 공제금, 연체이자, 체당금(替當金) 등 그 명칭이 무엇이든 **대부와 관련하여 대부업자가 받는 것은 모두 이자로 본다.** 다만, 해당 거래의 체결과 변제에 관한 부대비용으로서 **대통령령**으로 정한 사항은 그러하지 아니하다.

　③ 대부업자가 개인이나 「중소기업기본법」 제2조 제2항에 따른 소기업(小企業)에 해당하는 법인에 대부를 하는 경우 **대통령령**으로 정하는 율을 초과하여 대부금에 대한 연체이자를 받을 수 없다.

　④ 대부업자가 제1항을 위반하여 대부계약을 체결한 경우 **제1항에 따른 이자율을 초과하는 부분에 대한 이자계약은 무효로 한다.**

3. 범죄수익환수 및 자금세탁범죄 처벌 사례

대부업법상 법정 제한이자를 초과한 이자를 수령하는 행위는 범죄수익은닉규제법상 중대범죄에 해당하므로 이와 같은 범죄로 생긴 재산과 보수로 얻은 재산은 모두 추징할 수 있다. 그런데 **환수와 관련하여 핵심 쟁점은 초과이자를 수령한 중대범죄에 따라 환수할 수 있는 범죄수익의 범위를 어떻게 산정하는지**에 있다.

만약 대부업자가 채무자로부터 법정 제한이자를 초과하여 받은 금액 전체를 범죄수익으로 보게 되면 대부업자가 법에 따라 지급받을 수 있는 이자까지도 모두 범죄수익으로 보아 추징하는 것이 되므로 이는 허용되지 않는다고 봄이 상당하다.

따라서 **실제로 대부업자가 채무자로부터 지급받은 이자 명목의 금전 중 채무자에게 실제로 지급한 금전을 원본으로 하고 법정 제한이자 24%를 공제한 나머지 초과이자 부분만을 산정하여 대부업자가 실제로 취득한 범죄수익으로 추징**하는 방법을 택함이 상당하다.

예를 들어 대부업자가 채무자에게 1,000만 원을 대부하여 주면서 선이자를 50만 원을 공제한 950만 원을 지급하고 일수로 2만 원씩 지급받기로 하는 약정을 체결하였고, 이에 따라 약 90일간 채무자로부터 매일 2만 원씩 180만 원을 실제로 상환받았다면 대부업자가 채무자로부터 지급받은 이자의 연이자율과 대부업자로부터 추징할 수 있는 범죄수익은 다음과 같이 산정할 수 있다.

범죄수익의 산정(사례)

▶ **연이율**: [730(=365×2 : 대부계약에 따라 1년 간 받을 대부업자가 일수로 받을 이자 총액)
  ÷950만 원 (원본, 선이자 공제)]×100% = 연 76.84%(연 24% 초과)
▶ **대부업자의 초과이자 수령에 따른 범죄수익 = 선이자＋초과 지급 이자**
▶ **선이자 = 50만 원**
▶ **초과지급이자 = (1회 상환원리금×실제상환횟수) – (법정이율기준 1회 상환금액×실제상환횟수)**
  = 180만 원(90만 원×2회) – 대부업자가 법정 이율에 따라 3개월 동안 지급받을 수 있었던 이자액수
  [950만 원×0.24×1/4(3개월) = 57만 원] = **123만 원**
▶ **추징의 대상이 되는 부분: 선이자＋법정이자 초과 부분에 따른 범죄수익 = 173만 원**

이와 같이 **대부업법을 위반하여 초과이율을 수령한 혐의로 입건된 대부업자로부터 초과하여 취득한 이자 상당액을 환수하기 위해선 피해자별로 다음과 같은 점에 대한 입증 및 정리가 필요**하다. 실무상 대부업자들은 채무자들에게 대부한 금원을 모두 변제받지 못하였으므로 실제로 자신은 이익을 본 것이 없고 오히려 손해를 본 것이라고 주장하나,

대부업자들은 여전히 채무자에 대한 대여금반환채권을 가지고 있는 것이므로 채무자가 돈을 전액변제하지 못하였다는 사정은 범죄수익의 액수와는 무관하다.

따라서 아래와 같은 사실관계를 면밀히 확인하여 대부업자가 불법적으로 취득한 법정 제한이자율을 초과하여 수취한 이자 상당액을 환수할 필요가 있다.

피해자	대부원금 (원)	선이자 (원)	1회 상환 원리금 (원)	예정상환 기간 (일)	이자율	실제상환 횟수 (일)	법정 이자율 (연24%) 기준 1회 상환금액(원)	실제 초과이자수익 [선이자+ 1회 상환원리금× 실제상환횟수] −(법정이자율기준 1회 상환금액× 실제상환횟수)

이와 관련하여 **무등록 대부업을 영위하면서 채무자들에게 금전을 대여하고 초과 이자를 수수하면서 그 범죄수익의 취득 및 처분을 가장하기 위하여 차명계좌로 범죄수익을 관리한 사안에서 행위자가 취득한 초과이자 부분을 추징하고 피고인을 자금세탁범죄로 처벌한 사례**가 있어 소개한다.[282]

한편 대부업법을 영위하는 주범의 범죄행위에 가담한 공범의 경우 위와 같은 초과이자를 지급받는 범죄행위의 대가로 받은 보수로서 그 보수액 상당을 범죄수익으로 환수할 수 있음을 주의할 필요가 있다.

사례

범죄사실

피고인은 2017. 9.경부터 파주시 B아파트 C호에서 대부업을 영위하는 사람이다.

1. 대부업등의등록및금융이용자보호에관한법률위반

대부업을 하려는 자는 영업소별로 해당 영업소를 관할하는 관청에 등록하여야 하고, 미등록업자가 대부를 하는 경우 법정 제한이자율인 연 24%(2018. 2. 8. 이전은 연 25%)를 초과하는 이자를 받아서는 아니 된다.

그럼에도 불구하고 피고인은 관할관청에 대부업 등록을 하지 아니하고 2017. 11. 22.경 D에게 100만 원을 대부하면서 선이자로 10만 원을 공제하고, 변제기일을 40일로 정하여 31일 동안

---

[282] 의정부지방법원 고양지원 2019. 8. 9. 선고 2019고단715 판결 참조(의정부지방법원 2019노2345 판결로 확정).

원리금으로 매일 3만 원씩 일수로 변제받아 연 541.9%의 이자를 지급받은 것을 비롯하여 2017. 9. 1.경부터 2018. 11. 14.경까지 별지 범죄일람표 기재와 같이 총 234회에 걸쳐 합계 5억 7,400만 원을 대부하면서 미등록대부업자의 법정 제한이자율을 초과하는 이자를 받았다.

2. 범죄수익은닉의규제및처벌등에관한법률위반

누구든지 범죄수익등의 취득에 관한 사실을 가장하여서는 아니 된다.

피고인은 관할관청에 등록하지 아니하고 2017. 11. 22.경 제1항 기재와 같이 D에게 100만 원을 대부하여 미등록대부업자에게 적용되는 법정이자율 상한을 초과하는 이자를 수취하는 범행을 하는 과정에서, **위 자금의 특정·추적 또는 발견을 곤란하게 만들기 위하여 위 D로부터 D 명의의 하나은행 계좌에 연결된 체크카드 및 비밀번호를 교부받아 위 계좌로 금원을 송금받은 것을 비롯하여 2017. 9. 1.경부터 2018. 11. 14.경까지 같은 방법으로 별지 범죄일람표 기재와 같이 총 234회에 걸쳐 제한 이자를 초과하여 이자를 수수하면서 채무자들 명의의 계좌로 원리금을 상환 받아 범죄수익등의 취득에 관한 사실을 가장하였다.**

법령의 적용

1. 범죄사실에 대한 해당법조 및 형의 선택

구 대부업 등의 등록 및 금융이용자 보호에 관한 법률(2018. 12. 24. 법률 제16089호로 개정되기 전의 것, 이하 같다) 제19조 제1항 제1호, 제3조 제1항, 형법 제30조(미등록대부업 영위의 점), 각 구 대부업 등의 등록 및 금융이용자 보호에 관한 법률 제19조 제2항 제3호, 제11조 제1항(미등록대부업자의 제한이자율 초과 수령의 점), 각 범죄수익은닉의 규제 및 처벌 등에 관한 법률 제3조 제1항 제1호(범죄수익등의 취득에 관한 사실 가장의 점), 각 징역형 선택

1. 몰수

형법 제48조 제1항

1. 추징

범죄수익은닉의 규제 및 처벌 등에 관한 법률 제10조 제1항

제 4 장
범죄수익은닉규제법상 「부패범죄」 관련 중대범죄

1 변호사법위반(제5호)

1. 총설

범죄수익은닉규제법 별표 제5호에서는 **변호사법 제111조의 죄**를 범죄수익환수 대상범죄로 규정하고 있다. 부패재산몰수법 별표 제10호에서는 **변호사법 제33조 및 제109조부터 제111조까지의 죄**를 부패범죄로 규정하고 있어 범죄수익은닉규제법과 차이가 난다.

관련조문

범죄수익은닉규제법 별표

중대범죄(제2조 제1호 관련)

5. 「변호사법」 **제111조**의 죄

관련조문

부패재산몰수법 별표

부패범죄(제2조 제1호 관련)

10. 「변호사법」 제33조 및 제109조부터 제111조까지의 죄

다만, 동법 제33조, 제109조 내지 제110조에 해당하는 범죄를 저지르는 경우 부패재산몰수법 및 마약거래방지법에 따라, 제111조에 해당하는 경우 범죄수익은닉규제법(또는 부패재산몰수법) 및 마약거래방지법에 따라 보전조치를 취할 수 있으므로 준용규정이 다를 뿐 사실상 큰 차이가 없다.

한편 ① 동법 **제109조 제2호, 제33조 위반죄**(독직행위의 금지)의 경우, 필요적 몰수·추징

규정(동법 제116조 참조)이 적용되지 않으므로 **부패재산몰수법상 임의적 몰수·추징 규정이 적용**되고, ② **나머지 제109조 제1호, 제110조, 제111조 위반죄**의 경우 동법 제116조에 따라 죄를 지은 자 또는 그 사정을 아는 제3자가 받은 금품이나 그 밖의 이익은 **변호사법에 따라 필요적으로 몰수·추징**한다.

관련조문

제116조(몰수·추징) 제34조(제57조, 제58조의16 또는 제58조의30에 따라 준용되는 경우를 포함한다)를 위반하거나 제109조 제1호, 제110조, 제111조 또는 제114조의 죄를 지은 자 또는 그 사정을 아는 제3자가 받은 금품이나 그 밖의 이익은 몰수한다. 이를 몰수할 수 없을 때에는 그 가액을 추징한다.

여기서는 변호사법 제111조 위반죄에 한정하여 살펴보고, 동법 제33조, 제109조, 제110조 부분은 「제3편 부패재산몰수법」에서 따로 살피기로 한다.

2. 구성요건 및 처벌

관련조문

제111조(벌칙) ① 공무원이 취급하는 사건 또는 사무에 관하여 청탁 또는 알선을 한다는 명목으로 금품·향응, 그 밖의 이익을 받거나 받을 것을 약속한 자 또는 제3자에게 이를 공여하게 하거나 공여하게 할 것을 약속한 자는 5년 이하의 징역 또는 1천만 원 이하의 벌금에 처한다. 이 경우 벌금과 징역은 병과할 수 있다.

가. 구성요건의 주체

변호사법 제111조는 공무원이 취급하는 사건 또는 사무에 관한 불가매수성을 보호법익으로 한다. 공무원이 취급하는 사건 또는 사무에 관하여 청탁, 알선 명목으로 금품 등을 수수한 사람을 처벌하므로 본죄의 **구성요건 주체**는 공무원일 필요는 없고 일반인 누구든 주체가 될 수 있다.

공무원이 취급하는 사건 또는 사무에 관련하여 구체적인 청탁 또는 알선을 해주겠다고 말하고, 그 명목으로 금전 등을 교부받는 경우, 이를 약속하는 경우뿐만 아니라 제3자에게 공여하게 하는 등의 행위를 하면 처벌한다.

나. 구성요건적 행위

본죄의 **구성요건적 행위**는 공무원이 취급하는 사건 또는 사무에 관하여 '청탁 또는 알선을 한다는 명목으로' 금품·향응, 그 밖의 이익을 받거나 받을 것을 약속하는 행위(동법 제111조 제1항 **전단**) 또는 제3자에게 이를 공여하게 하거나 공여하게 할 것을 약속하는 행위(동법 제111조 제1항 **후단**)이다.

'청탁 또는 알선을 한다는 명목으로'의 의미는 '청탁 또는 알선을 내세우거나 이에 관하여'를 뜻한다.[1] **'알선'**이라 함은 **'일정한 사항에 관하여 어떤 사람과 상대방 사이에서 중개하거나 편의를 도모하는 것'**을 뜻하고, 알선행위가 과거의 것이나 정당한 직무행위를 대상으로 하는 경우도 포함하며, 알선 명목으로 금품 등을 주고받았다면 실제로 알선행위를 하였는지 여부와 관계없이 범죄가 성립한다.[2]

이 때 금품 등은 어디까지나 청탁 혹은 알선행위의 대가라는 명목으로 주고받아야 하고, 알선과 금품 사이에 대가성이나 관련성이 있는지는 알선의 내용, 알선자와 이익 제공자 사이의 친분관계, 이익의 다과, 이익을 주고받은 경위와 시기 등 여러 사정을 종합하여 결정하여야 한다.[3]

본죄는 **실제 청탁행위에 나아갔는지 여부를 묻지 않고 금품을 수수하는 등의 행위로 곧바로 기수**에 이른다. 한편 처벌대상이 되는 청탁 등의 행위는 자신의 사무가 아닌 타인의 사무를 위한 것이어야 하므로 적법하게 이루어진 계약에 근거하여 사회통념상 용인될 수 있는 위임사무를 처리한 경우에는 본죄가 성립하지 않는다.[4]

> **판례**
>
> 변호사법 제111조 제1항의 죄는 '공무원이 취급하는 사건 또는 사무에 관하여 청탁 또는 알선한다는 명목'으로 '금품 등을 수수하거나 약속'함으로써 성립하는 범죄이다.
> 이때의 **'청탁 또는 알선'은 공무원이 취급하는 사건 등에 관하여 의뢰인의 의사를 공무원 측에 전달하여 편의의 도모 등 부탁을 하거나 영향력을 행사하여 의뢰인이 원하는 방향으로 결정이 이루어지도록 돕는 등의 행위를 의미하는 것으로, 이 경우 공무원의 사건 또는 사무의 처리가 정당한 직무행위에 속하는 경우도 포함되고, 청탁 등의 상대방이나 그 직무내용이 구체적으로 특정되어 있을 필요는 없다.**

---

1 대법원 2006. 4. 14. 선고 2005도7050 판결 참조.
2 대법원 2008. 1. 31. 선고 2007도8117 판결, 대법원 2015. 4. 23. 선고 2014도16274 판결 등 참조.
3 대법원 2007. 6. 28. 선고 2002도3600 판결, 대법원 2017. 1. 12. 선고 2016도15470 판결 등 참조.
4 대법원 2008. 1. 31. 선고 2007도8117 판결, 대법원 2013. 1. 31. 선고 2012도2409 판결, 대법원 2013. 9. 12. 선고 2013도6570 판결, 헌법재판소 2012. 4. 24. 결정 2011헌바40 결정 등 참조.

나아가 **실제 청탁행위에 나아갔는지, 청탁의 대상이 된 공무가 현실적으로 불공정하게 처리되었는지 여부 등을 묻지 않고 청탁을 명목으로 금품을 수수하는 등의 행위만으로 곧바로 범죄가 성립한다**는 점에서, 정식으로 사건을 의뢰받은 법률전문가인 변호사가 그 위임의 취지에 따라 수행하는 적법한 청탁을 제외하고 '공무원이 취급하는 사건 등에 관하여 어떠한 일이 이루어지도록 부탁한다는 구실로 금품을 수수한 일체의 행위'를 포함한다. 그러한 청탁 등의 명목으로 금품 등을 수수한다는 점에 관한 공통의 인식 내지 양해가 명시적이든 묵시적이든 존재하고, 청탁 등의 명목과 수수한 금품 등 사이에 전체적, 포괄적인 대가관계가 있으면 범죄가 성립한다. 그 수수한 금품에 청탁 등 행위에 대한 대가로서의 성질과 그 밖의 행위에 대한 대가로서의 성질이 불가분적으로 결합되어 있는 경우에는 전부가 청탁 등 행위의 대가로서의 성질을 가진다고 볼 수 있다.
한편, **위 처벌대상이 되는 청탁 등 행위는 자신이 아닌 타인의 사무를 위한 것이어야 하므로, 의뢰인과의 적법한 계약 등을 근거로 의뢰인을 위한 사무의 수행 등 계약상 정해진 자신의 사무처리의 일환으로 법에 정해지거나 사회통념상 용인할 수 있는 절차와 방법으로 의뢰인의 위임사무를 처리하는 행위를 한 경우는 이에 해당할 수 없고,** 다만 그 근거가 되는 계약 등이 공무원이 취급하는 사건 등에 관한 의뢰인의 이익을 위한 청탁 등 행위의 실질을 감추기 위해 형식적, 명목상으로 체결된 것이거나, 계약상 사무처리의 내용 중에 적법하고 정상적인 범위를 넘어 **공무의 공정성과 불가매수성 및 이에 대한 사회일반의 신뢰성을 침해하는 행위로서 처벌대상이 되는 청탁 등이 포함된 것으로 볼 수 있는 경우에는 이에 해당한다 할 것이므로, 그 명목으로 의뢰인으로부터 금품을 수수하는 경우에는 위 변호사법위반죄가 성립하게 될 것이다**(대법원 2008. 1. 31. 선고 2007도8117 판결 참조).

다. 알선수재죄와의 구별

본죄가 성립하기 위하여는 「공무원」에 대한 청탁·알선을 한다는 명목으로 금품을 받아야 하므로 당사자 사이의 청탁·알선의 대상이 법령상 **공무원**이어야 한다. 만약 그 청탁의 대상이 되는 사람이 공무원이 아니라면 본죄가 성립될 수 없다.

변호사법 제111조는 특정범죄가중법 제3조의 알선수재죄와 구별하여야 한다. 알선수재죄는 '**공무원의 직무에 속한 사항의 알선에 관하여**' 금품이나 이익을 수수·요구·약속하는 행위를 처벌하고 있으므로 변호사법 제111조에 비하여 성립의 범위가 좁다. 위 **알선수재죄의 알선의 대상은 협의의 「공무원」에 한정되고 아래와 같은 공무원 의제조항은 적용되지 않는다**는 점도 변호사법 제111조와의 차이점이다.

라. 공무원 의제 조항

변호사법 제111조 제2항은 동조 제1항의 청탁·알선의 대상이 되는 공무원의 범위에 관하여 규정하고 있다. 즉 형법 제129조부터 제132조(뇌물에 관한 죄)의 규정에 따른 벌칙을 적용할 때 공무원으로 의제하는 사람을 모두 동조 제1항의 공무원으로 본다.

관련조문

제111조(벌칙) ② 다른 법률에 따라 「형법」 제129조부터 제132조까지의 규정에 따른 벌칙을 적용할 때에 공무원으로 보는 자는 제1항의 공무원으로 본다.

이와 같은 공무원 의제 규정은 특별법에 흩어져 있는데 직무의 불가매수성을 보호하기 위한 특별한 신분자의 경우 이러한 규정을 두고 있는 경우가 많다. 예컨대 ① 도시 및 주거환경정비법(이하, '도시정비법'이라 한다) 제134조[5]에 따른 추진위원장·조합임원·청산인·전문조합관리인 및 정비사업전문관리업자의 대표자(법인인 경우에는 임원을 말한다)·직원 및 위탁지원자의 경우, ② 공공기관운영에관한법률(이하, '공공기관운영법'이라 한다) 제53조[6]에 따른 공공기관(제6조 및 공공기관 지정 고시[7]에 의해 공공기관으로 지정된 것에 한함)의 임직원, 운영위원회의 위원과 임원추천위원회의 위원으로서 공무원이 아닌 사람, ③ 특정범죄가중법 제4조에 따른 기관 및 단체의 간부직원[8] 등이 그것이다.

벌칙 적용 시 공무원 의제 조항을 두고 있는 특별법 규정은 약 500여 개로 매우 다양하고 많은데, 구체적으로 청탁·알선의 상대가 되는 사람이 위 **「공무원」** 또는 **「공무원으로 의제되는 사람」**인지 여부에 대한 검토가 선행되어야 한다(공무원 의제 법률 관련 상세한 내용은 「제3편 부패재산몰수법 별지」 참조).

---

5 **도시정비법 제134조(벌칙 적용에서 공무원 의제)** 추진위원장·조합임원·청산인·전문조합관리인 및 정비사업전문관리업자의 대표자(법인인 경우에는 임원을 말한다)·직원 및 위탁지원자는 「형법」 제129조부터 제132조까지의 규정을 적용할 때에는 공무원으로 본다.

   같은 취지, 대법원 2010. 12. 23. 선고 2010도13584 판결 참조.
6 **공공기관운영법 제53조(벌칙 적용에서의 공무원 의제)** 공공기관의 임직원, 운영위원회의 위원과 임원추천위원회의 위원으로서 공무원이 아닌 사람은 「형법」 제129조(수뢰, 사전수뢰)부터 제132조(알선수뢰)까지의 규정을 적용할 때에는 공무원으로 본다.<개정 2016. 3. 22., 2020. 6. 9.>
7 2020년 공공기관 지정 고시(2020. 2. 5. 개정 기획재정부고시 제2020-2호) 참조.
8 **특정범죄가중법 제4조(뇌물죄 적용대상의 확대)** ① 다음 각 호의 어느 하나에 해당하는 기관 또는 단체로서 대통령령으로 정하는 기관 또는 단체의 간부직원은 「형법」 제129조부터 제132조까지의 규정을 적용할 때에는 공무원으로 본다.
   1. 국가 또는 지방자치단체가 직접 또는 간접으로 자본금의 2분의 1 이상을 출자하였거나 출연금·보조금 등 그 재정지원의 규모가 그 기관 또는 단체 기본재산의 2분의 1 이상인 기관 또는 단체
   2. 국민경제 및 산업에 중대한 영향을 미치고 있고 업무의 공공성(公共性)이 현저하여 국가 또는 지방자치단체가 법령에서 정하는 바에 따라 지도·감독하거나 주주권의 행사 등을 통하여 중요 사업의 결정 및 임원의 임면(任免) 등 운영 전반에 관하여 실질적인 지배력을 행사하고 있는 기관 또는 단체
   ② 제1항의 간부직원의 범위는 제1항의 기관 또는 단체의 설립목적, 자산, 직원의 규모 및 해당 직원의 구체적인 업무 등을 고려하여 대통령령으로 정한다.

마. 처벌

본죄를 범하면 5년 이하의 징역 또는 1천만 원 이하의 벌금에 처하고, 이 경우 벌금과 징역은 병과할 수 있다. 나아가 본죄를 범하여 취득한 범죄수익은 모두 변호사법 규정에 따라 필요적으로 몰수·추징된다.

3. 자금세탁범죄 처벌 사례

가. 한국토지공사 임원에 대한 청탁명목 금품수수와 허위용역계약서 작성 사례

한국토지공사(LH)의 임원에게 청탁하여 재개발추진위원회의 도시개발사업 지정 제안이 관철될 수 있도록 해주겠다는 명목으로 13억 8,000만 원 상당을 수수하고 향후 위 금원이 문제가 되지 않도록 허위의 용역계약서를 작성한 사안에서 **허위의 용역계약서를 작성하여 위 13억 8,000만 원이 마치 정상적인 부동산 컨설팅 용역계약에 따른 대가로 지급받은 것처럼 가장한 행위는 범죄수익등의 취득을 가장한 행위에 해당한다**고 판단한 사례가 있다.[9]

통상적으로 지급받는 금품의 용처를 꾸미기 위해 허위의 문서를 꾸미는 행위는 자금세탁범죄 유형 중 범죄수익은닉규제법 제3조 제1항 제2호의 범죄수익의 발생원인 가장행위로 의율하고 있는데 이 사안은 취득가장행위로 기소되어 유죄판결이 확정된 사례다.

나. 경찰공무원 청탁명목 금품수수 및 수사기관 허위 진술 사례

전직 경찰관이 사건 수사와 관련하여 현직 경찰관들과의 친분을 과시하며 사건을 잘 해결해주고, 구속도 면하게 해주겠다고 말하여 **의뢰인으로부터 9,000만 원을 피고인 명의 계좌로 수수하면서 적요를 '대여금(영업)'으로 허위로 기재하도록 하고, 의뢰인과 함께 허위의 차용증을 작성한 다음 의뢰인으로 하여금 검찰청에서 위 9,000만 원의 명목을 차용금이라고 허위 진술**하도록 함으로써 범죄수익의 취득에 관한 사실을 가장한 것으로 보아 처벌한 사례가 있다.[10] **수사기관에 범죄수익의 원인에 관한 사실을 허위로 진술한 행위를 취득가장행위로 처벌한 사례다.**

그리고 수사기관에서 지급받은 돈의 명목을 허위로 진술한 것이 밝혀지는 경우 범죄수익

---

9 수원지방법원 2015. 11. 13. 선고 2015고합311 참조(대법원 2016도9741 판결로 확정).
10 부산지방법원 동부지원 2018. 6. 26. 선고 2018고합38,56(병합)]판결 참조(부산고등법원 2018노443 판결로 확정).

은닉규제법 제3조 제1항 제2호의 발생원인 가장행위로 의율하여 처벌한 사례도 있다.[11]

하나의 행위가 범죄수익등의 취득을 가장한 행위(제1호) 및 범죄수익의 발생원인을 가장한 행위(제2호) 모두에 해당하는 경우 포괄하여 하나의 취득가장죄만 성립한다고 봄이 상당하다.

다. 판사 및 검사 청탁명목 금품수수 및 현금·수표 반복교환에 따른 범죄수익 은닉 사례

불법스포츠토토 도박사이트 수사 및 재판과 관련하여 판사와 검사에게 청탁해주겠다는 명목으로 5,000만 원을 피고인 계좌로 교부받은 다음 일부는 현금으로 출금하여 아들 명의 계좌로 입금하고, 나머지 금원은 현금으로 출금한 다음 수표로 교환하여 피고인 명의 계좌에 재차 입금한 사안에서 이를 **범죄수익은닉규제법상 취득가장행위**(제1호) 및 **은닉행위**(제3호)를 **상상적 경합관계로 인정**한 사례가 있다.[12]

범죄수익의 취득을 가장하고 이를 은닉하는 행위가 동일한 범의로 계속하여 일어나는 경우 포괄하여 일죄가 성립한다고 봄이 일반적인 해석임에도 특이하게 위와 같이 상상적 경합관계로 인정하였다. 생각건대 연속하여 이루어지는 범죄수익은닉행위가 경합하는 경우에는 각 죄를 포괄일죄로 해석함이 상당하다(私見).

4. 범죄수익환수 사례

가. 사기죄와 변호사법위반죄가 함께 성립한 사례에서의 추징

변호사법위반죄와 사기죄가 함께 기소되어 처벌된 사례에서 상상적 경합의 관계에 있는 사기죄와 변호사법 위반죄에 대하여 형이 더 무거운 사기죄에 정한 형으로 처벌하기로 하면서도, 위 금품은 공무원이 취급하는 사건에 관하여 청탁을 한다는 명목으로 받은 것으로서 몰수할 수 없으므로 변호사법 제116조, 제111조에 의하여 그 상당액을 추징하여야 한다.[13] **사기죄로 영득한 재물이므로 범죄수익은닉규제법상 범죄피해재산이긴 하나, 별개의 독자적 법익을 침해한 것이므로 변호사법위반죄에 따라 추징할 수 있다.**

---

11 대전지방법원 홍성지원 2008. 9. 3. 선고 2008고단362 판결 참조. 해당 사건에서 검사는 범죄수익은닉규제법 제3조 제1항 제2호에 따른 발생원인 가장행위로 의율하여 기소하였고 유죄판결이 선고되었다.

12 대전지방법원 2018. 5. 2. 선고 2018고단282, 481(병합) 판결 참조(대법원 2018도14214 판결로 확정).

13 대법원 2006. 1. 27. 선고 2005도8704 판결 참조.

나. 변호사법위반죄 추징의 법리

한편 ① 변호사법 제116조의 규정에 의한 필요적 몰수 또는 추징은 공범들이 부정한 이익을 보유하지 못하게 함에 그 목적이 있는 것이므로 수인이 공동하여 공무원이 취급하는 사건 또는 사무에 관하여 청탁을 한다는 명목으로 받은 금품을 분배한 경우에는, 각자가 실제로 분배받은 금품만을 개별적으로 몰수하거나 그 가액을 추징하여야 한다.[14]

그런데 ② 여러 사람이 공모·공동하여 변호사법 제111조의 죄를 범하고 금품을 수수한 경우, 공범 상호 간에 진술 내용이 일치하지 아니하는 등의 사유로 그 공범 사이에 실제로 수수한 가액을 알 수 없는 때에는 평등하게 추징할 수밖에 없다.[15]

그리고 ③ 변호사가 형사사건의 피고인 등으로부터 담당 판사나 수사기관 등에 대한 교제 및 청탁 명목으로 받은 돈의 일부를 공동 변호 명목으로 다른 변호사에게 지급한 경우, 당초 금품을 받을 당시 그와 같이 사용하기로 예정되어 있어서 그 받은 취지에 따라 사용한 것이 아니라 자신의 독자적인 판단에 따라 사용한 것이라면, 이는 변호사법 위반으로 취득한 재물의 소비방법에 불과하므로, 그 비용 상당액을 추징에서 제외할 수는 없다.[16] 결국 실제 청탁·알선 명목에 따라 금품을 교부한 경우라면 추징액에서 이를 공제할 것이나, 그렇지 않은 다른 방식의 소비라면 이를 공제하지 않고 전액을 추징한다는 것이다.

한편 ④ 공무원이 취급하는 사건 또는 사무에 관하여 청탁한다는 명목이라는 성격과 단순히 공무원이 취급하는 사건 또는 사무와 관련하여 노무나 편의를 제공한 대가라는 성격이 불가분적으로 결합되어 금품을 받은 경우 그 전부가 불가분적으로 공무원이 취급하는 사건 또는 사무에 관하여 청탁한다는 명목으로 금품을 받았다고 보아야 한다.[17] 이는 공무원이 취급하는 사건 또는 사무에 관한 청탁 명목의 금품과 이와 무관한 행위에 대한 대가로서의 금품이 액수가 구분되지 않은 채 불가분적으로 결합되어 수수된 경우에도 마찬가지다.[18]

---

14 대법원 2017. 12. 22. 선고 2017도15538 판결 참조.
15 대법원 2012. 5. 24. 선고 2012도2719 판결 등 참조.
16 대법원 2006. 11. 23. 선고 2005도3255 판결, 대법원 2010. 2. 11. 선고 2009도14215 판결 등 참조.
17 대법원 2005. 4. 29. 선고 2005도514 판결, 대법원 2005. 12. 22. 선고 2005도7771 판결 등 참조.
18 대법원 2017. 3. 22. 선고 2016도21536 판결 참조.

2 주식회사 등의 외부감사에 관한 법률위반(제36호)

1. 서설

범죄수익은닉규제법은 별표 제36호에서 **주식회사 등의 외부감사에 관한 법률**(이하, '외**부감사법')** **제40조 위반죄**를 부패범죄로 규정하고 있고, 부패재산몰수법은 별표 제13호에서 위 규정을 부패범죄로도 함께 규정하고 있다. 본죄는 2019. 4. 23. **범죄수익은닉규제법이 개정되면서 중대범죄로 추가**되었다.

관련조문 ─────

범죄수익은닉규제법 별표

중대범죄(제2조 제1호 관련)

36. 「주식회사 등의 외부감사에 관한 법률」 <u>제40조</u>의 죄

외부감사법은 외부감사를 받는 회사의 회계처리와 외부감사인의 회계감사에 관하여 필요한 사항을 정함으로써 이해관계인을 보호하고 기업의 건전한 경영과 국민경제의 발전에 이바지함을 목적으로 한다(동법 제1조 참조).

외부감사법 제40조는 감사인, 감사인에 소속된 공인회계사 등이 그 직무에 관하여 부정한 청탁을 받고 금품이나 이익을 수수·요구 또는 약속하는 행위 및 이와 같은 금품이나 이익을 약속·공여하거나 공여의 의사표시를 하는 행위를 모두 처벌하고 있다. **외부감사를 받는 회사의 회계처리와 외부감사인의 회계감사라는 직무에 관하여 부정한 청탁을 받고 금품을 수수하는 행위를 금지함으로써 주식회사에 대한 회계감사의 투명성을 제고하기 위한 것이다.**

외부감사법은 제45조에서 동법 제40조에 따른 금품이나 이익은 몰수하고 그 전부 또는 일부를 몰수할 수 없는 경우 그 가액을 추징하는 **독자적인 필요적 몰수·추징 규정**을 두고 있다.

관련조문 ─────

제45조(몰수) 제39조 제1항을 위반하여 얻은 이익 또는 제40조에 따른 금품이나 이익은 몰수한다. 이 경우 그 전부 또는 일부를 몰수할 수 없으면 그 가액(價額)을 추징한다.

한편 외부감사법 제45조는 동법 제39조 제1항을 위반하여 얻은 이익 또한 필요적 몰수·추

징의 대상으로 명시하고 있는데 외부감사법 제39조 제1항 위반죄는 범죄수익은닉규제법 중대
범죄 또는 부패재산몰수법에 따른 부패범죄에 포함되지 않는다는 점을 주의할 필요가 있다.

결국 외부감사법 제39조 제1항을 위반하여 범죄수익을 취득한 경우라 하더라도 관련 법
령에 따른 몰수·추징을 할 수 없을 뿐만 아니라 해당 범죄수익을 은닉하였더라도 자금세탁
범죄로 처벌할 수 없다.

그런데 **실무상 구 외부감사법 제20조 제1항, 제13조(현행 외부감사법 제39조 제1항, 제5조)
에 따라 거짓으로 재무제표를 작성하여 공시한 행위를 처벌하는 경우가 외부감사법 위
반죄 중 대부분의 사례를 차지**하고 있고 이는 외부감사법 제45조에 따라 필요적 몰수·추
징의 대상이 되는 범죄에 해당하므로 위 범죄행위로 생긴 재산, 그 보수로 얻은 재산은 모
두 환수의 대상이 된다. 그럼에도 불구하고 이를 보전하기 위한 몰수·추징보전 및 자금세
탁범죄 처벌이 불가하다는 것은 심히 부당하지 않을 수 없다.

그러므로 **입법론**으로는 범죄수익은닉규제법 별표에 외부감사법 제39조 위반죄를 추가함
으로써 처벌의 공백을 메울 필요가 있다(私見).

관련조문

범죄수익은닉규제법 별표(개정안)

중대범죄(제2조 제1호 관련)

36. 「주식회사 등의 외부감사에 관한 법률」 **제39조**, 제40조의 죄

---

2. 구성요건 및 처벌

관련조문

제40조(벌칙) ① 감사인, 감사인에 소속된 공인회계사, 감사, 감사위원회의 위원 또는 감사
인선임위원회의 위원이 그 직무에 관하여 부정한 청탁을 받고 금품이나 이익을 수수(收受)·
요구 또는 약속한 경우에는 5년 이하의 징역 또는 5천만 원 이하의 벌금에 처한다. 다만, 벌금형
에 처하는 경우 그 직무와 관련하여 얻는 경제적 이익의 5배에 해당하는 금액이 5천만 원을 초과
하면 그 직무와 관련하여 얻는 경제적 이익의 5배에 해당하는 금액 이하의 벌금에 처한다.
② 제1항에 따른 금품이나 이익을 약속·공여하거나 공여의 의사를 표시한 자도 제1항
과 같다.

가. 서설

외부감사법은 감사인, 감사인에 소속된 공인회계사, 감사, 감사위원회의 위원 또는 감사인선임위원회의 위원이 그 직무에 관하여 부정한 청탁을 받고 금품이나 이익을 수수(收受)·요구 또는 약속하는 행위(동법 제40조 제1항), 제1항에 따른 금품이나 이익을 약속·공여하거나 공여의 의사를 표시하는 행위(동조 제2항)를 모두 처벌대상으로 하고 있다.

나. 구성요건 주체 및 행위의 상대방

본죄의 **구성요건 주체**는 외부감사법상 감사인, 감사인에 소속된 공인회계사, 감사, 감사위원회의 위원 또는 감사인선임위원회의 위원으로 한정된다(신분범).

나아가 **행위의 상대방**은 그 직무에 관하여 부정한 청탁을 받고 금품이나 이익을 수수·요구·약속하는 행위의 경우 그와 같은 부정한 청탁을 하는 사람이 될 것인데, 그 사람 또한 외부감사법 제40조 제2항에서 처벌하고 있는바 **동법 제40조 제1항과 제2항은 대향범의 관계**에 있다.

위 구성요건 주체 중 감사, 감사위원은 모두 외부감사법의 적용 대상이 되는 주식회사 및 유한회사의 감사 및 감사위원인바 외부감사법의 적용대상이 되는 회사 및 감사인의 범위는 다음과 같다.

관련조문

제2조(정의) 이 법에서 사용하는 용어의 뜻은 다음과 같다.

1. **"회사"**란 <u>제4조 제1항</u>에 따른 외부감사의 대상이 되는 주식회사 및 유한회사를 말한다.

4. **"주권상장법인"**이란 주식회사 중 「자본시장과 금융투자업에 관한 법률」 제9조 제15항 제3호에 따른 주권상장법인을 말한다.

7. **"감사인"**이란 다음 각 목의 어느 하나에 해당하는 자를 말한다.

　　가. 「공인회계사법」 제23조에 따른 회계법인(이하 "회계법인"이라 한다)

　　나. 「공인회계사법」 제41조에 따라 설립된 한국공인회계사회(이하 "한국공인회계사회"라 한다)에 총리령으로 정하는 바에 따라 등록을 한 감사반(이하 "감사반"이라 한다)

제4조(외부감사의 대상) ① 다음 각 호의 어느 하나에 해당하는 회사는 재무제표를 작성하여 회사로부터 독립된 외부의 감사인(재무제표 및 연결재무제표의 감사인은 동일하여야 한다. 이하 같다)에 의한 회계감사를 받아야 한다.

1. 주권상장법인

2. 해당 사업연도 또는 다음 사업연도 중에 주권상장법인이 되려는 회사

3. 그 밖에 직전 사업연도 말의 자산, 부채, 종업원수 또는 매출액 등 **대통령령**으로 정하는 기준에 해당하는 회사. 다만, 해당 회사가 유한회사인 경우에는 본문의 요건 외에 사원 수, 유한회사로 조직변경 후 기간 등을 고려하여 **대통령령**으로 정하는 기준에 해당하는 유한회사에 한정한다.

☞ <u>외부감사법 시행령 제5조(외부감사의 대상)</u> ① **법 제4조 제1항 제3호 본문**에서 "직전 사업연도 말의 자산, 부채, 종업원 수 또는 매출액 등 대통령령으로 정하는 기준에 해당하는 회사"란 다음 각 호의 어느 하나에 해당하는 회사를 말한다. <개정 2020. 10. 13.>

1. 직전 사업연도 말의 자산총액이 500억 원 이상인 회사

2. 직전 사업연도의 매출액(직전 사업연도가 12개월 미만인 경우에는 12개월로 환산하며, 1개월 미만은 1개월로 본다. 이하 같다)이 500억 원 이상인 회사

3. 다음 각 목의 사항 중 2개 이상에 해당하는 회사

   가. 직전 사업연도 말의 자산총액이 120억 원 이상

   나. 직전 사업연도 말의 부채총액이 70억 원 이상

   다. 직전 사업연도의 매출액이 100억 원 이상

   라. 직전 사업연도 말의 종업원(「근로기준법」 제2조 제1항 제1호에 따른 근로자를 말하며, 다음의 어느 하나에 해당하는 사람은 제외한다. 이하 같다)이 100명 이상

      1) 「소득세법 시행령」 제20조 제1항 각 호의 어느 하나에 해당하는 사람

      2) 「파견근로자보호 등에 관한 법률」 제2조 제5호에 따른 파견근로자

② **법 제4조 제1항 제3호 단서**에서 "대통령령으로 정하는 기준에 해당하는 유한회사"란 다음 각 호의 어느 하나에 해당하는 유한회사를 말한다. 다만, 2019년 11월 1일 이후 「상법」 제604조에 따라 주식회사에서 유한회사로 조직을 변경한 유한회사의 경우에는 같은 법 제606조에 따라 등기한 날부터 5년까지는 제1항 각 호의 어느 하나에 해당하는 회사를 말한다. <개정 2020. 10. 13.>

1. 제1항 제1호 또는 제2호에 해당하는 유한회사

2. 다음 각 목의 사항 중 3개 이상에 해당하는 유한회사

   가. 직전 사업연도 말의 자산총액이 120억 원 이상

   나. 직전 사업연도 말의 부채총액이 70억 원 이상

   다. 직전 사업연도의 매출액이 100억 원 이상

   라. 직전 사업연도 말의 종업원이 100명 이상

   마. 직전 사업연도 말의 사원(「상법」 제543조 제2항 제1호에 따라 정관에 기재된 사원을 말한다. 이하 같다)이 50명 이상

다. 구성요건적 행위 및 객체

본죄의 **구성요건적 행위**는 그 직무에 관하여 부정한 청탁을 받고 금품이나 이익을 수수·요구 또는 약속하거나 그와 같은 금품 등을 약속·공여하거나 공여의 의사표시를 하는 것으로 금품 등을 받는 자와 주는 자가 모두 같은 법정형으로 처벌된다.

위 구성요건은 형법상 뇌물죄 또는 배임수재죄의 그것과 유사한바 '**직무에 관하여**', '**부정한 청탁**'의 해석은 모두 위 각 범죄의 그것과 동일하게 해석할 수 있다.

한편 **구성요건의 객체**는 금품 기타 이익인데 이때의 이익은 경제적인 이익으로서 유형적 또는 무형적 이익을 불문한다.

1) 부정한 청탁

따라서 외부감사법 제40조의 '**부정한 청탁**'은 명시적인 의사표시에 의한 것은 물론 묵시적인 의사표시에 의해서도 가능하다. 이 때 묵시적인 의사표시에 의한 부정한 청탁이 있다고 하기 위해서는 당사자 사이에 청탁의 대상이 되는 직무집행의 내용과 제3자에게 제공되는 금품이 그 직무집행에 대한 대가라는 점에 대하여 공통의 인식이나 양해가 존재하여야 하고, 그러한 인식이나 양해 없이 막연히 선처하여 줄 것이라는 기대에 의하거나 직무집행과는 무관한 다른 동기에 의하여 제3자에게 금품을 공여한 경우에는 묵시적인 의사표시에 의한 부정한 청탁이 있다고 보기 어렵다.[19]

그리고 **청탁은 반드시 업무상 배임의 내용이 되는 정도에 이를 것을 요하지 않으며, 사회상규 또는 신의성실의 원칙에 반하는 것을 내용으로 하면 족**하고, 이를 판단할 때에는 청탁의 내용 및 이에 관련한 대가의 액수, 형식, 보호법익인 거래의 청렴성 등을 종합적으로 고찰하여야 한다.[20]

나아가 그 청탁이 위법하거나 부당한 직무집행을 내용으로 하는 경우는 물론, 비록 청탁의 대상이 된 직무집행 그 자체는 위법·부당한 것이 아니라 하더라도 **당해 직무집행을 어떤 대가관계와 연결시켜 그 직무집행에 관한 대가의 교부를 내용으로 하는 청탁이라면 이는 '부정한 청탁'에 해당한다**고 보아야 한다.[21]

2) 직무에 관하여

한편 위와 같은 부정한 청탁은 위 신분자들의 '**직무에 관하여**' 이루어져야 하는바 그 '**직**

---

19 대법원 2009. 1. 30. 선고 2008도6950 판결 참조.
20 대법원 2011. 8. 18. 선고 2010도10290 판결 참조.
21 대법원 2006. 6. 15. 선고 2004도3424 판결 참조.

무'는 위 신분자들이 직접 관장하는 직무 그 자체뿐만 아니라 그 직무와 밀접한 관계가 있는 행위 또는 관례상이나 사실상 관여하는 업무도 포함된다고 할 것이나, 구체적인 행위가 그 직무에 속하는지 여부는 그것이 위 각 신분자들의 업무의 일환으로 행하여졌는가 하는 형식적인 측면과 함께 그와 같이 수행하여야 할 직무와의 관계에서 합리적으로 필요하다고 인정되는 것인가 하는 실질적인 측면을 아울러 고려하여 결정하여야 한다.[22]

또한 위 **'직무'**에는 법령에 정하여진 직무뿐만 아니라 그와 관련 있는 직무, 과거에 담당하였거나 또는 장래에 담당할 직무 이외에 사무분장에 따라 현실적으로 담당하지 않는 직무라 하여도 법령상 일반적인 직무권한에 속하는 직무 등 위 신분자들이 그 직위에 따라 담당할 일체의 직무도 포함된다고 해석함이 상당하다.[23]

더불어 그 직무에 **'관하여'** 금품 등을 수수하여야 하므로 직무행위와 위 금품 등과의 사이에 대가관계가 인정되어야 한다.

라. 처벌

본죄를 범하면 5년 이하의 징역 또는 5천만 원 이하의 벌금에 처한다. 나아가 외부감사법은 제45조에서 동법 제40조에 따른 금품이나 이익은 몰수하고 그 전부 또는 일부를 몰수할 수 없는 경우 그 가액을 추징하는 **독자적인 필요적 몰수·추징 규정**을 두고 있으므로 본죄를 범하여 취득한 범죄수익은 모두 환수의 대상이 됨을 주의할 필요가 있다.

3. 범죄수익환수 사례

이와 관련하여 회계법인의 대표이사인 감사인이 외부감사법에 따라 감사를 진행하면서 **적정의견을 내달라는 부당한 청탁을 받고 금품을 수수하고 감사보고서에 허위의 사실을 기재한 경우 이를 외부감사법에 따라 처벌하면서 이와 같이 수수한 금품을 추징한 사례**가 있다.[24]

이 사례에서는 위 3,000만 원에 대한 자금세탁범죄는 따로 처벌하지 않았으나 3,000만 원을 차명계좌로 입금하여 보관하거나 이를 다른 방법으로 은닉하였다면 자금세탁범죄가 성립한다.

결국 범죄수익에 대한 환수뿐만 아니라 자금세탁행위가 함께 수반되어 범죄수익을 은닉한 것은 아닌지 여부도 아울러 살펴야 한다.

---

22 대법원 2011. 5. 26. 선고 2009도2453 판결 참조.
23 대법원 1992. 2. 28. 선고 91도3364 판결 참조.
24 서울중앙지방법원 2013. 2. 15. 선고 2012고합1234, 1404 판결 참조(대법원 2014도11442 판결로 확정).

사례[25]

범죄사실

『2012고합1404』

2. 피고인 B

가. 3,000만 원 금품 수수

피고인은 W회계법인의 대표이사로서 W회계법인과 회계감사 계약을 맺은 S의 감사 업무를 담당하던 중 S의 실제 사주인 A를 알게 되어 A의 소개로 M의 감사업무도 담당하게 되었다.

M의 제10기(2008. 1. 1.~2008. 12. 31.) 재무제표에 대한 감사에 있어 M이 2008. 8.경 154억 원에 취득한 주식회사 X(이하 'X'이라 한다) 주식 27만여 주의 지분평가액을 75억 원으로 계상하는 것과 관련하여, 2008년 회계연도에 M은 자산총계가 11,256,785,738원, 부채총계가 9,368,855,756원, 자본총계가 1,887,929,982원인 상태로, M의 제10기 재무제표 상 X 주식에 대한 지분평가액 75억 원은 M 총 자산의 약 67%에 해당하여 위 주식의 지분평가액을 75억 원으로 인정받지 못하거나 19억 원 이상 감액되면 완전자본잠식을 이유로 M이 상장폐지가 되는 상황이었기 때문에 위 지분법적용투자주식 평가가 상장폐지와 직결되는 매우 중요한 계정이었다.

그러므로 위와 같이 지분법적용투자주식 평가액 산정이 적절한지 여부를 감사하기 위해서는 먼저 X에 대한 감사결과를 확인하여 그 결과를 토대로 검토하여야 하는데, 당시 X에 대한 감사를 담당하던 Y회계법인으로부터 X에 대한 감사결과가 표명되지 않고 계속 지연되고 있어 피고인도 M에 대한 감사보고서 작성을 유보하고 있었다.

그러한 상황에서 **피고인은 2009. 2. 하순에서 2009. 3. 초순경 서울 강남구 역삼동에 있는 'AA'라는 상호의 일식집에서, M에 대한 감사보고서가 제출되지 않거나 '의견거절'이 되면 M이 상장 폐지된다는 불안감을 느낀 D로부터 X의 감사의견이 나오지 않은 상태에서 M에 대해 '적정의견'을 내달라는 취지의 부탁을 받고 3,000만 원을 수수하였다.**

이로써 피고인은 M의 감사와 관련하여 부정한 청탁을 받고 금품을 수수하였다.

나. 감사보고서 허위 기재

피고인은 M의 2008년 재무제표에 대한 감사보고서를 작성하기 위해 회계감사를 실시하던 중 M에서 2008. 8.경 취득한 X의 주식 271,000주의 지분법적용투자주식 평가와 관련하여, 회계감사기준 상 X에 대한 감사를 담당하던 **회계법인의 감사 결과를 활용하고자 할 경우에는 감사담당 이사를 통해 확인하여야 하고, 타감사인의 감사결과를 활용할 수 없고, 타감사인에게 위임한 부문의 재무정보에 대하여 추가적 감사절차를 충분히 수행할 수 없는 경우에는 감사범위의 제한을 이유로 한정의견을 표명하거나 감사의견 표명을 거절하여야 함에도, **회계법인의 X 감사 담당이사인 AB에게 전혀 확인을 하지 않고, 감사팀에서 배제된 AC 회계사로부

---

25 위 판결 중 외부감사법위반의 점과 관련된 부분을 발췌하여 소개한다.

터 송부 받은 X 감사보고서 초안만을 토대로 M의 회계감사를 진행하였다.

그리고 피고인은 AC으로부터 받은 X의 감사보고서 초안 등을 검토하는 과정에서, 2009. 3. 20.에 받은 감사보고서 초안에는 X가 완전자본잠식 상태(−26억 원)에 있었는데 그 이후에 송부 받은 감사보고서 초안에는 부분자본잠식 상태(자기자본 +4∼5억 원)로 변경되어 있었고, 나아가 자본규모가 미미하기 때문에 X 지분의 회수가능성이 낮았으며, 당시 Y회계법인에서 X의 지분가치평가를 담당하던 AD 회계사가 아**중공업 주식가치의 전액 삭감 등을 주장하기도 하였고, 일반적으로 비상장법인에 대한 감사결과는 매년 2월 중순경부터 3월 초순경 확정됨에도 불구하고 X에 대한 감사결과가 3월 하순이 되도록 나오지 않았으며, 심지어 X의 순자산 가액이 거의 0에 접근하는 상황이었고, X에 대해 계속기업의 불확실성 문제가 제기되는 등 당시 상황을 종합적으로 검토할 때 M이 보유하고 있는 X의 주식가치를 75억 원으로 평가하기 어렵다는 사실을 알게 되었다.

그럼에도 **피고인은 위 가.항 기재와 같이 D로부터 X의 감사결과가 나오기 전이라도 M에 대해 적정의견을 표명해달라는 부탁과 함께 금품과 향응을 수수한 것을 기화로, 2009. 3. 26.경 서울 강남구 AE에 있는 W회계법인 사무실에서, '본 감사인과 타감사인의 감사결과를 기초로 한 본 감사인의 감사의견으로는 상기 재무제표가 주식회사 M커뮤니케이션의 2008년 12월 31일 현재의 재무 상태와 동일로 종료되는 회계연도의 경영성과, 결손금과 자본의 변동 및 현금흐름의 내용을 한국의 일반적으로 인정된 회계처리기준에 따라 중요성의 관점에서 적정하게 표시하고 있습니다.'라는 내용의 감사보고서를 작성한 후 2009. 3. 30. M의 경리책임자에게 교부하였다.**

이로써 피고인은 2008년 M의 재무제표에 대한 감사보고서에 허위의 내용을 기재하였다.

3. 피고인 A

피고인은 제2의 가.항 기재와 같은 일시, 장소에서 위와 같이 B에게 부정한 청탁을 한 후 3,000만 원을 교부하였다.

법령의 적용

1. 범죄사실에 대한 해당법조 및 형의 선택

피고인 A: 구 주식회사의 외부감사에 관한 법률(2009. 2. 3. 법률 제9408호로 개정되기 전의 것) 제20조 제2항 제8호, 제13조, 형법 제30조(허위 재무제표 작성·공시의 점, 징역형 선택), 주식회사의 외부감사에 관한 법률 제19조 제2항, 제1항(피고인 B에 대한 금품 공여의 점, 징역형 선택)

피고인 B: 주식회사의 외부감사에 관한 법률 제19조 제1항(금품 수수의 점, 징역형 선택), 제20조 제3항 제2호(감사보고서 허위 기재의 점, 징역형 선택)

1. 추징

피고인 B: 주식회사의 외부감사에 관한 법률 제19조 제3항

3 공인회계사법위반(제37호)

1. 서설

범죄수익은닉규제법은 별표 제37호에서 **공인회계사법 제53조 제1항 제1호의 죄**를 중대범죄로 규정하고 있고, 부패재산몰수법은 별표 제20호에서 위 중대범죄를 비롯하여 공인회계사법 제22조 제3항 및 제53조 제1항의 범죄를 부패범죄로 함께 규정하고 있다. 본죄는 **2019. 4. 23. 범죄수익은닉규제법이 개정되면서 중대범죄로 추가되었다.**

관련조문

범죄수익은닉규제법 별표

중대범죄(제2조 제1호 관련)

37. 「공인회계사법」 **제53조 제1항 제1호**의 죄

관련조문

부패재산몰수법 별표

부패범죄(제2조제1호 관련)

20. 「공인회계사법」 제22조 제3항 및 제53조 제1항의 죄

공인회계사법은 공인회계사제도를 확립함으로써 국민의 권익보호와 기업의 건전한 경영 및 국가경제의 발전에 이바지함을 목적으로 한다(동법 제1조 참조).

공인회계사법은 공인회계사(회계법인의 이사, 소속공인회계사 및 외국공인회계사를 포함한다. 이하 이 조에서 같다)로서 제22조 제4항(제40조의18에서 준용하는 경우를 포함한다)을 위반하여 부정한 청탁을 받고 금품이나 이익을 수수·요구 또는 약속하거나 위촉인이 사기나 그 밖의 부정한 방법으로 부당한 금전상의 이득을 얻도록 가담하거나 상담한 자를 처벌하고 있다. **공인회계사 및 회계법인 소속 이사 등이 그 직무에 관하여 부정한 청탁을 받고 금품을 수수하는 행위를 금지함으로써 공인회계사 업무의 투명성을 제고하기 위한 것이다.**

공인회계사법은 제55조에서 동법 제53조 제1항 제1호 및 제3항 제2호의 죄를 지은 자 또는 그 사정을 아는 제3자가 받은 금품이나 그 밖의 이익은 몰수하고 이를 몰수할 수 없을 때는 그 가액을 추징한다고 규정하고 있다.

관련조문 ────────

제55조(몰수·추징 등) 제53조 제1항 제1호 및 제3항 제2호의 죄를 지은 자 또는 그 사정을 아는 제3자가 받은 금품이나 그 밖의 이익은 몰수한다. 이를 몰수할 수 없을 때에는 그 가액을 추징한다.[본조신설 2018. 2. 21.]

────────

따라서 위와 같이 공여된 금전 기타 이익은 필요적 환수 대상이 된다(이는 2018. 2. 21. 신설된 규정이므로 그 이전의 범행에 대해서는 범죄수익은닉규제법 또는 일반 형법에 따른 추징규정이 적용된다).

한편 **필요적 몰수·추징**의 대상인 공인회계사법 제53조 제3항 제2호의 죄는 범죄수익은닉규제법 중대범죄 또는 부패재산몰수법에 따른 부패범죄에 포함되지 않는다는 점을 주의할 필요가 있다. 따라서 **공인회계사법 제53조 제3항 제2호를 위반하여 범죄수익을 취득한 경우라 하더라도 관련 법령에 따른 몰수·추징보전절차를 진행할 수 없을 뿐만 아니라 해당 범죄수익을 은닉하였더라도 자금세탁범죄로 처벌할 수 없다.**

이 장에서는 범죄수익은닉규제법상 중대범죄로 규정되어 있는 공인회계사법 제53조 제1항 제1호 위반죄의 구성요건과 범죄수익환수 사례에 대해 상세히 살펴보고, 나머지 구성요건(공인회계사법 제22조 제3항, 제6항 제3호, 제53조 제1항 제2호)은 「**제3편 부패재산몰수법**」 부분에서 다루기로 한다.

2. 구성요건 및 처벌

관련조문 ────────

제53조(벌칙) ① 공인회계사(회계법인의 이사, 소속공인회계사 및 외국공인회계사를 포함한다. 이하 이 조에서 같다)로서 다음 각 호의 어느 하나에 해당하는 자는 5년 이하의 징역 또는 5천만 원 이하의 벌금에 처한다. <개정 2020. 5. 19.>

1. **제22조 제4항(제40조의18에서 준용하는 경우를 포함한다)을 위반**하여 부정한 청탁을 받고 금품이나 이익을 수수·요구 또는 약속하거나 위촉인이 사기나 그 밖의 부정한 방법으로 부당한 금전상의 이득을 얻도록 가담하거나 상담한 자

☞ **제22조(명의대여등 금지)** ④ 공인회계사는 제2조의 직무를 행할 때 부정한 청탁을 받고 금품이나 이익을 수수·요구 또는 약속하거나 위촉인이 사기 기타 부정한 방법으로 부당한 금전상의 이득을 얻도록 이에 가담 또는 상담하여서는 아니된다. <개정 2020. 5. 19.>

☞ <u>제40조의18(준용규정)</u> 외국공인회계사 및 외국회계법인에 관하여는 제11조부터 제13조까지, 제15조, 제16조, 제18조, 제19조, **제22조**, 제24조 제2항 제3호, 같은 조 제3항, 제28조, 제30조 제1항·제3항, 제31조 제2항, 제32조, 제35조, 제42조, 제43조 제2항, 제45조 제1항·제3항, 제48조 제3항·제5항 및 제48조의2를 그 성질에 반하지 아니하는 한 준용한다. 이 경우 "공인회계사"는 "외국공인회계사"로, "회계법인"은 "외국회계법인"으로 본다. <개정 2017. 10. 31.>
[본조신설 2011. 6. 30.]

가. 서설

공인회계사법은 공인회계사(회계법인의 이사, 소속공인회계사 및 외국공인회계사를 포함한다. 이하 이 조에서 같다)로서 제22조 제4항(제40조의18에서 준용하는 경우를 포함한다)을 위반하여 부정한 청탁을 받고 금품이나 이익을 수수·요구 또는 약속하거나 위촉인이 사기나 그 밖의 부정한 방법으로 부당한 금전상의 이득을 얻도록 가담하거나 상담한 자를 처벌하고 있다.

나. 구성요건의 주체 및 행위의 상대방

본죄의 **구성요건 주체**는 공인회계사(회계법인의 이사, 소속 공인회계사 및 외국공인회계사를 포함한다)이므로 **신분범**이다. 공인회계사는 공인회계사시험에 합격함으로서 그 자격을 가지게 되고, 이러한 공인회계사의 범행에 가공한 사람은 공범으로 처벌된다.

위 **행위의 상대방**은 부정한 청탁을 받고 금품이나 이익을 수수·요구 또는 약속하는 행위의 경우 부정한 청탁을 하면서 금품이나 이익을 교부하는 사람이고, 사기나 그 밖의 부정한 방법으로 부당한 금전상의 이득을 얻도록 가담하거나 상담하는 행위의 경우 그와 같은 상담행위를 하는 **위촉인**이다.

이러한 상대방이 공인회계사 등의 범행에 적극 가담한 경우에는 형법 제33조에 따라 처벌될 수 있음은 물론이다.

다. 구성요건적 행위

본죄의 **구성요건적 행위**는 ① 공인회계사법 제2조의 직무를 행함에 있어 ② 부정한 청탁을 받고 금품이나 이익을 수수·요구 또는 약속하거나(동법 제53조 **제1항 전단**) ③ 위촉인이 사기나 그 밖의 부정한 방법으로 부당한 금전상의 이득을 얻도록 가담하거나 상담하는 것이다(동법 제53조 **제1항 후단**).

직무의 범위는 공인회계사법 제2조에 아래와 같이 구체적으로 명시되어 있다.

관련조문

제2조(직무범위) 공인회계사는 타인의 위촉에 의하여 다음 각 호의 직무를 행한다.
  1. 회계에 관한 감사·감정·증명·계산·정리·입안 또는 법인설립등에 관한 회계
  2. 세무대리
  3. 제1호 및 제2호에 부대되는 업무

공인회계사법 제53조 제1항 전단의 경우, 공인회계사가 위와 같은 직무를 행함에 있어 부정한 청탁을 받고 금품이나 이익을 수수·요구·약속하는 행위를 금지하고 있는데 **부정한 청탁**의 개념은 앞에서 살펴본 외부감사법의 그것과 동일하게 해석함이 상당하다. 대법원 또한 공인회계사법의 부정한 청탁의 해석과 관련하여 같은 취지로 판시한 바 있다.[26]

공인회계사법은 나아가 제53조 제1항 후단에서 위촉인이 **사기나 그 밖의 부정한 방법**으로 부당한 금전상의 이득을 얻도록 가담 또는 상담하는 행위까지도 모두 금지하고 있는데 이 때 **사기 그 밖의 부정한 방법은 '사기'에 준하는 높은 수준의 불법성을 요구**한다고 봄이 상당하다.

대법원은 국세기본법상 사기 그 밖의 부정한 행위의 해석과 관련하여 「납세자에게 사실과 다른 세금계산서에 의하여 매입세액의 공제 또는 환급을 받는다는 인식 외에, 사실과 다른 세금계산서를 발급한 자가 그 세금계산서상의 매출세액을 제외하고 부가가치세의 과세표준 및 납부세액을 신고·납부하거나 또는 그 세금계산서상의 매출세액 전부를 신고·납부한 후 경정청구를 하여 이를 환급받는 등의 방법으로 **그 세금계산서상의 부가가치세 납부의무를 면탈함으로써 납세자가 그 매입세액의 공제를 받는 것이 결과적으로 국가의 조세수입 감소를 가져오게 될 것이라는 점에 대한 인식**이 있어야 한다.」고 판시하였다.[27]

결국 **주관적 구성요건요소와 관련하여** 공인회계사법 위반죄의 경우에도 공인회계사가

---

[26] 대법원 2011. 9. 29. 선고 2011도4397 판결참조(판결 이유 中: 형법 제357조 제1항의 배임수재죄에서의 '부정한 청탁'이라 함은 청탁이 사회상규와 신의성실의 원칙에 반하는 것을 말하고, 이를 판단함에 있어서는 청탁의 내용 및 이와 관련되어 교부받거나 공여한 재물의 액수·형식, 보호법익인 사무처리자의 청렴성 등을 종합적으로 고찰하여야 하며(대법원 1996. 10. 11. 선고 95도2090 판결, 대법원 2010. 9. 9. 선고 2009도10681 판결 등 참조), **이와 같은 법리는 공인회계사법 제22조 제3항에서의 '부정한 청탁'의 경우에도 마찬가지라고 할 것이다**).

[27] 대법원 2019. 9. 9. 선고 2019두31730 판결 참조.

위촉인에게 단순한 허위의 상담을 하는 정도로는 부족하고 위촉인이 정상적인 방법으로는 금전상의 이득을 얻을 수 없다는 사정을 알면서도 허위의 **재무제표 기타 회계자료를 통해 위와 같은 이득을 얻을 것이라는 사정까지도 모두 인식해야 한다**고 봄이 상당하다.

라. 처벌

본죄를 범하는 경우 5년 이하의 징역 또는 5천만 원 이하의 벌금에 처한다. 나아가 본죄를 위반하여 공여된 금전 기타 이익은 필요적 환수 대상이 된다(이는 2018. 2. 21. 신설된 규정이므로 그 이전의 범행에 대해서는 범죄수익은닉규제법 또는 일반 형법에 따른 추징규정이 적용된다).

3. 범죄수익환수 사례

이와 관련하여 **공인회계사가 자산양수도 가액의 적정성에 대한 평가의견서를 허위로 작성해달라는 부탁을 받고 금품을 수수한 사안에서 수수한 금전에 대한 추징을 선고한 사례**가 있다.[28] 공인회계사법상 필요적 몰수·추징 규정은 2018. 2. 21. 신설·시행되었으므로 그 이전의 범행의 경우에는 범죄수익은닉규제법 또는 일반 형법에 따른 몰수·추징 규정을 적용함이 상당하다.

사례

범죄사실

피고인은 공인회계사이다.

1. 금품 수수 범행

공인회계사는 직무를 행할 때 부정한 청탁을 받고 금품이나 이익을 수수·요구 또는 약속하거나 위촉인이 사기 기타 부정한 방법으로 부당한 금전상의 이득을 얻도록 이에 가담 또는 상담하여서는 아니된다.

그럼에도 불구하고 **피고인은 2010. 7.경 서울 강남구 D 소재 E 주식회사(이하 'E'라고 한다) 사무실에서, 위 회사 대표인 F 등으로부터 위 회사가 15억 원에 인수 예정인 주식회사 G(이하 'G'이라 한다)의 지분 47%를 240억 원으로 평가하는 내용으로 '자산양수·도 가액의 적정성에 대한 평가의견서'를 작성해 달라는 부탁을 받고 그에 대한 사례금 명목으로 같은 해 8. 2. 5,000만 원, 같은 해 8. 16. 6,000만 원 등 합계 1억 1,000만 원을 각 은행계좌로 송금받았다.**

---

28 서울동부지방법원 2015. 4. 30. 선고 2014고단3373 판결 참조(대법원 2015도11929 판결로 확정).

　　이로써 피고인은 공인회계사로서 직무를 행할 때 부정한 청탁을 받고 금품을 수수하였다.

2. 허위 보고 범행

　　공인회계사는 직무를 행할 때 고의로 진실을 감추거나 허위보고를 하여서는 아니 된다.

　　그럼에도 불구하고 피고인은 제1항 기재와 같이 F 등의 부탁을 받고 G의 지분 47%의 가치는 제1항 기재와 같이 240억 원에 훨씬 미치지 못하는데도, 2010. 8. 6. G 1주당 지분가치를 510,638원으로 평가하는 등 G의 지분 47% 가치를 240억 원에 이르는 것으로 과대평가한 내용의 '자산양수·도 가액의 적정성에 대한 평가의견서'를 작성한 후 E의 대표이사인 F에게 제출하였다.

　　이로써 피고인은 공인회계사로서 직무를 행할 때 고의로 진실을 감추고 허위 보고를 하였다.

법령의 적용

1. 범죄사실에 대한 해당법조 및 형의 선택

　　구 공인회계사법(2011. 6. 30. 법률 제10812호로 개정되기 전의 것, 이하 같다) 제53조 제1항, 제22조 제3항(금품 수수의 점, 징역형 선택), 구 공인회계사법 제53조 제2항, 제15조 제3항(허위 보고의 점, 징역형 선택)

1. 추징

　　형법 제48조 제1항 제2호, 제2항[29]

---

4 도시 및 주거환경정비법위반(제40호)

1. 총설

　　범죄수익은닉규제법 별표 제40호에서는 **도시 및 주거환경정비법**(이하, '도시정비법') **제135조 제2호의 죄**를 범죄수익환수 대상범죄로 규정하고 있다. 본죄는 2019. 4. 23. **범죄수익은닉규제법이 개정되면서 중대범죄로 추가되었다.**

관련조문

범죄수익은닉규제법 별표

중대범죄(제2조 제1호 관련)

　40. 「도시 및 주거환경정비법」 <u>제135조 제2호</u>의 죄

---

29 위 판결에서는 형법 규정을 적용하였는데 2010년 당시에는 범죄수익은닉규제법 중대범죄에 공인회계사법이 없었을 뿐만 아니라 필요적 몰수·추징 규정 또한 없었기 때문으로 보인다.

도시정비법은 도시기능의 회복이 필요하거나 주거환경이 불량한 지역을 계획적으로 정비하고 노후·불량건축물을 효율적으로 개량하기 위하여 필요한 사항을 규정함으로써 도시환경을 개선하고 주거생활의 질을 높이는 데 이바지함을 목적으로 한다(동법 제1조 참조).

도시정비법 제135조 제2호 범죄는 동법 제132조 각 호의 어느 하나를 위반하여 금품, 향응 그 밖의 재산상 이익을 제공하거나 제공의사를 표시하거나 제공을 약속하는 행위를 하거나 제공의사 표시를 승낙하는 행위를 처벌하고 있는데, 이는 **도시정비법에 따른 도시정비사업을 진행하면서 조합임원 등의 선임·선정행위와 관련하여 발생하는 부패행위를 금지하기 위한 것**이다.

누구든지 위와 같은 중대범죄를 저질러 수익을 얻는 경우 이는 모두 환수의 대상이 된다. 다만 도시정비법은 자체적인 몰수·추징 규정을 두고 있지 않으므로 **범죄수익은닉규제법에 따른 임의적 몰수·추징 규정의 적용**을 받는다.

아래에서는 도시정비법 제135조 제2호, 제132조 각 호의 구성요건을 살펴보고 이에 대한 범죄수익환수 사례 및 자금세탁범죄 처벌례를 검토하기로 한다.

2. 구성요건 및 처벌

관련조문

제135조(벌칙) 다음 각 호의 어느 하나에 해당하는 자는 5년 이하의 징역 또는 5천만 원 이하의 벌금에 처한다.

2. **제132조 각 호의 어느 하나를 위반**하여 금품, 향응 또는 그 밖의 재산상 이익을 제공하거나 제공의사를 표시하거나 제공을 약속하는 행위를 하거나 제공을 받거나 제공의사 표시를 승낙한 자

☞ 제132조(조합임원 등의 선임·선정 시 행위제한) 누구든지 **추진위원, 조합임원의 선임** 또는 **제29조에 따른 계약 체결과 관련**하여 다음 각 호의 행위를 하여서는 아니 된다. <개정 2017. 8. 9.>

1. 금품, 향응 또는 그 밖의 재산상 이익을 제공하거나 제공의사를 표시하거나 제공을 약속하는 행위

2. 금품, 향응 또는 그 밖의 재산상 이익을 제공받거나 제공의사 표시를 승낙하는 행위

3. 제3자를 통하여 제1호 또는 제2호에 해당하는 행위를 하는 행위

☞ 제29조(계약의 방법 및 시공자 선정 등) ① 추진위원장 또는 사업시행자(청산인을 포함한다)는 이 법 또는 다른 법령에 특별한 규정이 있는 경우를 제외하고는 **계약(공사, 용역, 물품 구매 및 제조 등을 포함한다. 이하 같다)을 체결하려면 일반경쟁에 부쳐야 한다.** 다만,

계약규모, 재난의 발생 등 대통령령으로 정하는 경우에는 입찰 참가자를 지명(指名)하여 경쟁에 부치거나 수의계약(隨意契約)으로 할 수 있다.

② 제1항 본문에 따라 **일반경쟁의 방법으로 계약을 체결하는 경우**로서 대통령령으로 정하는 규모를 초과하는 계약은 「전자조달의 이용 및 촉진에 관한 법률」 제2조 제4호의 **국가종합 전자조달시스템(이하 "전자조달시스템"이라 한다)을 이용하여야 한다.** <신설 2017.8.9>

③ 제1항 및 제2항에 따라 계약을 체결하는 경우 계약의 방법 및 절차 등에 필요한 사항은 국토교통부장관이 정하여 고시한다. <신설 2017.8.9>

④ **조합은 조합설립인가를 받은 후 조합총회에서 제1항에 따라 경쟁입찰 또는 수의계 약(2회 이상 경쟁입찰이 유찰된 경우로 한정한다)의 방법으로 건설업자 또는 등록사업자 를 시공자로 선정**하여야 한다. 다만, 대통령령으로 정하는 규모 이하의 정비사업은 조합총회에서 정관으로 정하는 바에 따라 선정할 수 있다.

⑤ **토지등소유자가 제25조 제1항 제2호에 따라 재개발사업을 시행**하는 경우에는 제1항에도 불구하고 사업시행계획인가를 받은 후 제2조 제11호 나목에 따른 규약에 따라 건설업자 또는 등록사업자를 시공자로 선정하여야 한다.

⑥ 시장·군수등이 제26조 제1항 및 제27조 제1항에 따라 **직접 정비사업을 시행하거나 토 지주택공사등 또는 지정개발자를 사업시행자로 지정한 경우** 사업시행자는 제26조 제2항 및 제27조 제2항에 따른 사업시행자 지정·고시 후 제1항에 따른 **경쟁입찰 또는 수의계약 의 방법**으로 건설업자 또는 등록사업자를 시공자로 선정하여야 한다. <개정 2017.8.9>

⑦ 제6항에 따라 시공자를 선정하거나 제23조 제1항 제4호의 방법으로 시행하는 주거환경 개선사업의 사업시행자가 시공자를 선정하는 경우 제47조에 따른 주민대표회의 또는 제48조에 따른 토지등소유자 전체회의는 **대통령령으로 정하는 경쟁입찰 또는 수의계약(2회 이상 경쟁입찰이 유찰된 경우로 한정한다)의 방법으로 시공자를 추천**할 수 있다. <개정 2017.8.9>

⑧ 제7항에 따라 주민대표회의 또는 토지등소유자 전체회의가 시공자를 추천한 경우 사업 시행자는 추천받은 자를 시공자로 선정하여야 한다. 이 경우 **시공자와의 계약**에 관해서는 「지방자치단체를 당사자로 하는 계약에 관한 법률」 제9조 또는 「공공기관의 운영에 관한 법률」 제39조를 적용하지 아니한다. <개정 2017.8.9>

⑨ 사업시행자(사업대행자를 포함한다)는 제4항부터 제8항까지의 규정에 따라 선정된 **시공 자와 공사에 관한 계약을 체결할 때**에는 기존 건축물의 철거 공사(「석면안전관리법」에 따른 석면 조사·해체·제거를 포함한다)에 관한 사항을 포함시켜야 한다. <개정 2017.8.9>

가. 서설

도시정비법은 누구든지 추진위원, 조합임원의 선임 또는 동법 제29조에 따른 계약체결과 관련하여 금품, 향응 또는 그 밖의 재산상 이익을 제공하거나 제공의사를 표시하는 행위, 제공을 약속하는 행위(동법 제132조 제1호) 뿐만 아니라 이를 제공받거나 제공의사 표시를 승낙하는 행위(제2호), 제3자를 통하여 제1호 내지 제2호 행위를 하는 경우(제3호)를 모두 처벌하고 있다.

아래에서 보는 바와 같이 도시정비법 제29조에 따른 계약은 공사, 용역, 물품구매 및 제조 등 모든 계약을 포함하고 있는데, **도시정비사업과 관련하여 누구든지 그 계약체결과 관련하여 금품 등을 수수하는 경우 처벌대상이 된다는 점을 유의할 필요**가 있다.

나. 구성요건의 주체 및 행위의 상대방

본죄의 구성요건 주체는 아무런 제한이 없으므로 누구든지 본죄의 주체가 될 수 있다. 그 **행위의 상대방**은 금품, 향응 또는 그 밖의 재산상 이익을 제공하거나 제공의사 표시행위의 경우 그와 같은 의사표시를 받는 사람이고, 그와 같은 금품 등의 제공을 받거나 제공의사 표시를 승낙하는 행위의 경우 그러한 제공을 하는 사람으로, 양 당사자는 모두 **대향범**의 관계에서 처벌된다.

한편 도시정비법상 추진위원장, 조합임원, 청산인 전문조합관리인 및 정비사업전문관리업자의 대표자(법인인 경우 임원을 말한다), 직원 및 위탁지원자는 형법 제129조부터 제132조까지의 규정(뇌물범죄)을 적용할 때 공무원으로 의제된다(동법 제134조 참조).

이는 정비사업조합의 임원이 도시정비기능을 수행하는 범위 내에서는 공무원에 버금가는 고도의 청렴성과 업무의 불가매수성이 요구된다는 이유로 이들 임원을 공무원으로 의제하여 엄하게 처벌하고자 하는 취지의 조항이다.[30]

따라서 위 각 신분자가 그 직무에 관하여 부정한 청탁을 받고 금품을 수수하는 경우 공무원 의제규정에 따라 형법상 뇌물죄로 처벌되므로 도시정비법은 위 규정에 따라 공무원으로 의제되지 않은 사람에 한하여 적용된다고 봄이 옳다.

이 때 도시 및 주거환경정비법상 정비사업조합의 임원이 조합 임원의 지위를 상실하거나 직무수행권을 상실한 후에도 조합 임원으로 등기되어 있는 상태에서 계속하여 실질적으로 조합 임원으로서 직무를 수행하여 온 경우, 그 조합 임원은 같은 법 제84조에 따라 형법상 뇌물죄의 적용에서 '**공무원**'으로 보아야 한다.[31]

---

[30] 헌법재판소 2015. 2. 26. 선고 2013헌바200, 272(병합) 결정 참조.
[31] 대법원 2016. 1. 14. 선고 2015도15798 판결 참조.

다. 구성요건적 행위 및 객체

본죄의 **구성요건적 행위**는 도시정비법 상 조합추진위원, 조합임원의 선임과 관련하여 또는 도시정비법 제29조에 따른 각종 계약체결과 관련하여 ① 금품, 향응 또는 그 밖의 재산상 이익을 제공하거나 제공의 의사표시를 하거나 제공을 약속하는 행위, ② 위와 같은 재산상 이익 등을 제공받거나 제공의사표시를 승낙하는 행위, ③ 제3자를 통해서 위와 같은 행위를 하는 것이다.

이는 금품 등의 제공·수수 등이 **'조합추진위원, 조합임원 선임 및 시공자 등의 선정 등 각종 계약체결과 관련하여'** 이루어지는 것을 구성요건으로 하는 처벌 규정으로서 '시공자 등의 선정'이라는 구체적 업무에 있어서의 공정성, 염결성 등을 그 보호법익으로 한다.

이 때 **'추진위원의 선임'**의 경우 추진위원회의 일반 위원인 추진위원의 선출 외에 위원장을 포함한 임원인 위원의 선출도 포함된다.[32] 한편 조합추진위원, 조합임원의 선임과 관련하여 또는 각종 계약체결과 관련하여 금품 등을 제공하거나 제공받는 경우이어야 하므로 **금품 등의 수수와 조합추진위원, 조합임원의 선임 또는 도시정비법 제29조에 따른 계약체결 상호간의 대가성이 인정**되어야 한다.

구성요건의 객체는 금품, 향응 그 밖의 재산상 이익으로 유형 또는 무형의 이익을 모두 포함하고 노무 또는 용역의 제공을 제공하도록 하는 경우도 모두 위 재산상 이익의 범위에 포함된다고 봄이 상당하다.

라. 죄수 및 처벌

통상 도시정비사업과 관련하여 각종 사업계약을 체결하도록 해주겠다고 말하고 금품 향응 기타 재산상 이익을 취득하는 경우 본죄가 성립하는데 도시정비법상 조합의 임원 등은 앞에서 본 바와 같이 모두 공무원으로 의제되므로 공무원이 취급하는 사무에 관하여 금품을 수수하는 경우로 보아 **변호사법위반죄가 함께 성립할 수 있고 이는 도시정비법위반의 점과 상상적 경합범의 관계**에 있다.[33]

본죄를 범하는 경우 5년 이하의 징역 또는 5천만 원 이하의 벌금에 처한다. 본죄와 관련하여 제공된 금품 등의 경우에는 도시정비법이 아닌 범죄수익은닉규제법상 임의적 몰수·추징 규정이 적용된다는 점은 이미 앞에서 본 바와 같다. 아래에서는 구체적으로 도시정비법위반죄를 범하여 취득한 범죄수익을 환수한 사례를 살펴본다.

---

32 대법원 2019. 2. 14. 선고 2016도6497 판결 참조.
33 서울고등법원 2015. 3. 19. 선고 2014노2810 판결 참조.

3. 범죄수익환수 및 자금세탁범죄 처벌 사례

도시정비법상 조합 추진위원, 조합임원의 선임뿐만 아니라 도시정비법상 각종 계약체결과 관련하여 금품 등을 제공, 제공의 의사표시, 약속하는 경우, 제공을 받거나 제공의 의사표시를 승낙하는 경우 및 제3자를 통하여 위와 같은 행위를 하는 경우를 모두 처벌한다.

이와 관련하여 조합임원 등은 공무원으로 의제되므로 위 조합임원에게 금품 등을 제공하는 경우 도시정비법위반죄가 아닌 뇌물공여죄가 성립하고, 공무원인 조합임원에게 청탁한다는 명목으로 금품을 수수하는 경우에는 변호사법위반죄와 도시정비법위반죄가 함께 성립한다.

나아가 **조합임원 등은 공무원으로 의제되는 신분범이므로 금품 등을 제공받는 경우 형법 또는 특정범죄가중법에 따른 뇌물죄로 처벌되고 도시정비법이 적용되지 않는다는 점을 주의하여야** 한다.

이와 관련하여 **도시정비사업조합의 조합장의 직무에 관하여 청탁한다는 명목으로 금품을 제공할 의사를 표시하고 금품을 제공받은 경우 변호사법위반죄와 도시정비법위반죄가 성립**하고, 위와 같이 제공받은 **금품의 취득을 가장하기 위하여 허위의 용역계약서를 작성한 경우 범죄수익은닉규제법위반죄가 성립**한다고 판시한 사례가 있다.[34]

사례[35]

(전략)
라. 범죄수익은닉의규제및처벌등에관한법률위반
피고인은 2012. 10. 18.경 위 X사무실에서 위 '3. 나.항'과 같이 H로부터 조합장에 대한 시공사 선정 청탁 명목으로 50,000,000원을 교부받으면서 돈을 빌리는 것으로 가장하기 위하여 허위의 차용증을 작성하고, 2012. 11. 6.경 같은 장소에서 같은 방법으로 40,000,000원을 교부받으면서 돈을 빌리는 것으로 가장하기 위하여 허위의 차용증을 작성함으로써 범죄수익의 취득에 관한 사실을 가장하였다.

법령의 적용

1. 범죄사실에 대한 해당법조
   다. 피고인 C
   각 변호사법 제111조 제1항, 제2항(청탁 명목 금품 수수의 점, 각 포괄하여), 도시 및 주거

---

34 위 서울고등법원 2014노2810 판결 참조(대법원 2015도4520 판결로 확정).
35 다수의 피고인이 관련되어 있는 사건이나 변호사법위반, 도시정비법위반, 범죄수익은닉규제법위반죄가 함께 문제되어 처벌된 일부 피고인에 대한 범죄사실을 선별하여 소개한다.

환경정비법 제84조의2 제1호, 제11조 제5항 제2호(시공사 선정 관련 금품제공 의사표시 승낙 및 금품취득의 점, 포괄하여), 형법 제133조 제1항, 제129조 제1항(뇌물공여의 점, 포괄하여), 범죄수익은닉의 규제 및 처벌 등에 관한 법률 제3조 제1항 제1호(범죄수익등 취득에 관한 사실 가장의 점, 포괄하여), 각 도시 및 주거환경정비법 제84조의2 제1호, 제11조 제5항 제1호, 제30조(정비사업전문관리업자 및 시공사 선정 관련 금품제공의 점)

1. 추징

나. 피고인 C

변호사법 제116조 후문(134,800,000원＝H 상대 금품취득액 110,000,000원－그 중 금품을 받은 취지에 따라 A에게 뇌물로 공여한 금액 57,200,000원＋H 상대 금품취득액 90,000,000원－그 중 금품을 받은 취지에 따라 A와 공모하여 B, E에게 제공한 금액 8,000,000원)

5 국제상거래에 있어서 외국공무원에 대한 뇌물방지법[제2조 제2호 나목 3)]

1. 총설

범죄수익은닉규제법 **제2조 제2호 나목 3)**에서는 국제상거래에 있어서 외국공무원에 대한 뇌물방지법(이하, '국제뇌물방지법') 제3조 제1항의 죄를 범죄수익환수 대상범죄로 규정하고 있다.

관련조문

제2조(정의) 이 법에서 사용하는 용어의 뜻은 다음과 같다. <개정 2014. 5. 28., 2014. 11. 19.>

2. "범죄수익"이란 다음 각 목의 어느 하나에 해당하는 것을 말한다.

나. 다음의 어느 하나의 죄에 관계된 자금 또는 재산

3) 「국제상거래에 있어서 외국공무원에 대한 뇌물방지법」 제3조 제1항의 죄

국제뇌물방지법은 국제상거래와 관련하여 외국공무원등에게 뇌물을 제공하는 행위를 처벌함으로써 건전한 국제상거래 질서의 확립에 기여하고 경제협력개발기구의 「국제상거래에 있어서 외국공무원에 대한 뇌물 제공행위 방지를 위한 협약」의 이행에 필요한 사항을 규정함을 목적으로 한다(**동법 제1조** 참조).

이는 국제사회의 일원으로서 국제상거래에 종사하는 세계인이라면 마땅히 지켜야 할 규범이기에 앞서, 사업 동반자인 상대국가에 대한 최소한의 예의와 존중인 동시에 자국과 자

국민의 신뢰도와 투명성을 가늠케 하는 척도에 해당한다고 봄이 상당하다.

이에 따라 국제뇌물방지법 제3조 제1항은 **국제 상거래와 관련하여 부정한 이익을 얻을 목적으로 외국공무원에게 그 업무와 관련하여 뇌물을 약속 또는 공역하는 등의 행위를 처벌함으로써 국제상거래에 있어 발생할 수 있는 부패행위를 금지**하고 있다.

누구든지 국제뇌물방지법에 규정된 범죄행위에 제공된 뇌물로서 범인(동법 제4조에 따라 처벌되는 법인을 포함한다)이 소유하거나 범인 외의 자가 그 정황을 알면서 취득한 것은 필요적으로 몰수한다(국제뇌물방지법 제5조).

관련조문 ─────────────────

제5조(몰수) 이 법에 규정된 범죄행위에 제공된 뇌물로서 범인(제4조에 따라 처벌되는 법인을 포함한다)이 소유하거나 범인 외의 자가 그 정황을 알면서 취득한 것은 몰수한다.

다만 국제뇌물방지법 제5조는 특이하게도 몰수할 수 없을 때 뇌물의 가액 상당을 추징한다는 필요적 추징 규정은 두고 있지 않은데 **뇌물 자체를 몰수할 수 없는 경우에는 범죄수익은닉규제법 규정에 따라 위 범죄행위에 관계된 자금 또는 재산으로서 추징할 수 있다**고 봄이 상당하다.

아래에서는 위 범죄의 구성요건을 살펴보고 이에 대한 범죄수익환수 사례 및 자금세탁범죄 처벌례를 검토하기로 한다.

2. 구성요건 및 처벌

관련조문 ─────────────────

제3조(뇌물공여자 등의 형사책임) ① 국제상거래와 관련하여 부정한 이익을 얻을 목적으로 외국공무원등에게 그 업무와 관련하여 뇌물을 약속 또는 공여하거나 공여의 의사를 표시한 자는 5년 이하의 징역 또는 5천만 원 이하의 벌금에 처한다. 이 경우 범죄행위로 얻은 이익(이익이 공여액보다 적거나 산정할 수 없는 경우에는 공여액)이 1천만 원을 초과할 때에는 5년 이하의 징역 또는 그 이익(이익이 공여액보다 적거나 산정할 수 없는 경우에는 공여액)의 2배 이상 5배 이하에 해당하는 벌금에 처한다.

가. 서설

국제뇌물방지법 제3조 제1항은 국제상거래와 관련하여 부정한 이익을 얻을 목적으로 외국공무원등에게 그 업무와 관련하여 뇌물을 약속 또는 공여하거나 공여의 의사를 표시하는 행위를 처벌하고 있다. 형법상 뇌물수수 범죄와는 다르게 국제상거래에 있어 외국 공무원에게 뇌물을 '공여'하는 행위를 처벌하도록 하는 규정만을 두고 있는 것이다. **뇌물을 수수한 외국공무원에 대한 처벌은 위 법률에서 따로 규정하고 있지 않다.**

나. 구성요건의 주체 및 행위의 상대방

구성요건의 주체는 아무런 제한이 없다. 따라서 누구든지 본 죄의 주체가 될 수 있다. 한편 그 **행위의 상대방**은 국제상거래와 관련하여 부정한 이익을 얻을 목적으로 그 업무와 관련하여 뇌물을 약속 또는 공여하거나 공여의 의사표시를 받은 외국공무원 등이다.

이 때 뇌물공여의 상대방인 **외국공무원의 범위**는 다음과 같다.

관련조문

제2조(외국공무원등의 범위) 이 법에서 **"외국공무원등"**이란 다음 각 호의 어느 하나에 해당하는 사람을 말한다.
1. 임명직 또는 선출직에 상관없이 **외국정부**(중앙으로부터 지방에 이르는 모든 단계의 정부를 포함한다. 이하 같다)**의 입법, 행정 또는 사법업무에 종사하는 사람**
2. 다음 각 목의 어느 하나에 해당하는 사람으로서 **외국의 공공기능 수행자**
   가. 외국정부로부터 공적(公的) 업무를 위임받아 수행하는 사람
   나. 특정한 공적 업무를 수행하기 위하여 **법령에 따라 설립된 공공단체 또는 공공기관의 업무에 종사하는 사람**
   다. 외국정부가 납입자본금의 50퍼센트를 초과하여 출자하였거나 중요 사업의 결정 및 임원의 임면(任免) 등 운영 전반에 관하여 실질적인 지배력을 행사하고 있는 기업체의 임직원. 다만, 차별적 보조금이나 그 밖의 특혜를 받지 아니하고 일반 사경제(私經濟) 주체와 동등한 경쟁관계에서 사업을 하는 기업체의 경우는 제외한다.
3. **공적 국제기구의 업무를 수행하는 사람** [전문개정 2010. 3. 24.]

다. 구성요건적 행위 및 객체

본죄의 **구성요건적 행위**는 국제상거래와 관련하여 그 업무와 관련하여 뇌물을 약속 또는 공여하거나 공여의 의사표시를 하는 것이다. **국제상거래**라 함은 나라와 나라 사이의 물품 판

매, 교환, 대여 등 일체의 상사행위를 포함한다고 봄이 상당하고, 뇌물의 약속, 공여 및 공여의 의사표시는 **그 업무와 관련하여** 이루어져야 하므로 **대가성**이 인정되어야 함은 당연하다.

주관적 **구성요건요소**와 관련하여 국제뇌물방지법은 뇌물공여자가 외국공무원등에게 뇌물을 공여할 당시 **부정한 이익을 얻을 목적**을 요구하고 있는데(**목적범**), 이 경우 뇌물을 공여함으로써 자신이 담당하는 국제상거래에 있어 원래는 얻을 수 없을 이익을 얻을 목적이면 충분하다.

한편 본죄의 **구성요건 객체**는 '**뇌물**'로서 재물 또는 재산상 이익 모두를 포함하고 그 재산상의 이익은 유형 또는 무형의 것을 불문하므로 향응 기타 이익 등도 모두 포함된다.

라. 처벌

본죄를 범하면 5년 이하의 징역 또는 5천만 원 이하의 벌금에 처한다. 이 경우 범죄행위로 얻은 이익(이익이 공여액보다 적거나 산정할 수 없는 경우에는 공여액)이 1천만 원을 초과할 때에는 5년 이하의 징역 또는 그 이익의 2배 이상 5배 이하에 해당하는 벌금에 처한다.

마. 동법의 적용 범위

동법은 국제상거래에 있어 뇌물을 공여하는 행위로서 행위자들의 행위지에 따라 우리 형법이 적용될 수 있을지 여부도 문제될 수 있다. 우리 형법은 대한민국 영역 내에서 죄를 범한 내국인과 외국인에게 적용되고(형법 제2조), 여기서 '**죄를 범한**'이란 행위의 일부 또는 결과의 어느 것이라도 대한민국의 영역 내에서 발생하면 충분하며,[36] 형법 제2조를 적용함에 있어서 공모공동정범의 경우 공모지도 범죄지로 본다.[37]

나아가 앞에서 살펴본 바와 같이 외국인의 국외범의 경우에도 쌍방가벌성 요건에 따라 **행위지의 법률에 따라 뇌물죄가 처벌되는 경우 본죄가 성립하는데 문제가 없다.**

3. 범죄수익환수 및 자금세탁범죄 처벌 사례

이와 관련하여 외국공무원인 미군 담당자가 CCTV 등 납품업자들로부터 부정한 청탁을 받아 금품을 수수하고, 위 미군 담당자에게 국제상거래에 관하여 부정한 이익을 얻을 목적으로 뇌물을 공여한 행위자들을 처벌한 사례가 있다.[38] 위 법원은 범죄수익의 추

---

36 대법원 2000. 4. 21. 선고 99도3403 판결 등 참조.
37 대법원 1998. 11. 27. 선고 98도2734 판결 등 참조.
38 서울중앙지방법원 2016. 12. 9. 선고 2015고합926 판결 참조(서울고등법원 2016노4170 판결로 확정). 구체적인 범죄사실은 1심의 것을 원용하되, 행위자가 다수이고 범죄사실이 많으므로 행위자 중 일부의 것만

징과 관련하여 **배임수재 행위로 취득한 금품 상당액을 미군담당자로부터 추징**(형법 제357조 제3항)하였는데 국제뇌물방지법상 공여한 뇌물 자체에 대한 몰수만을 규정하고 있으므로 위 미군 담당자로부터 추징한 것은 타당하다.

사례

범죄사실

『2015고합926』

　피고인 A는 U 계약대행관(COR, Contracting Officer Representative)이자 기술평가위원회(TEB, Technical Evaluation Board) 위원으로 U에 필요한 물품의 발주의뢰를 하고, 입찰서에 대하여 타당성 평가를 하며, 계약이행 상황의 검수 및 대금지급 승인 권한을 가진 사람이다.

　피고인 B는 CCTV 설치 업체인 피고인 주식회사 F(이하 'F'이라고만 한다)의 사내이사이자 F를 실질적으로 운영하면서 사실상 대표하고 있는 사람이고, 피고인 C는 CCTV 설치 업체인 피고인 G 주식회사(이하 'G'이라고만 한다)의 대표이사, 피고인 D는 G의 시스템사업부 과장인 직원이며, 피고인 E는 CCTV 제작업체인 피고인 주식회사 H(이하 'H'라고만 한다)의 감사인 직원이다.

1. 피고인 A

　가. 배임수재

　(1) F 관련 배임수재

　F는 2011. 9. 29.경 U 계약처(CCK, 이하 'CCK'라고만 한다)와 사이에 U 기지 내에 CCTV 1,820대와 도어락 9,000대를 설치하고, 2,865,714,775원을 지급받기로 하는 계약을 체결하였고, 피고인 A는 계약대행관으로서의 지위를 이용하여 사실은 F에서 설치예정인 CCTV 중 일부를 설치하지 않거나 계약내용과 다른 저사양의 제품을 설치하더라도 정상적으로 설치계약이 이행된 것처럼 승인하고 뇌물을 받기로 계획하였다.

　피고인은 2013. 3.경 서울 W에 있는 U 부대 내 피고인이 근무하는 헌병대 앞 주차장에서, F 대표 B로부터 "CCTV 설치에 미흡한 점이 있어도 대금지급 및 향후 수주가 잘 이루어질 수 있도록 협조해 달라"는 취지의 부정한 청탁을 받고, 현금 20,000,000원을 교부받았다.

　피고인은 이를 비롯하여 2013. 6.경 같은 장소에서 7,000,000원, 2013. 4.경부터 같은 해 10.경까지 6개월간 6회에 걸쳐 서울 W구 효창동에 있는 F 사무실 등에서 "CCTV 설치에 미흡한 점이 있어도 대금지급 승인이 잘 이루어질 수 있도록 협조해 달라"는 취지의 부정한 청탁을 받고 월 1,000,000원씩 6,000,000원을 교부받아 합계 33,000,000원을 교부받았다(검사

발췌하여 소개한다.

는 공소장에 '향후 수주가 잘 이루어질 수 있도록 협조해 달라'는 취지의 부정한 청탁에 대하여도 기재하였으나, 검사가 제출한 증거들만으로는 E가 피고인에게 위와 같은 내용의 부정한 청탁을 하였다는 점을 인정하기에 부족하고 달리 이를 인정할 증거가 없으므로 이 부분은 범죄사실에서 삭제한다).

이로써 피고인은 U 공사 관련 사무를 처리하면서, 그 임무에 관하여 부정한 청탁을 받고 재물 또는 재산상의 이익을 취득하였다.

(2) G 관련 배임수재

G는 2012. 9. 29. CCK와 사이에 U 부대 내에 CCTV 2,524대를 설치하고, 8단계에 걸쳐 설치작업을 완료할 때마다 대금을 지급받는 계약을 체결하였고, 피고인은 계약대행관으로서의 지위를 이용하여 G에서 각 단계별 CCTV 설치를 완료하지 않았음에도 검수 및 대금지급 승인을 해 주거나, 입찰정보 등을 미리 제공하고 뇌물을 받기로 계획하였다.

피고인은 2012. 3. 말경 서울 W에 있는 U 부대에서 G 직원 D로부터, 사실은 G가 2단계에 설치해야 할 CCTV 304대 중 110대를 설치하지 않았음에도 "CCTV 전부를 설치한 것으로 하고 대금지급을 승인해 달라"는 취지의 부정한 청탁을 받고 대금지급 승인을 해 주어, 2013. 5. 22. 2단계 공사대금 208,093,250원 전액이 G에 입금되게 하였다.

이후 피고인은 2013. 5. 31. 14:00경 서울 W구 이촌역 1번 출구 부근 W 부대 13번 게이트 주차장에 있던 피고인의 승용차 안에서 D로부터 10,000달러를 교부받았다.

피고인은 이를 비롯하여 2013. 5. 31.경부터 2013. 12. 4.경까지 별지 범죄일람표기재와 같이 10회에 걸쳐 "CCTV 전부를 설치한 것으로 하고, 대금지급을 승인해 달라"는 등의 부정한 청탁을 받고 G로부터 41,000달러 및 29,000,000원, 합계 약 74,100,000원을 교부받았다.

이로써 피고인은 U 공사 관련 사무를 처리하면서, 그 임무에 관하여 부정한 청탁을 받고 재물 또는 재산상 이익을 취득하였다.

(이하 중략)

3. 피고인 B, 피고인 주식회사 F의 국제상거래에있어서외국공무원에대한뇌물방지법위반

가. 피고인 B

피고인은 2013. 3.경 서울 W구 W U 부대 내 A가 근무하는 헌병대 앞 주차장에서, U 계약대행관이자 기술평가위원회 위원인 A에게 "CCTV 설치에 미흡한 점이 있어도 대금지급이 잘 이루어질 수 있도록 원만히 협조해 달라"는 취지에서 20,000,000원을 공여한 것을 비롯하여, 2013. 6.경 같은 장소에서 같은 취지로 7,000,000원, 2013. 4.경부터 같은 해 10.경까지 6개월간 6회에 걸쳐 서울 W구 효창동에 있는 F 사무실 등에서 같은 취지로 월 1,000,000원씩 6,000,000원을 A에게 공여하여 합계 33,000,000원을 공여하였다(검사는 공소장에 '향후 수주가 잘 이루어질 수 있도록 협조해 달라'는 것도 피고인이 목적한 부정한 이익의 내용으로 기재하였으나, 검사가 제출한 증거들만으로는 피고인에게 위와 같은 내용의 부정한 이익을 얻을 목적이 있었다는 점을 인정하기에 부족하고 달리 이를 인정할 증거가 없으므로 이 부분은 범죄사실에서 삭제한다).

이로써 피고인은 국제상거래와 관련하여 부정한 이익을 목적으로 외국공무원에게 그 업무와 관련하여 뇌물을 공여하였다.

나. 피고인 주식회사 F

피고인은 피고인의 사실상 대표자인 E가 위 가.항의 일시, 장소에서 위 가.항과 같은 방법으로 외국공무원인 A에게 33,000,000원을 공여하여, 국제상거래와 관련하여 부정한 이익을 목적으로 외국공무원에게 그 업무와 관련하여 뇌물을 공여하였다.

4. 피고인 C, D의 국제상거래에있어서외국공무원에대한뇌물방지법위반

가. 피고인 C, D

피고인들은 공모하여, 피고인 D는 2013. 5. 31. 14:00경, 서울 W구 이촌역 1번 출구 부근 W기지 13번 게이트 주차장에 있던 U 계약대행관이자 기술평가위원회 위원인 A의 승용차 안에서, "미설치된 CCTV 관련 대금결제를 신속하게 해 주고, 입찰관련 정보를 미리 달라"는 취지에서 A에게 10,000달러를 공여하고, 2015. 6. 12. 14:00경 같은 장소에서 같은 취지로 A에게 6,000달러와 현금 4,000,000원을 공여하였다.

피고인들은 이를 비롯하여 2013. 5. 31.경부터 2013. 12. 4.경까지 별지 범죄일람표기재와 같이 10회에 걸쳐 A에게 41,000달러 및 29,000,000원, 합계 약 74,100,000원을 공여하였다.

이로써 피고인들은 공모하여 국제상거래와 관련하여 부정한 이익을 목적으로 외국공무원에게 그 업무와 관련하여 뇌물을 공여하였다.

나. 피고인 G 주식회사

피고인은 피고인의 대표이사 C, 종업원 D가 위 가.항의 일시, 장소에서 위 가.항과 같은 방법으로 공모하여 외국공무원인 A에게 약 74,100,000원을 공여하여, 국제상거래와 관련하여 부정한 이익을 목적으로 외국공무원에게 그 업무와 관련하여 뇌물을 공여하였다.

법령의 적용

1. 범죄사실에 대한 해당법조 및 형의 선택

가. 피고인 A

각 구 형법(2016. 5. 29. 법률 제14178호로 개정되기 전의 것) 제357조 제1항(배임수재의 점, 징역형 선택), 제356조, 제355조 제1항, 형법 제30조(나**과 공모한 업무상횡령의 점, 징역형 선택), 제356조, 제355조 제1항, 형법 제30조(포괄하여 D와 공모한 업무상횡령의 점, 징역형 선택)

나. 피고인 E

각 구 국제상거래에 있어서 외국공무원에 대한 뇌물방지법(2014. 10. 15. 법률 제12775호로 개정되기 전의 것, 이하 '구 국제상거래에 있어서 외국공무원에 대한 뇌물방지법'이라고만 한다) 제3조 제1항, 제3항(각 공여상대방별로 포괄하여 징역형 선택, 벌금형 병과)

다. 피고인 C

구 국제상거래에 있어서 외국공무원에 대한 뇌물방지법 제3조 제1항, 제3항, 형법 제30조 (포괄하여 징역형 선택, 벌금형 병과)

라. 피고인 D

구 국제상거래에 있어서 외국공무원에 대한 뇌물방지법 제3조 제1항, 3항, 형법 제30조(포괄하여 외국공무원에 대한 뇌물공여의 점, 징역형 선택, 벌금형 병과), 형법 제356조, 제355조 제1항, 제30조(포괄하여 업무상 횡령의 점, 징역형 선택)

바. 피고인 주식회사 F, G 주식회사

각 구 국제상거래에 있어서 외국공무원에 대한 뇌물방지법 제4조 본문, 제3조 제1항

사. 주식회사 H

국제상거래에 있어서 외국공무원에 대한 뇌물방지법 제4조 본문, 제3조 제1항

1. 추징(피고인 A)

구 형법(2016. 5. 29. 법률 제14178호로 개정되기 전의 것) 제357조 제3항[추징액 산정: F로부터 수령한 3,300만 원＋G로부터 수령한 2,900만 원 및 41,000달러를 이 판결 선고일자 KEB하나은행 제2회차 고시 환율(1,163원)로 계산한 47,683,000원＋H로부터 수령한 990만 원＋유카로부터 수령한 10,000달러를 이 판결 선고일자 KEB하나은행 제2회차 고시 환율(1,163원)로 계산한 11,630,000원＝131,213,000원]

4. 관련문제(범죄수익은닉규제법상 '외국인의 국외범' 처벌 규정 검토)

국제뇌물방지법은 외국공무원 등에게 뇌물을 '**공여**'하는 행위를 처벌하고 있으므로 뇌물을 수수한 외국공무원은 국제뇌물방지법의 적용을 받는다고 볼 수 없다(이 때 뇌물을 수수한 외국공무원이 국내법상 '공무원'의 지위에 있다고 볼 수 없는 경우 배임수재죄로 처벌된다).

하지만 이와 관련하여 범죄수익은닉규제법은 「외국인이 대한민국 영역 밖에서 한 행위가 대한민국 영역 안에서 행하여졌다면 중대범죄 또는 제2호 나목에 규정된 죄에 해당하고 행위지(行爲地)의 법령에 따라 죄에 해당하는 경우 그 죄를 포함한다.」고 규정하고 있는데, 해당 규정과 관련하여 **외국인의 국외범의 경우 이를 어떻게 해석해야 하는지가 문제**된다.

쉽게 말해 외국인이 대한민국 영역 밖에서 범한 범죄라고 하더라도 그 행위가 국내에서 행하여졌다고 가정하여 볼 때 범죄수익은닉규제법상 중대범죄 또는 제2조 제2호 나목에 규정된 범죄에 해당하고, 행위지의 법령에 따라서도 죄에 해당하는 경우(**쌍방가벌성**) 그 외국인에게도 국내법이 적용된다고 볼 수 있는지의 문제다.

이와 관련하여 법원은 미국 육군공병대 소속 군무원으로서 미국 정부계약을 통해 진행되는 미국 육군공병대의 프로젝트 등 개발, 타당성 보고서 작성, 예산안 마련 등의 업무를 담

당한 외국인 A가 그 직무에 관하여 **미국에서 뇌물을 수수하고 국내에서 그 취득 및 처분을 가장한 사안**(범죄수익규제법위반)에서, 외국인의 국외범의 경우에도 동법이 적용된다고 판시하였다. 구체적인 판시사항은 다음과 같다.[39]

사례

(전략) 외국공무원의 경우에 있어 그가 당해 외국정부를 위하여 수행하는 구체적 직무와 임용, 위임관계 등을 기초로 국내법령을 가정적으로 적용하여 볼 때 **그 실질이 국내법상 공무원과 동일한 것으로 평가할 수 있다면, 외국공무원이 외국에서 행한 뇌물범죄의 경우에도 쌍방가벌성의 요건을 충족한다고 보는 것이 죄형법정주의에 부합하는 체계적, 논리적 해석**이라 하지 않을 수 없고, 또 이 사건 조항의 문언에 비추어 볼 때 위와 같은 해석이 법문언의 가능한 의미를 벗어나는 것이라고 볼 수 없다.

그렇다면 이 사건에 있어 미국 육군공병대 소속 군무원으로서 미국 정부계약을 통해 진행되는 미국 육군공병대의 프로젝트 등 개발, 타당성 보고서 작성, 예산안 마련 등의 업무를 담당한 **공소외 1이 그 직무에 관하여 뇌물을 수수한 행위는 '대한민국 영역 안에서 행하여졌다면 중대범죄인 [별표] 제1호 나목에 열거된 형법상 뇌물죄에 해당'**하므로 이 사건 쌍방가벌성 요건을 충족하고, 따라서 그 범죄를 통해 얻은 재산에 대하여 출처를 감추기 위해 **합법적인 거래에 의한 것처럼 취득원인을 가장한 피고인들의 행위**는 같은 법 제3조 제1항 제1호의 **범죄수익등 은닉·가장죄를 구성한다.**

(중략) 특히 뇌물죄는 대표적인 부패범죄이므로 이를 통해 얻은 재산의 국제적인 이동을 이용한 가장·은닉행위를 처벌할 필요성은 다른 어느 범죄보다도 높다고 할 수 있는데, 원심과 같이 한정적으로 해석한다면 사실상 그에 대한 처벌을 포기하는 것과 다름이 없게 되어 부당하다고 하지 않을 수 없다(원심과 같이 해석한다면, 뇌물죄의 경우에 있어 '외국공무원'임과 동시에 '대한민국 공무원'이 아닌 이상 이 사건 조항을 충족할 수 없게 되고, 이는 결국 입법자가 존재할 수 없는 전제사실에 의하여 입법을 하였다는 결론에 이르게 된다).

(중략) ② **범죄수익은닉규제법에서 외국인의 국외범에 대하여 쌍방가벌성의 요건을 둔 이유**는 ㉠ 현실적으로 국가마다 법률이 상이한 가운데 외국인이 행위지 **국가에서 범죄가 되지 아니하는 행위로 얻은 수익의 세탁행위까지 국내법에 의하여 처벌하는 것은 당해 외국인의 법적 안정성을 침해하는 결과를 초래**할 수 있기 때문에 이를 방지하려는 것(외국인에 대한 법적 안정성 보장 측면)과 ㉡ 우리나라의 입장에서 국내의 형사정책이나 형사정의를 손상하면서까지 국제사회의 필요에 응하여 국내법에 의해 처벌할 필요가 없다는 것(국내 법정책적 측면)으로 나누어 볼 수 있다.

---

39 서울중앙지방법원 2016. 7. 7. 선고 2015노4304 판결 참조.

이 사건과 같은 경우에 있어, 외국인에 대한 법적 안정성 보장의 측면은 문제될 여지가 없고, 다만 국내 법정책의 측면만이 문제될 수 있다. 그런데 외국공무원의 경우, 그가 당해 외국정부를 위해 수행하는 구체적 직무 및 임용, 위임관계 등 구체적인 사실관계를 기초로 **공무원의 범위에 대하여 규율하는 국내법령을 가정적으로 적용하여 볼 때, 그 실질에 있어 국내법령상 공무원으로 평가할 수 있다면, 그 경우에 있어 쌍방가벌성의 요건을 충족한다고** 해석하는 것을 국내의 형사정책이나 형사정의가 손상되었다고 볼 수는 없을 것이다.

③ 어떠한 행위가 자국 영역 내에서 실제 행하여지지 않았음에도 마치 행하여진 것처럼 가정하여 심사하는 쌍방가벌성 요건 심사의 본질적인 특성과 함께 각국의 범죄구성요건의 규정 형식 및 체계, 개념 등에 차이가 있을 수밖에 없는 점을 고려하여 볼 때, **외국에서 현실적으로 발생한 사실관계에 대한 어느 정도의 추상화나 유형화 및 이에 대한 새로운 법률적 평가는 불가피하다.** 사정이 그와 같다면, 뇌물범죄를 전제범죄로 하여 쌍방가벌성 요건을 충족하는지 여부를 심사하는 단계에서 원심과 같이 그 범죄의 주체를 '대한민국 공무원'으로만 한정하는 해석은 위와 같은 쌍방가벌성 요건 심사의 특수성을 전혀 반영하지 않은 것이다.

위 판결은 **외국공무원**의 경우, 그가 당해 외국정부를 위해 수행하는 구체적 직무 및 임용, 위임관계 등 구체적인 사실관계를 기초로 **공무원의 범위에 대하여 규율하는 국내법령을 가정적으로 적용**함으로써 **그 실질에 있어 국내법령상 공무원으로 평가**할 수 있는 경우 쌍방가벌성의 요건을 충족한다고 해석하는 것으로서 **법 이론적 차원이나 형사정책적 차원에서 타당한 판단**으로 보인다.

위 하급심 판결에 대한 상고심에서 대법원 또한 같은 취지로 판시하였다. 구체적인 판시 사항은 다음과 같다.[40]

> **판례**
>
> 범죄수익은닉규제법은 국제적 기준에 맞는 자금세탁방지 제도를 마련하고 범죄수익의 몰수·추징에 관한 특례를 규정함으로써 특정범죄를 조장하는 경제적 요인을 근원적으로 제거하여 건전한 사회질서의 유지에 이바지함을 목적으로 제정된 법률로서, 특정범죄를 직접 처벌하는 형법 등을 보충함으로써 중대범죄를 억제하기 위한 형사법 질서의 중요한 일부를 이루고 있다(대법원 2017. 4. 26. 선고 2016도18035 판결 등 참조). 그리고 형벌법규의 해석에서도 문언의 가능한 의미 안에서 입법 취지와 목적 등을 고려한 법률 규정의 체계적 연관성에 따라 문언의 논리적 의미를 분명히 밝히는 체계적·논리적 해석방법은 규정의 본질적 내용에 가장 접근한 해석을 위한 것으로서 죄형법정주의의 원칙에 부합한다.

---

40 대법원 2018. 10. 25. 선고 2016도11429 판결 참조.

범죄수익은닉규제법은 범죄수익등의 은닉 및 가장죄를 처벌하는 규정을 별도로 두고 있는데, 제2조 제1호에서 "외국인이 대한민국 영역 밖에서 한 행위가 대한민국 영역 안에서 행하여졌다면 중대범죄 또는 제2호 나목에 규정된 죄(이하 통틀어 '특정범죄'라고 한다)에 해당하고 행위지의 법령에 따라 죄에 해당하는 경우 그 죄를 포함한다."라고 규정하고 있다. 위 규정에 따라 대한민국 법률에 따라 처벌할 수 없는 특정범죄에 대하여도 그 범죄수익등을 은닉하거나 가장하는 행위를 하게 되면 제한적인 범위 내에서 범죄수익은닉규제법 위반죄에 해당한다. 위 규정의 체계적·논리적 해석, 위 규정과 유사한 문언의 해석, 범죄수익은닉규제법의 입법 취지, 다른 범죄와 뇌물범죄와의 형평성과 범죄수익등의 은닉과 가장을 규제할 필요성, 국제형사사법 공조와의 조화 등을 종합적으로 고려하여 볼 때, 위 규정은 **외국인이 대한민국 영역 밖에서 한 행위가 그대로 대한민국 법률에 따라 특정범죄에 해당하는 경우에만 특정범죄로 보는 것이 아니라 그 행위를 대한민국에서의 행위로 가정적으로 구성하여 평가하면 대한민국 법률에 따라 특정범죄에 해당하는 경우에도 특정범죄로 보는 것이라고 해석하는 것이 타당하다.**

원심은 그 판시와 같은 이유를 들어 **마이*의 미국에서의 뇌물수수행위가 대한민국 영역 안에서 행하여졌다면 범죄수익은닉규제법 별표에 정한 중대범죄인 형법상 뇌물죄에 해당한다고 보아 피고인들의 행위가 범죄수익등 은닉·가장죄를 구성한다고 판단하였다.** 원심판결 이유를 위 법리에 비추어 살펴보면, 원심의 판단에 범죄수익은닉규제법에서 정하고 있는 '중대범죄'에 관한 법리를 오해하거나 죄형법정주의를 위반하여 법률을 해석한 잘못이 없다(대법원 2018. 10. 25. 선고 2016도11429 판결 참조).

제 5 장
범죄수익은닉규제법상 「성범죄·소년범죄」 관련 중대범죄

1 총설

범죄수익은닉규제법은 성범죄 및 소년범죄 관련 특별법을 중대범죄로 규정하고 있다. 별표에서는 아동복지법위반(제11호), 성매매알선등행위의 처벌에 관한 법률위반(제13호), 직업안정법위반(제16호)[1], 청소년보호법위반(제30호), 아동·청소년의 성보호에 관한 법률(제31호) 등이 이에 해당하고, 범죄수익은닉규제법 제2조 제2호 나목 1)에서는 성매매알선 등 행위의 처벌에 관한 법률 제19조 제2항 제1호(성매매알선등행위 중 성매매에 제공되는 사실을 알면서 자금·또는 건물을 제공하는 행위만 해당한다)의 죄를 중대범죄로 규정하고 있다.

관련조문

범죄수익은닉규제법 별표
중대범죄(제2조 제1호 관련)

11. 「아동복지법」 제71조 제1항 제1호·제1호의2 및 제73조의 죄
13. 「성매매알선 등 행위의 처벌에 관한 법률」 제18조·제19조 제2항(성매매알선등행위 중 성매매에 제공되는 사실을 알면서 자금·토지 또는 건물을 제공하는 행위는 제외한다)·제22조 및 제23조(제18조·제19조의 미수범만 해당한다)의 죄
16. 「직업안정법」 제46조 및 제47조 제1호의 죄
30. 「청소년 보호법」 제55조부터 제57조까지 및 제58조 제5호의 죄
31. 「아동·청소년의 성보호에 관한 법률」 제11조·제12조 및 제15조의 죄

---

1 직업안정법위반죄는 「근로자가 각자의 능력을 계발·발휘할 수 있는 직업에 취업할 기회를 제공하고, 정부와 민간부문이 협력하여 각 산업에서 필요한 노동력이 원활하게 수급되도록 지원함으로써 근로자의 직업안정을 도모하고 국민경제의 균형있는 발전에 이바지함을 목적」으로 하는 법률로서 성범죄와 직접적인 관련이 없다고 볼 여지도 있으나 실무상 문제되는 직업안정법위반죄는 성매매알선을 위하여 여성을 공급하는 일(속칭 '보도방' 영업)과 주로 관련되어 있으므로 이 항에서 함께 다루기로 한다.

제2조(정의) 이 법에서 사용하는 용어의 뜻은 다음과 같다

2. "범죄수익"이란 다음 각 목의 어느 하나에 해당하는 것을 말한다.

나. 다음의 어느 하나의 죄에 관계된 자금 또는 재산

1) 「성매매알선 등 행위의 처벌에 관한 법률」 제19조 제2항 제1호(성매매알선등행위 중 성매매에 제공되는 사실을 알면서 자금·토지 또는 건물을 제공하는 행위만 해당한다)의 죄

2 아동복지법위반(제11호)

1. 총설

범죄수익은닉규제법 별표 제11호에서는 **아동복지법 제71조 제1항 제1호, 제1호의2 및 제73조**(동법 제71조 제1항 제1호 미수범 처벌 규정)**의 죄**를 범죄수익환수 대상범죄로 규정하고 있다.

관련조문

범죄수익은닉규제법 별표
중대범죄(제2조 제1호 관련)
11. 「아동복지법」 **제71조 제1항 제1호·제1호의2 및 제73조**의 죄

아동복지법 제71조 제1항 제1호, 제17조 제1호는 아동을 매매하는 행위를,[2] 동법 제71조 제1항 제1호의2, 제17조 제2호는 아동에게 음란한 행위를 시키거나 이를 매개하는 행위 또는 아동에게 성적 수치심을 주는 성희롱 등의 성적 학대행위를 금지하고 있다.

아동을 매매하거나 아동을 이용하여 음란한 행위를 하도록 하는 범죄행위를 통하여 범죄

---

[2] 아동·청소년의성보호에관한법률 제12조에 따라 아동을 성매매 또는 음란물 제작의 대상으로 매매하는 경우에는 이를 별도로 중대범죄로 규정하고 있으므로 이는 아동복지법의 규율대상인 중대범죄가 아닌 아동·청소년의성보호에관한법률에 따른 중대범죄에 해당한다.
아동·청소년의성보호에관한법률 제12조(아동·청소년 매매행위) ① 아동·청소년의 성을 사는 행위 또는 아동·청소년이용음란물을 제작하는 행위의 대상이 될 것을 알면서 아동·청소년을 매매 또는 국외에 이송하거나 국외에 거주하는 아동·청소년을 국내에 이송한 자는 무기징역 또는 5년 이상의 징역에 처한다.
② 제1항의 미수범은 처벌한다.

수익을 취득하는 경우 이를 환수할 수 있도록 한 것이다.

2. 구성요건 및 처벌

관련조문 ————————————————————————————

아동복지법 제71조(벌칙) ① **제17조를 위반**한 자는 다음 각 호의 구분에 따라 처벌한다. <개정 2012. 12. 18., 2014. 1. 28., 2017. 10. 24.>

1. 제1호(「아동·청소년의 성보호에 관한 법률」 제12조에 따른 매매는 제외한다)에 해당하는 행위를 한 자는 10년 이하의 징역에 처한다.

1의2. 제2호에 해당하는 행위를 한 자는 10년 이하의 징역 또는 1억 원 이하의 벌금에 처한다.

제73조(미수범) 제71조 제1항 제1호의 미수범은 처벌한다.

☞ **제17조(금지행위)** 누구든지 다음 각 호의 어느 하나에 해당하는 행위를 하여서는 아니 된다.

————————————————————————————————————

아동복지법은 아동을 매매하거나 아동에게 음란한 행위를 시키는 것을 금지하고 있다.

가. 구성요건의 주체

본죄의 **구성요건 주체**는 아무런 제한이 없다. 따라서 누구든지 본죄의 주체가 될 수 있다.

나. 구성요건적 행위 및 객체

본죄의 **구성요건적 행위**는 ① 아동을 매매하는 것(제17조 제1항 제1호)과 ② 아동에게 음란한 행위를 시키거나 이를 매개하는 행위 또는 아동에게 성적 수치심을 주는 성희롱 등의 성적 학대행위를 하는 것이다(제17조 제1항 제2호). **행위의 객체**는 '**아동**'이다.

앞에서 살펴본 바와 같이 아동을 매매할 당시 해당 아동이 성매매 또는 음란물 제작에 이용될 것이라는 사실을 알고 있었던 경우는 아동청소년의성보호에관한법률(이하, '청소년성보호법')이 적용되므로 아동복지법상 제71조 제1항 제1호, 제17조 제1호의 아동 매매는 ① **범인이 위와 같은 목적 없이 아동을 매매**하는 경우 또는 ② **성매매 또는 음란물 제작이용 목적을 알지 못하고 아동을 매매**하는 경우로 한정되어, 이와 관련한 실무상 적용례를 쉽게 찾기 어렵다.

다. 처벌 및 범죄수익환수 사례

본죄를 위반하면 제17조 제1항 제1호(「청소년성보호법」 제12조에 따른 매매는 제외한다)에 해당하는 행위를 한 자는 10년 이하의 징역에 처하고, 제17조 제1항 제2호에 해당하는 행위를 한 자는 10년 이하의 징역 또는 1억 원 이하의 벌금에 처한다.

한편 아동복지법 제71조 제1항 제1호의2, 제17조 제2호는 아동에게 음란한 행위를 시키거나 성희롱을 하는 것을 금지하고 있는데 이러한 행위를 통해 범죄수익을 취득하는 경우 환수의 대상이 된다. 다만 위와 같은 행위는 통상 범죄수익은닉규제법상 또다른 중대범죄인 청소년성보호법 제11조에 따라 아동·청소년이용음란물의 제작·배포죄를 적용하여 처벌하게 되므로 위 아동복지법위반죄를 의율하는 경우가 거의 없다.

결국 아동복지법위반죄는 범죄수익은닉규제법상 중대범죄로 규정되어 있으나 실무상 위 규정들을 적용하여 범죄수익을 추징하고 환수한 사례를 찾기 어렵다.

2020년에 크게 문제가 된 바 있는 소위 '**텔레그램 N번방 사건**'과 관련하여 아동 성매매 또는 성착취물을 이용해 범죄수익을 취득한 사범들에 대해 그들이 벌어들인 수익금을 추징하여 환수한 사례가 있는데 이는 아래 '청소년성보호법' 부분에서 자세히 살펴본다.

3 성매매알선등 행위의 처벌에 관한 법률위반(제13호)

1. 총설

범죄수익은닉규제법 별표 제13호에서는 **성매매알선등 행위의 처벌에 관한 법률**(이하, '**성매매처벌법**'이라 한다) **제18조, 제19조 제2항**(성매매알선등행위 중 성매매에 제공되는 사실을 알면서 자금·토지 또는 건물을 제공하는 행위는 제외), **제22조, 제23조**(제18조·제19조의 미수범만 해당한다)의 **죄**를 중대범죄로 규정하고 있다. 최초 본죄는 윤락행위방지법위반죄로 규정되어 있다가 2004. 3. 22. 위 법률이 성매매처벌법으로 개정되면서 현재와 같이 변경되었다.

관련조문

범죄수익은닉규제법 별표

중대범죄(제2조 제1호 관련)

13. 「성매매알선 등 행위의 처벌에 관한 법률」 **제18조·제19조 제2항**(성매매알선등행위 중 **성매매에 제공되는 사실을 알면서 자금·토지 또는 건물을 제공하는 행위는 제외한다**)· **제22조 및 제23조**(제18조·제19조의 미수범만 해당한다)의 죄

관련조문

제18조(벌칙) ① 다음 각 호의 어느 하나에 해당하는 사람은 10년 이하의 징역 또는 1억 원 이하의 벌금에 처한다.

1. 폭행이나 협박으로 성을 파는 행위를 하게 한 사람
2. 위계 또는 이에 준하는 방법으로 성을 파는 사람을 곤경에 빠뜨려 성을 파는 행위를 하게 한 사람
3. 친족관계, 고용관계, 그 밖의 관계로 인하여 다른 사람을 보호·감독하는 것을 이용하여 성을 파는 행위를 하게 한 사람
4. 위계 또는 위력으로 성교행위 등 음란한 내용을 표현하는 영상물 등을 촬영한 사람

② 다음 각 호의 어느 하나에 해당하는 사람은 1년 이상의 유기징역에 처한다.

1. 제1항의 죄(미수범을 포함한다)를 범하고 그 대가의 전부 또는 일부를 받거나 이를 요구·약속한 사람
2. 위계 또는 위력으로 청소년, 사물을 변별하거나 의사를 결정할 능력이 없거나 미약한 사람 또는 대통령령으로 정하는 중대한 장애가 있는 사람으로 하여금 성을 파는 행위를 하게 한 사람
3. 「폭력행위 등 처벌에 관한 법률」 제4조에 규정된 단체나 집단의 구성원으로서 제1항의 죄를 범한 사람

③ 다음 각 호의 어느 하나에 해당하는 사람은 3년 이상의 유기징역에 처한다.

1. 다른 사람을 감금하거나 단체 또는 다중(多衆)의 위력을 보이는 방법으로 성매매를 강요한 사람
2. 성을 파는 행위를 하였거나 할 사람을 고용·관리하는 것을 이용하여 위계 또는 위력으로 낙태하게 하거나 불임시술을 받게 한 사람
3. 삭제 <2013. 4. 5.>
4. 「폭력행위 등 처벌에 관한 법률」 제4조에 규정된 단체나 집단의 구성원으로서 제2항 제1호 또는 제2호의 죄를 범한 사람

④ 다음 각 호의 어느 하나에 해당하는 사람은 5년 이상의 유기징역에 처한다.

1. 업무관계, 고용관계, 그 밖의 관계로 인하여 보호 또는 감독을 받는 사람에게 마약등을 사용하여 성을 파는 행위를 하게 한 사람
2. 「폭력행위 등 처벌에 관한 법률」 제4조에 규정된 단체나 집단의 구성원으로서 제3항 제1호부터 제3호까지의 죄를 범한 사람

제19조(벌칙) ② 다음 각 호의 어느 하나에 해당하는 사람은 7년 이하의 징역 또는 7천만 원 이하의 벌금에 처한다.

1. 영업으로 성매매알선 등 행위를 한 사람
2. 성을 파는 행위를 할 사람을 모집하고 그 대가를 지급받은 사람

　3. 성을 파는 행위를 하도록 직업을 소개·알선하고 그 대가를 지급받은 사람

　제22조(범죄단체의 가중처벌) 제18조 또는 제19조에 규정된 범죄를 목적으로 단체 또는 집단을 구성하거나 그러한 단체 또는 집단에 가입한 사람은 「폭력행위 등 처벌에 관한 법률」 제4조의 예에 따라 처벌한다.

　제23조(미수범) 제18조부터 제20조까지에 규정된 죄의 미수범은 처벌한다.

　성매매처벌법 제18조는 성매매와 관련된 각종 범죄를 다루고 있는데 성매매와 관련된 거의 모든 유형의 범죄가 중대범죄에 해당한다. 한편 성매매처벌법 제19조 제1항은 제외하고 제2항만을 중대범죄로 규정하고 있는데 이는 **영업성 및 대가를 지급받는 행위에 한정하여 가중처벌하는 조항의 규정체계** 때문이다.

　한편 별표 제13호에서는 성매매처벌법 제19조 제2항을 중대범죄로 규정하면서 괄호 안에 일부 행위(성매매에 제공되는 사실을 알면서 자금·토지 또는 건물제공 행위)를 제외한 것은 그 행위가 이미 범죄수익은닉규제법 제2조 제1호, 제2호 나목 1)에서 특정범죄로 규정되어 있어 이는 또다시 별표 상 중대범죄에 넣는 것은 중복이기 때문이다. **위 행위가 범죄수익환수 대상범죄에서 제외된다는 취지가 아님을 유의할 필요가 있다.**

관련조문

　제2조(정의) 이 법에서 사용하는 용어의 뜻은 다음과 같다.

　　2. "범죄수익"이란 다음 각 목의 어느 하나에 해당하는 것을 말한다.

　　　나. 다음의 어느 하나의 죄에 관계된 자금 또는 재산

　　　　1) <u>「성매매알선 등 행위의 처벌에 관한 법률」 제19조 제2항 제1호(성매매알선등 행위 중 성매매에 제공되는 사실을 알면서 자금·토지 또는 건물을 제공하는 행위만 해당한다)</u>의 죄

　그리고 성매매처벌법 제22조는 위 제18조, 제19조 제2항의 범죄를 저지르기 위해 범죄단체·집단을 구성·가입한 사람을 가중처벌하는 규정이고 성매매처벌법 제23조는 미수범 처벌규정으로 그 중 제18조, 제19조 제2항의 미수범만이 중대범죄에 해당한다.

　한편 성매매처벌법 제25조는 제18조부터 제20조까지에 규정된 죄를 범한 사람이 그 범죄로 인하여 얻은 금품이나 그 밖의 재산은 몰수하고, 몰수할 수 없는 경우에는 그 가액을 추징한다고 규정하고 있어 성매매알선행위를 통해 취득한 범죄수익을 필요적으로 몰수·추징하고 있다. 이는 범죄수익은닉규제법상 임의적 추징에 우선하는 특칙규정으로 봄이 상당하다.

관련조문 ─────

제25조(몰수 및 추징) 제18조부터 제20조까지에 규정된 죄를 범한 사람이 그 범죄로 인하여
얻은 금품이나 그 밖의 재산은 몰수하고, 몰수할 수 없는 경우에는 그 가액(價額)을 추징한다.
[전문개정 2011. 5. 23.]

─────

범죄수익은닉규제법 별표상 중대범죄에는 해당하지 않지만 성매매처벌법 제25조에 따라
필요적 몰수·추징이 적용되는 규정(제19조 제1항, 제20조)과 관련하여, **해당 규정에 해당하는
범죄들의 경우 그 범죄수익에 대한 몰수·추징이 가능하나 범죄수익은닉규제법 및 마약
거래방지법상 몰수·추징 보전조치가 불가능함을 유의할 필요**가 있다.

이하에서는 성매매처벌법법상 범죄수익환수 관련 쟁점을 먼저 살피고 각각의 구성요건 중
성매매처벌법 제18조, 제19조 제2항 부분을 중심으로 검토한 후 구체적인 범죄수익환수 사
례에 대해 살펴보기로 한다.

2. 성매매처벌법상 범죄수익환수 일반론

가. 성매매알선 업주가 취득한 범죄수익의 환수

성매매알선 업주가 취득한 범죄수익을 어떻게 추징하여야 하는지와 관련하여 **대법원
판례**는 ① 공범인 여성종업원과 안마사에게 지급된 금액은 추징금액에서 제외하나(공제 ○),
② 세금, 임대료, 관리비 등은 공제하지 않고 그대로 추징금액에 포함하고(공제 ×), ③ 알
선업자가 스스로 오피스텔을 임차하여 성매매알선 하는 경우 그 임대차 보증금은 범죄수익
은닉규제법 제2조 제2호 나목의 성매매알선 등 행위에 관계된 자금으로 보아 추징할 수 있
다고 판시하고 있다.

> **판례**
>
> **추징의 범위는 범인이 실제로 취득한 이익에 한정된다고 봄이 상당하므로 성매매알선 영업의 공범인 여
> 성종업원과 안마사에게 지급된 금액은 추징금액에서 공제하여야 한다.** (중략) **세금 등의 비용은 성매
> 매알선의 대가로 취득한 금품을 소비하거나 자신의 행위를 정당화시키기 위한 방법의 하나에 지나지 않아
> 추징액에서 공제할 것은 아니므로, 임대료, 관리비 등은 공제하여서는 아니 된다.**
> (중략) 범죄수익 비율은 성매매알선 대가로 손님으로부터 170,000원을 받은 후 여성종업원에게
> 90,000원, 안마사에게 23,000원을 지급하였으므로, 33.52%(170,000원 – 90,000원 – 23,000 원) ÷
> 170,000원×100, 소수점 셋째자리 이하 버림)를 곱하여 산출된 금액을 추징 대상으로 산정함이 타당
> 하다(대법원 2015. 4. 23. 선고 2015도2928 판결 참조).

나. 성매매알선 동업자들이 취득한 범죄수익환수

수인이 공동하여 성매매알선 등 행위를 하였을 경우 공범자 각자가 실제로 얻은 이익의 가액을 개별적으로 추징하여야 하고, 그 개별적 이득액을 알 수 없다면 전체 이득액을 평등하게 분할하여 추징하여야 하며, 공범자 전원으로부터 이득액 전부를 공동으로 연대하여 추징할 수는 없다.[3] 공범자들 사이의 전체 발생이익 중 **실제로 취득한 이익을 지분율 등을 확보하여 최대한 특정**하되, **개별 이익 산정이 불가능하면 균분하여 추징**함이 상당하다.

다. 성매매알선 장소 제공자에 대한 범죄수익환수 관련 쟁점

성매매 사실을 알고도 장소를 제공한 호텔, 모텔업주에 대하여는 성매매처벌법 제25조에 따라 **성매매 알선기간 동안 얻은 객실료, 차임 등 수입은 필요적으로 몰수·추징**한다.

그런데 성매매처벌법 제19조 제2항은 영업으로 성매매알선 등 행위를 하는 사람을 처벌한다고 규정하고 있는데 위 **'성매매알선 등'** 행위에는 '성매매에 제공되는 사실을 알면서 자금, 토지 또는 건물을 제공하는 행위'가 포함(성매매처벌법 제2조 제2호 다목 참조)되므로 그 **과정에서 제공된 건물, 토지, 자금은 범죄수익은닉규제법 제10조, 제8조에 따라 임의적 몰수·추징의 대상**이 된다.

위와 같이 몰수·추징의 근거규정이 달라지는 것은 객실료, 차임 등은 성매매알선등행위로 인하여 얻은 금품이나 그 밖의 재산으로 보아 성매매처벌법 제25조가 적용되나, 위와 같은 행위를 위해 제공한 임대차보증금, 건물, 토지 등은 범죄행위로 인해 얻은 금품이라고 볼 수 없기 때문이다. 이와 관련한 법령의 규정은 다음과 같다.

관련조문

범죄수익은닉규제법제2조(정의) 이 법에서 사용하는 용어의 뜻은 다음과 같다.

2. "범죄수익"이란 다음 각 목의 어느 하나에 해당하는 것을 말한다.

　나. 다음의 어느 하나의 죄에 관계된 자금 또는 재산

　　1)「성매매알선 등 행위의 처벌에 관한 법률」 제19조 제2항 제1호(성매매알선등행위 중 성매매에 제공되는 사실을 알면서 자금·토지 또는 건물을 제공하는 행위만 해당한다)의 죄

---

3 대법원 2009. 5. 14. 선고 2009도2223 판결 참조

성매매처벌법 제19조(벌칙) ① 다음 각 호의 어느 하나에 해당하는 사람은 3년 이하의 징역 또는 3천만 원 이하의 벌금에 처한다.

② 다음 각 호의 어느 하나에 해당하는 사람은 7년 이하의 징역 또는 7천만 원 이하의 벌금에 처한다.

1. **영업으로 성매매알선 등 행위를 한 사람**

성매매처벌법 제2조(정의) ① 이 법에서 사용하는 용어의 뜻은 다음과 같다.

2. **"성매매알선 등 행위"**란 다음 각 목의 어느 하나에 해당하는 행위를 하는 것을 말한다.

　가. 성매매를 알선, 권유, 유인 또는 강요하는 행위

　나. 성매매의 장소를 제공하는 행위

　다. **성매매에 제공되는 사실을 알면서 자금, 토지 또는 건물을 제공하는 행위**

이에 대하여 실무상 다음과 같이 **성매매알선 장소와 실제 성매매 장소가 다른 사안**에서 성매매알선 장소만을 제공한 임대인 소유의 건물, 토지, 임대차보증금에 대한 환수가 주로 문제 된다.

예를 들어 성매매알선업자 甲이 A건물을 乙로부터 임차하여 성매매알선행위를 하고, 실제 성매매는 A건물 인근에 있는 B모텔에서 이루어진 경우 甲이 성매매 알선행위를 한다는 사실을 알면서 건물을 임대해준 乙에 대한 임대차보증금, 乙소유의 건물이 범죄수익에 해당하여 몰수 또는 추징이 되는지 여부가 문제되는 것이다. 성매매처벌법 규정이 **'성매매'**에 제공되는 사실을 알면서 자금, 토지 또는 건물을 제공하는 행위를 '성매매알선 등 행위'에 포함하고 있는데 위 **'성매매'**에 단순히 **'성매매알선'**만을 위한 자금, 토지 또는 건물을 제공하는 행위가 포함된다고 해석할 수 있는지가 여기서 쟁점이 된다.

살피건대 ① 범죄수익은닉규제법 제2호 나목 1)은 '어느 하나의 죄'에 관계된 자금 또는 재산을 몰수의 대상으로 한다고 규정하면서 이를 특정하기 위해 성매매처벌법 제19조 제2항 제1호를 명시하였고, 그 중 괄호 안에 성매매처벌법 제2조 제2항 제2호 다목을 그대로 기재하고 있는 점, ② 성매매처벌법상 **'성매매알선 등 행위'**는 성매매처벌법 제2조 제2항 제2호 가목 내지 다목을 모두 포섭하고 있고 위 법 제2조 제2호 다목의 **'성매매에 제공되는 사실을 알면서 자금, 토지 또는 건물을 제공하는 행위'**는 그 자체로 **'성매매알선 등 행위'**에 포함되는 것으로 봄이 상당한 점, ③ 위 성매매처벌법 제2조 제2호는 나목에 성매매알선등 행위의 유형으로 '성매매의 장소를 제공하는 행위'를 따로 규정하고 있으므로 다목은 단순히 성매매의 장소를 제공하는 행위 외에 성매매로 이어질 것을 알면서 자금, 건물, 토지 등을 제공하는 행위로 해석함이 체계해석에 부합하는 점을 모두 종합하여 보면 **위 (다)목의 행위에는 직접 성매매가 이루어지는 장소뿐만 아니라 성매매알선을 하는 장소를 제공하는 행위를 포함한**

다고 봄이 상당하다(私見). 대법원도 같은 입장을 취하고 있는 것으로 보인다.[4]

판례

[2] 범죄수익은닉의 규제 및 처벌 등에 관한 법률(이하 '범죄수익법'이라 한다)제8조 제1항은 '범죄수익'을 몰수할 수 있다고 하면서, 범죄수익법 제2조 제2호 (나)목 1)은 "성매매알선 등 행위의 처벌에 관한 법률(이하 '성매매처벌법'이라 한다) 제19조 제2항 제1호(성매매알선 등 행위 중 성매매에 제공되는 사실을 알면서 자금·토지 또는 건물을 제공하는 행위만 해당한다)의 죄에 관계된 자금 또는 재산"을 위 법에서 규정하는 '범죄수익'의 하나로 규정하고 있는데, **성매매알선 등 행위를 규정한 성매매처벌법 제2조 제1항 제2호 중 (다)목의 "성매매에 제공되는 사실을 알면서 자금·토지 또는 건물을 제공하는 행위"에는 ① 그 행위자가 "성매매를 알선, 권유, 유인 또는 강요하는 행위"[성매매처벌법 제2조 제1항 제2호 (가)목] 또는 "성매매의 장소를 제공하는 행위"[성매매처벌법 제2조 제1항 제2호 (나)목]를 하는 타인에게 자금, 토지 또는 건물을 제공하는 행위 뿐만 아니라 ② 스스로 (가)목이나 (나)목의 행위를 하는 경우도 포함된다고 보아야 한다**(대법원 2013. 5. 23 선고 2012도11586 판결 참조).

이와 관련하여 같은 이유로 성매매알선행위의 당사자도 성매매에 제공되는 사실을 알면서 자금·토지 또는 건물을 제공하는 행위의 주체가 될 수 있다고 판시한 사례가 있다.[5] 결국 위 사례에서 乙은 성매매처벌법 제19조 제2항 제1호 위반죄가 성립하고, 乙 소유의 건물 및 토지는 범죄수익은닉규제법 제10조, 제8조에 따라 몰수의 대상이 된다고 봄이 옳다.

3. 성매매처벌법 제18조 위반죄

가. 성매매 알선행위에 동원되는 행위에 따른 가중처벌(제18조 제1항)

관련조문

제18조(벌칙) ① 다음 각 호의 어느 하나에 해당하는 사람은 10년 이하의 징역 또는 1억 원 이하의 벌금에 처한다.

1. 폭행이나 협박으로 성을 파는 행위를 하게 한 사람

---

4 대법원 2013. 5. 23 선고 2012도11586 판결 참조.

5 부산지방법원 2020. 9. 3.자 2020로114결정 참조[이 사례에서 1심은 검사의 성매매알선 장소 제공자에 대한 임대차보증금 반환채권 몰수보전 청구를 기각(부산지방법원 2020. 6. 8.자2020초기837 결정 참조)하였으나 항고심은 원심 결정을 취소하고 검사의 항고를 인용하였다].

2. 위계 또는 이에 준하는 방법으로 성을 파는 사람을 곤경에 빠뜨려 성을 파는 행위를 하게 한 사람

3. 친족관계, 고용관계, 그 밖의 관계로 인하여 다른 사람을 보호·감독하는 것을 이용하여 성을 파는 행위를 하게 한 사람

4. 위계 또는 위력으로 성교행위 등 음란한 내용을 표현하는 영상물 등을 촬영한 사람

1) 구성요건의 주체

제18조 제1항 제1호, 제2호, 제4호 위반죄의 **구성요건 주체**는 아무런 제한이 없으나 **제18조 제1항 제3호** 위반죄의 경우 친족, 고용, 그 밖의 관계로 인하여 다른 사람을 보호·감독하는 사람이 주체가 되는 **신분범**이다.

2) 구성요건적 행위 및 객체

본죄의 **구성요건적 행위**는 성매매 알선행위를 하면서 성매매를 위해 어떤 수단을 동원하는지에 따라 세분화되어 있다. 우선 ① 폭행이나 협박을 하는 경우(제1호), ② 위계 또는 이에 준하는 방법으로 성을 파는 사람을 곤경에 빠뜨리는 경우(제2호), ③ 친족관계, 고용관계, 그 밖의 관계를 이용하는 경우(제3호)를 나열하면서 단순 성매매알선행위보다 가중처벌하고 있다. 이 때 **제3호**의 경우 **행위의 객체**가 친족, 고용, 그 밖의 관계로 보호·감독을 받는 사람이라는 점에 차이가 있다.

한편 ④ 위계 또는 위력으로 성교행위 등 음란한 내용을 표현하는 음란물을 촬영하는 경우(제4호)를 별도의 구성요건으로 두고 있는데 성매매알선 행위를 하면서 성매매 당사자에 대한 위계, 위력을 이용해 음란물을 촬영하면 이 또한 가중처벌의 대상이 된다.

3) 처벌

본죄를 위반하여 10년 이하의 징역 또는 1억 원 이하의 벌금에 처한다. 위 범행으로 취득한 범죄수익은 환수 대상이 됨은 앞에서 본 바와 같다(성매매알선처벌법 제25조 참조).

나. 성매매 알선행위의 대상 및 대가성에 따른 가중처벌(제18조 제2항)

관련조문

제18조(벌칙) ② 다음 각 호의 어느 하나에 해당하는 사람은 1년 이상의 유기징역에 처한다.

1. 제1항의 죄(미수범을 포함한다)를 범하고 그 대가의 전부 또는 일부를 받거나 이를 요구·

약속한 사람

2. 위계 또는 위력으로 청소년, 사물을 변별하거나 의사를 결정할 능력이 없거나 미약한 사람 또는 대통령령으로 정하는 중대한 장애가 있는 사람으로 하여금 성을 파는 행위를 하게 한 사람

3. 「폭력행위 등 처벌에 관한 법률」 제4조에 규정된 단체나 집단의 구성원으로서 제1항의 죄를 범한 사람

1) 구성요건의 주체 및 행위의 상대방

제18조 제2항 제1호 내지 제2호 위반죄의 **구성요건 주체**는 아무런 제한이 없다. 따라서 누구든지 본죄의 주체가 될 수 있다. **행위의 상대방**의 경우 특별한 신분 제한이 없다. 단 **제2호 위반죄**의 경우 그 성매매의 객체가 되는 사람이 아래에서 보는 바와 같이 청소년, 심신상실자, 장애인 등으로 제한될 뿐이다.

한편 **제18조 제2항 제3호**의 **구성요건의 주체**는 **범죄단체나 집단의 구성원**이라는 신분을 요하고, **행위의 상대방**은 별다른 제한이 없다.

2) 구성요건적 행위 및 객체

본죄의 **구성요건적 행위**는 ① 제1항의 죄(미수범 포함)를 범한 사람이 대가(일부 또는 전부)를 받거나 요구·약속하는 행위(제1호), ② 위계 또는 위력으로 심신장애자, 심신미약자 또는 대통령령으로 정하는 중대한 장애가 있는 사람으로 하여금 성매매를 하도록 하는 행위(제2호), 범죄집단·단체의 구성원이 제1항의 죄를 범하는 행위로서 이를 가중하여 처벌한다(제3호). 중대한 성매매 알선행위에 대가가 개입되거나 그 대상자가 사회적 보호를 요구하는 사람인 경우 그 불법성을 더 중하게 보는 것이다.

동법 **제18조 제2항 제2호** 위반죄의 **행위 객체는 청소년 또는 사물을 변별하거나 의사를 결정할 능력이 없거나 미약한 사람 또는 대통령령으로 정하는 중대한 장애가 있는 사람**이다. 위 제2항 제2호의 대통령령으로 정하는 중대한 장애와 관련하여 동법 시행령 제2조는 「시행령 별표에서 규정한 사람 또는 이에 준하는 사람으로서 타인의 보호·감독이 없으면 정상적으로 일상생활 또는 사회생활을 영위하기 어렵고, 이로 인하여 타인의 부당한 압력이나 기망(欺罔)·유인에 대한 저항능력이 취약한 사람을 말한다.」고 명시하고 있다. 위 시행령 별표에 규정되어 있는 **중대한 장애의 범위**는 다음과 같다.

관련조문

■ 성매매알선 등 행위의 처벌에 관한 법률 시행령 [별표] 〈개정 2019. 3. 5.〉

중대한 장애가 있는 사람의 기준(제2조 관련)

1. 지체장애인(肢體障碍人)

   팔다리 또는 몸통의 기능에 영속적인 장애가 있거나 그 일부를 잃어 주위의 도움이 없으면 일상생활을 영위하기 어려운 사람

2. 시각장애인(視覺障碍人)

   좋은 눈의 시력(만국식시력표에 의하여 측정한 것을 말하며, 굴절이상이 있는 사람에 대하여는 교정시력을 기준으로 한다)이 0.04 이하인 사람

3. 청각장애인(聽覺障碍人)

   가. 두 귀의 청력 손실이 각각 70데시벨(dB) 이상인 사람

   나. 두 귀에 들리는 보통 말소리의 명료도가 50퍼센트 이하인 사람

   다. 양측 평형기능의 소실 또는 감소로 두 눈을 뜨고 10미터를 걸으려면 중간에 균형을 잡기 위하여 한 번 이상 멈추어야 하는 사람

4. 언어장애인(言語障碍人)

   음성 기능 또는 언어 기능을 잃은 사람

5. 지적장애인(知的障碍人)

   지능지수가 70 이하인 사람으로서 사회적·직업적 재활을 위하여 지속적인 도움이나 교육이 필요한 사람

6. 자폐성장애인(自閉性障碍人)

   자폐증으로 정상발달의 단계가 나타나지 아니하고 지능지수가 70 이하이며, 지능 및 능력장애로 인하여 주위의 많은 도움이 없으면 일상생활을 영위하기 어려운 사람

7. 정신장애인(精神障碍人)

   가. 정신분열병으로 망상·환청·사고장애 및 기괴한 행동 등의 양성증상 및 사회적 위축 등의 음성증상이 있고, 중등(中等)도의 이상의 인격 변화가 있으며, 기능 및 능력장애로 인하여 주위의 많은 도움이 없으면 일상생활을 영위하기 어려운 사람

   나. 양극성 정동장애(조울병)로 기분·의욕 및 행동·사고장애 증상이 있는 증상기가 지속되거나 자주 반복되며, 기능 및 능력장애로 인하여 주위의 많은 도움이 없으면 일상생활을 영위하기 어려운 사람

   다. 만성적인 반복성 우울장애로 망상 등 정신병적 증상이 동반되고, 기분·의욕 및 행동 등에 대한 우울증상이 있는 증상기가 지속되거나 자주 반복되며, 기능 및 능력장애로 인하여 주위의 많은 도움이 없으면 일상생활을 영위하기 어려운 사람

   라. 만성적인 분열성 정동장애(情動障碍)로 가목 내지 다목에 준하는 증상이 있는 사람

3) 처벌

본죄를 위반하면 1년 이상의 유기징역에 처한다. 위 범행으로 취득한 범죄수익은 필요적 몰수·추징의 대상이 됨은 앞에서 본 바와 같다(성매매알선처벌법 제25조 참조).

다. 성매매 종사자를 고용·관리하는 속칭 '포주'에 대한 가중처벌(제18조 제3항)

관련조문

제18조(벌칙) ③ 다음 각 호의 어느 하나에 해당하는 사람은 3년 이상의 유기징역에 처한다.
1. 다른 사람을 감금하거나 단체 또는 다중(多衆)의 위력을 보이는 방법으로 성매매를 강요한 사람
2. 성을 파는 행위를 하였거나 할 사람을 고용·관리하는 것을 이용하여 위계 또는 위력으로 낙태하게 하거나 불임시술을 받게 한 사람
3. 삭제 <2013. 4. 5.>
4. 「폭력행위 등 처벌에 관한 법률」 제4조에 규정된 단체나 집단의 구성원으로서 제2항 제1호 또는 제2호의 죄를 범한 사람

---

1) 구성요건의 주체 및 행위의 상대방

동법 **제18조 제3항 제1호 내지 제2호** 위반죄의 **구성요건 주체**는 아무런 제한이 없다. 따라서 누구든지 본죄의 주체가 될 수 있다. **행위의 상대방** 또한 특별한 신분 제한이 없다. 한편 **제18조 제3항 제4호의 구성요건의 주체**는 **범죄단체나 집단의 구성원**이라는 신분을 요하고, **행위의 상대방**은 별다른 제한이 없다.

2) 구성요건적 행위 및 객체

본죄의 **구성요건적 행위**는 ① 다른 사람을 감금하거나 단체 또는 다중(多衆)의 위력을 보이는 방법을 동원하여 성매매를 강요하는 행위(제1호), ② 성매매하는 사람을 고용 및 관리하면서 낙태 또는 불임시술을 받도록 하는 행위(제2호), ③ 범죄단체·집단의 구성원이 제18조 제2항 제1호 또는 제2호를 범하는 행위(제4호)로 구성되어 있다.

구성요건의 객체와 관련하여 제2호 위반죄의 경우 '고용 및 관리되는 성매매하는 사람'으로 **행위의 객체가 제한**된다는 점이 특징이다.

본죄는 성매매 당사자를 관리하는 소위 '포주'들이 그 우월적 지위를 이용해 성매매 종사자들을 감금하거나 성매매를 강요하는 경우를 엄히 처벌하겠다는 취지다. 나아가 낙

태, 불임시술 등을 강요하는 등 반인륜적인 행위를 처벌함으로써 성매매 종사자들의 인권을 보호하겠다는 취지도 포함되어 있다고 봄이 상당하다.

3) 처벌

본죄를 위반하면 3년 이상의 유기징역에 처한다. 위 범행으로 취득한 범죄수익은 필요적 몰수·추징의 대상이 됨은 앞에서 본 바와 같다(성매매알선처벌법 제25조 참조).

라. 성매매알선을 위한 마약 사용행위 등 가중처벌(제18조 제4항)

관련조문

제18조(벌칙) ④ 다음 각 호의 어느 하나에 해당하는 사람은 5년 이상의 유기징역에 처한다.
 1. 업무관계, 고용관계, 그 밖의 관계로 인하여 보호 또는 감독을 받는 사람에게 마약등을 사용하여 성을 파는 행위를 하게 한 사람
 2. 「폭력행위 등 처벌에 관한 법률」 제4조에 규정된 단체나 집단의 구성원으로서 제3항 제1호부터 제3호까지의 죄를 범한 사람[전문개정 2011. 5. 23.]

1) 구성요건의 주체 및 행위의 상대방

본죄 중 **제18조 제4항 제1호**의 **구성요건 주체**는 업무관계, 고용관계, 그 밖의 관계로 인하여 보호 또는 감독을 하는 사람이고(신분범), **행위의 상대방**은 특별한 신분상 제한이 없다.

한편 **제18조 제4항 제2호**의 **구성요건의 주체는 범죄단체나 집단의 구성원**이라는 신분을 요하고, **행위의 상대방**은 별다른 제한이 없다.

2) 구성요건적 행위 및 객체

본죄의 **구성요건적 행위**는 ① 업무관계, 고용관계 그 밖의 관계로 인하여 보호 또는 감독을 받는 사람에게 마약 등을 사용하여 성을 파는 행위를 하도록 하는 것(제1호), ② 범죄단체·집단 구성원이 제18조 제3항 제1호, 제2호, 제3호까지의 죄를 범하는 것(제2호)으로 이를 가중하여 처벌한다.

다만 **제4항 제1호 위반죄**의 **행위의 객체**와 관련하여 위와 같은 사람으로부터 보호 또는 감독을 받는 사람이 그 객체가 되는 점이 특징이다. 업무 또는 고용관계 등 특별한 신분관계에 있는 사람의 범죄를 보다 엄격하게 처벌하기 위한 규정이다.

성매매 종사자에게 마약 등 불법적인 수단을 사용하는 경우에 그 반인륜적 불법성을 높

게 보아 형량의 수준을 더 높인 것이다.

3) 처벌

본죄를 위반하면 5년 이상의 유기징역에 처한다. 위 범행으로 취득한 범죄수익은 필요적 몰수·추징의 대상이 됨은 앞에서 본 바와 같다(성매매알선처벌법 제25조 참조).

마. 범죄수익환수 사례

이와 관련하여 **타인을 협박해 성매매를 강요하고 대가를 수수함으로써 성매매알선행위를 한 알선사범들로부터 그 범행을 통해 취득한 범죄수익을 추징하여 환수한 사례**가 있다.[6]

사례

범죄사실

1. 피고인 A

가. 폭행

피고인은 2016. 11. 초순경 서울 강동구 E에 있는 F식당에서 피해자 G(여, 18세)와 함께 술을 마시던 중 피해자가 피고인에게 기분 나쁜 말을 하였다는 이유로 화가 나 피해자를 그곳 화장실로 끌고 간 후 휴지통을 피해자의 머리에 씌우고 발로 피해자의 배 부위를 차고, 주먹으로 몸통 부위 등을 수회 때리고, 손으로 피해자의 뺨 부위를 수회 때려 피해자를 폭행하였다.

나. 아동·청소년의성보호에관한법률위반

피해자 G(여, 18세)는 2016. 9. 28.경 가출한 후 피고인, B 등과 함께 모텔 등에서 생활하게 되었다. 피고인은 피해자가 가출하여 갈 곳이 없고, B를 좋아하는 상황을 이용해 피해자에게 성매매를 시켜 돈을 벌기로 마음먹었다.

1) 성매매 강요

피고인은 2016. 12. 초순경 서울 강동구 부근에서 제1의 가.항 기재와 같은 폭행으로 피고인을 두려워하던 **아동·청소년인 피해자에게 "조건만남으로 돈을 벌어야 한다, 너에게 지금까지 들어간 돈이 많으니 이제 네가 돈을 벌어야 한다, 조건만남을 안하면 수배 중인 B가 잡혀 갈 것이다, 경찰에 신고해서 B를 잡혀가게 할 수도 있다"는 취지로 협박하여 피해자로 하여금 2016. 12. 10.경부터 2016. 12. 31.경까지 사이에 별지 범죄일람표 순번 1 내지 19 기재와 같이 불특정 다수의 남성들과 성교하고 1회에 15~18만 원의 대가를 받게 함으로써 아동·청소년의 성을 사는 행위의 상대방이 되게 하고, 피해자로부터 그 대가를 지급받았다.**

---

6 서울남부지방법원 2019. 4. 5. 선고 2018고합613 판결 참조(서울고등법원 2019노985 판결로 확정).

2) 성매매 알선

피고인은 B, D와 공모하여 2016. 12. 10.경부터 2016. 12. 31.경까지 사이에 서울 강동구 일대에서 스마트폰 채팅 어플을 이용해 '㉠' 등의 광고 문구를 프로필에 게시한 후 채팅으로 성매수자를 모집한 다음 피해자로 하여금 별지 범죄일람표 순번 1 내지 19 기재와 같이 그들과 성교하게 하고 대가를 지급받게 함으로써 아동·청소년의 성을 사는 행위를 알선하였다.

다. 성매매알선등행위의처벌에관한법률위반

피고인은 2017. 1. 1.경부터 2017. 11.경까지 사이에 서울 강동구, 광주 일대에서 **제1의 나. 1)항 기재와 같은 피고인의 협박으로 성매매를 하게 된 피해자의 스마트폰에 위치추적 어플을 설치하여 피해자의 위치를 감시하고, 피해자가 약속한 성매매 횟수를 채우지 못하는 경우 욕설을 하거나 때릴 듯한 태도를 취하여 지속적으로 겁을 주는 등 폭행·협박함으로써 피해자로 하여금 별지 범죄일람표 순번 20 내지 88 기재와 같이 불특정 다수의 남성들과 성교하고 1회에 15∼18만 원의 대가를 받는 성매매를 하게 하였고, 피해자로부터 그 대가를 지급받았다.**

B, C, D는 피해자가 위와 같은 피고인의 폭행·협박으로 성매매를 하고 있다는 사실을 잘 알면서도 이에 편승하여 피고인과 함께 스마트폰 채팅을 이용해 성매수자를 모집한 후 피해자로 하여금 그들과 성교하고 대가를 지급받게 하였다.

이로써 피고인은 B, C, D와 공모하여 폭행이나 협박으로 성을 파는 행위를 하게 하여 그 대가를 지급받고, 성매매알선 등 행위를 하였다.

라. 상해

피고인은 2017. 4. 23.경 광주 서구에 있는 H 유흥주점에서 피해자 G(여, 19세)와 술을 마시다 말다툼을 하게 되자 화가 나 피해자의 멱살을 잡고 밀쳐 그곳 탁자에 머리가 부딪히게 함으로써 피해자에게 치료일수를 알 수 없는 머리 부위가 찢어지는 상처 등의 상해를 가하였다.

2. 피고인 B

가. 아동·청소년의성보호에관한법률위반

피고인은 제1의 나. 2)항 기재와 같이 A, D와 공모하여 2016. 12. 10.경부터 2016. 12. 31.경까지 사이에 피해자로 하여금 별지 범죄일람표 순번 1 내지 19 기재와 같이 불특정 다수의 남성들과 성교하고 대가를 지급받게 함으로써 아동·청소년의 성을 사는 행위를 알선하였다.

나. 성매매알선등행위의처벌에관한법률위반

피고인은 제1의 다.항 기재와 같이 A, C, D와 공모하여 2017. 1. 1.경부터 2017. 11.경까지 사이에 별지 범죄일람표 순번 20 내지 88 기재와 같이 폭행이나 협박으로 피해자로 하여금 성을 파는 행위를 하게 하여 그 대가를 지급받고, 성매매알선 등 행위를 하였다.

다. 상해

피고인은 2017. 4. 16.경 광주 서구에 있는 I모텔에서 피해자 G(여, 19세)가 피고인을 무시하는 말을 하였다는 이유로 화가 나 피해자를 밀쳐 침대 모서리 부분에 부딪히게 하였다.

이로써 피고인은 피해자에게 치료일수를 알 수 없는 두부 열상 등의 상해를 가하였다.

3. 피고인 D

피고인은 제1의 다.항 기재와 같이 A, B, C와 공모하여 2017. 1. 1.경부터 2017. 11.경까지 사이에 별지 범죄일람표 순번 20 내지 88 기재와 같이 폭행이나 협박으로 피해자로 하여금 성을 파는 행위를 하게 하여 그 대가를 지급받고, 성매매알선 등 행위를 하였다.

4. 피고인 C

가. 아동 · 청소년의성보호에관한법률위반

피고인은 제1의 나. 2)항 기재와 같이 A, B와 공모하여 2016. 12. 10.경부터 2016. 12. 31. 경까지 사이에 피해자로 하여금 별지 범죄일람표 순번 1 내지 19 기재와 같이 불특정 다수의 남성들과 성교하고 대가를 지급받게 함으로써 아동 · 청소년의 성을 사는 행위를 알선하였다.

나. 성매매알선등행위의처벌에관한법률위반

피고인은 제1의 다.항 기재와 같이 A, B, D와 공모하여 2017. 1. 1.경부터 2017. 2.경까지 사이에 별지 범죄일람표 순번 20 내지 53 기재와 같이 폭행이나 협박으로 피해자로 하여금 성을 파는 행위를 하게 하여 그 대가를 지급받고, 성매매알선 등 행위를 하였다.

법령의 적용

1. 범죄사실에 대한 해당법조 및 형의 선택

가. 피고인 A

○ 형법 제260조 제1항(폭행의 점, 징역형 선택)

○ 아동 · 청소년의 성보호에 관한 법률 제14조 제2항, 제1항 제1호(청소년에 대한 성매매 강요 후 대가취득의 점, 포괄하여)

○ 아동 · 청소년의 성보호에 관한 법률 제15조 제2항 제3호, 형법 제30조(청소년 성매매 알선의 점, 포괄하여, 징역형 선택)

○ 성매매알선 등 행위의 처벌에 관한 법률 제18조 제2항 제1호, 제1항 제1호, 형법 제30조(성매매 강요 후 대가취득의 점, 포괄하여)

○ 성매매알선 등 행위의 처벌에 관한 법률 제19조 제1항 제1호, 형법 제30조(성매매 알선의 점, 포괄하여, 징역형 선택)

○ 형법 제257조 제1항(상해의 점, 징역형 선택)

나. 피고인 B

○ 아동 · 청소년의 성보호에 관한 법률 제15조 제2항 제3호, 형법 제30조(청소년 성매매 알선의 점, 포괄하여, 징역형 선택)

○ 성매매알선 등 행위의 처벌에 관한 법률 제18조 제2항 제1호, 제1항 제1호, 형법 제30조(성매매 강요 후 대가취득의 점, 포괄하여)

○ 성매매알선 등 행위의 처벌에 관한 법률 제19조 제1항 제1호, 형법 제30조(성매매 알선의 점, 포괄하여, 징역형 선택)

○ 형법 제257조 제1항(상해의 점, 징역형 선택)

다. 피고인 D

○ 성매매알선 등 행위의 처벌에 관한 법률 제18조 제2항 제1호, 제1항 제1호, 형법 제30조(성매매 강요 후 대가취득의 점, 포괄하여)

○ 성매매알선 등 행위의 처벌에 관한 법률 제19조 제1항 제1호, 형법 제30조(성매매 알선의 점, 포괄하여, 징역형 선택)

라. 피고인 C

○ 아동·청소년의 성보호에 관한 법률 제15조 제2항 제3호, 형법 제30조(청소년 성매매 알선의 점, 포괄하여, 징역형 선택)

○ 성매매알선 등 행위의 처벌에 관한 법률 제18조 제2항 제1호, 제1항 제1호, 형법 제30조(성매매 강요 후 대가취득의 점, 포괄하여)

○ 성매매알선 등 행위의 처벌에 관한 법률 제19조 제1항 제1호, 형법 제30조(성매매 알선의 점, 포괄하여, 징역형 선택)

1. 추징

가. 피고인 A, B, C

각 성매매알선 등 행위의 처벌에 관한 법률 제25조 후문, 형법 제48조 제2항, 제1항 제2호

나. 피고인 D

성매매알선 등 행위의 처벌에 관한 법률 제25조 후문

※ 추징금 산정내역

1. 관련법리

수인이 공동하여 성매매알선 등 행위를 하였을 경우 그 범죄로 인하여 얻은 금품 그 밖의 재산을 몰수할 수 없을 때에는, 공범자 각자가 실제로 얻은 이익의 가액을 개별적으로 추징하여야 하고 그 개별적 이득액을 알 수 없다면 전체 이득액을 평등하게 분할하여 추징하여야 하며, 성매매여성에게 지급된 금액은 추징할 금액에서 공제되어야 한다(대법원 2009. 5. 14. 선고 2009도2223 판결 참조).

2. 구체적 산정내역

가. 산정기준

위 법리에 비추어 살피건대, 이 법원이 적법하게 채택하여 조사한 증거들에 의하면, 판시 기재와 같은 성매매 수익금 43,527,500원 중 일부는 피고인 C에게 지급되었고, 나머지는 피고인 A, B, D와 피해자가 함께 생활하는 비용 등으로 사용한 사실을 인정할 수 있고, 피해자가 사용한 금액과 피고인들이 취득한 개별적 이득액을 알 수는 없으므로, 피고인들이 범행에 가담한 기간 동안의 얻은 성매매 수익을 피해자를 포함하여 평등하게 분

할하는 방법으로 피고인들로부터 추징할 금액을 산정하기로 한다.

나. 추징금액

1) 판시 범죄일람표 1~19 기재 수익금 합계 8,908,300원 부분

피고인 A, B, C로부터 각 2,227,075원 추징(=8,908,300원×1/4)

2) 판시 범죄일람표 20~53 기재 수익금 합계 20,832,000원 부분

피고인들로부터 각 4,166,400원 추징(=20,832,000원×1/5)

3) 판시 범죄일람표 54~88 기재 수익금 합계 13,787,200원 부분

피고인 A, B, D로부터 각 3,446,800원 추징(=13,787,200원×1/4)

4) 피고인들별 추징금의 합계

• 피고인 A, B: 각 9,840,275원(=2,227,075원+4,166,400원+3,446,800원)

• 피고인 D: 7,613,200원(=4,166,400원+3,446,800원)

• 피고인 C: 6,393,475원(=2,227,075원+4,166,400원)

3. 영업적 성매매알선 등의 죄(제19조 제2항)

관련조문

제19조(벌칙) ② 다음 각 호의 어느 하나에 해당하는 사람은 7년 이하의 징역 또는 7천만 원 이하의 벌금에 처한다.

1. 영업으로 성매매알선 등 행위를 한 사람
2. 성을 파는 행위를 할 사람을 모집하고 그 대가를 지급받은 사람
3. 성을 파는 행위를 하도록 직업을 소개·알선하고 그 대가를 지급받은 사람

가. 구성요건의 주체 및 행위의 상대방

본죄의 **구성요건의 주체**는 아무런 제한이 없다. 따라서 누구든지 본죄의 주체가 될 수 있고, **행위의 상대방** 또한 특별한 제한이 없다.

나. 구성요건적 행위

성매매처벌법 제19조 제2항은 영업으로 성매매알선 등 행위(제1호), 성매매 종사자를 모집하고 대가를 받는 행위(제2호), 그 직업을 소개·알선하고 그 대가를 지급받는 행위(제3호)를 각 처벌하고 있다. 성매매알선 행위의 구체적인 영업표지를 설정하여 두고 이를 엄격히 처벌하기 위함이다.

다. 처벌

본죄를 범하면 7년 이하의 징역 또는 7천만 원 이하의 벌금에 처한다. 한편 위 범행으로 취득한 범죄수익은 필요적 몰수·추징의 대상이 됨은 앞에서 본 바와 같다(성매매알선처벌법 제25조 참조). 단순 일회성 성매매알선이 아닌 영업성의 표지를 갖춘 경우 제19조 제2항 제 1호에 따라 가중처벌하면서 이로 인해 얻은 범죄수익은 필요적으로 몰수·추징할 수 있도록 한 것이다.

실무상 **성매매알선행위가 문제되는 대부분의 사안들은 성매매처벌법 제19조 제2항 제1호가 적용되는 사례들로 범죄수익에 대한 몰수·추징 사례들 또한 이에 집중**되어 있다. 성매매알선행위를 하고 얻은 수익의 추징금 산정 방법 등은 앞에서 자세히 살펴본 바와 같으므로 성매매알선행위를 하면서 얻은 범죄수익을 세탁하여 은닉한 사례를 중심으로 살펴보기로 한다.

라. 범죄수익환수 및 자금세탁범죄 처벌 사례

성매매 알선행위를 하면서 벌어들인 수익금을 마치 정상적인 영업을 통해 취득한 것처럼 타인 명의로 업소를 등록하고 그 타인 명의 계좌로 수익금을 지급받아 관리하는 경우 이는 범죄수익의 취득 및 처분을 가장하는 행위로서 자금세탁범죄가 성립한다.

아래 사례는 **성매매알선업소를 운영하면서 타인 명의의 계좌 및 사업자등록 명의를 사용하여 실업주를 숨긴 경우 자금세탁범죄 성립을 인정한 사안**이다.[7]

사례

범죄사실

피고인 B는 고양시 E빌딩 *층에 있는 'F안마시술소'의 실업주이고, 피고인 A는 위 E빌딩 ***호, ***−1호, ***호의 실소유자로 위 'F안마시술소'에 자금을 투자한 자로서 피고인들은 불법 성매매 업소인 'F안마시술소'를 운영하고 그 수익금을 분배하기로 마음먹었다.

1. 성매매알선등행위의처벌에관한법률위반(성매매알선등)

누구든지 영업으로 성매매를 알선하는 행위를 하여서는 아니 된다.

그럼에도 피고인들은 2015. 10. 21.경부터 2016. 11. 23.경까지 고양시 E빌딩 5층에 있는

---

7 의정부지방법원 고양지원 2017. 5. 19. 선고 2016고단3866 판결 참조(대법원 2017. 11. 30. 선고 2017도 16530 판결로 확정).

피고인들이 공동 운영하는 'F안마시술소'에서, 위 업소를 방문한 G, H 등 남자 손님들로부터 1인당 19~21만 원을 받고, 위 손님들을 안마실로 안내하여 그곳에서 대기하고 있던 여종업원들로 하여금 위 손님들과 성교행위를 하게 하였다.

이로써 피고인들은 공모하여 영업으로 성매매알선등행위를 하여 불상의 남자 손님들로부터 합계 827,844,679원을 받았다.

2. 범죄수익의규제및처벌등에관한법률위반

피고인들은 위 1.항 기재와 같이 성매매 업소인 'F안마시술소'를 공동 운영하면서 위 업소의 사업자 등록 명의 및 신용카드 매출대금 입금 계좌 명의를 I 명의로 함으로써, 피고인들이 위 업소의 실제 업주인 사실을 감추고 성매매 알선 수익금을 피고인들이 아닌 구분임이 취득한 것처럼 가장하기로 마음먹었다.

이에 피고인들은 2015. 10. 21.경부터 2016. 10. 28.경까지 I 명의의 국민은행 계좌로 성매매 알선을 통한 신용카드 매출대금 합계 502,299,523원을, 2015. 10. 26.경부터 2016. 10. 28.경까지 구분임 명의 신한은행 계좌로 성매매 알선을 통한 신용카드 매출대금 합계 96,488,536원이 각 입금되게 하였다.

이로써 피고인들은 공모하여 범죄수익의 취득에 관한 사실을 가장하였다.

법령의 적용

1. 범죄사실에 대한 해당법조 및 형의 선택

피고인들: 각 성매매알선등 행위의 처벌에 관한 법률 제19조 제2항 제1호(성매매 알선의 점), 범죄수익은닉의 규제 및 처벌 등에 관한 법률 제3조 제1항 제1호(범죄수익 가장의 점), 형법 제30조, 징역형 선택

1. 추징

피고인들: 각 성매매알선 등 행위의 처벌에 관한 법률 제25조 후단

4 직업안정법위반(제16호)

1. 총설

범죄수익은닉규제법 별표 제16호에서는 **직업안정법 제46조, 제47조 제1호의 죄**를 중대범죄로 규정하고 있다.

관련조문

범죄수익은닉규제법 별표

<u>중대범죄(제2조 제1호 관련)</u>

16. 「직업안정법」 <u>제46조 및 제47조 제1호</u>의 죄

관련조문

제46조(벌칙) ① 다음 각 호의 어느 하나에 해당하는 자는 7년 이하의 징역 또는 7천만 원 이하의 벌금에 처한다. <개정 2014. 5. 20.>

1. 폭행·협박 또는 감금이나 그 밖에 정신·신체의 자유를 부당하게 구속하는 것을 수단으로 직업소개, 근로자 모집 또는 근로자공급을 한 자

2. 「성매매알선 등 행위의 처벌에 관한 법률」 제2조 제1항 제1호에 따른 성매매 행위나 그 밖의 음란한 행위가 이루어지는 업무에 취업하게 할 목적으로 직업소개, 근로자 모집 또는 근로자공급을 한 자

② 제1항의 미수범은 처벌한다.

제47조(벌칙) 다음 각 호의 어느 하나에 해당하는 자는 5년 이하의 징역 또는 5천만 원 이하의 벌금에 처한다. <개정 2014. 5. 20.>

1. 제19조 제1항에 따른 등록을 하지 아니하거나 제33조 제1항에 따른 허가를 받지 아니하고 유료직업소개사업 또는 근로자공급사업을 한 자

직업안정법위반죄는 모든 근로자가 각자의 능력을 계발·발휘할 수 있는 직업에 취업할 기회를 제공하고, 정부와 민간부문이 협력하여 각 산업에서 필요한 노동력이 원활하게 수급되도록 지원함으로써 근로자의 직업안정을 도모하고 국민경제의 균형있는 발전에 이바지함을 목적으로 한다(법 제1조).

그런데 실무상 직업안정법위반죄가 문제되는 사례는 속칭 '보도방' 영업을 통해 성매매알선을 위해 성매매여성을 공급하는 경우(법 제46조 제1항 제2호), 무등록·무허가 상태로 외국인 노동자 등을 공급하는 경우(법 제47조 제1호)가 대부분이고, 범죄수익은닉규제법상 중대범죄 또한 이러한 범죄에 한정되어 있으므로 위 법 위반죄는 성범죄의 범주에서 살펴봄이 상당하다.

직업안정법위반죄는 성매매처벌법과는 달리 별도의 몰수·추징 규정이 없으므로 위 범죄로 인하여 취득한 범죄수익등은 범죄수익은닉규제법에 따라 임의적 몰수·추징의 대상이 된다. 다만 아래에서 보는 바와 같이 실무상 성매매 등을 위하여 여성을 공급하는

영업을 하는 경우에는 성매매처벌법이 함께 성립하게 되고 이런 경우 성매매처벌법 제25조에 따라 필요적 몰수·추징 규정이 적용될 수 있다.

이하에서는 직업안정법 각각의 구성요건을 나누어 검토하고 구체적인 범죄수익환수 사례에 대해 살펴보기로 한다.

2. 부당한 신체구속을 수단으로 한 직업소개, 근로자 모집·공급의 점(제46조 제1항 제1호)

관련조문

제46조(벌칙) ① 다음 각 호의 어느 하나에 해당하는 자는 7년 이하의 징역 또는 7천만 원 이하의 벌금에 처한다. <개정 2014. 5. 20.>
1. 폭행·협박 또는 감금이나 그 밖에 정신·신체의 자유를 부당하게 구속하는 것을 수단으로 직업소개, 근로자 모집 또는 근로자공급을 한 자

직업안정법은 폭행·협박 또는 감금이나 그 밖에 정신·신체의 자유를 부당하게 구속하는 것을 수단으로 직업소개, 근로자 모집 또는 근로자 공급을 한 자를 처벌하고 있다.

위 **구성요건의 주체 및 행위의 상대방**은 특별한 제한이 없고, **구성요건적 행위**는 ① 폭행·협박 또는 감금 기타 타인의 정신, 신체의 자유를 부당하게 구속하는 행위를 통해 ② 직업소개, 근로자 모집 또는 근로자 공급을 하는 것이다. 위 2개의 요건이 모두 검증되는 경우 위 법 위반죄가 성립한다. 본죄를 위반하면 7년 이하의 징역 또는 7천만 원 이하의 벌금에 처한다.

그런데 실제로 각 근로자들에 대한 폭행, 협박, 감금 그 밖에 정신·신체의 자유를 부당하게 구속하였다는 점을 입증하여야 하는 어려움이 있으므로 위 구성요건을 적용하여 처벌한 사례는 실무상 거의 발견되지 않는다.

3. 성매매처벌법에 따른 성매매행위 등을 위한 직업소개, 근로자 모집·공급의 점(제46조 제1항 제2호)

관련조문 ─────────────────────────────────

제46조(벌칙) ① 다음 각 호의 어느 하나에 해당하는 자는 7년 이하의 징역 또는 7천만 원 이하의 벌금에 처한다. <개정 2014. 5. 20.>

2. 「성매매알선 등 행위의 처벌에 관한 법률」 제2조 제1항 제1호에 따른 성매매 행위나 그 밖의 음란한 행위가 이루어지는 업무에 취업하게 할 목적으로 직업소개, 근로자 모집 또는 근로자공급을 한 자

☞ 성매매처벌법 제2조(정의) ① 이 법에서 사용하는 용어의 뜻은 다음과 같다. <개정 2011. 9. 15.>

1. "성매매"란 불특정인을 상대로 금품이나 그 밖의 재산상의 이익을 수수(收受)하거나 수수하기로 약속하고 다음 각 목의 어느 하나에 해당하는 행위를 하거나 그 상대방이 되는 것을 말한다.

가. 성교행위

나. 구강, 항문 등 신체의 일부 또는 도구를 이용한 유사 성교행위

───

가. 서설

직업안정법 구성요건 중 실무상 가장 많이 문제되는 사례는 위와 같이 성매매처벌법상 성매매행위 또는 그 밖의 음란한 행위가 이루어지는 업무에 취업하게 할 목적으로 직업을 소개하고 근로자를 모집하거나 이들을 공급을 하는 행위다.

나. 구성요건의 주체 및 행위의 상대방

위 구성요건의 주체는 제한이 없다. 따라서 누구든지 본죄의 주체가 될 수 있고, 행위의 상대방 또한 특별한 신분상 제한이 없다.

다. 구성요건적 행위

본죄의 구성요건적 행위와 관련하여 자신이 공급하는 사람이 성매매 기타 음란한 행위와 관련된 업무에 취업하게 한다는 것을 인식하고 성매매 행위나 그 밖의 음란한 행위가 이루어지는 업무에 취업하게 할 목적으로 직업을 소개하는 행위(구인자와 구직자 간에 고용계약이 성립하도록 알선하는 행위), 근로자 모집 행위 또는 공급행위를 하는 것이다. 구체적인 직업소개, 근로자 모집·공급의 개념은 다음과 같다.

관련조문

제2조의2(정의) 이 법에서 사용하는 용어의 뜻은 다음 각 호와 같다. <개정 2010. 6. 4.,
2019. 4. 30.>

2. "**직업소개**"란 구인 또는 구직의 신청을 받아 구직자 또는 구인자(求人者)를 탐색하거나
구직자를 모집하여 **구인자와 구직자 간에 고용계약이 성립되도록 알선하는 것**을 말한다.

6. "**모집**"이란 근로자를 고용하려는 자가 취업하려는 사람에게 피고용인이 되도록 권유하거
나 다른 사람으로 하여금 권유하게 하는 것을 말한다.

7. "**근로자공급사업**"이란 **공급계약에 따라 근로자를 타인에게 사용하게 하는 사업**을 말
한다. 다만, 「파견근로자 보호 등에 관한 법률」 제2조 제2호에 따른 근로자파견사업은
제외한다.

본죄의 **주관적 구성요건요소**로서 자신이 공급하는 사람이 성매매 기타 음란한 행위와
관련된 업무에 취업하게 한다는 고의 및 성매매 행위나 그 밖의 음란한 행위가 이루어지는
업무에 취업하게 할 목적이 요구된다(목적범).

라. 죄수 및 처벌

죄수와 관련하여, 통상 위 직업안정법위반죄는 성매매알선행위등처벌에관한법률위반(성매
매알선등)죄와 함께 기소되어 처벌되는 경우가 대부분인데, 성매매알선업소를 운영하기 위하
여 성매매여성을 모집(고용)하고 불특정 다수의 성매매 남성과 성매매를 하도록 하는 경우
양 죄는 실체적 경합범의 관계에 있다.

한편 본죄를 범하면 7년 이하의 징역 또는 7천만 원 이하의 벌금에 처한다.

마. 범죄수익환수 사례

실무상 성매매알선행위를 위하여 성매매 여성을 직접 모집하여 고용하고 성매매알선업을
영위하는 경우에는 성매매처벌법 제25조에 따라 위와 같은 범죄로 취득한 범죄수익을 필요
적으로 몰수·추징한다.

다만 **성매매알선행위를 하는 제3자에게 성매매 여성을 공급하는 소위 '보도방 영업'**
을 하는 경우에는 직업안정법위반죄만 성립하므로 위와 같이 성매매 여성을 공급하고
벌어들인 범죄수익을 범죄수익은닉규제법 제10조, 제8조에 따라 임의적으로 몰수·추징
하게 된다.

한편 위와 같은 중대범죄로 얻은 범죄수익을 차명계좌로 입금받아 관리하거나 타인의 이

름으로 위 범죄수익을 처분하는 경우 자금세탁범죄가 성립함은 물론이다.[8]

사례

범죄사실

【2016고단4162】

1. 성매매알선등행위의처벌에관한법률위반(성매매알선등)

피고인 A는 울산 북구 D에서 'E'라는 상호로 마사지 업소를 운영하는 자인 바, 누구든지 영업으로 성매매를 알선하여서는 아니 된다.

가. 2016. 8. 중순경부터 2016. 8. 하순경까지의 범행

피고인 A는 2016. 8. 중순경부터 2016. 8. 하순경까지 위 업소에서, 내부에 밀실, 침대, 샤워시설 등 설비를 갖춘 다음 그곳을 방문한 남성 손님들을 대상으로 8만 원에서 13만 원까지의 성매매 요금을 받은 다음, 고용한 종업원인 태국 국적의 외국인인 성명불상 여성 5명으로 하여금 성교행위를 하게 하여, 영업으로 성매매를 알선하였다.

나. 2016. 10. 19.경부터 2016. 10. 26.경까지의 범행

피고인 A는 2016. 10. 19.경부터 2016. 10. 26.경까지 위 업소에서, 내부에 밀실, 침대, 샤워시설 등 설비를 갖춘 다음 그곳을 방문한 남성 손님들을 대상으로 8만 원에서 13만 원까지의 성매매 요금을 받은 다음, 고용한 종업원인 태국 국적의 외국인인 F, G로 하여금 성교행위를 하게 하여, 영업으로 성매매를 알선하였다.

2. 출입국관리법위반

누구든지 취업활동을 할 수 있는 체류자격을 가지지 아니한 외국인을 고용하여서는 아니된다.

그럼에도 불구하고 피고인 백승정은 제1의 나.항 기재 일시, 장소에서, 위와 같이 관광비자로 입국하여 취업활동을 할 수 없는 태국 국적의 외국인인 F, G를 종업원으로 고용하였다.

【2017고단548】

1. 피고인 B

누구든지 성매매행위나 그 밖의 음란한 행위가 이루어지는 업무에 취업하게 할 목적으로 직업소개를 하여서는 아니 되고, 국내 유료직업소개사업을 하려는 자는 주된 사업소의 소재지를 관할하는 시장, 군수 및 구청장에게 등록을 하여야 한다.

피고인은 이전 태국마사지 업소를 운영하면서 알게 된 태국인 성매매 여성 및 이들과 알고 지내는 국내 태국인 여성들이 스마트폰 어플리케이션인 'H'로 서로 연락한다는 사실을 알고, 기이 알게 된 태국인 성매매 여성들로부터 다른 태국인 여성들을 소개받아 위 'H'을 통해 연락 관계를 유지하면서 전국에 있는 일반 마사지업소 및 성매매 업소 업주들에게 홍보를 하고,

---

8 울산지방법원 2017. 5. 18. 선고 2016고단4162 판결 참조(대법원 2017도13205 판결로 확정).

태국인 여성들로부터 일반 마사지업소 및 성매매 업소를 소개시켜 줄 것을 요청받거나 전국에 있는 일반 마사지업소 및 성매매 마사지 업소 업주들로부터 태국인 여성을 소개시켜 줄 것을 요청받으면 이들을 연결시켜 주는 대가로 업주로부터 소개비 등을 받기로 마음먹었다.

피고인은 2016. 10. 11.경 지인의 소개로 알게 된 성매매 업소를 운영하는 업주 A로부터 태국인 성매매 여성을 소개해 달라는 요청을 받고 그로부터 소개비 등 명목으로 400만 원을 자신의 처 명의 계좌로 받은 후, 2016. 11. 10. 오후경 울산시 북구 D 2층에 있는 위 A 운영의 'E'에 위 'H'을 통해 알게 된 태국인 여성인 I를 소개시켜 준 것을 비롯하여 별지 범죄일람표 I 기재와 같이 2014. 12. 17.경부터 2017. 2. 11.경까지 총 350회에 걸쳐 관할 관청에 등록을 하지 아니하고 태국인 여성을 소개시켜주며 그 대가로 248,873,100원을 취득하고, 그 중 별지 범죄일람표 II 기재와 같이 2015. 7. 17.경부터 2017. 1. 7.경까지 총 40회에 걸쳐 태국인 성매매 여성을 공급해주고 그 대가로 43,619,000원을 취득하였다.

2. 피고인 A

가. 성매매알선등행위의처벌에관한법률위반(성매매알선등)

피고인은 위 제1항 기재 'E'의 업주로서, 2016. 11. 17. 16:10경 위 업소에서, 그곳을 찾아온 손님인 불상자로부터 성매매 대금으로 13만 원을 받아 객실로 안내하고 태국인 성매매 여성인 I로 하여금 위 불상자와 성교하게 하는 등 2016. 11. 10.경부터 같은 달 17. 16:10경까지 수회에 걸쳐 영업으로 성매매를 알선하였다.

나. 출입국관리법위반

누구든지 외국인을 취업활동에 종사케 하려면 대통령령으로 정하는 바에 따라 취업활동을 할 수 있는 체류 자격을 가진 자만을 고용해야 한다.

그럼에도 불구하고 피고인은 2016. 11. 10.경부터 같은 달 17.경까지 위 'E'에서 취업활동을 할 수 있는 체류 자격이 아닌, 관광비자로 입국한 태국 국적 여성인 위 파**를 종업원으로 고용하였다.

법령의 적용

1. 범죄사실에 대한 해당법조

가. 피고인 A

성매매알선 등 행위의 처벌에 관한 법률 제19조 제2항 제1호(성매매알선 영업의 점), 출입국관리법 제94조 제9호, 제18조 제3항(취업체류자격 없는 외국인 고용의 점), 각 징역형 선택

나. 피고인 B

직업안정법 제46조 제1항 제2호(성매매 취업 목적 직업소개의 점), 직업안정법 제47조 제1호, 제19조 제1항(무등록 직업소개의 점), 각 징역형 선택

1. 추징

피고인 A: 성매매알선 등 행위의 처벌에 관한 법률 제25조

피고인 C: 범죄수익은닉의 규제 및 처벌 등에 관한 법률 제10조 제1항, 제8조 제1항

4. 무등록·무허가 직업소개, 근로자 모집·공급의 점(제47조 제1호, 제19조 제1항)

관련조문

> 제47조(벌칙) 다음 각 호의 어느 하나에 해당하는 자는 5년 이하의 징역 또는 5천만 원 이하의 벌금에 처한다. <개정 2014. 5. 20.>
>
> 1. <u>제19조 제1항</u>에 따른 등록을 하지 아니하거나 제33조 제1항에 따른 허가를 받지 아니하고 유료직업소개사업 또는 근로자공급사업을 한 자
>
> ☞ <u>제19조(유료직업소개사업)</u> ① 유료직업소개사업은 소개대상이 되는 근로자가 취업하려는 장소를 기준으로 하여 국내 유료직업소개사업과 국외 유료직업소개사업으로 구분하되, 국내 유료직업소개사업을 하려는 자는 주된 사업소의 소재지를 관할하는 특별자치도지사·시장·군수 및 구청장에게 등록하여야 하고, 국외 유료직업소개사업을 하려는 자는 고용노동부장관에게 등록하여야 한다. 등록한 사항을 변경하려는 경우에도 또한 같다. <개정 2010. 6. 4.>
>
> <u>제2조의2(정의)</u> 이 법에서 사용하는 용어의 뜻은 다음 각 호와 같다.
>
> 5. "유료직업소개사업"이란 무료직업소개사업이 아닌 직업소개사업을 말한다.
>
> ☞ <u>제33조(근로자공급사업)</u> ① 누구든지 고용노동부장관의 허가를 받지 아니하고는 근로자공급사업을 하지 못한다. <개정 2010. 6. 4.>
>
> <u>제2조의2(정의)</u> 이 법에서 사용하는 용어의 뜻은 다음 각 호와 같다.
>
> 7. "근로자공급사업"이란 공급계약에 따라 근로자를 타인에게 사용하게 하는 사업을 말한다. 다만, 「파견근로자 보호 등에 관한 법률」 제2조 제2호에 따른 근로자파견사업은 제외한다.

가. 구성요건의 주체 및 행위의 상대방

본죄의 **구성요건 주체**는 동법 제19조 제1항에 따른 등록을 하지 아니하거나 제33조 제1항에 따른 허가를 받지 아니한 사람이고, **행위의 상대방**은 특별한 제한이 없다.

나. 구성요건적 행위 및 객체

본죄의 **구성요건적 행위**는 위와 같이 무등록 또는 무허가 상태에서 유료직업소개사업 또는 근로자공급사업을 영위하는 것이다. 본죄의 **객체**는 특별한 제한이 없다. 직업안정법상 유료직업소개업 또는 근로자 공급사업을 하기 위해서는 관할관청에 등록하거나 허가를 받아야 함에도 불구하고 이러한 등록·허가 없이 불법으로 근로자를 유료로 공급하면 처벌된다.

대법원은 직업안정법 제19조 제1항에서 말하는 '**직업**'은 반드시 일정한 직장에서 계속적

으로 일하거나 생계유지를 위하여 하는 것에 한정할 필요는 없고 **임금을 목적으로 하는 이상 일시적이거나 시간제로 일하는 경우도 포함**하는 것이므로, 일당제 혹은 시간제 파출부도 위 규정 소정의 직업에 포함된다고 하면서 「파출부로서 구직을 원하는 부녀자로부터 회비 명목으로 소개알선료를 받고, 파출부를 고용하고자 하는 사람으로부터도 역시 회원등록비 명목으로 소개알선료를 받으며 일당 고용관계의 파출부를 알선·소개한 행위를 직업안정법 소정의 유료직업소개사업을 한 것」이라고 판시하였다.[9]

나아가 **대법원은 직업안정법상 근로자공급사업에 해당하기 위하여는 공급사업자와 근로자간에 고용 등 계약에 의하거나 사실상 근로자를 지배하는 관계가 있어야** 하고 공급사업자와 공급을 받는 사용사업자간에 제3자의 노무제공을 내용으로 하는 공급계약이 있어야 하며 **근로자와 공급을 받는 자간에는 사실상 사용관계가 있어야 한다고 판시**하면서 「여종업원을 고용하여 다방을 운영하면서 단란주점, 노래방 등의 접객업자들과의 의사연락을 미리 해 두었다가 그 접객업자들로부터 손님을 접대할 여종업원을 보내달라는 요청을 받으면 이에 응하여 여종업원을 그 접객업소에 보내어 유흥접대부로 일하게 하고 봉사료를 받아 오게 하는 방법의 영업(속칭 **티켓다방영업**)은 직업안정법 제33조 제1항, 제47조 제1호 소정의 **무허가근로자공급사업에 해당한다.**」고 판시한 바 있다.[10]

다. 처벌

본죄를 위반하면 5년 이하의 징역 또는 5천만 원 이하의 벌금에 처한다.

라. 범죄수익환수 사례

실무상 무등록 유료직업소개업 또는 무허가 근로자공급사업을 하는 경우 근로자를 공급하여 주고 지급받은 수수료 등 수익을 범죄수익은닉규제법 제10조, 제8조에 따라 임의적으로 몰수·추징할 수 있다. 다만 정확한 수익을 알 수 없는 경우, 위 업종에 종사한 기간과 일일 평균 소득을 산정하여 이를 피고인들로부터 추징하여야 한다.

통상적으로 **무등록 보도방 업주는 고용하는 근로자들로부터 출근비를 받고 해당 근로자들이 취득하는 범죄수익의 일부를 수수료로 지급받는 방법으로 범죄수익을 올리므로 고용한 근로자들의 숫자, 해당 근로자들의 근무 기간과 출근비용, 근로자들이 얻은 범죄수익 중 보도방 업주가 취득하는 수수료의 규모를 산정하여 범죄수익을 추징할 필요**

---

9 대법원 1997. 2. 28. 선고 96도3034 판결 참조.
10 대법원 1999. 11. 12. 선고 99도3157 판결 참조.

가 있다.

한편 위와 같은 중대범죄로 얻은 범죄수익을 차명계좌로 입금받아 관리하거나 타인의 이름으로 위 범죄수익을 처분하는 경우 자금세탁범죄가 성립함은 물론이다.[11]

사례

범죄사실

1. 피고인 A

국내 유료직업소개사업을 하려는 자는 주된 사업소의 소재지의 관할관청에 등록을 하여야 한다.

피고인은 2016. 1.경 울산 남구 F에 있는 'G노래타운'에서 'H'라는 상호로 사무실을 개설한 후 약 7명의 여성 유흥접객원을 고용하여, 피고인의 영업용 핸드폰(속칭 '콜폰', I)을 통하여 인근 노래방 업주 등으로부터 유흥접객원을 요청받으면 피고인이 고용한 여성들을 파견하고, 그녀들로부터 출근비 10,000원 및 파견 1건 당 5,000원을 수수료 명목으로 받아가기로 약정하고 보도방을 운영하는 업주이다.

피고인은 관할관청에 국내 유료직업소개사업 등록을 하지 아니하고 2017. 5. 13. 22:00경 울산 남구 F에 있는 'J노래타운'의 관계자로부터 여성 유흥접객원을 보내달라는 요청을 받고, 성명불상의 여성 유흥접객원 3명(일명 K,L,M)을 위 노래타운에 보내주는 등 2016. 1.경부터 2017. 5. 13.경까지 관할관청에 등록을 하지 아니하고 국내 유료 직업소개사업을 영위하였다.

2. 피고인 B

[범죄전력]

피고인은 2015. 9. 24. 울산지방법원에서 직업안정법위반죄, 폭력행위등처벌에관한법률위반(공동협박)죄, 폭력행위등처벌에관한법률위반(공동재물손괴등)죄, 재물손괴죄로 징역 8개월을 선고받아, 2016. 5. 21. 포항교도소에서 그 형의 집행을 종료하였다.

[범행]

국내 유료직업소개사업을 하려는 자는 주된 사업소의 소재지의 관할관청에 등록을 하여야 한다.

피고인은 2016. 10.경 울산 남구 F에 있는 'N노래방'에서 'O'이라는 상호로 사무실을 개설한 후 수인의 여성 유흥접객원을 고용하여, 피고인의 영업용 핸드폰(속칭 '콜폰', P)을 통하여 인근 노래방 업주 등으로부터 유흥접객원을 요청받으면 피고인이 고용한 여성들을 파견하고, 그녀들로부터 출근비 10,000원 및 파견 1건 당 5,000원을 수수료 명목으로 받아가기로 약정

---

[11] 울산지방법원 2018. 1. 9. 선고 2017노1329 판결 참조[이 사건은 1심(울산지방법원 2017고단2212)의 사실관계는 그대로 확정하면서 범죄수익 추징 부분만 일부 파기하여 선고하고 그대로 확정되었는바, 범죄사실 부분은 1심의 것을, 추징 부분은 항소심의 판결문을 인용하여 소개한다].

하고 보도방을 운영하는 업주이다.

피고인은 관할관청에 국내 유료직업소개사업 등록을 하지 아니하고 2017. 5. 9.경 불상자로부터 여성 유흥접객원을 보내달라는 요청을 받고, 성명불상의 여성 유흥접객원을 보내주는 등 2016. 10.경부터 2017. 5. 9.경까지 관할관청에 등록을 하지 아니하고 국내 유료 직업소개사업을 영위하였다.

3. 피고인 C

국내 유료직업소개사업을 하려는 자는 주된 사업소의 소재지의 관할관청에 등록을 하여야 한다.

피고인은 2016. 8.경 울산 남구 F에 있는 'Q 노래타운'에서 'V'라는 상호로 사무실을 개설한 후 10여 명의 여성 유흥접객원을 고용하여, 피고인의 영업용 핸드폰(속칭 '콜폰', S)을 통하여 인근 노래방 업주 등으로부터 유흥접객원을 요청받으면 피고인이 고용한 여성들을 파견하고, 그녀들로부터 출근비 10,000원 및 파견 1건 당 5,000원을 수수료 명목으로 받아가기로 약정하고 보도방을 운영하는 업주이다.

피고인은 관할관청에 국내 유료직업소개사업 등록을 하지 아니하고 2017. 5. 13. 21:00 경 울산 남구 F에 있는 'Q노래타운'의 관계자로부터 여성 유흥접객원을 보내달라는 요청을 받고, 성명불상의 여성 유흥접객원 2명(일명 'T, U')을 위 노래타운에 보내주는 등 2016. 8.경부터 2017. 5. 13.경까지 관할관청에 등록을 하지 아니하고 국내 유료 직업소개사업을 영위하였다.

법령의 적용

1. 범죄사실에 대한 해당법조 및 형의 선택

각 직업안정법 제47조 제1호, 제19조 제1항(포괄하여), 각 징역형 선택

1. 추징

각 범죄수익은닉의 규제 및 처벌 등에 관한 법률 제10조 제1항, 제8조 제1항 제1호

추징금에 관한 판단[울산지방법원 2017노1329 판결 이유 中]

가. 관련 법리

직업안정법 제47조 제1호의 죄는 범죄수익은닉의 규제 및 처벌 등에 관한 법률 제2조 제1호 [별표] 제16호, 제8조 및 제10조에 의하여 추징의 대상이 되고, 위 각 규정에 의한 추징은 부정한 이익을 박탈하여 이를 보유하지 못하게 함에 그 목적이 있는 것이므로 그 추징의 범위는 범인이 실제로 취득한 이익에 한정된다고 봄이 상당하고, 다만 범인이 범죄행위를 하는 과정에서 지출한 비용은 범죄행위로 얻은 이익을 소비하거나 자신의 행위를 정당화시키기 위한 방법의 하나에 지나지 않으므로, 추징액에서 이를 공제할 것 아니다.

한편, 그 몰수·추징의 대상이 되는지 여부나 추징액의 인정 등은 범죄구성요건사실에 관한

것이 아니어서 엄격한 증명은 필요 없으나, 역시 증거에 의하여 인정되어야 함은 당연하고, 그 대상이 되는 범죄수익을 특정할 수 없는 경우에는 추징할 수 없다(대법원 2009. 2. 12. 선고 2008도11789 판결, 대법원 2014. 7. 10. 선고 2014도4708 판결 등 참조).

나. 피고인 A에 대한 판단

살피건대, 원심 및 당심이 적법하게 채택하여 조사한 증거들에 의하면, 위 <u>피고인은 2016. 1.경부터 2017. 5. 13.경까지 보도방을 운영하면서 주말과 공휴일을 제외한 평일에 영업을 하였는데, 그 과정에서 7명 정도의 여성들을 관리하면서 인근 노래주점이나 유흥업소에서 도우미로 일하게 하고, 통상 위 여성들로부터 출근비 10,000원 및 위 여성들의 수익금 중 소개료 명목으로 시간당 5,000원을, 일부 여성이 3시간을 더 초과해서 일할 경우 5,000원을 추가로 지급받아 왔으며, 이에 따라 1일 평균 65,000원(이 사건으로 단속된 2017. 5. 13.에는 15,000원)의 수익금을 얻음으로써 이 사건 범행 기간 중 주말이나 공휴일 등 휴업일을 제외한 나머지 314일간 합계 20,360,000원{=(65,000원×313일)+15,000원}의 수익금을 얻은 사실을 인정</u>할 수 있으나, 나아가 위 피고인이 위 금액을 초과하는 수익금을 취득하였다는 점에 관해서는 위 피고인의 수사기관에서의 막연한 자백 진술 외에는 이를 인정할 아무런 증거가 없으므로, 위 피고인으로부터 추징하여야 할 금액은 위 20,360,000원으로 정함이 상당하다.

그럼에도 원심은 위 피고인으로부터 위 금액을 초과한 30,000,000원을 추징하고 말았으므로, 이 부분 원심판결에는 추징에 관한 사실을 오인하여 판결에 영향을 미친 위법이 있다.

다. 피고인 B에 대한 판단

살피건대, 원심 및 당심이 적법하게 채택하여 조사한 증거들에 의하면, <u>위 피고인은 2016. 10.경부터 2017. 5. 9.경까지 보도방을 운영하면서(다만, 2017. 3. 1.경부터 2017. 5. 8.경까지는 휴업) 주말과 공휴일을 제외한 평일에 영업을 하였는데, 그 과정에서 3명 내지 10명 정도의 여성들을 관리하면서 인근 노래주점이나 유흥업소에서 도우미로 일하게 하고, 통상 위 여성들로부터 3시간 이상 일할 경우 출근비 10,000원 및 위 여성들의 수익금(시간당 30,000원) 중 소개료 명목으로 시간당 5,000원을 지급받아 왔으며, 이에 따라 1일 평균 50,000원(마지막 영업일인 2017. 5. 9.에는 15,000원)의 수익금을 얻음으로써 이 사건 범행 기간 중 휴업일 및 주말이나 공휴일 등을 제외한 나머지 87일간 합계 4,315,000원{=(50,000원×86일)+15,000원}의 수익금을 얻은 사실을 인정</u>할 수 있으나, 나아가 위 피고인이 위 금액을 초과하는 수익금을 취득하였다는 점에 관해서는 위 피고인의 수사기관에서의 막연한 자백 진술 외에는 이를 인정할 아무런 증거가 없으므로, 위 피고인으로부터 추징하여야 할 금액은 위 4,315,000원으로 정함이 상당하다.

그럼에도 원심은 위 피고인으로부터 위 금액을 초과한 9,483,870원을 추징하고 말았으므로, 이 부분 원심판결에는 추징에 관한 사실을 오인하여 판결에 영향을 미친 위법이 있다.

라. 피고인 C에 대한 판단

살피건대, 원심 및 당심이 적법하게 채택하여 조사한 증거들에 의하면, 위 **피고인은 2016.** **8.경부터 2017. 5. 13.경까지 보도방을 운영하면서 주말과 공휴일을 제외한 평일에 영업** **을 하였는데, 그 과정에서 7명 내지 10명 정도의 여성들을 관리하면서 인근 노래주점이** **나 유흥업소에서 도우미로 일하게 하고, 통상 위 여성들로부터 3시간 이상 일할 경우 출** **근비 10,000원 및 위 여성들의 수익금 중 소개료 명목으로 시간당 5,000원을 지급받아 왔** **으며, 이에 따라 1일 평균 65,000원(이 사건으로 단속된 2017. 5. 13.에는 10,000원)의 수** **익금을 얻음으로써 이 사건 범행 기간 중 주말이나 공휴일 등 휴업일을 제외한 나머지** **190일간 합계 12,295,000원{ = (65,000원×189일) + 10,000원}의 수익금을 얻은 사실을 인** **정**할 수 있으나, 나아가 위 피고인이 위 금액을 초과하는 수익금을 취득하였다는 점에 관해서 는 위 피고인의 수사기관에서의 막연한 자백 진술 외에는 이를 인정할 아무런 증거가 없으므 로, 위 피고인으로부터 추징하여야 할 금액은 위 12,295,000원으로 정함이 상당하다.

그럼에도 원심은 위 피고인으로부터 위 금액을 초과한 18,258,064원을 추징하고 말았으므 로, 이 부분 원심판결에는 추징에 관한 사실을 오인하여 판결에 영향을 미친 위법이 있다.

5 청소년보호법위반(제30호)

1. 총설

범죄수익은닉규제법 별표 제30호에서는 **청소년보호법 제55조, 제56조, 제57조 및 제58** **조 제5호의 죄**를 중대범죄로 규정하고 있다. 그 중 청소년성보호법 **제15조는 2013. 5. 28.** **범죄수익은닉규제법 개정에 따라, 제11조, 제12조는 2019. 4. 23. 범죄수익은닉규제법** **이 개정되면서 각각 중대범죄로 추가**되었다.

관련조문

범죄수익은닉규제법 별표

중대범죄(제2조 제1호 관련)

30. 「청소년 보호법」 **제55조부터 제57조까지 및 제58조 제5호**의 죄

청소년보호법은 청소년에게 유해한 매체물과 약물 등이 청소년에게 유통되는 것과 청소 년이 유해한 업소에 출입하는 것 등을 규제하고 청소년을 유해한 환경으로부터 보호·구제 함으로써 청소년이 건전한 인격체로 성장할 수 있도록 함을 목적으로 한다(동법 제1조).

청소년보호법의 적용대상이 되는 청소년은 만 19세 미만인 사람이지만 만 19세가 되는 해의 1월 1일을 맞이한 사람은 적용범위에서 **제외**하고 있으므로 생일을 지났는지 여부와는 무관하게 만 19세가 되는 해에 있는 사람(범죄행위 당시의 연도 - 태어난 연도 = 19)은 성인으로 간주되어 동법상 청소년에 해당하지 않는다는 점을 실무상 유의할 필요가 있다.[12]

위 **중대범죄의 유형**을 보면 ① **성적 접대행위**를 통한 청소년 유해행위 금지의 점(동법 제55조, 제30조 제1호), ② **유흥 접객행위 및 음란한 행위**를 통한 청소년 유해행위 금지의 점(동법 제56조, 제30조 제2호, 제3호), ③ **청소년의 장애나 기형을 이용한 관람, 청소년 이용 구걸 및 학대행위** 금지의 점(동법 제57조, 제30조 제4호, 제5호, 제6호), ④ **청소년 이용 손님 유인행위, 청소년 혼숙을 통한 풍기문란** 행위, **청소년 이용 차 종류 배달** 행위(동법 제58조 제5호, 제30조 제7호, 제8호, 제9호)가 위 중대범죄에 해당한다.

청소년보호법은 성매매처벌법과는 달리 별도의 몰수·추징 규정이 없으므로 위 범죄로 인하여 취득한 범죄수익등은 **범죄수익은닉규제법에 따라 임의적 몰수·추징의 대상**이 된다. 다만 아래에서 보는 바와 같이 실무상 성매매 등을 위하여 여성을 공급하는 영업을 하는 경우에는 성매매처벌법위반죄가 함께 성립하게 되고 이런 경우 성매매처벌법 제25조에 따라 필요적 몰수·추징 규정이 적용될 수 있다.

청소년보호법상의 중대범죄는 동법 제55조 내지 57조, 제58조 제5호에서 처벌규정을 두고 각 조문에서 동법 제30조 제1호 내지 제9호의 청소년 유해행위에 대한 금지행위를 순차적으로 규정하고 있는데, 이는 동법 제30조 각 호의 금지행위 불법성의 정도에 따라 법정형을 달리 하기 위함이다. 상세한 규정은 다음과 같다.

관련조문

제55조(벌칙) <u>제30조 제1호</u>의 위반행위를 한 자는 1년 이상 10년 이하의 징역에 처한다.

제56조(벌칙) <u>제30조 제2호 또는 제3호</u>의 위반행위를 한 자는 10년 이하의 징역에 처한다.

제57조(벌칙) <u>제30조 제4호부터 제6호</u>까지의 위반행위를 한 자는 5년 이하의 징역에 처한다.

제58조(벌칙) 다음 각 호의 어느 하나에 해당하는 자는 3년 이하의 징역 또는 3천만 원 이하의 벌금에 처한다. <개정 2016. 3. 2., 2016. 12. 20.>

---

12 예를 들어 2002. 10. 15.이 생일인 A는 2021. 10. 15. 기준으로 생일이 경과하여 만 19세가 된다. 그러나 A는 2021. 1. 1.의 도과로 만 19세가 되는 해의 1. 1.을 맞이한 것이므로 2021. 1. 1.부터는 더 이상 청소년보호법상 청소년이 아니다.

5. 제30조 제7호부터 제9호까지의 위반행위를 한 자

☞ 제30조(청소년유해행위의 금지) 누구든지 청소년에게 다음 각 호의 어느 하나에 해당하는 행위를 하여서는 아니 된다.

1. 영리를 목적으로 청소년으로 하여금 신체적인 접촉 또는 은밀한 부분의 노출 등 성적 접대행위를 하게 하거나 이러한 행위를 알선·매개하는 행위

2. 영리를 목적으로 청소년으로 하여금 손님과 함께 술을 마시거나 노래 또는 춤 등으로 손님의 유흥을 돋우는 접객행위를 하게 하거나 이러한 행위를 알선·매개하는 행위

3. 영리나 흥행을 목적으로 청소년에게 음란한 행위를 하게 하는 행위

4. 영리나 흥행을 목적으로 청소년의 장애나 기형 등의 모습을 일반인들에게 관람시키는 행위

5. 청소년에게 구걸을 시키거나 청소년을 이용하여 구걸하는 행위

6. 청소년을 학대하는 행위

7. 영리를 목적으로 청소년으로 하여금 거리에서 손님을 유인하는 행위를 하게 하는 행위

8. 청소년을 남녀 혼숙하게 하는 등 풍기를 문란하게 하는 영업행위를 하거나 이를 목적으로 장소를 제공하는 행위

9. 주로 차 종류를 조리·판매하는 업소에서 청소년으로 하여금 영업장을 벗어나 차 종류를 배달하는 행위를 하게 하거나 이를 조장하거나 묵인하는 행위

이하에서는 위 각 구성요건을 나누어 하나씩 살펴보도록 한다.

2. 성적 접대행위를 통한 청소년 유해행위 금지의 점(제55조, 제30조 제1호)

관련조문

제55조(벌칙) 제30조 제1호의 위반행위를 한 자는 1년 이상 10년 이하의 징역에 처한다.

☞ 제30조(청소년유해행위의 금지) 누구든지 청소년에게 다음 각 호의 어느 하나에 해당하는 행위를 하여서는 아니 된다.

1. 영리를 목적으로 청소년으로 하여금 신체적인 접촉 또는 은밀한 부분의 노출 등 성적 접대행위를 하게 하거나 이러한 행위를 알선·매개하는 행위

가. 구성요건의 주체 및 행위의 상대방

위 **구성요건의 주체**는 제한이 없다. 나아가 **행위의 상대방** 또한 특별한 제한이 없다.

나. 구성요건적 행위 및 객체

본죄의 **구성요건적 행위**는 청소년으로 하여금 신체적인 접촉 또는 은밀한 부분의 노출 등 성적 접대행위를 하도록 하거나 이를 알선·매개하는 행위 일체로서 본죄의 **행위 객체**는 **'청소년'**이다.

구체적으로 위 규정에서는 청소년으로 하여금 신체적인 접촉 또는 은밀한 부분의 노출 등을 성적 접대행위의 예시로 규정하고 있으므로 위와 같은 행위 및 이에 준하는 행위를 모두 포함한다. 나아가 청소년을 위와 같은 행위에 이용하도록 제3자에게 알선하거나 매개하는 행위를 포함하고 있으므로 구체적인 알선행위가 없더라도 매개체로서 양자 간을 연결하여 주는 행위를 하면 모두 처벌대상이 된다. 그만큼 청소년을 성적 접대의 대상으로 삼는 행위의 처벌범위를 넓고 포괄적으로 규정하고 있다고 볼 수 있다.

주관적 구성요건요소와 관련하여 이러한 접대알선·매개행위의 객체가 청소년이라는 점에 대한 인식이 있어야 할 뿐만 아니라 영리의 목적이 필요한 목적범이다. 한편 위와 같은 성적 접대행위를 넘어 아동·청소년의 성을 사는 행위를 알선하는 등의 행위를 하는 경우에는 청소년성보호법 제15조에 따라 가중처벌되고,[13] 이는 범죄수익은닉규제법(별표 제31호)에 따라 별개의 중대범죄에 해당한다.

다. 처벌

본죄를 범하면 1년 이상 10년 이하의 징역에 처한다.

---

13 **아동·청소년의성보호에관한법률 제15조(알선영업행위 등)** ① 다음 각 호의 어느 하나에 해당하는 자는 7년 이상의 유기징역에 처한다.
  1. 아동·청소년의 성을 사는 행위의 장소를 제공하는 행위를 업으로 하는 자
  2. 아동·청소년의 성을 사는 행위를 알선하거나 정보통신망에서 알선정보를 제공하는 행위를 업으로 하는 자
  3. 제1호 또는 제2호의 범죄에 사용되는 사실을 알면서 자금·토지 또는 건물을 제공한 자
  4. 영업으로 아동·청소년의 성을 사는 행위의 장소를 제공·알선하는 업소에 아동·청소년을 고용하도록 한 자
  ② 다음 각 호의 어느 하나에 해당하는 자는 7년 이하의 징역 또는 5천원 이하의 벌금에 처한다.
  1. 영업으로 아동·청소년의 성을 사는 행위를 하도록 유인·권유 또는 강요한 자
  2. 아동·청소년의 성을 사는 행위의 장소를 제공한 자
  3. 아동·청소년의 성을 사는 행위를 알선하거나 정보통신망에서 알선정보를 제공한 자
  4. 영업으로 제2호 또는 제3호의 행위를 약속한 자
  ③ 아동·청소년의 성을 사는 행위를 하도록 유인·권유 또는 강요한 자는 5년 이하의 징역 또는 3천원 이하의 벌금에 처한다.

3. 유흥접객 행위 등을 통한 청소년 유해행위 금지의 점(제56조, 제30조 제 2, 3호)

관련조문

제56조(벌칙) 제30조 제2호 또는 제3호의 위반행위를 한 자는 10년 이하의 징역에 처한다.

☞ 제30조(청소년유해행위의 금지) 누구든지 청소년에게 다음 각 호의 어느 하나에 해당하는 행위를 하여서는 아니 된다.

2. 영리를 목적으로 청소년으로 하여금 손님과 함께 술을 마시거나 노래 또는 춤 등으로 손님의 유흥을 돋우는 접객행위를 하게 하거나 이러한 행위를 알선·매개하는 행위

3. 영리나 흥행을 목적으로 청소년에게 음란한 행위를 하게 하는 행위

가. 구성요건의 주체 및 행위의 상대방

위 **구성요건의 주체**는 제한이 없다. 나아가 **행위의 상대방** 또한 특별한 신분상 제한이 없다.

나. 구성요건적 행위 및 객체

본죄의 구성요건적 행위는 영리를 목적으로 청소년으로 하여금 술을 마시거나 노래 또는 춤으로 손님의 유흥을 돋우는 접객행위를 하게 하거나 이를 알선·매개하는 행위 일체(**제2호**) 및 영리나 흥행의 목적으로 청소년에게 음란한 행위를 하게 하는 행위(**제3호**)다. 본죄의 **행위 객체**는 '**청소년**'이다.

청소년보호법은 청소년유해업소가 청소년을 '고용'하는 행위도 금지하고 있는데(동법 제58조 제4호, 제29조 제1항) 이 때 '**고용**'행위와 '**접객알선**'행위의 **차이점**에 대해 이해할 필요가 있다. 일반적으로 '**고용**'이라 함은 당사자 일방이 상대방에 대하여 노무를 제공할 것을 약정하고 상대방은 이에 대하여 보수를 지급할 것을 약정하는 계약을 의미하지만(민법 제655조), 근로자와 사용자가 각각 노무제공의무와 보수지급의무를 부담하기로 약정한 이상 특별한 사정이 없는 한 당사자가 노무를 제공하는 기간을 자유롭게 약정할 수 있는 점에 비추어 노무의 제공이 일시적이라 하더라도 그와 같은 사정만으로 고용이 아니라고 단정할 수는 없다.[14]

한편 유흥주점의 업주가 청소년으로 하여금 유흥을 돋우게 한 경우 시간당 정해진 보수를 받았다거나 그 비용을 손님이 직접 지급하였다고 하더라도 청소년 보호법의 입법취지에

---

14 대법원 2005. 3. 25. 선고 2004도8427 판결 등 참조.

비추어 업소주인이 그 청소년을 고용한 것으로 보아야 한다.[15] 따라서 위 구성요건에 따른 **'접객알선'**은 속칭, '보도방'을 운영하면서 유흥업소에 청소년에 대한 고용을 알선하는 경우만을 포함하고 청소년유해업소에서 직접 청소년에게 급여를 지급하거나 그 급여를 손님으로 직접 지급받도록 하여도 양 당사자 간 노무제공의무와 보수지급의무가 성립하는 경우에는 위 '고용'에 해당한다고 해석함이 상당하다.[16]

한편 **제2호 위반죄**의 경우 **영리의 목적**이, **제3호 위반죄**의 경우에는 **영리 또는 흥행의 목적**이 필요하다(각 목적범).

다. 처벌

본죄를 범하면 10년 이하의 징역에 처한다.

4. 영리나 흥행목적으로 청소년을 관람시키는 행위 금지의 점(제57조, 제30조 제4호)

관련조문

제57조(벌칙) **제30조 제4호부터 제6호**까지의 위반행위를 한 자는 5년 이하의 징역에 처한다.

☞ **제30조(청소년유해행위의 금지)** 누구든지 청소년에게 다음 각 호의 어느 하나에 해당하는 행위를 하여서는 아니 된다.

4. 영리나 흥행을 목적으로 청소년의 장애나 기형 등의 모습을 일반인들에게 관람시키는 행위

청소년보호법은 영리나 흥행을 목적으로 청소년의 장애나 기형 등의 모습을 일반인에게 관람시키는 행위를 금지하고 있다. **구성요건의 주체**는 제한이 없고, **구성요건적 행위**는 장애나 기형이 있는 청소년의 모습을 일반인들이 관람할 수 있도록 하는 행위로서 그 관람의 대상이 되는 사람이 장애 또는 기형이 있는 청소년이라는 점에 대한 인식을 요하는 것은 물론이고 영리나 흥행의 목적을 요구한다.

위 **구성요건의 객체**는 장애나 기형이 있는 청소년으로서 장애 또는 기형의 개념에 대해서는 명확한 법령상 준용규정이나 개념정의가 따로 없으므로 장애인에 대한 일반규정인 장애인복지법에 따라 해석한다고 봄이 상당하다. 그 상세한 규정은 다음과 같다.

---

15 대법원 2005. 7. 29. 선고 2005도3801 판결 등 참조.
16 서울중앙지방법원 2018. 11. 16. 선고 2018노530 판결 참조(대법원 2018도18896 판결로 확정).

관련조문

장애인복지법 제1조(목적) 이 법은 장애인의 인간다운 삶과 권리보장을 위한 국가와 지방자치
단체 등의 책임을 명백히 하고, 장애발생 예방과 장애인의 의료·교육·직업재활·생활환경개
선 등에 관한 사업을 정하여 장애인복지대책을 종합적으로 추진하며, 장애인의 자립생활·보
호 및 수당지급 등에 관하여 필요한 사항을 정하여 장애인의 생활안정에 기여하는 등 장애
인의 복지와 사회활동 참여증진을 통하여 사회통합에 이바지함을 목적으로 한다.

장애인복지법 제2조(장애인의 정의 등) ① **"장애인"**이란 신체적·정신적 장애로 오랫동안 일상
생활이나 사회생활에서 상당한 제약을 받는 자를 말한다.

② 이 법을 적용받는 장애인은 제1항에 따른 장애인 중 다음 각 호의 어느 하나에 해당하는
장애가 있는 자로서 **대통령령**으로 정하는 장애의 종류 및 기준에 해당하는 자를 말한다.

1. **"신체적 장애"**란 주요 외부 신체 기능의 장애, 내부기관의 장애 등을 말한다.

2. **"정신적 장애"**란 발달장애 또는 정신 질환으로 발생하는 장애를 말한다.

③ "장애인학대"란 장애인에 대하여 신체적·정신적·정서적·언어적·성적 폭력이나 가혹행위,
경제적 착취, 유기 또는 방임을 하는 것을 말한다. <신설 2012. 10. 22., 2015. 6. 22.>

☞ <u>장애인복지법 시행령 제2조(장애의 종류 및 기준)</u> ① 「장애인복지법」(이하 "법"이라 한다)
제2조 제2항 각 호 외의 부분에서 "대통령령으로 정하는 장애의 종류 및 기준에 해당하는
자"란 **별표 1**에서 정한 사람을 말한다. <개정 2018. 12. 31.>

② 장애의 정도는 보건복지부령으로 정한다. <개정 2018. 12. 31.>

본죄를 범하면 5년 이하의 징역에 처한다.

5. 청소년이용 구걸, 학대행위 금지의 점(제57조, 제30조 제5호, 제6호)

관련조문

제57조(벌칙) **제30조 제4호부터 제6호**까지의 위반행위를 한 자는 5년 이하의 징역에 처한다.

☞ <u>제30조(청소년유해행위의 금지)</u> 누구든지 청소년에게 다음 각 호의 어느 하나에 해당하는
행위를 하여서는 아니 된다.

5. 청소년에게 구걸을 시키거나 청소년을 이용하여 구걸하는 행위

6. 청소년을 학대하는 행위

청소년보호법은 청소년에게 구걸을 시키거나 청소년을 이용하여 구걸하는 행위(제5호), 청
소년을 학대하는 행위(제6호)를 금지하고 있다. **구성요건의 주체**는 제한이 없고, **구성요건**

적 행위는 청소년으로 하여금 구걸을 하도록 시키거나, 청소년을 이용하여 스스로 또는 청소년과 함께 구걸을 하는 행위까지 모두 포함한다.

나아가 청소년을 학대하는 행위 또한 금지행위로 포함되어 있는데 위 각 구성요건은 **별도의 목적을 요구하지 않는다**는 점에 유의할 필요가 있다. 본죄를 범하면 5년 이하의 징역에 처한다.

6. 청소년을 통한 영리목적 손님 유인행위 금지의 점(제58조 제5호, 제30조 제7호)

관련조문 ────────────────────────

제58조(벌칙) 다음 각 호의 어느 하나에 해당하는 자는 3년 이하의 징역 또는 3천만 원 이하의 벌금에 처한다. <개정 2016. 3. 2., 2016. 12. 20.>

5. 제30조 제7호부터 제9호까지의 위반행위를 한 자

☞ 제30조(청소년유해행위의 금지) 누구든지 청소년에게 다음 각 호의 어느 하나에 해당하는 행위를 하여서는 아니 된다.

7. 영리를 목적으로 청소년으로 하여금 거리에서 손님을 유인하는 행위를 하게 하는 행위

────────────────────────

청소년보호법은 영리를 목적으로 청소년으로 하여금 거리에서 손님을 유인하는 행위(소위 '삐끼'행위)를 금지하고 있다. **구성요건의 주체**는 아무런 제한이 없고, **구성요건적 행위**는 청소년을 통해 손님을 가게로 유인하도록 하는 행위인데 위 행위의 객체가 되는 사람이 청소년이라는 점에 대한 인식을 요구하고, 영리의 목적이 필요하다. 본죄를 범하면 3년 이하의 징역 또는 3천만 원 이하의 벌금에 처한다.

7. 청소년 혼숙 등 풍기문란 영업행위 금지의 점(제58조 제5호, 제30조 제8호)

관련조문 ────────────────────────

제58조(벌칙) 다음 각 호의 어느 하나에 해당하는 자는 3년 이하의 징역 또는 3천만 원 이하의 벌금에 처한다. <개정 2016. 3. 2., 2016. 12. 20.>

5. 제30조 제7호부터 제9호까지의 위반행위를 한 자

☞ 제30조(청소년유해행위의 금지) 누구든지 청소년에게 다음 각 호의 어느 하나에 해당하는 행위를 하여서는 아니 된다.

8. 청소년을 남녀 혼숙하게 하는 등 풍기를 문란하게 하는 영업행위를 하거나 이를 목적으
로 장소를 제공하는 행위

본죄의 **구성요건의 주체**는 제한이 없고, **행위의 상대방** 또한 제한이 없다. **구성요건적 행위**는 청소년을 남녀 혼숙하게 하는 등 풍기를 문란하게 하는 영업행위를 하거나 이를 목적으로 장소를 제공하는 것이다. 남녀 혼숙은 풍기문란 영업행위의 예시일 뿐이므로 '**풍기를 문란하게 하는 행위**'가 본죄의 구성요건적 행위라 할 수 있는데, 그 판단은 해석에 맡겨져 있다. 그러나 이는 건전한 상식과 통상적인 법감정을 통하여 판단할 수 있으므로 죄형법정주의에 위반되지 않는다고 봄이 상당하다.

대법원 또한 「청소년보호법 제26조의2 제8호 소정의 "**풍기를 문란하게 하는 영업행위를 하거나 그를 목적으로 장소를 제공하는 행위**"의 의미는 청소년보호법의 입법 취지, 입법연혁, 규정형식에 비추어 볼 때 "**청소년이 건전한 인격체로 성장하는 것을 침해하는 영업행위 또는 그를 목적으로 장소를 제공하는 행위**"를 의미하는 것으로 보아야 할 것이고, 그 구체적인 예가 바로 위 규정에 열거된 "청소년에 대하여 이성혼숙을 하게 하거나 그를 목적으로 장소를 제공하는 행위" 등이라고 보이는바, 이는 건전한 상식과 통상적인 법감정을 통하여 판단할 수 있고, 구체적인 사건에서는 법관의 보충적인 해석을 통하여 그 규범내용이 확정될 수 있는 개념이라 할 것이어서 **위 법률조항은 명확성의 원칙에 반하지 아니하여 실질적 죄형법정주의에도 반하지 아니한다.**」고 판시한 바 있다.[17]

한편 위 규정하는 '**이성혼숙**'은 남녀 중 일방이 청소년이면 족하고, 반드시 남녀 쌍방이 청소년임을 요하는 것은 아니다.[18]

본죄를 범하면 3년 이하의 징역 또는 3천만 원 이하의 벌금에 처한다.

8. 청소년 차 종류 등 배달행위 금지의 점(제58조 제5호, 제30조 제9호)

관련조문

제58조(벌칙) 다음 각 호의 어느 하나에 해당하는 자는 3년 이하의 징역 또는 3천만 원 이하의 벌금에 처한다. <개정 2016. 3. 2., 2016. 12. 20.>
5. <u>제30조 제7호부터 제9호</u>까지의 위반행위를 한 자

---

17 대법원 2003. 12. 26. 선고 2003도5980 판결 참조.
18 위 대법원 2003도5980 판결 참조.

☞ <u>제30조(청소년유해행위의 금지)</u> 누구든지 청소년에게 다음 각 호의 어느 하나에 해당하는 행위를 하여서는 아니 된다.

    9. 주로 차 종류를 조리·판매하는 업소에서 청소년으로 하여금 영업장을 벗어나 차 종류를 배달하는 행위를 하게 하거나 이를 조장하거나 묵인하는 행위

청소년보호법은 청소년을 이용하여 주로 차 종류를 조리·판매하는 업소에서 청소년으로 하여금 영업장을 벗어나 차 종류를 배달하는 행위를 하게 하거나 이를 조장하거나 묵인하는 행위를 금지하고 있다. 소위 **'티켓다방'** 영업에서 청소년을 이용하는 것을 금지하는 것이다.

위 구성요건에 해당하기 위해선 차 종류를 조리·판매하는 업소에서 청소년에게 위와 같은 차 종류를 배달하는 행위를 하게 하거나 이를 조장·묵인하여야 하므로 **그 구성요건의 주체**는 위와 같이 차 종류를 조리·판매하는 업소를 운영하거나 그 업소에서 청소년에게 위와 같은 행위를 시킬 지위에 있는 사람으로 한정된다고 봄이 상당하다. 다만, 위와 같은 행위를 조장·묵인하는 행위의 경우에는 반드시 위 업소 운영자에 국한된다고 볼 수 없고, 위 업소에 청소년을 알선·소개한 사람도 행위의 주체가 될 수 있다고 봄이 상당하다.

구체적인 **구성요건적 행위**는 청소년으로 하여금 차 종류를 배달하는 행위를 하게 하거나 이를 조장·묵인하는 것이므로 구체적으로 티켓 영업을 지시하거나 청소년이 그와 같은 행위를 하는 것을 알면서도 이를 적극적으로 권하여 조장하거나 방치하는 것을 모두 포함한다. 본죄를 범하면 3년 이하의 징역 또는 3천만 원 이하의 벌금에 처한다.

9. 범죄수익환수 사례

범죄수익은닉규제법은 위 각 구성요건에 해당하는 행위로 생긴 재산이나 그 보수로 얻은 재산은 모두 환수할 수 있도록 규정하고 있다.

실무상 청소년보호법의 위 각 구성요건은 성매매알선처벌법 또는 직업안정법과 함께 성립하는 경우가 대부분이다. 성매매알선처벌법이 함께 적용되는 경우 범죄수익을 몰수·추징하는 근거규정은 성매매알선처벌법 제25조가 된다고 할 것이지만 위와 같은 규정이 없는 청소년보호법위반죄 또는 직업안정법위반죄를 함께 저지르고 수익을 얻는 경우에는 범죄수익은닉규제법에 따라 범죄수익을 환수할 수 있다.

한편 아동·청소년을 성을 사는 행위에 알선하는 행위를 하는 경우 앞에서 본 바와 같이 성매매알선처벌법 뿐만 아니라 청소년성보호법위반죄가 청소년보호법의 특칙규정으로 적용되어 가중처벌된다는 점을 주의할 필요가 있다.

6 아동·청소년의 성보호에 관한 법률위반(제31호)

1. 총설

범죄수익은닉규제법 별표 제31호에서는 아동·청소년의 성보호에 관한 법률(이하, '청소년성보호법') 제11조, 제12조 및 제15조의 죄를 중대범죄로 규정하고 있다. 그 중 청소년성보호법 제15조는 2013. 5. 28. 범죄수익은닉규제법 개정에 따라, 제11조, 제12조는 2019. 4. 23. 범죄수익은닉규제법이 개정되면서 각각 중대범죄로 추가되었다.

관련조문

범죄수익은닉규제법 별표

중대범죄(제2조 제1호 관련)

31. 「아동·청소년의 성보호에 관한 법률」 제11조·제12조 및 제15조의 죄

관련조문

제11조(아동·청소년성착취물의 제작·배포 등) ① 아동·청소년성착취물을 제작·수입 또는 수출한 자는 무기징역 또는 5년 이상의 유기징역에 처한다. <개정 2020. 6. 2.>

② 영리를 목적으로 아동·청소년성착취물을 판매·대여·배포·제공하거나 이를 목적으로 소지·운반·광고·소개하거나 공연히 전시 또는 상영한 자는 5년 이상의 징역에 처한다.

③ 아동·청소년성착취물을 배포·제공하거나 이를 목적으로 광고·소개하거나 공연히 전시 또는 상영한 자는 3년 이상의 징역에 처한다. <개정 2020. 6. 2.>

④ 아동·청소년성착취물을 제작할 것이라는 정황을 알면서 아동·청소년을 아동·청소년성착취물의 제작자에게 알선한 자는 3년 이상의 징역에 처한다. <개정 2020. 6. 2.>

⑤ 아동·청소년성착취물을 구입하거나 아동·청소년성착취물임을 알면서 이를 소지·시청한 자는 1년 이상의 징역에 처한다. <개정 2020. 6. 2.>

⑥ 제1항의 미수범은 처벌한다.

⑦ 상습적으로 제1항의 죄를 범한 자는 그 죄에 대하여 정하는 형의 2분의 1까지 가중한다.

제12조(아동·청소년 매매행위) ① 아동·청소년의 성을 사는 행위 또는 아동·청소년성착취물을 제작하는 행위의 대상이 될 것을 알면서 아동·청소년을 매매 또는 국외에 이송하거나 국외에 거주하는 아동·청소년을 국내에 이송한 자는 무기징역 또는 5년 이상의 징역에 처한다.

② 제1항의 미수범은 처벌한다.

제15조(알선영업행위 등) ① 다음 각 호의 어느 하나에 해당하는 자는 7년 이상의 유기징역에 처한다.

1. 아동·청소년의 성을 사는 행위의 장소를 제공하는 행위를 업으로 하는 자
2. 아동·청소년의 성을 사는 행위를 알선하거나 정보통신망에서 알선정보를 제공하는 행위를 업으로 하는 자
3. 제1호 또는 제2호의 범죄에 사용되는 사실을 알면서 자금·토지 또는 건물을 제공한 자
4. 영업으로 아동·청소년의 성을 사는 행위의 장소를 제공·알선하는 업소에 아동·청소년을 고용하도록 한 자

② 다음 각 호의 어느 하나에 해당하는 자는 7년 이하의 징역 또는 5천만 원 이하의 벌금에 처한다.

1. 영업으로 아동·청소년의 성을 사는 행위를 하도록 유인·권유 또는 강요한 자
2. 아동·청소년의 성을 사는 행위의 장소를 제공한 자
3. 아동·청소년의 성을 사는 행위를 알선하거나 정보통신망에서 알선정보를 제공한 자
4. 영업으로 제2호 또는 제3호의 행위를 약속한 자

③ 아동·청소년의 성을 사는 행위를 하도록 유인·권유 또는 강요한 자는 5년 이하의 징역 또는 3천만 원 이하의 벌금에 처한다.

청소년성보호법은 아동·청소년대상 성범죄의 처벌과 절차에 관한 특례를 규정하고 피해아동·청소년을 위한 구제 및 지원 절차를 마련하며 아동·청소년대상 성범죄자를 체계적으로 관리함으로써 아동·청소년을 성범죄로부터 보호하고 아동·청소년이 건강한 사회구성원으로 성장할 수 있도록 함을 목적으로 한다(동법 제1조).

청소년성보호법의 적용대상이 되는 아동·청소년은 만 19세 미만인 사람이지만 만 19세가 되는 해의 1월 1일을 맞이한 사람은 적용범위에서 제외되는 점은 앞의 청소년보호법에서 살펴본 바와 같다.

위 **중대범죄의 유형**을 보면 ① 아동·청소년성착취물 제작·배포 행위 금지의 점(동법 제11조), ② 아동·청소년 매매행위 금지의 점(동법 제12조), ③ 아동·청소년의 성을 사는 행위의 알선영업 등 금지의 점(동법 제15조)이 포함된다.

청소년성보호법은 성매매처벌법과는 달리 별도의 몰수·추징 규정이 없으므로 위 범죄로 인하여 취득한 범죄수익등은 **범죄수익은닉규제법에 따라 임의적 몰수·추징의 대상**이 된다. 다만 아래에서 보는 바와 같이 실무상 성매매 등을 위하여 여성을 공급하는 영업을 하는 경우에는 성매매처벌법위반죄가 함께 성립하게 되고 이런 경우 성매매처벌법 제25조에 따라 필요적 몰수·추징 규정이 적용될 수 있다.

한편 2020년 크게 사회적으로 문제가 되었던 아동성착취물을 텔레그램에서 판매, 배포한 소위 **'텔레그램 N번방 사건'**으로 말미암아 아동·청소년성착취물에 대한 처벌과 그와 같은

중대범죄로 생긴 범죄수익에 대한 환수가 사회적으로 큰 이슈가 되었다. 이에 따라 아래에서 보는 바와 같은 청소년성보호법상 중대범죄(제11조, 제12조 및 제15조)의 경우 범죄수익등을 산정할 때 범죄행위를 한 기간에 범인이 취득한 재산으로서 그 취득한 재산이 범죄수익등의 금액 및 재산 취득시기 등 제반사정에 비추어 같은 조의 죄를 범하여 얻은 범죄수익등으로 형성되었다고 볼만한 상당한 개연성이 있는 경우에는 그 죄에 관계된 범죄수익등으로 추정하도록 법률이 개정(2020. 5. 19.)되었다.[19]

　　다만 청소년성보호법의 위 각 규정들은 그 시행일이 2020. 5. 19.가 아닌 2021. 3. 25.부터라는 점을 유의할 필요가 있다. 따라서 **2021. 3. 25. 이후 청소년성보호법상 중대범죄로 범죄수익을 취득하는 경우 이는 위 범죄행위로 인하여 생긴 재산이라는 점이 추정**되고 행위자는 자신의 수익을 몰수·추징당하지 않기 위해 자신의 수익이 청소년성보호법상 범죄행위와 무관함을 입증하여야 한다.

　　이하에서는 청소년성보호법 각각의 구성요건을 나누어 검토하고 구체적인 범죄수익 환수 사례에 대해 살펴보기로 한다.

2. 아동·청소년성착취물 제작·배포 금지의 점(제11조)

가. 아동·청소년 성착취물의 개념

　　청소년성보호법은 아동·청소년성착취물에 대한 각종 행위를 금지행위로 규정하고 있는데 **법률상 아동·청소년성착취물**이란 「아동·청소년 또는 아동·청소년으로 명백하게 인식될 수 있는 사람이나 표현물이 등장하여 동법 제2조 제4호의 어느 하나에 해당하는 행위(아동·청소년의 성을 사는 행위로서 성교행위, 구강·항문 등 신체의 일부나 도구를 이용한 유사성교행위, 신체의 전부 또는 일부를 접촉·노출하는 행위로서 일반인의 성적수치심이나 혐오감을 일으키는 행위, 자위행위 등)를 하거나 그 밖의 성적 행위를 하는 내용을 표현하는 것으로서 필름·비디오물·게임물 또는 컴퓨터나 그 밖의 통신매체를 통한 화상·영상 등의 형태로 된 것」을 말한다(동법 제2조 제5호 참조). 앞에서 본 바와 같이 본죄(청소년성보호법 제11조)는 **2019. 4. 23. 범죄수익은닉규제법이 개정되면서 중대범죄로 추가되었다.**

---

19 범죄수익은닉규제법 제10조의4(범죄수익등의 추정) 다음 각 호에 해당하는 죄에 관계된 범죄수익등을 산정할 때에는 범죄행위를 한 기간에 범인이 취득한 재산으로서 그 취득한 재산이 범죄수익등의 금액 및 재산 취득 시기 등 제반 사정에 비추어 같은 조의 죄를 범하여 얻은 범죄수익등으로 형성되었다고 볼만한 상당한 개연성이 있는 경우에는 그 죄에 관계된 범죄수익등으로 추정한다.
　　1. 「아동·청소년의 성보호에 관한 법률」 제11조, 제12조 및 제15조의 죄

나. 아동·청소년 성착취물의 제작·수입 또는 수출행위 금지(제1항)

관련조문

제11조(아동·청소년성착취물의 제작·배포 등) ① 아동·청소년성착취물을 제작·수입 또는 수출한 자는 무기징역 또는 5년 이상의 유기징역에 처한다. <개정 2020. 6. 2.>

청소년성보호법은 아동·청소년성착취물을 제작하거나 수입, 수출하는 행위를 금지하고 있는데 **구성요건의 주체**는 아무런 제한이 없으므로 누구든지 본 죄의 주체가 될 수 있다. **구성요건적 행위**는 제작, 수입 또는 수출하는 행위이고 그 **행위의 객체**는 **아동·청소년으로 인식될 수 있는 사람이나 표현물로서 아동·청소년은 사회 평균적인 일반인의 관점에서 객관적으로 명백하게 아동·청소년으로 인식될 수 있는 사람 또는 표현물이 담겨 있는 것이면 충분하다.** 본죄를 범하면 무기 또는 5년 이상의 유기징역에 처한다.

하급심 판결 또한 아동성착취물에 대하여 다음과 같이 같은 취지로 판시한 바 있다.[20]

> **판례**
>
> 구 아동·청소년의 성보호에 관한 법률 제2조 제5호(2020. 5. 19. 법률 제17282호로 개정되기 전의 것)는 '아동·청소년이용음란물'이란 '아동·청소년' 또는 '아동·청소년으로 명백하게 인식될 수 있는 사람'이 등장하여 법 제2항 제4호의 어느 하나에 해당하는 행위를 하거나 그 밖의 성적 행위를 하는 내용을 표현하는 것으로서 필름·비디오물·게임물 또는 컴퓨터나 그 밖의 통신매체를 통한 화상·영상 등의 형태로 된 것을 말한다고 규정한다.
> 아동·청소년의 성보호에 관한 법률의 입법 목적과 개정 연혁 등에 비추어 보면, 아동·청소년의 성보호에 관한 법률 제2조 제5호에서 규정하고 있는 **'아동·청소년으로 인식될 수 있는 사람'은 '아동·청소년'과 대등한 개념으로서 그와 동일한 법적 평가를 받을 수 있는 사람을 의미하며, 따라서 해당 음란물의 내용과 함께 등장인물의 외모와 신체발육 상태, 영상물의 출처 및 제작 경위 등을 종합적으로 고려하여 사회 평균인의 입장에서 건전한 사회통념에 따라 객관적이고 규범적으로 평가할 때 명백하게 아동·청소년으로 인식될 수 있는 사람을 뜻한다고 할 것이다**(서울고등법원 2021. 1. 6. 선고 2020노1267 판결 참조).

한편 행위자는 성착취물에 등장하는 사람이 아동·청소년이라는 점에 대한 인식이 요구될

---

20 서울고등법원 2021. 1. 6. 선고 2020노1267 판결 참조.

뿐 별도의 영리의 목적까지 필요하지 아니하다.

나아가 청소년성보호법은 제11조 제1항 위반죄의 미수범을 처벌하고 있고(동조 제6항 참조), 상습적으로 제11조 제1항 위반행위를 한 경우 그 형기를 가중(동조 제7항)하고 있는바 위 미수범 및 상습범 또한 범죄수익은닉규제법상 중대범죄에 해당한다.

다. 아동·청소년 성착취물의 판매 및 배포행위 등 금지의 점(제11조 제2항, 제3항)

관련조문

제11조(아동·청소년성착취물의 제작·배포 등) ② 영리를 목적으로 아동·청소년성착취물을 판매·대여·배포·제공하거나 이를 목적으로 소지·운반·광고·소개하거나 공연히 전시 또는 상영한 자는 5년 이상의 징역에 처한다. <개정 2020. 6. 2.>
③ 아동·청소년성착취물을 배포·제공하거나 이를 목적으로 광고·소개하거나 공연히 전시 또는 상영한 자는 3년 이상의 징역에 처한다. <개정 2020. 6. 2.>

본죄의 **구성요건의 주체**는 아무런 제한이 없으므로 누구든지 본 죄의 주체가 될 수 있다. **구성요건적 행위**는 ① 아동·청소년성착취물을 판매·대여·배포·제공하거나(동조 **제2항 전단**) 이를 목적으로 소지·운반·광고·소개하거나 공연히 전시 또는 상영하는 행위(동조 **제2항 후단**)이므로 실제로 위 조항 후단의 경우 판매·대여·배포·제공의 목적으로 아동·청소년성착취물을 소지·운반·광고·소개하거나 공연히 전시 또는 상영하였음이 입증되어야 한다.

한편 영리의 목적이 없는 경우에도 아동·청소년 성착취물을 배포·제공하거나 이를 목적으로 광고·소개하거나 공연히 전시 또는 상영한 자를 처벌하고 있는바(동조 **제3항**) **판매, 대여행위를 제외한 배포, 제공 및 이를 목적으로 한 광고·소개 행위의 경우에는 영리의 목적 유무와는 무관하게 별도로 처벌**하도록 규정한 것으로 해석함이 상당하다.

위 **행위의 객체는 아동·청소년으로 인식될 수 있는 사람이나 표현물**로서 아동·청소년은 사회 평균적인 일반인의 관점에서 객관적으로 명백하게 아동·청소년으로 인식될 수 있는 사람 또는 표현물이 담겨 있는 것이면 충분한 점은 앞에서 본 바와 같다. 본죄를 범하면 제2항 위반죄의 경우 5년 이상의 유기징역에, 제3항 위반죄의 경우 3년 이상의 유기징역에 각 처한다.

라. 아동·청소년 성착취물 제작자에 대한 아동·청소년 알선행위 금지의 점(제11조 제4항)

관련조문 ─────────────────────────────────

제11조(아동·청소년성착취물의 제작·배포 등) ④ 아동·청소년성착취물을 제작할 것이라는 정황을 알면서 아동·청소년을 아동·청소년성착취물의 제작자에게 알선한 자는 3년 이상의 징역에 처한다. <개정 2020. 6. 2.>

───

청소년성보호법은 아동·청소년성착취물을 제작할 것이라는 정황을 알면서 아동·청소년을 아동·청소년성착취물 제작자에게 알선하는 행위를 금지하고 있다.

구성요건의 주체는 아무런 제한이 없으므로 누구든지 본 죄의 주체가 될 수 있다. **구성요건적 행위**는 아동·청소년성착취물을 제작할 것이라는 정황을 알면서 아동·청소년을 아동·청소년성착취물 제작자에게 알선하는 행위이므로 알선의 객체가 되는 대상이 아동·청소년이라는 점뿐만 아니라 알선행위의 상대방이 아동·청소년 성착취물을 제작할 것이라는 점까지도 모두 인식하고 있어야 한다.

위 구성요건은 아동·청소년성착취물을 직접 제작한 자 뿐만 아니라 그와 같은 성착취물의 객체가 된 아동·청소년을 알선하여 공급한 사람까지도 무겁게 처벌하고자 하는데 그 규정 취지가 있다고 해석함이 상당하다. 본죄를 범하면 3년 이상의 유기징역에 처한다.

마. 아동·청소년 성착취물 구입 및 소지·시청행위 금지의 점(제11조 제5항)

관련조문 ─────────────────────────────────

제11조(아동·청소년성착취물의 제작·배포 등) ⑤ 아동·청소년성착취물을 구입하거나 아동·청소년성착취물임을 알면서 이를 소지·시청한 자는 1년 이상의 징역에 처한다. <개정 2020. 6. 2.>

───

청소년성보호법은 아동·청소년성착취물을 구입하거나 아동·청소년성착취물임을 알면서 이를 소지·시청한 자를 처벌한다.

구성요건의 주체는 아무런 제한이 없으므로 누구든지 본 죄의 주체가 될 수 있다. **구성요건적 행위**는 아동·청소년성착취물을 구입하거나 아동·청소년성착취물임을 알면서도 이를 소지하거나 시청하는 것이다. 행위자가 위와 같은 아동·청소년성착취물을 구입·소지하고 있다는 사실이 증거를 통해 입증되면 그 행위가 처벌의 대상이 될 뿐 실제로 시청행위를 입증하여 처벌하는 사례는 실무상 흔하지 않다. 따라서 위와 같은 성착취물을 실제로 구입하여 소지하는 경우 이를 시청하는 행위까지도 처벌될 수 있다는 점에서 의미를 갖는 구성요건이라 하겠다. 본죄를 범하면 1년 이상의 유기징역에 처한다.

바. 미수범 및 상습범 처벌(제11조 제6항, 제7항)

관련조문

제11조(아동·청소년성착취물의 제작·배포 등) ⑥ 제1항의 미수범은 처벌한다.

　⑦ 상습적으로 제1항의 죄를 범한 자는 그 죄에 대하여 정하는 형의 2분의 1까지 가중한다. <신설 2020. 6. 2.>[제목개정 2020. 6. 2.]

사. 범죄수익환수 및 자금세탁범죄 처벌 사례

　청소년성보호법 제11조 각항의 경우 음란물 제작·배포 등의 행위를 통해 생긴 재산과 그와 같은 범죄행위를 하면서 보수로 얻은 재산 등은 모두 환수의 대상이 된다. 이와 관련하여 **소위 아동·청소년 성착취물의 제작·판매·배포행위를 하고 얻은 수익을 전액 추징하고, 이를 차명계좌를 통해 관리한 행위를 자금세탁범죄로 처벌한 사례**가 있어 소개한다.[21]

사례

범죄사실

[범행경위]

　피고인은 2019. 11. 말경 시흥시 B에 있는 피고인의 집에서, 컴퓨터를 이용하여 네트워크 '토르(Tor)'를 통하여 딥웹 사이트 'C'에 접속하여, '트위터, 라인, 리코챗, F를 이용하여 노예영상, N번방 영상을 판매하면 수사기관에 적발되지 않고 돈을 많이 벌 수 있다'는 글을 보고 음란물을 판매하기로 마음먹은 다음, 딥웹 사이트에 게시되어 있는 '박사 노예(N번방, 아동성착취물 포함)'라는 음란물을 다운로드 받고, 범행에 이용할 트위터 계정들 및 휴대폰(P)에 연결된 F 계정, 라인 계정 'Q 등을 개설하였다.

---

21 청주지방법원 2020. 6. 11. 선고 2020고단381 판결 참조(대법원 2020도14410 판결로 확정). 해당 판결 중 아동·청소년 성착취물에 관련된 부분에 한하여 소개한다.

『2020고단381』

1. 피고인의 단독범행

가. 아동·청소년의성보호에관한법률위반(음란물제작·배포등)

누구든지 영리를 목적으로 아동·청소년이용 음란물을 판매하여서는 아니 된다.

그럼에도 불구하고 <u>피고인은 2019. 12. 26. 20:44경 피고인의 집에서, 피고인이 운영하는 트위터 계정 'L'에 게재되어 있는 불법음란물 판매 글을 보고 연락해 온 성명불상자로부터 W명의의 X은행 계좌(Y)로 150,000원을 송금받고, Z 공유 링크를 이용하여 'AA(269GB, 662개 폴더에 13,882개 파일 저장)', 'AB(66.1GB, 52개 폴더에 961개 파일 저장)'에 저장되어 있는 아동·청소년이용 음란물을 전송한 것을 비롯하여, 그 무렵부터 2020. 2. 6. 22:09경까지 별지 범죄일람표 1 기재와 같이 총 20회에 걸쳐 같은 방법으로 아동·청소년이용 음란물을 판매하고 합계 4,820,000원을 송금받았다.</u>

이로써 피고인은 영리를 목적으로 아동·청소년이용 음란물을 판매하였다.

나. 아동·청소년의성보호에관한법률위반(음란물소지)

누구든지 아동·청소년이용 음란물임을 알면서 이를 소지하여서는 아니 된다.

그럼에도 불구하고 피고인은 2019. 11.경 피고인의 집에서, 컴퓨터를 이용하여 네트워크 '토르(Tor)'를 통하여 딥웹 사이트 'C'에 접속하여, 그곳에 업로드 되어 있는 아동·청소년이용 음란물을 다운로드 받거나, 트위터 또는 F를 통해 알게 된 성명불상자들과 아동·청소년이용 음란물을 교환하는 방법으로, 별지 범죄일람표 2 기재와 같이 60개의 폴더(15,064개의 파일 중 아동·청소년이용 음란물 영상 3,841개)를 다운로드 받아 '외장하드(iptime)', '외장하드(WD)', 'Z', 'AC'에 저장하여 보관하는 방법으로 소지하였다.

이로써 피고인은 아동·청소년이용 음란물임을 알면서 소지하였다.

(중략)

2. 범죄수익은닉의규제및처벌등에관한법률위반

<u>피고인은 2019. 12.경 음란물 판매 범죄수익을 은닉하기 위하여 속칭 '대포통장'인 W 명의의 X은행 계좌(Y)를 이용하여 음란물 판매대금을 송금받는 방법으로 마치 그 범죄수익이 W에게 귀속되는 것처럼 가장하기로 마음먹었다.</u>

가. 아동·청소년의성보호에관한법률위반(음란물제작·배포등)죄 범죄수익 취득가장

(1) 피고인의 단독범행

피고인은 2019. 12. 26. 20:44경 피고인의 집에서, <u>피고인이 운영하는 트위터 계정 L에 게재되어 있는 아동·청소년이용 음란물 판매 광고를 보고 연락해 온 성명불상자로부터 W 명의의 X은행 계좌Y)로 150,000원을 송금받고, Z 공유 링크를 이용하여 'AA(269GB, 662개 폴더에 13,882개 파일 저장)', 'AB(66.1GB, 52개 폴더에 961개 파일 저장)'에 저장되어 있는 아동·청소년이용 음란물을 전송한 것을 비롯하여, 그 무렵부터 2020. 2. 6.</u>

22:09경까지 별지 범죄일람표 1 기재와 같이 총 20회에 걸쳐 같은 방법으로 아동·청소년 이용 음란물을 판매하고 W 명의의 X은행 계좌(Y)로 합계 4,820,000원을 송금받았다.
　　이로써 피고인은 중대범죄인 아동·청소년의성보호에관한법률위반(음란물제작·배포등)죄로 인한 범죄수익 합계 4,820,000원의 취득에 관한 사실을 가장하였다.
(후략)

법령의 적용
1. 범죄사실에 대한 해당법조 및 형의 선택
　　구 아동·청소년의 성보호에 관한 법률(2020. 6. 2. 법률 제17338호로 개정되기 전의 것. 이하 같다) 제11조 제3항(영리 목적 아동·청소년이용 음란물 판매의 점), 구 아동·청소년의 성보호에 관한 법률 제11조 제5항(아동·청소년이용 음란물 소지의 점), 전자금융거래법 제49조 제4항 제1호, 제6조 제3항 제1호(접근매체 양수의 점), 각 정보통신망 이용촉진 및 정보보호 등에 관한 법률 제74조 제1항 제2호, 제44조의7 제1항 제1호(음란물 판매 내지 전시의 점), 구 아동·청소년의 성보호에 관한 법률 제11조 제3항, 형법 제30조(영리 목적 아동·청소년이용 음란물 판매의 점), 정보통신망 이용촉진 및 정보보호 등에 관한 법률 제74조 제1항 제2호, 제44조의7 제1항 제1호, 형법 제30조(음란물 전시의 점), 범죄수익은닉의 규제 및 처벌 등에 관한 법률 제3조 제1항 제3호(범죄수익 취득사실 가장의 점), 범죄수익은닉의 규제 및 처벌 등에 관한 법률 제3조 제1항 제3호, 형법 제30조(범죄수익 취득사실 가장의 점), 각 징역형 선택

1. 몰수
　　형법 제48조 제1항

1. 추징 (18,611,500원)
　　범죄수익은닉의 규제 및 처벌 등에 관한 법률 제10조 제1항, 제8조 제1항
　　(＝범죄수익 총액 19,841,500원－***에게 지급한 300,000원－압수된 930,000원)

3. 아동·청소년 매매행위 금지의 점(제12조)

관련조문

제12조(아동·청소년 매매행위) ① 아동·청소년의 성을 사는 행위 또는 아동·청소년성착취물을 제작하는 행위의 대상이 될 것을 알면서 아동·청소년을 매매 또는 국외에 이송하거나 국외에 거주하는 아동·청소년을 국내에 이송한 자는 무기징역 또는 5년 이상의 징역에 처한다.
② 제1항의 미수범은 처벌한다.

청소년성보호법은 아동·청소년의 성을 사는 행위 또는 아동·청소년성착취물을 제작하는 행위의 대상이 될 것을 알면서 아동·청소년을 매매 또는 국외에 이송하거나 국외에 거주하는 아동·청소년을 국내에 이송한 사람을 처벌하고 있고(동조 제1항), 그 미수범 또한 처벌하고 있다(동조 제2항). 앞에서 본 바와 같이 본죄(청소년 성보호법 제12조)는 2019. 4. 23. **범죄수익은닉규제법이 개정되면서 중대범죄로 추가되었다.**

구성요건행위의 주체는 아무런 제한이 없으므로 누구라도 주체가 될 수 있다. 다만 **구성요건적 행위**가 아동·청소년이 성을 사는 행위 또는 성착취물 제작행위의 대상이 될 것이라는 사정을 알면서도 아동·청소년을 매매하거나 국외로 이송 또는 국외에 있는 아동을 국내로 이송하는 행위를 처벌하고 있으므로 매매 또는 국내외 이송하는 객체가 아동·청소년이라는 사실 뿐만 아니라 그 아동이 성을 사는 행위 또는 성착취물 제작행위의 대상이 될 것이라는 점까지 인식하여야 한다. 위와 같은 행위에는 별도의 영리의 목적을 요하지 않는다. 본죄를 범하면 무기징역 또는 5년 이상의 징역에 처한다.

실무상 위와 같은 중대범죄로 처벌되면서 취득한 수익을 추징한 사례는 찾기 어렵다.

4. 아동·청소년에 대한 알선영업행위 등 금지의 점(제15조)

가. 서설

청소년성보호법은 아동·청소년을 객체로 아동·청소년의 성을 사는 행위를 알선하는 행위를 엄격히 금지하고 있는데 범죄수익은닉규제법상 중대범죄는 아동·청소년의 성을 사는 행위와 관련한 각종 알선행위 등을 포함한다.

나. 아동·청소년 대상 성을 사는 행위의 영업적 알선행위 금지의 점(제15조 제1항)

관련조문

제15조(알선영업행위 등) ① 다음 각 호의 어느 하나에 해당하는 자는 7년 이상의 유기징역에 처한다.

1. 아동·청소년의 성을 사는 행위의 장소를 제공하는 행위를 업으로 하는 자
2. 아동·청소년의 성을 사는 행위를 알선하거나 정보통신망에서 알선정보를 제공하는 행위를 업으로 하는 자
3. 제1호 또는 제2호의 범죄에 사용되는 사실을 알면서 자금·토지 또는 건물을 제공한 자
4. 영업으로 아동·청소년의 성을 사는 행위의 장소를 제공·알선하는 업소에 아동·청소년을 고용하도록 한 자

청소년성보호법 제15조 제1항은 '**영업으로**' 아동·청소년의 성을 사는 행위와 관련된 각종 알선행위를 가중처벌하고 있다. 이는 '**영업이 아닌**' 아동·청소년의 성을 사는 행위와 관련된 각종 알선행위를 처벌하는 제2항과 차이가 있다.

구성요건의 주체는 아무런 제한이 없으므로 누구든지 영업으로 각호의 행위를 하면 범죄가 성립한다.

구성요건적 행위와 관련하여, ① 영업으로 아동·청소년의 성을 사는 행위의 장소를 제공하는 행위(제1호), ② 영업으로 아동·청소년의 성을 사는 행위를 알선하거나 정보통신망에 알선정보를 제공하는 행위(제2호), ③ 제1호 및 제2호의 범죄에 사용되는 사실을 알면서 자금·토지 또는 건물을 제공하는 행위(제3호), ④ 영업으로 아동·청소년의 성을 사는 행위의 장소를 제공·알선하는 업소에 아동·청소년을 고용하도록 하는 행위(제4호)가 모두 처벌대상이 된다.

그 중 동법 제15조 제3호 위반죄의 경우 성매매처벌법 제19조 제2항 제1호, 제2조 제1항 제2호에 대응하여, 아동·청소년의 성을 사는 행위와 관련해 그와 같은 범죄에 사용되는 사실을 알면서 자금·토지 또는 건물을 제공하는 행위를 별도의 구성요건으로 두고 있다. 본죄를 범하면 7년 이상의 유기징역에 처한다.

다. 아동·청소년 대상 성을 사는 행위의 기타 알선행위 금지의 점(제15조 제2항, 제3항)

관련조문

제15조(알선영업행위 등) ② 다음 각 호의 어느 하나에 해당하는 자는 7년 이하의 징역 또는 5천만 원 이하의 벌금에 처한다.

1. 영업으로 아동·청소년의 성을 사는 행위를 하도록 유인·권유 또는 강요한 자
2. 아동·청소년의 성을 사는 행위의 장소를 제공한 자
3. 아동·청소년의 성을 사는 행위를 알선하거나 정보통신망에서 알선정보를 제공한 자
4. 영업으로 제2호 또는 제3호의 행위를 약속한 자

③ 아동·청소년의 성을 사는 행위를 하도록 유인·권유 또는 강요한 자는 5년 이하의 징역 또는 3천만 원 이하의 벌금에 처한다.

청소년성보호법은 동조 제1항의 각 구성요건 외에 아동·청소년의 성을 사는 행위와 관련된 각종 알선행위 등을 금지하는 규정을 두고 있다.

위 **구성요건의 주체**에는 아무런 제한이 없으므로 누구든지 주체가 될 수 있다. 한편 **구**

성요건적 행위와 관련하여, ① 영업으로 아동·청소년의 성을 사는 행위를 하도록 유인·권유 또는 강요하는 행위(제1호), ② 영업이 아닌, 아동·청소년의 성을 사는 행위의 장소를 제공하는 행위(제2호), ③ 영업이 아닌, 아동·청소년의 성을 사는 행위를 알선하거나 정보통신망에서 알선정보를 제공하는 행위(제3호), ④ 영업으로 제2호와 제3호의 행위를 약속하는 행위, ⑤ 영업이 아닌, 아동·청소년의 성을 사는 행위를 하도록 유인·권유 또는 강요하는 행위(제3항)가 모두 처벌대상이 된다.

동조 제2항 및 제3항은 영업성의 표지를 갖추지 못한 아동·청소년의 성을 사는 행위의 장소제공행위 및 위와 같은 정보를 정보통신망에 제공하는 행위뿐만 아니라(제2호, 제3호) 영업성 여부와 무관하게 아동·청소년의 성을 사는 행위를 하도록 유인·권유 또는 강요하는 행위를 모두 처벌하도록 하고 있다(동조 제2항 제1호, 제3항).

따라서 아동·청소년의 성을 사는 행위 및 그에 대한 알선행위가 있었다면 ① **먼저 그러한 행위가 영업성의 표지를 갖추었는지 검토**하고, ② 나아가 구체적으로 **그 행위가 장소제공, 정보통신망을 통한 정보 제공, 유인·권유 또는 강요하는 행위 중 어떤 행위에 해당하는지**를 면밀히 살펴 법조항을 적용할 필요가 있다.

본죄를 범하면 7년 이하의 징역 또는 5천만 원 이하의 벌금에 처한다.

7 성폭력범죄의 처벌 등에 관한 특례법위반(제39호)

1. 총설

범죄수익은닉규제법 별표 제39호에서는 **성폭력범죄의 처벌 등에 관한 특례법**(이하, '성폭력처벌법') 제14조, 제14조의2의 **죄**를 중대범죄로 규정하고 있다. 그 중 성폭력처벌법 제14조는 2019. 4. 23., 제14조의2는 2020. 5. 19. 범죄수익은닉규제법이 각 개정되면서 **중대범죄로 추가되었다.**

관련조문

범죄수익은닉규제법 별표

중대범죄(제2조 제1호 관련)

39. 「성폭력범죄의 처벌 등에 관한 특례법」 <u>제14조 및 제14조의2</u>의 죄

관련조문

제14조(카메라 등을 이용한 촬영) ① 카메라나 그 밖에 이와 유사한 기능을 갖춘 기계장치를 이용하여 성적 욕망 또는 수치심을 유발할 수 있는 사람의 신체를 촬영대상자의 의사에 반하여 촬영한 자는 7년 이하의 징역 또는 5천만 원 이하의 벌금에 처한다. <개정 2018. 12. 18., 2020. 5. 19.>

② 제1항에 따른 촬영물 또는 복제물(복제물의 복제물을 포함한다. 이하 이 조에서 같다)을 반포·판매·임대·제공 또는 공공연하게 전시·상영(이하 "반포등"이라 한다)한 자 또는 제1항의 촬영이 촬영 당시에는 촬영대상자의 의사에 반하지 아니한 경우(자신의 신체를 직접 촬영한 경우를 포함한다)에도 사후에 그 촬영물 또는 복제물을 촬영대상자의 의사에 반하여 반포등을 한 자는 7년 이하의 징역 또는 5천만 원 이하의 벌금에 처한다. <개정 2018. 12. 18., 2020. 5. 19.>

③ 영리를 목적으로 촬영대상자의 의사에 반하여 「정보통신망 이용촉진 및 정보보호 등에 관한 법률」 제2조 제1항 제1호의 정보통신망(이하 "정보통신망"이라 한다)을 이용하여 제2항의 죄를 범한 자는 3년 이상의 유기징역에 처한다. <개정 2018. 12. 18., 2020. 5. 19.>

④ 제1항 또는 제2항의 촬영물 또는 복제물을 소지·구입·저장 또는 시청한 자는 3년 이하의 징역 또는 3천만 원 이하의 벌금에 처한다. <신설 2020. 5. 19.>

⑤ 상습으로 제1항부터 제3항까지의 죄를 범한 때에는 그 죄에 정한 형의 2분의 1까지 가중한다.

제14조의2(허위영상물 등의 반포등) ① 반포등을 할 목적으로 사람의 얼굴·신체 또는 음성을 대상으로 한 촬영물·영상물 또는 음성물(이하 이 조에서 "영상물등"이라 한다)을 영상물등의 대상자의 의사에 반하여 성적 욕망 또는 수치심을 유발할 수 있는 형태로 편집·합성 또는 가공(이하 이 조에서 "편집등"이라 한다)한 자는 5년 이하의 징역 또는 5천만 원 이하의 벌금에 처한다.

② 제1항에 따른 편집물·합성물·가공물(이하 이 항에서 "편집물등"이라 한다) 또는 복제물(복제물의 복제물을 포함한다. 이하 이 항에서 같다)을 반포등을 한 자 또는 제1항의 편집등을 할 당시에는 영상물등의 대상자의 의사에 반하지 아니한 경우에도 사후에 그 편집물등 또는 복제물을 영상물등의 대상자의 의사에 반하여 반포등을 한 자는 5년 이하의 징역 또는 5천만 원 이하의 벌금에 처한다.

③ 영리를 목적으로 영상물등의 대상자의 의사에 반하여 정보통신망을 이용하여 제2항의 죄를 범한 자는 7년 이하의 징역에 처한다.

④ 상습으로 제1항부터 제3항까지의 죄를 범한 때에는 그 죄에 정한 형의 2분의 1까지 가중한다.

성폭력처벌법은 성폭력범죄의 처벌 및 그 절차에 관한 특례를 규정함으로써 성폭력범죄 피해자의 생명과 신체의 안전을 보장하고 건강한 사회질서의 확립에 이바지함을 목적으로 한다(동법 제1조).

위 중대범죄의 유형을 보면 ① 카메라 등을 이용한 촬영 등의 점(**동법 제14조**), ② 허위 영상물등의 반포등의 점(**동법 제14조의2**)이 포함된다.

성폭력처벌법은 성매매처벌법과는 달리 별도의 몰수·추징 규정이 없으므로 위 범죄로 인하여 취득한 **범죄수익등은 범죄수익은닉규제법에 따라 임의적 몰수·추징**의 대상이 된다. **'텔레그램 N번방 사건'**으로 말미암아 **카메라등을 이용하여 촬영한 영상물에 대한 처벌과 그와 같은 중대범죄로 생긴 범죄수익에 대한 환수가 사회적으로 큰 이슈가** 된 바있다. 이에 따라 아래에서 보는 바와 같은 성폭력처벌법상 중대범죄들의 경우 범죄수익등을 산정할 때 범죄행위를 한 기간에 범인이 취득한 재산으로서 그 취득한 재산이 범죄수익등의 금액 및 재산 취득시기 등 제반사정에 비추어 같은 조의 죄를 범하여 얻은 범죄수익등으로 형성되었다고 볼만한 상당한 개연성이 있는 경우에는 그 죄에 관계된 범죄수익등으로 추정하도록 법률이 개정(2020. 5. 19.)되었다. 다만 위 **범죄수익 추정 규정의 시행일**과 관련하여 성폭력처벌법 제14조의2는 2020. 6. 25.경부터임에 반하여 동법 제14조는 2021. 3. 25.이라는 점을 유의할 필요가 있다.

관련조문

범죄수익은닉규제법 제10조의4(범죄수익등의 추정) 다음 각 호에 해당하는 죄에 관계된 범죄수익등을 산정할 때에는 범죄행위를 한 기간에 범인이 취득한 재산으로서 그 취득한 재산이 범죄수익등의 금액 및 재산 취득 시기 등 제반 사정에 비추어 같은 조의 죄를 범하여 얻은 범죄수익등으로 형성되었다고 볼만한 상당한 개연성이 있는 경우에는 그 죄에 관계된 범죄수익등으로 추정한다.

1. 「아동·청소년의 성보호에 관한 법률」 제11조, 제12조 및 제15조의 죄
2. 「성폭력범죄의 처벌 등에 관한 특례법」 제14조 및 제14조의2의 죄
[본조신설 2020. 5. 19.]

[시행일:2020. 6. 25.] 제10조의4의 개정규정 중 「성폭력범죄의 처벌 등에 관한 특례법」 제14조의2에 관한 부분

제10조의4(범죄수익등의 추정) 다음 각 호에 해당하는 죄에 관계된 범죄수익등을 산정할 때에는 범죄행위를 한 기간에 범인이 취득한 재산으로서 그 취득한 재산이 범죄수익등의 금액 및 재산 취득 시기 등 제반 사정에 비추어 같은 조의 죄를 범하여 얻은 범죄수익등으로 형성되었다고 볼만한 상당한 개연성이 있는 경우에는 그 죄에 관계된 범죄수익등으로 추정한다.

1. 「아동·청소년의 성보호에 관한 법률」 제11조, 제12조 및 제15조의 죄

2. 「성폭력범죄의 처벌 등에 관한 특례법」 제14조 및 제14조의2의 죄

[본조신설 2020. 5. 19.]

[시행일: 2021. 3. 25.] 제10조의4

따라서 2021. 3. 25. 이후 성폭력처벌법 제14조를 위반하여 범죄수익을 취득하는 경우, 2020. 6. 25. 이후 동법 제14조의2를 위반하여 범죄수익을 취득하는 경우는 해당 범죄수익은 각 범죄행위로 인하여 생긴 재산이라는 점이 추정되고 행위자는 자신의 수익을 몰수·추징당하지 않기 위해 그 수익이 성폭력처벌법상 범죄행위와 무관함을 입증하여야 한다.

이하에서는 성폭력처벌법 각각의 구성요건을 나누어 검토하고 구체적인 범죄수익 환수 사례 등에 대해 살펴보기로 한다.

2. 카메라 등을 이용한 사람의 의사에 반한 신체촬영의 점(제14조 제1항)

관련조문

제14조(카메라 등을 이용한 촬영) ① 카메라나 그 밖에 이와 유사한 기능을 갖춘 기계장치를 이용하여 성적 욕망 또는 수치심을 유발할 수 있는 사람의 신체를 촬영대상자의 의사에 반하여 촬영한 자는 7년 이하의 징역 또는 5천만 원 이하의 벌금에 처한다. <개정 2018. 12. 18., 2020. 5. 19.>

성폭력처벌법은 카메라나 그 밖에 이와 유사한 기능을 갖춘 기계장치를 이용하여 성적 욕망 또는 수치심을 유발할 수 있는 사람의 신체를 촬영대상자의 의사에 반하여 촬영하는 행위(제1항)를 처벌하고 있다.

가. 구성요건의 주체 및 행위의 상대방

위 구성요건의 주체는 제한이 없다. 나아가 행위의 상대방 또한 특별한 신분상 제한이 없다.

나. 구성요건적 행위 및 객체

본죄의 구성요건적 행위는 카메라 등 기계장치를 이용하여 성적 욕망 또는 수치심을 유

발할 수 있는 사람의 신체를 촬영대상자의 의사에 반하여 촬영하는 것으로 위 구성요건의 보호법익은 인격체인 피해자의 성적 자유와 함부로 촬영당하지 아니할 자유이다. **구성요건의 객체**는 사람의 의사에 반하여 촬영된 영상물에 한정되므로 자의에 의해 스스로 자신의 신체를 촬영한 촬영물은 이에 포함되지 않는다.[22]

이 때 촬영한 부위가 '**성적 욕망 또는 수치심을 유발할 수 있는 다른 사람의 신체**'에 해당하는지는 객관적으로 피해자와 같은 성별, 연령대의 일반적이고 평균적인 사람들의 관점에서 성적 욕망 또는 수치심을 유발할 수 있는 신체에 해당되는지 여부를 고려함과 아울러, 피해자의 옷차림, 노출의 정도 등은 물론, 촬영자의 의도와 촬영에 이르게 된 경위, 촬영 장소와 촬영 각도 및 촬영 거리, 촬영된 원판의 이미지, 특정 신체 부위의 부각 여부 등을 종합적으로 고려하여 구체적·개별적·상대적으로 결정하여야 한다.[23]

위 '**다른 사람의 신체를 촬영하는 행위**'에는 **다른 사람의 신체 그 자체를 직접 촬영하는 행위만 포함되고 다른 사람의 신체 이미지가 담긴 영상을 촬영하는 행위는 이에 해당하지 않으며** 이는 성폭력처벌법 제14조 제2항의 경우에도 마찬가지다.[24] 이와 관련하여 **대법원**은 피해자와 인터넷 화상채팅을 하면서 휴대전화를 이용하여 피해자의 신체 부위를 피해자의 의사에 반하여 촬영한 사건에서 「피해자 스스로 자신의 신체 부위를 화상카메라에 비추었고 카메라 렌즈를 통과한 상의 정보가 디지털화되어 범인의 컴퓨터에 전송되었으며, 피고인은 수신된 정보가 영상으로 변환된 것을 휴대전화 내장 카메라를 통해 동영상 파일로 저장하였으므로 피고인이 촬영한 대상은 갑의 신체 이미지가 담긴 영상일 뿐 갑의 신체 그 자체는 아니라고 할 것」이라고 판시하면서 위와 같은 행위는 성폭력처벌법 제14조 위반죄에 해당하지 않는다고 판시한 바 있다.[25]

나아가 **위 구성요건적 행위의 실행의 착수 및 기수시기와** 관련하여 **대법원**은 「카메라 등 기계장치를 이용하여 동영상 촬영이 이루어졌다면 범행은 촬영 후 일정한 시간이 경과하여 영상정보가 기계장치 내 주기억장치 등에 입력됨으로써 기수에 이르는 것이고, 촬영된 영상정보가 전자파일 등의 형태로 영구 저장되지 않은 채 사용자에 의해 강제 종료되었다고 하여 미수에 그쳤다고 볼 수는 없다.」고 판시하여 **카메라를 작동하여 촬영행위를 시작하면 실행의 착수가 인정되고 촬영된 피사체의 영상정보가 기계장치 내 RAM**(Random Access Memory) **등 주기억장치에 입력되어 임시 저장되었다면 기수에 이른 것**이라고 판시

---

22 대법원 2017. 12. 28. 선고 2017도17529 판결 참조.
23 대법원 2014. 2. 27. 선고 2013도8619 판결 참조.
24 대법원 2018. 8. 30. 선고 2017도3443 판결 참조.
25 대법원 2013. 6. 27. 선고 2013도4279 판결 참조.

한 바 있다.[26]

다. 처벌

본죄를 범하면 7년 이하의 징역 또는 5천만 원 이하의 벌금에 처한다.

3. 불법 신체촬영물 등의 반포 등 금지의 점(제14조 제2항)

관련조문

제14조(카메라 등을 이용한 촬영) ② 제1항에 따른 촬영물 또는 복제물(복제물의 복제물을 포함한
    다. 이하 이 조에서 같다)을 반포·판매·임대·제공 또는 공공연하게 전시·상영(이하 "반포등"
    이라 한다)한 자 또는 제1항의 촬영이 촬영 당시에는 촬영대상자의 의사에 반하지 아니한 경우
    (자신의 신체를 직접 촬영한 경우를 포함한다)에도 사후에 그 촬영물 또는 복제물을 촬영대상자
    의 의사에 반하여 반포등을 한 자는 7년 이하의 징역 또는 5천만 원 이하의 벌금에 처한다.

성폭력처벌법은 위 제1항 기재와 같이 불법 촬영된 신체 촬영물 또는 복제물의 반포·판매·임
대·제공 또는 전시·상영을 금지하고 있고(동조 제2항 전단), **제1항의 촬영이, 촬영 당시에는
촬영대상자의 의사에 반하지 아니한 경우(자신의 신체를 직접 촬영한 경우를 포함한다)에도
사후에 그 촬영물 또는 복제물을 촬영대상자의 의사에 반하여 반포등을 하는 행위를**
금지하고 있다.

가. 구성요건의 주체 및 행위의 상대방

위 **구성요건의 주체**는 제한이 없다. 나아가 **행위의 상대방** 또한 특별한 신분상 제한이 없다.

나. 구성요건적 행위 및 객체

본죄의 구성요건의 객체는 불법 촬영된 신체 촬영물 또는 복제물이고, **구성요건적 행위**
는 위와 같은 촬영물 등을 반포·판매·임대·제공 또는 공공연하게 전시·상영(이하 "반포등"
이라 한다)하는 것이다(제14조 제2항 전단).

나아가 성폭력처벌법 제14조 제1항의 촬영이 촬영 당시에는 촬영대상자의 의사에 반하지

---

26 대법원 2011. 6. 9. 선고 2010도10677 판결 참조.

아니한 경우(자신의 신체를 직접 촬영한 경우를 포함한다)에도 사후에 그 촬영물 또는 복제물을 촬영대상자의 의사에 반하여 반포등을 하는 행위 또한 구성요건적 행위에 해당한다(제14조 제2항 후단). 따라서 **양 당사자의 합의하에 촬영된 성관계 영상이라 하더라도 그 후 촬영대상자의 의사에 반하여 이를 함부로 반포, 임대, 제공, 전시, 상영하는 경우 모두 처벌의 대상**이 된다.

이 때 '**반포**'는 불특정 또는 다수인에게 무상으로 교부하는 것을 말하고, 계속적·반복적으로 전달하여 불특정 또는 다수인에게 반포하려는 의사를 가지고 있다면 특정한 1인 또는 소수의 사람에게 교부하는 것도 반포에 해당할 수 있다. 한편 '반포'와 별도로 열거된 '**제공**'은 '반포'에 이르지 아니하는 무상 교부 행위를 말하며, '반포'할 의사 없이 특정한 1인 또는 소수의 사람에게 무상으로 교부하는 것은 '**제공**'에 해당한다.[27] 위 촬영물의 제공행위를 금지하는 것은 촬영물의 유포행위를 방지함으로써 피해자를 보호하기 위한 것임에 비추어 볼 때, **피해자 본인에게 촬영물을 교부하는 행위는 다른 특별한 사정이 없는 한 성폭력처벌법상 '제공'에 해당한다고 할 수 없다.**[28]

그리고 위 '**다른 사람의 신체를 촬영하는 행위**'에는 다른 사람의 신체 그 자체를 직접 촬영하는 행위만 포함되고 다른 사람의 신체 이미지가 담긴 영상을 촬영하는 행위는 이에 해당하지 않는다.[29]

다. 처벌

본죄를 범하면 7년 이하의 징역 또는 5천만 원 이하의 벌금에 처한다.

4. 영리목적 불법 신체촬영물 등의 정보통신망 반포등 금지의 점(제14조 제3항)

관련조문

제14조(카메라 등을 이용한 촬영) ③ 영리를 목적으로 촬영대상자의 의사에 반하여 「정보통신망 이용촉진 및 정보보호 등에 관한 법률」 제2조 제1항 제1호의 정보통신망(이하 "정보통신망"이라 한다)을 이용하여 제2항의 죄를 범한 자는 3년 이상의 유기징역에 처한다. <개정 2018. 12. 18., 2020. 5. 19.>

---

27 대법원 2016. 12. 27. 선고 2016도16676 판결 참조.
28 대법원 2018. 8. 1. 선고 2018도1481 판결 참조.
29 대법원 2018. 8. 30. 선고 2017도3443 판결 참조.

성폭력처벌법은 영리를 목적으로 촬영대상자의 의사에 반하여 「정보통신망법」 제2조 제1항 제1호의 정보통신망(이하 "정보통신망"이라 한다)을 이용하여 제2항의 죄를 범한 자를 처벌하고 있다.

구성요건의 주체는 아무런 제한이 없고, 그 **객체** 또한 불법 촬영된 영상물이다. **본죄의 구성요건적 행위**는 촬영대상자의 의사에 반하여 정보통신망을 이용해 제2항의 행위를 하는 것으로 제2항의 행위를 전파성이 높은 정보통신망을 통해 범하는 경우, 이를 보다 엄하게 처벌한다. 위 구성요건의 특징은 **주관적 구성요건 요소**로서 영리의 목적이 요구된다는 점(목적범) 및 정보통신망을 통하여 반포등이 이루어져야 한다는 점이다. 이러한 경우 가중처벌된다. 본죄를 범하면 3년 이상의 유기징역에 처한다.

5. 불법 신체촬영물 등의 소지, 구입, 저장 또는 시청행위 금지의 점(제14조 제4항)

관련조문

제14조(카메라 등을 이용한 촬영) ④ 제1항 또는 제2항의 촬영물 또는 복제물을 소지·구입·저장 또는 시청한 자는 3년 이하의 징역 또는 3천만 원 이하의 벌금에 처한다. <신설 2020. 5. 19.>

성폭력처벌법은 제14조 제1항 또는 제2항 기재와 같이 불법 촬영된 촬영물 또는 복제물을 소지, 구입, 저장 또는 시청한 사람을 처벌하고 있다(제4항). 이 구성요건은 위와 같은 촬영물을 소지하여 구입하고 저장, 시청한 사람까지 처벌하는데 **구성요건의 주체**는 아무런 제한이 없고, **객체**는 제1항 또는 제2항의 촬영물 또는 복제물이다. 본죄의 **구성요건적 행위**는 위 촬영물 또는 복제물 등을 소지, **구입, 저장 및 시청하는 행위**로서, 당시 위 영상이 동법 제1항 또는 제2항 기재와 같이 불법 촬영된 것이라는 사실을 인식하고 있어야 한다. 그렇지 않고 소지, 구입, 저장 및 시청한 영상물이 불법 촬영된 영상물 또는 복제물이라는 사실을 알지 못한 경우에는 처벌대상이 되지 않는다.

본죄를 범하면 3년 이하의 징역 또는 3천만 원 이하의 벌금에 처한다.

6. 상습범 가중처벌(제14조 제5항, 제1항 내지 제3항)

관련조문 ─────────────────────────────────

제14조(카메라 등을 이용한 촬영) ⑤ 상습으로 제1항부터 제3항까지의 죄를 범한 때에는 그 죄에 정한 형의 2분의 1까지 가중한다. <신설 2020. 5. 19.>

───────────────────────────────────────

성폭력처벌법은 동법 제14조 제1항 내지 제3항을 상습적으로 범한 사람을 가중처벌하고 있는데 해당 규정 또한 중대범죄에 포함된다(제14조 제5항).

7. 반포 등 목적 영상물등에 대한 편집등의 점(제14조의2 제1항)

관련조문 ─────────────────────────────────

제14조의2(허위영상물 등의 반포등) ① 반포등을 할 목적으로 사람의 얼굴·신체 또는 음성을 대상으로 한 촬영물·영상물 또는 음성물(이하 이 조에서 "**영상물등**"이라 한다)을 영상물등의 대상자의 의사에 반하여 성적 욕망 또는 수치심을 유발할 수 있는 형태로 편집·합성 또는 가공(이하 이 조에서 "**편집등**"이라 한다)한 자는 5년 이하의 징역 또는 5천만 원 이하의 벌금에 처한다.

───────────────────────────────────────

성폭력처벌법은 반포등을 할 목적으로 사람의 얼굴·신체 또는 음성을 대상으로 한 촬영물·영상물 또는 음성물(이하, '영상물등')을 대상자의 의사에 반하여 성적 욕망 또는 수치심을 유발할 수 있는 형태로 편집·합성 또는 가공(이하, '편집 등')하는 행위를 처벌하고 있다.

구성요건의 주체는 아무런 제한이 없으므로 누구든지 주체가 될 수 있다. **구성요건의 객체**는 사람의 얼굴·신체 또는 음성을 대상으로 한 영상물등이고, **구성요건적 행위**는 이러한 영상물등이 대상자의 의사에 반하여 성적 욕망 또는 수치심을 유발할 수 있는 형태로 편집등을 하는 것이다.

예를 들어 전신사진을 촬영하는 것으로 대상자의 동의를 받고 영상물을 촬영하였는데 대상자의 성적 수치심을 유발할 수 있는 특정 신체 부위를 당사자의 의사에 반하여 부각하는 방법으로 편집하는 행위를 하는 것을 처벌하는 것이다. **촬영 당시에는 당사자의 의사에 부합하는 영상물등이라고 하더라도 편집등의 방법에 따라 사후에 대상자의 의사에 반**

하여 영상물등이 왜곡될 수 있기 때문이다.

나아가 위 구성요건은 **주관적 구성요건요소**로서 편집등의 행위를 할 때 반포등의 목적이 있을 것을 요구한다(목적범). 따라서 영상물을 반포할 목적 없이 단순히 이를 소장하기 위해 편집등을 한 것에 불과하다면 본 죄가 성립한다고 볼 수 없다.

결국 본 죄가 성립하기 위해서는 위 영상물등을 편집할 당시 이러한 편집행위가 대상자의 의사에 반한다는 점, 대상자의 성적 욕망 또는 수치심을 유발할 수 있다는 점에 대한 인식뿐만 아니라 이를 반포, 제공, 임대, 판매할 목적이 모두 인정되어야 한다는 점을 아울러 주의할 필요가 있다. 본죄를 범하면 5년 이하의 징역 또는 5천만 원 이하의 벌금에 처한다.

8. 반포 등 목적 영상물등에 대한 무단 반포등의 점(제14조의2 제2항)

관련조문

제14조의2(허위영상물 등의 반포등) ② 제1항에 따른 편집물·합성물·가공물(이하 이 항에서 "편집물등"이라 한다) 또는 복제물(복제물의 복제물을 포함한다. 이하 이 항에서 같다)을 반포등을 한 자 또는 제1항의 편집등을 할 당시에는 영상물등의 대상자의 의사에 반하지 아니한 경우에도 사후에 그 편집물등 또는 복제물을 영상물등의 대상자의 의사에 반하여 반포등을 한 자는 5년 이하의 징역 또는 5천만 원 이하의 벌금에 처한다.

성폭력처벌법은 동법 제14조의2 제1항에 따른 편집물·합성물·가공물(이하, '편집물 등') 또는 복제물을 반포등을 하는 행위를 처벌하고(동조 제2항 전단), 동조 제1항의 편집등을 할 당시에는 대상자의 의사에 반하지 아니한 경우에도 사후에 그 편집물 등 또는 복제물을 영상물등의 대상자의 의사에 반하여 반포등을 하는 행위를 처벌하고 있다(동조 제2항 후단).

위 **구성요건의 주체**는 아무런 제한이 없으므로 누구든지 주체가 될 수 있다. **구성요건의 객체**는 애초에 대상자의 의사에 반하여 또는 대상자의 의사에 따라 편집된 편집물등도 모두 객체가 된다. **구성요건적 행위**는 대상자의 의사에 반하여 편집된 편집물등을 함부로 반포등 하는 행위 및 대상자의 의사에 따라 편집된 편집물이라도 대상자의 의사에 반하여 반포등 하는 행위를 모두 포괄한다.

쉽게 말해 **대상자의 의사에 따른, 또는 의사에 반하는 모든 편집물등을 반포, 제공, 임대, 판매하기 위해서는 반드시 그 대상자의 의사에 반하지 않아야 한다**는 것이다.

본죄를 범하면 5년 이하의 징역 또는 5천만 원 이하의 벌금에 처한다.

9. 영리 목적 영상물등의 정보통신망을 통한 반포등의 점(제14조의2 제3항)

관련조문

제14조의2(허위영상물 등의 반포등) ③ 영리를 목적으로 영상물등의 대상자의 의사에 반하여 정보통신망을 이용하여 제2항의 죄를 범한 자는 7년 이하의 징역에 처한다.

성폭력처벌법은 영리를 목적으로 영상물등의 대상자의 의사에 반하여 정보통신망을 이용하여 동조 제2항의 죄를 범한 사람을 처벌하고 있다.

구성요건의 주체는 제한이 없으므로 누구든지 주체가 될 수 있다. **구성요건의 객체**는 동조 제1항에 따른 편집물 등 또는 복제물로 대상자의 의사에 반하여 편집된 편집물 및 편집 당시에는 영상물등의 대상자의 의사에 반하지 않았던 편집물등도 모두 객체가 될 수 있다. **구성요건적 행위**는 대상자의 의사에 반하여 편집된 편집물등을 정보통신망을 통하여 반포등을 하는 행위 또는 편집 당시에는 대상자의 의사에 반하지 않았다 하더라도 대상자의 의사에 반하여 그와 같은 편집물등을 정보통신망을 통하여 반포등을 하는 행위를 포함한다. **제2항과는 달리 반포등의 통로가 '정보통신망'이라는 점에서 차이가 있다.**

나아가 이 구성요건은 동조 제2항과는 달리 **주관적 구성요건요소로서 '영리의 목적'**을 필요로 한다(목적범). 정보통신망을 통하여 편집물등을 반포, 제공, 판매, 임대할 당시 이를 이용하여 영리를 추구할 목적을 요구하고, 위 편집물등이 당사자의 의사에 반하여 반포, 제공, 판매, 임대된다는 사실에 대한 인식이 필요하다.

죄수관계와 관련하여 대상자들의 의사에 반하여 촬영된 영상물등 또는 편집된 편집물등을 영리를 목적으로 정보통신망을 통하여 배포한 경우 성폭력처벌법 및 정보통신망법위반(음란물유포), 또는 대상자가 아동인 경우 청소년성보호법위반(음란물제작·배포등)죄가 성립하고 양 죄는 각각 상상적 경합범 관계에 있다고 봄이 상당하다.

본죄를 범하면 7년 이하의 징역에 처한다.

10. 상습범 가중처벌(제14조의2 제4항)

관련조문

제14조의2(허위영상물 등의 반포등) ④ 상습으로 제1항부터 제3항까지의 죄를 범한 때에는 그 죄에 정한 형의 2분의 1까지 가중한다. <신설 2020. 5. 19.>

성폭력처벌법은 상습으로 제14조의2 제1항 내지 제3항까지의 죄를 범한 사람을 가중처벌하고 있다. 범죄수익은닉규제법은 이 또한 모두 중대범죄의 범위로 포함시키고 있음을 주의하여야 한다.

11. 범죄수익환수 및 자금세탁범죄 처벌 사례

실무상 **성폭력처벌법상 카메라등이용촬영 등의 범죄는 청소년성보호법위반, 정보통신망법위반(음란물유포) 등과 함께 처벌되는 경우가 대부분**이다. 대상자의 의사에 반하여 촬영된 영상물 등 또는 편집된 편집물등을 정보통신망을 통하여 대상자의 의사에 반하여 반포하는 행위는 정보통신망법위반(음란물유포)죄에, 그 대상자가 아동인 경우에는 청소년성보호법위반(음란물제작·배포등)죄에 각각 해당하고 동 범죄들은 모두 범죄수익은닉규제법상 중대범죄에 해당하므로 어느 법률 규정에 의하더라도 범죄수익환수의 대상이 되는 범죄에 해당함에는 차이가 없다.

나아가 이러한 범죄로 취득한 범죄수익을 차명계좌를 통해 관리하여 취득하거나 이를 처분하는 행위를 하는 경우 자금세탁범죄로 처벌된다.

이와 관련하여 **대상자의 의사에 반하여 촬영된 영상물등을 정보통신망을 통하여 판매하고 그 행위를 통하여 취득한 범죄수익을 차명계정의 포인트로 지급받은 사안에서 이를 범죄수익의 취득 및 처분을 가장한 행위로 보아 처벌한 사례가 있다.**[30]

사례

범죄사실

1. 정보통신망이용촉진및정보보호등에관한법률위반(음란물유포)

누구든지 정보통신망을 통하여 음란한 부호·문호·음향·화상 또는 영상을 배포·판매·임대하거나 공공연하게 전시하여서는 아니 된다.

그럼에도 불구하고 피고인은 2019. 4. 2. 12:54경 베트남 호치민시 B, C에 있는 피고인의 주거지에서 인터넷 웹하드 사이트인 D에 접속하여 그곳 게시판에 "E"는 제목으로 성인 남녀가 가슴과 성기, 항문 등을 노출하는 내용의 음란물을 게시한 것을 비롯하여 2017. 8. 22.경

---

[30] 제주지방법원 2020. 4. 9. 선고 2019노926 판결 참조(원심: 제주지방법원 2019고단735 판결, 해당 항소심에서는 공소장 변경에 따라 1심의 범죄사실을 수정하였으므로 범죄사실은 항소심과 1심의 것을, 적용법조는 항소심의 것을 소개한다).

부터 위 일시경까지(2018. 1. 3.경부터 2018. 4. 20.경까지는 F와 공모하여, 2019. 2. 17.부터 2019. 4. 2.경까지는 G와 공모하여) 총 25개의 파일공유 사이트에 총 241,997회에 걸쳐 음란한 영상을 게시한 후 위 파일 공유사이트에 접속하는 사람들로 하여금 현금 등으로 구입한 포인트를 지급하고 다운로드할 수 있도록 하고, 위 사이트 운영자들로부터 위와 같이 음란한 영상을 판매한 대가로 포인트를 지급받아 그 포인트를 포인트 환전사이트를 통해 현금으로 환전한 다음 피고인 명의의 AN 계좌(계좌번호 AO)로 입금받는 방법으로 합계 112,283,000원의 범죄수익을 취득하였다.

이로써 피고인은 단독 또는 F, G와 공모하여 정보통신망을 통하여 음란한 영상을 판매하였다.

2. 성폭력범죄의처벌등에관한특례법위반(카메라등이용촬영)

가. 누구든지 카메라나 그 밖에 이와 유사한 기능을 갖춘 기계장치를 이용하여 성적 욕망 또는 수치심을 유발할 수 있는 다른 사람의 신체를 그 의사에 반하여 촬영하거나 영리를 목적으로 그 촬영물을 유포하여서는 아니 된다.

그럼에도 불구하고 피고인은 2017. 11. 17.경 베트남에 있는 피고인의 거주지에서 인터넷 웹하드 사이트인 *디스크에 접속하여 그곳 게시판에 "CI"라는 제목으로 피해자 AF의 성관계 모습이 몰래 촬영된 동영상을 게시한 후 위 사이트에 접속하는 사람들로 하여금 다운로드 받을 수 있도록 하여 제1항 기재와 같은 방법으로 이익을 취득한 것을 비롯하여 그때부터 2017. 12. 6.경까지 위와 같은 방법으로 별지 범죄일람표 기재와 같이 총 81회에 걸쳐 위 동영상을 판매하였다.

이로써 피고인은 영리를 목적으로 다른 사람의 의사에 반하여 촬영한 성적 욕망 또는 수치심을 유발할 수 있는 신체 촬영물을 유포하였다.

나. 누구든지 카메라나 그 밖에 이와 유사한 기능을 갖춘 기계장치를 이용하여 성적 욕망 또는 수치심을 유발할 수 있는 다른 사람의 신체를 그 의사에 반하여 촬영하거나 영리를 목적으로 그 촬영물을 유포하여서는 아니 된다.

그럼에도 불구하고 피고인은 2018. 6. 19.경 베트남에 있는 피고인의 거주지에서 인터넷 웹하드 사이트인 *디스크에 접속하여 그곳 게시판에 "CJ"이라는 제목으로 피해자 AG의 성관계 모습이 몰래 촬영된 동영상을 게시한 후 위 사이트에 접속하는 사람들로 하여금 다운로드 받을 수 있도록 하여 제1항 기재와 같은 방법으로 이익을 취득하였다.

이로써 피고인은 영리를 목적으로 다른 사람의 의사에 반하여 촬영한 성적 욕망 또는 수치심을 유발할 수 있는 신체 촬영물을 유포하였다.

다. 누구든지 카메라나 그 밖에 이와 유사한 기능을 갖춘 기계장치를 이용하여 성적 욕망 또는 수치심을 유발할 수 있는 다른 사람의 신체를 촬영한 촬영물을 사후에 그 의사에 반하여 반포·판매·임대·제공 또는 공공연하게 전시·상영하여서는 아니 된다.

그럼에도 불구하고 피고인은 2018. 6. 27.경 베트남에 있는 피고인의 거주지에서 인터넷 웹하드 사이트인 *디스크에 접속하여 그곳 게시판에 "CK"라는 제목으로 피해자 모의 성관계 모습이 촬영된 동영상을 게시한 후 위 사이트에 접속하는 사람들로 하여금 다운로드 받을 수 있도록 하여 제1항 기재와 같은 방법으로 이익을 취득하였다.

이로써 피고인은 성적 욕망 또는 수치심을 유발할 수 있는 다른 사람의 신체를 촬영한 촬영물을 그 의사에 반하여 판매하였다.

3. 범죄수익은닉의규제및처벌등에관한법률위반

피고인은 2018. 9. 6.경 위 제1항 기재 장소에서 **파일 공유사이트인 'H'에 피고인 명의로 가입된 계정이 아닌 AP 명의로 가입된 계정인 'AQ'로 접속한 다음 "AR"이라는 제목으로 성인 남녀가 가슴과 성기, 항문 등을 노출하는 내용의 음란한 영상을 게시한 것을 비롯하여 위 제1항 기재와 같이 2017. 8. 22.부터 2019. 4. 2.까지 음란한 영상을 판매하면서 자신 명의로 가입된 계정이 아닌 다른 사람 명의로 가입된 계정을 이용하고, 위 음란한 영상의 판매 대가로 위 제1항 기재 파일 공유사이트의 운영자들로부터 합계 112,283,000원의 가치가 있는 불상의 포인트를 위 다른 사람 명의의 계정으로 지급받았다.**

이로써 피고인은 범죄행위에 의하여 생긴 재산인 포인트의 취득에 관한 사실을 가장하였다.

법령의 적용

1. 범죄사실에 대한 해당법조

○ 판시 제1항: 정보통신망 이용촉진 및 정보보호 등에 관한 법률 제74조 제1항 제2호, 제44조의7 제1항 제1호, 형법 제30조(포괄하여)

○ 판시 제2의 가항: 구 성폭력범죄의 처벌 등에 관한 특례법(2018. 12. 18. 법률 제15977호로 개정되기 전의 것, 이하 '구 성폭력범죄의 처벌 등에 관한 특례법'이라 한다) 제14조 제3항, 제1항(포괄하여)

○ 판시 제2의 나항: 구 성폭력범죄의 처벌 등에 관한 특례법 제14조 제3항, 제1항

○ 판시 제2의 다항: 구 성폭력범죄의 처벌 등에 관한 특례법 제14조 제2항

○ 판시 제3항: 범죄수익은닉의 규제 및 처벌 등에 관한 법률 제3조 제1항 제1호

1. 상상적 경합

형법 제40조, 제50조

1. 추징

범죄수익은닉의 규제 및 처벌 등에 관한 법률 제10조, 제8조 제1항 제1호

제 6 장
범죄수익은닉규제법상 「강력·폭력범죄」 관련 중대범죄

1 총설

범죄수익은닉규제법은 특별법상 주된 강력 및 폭력범죄를 중대범죄로 규정하고 있다. ① 총포·도검·화약류 등의 안전관리에관한법률(이하, '**총포화약법**', 제17호), 폭력행위 등 처벌에 관한 법률[이하, '폭력행위처벌법', 제21호 및 범죄수익은닉규제법 제2조 제2호 나목 2)], ② 국민보호와 공공안전을 위한 테러방지법(이하, '**테러방지법**', 제45호), ③ 국제형사재판소 관할 범죄의 처벌 등에관한 법률(이하, '**국제형사범죄법**') 제8조부터 제16조까지의 죄[범죄수익은닉규제법 제2조 제2호 나목 5)], ④ 공중 등 협박목적 및 대량살상무기확산을 위한 자금조달행위의 금지에 관한 법률(이하, '**테러자금금지법**') 제6조 제1항, 제4항(제6조 제1항 제1호의 미수범에 한정)[범죄수익은닉규제법 제2조 제2호 나목 6)] 등이 이에 해당한다.

관련조문

범죄수익은닉규제법 별표

중대범죄(제2조 제1호 관련)

17. 「총포·도검·화약류 등의 안전관리에 관한 법률」 제70조의 죄
21. 「폭력행위 등 처벌에 관한 법률」 제2조부터 제4조까지, 제5조 제1항 및 제6조[제2조·제3조·제4조 제2항(「형법」 제136조·제255조·제314조·제315조·제335조, 제337조 후단, 제340조 제2항 후단 및 제343조의 죄는 제외한다) 및 제5조 제1항의 미수범만 해당한다]의 죄
45. 「국민보호와 공공안전을 위한 테러방지법」 제17조 제1항의 죄

관련조문

제2조(정의) 이 법에서 사용하는 용어의 뜻은 다음과 같다. <개정 2014. 5. 28., 2014. 11. 19.>
  2. "범죄수익"이란 다음 각 목의 어느 하나에 해당하는 것을 말한다.

　　나. 다음의 어느 하나의 죄에 관계된 자금 또는 재산

　　　　2)「폭력행위 등 처벌에 관한 법률」제5조 제2항 및 제6조(제5조 제2항의 미수범만 해당한다)의 죄

　　　　5)「국제형사재판소 관할 범죄의 처벌 등에 관한 법률」제8조부터 제16조까지의 죄

　　　　6)「공중 등 협박목적 및 대량살상무기확산을 위한 자금조달행위의 금지에 관한 법률」제6조 제1항·제4항(제6조 제1항 제1호의 미수범에 한정한다)의 죄

2 총포·도검·화약류 등의 안전관리에 관한 법률 위반(제17호)

1. 총설

　범죄수익은닉규제법 별표 제17호에서는 총포·도검·화약류 등의 안전관리에 관한 법률(이하, '총포화약법') 제70조의 죄[제1항 제1호 및 제2호의 각 구성요건 및 제2항(미수범 처벌 규정)]을 범죄수익환수 대상범죄로 규정하고 있다.

관련조문

범죄수익은닉규제법 별표

중대범죄(제2조 제1호 관련)

17. 「총포·도검·화약류 등의 안전관리에 관한 법률」 **제70조**의 죄

관련조문

제70조(벌칙) ① 다음 각 호의 어느 하나에 해당하는 자는 3년 이상 15년 이하의 징역 또는 3천만 원 이상 1억 원 이하의 벌금에 처한다.

　1. 수출하기 위한 목적으로 제3조 제4항에 따라 구조 및 성능기준을 적용하지 아니하고 제조된 총포(권총·소총·기관총·포·엽총·공기총만 해당한다)를 국내에 판매하거나 유출시킨 자

　2. 총포(권총·소총·기관총·포·엽총·공기총만 해당한다)에 관하여 제4조 제1항·제3항, 제6조 제1항·제2항, 제9조 제1항 또는 제12조 제1항을 위반한 자

　② 제1항의 죄의 미수범은 처벌한다.

　총포화약법 제70조 제1항 제1호는 수출하기 위한 목적으로 구조 및 성능기준을 적용하지

아니하고 제조된 총포를 국내에 판매하거나 유출시키는 행위를, 동법 제70조 제1항 제2호는 총포에 관한 각종 규정을 위반한 사람을 처벌하고 있는데, **불법 총포를 제조하여 이를 판매함으로써 수익을 올리는 경우 이를 전부 환수할 수 있도록 한 것이다.** 총포화약법은 자체적인 몰수·추징 규정을 두고 있지 않으므로 위 **규정을 위반하여 벌어들인 수익에 대한 몰수·추징은 범죄수익은닉규제법에 따른다.**

이하에서는 각 구성요건 및 범죄수익환수 사례를 살펴보기로 한다.

2. 수출하기 위한 목적의 불법제조 총포 판매·유통의 점(제70조 제1항 제1호)

관련조문

제70조(벌칙) ① 다음 각 호의 어느 하나에 해당하는 자는 3년 이상 15년 이하의 징역 또는 3천만 원 이상 1억 원 이하의 벌금에 처한다.

1. 수출하기 위한 목적으로 **제3조 제4항**에 따라 구조 및 성능기준을 적용하지 아니하고 제조된 총포(권총·소총·기관총·포·엽총·공기총만 해당한다)를 국내에 판매하거나 유출시킨 자

☞ **제3조(적용의 배제)** ④ 수출하기 위한 목적으로 제조되는 총포·도검·화약류·분사기·전자충격기 및 석궁에 대해서는 **제4조 제1항 및 제2항의 해당 종류별 제조허가에 관한 구조 및 성능기준을 적용하지 아니한다.**

☞ **제4조(제조업의 허가)** ① 총포·화약류의 제조업(총포의 개조·수리업과 화약류의 변형·가공업을 포함한다. 이하 같다)을 하려는 자는 제조소마다 행정안전부령으로 정하는 바에 따라 경찰청장의 허가를 받아야 한다. 제조소의 위치·구조·시설 또는 설비를 변경하거나 제조하는 총포·화약류의 종류 또는 제조방법을 변경하려는 경우에도 또한 같다. <개정 2017. 7. 26.>

② 도검·분사기·전자충격기·석궁의 제조업을 하려는 자는 제조소마다 행정안전부령으로 정하는 바에 따라 제조소의 소재지를 관할하는 시·도경찰청장의 허가를 받아야 한다. 제조소의 위치·구조·시설 또는 설비를 변경하거나 제조하는 도검·분사기·전자충격기·석궁의 종류 또는 제조방법을 변경하려는 경우에도 또한 같다. <개정 2017. 7. 26., 2020. 12. 22.>

가. 구성요건의 주체 및 행위의 상대방

위 **구성요건의 주체**는 제한이 없다. 따라서 누구든지 본죄의 주체가 될 수 있다. 나아가 **행위의 상대방** 또한 특별한 신분상 제한이 없다.

나. 구성요건적 행위 및 객체

본죄의 구성요건적 행위는 수출을 목적으로 총포화약법상 구조 및 성능기준을 적용하지 아니하고 제조된 총포(권총·소총·기관총·포·엽총·공기총만 해당)를 국내에 판매하거나 유출시키는 것이다.

본죄의 구성요건의 객체는 "**수출하기 위한 목적으로 제3조 제4항에 따라 구조 및 성능기준을 적용하지 아니하고 제조된 총포(권총·소총·기관총·포·엽총·공기총만 해당한다)**"이다. 총포화약법은 총포 외에도 화약류, 도검, 분사기, 전기충격기, 석궁 등을 함께 규정하고 있는데 **범죄수익은닉규제법상 중대범죄에 해당하는 범죄의 객체는 모두 '총포'에 한정되고 그 중에서도 권총, 소총, 기관총, 포, 엽총, 공기총만을 대상으로 한다는 점에 주의할** 필요가 있다.

한편 위 구성요건에 '**수출하기 위한 목적**'이 기재되어 있으므로 마치 위 구성요건이 목적범으로 해석될 소지가 있으나, 위 '수출하기 위한 목적'은 위 구성요건의 '**객체**'를 설명하는 것으로 구조 및 성능기준 적용의 배제 규정인 총포화약법 제3조 제4항을 단순히 수식한다고 해석함이 상당하다(私見).

즉 해당 구성요건은 목적범에 해당하지 아니하므로 **누구든 불법 총포(수출하기 위한 목적으로 제작된 것에 한한다)를 국내에 판매하거나 유출하는 행위를 하면 성립하는 것**이고 위와 같은 불법 총포에 대한 인식이 있으면 충분(고의범)하다.

다. 처벌

본죄를 범하면 3년 이상 15년 이하의 징역 또는 3천만 원 이상 1억 원 이하의 벌금에 처한다. 단 실무상 위와 같은 불법 총기류를 국내에 판매하거나 유출시킨 행위는 총포화약법 제70조 제1항 제2호의 무허가 총포 양도, 판매, 소지 등의 혐의로 입건하여 처벌하는 경우가 대부분이므로 총포화약법 제70조 제1항 제1호를 적용한 사례는 쉽게 찾기 어렵다.

3. 무허가 총포 제조·판매·수출입·소지의 점(제70조 제1항 제2호)

실무상 가장 많이 문제되는 사안은 무허가로 총포 제조, 판매, 수출입, 소지 행위를 하는 경우이다. 총포화약법 제70조 제1항 제2호는 총포화약법상 여러 금지규정을 위반하는 경우를 처벌하고 있으므로 각각 항을 나누어 살펴보도록 한다.

가. 무허가 총포 제조업 영위의 점(제70조 제1항 제2호, 제4조 제1항, 제3항)

관련조문

제70조(벌칙) ① 다음 각 호의 어느 하나에 해당하는 자는 3년 이상 15년 이하의 징역 또는 3천만 원 이상 1억 원 이하의 벌금에 처한다.

2. 총포(권총·소총·기관총·포·엽총·공기총만 해당한다)에 관하여 **제4조 제1항·제3항**, 제6조 제1항·제2항, 제9조 제1항 또는 제12조 제1항을 위반한 자

☞ **제4조(제조업의 허가)** ① **총포**·화약류의 **제조업**(총포의 개조·수리업과 화약류의 변형·가공업을 포함한다. 이하 같다)**을 하려는 자**는 제조소마다 행정안전부령으로 정하는 바에 따라 **경찰청장의 허가를 받아야 한다**. 제조소의 위치·구조·시설 또는 설비를 변경하거나 제조하는 총포·화약류의 종류 또는 제조방법을 변경하려는 경우에도 또한 같다. <개정 2017. 7. 26.>

③ 제1항 또는 제2항에 따라 **총포**·도검·화약류·분사기·전자충격기·석궁 **제조업의 허가를 받은 자**(이하 "제조업자"라 한다)가 아니면 총포·도검·화약류·분사기·전자충격기·석궁을 제조하지 못한다. 다만, 화약류를 물리상·화학상의 실험 또는 의료의 목적으로 사용하기 위하여 대통령령으로 정하는 종류와 수량 이하를 제조하는 경우에는 그러하지 아니하다.

총포화약법은 총포에 관하여 무허가로 제조업을 영위 하는 행위를 처벌하고 있다.

앞에서도 살펴본 바와 같이 이 때 **구성요건의 주체**는 총포에 관하여 무허가 제조업을 영위한 사람이고, **그 객체**는 **총포(권총, 소총, 기관총, 포, 엽총, 공기총)에 한정**된다. 따라서 무허가 화약류, 도검, 분사기, 전기충격기, 석궁 제조업의 경우에는 중대범죄에 포함되지 않음을 유의할 필요가 있다.

본죄의 구체적인 **구성요건적 행위**는 경찰청장의 허가를 받지 않고 총포의 제조업을 영위하면서 총포를 제작하는 것이다. 그와 같은 제작행위를 업으로 하고 이를 통해 수익을 취득하는 행위를 중대범죄로 규정하여 처벌하고, 그로 인하여 발생한 수익은 모두 환수할 수 있다.

본죄를 범하면 3년 이상 15년 이하의 징역 또는 3천만 원 이상 1억 원 이하의 벌금에 처한다.

나. 무허가 총포 판매업 영위의 점(제70조 제1항 제2호, 제6조 제1항, 제2항)

관련조문

제70조(벌칙) ① 다음 각 호의 어느 하나에 해당하는 자는 3년 이상 15년 이하의 징역 또는 3천만 원 이상 1억 원 이하의 벌금에 처한다.

2. **총포(권총·소총·기관총·포·엽총·공기총만 해당한다)에 관하여** 제4조 제1항·제3항, **제6조 제1항·제2항**, 제9조 제1항 또는 제12조 제1항을 위반한 자

☞ 제6조(판매업의 허가) ① **총포**·도검·화약류·분사기·전자충격기·석궁의 **판매업을 하려는 자**는 판매소마다 행정안전부령으로 정하는 바에 따라 **판매소의 소재지를 관할하는 시·도경찰청장의 허가를 받아야 한다.** 판매소의 위치·구조·시설 또는 설비를 변경하거나 판매하는 총포·도검·화약류·분사기·전자충격기·석궁의 종류를 변경하려는 경우에도 또한 같다. <개정 2017. 7. 26., 2020. 12. 22.>

② 제1항에 따라 **총포**·도검·화약류·분사기·전자충격기·석궁 **판매업의 허가를 받은 자**(이하 "판매업자"라 한다)**가 아니면 총포**·도검·화약류·분사기·전자충격기·석궁을 **판매**(분사기 판매의 경우 분사기에 최루 또는 질식 등을 유발하는 작용제를 충전하는 것을 포함한다. 이하 같다)**하지 못한다.** 다만, **제조업자가 자신이 제조한 총포**·도검·화약류·분사기·전자충격기·석궁을 **제조소에서 직접 판매**하거나 **총포 판매업자가 대통령령으로 정하는 범위에서 판매허가를 받은 총포의 실탄 또는 공포탄을 판매하는 경우에는 그러하지 아니하다.**

☞ 총포화약법 시행령 제9조의2(총포판매업자가 허가 없이 판매할 수 있는 실탄·공포탄의 수량) ① 총포판매업자는 판매허가를 받은 총포의 실탄 또는 공포탄을 총포소지허가를 받은 사람에게 1일 1인당 400개(건설용 타정총용 공포탄의 경우에는 5,000개)이하의 범위 안에서 법 제6조 제2항 단서의 규정에 의하여 허가를 받지 아니하고 판매할 수 있다.

② 총포판매업자가 제1항의 규정에 의하여 판매하기 위하여 보관하는 실탄·공포탄의 수량은 실탄 2만개, 공포탄 2만개(건설용 타정총용 공포탄의 경우에는 10만개)를 초과하여서는 아니된다. <개정 2019. 9. 17.> [본조신설 1996. 6. 20.]

위 구성요건의 주체는 총포에 관하여 무허가 판매업을 영위한 사람이고, **그 객체**는 총포(권총, 소총, 기관총, 포, 엽총, 공기총)에 한정된다. 마찬가지로 무허가 화약류, 도검, 분사기, 전기충격기, 석궁 제조업의 경우에는 중대범죄에 포함되지 않는다.

총포를 판매하고자 하는 사람은 판매소의 소재지를 관할하는 **시·도 경찰청장의 허가를** 받아야 함에도 그러한 허가 없이 총포를 판매하는 경우 그 범죄행위로 취득한 수익은 모두

환수할 수 있다. 앞서 본 바와 같이 총포의 제조는 경찰청장의 허가 대상에 해당하나 총포의 판매는 시·도 경찰청장의 허가대상으로 양자 간 차이가 있다.

다만 **허가 없이 총포를 판매할 수 있는 2가지 예외**가 있는데, ① 총포 제조업자가 자신이 제조한 총포를 제조소에서 직접 판매하는 경우(법 제70조 제2항 단서 전문), ② 총포 판매업자가 대통령령으로 정하는 범위에서 판매허가를 받은 총포의 실탄 또는 공포탄을 판매하는 경우(법 제70조 제2항 단서 후문)가 그것이다.

총포 제조업의 허가를 경찰청장으로부터 미리 받은 사람이 제조소에서 그 총포를 판매하는 것은 위 총포 제조업 허가에 이미 예정되어 있는 것이므로 별도로 시·도경찰청장의 판매업 허가를 받지 않아도 무방하다. 반대해석상 위와 같은 제조소가 아닌 다른 장소에서 판매하는 경우라면 해당 판매점을 관할하는 시·도 경찰청장으로부터 별도의 판매허가를 받아야 함은 당연하다.

다. 무허가 총포 수출입의 점(제70조 제1항 제2호, 제9조 제1항)

관련조문

제70조(벌칙) ① 다음 각 호의 어느 하나에 해당하는 자는 3년 이상 15년 이하의 징역 또는 3천만 원 이상 1억 원 이하의 벌금에 처한다.

　2. **총포(권총·소총·기관총·포·엽총·공기총만 해당한다)에 관하여** 제4조 제1항·제3항, 제6조 제1항·제2항, **제9조 제1항** 또는 제12조 제1항을 위반한 자

☞ 제9조(수출입의 허가 등) ① **총포·화약류를 수출 또는 수입하려는 자**는 행정안전부령으로 정하는 바에 따라 수출 또는 수입하려는 때마다 관련 증명서류 등을 경찰청장에게 제출하고 **경찰청장의 허가를 받아야 한다**. 이 경우 경찰청장은 수출 허가를 하기 전에 수입국이 수입 허가 등을 하였는지 여부 및 경유국이 동의하였는지 여부 등을 확인하여야 한다. <개정 2017. 7. 26.>

위 구성요건의 주체는 총포에 관하여 무허가 수출입 업을 영위한 사람이고, **그 객체**는 총포(권총, 소총, 기관총, 포, 엽총, 공기총)에 한정되므로 무허가 화약류, 도검, 분사기, 전기충격기, 석궁 제조업의 경우에는 중대범죄에 포함되지 않는다. **구성요건적 행위**는 총포를 수입 또는 수출하고자 하는 사람이 경찰청장의 허가 없이 총포를 수출 내지 수입하는 것으로 본죄를 범하면 3년 이상 15년 이하의 징역 또는 3천만 원 이상 1억 원 이하의 벌금에 처하고, 그 범죄행위로 취득한 수익은 모두 환수할 수 있다.

라. 무허가 총포 소지의 점(제70조 제1항 제2호, 제12조 제1항)

관련조문 ───

제70조(벌칙) ① 다음 각 호의 어느 하나에 해당하는 자는 3년 이상 15년 이하의 징역 또는 3천만 원 이상 1억 원 이하의 벌금에 처한다.

　2. **총포(권총·소총·기관총·포·엽총·공기총만 해당한다)**에 관하여 제4조 제1항·제3항, 제6조 제1항·제2항, 제9조 제1항 또는 **제12조 제1항**을 위반한 자

☞ **제12조(총포·도검·화약류·분사기·전자충격기·석궁의 소지허가)** ① **제10조 각 호의 어느 하나에 해당하지 아니하는 자**가 **총포**·도검·화약류·분사기·전자충격기·석궁을 **소지하려는 경우**에는 행정안전부령으로 정하는 바에 따라 **다음 각 호의 구분에 따라 허가를 받아야 한다.** 다만, 제1호 및 제2호의 총포 소지허가를 받으려는 경우에는 신청인의 정신질환 또는 성격장애 등을 확인할 수 있도록 행정안전부령으로 정하는 서류를 허가관청에 제출하여야 한다. <개정 2015. 7. 24., 2017. 7. 26., 2020. 12. 22.>

　1. 총포(제2호에서 정하는 것은 제외한다): 주소지를 관할하는 시·도경찰청장

　2. 총포 중 엽총·가스발사총·공기총·마취총·도살총·산업용총·구난구명총 또는 그 부품: 주소지를 관할하는 경찰서장

　3. 도검·화약류·분사기·전자충격기 및 석궁: 주소지를 관할하는 경찰서장

☞ **제10조(소지의 금지)** 누구든지 **다음 각 호의 어느 하나에 해당하는 경우**를 제외하고는 허가 없이 **총포**·도검·화약류·분사기·전자충격기·석궁을 **소지하여서는 아니 된다.**

　1. **법령에 따라 직무상** 총포·도검·화약류·분사기·전자충격기·석궁을 소지하는 경우

　2. **제조업자**가 자신이 제조한 총포·도검·화약류·분사기·전자충격기·석궁을 소지하는 경우

　3. **제4조 제3항 단서에 따라 화약류를 제조한 자**가 자신이 제조한 화약류를 소지하는 경우

　4. **판매업자**가 총포·도검·화약류·분사기·전자충격기·석궁을 소지하는 경우

　5. **총포 판매업자**가 제6조 제2항 단서에 따라 판매하는 총포의 실탄 또는 공포탄을 소지하는 경우

　5의2. **임대업자**가 총포·도검·분사기·전자충격기·석궁을 소지하는 경우

　6. **제9조 제1항 또는 제2항에 따라 수출입허가를 받은 자**가 그 총포·도검·화약류·분사기·전자충격기를 소지하는 경우

　7. **제18조 제1항에 따른 화약류의 사용허가를 받은 자**(제18조 제1항 단서에 따라 사용허

　8. **제21조 제1항에 따른 화약류의 양수허가를 받은 자**(제21조 제1항 단서에 따라 양수허가를 받지 아니하여도 되는 자를 포함한다)가 그 화약류를 소지하는 경우가를 받지 아니하여도 되는 자를 포함한다)가 그 화약류를 소지하는 경우

9. **제2호부터 제8호까지의 어느 하나에 해당하는 자의 종업원**이 그 직무상 총포·도검·
   화약류·분사기·전자충격기·석궁을 소지하는 경우

10. **대통령령으로 정하는 자**가 총포·도검·화약류·분사기·전자충격기·석궁을 소지하는
    경우

[전문개정 2015. 1. 6.]

☞ **총포화약법 시행령 제12조**(허가 없이 총포등을 소지할 수 있는 사람) ① **법 제10조 제10호의**
규정에 의하여 **허가 없이 총포**·도검·화약류·분사기·전자충격기·석궁**을 소지할 수 있**
는 사람은 다음 각 호와 같다. <개정 1990. 3. 31., 1991. 7. 30., 1996. 6. 20., 1999.
6. 30., 2004. 1. 20., 2006. 3. 10., 2020. 12. 31.>

1. 문화재로서의 가치가 있는 총포·도검·화약류를 문화재보호관리기관이 발행한 증표를
   가지고 소지하는 사람

2. 「초·중등교육법」 및 「고등교육법」에 의한 각급 학교 또는 공공기관에서 교재용 또는
   연구용 총포·도검·화약류·분사기·전자충격기·석궁의 사용자로 지정된 사람. 이 경우
   총포는 공기총에 한한다.

3. 사격장·사설수렵장 또는 검술도장등에서 총포·도검·석궁을 일시 대여받아 같은 장소
   안에서 사격·수렵 또는 검도수련을 하는 사람

4. 군·학교 또는 공공기관에서 지휘 또는 예식에 사용하기 위하여 지휘도 또는 예식도를
   소지하거나 현역의 군·경 지휘관으로서 지휘용으로 소지하는 사람. 이 경우 그 도검은
   날을 세우지 아니한 것에 한한다.

5. 「민방위기본법」·「소방법」·「선박안전법」에 의하여 인명구조를 위한 구명줄발사총을 그
   업무와 관련하여 그 소속기관의 장의 명에 따라 소지하는 사람

6. 총포·도검·화약류·분사기·전자충격기·석궁의 제조업자가 연구·개발용으로 제조소안
   에서 사용하기 위하여 시·도경찰청장의 승인을 얻어 총포·도검·화약류·분사기·전자
   충격기·석궁원부를 비치·관리하는 제조업자

7. 소지허가를 받은 총포(공기총에 한한다)에 사용하기 위하여 그 부품에 해당하는 산탄탄
   알·연지탄 및 조준경을 소지하는 사람

② 제1항 제2호에 해당하는 사람은 행정안전부령이 정하는 공기총관리수칙을 성실히 지켜
야 한다. <개정 1999. 6. 30., 2008. 2. 29., 2013. 3. 23., 2014. 11. 19., 2017. 7. 26.>

실무상 가장 많이 문제되는 것이 바로 무허가 총포 소지의 점이다. **구성요건의 주체**
는 총포에 관하여 허가 없이 총포를 소지한 사람이고, **그 객체**는 총포(권총, 소총, 기관총, 포,
엽총, 공기총)에 한정되므로 무허가 화약류, 도검, 분사기, 전기충격기, 석궁 제조업의 경우에
는 중대범죄에 포함되지 않는다. 총포를 소지하고자 하는 사람은 법률에 정해진 바에 따라

시·도 경찰청장 또는 주소지를 관할하는 경찰서장의 허가를 받아야 한다. 본죄는 그러한 허가 없이 총포를 소지하는 행위를 처벌하는 구성요건이다.

총포 소지는 원칙적으로 금지되고 있으나, 총포화약법 제10조 제1호 내지 제10호(총포화약법 시행령 제12조에 규정된 사람을 포함한다)에 규정되어 있는 사람은 예외적으로 총포의 소지가 허용된다. 위 예외규정에 해당하지 않는 사람이 총포를 소지하고자 하는 경우에는 허가를 받아야 하므로 총포화약법상 소지가 금지되어 있는 사람인지(이러한 경우 허가 필요) 아니면 예외사유에 해당하여 소지가 허용되는 사람인지(이러한 경우는 허가 불필요)를 1차적으로 판단하는 것이 중요하다.

본죄를 범하면 3년 이상 15년 이하의 징역 또는 3천만 원 이상 1억 원 이하의 벌금에 처하고, 그 범죄행위로 취득한 수익은 모두 환수할 수 있다.

4. 범죄수익환수 사례

위와 같이 총포화약법 제70조에 해당되는 범죄를 저지르는 경우 그와 같은 범죄행위로 취득한 수익은 **범죄수익은닉규제법에 따라 임의적으로 몰수·추징**할 수 있다. 다만 **무허가로 제조·판매·수출입·소지한 총포가 그대로 압수되는 경우 해당 총포는 범죄에 제공된 물건에 해당하므로 형법 제48조 제1항에 따라 몰수의 대상**이 된다. 따라서 범죄수익은닉규제법에 따라 몰수·추징하는 범죄수익은 위와 같은 중대범죄로 인하여 생긴 재산 또는 그 범죄행위의 보수로 얻은 재산에 국한된다.

범죄수익은닉규제법에서 무허가 총포 제조·판매·수출입·소지 행위를 중대범죄로 규정하고 있음에도 불구하고 실무상 총포화약법 제70조를 의율하여 처벌하면서 그로 인하여 취득한 범죄수익을 몰수하거나 추징한 사례는 쉽게 찾기 어렵다. 위 행위를 통해 벌어들인 수익이나 위와 같은 행위에 가담하여 취득한 월급 기타 보수로 얻은 재산이 확인되는 경우 이를 추징하여 환수할 필요성이 있다(私見).

③ 폭력행위 등 처벌에 관한 법률위반(제21호 등)

1. 총설

범죄수익은닉규제법은 별표 제21호에서 **폭력행위 등 처벌에 관한 법률**(이하, '폭력행위처벌법') **제2조, 제3조, 제4조, 제5조 제1항 및 제6조[제2조·제3조·제4조 제2항[「형법」 제136조·제255조·제314조·제315조·제335조, 제337조 후단, 제340조 제2항 후단 및 제343조의 죄는 제외한다) 및 제5조 제1항의 미수범만 해당한다]의 죄**를 중대범죄로 규정한다.

관련조문

범죄수익은닉규제법 별표

중대범죄(제2조 제1호 관련)

21. 「폭력행위 등 처벌에 관한 법률」 <u>제2조부터 제4조까지, 제5조 제1항 및 제6조[제2조·</u>
<u>제3조·제4조　제2항(「형법」　제136조·제255조·제314조·제315조·제335조, 제337조</u>
<u>후단, 제340조 제2항 후단 및 제343조의 죄는 제외한다) 및 제5조 제1항의 미수범만</u>
<u>해당한다</u>]의 죄

한편 범죄수익은닉규제법은 **폭력행위처벌법 제5조 제2항 및 제6조(제5조 제2항의 미수범**
만 해당한다)의 죄에 관계된 자금 또는 재산을 범죄수익으로 명시하고 있다[범죄수익은닉규제
법 제2조 제2항 나목 2) 참조].

관련조문

제2조(정의) 이 법에서 사용하는 용어의 뜻은 다음과 같다. <개정 2014. 5. 28., 2014. 11. 19.>
2. "범죄수익"이란 다음 각 목의 어느 하나에 해당하는 것을 말한다.
　나. 다음의 어느 하나의 죄에 관계된 자금 또는 재산
　　2) 「폭력행위 등 처벌에 관한 법률」 제5조 제2항 및 제6조(제5조 제2항의 미수범만
　　해당한다)의 죄

따라서 범죄수익은닉규제법 본문 및 별표를 종합하여 보면 환수의 대상이 되는 중대범죄
는 ① **제2조(폭행 등)**, ② **제3조(집단적 폭행 등)**, ③ **제4조(단체 등의 구성·활동)**, ④ **제5조 제**
1항(단체 등의 이용·제한), ⑤ **제5조 제2항(단체 또는 집단의 구성·유지를 위한 자금 제공)**, ⑥
제6조에 따른 동법 제2조, 제3조 미수범, ⑦ **제6조에 따른 제4조 제2항에 따른 미수범**
중 형법상 공무집행방해(형법 제136조), 살인 예비·음모(형법 제255조), 업무방해(형법 제314조),
경매·입찰방해(형법 제315조), 준강도(형법 제335조), 강도치상(형법 제337조 후단), 해상강도치
상(형법 제340조 제2항 후단), 강도 예비·음모(형법 제343조)를 **제외한 나머지 미수범**, ⑧ **제6조**
에 따른 제5조 제1항 및 제2항의 미수범으로 정리할 수 있다.

폭력행위에 따라 생긴 재산으로 범죄수익으로 몰수·추징하는 경우는 실무상 쉽게 상정하
기 어려워 위 폭력행위처벌법을 적용하여 범죄수익을 환수하는 사례는 매우 드물다. 다만
범죄수익은닉규제법상 범죄행위에 의하여 생긴 재산뿐만 아니라 그 범죄행위의 보수로 얻

은 재산을 모두 범죄수익을 규정하고 있는 점에 착안하여 보면 **특정 조직에 속하여 폭력행위를 하고 그 보수로 얻은 수익이 있는 경우 이를 환수하는 것은 얼마든지 가능**하다.

이하에서는 폭력행위처벌법상 중대범죄의 구성요건을 살펴보고 구체적으로 범죄수익 환수가 가능한 사례에 대해 살펴보도록 한다.

2. 폭력행위 등에 대한 가중처벌 규정(제2조 내지 제3조)

관련조문

제2조(폭행 등) ① 삭제<2016. 1. 6.>

② 2명 이상이 공동하여 다음 각 호의 죄를 범한 사람은 「형법」 각 해당 조항에서 정한 형의 2분의 1까지 가중한다. <개정 2016. 1. 6.>

1. 「형법」 제260조 제1항(폭행), 제283조 제1항(협박), 제319조(주거침입, 퇴거불응) 또는 제366조(재물손괴 등)의 죄

2. 「형법」 제260조 제2항(존속폭행), 제276조 제1항(체포, 감금), 제283조 제2항(존속협박) 또는 제324조 제1항(강요)의 죄

3. 「형법」 제257조 제1항(상해)·제2항(존속상해), 제276조 제2항(존속체포, 존속감금) 또는 제350조(공갈)의 죄

③ 이 법(「형법」 각 해당 조항 및 각 해당 조항의 상습범, 특수범, 상습특수범, 각 해당 조항의 상습범의 미수범, 특수범의 미수범, 상습특수범의 미수범을 포함한다)을 위반하여 **2회 이상 징역형을 받은 사람이 다시 제2항 각 호에 규정된 죄를 범하여 누범(累犯)으로 처벌할 경우**에는 다음 각 호의 구분에 따라 가중처벌한다. <개정 2016. 1. 6.>

1. 제2항 제1호에 규정된 죄를 범한 사람: 7년 이하의 징역

2. 제2항 제2호에 규정된 죄를 범한 사람: 1년 이상 12년 이하의 징역

3. 제2항 제3호에 규정된 죄를 범한 사람: 2년 이상 20년 이하의 징역

④ 제2항과 제3항의 경우에는 「형법」 제260조 제3항 및 제283조 제3항을 적용하지 아니한다.

[전문개정 2014. 12. 30.]

제3조(집단적 폭행 등) ① 삭제 <2016. 1. 6.>

② 삭제<2006. 3. 24.>

③ 삭제<2016. 1. 6.>

④ 이 법(「형법」 각 해당 조항 및 각 해당 조항의 상습범, 특수범, 상습특수범, 각 해당 조항의 상습범의 미수범, 특수범의 미수범, 상습특수범의 미수범을 포함한다)을 위반하여 **2회 이상 징역형을 받은 사람이 다시 다음 각 호의 죄를 범하여 누범으로 처벌할 경우**에는 다음 각 호의 구분에 따라 가중처벌한다. <개정 2014. 12. 30., 2016. 1. 6.>

1. 「형법」 제261조(특수폭행)(제260조 제1항의 죄를 범한 경우에 한정한다), 제284조(특수협박)(제283조 제1항의 죄를 범한 경우에 한정한다), 제320조(특수주거침입) 또는 제369조 제1항(특수손괴)의 죄: 1년 이상 12년 이하의 징역
2. 「형법」 제261조(특수폭행)(제260조 제2항의 죄를 범한 경우에 한정한다), 제278조(특수체포, 특수감금)(제276조 제1항의 죄를 범한 경우에 한정한다), 제284조(특수협박)(제283조 제2항의 죄를 범한 경우에 한정한다) 또는 제324조 제2항(강요)의 죄: 2년 이상 20년 이하의 징역
3. 「형법」 제258조의2제1항(특수상해), 제278조(특수체포, 특수감금)(제276조 제2항의 죄를 범한 경우에 한정한다) 또는 제350조의2(특수공갈)의 죄: 3년 이상 25년 이하의 징역

[제목개정 2014. 12. 30.]

[2006. 3. 24. 법률 제7891호에 의하여 2004. 12. 16. 헌법재판소에서 위헌결정된 이 조 제2항을 삭제함.]

[2016. 1. 6. 법률 제13718호에 의하여 2015. 9. 24. 헌법재판소에서 위헌결정된 이 조 제1항을 삭제함.]

폭력행위처벌법은 2명 이상이 공동으로 폭력행위를 저지르거나 상습적으로 폭력을 행사하는 사범을 가중처벌하고 있다.

형법상 각 해당 조항이 범죄수익은닉규제법상 중대범죄가 아니라고 하더라도 폭력행위처벌법상 각 구성요건에 해당하게 되면 법정형이 가중되면서 중대범죄가 된다. 따라서 이로 인하여 취득한 범죄수익, 위 중대범죄 행위로 인하여 보수로 얻은 재산은 모두 환수할 수 있다. 각 법 위반죄의 법정형은 행위의 태양 및 신분에 따라 상이한 바 위 조문의 기재로 갈음한다.

3. 폭력행위처벌법상 범죄단체·집단 범죄(제4조, 제5조)

관련조문

제4조(단체 등의 구성·활동) ① 이 법에 규정된 범죄를 목적으로 하는 **단체 또는 집단을 구성**하거나 **그러한 단체 또는 집단에 가입**하거나 **그 구성원으로 활동**한 사람은 다음 각 호의 구분에 따라 처벌한다.
1. 수괴(首魁): 사형, 무기 또는 10년 이상의 징역
2. 간부: 무기 또는 7년 이상의 징역
3. 수괴·간부 외의 사람: 2년 이상의 유기징역

② 제1항의 단체 또는 집단을 구성하거나 그러한 단체 또는 집단에 가입한 사람이 단체 또는 집단의 위력을 과시하거나 단체 또는 집단의 존속·유지를 위하여 다음 각 호의 어느 하나에 해당하는 죄를 범하였을 때에는 그 죄에 대한 형의 장기(長期) 및 단기(短期)의 2분의 1까지 가중한다.

1. 「형법」에 따른 죄 중 다음 각 목의 죄

　　가. 「형법」 제8장 공무방해에 관한 죄 중 제136조(공무집행방해), 제141조(공용서류 등의 무효, 공용물의 파괴)의 죄

　　나. 「형법」 제24장 살인의 죄 중 제250조 제1항(살인), 제252조(촉탁, 승낙에 의한 살인 등), 제253조(위계 등에 의한 촉탁살인 등), 제255조(예비, 음모)의 죄

　　다. 「형법」 제34장 신용, 업무와 경매에 관한 죄 중 제314조(업무방해), 제315조(경매, 입찰의 방해)의 죄

　　라. 「형법」 제38장 절도와 강도의 죄 중 제333조(강도), 제334조(특수강도), 제335조(준강도), 제336조(인질강도), 제337조(강도상해, 치상), 제339조(강도강간), 제340조 제1항(해상강도)·제2항(해상강도상해 또는 치상), 제341조(상습범), 제343조(예비, 음모)의 죄

2. 제2조 또는 제3조의 죄(「형법」 각 해당 조항의 상습범, 특수범, 상습특수범을 포함한다)

③ 타인에게 제1항의 단체 또는 집단에 가입할 것을 강요하거나 권유한 사람은 2년 이상의 유기징역에 처한다.

④ 제1항의 단체 또는 집단을 구성하거나 그러한 단체 또는 집단에 가입하여 그 단체 또는 집단의 존속·유지를 위하여 금품을 모집한 사람은 3년 이상의 유기징역에 처한다. [전문개정 2014. 12. 30.]

제5조(단체 등의 이용·지원) ① 제4조 제1항의 단체 또는 집단을 이용하여 이 법이나 그 밖의 형벌 법규에 규정된 죄를 범하게 한 사람은 그 죄에 대한 형의 장기 및 단기의 2분의 1까지 가중한다.

② 제4조 제1항의 단체 또는 집단을 구성하거나 그러한 단체 또는 집단에 가입하지 아니한 사람이 그러한 단체 또는 집단의 구성·유지를 위하여 자금을 제공하였을 때에는 3년 이상의 유기징역에 처한다.

　　폭력행위처벌법은 법에 규정된 범죄를 목적으로 하는 단체 또는 집단을 구성하거나 그러한 단체 또는 집단에 가입하거나 그 구성원으로 활동한 사람 등을 처벌하고 있는데 이는 형법 제114조의 범죄단체·집단 조직·가입·활동죄의 특별 구성요건으로서의 의미를 갖는다. 형법 제114조 위반죄의 상세한 구성요건은 앞에서 상세히 살펴보았으므로 아래에서는 폭력행위처벌법에 특별히 규정되어 있는 구성요건 위주로 간단히 살펴보기로 한다(상세한 범죄단체·집단 관련 사항은 「제2편 제1장 제2절 사회적 법익에 관한 죄」 참조).

가. 구성요건의 주체

 폭력행위처벌법상 범죄단체·집단 관련 범죄와 관련하여 이 법에 규정된 범죄를 목적으로 하는 단체 또는 집단을 구성하거나 그러한 단체 또는 집단에 가입하거나 그 구성원으로 활동한 사람(동법 제4조 제1항 내지 제2항)이 **구성요건의 주체**가 된다(신분범). 위 사람은 단체·집단의 수괴, 간부 및 그 외의 사람 등 조직 내의 직위에 따라 처벌의 수위가 달라진다(동법 제4조 제1항 각호 참조).

나. 구성요건적 행위

 본죄의 **구성요건적 행위**를 살펴보면,

 ① **폭력행위처벌법 제4조 제1항**의 경우 단체 또는 집단을 구성하거나 그러한 단체 또는 집단에 가입하거나 그 구성원으로 활동하는 것이다.

 본죄에서의 '**활동**'이라 함은 **범죄단체 또는 집단의 내부 규율 및 통솔체계에 따른 조직적, 집단적 의사 결정에 의하여 행하는 범죄단체 또는 집단의 존속·유지를 지향하는 적극적인 행위**로서 그 기여의 정도가 폭력행위 처벌법 제4조 제3항, 제4항에 규정된 행위에 준하는 것을 의미한다.

 그리고 특정한 행위가 **범죄단체 또는 집단의 구성원으로서의 '활동'에 해당하는지 여부**는 당해 행위가 행해진 일시, 장소 및 그 내용, 그 행위가 이루어지게 된 동기 및 경위, 목적, 의사 결정자와 실행 행위자 사이의 관계 및 그 의사의 전달 과정 등의 구체적인 사정을 종합하여 실질적으로 판단하여야 할 것인데, 다수의 구성원이 관여되었다고 하더라도 범죄단체 또는 집단의 존속·유지를 목적으로 하는 조직적, 집단적 의사결정에 의한 것이 아닌 경우는 '활동'에 해당한다고 볼 수 없다.[1]

 나아가 ② 위와 같은 단체 또는 집단에 가입한 사람(신분범)이 **단체 또는 집단의 위력을 과시하거나 단체 또는 집단의 존속·유지를 위하여 형법상 범죄를 범하는 경우**에는 그 형의 장단기를 1/2씩 가중한다(동법 제4조 제2항 각호 참조).

 한편 ③ **타인에게 위 단체 또는 집단에 가입할 것을 강요하거나 권유**하는 행위(동법 제4조 제3항)를 처벌하는데, 단체 또는 집단의 조직원이 아니더라도 타인에게 가입을 강요하거나 권유하기만 하면 범죄가 성립한다.

 그리고 ④ 위 단체 또는 집단을 구성하거나 그러한 단체 또는 집단에 가입한 사람이 그 **단체 또는 집단의 존속 및 유지를 위하여 금품을 모집하는 경우** 이러한 범죄도 처벌한다

---

1 대법원 2009. 9. 10. 선고 2008도10177 판결, 대법원 2012. 2. 23. 선고 2011도14896 판결 등 참조.

(동법 제4조 제4항).

이 경우 단체 또는 집단의 조직원이라는 신분이 요구되고(신분범), 조직원으로서 소속 단체 또는 집단의 존속, 유지를 위해 모집한 금품은 범죄수익은닉규제법에 따라 환수의 대상이 되며, 그와 같은 일을 하면서 받은 보수 기타 대가로 얻은 재산 또한 모두 환수 대상이다.

⑤ 폭력행위처벌법 제4조 제1항의 단체 또는 집단을 이용하여 폭력행위처벌법 또는 그 밖의 형벌법규에 규정된 죄를 범하도록 한 사람 또한 가중처벌한다(동법 제5조 제1항). 이는 폭력행위처벌법상 범죄단체 또는 집단으로 하여금 범죄행위를 교사한 사람을 정범으로 처벌하는 규정으로, 교사자가 반드시 위 단체 또는 집단의 조직원일 것을 요하지 아니한다.

마지막으로 ⑥ 위 단체 또는 집단을 구성하거나 그러한 단체 또는 집단에 가입하지 아니한 사람이 그러한 단체 또는 집단의 구성·유지를 위하여 자금을 제공하는 행위를 처벌한다(동법 제5조 제2항, 비신분범).

다. 처벌

위에서 살펴본 각 구성요건의 법정형은 행위의 태양 및 신분에 따라 상이한 바 위 조문의 기재로 갈음한다. 한편 범죄수익은닉규제법은 이 구성요건에 관계된 자금 또는 재산 자체를 특별한 범죄수익으로 규정하면서 범죄단체 또는 집단의 구성·유지를 위해 제공된 자금을 범죄수익으로 환수할 수 있도록 하고 있다.

관련조문

범죄수익은닉규제법 제2조(정의) 이 법에서 사용하는 용어의 뜻은 다음과 같다. <개정 2014.
5. 28., 2014. 11. 19.>
2. "범죄수익"이란 다음 각 목의 어느 하나에 해당하는 것을 말한다.
　나. 다음의 어느 하나의 죄에 관계된 자금 또는 재산
　　2) 「폭력행위 등 처벌에 관한 법률」 제5조 제2항 및 제6조(제5조 제2항의 미수범
　　　만 해당한다)의 죄

---

4. 범죄수익환수 및 자금세탁범죄 처벌 사례

형법 제114조 위반죄 부분에서 살펴본 바와 같이 폭력행위처벌법상 범죄단체·집단을 조직하고 활동하면서 그 보수로서 벌어들인 범죄수익은 그 자체로 몰수·추징의 대상이 된다. 따라서 위와 같은 조직원으로 일하면서 얻은 수익은 그 자체로 환수대상이고 위 조직

의 구성 및 유지와 관계된 재산이나 자금도 범죄수익은닉규제법상 그 자체로 환수할 수 있다.

대법원은 형법상 범죄단체조직죄와 관련하여 보이스피싱으로 취득한 범죄수익이 범죄피해재산이라고 하더라도 동시에 독자적 법익을 침해하는 경우에는 추징의 대상이 된다고 판시하여 법리를 확립하였다.[2]

이와 유사한 판결로 사기죄와 범죄수익은닉규제법위반죄 및 상표법위반죄가 함께 성립한 사례[3], 사기죄와 범죄수익은닉규제법위반죄, 게임산업진흥에관한법률위반죄가 함께 성립한 사례[4] 모두 별개의 독자적 법익을 침해한다는 이유로 피고인이 취득한 재산을 추징함이 상당하다고 판시하였다.

> **판례**
>
> **(전략)** 범죄수익은닉규제법 제8조 제3항, 제10조 제2항이 범죄수익등의 재산이 범죄피해재산인 경우에는 이를 몰수 또는 추징할 수 없다고 규정하고 있으나 이는 **재산에 관한 죄 외에 독자적 법익을 함께 침해한 경우까지 적용되는 것은 아니다 (중략) 이 사건 범죄단체활동죄에 의한 범죄수익은 범죄수익은닉규제법 제2조 제1호, [별표] 제1의 (가)목, 제2호 (가)목, 제8조 제1항, 제10조 제1항에 의하여 각 추징의 대상이 되고, 그 범죄수익이 사기죄의 피해자로부터 취득한 재산에도 해당한다 하여 달리 볼 것은 아니다(후략)**(대법원 2017. 10. 26. 선고 2017도8600 판결 참조).

그러나 실무상 조직원들이 범죄단체·조직의 구성원으로서 보수로 얻은 재산에 대하여 몰수·추징 선고를 받은 경우를 제외하고 실제로 범죄단체의 운영과 유지를 위하여 제공된 재산에 대한 환수사례는 찾기 어렵다.

생각건대, **범죄단체의 조직, 구성과 운영을 위해서는 막대한 자금이 필요**한 바, 그러한 조직의 운영에 필요한 사정을 알고 자금을 제공하는 행위 자체가 범죄수익은닉규제법상 중대범죄에 해당할 뿐만 아니라 **이와 같이 제공된 자금은 그 자체로 범죄수익에 해당하므로 폭력행위처벌법상 범죄단체·집단이 확인되는 경우 그 단체·조직의 운영에 사용된 자금의 출처를 확인하여 이를 환수하기 위한 노력**이 필요하다(私見).

---

2 대법원 2017. 10. 26. 선고 2017도8600 판결 참조.
3 대법원 2012. 10. 11. 선고 2010도7129 판결 참조.
4 대법원 2015. 1. 29. 선고 2014도13446 판결 참조.

4 국민보호와 공공안전을 위한 테러방지법위반(제45호)

1. 총설

범죄수익은닉규제법 별표 제45호에서는 **국민보호와 공공안전을 위한 테러방지법**(이하, '테러방지법') **제17조 제1항의 죄**를 범죄수익환수 대상범죄로 규정하고 있다. 본죄는 2019. 4. 23. **범죄수익은닉규제법이 개정되면서 중대범죄로 추가되었다.**

관련조문

범죄수익은닉규제법 별표

중대범죄(제2조 제1호 관련)

45. 「국민보호와 공공안전을 위한 테러방지법」 **제17조 제1항**의 죄

테러방지법은 테러의 예방 및 대응 활동 등에 관하여 필요한 사항과 테러로 인한 피해보전 등을 규정함으로써 테러로부터 국민의 생명과 재산을 보호하고 국가 및 공공의 안전을 확보하는 것을 목적으로 한다(**동법 제1조 참조**).

범죄수익은닉규제법이 중대범죄로 규정하고 있는 구성요건은 테러단체를 구성하거나 구성원으로 가입한 사람을 처벌하는 것으로 범죄단체·집단의 구성원으로 활동하면서 얻은 수익 및 보수로 받은 재산은 모두 환수할 수 있도록 하였다. 테러방지법은 자체적인 몰수·추징 규정을 두고 있지 않으므로 위 규정을 위반하여 벌어들인 수익에 대한 몰수·추징은 **범죄수익은닉규제법상 임의적 몰수·추징 규정**이 적용된다.

2. 구성요건 및 처벌

관련조문

제17조(테러단체 구성죄 등) ① 테러단체를 구성하거나 구성원으로 가입한 사람은 다음 각 호의 구분에 따라 처벌한다.

1. 수괴(首魁)는 사형·무기 또는 10년 이상의 징역
2. 테러를 기획 또는 지휘하는 등 중요한 역할을 맡은 사람은 무기 또는 7년 이상의 징역
3. 타국의 외국인테러전투원으로 가입한 사람은 5년 이상의 징역
4. 그 밖의 사람은 3년 이상의 징역

테러방지법은 테러단체를 구성하거나 구성원으로 가입한 사람은 단체 내부의 지위와 역할에 따라 처벌하고 있다.

가. 구성요건 주체

구성요건의 주체는 아무런 제한이 없다. 따라서 누구든지 본죄의 주체가 될 수 있다. 다만 **테러단체의 구성원으로서 단체 내부의 지위에 따라** 수괴(사형, 무기 또는 10년 이상의 징역, **제1호**), 테러를 기획 또는 지휘하는 등 중요한 역할을 맡은 사람(무기 또는 7년 이상의 징역, **제2호**), 타국의 외국인테러전투원으로 가입한 사람(5년 이상의 징역, **제3호**), 그 밖의 사람(3년 이상의 징역, **제4호**)으로 달리 처벌된다는 점이 차이가 있다.

나. 구성요건적 행위, 객체 및 처벌

구성요건적 행위는 테러단체를 구성하거나 구성원으로 가입하는 것이다. 형법상 범죄단체·조직죄와는 달리 테러단체를 구성하거나 구성원으로 가입하는 것만으로 처벌의 대상이 된다는 점이 특징이다.

한편 동법의 적용범위와 관련하여 동법은 **세계주의가 적용**(동법 제19조)되므로 테러단체 구성죄 등(동법 제17조)은 대한민국 영역 밖에서 저지른 외국인에게도 국내법이 적용된다. 결국 대한민국 영역 밖에서 테러단체를 구성하거나 구성원으로 가입한 사람이라 하더라도 테러방지법의 적용을 받게 된다.

실무상 **외국인인 테러단체 구성원이 국내에 입국하는 경우가 문제**될 수 있는데 이러한 경우에도 국내법인 테러방지법을 적용하여 처벌할 수 있다고 봄이 상당하다. 단 **테러방지법은 2016. 3. 3. 제정·시행(법률 제14071호)되었으므로 위 법 시행 이후 테러단체를 구성하거나 구성원으로 가입하는 행위만 처벌대상이 됨을 유의**할 필요가 있다.

한편 **구성요건의 객체**는 '**테러단체**'로서 여기서 테러단체란 국제연합(UN)이 지정한 테러단체를 말한다(동법 제2조 제2호 참조). 따라서 행위자가 가담하였다는 단체가 단순한 폭력단체인지 아니면 국제연합(UN)이 지정한 테러단체인지 여부를 먼저 확인할 필요가 있다. 단순 폭력단체인 경우에는 형법상 범죄단체·조직 가입·활동죄(형법 제114조) 또는 폭력행위처벌법상 폭력단체 가입·활동죄로 처벌되고 해당 규정에 따라 범죄수익을 환수할 수 있다. 이때 '**단체**'의 개념은 형법상 범죄단체의 그것과 같다고 해석해야 할 것이다. 다만 법률에서 국제연합(UN)이 지정한 테러단체라고 명시하고 있으므로 일반 형법과 같이 범죄단체에 해당하는지 여부가 특별히 문제되는 사례는 없을 것으로 보인다.

　주관적 **구성요건요소**와 관련하여 자신이 가입하는 단체가 국제연합(UN)이 지정한 테러단체라는 사실을 인식할 것을 요한다(**고의범**). 이때의 인식은 확정적 인식은 필요 없고 미필적으로나마 그와 같은 단체일 것이라는 것을 인식하는 것으로 충분하다(미필적 고의). 한편 각 법위반죄의 법정형은 행위의 태양 및 신분에 따라 상이한 바 위 조문의 기재로 갈음한다.

3. 범죄수익환수 및 자금세탁범죄 처벌 사례

　실무상 테러방지법에 따른 국제테러단체에 구성원으로 직접 가입하여 처벌되거나 그 과정에서 취득한 범죄수익을 환수한 사례는 쉽게 찾아보기 어렵다. 다만 국내에서 해외의 테러단체에 테러자금을 조달하는 방법으로 테러단체를 이롭게 하는 행위를 하는 경우 공중 등 협박목적 대량살상무기 확산을 위한 자금조달행위의 금지에 관한 법률위반죄로 처벌받게 되고 범죄수익은닉규제법상 위 법률 제6조 제1항, 제4항(제6조 제1항 제1호의 미수범에 한정) 위반죄와 관계된 자금 또는 재산을 환수할 수 있음을 유의할 필요가 있다. 위 테러자금 관련 법률은 별도로 항을 나누어 검토하기로 한다.

⑤ 국제형사재판소 관할 범죄의 처벌 등에 관한 법률위반[제2조 제2호 나목 5)]

1. 총설

　범죄수익은닉규제법은 국제형사재판소 관할 범죄의 처벌 등에 관한 법률(이하, '국제형사범죄법') 제8조부터 제16조 위반죄에 관계된 자금 또는 재산을 범죄수익으로 명시하고 있다[범죄수익은닉규제법 제2조 제2호 나목 5) 참조]. 본죄는 2007. 12. 21. **범죄수익은닉규제법이 개정되면서 중대범죄로 추가**되었다.

관련조문

　제2조(정의) 이 법에서 사용하는 용어의 뜻은 다음과 같다. <개정 2014. 5. 28., 2014. 11. 19.>

　　2. "범죄수익"이란 다음 각 목의 어느 하나에 해당하는 것을 말한다.

　　　나. 다음의 어느 하나의 죄에 관계된 자금 또는 재산

　　　　<u>5)「국제형사재판소 관할 범죄의 처벌 등에 관한 법률」 제8조부터 제16조까지의 죄</u>

　국제형사범죄법은 인간의 존엄과 가치를 존중하고 국제사회의 정의를 실현하기 위하여 「**국제형사재판소에 관한 로마규정**」에 따른 국제형사재판소의 관할 범죄를 처벌하고 대한민국과

국제형사재판소 간의 협력에 관한 절차를 정함을 목적으로 한다(제1조).

동법은 위 중대범죄에 대한 별도의 몰수·추징 규정을 마련해 놓고 있지 않으므로 위 **중대범죄에 관계된 자금 또는 재산은 범죄수익은닉규제법에 따른 몰수·추징 규정의 적용**을 받는다.

그러나 본죄는 실무상 처벌된 사례가 전무할 정도로 거의 적용되지 않고 있다. 따라서 이하에서는 **본죄의 각 적용법조만 간단히 소개하는 것으로 구성요건 해설을 갈음**하기로 한다.

2. 집단살해죄(제8조)

관련조문

제8조(집단살해죄) ① 국민적·인종적·민족적 또는 종교적 집단 자체를 전부 또는 일부 파괴할 목적으로 그 집단의 구성원을 살해한 사람은 사형, 무기 또는 7년 이상의 징역에 처한다.

② 제1항과 같은 목적으로 다음 각 호의 어느 하나에 해당하는 행위를 한 사람은 무기 또는 5년 이상의 징역에 처한다.

1. 제1항의 집단의 구성원에 대하여 중대한 신체적 또는 정신적 위해(危害)를 끼치는 행위

2. 신체의 파괴를 불러일으키기 위하여 계획된 생활조건을 제1항의 집단에 고의적으로 부과하는 행위

3. 제1항의 집단 내 출생을 방지하기 위한 조치를 부과하는 행위

4. 제1항의 집단의 아동을 강제로 다른 집단으로 이주하도록 하는 행위

③ 제2항 각 호의 어느 하나에 해당하는 행위를 하여 사람을 사망에 이르게 한 사람은 제1항에서 정한 형에 처한다.

④ 제1항 또는 제2항의 죄를 선동한 사람은 5년 이상의 유기징역에 처한다.

⑤ 제1항 또는 제2항에 규정된 죄의 미수범은 처벌한다.

3. 인도에 반한 죄(제9조)

관련조문

제9조(인도에 반한 죄) ① 민간인 주민을 공격하려는 국가 또는 단체·기관의 정책과 관련하여 민간인 주민에 대한 광범위하거나 체계적인 공격으로 사람을 살해한 사람은 사형, 무기 또는 7년 이상의 징역에 처한다.

② 민간인 주민을 공격하려는 국가 또는 단체·기관의 정책과 관련하여 민간인 주민에 대한 광범위하거나 체계적인 공격으로 다음 각 호의 어느 하나에 해당하는 행위를 한 사람은 무기 또는 5년 이상의 징역에 처한다.

1. 식량과 의약품에 대한 주민의 접근을 박탈하는 등 일부 주민의 말살을 불러올 생활조건을 고의적으로 부과하는 행위
2. 사람을 노예화하는 행위
3. 국제법규를 위반하여 강제로 주민을 그 적법한 주거지에서 추방하거나 이주하도록 하는 행위
4. 국제법규를 위반하여 사람을 감금하거나 그 밖의 방법으로 신체적 자유를 박탈하는 행위
5. 자기의 구금 또는 통제하에 있는 사람에게 정당한 이유 없이 중대한 신체적 또는 정신적 고통을 주어 고문하는 행위
6. 강간, 성적 노예화, 강제매춘, 강제임신, 강제불임 또는 이와 유사한 중대한 성적 폭력 행위
7. 정치적·인종적·국민적·민족적·문화적·종교적 사유, 성별 또는 그 밖의 국제법규에 따라 인정되지 아니하는 사유로 집단 또는 집합체 구성원의 기본적 인권을 박탈하거나 제한하는 행위
8. 사람을 장기간 법의 보호로부터 배제시킬 목적으로 국가 또는 정치단체의 허가·지원 또는 묵인하에 이루어지는 다음 각 목의 어느 하나에 해당하는 행위
   가. 사람을 체포·감금·약취 또는 유인(이하 "체포등"이라 한다)한 후 그 사람에 대한 체포등의 사실, 인적 사항, 생존 여부 및 소재지 등에 대한 정보 제공을 거부하거나 거짓 정보를 제공하는 행위
   나. 가목에 규정된 정보를 제공할 의무가 있는 사람이 정보 제공을 거부하거나 거짓 정보를 제공하는 행위
9. 제1호부터 제8호까지의 행위 외의 방법으로 사람의 신체와 정신에 중대한 고통이나 손상을 주는 행위

③ 인종집단의 구성원으로서 다른 인종집단을 조직적으로 억압하고 지배하는 체제를 유지할 목적으로 제1항 또는 제2항에 따른 행위를 한 사람은 각 항에서 정한 형으로 처벌한다.

④ 제2항 각 호의 어느 하나에 해당하는 행위 또는 제3항의 행위(제2항 각 호의 어느 하나에 해당하는 행위로 한정한다)를 하여 사람을 사망에 이르게 한 사람은 제1항에서 정한 형에 처한다.

⑤ 제1항부터 제3항까지에 규정된 죄의 미수범은 처벌한다.

4. 사람에 대한 전쟁범죄(제10조)

관련조문

제10조(사람에 대한 전쟁범죄) ① 국제적 무력충돌 또는 비국제적 무력충돌(폭동이나 국지적이고 산발적인 폭력행위와 같은 국내적 소요나 긴장 상태는 제외한다. 이하 같다)과 관련하여 인도에 관한 국제법규에 따라 보호되는 사람을 살해한 사람은 사형, 무기 또는 7년 이상의 징역에 처한다.

② 국제적 무력충돌 또는 비국제적 무력충돌과 관련하여 다음 각 호의 어느 하나에 해당하는 행위를 한 사람은 무기 또는 5년 이상의 징역에 처한다.

1. 인도에 관한 국제법규에 따라 보호되는 사람을 인질로 잡는 행위

2. 인도에 관한 국제법규에 따라 보호되는 사람에게 고문이나 신체의 절단 등으로 신체 또는 건강에 중대한 고통이나 손상을 주는 행위

3. 인도에 관한 국제법규에 따라 보호되는 사람을 강간, 강제매춘, 성적 노예화, 강제임신 또는 강제불임의 대상으로 삼는 행위

③ 국제적 무력충돌 또는 비국제적 무력충돌과 관련하여 다음 각 호의 어느 하나에 해당하는 행위를 한 사람은 3년 이상의 유기징역에 처한다.

1. 인도에 관한 국제법규에 따라 보호되는 사람을 국제법규를 위반하여 주거지로부터 추방하거나 이송하는 행위

2. 공정한 정식재판에 의하지 아니하고 인도에 관한 국제법규에 따라 보호되는 사람에게 형을 부과하거나 집행하는 행위

3. 치료의 목적 등 정당한 사유 없이 인도에 관한 국제법규에 따라 보호되는 사람을 그의 자발적이고 명시적인 사전 동의 없이 생명·신체에 중대한 위해를 끼칠 수 있는 의학적·과학적 실험의 대상으로 삼는 행위

4. 조건 없이 항복하거나 전투능력을 잃은 군대의 구성원이나 전투원에게 상해(傷害)를 입히는 행위

5. 15세 미만인 사람을 군대 또는 무장집단에 징집 또는 모병의 방법으로 참여하도록 하거나 적대행위에 참여하도록 하는 행위

④ 국제적 무력충돌 또는 비국제적 무력충돌과 관련하여 인도에 관한 국제법규에 따라 보호되는 사람을 중대하게 모욕하거나 품위를 떨어뜨리는 처우를 한 사람은 1년 이상의 유기징역에 처한다.

⑤ 국제적 무력충돌과 관련하여 다음 각 호의 어느 하나에 해당하는 행위를 한 사람은 3년 이상의 유기징역에 처한다.

1. 정당한 사유 없이 인도에 관한 국제법규에 따라 보호되는 사람을 감금하는 행위

2. 자국의 주민 일부를 점령지역으로 이주시키는 행위

3. 인도에 관한 국제법규에 따라 보호되는 사람으로 하여금 강제로 적국의 군대에 복무하도록 하는 행위

4. 적국의 국민을 강제로 자신의 국가에 대한 전쟁 수행에 참여하도록 하는 행위

⑥ 제2항·제3항 또는 제5항의 죄를 범하여 사람을 사망에 이르게 한 사람은 사형, 무기 또는 7년 이상의 징역에 처한다.

⑦ 제1항부터 제5항까지에 규정된 죄의 미수범은 처벌한다.

5. 재산 및 권리에 대한 전쟁범죄(제11조)

관련조문

제11조(재산 및 권리에 대한 전쟁범죄) ① 국제적 무력충돌 또는 비국제적 무력충돌과 관련하여 적국 또는 적대 당사자의 재산을 약탈하거나 무력충돌의 필요상 불가피하지 아니한데도 적국 또는 적대 당사자의 재산을 국제법규를 위반하여 광범위하게 파괴·징발하거나 압수한 사람은 무기 또는 3년 이상의 징역에 처한다.

② 국제적 무력충돌과 관련하여 국제법규를 위반하여 적국의 국민 전부 또는 다수의 권리나 소송행위가 법정에서 폐지·정지되거나 허용되지 아니한다고 선언한 사람은 3년 이상의 유기징역에 처한다.

③ 제1항 또는 제2항에 규정된 죄의 미수범은 처벌한다.

6. 인도적 활동이나 식별표장 등에 관한 전쟁범죄(제12조)

관련조문

제12조(인도적 활동이나 식별표장 등에 관한 전쟁범죄) ① 국제적 무력충돌 또는 비국제적 무력충돌과 관련하여 다음 각 호의 어느 하나에 해당하는 행위를 한 사람은 3년 이상의 유기징역에 처한다.

1. 국제연합헌장에 따른 인도적 원조나 평화유지임무와 관련된 요원·시설·자재·부대 또는 차량이 무력충돌에 관한 국제법에 따라 민간인 또는 민간 대상물에 부여되는 보호를 받을 자격이 있는데도 그들을 고의적으로 공격하는 행위

2. 제네바협약에 규정된 식별표장(識別表裝)을 정당하게 사용하는 건물, 장비, 의무부대, 의무부대의 수송수단 또는 요원을 공격하는 행위

② 국제적 무력충돌 또는 비국제적 무력충돌과 관련하여 제네바협약에 규정된 식별표장·휴

전기(休戰旗), 적이나 국제연합의 깃발·군사표지 또는 제복을 부정한 방법으로 사용하여 사람을 사망에 이르게 하거나 사람의 신체에 중대한 손상을 입힌 사람은 다음의 구분에 따라 처벌한다.

1. 사람을 사망에 이르게 한 사람은 사형, 무기 또는 7년 이상의 징역에 처한다.

2. 사람의 신체에 중대한 손상을 입힌 사람은 무기 또는 5년 이상의 징역에 처한다.

③ 제1항 또는 제2항에 규정된 죄의 미수범은 처벌한다.

7. 금지된 방법에 의한 전쟁범죄(제13조)

관련조문

제13조(금지된 방법에 의한 전쟁범죄) ① 국제적 무력충돌 또는 비국제적 무력충돌과 관련하여 다음 각 호의 어느 하나에 해당하는 행위를 한 사람은 무기 또는 3년 이상의 징역에 처한다.

1. 민간인 주민을 공격의 대상으로 삼거나 적대행위에 직접 참여하지 아니한 민간인 주민을 공격의 대상으로 삼는 행위

2. 군사목표물이 아닌 민간 대상물로서 종교·교육·예술·과학 또는 자선 목적의 건물, 역사적 기념물, 병원, 병자 및 부상자를 수용하는 장소, 무방비 상태의 마을·거주지·건물 또는 위험한 물리력을 포함하고 있는 댐 등 시설물을 공격하는 행위

3. 군사작전상 필요에 비하여 지나치게 민간인의 신체·생명 또는 민간 대상물에 중대한 위해를 끼치는 것이 명백한 공격 행위

4. 특정한 대상에 대한 군사작전을 막을 목적으로 인도에 관한 국제법규에 따라 보호되는 사람을 방어수단으로 이용하는 행위

5. 인도에 관한 국제법규를 위반하여 민간인들의 생존에 필수적인 물품을 박탈하거나 그 물품의 공급을 방해함으로써 기아(飢餓)를 전투수단으로 사용하는 행위

6. 군대의 지휘관으로서 예외 없이 적군을 살해할 것을 협박하거나 지시하는 행위

7. 국제법상 금지되는 배신행위로 적군 또는 상대방 전투원을 살해하거나 상해를 입히는 행위

② 제1항 제1호부터 제6호까지의 죄를 범하여 인도에 관한 국제법규에 따라 보호되는 사람을 사망 또는 상해에 이르게 한 사람은 다음의 구분에 따라 처벌한다.

1. 사망에 이르게 한 사람은 사형, 무기 또는 7년 이상의 징역에 처한다.

2. 중대한 상해에 이르게 한 사람은 무기 또는 5년 이상의 징역에 처한다.

③ 국제적 무력충돌 또는 비국제적 무력충돌과 관련하여 자연환경에 군사작전상 필요한 것보다 지나치게 광범위하고 장기간의 중대한 훼손을 가하는 것이 명백한 공격 행위를 한 사람은 3년 이상의 유기징역에 처한다.

④ 제1항 또는 제3항에 규정된 죄의 미수범은 처벌한다.

8. 금지된 무기를 사용한 전쟁범죄(제14조)

관련조문

제14조(금지된 무기를 사용한 전쟁범죄) ① 국제적 무력충돌 또는 비국제적 무력충돌과 관련하여 다음 각 호의 어느 하나에 해당하는 무기를 사용한 사람은 무기 또는 5년 이상의 징역에 처한다.
1. 독물(毒物) 또는 유독무기(有毒武器)
2. 생물무기 또는 화학무기
3. 인체 내에서 쉽게 팽창하거나 펼쳐지는 총탄
② 제1항의 죄를 범하여 사람의 생명·신체 또는 재산을 침해한 사람은 사형, 무기 또는 7년 이상의 징역에 처한다.
③ 제1항에 규정된 죄의 미수범은 처벌한다.

9. 지휘관 등의 직무태만죄(제15조)

관련조문

제15조(지휘관 등의 직무태만죄) ① 군대의 지휘관 또는 단체·기관의 상급자로서 직무를 게을리하거나 유기(遺棄)하여 실효적인 지휘와 통제하에 있는 부하가 집단살해죄등을 범하는 것을 방지하거나 제지하지 못한 사람은 7년 이하의 징역에 처한다.
② 과실로 제1항의 행위에 이른 사람은 5년 이하의 징역에 처한다.
③ 군대의 지휘관 또는 단체·기관의 상급자로서 집단살해죄등을 범한 실효적인 지휘와 통제하에 있는 부하 또는 하급자를 수사기관에 알리지 아니한 사람은 5년 이하의 징역에 처한다.
[전문개정 2011. 4. 12.]

10. 사법방해죄(제16조)

관련조문

제16조(사법방해죄) ① 국제형사재판소에서 수사 또는 재판 중인 사건과 관련하여 다음 각 호의 어느 하나에 해당하는 사람은 5년 이하의 징역 또는 1천500만 원 이하의 벌금에 처하거나 이를 병과(倂科)할 수 있다.

1. 거짓 증거를 제출한 사람

2. 폭행 또는 협박으로 참고인 또는 증인의 출석·진술 또는 증거의 수집·제출을 방해한 사람

3. 참고인 또는 증인의 출석·진술 또는 증거의 수집·제출을 방해하기 위하여 그에게 금품이나 그 밖의 재산상 이익을 약속·제공하거나 제공의 의사를 표시한 사람

4. 제3호의 금품이나 그 밖의 재산상 이익을 수수(收受)·요구하거나 약속한 참고인 또는 증인

② 제1항은 국제형사재판소의 청구 또는 요청에 의하여 대한민국 내에서 진행되는 절차에 대하여도 적용된다.

③ 제1항의 사건과 관련하여 「형법」 제152조, 제154조 또는 제155조 제1항부터 제3항까지의 규정이나 「특정범죄 가중처벌 등에 관한 법률」 제5조의9에 따른 행위를 한 사람은 각 해당 규정에서 정한 형으로 처벌한다. 이 경우 「형법」 제155조 제4항은 적용하지 아니한다.

④ 제1항의 사건과 관련하여 국제형사재판소 직원에게 「형법」 제136조, 제137조 또는 제144조에 따른 행위를 한 사람은 각 해당 규정에서 정한 형으로 처벌한다. 이 경우 국제형사재판소 직원은 각 해당 규정에 따른 공무원으로 본다.

⑤ 제1항의 사건과 관련하여 국제형사재판소 직원에게 「형법」 제133조의 행위를 한 사람은 같은 조에서 정한 형으로 처벌한다. 이 경우 국제형사재판소 직원은 해당 조문에 따른 공무원으로 본다.

⑥ 이 조에서 "국제형사재판소 직원"이란 재판관, 소추관, 부소추관, 사무국장 및 사무차장을 포함하여 국제형사재판소규정에 따라 국제형사재판소의 사무를 담당하는 사람을 말한다.

[전문개정 2011. 4. 12.]

---

6 공중 등 협박목적 및 대량살상무기확산을 위한 자금조달행위의 금지에 관한 법률위반[제2조 제2호 나목 6)]

1. 총설

범죄수익은닉규제법은 공중 등 협박목적 대량살상무기 확산을 위한 자금조달행위의 금지에 관한 법률(이하, '테러자금금지법') 제6조 제1항, 제4항의 죄(제6조 제1항 제1호의 미수범에 한정한다)에 관계된 자금 또는 재산을 범죄수익으로 명시하고 있다[범죄수익은닉규제법 제2조 제2호 나목 6) 참조]. 본죄는 2009. 3. 18. 범죄수익은닉규제법이 개정(2009. 6. 19. 시행)되면서 중대범죄로 추가되었다.

관련조문

제2조(정의) 이 법에서 사용하는 용어의 뜻은 다음과 같다. <개정 2014. 5. 28., 2014. 11. 19.>

  2. "범죄수익"이란 다음 각 목의 어느 하나에 해당하는 것을 말한다.

    나. 다음의 어느 하나의 죄에 관계된 자금 또는 재산

      6) 「공중 등 협박목적 및 대량살상무기확산을 위한 자금조달행위의 금지에 관한
        법률」 제6조 제1항·제4항(제6조 제1항 제1호의 미수범에 한정한다)의 죄

동법은 공중(公衆) 등 협박목적 및 대량살상무기확산을 위한 자금조달행위의 금지에 필요한 사항을 정함으로써 「테러자금 조달의 억제를 위한 국제협약」과 대량살상무기확산 방지와 관련된 국제연합 안전보장이사회의 결의 등을 이행하는 것을 목적으로 한다(동법 제1조 참조).

한편 동법은 위 중대범죄에 대한 별도의 몰수·추징 규정을 마련해 놓고 있지 않으므로 위 중대범죄에 관계된 자금 또는 재산은 범죄수익은닉규제법에 따른 몰수·추징 규정의 적용을 받는다.

실무상 국제 테러단체를 이롭게 하기 위하여 테러자금을 국내에서 해외로 송금하는 경우가 다수 문제되고 있는데 이러한 경우 테러자금금지법이 적용되어 처벌되고 이에 관계된 자금 등은 모두 환수의 대상이 되며 그 과정에서 범죄수익의 취득 및 처분을 가장하거나 은닉하는 경우 자금세탁범죄로 처벌된다.

이하에서는 테러자금금지법상 중대범죄의 구성요건을 살펴보고 실무상 테러자금을 지원한 행위와 관련하여 테러자금금지법위반죄로 처벌되어 범죄수익을 환수할 사례를 검토하도록 한다.

2. 구성요건 및 처벌

가. 테러자금·재산 제공·모집 등 금지의 점(제6조 제1항 제1호, 제5조의2 제1항, 제2항)

관련조문

제6조(벌칙) ① 다음 각 호의 어느 하나에 해당하는 자는 10년 이하의 징역 또는 1억 원 이하의 벌금에 처한다. <개정 2014. 5. 28.>

  1. 제5조의2 제1항 또는 제2항을 위반하여 자금 또는 재산을 제공·모집하거나 운반·보관한 자

☞ 제5조의2(금지행위) ① 누구든지 **제2조 제1호 각 목**의 어느 하나에 해당하는 행위를 하거나 하려고 하는 개인, 법인 또는 단체라는 **정을 알면서 그를 이롭게 할 목적으로** 그 개인, 법인 또는 단체에 **직접 또는 제3자를 통하여 자금 또는 재산을 제공**해서는 아니 된다.

② 누구든지 **제1항**에 따른 개인, 법인 또는 단체라는 정을 알면서 그를 이롭게 할 목적으로 자금 또는 재산을 모집하거나 운반·보관해서는 아니 된다.

☞ 제2조(정의) 이 법에서 사용하는 용어의 정의는 다음과 같다. <개정 2011. 7. 25., 2013. 4. 5., 2014. 5. 28., 2016. 3. 29.>

1. **"공중 등 협박목적을 위한 자금(이하 "공중협박자금"이라 한다)"**이란 **국가·지방자치단체 또는 외국정부**(외국지방자치단체와 조약 또는 그 밖의 국제적인 협약에 따라 설립된 국제기구를 포함한다)의 **권한행사를 방해하거나 의무없는 일을 하게 할 목적으로** 또는 **공중에게 위해를 가하고자 하는 등 공중을 협박할 목적으로 행하는 다음 각 목의 어느 하나에 해당하는 행위에 사용하기 위하여 모집·제공되거나 운반·보관된 자금이나 재산**을 말한다.

   가. 사람을 살해하거나 사람의 신체를 상해하여 생명에 대한 위험을 발생하게 하는 행위 또는 사람을 체포·감금·약취·유인하거나 인질로 삼는 행위

   나. 항공기(「항공안전법」 제2조 제1호의 항공기를 말한다. 이하 이 목에서 같다)와 관련된 다음 각각의 어느 하나에 해당하는 행위

   (1) 운항중(「항공보안법」 제2조 제1호의 운항중을 말한다. 이하 이 목에서 같다)인 항공기를 추락시키거나 전복·파괴하는 행위, 그 밖에 운항중인 항공기의 안전을 해칠 만한 손괴를 가하는 행위

   (2) 폭행이나 협박, 그 밖의 방법으로 운항중인 항공기를 강탈하거나 항공기의 운항을 강제하는 행위

   (3) 항공기의 운항과 관련된 항공시설을 손괴하거나 조작을 방해하여 항공기의 안전운항에 위해를 가하는 행위

   다. 선박(「선박 및 해상구조물에 대한 위해행위의 처벌 등에 관한 법률」 제2조 제1호 본문의 선박을 말한다. 이하 이 목에서 같다) 또는 **해상구조물**(같은 법 제2조 제5호의 해상구조물을 말한다. 이하 이 목에서 같다)과 관련된 다음 각각의 어느 하나에 해당하는 행위

   (1) 운항(같은 법 제2조 제2호의 운항을 말한다. 이하 이 목에서 같다) 중인 선박 또는 해상구조물을 파괴하거나, 그 안전을 위태롭게 할 만한 손상을 운항 중인 선박이나 해상구조물 또는 그에 실려 있는 화물에 가하는 행위

   (2) 폭행이나 협박, 그 밖의 방법으로 운항 중인 선박 또는 해상구조물을 강탈하거나 선박의 운항을 강제하는 행위

   (3) 운항 중인 선박의 안전을 위태롭게 하기 위하여 그 선박 운항과 관련된 기기·시설을 파괴 또는 중대한 손상을 가하거나 기능장애 상태를 야기하는 행위

라. 사망·중상해 또는 중대한 물적 손상을 유발하도록 제작되거나 그러한 위력을 가진 폭발성·소이성(燒夷性) **무기나 장치를** 다음 각각의 어느 하나에 해당하는 **차량 또는 시설에 배치 또는 폭발시키거나 그 밖의 방법으로 이를 사용하는 행위**

(1) 기차·전차·자동차 등 사람 또는 물건의 운송에 이용되는 차량으로서 공중이 이용하는 차량

(2) (1)에 해당하는 차량의 운행을 위하여 이용되는 시설 또는 도로, 공원, 역, 그 밖에 공중이 이용하는 시설

(3) 전기나 가스를 공급하기 위한 시설, 공중의 음용수를 공급하는 수도, 그 밖의 시설 및 전기통신을 이용하기 위한 시설로서 공용으로 제공되거나 공중이 이용하는 시설

(4) 석유, 가연성 가스, 석탄, 그 밖의 연료 등의 원료가 되는 물질을 제조 또는 정제하거나 연료로 만들기 위하여 처리·수송 또는 저장하는 시설

(5) 공중이 출입할 수 있는 건조물·항공기·선박으로서 (1)부터 (4)까지에 해당하는 것을 제외한 시설

마. **핵물질**(「원자력시설 등의 방호 및 방사능방재대책법」 제2조 제1호의 핵물질을 말한다. 이하 이 목에서 같다), **방사성물질**(「원자력안전법」 제2조 제5호의 방사성물질을 말한다. 이하 이 목에서 같다) **또는 원자력시설**(「원자력시설 등의 방호 및 방사능방재대책법」 제2조 제2호의 원자력시설을 말한다. 이하 이 목에서 같다)**과 관련된 다음 각각의 어느 하나에 해당하는 행위**

(1) 원자로를 파괴하여 사람의 생명·신체 또는 재산을 해하거나 그 밖에 공공의 안전을 위태롭게 하는 행위

(2) 방사성물질, 원자로 및 관계 시설, 핵연료주기시설 또는 방사선발생장치 등을 부당하게 조작하여 사람의 생명이나 신체에 위험을 가하는 행위

(3) 핵물질을 수수·소지·소유·보관·사용·운반·개조·처분 또는 분산하는 행위

(4) 핵물질이나 원자력시설을 파괴·손상하거나 그 원인을 제공하거나 원자력시설의 정상적인 운전을 방해하여 방사성물질을 배출하거나 방사선을 노출하는 행위

테러자금금지법은 테러단체 등이라는 정을 알면서 이를 이롭게 할 목적으로 그 개인, 법인 또는 단체에 직접 또는 제3자를 통하여 자금 또는 재산을 제공하는 행위를 금지하고 있다.

1) 구성요건적 행위 및 행위의 상대방

위 **구성요건의 주체**는 아무런 제한이 없다. 따라서 누구든지 본 죄의 주체가 될 수 있다. 한편 동법의 적용범위와 관련하여 테러자금금지법은 그 적용을 받는 외국인의 범위를 다음과 같이 규정하고 있다.

관련조문

제3조(외국환거래 및 외국인에 대한 적용) ① 이 법은 「외국환거래법」 제2조 제1항 각 호의 어
느 하나에 해당하는 경우에도 적용한다.

② 이 법은 다음 각 호의 어느 하나에 해당하는 자에게도 적용한다.

1. 재외공관 등 대한민국의 공공기관 및 그 시설 또는 대한민국 국민을 해하기 위하여 **대한
민국 영역 밖에서 제6조 제1항의 죄를 범한 외국인**(무국적자를 포함한다. 이하 같다)

2. **대한민국 영역 밖에서 제6조 제1항의 죄를 범하고 대한민국 영역 안에 있는 외국인**

따라서 대한민국 영역 밖에서 테러자금금지법 제6조 제1항의 죄를 범하고 대한민국 영역
안에 있는 외국인의 경우에는 모두 동법의 적용을 받고, 재외공관 등 대한민국의 공공기관,
그 시설 또는 대한민국 국민을 해하기 위해 대한민국 영역 밖에서 동법 제6조 제1항의 죄
를 범한 외국인(무국적자 포함)의 경우에도 동법의 적용을 받는다.

2) 구성요건적 행위 및 객체

본죄의 구성요건적 행위는 위와 같은 행위를 하려고 하는 개인, 법인 또는 단체에게 자
금 또는 재산을 제공하는 행위(동법 제5조의2 **제1항**), 자금 또는 재산을 모집하거나 운반·보
관하는 행위(동법 제5조의2 **제2항**)이다. 이 때 **자금 또는 재산을 제공하는 행위**에는 금융거
래를 이용하여 금전을 송금하거나 위 각 객체에게 토지, 건물 등 부동산 및 동산, 금융자산
등 일체의 재산가치가 있는 재산을 제공하는 행위가 모두 포함된다. 또한 행위자가 **직접 제
공하거나 또는 제3자를 통하여 제공하는 행위가 모두 포함된다.**

한편 **구성요건의 객체**는 공중 등 협박목적을 위한 동법 제2조 제1호 각 목의 어느 하나
의 행위를 하려고 하는 개인, 법인 또는 단체에 대한 자금 또는 재산이다. 앞에서 살펴본
테러방지법과는 달리 테러자금금지법은 국제연합(UN)이 지정한 테러단체로 자금지원 등의
대상을 제한하고 있지 아니하므로 **동법 제2조 제1호 각 목의 어떠한 행위를 하려고 하
는 모든 개인, 법인 또는 단체가 본죄의 객체인 자금 또는 재산을 받는 상대방이 될
수 있다.**

주관적 구성요건요소와 관련하여 자금 또는 재산을 제공할 당시 위 개인, 법인 또는 단
체가 동법 제2조 제1호 각 목의 어느 하나에 해당하는 행위를 하거나 하려고 한다는 정을
알고 있어야 하고(고의범) 나아가 그 개인, 법인 또는 단체를 이롭게 할 목적이 있어야 한다
(목적범). 동법 제2조 제1호 각 목의 어느 하나의 행위를 구체적으로 인식하거나 알 필요는
없고 미필적으로나마 자금 또는 재산을 제공하는 상대방이 동법 제2조 제1호 각 목의 어느

하나의 행위를 하려는 사실을 인식하면 충분하다.

한편 **테러자금금지법상 중대범죄 미수범**은 동법 제6조 제4항 중 제6조 제1항 제1호의 미수범에 한정하여 규정되어 있음을 유의할 필요가 있다.

3) 처벌

본죄를 범하면 10년 이하의 징역 또는 1억 원 이하의 벌금에 처한다. 나아가 위와 같이 제공된 자금은 범죄수익은닉규제법에 따라 모두 환수의 대상이 됨은 앞에서 본 바와 같다.

나. 테러자금·재산 제공·모집 등 강요, 권유의 점(제6조 제1항 제2호, 제5조의2 제3항)

관련조문

제6조(벌칙) ① 다음 각 호의 어느 하나에 해당하는 자는 10년 이하의 징역 또는 1억 원 이하의 벌금에 처한다. <개정 2014. 5. 28.>

  2. <u>제5조의2 제3항</u>을 위반하여 같은 조 제1항 또는 제2항에 따른 행위를 강요하거나 권유한 자

☞ <u>제5조의2(금지행위)</u> ③ 누구든지 제1항에 따른 **개인, 법인 또는 단체라는 정을 알면서 그를 이롭게 할 목적으로 같은 항 또는 제2항에 따른 행위를 강요하거나 권유해서는 아니 된다.**

테러자금금지법은 동법 제5조의2 제1항 내지 제2항과 같은 행위를 강요하거나 권유하는 행위를 금지하고 있다.

구성요건의 주체는 아무런 제한이 없으므로 누구든지 본죄의 주체가 될 수 있다.

행위의 상대방은 앞에서 본 바와 같이 동법 제2조 제1호 각 목의 어느 하나의 행위를 하는 개인, 법인 또는 단체이다.

구성요건적 행위는 동법 제5조의2 제1항 내지 제2항(테러자금 제공, 모집, 운반, 보관 행위)의 행위를 강요하거나 권유하는 것이다. 이 때 **주관적 구성요건요소**로서 행위의 상대방에게 동법 제2조 제1호 각 목의 어느 하나의 행위를 강요하거나 권유한다는 사실을 인식하여야 하고(**고의범**), 해당 개인, 법인 또는 단체를 이롭게 한다는 목적이 있을 것을 요구한다(**목적범**).

본죄를 범하면 10년 이하의 징역 또는 1억 원 이하의 벌금에 처한다.

3. 범죄수익환수 및 자금세탁범죄 처벌 사례

테러자금금지법상 동법 제2조 제1호 각 목의 행위를 용이하게 할 목적으로 개인, 법인 또는 단체에 자금 또는 재산을 제공, 모집, 운반, 보관하는 경우 해당 자금 또는 재산은 모두 환수의 대상이 된다.

이와 관련하여, 국내에서 **해외에 있는 테러단체 등에 금융시스템을 이용하여 타인의 차명계좌(환치기용 계좌)로 금전을 송금하는 등의 행위**를 한 사안에서 **테러자금금지법 및 테러방지법, 범죄수익은닉규제법위반죄가 적용된 사례**가 있어 소개한다.[5]

사례

범죄사실

피고인은 러시아 국적의 외국인으로, 2017. 7. 20. 사증면제로 입국하여 현재 불법체류 중인 사람이다.

[기초사실]

'B'(C 또는 B, 약칭 'B')은 시리아 북쪽에 근거를 둔 D 연계조직으로, E가 시리아에서 창설한 이슬람 극단주의 단체이다.

위 단체는 2012. 2.경 시리아 F에서 차량폭탄테러, 2012. 4.경 시리아 G에서 자폭 테러, 2012. 10.경 H 대상 자폭테러, 2013. 3.경 I에서 수녀 13명 납치, 2014. 2.경 J 폭탄테러 등을 자행하여, 2014. 5. 국제연합(UN)에서 테러단체로 지정되었고, 미국(2014. 5.)과 영국(2013. 7.)에서도 테러단체로 지정되었다.

'B'는 2017. 1.경 K등 여러 무장단체들을 규합하여 L로 명칭을 변경하였다(이하 변경 전 명칭인 'B'이라 한다).

구체적 범죄사실

1. 국민보호와공공안전을위한테러방지법위반, 공중등협박목적및대량살상무기확산을위한 자금조달행위의금지에관한법률위반

누구든지 테러자금임을 알면서도 자금을 조달·알선·보관하거나 그 취득 및 발생원인에 관한 사실을 가장하는 등 테러단체를 지원하여서는 아니 된다.

또한, 사람을 살해하거나 사람의 신체를 상해하여 생명에 대한 위험을 발생하게 하는 행위 또는 사람을 체포·감금·약취·유인하거나 인질로 삼는 행위, 사망·중상해 또는 중대한 물적

---

5 서울중앙지방법원 2020. 9. 9. 선고 2020고단4010 판결 참조(같은 법원 2020노2858 판결로 확정).

손상을 유발하도록 제작되거나 그러한 위력을 가진 폭발성·소이성 무기나 장치를 차량 또는 시설에 배치 또는 폭발시키거나 그 밖의 방법으로 사용하는 행위 등을 하거나 하려고 하는 개인, 법인 또는 단체라는 정을 알면서 그를 이롭게 할 목적으로 그 개인, 법인 또는 단체에 직접 또는 제3자를 통하여 자금 또는 재산을 제공하거나 모집, 운반·보관해서도 아니 된다.

피고인은 2017. 7. 20. 러시아에서 국내로 입국한 후 시리아에서 활동 중인 'B' 조직원 M과 F, ****(*********) 등 소셜 네트워크 서비스(SNS)를 통해 수시로 연락을 주고받으면서 N과 함께 F 등을 이용하여 국내에 거주하는 이슬람교도들을 상대로 시리아에서 활동하는 테러단체들을 선전하고, 국내에서 모금한 자금을 소위 '환치기' 업자를 통해 N에게 전달하는 방법으로 위 'B'에 자금을 지원하기로 마음먹었다.

가. 피고인은 2018. 8.경 국내 이슬람 사원에서 알게 된 O에게 시리아에서 활동하는 테러단체 활동을 선전하면서 자금 지원을 요청하였다.

피고인은 2018. 8. 15.경 위 O로부터 피고인 명의 우리은행 계좌로 115,000원을 입금 받아 보관하다가, 2018. 10. 23.경 환치기업자가 사용하는 Q명의 R은행 계좌로 위 금원을 송금하여 N에게 전달하였다.

피고인은 이를 비롯하여 2018. 8. 15.경부터 2020. 5. 24.경까지 위와 같은 방법으로 O, S, T 등으로부터 별지 범죄일람표(1) 기재 순번 1 내지 11, 13, 14, 17, 19, 21 내지 31과 같이 피고인 명의의 우리은행 계좌로 합계 11,013,890원을 모금하여 보관하다가, 위 금원 중 10,303,890원(순번 1 내지 11, 13, 14, 17, 19, 21 내지 29)을 환치기업자들을 통하여 N에게 전달하는 방법으로 'B'에 자금을 지원하였다.

나. 피고인은 N과 함께 2019. 8.경부터 *****, F 등을 통해일명 U와 연락을 주고받았고, 위 N이 U에게 'B'의 전투장비 구입비, 조직원 생활비 등의 자금을 피고인 명의 우리은행 계좌로 보내줄 것을 요청하였다.

피고인은 2019. 9. 9. U로부터 위 P은행 계좌로 200,000원을 입금 받아 보관하다가 환치기업자가 사용하는V명의의 W은행 계좌로 송금하여 N에게 전달하였다.

피고인은 이를 비롯하여 2019. 9. 9.부터 2020. 2. 6.까지 별지 범죄일람표(1) 기재 순번 12, 15, 16, 18, 20과 같이 총 5회에 걸쳐 위와 같은 방법으로 합계 1,030,000원을 위 우리은행 계좌로 입금 받아 보관하다가 환치기업자들을 통하여 N에게 전달하는 방법으로 'B'에 자금을 지원하였다.

다. 피고인은 2019. 6. 7. 피고인 명의 우리은행 계좌에 있던 피고인 소유의 금원 496,000원을 환치기업자가 사용하는 X명의 하나은행 계좌로 송금하여 N에게 전달하였다.

피고인은 이를 비롯하여 2019. 6. 7.부터 2020. 5. 22.까지 위와 같은 방법으로 별지 범죄일람표(2) 기재와 같이 총 18회에 걸쳐 피고인 소유의 **합계 9,821,600원을 환치기업자들을 통하여 N에게 전달하는 방법으로 'B'에 자금을 지원하였다.**

이로써 피고인은 위와 같이 테러자금을 조달·알선·보관하여 테러단체인 'B'를 지원함과 동시에 'B'를 이롭게 할 목적으로 자금을 제공하거나 모집·운반·보관하였다.

2. 범죄수익의규제및처벌등에관한법률위반

테러단체를 이롭게 할 목적으로 자금을 제공·모집하거나 운반·보관한 범죄행위와 관계된 자금 또는 재산은 범죄수익은닉의 규제 및 처벌 등에 관한 법률에서 정한 범죄수익에 해당한다.

누구든지 범죄수익의 취득 또는 처분에 관한 사실을 가장하여서는 아니 된다.

피고인은 제1항과 같이 피고인 명의의 P은행 계좌로 모집하거나 피고인 소유의 금원을 'B'에 제공하면서, 'B'의 테러자금 취득을 적법하게 취득한 것처럼 가장하기 위해 환치기 업자들이 관리하는 계좌로 송금하고, 그 환치기업자들을 통해 시리아 등 국외에서 현금으로 'B'에 전달되도록 함으로써 모금된 테러자금과 관련이 없는 것처럼 범죄수익의 취득 또는 처분에 관한 사실을 가장하였다.

법령의 적용

1. 범죄사실에 대한 해당법조

각 국민보호와 공공안전을 위한 테러방지법 제17조 제2항(테러단체 지원의 점), 각 공중 등 협박목적 및 대량살상무기확산을 위한 자금조달행위의 금지에 관한 법률 제6조 제1항 제1호, 제5조의2 제1항(자금 제공의 점), 각 공중 등 협박목적 및 대량살상무기확산을 위한 자금조달행위의 금지에 관한 법률 제6조 제1항 제1호, 제5조의2 제2항(자금 모집·운반·보관의 점), 범죄수익은닉의 규제 및 처벌 등에 관한 법률 제3조 제1항 제1호(범죄수익의 취득·처분 가장의 점)

1. 상상적 경합

형법 제40조, 제50조

1. 추징

범죄수익은닉의 규제 및 처벌 등에 관한 법률 제10조 제1항, 제8조 제1항
(21,865,490원＝12,043,890원＋9,821,600원)

제 7 장
범죄수익은닉규제법상 「식품·의약·환경·보건」 관련 중대범죄

1 총설

범죄수익은닉규제법은 환경, 보건 및 식품 관련범죄를 중대범죄로 규정하고 있다. **식품위생법, 건강기능식품에 관한 법률, 보건범죄단속에 관한 특별조치법위반**(각 제23호), **폐기물관리법위반**(제26호), **의료법위반**(제33호), **산지관리법위반**(제34호), **국토의 계획 및 이용에 관한법률위반**(제35호), **화학물질관리법위반**(제44호) 등이 이에 해당한다.

관련조문

범죄수익은닉규제법 별표

중대범죄(제2조 제1호 관련)

23. 「식품위생법」 제94조 제1항 제1호, 「건강기능식품에 관한 법률」 제43조 제1항 제3호 및 「보건범죄단속에 관한 특별조치법」 제2조 제1항(「식품위생법」 제6조를 위반한 경우만 해당한다)의 죄

26. 「폐기물관리법」 제64조 제5호·제6호의 죄

33. 「의료법」 제87조 제1항 제2호 및 제88조 제2호의 죄

34. 「산지관리법」 제53조 제1호의 죄

35. 「국토의 계획 및 이용에 관한 법률」 제140조 제1호의 죄

44. 「화학물질관리법」 제58조 제2호·제2호의2·제3호 및 제4호의 죄

우리나라에서 적용·시행되는 환경, 보건 및 식품 관련 법령이 매우 많음에도 불구하고 범죄수익은닉규제법상 중대범죄는 위와 같이 매우 한정적이다. 따라서 **장기적 관점에서 식품·의약·환경·보건 관련 중대범죄를 통해 범죄수익을 취득하는 다양한 사례들을 발굴**

하여 중대범죄로 추가할 필요가 있다(私見).

이하에서는 위 각 법률에 규정되어 있는 중대범죄의 구성요건과 범죄수익환수 사례를 살펴보도록 한다.

2 식품위생법위반, 건강기능식품법위반 및 보건범죄단속법위반(제23호)

1. 서설

범죄수익은닉규제법 별표 제23호에서는 식품위생법 제94조 제1항 제1호, 건강기능식품에 관한 법률(이하, '건강기능식품법') 제43조 제1항 제3호, 보건범죄단속에 관한 특별조치법(이하, '보건범죄단속법') 제2조 제1항(식품위생법 제6조를 위반한 경우만 해당한다)의 죄를 범죄수익환수 대상범죄로 규정하고 있다. 본죄는 2005. 7. 29. 범죄수익은닉규제법이 개정(2006. 7. 30. 시행)되면서 중대범죄로 모두 추가되었다.

관련조문 ────────────────────────────

범죄수익은닉규제법 별표

중대범죄(제2조 제1호 관련)

23. 「식품위생법」 제94조 제1항 제1호, 「건강기능식품에 관한 법률」 제43조 제1항 제3호 및 「보건범죄단속에 관한 특별조치법」 제2조 제1항(「식품위생법」 제6조를 위반한 경우만 해당한다)의 죄

관련조문 ────────────────────────────

식품위생법 제94조(벌칙) ① 다음 각 호의 어느 하나에 해당하는 자는 10년 이하의 징역 또는 1억 원 이하의 벌금에 처하거나 이를 병과할 수 있다.

1. 제4조부터 제6조까지(제88조에서 준용하는 경우를 포함하고, 제93조 제1항 및 제3항에 해당하는 경우는 제외한다)를 위반한 자

건강기능식품에 관한 법률 제43조(벌칙) ① 다음 각 호의 어느 하나에 해당하는 자는 10년 이하의 징역 또는 1억 원 이하의 벌금에 처한다. 이 경우 징역과 벌금을 병과(倂科)할 수 있다.

3. 제23조를 위반한 자

보건범죄 단속에 관한 특별조치법 제2조(부정식품 제조 등의 처벌) ① 「식품위생법」 제37조 제1항, 제4항 및 제5항의 허가를 받지 아니하거나 신고 또는 등록을 하지 아니하고 제조·가공한 사람, 「건강기능식품에 관한 법률」 제5조에 따른 허가를 받지 아니하고 건강기능식품을 제

조·가공한 사람, 이미 허가받거나 신고된 식품, 식품첨가물 또는 건강기능식품과 유사하게 위조하거나 변조한 사람, 그 사실을 알고 판매하거나 판매할 목적으로 취득한 사람 및 판매를 알선한 사람, 「식품위생법」 제6조, 제7조 제4항 또는 「건강기능식품에 관한 법률」 제24조 제1항을 위반하여 제조·가공한 사람, 그 정황을 알고 판매하거나 판매할 목적으로 취득한 사람 및 판매를 알선한 사람은 다음 각 호의 구분에 따라 처벌한다.

1. 식품, 식품첨가물 또는 건강기능식품이 인체에 현저히 유해한 경우: 무기 또는 5년 이상의 징역에 처한다.
2. 식품, 식품첨가물 또는 건강기능식품의 가액(價額)이 소매가격으로 연간 5천만 원 이상인 경우: 무기 또는 3년 이상의 징역에 처한다.
3. 제1호의 죄를 범하여 사람을 사상(死傷)에 이르게 한 경우: 사형, 무기 또는 5년 이상의 징역에 처한다.

식품위생법 제94조 제1항 제1호는 위해식품 등을 판매하는 등의 행위를, 건강기능식품법 제43조 제1항 제3호는 위해건강기능식품 등을 판매하는 등의 행위를, 보건범죄단속법 제2조 제1항(식품위생법 제6조)은 기준·규격이 정하여지지 아니한 화학적 합성품을 판매하는 등의 행위를 각 금지하고 있다.

위 각 법률은 자체적인 몰수·추징 규정을 두고 있지 않으므로 위 규정을 위반하여 벌어들인 범죄수익에 대한 몰수·추징은 범죄수익은닉규제법에 따른다.

2. 식품위생법위반 및 보건범죄단속법위반의 점(제23호)

가. 서설

범죄수익은닉규제법은 식품위생법 제94조 제1항 제1호를 중대범죄로 규정하고 있다. 그리고 보건범죄단속법 제2조 제1항은 식품위생법 제6조에 해당하는 경우에 한하여 이를 중대범죄로 규정하고 있으므로 보건범죄단속법상 중대범죄를 이 항목에서 한꺼번에 살피기로 한다.

한편 위 각 규정은 식품위생법 제88조(집단급식소)에서 준용하는 경우를 포함하고, 제93조 제1항, 제3항에 해당하는 경우를 제외한다. 동법 제88조는 집단급식소에 관한 규정인데 집단급식소에서 유해식품 등을 판매하는 행위를 하는 경우에는 중대범죄에 해당함을 분명히 하고 있다. 다만 동법 제93조 제1항, 제3항은 질병에 걸린 동물을 사용하여 판매할 목적으로 식품 또는 식품첨가물을 제조, 가공, 수입 또는 조리하는 행위를 금지하고 있는데 이는 대상범죄에서 제외된다.

관련조문

식품위생법 제94조(벌칙) ① 다음 각 호의 어느 하나에 해당하는 자는 10년 이하의 징역 또는 1억 원 이하의 벌금에 처하거나 이를 병과할 수 있다. <개정 2013. 7. 30., 2014. 3. 18.>

1. 제4조부터 제6조까지(**제88조에서 준용하는 경우를 포함하고, 제93조 제1항 및 제3항에 해당하는 경우는 제외**한다)를 위반한 자

☞ <u>제88조(집단급식소)</u> ③ 집단급식소에 관하여는 제3조부터 제6조까지, 제7조 제4항, 제8조, 제9조 제4항, 제22조, 제40조, 제41조, 제48조, 제71조, 제72조 및 제74조를 준용한다. <개정 2018. 3. 13.>

<u>제93조(벌칙)</u> ① 다음 각 호의 어느 하나에 해당하는 질병에 걸린 동물을 사용하여 판매할 목적으로 식품 또는 식품첨가물을 제조·가공·수입 또는 조리한 자는 3년 이상의 징역에 처한다.

1. 소해면상뇌증(狂牛病)

2. 탄저병

3. 가금 인플루엔자

③ 제1항 및 제2항의 경우 제조·가공·수입·조리한 식품 또는 식품첨가물을 판매하였을 때에는 그 판매금액의 2배 이상 5배 이하에 해당하는 벌금을 병과(倂科)한다. <개정 2011. 6. 7., 2018. 12. 11.>

나. 위해식품 등 판매 등 금지의 점(제94조 제1항 제1호, 제4조)

관련조문

제94조(벌칙) ① 다음 각 호의 어느 하나에 해당하는 자는 10년 이하의 징역 또는 1억 원 이하의 벌금에 처하거나 이를 병과할 수 있다. <개정 2013. 7. 30., 2014. 3. 18.>

1. **제4조**부터 제6조까지(제88조에서 준용하는 경우를 포함하고, 제93조 제1항 및 제3항에 해당하는 경우는 제외한다)를 위반한 자

☞ <u>식품위생법 제4조(위해식품등의 판매 등 금지)</u> 누구든지 다음 각 호의 어느 하나에 해당하는 식품 등을 판매하거나 판매할 목적으로 채취·제조·수입·가공·사용·조리·저장·소분·운반 또는 진열하여서는 아니 된다. <개정 2013. 3. 23., 2015. 2. 3., 2016. 2. 3.>

1. **썩거나 상하거나 설익어서 인체의 건강을 해칠 우려가 있는 것**

2. **유독·유해물질이 들어 있거나 묻어 있는 것 또는 그러할 염려가 있는 것.** 다만, 식품의약품안전처장이 인체의 건강을 해칠 우려가 없다고 인정하는 것은 제외한다.

3. **병(病)을 일으키는 미생물에 오염되었거나 그러할 염려가 있어 인체의 건강을 해칠 우려가 있는 것**

4. 불결하거나 다른 물질이 섞이거나 첨가(添加)된 것 또는 그 밖의 사유로 인체의 건강을 해칠 우려가 있는 것

5. 제18조에 따른 안전성 심사 대상인 농·축·수산물 등 가운데 **안전성 심사를 받지 아니하였거나 안전성 심사에서 식용(食用)으로 부적합하다고 인정된 것**

6. 수입이 금지된 것 또는 「수입식품안전관리 특별법」 제20조 제1항에 따른 **수입신고를 하지 아니하고 수입한 것**

7. 영업자가 아닌 자가 제조·가공·소분한 것

본죄의 **구성요건의 주체**는 아무런 제한이 없다. 본죄의 **객체**는 동법 제4조 제1호 내지 제7호의 '**위해식품 등**'인데 실무상 위 행위의 대상이 되는 식품 등이 위해식품에 해당하는지, 해당한다면 행위자가 이와 같은 사실을 미필적으로나마 인식하였는지 여부가 중요한 쟁점이 된다.

한편 본죄의 **구성요건적 행위**로 식품위생법은 누구든지 위해식품 등을 판매하거나 판매할 목적으로 채취, 제조, 수입, 가공, 사용, 조리, 저장, 소분, 운반 또는 진열하는 것을 규정하고 있다.

주관적 구성요건요소로서 채취, 제조, 수입, 가공, 사용, 조리, 저장, 소분, 운반 또는 진열하는 행위의 경우 판매할 목적이 요구된다(**목적범**).

본죄를 범하면 10년 이하의 징역 또는 1억 원 이하의 벌금에 처한다. 위와 같이 동법 제4조 제1호 내지 7호의 위해식품 등을 판매하거나 판매할 목적으로 채취, 제조, 수입, 가공, 사용, 조리, 저장, 소분, 운반 또는 진열행위를 하여 생긴 재산 또는 그 보수로 얻은 재산은 모두 범죄수익은닉규제법에 따라 환수의 대상이 된다.

다. 병든 동물고기 등의 판매 등 금지(제94조 제1항 제1호, 제5조)

관련조문

제94조(벌칙) ①다음 각 호의 어느 하나에 해당하는 자는 10년 이하의 징역 또는 1억 원 이하의 벌금에 처하거나 이를 병과할 수 있다. <개정 2013. 7. 30., 2014. 3. 18.>

　1. **제4조부터 제6조까지**(제88조에서 준용하는 경우를 포함하고, 제93조 제1항 및 제3항에 해당하는 경우는 제외한다)를 위반한 자

☞ **식품위생법 제5조(병든 동물 고기 등의 판매 등 금지)** 누구든지 **총리령**으로 정하는 질병에 걸렸거나 걸렸을 염려가 있는 동물이나 그 질병에 걸려 죽은 동물의 고기·뼈·젖·장기 또

는 혈액을 식품으로 판매하거나 판매할 목적으로 채취·수입·가공·사용·조리·저장·소분 또는 운반하거나 진열하여서는 아니 된다. <개정 2010. 1. 18., 2013. 3. 23.>

☞ <u>식품위생법 시행규칙 제4조(판매 등이 금지되는 병든 동물 고기 등)</u> 법 제5조에서 "총리령으로 정하는 질병"이란 다음 각 호의 질병을 말한다.

1. 「축산물 위생관리법 시행규칙」 별표 3 제1호 다목에 따라 도축이 금지되는 가축전염병
2. 리스테리아병, 살모넬라병, 파스튜렐라병 및 선모충증

☞ **축산물 위생관리법 시행규칙** <개정 2018. 6. 29.>

1. 도축하는 가축의 검사기준

다. 검사관은 가축의 검사 결과 **다음에 해당되는 가축에 대해서는 도축을 금지하도록** 하여야 한다.

(1) 다음의 가축질병에 걸렸거나 걸렸다고 믿을 만한 역학조사·정밀검사 결과나 임상증상이 있는 가축

(가) 우역(牛疫)·우폐역(牛肺疫)·구제역(口蹄疫)·탄저(炭疽)·기종저(氣腫疽)·불루텅병·리프트계곡열·럼프스킨병·가성우역(假性牛疫)·소유행열·결핵병(結核病)·브루셀라병·요네병(전신증상을 나타낸 것만 해당한다)·스크래피·소해면상뇌증(海綿狀腦症: BSE)·소류코시스(임상증상을 나타낸 것만 해당한다)·아나플라즈마병(아나플라즈마 마지나레만 해당한다)·바베시아병(바베시아 비제미나 및 보비스만 해당한다)·타이레리아병(타이레리아 팔마 및 에눌라타만 해당한다)

(나) 돼지열병·아프리카돼지열병·돼지수포병(水疱病)·돼지텟센병·돼지단독·돼지일본뇌염

(다) 양두(羊痘)·수포성구내염(水疱性口內炎)·비저(鼻疽)·말전염성빈혈·아프리카마역(馬疫)·광견병(狂犬病)

(라) 뉴캣슬병·가금콜레라·추백리(雛白痢)·조류(鳥類)인플루엔자·닭전염성후두기관염·닭전염성기관지염·가금티프스

(마) 현저한 증상을 나타내거나 인체에 위해를 끼칠 우려가 있다고 판단되는 파상풍·농독증·패혈증·요독증·황달·수종·종양·중독증·전신쇠약·전신빈혈증·이상고열증상·주사반응(생물학적제제에 의하여 현저한 반응을 나타낸 것만 해당한다)

(2) 강제로 물을 먹였거나 먹였다고 믿을 만한 역학조사·정밀검사 결과나 임상증상이 있는 가축

식품위생법은 누구든지 병든 동물고기 등을 식품으로 판매하는 등의 행위를 하여서는 아니 된다고 규정하고 있다(동법 제5조). 위 **구성요건의 주체**는 제한이 없고, **구성요건적 행**

위는 위와 같은 병든 동물고기 등을 판매하거나(고의범), 판매할 목적으로 채취, 수입, 가공, 사용, 조리, 저장, 또는 운반하거나 진열하는 것이다(목적범).

위 **구성요건의 객체**는 총리령으로 정하는 질병에 걸렸거나 걸렸을 염려가 있는 동물이나 그 질병에 걸려 죽은 동물의 고기, 뼈, 젖, 장기 또는 혈액이다.

본죄를 범하면 10년 이하의 징역 또는 1억 원 이하의 벌금에 처한다.

라. 기준·규격이 정하여지지 아니한 화학적 합성품 등의 판매 등 금지(제94조 제1항 제1호, 제6조)

관련조문 ───────────────────────────────────────

제94조(벌칙) ① 다음 각 호의 어느 하나에 해당하는 자는 10년 이하의 징역 또는 1억 원 이하의 벌금에 처하거나 이를 병과할 수 있다. <개정 2013. 7. 30., 2014. 3. 18.>

　　1. <u>제4조부터 제6조까지</u>(제88조에서 준용하는 경우를 포함하고, 제93조 제1항 및 제3항에 해당하는 경우는 제외한다)를 위반한 자

☞ <u>식품위생법 제6조(기준·규격이 정하여지지 아니한 화학적 합성품 등의 판매 등 금지)</u> 누구든지 다음 각 호의 어느 하나에 해당하는 행위를 하여서는 아니 된다. 다만, 식품의약품안전처장이 제57조에 따른 식품위생심의위원회(이하 "심의위원회"라 한다)의 심의를 거쳐 인체의 건강을 해칠 우려가 없다고 인정하는 경우에는 그러하지 아니하다. <개정 2013. 3. 23., 2016. 2. 3.>

　　1. <u>제7조 제1항 및 제2항</u>에 따라 기준·규격이 정하여지지 아니한 화학적 합성품인 첨가물과 이를 함유한 물질을 식품첨가물로 사용하는 행위

　　2. 제1호에 따른 식품첨가물이 함유된 식품을 판매하거나 판매할 목적으로 제조·수입·가공·사용·조리·저장·소분·운반 또는 진열하는 행위

☞ <u>식품위생법 제7조(식품 또는 식품첨가물에 관한 기준 및 규격)</u> ① 식품의약품안전처장은 국민보건을 위하여 필요하면 판매를 목적으로 하는 식품 또는 식품첨가물에 관한 다음 각 호의 사항을 정하여 고시한다.[1] <개정 2013. 3. 23., 2016. 2. 3.>

　　1. 제조·가공·사용·조리·보존 방법에 관한 기준

　　2. 성분에 관한 규격

② 식품의약품안전처장은 제1항에 따라 기준과 규격이 고시되지 아니한 식품 또는 식품첨가물의 기준과 규격을 인정받으려는 자에게 제1항 각 호의 사항을 제출하게 하여 「식품·

---

1 식품의 기준 및 규격[시행 2020. 12. 28.] [식품의약품안전처고시 제2020−128호, 2020. 12. 28., 일부개정], 식품첨가물의 기준 및 규격[시행 2022. 1. 1.] [식품의약품안전처고시 제2020−117호, 2020. 12. 1.,

의약품분야 시험·검사 등에 관한 법률」 제6조 제3항 제1호에 따라 식품의약품안전처장이 지정한 식품전문 시험·검사기관 또는 같은 조 제4항 단서에 따라 **총리령**으로 정하는 시험·검사기관의 검토를 거쳐 제1항에 따른 기준과 규격이 고시될 때까지 그 식품 또는 식품첨가물의 기준과 규격으로 인정할 수 있다. <개정 2013. 3. 23., 2013. 7. 30., 2016. 2. 3.>

☞ **식품위생법 시행규칙 제5조(식품등의 한시적 기준 및 규격의 인정 등)** ① 법 제7조 제2항 또는 법 제9조 제2항에 따라 한시적으로 제조·가공 등에 관한 기준과 성분에 관한 규격을 인정받을 수 있는 식품등은 다음 각 호와 같다. <개정 2011. 8. 19., 2013. 3. 23., 2016. 8. 4.>

1. 식품(원료로 사용되는 경우만 해당한다)
   가. 국내에서 새로 원료로 사용하려는 농산물·축산물·수산물 등
   나. 농산물·축산물·수산물 등으로부터 추출·농축·분리 등의 방법으로 얻은 것으로서 식품으로 사용하려는 원료
2. 식품첨가물: 법 제7조 제1항에 따라 개별 기준 및 규격이 정하여지지 아니한 식품첨가물
3. 기구 또는 용기·포장: 법 제9조 제1항에 따라 개별 기준 및 규격이 고시되지 아니한 식품 및 식품첨가물에 사용되는 기구 또는 용기·포장

② 식품의약품안전처는 「식품·의약품분야 시험·검사 등에 관한 법률」 제6조 제3항 제1호에 따라 지정된 식품전문 시험·검사기관 또는 같은 조 제4항 단서에 따라 총리령으로 정하는 시험·검사기관(이하 이 조에서 "식품 등 시험·검사기관"이라 한다)이 한시적으로 인정하는 식품등의 제조·가공 등에 관한 기준과 성분의 규격에 대하여 검토한 내용이 제4항에 따른 검토기준에 적합하지 아니하다고 인정하는 경우에는 그 식품 등 시험·검사기관에 시정을 요청할 수 있다. <개정 2013. 3. 23., 2014. 8. 20.>

③ 식품 등 시험·검사기관은 제2항에 따른 검토를 하는 데에 필요한 경우에는 그 검토를 의뢰한 자에게 관계 문헌, 원료 및 시험에 필요한 특수시약의 제출을 요청할 수 있다. <개정 2014. 8. 20.>

④ 한시적으로 인정하는 식품등의 제조·가공 등에 관한 기준과 성분의 규격에 관하여 필요한 세부 검토기준 등에 대해서는 식품의약품안전처장이 정하여 고시한다. <개정 2013. 3. 23.>

식품위생법은 누구든지 기준과 규격이 정해지지 않은 화학적 합성품을 판매하는 등의 행위를 금지하고 있다(동법 제6조). 위 **구성요건의 주체**는 제한이 없고, **구성요건적 행위**는 식품위생법 제7조 제1항, 제2항에 따라 기준, 규격이 정하여지지 아니한 화학적 합성품인 첨가물과 이를 함유한 물질을 식품첨가물로 사용하는 행위(**제1호**), 제1호에 따른 식품 첨가물이 함유된 식품을 판매하거나(고의범) 판매할 목적으로 제조, 수입, 가공, 사용, 조리, 저

일부개정] 등 참조.

장, 소분, 운반 또는 진열하는 행위(제2호)를 말한다(목적범).

위 **구성요건의 객체**는 동법에 따라 기준과 규격이 정하여지지 않은 화학적 합성품인 첨가물과 이를 함유한 물질이다. 본죄를 범하면 10년 이하의 징역 또는 1억 원 이하의 벌금에 처한다.

마. 보건범죄단속법상 가중처벌 규정(보건범죄단속법 제2조 제1항, 식품위생법 제6조)

관련조문

범죄수익은닉규제법 별표

23. <u>「보건범죄단속에 관한 특별조치법」 제2조 제1항(「식품위생법」 제6조를 위반한 경우만 해당한다)</u>의 죄

보건범죄단속법 제2조(부정식품 제조 등의 처벌) ① 「식품위생법」 제37조 제1항, 제4항 및 제5항의 허가를 받지 아니하거나 신고 또는 등록을 하지 아니하고 제조·가공한 사람, 「건강기능식품에 관한 법률」 제5조에 따른 허가를 받지 아니하고 건강기능식품을 제조·가공한 사람, 이미 허가받거나 신고된 식품, 식품첨가물 또는 건강기능식품과 유사하게 위조하거나 변조한 사람, 그 사실을 알고 판매하거나 판매할 목적으로 취득한 사람 및 판매를 알선한 사람, <u>「식품위생법」 제6조</u>, 제7조 제4항 또는 「건강기능식품에 관한 법률」 제24조 제1항을 <u>위반하여 제조·가공한 사람, 그 정황을 알고 판매하거나 판매할 목적으로 취득한 사람 및 판매를 알선한 사람</u>은 다음 각 호의 구분에 따라 처벌한다.

1. 식품, 식품첨가물 또는 건강기능식품이 인체에 현저히 유해한 경우: 무기 또는 5년 이상의 징역에 처한다.

2. 식품, 식품첨가물 또는 건강기능식품의 가액(價額)이 소매가격으로 연간 5천만 원 이상인 경우: 무기 또는 3년 이상의 징역에 처한다.

3. 제1호의 죄를 범하여 사람을 사상(死傷)에 이르게 한 경우: 사형, 무기 또는 5년 이상의 징역에 처한다.

② 제1항의 경우에는 제조, 가공, 위조, 변조, 취득, 판매하거나 판매를 알선한 제품의 소매가격의 2배 이상 5배 이하에 상당하는 벌금을 병과(倂科)한다.

☞ **식품위생법 제6조(기준·규격이 정하여지지 아니한 화학적 합성품 등의 판매 등 금지)** 누구든지 다음 각 호의 어느 하나에 해당하는 행위를 하여서는 아니 된다. 다만, 식품의약품안전처장이 제57조에 따른 식품위생심의위원회(이하 "심의위원회"라 한다)의 심의를 거쳐 인체의 건강을 해칠 우려가 없다고 인정하는 경우에는 그러하지 아니하다.

1. 제7조 제1항 및 제2항에 따라 기준·규격이 정하여지지 아니한 화학적 합성품인 첨가물과 이를 함유한 물질을 식품첨가물로 사용하는 행위

2. 제1호에 따른 식품첨가물이 함유된 식품을 판매하거나 판매할 목적으로 제조·수입·가공·사용·조리·저장·소분·운반 또는 진열하는 행위

보건범죄단속법은 식품위생법 제6조에 해당하는 경우를 가중처벌하면서 이를 중대범죄로 규정하고 있다.

1) 구성요건의 주체 및 행위의 상대방

위 **구성요건의 주체**는 제한이 없다. 나아가 **행위의 상대방** 또한 특별한 신분상 제한이 없다.

2) 구성요건적 행위 및 객체

본죄의 구성요건적 행위는 식품위생법 제6조를 위반하여 기준·규격 미정의 화학적 합성품을 제조, 가공하는 것, 그 정황을 알고 이를 판매하거나 판매할 목적으로 취득하는 것과 판매를 알선하는 것이다.

본죄는 식품위생법 제6조의 구성요건에 비하여 위와 같은 화학적 합성품이 기준, 규격이 정해지지 않았다는 정황을 알고 이를 판매하거나 판매 목적으로 취득, 알선하는 행위까지 넓게 처벌한다는 점을 주의할 필요가 있다.

한편 위 보건범죄단속법위반죄가 성립하기 위해선 **동법 제2조 제1항 각 호의 결과가 발생하여야** 한다. 구체적으로는 ① 식품, 식품첨가물이 인체에 현저히 유해하거나(제1호), ② 위 식품, 식품첨가물의 가액이 소매가격으로 연간 5,000만 원 이상인 경우(제2호), ③ 식품, 식품첨가물이 인체에 현저히 유해함으로 인하여 사람을 사상에 이르게 한 경우(제3호)가 이에 해당한다. 단순히 부정식품을 제조하여 판매하는 경우는 식품위생법 제6조가 적용되어 처벌대상이 되나 위 각 호의 구성요건을 추가로 만족하는 경우에는 보건범죄단속법 제2조 제1항 위반죄가 성립하게 된다.

한편 위 보건범죄단속법위반죄가 성립하는 경우 제조, 가공, 위조, 변조, 취득, 판매하거나 판매를 알선한 제품의 소매가격의 2배 이상 5배 이하의 벌금을 병과하여야 하므로(동조 제2항 참조) 보건범죄단속법을 적용하는 경우 위와 같은 점을 유의할 필요가 있다.

3) 처벌

본죄를 범하면 식품, 식품첨가물 또는 건강기능식품이 인체에 현저히 유해한 경우에는 무기 또는 5년 이상의 징역에(제2조 제1항 제1호), 식품, 식품첨가물 또는 건강기능식품의 가액(價額)이 소매가격으로 연간 5천만 원 이상인 경우에는 무기 또는 3년 이상의 징역에(제2호), 제1호의 죄를 범하여 사람을 사상(死傷)에 이르게 한 경우에는 사형, 무기 또는 5년 이상의 징역에(제3호) 각 처한다.

바. 범죄수익환수 사례

1) 식품위생법위반 관련

위와 같이 식품위생법에서 정한 범죄를 저지르는 경우 그와 같은 범죄행위로 취득한 수익은 범죄수익은닉규제법에 따라 임의적으로 몰수·추징할 수 있다. 다만 식품위생법 규정을 위반한 위해식품 등이 그대로 압수되는 경우 해당 위해식품 등은 범죄에 제공된 물건에 해당하므로 형법 제48조 제1항에 따라 몰수의 대상이 된다. 따라서 범죄수익은닉규제법에 따라 몰수·추징하는 범죄수익은 위와 같은 중대범죄로 인하여 생긴 재산 또는 그 범죄행위의 보수로 얻은 재산에 국한된다.

이에 대하여 실무상 위해물질을 포함한 식품등을 판매하여 수익을 얻은 경우 범죄수익은닉규제법을 의율·적용하여 범죄수익을 환수한 사례가 다수 확인된다. **대표적으로 유독·유해물질이 포함되어 있는 위해 식품등을 판매하여 범죄수익을 취득한 사안에서 행위자에게 실제로 귀속된 범죄수익을 특정하여 환수한 사례**가 있어 소개한다.[2]

사례

▶ 원심(부산지방법원 2015고단6383)

범죄사실

피고인은 성명을 알 수 없는 사람(일명 'E')과 공모하여, 위 성명을 알 수 없는 사람은 중국으로부터 가짜 천연한방정력제인 'F' 제품을 몰래 들여와 피고인에게 교부하고, 피고인은 자동포장용 기계와 포장지를 이용하여 위 'F' 제품을 배송 가능한 단위로 나누어 포장하고, 위 성명을 알 수 없는 사람이 불특정 또는 다수의 고객으로부터 주문을 받아 'QQ 위챗'이라는 SNS 채팅 앱을 이용하여 피고인에게 배송지를 알려주면, 피고인은 수사기관의 단속을 피하기 위해 발송인을 '지마켓'으로, 발송 주소지를 경기 지역 일대의 임의의 지번을 기재하여 배송하기로 하였다.

1. 사기

피고인은 위 성명을 알 수 없는 사람과 공모하여, 2014. 12. 29.경 인터넷에 개설된 'F 홈페이지G에서, F에 대하여 "천연 동충하초, 아크 고환, 설련화, 누에 등을 주성분으로 제조하여 발기부전, 조루, 전립선염, 원기회복에 탁월한 효과를 보이고 부작용이 전혀 없다."라는 취지로 마치 위 제품이 천연한방재료로 만들어 성기능 개선에 효능이 있는 것처럼 광고하여 이에

---

2 부산지방법원 2015. 11. 19. 선고 2015고단6383 판결 참조[항소심(부산지방법원 2016. 4. 1. 선고 2015노4348 판결)에서 원심의 추징 선고 부분을 일부 파기하였고 대법원에서 확정(2016도4733)되었으므로 **항소심 추징선고 부분을 함께 소개한다**).

속은 피해자 H로부터 주문을 받고 대금 명목으로 13만 원을 송금받았다. 그러나 사실은 위 제품은 발기부전치료제인 '시알리스'에 사용되는 타다라필(tadalafil) 성분을 함유하고 있어 두통, 소화불량, 어지럼증, 안면홍조, 비충혈 및 근육통 등의 부작용을 일으킬 수 있는 제품이었다.

피고인은 위 성명을 알 수 없는 사람과 공모하여, 이를 비롯하여 그 때부터 2015. 9. 23.경까지 별지 범죄일람표에 기재된 바와 같이 같은 방법으로 196회에 걸쳐 168명의 피해자를 속여 합계 4,136만 원을 송금받았다.

2. 식품위생법위반

누구든지 유독·유해물질이 들어 있거나 묻어 있는 식품 등 또는 그러할 염려가 있는 식품 등을 판매하거나 판매할 목적으로 채취·제조·수입·가공·사용·조리·저장·소분·운반 또는 진열하여서는 아니 된다.

그럼에도 불구하고 **피고인은 위 성명을 알 수 없는 사람과 공모하여, 제1항 기재와 같이 2014. 12. 29.경부터 2015. 9. 30.경까지 발기부전치료제인 '시알리스'에 사용되는 타다라필(tadalafil) 성분을 함유하고 있어 두통, 소화불량, 어지럼증, 안면홍조, 비충혈 및 근육통 등의 부작용을 일으킬 수 있는 'F' 제품을 196회에 걸쳐 168명에게 판매하였다.**

법령의 적용

1. 범죄사실에 대한 해당법조 및 형의 선택

형법 제347조 제1항, 식품위생법 제94조 제1항 제1호, 제4조 제2호, 형법 제30조

1. 몰수

형법 제48조 제1항

1. 추징

범죄수익은닉의 규제 및 처벌에 등에 관한 법률 제10조 제1항, 제8조 제1항

▶ 항소심(부산지방법원 2015노4348 판결)

(전략)

2. 판단

가. 피고인의 법리오해 주장에 관한 판단

범죄수익법 제10조 제2항은 범죄수익등이 범죄피해재산인 경우에는 그 가액을 추징할 수 없다고 규정하고 있으나, 재산에 관한 죄 이외에 이 사건과 같이 식품위생법위반죄 등 별개의 독자적 법익을 함께 침해한 경우에까지 위 조항이 적용되는 것은 아니라 할 것이므로 (대법원 2012. 10. 11. 선고 2010도7129 판결 참조), 피고인의 이 부분 주장은 이유 없다.

다만, **식품위생법 제94조의 죄에 의하여 생긴 재산 등에 관한 범죄수익법에 의한 추징은 부정한 이익을 박탈하여 이를 보유하지 못하게 함에 그 목적이 있으며, 수인이 공동으로 식품위생법을 위반하여 이익을 얻은 경우에는 그 분배받은 금원, 즉 실질적으로 귀속된 이익금**

만을 개별적으로 몰수, 추징하여야 하는바(대법원 2001. 3. 9. 선고 2000도794 판결 참조), 원심 및 당심이 적법하게 채택하여 조사한 증거들에 의하면 다음과 같은 사실이 인정되고, **위 인정사 실에 의하면 피고인에게 실질적으로 귀속된 이익금은 7,129,000원(=41,360,000원－500,000원 －33,731,000원)이라 할 것이다.** 그럼에도 이 사건 범행으로 인한 전체 이익을 추징한 원심판결 에는 법리오해의 위법이 있고, 피고인의 이 부분 주장은 이유 있다.

① 피고인은 수사기관에서부터 E의 거듭된 제의에 따라 이 사건 범행을 하였는데, 이 사건 범행에서 피고인의 역할은 피해자들의 주소로 제품을 포장하여 배송하는 것이라고 주장하였 고, 이에 따라 이 사건 공소사실도 피고인이 성명을 알 수 없는 사람(일명 'E')과 공모하여 이 사건 범행을 범하였다고 기재되어 있다.

② 피고인이 성명을 알 수 없는 사람(일명 'E')과 공모하여 2014. 12. 29.부터 2015. 9. 30. 까지 원심판결 별지 범죄일람표에 기재된 피해자들에게 발기부전치료제인 '시알리스'에 사용 되는 타다라필 성분을 함유하고 있어 두통, 소화불량, 어지럼증, 안면홍조, 비충혈 및 근육통 등의 부작용을 일으킬 수 있는 'F' 제품을 판매하였고, 그 판매액 합계는 41,360,000원이다.

③ 피고인은 원심판결 별지 범죄일람표에 기재된 피해자들 중 L, M에게 각 250,000원을 반환하였다(L: 2015. 8. 11. 반환, M: 2015. 10. 14. 반환).

④ 위 금원 중 33,731,100원은 다음과 같이 성명을 알 수 없는 사람(일명 'E')이 지정하는 계좌로 이체하였다

한편, 피고인은 2015. 10. 14. I에게 90,000원을 반환하였으므로 위 금원도 추징액에서 제 외되어야 한다고 주장하나, 원심판결 별지 범죄일람표에 기재된 피해자들에는 I가 포함되어 있지 않으므로, 추징액 산정에 있어 I에게 반환한 금원을 제외할 것은 아니다.

2) 보건범죄단속법위반의 점 관련

나아가 **보건범죄단속법을 위반하여 부정식품을 제조, 판매하고 취득한 범죄수익을 차 명계좌로 입금 받아 그 취득 및 처분을 가장한 사안에서 피고인이 취득한 범죄수익을 환수하고 피고인을 자금세탁범죄로 처벌한 사례**가 있다.[3]

사례

범죄사실

1. 보건범죄단속에관한특별조치법위반(부정식품제조등)

누구든지 식품의약품안전처장에 의해 기준·규격이 고시되지 아니한 화학적 합성품이 함유

---

3 부산지방법원 2015. 5. 15. 선고 2014고합776 판결 참조(부산고등법원 2015노331 판결로 확정).

된 식품을 판매하여서는 아니 된다.

가. 피고인은 2014. 1. 1.경부터 2014. 2. 28.경까지는 서울 영등포구 D 소재 피고인의 집에서, 그 이후부터 2014. 8. 5.경까지는 시흥시 E 사무실에서, 한방정력제를 표방하는 'G'를 판매하는 인터넷사이트를 관리하면서 위 제품이 타달라필, 디메틸치오실데나필 등 발기부전치료 성분의 화학적 합성물이 함유된 것으로 중국에서 불상의 방법으로 제조되어 밀반입된 것임을 잘 알면서도, 소비자들이 위 인터넷사이트에 올린 광고를 보고 위 인터넷사이트나 대포폰을 통해 피고인에게 위 제품을 주문하면, 피고인은 인터넷메신저를 통해 중국에 있는 성명불상자(일명 'H', 'I')에게 주문내역을 전달하고, 소비자들이 피고인이 관리하는 대포통장인 J 명의의 신한은행 계좌(K)로 그 대금을 입금하면, 위 성명불상자가 한국에 있는 L에게 연락하여 미리 국내에 밀반입된 위 제품을 'G' 용기에 담아 배송하는 방법으로 별지 범죄일람표(1) 기재와 같이 모두 251회에 걸쳐 합계 47,474,000원 상당을 판매하였다.

나. 또한, 피고인은 2014. 5. 2.경부터 2014. 7. 28.경까지 시흥시 안현동 소재 주식회사 ** 산업 사무실에서, 불량영양제 인터넷판매상인 M이 대포폰으로 피고인에게 'N'이라는 이름으로 유통되는 중국산 밀반입 정력제를 주문하고 피고인이 관리하는 대포통장인 J 명의의 신한은행 계좌(K)로 그 대금을 입금하면, 피고인은 인터넷메신저를 통해 중국에 있는 위 성명불상자에게 주문내역을 전달하고, 위 성명불상자는 한국에 있는 L에게 연락하여 미리 국내에 밀반입된 위 가.항 기재와 같은 제품을 'N' 용기에 담아 배송하는 방법으로 ***에게 별지 범죄일람표(2) 기재와 같이 모두 126회에 걸쳐 합계 88,057,000원 상당을 판매하였다.

이로써 피고인은 성명불상자, L과 공모하여 식품의약품안전처장에 의해 기준·규격이 고시되지 아니한 화학적 합성품이 함유된 식품을 판매하였다.

2. 사기

피고인은 제1의 가.항 기재 일시, 장소에서 제1의 가.항 기재와 같이 'G'를 판매하면서 사실은 위 제품은 불상의 중국 소재 공장에서 불상의 방법으로 불상의 재료에 일부 화학적 합성품을 섞어 만든 효능 미상의 것임에도, G 인터넷사이트에 "귀한 약초와 천연재료들을 선별하여 일본의 모 생명공학연구센터의 기술지원 아래 현대과학기술 공정을 거쳐 제조된 발기부전 및 조루 처방제품이다"라고 허위로 광고하고, 소비자들이 전화로 위 제품에 대해 문의하면 위와 같은 취지로 거짓말을 하여 이에 속은 피해자들로부터 별지 범죄일람표(1) 기재와 같이 모두 251회에 걸쳐 G 대금 명목으로 합계 47,474,000원을 송금받았다.

이로써 피고인은 성명불상자, L과 공모하여 피해자들을 기망하여 재물을 교부받아 이를 편취하였다.

4. 범죄수익의규제및처벌등에관한법률위반

피고인은 제1항 기재 일시, 장소에서 제1항 기재와 같이 부정식품을 판매하면서 그 판매대금 합계 135,531,000원을 제3항 기재와 같이 양수한 차명계좌인 J 명의의 신한은행 계좌(K)로 송금받았다.

이로써 피고인은 범죄수익의 취득에 관한 사실을 가장하였다.

법령의 적용

1. 범죄사실에 대한 해당법조

보건범죄 단속에 관한 특별조치법 제2조 제1항 제2호, 제2항, 식품위생법 제6조 제2호, 제1호, 제7조 제1항, 형법 제30조(기준·규격이 고시되지 아니한 화학적 합성품 함유 식품 판매의 점, 포괄하여, 유기징역형 선택하고 벌금형 병과), 각 형법 제347조 제1항, 형법 제30조(사기의 점, 징역형 선택), 전자금융거래법 제49조 제4항 제1호, 제6조 제3항 제1호, 형법 제30조(접근매체 양수의 점, 징역형 선택), 범죄수익은닉의 규제 및 처벌 등에 관한 법률 제3조 제1항 제1호(범죄수익 취득에 관한 사실 가장의 점, 포괄하여, 징역형 선택)

1. 추징

범죄수익은닉의 규제 및 처벌 등에 관한 법률 제10조 제1항, 제8조 제1항 제1호(판시 범죄사실 제1의 나.항 기재 기준·규격이 고시되지 아니한 화학적 합성품 함유 식품 판매대금)

3. 건강기능식품법위반의 점(제23호)

가. 서설

범죄수익은닉규제법은 별표 제23호에서 **건강기능식품법 제43조 제1항 제3호의 죄를 중대범죄로 규정**하고 있다. 앞에서 살펴본 식품위생법과 마찬가지로 위해건강식품 등의 판매 등을 금지하는 규정을 중대범죄로 규정하면서 이러한 행위로 생긴 재산 또는 범죄행위의 보수로 얻은 재산을 환수의 대상으로 한다.

관련조문

범죄수익은닉규제법 별표

중대범죄(제2조 제1호 관련)

23. 「식품위생법」 제94조 제1항 제1호, **「건강기능식품에 관한 법률」 제43조 제1항 제3호** 및 「보건범죄단속에 관한 특별조치법」 제2조 제1항(「식품위생법」 제6조를 위반한 경우만 해당한다)의 죄

식품위생법은 식품을, 건강기능식품법은 건강기능식품을 그 규율대상으로 하므로 건강기능식품법의 위 구성요건을 별도의 중대범죄로 규정한 것이다.

나. 구성요건(제43조 제1항 제3호, 제23조) 및 처벌

관련조문

건강기능식품법 제43조(벌칙) ① 다음 각 호의 어느 하나에 해당하는 자는 10년 이하의 징역 또는 1억 원 이하의 벌금에 처한다. 이 경우 징역과 벌금을 병과(倂科)할 수 있다. <개정 2016. 2. 3.>

　3. **제23조를 위반한 자**

☞ **제23조(위해 건강기능식품 등의 판매 등의 금지)** 누구든지 다음 각 호의 어느 하나에 해당하는 건강기능식품을 판매하거나 판매할 목적으로 제조·수입·사용·저장 또는 운반하거나 진열하여서는 아니 된다. <개정 2015.2.3>

　1. 썩었거나 상한 것으로서 인체의 건강을 해칠 우려가 있는 것

　2. 유독·유해물질이 들어 있거나 묻어 있는 것 또는 그럴 가능성이 있는 것. 다만, 인체의 건강을 해칠 우려가 없다고 식품의약품안전처장이 인정하는 것은 예외로 한다.

　3. 병(病)을 일으키는 미생물에 오염되었거나 그럴 가능성이 있어 인체의 건강을 해칠 우려가 있는 것

　4. 불결하거나 다른 물질이 섞이거나 첨가된 것 또는 그 밖의 사유로 인체의 건강을 해칠 우려가 있는 것

☞ **건강기능식품법 제3조(정의)** 이 법에서 사용하는 용어의 뜻은 다음과 같다. <개정 2015. 2. 3.>

　1. **"건강기능식품"이란 인체에 유용한 기능성을 가진 원료나 성분을 사용하여 제조(가공을 포함한다. 이하 같다)한 식품을 말한다.**

건강기능식품법 제43조 제1항 제3호, 제23조는 누구든지 위해 건강기능식품 등의 판매 등의 행위를 금지하고 있다. **구성요건의 주체 및 행위의 상대방**은 별다른 제한이 없고, **구성요건적 행위**는 위해 건강기능식품 등을 판매하거나 판매 목적으로 제조, 수입, 사용, 저장 또는 운반하거나 진열하는 것이다. **주관적 구성요건요소로서** 건강기능식품 등을 판매하거나(고의범) 판매할 목적으로 제조, 수입, 사용, 저장 또는 운반하거나 진열할 것을 요한다(목적범). 본죄를 범하면 10년 이하의 징역 또는 1억 원 이하의 벌금에 처한다.

위 **구성요건적 행위의 객체**는 **위해 건강기능식품** 등으로 상세한 내용은 건강기능식품법 제23조 제1호 내지 제4호에 규정된 것과 같다.

다. 범죄수익환수 사례

위와 같이 건강기능식품법에 정해진 범죄를 저지르는 경우 그와 같은 범죄행위로 취득한 수익은 범죄수익은닉규제법에 따라 임의적으로 몰수·추징할 수 있다. 다만 건강기능식품법 규정을 위반한 위해 건강기능식품 등이 그대로 압수되는 경우 해당 위해 건강기능식품 등은 범죄에 제공된 물건에 해당하므로 형법 제48조 제1항에 따라 몰수의 대상이 된다. 따라서 범죄수익은닉규제법에 따라 몰수·추징하는 범죄수익은 위와 같은 중대범죄로 인하여 생긴 재산 또는 그 범죄행위의 보수로 얻은 재산에 국한된다.

이에 대하여 실무상 위와 같은 중대범죄인 건강기능식품법위반으로 유죄판결이 확정된 경우 그로 인해 취득한 범죄수익을 환수한 사례는 찾기 어렵다. 생각건대 인체에 유해한 물질이 포함된 건강기능식품을 판매하고 이로 인해 범죄수익을 취득한 경우 이에 대한 적극적인 환수가 필요하다(私見).

3 폐기물관리법위반(제26호)

1. 서설

범죄수익은닉규제법 별표 제26호에서는 **폐기물관리법 제64조 제5호, 제6호의 죄**를 범죄수익환수 대상범죄로 규정하고 있다. 본죄는 2012. 1. 17. **범죄수익은닉규제법이 개정**(2012. 4. 18. 시행)되면서 **중대범죄로 신설되었다.** 이에 따라 구 범죄수익은닉규제법은 폐기물관리법 제64조 제1호 및 제2호를 중대범죄로 규정하고 있었는데 폐기물관리법의 개정에 따라 중대범죄의 적용법조가 바뀌고, 2019. 4. 23. 별표가 위와 같이 개정되어 개정된 폐기물관리법과 범죄수익은닉규제법상 중대범죄가 일치하게 되었다.

관련조문

범죄수익은닉규제법 별표

중대범죄(제2조 제1호 관련)

26. 「폐기물관리법」 **제64조 제5호·제6호**의 죄

폐기물관리법상 중대범죄는 무허가 폐기물 처리업을 하는 행위(동법 제64조 제5호, 제25조 제3항), 거짓이나 그 밖의 부정한 방법으로 폐기물처리업 허가를 받는 행위(동법 제64조 제6호, 제25조 제3항)이다.

실무상 거짓이나 그 밖의 부정한 방법으로 폐기물처리업 허가를 받아 폐기물처리업을 영위하는 사례(동법 제64조 제6호)는 쉽게 발견되지 않을 뿐만 아니라 위와 같이 부정한 방법으로 허가를 받은 경우 이는 취소의 대상이므로 결국 무허가 폐기물처리업을 영위한 것과 같은 결론에 이른다. 따라서 **아래에서는 무허가 폐기물 처리의 점을 중심으로 구성요건과 범죄수익환수 사례**를 살핀다.

폐기물관리법은 해당 법률에 별도의 몰수·추징 규정을 두고 있지 아니하므로 **범죄수익은닉규제법에 따른 임의적 몰수·추징 규정이 적용**된다. 한편 실무상 지정된 장소 외의 장소에 사업장 폐기물을 무단 매입 및 투기한 사례에서 해당 구성요건은 범죄수익은닉규제법상 중대범죄가 아님에도 불구하고 형법 제48조 제1항 제2호, 제2항에 따라 위 범죄에 따라 생긴 재산을 환수한 사례도 발견된다. 다만 범죄수익은닉규제법에 따른 중대범죄에 해당하지 않는 경우 형법에 따라 임의적 몰수·추징이 가능하다고 하더라도 법령에 따른 몰수·추징보전절차를 진행할 수 없으므로 대상자 소유의 재산에 대한 처분을 금지할 수 없다는 문제가 있음을 유의할 필요가 있다.

2. 무허가 폐기물처리업 영위의 점(제64조 제5호, 제25조 제3항)

관련조문

제64조(벌칙) 다음 각 호의 어느 하나에 해당하는 자는 5년 이하의 징역이나 5천만 원 이하의 벌금에 처한다.

5. 제25조 제3항에 따른 허가를 받지 아니하고 폐기물처리업을 한 자

☞ 제25조(폐기물처리업) ① 폐기물의 수집·운반, 재활용 또는 처분을 업(이하 "폐기물처리업"이라 한다)으로 하려는 자(음식물류 폐기물을 제외한 생활폐기물을 재활용하려는 자와 폐기물처리 신고자는 제외한다)는 **환경부령**으로 정하는 바에 따라 **지정폐기물을 대상으로 하는 경우**에는 폐기물 처리 사업계획서를 환경부장관에게 제출하고, **그 밖의 폐기물을 대상으로 하는 경우**에는 시·도지사에게 제출하여야 한다. 환경부령으로 정하는 중요 사항을 변경하려는 때에도 또한 같다.

② 환경부장관이나 시·도지사는 제1항에 따라 제출된 폐기물 처리사업계획서를 다음 각 호의 사항에 관하여 검토한 후 그 적합 여부를 폐기물처리사업계획서를 제출한 자에게 통보하여야 한다.

1. 폐기물처리업 허가를 받으려는 자(법인의 경우에는 임원을 포함한다)가 제26조에 따른 결격사유에 해당하는지 여부

2. 폐기물처리시설의 입지 등이 다른 법률에 저촉되는지 여부

3. 폐기물처리사업계획서상의 시설·장비와 기술능력이 제3항에 따른 허가기준에 맞는지 여부

4. 폐기물처리시설의 설치·운영으로 「수도법」 제7조에 따른 상수원보호구역의 수질이 악화되거나 「환경정책기본법」 제12조에 따른 환경기준의 유지가 곤란하게 되는 등 사람의 건강이나 주변 환경에 영향을 미치는지 여부

③ 제2항에 따라 적합통보를 받은 자는 그 통보를 받은 날부터 2년(제5항 제1호에 따른 폐기물 수집·운반업의 경우에는 6개월, 폐기물처리업 중 소각시설과 매립시설의 설치가 필요한 경우에는 3년) 이내에 환경부령으로 정하는 기준에 따른 시설·장비 및 기술능력을 갖추어 업종, 영업대상 폐기물 및 처리분야별로 **지정폐기물을 대상**으로 하는 경우에는 환경부장관의, **그 밖의 폐기물을 대상**으로 하는 경우에는 시·도지사의 허가를 받아야 한다. 이 경우 환경부장관 또는 시·도지사는 제2항에 따라 적합통보를 받은 자가 그 적합통보를 받은 사업계획에 따라 시설·장비 및 기술인력 등의 요건을 갖추어 허가신청을 한 때에는 지체 없이 허가하여야 한다.

⑤ 폐기물처리업의 업종 구분과 영업 내용은 다음과 같다.

1. **폐기물 수집·운반업**: 폐기물을 수집하여 재활용 또는 처분 장소로 운반하거나 폐기물을 수출하기 위하여 수집·운반하는 영업

2. **폐기물 중간처분업**: 폐기물 중간처분시설을 갖추고 폐기물을 소각 처분, 기계적 처분, 화학적 처분, 생물학적 처분, 그 밖에 환경부장관이 폐기물을 안전하게 중간처분할 수 있다고 인정하여 고시하는 방법으로 중간처분하는 영업

3. **폐기물 최종처분업**: 폐기물 최종처분시설을 갖추고 폐기물을 매립 등(해역 배출은 제외한다)의 방법으로 최종처분하는 영업

4. **폐기물 종합처분업**: 폐기물 중간처분시설 및 최종처분시설을 갖추고 폐기물의 중간처분과 최종처분을 함께 하는 영업

5. **폐기물 중간재활용업**: 폐기물 재활용시설을 갖추고 중간가공 폐기물을 만드는 영업

6. **폐기물 최종재활용업**: 폐기물 재활용시설을 갖추고 중간가공 폐기물을 제13조의2에 따른 폐기물의 재활용 원칙 및 준수사항에 따라 재활용하는 영업

7. **폐기물 종합재활용업**: 폐기물 재활용시설을 갖추고 중간재활용업과 최종재활용업을 함께 하는 영업

⑥ 제5항 제2호부터 제7호까지의 규정에 해당하는 폐기물처리업 허가를 받은 자는 같은 항 제1호에 따른 폐기물 수집·운반업의 허가를 받지 아니하고 그 처리 대상 폐기물을 스스로 수집·운반할 수 있다.

☞ **제67조(양벌규정)** 법인의 대표자나 법인 또는 개인의 대리인, 사용인, 그 밖의 종업원이 그 법인 또는 개인의 업무에 관하여 제63조부터 제66조까지의 어느 하나에 해당하는 위반행위를 하면 그 행위자를 벌하는 외에 그 법인 또는 개인에게도 해당 조문의 벌금형을 과(科)한다. 다만, 법인 또는 개인이 그 위반행위를 방지하기 위하여 해당 업무에 관하여 상당한 주의와 감독을 게을리하지 아니한 경우에는 그러하지 아니하다.

가. 구성요건의 주체

본죄의 **구성요건의 주체**는 동법 제25조 제3항에 따른 폐기물처리업 허가를 받지 않은 사람이다.

폐기물처리업의 종류는 폐기물 수집·운반업, 중간처분업, 최종처분업, 종합처분업, 중간재활용업, 최종재활용업, 종합재활용업으로 나뉘는데(동법 제25조 제5항 각호 참조), 폐기물의 종류가 지정폐기물인지 그 밖의 폐기물인지에 따라 허가의 주체가 달라진다(동법 제25조 제1항 참조). 위와 같은 허가는 폐기물의 종류에 따라 그 처리의 방법과 절차, 구비하여야 할 시설 등이 각각 다르므로 특정 업체가 A 폐기물에 대한 처리업 허가가 있다고 하더라도 실제로 허가를 받지 않은 B 폐기물을 처리하는 경우(예를 들어 기타 폐기물에 대한 처리업 허가를 받았다 하더라도 지정폐기물에 대한 폐기물처리업 허가 없이 지정폐기물에 대한 처리를 업으로 하는 경우)에는 무허가 폐기물처리업을 영위한 것으로 봄이 상당하다.

나. 구성요건적 행위 및 객체

본죄의 **구성요건적 행위는 폐기물처리업 허가를 받지 아니하고 폐기물업을 영위하는 것**으로 실제로 행위자가 해당 폐기물에 대한 허가를 보유하고 있는지를 살펴야 한다.

이 때 음식물류 폐기물을 제외한 생활폐기물을 재활용하려는 사람, 폐기물 처리 신고자는 관할 관청의 허가가 필요없으므로 위와 같은 폐기물을 처리하는 행위는 위 구성요건 해당성이 없음을 주의해야 한다.

그리고 동법 제5항 제2호부터 제7호까지의 규정에 해당하는 폐기물처리업 허가를 받은 자는 같은 항 제1호에 따른 폐기물 수집·운반업의 허가를 받지 아니하고 그 처리 대상 폐기물을 스스로 수집·운반할 수 있으나(동법 제25조 제6항 참조), 허가를 받은 폐기물이 아닌 다른 폐기물을 수집·운반하기 위해서는 이에 대한 별도의 허가를 받아야 함은 당연하다. 왜냐하면 폐기물은 그 종류와 성질에 따라 수집, 운반할 때 필요한 장비와 시설, 유의사항이 각각 다르기 때문이다. 따라서 A 폐기물에 대한 처리업 허가가 있다면 별도로 A 폐기물에 대한 수집, 운반허가는 없어도 무방하지만 이와 성상이 전혀 다른 B 폐기물에 대한 수집, 운반을 하기 위해서는 이에 대한 별도의 허가를 받아야 할 필요성이 있다.[4]

한편 법인이 폐기물처리업의 허가는 받았더라도, 실제 무허가 폐기물처리업을 한 행위자가 개인인 경우 해당 법인은 폐기물관리법에 따른 양벌규정으로 처벌되는데 그 경우에도 법인이

---

[4] 이에 대한 구체적 사례는 아래 대법원 2019. 5. 30. 선고 2019도3900 판결, 대전지방법원 2019. 2. 15. 선고 2018노2966 판결 각 참조[원심(대전지방법원 서산지원 2018고단586 판결)]

취득한 범죄수익은 범죄수익은닉규제법에 따라 환수의 대상이 된다.

본죄의 **구성요건의 객체**와 관련하여 실무상 실제 업체가 처리한 폐기물의 종류가 지정폐기물에 해당하는지, 그 밖의 폐기물에 해당하는지 여부를 구분해야 하고, 위 업체가 기존에 폐기물처리업 허가가 있는 업체라면 허가 대상이 된 폐기물의 종류와 실제로 업체가 처리한 폐기물의 종류가 서로 다른 것은 아닌지 명확히 확인하는 것이 중요하다.

지정폐기물은 사업장 폐기물 중 폐유, 폐산 등 주변 환경을 오염시킬 수 있거나 의료폐기물 등 인체에 위해를 줄 수 있는 해로운 물질로서 대통령령으로 정하는 폐기물을 말하고 (동법 제2조 제4호 참조), **사업장폐기물**은 대기환경보전법, 물환경보전법 또는 소음진동관리법에 따라 배출시설을 설치, 운영하는 사업장이나 그 밖에 대통령령으로 정하는 사업장에서 발생하는 폐기물을 말하는데, 그 상세한 법령 내용은 다음과 같다.

관련조문

폐기물관리법 제2조(정의) 이 법에서 사용하는 용어의 뜻은 다음과 같다. <개정 2007. 5. 17., 2009. 6. 9., 2010. 1. 13., 2010. 7. 23., 2015. 1. 20., 2017. 1. 17.>

1. **"폐기물"**이란 쓰레기, 연소재(燃燒滓), 오니(汚泥), 폐유(廢油), 폐산(廢酸), 폐알칼리 및 동물의 사체(死體) 등으로서 사람의 생활이나 사업활동에 필요하지 아니하게 된 물질을 말한다.
2. **"생활폐기물"**이란 **사업장폐기물 외의 폐기물**을 말한다.
3. **"사업장폐기물"**이란 「대기환경보전법」, 「물환경보전법」 또는 「소음·진동관리법」에 따라 배출시설을 설치·운영하는 사업장이나 그 밖에 **대통령령**으로 정하는 사업장에서 발생하는 폐기물을 말한다.
4. **"지정폐기물"**이란 사업장폐기물 중 폐유·폐산 등 주변 환경을 오염시킬 수 있거나 의료폐기물(醫療廢棄物) 등 인체에 위해(危害)를 줄 수 있는 해로운 물질로서 **대통령령**으로 정하는 폐기물을 말한다.

☞ **폐기물관리법 시행령 제2조(사업장의 범위)** 「폐기물관리법」(이하 "법"이라 한다) 제2조 제3호에서 "그 밖에 대통령령으로 정하는 사업장"이란 다음 각 호의 어느 하나에 해당하는 사업장을 말한다. <개정 2007. 9. 27., 2013. 5. 28., 2014. 12. 31., 2017. 1. 17., 2018. 1. 16.>

1. 「물환경보전법」 제48조 제1항에 따라 공공폐수처리시설을 설치·운영하는 사업장
2. 「하수도법」 제2조 제9호에 따른 공공하수처리시설을 설치·운영하는 사업장
3. 「하수도법」 제2조 제11호에 따른 분뇨처리시설을 설치·운영하는 사업장
4. 「가축분뇨의 관리 및 이용에 관한 법률」 제24조에 따른 공공처리시설
5. 법 제29조 제2항에 따른 폐기물처리시설(법 제25조 제3항에 따라 폐기물처리업의 허가를 받은 자가 설치하는 시설을 포함한다)을 설치·운영하는 사업장

6. 법 제2조 제4호에 따른 지정폐기물을 배출하는 사업장

7. 폐기물을 1일 평균 300킬로그램 이상 배출하는 사업장

8. 「건설산업기본법」 제2조 제4호에 따른 건설공사로 폐기물을 5톤(공사를 착공할 때부터 마칠 때까지 발생되는 폐기물의 양을 말한다)이상 배출하는 사업장

9. 일련의 공사(제8호에 따른 건설공사는 제외한다) 또는 작업으로 폐기물을 5톤(공사를 착공하거나 작업을 시작할 때부터 마칠 때까지 발생하는 폐기물의 양을 말한다)이상 배출하는 사업장

☞ 폐기물관리법 시행령 [별표1] 지정폐기물의 종류

1. 특정시설에서 발생되는 폐기물

   가. 폐합성 고분자화합물

   　　1) 폐합성 수지(고체상태의 것은 제외한다)

   　　2) 폐합성 고무(고체상태의 것은 제외한다)

   나. 오니류(수분함량이 95퍼센트 미만이거나 고형물함량이 5퍼센트 이상인 것으로 한정한다)

   　　1) 폐수처리 오니(환경부령으로 정하는 물질을 함유한 것으로 환경부장관이 고시한 시설에서 발생되는 것으로 한정한다)

   　　2) 공정 오니(환경부령으로 정하는 물질을 함유한 것으로 환경부장관이 고시한 시설에서 발생되는 것으로 한정한다)

   다. 폐농약(농약의 제조·판매업소에서 발생되는 것으로 한정한다)

2. 부식성 폐기물

   가. 폐산(액체상태의 폐기물로서 수소이온 농도지수가 2.0 이하인 것으로 한정한다)

   나. 폐알칼리(액체상태의 폐기물로서 수소이온 농도지수가 12.5 이상인 것으로 한정하며, 수산화칼륨 및 수산화나트륨을 포함한다)

3. 유해물질함유 폐기물(환경부령으로 정하는 물질을 함유한 것으로 한정한다)

   가. 광재(鑛滓)[철광 원석의 사용으로 인한 고로(高爐)슬래그(slag)는 제외한다]

   나. 분진(대기오염 방지시설에서 포집된 것으로 한정하되, 소각시설에서 발생되는 것은 제외한다)

   다. 폐주물사 및 샌드블라스트 폐사(廢砂)

   라. 폐내화물(廢耐火物) 및 재벌구이 전에 유약을 바른 도자기 조각

   마. 소각재

   바. 안정화 또는 고형화·고화 처리물

   사. 폐촉매

   아. 폐흡착제 및 폐흡수제[광물유·동물유 및 식물유{폐식용유(식용을 목적으로 식품 재료와 원료를 제조·조리·가공하는 과정, 식용유를 유통·사용하는 과정 또는 음식물류 폐기물을 재활용하는 과정에서 발생하는 기름을 말한다. 이하 같다)는 제외한다}

　　의 정제에 사용된 폐토사(廢土砂)를 포함한다]

　자. 폐형광등의 파쇄물(폐형광등을 재활용하는 과정에서 발생되는 것으로 한정한다)

4. 폐유기용제

　가. 할로겐족(환경부령으로 정하는 물질 또는 이를 함유한 물질로 한정한다)

　나. 그 밖의 폐유기용제(가목 외의 유기용제를 말한다)

5. 폐페인트 및 폐래커(다음 각 목의 것을 포함한다)

　가. 페인트 및 래커와 유기용제가 혼합된 것으로서 페인트 및 래커 제조업, 용적 5세제
　　곱미터 이상 또는 동력 3마력 이상의 도장(塗裝)시설, 폐기물을 재활용하는 시설에
　　서 발생되는 것

　나. 페인트 보관용기에 남아 있는 페인트를 제거하기 위하여 유기용제와 혼합된 것

　다. 폐페인트 용기(용기 안에 남아 있는 페인트가 건조되어 있고, 그 잔존량이 용기 바
　　닥에서 6밀리미터를 넘지 아니하는 것은 제외한다)

6. 폐유[기름성분을 5퍼센트 이상 함유한 것을 포함하며, 폴리클로리네이티드비페닐(PCBs)
　함유 폐기물, 폐식용유와 그 잔재물, 폐흡착제 및 폐흡수제는 제외한다]

7. 폐석면

　가. 건조고형물의 함량을 기준으로 하여 석면이 1퍼센트 이상 함유된 제품·설비(뿜칠로
　　사용된 것은 포함한다) 등의 해체·제거 시 발생되는 것

　나. 슬레이트 등 고형화된 석면 제품 등의 연마·절단·가공 공정에서 발생된 부스러기
　　및 연마·절단·가공 시설의 집진기에서 모아진 분진

　다. 석면의 제거작업에 사용된 바닥비닐시트(뿜칠로 사용된 석면의 해체·제거작업에 사
　　용된 경우에는 모든 비닐시트)·방진마스크·작업복 등

8. 폴리클로리네이티드비페닐 함유 폐기물

　가. 액체상태의 것(1리터당 2밀리그램 이상 함유한 것으로 한정한다)

　나. 액체상태 외의 것(용출액 1리터당 0.003밀리그램 이상 함유한 것으로 한정한다)

9. 폐유독물질[「화학물질관리법」 제2조 제2호의 유독물질을 폐기하는 경우로 한정하되, 제
　1호다목의 폐농약(농약의 제조·판매업소에서 발생되는 것으로 한정한다), 제2호의 부식
　성 폐기물, 제4호의 폐유기용제 및 제8호의 폴리클로리네이티드비페닐 함유 폐기물은
　제외한다]

10. 의료폐기물(환경부령으로 정하는 의료기관이나 시험·검사 기관 등에서 발생되는 것으
　　로 한정한다)

11. 그 밖에 주변환경을 오염시킬 수 있는 유해한 물질로서 환경부장관이 정하여 고시하는
　　물질

다. 처벌

본죄를 범하면 5년 이하의 징역이나 5천만 원 이하의 벌금에 처한다. 위와 같은 범죄행위를 통해 취득한 범죄수익은 모두 범죄수익은닉규제법에 환수의 대상이 됨은 이미 앞에서 본 바와 같다.

라. 범죄수익환수 사례

범죄수익은닉규제법에 따른 범죄수익등의 몰수·추징은 부정한 이익을 박탈하여 이를 보유하지 못하게 하는 데 목적이 있는 것이고, **범죄수익을 얻기 위해 범인이 지출한 비용은 그것이 범죄수익으로부터 지출되었다고 하더라도 이는 범죄수익을 소비하는 방법에 지나지 않아 추징할 범죄수익에서 공제할 것은 아니라고** 할 것이며,[5] 범행을 하는 과정에서 지출한 세금, 건물 임대료, 종업원에 대한 급여, 기계 매입 대금 등도 범죄수익을 얻기 위해 범인이 지출한 비용으로서 범죄수익을 소비하는 방법에 지나지 않아 추징할 범죄수익에서 공제할 것은 아니다.[6]

이와 관련하여 특정 폐기물에 대한 처리업 허가를 받은 업체가 이와는 전혀 다른 지정폐기물(폐산)에 대한 별도의 허가 없이 생산업체로부터 저렴한 처리비용을 받고 이를 수집·운반한 다음 별도의 처리 절차 없이 소각재에 섞어 무단 반출하여 매립한 사건에서, 업체는 **무허가 폐기물 처분업을 영위한 것에 해당한다고 보아 위 업체가 생산업체로부터 지급받은 폐기물 처리비용 전액을 범죄수익으로 환수한 사례**가 있다.[7]

이 사안에서 법원은 피고인들이 A 폐기물에 대한 처리업 허가를 받았다 하더라도 지정폐기물인 B 폐기물에 대한 별도의 허가가 없다면 이에 대한 수집·운반을 할 수 없는 점, 피고인들이 운영한 회사로 수익이 귀속되었다고 하더라도 양벌규정으로 법인을 처벌하는 이상 법인으로부터 범죄수익을 추징할 수 있다는 점을 명확히 판시하였다.

---

5 대법원 2015. 8. 19. 선고 2013도5808 판결 등 참조.
6 대법원 2009. 5. 14.선고 2009도2223 판결, 대법원 2007. 12. 13. 선고 2007도8330 판결, 대법원 2008. 6. 26. 선고 2008도1312 판결 참조.
7 대법원 2019. 5. 30. 선고 2019도3900 판결, 대전지방법원 2019. 2. 15. 선고 2018노2966 판결 참조[원심(대전지방법원 서산지원 2018고단586 판결)은 무허가 폐기물처리업 영위의 점을 모두 유죄로 인정하면서도 범죄수익은닉규제법상 임의적 몰수·추징 규정에 따라 범죄수익에 대한 추징선고를 기각하였으나 항소심은 이를 파기하고 피고인들이 취득한 범죄수익을 모두 추징하도록 선고하였고 대법원에서 이를 확정하였다.

> ### 사례
>
> **[원심]**
>
> ## 범죄사실
>
> (전략)
>
> 2) 무허가 폐기물 수집, 운반의 점
>
> 폐기물처리업(폐기물 수집·운반업)을 하려는 자는 법에서 정한 시설, 장비 및 기술 능력을 갖추어 업종, 영업대상 폐기물 및 처리 분야별로 관계 당국의 허가를 받아야 하고, 이 때 지정폐기물을 영업대상 폐기물로 하는 경우에는 환경부 장관의 허가를 받아야 하며 폐기물 중간처분업 허가를 받은 자는 그 처리 대상 폐기물 이외의 지정폐기물을 운반하려면 환경부 장관으로부터 별도로 허가를 받아야 한다.
>
> 그럼에도 불구하고 **피고인들은 주식회사 K에서 배출되는 폐DOPE(황산 80%, 레진 20%로 구성된 물질)의 폐기물 종류가 지정폐기물 중 폐유독물질 또는 기타폐산(고상)으로 분류되어 있으므로 주식회사 R에서는 변경허가를 받지 아니하여 처리할 수 없고, 이를 수집하여 운반하기 위해서는 위 지정폐기물에 대한 별도의 수집, 운반업 허가를 받아야 함에도 불구하고 처리비용으로 톤당 60만 원 상당의 영업이익을 취득하기 위해 중간처분업 변경허가 또는 위 지정폐기물에 대한 수집, 운반업 허가를 받지 아니하고 위 지정폐기물을 가져온 다음 이를 처리할 것을 공모하였다.**
>
> **피고인들은 2013. 5. 28.경 전주시 덕진구 O에 있는 주식회사 K 전주공장에서 주식회사 R 소속의 운송팀 기사들로 하여금 주식회사 K에 보관 중이던 폐DOPE 폐기물 6.78톤을 운반하도록 지시하여 같은 날 주식회사 R의 운반차량에 실어 이를 당진시 S에 있는 공장으로 운반하였다.**
>
> 그 후, **피고인들은 위와 같이 운반해온 폐DOPE를 담고 있던 PE드럼통을 분리하여 이를 소각재에 섞은 다음 이를 T에 운반하여 배출한 것을 비롯하여 그 무렵부터 2016. 5. 28.경까지 41회에 걸쳐 별지 범죄일람표 2. 기재와 같이 합계 621.16톤의 지정폐기물을 수집하여 운반한 다음 이를 모두 매립장에 매립하거나 무허가 재활용업체에 배출하여 처리하였다.**
>
> 이로써 피고인들은 공모하여 지정폐기물에 대한 무허가 수집, 운반업을 하였다.
>
> 나. 피고인 L 주식회사(구 주식회사 R)
>
> 피고인[구 (주)R]은 전무인 최**, 이사인 손**, 종업원인 이**이 그 업무에 관하여 제2의 가항 기재와 같은 위반행위를 하였다
>
> 4. 피고인 F, 피고인 주식회사 M
>
> 가. 피고인 F
>
> 피고인은 평택시 Y에서 폐기물 재활용 시설인 파쇄시설(365마력 1식, 400마력 1식), 선별시설(자력 6식), 선별시설(스크린 1식), 3,365㎥ 보관시설, 수집운반 차량 등을 갖추고 사업장

일반폐기물 중 폐목재류를 기계적 재활용 방법으로 고형연료로 생산하여 판매할 것을 목적으로 설립된 폐기물종합재활용업체인 주식회사 M을 운영하였던 사람이다.

폐기물처리업(종합재활용업)을 하려는 사람은 법에서 정한 시설, 장비및 기술능력을 갖추어 업종, 영업대상 폐기물 및 처리 분야별로 관계 당국의 허가를 받아야 하는데, 이 때 지정폐기물을 영업대상 폐기물로 하는 경우에는 환경부 장관의 허가를 받아야 한다.

따라서, 피고인은 지정폐기물이 아닌 일반폐기물을 종합재활용업으로 하겠다며 경기도지사의 허가를 받았을 뿐이었으므로 지정폐기물을 영업 대상으로 하려면 환경부 장관의 허가를 받아야 한다.

그럼에도 불구하고 피고인은 환경부장관의 허가를 받지 않은 채 주식회사 R에서 지정폐기물인 폐DOPE가 반입되면 이를 파쇄한 뒤 폐목재 파쇄로 생산한 우드칩에 섞어서 이를 열병합발전소에 연료로 판매할 것을 마음먹었다.

이에 피고인은 2013. 12. 30.경 평택시 Y에 있는 주식회사 M 공장에서 주식회사 R으로부터 지정폐기물인 폐DOPE를 받아 이를 포크레인 및 파쇄기를 이용해 파쇄한 후 위 회사 야적장에 있던 우드칩과 섞은 다음 이를 열병합발전소에 판매한 것을 비롯하여 그 무렵부터 2014. 11. 15.경까지 별지 범죄일람표 3. 기재와 같이 7회에 걸쳐 339.95톤의 지정폐기물인 폐 DOPE를 파쇄 후 우드칩과 섞어 판매하는 등 무허가 폐기물종합재활용영업을 하였다.

나. 피고인 주식회사 M

피고인은 주식회사 M의 대표이사인 F가 그 업무에 관하여 제4의 가항 기재와 같은 위반행위를 하였다.

[항소심]

4. 피고인 L 주식회사의 법리오해 주장에 대한 판단

가. 양벌규정 적용이 부당하다는 주장에 관하여

구 수질 및 수생태계 보전에 관한 법률은 사업자가 배출시설 및 방지시설을 양도한 경우 그 양수인은 종전 사업자의 권리·의무를 승계한다고 규정하고 있다(법 제36조 제1항 제2호). R의 지분 전부를 보유하였던 ****이 2017. 4. 10. 환경에너지와 위 지분 매매계약을 체결하고, 2017. 5. 16. 'L 주식회사'로 상호가 변경되었으나, R의 등기번호와 등록번호는 피고인 회사로 그대로 존속되고, 사업시설과 업종도 그대로 유지되어 피고인 회사와 R 사이 연속성과 동일성이 인정되는 이상, 단순히 피고인 회사의 주주와 경영진이 변경되었다는 이유만으로 양벌규정이 적용되지 않는다고 볼 수 없다. 피고인 회사의 이 부분 주장은 받아들이지 않는다.

나. 무허가 수집·운반으로 인한 폐기물관리법위반죄가 성립하지 않는다는 주장에 관하여

피고인 회사는 원심에서도 이 부분 항소이유와 같은 취지의 주장을 하였고, **원심은, ① 관련 법령에서는 폐기물의 수집·운반업과 중간처분업을 구분하고 허가도 업종별로 특정하여 구분하도록 하고 있고, 구 폐기물관리법(2015. 7. 20. 법률 제13411호로 개정되기 전**

의 것, 이하 '폐기물관리법'이라고만 한다) 제25조 제11항의 허가사항의 변경에서 말하
는 변경에는 허가받은 업종의 변경이 포함되지 아니하므로, 중간처분업 허가만 있을 뿐
수집·운반업에 대한 허가가 없는 R은 별도의 수집·운반업 허가를 따로 득했어야 함에
도 처분대상 폐기물 이외의 지정 폐기물인 이 사건 폐DOPE를 별도의 변경 허가를 받
지 아니하고 처분하고 그 과정에서 수집·운반을 하였다면, 이러한 행위는 폐기물처리
업의 허가사항의 변경 없이 허가사항을 변경한 죄뿐 아니라, 무허가 수집·운반의 죄를
별도로 구성하고, ② 폐기물관리법 제25조 제6항에서 폐기물처리업 허가를 받은 자는
폐기물 수집·운반업의 허가를 받지 아니하고 처리 대상 폐기물을 스스로 수집·운반할
수 있도록 정한 것은 처리 허가를 받은 대상 폐기물에 국한되는 것일 뿐이므로, 아직
처리 대상으로 허가를 받지 아니한 폐기물에 대하여 수집·운반을 한 것이 위 규정에서
정한 예외 적용 대상이 될 수 없다는 이유로 피고인의 주장을 배척하였다. 원심의 판단
을 이 사건 기록과 대조하여 면밀히 살펴보면, 원심의 판단은 정당한 것으로 수긍이 되고,
피고인 회사의 주장과 같은 법리오해의 위법이 없다. 피고인 회사의 이 부분 주장도 받아들
이지 않는다.

5. 검사의 피고인 L 주식회사에 대한 양형부당 주장에 대한 판단

가. 원심의 판단

원심은, 법인의 연속성, 동일성이 인정된다고 하더라도 피고인 회사의 실질적 소유주가 변
경된 이상 기존 소유주의 인수전에 취한 이익을 인수한 새로운 소유주에게 부담하는 결과를
가져오는 추징은 상당하다고 보기 어려우므로 피고인 회사가 폐DOPE를 처리하여 얻은 이익
에 관하여는 따로 추징 선고를 하지 아니한다고 판시하였다.

나. 당심의 판단

자연환경 및 생활환경에 중대한 영향을 미칠 염려가 있는 폐기물의 배출을 엄격히 규
제하여 환경보전과 국민생활의 질적 향상을 도모하려는 폐기물관리법의 취지와 R이 허가
없이 처리한 폐DOPE는 황산 80%, 레진 20%로 구성된 물질로 위험성과 유독성이 매우
큰 점, 이 사건 무허가처리 폐기물의 양은 합계 621.16톤이고, 그로 인하여 얻은 이익도
787,344,400원에 달하는 거액인 점을 고려하면, 비록 피고인 회사의 주주나 경영진이 변
경되었다고 하더라도 이 사건 범죄행위로 인한 수익을 추징하지 아니한 원심의 형은 너
무 가벼워서 부당하다. 검사의 양형부당 주장은 이유 있다.

법령의 적용

1. 추징

피고인 L 주식회사: 범죄수익은닉의 규제 및 처벌 등에 관한 법률 제10조 제1항, 제8조 제1항

3. 거짓 그 밖의 부정한 방법을 통한 폐기물처리업 영위의 점(제64조 제6호, 제25조 제3항)

관련조문

제64조(벌칙) 다음 각 호의 어느 하나에 해당하는 자는 5년 이하의 징역이나 5천만 원 이하의 벌금에 처한다.

  6. 거짓이나 그 밖의 부정한 방법으로 **제25조 제3항**에 따른 폐기물처리업 허가를 받은 자

☞ **제25조(폐기물처리업)** ③ **제2항에 따라 적합통보를 받은 자**는 그 통보를 받은 날부터 2년(제5항 제1호에 따른 폐기물 수집·운반업의 경우에는 6개월, 폐기물처리업 중 소각시설과 매립시설의 설치가 필요한 경우에는 3년) 이내에 환경부령으로 정하는 기준에 따른 시설·장비 및 기술능력을 갖추어 업종, 영업대상 폐기물 및 처리분야별로 **지정폐기물을 대상**으로 하는 경우에는 환경부장관의, **그 밖의 폐기물을 대상**으로 하는 경우에는 시·도지사의 허가를 받아야 한다. 이 경우 환경부장관 또는 시·도지사는 제2항에 따라 적합통보를 받은 자가 그 적합통보를 받은 사업계획에 따라 시설·장비 및 기술인력 등의 요건을 갖추어 허가신청을 한 때에는 지체 없이 허가하여야 한다.

☞ **제67조(양벌규정)** 법인의 대표자나 법인 또는 개인의 대리인, 사용인, 그 밖의 종업원이 그 법인 또는 개인의 업무에 관하여 제63조부터 제66조까지의 어느 하나에 해당하는 위반행위를 하면 그 행위자를 벌하는 외에 그 법인 또는 개인에게도 해당 조문의 벌금형을 과(科)한다. 다만, 법인 또는 개인이 그 위반행위를 방지하기 위하여 해당 업무에 관하여 상당한 주의와 감독을 게을리하지 아니한 경우에는 그러하지 아니하다.

가. 구성요건의 주체 및 행위의 상대방

위 **구성요건의 주체**는 제한이 없다. 나아가 행위의 상대방은 법령상 폐기물처리업 허가권자이다.

나. 구성요건적 행위 및 객체

본죄의 **구성요건적 행위**는 거짓이나 그 밖의 부정한 방법으로 동법 제25조 제3항에 따른 폐기물처리업 허가를 받는 것이다. 이 때 본죄의 **객체**가 되는 폐기물의 개념 및 폐기물처리업의 종류는 제64조 제5호 위반죄의 그것과 동일하다.

다. 처벌

본죄를 위반하면 5년 이하의 징역 또는 5천만 원 이하의 벌금에 처한다. 나아가 위와 같은 범행으로 취득한 범죄수익(영업으로 취득한 수익 등)은 모두 환수의 대상이 된다. 다만 실무상 위와 같은 거짓 그 밖의 부정한 방법으로 폐기물처리업 허가를 취득하여 영업을 함으로써 얻은 수익을 환수한 사례는 발견되지 않는다.

4 의료법위반(제33호)

1. 서설

범죄수익은닉규제법 별표 제33호에서는 **의료법 제87조 제1항 제2호 및 제88조 제2호의 죄**를 범죄수익환수 대상범죄로 규정하고 있다. 본죄는 2019. 4. 23. **범죄수익은닉규제법이 개정되면서 중대범죄로 모두 추가되었다.**

관련조문

범죄수익은닉규제법 별표

중대범죄(제2조 제1호 관련)

33. 「의료법」 **제87조 제1항 제2호 및 제88조 제2호**의 죄

범죄수익은닉규제법 별표 제33호에 기재되어 있는 조문은 의료법이 2019. 4. 23. 개정되기 이전의 **구 의료법(법률 제15716호)상 규정**인데 그 내용은 다음과 같다.

관련조문

구 의료법 제87조(벌칙) ① 다음 각 호의 어느 하나에 해당하는 자는 5년 이하의 징역이나 5천만 원 이하의 벌금에 처한다. <개정 2009. 1. 30., 2015. 12. 29., 2016. 5. 29., 2016. 12. 20.>

2. 제12조 제2항 및 제3항, 제18조 제3항, 제21조의2 제5항·제8항, 제23조 제3항, 제27조 제1항, **제33조 제2항**·제8항(제82조 제3항에서 준용하는 경우를 포함한다)·제10항을 위반한 자. 다만, 제12조 제3항의 죄는 피해자의 명시한 의사에 반하여 공소를 제기할 수 없다.

의료법 제88조(벌칙) 다음 각 호의 어느 하나에 해당하는 자는 3년 이하의 징역이나 3천만 원 이하의 벌금에 처한다.

2. 제23조의3을 위반한 자. 이 경우 취득한 경제적 이익등은 몰수하고, 몰수할 수 없을 때에는 그 가액을 추징한다.

그런데 ① 2019. 4. 23. 의료법의 개정·시행으로 구 의료법 제87조 제1항이 개정되면서 기존의 구 의료법 제87조 제1항 제2호는 **의료법 제87조 제2항 제2호로 이동**하였고,[8] ② 그 후 2019. 8. 27. 의료법이 재차 개정·시행되면서 위 구 의료법 제87조 제1항 제2호에 규정되어 있던 의료법 제33조 제2항이 **의료법 제87조로 독립**하여 처벌이 강화되었다.[9] 이에 따라 **새롭게 변경된 의료법의 조문**은 다음과 같다.

관련조문

제87조(벌칙) 제33조 제2항을 위반하여 의료기관을 개설하거나 운영하는 자는 10년 이하의 징역이나 1억 원 이하의 벌금에 처한다.

[본조신설 2019. 8. 27.] [종전 제87조는 제87조의2로 이동<2019. 8. 27.>]

제87조의2(벌칙) ② 다음 각 호의 어느 하나에 해당하는 자는 5년 이하의 징역이나 5천만 원 이하의 벌금에 처한다. <개정 2009. 1. 30., 2015. 12. 29., 2016. 5. 29., 2016. 12. 20., 2019. 4. 23., 2019. 8. 27., 2020. 3. 4.>

2. 제12조 제2항 및 제3항, 제18조 제3항, 제21조의2 제5항·제8항, 제23조 제3항, 제27조 제1항, **제33조 제2항(제82조 제3항에서 준용하는 경우만을 말한다)**·제8항(제82조 제3항에서 준용하는 경우를 포함한다)·제10항을 위반한 자. 다만, 제12조 제3항의 죄는 피해자의 명시한 의사에 반하여 공소를 제기할 수 없다.

---

8 의료법 [시행 2019. 10. 24.] [법률 제16375호, 2019. 4. 23., 일부개정]
   【제정·개정이유】
   ◇ 개정이유
   의료기관에서의 감염병의 예방을 위하여 의료인 등에 대하여 정기적으로 교육을 실시하도록 하고, 의료행위를 하는 의료인 등을 보호하기 위하여 의료인을 폭행하여 상해에 이르게 한 경우 등에 대한 처벌을 강화하며, 음주로 인한 심신장애 상태에서 의료인을 폭행하는 등의 죄를 범한 때에 「형법」상 감경규정에 관한 특례를 규정하는 등 현행 제도의 운영상 나타난 일부 미비점을 개선·보완하려는 것임.
   ◇ 주요내용
   나. 의료행위가 이루어지는 장소에서 의료행위를 행하는 의료인을 폭행하는 등의 행위로 사람을 상해에 이르게 한 경우에는 7년 이하의 징역 또는 1천만원 이상 7천만원 이하의 벌금에 처하고, 중상해에 이르게 한 경우에는 3년 이상 10년 이하의 징역에 처하며, 사망에 이르게 한 경우에는 무기 또는 5년 이상의 징역에 처하도록 함(제87조 제1항 신설).

9 의료법 [시행 2020. 2. 28.] [법률 제16555호, 2019. 8. 27., 일부개정]
   【제정·개정이유】
   ◇ 주요내용
   사. 의료기관을 개설할 자격이 없는 자가 의료기관을 개설한 경우에 대한 벌칙을 5년 이하의 징역 또는 5천만 원 이하의 벌금에서 10년 이하의 징역 또는 1억 원 이하의 벌금으로 상향함(제87조).
   <법제처 제공>

[제87조에서 이동<2019. 8. 27.>]

제88조(벌칙) 다음 각 호의 어느 하나에 해당하는 자는 3년 이하의 징역이나 3천만 원 이하의 벌금에 처한다.

    2. 제23조의3을 위반한 자. 이 경우 취득한 경제적 이익등은 몰수하고, 몰수할 수 없을 때 에는 그 가액을 추징한다.

결국 위 **의료법상 중대범죄 중 구 의료법 제87조 제1항 제2호**는 위 두 차례 개정으로 말미암아 **의료법 제87조**(속칭, '사무장 병원' 처벌규정 강화) **및 제87조의2 제2항 제2호로 나뉘어 규정**되게 되었으므로 개정된 의료법 규정에 맞추어 범죄수익은닉규제법 별표 제33호를 **의료법 제87조, 제87조의2 제2항 제2호 및 제88조 제2호의 죄로 개정하여 현행화할 필요**가 있다.

한편 아래에서 보는 바와 같이 의료법 제27조 제1항은 무면허의료행위를 처벌하고 있고, 영리를 목적으로 의료법 제27조 제1항의 행위를 하는 경우 보건범죄단속법 제5조에 따라 가중처벌됨에도 불구하고 보건범죄단속법 제5조는 범죄수익은닉규제법상 중대범죄에 포함되어 있지 않아 체계상 맞지 않는다. 따라서 범죄수익은닉규제법 별표 제33호에 **보건범죄단속법 제5조를 추가할 필요**가 있다. 위와 같은 사항을 포함하여 별표의 개정 필요사항을 반영하면 다음과 같다(私見).

관련조문

범죄수익은닉규제법 별표(개정안)

중대범죄(제2조 제1호 관련)

    3. 「의료법」 **제87조, 제87조의2 제2항 제2호, 제88조 제2호,** 「보건범죄 단속에 관한 특별조치법」 제5조(의료법 제27조 제1항을 위반한 경우만 해당한다)의 죄

위 **의료법 제87조의2 제2항 제2호**는 무면허 의료행위, 비의료인의 의료기관 개설행위, 중복의료기관 개설행위 등을 포함하고, **제88조 제2호**는 리베이트를 통한 의료인 등의 부당한 경제적 이익 취득 금지를 규정하고 있다. 비의료인이 의료기관을 개설하거나 면허없이 의료행위를 하여 범죄수익을 얻는 경우, 의료인이 부당하게 리베이트를 받아 경제적 이익을 취득하는 경우 이를 환수할 수 있도록 한 것이다.

한편 ① **의료법 제87조, 제87조의2 제2항 제2호**는 의료법상 별도의 몰수·추징 규정이

적용되지 아니하므로 **범죄수익은닉규제법에 따른 임의적 몰수·추징 규정이 적용되나** ② **의료법 제88조 제2호**는 같은 호 후문에 명시적으로 **"이 경우 취득한 경제적 이익등은 몰수하고, 몰수할 수 없을 때에는 그 가액을 추징한다"**고 규정하고 있으므로 **해당 특별규정이 적용**된다.

　이하에서는 각 구성요건을 차례대로 살펴보고, 각 중대범죄에 따른 범죄수익환수 사례를 살펴보기로 한다.

2. 사무장 병원 운영 금지의 점(제87조, 제33조 제2항, 제87조의2 제2항 제2호, 제82조 제3항, 제33조 제2항)

관련조문

제87조(벌칙) 제33조 제2항을 위반하여 의료기관을 개설하거나 운영하는 자는 10년 이하의 징역이나 1억 원 이하의 벌금에 처한다.[본조신설 2019. 8. 27.] [종전 제87조는 제87조의2로 이동]

제87조의2(벌칙) ② 다음 각 호의 어느 하나에 해당하는 자는 5년 이하의 징역이나 5천만 원 이하의 벌금에 처한다. <개정 2009. 1. 30., 2015. 12. 29., 2016. 5. 29., 2016. 12. 20., 2019. 4. 23., 2019. 8. 27., 2020. 3. 4.>

　2. **제33조 제2항(제82조 제3항에서 준용하는 경우만을 말한다)**[제87조에서 이동<2019. 8. 27.>]

☞ **제33조(개설 등)** ② 다음 각 호의 어느 하나에 해당하는 자가 아니면 의료기관을 개설할 수 없다. 이 경우 의사는 종합병원·병원·요양병원 또는 의원을, 치과의사는 치과병원 또는 치과의원을, 한의사는 한방병원·요양병원 또는 한의원을, 조산사는 조산원만을 개설할 수 있다. <개정 2009. 1. 30.>

　1. 의사, 치과의사, 한의사 또는 조산사

　2. 국가나 지방자치단체

　3. 의료업을 목적으로 설립된 법인(이하 "의료법인"이라 한다)

　4. 「민법」이나 특별법에 따라 설립된 비영리법인

　5. 「공공기관의 운영에 관한 법률」에 따른 준정부기관, 「지방의료원의 설립 및 운영에 관한 법률」에 따른 지방의료원, 「한국보훈복지의료공단법」에 따른 한국보훈복지의료공단

☞ **제82조(안마사)** ③ 안마사에 대하여는 이 법 중 제8조, 제25조, 제28조부터 제32조까지, **제33조 제2항 제1호**·제3항·제5항·제8항 본문, 제36조, 제40조, 제59조 제1항, 제61조, 제63조(제36조를 위반한 경우만을 말한다), 제64조부터 제66조까지, 제68조, 제83조, 제84조

를 준용한다. 이 경우 "의료인"은 "안마사"로, "면허"는 "자격"으로, "면허증"은 "자격증"으로, "의료기관"은 "안마시술소 또는 안마원"으로, "해당 의료관계단체의 장"은 "안마사회장"으로 한다. <개정 2009. 1. 30.>

가. 서설

의료법은 의료인이 아닌 사람의 의료기관 운영을 금지하고 있는데 이는 **비의료인인 속칭, '사무장'이 의료인을 고용하여 의료기관을 운영하는 행위를 금지**하는 것이다. 앞에서 살펴본 바와 같이 구 의료법은 사무장 병원 운영 금지 규정을 구 의료법 제87조 제1항 제2호에서 한꺼번에 규정하고 있었는데 두 차례의 의료법 개정에 따라 ① 일반적인 사무장 병원 금지 규정은 의료법 제87조로 옮겨 규정하면서 처벌을 강화하였고(10년 이하의 징역 또는 1억 원 이하의 벌금), ② 안마사 자격이 없는 안마사가 안마시술소를 운영하는 처벌규정은 의료법 제87조의 제2항 제2호에 그대로 남아 있다[의료법 제33조 제2항(제82조 제3항에서 준용하는 경우만을 말한다)].

위와 같이 비의료인의 의료기관 개설을 금지하는 취지는 의료기관 개설자격을 의료전문성을 가진 의료인이나 공적인 성격을 가진 자로 엄격히 제한함으로써 건전한 의료질서를 확립하고, 영리 목적으로 의료기관을 개설하는 경우에 발생할지도 모르는 국민 건강상의 위험을 미리 방지하고자 하는 데에 있다.[10]

통상 사무장 병원은 환자 유치에 능숙한 비의료인인 '사무장'과 병원 경영에 부담을 느끼는 의료인인 '의사'가 상호 협력하는 구조로서 불법·과잉 진료, 진료비 허위·부당청구 및 가짜 환자 장기입원을 통한 보험사기 등의 문제가 발생하므로 이를 원천 차단하기 위함이다.

나. 일반적인 사무장 병원 금지 규정(제87조, 제33조 제2항)

관련조문 ─────

제87조(벌칙) **제33조 제2항**을 위반하여 의료기관을 개설하거나 운영하는 자는 10년 이하의 징역이나 1억 원 이하의 벌금에 처한다.

☞ **제33조(개설 등)** ② 다음 각 호의 어느 하나에 해당하는 자가 아니면 의료기관을 개설할 수 없다. 이 경우 의사는 종합병원·병원·요양병원·정신병원 또는 의원을, 치과의사는 치

─────

10 대법원 2005. 2. 25. 선고 2004도7245 판결, 대법원 2014. 9. 25. 선고 2014도7217 판결 각 참조.

과병원 또는 치과의원을, 한의사는 한방병원·요양병원 또는 한의원을, 조산사는 조산원만을 개설할 수 있다.

1. 의사, 치과의사, 한의사 또는 조산사
2. 국가나 지방자치단체
3. 의료업을 목적으로 설립된 법인(이하 "의료법인"이라 한다)
4. 「민법」이나 특별법에 따라 설립된 비영리법인
5. 「공공기관의 운영에 관한 법률」에 따른 준정부기관, 「지방의료원의 설립 및 운영에 관한 법률」에 따른 지방의료원, 「한국보훈복지의료공단법」에 따른 한국보훈복지의료공단

1) 구성요건의 주체 및 행위의 상대방

속칭, '**사무장 병원**'은 비의료인이 필요한 경비를 대고, 의료인을 개설자로 내세워 의료기관 개설허가를 받아 비의료인이 실질적으로 운영하는 형태의 병원을 일컫는다.

위 **구성요건의 주체**는 의료인의 명의로 의료기관을 실질적으로 운영하는 비의료인이므로 의료인 자격이 없을 것을 요하는 신분범이다. 위와 같은 비의료인의 범행에 가담한 의료인은 비의료인의 공범으로 처벌된다(형법 제33조, 제30조).[11]

의료기관을 개설할 수 있는 자격이 있는 의료인은 비의료인의 위 금지규정 위반행위의 공범이 될 수 있을 뿐 위 구성요건의 주체가 될 수 없는바 이와 관련하여 **대법원**도 의료기관을 개설할 자격이 있는 **의료인이 비영리법인 등 의료법에 따라 의료기관을 개설할 자격이 있는 자로부터 명의를 빌려 의료기관을 개설하는 행위가 의료법 제33조 제2항에 위배된다고 볼 수는 없다**고 판시한 바 있다.[12]

한편 최근에는 '**민법이나 특별법에 따라 설립된 비영리법인**'이 의료기관을 개설, 운영할 수 있다는 의료법 제33조 제2항 제4호에 따라 의료법인 및 사회복지법인(비영리법인) 설립 허가를 받고 무자격 의료업자들에게 의료법인의 분원 형식으로 의료기관을 개설하도록 하고 그 대가를 받는 방식으로 사무장 병원을 운영하는 경우도 발생하고 있다. '소비자생활협동조합법'을 근거로 의료를 위주로 하는 '**생활협동조합**'을 개설하는 것이 대표적 사례이다.[13] 비의료인이 생활협동조합 개설을 신청한 다음 소위 '의료소비자생활협동조합(의료생협)

---

[11] 대법원 2017. 4. 7. 선고 2017도378 판결 참조.

[12] 대법원 2014. 9. 25. 선고 2014도7217 판결 참조.

[13] 소비자생활협동조합법 제45조(사업의 종류) ① 조합은 그 목적을 달성하기 위하여 다음 각 호의 사업을 할 수 있다.
　1. 조합원의 소비생활에 필요한 물자를 구입·생산·가공하여 공급하는 사업

을 개설하여 비영리법인을 구성하고 의료인에게 월급을 주면서 사실상 영리법인과 같이 운영하는 방식이 있다. 이 때 **위 의료법인, 사회복지법인(비영리법인) 뿐만 아니라 배후에서 실질적으로 의료기관을 운영한 비의료인 또한 본죄의 주체가** 된다.

본죄는 의료인이 아니면서 사무장 병원을 운영하는 것을 처벌하는 것으로 **행위의 상대방**은 상정하기 어렵다.

2) 구성요건적 행위 및 쟁점

본죄의 **구성요건적 행위**는 비의료인이 의료인의 명의를 빌려 실질적으로 의료기관을 개설하여 운영하는 것인데 이 때 위 의료법 조항이 금지하는 의료기관 개설행위는 비의료인이 ① 그 의료기관의 시설 및 인력의 충원·관리, ② 개설신고, ③ 의료업의 시행, ④ 필요한 자금의 조달, ⑤ 그 운영성과의 귀속 등을 주도적인 입장에서 처리하는 것을 의미한다.[14]

가) 비의료인의 의료기관 실질적 운영

의료인의 자격이 없는 일반인이 필요한 자금을 투자하여 시설을 갖추고 유자격 의료인을 고용하여 그 명의로 의료기관을 개설 신고한 행위는 형식적으로만 적법한 의료기관의 개설로 가장한 것일 뿐 **실질적으로는 의료인 아닌 사람이 의료기관을 개설한 경우에 해당**한다. 이 때 개설신고가 의료인 명의로 되었다거나 개설신고 명의인인 의료인이 직접 의료행위를 하였다 하여 달리 볼 수 없으며,[15] 이러한 법리는 의료기관 개설자격을 가진 법인 명의로 의료기관 개설신고가 된 경우에도 마찬가지로 적용된다.[16]

나) 비의료인이 의료기관을 인수한 경우

비의료인이 의료기관을 인수한 경우에도 비의료인이 의료기관을 개설한 경우로 볼 수 있는지에 관하여 **대법원**은 비의료인이 이미 개설된 의료기관의 의료시설과 의료진을 인수

---

2. 조합원의 소비생활에 필요한 공동이용시설을 설치하여 서비스를 제공하는 사업
3. 조합원의 생활개선 및 교육·문화사업
4. 조합원의 건강 개선을 위한 보건·의료사업
5. 국가·지방자치단체 또는 연합회나 전국연합회로부터 위탁받은 사업
6. 제1호부터 제5호까지의 사업과 관련된 부대사업
7. 그 밖에 조합의 목적달성에 필요한 사업으로서 대통령령으로 정하는 사업
② 제1항에 따른 사업의 수행에 관하여 필요한 사항은 총리령으로 정한다.

14 대법원 2011. 10. 27. 선고 2009도2629 판결, 대법원 2014. 9. 25. 선고 2014도7217 판결 각 참조.
15 대법원 1995. 12. 12. 선고 95도2154 판결, 대법원 2011. 10. 27. 선고 2009도2629 판결 등 참조
16 대법원 2014. 8. 20. 선고 2012도14360 판결, 대법원 2015. 12. 23. 선고 2015도10322 판결 등 참조.

한 경우에도 **종전 개설자의 의료기관 개설·운영행위와 단절되는 새로운 개설·운영행위를 한 것으로 볼 수 있는 경우에는 비의료인의 의료기관 개설로 볼 수 있다**고 판시한 바 있다.[17] 또한 비의료인이 **이미 개설된 의료기관의 의료시설과 의료진을 인수하여 종전 개설명의자를 변경하지 아니한 채** 그 명의를 계속 이용하여 의료기관의 운영을 지배·관리함으로써 종전 개설자의 의료기관 개설·운영행위와 단절되는 새로운 개설·운영행위를 한 것으로 볼 수 있다면 마찬가지로 **의료법 제33조 제2항에서 금지하는 비의료인의 의료기관 개설행위에 해당한다**고 보았다.[18]

다) 비의료인과 의료인의 동업 운영의 경우

한편 비의료인과 의료인이 동업 등의 약정을 하여 의료기관을 개설한 행위가 의료법에 의하여 금지되는 비의료인의 의료기관 개설행위에 해당하는지 여부는 동업관계의 내용과 태양, 실제 의료기관의 개설에 관여한 정도, 의료기관의 운영 형태 등을 종합적으로 고려하여 **누가 주도적인 입장에서 의료기관의 개설·운영 업무를 처리해 왔는지 여부를 기준으로 판단**하여야 한다. 이에 따라 형식적으로만 적법한 의료기관의 개설로 가장한 것일 뿐 실질적으로는 비의료인이 주도적으로 의료기관을 개설·운영한 것으로 평가될 수 있는 경우에는 의료법에 위반된다고 봄이 타당하다.[19]

위 **사무장병원 개설 및 운영에 관하여 가장 큰 쟁점**이 되는 것은 **비의료인이 실질적으로 의료기관을 운영하였다고 볼 수 있는지 여부**다.

통상 비의료인인 사무장은 병원 건물의 임대차 조건을 결정하고, 간호사 채용면접 및 급여를 지급하며 병원 운영이 적자일 때 자기 자금을 투입할 뿐만 아니라 의료인 명의 계좌를 공인인증서를 통해 직접 관리하는 방법으로 자금운영을 총괄하게 되므로 이에 대한 확인이 가장 중요하다고 할 수 있다.

특히 **비영리법인 등을 이용하여 사무장 병원을 운영하는 경우**에는 비의료인이 형식적으로 의료생협의 조합장 또는 이사의 신분으로 의료생협 부속 의료기관을 개설하는 것처럼 외관을 만든 뒤 실질적으로 비의료인의 비용과 책임으로 의료기관을 개설·운영한 사실이 인정되어야 한다. 이러한 경우 비의료인은 의료생협을 설립하면서 자신의 가족이나 친척, 지인들 위주로 조합원을 모집하고 그 출자금 역시 대부분 비의료인이나 가족들이 납입하는

---

17 위 대법원 2009도2629 판결 참조.

18 대법원 2013. 11. 28. 선고 2012다67368 판결 참조.

19 대법원 2017. 4. 7. 선고 2017도378 판결, 대법원 2011. 10. 27. 선고 2009도2629 판결, 대법원 2003. 9. 23. 선고 2003두1493 판결 각 참조.

경우가 많으므로 **의료기관 개설 과정에서의 출자금 모금 방식과 의료생협의 운영 과정에서 조합원들이 실질적인 의결권을 행사한 사실이 있는지도 고려대상에 해당**한다.

이와 관련하여 비록 의료인 명의로 근로자와 근로계약이 체결되었더라도 **의료인 아닌 사람과 근로자 사이에 실질적인 근로관계가 성립할 경우에는 의료인 아닌 사람이 근로자에 대하여 임금 및 퇴직금의 지급의무를 부담한다**고 보아야 하고 이른바 사무장 병원의 운영 및 손익 등이 의료인 아닌 사람에게 귀속되도록 하는 내용의 의료인과 의료인 아닌 사람 사이의 약정이 강행법규인 의료법 제33조 제2항 위반으로 무효가 된다고 하여 달리 볼 것은 아니다.[20]

한편 **비의료인이 개설한 의료기관이 의료법에 의하여 적법하게 개설된 요양기관인 것처럼 국민건강보험공단에 요양급여비용의 지급을 청구하여 요양급여를 지급받은 경우, 이에 대하여는 사기죄가 성립**하고, 의료법위반죄와 경합범 관계에 있게 된다. 이는 의료기관 개설인인 비의료인이 개설 명의를 빌려준 의료인으로 하여금 환자들에게 요양급여를 제공하게 하였더라도 마찬가지다.[21]

3) 처벌

본죄를 위반하면 10년 이하의 징역이나 1억 원 이하의 벌금에 처한다. 나아가 사무장 병원을 운영하고 취득한 수익은 모두 환수의 대상이 되는데 비의료인의 경우 의료인 등을 통해 병원을 운영하면서 얻은 수익을, 의료인의 경우에는 비의료인으로부터 급여 등 명목으로 지급받은 금원을 모두 환수할 수 있다.

다. 무자격 안마사의 안마시술소 운영 금지 규정(제87조의2 제2항 제2호, 제33조 제2항, 제82조 제3항)

관련조문

제87조의2(벌칙) ②다음 각 호의 어느 하나에 해당하는 자는 5년 이하의 징역이나 5천만 원 이하의 벌금에 처한다.

　　2. 제12조 제2항 및 제3항, 제18조 제3항, 제21조의2 제5항·제8항, 제23조 제3항, 제27조 제1항, 제33조 제2항(제82조 제3항에서 준용하는 경우만을 말한다)·제8항(제82조 제

---

20 대법원 2020. 4. 29. 선고 2018다263519 판결 참조.
21 대법원 2015. 7. 9. 선고 2014도11843 판결 참조.

3항에서 준용하는 경우를 포함한다)·제10항을 위반한 자. 다만, 제12조 제3항의 죄는 피해자의 명시한 의사에 반하여 공소를 제기할 수 없다.

의료법은 안마사 자격이 없는 안마사가 안마시술소를 운영하는 것을 금지하고 있다. 이 또한 범죄수익은닉규제법상 중대범죄에 해당하는데, 이는 앞에서 검토한 사무장 병원의 유형에 포함된다.

1) 구성요건의 주체 및 행위의 상대방

위 범죄의 **구성요건 주체**는 안마사 자격이 없는 안마사이다(신분범). 따라서 무자격 안마사를 통하여 안마시술소를 운영한 안마사 또한 공범으로 처벌된다(형법 제33조, 제30조). 본죄는 무자격 안마시술소를 운영하는 것으로 행위의 상대방은 상정하기 어렵다.

2) 구성요건적 행위 및 객체

본죄의 **구성요건적 행위**는 안마사 자격이 없는 무자격 안마사가 안마시술소를 개설·운영하는 것으로 무자격 안마사가 자격이 있는 안마사를 고용하여 안마시술소를 실질적으로 운영하는 속칭 **'사무장 안마시술소' 개설·운영 행위**를 처벌한다.

한편 의료법 제82조 제4항 및 안마사에관한규칙 제2조는 '안마사의 업무한계'에 관하여 안마, 마사지 또는 지압 등 각종 수기요법에 의하거나 전기기구의 사용 그 밖의 자극요법에 의하여 인체에 대한 물리적 시술행위를 하는 것을 업무로 한다고 규정하고 있고, 위 규칙 제3조는 안마사의 자격인정을 받을 수 있는 사람을 '앞을 보지 못하는 사람'에 한정하고 있다.

여기에서 **안마사의 업무한계 중 각종 수기요법**이란 안마·마사지·지압 등 명칭에 불구하고 손으로 사람의 근육·관절·피부 등 신체 부위를 두드리거나 주무르거나 문지르거나 누르거나 잡아당기는 등의 방법으로 혈액순환을 촉진시키고 근육을 풀어줌으로써 통증 등 증상의 완화·건강증진·피로회복 등을 도모하기 위한 물리적인 시술을 통칭하는 것으로 봄이 상당하다. 이와 관련하여 안마사 자격인정을 받지 아니한 사람이 이발과 면도를 마친 손님에게 약 10분 동안 팔, 다리, 어깨 등을 손으로 주물러 주는 방법으로 안마를 하고 이발과 면도 요금 외에 따로 비용을 청구한 사례에서 법원은 이러한 행위가 의료법 제67조에서 정한 영리를 목적으로 안마행위를 한 때에 해당한다고 판시한 바 있다.[22]

---

[22] 대법원 2004. 1. 29. 선고 2001도6554 판결 참조.

3) 처벌

본죄를 위반하면 5년 이하의 징역이나 5천만 원 이하의 벌금에 처한다. 나아가 위와 같은 범행을 통하여 안마사가 아님에도 안마시술소 등을 운영하고 취득한 수익은 모두 환수의 대상이 된다.

3. 진료방해 등의 점(제87조의2 제2항 제2호, 제12조 제2항, 제3항)

관련조문

제87조의2(벌칙) ②다음 각 호의 어느 하나에 해당하는 자는 5년 이하의 징역이나 5천만 원 이하의 벌금에 처한다.

  2. **제12조 제2항 및 제3항**, 제18조 제3항, 제21조의2제5항·제8항, 제23조 제3항, 제27조 제1항, 제33조 제2항(제82조 제3항에서 준용하는 경우만을 말한다)·제8항(제82조 제3항에서 준용하는 경우를 포함한다)·제10항을 위반한 자. 다만, 제12조 제3항의 죄는 피해자의 명시한 의사에 반하여 공소를 제기할 수 없다.

  ☞ **제12조(의료기술 등에 대한 보호)** ② 누구든지 의료기관의 의료용 시설·기재·약품, 그 밖의 기물 등을 파괴·손상하거나 의료기관을 점거하여 진료를 방해하여서는 아니 되며, 이를 교사하거나 방조하여서는 아니 된다.

  ③ 누구든지 의료행위가 이루어지는 장소에서 의료행위를 행하는 의료인, 제80조에 따른 간호조무사 및 「의료기사 등에 관한 법률」 제2조에 따른 의료기사 또는 의료행위를 받는 사람을 폭행·협박하여서는 아니 된다. <신설 2016. 5. 29.>

의료법은 누구든지 의료기관의 의료용 시설·기재·약품, 그 밖의 기물 등을 파괴·손상하거나 의료기관을 점거하여 진료를 방해하여서는 아니 되며, 이를 교사하거나 방조하여서는 아니 된다고 규정하고 있는데(의료법 제87조의2 제2항 제2호, 제12조 제2항) 이는 모두 범죄수익은닉규제법상 중대범죄에 해당한다.

가. 구성요건의 주체

위 **구성요건의 주체**는 제한이 없으므로 누구든지 행위의 주체가 된다.

나. 구성요건적 행위

본죄의 **구성요건적 행위**는 ① 의료기관의 의료용 시설·기재·약품, 그 밖의 기물 등을 파괴·손상하거나 의료기관을 점거하여 진료를 방해하거나 이러한 행위를 교사·방조하는 것이다(**동법 제87조의2 제2항 제2호, 제12조 제2항**). 의료기관의 기물을 파괴 또는 손상하거나 의료기관을 점거하여 진료를 방해하는 행위를 통해 범죄수익이 생기는 경우는 쉽게 상정하기 어려우나 이와 같은 범행에 가담하고 그 대가로 보수를 받는 경우 해당 금원은 환수의 대상이 된다.

한편 **위 구성요건은 특이하게 교사·방조 행위를 본문 구성요건에 포함**시키고 있는바 특정인으로 하여금 위와 같은 의료기관 등의 기물 등을 파손 또는 손상, 의료기관을 점거하여 의료행위를 방해하도록 시키거나 이를 묵인하면 그 또한 본 죄의 정범으로 처벌된다. 형법상 교사범, 종범의 규정이 적용되는 것이 아니라는 점을 유의할 필요가 있다.

나아가 ② 의료법은 누구든지 의료행위가 이루어지는 장소에서 의료행위를 행하는 의료인, 제80조에 따른 간호조무사 및 「의료기사 등에 관한 법률」 제2조에 따른 의료기사 또는 의료행위를 받는 사람을 폭행·협박하는 행위를 금지하고 있는데(**의료법 제87조의2 제2항 제2호, 제12조 제3항**), 이 또한 범죄수익은닉규제법상 중대범죄에 해당한다.

위 제3항의 **구성요건적 행위**는 의료행위가 이루어지는 장소에서 의료행위를 행하는 의료인, 간호조무사, 의료기사 또는 의료행위를 받는 사람을 폭행·협박하는 것으로 장소적으로 의료행위가 이루어지고 있는 곳이어야 하고(**장소적 제한**) 폭행·협박의 상대방 또한 의료인, 간호조무사, 의료기사 또는 의료행위를 받는 사람으로 한정된다(**객체의 제한**). 위와 같은 폭행·협박의 장소는 의료행위를 하는 장소이면 충분하므로 반드시 병원 등 의료기관일 필요는 없다고 해석함이 상당하다. 한편 의료법 제12조 제3항 위반죄의 경우 피해자의 명시한 의사에 반하여 공소를 제기할 수 없는 **반의사불벌죄**다.

다. 처벌

본죄를 위반하면 5년 이하의 징역이나 5천만 원 이하의 벌금에 처한다. 나아가 위와 같은 범행을 통하여 취득한 수익은 모두 환수의 대상이 된다.

4. 처방전, 진료기록, 전자의무기록 누출, 변조, 훼손 등 금지의 점(제87조의2 제2항 제2호, 제18조 제3항, 제21조의2 제5항, 제8항, 제23조 제3항)

가. 전자처방전에 저장된 개인정보 탐지 등 금지의 점(제18조 제3항)

관련조문

제87조의2(벌칙) ② 다음 각 호의 어느 하나에 해당하는 자는 5년 이하의 징역이나 5천만 원 이하의 벌금에 처한다. <개정 2009. 1. 30., 2015. 12. 29., 2016. 5. 29., 2016. 12. 20., 2019. 4. 23., 2019. 8. 27., 2020. 3. 4.>

2. 제12조 제2항 및 제3항, **제18조 제3항**, 제21조의2 제5항·제8항, 제23조 제3항, 제27조 제1항, 제33조 제2항(제82조 제3항에서 준용하는 경우만을 말한다)·제8항(제82조 제3항에서 준용하는 경우를 포함한다)·제10항을 위반한 자. 다만, 제12조 제3항의 죄는 피해 자의 명시한 의사에 반하여 공소를 제기할 수 없다.

☞ <u>제18조(처방전 작성과 교부)</u> ③ 누구든지 정당한 사유 없이 전자처방전에 저장된 개인정보 를 탐지하거나 누출·변조 또는 훼손하여서는 아니 된다.

의료법은 누구든지 정당한 사유 없이 전자처방전에 저장된 개인정보를 탐지하거나 누출·변조 또는 훼손하여서는 아니 된다고 규정하고 있다(동법 제18조 제3항).

위 **구성요건의 주체**는 제한이 없으므로 누구든 주체가 될 수 있다. **구성요건적 행위**는 정당한 사유 없이 전자처방전에 저장된 개인정보를 탐지하거나 누출·변조 또는 훼손하는 것으로 여기서 **정당한 사유**라 함은 전자처방전에 기재된 당사자의 요청, 의료법 제21조(기록열람 등)에 따라 기록열람이 가능한 경우, 동법시행령 및 시행규칙(보건복지부령)에 따라 전자처방전을 발급받은 약국에서 이를 열람하는 경우, 법률상 적법하게 전자처방전에 대한 정보 요청에 응하는 경우 등을 의미한다고 봄이 상당하다. 본죄를 위반하면 5년 이하의 징역이나 5천만 원 이하의 벌금에 처한다.

나. 전문기관 준수사항 위반의 점(제21조의2 제5항, 제8항)

관련조문

제87조의2(벌칙) ② 다음 각 호의 어느 하나에 해당하는 자는 5년 이하의 징역이나 5천만 원 이하의 벌금에 처한다. <개정 2009. 1. 30., 2015. 12. 29., 2016. 5. 29., 2016. 12. 20., 2019. 4. 23., 2019. 8. 27., 2020. 3. 4.>

2. 제12조 제2항 및 제3항, 제18조 제3항, **제21조의2 제5항·제8항**, 제23조 제3항, 제27조
제1항, 제33조 제2항(제82조 제3항에서 준용하는 경우만을 말한다)·제8항(제82조 제3항
에서 준용하는 경우를 포함한다)·제10항을 위반한 자. 다만, 제12조 제3항의 죄는 피해
자의 명시한 의사에 반하여 공소를 제기할 수 없다.

☞ 제21조의2(진료기록의 송부 등) ④ 보건복지부장관은 진료기록전송지원시스템의 구축·운영
을 대통령령으로 정하는 바에 따라 관계 전문기관에 위탁할 수 있다. 이 경우 보건복지부
장관은 그 소요 비용의 전부 또는 일부를 지원할 수 있다.

⑤ 제4항에 따라 업무를 위탁받은 전문기관은 다음 각 호의 사항을 준수하여야 한다.

1. 진료기록전송지원시스템이 보유한 정보의 누출, 변조, 훼손 등을 방지하기 위하여 접근
권한자의 지정, 방화벽의 설치, 암호화 소프트웨어의 활용, 접속기록 보관 등 대통령령
으로 정하는 바에 따라 안전성 확보에 필요한 기술적·관리적 조치를 할 것

2. 진료기록전송지원시스템 운영 업무를 다른 기관에 재위탁하지 아니할 것

3. 진료기록전송지원시스템이 보유한 정보를 제3자에게 임의로 제공하거나 유출하지 아니
할 것

⑧ 누구든지 정당한 사유 없이 진료기록전송지원시스템에 저장된 정보를 누출·변조 또는
훼손하여서는 아니 된다.

의료법은 보건복지부장관이 진료기록전송지원시스템의 구축·운영을 관계 전문기관에 위
탁할 수 있도록 하고 있다. 위와 같은 위탁에 따라 ① 업무를 수행하는 위탁전문기관이 진
료기록전송지원시스템이 보유한 정보의 누출, 변조, 훼손 등을 방지하기 위하여 접근 권한
자의 지정, 방화벽의 설치, 암호화 소프트웨어의 활용, 접속기록 보관 등 대통령령으로 정하
는 바에 따라 안전성 확보에 필요한 기술적·관리적 조치를 하지 않는 경우(**동법 제21조의2
제5항 제1호**), ② 진료기록전송지원시스템 운영 업무를 다른 기관에 재위탁하는 경우(**같은 항
제2호**), ③ 진료기록전송지원시스템이 보유한 정보를 제3자에게 임의로 제공하거나 유출하
는 경우(**같은 항 제3호**) 모두 의료법에 따른 처벌대상으로 범죄수익은닉규제법에 따른 중대
범죄에 해당한다.

위 **구성요건의 주체**는 보건복지부장관이 의료법시행령에 따라 진료기록전송지원시스템
의 구축·운영을 위탁한 관계전문기관이다. 한편 전문기관뿐만 아니라 기관에서 위 금지규
정의 업무를 담당하는 실제 행위자 또한 주체가 된다.

나아가 **위 구성요건의 각 행위**를 살펴보면 **제1호**의 경우, 위탁전문기관이 진료기록전송
지원시스템이 보유한 정보의 누출, 변조, 훼손 등을 방지하기 위하여 접근 권한자의 지정,
방화벽의 설치, 암호화 소프트웨어의 활용, 접속기록 보관 등 대통령령으로 정하는 바에 따

라 안전성 확보에 필요한 기술적·관리적 조치를 하지 않는 것으로 부작위범 형태의 구성요건이다. 위탁전문기관은 위와 같이 대통령이 정하는 바에 따라 안전성 확보에 필요한 기술적·관리적 조치를 할 작위의무가 있고 보건복지부장관으로부터 업무를 위탁받았으므로 보증인 지위가 있어 이러한 의무를 이행하지 않는 경우 처벌의 대상이 된다.

한편 **제2호**의 경우 진료기록전송지원시스템의 운영 업무를 다른 기관에 재위탁하는 경우를 처벌하고 있다. 위 시스템 운영업무는 보건복지부 장관이 전문기관에 위탁하는 것이므로 원칙적으로 재위탁이 금지된다.

나아가 **제3호**의 경우 진료기록전송지원시스템이 보유한 정보를 제3자에게 임의로 제공하거나 유출하는 행위를 처벌한다. 위탁전문기관이 전문적으로 관리하는 진료기록전송지원시스템에서 보관중인 정보 등 자료를 정보에 접근할 권한이 없는 제3자에게 무단으로 제공하여 유출하는 행위를 처벌함으로써 개인의 의료정보가 함부로 외부에 누설되어 공개되는 것을 방지하기 위한 것으로 봄이 상당하다.

본죄를 위반하면 5년 이하의 징역이나 5천만 원 이하의 벌금에 처한다. 다만 실무상 본죄가 적용되어 범죄수익을 환수한 사례는 발견되지 않는다.

다. 전자의무기록 누출·변조 또는 훼손 금지의 점(제23조 제3항)

관련조문

제87조의2(벌칙) ② 다음 각 호의 어느 하나에 해당하는 자는 5년 이하의 징역이나 5천만 원 이하의 벌금에 처한다. <개정 2009. 1. 30., 2015. 12. 29., 2016. 5. 29., 2016. 12. 20., 2019. 4. 23., 2019. 8. 27., 2020. 3. 4.>

2. 제12조 제2항 및 제3항, 제18조 제3항, 제21조의2 제5항·제8항, **제23조 제3항**, 제27조 제1항, 제33조 제2항(제82조 제3항에서 준용하는 경우만을 말한다)·제8항(제82조 제3항에서 준용하는 경우를 포함한다)·제10항을 위반한 자. 다만, 제12조 제3항의 죄는 피해자의 명시한 의사에 반하여 공소를 제기할 수 없다.

☞ **제23조(전자의무기록)** ③ 누구든지 정당한 사유 없이 전자의무기록에 저장된 개인정보를 탐지하거나 누출·변조 또는 훼손하여서는 아니 된다.

그리고 누구든지 정당한 사유 없이 전자의무기록에 저장된 개인정보를 탐지하거나 누출·변조 또는 훼손하여서는 아니 된다(**동법 제23조 제3항**).

위 **구성요건의 주체**는 제한이 없으므로 누구나 주체가 될 수 있고, **구성요건적 행위**는 전자의무기록에 저장된 개인정보를 탐지하거나 누출, 변조 또는 훼손하는 것이다. 위 **행위의 객체**는 전자의무기록으로, 의료인은 의료법 제22조에 따라 진료기록부 등을 갖추어야 하는데 위 규정에도 불구하고 진료기록부 등을 전자서명법에 따른 전자서명이 기재된 전자문서(전자의무기록)로 작성, 보관할 수 있는바(동법 제23조) 위 전자의무기록이 본죄의 객체가 된다. 본죄를 위반하면 5년 이하의 징역이나 5천만 원 이하의 벌금에 처한다.

5. 무면허 의료행위 등 금지의 점(제87조의2 제2항 제2호, 제27조 제1항)

관련조문

제87조의2(벌칙) ②다음 각 호의 어느 하나에 해당하는 자는 5년 이하의 징역이나 5천만 원 이하의 벌금에 처한다.

2. 제12조 제2항 및 제3항, 제18조 제3항, 제21조의2 제5항·제8항, 제23조 제3항, **제27조 제1항**, 제33조 제2항(제82조 제3항에서 준용하는 경우만을 말한다)·제8항(제82조 제3항에서 준용하는 경우를 포함한다)·제10항을 위반한 자. 다만, 제12조 제3항의 죄는 피해자의 명시한 의사에 반하여 공소를 제기할 수 없다.

☞ 제27조(무면허 의료행위 등 금지) ①의료인이 아니면 누구든지 의료행위를 할 수 없으며 의료인도 면허된 것 이외의 의료행위를 할 수 없다. 다만, 다음 각 호의 어느 하나에 해당하는 자는 보건복지부령으로 정하는 범위에서 의료행위를 할 수 있다. <개정 2008.2.29, 2009.1.30, 2010.1.18>

1. 외국의 의료인 면허를 가진 자로서 일정 기간 국내에 체류하는 자
2. 의과대학, 치과대학, 한의과대학, 의학전문대학원, 치의학전문대학원, 한의학전문대학원, 종합병원 또는 외국 의료원조기관의 의료봉사 또는 연구 및 시범사업을 위하여 의료행위를 하는 자
3. 의학·치과의학·한방의학 또는 간호학을 전공하는 학교의 학생

가. 서설

의료인이 아니면 누구든지 의료행위를 할 수 없으며 의료인도 면허된 것 이외의 의료행위를 할 수 없다(동법 제27조 제1항 참조). 다만 외국의 의료인 면허를 가진 자로서 일정 기간 국내에 체류하는 자(제1호), 의과대학, 치과대학, 한의과대학, 의학전문대학원, 치의학전문대학원, 한의학전문대학원, 종합병원 또는 외국 의료원조기관의 의료봉사 또는 연구 및 시범사업을 위하여 의료행위를 하는 자(제2호), 의학·치과의학·한방의학 또는 간호학을 전

공하는 학교의 학생(제3호)은 보건복지부령이 정하는 바에 따라 제한적으로 일정한 의료행위를 할 수 있다.

나. 구성요건의 주체 및 행위의 상대방

위 **구성요건의 주체**는 의료인이 아닌 사람 또는 동법 제27조 제1항 각호에 규정된 사람으로서 보건복지부령에 따라 허용되지 않는 의료행위를 한 사람이다.

여기에서 의료인이라 함은 의료법 제2조에 규정된 보건복지부장관의 면허를 받은 의사, 치과의사, 한의사, 조산사 및 간호사를 말하는 것으로 간호조무사는 제외된다. 본죄는 의료인이 아닌 사람만이 주체가 되는 **신분범**이다. 상세한 규정은 다음과 같다.

관련조문

제2조(의료인) ① 이 법에서 "의료인"이란 보건복지부장관의 면허를 받은 의사·치과의사·한의사·조산사 및 간호사를 말한다. <개정 2008. 2. 29., 2010. 1. 18.>

② 의료인은 종별에 따라 다음 각 호의 임무를 수행하여 국민보건 향상을 이루고 국민의 건강한 생활 확보에 이바지할 사명을 가진다. <개정 2015. 12. 29., 2019. 4. 23.>

1. 의사는 의료와 보건지도를 임무로 한다.
2. 치과의사는 치과 의료와 구강 보건지도를 임무로 한다.
3. 한의사는 한방 의료와 한방 보건지도를 임무로 한다.
4. 조산사는 조산(助産)과 임산부 및 신생아에 대한 보건과 양호지도를 임무로 한다.
5. 간호사는 다음 각 목의 업무를 임무로 한다.
    가. 환자의 간호요구에 대한 관찰, 자료수집, 간호판단 및 요양을 위한 간호
    나. 의사, 치과의사, 한의사의 지도하에 시행하는 진료의 보조
    다. 간호 요구자에 대한 교육·상담 및 건강증진을 위한 활동의 기획과 수행, 그 밖의 대통령령으로 정하는 보건활동
    라. 제80조에 따른 간호조무사가 수행하는 가목부터 다목까지의 업무보조에 대한 지도

의료인이 아닌 사람이 위 **구성요건의 주체**이므로 의료인이, 의료인이 아닌 사람과 공모하여 그 사람으로 하여금 무면허 의료행위를 하도록 한 경우에는 의료법 제27조 제1항 위반죄의 공범으로 처벌된다고 봄이 상당하다(형법 제33조, 제30조).

이와 관련하여 의사가 의사면허가 없는 소위 '**피부관리사**'들로 하여금 환자들을 상대로 산화알루미늄 성분의 연마제가 든 크리스탈 필링기를 사용하여 얼굴의 각질을 제거하여 주는 피부박피술을 시행한 사안에서 **대법원은 「의사가 영리의 목적으로 비의료인과 공모하**

여 무면허의료행위를 하였다면 그 행위는 보건범죄단속에관한특별조치법 제5조에 해당한다고 할 것이고, 나아가 위 조문 소정의 영리의 목적이란 널리 경제적인 이익을 취득할목적을 말하는 것으로서 **무면허의료행위를 행하는 자가 반드시 그 경제적 이익의 귀속자나 경영의 주체와 일치하여야 할 필요는 없다.**」고 하면서 「(의사인) 피고인의 행위를 무면허의료행위의 공범으로 판단한 원심의 처리에 무면허의료행위에 관한 법리를 오해한 위법사유도 없다.」고 판시한 바 있다.[23]

따라서 앞에서 상세히 살펴본 바와 같이 영리의 목적으로 의료법 제27조에 따라 무면허의료행위를 하는 경우 적용되는 **보건범죄단속법 제5조는 범죄수익은닉규제법상 중대범죄로 볼 필요가 있으므로, 범죄수익은닉규제법 별표 제33호에 위 보건범죄단속법 제5조가 포함되는 방향으로 개정됨이 상당**하다(私見).

한편 본죄의 무면허 의료행위의 **상대방**은 별다른 제한이 없다.

다. 구성요건적 행위

본죄의 **구성요건적 행위**는 면허가 없이 의료행위를 하는 것인데 여기에서 의료행위라함은 질병의 예방과 치료행위뿐만 아니라 의학적 전문지식이 있는 의료인이 행하지 아니하면 사람의 생명, 신체나 공중위생에 위해를 발행시킬 우려가 있는 행위를 포함하므로, 질병의 치료와 관계가 없는 미용성형술도 사람의 생명, 신체나 공중위생에 위해를 발행시킬 우려가 있는 행위에 해당하는 때에는 의료행위에 포함된다.[24]

한편 **대법원**은 「의료행위는 의료인만이 할 수 있음을 원칙으로 하되, 간호사, 간호조무사, 의료기사등에관한법률에 의한 임상병리사, 방사선사, 물리치료사, 작업치료사, 치과기공사, 치과위생사의 면허를 가진 자가 의사, 치과의사의 지도하에 진료 또는 의학적 검사에종사하는 행위는 허용된다 할 것이나(대법원 2002. 8. 23. 선고 2002도2014 판결), 그 외의 자는의사, 치과의사의 지도하에서도 의료행위를 할 수 없는 것이고, 나아가 **의사의 전체 시술과정 중 일부의 행위라 하더라도 그 행위만으로도 의료행위에 해당하는 한 비의료인은이를 할 수 없으며,** 의료행위를 할 면허 또는 자격이 없는 한 그 행위자가 실제로 그 행위에 관하여 의료인과 같은 수준의 전문지식이나 시술능력을 갖추었다고 하더라도 마찬가지이다.」라고 판시하였다.[25]

---

23 대법원 2003. 9. 5. 선고 2003도2903 판결 참조.
24 대법원 2007. 6. 28. 선고 2005도8317 판결 참조.
25 대법원 2003. 9. 5. 선고 2003도2903 판결 참조.

결국 의료인이 아닌 비의료인이 의료인의 지도하에 진료 또는 의학적 검사에 종사하는 행위가 허용된다고 하더라도 의료인의 지도 없이 독자적으로 의료행위를 하였다면 이는 모두 무면허 의료행위에 해당한다.

라. 처벌

본죄를 위반하면 5년 이하의 징역이나 5천만 원 이하의 벌금에 처한다. 나아가 위와 같은 무면허 의료행위를 통해 취득한 범죄수익은 모두 환수의 대상이 된다.

6. 의료기관 중복개설·운영 금지의 점(제87조의2 제2항 제2호, 제33조 제8항)

관련조문

제87조의2(벌칙) ② 다음 각 호의 어느 하나에 해당하는 자는 5년 이하의 징역이나 5천만 원 이하의 벌금에 처한다.

 2. 제12조 제2항 및 제3항, 제18조 제3항, 제21조의2 제5항·제8항, 제23조 제3항, 제27조 제1항, **제33조** 제2항(제82조 제3항에서 준용하는 경우만을 말한다)·**제8항**(제82조 제3항에서 준용하는 경우를 포함한다)·제10항을 위반한 자. 다만, 제12조 제3항의 죄는 피해자의 명시한 의사에 반하여 공소를 제기할 수 없다.

☞ **제33조(개설 등)** ⑧ 제2항 제1호의 의료인은 어떠한 명목으로도 둘 이상의 의료기관을 개설·운영할 수 없다. 다만, 2 이상의 의료인 면허를 소지한 자가 의원급 의료기관을 개설하려는 경우에는 하나의 장소에 한하여 면허 종별에 따른 의료기관을 함께 개설할 수 있다. <신설 2009. 1. 30., 2012. 2. 1.>

 ② 다음 각 호의 어느 하나에 해당하는 자가 아니면 의료기관을 개설할 수 없다. 이 경우 의사는 종합병원·병원·요양병원·정신병원 또는 의원을, 치과의사는 치과병원 또는 치과의원을, 한의사는 한방병원·요양병원 또는 한의원을, 조산사는 조산원만을 개설할 수 있다. <개정 2009. 1. 30., 2020. 3. 4.>

 1. 의사, 치과의사, 한의사 또는 조산사

☞ **제82조(안마사)** ③ 안마사에 대하여는 이 법 중 제8조, 제25조, 제28조부터 제32조까지, **제33조** 제2항 제1호·제3항·제5항·**제8항 본문**, 제36조, 제40조, 제59조 제1항, 제61조, 제63조(제36조를 위반한 경우만을 말한다), 제64조부터 제66조까지, 제68조, 제83조, 제84조를 준용한다. 이 경우 "의료인"은 "안마사"로, "면허"는 "자격"으로, "면허증"은 "자격증"으로, "의료기관"은 "안마시술소 또는 안마원"으로, "해당 의료관계단체의 장"은 "안마사회장"으로 한다. <개정 2009. 1. 30.>

가. 서설

의료법은 의료법 제33조 제8항 본문에서 동조 제2항 제1호의 **의료인은 어떠한 명목으로도 둘 이상의 의료기관을 개설·운영할 수 없다**고 규정하면서 다만, 2 이상의 의료인 면허를 소지한 자가 의원급 의료기관을 개설하려는 경우에는 하나의 장소에 한하여 면허 종별에 따른 의료기관을 함께 개설할 수 있다고 규정하고 있다(1인 1개설·운영의 원칙, 의료법 제33조 제8항). 한편 위 의료기관 중복개설·운영 금지의 점은 의료법 제82조 제3항의 경우를 포함하므로 안마사가 안마시술소를 중복개설·운영하는 행위 또한 금지된다.

의료법 제33조 제8항에서 의사가 개설·운영할 수 있는 의료기관의 수를 1개소로 제한하고 있는 취지는 **의료기관을 개설하는 의사가 자신의 면허를 바탕으로 개설된 의료기관에서 이루어지는 의료행위에 전념하도록 하기 위하여 장소적 한계를 설정함으로써 의료의 적정을 기하여 국민의 건강을 보호·증진하고자 하는 데** 있다.[26]

나. 구성요건의 주체 및 행위의 상대방

구성요건의 주체는 의료법 **제33조 제2항 제1호의 의료인**(의사, 치과의사, 한의사 또는 조산사), **안마사 자격이 있는 안마사에 한정**된다. 따라서 의료법인, 비영리법인 등 의료법 제33조 제2항 제2호 내지 제5호에 규정된 자들은 위 구성요건의 주체가 되지 않는다. 다만 의료기관을 개설·운영하는 의료법인 등은 다른 자에게 그 법인의 명의를 빌려주어서는 아니 되는데(의료법 제33조 제10항) 이 구성요건은 범죄수익은닉규제법상 중대범죄에 해당하므로 유의할 필요가 있다(의료법인 명의 대여의 점은 아래에서 항목을 바꾸어 검토한다).

행위의 상대방은 특별한 제한이 없다.

다. 구성요건적 행위 및 객체

본죄의 **구성요건적 행위**는 위 의료인 또는 안마사가 의료기관 또는 안마시술소를 중복개설 또는 운영하는 것이다. 이와 관련하여 ① **의료기관의 중복개설**이란 '이미 자신의 명의로 의료기관을 개설한 의료인이 다른 의료인 등의 명의로 개설한 의료기관에서 직접 의료행위를 하거나 자신의 주관 아래 무자격자로 하여금 의료행위를 하게 하는 것'을 의미하고, ② **의료기관의 중복운영**이란 '의료인이 둘 이상의 의료기관에 대하여 그 존폐·이전, 의료행위 시행 여부, 자금조달, 인력·시설·장비의 충원과 관리, 운영성과의 귀속·배분 등의 경영사항에 관하여 의사 결정 권한을 보유하면서 관련 업무를 처리하거나 처리하도록 하

---

26 대법원 2016. 10. 13. 선고 2016도11407 판결 참조.

는 것'을 뜻한다.[27] 따라서 의료기관의 중복운영에 해당하면 중복개설에 해당하지 않더라도 1인 1개설·1운영 원칙을 위반한 것이 된다고 봄이 상당하다. **대법원도 같은 취지다.**[28]

1) 의료기관 중복운영의 판단

위 **의료기관의 중복운영의 판단 기준**에 관하여 **대법원**은 「1인 1개설·운영 원칙에 어긋나는 의료기관의 중복 운영에 해당하는지를 판단할 때에는 위와 같은 운영자로서의 지위 유무, 즉 둘 이상의 의료기관 개설 과정, 개설명의자의 역할과 경영에 관여하고 있다고 지목된 다른 의료인과의 관계, 자금조달 방식, 경영에 관한 의사 결정 구조, 실무자에 대한 지휘·감독권 행사 주체, 운영성과의 분배 형태, 다른 의료인이 운영하는 경영지원 업체가 있을 경우 그 경영지원 업체에 지출되는 비용 규모 및 거래 내용 등의 제반 사정을 고려하여야 한다. 이를 바탕으로, **둘 이상의 의료기관이 의사 결정과 운영성과 귀속 등의 측면에서 특정 의료인에게 좌우되지 않고 각자 독자성을 유지하고 있는지, 아니면 특정 의료인이 단순히 협력관계를 맺거나 경영지원 혹은 투자를 하는 정도를 넘어 둘 이상의 의료기관의 운영을 실질적으로 지배·관리하고 있는지를** 살펴보아야 한다.」고 판시하고 있다.[29]

2) 의료기관 중복운영과 사기죄의 성부

한편 의료법 제33조 제2항의 속칭 '사무장 병원' 사례와는 다르게 **의료기관 중복운영·개설의 경우**에는 의료인으로서 자격과 면허를 보유한 사람이 의료법에 따라 의료기관을 개설하여 요양을 실시한 것이므로, 이미 다른 의료기관을 개설·운영하는 의료인이 위 의료기관을 실질적으로 개설·운영하였거나 의료인이 다른 의료인 명의로 위 의료기관을 개설·운영함으로써 의료법을 위반한 경우라고 하더라도 그 사정만으로 위 의료기관이 요양을 담당할 수 있는 '의료법 제3조에 따른 의료기관'에 해당하지 않는다고 볼 수 없으므로 위 의료기관이 진료비를 수령하는 행위는 '**거짓이나 그 밖에 부정한 방법으로 진료비를 지급받은 경우**'에 해당하지 않는다.[30]

따라서 **의료인으로서 자격과 면허를 보유한 사람이 의료법에 따라 의료기관을 개설하여 건강보험의 가입자 또는 피부양자에게 국민건강보험법에서 정한 요양급여를 실시하였다면,** 설령 이미 다른 의료기관을 개설·운영하고 있는 의료인이 위 의료기관을 실질적

---

27 대법원 2018. 7. 12. 선고 2018도3672 판결 참조.
28 대법원 2018. 7. 12. 선고 2018도3672 판결 참조.
29 위 대법원 2018도3672 판결 참조.
30 대법원 2019. 5. 30. 선고 2017두70359 판결 참조.

으로 개설·운영하였거나, 의료인이 다른 의료인의 명의로 위 의료기관을 개설·운영한 것이어서 의료법을 위반한 경우라 할지라도, 그 자체만으로는 국민건강보험법상 요양급여비용을 청구할 수 있는 요양기관에서 제외되지 아니하므로, **달리 요양급여비용을 적법하게 지급받을 수 있는 자격 내지 요건이 흠결되지 않는 한 국민건강보험공단을 피해자로 하는 사기죄를 구성한다고 할 수 없다.**[31]

라. 처벌

본죄를 위반하면 5년 이하의 징역이나 5천만 원 이하의 벌금에 처한다. 나아가 위와 같은 의료기관 중복개설·운영을 통해 취득한 범죄수익은 모두 환수의 대상이 된다.

7. 의료법인 등의 명의대여 금지의 점(제87조의2 제2항 제2호, 제33조 제10항)

관련조문

제87조의2(벌칙) ② 다음 각 호의 어느 하나에 해당하는 자는 5년 이하의 징역이나 5천만 원 이하의 벌금에 처한다.
2. 제12조 제2항 및 제3항, 제18조 제3항, 제21조의2 제5항·제8항, 제23조 제3항, 제27조 제1항, **제33조** 제2항(제82조 제3항에서 준용하는 경우만을 말한다)·제8항(제82조 제3항에서 준용하는 경우를 포함한다)·**제10항**을 위반한 자. 다만, 제12조 제3항의 죄는 피해자의 명시한 의사에 반하여 공소를 제기할 수 없다.
☞ **제33조(개설 등)** ⑩ 의료기관을 개설·운영하는 의료법인등은 다른 자에게 그 법인의 명의를 빌려주어서는 아니 된다. <신설 2015. 12. 29.>

의료법은 의료기관을 개설·운영하는 의료법인 등은 다른 자에게 그 법인의 명의를 빌려주어서는 아니 된다고 규정하고 있다(동법 제33조 제10항).

위 **구성요건의 주체**는 의료기관을 개설·운영하는 의료법인 등으로 의료법 제32조 제1항 제2호 내지 제5호에 해당하는 의료법인 등이 이에 해당한다. 따라서 법인이 아닌 의사, 치과의사, 한의사 또는 조산사는 위 구성요건의 적용 주체가 되지 않으나 의료 법인 등의 명의를 대여한 실제 행위자는 의료법인 등과 공범 또는 의료법 제91조에 따른 양벌규정으로

---

[31] 대법원 2019. 5. 30. 선고 2019도1839 판결, 대법원 2019. 5. 30. 선고 2015두36485 판결 등 참조.

처벌된다고 봄이 상당하다.

본죄의 **구성요건적 행위**는 의료기관을 개설·운영하는 의료법인 등이 다른 자에게 그 법인의 명의를 빌려주는 것이다. 실제로 **다른 사람이 의료법인의 이름으로 의료기관을 개설·운영하는 것임에도 대외적으로는 의료법인이 의료기관을 개설·운영하는 것처럼 꾸며 병원을 운영하는 행위를 금지**하는 것이다.

본죄를 위반하면 5년 이하의 징역이나 5천만 원 이하의 벌금에 처한다. 나아가 위와 같은 명의대여 행위를 통해 취득한 범죄수익은 모두 환수의 대상이 된다.

8. 의료인 등의 부당한 경제적 이익 등의 취득 금지(소위 '리베이트 금지')의 점 (제88조 제2호, 제23조의5)

가. 서설

의료법은 의료인, 의료기관 개설자(법인의 대표자, 이사, 그 밖에 이에 종사하는 자 모두 포함) 및 의료기관 종사자는 ① **의약품공급자로부터** 의약품 채택·처방유도·거래유지 등 판매촉진을 목적으로 제공되는 금전, 물품, 편익, 노무, 향응, 그 밖의 경제적 이익을 받거나 의료기관으로 하여금 이를 받게 하여서는 아니 된다고 규정(동법 제23조의5 제1항)하고, ② **의료기기 제조업자 및 수입업자, 판매업자 또는 임대업자로부터** 의료기기 채택·사용유도, 거래유지 등 판매촉진을 목적으로 제공되는 경제적 이익 등을 받거나 의료기관으로 하여금 받게 해서는 아니 된다고 규정(동법 제23조의5 제2항)하여 의료인 등의 부당한 경제적 이익 취득을 원천 금지하고 있다.[32]

이 규정의 **도입 취지**는 의료인이 의약품·의료기기의 채택, 처방 등과 관련하여 부당한 경제적 이익을 제공받는 경우 「형법」이나 「독점규제 및 공정거래에 관한 법률」에 따라 처벌이 가능하나, 「형법」상 배임수재죄는 의료기관 개설자에게는 적용되지 않고, 수뢰죄는 공무원 신분이 아닌 민간의료기관 종사자는 적용되지 않으며, 「독점규제 및 공정거래에 관한 법률」상 불공정거래행위는 이익 제공 강요가 입증되어야 처벌이 가능하기 때문에 의약

---

32 리베이트 금지 규정은 구 의료법(2010. 11. 28. 시행 법률 제10325호)에서 **제23조의2로 신설**된 것으로 최초에는 '**의약품 채택·처방유도 등 판매촉진**'을 목적으로 제공되는 경제적 이익의 수수를 금지하고 있었다. 그러던 중 위 조항은 2015. 12. 29. 법률 제13658호로 개정된 의료법에서 '**의약품 채택·처방유도·거래유지 등 판매촉진**'이라는 내용으로 개정되어 '거래유지'의 점이 추가되었고, 2016. 12. 20. 법률 제14438호로 개정된 법에서 **제23조의3 제1항**으로 옮겨져 시행된 바 있으며 2019. 8. 27. 법률 개정으로 제23조의3에서 **제23조의5로** 이동하여 현재에 이르고 있다.

품 및 의료기기 채택·처방 등과 관련하여 부당한 경제적 이익을 제공받는 것을 처벌하는데 한계가 있어 의료인이나 의료기관 개설자 등이 의약품·의료기기의 채택, 처방·사용유도 등 판매촉진을 목적으로 제공되는 금전, 물품, 편익 등을 제공받는 경우 별도의 벌칙규정을 마련함으로써 「형법」등의 적용을 받지 아니하는 경우도 처벌이 가능하도록 하고, 부당하게 제공받은 경제적 이익 등을 몰수 또는 추징하도록 하며, 1년 이내의 범위에서 자격정지를 할 수 있도록 규정함으로써 의약품 및 의료기기 채택·처방 등과 관련하여 부당한 경제적 이익 등을 주고받는 것을 근절하려는 것이다.[33]

나. 약사법에 따른 의약품공급업자로부터의 리베이트 수수 금지의 점(제88조 제2호, 제23조의5 제1항)

관련조문

제88조(벌칙) 다음 각 호의 어느 하나에 해당하는 자는 3년 이하의 징역이나 3천만 원 이하의 벌금에 처한다. <개정 2019. 8. 27., 2020. 3. 4.>

2. <u>제23조의5</u>를 위반한 자. 이 경우 취득한 경제적 이익등은 몰수하고, 몰수할 수 없을 때에는 그 가액을 추징한다.

☞ <u>제23조의5(부당한 경제적 이익등의 취득 금지)</u> ① 의료인, 의료기관 개설자(법인의 대표자, 이사, 그 밖에 이에 종사하는 자를 포함한다. 이하 이 조에서 같다) 및 의료기관 종사자는 「약사법」 제47조 제2항에 따른 의약품공급자로부터 의약품 채택·처방유도·거래유지 등 판매촉진을 목적으로 제공되는 금전, 물품, 편익, 노무, 향응, 그 밖의 경제적 이익(이하 "경제적 이익등"이라 한다)을 받거나 의료기관으로 하여금 받게 하여서는 아니 된다. 다만, 견본품 제공, 학술대회 지원, 임상시험 지원, 제품설명회, 대금결제조건에 따른 비용할인, 시판 후 조사 등의 행위(이하 "견본품 제공등의 행위"라 한다)로서 보건복지부령으로 정하는 범위 안의 경제적 이익등인 경우에는 그러하지 아니하다. <개정 2015. 12. 29.>

1) 구성요건의 주체 및 행위의 상대방

본죄의 **구성요건의 주체**는 의료인, 의료기관 개설자(법인의 대표자, 이사, 그 밖에 이에 종사하는 자 모두 포함) 및 의료기관 종사자이다(신분범). 위 신분자에 가공하여 리베이트를 수수하는데 가담한 사람은 공범으로 처벌된다. 한편 **행위의 상대방**은 약사법에 따른 의약품공

---

33 법제처, 2020. 11. 28. 법률 제10325호 의료법 개정이유 참조.

급업자로 양 당사자는 서로 대향범 관계에 있다.

2) 구성요건적 행위 및 객체

본죄의 **구성요건적 행위**는 약사법 제47조 제2항에 따른 의약품공급자로부터 ① 의약품 채택·처방유도·거래유지 등 판매촉진을 목적으로 제공되는 금전, 물품, 편익, 노무, 향응, 그 밖의 경제적 이익(이하 "경제적 이익등"이라 한다)을 받거나 ② 의료기관으로 하여금 받게 하는 것이다.

이 때 의료인 등이 경제적 이익등을 직접 받는 경우뿐만 아니라 가족, 친인척, 지인 등에게 이를 지급하게 하는 경우 의료인 등이 이와 같은 이익을 직접 받은 것과 동일하게 평가할 수 있으면 충분하다.

한편 의료기관으로 하여금 경제적 이익등을 받게 하는 행위와 관련하여 구법 하의 대법원 판례는 구 의료법상 의료기관이 경제적 이익을 받은 경우는 구성요건 해당성이 없어 의료인 등을 의료법위반죄로 처벌할 수 없다고 판시한 바 있는데,[34] 이와 같은 처벌의 공백을 메우기 위하여 2015. 12. 29. 의료법 개정(2016. 9. 30. 시행, 법률 제13658호)으로 **의료인 등이 직접 경제적 이익등을 받은 경우뿐만 아니라 의료인 등이 의료기관으로 하여금 경제적 이익등을 받도록 하는 행위까지도 처벌하도록 구성요건적 행위를 확대·규정**하게 되었다.

나아가 구 의료법 제23조의2 제1항에서 정한 '의약품 채택·처방유도 등 판매촉진'에 특정 의약품을 새롭게 채택하는 것뿐만 아니라 종전부터 채택해 온 특정 의약품을 그대로 유지하도록 하는 것도 포함되고, 위와 같이 **2015. 12. 29. 개정된 의료법에서 '거래유지'라는 문언을 추가한 것은 '판매촉진'의 의미를 보다 분명하게 하기 위한 것이다.**[35]

이 때 **판매촉진 목적**이 있는지는 여부는 단순히 경제적 이익을 제공하는 사람의 주관적인 의사 이외에도 제공자와 수령자의 관계, 주고받은 경제적 가치의 크기와 종류, 금품 등을 주고받은 경위와 시기 등 여러 사정을 종합하여 판단하여야 하고, 실제로 대상 의약품이 채택되거나 처방이 증가될 것을 요건으로 하는 것은 아니다.[36]

의료인, 의료기관 개설자 등에게 리베이트를 지급하는 의약품공급자는 약사법 제47조 제2항에 따라 의약품 공급 법인, 해당 법인의 대표자나 이사, 그 밖에 이에 종사하는 자를 포함하고, 법인이 아닌 경우 그 종사자를 포함한다.

---

34 대법원 2014. 5. 29. 선고 2013도4566 판결 참조.
35 대법원 2017. 9. 12. 선고 2017도10476 판결 참조.
36 위 대법원 2017도10476 판결 참조.

구성요건의 객체는 금전, 물품, 편익, 노무, 향응, 그 밖의 경제적 이익이므로 유형적, 무형적 이익을 따지지 아니한다. 다만 견본품 제공, 학술대회 지원, 임상시험 지원, 제품설명회, 대금결제조건에 따른 비용할인, 시판 후 조사 등의 행위(이하 "견본품 제공등의 행위"라 한다)로서 보건복지부령(의료법 시행규칙 제16조의5, 별표 2의3)으로 정하는 범위 안의 경제적 이익등은 여기서 제외됨을 주의하여야 한다.

3) 처벌

본죄를 위반하면 3년 이하의 징역이나 3천만 원 이하의 벌금에 처한다. 나아가 위와 같은 행위를 통해 취득한 리베이트 등 범죄수익은 모두 필요적 몰수·추징의 대상이 된다(동법 제88조 제2호 후문).

다. 의료기기법에 따른 의료기기 제조·수입·판매업자로부터의 리베이트 수수 금지의 점 (제88조 제2호, 제23조의5 제2항)

관련조문

제88조(벌칙) 다음 각 호의 어느 하나에 해당하는 자는 3년 이하의 징역이나 3천만 원 이하의 벌금에 처한다. <개정 2019. 8. 27., 2020. 3. 4.>
  2. 제23조의5를 위반한 자. 이 경우 취득한 경제적 이익등은 몰수하고, 몰수할 수 없을 때에는 그 가액을 추징한다.
☞ 제23조의5(부당한 경제적 이익등의 취득 금지) ② 의료인, 의료기관 개설자 및 의료기관 종사자는 「의료기기법」 제6조에 따른 제조업자, 같은 법 제15조에 따른 의료기기 수입업자, 같은 법 제17조에 따른 의료기기 판매업자 또는 임대업자로부터 의료기기 채택·사용유도·거래유지 등 판매촉진을 목적으로 제공되는 경제적 이익등을 받거나 의료기관으로 하여금 받게 하여서는 아니 된다. 다만, 견본품 제공등의 행위로서 보건복지부령으로 정하는 범위 안의 경제적 이익등인 경우에는 그러하지 아니하다. <개정 2011. 4. 7., 2015. 12. 29.>
  [본조신설 2010. 5. 27.]
  [제23조의3에서 이동<2019. 8. 27.>]

위 **구성요건의 주체**는 제1항의 그것과 동일하다. 다만 **행위의 상대방**이 의료기기법 제6조에 따른 제조업자, 같은 법 제15조에 따른 의료기기 수입업자, 같은 법 제17조에 따른 의료기기 판매업자 또는 임대업자라는 점이 다르다.

구성요건적 행위는 의료기기법 제6조에 따른 제조업자, 제15조에 따른 수입업자, 제17조에 따른 판매업자 또는 임대업자로부터 ① 의료기기 채택·사용유도·거래유지 등 판매촉진을 목적으로 제공되는 경제적 이익등을 받거나 ② 의료기관으로 하여금 받게 하는 것으로써 거래유지 등 판매촉진의 목적을 요구하는 목적범에 해당한다. 이 때 의료인 등이 경제적 이익등을 직접 받는 경우뿐만 아니라 가족, 친인척, 지인 등에게 이를 지급하게 하는 경우 의료인 등이 이와 같은 이익을 직접 받은 것과 동일하게 평가할 수 있으면 충분하다.

의료인, 의료기관 개설자 등이 지급받는 것이 금지된 위 **구성요건의 객체** 또한 제1항의 설명과 같다. 본죄를 위반하면 3년 이하의 징역이나 3천만 원 이하의 벌금에 처한다. 나아가 위와 같은 행위를 통해 취득한 리베이트 등 범죄수익은 모두 환수의 대상이 된다.

9. 범죄수익환수 및 자금세탁범죄 처벌 사례

가. 서설

위에서 검토한 바와 같이 의료법위반죄에서 규정하고 있는 중대범죄는 여러 유형이 있는데 그 중 범죄수익환수와 관련하여 주로 문제될 수 있는 사례는 ① **무면허 의료행위 금지의 점**(의료법 제87조의2 제2항 제2호, 제27조 제1항), ② **사무장 병원 운영 금지의 점**(의료법 제87조, 제33조 제2항, 제87조의2 제2항 제2호, 제82조 제3항, 제33조 제2항), ③ **의료기관 중복개설·운영 금지의 점**(의료법 제87조의2 제2항 제2호, 제33조 제8항), ④ **의료인 등의 부당한 경제적 이익등의 취득 금지**(소위 '리베이트 금지')**의 점**(의료법 제88조 제2호, 제23조의5)이라고 봄이 상당하다.

그 중에서도 실무상 범죄수익환수가 가장 많이 문제되는 사례는 의료인 등의 부당한 경제적 이익등의 취득금지의 점인데 이는 의료법이 위와 같이 취득한 경제적 이익등을 필요적으로 몰수·추징할 수 있도록 하고 있기 때문이다. 이하에서는 위 각 의료법위반죄 중대범죄의 경우 범죄수익환수가 문제된 사례들을 살펴본다.

나. 무면허 의료행위 금지의 점(의료법 제27조 제1항)

실무상 무면허 의료행위는 영리의 목적을 전제로 하는 경우가 대부분이므로 의료법 제27조 제1항의 특별규정인 보건범죄단속법 제5조가 적용되는 사례가 많다. 그런데 앞에서도 언급한 바와 같이 범죄수익은닉규제법상 보건범죄단속법 제5조는 중대범죄로 규정되어 있지 아니하므로 이로 인하여 취득한 범죄수익에 대하여 몰수·추징보전 등 범죄수익은닉규제법이 적용되는지 여부가 문제될 수 있다. 따라서 범죄수익은닉규제법 별표 제33호에 보건범죄단속법을 명시적으로 규정하는 것이 바람직하다(私見).[37]

이와 관련하여 **치과의사가 아님에도 불구하고 영리를 목적으로 무면허 치과의료행위**

를 하고, 그로 인하여 생긴 재산의 취득 및 처분을 가장하기 위하여 차명계좌를 사용한 경우 보건범죄단속법 및 범죄수익은닉규제법위반죄의 성립을 인정하고 그로 인하여 취득한 수익을 범죄수익은닉규제법에 따라 추징한 사례가 있다.[38] 이는 자금세탁범죄가 성립한다는 점에 근거하여 추징근거를 범죄수익은닉규제법으로 설시한 것으로 이해된다.

사례

범죄사실

피고인은 치과의사가 아님에도, 2019. 7. 23.경 서울 마포구 F에서 G의 앞니 2개를 포함한 앞쪽 치아 8개를 치과용 의료기구인 터빈을 이용하여 갈아낸 후 치아의 본을 뜨고 치아모형으로 포셀린메탈크라운을 만들어 이를 접착시켜주고 그 대가로 170만 원을 H 명의 계좌로 송금받은 것을 비롯하여 2019. 7. 6.경부터 2020. 1. 14.경까지 별지 범죄일람표 기재와 같이 I 등 6명에게 치과의료행위를 하고 그 대가로 총 7회에 걸쳐 합계 445만 원을 명의 계좌로 송금받았다.

이로써 피고인은 영리를 목적으로 치과의사가 아닌 사람이 치과의료행위를 업으로 하고, 이를 통해 벌어들인 범죄수익등의 취득에 관한 사실을 가장하였다.

법령의 적용

1. 범죄사실에 대한 해당법조 및 형의 선택

보건범죄단속에관한특별조치법 제5조 제2호, 의료법 제27조 제1항(유기징역형 및 벌금형 병과), 범죄수익은닉의규제및처벌등에관한법률 제3조 제1항 제1호(징역형)

1. 추징

범죄수익은닉의규제및처벌등에관한법률 제10조 제1항, 제8조 제1항

다. 사무장 병원 등 개설·운영 금지의 점(의료법 제33조 제2항)

실무상 비의료인이 의료기관을 개설하여 운영하는 행위를 처벌하는 위 의료법 규정을 적용하는 사례는 다수 발견됨에도 불구하고 사무장 병원을 운영하면서 벌어들인 범죄수익을 추징하여 환수한 사례는 많이 확인되지 않는다. 생각건대 비의료인이 의료인을 통해 사무장

---

[37] 하급심 판결 중에도 보건범죄단속법 제5조 위반죄를 인정하고, 그로 인하여 취득한 재산을 추징하면서도 그 근거 규정을 형법 제48조 제1항, 제2항으로 판시한 사례들이 다수 발견된다. 형법상 추징 규정에 따라 범죄수익을 추징할 수 있다 하더라도 범죄수익은닉규제법이 적용되지 않으면 이에 대한 사전 보전조치가 불가능하므로 이에 대한 개선이 필요하다.

[38] 서울서부지방법원 2020. 8. 12. 선고 2020고단1445, 739(병합)(피고인 항소포기로 확정) 판결 참조.

병원을 실제로 운영한 사실이 있는지에 대한 실체적인 판단에 집중하다보니 비의료인이 취득한 범죄수익과 이에 공모가담한 의료인 기타 공범들이 보수로 얻은 재산에 대한 환수를 염두에 두지 못한 결과로 보인다. 의료법 제33조 제2항 위반행위에 대한 범죄수익 환수가 보다 많이 활용될 필요가 있다(私見).

최근 의료인이 비의료인과 공모하여 사무장병원을 운영하고 그 과정에서 생긴 범죄수익을 차명계좌로 입금받아 그 취득 및 처분을 가장한 사안에서 의료인을 비의료인의 의료기관 개설·운영의 점, 의료기관 중복개설·운영의 점에 따른 의료법위반, 범죄수익은닉규제법위반죄로 처벌하면서 그와 같은 범죄행위로 은닉한 범죄수익을 추징한 사례가 있으므로 참고할 필요가 있다.[39]

사례

범죄사실

『18고합114, 18고합126』

3. 피고인 A, B, C의 공동범행(O병원 운영 관련)

피고인 B는 위 제1항의 L병원(O병원 전신)에 관한 운영권을 피고인 A에게 임대한 사람이고, 피고인 C는 2015. 9. 3.경 위 당진***병원 자리에 개설된 'O병원'의 개설명의자이며, 피고인 A는 위 O병원의 실질적인 운영자이다.

가. 의료법위반

의사·치과의사·한의사, 국가나 지방자치단체, 의료법을 목적으로 설립된 법인 등 법령에 정한 자가 아니면 의료기관을 개설할 수 없다.

피고인 B는 위 제1항과 같이 E의 명의를 빌려 L병원을 운영하다가 1년의 계약기간이 경과할 무렵 E가 재계약 거부의사를 밝히자, 비의료인인 피고인 A에게 위 병원을 임대하고 피고인 A로부터 병원 수익에서 매월 1,000만 원을 지급받기로 계약하였다. 위 계약에 따라 피고인 A는 'V'라는 의사 구인 사이트를 통해서 구한 피고인 C를 직접 고용하여 2015. 9. 3.경 당진시 P에 C 명의로 'O병원'을 개설하고, C는 그 무렵부터 2018. 7. 31.경까지 위 병원에서 봉직의로서 진료행위를 하였다.

이로써 피고인들은 공모하여 비의료인의 의료기관 개설행위를 하였다.

(중략)

---

39 대전지방법원 서산지원 2019. 10. 16. 선고 2018고합114 판결 참조(대법원 2020도5600 판결로 확정). 해당 사건은 다수의 범죄가 함께 문제된 사안으로 여기에서는 의료법위반 및 범죄수익은닉규제법위반의 점만 발췌하여 소개한다.

『18고합126』

4. <u>피고인 B, A의 공동범행 – 범죄수익은닉의규제및처벌등에관한법률위반(O병원 운영 관련)</u>

피고인들은 위 제3항과 같이 비의료인인 피고인 A가 O병원을 실질적으로 개설·운영하고, 피고인 B가 그 대가로 병원운영수익 중 매달 1,000만 원씩 지급받기로 하였다.

피고인들은 위 범죄수익의 취득에 관한 사실을 가장하기 위하여 위 병원의 개설명의자인 C와 피고인 B의 처 W 명의로, 'C가 W로부터 위 병원 건물의 임대차보증금을 양수받아 W에게 월 400만 원씩 분할상환하고, W를 이사로 채용하여 급여로 월 600만 원씩 지급한다.'는 내용의 허위 계약서를 작성하였다. 그러나 W가 C에게 위 임대차보증금채권을 양도하거나, 위 병원에서 근무하기로 한 사실은 없었다.

피고인 A는 위 허위 계약서에 기초하여, 2015. 9. 1.경부터 2018. 2. 28.경까지 W 명의 계좌로 2억 2,749만 원을 지급하여 범죄수익을 은닉하였다.

이로써 피고인들은 공모하여 적법하게 취득한 재산으로 가장할 목적으로 범죄수익등을 은닉하였다.

5. 피고인 B

나. 의료법위반(K병원 운영 관련)

의사, 치과의사, 한의사 또는 조산사는 어떠한 명목으로도 둘 이상의 의료기관을 개설·운영할 수 없다.

피고인은 2016. 5. 24.경 위 가.항과 같이 X의료재단 이사장인 F로부터 X의료재단 및 그 부설 Y병원을 매수해 직접 운영하면서, 2017. 1. 9.경부터 2018년 9월경까지 전북 부안군 AC에 있는 재단법인 AD(이하 'AD'라 한다) 부설 K병원(이하 'K병원'이라 한다)을 운영하였다.

법령의 적용

1. 범죄사실에 대한 해당법조 및 형의 선택

나. 피고인 B

의료법 제87조 제1항 제2호, 제33조 제2항, 제30조(비의료인의 의료기관 개설의 점, 징역형 선택), 범죄수익은닉규제법 제3조 제1항 제3호, 형법 제30조(범죄수익 은닉의 점, 징역형 선택), 의료법 제87조 제1항 제2호, 제33조 제8항 본문(의료기관 중복운영의 점, 징역형 선택)

1. 추징

피고인 B: 범죄수익은닉규제법 제10조 제1항, 제8조 제1항 제1호[추징액: 범죄수익 2억 2,749만 원]

라. 부당한 경제적 이익 취득 금지의 점(의료법 제23조의5 제1항, 제2항)

실무상 의료법위반죄에서 범죄수익환수가 가장 많이 문제되는 사례는 리베이트 금지 규정이다. 앞에서 살펴본 바와 같이 의료법에서 위와 같은 금지규정을 통해 취득한 범죄수익을 필요적으로 몰수·추징할 수 있도록 하고 있으므로 의료인 등이 위 금지규정을 위반하여 취득한 경제적 이익등은 모두 환수 대상이 된다.

이와 관련하여 **의사들이 의약품 공급업자로부터 리베이트 명목으로 수수한 금품을 추징한 사례**를 소개한다.[40] 다만 위와 같은 금품을 은닉하거나 차명계좌로 입금받아 취득한 경우에는 범죄수익은닉규제법에 따른 자금세탁범죄가 성립하나 이를 함께 처벌한 사례는 찾기 어렵다.

사례

범죄사실

1. 피고인 A

피고인은 서울 영등포구 D빌딩에 있는 'E진단방사선과의원'을 운영하는 의사이다.

의료인, 의료기관 개설자 및 의료기관 종사자는 약사법 제31조에 따른 품목허가를 받은 자 또는 품목신고를 한 자로부터 의약품 채택·처방유도 등 판매촉진을 목적으로 제공되는 금전, 물품, 편익, 노무, 향응, 그 밖의 경제적 이익을 받아서는 아니 된다.

그럼에도 불구하고 **피고인은 주식회사 F제약 영업사원 G로부터 "자사 의약품을 처방해 주면 현금 등 경제적 이익을 제공하겠다"는 취지의 제안을 받고 이에 응하기로 한 다음, 2014. 4. 초순경 위 의원 진료실에서 위 G로부터 현금 180만 원을 제공받은 것을 비롯하여 그때부터 2015. 8. 중순경까지 사이에 별지 범죄일람표 1 기재와 같이 총 10회에 걸쳐 합계 2,200만 원을 현금으로 제공받았다.**

이로써 피고인은 주식회사 F제약으로부터 의약품 채택·처방유도 등 판매촉진을 목적으로 제공되는 현금 2,200만 원 상당의 경제적 이익을 받았다.

2. 피고인 B

피고인은 경기 안양시 동안구 H에 있는 'I내과의원'을 운영하는 의사이다.

의료인, 의료기관 개설자 및 의료기관 종사자는 약사법 제31조에 따른 품목허가를 받은 자 또는 품목신고를 한 자로부터 의약품 채택·처방유도 등 판매촉진을 목적으로 제공되는 금전, 물품, 편익, 노무, 향응, 그 밖의 경제적 이익을 받아서는 아니 된다.

그럼에도 불구하고 **피고인은 주식회사 F제약 영업사원 J로부터 "자사 의약품을 처방해 주면 현금 등 경제적 이익을 제공하겠다"는 취지의 제안을 받고 이에 응하기로 한 다음, 2014. 6. 초순경 위 의원 진료실에서 위 J로부터 현금 80만 원을 제공받은 것을 비롯하여**

---

40 서울중앙지방법원 2019. 11. 28. 선고 2018고단626 판결 참조(대법원 2020도14436 판결로 확정).

그때부터 2015. 12. 하순경까지 사이에 별지 범죄일람표 2 기재와 같이 총 11회에 걸쳐 합계 1,480만 원을 현금으로 제공받았다.

이로써 피고인은 주식회사 F제약으로부터 의약품 채택·처방유도 등 판매촉진을 목적으로 제공되는 현금 1,480만 원 상당의 경제적 이익을 받았다.

3. 피고인 C

피고인은 서울 C K빌딩에 있는 'C내과의원'을 운영하는 의사이다.

의료인, 의료기관 개설자 및 의료기관 종사자는 약사법 제31조에 따른 품목허가를 받은 자 또는 품목신고를 한 자로부터 의약품 채택·처방유도 등 판매촉진을 목적으로 제공되는 금전, 물품, 편익, 노무, 향응, 그 밖의 경제적 이익을 받아서는 아니 된다.

그럼에도 불구하고 피고인은 주식회사 F제약 영업사원 L로부터 "자사 의약품을 처방해 주면 현금 등 경제적 이익을 제공하겠다"는 취지의 제안을 받고 이에 응하기로 한 다음, 2014. 4. 하순경 위 의원 진료실에서 위 L로부터 현금 500만 원을 제공받은 것을 비롯하여 그때부터 2015. 10. 중순경까지 사이에 별지 범죄일람표 3 기재와 같이 총 5회에 걸쳐 합계 1,150만 원을 현금으로 제공받았다.

이로써 피고인은 주식회사 **제약으로부터 의약품 채택·처방유도 등 판매촉진을 목적으로 제공되는 현금 1,150만 원 상당의 경제적 이익을 받았다.

법령의 적용

1. 범죄사실에 대한 해당법조 및 형의 선택(피고인들)

구 의료법(2016. 12. 20. 법률 제14438호로 개정되기 전의 것) 제88조의2 전문, 제23조의2 제1항 본문(포괄하여, 벌금형 선택)

1. 추징(피고인들)

구 의료법 제88조의2 후문

5 산지관리법위반(제34호)

1. 서설

범죄수익은닉규제법 별표 제34호에서는 **산지관리법 제53조 제1호의 죄**를 범죄수익환수 대상범죄로 규정하고 있다. 본죄는 2019. 4. 23. **범죄수익은닉규제법이 개정되면서 중대 범죄로 추가되었다.**

범죄수익은닉규제법 별표

중대범죄(제2조 제1호 관련)

34.「산지관리법」**제53조 제1호**의 죄

　산지관리법은 별도의 몰수·추징 규정을 두고 있지 않으므로 **위 중대범죄로 생긴 재산 또는 그 범죄행위의 보수로 얻은 재산은 모두 범죄수익은닉규제법에 따라 환수의 대상**이 된다. 그런데 실무상 산지관리법 제53조 제1호 위반죄를 저지른 자가 취득한 범죄수익에 대해 몰수·추징을 선고하는 경우는 많지 않은 반면, 산림자원을 함부로 훼손하여 이익을 취득하는 행위를 처벌하고 있는 산림자원의 조성 및 관리에 관한 법률(이하, '산림자원법'이라 한다)에 따라 함부로 벌채한 산림을 통해 얻은 범죄수익을 몰수·추징한 사례는 많이 확인되고 있다. 산림자원법은 제75조에서 일정 범죄에 관련된 임산물은 몰수하고 이를 몰수할 수 없는 경우 그 가액을 추징하도록 하고 있는데 해당 **산림자원법은 범죄수익은닉규제법상 중대범죄에서 누락**되어 있다.[41]

　특히 산림자원법 제74조 제1항, 제19조 제5항은 채종림 등에서 입목·대나무의 벌채, 임산물의 굴취·채취, 가축의 방목, 그 밖의 토지의 형질을 변경하는 행위를 처벌하고 있고, 동법 제74조 제2항은 관할 관청의 허가 없이 또는 거짓이나 그 밖의 부정한 방법으로 허가를 받아 입목벌채등을 한 사람을 처벌하고 있는바, 이는 산지관리법상 허가 없이 산지의 형질을 변경하는 행위와 거의 유사한 구성요건을 규정하고 있다.

　따라서 산림자원법 제74조는 산지관리법 제53조 제1호에 맞춰 범죄수익은닉규제법상 중대범죄로 포함되는 것이 상당한 바, 이에 따른 범죄수인은닉규제법 별표 제34호 개정안은 다음과 같다(私見).

---

41 산림자원법 제75조(몰수와 추징) ① 제73조와 제74조 제1항·제2항 제2호의 범죄에 관련된 임산물은 몰수(沒收)한다. 다만, 제73조의 범죄로 인한 임산물은 대통령령으로 정하는 바에 따라 그 피해자에게 돌려주거나 이를 처분하여 그 가액(價額)을 내주어야 한다.＜개정 2009. 6. 9., 2017. 10. 31.＞
② 제1항의 임산물을 몰수할 수 없는 경우에는 그 가액을 추징(追徵)한다. [전문개정 2007. 12. 21.]

관련조문

범죄수익은닉규제법 별표(개정안)

중대범죄(제2조 제1호 관련)

34. 「산지관리법」 제53조 제1호의 죄, **「산림자원의 조성 및 관리에 관한 법률」 제74조의 죄**

산지관리법상 중대범죄는 산지 전용허가를 받지 아니하고 산지전용을 하거나 거짓이나 그 밖의 부정한 방법으로 산지전용허가를 받아 산지전용을 한 사람을 처벌하는 규정이므로 무허가 산지전용의 점은 환경형법의 영역에 포섭된다고 보아 이 장에서 다루기로 한다.

2. 구성요건 및 처벌

관련조문

제53조(벌칙) 보전산지에 대하여 다음 각 호의 어느 하나에 해당하는 자는 5년 이하의 징역 또는 5천만 원 이하의 벌금에 처하고, 보전산지 외의 산지에 대하여 다음 각 호의 어느 하나에 해당하는 자는 3년 이하의 징역 또는 3천만 원 이하의 벌금에 처한다. 이 경우 징역형과 벌금형을 병과(倂科)할 수 있다. <개정 2012. 2. 22., 2016. 12. 2.>

  1. **제14조 제1항 본문**을 위반하여 산지전용허가를 받지 아니하고 산지전용을 하거나 거짓이나 그 밖의 부정한 방법으로 산지전용허가를 받아 산지전용을 한 자

☞ **제14조(산지전용허가)** ① 산지전용을 하려는 자는 그 용도를 정하여 **대통령령**으로 정하는 산지의 종류 및 면적 등의 구분에 따라 산림청장등의 허가를 받아야 하며, 허가받은 사항을 변경하려는 경우에도 같다.

☞ **제2조(정의)** 이 법에서 사용하는 용어의 뜻은 다음과 같다. <개정 2012. 2. 22., 2014. 6. 3., 2016. 12. 2., 2018. 3. 20., 2020. 2. 18.>

  2. "산지전용"(山地轉用)이란 산지를 다음 각 목의 어느 하나에 해당하는 용도 외로 사용하거나 이를 위하여 산지의 형질을 변경하는 것을 말한다.

    가. 조림(造林), 숲 가꾸기, 입목의 벌채·굴취

    나. 토석 등 임산물의 채취

    다. 대통령령으로 정하는 임산물의 재배[성토(흙쌓기) 또는 절토(땅깎기) 등을 통하여 지표면으로부터 높이 또는 깊이 50센티미터 이상 형질변경을 수반하는 경우와 시설물의 설치를 수반하는 경우는 제외한다]

    라. 산지일시사용

☞ **산지관리법 시행령 제15조(산지전용허가의 절차 및 심사)** ① 법 제14조 제1항에 따라 산지전

용허가 또는 변경허가를 받거나 변경신고를 하려는 자는 농림축산식품부령으로 정하는 바에 따라 산지전용허가 또는 변경허가를 받거나 변경신고를 하려는 구역의 경계를 표시한 후 신청서에 농림축산식품부령으로 정하는 서류를 첨부하여 다음 각 호의 구분에 따른 자에게 제출하여야 한다. <개정 2012. 8. 22., 2013. 3. 23., 2015. 11. 11., 2016. 12. 30., 2017. 6. 2.>

1. 법 제14조 제1항에 따른 산지전용허가를 받으려는 경우
   가. 법 제14조 제1항에 따른 산지전용허가를 받으려는 산지면적이 200만제곱미터 이상 (보전산지의 경우에는 100만제곱미터 이상)인 경우: 산림청장
   나. 법 제14조 제1항에 따른 산지전용허가를 받으려는 산지면적이 50만제곱미터 이상 200만제곱미터 미만(보전산지의 경우에는 3만제곱미터 이상 100만제곱미터 미만)인 경우
      1) 산림청장 소관인 국유림의 산지인 경우: 산림청장
      2) 산림청장 소관이 아닌 국유림, 공유림 또는 사유림의 산지인 경우: 시·도지사
   다. 법 제14조 제1항에 따른 산지전용허가를 받으려는 산지면적이 50만제곱미터 미만 (보전산지의 경우에는 3만제곱미터 미만)인 경우
      1) 산림청장 소관인 국유림의 산지인 경우: 산림청장
      2) 산림청장 소관이 아닌 국유림, 공유림 또는 사유림의 산지인 경우: 시장·군수·구청장
2. 법 제14조 제1항에 따른 산지전용허가에 대한 변경허가를 받거나 변경신고를 하려는 경우: 법 제14조 제1항에 따라 해당 산지전용허가를 한 산림청장등
3. 삭제 <2017. 6. 2.>

산지관리법은 산지 전용허가를 받지 아니하고 산지전용을 하거나 거짓이나 그 밖의 부정한 방법으로 산지전용허가를 받아 산지전용을 한 사람을 처벌하고 있다.

1) 구성요건의 주체

본죄의 **구성요건의 주체**는 제한이 없다. 따라서 누구든지 산지 전용허가를 받지 아니하고 산지전용을 한 사람은 범행의 주체가 된다.

2) 구성요건적 행위 및 객체

본죄의 **구성요건적 행위**는 대통령령이 정한 산지의 종류 및 면적 등의 구분에 따라 산림청장 등의 허가를 받지 아니하고 산지전용을 하는 것과 거짓이나 그 밖의 부정한 방법으로 산지전용허가를 받아 산지전용을 하는 것이다.

이와 관련하여 **대법원**은 임야에 관상수와 고구마를 식재하여 전(田)으로 전환할 의사가 전혀 없이 해당 임야를 건축부지로 조성하기 위한 것임에도 해당 임야를 고구마와 관상수를 심어 전으로 전환하겠다는 내용의 허위의 사업계획서와 영농계획서를 관할관청에 제출하여 산지전용허가를 받은 사안에서, 산지전용허가를 신청함에 있어 그 허가 여부를 판단하는 기준이 되는 목적사업이나 그 사업의 계획 등의 자료를 허위로 제출하여 산지전용허가를 받는 행위는 산지관리법 제53조 제1호에서 규정하는 '거짓 그 밖의 부정한 방법으로 산지전용허가를 받는 행위'에 해당한다고 판시한 바 있다.[42]

'**산지전용**'은 산지의 형질을 변경하는 것으로서 허가를 받지 않고 무단히 산지 전용을 허용하게 되면 환경파괴의 결과를 낳을 수 있게 되므로 관할 관청의 허가 없는 무단 산지전용을 금지하는 것이다.

3) 처벌

본죄를 위반하면 객체가 보전산지인 경우에는 5년 이하의 징역 또는 5천만 원 이하의 벌금에, 보전산지 외의 산지인 경우에는 3년 이하의 징역 또는 3천만 원 이하의 벌금에 각 처한다. 이 경우 징역형과 벌금형을 병과(倂科)할 수 있다.

3. 범죄수익환수 사례

실무상 무허가 산지전용에 따른 산지관리법위반행위를 저지른 행위자를 처벌하면서 범죄수익을 환수하거나 자금세탁범죄를 처벌한 사례는 쉽게 찾기 어렵다. 다만 앞에서 살펴본 바와 같이 이와 유사한 구성요건인 **산림자원법에 따라 무허가로 벌채한 임목에 대하여 그 임목 상당액을 산림자원법에 따라 몰수·추징한 사례는 다수** 확인된다.

산림자원법은 독자적인 필요적 몰수·추징 규정을 두고 있는데 해당 규정들이 범죄수익은닉규제법상 중대범죄에 해당하지 않으므로 몰수·추징 집행을 위한 몰수·추징보전 절차를 진행할 수 없고 그와 같은 범죄행위로 취득한 범죄수익을 은닉한다 하더라도 이를 처벌할 수 없는 문제가 있으므로 범죄수익은닉규제법 별표의 개정을 요한다(私見).

아래에서는 **산림자원법에 따라 무허가로 임목을 벌채한 행위를 처벌하면서 그로 인하여 발생한 범죄수익을 임목의 가액에 따라 행위자들로부터 각각 추징한 사례**를 소개한다.[43]

---

42 대법원 2010. 6. 10. 선고 2010도3232 판결 참조.
43 전주지방법원 2020. 10. 24. 선고 2020고단494 판결 참조(피고인 항소하지 않아 1심 그대로 확정).

> **사례**
>
> **범죄사실**
>
> **1. 장사등에관한법률위반**
>
> 가족묘지 안의 분묘 1기 및 그 분묘의 상석·비석 등 시설물 설치하는 구역의 면적은 10m²(합장하는 경우에는 15m²)를 초과하여서는 아니 되고, 분묘 1기당 설치할 수 있는 시설물은 비석 1개(높이는 지면으로부터 2m 이내 , 표면적은 3m² 이하로 한다), 상석 1개, 그 밖의 석물은 1개 또는 1쌍(높이는 지면으로부터 2m 이내로 한다)씩만 설치할 수 있다.
>
> 그럼에도 불구하고 피고인은 2018. 4.경부터 2018. 10.경까지 김제시 B의 피고인이 관리하는 가족묘지에 있는 자신과 친족관계였던 자인 5대 조부모의 분묘 2기의 면적을 52.5m², 그 밖의 석물은 약 10년 전에 설치되어 있던 둘레석 2개에 추가로 망두석 1쌍을 설치하여 허용 점유면적 및 설치기준을 위반한 것을 비롯하여 별지 범죄일람표 기재와 같이 총 분묘 8기에 대한 허용 점유면적 및 설치기준을 위반하였다.
>
> **2. 산지관리법위반**
>
> 산지전용을 하려는 자는 그 용도를 정하여 대통령령으로 정하는 산지의 종류 및 면적 등의 구분에 따라 산림청장등의 허가를 받아야 한다.
>
> 그럼에도 불구하고 피고인은 2018. 4.경부터 2018. 10.경까지 위와 같이 가족묘지를 조성하는 행위를 하면서 허가를 받지 않고, 김제시 C, B 임야 3,598m²를 포크레인을 동원해 절토 및 성토, 평탄작업을 하여 산지를 전용하였다.
>
> **3. 산림자원조성및관리에관한법률위반**
>
> 산림 안에서 입목의 벌채를 하려는 사람은 농림축산식품부령으로 정하는 바에 따라 특별자치시장·특별자치도지사·시장·군수·구청장이나 지방산림청장의 허가를 받아야 한다.
>
> 그럼에도 불구하고 피고인은 2018. 4.경부터 2018. 10.경까지 시장의 허가를 받지 않고 위와 같이 산지전용 과정에서 입목(소나무류) 21본을 벌채하였다.
>
> **법령의 적용**
>
> **1. 범죄사실에 대한 해당법조 및 형의 선택**
>
> 장사 등에 관한 법률 제40조 제5호, 제18조(점유면적 및 설치기준을 위반한 분묘 설치의 점), 산지관리법 제53조 제1호, 제14조 제1항 본문(무허가 산지전용의 점), 산림자원의 조성 및 관리에 관한 법률 제74조 제2항 제2호, 제36조 제1항(무허가입목벌채의 점), 각 징역형 선택
>
> **1. 추징**
>
> 산림자원의 조성 및 관리에 관한 법률 제75조 제2항, 제1항[피고인이 벌채한 입목의 가액: 2,730,000원]

6 국토의 계획 및 이용에 관한 법률위반(제35호)

1. 서설

범죄수익은닉규제법 별표 제35호에서는 **국토의 계획 및 이용에 관한 법률**(이하, '국토계획법'이라 한다) **제140조 제1호의 죄**를 범죄수익환수 대상범죄로 규정하고 있다. 본죄는 2019. 4. 23. 범죄수익은닉규제법이 개정되면서 중대범죄로 추가되었다.

관련조문

범죄수익은닉규제법 별표

중대범죄(제2조 제1호 관련)

35. 「국토의 계획 및 이용에 관한 법률」 **제140조 제1호**의 죄

국토계획법은 별도의 몰수·추징 규정을 두고 있지 않으므로 위 중대범죄로 생긴 재산 또는 그 범죄행위의 보수로 얻은 재산은 모두 범죄수익은닉규제법에 따라 환수의 대상이 된다.

국토계획법은 앞에서 검토한 산지관리법과 유사하게 관할관청의 허가 또는 변경 허가를 받지 않거나 그 밖의 부정한 방법으로 허가 또는 변경허가를 받아 개발행위를 한 사람을 처벌하고 있는데 실무상 위 법률 위반행위를 처벌하면서 범죄수익을 환수한 사례는 쉽게 확인되지 않는다.

2. 구성요건 및 처벌

관련조문

제140조(벌칙) 다음 각 호의 어느 하나에 해당하는 자는 3년 이하의 징역 또는 3천만 원 이하의 벌금에 처한다.

1. **제56조 제1항 또는 제2항**을 위반하여 허가 또는 변경허가를 받지 아니하거나, 속임수나 그 밖의 부정한 방법으로 허가 또는 변경허가를 받아 개발행위를 한 자

☞ **제56조(개발행위의 허가)** ① 다음 각 호의 어느 하나에 해당하는 행위로서 **대통령령**으로 정하는 행위(이하 "개발행위"라 한다)를 하려는 자는 특별시장·광역시장·특별자치시장·특별자치도지사·시장 또는 군수의 허가(이하 "개발행위허가"라 한다)를 받아야 한다. 다만, 도시·군계획사업(다른 법률에 따라 도시·군계획사업을 의제한 사업을 포함한다)에 의한 행위는 그러하지 아니하다. <개정 2011.4.14, 2018.8.14>

1. 건축물의 건축 또는 공작물의 설치
2. 토지의 형질 변경(경작을 위한 경우로서 대통령령으로 정하는 토지의 형질 변경은 제외한다)
3. 토석의 채취
4. 토지 분할(건축물이 있는 대지의 분할은 제외한다)
5. 녹지지역·관리지역 또는 자연환경보전지역에 물건을 1개월 이상 쌓아놓는 행위
② 개발행위허가를 받은 사항을 변경하는 경우에는 제1항을 준용한다. 다만, **대통령령**으로 정하는 경미한 사항을 변경하는 경우에는 그러하지 아니하다.

☞ **국토계획법 시행령 제51조(개발행위허가의 대상)** ① 법 제56조 제1항에 따라 개발행위허가를 받아야 하는 행위는 다음 각 호와 같다. <개정 2005. 9. 8., 2006. 3. 23., 2008. 9. 25., 2012. 4. 10., 2019. 8. 6., 2021. 1. 5.>

1. 건축물의 건축: 「건축법」 제2조 제1항 제2호에 따른 건축물의 건축
2. 공작물의 설치: 인공을 가하여 제작한 시설물(「건축법」 제2조 제1항 제2호에 따른 건축물을 제외한다)의 설치
3. 토지의 형질변경: 절토(땅깎기)·성토(흙쌓기)·정지(땅고르기)·포장 등의 방법으로 토지의 형상을 변경하는 행위와 공유수면의 매립(경작을 위한 토지의 형질변경을 제외한다)
4. 토석채취: 흙·모래·자갈·바위 등의 토석을 채취하는 행위. 다만, 토지의 형질변경을 목적으로 하는 것을 제외한다.
5. 토지분할: 다음 각 목의 어느 하나에 해당하는 토지의 분할(「건축법」 제57조에 따른 건축물이 있는 대지는 제외한다)
   가. 녹지지역·관리지역·농림지역 및 자연환경보전지역 안에서 관계법령에 따른 허가·인가 등을 받지 아니하고 행하는 토지의 분할
   나. 「건축법」 제57조 제1항에 따른 분할제한면적 미만으로의 토지의 분할
   다. 관계 법령에 의한 허가·인가 등을 받지 아니하고 행하는 너비 5미터 이하로의 토지의 분할
6. 물건을 쌓아놓는 행위: 녹지지역·관리지역 또는 자연환경보전지역안에서 건축물의 울타리안(적법한 절차에 의하여 조성된 대지에 한한다)에 위치하지 아니한 토지에 물건을 1월 이상 쌓아놓는 행위

② 법 제56조 제1항 제2호에서 "대통령령으로 정하는 토지의 형질변경"이란 조성이 끝난 농지에서 농작물 재배, 농지의 지력 증진 및 생산성 향상을 위한 객토나 정지작업, 양수·배수시설 설치를 위한 토지의 형질변경으로서 다음 각 호의 어느 하나에 해당하지 않는 형질변경을 말한다. <신설 2012. 4. 10., 2019. 8. 6., 2021. 1. 5.>

1. 인접토지의 관개·배수 및 농작업에 영향을 미치는 경우
2. 재활용 골재, 사업장 폐토양, 무기성 오니(오염된 침전물) 등 수질오염 또는 토질오염의 우려가 있는 토사 등을 사용하여 성토하는 경우. 다만, 「농지법 시행령」 제3조의2 제2호

에 따른 성토는 제외한다.

3. 지목의 변경을 수반하는 경우(전·답 사이의 변경은 제외한다)

4. 옹벽 설치(제53조에 따라 허가를 받지 않아도 되는 옹벽 설치는 제외한다) 또는 2미터 이상의 절토·성토가 수반되는 경우. 다만, 절토·성토에 대해서는 2미터 이내의 범위에서 특별시·광역시·특별자치시·특별자치도·시 또는 군의 도시·군계획조례로 따로 정할 수 있다.

국토계획법은 동법 시행령에서 규정하고 있는 개발행위를 하려는 경우 관할 관청의 개발행위허가를 받아야 함에도 이러한 허가·변경허가를 받지 아니하거나 속임수나 그 밖의 부정한 방법으로 허가 또는 변경허가를 받아 개발행위를 하는 사람을 처벌하고 있다.

본죄의 **구성요건의 주체**는 허가를 받지 아니하고 개발행위를 한 사람이고, **구성요건적 행위**는 관할 관청의 허가를 받지 아니하고 개발행위를 하거나 속임수나 그 밖의 부정한 방법으로 허가 또는 변경허가를 받아 개발행위를 하는 것이다. 위 **개발행위의 범위**는 국토계획법 제56조 제1항 각호 및 동법 시행령 제51조에 상세하게 규정되어 있다.

한편 '**속임수나 그 밖의 부정한 방법**'의 해석과 관련하여 **대법원**은 「국토의 계획 및 이용에 관한 법률 제140조 제1호, 제56조 제1항에서 규정하는 '사위 그 밖의 부정한 방법'의 의미는 정상적인 절차에 의해서는 허가를 받을 수 없는 경우임에도 불구하고 위계 기타 사회통념상 부정이라고 인정되는 행위로 허가를 받았을 때를 가리킨다고 보아야 할 것이다. 따라서 개발행위 의사가 없는 사람들의 명의를 빌려 근린생활시설의 설치가 가능한 제한면적 이하로 토지를 가분할하여 형식적인 근린생활시설 부지조성을 위한 개발행위허가를 신청한 후 허가를 받아 개발행위를 한 것은 부정한 방법으로 개발행위허가를 받은 것에 해당한다.」고 판시한 바 있다.[44]

한편 **죄수관계와 관련**하여 **대법원**은 국토계획법 제140조 제1호, 제56조 제1항과 경제자유구역의 지정 및 운영에 관한 법률(이하, '경제자유구역법') 제33조 제1호, 제8조의2 제1항은 각각 입법목적과 보호법익을 달리하고 있을 뿐만 아니라, 행위 대상지역 및 허가권자, 금지되는 행위의 내용 등 구체적인 구성요건에서 상당한 차이가 있으므로, 양 죄는 법조경합 관계에 있다고 하기 어렵고, 두 죄는 각각 독립된 구성요건으로 이루어진 경합범 관계에 있다고 판시한 바 있다.[45] 본죄를 위반하면 3년 이하의 징역 또는 3천만 원 이하의 벌금에 처한다.

---

44 대법원 2005. 1. 28. 선고 2004도7359 판결, 대법원 2007. 10. 11. 선고 2007도4696 판결 각 참조.
45 대법원 2011. 11. 24. 선고 2010도8568 판결 참조.

3. 범죄수익환수 사례

실무상 국토계획법 제140조 제1호 위반죄로 처벌받은 행위자에 대하여 그 범죄행위로 생긴 재산 또는 보수로 얻은 재산을 추징한 사례는 쉽게 찾기 어렵다.

7 화학물질관리법위반(제44호)

1. 서설

범죄수익은닉규제법 별표 제44호에서는 **화학물질관리법 제58조 제2호, 제2호의2, 제3호 및 제4호의 죄**를 범죄수익환수 대상범죄로 규정하고 있다.

관련조문

범죄수익은닉규제법 별표

중대범죄(제2조 제1호 관련)

44. 「화학물질관리법」 **제58조 제2호·제2호의2·제3호 및 제4호**의 죄

관련조문

제58조(벌칙) 다음 각 호의 어느 하나에 해당하는 자는 5년 이하의 징역 또는 1억 원 이하의 벌금에 처한다. <개정 2017. 11. 28., 2018. 6. 12., 2020. 3. 31.>

2. 제18조 제1항 본문을 위반하여 금지물질을 취급한 자

2의2. 제18조 제4항을 위반하여 제한물질을 취급한 자

3. 제19조를 위반하여 허가를 받지 아니하거나 거짓으로 허가를 받고 허가물질을 제조·수입·사용한 자

4. 제28조에 따른 유해화학물질 영업허가를 받지 아니하거나 거짓으로 허가를 받고 유해화학물질을 영업 또는 취급한 자

이 법은 화학물질로 인한 국민건강 및 환경상의 위해(危害)를 예방하고 화학물질을 적절하게 관리하는 한편, 화학물질로 인하여 발생하는 사고에 신속히 대응함으로써 화학물질로부터 모든 국민의 생명과 재산 또는 환경을 보호하는 것을 목적으로 한다(동법 제1조 참조).

화학물질관리법은 위와 같은 중대범죄를 통해 취득한 범죄수익에 대한 별도의 몰수·추징 규정을 두고 있지 않으므로 위 중대범죄로 생긴 재산 또는 그 범죄행위의 보수로 얻은 재산

은 모두 범죄수익은닉규제법에 따라 환수의 대상이 된다.

대한민국에서 크게 문제되었던 '**가습기 살균제**' 사건으로 말미암아 2019. 4. 23. **범죄수익은닉규제법 별표에 중대범죄로 추가**되었다.

2. 구성요건 및 처벌

화학물질관리법은 총 4가지 유형의 범죄를 중대범죄로 규정하고 있는데 각각의 구성요건을 항목을 나누어 살펴보고 범죄수익환수 및 자금세탁범죄 처벌사례를 차례로 살펴보도록 한다.

가. 금지물질 취급의 점(제58조 제2호, 제18조 제1항 본문)

관련조문

제58조(벌칙) 다음 각 호의 어느 하나에 해당하는 자는 5년 이하의 징역 또는 1억 원 이하의 벌금에 처한다.

2. **제18조 제1항 본문**을 위반하여 금지물질을 취급한 자

☞ 제18조(금지물질의 취급금지 및 제한물질의 취급제한) ① 누구든지 금지물질을 취급하여서는 아니 된다. 다만, 금지물질에 해당하는 시험용·연구용·검사용 시약을 그 목적으로 제조·수입·판매하려는 자가 환경부령으로 정하는 바에 따라 환경부장관의 허가를 받은 경우는 그러하지 아니하다.

화학물질관리법은 금지물질을 취급하는 것을 금지하고 있다. 해당 **구성요건의 주체**는 아무런 제한이 없으므로 누구든지 본죄의 주체가 될 수 있고, **행위의 상대방**도 아무런 제한이 없다.

한편 **구성요건의 객체**는 화학물질관리법상 '금지물질'인데, 여기서 '**금지물질**'이란 위해성이 크다고 인정되는 화학물질로서 모든 용도로의 제조, 수입, 판매, 보관·저장, 운반 또는 사용을 금지하기 위하여 환경부장관이 관계 중앙행정기관의 장과의 협의와 「화학물질의 등록 및 평가 등에 관한 법률」 제7조에 따른 화학물질평가위원회의 심의를 거쳐 고시한 것을 말한다(동법 제2조 제5호). 따라서 취급한 물질이 금지물질인지 여부를 환경부 장관 고시[46]를

---

46 제한물질·금지물질의 지정[시행 2019. 11. 25.] [환경부고시 제2019-214호, 2019. 11. 25., 일부개정] 제4조, 별표 4, 별표 5 각 참조.

통해 먼저 확인할 필요가 있다.

　　구성요건적 행위는 금지물질을 '취급'하는 행위로서 여기서 **'취급'**이라 함은 화학물질을 **제조, 수입, 판매, 보관·저장, 운반 또는 사용**하는 것을 말한다(동법 제2조 제12호). 다만 금지물질에 해당하는 시험용·연구용·검사용 시약을 그 목적으로 제조·수입·판매하려는 자가 환경부령으로 정하는 바에 따라 환경부장관의 허가를 받은 경우는 그러하지 아니하다(동법 제18조 제1항 단서).

　　나아가 **주관적 구성요건요소**로서 행위자는 자신이 취급하는 물질이 관련 법령에 따른 금지물질이라는 사실을 인식하고 있어야 함은 당연하다(고의범).

　　본죄를 범하면 5년 이하의 징역 또는 1억 원 이하의 벌금에 처한다. 나아가 위와 같이 금지물질을 취급하여 취득한 범죄수익은 모두 환수 대상이 된다.

나. 제한물질의 제한된 용도 취급의 점(제58조 제2호의2, 제18조 제4항 본문)

관련조문

　　제58조(벌칙) 다음 각 호의 어느 하나에 해당하는 자는 5년 이하의 징역 또는 1억 원 이하의 벌금에 처한다.

　　2의2. **제18조 제4항**을 위반하여 제한물질을 취급한 자

　☞ **제18조(금지물질의 취급금지 및 제한물질의 취급제한)** ④ 누구든지 제한물질을 사용이 제한된 용도로 취급하여서는 아니 된다. <신설 2018.6.12>

　　화학물질관리법은 제한물질을 사용이 제한된 용도로 취급하는 것을 금지하고 있다. 해당 **구성요건의 주체**는 아무런 제한이 없으므로 누구든지 본죄의 주체가 될 수 있다. 한편 **구성요건의 객체**는 화학물질관리법상 '제한물질'인데, 여기서 **'제한물질'**이란 특정 용도로 사용되는 경우 위해성이 크다고 인정되는 화학물질로서 그 용도로의 제조, 수입, 판매, 보관·저장, 운반 또는 사용을 금지하기 위하여 환경부장관이 관계 중앙행정기관의 장과의 협의와 「화학물질의 등록 및 평가 등에 관한 법률」 제7조에 따른 화학물질평가위원회의 심의를 거쳐 고시한 것을 말한다(**동법 제2조 제4호**). 따라서 취급한 물질이 제한물질인지 여부를 환경부 장관 고시[47]를 통해 먼저 확인할 필요가 있다.

---

[47] 제한물질·금지물질의 지정[시행 2019. 11. 25.] [환경부고시 제2019-214호, 2019. 11. 25., 일부개정] 제3조 및 별표 2, 별표 3 각 참조.

구성요건적 행위는 제한물질을 제한된 용도로 '취급'하는 행위로서 여기서 **'취급'**이라 함은 화학물질을 **제조, 수입, 판매, 보관·저장, 운반 또는 사용**하는 것을 말한다(동법 제2조 제12호 참조). 한편 제한물질은 금지물질과는 달리 특정한 용도로 사용하는 것이 제한된 물질로서 그와 같이 **사용이 제한된 용도로 사용하는 행위**가 있어야 한다.

나아가 **주관적 구성요건요소**로서 행위자는 자신이 취급하는 물질이 관련 법령에 따른 특정한 용도로 사용할 수 없는 제한물질이라는 사실을 인식하고 있어야 한다(고의범).

본죄를 위반하면 5년 이하의 징역 또는 1억 원 이하의 벌금에 처한다. 한편 이와 같이 제한물질을 취급이 제한되는 용도에 따라 제조, 수입, 판매, 보관, 저장, 운반 또는 사용하는 행위를 하고 이를 통해 수익을 얻은 경우 이는 모두 환수의 대상이 된다.

다. 무허가 허가물질 제조, 수입, 사용의 점(제58조 제3호, 제19조)

관련조문

제58조(벌칙) 다음 각 호의 어느 하나에 해당하는 자는 5년 이하의 징역 또는 1억 원 이하의 벌금에 처한다.

 3. **제19조를 위반**하여 허가를 받지 아니하거나 거짓으로 허가를 받고 허가물질을 제조·수입·사용한 자

☞ 제19조(허가물질의 제조·수입·사용 허가 등) ① 허가물질을 제조·수입·사용하려는 자는 다음 각 호의 자료를 제출하여 미리 환경부장관의 허가를 받아야 한다. 다만, 「화학물질의 등록 및 평가 등에 관한 법률」 제25조에 따른 허가유예기간에는 그러하지 아니한다.

 1. 제조·수입·사용을 하려는 자의 명칭, 소재지 및 대표자

 2. 화학물질의 명칭, 분자식·구조식 등 화학물질의 식별정보

 3. 화학물질의 용도

 4. 화학물질의 위해성

 5. 허가물질의 대안 분석 및 실행가능성

 6. 허가물질의 대체 계획

화학물질관리법은 허가물질에 대한 제조, 수입, 사용을 위한 환경부장관의 허가 없이 또는 거짓으로 허가를 받고 허가물질을 제조, 수입, 사용하는 행위를 처벌하고 있다.

구성요건의 주체는 아무런 제한이 없으므로 누구든지 주체가 될 수 있다.

구성요건의 객체는 허가물질로서 이 때 **'허가물질'**이란 위해성(危害性)이 있다고 우려되

는 화학물질로서 환경부장관의 허가를 받아 제조, 수입, 사용하도록 환경부장관이 관계 중
앙행정기관의 장과의 협의와「화학물질의 등록 및 평가 등에 관한 법률」제7조에 따른 화
학물질평가위원회의 심의를 거쳐 고시한 것을 말한다(동법 제2조 제3호 참조). 따라서 제조,
수입 또는 사용한 물질이 허가물질인지 여부를 환경부 장관 고시를 통해 먼저 확인할 필요
가 있다.

　　구성요건적 행위는 무허가 또는 거짓으로 허가를 받고 허가물질을 제조, 수입, 사용하는
것이다. 허가물질은 위해성이 있다고 우려되는 화학물질이므로 이를 제조하거나 수입, 사용
하는 경우 엄격한 요건을 갖추어 환경부 장관으로부터 허가를 받아야 한다.

　　나아가 **주관적 구성요건요소**로서 무허가 또는 거짓으로 화학물질을 제조, 수입, 사용한
다는 사정을 모두 알고 있어야 한다(**고의범**).

　　본죄를 위반하면 5년 이하의 징역 또는 1억 원 이하의 벌금에 처한다. 한편 이러한 허가
없이 함부로 무허가 영업을 함으로써 수익을 얻는 경우 이는 모두 환수의 대상이 된다.

라. 무허가 유해화학물질 영업 또는 취급의 점(제58조 제4호, 제28조)

관련조문

　제58조(벌칙) 다음 각 호의 어느 하나에 해당하는 자는 5년 이하의 징역 또는 1억 원 이하의
　　벌금에 처한다.
　　4. **제28조**에 따른 유해화학물질 영업허가를 받지 아니하거나 거짓으로 허가를 받고 유해화
　　　학물질을 영업 또는 취급한 자
　☞ **제28조(유해화학물질 영업허가)** ① 유해화학물질 영업을 하려는 자는 환경부령으로 정하는
　　바에 따라 사전에 다음 각 호의 서류를 제출하여야 한다. ＜개정 2016.5.29, 2020.3.31＞
　　1. 유해화학물질 취급시설의 설치·운영에 관하여 제23조 제2항에 따라 적합통보를 받은
　　　장외영향평가서
　　2. 유해화학물질 취급시설에 관하여 제24조 제6항에 따라 적합 판정을 받은 검사결과서
　　3. 사고대비물질을 취급하는 경우 제41조 제4항에 따라 적합통보를 받은 위해관리계획서
　　② 제1항에 따른 서류를 제출한 자는 환경부령으로 정하는 기준에 맞는 유해화학물질별
　　취급시설·장비 및 기술인력을 갖추어 업종별로 환경부장관의 허가를 받아야 한다.
　　③ 제1항에 따라 서류를 제출한 자는 환경부령으로 정하는 기간 내에 환경부장관의 허가
　　를 받아야 한다. 이 경우 환경부장관은 해당 유해화학물질 취급에 적정한 관리를 위하여
　　필요한 조건을 붙일 수 있다.
　　④ 환경부장관은 유해화학물질 영업을 하려는 자가 제1항에 따른 서류제출과 제2항에 따

른 취급시설·장비 및 기술인력 등의 요건을 갖추어 허가신청을 할 때에는 지체 없이 허가하여야 한다. 다만, 환경부령으로 정하는 중요 사항이 변경된 경우에는 그러하지 아니하다.

⑤ 제4항에 따른 유해화학물질 영업허가를 받은 자가 허가받은 사항 중 환경부령으로 정하는 중요 사항을 변경하려면 변경허가를 받아야 하고, 그 밖의 사항을 변경하려면 변경신고를 하여야 한다. 이 경우 변경허가나 변경신고의 절차는 환경부령으로 정한다.

⑥ 환경부장관은 제5항 전단에 따른 변경신고를 받은 경우 그 내용을 검토하여 이 법에 적합하면 신고를 수리하여야 한다. <신설 2020.3.31>

⑦ 환경부장관은 제3항에 따른 허가 또는 제5항에 따른 변경허가를 하거나 같은 항에 따른 변경신고를 수리한 경우에는 그 사항을 환경부령으로 정하는 바에 따라 유해화학물질 취급시설의 소재지를 관할하는 소방관서의 장에게 알려야 한다. <개정 2020.3.31>

⑧ 환경부장관은 유해화학물질 취급시설 설치현황을 환경부령으로 정하는 바에 따라 소방관서와 지방자치단체 등 화학사고 대응 기관에 제공하여야 한다. <개정 2020.3.31>

화학물질관리법은 유해화학물질 영업허가를 받지 아니하거나 거짓으로 허가를 받고 유해화학물질을 영업 또는 취급하는 행위를 금지하고 있다.

구성요건의 주체는 아무런 제한이 없으므로 누구든 주체가 될 수 있다.

구성요건적 객체는 유해화학물질로서 여기서 '**유해화학물질**'이라 함은 유독물질, 허가물질, 제한물질 또는 금지물질, 사고대비물질, 그 밖에 유해성 또는 위해성이 있거나 그러할 우려가 있는 화학물질을 말한다(동법 제2조 제7호 참조). 유독, 허가, 제한, 금지, 사고대비 물질 등을 모두 포괄하는 개념이 바로 '유해화학물질'이라 할 수 있으므로 해당 구성요건은 적용범위가 가장 광범위하다고 봄이 상당하다.

구성요건적 행위는 유해화학물질 영업허가를 받지 아니하거나 거짓으로 허가를 받고 유해화학물질을 영업 또는 취급하는 것이다. 여기에서 '**유해화학물질 영업**'이란 유해화학물질 중 **허가물질 및 금지물질을 제외한 나머지 물질**에 대한 영업을 말한다(동법 제2조 제8호 참조). 금지물질은 취급 자체가 금지되어 있고, 허가물질에 대한 무허가 영업의 점은 다른 구성요건이 이미 마련되어 있으므로 유해화학물질 영업은 허가물질과 금지물질을 제외한 나머지 화학물질에 한정된다고 봄이 상당하다.

주관적 구성요건요소와 관련하여 허가 없이 유해화학물질 영업을 하거나 유해화학물질을 취급한다는 사실에 대한 인식이 요구된다(**고의범**).

본죄를 위반하면 5년 이하의 징역 또는 1억 원 이하의 벌금에 처한다. 금지물질과 허가물질을 제외한 나머지 유해화학물질을 허가 없이 또는 거짓된 허가를 받고 취급하거나 영업을 하는 경우 이와 같은 행위를 통하여 얻은 범죄수익은 모두 환수의 대상이 된다.

3. 범죄수익환수 및 자금세탁범죄 처벌 사례

실무상 위와 같은 화학물질관리법위반 중대범죄를 위반하여 얻은 범죄수익을 환수하거나 자금세탁범죄로 처벌된 사례는 발견되지 않는다. 화학물질을 취급하거나 화학물질 관련 영업을 하는 과정에서 화학물질관리법을 준수하지 않고 무허가 영업을 하거나 금지물질, 제한물질을 함부로 취급하여 수익을 얻는 경우 그 범죄수익을 환수하고 이를 은닉하거나 세탁하는 경우 자금세탁범죄로 처벌할 필요성이 크다(私見).

제 8 장
범죄수익은닉규제법상 「첨단범죄」 관련 중대범죄

1 총설

범죄수익은닉규제법은 첨단범죄와 관련하여 다수의 특별법위반죄를 중대범죄로 규정하고 있다. 정보통신망 이용촉진 및 정보보호 등에 관한 법률위반(제24호), 개인정보보호법위반(제38호), 산업기술의 유출방지 및 보호에 관한 법률위반(제42호), 방위산업기술보호법(제43호) 등이 이에 해당한다.

관련조문
범죄수익은닉규제법 별표
중대범죄(제2조 제1호 관련)
24. 「정보통신망 이용촉진 및 정보보호 등에 관한 법률」 제71조 제1항 제2호·제3호·제5호·제6호 및 제74조 제1항 제2호·제6호의 죄
38. 「개인정보 보호법」 제71조 및 제72조의 죄
42. 「부정경쟁방지 및 영업비밀보호에 관한 법률」 제18조 제1항의 죄
43. 「방위산업기술 보호법」 제21조 제1항 및 제2항의 죄

이하에서는 위 각 범죄수익은닉규제법상 중대범죄 중 첨단범죄에 해당하는 각 법률의 중대범죄 구성요건을 살펴보고, 실무상 문제되는 범죄수익환수 및 자금세탁범죄 처벌사례를 검토하여 보도록 한다.

2 정보통신망 이용촉진 및 정보보호 등에 관한 법률위반(제24호)

1. 총설

범죄수익은닉규제법 별표 제24호에서는 **정보통신망 이용촉진 및 정보보호 등에 관한 법률**(이하, '정보통신망법') 제71조 제1항 제2호, 제3호, 제5호, 제6호 및 제74조 제1항 제2호, 제6호의 죄를 범죄수익환수 대상범죄로 규정하고 있다. 그 중 정보통신망법 제74조 제1항 제2호의 죄는 2012. 1. 17. 범죄수익은닉규제법 개정(2012. 4. 18. 시행)에 따라 신설되었고, 제74조 제1항 제6호 위반죄는 2013. 5. 28. 동법 개정에 따라, 제71조 제1항 제2호, 제3호, 제5호, 제6호 위반죄는 2019. 4. 23. 동법 개정에 따라 중대범죄로 각각 추가되었다.

관련조문

범죄수익은닉규제법 별표

중대범죄(제2조 제1호 관련)

24. 「정보통신망 이용촉진 및 정보보호 등에 관한 법률」 **제71조 제1항 제2호·제3호·제5호·제6호 및 제74조 제1항 제2호·제6호**의 죄

이후 2020. 2. 4. 정보통신망법이 전면개정(2020. 8. 5. 시행)되면서 정보통신망법 제71조 제1항 제1호 내지 제8호까지의 규정이 개인정보보호법과 중복된다는 이유로 모두 삭제되었다.

정보통신망법 개정 취지[1]

◇ **개정이유 및 주요내용**

데이터를 핵심 자원으로 하는 4차 산업혁명 시대를 맞아 개인정보의 보호와 활용을 조화시킬 수 있는 제도를 마련하여 더 나은 국민의 삶을 만들어 나가야 할 시점인데, 이를 위해서는 이 법과 「개인정보 보호법」 등 개인정보 관련 법령에 산재되어 있는 유사·중복조항을 정비하고, 법령 체계를 재정비할 필요가 있는바, **이 법에 규정된 개인정보 보호에 관한 사항을 삭제하고, 이를 「개인정보 보호법」으로 이관**하는 한편,

방송통신위원회가 그 권한 중 일부를 소속기관에 위임할 수 있는 근거를 마련하는 등 현행 제도의 운영상 나타난 일부 미비점을 개선·보완하려는 것임.

◇ **제71조 제1항 제1호부터 제8호까지를 각각 삭제한다.**

---

1 법제처, 국가법령정보센터 참조.

　　그럼에도 범죄수익은닉규제법 별표 제24호는 여전히 삭제된 구법 규정인 정보통신망법 제71조 제2, 3, 5, 6호를 중대범죄로 그대로 존치하고 있는 문제가 있으므로 위 중대범죄를 삭제하는 방법으로 개정을 요한다(私見).

관련조문

범죄수익은닉규제법 별표(개정안)

중대범죄(제2조 제1호 관련)

24. 「정보통신망 이용촉진 및 정보보호 등에 관한 법률」 **제74조 제1항 제2호·제6호**의 죄

　　한편 위와 같이 그 삭제된 구성요건에 해당하는 범죄를 저질러 수익을 얻는 경우 이를 어떻게 환수하면 되는지가 문제된다.

　　이에 관하여 범죄수익은닉규제법 별표 제38호는 개인정보보호법 제71조 및 제72조의 죄를 중대범죄로 규정하고 있는데 해당 개인정보보호법의 규정은 위와 같이 삭제된 구 정보통신망법 위반죄를 모두 포섭하고 있다(구 정보통신망법 제71조 제1항 **제2호 위반죄**는 개인정보보호법 제71조 제4의5호에, **제3호 위반죄**는 개인정보보호법 제71조 제2호에, **제5호 위반죄**는 개인정보보호법 제71조 제6호에, **제6호 위반죄**는 개인정보보호법 제71조 제5호에 각각 대응한다).

　　따라서 향후 정보통신망을 통한 아래와 같은 범죄를 저지른 경우는 개인정보보호법을 적용하여 범죄수익을 환수할 수 있을 것이다(구 정보통신망법과 개정된 개인정보보호법 상호간 대응관계).

관련조문

구 정보통신망법 제71조(벌칙) ① 다음 각 호의 어느 하나에 해당하는 자는 5년 이하의 징역 또는 5천만 원 이하의 벌금에 처한다. <개정 2016. 3. 22., 2018. 12. 24.>

　2. 제23조 제1항(제67조에 따라 준용되는 경우를 포함한다)을 위반하여 이용자의 동의를 받지 아니하고 개인의 권리·이익이나 사생활을 뚜렷하게 침해할 우려가 있는 개인정보를 수집한 자

☞ **개인정보보호법 제71조 제4의5호**에 대응

　개인정보보호법 제71조(벌칙) 다음 각 호의 어느 하나에 해당하는 자는 5년 이하의 징역 또는 5천만 원 이하의 벌금에 처한다. <개정 2016. 3. 29., 2020. 2. 4.>

　4의5. 제39조의3 제1항(제39조의14에 따라 준용되는 경우를 포함한다)을 위반하여 이용자의 동의를 받지 아니하고 개인정보를 수집한 자

구 **정보통신망법 제71조(벌칙)** ① 다음 각 호의 어느 하나에 해당하는 자는 5년 이하의 징역 또는 5천만 원 이하의 벌금에 처한다. <개정 2016. 3. 22., 2018. 12. 24.>

3. 제24조, 제24조의2 제1항 및 제2항 또는 제26조 제3항(제67조에 따라 준용되는 경우를 포함한다)을 위반하여 개인정보를 이용하거나 제3자에게 제공한 자 및 그 사정을 알면 서도 영리 또는 부정한 목적으로 개인정보를 제공받은 자

☞ **개인정보보호법 제71조 제2호에 대응**

개인정보보호법 제71조(벌칙) 다음 각 호의 어느 하나에 해당하는 자는 5년 이하의 징역 또는 5천만 원 이하의 벌금에 처한다. <개정 2016. 3. 29., 2020. 2. 4.>

2. 제18조 제1항·제2항(제39조의14에 따라 준용되는 경우를 포함한다), 제19조, 제26조 제5항, 제27조 제3항 또는 제28조의2를 위반하여 개인정보를 이용하거나 제3자에 게 제공한 자 및 그 사정을 알면서도 영리 또는 부정한 목적으로 개인정보를 제공 받은 자

구 **정보통신망법 제71조(벌칙)** ① 다음 각 호의 어느 하나에 해당하는 자는 5년 이하의 징역 또는 5천만 원 이하의 벌금에 처한다. <개정 2016. 3. 22., 2018. 12. 24.>

5. 제28조의2 제1항(제67조에 따라 준용되는 경우를 포함한다)을 위반하여 이용자의 개인 정보를 훼손·침해 또는 누설한 자

☞ **개인정보보호법 제71조 제6호에 대응**

개인정보보호법 제71조(벌칙) 다음 각 호의 어느 하나에 해당하는 자는 5년 이하의 징역 또 는 5천만 원 이하의 벌금에 처한다. <개정 2016. 3. 29., 2020. 2. 4.>

6. 제59조 제3호를 위반하여 다른 사람의 개인정보를 훼손, 멸실, 변경, 위조 또는 유출한 자

구 **정보통신망법 제71조(벌칙)** ① 다음 각 호의 어느 하나에 해당하는 자는 5년 이하의 징 역 또는 5천만 원 이하의 벌금에 처한다. <개정 2016. 3. 22., 2018. 12. 24.>

6. 제28조의2 제2항을 위반하여 그 개인정보가 누설된 사정을 알면서도 영리 또는 부정한 목적으로 개인정보를 제공받은 자

☞ **개인정보보호법 제71조 제5호에 대응**

개인정보보호법 제71조(벌칙) 다음 각 호의 어느 하나에 해당하는 자는 5년 이하의 징역 또 는 5천만 원 이하의 벌금에 처한다. <개정 2016. 3. 29., 2020. 2. 4.>

5. 제59조 제2호를 위반하여 업무상 알게 된 개인정보를 누설하거나 권한 없이 다른 사람 이 이용하도록 제공한 자 및 그 사정을 알면서도 영리 또는 부정한 목적으로 개인정보 를 제공받은 자

한편 정보통신망법은 **필요적 몰수·추징 규정**을 두고 있는데 **그 대상범죄가 동법 제72조 제1항 제2호 및 제73조 제7호에 국한**되므로 범죄수익은닉규제법상 중대범죄에 해당하는 **동법 제74조 제1항 제2호, 제6호의 죄로 취득한 범죄수익은 범죄수익은닉규제법에 따**

라 임의적 몰수·추징의 대상이 된다는 점을 주의할 필요가 있다.

관련조문

정보통신망법 제75조의2(몰수·추징) 제72조 제1항 제2호 및 제73조 제7호의 어느 하나에 해당하는 죄를 지은 자가 해당 위반행위와 관련하여 취득한 금품이나 그 밖의 이익은 몰수할 수 있으며, 이를 몰수할 수 없을 때에는 그 가액을 추징할 수 있다. 이 경우 몰수 또는 추징은 다른 벌칙에 부가하여 과할 수 있다. <개정 2020. 2. 4.>

결국 현재 시행 중인 정보통신망법상 범죄수익은닉규제법 별표 기재 중대범죄는 정보통신망법 제74조 제1항 제2호, 제6호의 죄에 한정된다 할 것이므로 이하에서는 해당 구성요건에 대해서만 검토하고, 위와 같이 삭제된 구성요건은 첨단범죄 중 개인정보보호법위반죄 부분에서 보다 상세히 살펴보기로 한다.

2. 불법정보의 유통금지 등의 점(정보통신망법 제74조 제1항 제2호)

관련조문

제74조(벌칙) ① 다음 각 호의 어느 하나에 해당하는 자는 1년 이하의 징역 또는 1천만 원 이하의 벌금에 처한다. <개정 2012. 2. 17., 2014. 5. 28.>

  2. <u>제44조의7 제1항 제1호를 위반</u>하여 음란한 부호·문언·음향·화상 또는 영상을 배포·판매·임대하거나 공공연하게 전시한 자

☞ <u>제44조의7(불법정보의 유통금지 등)</u> ① 누구든지 정보통신망을 통하여 다음 각 호의 어느 하나에 해당하는 정보를 유통하여서는 아니 된다. <개정 2011.9.15, 2016.3.22, 2018.6.12>

  1. 음란한 부호·문언·음향·화상 또는 영상을 배포·판매·임대하거나 공공연하게 전시하는 내용의 정보

가. 구성요건 및 처벌

범죄수익은닉규제법 별표 제24호는 앞에서 본 바와 같이 정보통신망법 제74조 제1항 제2호를 정보통신망법의 중대범죄를 규정하고 있다. **구성요건의 주체** 및 **행위의 상대방**은 제한이 없다. 위 **구성요건적 행위**는 정보통신망을 통하여 음란한 부호, 문언, 음향, 화상 또는 영상을 배포, 판매, 임대하거나 공공연하게 전시하는 것이다. 본죄를 위반하면 1년 이하의 징역 또는 1천만 원 이하의 벌금에 처한다.

나. 범죄수익환수 사례

　이와 관련하여 **대법원**은 피고인이 음란물유포 인터넷사이트를 운영하면서 정보통신망법위반(음란물유포)죄와 도박개장방조죄를 범하여 비트코인(Bitcoin)을 취득한 사안에서, 「⋯범죄수익은닉규제법[별표] 제1호 (사)목에서는 형법 제247조의 죄를, [별표] 제24호에서는 정보통신망법 제74조 제1항 제2호의 죄를 중대범죄로 규정하고 있어 **피고인의 정보통신망법위반(음란물유포)죄와 도박개장방조죄는 범죄수익은닉규제법에 정한 중대범죄에 해당하며, 비트코인은 경제적인 가치를 디지털로 표상하여 전자적으로 이전, 저장 및 거래가 가능하도록 한, 이른바 '가상화폐'의 일종인 점,** 피고인은 위 음란사이트를 운영하면서 사진과 영상을 이용하는 이용자 및 음란사이트에 광고를 원하는 광고주들로부터 비트코인을 대가로 지급받아 재산적 가치가 있는 것으로 취급한 점에 비추어 **비트코인은 재산적 가치가 있는 무형의 재산이라고 보아야 하고, 몰수의 대상인 비트코인이 특정되어 있다는 이유로, 피고인이 취득한 비트코인을 몰수할 수 있다**」고 판시한 바 있다.[2]

　한편 정보통신망법 제74조 제1항 제2호 위반의 범죄행위에 의하여 생긴 재산은 범죄수익은닉규제법 제2조 제1호 [별표] 제24호, 제8조 및 제10조에 의하여 추징의 대상이 되고, **위 추징은 부정한 이익을 박탈하여 이를 보유하지 못하게 함에 그 목적이 있는 것이므로, 수인이 공동으로 이익을 얻은 경우에는 그 분배받은 금원, 즉 실질적으로 귀속된 이익금만을 개별적으로 몰수·추징하도록 하여야 함**은 당연하다.[3]

3. 불법행위를 위한 광고성 정보 전송금지의 점(정보통신망법 제74조 제1항 제6호)

관련조문

　정보통신망법 제74조(벌칙) ① 다음 각 호의 어느 하나에 해당하는 자는 1년 이하의 징역 또는 1천만 원 이하의 벌금에 처한다. <개정 2012. 2. 17., 2014. 5. 28.>
　　6. 제50조의8을 위반하여 광고성 정보를 전송한 자

---

2 대법원 2018. 5. 30. 선고 2018도3619 판결 참조. 이 사안은 무형적 가치를 갖는 암호화폐 비트코인(Bitcoin)도 범죄수익은닉규제법에 따라 몰수·추징의 대상이 된다는 점을 설시한 최초의 사례로서 의미가 있다.
3 대법원 2007. 11. 30. 선고 2007도635 판결 등 참조.

☞ **제50조의8(불법행위를 위한 광고성 정보 전송금지)** 누구든지 정보통신망을 이용하여 이 법 또는 다른 법률에서 금지하는 재화 또는 서비스에 대한 광고성 정보를 전송하여서는 아니 된다.

가. 구성요건 및 처벌

정보통신망법은 정보통신망을 이용하여 이 법 또는 다른 법률에서 금지하는 재화 또는 서비스에 대한 광고성 정보를 전송하는 행위를 중대범죄로 규정하고 있다. 위 **구성요건 행위의 주체**는 제한이 없고, **구성요건적 행위**는 정보통신망을 이용하여 법률에서 금지하는 재화 또는 서비스에 대한 광고성 정보를 전송하는 것이다.

실무상 법률에 의하여 금지되는 광고성 정보의 대표적 사례로는 자본시장법을 위반하여 금융투자업 인가를 받지 않고 투자매매업 등을 영위하면서 주식을 판매하기 위한 광고성 정보를 전송하는 행위, 성매매 및 그 알선에 관한 광고성 정보를 전송하는 행위, 조건만남에 관한 광고성 정보를 전송하는 행위 등을 들 수 있다. 본죄를 위반하면 1년 이하의 징역 또는 1천만 원 이하의 벌금에 처한다.

나. 범죄수익환수 사례

위 구성요건에 해당하는 범죄를 저지르고 정보통신망을 이용하여 불법 재화 및 서비스에 관한 광고성 정보를 전송해준 다음 그 대가로 범죄수익을 취득하는 경우에는 해당 금전을 모두 범죄수익으로 몰수·추징할 수 있다.

그리고 앞에서 살펴본 바와 같이 정보통신망법에 따른 필요적 몰수·추징 규정이 본죄에는 적용되지 아니하므로 위와 같이 취득한 범죄수익은 범죄수익은닉규제법에 따라 임의적 몰수·추징의 대상이 된다.

이와 관련하여 **자본시장법상 금융투자업 인가를 받지 않고 투자매매업을 영위하면서 이와 관련된 광고성 정보를 수 회 전송하고 그 대가로 범죄수익을 차명계좌로 입금받아 취득한 사안에서 해당 범죄수익을 모두 환수하고, 그 취득을 가장한 행위를 자금세탁범죄로 처벌한 사례**가 있어 소개한다.[4]

> **사례**
>
> **범죄사실**
> 피고인은 인터넷 포털 사이트 E에서 장외주식 판매를 전문으로 하는 카페의 운영자 C의 직

---

4 수원지방법원 안산지원 2016. 11. 17. 선고 2016고정903 판결 참조(대법원 2017도8791 판결로 확정).

원으로 주식판매 영업사원으로 일하는 사람으로, 위 카페에 올린 회사의 주식을 매도하면 주식판매 대금의 6%의 수수료를 받기로 약정하고 카페 회원들을 상대로 주식 판매를 위한 회사 홍보 문자 메시지 발송한 후 문자 메시지를 보고 전화한 일반 투자자들에게 상담을 통해 *이에프와 **전자의 주식을 판매하는 역할을 담당하였다.

1. 자본시장과금융투자업에관한법률위반

누구든지 금융투자업 인가를 받지 아니하고는 투자매매업 등을 영위하여서는 아니 된다.

그럼에도 불구하고 피고인은 금융투자업 인가를 받지 아니하고 2015. 6. 26.경 안산시 상록구 D 주거지에서 C가 개설하고 관리 운영하는 인터넷 포털사이트 'E' 카페의 'F의 장외주식' 회원들에게 휴대전화로 "*이에프는 연간 현금배당 20억 원대 금융기업, *이에프 주식 진행, (주)*이에프 자본금 12억 4천만 원, 액면가 500원(통일주 약 240만 주), 2011년 영업이익 37억……위 회사는 우회상장예정, 2015년 말에서 2016년 상반기 *이에프 1주당 참여금액 13,000원, 상장 시 목표가 30,000−50,000원 이상", "**전자는 우리나라 차세대 전자업계를 선도하는 기업입니다. 현재 자본금 37억 원으로 740만 주이고 그중 약간의 물량인 50만 주 정도만 진행됩니다. 현재 매출 150억 원 정도 나오는 우량기업이며 자본총계만 137억 원입니다. 그리고 우회상장은 연말 정도 내로 진행 예정입니다. 현재 4,500원에 참여 가능하며 우회상장을 시켜서 주주 수익을 극대화하기 위해서 준비하고 있습니다. 현재 한주당 4,500원으로 상당히 저렴한 가격으로 진행하고 있으니 반응이 엄청나서 50만 주 조기 마감될 것으로 보이고 있습니다. 올해 매출 200억 원에 우회상장 호재가 있기에 많은 기대해 줘도 좋습니다……"라는 광고를 하여 위 *이에프와 **전자의 주식을 판매하고 수수료 명목으로 225,000원을 지급받고, 같은 방법으로 같은 달 30일경 135,000원, 같은 해 7월 1일경 580,000원, 같은 달 3일경 975,000원, 같은 달 9일경 156,000원 등 합계 2,071,000원을 지급받는 등 투자매매업 등을 하였다.

2. 정보통신망이용촉진및정보보호등에관한법률위반

누구든지 정보통신망을 이용하여 불법 재화 또는 서비스에 대한 광고성 정보를 전송하여서는 아니 된다.

그럼에도 불구하고 **피고인은 2015. 6. 26.경부터 2015. 7. 9.경까지 제1항 기재와 같은 장소에서 위와 같이 금융투자업 인가를 받지 아니하고 투자매매업 등을 영위하면서 위와 같이 C가 개설하고 관리 운영하는 인터넷 포털사이트 'E' 카페의 '정팀장의 장외주식' 회원들에게 휴대전화로 위와 같은 취지로 *이에프와 **전자의 주식을 판매하기 위해 광고성 정보를 하루 3, 4회 전송하였다.**

3. 범죄수익은닉의규제및처벌등에관한법률위반

피고인은 2015. 6. 26.경부터 2015. 7. 9.경까지 제1항 기재와 같은 장소에서 **위와 같이 금융투자업 인가를 받지 아니하고 투자매매업 등을 영위하면서 주식 판매를 위한 광고성 정보를 전송하여 위 *이에프와 **전자의 주식을 판매하고 그 판매대금을 차명계좌인 G**

명의 계좌(H, I, J, K)를 통해 송금받는 등 5회에 걸쳐 피고인 명의의 신한은행 계좌(L)로 수수료 명목으로 합계 2,071,000원을 지급받음으로써 차명계좌를 이용하여 범죄수익의 취득에 관한 사실을 가장하였다.

법령의 적용

1. 범죄사실에 대한 해당법조 및 형의 선택

자본시장과 금융투자업에 관한 법률 제444조 제1호, 제11조, 형법 제30조(무인가 금융투자업 영위의 점), 정보통신망 이용촉진 및 정보보호 등에 관한 법률 제74조 제1항 제6호, 제50조의8, 형법 제30조(불법행위를 위한 광고성 정보 전송의 점), 범죄수익은닉의 규제 및 처벌 등에 관한 법률 제3조 제1항 제1호, 형법 제30조(범죄수익의 취득 가장의 점), 각 벌금형 선택

1. 추징

범죄수익은닉의 규제 및 처벌 등에 관한 법률 제10조 제1항, 제8조 제1항

3 개인정보보호법위반(제38호)

1. 총설

범죄수익은닉규제법 별표 제38호에서는 **개인정보보호법 제71조, 제72조의 죄**를 범죄수익환수 대상범죄로 규정하고 있다. 본죄는 모두 2019. 4. 23. **범죄수익은닉규제법이 개정되면서 중대범죄로 추가되었다.**

관련조문

범죄수익은닉규제법 별표

중대범죄(제2조 제1호 관련)

38. 「개인정보 보호법」 **제71조 및 제72조**의 죄

관련조문

제71조(벌칙) 다음 각 호의 어느 하나에 해당하는 자는 5년 이하의 징역 또는 5천만 원 이하의 벌금에 처한다. <개정 2016. 3. 29., 2020. 2. 4.>

1. 제17조 제1항 제2호에 해당하지 아니함에도 같은 항 제1호를 위반하여 정보주체의 동의를 받지 아니하고 개인정보를 제3자에게 제공한 자 및 그 사정을 알고 개인정보를 제공받은 자

2. 제18조 제1항·제2항(제39조의14에 따라 준용되는 경우를 포함한다), 제19조, 제26조 제 5항, 제27조 제3항 또는 제28조의2를 위반하여 개인정보를 이용하거나 제3자에게 제공 한 자 및 그 사정을 알면서도 영리 또는 부정한 목적으로 개인정보를 제공받은 자

3. 제23조 제1항을 위반하여 민감정보를 처리한 자

4. 제24조 제1항을 위반하여 고유식별정보를 처리한 자

4의2. 제28조의3을 위반하여 가명정보를 처리하거나 제3자에게 제공한 자 및 그 사정을 알 면서도 영리 또는 부정한 목적으로 가명정보를 제공받은 자

4의3. 제28조의5 제1항을 위반하여 특정 개인을 알아보기 위한 목적으로 가명정보를 처리한 자

4의4. 제36조 제2항(제27조에 따라 정보통신서비스 제공자등으로부터 개인정보를 이전받은 자와 제39조의14에 따라 준용되는 경우를 포함한다)을 위반하여 정정·삭제 등 필요한 조치(제38조 제2항에 따른 열람등요구에 따른 필요한 조치를 포함한다)를 하지 아니하고 개인정보를 이용하거나 이를 제3자에게 제공한 정보통신서비스 제공자등

4의5. 제39조의3 제1항(제39조의14에 따라 준용되는 경우를 포함한다)을 위반하여 이용자 의 동의를 받지 아니하고 개인정보를 수집한 자

4의6. 제39조의3 제4항(제39조의14에 따라 준용되는 경우를 포함한다)을 위반하여 법정대 리인의 동의를 받지 아니하거나 법정대리인이 동의하였는지를 확인하지 아니하고 만 14 세 미만인 아동의 개인정보를 수집한 자

5. 제59조 제2호를 위반하여 업무상 알게 된 개인정보를 누설하거나 권한 없이 다른 사람이 이용 하도록 제공한 자 및 그 사정을 알면서도 영리 또는 부정한 목적으로 개인정보를 제공받은 자

6. 제59조 제3호를 위반하여 다른 사람의 개인정보를 훼손, 멸실, 변경, 위조 또는 유출한 자

제72조(벌칙) 다음 각 호의 어느 하나에 해당하는 자는 3년 이하의 징역 또는 3천만 원 이하 의 벌금에 처한다.

1. 제25조 제5항을 위반하여 영상정보처리기기의 설치 목적과 다른 목적으로 영상정보처리 기기를 임의로 조작하거나 다른 곳을 비추는 자 또는 녹음기능을 사용한 자

2. 제59조 제1호를 위반하여 거짓이나 그 밖의 부정한 수단이나 방법으로 개인정보를 취득 하거나 개인정보 처리에 관한 동의를 받는 행위를 한 자 및 그 사정을 알면서도 영리 또 는 부정한 목적으로 개인정보를 제공받은 자

3. 제60조를 위반하여 직무상 알게 된 비밀을 누설하거나 직무상 목적 외에 이용한 자

개인정보보호법은 개인정보의 처리 및 보호에 관한 사항을 정함으로써 개인의 자유와 권 리를 보호하고, 나아가 개인의 존엄과 가치를 구현함을 목적으로 한다(동법 제1조).

2020. 2. 4. 정보통신망법의 전면개정(2020. 8. 5. 시행)으로 정보통신망법 제71조 제1항 제 1호 내지 제8호까지의 규정이 개인정보보호법과 중복된다는 이유로 모두 삭제되었음은 앞 서 살펴본 바와 같다.

정보통신망법 개정 취지[5]

◇ 개정이유 및 주요내용

데이터를 핵심 자원으로 하는 4차 산업혁명 시대를 맞아 개인정보의 보호와 활용을 조화시킬 수 있는 제도를 마련하여 더 나은 국민의 삶을 만들어 나가야 할 시점인데, 이를 위해서는 이 법과 「개인정보 보호법」 등 개인정보 관련 법령에 산재되어 있는 유사·중복조항을 정비하고, 법령 체계를 재정비할 필요가 있는바, **이 법에 규정된 개인정보 보호에 관한 사항을 삭제하고, 이를 「개인정보 보호법」으로 이관**하는 한편,

방송통신위원회가 그 권한 중 일부를 소속기관에 위임할 수 있는 근거를 마련하는 등 현행 제도의 운영상 나타난 일부 미비점을 개선·보완하려는 것임.

◇ 제71조 제1항 제1호부터 제8호까지를 각각 삭제한다.

개인정보보호법 **제71조 제1호부터 제6호까지, 제72조 제1호부터 제3호**까지 규정된 구성요건에 해당하는 범죄를 저질러 수익을 얻는 경우 이는 모두 환수의 대상이 되는데 **개인정보보호법 제74조의2**는 동법 제70조부터 제73조까지의 어느 하나에 해당하는 죄를 지은 자가 해당 위반행위와 관련하여 취득한 금품 그 밖의 이익에 대한 임의적 몰수·추징 규정을 두고 있으므로(2015. 7. 24. 신설) 그 **몰수·추징의 근거는 범죄수익은닉규제법 또는 개인정보보호법 중 선택하여 적용**할 수 있다. 다만 범죄수익은닉규제법상 중대범죄에 해당하는 동법 제71조 및 제72조의 죄의 경우 그와 같이 취득한 범죄수익에 대한 몰수·추징보전이 가능하다는 점이 동법 제70조 및 제73조 위반죄와의 차이점이다.

한편 **개인정보보호법 제70조 제2호**는 거짓이나 그 밖의 부정한 수단이나 방법으로 다른 사람이 처리하고 있는 개인정보를 취득한 후 이를 영리 또는 부정한 목적으로 제3자에게 제공한 자와 이를 교사·알선한 자를 처벌하고 있는데 이는 **개인정보보호법 제72조 제2호 구성요건에 '영리 또는 부정한 목적'이 추가된 특별규정**으로서 더 높은 법정형으로 처벌된다. 그럼에도 불구하고 개인정보보호법 제70조 제2호는 범죄수익은닉규제법상 중대범죄에 포함되어 있지 아니하므로 영리를 목적으로 하는 경우(제70조 제2호)에는 몰수·추징보전의 대상이 되지 아니하고, 영리를 목적으로 하지 않는 경우(제72조 제2호)에는 그 대상이 되는 체계상 불균형이 생기는 문제점이 있다.

따라서 범죄수익은닉규제법 별표 제38호는 **개인정보보호법 제70조 제2호를 추가하는 방향으로 개정될 필요**성이 있다(私見).

---

5 법제처, 국가법령정보센터 참조.

관련조문 ─────────────────────────────

범죄수익은닉규제법 별표(개정안)

중대범죄(제2조 제1호 관련)

38. 「개인정보보호법」 **제70조 제2호**, 제71조 및 제72조의 죄

─────────────────────────────

　개인정보보호법은 규율의 대상이 되는 개인정보의 범주가 매우 넓고 법률 규정 또한 복잡하게 구성되어 있으므로 아래에서 개인정보보호법상 개인정보 등의 개념을 먼저 살펴보고 각 중대범죄를 항목별로 나누어 살펴보기로 한다.

2. 개인정보보호법상 주요 개념 및 원칙

　개인정보보호법은 **개인정보, 개인정보처리자 등의 개념**을 다음과 같이 규정한다.

관련조문 ─────────────────────────────

　제2조(정의) 이 법에서 사용하는 용어의 뜻은 다음과 같다. <개정 2014. 3. 24., 2020. 2. 4.>

　　1. **"개인정보"**란 살아 있는 개인에 관한 정보로서 다음 각 목의 어느 하나에 해당하는 정보를 말한다.
　　　가. 성명, 주민등록번호 및 영상 등을 통하여 개인을 알아볼 수 있는 정보
　　　나. 해당 정보만으로는 특정 개인을 알아볼 수 없더라도 다른 정보와 쉽게 결합하여 알아볼 수 있는 정보. 이 경우 쉽게 결합할 수 있는지 여부는 다른 정보의 입수 가능성 등 개인을 알아보는 데 소요되는 시간, 비용, 기술 등을 합리적으로 고려하여야 한다.
　　　다. 가목 또는 나목을 제1호의2에 따라 가명처리함으로써 원래의 상태로 복원하기 위한 추가 정보의 사용·결합 없이는 특정 개인을 알아볼 수 없는 정보(이하 "가명정보"라 한다)
　　1의2. **"가명처리"**란 개인정보의 일부를 삭제하거나 일부 또는 전부를 대체하는 등의 방법으로 추가 정보가 없이는 특정 개인을 알아볼 수 없도록 처리하는 것을 말한다.
　　2. **"처리"**란 개인정보의 수집, 생성, 연계, 연동, 기록, 저장, 보유, 가공, 편집, 검색, 출력, 정정(訂正), 복구, 이용, 제공, 공개, 파기(破棄), 그 밖에 이와 유사한 행위를 말한다.
　　3. **"정보주체"**란 처리되는 정보에 의하여 알아볼 수 있는 사람으로서 그 정보의 주체가 되는 사람을 말한다.
　　4. **"개인정보파일"**이란 개인정보를 쉽게 검색할 수 있도록 일정한 규칙에 따라 체계적으로 배열하거나 구성한 개인정보의 집합물(集合物)을 말한다.

5. **"개인정보처리자"**란 업무를 목적으로 개인정보파일을 운용하기 위하여 스스로 또는 다른 사람을 통하여 개인정보를 처리하는 공공기관, 법인, 단체 및 개인 등을 말한다.

6. **"공공기관"**이란 다음 각 목의 기관을 말한다.

　가. 국회, 법원, 헌법재판소, 중앙선거관리위원회의 행정사무를 처리하는 기관, 중앙행정기관(대통령 소속 기관과 국무총리 소속 기관을 포함한다) 및 그 소속 기관, 지방자치단체

　나. 그 밖의 국가기관 및 공공단체 중 대통령령으로 정하는 기관

7. **"영상정보처리기기"**란 일정한 공간에 지속적으로 설치되어 사람 또는 사물의 영상 등을 촬영하거나 이를 유·무선망을 통하여 전송하는 장치로서 대통령령으로 정하는 장치를 말한다.

8. **"과학적 연구"**란 기술의 개발과 실증, 기초연구, 응용연구 및 민간 투자 연구 등 과학적 방법을 적용하는 연구를 말한다.

가. 개인정보주체의 권리

개인정보의 **정보주체**는 개인정보의 처리와 관련하여 ① 개인정보의 처리에 관한 정보를 제공받을 권리(동법 제4조 제1호), ② 개인정보의 처리에 관한 동의 여부, 동의 범위 등을 선택하고 결정할 권리(제2호), ③ 개인정보의 처리 여부를 확인하고 개인정보에 대하여 열람(사본의 발급을 포함한다. 이하 같다)을 요구할 권리(제3호), 개인정보의 처리 정지, 정정·삭제 및 파기를 요구할 권리(제4호), 개인정보의 처리로 인하여 발생한 피해를 신속하고 공정한 절차에 따라 구제받을 권리(제5호)를 갖는다.

개인정보보호법은 개인정보 주체의 동의여부를 가장 중요한 개인정보 수집 및 처리의 요건으로 하고 이러한 동의가 없는 경우 예외적으로 법령, 긴급한 필요에 따른 수집 및 처리의 방법을 규정한다(동법 제15조 제1항 제1호, 제17조 제1항 제1호 등).

나. 개인정보처리자의 의무

개인정보보호법상 **개인정보처리자**는 개인정보의 처리 목적을 명확하게 하여야 하고 그 목적에 필요한 범위에서 최소한의 개인정보만을 적법하고 정당하게 수집하여야 한다(동법 제3조 제1항). 그리고 개인정보의 처리 목적에 필요한 범위에서 적합하게 개인정보를 처리하여야 하고, 그 목적 외의 용도로 활용하여서는 아니 된다(동조 제2항).

한편 개인정보처리자는 개인정보의 처리 목적에 필요한 범위에서 개인정보의 정확성, 완전성 및 최신성이 보장되도록 하여야 하고(동조 제3항), 개인정보의 처리 방법 및 종류 등에

따라 정보주체의 권리가 침해받을 가능성과 그 위험 정도를 고려하여 개인정보를 안전하게 관리하여야 한다(동조 제4항).

나아가 개인정보처리자는 개인정보 처리방침 등 개인정보의 처리에 관한 사항을 공개하여야 하며, 열람청구권 등 정보주체의 권리를 보장하여야 하고(동조 제5항), 정보주체의 사생활 침해를 최소화하는 방법으로 개인정보를 처리하여야 한다(동조 제6항). 그리고 개인정보를 익명 또는 가명으로 처리하여도 개인정보 수집목적을 달성할 수 있다면, 익명처리가 가능한 경우에는 익명에 의하여, 익명처리로 목적을 달성할 수 없는 경우에는 가명에 의하여 처리될 수 있도록 하여야 한다(동조 제7항). 그리고 개인정보처리자는 이 법 및 관계 법령에서 규정하고 있는 책임과 의무를 준수하고 실천함으로써 정보주체의 신뢰를 얻기 위하여 노력하여야 한다(동조 제8항).

개인정보보호법은 위와 같은 개인정보처리자의 개인정보 처리, 제공, 수집 등과 관련하여 구체적인 규정을 상세히 마련하고 있는데 범죄수익은닉규제법상 중대범죄에 해당하는 개인정보보호법위반의 구성요건을 살펴보기로 한다.

3. 개인정보 무단 제공 및 제공받는 행위의 점(제71조 제1호)

관련조문

제71조(벌칙) 다음 각 호의 어느 하나에 해당하는 자는 5년 이하의 징역 또는 5천만 원 이하의 벌금에 처한다. <개정 2016. 3. 29., 2020. 2. 4.>

1. **제17조 제1항 제2호**에 해당하지 아니함에도 **같은 항 제1호**를 위반하여 정보주체의 동의를 받지 아니하고 개인정보를 제3자에게 제공한 자 및 그 사정을 알고 개인정보를 제공받은 자

☞ **제17조(개인정보의 제공)** ① 개인정보처리자는 다음 각 호의 어느 하나에 해당되는 경우에는 정보주체의 개인정보를 제3자에게 제공(공유를 포함한다. 이하 같다)할 수 있다. <개정 2020.2.4>

1. 정보주체의 동의를 받은 경우

2. **제15조 제1항 제2호·제3호·제5호** 및 **제39조의3 제2항 제2호·제3호**에 따라 개인정보를 수집한 목적 범위에서 개인정보를 제공하는 경우

☞ **제15조(개인정보의 수집·이용)** ① **개인정보처리자**는 다음 각 호의 어느 하나에 해당하는 경우에는 개인정보를 수집할 수 있으며 그 수집 목적의 범위에서 이용할 수 있다.

2. **법률에 특별한 규정**이 있거나 **법령상 의무**를 준수하기 위하여 불가피한 경우

3. **공공기관**이 법령 등에서 정하는 소관 업무의 수행을 위하여 불가피한 경우

5. 정보주체 또는 그 법정대리인이 의사표시를 할 수 없는 상태에 있거나 주소불명 등으로 사전 동의를 받을 수 없는 경우로서 **명백히 정보주체 또는 제3자의 급박한 생명, 신체, 재산의 이익을 위하여 필요하다고 인정**되는 경우

☞ 제39조의3(개인정보의 수집·이용 동의 등에 대한 특례) ② **정보통신서비스 제공자**는 다음 각 호의 어느 하나에 해당하는 경우에는 제1항에 따른 동의 없이 이용자의 개인정보를 수집·이용할 수 있다.

2. 정보통신서비스의 제공에 따른 요금정산을 위하여 필요한 경우

3. 다른 법률에 특별한 규정이 있는 경우

가. 구성요건의 주체

개인정보보호법은 정보주체의 동의를 받지 아니하고 개인정보를 제3자에게 제공하거나 그 사정을 알고도 그러한 개인정보를 제공받는 행위(동조 제1호)를 처벌한다. **구성요건의 주체**는 정보주체 동의 없이 법령상 또는 긴급한 필요에 의해 개인정보를 수집한 개인정보처리자, 정보통신서비스제공자 및 그들로부터 개인정보를 제공받은 사람이다(대향범).

이 때 '**개인정보를 제공받는 제3자**'의 해석과 관련하여 **대법원**은 **개인정보의 처리위탁을 받는 수탁자**는 위탁자로부터 위탁사무 처리에 따른 대가를 지급받는 것 외에는 개인정보 처리에 관하여 독자적인 이익을 가지지 않고, 정보제공자의 관리·감독 아래 위탁받은 범위 내에서만 개인정보를 처리하게 되므로, **개인정보보호법 제17조와 정보통신망법 제24조의2에 정한 '제3자'에 해당하지 않는다고 판시**하고 있다.[6]

나. 구성요건적 행위 및 객체

구성요건적 행위는 법령에 위반하여 정보주체의 동의 없이 개인정보를 함부로 제3자에게 제공(공유를 포함)하는 것과 그러한 사정을 알면서도 개인정보를 제공받는 것이다. **구성요건의 객체**는 수집한 목적 범위 외의 개인정보인데, 개인정보를 주고받는 양 당사자는 위 개인정보가 정보주체의 동의 없이 그 목적 범위 외로 제공된다는 사정을 모두 알고 있어야 함은 당연하다(고의범).

실무상 개인정보처리자 또는 정보통신서비스제공자로부터 이미 수집되어 있는 개인정보를 그 목적 범위와는 무관하게 돈을 주고 거래하는 행위가 위 구성요건적 행위에 해당하는 대표적인 사례다.

---

6 대법원 2017. 4. 7. 선고 2016도13263 판결 참조.

다. 처벌

본죄를 위반하면 5년 이하의 징역 또는 5천만 원 이하의 벌금에 처한다.

4. 개인정보 무단이용, 영리 또는 부정한 목적 개인정보 제공받는 행위(제71조 제2호)

개인정보보호법은, 각종 개인정보보호법 규정을 위반하여 개인정보를 이용하거나 제3자에게 제공하거나 그러한 사정을 알면서도 영리 또는 부정한 목적으로 개인정보를 제공받는 행위(동조 제2호)를 처벌한다.

이 때 '각종 개인정보보호법 규정'은 개인정보의 목적 외 이용·제공 제한의 점(동법 제18조 제1항, 제2항), 개인정보를 제공받은 자의 이용·제공 제한의 점(동법 제19조), 개인정보처리 수탁자의 이용·제공 제한의 점(동법 제26조 제5항), 영업양수자의 개인정보 이용·제공 제한의 점(동법 제27조 제3항), 가명정보의 처리 위반의 점(동법 제28조의2)을 의미한다. 위 각 규정을 하나씩 나누어 살펴보기로 한다.

가. 개인정보의 목적 외 이용·제공 제한의 점(제71조 제2호, 제18조 제1항, 제2항)

관련조문

제71조(벌칙) 다음 각 호의 어느 하나에 해당하는 자는 5년 이하의 징역 또는 5천만 원 이하의 벌금에 처한다. <개정 2016. 3. 29., 2020. 2. 4.>

  2. <u>제18조 제1항·제2항(제39조의14에 따라 준용되는 경우를 포함한다)</u>, 제19조, 제26조 제5항, 제27조 제3항 또는 제28조의2를 위반하여 개인정보를 이용하거나 제3자에게 제공한 자 및 그 사정을 알면서도 영리 또는 부정한 목적으로 개인정보를 제공받은 자

☞ <u>제18조(개인정보의 목적 외 이용·제공 제한)</u> ① **개인정보처리자**는 개인정보를 **제15조 제1항** **및 제39조의3 제1항 및 제2항**에 따른 범위를 초과하여 이용하거나 **제17조 제1항 및 제3항**에 따른 범위를 초과하여 제3자에게 제공하여서는 아니 된다. <개정 2020. 2. 4.>

☞ <u>제15조(개인정보의 수집·이용)</u> ① **개인정보처리자**는 다음 각 호의 어느 하나에 해당하는 경우에는 개인정보를 **수집**할 수 있으며 그 **수집 목적의 범위**에서 **이용**할 수 있다.

  1. **정보주체의 동의**를 받은 경우
  2. **법률에 특별한 규정**이 있거나 **법령상 의무를 준수**하기 위하여 **불가피**한 경우
  3. **공공기관**이 법령 등에서 정하는 소관 업무의 수행을 위하여 **불가피**한 경우
  4. **정보주체와의 계약의 체결 및 이행**을 위하여 **불가피**하게 필요한 경우

5. 정보주체 또는 그 법정대리인이 의사표시를 할 수 없는 상태에 있거나 주소불명 등으로 사전 동의를 받을 수 없는 경우로서 **명백히 정보주체 또는 제3자의 급박한 생명, 신체, 재산의 이익을 위하여 필요하다고 인정되는 경우**

6. 개인정보처리자의 정당한 이익을 달성하기 위하여 필요한 경우로서 명백하게 정보주체의 권리보다 우선하는 경우. 이 경우 개인정보처리자의 정당한 이익과 상당한 관련이 있고 합리적인 범위를 초과하지 아니하는 경우에 한한다.

☞ <u>제39조의3(개인정보의 수집·이용 동의 등에 대한 특례)</u> ① **정보통신서비스 제공자**는 **제15조 제1항에도 불구**하고 이용자의 개인정보를 이용하려고 수집하는 경우에는 **다음 각 호의 모든 사항을 이용자에게 알리고 동의를 받아야** 한다. 다음 각 호의 어느 하나의 사항을 변경하려는 경우에도 또한 같다.

1. 개인정보의 수집·이용 목적

2. 수집하는 개인정보의 항목

3. 개인정보의 보유·이용 기간

② **정보통신서비스 제공자는 다음 각 호의 어느 하나**에 해당하는 경우에는 **제1항에 따른 동의 없이 이용자의 개인정보를 수집·이용**할 수 있다.

1. 정보통신서비스(「정보통신망 이용촉진 및 정보보호 등에 관한 법률」 제2조 제1항 제2호에 따른 정보통신서비스를 말한다. 이하 같다)의 제공에 관한 계약을 이행하기 위하여 필요한 개인정보로서 경제적·기술적인 사유로 통상적인 동의를 받는 것이 뚜렷하게 곤란한 경우

2. 정보통신서비스의 제공에 따른 요금정산을 위하여 필요한 경우

3. 다른 법률에 특별한 규정이 있는 경우

☞ <u>제17조(개인정보의 제공)</u> ① **개인정보처리자**는 다음 각 호의 어느 하나에 해당되는 경우에는 정보주체의 개인정보를 제3자에게 제공(공유를 포함한다. 이하 같다)할 수 있다. <개정 2020. 2. 4.>

1. 정보주체의 동의를 받은 경우

2. 제15조 제1항 제2호·제3호·제5호 및 제39조의3 제2항 제2호·제3호에 따라 개인정보를 수집한 목적 범위에서 개인정보를 제공하는 경우

③ **개인정보처리자**가 개인정보를 국외의 제3자에게 제공할 때에는 제2항 각 호에 따른 사항을 정보주체에게 알리고 동의를 받아야 하며, 이 법을 위반하는 내용으로 개인정보의 국외 이전에 관한 계약을 체결하여서는 아니 된다.

☞ <u>제18조(개인정보의 목적 외 이용·제공 제한)</u> ② 제1항에도 불구하고 **개인정보처리자**는 **다음 각 호의 어느 하나에 해당하는 경우에는 정보주체 또는 제3자의 이익을 부당하게 침해할 우려가 있을 때를 제외하고는 개인정보를 목적 외의 용도로 이용하거나 이를 제3자에게 제공**할 수 있다. 다만, 이용자(「정보통신망 이용촉진 및 정보보호 등에 관한 법률」 제2조 제1항 제4호에 해당하는 자를 말한다. 이하 같다)의 개인정보를 처리하는 **정보**

통신서비스 제공자(「정보통신망 이용촉진 및 정보보호 등에 관한 법률」 제2조 제1항 제3호에 해당하는 자를 말한다. 이하 같다)의 경우 **제1호·제2호의 경우로 한정**하고, **제5호부터 제9호까지의 경우는 공공기관의 경우로 한정**한다. <개정 2020. 2. 4.>

1. **정보주체로부터 별도의 동의**를 받은 경우
2. **다른 법률에 특별한 규정**이 있는 경우
3. 정보주체 또는 그 법정대리인이 의사표시를 할 수 없는 상태에 있거나 주소불명 등으로 사전 동의를 받을 수 없는 경우로서 **명백히 정보주체 또는 제3자의 급박한 생명, 신체, 재산의 이익을 위하여 필요하다고 인정**되는 경우
5. 개인정보를 목적 외의 용도로 이용하거나 이를 제3자에게 제공하지 아니하면 **다른 법률에서 정하는 소관 업무를 수행할 수 없는 경우로서 보호위원회의 심의·의결을 거친 경우**
6. 조약, 그 밖의 국제협정의 이행을 위하여 **외국정부 또는 국제기구에 제공**하기 위하여 필요한 경우
7. **범죄의 수사와 공소의 제기 및 유지**를 위하여 필요한 경우
8. **법원의 재판업무 수행**을 위하여 필요한 경우
9. **형(刑) 및 감호, 보호처분의 집행**을 위하여 필요한 경우

☞ <u>제39조의14(방송사업자등에 대한 특례)</u> 「방송법」 제2조 제3호가목부터 마목까지와 같은 조 제6호·제9호·제12호 및 제14호에 해당하는 자(이하 이 조에서 "방송사업자등"이라 한다)가 시청자의 개인정보를 처리하는 경우에는 정보통신서비스 제공자에게 적용되는 규정을 준용한다. 이 경우 "방송사업자등"은 "정보통신서비스 제공자" 또는 "정보통신서비스 제공자등"으로, "시청자"는 "이용자"로 본다.[본조신설 2020. 2. 4.]

---

1) 구성요건의 주체

동법 제71조 제2호, 제18조 제1항, 제2항 위반죄의 **구성요건 주체는 개인정보처리자 또는 정보통신서비스 제공자 및 그 개인정보를 제공받은 자**이다. 주체가 엄격히 제한되어 있고 아래에서 보는 바와 같이 각 주체에 따라 요구되는 객관적·주관적 구성요건요소가 다르다는 점을 유의하여야 한다.

2) 구성요건적 행위

본죄의 **구성요건적 행위**는 ① 동법 제15조 제1항(개인정보처리자의 개인정보 수집·이용 규정), 제39조의3 제1항 및 제2항(정보통신서비스 제공자, 방송사업자등의 개인정보 수집·이용 규정)의 범위를 초과하여 개인정보를 이용하는 행위, ② 동법 제17조 제1항 및 제3항(개인정보처리자의 개인정보 제3자 제공 규정)에 따른 범위를 초과하여 개인정보를 제3자에게 제공하

는 행위 및 ③ 위와 같이 허용된 범위를 초과하여 개인정보를 제공받는다는 사정을 알면서
도 **영리 또는 부정한 목적으로 개인정보를 제공받는 것**이다.

개인정보를 이용하거나 제3자에게 제공하는 행위와는 달리 그와 같은 개인정보를 제공받
는 행위의 경우에는 보다 범죄의 성립을 엄격하게 하기 위하여 **초과주관적 구성요건요소**
인 **영리 또는 부정한 목적**이 있어야 한다.

개인정보보호법 제18조는 개인정보처리자, 정보통신서비스제공자(방송사업자 포함)가 원
래 수집목적에 따라 수집한 개인정보를 그 목적 범위를 초과하여 이용하거나 제3자에게 제
공하는 행위를 원칙적으로 금지(제1항)하나, 예외적으로 정보주체 또는 제3자의 이익을 부당
하게 침해할 우려가 없는 일정한 경우 허용(제2항)하고 있다.

이 때 예외적으로 수집한 개인정보를 그 목적 외로 이용·제공하는 것이 허용되는 경우와
관련하여 그 주체에 따라 개인정보처리자(제2항 제1호 내지 제9호), 정보통신서비스제공자(제2
항 제1호, 제2호), 공공기관(제2항 제5호 내지 제9호)별로 각각 허용의 사유가 다르다는 점을
주의하여야 한다.

3) 처벌

본죄를 위반하면 5년 이하의 징역 또는 5천만 원 이하의 벌금에 처한다.

나. 개인정보를 제공받은 자의 개인정보 이용·제공 제한의 점(제71조 제2호, 제19조)

관련조문

제71조(벌칙) 다음 각 호의 어느 하나에 해당하는 자는 5년 이하의 징역 또는 5천만 원 이하
의 벌금에 처한다. <개정 2016. 3. 29., 2020. 2. 4.>

2. 제18조 제1항·제2항(제39조의14에 따라 준용되는 경우를 포함한다), **제19조**, 제26조 제
5항, 제27조 제3항 또는 제28조의2를 위반하여 개인정보를 이용하거나 제3자에게 제공
한 자 및 그 사정을 알면서도 영리 또는 부정한 목적으로 개인정보를 제공받은 자

☞ **제19조(개인정보를 제공받은 자의 이용·제공 제한)** 개인정보처리자로부터 개인정보를 제공
받은 자는 다음 각 호의 어느 하나에 해당하는 경우를 제외하고는 개인정보를 제공받은 목
적 외의 용도로 이용하거나 이를 제3자에게 제공하여서는 아니 된다.

1. 정보주체로부터 별도의 동의를 받은 경우
2. 다른 법률에 특별한 규정이 있는 경우

---

1) 서설

개인정보보호법은 개인정보처리자로부터 개인정보를 제공받은 자가 개인정보를 제공받은 목적 외의 용도로 이용하거나 이를 제3자에게 제공하는 행위를 원칙적으로 금지하고 있고, 이를 위반하면 처벌한다(동법 제19조 참조). 다만 예외적으로 정보주체의 별도의 동의를 받거나 법률에 다른 특별한 규정이 있는 경우에는 그렇지 아니하다(동법 제19조 각호 참조).

2) 구성요건의 주체

위 **구성요건의 주체**는 개인정보처리자로부터 개인정보를 제공받은 사람 및 그 사정을 알면서도 개인정보를 제공하는 제3자이다.

3) 구성요건적 행위 및 객체, 처벌

본죄의 **구성요건적 행위**는 제공받은 개인정보를 그 목적 외로 이용하거나 또다른 제3자에게 제공하는 것이다. 개인정보처리자로부터 적법하게 개인정보를 제공받은 사람이라고 하더라도 그 제공받은 목적 외의 용도로 이를 다시 이용하거나 제3자에게 재차 제공하는 행위를 금지하고자 함이다.

이 때 적법하게 개인정보를 제공받은 사람으로부터 다시 개인정보를 제공받은 제3자를 처벌하기 위하여는 그 제3자가 위와 같이 목적 외의 용도로 제공되는 개인정보라는 사정을 알고 있어야 하고, 영리 또는 부정한 목적이 있어야 한다(목적범). 본죄를 위반하면 5년 이하의 징역 또는 5천만 원 이하의 벌금에 처한다.

다. 수탁자·영업양수자 등의 개인정보 이용·제공 제한 및 가명정보 처리 위반의 점(동법 제71조 제2호, 제26조 제5항, 제27조 제3항, 제28조의2)

관련조문

제71조(벌칙) 다음 각 호의 어느 하나에 해당하는 자는 5년 이하의 징역 또는 5천만 원 이하의 벌금에 처한다. <개정 2016. 3. 29., 2020. 2. 4.>

2. 제18조 제1항·제2항(제39조의14에 따라 준용되는 경우를 포함한다), 제19조, **제26조 제5항, 제27조 제3항 또는 제28조의2를 위반**하여 개인정보를 이용하거나 제3자에게 제공한 자 및 그 사정을 알면서도 영리 또는 부정한 목적으로 개인정보를 제공받은 자

☞ 제26조(업무위탁에 따른 개인정보의 처리 제한) ⑤ 수탁자는 개인정보처리자로부터 위탁받은 해당 업무 범위를 초과하여 개인정보를 이용하거나 제3자에게 제공하여서는 아니 된다.

☞ 제27조(영업양도 등에 따른 개인정보의 이전 제한) ③ 영업양수자등은 영업의 양도·합병 등

으로 개인정보를 이전받은 경우에는 이전 당시의 본래 목적으로만 개인정보를 이용하거나
제3자에게 제공할 수 있다. 이 경우 영업양수자등은 개인정보처리자로 본다.
☞ <u>제28조의2(가명정보의 처리 등)</u> ① 개인정보처리자는 통계작성, 과학적 연구, 공익적 기록
보존 등을 위하여 정보주체의 동의 없이 가명정보를 처리할 수 있다.
② 개인정보처리자는 제1항에 따라 가명정보를 제3자에게 제공하는 경우에는 특정 개인을
알아보기 위하여 사용될 수 있는 정보를 포함해서는 아니 된다.

---

1) 서설

개인정보보호법은 개인정보처리자로부터 업무 위탁을 받은 수탁자가 개인정보처리자로부
터 위탁받은 해당 업무 범위를 초과하여 개인정보를 이용하거나 제3자에게 제공하는 행위
를 금지하고 있고(**동법 제26조 제5항**), 개인정보처리자로부터 영업을 양수한 사람이 영업의
양도·합병 등으로 개인정보를 이전받은 경우 이전 당시의 본래 목적이 아닌 다른 목적으로
개인정보를 이용하거나 제3자에게 제공하는 것을 금지한다(**동법 제27조 제3항**).

나아가 개인정보처리자는 통계작성, 과학적 연구, 공익적 기록보존 등을 위하여 정보주체
의 동의 없이 가명정보를 처리할 수 있는데 이를 제3자에게 제공하는 경우 특정 개인을 알
아보기 위하여 사용될 수 있는 정보를 포함시켜서는 아니 된다(**동법 제28조의2**).

2) 구성요건의 주체

위 각 **구성요건의 주체**는 개인정보처리자로부터 업무를 위임받은 수탁자(제26조 제5항),
영업양수자(제27조 제3항), 통계·연구·기록보존 목적으로 가명정보를 처리하는 개인정보처
리자(제28조의2) 및 위 각 주체들로부터 개인정보를 제공받는 사람이다.

3) 구성요건적 행위 및 객체

본죄의 **구성요건적 행위**는 개인정보를 위탁받은 업무 범위를 초과하여 개인정보를 이용
하거나 제3자에게 제공하는 행위(**제26조 제5항**), 영업 양수도 당시 양도인이 보유하고 있는
개인정보를 본래의 목적이 아닌 다른 목적으로 이용하거나 제3자에게 제공하는 행위(**제27조
제3항**) 및 정보주체의 동의 없이 특정 개인을 알아보기 위하여 사용될 수 있는 개인정보를
포함하여 통계작성, 과학적 연구 및 공익적 기록보존을 하는 행위(**제28조의2**)이다.

나아가 위와 같은 사정을 모두 알면서 영리 또는 부정한 목적으로 개인정보를 제공받는
행위 또한 포함된다. 각 구성요건의 주체에 따라 행위 및 주관적 구성요건에서 다소 간의
차이가 난다는 점을 유의할 필요가 있다.

4) 처벌

본죄를 위반하면 5년 이하의 징역 또는 5천만 원 이하의 벌금에 처한다.

5. 민감정보 처리제한 위반 행위(제71조 제3호, 제23조 제1항)

관련조문

제71조(벌칙) 다음 각 호의 어느 하나에 해당하는 자는 5년 이하의 징역 또는 5천만 원 이하의 벌금에 처한다. <개정 2016. 3. 29., 2020. 2. 4.>

   3. **제23조 제1항을 위반**하여 민감정보를 처리한 자

☞ 제23조(민감정보의 처리 제한) ①개인정보처리자는 사상·신념, 노동조합·정당의 가입·탈퇴, 정치적 견해, 건강, 성생활 등에 관한 정보, 그 밖에 정보주체의 사생활을 현저히 침해할 우려가 있는 개인정보로서 대통령령으로 정하는 정보(이하 "민감정보"라 한다)를 처리하여서는 아니 된다. 다만, 다음 각 호의 어느 하나에 해당하는 경우에는 그러하지 아니하다. <개정 2016.3.29>

   1. 정보주체에게 제15조 제2항 각 호 또는 제17조 제2항 각 호의 사항을 알리고 다른 개인정보의 처리에 대한 동의와 별도로 동의를 받은 경우

   2. 법령에서 민감정보의 처리를 요구하거나 허용하는 경우

☞ 제15조(개인정보의 수집·이용) ② 개인정보처리자는 제1항 제1호에 따른 동의를 받을 때에는 다음 각 호의 사항을 정보주체에게 알려야 한다. 다음 각 호의 어느 하나의 사항을 변경하는 경우에도 이를 알리고 동의를 받아야 한다.

   1. 개인정보의 수집·이용 목적

   2. 수집하려는 개인정보의 항목

   3. 개인정보의 보유 및 이용 기간

   4. 동의를 거부할 권리가 있다는 사실 및 동의 거부에 따른 불이익이 있는 경우에는 그 불이익의 내용

☞ 제17조(개인정보의 제공) ② 개인정보처리자는 제1항 제1호에 따른 동의를 받을 때에는 다음 각 호의 사항을 정보주체에게 알려야 한다. 다음 각 호의 어느 하나의 사항을 변경하는 경우에도 이를 알리고 동의를 받아야 한다.

   1. 개인정보를 제공받는 자

   2. 개인정보를 제공받는 자의 개인정보 이용 목적

   3. 제공하는 개인정보의 항목

   4. 개인정보를 제공받는 자의 개인정보 보유 및 이용 기간

   5. 동의를 거부할 권리가 있다는 사실 및 동의 거부에 따른 불이익이 있는 경우에는 그 불이익의 내용

☞ 개인정보보호법 시행령 제18조(민감정보의 범위) 법 제23조 제1항 각 호 외의 부분 본문에서 "**대통령령으로 정하는 정보**"란 다음 각 호의 어느 하나에 해당하는 정보를 말한다. 다만, 공공기관이 법 제18조 제2항 제5호부터 제9호까지의 규정에 따라 **다음 각 호의 어느 하나에 해당하는 정보를 처리하는 경우의 해당 정보는 제외**한다. <개정 2016. 9. 29., 2020. 8. 4.>
1. 유전자검사 등의 결과로 얻어진 **유전정보**
2. 「형의 실효 등에 관한 법률」 제2조 제5호에 따른 **범죄경력자료에 해당하는 정보**
3. **개인의 신체적, 생리적, 행동적 특징에 관한 정보**로서 특정 개인을 알아볼 목적으로 일정한 기술적 수단을 통해 생성한 정보
4. **인종이나 민족에 관한 정보**

가. 서설

개인정보보호법은 원칙적으로 사상·신념, 노동조합·정당의 가입·탈퇴, 정치적 견해, 건강, 성생활 등에 관한 정보, 그 밖에 정보주체의 사생활을 현저히 침해할 우려가 있는 개인정보로서 대통령령으로 정하는 정보(이하, '**민감정보**')를 처리하는 행위를 금지하고 있다(동법 제23조 제1항).

다만 정보주체에게 제15조 제2항 각 호 또는 제17조 제2항 각 호의 사항(개인정보 수집 및 제공의 점)을 알리고 다른 개인정보의 처리에 대한 동의와 별도로 동의를 받은 경우(제23조 제1항 제1호), 법령에서 민감정보의 처리를 요구하거나 허용하는 경우(같은 항 제2호)는 예외적으로 민감정보를 처리할 수 있다.

나. 구성요건의 주체 및 행위의 상대방

본죄의 **구성요건의 주체**는 민감정보를 처리하는 개인정보처리자이고, 그 **행위의 상대방**은 특별한 제한이 없다.

다. 구성요건적 행위 및 객체

본죄의 구성요건적 행위는 정보주체의 동의 없이 또는 법령에서 허용하는 예외적인 경우가 아님에도 구성요건의 객체인 민감정보를 처리하는 것이다. 여기에서 '**처리**'는 개인정보의 수집, 생성, 연계, 연동, 기록, 저장, 보유, 가공, 편집, 검색, 출력, 정정(訂正), 복구, 이용, 제공, 공개, 파기(破棄), 그 밖에 이와 유사한 행위를 포괄한다(동법 제2조 제2호).

한편 **공공기관**이 개인정보보호법 제18조 제2항 제5호부터 제9호까지의 규정에 따라 **개인정보보호법 시행령 제18조 각 호**에 규정되어 있는 민감정보(유전자정보, 범죄경력조회정보,

인종 또는 민족에 관한 정보 및 일정한 기술적 방법을 통해 특정한 개인의 신체적·행동적·생리적 특징에 관한 정보)를 처리하는 경우의 해당 정보는 제외된다(제18조 단서).

라. 처벌

본죄를 위반하면 5년 이하의 징역 또는 5천만 원 이하의 벌금에 처한다.

6. 고유식별정보 처리제한 위반 행위(제71조 제4호, 제24조 제1항)

관련조문

제71조(벌칙) 다음 각 호의 어느 하나에 해당하는 자는 5년 이하의 징역 또는 5천만 원 이하의 벌금에 처한다. <개정 2016. 3. 29., 2020. 2. 4.>

4. **제24조 제1항을 위반**하여 고유식별정보를 처리한 자

☞ 제24조(고유식별정보의 처리 제한) ① 개인정보처리자는 다음 각 호의 경우를 제외하고는 법령에 따라 개인을 고유하게 구별하기 위하여 부여된 식별정보로서 **대통령령**으로 정하는 정보(이하 "고유식별정보"라 한다)를 처리할 수 없다.

   1. 정보주체에게 제15조 제2항 각 호 또는 제17조 제2항 각 호의 사항을 알리고 다른 개인정보의 처리에 대한 동의와 별도로 동의를 받은 경우

   2. 법령에서 구체적으로 고유식별정보의 처리를 요구하거나 허용하는 경우

☞ 개인정보보호법 시행령 제19조(고유식별정보의 범위) 법 제24조 제1항 각 호 외의 부분에서 **"대통령령으로 정하는 정보"**란 다음 각 호의 어느 하나에 해당하는 정보를 말한다. 다만, 공공기관이 법 제18조 제2항 제5호부터 제9호까지의 규정에 따라 다음 각 호의 어느 하나에 해당하는 정보를 처리하는 경우의 해당 정보는 제외한다. <개정 2016. 9. 29., 2017. 6. 27., 2020. 8. 4.>

   1. 「주민등록법」 제7조의2제1항에 따른 **주민등록번호**

   2. 「여권법」 제7조 제1항 제1호에 따른 **여권번호**

   3. 「도로교통법」 제80조에 따른 운전면허의 **면허번호**

   4. 「출입국관리법」 제31조 제5항에 따른 **외국인등록번호**

개인정보보호법은 원칙적으로 법령에 따라 개인을 고유하게 구별하기 위하여 부여된 식별정보로서 대통령령으로 정하는 정보(이하, '고유식별정보')를 처리하는 행위를 금지하고 있다.

다만 정보주체에게 제15조 제2항 각 호 또는 제17조 제2항 각 호의 사항(개인정보 수집 및 제공의 점)을 알리고 다른 개인정보의 처리에 대한 동의와 별도로 동의를 받은 경우(제24조 제1항 제1호), 법령에서 고유식별정보의 처리를 요구하거나 허용하는 경우(같은 항 제2호)는

예외적으로 이를 처리할 수 있다.

위 **구성요건의 주체**는 고유식별정보를 처리하는 개인정보처리자이고, **행위의 상대방**은 특별한 제한이 없다. 본죄의 **구성요건적 행위**는 위와 같이 예외적으로 고유식별정보를 처리하는 것이 허용된 경우가 아님에도 불구하고 개인정보를 처리하는 것이다. **구성요건의 객체**인 고유식별정보는 개인을 구별하기 위해 부여된 식별정보로서 주민등록법상 주민등록번호, 여권법상 여권번호, 도로법상 운전면허의 면허번호 및 출입국관리법상 외국인등록번호 등을 의미한다(동법 시행령 제19조 각호 참조).

고유식별정보의 경우에도 민감정보의 경우와 마찬가지로 공공기관이 개인정보보호법 제18조 제2항 제5호부터 제9호까지의 규정에 따라 **개인정보보호법 시행령 제19조 각 호**에 규정되어 있는 고유식별정보(주민등록번호, 여권번호, 면허번호 및 외국인등록번호)를 처리하는 경우의 해당 정보는 제외된다. 본죄를 위반하면 5년 이하의 징역 또는 5천만 원 이하의 벌금에 처한다.

7. 가명정보 처리 위반 행위(제71조 제4의2호, 제28조의3)

관련조문

제71조(벌칙) 다음 각 호의 어느 하나에 해당하는 자는 5년 이하의 징역 또는 5천만 원 이하의 벌금에 처한다. <개정 2016. 3. 29., 2020. 2. 4.>

4의2. **제28조의3**을 위반하여 가명정보를 처리하거나 제3자에게 제공한 자 및 그 사정을 알면서도 영리 또는 부정한 목적으로 가명정보를 제공받은 자

☞ <u>제28조의3(가명정보의 결합 제한)</u> ① 제28조의2에도 불구하고 통계작성, 과학적 연구, 공익적 기록보존 등을 위한 서로 다른 개인정보처리자 간의 가명정보의 결합은 보호위원회 또는 관계 중앙행정기관의 장이 지정하는 전문기관이 수행한다.

② 결합을 수행한 기관 외부로 결합된 정보를 반출하려는 개인정보처리자는 가명정보 또는 <u>제58조의2</u>에 해당하는 정보로 처리한 뒤 전문기관의 장의 승인을 받아야 한다.

③ 제1항에 따른 결합 절차와 방법, 전문기관의 지정과 지정 취소 기준·절차, 관리·감독, 제2항에 따른 반출 및 승인 기준·절차 등 필요한 사항은 **대통령령**으로 정한다. [본조신설 2020.2.4.]

☞ <u>제58조의2(적용제외)</u> 이 법은 시간·비용·기술 등을 합리적으로 고려할 때 다른 정보를 사용하여도 더 이상 개인을 알아볼 수 없는 정보에는 적용하지 아니한다.[본조신설 2020. 2. 4.]

개인정보보호법 시행령 제29조의2(결합전문기관의 지정 및 지정 취소)

동법 시행령 제29조의3(개인정보처리자 간 가명정보의 결합 및 반출 등)

동법 시행령 제29조의4(결합전문기관의 관리·감독 등)

가. 서설

개인정보보호법은 가명정보의 결합 제한 규정을 두고 있는데 이를 위반하여 가명정보를 처리하거나 제3자에게 이를 제공하는 행위, 이와 같은 사정을 알면서 영리 또는 부정한 목적으로 가명정보를 제공받는 행위를 금지하고 있다.

나. 구성요건의 주체 및 행위의 상대방

위 **구성요건의 주체**는 가명정보의 결합 제한 규정을 위반하여 가명정보를 처리한 사람 및 이를 제공받는 사람이고, 각 주체는 서로의 **행위의 상대방**이 된다(대향범).

다. 구성요건적 행위 및 객체

본죄의 **구성요건적 행위**는 위와 같이 서로 다른 개인정보처리자 사이의 가명정보 결합 제한 규정을 위반하여 가명정보를 처리하는 행위 및 이와 같이 처리된 가명정보를 영리 또는 부정한 목적으로 제공받는 행위로서 가명정보를 제공받는 사람에게는 위와 같이 제공된 가명정보가 위법하게 처리된 것이라는 점에 대한 고의 및 초과주관적 구성요건요소로서의 **영리 또는 부정한 목적**이 요구된다.

통계작성, 과학적 연구, 공익적 기록보존 등을 위한 서로 다른 개인정보처리자 간의 가명정보를 결합하려는 경우 보호위원회 또는 관계 중앙행정기관의 장이 지정하는 전문기관이 그 업무를 수행하는데(제28조의3 제1항), 개인정보처리자가 결합을 수행한 기관 외부로 결합된 정보를 반출하려는 경우 가명정보 또는 제58조의2에 해당하는 정보(시간·비용·기술 등을 합리적으로 고려할 때 다른 정보를 사용하여도 더 이상 개인을 알아볼 수 없는 정보)로 처리한 뒤 전문기관의 장의 승인을 받아야 한다(제28조의3 제2항).

위와 같이 가명정보를 결합하여 처리하는 구체적인 절차(상세한 규정은 개인정보보호법 시행령 제29조의2 참조)를 위반하여 가명정보를 처리하는 행위 및 영리 또는 부정한 목적으로 이를 제공받는 행위도 아울러 금지하고 있다.

라. 처벌

본죄를 위반하면 5년 이하의 징역 또는 5천만 원 이하의 벌금에 처한다.

8. 특정 개인 인식목적 가명정보 처리행위(제71조 제4의3호, 제28조의5 제1항)

관련조문

제71조(벌칙) 다음 각 호의 어느 하나에 해당하는 자는 5년 이하의 징역 또는 5천만 원 이하의 벌금에 처한다. <개정 2016. 3. 29., 2020. 2. 4.>

4의3. 제28조의5제1항을 위반하여 특정 개인을 알아보기 위한 목적으로 가명정보를 처리한 자

☞ 제28조의5(가명정보 처리 시 금지의무 등) ① 누구든지 특정 개인을 알아보기 위한 목적으로 가명정보를 처리해서는 아니 된다.

② 개인정보처리자는 가명정보를 처리하는 과정에서 특정 개인을 알아볼 수 있는 정보가 생성된 경우에는 즉시 해당 정보의 처리를 중지하고, 지체 없이 회수·파기하여야 한다.

[본조신설 2020. 2. 4.]

개인정보보호법은 특정 개인을 알아보기 위한 목적으로 가명정보를 처리하는 행위를 금지하고 있다.

위 **구성요건의 주체**는 제한이 없으므로 누구든지 주체가 될 수 있다. **구성요건적 행위는 특정한 개인을 알아보기 위한 목적으로 가명정보를 처리하는 것**으로 개인정보의 수집, 생성, 연계, 연동, 기록, 저장, 보유, 가공, 편집, 검색, 출력, 정정(訂正), 복구, 이용, 제공, 공개, 파기(破棄), 그 밖에 이와 유사한 행위를 하는 것을 말한다. 쉽게 말해 특정한 누군가를 알아볼 수 없도록 이미 처리된 가명정보를 다시 알아볼 수 있도록 처리하는 행위를 금지하는 것이다. 개인정보처리자는 가명정보를 처리하는 과정에서 특정 개인을 알아볼 수 있는 정보가 생성된 경우에는 즉시 해당 정보의 처리를 중지하고, 지체 없이 이를 회수·파기하여야 하는데(제28조의5 제2항) 이와 같은 맥락으로 이해할 수 있다.

위 **구성요건의 객체**는 '**이미 처리된 가명정보**'이다. 가명정보는 그 자체로 이미 누구를 지칭하는 것인지 알 수 없게 된 상태임에도 불구하고 이를 다시 처리하여 그 효과를 없애는 행위를 금지한다. 본죄를 위반하면 5년 이하의 징역 또는 5천만 원 이하의 벌금에 처한다.

9. 개인정보 정정·삭제 위반의 점(제71조 제4의4호, 제36조 제2항)

관련조문

제71조(벌칙) 다음 각 호의 어느 하나에 해당하는 자는 5년 이하의 징역 또는 5천만 원 이하의 벌금에 처한다. <개정 2016. 3. 29., 2020. 2. 4.>

4의4. <u>제36조 제2항</u>(<u>제27조</u>에 따라 정보통신서비스 제공자등으로부터 개인정보를 이전받은 자와 <u>제39조의14</u>에 따라 준용되는 경우를 포함한다)을 위반하여 정정·삭제 등 필요한 조치(<u>제38조 제2항</u>에 따른 열람등요구에 따른 필요한 조치를 포함한다)를 하지 아니하고 개인정보를 이용하거나 이를 제3자에게 제공한 정보통신서비스 제공자등

☞ <u>제36조(개인정보의 정정·삭제)</u> ① <u>제35조</u>에 따라 자신의 개인정보를 열람한 정보주체는 개인정보처리자에게 그 개인정보의 정정 또는 삭제를 요구할 수 있다. 다만, 다른 법령에서 그 개인정보가 수집 대상으로 명시되어 있는 경우에는 그 삭제를 요구할 수 없다.

② 개인정보처리자는 제1항에 따른 정보주체의 요구를 받았을 때에는 개인정보의 정정 또는 삭제에 관하여 다른 법령에 특별한 절차가 규정되어 있는 경우를 제외하고는 지체 없이 그 개인정보를 조사하여 정보주체의 요구에 따라 정정·삭제 등 필요한 조치를 한 후 그 결과를 정보주체에게 알려야 한다.

☞ <u>제27조(영업양도 등에 따른 개인정보의 이전 제한)</u> ① 개인정보처리자는 영업의 전부 또는 일부의 양도·합병 등으로 개인정보를 다른 사람에게 이전하는 경우에는 미리 다음 각 호의 사항을 대통령령으로 정하는 방법에 따라 해당 정보주체에게 알려야 한다.

1. 개인정보를 이전하려는 사실

2. 개인정보를 이전받는 자(이하 "영업양수자등"이라 한다)의 성명(법인의 경우에는 법인의 명칭을 말한다), 주소, 전화번호 및 그 밖의 연락처

3. 정보주체가 개인정보의 이전을 원하지 아니하는 경우 조치할 수 있는 방법 및 절차

② 영업양수자등은 개인정보를 이전받았을 때에는 지체 없이 그 사실을 대통령령으로 정하는 방법에 따라 정보주체에게 알려야 한다. 다만, 개인정보처리자가 제1항에 따라 그 이전 사실을 이미 알린 경우에는 그러하지 아니하다.

③ 영업양수자등은 영업의 양도·합병 등으로 개인정보를 이전받은 경우에는 이전 당시의 본래 목적으로만 개인정보를 이용하거나 제3자에게 제공할 수 있다. 이 경우 영업양수자등은 개인정보처리자로 본다.

☞ <u>제35조(개인정보의 열람)</u> ① 정보주체는 개인정보처리자가 처리하는 자신의 개인정보에 대한 열람을 해당 개인정보처리자에게 요구할 수 있다.

② 제1항에도 불구하고 정보주체가 자신의 개인정보에 대한 열람을 공공기관에 요구하고자 할 때에는 공공기관에 직접 열람을 요구하거나 대통령령으로 정하는 바에 따라 보호위원회를 통하여 열람을 요구할 수 있다. <개정 2013. 3. 23., 2014. 11. 19., 2017. 7. 26., 2020. 2. 4.>

③ 개인정보처리자는 제1항 및 제2항에 따른 열람을 요구받았을 때에는 대통령령으로 정하는 기간 내에 정보주체가 해당 개인정보를 열람할 수 있도록 하여야 한다. 이 경우 해당 기간 내에 열람할 수 없는 정당한 사유가 있을 때에는 정보주체에게 그 사유를 알리고 열람을 연기할 수 있으며, 그 사유가 소멸하면 지체 없이 열람하게 하여야 한다.

④ 개인정보처리자는 다음 각 호의 어느 하나에 해당하는 경우에는 정보주체에게 그 사유를 알리고 열람을 제한하거나 거절할 수 있다.

1. 법률에 따라 열람이 금지되거나 제한되는 경우

2. 다른 사람의 생명·신체를 해할 우려가 있거나 다른 사람의 재산과 그 밖의 이익을 부당하게 침해할 우려가 있는 경우

3. 공공기관이 다음 각 목의 어느 하나에 해당하는 업무를 수행할 때 중대한 지장을 초래하는 경우

   가. 조세의 부과·징수 또는 환급에 관한 업무

   나. 「초·중등교육법」 및 「고등교육법」에 따른 각급 학교, 「평생교육법」에 따른 평생교육시설, 그 밖의 다른 법률에 따라 설치된 고등교육기관에서의 성적 평가 또는 입학자 선발에 관한 업무

   다. 학력·기능 및 채용에 관한 시험, 자격 심사에 관한 업무

   라. 보상금·급부금 산정 등에 대하여 진행 중인 평가 또는 판단에 관한 업무

   마. 다른 법률에 따라 진행 중인 감사 및 조사에 관한 업무

⑤ 제1항부터 제4항까지의 규정에 따른 열람 요구, 열람 제한, 통지 등의 방법 및 절차에 관하여 필요한 사항은 대통령령으로 정한다.

☞ <u>제38조(권리행사의 방법 및 절차)</u> ② 만 14세 미만 아동의 법정대리인은 개인정보처리자에게 그 아동의 개인정보 열람등요구를 할 수 있다.

☞ <u>제39조의14(방송사업자등에 대한 특례)</u> 「방송법」 제2조 제3호가목부터 마목까지와 같은 조 제6호·제9호·제12호 및 제14호에 해당하는 자(이하 이 조에서 "방송사업자등"이라 한다)가 시청자의 개인정보를 처리하는 경우에는 정보통신서비스 제공자에게 적용되는 규정을 준용한다. 이 경우 "방송사업자등"은 "정보통신서비스 제공자" 또는 "정보통신서비스 제공자등"으로, "시청자"는 "이용자"로 본다.

[본조신설 2020. 2. 4.]

개인정보보호법은 개인정보처리자가 개인정보주체의 요구를 받고 개인정보 정정·삭제 등의 조치를 해야 함에도 불구하고 이를 이행하지 아니하고 개인정보를 이용하거나 제3자에게 제공하는 행위를 금지하고 있다. 개인정보처리자는 정보주체의 요구를 받았을 때에는 개인정보의 정정 또는 삭제에 관하여 다른 법령에 특별한 절차가 규정되어 있는 경우를 제외하고는 지체 없이 그 개인정보를 조사하여 정보주체의 요구에 따라 정정·삭제 등 필요한

조치를 한 후 그 결과를 정보주체에게 알려야 하는데(동법 제36조 제2항 참조) 그런 조치 없이 개인정보를 함부로 이용하거나 제3자에게 제공하는 행위를 금지하는 것이다.

위 **구성요건의 주체**는 개인정보처리자(동법 제36조 제2항), 정보통신서비스 제공자 및 정보통신서비스 제공자 등으로부터 개인정보를 이전받은 자(동법 제27조), 방송사업자등(동법 제39조의14)이다.

구성요건적 행위는 개인정보주체로부터 개인정보 정정·삭제 요구를 받고 지체 없이 그 개인정보를 조사하여 정정·삭제·열람 등의 필요한 조치를 취하지 않은 상태로 개인정보를 이용하거나 제3자에게 제공하는 것이다.

본죄를 위반하면 5년 이하의 징역 또는 5천만 원 이하의 벌금에 처한다.

10. 정보통신서비스 제공자의 개인정보 수집·이용 위반의 점(제71조 제4의5호, 제39조의3 제1항)

관련조문

제71조(벌칙) 다음 각 호의 어느 하나에 해당하는 자는 5년 이하의 징역 또는 5천만 원 이하의 벌금에 처한다. <개정 2016. 3. 29., 2020. 2. 4.>

4의5. <u>제39조의3 제1항(제39조의14에 따라 준용되는 경우를 포함한다)을 위반</u>하여 이용자의 동의를 받지 아니하고 개인정보를 수집한 자

☞ **제39조의3(개인정보의 수집·이용 동의 등에 대한 특례)** ① 정보통신서비스 제공자는 **제15조 제1항**에도 불구하고 이용자의 개인정보를 이용하려고 수집하는 경우에는 다음 각 호의 모든 사항을 이용자에게 알리고 동의를 받아야 한다. 다음 각 호의 어느 하나의 사항을 변경하려는 경우에도 또한 같다.

  1. 개인정보의 수집·이용 목적
  2. 수집하는 개인정보의 항목
  3. 개인정보의 보유·이용 기간

☞ **제15조(개인정보의 수집·이용)** ① 개인정보처리자는 다음 각 호의 어느 하나에 해당하는 경우에는 개인정보를 수집할 수 있으며 그 수집 목적의 범위에서 이용할 수 있다.

  1. 정보주체의 동의를 받은 경우
  2. 법률에 특별한 규정이 있거나 법령상 의무를 준수하기 위하여 불가피한 경우
  3. 공공기관이 법령 등에서 정하는 소관 업무의 수행을 위하여 불가피한 경우
  4. 정보주체와의 계약의 체결 및 이행을 위하여 불가피하게 필요한 경우
  5. 정보주체 또는 그 법정대리인이 의사표시를 할 수 없는 상태에 있거나 주소불명 등으로

사전 동의를 받을 수 없는 경우로서 명백히 정보주체 또는 제3자의 급박한 생명, 신체, 재산의 이익을 위하여 필요하다고 인정되는 경우
6. 개인정보처리자의 정당한 이익을 달성하기 위하여 필요한 경우로서 명백하게 정보주체의 권리보다 우선하는 경우. 이 경우 개인정보처리자의 정당한 이익과 상당한 관련이 있고 합리적인 범위를 초과하지 아니하는 경우에 한한다.

개인정보보호법은 정보통신서비스 제공자가 이용자의 개인정보를 이용·수집하는 경우 일정한 사항을 알리고 동의를 받아야 하는데 이러한 규정을 위반하여 개인정보를 이용·수집하는 행위를 금지하고 있다.

위 **구성요건의 주체**는 정보통신서비스 제공자 및 방송사업자등(동법 제39조의14)이다. **구성요건적 행위**는 정보통신서비스 이용자의 동의 없이 개인정보를 이용하기 위해 수집하는 것이다. 이 때 이용자에게 알려야 하는 사항은 개인정보의 수집·이용 목적(제39조의3 제1항 제1호), 수집하는 개인정보의 항목(같은 항 제2호), 개인정보의 보유·이용 기간(같은 항 제3호)이므로 이를 알리지 않고 그 이용자의 개인정보를 함부로 수집해서는 아니 된다.

본죄를 위반하면 5년 이하의 징역 또는 5천만 원 이하의 벌금에 처한다.

11. 정보통신서비스 제공자의 만 14세 미만자에 대한 개인정보 수집·이용 위반의 점(제71조 제4의6호, 제39조의3 제4항)

관련조문

제71조(벌칙) 다음 각 호의 어느 하나에 해당하는 자는 5년 이하의 징역 또는 5천만 원 이하의 벌금에 처한다. <개정 2016. 3. 29., 2020. 2. 4.>

4의6. **제39조의3 제4항**(제39조의14에 따라 준용되는 경우를 포함한다)을 위반하여 법정대리인의 동의를 받지 아니하거나 법정대리인이 동의하였는지를 확인하지 아니하고 만 14세 미만인 아동의 개인정보를 수집한 자

☞ 제39조의3(개인정보의 수집·이용 동의 등에 대한 특례) ④ 정보통신서비스 제공자는 만 14세 미만의 아동으로부터 개인정보 수집·이용·제공 등의 동의를 받으려면 그 법정대리인의 동의를 받아야 하고, **대통령령**으로 정하는 바에 따라 법정대리인이 동의하였는지를 확인하여야 한다.

☞ 개인정보보호법 시행령 제48조의3(법정대리인 동의의 확인방법) ① 정보통신서비스 제공자는 법 제39조의3제4항에 따라 다음 각 호의 어느 하나에 해당하는 방법으로 법정대리인이 동의했는지를 확인해야 한다.

(이하 생략)

개인정보보호법은 정보통신서비스 제공자가 만 14세 미만인 아동의 개인정보를 수집하기 위해 법정대리인의 동의를 받아야 하고, 법정대리인이 동의하였는지 여부를 확인하여야 함에도 이러한 절차를 위반하는 행위를 처벌하고 있다.

위 **구성요건의 주체**는 정보통신서비스 제공자 및 방송사업자등(동법 제39조의14)이다. **구성요건적 행위**는 법정대리인의 동의 없이 만 14세 미만인 아동의 개인정보를 수집하거나 대통령령이 정한 바에 따라 법정대리인이 동의하였는지 확인함이 없이 만 14세 미만인 아동의 개인정보를 수집하는 것이다. 본죄를 위반하면 5년 이하의 징역 또는 5천만 원 이하의 벌금에 처한다.

12. 개인정보 누설 및 제공의 점(제71조 제5호, 제59조 제2호)

관련조문

제71조(벌칙) 다음 각 호의 어느 하나에 해당하는 자는 5년 이하의 징역 또는 5천만 원 이하의 벌금에 처한다. <개정 2016. 3. 29., 2020. 2. 4.>

5. **제59조 제2호**를 위반하여 업무상 알게 된 개인정보를 누설하거나 권한 없이 다른 사람이 이용하도록 제공한 자 및 그 사정을 알면서도 영리 또는 부정한 목적으로 개인정보를 제공받은 자

☞ **제59조(금지행위)** 개인정보를 처리하거나 처리하였던 자는 다음 각 호의 어느 하나에 해당하는 행위를 하여서는 아니 된다.

 2. 업무상 알게 된 개인정보를 누설하거나 권한 없이 다른 사람이 이용하도록 제공하는 행위

가. 서설

개인정보보호법은 개인정보를 처리하거나 처리하였던 자가 업무상 알게 된 개인정보를 누설하거나 권한 없이 다른 사람이 이용하도록 제공하는 행위를 처벌하고 있다. 위 규정의 입법취지에 관하여 **대법원**은 「'개인정보처리자' 외에도 '개인정보를 처리하거나 처리하였던 자'를 의무주체로 하는 금지행위에 관하여 규정함으로써 개인정보처리자 이외의 자에 의하여 이루어지는 개인정보 침해행위로 인한 폐해를 방지하여 사생활의 비밀 보호 등 개인정보보호법의 입법 목적을 달성하려 한 것으로 볼 수 있다」고 판시한 바 있다.[7]

---

7 대법원 2016. 3. 10. 선고 2015도8766 판결 참조.

나. 구성요건의 주체 및 행위의 상대방

위 **구성요건의 주체**는 개인정보를 처리하거나 처리하였던 사람 및 그 사람으로부터 개인정보를 제공받은 사람이다. 과거 개인정보처리자의 지위에 있었으나 현재는 그렇지 않은 사람도 주체에 포함된다는 점을 주의하여야 한다.

이 때 '**개인정보를 처리하거나 처리하였던 자**'는 제2조 제5호의 '개인정보처리자'(업무를 목적으로 개인정보파일을 운용하기 위하여 스스로 또는 다른 사람을 통하여 개인정보를 처리하는 공공기관, 법인, 단체 및 개인 등)에 한정되지 않고, 업무상 알게 된 제2조 제1호의 '개인정보'를 제2조 제2호의 방법으로 '처리'하거나 '처리'하였던 자를 포함한다.[8]

한편 '**개인정보를 제공받은 자**'의 해석과 관련하여 개인정보를 처리하거나 처리하였던 자가 업무상 알게 된 개인정보를 누설하거나 권한 없이 다른 사람이 이용하도록 제공한 것이라는 사정을 알면서도 영리 또는 부정한 목적으로 개인정보를 제공받은 사람이라면 **개인정보를 처리하거나 처리하였던 자로부터 '직접' 개인정보를 제공받지 아니하더라도 '개인정보를 제공받은 자'에 해당**한다.[9] 따라서 개인정보처리자였던 사람이 아닌 다른 사람을 통해 개인정보를 제공받은 경우에도 처벌의 대상이 된다.

결국 위 각 행위의 주체는 서로에 대한 행위의 상대방이 된다(**대향범**).

다. 구성요건적 행위 및 객체

본죄의 **구성요건적 행위**는 업무상 알게 된 개인정보를 누설하거나 권한 없이 다른 사람이 이용하도록 제공하는 행위 및 그와 같은 사정을 모두 알면서 영리 또는 부정한 목적으로 개인정보를 제공받는 것이다. **개인정보 누설행위**의 경우 업무상 알게 된 개인정보를 처리할 권한이 있는지 여부를 불문하나 **다른 사람이 이용하도록 제공하는 행위는 그렇게 타인에게 이용하도록 할 권한이 없어야 한다**는 점에 차이가 있다.

이 때 누설행위의 객체가 된 **개인정보는 업무상 알게 된 것이어야** 하고, 개인정보를 **제공받은 사람에게는 영리 또는 부정한 목적이 요구**된다. 위 누설 및 권한 없는 개인정보 제공행위의 방법은 달리 제한이 없으므로 서면은 물론이고 인터넷, SNS 등 정보통신망을 이용하거나 개인정보 파일을 USB, 외장하드에 담아 제공하는 행위까지도 모두 포함된다.

---

8 위 대법원 2015도8766 판결 참조.
9 대법원 2018. 1. 24. 선고 2015도16508 판결 참조.

라. 처벌

본죄를 위반하면 5년 이하의 징역 또는 5천만 원 이하의 벌금에 처한다.

13. 개인정보 훼손 등의 점(제71조 제6호, 제59조 제3호)

관련조문

제71조(벌칙) 다음 각 호의 어느 하나에 해당하는 자는 5년 이하의 징역 또는 5천만 원 이하의 벌금에 처한다. <개정 2016. 3. 29., 2020. 2. 4.>

6. 제59조 제3호를 위반하여 다른 사람의 개인정보를 훼손, 멸실, 변경, 위조 또는 유출한 자

☞ 제59조(금지행위) 개인정보를 처리하거나 처리하였던 자는 다음 각 호의 어느 하나에 해당하는 행위를 하여서는 아니 된다.

3. 정당한 권한 없이 또는 허용된 권한을 초과하여 다른 사람의 개인정보를 훼손, 멸실, 변경, 위조 또는 유출하는 행위

개인정보보호법은 개인정보를 처리하거나 처리하였던 자가 정당한 권한 없이 또는 허용된 권한을 초과하여 다른 사람의 개인정보를 훼손, 멸실, 변경, 위조 또는 유출하는 행위를 처벌한다.

위 **구성요건의 주체**는 개인정보를 처리하거나 처리하였던 사람이다. 과거 개인정보처리자의 지위에 있었으나 현재는 그렇지 않은 사람도 주체에 포함된다는 점을 주의하여야 한다. 이 때 '**개인정보를 처리하거나 처리하였던 자**'의 해석은 앞에서 본 바와 같다.

구성요건적 행위는 정당한 권한 없이 또는 허용된 권한을 초과하여 다른 사람의 개인정보를 훼손, 멸실, 변경, 위조 또는 유출하는 것이다. 개인정보보호법 제71조 제5호의 개인정보 누설 및 제3자 제공행위와는 달리 개인정보를 처리할 정당한 권한이 없거나 처리할 권한을 넘어 개인정보를 함부로 유출하면 성립한다는 점에서 차이가 있다.

본죄를 위반하면 5년 이하의 징역 또는 5천만 원 이하의 벌금에 처한다.

14. 영상정보처리기기 설치규정 위반의 점(제72조 제1호, 제25조 제5항)

관련조문

제72조(벌칙) 다음 각 호의 어느 하나에 해당하는 자는 3년 이하의 징역 또는 3천만 원 이하의 벌금에 처한다.

1. 제25조 제5항을 위반하여 영상정보처리기기의 설치 목적과 다른 목적으로 영상정보처리기기를 임의로 조작하거나 다른 곳을 비추는 자 또는 녹음기능을 사용한 자

☞ 제25조(영상정보처리기기의 설치·운영 제한) ⑤ 영상정보처리기기운영자는 영상정보처리기기의 설치 목적과 다른 목적으로 영상정보처리기기를 임의로 조작하거나 다른 곳을 비춰서는 아니 되며, 녹음기능은 사용할 수 없다.

☞ 제2조(정의) 이 법에서 사용하는 용어의 뜻은 다음과 같다. <개정 2014. 3. 24., 2020. 2. 4.>

7. "영상정보처리기기"란 일정한 공간에 지속적으로 설치되어 사람 또는 사물의 영상 등을 촬영하거나 이를 유·무선망을 통하여 전송하는 장치로서 **대통령령**으로 정하는 장치를 말한다.

☞ 개인정보보호법 시행령 제3조(영상정보처리기기의 범위) 법 제2조 제7호에서 "대통령령으로 정하는 장치"란 다음 각 호의 장치를 말한다.

1. 폐쇄회로 텔레비전: 다음 각 목의 어느 하나에 해당하는 장치
   가. 일정한 공간에 지속적으로 설치된 카메라를 통하여 영상 등을 촬영하거나 촬영한 영상정보를 유무선 폐쇄회로 등의 전송로를 통하여 특정 장소에 전송하는 장치
   나. 가목에 따라 촬영되거나 전송된 영상정보를 녹화·기록할 수 있도록 하는 장치
2. 네트워크 카메라: 일정한 공간에 지속적으로 설치된 기기로 촬영한 영상정보를 그 기기를 설치·관리하는 자가 유무선 인터넷을 통하여 어느 곳에서나 수집·저장 등의 처리를 할 수 있도록 하는 장치

개인정보보호법은 영상정보처리기기운영자가 영상정보처리기기의 설치목적과 다른 목적으로 이를 임의로 조작하거나 다른 곳을 비추는 행위, 녹음기능을 사용하는 행위를 처벌한다. CCTV 등 영상정보처리기기를 설치목적과 무관하게 사용하거나 이를 임의로 조작하여 녹화하는 행위, 녹음을 위하여 CCTV를 사용하는 행위를 금지하고자 함이다. CCTV를 통해 녹화되는 사람의 모습 또한 특정 사람을 식별할 수 있는 개인정보라는 점에 착안한 것이다.

위 **구성요건의 주체**는 영상정보처리기기운영자이다. **구성요건의 객체**인 **"영상정보처리기기"**란 일정한 공간에 지속적으로 설치되어 사람 또는 사물의 영상 등을 촬영하거나 이를 유·무선망을 통하여 전송하는 장치로서 대통령령으로 정하는 장치를 말하는데(동법 제2조 제

7호 참조), 동법 시행령상 폐쇄회로 텔레비전(CCTV), 네트워크 카메라 등이 이에 해당한다.

구성요건적 행위는 영상정보처리기기의 설치 목적과 다른 목적으로 영상정보처리기기를 임의로 조작하거나 다른 곳을 비추는 행위 또는 녹음기능을 사용하는 것이다. 최초 설치목적과 무관하게 개인정보에 해당하는 사람의 신체 등을 녹화하여 함부로 사용하는 것을 금지하는 취지다.

본죄를 위반하면 3년 이하의 징역 또는 3천만 원 이하의 벌금에 처한다.

15. 거짓 기타 부정한 수단·방법 개인정보 취득 등의 점(제72조 제2호, 제59조 제1호)

관련조문

제72조(벌칙) 다음 각 호의 어느 하나에 해당하는 자는 3년 이하의 징역 또는 3천만 원 이하의 벌금에 처한다.

  2. **제59조 제1호**를 위반하여 거짓이나 그 밖의 부정한 수단이나 방법으로 개인정보를 취득하거나 개인정보 처리에 관한 동의를 받는 행위를 한 자 및 그 사정을 알면서도 영리 또는 부정한 목적으로 개인정보를 제공받은 자

☞ **제59조(금지행위)** 개인정보를 처리하거나 처리하였던 자는 다음 각 호의 어느 하나에 해당하는 행위를 하여서는 아니 된다.

  1. 거짓이나 그 밖의 부정한 수단이나 방법으로 개인정보를 취득하거나 처리에 관한 동의를 받는 행위

가. 서설

개인정보보호법은 거짓이나 그 밖의 부정한 수단이나 방법으로 개인정보를 취득하거나 개인정보 처리에 관한 동의를 받는 행위 및 그러한 정보를 영리 또는 부정한 목적으로 제공받는 행위를 처벌하고 있다.

나. 구성요건의 주체 및 행위의 상대방

위 **구성요건의 주체**는 개인정보를 처리하거나 처리하였던 사람, 영리 또는 부정한 목적으로 개인정보를 제공받은 사람이다. 위 각 행위의 주체는 서로 상대방이 된다(**대향범**).

다. 구성요건적 행위 및 객체, 처벌

본죄의 **구성요건적 행위**는 거짓이나 그 밖의 부정한 수단이나 방법으로 개인정보를 취득하거나 개인정보 처리에 관한 동의를 받는 행위 및 영리 또는 부정한 목적으로 그렇게 취득한 개인정보를 제공받는 것이다.

대법원은 「**'거짓이나 그 밖의 부정한 수단이나 방법'**이란 개인정보를 취득하거나 또는 그 처리에 관한 동의를 받기 위하여 사용하는 위계 기타 사회통념상 부정한 방법이라고 인정되는 것으로서 **개인정보 취득 또는 그 처리에 동의할지에 관한 정보주체의 의사결정에 영향을 미칠 수 있는 적극적 또는 소극적 행위**를 뜻한다.」고 판시하고 있다.[10] 이 때 거짓이나 그 밖의 부정한 수단이나 방법으로 개인정보를 취득하거나 그 처리에 관한 동의를 받았는지를 판단할 때에는 개인정보처리자가 그에 관한 동의를 받는 행위 자체만을 분리하여 개별적으로 판단하여서는 안 되고, 개인정보처리자가 개인정보를 취득하거나 처리에 관한 동의를 받게 된 전 과정을 살펴보아 거기에서 드러난 개인정보 수집 등의 동기와 목적, 수집 목적과 수집 대상인 개인정보의 관련성, 수집 등을 위하여 사용한 구체적인 방법, 개인정보보호법 등 관련 법령을 준수하였는지 및 취득한 개인정보의 내용과 규모, 특히 민감정보·고유식별정보 등의 포함 여부 등을 종합적으로 고려하여 사회통념에 따라 판단하여야 한다.[11]

위 사례는 속칭 「**홈플러스 개인정보 취득 및 동의 사건**」으로 대법원은 홈플러스가 광고 및 경품행사의 주된 목적이 고객들의 개인정보를 취득하여 이를 제3자에게 제공하기 위한 것임에도 불구하고 마치 사은행사를 하는 것처럼 소비자들을 오인하게 한 다음 약 1mm 가량의 작은 글씨로 "개인정보 제3자 제공 동의" 사항을 기재하여 고객들의 개인정보제공 동의를 받은 것은 거짓이나 그 밖의 **부정한 수단이나 방법을 이용하여 개인정보를 취득하거나 개인정보 처리에 관한 동의를 받는 행위에 해당**한다고 판시하여 무죄를 선고한 원심판결을 파기하였다. 상세한 판시 이유는 다음과 같다.

> **판례**
>
> (전략) 이상에서 살펴본 것처럼, **피고인들이 이 사건 광고 및 경품행사의 주된 목적을 숨긴 채 사은행사를 하는 것처럼 소비자들을 오인하게 한 다음 경품행사와는 무관한 고객들의 개인정보까지 수집하여 이를 제3자에게 제공한 점, 피고인들이 이와 같은 행위를 하면서 개인정보 보호법상의 개인정보보호 원칙**

---

10 대법원 2017. 4. 7. 선고 2016도13263 판결 참조.
11 위 대법원 2016도13268 판결 참조.

> 및 제반 의무를 위반한 점, 피고인들이 수집한 개인정보에는 사생활의 비밀에 관한 정보나 심지어는 고유식별정보 등도 포함되어 있는 점 및 피고인들이 수집한 개인정보의 규모 및 이를 제3자에게 판매함으로써 얻은 이익등을 종합적으로 고려하여 보면, 피고인들은 개인정보 보호법 제72조 제2호에 규정된 '거짓이나 그 밖의 부정한 수단이나 방법으로 개인정보를 취득하거나 개인정보 처리에 관한 동의를 받는 행위를 한 자'에 해당한다고 보는 것이 옳다(대법원 2017. 4. 7. 선고 2016도13263 판결 참조).

본죄를 위반하면 3년 이하의 징역 또는 3천만 원 이하의 벌금에 처한다.

16. 직무상 비밀누설의 점(제72조 제3호, 제60조)

관련조문

제72조(벌칙) 다음 각 호의 어느 하나에 해당하는 자는 3년 이하의 징역 또는 3천만 원 이하의 벌금에 처한다.

　3. 제60조를 위반하여 직무상 알게 된 비밀을 누설하거나 직무상 목적 외에 이용한 자

☞ 제60조(비밀유지 등) 다음 각 호의 업무에 종사하거나 종사하였던 자는 직무상 알게 된 비밀을 다른 사람에게 누설하거나 직무상 목적 외의 용도로 이용하여서는 아니 된다. 다만, 다른 법률에 특별한 규정이 있는 경우에는 그러하지 아니하다. <개정 2020.2.4>

　1. 제7조의8 및 제7조의9에 따른 보호위원회의 업무

　1의2. 제32조의2에 따른 개인정보 보호 인증 업무

　2. 제33조에 따른 영향평가 업무

　3. 제40조에 따른 분쟁조정위원회의 분쟁조정 업무 (각 준용규정 생략)

개인정보보호법은 개인정보보호위원회 등 법률이 정한 업무에 종사하거나 종사하였던 사람이 직무상 알게 된 비밀을 다른 사람에게 누설하거나 직무상 목적 외의 용도로 이용하는 행위를 금지하고 있다.

위 **구성요건의 주체**는 개인정보보호위원회, 개인정보 보호인증, 영향평가 및 분쟁조정위원회의 분쟁조정의 업무에 종사하거나 종사하였던 사람이다. **구성요건적 행위**는 위와 같은 신분자가 그 직무상 알게 된 비밀을 누설하거나 목적 외로 이용하는 것으로서 그 직무를 수행하는 과정에서 알게 된 비밀만이 그 객체가 된다는 점을 유의할 필요가 있다. 따라서 직무와 무관하게 알게 된 비밀을 제3자에게 알렸다는 사정만으로는 위 범죄가 성립한다고 볼 수 없다.

본죄를 위반하면 3년 이하의 징역 또는 3천만 원 이하의 벌금에 처한다.

17. 범죄수익환수 및 자금세탁범죄 처벌 사례

가. 서설

개인정보보호법위반죄에 따른 범죄수익환수 사례는 통상 ① **업무상 알게 된 개인정보를 함부로 누설하고 이를 영리의 목적으로 제공받는 행위**에서 취득한 범죄수익을 환수하는 경우, ② **거짓이나 그 밖의 부정한 수단과 방법을 이용하여 개인정보를 취득하여 이를 제3자에게 판매**함으로써 범죄수익이 발생하는 경우 이를 개인정보보호법에 따라 임의적으로 몰수하거나 추징하는 경우가 대부분을 차지하고 있다.

이미 앞에서 살펴본 바와 같이 개인정보처리자가 개인정보를 제3자에게 유상으로 제공하고, 제3자가 영리 또는 부정한 목적으로 이를 제공받는 경우에는 위 개인정보 제공에 따른 대가, 제3자가 해당 개인정보를 이용하여 벌어들인 수익을 모두 환수할 수 있다는 점을 주의할 필요가 있다.

나. 업무상 알게 된 개인정보 누설의 점(동법 제71조 제5호, 제59조 제2호)

업무상 알게 된 개인정보의 경우 이를 함부로 누설하는 경우 처벌하게 되는데 실무상 **개인정보를 수집하는 은행, 쇼핑몰, 휴대폰 대리점, 신용카드 회사의 직원이 그와 같이 취득한 개인정보를 함부로 처분하는 방법으로 누설하고 범죄수익을 취득하는 경우가 많이 문제**되고 있다. 이러한 경우 업무상 지득 개인정보를 누설한 사람과 영리의 목적으로 이를 제공받은 사람 모두 처벌대상이 되고 그 과정에서 수수한 금전은 모두 환수의 대상이 된다.

이와 관련하여 **휴대폰 판매 대리점 운영자가 업무상 알게 된 고객정보를 누설하고 제3자가 이를 영리 목적으로 취득한 경우 그 판매대금을 추징한 사례**가 있다.[12]

다. 영리목적 거짓이나 부정한 방법 개인정보 취득의 점(동법 제70조 제2호)

이미 앞에서도 살펴본 바와 같이 개인정보보호법 제70조 제2호는 영리를 목적으로 거짓이나 그 밖의 부정한 수단이나 방법으로 다른 사람이 처리하고 있는 개인정보를 취득한 후 이를 영리 또는 부정한 목적으로 제3자에게 제공하는 행위, 이를 교사·알선하는 행위를 무

---

12 대구지방법원 2020. 12. 17. 선고 2020노2984 판결 참조(원심: 대구지방법원 2020고단2362 판결).

겁게 처벌하고 있다. 그런데 범죄수익은닉규제법은 위 개인정보보호법 제70조 제2호는 중대범죄에서 제외하면서 오히려 영리를 목적으로 하지 않는 동종 범죄행위(동법 제72조 제2호, 제59조 제1호)를 중대범죄로 규정하고 있어 체계상 맞지 않는 문제가 있으므로 범죄수익은닉규제법 별표를 개정할 필요성이 있다.

이와 관련하여 **심부름 센터를 운영하면서 의뢰인으로부터 특정인의 개인정보를 알아달라는 부탁을 받고 개인정보업자로부터 개인정보를 받은 다음 이를 재판매하여 얻은 범죄수익을 추징한 사례**가 있다.[13] 위 피고인은 위와 같이 얻은 범죄수익을 차명계좌인 아내 명의 계좌에 입금하여 관리하였는데 당시 범죄수익은닉규제법위반죄로 기소되지 않았다. 생각건대 처 명의 계좌를 사용하여 위 범죄수익의 취득 및 처분을 가장하거나 은닉하는 경우 자금세탁범죄가 성립한다고 봄이 상당하다(私見).

사례

범죄사실

피고인은 2012. 말경부터 경기도 수원시 D에서 "E 심부름센터"라는 상호의 업체를 운영하면서, 고객 또는 다른 심부름센터 운영자 등 의뢰인으로부터 특정인의 주민등록번호, 가족관계, 연락처 등 개인정보를 알려달라는 의뢰를 받으면, 불법적으로 취득한 개인정보를 유통시켜 수익을 올리는 일명 '개인정보 조회업자'를 통하여 의뢰받은 특정인의 개인정보를 알아내어 의뢰인에게 알려주고 그 대가를 받는 일을 하여왔다.

누구든지 거짓이나 그 밖의 부정한 수단이나 방법으로 다른 사람이 처리하고 있는 개인정보를 취득한 후 이를 영리 또는 부정한 목적으로 제3자에게 제공하도록 알선하여서는 아니된다.

그럼에도 불구하고 **피고인은 2015. 10. 16.경 F로부터 성명불상자의 주민등록번호 등 개인정보를 알려달라는 의뢰를 받고, 스마트폰 어플 '텔레그램'을 이용하여 'G'라는 아이디를 사용하는 성명불상의 개인정보 조회업자와 F를 텔레그램 대화방에 초대하여, 위 개인정보 조회업자로 하여금 성명불상자의 주민등록번호 등 개인정보를 F에게 제공하게 하고, 그 개인정보 제공에 대한 대가로 F로부터 피고인의 처 H 명의의 농협 계좌로 150,000원을 송금받은 것을 비롯하여, 그 때부터 2016. 8. 22.경까지 별지 범죄일람표 기재와 같이 F로부터 총 70회에 걸쳐 합계 26,900,000원을 받고 성명불상의 개인정보 조회업자로 하여금 부정한 수단이나 방법으로 취득한 동사무소, 이동통신사, 신용정보회사 등이 처리하고 있는 주민등록번호, 휴대전화번호, 통신요금 청구지, 주소지, 신용정보 등 개인정보를 영리 목적으로 제3자인 F에게 제공하도록 알선하였다.**

---

13 부산지방법원 2017. 1. 13. 선고 2016고단7671 판결 참조(대법원 2017도7982 판결로 확정).

> **법령의 적용**
>
> 1. 범죄사실에 대한 해당법조
>
>   개인정보보호법 제70조 제2호
>
> 1. 추징
>
>   개인정보보호법 제74조의2

4 산업기술의 유출방지 및 보호에 관한 법률 위반(제41호)

1. 총설

범죄수익은닉규제법 별표 제41호에서는 **산업기술의 유출방지 및 보호에 관한 법률**(이하, '산업기술보호법') **제36조 제1항**(금지규정은 동법 제14조 제1호 내지 제3호)**의 죄**를 범죄수익환수 대상범죄로 규정하고 있다. 본죄는 2019. 4. 23. 범죄수익은닉규제법이 개정되면서 중대범죄로 추가되었다.

관련조문

범죄수익은닉규제법 별표

중대범죄(제2조 제1호 관련)

41. 「산업기술의 유출방지 및 보호에 관한 법률」 **제36조 제1항**의 죄

이 법은 산업기술의 부정한 유출을 방지하고 산업기술을 보호함으로써 국내산업의 경쟁력을 강화하고 국가의 안전보장과 국민경제의 발전에 이바지함을 목적으로 한다(산업기술보호법 제1조 참조).

산업기술보호법 제36조 제5항은 동법 제36조 제1항의 죄를 범한 자가 그 범죄행위로 인하여 얻은 재산을 **필요적으로 몰수**하고, 다만 그 전부 또는 일부를 몰수할 수 없는 때에는 **그 가액을 추징**한다고 규정하고 있다. 따라서 **위 중대범죄로 취득한 범죄수익을 환수할 때에는 위 법의 필요적 몰수추징 규정이 적용**된다.

관련조문

제36조(벌칙) ⑤ 제1항부터 제4항까지의 죄를 범한 자가 그 범죄행위로 인하여 얻은 재산은 이를 몰수한다. 다만, 그 전부 또는 일부를 몰수할 수 없는 때에는 그 가액을 추징한다. ＜개정 2019. 8. 20.＞

다만 범죄수익은닉규제법상 중대범죄로 규정되어 있는 산업기술보호법 규정은 동법 제 36조 제1항의 죄가 유일하므로 해당 조항으로 처벌되는 경우에만 마약거래방지법 및 범죄 수익은닉규제법에 따른 몰수·추징 보전이 가능하고 자금세탁범죄 또한 위 중대범죄로 취득 한 범죄수익의 취득 및 처분행위를 가장하고 은닉하는 경우에만 성립함을 주의할 필요가 있 다(제36조 제2항 내지 제4항 제외).

아래에서는 산업기술보호법상 산업기술의 개념을 토대로 중대범죄의 구성요건을 살펴보 고 범죄수익환수 및 자금세탁범죄 처벌사례에 대해 검토하도록 한다.

2. 산업기술 등의 개념

산업기술보호법 제36조 제1항은 국가핵심기술을 외국에서 사용하거나 사용되게 할 목적 으로 동법 제14조 제1호 내지 제3호의 어느 하나의 행위를 하는 경우 3년 이상의 유기징역 에 처하고 15억 원 이하의 벌금을 필요적으로 병과하도록 하고 있다.

산업기술보호법상 보호의 대상이 되는 구성요건의 객체는 산업기술이고 위 범죄가 성립 하기 위해서는 **국가핵심기술을 외국에서 사용하거나 사용되게 할 목적**을 요구하고 있는 바, **산업기술 및 국가핵심기술의 개념**은 다음과 같다.

관련조문 ─────────────────────────────

산업기술보호법 제2조(정의) 이 법에서 사용하는 용어의 정의는 다음과 같다.

1. **"산업기술"**이라 함은 **제품 또는 용역의 개발·생산·보급 및 사용에 필요한 제반 방법 내지 기술상의 정보** 중에서 행정기관의 장(해당 업무가 위임 또는 위탁된 경우에는 그 위임 또는 위탁받은 기관이나 법인·단체의 장을 말한다)이 **산업경쟁력 제고나 유출방 지 등**을 위하여 이 법 또는 다른 법률이나 이 법 또는 다른 법률에서 위임한 명령(대통 령령·총리령·부령에 한정한다. 이하 이 조에서 같다)에 따라 **지정·고시·공고·인증하 는 다음 각 목의 어느 하나에 해당하는 기술**을 말한다.
   가. 제9조에 따라 고시된 **국가핵심기술**
   나. 「산업발전법」 제5조에 따라 고시된 **첨단기술의 범위에 속하는 기술**
   다. 「산업기술혁신 촉진법」 제15조의2에 따라 인증된 **신기술**
   라. 「전력기술관리법」 제6조의2에 따라 지정·고시된 새로운 **전력기술**
   마. 「환경기술 및 환경산업 지원법」 제7조에 따라 인증된 **신기술**
   바. 「건설기술 진흥법」 제14조에 따라 지정·고시된 새로운 **건설기술**
   사. 「보건의료기술 진흥법」 제8조에 따라 인증된 **보건신기술**

아. 「뿌리산업 진흥과 첨단화에 관한 법률」제14조에 따라 지정된 **핵심 뿌리기술**

자. 그 밖의 법률 또는 해당 법률에서 위임한 명령에 따라 지정·고시·공고·인증하는 기술 중 **산업통상자원부장관이 관보에 고시하는 기술**

2. **"국가핵심기술"**이라 함은 국내외 시장에서 차지하는 기술적·경제적 가치가 높거나 관련 산업의 성장잠재력이 높아 해외로 유출될 경우에 국가의 안전보장 및 국민경제의 발전에 중대한 악영향을 줄 우려가 있는 기술로서 **제9조의 규정에 따라 지정**된 것을 말한다.

☞ **산업기술보호법 제9조(국가핵심기술의 지정·변경 및 해제 등)** ① **산업통상자원부장관**은 국가핵심기술로 지정되어야 할 대상기술(이하 이 조에서 "지정대상기술"이라 한다)을 선정하거나 관계 중앙행정기관의 장으로부터 그 소관의 지정대상기술을 선정·통보받은 경우에는 **위원회의 심의를 거쳐 국가핵심기술로 지정할 수 있다.** 이 경우 산업통상자원부장관이 선정한 지정대상기술이 다른 중앙행정기관의 장의 소관인 경우에는 위원회 심의 전에 해당 중앙행정기관의 장과 협의를 거쳐야 한다. <개정 2008. 2. 29., 2013. 3. 23., 2015. 1. 28.>

② 산업통상자원부장관 및 관계 중앙행정기관의 장은 지정대상기술을 선정함에 있어서 해당기술이 국가안보 및 국민경제에 미치는 파급효과, 관련 제품의 국내외 시장점유율, 해당 분야의 연구동향 및 기술 확산과의 조화 등을 종합적으로 고려하여 필요최소한의 범위 안에서 선정하여야 한다. <개정 2015. 1. 28.>

③ 산업통상자원부장관은 국가핵심기술의 범위 또는 내용의 변경이나 지정의 해제가 필요하다고 인정되는 기술을 선정하거나 관계 중앙행정기관의 장으로부터 그 소관의 국가핵심기술의 범위 또는 내용의 변경이나 지정의 해제를 요청받은 경우에는 위원회의 심의를 거쳐 변경 또는 해제할 수 있다. 이 경우 산업통상자원부장관이 선정한 기술이 다른 중앙행정기관의 장의 소관인 경우에는 위원회 심의 전에 해당 중앙행정기관의 장과 협의를 거쳐야 한다. <개정 2008. 2. 29., 2013. 3. 23., 2015. 1. 28.>

④ 산업통상자원부장관은 **제1항의 규정에 따라 국가핵심기술을 지정하거나 제3항의 규정에 따라 국가핵심기술의 범위 또는 내용을 변경 또는 지정을 해제**한 경우에는 이를 **고시**하여야 한다. <개정 2008. 2. 29., 2013. 3. 23.>

⑤ 위원회는 제1항 및 제3항의 규정에 따라 국가핵심기술의 지정·변경 또는 해제에 대한 심의를 함에 있어서 지정대상기술을 보유·관리하는 기업 등 이해관계인의 요청이 있는 경우에는 대통령령이 정하는 바에 따라 의견을 진술할 기회를 주어야 한다.

⑥ 대상기관은 해당 기관이 보유하고 있는 기술이 국가핵심기술에 해당하는지에 대한 판정을 대통령령으로 정하는 바에 따라 산업통상자원부장관에게 신청할 수 있다. <신설 2011. 7. 25., 2013. 3. 23.>

⑦ 제1항 및 제3항의 규정에 따른 국가핵심기술의 지정·변경 및 해제의 기준·절차 그 밖에 필요한 사항은 대통령령으로 정한다. <개정 2011. 7. 25.>

결국 실무상 산업기술보호법 제36조 제1항 위반죄의 성립과 관련하여 **구성요건의 객체가 되는 기술**이 산업기술보호법 및 동법시행령, 산업통상자원부장관 고시에 기재되어 있는 **국가핵심기술 및 산업기술에 해당하는지를 먼저 검토할 필요가 있다.**

중대범죄 처벌규정인 동법 제36조 제1항과 연결된 금지규정은 각 호별로 구성요건이 상이하므로 각 항목을 나누어 살펴본다.

3. 부정한 방법으로 대상기관의 산업기술 취득·사용·공개의 점(제36조 제1항, 제14조 제1호)

관련조문

제36조(벌칙) ① 국가핵심기술을 외국에서 사용하거나 사용되게 할 목적으로 **제14조 제1호부터 제3호까지의 어느 하나에 해당하는 행위**를 한 자는 3년 이상의 유기징역에 처한다. 이 경우 15억 원 이하의 벌금을 병과한다.

☞ **제14조(산업기술의 유출 및 침해행위 금지)** 누구든지 다음 각 호의 어느 하나에 해당하는 행위를 하여서는 아니 된다. <개정 2008.2.29, 2011.7.25, 2013.3.23, 2015.1.28, 2019.8.20>

　　1. 절취·기망·협박 그 밖의 부정한 방법으로 대상기관의 산업기술을 취득하는 행위 또는 그 취득한 산업기술을 사용하거나 공개(비밀을 유지하면서 특정인에게 알리는 것을 포함한다. 이하 같다)하는 행위

산업기술보호법은 절취·기망·협박 그 밖의 부정한 방법으로 대상기관의 산업기술을 취득하는 행위 또는 그 취득한 산업기술을 사용하거나 공개(비밀을 유지하면서 특정인에게 알리는 것을 포함)하는 행위를 처벌하고 있다.

가. 구성요건의 주체 및 행위의 상대방

구성요건의 주체는 아무런 제한이 없으므로 누구든지 범죄의 주체가 될 수 있다. 나아가 **행위의 상대방** 또한 특별한 제한이 없다.

나. 구성요건적 행위 및 객체

본죄의 구성요건의 객체는 '**대상기관의 산업기술**'로 여기에서 대상기관이라 함은 산업기술을 보유한 기업·연구기관·전문기관·대학 등을 말한다(동법 제2조 제4호).

구성요건적 행위는 절취·기망·협박 그 밖의 부정한 방법으로 위 산업기술을 취득하는 행위 또는 그와 같이 취득한 산업기술을 사용하거나 공개(특정인에 제공)하는 것이다. 여기에 서 **절취·기망·협박은 부정한 방법의 예시로서 그 외의 방법의 경우 절취·기망·협박과 같은 수준의 행위일 것을 요한다**고 봄이 상당하다.

예컨대 직접 산업기술을 절취하는 경우가 아니라고 하더라도 그와 같은 사정을 모르는 제3자를 통하여 산업기술을 유출하는 등의 행위는 간접정범의 방법으로 산업기술을 절취하는 행위로 평가할 수 있을 것이다. 그러나 업무 과정에서 회사의 업무자료를 동료들과 공유할 필요가 있었고 그와 같은 공유가 업무처리의 범위 내에 있었던 경우 위 기술을 공유받은 사실만으로는 부정한 방법을 인정할 수 없다고 본 하급심 판결이 있다.[14]

결국 위와 같은 **'부정한 방법'**의 해석과 관련하여 산업기술을 취득한 경위, 그 과정에서 회사의 내부 규정과 규칙, 지침 내지 지시를 위반하였다고 평가할 수 있는지, 그 방법이 지극히 비정상적인 방법으로 이루어진 것은 아닌지(절취, 기망 또는 협박에 준하는 부적절한 방법)에 대한 검토가 필요하다.

이 때 **주관적 구성요건요소**와 관련하여 위와 같이 절취·기망·협박 그 밖의 부정한 방법으로 취득, 사용, 공개(특정인 제공)하는 것이 산업기술보호법에서 보호하는 산업기술이라는 사실을 인식하는 것(고의범) 외에 국가핵심기술을 해외로 유출할 목적이 별도로 요구된다 (목적범). 동법 제36조 제1항은 국가핵심기술의 해외유출 목적을 요구하고 있고 이러한 구성요건이 충족되는 경우 가중처벌하고 있는바, **위 고의와 목적은 엄격한 증명을 요한다.**

이와 관련하여 **대법원**은 「행위자가 산업기술임을 인식하고 제14조 각호의 행위를 하거나, 외국에 있는 사람에게 산업기술을 보냈다는 사실만으로 그에게 위와 같은 목적이 있었다고 추정해서는 아니 된다. 행위자에게 위와 같은 목적이 있음을 증명할 직접증거가 없는 때에는 **산업기술 및 비밀유지의무를 인정할 여러 사정들**에 더하여 **피고인의 직업, 경력, 행위의 동기 및 경위와 수단, 방법, 그리고 산업기술 보유기업과 산업기술을 취득한 제3자와의 관계, 외국에 보내게 된 경위 등 여러 사정을 종합하여 사회통념에 비추어 합리적으로 판단하여야 한다.」**고 판시하는 등 위 목적을 엄격하게 인정하여야 한다는 입장이다.[15]

다. 처벌

본죄를 위반하면 3년 이상의 유기징역에 처한다. 이 경우 15억 원 이하의 벌금을 병과한다.

---

14 서울중앙지방법원 2014. 12. 19. 선고 2013노4413 판결 참조.
15 대법원 2018. 7. 12. 선고 2015도464 판결 참조.

4. 비밀유지의무 있는 자의 부정한 이익 취득 목적 등 산업기술 유출 등의 점 (제36조 제1항, 제14조 제2호)

관련조문

제36조(벌칙) ① 국가핵심기술을 외국에서 사용하거나 사용되게 할 목적으로 **제14조 제1호부터 제3호까지의 어느 하나에 해당하는 행위**를 한 자는 3년 이상의 유기징역에 처한다. 이 경우 15억 원 이하의 벌금을 병과한다.

☞ **제14조(산업기술의 유출 및 침해행위 금지)** 누구든지 다음 각 호의 어느 하나에 해당하는 행위를 하여서는 아니 된다.

   2. 제34조의 규정 또는 대상기관과의 계약 등에 따라 산업기술에 대한 비밀유지의무가 있는 자가 부정한 이익을 얻거나 그 대상기관에게 손해를 가할 목적으로 유출하거나 그 유출한 산업기술을 사용 또는 공개하거나 제3자가 사용하게 하는 행위

가. 서설

산업기술보호법은 **동법 제34조(비밀유지의무)의 규정 또는 대상기관과의 계약** 등에 따라 산업기술에 대한 **비밀유지의무가 있는 자**가 부정한 이익을 얻거나 그 대상기관에게 손해를 가할 목적으로 산업기술을 **유출하거나 그 유출한 산업기술을 사용 또는 공개하거나 제3자가 사용하게 하는 행위**를 처벌하고 있다.

나. 구성요건의 주체 및 행위의 상대방

본죄의 **구성요건의 주체**는 동법 제34조 각 호에 해당하거나 해당하였던 사람 및 대상기관과의 계약에 따라 산업기술에 대한 비밀유지의무가 있는 사람이다(**신분범**). 과거 그와 같은 신분이 있었을 때 산업기술을 취득하였다가 유출 등의 행위를 할 당시에는 그 신분이 사라졌다고 하더라도 여전히 본죄의 주체가 될 수 있음을 주의할 필요가 있다.

산업기술보호법상 비밀유지의무가 있는 신분자에 대한 상세한 규정은 다음과 같다.

관련조문 ──────────────────

제34조(비밀유지의무) 다음 각 호의 어느 하나에 해당하거나 해당하였던 자는 그 직무상 알 게 된 비밀을 누설하거나 도용하여서는 아니 된다. <개정 2008. 2. 29., 2011. 7. 25., 2013. 3. 23., 2015. 1. 28., 2019. 8. 20.>

1. **대상기관의 임·직원**(교수·연구원·학생을 포함한다)
2. 제9조의 규정에 따라 **국가핵심기술의 지정·변경 및 해제 업무를 수행하는 자** 또는 제 16조에 따라 국가핵심기술의 보호·관리 등에 관한 **지원 업무를 수행하는 자**
3. 제11조 및 제11조의2에 따라 **국가핵심기술의 수출** 및 **해외인수·합병등에 관한 사항 을 검토**하거나 **사전검토, 조사업무를 수행하는 자**
3의2. 제11조의2 제3항 및 제6항에 따른 해외인수·합병등을 진행하려는 외국인 및 외국인 의 임·직원
4. 제15조의 규정에 따라 **침해행위의 접수 및 방지 등의 업무를 수행하는 자**
5. 제16조 제4항 제3호의 규정에 따라 **상담업무 또는 실태조사에 종사하는 자**
6. 제17조 제1항의 규정에 따라 산업기술의 보호 및 관리 현황에 대한 **실태조사업무를 수 행하는 자**
7. 제20조 제2항의 규정에 따라 **산업보안기술 개발사업자에게 고용되어 산업보안기술 연 구개발업무를 수행하는 자**
8. 제23조의 규정에 따라 **산업기술 분쟁조정업무를 수행하는 자**
9. 제33조의 규정에 따라 **산업통상자원부장관의 권한의 일부를 위임·위탁받아 업무를 수행하는 자**
10. 「공공기관의 정보공개에 관한 법률」에 따른 정보공개 청구, 산업기술 관련 소송 업무 등 대통령령으로 정하는 **업무를 수행하면서 산업기술에 관한 정보를 알게 된 자**

─────────────────────────────

다. 구성요건적 행위 및 객체

본죄의 **구성요건의 객체**는 위 신분자가 **직무상 알게 된 산업기술** 또는 **대상기관과의 계약에 따라 비밀유지의무를 부담하게 된 산업기술**이다. 동법에 따른 신분자의 경우 해 당 직무수행의 과정에서 알게 된 산업기술에 한하여 비밀유지의무를 부담하는 것이므로 해 당 산업기술이 신분자가 직무상 취득한 것인지 여부가 쟁점이 된다. 나아가 대상기관과의 계약에 따라 비밀유지의무를 부담한 산업기술의 경우에도 유출한 산업기술이 계약에 따라 비밀유지의무의 부담이 있는 것인지 여부도 검토할 필요가 있다.

본죄의 **구성요건적 행위**는 위와 같은 산업기술을 **유출하거나 그 유출한 산업기술을 사 용 또는 공개하거나 제3자가 사용하게 하는 것**이다. 여기에서 유출은 비밀유지의무에 위

반하여 산업기술 자체 또는 해당 기술에 관한 정보를 대상기관 밖으로 빼내는 일체의 행위를 의미한다고 해석함이 상당하고 해당 산업기술을 직접 사용하거나 공개(특정인에게 제공) 또는 제3자로 하여금 사용하게 하는 것을 모두 포함한다. 따라서 산업기술 관련 자료를 개인용 PC에서 외장형 하드에 옮겨 담아 이를 대상기관의 밖으로 빼내는 행위 또한 본죄에 해당한다고 봄이 상당하다.

한편 **주관적 구성요건요소**는 위와 같이 유출, 사용, 공개하는 대상인 산업기술을 비밀유지의무에 위반하여 유출하는 것이라는 사실을 인식하여야 하고(고의범), **부정한 이익을 얻거나 그 대상기관에 손해를 가할 목적 및 국가핵심기술을 외국에서 사용하거나 사용되게 할 목적**을 요구한다(목적범). 이때의 목적 또한 앞서 대법원 판결이 설시한 바와 같이 엄격한 증명을 요한다.

통상적으로 대상기관 내부에서 근무하는 임직원이 해당 산업기술을 해외로 빼돌려 이를 판매하고 그 대가로 이익을 취득하는 경우, 산업기술보호법상 위 각 비밀유지의무가 있는 신분자가 해당 산업기술을 해외로 반출하여 부정한 이익을 취득하려고 하는 경우, 대상기관에 앙심을 품은 임직원이 산업기술을 함부로 빼돌려 대상기관의 영업에 손해를 가하려고 하는 경우 본죄가 성립한다.

나아가 위와 같은 산업기술보호법위반 행위는 대상기관에 대한 업무상배임죄가 성립할 수 있고(타인의 사무를 처리하는 자가 그 업무상 임무에 위배하는 행위로써 재산상의 이익을 취득하거나 제3자로 하여금 이를 취득하게 하여 본인에게 손해를 가하는 행위), 이 때 산업기술보호법위반죄와 업무상배임죄는 상상적 경합관계에 있다고 봄이 타당하다.

라. 처벌

본죄를 위반하면 3년 이상의 유기징역에 처한다. 이 경우 15억 원 이하의 벌금을 병과한다.

5. 산업기술이 불법 유출·공개된 사실을 알고도 산업기술을 취득·사용·공개의 점(제36조 제1항, 제14조 제3호)

관련조문

제36조(벌칙) ① 국가핵심기술을 외국에서 사용하거나 사용되게 할 목적으로 <u>제14조 제1호부터 제3호까지의 어느 하나에 해당하는 행위</u>를 한 자는 3년 이상의 유기징역에 처한다. 이 경우 15억 원 이하의 벌금을 병과한다.

☞ <u>제14조(산업기술의 유출 및 침해행위 금지)</u> 누구든지 다음 각 호의 어느 하나에 해당하는 행위를 하여서는 아니 된다.

3. 제1호 또는 제2호의 규정에 해당하는 행위가 개입된 사실을 알고 그 산업기술을 취득·사용 및 공개하거나 산업기술을 취득한 후에 그 산업기술에 대하여 제1호 또는 제2호의 규정에 해당하는 행위가 개입된 사실을 알고 그 산업기술을 사용하거나 공개하는 행위

산업기술보호법은 동법 제14조 제1호 내지 제2호의 규정에 해당하는 행위가 **개입된 사실을 알면서도 그 산업기술을 취득·사용 및 공개하는 행위** 및 산업기술을 취득한 후에 그 산업기술에 대하여 제1호 또는 제2호의 규정에 해당하는 행위가 개입된 사실을 알고 그 **산업기술을 사용하거나 공개하는 행위**를 금지하고 있다.

가. 구성요건의 주체 및 행위의 상대방

구성요건의 주체는 아무런 제한이 없으므로 누구든지 본 죄의 주체가 될 수 있다. 나아가 위 **행위의 상대방** 또한 특별한 제한이 없다.

나. 구성요건적 행위 및 객체

본죄의 구성요건의 객체는 산업기술보호법에 따라 유출된 국가핵심기술인 산업기술이다. **구성요건적 행위**와 관련하여 산업기술보호법은 ① 산업기술이 불법적인 방법으로 취득되거나 유출, 공개될 **당시 그와 같은 사정을 모두 알면서** 위 산업기술을 취득, 사용 및 공개하는 행위를 처벌할 뿐만 아니라 ② 산업기술을 취득할 **당시에는 해당 기술이 불법적으로 유출된 것이라는 것을 알지 못하였다** 하더라도 산업기술을 **취득한 후에 그와 같은 정을 알게 되었으면서도** 해당 산업기술을 사용하거나 공개하는 행위를 모두 처벌한다. 산업기술을 함부로 취득, 사용, 공개, 유출하는 행위뿐만 아니라 그와 같이 불법 유출된 산업

기술을 건네받아 사용하거나 공개하는 행위까지도 모두 처벌함으로써 산업기술을 보다 철저하게 보호하겠다는 취지다.

주관적 구성요건요소와 관련하여 산업기술을 취득할 당시에는 불법적인 방법으로 유출되었는지 알 것을 요구하지 않으므로 산업기술을 본인이 사용하거나 공개할 때 그와 같은 사정을 알았으면 충분하다. 이 경우에도 동법 제36조 제1항에 따라 **국가핵심기술을 외국에서 사용하거나 사용되게 할 목적이 요구**됨은 앞에서 본 바와 같다.

예컨대, 대상기관의 내부 임직원과 공모하여 회사의 산업기술을 빼내어 이를 취득하는 경우, 대상기관의 내부 임직원이 독자적으로 내부 산업기술을 유출하여 경쟁업체에 취업을 하였을 경우 그 당시 경쟁업체에서는 그와 같은 사정을 알지 못하였다 하더라도 향후 이러한 사정을 모두 알면서도 해당 산업기술을 외국에서 사용하거나 사용하게 할 목적으로 사용 및 공개하는 경우 본 죄가 성립한다.

다. 처벌

본죄를 위반하면 3년 이상의 유기징역에 처한다. 이 경우 15억 원 이하의 벌금을 병과한다.

6. 범죄수익환수 및 자금세탁범죄 처벌 사례

실무상 산업기술보호법 제36조 제1항 위반죄로 취득한 범죄수익의 취득 및 처분을 가장하는 행위 등을 자금세탁범죄로 처벌한 사례는 쉽게 찾기 어렵다. 그러나 그 과정에서 취득한 범죄수익을 차명계좌로 돌려받아 세탁하거나 이와 같은 범행을 은폐하기 위하여 허위의 문서를 작성하는 등의 방법으로 발생원인을 가장하는 경우 이를 자금세탁범죄로 처벌할 필요성이 크다(私見).

한편 앞에서 본 바와 같이 산업기술을 유출함으로써 대상기관에 손해를 가하고 본인 또는 제3자가 재산상 이익을 취득하는 경우에는 업무상배임죄가 함께 성립하게 되는데 해당 업무상 배임행위는 피해자가 있는 범죄이므로 위와 같이 취득한 범죄수익의 경우 범죄피해재산에 해당하게 되어 환수가 불가능한 것은 아닌지가 문제될 수 있다.

그러나 **대법원**은 사기죄와 상표법위반, 범죄단체 조직·가입, 변호사법위반죄, 게임산업진흥에관한법률위반 등이 문제된 사안에서 독자적인 법익을 침해하는 범죄가 함께 성립하는 경우에는 해당 법률 규정에 따라 추징할 수 있다고 판시하고 있는바,[16] 산업기술보호법

---

16 대법원 2010도7129 판결, 2008도1857, 2014도13446 판결 등 다수.

의 경우에도 국가핵심기술 및 산업기술에 대한 보호라는 별개의 보호법익을 침해하는 행위에 해당한다는 점에서 이 또한 추징을 통한 범죄수익환수가 가능하다고 봄이 타당하다.

다만 실무상 위와 같은 경우로 추징이 확정된 사례는 쉽게 발견되지 않는다.

5 부정경쟁방지 및 영업비밀보호에 관한 법률위반(제42호)

1. 총설

범죄수익은닉규제법 별표 제42호에서는 **부정경쟁방지 및 영업비밀보호에 관한 법률**(이하, '**부정경쟁방지법**') **제18조 제1항의 죄**를 범죄수익환수 대상범죄로 규정하고 있다. 본죄는 **2019. 4. 23. 범죄수익은닉규제법이 개정되면서 중대범죄로 추가되었다.**

관련조문

범죄수익은닉규제법 별표

중대범죄(제2조 제1호 관련)

42. 「부정경쟁방지 및 영업비밀보호에 관한 법률」 **제18조 제1항**의 죄

관련조문

제18조(벌칙) ① 영업비밀을 외국에서 사용하거나 외국에서 사용될 것임을 알면서도 다음 각 호의 어느 하나에 해당하는 행위를 한 자는 15년 이하의 징역 또는 15억 원 이하의 벌금에 처한다. 다만, 벌금형에 처하는 경우 위반행위로 인한 재산상 이득액의 10배에 해당하는 금액이 15억 원을 초과하면 그 재산상 이득액의 2배 이상 10배 이하의 벌금에 처한다. <개정 2019. 1. 8.>

1. 부정한 이익을 얻거나 영업비밀 보유자에 손해를 입힐 목적으로 한 다음 각 목의 어느 하나에 해당하는 행위
   가. 영업비밀을 취득·사용하거나 제3자에게 누설하는 행위
   나. 영업비밀을 지정된 장소 밖으로 무단으로 유출하는 행위
   다. 영업비밀 보유자로부터 영업비밀을 삭제하거나 반환할 것을 요구받고도 이를 계속 보유하는 행위
2. 절취·기망·협박, 그 밖의 부정한 수단으로 영업비밀을 취득하는 행위
3. 제1호 또는 제2호에 해당하는 행위가 개입된 사실을 알면서도 그 영업비밀을 취득하거나 사용(제13조 제1항에 따라 허용된 범위에서의 사용은 제외한다)하는 행위

이 법은 국내에 널리 알려진 타인의 상표·상호(商號) 등을 부정하게 사용하는 등의 부정경쟁행위와 타인의 영업비밀을 침해하는 행위를 방지하여 건전한 거래질서를 유지함을 목적으로 한다(부정경쟁방지법 제1조).

부정경쟁방지법은 위와 같은 중대범죄로 취득한 범죄수익을 개별적으로 몰수할 수 있는 몰수·추징 규정을 두고 있지 않으므로 위와 같이 취득한 범죄수익은 **범죄수익은닉규제법상 임의적 몰수·추징 규정**에 따라 환수할 수 있다.

아래에서 부정경쟁방지법 상 중대범죄의 구성요건을 살펴보고 범죄수익환수 및 자금세탁범죄 처벌 사례에 대해 살펴보도록 한다.

2. 영업비밀의 개념

부정경쟁방지법 제18조 제1항은 영업비밀을 외국에서 사용하거나 외국에서 사용될 것임을 알면서 영업비밀을 취득·사용하거나 이를 유출하는 행위를 처벌하고 있다.

부정경쟁방지법상 **'영업비밀'**이란 공공연히 알려져 있지 아니하고 독립된 경제적 가치를 가지는 것으로서, 비밀로 관리된 생산방법, 판매방법, 그 밖에 영업활동에 유용한 기술상 또는 경영상의 정보를 말한다(동법 제2조 제2호).

이 때, **'공연히 알려져 있지 아니하다'**는 것은 그 정보가 간행물 등의 매체에 실리는 등 불특정 다수인에게 알려져 있지 않기 때문에 보유자를 통하지 아니하고는 그 정보를 통상 입수할 수 없는 것을 말하고, **'독립된 경제적 가치를 가진다'**는 것은 그 정보의 보유자가 그 정보의 사용을 통해 경쟁자에 대하여 경쟁상의 이익을 얻을 수 있거나 또는 그 정보의 취득이나 개발을 위해 상당한 비용이나 노력이 필요하다는 것을 말하며, **'상당한 노력에 의하여 비밀로 유지된다'**는 것은 그 정보가 비밀이라고 인식될 수 있는 표시를 하거나 고지를 하고, 그 정보에 접근할 수 있는 대상자나 접근 방법을 제한하거나 그 정보에 접근한 자에게 비밀준수의무를 부과하는 등 객관적으로 그 정보가 비밀로 유지·관리되고 있다는 사실이 인식 가능한 상태인 것을 의미한다.[17]

구체적으로 **대법원**은 ① **조달물자구매계약상 철도청에 비밀유지의무가 부과된 기술상 정보인 캐드파일 및 기술자료**는, 청외자의 신청에 의한 도면의 출도·열람을 허가하는 **철도청 도면관리규정이 존재**하고 자료의 일부가 몇 차례 출도·열람되었다는 사정이 있더라도, **영업비밀 보유자의 상당한 노력에 의하여 비밀로 유지된 정보로서 영업비밀에 해**

---

[17] 대법원 2009. 7. 9. 선고 2006도7916 판결 참조.

당한다고 판시하였고,[18] ② 직원들이 취득·사용한 회사의 업무 관련 파일이 **보관책임자가 지정되거나 보안장치·보안관리규정이 없었고 중요도에 따른 분류 또는 대외비·기밀자료 등의 표시도 없이 파일서버에 저장**되어 회사 내에서 일반적으로 **자유롭게 접근·열람·복사할 수 있었던 경우** 이는 상당한 노력에 의하여 비밀로 유지된 정보라고 볼 수 없어 **영업비밀에 해당하지 않는다고** 판시하였다.[19]

한편 ③ 피고용인이 퇴사 후에 고용기간 중에 습득한 기술상 또는 경영상의 정보 등을 사용하여 영업을 하였다고 하더라도 피고용인이 고용되지 않았더라면 그와 같은 정보를 습득할 수 없었다는 사정만으로 곧바로 위 정보가 영업비밀에 해당한다고 볼 수는 없고, 그러한 정보가 동종 업계 등에 널리 알려져 있지 않고, 독립된 경제적 가치를 가지며, 상당한 노력에 의하여 비밀로 유지되고 있는 경우에만 영업비밀에 해당한다고 보아야 하므로 갑 회사를 퇴직한 피고인이 **재직 중 취득한 갑 회사의 납품가격 및 하청업자에 대한 정보 등을 이용하여 갑의 거래사인 을 회사와 영업을 한 사안**에서, 위 정보는 부정경쟁방지 및 영업비밀에 관한 법률상 **'영업비밀'에 해당하지 않는다고** 판시한 사례도 있다.[20]

부정경쟁방지법 제18조 제1항은 제1호부터 제3호까지 구성요건이 구체적으로 기재되어 있고 제3호의 경우 제1호, 제2호의 상대방이 그와 같은 사정을 알면서 영업비밀을 취득하거나 사용하는 행위를 처벌한다. 이하에서는 각 구성요건을 항목별로 나누어 설명하도록 한다.

3. 부정한 이익 취득목적 영업비밀 누설 등(제18조 제1항 제1호)

관련조문

제18조(벌칙) ① 영업비밀을 외국에서 사용하거나 외국에서 사용될 것임을 알면서도 다음 각 호의 어느 하나에 해당하는 행위를 한 자는 15년 이하의 징역 또는 15억 원 이하의 벌금에 처한다. 다만, 벌금형에 처하는 경우 위반행위로 인한 재산상 이득액의 10배에 해당하는 금액이 15억 원을 초과하면 그 재산상 이득액의 2배 이상 10배 이하의 벌금에 처한다. <개정 2019. 1. 8.>

1. 부정한 이익을 얻거나 영업비밀 보유자에 손해를 입힐 목적으로 한 다음 각 목의 어느 하나에 해당하는 행위

---

18 대법원 2009. 7. 9. 선고 2006도7916 판결 참조.
19 대법원 2008. 7. 10. 선고 2008도3435 판결 참조.
20 대법원 2008. 7. 10. 선고 2006도8278 판결 참조.

가. 영업비밀을 취득·사용하거나 제3자에게 누설하는 행위

나. 영업비밀을 지정된 장소 밖으로 무단으로 유출하는 행위

다. 영업비밀 보유자로부터 영업비밀을 삭제하거나 반환할 것을 요구받고도 이를 계속 보유하는 행위

가. 구성요건의 주체 및 행위의 상대방

부정경쟁방지법은 부정한 이익을 얻거나 영업비밀 보유자에 손해를 입힐 목적으로 영업비밀을 함부로 누설하는 행위 등을 처벌하고 있다. **구성요건의 주체**는 제한이 없으므로 누구든지 본죄의 주체가 될 수 있다. 나아가 **행위의 상대방** 또한 특별한 제한이 없다.

나. 구성요건적 행위 및 객체

본죄의 **구성요건의 객체**는 '영업비밀'로서 그 구체적인 해석은 앞에서 본 바와 같다.

나아가 본죄의 **구성요건적 행위**는 영업비밀을 취득, 사용하거나 제3자에게 누설하는 행위(제1호 가목), 영업비밀을 지정된 장소 밖으로 무단으로 유출하는 행위(나목) 및 영업비밀 보유자로부터 영업비밀을 삭제하거나 반환할 것을 요구받고도 이를 계속 보유하는 행위(다목)이다.

이 때 **'영업비밀의 취득'**이란 도면, 사진, 녹음테이프, 필름, 전산정보처리조직에 의하여 처리할 수 있는 형태로 작성된 파일 등 유체물의 점유를 취득하는 형태는 물론이고, 그 외에 유체물의 점유를 취득함이 없이 영업비밀 자체를 직접 인식하고 기억하는 형태 또는 영업비밀을 알고 있는 사람을 고용하는 형태로도 이루어질 수 있으나,[21] 어느 경우이든 **사회통념상 영업비밀을 자신의 것으로 만들어 이를 사용할 수 있는 상태에 이른 경우**를 말한다.[22]

따라서 자동차회사 직원이 **다른 직원의 아이디와 비밀번호로 회사의 전산망에 접속하여 영업비밀인 도면을 자신의 컴퓨터에 전송받았을** 때 이를 자신의 지배영역으로 옮겨와 자신의 것으로 사용할 수 있게 되었으므로, 이 때 **영업비밀취득죄가 기수**에 이르며, 후에 이를 삭제하였더라도 미수로 평가할 수 없다.[23] 그러나 기업의 직원으로서 **영업비밀을 인지하여 이를 사용할 수 있는 사람**은 이미 당해 영업비밀을 취득하였다고 보아야 하므로 그러한 사람이 당해 영업비밀을 단순히 기업의 외부로 무단 반출한 행위는 업무상배임죄에

---

21 대법원 2009. 10. 15. 선고 2008도9433 판결 참조.

22 대법원 2008. 12. 24. 선고 2008도9169 판결 참조.

23 위 대법원 2008도9169 판결 참조.

해당할 수 있음은 별론으로 하고, 위 조항 소정의 '영업비밀의 취득'에는 해당하지 않는다.[24] 이러한 경우 부정경쟁방지법상 영업비밀을 지정된 장소 밖으로 무단으로 유출하는 행위(동법 제18조 제1항 제1호 나목)에 해당한다.

 '영업비밀의 사용'이란 영업비밀 본래의 사용 목적에 따라 이를 상품의 생산·판매 등의 영업활동에 이용하거나 연구·개발사업 등에 활용하는 등으로 기업활동에 직접 또는 간접적으로 사용하는 행위로서 구체적으로 특정이 가능한 행위를 의미한다. 따라서 행위자가 당해 영업비밀과 관계된 영업활동에 이용 혹은 활용할 의사 아래 그 영업활동에 근접한 시기에 영업비밀을 열람하는 행위(영업비밀이 전자파일의 형태인 경우에는 저장의 단계를 넘어서 해당 전자파일을 실행하는 행위)를 하였다면 그 실행의 착수가 있다고 보아야 한다.[25]

 한편 부정경쟁방지법은 **주관적 구성요건요소**로서 영업비밀을 외국에서 사용하거나 외국에서 사용될 것임을 알아야 하고(고의범), 부정한 이익을 얻거나 영업비밀 보유자에게 손해를 입힐 목적을 요구하고 있다(목적범). 그 **목적이 있었는지 여부**는 피고인의 직업, 경력, 행위의 동기 및 경위와 수단, 방법, 그리고 영업비밀 보유기업과 영업비밀을 취득한 제3자와의 관계 등 여러 사정을 종합하여 사회통념에 비추어 합리적으로 판단하여야 한다.[26] 통상 영업비밀을 함부로 유출하여 이를 제3자에게 판매함으로써 그 대가를 취득하거나 재산상 이익을 얻는 행위를 상정할 수 있는데 위와 같은 목적만 있으면 충분하므로 실제로 이익을 얻을 것까지 요구하지 않는다.

 나아가 본죄는 고의범이므로 위와 같은 행위를 할 당시 위와 같이 함부로 취득·사용 또는 누설된 영업비밀이 외국에서 사용될 것이라는 정을 알았음이 인정되어야 한다.

다. 죄수 및 처벌

 나아가 부정경쟁방지법위반죄는 형법상 업무상배임죄와 함께 성립할 여지가 큰 범죄로 양 죄 상호간의 죄수관계가 문제되는데 **대법원**은 영업비밀 국외누설로 인한 부정경쟁방지법과 업무상배임죄가 **상상적 경합범 관계**에 있고, 이 때 형이 더 무거운 업무상배임죄로 처벌하면서 부정경쟁방지법상 벌금형을 병과할 수 있다(부정경쟁방지법 제18조 제5항 참조)고 판시하고 있다.[27]

 또한 **대법원**은 업무상배임죄가 타인의 사무를 처리하는 자의 지위에 있어야 함을 전제로

---

24 위 대법원 2008도9433 판결 참조.
25 대법원 2009. 10. 15. 선고 2008도9433 판결 참조.
26 대법원 2018. 7. 12. 선고 2015도464 판결 참조.
27 대법원 2008. 12. 24. 선고 2008도9169 판결 참조.

① 회사직원이 **재직 중**에 영업비밀 또는 영업상 주요한 자산을 경쟁업체에 유출하거나 스스로의 이익을 위하여 이용할 목적으로 무단으로 반출하였다면 **유출 또는 반출 시에 업무상배임죄의 기수**가 되고, ② 회사직원이 영업비밀 등을 적법하게 반출하여 반출행위가 업무상배임죄에 해당하지 않는 경우라도, **퇴사 시**에 영업비밀 등을 회사에 반환하거나 폐기할 의무가 있음에도 경쟁업체에 유출하거나 스스로의 이익을 위하여 이용할 목적으로 이를 반환하거나 폐기하지 아니하였다면, 이러한 행위 역시 **퇴사 시에 업무상배임죄의 기수**가 된다고 판시하였다.[28]

그러나 ③ **회사직원이 퇴사한 후**에는 특별한 사정이 없는 한 더 이상 업무상배임죄에서 타인의 사무를 처리하는 자의 지위에 있다고 볼 수 없고, 위와 같이 반환하거나 폐기하지 아니한 영업비밀 등을 경쟁업체에 유출하거나 스스로의 이익을 위하여 이용하더라도 이는 이미 성립한 업무상배임 행위의 실행행위에 지나지 아니하므로, **그 유출 내지 이용행위가 부정경쟁방지법위반**(영업비밀누설등)**죄에 해당하는지는 별론**으로 하더라도, **따로 업무상배임죄를 구성할 여지는 없다.** 그리고 ④ 위와 같이 퇴사한 회사직원에 대하여 타인의 사무를 처리하는 자의 지위를 인정할 수 없는 이상 제3자가 위와 같은 유출 내지 이용행위에 공모·가담하였더라도 타인의 사무를 처리하는 자의 지위에 있다는 등의 사정이 없는 한 업무상배임죄의 공범 역시 성립할 수 없다고 판시하고 있다.[29]

본죄를 위반하면 15년 이하의 징역 또는 15억 원 이하의 벌금에 처한다. 다만, 벌금형에 처하는 경우 위반행위로 인한 재산상 이득액의 10배에 해당하는 금액이 15억 원을 초과하면 그 재산상 이득액의 2배 이상 10배 이하의 벌금에 처한다.

4. 절취·기망·협박, 그 밖의 부정한 수단으로 영업비밀 취득(제18조 제1항 제2호)

관련조문

제18조(벌칙) ① 영업비밀을 외국에서 사용하거나 외국에서 사용될 것임을 알면서도 다음 각 호의 어느 하나에 해당하는 행위를 한 자는 15년 이하의 징역 또는 15억 원 이하의 벌금에 처한다. 다만, 벌금형에 처하는 경우 위반행위로 인한 재산상 이득액의 10배에 해당하는 금액이 15억 원을

---

[28] 대법원 2017. 6. 29. 선고 2017도3808 판결 참조.
[29] 대법원 위 2017도3808 판결 참조.

초과하면 그 재산상 이득액의 2배 이상 10배 이하의 벌금에 처한다. <개정 2019. 1. 8.>
  2. 절취·기망·협박, 그 밖의 부정한 수단으로 영업비밀을 취득하는 행위

부정경쟁방지법은 절취, 기망, 협박 또는 그 밖의 부정한 수단을 이용하여 영업비밀을 취득하는 행위를 처벌하고 있다.

가. 구성요건의 주체 및 행위의 상대방

구성요건의 주체는 아무런 제한이 없으므로 누구든지 본죄의 주체가 될 수 있다. 나아가 **행위의 상대방** 또한 별다른 신분 제한이 없다.

나. 구성요건적 행위 및 객체

본죄의 **구성요건의 객체**는 영업비밀로서 그 표지는 앞에서 본 바와 같다.

구성요건적 행위는 절취, 기망, 협박 또는 그 밖의 부정한 수단을 이용하여 영업비밀을 취득하는 것으로 절취, 기망, 협박에 준할 정도의 부정한 수단을 사용하는 것을 요건으로 한다. 이 때 '**부정한 수단**'은 절취·기망·협박 등 형법상 범죄를 구성하는 행위뿐만 아니라 비밀유지의무 위반 또는 그 위반의 유인 등 건전한 거래질서의 유지 내지 공정한 경쟁의 이념에 비추어 **위에 열거된 행위에 준하는 선량한 풍속 기타 사회질서에 반하는 일체의 행위나 수단**을 말한다.[30]

이와 관련하여 **대법원**은 갑 주식회사 해외영업팀장 을이 갑 회사에서 퇴직한 후 갑 회사와 전략적 사업제휴계약을 체결한 병 주식회사에 입사하여 담당업무에 사용할 목적으로 갑 회사의 영업비밀문서들을 복사하여 가져간 사안에서, 이는 영업비밀 침해행위에 해당한다고 판시하였다.[31]

주관적 구성요건요소와 관련하여 해당 구성요건은 부정한 이익을 얻거나 손해를 입힐 목적을 요구하지 않고, 영업비밀을 외국에서 사용하거나 외국에서 사용될 것임을 알면서 위와 같은 부정한 수단으로 영업비밀을 취득하는 경우이면 충분하다(고의범).

---

30 대법원 2011. 7. 14. 선고 2009다12528 판결 참조.
31 위 대법원 2009다12528 판결 참조.

다. 처벌

본죄를 위반하면 15년 이하의 징역 또는 15억 원 이하의 벌금에 처한다. 다만, 벌금형에 처하는 경우 위반행위로 인한 재산상 이득액의 10배에 해당하는 금액이 15억 원을 초과하면 그 재산상 이득액의 2배 이상 10배 이하의 벌금에 처한다.

5. 제1호 및 제2호 행위가 개입된 사실을 알면서 영업비밀 취득·사용의 점 (제18조 제1항 제3호)

관련조문

제18조(벌칙) ① 영업비밀을 외국에서 사용하거나 외국에서 사용될 것임을 알면서도 다음 각 호의 어느 하나에 해당하는 행위를 한 자는 15년 이하의 징역 또는 15억 원 이하의 벌금에 처한다. 다만, 벌금형에 처하는 경우 위반행위로 인한 재산상 이득액의 10배에 해당하는 금액이 15억 원을 초과하면 그 재산상 이득액의 2배 이상 10배 이하의 벌금에 처한다. <개정 2019. 1. 8.>

3. 제1호 또는 제2호에 해당하는 행위가 개입된 사실을 알면서도 그 영업비밀을 취득하거나 사용(제13조 제1항에 따라 허용된 범위에서의 사용은 제외한다)하는 행위

부정경쟁방지법은 제18조 제1항 제1호, 제2호의 행위가 개입되어 있는 사실을 알면서도 영업비밀을 취득하고 이를 사용하는 행위를 함께 처벌하고 있다.

구성요건의 주체는 제한이 없으므로 누구든지 본 죄의 주체가 될 수 있고, **구성요건의 객체**는 앞에서 본 **영업비밀**이다. 단, 해당 영업비밀이 동법 제18조 제1항 제1호, 제2호에 따라 취득, 사용, 누설, 유출된 것을 요한다.

한편 **구성요건적 행위**와 관련하여 위와 같은 사정을 모두 알면서도(고의범) 영업비밀을 취득, 사용하는 것이다. 그러나 위와 같이 영업비밀을 취득, 사용한 경우라 하더라도 부정경쟁방지법 제13조 제1항에 따라 허용된 범위(거래에 의하여 영업비밀을 정당하게 취득한 자가 그 거래에 의하여 허용된 범위에서 그 영업비밀을 사용하거나 공개하는 행위)에서의 사용행위는 제외된다.

또한 영업비밀을 부정취득한 자는 취득한 영업비밀을 실제 사용하였는지에 관계없이 부정취득행위 그 자체만으로 영업비밀의 경제적 가치를 손상시킴으로써 영업비밀 보유자의 영업상 이익을 침해하여 손해를 입힌 것으로 보아야 한다.[32]

---

32 위 대법원 2009다12528 판결 참조.

본죄를 위반하면 15년 이하의 징역 또는 15억 원 이하의 벌금에 처한다. 다만, 벌금형에 처하는 경우 위반행위로 인한 재산상 이득액의 10배에 해당하는 금액이 15억 원을 초과하면 그 재산상 이득액의 2배 이상 10배 이하의 벌금에 처한다.

6. 범죄수익환수 및 자금세탁범죄 처벌 사례

부정경쟁방지법 제18조 제1항 위반죄로 취득한 재산상 이익은 앞에서 본 바와 같이 범죄수익은닉규제법에 따라 임의적 몰수·추징의 대상이 된다. 이와 관련하여 부정경쟁방지법에 따라 취득한 범죄수익의 취득 및 처분을 가장하여 자금을 세탁한 사례는 쉽게 찾기 어렵다.

한편 **부정경쟁방지법상 보호되는 영업비밀을 함부로 유출해달라는 취지의 부정한 청탁을 하고 그 대가로 금품을 수수한 사안**에서 그와 같이 금전을 공여하고 영업비밀을 제공받은 사람은 부정경쟁방지법위반(영업비밀누설등) 및 배임증재죄로, 위와 같이 **영업비밀을 빼달라는 취지의 부정한 청탁을 받고 금품을 수수한 후 영업비밀을 몰래 반출하여 유출한 사람은 부정경쟁방지법위반(영업비밀누설등), 배임수재죄 및 업무상배임죄로 각 처벌한 사례**가 있다.[33]

통상적으로 영업비밀을 유출하는 대가로 금품을 수수하는 경우 배임수재 및 배임증재죄가 함께 성립할 수 있는바 이러한 경우 형법 제357조 제3항에 따라 해당 금품은 필요적 몰수·추징의 대상이 됨을 유의할 필요가 있다.

사례

범죄사실

피고인 A는 2000. 10. 20. 부산 동구 E에서 선박기계 부품 도매 등을 하기 위한 목적으로 설립된 F의 운영자, 피고인 B는 2005. 7.경부터 2011. 2.경까지 울산 **중공업 내부에 있는 선박엔진 조립, 조립한 엔진을 선내에 탑재하는 업무를 하는 **중공업 협력업체 G에서 엔진탑재, 엔진성능테스트시 테스트 부품 교체 등의 업무를 담당하다가, 2011. 3.경부터 2015. 7. 16.경까지 부산 강서구 송정동에 있는 H 주식회사에서 서비스엔지니어 등의 업무를 담당한 자이다.

1. 피고인 A

가. 부정경쟁방지및영업비밀보호에관한법률위반(영업비밀누설등)

누구든지 부정한 이익을 얻거나 영업비밀보유자에게 손해를 입힐 목적으로 그 영업비밀을

---

[33] 부산지방법원 2016. 10. 21. 선고 2016고합378 판결 참조(원심 그대로 확정).

취득, 사용하거나 제3자에게 누설하여서는 아니된다.

피해자 **중공업 주식회사 및 H 주식회사는 엔진과 관련된 설계도면 일체에 대하여 직원들에 대해 퇴직시 회사 정보 자산을 반납하도록 하고, 회사의 영업비밀을 누설하지 않겠다는 보안 서약서를 작성하고 제출받고 있으며, 정기적으로 보안 교육을 실시하고 모든 설계도면에 대해 전산 보안장치를 구축, 암호화 프로그램을 실행하여 모든 도면의 외부 유출을 방지하는 등 영업비밀 보호에 상당한 노력을 하고 있다.

피고인 A는 2009. 6.경부터 2010. 1.경까지 사이에 피고인 B가 몰래 반출한 **중공업 주식회사의 '엔진도면 MAN *&* 도면번호I, 품명 ****−CYL COVER' 설계도면을, 울산 삼산동에 있는 불상의 식당에서 건네받는 등 위 기간 동안 위와 같은 방법으로 별지 범죄일람표(1−1) 기재와 같이 **중공업 주식회사의 도면 총 944점을 건네받아 이를 취득하고, 2011. 4.경부터 2012. 4.경까지 위와 같은 방법으로 별지 범죄일람표(1−2) 기재와 같이 H 주식회사의 도면 총 151점을 건네받아 이를 취득하였다.

이로써 피고인 A는 부정한 이익을 얻거나 영업비밀보유자에게 손해를 입힐 목적으로 피해자 **중공업 주식회사 및 H 주식회사의 영업비밀인 설계도면 등을 취득하였다.

나. 배임증재

피고인 A는 2009. 2. 13.경 피고인 B에게 위 가.항과 같이 설계도면 등을 제공해 달라는 부정한 청탁을 하고 그 대가로 2,000,000원을 제공한 것을 비롯하여 그 무렵부터 2015. 6. 30.까지 위와 같은 방법으로 별지 범죄일람표(2) 기재와 같이 총 51회에 걸쳐 합계 44,300,000원을 공여하였다.

2. 피고인 B

가. 부정경쟁방지및영업비밀보호에관한법률위반(영업비밀누설등), 업무상배임

피고인 B는 피해자 **중공업 협력업체 G, H 주식회사의 업무를 하는 과정에서 사용한 피해 회사의 주요 자산인 자료들은 피해 회사에게 반환하거나 폐기 등을 하여야 할 업무상 임무가 있다.

그럼에도 불구하고 피고인 B는 2009. 6.경부터 2010. 1.경까지 사이에 피고인 A로부터 부탁을 받고 몰래 반출한 **중공업 주식회사의 '엔진도면 MAN *&* 도면번호 I, 품명 ****−CYL COVER' 설계도면을, 울산 삼산동에 있는 불상의 식당에서 건네주는 등 위 기간 동안 위와 같은 방법으로 별지 범죄일람표(1−1) 기재와 같이 **중공업 주식회사의 도면 총 944점을 건네주고, 2011. 4.경부터 2012. 4.경까지 위와 같은 방법으로 별지 범죄일람표(1−2) 기재와 같이 H 주식회사의 도면 총 151점을 건네주었다.

이로써 **피고인 B는 부정한 이익을 얻거나 영업비밀보유자에게 손해를 입힐 목적으로 피해자 **중공업 협력업체 G, H 주식회사에 유용한 영업비밀인 설계도면 등을 누설함과 동시에 설계도면 등이 가지는 시장교환가치 상당의 재산상 이익을 피고인 A에게 취득하게 하여 피해자 **중공업, H 주식회사에 동액 상당의 재산상 손해를 가하였다.**

나. 배임수재

<u>피고인 B는 2009. 2. 13.경 피고인 A로부터 **중공업, H 주식회사의 설계도면 등을 제공해 달라는 부정한 청탁을 받고, 그 대가로 2,000,000원을 수수한 것을 비롯하여 그 무렵부터 2015. 6. 30.까지 위와 같은 방법으로 별지 범죄일람표(2) 기재와 같이 총 51회에 걸쳐 합계 44,300,000원을 수수하였다.</u>

법령의 적용

1. 범죄사실에 대한 해당법조(피고인들)

  가. 피고인 A

  각 형법 제357조 제2항, 제1항(배임증재의 점, 금품 공여 목적별로 포괄하여), 각 구 부정경쟁방지 및 영업비밀보호에 관한 법률(2013. 7. 30. 법률 제11963호로 개정되기 전의 것, 이하 '구 부정경쟁방지법'이라고 한다) 제18조 제2항(영업비밀 취득의 점, 피해자 별로 포괄하여)

  나. 피고인 B

  각 형법 제357조 제1항(배임수재의 점, 금품 수수 목적별로 포괄하여), 각 형법 제356조, 제355조 제2항(업무상배임의 점, 피해자 별로 포괄하여), 각 구 부정경쟁방지법 제18조 제2항(영업비밀 누설의 점, 피해자 별로 포괄하여)

1. 상상적 경합(피고인 B)

  형법 제40조, 제50조(각 피해자에 대한 업무상배임죄 및 부정경쟁방지및영업비밀보호에관한법률위반(영업비밀누설등)죄 상호간, 형이 더 무거운 각 업무상배임죄에 정한 형으로 처벌)

1. 추징(피고인 B)

  범죄수익은닉의 규제 및 처벌 등에 관한 법률 제10조 제1항, 제8조 제1항 제1호, 제2조 제1호 [별표] 제1호 하.목, 형법 제357조 제1항

6 방위산업기술 보호법위반(제43호)

1. 총설

범죄수익은닉규제법 별표 제43호에서는 **방위산업기술 보호법**(이하, '방산기술보호법') 제21조 제1항 및 제2항의 죄를 범죄수익환수 대상범죄로 규정하고 있다. 본죄는 2019. 4. 23. 범죄수익은닉규제법이 개정되면서 중대범죄로 모두 추가되었다.

관련조문

범죄수익은닉규제법 별표

중대범죄(제2조 제1호 관련)

43. 「방위산업기술 보호법」 **제21조 제1항 및 제2항**의 죄

이 법은 방위산업기술을 체계적으로 보호하고 관련 기관을 지원함으로써 국가의 안전을 보장하고 방위산업기술의 보호와 관련된 국제조약 등의 의무를 이행하여 국가신뢰도를 제고하는 것을 목적으로 한다(방산기술보호법 제1조 참조).

방산기술보호법은 위와 같은 중대범죄로 취득한 범죄수익을 필요적으로 몰수하고, 이를 몰수할 수 없을 때 그 가액을 추징하도록 규정하고 있다(방산기술보호법 제21조 제5항 참조).

관련조문

제21조(벌칙) ⑤ 제1항부터 제3항까지의 죄를 범한 사람이 그 범죄행위로 인하여 얻은 재산은 몰수한다. 다만, 그 재산의 전부 또는 일부를 몰수할 수 없는 때에는 그 가액을 추징한다.

따라서 방산기술보호법상 중대범죄에 해당하는 경우 행위자가 취득한 범죄수익은 동법에 따라 필요적으로 몰수·추징의 대상이 되고 그 취득 및 처분을 가장하거나 범죄수익을 은닉하면 자금세탁범죄가 성립한다.

아래에서 방산기술보호법상 중대범죄의 구성요건을 살펴보고 범죄수익환수 및 자금세탁범죄 처벌사례에 대해 살펴보도록 한다.

2. 구성요건 및 처벌

관련조문

제21조(벌칙) ① 방위산업기술을 외국에서 사용하거나 사용되게 할 목적으로 제10조 제1호 및 제2호에 해당하는 행위를 한 사람은 20년 이하의 징역 또는 20억 원 이하의 벌금에 처한다.
② **제10조 제1호 및 제2호에 해당하는 행위**를 한 사람은 10년 이하의 징역 또는 10억 원 이하의 벌금에 처한다. <개정 2017. 11. 28.>
☞ **제10조(방위산업기술의 유출 및 침해 금지)** 누구든지 다음 각 호의 어느 하나에 해당하는 행위를 하여서는 아니 된다.

1. 부정한 방법으로 대상기관의 방위산업기술을 취득, 사용 또는 공개(비밀을 유지하면서 특정인에게 알리는 것을 포함한다. 이하 같다)하는 행위
2. 제1호에 해당하는 행위가 개입된 사실을 알고 방위산업기술을 취득·사용 또는 공개하는 행위

가. 서설

방산기술보호법 제21조 제1항은 방위산업기술을 외국에서 사용하거나 외국에서 사용되게 할 목적을 가지고 부정한 방법으로 방위산업기술을 취득·사용 또는 공개하는 행위를 처벌하고(동법 제10조 제1호), 부정한 방법으로 방위산업기술을 취득, 사용 공개한다는 사정을 모두 알면서 방위산업기술을 취득, 사용 또는 공개하는 행위 또한 처벌한다(동법 제10조 제2호).

나아가 방산기술보호법 제21조 제2항은 방위산업기술을 외국에서 사용하거나 사용되게 할 목적이 없더라도 부정한 방법으로 방위산업기술을 취득·사용 또는 공개하는 행위(동법 제10조 제1호), 부정한 방법으로 방위산업기술을 취득, 사용 공개한다는 사정을 모두 알면서 방위산업기술을 취득, 사용 또는 공개하는 행위를 각 처벌한다(동법 제10조 제2호).

결국 '외국에서 사용하거나 외국에서 사용되게 할 목적'이 있는 경우에는 가중처벌의 대상이 될 뿐이므로 위와 같은 목적이 인정되지 않는 경우라고 하더라도 동법 제21조 제2항에 따라 중대범죄에 해당함에는 아무런 문제가 없다.

나. 구성요건의 주체 및 행위의 상대방

위 각 구성요건의 주체는 아무런 제한이 없으므로 누구든지 주체가 될 수 있다. 한편 앞에서 살펴본 바와 같이 제10조 제1호는 방위산업기술을 부정한 방법으로 취득, 사용 공개하는 행위를, 동조 제2호는 그와 같은 사정을 알면서도 방위산업기술을 취득하여 사용, 공개하는 행위를 금지하고 있는 점에서 제1호와 제2호는 대향범 관계에 있다고 할 수 있다.

다. 구성요건적 행위 및 객체

구성요건의 객체는 방위산업기술로서, 방산기술보호법상 **"방위산업기술"**이란 방위산업과 관련한 국방과학기술 중 국가안보 등을 위하여 보호되어야 하는 기술로서 방위사업청장이 제7조에 따라 지정하고 고시한 것을 말한다(동법 제2조 제2호).

나아가 방위산업기술을 보유하는 대상기관은 다음과 같다.

관련조문

방산기술보호법 제2조(정의) 이 법에서 사용하는 용어의 정의는 다음과 같다.
  2. **"대상기관"**이란 **방위산업기술을 보유**하거나 **방위산업기술과 관련된 연구개발사업을 수행**하고 있는 기관으로서 다음 각 호의 어느 하나에 해당하는 기관을 말한다.
    가. 「국방과학연구소법」에 따른 **국방과학연구소**
    나. 「방위사업법」에 따른 **방위사업청 · 각군 · 국방기술품질원 · 방위산업체 및 전문연구기관**
    다. 그 밖에 **기업 · 연구기관 · 전문기관 및 대학 등**

___

위 대상기관은 해당 기관이 보유하고 있는 기술이 방위산업기술에 해당하는지에 대한 판정을 방위사업청장에게 신청하고, 방위사업청장은 일정한 절차를 거쳐 이를 고시하므로(동법 제7조 참조) 방위산업기술을 보유하거나 연구개발사업을 수행하고 있는 대상기관이 보유한 방위산업기술이 아니라면 동법 위반죄의 객체가 될 수 없다.

구성요건적 행위는 부정한 방법으로 대상기관의 방위산업기술을 취득, 사용 또는 공개(비밀을 유지하면서 특정인에게 알리는 것을 포함한다)하는 행위 및 이러한 행위가 개입된 사실을 알고 해당 방위산업기술을 취득, 사용 또는 공개하는 것이다. 여기에서 **'부정한 방법'**이라 함은 부정경쟁방지법상 '부정한 수단'에 준하여 절취 · 기망 · 협박 등 형법상 범죄를 구성하는 행위뿐만 아니라 비밀유지의무 위반 또는 그 위반의 유인 등 건전한 거래질서의 유지 내지 공정한 경쟁의 이념에 비추어 **위에 열거된 행위에 준하는 선량한 풍속 기타 사회질서에 반하는 일체의 행위나 수단**을 말한다고 해석함이 상당하다.[34]

주관적 구성요건요소로서 방산기술보호법 제21조 제1항은 외국에서 사용하거나 사용되게 할 목적을 요구하나(**목적범**), 동법 제21조 제2항은 위와 같은 목적을 요구하지 않는다.

한편 위 각 구성요건의 금지규정인 방산기술보호법 제10조 제2호의 경우 방산기술이 부정한 방법으로 취득, 사용 또는 공개되었다는 사정을 알면서도 해당 방위산업기술을 취득, 사용 및 공개하는 행위를 금지한다(**고의범**). 따라서 부정하게 유출된 방위산업기술을 넘겨받아 취득한 사람의 경우 해당 기술이 대상기관으로부터 부정하게 유출되었다는 사정을 모두 알고 있었다는 점이 입증되어야 한다.

___

34 부정경쟁방지법위반 관련, 대법원 2011. 7. 14. 선고 2009다12528 판결 참조.

라. 처벌

방위산업기술을 외국에서 사용하거나 사용되게 할 목적으로 제10조 제1호 및 제2호에 해당하는 행위를 한 사람은 20년 이하의 징역 또는 20억 원 이하의 벌금에 처하고, 위와 같은 목적 없이 제10조 제1호 및 제2호에 해당하는 행위를 한 사람은 10년 이하의 징역 또는 10억 원 이하의 벌금에 처한다.

3. 범죄수익환수 및 자금세탁범죄 처벌 사례

실무상 방산기술보호법이 적용되어 처벌된 사례, 해당 법률상 중대범죄를 범하고 범죄수익을 취득하고 이를 세탁한 사례가 확인되지 않는다. 방산기술보호법은 방위산업기술을 엄격하게 보호하고 있고 그 과정에서 범죄수익을 취득하고 이를 세탁한 사실이 확인되는 경우 적극적으로 범죄수익을 환수하고 자금세탁범죄를 처벌할 필요성이 있다(私見).

제3편

부패재산의 몰수 및 회복에 관한 특례법상 부패범죄

제 1 장
부패재산의 몰수 및 회복에 관한 특례법 총설

범죄수익환수의 대상이 되는 부패범죄는 범죄수익은닉규제법과 부패재산의 몰수 및 회복에 관한 특례법(이하, '부패재산몰수법'이라 한다)에 따로 규정되어 있다. 통상 **부패범죄의 유형은 특정한 사건 또는 사무에 관하여 부정한 청탁을 하고 금품 기타 이익을 수수, 요구, 약속하는 형법상 뇌물수수, 배임수재(증재) 등을 기본적인 틀로** 하면서 각 특별법의 특징에 따라 다소 간의 차이가 있다.

범죄수익은닉규제법상 부패범죄의 유형으로는 변호사법위반(제5호), 주식회사 등의 외부감사에 관한 법률(제33호), 공인회계사법위반(제37호), 도시 및 주거환경정비법위반(제40호) 등이 있는데, 그 중 일부는 부패재산몰수법과 겹치고 중복되어 있어 체계상 정비가 필요하다(私見).

이렇게 **범죄수익은닉규제법과 부패재산몰수법에서 부패범죄를 각각 규정**하고 있는 것은 범죄수익은닉규제법은 2001. 9. 27. 제정·시행되어 별표로 '중대범죄'를 규정하게 되었음에도 부패재산몰수법이 2008. 4. 26. 「국제연합부패방지협약」과 그 밖의 관련 국제협약에 대한 이행입법으로 뒤늦게 제정되면서 '부패범죄'의 유형을 재차 별표로 규정하였기 때문으로 보인다. 특정한 부패범죄에 대하여 범죄수익은닉규제법이 적용되는지, 부패재산몰수법이 적용되는지에 따른 핵심적인 차이점은 다음과 같이 정리해볼 수 있다.

연번	항목	범죄수익은닉규제법	부패재산몰수법
1	자금세탁범죄 처벌 가부	○ (동법 제3조, 제4조)	× (처벌규정 없음)
2	몰수·추징의 임의성	○ (동법 제8조, 제10조)	○ (동법 제3조, 제5조)
3	몰수·추징보전의 가부	○ (마약거래방지법 준용)	○ (좌동)

연번	항목	범죄수익은닉규제법	부패재산몰수법
4	범죄피해재산 환부 가부	× (동법 제8조 제3항)	○ (동법 제6조)
5	몰수·추징 집행을 위한 검사의 처분	○ (동법 제10조의3)	△ [동법 제8조(마약거래방지법 제76조 준용) ☞ 일부만 예외적으로 가능]
6	몰수·추징 집행의 특례 규정	○ [동법 제10조의2(다중인명피해사고), 마약거래방지법상 제3자 고지에 따라 예외적으로 가능]	× (차명재산 즉시 집행 원칙적 불가 단, 마약거래방지법상 제3자 고지에 따라 예외적으로 가능)

부패재산몰수법은 부패재산을 임의적으로 환수할 수 있도록 규정하고 있는데(동법 제5조, 제3조 참조) 위 부패재산의 개념은 범죄수익 및 범죄수익 유래재산의 그것과 차이가 없다.

관련조문

부패재산몰수법 제2조(정의) 이 법에서 사용하는 용어의 정의는 다음과 같다. <개정 2016. 12. 20., 2019. 8. 20.>

2. **"부패재산"**이란 **범죄수익 및 범죄수익에서 유래한 재산**을 말한다.
   가. **"범죄수익"**이란 부패범죄의 범죄행위에 의하여 생긴 재산 또는 그 범죄행위의 보수로서 얻은 재산을 말한다.
   나. **"범죄수익에서 유래한 재산"**이란 범죄수익의 과실(果實)로서 얻은 재산, 범죄수익의 대가로서 얻은 재산 및 이들 재산의 대가로서 얻은 재산, 그 밖에 범죄수익의 보유 또는 처분에 의하여 얻은 재산을 말한다.

그러나 부패재산몰수법은 「국제연합부패방지협약」 및 그 밖의 관련 국제협약을 효율적으로 이행하기 위하여 부패재산의 몰수 및 추징, 환수 등에 관한 특례를 규정함으로써 부패범죄를 조장하는 경제적 요인을 근원적으로 제거하여 부패범죄를 효과적으로 방지·척결하고 청렴한 국제사회질서 확립에 이바지함을 목적으로 하는데(동법 제1조) 이러한 법률의 제정의 목적을 보면 알 수 있듯이 본법은 부패재산을 몰수 및 추징하는 특례를 규정하기 위한 것이므로 부패재산을 은닉하거나 그 취득 및 처분을 가장하는 경우 이를 처벌할 다른 근거규정이 없다. 자금세탁범죄를 처벌하는 규정은 범죄수익은닉규제법 및 마약거래방지법뿐이므로 **부패범죄로 취득한 부패재산을 은닉한다 하더라도 이를 처벌할 수 없는 불합리가**

발생하는 것이다.

따라서 **입법론**으로는 부패재산몰수법에 따로 범죄수익은닉규제법과 같은 자금세탁범죄 처벌 규정을 둘 필요가 있다. 그렇게 해야만 부패재산몰수법에 따라 취득한 범죄수익을 은닉하는 경우 이에 대한 처벌이 가능해진다(私見).

한편 이 책에서는 범죄수익은닉규제법에 따른 부패범죄와 부패재산몰수법에 따른 부패범죄가 각기 달리 규정되어 있어 각 법률을 적용할 때 여러 가지 혼란이 발생할 수 있다는 점을 고려하여 제2장 범죄수익은닉규제법 부분에서 범죄수익은닉규제법상 부패범죄에 대해 살피고, 제3장에서는 부패재산몰수법 별표에 기재되어 있는 부패범죄를 각각 따로 검토하였다.

다만 **부패재산몰수법 별표에 기재되어 있는 부패범죄**의 경우 범죄수익은닉규제법과 동일하게 규정되어 있는지를 모두 살펴 **범죄수익은닉규제법과 동일한 경우에는 범죄수익은닉규제법에서 한꺼번에 다루기로** 하고, 만약 규정하고 있는 **법률은 같으나 구성요건이 서로 다른 경우 범죄수익은닉규제법에서 규정하지 않은 구성요건에 한하여 본편에서 검토**하기로 한다(불필요한 중복을 막기 위해서다).

따라서 이 장에서는 부패재산몰수법상 부패범죄 중 범죄수익은닉규제법과 **중복되는 법률 및 구성요건의 경우 해당 사항이 범죄수익은닉규제법과 중복된다는 점을 간단히 지적하고 그 내용을 생략하기로** 한다.

제 2 장
부패재산몰수법 별표 「부패범죄」 해설

1 형법상 부패범죄(제1호)

부패재산몰수법은 별표 제1호에서 **형법상 다음의 죄**를 부패범죄로 규정하고 있다.

관련조문
───────

부패재산몰수법 별표

부패범죄(제2조 제1호 관련)

1. 「형법」 중 다음 각 목의 죄
   가. 제2편 제7장 공무원의 직무에 관한 죄 중 **제129조부터 제133조까지**의 죄
   나. 제2편 제34장 신용, 업무와 경매에 관한 죄 중 **제315조**의 죄
   다. 제2편 제39장 사기와 공갈의 죄 중 **제347조, 제347조의2 및 제351조(제347조 및 제347조의2의 상습범만 해당한다)에 해당하는 죄**(특정사기범죄로 한정한다)
   라. 제2편 제40장 횡령과 배임의 죄 중 **제355조부터 제357조까지 및 제359조**의 죄

그런데 각 형법 규정은 모두 범죄수익은닉규제법에서 동일하게 중대범죄로 규정하고 있고 이는 앞서 범죄수익은닉규제법상 형법 범죄 부분에서 살펴보았으므로 본편에서는 별도의 검토를 생략하기로 한다(「**제2편 제1장 형법범죄**」 부분 참조).

2 형법 외 법률의 공무원 의제 뇌물범죄(제2호)

부패재산몰수법은 **형법 외 법률의 공무원 의제에 따른 형법상 뇌물범죄**(제129조 내지 제132조)의 경우 모두 부패재산몰수법에 따른 부패범죄에 포함된다고 규정하고 있다. 국내 시행되고 있는 법률 중 공무원 의제 규정을 둔 법률은 매우 많은데 대표적으로 공공기관의

임직원, 도시정비법 상 추진위원장 및 조합 임직원 등 직무수행 과정에서 고도의 청렴성이 요구되는 경우가 있다.

2021년 11월을 기준으로 국가법령정보센터에서 제공하는 현행법령상 공무원 의제 규정을 두고 있는 법률은 수백가지에 이르는데, 해당 법률에 따라 공무원 의제 규정의 적용을 받는 기관의 임원, 직원, 위원회의 위원 등은 모두 형법상 뇌물범죄의 주체가 된다[해당 법령의 내용은 양이 매우 방대하므로 중요 법률을 추려 따로 분리해 소개하기로 한다(본편 별지 참조)].

3 특정범죄가중처벌 등에 관한 법률위반(제3호)

부패재산몰수법은 별표 제3호에서 특정범죄가중처벌 등에 관한 법률(이하, '특정범죄가중법') 제2조 및 제3조의 죄를 부패범죄로 규정하고 있다.

관련조문

부패재산몰수법 별표

<u>부패범죄(제2조 제1호 관련)</u>

3. 「특정범죄가중처벌 등에 관한 법률」 제2조 및 제3조의 죄

관련조문

특정범죄가중법 제2조(뇌물죄의 가중처벌) ① 「형법」 제129조·제130조 또는 제132조에 규정된 죄를 범한 사람은 그 수수(收受)·요구 또는 약속한 뇌물의 가액(價額)(이하 이 조에서 "수뢰액"이라 한다)에 따라 다음 각 호와 같이 가중처벌한다.

1. 수뢰액이 1억 원 이상인 경우에는 무기 또는 10년 이상의 징역에 처한다.
2. 수뢰액이 5천만 원 이상 1억 원 미만인 경우에는 7년 이상의 유기징역에 처한다.
3. 수뢰액이 3천만 원 이상 5천만 원 미만인 경우에는 5년 이상의 유기징역에 처한다.

② 「형법」 제129조·제130조 또는 제132조에 규정된 죄를 범한 사람은 그 죄에 대하여 정한 형(제1항의 경우를 포함한다)에 수뢰액의 2배 이상 5배 이하의 벌금을 병과(倂科)한다.

제3조(알선수재) 공무원의 직무에 속한 사항의 알선에 관하여 금품이나 이익을 수수·요구 또는 약속한 사람은 5년 이하의 징역 또는 1천만 원 이하의 벌금에 처한다.

[전문개정 2010. 3. 31.]

특정범죄가중법에 따라 가중처벌되는 범죄는 수뢰액 3,000만 원 이상의 형법상 뇌물죄 및 알선수재죄(금액무관)로서 위 각 범죄는 모두 범죄수익은닉규제법에 따른 중대범죄에 포함된다. 위 부패범죄는 범죄수익은닉규제법 부분에서 이미 모두 살펴보았으므로 이곳에서는 설명을 생략한다(뇌물죄는 「제2편 제1장 형법범죄」, 알선수재죄는 「제2편 제3장 경제범죄 부분 각 참조).

4 국제상거래에 있어서 외국공무원에 대한 뇌물방지법위반(제5호)

부패재산몰수법은 별표 제5호에서 **국제상거래에 있어서 외국공무원에 대한 뇌물방지법**(이하, '국제뇌물방지법') **제3조 제1항의 죄**를 부패범죄로 규정하고 있다.

관련조문

부패재산몰수법 별표

부패범죄(제2조제1호 관련)

5. 「국제상거래에 있어서 외국공무원에 대한 뇌물방지법」 **제3조 제1항**의 죄

관련조문

제3조(뇌물공여자 등의 형사책임) ① 국제상거래와 관련하여 부정한 이익을 얻을 목적으로 외국 공무원등에게 그 업무와 관련하여 뇌물을 약속 또는 공여하거나 공여의 의사를 표시한 자는 5년 이하의 징역 또는 5천만 원 이하의 벌금에 처한다. 이 경우 범죄행위로 얻은 이익(이익이 공여액보다 적거나 산정할 수 없는 경우에는 공여액)이 1천만 원을 초과할 때에는 5년 이하의 징역 또는 그 이익(이익이 공여액보다 적거나 산정할 수 없는 경우에는 공여액)의 2배 이상 5배 이하에 해당하는 벌금에 처한다.

그런데 위 국제뇌물방지법은 범죄수익은닉규제법 제2조 제2호 나목 3)에서 동일하게 중대범죄로 규정하고 있고 이에 관계된 자금 또는 재산은 모두 범죄수익으로서 몰수·추징의 대상이 되는바 이는 앞서 범죄수익은닉규제법 부분(「제2편 제4장 부패범죄」 참조)에서 모두 살펴보았으므로 이 부분에서는 별도의 검토를 생략하기로 한다.

5 특정경제범죄 가중처벌 등에 관한 법률위반(제4호)

1. 총설

부패재산몰수법 별표 제4호에서는 **특정경제범죄 가중처벌 등에 관한 법률**(이하, '특정경제범죄법'이라 한다.) **제3조 중 일부 형법상 사기, 횡령, 배임의 죄, 제5조부터 제9조의 죄**를 부패범죄로 규정하고 있다. 해당 규정은 다음과 같다.

관련조문

부패재산몰수법 별표

부패범죄(제2조 제1호 관련)

4.「특정경제범죄 가중처벌 등에 관한 법률」 중 다음 각 목의 죄
    가. **제3조 중「형법」제347조, 제347조의2 및 제351조(제347조 및 제347조의2의 상습범만 해당한다)에 해당하는 죄(특정사기범죄로 한정한다)**
    나. **제3조 중「형법」제355조 및 제356조**에 해당하는 죄
    다. **제5조부터 제9조**까지의 죄

그런데 범죄수익은닉규제법은 특정경제범죄법 제3조, 제5조, 제7조의 죄를 중대범죄로 규정(범죄수익은닉규제법 별표 제18호 참조)하고 있고 특정경제범죄법 제3조, 제5조, 제7조는 범죄수익은닉규제법 부분에서 이미 살펴본 바와 같으므로(「제2편 제1장 형법범죄, 제3장 경제범죄」 부분 각 참조) 본편에서는 기재를 생략하고, 여기에서는 **범죄수익은닉규제법과 겹치지 않는 특정경제범죄법 제6조, 제8조, 제9조 구성요건에 한정**하여 살펴보기로 한다.

관련조문

제6조(증재 등의 죄) ① 제5조에 따른 금품이나 그 밖의 이익을 약속, 공여 또는 공여의 의사를 표시한 사람은 5년 이하의 징역 또는 3천만 원 이하의 벌금에 처한다.
    ② 제1항의 행위에 제공할 목적으로 제3자에게 금품을 교부하거나 그 정황을 알면서 교부받은 사람은 제1항과 같은 형에 처한다.
제8조(사금융 알선 등의 죄) 금융회사등의 임직원이 그 지위를 이용하여 자기의 이익 또는 소속 금융회사등 외의 제3자의 이익을 위하여 자기의 계산으로 또는 소속 금융회사등 외의 제3자의 계산으로 금전의 대부, 채무의 보증 또는 인수를 하거나 이를 알선하였을 때에는 7년 이하의 징역 또는 7천만 원 이하의 벌금에 처한다.

제9조(저축 관련 부당행위의 죄) ① 저축을 하는 사람 또는 저축을 중개하는 사람이 금융회사등의 임직원으로부터 그 저축에 관하여 법령 또는 약관이나 그 밖에 이에 준하는 금융회사등의 규정에 따라 정하여진 이자, 복금(福金), 보험금, 배당금, 보수 외에 어떤 명목으로든 금품이나 그 밖의 이익을 수수하거나 제3자에게 공여하게 하였을 때에는 5년 이하의 징역 또는 5천만 원 이하의 벌금에 처한다.

② 저축을 하는 사람이 그 저축과 관련하여 그 저축을 중개하는 자 또는 그 저축과 관계없는 제3자에게 금융회사등으로부터 대출등을 받게 하였을 때 또는 저축을 중개하는 사람이 그 저축과 관련하여 금융회사등으로부터 대출등을 받거나 그 저축과 관계없는 제3자에게 대출등을 받게 하였을 때에는 제1항과 같은 형에 처한다.

③ 금융회사등의 임직원이 제1항 또는 제2항에 규정된 금품이나 그 밖의 이익을 공여하거나 대출등을 하였을 때에는 제1항 또는 제2항과 같은 형에 처한다.

④ 제1항부터 제3항까지의 경우 징역과 벌금을 병과할 수 있다.

⑤ 금융회사등의 임직원이 소속 금융회사등의 업무에 관하여 제3항의 위반행위를 하면 그 행위자를 벌하는 외에 그 소속 금융회사등에도 같은 항의 벌금형을 과(科)한다. 다만, 소속 금융회사등이 그 위반행위를 방지하기 위하여 해당 업무에 관하여 상당한 주의와 감독을 게을리하지 아니한 경우에는 그러하지 아니하다.

특정경제범죄법은 건전한 국민경제윤리에 반하는 특정경제범죄에 대한 가중처벌과 그 범죄행위자에 대한 취업제한 등을 규정함으로써 경제질서를 확립하고 나아가 국민경제 발전에 이바지함을 목적으로 한다(동법 제1조).

특정경제범죄법은 일부 구성요건에 대하여 필요적 몰수·추징 규정을 두고 있는바 해당 규정은 다음과 같다.

관련조문

특정경제범죄법 제10조(몰수·추징) ① 제4조 제1항부터 제3항까지의 경우 범인이 도피시키거나 도피시키려고 한 재산은 몰수한다.

② **제5조부터 제7조까지 및 제9조 제1항·제3항**의 경우 범인 또는 정황을 아는 제3자가 받은 금품이나 그 밖의 이익은 몰수한다.

③ 제1항 또는 제2항의 경우 몰수할 수 없을 때에는 그 가액을 추징한다.

[전문개정 2012. 2. 10.]

위 규정에 의하면 본편에서 살펴보는 **특정경제범죄법 제6조, 제9조 제1항, 제3항**의 경우

해당 부패범죄로 취득한 부패재산은 필요적 몰수·추징의 대상이 된다(동법 제10조 제2항, 제3항 참조). 따라서 특정경제범죄법과 관련하여 **부패재산몰수법상 임의적 몰수·추징이 적용되는** 경우는 **특정경제가중법 제8조(사금융알선등), 제9조 제2항의 경우에 한정**된다.

이하에서는 특정경제범죄법 제6조(증재 등의 죄), 제8조(사금융 알선등의 죄), 제9조(저축 관련 부당행위의 죄)의 구성요건과 범죄수익환수 및 자금세탁범죄 처벌사례 등을 상세히 살펴보도록 한다.

2. 특정경제범죄법 제6조(증재 등의 죄)

가. 구성요건 및 처벌

관련조문

제6조(증재 등의 죄) ① 제5조에 따른 금품이나 그 밖의 이익을 약속, 공여 또는 공여의 의사를 표시한 사람은 5년 이하의 징역 또는 3천만 원 이하의 벌금에 처한다.
② 제1항의 행위에 제공할 목적으로 제3자에게 금품을 교부하거나 그 정황을 알면서 교부받은 사람은 제1항과 같은 형에 처한다.[전문개정 2012. 2. 10.]

특정경제범죄법은 제6조에서 제5조에 따른 금융회사등의 임직원에 대하여 금품이나 그 밖의 이익을 약속, 공여 또는 공여의 의사를 표시하는 행위(제1항), 위와 같은 행위에 제공할 목적으로 제3자에게 금품을 교부하거나 그 정황을 알면서 교부받는 행위(제2항)를 각각 처벌하고 있다.

1) 구성요건 주체 및 객체

위 **구성요건의 주체**는 아무런 제한이 없으므로 누구든지 그 주체가 될 수 있다. 한편 증재자가 금융기관 임직원 등에게 금품을 제공할 목적으로 금품을 교부한다는 정을 알면서 이를 교부받는 제3자도 본죄의 주체가 된다.

구성요건의 객체는 금품이나 그 밖의 이익이므로 물건 또는 재산상의 이익 중 유형 또는 무형의 것을 불문한다.

2) 구성요건적 행위

구성요건적 행위는 금융회사등의 임직원 또는 해당 임직원에게 제공할 목적으로 제3자에게 금품이나 그 밖의 이익을 약속, 공여 또는 공여의 의사표시를 하거나(제1항) 그와 같은 사정을 알면서 금품을 교부받는 행위다(제2항).

　　한편 금융회사 임직원 등의 수재의 점과 관련하여 해당 금전 등의 교부는 금융기관 임직원의 직무에 관하여 약속, 공여되어야 하는바, 이 때 '**직무에 관하여**'라 함은 **금융기관의 임직원이 그 지위에 수반하여 취급하는 일체의 사무를 말하는 것**으로서, 그 권한에 속하는 직무행위뿐만 아니라 이에 밀접한 관계가 있는 경우와 그 직무에 관련하여 사실상 처리하고 있는 행위까지도 모두 포함한다고 볼 것이고, 또 그 직무가 독립적인 권한에 기한 것이든, 상사의 직무를 보조하는 지위에 기한 것이든 구별할 것도 아니다.[1]

　　주관적 구성요건요소와 관련하여 증재자가 제3자에게 금품을 교부하는 경우 금융기관 임직원 등에게 금품을 제공할 목적을 요구하고(목적범), 증재자로부터 금품을 교부받는 제3자는 교부받은 금전이 금융기관 임직원에게 제공될 목적이라는 사정을 모두 인식하고 있어야 한다(고의범).

나. 범죄수익환수 및 자금세탁범죄 처벌 사례

　　앞에서 살펴본 바와 같이 금융기관 임직원등에게 약속, 공여 또는 공여의 의사표시를 한 금원은 모두 **필요적 몰수·추징의 대상**이 된다. 다만 실무상 실제로 증재자로부터 금전을 몰수·추징하는 경우로 ① 금융기관 임직원 등에게 금품 등이 공여되었다가 증재자가 이를 그대로 돌려받은 경우, ② 증재자가 금융기관 임직원 등에게 금품을 제공할 목적으로 제3자에게 교부하였는데 적발된 경우, ③ 증재자가 제3자를 통하여 금융기관 임직원 등에게 금품을 공여하였는데 해당 금품을 증재자 또는 제3자가 그대로 돌려받은 경우를 상정하여 볼 수 있다.

　　실무상 증재자 또는 제3자가 수재자에게 공여한 금원을 돌려받아 수재자 또는 제3자로부터 동액 상당을 추징한 사례는 찾기 어렵다. **이에 금융기관 임직원 등에 대한 증재행위에 따라 증재자와 수재자가 각 처벌받고, 수재자는 그와 같이 공여받은 금전을 차명계좌로 넣어 은닉함으로써 자금세탁범죄가 성립한 사례**를 소개한다.[2]

1　대법원 1989. 7. 25. 선고 89도890 판결 참조.

2　수원지방법원 성남지원 2016. 9. 22. 선고 2015고합284, 2016고합55(병합) 판결 참조(대법원 2017도3103 판결로 확정).

사례

범죄사실

【피고인들의 지위】

피고인 A는 부동산개발 및 임대분양업, 주택건설업 등을 목적으로 설립한 주식회사 E(이하 'E'라 한다), 주식회사 F(이하 'F'라 한다), 주식회사 G*(이하 'G*'라 한다)의 대표이사, 피고인 B는 같은 목적으로 설립한 주식회사 H(이하 'H'라 한다), 주식회사 I(변경 전 상호는 '주식회사 J'이다. 이하 상호변경 전후를 구분하지 않고 'I'라 한다), 주식회사 K(이하 'K'이라 한다)의 대표이사로서, 피고인 A, B는 위 각 회사들을 공동으로 운영하면서 회사재산관리 등 경영업무 전반을 총괄하되, 피고인 A는 자금조달 및 운영, 회계처리 등의 업무를, 피고인 B는 토지매입, 법인설립 및 부동산등기 등의 업무를 담당하였다.

피고인 C는 서울 송파구 L 소재 주식회사 M(변경 전 상호는 'M'이다. 이하 상호변경 전후를 구분하지 않고 'M'이라 한다) 전략영업부 PF팀 과장으로, 피고인 D는 위 저축은행 전략영업부 PF팀 차장으로 각 재직하였던 사람이다.

『2015고합284』

(중략)

3. 피고인 C, D의 특정경제범죄가중처벌등에관한법률위반(수재등)

피고인들은 2009. 12. 초순경 A, B에게 '그간의 PF 대출에 대한 사례, 향후 추가대출 및 대출금 집행과정에서 각종 편의제공의 대가로 현금 10억 원을 마련해 달라'는 취지로 요구하여 A, B로부터 금품을 수수한 후 이를 나눠 가지기로 공모하였다.

이에 따라 피고인 C는 2009. 12. 초순경 불상의 장소에서 A에게 "나와 D가 (대출을) 많이 도와주고 있는데 인사를 좀 해야 하지 않냐"라고 말하여 위 A로부터 대출사례금 등 명목으로 10억 원을 지급하겠다는 확약을 받았다.

가. 피고인 C는 2009. 12. 초순 20:00경 서울 송파구 AP오피스텔 AQ호에서 '그간의 PF 대출에 대한 사례, 향후 추가대출 및 대출금 집행과정에서 각종 편의제공의 대가' 명목으로 A, B로부터 여행용 가방에 담긴 현금 400,000,000원을 교부받은 다음, 위 가방을 자신의 차량에 싣고 서울 송파구에 있는 M 사무실 주차장으로 가 피고인 D와 함께 각 200,000,000원씩 나눠 가졌다.

나. 피고인 C는 2010. 1. 중순 20:00경 위 오피스텔 101동 ****호에서 위와 같은 명목으로 A, B로부터 여행용 가방에 든 현금 400,000,000원을 교부받은 다음, 위 M 사무실 주차장에서 피고인 D와 함께 각 200,000,000원씩 나눠 가졌다.

이로써 피고인들은 공모하여 금융회사 임직원이 그 직무에 관하여 800,000,000원을 수수하였다.

4. 피고인 A, B의 특정경제범죄가중처벌등에관한법률위반(증재등)

피고인 A는 2009. 12. 초순경 불상의 장소에서 C로부터 "나와 D가 (대출을) 많이 도와주고 있는데 인사를 좀 해야 하지 않냐"라는 말을 듣고 그 무렵 피고인 B와 협의하여 C, D에게 '그간의 PF 대출에 대한 사례, 향후 추가대출 및 대출금 집행과정에서 각종 편의제공의 대가' 명목으로 10억 원을 주기로 공모하였다.

피고인들은 위 공모에 따라 제3의 가. 나.항 기재 각 일시, 장소에서 제3의 가. 나.항 기재와 같은 방법으로 C, D에게 2회에 걸쳐 합계 800,000,000원을 교부하였다.

이로써 피고인들은 공모하여 금융회사 임직원의 직무에 관하여 금품을 공여하였다.

5. 피고인 C의 범죄수익은닉의규제및처벌등에관한법률위반

피고인은 2009. 12. 14.경 제3의 가.항 기재와 같이 A, B로부터 교부받은 현금 400,000,000원을 D와 200,000,000원씩 나눠 가진 다음 그 중 12,000,000원을 부 *** 명의 농협 예금계좌(***********)에 입금한 것을 비롯하여 위 일시경부터 2009. 12. 31.경까지 제3항 기재와 같이 수수한 금원 중 155,000,000원을 아래 표 기재와 같이 부 AR, 모 AN, 매제 AU 명의 예금계좌에 분산 입금하여 범죄수익의 취득 또는 처분에 관한 사실을 가장하였다.

법령의 적용

1. 범죄사실에 대한 해당법조

(전략)

나. 피고인 C

구 특정경제범죄 가중처벌 등에 관한 법률 제5조 제4항 제1호, 제1항, 제5항, 형법 제30조 [수재의 점, 포괄하여, 유기징역형 선택{다만 형의 상한은 형법 제1조 제1항, 제8조, 부칙 (2010. 4. 15.) 제1항 본문에 의하여 구 형법(2010. 4. 15. 법률 제10259호로 개정되기 전의 것, 이하 같다) 제42조 본문에서 정한 징역 15년으로 한다}, 징역형과 벌금형을 병과], 구 범죄수익은닉의 규제 및 처벌 등에 관한 법률 제3조 제1항 제1호(범죄수익 취득사실 가장의 점, 포괄하여, 징역형 선택)

다. 피고인 D

구 특정경제범죄 가중처벌 등에 관한 법률 제5조 제4항 제1호, 제1항, 제5항, 형법 제30조 [포괄하여, 유기징역형 선택{다만 형의 상한은 형법 제1조 제1항, 제8조, 부칙(2010. 4. 15.) 제1항 본문에 의하여 구 형법 제42조 본문에서 정한 징역 15년으로 한다}, 징역형과 벌금형을 병과]

1. 추징

피고인 C, D: 각 구 특정경제범죄 가중처벌 등에 관한 법률 제10조 제3항, 제2항

3. 특정경제범죄법 제8조(사금융 알선 등의 죄)

관련조문

제8조(사금융 알선 등의 죄) 금융회사등의 임직원이 그 지위를 이용하여 자기의 이익 또는 소속 금융회사등 외의 제3자의 이익을 위하여 자기의 계산으로 또는 소속 금융회사등 외의 제3자의 계산으로 금전의 대부, 채무의 보증 또는 인수를 하거나 이를 알선하였을 때에는 7년 이하의 징역 또는 7천만 원 이하의 벌금에 처한다. [전문개정 2012. 2. 10.]

가. 구성요건 및 처벌

특정경제범죄법은 제8조에서 금융회사등의 임직원이 그 지위를 이용하여 자기의 이익 또는 소속 금융회사등 외의 제3자의 이익을 위하여 자기의 계산으로 또는 소속 금융회사 등 외의 제3자의 계산으로 금전의 대부, 채무의 보증 또는 인수를 하거나 이를 알선하는 행위를 처벌하고 있다.

1) 구성요건 주체 및 객체

위 **구성요건의 주체**는 **금융회사등의 임직원**이다. 이 때 금융회사등은 다음과 같다.

관련조문

특정경제범죄법 제2조(정의) 이 법에서 사용하는 용어의 뜻은 다음과 같다.
1. **"금융회사등"**이란 다음 각 목의 어느 하나에 해당하는 것을 말한다.
    가. 「한국은행법」에 따른 한국은행, 「금융위원회의 설치 등에 관한 법률」에 따른 금융감독원 및 「은행법」이나 그 밖의 법률에 따른 은행
    나. 「자본시장과 금융투자업에 관한 법률」에 따른 투자매매업자, 투자중개업자, 집합투자업자, 신탁업자, 증권금융회사 및 종합금융회사
    다. 「상호저축은행법」에 따른 상호저축은행과 그 중앙회
    라. 「농업협동조합법」에 따른 조합과 농협은행
    마. 「수산업협동조합법」에 따른 조합과 수협은행
    바. 「신용협동조합법」에 따른 신용협동조합과 그 중앙회
    사. 「새마을금고법」에 따른 새마을금고와 그 연합회
    아. 「보험업법」에 따른 보험업을 경영하는 자
    자. 「신용보증기금법」에 따른 신용보증기금

차. 「기술보증기금법」에 따른 기술보증기금

카. 그 밖에 가목부터 차목까지의 기관과 같거나 유사한 업무를 하는 기관으로서 대통령
    령으로 정하는 기관

한편 **구성요건의 객체는 대부의 목적이 되는 금전, 보증 또는 인수의 대상이 되는 채무이다.**

2) 구성요건적 행위

구성요건적 행위는 그 지위를 이용하여 자기의 이익 또는 소속 금융회사등 외의 제3자의 이익을 위하여 자기의 계산으로 또는 소속 금융회사 등 외의 제3자의 계산으로 금전의 대부, 채무의 보증 또는 인수를 하거나 이를 알선하는 것이다.

'그 지위를 이용하여' 금전의 대부를 한다는 것은 금융기관의 임·직원의 지위에 있지 않았더라면 불가능하였거나 곤란하였을 금전의 대부행위가 금융기관의 임·직원의 지위에 있음으로 말미암아 가능하게 되거나 일반인에 비하여 용이하게 되었다는 사정이 존재하는 경우를 의미한다.[3]

이 때 **그와 같은 사정의 존재 여부는,** 그 임·직원이 대부자금을 소속 금융기관에 예치되거나 예치될 자금으로부터 쉽게 대출받거나 유용함으로써 마련하였는지 여부, 자금의 대여 또는 차용을 원하는 사람을 물색하여 선정함에 있어서 소속 금융기관 고객과의 거래관계로부터 도움이 있었는지 여부 및 소속 금융기관이 가진 고객에 관한 정보나 기타 유형·무형의 자산을 당해 대부거래의 성립에 이용하였는지 여부 등을 종합하여 당해 대부행위에 가벌성이 있는지 여부를 판단함에 의하여 정하여야 한다.[4]

위 구성요건은 **자기의 이익 또는 소속 금융회사등 외의 제3자의 이익**을 위할 것을 요구하고 있으므로 위와 같은 대부 등의 행위가 결국 행위자 또는 제3자를 위한 것이었는지 여부가 쟁점이 된다. 즉, 특정경제범죄법 제8조에서 규정하는 **'자기의 계산 또는 소속 금융회사 등 외의 제3자의 계산'**이라 함은 위와 같은 대부, 채무의 보증 또는 인수로 인한 손익이 자기 또는 제3자에게 귀속된다는 것을 의미한다. 따라서 위와 같은 금전의 대부, 채무의 보증 및 인수가 있었다는 사실 외에도 그와 같은 사금융 알선행위로 인하여 그 손익이 누구에게 귀속되었는지도 중요한 쟁점이 된다.

---

3 대법원 2006. 11. 24. 선고 2006도60 판결 참조.

4 대법원 2000. 11. 28. 선고 2000도2474 판결 등 참조.

대법원은 ① 은행 지점장의 지위에 있음을 기화로 은행의 공신력을 사적으로 이용하여 거래처의 이익을 위하여 거래처의 제3자에 대한 차용금채무를 보증한 피고인에 대하여 특정경제범죄법 제8조 소정의 사금융알선등의 죄를 인정한 바 있고,[5] ② 은행 지점장이 인척관계인으로부터 자금을 개인적으로 위탁받아 예치·보관하고 있음을 기화로 지점 금융거래 관계로 알게 된 차주들에게 개인적으로 위 금전을 대부한 경우, 은행 지점장이 아니었더라도 얼마든지 가능하였을 개인적인 대부라고 단정하기는 어렵다고 판시한바 있다.[6]

3) 처벌

본죄를 위반하면 7년 이하의 징역 또는 7천만 원 이하의 벌금에 처한다.

나. 범죄수익환수 사례

금융기관 임직원등이 그 지위를 이용하여 사금융을 알선한 경우, 특정경제범죄법 제10조가 아닌 **부패재산몰수법 제5조, 제3조에 따라 임의적 몰수·추징의 대상**이 된다. 실무상 금융기관 임직원 등이 그 지위를 이용하여 사금융을 알선하는 경우, 이와 같은 범죄행위에 의하여 생긴 재산 또는 그 범죄행위의 보수로서 얻은 재산 및 해당 범죄수익으로부터 유래한 재산은 환수의 대상이 된다.

이 경우 위 **몰수·추징의 대상이 되는 재산**은 모두 행위자가 실제로 취득한 이익에 한정되는 것으로 해석되는데(이익박탈형 몰수·추징) 위와 같은 **사금융을 불법적으로 알선하여 주는 경우 행위자가 실제로 얻은 수익을 특정하여 이를 추징할 필요**가 있다. 예를 들어 금융기관 임직원 A가 기업인 B에게 자신의 지위를 이용하여 불법적으로 금전을 대부하여 주고 B로부터 금품을 수수한 경우라면 이는 특정경제범죄법상 금융기관 임직원의 수재등죄가 성립한다 할 것이므로(동법 제5조 참조), 이는 특정경제범죄법에 따른 필요적 몰수·추징의 대상이 된다. 다만 금융기관 임직원이 위와 같은 금전의 대부, 채무의 보증 또는 인수를 통해서 얻은 별도의 이익이 있는 경우 이를 구체적으로 산정하여 추징하여야 한다.

실무상 대부분의 사금융알선행위의 경우 그 대가로 금융기관 임직원이 금품을 수수하는 경우가 많은데 이 경우 앞에서 본 바와 같이 특정경제범죄법 제5조에 따른 범죄가 성립하고, 제10조에 따라 추징이 선고된다는 사실을 유의하여야 한다.

---

5 대법원 1997. 5. 30. 선고 95도531 판결 참조.
6 대법원 2000. 11. 28. 선고 2000도2474 판결 참조.

4. 특정경제범죄법 제9조(저축 관련 부당행위의 죄)

관련조문

제9조(저축 관련 부당행위의 죄) ① 저축을 하는 사람 또는 저축을 중개하는 사람이 금융회사등의 임직원으로부터 그 저축에 관하여 법령 또는 약관이나 그 밖에 이에 준하는 금융회사등의 규정에 따라 정하여진 이자, 복금(福金), 보험금, 배당금, 보수 외에 어떤 명목으로든 금품이나 그 밖의 이익을 수수하거나 제3자에게 공여하게 하였을 때에는 5년 이하의 징역 또는 5천만 원 이하의 벌금에 처한다.

② 저축을 하는 사람이 그 저축과 관련하여 그 저축을 중개하는 자 또는 그 저축과 관계없는 제3자에게 금융회사등으로부터 대출등을 받게 하였을 때 또는 저축을 중개하는 사람이 그 저축과 관련하여 금융회사등으로부터 대출등을 받거나 그 저축과 관계없는 제3자에게 대출등을 받게 하였을 때에는 제1항과 같은 형에 처한다.

③ 금융회사등의 임직원이 제1항 또는 제2항에 규정된 금품이나 그 밖의 이익을 공여하거나 대출등을 하였을 때에는 제1항 또는 제2항과 같은 형에 처한다.

④ 제1항부터 제3항까지의 경우 징역과 벌금을 병과할 수 있다.

⑤ 금융회사등의 임직원이 소속 금융회사등의 업무에 관하여 제3항의 위반행위를 하면 그 행위자를 벌하는 외에 그 소속 금융회사등에도 같은 항의 벌금형을 과(科)한다. 다만, 소속 금융회사등이 그 위반행위를 방지하기 위하여 해당 업무에 관하여 상당한 주의와 감독을 게을리하지 아니한 경우에는 그러하지 아니하다.

[전문개정 2012. 2. 10.]

가. 구성요건 및 처벌

특정경제범죄법 제9조는 ① 저축을 하는 사람 또는 저축을 중개하는 사람이 금융회사등의 임직원으로부터 그 저축에 관하여 법령 또는 약관이나 그 밖에 이에 준하는 금융회사등의 규정에 따라 정하여진 이자, 복금(福金), 보험금, 배당금, 보수 외에 어떤 명목으로든 금품이나 그 밖의 이익을 수수하거나 제3자에게 공여하게 하는 행위(제1항), ② 저축을 하는 사람이 그 저축과 관련하여 그 저축을 중개하는 자 또는 그 저축과 관계없는 제3자에게 금융회사등으로부터 대출등을 받게 하였을 때 또는 저축을 중개하는 사람이 그 저축과 관련하여 금융회사등으로부터 대출등을 받거나 그 저축과 관계없는 제3자에게 대출등을 받게 하는 행위(제2항)를 처벌하고 있다.

나아가 ③ 금융회사등의 임직원이 제1항 또는 제2항에 규정된 금품이나 그 밖의 이익을 공여하거나 대출등을 하는 행위를 아울러 처벌하는 조항을 마련하여 두고 있다(제3항). 위 각 범죄를 범하면 모두 5년 이하의 징역 또는 5천만 원 이하의 벌금에 처한다.

　이하에서는 각 항을 나누어 항목별로 구성요건과 범죄수익환수 사례 등을 상세히 살펴본다.

1) 저축을 하는 사람 등의 금융회사 임직원으로부터 금품 등 수수의 점(제1항)

관련조문

　제9조(저축 관련 부당행위의 죄) ① 저축을 하는 사람 또는 저축을 중개하는 사람이 금융회사등의 임직원으로부터 그 저축에 관하여 법령 또는 약관이나 그 밖에 이에 준하는 금융회사등의 규정에 따라 정하여진 이자, 복금(福金), 보험금, 배당금, 보수 외에 어떤 명목으로든 금품이나 그 밖의 이익을 수수하거나 제3자에게 공여하게 하였을 때에는 5년 이하의 징역 또는 5천만 원 이하의 벌금에 처한다.

가) 구성요건의 주체 및 객체

　위 **구성요건의 주체**는 저축을 하는 사람 또는 저축을 중개하는 사람으로 특정 신분을 요하지 않으므로 누구든지 본죄의 주체가 될 수 있다. 다만 저축을 하거나 저축을 중개하는 행위를 할 것을 요한다.

　위 '**저축을 하는 자**'에는 사법상 법률효과가 귀속되는 '**저축의 주체**'가 아니라고 하더라도, '**저축과 관련된 행위를 한 자**'도 포함되고, 그러한 자가 금융기관 임직원들의 유치 활동의 대상이 되어 당해 저축과 관련하여 특별한 이익을 수수하였다면 그 구성요건에 해당된다고 할 것이며, 이러한 해석이 '저축을 하는 자'라는 문언의 의미 한계를 넘어선 해석은 아니므로 죄형법정주의에 위반된다고 할 수도 없다.[7]

　구성요건의 객체는 법령 또는 약관이나 그 밖에 이에 준하는 금융회사등의 규정에 따라 정하여진 이자, 복금(福金), 보험금, 배당금, 보수 외에 어떤 명목으로든 금융회사등의 임직원으로부터 수수하거나 제3자에게 공여하는 금품이나 그 밖의 이익이다. 결국 금융회사등의 임직원으로부터 수수하거나 제3자에게 공여하는 금품이나 그 밖의 재산상 이익이라면 그 명목이 무엇이든 불문한다. 다만 **금융회사등의 규정에 따라 정해진 금품 등일 것을 요하**므로 이와 관련 없는 금품은 본죄의 객체에서 제외된다.

---

7 대법원 2006. 3. 9. 선고 2003도6733 판결 참조.

나) 구성요건적 행위

본죄의 **구성요건적 행위**는 금융회사 임직원으로부터 어떤 명목으로든 저축에 관하여 금융회사등의 규정에 따라 정하여진 금품 등을 수수하거나 제3자에게 공여하게 하는 것이다. 예컨대 고객이 금융회사인 보험회사 직원 등의 계약실적 증진 등을 위하여 보험회사 직원으로부터 이자 등 명목으로 금품을 수수하는 경우 본죄가 성립한다.

한편 저축을 하는 자가 당해 저축과 관련하여 금융기관과 맺은 계약의 유·무효가 위 죄의 성부를 좌우하는 것은 아니다.[8] 나아가 저축을 하는 자가 금융기관 임직원이 공여한 특별한 이익을 수수하였다면 그 임직원이 금융기관의 기관이나 대리인으로서 금융기관 소유의 금품을 건넨 것이든 아니면 임직원 개인으로서 자기 소유의 금품을 건넨 것이든 관계없이 본죄의 구성요건에 해당된다고 해석하여야 한다.[9]

대법원은 보험계약자가 보험회사와의 사이에 보험계약상의 급부와 별도로 특별한 이익을 제공받기로 하는 이면계약을 체결하고 추가 지급받은 돈은 '**이자 또는 약관 기타 이에 준하는 금융기관의 규정에 의하여 지급한 보험금**'에 해당한다고 보기 어려우나, 위 규정에서 정해진 '이익'을 수수한 것으로 본다고 판시하였다.[10]

2) 저축을 하는 사람 등의 제3자에게 대출 등을 받게 하는 점(제2항)

관련조문

제9조(저축 관련 부당행위의 죄) ② 저축을 하는 사람이 그 저축과 관련하여 그 저축을 중개하는 자 또는 그 저축과 관계없는 제3자에게 금융회사등으로부터 대출등을 받게 하였을 때 또는 저축을 중개하는 사람이 그 저축과 관련하여 금융회사등으로부터 대출등을 받거나 그 저축과 관계없는 제3자에게 대출등을 받게 하였을 때에는 제1항과 같은 형에 처한다.

가) 구성요건의 주체 및 객체

위 **구성요건의 주체**는 저축을 하는 사람 또는 저축을 중개하는 사람이다. 저축을 하거나 저축을 중개하는 사람이라면 누구든지 본 죄의 주체가 될 수 있다. **구성요건의 객체**는 그 저축을 중개하는 자 또는 그 저축과 관계없는 제3자에게 금융회사등으로부터 받게 하는 대

8 대법원 2001. 6. 29. 선고 99도5026 판결 참조.
9 대법원 2006. 3. 9. 선고 2003도6733 판결 참조.
10 위 대법원 2003도6733 판결 참조.

출등이다. 여기에서 '저축' 및 '대출등'이라 함은 다음과 같다.

관련조문

특정경제범죄법 제2조(정의) 이 법에서 사용하는 용어의 뜻은 다음과 같다. <개정 2016. 3. 29., 2016. 5. 29.>

2. **"저축"**이란 다음 각 목의 어느 하나에 해당하는 것을 금융회사등에 예입(預入), 납입(納入) 또는 신탁(信託)하거나 금융회사등으로부터 수령(受領) 또는 매입(買入)하는 것을 말한다.

  가. 예금, 적금, 부금(賦金), 계금(계金) 및 신탁재산

  나. 주식, 채권, 수익증권, 어음, 수표 및 채무증서

  다. 보험료

  라. 그 밖에 가목부터 다목까지의 규정에 준하는 것으로서 **대통령령**으로 정하는 것

3. **"대출등"**이란 금융회사등이 취급하는 **대출, 채무의 보증 또는 인수(引受), 급부(給付), 채권 또는 어음의 할인이나 그 밖에 이에 준하는 것으로서 대통령령**으로 정하는 것을 말한다.

☞ **동법 시행령 제2조(대출등의 범위)** 「특정경제범죄 가중처벌 등에 관한 법률」(이하 "법"이라 한다) 제2조 제3호에서 "대통령령으로 정하는 것"이란 다음 각 호의 어느 하나에 해당하는 것을 말한다. <개정 2009. 7. 7., 2019. 5. 7.>

1. 외자(外資)의 전대(轉貸)

2. 어음의 매입

3. 설비 또는 운전자금의 투융자, 대부, 지급, 지급보증, 금전융자, 채권취득 등 그 명목에 관계없이 금융회사등이 그 업무와 관련하여 자금수요자에게 자금을 융통하여 주거나 채무를 보증하여 주는 것

나) 구성요건적 행위

위 **구성요건적 행위**는 저축을 하는 사람이 그 저축과 관련하여 그 저축을 중개하는 자 또는 그 저축과 관계없는 제3자에게 금융회사등으로부터 대출등을 받게 하는 행위(제2항 전단) 또는 저축을 중개하는 사람이 그 저축과 관련하여 금융회사등으로부터 대출등을 받거나 그 저축과 관계없는 제3자에게 대출등을 받게 하는 행위(제2항 후단)이다.

여기에서 위와 같은 대출등은 저축과 관련하여 이루어질 것을 요하므로 **저축과 무관하게 제3자에 대한 대출이 이루어지는 경우에는 위 구성요건의 해당성이 없다**. 본 구성요건의 취지는 저축을 하거나 저축을 중개하는 사람이 자신의 저축과 관련하여 이와 무관한

제3자에게 대출등을 받게 하는 경우 금융기관 등의 부실을 초래할 위험이 있으므로 이를 원천 차단하기 위한 것으로 이해된다. 저축과 무관한 제3자가 저축과 관련하여 대출등을 받게되면 금융기관은 위 저축의 존재 여부와는 상관없이 그 피해를 고스란히 떠안을 수 있기 때문이다.

주관적 구성요건요소와 관련하여 저축을 하는 사람 또는 저축을 중개하는 사람이 저축과 관련하여 이와 무관한 사람에게 대출등이 이루어진다는 사실을 인식하면 충분하고 별도의 목적은 요구되지 않는다.

3) 금융회사등의 임직원에 대한 처벌(제3항)

관련조문

제9조(저축 관련 부당행위의 죄) ③ 금융회사등의 임직원이 제1항 또는 제2항에 규정된 금품이나 그 밖의 이익을 공여하거나 대출등을 하였을 때에는 제1항 또는 제2항과 같은 형에 처한다.

가) 구성요건의 주체 및 객체

위 **구성요건의 주체**는 동법 제9조 제1항 또는 제2항에 규정된 금품이나 그 밖의 이익을 공여하거나 대출등을 하는 금융회사등의 임직원이다(**신분범**). 동법 제9조 제1항 및 제2항의 행위와 대향범의 관계에 있다.

위 각 규정에 따른 **구성요건의 객체**는 앞에서 본 바와 같으므로 생략한다.

나) 구성요건적 행위

위 **구성요건적 행위**는 동법 제9조 제1항 또는 제2항에 따른 금품이나 그 밖의 이익을 공여하거나 대출등의 행위를 하는 것이다. 금품이나 그 밖의 이익을 받는 것과 대출등을 받는 것과 대향적 관계에 있는 행위를 처벌한다.

나. 범죄수익환수 사례

저축관련 부당행위를 통하여 취득한 범죄수익의 경우, **동법 제9조 제1항, 제3항에 따라 금품이나 그 밖의 이익을 수수한 경우 동법 제10조 제2항에 의거하여 필요적 몰수·추징의 대상**이 된다. 그러나 **동법 제9조 제2항**에 따른 대출등의 행위를 통해 얻은 부패재산의 경우에는 **부패재산몰수법 제3조, 제5조에 따라 임의적 몰수·추징의 대상**이 됨을 유의할 필요가 있다.

관련조문

제10조(몰수·추징) ① 제4조 제1항부터 제3항까지의 경우 범인이 도피시키거나 도피시키려고
한 재산은 몰수한다.

② 제5조부터 제7조까지 및 **제9조 제1항·제3항의 경우** 범인 또는 정황을 아는 제3자가
받은 금품이나 그 밖의 이익은 몰수한다.

③ 제1항 또는 제2항의 경우 몰수할 수 없을 때에는 그 가액을 추징한다.

이와 관련하여 **저축관련부당행위를 통해 수수료 명목으로 얻은 금전을 특정경제범죄
법에 따라 몰수·추징한 사례**가 있어 소개한다.[11] 위 사안에서 사채업 브로커가 금융기관
의 임직원으로부터 예금주를 모아달라는 부탁을 받고 수수료 명목으로 수수한 금품을 범죄
수익으로 보아 환수하였다.

사례

범죄사실

피고인은 전주(錢主)를 모집하여 돈을 필요로 하는 사람들에게 알선해 주는 사채업 관련
브로커이다.

1. 특정경제범죄가중처벌등에관한법률위반(저축관련부당행위)의 점

저축을 하는 사람 또는 저축을 중개하는 사람은 금융기관의 임·직원으로부터 당해 저축에 관
하여 법령 또는 정관 기타 이에 준하는 금융기관의 규정에 의하여 정하여진 이자 등 이외에 명목
여하를 불문하고 금품 기타 이익을 수수하여서는 아니됨에도 불구하고, 피고인은 예금주들을 모
집하여 주식회사 E(이하 'E'이라 한다)에 예금토록 하고 그 사례금을 취득하기로 마음먹었다.

**피고인은 2012. 2. 초순경 E의 이사인 F와 여신팀장인 G로부터 E에 예금할 사람을 모
집해달라는 부탁을 받고, 명동 사채업자인 성명불상자(일명 'H')를 통하여 예금주들을 물
색한 다음, 2012. 2. 22. 충남 연기군 I에 있는 E 사무실에서 예금주 J, K로 하여금 합계
2억 원을 저축하게 하고, 그 무렵 F로부터 위 은행 내부규정에 의하여 정하여진 이자 이
외의 특별이자 명목으로 900만 원 상당을 지급받아 J 등에게 지급한 것을 비롯하여, 위
일시경부터 같은 해 5. 3.경까지 사이에 별지 범죄일람표 기재와 같이 예금주 407명을 모
집하여 E에 합계 18,043,325,000원을 저축하게 하고 F로부터 특별이자 명목으로 8억
1,000만 원 상당을 지급받아 위 예금주 등에게 전달하고, 수수료 명목으로 합계 1억 500**

---

11 서울중앙지방법원 2012. 11. 9. 선고 2012고합823 판결 참조(대법원 2013도3565 판결로 확정).

만 원을 수수하였다.

이로써 피고인은 'H' 등과 공모하여 위와 같이 E의 저축을 중개하면서 규정상 정하여진 이자 이외에 특별이자 및 수수료 명목으로 합계 9억 1,500만 원을 수수하였다.

(중략)

법령의 적용

1. 범죄사실에 대한 해당법조 및 형의 선택

특정경제범죄 가중처벌 등에 관한 법률 제9조 제1항, 형법 제30조(저축관련 특별이자 및 수수료 수수의 점, 포괄하여, 징역형 선택), 특정경제범죄 가중처벌 등에 관한 법률 제3조 제1항 제1호, 형법 제356조, 제355조 제1항, 형법 제30조(횡령의 점, 포괄하여, 유기징역형 선택)

1. 몰수

특정경제범죄 가중처벌 등에 관한 법률 제10조 제2항

1. 추징

특정경제범죄 가중처벌 등에 관한 법률 제10조 제3항, 제2항

[판시 제1죄와 관련하여 피고인이 수수료 명목으로 받은 1억 500만 원 중 압수된 6,150만 원 부분 및 판시 제1죄와 관련하여 피고인이 수수료 명목으로 받은 1억 500만 원 중 압수된 6,150만 원을 제외한 나머지 4,350만 원 부분]

6 국민투표법위반(제6호)

1. 총설

부패재산몰수법은 별표 제6호에서 **국민투표법 제99조, 제100조의 죄**를 부패범죄로 규정하고 있다.

관련조문

부패재산몰수법 별표

부패범죄(제2조 제1호 관련)

6. 「국민투표법」 **제99조 및 제100조**의 죄

국민투표 과정에서 매수 및 이해유도죄를 저지르는 경우 그 과정에서 취득한 부패재산을 환수할 수 있도록 한 것으로 본죄는 공직선거에 적용되는 공직선거법 규정과 유사하다.

관련조문

국민투표법 제99조(매수 및 이해유도죄) ① 다음 각 호의 1에 해당하는 자는 3년 이하의 징역이나 금고 또는 150만 원 이하의 벌금에 처한다.

1. 찬성하게 하거나 하지 못하게 할 목적으로 투표권자에게 금전·물품·차마·향응 기타 재산상의 이익이나 공사의 직을 제공하거나 그 제공의 의사를 표시 또는 약속한 자

2. 투표를 하거나 하지 아니하거나, 운동을 하거나 하지 아니하거나 또는 그 알선·권유에 대한 보수를 목적으로 투표권자에게 제1호에 규정된 행위를 한 자

3. 투표를 하였거나 아니하였다는 보수로서 투표권자에게 제1호에 규정된 행위를 한 자

4. 국민투표의 결과에 영향을 미치게 할 목적으로 학교 기타 공공기관·단체에게 금전·물품 기타 재산상의 이익을 제공하거나 그 제공의 의사를 표시한 자

5. 제1호 내지 제4호에 규정된 행위에 관하여 알선 또는 권유를 한 자

6. 제1호 내지 제4호에 규정된 이익 또는 직의 제공을 받거나 요구하거나 그 제공의 의사표시를 승낙한 자

② 선거관리위원회의 위원이나 직원, 국민투표에 관계있는 공무원 또는 경찰공무원이 제1항 각호에 규정된 행위를 한 때에는 7년 이하의 징역이나 금고에 처한다.

제100조(다수인매수 및 다수인이해유도죄) 다음 각 호의 1에 해당하는 자는 5년 이하의 징역이나 금고 또는 50만 원 이상 250만 원 이하의 벌금에 처한다.

1. 재산상의 이익을 도모할 목적으로 국민투표의 결과에 영향을 미치게 하기 위하여 다수의 투표권자에 대하여 제99조 제1항 각호에 규정된 행위를 하거나 하게 한 자

2. 제1호에 규정된 행위를 할 것을 청탁받거나 청탁받게 한 자

위와 같은 **부패범죄로 취득한 재물 또는 재산상 이익은 모두 필요적으로 몰수·추징**한다(동법 제101조 참조). 따라서 위 중대범죄의 경우에는 부패재산몰수법에 따른 임의적 몰수·추징 규정이 적용되지 않고 위 범죄수익의 몰수·추징 보전을 위하여 부패재산몰수법과 동법이 준용하는 마약거래방지법의 적용을 받을 뿐이다.

관련조문

제101조(매수와 이해유도죄로 인한 이득의 몰수) 제99조 및 제100조의 죄를 범한 자가 받은 이익은 이를 몰수한다. 다만, 그 전부 또는 일부를 몰수할 수 없을 때에는 그 가액을 추징한다.

한편 이 법은 헌법 제72조의 규정에 의한 외교·국방·통일 기타 국가안위에 관한 중요정책과 헌법 제130조의 규정에 의한 헌법개정안에 대한 국민투표에 관하여 필요한 사항을 규

정함을 목적으로 한다(동법 제1조). 국민투표 과정에서 발생할 수 있는 부패범죄를 처벌하고 이와 같은 범죄행위로 취득한 범죄수익을 환수할 수 있도록 함으로써 공정하고 청렴한 국민투표가 이루어지도록 하기 위함이다.

2. 구성요건 및 처벌

가. 매수죄(제99조 제1항 제1호 내지 제3호)

관련조문

제99조(매수 및 이해유도죄) ① 다음 각 호의 1에 해당하는 자는 3년 이하의 징역이나 금고 또는 150만 원 이하의 벌금에 처한다.

1. 찬성하게 하거나 하지 못하게 할 목적으로 투표권자에게 금전·물품·차마·향응 기타 재산상의 이익이나 공사의 직을 제공하거나 그 제공의 의사를 표시 또는 약속한 자
2. 투표를 하거나 하지 아니하거나, 운동을 하거나 하지 아니하거나 또는 그 알선·권유에 대한 보수를 목적으로 투표권자에게 제1호에 규정된 행위를 한 자
3. 투표를 하였거나 아니하였다는 보수로서 투표권자에게 제1호에 규정된 행위를 한 자

국민투표법은 투표권자에게 금전·물품·차마·향응 기타 재산상의 이익이나 공사의 직을 제공하거나 그 제공의 의사를 표시 또는 약속하는 행위를 처벌하고 있다. 국민투표와 관련한 매수행위를 처벌하여 국민투표의 공정을 기하기 위한 것이다.

1) 구성요건의 주체 및 객체

구성요건의 주체는 아무런 제한이 없으므로 누구든지 본 죄의 주체가 될 수 있다. **행위의 상대방**은 투표권자이다. 국민투표법상 투표권자는 19세 이상의 국민으로 투표권자의 연령은 국민투표일 현재로 산정하며 투표일 현재 공직선거법 제18조의 규정에 따라 선거권이 없는 사람은 투표권이 없다.

관련조문

공직선거법 제18조(선거권이 없는 자) ①선거일 현재 다음 각 호의 어느 하나에 해당하는 사람은 선거권이 없다. <개정 2004. 3. 12., 2005. 8. 4., 2015. 8. 13.>

1. 금치산선고를 받은 자
2. 1년 이상의 징역 또는 금고의 형의 선고를 받고 그 집행이 종료되지 아니하거나 그 집행

을 받지 아니하기로 확정되지 아니한 사람. 다만, 그 형의 집행유예를 선고받고 유예기간 중에 있는 사람은 제외한다.

3. 선거범, 「정치자금법」 제45조(정치자금부정수수죄) 및 제49조(선거비용관련 위반행위에 관한 벌칙)에 규정된 죄를 범한 자 또는 대통령·국회의원·지방의회의원·지방자치단체의 장으로서 그 재임중의 직무와 관련하여 「형법」(「특정범죄가중처벌 등에 관한 법률」 제2조에 의하여 가중처벌되는 경우를 포함한다) 제129조(수뢰, 사전수뢰) 내지 제132조 (알선수뢰)·「특정범죄가중처벌 등에 관한 법률」 제3조(알선수재)에 규정된 죄를 범한 자로서, 100만 원이상의 벌금형의 선고를 받고 그 형이 확정된 후 5년 또는 형의 집행유예의 선고를 받고 그 형이 확정된 후 10년을 경과하지 아니하거나 징역형의 선고를 받고 그 집행을 받지 아니하기로 확정된 후 또는 그 형의 집행이 종료되거나 면제된 후 10년을 경과하지 아니한 자(刑이 失效된 者도 포함한다)

4. 법원의 판결 또는 다른 법률에 의하여 선거권이 정지 또는 상실된 자

② 제1항 제3호에서 "선거범"이라 함은 제16장 벌칙에 규정된 죄와 「국민투표법」 위반의 죄를 범한 자를 말한다. <개정 2005. 8. 4.>

③ 「형법」 제38조에도 불구하고 제1항 제3호에 규정된 죄와 다른 죄의 경합범에 대하여는 이를 분리 선고하고, 선거사무장·선거사무소의 회계책임자(선거사무소의 회계책임자로 선임·신고되지 아니한 사람으로서 후보자와 통모(通謀)하여 해당 후보자의 선거비용으로 지출한 금액이 선거비용제한액의 3분의 1 이상에 해당하는 사람을 포함한다) 또는 후보자(후보자가 되려는 사람을 포함한다)의 직계존비속 및 배우자에게 제263조 및 제265조에 규정된 죄와 이 조 제1항 제3호에 규정된 죄의 경합범으로 징역형 또는 300만 원 이상의 벌금형을 선고하는 때 (선거사무장, 선거사무소의 회계책임자에 대하여는 선임·신고되기 전의 행위로 인한 경우를 포함한다)에는 이를 분리 선고하여야 한다. <개정 2010. 1. 25.>[제목개정 2015. 8. 13.]

위 **구성요건의 객체**는 금전·물품·차마·향응 기타 재산상의 이익이나 공사의 직이다. 여기에서 '**금전·물품**'은 다과나 종류는 불문한다. '**차마(車馬)**'는 차마 이용의 편의를 의미하는 것으로 청중을 동원하기 위해 투표권자를 버스 등으로 운송하여 주는 경우가 대표적인 사례다. '**향응**'은 음식물로 타인을 접대하는 것만을 의미하는 것이 아니라 사람에게 위안이나 쾌락을 주는 것을 모두 포함한다. 따라서 영화·연극·뮤지컬을 감상시키는 것, 관광지 등에 초대하는 것, 이성과의 성교를 제공하는 것 등도 모두 향응에 해당한다. 기타 재산상의 이익은 일반인의 수요나 욕망을 충족시켜주는 것의 일체를 의미하는 것으로서 사교상 의례라고 인정되는 정도의 것을 말한다. 이때의 재산상 이익은 유형·무형을 불문하고,[12] 제공

---

12 대법원 2013. 7. 25. 선고 2013도98 판결 참조.

자가 정당한 처분권이 없거나 그 제공행위가 법률상 무효인 경우에도 무관하다.

가장 많이 문제가 되는 것은 '**공사의 직**'에 관한 해석이다. 이 때 공사(公私)의 직(職)이라 함은 상근과 비상근을 불문하고 노력의 제공으로 일정한 반대급부를 받을 수 있는 직장에서의 일정한 자리를 말하고 지위나 직무가 특정될 필요는 없다. 이 때 공사의 직을 제공하겠다는 사람이 반드시 그 직을 현실로 제공할 수 있는 위치에 있을 필요는 없다. 즉 법령이나 정관 기타 관계 규정상의 임명권을 가진 사람이거나 그 제공 권한이 있는 자에 의한 것임을 요하지 않고, 그 직을 제공함에 있어서 규정상 또는 사실상으로 상당한 영향력을 행사하여 이를 성사시킬 수 있는 높은 개연성을 구비한 자에 의한 경우를 포함한다.[13] 이 때 공사의 직이 보수 등 유상성을 전제로 하는지와 관련하여, 법원은 공직선거법과 관련된 판례에서 '**공사의 직**'은 반드시 보수 등 유상성을 전제로 하는 직무에 한정될 수 없다고 판시한 바 있다.[14]

2) 구성요건적 행위

구성요건적 행위는 찬성하게 하거나 하지 못하게 할 목적으로 투표권자에게 금전 등의 제공의 의사를 표시 또는 약속하는 행위(제1호), 투표를 하거나 하지 아니하거나, 운동을 하거나 하지 아니하거나 또는 그 알선·권유에 대한 보수를 목적으로 투표권자에게 금전 등의 제공의 의사를 표시 또는 약속하는 행위(제2호), 투표를 하였거나 아니하였다는 보수로서 투표권자에게 금전 등의 제공의 의사를 표시 또는 약속하는 행위(제3호)다.

이 때 '**제공**'은 현실적인 제공을 의미한다고 봄이 상당하고, '**의사의 표시**'의 의미와 관련하여 공직선거법이 문제된 사안에서 **대법원**은 「제공의 의사를 표시하거나 그 제공을 약속하는 행위는 구두에 의하여 할 수도 있고 그 방식에 특별한 제한은 없는 것이지만, 그 약속 또는 의사표시가 사회통념상 쉽게 철회하기 어려울 정도로 **당사자의 진정한 의지가 담긴 것으로서 외부적·객관적으로 나타나는 정도에 이르러야 한다**」고 판시한 바 있다.[15]

위 제1호 내지 제3호는 모두 투표권자의 임의적인 의사에 반하여 투표권자에게 금전 등을 제공함으로써 ① 찬성하게 하거나 하지 못하게 하도록, 또는 ② 투표 자체를 하거나 하지 않도록 또는 운동을 하거나 하지 아니하도록, 그리고 ③ 위 금전등의 보수(대가)로서 투표권자로 하여금 투표를 하거나 하지 않도록 하는 것이다. 모두 금전 등을 제공함으로써 투

---

13 대법원 1996. 7. 12. 선고 96다1121 판결 참조.
14 수원지방법원 2012. 11. 16. 선고 2012고합886 판결 참조(대법원 2013도5389 판결로 확정).
15 대법원 2007. 1. 12. 선고 2006도7906 판결 참조.

표권자의 투표권 행사를 임의로 조작한다는 점에서 부패범죄의 범주에 포함된다.

주관적 구성요건요소와 관련하여 **제1호**의 경우 투표권자로 하여금 국민투표에 찬성하게 하거나 하지 못하게 할 목적을 요구하고(**목적범**), **제2호**의 경우에도 투표를 하거나 하지 아니하거나, 운동을 하거나 하지 아니하거나 또는 그 알선·권유에 대한 보수(대가)를 목적으로 할 것을 요구한다(**목적범**).

3) 죄수 및 처벌

죄수와 관련하여 하나의 행위로서 동시에 여러 투표권자를 매수한 경우 각 죄는 포괄일죄 또는 상상적 경합 관계에 있다고 해석할 수 있다. 다만 수개의 행위로 매수하였을 경우 상대방이 각각 다르다면 각 상대방마다 실체적 경합이 될 것이나 1인의 상대방에게 여러 차례에 걸쳐 매수행위를 하는 경우에는 범의의 단일성, 시간의 근접성에 따라 포괄일죄가 성립한다. 위와 같은 행위를 하는 경우에는 모두 3년 이하의 징역이나 금고 또는 150만 원 이하의 벌금에 처한다.

나. 이해유도죄(제99조 제1항 제4호)

관련조문

제99조(매수 및 이해유도죄) ① 다음 각 호의 1에 해당하는 자는 3년 이하의 징역이나 금고 또는 150만 원 이하의 벌금에 처한다.
   4. 국민투표의 결과에 영향을 미치게 할 목적으로 학교 기타 공공기관·단체에게 금전·물품 기타 재산상의 이익을 제공하거나 그 제공의 의사를 표시한 자

국민투표법은 국민투표의 결과에 영향을 미치게 할 목적으로 학교 기타 공공기관·단체에게 금전·물품 기타 재산상의 이익을 제공하거나 그 제공의 의사표시 하는 행위를 금지하고 있다. 본죄는 국민투표에 이용할 목적으로 위와 같은 단체 또는 모임에 금품을 제공하는 등으로 그 이해(利害)를 유도하는 것을 금지함으로써 공명한 국민투표를 보장하고 깨끗하고 돈 안 드는 선거를 통해 선거에 있어서의 부정 및 부패의 위험을 제거하기 위함이다. 매수 죄가 특정한 개인을 상대로 하는 것이라면 이해유도죄는 기관, 단체 등을 대상으로 한다는 점에서 차이가 있다.

1) 구성요건의 주체 및 객체

구성요건의 주체는 아무런 제한이 없으므로 누구든지 본 죄의 주체가 될 수 있다. **구성요건의 객체**(행위의 상대방)는 학교 기타 공공기관·단체이다. 이 때 '**단체**'의 경우 그 명칭 여하를 불문하고 일반적으로 일정한 공동목적을 가진 다수인의 계속적인 조직을 뜻하므로 법인격의 존부는 불문하고, 중앙기관(본부) 뿐만 아니라 산하기관, 지부조직도 모두 포함된 다고 해석함이 상당하다. 금전·물품 기타 재산상 이익의 해석은 앞에서 본 바와 같다.

2) 구성요건적 행위

본죄의 **구성요건적 행위**는 금전·물품 기타 재산상의 이익을 제공하거나 그 제공의 **의사표시를 하는 것**이다. 이때의 '제공'이 현실적인 제공을 의미한다는 점과 제공의 의사표시의 해석은 앞에서 본 바와 같다. **주관적 구성요건요소**와 관련하여 본죄는 국민투표의 결과에 영향을 미치게 할 목적을 요구하는 목적범이다.

3) 죄수 및 처벌

이해유도행위의 경우 통상적으로 학교 기타 공공기관, 단체를 상대로 이루어지므로 해당 기관 및 단체를 하나의 집단으로 보고 죄수를 판단하여야 한다. 하나의 행위로 여러 단체에 금전등의 이익을 제공하였다면 상상적 경합범에 해당할 것이나 수회의 행위로 여러 기관과 단체에게 금전 기타 재산상의 이익을 제공하는 경우 각 기관별로 경합범이 성립한다고 봄이 상당하다. 다만 범의의 연속성과 시간, 장소의 접속성이 인정되는 경우 포괄일죄가 성립한다.

위와 같은 행위를 하는 경우에는 모두 3년 이하의 징역이나 금고 또는 150만 원 이하의 벌금에 처한다.

다. 매수·이해유도죄에 관한 알선·권유 행위(제99조 제1항 제5호)

관련조문

제99조(매수 및 이해유도죄) ① 다음 각호의 1에 해당하는 자는 3년 이하의 징역이나 금고 또는 150만 원 이하의 벌금에 처한다.
　5. 제1호 내지 제4호에 규정된 행위에 관하여 알선 또는 권유를 한 자

국민투표법은 동법 제99조 제1항 제1호 내지 제4호의 매수 및 이해유도죄에 규정된 각 행위에 관하여 알선 또는 권유하는 행위를 처벌하고 있다. **구성요건의 주체**는 아무런 제한

이 없으므로 누구든지 본죄의 주체가 될 수 있고, **구성요건적 행위**는 그와 같은 매수 및 이해유도를 알선하거나 권유하는 것이다. 위 행위를 함에 있어 상대방이 매수 및 이해유도행위를 한다는 사실을 인식하면 충분하고 별도의 목적은 요구되지 않는다. 위와 같은 행위를 하는 경우에는 모두 3년 이하의 징역이나 금고 또는 150만 원 이하의 벌금에 처한다.

라. 매수·이해유도 행위의 상대방(제99조 제1항 제6호)

관련조문

제99조(매수 및 이해유도죄) ① 다음 각 호의 1에 해당하는 자는 3년 이하의 징역이나 금고 또는 150만 원 이하의 벌금에 처한다.
6. 제1호 내지 제4호에 규정된 이익 또는 직의 제공을 받거나 요구하거나 그 제공의 의사표시를 승낙한 자

　국민투표법은 위와 같은 매수·이해유도 행위, 이에 대한 알선·권유행위 뿐만 아니라 해당 매수·이해유도 행위의 상대방이 되어 그 이익 또는 공사의 직의 제공을 받거나, 요구하거나 그 제공의 의사표시를 승낙한 사람을 모두 처벌하고 있다. 따라서 국민투표와 관련하여 동법 제99조 제1항 제1호 내지 제4호에 따라 금품 등의 이익을 제공받는 행위, 그와 같은 행위를 요구하는 행위 및 실제로 그 제공의 의사표시를 승낙하는 행위를 한 사람은 모두 처벌대상이 된다.

　구성요건의 주체는 아무런 제한이 없고, **행위의 상대방**은 매수·이해유도행위를 하는 사람이다. 나아가 **구성요건적 행위**는 위와 같이 매수·이해유도를 하는 사람으로부터 금품 등의 이익의 제공 및 의사표시를 받고 이를 승낙하거나 제공된 이익을 받거나 요구하는 행위로서 별도의 목적을 요하지 않는다.

　죄수와 관련하여 각 제공, 요구, 승낙의 의사표시 행위마다 별죄가 성립하여 실체적 경합범 관계에 있다고 할 것이나 하나의 행위로 여러 개의 이익을 승낙하는 경우에는 상상적 경합관계에 있다고 해석하여야 한다.

　위와 같은 행위를 하는 경우에는 모두 3년 이하의 징역이나 금고 또는 150만 원 이하의 벌금에 처한다. 매수·이해유도를 하는 행위와 동일한 법정형으로 규정되어 있는 점을 유의할 필요가 있다.

마. 선거관리위원회 위원이나 직원, 국민투표에 관계있는 공무원 또는 경찰공무원에 대한 가중처벌(제99조 제2항)

관련조문

제99조(매수 및 이해유도죄) ② 선거관리위원회의 위원이나 직원, 국민투표에 관계있는 공무원 또는 경찰공무원이 제1항 각 호에 규정된 행위를 한 때에는 7년 이하의 징역이나 금고에 처한다.

국민투표법은 특정 신분자가 매수 및 이해유도행위를 하는 경우 이를 가중처벌하고 있다. **구성요건의 주체**는 선거관리위원회 위원이나 직원, 국민투표에 관계있는 공무원 또는 경찰공무원이다(**신분범**). 여기서 국민투표에 관계있는 공무원의 해석이 문제될 수 있는데 **직접적**으로 국민투표를 관리하는 공무원뿐만 아니라 **간접적**으로 자신의 직무가 국민투표의 진행과정과 관련성이 인정되면 충분하다.

뇌물죄의 해석에 있어 **대법원**은 뇌물죄에서 말하는 직무에는 공무원이 법령상 관장하는 직무 그 자체뿐만 아니라 **그 직무와 밀접한 관계가 있는 행위 또는 관례상이나 사실상 관여하는 직무행위도 포함**된다고 할 것이나, 구체적인 행위가 공무원의 직무에 속하는지 여부는 그것이 **공무의 일환으로 행하여졌는가 하는 형식적인 측면**과 함께 그 **공무원이 수행하여야 할 직무와의 관계에서 합리적으로 필요하다고 인정되는 것인가 하는 실질적인 측면**을 아울러 고려하여 결정하여야 한다고 판시하고 있는바 이를 국민투표법상 공무원의 직무의 범위판단에 참고할 수 있다.[16]

구성요건의 객체와 **행위의 상대방** 및 **죄수**의 해석은 앞에서 살펴본 매수 및 이해유도죄 부분과 같다. 다만 **그 처벌과 관련**하여 위와 같은 신분이 인정되는 경우에는 7년 이하의 징역이나 금고에 처하므로 벌금형을 선고할 수 없고, 위와 같은 신분이 없는 자에 비하여 2배 이상 가중처벌된다는 점을 유의할 필요가 있다.

---

16 대법원 2011. 5. 26. 선고 2009도2453 판결 참조.

바. 다수인 매수 및 다수인 이해유도죄(제100조 각 호)

관련조문

제100조(다수인매수 및 다수인이해유도죄) 다음 각 호의 1에 해당하는 자는 5년 이하의 징역이나 금고 또는 50만 원 이상 250만 원 이하의 벌금에 처한다.
1. 재산상의 이익을 도모할 목적으로 국민투표의 결과에 영향을 미치게 하기 위하여 다수의 투표권자에 대하여 제99조 제1항 각 호에 규정된 행위를 하거나 하게 한 자
2. 제1호에 규정된 행위를 할 것을 청탁받거나 청탁받게 한 자

국민투표법은 재산상의 이익을 도모할 목적으로 국민투표의 결과에 영향을 미치게 하기 위하여 다수의 투표권자에 대하여 제99조 제1항 각 호에 규정된 행위를 하거나 하게 한 자(제1호) 및 제1호에 규정된 행위를 할 것을 청탁받거나 청탁받게 한 자(제2호)를 처벌하고 있다.

1) 구성요건의 주체 및 행위의 상대방

구성요건의 주체는 아무런 제한이 없으므로 누구든지 본 죄의 주체가 될 수 있다. **행위의 상대방**은 제1호의 경우 다수의 투표권자이고, 제2호의 경우 제1호의 행위를 할 것을 청탁받거나, 청탁받게 한 자이다.

2) 구성요건적 행위

본죄의 **구성요건적 행위**는 국민투표의 결과에 영향을 미치게 하기 위하여 다수의 투표권자에 대하여 제99조 제1항 각 호에 규정된 행위를 하거나 하게 하는 것이다. 따라서 동법 제99조 제1항 각 호의 ① 매수 및 이해유도행위, ② 그와 같은 행위에 관한 알선, 권유 행위 및 ③ 그와 같은 행위의 상대방이 되어 이익 또는 직의 제공을 받거나 요구하거나 그 제공의 의사표시를 승낙하는 행위 모두가 구성요건적 행위의 범위에 포함된다.

한편 동법 제100조 제2호의 경우 **제1호에 규정된 행위를 할 것을 청탁**(매수 및 이해유도의 상대방)**받거나 청탁받게 한 자**(알선, 권유 등)**를 처벌**하고 있는바 제1호의 행위를 청탁받는 행위는 매수 및 이해유도행위를 하도록 청탁하는 행위의 상대방이 되어 그와 같은 청탁을 실제로 받아 금품 등의 제공 동을 승낙하는 것을 의미한다. 나아가 실제 매수 및 이해유도행위를 하려고 하는 사람이 제3자에게 그와 같은 청탁을 하는 경우 이를 알선하거나 권유하는 행위 또한 처벌의 대상이 된다.

주관적 구성요건요소로서 본죄는 재산상의 이익을 도모할 목적을 요구하는 **목적범**이고, 나아가 국민투표의 결과에 영향을 미치기 위하여 위와 같은 행위를 할 것이 요구된다.

3) 죄수 및 처벌

본죄의 죄수와 관련하여 본죄는 다수의 투표권자에 대한 매수 및 이해유도 행위 등을 금지하고 있으므로 여러 개의 행위가 다수의 투표권자에 영향을 미치는 매수 및 이해유도 행위라면 각 죄는 실체적 경합범 관계에 있다고 할 것이고, 하나의 행위가 여러 투표권자 및 단체에 대한 죄가 성립하는 경우 각 죄는 상상적 경합 관계에 해당한다.

나아가 다수인에 대한 매수 및 이해유도죄를 범하는 경우 5년 이하의 징역이나 금고 또는 50만 원 이상 250만 원 이하의 벌금에 처하므로 단순 매수 및 이해유도죄보다 가중처벌하도록 규정하고 있다.

3. 범죄수익환수 사례

앞에서도 살펴본 바와 같이 국민투표법 제99조 및 제100조의 죄를 범한 자가 받은 이익은 이를 몰수하고 그 전부 또는 일부를 몰수할 수 없을 때에는 그 가액을 추징한다(동법 제101조 참조). 따라서 **매수 및 이해유도를 위하여 투표권자에게 제공된 금품 등 이익은 모두 해당 이익을 받은 사람으로부터 몰수·추징하여 환수하여야** 한다.

다만 실무상 1987. 10. 17. 헌법 제정을 위한 국민투표 이후 별도의 국민투표가 행하여진 적이 없어 동법이 적용되어 매수 및 이해유도죄로 처벌받거나 범죄행위를 통하여 얻은 범죄수익을 환수한 사례는 발견되지 않는다.

7 공직선거법위반(제7호)

1. 총설

부패재산몰수법은 별표 제7호에서 **공직선거법 제230조 내지 제233조 및 제235조의 죄**를 부패범죄로 규정하고 있다.

관련조문

부패재산몰수법 별표

부패범죄(제2조 제1호 관련)

7.「공직선거법」제230조부터 제233조까지 및 제235조의 죄

공직선거법은「대한민국 헌법」과「지방자치법」에 의한 선거가 국민의 자유로운 의사와 민주적인 절차에 의하여 공정히 행하여지도록 하고, **선거와 관련한 부정을 방지함으로써 민주정치의 발전에 기여함을 목적으로 한다**(동법 제1조).

위와 같이 부패범죄로 규정되어 있는 범죄는 매수 및 이해유도죄(동법 제230조), 재산상의 이익목적의 매수 및 이해유도죄(동법 제231조), 후보자에 대한 매수 및 이해유도죄(동법 제232조), 당선인에 대한 매수 및 이해유도죄(동법 제233조) 및 방송·신문 등의 불법이용을 위한 매수죄(동법 제235조)로서 **각 범죄행위에 제공된 부패재산은 모두 환수의 대상이 된다.**

공직선거법은 **동법 제230조 내지 제235조의 죄를 범한 자가 받은 이익은 필요적으로 몰수하고 그 전부 또는 일부를 몰수할 수 없는 때에는 그 가액을 추징**하도록 하고 있다(동법 제236조). 따라서 부패재산몰수법상 임의적 몰수·추징 규정은 동법에 적용되지 않는다고 할 것이고, 위 각 범죄행위로 취득한 부패재산에 대한 환수를 위해 몰수·추징 보전절차를 취하는 경우에는 부패재산몰수법 및 마약거래방지법이 적용된다.

관련조문

제236조(매수와 이해유도죄로 인한 이익의 몰수) 제230조(買收 및 利害誘導罪) 내지 제235조(放送·新聞 등의 不法利用을 위한 買收罪)의 죄를 범한 자가 받은 이익은 이를 몰수한다. 다만, 그 전부 또는 일부를 몰수할 수 없는 때에는 그 가액을 추징한다.

그런데 **공직선거법위반죄의 경우 부패재산몰수법상 부패범죄의 범주에는 포함되나 범죄수익은닉규제법 별표의 중대범죄에는 해당하지 않으므로 그 부패재산을 은닉하는 행위에 대해서는 자금세탁범죄로 처벌하는 것이 불가능**하다.

이하에서는 각 해당 규정의 구성요건 및 범죄수익환수 사례를 상세히 살펴보기로 한다.

2. 일반 매수 및 이해유도죄(제230조)

가. 서설

공직선거법은 선거관계자에 대한 매수 및 이해유도 행위를 처벌함으로써 선거의 공정을 기하기 위한 규정을 두고 있는데, 이는 개인의 자유의사를 왜곡시키는 금품수수행위를 처벌함으로써 보다 깨끗한 선거 실현을 도모하기 위함이다.

나. 매수죄(제230조 제1항 제1호)

관련조문

제230조(매수 및 이해유도죄) ①다음 각 호의 어느 하나에 해당하는 자는 5년 이하의 징역 또는 3천만 원 이하의 벌금에 처한다. <개정 1997. 1. 13., 1997. 11. 14., 2000. 2. 16., 2004. 3. 12., 2009. 2. 12., 2010. 1. 25., 2011. 7. 28., 2012. 2. 29., 2014. 1. 17., 2014. 2. 13., 2014. 5. 14.>

1. 투표를 하게 하거나 하지 아니하게 하거나 당선되거나 되게 하거나 되지 못하게 할 목적으로 선거인(선거인명부 또는 재외선거인명부등을 작성하기 전에는 그 선거인명부 또는 재외선거인명부등에 오를 자격이 있는 사람을 포함한다. 이하 이 장에서 같다) 또는 다른 정당이나 후보자(예비후보자를 포함한다)의 선거사무장·선거연락소장·선거사무원·회계책임자·연설원(제79조 제1항·제2항에 따라 연설·대담을 하는 사람과 제81조 제1항·제82조 제1항 또는 제82조의2 제1항·제2항에 따라 대담·토론을 하는 사람을 포함한다. 이하 이 장에서 같다) 또는 참관인(투표참관인·사전투표참관인과 개표참관인을 말한다. 이하 이 장에서 같다)·선장·입회인에게 금전·물품·차마·향응 그 밖에 재산상의 이익이나 공사의 직을 제공하거나 그 제공의 의사를 표시하거나 그 제공을 약속한 자

1) 구성요건의 주체 및 행위의 상대방

구성요건의 주체는 아무런 제한이 없으므로 누구든지 본 죄의 주체가 될 수 있다. **행위의 상대방**은 선거인 또는 다른 정당이나 후보자(예비후보자를 포함한다), 선거사무장, 선거연락소장, 선거사무원, 회계책임자, 연설원, 참관인, 선장 또는 입회인이다. 통상 선거인이라 함은 선거권이 있는 사람으로서 선거인 명부 또는 재외선거인명부에 올라있는 사람을 말하지만(동법 제3조 참조), 매수 및 이해유도죄에 있어서의 선거인은 선거인 명부 또는 재외선거

인명부 등을 작성하기 전에는 그 선거인 명부 또는 재외선거인명부 등에 오를 자격이 있는 사람을 포함한다.[17]

한편 매수죄는 특정 개인을, 이해유도죄는 단체, 조직 등을 대상으로 하는바 **대법원**은 노인정을 방문하여 노인회 발전기금 명목으로 노인회 회장에게 수표를 교부한 사안에서 피고인이 수표를 교부한 상대방은 선거인이 아니고 노인회 회장이며 위 수표는 개인이 아닌 노인회에 귀속된 것이므로 공직선거법 제230조 제1항 제1호의 매수죄가 성립하지 않는다고 판시한 바 있다.[18]

2) 구성요건의 객체

위 **구성요건의 객체**는 금전·물품·차마·향응 그 밖의 재산상의 이익이나 공사의 직이다. 여기에서 '**금전·물품**'은 다과나 종류는 불문한다. '**차마(車馬)**'는 차마 이용의 편의를 의미하는 것으로 청중을 동원하기 위해 투표권자를 버스 등으로 운송하여 주는 경우가 대표적인 사례다.

'**향응**'은 음식물로 타인을 접대하는 것만을 의미하는 것이 아니라 사람에게 위안이나 쾌락을 주는 것을 모두 포함한다. 따라서 영화·연극·뮤지컬 등을 감상시키는 것, 관광지 등에 초대하는 것, 이성과의 성교를 제공하는 것 등도 모두 향응에 해당한다. 기타 재산상의 이익은 일반인의 수요나 욕망을 충족시켜주는 것의 일체를 의미하는 것으로서 사교상 의례라고 인정되는 정도의 것을 말한다. 이때의 재산상 이익은 유형·무형을 불문하고,[19] 제공자가 정당한 처분권이 없거나 그 제공행위가 법률상 무효인 경우에도 무관하다.

가장 많이 문제가 되는 것은 '**공사의 직**'에 관한 해석이다. 이 때 공사(公私)의 직(職)이라 함은 상근과 비상근을 불문하고 노력의 제공으로 일정한 반대급부를 받을 수 있는 직장에서의 일정한 자리를 말하고 지위나 직무가 특정될 필요는 없다. 이 때 공사의 직을 제공하는 사람이 반드시 그 직을 현실로 제공할 수 있는 위치에 있을 필요는 없다. 즉 법령이나 정관 기타 관계 규정상의 임명권을 가진 사람이거나 임의로운 제공권한이 있는 자에 의한 것임을 요하지 않고, 그 직을 제공함에 있어서 규정상 또는 사실상으로 상당한 영향력을 행사하여 이를 성사시킬 수 있는 높은 개연성을 구비한 자에 의한 범행을 포함한다.[20] 이 때 공사의 직이 보수 등 유상성을 전제로 하는지와 관련하여 법원은 '**공사의 직**'은 반드시 보수 등

17 대법원 2017. 12. 7. 선고 2017도15062 판결, 대법원 2011. 6. 24. 선고 2011도3824 판결 각 참조.
18 대법원 2017. 12. 7. 선고 2017도7586 판결 참조.
19 대법원 2013. 7. 25. 선고 2013도98 판결 참조.
20 대법원 1996. 7. 12. 선고 96다1121 판결 참조.

유상성을 전제로 하는 직무에 한정될 수 없다고 판시한 바 있다.[21]

3) 구성요건적 행위

구성요건적 행위는 위와 같은 행위 상대방에게 구성요건의 객체인 금전 등 재산상 이익, 공사의 직을 제공하거나 제공의 의사를 표시하거나 그 제공을 약속하는 것이다.

이 때 '**제공**'은 현실적인 제공을 의미한다고 봄이 상당하다. 한편 '**의사의 표시**'의 의미와 관련하여 **대법원**은「제공의 의사를 표시하거나 그 제공을 약속하는 행위는 구두에 의하여 할 수도 있고 그 방식에 특별한 제한은 없는 것이지만, **그 약속 또는 의사표시가** 사회통념상 쉽게 철회하기 어려울 정도로 **당사자의 진정한 의지가 담긴 것으로서 외부적·객관적으로 나타나는 정도에 이르러야 한다.**」고 판시한 바 있다.[22]

주관적 구성요건요소와 관련하여 본죄는 투표를 하게 하거나 하지 아니하게 하거나 당선되거나 되게 하거나 되지 못하게 할 목적을 요구하는 목적범이다.

4) 죄수 및 처벌

죄수와 관련하여 하나의 행위로서 동시에 여러 선거인 등을 매수한 경우 각 죄는 포괄일죄 또는 상상적 경합 관계에 있다고 해석할 수 있다. 다만 수개의 행위로 매수하였을 경우 상대방이 각각 다른 경우 각 상대방마다 실체적 경합이 될 것이나 1인의 상대방에게 여러 차례에 걸쳐 매수행위를 하는 경우에는 범의의 단일성, 시간의 근접성에 따라 포괄일죄가 성립할 수 있다.

위와 같은 행위를 하는 경우 5년 이하의 징역 또는 3천만 원 이하의 벌금에 처하고 아래에서 보는 바와 같이 위와 같이 **교부된 금전 등은 필요적 몰수·추징의 대상**이다(동법 제236조).

5) 범죄수익환수 사례

이와 관련하여 **군수 후보자가 되려는 사람이 당선될 목적으로 일반 선거구민에 대하여 한 매수, 이해유도 및 기부행위와 그 행위의 상대방이 금품을 제공받아 수수한 행위를 모두 처벌한 사례**를 소개한다.[23] 이 사안에서 법원은 일반 선거구민에 대한 매수 및 이해유도행위와 공직선거법이 금지하는 기부행위 사이는 **상상적 경합범**의 관계에 있다고 판시하였고, 금품을 제공받은 사람으로부터 범죄수익을 추징하여 환수하였다.

---

21 수원지방법원 2012. 11. 16. 선고 2012고합886 판결 참조(대법원 2013도5389 판결로 확정).

22 대법원 2007. 1. 12. 선고 2006도7906 판결 참조.

23 청주지방법원 충주지원 2018. 7. 12. 선고 2018고합30 판결 참조(대법원 2019도1208 판결로 확정) (판결 요지는 1심의 것을 소개하되 공직선거법위반죄와 무관한 부분은 모두 범죄사실에서 제외하였음).

사례

범죄사실

[피고인들의 신분]

피고인 A는 E군 소재 F, G 등을 운영하는 사람으로서 제5회·제6회 전국동시지방선거에서 H의원으로 각 당선되어 E지역(선거구 E군 I, J, K, L)을 기반으로 활동하였으며, 2017. 10.경부터 제7회 전국동시지방선거에 대비하여 선거구민에게 홍보할 명함과 현수막을 제작하고, E 내 각종 친목 단체, 지역 행사 등에 참석하고, 2018. 1.경부터 선거용 홍보문자를 선거구민에게 전송하고, 선거 사무실을 마련하는 등 2018. 6. 13. 시행 예정인 제7회 전국동시지방선거에서 E군수 후보자가 되려는 자이다.

피고인 C는 M에서 N을 운영하는 사람으로 2015년경부터 A와 친분 관계를 유지해오면서 2017. 9.경 A에게 E군수 출마를 제의하고, 선거 준비의 일환으로 홍보용 현수막 제작업체를 연결해 주고, 형제회 및 산악회 등 각종 모임 일정을 알려주어 위 모임에서 A를 선거구민에게 소개해 주는 등 A의 선거를 돕고 있는 사람이다. 피고인 D는 A와 친구 사이로, O에서 A 소유의 세차장을 약 7년 동안 무상으로 임대받아 사용하는 사람이다. 피고인 B는 A, B의 지인이다.

[범죄사실]

1. 피고인 A의 공직선거법위반

누구든지 투표를 하게 하거나 하지 아니하게 하거나 당선되거나 되게 하거나 되지 못하게 할 목적으로 선거인에게 금전·물품·차마·향응 그 밖에 재산상의 이익을 제공하여서는 아니 되고, 국회의원·지방의회의원·지방자치단체의 장등의 후보자 또는 후보자가 되고자 하는 자는 당해 선거구 안에 있는 자나 선거구의 밖에 있더라도 그 선거구민과 연고가 있는 자나 기관·단체·시설에 기부행위를 할 수 없다.

가. 일반 선거구민에 대한 매수·이해유도 및 기부행위

피고인은 E군수에 당선될 목적으로 E 내 마을 이장, 농촌 지도자, 주민자치위원장, 교회 장로 등 E 지역에서 사회적 영향력이 있는 선거구민에게 금품을 제공하기로 마음먹고, 2017. 11.경 P에 있는 Q 장례식장에서 E 선거구민이자 E군 R 마을 이장인 S에게 10만 원권 농촌사랑 상품권 1매를 제공한 것을 비롯하여 그때부터 2018. 3.경까지 별지 범죄일람표(1) 기재와 같이 총 11명의 선거구민에게 10만 원권 농촌사랑 상품권 24매를 교부하였다.

이로써 피고인은 E군수에 당선될 목적으로 선거구민에게 240만 원 상당의금품을 제공함과 동시에 기부행위를 하였다.

나. C에 대한 매수·이해유도 및 기부행위

피고인은 H의원 재직 당시 자신의 선거구가 아닌 T에서 각종 단체에가입하여 활동하고 있는 C를 통해 선거에 도움을 받을 목적으로 금품을 제공하기로 마음먹고, 2018. 2.경 C가 운영하는 N 사무실로 찾아가 10만 원 권 상품권 62매가 든 쇼핑백을 C에게 교부하였다.

이로써 피고인은 E군수에 당선될 목적으로 620만 원 상당의 금품을 제공함과 동시에 기부행위를 하였다.

2. 피고인 C의 공직선거법위반

가. 금품 수수

누구든지 투표를 하게 하거나 하지 아니하게 하거나 당선되거나 되게 하거나 되지 못하게 할 목적으로 선거인에게 제공하는 금전·물품·차마·향응 그 밖에 재산상의 이익을 제공받아서는 아니 된다.

피고인은 위 1의 나.항 기재와 같이 A가 E군수에 당선될 목적으로 상품권을 제공한다는 사실을 알면서도 2018. 2.경 위 N 사무실에서 A로부터 10만 원 권 농촌사랑 상품권 62매를 교부받았다.

나. 매수·이해유도 및 제3자 기부행위

누구든지 투표를 하게 하거나 하지 아니하게 하거나 당선되거나 되게 하거나 되지 못하게 할 목적으로 선거인에게 금전·물품·차마·향응 그 밖에 재산상의 이익을 제공하여서는 아니 되고, 누구든지 선거에 관하여 후보자가 되고자 하는 자 또는 그 소속 정당을 위하여 기부행위를 할 수 없다.

피고인은 A가 향후 E군수에 당선될 경우 A로부터 각종 혜택을 받을 수 있을 것이라 기대하고, 위 1의 나항 기재와 같이 교부받은 상품권을 E선거구민에게 배포한 후 지방선거가 임박하면 상품권 수수자들에게 A를 지지해줄 것을 부탁하기로 마음먹었다.

피고인은 2018. 2. 초순경 U 노상에서 선거구민이자 피고인이 속한 지역 친목단체인 형제회 회원 V에게 10만 원 권 농촌사랑 상품권 2매를 교부한 것을 비롯하여 별지 범죄일람표(2) 기재와 같이 총 38명에게 10만 원 권 상품권 42매를 교부하였다.

이로써 피고인은 A를 E군수에 당선되게 할 목적으로 선거구민에게 420만 원 상당의 금품을 제공함과 동시에 기부행위를 하였다.

3. 피고인 D의 공직선거법위반

누구든지 투표를 하게 하거나 하지 아니하게 하거나 당선되거나 되게 하거나 되지 못하게 할 목적으로 선거인에게 금전·물품·차마·향응 그 밖에 재산상의 이익을 제공하여서는 아니 되고, 누구든지 선거에 관하여 후보자가 되고자 하는 자 또는 그 소속 정당을 위하여 기부행위를 할 수 없다.

피고인은 A 소유의 세차장을 7년간 무상 사용하는 등 도움을 받아, E군수에 출마하려는 A의 선거를 돕고자 자신의 비용으로 선거구민에게 명절선물을 건네기로 마음먹었다.

피고인은 2018. 2. 중순경 W에 있는 선거구민 X의 집으로 찾아가 "이번에 A가 E군수에 출마합니다"라고 말하며 3만 원 상당의 곶감세트를 교부한 것을 비롯하여 별지 범죄일람표(3)

기재와 같이 총 29명의 선거구민에게 곶감세트를 교부하였다.

이로써 피고인은 A를 E군수에 당선되게 할 목적으로 선거구민에게 합계 80만 원 상당의 물품을 제공함과 동시에 기부행위를 하였다.

법령의 적용

1. 범죄사실에 대한 해당법조

○ 피고인 A: 각 공직선거법 제230조 제1항 제1호(물품제공으로 인한 매수 및 이해유도의 점), 공직선거법 제257조 제1항 제1호, 제113조 제1항(후보자 기부행위의 점)

○ 피고인 C: 각 공직선거법 제230조 제1항 제1호(물품제공으로 인한 매수 및 이해유도의 점), 공직선거법 제230조 제1항 제7호(물품수수로 인한 매수 및 이해유도의 점), 공직선거법 제257조 제1항 제1호, 제115조(제3자 기부행위의 점)

○ 피고인 D: 각 공직선거법 제230조 제1항 제1호(물품제공으로 인한 매수 및 이해유도의 점), 공직선거법 제257조 제1항 제1호, 제115조(제3자 기부행위의 점)

1. 상상적 경합

○ 피고인 A, C, D: 각 형법 제40조, 제50조(판시 각 물품제공으로 인한 매수 및 이해유도에 관한 공직선거법 위반죄와 각 기부행위로 인한 공직선거법 위반죄 상호간, 형이 더 무거운 각 매수 및 이해유도로 인한 공직선거법 위반죄에 정한 형으로 처벌)

1. 추징

○ 피고인 C: 공직선거법 제236조 단서

다. 이해유도죄(제230조 제1항 제2호, 제3호)

관련조문

제230조(매수 및 이해유도죄) ① 다음 각 호의 어느 하나에 해당하는 자는 5년 이하의 징역 또는 3천만 원 이하의 벌금에 처한다. <개정 1997. 1. 13., 1997. 11. 14., 2000. 2. 16., 2004. 3. 12., 2009. 2. 12., 2010. 1. 25., 2011. 7. 28., 2012. 2. 29., 2014. 1. 17., 2014. 2. 13., 2014. 5. 14.>

2. 선거운동에 이용할 목적으로 학교, 그 밖에 공공기관·사회단체·종교단체·노동단체·청년단체·여성단체·노인단체·재향군인단체·씨족단체 등의 기관·단체·시설에 금전·물품 등 재산상의 이익을 제공하거나 그 제공의 의사를 표시하거나 그 제공을 약속한 자

3. 선거운동에 이용할 목적으로 야유회·동창회·친목회·향우회·계모임 기타의 선거구민의
모임이나 행사에 금전·물품·음식물 기타 재산상의 이익을 제공하거나 그 제공의 의사를
표시하거나 그 제공을 약속한 자

공직선거법은 선거운동에 이용할 목적으로 공공기관이나 각종 단체 또는 모임에 금품을
제공하는 등으로 그 이해를 유도하는 행위를 처벌하고 있는데 이는 공정하고 투명한 선거를
보장하기 위한 것이다. 매수죄가 특정 개인을 직접 매수하는 것임에 반하여 이해유도죄는
기관, 단체, 집단을 대상으로 한다는 점은 국민투표법위반죄와 동일하다.

1) 구성요건의 주체 및 행위의 상대방

구성요건의 주체는 아무런 제한이 없으므로 누구든지 본 죄의 주체가 될 수 있다. **행위
의 상대방은 학교, 그 밖에 공공기관·사회단체·종교단체·노동단체·청년단체·여성단
체·노인단체·재향군인단체·씨족단체 등의 기관·단체·시설이다**(제2호). 위 기관, 단체,
시설은 그 명칭 여하를 불문하고 일정한 공동목적을 가진 다수인의 계속적인 조직을 뜻하는
것이므로 법인격 여하를 불문하고, 중앙기관(본부), 산하기관(지부조직)도 모두 포함된다.

나아가 **야유회·동창회·친목회·향우회·계모임 기타의 선거구민의 모임이나 행사도 포
함된다**(제3호). 이 때 선거구민의 모임과 관련하여 이해유도행위 당시 선거구가 획정되어 있
지 않은 경우에도 다가올 선거일을 기준으로 판단할 때 이해유도행위로써 영향을 미치고자
하는 선거의 선거인으로 될 수 있는 사람이면 선거구민에 해당하고, **그 이해유도행위 당시
에 반드시 선거구가 획정되어 있어야 하거나 유효한 선거구가 존재하여야 하는 것은
아니다.**[24]

2) 구성요건적 행위 및 객체

본죄의 **구성요건적 행위**는 금전·물품 등 재산상의 이익을 제공하거나 그 제공의 의사표
시를 하거나 그 제공을 약속하는 것이다. 이때의 '제공'이 현실적인 제공을 의미한다는 것과
제공의 의사표시의 해석은 앞에서 본 바와 같다.

주관적 구성요건요소와 관련하여 선거운동에 이용할 목적을 요구한다(**목적범**). 위 목적은
단체나 조직, 집단의 조직력을 선거운동에 활용하겠다는 의도를 말한다.

---

24 대법원 2017. 12. 7. 선고 2017도9821 판결 참조.

3) 죄수 및 처벌

이해유도행위의 경우 통상적으로 공공기관, 단체를 상대로 이루어지므로 해당 기관 및 단체를 하나의 집단으로 보고 죄수를 판단하여야 한다. 하나의 행위로 여러 단체에 금전등의 이익을 제공하였다면 상상적 경합범에 해당할 것이나 수회의 행위로 여러 기관과 단체에게 금전 기타 재산상의 이익을 제공하는 경우 각 기관별로 경합범이 성립한다고 봄이 상당하다. 다만 범의의 연속성과 시간, 장소의 접속성이 인정되는 경우 포괄일죄가 성립한다.

위와 같은 행위를 하는 경우에는 모두 5년 이하의 징역 또는 3천만 원 이하의 벌금에 처한다. 나아가 이해유도를 위해 제공, 제공의 의사표시, 약속한 금전 기타 이익등은 모두 필요적 몰수·추징의 대상이 된다.

4) 범죄수익환수 사례

군수 선거와 관련하여 여성단체협의회에서 군수 선거후보자가 당선될 수 있도록 역할을 하겠으니 금품 등 각종 물품을 지원해 달라고 요구하여 이를 제공받은 사안에서 법원은 **선거운동에 이용할 목적으로 여성단체에 금품 등을 제공한 행위 및 그와 같은 물품을 제공받은 행위에 대해 모두 유죄판결을 선고한 바가 있다.**[25]

사례

범죄사실

피고인 D는 2014. 6. 4. 실시 예정인 제6회 M군수 선거에 출마한 후보자, 피고인 A는 M출신 인사들로 구성된 단체인 전국M향우연합회(이하 '향우회'라고만 한다)의 회장, 피고인 B는 위 향우회의 재정 부회장, 피고인 C는 M군 내 10개 여성단체로 구성된 M군 여성단체협의회의 회장이다.

누구든지 선거운동에 이용할 목적으로 학교, 그 밖에 공공기관·사회단체·종교단체·노동단체·청년단체·여성단체·노인단체·재향군인단체·씨족단체 등의 기관·단체·시설에 금전·물품 등 재산상의 이익을 제공 또는 그 제공의 의사를 표시하거나 그 제공을 약속할 수는 없고, 위와 같은 재산상의 이익을 제공하는 행위를 하도록 요구하거나 선거운동에 이용할 목적으로 단체 등에 재산상의 이익을 제공한다는 정을 알면서 그 이익을 제공받아서는 아니 된다.

---

25 창원지방법원 거창지원 2015. 2. 4. 선고 2014고합42 판결 참조(대법원 2015도7174 판결로 확정).

1. 2014. 4. 5.자 및 2014. 4. 17.자 범행

가. 피고인 D

피고인은 2014. 4. 5. 저녁 무렵 경남 O에 있는 P식당에서 A, B가 있는 가운데, C로부터 여성단체협의회에서 피고인이 **군수 선거에서 당선될 수 있도록 역할을 하겠으니 앞치마 100개를 지원해 달라는 요구를 받고 이를 승낙하였다.

이로써 피고인은 선거운동에 이용할 목적으로 여성단체에 물품을 제공하기로 약속하였다.

나. 피고인 A, B

피고인 A는 위 가.항 기재 일시, 장소에서 D와 함께 C의 앞치마 구입대금 지원요구를 승낙한 다음 2014. 4. 17.경 서울 서대문구Q에 있는 (주)R 건물 내 향우회 사무실에서 향우회 사무국장 S로 하여금 여성단체협의회에 앞치마 지원금을 제공할 것을 지시하였고, 피고인 B는 향우회 기금 사용을 승인하였다.

이어 S는 여성단체협의회가 T로부터 구입한 앞치마의 물품대금 1,800,000원을 향우회의 기금 관리 계좌(우체국, U*)에서 T 명의의 계좌(농협 V)로 송금하였다.

이로써 피고인들은 공모하여 선거운동에 이용할 목적으로 단체에 금전을 제공하였다.

다. 피고인 C

피고인은 위 가.항 기재 일시, 장소에서 D, A에게 M군 여성단체협의회에서 **군수 선거에 출마하려는 D가 당선될 수 있도록 역할을 하겠으니 앞치마 100개를 지원해 달라고 요구하였다.

계속해서 피고인은 2014. 4. 17.경 이연실로부터 앞치마를 구입한 다음 물품대금 1,800,000원을 A, B로부터 제공받았다.

이로써 피고인은 여성단체를 선거운동에 이용할 목적이 있는 D, A에게 물품을 요구하고, A, B가 선거운동에 이용할 목적으로 여성단체에 금전을 제공한다는 정을 알면서도 이를 제공받았다.

2. 2014. 4. 14.자 범행

가. 피고인 A, B

피고인들은 2014. 4. 14. 저녁 무렵 경남 W에 있는 X식당에서 피고인 A는 "이번에 D가 되어야 한다. D 후보 도와줘야 한다. 그러니 여성단체가 좀 도와줘야 한다."라며 D의 지지를 호소하고, 선거에서 여성단체협의회의 도움을 요구하였다.

이어 피고인들은 C 등 위 협의회 임원 11명에게 290,000원 상당의 음식물을 제공하고, 피고인 B는 자신 명의 신용카드로 음식값을 결제하였다.

이로써 피고인들은 공모하여 선거운동에 이용할 목적으로 여성단체에 물품을 제공하였다.

나. 피고인 C

피고인은 위 가.항 기재 일시, 장소에서 A, B가 선거에서 D의 지지와 위 협의회의 도움을 요구하며 제공하는 290,000원 상당의 음식물을 제공받았다.

이로써 피고인은 A, B가 선거운동에 이용할 목적으로 여성단체에 물품을 제공한다는 정을 알면서도 이를 제공받았다.

3. 2014. 5. 13.자 범행

가. 피고인 D, A, B

피고인들은 M군 여성단체협의회가 약 1,200 내지 1,300명의 회원을 보유하고 있고, 20년 이상 M군에서 지속적인 봉사활동을 해 오는 등 M군내에 상당한 영향력을 행사하고 있다는 사실을 알고 선거에 이용할 목적으로 여성단체에 음식물을 제공하기로 공모하였다.

피고인들은 2014. 5. 13. 저녁 무렵 경남 Y에 있는 Z식당에서 위 협의회 임원 13명이 있는 가운데, 피고인 A는 "지금 군수가 일을 잘 하지 않느냐. 법조타운도 그렇고 M에서 평이 좋더라. 앞으로 그런 사람이 한 번 더 군수를 해서 M을 발전시키는 것이 좋지 않으냐. 회장단들이 좀 도와줘서 재선이 될 수 있도록 애를 써달라. D가 압도적으로 당선될 수 있도록 프로테이지를 좀 높여줘라. 이 군수가 압도적으로 당선되면 여성단체에서 여행가는 것 같이 가서 밥도 사주겠다."라며 선거에서 피고인 D의 지지 호소와 여성단체협의회의 도움을 요구하고, 피고인 D는 "잘 부탁한다. 많은 도움을 달라."고 말을 한 다음 여성단체협의회 임원 13명에게 902,000원 상당의 음식물을 제공하였고, 피고인 B는 자신 명의 신용카드로 음식값을 결제하였다.

이로써 피고인들은 공모하여 선거운동에 이용할 목적으로 여성단체에 물품을 제공하였다.

나. 피고인 A, B

피고인들은 2014. 5. 13. 저녁 무렵 위 Z 식당에서 D의 선거와 관련하여 위와 같이 부탁하며 C 등 여성단체협의회 임원 13명에게 합계 650,000원 상당의 황진환골드 1박스씩(1박스 50,000원)을 제공하였다.

계속해서 피고인들은 위 Z 모임이 끝난 다음 AA에 있는 뮤 단란주점에서 D의 선거와 관련하여 위와 같이 부탁하며 C 등 위 협의회 임원 6명에게 540,000원 상당의 술과 안주를 제공하였고, 피고인 B는 자신 명의 신용카드로 술값을 결제하였다.

이로써 피고인들은 공모하여 선거운동에 이용할 목적으로 여성단체에 물품 또는 재산상의 이익을 제공하였다.

다. 피고인 C

피고인은 위 가.항 기재 일시, 장소에서 D, A, B가 선거에서 D의 지지와 여성단체협의회의 도움을 요구하며 제공하는 902,000원 상당의 음식물을, 위 나.항 기재 일시, 장소에서 A, B가 위와 같이 도움을 요구하며 제공하는 시가 50,000원 상당의 황진환골드 1박스와 540,000원 상당의 술과 안주를 각각 제공받았다.

이로써 피고인은 D, A, B가 선거운동에 이용할 목적으로 여성단체에 물품을 제공한다는 정을 알면서도 이를 제공받았다.

법령의 적용

1. 범죄사실에 대한 해당법조

   가. 피고인 A, B

   각 구 공직선거법(2014. 5. 14. 법률 제12583호로 개정되기 전의 것, 이하 같다) 제230조 제1항 제2호, 형법 제30조(선거운동 이용 목적 금전 및 물품제공의 점)

   나. 피고인 C

   구 공직선거법 제230조 제3항, 제1항 제2호(선거운동 관련 물품제공 요구의 점), 각 구 공직선거법 제230조 제1항 제6호, 제2호(선거운동 관련 물품수령의 점)

   다. 피고인 D

   구 공직선거법 제230조 제1항 제2호(선거운동 이용 목적 물품제공 의사표시의 점), 구 공직선거법 제230조 제1항 제2호, 형법 제30조(선거운동 이용 목적 물품제공의 점)

1. 추징

   피고인 C: 구 공직선거법 제236조 단서

   [추징금 1,979,444원 = 1,800,000원(앞치마 대금) + 19,333원(음식대금 290,000원 ÷ 15명, 원 미만은 버림, 이하 같다) + 50,111원(음식대금 902,000원 ÷ 18명) + 50,000원(황진환골드 1박스) + 60,000원(음식대금 540,000원 ÷ 9명)]

라. 선거운동관련 이익제공금지규정 위반죄(제230조 제1항 제4호, 제135조 제3항)

관련조문

제230조(매수 및 이해유도죄) ①다음 각 호의 어느 하나에 해당하는 자는 5년 이하의 징역 또는 3천만 원 이하의 벌금에 처한다. <개정 1997. 1. 13., 1997. 11. 14., 2000. 2. 16., 2004. 3. 12., 2009. 2. 12., 2010. 1. 25., 2011. 7. 28., 2012. 2. 29., 2014. 1. 17., 2014. 2. 13., 2014. 5. 14.>

   4. 제135조(選擧事務關係者에 대한 手當과 實費補償) 제3항의 규정에 위반하여 수당·실비 기타 자원봉사에 대한 보상 등 명목여하를 불문하고 선거운동과 관련하여 금품 기타 이익의 제공 또는 그 제공의 의사를 표시하거나 그 제공을 약속한 자

☞ 제135조(선거사무관계자에 대한 수당과 실비보상) ① 선거사무장·선거연락소장·선거사무원·활동보조인 및 회계책임자(이하 이 조에서 "선거사무장등"이라 한다)에 대하여는 수당과 실비를 지급할 수 있다. 다만, 정당의 유급사무직원, 국회의원과 그 보좌관·비서관·비서 또는 지방의회의원이 선거사무장등을 겸한 때에는 실비만을 보상할 수 있으며, 후보자등록 신청개시일부터 선거기간개시일 전일까지는 후보자로서 신고한 선거사무장등에게 수당과

실비를 지급할 수 없다. ＜개정 2000.2.16, 2010.1.25, 2011.7.28＞

② 제1항의 수당과 실비의 종류와 금액은 중앙선거관리위원회가 정한다.

③ 이 법의 규정에 의하여 수당·실비 기타 이익을 제공하는 경우를 제외하고는 수당·실비 기타 자원봉사에 대한 보상 등 명목여하를 불문하고 누구든지 선거운동과 관련하여 금품 기타 이익의 제공 또는 그 제공의 의사를 표시하거나 그 제공의 약속·지시·권유·알선·요구 또는 수령할 수 없다. ＜개정 1996.2.6, 1997.1.13, 1997.11.14, 2000.2.16＞

④ 삭제 ＜2005.8.4＞

⑤ 삭제 ＜2000.2.16＞[제목개정 2011.7.28]

1) 구성요건의 주체 및 행위의 상대방

본죄의 **구성요건 주체**는 아무런 제한이 없으므로 누구든지 본 죄의 주체가 될 수 있다. **행위의 상대방** 또한 아무런 제한이 없다. **대법원**은 선거사무장 등에 대한 공직선거관리규칙이 정한 수당과 실비 이외의 금품제공은 물론, 그 이외의 자에 대한 선거운동과 관련한 어떠한 명목의 금품제공도 모두 공직선거법 제135조 제3항에 위배되는 것으로서 동법 제230조 제1항 제4호 위반죄가 성립한다고 판시하였다.[26] 나아가 **대법원**은 신고하지 아니한 선거사무장 등에게 수당과 실비를 제공한 것도 본죄에 해당한다고 판시하였다.[27]

2) 구성요건적 행위 및 객체

본죄의 **구성요건적 행위**는 수당·실비 기타 자원봉사에 대한 보상 등 명목여하를 불문하고 선거운동과 관련하여 금품 기타 이익을 제공하거나 그 제공의 의사를 표시하거나 그 제공을 약속하는 것이다.

여기에서 **금품 기타 이익**은 재산상 이익을 포함한 일체의 이익을 뜻하는 것으로서 재산상의 이익으로 볼 수 없는 이익(공사의 직) 등도 포함된다고 해석함이 상당하다. 위와 같은 금품 기타 이익의 '**제공**'은 실제로 교부하는 것을 의미하는데 선거일 전 뿐만 아니라 선거일 이후에도 선거운동과 관련하여 제공되면 본죄가 성립한다고 봄이 상당하다.[28]

한편 위와 같은 제공의 의사표시 및 약속은 구두로 하여도 무방하지만 그 약속 또는 의사표시가 사회통념상 이를 쉽게 철회하기 어려울 정도로 당사자의 진정성 있는 의지가 담긴 것으로서 외부적·객관적으로 나타나는 정도에 이르러야 하고, 단순한 의례적·사교적인 덕

---

26 대법원 2005. 2. 18. 선고 2004도6795 판결 참조.
27 대법원 2006. 3. 10. 선고 2005도6316 판결 참조.
28 대법원 2007. 10. 25. 선고 2007도4069 판결 참조.

담이나 정담, 격려를 위한 인사치례는 포함되지 않는다.[29]

그리고 위와 같은 금품 기타 이익의 제공 또는 그 제공의 의사표시는 '**선거운동과 관련하여**' 이루어져야 한다. '선거운동과 관련하여'는 '**선거운동 관련 사항을 동기로 하여**'와 흡사한 의미로 '선거운동을 위하여' 보다 그 범위가 넓은데 이는 선거운동의 목적이 없었더라도 선거의 자유 또는 공정을 해할 우려가 있는 행위를 규율하기 위한 것이다.[30]

이 때 위 금품은 반드시 선거운동의 대가일 필요는 없고 선거운동 관련 정보제공의 대가, 선거사무관계자 스카우트 비용 등 선거운동과 관련된 것이면 무엇이든 포함된다.[31] 판례는 여론조사의 대가 명목으로 금전이 수수되었다고 하더라도 이는 명목 여하를 불문하고 선거운동과 관련하여 금품의 수수를 원칙적으로 금지하고 있는 본죄를 구성한다고 판시하였고,[32] 선거운동과 관련하여 후보자에게 불리한 상황을 회피하려는 목적에 기인한 금품제공인 경우에도 마찬가지로 보았다.[33]

한편 법원은 **선거사무소에서 단순한 손님안내, 전화응대, 청소 등 단순노무를 대가로 지급한 것은 선거운동 관련성이 인정되지 않는다**고 판시한 바 있으나,[34] 단순 노무가 아닌 행위 즉, 선거운동용 SNS에 업로드 할 사진 촬영 등의 업무 등을 대가로 금원을 지급한 경우, 페이스북 블로그 등에 후보자의 활동 내역을 게시하는 일 등은 단순노무라고 볼 수 없고 선거운동과 관련하여 이루어진 것으로 봄이 상당하다고 보았다.[35] 결국 **선거운동과의 관련성은 제공하는 노무의 성격에 비추어 개별적으로 판단해야 한다고 봄이 상당**하다.

한편 위와 같은 금품제공이 선거구 미획정 기간 동안 일어난다고 하더라도 장차 선거구가 확정될 것으로 예상되는 지역에서 당선 또는 낙선을 위한 활동을 하였다면 선거운동에 포함된다.[36]

3) 위법성 조각사유, 죄수 및 처벌

선거후보자가 자원봉사자인 가족(배우자, 직계혈족 기타 친족 등)에게 식사를 제공하는 행위 등은 사회상규에 위배되지 아니하여 위법성이 조각된다.[37]

---

29 대법원 2006. 4. 27. 선고 2004도4987 판결 참조.
30 대법원 2017. 12. 5. 선고 2017도13458 판결 참조.
31 헌법재판소 2002. 4. 25.자 2001헌바26 결정, 대법원 2010. 12. 23. 선고 2010도9110 판결 참조.
32 대전고등법원 2006. 7. 21. 선고 2006노201 판결 참조(대법원 2006도5361 판결로 확정).
33 대법원 2010. 12. 9. 선고 2010도10451 판결 참조.
34 대법원 2007. 7. 26. 선고 2007도3692 판결 참조.
35 서울고등법원(춘천지부) 2015. 8. 26. 선고 2015노118 판결 참조(대법원 2015도14405 판결로 확정).
36 대구고등법원 2016. 10. 28. 선고 2016노463 판결 참조.
37 대법원 1999. 10. 22. 선고 99도2971 판결 참조.

본죄에서 처벌하는 선거운동 관련 금품제공행위는 그 수령자마다 각 1죄가 성립하고 각 행위는 실체적 경합범 관계에 있다.[38]

위와 같은 행위를 하는 경우에는 모두 5년 이하의 징역 또는 3천만 원 이하의 벌금에 처한다. 나아가 위와 같이 제공, 제공의 의사표시, 약속한 금전 기타 이익등은 모두 필요적 몰수·추징의 대상이 된다.

4) 범죄수익환수 사례

이와 관련하여 **구의회의원 선거에 출마한 사람을 위해 자원봉사자로 활동한 사람에게 선거운동의 대가 명목으로 금품을 제공한 후보자와 금품을 제공받은 상대방을 각 처벌하고 그 금품을 제공받은 사람으로부터 범죄수익을 추징한 사례**가 있어 소개한다.[39]

사례

주 문

피고인 A를 벌금 3,000,000원에, 피고인 B를 벌금 1,500,000원에 각 처한다.

피고인 B로부터 1,910,000원을 추징한다.

범죄사실

피고인 A는 2018. 6. 13. 실시된 제7회 전국동시지방선거 C의회의원선거에 출마하여 낙선한 사람, 피고인 B는 피고인 A를 위해 자원봉사자로 활동하던 사람이다.

1. 피고인 A

후보자는 공직선거법에 의하여 수당·실비 기타 이익을 제공하는 경우를 제외하고는 수당·실비 기타 자원봉사에 대한 보상 등 명목 여하를 불문하고 선거운동과 관련하여 금품 기타 이익의 제공 또는 그 제공의 의사를 표시하거나 그 제공을 약속하여서는 아니 된다.

그럼에도 불구하고 피고인은 2018. 6. 14.경 불상의 장소에서 B가 선거사무원 8명을 선정하여 소개하고 명함 배부 등의 선거운동을 하였다는 이유로, B 명의 D 계좌로 91만 원을 송금하고 2018. 6. 22.경 다시 같은 계좌로 100만 원을 송금하였다.

이로써 피고인은 후보자로서 선거운동과 관련하여 금품을 제공하였다.

2. 피고인 B

<u>누구든지 공직선거법 제135조 제3항의 규정에 위반하여 수당·실비 기타 자원봉사에</u>

---

38 대법원 1999. 4. 9. 선고 98도1432 판결 참조.

39 서울북부지방법원 2019. 5. 24. 선고 2018고합512 판결 참조(서울고등법원 2019노1437 판결로 확정).

대한 보상 등 명목여하를 불문하고 선거운동과 관련하여 금품 기타 이익을 제공받거나 그 제공의 의사표시를 승낙하여서는 아니 된다. 그럼에도 불구하고 피고인은 제1항과 같은 일시, 장소에서 A로부터 위와 같이 2회에 걸쳐 합계 191만 원을 송금받았다.

이로써 피고인은 선거운동과 관련하여 금품을 제공받았다.

법령의 적용

1. 범죄사실에 대한 해당법조 및 형의 선택

피고인 A: 공직선거법 제230조 제2항, 제1항 제4호, 제135조 제3항(벌금형 선택)

피고인 B: 공직선거법 제230조 제1항 제7호, 제4호, 제135조 제3항(벌금형 선택)

1. 추징(피고인 B)

공직선거법 제236조 단서

마. 탈법방법에 의한 문자전송 등 이익제공금지 규정 위반죄(제230조 제1항 제5호)

관련조문

제230조(매수 및 이해유도죄) ① 다음 각 호의 어느 하나에 해당하는 자는 5년 이하의 징역 또는 3천만 원 이하의 벌금에 처한다. <개정 1997. 1. 13., 1997. 11. 14., 2000. 2. 16., 2004. 3. 12., 2009. 2. 12., 2010. 1. 25., 2011. 7. 28., 2012. 2. 29., 2014. 1. 17., 2014. 2. 13., 2014. 5. 14.>

5. **선거에 영향을 미치게 하기 위하여** 이 법에 따른 경우를 제외하고 문자·음성·화상·동영상 등을 인터넷 홈페이지의 **게시판·대화방 등에 게시**하거나 **전자우편·문자메시지로 전송하게 하고 그 대가로 금품, 그 밖에 이익의 제공 또는 그 제공의 의사표시를 하거나 그 제공을 약속**한 자

공직선거법은 인터넷 게시판 등에 문자, 동영상 등을 게시하거나 문자메시지를 전송하게 하고 그 대가로 금품을 제공하는 행위를 금지하고 있다. 멀티미디어가 고도로 발전한 21세기에 횡행하는 새로운 형태의 불법적인 선거운동을 근절하기 위한 것이다.

위 규정은 공직선거법상 탈법방법에 의한 문서배부 규정(동법 제93조)과는 다르게 선거일 전 기간 제한과 정당 또는 후보자를 지지·추천한다는 내용적 제한이 없다는 것이 차이점이다.

1) 구성요건의 주체 및 행위의 상대방

구성요건의 주체는 아무런 제한이 없으므로 누구든지 본 죄의 주체가 될 수 있다. **행위의 상대방** 또한 아무런 제한이 없어 선거사무관계자가 아니더라도 본 죄의 행위 상대방이 될 수 있다.

2) 구성요건적 행위

본죄의 **구성요건적 행위**는 '선거에 영향을 미치게 하기 위하여 이 법에 따른 경우를 **제외**하고 문자·음성·화상·동영상 등을 인터넷 홈페이지의 게시판·대화방 등에 **게시**하거나 전자우편·문자메시지로 **전송**하게 하고 **그 대가로** 금품, 그 밖에 이익의 **제공** 또는 그 **제공의 의사표시**를 하거나 그 제공을 **약속**하는 것'이다.

여기에서 '**이 법에 따른 경우를 제외하고**'의 해석이 문제될 수 있는데 이는 공직선거법에 의하여 '금품제공'이 허용된 경우만을 의미하는 것이고 공직선거법에서 허용되는 모든 행위를 의미한다고 해석할 수 없다. 이와 관련하여 후보자의 자원봉사자인 피고인이 경쟁후보자의 병역비리 의혹에 대한 동영상을 인터넷에 유포하는 대가로 500만 원을 제공하기로 약속하였다는 사실로 공소 제기된 사안에서 법원은 위와 같은 행위가 공직선거법 제251조(후보자 비방죄) 단서에 의해 위법성이 조각되는지 여부와는 무관하게 그 행위에 대한 대가로 금품을 제공하였다면 본죄가 성립한다고 판시한 바 있다.[40]

나아가 위와 같이 인터넷 홈페이지 등에 문자메시지 등을 전송하는 '대가로' 금품 등을 제공하여야 하므로 금품 등의 제공과 위와 같은 행위 상호간 대가관계가 인정되어야 하고, '게시 또는 전송'행위가 아닌 '제작'행위의 대가로 금품을 제공한 경우에는 본죄가 성립하지 않는다고 본 사례가 있다.[41]

한편 **주관적 구성요건요소**로서 '**선거에 영향을 미치게 하기 위하여**'라는 목적을 요구한다(목적범).

3) 죄수 및 처벌

한편 후보자가 선거운동관계자 등에게 위와 같은 문자전송 행위 등의 대가로 금품을 제공하는 경우에는 동법 제230조 제1항 제4호 및 본죄가 모두 성립하고 양죄는 상상적 경합 관계에 있다고 봄이 상당하다.[42] 위와 같은 행위를 하는 경우에는 모두 5년 이하의 징역 또

---

[40] 전주지방법원 2015. 1. 8. 선고 2014고합287 판결 참조(광주지방법원 전주지부 2015노25 판결 확정).
[41] 서울고등법원 춘천지부 2019. 5. 29. 선고 2019노36 판결 참조(대법원 2019도7920 판결로 확정).
[42] 대법원 2017. 12. 5. 선고 2017도13458 판결 참조.

는 3천만 원 이하의 벌금에 처한다. 나아가 위와 같이 제공, 제공의 의사표시, 약속한 금전 기타 이익 등은 모두 필요적 몰수·추징의 대상이 된다.

4) 범죄수익환수 사례

위와 같은 탈법방법에 의한 문자 전송 등 관련 이익제공을 한 사실과 관련하여 유죄판결이 선고된 사례는 다수 발견되나 실제로 그에 따라 제공된 이익을 환수한 사례는 쉽게 찾기 어렵다. **선거에 영향을 미치게 하기 위해 인터넷 홈페이지 게시판·대화방 등에 글을 게시하거나 전자우편·문자메시지로 전송하게 하고 그 대가로 제공된 금품은 모두 몰수·추징하여 환수할 필요**가 있다(私見).

바. 투표참여 권유대가 이익제공금지 위반죄(제230조 제1항 제6호, 제58조의2)

관련조문

제230조(매수 및 이해유도죄) ① 다음 각 호의 어느 하나에 해당하는 자는 5년 이하의 징역 또는 3천만 원 이하의 벌금에 처한다. <개정 1997. 1. 13., 1997. 11. 14., 2000. 2. 16., 2004. 3. 12., 2009. 2. 12., 2010. 1. 25., 2011. 7. 28., 2012. 2. 29., 2014. 1. 17., 2014. 2. 13., 2014. 5. 14.>

6. 정당의 명칭 또는 후보자(후보자가 되려는 사람을 포함한다)의 성명을 나타내거나 **그 명칭·성명을 유추할 수 있는 내용으로** 제58조의2에 **따른 투표참여를 권유하는 행위**를 하게 하고 **그 대가로** 금품, 그 밖에 이익의 제공 또는 그 제공의 의사표시를 하거나 그 제공을 약속한 자

☞ 제58조의2(투표참여 권유활동) **누구든지 투표참여를 권유하는 행위를 할 수 있다. 다만, 다음 각 호의 어느 하나에 해당하는 행위의 경우에는 그러하지 아니하다.**

1. 호별로 방문하여 하는 경우
2. 사전투표소 또는 투표소로부터 100미터 안에서 하는 경우
3. 특정 정당 또는 후보자(후보자가 되려는 사람을 포함한다. 이하 이 조에서 같다)를 지지·추천하거나 반대하는 내용을 포함하여 하는 경우
4. 현수막 등 시설물, 인쇄물, 확성장치·녹음기·녹화기(비디오 및 오디오 기기를 포함한다), 어깨띠, 표찰, 그 밖의 표시물을 사용하여 하는 경우(정당의 명칭이나 후보자의 성명·사진 또는 그 명칭·성명을 유추할 수 있는 내용을 나타내어 하는 경우에 한정한다)

[본조신설 2014. 5. 14.]

본죄는 2014. 5. 14. 공직선거법 개정으로 신설된 규정으로, 이는 타인으로 하여금 공직선거법에서 허용되지 않는 방법으로 투표참여를 권유하게 하는 행위를 한 후 그 대가로 금전을 제공하는 행위를 금지하기 위한 것이다. 따라서 선거운동에 이르지 아니한 투표참여 권유행위라고 하더라도 그에 대한 대가로 금품을 수수하는 경우 처벌된다.

1) 구성요건의 주체 및 행위의 상대방

구성요건의 주체는 아무런 제한이 없으므로 누구든지 본 죄의 주체가 될 수 있다. **행위의 상대방** 또한 아무런 제한이 없어 선거사무관계자가 아니더라도 본 죄의 행위 상대방이 될 수 있다.

2) 구성요건적 행위

본죄의 **구성요건적 행위**는 정당의 명칭 또는 후보자(후보자가 되려는 사람을 포함한다)의 성명을 나타내거나 **그 명칭·성명을 유추할 수 있는 내용**으로 제58조의2에 따른 투표참여를 권유하는 행위를 하게 하고 그 대가로 금품, 그 밖에 이익의 제공 또는 그 제공의 의사표시를 하거나 그 제공을 약속하는 것이다.

투표참여를 권유하는 행위는 원칙적으로 허용되지만 예외적인 경우(동법 제58조의2 각 호)에는 허용되지 않는데 위와 같이 금지되는 투표참여 권유행위를 하면서 정당의 명칭 또는 후보자(후보자가 되려는 사람 포함)의 성명을 나타내거나, 그 명칭이나 성명을 유추할 수 있는 내용을 드러내는 경우에 한하여 본죄가 성립한다.

나아가 위 금전등의 제공 등은 투표참여 권유행위의 '**대가**'로 이루어져야 한다는 점에서 성립요건이 엄격하다.

3) 죄수 및 처벌

공직선거법 제58조의2 단서를 위반하여 투표참여를 권유하는 행위를 하는 경우에는 별도의 처벌규정에 의해 처벌되므로(동법 제256조 제3항 제3호),[43] 타인에게 정당이나 후보자의 명칭, 성명을 나타내거나 유추할 수 있는 방법으로 투표참여 권유행위를 하도록 한 후 그에 대한 대가로 금품 등을 제공하는 경우에는 본죄와 위 투표참여 권유행위에 관한 죄가 모두 성립하고, 양죄는 실체적 경합범 관계에 있다.

---

[43] 다만 대법원은 공직선거법 제58조의2 단서 제3호에 해당하는 투표참여 권유행위가 문제된 사안에서 투표참여 권유행위는 선거운동이 금지되는 선거기간개시일 전이나 선거일만 금지되고 선거운동 기간 중에는 허용된다고 판시하고 있으므로 주의하여야 한다(대법원 2017. 12. 22. 선고 2017도6050 판결 참조).

나아가 정당이나 후보자의 명칭, 성명을 나타내거나 유추할 수 있는 방법으로 투표참여를 권유하는 행위가 특정 후보에 대한 선거운동으로 인정할 수 있는 경우 본죄와 선거운동 관련 이익제공금지규정 위반죄는 상상적 경합범 관계에 있다고 해석함이 상당하다.

위와 같은 행위를 하는 경우에는 모두 5년 이하의 징역 또는 3천만 원 이하의 벌금에 처한다. 나아가 위와 같이 제공, 제공의 의사표시, 약속한 금전 기타 이익등은 모두 필요적 몰수·추징의 대상이 된다.

4) 범죄수익환수 사례

실무상 투표참여 권유행위의 경우에는 선거운동으로 이어지는 경우가 대부분이므로 불법적인 선거운동 금지규정 위반죄로 처벌되는 사안이 많을 뿐만 아니라 일반인들을 상대로 투표참여를 권유하고 이익을 제공하는 행위가 문제된 사례가 드물어 본죄로 취득한 범죄수익을 환수한 사례는 쉽게 찾기 어렵다.

사. 매수를 받는 죄(제230조 제1항 제7호)

관련조문

제230조(매수 및 이해유도죄) ① 다음 각 호의 어느 하나에 해당하는 자는 5년 이하의 징역 또는 3천만 원 이하의 벌금에 처한다. <개정 1997. 1. 13., 1997. 11. 14., 2000. 2. 16., 2004. 3. 12., 2009. 2. 12., 2010. 1. 25., 2011. 7. 28., 2012. 2. 29., 2014. 1. 17., 2014. 2. 13., 2014. 5. 14.>

7. **제1호부터 제6호까지**에 규정된 **이익이나 직의 제공을 받거나 그 제공의 의사표시를 승낙한 자**(제261조 제9항 제2호에 해당하는 자는 제외한다)

☞ 제261조(과태료의 부과·징수 등) ⑨ 다음 각 호의 어느 하나에 해당하는 자(그 **제공받은 금액 또는 음식물·물품등의 가액이 100만 원을 초과하는 자는 제외**한다)는 그 제공받은 금액 또는 음식물·물품등의 가액의 10배 이상 50배 이하에 상당하는 금액(주례의 경우에는 200만 원)의 과태료를 부과하되, 그 상한은 3천만 원으로 한다. 다만, 제1호 또는 제2호에 해당하는 자가 그 제공받은 금액 또는 음식물·물품(제공받은 것을 반환할 수 없는 경우에는 그 가액에 상당하는 금액을 말한다) 등을 선거관리위원회에 반환하고 자수한 경우에는 중앙선거관리위원회규칙으로 정하는 바에 따라 그 과태료를 감경 또는 면제할 수 있다. <신설 2004.3.12, 2008.2.29, 2010.1.25, 2012.1.17, 2012.2.29, 2014.2.13, 2014.5.14>

2. **제230조 제1항 제7호에 규정된 자로서 같은 항 제5호의 자로부터 금품, 그 밖의 이익을 제공받은 자**

공직선거법은 제1호부터 제6호까지 규정된 죄의 매수 또는 이해유도 행하는 자의 상대방을 처벌하기 위해 동법 제230조 제7호 규정을 두고 있다.

1) 구성요건의 주체

구성요건의 주체는 동법 제230조 제1호 내지 제6호 행위의 상대방이다. 동법 제261조 제9항 제2호는 일정한 경우 과태료 부과 대상으로 규정하고 있는데 제공받은 금전이 100만 원을 넘는 경우에는 위 과태료 부과대상에서 제외된다.

2) 구성요건적 행위

본죄의 **구성요건적 행위**는 동법 제230조 제1호부터 제6호까지에 규정된 **이익이나 직의 제공을 받거나 그 제공의 의사표시를 승낙**하는 것이다. 제공 및 금전 기타 이익의 해석은 앞에서 본 바와 같다.

주관적 구성요건과 관련하여 별도의 목적을 요구하는 것은 아니지만 최소한 그 제공자의 목적, 의도 등에 대한 인식이 있어야 한다.

3) 처벌

본죄를 범하면 5년 이하의 징역 또는 3천만 원 이하의 벌금에 처한다. 나아가 위와 같이 제공, 제공의 의사표시, 약속한 금전 기타 이익등은 모두 필요적 몰수·추징의 대상이 된다.

4) 범죄수익환수 사례

이와 관련하여 **미신고 선거운동원이 선거운동과 관련하여 금품을 수령한 행위를 처벌하고, 제공된 금품을 그 수령자로부터 추징한 사례**가 있어 소개한다.[44]

사례

범죄사실

1. 피고인 A

  가. 공직선거법위반

  (1) 선거운동 관련 금품 수령

  공직선거법 규정에 의하여 수당·실비 기타 이익을 제공하는 경우를 제외하고는 수당·실비

---

[44] 서울남부지방법원 2017. 1. 5. 선고 2016고합383 판결 참조(대법원 2017도10469 판결로 확정).
  [판결 이유 중 공직선거법 제230조 제1항 제7호 위반죄와 무관한 부분들은 모두 제외하였음]

기타 자원봉사에 대한 보상 등 명목 여하를 불문하고 누구든지 선거운동과 관련하여 금품 기타 이익의 제공 또는 그 제공의 의사를 표시하거나 그 제공의 약속·지시·권유·알선·요구 또는 수령할 수 없다.

피고인은 2016. 3. 5.경~4. 11.경 선거사무소가 있는 전남 무*군 L 등지에서 M 후보자의 미신고 선거운동원으로 무안·신안 지역 조직관리책임자인 N으로부터 별지 범죄일람표(1) 중 연번 1, 3, 7~9, 11, 14, 16 기재와 같이 선거운동 활동 경비 명목으로 총 565만 원을 교부받아 M의 선거운동과 관련하여 금품을 수령하였다.

(중략)

2. 피고인 B

가. 공직선거법위반

공직선거법 규정에 의하여 수당·실비 기타 이익을 제공하는 경우를 제외하고는 수당·실비 기타 자원봉사에 대한 보상 등 명목 여하를 불문하고 누구든지 선거운동과 관련하여 금품 기타 이익의 제공 또는 그 제공의 의사를 표시하거나 그 제공의 약속·지시·권유·알선·요구 또는 수령할 수 없다.

피고인은 2016년 3월 말경~4월 초순경 M 후보자의 선거캠프에서 M의 처 T가 사용하는 차량을 운전해주며 선거운동을 보조하던 중 전남 무안군 L에 있는 M 후보자의 선거사무실에서 M 후보자의 비서실장으로 활동하던 U로부터 유류비, 식대 등 명목으로 3회에 걸쳐 각 50만 원씩 합계 150만 원을 수령하였다.

이로써 피고인은 선거운동과 관련하여 금품을 수령하였다.

3. 피고인 C

공직선거법 규정에 의하여 수당·실비 기타 이익을 제공하는 경우를 제외하고는 수당·실비 기타 자원봉사에 대한 보상 등 명목 여하를 불문하고 누구든지 선거운동과 관련하여 금품 기타 이익의 제공 또는 그 제공의 의사를 표시하거나 그 제공의 약속·지시·권유·알선·요구 또는 수령할 수 없다.

피고인은 2016. 4. 9.경 M 후보자의 회계책임자이자 피고인의 지역 후배로서 친분을 유지하던 O로부터 "형님, X(M 후보자를 지칭)의 마지막 유세가 내일(4. 10.) 아침 10시에 Y에서 열릴 것입니다. 형님이 와서 좀 도와주십시오. 아는 사람 좀 많이 데리고 와주십시오"라는 전화요청을 받고 이를 수락한 후 즉시 피고인이 직접 10여 명의 지인들에게 전화를 걸어 M 후보의 선거유세 참여를 독려하였다. 이후 **피고인은 2016. 4. 10.경 전남 영암군 영암읍내에서 열린 M 후보자의 선거유세장에 피고인의 후배인 Z를 데리고 간 후 그곳에서 AC 후보자가 선거유세를 하는 와중에 "M"이라고 큰 소리로 연호하는 등 지지의사를 표명하고 그 무렵 O로부터 수고비 등 명목으로 100만 원을 수령하였다.**

이로써 피고인은 선거운동과 관련하여 금품을 수령하였다.

법령의 적용

1. 범죄사실에 대한 해당법조와 형의 선택

가. 피고인 A

공직선거법 제230조 제1항 제7호, 제4호, 제135조 제3항(선거운동 관련 금품 수령의 점, 포괄하여, 징역형 선택)

나. 피고인 B

공직선거법 제230조 제1항 제7호, 제4호, 제135조 제3항(선거운동 관련 금품 수령의 점, 포괄하여, 벌금형 선택), 형법 제155조 제1항(증거은닉의 점, 징역형 선택)

다. 피고인 C

공직선거법 제230조 제1항 제7호, 제4호, 제135조 제3항(벌금형 선택)

1. 추징

피고인들: 공직선거법 제236조 단서

아. 정당·후보자 등의 매수 및 이해유도죄(제230조 제2항)

관련조문

제230조(매수 및 이해유도죄) ②정당·후보자(候補者가 되고자 하는 者를 포함한다) 및 그 가족·선거사무장·선거연락소장·선거사무원·회계책임자·연설원 또는 <u>제114조</u>(政黨 및 候補者의 家族 등의 寄附行爲制限) **제2항의 규정에 의한 후보자 또는 그 가족과 관계있는 회사 등**이 제1항 각 호의 1에 규정된 행위를 한 때에는 7년 이하의 징역 또는 5천만 원 이하의 벌금에 처한다. <개정 2014. 2. 13.>

☞ <u>제114조(정당 및 후보자의 가족 등의 기부행위제한)</u> ② 제1항에서 **"후보자 또는 그 가족과 관계있는 회사 등"**이라 함은 다음 각 호의 어느 하나에 해당하는 회사 등을 말한다. <개정 2005. 8. 4.>

1. 후보자가 임·직원 또는 구성원으로 있거나 기금을 출연하여 설립하고 운영에 참여하고 있거나 관계법규나 규약에 의하여 **의사결정에 실질적으로 영향력을 행사**할 수 있는 회사 기타 법인·단체

2. 후보자의 가족이 임원 또는 구성원으로 있거나 기금을 출연하여 설립하고 운영에 참여하고 있거나 관계법규 또는 규약에 의하여 **의사결정에 실질적으로 영향력을 행사**할 수 있는 회사 기타 법인·단체

3. 후보자가 소속한 **정당**이나 후보자를 위하여 설립한 「**정치자금법**」에 의한 **후원회**

공직선거법은 정당, 후보자 및 그 가족 등 특수한 신분에 있는 사람들이 동법 제230조 제1항 제1호 내지 제7호의 행위를 하는 경우 가중처벌하는 규정을 두고 있다. 신분에 따른 비난가능성을 고려한 것으로 이해된다.

1) 구성요건의 주체

구성요건의 주체는 정당·후보자(후보자가 되고자 하는 자를 포함한다) 및 그 가족·선거사무장·선거연락소장·선거사무원·회계책임자·연설원 또는 제114조(정당 및 후보자의 가족 등의 기부행위제한) 제2항의 규정에 의한 후보자 또는 그 가족과 관계있는 회사 등이다.

2) 구성요건적 행위 및 처벌

본죄의 **구성요건적 행위**는 동법 제230조 제1항 제1호부터 제7호까지에 규정된 행위다. 구체적인 행위 내용은 매수 및 이해유도죄 부분과 같다. 이와 같은 신분에 있는 자가 매수를 받는 행위를 한 경우에는 동법 제230조 제2항, 제1항 제7호의 규정이 적용되어 가중처벌된다.

주관적 구성요건요소와 관련하여 동법 제230조 제1항 각 호의 목적이 있으면 충분하다. 위와 같은 행위를 하는 경우 7년 이하의 징역 또는 5천만 원 이하의 벌금에 처한다.

나아가 위와 같이 제공, 제공의 의사표시, 약속한 금전 기타 이익등은 모두 필요적 몰수·추징의 대상이 된다.

3) 범죄수익환수 사례

이와 관련하여 **교육감 후보 선거에서 후보자의 가족이 선거운동과 관련하여 제3자에게 선거운동의 대가 명목으로 금품을 제공한 사건에서 금품을 제공받은 자로부터 범죄수익을 추징하여 환수한 사례**가 있어 소개한다. 이러한 경우 법정 수수료를 초과한 금액에 한하여 몰수·추징하게 됨에 유의할 필요가 있다.[45]

사례

주 문

　피고인들을 각 벌금 6,000,000원에 처한다.

　피고인 B로부터 5,900,000원을 추징한다.

---

[45] 대전지방법원 2019. 9. 19. 선고 2018고합496 판결 참조(대전고등법원 2019노376 판결로 확정).

범죄사실

피고인 A는 제7회 전국동시지방선거 C 교육감 후보로 출마하여 낙선한 D의 배우자이고, 피고인 B는 2018. 3.경부터 2018. 4.경까지 위 D의 연설문 작성, 언론과 단체 응대, 홍보 등 선거운동을 총괄하였다.

1. 피고인 A

후보자의 가족은 공직선거법에 의하여 수당·실비 기타 이익을 제공하는 경우를 제외하고는 수당·실비 기타 자원봉사에 대한 보상 등 명목 여하를 불문하고 선거운동과 관련하여 금품 기타 이익의 제공 또는 그 제공의 의사를 표시하거나 그 제공을 약속하여서는 아니 된다. 그럼에도 피고인은, 2018. 3. 23.경 대전 E오피스텔에서 선거운동에 대한 대가 명목으로 B에게 현금 400만 원을 교부하고, 2018. 4. 20.경 대전 F에 있는 D재개발조합사무실에서 위와 같은 명목으로 B에게 현금 400만 원을 교부하였다.

이로써 피고인은 B가 선거사무원으로 등록한 기간인 2018. 3. 30.부터 4. 28.까지의 법정 수당 합계 210만 원을 상회하는 800만 원의 금품을 선거운동과 관련하여 제공하였다.

2. 피고인 B

누구든지 공직선거법 규정에 의하여 수당·실비 기타 이익을 제공하는 경우를 제외하고는 수당·실비 기타 자원봉사에 대한 보상 등 명목여하를 불문하고 선거운동과 관련하여 금품 기타 이익을 제공받아서는 아니 된다.

그럼에도 피고인은 전 1항 기재 일시, 장소에서 선거운동에 대한 대가로 2회에 걸쳐 합계 800만 원을 교부받았다.

이로써 피고인은 법정 수당 합계 210만 원을 상회하는 800만 원의 금품을 선거운동과 관련하여 제공받았다.

법령의 적용

1. 범죄사실의 해당법조 및 형의 선택

가. 피고인 A

각 지방교육자치에 관한 법률 제49조 제1항, 공직선거법 제230조 제2항, 제1항 제4호, 제135조 제3항, 벌금형 선택

나. 피고인 B

각 지방교육자치에 관한 법률 제49조 제1항, 공직선거법 제230조 제1항 제7호, 제4호, 제135조 제3항, 벌금형 선택

1. 추징

피고인 B: 지방교육자치에 관한 법률 제49조 제1항, 공직선거법 제236조

자. 매수 및 이해유도 지시·권유·요구 및 알선죄(제230조 제3항, 제2항, 제1항 각 호)

관련조문

제230조(매수 및 이해유도죄) ③ 제1항 각 호의 1 또는 제2항에 규정된 행위에 관하여 지시·권유·요구하거나 알선한 자는 7년 이하의 징역 또는 5천만 원 이하의 벌금에 처한다.

공직선거법은 동법 제230조 제1항 각 호의 매수 및 이해유도죄 당사자 사이에 개입하여 범행을 중개하거나 지시, 권유하는 행위 등을 방지하기 위하여 위와 같은 처벌규정을 별도로 마련하여 두었다.

1) 구성요건의 주체

구성요건의 주체는 아무런 제한이 없으므로 누구든지 본 죄의 주체가 될 수 있고 위 **행위의 상대방** 또한 아무런 제한이 없다. 그 상대방은 위와 같은 지시, 권유, 요구에 응할 수 있는 사람이면 충분하다.

2) 구성요건적 행위

본죄의 **구성요건적 행위**는 동법 제230조 제1항 각 호의 1 또는 제2항에 규정된 행위에 관하여 지시·권유·요구하거나 알선하는 것이다. '**지시**'는 일방적으로 일러서 시키는 것을 의미하고, '**권유**'는 매수행위를 하도록 하거나 그 상대방이 되도록 권함으로써 그 결의를 일으키는 것을, '**요구**'는 상대방이 능동적으로 자신에 대한 매수행위를 하도록 하는 것을 말한다.

이와 관련하여 **대법원**은 대통령 선거를 앞두고 **특정 대통령 후보자의 지지에 타격을 줄 수 있는 내용이 담겨 있는 CD를 폭로하거나 폭로하지 않는 대가로 위 후보자 측 또는 상대방 후보자 측에게 금원의 제공을 요구**한 사안에서 동법 제230조 제3항의 **매수요구죄가 성립한다고 판시**한 바 있다.[46]

'**알선**'은 양자의 의사가 서로 합치되도록 조정, 유도하는 행위로서 법원은 후보자 또는 선거사무장이 선거와 관련하여 선거인에게 금전 등을 제공할 의사가 이미 있었다고 하더라도 그 사람이 금전의 제공을 보다 쉽게 할 수 있도록 선거인을 후보자의 사무실로 데리고 가는 행위 또한 위 '알선' 행위에 해당한다고 판시한 바 있다.[47]

---

46 대법원 2008. 10. 9. 선고 2008도6233 판결 참조.
47 대전고등법원 2006. 8. 18. 선고 2006노225 판결 참조(대법원 2006도5871 판결로 확정).

3) 죄수 및 처벌

위 지시, 권유, 요구, 알선행위의 결과, 의도한 범죄가 실제로 이루어졌는지 여부는 불문한다. 위와 같은 매수 및 이해유도 행위를 위한 지시, 권유, 요구, 알선행위만 있으면 곧바로 범죄가 성립하기 때문이다.

이 때 위와 같은 행위가 금전등의 수수 당사자가 아닌 제3자에 의해 이루어지는 경우는 문제될 것이 없지만 **금전등의 수수 당사자가 금전등의 제공을 직접 요구하여 실제로 금전 등을 수수하는 경우** 동법 제230조 제1항 제7호 위반죄와 동법 제230조 제3항 위반죄가 모두 성립하는지가 문제된다. 왜냐하면 통상적인 수수 및 요구죄의 경우에는 수수죄가 요구죄에 비하여 법정형이 무거우므로 요구죄는 수수죄에 흡수(법조경합)됨에 반하여 이 경우에는 후자(요구죄)가 전자(수수죄)에 비하여 법정형이 더 무겁기 때문에 요구죄가 수수죄에 흡수된다고 판단할 수 없기 때문이다.

이런 경우에는 수수죄는 요구죄에 흡수되는 불가벌적 사후행위라는 견해가 있지만, 금전을 '요구'하는 행위가 실제로 금전 등을 '수수'하는 행위보다 법익의 침해가 더 크다고 볼 수 없으므로 불가벌적 사후행위로 이해하기 어렵다. 따라서 이러한 경우 금전등의 요구죄와 수수죄가 모두 성립하고 각각의 행위로서 실체적 경합범의 관계에 있다고 봄이 타당하다.

위와 같은 행위를 하는 경우 7년 이하의 징역 또는 5천만 원 이하의 벌금에 처한다. 나아가 위와 같이 지시, 권유, 요구, 알선행위를 통하여 얻은 부패재산(범죄수익)은 **모두 필요적 몰수·추징의 대상**이 된다.

4) 범죄수익환수 사례

이와 관련하여 **선거에 관하여 후보자, 선거사무장 등을 협박하여 금품을 요구하고 이에 따라 금품을 수령한 사안에서 공갈죄와 공직선거법위반죄를 유죄로 인정하고 이와 같은 과정에서 수수한 금품을 추징하여 환수한 사례**를 소개한다.

위 사건에서 **1심 재판부**는 「매수라는 것은 금품 등 급부를 대가로 하여 선거인에게서 당선에 도움이 될 수 있는 행위를 기대하는 것으로 매수자인 후보자와 상대방은 대가관계에 해당하는 반면, 공갈행위 또는 협박이라는 것은 해악을 고지하여 상대방에게 외포심을 느끼게 하고 이에 의하여 형성된 상대방의 왜곡된 의사에 의하여 처분행위를 받고자 하는 것인바, 협박 또는 공갈행위를 매수요구 행위로 볼 수 없다.」고 판시하면서 **매수요구 행위와 협박 또는 공갈행위 사이에는 양립가능성이 없다고 보아 매수요구로 인한 공직선거법위반죄가 성립하지 아니한다고 판시하였다.**

그러나 **항소심**은 「① 공갈죄와 공직선거법위반죄의 보호법익이 다른 점, ② 공직선거법

제230조 제3항은 당선될 목적으로 선거인에게 금품 등을 제공하는 상대방에게 금품 등의 제공을 요구하는 경우 매수요구죄가 성립한다고 규정하고 있을 뿐 그 요구방식에 대한 아무런 제한을 두고 있지 않은 점, ③ 원심과 같이 해석할 경우 일반적인 매수요구 행위는 공직선거법위반죄로 처벌할 수 있으나 '해악의 고지'라는 비난가능성이 높은 수단을 이용한 매수요구의 경우에는 오히려 공직선거법위반죄로 처벌할 수 없다는 불합리한 결과가 된다는 점을 이유로 **후보자 매수요구로 인한 공직선거법위반죄를 모두 유죄로 인정**하고, 공직선거법상 후보자 협박의 점, 공갈죄 및 매수요구로 인한 공직선거법위반죄는 모두 **상상적 경합범**의 관계에 있다.」고 판시하였다.

위 금전은 공갈죄에 있어 피해자로부터 **빼앗은** 금품이므로 범죄피해재산이기도 하지만 공직선거법에 따라 제공받은 금품에 해당하므로 별도의 법익을 침해한 것이어서 공직선거법에 따라 추징할 수 있다.[48]

사례

범죄사실

[2016고합109]

피고인 A는 일정한 직업이 없는 사람으로서 2008. 4. 9. 실시된 제18대 국회의원선거 당시 I지역구 J당 후보로 출마한 K의 선거운동을 도와주었던 사람이고, 위 K는 2016. 4. 13. 실시된 제20대 국회의원선거와 관련하여 2016. 3. 19. L선거구 M정당 당내경선에서 낙천하자 M정당을 탈당한 후 N정당에 입당하여 2016. 3. 25. I선거구에 출마하였다가 낙선한 사람이다.

누구든지 투표를 하게 하거나 하지 아니하게 하거나 당선되거나 되게 하거나 되지 못하게 할 목적으로 후보자나 그 가족 및 선거사무장 등에게 금전등의 제공요구를 하여서는 아니 되고,[49] 선거에 관하여 후보자, 선거사무장 등을 협박하여서는 아니 된다.

피고인 A는 2016. 3. 중순경 인터넷뉴스에 'K 재산의혹'이라는 제목으로 위 K가 부동산 투기를 통해 많은 재산을 보유하고 있는 것으로 보도된 것을 확인하고는 위 제18대 국회의원선거 이후 위 K에게 도와달라고 하였음에도 도와주지 않은 것에 불만을 갖게 되었다.

피고인 A는 2016. 3. 26. 청주시 O에 있는 위 K의 선거사무실에 찾아가 위 K에게 "지난 18대 국회의원 선거에서 시장님을 위해 선거자금으로 현금 1,000만 원을 드리고 전화홍보원들에 대한 수당 1,000여만 원 등을 지급하는 등으로 약 3,000만 원 가량을 도와드렸는데, 이후 제가 어려워져 도와달라고 할 때 도와주지 않은 것은 너무한 것이 아니냐"라고 금원을 요

구하는 취지로 말을 하였다.

이후 피고인 A는 2016. 3. 31.경 청주시 청원구 수동에 있는 이름을 알 수 없는 커피숍에서, 위 K의 지시를 받은 위 K의 선거사무장 P를 만나 위 P에게 "2008년 국회의원선거 당시 K를 위해 선거자금 3,000만 원을 사용하였으니 3,000만 원을 달라, 어떻게 할 거냐"라고 요구하였다가 위 I로부터 "우선 500만 원만 먼저 지급하고 추후 나머지 금액을 지급하는 것은 어떻겠느냐"라는 말을 듣고는 "안 된다, 선거가 끝나면 끝이다, 한꺼번에 달라, 이미 3,000만 원을 지급한 사실에 대하여는 국제뉴스 기자 Q와 I구 M정당 후보 R의 사무장 S에게 말을 하였다"라고 말을 하면서 만일 돈을 주지 않을 경우 그 사실을 다른 사람들에게도 말을 할 것처럼 행동을 하였다.

피고인 A는 위 P를 만나 이후 위 P에게 매일 수회에 걸쳐 전화하여 "돈을 주지 않으면 어떻게 할지 두고 봐라. 내가 K의 선거유세장으로 K를 찾아가 해결하겠다"라고 말을 하였다.

이후 **피고인 A는 2016. 4. 4. 위 P로부터 만나자는 연락을 받고 위 K의 선거사무실에 찾아갔다가 위 P로부터 "500만 원 밖에 준비되지 않았으니 우선 가져가라"라는 말을 듣고는 위 P에게 "안 된다, 다 내놔라, 주려면 다 주지, 왜 500만 원 밖에 주지 않느냐"라고 화를 내면서 주먹으로 책상을 내리치며 3,000만 원 전액을 지급하라고 요구하여, 2016. 4. 11. 청주시 T소재 U에서 위 P로부터 현금 1,000만 원을 교부받았다.**

이로써 **피고인 A는 제20대 국회의원 선거와 관련하여 위 K가 당선되게 할 목적으로 위 K에게 금품을 제공할 것을 요구함과 동시에**[50] **N정당 후보자인 위 K를 협박하고, 위 K로부터 위 P를 통해 1,000만 원을 갈취하였다.**

법령의 적용[51]

1. 범죄사실에 대한 해당법조 및 형의 선택

공직선거법 제230조 제3항, 제1항 제1호(매수요구의 점, 포괄하여, 징역형 선택), 공직선거법 제237조 제1항 제1호(후보자 협박의 점, 포괄하여, 징역형 선택), 공직선거법 제257조 제2항, 제116조, 제113조(기부행위 수령의 점, 포괄하여, 징역형 선택), 형법 제350조 제1항(공갈의 점, 포괄하여, 징역형 선택)

1. 상상적 경합

형법 제40조, 제50조(매수요구로 인한 공직선거법위반죄, 후보자 협박으로 인한 공직선거법위반죄 및 공갈죄 상호간, 형이 가장 무거운 협박으로 인한 공직선거법위반죄에 정한 형으로 처벌)

1. 추징

공직선거법 제257조 제4항

---

[50] 마찬가지로 앞에서 항소심의 파기 취지에 따라 판결문에서 추가한 내용을 함께 기재하였음.

[51] 법령의 적용 또한 파기된 항소심의 그것을 기재하였음.

차. 매수목적 금품운반죄(제230조 제4항)

관련조문

제230조(매수 및 이해유도죄) ④ 당선되거나 되게하거나 되지 못하게 할 목적으로 선거기간 중 포장된 선물 또는 돈봉투 등 다수의 선거인에게 배부하도록 구분된 형태로 되어 있는 금품을 운반하는 자는 5년 이하의 징역 또는 3천만 원 이하의 벌금에 처한다. <개정 2014. 2. 13.>

공직선거법은 선거 기간 중 다수의 선거인에게 돈봉투 등 구분된 형태의 금품을 배부하기 위하여 이를 운반하는 행위를 금지함으로써 운반행위에 가담하는 공범들에 대한 처벌 규정을 두고 있다.

1) 구성요건의 주체

구성요건의 주체는 아무런 제한이 없으므로 누구든지 본 죄의 주체가 될 수 있고 운반행위자는 금품을 직접 제공하려는 사람일 필요는 없고 제3자를 통하여 다른 사람들에게 배포될 금품을 단지 전달하는 일을 맡은 것만으로도 충분하다.

2) 구성요건적 행위 및 처벌

본죄의 **구성요건적 행위**는 선거기간 중 포장된 선물 또는 돈봉투 등 다수의 선거인에게 배부하도록 구분된 형태로 되어 있는 금품을 운반하는 것이다.

이 때 **'선거기간 중'**이라 함은 대통령 선거, 국회의원 선거의 각 선거기간 규정(동법 제33조 제1항, 제3항)에 따른다. 이 때 선거기간은 '선거일까지'이므로 투표가 마감되었다고 하더라도 선거일 당일 24시까지는 대상이 된다.

한편 **'다수의'** 선거인에게 배부하도록 하여야 하는데 이 때 '다수'라 함은 금품 등을 받을 선거인이 다수라는 의미이므로 운반하는 금품 자체가 다수일 필요는 없다. 예를 들어 선거인들에게 나누어 주기 위하여 선물을 소분하여 두고 운반하는 사람이 그 중 한 개만을 운반하는 도중 적발되었다 하더라도 해당 선물은 애초부터 다수의 선거인들에게 배부될 수 있도록 나누어진 것이므로 본죄의 성립에 문제가 없다.

나아가 **'구분된 형태'**로 되어 있는 금품이어야 하는데 이 때 '구분'의 해석과 관련하여 **대법원**은 금품을 일정한 기준에 따라 전체를 크게 또는 작게 몇 개로 갈라 나누는 것을 말하고 구분의 방법에는 제한이 없으므로 돈을 포장 또는 봉투에 넣거나 물건으로 싸거나 띠지로 감아서 매는 것은 물론, 몇 개의 단위로 나누어 접어놓는 등 따로따로 배부할 수 있도록 분리하여 소지하는 것을 의미한다고 판시하였다.[52]

그리고 **'운반'**이라 함은 물건을 장소적으로 이전하는 것을 의미하는데 장소적 이전은 반드시 먼 거리를 요하지 않고, 운반의 방법도 제한이 없다. 주관적 구성요건요소와 관련하여 본죄는 당선되나 당선되게 하거나 되지 못하게 할 목적을 요구한다(목적범). 본 죄를 범하면 5년 이하의 징역 또는 3천만 원 이하의 벌금에 처한다.

3) 범죄수익환수 사례

이와 관련하여 **선거자금을 봉투에 각각 나누어 남아 보관하고 있었던** 사안에서 **피고인이 성명불상자로부터 선거운동비 명목으로 2,000만 원을 교부받고 선거기간 중 다수의 선거인에게 배부할 목적으로 구분된 형태의 돈을 소지**하고 있었다는 점을 인정하면서 **위와 같이 구분되어 있는 금품을 몰수하고 몰수하지 못한 금원은 그 가액을 추징한 사례**가 있다.[53]

사례

【주 문】

원심판결을 파기한다.

피고인들을 각 징역 10월에 처한다.

원심판결 선고 전의 구금일수 82일씩을 피고인들에 대한 위 각 형에 산입한다.

다만, 이 판결 확정일로부터 2년간 위 각 형의 집행을 유예한다.

압수된 현금 29만 원(압수목록 순번 1), 현금 200만 원(압수목록 순번 2), 현금 50만 원(압수목록 순번 3), 현금 1,500만 원(압수목록 순번 16), 종이상자 1개(압수목록 순번 17)를 피고인 1로부터, 현금 100만 원(압수목록 순번 9), 현금 100만 원(압수목록 순번 10)을 피고인 2로부터 각 몰수한다.

피고인들로부터 각 105,000원씩을 추징한다.

【이 유】

(전략)

---

52 대법원 2009. 2. 26. 선고 2008도11403 판결 참조.

53 대구지방법원 영덕지원 2008. 6. 23. 선고 2008고합10 판결, 대구고등법원 2008. 11. 27. 선고 2008노293 판결 각 참조(대법원 2008도11403 판결로 확정)[판결 이유는 대구고등법원 판결을 인용한다].

2. 판단

가. 피고인들의 사실오인 및 법리오해 주장에 대한 판단

(1) 인정 사실

원심에서 적법하게 채택하여 조사한 증거들 및 증인 공소외 5,6의 당심 법정에서의 진술을 종합하면 다음과 같은 사실을 인정할 수 있다.

(가) 피고인 1은 1998년부터 2002년경까지 경북 영양군 석보·입암·청기 지역의 도의원을 지낸 자로 2008. 4. 9. 실시된 제18대 국회의원선거 영덕·울진·영양·봉화 선거구에서 무소속으로 출마한 공소외 7 후보의 영양지역 선거대책본부 부본부장(선거관리위원회 미등록)으로 활동한 자이고, 피고인 2는 공소외 7 후보의 영양지역 선거연락소장(선거관리위원회 등록)으로 활동한 자이다.

(나) 경북 영양경찰서 수사과 소속 경찰관 공소외 5,6은 피고인 1이 선거자금을 운반한다는 첩보를 입수하고 수사하던 중 2008. 4. 2. 12:05경(이 날은 공소외 7 후보의 부인이 경북 영양군 석보면을 방문하여 선거유세를 하기로 예정되어 있었다) 영양군 선거관리위원회 직원들과 함께 경북 영양군 석보면 지경리 마을 입구에서 피고인 1 소유의 (차량번호 생략) 레간자 승용차를 운전하던 피고인 1 및 위 승용차를 타고 가던 피고인 2를 공직선거법위반죄로 긴급체포하면서 위 승용차 내부를 압수수색하였는데, **당시 위 승용차 조수석 사물보관함에서 현금 100만 원 묶음 2다발(압수목록 순번 2), 현금 50만 원(1만 원권 50장, 압수목록 순번 3)이 든 우편봉투(A 주식회사의 명칭이 인쇄되어 있고 받는 사람으로 피고인 1이 기재되어 있었다)가 발견되었고, 피고인 1은 바지 뒷주머니에 현금 29만 원(1만 원권 29장, 압수목록 순번 1)과, 공소외 7 후보의 명함 36장(압수목록 순번 5), 영양에 거주하는 사람들의 이름과 주소, 전화번호 등이 기재된 수첩(압수목록 순번 6, 7)을 소지하고 있었으며, 피고인 2는 상의 좌측주머니에 현금 100만 원 묶음 1다발(압수목록 순번 9), 상의 우측주머니에 현금 100만 원(1만 원권 100장, 압수목록 순번 10) 및 공소외 7 후보의 명함 22장(압수목록 순번 12), 선거사무소 개소시의 지출경비 내역 등을 기재한 수첩(압수목록 순번 13), 읍·면별로 하위 동·리에 각 거주하는 사람들의 이름과 연락처가 기재된 수첩(압수목록 순번 14) 등을 소지하고 있었다.**

(다) 또한 위 압수수색 당시 위 승용차 안에서는 현금을 묶는 띠지 5개가 발견되었는데, 그 중 2개는 위 승용차 조수석 사물보관함에서 발견된 현금 100만 원 묶음 2다발의 띠지이고, 1개는 피고인 2의 상의 좌측주머니에서 발견된 100만 원 묶음 1다발의 띠지이며, 또 다른 1개는 피고인 2의 상의 우측주머니에 발견된 돈에서 분리되어 끊어져 위 돈과 함께 발견된 띠지이고, 나머지 1개는 위 승용차 재떨이 안에서 발견된 띠지로서 위 띠지들 표면에는 모두 B 상호가 인쇄되어 있었고, 위 은행 서울 강남 중앙지점 직원인공소외 8의 인장이 날인되어 있었다.

(중략)

【법령의 적용】

1. 범죄사실에 대한 해당법조 및 형의 선택

   가. 선거운동 관련 금품 수수의 점

   (1) 피고인 1: 공직선거법 제230조 제1항 제5호, 제4호, 제135조 제3항, 형법 제30조(징역형 선택)

   (2) 피고인 2: 공직선거법 제230조 제2항, 제230조 제1항 제5호, 제4호, 제135조 제3항, 형법 제30조(징역형 선택)

   나. 금품 운반의 점

   각 공직선거법 제230조 제4항, 형법 제30조(각 징역형 선택)

1. 몰수

   가. 피고인 1

   공직선거법 제236조 본문(압수목록 순번 1 내지 3, 16), 형법 제48조 제1항(압수목록 순번 17)

   나. 피고인

   공직선거법 제236조 본문(압수목록 순번 9, 10)

1. 추징

   각 공직선거법 제236조 단서

카. 선거관리위원회 위원 등 공무원의 매수 및 이해유도죄(제230조 제5항)

관련조문

제230조(매수 및 이해유도죄) ⑤ 선거관리위원회의 위원·직원(투표관리관 및 사전투표관리관을 포함한다. 이하 이 장에서 같다) 또는 선거사무에 관계있는 공무원(선장을 포함한다)이나 **경찰공무원(司法警察官吏 및 軍司法警察官吏를 포함한다)**이 제1항 각 호의 1 또는 제2항에 규정된 행위를 하거나 하게 한 때에는 **7년 이하의 징역에 처한다.** <개정 2005. 8. 4., 2012. 2. 29., 2014. 1. 17.>

공직선거법은 선거관리위원회 위원, 직원, 선거사무에 관계있는 공무원 또는 경찰공무원이 공직선거법상 매수 및 이해유도 행위를 하는 경우 벌금형 없는 징역형에 처하도록 함으로써 가중처벌하고 있다. 선거 관리를 담당하는 공무원의 청렴성을 보다 강조하기 위한 것으로 풀이 된다(책임가중형 구성요건).

1) 구성요건의 주체

구성요건의 주체는 선거관리위원회의 위원·직원(투표관리관 및 사전투표관리관을 포함한다. 이하 이 장에서 같다) 또는 선거사무에 관계있는 공무원(선장을 포함한다)이나 경찰공무원(사법경찰관리 및 군사법경찰관리를 포함한다)이다(**신분범**). 이 때 '**선거사무에 관계있는 공무원**'이라 함은 투·개표사무 종사원과 기타 선거사무에 관하여 필요한 협조요구를 받아 종사하는 공무원 등을 의미한다(동법 제5조 참조).

본죄의 처벌 주체가 되는 신분은 그 직무와의 관련성이 요구되므로 선거구 내의 선거에 관한 것으로 해석하여야 한다(관할의 문제). 다만 중앙선거관리위원회의 경우 전국을 관할하고 대통령이나 비례대표 국회의원 선거의 경우에는 전국이 선거구가 된다.

2) 구성요건적 행위 및 처벌

본죄의 **구성요건적 행위**는 동법 **제230조 제1항 각 호 및 제2항의 행위를 하거나 하게 하는 것**이다. 본죄의 구성요건은 위 특정 신분자가 그러한 범행을 직접 하는 것외에도 다른 누군가에게 위와 같은 행위를 하도록 하는 것까지 포함한다는 점이 특징이다. 동법 제230조 제2항은 정당, 후보자 및 그 가족 등이 동법 제230조 제1항 각 호의 행위를 하는 경우에만 처벌하고 있어 본죄의 구성요건과 차이가 난다.

주관적 구성요건요소와 관련하여 동법 제230조 제1항 각 호의 목적을 요한다. 한편 본죄를 범하면 7년 이하의 징역에 처한다(벌금형 없음). 나아가 본죄를 범하여 얻은 부패재산은 필요적 몰수·추징 규정이 적용된다(동법 제236조).

타. 정당후보자 추천 관련 금품수수죄(제230조 제6항, 제47조의2)

관련조문

제230조(매수 및 이해유도죄) ⑥ <u>제47조의2 제1항 또는 제2항을 위반한 자</u>는 5년 이하의 징역 또는 500만 원 이상 3천만 원 이하의 벌금에 처한다. <신설 2008. 2. 29., 2014. 2. 13.>

☞ <u>제47조의2(정당의 후보자추천 관련 금품수수금지)</u> ① 누구든지 정당이 특정인을 후보자로 추천하는 일과 관련하여 금품이나 그 밖의 재산상의 이익 또는 공사의 직을 제공하거나 그 제공의 의사를 표시하거나 그 제공을 약속하는 행위를 하거나, 그 제공을 받거나 그 제공의 의사표시를 승낙할 수 없다. 이 경우 **후보자**(후보자가 되려는 사람을 포함한다)와 그 **배우자**(이하 이 항에서 "후보자등"이라 한다), **후보자등의 직계존비속과 형제자매**가 선거일 전 150일부터 선거일 후 60일까지 「정치자금법」에 따라 **후원금을 기부하거나 당비를 납부하는 외에 정당 또는 국회의원**[「정당법」 제37조(활동의 자유)제3항에

따른 국회의원지역구 또는 자치구·시·군의 당원협의회 대표자를 포함하며, 이하 이 항에
서 "국회의원등"이라 한다], 국회의원등의 배우자, 국회의원등 또는 그 배우자의 직계존
비속과 형제자매에게 채무의 변제, 대여 등 명목여하를 불문하고 금품이나 그 밖의 재
산상의 이익을 제공한 때에는 정당이 특정인을 후보자로 추천하는 일과 관련하여 제
공한 것으로 본다. <개정 2014.2.13>
② 누구든지 제1항에 규정된 행위에 관하여 지시·권유 또는 요구하거나 알선하여서는 아
니 된다.
[본조신설 2008.2.29]

공직선거법은 정당공천의 공정성과 정당운영의 투명성을 제고하기 위하여 **누구든지 정
당이 특정인을 후보자로 추천하는 일과 관련하여 금품 그 밖의 재산상 이익 또는 공사
의 직을 제공하는 등의 행위를 금지**하도록 하였다. 2008. 2. 29. 공직선거법 개정을 통하
여 신설된 규정이다.

대법원은 이와 같은 규제가 헌법상 보장된 정당 활동 자유의 본질적인 내용을 침해하는
것이 아니고 명확성 원칙에도 반하지 않는다고 보았다.[54]

1) 구성요건의 주체

구성요건의 주체는 아무런 제한이 없으므로 누구든지 본죄의 주체가 될 수 있다. **대법
원**도 마찬가지로 동법 제47조의2의 '누구든지'는 공직선거에 후보를 추천하는 정당을 포함
한 모든 사람이나 단체를 의미한다고 보았다.[55] 이 때 금품을 제공받는 당사자가 정당인 경
우에는 그 업무를 수행하는 정당의 기관인 자연인을 의미한다.[56]

2) 구성요건적 행위

본죄의 **구성요건적 행위**는 정당이 특정인을 후보자로 추천하는 일과 관련하여, ① 금
품이나 그 밖의 재산상의 이익 또는 공사의 직(**객체**)을 제공하거나, ② 그 제공의 의사를 표
시하거나 그 제공을 약속하는 행위를 하거나, ③ 그 제공을 받거나 그 제공의 의사표시를
승낙하는 모든 행위(제47조의2 **제1항**) 및 ④ 제1항에 규정된 행위에 관하여 지시, 권유, 요구
또는 알선하는 행위(제47조의2 **제2항**)다.

---

54 대법원 2009. 5. 14. 선고 2008도11040 판결 참조.
55 대법원 위 2008도11040 판결 참조.
56 대법원 2009. 10. 22. 선고 2009도7436 전원합의체 판결 참조.

'**특정인을 후보자로 추천하는 일**'은 창당준비위원회 활동 결과 장차 성립될 정당이어도 무방하고, 아직 구체적인 후보자 추천절차가 존재하지 않는 정당이 후보자를 추천하는 일도 포함되며,[57] 비례대표국회의원 선거에서 정당이 추천 후보자의 순위를 정하는 명부를 첨부해 선거관리위원회에 등록하는 것 또한 포함된다.[58]

정당의 후보자 공천과의 '**관련성**'은 금품의 제공이 후보자 추천의 대가·사례이거나 어떠한 형태로든 영향을 미칠 수 있는 경우에 인정되는데 **대법원**은 금품 또는 재산상 이익의 제공이 후보자 추천의 대가 또는 사례에 해당하거나 그렇지 않더라도 후보자 추천에 있어 정치자금의 제공이 어떠한 형태로든 영향을 미칠 수 있는 경우를 의미한다고 보았다.[59] 이 는 **정당의 후보자 공천과의 관련성을 폭넓게 인정할 수 있다**는 취지로 풀이 된다.

그리고 **대법원**은 국회의원으로서의 자질과 능력을 겸비하였는지를 검증할 수 있는 구체적인 정보가 부족하였음에도 별다른 확인 절차 없이 특정인이 비례대표 후보자로 추천된 사안에서 **선거자금을 제공한다는 전제조건이 없었더라면 이와 같은 국회의원 비례대표 상위 순번 배정은 기대하기 어려웠을 것**으로 보이는 등 사정에 비추어 **당의 공식계좌에 입금된 돈은 공천과의 대가성이 인정된다**고 판시한 바 있다.[60]

나아가 2014. 2. 13. 개정된 공직선거법 제47조의2에 따라 **후보자**(후보자가 되려는 사람을 포함한다)와 그 **배우자**(이하 이 항에서 "후보자등"이라 한다), **후보자등의 직계존비속과 형제자매**가 선거일 전 150일부터 선거일 후 60일까지 「정치자금법」에 따라 **후원금을 기부하거나 당비를 납부하는 외에 정당 또는 국회의원**[「정당법」 제37조(활동의 자유) 제3항에 따른 국회의원지역구 또는 자치구·시·군의 당원협의회 대표자를 포함하며, 이하 이 항에서 "국회의원등"이라 한다], **국회의원등의 배우자, 국회의원등 또는 그 배우자의 직계존비속과 형제자매**에게 채무의 변제, 대여 등 명목여하를 불문하고 **금품이나 그 밖의 재산상의 이익을 제공한** 때에는 정당이 특정인을 후보자로 추천하는 일과 관련하여 제공한 것으로 간주한다. **선거일 전 일정 기간에 후보자 또는 그 배우자 등이 다른 국회의원등에게 금품이나 그 밖의 재산상 이익을 제공하는 것은 특별한 사정이 없으면 공천과의 관련성을 인정하여 처벌하겠다**는 것이다.

주관적 구성요건요소와 관련하여 특별한 목적을 요구하지 않고 제공하는 금품 또는 재산상 이익이 공천과의 관련성이 있다는 사실을 인식하면 충분하다.

---

57 대법원 2018. 2. 8. 선고 2017도17838 판결 참조.
58 서울고등법원 2013. 5. 10. 선고 2013노1050 판결 참조.
59 대법원 2009. 5. 14. 선고 2008도11040 판결 참조.
60 위 대법원 2008도11040 판결 참조.

3) 죄수 및 처벌

본죄와 유사한 구성요건을 갖고 있는 정치자금법위반죄(제45조 제2항 제5호, 제32조 제1호)의 경우 본죄와 상상적 경합범 관계에 있다.[61] 나아가 정당을 공천하여 줄 의사나 능력이 없음에도 타인을 속여 금품을 받은 경우에는 사기죄와 본죄는 상상적 경합범 관계에 있다.[62]

관련조문

정치자금법 제45조(정치자금부정수수죄) ②다음 각 호의 어느 하나에 해당하는 자는 5년 이하의 징역 또는 1천만 원 이하의 벌금에 처한다.

　5. 제31조(기부의 제한) 또는 **제32조(특정행위와 관련한 기부의 제한)의 규정을 위반**하여 정치자금을 기부하거나 받은 자

☞ **제32조(특정행위와 관련한 기부의 제한)** 누구든지 다음 각 호의 어느 하나에 해당하는 행위와 관련하여 정치자금을 기부하거나 받을 수 없다.

　1. 공직선거에 있어서 특정인을 후보자로 추천하는 일

본죄를 범한 사람은 5년 이하의 징역 또는 500만 원 이상 3천만 원 이하의 벌금에 처한다. 벌금형의 하한이 정해져 있다는 점이 특징이다.

4) 범죄수익환수 사례

국회의원 선거의 공천과 관련하여 금품을 수수한 사안에서 금품을 제공한 다음 이를 수수자로부터 되돌려 받은 경우 제공자로부터 해당 금품의 가액을 공직선거법 제236조 단서에 따라 추징한 사례가 있다. 이와 같은 경우 제공자로부터 금품을 추징집행하기 위해 제공자의 재산에 부패재산몰수법 및 마약거래방지법에 따라 보전조치를 취할 필요가 있음은 앞에서 본 바와 같다.[63]

---

61 대법원 2009. 5. 14. 선고 2008도11040 판결 참조.
62 대법원 2009. 4. 23. 선고 2009도834 판결 참조.
63 창원지방법원 통영지원 2010. 9. 27. 선고 2010고합68 판결 참조(대법원 2010도17252 판결로 확정).

파. 당내경선관련 매수 및 이해유도죄(제230조 제7항, 제8항, 제57조의5)

관련조문

제230조(매수 및 이해유도죄) ⑦ 당내경선과 관련하여 다음 각 호의 어느 하나에 해당하는 자는 3년 이하의 징역 또는 1천만 원 이하의 벌금에 처한다. <신설 2005. 8. 4., 2008. 2. 29., 2014. 2. 13.>

1. 제57조의5(당원 등 매수금지) 제1항 또는 제2항의 규정을 위반한 자

2. 후보자로 선출되거나 되게 하거나 되지 못하게 하거나, 경선선거인(당내경선의 선거인명부에 등재된 자를 말한다. 이하 이 조에서 같다)으로 하여금 투표를 하게 하거나 하지 아니하게 할 목적으로 **경선후보자·경선운동관계자·경선선거인** 또는 **참관인**에게 **금품·향응 그 밖의 재산상의 이익이나 공사의 직을 제공하거나 그 제공의 의사를 표시하거나 그 제공을 약속한 자**

3. 제57조의5 제1항 또는 제2항에 규정된 이익이나 직의 제공을 받거나 그 제공의 의사 표시를 승낙한 자

⑧ **제7항 제2호·제3호에 규정된 행위에 관하여 지시·권유·요구하거나 알선한 자** 또는 **제57조의5 제3항의 규정을 위반한 자**는 5년 이하의 징역 또는 3천만 원 이하의 벌금에 처한다. <신설 2005. 8. 4., 2008. 2. 29., 2014. 2. 13.>

[제목개정 2011. 7. 28.]

☞ 제57조의5(당원 등 매수금지) ① 누구든지 당내경선에 있어 후보자로 선출되거나 되게 하거나 되지 못하게 할 목적으로 경선선거인(당내경선의 선거인명부에 등재된 자를 말한다) 또는 그의 배우자나 직계존·비속에게 명목여하를 불문하고 금품 그 밖의 재산상의 이익 또는 공사의 직을 제공하거나 그 제공의 의사를 표시하거나 그 제공을 약속하는 행위를 할 수 없다. 다만, 중앙선거관리위원회규칙이 정하는 의례적인 행위는 그러하지 아니하다.

② 누구든지 당내경선에 있어 후보자가 되지 아니하게 하거나 후보자가 된 것을 사퇴하게 할 목적으로 후보자(후보자가 되고자 하는 자를 포함한다. 이하 이 항에서 같다)에게 제1항의 규정에 따른 이익제공행위 등을 하여서는 아니 되며, **후보자는 그 이익이나 직의 제공을 받거나 제공의 의사표시를 승낙하여서는 아니 된다.**

③ 누구든지 제1항 및 제2항에 규정된 행위에 관하여 지시·권유 또는 요구를 하여서는 아니 된다.

[본조신설 2005. 8. 4.]

공직선거법은 정당의 공직선거후보자 추천을 위하여 실시하는 당내경선에서 경선관계자에 대한 매수행위를 처벌하여 당내경선의 공정을 기하기 위해 위와 같은 규정을 두었다. 최

근 대법원에서는 당내경선에서의 당선 또는 낙선을 위한 행위라는 구실로 경선운동을 하였으나, 실질적으로는 공직선거에서의 당선 또는 낙선을 위한 행위를 하는 것으로 평가할 수 있는 경우에 한하여 예외적으로 그 범위 내에서 이를 선거운동으로 볼 수 있다고 판시하고 있는데,[64] 이는 당내 경선운동과 선거운동을 엄격히 구분하려는 것이다.

한편 **대법원**은 당내 경선의 후보를 단일화하는 과정에서 후보자가 사퇴한 다음 단일화된 후보자를 지지하는 활동을 한 경우 이는 실질적으로 공직선거에서의 당선을 위한 행위로 볼 수 있다고 판시한 바 있다.[65]

위 구성요건은 행위의 상대방, 구체적인 구성요건적 행위가 세분화 되어 있으므로 이하에서는 ① **당원 등 매수금지** 위반의 점(동법 제230조 제7항 제1호, 제57조의5 제1항), ② **당내경선후보자 등에 대한 매수금지** 위반의 점(동법 제230조 제7항 제2호), ③ **후보자에 대한 매수금지** 위반의 점(동법 제230조 제7항 제1호, 제57조의5 제2항), ③ **매수를 받는** 죄(동법 제230조 제7항 제3호), ④ **지시·권유·요구 및 알선**의 점(동법 제230조 제8항, 제7항 제2호, 제3호, 제57조의5 제3항) 등을 각각 나누어 검토하기로 한다.

1) 당원 등 매수금지 위반의 점(제230조 제7항 제1호, 제57조의5 제1항)

관련조문

제230조(매수 및 이해유도죄) ⑦ **당내경선과 관련**하여 **다음 각 호의 어느 하나에 해당하는** 자는 3년 이하의 징역 또는 1천만 원 이하의 벌금에 처한다. <신설 2005. 8. 4., 2008. 2. 29., 2014. 2. 13.>

　1. **제57조의5(당원 등 매수금지) 제1항** 또는 제2항의 **규정을 위반**한 자

☞ **제57조의5(당원 등 매수금지)** ① 누구든지 당내경선에 있어 후보자로 선출되거나 되게 하거나 되지 못하게 할 목적으로 경선선거인(당내경선의 선거인명부에 등재된 자를 말한다) 또는 그의 배우자나 직계존·비속에게 명목여하를 불문하고 금품 그 밖의 재산상의 이익 또는 공사의 직을 제공하거나 그 제공의 의사를 표시하거나 그 제공을 약속하는 행위를 할 수 없다. 다만, 중앙선거관리위원회규칙이 정하는 의례적인 행위는 그러하지 아니하다.

가) 구성요건의 주체 및 행위의 상대방

본죄의 **구성요건의 주체**는 아무런 제한이 없으므로 누구든지 주체가 될 수 있다. 한편

---

[64] 대법원 2013. 5. 19. 선고 2012도12172 판결 참조.
[65] 부산고등법원 2017. 7. 26. 선고 2017노186 판결 참조(대법원 2017도12584 판결 참조).

동법 제230조 제7항 제1호, 제57조의5 제1항 위반죄의 **행위 상대방**은 **경선선거인(당내경선의 선거인명부에 등재된 자를 말한다) 또는 그의 배우자나 직계 존·비속**이다. 경선선거인은 당내경선의 선거인 명부에 등재된 자로 한정되는 것이 특징이고, 배우자나 직계존속, 비속도 상대방이 될 수 있다는 점에서 일반 매수죄와 다르다.

나) 구성요건적 행위

본죄의 **구성요건적 행위**는 당내경선과 관련하여 명목 여하를 불문하고 금품 그 밖의 재산상의 이익 또는 공사의 직을 제공하거나 그 제공의 의사를 표시하거나 그 제공을 약속하는 것이다.

'당내경선과 관련하여'의 해석과 관련하여 기부행위금지 또는 제한규정 등의 '선거에 관하여'의 해석과 동일하게 봄이 상당하다. 따라서 이는 **'당내경선에 즈음하여 투표 또는 경선운동, 당선 등 경선에 관한 사항을 동기로'** 라는 뜻으로 이해함이 상당하다.

이 때 **경선선거인의 지위는 당내경선의 경선선거인 명부에 등재되어야 비로소 발생**하게 되므로 **경선투표 현장에서 선거인 명부에 기재되고 나서 투표를 하는 경우, 선거인 명부에 기재하기 前 제공된 이익은 제외된다.** 명부 기재 전에는 아직 경선선거인의 지위를 갖지 못하기 때문이다. 이와 관련하여 법원은 당내경선의 선거인명부에 등재되기 전 경선투표장으로 가는 길의 간식비와 버스비의 경우 재산상 이익 가액에서 제외함이 상당하다고 보았다.[66]

나아가 **주관적 구성요건요소**와 관련하여 '당내 경선에 있어 후보자로 선출되거나 되게 하거나 되지 못하게 할 목적'을 요구한다(**목적범**).

다) 죄수 및 처벌

본죄는 당내 경선과정에서 있었던 범죄행위를 구성요건으로 하고 있으므로 공직선거법상 기부행위의 금지제한 규정(동법 제257조), 후보자에 대한 매수 및 이해유도죄(제232조) 등과의 관계가 문제된다.

이와 관련하여 법원은 당내경선관련 매수 및 이해유도로 인한 공직선거법위반죄와 기부행위로 인한 공직선거법위반죄는 상상적 경합범 관계에 있다고 판시한 바 있고,[67] 한편 지방의회의원 선거의 입후보 예정자에게 후보자가 되지 아니하게 할 목적으로 당내 경선 실시 전에 현금 1,000만 원을 제공한 사안에서 당내경선 후보자 매수죄(동법 제230조 제7항 제1호)

---

66 서울고등법원 2017. 11. 15. 선고 2017노2523 판결 참조(대법원 2017도20232 판결로 확정).
67 대구지방법원 상주지원 2014. 9. 5. 선고 2014고합11, 15(병합) 판결 참조(대법원 2014도17636 판결로 확정).

가 공직선거 후보자 매수죄(제232조)의 특별법으로서 법조경합 관계에 있다고 볼 수 없다고 판시한 사례도 있다.[68]

본죄를 범하면 3년 이하의 징역 또는 1천만 원 이하의 벌금에 처하고, 필요적 몰수·추징 규정이 적용된다(동법 제236조).

2) 경선후보자 등 매수금지 위반의 점(제230조 제7항 제2호)

관련조문

제230조(매수 및 이해유도죄) ⑦ **당내경선과 관련**하여 **다음 각 호의 어느 하나에 해당하는 자**는 3년 이하의 징역 또는 1천만 원 이하의 벌금에 처한다. <신설 2005. 8. 4., 2008. 2. 29., 2014. 2. 13.>

2. 후보자로 선출되거나 되게 하거나 되지 못하게 하거나, **경선선거인**(당내경선의 선거인명부에 등재된 자를 말한다. 이하 이 조에서 같다)으로 하여금 투표를 하게 하거나 하지 아니하게 할 목적으로 **경선후보자·경선운동관계자·경선선거인 또는 참관인**에게 금품·향응 그 밖의 재산상의 이익이나 공사의 직을 제공하거나 그 제공의 의사를 표시하거나 그 제공을 약속한 자

가) 구성요건의 주체 및 행위의 상대방

구성요건의 주체는 아무런 제한이 없으므로 누구든지 본죄의 주체가 될 수 있다. 한편 본죄의 **행위의 상대방**은 '경선후보자·경선운동관계자·경선선거인 또는 참관인'이다.

그 중 '**경선운동관계자**'의 해석과 관련하여 **대법원**은 널리 당내경선운동에 관여하거나 기타 당내경선에 관한 사무를 담당하고 처리하는 자를 포괄적으로 지칭하는 것으로 해석하여야 할 것이어서, **직접적으로** 당내경선사무에 종사하거나 그 절차에 관여하는 자 및 **다른 경선후보자의 경선운동관계자**는 물론, 행위자가 어떤 특정 경선후보자의 선출을 돕기 위하여 금품 제공 등의 행위에 나아간 경우 해당 경선후보자의 경선운동관계자 역시 이에 포함된다고 보았다.[69]

기타 경선선거인·경선후보자·경선운동관계자·참가인의 자격은 각 정당의 당헌·당규 등에 따라 정해진다.

---

68 대전지방법원 서산지원 2018. 5. 18. 선고 2018고합18 판결 참조(대전고등법원 2018노231 판결로 확정).
69 대법원 2007. 6. 1. 선고 2006도8134 판결 참조.

나) 구성요건적 행위

본죄의 구성요건적 행위는 당내경선과 관련하여 금품·향응 그 밖의 재산상의 이익이나 공사의 직을 제공하거나 그 제공의 의사를 표시하거나 그 제공을 약속하는 것이다.

이와 관련하여 '향응'은 넓은 의미에서 재산상 이익에 포함된다고 봄이 상당하고, 기부행위금지위반죄(제257조)와는 달리 '공사의 직'을 제공하는 것이 포함된다는 점이 특징이다. 주관적 구성요건요소와 관련하여 후보자로 선출되거나 되게 하거나 되지 못하게 하거나, 경선선거인(당내경선의 선거인명부에 등재된 자를 말한다. 이하 이 조에서 같다)으로 하여금 투표를 하게 하거나 하지 아니하게 할 목적이 요구된다(목적범).

다) 처벌

본죄를 범하면 3년 이하의 징역 또는 1천만 원 이하의 벌금에 처한다. 또한 필요적 몰수·추징에 관한 규정이 적용되므로 위와 같이 당내경선과 관련하여 제공된 금품 등은 모두 환수의 대상이 된다.

라) 범죄수익환수 사례

당내경선과 관련하여 후보자로 선출되거나 되게 하거나 되지 못하게 하거나, 경선선거인으로 하여금 투표를 하게 하거나 하지 아니하게 할 목적으로 경선운동관계자에게 금품·향응 그 밖의 재산상의 이익을 제공한 범죄사실에 관하여 그와 같은 금품을 수수한 사람으로부터 이익을 추징하여 환수한 사례가 있다.[70]

사례

범죄사실

피고인 A는 2012. 4. 11. 실시된 제19대 국회의원 선거에서 E 선거구의 F정당 후보로 출마하여 당선된 G의 경선운동을 하였던 사람이고, 피고인 B는 H와 함께 지인들을 동원하여 G의 경선운동을 하였던 사람이다.

(중략)

2) 피고인 A의 경선운동 관련 이익제공 및 제3자 기부행위

누구든지 선거에 관하여 후보자 또는 그 소속정당을 위하여 기부행위를 하거나 하게 할 수 없고, 당내경선과 관련하여 후보자로 선출되거나 되게 하거나 되지 못하게 하거나, 경선선거인으로 하여금 투표를 하게 하거나 하지 아니하게 할 목적으로 경선후보자·경선운동관계자·

[70] 광주고등법원 전주지부 2014. 4. 22. 선고 2013노250 판결 참조(대법원 2014도5326 판결로 확정).

경선선거인 또는 참관인에게 금품향응 그 밖의 재산상의 이익이나 공사의 직을 제공하거나 그 제공의 의사를 표시하거나 그 제공을 약속하여서는 아니 된다.

그럼에도 불구하고 피고인 A는 2012. 1. 10.경 J 사무실에서 경선운동관계자인 H와 피고인 B에게 위 1)항과 같이 경선운동을 하는데 필요한 비용 명목으로 1,560만 원을, 2012. 3. 9.경 J 사무실에서 H에게 같은 명목으로 100만 원을, 2012. 4. 9.경 전주시 Q에 있는 R커피숍에서 H에게 같은 명목으로 100만 원을, 2012. 4. 24.경 전주시 S에 있는 상호불상의 순대국밥집에서 H에게 같은 명목으로 500만 원을 각 지급하여 G 후보의 경선운동관계자에게 합계 2,260만 원을 제공함과 동시에 G 후보를 위하여 이를 기부하였다.

3) 피고인 B의 제3자 기부금 수령

누구든지 선거에 관하여 기부행위가 제한되는 자로부터 기부를 받을 수 없다.

그럼에도 불구하고 피고인 B는 H와 함께 2012. 1. 10.경 위 2)항 기재와 같이 선거에 관하여 피고인 A로부터 1,560만 원을 기부받았다(피고인 B는 그 중 900만 원을, H는 나머지 660만 원을 나눠가졌다).

법령의 적용

1. 범죄사실에 대한 해당법조

가. 피고인 A

포괄하여 공직선거법 제255조 제2항 제3호, 제57조의3 제1항, 형법 제30조(경선운동방법위반의 점), 포괄하여 구 공직선거법(2014. 2. 13. 법률 제12393호로 개정되기 전의 것) 제230조 제7항 제2호(H에 대한 경선운동 관련 이익제공의 점), 구 공직선거법(2014. 2. 13. 법률 제12393호로 개정되기 전의 것) 제230조 제7항 제2호(B에 대한 경선운동 관련 이익제공의 점), 포괄하여 공직선거법 제257조 제1항 제1호, 제115조(H에 대한 제3자 기부행위의 점), 공직선거법 제257조 제1항 제1호, 제115조(B에 대한 제3자 기부행위의 점)

나. 피고인 B

포괄하여 공직선거법 제255조 제2항 제3호, 제57조의3 제1항, 형법 제30조(경선운동방법위반의 점), 구 공직선거법(2012. 2. 29. 법률 제11374호로 개정되기 전의 것) 제257조 제2항, 제115조, 형법 제30조(제3자 기부금 수령의 점)

1. 상상적 경합(피고인 A)

각 형법 제40조(H에 대한 경선운동 관련 이익제공에 의한 공직선거법위반죄와 제3자 기부행위에 의한 공직선거법위반죄 상호간 및 B에 대한 경선운동 관련 이익제공에 의한 공직선거법위반죄와 제3자 기부행위에 의한 공직선거법위반죄 상호간, 각 형이 더 무거운 제3자 기부행위에 의한 공직선거법위반죄에 정한 형으로 처벌)

1. 추징(피고인 B)

공직선거법 제257조 제4항 단서

3) 후보자에 대한 매수금지 위반의 점(제230조 제7항 제1호, 제57조의5 제2항)

관련조문

제230조(매수 및 이해유도죄) ⑦ **당내경선과 관련**하여 **다음 각 호의 어느 하나에 해당하는 자**는 3년 이하의 징역 또는 1천만 원 이하의 벌금에 처한다. <신설 2005. 8. 4., 2008. 2. 29., 2014. 2. 13.>

　1. **제57조의5(당원 등 매수금지)** 제1항 또는 **제2항**의 규정을 위반한 자

☞ **제57조의5(당원 등 매수금지)** ② 누구든지 당내경선에 있어 후보자가 되지 아니하게 하거나 후보자가 된 것을 사퇴하게 할 목적으로 후보자(후보자가 되고자 하는 자를 포함한다. 이하 이 항에서 같다)에게 제1항의 규정에 따른 이익제공행위 등을 하여서는 아니되며, 후보자는 그 이익이나 직의 제공을 받거나 제공의 의사표시를 승낙하여서는 아니 된다.

가) 구성요건의 주체 및 행위의 상대방

구성요건의 주체는 아무런 제한이 없으므로 누구든지 본죄의 주체가 될 수 있다. 한편 본죄의 **행위의 상대방**은 '후보자(후보자가 되고자 하는 자를 포함)'이다. 이 때 후보자는 각 당의 당헌·당규에 따라 후보자 등록을 한 사람을 의미하고, 후보자가 되고자 하는 사람은 아직 후보자 등록을 하지 아니하였으나 후보자가 될 의사가 있는 사람을 의미한다.

이 때 당내경선에 입후보할 것을 예정하면 충분하고 신분이나 언행 등에 비추어 당내경선에 입후보할 의사를 가진 것으로 객관적으로 인식할 수 있을 정도에 이른 경우에도 후보자가 되고자 하는 자에 해당한다고 봄이 상당하다.[71]

나) 구성요건적 행위

본죄의 **구성요건적 행위**는 **당내경선과 관련**하여 동법 제57조의5 제1항의 규정에 따른 **이익제공 행위 등**(금품 그 밖의 재산상 이익 또는 공사의 직을 제공, 제공의 의사표시 및 제공의 약속)**을 하거나**(동법 제57조의5 제2항 전단) **그 이익이나 직의 제공을 받거나 제공의 의사표시를 승낙하는 것이다**(동항 후단).

주관적 구성요건요소와 관련하여 당내경선에 있어 후보자가 되지 아니하게 하거나 후보자가 된 것을 사퇴하게 할 목적을 요구한다(**목적범**).

위 구성요건적 행위는 당내경선에 있어 후보자가 되려고 하는 사람으로 하여금 후보자가

---

[71] 대법원 1996. 9. 10. 선고 96도976 판결 참조.

되지 아니하게 하거나, 이미 후보자가 된 사람을 사퇴하게 하기 위하여 이익의 제공행위 등을 하는 경우 곧바로 기수가 되므로 **실제로 후보자가 사퇴를 하였는지 여부는 본죄의 성립에 영향을 미치지 못한다.**

다) 처벌

동죄를 범하면 3년 이하의 징역 또는 1천만 원 이하의 벌금에 처한다. 또한 필요적 몰수·추징에 관한 규정이 적용되므로 위와 같이 당내경선과 관련하여 제공된 금품 등은 모두 환수의 대상이 된다.

4) 매수를 받는 죄(제230조 제7항 제3호)

관련조문

제230조(매수 및 이해유도죄) ⑦ 당내경선과 관련하여 다음 각 호의 어느 하나에 해당하는 자는 3년 이하의 징역 또는 1천만 원 이하의 벌금에 처한다.

3. <u>제57조의5 제1항 또는 제2항</u>에 규정된 이익이나 직의 제공을 받거나 그 제공의 의사표시를 승낙한 자

공직선거법은 동법 제57조의5에 따른 당내경선에 있어 당원 등 매수금지에 따라 이익이나 직의 제공을 받거나 그 제공의 의사표시를 승낙하는 행위를 처벌하고 있다. 형법상 증뢰죄와 수뢰죄와 같이 대향범의 관계에 있다고 봄이 상당하다.

가) 구성요건의 주체 및 행위의 상대방

구성요건의 주체는 아무런 제한이 없다. 따라서 누구든지 본 죄의 주체가 될 수 있다. **행위의 상대방**은 동법 제57조의5 제1항 또는 제2항에 규정된 이익이나 직의 제공을 한 사람이다(대향범).

그런데 동법 제230조 제7항 제1호에서는 동법 제57조의5 제1항 또는 제2항의 규정을 위반한 사람을 처벌하고 있고, 동법 제57조의5 제2항에서는 이익등의 제공의 의사표시를 승낙하는 행위를 처벌하고 있으므로 동법 제230조 제7항 제3호에서 또다시 동법 제57조의5 제2항의 승낙행위를 처벌하는 것은 중복으로 봄이 상당하다.

나) 구성요건적 행위

본죄의 **구성요건적 행위**는 당내경선과 관련하여 제57조의5 제1항, 제2항에 규정된 **이익이나 직의 제공을 받거나 제공의 의사표시를 승낙하는 것**이다. 이익이나 직을 실제로

제공하는 행위와 대향범 관계에 있다는 것은 앞에서 본 바와 같다.

주관적 구성요건요소와 관련하여 이익이나 직의 제공을 받는 행위에는 별다른 목적을 요구하지 않는다. 다만 최소한 제공하는 사람이 동법 제57조의5 제1항 내지 제2항 소정의 목적을 가지고 있다는 사실에 대한 미필적 인식은 필요하다.

다) 처벌

동죄를 범하면 3년 이하의 징역 또는 1천만 원 이하의 벌금에 처한다. 또한 필요적 몰수·추징에 관한 규정이 적용되므로 위와 같이 당내경선과 관련하여 제공된 금품 등은 모두 환수의 대상이 된다.

5) 지시·권유·요구 및 알선의 점(제230조 제8항, 제7항 제2호, 제3호, 제57조의5 제3항)

관련조문

제230조(매수 및 이해유도죄) ⑧ **제7항 제2호·제3호에 규정된 행위에 관하여 지시·권유·요구하거나 알선한 자 또는 제57조의5 제3항의 규정을 위반**한 자는 5년 이하의 징역 또는 3천만 원 이하의 벌금에 처한다. <신설 2005. 8. 4., 2008. 2. 29., 2014. 2. 13.>

☞ **제230조(매수 및 이해유도죄)** ⑦ 당내경선과 관련하여 다음 각 호의 어느 하나에 해당하는 자는 3년 이하의 징역 또는 1천만 원 이하의 벌금에 처한다.

2. 후보자로 선출되거나 되게 하거나 되지 못하게 하거나, 경선선거인(당내경선의 선거인명부에 등재된 자를 말한다. 이하 이 조에서 같다)으로 하여금 투표를 하게 하거나 하지 아니하게 할 목적으로 경선후보자·경선운동관계자·경선선거인 또는 참관인에게 금품·향응 그 밖의 재산상의 이익이나 공사의 직을 제공하거나 그 제공의 의사를 표시하거나 그 제공을 약속한 자

3. 제57조의5 제1항 또는 제2항에 규정된 이익이나 직의 제공을 받거나 그 제공의 의사표시를 승낙한 자

☞ **제57조의5(당원 등 매수금지)** ① 누구든지 당내경선에 있어 후보자로 선출되거나 되게 하거나 되지 못하게 할 목적으로 경선선거인(당내경선의 선거인명부에 등재된 자를 말한다) 또는 그의 배우자나 직계존·비속에게 명목여하를 불문하고 금품 그 밖의 재산상의 이익 또는 공사의 직을 제공하거나 그 제공의 의사를 표시하거나 그 제공을 약속하는 행위를 할 수 없다. 다만, 중앙선거관리위원회규칙이 정하는 의례적인 행위는 그러하지 아니하다.

② 누구든지 당내경선에 있어 후보자가 되지 아니하게 하거나 후보자가 된 것을 사퇴하게 할 목적으로 후보자(후보자가 되고자 하는 자를 포함한다. 이하 이 항에서 같다)에게 제1항의

규정에 따른 이익제공행위 등을 하여서는 아니되며, 후보자는 그 이익이나 직의 제공을 받
거나 제공의 의사표시를 승낙하여서는 아니된다.

③ 누구든지 **제1항 및 제2항에 규정된 행위에 관하여 지시·권유 또는 요구를 하여서
는 아니**된다.

위 구성요건은 당내경선 관련 매수 및 이해유도 등의 당사자 사이에 개입하여 범행을 중
개하거나 지시·권유하는 행위와 능동적으로 매수 및 이해유도를 요구하는 행위를 처벌함으
로써 이와 같은 범죄를 사전에 방지하겠다는 취지의 규정이다.

가) 구성요건의 주체 및 행위의 상대방

구성요건의 주체 및 **행위의 상대방**은 아무런 제한이 없으므로 누구든지 본 죄의 주체가
되거나 행위의 상대방이 될 수 있다.

나) 구성요건의 객체 및 구성요건적 행위

본죄의 **구성요건적 행위**는 동법 제230조 제7항 제2호, 제3호에 규정된 행위에 관하여
지시·요구·알선하는 행위 및 동법 제57조의5 제3항에 따라 동법 제57조의5 제1항 및 제2
항에 규정된 행위에 관하여 지시·권유 또는 요구를 하는 것이다.

주관적 구성요건요소와 관련하여 특별한 목적을 요구하지 않으나 상대방이 행하려는 범
죄의 목적에 대해서는 미필적으로나마 인식하여야 함은 물론이다.

다) 처벌

본죄를 범하면 5년 이하의 징역 또는 3천만 원 이하의 벌금에 처한다. 나아가 이와 같은
행위를 통해 얻은 수익은 모두 필요적 몰수·추징의 대상이 된다(동법 제236조).

3. 재산상 이익목적 매수 및 이해유도죄(제231조)

관련조문

제231조(재산상의 이익목적의 매수 및 이해유도죄) ① **다음 각 호의 어느 하나에 해당하는 사
람**은 7년 이하의 징역 또는 300만 원 이상 5천만 원 이하의 벌금에 처한다. <개정 2010.
1. 25., 2014. 2. 13.>

1. 재산상의 이익을 얻거나 얻을 목적으로 정당 또는 후보자(후보자가 되려는 사람을 포함
   한다)를 위하여 선거인·선거사무장·선거연락소장·선거사무원·회계책임자·연설원 또는
   참관인에게 **제230조 제1항 각 호의 어느 하나에 해당하는 행위**를 한 사람

2. 제1호에 규정된 행위의 대가로 또는 그 행위를 하게 할 목적으로 금전·물품, 그 밖에 재산상의 이익 또는 공사의 직을 제공하거나 그 제공의 의사를 표시하거나 그 제공을 약속한 사람

3. 제1호에 규정된 행위의 대가로 또는 그 행위를 약속하고 제2호에 규정된 이익 또는 직의 제공을 받거나 그 제공의 의사표시를 승낙한 사람

② 제1항에 규정된 행위에 관하여 지시·권유·요구하거나 알선한 자(제261조 제1항에 해당하는 자는 제외한다)는 10년 이하의 징역 또는 500만 원 이상 7천만 원 이하의 벌금에 처한다. <개정 2014. 2. 13.>

☞ <u>제230조(매수 및 이해유도죄)</u> ① 다음 각 호의 어느 하나에 해당하는 자는 5년 이하의 징역 또는 3천만 원 이하의 벌금에 처한다. <개정 1997. 1. 13., 1997. 11. 14., 2000. 2. 16., 2004. 3. 12., 2009. 2. 12., 2010. 1. 25., 2011. 7. 28., 2012. 2. 29., 2014. 1. 17., 2014. 2. 13., 2014. 5. 14.>

1. 투표를 하게 하거나 하지 아니하게 하거나 당선되거나 되게 하거나 되지 못하게 할 목적으로 선거인(선거인명부 또는 재외선거인명부등을 작성하기 전에는 그 선거인명부 또는 재외선거인명부등에 오를 자격이 있는 사람을 포함한다. 이하 이 장에서 같다) 또는 다른 정당이나 후보자(예비후보자를 포함한다)의 선거사무장·선거연락소장·선거사무원·회계책임자·연설원(제79조 제1항·제2항에 따라 연설·대담을 하는 사람과 제81조 제1항·제82조 제1항 또는 제82조의2 제1항·제2항에 따라 대담·토론을 하는 사람을 포함한다. 이하 이 장에서 같다) 또는 참관인(투표참관인·사전투표참관인과 개표참관인을 말한다. 이하 이 장에서 같다)·선장·입회인에게 금전·물품·차마·향응 그 밖에 재산상의 이익이나 공사의 직을 제공하거나 그 제공의 의사를 표시하거나 그 제공을 약속한 자

2. 선거운동에 이용할 목적으로 학교, 그 밖에 공공기관·사회단체·종교단체·노동단체·청년단체·여성단체·노인단체·재향군인단체·씨족단체 등의 기관·단체·시설에 금전·물품 등 재산상의 이익을 제공하거나 그 제공의 의사를 표시하거나 그 제공을 약속한 자

3. 선거운동에 이용할 목적으로 야유회·동창회·친목회·향우회·계모임 기타의 선거구민의 모임이나 행사에 금전·물품·음식물 기타 재산상의 이익을 제공하거나 그 제공의 의사를 표시하거나 그 제공을 약속한 자

4. 제135조(選擧事務關係者에 대한 手當과 實費補償) 제3항의 규정에 위반하여 수당·실비 기타 자원봉사에 대한 보상 등 명목여하를 불문하고 선거운동과 관련하여 금품 기타 이익의 제공 또는 그 제공의 의사를 표시하거나 그 제공을 약속한 자

5. 선거에 영향을 미치게 하기 위하여 이 법에 따른 경우를 제외하고 문자·E·화상·동영상 등을 인터넷 홈페이지의 게시판·대화방 등에 게시하거나 전자우편·문자메시지로 전송하게 하고 그 대가로 금품, 그 밖에 이익의 제공 또는 그 제공의 의사표시를 하거나 그 제공을 약속한 자

6. 정당의 명칭 또는 후보자(후보자가 되려는 사람을 포함한다)의 성명을 나타내거나 그 명칭·성명을 유추할 수 있는 내용으로 제58조의2에 따른 투표참여를 권유하는 행위를 하게 하고 그 대가로 금품, 그 밖에 이익의 제공 또는 그 제공의 의사표시를 하거나 그 제공을 약속한 자

7. 제1호부터 제6호까지에 규정된 이익이나 직의 제공을 받거나 그 제공의 의사표시를 승낙한 자(제261조 제9항 제2호에 해당하는 자는 제외한다)

가. 서설

공직선거법은 재산상 이익을 도모할 목적으로 선거인 등을 매수하거나 이해를 유도하는 행위 또는 그러한 행위를 할 것을 지시·권유·요구 또는 알선하는 행위 등을 가중처벌하는 규정을 두고 있다. 주로 악질적 매수중개행위(브로커)를 처벌하기 위함이다.

나. 구성요건의 주체 및 행위의 상대방

본죄의 **구성요건 행위 주체**는 아무런 제한이 없다. 따라서 누구든지 본 죄의 주체가 될 수 있다. 한편 **행위의 상대방**은 선거인·선거사무장·선거연락소장·선거사무원·회계책임자·연설원·참관인이다. 이 때 정당 또는 후보자(후보자가 되려는 자)는 상대방에 포함되지 않는다. 재산상 이익을 얻을 목적으로 정당 또는 후보자에게 금전·물품, 그 밖의 재산상 이익 또는 공사의 직을 제공한 자에 대해서는 5,000만 원 이하의 과태료가 부과될 뿐이다(동법 제261조 제1항).

다. 구성요건적 행위

본죄의 **구성요건적 행위**는 ① **정당 또는 후보자(후보자가 되려는 사람을 포함한다)를 위하여** 제230조 제1항 각 호의 어느 하나에 해당하는 행위를 하는 것(동조 제1항 제1호), ② **제1호에 규정된 행위의 대가로 또는 그 행위를 하게 할 목적으로** 금전·물품, 그 밖에 재산상의 이익 또는 공사의 직을 **제공하거나 그 제공의 의사를 표시하거나 그 제공을 약속하는 것**(동조 제1항 제2호), ③ 제1호에 규정된 행위의 대가로 또는 그 행위를 약속하고 **제2호에 규정된 이익 또는 직의 제공을 받거나 그 제공의 의사표시를 승낙하는 것**(동조 제1항 제3호), ④ 제1항에 규정된 행위에 관하여 **지시·권유·요구하거나 알선하는 것**(제261조 제1항에 해당하는 자는 제외한다)(동조 제2항)이다.

1) 정당 또는 후보자를 위하여의 의미

'정당 또는 후보자를 위하여'라 함은 당선 또는 선거상의 이익이 되게 하기 위한 것을 의미하므로 선거와 아무런 관련이 없는 행위 또는 행위자 본인에게 이익이 되는 행위는 정당 또는 후보자를 위한 것에 포함되지 않는다.

2) 구체적 행위

본죄의 **구성요건적 행위**는 동법 제230조 제1항 각 호의 행위를 하는 것을 포함하고 있으므로 ① 투표를 하게 하거나 하지 아니하게 하거나, 당선되거나 되게 하거나 되지 못하게 하거나 선거운동에 이용할 목적으로(해당 목적은 동법 제230조 제1항 제1호, 제2호, 제3호, 제5호에 한정되고 제4호, 제6호의 경우 목적을 요구하지 않으므로 제외) 동법 제230조 제1항 각 호의 기재와 같이 금전, 물품 등 재산상의 이익을 제공하거나, 제공의 의사를 표시하거나, 제공을 약속하거나(제231조 제1항 제1호), ② 제231조 제1항 제1호에 규정된 대가로 또는 그 행위를 하게 할 목적으로 제231조 제1항 제2호에 규정된 이익 또는 직의 제공을 하거나 그 제공의 의사표시를 하거나 약속하거나(제231조 제1항 제2호), ③ 제231조 제1항 제1호에 규정된 행위의 대가로 또는 그 행위를 약속하고 제231조 제1항 제2호에 규정된 이익 또는 직의 제공을 받거나 그 제공의 의사표시를 승낙하는 것(제231조 제1항 제3호)이라고 할 수 있다.

한편 ④ 제231조 제2항 지시·권유·요구·알선죄는 제231조 제1항에 규정된 행위에 관하여 개입한 제3자를 처벌하는 것으로 이해함이 상당하다.

나아가 **주관적 구성요건**요소와 관련하여 **'재산상의 이익을 얻거나 얻을 목적'**이 요구된다(목적범). 위와 같은 목적의 달성여부는 본죄의 성립에 영향이 없고, 현실적으로 얻은 것뿐만 아니라 장래 얻을 것을 목적으로 하는 경우도 포함된다.

라. 처벌

재산상 이익목적 매수 및 이해유도죄의 경우 제231조 제1항 위반의 경우 7년 이하의 징역 또는 300만 원 이상 5천만 원 이하의 벌금에 처하고, 제231조 제2항 위반의 경우 10년 이하의 징역 또는 500만 원 이상 7천만 원 이하의 벌금에 처한다. 나아가 재산상 이익을 목적으로 매수 및 이해유도행위를 하여 취득한 수익은 모두 몰수·추징의 대상이 됨은 앞에서 본 바와 같다(동법 제236조).

마. 범죄수익환수 사례

실무상 동법 위반죄로 얻은 이익을 환수한 사례는 쉽게 찾기 어렵다.

4. 후보자에 대한 매수 및 이해유도죄(동법 제232조)

관련조문

제232조(후보자에 대한 매수 및 이해유도죄) ① 다음 각 호의 1에 해당하는 자는 7년 이하의 징역 또는 500만 원 이상 5천만 원 이하의 벌금에 처한다. <개정 2014. 2. 13.>

1. 후보자가 되지 아니하게 하거나 후보자가 된 것을 사퇴하게 할 목적으로 **후보자가 되고자 하는 자나 후보자에게** 제230조(買收 및 利害誘導罪) 제1항 제1호에 규정된 행위를 한 자 또는 그 이익이나 직의 제공을 받거나 제공의 의사표시를 승낙한 자

2. 후보자가 되고자 하는 것을 중지하거나 후보자를 사퇴한데 대한 대가를 목적으로 후보자가 되고자 하였던 자나 후보자이었던 자에게 제230조 제1항 제1호에 규정된 행위를 한 자 또는 그 이익이나 직의 제공을 받거나 제공의 의사표시를 승낙한 자

② 제1항 각호의 1에 규정된 행위에 관하여 지시·권유·요구하거나 알선한 자는 10년 이하의 징역 또는 500만 원 이상 7천만 원 이하의 벌금에 처한다. <개정 2014. 2. 13.>

③ 선거관리위원회의 위원·직원 또는 선거사무에 관계있는 공무원이나 경찰공무원(司法警察官吏 및 軍司法警察官吏를 포함한다)이 당해 선거에 관하여 제1항 각호의 1 또는 제2항에 규정된 행위를 한 때에는 10년 이하의 징역에 처한다.

위 처벌규정은 후보자가 되고자 하는 자 및 후보자 또는 입후보 중지·사퇴자 등에 대하여 입후보와 관련된 사전·사후 매수행위를 하거나 이를 지시·알선·요구·권유하거나 매수행위를 받아들이는 자를 처벌함으로써 피선거권의 공정과 불가매수성을 보장하기 위한 것이다.

가. 구성요건의 주체 및 행위의 상대방

구성요건의 주체는 아무런 제한이 없다. 다만 제232조 제3항의 경우 선거관리위원회 위원·직원 또는 선거사무에 관계있는 공무원이나 경찰공무원을 주체로 한다(신분범).

행위의 상대방은 ① 제232조 제1항 각 호 전단의 경우, 후보자가 되고자 하는 자나 후보자(제232조 제1항 제1호의 경우) 및 후보자가 되고자 하였던 자나 후보자이었던 자(제232조 제1항 제2호의 경우)이다. 따라서 실제로 후보자가 되려고 했는데 후보자가 되지 않은 경우, 실제로 후보자였던 경우, 후보자가 되었다가 사퇴한 경우를 모두 포함한다.

나아가 ② 제232조 제1항 각 호 후단의 경우, 그 행위의 주체가 그 이익이나 직의 제공을 받거나 제공의 의사표시를 승낙한 사람이므로 그 상대방은 그와 같은 이익 또는 직의 제공을 한 사람으로 이해함이 상당하다.

나. 구성요건적 행위

본죄의 **구성요건적 행위**는 ① 후보자가 되고자 하는 자나 후보자에게 제230조(매수 및 이해유도죄) 제1항 제1호에 규정된 행위를 하는 것 또는 그 이익이나 직의 제공을 받거나 제공의 의사표시를 승낙하는 것(**제232조 제1항 제1호**)과 ② 후보자가 되고자 하였던 자나 후보자이었던 자에게 제230조 제1항 제1호에 규정된 행위를 하는 것 또는 그 이익이나 직의 제공을 받거나 제공의 의사표시를 승낙하는 것(**제232조 제1항 제2호**)이다.

나아가 ③ 제232조 제1항 각 호의 1에 규정된 행위에 관하여 지시·권유·요구하거나 알선하는 행위는 가중처벌의 대상이 되고(**제232조 제2항**), ④ 선거관리위원회 위원·직원 또는 선거사무에 관계있는 공무원이나 경찰공무원이 동조 제1항 각 호 또는 제2항에 규정된 행위를 하면 가중처벌된다(**제232조 제3항**). 동조 제3항의 경우 실제로 그와 같은 행위를 '**한 때**'에만 처벌되고 '하게 한 때'는 적용되지 않음을 주의할 필요가 있다.

이와 관련하여 **대법원**은 교육감 선거와 관련하여 선거일 전에 단일화 합의를 하여 후보자를 사퇴하도록 한 다음 선거일 이후 교육감 후보를 사퇴한 상대 후보에게 후보 사퇴의 대가로 2억 원 등을 제공한 사례에서 동법 제232조 제1항 제2호의 죄의 성립을 인정한 바 있다.[72] 즉 **후보 사퇴에 대한 대가를 목적으로 금품 등의 제공의 약속을 하였다면 그 금품의 실제 제공이 선거일 이후라고 하더라도 무방하다는 것이다.**

나아가 후보사퇴의 대가로 군수 권한을 양분하고 선거비용을 보전하여 주는 것을 약속한 경우 후보자 매수죄가 인정된다고 본 사례도 있다.[73]

주관적 구성요건요소와 관련하여 동조 제1항 제1호의 경우 후보자가 되지 아니하게 하거나 후보자가 된 것을 사퇴하게 할 목적을 요구하고, 동조 제1항 제2호의 경우 후보자가 되고자 하는 것을 중지하거나 후보자를 사퇴한데 대한 대가를 목적으로 요구하는 목적범이다. 동조 제2항의 경우 목적을 요구하지 않는다.

한편 위와 같은 이익이나 직의 제공을 받거나 제공의 의사표시를 승낙한 자의 경우에는 상대방이 위와 같은 목적이 있다는 사실에 대한 미필적 인식이 있으면 족하다.

다. 죄수 및 처벌

동법 제232조 제1항을 위반하는 경우 7년 이하의 징역 또는 500만 원 이상 5천만 원 이하의 벌금에 처하고, 동법 제232조 제2항을 위반하는 경우에는 10년 이하의 징역 또는 500만 원

---

72 대법원 2012. 9. 27. 선고 2012도4637 판결 참조.
73 광주지방법원 2014. 10. 17. 선고 2014고합238 판결 참조(대법원 2015도2351 판결로 확정).

이상 7천만 원 이하의 벌금에 처한다. 브로커 행위를 보다 엄하게 처벌하겠다는 입법자의 결단으로 봄이 상당하다. 나아가 동법 제232조 제3항을 위반하는 경우 10년 이하의 징역에 처하고 벌금형이 없다.

한편 본죄에 제공된 이익등은 모두 필요적 몰수·추징의 대상이 된다(제236조 참조).

라. 범죄수익환수 사례

이와 관련하여 **교육감 선거에서 입후보한 후보자를 상대로 후보단일화에 합의하여 후보자를 사퇴한 다음 교육감 선거 후 단일화의 대가로 금품을 제공받은 사안에서 해당 금품을 추징하여 환수한 사례**가 있다.[74] 후보자 단일화 과정에서 금품 제공을 조건으로 후보를 사퇴하도록 하는 경우에는 이는 모두 공직선거법위반죄가 성립하고 그 과정에서 제공된 금품 등은 모두 환수됨을 기억할 필요가 있다.

> **사례**
>
> ### 1. 이 사건의 공소사실
> **【2011고합1212 사건】: 피고인 A**
>
> 피고인 A는 AM대학교 AN학과 교수로서 2010. 6. 2. 실시된 서울특별시 교육감 선거에 입후보하였다가 상피고인 B와 진보 진영 후보단일화에 합의하여 같은 해 5. 21. 후보자에서 사퇴하였다.
>
> 누구든지 교육감 선거와 관련하여 후보자를 사퇴한데 대한 대가 목적으로 후보자이었던 사람에게 금전·물품·차마·향응 그 밖에 재산상의 이익이나 공사의 직을 제공하거나 제공받아서는 아니된다.
>
> 2010. 6. 2. 실시된 서울특별시 교육감 선거와 관련하여 2010. 4. 14. 피고인 등이 참가하지 아니한 진보진영 후보단일화에서 상피고인 B가 진보진영의 단일 후보로 선출되고, 같은 해 5. 13.경 후보자등록 후 그 다음날 실시된 투표용지 게재순위 추첨식에서 보수진영 AO 후보는 기호 1번을 뽑았으나 피고인 A 및 상피고인 B 등 진보진영 후보들은 희망하던 기호 2번을 뽑지 못하고 그 당시 여론조사 결과도 AO 후보가 1위를 차지하자 상피고인 B 및 진보진영에서는 선거의 승리를 위해 진보진영 후보들의 단일화가 절실하였다.
>
> (중략)

74 서울중앙지방법원 2012. 1. 19. 선고 2011고합1212호 판결 참조(대법원 2012도4637 판결로 확정).
[공소사실 일부는 유죄로, 일부는 무죄로 선고되어 확정되었는바 유죄판결이 선고된 부분을 발췌하였고 각 피고인들의 지위 등은 공소사실의 일부를 그대로 발췌하여 기재하였다.]

【2011고합1231 사건】: 피고인 B, C

피고인 B는 2010. 6. 2. 실시된 서울특별시 교육감 선거에서 당선된 현직 교육감이고, 피고인 C는 AT대학교 AV과 교수로서 피고인 B의 친구이다.

누구든지 교육감 선거와 관련하여 후보자를 사퇴한데 대한 대가 목적으로 후보자이었던 사람에게 금전·물품·차마·향응 그 밖에 재산상의 이익이나 공사의 직을 제공하거나 제공받아서는 아니된다.

2010. 6. 2. 실시된 서울특별시 교육감 선거와 관련하여 2010. 4. 14. 상피고인 A 등이 참가하지 아니한 진보진영 후보 단일화 경선에서 피고인 B가 진보진영의 단일 후보로 선출되고, 2010. 5. 14. 실시된 투표용지 게재순위 추첨식에서 보수진영 AO 후보는 기호 1번을 뽑았으나 피고인 B 및 상피고인 A 등 진보진영 후보들은 희망하던 기호 2번을 뽑지 못하고 그 당시 여론조사 결과도 AO 후보가 1위를 차지하자 피고인 B 및 진보진영에서는 선거의 승리를 위해 진보진영 후보들의 단일화가 절실하였다.

(중략)

[유죄부분]

범죄사실

피고인 A는 2010. 6. 2. 실시된 서울특별시 교육감 선거에 후보로 등록하였다가 2010. 5. 19. 피고인 B와 사이에 그로부터 교육감 당선 시 7억 원을 지급받는 조건으로 후보 단일화합의가 이루어졌다고 믿고 2010. 5. 21. 후보를 사퇴하였다. 그러나 피고인 B는 당시 위와 같은 조건을 보고받거나 승인한 사실이 없었다.

피고인 A는 그 후 2010. 11. 19.경 피고인 B의 부탁을 받고 찾아온 피고인 C, AW를 만난 자리에 이르기까지 지속적으로 금전 지급 합의의 이행을 주장하였으나, 그 후로 2011. 1.경까지는 더 이상 합의를 언급하지 아니한 채 선거비용 지출로 인한 채무의 해결을 요청하였다.

한편, 피고인 C는 2010. 11. 17.경 및 2010. 11. 19.경 피고인 A에게 '2010. 5. 19.에 있었던 금전 지급 합의는 피고인 B가 보고받거나 승인한 적이 없으므로 효력이 없다. 다만 피고인 A를 도울 방법을 찾아보겠다.'고 말한 뒤, 2010. 12. 초순경 피고인 B에게, 카드 돌려막기 등을 하고 있는 피고인 A의 경제적 고통과 포용의 필요성, 향후 분쟁 재발 방지 등 여러 가지 이야기를 하면서 피고인 A에게 경제적 지원을 하자고 말하였고, 피고인 B는 이에 동의하였다.

피고인 B는 2011. 2. 19.경부터 2011. 4. 8.경까지 모두 6차례에 걸쳐 합계 2억 원, 즉 2011. 2. 19. 5,000만 원, 2011. 3. 7. 4,000만 원, 2011. 3. 10. 100만 원, 2011. 3. 24. 900만 원, 2011. 4. 6. 5,000만 원, 2011. 4. 8. 5,000만 원을 현금으로 피고인 C에게 건네주었고, 피고인 C는 위 각 금원을 건네받은 같은 날 바로 피고인 A의 동생 AU에게 이를 전달하였으며, AU는 그 중 1억 9,900만 원을 피고인 A에게 전달하였다.

이로써 피고인 A는 AU와 공모하여 2010. 6. 2. 실시된 서울특별시 교육감 선거 당시 후보자를 사퇴한데 대한 대가 목적으로 2억 원을 제공받았고, 피고인 B와 피고인 C는 공모하여 위 2억 원을 제공하였다.

법령의 적용

1. 범죄사실에 대한 해당법조

피고인들: 각 지방교육자치에 관한 법률 제49조 제1항, 공직선거법 제232조 제1항 제2호, 제230조 제1항 제1호, 형법 제30조(포괄하여)

1. 추징

피고인 A: 지방교육자치에 관한 법률 제49조 제1항, 공직선거법 제236조 후문

[피고인 A가 AU와 공모하여 수수한 금액 2억 원 전부를 추징한다.]

5. 당선인에 대한 매수 및 이해유도죄(제233조)

관련조문

제233조(당선인에 대한 매수 및 이해유도죄) ① 다음 각 호의 1에 해당하는 자는 1년 이상 10년 이하의 징역에 처한다. <개정 2000. 2. 16.>

1. 당선을 사퇴하게 할 목적으로 당선인에 대하여 금전·물품·차마·향응 기타 재산상의 이익 또는 공사의 직을 제공하거나 그 제공의 의사를 표시하거나 그 제공을 약속한 자

2. 제1호에 규정된 이익 또는 직의 제공을 받거나 그 제공의 의사표시를 승낙한 자

② 제1항 각 호의 1에 규정된 행위에 관하여 지시·권유·요구하거나 알선한 자는 1년 이상 10년 이하의 징역에 처한다.

본죄는 당선인에 대하여 당선을 사퇴하게 할 목적으로 금전 등을 제공하거나 그 제공의 의사표시를 하거나 그 제공을 약속하는 등의 행위를 처벌한다. 실무상 선거에 당선된 사람을 대상으로 위와 같은 행위를 하는 경우는 극히 드물기 때문에 적용되는 사례는 거의 없다.

가. 구성요건의 주체 및 행위의 상대방

구성요건의 주체는 아무런 제한이 없으므로 누구든지 본죄의 주체가 될 수 있다. 그 행위의 상대방은 '당선인'으로, 이는 선거관리위원회에서 당선인으로 결정된 사람을 의미한다. 당

선인의 지위를 넘어 대통령, 국회의원등의 신분을 취득한 후에는 본죄가 성립하지 않는다.[75]

나. 구성요건적 행위

본죄의 **구성요건적 행위**는 금전·물품·차마·향응 기타 재산상의 이익 또는 공사의 직을 제공하거나 그 제공의 의사를 표시하거나 그 제공을 약속하는 것(동조 제1항 제1호 참조), 제1호에 규정된 이익 또는 직의 제공을 받거나 그 제공의 의사표시를 승낙하는 것(동조 제1항 제2호 참조), 제1항 각 호의 1에 규정된 행위에 관하여 지시·권유·요구하거나 알선하는 것이다(동조 제2항 참조).

주관적 구성요건요소와 관련하여 동조 제1항 제1호의 경우 당선을 사퇴하게 할 목적을 요구한다(목적범). 나아가 동조 제1항 제2호의 경우 그와 같은 이익 또는 직의 제공을 받거나 제공의 의사표시를 승낙할 당시 상대방에게 그와 같은 목적이 있을 것을 요한다.

다. 처벌

본죄를 범하면 모두 1년 이상 10년 이하의 징역에 처한다. 선거로 당선된 당선인에 대한 매수 및 이해유도행위를 보다 강하게 처벌하겠다는 것이다. 나아가 위와 같이 제공된 이익 등은 모두 필요적 몰수·추징의 대상이 된다(동법 제236조 참조).

6. 방송·신문 등 불법이용목적 매수죄(동법 제235조)

관련조문

제235조(방송·신문 등의 불법이용을 위한 매수죄) ① **제97조(放送·新聞의 不法利用을 위한 행위 등의 제한) 제1항·제3항의 규정에 위반**한 자는 5년 이하의 징역 또는 1천만 원 이하의 벌금에 처한다.

② **제97조 제2항의 규정에 위반**한 자는 7년 이하의 징역 또는 2천만 원 이하의 벌금에 처한다.

☞ **제97조(방송·신문의 불법이용을 위한 행위 등의 제한)** ① 누구든지 선거운동을 위하여 방송·신문·통신·잡지 기타의 간행물을 경영·관리하는 자 또는 편집·취재·집필·보도하는 자에게 금품·향응 기타의 이익을 제공하거나 제공할 의사의 표시 또는 그 제공을 약속할 수 없다.

---

75 중앙선거관리위원회 질의 회답 1963. 9. 16. 참조.

② 정당, 후보자, 선거사무장, 선거연락소장, 선거사무원, 회계책임자, 연설원, 대담·토론자 또는 제114조(政黨 및 候補者의 家族 등의 寄附行爲制限) 제2항의 후보자 또는 그 가족과 관계있는 회사 등은 선거에 관한 보도·논평이나 대담·토론과 관련하여 당해 방송·신문·통신·잡지 기타 간행물을 경영·관리하거나 편집·취재·집필·보도하는 자 또는 그 보조자에게 금품·향응 기타 이익을 제공하거나 제공할 의사의 표시 또는 그 제공을 약속할 수 없다.

③ 방송·신문·통신·잡지 기타 간행물을 경영·관리하거나 편집·취재·집필·보도하는 자는 제1항 및 제2항의 규정에 의한 금품·향응 기타의 이익을 받거나 권유·요구 또는 약속할 수 없다.

본죄는 방송, 신문 등의 매체 담당자에게 금품, 향응 기타의 이익을 제공함으로써 선거의 공정성을 해하는 행위를 금지하기 위한 규정이다. 언론매체들은 선거에 광범위한 영향력을 행사할 수 있으므로 언론의 순수성과 중립성을 보장하기 위해 언론매체 관계자들을 매수하거나 위 언론매체 관계자들이 이에 응하는 행위를 하면 처벌한다.

가. 선거운동목적 방송·신문 등 매수죄(동법 제235조 제1항, 제97조 제1항, 제3항)

관련조문

제235조(방송·신문 등의 불법이용을 위한 매수죄) ① 제97조(放送·新聞의 不法利用을 위한 행위 등의 제한) 제1항·제3항의 규정에 위반한 자는 5년 이하의 징역 또는 1천만 원 이하의 벌금에 처한다.

☞ 제97조(방송·신문의 불법이용을 위한 행위 등의 제한) ① 누구든지 선거운동을 위하여 방송·신문·통신·잡지 기타의 간행물을 경영·관리하는 자 또는 편집·취재·집필·보도하는 자에게 금품·향응 기타의 이익을 제공하거나 제공할 의사의 표시 또는 그 제공을 약속할 수 없다.

③ 방송·신문·통신·잡지 기타 간행물을 경영·관리하거나 편집·취재·집필·보도하는 자는 제1항 및 제2항의 규정에 의한 금품·향응 기타의 이익을 받거나 권유·요구 또는 약속할 수 없다.

1) 구성요건의 주체 및 상대방

구성요건의 주체는 아무런 제한이 없으므로 누구든지 본죄의 주체가 될 수 있다. 그 행위의 상대방은 '**방송·신문·통신·잡지 기타의 간행물을 경영·관리하는 자**' 또는 '**편집· 취재·집필·보도하는 자**'이다.

여기에서 '**방송·통신**'이라 함은 텔레비전 또는 라디오 방송을 말하는 것으로 방송법에 따른 '방송' 및 뉴스통신 진흥에 관한 법률에 따른 '뉴스통신'을 의미한다고 봄이 상당하다. 나아가 방송법에 의한 방송사업자가 관리·운영하는 무선국 및 종합유선방송국도 선거방송 을 할 수 있으므로 이들도 여기에 포함된다.

관련조문

방송법 제2조(용어의 정의) 이 법에서 사용하는 용어의 정의는 다음과 같다. <개정 2004. 3. 22., 2006. 10. 27., 2007. 1. 26., 2011. 7. 14., 2013. 3. 23., 2015. 3. 13., 2015. 12. 1., 2015. 12. 22., 2016. 1. 27., 2020. 6. 9.>

1. "**방송**"이라 함은 방송프로그램을 기획·편성 또는 제작하여 이를 공중(개별계약에 의한 수신자를 포함하며, 이하 "시청자"라 한다)에게 전기통신설비에 의하여 송신하는 것으로 서 다음 각목의 것을 말한다.

　가. **텔레비전방송**: 정지 또는 이동하는 사물의 순간적 영상과 이에 따르는 음성·음향 등으로 이루어진 방송프로그램을 송신하는 방송

　나. **라디오방송**: 음성·음향 등으로 이루어진 방송프로그램을 송신하는 방송

　다. **데이터방송**: 방송사업자의 채널을 이용하여 데이터(문자·숫자·도형·도표·이미지 그 밖의 정보체계를 말한다)를 위주로 하여 이에 따르는 영상·음성·음향 및 이들의 조합으로 이루어진 방송프로그램을 송신하는 방송(인터넷 등 통신망을 통하여 제공 하거나 매개하는 경우는 제외한다. 이하 같다)

　라. **이동멀티미디어방송**: 이동중 수신을 주목적으로 다채널을 이용하여 텔레비전방송· 라디오방송 및 데이터방송을 복합적으로 송신하는 방송

뉴스통신 진흥에 관한 법률 제2조(정의) 이 법에서 사용하는 용어의 뜻은 다음과 같다.

1. "**뉴스통신**"이란 「전파법」에 따라 무선국(無線局)의 허가를 받거나 그 밖의 정보통신기 술을 이용하여 외국의 뉴스통신사와 뉴스통신계약을 체결하고 국내외의 정치·경제·사회 ·문화·시사 등에 관한 보도·논평 및 여론 등을 전파하는 것을 목적으로 하는 유무선을 포괄한 송수신 또는 이를 목적으로 발행하는 간행물을 말한다.

나아가 **신문·잡지**는 신문 등의 진흥에 관한 법률 및 잡지 등 정기간행물의 진흥에 관한 법률에 따른 매체를 의미한다.

관련조문

신문 등의 진흥에 관한 법률 제2조(정의) 이 법에서 사용하는 용어의 정의는 다음과 같다.

1. **"신문"**이란 정치·경제·사회·문화·산업·과학·종교·교육·체육 등 전체 분야 또는 특정 분야에 관한 보도·논평·여론 및 정보 등을 전파하기 위하여 같은 명칭으로 월 2회 이상 발행하는 간행물로서 다음 각 목의 것을 말한다.

    가. 일반일간신문: 정치·경제·사회·문화 등에 관한 보도·논평 및 여론 등을 전파하기 위하여 매일 발행하는 간행물

    나. 특수일간신문: 산업·과학·종교·교육 또는 체육 등 특정 분야(정치를 제외한다)에 국한된 사항의 보도·논평 및 여론 등을 전파하기 위하여 매일 발행하는 간행물

    다. 일반주간신문: 정치·경제·사회·문화 등에 관한 보도·논평 및 여론 등을 전파하기 위하여 매주 1회 발행하는 간행물(주 2회 또는 월 2회 이상 발행하는 것을 포함한다)

    라. 특수주간신문: 산업·과학·종교·교육 또는 체육 등 특정 분야(정치를 제외한다)에 국한된 사항의 보도·논평 및 여론 등을 전파하기 위하여 매주 1회 발행하는 간행물(주 2회 또는 월 2회 이상 발행하는 것을 포함한다)

2. **"인터넷신문"**이란 컴퓨터 등 정보처리능력을 가진 장치와 통신망을 이용하여 정치·경제·사회·문화 등에 관한 보도·논평 및 여론·정보 등을 전파하기 위하여 간행하는 전자간행물로서 독자적 기사 생산과 지속적인 발행 등 대통령령으로 정하는 기준을 충족하는 것을 말한다.

잡지 등 정기간행물의 진흥에 관한 법률 제2조(정의) 이 법에서 사용하는 용어의 정의는 다음과 같다. <개정 2016. 2. 3.>

1. **"정기간행물"**이란 동일한 제호로 연 2회 이상 계속적으로 발행하는 간행물로서 「신문 등의 진흥에 관한 법률」 제2조에 따른 신문을 제외한 다음 각 목의 것을 말한다.

    가. 잡지: 정치·경제·사회·문화·시사·산업·과학·종교·교육·체육 등 전체분야 또는 특정분야에 관한 보도·논평·여론 및 정보 등을 전파하기 위하여 동일한 제호로 월 1회 이하 정기적으로 발행하는 책자 형태의 간행물

한편 '**기타 간행물**'이라 함은 인쇄·발행하여 불특정 또는 다수인에게 널리 반포되는 출판물로서 단순히 프린트나 손으로 쓴 것은 해당하지 않으나 반드시 등록되어 있는 것에 한하지 않으며 정당 기관지, 의사신문, 동창회보 등도 포함될 수 있다.

2) 구성요건적 행위

본죄의 **구성요건적 행위**는 금품·향응 기타의 이익을 제공하거나 제공할 의사의 표시 또는 그 제공을 약속하는 것(**동법 제97조 제1항**)과 이와 같은 금품·향응 기타의 이익을 받거나

권유·요구·약속하는 것이다(동법 제97조 제3항). 이는 공직선거법 제230조 제1항 제1호, 제7호의 그것과 동일하다.

이때의 행위는 반드시 선거운동기간 중에 행하여 질 필요가 없으므로 국회의원 선거 후보 공천을 받은 직후 당의 출입 카메라기자들에게 술자리 명목으로 향응을 제공한 경우 동법위반죄가 성립한다.[76]

주관적 구성요건요소와 관련하여 **'선거운동을 위한다'**는 목적을 요구한다. 이와 관련하여 대법원은 「**'선거운동을 위하여'**에는 선거에서 당선을 위한 유리한 보도를 하게 하려는 적극적인 목적뿐만 아니라 불리한 보도를 회피하려는 소극적인 목적도 포함된다.」고 판시하면서 2010. 6. 2. 실시되는 지방선거에 입후보할 의사가 있는 피고인 등이 각 해당 선거구민들을 상대로 그들과 야당후보들에 대한 지지도를 묻는 **여론조사 및 그 보도를 계획하고 그 비용 명목으로 돈을 요구하는 신문사 편집국장 직무대행에게 위 비용 명목의 돈을 교부한 행위는 본죄 위반죄가 성립**한다고 보았다.[77]

한편 공직선거법 제235조 제2항, 제97조 제2항에서는 선거에 관한 보도·논평이나 대담·토론과 관련하여 금품을 제공하는 행위를 처벌하고 있는데 제235조 제1항, 제97조 제1항과는 달리 동법 제235조 제2항, 제97조 제2항의 경우에는 선거운동을 위한다는 목적의 유무와 무관하게 처벌한다는 점에서 본죄와 차이가 있다.

3) 처벌

본죄는 각 구성요건에 해당하는 경우 5년 이하의 징역 또는 1천만 원 이하의 벌금에 처한다. 나아가 위와 같이 제공된 이익등은 모두 필요적 몰수·추징의 대상이 되어 환수하여야 한다(동법 제236조 참조).

4) 범죄수익환수 사례

이와 관련하여 **선거운동을 위하여 선거에 출마하고자 하는 후보자에게 여론조사비용을 제공해 달라는 요구를 한 언론매체 관계자, 이에 응하여 금품을 제공한 후보자 등을 처벌하고, 해당 금품을 환수한 사례**가 있다.[78]

이와 같이 지역사회에서 막대한 영향력을 행사하는 언론매체에서 후보자등에게 유리한 보도를 하여 주겠다는 취지로 금품을 요구하고 후보자 등 선거관계인등이 금품을 제공하는 경우 이는 전부 환수됨을 기억할 필요가 있다.

---

76 대법원 2002. 6. 25. 선고 2002도45 판결 참조.
77 대법원 2010. 12. 9. 선고 2010도10451 판결 참조.
78 위 대법원 2010도10451 판결 참조.

사례

(전략)

3. 피고인 1 등 7인의 공직선거법(이하 '법'이라고 한다) 제97조 제1항의 '선거운동을 위하여'에 관한 법리오해 주장에 관하여

법 제58조 제1항 소정의 선거운동은 특정후보자의 당선 내지 득표나 낙선을 위하여 필요하고도 유리한 모든 행위로서 당선 또는 낙선을 도모한다는 목적의사가 객관적으로 인정될 수 있는 능동적·계획적인 행위를 말하는 것으로, 구체적으로 어떠한 행위가 선거운동에 해당하는지 여부를 판단함에 있어서는 단순히 그 행위의 명목뿐만 아니라 그 행위의 태양, 즉 그 행위가 행하여지는 시기·장소·방법 등을 종합적으로 관찰하여 그것이 특정후보자의 당선 또는 낙선을 도모하는 목적의지를 수반하는 행위인지 여부를 판단하여야 한다(대법원 1999. 4. 9. 선고 98도1432 판결, 대법원 2010. 6. 24. 선고 2010도3935 판결 등 참조).

한편 법 제97조 제1항은 누구든지 선거운동을 위하여 방송·신문·통신·잡지 기타의 간행물을 경영·관리하는 자 또는 편집·취재·집필·보도하는 자에게 금품·향응 기타의 이익을 제공하거나 제공할 의사의 표시 또는 그 제공을 약속할 수 없다고 규정하고 있는바, 여기의 '선거운동을 위하여'에는 선거에서 당선을 위한 유리한 보도를 하게 하려는 적극적인 목적뿐만 아니라 불리한 보도를 회피하려는 소극적인 목적도 포함된다고 할 것이다.

원심은, 2010. 6. 2. 실시되는 지방선거에 입후보할 의사가 있는 피고인 1 등 7인이 각 해당 선거구민들을 상대로 그들과 야당후보들에 대한 지지도를 묻는 여론조사 및 그 보도를 계획하고 그 비용 명목으로 돈을 요구하는 공소외 2 신문사 편집국장 직무대행원심공동피고인 1에게 위 비용 명목의 돈을 교부한 행위는 법 제97조 제1항의 '선거운동을 위하여' 한 행위에 해당한다고 판단하였는바, 앞에서 본 법리에 비추어 보면, 설령 위 피고인들이 원심공동피고인 1의 요구를 거절할 경우 향후 선거보도 등에서 불이익을 받을 것을 염려하여 이를 회피할 목적으로 위 요구에 응한 측면이 없지 않다고 하더라도, 그것이 자유의사가 억압된 상태에서 이루어진 것이 아닌 이상, 이를 '선거운동을 위하여' 한 것으로 보는 데 아무런 지장이 없으므로, 위와 같은 원심 판단은 정당하고, 거기에 법 제97조 제1항의 '선거운동을 위하여'에 관한 법리오해 등의 위법이 있다고 할 수 없다. (후략)

나. 보도·논평 등 관련 방송·신문 매수죄(제235조 제2항, 제97조 제2항)

관련조문

제235조(방송·신문 등의 불법이용을 위한 매수죄) ② <u>제97조 제2항의 규정에 위반</u>한 자는 7년 이하의 징역 또는 2천만 원 이하의 벌금에 처한다.

☞ 제97조(방송·신문의 불법이용을 위한 행위 등의 제한) ② 정당, 후보자, 선거사무장, 선거연락소장, 선거사무원, 회계책임자, 연설원, 대담·토론자 또는 제114조(政黨 및 候補者의 家族 등의 寄附行爲制限)제2항의 후보자 또는 그 가족과 관계있는 회사 등은 선거에 관한 보도·논평이나 대담·토론과 관련하여 당해 방송·신문·통신·잡지 기타 간행물을 경영·관리하거나 편집·취재·집필·보도하는 자 또는 그 보조자에게 금품·향응 기타 이익을 제공하거나 제공할 의사의 표시 또는 그 제공을 약속할 수 없다.

☞ 제114조(정당 및 후보자의 가족 등의 기부행위제한) ②제1항에서 "후보자 또는 그 가족과 관계있는 회사 등"이라 함은 다음 각 호의 어느 하나에 해당하는 회사 등을 말한다. <개정 2005. 8. 4.>

1. 후보자가 임·직원 또는 구성원으로 있거나 기금을 출연하여 설립하고 운영에 참여하고 있거나 관계법규나 규약에 의하여 의사결정에 실질적으로 영향력을 행사할 수 있는 회사 기타 법인·단체

2. 후보자의 가족이 임원 또는 구성원으로 있거나 기금을 출연하여 설립하고 운영에 참여하고 있거나 관계법규 또는 규약에 의하여 의사결정에 실질적으로 영향력을 행사할 수 있는 회사 기타 법인·단체

3. 후보자가 소속한 정당이나 후보자를 위하여 설립한 「정치자금법」에 의한 후원회

1) 구성요건의 주체 및 상대방

구성요건의 주체는 '정당, 후보자, 선거사무장, 선거연락소장, 선거사무원, 회계책임자, 연설원, 대담·토론자 또는 제114조(정당 및 후보자의 가족 등의 기부행위제한) 제2항의 후보자 또는 그 가족과 관계있는 회사 등'이다(신분범).

행위의 상대방은 '당해 방송·신문·통신·잡지 기타 간행물을 경영·관리하거나 편집·취재·집필·보도하는 자 또는 그 보조자'이다. 이 때 '방송사'에는 **인터넷 언론사**가 당연히 포함된다고 봄이 상당하다.

2) 구성요건적 행위

본죄의 **구성요건적 행위**는 '선거에 관한 보도·논평이나 대담·토론과 관련'하여 '금품·

향응 기타 이익을 제공하거나 제공할 의사의 표시 또는 그 제공을 약속'하는 것이다.

이때 '**선거에 관하여**'의 의미에 대하여 법원은 「보도 · 논평이나 대담 · 토론이 선거와 관련 있는 내용이라는 의미이고, 반드시 특정 후보자에게 유리하거나 불리한 내용을 포함하고 있어야 하는 것을 의미하지는 않으므로, **객관적이고 중립적인 내용이라 하더라도 금품 등의 제공이 그 보도 · 논평 또는 대담 · 토론과 관련성이 있다면 '선거에 관한' 것으로 볼 수 있으며**, 이는 보도 · 논평이나 대담 · 토론의 내용이 선거 결과에 영향을 미치지 않았다거나 금품 등의 제공자가 자신에게 유리하거나 다른 후보자에게 불리한 내용의 보도 등을 요청하는 청탁을 하지 않았다고 하더라도 달라지지 않는다. 이는 위 규정이 선거에 관한 보도 · 논평 등에 종사하는 언론인의 직무의 순수성을 보호하기 위해 만들어졌기 때문이다.」라고 판시한 바 있다.[79] 따라서 '**선거에 관하여**'는 결국 보도 · 논평 또는 대담 · 토론이 금품 등의 제공과 관련되어 있는지 여부를 기준으로 판단할 수 있다.

한편 '**보도 · 논평이나 대담 · 토론**'과 관련하여 '**보도**'란 주관적 의견이 부가되지 않은 객관적 사실 전달행위를, '**논평**'이란 자기의 주관적 의견을 포함하여 특정 사안에 대한 비판과 평가가 포함된 것을 의미한다.

이와 관련하여 법원은 예비후보자가 국회의원 선거 여론조사 결과를 유리하게 조작하여 만들어낸 다음 특정 신문의 취재본부장에게 보도를 해달라는 취지로 부탁하면서 금품을 제공한 사안에서 본죄의 성립을 인정하였다.[80] 한편 법원은 기자들에게 자신이 출마를 한다는 유인물을 배포한 후 식사 등을 제공한 다음 기자들이 그 다음날 위 유인물을 토대로 기사를 보도한 경우에도 본죄의 성립을 인정한 바 있다.[81] 그리고 지방선거와 관련하여 기초의원 선거에 출마한 후보자가 인터넷 언론사 기자에게 "**좋은 기사를 써달라**"고 부탁하면서 현금 20만 원을 제공한 사안에서 **이와 같은 부탁 또한 선거에 관하여 보도나 논평과 관련된 것으로 인정할 수 있다**고 판시한 바 있다.[82]

한편 '**대담**'이라 함은 둘 이상의 사람이 형식에 구애받지 않고 자유롭게 의견을 개진하는 형식을 말하는 것이고, '**토론**'이란 특정 주제와 관련하여 서로 다른 의견을 가진 사람들이 모여 자신의 의견을 주장하고 논박하는 것을 의미한다.

---

79 전주지방법원 군산지원 2018. 10. 11. 선고 2018고합78 판결 참조(대법원 2019도2567 판결로 확정).
80 서울북부지방법원 2016. 7. 22. 선고 2016고합157, 182(병합) 판결 참조(대법원 2017도1802 판결로 확정).
81 수원지방법원 성남지원 2005. 2. 2. 선고 2004고합249 판결 참조(서울고등법원 2005노437 판결로 확정).
82 광주지방법원 2014. 9. 5. 선고 2014고합274 판결 참조(광주고등법원 2014노382 판결로 확정).

주관적 구성요건요소와 관련하여 금품 등 제공자에게 '선거에 관한 보도·논평이나 대담·토론과 관련하여 금품을 제공한다'는 미필적 인식만 있으면 충분하며 구체적으로 특정 후보자의 당락을 위한다는 목적을 요구하지 않는다.

3) 처벌

본죄를 위반하면 7년 이하의 징역 또는 2천만 원 이하의 벌금에 처한다. 동조 제1항에 비하여 더 중하게 처벌하는 것은 후보자나 선거사무장 등 일정 신분자가 선거에 관한 보도 등과 관련하여 언론매체 종사자들에게 금품을 제공하여 매수하는 범죄는 다른 일반인들에게 비해 그 비난 가능성이 더 크기 때문이다. 그리고 위와 같이 제공된 금전은 **모두 필요적으로 몰수·추징**된다(동법 제236조 참조).

4) 범죄수익환수 사례

이와 관련하여 **지역 언론 발행인 및 편집인이 시의회 의원에게 잡지에 실릴 표지기사 및 홍보성 인터뷰 기사의 모델이 되어 줄 것을 요청하여 승낙을 받은 후 비용적으로 도움을 달라고 말하면서 금품을 제공받고 해당 의원은 금품을 제공한** 사안에서 모두 공직선거법위반죄를 인정하고 **위와 같이 제공된 금품 상당액을 추징하여 환수**하였다.[83]

사례

범죄사실

1. 피고인 A, B의 공동범행

방송·신문·통신·잡지 기타 간행물을 경영·관리하거나 편집·취재·집필·보도하는 자는 선거에 관한 보도·논평 등과 관련하여 정당, 후보자(후보자가 되려는 사람을 포함한다), 선거사무장, 선거연락소장, 선거사무원, 회계책임자 등으로부터 금품·향응 기타의 이익을 받거나 이를 받을 것을 권유·요구 또는 약속할 수 없다.

피고인 A는 'E'이라는 F 지역 월간지의 발행인 및 편집인이었던 사람이고, 피고인 B는 E의 주필인 사람으로 2018. 6. 13. 실시된 제7회 전국동시 지방선거와 관련하여 F 지역에서 후보자로 출마할 것이 예상되는 정치인들을 상대로 선거 홍보성 기사를 게재하고, 기사 게재와 관련하여 금품을 요구하여 받기로 공모하였다.

---

[83] 전주지방법원 군산지원 2018. 10. 11. 선고 2018고합78 판결 참조(대법원 2019도2567 판결로 확정).

가. 금품 수수

<u>피고인 A는 2017. 11. 초순경 F시 이하 불상의 장소에서 F시의원(임기: 2014. 7. 1.∼ 2018. 6. 30.)으로 제7회 전국동시 지방선거에 F시 G선거구 시의원 후보로 출마하려는 C 에게 전화를 걸어 E 2017년 12월호(제81호)에 실릴 표지 기사 및 홍보성 인터뷰 기사의 모델이 되어줄 것을 요청하여 승낙을 받은 후 비용적으로 도움을 달라고 말하면서 150∼ 200만 원 상당의 금품을 요구하고, 피고인 B는 2017. 11. 30.경 C에게 문자메시지를 보 내 위와 같이 피고인 A가 요구한 금품을 입금해 줄 것을 독촉하여, 2017. 12. 1.경 C로부 터 A 명의 계좌(H은행 I계좌)로 200만 원을 송금받았다.</u>

이로써 피고인들은 공모하여 잡지 기타 간행물을 경영·집필하는 자임에도 제7회 전국동시 지방선거에서 F시의원 후보자가 되려고 하는 C로부터 선거에 관한 보도와 관련하여 금품을 받았다.

나. 금품 요구

1) J 기사 관련

피고인들은 E 2017년 10월호(제79호)에 실릴 표지 기사 및 홍보성 인터뷰 기사의 모델로 제7회 전국동시 지방선거에 F시장 후보로 출마하려는 J를 선정하여 금품을 요구하기로 공모하고, 피고인 B는 2017. 7.경 F시 이하 불상의 장소에서 J를 만나 J에게 E 표지 모델이 되어 줄 것을 요청하면서 제작비로 150∼200만 원 정도 협찬해 달라고 말하여 금품을 요구하고, 2017. 7. 26.경 J에게 "어제 얘기 건, A 대표한테 물어봤더니 광고료이기 때문에 전혀 관계 없다하네" "비용 관련해서도 전혀 문제가 없었다는 점 얘기해 주고 싶네"라는 내용의 문자메 시지를 보내 금품을 요구하고, 2017. 9.경 표지 모델로 기사를 실어 주겠다고 하여 J로부터 기 사 작성을 위한 자료를 받은 후 재차 J에게 '제작비가 어려우니까 협찬을 해 줄 수 있냐'면서 금품을 요구하였다.

이로써 피고인들은 공모하여 잡지 기타 간행물을 경영·집필하는 자임에도 제7회 전국동시 지방선거에서 F시장 후보자가 되려고 하는 J에게 선거에 관한 보도와 관련하여 금품을 요구하 였다.

2) K 기사 관련

피고인 A는 2017. 12. 초순경 F시 이하 불상의 장소에서 전라북도의원(임기: 2014. 7. 1.∼ 2018. 6. 30.)으로 제7회 전국동시 지방선거에 F시장 후보로 출마하려는 K에게 E 2018년 1월호(제82호)에 실릴 표지 기사 및 홍보성 인터뷰 기사의 모델이 되어 줄 것을 요청하여 승 낙을 받고, 피고인 B는 2017. 12. 20.경 F시 L에 있는 E 사무실에서 표지에 실을 사진을 촬 영하기 위해 방문한 K에게 표지모델로 실리면 제작비가 150∼200만 원 정도 든다고 말하여 금품을 요구하였다.

이로써 피고인들은 공모하여 잡지 기타 간행물을 경영·집필하는 자임에도 제7회 전국동시 지방선거에서 F시장 후보자가 되려고 하는 K에게 선거에 관한 보도와 관련하여 금품을 요구하였다.

3) D 기사 관련

피고인 A는 2018. 1. 초순경 F시 이하 불상의 장소에서 F시의원(임기: 2014. 7. 1.~2018. 6. 30.)으로 제7회 전국동시 지방선거에 F시장 후보로 출마하려는 D에게 E 2018년 2월호(제83호)에 실릴 표지 기사 및 홍보성 인터뷰 기사의 모델이 되어 줄 것을 요청하여 승낙을 받고, 피고인 B는 2018. 2. 초순경 D에게 문자메시지로 제작비가 필요하다고 말하여 150~200만 원 정도의 금품을 요구하고, 2018. 2. 5.경 D에게 "잡지는 낼 쯤 나올듯하고, 얘기한 광고비는 때가 때인지라 아무래도 계좌입금보다는 A 대표한테 직접 현금으로 전달하는 게 좋을 듯합니다."라고 문자메시지를 보내 재차 금품을 요구하였다.

이로써 피고인들은 공모하여 잡지 기타 간행물을 경영·집필하는 자임에도 제7회 전국동시 지방선거에서 F시장 후보자가 되려고 하는 D에게 선거에 관한 보도와 관련하여 금품을 요구하였다.

4) M 기사 관련

피고인 A는 2018. 1.경 F시 이하 불상의 장소에서 전라북도의원(임기: 2014. 7. 1.~2018. 6. 30.)으로 제7회 전국동시 지방선거에 F시 제3선거구 전라북도의원 후보로 출마하려는 M에게 E 2018년 3월호(제84호)에 실릴 표지 기사 및 홍보성 인터뷰 기사의 모델이 되어 줄 것을 요청하여 승낙을 받은 다음 2018. 2. 말경 M에게 'E 잡지 발행이 적자를 보고 있어 형편이 어려우니 돈이든 스폰이든 광고든 협찬을 해 달라'고 말하여 금품을 요구하고, 피고인 B는 피고인 A로부터 비용에 관한 이야기를 들은 적이 없느냐며 150~200만 원 정도의 금품을 요구하였다.

이로써 피고인들은 공모하여 잡지 기타 간행물을 경영·집필하는 자임에도 제7회 전국동시 지방선거에서 전라북도의원 후보자가 되려고 하는 M에게 선거에 관한 보도와 관련하여 금품을 요구하였다.

2. 피고인 C의 범행

정당, 후보자(후보자가 되려는 사람을 포함한다), 선거사무장, 선거연락소장, 선거사무원, 회계책임자, 연설원, 대담·토론자 또는 공직선거법 제114조 제2항의 후보자 또는 그 가족과 관계있는 회사 등은 선거에 관한 보도·논평이나 대담·토론과 관련하여 당해 방송·신문·통신·잡지 기타 간행물을 경영·관리하거나 편집·취재·집필·보도하는 자 또는 그 보조자에게 금품·향응 기타 이익을 제공하거나 제공할 의사의 표시 또는 그 제공을 약속할 수 없다.

피고인은 F시의원(임기: 2014. 7. 1.~2018. 6. 30.)으로 제7회 전국동시 지방선거에 F시 G 선거구 시의원 후보로 출마하여 2018. 6. 13. 당선되었다.

피고인은 2017. 11. 초순경 F시 이하 불상의 장소에서 F지역 월간지인 E의 발행인 및 편집인인 A로부터 E 2017년 12월호(제81호)에 실릴 표지 기사 및 홍보성 인터뷰 기사와 관련하여 비용적으로 도움을 달라는 요구를 받고, 2017. 11. 30.경 E의 주필인 B로부터 문자메시지로 금품을 입금해 줄 것을 재차 요구받은 후 이에 응하여 2017. 12. 1.경 A 명의 계좌(H은행 I계좌)로 200만 원을 송금하였다.

이로써 피고인은 제7회 전국동시 지방선거에서 F시의원 후보자가 되려고 하는 자임에도 선거에 관한 보도와 관련하여 잡지 기타 간행물을 경영·관리하거나 집필·보도하는 A, B에게 금품을 제공하였다.

3. 피고인 D의 범행

피고인은 F시의원(임기: 2014. 7. 1.~2018. 6. 30.)으로 2018. 3. 2.경 제7회 전국동시 지방선거에 **당 소속 F시장 예비후보로 등록하였으나, 2018. 4. 25.경 **당 F시장 경선에서 탈락한 자이다.

선거운동기간 전에 공직선거법에 규정된 방법을 제외하고 선전시설물·용구 또는 각종 인쇄물, 방송·신문·뉴스통신·잡지, 그 밖의 간행물, 정견발표회·좌담회·토론회·향우회·동창회·반상회, 그 밖의 집회, 정보통신, 선거운동기구나 사조직의 설치, 호별방문, 그 밖의 방법으로 선거운동을 하여서는 아니 되고, 제7회 전국동시 지방선거의 공식 선거운동기간은 2018. 5. 31.부터 2018. 6. 12.까지이다.

그럼에도 불구하고 피고인은 2018. 1. 30.경 F시 이하 불상의 장소에서 배우자 O를 통해 F지역 월간지인 E의 주필인 B에게 "F시장 출마하는 D 시의원", "지금은 F시장을 준비하고 있습니다."라는 문구가 명시된 기사 초안을 이메일로 송부하고, 2018. 2. 6.경 위 내용을 그대로 실어 발행된 E 2018년 2월호(제83호) 약 2,500부가 F시청을 비롯한 F지역 주요 배포처 등에 배포되게 하였다.

이로써 피고인은 선거운동기간 전에 위와 같이 선거 출마 의사가 담긴 잡지를 배포하여 선거운동을 하였다.

법령의 적용

1. 범죄사실에 대한 해당법조 및 형의 선택

가. 피고인 A, B

각 공직선거법 제235조 제1항, 제97조 제3항, 제2항, 형법 제30조[언론매체종사자의 선거 관련 보도·논평 등에 관한 금품 수수 및 각 금품 요구의 점(공모하여), 각 징역형 선택]

나. 피고인 C

공직선거법 제235조 제2항, 제97조 제2항(선거 관련 보도·논평 등에 관한 언론매체종사자에 대한 금품 제공의 점, 징역형 선택)

다. 피고인 D

공직선거법 제254조 제2항(선거운동기간 전 선거운동의 점, 벌금형 선택)

1. 추징

피고인 A, B: 각 공직선거법 제236조 단서(피고인 A 140만 원, 피고인 B 60만 원)

8 정치자금법위반(제8호)

부패재산몰수법은 별표 제8호에서 **정치자금법 제45조의 죄**를 부패범죄로 규정하고 있다.

관련조문 ─────────

부패재산몰수법 별표

부패범죄(제2조 제1호 관련)

8. 「정치자금법」 **제45조**의 죄

─────────

관련조문 ─────────

제45조(정치자금부정수수죄) ① 이 법에 정하지 아니한 방법으로 정치자금을 기부하거나 기부
받은 자(정당·후원회·법인 그 밖에 단체에 있어서는 그 구성원으로서 당해 위반행위를 한
자를 말한다. 이하 같다)는 5년 이하의 징역 또는 1천만 원 이하의 벌금에 처한다. 다만, 정
치자금을 기부하거나 기부받은 자의 관계가 「민법」 제777조(친족의 범위)의 규정에 의한
친족인 경우에는 그러하지 아니하다.

② 다음 각 호의 어느 하나에 해당하는 자는 5년 이하의 징역 또는 1천만 원 이하의 벌금에
처한다.

1. 제6조(후원회지정권자)의 규정에 의한 후원회지정권자가 아닌 자로서 정치자금의 기부를
   목적으로 후원회나 이와 유사한 기구를 설치·운영한 자

2. 제11조(후원인의 기부한도 등)제1항의 규정을 위반하여 기부한 자와 제11조 제2항, 제12조
   (후원회의 모금·기부한도)제1항·제2항 또는 제13조(연간 모금·기부한 도액에 관한 특
   례)제1항의 규정을 위반하여 후원금을 받거나 모금 또는 기부를 한 자

3. 제14조(후원금 모금방법) 내지 제16조(정치자금영수증과의 교환에 의한 모금)제1항의 규
   정을 위반하여 고지·광고하거나 후원금을 모금한 자

4. 제22조(기탁금의 기탁)제1항의 규정을 위반하여 선거관리위원회에 기탁하지 아니하고 정
   치자금을 기부하거나 받은 자

5. 제31조(기부의 제한) 또는 제32조(특정행위와 관련한 기부의 제한)의 규정을 위반하여
   정치자금을 기부하거나 받은 자

6. 제33조(기부의 알선에 관한 제한)의 규정을 위반하여 정치자금의 기부를 받거나 이를 알
   선한 자

③ 제1항 및 제2항의 경우 그 제공된 금품 그 밖에 재산상의 이익은 몰수하며, 이를 몰수할
수 없을 때에는 그 가액을 추징한다.

─────────

한편 범죄수익은닉규제법은 별표 제15호에서 정치자금법 제45조 제1항, 제2항의 죄를 중대범죄로 규정하고 있고, 불법정치자금법은 마찬가지로 정치자금법 제45조의 죄를 범하여 얻은 재산을 불법정치자금등으로 규정하고 있다.

관련조문

불법정치자금법 제2조(정의) 이 법에서 사용하는 용어의 정의는 다음과 같다.

1. "불법정치자금등"이라 함은 **다음 각 목의 어느 하나에 해당하는 죄**(그 죄와 다른 죄가 「형법」 제40조의 관계에 있는 경우에는 그 다른 죄를 포함한다)**의 범죄행위로 얻은 재산**을 말한다.
   가. 「정치자금법」 제45조의 죄
   나. 「공직선거법」 제2조의 규정에 따른 선거에 의하여 취임한 공무원이 범한 「형법」 제129조부터 제132조까지, 「특정범죄가중처벌 등에 관한 법률」 제2조 또는 제3조, 「부패방지 및 국민권익위원회의 설치와 운영에 관한 법률」 제86조의 죄

따라서 부패재산몰수법 별표 제8호에 규정된 정치자금법위반죄는 이 책 「**제4편 불법정치자금법상 불법정치자금범죄**」부분에서 상세히 검토하기로 하고 이 부분에서는 기재를 생략한다.

9 부패방지 및 국민권익위원회의 설치와 운영에 관한 법률위반(제9호)

1. 총설

부패재산몰수법은 별표 제9호에서 **부패방지 및 국민권익위원회의 설치와 운영에 관한 법률**(이하, '부패방지권익위법') 제86조의 죄를 부패범죄로 규정하고 있다. 한편 불법정치자금법 또한 본죄를 불법정치자금범죄로 규정한다.

관련조문

부패재산몰수법 별표

부패범죄(제2조 제1호 관련)

9. 「부패방지 및 국민권익위원회의 설치와 운영에 관한 법률」 **제86조**의 죄

관련조문

불법정치자금법 제2조(정의) 이 법에서 사용하는 용어의 정의는 다음과 같다.

　　1. "불법정치자금등"이라 함은 **다음 각 목의 어느 하나에 해당하는 죄**(그 죄와 다른 죄가 「형법」 제40조의 관계에 있는 경우에는 그 다른 죄를 포함한다)**의 범죄행위로 얻은 재산**을 말한다.

　　　가. 「정치자금법」 제45조의 죄

　　　나. 「공직선거법」 제2조의 규정에 따른 선거에 의하여 취임한 공무원이 범한 「형법」 제129조부터 제132조까지, 「특정범죄가중처벌 등에 관한 법률」 제2조 또는 제3조, 「**부패방지 및 국민권익위원회의 설치와 운영에 관한 법률」 제86조의 죄**

관련조문

부패방지권익위법 제86조(업무상 비밀이용의 죄) ① 공직자가 제7조의2를 위반한 때에는 7년 이하의 징역 또는 7천만 원 이하의 벌금에 처한다. <개정 2009. 1. 7., 2014. 5. 28.>

　② 제1항의 경우 징역과 벌금은 이를 병과할 수 있다.

　③ 제1항의 **죄를 범한 자 또는 그 정을 아는 제3자가 제1항의 죄로 인하여 취득한 재물 또는 재산상의 이익은 이를 몰수 또는 추징한다.**

　　부패방지권익위법은 국민권익위원회를 설치하여 고충민원의 처리와 이에 관련된 불합리한 행정제도를 개선하고, **부패의 발생을 예방하며 부패행위를 효율적으로 규제함으로써 국민의 기본적 권익을 보호하고 행정의 적정성을 확보하며 청렴한 공직 및 사회풍토의 확립에 이바지함을 그 목적으로** 한다(동법 제1조).

　　한편 부패재산몰수법에 따라 부패범죄로 규정되어 있는 **부패방지권익위법 제86조 제1항 위반죄를 저질러 취득한 범죄수익은 모두 필요적으로 몰수·추징**한다(동법 제86조 제3항). 또한 본죄는 불법정치자금법에 따른 **불법정치자금범죄에도 해당하므로 불법정치자금법에 따른 필요적 몰수·추징 규정도 적용**되어 범죄수익환수 과정에서 부패재산몰수법에 따른 임의적 몰수·추징 규정은 적용될 여지가 없다. 나아가 불법정치자금법이 적용되는 경우에는 「**제4편 불법정치자금법상 불법정치자금범죄**」 부분에서 보는 바와 같이 **본죄로 취득한 재물 또는 재산상 이익에 대한 추정 규정이 적용**된다.

관련조문

불법정치자금법 제3조(불법재산의 몰수) ① 불법재산은 이를 몰수한다.

② 제1항의 규정에 의하여 몰수하여야 할 재산에 대하여 재산의 성질, 사용상황, 그 재산에 관한 범인 외의 자의 권리유무 그 밖의 사정으로 이를 몰수함이 상당하지 아니하다고 인정될 때에는 제1항의 규정에 불구하고 몰수하지 아니할 수 있다.

제6조(추징) 불법재산을 몰수할 수 없거나 제3조 제2항의 규정에 의하여 몰수하지 아니하는 때에는 그 가액을 범인으로부터 추징한다.

제7조(불법재산의 입증) 제2조 제1호에 규정된 죄의 범행 후 범인이 취득한 재산으로서 그 가액이 취득 당시의 범인의 재산운용상황 또는 법령에 기한 급부의 수령상황 등에 비추어 현저하게 고액이고 그 취득한 재산이 불법정치자금등의 금액·재산취득시기 등 제반사정에 비추어 불법정치자금등으로 형성되었다고 볼만한 상당한 개연성이 있는 경우에는 불법정치자금등이 그 재산의 취득에 사용된 것으로 인정할 수 있다.

결국 본죄를 범하고 취득한 **재물 또는 재산상 이익은 부패방지권익위법 자체 또는 불법정치자금법에 따른 필요적 몰수·추징 규정**이, 이에 대한 **보전절차의 경우 부패재산몰수법이 준용하는 마약거래방지법 또는 불법정치자금법에 따라 선택적으로 진행**할 수 있다.

2021년 크게 사회적으로 이슈가 되었던 한국토지주택공사(LH) 임직원의 부동산 투기 사건과 관련하여 본죄가 문제된 바 있다. 이하에서는 부패방지권익위법상 부패범죄에 대하여 상세히 살펴보고, 위 부패범죄를 위반하여 취득한 범죄수익을 환수한 사례에 대해 구체적으로 검토한다.

2. 구성요건 및 처벌

관련조문

제86조(업무상 비밀이용의 죄) ① 공직자가 <u>제7조의2</u>를 위반한 때에는 7년 이하의 징역 또는 7천만 원 이하의 벌금에 처한다. <개정 2009. 1. 7., 2014. 5. 28.>

② 제1항의 경우 징역과 벌금은 이를 병과할 수 있다.

☞ <u>제7조의2(공직자의 업무상 비밀이용 금지)</u> 공직자는 **업무처리 중 알게 된 비밀을 이용하여 재물 또는 재산상의 이익을 취득하거나 제3자로 하여금 취득하게 하여서는 아니 된다.**

[본조신설 2009.1.7]

가. 구성요건 주체 및 행위의 상대방

본죄의 **구성요건 주체**는 부패방지권익위법상 '**공직자**'다(신분범). ① 「국가공무원법」 및 「지방공무원법」에 따른 공무원과 그 밖의 다른 법률에 따라 그 자격·임용·교육훈련·복무·보수·신분보장 등에 있어서 공무원으로 인정된 자(**동법 제2조 제3호 가목**), ② 공직유관단체의 장 및 그 직원(**나목**), ③ 제1호 마목에 따른 각급 사립학교의 장과 교직원 및 학교법인의 임직원(**다목**)이 이에 해당한다. 다만, 다목의 경우, 부패방지권익위법 제5장(부패행위 등의 신고 및 신고자 등 보호)을 적용하는 경우에 한정하여 공직자로 보므로(동법 제2조 제3호 단서) 본죄의 주체에서 제외된다.

부패방지권익위법에 따른 신분자인 **공직자의 범행에 가담하여 본죄를 범한 사람의 경우**에는 형법 제33조에 따른 공범과 신분의 규정에 따라 처벌됨은 물론이다.

관련조문

부패방지권익위법 제2조(정의) 이 법에서 사용하는 용어의 뜻은 다음과 같다. <개정 2009. 2. 3., 2016. 3. 29., 2017. 4. 18., 2019. 4. 16., 2020. 12. 29.>

3. "**공직자**"란 다음 각 목의 어느 하나에 해당하는 자를 말한다. 다만, 다목의 경우에는 제5장을 적용하는 경우에 한정하여 공직자로 본다.
　　가. 「국가공무원법」 및 「지방공무원법」에 따른 공무원과 그 밖의 다른 법률에 따라 그 자격·임용·교육훈련·복무·보수·신분보장 등에 있어서 공무원으로 인정된 자
　　나. **공직유관단체**의 장 및 그 직원
　　다. **제1호 마목**에 따른 각급 사립학교의 장과 교직원 및 학교법인의 임직원
☞ 1. "공공기관"이란 다음 각 목의 어느 하나에 해당하는 기관·단체를 말한다. 다만, 마목의 경우에는 제5장을 적용하는 경우에 한정하여 공공기관으로 본다.
　　라. 「공직자윤리법」 제3조의2에 따른 공직유관단체(이하 "공직유관단체"라 한다)
　　마. 「초·중등교육법」, 「고등교육법」, 「유아교육법」, 그 밖의 다른 법령에 따라 설치된 각급 사립학교 및 「사립학교법」에 따른 학교법인으로서 **국가나 지방자치단체로부터 출연금 또는 보조금을 받는 기관**
☞ **공직자윤리법 제3조의2(공직유관단체)** ① 제9조 제2항 제8호에 따른 정부 공직자윤리위원회는 정부 또는 지방자치단체의 재정지원 규모, 임원선임 방법 등을 고려하여 다음 각 호에 해당하는 기관·단체를 공직유관단체로 지정할 수 있다. <개정 2014. 12. 30.>
　1. 한국은행
　2. 공기업
　3. 정부의 출자·출연·보조를 받는 기관·단체(재출자·재출연을 포함한다), 그 밖에 정부 업무를 위탁받아 수행하거나 대행하는 기관·단체

4. 「지방공기업법」에 따른 지방공사·지방공단 및 지방자치단체의 출자·출연·보조를 받는 기관·단체(재출자·재출연을 포함한다), 그 밖에 지방자치단체의 업무를 위탁받아 수행하거나 대행하는 기관·단체

5. 임원 선임 시 중앙행정기관의 장 또는 지방자치단체의 장의 승인·동의·추천·제청 등이 필요한 기관·단체나 중앙행정기관의 장 또는 지방자치단체의 장이 임원을 선임·임명·위촉하는 기관·단체

② 제1항에 따른 공직유관단체의 지정기준 및 절차, 그 밖에 필요한 사항은 대통령령으로 정한다.

[본조신설 2009. 2. 3.]

본죄의 **행위의 상대방**은 업무처리 중 알게 된 비밀을 이용하여 재물 또는 재산상의 이익을 취득하는 경우 재물 또는 재산상 이익을 교부하는 사람이고, 행위자가 제3자로 하여금 취득하게 하는 경우에는 제3자에게 재물 또는 재산상 이익을 교부하는 사람이 행위의 상대방이 된다.

나. 구성요건의 객체

본죄의 **구성요건의 객체**는 **업무처리 중 알게 된 비밀**이다. 여기에서 공무원이 알게 된 **'비밀'**은 공무원이 직무를 수행하는 과정에서 취급하는 것으로서 공무상비밀누설죄에 있어서의 **'비밀'**과 동일한 개념으로 이해함이 상당하다. **대법원**도 공무원이 업무처리 중 알게 된 비밀은 그것이 비밀로서 보호할 가치가 있는 한, 반드시 법령에 의하여 비밀로 규정되었거나 비밀로 분류 명시된 사항에 한하지 아니하고 정치, 군사, 외교, 경제, 사회적 **필요에 따라 비밀로 된 사항은 물론** 정부나 공무소 또는 국민이 **객관적, 일반적인 입장에서 외부에 알려지지 않는 것에 상당한 이익이 있는 사항도 포함**한다고 판시하여 같은 입장이다.[84]

한편 **대법원**은 공무상비밀누설죄가 문제된 사안에서도 비밀의 개념을 ① 정치, 군사, 외교, 경제, 사회적 **필요에 따라 비밀로 된 사항**, ② 국민이 **객관적·일반적 입장에서 외부에 알려지지 않는 것에 상당한 이익이 있는 사항** 및 ③ **실질적으로 그것을 비밀로서 보호할 가치가 있는 것**이라고 해석하고 있다.[85]

---

84 대법원 2006. 11. 9. 선고 2006도4888 판결 참조.
85 대법원 2012. 3. 15. 선고 2010도14734 판결 참조.

그리고 대법원은 ① 시청 과장이 공영주차장 조성사업을 추진하면서 아직 일반에 알려지지 않은 사업추진계획을 알게 된 후 해당 주차장 예정 부지를 공범과 함께 매수한 사안에서 「어떤 물건의 객관적 가치에 관한 주요 정보가 비밀에 부쳐져 공개되지 않고 있는 까닭에 그 시세가 위 정보를 반영하지 못한 채 실질적인 재산 가치에 비해 낮게 형성되어 있는 경우, 업무처리 중 비밀로 되어 있는 그 정보를 알게 된 공직자가 그러한 기회를 이용하여 그 물건을 낮은 시세로 매수하였다면, 이는 곧 위 법조가 규정하는 업무처리 중 알게 된 비밀을 이용하여 재물을 취득한 행위로서 그 물건을 매수한 때에 바로 위 법조 소정의 범죄가 성립한다고 판시하였다.[86] 즉 도시계획을 통해 대상토지의 시가가 상승하게 되는 경우 객관적·일반적 입장에서 이와 같은 정보는 외부에 알려지지 않는 것이 공평·정의의 관점에서 타당하므로 비밀로서 보호할 가치가 있다고 본 것이다.

나아가 ② **국가나 지방자치단체에서 추진하는 도로개설계획 및 구체적 노선계획안**은 특별한 사정이 없는 한 공적으로 일반에게 공개되기 전까지는 모두 부패방지법 제50조 제1항 소정의 비밀에 해당한다고 판시하였다.[87]

그러나 ③ 구청에서 체납차량 영치 및 공매 등의 업무를 담당하던 공무원인 피고인이 차적 조회 시스템을 이용하여 유사휘발유 제조 현장 부근에서 경찰의 잠복근무에 이용되고 있던 **경찰청 소속 차량의 소유관계에 관한 정보를 알아내 알려준 사안**에서 재산의 소유 주체에 관한 정보에 불과한 자동차 소유자에 관한 정보를 정부나 공무소 또는 국민이 객관적, 일반적인 입장에서 외부에 알려지지 않는 것에 상당한 이익이 있는 사항으로서 실질적으로 비밀로 보호할 가치가 있다거나, 그 누설에 의하여 국가의 기능이 위협받는다고 볼 수 없다고 판시한 사례도 있다.[88]

다. 구성요건적 행위

본죄의 **구성요건적 행위**와 관련하여 공직자가 업무상 알게 된 비밀을 이용하여 **재물 또는 재산상 이익을 취득하거나 제3자에게 취득하도록 하면 곧바로 성립**하는 것이고 나중에 비밀이 공개된 후 이를 전매하여 그 전매차익을 실현할 때 본죄가 성립한다고 볼 수 없다.

이와 관련하여 대법원 또한 어떤 물건의 객관적 가치에 관한 주요 정보가 비밀에 부쳐져

---

86 대법원 2015. 11. 12. 선고 2015도9123 판결 참조.
87 대법원 2006. 11. 9. 선고 2006도4888 판결 참조.
88 대법원 2012. 3. 15. 선고 2010도14734 판결 참조.

공개되지 않고 있는 까닭에 그 시세가 위 정보를 반영하지 못한 채 실질적인 재산 가치에 비해 낮게 형성되어 있는 경우, 업무처리 중 비밀로 되어 있는 그 정보를 알게 된 공직자가 그러한 기회를 이용하여 그 물건을 낮은 시세로 매수하였다면, 이는 곧 위 법조가 규정하는 '업무처리 중 알게 된 비밀을 이용하여 재물을 취득'한 행위로서 **그 물건을 매수한 때에 바로 위 법조 소정의 범죄가 성립한다 할 것**이고, 나중에 그 비밀이 공개되어 시세가 상승한 다음 이를 다시 처분하여 전매차익을 얻음으로써 위 범죄로 인한 이익을 현실화하였다 하여, 그 때 비로소 위 법조 소정의 '재산상의 이득'을 취득한 범죄가 성립한다고 볼 것은 아니라고 판시하여 같은 입장이다.[89]

한편 **업무처리 중 비밀을 알게 된 경우에 한**하므로 공직자가 업무 외적으로 알게 된 경우, 직접 담당하지 않는 업무를 주변 공직자로부터 들어 알게 된 비밀을 이용하여 재물 또는 재산상 이익을 취득한 경우에는 본죄가 성립하지 않는다고 봄이 상당하다.

주관적 구성요건요소와 관련하여 공직자가 직무상 알게 된 사실이 위와 같은 비밀에 해당한다는 점을 미필적으로나마 인식하여야 하고, 이와 같은 이용행위를 통하여 재물 또는 재산상 이익을 취득하거나 제3자에게 취득하게 한다는 점에 대한 인식을 요할 뿐 향후 그 비밀을 이용하여 추가적인 이익을 실현한다는 점에 대한 인식까지는 필요 없다.

라. 죄수 및 처벌

부패방지권익위법위반죄는 형법상 공무상 비밀누설죄와 그 행위태양 및 구성요건이 유사한 것으로 보이나 본죄는 그와 같은 업무처리 과정에서 알게 된 비밀을 이용하여 구체적인 이익을 취득하는 것을 추가적인 요건으로 하고 공무상 비밀누설죄는 공무원 또는 공무원이었던 자가 법령에 의한 직무상 비밀을 '누설'함으로써 성립하는 것이므로 그 행위태양이 명확히 다르다.

만약 공직자가 업무처리 과정에서 알게 된 공무상 비밀을 제3자에게 누설하고, 이를 통해 재물 또는 재산상 이익을 취득하는 경우에는 부패방지권익위법위반죄와 공무상비밀누설죄의 경합범이 성립한다고 봄이 상당하다. 재물 또는 재산상 이익 취득이라는 별개의 행위가 요구되므로 양죄의 관계를 상상적 경합범으로 보기 어렵다.

본죄를 위반하면 7년 이하의 징역 또는 7천만 원 이하의 벌금에 처하고 그 징역과 벌금은 이를 병과할 수 있다(동법 제86조 제2항 참조).

---

89 위 대법원 2006도4888 판결 참조.

3. 범죄수익환수 사례

　본죄에서 ① 공직자가 위와 같은 과정에서 직접 취득한 재물 또는 재산상 이익 및 ② **이와 같은 정을 아는 제3자**(그 재물 또는 재산상 이익이 공직자가 업무처리 과정에서 알게 된 비밀을 이용하여 취득한 것이라는 사정을 아는 제3자)가 취득한 재물 또는 재산상 이익은 **모두 필요적 몰수·추징 대상이 된다**(동법 제86조 제3항 참조). 비밀을 직접 이용한 공직자뿐만 아니라 위와 같은 사정을 아는 제3자의 경우 그 제3자가 공직자와 공모관계에 있거나 또는 공모관계에 이르지 못하더라도 그와 같은 사정을 알고 취득하였다는 사정만 입증된다면 그 범죄수익을 모두 박탈하겠다는 취지다.

　이와 관련하여 공직자가 위와 같이 비밀을 이용하여 다른 사람 명의로 재물을 취득하였으나 그것이 사회통념상 공직자가 직접 취득한 것과 같이 평가할 수 있는 경우(소위, '차명재산')에는 공직자가 이를 취득한 것으로 보고 공직자로부터 그 재물 자체를 몰수하거나 이를 몰수할 수 없을 때 가액을 추징한다.[90] 그리고 위 필요적 몰수 또는 추징은 범인 또는 그 정을 아는 제3자가 취득한 재물 또는 재산상 이익을 그들로부터 박탈하여 범인 또는 그 정을 아는 제3자로 하여금 부정한 이익을 보유하지 못하게 함에 그 목적이 있고(이익박탈형 추징), **추징하여야 할 가액은 범인이 그 물건을 보유하고 있다가 몰수의 선고를 받았더라면 잃었을 이득 상당액을 의미한다**고 보아야 한다.[91]

　나아가 재물을 취득하면서 그 대가를 지급하였다고 하더라도 범죄행위로 취득한 재물 자체를 몰수하고, 몰수가 불가능하다면 그 가액 상당을 추징한다. 재물을 취득하기 위한 대가로 지급한 금원 등을 뺀 나머지를 추징해야 하는 것은 아니고,[92] 그 결과 추징액이 실제 범인이 재물의 취득으로 받은 이익을 초과한다고 하더라도 헌법상의 재산권 보장, 과잉금지의 원칙 등에 위배된다고 할 수는 없다.[93]

　이와 관련하여 시청과장이 주차장 조성사업 추진계획을 수립하고 이를 시행하는 과정에서 알게 된 비밀을 이용해 주차장 부지를 제3자와 함께 차명으로 매입한 행위와 관련하여 만약 피고인이 그와 같이 취득한 토지를 현재까지 보유하고 있다가 몰수의 선고를 받았더라면 잃었을 이득액 상당액으로서 주차장 부지의 현재 시가를 기준으로 각자의 소유 지분 범위 내에서 추징한 사례가 있다.[94]

90　위 대법원 2015도9123 판결 참조.
91　위 대법원 2015도9123 판결 참조.
92　대법원 2005. 7. 15. 선고 2003도4293 판결 참조.
93　위 2007도7725 판결 참조.

이는 부패방지권익위법 위반에 따라 피고인들로부터 추징하여야 할 금액의 범위와 기준을 명확하게 판시한 사례로서 의미가 있다.

사례

주문

1. 피고인 A를 징역 1년 6월에, 피고인 B를 징역 6월에, 피고인 C, D를 각 벌금 1,000만 원에 각 처한다. (중략)

3. 피고인 A로부터 1,207,851,400원을, 피고인 B로부터 517,650,600원을 각 추징한다.

이유

범죄사실

1. 피고인 A

피고인 A는 2012. 7. 27.경부터 2013. 6. 10.경까지 평택시청 H과장으로 근무하면서 공무원으로 재직하였다.

가. 부패방지및국민권익위원회의설치와운영에관한법률위반

평택시 H와 I팀은 2012. 10. 초순경 평택시 J 일대의 고질적인 주차난을 해소하기 위해 같은 동 K-1 전 1,290m², L 전 1,472m², M 전 10m² 등 도시계획공원용지 3필지에 자동차 60대를 주차시킬 수 있는 규모의 공영주차장을 조성하는 내용의 'N공영주차장 조성사업 추진계획'을 수립하고, 주차수요 조사를 실시한 후, 같은 달 19.경 위 추진계획을 실시하기로 확정하였다. 이와 같은 공영주차장 조성사업 추진계획은 그것이 공개될 경우 지가 및 수용 업무 등에 큰 영향을 미치게 되어 공무소가 객관적, 일반적인 입장에서 외부에 알려지지 않는 것에 상당한 이익이 있는 사항으로서 비밀에 해당하고, 피고인은 위 사업의 주무부서인 평택시 H과의 주무과장으로서 위 사업을 추진하면서 위 비밀을 알게 되었다.

공직자는 업무처리 중 알게 된 비밀을 이용하여 재물 또는 재산상의 이익을 취득하거나 제3자로 하여금 취득하게 하여서는 아니 된다.

그럼에도 불구하고, 피고인은 평택시청 H과장으로서 위 공영주차장 조성사업을 추진하고 있

---

94 수원지방법원 평택지원 2014. 11. 27. 선고 2014고단403 판결 참조.
　[이 판결은 항소심(수원지방법원 2015. 5. 27. 선고 2014노7671 판결)에서 환수하는 추징액수가 상당부분 감액되었으나 대법원(2015도9123 판결)은 항소심 판결을 파기하고 원심 판결이 타당하다고 판시하였으며 이에 따른 파기환송심(수원지방법원 2015노6647 판결)에서는 원 1심 판결 그대로 판결을 선고하였다. 나아가 대법원(2016도2930 판결)은 원심을 그대로 확정하였다. 여기에서는 구체적인 범죄사실 부분은 1심의 것을, 추징의 법리 및 산정과정은 파기환송심의 것을 소개한다]

었으므로 공영주차장이 조성될 예정 부지의 시가가 상승할 것으로 예상하고, 위 사실을 친목단체인 'O'의 회원으로 평소 피고인과 친하게 지내던 B에게 알려주어, 그와 함께 공영주차장 예정 부지인 토지를 사전에 싼 가격에 매수하였다가 주차장 부지로 확정되면 이를 평택시에 비싼 가격에 되팔아 그 차액 상당의 이익을 실현할 목적으로, 위 토지를 B와 함께 매수하되 피고인은 그 중 70%의 지분을 취득하고, B에게는 나머지 30%의 지분을 취득시키기로 마음먹었다.

이에 피고인은, 2012. 10. 중순경 평택시 P에 있는 B 운영의 Q 사무실에서, B에게 "평택시에서 N공영주차장 조성사업을 추진하려 하는데 예정 부지를 사전에 싼 가격에 매수하였다가 평택시에서 수용할 때 비싼 가격에 되팔면 많은 보상금을 받을 수 있으니 투자를 하라"고 제안하여 위 B가 이를 승낙한 후, 2012. 11. 9.경 서울 이하 불상지에서, 피고인은 외삼촌인 C를, B는 동서지간인 D를 명의수탁자로 내세워, 그들 공동 명의로 위 공영주차장 조성 예정지인 평택시 K 전 1,290m², L 전 1,472m²의 2필지를 소유권자인 R로부터 매매대금 713,128,100원에 매수하는 내용의 부동산매매계약을 체결하고, 같은 해 12. 31.경 C, D 명의로 소유권이전등기를 경료하였다.

이로써, 피고인은 공직자로서 업무처리 중 알게 된 비밀을 이용하여 위 토지(현재 시가 1,725,502,000원) 중 70%의 지분(가액: 1,207,851,400원=1,725,502,000원×70%)을 자신이 취득하고, 제3자인 B로 하여금 나머지 30%의 지분(가액: 517,650,600원=1,725,502,000원×30%)을 취득하게 하였다.

나. 공무상비밀누설

공무원은 직무상 취득한 비밀을 누설하면 아니되고, 위 N공영주차장 조성사업이 추진 중인 사실은 의사결정 과정 또는 내부검토 과정에 있는 사항으로 공개될 경우 업무의 공정한 수행에 현저한 지장을 초래한다고 인정할 만한 상당한 이유가 있는 비공개 정보로 직무상 비밀에 해당함에도 불구하고, 피고인은 ① 위 가.항 기재와 같이 평택시 H과장으로서 N공영주차장 조성사업이 진행되고 있음을 알고, 2012. 10. 중순경 평택시 P에 있는 B 운영의 Q 사무실에서, B에게 위 N공영주차장 조성사업이 추진 중임을 알려주고, ② 2012. 11. 초순경 평택시 T아파트 ***동 1901호 피고인의 집에서 처제인 U에게 위 N공영주차장 조성사업이 추진 중임을 알려주어 각 법령에 의한 직무상 비밀을 누설하였다.

2. 피고인 A, 같은 C의 부동산실권리자명의등기에관한법률위반

누구든지 부동산에 관한 물권을 명의신탁약정에 따라 명의수탁자의 명의로 등기하여서는 아니 된다.

가. 피고인 A

피고인 A는 2012. 12. 11.경 서울 이하 불상지에서, 평택시 K 전 1,290m² 중 1290분의 903 지분, L 전 1,472m² 중 1472분의 1030.4 지분, S임야 1,235m² 중 1266분의 886.2 지분에 관하여 각 C를 명의수탁자로 하기로 하는 명의신탁 약정을 체결하고, 같은 해 12. 31.경 위 C 명의로 소유권지분이전등기를 경료하게 하여 부동산에 관한 물권을 명의신탁약정에 따라 명의수탁자의 명의로 등기하였다.

나. 피고인 C

피고인 C는 위 가.항과 같이 A로부터 위 가.항 기재 부동산을 명의신탁받아 자신의 명의로 소유권이전등기를 경료함으로써, 부동산에 관한 물권을 명의신탁약정에 따라 명의수탁자인 피고인의 명의로 등기하였다.

3. 피고인 B, 같은 D의 부동산실권리자명의등기에관한법률위반

누구든지 부동산에 관한 물권을 명의신탁약정에 따라 명의수탁자의 명의로 등기하여서는 아니 된다.

가. 피고인 B

피고인 B는 2012. 12. 11.경 서울 이하 불상지에서, K 전 1,290m^2 중 1290분의 387 지분, L 전 1,472m^2 중 1472분의 441.6 지분, S 임야 1,235m^2 중 1266분의 379.8 지분에 관하여 각 D를 명의수탁자로 하기로 하는 명의신탁 약정을 체결하고, 같은 해 12. 31.경 위 D 명의로 소유권지분이전등기를 경료하게 하여, 부동산에 관한 물권을 명의신탁약정에 따라 명의수탁자인 피고인의 명의로 등기하였다.

나. 피고인 D

피고인 D는 위 가.항과 같이 B로부터 위 가.항 기재 부동산을 명의신탁받아 자신의 명의로 소유권이전등기를 경료함으로써, 부동산에 관한 물권을 명의신탁약정에 따라 명의수탁자인 피고인의 명의로 등기하였다.

법령의 적용

1. 범죄사실에 대한 해당법조 및 형의 선택

가. 피고인 A

부패방지 및 국민권익위원회의 설치와 운영에 관한 법률 제86조 제1항, 제7조의2(업무상비밀 이용금지 의무 위반의 점), 형법 제127조(공무상비밀누설의 점), 부동산 실권리자명의 등기에 관한 법률 제7조 제1항 제1호, 제3조 제1항(명의신탁의 점), 각 징역형 선택

나. 피고인 B

부동산 실권리자명의 등기에 관한 법률 제7조 제1항 제1호, 제3조 제1항, 징역형 선택

다. 피고인 C, D

각 부동산 실권리자명의 등기에 관한 법률 제7조 제2항, 제3조 제1항, 각 벌금형 선택

1. 추징(피고인 A, B)

각 부패방지 및 국민권익위원회의 설치와 운영에 관한 법률 제86조 제3항{부패방지 및 국민권익위원회의 설치와 운영에 관한 법률 제86조 제3항의 규정에 의한 필요적 몰수 또는 추징은 범인 또는 그 정을 아는 제3자가 취득한 재물 또는 재산상 이익을 그들로부터 박탈하여 범인 또는 그 정을 아는 제3자로 하여금 부정한 이익을 보유하지 못하게 함에

그 목적이 있고, 추징하여야 할 가액은 범인이 그 물건을 보유하고 있다가 몰수의 선고를 받았더라면 잃었을 이득 상당액을 의미한다고 보아야 할 것이다. 나아가 재물을 취득하면서 그 대가를 지급하였다고 하더라도 범죄행위로 취득한 재물 자체를 몰수하고, 몰수가 불가능하다면 그 가액 상당을 추징하는 것이며, 재물을 취득하기 위한 대가로 지급한 금원 등을 뺀 나머지를 추징해야 하는 것은 아니고, 그 결과 추징액이 실제 범인이 재물의 취득으로 받은 이익을 초과한다고 하더라도 헌법상의 재산권 보장, 과잉금지의 원칙 등에 위배된다고 할 수는 없다(대법원 2009. 3. 26. 선고 2007도7725 판결 참조).}

[수원지방법원 2015노6647 판결 이유 中]

3. 추징 부분에 대한 판단

(중략)

나. 이 사건을 보건대, 원심이 적법하게 채택하여 조사한 증거들에 의하면, <u>업무처리 중 이 사건 토지가 주차장 예정부지라는 비밀을 알게 된 피고인 A가 그 정보가 알려져 있지 않아 시세가 낮게 형성되어 있는 기회를 타서 피고인 B와 함께 이 사건 토지를 매수한 사실을 인정할 수 있으므로, 피고인 A는 그때 바로 부패방지법 제86조 제1항 소정의 재물을 취득한 범죄가 성립한다고 볼 것이다.</u>

<u>피고인 A의 범행 내용이 이 사건 토지의 시가 앙등이 예상되는 재산상 이익이 아니라 재물인 이 사건 토지 자체를 취득하거나 취득하게 하였다는 데에 있는 이상 이 사건 토지 자체가 몰수의 대상이 된다고 할 것이므로, 이 사건 토지를 몰수할 수 없는 때에는 피고인들로부터 그 가액을 추징하여야 한다. 나아가 추징하여야 할 가액도 이 사건 토지를 보유하고 있다가 몰수의 선고를 받았더라면 잃었을 이득액 상당이라고 할 것이고, 이 사건 토지를 취득하면서 그 대가를 지급하였다고 하더라도 추징액에서 이를 공제하여서는 아니 된다.</u>

다. 따라서 원심이 피고인들로부터 이 사건 토지의 현재 시가 중 피고인들의 소유 지분에 해당하는 시가 상당액[이 사건 **토지의 현재 시가** 1,725,502,000원, 피고인 A: 1,207,851,400원(=1,725,502,000원×70%), 피고인 B: 517,650,600원(=1,725,502,000원×30%)]을 추징한 것은 적법하고 거기에 어떠한 위법이 존재하지 않는다.

10 변호사법위반(제10호)

1. 총설

부패재산몰수법 별표 제10호에서는 변호사법 제33조 및 제109조부터 제111조까지의 죄를 부패범죄로 규정하고 있다. 그런데 범죄수익은닉규제법 별표 제5호에서는 변호사법

제111조 1개 조문만을 범죄수익환수 대상범죄로 규정하고 있어 차이가 있다.

관련조문

부패재산몰수법 별표

부패범죄(제2조 제1호 관련)

10.「변호사법」제33조 및 제109조부터 제111조까지의 죄

관련조문

제109조(벌칙) 다음 각 호의 어느 하나에 해당하는 자는 7년 이하의 징역 또는 5천만 원 이하의 벌금에 처한다. 이 경우 벌금과 징역은 병과(倂科)할 수 있다.

1. 변호사가 아니면서 금품·향응 또는 그 밖의 이익을 받거나 받을 것을 약속하고 또는 제3자에게 이를 공여하게 하거나 공여하게 할 것을 약속하고 다음 각 목의 사건에 관하여 감정·대리·중재·화해·청탁·법률상담 또는 법률관계 문서 작성, 그 밖의 법률사무를 취급하거나 이러한 행위를 알선한 자

   가. 소송 사건, 비송 사건, 가사 조정 또는 심판 사건

   나. 행정심판 또는 심사의 청구나 이의신청, 그 밖에 행정기관에 대한 불복신청 사건

   다. 수사기관에서 취급 중인 수사 사건

   라. 법령에 따라 설치된 조사기관에서 취급 중인 조사 사건

   마. 그 밖에 일반의 법률사건

2. 제33조 또는 제34조(제57조, 제58조의16 또는 제58조의30에 따라 준용되는 경우를 포함한다)를 위반한 자

제110조(벌칙) 변호사나 그 사무직원이 다음 각 호의 어느 하나에 해당하는 행위를 한 경우에는 5년 이하의 징역 또는 3천만 원 이하의 벌금에 처한다. 이 경우 벌금과 징역은 병과할 수 있다.

1. 판사·검사, 그 밖에 재판·수사기관의 공무원에게 제공하거나 그 공무원과 교제한다는 명목으로 금품이나 그 밖의 이익을 받거나 받기로 한 행위

2. 제1호에 규정된 공무원에게 제공하거나 그 공무원과 교제한다는 명목의 비용을 변호사 선임료·성공사례금에 명시적으로 포함시키는 행위

제111조(벌칙) ① 공무원이 취급하는 사건 또는 사무에 관하여 청탁 또는 알선을 한다는 명목으로 금품·향응, 그 밖의 이익을 받거나 받을 것을 약속한 자 또는 제3자에게 이를 공여하게 하거나 공여하게 할 것을 약속한 자는 5년 이하의 징역 또는 1천만 원 이하의 벌금에 처한다. 이 경우 벌금과 징역은 병과할 수 있다.

② 다른 법률에 따라 「형법」 제129조부터 제132조까지의 규정에 따른 벌칙을 적용할 때에 공무원으로 보는 자는 제1항의 공무원으로 본다.

한편 동법 제33조는 금지규정이고 변호사법 제109조 제2호에서 동법 제33조를 인용하고 있으므로 위 별표 규정에 변호사법 제33조를 넣은 것은 불필요한 입법이다. **입법론으로는 위 제33조는 삭제함이 바람직**하다(私見).

또한 변호사법은 **제34조(제57조, 제58조의16 또는 제58조의30에 따라 준용되는 경우를 포함한다)를 위반하거나 제109조 제1호, 제110조, 제111조 또는 제114조의 죄를 위반하여 취득한 범죄수익에 대하여 필요적 몰수·추징 규정을 두고 있다.**

관련조문

제116조(몰수·추징) 제34조(제57조, 제58조의16 또는 제58조의30에 따라 준용되는 경우를 포함한다)를 위반하거나 제109조 제1호, 제110조, 제111조 또는 제114조의 죄를 지은 자 또는 그 사정을 아는 제3자가 받은 금품이나 그 밖의 이익은 몰수한다. 이를 몰수할 수 없을 때에는 그 가액을 추징한다.

[전문개정 2008. 3. 28.]

따라서 ① **동법 제109조 제2호, 제33조 위반죄**(독직행위의 금지)의 경우, 필요적 몰수·추징 규정(동법 제116조)이 적용되지 않으므로 **부패재산몰수법상 몰수·추징 규정을 적용하**면 되고, ② 나머지 **제109조 제1호, 제110조, 제111조 위반죄의 경우 동법 제116조에 따라 죄를 지은 자 또는 그 사정을 아는 제3자가 받은 금품이나 그 밖의 이익은 필요적으로 몰수·추징**한다.

나아가 **범죄수익 또는 부패재산의 몰수·추징 보전과 관련**하여 동법 제109조 내지 제110조에 해당하는 범죄를 저지르는 경우 부패재산몰수법 및 마약거래방지법에 따라, 제111조에 해당하는 경우 범죄수익은닉규제법(또는 부패재산몰수법) 및 마약거래방지법에 따라 보전조치를 취할 수 있으므로 준용규정이 다를 뿐 사실상 큰 차이는 없다.

그리고 **자금세탁범죄의 성립여부와 관련**하여 변호사법 제111조 위반죄로 취득한 범죄수익을 은닉하거나 취득 및 처분의 가장행위를 하는 경우에는 범죄수익은닉규제법에 따라 처벌할 수 있으나, 나머지 변호사법위반 행위로 취득한 범죄수익의 경우 이를 은닉하더라도 부패재산몰수법상 처벌 규정이 없어 자금세탁범죄가 성립하지 않는다는 점을 유의하여야 한다.

변호사법 제111조 위반죄의 경우 이미 범죄수익은닉규제법상 부패범죄 부분에서 검토하였으므로 본편에서는 **동법 제109조, 제110조 부분에 한하여** 살펴보기로 한다.

2. 변호사 아닌 사람의 법률사무 등 취급 금지의 점(제109조 제1호)

관련조문

제109조(벌칙) 다음 각 호의 어느 하나에 해당하는 자는 7년 이하의 징역 또는 5천만 원 이하의 벌금에 처한다. 이 경우 벌금과 징역은 병과(倂科)할 수 있다.

1. 변호사가 아니면서 금품·향응 또는 그 밖의 이익을 받거나 받을 것을 약속하고 또는 제3자에게 이를 공여하게 하거나 공여하게 할 것을 약속하고 다음 각 목의 사건에 관하여 감정·대리·중재·화해·청탁·법률상담 또는 법률 관계 문서 작성, 그 밖의 법률사무를 취급하거나 이러한 행위를 알선한 자

   가. 소송 사건, 비송 사건, 가사 조정 또는 심판 사건

   나. 행정심판 또는 심사의 청구나 이의신청, 그 밖에 행정기관에 대한 불복신청 사건

   다. 수사기관에서 취급 중인 수사 사건

   라. 법령에 따라 설치된 조사기관에서 취급 중인 조사 사건

   마. 그 밖에 일반의 법률사건

가. 구성요건의 주체 및 행위의 상대방

본죄의 **구성요건 주체**는 변호사가 아닌 모든 사람이다. 따라서 변호사가 아니면서 동조 제1호 각 목에 있는 행위를 하는 경우 모두 처벌대상이 되고, 그와 같은 행위를 하고 벌어들인 수익은 모두 환수한다. 본죄는 변호사 자격이 정지된 사람이 변호사로서 법률사무를 취급하는 경우 종종 문제된다.

본 구성요건은 일종의 무자격 변호사의 법률사무 취급을 금지하는 것이므로 **상대방은 아무런 제한이 없다.**

나. 구성요건적 행위 및 객체

본죄의 **구성요건적 행위**는 금품·향응 또는 그 밖의 이익을 받거나 받을 것을 약속하고 또는 제3자에게 이를 공여하게 하거나 공여하게 할 것을 약속하고 본조 제1호 각 목의 각 사건에 관하여 **감정·대리·중재·화해·청탁·법률상담** 또는 **법률관계 문서 작성, 그 밖**

의 **법률사무**를 **취급**하거나 이러한 행위를 **알선**하는 것이다.

1) 주로 문제되는 금지행위(대리·법률상담 등)의 구체적 의미

이와 관련하여 **대법원**은 위 ① **'법률상담'**에는 법적 분쟁에 관련되는 실체적, 절차적 사항에 관하여 조언 또는 정보를 제공하거나 그 해결에 필요한 법적, 사실적 문제에 관하여 조언, 조력을 하는 행위가 포함된다고 판시하였다.[95] 따라서 민사소송의 당사자로부터 소송에 관한 법률적인 지원을 부탁받고 당사자를 만나 변호사선임 문제 등을 논의한 후 소송 관련 서류와 함께 착수금 명목의 금원을 교부받은 경우, 변호사법 제109조 제1호 위반죄가 성립한다.[96]

나아가 ② **'대리'**에는 본인의 위임을 받아 대리인의 이름으로 법률사건을 처리하는 법률상의 대리뿐만 아니라, 법률적 지식을 이용하는 것이 필요한 행위를 본인을 대신하여 행하거나, 법률적 지식이 없거나 부족한 본인을 위하여 사실상 사건의 처리를 주도하면서 외부적인 형식만 본인이 직접 행하는 것처럼 하는 등으로 대리의 형식을 취하지 않고 실질적으로 대리가 행하여지는 것과 동일한 효과를 발생시키고자 하는 경우도 당연히 포함된다.[97]

한편 의뢰인으로부터 건당 일정한 수임료를 받고 개인회생신청사건 또는 개인파산·면책신청사건을 수임하여 사실상 그 사건의 처리를 주도하면서 의뢰인들을 위하여 그 사건의 신청 및 수행에 필요한 모든 절차를 실질적으로 대리한 행위 또한 변호사법 제109조 제1호에 규정된 법률사무를 취급하는 행위에 해당한다.[98]

그리고 변호사가 아닌 자가 경매대상 부동산의 낙찰을 희망하는 사람들을 위하여 모든 경매 과정에 관여하여 경매부동산을 낙찰 받도록 하여 주는 등 **경매입찰을 사실상 대리하여 주고 그 수수료 명목으로 돈을 받은 것**은 실질적으로 위 변호사법 제109조 제1호에서 규정하는 법률사무의 '대리'에 해당한다.[99]

나아가 ③ 변호사가 아닌 사람이 의뢰인으로부터 법률사건을 수임하여 사실상 그 사건의 처리를 주도하면서 의뢰인을 위하여 그 사건의 신청 및 수행에 필요한 모든 절차를 실질적으로 대리하였다면, 비록 그 중 **일부 사무를 처리할 자격이 있었다고 하더라도 위 행위는 그러한 사무 범위를 초과한 것**으로서 변호사법 제109조 제1호에서 금지하는 법률사무

---

95 대법원 2018. 8. 1. 선고 2016다242716, 242723 판결 참조.
96 대법원 2005. 5. 27. 선고 2004도6676 판결 참조.
97 대법원 2014. 7. 24. 선고 2013다28728 판결 참조.
98 대법원 2007. 6. 28. 선고 2006도4356 판결 참조.
99 대법원 2009. 4. 23. 선고 2007도3587 판결 참조.

를 취급하는 행위에 해당한다.[100]

다만 본죄가 금지하는 '비변호사의 행위'는 '변호사라면 할 수 있는 법률사무'에 한정되므로 경찰관이 피해자들을 조사하고, 피의자들을 지구대로 임의동행한 다음 그 사건을 경찰서로 인계하는 행위는 자신의 업무행위라고 볼 수 있을 뿐 변호사가 할 수 있는 법률사무에는 해당하지 않는다.[101]

2) 비변호사 스스로의 법률사무 취급 및 알선행위 금지

한편 비변호사가 금품 등을 스스로 제공받거나 제3자에게 공여하도록 하는 행위 모두 본죄의 구성요건적 행위로 포함되고 여기에는 비변호사가 스스로 법률사무를 직접 취급하거나 제3자로 하여금 취급하게 하도록 연결하여 주는 알선행위까지 포함된다.

여기서 '알선'이라 함은 법률사건의 당사자와 그 사건에 관하여 대리 등의 법률사무를 취급하는 상대방 사이에서 양자 간에 법률사건이나 법률사무에 관한 위임계약 등의 체결을 중개하거나 그 편의를 도모하는 행위를 말한다. 따라서 현실적으로 위임계약 등이 성립하지 않아도 무방하며, 그 대가로서의 보수의 알선을 의뢰하는 자뿐만 아니라 그 상대방 또는 쌍방으로부터 지급받는 경우도 포함하고, 비변호사가 법률사건의 대리를 다른 비변호사에게 알선하는 경우는 물론, 변호사에게 알선하는 경우도 이에 해당한다. 그리고 이러한 법리는 변호사에게 법률사건의 수임을 알선하고 그 대가로 금품을 받는 행위에 대하여 따로 처벌하는 규정을 두고 있다고 하여 달리 볼 것도 아니다.[102]

나아가 대법원은 실비변상을 빙자하여 법률사무의 대가로서 경제적 이익을 취득한 사안에서, 이익 수수가 외형상 실비변상의 형식을 취하고 있더라도 그와 같이 이익을 수수하고 법률사무를 취급하는 행위는 변호사법위반죄에 해당한다고 판시하였다.[103]

한편 타인의 법률사건에 관한 법률사무를 처리하기 위한 방편으로 그 타인으로부터 권리를 양수한 것과 같은 외관만 갖춘 뒤 마치 자신이 권리자인 양 해당 법률사무를 취급한 경우에는 변호사법 제109조 제1호의 구성요건에 해당한다고 보아야 한다. 따라서 피고인이 다른 사람으로부터 금품을 받을 것을 약속하고 근저당권 배당 관련 사무를 위임받아 처리하면서 그 방편으로 형식적으로 채권 및 근저당권을 양수하여 실질적으로 그 다른 사람을 위하여 이 사건 경매절차에서 소송행위를 한 것은 변호사법 제109조 제1호 위반죄에 해당

---

100 대법원 2007. 6. 28. 선고 2006도4356 판결 등, 대법원 2016. 12. 15. 선고 2012도9672 판결 각 참조.
101 대법원 2010. 7. 15. 선고 2010도2527 판결 참조.
102 대법원 2000. 6. 15. 선고 98도3697 전원합의체 판결, 대법원 2009. 6. 11. 선고 2009도1968 판결 참조.
103 대법원 2015. 7. 9. 선고 2014도16204 판결 참조.

한다.[104]

3) 금지되는 행위의 대상

본죄에서 금지되는 행위의 대상은 소송·비송·가사 조정 또는 심판사건(가목), 행정심판 또는 심사의 청구나 이의신청, 그 밖에 행정기관에 대한 불복신청 사건(나목), 수사기관에서 취급 중인 수사 사건(다목), 법령에 따라 설치된 조사기관에서 취급 중인 조사 사건(라목), 그 밖에 일반의 법률사건(마목)이 모두 포함된다.

이 때 '그 밖의 법률사무'는 법률상의 효과를 발생·변경·소멸시키는 사항의 처리와 법률상의 효과를 보전하거나 명확하게 하는 사항의 처리를 의미하는데, 직접적으로 법률상의 효과를 발생·변경·소멸·보전·명확화하는 행위는 물론이고, 위 행위와 관련된 행위도 '그 밖의 법률사무'에 해당한다. 따라서 **사실관계 파악을 위한 자료수집행위 및 사실조사행위**는 위 '그 밖의 법률사무'에 포함된다.[105]

4) 주관적 구성요건요소 및 객체

주관적 구성요건요소와 관련하여 자신이 변호사가 아니라는 사실, 그럼에도 불구하고 위와 같은 법률사무를 취급·알선한다는 사실을 모두 미필적으로나마 인식하면 충분하다.

본죄의 **구성요건 객체**로서 변호사가 아닌 자가 제공받는 금품 등은 향응 기타 유형·무형의 재산상 이익을 모두 포함한다.

다. 변호사 사무실 사무장의 경우

변호사 사무실은 통상적으로 변호사와 사무장이 함께 근무하면서 일을 진행하므로 **사무장이 변호사 사무실에 소속되어 일을 하는 행위가 변호사법 제109조 위반은 아닌지 여부가 문제**된다.

이는 결국 **변호사 사무실을 변호사가 주도적으로 운영하는 것인지** 아니면 변호사의 지휘·감독 없이 **사무장이 변호사의 명의를 빌려 독자적으로 사무실을 운영하는 것인지**에 대한 판단에 달려 있으므로 변호사와 사무장 사이의 관계, 실제 손익계산의 주체가 누구인지 등을 종합적으로 검토하여 본죄의 성립 여부를 판단하여야 한다.

이와 관련하여 **대법원**은 「**변호사가 자신의 명의로 개설한 법률사무소 사무직원**('비변호사'를 뜻한다. 이하 같다)에게 자신의 명의를 이용하도록 함으로써 **변호사법 제109조 제2호 위**

---

104 대법원 2014. 2. 13. 선고 2013도13915 판결 참조.
105 위 대법원 2014도16204 판결 참조.

반행위를 하고, 그 **사무직원**이 그 변호사의 명의를 이용하여 법률사무를 취급함으로써 **변호사법 제109조 제1호 위반행위**를 하였는지 여부를 판단하기 위하여는, 취급한 법률사건의 최초 수임에서 최종 처리에 이르기까지의 전체적인 과정, 법률사건의 종류와 내용, 법률사무의 성격과 그 처리에 필요한 법률지식의 수준, 법률상담이나 법률문서 작성 등의 업무 처리에 대한 변호사의 관여 여부 및 그 내용·방법·빈도, 사무실의 개설 과정과 사무실의 운영 방식으로서 직원의 채용·관리 및 사무실의 수입금 관리의 주체·방법, 변호사와 사무직원 사이의 인적 관계, 명의 이용의 대가로 지급된 금원의 유무 등 여러 사정을 종합하여, **그 사무직원이 실질적으로 변호사의 지휘·감독을 받지 않고 자신의 책임과 계산으로 법률사무를 취급한 것으로 평가할 수 있는지를 살펴보아야** 한다(대법원 2015. 1. 15. 선고 2011도14198 판결 참조). 나아가 법률사무소 사무직원이 법률사무소의 업무 전체가 아니라 일정 부분의 업무에 한하여 **실질적으로 변호사의 지휘·감독을 받지 않고 자신의 책임과 계산으로 해당 법률사무를 변호사 명의로 취급·처리**하였다면, 설령 변호사가 나머지 업무에 관하여 정상적인 활동을 하고 있다고 하더라도 **사무직원과 변호사에게는 변호사법 제109조 제1호 및 제2호 위반죄가 성립될 수 있다.**」고 판시하였다.[106]

라. 죄수 및 처벌

변호사법 제109조 제1호에 규정된 법률사건에 관한 감정·대리·중재·화해·청탁·법률상담 또는 법률관계 문서 작성, 그 밖의 법률사무를 취급하거나 이러한 행위를 알선하는 행위와 관련하여 당사자와 내용을 서로 달리하는 법률사무 취급은 각기 별개의 행위라고 할 것이므로, 변호사가 아닌 사람('비변호사')이 각기 다른 법률사무를 취급하여 저지르는 **위 변호사법위반의 각 범행은 특별한 사정이 없는 한 실체적 경합범**이 되는 것이지 포괄일죄가 되는 것이 아니다.[107]

본죄를 위반하는 경우 7년 이하의 징역 또는 5천만 원 이하의 벌금에 처하고 이 경우 벌금과 징역은 병과(倂科)할 수 있다. 한편 앞에서 본 바와 같이 무자격 변호사로서 본죄를 저지르고 취득한 범죄수익은 모두 필요적 몰수·추징의 대상이 된다.

이 때 그와 같은 과정에서 변호사 아닌 자가 일부 비용을 지출하였다고 하더라도 그 비용이 변호사법위반죄의 범행을 위하여 지출한 비용에 불과하다면 수수한 이익 전부를 법률사무의 대가로 보아야 하고, 이익에서 지출한 비용을 공제한 나머지 부분만을 법률사무의

---

106 대법원 2015. 2. 12. 선고 2012도9571 판결 참조.
107 대법원 2015. 1. 15. 선고 2011도14198 판결, 대법원 2000. 8. 18. 선고 2000도3072 판결 각 참조.

대가로 볼 수는 없다.[108]

마. 범죄수익환수 사례

이와 관련하여 변호사가 아니면서 변호사 사무실의 법무실장으로 근무하는 자가 위 법무법인이 은행 등으로부터 등기신청 사건을 수임하도록 알선하고 매월 수임된 사건의 등기사무 대행 수수료 일부를 알선료 명목으로 지급받은 사안에서 **법무법인의 법무실장으로서 비변호사임에도 법률사무의 취급을 알선하고 받은 대가를 변호사법 제116조에 따라 전액 추징하여 환수한 사례**가 있다.[109]

실제로 변호사 사무실에서 근무한다 하더라도 변호사의 실질적인 지휘·감독을 받지 아니하고 자신의 계산으로 법률사무인 등기사무를 취급하고 그 대가를 받는 경우 그 수익이 모두 환수됨을 유의할 필요가 있다.

사례

범죄사실

피고인 A, 피고인 B, 피고인 C, 피고인 D, 피고인 E, 피고인 G는 시중은행의 지점장 출신이고, 피고인 F는 농협은행의 부지점장 출신인데, 피고인들은 대구 수성구 K에 있는 법무법인 L의 대구 주사무소에서 법무실장으로 근무하는 사람들이다.

변호사가 아니면서 금품·향응 또는 그 밖의 이익을 받거나 받을 것을 약속하고 비송사건에 관하여 감정·대리·중재·화해·청탁·법률상담 또는 법률관계 문서 작성, 그 밖의 법률사무를 취급하거나 이러한 행위를 알선하여서는 아니됨에도 불구하고, 피고인들은 다음과 같이 변호사가 아니면서 금품을 받고 등기신청 사건을 알선하였다.

1. 피고인 A

피고인은 2015. 2. 초순경 위 법무법인 L의 대구 주사무소에서, **위 법무법인의 대표 변호사인 M 및 사무국장 N로부터 피고인이 위 법무법인의 법무실장으로 근무하기로 하면서, 피고인의 알선으로 위 법무법인이 피고인이 근무하였던 대구은행 등으로부터 등기신청 사건을 수임하도록 하고, 매월 수임된 사건의 총 서기료(등기사무 대행 수수료를 의미함) 중 22%를 알선료로 지급받기로 하였다.** 이에 따라 **피고인은 2015. 2. 2.경 위 법무법인이 대구은행 본점으로부터 (주)O에 대한 담보대출과 관련된 근저당권설정등기 사건을 수임**

---

108 위 대법원 2014도16204 판결 참조.
109 부산지방법원 2017. 6. 15. 선고 2017고단2184 판결 참조(대법원 2018도4238 판결로 확정).
     [본 사건의 경우 피고인이 다수이나 범행 유형은 동일하므로 일부 피고인의 범죄사실을 선별하여 소개함]

하도록 알선한 것을 비롯하여 그 때부터 2016. 12. 30.경까지 별지(파일 첨부, 이하 일부 별지 파일로 첨부함) "**범죄일람표 1(A)**" 기재와 같이 총 2,670건의 등기신청 사건을 위 법무법인에 알선하고, 위 M과 N로부터 그에 대한 대가로 별지 "**범죄일람표 2(A) 기재와 같이 합계 금 70,915,070원을 지급받았다.**

이로써 피고인은 변호사가 아니면서 금품을 받고 등기신청사건을 알선하였다.

2. 피고인 B

피고인은 2016. 3.경 위 법무법인 L의 대구 주사무소에서, 위 법무법인의 대표 변호사인 M 및 사무국장 N로부터 피고인이 위 법무법인의 법무실장으로 근무하기로 하면서, 피고인의 알선으로 위 법무법인이 피고인이 근무하였던 국민은행 등으로부터 등기신청 사건을 수임하며 매월 수임된 사건의 총 서기료 중 22%를 알선료로 지급받기로 하였다.

이에 따라 피고인은 2016. 3. 14. 위 법무법인이 국민은행 복현동지점으로부터 P와 Q에 대한 담보대출과 관련된 근저당권설정등기 사건을 수임하도록 알선한 것을 비롯하여 그 때부터 2016. 12. 30.경까지 별지 "범죄일람표 3(B)" 기재와 같이 총 921건의 등기신청 사건을 위 법무법인에 알선하고, 위 M과 N로부터 그에 대한 대가로 별지 "범죄일람표 4(B)" 기재와 같이 합계 금 22,014,670원을 지급받았다.

이로써 피고인은 변호사가 아니면서 금품을 받고 등기신청사건을 알선하였다.

3. 피고인 C

피고인은 2016. 1.경 위 법무법인 L의 대구 주사무소에서, 위 법무법인의 대표 변호사인 M 및 사무국장 N로부터 피고인이 위 법무법인의 법무실장으로 근무하기로 하면서, 피고인의 알선으로 위 법무법인이 피고인이 근무하였던 하나은행 등으로부터 등기신청 사건을 수임하며 매월 수임된 사건의 총 서기료 중 20%를 알선료로 지급받기로 하였다.

이에 따라 피고인은 2016. 2. 1. 법무법인이 하나은행 황금동지점으로부터 (주)R에 대한 담보대출과 관련된 근저당권설정등기 사건을 수임하도록 알선한 것을 비롯하여 그 때부터 2016. 12. 30.경까지 별지 "범죄일람표 5(C)" 기재와 같이 총 1,326건의 등기신청 사건을 위 법무법인에 알선하고, 위 M과 N로부터 그에 대한 대가로 별지 "범죄일람표 6(C)" 기재와 같이 합계 금 47,439,850원을 지급받았다.

이로써 피고인은 변호사가 아니면서 금품을 받고 등기신청사건을 알선하였다.

4. 피고인 D

피고인은 2016. 1.경 위 법무법인 L의 대구 주사무소에서, 위 법무법인의 대표 변호사인 M 및 사무국장 N로부터 피고인이 위 법무법인의 법무실장으로 근무하기로 하면서, 피고인의 알선으로 위 법무법인이 피고인이 근무하였던 외환은행(현 KEB하나은행) 등으로부터 등기신청 사건을 수임하며 매월 수임된 사건의 총 서기료 중 10%를 알선료로 지급받기로 하였다.

이에 따라 피고인은 2016. 1. 4. 위 법무법인이 하나은행 노원동지점으로부터 S(T, U)에 대한 담보대출과 관련된 근저당권설정등기 사건을 수임하도록 알선한 것을 비롯하여 그 때부터 2016. 12. 30.경까지 별지 "범죄일람표 7(D) 기재와 같이 총 1,494건의 등기신청 사건을 위 법무법인에 알선하고, 위 M과 N로부터 그에 대한 대가로 별지 "범죄일람표 8(D) 기재와 같이 합계 금 18,720,350원을 지급받았다.

이로써 피고인은 변호사가 아니면서 금품을 받고 등기신청사건을 알선하였다.

(중략)

법령의 적용

1. 범죄사실에 대한 해당법조

    각 변호사법 제109조 제1호

1. 추징

    변호사법 제116조 단서

3. 변호사의 독직행위 금지 위반의 점(제109조 제2호, 제33조)

관련조문

제109조(벌칙) 다음 각 호의 어느 하나에 해당하는 자는 7년 이하의 징역 또는 5천만 원 이하의 벌금에 처한다. 이 경우 벌금과 징역은 병과(倂科)할 수 있다.

2. 제33조 또는 제34조(제57조, 제58조의16 또는 제58조의30에 따라 준용되는 경우를 포함한다)를 위반한 자

☞ 제33조(독직행위의 금지) 변호사는 수임하고 있는 사건에 관하여 상대방으로부터 이익을 받거나 이를 요구 또는 약속하여서는 아니 된다.[전문개정 2008. 3. 28.]

가. 구성요건의 주체 및 행위의 상대방

본죄의 **구성요건 주체**는 변호사이다(신분범). 다만 특정 사건에서 일방을 대리하는 변호사가 같은 사건의 상대방으로부터 이익을 받거나 이를 요구, 약속하는 행위를 금지하는 것이므로 **행위의 상대방**은 특정 사건의 상대편 당사자가 될 것이나 반드시 그 상대편 당사자가 아니더라도 상대편 당사자를 대표·대리하는 사람은 모두 상대방이 될 수 있다.

나. 구성요건적 행위, 객체 및 처벌

본죄의 **구성요건적 행위**는 수임하고 있는 사건에 관하여 상대방으로부터 이익을 받거나 이를 요구 또는 약속하는 것이다.

상대방으로부터 제공받거나 요구 또는 약속한 이익은 변호사가 현재 수임하여 진행하고 있는 특정 사건과의 관련성이 인정되어야 한다. 변호사법 제33조가 위와 같은 행위를 독직행위의 금지로 명명하고 있는 것은 변호사가 특정 사건과 관련하여 자신이 대리하는 당사자가 아닌 상대방으로부터 이익을 제공받는 것이 그 직을 스스로 더럽히는 행위와 같기 때문이다.

주관적 구성요건요소와 관련하여 상대방으로부터 제공받거나 요구, 약속하는 이익이 변호사 자신이 대리하는 사건과 관련이 있다는 사실에 대한 미필적 인식을 요한다.

한편 구성요건의 객체는 '**이익**'이라고만 규정하고 있으므로 좁게는 금품·향응을 포함하고 넓게는 유형적·무형적 재산상의 이익을 포괄한다고 봄이 상당하다.

본죄를 위반하면 7년 이하의 징역 또는 5천만 원 이하의 벌금에 처한다. 이 경우 벌금과 징역은 병과(倂科)할 수 있다. 그런데 독직행위 금지의 점은 변호사법 제116조에 따른 필요적 몰수·추징 규정의 적용을 받지 않으므로 결국 본죄를 저지르고 취득한 이익은 부패재산몰수법에 따라 임의적 몰수·추징의 대상이 된다.

다만 실무상 변호사가 일방을 대리하는 과정에서 다른 상대방으로부터 이익을 제공받는 경우가 거의 없어 본죄가 적용되어 처벌되는 사례는 쉽게 찾기 어렵다.

4. 비변호사와의 동업 금지 등 위반의 점(동법 제109조 제2호, 제34조)

관련조문

제109조(벌칙) 다음 각 호의 어느 하나에 해당하는 자는 7년 이하의 징역 또는 5천만 원 이하의 벌금에 처한다. 이 경우 벌금과 징역은 병과(倂科)할 수 있다.
  2. 제33조 또는 제34조(제57조, 제58조의16 또는 제58조의30에 따라 준용되는 경우를 포함한다)를 위반한 자
☞ 제34조(변호사가 아닌 자와의 동업 금지 등) ① 누구든지 법률사건이나 법률사무의 수임에 관하여 다음 각 호의 행위를 하여서는 아니 된다.
  1. 사전에 금품·향응 또는 그 밖의 이익을 받거나 받기로 약속하고 당사자 또는 그 밖의 관계인을 특정한 변호사나 그 사무직원에게 소개·알선 또는 유인하는 행위

2. 당사자 또는 그 밖의 관계인을 특정한 변호사나 그 사무직원에게 소개·알선 또는 유인한 후 그 대가로 금품·향응 또는 그 밖의 이익을 받거나 요구하는 행위

② 변호사나 그 사무직원은 법률사건이나 법률사무의 수임에 관하여 소개·알선 또는 유인의 대가로 금품·향응 또는 그 밖의 이익을 제공하거나 제공하기로 약속하여서는 아니 된다.

③ 변호사나 그 사무직원은 제109조 제1호, 제111조 또는 제112조 제1호에 규정된 자로부터 법률사건이나 법률사무의 수임을 알선받거나 이러한 자에게 자기의 명의를 이용하게 하여서는 아니 된다.

④ 변호사가 아닌 자는 변호사를 고용하여 법률사무소를 개설·운영하여서는 아니 된다.

⑤ 변호사가 아닌 자는 변호사가 아니면 할 수 없는 업무를 통하여 보수나 그 밖의 이익을 분배받아서는 아니 된다.[전문개정 2008. 3. 28.]

☞ **제57조(준용규정)** 법무법인에 관하여는 제22조, 제27조, 제28조, 제28조의2, 제29조, 제29조의2, 제30조, 제31조 제1항, **제32조부터 제37조까지**, 제39조 및 제10장을 준용한다.

☞ **제58조의16(준용규정)** 법무법인(유한)에 관하여는 제22조, 제27조, 제28조, 제28조의2, 제29조, 제29조의2, 제30조, 제31조 제1항, **제32조부터 제37조까지**, 제39조, 제44조, 제46조부터 제52조까지, 제53조 제2항 및 제10장을 준용한다.

☞ **제58조의30(준용규정)** 법무조합에 관하여는 제22조, 제27조, 제28조, 제28조의2, 제29조, 제29조의2, 제30조, 제31조 제1항, **제32조부터 제37조까지**, 제39조, 제44조, 제46조부터 제52조까지, 제53조 제2항, 제58조의9 제1항, 제58조의12 및 제10장을 준용한다.

가. 서설

변호사법은 **법률사건이나 법률사무의 수임에 관하여 각종 금지행위를 규정**하고 있다. 이를 개괄하여 보면, ① 사전 또는 사후에 대가를 받기로 하고 특정한 변호사나 사무직원에게 당사자 등을 소개하는 행위(제34조 제1항 제1호, 제2호), ② 변호사나 사무직원이 법률사건 등의 수임에 관하여 소개, 알선 또는 유인의 대가로 이익 등 제공하는 행위(제34조 제2항), ③ 변호사나 그 사무직원이 비변호사 등으로부터 법률사건 등의 수임을 알선받거나 '비변호사'에게 명의를 대여하는 행위(제34조 제3항), ④ 변호사가 아닌 자가 변호사를 고용하여 법률사무소를 개설·운영하는 행위(제34조 제4항), ⑤ 변호사가 아닌 자가 변호사가 아니면 할 수 없는 업무를 통해 보수나 그 밖의 이익을 분배받는 행위(제34조 제5항) 등이 그것이다. 이 때 변호사법 제34조 위반의 경우 법무법인, 법무법인(유한), 법무조합

이 모두 주체로 포함된다. 이하에서는 각 항을 나누어 구성요건을 상세히 검토하여 보기로 한다.

나. 사전·사후 특정한 변호사 등에게 사건 등 소개·알선 금지의 점(제109조 제2호, 제34조 제1항)

관련조문

제109조(벌칙) 다음 각 호의 어느 하나에 해당하는 자는 7년 이하의 징역 또는 5천만 원 이하의 벌금에 처한다. 이 경우 벌금과 징역은 병과(倂科)할 수 있다.

2. 제33조 또는 <u>제34조(제57조, 제58조의16 또는 제58조의30에 따라 준용되는 경우를 포함한다)</u>를 위반한 자

☞ <u>제34조(변호사가 아닌 자와의 동업 금지 등)</u> ① 누구든지 **법률사건이나 법률사무의 수임에 관하여** 다음 각 호의 **행위**를 하여서는 아니 된다.

1. 사전에 금품·향응 또는 그 밖의 이익을 받거나 받기로 약속하고 **당사자 또는 그 밖의 관계인을 특정한 변호사나 그 사무직원에게 소개·알선 또는 유인하는 행위**
2. 당사자 또는 그 밖의 관계인을 특정한 변호사나 그 사무직원에게 소개·알선 또는 유인한 후 그 대가로 금품·향응 또는 그 밖의 이익을 받거나 요구하는 행위

---

1) 구성요건의 주체 및 행위의 상대방

본죄의 **구성요건 주체**는 아무런 제한이 없으므로 누구든 주체가 될 수 있다. 소위 변호사 등에게 사건을 소위 '물어다 주는(소개·알선 또는 유인)' 행위의 대가로 금품 등을 제공받는 '**사건 브로커**'를 처벌하는 규정이므로 브로커는 특정한 신분을 요하지 않는다.

행위의 상대방은 소개·알선·유인 행위의 상대방이므로 '**특정 변호사나 그 사무직원**'이 된다.

2) 구성요건적 행위 및 객체

본죄의 **구성요건적 행위**는 **법률사건이나 법률사무의 수임에 관하여** ① 사전에 금품·향응 또는 그 밖의 이익을 받거나 받기로 약속하고 당사자 또는 그 밖의 관계인을 특정한 변호사나 그 사무직원에게 소개·알선 또는 유인하는 것(제34조 제1항 제1호)과 ② 당사자 또는 그 밖의 관계인을 특정한 변호사나 그 사무직원에게 소개·알선 또는 유인한 후 그 대가로 금품·향응 또는 그 밖의 이익을 요구하는 것(제34조 제1항 제2호)이다.

제1호와 제2호의 차이점은 **금품·향응 또는 그 밖의 이익을 받거나 받기로 약속한 시점이 당사자 또는 그 밖의 관계인을 특정 변호사 등에게 소개하기 前인지 後인지 여부**다.

한편 구성요건의 객체인 금품·향응 또는 그 밖의 이익은 법률사건이나 법률사무의 수임에 관하여 제공 또는 제공의 약속이 되어야 하므로 **제공되는 금품 등과 수임 사이에 대가성이 인정**되어야 한다.

본죄의 **실행의 착수 시점과 관련**하여 **대법원**은 법률사무의 수임에 관하여 당사자를 **특정 변호사에게 소개한 후 그 대가로 금품을 수수하면 변호사법 제109조 제2호, 제34조 제1항 위반죄가 성립**하는바, 그 경우 **소개의 대가로 금품을 받을 고의를 가지고 변호사에게 소개를 할 때 실행행위의 착수가 있다**고 판시하였다.[110] 위 판결은 동법 제34조 제1항 제2호가 문제된 사안으로서 금품 등의 제공 약속을 먼저 하고 특정 변호사에게 소개한 경우(동법 제34조 제1항 제1호)에는 금품 등의 제공 약속을 함으로써 본죄의 실행의 착수가 인정된다.

주관적 구성요건요소와 관련하여 본죄는 고의범이므로 미필적으로나마 금품 등이 소개·알선의 대상이 되는 법률사무의 수임 등과 관련하여 제공된다는 사실을 인식하면 충분하고 별도의 목적은 필요 없다.

구성요건의 객체는 금품·향응 또는 그 밖의 이익으로 그 이익은 유형 또는 무형의 이익을 불문한다. 금품과 향응은 넓게 재산상 이익의 한 유형으로 이해함이 상당하다.

3) 처벌

본죄를 범하면 7년 이하의 징역 또는 5천만 원 이하의 벌금에 처한다. 이 경우 벌금과 징역은 병과(併科)할 수 있다. 본죄는 **변호사법 제116조에 따른 필요적 몰수·추징 규정이 적용되므로 위 규정을 위반하여 제공받은 금품·향응 기타 이익은 모두 환수 대상이** 된다.

다만 **대법원**은 변호사가 위와 같은 방법으로 법률사건을 수임하였다고 하더라도 그 수임계약 자체는 유효하므로 **변호사가 법률사건을 수임하고 받은 수임료 자체는 법률사건의 알선을 받은 대가가 아니고 사법상 유효한 위임계약과 그에 따른 대리행위의 대가이므로 변호사법 위반행위로 인하여 얻은 부정한 이익으로 볼 수 없고, 따라서 추징의 대상이 아니라고 판시**하였다.[111] 즉 위와 같은 법률사건의 수임에 관하여 그 대가로 제공 또는 약

---

110 대법원 2006. 4. 7. 선고 2005도9858 전원합의체 판결 참조.
111 대법원 2001. 7. 24. 선고 2000도5069 판결 참조.

속한 금품·향응 기타 이익에 한하여 몰수·추징할 수 있을 뿐이고 법률사건 등의 수임료 자체는 범죄수익으로 볼 수 없다는 것으로 지극히 타당한 판시다.

4) 범죄수익환수 사례

본죄와 관련하여 **법률사건 수임에 대한 알선을 하여주면 그 대가로 금품을 받기로 하고 비변호사가 변호사에게 법률사건을 소개하여 준 후 수임료의 10%에 해당하는 금품을 알선 수수료로 지급받은 사안에서 이를 비변호사로부터 추징하여 환수한 사례가 있다.**[112]

사례

범죄사실

(전략)

4. 변호사법위반

누구든지 법률사건이나 법률사무의 수임에 관하여 당사자 또는 그 밖의 관계인을 특정한 변호사나 그 사무직원에게 소개·알선 또는 유인한 후 그 대가로 금품·향응 또는 그 밖의 이익을 받거나 요구하는 행위를 하여서는 아니 된다.

그런데 피고인은 2009. 12.경 서울 서초구 C에 있는 법무법인 D 사무실에서 변호사 N으로부터 회생·파산·면책 사건을 수임하면 수임료의 10~20%를 주겠다는 말을 듣고 이에 동의하였다. 이에 피고인은 2009. 12.경 주식회사 O의 대표이사인 P로부터 법인파산신청사건을 의뢰받아 위 법무법인에서 수임하도록 한 후 수임료의 10%에 해당하는 금액을 받은 것을 비롯하여, 별지 범죄일람표 기재와 같이 2012. 12.경까지 위 N으로부터 법률사건 수임 대가로 합계 13,500,000원을 교부받았다.

법령의 적용

1. 범죄사실에 대한 해당법조

각 형법 제347조 제1항(사기의 점. 징역형 선택), 각 형법 제225조(각 공문서 위조의 점), 각 형법 제229조, 제225조(각 위조공문서 행사의 점), 형법 제231조(사문서 위조의 점. 징역형 선택), 형법 제234조, 제231조(위조사문서 행사의 점. 징역형 선택), 포괄하여 **변호사법 제109조 제2호, 제34조 제1항 제2호(각 유상 법률사무 알선, 소개의 점. 징역형 선택)**

1. 추징

변호사법 제116조

---

[112] 서울남부지방법원 2015. 11. 9. 선고 2015고단4492 판결 참조(서울남부지방법원 2015노1905 판결로 확정).
[판결 이유 중 변호사법위반죄와 무관한 다른 범죄와 관련된 내용들은 모두 삭제하였음]

다. 변호사 등의 법률사건 등 소개·알선 대가 제공 등 금지의 점(제109조 제2호, 제34조 제2항)

관련조문 ───────────────

제109조(벌칙) 다음 각 호의 어느 하나에 해당하는 자는 7년 이하의 징역 또는 5천만 원 이하의 벌금에 처한다. 이 경우 벌금과 징역은 병과(倂科)할 수 있다.

2. 제33조 또는 <u>제34조(제57조, 제58조의16 또는 제58조의30에 따라 준용되는 경우를 포함한다)</u>를 위반한 자

☞ <u>제34조(변호사가 아닌 자와의 동업 금지 등)</u> ② 변호사나 그 사무직원은 법률사건이나 법률사무의 수임에 관하여 소개·알선 또는 유인의 대가로 금품·향응 또는 그 밖의 이익을 제공하거나 제공하기로 약속하여서는 아니 된다.

─────────────────────

1) 구성요건의 주체 및 행위의 상대방

본죄의 **구성요건의 주체**는 변호사나 그 사무직원이다(**신분범**). 여기에는 법무법인, 법무법인(유한), 법무조합도 포함된다. 위 신분자가 금품 등의 제공 또는 약속을 하고 실제로 금품을 제공하는 경우 본죄의 주체가 된다. **행위의 상대방**은 소개·알선·유인 행위의 상대방이므로 '**변호사나 그 사무직원에게 법률사건 등을 소개하는 사람**'이 된다.

2) 구성요건적 행위 및 객체

본죄의 **구성요건적 행위**는 법률사건이나 법률사무의 수임에 관하여 소개·알선 또는 유인의 대가로 금품·향응 또는 그 밖의 이익을 제공하거나 제공하기로 약속하는 것이다. 변호사 사무실을 운영하는 변호사 또는 사무직원이 제3자인 사건 브로커에게 금품 등을 수수료 명목으로 떼어주고 법률사건 등의 수임을 소개·알선·유인받는 행위를 처벌하고, 위와 같이 제공한 알선수수료 등을 환수하겠다는 취지다.

주관적 구성요건요소와 관련하여 변호사나 사무직원은 자신이 제공하는 금품 등이 법률사건의 수임의 대가라는 사실을 미필적으로나마 인식할 것을 요하고 별도의 목적까지 요구되지는 않는다.

이 때 **구성요건의 객체**는 소개·알선 등의 대가로 지급하는 금품·향응 또는 그 밖의 이익으로 금품·향응은 넓은 의미의 재산상 이익의 예시라고 봄이 상당하다.

3) 죄수 및 처벌

본죄는 법률사건 등의 소개·알선·유인 과정에서 그와 같은 소개 등을 받는 변호사 등을 처벌하는 것으로 사건브로커를 처벌하는 규정(동법 제109조 제2호, 제34조 제1항 제1·2호)과는 대향범의 관계에 있다. 따라서 변호사 등이 불법적으로 브로커를 통해 법률사건 등을 수임하고 그 대가를 제공하는 경우 사건브로커는 제34조 제1항 제1호 내지 제2호의 죄로, 변호사 등은 제34조 제2항의 죄로 각 처벌된다.

본죄를 위반하면 7년 이하의 징역 또는 5천만 원 이하의 벌금에 처한다. 이 경우 벌금과 징역은 병과(倂科)할 수 있다. 나아가 변호사법 제116조에 따라 본죄를 저지르고 취득한 범죄수익은 모두 필요적으로 몰수·추징하는데 브로커를 통하여 사건을 수임받는 변호사 등의 경우 통상적으로 브로커에게 수수료 명목으로 금품 등을 제공하여 주므로 브로커로부터 해당 금품 등을 되돌려 받지 않는 이상 변호사 등으로부터 금품 등을 몰수·추징하는 경우는 드물다.

4) 범죄수익환수 사례

본죄와 관련하여 **비변호사가 등기사무를 취급하는 과정에서 부동산 중개업자들에게 알선수수료를 제공하고 이를 통해 법률사무를 취급한 경우 비변호사가 취득한 범죄수익을 변호사법위반죄에 따라 추징한 사례**가 있다.[113]

이 사안에서는 비변호사가 브로커들인 부동산 중개업자들에게 제공한 금품 등을 추징한 것이 아니고 위와 같은 알선행위에 따라 취급하게 된 법률사무의 수수료(변호사법 제109조 제1호)를 비변호사로부터 추징한 것임에 유의할 필요가 있다.

이 때 위 브로커들인 부동산 중개업자들은 동법 제109조 제2호, 제34조 제1항 제1호 내지 제2호 위반죄가 성립하고 위와 같이 지급받은 알선행위의 수수료 또한 모두 환수할 수 있다고 봄이 상당하다. 그런데 이 사안에서는 등기사무를 비변호사에게 알선한 브로커들에 대해서는 별도의 수사 및 몰수·추징 판결 선고가 없었다. 본죄의 변호사법위반죄는 **주체와 행위의 상대방 모두 처벌**할 수 있고 **그 과정에서 제공되는 금전은 모두 환수의 대상이 됨을 주의**하여야 한다.

---

[113] 대전지방법원 천안지원 2017. 6. 15. 선고 2016고단2646, 2017고단252(병합) 판결 참조(대법원 2017도20109 판결로 확정).
[해당 판결 중 변호사법위반죄와 무관한 사기죄 부분은 제외하고 추징선고와 무관한 다른 피고인들에 대한 범죄사실도 모두 제외하였음.]

사례

범죄사실

『2016고단2646』

피고인 A는 천안시 동남구 K에 있는 변호사 C 법률사무소의 사무국장이고, 피고인 B는 위 법률사무소의 이른바 '등기사무장'이며, 피고인 C는 변호사이다.

1. 피고인 A

가. 법률사무 취급으로 인한 변호사법위반

피고인은 2013. 11.경 위 법률사무소 내에서 위 C 명의를 이용하여 등기신청 사건을 수임하여 처리하는 대가로 C에게 매월 400만 원을 주기로 C와 약정하였다.

변호사가 아니면서 금품·향응 또는 그 밖의 이익을 받거나 받을 것을 약속하고 또는 제3자에게 이를 공여하게 하거나 공여하게 할 것을 약속하고 소송 사건, 비송 사건, 가사 조정 또는 심판 사건이나 그 밖의 일반의 법률사건에 관하여 감정·대리·중재·화해·청탁·법률상담 또는 법률관계 문서 작성, 그 밖의 법률사무를 취급하여서는 아니 된다.

피고인은 변호사가 아님에도 2014. 2. 18.경 위 법률사무소에서, L로부터 천안시 서북구 M아파트 1동 ***호에 대한 소유권이전등기 신청을 대행해 달라는 의뢰와 함께 업무대행 수수료 명목으로 527,400원을 받은 뒤, 천안시 서북구 신부동에 있는 대전지방법원 천안지원에서 위 C 명의로 위 소유권이전등기 신청을 대행하였다.**

피고인은 이를 비롯하여 2014. 1. 2.경부터 2016. 9. 30.경까지 같은 방법으로 별지 범죄일람표 1 기재와 같이 총 7,703회에 걸쳐 등기신청 업무를 대행하고 대행수수료 명목으로 합계 3,363,558,655원을 지급받았다.

이로써 피고인은 변호사가 아니면서 수임료를 받고 법률사무를 취급하였다.

나. 알선 수수료 제공으로 인한 변호사법위반

변호사 또는 그 사무직원은 법률사건 또는 법률사무의 수임에 관하여 소개·알선 또는 유인의 대가로 금품·향응 기타 이익을 제공하거나 이를 약속하여서는 아니 된다.

피고인은 2013. 11.경 B, N, O 등을 등기사무장으로 고용한 후 이들을 통해 천안·아산지역 부동산 중개업자들로부터 부동산등기신청 의뢰인을 소개 받고, 등기사무장들에게 부동산 중개업자에게 1건당 10만 원에서 30만 원의 알선수수료를 지급하도록 지시하였다.

피고인은 2015. 1.경 위 법률사무소에서, 등기사무장 B를 통해 천안시 서북구 P에 있는 Q 사무실의 이름을 알 수 없는 부동산 중개업자로부터 등기신청 의뢰인 R을 소개 받고 2015. 2. 2.경 R의 소유권이전등기를 대행해 준 다음 2015. 2. 11.경 위 B로 하여금 위 중개업자에게 위 R을 소개해 준 대가로 33만 원을 교부하게 하였다.

피고인은 이를 비롯하여 2014. 1. 2.경부터 2016. 9. 30.경까지 같은 방법으로 별지 범죄일람표 2 기재와 같이 총 4,460회에 걸쳐 부동산 중개업자들에게 등기신청 사건의 소

개에 대한 대가로 합계 885,803,000원을 제공하였다.

이로써 피고인은 위 B 등 등기사무장들과 공모하여 법률사무의 수임에 관하여 소개의 대가로 부동산 중개업자들에게 금품을 제공하였다.

(중략)

3. 피고인 C

피고인은 위 제1의 가항 기재와 같이 위 A가 위 법률사무소 내에서 피고인의 명의를 이용하여 등기신청 사건을 수임하여 처리하도록 하고 그 대가로 매월 400만 원씩 받기로 A와 약정하였다.

변호사는 변호사가 아니면서 금품·향응 또는 그 밖의 이익을 받거나 받을 것을 약속하고 소송 사건, 비송 사건, 가사 조정 또는 심판 사건이나 그 밖의 일반의 법률사건에 관하여 감정·대리·중재·화해·청탁·법률상담 또는 법률관계 문서 작성, 그 밖의 법률사무를 취급하는 자에게 자기의 명의를 이용하게 하여서는 아니 된다.

그럼에도 피고인은 2014. 2. 18.경 위 법률사무소에서, 변호사가 아닌 위 A로 하여금 L로부터 위 M아파트 1**동 ***호에 대한 소유권이전등기 신청을 대행해 달라는 의뢰와 함께 업무대행 수수료 명목으로 527,400원을 받은 뒤, 천안시 서북구 신부동에 있는 대전지방법원 천안지원에서 피고인 명의로 위 소유권이전등기 신청을 대행하게 하였다.

피고인은 이를 비롯하여 2014. 1. 2.경부터 2016. 9. 30.경까지 같은 방법으로 별지 범죄일람표 1 기재와 같이 위 A로 하여금 총 7,703회에 걸쳐 등기신청 업무를 대행하고 등기신청 의뢰인들로부터 대행수수료 명목으로 합계 3,363,558,655원을 지급받도록 하였다.

이로써 피고인은 변호사가 아닌 위 A가 피고인의 명의를 이용하여 수임료를 받고 법률사무를 취급하게 하였다.

(중략)

『2017고단525』

변호사가 아닌 자는 금품·향응 또는 그 밖의 이익을 받거나 받을 것을 약속하고 비송사건에 관하여 대리·법률상담 또는 법률관계 문서 작성 등 법률사무를 취급하여서는 아니 된다.

피고인 A는 2008. 3.경부터 2013. 12.경까지 천안시 X에 있는 '법무사 Y 사무소'에서 사무장으로 근무한 사람으로서 변호사가 아님에도 불구하고, 2009. 4. 10.경 위 법무사 사무소에서 의뢰인 Z와 Z의 개인회생 사무 일체를 처리하여 주기로 약정하고 수임료 명목으로 1,000,000원을 받은 후, 채권자목록, 재산목록, 수입지출목록, 진술서, 변제계획안, 보정서 등을 작성하여 법원에 제출하고 관련 통지도 법원으로부터 직접 받는 등의 방법으로 Z의 개인회생 사건을 포괄적으로 대리하여 법률사무를 취급한 것을 비롯하여, 2009. 4. 3.경부터 2013. 1. 8.경까지 별지 범죄일람표 기재와 같이 총 103건의 개인회생, 파산 등 법률사무를 취급하고 의뢰인들로부터 수임료 명목으로 합계 131,000,000원을 교부받았다.

이로써 피고인 A는 변호사가 아니면서 금품을 받고 비송사건에 관하여 법률사무를 취급하였다.

법령의 적용

1. 범죄사실에 대한 해당법조 및 형의 선택
   ○ 피고인 A: 변호사법 제109조 제1호(비변호사의 법률사무 취급의 점), **변호사법 제109조 제2호, 제34조 제2항, 형법 제30조(법률사건 알선 대가 금품 제공의 점)**, 형법 제347조 제1항, 형법 제30조(사기의 점), 각 징역형 선택
   ○ 피고인 B: 변호사법 제109조 제2호, 제34조 제2항, 형법 제30조(법률사건 알선 대가 금품 제공의 점), 형법 제347조 제1항, 형법 제30조(사기의 점), 각 징역형 선택
   ○ 피고인 C: 변호사법 제109조 제2호, 제34조 제3항, 징역형 선택

1. 추징 (피고인 A)

   변호사법 제116조 후문

   [총 3,429,660,000원 = 2016고단2646 사건에 관한 추징금 3,363,550,000원 + 2017고단 525 사건에 관한 추징금 66,110,000원]

   수임료 총액 131,000,000원 − (인지대 30,000원 + 송달료 300,000원 + 부채증명발급비용 300,000원) × 총 수입건수 103건 = 66,110,000원

라. 변호사 등의 법률사건 등 알선 대가 제공 및 명의대여 금지의 점(제109조 제2호, 제34조 제3항)

관련조문

제109조(벌칙) 다음 각 호의 어느 하나에 해당하는 자는 7년 이하의 징역 또는 5천만 원 이하의 벌금에 처한다. 이 경우 벌금과 징역은 병과(倂科)할 수 있다.

2. 제33조 또는 **제34조(제57조, 제58조의16 또는 제58조의30에 따라 준용되는 경우를 포함한다)**를 위반한 자

☞ **제34조(변호사가 아닌 자와의 동업 금지 등)** ③ **변호사나 그 사무직원**은 제109조 제1호, 제111조 또는 제112조 제1호에 규정된 자로부터 법률사건이나 법률사무의 수임을 알선받거나 이러한 자에게 자기의 명의를 이용하게 하여서는 아니 된다.

1) 구성요건의 주체 및 행위의 상대방

본죄의 **구성요건의 주체**는 변호사나 그 사무직원이다(**신분범**). 여기에는 법무법인, 법무법인(유한), 법무조합도 포함된다. 변호사나 사무직원이 제109조 제1호(사건 브로커), 제111조(공무원 취급 사건 청탁·알선하는 사람), 제112조 제1호(타인의 권리 양수를 가장한 권리 실행을 업으로 하는 브로커)에 규정된 사람으로부터 법률사건 등의 수임을 알선받는 경우 본죄의 주체가

된다.

행위의 상대방은 소개·알선·유인 행위의 상대방이므로 제109조 제1호, 제111조, 제112조 제1호에 따라 '**변호사나 그 사무직원에게 법률사건 등을 알선·소개하는 사람 및 변호사 등의 명의를 빌려 이용하는 사람**'으로 특별한 신분상 제한이 없다.

2) 구성요건적 행위 및 객체

본죄의 **구성요건적 행위**는 사건 브로커 등으로부터 법률사건이나 법률사무의 수임을 **알선받거나 그들에게 변호사 등의 명의를 대여하는 것**이다. 브로커 등이 동법 제109조 제1호, 제111조, 제112조 제1호의 각 위반행위를 하는 경우 그 위반행위를 통해 법률사무 의 수임을 받는 변호사 등은 본죄로 처벌받게 된다. 다만 앞에서 본 바와 같이 이와 같은 규정에 위반하여 사건을 수임하였다 하더라도 **수임계약 및 소송행위가 무효가 되는 것은 아니라는 점**을 주의할 필요가 있다.

한편 변호사가 자신의 명의로 개설한 법률사무소 사무직원에게 자신의 명의를 이용하도 록 함으로써 변호사법 제109조 제2호 위반행위를 하고, 그 사무직원이 그 변호사의 명의를 이용하여 법률사무를 취급함으로써 변호사법 제109조 제1호 위반행위를 하였는지 여부를 판단하는 기준에 대해 **대법원**은 다음과 같이 판시한 바 있다.[114]

> **판례**
>
> … **변호사가 자신의 명의로 개설한 법률사무소 사무직원에게 자신의 명의를 이용하도록 함으로써 변호 사법 제109조 제2호 위반행위를 하고, 그 사무직원이 그 변호사의 명의를 이용하여 법률사무를 취급함 으로써 변호사법 제109조 제1호 위반행위를 하였는지 여부를 판단하려면**, 취급한 법률사건의 최초 수 임에서 최종 처리에 이르기까지의 전체적인 과정, 법률사건의 종류와 내용, 법률 사무의 성격과 그 처리 에 필요한 법률지식의 수준, 법률상담이나 법률문서 작성 등의 업무처리에 대한 변호사의 관여 여부 및 그 내용, 방법, 빈도, 사무실의 개설 과정과 사무실의 운영 방식으로서 직원의 채용, 관리 및 사무실의 수입금 관리의 주체, 방법, 변호사와 사무직원 사이의 인적 관계, 명의 이용의 대가로 지급된 금원의 유 무 등 여러 사정을 종합하여, **그 사무직원이 실질적으로 변호사의 지휘, 감독을 받지 않고 자신의 책임 과 계산으로 법률사무를 취급한 것으로 평가할 수 있는지를 살펴보아야 한다.** 나아가 **법률사무소 사무 직원이 법률사무소의 업무 전체가 아니라 일정 부분의 업무에 한하여 실질적으로 변호사의 지휘, 감독 을 받지 않고 자신의 책임과 계산으로 해당 법률사무를 변호사 명의로 취급, 처리하였다면, 설령 변호사 가 나머지 업무에 관하여 정상적인 활동을 하고 있다고 하더라도 사무직원과 변호사에게는 변호사법 제109 조 제1호 및 제2호 위반죄가 성립될 수 있다**(후략)(대법원 2015. 2. 12. 선고 2012도9571 판결 등 참조).

---

[114] 대법원 2015. 2. 12. 선고 2012도9571 판결 등 참조.

주관적 구성요건요소와 관련하여 변호사나 사무직원은 사건 브로커 등으로부터 법률사건의 수임의 알선을 받는다는 사실을 미필적으로나마 인식할 것을 요하고 별도의 목적까지 요구되지는 않는다.

이 때 **구성요건의 객체**는 소개·알선 등의 대가로 지급하는 금품·향응 또는 그 밖의 이익으로 금품·향응은 넓은 의미의 재산상 이익의 예시인 점은 앞에서 본 바와 같다.

3) 죄수 및 처벌

본죄는 법률사건 등의 알선 과정에서 그와 같은 소개 등을 받는 변호사 등을 처벌하는 것으로 동법 제109조 제1호, 제111조, 제112조 제1호의 각 위반행위와 대향범의 관계에 있다.

본죄를 위반하면 7년 이하의 징역 또는 5천만 원 이하의 벌금에 처한다. 이 경우 벌금과 징역은 병과(倂科)할 수 있다. 나아가 변호사법 제116조에 따라 본죄를 저지르고 취득한 범죄수익은 모두 필요적으로 몰수·추징되는데 특히 변호사 등이 자신의 명의를 대여하여 주고 대가를 수수하는 경우 그 대가는 본죄 위반으로 영득한 부패재산에 해당하므로 이를 환수하여야 한다.

4) 범죄수익환수 사례

이와 관련하여 변호사가, 변호사가 아닌 자에게 명의를 대여하여 법률사무를 취급하도록 하고, 변호사가 아닌 자는 변호사법 제109조 제1호에 위반하여 법률사무를 실제로 취급한 경우, **변호사는 변호사법 제109조 제2호, 제34조 제3항을, 비변호사는 변호사법 제109조 제1호를 각 적용하여 처벌하면서 변호사가 아닌 자가 벌어들인 수익 전체 및 변호사가 명의대여 대가로 지급받은 금원을 모두 추징하여 환수한 사례**가 있다.[115]

> **사례**
>
> **범죄사실**
>
> 피고인 A는 2010. 1.경부터 2014. 10.경까지 서울 서초구 J건물에서, 2014. 11.경부터 2015. 9.경까지 서울 서초구 K건물에 있는 법률사무소 L사무실에서 개인회생, 파산 등 법률사무를 취급한 사람이다.
>
> 피고인 B는 2008. 4.경부터 현재까지 법무법인 F 대표변호사로 재직하면서 A에게 변호사 명의를 이용하게 하였고, 피고인 C는 2014. 11.경부터 현재까지 법률사무소 L 변호사로 재직하면서 A에게 변호사 명의를 이용하게 하였다.

---

[115] 인천지방법원 2016. 5. 3. 선고 2015고단6953 판결 참조(대법원 2016도18741 판결로 확정).

1. 피고인 A

변호사가 아닌 피고인으로서는 금품, 향응 또는 그 밖의 이익을 받거나 받을 것을 약속하고 비송사건에 관하여 대리, 법률상담 또는 법률관계 문서 작성 등 법률사무를 취급하여서는 안 된다.

가. 법무법인 F 대표 변호사 B 명의를 이용하여 법률사무 취급

피고인은 2009. 12. 24.경 법무법인 F에서 대표 변호사 B와, 피고인은 B 변호사 명의로 개인회생, 파산 등 사건을 수임한 후 관련 각종 문서를 작성하여 법원에 제출하는 등의 법률사무를 취급하고, B는 그 대가로 월 1,000만 원을 지급받기로 약정하였다(대가는 2011. 1.경부터 월 700만 원으로 변경되고, 2013. 8.경부터 월 400만 원으로 변경되었다). 피고인은 2012. 12. 26. 법무법인 F 사무실에서 의뢰인 M으로부터 수임료 150만 원을 받고 개인회생 사건을 수임한 후 각종 문서작성 및 제출, 서류보정, 송달, 금지, 중지명령신청, 가압류해제, 신용불량 등록해제 등 일련의 업무에 대하여 실질적으로 의뢰인을 대리하여 처리하였고, 이를 비롯하여 그때부터 2014. 11. 19.경까지(수임료 입금일 기준) 별지 범죄일람표1 기재와 같이 위와 같은 방법으로 1,532건, 수임료 합계 18억 6,100만 8,600원의 개인회생, 파산 등 사건을 취급하였다.

이로써 피고인은 변호사가 아니면서 금품을 받고 개인회생, 파산, 면책 등 비송사건에 관한 법률사무를 취급하였다.

나. 법률사무소 L 변호사 C 명의를 이용하여 법률사무를 취급

피고인은 2014. 11.경 법률사무소 승*에서 변호사 C와, 피고인은 C 변호사 명의로 개인회생, 파산 등 사건을 수임한 후 관련 각종 문서를 작성하여 법원에 제출하는 등의 법률사무를 취급하고, I는 그 대가로 월 950만 원을 지급받기로 약정하였다.

피고인은 2014. 11. 11. 법률사무소 L에서 의뢰인 N으로부터 수임료 110만 원을 받고 개인회생 사건을 수임한 후 각종 문서작성 및 제출, 서류보정, 송달, 금지, 중지명령신청, 가압류해제, 신용불량 등록해제 등 일련의 업무에 대하여 실질적으로 의뢰인을 대리하여 처리하고, 이를 비롯하여 그때부터 2015. 10. 6.경까지(수임료 입금일 기준) 별지 범죄일람표2 기재와 같이 위와 같은 방법으로 769건, 수임료 합계 9억 9,045만 3,500원의 개인회생, 파산 등 사건을 취급하였다.

이로써 피고인은 변호사가 아니면서 금품을 받고 개인회생, 파산, 면책 등 비송사건에 관한 법률사무를 취급하였다.

2. 피고인 B

피고인은 2012. 12. 26.경부터 2014. 11. 19.경까지(수임료 입금일 기준) 법무법인 F에서, 변호사가 아닌 A에게 피고인의 변호사 명의를 이용하게 하여, A로 하여금 별지 범죄일람표1 기재와 같이 1,532건, 수임료 합계 18억 6,100만 8,600원의 개인회생, 파산 등 사건을 취급하게 하였다.

이로써 피고인은 변호사가 아닌 A로 하여금 피고인의 변호사 명의를 이용하여 개인회생 등 비송사건에 관한 법률사무를 취급하게 하였다.

3. 피고인 C

피고인은 2014. 11. 11.경부터 2015. 10. 6.경까지(수임료 입금일 기준) 법률사무소 L에서, 변호사가 아닌 A에게 피고인의 변호사 명의를 이용하게 하여, A로 하여금 별지 범죄일람표2 기재와 같이 769건, 수임료 합계 9억 9,045만 3,500원의 개인회생, 파산 등 사건을 취급하게 하였다.

이로써 피고인은 변호사가 아닌 A로 하여금 피고인의 변호사 명의를 이용하여 개인회생 등 비송사건에 관한 법률사무를 취급하게 하였다.

법령의 적용

1. 범죄사실에 대한 해당법조 및 형의 선택

피고인 A: 각 변호사법 제109조 제1호(징역형 선택)

피고인 B, C: 변호사법 제109조 제2호, 제34조 제3항(포괄하여, 징역형 선택)

1. 추징

피고인들: 변호사법 제116조

[피고인 A는 추징금 중 사무실 운영비, 변호사에 대한 명의대여료 등이 공제되어야 한다고 주장하고, 피고인 B는 추징금 중 직원 회식비, 직원 퇴사 시 위로금 등이 공제되어야 한다고 주장하지만, 이러한 비용은 피고인들이 변호사법위반죄로 취득한 재물을 독자적인 판단에 따라 소비한 것에 불과하거나 부수적으로 지출한 비용에 불과하여 공제할 수 없다.]

마. 사무장 법률사무소 개설·운영 금지의 점(제109조 제2호, 제34조 제4항)

관련조문

제109조(벌칙) 다음 각 호의 어느 하나에 해당하는 자는 7년 이하의 징역 또는 5천만 원 이하의 벌금에 처한다. 이 경우 벌금과 징역은 병과(倂科)할 수 있다.

2. 제33조 또는 제34조(제57조, 제58조의16 또는 제58조의30에 따라 준용되는 경우를 포함한다)를 위반한 자

☞ 제34조(변호사가 아닌 자와의 동업 금지 등) ④ 변호사가 아닌 자는 변호사를 고용하여 법률사무소를 개설·운영하여서는 아니 된다.

1) 구성요건의 주체 및 행위의 상대방

본죄의 **구성요건의 주체**는 **변호사가 아닌 사람**이다(신분범). 따라서 누구든지 변호사가 아니면서 변호사를 고용하여 법률사무소를 개설·운영하는 경우 처벌된다. 의료법 제87조, 제33조 제2항에 따른 사무장 병원 금지 규정과 그 궤를 같이 한다. 법률사무는 고도의 전문성을 요하는 것이므로 변호사가 아님에도 불구하고 자금력을 동원하여 변호사를 통해 법률사무소를 개설·운영하게 됨으로써 발생할 수 있는 문제점을 사전에 차단하기 위한 것이다.

그런데 이 때 변호사가 아닌 사람으로부터 고용된 변호사를 본죄로 처벌할 수 있는지가 문제된다. 이에 대해 **대법원**은 「변호사가 변호사 아닌 자에게 고용되어 법률사무소의 개설·운영에 관여하는 행위는 위 범죄가 성립하는 데 당연히 예상될 뿐만 아니라 범죄의 성립에 없어서는 아니 되는 것인데도 이를 처벌하는 규정이 없는 이상, 그 입법 취지에 비추어 볼 때 **변호사 아닌 자에게 고용되어 법률사무소의 개설·운영에 관여한 변호사의 행위**가 일반적인 **형법 총칙상의 공모, 교사 또는 방조에 해당된다고 하더라도 변호사를 변호사 아닌 자의 공범으로서 처벌할 수는 없다.**」고 판시하고 있다.[116] 사무장 병원의 경우 의료인의 명의로 의료기관을 실질적으로 운영하는 비의료인의 범행에 가담한 의료인이 비의료인의 공범으로 처벌된다고 해석하는 것과는 다른 점에 유의할 필요가 있다.[117]

행위의 상대방은 아무런 제한이 없다. 사무장 법률사무소를 개설·운영하는 구성요건의 특성상 행위의 상대방을 특정하기도 쉽지 않다.

2) 구성요건적 행위 및 객체

본죄의 **구성요건적 행위**는 **변호사를 고용하여 법률사무소를 개설·운영하는 것**이다. 실제로 사무장 병원 사건과 마찬가지로 변호사가 법률사무소의 개설자 또는 대표자로 등록되어 있으나 실제로 운영자가 따로 있고 변호사는 형식상 대표자에 불과한 경우 실운영자를 어떻게 특정할 것인지가 실무상 중요한 쟁점이 된다.

따라서 이는 사무장 병원의 논리와 마찬가지로 **법률사무소의 개설행위**는 비변호사가 ① **그 법률사무소의 시설 및 인력의 충원·관리, ② 개설신고, ③ 법률사무 시행, ④ 필요한 자금의 조달, ⑤ 그 운영성과의 귀속 등을 주도적인 입장에서 처리하는 것을 의미한다고 해석함이 상당**하다.[118] 나아가 비변호사와 변호사가 동업으로 법률사무소를 개설·운

---

[116] 대법원 2004. 10. 28. 선고 2004도3994 판결 참조.
[117] 대법원 2017. 4. 7. 선고 2017도378 판결 참조.
[118] 사무장 병원 사례 관련, 대법원 2011. 10. 27. 선고 2009도2629 판결, 대법원 2014. 9. 25. 선고 2014도7217 판결 각 참조.

영하는 경우에도 실제로 누가 주도적으로 법률사무소 개설·운영하였는지를 검토할 필요가
있다.

주관적 구성요건요소와 관련하여 법률사무소 개설·운영 과정에서 자신이 변호사가 아님
에도 불구하고 변호사를 고용하여 실질적으로 이를 개설·운영한다는 점에 대한 미필적 인
식이 있어야 한다. 비변호사가 법률사무소의 직원인사, 회계 관리에 적극 개입하고 이익을
분배받는 경우 이러한 인식은 추정될 수 있다.

구성요건적 객체는 특별한 제한이 없다. 법률사무소는 변호사법에 따른 개설의 대상이
되는 사무소를 의미하는 것이고 준용규정에 따라 법무법인 등을 포함한다.

3) 처벌

본죄를 범하면 7년 이하의 징역 또는 5천만 원 이하의 벌금에 처한다. 이 경우 벌금과 징
역은 병과(倂科)할 수 있다. 한편 비변호사가 변호사를 고용하여 법률사무소를 실질적으로
운영하면서 벌어들인 수익은 모두 환수의 대상이 된다.

앞에서 본 바와 같이 이 경우 변호사는 처벌의 대상이 아니므로 변호사가 법률사무소의
영업이익을 급여 등 명목으로 분배받았다 하더라도 이를 변호사로부터 몰수·추징하는 방법
으로 환수할 수 없다. 다만 이는 비변호사가 자신의 범죄수익을 실현하기 위해 소비·지출한
것에 불과하므로(종업원에 대한 급여 지급) 이를 범죄수익환수 대상에서 제외할 것은 아니다.

바. 변호사 아닌 자의 변호사 업무 금지의 점(동법 제109조 제2호, 제34조 제5항)

관련조문

제109조(벌칙) 다음 각 호의 어느 하나에 해당하는 자는 7년 이하의 징역 또는 5천만 원 이하
의 벌금에 처한다. 이 경우 벌금과 징역은 병과(倂科)할 수 있다.
2. 제33조 또는 **제34조(제57조, 제58조의16 또는 제58조의30에 따라 준용되는 경우를
포함한다)**를 위반한 자
☞ **제34조(변호사가 아닌 자와의 동업 금지 등)** ⑤ **변호사가 아닌 자**는 변호사가 아니면 할 수
없는 업무를 통하여 보수나 그 밖의 이익을 분배받아서는 아니 된다.

---

1) 구성요건의 주체 및 행위의 상대방

본죄의 **구성요건의 주체**는 **변호사가 아닌 사람**이다(신분범). 따라서 누구든지 변호사가
아니면서 변호사가 아니면 할 수 없는 업무를 하는 경우 본죄의 주체가 될 수 있다. 통상적
으로 변호사의 구체적인 지휘·감독 없이 법률사무소 사무장 등이 변호사의 업무를 실질적

으로 수행하면서 보수 또는 그 밖의 이익을 분배받는 경우 이 규정이 적용된다.

행위의 상대방은 변호사가 아닌 사람에게 변호사가 아니면 할 수 없는 법률사무를 맡기고 그 대가로 보수나 그 밖의 이익을 지급하는 사람으로 특별한 신분상 제한이 없다.

2) 구성요건적 행위 및 객체

본죄의 **구성요건적 행위**는 변호사가 아니면서 변호사가 아니면 할 수 없는 업무를 통하여 보수나 그 밖의 이익을 분배받는 것이다.

이 때 **'변호사가 아니면 할 수 없는 업무'**는 변호사법 제109조 제1호 각 목에 따른 소송 사건, 비송 사건, 가사 조정 또는 심판 사건(**가목**), 행정심판 또는 심사의 청구나 이의신청, 그 밖에 행정기관에 대한 불복신청 사건(**나목**), 수사기관에서 취급 중인 수사 사건(**다목**), 법령에 따라 설치된 조사기관에서 취급 중인 조사 사건(**라목**), 그 밖에 일반의 법률사건(**마목**)에 관하여 진행하는 감정·대리·중재·화해·청탁·법률상담 또는 법률관계 문서 작성, 그 밖의 법률사무 등을 의미한다고 봄이 상당하다.

비변호사로서 위와 같은 업무를 통하여 보수나 그 밖의 이익을 분배받는 경우 처벌되는 바 비변호사가 지급받는 보수나 그 밖의 이익과 위와 같은 업무진행 사이에 대가성이 인정되어야 한다. 그 대가성은 개별 행위에 대한 대가성을 요구하는 것은 아니고 비변호사가 취급하는 사무의 내용, 그 사무의 전반적인 성격 등을 종합적으로 고려하여 지급되는 금전이 해당 사무의 대가로 지급되었다는 사정이 인정되면 충분하다.

구성요건의 객체는 보수나 그 밖의 이익으로, 금품·향응 그 밖의 모든 재산상 이익을 포함하고 반드시 그 명목이 '보수' 또는 '급여' 등으로 한정될 필요는 없다.

3) 처벌

본죄를 범하면 7년 이하의 징역 또는 5천만 원 이하의 벌금에 처한다. 이 경우 벌금과 징역은 병과(併科)할 수 있다. 나아가 비변호사로서 본죄를 범하고 지급받은 보수나 그 밖의 이익은 모두 필요적 몰수·추징의 대상이 된다.

5. 변호사 등의 공무원 교제명목 금품 수수 등의 점(제110조 각 호)

관련조문

제110조(벌칙) 변호사나 그 사무직원이 다음 각 호의 어느 하나에 해당하는 행위를 한 경우에는 5년 이하의 징역 또는 3천만 원 이하의 벌금에 처한다. 이 경우 벌금과 징역은 병과할 수 있다.

1. 판사·검사, 그 밖에 재판·수사기관의 공무원에게 제공하거나 그 공무원과 교제한다는 명목으로 금품이나 그 밖의 이익을 받거나 받기로 한 행위
2. 제1호에 규정된 공무원에게 제공하거나 그 공무원과 교제한다는 명목의 비용을 변호사 선임료·성공사례금에 명시적으로 포함시키는 행위

[전문개정 2008. 3. 28.]

가. 총설

변호사법은 **변호사나 그 사무직원이 판사·검사 등 공무원에게 제공하거나 교제한다는 명목으로 금품 등을 수수하거나 해당 비용을 변호사 선임료 또는 성공사례금으로 명시하는 행위를 금지**하고 있다. 판사·검사 그 밖에 수사·재판 업무를 담당하는 공무원들에 대한 불가매수성을 명시한 것이다.

나. 구성요건의 주체 및 행위의 상대방

본죄의 **구성요건 주체**는 변호사나 그 사무직원이다(신분범). 그 **행위의 상대방**은 재판·수사기관의 공무원과 교제한다는 명목으로 금전을 제공하는 사람이다. 통상적으로 법률사건을 담당하는 공무원들에게 청탁할 명목이 있는 의뢰인들이 행위의 상대방이 될 것이다.

다. 구성요건적 행위 및 객체

본죄의 **구성요건적 행위**는 ① 판사·검사, 그 밖에 재판·수사기관의 공무원에게 제공하거나 그 공무원과 교제한다는 명목으로 금품이나 그 밖의 이익을 받거나 받기로 한 행위(제110조 제1호) 및 ② 제1호에 규정된 공무원에게 제공하거나 그 공무원과 교제한다는 명목의 비용을 변호사 선임료 또는 성공사례금에 명시적으로 포함시키는 행위(제110조 제2호)이다.

이 때 '**교제**'의 의미와 관련하여 **대법원**은 「교제」는 의뢰받은 사건의 해결을 위하여 접대나 향응은 물론 사적인 연고관계나 친분관계를 이용하는 등 이른바 공공성을 지닌 **법률전문직으로서의 정상적인 활동이라고 보기 어려운 방법으로 당해 공무원과 직접·간접으로 접촉하는 것을 뜻하는 것**이라고 해석되고, 변호사가 받은 금품 등이 정당한 변호활동에 대한 대가나 보수가 아니라 교제 명목으로 받은 것에 해당하는지 여부는 당해 **금품 등의 수수 경위와 액수, 변호사선임계 제출 여부, 구체적인 활동내역 기타 제반 사정 등을 종합하여 판단**하여야 한다.」고 판시하였다.[119]

---

[119] 대법원 2006. 11. 23. 선고 2005도3255 판결 참조.

　　구체적으로 위 사안에서 **대법원**은 피고인이 당시 증권거래법 위반 혐의로 공소제기되어 수감 중이던 사람에게 **사건 담당 재판장과 고교 선·후배 사이임을 강조하면서 개인적으로 만나 수감자의 억울한 부분을 풀어주고 형량을 낮추어 주겠다면서 그 로비 비용으로 2,000만 원을 요구**하여 위 수감자의 처로부터 2,000만 원을 수수하였으나, **위와 같이 돈을 받고도 변호인선임약정서를 작성하지도 않았으며 법정에서 위 수감자를 위해 변론활동을 한 바도 없는** 경우 이는 판사와의 교제 명목으로 금품을 수수한 것으로 볼 수 있다고 인정하였다.

　　나아가 **대법원**은 정식으로 법률사건을 의뢰받은 변호사라 하더라도 의뢰받은 사건의 해결을 위한 접대나 향응, 뇌물의 제공, 사적인 연고관계나 친분관계를 부정하게 이용하는 등 **공공성을 지닌 법률전문직으로서의 정상적인 활동이라고 보기 어려운 방법을 내세워 공무원과 직접·간접으로 접촉**하거나 공무원에게 청탁 또는 알선을 한다는 명목으로 금품 등을 받거나 받기로 하는 등, **금품 등의 수수 명목이 변호사의 지위 및 직무범위와 무관하다고 평가할 수 있을 때**에는 변호사법 제110조 제1호 위반죄 및 제111조 제1항 위반죄가 성립한다고 판시한바 있다.[120]

　　본죄의 **구성요건적 객체**는 금품이나 그 밖의 이익으로, 이 때 금품은 '그 밖의 이익'의 예시일 뿐이다.

라. 죄수 및 처벌

　　본죄는 통상적으로 판사·검사 등 재판·수사 담당 공무원과 교제할 아무런 의사나 능력이 없이 상대방을 기망하여 금품을 요구하여 지급받는 경우가 대부분이므로 사기죄가 함께 문제된다. 이런 경우 사기죄와 본죄는 실체적 경합범 관계에 있다.

　　본죄를 범하면 5년 이하의 징역 또는 3천만 원 이하의 벌금에 처한다. 이 경우 벌금과 징역은 병과할 수 있다. 나아가 **위 범행으로 취득한 범죄수익은 필요적 몰수·추징의 대상이 됨**은 앞에서 본 바와 같다(동법 제116조).

마. 범죄수익환수 사례

　　본죄와 관련하여 피고인이 재판·수사기관 공무원과의 교제 명목으로 금품을 수수하는 등 범행을 한 경우 이와 같은 명목으로 취득한 금품을 모두 추징하여 환수한 사례가 있어 소개한다.[121]

---

120 대법원 2019. 3. 14. 선고 2015도1900 판결 참조.

변호사가 판·검사 등 공무원에 대한 교제·청탁 명목으로 금품을 수수하였다고 하더라도 의뢰인으로부터 수임한 금원에는 위 교제 등 명목 금원뿐만 아니라 **정당한 변론활동에 대한 대가와 다른 변호인을 선임하는 비용도 불가분적으로 포함되어 있을 수 있는데 이러한 경우 정당한 변론활동에 대한 대가 부분은 추징액에서 제외함이 상당하다.** 다만 교제·청탁 명목 등의 금원과 이와 무관한 대가로서의 금원의 액수가 구분되지 않은 채 불가분적으로 결합되어 있는 경우 그 전부가 교제·청탁 명목 등의 금원으로 인정될 수 있다.[122]

위 사안은 추징금을 산정하는 과정에서 대법원에서 한 차례 파기환송이 이루어져 확정된 사안으로 본죄와 관련하여 범죄수익을 환수한 대표적인 사례이다.

사례

(전략) (2) 원심은 공소외 1 관련 변호사법 위반 부분에 관하여, 피고인이 제1심 판시 범죄사실 제1항과 같이 상습도박죄로 구속되어 재판을 받고 있던 공소외 1에게 재판부에 대한 교제와 청탁을 통해 보석으로 석방될 수 있도록 해 주는 대가로 돈을 달라는 취지로 말하고, 공소외 1로부터 합계 50억 원을 받음으로써, 판사·검사 그 밖에 재판·수사기관의 공무원에 대한 교제 및 청탁 명목으로 돈을 받았다고 판단하였다.

또한 <u>원심은 공소외 2 관련 변호사법 위반 부분에 관하여, 판시와 같은 사실 및 사정을 종합하여, ① 피고인이 2015. 6. 26.경 공소외 2로부터 20억 원을, 2015. 10. 30. 공소외 3으로부터 10억 원을 받은 사실을 인정할 수 있고, ② 피고인이 2015. 9. 3.부터 2015. 9. 10. 사이에 받은 현금 10억 원 및 수표 10억 원은 '○○○○○○○' 사건 항소심에서의 보석과 관련한 교제 및 청탁을 주된 명목으로 하여 수수한 것일 뿐 '△△ 사건 합의금' 명목으로 보관하였다가 그중 17억 원을 반환하였다고 볼 수 없으며, ③ 피고인이 2015. 6. 26.경 공소외 2로부터 받은 돈은 집행유예 관련 교제·청탁 명목으로, 2015. 10. 30. 공소외 3으로부터 받은 돈은 '□□□□□□' 사건 수사 및 재판 관련 교제·청탁 명목으로 각 수수한 것이고, 그 과정에서 공소외 4와 공모한 사실이 인정된다고 판단하였다.</u>

나아가 원심은, 피고인의 범행은 공소외 2, 공소외 1의 각 수사 및 재판 과정에서 변호사로서의 정당한 변론활동의 범위를 벗어나, 재판부와의 사적인 연고관계나 친분관계 등을 이용하여 공판정 외에서 비공식적으로 접촉하는 '교제'의 명목과 공소외 2, 공소외 1의 보석 또는 집행유예 등을 부탁하는 '청탁'의 명목이 모두 포함된 돈을 받은 것을 내용으로 하고 있으므로,

---

121 서울중앙지방법원 2017. 1. 5. 선고 2016고합505 판결 참조[항소심은 서울고등법원 2017노203 판결이었는데 추징부분과 관련하여 대법원(2017도12127 판결)에서 파기되었고, 이에 진행된 파기환송심 서울고등법원 2018노2 판결 및 대법원 2018도12630 판결로 확정되었다].

122 대법원 2005. 4. 29. 선고 2005도514 판결 등 참조.

공소외 2, 공소외 1 관련 각 변호사법 위반 부분은 교제 명목에 따른 변호사법 제110조 제1호 위반죄와 청탁 명목에 따른 변호사법 제111조 제1항 위반죄가 동시에 모두 성립한다고 판단하여, 상상적 경합관계라고 본 제1심판결을 그대로 유지하였다.

  3) 원심판결 이유를 앞에서 본 법리와 기록에 비추어 살펴보면, 위와 같은 사실인정과 원심의 판단에 상고이유 주장과 같이 논리와 경험의 법칙에 반하여 자유심증주의의 한계를 벗어나 사실을 잘못 인정하거나, 변호사법 제110조 제1호의 적용 등에 관한 법리를 오해한 위법이 없다.

  나. 추징에 관한 채증법칙 위반 및 법리오해 주장

  피고인이 공소외 1, 공소외 2의 형사사건 담당 재판장이나 수사기관 등에 대한 교제 및 그들에 대한 청탁 명목으로 금품을 받은 이상, 공소외 1, 공소외 2에게 반환한 금품을 제외한 나머지 받은 금품 전액이 몰수·추징의 대상이 된다고 봄이 타당하다. 설령 피고인이 그중 일부를 다른 변호사 선임비용으로 사용하였다 하더라도, 이는 변호사법 위반으로 취득한 재물의 소비방법에 불과하므로, 그 비용 상당액을 추징에서 제외할 수는 없다 (위 대법원 2005도3255 판결 등 참조).

  원심이 공소외 1, 공소외 2로부터 수수된 돈 전부가 재판부 등에 대한 교제·청탁 명목의 것임을 인정하면서도, 그 돈에서 피고인이 다른 변호사를 선임하면서 지출하였다는 비용 일부를 추징액에서 공제한 것은 적절하지 않지만, 상고이유로 주장하는 또 다른 변호사들에게 선임료로 지출하였다는 부분을 추징에서 제외하지 아니한 원심의 결론은 결과적으로 정당하다. 이와 다른 전제에서 피고인이 공소외 1, 공소외 2를 위하여 별도로 선임한 또 다른 변호사들의 선임료로 지출한 금액을 추징액에서 제외하여야 한다는 취지의 상고이유 주장은 받아들일 수 없다.

  (대법원 2017. 12. 22. 선고 2017도12127 판결 中)

6. 청탁·알선 명목 금품 수수 등의 점(제111조)

관련조문

제111조(벌칙) ① 공무원이 취급하는 사건 또는 사무에 관하여 청탁 또는 알선을 한다는 명목으로 금품·향응, 그 밖의 이익을 받거나 받을 것을 약속한 자 또는 제3자에게 이를 공여하게 하거나 공여하게 할 것을 약속한 자는 5년 이하의 징역 또는 1천만 원 이하의 벌금에 처한다. 이 경우 벌금과 징역은 병과할 수 있다.

  ② 다른 법률에 따라 「형법」 제129조부터 제132조까지의 규정에 따른 벌칙을 적용할 때에 공무원으로 보는 자는 제1항의 공무원으로 본다.

  [전문개정 2008. 3. 28.]

변호사법은 공무원이 취급하는 사건 또는 사무에 관하여 청탁 또는 알선을 한다는 명목으로 금품·향응 그 밖의 이익을 받는 행위 등을 금지하고 있다.

이미 앞에서 본 바와 같이 해당 부분은 범죄수익은닉규제법상 중대범죄에 해당하여 앞에서 검토하였으므로 본장에서는 기재를 생략한다(「제2편 제4장 부패범죄」 참조).

11 선박소유자 등의 책임제한절차에 관한 법률위반(제11호)

1. 총설

부패재산몰수법 별표 제11호에서는 선박소유자 등의 책임제한절차에 관한 법률(이하, '선박소유자책임법') 제93조 및 제94조의 죄를 부패범죄로 규정하고 있다.

관련조문

부패재산몰수법 별표

부패범죄(제2조 제1호 관련)

11. 「선박소유자 등의 책임제한절차에 관한 법률」 **제93조 및 제94조**의 죄

관련조문

제93조(관리인의 수뢰죄) ① 관리인 또는 관리인대리가 그 직무에 관하여 뇌물을 수수(收受), 요구 또는 약속한 경우에는 5년 이하의 징역 또는 500만 원 이하의 벌금에 처한다.

② 제1항의 경우 수수된 뇌물은 몰수한다. 그 전부 또는 일부를 몰수할 수 없는 경우에는 그 가액(價額)을 추징한다.

제94조(뇌물의 제공 등) 제93조 제1항에 따른 뇌물을 약속 또는 제공하거나 제공의 의사를 표시한 자는 3년 이하의 징역 또는 200만 원 이하의 벌금에 처한다.

이 법은 「상법」 제769조부터 제776조까지의 규정에 따른 선박소유자 등의 책임제한의 절차에 관하여 필요한 사항을 규정함을 목적으로 한다(동법 제1조).

관련조문

제769조(선박소유자의 유한책임) 선박소유자는 청구원인의 여하에 불구하고 다음 각 호의 채권에 대하여 제770조에 따른 금액의 한도로 그 책임을 제한할 수 있다. 다만, 그 채권이 선박

소유자 자신의 고의 또는 손해발생의 염려가 있음을 인식하면서 무모하게 한 작위 또는 부작위로 인하여 생긴 손해에 관한 것인 때에는 그러하지 아니하다.

1. 선박에서 또는 선박의 운항에 직접 관련하여 발생한 사람의 사망, 신체의 상해 또는 그 선박 외의 물건의 멸실 또는 훼손으로 인하여 생긴 손해에 관한 채권
2. 운송물, 여객 또는 수하물의 운송의 지연으로 인하여 생긴 손해에 관한 채권
3. 제1호 및 제2호 외에 선박의 운항에 직접 관련하여 발생한 계약상의 권리 외의 타인의 권리의 침해로 인하여 생긴 손해에 관한 채권
4. 제1호부터 제3호까지의 채권의 원인이 된 손해를 방지 또는 경감하기 위한 조치에 관한 채권 또는 그 조치의 결과로 인하여 생긴 손해에 관한 채권

제770조(책임의 한도액) ① 선박소유자가 제한할 수 있는 책임의 한도액은 다음 각 호의 금액으로 한다.

1. 여객의 사망 또는 신체의 상해로 인한 손해에 관한 채권에 대한 책임의 한도액은 그 선박의 선박검사증서에 기재된 여객의 정원에 17만5천 계산단위(국제통화기금의 1 특별인출권에 상당하는 금액을 말한다. 이하 같다)를 곱하여 얻은 금액으로 한다.
2. 여객 외의 사람의 사망 또는 신체의 상해로 인한 손해에 관한 채권에 대한 책임의 한도액은 그 선박의 톤수에 따라서 다음 각 목에 정하는 바에 따라 계산된 금액으로 한다. 다만, 300톤 미만의 선박의 경우에는 16만7천 계산단위에 상당하는 금액으로 한다.
   가. 500톤 이하의 선박의 경우에는 33만3천 계산단위에 상당하는 금액
   나. 500톤을 초과하는 선박의 경우에는 가목의 금액에 500톤을 초과하여 3천톤까지의 부분에 대하여는 매 톤당 500 계산단위, 3천톤을 초과하여 3만톤까지의 부분에 대하여는 매 톤당 333 계산단위, 3만톤을 초과하여 7만톤까지의 부분에 대하여는 매 톤당 250 계산단위 및 7만톤을 초과한 부분에 대하여는 매 톤당 167 계산단위를 각 곱하여 얻은 금액을 순차로 가산한 금액
3. 제1호 및 제2호 외의 채권에 대한 책임의 한도액은 그 선박의 톤수에 따라서 다음 각 목에 정하는 바에 따라 계산된 금액으로 한다. 다만, 300톤 미만의 선박의 경우에는 8만3천 계산단위에 상당하는 금액으로 한다.
   가. 500톤 이하의 선박의 경우에는 16만7천 계산단위에 상당하는 금액
   나. 500톤을 초과하는 선박의 경우에는 가목의 금액에 500톤을 초과하여 3만톤까지의 부분에 대하여는 매 톤당 167 계산단위, 3만톤을 초과하여 7만톤까지의 부분에 대하여는 매 톤당 125 계산단위 및 7만톤을 초과한 부분에 대하여는 매 톤당 83 계산단위를 각 곱하여 얻은 금액을 순차로 가산한 금액

② 제1항 각 호에 따른 각 책임한도액은 선박마다 동일한 사고에서 생긴 각 책임한도액에 대응하는 선박소유자에 대한 모든 채권에 미친다.

③ 제769조에 따라 책임이 제한되는 채권은 제1항 각 호에 따른 각 책임한도액에 대하여 각 채권액의 비율로 경합한다.

④ 제1항 제2호에 따른 책임한도액이 같은 호의 채권의 변제에 부족한 때에는 제3호에 따른 책임한도액을 그 잔액채권의 변제에 충당한다. 이 경우 동일한 사고에서 제3호의 채권도 발생한 때에는 이 채권과 제2호의 잔액채권은 제3호에 따른 책임한도액에 대하여 각 채권액의 비율로 경합한다.

제771조(동일한 사고로 인한 반대채권액의 공제) 선박소유자가 책임의 제한을 받는 채권자에 대하여 동일한 사고로 인하여 생긴 손해에 관한 채권을 가지는 경우에는 그 채권액을 공제한 잔액에 한하여 책임의 제한을 받는 채권으로 한다.

제772조(책임제한을 위한 선박톤수) 제770조 제1항에서 규정하는 선박의 톤수는 국제항해에 종사하는 선박의 경우에는 「선박법」에서 규정하는 국제총톤수로 하고 그 밖의 선박의 경우에는 같은 법에서 규정하는 총톤수로 한다.

제773조(유한책임의 배제) 선박소유자는 다음 각 호의 채권에 대하여는 그 책임을 제한하지 못한다.

1. 선장·해원, 그 밖의 사용인으로서 그 직무가 선박의 업무에 관련된 자 또는 그 상속인, 피부양자, 그 밖의 이해관계인의 선박소유자에 대한 채권

2. 해난구조로 인한 구조료 채권 및 공동해손의 분담에 관한 채권

3. 1969년 11월 29일 성립한 「유류오염손해에 대한 민사책임에 관한 국제조약」 또는 그 조약의 개정조항이 적용되는 유류오염손해에 관한 채권

4. 침몰·난파·좌초·유기, 그 밖의 해양사고를 당한 선박 및 그 선박 안에 있거나 있었던 적하와 그 밖의 물건의 인양·제거·파괴 또는 무해조치에 관한 채권

5. 원자력손해에 관한 채권

제774조(책임제한을 할 수 있는 자의 범위) ①다음 각 호의 어느 하나에 해당하는 자는 이 절의 규정에 따라 선박소유자의 경우와 동일하게 책임을 제한할 수 있다.

1. 용선자·선박관리인 및 선박운항자

2. 법인인 선박소유자 및 제1호에 규정된 자의 무한책임사원

3. 자기의 행위로 인하여 선박소유자 또는 제1호에 규정된 자에 대하여 제769조 각 호에 따른 채권이 성립하게 한 선장·해원·도선사, 그 밖의 선박소유자 또는 제1호에 규정된 자의 사용인 또는 대리인

② 동일한 사고에서 발생한 모든 채권에 대한 선박소유자 및 제1항에 규정된 자에 의한 책임제한의 총액은 선박마다 제770조에 따른 책임한도액을 초과하지 못한다.

③ 선박소유자 또는 제1항 각 호에 규정된 자의 1인이 책임제한절차개시의 결정을 받은 때에는 책임제한을 할 수 있는 다른 자도 이를 원용할 수 있다.

제775조(구조자의 책임제한) ①구조자 또는 그 피용자의 구조활동과 직접 관련하여 발생한 사람의 사망·신체의 상해, 재산의 멸실이나 훼손, 계약상 권리 외의 타인의 권리의 침해로 인하여 생긴 손해에 관한 채권 및 그러한 손해를 방지 혹은 경감하기 위한 조치에 관한 채권 또는 그 조치의 결과로 인하여 생긴 손해에 관한 채권에 대하여는 제769조부터 제774조(제

769조 제2호 및 제770조 제1항 제1호를 제외한다)까지의 규정에 따라 구조자도 책임을 제한할 수 있다.

② 구조활동을 선박으로부터 행하지 아니한 구조자 또는 구조를 받는 선박에서만 행한 구조자는 제770조에 따른 책임의 한도액에 관하여 1천500톤의 선박에 의한 구조자로 본다.

③ 구조자의 책임의 한도액은 구조선마다 또는 제2항의 경우에는 구조자마다 동일한 사고로 인하여 생긴 모든 채권에 미친다.

④ 제1항에서 "구조자"란 구조활동에 직접 관련된 용역을 제공한 자를 말하며, "구조활동"이란 해난구조 시의 구조활동은 물론 침몰·난파·좌초·유기, 그 밖의 해양사고를 당한 선박 및 그 선박 안에 있거나 있었던 적하와 그 밖의 물건의 인양·제거·파괴 또는 무해조치 및 이와 관련된 손해를 방지 또는 경감하기 위한 모든 조치를 말한다.

제776조(책임제한의 절차) ①이 절의 규정에 따라 책임을 제한하고자 하는 자는 채권자로부터 책임한도액을 초과하는 청구금액을 명시한 서면에 의한 청구를 받은 날부터 1년 이내에 법원에 책임제한절차개시의 신청을 하여야 한다.

② 책임제한절차 개시의 신청, 책임제한의 기금의 형성·공고·참가·배당, 그 밖에 필요한 사항은 별도로 법률로 정한다.

상법은 선박소유자의 책임제한이라는 주제 하에 해상에서 사고가 발생하여 선박소유자가 책임을 부담하게 될 경우 책임의 한도를 제한하는 규정을 두고 있다. **선박 사고의 특성상 피해의 범위가 매우 넓고, 그 피해금액이 막대할 수 있어 그러한 위험으로부터 선박소유자를 보호하기 위함**이다.

한편 선박소유자책임법은 제93조 제1항에 따라 관리인이 그 직무에 관하여 수수한 뇌물을 필요적으로 몰수·추징하도록 하고 있다(동법 제93조 제2항).

관련조문

제93조(관리인의 수뢰죄) ① 관리인 또는 관리인대리가 그 직무에 관하여 뇌물을 수수(收受), 요구 또는 약속한 경우에는 5년 이하의 징역 또는 500만 원 이하의 벌금에 처한다.

② 제1항의 경우 수수된 뇌물은 몰수한다. 그 전부 또는 일부를 몰수할 수 없는 경우에는 그 가액(價額)을 추징한다. [전문개정 2009. 12. 29.]

따라서 ① 선박소유자책임법 제93조 제1항의 범죄의 경우에는 동법상의 별개의 몰수·추징 규정이 적용되고 ② 나머지 부패범죄인 제94조 위반죄는 부패재산몰수법상 임의적 몰수·추징 규정이 적용된다. 다만 동법 제94조는 뇌물을 제공한 사람을 처벌하는 규정이므로 뇌물제공

자가 스스로 제공한 뇌물을 돌려받는 등의 경우가 아니라면 동법 제94조 및 부패재산몰수법에 따라 몰수·추징하는 것은 쉽게 상정하기 어렵다.

나아가 **범죄수익 또는 부패재산의 몰수·추징보전과 관련**하여 동법 제93조 내지 제94조 위반죄 모두 부패재산몰수법 및 마약거래방지법에 따라 보전절차가 진행가능하나, 자금세탁범죄는 성립할 수 없음은 앞에서 본 바와 같다.

이하에서는 선박소유자책임법 제93조와 제94조의 구성요건 등을 한꺼번에 살핀다. 뇌물수수와 뇌물공여죄와 마찬가지로 양 구성요건은 대향범 관계에 있기 때문이다.

2. 구성요건 및 처벌

관련조문

> **제93조(관리인의 수뢰죄)** ① 관리인 또는 관리인대리가 그 직무에 관하여 뇌물을 수수(收受), 요구 또는 약속한 경우에는 5년 이하의 징역 또는 500만 원 이하의 벌금에 처한다.
> ② 제1항의 경우 수수된 뇌물은 몰수한다. 그 전부 또는 일부를 몰수할 수 없는 경우에는 그 가액(價額)을 추징한다. [전문개정 2009. 12. 29.]
> **제94조(뇌물의 제공 등)** 제93조 제1항에 따른 뇌물을 약속 또는 제공하거나 제공의 의사를 표시한 자는 3년 이하의 징역 또는 200만 원 이하의 벌금에 처한다.
> [전문개정 2009. 12. 29.]

가. 구성요건의 주체 및 행위의 상대방

동법 제93조 제1항 위반죄의 **구성요건 주체**는 뇌물수수·요구·약속의 점의 경우 관리인 또는 관리인대리이고 그 **행위의 상대방**은 아무런 제한이 없다.

한편 그 반대로 동법 제94조 위반죄의 **구성요건 주체**는 아무런 제한이 없고, 그 **행위의 상대방**은 관리인 또는 관리인 대리이다.

이 때 '**관리인**'은 선박소유자의 책임제한절차 개시결정에 따라 법원이 선임한 사람을 의미한다.

관련조문

> 제5장 관리인 〈개정 2009. 12. 29.〉
> 제34조(권한) ① 관리인은 제한채권의 조사기일 동안 의견의 진술, 배당, 그 밖에 이 법에서 규정한 직무를 수행할 권한을 가진다.

② 제1항에 따른 직무를 수행하기 위하여 관리인은 신청인 또는 수익채무자에게 필요한 사항의 보고나 장부 또는 그 밖의 서류의 제출을 요구할 수 있다.

제35조(감독) 관리인은 법원의 감독을 받는다.

제36조(주의의무) 관리인은 선량한 관리자의 주의로 그 직무를 수행하여야 한다.

제37조(관리인대리) 관리인은 그 직무를 수행할 때 법원의 허가를 받아 관리인대리를 선임할 수 있다.

나. 구성요건적 행위 및 객체

동법 제93조 내지 제94조 위반죄의 **구성요건적 행위**는 그 직무에 관하여 뇌물을 수수(收受), 요구 또는 약속하는 것(제93조 제1항)과 그에게 뇌물을 제공하거나 제공의 의사표시를 하는 것이다(제94조).

관리인 또는 관리인 대리가 수수한 뇌물은 법원의 선박책임제한 절차 진행 등 그의 **직무와 관련된 것**이어야 하고 **뇌물은 그 직무와 대가관계가 인정되어야** 한다. 위 구성요건은 별도의 부정한 청탁을 요건으로 하고 있지 않으므로 그 직무에 관하여 뇌물을 수수·요구·약속하면 바로 범죄가 성립한다.

이 때 **구성요건의 객체**는 '**뇌물**'로서 단순한 사교·의례인 '선물'과 비교된다. 뇌물은 공무원(또는 중재인)이 직무에 관하여 수수하는 불법한 보수로서 돈이나 물품에 한하지 않고, 인간의 욕망을 충족시킬 수 있는 것이라면 모두 포함된다.

향응을 베푼다거나 금융이익, 채무변제, 公·私의 직무, 기타 유리한 지위나 이성간의 성행위 등도 뇌물이 될 수 있다. 뇌물이 성립하기 위해서는 직무에 관하여 불법적 이익을 취득할 것을 요하므로 **직무관련성**과 **부당한 이득**이 본질적 요소가 된다.

따라서 연말이나 명절에 의례로서 행하는 선물이나 답례품 같은 것은 사회통념상 인정되는 것이기 때문에 정도를 넘는 고가의 것이 아닌 이상 뇌물이라 할 수 없다(**상세한 내용은**, 「제2편 제1장 형법범죄 제1절 국가적 법익에 관한 죄」 참조).

다. 처벌

뇌물수수 등의 죄(제93조 제1항)를 범하면 5년 이하의 징역 또는 500만 원 이하의 벌금에 처하고, 뇌물제공 또는 제공의 약속의 죄(제94조)를 범하면 3년 이하의 징역 또는 200만 원 이하의 벌금에 처한다. 위 각 죄를 범하는 경우 취득한 뇌물 등 부패재산은 모두 환수의 대상이 됨은 앞에서 본 바와 같다.

라. 범죄수익환수 사례

실무상 본죄로 범죄수익을 추징·환수한 사례는 쉽게 발견되지 않는다.

12 상법위반(제12호)

1. 총설

부패재산몰수법 별표 제12호에서는 **상법 제630조, 제631조 및 제634조의2의 죄**를 부패범죄로 규정하고 있다. 그런데 범죄수익은닉규제법 별표 제8호에서는 상법 제622조 및 제624조(제622조의 미수범만 해당한다)를 범죄수익환수 대상 중대범죄로 규정하고 있는바, 부패재산몰수법상 부패범죄와 범죄수익은닉규제법상 중대범죄에 차이가 있다.

관련조문

부패재산몰수법 별표

부패범죄(제2조 제1호 관련)

12. 「상법」 **제630조, 제631조 및 제634조의2**의 죄

관련조문

범죄수익은닉규제법 별표

중대범죄(제2조 제1호 관련)

8. 「상법」 제622조 및 제624조(제622조의 미수범만 해당한다)의 죄

관련조문

제630조(발기인, 이사 기타의 임원의 독직죄) ① 제622조와 제623조에 규정된 자, 검사인, 제298조 제3항·제299조의2·제310조 제3항 또는 제313조 제2항의 공증인이나 제299조의2, 제310조 제3항 또는 제422조 제1항의 감정인이 그 직무에 관하여 부정한 청탁을 받고 재산상의 이익을 수수, 요구 또는 약속한 때에는 5년 이하의 징역 또는 1천500만 원 이하의 벌금에 처한다. <개정 1984. 4. 10., 1995. 12. 29., 1998. 12. 28.>

② 제1항의 이익을 약속, 공여 또는 공여의 의사를 표시한 자도 제1항과 같다. <개정 1984. 4. 10.>

제631조(권리행사방해 등에 관한 증수뢰죄) ① 다음의 사항에 관하여 부정한 청탁을 받고 재산

상의 이익을 수수, 요구 또는 약속한 자는 1년 이하의 징역 또는 300만 원 이하의 벌금에 처한다.

1. 창립총회, 사원총회, 주주총회 또는 사채권자집회에서의 발언 또는 의결권의 행사
2. 제3편에 정하는 소의 제기, 발행주식의 총수의 100분의 1 또는 100분의 3 이상에 해당하는 주주, 사채총액의 100분의 10 이상에 해당하는 사채권자 또는 자본금의 100분의 3 이상에 해당하는 출자좌수를 가진 사원의 권리의 행사
3. 제402조 또는 제424조에 정하는 권리의 행사

② 제1항의 이익을 약속, 공여 또는 공여의 의사를 표시한 자도 제1항과 같다. <개정 1984. 4. 10.>

제634조의2(주주의 권리행사에 관한 이익공여의 죄) ① 주식회사의 이사, 집행임원, 감사위원회 위원, 감사, 제386조 제2항·제407조 제1항 또는 제415조의 직무대행자, 지배인, 그 밖의 사용인이 주주의 권리 행사와 관련하여 회사의 계산으로 재산상의 이익을 공여(供與)한 경우에는 1년 이하의 징역 또는 300만 원 이하의 벌금에 처한다. <개정 2011. 4. 14.>

② 제1항의 이익을 수수하거나, 제3자에게 이를 공여하게 한 자도 제1항과 같다.

한편 상법은 제633조에서 개별적인 몰수·추징규정을 두고 있고 그 적용범위를 동법 제630조 제1항 또는 제631조 제1항으로 한정하고 있으므로 위 상법 제630조 제1항, 제631조 제1항 부패범죄로 취득한 범죄수익은 상법에 따라 필요적으로, 나머지 범죄(제630조 제2항, 제631조 제2항, 제634조의2)의 경우 부패재산몰수법에 따라 임의적으로 각 몰수·추징 대상이 된다.

관련조문

상법 제633조(몰수, 추징) <u>제630조 제1항 또는 제631조 제1항</u>의 경우에는 범인이 수수한 이익은 이를 몰수한다. 그 전부 또는 일부를 몰수하기 불능한 때에는 그 가액을 추징한다.

---

2. 발기인, 이사 기타 임원의 독직죄(제630조)

가. 구성요건 및 처벌

관련조문

제630조(발기인, 이사 기타의 임원의 독직죄) ① 제622조와 제623조에 규정된 자, 검사인, 제298조 제3항·제299조의2·제310조 제3항 또는 제313조 제2항의 공증인이나 제299조의2,

제310조 제3항 또는 제422조 제1항의 감정인이 그 직무에 관하여 부정한 청탁을 받고 재산 상의 이익을 수수, 요구 또는 약속한 때에는 5년 이하의 징역 또는 1천500만 원 이하의 벌 금에 처한다.

② 제1항의 이익을 약속, 공여 또는 공여의 의사를 표시한 자도 제1항과 같다.

1) 구성요건의 주체 및 행위의 상대방

동법 제630조 제1항의 경우, 구성요건 주체는 제622조와 제623조에 규정된 자, 검사 인, 제298조 제3항·제299조의2·제310조 제3항 또는 제313조 제2항의 공증인이나 제299 조의2, 제310조 제3항 또는 제422조 제1항의 감정인이다(**신분범**). 상법상 위와 같은 신분자 가 그 직무에 관하여 부정한 청탁을 받고 재산상 이익을 취득하는 것을 무겁게 처벌하기 위 한 규정이다. 위 **행위의 상대방**은 부정한 청탁을 하면서 재산상 이익을 약속, 공여 또는 공 여의 의사표시를 한 사람으로 특별한 신분상의 제한은 없다.

한편 **동법 제630조 제2항의 경우, 구성요건 주체**는 아무런 제한이 없다. 따라서 누구든 지 위와 같은 신분자에게 부정한 청탁을 하면서 재산상 이익을 약속, 공여 또는 공여의 의 사표시를 하는 경우 본죄가 성립한다. 위 **행위의 상대방**은 동법 제630조 제1항에 규정된 각 신분자이다.

관련조문

제622조(발기인, 이사 기타의 임원등의 특별배임죄) ① 회사의 발기인, 업무집행사원, 이사, 집 행임원, 감사위원회 위원, 감사 또는 제386조 제2항, 제407조 제1항, 제415조 또는 제567조의 직무대행자, 지배인 기타 회사영업에 관한 어느 종류 또는 특정한 사항의 위임을 받은 사용인 이 그 임무에 위배한 행위로써 재산상의 이익을 취하거나 제삼자로 하여금 이를 취득하게 하 여 회사에 손해를 가한 때에는 10년 이하의 징역 또는 3천만 원 이하의 벌금에 처한다.

② 회사의 청산인 또는 제542조 제2항의 직무대행자, 제175조의 설립위원이 제1항의 행위 를 한 때에도 제1항과 같다.

제623조(사채권자집회의 대표자 등의 특별배임죄) 사채권자집회의 대표자 또는 그 결의를 집행 하는 자가 그 임무에 위배한 행위로써 재산상의 이익을 취하거나 제삼자로 하여금 이를 취 득하게 하여 사채권자에게 손해를 가한 때에는 7년 이하의 징역 또는 2천만 원 이하의 벌금 에 처한다.

제298조(이사·감사의 조사·보고와 검사인의 선임청구) ③ 이사와 감사의 전원이 제2항에 해당 하는 때에는 이사는 공증인으로 하여금 제1항의 조사·보고를 하게 하여야 한다.

제299조의2(현물출자 등의 증명) 제290조 제1호 및 제4호에 기재한 사항에 관하여는 공증인의 조사·보고로, 제290조 제2호 및 제3호의 규정에 의한 사항과 제295조의 규정에 의한 현물출자의 이행에 관하여는 공인된 감정인의 감정으로 제299조 제1항의 규정에 의한 검사인의 조사에 갈음할 수 있다. 이 경우 공증인 또는 감정인은 조사 또는 감정결과를 법원에 보고하여야 한다.

제310조(변태설립의 경우의 조사) ③ 제298조 제4항 단서 및 제299조의2의 규정은 제1항의 조사에 관하여 이를 준용한다.

제313조(이사, 감사의 조사, 보고) ② 제298조 제2항 및 제3항의 규정은 제1항의 조사와 보고에 관하여 이를 준용한다.

제299조의2(현물출자 등의 증명) 제290조 제1호 및 제4호에 기재한 사항에 관하여는 공증인의 조사·보고로, 제290조 제2호 및 제3호의 규정에 의한 사항과 제295조의 규정에 의한 현물출자의 이행에 관하여는 공인된 감정인의 감정으로 제299조 제1항의 규정에 의한 검사인의 조사에 갈음할 수 있다. 이 경우 공증인 또는 감정인은 조사 또는 감정결과를 법원에 보고하여야 한다.

제422조(현물출자의 검사) ① 현물출자를 하는 자가 있는 경우에는 이사는 제416조 제4호의 사항을 조사하게 하기 위하여 검사인의 선임을 법원에 청구하여야 한다. 이 경우 공인된 감정인의 감정으로 검사인의 조사에 갈음할 수 있다.

2) 구성요건적 행위

본죄의 구성요건적 행위는 위 각 신분자가 그 직무에 관하여 부정한 청탁을 받고 재산상 이익을 **수수·요구·약속**하는 것(제1항)과 해당 신분자에게 재산상 이익을 약속·공여·공여의 의사표시를 하는 것(제2항)이다. 양죄는 뇌물수수와 공여죄의 관계와 같이 대향범이다.

한편 본죄는 기업의 소유로부터 분리되어 기업의 관리를 맡은 주식회사의 여러 직무를 담당하는 자들의 수뢰행위를 단속하려는 것으로서 **부정한 청탁의 대가로서 재산상 이익의 수수등이 있으면 성립**하고 부정한 청탁으로 인한 행위를 하여 회사에 손해가 발생할 필요가 있는지 여부는 그 구성요건으로 하고 있지 않다. 이 때 '**부정한 청탁**'이라 함은 뚜렷이 법령에 위배한 행위 외 회사의 사무처리규칙에 위반한 것 중 중요한 사항에 위반한 행위도 포함한다.[123]

나아가 **대법원**은 주식회사의 대표이사인 피고인이 위 회사의 유상증자를 실시하는 과정에서 실권주를 발생시킨 다음 이를 인수하는 방법으로 위 회사의 대주주가 되어 경영권을

---

[123] 대법원 1971. 4. 13. 선고 71도326 판결 참조.

확보하기 위하여 **실권주 처리를 결정할 이사회의 일원인 이사를 매수**하기로 위 회사 감사인과 공모한 후, 피고인은 위 이사에게 자신이 실권주를 인수할 수 있도록 도와달라는 취지의 부탁을 하면서 재산상 이익을 공여할 의사를 표시하고, 감사는 해당 이사가 장차 그 부탁을 들어줄 것에 대한 대가로 그 이사에게 현금 1억 원을 공여한 사안에서 이와 같이 실권주의 처리를 결정할 **이사회의 일원인 이사**에게 피고인이 **실권주를 인수할 수 있도록 도와달라는 취지의 부탁을 한 행위**는 사회상규 또는 신의성실의 원칙에 반하는 **부정한 청탁에 해당한다**고 판시하였다.[124]

그러나 **주식회사의 발기인, 이사 기타 임원의 독직죄에 관한 규정**은 그들 임원의 직무의 엄격성을 확보한다는 것보다 회사의 건전한 운영을 위하여 그들의 회사에 대한 충실성을 확보하고 **회사에 재산상 손해를 끼칠 염려가 있는 직무위반행위를 금하려는데** 그 취지가 있으므로, 단지 감독청의 행정지시에 위반한다거나 사회상규에 반하는 것이라고 해서 **부정한 청탁이라고 할 수 없다.**[125]

본죄는 **주관적 구성요건요소로서** 위 각 신분자가 자신의 직무에 관하여 부정한 청탁을 받고 재산상 이익을 수수·요구·약속한다는 사실에 대한 최소한 미필적 인식을 요구한다.

3) 죄수 및 처벌

본죄를 범하면 5년 이하의 징역 또는 1천500만 원 이하의 벌금에 처한다. 나아가 상법 제630조 제1항의 독직죄의 경우 상법상 필요적 몰수·추징 규정이 적용되고, 부패재산몰수법 및 마약거래방지법에 따라 몰수·추징 보전이 가능하다.

나. 범죄수익환수 사례

본죄를 위반하여 신분자들이 직무에 관하여 부정한 청탁을 받고 수수한 재산상 이익을 실제로 추징하여 환수한 사례는 쉽게 발견되지 않는다.

직무에 관하여 위와 같은 부정한 행위를 하고 받은 재산상 이익은 필요적 몰수·추징의 대상이 된다는 점을 유의할 필요가 있다.

---

124 대법원 2006. 11. 23. 선고 2006도5586 판결 참조.
125 대법원 1980. 2. 12. 선고 78도3111 판결 참조.

3. 권리행사방해 등에 관한 증·수뢰죄(제631조)

가. 구성요건 및 처벌

관련조문

제631조(권리행사방해 등에 관한 증수뢰죄) ① 다음의 사항에 관하여 부정한 청탁을 받고 재산상의 이익을 수수, 요구 또는 약속한 자는 1년 이하의 징역 또는 300만 원 이하의 벌금에 처한다.

1. 창립총회, 사원총회, 주주총회 또는 사채권자집회에서의 발언 또는 의결권의 행사
2. 제3편에 정하는 소의 제기, 발행주식의 총수의 100분의 1 또는 100분의 3 이상에 해당하는 주주, 사채총액의 100분의 10 이상에 해당하는 사채권자 또는 자본금의 100분의 3 이상에 해당하는 출자좌수를 가진 사원의 권리의 행사
3. 제402조 또는 제424조에 정하는 권리의 행사

② 제1항의 이익을 약속, 공여 또는 공여의 의사를 표시한 자도 제1항과 같다.

☞ 제402조(유지청구권) 이사가 법령 또는 정관에 위반한 행위를 하여 이로 인하여 회사에 회복할 수 없는 손해가 생길 염려가 있는 경우에는 감사 또는 발행주식의 총수의 100분의 1 이상에 해당하는 주식을 가진 주주는 회사를 위하여 이사에 대하여 그 행위를 유지할 것을 청구할 수 있다.

☞ 제424조(유지청구권) 회사가 법령 또는 정관에 위반하거나 현저하게 불공정한 방법에 의하여 주식을 발행함으로써 주주가 불이익을 받을 염려가 있는 경우에는 그 주주는 회사에 대하여 그 발행을 유지할 것을 청구할 수 있다.

1) 구성요건의 주체

본죄의 **구성요건 주체**는 아무런 제한이 없다. 따라서 누구든지 본죄의 주체가 될 수 있다. 본죄는 부정한 청탁을 받고 재산상의 이익을 수수, 요구 또는 약속하는 행위(제1항) 및 그와 같이 재산상의 이익을 약속, 공여 또는 공여의 의사를 표시하는 행위(제2항)를 금지하고 있는바 양죄는 **대향범**의 관계에 있다.

2) 구성요건적 행위

본죄의 **구성요건적 행위**는 부정한 청탁을 받고 ① 창립총회, 사원총회, 주주총회 또는 사채권자집회에서의 **발언 또는 의결권의 행사**(제1호), ② 제3편에 정하는 소의 제기, 발행주식 총수의 100분의 1 또는 100분의 3 이상에 해당하는 주주, 사채총액의 100분의 10 이상에 해당하는 사채권자 또는 자본금의 100분의 3 이상에 해당하는 출자좌수를 가진 사원

의 권리의 행사(제2호), ③ 제402조 또는 제424조에 정하는 권리의 행사 등 각 사항에 관하여 부정한 청탁을 받고 재산상의 이익을 수수, 요구 또는 약속하는 행위(제1항) 및 위와 같은 이익을 약속, 공여 또는 공여의 의사표시를 하는 것(제2항)이다.

　　주관적 구성요건요소와 관련하여 부정한 청탁을 받고 재산상 이익을 수수, 요구 또는 약속을 받는 자 및 그 상대방은 그 재산상의 이익이 상법 제631조 제1항 각 호의 사항에 관하여 제공된다는 사정을 모두 인식하고 있어야 한다.

3) 처벌

　　본죄를 위반하면 1년 이하의 징역 또는 300만 원 이하의 벌금에 처한다. 상법 제631조 제1항의 죄를 범하고 취득한 재산상 이익은 모두 상법에 따라 필요적 몰수·추징의 대상이 된다.

나. 범죄수익환수 사례

　　본죄를 위반하여 부정한 청탁을 받고 수수한 재산상 이익을 실제로 추징하여 환수한 사례는 쉽게 발견되지 않는다. 위와 같이 부정한 청탁을 받아 취득한 재산상 이익은 필요적 몰수·추징의 대상이 된다는 점을 유의할 필요가 있다.

4. 주주의 권리행사에 관한 이익공여 등의 죄(상법 제634조의2)

가. 구성요건 및 처벌

관련조문

제634조의2(주주의 권리행사에 관한 이익공여의 죄) ① 주식회사의 이사, 집행임원, 감사위원회위원, 감사, 제386조 제2항·제407조 제1항 또는 제415조의 직무대행자, 지배인, 그 밖의 사용인이 주주의 권리 행사와 관련하여 회사의 계산으로 재산상의 이익을 공여(供與)한 경우에는 1년 이하의 징역 또는 300만 원 이하의 벌금에 처한다. <개정 2011. 4. 14.>
　② 제1항의 이익을 수수하거나, 제3자에게 이를 공여하게 한 자도 제1항과 같다.

---

1) 구성요건의 주체 및 행위의 상대방

　　상법 제634조의2 제1항 위반죄의 구성요건 주체는 주식회사의 이사, 집행임원, 감사위원회 위원, 감사, 제386조 제2항·제407조 제1항 또는 제415조의 직무대행자, 지배인 그 밖의 사용인이다(신분범).

관련조문

제386조(결원의 경우) ① 법률 또는 정관에 정한 이사의 원수를 결한 경우에는 임기의 만료 또는 사임으로 인하여 퇴임한 이사는 새로 선임된 이사가 취임할 때까지 이사의 권리의무가 있다.

② 제1항의 경우에 필요하다고 인정할 때에는 법원은 이사, 감사 기타의 이해관계인의 청구에 의하여 일시 이사의 직무를 행할 자를 선임할 수 있다. 이 경우에는 본점의 소재지에서 그 등기를 하여야 한다.

제407조(직무집행정지, 직무대행자선임) ① 이사선임결의의 무효나 취소 또는 이사해임의 소가 제기된 경우에는 법원은 당사자의 신청에 의하여 가처분으로써 이사의 직무집행을 정지할 수 있고 또는 직무대행자를 선임할 수 있다. 급박한 사정이 있는 때에는 본안소송의 제기전에도 그 처분을 할 수 있다.

제415조(준용규정) 제382조 제2항, 제382조의4, 제385조, 제386조, 제388조, 제400조, 제401조, 제403조부터 제406조까지, 제406조의2 및 제407조는 감사에 준용한다.

한편 **상법 제634조의2 제2항 위반죄의 구성요건 주체**는 제1항의 이익을 수수하거나 제3자에게 공여하게 한 사람이다. 제1항과 제2항 위반죄는 서로 **대향범** 관계에 있다.

2) 구성요건적 행위

본죄의 **구성요건적 행위**는 주주의 권리 행사와 관련하여 회사의 계산으로 재산상의 이익을 공여(供與)하는 것(제1항)과 제1항의 이익을 수수하거나 제3자에게 공여하게 하는 것(제2항)이다.

한편 주주의 권리행사와 관련된 재산상 이익의 공여라 하더라도 그것이 의례적인 것이라거나 불가피한 것이라는 등의 특별한 사정이 있는 경우에는, 법질서 전체의 정신이나 그 배후에 놓여 있는 사회윤리 내지 사회통념에 비추어 용인될 수 있는 행위로서 형법 제20조에 정하여진 **'사회상규에 위배되지 아니하는 행위'**에 해당한다. 그러한 특별한 사정이 있는지 여부는 이익공여의 동기, 방법, 내용과 태양, 회사의 규모, 공여된 이익의 정도 및 이를 통해 회사가 얻는 이익의 정도 등을 종합적으로 고려하여 사회통념에 따라 판단하여야 한다.[126]

나아가 **주관적 구성요건요소**와 관련하여 주주의 권리행사와 관련 없이 재산상 이익을 공여하거나 그러한 관련성에 대한 범의가 없는 경우에는 본죄가 성립할 수 없으므로 피고인

---

[126] 대법원 2018. 2. 8. 선고 2015도7397 판결 참조.

이 재산상 이익을 공여한 사실은 인정하면서도 **주주의 권리행사와 관련 없는 것으로서 그에 대한 범의도 없었다고 주장**하는 경우가 있다. 이 경우 상법 제467조의2 제2항, 제3항 등에 따라 회사가 특정 주주에 대해 무상으로 또는 과다한 재산상 이익을 공여한 때에는 관련자들에게 상당한 법적 불이익이 부과되고 있음을 감안하여야 하고, 증명을 통해 밝혀진 공여행위와 그 전후의 여러 간접사실들을 통해 경험칙에 바탕을 두고 치밀한 관찰력이나 분석력에 의하여 **사실의 연결 상태를 합리적으로 판단**하여야 한다.[127]

대법원은 주식회사 대표이사인 피고인이 주주총회 등에서 특정 의결권 행사방법을 독려하기 위한 방법으로 회사의 주주총회 등에 참석하여 사전투표 또는 직접투표 방식으로 의결권을 행사한 주주들에게 회사에서 발행한 20만 원 상당의 상품교환권 등을 제공함으로써 상법을 위반하였다는 내용으로 기소된 사안에서, **피고인이 회사의 계산으로 사전투표와 직접투표를 한 주주들에게 무상으로 20만 원 상당의 상품교환권 등을 각 제공한 것은** 주주총회 의결권 행사와 관련된 이익의 공여로서 사회통념상 허용되는 범위를 넘어서는 것이어서 **상법상 주주의 권리행사에 관한 이익공여의 죄에 해당한다고 판시**하였다.[128]

3) 처벌

본죄를 위반하면 1년 이하의 징역 또는 300만 원 이하의 벌금에 처한다. 동법을 위반하고 취득한 재산상 이익은 모두 필요적 몰수·추징의 대상이 됨은 앞에서 본 바와 같다.

나. 범죄수익환수 사례

본죄를 위반하여 주주의 권리행사와 관련해 회사의 계산으로 재산상 이익을 공여하고 수수한 이익을 실제로 추징하여 환수한 사례는 쉽게 발견되지 않는다. 위와 같이 의결권 행사 등 주주의 권리행사와 관련하여 제공된 재산상 이익은 필요적 몰수·추징의 대상이 된다는 점을 유의할 필요가 있다.

13 주식회사 등의 외부감사에 관한 법률 위반(제13호)

부패재산몰수법은 별표 제13호에서 **주식회사 등의 외부감사에 관한법률**(이하, '외부감사법') **제40조의 죄**를 부패범죄로 규정하고 있다.

---

[127] 위 대법원 2015도7397 판결 참조.
[128] 위 대법원 2015도7397 판결 참조.

관련조문

부패재산몰수법 별표

부패범죄(제2조 제1호 관련)

13. 「주식회사 등의 외부감사에 관한 법률」 **제40조**의 죄

관련조문

제40조(벌칙) ① 감사인, 감사인에 소속된 공인회계사, 감사, 감사위원회의 위원 또는 감사인선임위원회의 위원이 그 직무에 관하여 부정한 청탁을 받고 금품이나 이익을 수수(收受)·요구 또는 약속한 경우에는 5년 이하의 징역 또는 5천만 원 이하의 벌금에 처한다. 다만, 벌금형에 처하는 경우 그 직무와 관련하여 얻는 경제적 이익의 5배에 해당하는 금액이 5천만 원을 초과하면 그 직무와 관련하여 얻는 경제적 이익의 5배에 해당하는 금액 이하의 벌금에 처한다.

② 제1항에 따른 금품이나 이익을 약속·공여하거나 공여의 의사를 표시한 자도 제1항과 같다.

그런데 범죄수익은닉규제법 또한 위와 동일한 범죄를 중대범죄로 규정하고 있고 해당 내용은 범죄수익은닉규제법 부분에서 이미 살펴보았으므로 본 장에서는 기재를 생략한다(「**제2편 제4장 부패범죄**」 참조).

14 채무자 회생 및 파산에 관한 법률위반(제14호)

1. 총설

부패재산몰수법 별표 제14호에서는 **채무자 회생 및 파산에 관한 법률**(이하, '채무자회생법') **제645조, 제646조, 제655조, 제656조의 죄**를 부패범죄로 규정하고 있다. 그런데 범죄수익은닉규제법 별표 제20호에서는 제650조, 제652조, 제654조의 죄(각 사기파산의 죄)를 범죄수익환수 대상 중대범죄로 규정하고 있어 서로 차이가 있다.

관련조문

부패재산몰수법 별표

부패범죄(제2조 제1호 관련)

14. 「채무자 회생 및 파산에 관한 법률」 **제645조, 제646조, 제655조 및 제656조**의 죄

관련조문

범죄수익은닉규제법 별표

중대범죄(제2조 제1호 관련)

20. 「채무자 회생 및 파산에 관한 법률」 제650조·제652조·제654조의 죄

관련조문

제645조(회생수뢰죄) ① 관리위원·조사위원·간이조사위원·회생위원·보전관리인·관리인(제637조의 규정에 의한 국제도산관리인을 포함한다), 고문이나 관리인 또는 보전관리인·회생위원의 대리인이 그 직무에 관하여 뇌물을 수수·요구 또는 약속한 경우 그 자는 5년 이하의 징역 또는 5천만 원 이하의 벌금에 처한다. 다음 각 호의 어느 하나에 해당하는 자가 관계인집회의 결의에 관하여 뇌물을 수수·요구 또는 약속한 때에 그 자도 또한 같다. <개정 2014. 12. 30.>

1. 회생채권자·회생담보권자·주주·지분권자

2. 제1호에 규정된 자의 대리위원 또는 대리인

3. 제1호에 규정된 자의 임원 또는 직원

② 관리인(제637조의 규정에 의한 국제도산관리인을 포함한다)·보전관리인 또는 조사위원·간이조사위원·회생위원이 법인인 경우에는 관리인·보전관리인 또는 조사위원·간이조사위원·회생위원의 직무에 종사하는 그 임원 또는 직원이 그 직무에 관하여 뇌물을 수수·요구 또는 약속한 경우 그 임원 또는 직원은 5년 이하의 징역 또는 5천만 원 이하의 벌금에 처한다. 관리인·보전관리인·회생위원 또는 조사위원·간이조사위원이 법인인 경우 그 임원 또는 직원이 관리인·보전관리인·회생위원 또는 조사위원·간이조사위원의 직무에 관하여 관리인·보전관리인·회생위원 또는 조사위원·간이조사위원에게 뇌물을 수수하게 하거나 그 공여를 요구 또는 약속한 때에도 같다.

③ 제1항 및 제2항의 경우 범인 또는 그 정을 아는 제3자가 수수한 뇌물은 몰수한다. 이 경우 몰수가 불가능한 때에는 그 가액을 추징한다.

제646조(회생증뢰죄) 제645조 제1항 또는 제2항에 규정한 뇌물을 약속 또는 공여하거나 공여의 의사표시를 한 자는 5년 이하의 징역 또는 5천만 원 이하의 벌금에 처한다.

제655조(파산수뢰죄) ① 파산관재인(제637조의 규정에 의한 국제도산관리인을 포함한다) 또는 감사위원이 그 직무에 관하여 뇌물을 수수·요구 또는 약속한 경우 그 자는 5년 이하의 징역 또는 5천만 원 이하의 벌금에 처한다. 다음 각 호의 어느 하나에 해당하는 자가 채권자집회의 결의에 관하여 뇌물을 수수·요구 또는 약속한 때에 그 자도 또한 같다.

1. 파산채권자

2. 파산채권자의 대리인

3. 파산채권자의 이사

② 제1항의 경우 범인 또는 그 정을 아는 제3자가 수수한 뇌물은 몰수한다. 이 경우 몰수가 불가능한 때에는 그 가액을 추징한다.

제656조(파산증뢰죄) 다음 각 호의 어느 하나에 해당하는 자에게 뇌물을 약속 또는 공여하거나 공여의 의사를 표시한 자는 3년 이하의 징역 또는 3천만 원 이하의 벌금에 처한다.

1. 파산관재인(제637조의 규정에 의한 국제도산관리인을 포함한다)

2. 감사위원

3. 파산채권자

4. 파산채권자의 대리인

5. 파산채권자의 이사

채무자회생법은 재정적 어려움으로 인하여 파탄에 직면해 있는 채무자에 대하여 채권자·주주·지분권자 등 이해관계인의 법률관계를 조정하여 채무자 또는 그 사업의 효율적인 회생을 도모하거나, 회생이 어려운 채무자의 재산을 공정하게 환가·배당하는 것을 목적으로 한다(제1조).

채무자회생법상 회생수뢰죄 및 파산수뢰죄의 경우 자체적 필요적 몰수·추징 규정이 존재하므로 채무자회생법 제645조 제1항, 제2항 위반죄 및 제655조 제1항 위반죄로 수수한 뇌물은 모두 필요적 몰수·추징의 대상이 된다.

관련조문

제645조(회생수뢰죄) ③제1항 및 제2항의 경우 범인 또는 그 정을 아는 제3자가 수수한 뇌물은 몰수한다. 이 경우 몰수가 불가능한 때에는 그 가액을 추징한다.

제655조(파산수뢰죄) ② 제1항의 경우 범인 또는 그 정을 아는 제3자가 수수한 뇌물은 몰수한다. 이 경우 몰수가 불가능한 때에는 그 가액을 추징한다.

---

2. 회생수뢰죄·증뢰죄(채무자회생법 제645조, 제646조)

관련조문

제645조(회생수뢰죄) ① 관리위원·조사위원·간이조사위원·회생위원·보전관리인·관리인(제637조의 규정에 의한 국제도산관리인을 포함한다), 고문이나 관리인 또는 보전관리인·회생

위원의 대리인이 그 직무에 관하여 뇌물을 수수·요구 또는 약속한 경우 그 자는 5년 이하의 징역 또는 5천만 원 이하의 벌금에 처한다. 다음 각 호의 어느 하나에 해당하는 자가 관계인집회의 결의에 관하여 뇌물을 수수·요구 또는 약속한 때에 그 자도 또한 같다. <개정 2014. 12. 30.>

1. 회생채권자·회생담보권자·주주·지분권자

2. 제1호에 규정된 자의 대리위원 또는 대리인

3. 제1호에 규정된 자의 임원 또는 직원

② 관리인(제637조의 규정에 의한 국제도산관리인을 포함한다)·보전관리인 또는 조사위원·간이조사위원·회생위원이 법인인 경우에는 관리인·보전관리인 또는 조사위원·간이조사위원·회생위원의 직무에 종사하는 그 임원 또는 직원이 그 직무에 관하여 뇌물을 수수·요구 또는 약속한 경우 그 임원 또는 직원은 5년 이하의 징역 또는 5천만 원 이하의 벌금에 처한다. 관리인·보전관리인·회생위원 또는 조사위원·간이조사위원이 법인인 경우 그 임원 또는 직원이 관리인·보전관리인·회생위원 또는 조사위원·간이조사위원의 직무에 관하여 관리인·보전관리인·회생위원 또는 조사위원·간이조사위원에게 뇌물을 수수하게 하거나 그 공여를 요구 또는 약속한 때에도 같다.

③ 제1항 및 제2항의 경우 범인 또는 그 정을 아는 제3자가 수수한 뇌물은 몰수한다. 이 경우 몰수가 불가능한 때에는 그 가액을 추징한다.

제646조(회생증뢰죄) 제645조 제1항 또는 제2항에 규정한 뇌물을 약속 또는 공여하거나 공여의 의사표시를 한 자는 5년 이하의 징역 또는 5천만 원 이하의 벌금에 처한다.

가. 구성요건 및 처벌

1) 구성요건의 주체 및 행위의 상대방

본죄의 **구성요건 주체**는 ① 관리위원·조사위원·간이조사위원·회생위원·보전관리인·관리인(제637조의 규정에 의한 국제도산관리인을 포함한다), 고문이나 관리인 또는 보전관리인·회생위원의 대리인이다(제645조 제1항 전단).

그리고 ② 회생채권자·회생담보권자·주주·지분권자(제645조 제1항 후단 제1호), 제1호에 규정된 자의 대리위원 또는 대리인(제2호), 제1호에 규정된 자의 임원 또는 직원(제3호), ③ 관리인(제637조의 규정에 의한 국제도산관리인을 포함한다)·보전관리인 또는 조사위원·간이조사위원·회생위원이 **법인인 경우**에는 관리인·보전관리인 또는 조사위원·간이조사위원·회생위원의 직무에 종사하는 그 임원 또는 직원 또한 포함된다(제645조 제2항 전단).

나아가 관리인·보전관리인·회생위원 또는 조사위원·간이조사위원이 **법인인 경우** 그 법인인 관리인·보전관리인·회생위원 또는 조사위원·간이조사위원에게 뇌물을 수수하게 하거나 공여를 요구 또는 약속한 때 해당 **법인의 임원 또는 직원**이 본 죄의 주체가 된다(제645조 제2항 **후단**).

동법 제645조 제2항 전단은 위 관리인 등이 법인인 경우 그 법인의 임원 또는 직원이 **직접** 뇌물을 수수한 경우의 주체를 규정한 것이고, **제2항 후단**은 위 관리인 등이 법인인 경우 그 법인의 임원 또는 직원이 **그 법인으로 하여금** 뇌물을 수수하도록 하더라도 그 법인의 임원 또는 직원이 처벌받도록 한 것이다. **즉 관리인 등이 법인으로 지정되는 경우 그 임원 또는 직원은 직접 또는 그 법인으로 하여금 뇌물을 수수하게 한 모든 경우에 처벌된다.** 위 각 규정들은 뇌물죄의 주체를 넓게 규정한 **신분범**이다.

한편 동법 제646조의 경우 **구성요건의 주체**에 아무런 제한이 없다. 따라서 동법 제645조 제1항 또는 제2항에 규정된 뇌물을 약속 또는 공여하거나 공여의 의사표시를 한 사람은 모두 본죄가 성립한다.

그 **행위의 상대방**은 동법 제645조의 경우 위 각 신분자들에게 뇌물을 공여, 약속한 사람으로 특별한 제한이 없고, 동법 제646조의 경우 제645조의 각 신분자들이다. 양 죄는 대향범의 관계에 있다.

2) 구성요건적 행위

본죄의 **구성요건적 행위**는 위 각 신분자들이 그 직무에 관하여 뇌물을 수수·요구 또는 약속하는 것(제645조)과 뇌물을 약속 또는 공여하거나 공여의 의사표시를 하는 것이다(제646조).

제645조 제1항 **후단**의 경우 관계인 집회의 결의에 관하여 뇌물을 수수·요구 또는 약속하는 행위를, 제645조 제2항 **전단**은 관리인 등이 법인인 경우 그 임원 또는 직원이 직접 뇌물을 수수·요구 또는 약속하는 행위를, 제645조 제2항 후단은 관리인 등이 법인인 경우 그 임원 또는 직원이 그 법인으로 하여금 뇌물을 수수하게 하거나 그 공여를 요구 또는 약속하는 행위를 각 규정하고 있다.

이 때 각 신분자들이 수수·요구·약속하는 뇌물과 각 신분자들의 직무 사이에 대가관계가 인정되어야 함은 물론이다.

주관적 구성요건요소와 관련하여 각 신분자들은 자신들이 제공받는 뇌물이 자신의 직무와 관련되어 있다는 사실을 미필적으로나마 인식하여야 한다(**고의범**). 나아가 뇌물을 약속·공여하는 사람은 자신이 공여하는 것이 뇌물이라는 사실을 인식하여야 한다.

3) 처벌

동법 제645조 및 제646조를 범하면 5년 이하의 징역 또는 5천만 원 이하의 벌금에 처한다. 위와 같이 취득한 **뇌물**은 채무자회생법에 따라 필요적 몰수·추징의 대상이 되고 부패재산몰수법 및 마약거래방지법에 따라 몰수·추징보전이 가능하다.

나. 범죄수익환수 사례

본죄와 관련하여 회사에 대한 회생절차의 관리인이 회생회사의 대표이사로부터 그 회사를 자신이 인수할 수 있도록 도움을 달라는 부탁을 받고 그 관리인의 직무에 관하여 뇌물을 수수한 행위를 처벌한 사례가 있어 소개한다.[129]

사례

범죄사실

피고인은 2011. 8. 1. 광주지방법원 제1파산부로부터 당시 회생회사로서 건설폐기물처리를 영업으로 하는 나주 D 소재 E 주식회사의 관리인으로 선임되어 2012. 3. 15.까지 관리인의 직무를 수행한 사람이며, F는 위 E 주식회사의 대표이사로 근무하였던 사람이다.

1. 채무자회생및파산에관한법률위반

피고인은 2011. 10. 12.경 광주 남구 봉선동 포스코아파트 부근 사거리에서 그곳에 주차한 피고인의 차량 안에서 F로부터 E 주식회사를 F가 인수할 수 있도록 도움을 달라는 부탁을 받고 현금 5,000만 원을 건네받았다. 이로써 피고인은 관리인이 그 직무에 관하여 뇌물을 수수하였다.

2. 사문서위조 및 위조사문서행사

피고인은 2011. 11. 3.경 광주 서구 G 소재 H신용협동조합에서 사실은 F로부터 F 명의로 계좌를 개설하는 권한을 위임받은 사실이 없음에도, 직원 I로부터 건네받은 '신규거래신청서' 양식의 이름 란에 'F', 주민번호 란에 'J', 휴대전화 번호란에 'K' 등을 기재하고, 신청인 'F' 이름 옆에 미리 조각하여 소지하고 있던 F 명의 도장을 날인하고, 위 신협 직원 I에게 위 신규거래신청서를 제출하였다.

이로써 피고인은 행사할 목적으로 F 명의를 모용하여 권리의무에 관한 사문서인 신규거래신청서 1장을 위조하고 이를 행사하였다.

법령의 적용

1. 범죄사실에 대한 해당법조 및 형의 선택

채무자회생 및 파산에 관한 법률 제645조 제1항(회생수뢰의 점), 형법 제231조(사문서위조의 점), 형법 제231조, 제234조(위조사문서행사의 점), 각 징역형 선택

---

129 광주지방법원 2016. 4. 22. 선고 2015고단4768 판결 참조(광주지방법원 2016노1359 판결로 확정).

1. 추징

채무자회생 및 파산에 관한 법률 제645조 제3항

[수뢰자가 자기앞수표를 뇌물로 받아 이를 소비한 후 자기앞수표 상당액을 증뢰자에게 반환하더라도 뇌물 자체를 반환한 것은 아니므로 이를 몰수할 수 없고 수뢰자로부터 그 가액을 추징하여야 한다(대법원 1999. 1. 29. 선고 98도3584 판결 참조). 뇌물로 받은 돈을 은행에 예금한 경우 그 예금행위는 뇌물의 처분행위에 해당하므로, 그 후 수뢰자가 같은 액수의 돈을 증뢰자에게 반환하더라도 이를 뇌물 자체의 반환으로 볼 수 없으니, 이러한 경우에는 수뢰자로부터 그 가액을 추징하여야 한다(대법원 1996. 10. 25. 선고 96도2022 판결 참조). 앞서 본 증거들에 의하면, 피고인이 2011. 10. 12. F로부터 5,000만 원을 수뢰한 다음, 같은 해 11. 3. 자신이 부이사장으로 재직하고 있던 H 신용협동조합에서 임의로 개설한 F 명의의 통장에 같은 금액을 예치하고, 같은 해 12. 11.경 F에게 위 통장을 준 사실을 인정할 수 있다. 앞서 본 법리에 비추어 위와 같은 사실관계를 살펴보면, 피고인이 F에게 반환한 것은 F로부터 수령한 5,000만 원 그 자체가 아님이 명백하므로, 피고인으로부터 5,000만 원을 추징하여야 한다.]

3. 파산수뢰죄·증뢰죄(채무자회생법 제655조, 제656조)

관련조문

제655조(파산수뢰죄) ① 파산관재인(제637조의 규정에 의한 국제도산관리인을 포함한다) 또는 감사위원이 그 직무에 관하여 뇌물을 수수·요구 또는 약속한 경우 그 자는 5년 이하의 징역 또는 5천만 원 이하의 벌금에 처한다. 다음 각 호의 어느 하나에 해당하는 자가 채권자집회의 결의에 관하여 뇌물을 수수·요구 또는 약속한 때에 그 자도 또한 같다.

1. 파산채권자
2. 파산채권자의 대리인
3. 파산채권자의 이사

② 제1항의 경우 범인 또는 그 정을 아는 제3자가 수수한 뇌물은 몰수한다. 이 경우 몰수가 불가능한 때에는 그 가액을 추징한다.

제656조(파산증뢰죄) 다음 각 호의 어느 하나에 해당하는 자에게 뇌물을 약속 또는 공여하거나 공여의 의사를 표시한 자는 3년 이하의 징역 또는 3천만 원 이하의 벌금에 처한다.

1. 파산관재인(제637조의 규정에 의한 국제도산관리인을 포함한다)
2. 감사위원
3. 파산채권자
4. 파산채권자의 대리인
5. 파산채권자의 이사

가. 구성요건 및 처벌

1) 구성요건의 주체 및 행위의 상대방

파산수뢰죄의 **구성요건 주체**는 제655조 **제1항 전단**의 경우 파산관재인(제637조의 규정에 의한 국제도산관리인을 포함한다) 또는 감사위원이고 **제1항 후단**의 경우, 파산채권자(제1호) 파산채권자의 대리인(제2호), 파산채권자의 이사(제3호)이다(**신분범**).

나아가 **파산증뢰죄의 경우 그 구성요건의 주체는 아무런 제한이 없으므로** 누구든지 그 주체가 될 수 있다.

파산수뢰죄의 **행위의 상대방**은 **뇌물을 약속 또는 공여하거나 공여의 의사를 표시한 사람**이다. 나아가 **파산증뢰죄의 행위의 상대방**은 파산관재인(제637조의 규정에 의한 국제도산관리인을 포함한다)(**제1호**), 감사위원(**제2호**), 파산채권자(**제3호**), 파산채권자의 대리인(**제4호**), 파산채권자의 이사(**제5호**)인바, 파산수뢰죄와 파산증뢰죄는 서로 **대향범** 관계에 있다.

2) 구성요건적 행위

파산수뢰죄의 **구성요건적 행위**는 파산관재인 등이 그 직무에 관하여 뇌물을 수수·요구·약속하는 것(제655조 제1항 전단)과 제655조 제1항 각 호의 행위자가 채권자 집회의 결의에 관하여 뇌물을 수수·요구·약속하는 것이다(제655조 제1항 후단).

후자의 경우 일정한 행위의 신분자가 뇌물을 수수·요구·약속하는 것이 채권자 집회의 결의와 관련되어 그 대가로 수수된 것이어야 한다.

한편 파산증뢰죄의 **구성요건적 행위**는 파산관재인 등 제656조 각 호의 신분자에게 뇌물을 약속 또는 공여하거나 공여의 의사표시를 하는 것이다.

3) 처벌

파산수뢰죄를 범하는 경우 5년 이하의 징역 또는 5천만 원 이하의 벌금에 처하고, 파산증뢰죄의 경우 3년 이하의 징역 또는 3천만 원 이하의 벌금에 처한다. 앞에서 본 바와 마찬가지로 **범인 또는 그 정을 아는 제3자가 수수한 뇌물은 필요적으로 몰수·추징**한다. 이 경우 부패재산몰수법 및 마약거래방지법에 따라 몰수·추징 보전절차를 진행할 수 있음은 앞에서 본 바와 같다.

나. 범죄수익환수 사례

실무상 파산수뢰 또는 파산증뢰죄를 범하고 수수한 뇌물을 몰수·추징하여 환수한 사례는 발견되지 않는다.

15 경륜·경정법위반(제15호)

1. 총설

부패재산몰수법 별표 제15호에서는 **경륜·경정법 제29조, 제30조, 제31조까지의 죄**를 부패범죄로 규정하고 있다. 그런데 범죄수익은닉규제법 별표 제2호에서는 제26조, 제27조, 제29조 및 제30조의 죄를 중대범죄로 규정하고 있어 서로 차이가 있다.

관련조문

부패재산몰수법 별표

부패범죄(제2조 제1호 관련)

15. 「경륜·경정법」 **제29조부터 제31조까지**의 죄

관련조문

범죄수익은닉규제법 별표

중대범죄(제2조 제1호 관련)

2. 「경륜·경정법」 제26조·제27조·제29조 및 제30조의 죄

관련조문

제32조(몰수와 추징) **제26조 제1항 및 제29조부터 제31조까지의 규정**에 따른 재물은 몰수한다. 다만, 재물을 몰수하는 것이 불가능하거나 재산상의 이익을 취득한 경우에는 병과가액(併科價額)을 추징한다.

한편 경륜·경정법위반죄 중 일부 범죄(동법 제26조 제1항 및 제29조부터 제31조까지)의 경우 필요적 몰수·추징 규정을 두고 있는바 동법 위반죄에 해당하는 경우에는 경륜·경정법상 자체적인 몰수·추징 규정을 적용하여야 하고, 이에 해당하는 경우 범죄수익은닉규제법 및 마약거래방지법에 따라 몰수·추징 보전절차를 진행할 수 있다.

범죄수익은닉규제법 중대범죄로 규정되어 있는 각 경륜·경정법위반죄는 범죄수익은닉규제법에서 살펴본 바 있으므로(「제2편 제2장 사행등범죄」 참조) 이 장에서는 위 범죄수익은닉규

제법상 각 중대범죄가 아닌 **부패재산몰수법상 부패범죄(경륜·경정법 제31조의 죄)**에 한하여 검토한다.

2. 부정한 청탁 재물 등 약속 제공행위 금지의 점(경륜·경정법 제31조)

관련조문

제31조(벌칙) 제29조 및 제30조에 규정한 **재물 또는 재산상의 이익을 약속·제공하거나 제공의 의사를 표시한 자는** 5년 이하의 징역 또는 5천만 원 이하의 벌금에 처한다.

☞ **제29조(벌칙)** ① 선수나 심판이 그 업무에 관하여 부정한 청탁을 받고 재물 또는 재산상의 이익을 수수·요구 또는 약속한 경우에는 5년 이하의 징역 또는 5천만 원 이하의 벌금에 처한다. <개정 2018. 12. 24.>

② 선수나 심판이 제1항의 죄를 범하여 부정한 행위를 한 경우에는 7년 이하의 징역 또는 7천만 원 이하의 벌금에 처한다. <개정 2018. 12. 24.>

☞ **제30조(벌칙)** 선수 또는 심판이 그 업무에 관하여 부정한 청탁을 받고 제3자에게 재물 또는 재산상의 이익을 제공하게 하거나 이익의 제공을 요구 또는 약속한 경우에는 5년 이하의 징역 또는 5천만 원 이하의 벌금에 처한다. <개정 2018. 12. 24.>

가. 구성요건의 주체 및 행위의 상대방

본죄의 **구성요건의 주체**는 아무런 제한이 없다. 따라서 누구든지 본죄의 주체가 될 수 있다. 위 **행위의 상대방**은 동법 제29조, 제30조에 따라 재물 또는 재산상 이익의 제공, 약속의 대상인 선수 또는 심판이다.

나. 구성요건적 행위

본죄의 **구성요건적 행위**는 선수 또는 심판의 업무에 관하여 부정한 청탁을 하면서 재물 또는 재산상의 이익을 약속·제공하거나 제공의 의사를 표시하는 것이다. **주관적 구성요건 요소로서** 자신이 재물 또는 재산상 이익을 제공하는 행위가 선수 또는 심판의 업무와 관련되어 있다는 점, 부정한 청탁을 한다는 점에 대한 미필적 인식을 요한다(고의범).

다. 처벌

본죄를 범하면 5년 이하의 징역 또는 5천만 원 이하의 벌금에 처한다. 나아가 본죄의 경우 경륜·경정법 제32조에 따라 필요적 몰수·추징 규정이 적용된다. 다만 실무상 심판 또는 선수에게 그 업무에 관하여 부정한 청탁을 하고 재물 또는 재산상 이익을 약속·공여한 다음 이를 되돌려 받지 않는 이상 공여자로부터 이를 몰수·추징하는 경우는 쉽게 상정하기 어렵다.

16 한국마사회법위반(제16호)

1. 총설

부패재산몰수법 별표 제16호에서는 **한국마사회법 제51조 제1호부터 제3호까지의 죄**를 부패범죄로 규정하고 있다. 한편 범죄수익은닉규제법은 별표 제22호에서 한국마사회법 제50조 제1항, 제2항 및 제51조 제1호, 제2호, 제4호의 죄를 중대범죄로 규정하고 있어 부패범죄와 중대범죄가 다소 간 차이가 난다.

관련조문

부패재산몰수법 별표

부패범죄(제2조 제1호 관련)

16. 「한국마사회법」 **제51조 제1호부터 제3호까지**의 죄

관련조문

범죄수익은닉규제법 별표

중대범죄(제2조 제1호 관련)

22. 「한국마사회법」 제50조 제1항·제2항 및 제51조 제1호·제2호·제4호의 죄

한국마사회법은 한국마사회를 설립하여 경마(競馬)의 공정한 시행과 말산업의 육성에 관한 사업을 효율적으로 수행하게 함으로써 축산의 발전에 이바지하고 국민의 복지 증진과 여가선용을 도모함을 목적으로 한다(동법 제1조). 한국마사회는 경마를 개최하는 기관으로 명시되어 있으므로(동법 제3조 제1항) **한국마사회가 아닌 다른 기관 또는 개인이 경마를 개최하거나 경마를 이용하여 도박행위를 하는 것은 지나치게 사행성을 조장할 수 있으므로 위 법률에서 모두 금지**하고 있다.

특히 범죄수익은닉규제법상 중대범죄는 마사회가 아니면서 경마를 시행하거나 이를 이용

하여 도박행위를 하는 행위(동법 제50조 제1항)와 그 미수범(동법 제50조 제2항), 조교사, 기수 및 말관리사가 업무에 관하여 부정한 청탁을 받고 재물 또는 재산상 이익을 수수·요구·약속 하는 행위(동법 제51조 제1호), 제3자에게 재물 또는 재산상 이익을 공여하게 하는 행위(동법 제51조 제2호), 위계나 위력을 사용하여 경마의 공정을 해치거나 경마 시행을 방해하는 행위(동법 제51조 제4호)로 구성되어 있다.

한편 **한국마사회법은 제50조 제1항 제1호부터 제3호까지 및 제6호와 제51조 제1호부터 제3호까지 및 제8호의 재물은 필요적으로 몰수·추징**하도록 하고 있으므로(동법 제56조), 위 각 구성요건에 해당하여 취득한 범죄수익은 범죄수익은닉규제법상 임의적 몰수·추징 규정이 따로 적용되지 않는다.

관련조문

제56조(몰수·추징) 제50조 제1항 제1호부터 제3호까지 및 제6호와 제51조 제1호부터 제3호까지 및 제8호의 재물은 몰수한다. 다만, 재물을 몰수할 수 없거나 재산상의 이익을 취득하였을 때에는 그 가액(價額)을 추징(追徵)한다. <개정 2015. 2. 3.>
[전문개정 2009. 5. 27.]

앞서 「**제2편 제2장 사행등 범죄**」부분에서 범죄수익은닉규제법상 중대범죄인 한국마사회법위반죄 제50조 제1항, 제2항, 제51조 제1호, 제2호 및 제4호 위반죄를 이미 살펴본 바 있으므로 **본편에서는** 범죄수익은닉규제법상 중대범죄와 중복되지 않는 **한국마사회법 제51조 제1항 제3호 위반죄**만을 살펴보기로 한다.

2. 부정한 청탁을 통한 재물 또는 재산상 이익 약속·공여·공여의 의사표시의 점(제51조 제3호)

관련조문

제51조(벌칙) 다음 각 호의 어느 하나에 해당하는 자는 5년 이하의 징역 또는 5천만 원 이하의 벌금에 처한다. <개정 2020. 3. 24.>
  3. **제1호나 제2호**에 따른 **재물 또는 재산상의 이익을 약속·공여하거나 공여할 의사를 표시**한 자
  ☞ 1. 조교사·기수 및 말관리사가 그 업무와 관련하여 부정한 청탁을 받고 재물 또는 재산상

의 이익을 수수·요구 또는 약속한 자

2. 조교사·기수 및 말관리사가 그 업무와 관련하여 부정한 청탁을 받고 제3자에게 재물 또는 재산상의 이익을 공여(供與)하게 하거나 공여를 요구 또는 약속한 자

가. 서설

한국마사회법은 조교사·기수 및 말관리사가 그 업무와 관련하여 부정한 청탁을 받고 재물 또는 재산상의 이익을 수수·요구·약속하는 행위(동법 제51조 제1호), 제3자에게 재물 또는 재산상의 이익을 공여하게 하거나 공여를 요구 또는 약속하는 행위(동법 제51조 제2호)를 처벌하고, 위 조교사·기수 및 말관리사에게 그 업무에 관하여 부정한 청탁을 하며 재물 또는 재산상 이익을 약속·공여하거나 공여할 의사를 표시하는 행위를 처벌하고 있다.

나. 구성요건의 주체 및 행위의 상대방

본죄의 **구성요건의 주체**는 아무런 제한이 없다. 따라서 누구든지 본죄의 주체가 될 수 있다. 위 **행위의 상대방**은 그 업무에 관하여 부정한 청탁을 받는 마사회의 면허를 받아 경주마를 관리하고 조련하는 자인 조교사(동법 제2조 제4호), 기수(동법 2조 제5호), 말관리사이다.

다. 구성요건적 행위

본죄의 **구성요건적 행위**는 조교사·기수 및 말관리사에게 그 업무에 관하여 부정한 청탁을 하고 재물 또는 재산상 이익을 위 각 신분자 또는 제3자에게 약속·공여 또는 공여할 의사를 표시하는 것이다.

한편 범죄수익은닉규제법상 한국마사회법 제51조 제3호는 중대범죄에서 제외되었으나 부패재산몰수법은 본죄를 부패범죄로 포함시키고 있다.

라. 처벌

본죄를 범하면 5년 이하의 징역 또는 5천만 원 이하의 벌금에 처한다. 나아가 **한국마사회법상 필요적 몰수·추징 규정의 적용**을 받게 되므로 위 업무에 관하여 부정한 청탁을 받고 취득한 재물 또는 재산상 이익은 모두 환수의 대상이 된다.

다만 동법 제51조 제3호에 따라 공여자로부터 재물 또는 재산상 이익을 환수하려면 공여자가 공여한 재물등을 그대로 되돌려 받은 경우에 한하여 가능한데 실무상 활용례가 거의 없다.

17 독점규제 및 공정거래에 관한 법률위반(제17호)

1. 총설

부패재산몰수법 별표 제17호에서는 **독점규제 및 공정거래에 관한 법률**(이하, '공정거래법'이라 함) **제19조 제1항 및 제66조 제1항 제9호의 죄**를 부패범죄로 규정하고 있다. 그런데 공정거래법이 2020. 12. 29. 전면 개정되어 2021. 12. 30. 시행되므로 위 부패범죄 조문도 아래와 같이 변경되었다.

관련조문

부패재산몰수법 별표

부패범죄(제2조 제1호 관련)

17. 「독점규제 및 공정거래에 관한 법률」 <u>제19조 제1항 및 제66조 제1항 제9호</u>의 죄
　⇒ 17. 「독점규제 및 공정거래에 관한 법률」 제40조 제1항 및 제124조 제1항 제9호의 죄
　　(2021. 12. 30. 시행)

공정거래법은 사업자의 시장지배적 지위의 남용과 과도한 경제력의 집중을 방지하고, 부당한 공동행위 및 불공정거래행위를 규제하여 공정하고 자유로운 경쟁을 촉진함으로써 창의적인 기업 활동을 조장하고 소비자를 보호함과 아울러 국민경제의 균형있는 발전을 도모함을 목적으로 한다(동법 제1조 참조).

부패재산몰수법이 규정하고 있는 **공정거래법상 부패범죄는 제66조 제1항 제9호의 죄**인데, **제19조 제1항은 위 처벌규정이 인용하고 있는 금지규정**이어서 위 부패범죄에 공정거래법 **제19조 제1항을 기재한 것은 불필요한 입법**인바 삭제하여 아래와 같이 개정함이 상당하다(私見).

관련조문

부패재산몰수법 별표(개정안)

부패범죄(제2조 제1호 관련)

17. 「독점규제 및 공정거래에 관한 법률」 제66조 제1항 제9호의 죄

한편 공정거래법은 필요적 몰수·추징 규정을 두고 있지 않으므로 **공정거래법상 위 부패범죄를 저지르고 취득한 범죄수익은 부패재산몰수법에 따른 임의적 몰수·추징의 대상**이 된다고 봄이 상당하다.

이하에서는 공정거래법의 위 부패범죄 규정 구성요건을 살펴보고 이에 따른 범죄수익환수 사례를 검토한다.

2. 구성요건

관련조문

제66조(벌칙) ① 다음 각 호의 어느 하나에 해당하는 자는 3년 이하의 징역 또는 2억 원 이하의 벌금에 처한다.

9. **제19조**(부당한 공동행위의 금지) 제1항의 규정을 위반하여 부당한 공동행위를 한 자 또는 이를 행하도록 한 자

☞ **제19조(부당한 공동행위의 금지)** ① 사업자는 계약·협정·결의 기타 어떠한 방법으로도 다른 사업자와 공동으로 부당하게 경쟁을 제한하는 다음 각 호의 어느 하나에 해당하는 행위를 할 것을 합의(이하 "부당한 공동행위"라 한다)하거나 다른 사업자로 하여금 이를 행하도록 하여서는 아니된다. <개정 1992.12.8, 1994.12.22, 1996.12.30, 1999.2.5, 2004.12.31, 2007.8.3>

1. 가격을 결정·유지 또는 변경하는 행위

2. 상품 또는 용역의 거래조건이나, 그 대금 또는 대가의 지급조건을 정하는 행위

3. 상품의 생산·출고·수송 또는 거래의 제한이나 용역의 거래를 제한하는 행위

4. 거래지역 또는 거래상대방을 제한하는 행위

5. 생산 또는 용역의 거래를 위한 설비의 신설 또는 증설이나 장비의 도입을 방해하거나 제한하는 행위

6. 상품 또는 용역의 생산·거래 시에 그 상품 또는 용역의 종류·규격을 제한하는 행위

7. 영업의 주요부문을 공동으로 수행·관리하거나 수행·관리하기 위한 회사등을 설립하는 행위

8. 입찰 또는 경매에 있어 낙찰자, 경락자(競落者), 투찰(投札)가격, 낙찰가격 또는 경락가격, 그 밖에 대통령령으로 정하는 사항을 결정하는 행위

9. 제1호부터 제8호까지 외의 행위로서 다른 사업자(그 행위를 한 사업자를 포함한다)의 사업활동 또는 사업내용을 방해하거나 제한함으로써 일정한 거래분야에서 경쟁을 실질적으로 제한하는 행위

② 제1항의 규정은 부당한 공동행위가 다음 각 호의 1에 해당하는 목적을 위하여 행하여지는 경우로서 대통령령이 정하는 요건에 해당하고 공정거래위원회의 인가를 받은 경우에

는 이를 적용하지 아니한다. <신설 1996.12.30>

1. 산업합리화

2. 연구·기술개발

3. 불황의 극복

4. 산업구조의 조정

5. 거래조건의 합리화

6. 중소기업의 경쟁력향상

③ 제2항의 규정에 의한 인가의 기준·방법·절차 및 인가사항변경등에 관하여 필요한 사항은 대통령령으로 정한다. <신설 1996.12.30, 1999.2.5>

④ 제1항에 규정된 부당한 공동행위를 할 것을 약정하는 계약 등은 사업자간에 있어서는 이를 무효로 한다.

⑤ 2 이상의 사업자가 제1항 각 호의 어느 하나에 해당하는 행위를 하는 경우로서 해당 거래분야 또는 상품·용역의 특성, 해당 행위의 경제적 이유 및 파급효과, 사업자 간 접촉의 횟수·양태 등 제반사정에 비추어 그 행위를 그 사업자들이 공동으로 한 것으로 볼 수 있는 상당한 개연성이 있는 때에는 그 사업자들 사이에 공동으로 제1항 각 호의 어느 하나에 해당하는 행위를 할 것을 합의한 것으로 추정한다. <개정 2007.8.3>

⑥ 부당한 공동행위에 관한 심사의 기준은 **공정거래위원회가 정하여 고시**할 수 있다.

☞ **공동행위 심사기준[시행 2015. 10. 23.]** [공정거래위원회예규 제235호, 2015. 10. 23., 일부개정]

가. 구성요건의 주체

본죄의 구성요건 주체는 '**사업자**'이다(**신분범**). 이 때 사업자라 함은 제조업, 서비스업, 기타 사업을 행하는 자를 말한다. 사업자의 이익을 위한 행위를 하는 임원·종업원·대리인 기타의 자는 사업자단체에 관한 규정의 적용에 있어서는 이를 사업자로 본다(**동법 제2조 제1호**).

행위의 상대방은 '**다른 사업자**'로 동법 제19조에 따른 부당한 공동행위를 함께 하는 사람이다.

나. 구성요건적 행위

1) 부당한 공동행위의 개념

본죄의 **구성요건적 행위**는 계약·협정·결의 기타 어떠한 방법으로도 다른 사업자와 공동으로 **부당하게 경쟁을 제한**하는 행위를 할 것을 **합의**(이하 "부당한 공동행위"라 한다)하거나 다른 사업자로 하여금 이를 행하도록 하는 것이다.

즉 사업자가 '다른 사업자로 하여금 부당한 공동행위를 행하도록 하는 행위'도 금지행위에 포함되는데 **대법원은 동법 제19조 제1항 후단은 부당한 공동행위를 '교사'하는 행위까지 처벌하는 것이고 단순 방조하는 행위는 여기에 포함되지 않는다고 판시하였다**.[130]

여기서 행하도록 하는 **행위의 대상이 되는 다른 사업자는 당해 부당한 공동행위에 참여하는 사업자이면 충분하고** 그 공동행위에 참여하는 모든 사업자일 필요는 없다.[131]

한편 공정거래법상 당사자들 간에 합의가 존재하기만 하면 그것으로 충분하고 그 합의에 따른 실행행위가 이루어지지 않았다고 하더라도 무방하다. 따라서 공정거래법상 **담합의 실제 실행여부는 그 구성요건이 아니다**.[132]

이 때 **부당하게 경쟁을 제한하는 행위**는 동법 제19조 제1항 각 호에 열거되어 있는데 구체적인 내용은 다음과 같다.

관련조문

1. **가격을 결정·유지 또는 변경**하는 행위
2. 상품 또는 용역의 **거래조건이나, 그 대금 또는 대가의 지급조건**을 정하는 행위
3. 상품의 생산·출고·수송 또는 **거래의 제한이나 용역의 거래를 제한**하는 행위
4. **거래지역 또는 거래상대방을 제한**하는 행위
5. 생산 또는 용역의 거래를 위한 **설비의 신설 또는 증설이나 장비의 도입을 방해하거나 제한**하는 행위
6. 상품 또는 용역의 생산·거래 시에 그 **상품 또는 용역의 종류·규격을 제한**하는 행위
7. 영업의 **주요부문을 공동으로 수행·관리하거나 수행·관리하기 위한 회사등을 설립**하는 행위
8. 입찰 또는 경매에 있어 **낙찰자, 경락자(競落者), 투찰(投札)가격, 낙찰가격 또는 경락가격**, 그 밖에 **대통령령으로 정하는 사항**을 결정하는 행위
9. 제1호부터 제8호까지 외의 행위로서 **다른 사업자(그 행위를 한 사업자를 포함한다)의 사업활동 또는 사업내용을 방해하거나 제한함으로써 일정한 거래분야에서 경쟁을 실질적으로 제한**하는 행위
☞ **독점규제 및 공정거래에 관한 법률 시행령 제33조(경매·입찰 담합의 유형)** 법 제19조(부당한 공동행위의 금지) 제1항 제8호에서 "대통령령으로 정하는 사항"이란 다음 각 호의 어느 하

---

130 대법원 2019. 3. 14. 선고 2018두59670 판결 참조.
131 대법원 2017. 9. 12. 선고 2016두55551 판결 참조.
132 대법원 2001. 5. 8. 선고 2000두10212 판결 참조.

나를 말한다.

1. 낙찰 또는 경락의 비율

2. 설계 또는 시공의 방법

3. 그 밖에 입찰 또는 경매의 경쟁 요소가 되는 사항

[본조신설 2007. 11. 2.]

다만 제1항의 규정은 **부당한 공동행위가 다음 각 호의 1에 해당하는 목적을 위하여 행하여지는 경우로서 대통령령이 정하는 요건에 해당**하고 공정거래위원회의 인가를 받은 경우에는 이를 적용하지 아니한다(동법 제19조 제2항 참조). 상세한 내용은 다음과 같다.

관련조문

1. 산업합리화

2. 연구·기술개발

3. 불황의 극복

4. 산업구조의 조정

5. 거래조건의 합리화

6. 중소기업의 경쟁력향상

2) 부당한 공동행위의 심사 기준(공정거래위원회 예규)

동법 제19조 제6항 **부당한 공동행위에 관한 심사의 기준은 공정거래위원회가 정하여 고시할 수 있다**고 규정하고 있는데 이에 따라 시행되고 있는 것이 **공동행위 심사기준**(공정거래위원회예규 제235호)이다. 이하에서는 부당한 공동행위의 심사기준에 관하여 이 규정을 중심으로 살펴본다.

가) 공동행위의 성립(위 예규 Ⅱ. 1. 참조)

위 예규에 따르면 부당한 공동행위가 성립하려면 **2 이상의 사업자가 주체**가 되어야 한다. 다만 사실상 하나의 사업자의 행위에 대한 예외로서 다수의 사업자를 실질적·경제적 관점에서 '**사실상 하나의 사업자**'로 볼 수 있는 경우에는 그들 간에 이루어진 법 제19조 제1항 각 호의 사항(입찰담합은 제외)에 관한 합의에는 법 제19조 제1항을 적용하지 아니한다. 다만 그 합의에 다른 사업자가 참여한 경우는 그러하지 아니한다.

이 때 '사실상 하나의 사업자'의 인정 기준과 관련하여 ① **사업자가 다른 사업자의 주식**

을 모두 소유한 경우(법 제2조 제2호의 동일인 또는 시행령 제3조 제1호의 동일인 관련자가 소유한 주식을 포함한다. 이하 같다), 당해 사업자들 모두를 사실상 하나의 사업자로 본다.

그리고 ② 사업자가 다른 사업자의 주식을 모두 소유하지 아니한 경우라도 주식 소유 비율, 당해 사업자의 인식, 임원겸임 여부, 회계의 통합 여부, 일상적 지시 여부, 판매조건 등에 대한 독자적 결정 가능성, 당해 사안의 성격 등 제반사정을 고려할 때 **사업자가 다른 사업자를 실질적으로 지배함으로써 이들이 상호 독립적으로 운영된다고 볼 수 없는 경우에는 사실상 하나의 사업자로 본다.** 다만 관련시장 현황, 당해 사업자의 활동 등을 고려할 때 경쟁관계에 있다고 인정되는 경우에는 그러하지 아니하다.

나) 합의의 존재(위 예규 II. 2. 가. 참조)

부당한 공동행위가 성립하려면 계약, 협정, 결의 기타 어떠한 방법으로든지 **사업자간에 공동행위를 하기로 하는 합의**가 있어야 한다. 부당한 공동행위를 인정하기 위한 합의는 계약, 협정, 협약, 결의, 양해각서, 동의서 등과 같은 **명시적 합의뿐만 아니라 사업자간의 암묵적 양해와 같은 묵시적 합의까지 포함**한다.

또한 어느 한 쪽의 사업자가 당초부터 합의에 따를 의사도 없이 진의 아닌 의사표시에 의하여 합의한 경우라고 하더라도 다른 쪽 사업자는 당해 사업자가 합의에 따를 것으로 신뢰하고 당해 사업자는 다른 사업자가 위와 같이 신뢰하고 행동할 것이라는 점을 이용한 경우에는 당해 합의가 경쟁을 제한하는 행위가 되는 것은 마찬가지이다. 따라서 **진의 아닌 의사표시라 하여 부당한 공동행위의 성립에 방해가 되는 것은 아니다.**

이러한 합의는 일정한 거래분야나 특정한 입찰에 참여하는 **모든 사업자들 중에서 일부의 사업자들 사이에만 이루어진 경우에도 성립**될 수 있고, 공급자들이 아닌 **수요자들의 합의라 하더라도 그로 인하여 부당한 공동행위가 성립**될 수 있다.

다) 합의의 추정(위 예규 II. 2. 나. 참조)

부당한 공동행위에 대한 규제가 강화되면서 사업자간의 합의는 명시적으로 드러나거나 증거를 남기지 않고 암묵리에 이루어지기 때문에 '합의의 존재'를 입증하기가 용이하지 않다. 이런 점을 감안하여 **법 제19조 제5항에 추정제도**를 두고 있다. 추정이란 사실관계가 명확하지 않거나 간접적인 사실만 있는 경우 직접적인 사실이 있는 것으로 일단 정하여 그에 따라 법률효과를 발생시키는 것이다.

2 이상의 사업자가 법 제19조 제1항 각 호의 어느 하나에 해당하는 행위를 하는 경우에 이들 사업자간의 합의에 관한 직접적 증거가 없을 지라도 해당 거래분야 또는 상품·용역의 특성, 해당 행위의 경제적 이유 및 파급효과, 사업자 간 접촉의 횟수, 양태 등 관련 정황

에 비추어 그 행위를 그 사업자들이 공동으로 한 것으로 볼 수 있는 상당한 개연성이 있는 때에는 그 사업자들이 공동으로 제1항 각 호의 어느 하나에 해당하는 행위를 할 것을 합의한 것으로 추정한다. 위 합의의 추정을 보강하기 위한 정황증거는 다음과 같다.

관련조문

(가) 직·간접적인 의사연락이나 정보교환 등의 증거가 있는 경우 추정을 보강하기 위한 정황 증거가 될 수 있다.

(나) 공동으로 수행되어야만 당해 사업자들의 이익에 기여할 수 있고 개별적으로 수행되었다면 당해 사업자 각각의 이익에 반하리라고 인정되는 경우

(다) 당해 사업자들의 행위의 일치를 시장상황의 결과로 설명할 수 없는 경우

(라) 당해 산업구조상 합의가 없이는 행위의 일치가 어려운 경우

한편 법 제19조 제5항에 의하여 합의가 추정되는 경우, 사업자는 그 행위가 합의에 기한 것이 아님을 입증함으로써 추정을 복멸할 수 있다.

라) 부당한 공동행위의 수와 기간(위 예규 Ⅲ 참조)

부당한 공동행위의 수와 관련하여, 사업자들이 일정한 기간에 걸쳐 수차례의 합의를 하는 경우 부당한 공동행위의 수는 그 개별적인 합의들의 기본원칙을 담거나 토대가 되는 기본합의가 있었는지의 여부 또는 그 개별합의들이 사실상 동일한 목적을 위해 단절됨 없이 계속 실행되어 왔는지의 여부 등을 종합적으로 살펴서 판단하여야 한다.

그리고 **부당한 공동행위의 기간**과 관련하여, 부당한 공동행위의 **개시일**은 ① 법 제19조 제1항을 적용하는 경우, 참가사업자 전부에 대하여 법 제19조 제1항 각 호의 어느 하나에 해당하는 행위를 할 것을 합의한 날을 위반행위의 개시일로 본다. 나아가 ② 합의일을 특정하기 어려운 경우에는 사업자별로 실행 개시일을 위반행위의 개시일로 본다.

한편 부당한 공동행위가 **종료한 날**은 원칙적으로 그 합의에 기한 실행행위가 종료한 날을 의미한다. 다만 ① 합의에 정해진 조건이나 기한이 있는 경우로서 그 **조건이 충족되거나 기한이 종료**한 경우, ② 공동행위의 구성사업자가 **합의 탈퇴의사를 명시적 내지 묵시적으로 표시하고 실제 그 합의에 반하는 행위**를 한 경우에는 **해당 사유가 발생한 때** 합의에 의한 실행행위가 종료된 것으로 볼 수 있다.

다만 합의에 반하는 행위를 하는 것이 현저히 곤란한 객관적이고 구체적인 사유가 인정되는 경우에는 **합의 탈퇴의 의사표시로 부당한 공동행위가 종료**한 것으로 볼 수 있다. 나아

가 공동행위가 심의일까지 지속되는 경우에는 심의일에 그 공동행위가 종료된 것으로 본다.

3) 부당한 공동행위의 세부 유형(위 예규Ⅳ)

공정거래위원회 예규는 동법 제19조 제1항 각 호의 행위는 다음과 같이 예시할 수 있다고 정하면서 예시된 사항은 부당한 공동행위 중에서 흔히 나타나는 법 위반 유형을 제시한 것이므로 예시되지 않은 사항도 법에 위반될 수 있다고 규정하고 있다.

가) 가격을 결정·유지 또는 변경하는 행위(법 제19조 제1항 제1호)

제1호의 '**가격**'이란 사업자가 거래의 상대방에게 상품 또는 용역을 제공하고 반대급부로 받는 일체의 경제적 대가를 의미하며, 권고가격, 기준가격, 표준가격, 수수료, 임대료, 이자 등 명칭 여하를 불문한다.

이 때 가격을 '**결정·유지 또는 변경**'하는 행위에는 가격을 인상하는 행위뿐만 아니라 가격을 인하하거나 현행가격을 유지하는 행위, **최고가격이나 최저가격범위를 설정하는 행위도 포함**된다.

그리고 인상률, 할인율, 할증률, 이윤율 등과 같이 가격에 영향을 미치는 요소를 결정·유지·변경하는 행위, 일률적인 원가계산 방법을 따르도록 함으로써 실질적으로 가격을 결정·유지·변경하는 행위 등과 같이 가격에 영향을 미치는 행위도 포함된다.

나) 상품 또는 용역의 거래조건이나, 그 대금 또는 대가의 지급조건을 정하는 행위(법 제19조 제1항 제2호)

제2호의 '**거래조건**'이란 상품 또는 용역의 품질, 거래의 장소, 거래의 방법, 운송조건 등과 같이 상품 또는 용역의 거래와 관련된 조건을 의미한다.

나아가 '**대금 또는 대가의 지급 조건**'이란 지급수단, 지급방법, 지급기간 등과 같이 대금 또는 대가의 지급과 관련된 조건을 의미한다.

다) 상품의 생산·출고·수송 또는 거래의 제한이나 용역의 거래를 제한하는 행위(법 제19조 제1항 제3호)

제3호의 경우, 상품 또는 용역의 거래에서 생산량, 판매량, 출고량, 거래량, 수송량 등을 일정한 수준 또는 비율로 제한하거나 사업자별로 할당하는 행위가 포함된다.

나아가 가동률, 가동시간, 원료구입 여부 또는 비율 등을 제한함으로써 실질적으로 생산·출고·수송을 제한하는 행위도 포함된다.

라) 거래지역 또는 거래상대방을 제한하는 행위(법 제19조 제1항 제4호)

제4호의 경우, 사업자별로 거래지역을 정하는 행위, 특정 지역에서는 거래하지 않도록 하거나 특정 지역에서만 거래하도록 하는 행위 등과 같이 **거래지역을 제한하는 행위**가 포함된다.

나아가 사업자별로 거래상대방을 정하는 행위, 특정사업자와는 거래하지 않도록 하거나 특정사업자와만 거래하도록 하는 행위 등과 같이 **거래상대방을 제한하는 행위**가 포함된다.

마) 생산 또는 용역의 거래를 위한 설비의 신설 또는 증설이나 장비의 도입을 방해하거나 제한하는 행위(법 제19조 제1항 제5호)

제5호의 경우, 업계 전체 또는 개별 사업자별로 설비 총량 또는 신·증설 규모를 정하는 행위, 특정한 장비 도입을 제한하거나 또는 유도하는 행위 등이 포함된다.

바) 상품 또는 용역의 생산·거래 시에 그 상품 또는 용역의 종류·규격을 제한하는 행위(법 제19조 제1항 제6호)

제6호의 경우, 특정 종류 또는 규격의 상품 또는 용역을 생산 또는 거래하지 않도록 하는 행위, 사업자별로 상품 또는 용역의 종류 또는 규격을 할당하는 행위, 새로운 종류 또는 규격의 상품 또는 용역의 생산 또는 공급을 제한하는 행위가 포함된다.

사) 영업의 주요부문을 공동으로 수행·관리하거나 수행·관리하기 위한 회사등을 설립하는 행위(법 제19조 제1항 제7호)

제7호의 경우, 상품 또는 용역의 생산, 판매, 거래, 원자재의 구매, 기타 영업의 주요 부분을 공동으로 수행하거나 관리하는 행위, 이를 위해 회사등을 설립하는 행위가 포함된다.

아) 입찰 또는 경매에 있어 낙찰자, 경락자, 투찰가격, 낙찰가격 또는 경락가격, 그 밖에 대통령령으로 정하는 사항을 결정하는 행위(법 제19조 제1항 제8호)

제8호의 경우, ① 낙찰예정자 또는 경락예정자를 사전에 결정하고 그 사업자가 낙찰 또는 경락받을 수 있도록 **투찰여부나 투찰가격 등을 결정**하는 행위, **낙찰가격 또는 경락가격을 높이거나 낮추기 위하여 사전에 투찰여부나 투찰가격 등을 결정**하는 행위가 포함된다. 나아가 ② 다수의 입찰 또는 경매에서 **사업자들이 낙찰 또는 경락받을 비율을 결정**하는 행위, 입찰 또는 경매에서 사전에 설계 또는 시공의 방법을 결정하는 행위, 그 밖에 입찰 또는 경매의 경쟁요소를 결정하는 행위가 포함된다.

자) 제1호부터 제8호까지 외의 행위로서 다른 사업자(그 행위를 한 사업자를 포함한다)의 사업활동 또는 사업내용을 방해하거나 제한함으로써 일정한 거래분야에서 경쟁을 실질적으로 제한하는 행위(법 제19조 제1항 제9호)

제9호의 경우, ① 영업장소의 수 또는 위치를 제한하는 행위, 특정한 원료의 사용·비율을 정하거나 직원의 채용을 제한하는 행위, 자유로운 연구·기술개발을 제한하는 행위 등과 같이 제1호부터 제8호까지에 해당하지 않는 행위로서 **다른 사업자의 사업활동 또는 사업내용을 방해하거나 제한하는 행위**가 포함된다.

나아가 ② 공동행위 참여 사업자들이 공동행위에 참여하지 않은 다른 사업자의 사업활동 또는 사업내용을 방해하거나 제한하는 경우뿐만 아니라, **공동행위에 참여한 사업자 자신들의 사업활동 또는 사업내용을 제한하는 경우**도 포함된다.

3. 공동행위의 위법성 심사(위 예규 Ⅴ)

가. 서설

공동행위의 위법성 심사는 공동행위의 성격에 대한 분석으로부터 출발한다. 성격상 경쟁제한 효과만 생기는 것이 명백한 경우에는(예컨대 가격·산출량의 결정·제한이나 시장·고객의 할당 등) 특별한 사정이 없는 한 구체적인 경쟁제한성에 대한 심사 없이 부당한 공동행위로 판단할 수 있다. 다만 이 경우에도 당해 공동행위와 관련되는 시장의 구조, 거래형태, 경쟁상황 등 시장상황에 대한 개략적인 분석은 하여야 한다.

그러나 공동행위의 성격상 **경쟁제한 효과와 효율성 증대 효과를 함께 발생시킬 수 있는 경우**(예컨대 공동마케팅, 공동생산, 공동구매, 공동연구·개발, 공동표준개발 등)에는 당해 공동행위의 위법성을 판단하기 위해 **경쟁제한 효과와 효율성증대 효과를 종합적으로 심사함을** 원칙으로 한다.

나. 제1단계 심사: 공동행위의 성격 및 시장 분석

1) 공동행위의 성격상 경쟁제한 효과만 발생시키는 것이 명백한 경우

공동행위의 성격은 공동행위의 대상이 되는 경제활동의 종류(생산·판매·산출량 결정 등) 및 합의의 수준 등의 요소에 의하여 결정된다. **경쟁 제한 이외에 다른 목적이 없는 공동행위**는 직접적으로 관련시장에서 가격을 올리거나 산출량을 감소시키는데 **다음과 같은 유형이** 이에 해당된다.

경쟁제한 유형

- 경쟁관계에 있는 사업자간에 가격을 결정 혹은 변경하는 행위
- 경쟁관계에 있는 사업자간에 산출량을 결정 혹은 조정하는 행위
- 경쟁관계에 있는 사업자간에 거래지역 또는 거래상대방을 제한·할당하는 행위
- 경쟁관계에 있는 사업자간에 입찰가격 또는 낙찰예정자를 사전에 결정하는 행위

가격·산출량의 결정·조정은 직접적으로 소비자로 하여금 높은 가격을 지불하게 하며, 시장 및 고객의 제한·할당도 소비자의 선택가능성을 제한하고 사업자간 경쟁을 감소시켜 결국 가격 상승이나 산출량 제한을 초래한다. 입찰가격 등을 사전에 결정하는 행위는 입찰참여 사업자들의 경쟁을 직접적으로 제한하여 낙찰가격을 상승시키게 된다. 이러한 행위는 성격상 경쟁을 직접 제한하는 효과를 발생시킨다.

위에 열거한 경쟁제한 효과만 생기는 공동행위는 관련 사업자들이 공동으로 행동하면 당해 상품시장이나 지역시장에서 가격·수량·품질 및 기타 조건을 좌우할 수 있는 시장지배력을 획득할 수 있는 경우에 쉽게 발생되고 유지될 수 있다. 공동행위에 참여한 사업자보다 낮은 가격으로 소비자들이 원하는 상품 수량을 충분히 공급할 수 있는 공급자가 존재하는 경우에는 대부분의 소비자들이 공동행위에 참여하지 않은 공급자들로부터 상품을 구매할 것이기 때문에 당해 공동행위가 유지되기는 어렵다.

한편 어떤 업종의 생산구조, 시장구조, 경쟁상태 등을 분석하여 시장지배력 형성여부를 심사하는 것은 결국 해당 공동행위가 관련시장에서의 경쟁을 제한하는지 여부를 판단하기 위한 것이다. 그런데 위에서 열거한 공동행위는 행위 자체가 직접적으로 경쟁을 제한하여 가격상승·산출량 감소를 초래하기 때문에 구체적인 경제 분석이 없더라도 시장상황에 대한 개략적인 분석을 통하여 위법한 공동행위로 판단할 수 있는 것이다.

다만 문제되는 공동행위가 경쟁제한 효과만 있는 공동행위로 분류되는 유형이라도 효율성을 증대시키는 경제적 통합과 합리적으로 연관되어 추진되고, 효율성증대 효과의 목적을 달성하기 위해 합리적으로 필요하다고 인정되는 경우에는 연관되는 경제적 통합의 경쟁제한 효과와 효율성증대 효과 등을 종합적으로 고려하여 위법성 여부를 판단한다. 즉 이 심사기준의 제2단계부터 제4단계까지의 심사절차를 통해 위법성 여부를 판단한다. 여기서 '경제적 통합'이라 함은 생산, 판매, 구매 또는 연구개발 등의 통합을 의미한다. 효율성을 증대시키는 경제적 통합에 참여하는 사업자들은 중요한 자본, 기술 또는 상호보완적인 자산 등을 결합한다. 가격, 산출량, 고객 등에 대한 단순한 조정 또는 합의는 경제적 통합이 아니다.

2) 공동행위의 성격상 효율성증대 효과와 경쟁제한 효과가 동시에 생길 수 있는 경우

효율성증대 효과와 경쟁제한 효과가 동시에 생기는 유형의 공동행위로는 공동마케팅, 공동생산, 공동구매, 공동연구·개발, 공동표준개발 등을 예로 들 수 있다.

이런 종류의 공동행위는 자산·지식·경험의 결합 또는 위험의 배분, 중복비용의 감소 등을 통해 효율성을 증대시키고 때로는 사업자가 개별적으로 수행하지 못했을 사업을 수행하도록 한다. 하지만 참여사업자들의 시장지배력을 유지·창출·증가시켜서 가격 상승, 품질·산출량·혁신노력의 감소를 초래하는 등 경쟁제한 효과를 발생시킬 수도 있다.

당해 공동행위의 성격 분석만으로 **경쟁제한 효과가 발생하지 않는 것이 명백한 경우에는 본 단계에서 심사를 종료**할 수 있다.

그러나 공동행위의 성격에 대한 분석만으로 **경쟁제한 효과가 생기지 않는 것이 분명하지 않은 경우**에는 당해 공동행위가 경쟁을 제한하는지 여부를 판단하는 한편, **경쟁제한 효과와 효율성증대 효과의 비교형량이 필요하므로 추가적인 심사를 진행**한다.

다. 제2단계 심사: 경쟁제한 분석

1) 서설

공동행위의 성격상 경쟁제한 효과와 효율성 증대효과를 함께 발생시킬 수 있는 경우 경쟁제한 효과 분석은 다음과 같이 행한다.

2) 경쟁제한 효과 분석의 일반원칙

참여사업자들이 상당한 시장지배력을 보유하고 있는 경우에는 공동행위를 통해 시장지배력을 유지·창출·증가시켜 가격 상승이나 품질·산출량·혁신노력의 감소를 초래하는 등 **경쟁제한 효과를 발생**시킬 수 있다.

따라서 공동행위의 경쟁제한 효과를 심사하기 위해서는 우선 **관련 시장을 획정하고 당해 공동행위에 참여하고 있는 사업자들의 시장점유율을 산정**한다. ① **참여사업자들의 시장점유율의 합계가 20% 이하인 경우**에는 당해 공동행위로 인해 경쟁제한 효과가 발생할 가능성이 없거나 경쟁제한 효과가 발생하더라도 그 효과가 미미한 것으로 보고 심사를 종료한다.

그러나 ② **시장점유율의 합계가 20%를 초과**하는 경우에는 시장지배력, 참여사업간의 경쟁제한 수준 등을 분석하여 경쟁제한 효과의 발생여부 및 크기 등을 심사한다.

공동행위의 경쟁제한 효과를 판단하기 위한 **첫째 요소는 공동행위 참여사업자가 보유하고 있는 시장지배력의 정도**이다. 관련시장에서 사업자들이 보다 큰 시장지배력을 보유하고 있을수록 당해 공동행위가 관련시장에서 경쟁제한 효과를 발생시킬 가능성은 증가한다.

공동행위의 경쟁제한 효과를 판단하기 위한 **둘째 요소는 공동행위에 참여하고 있는 사업자간의 경쟁제한의 정도**이다. 즉 참여사업자 간 독자적 경쟁능력·경쟁동기의 감소수준, 경쟁기회·경쟁수단·경쟁방법의 제한 등이 검토되어야 한다. 참여사업자간 경쟁제한의 정도가 클수록 당해 공동행위가 관련시장에서 경쟁제한 효과를 발생시킬 가능성은 증가한다.

당해 **공동행위가 경쟁제한 효과를 발생시키는지의 여부는 참여사업자들의 시장지배력 보유와 참여사업자간의 경쟁제한을 종합적으로 고려하여 결정한다. 참여사업자간 경쟁제한의 수준이 높더라도 참여사업자들이 공동행위를 통해서도 시장지배력을 보유하지 못하는 경우에는 당해 공동행위로 경쟁제한 효과가 발생할 가능성이 낮으며, 참여사업자들이 공동행위를 통해 시장지배력을 보유하게 되더라도 참여사업자들간 경쟁이 계속되고 있다면 당해 공동행위로 경쟁제한 효과가 발생할 가능성은 감소된다.

3) 경쟁제한 효과 분석의 단계별 절차

가) 제2-1단계: 관련시장의 획정

시장점유율 산정 및 시장지배력 존재 등을 판단하기 위해서는 **관련시장의 획정**이 필요하다. 관련시장 획정은 「기업결합심사기준」에 규정된 'Ⅴ. 일정한 거래분야의 판단기준'을 참고하도록 규정하고 있다.

나) 제2-2단계: 시장점유율 산정

'**시장점유율**'이라 함은 일정한 거래분야에 공급된 상품이나 서비스의 총금액 중에서 당해 사업자가 공급한 상품이나 서비스의 금액이 점하는 비율을 말한다.

시장점유율은 **공동행위 수행 당시의 직전사업년도 1년간의 판매액**(직전사업년도 종료직후로서 직전사업년도의 판매액을 알기 곤란한 경우에는 직전전사업년도 1년간의 판매액을 말한다)을 **사용하여 다음과 같이 산정**한다. 다만 시장점유율을 금액기준으로 산정하기 곤란하거나 부적절한 경우에는 물량기준 또는 생산능력기준으로 산정할 수 있다.

> **시장점유율 산정**
>
> 당해 회사의 당해 상품의 국내 판매액(수입판매액 포함) / 당해 상품의 국내 총판매액(수입판매액 포함)

다) 제2-3단계: 시장점유율이 20% 이하인 경우

공동행위에 참여한 사업자(공동행위를 수행하기 위한 회사가 설립되는 경우 이 회사의 시장점유율을 포함한다)들의 시장점유율의 합계가 20% 이하인 경우에는 **특별한 사정이 없는 한 당해 공동행위가 경쟁에 미치는 영향이 미미하기 때문에 당해 공동행위는 경쟁제한 효과를 발생시키지 않는 것으로 판단**한다. 즉 참여사업자들의 시장점유율의 합계가 20%를 초과하는 경우에만 다음 심사절차를 거쳐 경쟁제한 효과를 판단한다.

라) 제2-4단계: 시장지배력 심사

참여사업자들이 관련시장에서 보다 큰 시장지배력을 보유하고 있을수록 당해 공동행위로 인해 경쟁제한 효과가 발생할 가능성이 증가한다. 시장지배력 보유 수준을 판단하기 위해서는 **아래 (1) 내지 (3) 요소를 분석하여 종합적으로 판단**하는데 일부 요소에 대한 분석만으로도 참여사업자들의 시장지배력 보유수준을 충분히 판단할 수 있는 경우에는 다른 요소에 대한 분석을 생략할 수 있다.

(1) 시장점유율

공동행위 참여사업자들의 시장점유율의 합계가 클수록, 시장점유율이 수년간 안정적으로 유지될수록 해당 사업자들의 시장지배력 보유 가능성은 증가한다. 한편 최근 수년간 사업자의 시장점유율 하락폭이 클수록 시장지배력 보유 가능성이 감소한다.

(2) 해외경쟁 도입수준

관련제품의 수입이 용이하거나 당해 **거래분야에서 수입품이 차지하는 비중이 증가하는 추세에 있는 경우**에는 당해 공동행위에 의해 시장지배력이 유지·창출·증가되거나 경쟁제한성이 높은 공동행위가 수행될 가능성이 감소한다. **해외경쟁의 도입수준을 평가함에 있어서는 다음 사항을 고려**한다.

고려 사항

- 수입침투도의 변화 추세
  * 수입침투도: 내수(생산 – 수출 + 수입) 또는 생산에서 수입이 차지하는 비중
- 관세율 및 관세율의 인하계획
- 기타 각종 비관세장벽의 존재 여부

---

(3) 신규진입의 가능성

① 당해 시장에 대한 신규진입이 가까운 시일 내에 용이하게 이루어질 수 있는 경우에는 공동행위로 감소되는 실질적인 경쟁사업자의 수가 다시 증가할 수 있으므로 경쟁제한 효과가 발생할 가능성이 감소한다. 신규진입의 가능성을 평가함에 있어서는 다음 사항을 고려한다.

고려 사항

- 최근 3년간 신규진입 현황 및 변화추세
- 법적·제도적인 진입장벽의 유무
- 필요최소한의 자금규모

라. 제3단계 심사: 효율성증대 효과 분석

1) 서설

공동행위의 성격상 경쟁제한효과와 **효율성 증대효과를 함께 발생**시킬 수 있는 경우 **효율성 증대효과 분석을 다음과 같이 행**한다.

2) 공동행위에 의하여 발생되는 효율성증대 효과

공동행위는 규모의 경제, 범위의 경제, 위험 배분, 지식·경험의 공동활용에 의한 혁신 속도 증가, 중복 비용의 감소 등 경제적 효율성을 증대시킬 수 있다. 이러한 효율성 증대는 사업자간 경쟁을 촉진시켜 상품의 가격 하락, 품질·유통속도의 제고 등 소비자 편익의 증가로 연결될 수 있다.

3) 효율성증대 효과로 주장될 수 없는 경우

산출량 감축, 시장 분할 또는 단순한 시장지배력의 행사에 의해 발생하는 비용절감 등은 효율성증대 효과로 주장할 수 없다. 또한, 제품·서비스의 품질 저하 등 소비자의 이익 감소를 통해 달성되는 비용절감도 효율성증대 효과로 주장될 수 없다.

4) 효율성증대 효과 심사 시 고려요소

경쟁을 촉진하는 효율성은 확실하게 실현될 수 있어야 한다. 이를 판단하기 위해서는 효율성이 어떠한 방법으로 실현되는지, 효율성이 가까운 시일 내에 발생할 것이 명백한지, 효율성의 크기는 어떠한지, 효율성 증대가 소비자 편익의 증가로 연결될 수 있는지에 대한 심사가 필요하다.

5) 공동행위와 효율성증대 효과의 인과관계 심사

당해 공동행위 외의 방법으로는 효율성 증대효과를 달성하기 어렵다고 판단되는 경우에만 당해 공동행위의 효율성증대 효과를 인정한다.

6) 효율성증대 효과의 주장 방법

효율성은 검증하거나 수량화가 어렵다. 이는 효율성과 관련된 정보를 오직 공동행위의 참여사업자들만 보유하고 있기 때문이다. 따라서 효율성증대 효과를 주장하는 사업자는 당해 공동행위로 발생하는 효율성 증대 효과를 판단하기 위한 충분한 자료를 제출하여야 하며, 그렇지 않은 경우 효율성 증대효과는 인정되지 않는다.

마. 제4단계: 경쟁제한 효과와 효율성증대 효과의 비교형량

당해 공동행위가 효율성증대 효과와 경쟁제한 효과를 동시에 발생시키는 경우 양 효과의 비교 형량을 통해 당해 공동행위의 위법성을 심사한다. 비교형량에 있어서는 **효율성증대 효과가 당해 공동행위의 경쟁제한 효과를 상쇄할 수 있는지 여부를 검토한다.**

당해 공동행위가 허용되기 위해서는 관련시장에서 **경쟁제한에 따른 폐해가 클수록 이를 상쇄하기 위한 효율성증대 효과 또한 커야** 한다.

4. 처벌

본죄를 범하면 3년 이하의 징역 또는 2억 원 이하의 벌금에 처한다. 앞에서도 살펴본 바와 같이 공정거래법상 범죄수익의 필요적 몰수·추징 규정이 존재하지 않으므로 위와 같은 **부당공동행위를 통해 얻은 범죄수익은 부패재산몰수법에 따른 임의적 몰수·추징의 대상이** 된다.

5. 범죄수익환수 사례

실무상 입찰담합 등을 통한 부당공동행위를 통해 얻은 범죄수익과 관련하여 공정거래법상 입찰담합죄는 '입찰 또는 경매에 있어 낙찰자, 경락자, 투찰가격, 낙찰가격 또는 경락가격, 그 밖에 대통령령으로 정하는 사항을 결정하는 행위'를 함으로써 성립하는데 **입찰담합죄를 통하여 얻게 된 범죄수익은 '공정한 경쟁을 거치지 아니한 채 얻게 된 발주자와의 계약 체결의 기회 또는 거래의 기회'**로 봄이 상당하므로 이를 금전적 가치로 정확히 산정하기 어렵다는 이유로 **추징을 선고하지 않는 경우가 많다.**[133]

입찰담합의 경우 구체적으로 담합행위를 통해 취득한 범죄수익을 특정하기가 매우 어렵기 때문에 **이에 대한 입법적 보완이 필요**한 것으로 보인다.

사례

범죄사실

피고인 주식회사 A는 서울 서초구 B에 있는 건축자재 판매업 및 유통업 등을 목적으로 하는 회사로, C가 대표이사이다.

---

[133] 서울중앙지방법원 2020. 6. 9. 선고 2020고단753 판결 참조(서울중앙지방법원 2020노1977 판결로 확정).

1. 피고인 주식회사 A(이하 '피고인')의 대표이사 C의 입찰담합

기업집단 D 소속 계열회사들인 주식회사 D(이하 'D') 및 E 주식회사(이하 'E')는 입찰 절차를 통해 자신들이 시공하는 아파트 등 공사 현장에 사용될 타일, 조명, 홈네트워크 시스템 등의 자재를 공급받고 있었는데, 평소 기업집단 D의 동일인 G의 장남 H와의 친분을 과시하던 C는 D의 외주구매팀 담당 임원 I, 외주구매팀장 F, 외주구매팀 차장 K, E의 외주구매팀장 G, 외주구매팀 과장 M 등과 D 및 E에서 발주할 타일, 조명, 홈네크워크 시스템 관련 입찰에서 ① 낙찰받을 의사 없이 형식적으로 입찰에 참여할 소위 '들러리 업체'를 참여시키거나, ② 다른 입찰 참여 업체들과 낙찰자, 투찰가격을 협의하는 방법 등으로 피고인을 낙찰받게 하기로 공모하였다.

가. 타일 입찰 관련

C 및 I, F, K 등은 위와 같은 공모에 따라 2015. 2. 16.경 D에서 발주한 'N빌딩 현장 타일 납품업체 선정' 입찰 과정에서 K는 O, P, Q, R 등의 업체에 입찰 참여를 통보하고, C는 피고인의 직원인 S에게 지시하여 AX의 F 사장과 낙찰자, 투찰가격 등을 협의하게 하였다.

이에 F는 피고인보다 높은 투찰가격을 제출해 피고인을 낙찰자로 선정되게 한 다음 O에서는 피고인에 타일을 납품하고 피고인은 D에 타일을 공급하기로 S와 협의하였으나 이를 어기고 피고인보다 낮은 투찰가격을 써냈고, K는 이러한 사실을 개찰 과정에서 발견하게 되자 C에게 연락하여 AX의 투찰 가격을 알려 주며 AX의 투찰 가격보다 낮은 가격으로 다시 견적서를 제출하도록 조치하였다.

한편, I, J는 위와 같은 사실을 잘 알면서도 마치 정상적인 절차를 거쳐 피고인이 최저가 투찰을 하여 낙찰자로 선정된 것처럼 입찰 관련 서류를 꾸며 피고인을 낙찰자로 선정해 피고인은 2015. 3. 2.경 D와 계약금액 252,005,500원(부가가치세 제외, 이하 동일) 규모의 타일 납품 계약을 체결하였다.

이로써 C는 F 등과 공모하여 입찰에 있어 낙찰자, 투찰가격 등을 결정하여 부당하게 경쟁을 제한하는 행위를 하였다.

나. 조명 입찰 관련

C 및 L, M 등은 위와 같은 공모에 따라 2015. 10. 6.경 E에서 각각 발주한 '천안 U 아파트 현장 조명 납품업체 선정 입찰', '울산 V 아파트 현장 조명 납품업체 선정 입찰' 과정에서 M은 조명 제조업체인 W 등에 입찰 참여를 통보하고, C는 W 사장 X에게 피고인의 투찰가격을 알려 주고 위 X로 하여금 피고인의 투찰가격보다 높은 가격에 투찰하도록 하고, E의 L 등은 위와 같은 사실을 잘 알면서도 마치 정상적인 절차를 거쳐 피고인이 최저가 투찰을 하여 낙찰자로 선정된 것처럼 입찰 관련 서류를 꾸며 피고인을 낙찰자로 선정해 피고인은 2015. 10. 13.경부터 같은 달 14.경까지 사이에 별지 범죄일람표 I 기재와 같이 E와 조명 납품 계약을 각각 체결하였다.

이로써 C는 X 등과 공모하여 입찰에 있어 낙찰자, 투찰가격 등을 결정하여 부당하게 경쟁을 제한하는 행위를 하였다.

다. *네트워크 시스템 입찰 관련

C 및 I, J, K, L, M 등은 위와 같은 공모에 따라 2014. 3. 12.경 E에서 발주한 '안동 Y아파트 현장 *네트워크 시스템 납품업체 선정 입찰' 과정에서 C는 *네트워크 시스템 제조업체인 Z AA 부장에게 피고인의 투찰가격을 알려 주고 Z 및 Z의 다른 대리점인 AB, AC으로 하여금 피고인의 투찰가격보다 높은 가격에 투찰하도록 하고, I, J, K, L 등은 위와 같은 사실을 잘 알면서도 마치 정상적인 절차를 거쳐 피고인이 최저가 투찰을 하여 낙찰자로 선정된 것처럼 입찰 관련 서류를 꾸며 피고인을 낙찰자로 선정해 피고인은 2014. 5. 16.경부터 2017. 9. 18. 경까지 사이에 별지 범죄일람표 Ⅱ 기재와 같이 D 및 E와 홈네트워크 시스템 납품 계약을 각각 체결하였다.

이로써 C는 AA 등과 공모하여 입찰에 있어 낙찰자, 투찰가격 등을 결정하여 부당하게 경쟁을 제한하는 행위를 하였다.

2. 결론

피고인은 위 일시, 장소에서 피고인의 대표이사 C가 피고인의 업무에 관하여 위 1항과 같이 입찰에 있어 낙찰자, 투찰가격 등을 결정하여 부당하게 경쟁을 제한하는 행위를 하였다.

법령의 적용

1. 범죄사실에 대한 해당법조

각 독점규제 및 공정거래에 관한 법률 제70조, 제66조 제1항 제9호, 제19조 제1항 제8호

검사의 추징 구형에 대한 판단

1. 검사의 주장

부패재산의 몰수 및 회복에 관한 특례법(이하 '부패재산몰수법'이라 한다) 제2조 제1호, 제2호, 동법 별표 제17호 규정을 종합하면, 독점규제 및 공정거래에 관한 법률(이하 '공정거래법'이라 한다) 제19조 제1항 및 제66조 제1항 제9호의 죄는 부패재산몰수법 소정의 '부패범죄'에 해당하고, '범죄수익'이란 부패범죄의 범죄행위에 의하여 생긴 재산 또는 그 범죄행위의 보수로서 얻은 재산을 말하며, '범죄수익에서 유래한 재산'이란 범죄수익의 과실로서 얻은 재산, 범죄수익의 대가로서 얻은 재산 및 이들 재산의 대가로서 얻은 재산, 그 밖에 범죄수익의 보유 또는 처분에 의하여 얻은 재산을 말한다. 부패범죄인 판시 입찰담합죄(이하 '이 사건 입찰담합죄'라 한다)를 통하여 **피고인은, D, E와 거래하면서 기록한 매출액과 매입액의 차액(이하 '이 사건 차액'이라 한다)인 4,821,993,682원의 범죄수익을 얻었으므로, 그 추징을 구한다.**

2. 관련 법리

추징의 대상이 되는지 여부는 범죄구성요건사실에 관한 것이 아니어서 엄격한 증명을 필요로 하는 것은 아니나 역시 증거에 의하여 인정되어야 함은 당연하고, 그 대상이 되는 범죄수익을 특정할 수 없는 경우에는 추징할 수 없다(대법원 2007. 6. 14. 선고 2007도2451 판결, 대법원 2008. 6. 26. 선고 2008도1392 판결 참조). 한편 부패재산몰수법 소정의 추징은 임의적인 것이므로(부패재산몰수법 제3조 제1항 본문 참조) 그 추징의 요건에 해당되는 재산이라도 이를 추징할 것인지의 여부는 법원의 재량에 맡겨져 있다.

3. 판단

이 사건 기록에 나타난 아래와 같은 사실 및 사정들을 종합하여, 검사의 구형에도 불구하고, 피고인에 대하여 별도로 추징을 선고하지는 아니한다.

가. 검사는, 이 사건 차액이 부패범죄인 이 사건 입찰담합죄로 인해 피고인이 취득한 범죄수익에 해당함을 전제로 하고 있다. 그러나 피고인은 이 사건 입찰담합죄 자체로 기소된 것이 아니라 이를 전제로 한 양벌규정에 따라 기소된 것이다. 따라서 피고인에 대한 판시 범죄사실은 그 자체로는 부패재산몰수법 소정의 부패범죄에 해당한다고 단정하기 어렵다.

나. 이 사건에서 부패범죄로 지목된 이 사건 입찰담합죄는 '입찰 또는 경매에 있어 낙찰자, 경락자, 투찰가격, 낙찰가격 또는 경락가격, 그 밖에 대통령령으로 정하는 사항을 결정하는 행위'를 함으로써 성립한다. 피고인의 대표이사인 C는 다른 입찰자, 발주자 등과 투찰가격이나 낙찰자를 결정하는 행위를 함으로써 이 사건 입찰담합죄를 저질렀다. 결국 **이 사건에서 이 사건 입찰담합죄를 통하여 ***이 얻게 된 범죄수익은 '공정한 경쟁을 거치지 아니한 채 얻게 된 발주자와의 계약 체결의 기회 또는 거래의 기회'로 봄이 타당**하다.

다. C가 얻게 된 위 범죄수익은 법률상 법인인 피고인이 보유하게 될 것이므로, 위 '공정한 경쟁을 거치지 아니한 채 얻게 된 발주자와의 계약 체결의 기회 또는 거래의 기회'는 피고인이 범죄수익을 보유함에 따라 얻게 된 재산으로서 부패재산몰수법 제2조 제2호 나목 소정의 '범죄수익에서 유래한 재산'으로 봄이 상당하다.

라. 위와 같은 계약 체결의 기회 또는 거래의 기회를 이용하여 거래가 완료된 후 발생한 피고인의 수익 역시 위 기회를 이용한 범죄수익의 과실로서 얻은 재산으로 볼 수 있다. 따라서 위와 같은 거래로 인한 수익이나 이익 역시 부패재산몰수법 제2조 제2호 나목 소정의 '범죄수익에서 유래한 재산'으로 볼 수 있다.

마. 따라서 추징가액은 **'공정한 경쟁을 거치지 아니한 채 얻게 된 발주자와의 계약 체결의 기회 또는 거래의 기회'를 금전적 가치로 산정한 액수 상당액 또는 위 계약 또는 거래 결과 얻게 된 경제적 이익 상당액으로 산정하여야 한다.** 그러나 제출된 증거들만으로는 위와 같은 액수 상당액이 합리적 의심의 여지없이 입증되었다고 단정하기 어렵고, 달리 이를 인정할 증거가 없다.

바. 먼저 **검사가 주장하는 이 사건 차액 그 자체를 '공정한 경쟁을 거치지 아니한 채 얻게 된 발주자와의 계약 체결의 기회 또는 거래의 기회'의 금전적 가치 상당액 내지 위와 같은 '계약 체결의 기회 또는 거래의 기회를 이용하여 거래가 완료된 후 발생한 피고인의 수익' 상당액으로 단정하기 어렵다. 이 사건 차액에는 중간 유통상인 피고인이 얻을 수 있는 수익이나 마진이 포함되어 있을 뿐만 아니라 이 사건 차액 산정과정에서 임직원들의 인건비, 임대료, 물품관리비 등도 공제되지 않은 것으로 보이기 때문이다.**

사. 검사는 위 공제 대상 부분에 관하여 '이는 범죄수익을 얻기 위해 지출한 비용이거나 범죄수익을 소비하는 방법에 지나지 않아 추징할 범죄수익에서 공제될 성질의 것이 아니다'라는 취지의 주장을 하고 있다. 그러나 앞서 살핀 바와 같이 **이 사건 입찰담합죄로 인해 피고인이 범죄수익 그 자체를 얻은 것으로 보기 어려운 이상 위 공제 대상 비용을 단순히 범죄수익을 얻기 위해 지출한 비용 또는 범죄수익을 소비한 내역에 불과하다고 단정하기 어렵다.**

아. 가사 이 사건 차액 자체가 범죄수익에 해당하고, 이 사건 차액 상당액 자체를 범죄수익액 또는 범죄수익에서 유래한 재산 상당액으로 볼 수 있다 하더라도, ① 이 사건 입찰담합죄가 없었더라도 피고인이 낙찰자가 될 개연성이 적지 않았던 것으로 보이는 점, ② 기록상 C의 행위에는 거래 관행상 참작할 여지가 전혀 없지는 않은 것으로 보이는 점, ③ C는 이미 이 사건 입찰담합죄를 포함한 공정거래법위반죄 등으로 징역 2년 6월을 선고받아 이 사건 판결선고일까지도 복역 중이고, 그로 인해 피고인은 2018년, 2019년 사업연도에 영업을 거의 하지 못한 것으로 보이는 점 등을 고려할 때 추징의 필요성이 절실하다고 보기 어렵다.

18 건설산업기본법위반(제18호)

1. 총설

부패재산몰수법 별표 제18호에서는 **건설산업기본법 제38조의2, 제95조 및 제95조의2의 죄**를 각 부패범죄로 규정하고 있다.

관련조문

부패재산몰수법 별표

부패범죄(제2조 제1호 관련)

18. 「건설산업기본법」 **제38조의2, 제95조 및 제95조의2**의 죄

관련조문

> **제95조(벌칙)** 건설공사의 입찰에서 다음 각 호의 어느 하나에 해당하는 행위를 한 자는 5년 이하의 징역 또는 2억 원 이하의 벌금에 처한다. <개정 2016. 2. 3., 2019. 4. 30.>
>
> 1. 부당한 이익을 취득하거나 공정한 가격 결정을 방해할 목적으로 입찰자가 서로 공모하여 미리 조작한 가격으로 입찰한 자
> 2. 다른 건설사업자의 견적을 제출한 자
> 3. 위계 또는 위력, 그 밖의 방법으로 다른 건설사업자의 입찰행위를 방해한 자
>
> **제95조의2(벌칙)** 다음 각 호의 어느 하나에 해당하는 자는 5년 이하의 징역 또는 5천만 원 이하의 벌금에 처한다. <개정 2017. 3. 21., 2019. 4. 30.>
>
> 1. 제9조 제1항에 따른 등록을 하지 아니하거나 부정한 방법으로 등록을 하고 건설업을 한 자
> 2. 제21조 제1항 또는 제2항을 위반하여 다른 사람에게 자기의 성명이나 상호를 사용하여 건설공사를 수급 또는 시공하게 한 건설사업자와 그 상대방, 건설업 등록증이나 건설업 등록수첩을 빌려준 건설사업자와 그 상대방
> 3. 제21조 제3항을 위반하여 다른 사람의 성명이나 상호를 사용한 건설공사 수급 또는 시공을 알선하거나 건설업 등록증 또는 건설업 등록수첩 대여를 알선한 자
> 4. 제21조 제4항을 위반하여 건설공사를 도급 또는 시공하게 한 건축
> 5. 제38조의2를 위반하여 부정한 청탁을 받고 재물 또는 재산상의 이익을 취득하거나 부정한 청탁을 하면서 재물 또는 재산상의 이익을 제공한 자

건설산업기본법은 건설공사의 조사, 설계, 시공, 감리, 유지관리, 기술관리 등에 관한 기본적인 사항과 건설업의 등록 및 건설공사의 도급 등에 필요한 사항을 정함으로써 건설공사의 적정한 시공과 건설 산업의 건전한 발전을 도모함을 목적으로 한다(**동법 제1조**).

건설산업기본법상 부패범죄로 규정되어 있는 동법 제38조의2는 동법 제95조의2 제5호의 처벌규정에서 인용하고 있는 금지규정이므로 부패범죄로 따로 기재할 필요가 없다. 이는 불필요한 입법이므로 삭제함이 바람직하다(私見).

관련조문

부패재산몰수법 별표(개정안)

부패범죄(제2조 제1호 관련)

 18. 「건설산업기본법」 제95조 및 제95조의2의 죄

동법의 경우 자체적인 몰수·추징 규정을 두고 있지 않으므로 동법 위반죄로 취득한 부패재산 및 범죄수익은 **부패재산몰수법에 따른 임의적 몰수·추징 규정의 적용**을 받는다.

2. 건설공사 입찰담합·방해의 점(제95조)

관련조문

제95조(벌칙) 건설공사의 입찰에서 다음 각 호의 어느 하나에 해당하는 행위를 한 자는 5년 이하의 징역 또는 2억 원 이하의 벌금에 처한다. <개정 2016. 2. 3., 2019. 4. 30.>
   1. 부당한 이익을 취득하거나 공정한 가격 결정을 방해할 목적으로 입찰자가 서로 공모하여 미리 조작한 가격으로 입찰한 자
   2. 다른 건설사업자의 견적을 제출한 자
   3. 위계 또는 위력, 그 밖의 방법으로 다른 건설사업자의 입찰행위를 방해한 자
   [전문개정 2011. 5. 24.]

가. 입법목적

'건설업자로서 경쟁입찰에 있어서 입찰자간에 공모하여 미리 조작한 가격으로 입찰한 자'를 처벌하도록 하고 있는 본죄의 규정의 취지는 공정한 자유경쟁을 통하여 건설공사의 적정시공과 건설업의 건전한 발전을 도모하기 위하여 **건설공사수주를 둘러싸고 일어나는 이른바 담합행위를 근절하고자 하는 데 있다.**[134]

나. 처벌 규정의 위헌성 논란

본죄는 형법 제315조 입찰담합행위에 비하여 건설업자를 특별히 무겁게 처벌하고 있어 죄형법정주의 내지 평등의 원칙에 위배되는 것은 아닌지 논란이 있었다.

이에 대하여 **대법원**은 다음과 같이 판시하여 위 규정이 **죄형법정주의 내지 평등원칙에 위반되지 않는다고 판시하였다.**[135]

---

[134] 대법원 1999. 10. 12. 선고 99도2309 판결 참조.
[135] 대법원 1999. 10. 12. 선고 99도2309 판결 참조.

> **판례**
>
> [1] 구 건설업법(1996. 12. 30. 법률 제5230호로 개정되기 전의 것) 제59조 제1호와 건설산업기본법 제95조 제1호의 규정은 그 해석을 통하여 어떠한 행위가 범죄를 구성하는가 하는 것을 확정할 수 있는 정도의 명확성을 가지고 있다 할 것이어서 헌법상 죄형법정주의의 원리에 위배되는 것이라고 볼 수 없고, 또한 형벌법규의 유추해석이나 확대해석을 허용할 수 없다고 하는 죄형법정주의의 파생원칙은 형벌법규의 적용단계에서 문제되는 것이기 때문에 **구 건설업법 제59조 제1호와 건설산업기본법 제95조 제1호의 규정 그 자체를 놓고 유추해석금지, 확대해석금지의 원칙을 천명한 헌법상의 죄형법정주의의 원리에 위배된다고 할 수는 없다.**
>
> [2] 헌법 제11조 제1항의 평등의 원칙은 일체의 차별적 대우를 부정하는 절대적 평등을 뜻하는 것이 아니라 입법과 법의 적용에 있어서 합리적인 근거가 없는 차별을 하여서는 아니된다는 상대적 평등을 뜻하고 따라서 합리적 근거가 있는 차별 또는 불평등은 평등의 원칙에 반하는 것이 아니라 할 것인바, 구 건설업법(1996. 12. 30. 법률 제5230호로 개정되기 전의 것) 제59조 제1호와 건설산업기본법 제95조 제1호가 한정된 구성요건에 해당하는 건설업자들을 특별히 가중처벌하는 것은 건설업자만을 일반 국민과 차별하여 특별히 엄단하려 하는 것이 아니고, **건설업계라고 하는 한정된 분야에서 특별히 절실하게 요구되는 질서유지를 위한 것으로서 합리적인 차별이라 할 것이고, 그와 같은 범죄에 대한 법정형이 그 범죄의 죄질 및 이에 따른 행위자의 책임에 비하여 지나치게 가혹한 것이어서 현저히 형벌체계상의 균형을 잃고 있다거나 그 범죄에 대한 형벌 본래의 목적과 기능을 달성함에 있어 필요한 정도를 일탈하였다고 볼 수도 없으므로 헌법의 평등원칙에 위반된다고 할 수 없다**(대법원 1999. 10. 12. 선고 99도2309 판결 참조).

다. 구성요건의 주체

건설공사에 입찰에 참가하여 공사를 도급받으려 하는 사람은 해당 건설공사를 시공하는 업종을 등록하여야 한다(동법 제16조 제1항 본문 참조). 다만 일정한 경우에는 해당 건설업종을 등록하지 않더라도 건설공사를 도급받을 수 있는데 대부분 전문공사 시공과 관련한 다른 업종을 등록한 건설사업자 등이 이에 해당한다. 결국 **본죄의 구성요건 주체는 건설공사에 참가할 수 있는 자격을 갖춘 사람이어야 함**은 당연하다.

대법원 또한 동법 제95조 제2호 위반죄가 문제된 사안에서 「피고인은 (이름 생략)경영연구소의 대표로서 건설업자를 대행하여 건설공사의 입찰을 대행하여 주었을 뿐, 피고인 스스로 건설업자로서 또는 주식회사 A 건설의 실질적인 운영자로서 건설공사에 입찰한 것으로 볼 수 없다고 판단하여 제1심판결 중 이 부분 공소사실을 유죄로 인정한 부분을 파기하여 무죄를 선고한 것은 정당하다」라고 판시하였다.[136]

---

136 대법원 2007. 7. 26. 선고 2007도2032 판결 참조.

한편 **대법원**은 「(전략) 위 피고인의 행위는 낙찰받은 건설업자의 견적을 대신 제출한 것일 뿐, 건설업자의 대표자나 대리인·사용인 기타 종업원으로서 또는 건설업자와 공모하여 입찰에 참가한 '다른 건설업자'의 견적을 제출한 것이 아니라 할 것이므로, **건설업자가 아닌 위 피고인이 건설산업기본법 제95조 제2호 위반의 주체가 될 수 없다**고 본 원심의 판단은 정당하다」고 판시하기도 하였다.[137] 건설공사 도급과 관련한 상세한 조문의 내용은 다음과 같다.

관련조문 ───────────────────────────────

제16조(건설공사의 시공자격) ① **건설공사를 도급받으려는 자는 해당 건설공사를 시공하는 업종을 등록하여야 한다.** 다만, 다음 각 호의 어느 하나에 해당하는 경우에는 해당 건설업종을 등록하지 아니하고도 도급받을 수 있다. <개정 2019. 4. 30.>

1. 2개 업종 이상의 전문공사를 시공하는 업종을 등록한 건설사업자가 그 업종에 해당하는 전문공사로 구성된 종합공사를 도급받는 경우
2. 전문공사를 시공할 수 있는 자격을 보유한 건설사업자가 전문공사에 해당하는 부분을 시공하는 조건으로 하여, 종합공사를 시공할 수 있는 자격을 보유한 건설사업자가 종합적인 계획, 관리 및 조정을 하는 공사를 공동으로 도급받는 경우
3. 전문공사를 시공하는 업종을 등록한 2개 이상의 건설사업자가 그 업종에 해당하는 전문공사로 구성된 종합공사를 공정관리, 하자책임 구분 등을 고려하여 국토교통부령으로 정하는 바에 따라 공동으로 도급받는 경우
4. 종합공사를 시공하는 업종을 등록한 건설사업자가 제8조 제2항에 따라 시공 가능한 시설물을 대상으로 하는 전문공사를 국토교통부령으로 정하는 바에 따라 도급받는 경우
5. 제9조 제1항에 따라 등록한 업종에 해당하는 건설공사(제1호, 제3호 및 제4호에 해당하는 건설공사를 포함한다)와 그 부대공사를 함께 도급받는 경우
6. 제9조 제1항에 따라 등록한 업종에 해당하는 건설공사를 이미 도급받아 시공하였거나 시공 중인 건설공사의 부대공사로서 다른 건설공사를 도급받는 경우
7. 발주자가 공사품질이나 시공상 능률을 높이기 위하여 필요하다고 인정한 경우로서 기술적 난이도, 공사를 구성하는 전문공사 사이의 연계 정도 등을 고려하여 대통령령으로 정하는 경우

───────────────────────────────

137 대법원 2008. 9. 11. 선고 2008도3932 판결 참조.

본죄의 **행위의 상대방**은 입찰담합 또는 입찰방해 행위의 상대가 되는 입찰을 시행하는 법인 또는 사람이다.

라. 구성요건적 행위

1) 공모하여 입찰담합 행위(제1호)

본죄의 **구성요건적 행위**는 부당한 이익을 취득하거나 공정한 가격 결정을 방해할 목적으로 입찰자가 서로 공모하여 미리 조작한 가격으로 입찰하는 것이다. 입찰에 참가하는 입찰 참가자들 상호간에 서로 공모할 것을 요건으로 하고 이와 같은 사전 공모에 따라 서로 조작한 가격으로 입찰하는 경우 본죄가 성립한다. 따라서 실제로 입찰한 가격에 따라 낙찰되었는지 여부는 불문한다.

그러나 **입찰은 현실적으로 실시되어야** 하는 것이므로 사실은 수의계약을 체결할 것임에도 입찰절차를 거쳤다는 증빙을 남기기 위하여 입찰을 전혀 시행하지 아니한 채 **형식적인 입찰서류만을 작성하여 입찰이 있었던 것처럼 조작한** 경우, 건설산업기본법 제95조 제1호가 규정하고 있는 '입찰자간에 공모하여 미리 조작한 가격으로 입찰하는 행위'에 해당하지 않는다.[138]

이 때 '**부당한 이득**'이나 '**공정한 가격**' 등은 모두 건설업자들 사이에 담합행위를 하지 아니한 가운데 자유로운 경쟁입찰을 통하여 결정되는 낙찰가를 전제로 한 것으로서 그와 같은 **자유로운 경쟁입찰을 통하여 결정되는 낙찰가를 '공정한 가격'**으로 보고 담합행위를 통하여 그와 같은 '**공정한 가격**'보다 높은 가격으로 낙찰을 받는 경우 그 차액 상당이 '**부당한 이득**'이 된다.[139]

주관적 구성요건요소와 관련하여서는 부당한 이익을 취득하거나 공정한 가격결정을 방해할 목적을 요구한다(**목적범**). 결국 입찰담합행위를 통하여 입찰을 받지 못했을 사람이 부당하게 낙찰자로 선정됨으로써 공정한 가격경쟁과 결정과정을 방해하고 부당한 이익을 얻을 의도가 있어야 한다.

본죄는 '입찰의 공정을 해할 것'을 요건으로 하고 있지 아니하므로 설령 **담합행위가 동업자들 사이의 무모한 출혈경쟁을 방지하기 위한 목적으로 이루어졌다** 하더라도 '**건설업자로서 경쟁입찰에 있어서 입찰자간에 공모하여 미리 조작한 가격으로 입찰**'한 이상

---

138 대법원 2005. 3. 25. 선고 2004도5731 판결 참조.
139 대법원 2015. 12. 24. 선고 2015도13946 판결, 대법원 1999. 10. 12. 선고 99도2309 판결, 대법원 2002. 2. 22. 선고 2001도4631 판결 등 참조.

본죄가 성립한다.[140]

따라서 건설업자들이 이른바 연고권을 주장하여 자신들끼리 낙찰받을 업자를 정하고, 나머지 건설업자들은 미리 결정된 건설업자가 낙찰을 받을 수 있도록 미리 결정된 건설업자가 입찰할 가격보다 높은 가격으로 입찰하기로 공모하여 그에 따라 입찰을 함으로써 실질적으로는 단독입찰인 것을 마치 경쟁입찰인 것 같이 가장하는 행위는 설령 그와 같이 **미리 결정된 낙찰가가 적자 수주를 막기 위한 최저한의 금액이라는 등의 사정**이 있다 하더라도 특별한 사정이 없는 한 '**부당한 이득을 취득할 목적**' 또는 '**공정한 가격결정을 저해할 목적**'이 인정된다.[141]

2) 다른 건설사업자의 견적을 제출하는 행위(제2호)

본죄는 건설사업의 입찰에 참가하는 사람이 다른 사업자의 견적을 제출하는 행위를 처벌하고 있다. **입찰에 참가하는 입찰자는 건설사업자로서 자신이 작성한 견적을 제출할 수 있을 뿐**이다.

이 때 '**다른 건설업자**'의 해석과 관련하여 건설공사의 적정한 시공과 건설산업의 건전한 발전을 도모하고자 하는 건설산업기본법의 목적과 위와 같은 처벌규정을 두게 된 입법 취지를 종합하여 볼 때, 이는 같은 호의 '**다른 건설업자**'라는 법문이나 이와 병렬관계에 있는 같은 조 제1호 및 제3호의 규정 내용에서도 알 수 있듯이 본죄는 건설공사의 입찰에 있어 입찰의 공정을 해치는 행위를 하는 건설업자들을 특별히 가중처벌하기 위한 것으로서 입찰방해죄를 규정한 형법 제315조의 특별규정이라 할 것이고, 한편 건설산업기본법 제2조 제5호는 '**건설업자**'를 건설산업기본법 또는 다른 법률에 의하여 등록 등을 하고 건설업을 영위하는 자를 말한다고 규정하고 있으므로 위 '**다른 건설업자**'는 건설산업기본법 또는 다른 법률에 의하여 등록 등을 하고 건설업을 영위하는 자에 한정된다고 해석함이 상당하다.[142]

이와 관련하여 개인사업자등록을 하고 인테리어업을 운영하였으나 건설산업기본법에 의한 등록을 마친 건설업자에 해당되지는 아니한 甲이 피고인들(행위자와 양벌규정의 주체인 법인을 구분하지 아니하고 통칭하는 표현)로부터 각 공인인증서를 받아 각 건설업자 명의로 전자입찰을 대행하고 그 대가로 수수료를 받기로 약정한 사안에서 **대법원**은 피고인들이 등록된 건설업자가 아닌 위 甲에게 건설공사의 입찰을 각 대행하도록 하면서 자신의 견적을 제출

140 대법원 1999. 10. 12. 선고 99도2309 판결 참조.
141 위 대법원 99도2309 판결 참조.
142 대법원 2001. 11. 30. 선고 2001도2423 판결, 대법원 2007. 7. 26. 선고 2007도2032 판결 등, 대법원 2008. 11. 27. 선고 2008도4963 판결 각 참조.

하게 하였을 뿐 甲자신이 건설업자로서 건설공사에 입찰하면서 타인의 견적을 제출하도록 한 것으로 볼 수 없다고 판시하였다.[143]

결국 본죄는 '나'아닌 '다른 건설사업자'의 견적을 제출하는 행위를 처벌하는 것으로 '내가' 다른 사람을 통해 '나의 견적'을 제출하는 것일 뿐인 경우에는 성립하지 않는다.

3) 위계 또는 위력, 그 밖의 방법으로 다른 건설사업자의 입찰행위를 방해한 자(제3호)

본죄는 위계 또는 위력, 그 밖의 방법으로 다른 건설사업자의 입찰행위를 방해하는 것을 처벌하고 있다.

건설공사의 적정한 시공과 건설산업의 건전한 발전을 도모하고자 하는 건설산업기본법의 목적과 위와 같은 처벌규정을 두게 된 입법 취지를 종합하여 볼 때, 본죄는 제1호와 제2호에서 들고 있는 사유 이외에도 건설공사의 입찰에서 입찰의 공정을 해치는 행위를 하는 건설업자들을 특별히 가중처벌 위한 것으로서 형법 제315조 소정의 입찰방해죄의 특별규정이라 할 것이고, 여기서 '**입찰행위**'를 방해한다고 함은 형법상의 입찰방해죄의 구성요건을 충족함을 의미하는 것이므로 **건설산업기본법 제95조 제3호 소정의 '입찰행위'의 개념은 형법상의 입찰방해죄에 있어 '입찰'과 동일한 개념이라고 봄이 상당**하다.[144]

따라서 건설산업기본법 제95조 제3호 소정의 '**다른 건설업자의 입찰행위를 방해한 자**'에는 입찰에 참가한 다른 건설업자의 입찰행위를 방해한 자뿐만 아니라, 입찰에 참가할 가능성이 있는 다른 건설업자의 입찰 참가여부 결정 등에 영향을 미침으로써 입찰행위를 방해한 자도 포함된다고 보아야 한다.

나아가 형법상의 입찰방해죄와 마찬가지로 건설산업기본법 제95조 제3호 위반죄는 건설공사의 입찰에서 위계 또는 위력, 그 밖의 방법으로 다른 건설업자의 입찰행위를 방해하는 경우에 성립하는 **위태범**이므로, 다른 건설업자의 입찰행위를 방해할 행위를 하면 그것으로 족하고 현실적으로 다른 건설업자의 입찰행위가 방해되는 결과가 발생할 필요는 없다.[145]

그러나 건설산업기본법 제95조 제3호에서 규정하고 있는 입찰방해 행위가 있다고 인정하기 위하여는 그 방해의 대상인 **입찰이 현실적으로 존재하여야 한다고 볼 것**이므로, 실제로 실시된 입찰절차에서 실질적으로는 단독입찰을 하면서 마치 경쟁입찰을 한 것처럼 가장하는 경우와는 달리, **실제로는 수의계약을 체결하면서 입찰절차를 거쳤다는 증빙을 남기기 위하**

---

143 대법원 2008. 11. 27. 선고 2008도4963 판결 참조.
144 대법원 2001. 11. 30. 선고 2001도2423 판결, 대법원 2013. 10. 17. 선고 2013도6966 판결 등 참조.
145 대법원 2015. 12. 24. 선고 2015도13946 판결 참조.

여 입찰을 전혀 시행하지 아니한 채 형식적인 입찰서류만을 작성하여 입찰이 있었던 것
처럼 조작한 행위는 위 규정에서 말하는 **입찰방해 행위에 해당한다고 할 수 없다.**[146]

마. 죄수 및 처벌

앞에서 살펴본 바와 같이 본죄는 형법 제315조의 특별규정이므로 건설사업자가 입찰담합
행위를 하는 경우 형법이 아닌 본죄가 적용된다.

본죄를 범하면 5년 이하의 징역 또는 2억 원 이하의 벌금에 처한다. 한편 건설산업기본법
상 필요적 몰수·추징 규정이 따로 존재하지 아니하므로 본죄 위반을 통해 취득한 부당이득
은 범죄수익으로서 **부패재산몰수법상 임의적 몰수·추징 규정에 따라 환수**한다.

바. 범죄수익환수 사례

본죄를 범하고 얻은 부패재산은 모두 환수의 대상이 되는데 본죄를 위반하여 취득한 '**부
당한 이득**'의 해석과 관련하여 **자유로운 경쟁입찰을 통하여 결정되는 낙찰가를 '공정한
가격**'으로 보고 담합행위를 통하여 그와 같은 '**공정한 가격**'보다 높은 가격으로 낙찰을 받
는 경우 그 차액 상당이 '**부당한 이득**'이 된다.[147]

그런데 실제로 자유로운 경쟁입찰을 통해 결정되는 낙찰가를 추정하기가 실질적으로 어
렵기 때문에 [**실제 낙찰가 – (자유로운 경쟁입찰이 있었던 경우 결정되는 낙찰가 추정금
액)**]을 산정하여 실제로 이를 추징하여 환수한 사례는 쉽게 찾기 어렵다. 결국 입찰 대상이
된 공사와 유사하거나 비슷한 유형의 공사에서 낙찰된 가격을 통해 자유로운 경쟁입찰이 있
었던 경우 결정되는 낙찰가를 추정하여 볼 수 있을 것이나 이를 구체적으로 확인한 사례가
없다. 따라서 이와 같은 경우 부당한 이득을 어떻게 산정하여 환수할 것인지에 대한 입법적
보완이 필요하다.

3. 무등록 건설업 영위의 점(제95조의2 제1호, 제9조 제1항)

관련조문

제95조의2(벌칙) 다음 각 호의 어느 하나에 해당하는 자는 5년 이하의 징역 또는 5천만 원 이
하의 벌금에 처한다. <개정 2017. 3. 21., 2019. 4. 30.>

---

[146] 대법원 2001. 2. 9. 선고 2000도4700 판결 참조.
[147] 대법원 2015. 12. 24. 선고 2015도13946 판결, 대법원 1999. 10. 12. 선고 99도2309 판결, 대법원 2002.
2. 22. 선고 2001도4631 판결 등 참조.

1. **제9조 제1항**에 따른 등록을 하지 아니하거나 부정한 방법으로 등록을 하고 건설업을 한 자

☞ **제9조(건설업 등록 등)** ① 건설업을 하려는 자는 **대통령령**으로 정하는 업종별로 국토교통부장관에게 등록을 하여야 한다. 다만, 대통령령으로 정하는 경미한 건설공사를 업으로 하려는 경우에는 등록을 하지 아니하고 건설업을 할 수 있다. <개정 2013.3.23>

☞ 건설산업기본법 시행령[시행 2021. 3. 2.] [대통령령 제31516호, 2021. 3. 2., 타법개정] **제7조(건설업의 업종 및 업무내용 등)** 법 제8조에 따른 건설업의 업종과 업종별 업무내용은 **별표 1과 같다**. <개정 2007. 12. 28.>

가. 구성요건의 주체 및 행위의 상대방

본죄의 **구성요건의 주체**는 아무런 제한이 없다. 따라서 누구든지 동법에 따른 등록을 하지 않고 또는 부정한 방법으로 등록을 하고 건설업을 하는 경우 본죄의 주체가 된다.

관할 관청의 허가를 받지 않고 건설업을 영위하는 경우 발생할 수 있는 사회적 문제점 등을 원천적으로 차단할 필요성이 있으므로 무등록 상태로 건설업을 영위하고 얻은 수익을 전부 환수하겠다는 취지다.

한편 본죄의 구성요건적 행위의 특성상 위 **행위의 상대방**은 상정하기 어렵다.

나. 구성요건적 행위

본죄의 **구성요건적 행위**는 동법 제9조 제1항에 따른 건설업 등록을 하지 않고 또는 부정한 방법으로 등록을 하고 건설업을 영위하는 것이다. **'업'**을 영위하여야 하므로 계속적·지속적 영업행위를 전제로 한다.

한편 건설업의 등록은 앞에서 살펴본 바와 같이 건설업의 업종과 유형에 따라 각기 다르므로 **특정 건설업(A)에 대한 등록만을 하고 이와 무관한 다른 종류의 건설업(B)을 영위하는 경우에도 무등록 건설업 영위의 점에 포함**된다고 해석함이 상당하다. 따라서 특정 건설업체가 무등록 건설업을 영위하였는지 여부는 실제로 해당 건설업체가 등록한 건설업의 업종과 유형 등을 확인하고 해당 업체가 등록된 건설업을 영위한 것인지에 대한 실질적인 검토를 요한다.

주관적 구성요건요소로서 등록 없이, 또는 실제로 자격이 없음에도 불구하고 부정한 방법으로 건설업 등록을 마치고 건설업을 영위한다는 점에 대한 인식을 요한다.

다. 처벌

본죄를 위반하는 경우 5년 이하의 징역 또는 5천만 원 이하의 벌금에 처한다. 무등록 상

태로 건설업을 영위하면서 취득한 수익(건설공사 수주를 통한 수주금액 등)은 모두 부패재산몰수법에 따라 환수 대상이 된다.

4. 건설업 명의대여·명의 차용 등 금지의 점(제95조의2 제2호, 제21조 제1항, 제2항)

관련조문

제95조의2(벌칙) 다음 각 호의 어느 하나에 해당하는 자는 5년 이하의 징역 또는 5천만 원 이하의 벌금에 처한다. <개정 2017. 3. 21., 2019. 4. 30.>

2. <u>제21조 제1항 또는 제2항을 위반</u>하여 다른 사람에게 자기의 성명이나 상호를 사용하여 건설공사를 수급 또는 시공하게 한 건설사업자와 그 상대방, 건설업 등록증이나 건설업 등록수첩을 빌려준 건설사업자와 그 상대방

☞ <u>제21조(건설업 등록증 등의 대여 및 알선 등 금지)</u> ① 건설사업자는 다른 사람에게 자기의 성명이나 상호를 사용하여 건설공사를 수급 또는 시공하게 하거나 건설업 등록증 또는 건설업 등록수첩을 빌려주어서는 아니 된다. <개정 2019. 4. 30.>

② 누구든지 건설사업자로부터 그 성명이나 상호를 빌려 건설공사를 수급 또는 시공하거나 건설업 등록증 또는 건설업 등록수첩을 빌려서는 아니 된다. <신설 2017. 3. 21., 2019. 4. 30.>

가. 구성요건의 주체

본죄의 **구성요건의 주체**는 건설산업기본법상 '**건설사업자**'와 그로부터 건설업 등록증, 건설업 등록수첩을 빌린 **상대방**이다. 위 '건설사업자'는 이 법 또는 다른 법률에 따라 등록 등을 하고 건설업을 하는 자를 말한다(동법 제2조 제7호 참조). 이 때 건설사업자로부터 등록증 등을 빌리는 '상대방'은 아무런 제한이 없으므로 누구든지 그 상대방이 되어 본죄의 주체가 될 수 있다.

한편 양자는 **대향범** 관계로 모두 본죄의 주체 및 행위의 상대방이 된다.

나. 구성요건적 행위

본죄의 **구성요건적 행위**는 ① 건설사업자가 다른 사람에게 자기의 성명이나 상호를 사용하여 건설공사를 수급 또는 시공하게 하거나 건설업 등록증 또는 건설업 등록수첩을 빌려주는 것(동법 제21조 제1항)과 ② 건설사업자로부터 그 성명이나 상호를 빌려 건설공사를 수급 또는 시공하거나 건설업 등록증 또는 건설업 등록수첩을 빌리는 것(동법 제21조 제2항)이다.

1) 대여가 금지되는 '명의' 및 '시공'의 의미

이 때 위 법 제21조에서 타인에게 그 대여를 금지하고 있는 **'명의'**는 건설산업기본법에 의한 **건설업자의 성명 또는 상호 그 자체를 말하는 것일 뿐** 건설업자인 그 법인의 대표자 명의에 관한 것은 아니다.[148]

따라서 피고인 甲이 피고인 乙의 요청으로 피고인 丙 주식회사로 하여금 건설업자로서의 등록요건을 구비하게 하기 위하여 **형식상 자신을 그 대표이사로 등기하게 한 행위**는 위 규정의 적용대상이 아니므로 이러한 행위를 명의대여행위로 처벌할 수 없다.[149]

그리고 동법상 **'시공'**이라 함은 **직접 또는 도급에 의하여 설계에 따라 건설공사를 완성하기 위하여 시행되는 일체의 행위**를 의미한다. 따라서 건설업자인 피고인이 건설업자가 아닌 사람(甲)으로 하여금 '전무이사'라는 명칭을 사용하도록 하고, 甲은 피고인이 수급한 금액의 92%의 이내 비용으로 건설공사를 완성하기로 약정한 다음 공사를 진행하다 분쟁이 발생하자 피고인으로부터 공사에 투입된 비용을 지급받고 공사현장에서 철수한 경우 건설업자인 피고인은 그 명의를 대여하여 甲으로 하여금 시공을 하게 한 것으로 인정할 수 있다.[150]

2) 금지되는 명의대여행위의 판단 기준

대법원은 위 **'명의대여행위'**의 해석과 관련하여 「건설산업기본법 제21조가 금지하고 있는 "다른 사람에게 자기의 성명 또는 상호를 사용하여 건설공사를 시공하게 하는 행위"란 타인이 자신의 상호나 이름을 사용하여 **자격을 갖춘 건설업자로 행세하면서 건설공사를 시공하리라는 것을 알면서도 그와 같은 목적에 자신의 상호나 이름을 사용하도록 승낙 내지 양해한 경우**를 의미한다고 해석함이 상당하다 할 것이므로, 어떤 건설업자의 명의로 하도급 된 건설공사 전부 또는 대부분을 다른 사람이 맡아서 시공하였다 하더라도, 그 **건설업자 자신이 그 건설공사에 실질적으로 관여할 의사로 수급하였고, 또 그 시공 과정에 실질적으로 관여하여 왔다면, 이를 명의대여로 볼 수는 없다.**」고 하면서도 「건설업자가 건설공사의 시공에 실질적으로 관여하였는지 여부는, 건설공사의 수급·시공의 경위와 대가의 약속 및 수수 여부, 대가의 내용 및 수수 방법, 시공과 관련된 건설업자와 시공자 간의 약정 내용, 시공 과정에서 건설업자가 관여하였는지 여부, 관여하였다면 그 정도와 범위,

148 대법원 2007. 1. 11. 선고 2005도9487 판결 참조.
149 위 대법원 2005도9487 판결 참조.
150 대법원 2003. 7. 11. 선고 2001도1332 판결 참조.

공사 자금의 조달·관리 및 기성금의 수령 방법, 시공에 따른 책임과 손익의 귀속 여하 등 드러난 사실관계에 비추어 객관적으로 판단하여야 할 것이고, **명의대여자와 실제 시공한 자 사이의 계약서 등 처분문서의 형식적 문구만을 가벼이 믿어 명의대여 사실을 부인하여서는 아니 된다.**」고 판시하였다.[151]

한편 건설업자가 **수급자격에 관한 법령상 제한을 피하기 위하여** 자신의 명의로 수급계약을 체결하려는 사람에게 그러한 사정을 알면서도 **명의를 빌려준 경우 위 '명의대여'에 해당한다.**[152]

3) 명의대여행위 기수시기

위 **명의대여행위의 기수시기와 관련**하여 건설업자가 건설공사를 정당하게 수급한 다음 **다른 사람에게 자기의 성명 또는 상호를 사용하여 시공만 하게 한 경우에도 이는 명의대여 행위로서 금지**되며 이러한 경우 명의대여행위는 **시공자로 하여금 공사에 착수하게 한 때**에 완성된다.[153]

다. 처벌

본죄를 위반하는 경우 5년 이하의 징역 또는 5천만 원 이하의 벌금에 처한다. 건설업자가 자신의 건설업 명의 또는 건설업 등록 수첩 등을 대여하여 주고 그 대가를 취득하는 경우 및 그와 같이 명의를 대여하여 실제로 시공을 함으로써 그 상대방이 취득하는 대가는 모두 범죄수익등에 해당하므로 **부패재산몰수법에 따라 임의적 몰수·추징의 대상**이 된다.

라. 범죄수익환수 사례

실무상 본죄를 범하여 건설업 명의대여행위를 하고 그 대가로 취득한 금전의 경우 형법상 배임수재, 뇌물수수 등의 범죄와 관련되어 있는 경우가 많고 위 각 범죄는 모두 범죄수익은닉규제법상 중대범죄에 해당하여 형법상 배임수재, 뇌물죄의 필요적 몰수·추징 규정의 적용을 받는다. 따라서 건설산업기본법상 위 명의대여행위의 대가 수수만을 이유로 부패재산몰수법을 적용하여 몰수·추징한 사례는 쉽게 찾기 어렵다.

실무상 위와 같은 부정한 청탁 내지 대가관계에 있는 뇌물죄가 함께 문제되지 않는 사례들에 있어서도 부패재산몰수법을 적극 적용하여 그 대가로 취득한 재물 또는 재산상 이익을

---

151 대법원 2003. 12. 26. 선고 2003도5541 판결 참조.
152 대법원 2008. 5. 8. 선고 2006도4284 판결 참조.
153 대법원 2010. 5. 27. 선고 2009도10778 판결 참조.

몰수·추징함으로써 환수할 필요가 있다고 생각한다(私見).

5. 건설업 명의대여·명의차용 등 알선 금지의 점(제95조의2 제3호, 제21조 제3항)

관련조문

제95조의2(벌칙) 다음 각 호의 어느 하나에 해당하는 자는 5년 이하의 징역 또는 5천원 이하의 벌금에 처한다.<개정 2017. 3. 21., 2019. 4. 30.>

  3. **제21조 제3항을 위반**하여 다른 사람의 성명이나 상호를 사용한 건설공사 수급 또는 시공을 알선하거나 건설업 등록증 또는 건설업 등록수첩 대여를 알선한 자

  ☞ **제21조(건설업 등록증 등의 대여 및 알선 등 금지) ③ 누구든지** 제1항 및 제2항에서 금지된 행위를 알선하여서는 아니 된다.<개정 2017. 3. 21.>

가. 구성요건의 주체 및 행위의 상대방

본죄의 **구성요건의 주체**는 아무런 제한이 없다. 따라서 누구든지 건설산업기본법 제21조 제1항 내지 제2항의 명의대여 및 명의차용 행위를 알선하는 경우 본죄의 주체가 될 수 있다. 위 알선행위에 따라 명의를 대여하는 자와 차용하는 자 모두가 본죄의 **행위의 상대방**이 된다.

나. 구성요건적 행위

본죄의 **구성요건적 행위**는 동법 제21조 제1항 내지 제2항에 따라 **건설업 명의를 대여하고 차용하는 행위를 알선하는 것**이다. 여기에서 '알선'이라 함은 명의대여인과 차용인을 연결하여 주는 것을 일컫는 것으로 그러한 알선행위가 유상이든 무상이든 불문한다. 실무상 알선수수료를 받고 명의대여인과 차용인을 연결하여 주는 경우가 대다수를 차지하는데 이러한 경우 알선수수료는 부패재산몰수법상 범죄수익등에 해당한다.

주관적 구성요건요소로서 건설업 명의대여 및 차용행위에 대한 인식뿐만 아니라 양자를 연결한다는 사실에 대한 미필적 인식을 요한다.

다. 처벌 및 범죄수익환수 사례

본죄를 범하면 5년 이하의 징역 또는 5천만 원 이하의 벌금에 처한다. 위와 같은 알선행위를 통하여 취득한 수수료 기타 재물 또는 재산상의 이익은 그 명목을 불분하고 위 부패범

죄 행위의 대가로 얻은 재산이므로 부패재산몰수법에 따라 모두 환수의 대상이 된다고 봄이 상당하다. 그러나 실무상 건설산업기본법의 명의대여 행위 알선에 따른 수수료 기타 금전을 부패재산몰수법에 따라 환수한 사례는 쉽게 찾기 어렵다.

6. 건축주의 명의대여행위 금지 규정 위반 도급·시공의 점(제95조의2 제4호, 제21조 제4항)

관련조문

제95조의2(벌칙) 다음 각 호의 어느 하나에 해당하는 자는 5년 이하의 징역 또는 5천만 원 이하의 벌금에 처한다. <개정 2017. 3. 21., 2019. 4. 30.>

　4. 제21조 제4항을 위반하여 건설공사를 도급 또는 시공하게 한 건축주

☞ 제21조(건설업 등록증 등의 대여 및 알선 등 금지) ④ 건축주는 제1항을 위반한 건설사업자 또는 제2항을 위반한 자와 공모(共謀)하여 건설공사를 도급 또는 시공하게 하여서는 아니 된다. <신설 2017. 3. 21., 2019. 4. 30.>

가. 구성요건의 주체 및 행위의 상대방

　본죄의 **구성요건의 주체**는 건축주이다. 건축주는 건설사업자 등에게 건설공사를 맡기는 사람을 일컫는 것으로 그 **행위의 상대방**은 동법 제21조 제1항을 위반하여 명의를 대여한 건설사업자 또는 동법 제21조 제2항을 위반하여 명의를 차용한 자이다.

나. 구성요건적 행위

　본죄의 **구성요건적 행위**는 동법 제21조 제1항을 위반한 건설사업자 또는 제21조 제2항을 위반한 자와 공모(共謀)하여 건설공사를 도급 또는 시공하게 하는 것이다. 건축주 입장에서는 건설사업자가 명의를 대여하든 제3자가 명의를 차용하여 공사를 진행하든 크게 상관없이 공사를 맡기는 경우가 많고 그 과정에서 공사비 절감을 위해 이를 묵인하게 되므로 **그와 같은 사정(건설업 명의 대여 및 차용행위)을 모두 알면서도 명의대여인과 명의차용인을 통해 건설공사를 도급하고 시공하도록 하면 처벌**된다.

　따라서 **주관적 구성요건요소**로서 건축주는 건설업자가 자신의 명의를 대여한다는 사실, 제3자가 건설업자의 명의를 빌려 시공을 한다는 사실 등을 모두 인식하여야 하고, 그와 같은 사정을 알면서도 건설공사를 도급 또는 시공하게 한다는 것까지 인식하여야 한다.

다. 처벌 및 범죄수익환수 사례

본죄를 범하면 5년 이하의 징역 또는 5천만 원 이하의 벌금에 처한다. 위와 같은 알선행위를 통하여 건축주가 취득한 대가는 부패재산몰수법에 따라 모두 환수의 대상이 된다고 봄이 상당하다. 그러나 실무상 건축주가 얻은 범죄수익을 부패재산몰수법에 따라 환수한 사례는 쉽게 찾기 어렵다.

7. 부정한 청탁 재물 등 취득·제공 금지의 점(제95조의2 제5호, 제38조의2)

관련조문

제95조의2(벌칙) 다음 각 호의 어느 하나에 해당하는 자는 5년 이하의 징역 또는 5천만 원 이하의 벌금에 처한다. <개정 2017. 3. 21., 2019. 4. 30.>

  5. **제38조의2를 위반**하여 부정한 청탁을 받고 재물 또는 재산상의 이익을 취득하거나 부정한 청탁을 하면서 재물 또는 재산상의 이익을 제공한 자

☞ **제38조의2(부정한 청탁에 의한 재물 등의 취득 및 제공 금지)** ① **발주자·수급인·하수급인(발주자, 수급인 또는 하수급인이 법인인 경우 해당 법인의 임원 또는 직원을 포함한다) 또는 이해관계인**은 도급계약의 체결 또는 건설공사의 시공에 관하여 부정한 청탁을 받고 재물 또는 재산상의 이익을 취득하거나 부정한 청탁을 하면서 재물 또는 재산상의 이익을 제공하여서는 아니 된다.

  ② **국가, 지방자치단체 또는 대통령령으로 정하는 공공기관이 발주한 건설공사의 업체선정에 심사위원으로 참여한 자**는 그 직무에 관하여 부정한 청탁을 받고 재물 또는 재산상의 이익을 취득하여서는 아니 된다.

  ③ **국가, 지방자치단체 또는 대통령령으로 정하는 공공기관이 발주한 건설공사의 업체선정에 참여한 법인, 해당 법인의 대표자, 상업 사용인, 그 밖의 임원 또는 직원**은 그 직무에 관하여 부정한 청탁을 받고 재물 또는 재산상의 이득을 취득하거나 부정한 청탁을 하면서 재물 또는 재산상의 이익을 제공하여서는 아니 된다.

가. 구성요건의 주체 및 행위의 상대방

본죄의 **구성요건 주체는 재물 또는 재산상 이익을 받는 행위**의 경우, ① 발주자·수급인·하수급인(발주자, 수급인 또는 하수급인이 법인인 경우 해당 법인의 임원 또는 직원을 포함한다) 또는 이해관계인(동법 제38조의2 제1항), ② 국가, 지방자치단체 또는 대통령령으로 정하는 공공기관이 발주한 건설공사의 업체선정에 심사위원으로 참여한 자(동법 제38조의2 제2항), ③ 국

가, 지방자치단체 또는 대통령령으로 정하는 공공기관이 발주한 건설공사의 업체 선정에 참여한 법인, 해당 법인의 대표자, 상업 사용인, 그 밖의 임원 또는 직원(동법 제38조의2 제3항)이다 (신분범).

이 때 동법 제38조의2 제1항의 '이해관계인'이란 건설공사를 도급 또는 하도급을 받을 목적으로 도급계약을 체결하기 위하여 경쟁하는 자로서 도급계약의 체결 여부에 직접적이고 법률적인 이해관계를 가진 자를 의미하는데, 이러한 '이해관계인' 규정이 죄형법정주의의 명확성의 원칙에 위배된다고 할 수 없다.[154]

대법원은 이와 관련하여 재건축·재개발정비조합이나 조합설립추진위원회로부터 정비사업의 시행을 위하여 필요한 업무의 대행이나 지원을 위탁받거나 이에 관한 자문을 하는 **정비사업전문관리업자** 또는 정비사업과 관련한 건설공사도급계약이 체결되기 전의 **재개발·재건축정비지구 내 주민**은 위 법에서 말하는 **이해관계인에 해당하지 않는다**고 판시한 바 있다.[155]

한편 **재물 또는 재산상 이익을 제공하는 행위**의 경우, 그 **구성요건의 주체**는 동법 제38조의2 제1항, 제3항의 주체로 한정된다(같은 조 제2항 제외).

재물 또는 재산상 이익을 제공하고 받는 행위는 각 대향범 관계에 있으므로 서로 각 행위의 상대방이 된다. 한편 위 각 신분자들의 경우 금지하고 있는 구성요건적 행위가 다소 차이가 있다.

나. 구성요건적 행위

1) 구성요건의 주체별 구성요건적 행위의 차이점

본죄의 **구성요건적 행위**는 ① **발주자·수급인·하수급인**(발주자, 수급인 또는 하수급인이 법인인 경우, 해당 법인의 임직원 포함, 이하 '발주자 등')의 경우 **도급계약의 체결 또는 건설공사의 시공에 관하여 부정한 청탁을 받고 재물 또는 재산상의 이익을 취득하거나 부정한 청탁을 하면서 재물 또는 재산상의 이익을 제공**하는 것이다(동법 제38조의2 제1항).

위 발주자 등은 위 도급계약의 체결 또는 건설공사의 시공에 관해 부정한 청탁을 받고 재물 또는 재산상의 이익을 취득하는 경우는 물론, 스스로 부정한 청탁을 하면서 재물 또는 재산상의 이익을 공여하는 경우도 모두 처벌된다. **건설공사의 발주자·수급인·하수급인은 부정한 청탁을 '받는' 주체**임과 동시에 **부정한 청탁을 '하는' 주체**로 모두 규정되어 있는 것이다.

---

154 대법원 2009. 9. 24. 선고 2007도6185 판결 참조.
155 대법원 2008. 9. 25. 선고 2008도2590 판결 참조.

나아가 ② **국가, 지방자치단체 또는 대통령령으로 정하는 공공기관이 발주한 건설공사의 업체선정에 심사위원으로 참여한 자**의 경우, 그 직무에 관하여 부정한 청탁을 받고 재물 또는 재산상의 이익을 취득하는 것이다(동법 제38조의2 제2항).

위 공공기관 등이 발주한 건설공사 업체 선정에 심사위원으로 참여한 사람의 경우 부정한 청탁을 '**받는**' 행위만을 구성요건으로 규정함이 특징이 있다. 생각건대 위와 같은 심사위원이 부정한 청탁을 하고 재물등을 공여하는 경우를 상정할 수 없어 이를 구성요건에서 제외한 것으로 해석된다(私見).

그리고 ③ **국가, 지방자치단체 또는 대통령령으로 정하는 공공기관이 발주한 건설공사의 업체 선정에 참여한 법인, 해당 법인의 대표자, 상업 사용인, 그 밖의 임원 또는 직원**의 경우, 그 직무에 관하여 부정한 청탁을 받고 재물 또는 재산상의 이득을 취득하거나 부정한 청탁을 하면서 재물 또는 재산상의 이익을 제공하는 것이다(동법 제38조의2 제3항).

이 또한 마찬가지로 공공기관이 발주한 건설공사의 업체 선정에 참여한 법인, 대표자, 사용인, 그 밖의 임직원은 **부정한 청탁을 '받는'** 주체임과 동시에 **부정한 청탁을 '하는'** 주체로 모두 규정되어 있다.

2) '그 직무에 관한 부정한 청탁'의 의미

한편 본죄의 '**부정한 청탁**'과 관련하여 **대법원**은 「위 건설산업기본법 위반죄가 성립하기 위하여는 교부된 **재물 또는 재산상의 이득이 부정한 청탁과 대가관계**가 있어야 하고, 여기에서 말하는 **부정한 청탁**이라 함은 **그 청탁이 사회상규와 신의성실의 원칙에 반하는 것을 말하며**, 이를 판단함에 있어서는 청탁의 내용과 이와 관련되어 교부받거나 공여한 재물의 액수, 형식, 보호법익인 사무처리자의 청렴성 등을 종합적으로 고찰하여야 하고 **그 청탁이 반드시 명시적임을 요하는 것은 아니라고 할 것이다**」라고 판시한 바 있다.[156]

하지만 **대법원**은 위 '부정한 청탁'과 형법 제130조의 제3자 뇌물공여죄의 '부정한 청탁'의 관련성에 관하여 「제3자 뇌물공여죄에 있어서 '부정한 청탁'에 관해서는, 그 청탁의 대상이 된 **직무집행이 위법·부당하지 않더라도** 당해 직무집행을 어떤 대가관계와 연결시켜 그 직무집행에 관한 대가의 교부를 내용으로 하는 경우 이를 의연 '**부정한 청탁**'에 해당하는 것으로 볼 수 있지만, 건설공사의 적정한 시공과 건설산업의 건전한 발전을 도모하는데 그 목적을 두고 일반적인 **건설산업 종사자 모두에 대해 적용하는 건설산업기본법 제38조의2 위반죄**에 있어서까지 '**부정한 청탁**'을 그와 같이 엄격히 해석하여야 한다고 볼

---

156 대법원 2008. 1. 24. 선고 2006도5711 판결 참조.

수 없다.」고 판시[157]하면서 공사대금을 원활하게 지불해달라는 내용의 청탁은 공사도급계약에서 수급인이 도급인에게 당연히 할 수 있는 정당한 요구에 불과하고 사회상규와 신의성실의 원칙에 반하는 것이라고 할 수 없어 '부정한 청탁'에 해당하지 않는다고 보았다.[158]

따라서 위 대법원 취지에 따르면 본죄의 '부정한 청탁'은 제3자 뇌물공여죄와는 달리 그 **청탁의 대상이 된 직무집행 자체가 위법·부당한 경우에 한하여 인정**된다. 대법원은 다음과 같은 사례에서 그 입찰담합 과정에서 금품을 수수한 경우 본죄의 성립을 인정한 바 있다.[159]

판례

(전략)

다. 건설산업기본법 위반의 점에 관하여

원심은, 공동수급인인 피고인은 추자항공사를 시공함에 있어 공소외 11이 대표로 있는 공소외 12 주식회사를 하도급업체로 추천하였고, **공소외 11은 2차 제한경쟁입찰에 참가하면서 피고인으로부터 좀 더 가격을 높여 입찰에 참여해도 좋다는 취지의 이야기를 듣고 최초 예정했던 입찰가액(약 44억 원)보다 높은 가격(약 47억 원. 경쟁업체의 입찰가액은 약 48억 원)으로 입찰에 참여하여 낙찰을 받은 사실,** 피고인은 공소외 11과 위 2차 입찰에 따른 하도급계약서를 작성하기에 앞서 공소외 11에게 공사포기각서를 제출받는 한편 **증가된 입찰금액의 일부를 돌려달라고 요구하여 공소외 11이 이에 응한 사실, 이에 따라 공소외 11은 위 2차 입찰에 따른 하도급계약의 하수급인으로서 수급인인 피고인에게 2006. 9. 19. 5,000만 원을 교부한 사실을 인정**한 다음, **피고인이 공소외 11로부터 취득한 위 5,000만 원은 그 판시와 같은 이유로 하도급계약의 체결과 관련한 부정한 청탁에 의한 재물로 봄이 상당**하고, 피고인이 공소외 11에게 먼저 금품을 공여할 것을 요구하였다고 하여 달리 볼 것은 아니라고 판단하였다.

관련 법리에 비추어 기록을 살펴보면, 원심의 위와 같은 사실인정과 판단은 정당한 것으로 수긍할 수 있다. 거기에 상고이유 주장과 같이 건설산업기본법 제38조의2, 제95조의2에 관한 법리 오해 및 채증법칙 위반 등의 위법이 있다고 할 수 없다(대법원 2010. 7. 15. 선고 2010도3544 판결 참조).

---

3) 재물 또는 재산상 이익의 취득과 대가관계

본죄가 성립하기 위해서는 **부정한 청탁과 재물 또는 재산상 이익 사이의 대가관계**가

---

[157] 위 대법원 2006도5711 판결 참조.

[158] 대법원은 제3자 뇌물공여의 '부정한 청탁'의 범위를 넓게 인정하고, 건설산업기본법상 '부정한 청탁'의 범위는 보다 좁고 엄격하게 해석한다고 봄이 상당하다.

[159] 대법원 2010. 7. 15. 선고 2010도3544 판결 참조.

인정되어야 함은 당연하다. 따라서 그 직무에 관하여 재물 또는 재산상 이익을 취득한 것이 아닌 개인적 이득 취득 차원에서 재물을 수수한 경우 본죄가 성립한다고 볼 수 없다.

이와 관련하여 **대법원**은 「위 조항들의 문언상 그 처벌대상이 되는 행위는 발주자, 수급인, 하수급인 또는 이해관계인이 도급계약의 체결 또는 건설공사의 시공과 관련하여 스스로 영득하기로 하는 명목으로 재물 또는 재산상의 이익을 취득하거나 그와 같은 명목으로 이를 공여하는 행위에 한정되고, 그와 달리 **발주자 등의 사용인 기타 종업원 등이 개인적으로 영득하기 위하여 배임수증재적 명목으로 재물 또는 재산상의 이익을 취득하거나 그와 같은 명목으로 이를 공여하는 행위**는 위 조항에 의하여 **처벌되는 행위에 포함되지 아니한다.**」고 판시하고 있다.[160]

4) 주관적 구성요건요소

본죄의 **주관적 구성요건요소**로서 위 각 신분자가 자신의 직무에 관하여 부정한 청탁을 받고 재물 또는 재산상 이익을 취득하거나 부정한 청탁을 하고 재물 또는 재산상 이익을 공여한다는 사실을 모두 인식하여야 한다. 한편 그 직무관련성과 부정한 청탁에 대한 인식도 필요하나 확정적으로 인식할 필요는 없고 그 재물 또는 재산상 이익이 각 신분자가 담당하는 자신의 업무와 관련되어 있다는 점, 그러한 청탁에 사회상규에 반한다는 점에 대한 인식이 있으면 충분하다.

다. 처벌

본죄를 범하면 5년 이하의 징역 또는 5천만 원 이하의 벌금에 처한다. 위와 같은 행위를 통하여 취득한 재물 또는 재산상 이익은 부패재산몰수법에 따라 모두 환수의 대상이 된다고 봄이 상당하다.

라. 범죄수익환수 사례

앞에서 본 바와 같이 본죄를 범하여 취득한 재물 또는 재산상 이익은 부패재산몰수법에 따라 모두 환수의 대상이 된다. 실무상 위와 같은 부정한 청탁을 통해 재물을 수수하는 경우 형법상 배임수재 또는 배임증재죄와 함께 문제되는 경우가 많은데 배임수재죄의 경우에는 필요적 몰수·추징 규정(형법 제357조 제3항)이 적용되고, 건설산업기본법의 경우 부패재산몰수법상 임의적 몰수·추징 규정이 적용된다는 점에서 차이가 있다.

---

160 대법원 2009. 5. 28. 선고 2009도988 판결 참조.

19 고등교육법위반(제19호)

1. 총설

부패재산몰수법 별표 제19호에서는 **고등교육법 제64조 제2항 제2호의 죄**를 부패범죄로 규정하고 있다.

위 부패범죄는 공립학교나 사립학교의 설립자·경영자가 학교를 폐지하거나 대통령령으로 정하는 중요사항을 변경하려는 경우 교육부 장관의 인가를 받아야 하는데 이러한 인가를 받지 않는 행위를 처벌하는 것이다.

동법의 경우 자체적인 몰수·추징 규정을 두고 있지 않으므로 동법 위반죄로 취득한 부패재산 및 범죄수익은 **부패재산몰수법에 따른 임의적 몰수·추징 규정의 적용**을 받는다.

2. 구성요건 및 처벌

가. 구성요건의 주체 및 행위의 상대방

본죄의 **구성요건 주체**는 공립학교나 사립학교의 설립자·경영자이다(**신분범**). 공립, 사립교육의 설립자 또는 경영자라 하더라도 학교를 폐지하거나 변경하려고 하는 경우 관할 교육부 장관의 인가를 받아야 함에도 그렇지 않은 경우 처벌된다.

한편 **본죄의 행위의 상대방**은 특별한 제한이 없다.

나. 구성요건적 행위

본죄의 **구성요건적 행위**는 교육부 장관의 인가를 받지 않고 학교를 폐지하거나 대통령령으로 정하는 중요 사항을 변경하는 것이다. 이 때 **대통령령이 정하는 중요한 사항**은 학교의 설립·경영자와 그 학교의 목적, 명칭, 위치 및 부설학교를 두는 때에는 그 계획서에 관한 사항이다. 상세한 규정은 다음과 같다.

관련조문

고등교육법 시행령[시행 2020. 6. 11.] [대통령령 제30725호, 2020. 6. 2., 일부개정]

제2조(학교설립 등) ⑤ **법 제4조 제3항에서 "대통령령으로 정하는 중요사항"이라 함은 학교의 설립·경영자와 제2항 제1호부터 제3호까지 및 제10호의 사항**을 말한다. <개정 1999. 3. 26., 2000. 11. 28., 2008. 12. 31., 2012. 3. 2.>

☞ <u>고등교육법 시행령 제2조(학교의 설립 등)</u> ② 법 제4조 제2항에 따라 학교의 설립인가를 받고자 하는 자는 다음 각 호의 사항이 기재된 서류를 갖추어 교육부장관에게 신청하여야 한다. 다만, 법 제2조 제5호에 따른 사이버대학의 설립인가절차에 관하여는 따로 대통령령으로 정한다.

　1. 목적

　2. 명칭

　3. 위치

　10. 부설학교를 두는 때에는 그 계획서

주관적 구성요건요소로서 교육부 장관의 인가를 받지 않고 학교를 폐지하거나 대통령령이 정한 중요한 사항을 변경한다는 점에 대한 미필적 인식을 요한다(고의범).

다. 처벌 및 범죄수익환수 사례

본죄를 범하면 3년 이하의 징역 또는 3천만 원 이하의 벌금에 처한다. 한편 본죄에는 별도의 몰수·추징 규정이 없으므로 위와 같은 행위를 통해 취득한 범죄수익은 부패재산몰수법에 따라 임의적 몰수·추징의 대상이 된다.

한편 실무상 교육부 장관의 인가 없이 학교를 폐지하거나 중요한 사항을 변경하는 범죄행위로 취득한 범죄수익을 환수한 사례는 발견되지 않는다.

생각건대 본죄는 미인가 학교 폐지 및 중요사항 변경으로 그 성질상 범죄수익의 취득과 직접적으로 연결되지 않으므로 활용례가 많지 않다. 오히려 시험문제가 공개되기 전에 그 시험문제의 전부 또는 일부를 유출하거나 유포하는 행위(동법 제64조 제1항, 제34조 제9항)를 부패범죄로 추가하고 이 행위로 취득한 대가가 있는 경우 이를 범죄수익등으로 몰수·추징하는 것으로 부패재산몰수법상 별표가 개정될 필요가 있다고 생각한다(私見).

관련조문

부패재산몰수법 별표(개정안)

부패범죄(제2조 제1호 관련)

19. 「고등교육법」 제64조 제2항 제2호의 죄, **제64조 제1항의 죄**

---

20 공인회계사법위반(제20호)

1. 총설

부패재산몰수법 별표 제20호에서는 **공인회계사법 제22조 제3항 및 제53조 제1항의 죄**를 각 부패범죄로 규정하고 있다.

한편 범죄수익은닉규제법은 별표 제37호에서 공인회계사법 제53조 제1항 제1호의 죄를 중대범죄로 규정하고 있어 부패재산몰수법상 부패범죄와 일부 중첩된다.

관련조문

부패재산몰수법 별표

부패범죄(제2조 제1호 관련)

20. 「공인회계사법」 **제22조 제3항 및 제53조 제1항**의 죄

관련조문

범죄수익은닉규제법 별표

중대범죄(제2조 제1호 관련)

37. 「공인회계사법」 제53조 제1항 제1호의 죄

범죄수익은닉규제법상 중대범죄인 공인회계사법 제53조 제1항 제1호 위반죄의 경우 범죄수익은닉규제법 편 '부패범죄'의 장에서 이미 살펴본 바 있으므로(「**제2편 제4장 부패범죄**」 참조) 여기에서는 이와 중첩되지 않는 부패범죄(제53조 제1항 제2호, 제22조 제3항을 금지규정으로 하고 있는 제53조 제6항 제3호)를 중심으로 살펴본다.

관련조문

제53조(벌칙) ① 공인회계사(회계법인의 이사, 소속공인회계사 및 외국공인회계사를 포함한다. 이하 이 조에서 같다)로서 다음 각 호의 어느 하나에 해당하는 자는 5년 이하의 징역 또는 5천만 원 이하의 벌금에 처한다. <개정 2020. 5. 19.>

  2. 제28조 제2항(제40조의18에서 준용하는 경우를 포함한다)을 위반하여 금융위원회의 승인 없이 손해배상준비금을 손해배상 외의 용도에 사용한 자

  ⑥ 공인회계사로서 다음 각 호의 어느 하나에 해당하는 자는 300만 원 이하의 벌금에 처한다.

  3. 제22조 제3항(제40조 및 제40조의18에서 준용하는 경우를 포함한다)을 위반하여 계쟁권리를 양수한 자

한편 부패재산몰수법은 공인회계사법 **제22조 제3항을 부패범죄로 규정하고 있는데, 이는 금지규정에 불과하고 이를 인용하는 처벌규정은 동법 제53조 제6항 제3호**이므로 부패범죄 조문에 동법 제22조 제3항을 기재한 것은 **잘못된 입법**이라고 생각한다. 따라서 부패재산몰수법상 부패범죄는 처벌규정을 직접 기재하는 방법으로 별표를 개정할 필요성이 있다(私見).

관련조문

부패재산몰수법 별표(개정안)

부패범죄(제2조 제1호 관련)

20. 「공인회계사법」 제53조 제1항, **제53조 제6항 제3호**의 죄

그리고 공인회계사법은 필요적 몰수·추징규정을 두고 있으나 그 적용범위가 동법 제53조 제1항 제1호 및 같은 조 제3항 제2호의 죄에 한정되므로 본장에서 검토하는 **동법 제53조 제1항 제2호 및 제53조 제6항 제3호에 따른 범죄수익등은 부패재산몰수법에 따른 임의적 몰수·추징 규정의 적용**을 받고 부패재산몰수법과 마약거래방지법에 따른 보전조치가 가능하다.

관련조문

제55조(몰수·추징 등) 제53조 제1항 제1호 및 제3항 제2호의 죄를 지은 자 또는 그 사정을 아는 제3자가 받은 금품이나 그 밖의 이익은 몰수한다. 이를 몰수할 수 없을 때에는 그 가액을 추징한다.

[본조신설 2018. 2. 21.]

이하에서는 각 구성요건을 상세히 살펴보고 각 부패범죄에 대한 환수사례를 검토해보도록 한다.

2. 공인회계사가 부정한 청탁을 받고 금품 등 수수·요구·약속의 점(제53조 제1항 제1호, 제22조 제4항)

관련조문

제53조(벌칙) ① 공인회계사(회계법인의 이사, 소속공인회계사 및 외국공인회계사를 포함한다. 이하 이 조에서 같다)로서 다음 각 호의 어느 하나에 해당하는 자는 5년 이하의 징역 또는 5천만 원 이하의 벌금에 처한다. <개정 2020. 5. 19.>

1. **제22조 제4항(제40조의18에서 준용하는 경우를 포함한다)을 위반**하여 부정한 청탁을 받고 금품이나 이익을 수수·요구 또는 약속하거나 위촉인이 사기나 그 밖의 부정한 방법으로 부당한 금전상의 이득을 얻도록 가담하거나 상담한 자

☞ **제22조(명의대여등 금지)** ④ 공인회계사는 제2조의 직무를 행할 때 부정한 청탁을 받고 금품이나 이익을 수수·요구 또는 약속하거나 위촉인이 사기 기타 부정한 방법으로 부당한 금전상의 이득을 얻도록 이에 가담 또는 상담하여서는 아니된다. <개정 2020. 5. 19.>

☞ **제40조의18(준용규정)** 외국공인회계사 및 외국회계법인에 관하여는 제11조부터 제13조까지, 제15조, 제16조, 제18조, 제19조, **제22조**, 제24조 제2항 제3호, 같은 조 제3항, 제28조, 제30조 제1항·제3항, 제31조 제2항, 제32조, 제35조, 제42조, 제43조 제2항, 제45조 제1항·제3항, 제48조 제3항·제5항 및 제48조의2를 그 성질에 반하지 아니하는 한 준용한다. 이 경우 "공인회계사"는 "외국공인회계사"로, "회계법인"은 "외국회계법인"으로 본다.

본죄는 「**제2편 제4장 부패범죄**」 부분에서 상술하였으므로 이를 참고하도록 하고 본편에서는 기재를 생략한다.

3. 공인회계사의 금융위원회 승인 없는 손해배상용도금 사용의 점(제53조 제1항 제2호, 제28조 제2항)

관련조문

제53조(벌칙) ① 공인회계사(회계법인의 이사, 소속공인회계사 및 외국공인회계사를 포함한다. 이하 이 조에서 같다)로서 다음 각 호의 어느 하나에 해당하는 자는 5년 이하의 징역 또는 5천만 원 이하의 벌금에 처한다. <개정 2020. 5. 19.>

2. **제28조 제2항(제40조의18에서 준용하는 경우를 포함한다)을 위반**하여 금융위원회의 승인 없이 손해배상준비금을 손해배상 외의 용도에 사용한 자

☞ 제28조(손해배상준비금) ①회계법인은 제2조의 규정에 의한 직무를 행하다가 발생시킨 위촉인(第2條 第1號의 規定에 의한 職務를 행하는 경우에는 善意의 第3者를 포함한다)의 손해에 대한 배상책임(「주식회사 등의 외부감사에 관한 법률」 제31조에 따른 損害賠償責任을 포함한다)을 보장하기 위하여 대통령령이 정하는 바에 따라 **매 사업연도마다 손해배상준비금을 적립하여야 한다.**

② 제1항의 규정에 의한 손해배상준비금은 금융위원회의 승인 없이는 손해배상외의 다른 용도에 사용할 수 없다.

☞ 제40조의18(준용규정) 외국공인회계사 및 외국회계법인에 관하여는 제11조부터 제13조까지, 제15조, 제16조, 제18조, 제19조, 제22조, 제24조 제2항 제3호, 같은 조 제3항, 제28조, 제30조 제1항·제3항, 제31조 제2항, 제32조, 제35조, 제42조, 제43조 제2항, 제45조 제1항·제3항, 제48조 제3항·제5항 및 제48조의2를 그 성질에 반하지 아니하는 한 준용한다. 이 경우 "공인회계사"는 "외국공인회계사"로, "회계법인"은 "외국회계법인"으로 본다. <개정 2017.10.31>[본조신설 2011.6.30]

가. 구성요건의 주체 및 행위의 상대방

본죄의 구성요건의 주체는 공인회계사(회계법인의 이사, 소속 공인회계사 및 외국공인회계사를 포함)이다(신분범). 따라서 공인회계사가 동법 제28조 제1항에 따라 회계법인에 적립한 손해배상준비금을 금융위원회의 승인 없이 다른 용도에 사용하는 경우 본죄의 주체가 되고, 위 공인회계사의 범행에 적극 가담한 사람은 형법 제33조에 따라 공범으로 처벌된다.

그 **행위의 상대방**은 아무런 제한이 없으므로 공인회계사가 위와 같은 범행으로 손해배상준비금을 사용한 상대방은 누구든지 대상이 될 수 있다.

나. 구성요건적 행위

본죄의 **구성요건적 행위**는 동법 제28조 제1항에 따라 회계법인이 직무를 행하다 발생시킨 위촉인의 손해에 대한 배상책임을 보장하기 위하여 대통령령이 정하는 바에 따라 매 사업연도마다 적립한 손해배상준비금을 금융위원회의 승인 없이 손해배상 외의 다른 용도에 사용하는 것이다.

위 손해배상준비금은 회계법인의 업무처리 과정에서 발생할 수 있는 각종 손해배상을 담보하기 위해 적립하여 두는 것이므로 그 용도를 엄격히 제한하여 이를 사용하고자 하는 경우 금융위원회의 승인을 받도록 하고, 이를 어겨 함부로 그 용도를 전용하는 행위를 처벌하고자 함이다.

주관적 구성요건요소로서 공인회계사 등이 손해배상준비금을 금융위원회의 승인 없이 사용한다는 점, 그 용도가 위촉인에 대한 손해배상 용도와 무관하다는 점에 대한 미필적 인식을 요한다(고의범).

다. 처벌 및 범죄수익환수 사례

본죄를 범하면 5년 이하의 징역 또는 5천만 원 이하의 벌금에 처한다. 한편 위와 같이 금융위원회 승인 없이 손해배상 용도 외로 사용하여 얻은 범죄수익은 모두 환수의 대상이 되므로 부패재산몰수법에 따라 임의적으로 몰수·추징할 수 있다.

그러나 실무상 본죄를 범하여 취득한 범죄수익을 환수한 사례는 발견되지 않는다.

4. 공인회계사의 계쟁권리 양수 금지의 점(제53조 제6항 제3호, 제22조 제3항)

관련조문

제53조(벌칙) ⑥ 공인회계사로서 다음 각 호의 어느 하나에 해당하는 자는 300만 원 이하의 벌금에 처한다. <개정 2020. 5. 19.>

  3. <u>제22조 제3항(제40조 및 제40조의18에서 준용하는 경우를 포함한다)</u>을 위반하여 계쟁 권리를 양수한 자

☞ <u>제22조(명의대여등 금지)</u> ①공인회계사는 다른 사람에게 자기의 성명 또는 상호를 사용하여 제2조의 규정에 의한 직무를 행하게 하거나 그 등록증을 대여하여서는 아니된다.

  ② 누구든지 공인회계사 등록증의 대여 행위를 알선하여서는 아니 된다. <신설 2020. 5. 19.>

  ③ 공인회계사는 계쟁권리를 양수하여서는 아니 된다. 〈개정 2020.5.19〉

☞ <u>제40조의18(준용규정)</u> 외국공인회계사 및 외국회계법인에 관하여는 제11조부터 제13조까지, 제15조, 제16조, 제18조, 제19조, 제22조, 제24조 제2항 제3호, 같은 조 제3항, 제28조, 제30조 제1항·제3항, 제31조 제2항, 제32조, 제35조, 제42조, 제43조 제2항, 제45조 제1항·제3항, 제48조 제3항·제5항 및 제48조의2를 그 성질에 반하지 아니하는 한 준용한다. 이 경우 "공인회계사"는 "외국공인회계사"로, "회계법인"은 "외국회계법인"으로 본다. <개정 2017.10.31> [본조신설 2011.6.30]

가. 구성요건의 주체 및 행위의 상대방

본죄의 **구성요건의 주체**는 공인회계사 및 외국공인회계사, 외국회계법인이다(**신분범**). 따라서 공인회계사가 동법 제22조 제3항에 따라 계쟁권리를 양수하는 경우 본죄의 주체가 되고, 위 공인회계사의 범행에 적극 가담한 사람은 형법 제33조에 따라 공범으로 처벌된다.

그 **행위의 상대방**은 아무런 제한이 없으나 계쟁권리를 양도한 사람이 그 상대가 될 것이다.

나. 구성요건적 행위

본죄의 **구성요건적 행위**는 공인회계사가 계쟁권리를 양수하는 것이다. 여기에서 '**계쟁권리**'라고 함은 공인회계사가 담당하는 사안의 당사자 상호간에 서로 다툼이 있는 권리라고 문언 해석할 수 있는데 사건 관계인의 회계처리를 담당하는 공인회계사가 업무 처리과정에서 알게 된 여러 정보를 이용해 다툼의 대상이 되는 권리를 함부로 양수함으로써 부당한 이득을 취득하는 것을 방지하기 위한 것이다.

주관적 구성요건요소로서 공인회계사 등이 자신이 양수하는 권리가 사건 당사자들의 다툼의 대상이 된다는 점, 그 권리를 스스로의 계산으로 양수한다는 점에 대한 미필적 인식을 요한다(**고의범**).

다. 처벌 및 범죄수익환수 사례

본죄를 범하면 300만 원 이하의 벌금에 처한다. 한편 위와 같이 공인회계사가 양수한 계쟁권리는 부패재산몰수법상 범죄수익에 해당하므로 모두 환수의 대상이 된다. 따라서 이는 **부패재산몰수법에 따라 임의적으로 몰수·추징**할 수 있다.

그러나 실무상 본죄를 범하여 취득한 범죄수익을 환수한 사례는 발견되지 않는다.

21 국민체육진흥법위반(제21호)

1. 총설

부패재산몰수법 별표 제21호에서는 **국민체육진흥법 제47조 제1호, 제48조 제1호·제2호의 죄**를 각 부패범죄로 규정하고 있다.

한편 범죄수익은닉규제법은 별표 제46호에서 국민체육진흥법 제47조 및 제48조의 죄 전부를 중대범죄로 규정하고 있어 **부패재산몰수법상 부패범죄를 모두 포함한다.**

관련조문

부패재산몰수법 별표

부패범죄(제2조 제1호 관련)

21. 「국민체육진흥법」 <u>제47조 제1호 및 제48조 제1호·제2호</u>의 죄

관련조문

범죄수익은닉규제법 별표

중대범죄(제2조 제1호 관련)

46. 「국민체육진흥법」 제47조 및 제48조의 죄

범죄수익은닉규제법상 중대범죄인 국민체육진흥법위반죄의 경우 「**제2편 제2장 사행등 범죄**」부분에서 모두 살펴보았으므로 본편에서는 그 기재를 생략한다.

22 근로기준법위반(제22호)

1. 총설

부패재산몰수법 별표 제22호에서는 **근로기준법 제9조 및 제107조의 죄**를 각 부패범죄로 규정하고 있다.

관련조문 ───────────────────────────────

부패재산몰수법 별표

부패범죄(제2조 제1호 관련)

22. 「근로기준법」 **제9조 및 제107조**의 죄

───────────────────────────────

그런데 위 근로기준법 제9조는 금지규정, 제107조의 죄는 제9조를 인용하는 처벌규정이 므로 위 부패범죄 별표의 기재는 **근로기준법 제107조 중 근로기준법 제9조의 죄만을 규 정하는 취지로 봄이 옳다.** 왜냐하면 동법 제107조에서 인용하는 금지규정 중 금전의 이 익 취득과 관련되어 있는 범죄는 제9조가 유일하기 때문이다.161 범죄 처벌규정에는 금지 규정을 병렬적으로 기재하는 것이 적절하지 아니하므로 다음과 같이 별표를 개정할 필요 가 있다(私見).

관련조문 ───────────────────────────────

부패재산몰수법 별표(개정안)

부패범죄(제2조 제1호 관련)

22. 「근로기준법」 제107조의 죄(**동법 제9조 위반의 점에 한정한다**)

───────────────────────────────

이하에서는 근로기준법 제107조(제9조 위반의 점)의 구성요건을 살피고 이에 대한 범죄수 익환수 사례를 아울러 검토하기로 한다.

───────────────────────────────

161 근로기준법 제107조(벌칙) 제7조, 제8조, 제9조, 제23조 제2항 또는 제40조를 위반한 자는 5년 이하의 징역 또는 5천원 이하의 벌금에 처한다. <개정 2017. 11. 28.>
  ☞ **제7조(강제 근로의 금지)** 사용자는 폭행, 협박, 감금, 그 밖에 정신상 또는 신체상의 자유를 부당하게 구속하는 수단으로써 근로자의 자유의사에 어긋나는 근로를 강요하지 못한다.
  ☞ **제8조(폭행의 금지)** 사용자는 사고의 발생이나 그 밖의 어떠한 이유로도 근로자에게 폭행을 하지 못 한다.
  ☞ **제23조(해고 등의 제한)** ② 사용자는 근로자가 업무상 부상 또는 질병의 요양을 위하여 휴업한 기간 과 그 후 30일 동안 또는 산전(産前)·산후(産後)의 여성이 이 법에 따라 휴업한 기간과 그 후 30일 동안은 해고하지 못한다. 다만, 사용자가 제84조에 따라 일시보상을 하였을 경우 또는 사업을 계속할 수 없게 된 경우에는 그러하지 아니하다.
  ☞ **제40조(취업 방해의 금지)** 누구든지 근로자의 취업을 방해할 목적으로 비밀 기호 또는 명부를 작성·사 용하거나 통신을 하여서는 아니 된다.

2. 구성요건 및 처벌

관련조문

제107조(벌칙) 제7조, 제8조, **제9조**, 제23조 제2항 또는 제40조를 위반한 자는 5년 이하의 징역 또는 5천만 원 이하의 벌금에 처한다. <개정 2017. 11. 28.>

☞ **제9조(중간착취의 배제)** 누구든지 법률에 따르지 아니하고는 영리로 다른 사람의 취업에 개입하거나 중간인으로서 이익을 취득하지 못한다.

가. 구성요건의 주체 및 행위의 상대방

본죄의 **구성요건의 주체**는 아무런 제한이 없다. 따라서 누구든지 본죄의 주체가 될 수 있고, **행위의 상대방**은 본죄의 구성요건적 행위인 취업에 개입하거나 중간인으로서 이익을 취득하는 행위의 상대방인 '다른 사람'으로 특별한 신분을 요하지 아니한다.

나. 구성요건적 행위

본죄의 **구성요건적 행위**는 법률에 따르지 아니하고 영리로 다른 사람의 취업에 개입하거나 중간인으로서 이익을 취득하는 것이다. 다른 사람의 취업에 개입하거나 중간인으로서 이익을 취득하는 경우 특별히 법률에 허용되어 있는 경우를 제외하고는 스스로 소위 '**취업브로커**'가 되어 영리를 취득할 수 없도록 한 것이다.

본죄에서 금지하는 행위는 '영리로 타인의 취업에 개입'하는 행위와 '중간인으로서 이익을 취득'하는 행위인데, '**영리로 타인의 취업에 개입**'하는 행위는 제3자가 영리로 타인의 취업을 소개·알선하는 등 노동관계의 성립 또는 갱신에 영향을 주는 행위를 말한다. 그리고 '**중간인으로서 이익을 취득**'하는 행위는 근로계약관계의 존속 중에 사용자와 근로자 사이의 중간에서 근로자의 노무제공과 관련하여 사용자 또는 근로자로부터 법률에 의하지 아니하는 이익을 취득하는 것을 의미한다.[162]

대법원은 대기업에 입사할 수 있도록 해달라는 청탁을 받고 입사추천을 받도록 해준 다음 취업사례금 명목의 돈을 받은 경우, 본죄의 '영리로 타인의 취업에 개입'하는 행위에 해당하는지 여부만이 문제될 뿐 '중간인으로서 이익을 취득'하는 행위에 해당하지는 않는다

---

[162] 대법원 2007. 8. 23. 선고 2007도3192 판결 참조.

고 판시한 바 있다.[163]

다. 처벌 및 범죄수익환수 사례

본죄를 범하면 5년 이하의 징역 또는 5천만 원 이하의 벌금에 처한다. 또한 근로기준법상 별도의 몰수·추징 규정이 존재하지 아니하므로 본죄로 취득한 범죄수익은 모두 **부패재산 몰수법에 따른 임의적 몰수·추징 규정의 적용**을 받는다.

실무상 본죄 위반으로 취득한 이익을 추징하여 환수한 사례는 발견되지 않는다.

23 금융지주회사법위반(제23호)

1. 총설

부패재산몰수법 별표 제23호에서는 **금융지주회사법 제48조의3 제1항 및 제70조 제2항 제2호의 죄**를 각 부패범죄로 규정하고 있다.

관련조문 ───────────────

부패재산몰수법 별표

부패범죄(제2조 제1호 관련)

23. 「금융지주회사법」 <u>제48조의3 제1항 및 제70조 제2항 제2호</u>의 죄

그런데 위 **금융지주회사법 제48조의3 제1항은 금지규정, 제70조 제2항 제2호의 죄는 동법 제48조의3 제1항을 인용하는 처벌규정**이므로 위 부패범죄 별표의 기재 중 **금융지주 회사법 제48조의3 제1항 부분은 불필요한 반복**으로 보인다. 범죄 처벌규정에는 금지규정을 병렬적으로 기재하는 것이 적절하지 아니하기 때문이다. 따라서 다음과 같이 별표를 개정할 필요가 있다(私見).

관련조문 ───────────────

부패재산몰수법 별표(개정안)

부패범죄(제2조 제1호 관련)

23. 「금융지주회사법」 <u>제70조 제2항 제2호의 죄</u>

---

163 위 대법원 2007도3192 판결 참조.

한편 금융지주회사법은 별도로 필요적 몰수·추징 규정을 두고 있지 아니하므로 본죄를 위반하고 취득한 범죄수익은 부패재산몰수법상 임의적 몰수·추징 규정의 적용을 받는다. 다만 위 부패범죄는 금융지주회사의 임직원들이 직무와 관련하여 직접·간접을 불문하고 증여를 받거나 뇌물을 수수·요구·약속하는 것을 금지하는 것으로서 형법상 뇌물수수 등 죄의 특별규정임에도 필요적 몰수·추징 규정이 없는 것은 **입법의 불비**라고 생각한다(私見). 이하에서는 위 부패범죄의 구성요건을 살피고 이에 대한 범죄수익환수 사례를 아울러 검토하기로 한다.

2. 구성요건 및 처벌

관련조문 ────────────────────

제70조(벌칙) ② 다음 각 호의 어느 하나에 해당하는 자는 5년 이하의 징역 또는 2억 원 이하의 벌금에 처한다. <개정 2009. 7. 31., 2014. 5. 28.>

2. **제48조의3 제1항을 위반**한 자

☞ 제48조의3(수뢰 등의 금지 등) ① 금융지주회사의 임·직원은 직무와 관련하여 직접·간접을 불문하고 증여를 받거나 뇌물을 수수·요구 또는 약속하여서는 아니된다.

────────────────────

가. 구성요건의 주체 및 행위의 상대방

본죄의 구성요건의 주체는 **금융지주회사의 임·직원**이다(신분범). 이 때 금융지주회사라 함은 주식의 소유를 통하여 금융업을 영위하는 회사 또는 금융업의 영위와 밀접한 관련이 있는 회사를 대통령령이 정하는 기준에 따라 지배하는 것을 주된 사업으로 하는 회사로서 ① 1 **이상의 금융기관을 지배**하고(동법 제2조 제1항 제2호 가목), ② 기준일 현재 **대차대조표에 기재된 자산총액이 5,000억 원 이상**일 것을 요하며(동법 제2조 제1항 제2호 나목, 동법 시행령 제2조 제5항 참조), ③ 동법 제3조에 따라 금융위원회의 인가를 받을 것(동법 제2조 제1항 제2호 다목)을 요한다. 상세한 규정은 다음과 같다.

관련조문 ────────────────────

제2조(정의) ① 이 법에서 사용하는 용어의 정의는 다음과 같다.

2. "금융지주회사"라 함은 주식(지분을 포함한다. 이하 같다)의 소유를 통하여 금융업을 영위하는 회사(이하 "금융기관"이라 한다) 또는 금융업의 영위와 밀접한 관련이 있는 회사

를 **대통령령이 정하는 기준**에 의하여 지배(이하 "지배"라 한다)하는 것을 주된 사업으로 하는 회사로서 다음 각 목에 모두 해당하는 것을 말한다.

가. **1 이상의 금융기관**을 지배할 것

나. **자산총액이 대통령령으로 정하는 기준** 이상일 것

다. **제3조에 따라 금융위원회의 인가를 받을 것**

☞ 금융지주회사법 시행령[시행 2021. 2. 17.] [대통령령 제31444호, 2021. 2. 17., 타법개정]

제2조(금융업의 범위 등) ③ 법 제2조 제1항 제1호 각 목 외의 부분에서 "대통령령이 정하는 기준"이란 회사가 단독으로 또는 「독점규제 및 공정거래에 관한 법률 시행령」 제11조 제1호 및 제2호에 규정된 자(이하 이 항에서 **"특수관계자"**라 한다)**와 합하여** 「독점규제 및 공정거래에 관한 법률」 제2조 제3호의 규정에 따른 **계열회사**(다음 각 호의 어느 하나에 해당하는 회사를 제외하며, 이하 "계열회사"라 한다)**의 최다출자자**(계열회사가 경영참여형 사모집합투자기구인 경우에는 그 경영참여형 사모집합투자기구의 업무집행사원)**가 되는 것을 말한다. 다만, 회사가 소유하는 주식이 각각의 특수관계자가 소유하는 주식보다 적은 경우를 제외한다.**

1. 「벤처투자 촉진에 관한 법률」 제2조 제10호에 따른 중소기업창업투자회사가 창업자에게 투자하기 위한 목적으로 다른 국내회사의 주식을 취득한 경우 그 다른 국내회사

2. 「여신전문금융업법」에 따라 설립된 신기술사업금융업자가 신기술사업자를 지원하기 위한 목적으로 다른 국내회사의 주식을 취득한 경우 그 다른 국내회사

3. 경영참여형 사모집합투자기구가 투자한 기업의 가치를 높여 그 수익을 사원에게 배분하기 위한 목적으로 다른 회사의 주식을 취득한 경우 그 다른 회사

4. 금융지주회사의 자회사, 손자회사 및 증손회사(법 제19조의2 및 제32조에 따라 금융지주회사에 편입된 다른 회사를 포함한다. 이하 "자회사등"이라 한다)가 「사회기반시설에 대한 민간투자법」 제8조의2의 규정에 따라 주무관청에 의하여 지정을 받은 민간투자대상사업을 영위하기 위한 회사(「조세특례제한법」 제104조의31 제1항에 해당하는 회사에 한한다)의 주식을 취득한 경우 그 민간투자대상사업을 영위하기 위한 회사

5. 「자본시장과 금융투자업에 관한 법률」에 따른 투자매매업자가 같은 법에 따라 다른 회사의 주식을 인수·취득하여 취득하는 날부터 3개월 이내의 기간 동안 보유하는 경우 그 다른 회사

6. 금융지주회사의 자회사등인 금융기관이 「기업구조조정 촉진법」 또는 기업구조조정을 추진하기 위한 채권자 간의 자율적인 협약에 따른 공동관리절차(이하 "공동관리절차"라 한다), 「채무자 회생 및 파산에 관한 법률」에 따른 회생절차(이하 "회생절차"라 한다)가 진행 중인 다른 회사의 주식을 구조조정의 목적으로 출자전환 등을 통하여 취득하는 경우 그 다른 회사. 다만, 공동관리절차 또는 회생절차가 중단되거나 종료된 날부터 2년(「기업구조조정 촉진법」 제33조 제3항에 따라 금융위원회의 승인을 받아 연장된 경우에는 그 기한을 말한다)이 경과한 회사는 제외한다.

7. 「자본시장과 금융투자업에 관한 법률」 제9조 제18항 제2호에 따른 투자회사(외국 법령에 따라 설립된 투자회사를 포함한다)로서 다음 각 목의 어느 하나에 해당하지 아니하는 투자회사

　　가. 「자본시장과 금융투자업에 관한 법률」 제9조 제19항에 따른 사모집합투자기구(외국 법령에 따라 설립된 사모집합투자기구를 포함한다)인 투자회사

　　나. 다른 회사를 지배(법 제2조 제1항 제1호 각 목 외의 부분에 따른 지배를 말한다. 이하 같다)하는 투자회사

☞ **금융지주회사법 시행령 제2조(금융업의 범위 등) ⑤ 법 제2조 제1항 제1호 나목에서 "대통령령으로 정하는 기준 이상일 것"이란 기준일 현재의 대차대조표에 표시된 자산총액이 5천억 원 이상일 것을 말한다.** <신설 2010. 1. 18., 2016. 7. 28.>

위 요건을 충족하는 금융지주회사의 임원 또는 직원은 본죄의 주체가 되고, 그 **행위의 상대방**은 해당 금융지주회사의 임원 또는 직원에게 그 직무에 관하여 증여를 하거나 뇌물을 공여·약속하는 사람으로서 신분상 아무런 제한이 없다.

나. 구성요건적 행위

본죄의 **구성요건적 행위**는 직무와 관련하여 직접·간접을 불문하고 증여를 받거나 뇌물을 수수·요구 또는 약속하는 것이다.

위 **'직무와 관련하여'**의 해석에 대하여 **대법원**은 「금융지주회사 임직원이 그 지위에 수반하여 취급하는 일체의 사무와 관련하여'를 의미하는 것이고 그 권한에 속하는 직무행위뿐만 아니라 그와 밀접한 관계가 있는 사무 및 그와 관련하여 사실상 처리하고 있는 사무도 직무에 포함되나 금융지주회사 임직원이 개인적인 지위에서 취급하는 사무까지 포함된다고 볼 수는 없다.」고 판시하였다.[164]

> **판례**
>
> [1] 금융지주회사법 제48조의3 제1항의 **'금융지주회사의 임·직원은 직무와 관련하여'**와 구 은행법(2010. 5. 17. 법률 제10303호로 개정되기 전의 것) 제21조의 **'금융기관의 임원 및 직원은 직무와 관련하여'**는 **'금융지주회사 또는 금융기관 임·직원이 그 지위에 수반하여 취급하는 일체의 사무와 관련하여'**를 뜻하며, 그 권한에 속하는 직무행위뿐 아니라 그와 밀접한 관계가 있는 사무 및 그와 관련하여 사실상 처리하고 있는 사무도 직무에 포함된다.

---

[164] 대법원 2017. 3. 9. 선고 2014도144 판결 참조.

> 따라서 **금융지주회사 또는 금융기관 임·직원이 거래처 고객으로부터 금품 기타 이익을 받은 때**에
> 는, 그것이 거래처 고객이 종전에 금융지주회사 또는 금융기관의 임·직원으로부터 접대 또는 수수
> 받은 것을 갚는 것으로서 **사회상규에 비추어 볼 때에 의례상의 대가에 불과한 것이라고 여겨지거나**
> **개인적인 친분관계가 있어서 교분상의 필요에 의한 것이라고 명백하게 인정할 수 있는 경우 등의**
> **특별한 사정이 없는 한, 직무와의 관련성을 부정할 수 없다.**
> 그리고 금융지주회사 또는 금융기관 임·직원이 **수수한 금품에 직무행위에 대한 대가로서의 성질과**
> **직무 외의 행위에 대한 사례로서의 성질이 불가분적으로 결합**되어 있는 경우에는, **그 전부가 불**
> **가분적으로 직무행위에 대한 대가로서의 성질을 가진다.**
>
> [2] 금융지주회사법 제48조의3 제1항에서 정한 '**금융지주회사 임·직원의 직무**'는 '금융지주회사 임·직
> 원이 그 지위에 수반하여 취급하는 일체의 사무'를 뜻하지만, 그렇다고 **금융지주회사 임·직원이 개**
> **인적인 지위에서 취급하는 사무까지 이에 포함된다고 할 수는 없다**(대법원 2017. 3. 9. 선고
> 2014도144 판결 참조).

나아가 본죄는 위 금융지주회사 임·직원들이 **그 직무와 관련하여 직접 또는 간접을 불**
문하고 증여를 받는 행위를 아울러 금지하고 있다. 이 때 증여를 받은 재물 또는 재산상
이익과 그 직무와의 사이에 직접 또는 간접적인 대가성만 인정되면 충분하다.

다. 처벌 및 범죄수익환수 사례

본죄를 범하면 5년 이하의 징역 또는 2억 원 이하의 벌금에 처한다. 나아가 위 구성요건
은 그 본질이 뇌물죄임에도 불구하고 필요적 몰수·추징 규정이 없으므로 부패재산몰수법에
따른 임의적 몰수·추징 규정의 적용을 받는다. 이는 형법상 뇌물죄의 균형 등에 비추어 입
법의 불비로 봄이 상당하다는 의견은 이미 앞에서 밝힌 바 있다.

실무상 금융지주회사법상 금융회사 임직원이 그 직무와 관련하여 무상으로 증여를 받거
나 뇌물을 수수한 범죄사실에 대하여 부패재산몰수법을 적용하여 추징한 사례는 쉽게 찾기
어렵다. 본죄에 대하여 **필요적 몰수·추징 규정을 입법**함으로써 **위와 같이 취득한 재물**
또는 재산상 이익을 환수할 필요가 있다고 생각한다(私見).

24 보험업법위반(제24호)

1. 총설

부패재산몰수법 별표 제24호에서는 **보험업법 제201조 및 제203조의 죄**를 각 부패범죄
로 규정하고 있다.

관련조문 ─────────────────────────

부패재산몰수법 별표

부패범죄(제2조 제1호 관련)

24. 「보험업법」 제201조 및 제203조의 죄

─────────────────────────────

관련조문 ─────────────────────────

제201조(벌칙) ① 제197조 및 제198조에 열거된 자 또는 상호회사의 검사인이 그 직무에 관하여 부정한 청탁을 받고 재산상의 이익을 수수·요구 또는 약속한 경우에는 5년 이하의 징역 또는 5천만 원 이하의 벌금에 처한다. <개정 2017. 10. 31.>

② 제1항의 이익을 약속 또는 공여(供與)하거나 공여 의사를 표시한 자도 제1항과 같다.

제203조(벌칙) ① 다음 각 호의 사항에 관하여 부정한 청탁을 받고 재산상의 이익을 수수·요구 또는 약속한 자는 1년 이하의 징역 또는 1천만 원 이하의 벌금에 처한다.

1. 보험계약자총회, 상호회사의 창립총회 또는 사원총회에서의 발언이나 의결권 행사

2. 제3장 제2절·제3절 및 제8장 제2절에서 규정하는 소(訴)의 제기 또는 자본금의 100분의 5 이상에 상당하는 주주 또는 100분의 5 이상의 사원의 권리의 행사

② 제1항의 이익을 약속 또는 공여하거나 공여 의사를 표시한 자도 제1항과 같다.

─────────────────────────────

보험업법 제201조는 일정한 신분자들이 그 직무에 관하여 부정한 청탁을 받고 재산상의 이익을 수수·요구·약속하는 행위 및 이에 대한 공여행위를 금지하고, 동법 제203조는 누구든지 일정한 사항에 관하여 부정한 청탁을 받고 재산상의 이익을 수수·요구 또는 약속하는 행위를 금지하고 있어 주체, 직무관련성 등 요건에서 차이를 보이는 바, 그 금지의 측면이 서로 다르다.

한편 **보험업법은 위 각 부패범죄로 취득한 재산상 이익에 대한 필요적 몰수·추징 규정**을 두고 있다(동법 제207조 참조). 따라서 위 각 부패범죄로 취득한 재산상 이익은 보험업법에 따라 몰수·추징되고 이에 대한 보전조치는 부패재산몰수법 및 마약거래방지법에 따라 가능하다.

관련조문 ─────────────────────────

제207조(몰수) 제201조 및 제203조의 경우 범인이 수수하였거나 공여하려 한 이익은 몰수한다. 그 전부 또는 일부를 몰수할 수 없는 경우에는 그 가액(價額)을 추징한다.

[전문개정 2010. 7. 23.]

─────────────────────────────

이하에서는 위 각 보험업법상 부패범죄에 대한 구성요건 및 각 규정의 범죄수익환수 사례에 대해 자세히 살펴보도록 한다.

2. 일정 신분자들의 직무 관련 부정한 청탁에 따른 재산상 이익 수수 등 금지의 점(제201조, 제197조, 제198조)

관련조문

제201조(벌칙) ① **제197조 및 제198조**에 열거된 자 또는 **상호회사의 검사인**이 그 직무에 관하여 부정한 청탁을 받고 재산상의 이익을 수수·요구 또는 약속한 경우에는 5년 이하의 징역 또는 5천만 원 이하의 벌금에 처한다. <개정 2017. 10. 31.>

② 제1항의 이익을 약속 또는 공여(供與)하거나 공여 의사를 표시한 자도 제1항과 같다.

가. 구성요건의 주체 및 행위의 상대방

본죄의 **구성요건 주체**는 동법 제197조 및 제198조에 열거된 자 또는 상호회사의 검사인이다(**신분범**). 상호회사의 개념과 동법 제197조 및 제198조에 열거된 신분자들은 다음과 같다.

관련조문

제2조(정의) 이 법에서 사용하는 용어의 뜻은 다음과 같다. <개정 2015. 7. 31.>

7. **"상호회사"**란 보험업을 경영할 목적으로 이 법에 따라 설립된 회사로서 **보험계약자를 사원(社員)으로 하는 회사**를 말한다.

제197조(벌칙) ① **보험계리사, 손해사정사 또는 상호회사의 발기인**, 제70조 제1항에서 준용하는 「상법」 제175조 제1항에 따른 **설립위원·이사·감사**, 제59조에서 준용하는 「상법」 제386조 제2항 및 제407조 제1항에 따른 **직무대행자나 지배인, 그 밖에 사업에 관하여 어떠한 종류의 사항이나 특정한 사항을 위임받은 사용인**이 그 임무를 위반하여 재산상의 **이익을 취득하거나 제3자로 하여금 취득하게 하여 보험회사에 재산상의 손해를 입힌 경우에는 10년 이하의 징역 또는 1억 원 이하의 벌금에 처한다.** 〈개정 2017.10.31〉

② **상호회사의 청산인** 또는 제73조에서 준용하는 「상법」 제386조 제2항 및 제407조 제1항에 따른 **직무대행자**가 제1항에 열거된 행위를 한 경우에도 제1항과 같다.

제198조(벌칙) **제25조 제1항 또는 제54조 제1항의 기관을 구성하는 자**가 그 임무를 위반하여 재산상의 이익을 취득하거나 제3자로 하여금 취득하게 하여 보험계약자나 사원에게 손해를 입힌 경우에는 7년 이하의 징역 또는 7천만 원 이하의 벌금에 처한다. <개정 2017. 10. 31.>

☞ <u>제25조(보험계약자 총회 대행기관)</u> ① 주식회사는 조직 변경을 결의할 때 보험계약자 총회
　를 갈음하는 기관에 관한 사항을 정할 수 있다.
☞ <u>제54조(사원총회 대행기관)</u> ① 상호회사는 사원총회를 갈음할 기관을 정관으로 정할 수 있다.

위 각 신분자들이 그 직무에 관하여 부정한 청탁을 받고 재산상의 이익을 수수하는 경우
에는 본죄의 주체가 될 수 있고, 위 각 신분자들에 가공한 사람들의 경우에는 형법 제33조
에 따라 공범이 성립한다.

나아가 위 각 **행위의 상대방**은 위 특정신분자들에게 재산상 이익을 공여하거나 공여의
의사표시를 하는 사람으로 그 신분에 아무런 제한이 없다.

나. 구성요건적 행위 및 객체

본죄의 **구성요건적 행위**는 그 직무에 관하여 부정한 청탁을 받고 재산상의 이익을 수수·요
구 또는 약속하는 행위(동법 제201조 제1항) 및 제1항의 이익을 약속 또는 공여(供與)하거나
공여 의사를 표시하는 것이다(동법 제201조 제2항). 양죄는 **대향범**의 관계에 있다.

위 범죄의 경우 그 직무관련성의 범위에 대한 명시적인 대법원 판례는 없으나 배임수재
행위의 일반적인 법리와 동일하게 '**각 신분자들이 그 지위에 수반하여 취급하는 일체의
사무와 관련하여**'를 의미하는 것으로 이해함이 상당하다. 이러한 직무에는 그 권한에 속하
는 직무행위 뿐만 아니라 그와 밀접한 관계가 있는 사무 및 그와 관련하여 사실상 처리하고
있는 사무도 포함되나 해당 신분자들이 개인적인 지위에서 취급하는 사무까지 포함된다고
볼 수는 없다고 봄이 옳다.

위 '**부정한 청탁**' 또한 그 청탁이 사회상규와 신의성실의 원칙에 반하는 것을 의미하
는데, 이를 판단함에 있어서는 청탁의 내용과 이와 관련되어 교부받거나 공여한 재물의 액
수, 형식, 보호법익인 사무처리자의 청렴성 등을 종합적으로 고찰하여야 하고 **그 청탁이 반
드시 명시적임을 요하는 것은 아니다.**

본죄는 위 **구성요건의 객체**와 관련하여 재산상 이익만을 규정하고 있는데 '재물'은 위
재산상 이익에 포함된다고 해석함이 상당하다.

다. 처벌 및 범죄수익환수 사례

본죄를 범하면 5년 이하의 징역 또는 5천만 원 이하의 벌금에 처하고, 보험업법상 필요적
몰수·추징 규정(동법 제207조)이 적용되므로 위 범죄행위로 취득한 재산상 이익은 모두 환수

의 대상이 된다.

다만 실무상 보험업법 제201조 위반행위로 처벌되면서 그와 같이 취득한 부패재산을 환수한 사례는 발견되지 않는다.

3. 일정한 사항에 관한 부정한 청탁에 따른 재산상 이익 수수 등 금지의 점 (제203조)

관련조문

제203조(벌칙) ① 다음 각 호의 사항에 관하여 부정한 청탁을 받고 재산상의 이익을 수수·요구 또는 약속한 자는 1년 이하의 징역 또는 1천만 원 이하의 벌금에 처한다.

1. 보험계약자총회, 상호회사의 창립총회 또는 사원총회에서의 발언이나 의결권 행사
2. 제3장 제2절·제3절 및 제8장 제2절에서 규정하는 소(訴)의 제기 또는 자본금의 100분의 5 이상에 상당하는 주주 또는 100분의 5 이상의 사원의 권리의 행사

② 제1항의 이익을 약속 또는 공여하거나 공여 의사를 표시한 자도 제1항과 같다.

[전문개정 2010. 7. 23.]

가. 구성요건의 주체 및 행위의 상대방

본죄 중 재산상 이익 수수의 점의 **구성요건 주체**는 아무런 제한이 없다. 따라서 **누구든지** 본죄의 주체가 될 수 있다. 따라서 동법 제203조 제1항 각 호의 사항을 이행할 수 있는 사람이 아니라고 하더라도 동법 제203조 제1항의 각 호의 사항과 관련하여 재산상 이익을 취득하는 경우 본죄의 주체가 된다.

이 때 위 각 호와 관련된 행위는 보험계약자 총회, 상호회사의 창립총회 또는 사원총회에서의 발언이나 의결권 행사 및 관련 소송의 제기 또는 자본금의 100분의 5 이상에 상당하는 주주 또는 100분의 5 이상의 사원의 권리 행사이다.

한편 본죄 중 재산상 이익 공여의 점의 구성요건 주체 또한 아무런 제한이 없다. 따라서 누구든지 본죄의 주체가 될 수 있다.

나. 구성요건적 행위

본죄의 **구성요건적 행위**는 보험계약자 총회, 상호회사의 창립총회 또는 사원총회에서의 발언이나 의결권 행사(**동법 제203조 제1항 제1호**) 및 관련 소송의 제기 또는 자본금의 100분

의 5 이상에 상당하는 주주 또는 100분의 5 이상의 사원의 권리의 행사(**동법 제203조 제1항 제2호**)와 관련하여 부정한 청탁을 받고 재산상의 이익을 수수·요구 또는 약속하는 행위(**동법 제203조 제1항**) 및 위와 같은 이익을 약속 또는 공여하거나 공여의 의사를 표시하는 행위(**동법 제203조 제2항**)이다.

부정한 청탁의 대상이 되는 항목을 '**직무에 관하여**'로 정하지 않고 위 2가지로 한정하여 규정하고 있는 것이 특징이라고 할 수 있다. 따라서 재산상 이익을 수수·요구·약속하는 사람 또한 그 재산상의 이익과 '직무'와의 관련성이 인정될 필요가 없으므로 반드시 위 직무를 담당하는 사람일 필요가 없다. 여기서 **위 2가지 항목과 재산상 이익 사이의 대가성이 인정되어야 함은 당연**하다.

다. 처벌 및 범죄수익환수 사례

본죄를 범하면 1년 이하의 징역 또는 1천만 원 이하의 벌금에 처한다. 특정 신분자의 직무관련성을 요구하지 아니하고, 특정한 사항에 대한 대가로 재산상의 이익을 수수하는 행위를 금지하는 것이므로 법정형을 낮춰 규정한 것으로 이해된다.

한편 본죄를 범하여 취득한 재산상 이익등은 모두 **보험업법상 필요적 몰수·추징 규정의 적용(제207조)을 받으므로 위 재산상 이익등은 모두 환수 대상**이다.

다만 실무상 위 범죄를 범하여 취득한 재산상 이익을 환수한 사례는 쉽게 발견되지 않는다. 위 재산상 이익과 대가관계가 요구되는 사항이 2가지로 제한되어 있는 점에 비추어 많이 활용되지 않는 구성요건으로 봄이 상당하다.

25 선주상호보험조합법위반(제25호)

1. 총설

부패재산몰수법 별표 제25호에서는 **선주상호보험조합법 제59조 및 제60조의 죄**를 각 부패범죄로 규정하고 있다.

관련조문

부패재산몰수법 별표

부패범죄(제2조 제1호 관련)

5. 「선주상호보험조합법」 **제59조 및 제60조**의 죄

관련조문

제59조(직무 관련 부정행위) ① 검사인 또는 제56조에서 규정하는 자가 그 직무와 관련하여 부정한 청탁을 받아 재산상의 이익을 얻거나 요구하거나 약속하였을 때에는 5년 이하의 징역 또는 5천만 원 이하의 벌금에 처한다. <개정 2014. 10. 15.>

② 제1항의 이익을 약속 또는 제공하거나 제공 의사를 표시한 자도 또한 제1항과 같다.

제60조(의결권의 부정행사 등) ① 다음 각 호의 사항에 관하여 부정한 청탁을 받고 재산상의 이익을 얻거나 요구하거나 약속한 자는 1년 이하의 징역 또는 1천만 원 이하의 벌금에 처한다.

1. 조합 총회에서의 발언 또는 의결권 행사

2. 이 법에 따른 소의 제기 또는 10분의 1 이상 조합원의 권리 행사

② 제1항의 이익을 약속 또는 제공하거나 제공 의사를 표시한 자도 또한 제1항과 같다.

선주상호보험조합법 **제59조는 직무관련 부정행위를, 제60조는 의결권의 부정행사를** 각각 규정하고 있다.

한편 선주상호보험조합법은 위 각 부패범죄로 취득한 재산상 이익에 대한 필요적 몰수·추징 규정을 두고 있다(동법 제62조). 따라서 위 각 부패범죄로 취득한 재산상 이익은 동법에 따라 몰수·추징되고 이에 대한 보전조치는 부패재산몰수법 및 마약거래방지법에 따라 가능하다.

관련조문

제62조(몰수) 제59조와 제60조의 경우에 범인이 얻었거나 제공하려 한 이익은 몰수한다. 그 전부 또는 일부를 몰수할 수 없을 때에는 그 가액(價額)을 추징한다.

[전문개정 2010. 4. 5.]

이하에서는 위 각 선주상호보험조합법상 부패범죄에 대한 구성요건 및 각 규정의 범죄수익환수 사례에 대해 자세히 살펴보도록 한다.

2. 일정 신분자들의 직무 관련 부정한 청탁에 따른 재산상 이익 수수 등 금지 의 점(제59조, 제56조)

관련조문 ───

제59조(직무 관련 부정행위) ① 검사인 또는 제56조에서 규정하는 자가 그 직무와 관련하여 부 정한 청탁을 받아 재산상의 이익을 얻거나 요구하거나 약속하였을 때에는 5년 이하의 징역 또는 5천만 원 이하의 벌금에 처한다. <개정 2014. 10. 15.>

② 제1항의 이익을 약속 또는 제공하거나 제공 의사를 표시한 자도 또한 제1항과 같다.

[전문개정 2010. 4. 5.]

───

가. 구성요건의 주체 및 행위의 상대방

본죄 중 **재산상 이익 취득 등의 죄**(제59조 제1항)의 **구성요건 주체**는 검사인 또는 제 56조에서 규정하는 자이다. 보다 구체적으로는, 동법 제36조 제2항에서 준용하는 상법 제 366조 제3항의 검사인 그리고 동법 제43조 제1항에서 준용하는 상법 제367조의 검사인 또 는 제56조에서 규정하는 사람들이다(**신분범**). 위 각 신분자들은 다음과 같다.

관련조문 ───

제56조(임원 등의 배임) ① **조합의 발기인, 이사, 감사, 제43조 제2항·제3항에서 준용하는 「상법」 제386조 제2항 및 제407조 제1항의 직무대행자, 제43조 제5항에서 준용하는 「상 법」 제10조부터 제14조까지의 지배인(이하 "지배인"이라 한다) 또는 그 밖에 사업에 관 한 어떠한 종류나 특정한 사항의 위임을 받은 사용인**이 그 임무에 위배되는 행위로써 재산 상의 이익을 얻거나 제3자로 하여금 이익을 얻게 하여 조합에 재산상의 손해를 입혔을 때에 는 1년 이상 10년 이하의 징역 또는 1억 원 이하의 벌금에 처한다. <개정 2014. 10. 15.>

② **조합의 청산인 또는 제49조 제2항에서 준용하는 「상법」 제386조 제2항 및 제407조 제1항의 직무대행자**가 제1항에 따른 행위를 하였을 때에도 또한 제1항과 같다.

[전문개정 2010. 4. 5.]

제58조(조합의 재산을 위태롭게 하는 행위) **제36조 제2항에서 준용하는 「상법」 제366조 제3항의 검사인 및 제43조 제1항에서 준용하는 「상법」 제367조의 검사인(이하 "검사인" 이라 한다)**, 제56조 제1항에서 규정하는 자가 다음 각 호의 어느 하나에 해당하는 행위 를 하였을 때에는 7년 이하의 징역 또는 7천만 원 이하의 벌금에 처한다. <개정 2014. 10. 15.>

☞ **제366조(소수주주에 의한 소집청구)** ③ 제1항 및 제2항의 규정에 의한 총회는 회사의 업무와 재산상태를 조사하게 하기 위하여 **검사인을 선임할 수 있다.** <개정 1998. 12. 28.>

한편 본죄 중 재산상 이익 약속 또는 공여의 점(제59조 제2항)의 **구성요건 주체**는 아무런 제한이 없다. 따라서 누구든지 본죄의 주체가 될 수 있다.

동법 제59조 제1항과 제2항의 각 죄는 **대향범** 관계에 있으므로 서로 상호간 행위의 상대방이 된다.

나. 구성요건적 행위

본죄의 **구성요건적 행위**는 위 각 신분자들이 그 직무와 관련하여 부정한 청탁을 받아 재산상의 이익을 얻거나 요구하거나 약속하는 행위(동법 제59조 제1항) 및 제1항의 이익을 약속 또는 제공하거나 제공 의사를 표시하는 행위(동법 제59조 제2항)이다.

위 범죄의 경우 그 직무관련성의 범위에 대한 명시적인 대법원 판례는 없으나 배임수재 행위의 일반적인 법리와 동일하게 **'각 신분자들이 그 지위에 수반하여 취급하는 일체의 사무와 관련하여'**를 의미하는 것으로 이해함이 상당하고, 그 권한에 속하는 직무행위 뿐만 아니라 그와 밀접한 관계가 있는 사무 및 그와 관련하여 사실상 처리하고 있는 사무도 직무에 포함되나 해당 신분자들이 개인적인 지위에서 취급하는 사무까지 포함된다고 볼 수는 없다.

위 **'부정한 청탁'** 또한 그 청탁이 사회상규와 신의성실의 원칙에 반하는 것을 말하며, 이를 판단함에 있어서는 청탁의 내용과 관련하여 교부받거나 공여한 재물의 액수, 형식, 보호법익인 사무처리자의 청렴성 등을 종합적으로 고찰하여야 하고 **그 청탁이 반드시 명시적임을 요하는 것은 아니다.**

본죄의 **구성요건의 객체**와 관련하여 재산상 이익만을 규정하고 있는데 '재물'은 위 재산상 이익에 포함된다고 해석함이 상당하다.

다. 처벌 및 범죄수익환수 사례

본죄를 범하면 5년 이하의 징역 또는 5천만 원 이하의 벌금에 처한다. 나아가 위와 같이 취득한 재산상 이익은 동법에 따라 필요적 몰수·추징의 대상이 된다(동법 제62조 참조). 한편 실무상 본죄로 처벌되면서 동법 제62조에 따라 재산상 이익이 환수된 사례는 찾기 어렵다.

3. 의결권의 행사 등 관련 부정한 청탁에 따른 재산상 이익 수수 등 금지의 점 (제60조)

제60조(의결권의 부정행사 등) ① 다음 각 호의 사항에 관하여 부정한 청탁을 받고 재산상의 이익을 얻거나 요구하거나 약속한 자는 1년 이하의 징역 또는 1천만 원 이하의 벌금에 처한다.

1. 조합 총회에서의 발언 또는 의결권 행사

2. 이 법에 따른 소의 제기 또는 10분의 1 이상 조합원의 권리 행사

② 제1항의 이익을 약속 또는 제공하거나 제공 의사를 표시한 자도 또한 제1항과 같다.

[전문개정 2010. 4. 5.]

가. 구성요건의 주체

본죄 중 **재산상 이익 수수 등의 점**의 **구성요건 주체**는 아무런 제한이 없다. 따라서 **누구든지** 본죄의 주체가 될 수 있다. 따라서 동법 제60조 제1항 각 호의 사항을 이행할 수 있는 사람이 아니라고 하더라도 동법 제60조 제1항 각 호의 사항과 관련하여 재산상 이익을 취득하는 경우 본죄의 주체가 된다.

이 때 **위 각 호와 관련된 행위**는 조합총회에서의 발언 또는 의결권 행사(동법 제60조 제1항 제1호), 이 법에 따른 소의 제기 또는 10분의 1 이상 조합원의 권리 행사(동법 제60조 제1항 제2호)이다.

한편 **본죄 중 재산상 이익 공여의 점의 구성요건 주체** 또한 아무런 제한이 없다. 따라서 누구든지 본죄의 주체가 될 수 있다.

나. 구성요건적 행위

본죄의 **구성요건적 행위**는 조합총회에서의 발언 또는 의결권 행사(동법 제60조 제1항 제1호), 이 법에 따른 소의 제기 또는 10분의 1 이상 조합원의 권리 행사(동법 제60조 제1항 제2호)와 관련하여 부정한 청탁을 받고 재산상의 이익을 수수·요구 또는 약속하는 행위(**동법 제60조 제1항**) 및 위와 같은 이익을 약속 또는 공여하거나 공여의 의사를 표시하는 행위(**동법 제60조 제2항**)이다.

부정한 청탁의 대상이 되는 항목을 **'직무에 관하여'**로 정하지 않고 위 2가지로 한정하여 규정하고 있는 것이 특징이라고 할 수 있다. 따라서 재산상 이익을 수수·요구·약속하는 사

람은 그 재산상의 이익과 '직무'와의 관련성이 인정될 필요가 없으므로 반드시 위 직무를 담당하는 사람일 필요가 없다. 여기서 **위 2가지 항목과 재산상 이익 사이의 대가성이 인정되어야 함은 당연**하다.

다. 처벌 및 범죄수익환수 사례

본죄를 범하면 1년 이하의 징역 또는 1천만 원 이하의 벌금에 처한다. 특정 신분자의 직무관련성을 요구하지 아니하고, 특정한 사항에 대한 대가로 재산상의 이익을 수수하는 행위를 금지하는 것이므로 법정형을 낮춰 규정한 것으로 이해된다.

한편 **본죄를 범하여 취득한 재산상 이익등은 모두 동법상 필요적 몰수·추징 규정의 적용**(제62조)을 받으므로 **위 재산상 이익등은 모두 환수 대상**이다.

다만 실무상 위 범죄를 범하여 취득한 재산상 이익을 환수한 사례는 쉽게 발견되지 않는다. 위 재산상 이익과 대가관계가 요구되는 사항이 2가지로 제한되어 있는 점에 비추어 많이 활용되지 않는 구성요건으로 봄이 상당하다.

26 신용협동조합법위반(제26호)

1. 총설

부패재산몰수법 별표 제26호에서는 **신용협동조합법 제30조의2 및 제99조 제2항 제3호의 죄**를 각 부패범죄로 규정하고 있다.

관련조문

부패범죄(제2조 제1호 관련)

26. 「신용협동조합법」 **제30조의2 및 제99조 제2항 제3호**의 죄

다만 신용협동조합법 제30조의2는 금지규정을, 제99조 제2항 제2호는 동법 제30조의2 규정을 인용하는 처벌규정에 해당하므로 위 **신용협동조합법상 부패범죄는 동법 제99조 제2항 제3호의 죄 중 제30조의2로 한정된다고 봄이 상당**하다.

동법 제99조 제2항 제3호의 처벌규정이 인용하는 나머지 금지규정들(동법 제49조 제1항, 제59조 제3항)은 **모두 부패재산몰수법상 부패범죄와는 무관**하기 때문이다.[165]

---

[165] **제49조(법정적립금)** ① 조합은 매 사업연도 이익금의 100분의 10 이상을 납입출자금 총액의 2배가 될

따라서 금지규정인 동법 제30조의2를 처벌규정을 제한적으로 규정하는 방법으로 변경하여 부패재산몰수법 별표를 아래와 같이 개정함이 상당하다.

관련조문

부패재산몰수법 별표(개정안)

부패범죄(제2조 제1호 관련)

26. 「신용협동조합법」 제99조 제2항 제3호의 죄(<u>제30조의2 위반의 점에 한한다</u>)

한편 신용협동조합법은 위 각 부패범죄로 취득한 재산상 이익에 대한 필요적 몰수·추징 규정을 두고 있지 않으므로 위 각 부패범죄로 취득한 범죄수익은 부패재산몰수법에 따라 임의적으로 몰수·추징되고 이에 대한 보전조치는 부패재산몰수법 및 마약거래방지법에 따라 가능하다.

이하에서는 위 각 신용협동보험조합법상 부패범죄에 대한 구성요건 및 범죄수익환수 사례에 대해 자세히 살펴보도록 한다.

2. 구성요건 및 처벌

관련조문

제99조(벌칙) ② 조합 또는 중앙회의 임직원 또는 청산인이 다음 각 호의 어느 하나에 해당하는 행위를 한 경우에는 2년 이하의 징역 또는 2천만 원 이하의 벌금에 처한다. <개정 2017. 4. 18.>

3. <u>제30조의2</u>, 제49조 제1항 또는 제59조 제3항을 위반한 경우

☞ <u>제30조의2(수뢰 등의 금지)</u> 조합의 임직원은 직무와 관련하여 직접 또는 간접을 불문하고 증여(贈與)나 그 밖의 수뢰(受賂)의 요구, 취득 또는 이에 관한 약속을 할 수 없다.[전문개정 2015.1.20]

때까지 법정적립금으로 적립하여야 한다.

제59조(청산인의 임무 등) ③ 청산인은 조합의 채무를 변제하거나 변제에 상당하는 재산을 공탁하기 전에는 조합의 재산을 분배해서는 아니 된다.

가. 구성요건의 주체

본죄의 **구성요건 주체**는 조합 또는 중앙회의 임직원 또는 청산인이다(**신분범**). 이때의 조합은 신용협동조합을 의미하고, 중앙회는 신용협동조합중앙회를 말한다. 나아가 위 **행위의 상대방**은 아무런 제한이 없으므로 위 각 신분자들에게 증여 그 밖의 증뢰를 하는 사람이면 그 행위의 상대방이 된다.

본죄는 위와 같이 조합의 임직원 등에게 증뢰를 하는 사람에 대한 별도의 처벌규정을 두고 있지 않는데 이 또한 입법의 불비로 판단되므로 개정을 요한다(私見).

나. 구성요건적 행위

본죄의 구성요건적 행위는 조합의 임직원이 **그 직무와 관련**하여 **직접 또는 간접을 불문**하고 **증여(贈與)나 그 밖의 수뢰(受賂)의 요구, 취득 또는 이에 관한 약속**을 하는 것이다.

위 '**직무와 관련하여**'의 해석에 대하여 명확한 대법원 판결은 없으나 금융지주회사법과 관련하여 **대법원**은 그 직무관련성을 '**금융지주회사 임직원이 그 지위에 수반하여 취급하는 일체의 사무와 관련하여**'를 의미하는 것으로 판시한 바 있으므로 이 또한 마찬가지로 해석될 수 있다. 즉 그 조합의 임직원 등의 권한에 속하는 직무행위 뿐만 아니라 그와 밀접한 관계가 있는 사무 및 그와 관련하여 사실상 처리하고 있는 사무도 직무에 포함되나 조합의 임직원이 개인적인 지위에서 취급하는 사무까지 포함되지 않는다고 봄이 상당하다.[166]

나아가 본죄는 위 신용협동조합 임·직원 등이 **그 직무와 관련하여 직접 또는 간접을 불문하고 증여를 받는 행위를 아울러 금지**하고 있으므로 증여를 받은 재물 또는 재산상 이익과 그 직무와의 사이에 직접 또는 간접적인 대가성만 인정되면 충분하다.

다. 처벌 및 범죄수익환수 사례

본죄를 범하면 2년 이하의 징역 또는 2천만 원 이하의 벌금에 처한다. 나아가 위 구성요건은 그 본질이 뇌물죄임에도 불구하고 필요적 몰수·추징 규정이 없으므로 부패재산몰수법에 따른 임의적 몰수·추징 규정의 적용을 받는다. 형법상 뇌물죄와의 균형 등에 비추어 필요적 몰수·추징 규정을 두고 있지 않은 것은 입법의 불비로 보이는바, **필요적 몰수·추징**

---

[166] 대법원 2017. 3. 9. 선고 2014도144 판결 참조.

규정을 입법함으로써 위와 같이 취득한 재물 또는 재산상 이익을 환수할 필요가 있다고 생각한다(私見).

실무상 신용협동조합법상 임직원 등이 그 직무와 관련하여 무상으로 증여를 받거나 뇌물을 수수한 범죄사실에 대하여 부패재산몰수법을 적용하여 추징한 사례는 쉽게 찾기 어렵다.

27 유류오염손해배상보장법위반(제27호)

1. 총설

부패재산몰수법 별표 제27호에서는 유류오염손해배상보장법(이하, '유류오염배상법'이라 한다) 제58조 및 제59조의 죄를 각 부패범죄로 규정하고 있다.

관련조문

부패재산몰수법 별표

부패범죄(제2조 제1호 관련)

27. 「유류오염손해배상 보장법」 **제58조 및 제59조**의 죄

관련조문

제58조(관리인의 수뢰죄) ① 제41조에서 준용하는 「선박소유자 등의 책임제한절차에 관한 법률」 제20조에 따라 선임된 관리인 또는 제41조에서 준용하는 「선박소유자 등의 책임제한절차에 관한 법률」 제37조에 따라 선임된 관리인대리가 그 직무에 관하여 뇌물을 수수(收受), 요구 또는 약속한 경우에는 5년 이하의 징역 또는 5천만 원 이하의 벌금에 처한다. <개정 2014. 10. 15., 2020. 2. 18.>

② 제1항의 경우 수수된 뇌물은 몰수한다. 그 전부 또는 일부를 몰수할 수 없을 때에는 그 가액(價額)을 추징한다.

제59조(뇌물의 공여 등) 제58조 제1항에 따른 뇌물을 약속·공여 또는 공여의 의사를 표시한 자는 3년 이하의 징역 또는 3천만 원 이하의 벌금에 처한다. <개정 2014. 10. 15.>

다만 유류오염배상법 제58조는 관리인의 수뢰죄를, 제59조는 뇌물의 공여죄를 규정하고 있으므로 양죄는 대향범 관계에 있다.

한편 **유류오염배상법은 자체적으로 필요적 몰수·추징 규정**을 두고 있으므로 본죄를 위반하여 취득한 재물 또는 재산상 이익은 모두 환수대상이다.

관련조문

제58조(관리인의 수뢰죄) ② 제1항의 경우 수수된 뇌물은 몰수한다. 그 전부 또는 일부를 몰수할 수 없을 때에는 그 가액(價額)을 추징한다.

이하에서는 동법상 부패범죄의 구성요건 및 범죄수익환수 사례에 대해 살펴본다.

2. 구성요건 및 처벌

관련조문

제58조(관리인의 수뢰죄) ① 제41조에서 준용하는 「선박소유자 등의 책임제한절차에 관한 법률」 제20조에 따라 선임된 관리인 또는 제41조에서 준용하는 「선박소유자 등의 책임제한절차에 관한 법률」 제37조에 따라 선임된 관리인대리가 그 직무에 관하여 뇌물을 수수(收受), 요구 또는 약속한 경우에는 5년 이하의 징역 또는 5천만 원 이하의 벌금에 처한다. <개정 2014. 10. 15., 2020. 2. 18.>
② 제1항의 경우 수수된 뇌물은 몰수한다. 그 전부 또는 일부를 몰수할 수 없을 때에는 그 가액(價額)을 추징한다.
제59조(뇌물의 공여 등) 제58조 제1항에 따른 뇌물을 약속·공여 또는 공여의 의사를 표시한 자는 3년 이하의 징역 또는 3천만 원 이하의 벌금에 처한다. <개정 2014. 10. 15.>
☞ 선박소유자책임법 제20조(개시결정과 동시에 정하여야 할 사항) 법원은 책임제한절차의 개시결정과 동시에 관리인을 선임하고 다음 각 호의 사항을 정하여야 한다.
   1. 제한채권의 신고기간. 다만, 그 기간은 결정일부터 30일 이상 90일 이내로 정하여야 한다.
   2. 제한채권의 조사기일. 다만, 그 기일은 신고기간 만료 후 7일 이상 30일 이내로 정하여야 한다.
☞ 제37조(관리인대리) 관리인은 그 직무를 수행할 때 법원의 허가를 받아 관리인대리를 선임할 수 있다.

가. 구성요건의 주체

동법 제58조 제1항의 **구성요건 주체**는 제41조에서 준용하는 「선박소유자 등의 책임제한절차에 관한 법률」 제20조에 따라 선임된 관리인 또는 제41조에서 준용하는 「선박소유자 등의 책임제한절차에 관한 법률」 제37조에 따라 선임된 관리인대리이다(**신분범**). 따라서 위 각 신분자들에 가공하여 본죄를 범하는 사람은 모두 형법 제33조에 따라 처벌의 대상이 된다.

한편 동법 제59조에 따른 **구성요건의 주체**는 아무런 제한이 없다. 따라서 누구든지 본죄의 주체가 될 수 있다.

동법 제58조 제1항 및 제59조는 각 **대향범** 관계에 있으므로 위 각 행위의 주체는 상호간 행위의 상대방이 된다.

나. 구성요건적 행위

동법 제58조 제1항의 **구성요건적 행위**는 위 각 신분자들이 그 직무에 관하여 뇌물을 수수(收受), 요구 또는 약속하는 것이고, 동법 제59조의 **구성요건적 행위**는 그 뇌물을 약속·공여 또는 공여의 의사표시를 하는 것이다. 양죄가 대향범 관계에 있음은 앞에서 본 바와 같다.

위 '**직무와 관련하여**'의 해석에 관해 명확한 대법원 판결은 없으나 금융지주회사법과 관련하여 **대법원**은 그 직무관련성을 '**금융지주회사 임직원이 그 지위에 수반하여 취급하는 일체의 사무와 관련하여**'를 의미하는 것으로 판시한 바 있으므로 이 또한 마찬가지로 해석할 수 있다. 즉, 위 관리인 및 관리인 대리의 권한에 속하는 직무행위 뿐만 아니라 그와 밀접한 관계가 있는 사무 및 그와 관련하여 사실상 처리하고 있는 사무도 직무에 포함되나 위 각 신분자들이 개인적인 지위에서 취급하는 사무까지 포함되지 않는다고 봄이 상당하다.[167]

다. 처벌 및 범죄수익환수 사례

동법 제58조 제1항의 죄를 범하면 5년 이하의 징역 또는 5천만 원 이하의 벌금에 처하고, 제59조의 죄를 범하면 3년 이하의 징역 또는 3천만 원 이하의 벌금에 처한다. 수뢰죄와 증뢰죄 사이에 법정형의 차이를 둔 것이다. 나아가 위와 같은 수뢰행위를 통해 취득한 금전은 모두 동법에 따른 필요적 몰수·추징 규정의 적용을 받는다는 점은 앞에서 본 바와 같다.

다만 본죄로 처벌받고 그와 같이 취득한 뇌물을 몰수·추징한 사례는 실무상 발견되지 않는다.

---

[167] 대법원 2017. 3. 9. 선고 2014도144 판결 참조.

28 전통 소싸움경기에 관한 법률위반(제29호)

1. 총설

부패재산몰수법 별표 제29호에서는 **전통 소싸움경기에 관한 법률**(이하, '전통소싸움법'이 라 한다) **제25조 및 제27조의 죄**를 각 부패범죄로 규정하고 있다.

관련조문 ─────────────

부패재산몰수법 별표

부패범죄(제2조 제1호 관련)

29. 「전통소싸움경기에 관한 법률」 **제25조 및 제27조**의 죄

관련조문 ─────────────

제25조(벌칙) ① 심판, 조교사 또는 싸움소 관리원이 다음 각 호의 어느 하나에 해당하는 행위 를 하였을 때에는 5년 이하의 징역 또는 5천만 원 이하의 벌금에 처한다.

1. 업무에 관하여 부정한 청탁을 받고 재물 또는 재산상의 이익을 수수(收受)·요구 또는 약 속하였을 때

2. 업무에 관하여 부정한 청탁을 받고 제3자에게 재물 또는 재산상의 이익을 제공하게 하거 나 그 제공을 요구 또는 약속하였을 때

② 심판, 조교사 또는 싸움소 관리원이 제1항 제1호의 죄를 저질러 부정한 행위를 하였을 때에는 7년 이하의 징역 또는 7천만 원 이하의 벌금에 처한다. <개정 2015. 2. 3., 2020. 2. 11.>

제27조(벌칙) 제25조에 따른 재물 또는 재산상의 이익을 약속·제공하거나 제공의 의사를 표시 한 자는 2년 이하의 징역 또는 2천만 원 이하의 벌금에 처한다. <개정 2015. 2. 3.>

다만 전통소싸움법 제25조는 수뢰죄를, 제27조는 뇌물의 공여죄를 규정하고 있으므로 양 죄는 대향범 관계에 있다.

한편 전통소싸움법은 자체적으로 필요적 몰수·추징 규정을 두고 있으므로 본죄를 위반하 여 취득한 재물 또는 재산상 이익은 모두 환수대상이다.

제31조(몰수·추징) 제25조 및 제27조에 따른 재물은 몰수한다. 다만, 재물을 몰수하는 것이 불가능하거나 재산상의 이익을 취득한 경우에는 그 가액(價額)을 추징한다.

[전문개정 2013. 4. 5.]

2. 구성요건 및 처벌

제25조(벌칙) ① 심판, 조교사 또는 싸움소 관리원이 다음 각 호의 어느 하나에 해당하는 행위를 하였을 때에는 5년 이하의 징역 또는 5천만 원 이하의 벌금에 처한다.

1. 업무에 관하여 부정한 청탁을 받고 재물 또는 재산상의 이익을 수수(收受)·요구 또는 약속하였을 때

2. 업무에 관하여 부정한 청탁을 받고 제3자에게 재물 또는 재산상의 이익을 제공하게 하거나 그 제공을 요구 또는 약속하였을 때

② 심판, 조교사 또는 싸움소 관리원이 제1항 제1호의 죄를 저질러 부정한 행위를 하였을 때에는 7년 이하의 징역 또는 7천만 원 이하의 벌금에 처한다. <개정 2015. 2. 3., 2020. 2. 11.>

제27조(벌칙) 제25조에 따른 재물 또는 재산상의 이익을 약속·제공하거나 제공의 의사를 표시한 자는 2년 이하의 징역 또는 2천만 원 이하의 벌금에 처한다. <개정 2015. 2. 3.>

가. 구성요건의 주체

동법 제25조 제1항 내지 제2항의 **구성요건의 주체**는 심판, 조교사 또는 싸움소 관리원이다(신분범). 이 때 **소싸움, 소싸움경기 및 심판, 조교사** 등의 개념 등은 다음과 같다.

제2조(정의) 이 법에서 사용하는 용어의 뜻은 다음과 같다.

1. "소싸움"이란 소싸움경기장에서 싸움소 간의 힘겨루기를 말한다.

2. "소싸움경기"란 소싸움에 대하여 소싸움경기 투표권을 발매(發賣)하고, 소싸움경기 투표 적중자에게 환급금을 지급하는 행위를 말한다.

3. "싸움소"란 소싸움경기에 출전하게 할 목적으로 소싸움경기 시행자에게 등록된 소를 말한다.

4. "싸움소 주인"이란 싸움소를 소유하거나 소유할 목적으로 소싸움경기 시행자에게 등록한

자를 말한다.

5. "조교사"란 소싸움경기 시행자의 면허를 받아 싸움소를 관리하고 조련하는 사람을 말한다.

6. "심판"이란 소싸움경기 시행자의 면허를 받아 소싸움을 관리·운영하고 그 경기결과를 판정하는 사람을 말한다.

7. "소싸움경기 투표권"이란 소싸움경기에서 소싸움 결과를 적중시켜 환급금을 받으려는 사람의 청구에 의하여 소싸움경기 시행자가 발매하는 투표방법·싸움소번호 및 금액 등이 적혀 있는 표권을 말한다.

8. "환급금"이란 소싸움경기에서 그 경기의 결과가 확정되었을 때 소싸움경기 시행자가 소싸움경기 투표권 발매금액 중에서 발매수득금 및 각종 세금을 공제한 후 소싸움경기 투표권을 구매하고 그 결과를 적중시킨 사람에게 지급하는 금액을 말한다.

9. "단위투표금액"이란 소싸움경기 투표권 발매의 기본단위로서 최저 발매금액을 말한다.

[전문개정 2013. 4. 5.]

나아가 동법 제27조의 **구성요건의 주체**는 아무런 제한이 없으므로 누구든지 본죄의 주체가 될 수 있다. 동법 제25조 제1항 및 제2항과 동법 제27조는 **대향범**의 관계에 있으므로 상호간 **구성요건적 행위의 상대방**이 된다.

나. 구성요건적 행위

동법 제25조 제1항의 구성요건적 행위는 위 각 신분자들이 업무에 관하여 부정한 청탁을 받고 재물 또는 재산상의 이익을 수수(收受)·요구 또는 약속하는 행위(**동법 제25조 제1항 제1호**) 및 업무에 관하여 부정한 청탁을 받고 제3자에게 재물 또는 재산상의 이익을 제공하게 하거나 그 제공을 요구 또는 약속하는 행위(**동법 제25조 제1항 제2호**)이다.

한편 **동법 제25조 제2항**의 구성요건적 행위는 위 각 신분자들이 동법 제25조 제1항 제1호의 죄를 저질러 부정한 행위를 하는 것으로 부정한 청탁을 받고 재물 또는 재산상의 이익을 수수·요구 또는 약속하고 부정한 행위를 하는 경우 이를 가중처벌하는 것이다.

나아가 **동법 제27조**의 구성요건적 행위는 동법 제25조에 따른 재물 또는 재산상의 이익을 약속·제공하거나 제공의 의사를 표시하는 것이다. 위 범죄의 경우 그 업무관련성의 범위에 대한 명시적인 대법원 판례는 없으나 배임수재행위의 일반적인 법리와 동일하게 '**각 신분자들이 그 지위에 수반하여 취급하는 일체의 업무와 관련하여**'를 의미하는 것으로 이해함이 상당한바, 그 권한에 속하는 직무행위 뿐만 아니라 그와 밀접한 관계가 있는 업무 및 그와 관련하여 사실상 처리하고 있는 업무도 직무에 포함되나 해당 신분자들이 개인적인 지위에서 취급하는 업무까지 포함된다고 볼 수는 없다.

위 **'부정한 청탁'** 또한 그 **청탁이 사회상규와 신의성실의 원칙에 반하는 것을 말하며,** 이를 판단함에 있어서는 청탁의 내용과 이와 관련되어 교부받거나 공여한 재물의 액수, 형식, 보호법익인 사무처리자의 청렴성 등을 종합적으로 고찰하여야 하고 그 **청탁이 반드시 명시적임을 요하는 것은 아니다.**

다. 처벌 및 범죄수익환수 사례

동법 제25조 제1항을 위반하는 경우 5년 이하의 징역 또는 5천만 원 이하의 벌금에 처하고, 그 후 부정한 행위에 나아간 동법 제25조 제2항의 경우 7년 이하의 징역 또는 7천만 원 이하의 벌금에 처하며, 위 재물 또는 재산상의 이익을 약속·제공하는 동법 제27조의 경우 3년 이하의 징역 또는 3천만 원 이하의 벌금에 처한다.

나아가 위 **각 제25조 및 제27조의 죄에 따른 재물 및 재산상 이익은 필요적 몰수·추징의 대상**이 됨은 앞에서 본 바와 같다.

한편 실무상 위 각 죄를 위반하여 처벌하면서 이에 공여된 재물 또는 재산상 이익을 환수한 사례는 발견되지 않는다.

[별지] 부패재산몰수법 별표 제2호에 따른 공무원 의제 관련 법령
(2021. 2. 기준, 출처「법제처」)

연번	법령(★ 빈발 죄명)	공무원 의제 규정	적용대상
1	5·18민주화운동 진상규명을 위한 특별법	제66조	공무원이 아닌 위원회의 위원
2	가습기살균제 피해구제를 위 한 특별법	제43조	피해구제위원회, 조사판정전문위원회, 재심사전문위 원회, 구제자금운용위원회, 제7조 제5항에 따른 전 문위원회의 위원
3	가축전염병 예방법	제58조의2	농림축산식품부장관이 제55조 제2항 또는 제3항에 따라 위탁한 업무에 종사하는 단체의 임직원
4	감염병의 예방 및 관리에 관 한 법률	제76조의4	심의위원회 위원 중 공무원이 아닌 사람
5	감정평가 및 감정평가사에 관 한 법률	제48조	1. 제10조 제1호 및 제2호의 업무를 수행하는 감정평가사 2. 제40조에 따른 위원회의 위원 중 공무원이 아닌 위원 3. 제46조에 따른 위탁업무에 종사하는 협회의 임 직원
6	개인정보 보호법	제69조	보호위원회의 위원 중 공무원이 아닌 위원 및 공무 원이 아닌 직원(제1항) 및 보호위원회 또는 관계 중앙행정기관의 장의 권한을 위탁한 업무에 종사하 는 관계 기관의 임직원(제2항)
7	건강검진기본법	제27조의2	제27조 제2항에 따라 위탁받은 업무에 종사하는 법 인 및 단체의 임직원
8	건설기계관리법	제38조의2	제38조 제2항에 따라 위탁받은 법인 또는 단체에서 그 업무에 종사하는 임직원
9	★건설기술 진흥법	제84조	1. 중앙심의위원회, 지방심의위원회 또는 특별심의 　위원회의 위원 중 공무원이 아닌 위원 2. 제6조에 따른 기술자문위원회의 위원 중 공무원 　이 아닌 위원 2의2. 제20조의6 제1항에 따라 국토교통부장관이 위 　탁한 자에게 소속되어 그 업무에 종사하는 임직원 3. 제39조에 따른 건설사업관리 업무 중 대통령령 　으로 정하는 업무를 수행하는 건설기술인 4. 제68조에 따른 건설사고조사위원회의 위원 중 　공무원이 아닌 위원 5. 제82조 제2항에 따라 국토교통부장관 또는 시· 　도지사가 위탁한 협회, 기관 또는 단체에서 그 　업무에 종사하는 임직원

10	건설산업기본법	제90조	위원회의 위원과 제86조의4 제2항에 따른 상습체불건설사업자명단 공표심의위원회의 위원 중 공무원이 아닌 사람 또는 제91조 제3항에 따른 위탁사무에 종사하는 자
11	게임산업진흥에 관한 법률	제43조	제16조부터 제18조까지의 규정에 따른 위원회 및 사무국의 임직원, 제24조의2와 제42조 제2항에 따라 위탁한 업무에 종사하는 등급분류기관 및 협회 등의 임직원
12	건축물관리법	제49조	1. 제18조 제1항에 따라 건축물관리점검을 실시하는 자 2. 제31조 제1항에 따른 해체공사감리자 3. 제39조 제1항 및 제40조 제2항에 따른 건축물관리지원센터 및 지역건축관리지원센터의 임직원 4. 제46조 제4항 또는 같은 조 제5항에 따른 중앙건축물사고조사위원회의 위원 또는 건축물사고조사위원회의 위원 5. 제50조 제3항에 따른 건축물관리점검 평가위원회의 위원
13	건축법	제105조	1. 제4조에 따른 건축위원회의 위원 1의2. 제13조의2 제2항에 따라 안전영향평가를 하는 자 1의3. 제52조의3 제4항에 따라 건축자재를 점검하는 자 2. 제27조에 따라 현장조사·검사 및 확인업무를 대행하는 사람 3. 제37조에 따른 건축지도원 4. 제82조 제4항에 따른 기관 및 단체의 임직원 5. 제87조의2제2항에 따라 지역건축안전센터에 배치된 전문인력
14	고등교육법	제64조의2	입학사정관 및 이를 감독하는 자
15	고용보험법	제115조의2	제36조와 제115조에 따라 업무를 대행하거나 위탁하도록 하는 경우에 그 대행하거나 위탁받은 업무에 종사하는 사람
16	공간정보산업 진흥법	제28조	제23조 제4항 또는 제27조 제2항에 따라 업무를 위탁받은 관련 기관·법인 또는 협회의 임직원으로서 위탁업무 수행자
17	★공공기관의 운영에 관한 법률	제53조	공공기관의 임직원, 운영위원회의 위원과 임원추천위원회의 위원으로서 공무원이 아닌 사람

18	★공동주택관리법	제96조	1. 제40조 제1항에 따른 하자분쟁조정위원회의 위원 또는 하자분쟁조정위원회의 사무국 직원으로서 공무원이 아닌 자 2. 제48조 제1항에 따라 하자진단을 실시하는 자 3. 제71조 제1항에 따른 공동주택관리 분쟁조정위원회의 위원 또는 중앙분쟁조정위원회의 사무국 직원으로서 공무원이 아닌 자
19	공무원 재해보상법	제62조	다음 각 호의 어느 하나에 해당하는 사람 중 공무원이 아닌 사람 1. 심의회의 위원 2. 위원회의 위원 3. 제61조에 따라 인사혁신처장이 위탁한 업무(제61조 제6항에 따라 재위탁한 업무를 포함한다)에 종사하는 기관 등의 임직원
20	★공익사업을 위한 토지 등의 취득 및 보상에 관한 법률	제57조의2	토지수용위원회의 위원 중 공무원이 아닌 사람
21	공직자윤리법	제20조의3	공직자윤리위원회와 제14조의5에 따른 주식백지신탁 심사위원회의 위원장 및 위원으로서 공무원이 아닌 사람
22	관세법	제330조	다음 각 호에 해당하는 사람(기재 생략)
23	관세사법	제26조의2	관세사자격심의 · 징계위원회의 위원 중 공무원이 아닌 사람과 제26조에 따라 관세청장으로부터 위탁받은 업무에 종사하는 관세사회 또는 자격검정 관련 전문 기관 · 단체의 임직원
24	광업법	제102조의2	위원회의 위원 중 공무원이 아닌 사람
25	교통안전법	제62조	제34조 제1항, 제3항 및 제5항에 따라 교통시설안전진단을 실시하는 교통안전진단기관의 임 · 직원, 제59조 제3항에 따라 위탁받은 업무에 종사하는 교통안전과 관련된 전문기관 · 단체의 임직원
26	국가기술자격법	제25조	제23조 제2항에 따라 위탁받은 업무에 종사하는 수탁기관의 임직원
27	국가를 당사자로 하는 계약에 관한 법률	제35조	다음 각 호의 위원회의 위원 중 공무원이 아닌 위원 1. 제27조의3에 따른 과징금부과심의위원회 2. 제29조에 따른 국가계약분쟁조정위원회 3. 입찰 · 낙찰 또는 계약의 체결 · 이행에 관한 사전심사 및 자문 업무를 수행하는 대통령령으로 정하는 위원회

28	국가인권위원회법	제62조	위원회의 위원 중 공무원이 아닌 사람
29	★국립대학법인 서울대학교 설립·운영에 관한 법률	제35조	국립대학법인 서울대학교의 임원 및 교직원
30	국민체육진흥법	제46조의3	다음 각 호의 어느 하나에 해당하는 사람 1. 스포츠윤리센터의 임직원 중 공무원이 아닌 사람 2. 제18조의10 제1항에 따라 위탁받은 업무에 종사하는 사람 중 공무원이 아닌 사람 3. 제46조에 따라 위탁받은 업무에 종사하는 사람 중 공무원이 아닌 사람
31	국유재산법	제79조의2	위원회, 제59조의3 제3항에 따른 민간참여개발자문단 및 같은 조 제7항에 따른 민간참여개발사업평가단의 위원 중 공무원이 아닌 위원
32	★국토의 계획 및 이용에 관한 법률	제113조의4	중앙도시계획위원회의 위원·전문위원 및 지방도시계획위원회의 위원·전문위원 중 공무원이 아닌 위원이나 전문위원
33	난민법	제46조의2	제25조에 규정된 난민위원회(분과위원회를 포함한다)의 위원 중 공무원이 아닌 위원
34	노동위원회법	제29조	노동위원회의 위원 중 공무원이 아닌 위원
35	노인복지법	제58조	제53조 제2항에 따라 위탁받은 법인 또는 단체의 임직원
36	노인장기요양보험법	제66조의2	등급판정위원회, 장기요양위원회, 제37조의3제3항에 따른 공표심의위원회, 심사위원회 및 재심사위원회 위원 중 공무원이 아닌 사람
37	농약관리법	제31조의2	제17조의4 제1항에 따라 지정된 시험연구기관의 임직원과 제31조 제2항에 따라 위탁한 업무에 종사하는 농업기술실용화재단 또는 농약 관련 단체의 장과 임직원
38	농어업인의 안전보험 및 안전재해예방에 관한 법률	제21조	이 법에 따라 보험업무에 종사하는 보험사업자의 임직원
39	농어업재해대책법	제5조의2	제5조 제1항의 농업재해대책 심의위원회와 같은 조 제2항의 어업재해대책 심의위원회의 위원 중 공무원이 아닌 위원
40	농어촌정비법	제129조	제109조 제1항, 제114조 제6항, 제115조 제1항 및 제2항에 따라 위탁받은 업무에 종사하는 관련기관 및 단체 등의 임직원
41	농촌진흥법	제37조	제33조 제3항 각 호의 사업을 수행하는 실용화재단의 임직원

42	대기환경보전법	제88조	제87조 제2항에 따라 위탁받은 업무에 종사하는 법인이나 단체의 임직원
43	대외무역법	제58조	제29조 제5항의 업무를 수행하는 전략물자관리원의 임직원과 산업통상자원부장관이 제52조에 따라 위탁한 사무에 종사하는 한국은행, 한국수출입은행, 외국환은행, 그 밖에 대통령령으로 정하는 법인 또는 단체의 임직원
44	대통령기록물 관리에 관한 법률	제29조	전문위원회의 위원 중 공무원이 아닌 위원
45	대통령직 인수에 관한 법률	제15조	위원회의 위원장·부위원장·위원 및 직원과 그 직에 있었던 사람 중 공무원이 아닌 사람
46	도로교통법	제118조	전문학원의 학감·부학감은 기능검정 및 수강사실 확인업무에 관하여, 기능검정원은 기능검정업무에 관하여, 강사는 수강사실 확인업무에 관하여
		129조의2	공단의 임직원은 제123조 제11호부터 제13호까지의 업무 및 제147조 제5항·제6항에 따라 공단이 대행하게 된 업무에 관하여
47	도로법	제109조	다음 각 호의 어느 하나에 해당하는 사람 1. 제77조 제4항에 따른 운행제한단속원 2. 제110조 제3항에 따라 도로와 관련된 기관 또는 단체가 위탁받은 업무에 종사하는 해당 기관 또는 단체의 임직원
48	★ 도시 및 주거환경정비법	제134조	추진위원장·조합임원·청산인·전문조합관리인 및 정비사업전문관리업자의 대표자(법인인 경우에는 임원을 말한다)·직원 및 위탁지원자
49	★ 독점규제 및 공정거래에 관한 법률 ※ 2021. 12. 30. 시행	제123조 (개정 전 65조의2)	공정거래위원회의 위원 중 공무원이 아닌 위원 제73조부터 제79조까지의 규정에 따른 분쟁의 조정업무를 담당하거나 담당하였던 사람 또는 제90조에 따른 이행관리 업무를 담당하거나 담당하였던 사람
50	드루킹의 인터넷상 불법 댓글 조작 사건과 관련된 진상규명을 위한 특별검사의 임명 등에 관한 법률	제22조	특별검사등 및 특별검사의 직무보조를 위하여 채용된 사람
51	디자인보호법	제226조	제59조 제1항에 따른 전문기관 또는 제208조에 따른 디자인문서 전자화기관의 임직원이나 임직원으로 재직하였던 사람
52	마약류 관리에 관한 법률	제51조의4	제51조의2 제1항에 따른 한국마약퇴치운동본부 임직원 중 공무원이 아닌 사람

53	매장문화재 보호 및 조사에 관한 법률	제30조	제29조 제2항에 따라 문화재청장으로부터 위탁받은 사무에 종사하는 법인의 임원과 직원
54	문화재보호법	제89조	다음 각 호의 어느 하나에 해당하는 자 (각 호 생략)
55	물환경보전법	제74조의2	제74조 제2항에 따라 위탁받은 업무에 종사하는 사람
56	미세먼지 저감 및 관리에 관한 특별법	제30조	다음 각 호의 어느 하나에 해당하는 사람 1. 위원회의 위원 중 공무원이 아닌 사람 2. 제29조 제2항에 따라 위탁받은 업무에 종사하는 법인이나 단체의 임직원
57	민간임대주택에 관한 특별법	제64조	통합심의위원회의 위원 중 공무원이 아닌 사람
58	민사소송법	제164조의8	전문심리위원
59	민사조정법	제40조의2	상임 조정위원
60	박근혜 정부의 최순실 등 민간인에 의한 국정농단 의혹 사건 규명을 위한 특별검사의 임명 등에 관한 법률	제22조	특별검사등 및 특별검사의 직무보조를 위하여 채용된 자
61	방송법	제104조	제35조의3제1항에 따른 방송분쟁조정위원회의 위원 중 공무원이 아닌 사람(제1항), 제103조에 따라 권한을 위탁받은 사무에 종사하는 사람(제2항)
62	방위사업법	제60조	위원회, 분과위원회 및 실무위원회의 위원 중 공무원이 아닌 위원, 제6조 제9항에 따라 옴부즈만으로 위촉된 자(제1항), 국방기술품질원의 임원 및 직원(제2항)
63	방위산업기술 보호법	제20조	다음 각 호의 업무를 행하는 사람 1. 제7조에 따라 방위산업기술의 지정·변경 및 해제 업무를 수행하는 위원회의 위원 중 공무원이 아닌 사람 2. 제12조에 따른 실태조사 등 관련 업무를 수행하는 사람
64	법학전문대학원 설치·운영에 관한 법률	제44조	법학교육위원회와 평가위원회의 위원, 조사위원, 평가위원회의 직원 중 공무원이 아닌 자
65	변호사법	제89조의10	윤리협의회의 위원·간사·사무직원으로서 공무원이 아닌 사람
66	보조금 관리에 관한 법률	제39조의4	제26조의7제4항에 따라 위탁받은 업무에 종사하는 한국재정정보원의 임직원

67	부동산 가격공시에 관한 법률	제30조	1. 제28조 제1항에 따라 업무를 위탁받은 기관의 임직원 2. 중앙부동산가격공시위원회의 위원 중 공무원이 아닌 위원
68	부정경쟁방지 및 영업비밀보호에 관한 법률	제17조의3	제17조 제3항에 따른 지원업무에 종사하는 자
69	★부패방지 및 국민권익위원회의 설치와 운영에 관한 법률	제83조의2	① 위원회의 위원 중 공무원이 아닌 위원, 제22조에 따른 전문위원 및 제25조에 따른 파견 직원 ② 제69조에 따른 보상심의위원회의 위원 중 공무원이 아닌 사람
70	사립학교법	제72조의2	조정위원회의 위원 중 공무원이 아닌 사람
71	산림자원의 조성 및 관리에 관한 법률	제36조의2	제34조 제6항에 따라 관리·평가 및 성과 활용에 관한 업무를 대행하는 한국임업진흥원의 임직원과 제36조 제10항에 따라 확인·점검 업무를 대행하는 기관·단체의 임직원
72	산지관리법	제52조의2	1. 제3조의4 제3항에 따라 산지기본조사를 위탁받아 산지기본조사(제3조의4 제1항 제2호에 관한 조사에 한정한다)를 수행하는 협회 등 기관의 임직원 2. 제3조의5 제2항에 따라 산지관리정보체계의 구축·운영을 위탁받은 산지전문기관의 임직원 3. 산지관리위원회의 위원 중 공무원이 아닌 위원
73	상가건물 임대차보호법	제조	공무원이 아닌 상가건물임대차위원회의 위원 및 상가건물임대차분쟁조정위원회의 위원
74	석유 및 석유대체연료 사업법	제50조	제20조 및 제43조 제2항·제3항에 따라 위탁한 업무에 종사하는 기관·단체 또는 법인의 임직원
75	성폭력범죄의 처벌 등에 관한 특례법	제39조	진술조력인
76	식품위생법	제90조의4	안전성심사위원회 및 심의위원회의 위원 중 공무원이 아닌 사람
77	아동학대범죄의 처벌 등에 관한 특례법	제64조	아동보호전문기관의 장과 그 직원 및 진술조력인
78	영화 및 비디오물의 진흥에 관한 법률	제91조	1. 영화진흥위원회의 위원과 그 사무국의 직원 2. 영상물등급위원회의 위원과 그 사무국의 직원 3. 영상물등급위원회 소위원회의 위원·사후관리위원회의 위원 4. 제92조 제2항의 규정에 의하여 위탁받은 업무에 종사하는 자
79	의료법	제86조의2	제57조의2 제4항에 따른 심의위원회 위원

80	저작권법	제131조	위원회의 위원·직원, 보호원의 임직원 및 심의위원회의 심의위원
81	정보통신망 이용촉진 및 정보보호 등에 관한 법률	제69조	과학기술정보통신부장관 또는 방송통신위원회가 제65조 제2항 및 제3항에 따라 위탁한 업무에 종사하는 한국정보화진흥원과 인터넷진흥원의 임직원
82	★주택법	제97조	1. 제44조 및 제45조에 따라 감리업무를 수행하는 자 2. 제48조의3 제1항에 따른 품질점검단의 위원 중 공무원이 아닌 자 3. 제59조에 따른 분양가심사위원회의 위원 중 공무원이 아닌 자
83	주택임대차보호법	제31조	공무원이 아닌 주택임대차위원회의 위원 및 주택임대차분쟁조정위원회의 위원
84	청소년 보호법	제53조	청소년보호위원회의 사무에 종사하는 사람 중 공무원이 아닌 위원 또는 직원
85	특허법	제226조의2	제58조 제2항에 따른 전문기관, 제58조 제3항에 따른 전담기관 또는 특허문서 전자화기관의 임직원이거나 임직원이었던 사람
86	폐기물관리법	제62조의2	제62조 제2항 또는 제3항에 따라 위탁받은 업무를 하는 사람 중 공무원이 아닌 사람
87	행정심판법	제11조	위원 중 공무원이 아닌 위원
88	형사소송법	제279조의8	전문심리위원
89	화재예방, 소방시설 설치·유지 및 안전관리에 관한 법률	제45조의2	제4조 제3항에 따른 소방특별조사위원회의 위원 중 공무원이 아닌 사람, 제4조의2 제1항에 따라 소방특별조사에 참여하는 전문가, 제45조 제2항부터 제6항까지의 규정에 따라 위탁받은 업무를 수행하는 안전원·기술원 및 전문기관, 법인 또는 단체의 담당 임직원
90	환경분야 시험·검사 등에 관한 법률	제32조	1. 제13조에 따라 정도검사 및 검정에 관한 업무에 종사하는 환경측정기기검사기관의 임직원 2. 제16조의2에 따라 측정대행에 관한 계약을 관리하는 업무에 종사하는 측정대행계약관리기관의 임직원

제4편

불법정치자금등의 몰수에 관한 특례법상 불법정치자금등 범죄

제1장 불법정치자금등의 몰수에 관한 특례법 총설

제2장 정치자금법위반죄

제1장
불법정치자금등의 몰수에 관한 특례법 총설

1. 서설

범죄수익은닉규제법 별표 제15호에서는 **정치자금법 제45조 제1항 및 제2항의 죄**를 중대범죄로 규정하고 있다. 불법 정치자금과 관련된 범죄는 불법정치자금등의 몰수에 관한 특례법(이하, '불법정치자금법')에서 보다 상세하게 규정하고 있을 뿐만 아니라 대상범죄가 더 넓으므로 **범죄수익은닉규제법 별표 제15호를 적용하는 경우는 드물다.**

이하에서는 불법정치자금법에서 규정하고 있는 중대범죄의 구성요건, 범죄수익환수 사례 등을 중점적으로 살펴보기로 한다.

2. 불법정치자금의 개념 및 대상범죄 개괄

불법정치자금법은 **불법정치자금에 관하여 다음과 같이 규정**하고 있다.

관련조문

불법정치자금법 제2조(정의) 이 법에서 사용하는 용어의 정의는 다음과 같다.

1. **"불법정치자금등"이라 함은 다음 각 목의 어느 하나에 해당하는 죄**(그 죄와 다른 죄가 「형법」 제40조의 관계에 있는 경우에는 그 다른 죄를 포함한다)**의 범죄행위로 얻은 재산**을 말한다.

    가. **「정치자금법」 제45조의 죄**

    나. **「공직선거법」 제2조의 규정에 따른 선거에 의하여 취임한 공무원이 범한 「형법」 제129조부터 제132조까지, 「특정범죄가중처벌 등에 관한 법률」 제2조 또는 제3조, 「부패방지 및 국민권익위원회의 설치와 운영에 관한 법률」 제86조의 죄**

위 규정에 의하면 불법정치자금등은 정치자금법 제45조의 죄(정치자금부정수수죄), 선거직

공무원이 범한 형법 제129조 내지 제132조의 죄(수뢰, 제3자뇌물제공, 수뢰후부정처사 등), 특정범죄가중법 제2조 위반죄(뇌물죄 가중처벌), 제3조 위반죄(알선수재), 부패방지권익위법 제86조 위반죄(업무상 비밀이용)를 통하여 취득한 재산을 말한다.

한편 위 나목의 각 죄는 「제2편 제1장 형법범죄」부분, 「제3편 부패재산몰수법상 공직선거법위반죄, 부패방지권익위법위반죄」부분에서 모두 살펴보았으므로 **본편에서는 제2조 제1호 가목의 정치자금법위반죄에 한정하여 검토**하기로 한다.

3. 불법정치자금법상 불법재산에 대한 필요적 몰수·추징

불법정치자금법은 위와 같은 범죄로 취득한 불법정치자금과 그로부터 유래한 재산을 '**불법재산**'으로 규정하면서 이를 필요적으로 몰수·추징하도록 하고 있다. 범죄수익은닉규제법에 따른 임의적 몰수·추징보다 우선 적용되는 특칙규정이다.

관련조문 ───────────────────────────────────

불법정치자금법 제2조(정의) 이 법에서 사용하는 용어의 정의는 다음과 같다.

2. "불법정치자금등에서 유래한 재산"이라 함은 불법정치자금등의 과실로서 얻은 재산, 불법정치자금등의 대가로서 얻은 재산, 이들 재산의 대가로서 얻은 재산 등 불법정치자금등의 변형 또는 증식으로 형성된 재산(불법정치자금등이 불법정치자금 등과 관련 없는 재산과 합하여져 변형되거나 증식된 경우에는 불법정치자금등에서 비롯된 부분에 한한다)을 말한다.

3. "불법재산"이라 함은 **불법정치자금등 및 불법정치자금등에서 유래한 재산**을 말한다.

제3조(불법재산의 몰수) ① 불법재산은 이를 몰수한다.

② 제1항의 규정에 의하여 몰수하여야 할 재산에 대하여 재산의 성질, 사용상황, 그 재산에 관한 범인 외의 자의 권리유무 그 밖의 사정으로 이를 몰수함이 상당하지 아니하다고 인정될 때에는 제1항의 규정에 불구하고 몰수하지 아니할 수 있다.

제6조(추징) 불법재산을 몰수할 수 없거나 제3조 제2항의 규정에 의하여 몰수하지 아니하는 때에는 그 가액을 범인으로부터 추징한다.

위 몰수·추징의 법적 성격에 대하여 **대법원**은 정치자금법 규정의 입법취지, 형식과 내용 등에 비추어 불법 정치자금을 수수한 자에게 제공된 금품 기타 재산상의 이익을 박탈하여 부정한 이익을 보유하지 못하게 하는 '**이익박탈형**' 몰수·추징에 해당한다고 판시하고 있다.[1]

---

1 대법원 2004. 4. 27. 선고 2004도482 판결 참조.

한편 정치자금법위반 사건 관련 하급심 판례는 「정치자금을 주는 자와 받는 자 사이의 의사가 이를 받는 자에게 궁극적으로 귀속시킬 목적으로 교부하는 것이 아니라 실질적으로는 제3자에게 제공하려는 것이고, 정치자금을 받는 자가 위와 같은 제공자의 취지에 따라 제3자에게 실제로 정치자금을 제공한 경우에는 그 부분의 이익은 정치자금을 받은 범인에게 귀속되는 것이 아니고 실질적으로 제3자에게 귀속된 것이어서 이를 제외한 나머지 부분만을 몰수하거나 추징하여야 하며 이는 대통령 선거와 관련하여 정당에 전달할 목적으로 제공되는 정치자금을 받아 이를 실제로 정당에 제공한 경우에도 마찬가지다.」라고 판시하고 있다.[2] 결국 **중간에서 정치자금을 제공자의 의사에 따라 전달한 경우 그 전달자에게는 그 불법재산을 몰수·추징할 수 없고 실제로 제공받은 사람으로부터 몰수·추징하여야 한다**는 것이다.

나아가 이자에 관한 약정 없이 무상으로 금품을 대여 받음으로써 부정한 정치자금을 기부받았다면 범인이 받은 실질적 이익은 이자 없는 차용금에 대한 금융이익 상당액이라 할 것이므로 이 경우 몰수 또는 추징의 대상이 되는 것은 차용한 금품 자체가 아니라 위 **금융이익 상당으로 봄이 타당**하다.

따라서 몰수·추징의 대상이 되는 것은 범인이 취득한 '**실질적인 이익**'에 국한된다.

4. 불법재산의 추정 등

불법정치자금법은 범죄수익은닉규제법과는 다르게 **불법재산에 대한 추정규정**을 두고 있다. 이는 공무원범죄몰수법 제7조, 마약거래방지법 제17조와 유사한 규정으로 불법정치자금 범죄를 저지른 범인이 범행 후 취득한 재산으로서 그 가액이 취득 당시의 범인의 재산상태 등에 비추어 현저히 고액이고 그 취득한 재산이 여러 제반사정에 비추어 불법정치자금으로 형성되었다고 볼 개연성이 있는 경우 불법재산으로 볼 수 있다는 것이다.

불법정치자금법, 공무원범죄몰수법 및 마약거래방지법은 같은 취지의 규정을 두고 있는데 **범죄수익환수의 핵심 법률이라고 할 수 있는 범죄수익은닉규제법에 위와 같은 규정이 없는 것은 입법의 흠결로 보인다**(私見). 범죄수익은 대부분 은닉과 세탁의 과정을 거치게 되고 추적이 곤란한 고액의 현금과 외환, 수표 등으로 형성되는데 **당시 재산형성과정과 제반 사정에 비추어 범인이 범행 후 취득한 재산이 현저히 고액인 경우 사회통념상 이를 범죄수익으로 취득한 재산으로 추정하는 것이 타당**하기 때문이다. 관련 규정은 아래와 같다.

---

2 서울중앙지방법원 2004. 6. 8. 선고 2003고합1439, 2004고합79, 117, 291, 608 판결 참조.

관련조문

불법정치자금법 제7조(불법재산의 입증) 제2조 제1호에 규정된 죄의 범행 후 범인이 취득한 재산으로서 그 가액이 취득 당시의 범인의 재산운용상황 또는 법령에 기한 급부의 수령상황 등에 비추어 현저하게 고액이고 그 취득한 재산이 불법정치자금등의 금액·재산취득시기 등 제반사정에 비추어 불법정치자금등으로 형성되었다고 볼만한 상당한 개연성이 있는 경우에는 불법정치자금등이 그 재산의 취득에 사용된 것으로 인정할 수 있다.

공무원범죄몰수법 제7조(불법재산의 증명) 특정공무원범죄 후 범인이 취득한 재산으로서 그 가액이 취득 당시의 범인의 재산 운용 상황 또는 법령에 따른 지급금의 수령 상황 등에 비추어 현저하게 고액(高額)이고, 그 취득한 재산이 불법수익 금액 및 재산 취득시기 등 모든 사정에 비추어 특정공무원범죄로 얻은 불법수익으로 형성되었다고 볼 만한 상당한 개연성이 있는 경우에는 특정공무원범죄로 얻은 불법수익이 그 재산의 취득에 사용된 것으로 인정할 수 있다.

마약거래방지법 제17조(불법수익의 추정) 제6조의 죄에 관계된 불법수익을 산정할 때에 같은 조에 따른 행위를 업으로 한 기간에 범인이 취득한 재산으로서 그 가액이 그 기간 동안 범인의 재산 운용 상황 또는 법령에 따른 지급금의 수령 상황 등에 비추어 현저하게 고액(高額)이라고 인정되고, 그 취득한 재산이 불법수익 금액 및 재산 취득 시기 등 모든 사정에 비추어 같은 조의 죄를 범하여 얻은 불법수익으로 형성되었다고 볼만한 상당한 개연성이 있는 경우에는 그 죄에 관계된 불법수익등으로 추정한다.

제 2 장
정치자금법위반죄

1. 총설

불법정치자금법은 **정치자금법 제45조를 범죄수익환수 대상범죄로 규정**하고 있다. 이에 따라 정치자금법에서 정하지 아니한 방법으로 정치자금을 기부하거나 기부 받는 행위(제1항), 불법 정치자금 후원금 모금 등 행위(제2항)는 금지된다.

관련조문

제45조(정치자금부정수수죄) ① 이 법에 정하지 아니한 방법으로 정치자금을 기부하거나 기부 받은 자(정당·후원회·법인 그 밖에 단체에 있어서는 그 구성원으로서 당해 위반행위를 한 자를 말한다. 이하 같다)는 5년 이하의 징역 또는 1천만 원 이하의 벌금에 처한다. 다만, 정치자금을 기부하거나 기부받은 자의 관계가 「민법」 제777조(친족의 범위)의 규정에 의한 친족인 경우에는 그러하지 아니하다.

② 다음 각 호의 어느 하나에 해당하는 자는 5년 이하의 징역 또는 1천만 원 이하의 벌금에 처한다.

1. 제6조(후원회지정권자)의 규정에 의한 후원회지정권자가 아닌 자로서 정치자금의 기부를 목적으로 후원회나 이와 유사한 기구를 설치·운영한 자
2. 제11조(후원인의 기부한도 등) 제1항의 규정을 위반하여 기부한 자와 제11조 제2항, 제12조(후원회의 모금·기부한도) 제1항·제2항 또는 제13조(연간 모금·기부한 도액에 관한 특례) 제1항의 규정을 위반하여 후원금을 받거나 모금 또는 기부를 한 자
3. 제14조(후원금 모금방법) 내지 제16조(정치자금영수증과의 교환에 의한 모금) 제1항의 규정을 위반하여 고지·광고하거나 후원금을 모금한 자
4. 제22조(기탁금의 기탁) 제1항의 규정을 위반하여 선거관리위원회에 기탁하지 아니하고 정치자금을 기부하거나 받은 자
5. 제31조(기부의 제한) 또는 제32조(특정행위와 관련한 기부의 제한)의 규정을 위반하여 정치자금을 기부하거나 받은 자
6. 제33조(기부의 알선에 관한 제한)의 규정을 위반하여 정치자금의 기부를 받거나 이를 알

선한 자

③ 제1항 및 제2항의 경우 그 제공된 금품 그 밖에 재산상의 이익은 몰수하며, 이를 몰수할 수 없을 때에는 그 가액을 추징한다.

[헌법불합치, 2013헌바168, 2015. 12. 23., 정치자금법(2008. 2. 29. 법률 제8880호로 개정된 것) 제45조 제1항 본문의 '이 법에 정하지 아니한 방법' 중 제6조에 관한 부분은 헌법에 합치되지 아니한다. 위 각 조항 부분은 2017. 6. 30.을 시한으로 입법자가 개정할 때까지 계속 적용한다.]

이하에서는 정치자금법 제45조 각 항을 나누어 해당 구성요건을 살피고 이에 따라 범죄수익이 환수된 사례를 각각 살펴보기로 한다.

2. 불법정치자금 기부행위 및 기부를 받는 행위 금지(제45조 제1항)

가. 정치자금법 제45조 제1항의 위헌성 논란

정치자금법은 "**이 법에 정하지 아니한 방법으로 정치자금을 기부하거나 기부 받는 행위**"를 포괄적으로 금지하는 규정을 두고 있어 이러한 입법이 헌법상 명확성의 원칙, 과잉금지원칙 또는 평등원칙을 위반하여 위헌이 아닌지 여부가 논란이 되어 왔다.

특히 정치자금법 제45조 제1항 위반죄는 공직선거법 제265조에 따라 징역형 또는 300만 원 이상의 벌금형을 선고받는 경우 당선이 무효가 되므로 위 범죄로 기소되는 경우 그 파급효가 상당하게 되어 피고인들이 줄곧 위 규정의 위헌성을 주장해온 것이 사실이다.

관련조문

공직선거법 제265조(선거사무장등의 선거범죄로 인한 당선무효) 선거사무장·선거사무소의 회계책임자(선거사무소의 회계책임자로 선임·신고되지 아니한 자로서 후보자와 통모하여 당해 후보자의 선거비용으로 지출한 금액이 선거비용제한액의 3분의 1 이상에 해당되는 자를 포함한다) 또는 후보자(후보자가 되려는 사람을 포함한다)의 직계존비속 및 배우자가 해당 선거에 있어서 제230조부터 제234조까지, 제257조 제1항 중 기부행위를 한 죄 또는 「**정치자금법**」 **제45조 제1항의 정치자금 부정수수죄**를 범함으로 인하여 **징역형 또는 300만 원 이상의 벌금형의 선고**를 받은 때(선거사무장, 선거사무소의 회계책임자에 대하여는 선임·신고되기 전의 행위로 인한 경우를 포함한다)에는 그 선거구 후보자(大統領候補者, 比例代表國會議員候補者 및 비례대표지방의회의원후보자를 제외한다)의 당선은 무효로 한다. 다만, **다른 사람의 유도 또는 도발에 의하여 당해 후보자의 당선을 무효로 되게 하기 위**

<u>하여 죄를 범한 때에는 그러하지 아니</u>하다. <개정 1995. 5. 10., 2000. 2. 16., 2004. 3. 12., 2005. 8. 4., 2010. 1. 25.>

그러나 이에 대하여 **대법원은 위 규정은 헌법에 위반되지 않는다는 취지로 판시**한 바 있다.[1] 상세한 판시 사항은 다음과 같다.

> **판례**
>
> 1. 정치자금법 제45조 제1항의 위헌성에 관하여
>   가. 죄형법정주의의 명확성 원칙 위반 여부
>   정치자금법 제45조 제1항 본문은 "이 법에 정하지 아니한 방법으로 정치자금을 기부하거나 기부받은 자(정당·후원회·법인 그 밖에 단체에 있어서는 그 구성원으로서 당해 위반행위를 한 자를 말한다. 이하 같다)는 5년 이하의 징역 또는 1천만 원 이하의 벌금에 처한다"고 규정하고 있고, 같은 법 제3조 제1호는 "정치자금이라 함은 당비, 후원금, 기탁금, 보조금과 정당의 당헌·당규 등에서 정한 부대수입 그 밖에 정치활동을 위하여 정당(중앙당창당준비위원회를 포함한다), 공직선거에 의하여 당선된 자, 공직선거의 후보자 또는 후보자가 되고자 하는 자, 후원회·정당의 간부 또는 유급사무직원 그 밖에 정치활동을 하는 자에게 제공되는 금전이나 유가증권 그 밖의 물건과 그 자의 정치활동에 소요되는 비용을 말한다"고 규정하고 있다.
>   이와 같은 정치자금법 제45조 제1항, 제3조 제1호의 문언 내용, 관련 규정과의 체계에다가 정치활동은 권력의 획득과 유지를 둘러싼 투쟁 및 권력을 행사하는 활동인 점(대법원 2006. 12. 22. 선고 2006도1623 판결 등 참조), 정치자금법에 의하여 수수가 금지되는 정치자금은 정치자금법 제3조 제1호의 예시 부분을 제외하면 실질적으로 의미가 있는 부분은 '정치활동을 위하여 정치활동을 하는 자에게 제공되는 금전이나 유가증권 그 밖의 물건과 그 자의 정치활동에 소요되는 비용'으로서 통상적인 이해와 크게 다르지 아니하므로, 정치자금법에서 규율대상이 무엇인가 하는 점에 있어서의 불명료성이 없는 점(헌법재판소 2004. 6. 24. 선고 2004헌바16 전원재판부 결정 등 참조) 등에 비추어 볼 때, **정치자금법 제45조 제1항, 제3조 제1호가 법관의 보충적인 해석이 필요한 '그 밖에 정치활동을 하는 자' 및 '정치자금'이라는 개념을 사용하였다고 하더라도 그 점만으로 헌법이 요구하는 죄형법정주의의 명확성의 원칙에 반한다고 할 수 없다.**
>   나. 과잉금지원칙의 위반 여부
>   정치자금법 제45조 제1항은 정치자금의 적정한 제공을 보장하고 그 수입과 지출내역을 공개하여 투명성을 확보하며 정치자금과 관련한 부정을 방지함으로써 민주정치의 건전한 발전에 기여하기 위한 것으로 그 목적의 정당성이 인정되고, 위 규정이 정치자금 부정수수 행위를 방지하기

---

[1] 대법원 2014. 10. 30. 선고 2012도12394 판결 참조.

위하여 그에 대한 처벌규정을 둔 조치는 위와 같은 입법 목적을 달성하는 데 적합하고 효과적인 수단이나 방법으로서 그 적정성 또는 상당성이 인정되며, 위 규정은 정치활동을 하는 사람에게 제공되는 모든 금전 등의 수수행위를 금지하고 처벌하는 것이 아니라 정치활동을 위하여 제공되는 금품으로서 정치활동을 위하여 소요되는 경비로 지출될 것임이 객관적으로 명확히 예상되는 금전 등의 수수행위에 한하여 처벌하여 이로써 정치활동을 하는 자의 직업선택의 자유가 침해되어 형해화될 정도에 이른다고 볼 수 없고, **정치자금법의 입법 목적과 취지 등에 비추어 볼 때 위 규정에 의하여 보호되는 정치자금의 투명성 확보 등의 가치는 민주정치의 건전한 발전이라는 공공의 이익에 있어 중요한 의미를 지니는 반면, 그로 인한 기본권 제한은 입법 목적 달성에 필요한 범위에 한정되어 그 본질적 내용을 침해한다고 볼 수 없으므로, 과잉금지원칙에 반한다고 할 수 없다.**

다. 평등의 원칙 위반 여부

정치자금법 제45조 제1항은 음성적 정치자금의 수수를 처벌함으로써 정치자금의 투명성을 확보하고자 하는 정치자금법의 입법취지를 담보하는 규정인 점, 정치활동을 한다는 점에서 공직선거에 의하여 당선된 국회의원과 공직선거의 후보자가 되고자 하는 사람 또는 그 밖에 정치활동을 하는 사람 사이에 본질적인 차이가 있다고 보기 어려운 점 등에 비추어 볼 때, 정치자금법 제45조 제1항, 제3조 제1호가 평등의 원칙에 반한다고 볼 수도 없다.

라. 그러므로 정치자금법 제45조 제1항이 헌법에 위배된다는 취지의 주장은 이유 없다(대법원 2014. 10. 30. 선고 2012도12394 판결 참조).

다만 헌법재판소는 후원회 지정권자와 관련하여 정당의 재정적 후원을 금지하고 있었던 구 정치자금법(2010. 1. 25. 법률 제9975호로 개정된 것) 제6조 제1호의 해석론과 관련하여 정당후원회를 일괄적으로 금지한 위 규정에 대하여 일부 헌법불합치 결정을 하였고,[2] 이에 따라 정치자금법 제6조 제1호에 후원회지정권자로 중앙당(중앙당창당준비위원회를 포함한다)이 추가되었다. 상세한 내용은 아래와 같다.

헌법재판소 결정 및 개정 법률

▲ **헌법재판소 결정요지**

[1] 2010. 1. 25. 법률 제9975호로 개정된 정치자금법 제6조 제6호 중 개정된 부분은 정당 후원회와 무관하고, 개정 정치자금법에 의하더라도 후원회 지정권자에서 정당이 제외된 것은 마찬가지이어서 그 위헌여부에 관하여도 구 정치자금법과 동일한 결론에 이르게 됨이 명백하므로 개정된 정치자금법 제6조를 심판대상에 포함시키기로 한다.

---

2 헌법재판소 2015. 12. 23. 자 2013헌바168 결정 참조.

[2] 이 사건 법률조항은 **정당 후원회를 금지**함으로써 불법 정치자금 수수로 인한 정경유착을 막고 정당의 정치자금 조달의 투명성을 확보하여 정당 운영의 투명성과 도덕성을 제고하기 위한 것으로, 입법목적의 정당성은 인정된다.

그러나 정경유착의 문제는 일부 재벌기업과 부패한 정치세력에 국한된 것이고 대다수 유권자들과는 직접적인 관련이 없으므로 일반 국민의 정당에 대한 정치자금 기부를 원천적으로 봉쇄할 필요는 없고, 기부 및 모금한도액의 제한, 기부내역 공개 등의 방법으로 정치자금의 투명성을 충분히 확보할 수 있다.

정치자금 중 당비는 반드시 당원으로 가입해야만 납부할 수 있어 일반 국민으로서 자신이 지지하는 정당에 재정적 후원을 하기 위해 반드시 당원이 되어야 하므로, **정당법상 정당 가입이 금지되는 공무원 등의 경우에는 자신이 지지하는 정당에 재정적 후원을 할 수 있는 방법이 없다.** 그리고 현행 기탁금 제도는 중앙선거관리위원회가 국고보조금의 배분비율에 따라 각 정당에 배분·지급하는 일반기탁금제도로서, 기부자가 자신이 지지하는 특정 정당에 재정적 후원을 하는 것과는 전혀 다른 제도이므로 이로써 정당 후원회를 대체할 수 있다고 보기도 어렵다.

나아가 **정당제 민주주의 하에서 정당에 대한 재정적 후원이 전면적으로 금지됨으로써 정당이 스스로 재정을 충당하고자 하는 정당활동의 자유와 국민의 정치적 표현의 자유에 대한 제한이 매우 크다**고 할 것이므로, 이 사건 법률조항은 **정당의 정당활동의 자유와 국민의 정치적 표현의 자유를 침해한다.**

▲ 개정법률

정치자금법 제6조(후원회지정권자) 다음 각 호에 해당하는 자(이하 "후원회지정권자"라 한다)는 각각 하나의 후원회를 지정하여 둘 수 있다.〈개정 2008. 2. 29., 2010. 1. 25., 2016. 1. 15., 2017. 6. 30.〉

1. 중앙당(중앙당창당준비위원회를 포함한다)

나아가 헌법재판소는 특별시장·광역시장·특별자치시장·도지사·특별자치도지사(이하 '광역자치단체장'이라 한다) 선거의 예비후보자를 후원회지정권자에서 제외하고 있는 정치자금법 제6조 제6호의 관련부분에 대하여, 헌법불합치 결정을 하고 2021. 12. 31.을 시한으로 하여 잠정적용을 명하였다.[3]

---

3 헌법재판소 2019. 12. 27. 자 2018헌마301·430(병합) 결정 참조.

> **헌법재판소 결정**
>
> … 선거비용제한액 및 실제 지출액, 후원회 모금한도 등을 고려해 볼 때, 광역자치단체장선거의 경우 국회의원선거보다 지출하는 선거비용의 규모가 크고, 후원회를 통해 선거자금을 마련할 필요성 역시 매우 크다. 그럼에도 광역자치단체장선거의 경우 후보자가 후원금을 모금할 수 있는 기간이 불과 20일 미만으로 제한되고 있다.
>
> 또한 군소정당이나 신생정당, 무소속 예비후보자의 경우에는 선거비용의 보전을 받기 어려운 경우가 많은 현실을 고려할 때 후원회 제도를 활용하여 선거자금을 마련할 필요성이 더욱 절실하고, 이들이 후원회 제도를 활용하는 것을 제한하는 것은 다양한 신진 정치세력의 진입을 막고 자유로운 경쟁을 통한 정치 발전을 가로막을 우려가 있다. (중략)
>
> 그동안 정치자금법이 여러 차례 개정되어 후원회지정권자의 범위가 지속적으로 확대되어 왔음에도 불구하고, 국회의원선거의 예비후보자 및 그 예비후보자에게 후원금을 기부하고자 하는 자와 광역자치단체장선거의 예비후보자 및 이들 예비후보자에게 후원금을 기부하고자 하는 자를 계속하여 달리 취급하는 것은, 불합리한 차별에 해당하고 입법재량을 현저히 남용하거나 한계를 일탈한 것이다.
>
> 따라서 심판대상조항 중 광역자치단체장선거의 예비후보자에 관한 부분은 청구인들 중 광역자치단체장선거의 예비후보자 및 이들 예비후보자에게 후원금을 기부하고자 하는 자의 평등권을 침해한다.
>
> 다만 위 조항에 대하여 단순위헌결정을 하여 당장 그 효력을 상실시킬 경우 지방자치단체의 장 선거의 후보자 역시 후원회를 지정할 수 있는 근거규정이 없어지게 되어 법적 공백상태가 발생한다. 이는 후원회제도 자체를 위헌으로 판단한 것이 아닌데도 제도 자체가 위헌으로 판단된 경우와 동일한 결과가 나타나는 것이다. 이러한 이유로 심판대상조항 중 광역자치단체장선거의 예비후보자에 관한 부분에 대하여 단순위헌결정을 하는 대신 헌법불합치결정을 선고하되, **2021. 12. 31.을 시한으로 입법자가 위 부분의 위헌성을 제거하고 합리적인 내용으로 법률을 개정할 때까지 이를 계속 적용하도록 할 필요**가 있다.

나. 구성요건 및 처벌(제45조 제1항)

관련조문

제45조(정치자금부정수수죄) ① 이 법에 정하지 아니한 방법으로 정치자금을 기부하거나 기부받은 자(정당·후원회·법인 그 밖에 단체에 있어서는 그 구성원으로서 당해 위반행위를 한 자를 말한다. 이하 같다)는 5년 이하의 징역 또는 1천만 원 이하의 벌금에 처한다. 다만, 정치자금을 기부하거나 기부받은 자의 관계가 「**민법**」 제777조(친족의 범위)의 규정에 의한 친족인 경우에는 그러하지 아니하다.

1) 서설

정치자금법 제45조는 정치자금법에서 정하지 아니한 방법으로 정치자금을 기부하거나 기부 받는 행위를 처벌하고 있다. 정치자금법은 제6장에 「**기부의 제한**」 규정을 두고 기부행위가 명시적으로 제한되는 규정을 마련해 두고 있는데(동법 제31조 내지 제33조), 앞에서 살펴본 바와 같이 위 각 금지규정 위반죄는 동법 제45조 제2항 제5호 및 제6호에서 별도로 처벌하고 있으므로 **위 기부의 제한규정 위반행위는 정치자금법 제45조 제1항의 적용범위에서 제외**된다.

2) 구성요건의 주체 및 행위의 상대방

본죄의 **구성요건 주체**는 아무런 제한이 없다. 따라서 정치자금법에 위반하여 정치자금을 기부하거나 기부 받는 경우 누구든지 주체가 된다. **행위의 상대방**은 정치자금법에 위반하여 정치자금을 기부하는 행위의 경우 기부를 받는 사람이, 기부를 받은 행위에 있어서는 기부를 하는 사람이 각각 상대방이 되고, 신분상 제한이 없다.

3) 구성요건의 객체

본죄의 **구성요건 객체**는 '**정치자금**'으로 그 명목을 불문하고 '**정치활동을 위하여**' 정치활동을 하는 사람에게 제공되는 금전이나 유가증권 또는 그 밖의 물건 일체를 말한다. 이와 관련하여 '**정치활동을 위하여**'의 의미와 '**정치자금과 뇌물의 구별**'이 구체적으로 문제되는 바 아래에서 상술한다. 정치자금법상 정치자금의 개념은 다음과 같다.

관련조문

제3조(정의) 이 법에서 사용하는 용어의 정의는 다음과 같다. <개정 2016. 3. 3.>

  1. **정치자금의 종류**는 다음 각 목과 같다.

    가. 당비

    나. 후원금

    다. 기탁금

    라. 보조금

    마. 정당의 당헌·당규 등에서 정한 부대수입

    바. **정치활동을 위하여** 정당(중앙당창당준비위원회를 포함한다), 「공직선거법」에 따른 후보자가 되려는 사람, 후보자 또는 당선된 사람, 후원회·정당의 간부 또는 유급사무직원, 그 밖에 **정치활동을 하는 사람에게 제공**되는 금전이나 유가증권 또는 그 밖의 물건

    사. 바목에 열거된 사람(정당 및 중앙당창당준비위원회를 포함한다)의 **정치활동에 소요되는 비용**

2. **"기부"라 함은 정치활동을 위하여 개인 또는 후원회 그 밖의 자가 정치자금을 제공하는 일체의 행위**를 말한다. 이 경우 제3자가 정치활동을 하는 자의 정치활동에 소요되는 비용을 부담하거나 지출하는 경우와 금품이나 시설의 무상대여, 채무의 면제·경감 그 밖의 이익을 제공하는 행위 등은 이를 기부로 본다.

4. **"후원금"이라 함은 이 법의 규정에 의하여 후원회에 기부하는 금전이나 유가증권 그 밖의 물건**을 말한다.

7. **"후원회"라 함은 이 법의 규정에 의하여 정치자금의 기부를 목적으로 설립·운영되는 단체로서 관할 선거관리위원회에 등록된 단체**를 말한다.

가) '정치활동을 위하여' 제공되는 정치자금

정치자금법에 의하여 수수가 금지되는 정치자금은 정치자금법 제3조 제1호 바목 규정에 따라 **'정치활동을 위하여 정치활동을 하는 자에게 제공되는 금전 등 일체'**를 의미하는데,[4] 그 금전의 성격이 **'정치활동을 위한 경비로 지출될 것임이 객관적으로 명확히 예상되는 금전'**이어야 한다.[5] 실무상 수수된 자금이 '정치활동을 위한 것인지' 여부가 첨예한 다툼의 대상이 된다.

수수한 금품이 '정치자금'에 해당하는지 여부는 그 금품이 **'정치활동을 위하여'** 제공되었는지 여부에 달려 있는데, 정치활동은 권력의 획득과 유지를 둘러싼 투쟁 및 권력을 행사하는 활동을 의미(대법원 2006. 12. 22. 선고 2006도1623 판결 등 참조)하므로 **정치활동을 하는 사람이 금품을 수수하였다고 하여도 그것이 정치활동을 위하여 제공된 것이 아니라면 같은 법 제45조 제1항 위반죄로 의율할 수 없다.**[6]

이와 관련하여 대법원은 고가의 시계를 착용하여 정치인으로서의 긍정적인 이미지를 형성하거나 안마의자를 사용하여 피로를 풀고 건강을 회복하는 것까지 '정치활동'에 해당한다고 보기 어려워 안마의자와 시계 2개는 정치활동에 사용될 것이 객관적으로 명백히 예상된다고 볼 수 없다고 판시한 바 있다.[7]

그러나 대법원은 **선거일 전 180일부터 선거일까지 선거에 영향을 미치게 하기 위하여 공직선거법 제59조 제2호에서 정한 제한을 어겨 자동 동보통신의 방법으로 문자메시지를 대량으로 전송한 행위**는 그것이 선거운동에까지 이르지 않더라도 공직선거법 제255조

---

4 대법원 2009. 2. 26. 선고 2008도10422 판결 등 참조.
5 대법원 2014. 6. 26. 선고 2013도9866 판결 참조.
6 대법원 2007. 7. 12. 선고 2007도2222 판결 등 참조.
7 대법원 2016. 7. 29. 선고 2016도5596 판결 참조.

제2항 제5호, 제93조 제1항에서 정한 탈법방법에 의한 문서배부죄의 구성요건에 해당하고, 위 문자메시지의 전송행위가 선거운동에까지 이르지 않더라도 국회의원 선거에서 피고인의 당선을 도모하는 데 필요하거나 유리한 행위로서 그 시기, 방법, 목적 등에 비추어 정치활동으로 인정할 여지가 있으므로 **그 경비로 사용하기 위해 가상계좌에 충전한 금전이 정치활동을 위한 자금에 해당할 수 있다고** 판시한 바 있다.[8]

한편 대법원은 국회부의장으로서 국회의원인 피고인이 보좌관 甲을 통해 乙 주식회사 등으로부터 '**고문활동비**' 명목의 돈을 받은 경우, 피고인과 乙 회사 측은 위 돈이 불법 정치자금인 사정을 잘 알면서 돈을 수수하였다고 보아 **정치자금법위반죄가 성립**한다고 판시하였고,[9] 국회의원 선거 후보자가 되려는 피고인에게 **은박지로 싼 현금 500만 원을 건네준 사안**에서 현금 500만 원은 정치활동을 위하여 제공되는 금품으로서 정치활동을 위한 경비로 지출될 것임이 객관적으로 명확히 예상되는 금전에 해당하고, 피고인은 정치자금법 제3조 제1호 바목에 따라 공직선거법에 따라 후보자가 되려는 사람이므로 위와 같은 금품 수수행위는 정치자금법에 규정된 방법이 아닌 방법으로 **정치자금을 수수한 행위에 해당한다고** 판시한 바 있다.[10]

나아가 정치활동을 하는 자가 형사재판에서 소요될 변호사 선임비용을 제공받은 경우 원칙적으로 이를 정치자금 수수라고 볼 수는 없으나, 당해 형사재판이 그의 정치활동과 관련된 범죄로 인한 것으로서 자금 수수가 그의 정치활동의 유지를 위한 목적에서 이루어진 것이라면 그러한 자금도 정치자금이 될 수 있는바, 이 때 수수된 변호사 선임비용이 정치자금에 해당하는지 여부는 당해 형사소추와 피고인의 정치활동과의 관련성, 재판결과가 정치활동의 유지에 미치는 영향, 피고인과 자금제공자의 관계 및 수수된 자금의 규모 등 당해 형사재판을 둘러싸고 자금 수수와 관련하여 나타난 여러 사정을 종합적으로 고려하여 판단하여야 할 것이다.[11]

그리고 국회의원이었던 피고인이 정당의 지역위원장으로서 활동하면서 사무실을 실제로 이용하였고 현역 국회의원 시절부터 해당 사무실이 지역위원회 사무실로 이용되어 왔으며 당시 근무하던 사무실 직원들이 상근하여 근무하였고 피고인이 지급받은 자금이 위 사무실 운영자금으로 사용된 사정을 종합하여 볼 때 피고인이 지급받은 자금은 정치활동을 위한 자

---

8 대법원 2017. 10. 31. 선고 2016도19447 판결 참조.
9 대법원 2014. 6. 26. 선고 2013도9866 판결 참조.
10 대법원 2014. 6. 26. 선고 2013도9866 판결 참조.
11 대법원 2014. 3. 13. 선고 2011도8330 판결 참조.

금에 해당한다고 판시한 사례도 있다.[12]

나) 정치자금과 뇌물의 구별 기준

정치자금법은 정치자금의 적정한 제공을 보장하고 그 수입과 지출내역을 공개하여 투명성을 확보하며 정치자금과 관련한 부정을 방지함으로써 민주정치의 건전한 발전에 기여함에 그 입법목적이 있고(제1조), 같은 법 제13조 제3호는 공무원이 담당·처리하는 사무에 관하여 청탁 또는 알선하는 일과 관련하여 정치자금을 기부하거나 받는 것을 금지하고 있는데 이는 정치자금과 관련한 부정을 방지하기 위한 것으로 이해된다.

정치자금법위반죄는 직무집행의 공정과 이에 대한 사회의 신뢰 및 직무행위의 불가매수성을 직접적 보호법익으로 하고 있는 알선수뢰죄와는 보호법익을 달리한다. 그리고 알선수뢰죄는 공무원이 그 지위를 이용하는 것을 구성요건으로 하는데 뇌물을 수수한 경우뿐만 아니라 요구, 약속한 경우도 포함하고 있어 그 행위 주체, 행위의 내용 및 방법 등 구체적인 구성요건도 정치자금법위반죄와 다르다. 결국 정치자금법 제30조 제2항 제5호, 제13조 제3호의 구성요건(현행 정치자금법 제32조 제1항 제3호)이 알선수뢰죄의 구성요건의 모든 요소를 포함하는 외에 다른 요소를 구비하는 경우에 해당하지 않으므로, **위 구 정치자금법 규정이 형법 제132조의 규정에 대하여 특별관계에 있다고는 볼 수 없다.**[13]

다만 정치자금, 선거자금, 성금 등의 명목으로 이루어진 금품의 수수라 하더라도, 그것이 정치인인 공무원이 그 지위를 이용하여 다른 공무원의 직무에 속한 사항을 알선함에 대한 대가로서의 실체를 가지는 한 뇌물로서의 성격을 잃지 않는다.[14] **따라서 정치인이자 공무원인 자와의 사이에 금원이 수수된 경우** 그것이 정치자금인지 뇌물인지를 판별함에 있어서는 금원 제공자와 당해 정치인과의 인적관계, 정치사상 내지 이념의 공유 여부, 정치인인 공무원의 직무권한, 금품 교부의 동기와 정황, 수수된 금원의 액수, 금원제공의 방법, 구체적 청탁의 유무, 수수된 뒤의 용도, 정치자금법 소정의 절차를 거쳤는지 여부를 종합적으로 고려하여야 한다.[15]

4) 구성요건적 행위

본죄의 구성요건적 행위는 **이 법에서 정하지 아니한 방법으로 정치자금을 기부하거나 기부받는 것이다.**

---

12 대법원 2011. 9. 29. 선고 2011도8240 판결 참조.
13 대법원 2005. 2. 17. 선고 2004도6940 판결 참조.
14 대법원 1997. 4. 17. 선고 96도3377 전원합의체 판결, 대법원 2006. 5. 26. 선고 2006도1713 판결 등 참조.
15 서울중앙지방법원 2007. 11. 16. 선고 2007고합486 판결 참조.

가) 정치자금법상 기부 및 집행의 원칙

정치자금법은 **정치자금 기부 및 집행의 원칙**을 명시하고 있는데 세부 규정은 다음과 같다.

관련조문

제2조(기본원칙) ① 누구든지 **이 법에 의하지 아니하고는 정치자금을 기부하거나 받을 수 없다.**

② 정치자금은 국민의 의혹을 사는 일이 없도록 공명정대하게 운용되어야 하고, 그 회계는 공개되어야 한다.

③ 정치자금은 **정치활동을 위하여 소요되는 경비로만 지출**하여야 하며, **사적 경비로 지출하거나 부정한 용도로 지출하여서는 아니 된다.** 이 경우 "사적 경비"라 함은 다음 각 호의 어느 하나의 용도로 사용하는 경비를 말한다.

1. 가계의 지원·보조

2. 개인적인 채무의 변제 또는 대여

3. 향우회·동창회·종친회, 산악회 등 동호인회, 계모임 등 개인간의 사적 모임의 회비 그 밖의 지원경비

4. 개인적인 여가 또는 취미활동에 소요되는 비용

④ 이 법에 의하여 1회 120만 원을 초과하여 정치자금을 기부하는 자와 다음 각 호에 해당하는 금액을 초과하여 정치자금을 지출하는 자는 **수표나 신용카드·예금계좌입금 그 밖에 실명이 확인되는 방법으로 기부 또는 지출하여야 한다.** 다만, 현금으로 연간 지출할 수 있는 정치자금은 연간 지출총액의 100분의 20(선거비용은 선거비용제한액의 100분의 10)을 초과할 수 없다.

1. 선거비용 외의 정치자금: 50만 원. 다만, 공직선거의 후보자·예비후보자의 정치자금은 20만 원

2. 선거비용: 20만 원

⑤ 누구든지 **타인의 명의나 가명으로 정치자금을 기부할 수 없다.**

위 규정에 따라 정치자금의 기부는 정치자금법에 따라 이루어져야 하고, 정치자금은 정치활동을 위해 소요되는 경비로만 지출되어야 할 뿐 사적으로 또는 부정한 용도로 지출해서는 아니 된다.

한편 정치자금은 차명 또는 가명으로 기부하는 것이 금지되는데 1회 120만 원 이하의 정치자금은 실명기부의 원칙이 적용되지 않지만 1회 120만 원을 초과하는 경우에는 신용카드, 예금, 그 밖에 실명이 확인되는 방법으로 기부하여야 하고, 누구든지 차명 또는 가

명으로 정치자금 기부행위를 하는 것이 금지된다.

이를 위반하여 타인의 명의나 가명으로 납부 또는 기부된 당비, 후원금품, 기탁금 등 정치자금은 관할 선거관리위원회에서 납부 받아 국고에 귀속시키도록 하고 있다(동법 제4조 제2항 참조). 이와 관련하여 같은 정당의 당원이 당비 명목으로 제3자에게 금전을 제공하고 금전을 제공받은 제3자가 자신의 명의로 당비를 낸 경우 이는 정치자금법 제2조(기본원칙)에 위반되므로 위 당비는 국고에 귀속시킴이 상당하다.[16]

따라서 정치인에 대한 정치자금은 개인의 경우는 1회 120만 원 이상의 기부의 경우 '**실명 기부**', 단체의 경우 '**후원회를 통한 기부**'만이 원칙적으로 인정되므로 이를 위반하여 정치자금을 지급받는 경우 동법 제45조 제1항 위반죄에 해당한다.

나) 기부행위의 의미

정치자금법은 기부의 의미에 대하여 **정치활동을 위하여 개인 또는 후원회 그 밖의 자가 정치자금을 제공하는 일체의 행위를 말한다**고 규정하면서 제3자가 정치활동을 하는 자의 정치활동에 소요되는 비용을 부담하거나 지출하는 경우와 금품이나 시설의 무상대여, 채무의 면제·경감 그 밖의 이익을 제공하는 행위 등은 이를 기부로 본다고 명시하고 있다(동법 제3조 제2호).

여기에서 '무상대여'란 금품 등의 사용에 대한 대가의 출연 없이 대여가 이루어지는 것을 말하므로 금품 등의 대여가 무상인지 여부는 **그 대여 당시를 기준으로 그 대가의 출연의 유무가 있는지 여부에 의하여 판단**하여야 한다.[17] 따라서 무상으로 금전을 대여 받는 방법으로 정치자금을 수수한 경우 이러한 수수행위와 관련하여 당사자 사이의 차용증 작성 및 이자지급 약정 여부, 금전 차용일 이후 이자를 지급하거나 그 독촉을 받은 사실이 있는 점 등을 고려하여 무상대여행위에 해당하는지 여부를 판단하여야 한다.

한편 **대법원**은 정치자금법 제3조 제2호에서 '기부'의 개념을 「정치자금을 제공하는 일체의 행위」로 규정하면서 금품의 무상대여까지도 기부로 본다고 명시하여 이를 처벌하고 있는 이상, 방송인수를 위한 로비가 성공하지 못하면 금원을 반환하기로 약속하였다가 실제 이를 반환받은 경우 금원의 반환이 예정되어 있었다해도 당초 정치자금 명목으로 수수된 금원은 정치자금법상의 '기부'에 해당한다고 본 사례도 있다.[18] 따라서 **자금이 수수되었다면 향후 반환이 예정되어 있다 하더라도 이를 '기부행위'로 보는 것에는 큰 무리**

---

16 2005. 9. 26. 중앙선거관리위원회 회답 참조.
17 대법원 2007. 11. 15. 선고 2007도3383 판결 참조.
18 대법원 2009. 2. 26. 선고 2008도10422 판결 참조.

가 없다.

나아가 정치자금법에 정하지 아니한 방법으로 정치자금을 기부받음으로써 정치자금부정수수죄가 기수에 이른 이후에 **정치자금을 기부받은 자가 실제로 그 자금을 정치활동을 위하여 사용하였는지 여부는 범죄의 성립에 영향을 미치지 아니한다.**[19]

이에 관하여 **대법원**은 국회의원인 피고인 甲이 피고인 乙과 공모하여, 丙에게서 비밀번호와 함께 돈이 입금된 예금계좌에 연결된 현금카드를 교부받음으로써 정치자금법에 정하지 아니한 방법으로 정치자금을 기부받았다는 내용으로 기소된 사안에서, 丙이 정치자금을 기부받는 자인 피고인 甲의 지시에 따라 그가 지정하는 피고인 乙에게 비밀번호와 함께 현금카드를 교부한 것은 정치자금의 기부에 해당하고, 위 현금카드의 교부행위로써 정치자금법상 정치자금의 기부는 완성되며, 그 후 피고인 甲 등이 위 돈을 어떻게 사용하였는지는 정치자금부정수수죄 성립에 영향을 미치지 아니한다고 판시하였다.[20]

다) 후원회를 통한 정치자금의 기부방법 위반

정치자금법은 제3장에서 후원회를 통한 정치자금기부 방법에 대해 상세히 규정하고 있다. 정치자금법은 엄격한 요건 하에 정치인을 위한 후원회를 두도록 하고(동법 제6조 내지 제9조) 그 후원회를 통한 후원금으로 일정한 방법 및 한도(동법 제10조 내지 제13조)를 정하여 정치자금을 기부하도록 규정하고 있다. 따라서 위와 같은 **후원회를 통하지 않는 정치행위의 기부는 원칙적으로 금지**된다.

이에 대하여 **대법원**은 「⋯정치자금법 제2조 제1항, 제3조 제4호, 제7호, 제6조, 제10조 제1항, 제2항 등에 의하면 국회의원 등 후원회지정권자가 후원회를 통하지 아니하고 개인이나 법인으로부터 직접 정치자금을 받는 경우에는 정치자금법 제45조 제1항 위반죄의 책임을 면할 수 없다.」고 하면서 **후원회를 통하지 않고 개인 또는 법인으로부터 직접 정치자금을 수수하는 행위가 정치자금법에 위반**된다고 판시한 바 있다.[21]

실무상 정치자금법 제45조 제1항 위반죄가 문제되는 경우는 주로 후원회를 통하지 않고 직접 정치자금을 수수하는 경우인데 이와 관련하여 후원금의 모금·기부의 방법(제10조)위반의 점을 살펴볼 필요가 있다.

정치자금법은 후원금의 모금과 기부의 방법에 대하여 다음과 같이 규정하고 있는데 그 요지는, ① 후원회는 후원인으로부터 후원금을 모금한 경우 모금에 직접 소요된 경비를 공

19 대법원 2009. 3. 12. 선고 2006도2612 판결 등 참조.
20 대법원 2011. 6. 9. 선고 2010도17886 판결 참조.
21 대법원 2009. 3. 12. 선고 2006도2612 판결, 대법원 2011. 6. 9. 선고 2010도17886 판결 등 참조.

제한 후 지체 없이 이를 후원회지정권자에게 기부하고(차입금 등 금품 제외, 동조 제1항, 제2항), ② 후원인이 후원회지정권자에게 직접 후원금을 기부한 경우에는 후원회지정권자는 기부받은 날로부터 30일 이내에 후원회의 회계책임자에게 이를 전달하여야 한다는 것이다(동조 제3항). 상세한 규정은 아래와 같다.

관련조문

제10조(후원금의 모금·기부) ① 후원회는 제7조(후원회의 등록신청 등)의 규정에 의하여 등록을 한 후 후원인(회원과 회원이 아닌 자를 말한다. 이하 같다)으로부터 후원금을 모금하여 이를 당해 후원회지정권자에게 기부한다. 이 경우 **후원회가 모금한 후원금 외의 차입금 등 금품은 기부할 수 없다.**
② 후원회가 후원금을 모금한 때에는 모금에 직접 소요된 경비를 공제하고 **지체 없이 이를 후원회지정권자에게 기부하여야 한다.**
③ 후원인이 후원회지정권자에게 직접 후원금을 기부한 경우(후원회지정권자의 정치활동에 소요되는 비용을 부담·지출하거나 금품·시설의 무상대여 또는 채무의 면제·경감의 방법으로 기부하는 경우는 제외한다) 해당 **후원회지정권자가 기부받은 날부터 30일**(기부받은 날부터 30일이 경과하기 전에 후원회를 둘 수 있는 자격을 상실하는 경우에는 그 자격을 상실한 날) **이내에 기부받은 후원금과 기부자의 인적사항을 자신이 지정한 후원회의 회계책임자에게 전달한 경우에는 해당 후원회가 기부 받은 것으로 본다.** <신설 2010. 7. 23.>

이와 관련하여 **대법원**은 「…후원회지정권자가 후원인으로부터 직접 정치자금을 받더라도 위 조항에서 정한 요건을 충족한 경우에는 법 제45조 제1항으로 처벌받지 않는다. 그러나 후원회지정권자가 후원금을 직접 기부 받은 날부터 30일(그 30일이 경과하기 전에 후원회를 둘 수 있는 자격을 상실하는 경우에는 그 자격을 상실한 날) 이내에 기부 받은 후원금과 기부자의 인적사항을 후원회의 회계책임자에게 전달하지 않은 경우에는 법 제45조 제1항에 해당하여 처벌대상이 된다. 따라서 전국동시지방선거에 지방자치단체장선거 후보자로 등록하여 후원회지정권자에 해당하는 피고인이 후원인 甲으로부터 정치자금 명목으로 현금 2,000만 원이 들어있는 종이가방을 직접 건네받아 정치자금법에 정하지 아니한 방법으로 정치자금을 기부받았다는 내용으로 기소된 사안에서, **피고인이 위 돈을 직접 건네받고도 지방자치단체장으로 당선되어 후원회를 둘 수 있는 자격을 상실할 때까지 후원회 회계책임자에게 그 돈을 전달하지 않음으로써 정치자금법 제45조 제1항에서 정한 정치자금부정수수죄가 성립한다.**」고 판시하였다.[22]

나아가 국회의원이 후원회를 통하지 않고 직접 정치자금을 수수한 경우 그 자체로 구 정치자금에 관한 법률(2004. 3. 12. 법률 제7191호로 개정되기 전의 것) 제30조 제1항 위반죄가 성립하므로, 이후 영수증을 작성하였다거나 후원회 회계책임자에게 교부하여 이를 지구당 경비로 사용하였다는 사정은 이미 성립된 범죄에 영향을 미치지 않는다.[23]

5) 위법성·책임조각사유(민법 제777조에 따른 친족의 책임조각 해석)

정치자금법 제45조 제1항은 정치자금법에 정하지 아니한 방법으로 정치자금을 기부하거나 기부 받은 자(정당·후원회·법인 그 밖에 단체에 있어서는 그 구성원으로서 당해 위반행위를 한 자를 말한다)를 처벌하고 있다.

다만 **정치자금을 기부하거나 기부 받은 자의 관계가 민법 제777조(친족의 범위)의 규정에 의한 친족인 경우에는 그러하지 아니하다.** 친족으로부터 정치자금의 기부 및 기부받는 행위가 정치자금법에 위반하는 경우라고 하더라도 친족으로부터 정치자금을 받지 않는 것을 기대할 수 없다는 이유로(기대가능성의 부존재) 그 책임을 조각하는 것이다. 따라서 위와 같은 행위에 공범(공동정범, 교사범 또는 방조범)으로 가담한 사람은 위 동법 제45조 제1항 본문 위반죄가 성립한다.

한편 위 친족에는 이복형제가 모두 포함된다.[24]

관련조문

제45조(정치자금부정수수죄) ① 이 법에 정하지 아니한 방법으로 정치자금을 기부하거나 기부받은 자(정당·후원회·법인 그 밖에 단체에 있어서는 그 구성원으로서 당해 위반행위를 한 자를 말한다. 이하 같다)는 5년 이하의 징역 또는 1천만 원 이하의 벌금에 처한다. 다만, 정치자금을 기부하거나 기부받은 자의 관계가 **「민법」 제777조(친족의 범위)의 규정에 의한 친족인 경우에는 그러하지 아니하다.**

☞ <u>민법 제777조(친족의 범위)</u> 친족관계로 인한 법률상 효력은 이 법 또는 다른 법률에 특별한 규정이 없는 한 다음 각호에 해당하는 자에 미친다.
  1. 8촌 이내의 **혈족**
  2. 4촌 이내의 **인척**
  3. 배우자

---

22 대법원 2019. 11. 14. 선고 2019도11892 판결 참조.
23 대법원 2009. 3. 12. 선고 2006도2612 판결 참조.
24 대법원 2007. 11. 29. 선고 2007도7062 판결 참조.

민법 제767조(친족의 정의) 배우자, 혈족 및 인척을 친족으로 한다.
민법 제768조(혈족의 정의) 자기의 직계존속과 직계비속을 직계혈족이라 하고 자기의 형제자매
와 형제자매의 직계비속, 직계존속의 형제자매 및 그 형제자매의 직계비속을 방계혈족이라
한다.
민법 제769조(인척의 계원) 혈족의 배우자, 배우자의 혈족, 배우자의 혈족의 배우자를 인척으로
한다.

대법원은 정치자금법 제45조 제1항 단서의 해석과 관련하여 같은 취지의 판시를 한 바
있는데 그 요지는 **정치자금법 제45조 제1항 단서의 친족인 경우 기부를 하거나 기부를
받은 친족 모두 책임이 조각될 뿐만 아니라 중간에서 사실상 기부의 알선에 가까운 행
위를 한 사람이 친족인 경우에도 모두 적용되어 책임이 조각된다**는 것이다. 구체적인 판
시사항은 다음과 같다.[25]

> **판례**
>
> [1] 정치자금법 제45조 제1항은 "이 법에 정하지 아니한 방법으로 정치자금을 기부하거나 기부받은 자
> 는 5년 이하의 징역 또는 1천만 원 이하의 벌금에 처한다. 다만, 정치자금을 기부하거나 기부받은
> 자의 관계가 민법 제777조의 규정에 의한 친족인 경우에는 그러하지 아니하다"라고 규정하고 있는
> 바, 위 조항의 단서 규정은 정치자금을 기부하는 자와 받는 자 사이에 **민법상 친족관계가 있는 경
> 우에는 친족 간의 정의(정의)를 고려할 때 정치자금법에서 정한 방법으로 돈을 주고 받으리라고 기
> 대하기 어려움을 이유로 책임이 조각되는 사유를 정한 것이지 범죄의 구성요건해당성이 조각되는
> 사유를 정한 것이 아니므로, 정치자금을 기부 받는 자와 민법 제777조의 규정에 의한 친족관계에
> 있는 자가 그러한 친족관계 없는 자와 공모하여 정치자금법에 정하지 아니한 방법으로 정치자금을
> 기부한 경우에는 형법 제33조 본문에서 말하는 '신분관계로 인하여 성립될 범죄에 가공한 행위'에
> 해당한다고 볼 수 없으며, 친족관계에 있는 자의 책임은 조각된다.**
> [2] 친족 간의 정치자금 기부행위 불처벌을 규정한 정치자금법 제45조 제1항 단서 규정이 같은 법 제45조
> 제1항 위반죄를 범한 **공동정범 중에서 실제로 자금을 출연하여 기부를 실행한 자에 대해서만 적용되고
> 사실상 기부의 알선에 가까운 행위를 한 공동정범에게는 적용되지 않는다고 해석할 수는 없다.**
> [3] **혈족의 범위를 정한 민법 제768조에서 말하는 '형제자매'라 함은 부계 및 모계의 형제자매를 모두
> 포함하므로, 이복형제가 정치자금법 제45조 제1항 단서의 '친족'에서 제외되는 것은 아니다**(대법원
> 2007. 11. 29. 선고 2007도7062 판결 참조).

---

25 위 대법원 2007도7062 판결 참조.

6) 처벌

본죄를 범하면 5년 이하의 징역 또는 1천만 원 이하의 벌금에 처한다. 나아가 불법정치자금법에 따라 위와 같은 범죄로 취득한 불법재산은 모두 필요적 몰수·추징의 대상이 된다(불법정치자금법 제3조, 제6조 각 참조).

다. 정치자금법 제45조 제1항 위반에 따른 범죄수익환수 사례

앞에서 살펴본 바와 같이 위 몰수·추징의 법적 성격에 대하여 **대법원**은 정치자금법 규정의 입법취지, 형식과 내용 등에 비추어 불법 정치자금을 수수한 자에게 제공된 금품 기타 재산상의 이익을 박탈하여 부정한 이익을 보유하지 못하게 하는 '**이익박탈형**' 몰수·추징에 해당한다고 판시하고 있다.[26]

따라서 정치자금의 수수행위에 따라 실제로 이익이 귀속된 주체를 찾아 그 주체로부터 불법 수수한 정치자금을 몰수·추징할 필요성이 있다. 이와 관련하여 법원은 **국회의원이 치열하게 전개되는 국회의원 선거에서 승리하기 위해 국회의원 선거구 지역의 비공식 선거총괄 책임자로부터 2억 원의 자금을 교부받은 경우 이는 정치자금법 제45조 제1항 위반죄에 해당하고 위 자금은 모두 국회의원인 피고인으로부터 추징**한다고 판시한 바 있다.[27]

나아가 선거운동을 하면서 허위의 선거사무원을 모집한 다음 해당 선거사무원에게 지급한 수당 및 실비를 다시 되돌려 받는 경우, 이러한 행위는 정치자금법이 금지하고 있는 기부행위에 해당하고 위와 같이 지급받은 각 금원은 모두 추징의 대상이 된다. 이 때 형법 제30조에 따라 공모관계가 있는 피고인들의 경우 각각 지급받은 금액을 특정하여 실질적으로 귀속된 이익에 한하여 개별적으로 추징하여야 한다.

라. 정치자금법 제45조 제1항 위반에 따른 자금세탁범죄 처벌 사례

정치자금법 제45조 제1항은 범죄수익은닉규제법상 중대범죄에 해당하므로 정치자금을 부정하게 수수하면서 차명계좌를 이용하여 그 취득 및 처분에 관한 사실을 가장하는 경우에는 범죄수익은닉규제법상 자금세탁범죄가 성립한다. 따라서 **정치자금법에 정해진 방법 외로 정치자금을 수수하면서 이를 은폐하기 위하여 차명계좌를 사용한 경우 이를 자금세탁범죄로 처벌할 수 있음은 당연하다.**

---

26 대법원 2004. 4. 27. 선고 2004도482 판결 참조.
27 창원지방법원 2018. 11. 1. 선고 2017고합149, 292(병합) 판결 참조(대법원 2019도12579 판결로 확정).

3. 후원회 규정 위반의 점(제45조 제2항 제1호 내지 제3호)

가. 서설

정치자금법은 후원회 관련 규정을 위반하여 정치자금을 부정수수하는 행위를 금지하고 있다. 이하에서는 정치자금법상 후원회 관련 규정이 어떤 것이 있는지 살피면서 이러한 금지규정을 위반한 사례에 대해 구체적으로 검토하기로 한다.

나. 후원회 지정권자 아닌 자의 후원회 또는 유사기구 설치·운영의 점(제45조 제2항 제1호)

관련조문

제45조(정치자금부정수수죄) ② 다음 각 호의 어느 하나에 해당하는 자는 5년 이하의 징역 또는 1천만 원 이하의 벌금에 처한다.

1. **제6조(후원회지정권자)의 규정에 의한 후원회지정권자가 아닌 자**로서 정치자금의 기부를 목적으로 후원회나 이와 유사한 기구를 설치·운영한 자

☞ <u>정치자금법 제6조(후원회지정권자)</u> 다음 각 호에 해당하는 자(이하 "후원회지정권자"라 한다)는 각각 하나의 후원회를 지정하여 둘 수 있다. <개정 2008. 2. 29., 2010. 1. 25., 2016. 1. 15., 2017. 6. 30.>

1. 중앙당(중앙당창당준비위원회를 포함한다)
2. 국회의원(국회의원선거의 당선인을 포함한다)
2의2. 대통령선거의 후보자 및 예비후보자(이하 "대통령후보자등"이라 한다)
3. 정당의 대통령선거후보자 선출을 위한 당내경선후보자(이하 "대통령선거경선후보자"라 한다)
4. 지역선거구(이하 "지역구"라 한다)국회의원선거의 후보자 및 예비후보자(이하 "국회의원후보자등"이라 한다). 다만, 후원회를 둔 국회의원의 경우에는 그러하지 아니하다.
5. 중앙당 대표자 및 중앙당 최고 집행기관(그 조직형태와 관계없이 당헌으로 정하는 중앙당 최고 집행기관을 말한다)의 구성원을 선출하기 위한 당내경선후보자(이하 "당대표경선후보자등"이라 한다)
6. 지방자치단체의 장선거의 후보자(이하 "지방자치단체장후보자"라 한다)
[2017. 6. 30. 법률 제14838호에 의하여 2015. 12. 23. 헌법재판소에서 헌법불합치 결정된 이 조를 개정함.]
[헌법불합치, 2018헌마301, 2019. 12. 27. 정치자금법(2010. 1. 25. 법률 제9975호로 개정된 것) 제6조 제6호 중 '특별시장·광역시장·특별자치시장·도지사·특별자치도지사 선거의

예비후보자'에 관한 부분은 헌법에 합치되지 아니한다. 위 법률조항은 2021. 12. 31.을 시한으로 입법자가 개정할 때까지 계속 적용된다.]

1) 서설

정치자금법은 제3장에서 후원회에 대한 상세한 규정을 두고 있는데 정치자금법상 후원회 지정권자가 아닌 자가 정치자금의 기부를 목적으로 후원회나 이와 유사한 기구를 설치하는 경우 이를 처벌한다.

정치자금법은 선거관리위원회에 후원회를 지정할 수 있는 후원회지정권자를 명시하고 있다. 이에 관하여 후원회지정권자의 범위에 대해 헌법재판소에서 여러차례 헌법불합치 결정이 선고된 바 있는데 이는 앞에서 본 바와 같다. 후원회는 정치자금법상 정치자금을 수수할 수 있는 합법적인 통로가 되므로 **후원회를 지정할 수 있는 권한이 부여되는지 여부는 매우 중요한 문제**가 된다.

이와 관련하여 정치자금법상 중앙당, 국회의원, 대통령(예비후보 포함), 대통령 경선을 위한 당내경선후보자, 지역구 국회의원 후보자(예비후보자 포함), 중앙당 대표자 및 최고집행기관 당내경선후보자, 지방자치단체 장 선거 후보자는 후원회지정권자가 되나, 자치구 의회의원은 후원회지정권자에 포함되지 않고, 헌법재판소는 이에 대해 합헌 결정을 하였다.[28]

2) 구성요건의 주체 및 행위의 상대방

위 **구성요건의 주체는 후원회지정권자가 아닌 사람**이다. 해당 기구에 후원금을 납부한 사람들은 정치자금법 제45조 제1항의 적용대상이 될 수는 있어도 위 구성요건의 주체가 될 수 없음은 법문상 당연하다.[29] 한편 후원회나 이와 유사한 기구를 설치·운영하는 것이 구성

---

28 헌법재판소 2019. 12. 27. 자 2018헌마301·430(병합) 결정 [헌법불합치] 참조.
  [결정요지 中] 자치구의회의원은 대통령, 국회의원과는 그 지위나 성격, 기능, 활동범위, 정치적 역할 등에서 본질적으로 다르다. 자치구의회의원의 활동범위는 해당 자치구의 지역 사무에 국한되고, 그에 수반하여 정치자금을 필요로 하는 정도나 소요자금의 양에서도 현격한 차이가 있을 수밖에 없다. 그리고 이러한 차이를 후원회를 둘 수 있는 자의 범위와 관련하여 입법에 어느 정도 반영할 것인가 하는 문제는 입법자가 결정할 국가의 입법정책에 관한 사항으로서 입법재량 내지 형성의 자유가 인정되는 영역이다.
  자치구의회의원의 경우 선거비용 이외에 정치자금의 필요성이 크지 않으며 선거비용 측면에서도 대통령선거나 국회의원선거에 비하여 선거운동 기간이 비교적 단기여서 상대적으로 선거비용이 적게 드는 점 등에 비추어 보면, 국회의원선거의 예비후보자와 달리 자치구의회의원선거의 예비후보자에게 후원회를 통한 정치자금의 조달을 불허하는 것에는 합리적인 이유가 있다.
  따라서 심판대상조항 중 자치구의회의원선거의 예비후보자에 관한 부분은 청구인들 중 자치구의회의원선거의 예비후보자 및 이들 예비후보자에게 후원금을 기부하고자 하는 자의 평등권을 침해한다고 볼 수 없다.
29 대법원 2015. 6. 24. 선고 2013도10823 판결 참조.

요건적 행위이므로 그 **행위의 상대방**을 상정하기 어렵다.

3) 구성요건적 객체 및 구성요건적 행위

본죄의 **구성요건적 행위**는 정치자금의 기부를 목적으로 후원회 기타 유사기구를 설치·운영하는 것이다.

정치자금법상 수수한 금품이 '정치자금'에 해당하는지 여부는 이미 앞에서 본 바와 같이 그 금품이 '정치활동'을 위하여 제공되었는지 여부에 달려 있는데, 정치활동은 권력의 획득과 유지를 둘러싼 투쟁 및 권력을 행사하는 활동을 의미하는 것으로,[30] 위 벌칙규정은 후원회 지정권자가 아닌 사람이 후원회 기타 이와 유사한 기구를 설치·운영하면서 이를 통해 정치자금을 기부할 것이라는 목적을 요구한다.

4) 처벌

본죄를 범하면 5년 이하의 징역 또는 1천만 원 이하의 벌금에 처한다. 나아가 불법정치자금법에 따라 위와 같은 범죄로 취득한 불법재산은 모두 필요적 몰수·추징의 대상이 된다(불법정치자금법 제3조, 제6조 각 참조).

다. 후원인의 기부한도 규정 위반 정치자금 모금 또는 기부의 점(제2호)

관련조문

제45조(정치자금부정수수죄) ② 다음 각 호의 어느 하나에 해당하는 자는 5년 이하의 징역 또는 1천만 원 이하의 벌금에 처한다.

　2. <u>제11조(후원인의 기부한도 등)</u> 제1항의 규정을 위반하여 기부한 자와 <u>제11조 제2항</u>, <u>제12조(후원회의 모금·기부한도)</u> 제1항·제2항 또는 <u>제13조(연간 모금·기부한도액에 관한 특례)</u> 제1항의 규정을 위반하여 **후원금을 받거나 모금 또는 기부를 한 자**

☞ **정치자금법 제11조(후원인의 기부한도 등)** ① **후원인**이 후원회에 기부할 수 있는 후원금은 **연간 2천만 원**을 초과할 수 없다.

　② 후원인이 하나의 후원회에 연간(대통령후보자등·대통령선거경선후보자·당대표경선후보자등·국회의원후보자등 및 지방자치단체장후보자의 후원회의 경우에는 당해 후원회를

[판결이유 中] 나. 정치자금법 제45조 제2항 제1호의 적용대상인지 여부: 원심판결 이유 및 원심이 적법하게 채택한 증거들에 의하면, 피고인들은 정치자금법 제45조 제2항 제1호에서 정한 후원회나 후원회 유사기구에 정치자금을 기부한 것이 아니라 정당인 진보신당에 직접 정치자금을 기부한 것이므로, 정치자금법 제45조 제2항 제1호의 적용대상이 될 수 없다.

[30] 대법원 2006. 12. 22. 선고 2006도1623 판결 등 참조.

둘 수 있는 기간을 말한다. 이하 같다) 기부할 수 있는 한도액은 다음 각 호와 같다. <개정 2008. 2. 29., 2010. 1. 25., 2016. 1. 15., 2017. 6. 30.>

2. 제1호 외의 후원회에는 각각 500만 원(중앙당창당준비위원회후원회가 중앙당후원회로 존속하는 경우와 후원회지정권자가 동일인인 국회의원후보자등후원회와 국회의원후원회는 각각 합하여 500만 원)

☞ **정치자금법 제12조(후원회의 모금·기부한도)** ① **후원회가 연간 모금할 수 있는 한도액**(이하 "연간 모금한도액"이라 하고, 전년도 연간 모금한도액을 초과하여 모금한 금액을 포함한다)은 다음 각 호와 같다. **다만**, 신용카드·예금계좌·전화 또는 인터넷전자결제시스템 등에 의한 모금으로 부득이하게 연간 모금한도액을 초과하게 된 때에는 연간 모금한도액의 100분의 20의 범위에서 그러하지 아니하되, 그 이후에는 후원금을 모금할 수 없다. <개정 2006. 3. 2., 2008. 2. 29., 2010. 1. 25., 2016. 1. 15., 2017. 6. 30.>

1. 중앙당후원회는 중앙당창당준비위원회후원회가 모금한 후원금을 합하여 50억 원

2. 삭제 <2008. 2. 29.>

3. 대통령후보자등후원회·대통령선거경선후보자후원회는 각각 선거비용제한액의 100분의 5에 해당하는 금액(후원회지정권자가 동일인인 대통령후보자등후원회는 합하여 선거비용제한액의 100분의 5에 해당하는 금액)

4. 국회의원·국회의원후보자등 및 당대표경선후보자등의 후원회는 각각 1억5천만 원(후원회지정권자가 동일인인 국회의원후보자등후원회는 합하여 1억5천만 원)

5. 지방자치단체장후보자후원회는 선거비용제한액의 100분의 50에 해당하는 금액

② 후원회가 해당 후원회지정권자에게 연간 기부할 수 있는 한도액(이하 "연간 기부한도액"이라 한다)은 제1항의 규정에 의한 연간 모금한도액과 같은 금액으로 한다. 다만, 부득이하게 해당 연도(대통령후보자등·대통령선거경선후보자·당대표경선후보자등·국회의원후보자등 및 지방자치단체장후보자의 후원회는 해당 후원회를 둘 수 있는 기간을 말한다)에 후원회지정권자에게 기부하지 못한 때에는 제40조(회계보고)제1항에 따른 회계보고[국회의원후원회는 12월 31일 현재의 회계보고를, 후원회가 해산한 때에는 제40조(회계보고)제2항에 따른 회계보고를 말한다]를 하는 때까지 기부할 수 있다. <개정 2010. 1. 25., 2016. 1. 15.>

☞ **정치자금법 제13조(연간 모금·기부한도액에 관한 특례)** ① 다음 각 호에 해당하는 후원회는 **공직선거가 있는 연도에는 연간 모금·기부한도액의 2배를 모금·기부**할 수 있다. 같은 연도에 2 이상의 공직선거가 있는 경우에도 또한 같다. <개정 2008. 2. 29., 2012. 2. 29., 2017. 6. 30.>

1. 대통령선거
   후보자를 선출한 정당의 중앙당후원회 및 지역구국회의원후원회

2. 임기만료에 의한 국회의원선거
   후보자를 추천한 정당의 중앙당후원회 및 지역구에 후보자로 등록한 국회의원후원회

3. 임기만료에 의한 동시지방선거
   후보자를 추천한 정당의 중앙당후원회 및 해당 선거구에 후보자를 추천한 정당의 지역
   구국회의원후원회
   ② 제1항에서 "공직선거가 있는 연도"라 함은 당해 선거의 선거일이 속하는 연도를 말한다.

1) 서설

정치자금법은 **후원인의 기부한도, 후원회의 모금·기부한도 및 연간 모금·기부한도액에 관한 특례규정을 두고 이를 위반하여 정치자금을 기부받거나 기부한 자를 처벌**하고 있다.

특정 후원인 또는 후원회가 제한 없이 정치자금을 기부하게 될 경우 정경유착 등의 폐해가 발생할 수 있다는 점을 고려한 것으로 특정 후원회의 모금·기부한도를 규정한 외에도 특정 후원인이 특정 후원회에 연간 기부할 수 있는 한도와 방법 및 특정인이 후원회에 대하여 연간 기부할 수 있는 후원금의 한도 등을 규정하고 있다.

2) 구성요건의 주체 및 행위의 상대방

위 **구성요건의 주체**는 정치자금법상 기부한도를 위반하여 후원금을 받거나 기부를 한 자이므로 후원인뿐만 아니라 후원회도 주체가 될 수 있고, 종국적으로 후원금을 지급받을 후원회지정권자 또한 그 주체가 된다. **대법원** 또한 같은 취지로 판시한 바 있다.[31]

행위의 상대방은 후원금을 받는 행위의 경우 후원금을 기부하는 사람이 될 것이고, 후원금을 기부하는 행위의 경우 후원금을 기부 받는 사람이 될 것이다.

3) 구성요건적 행위

본죄의 **구성요건적 행위**는 정치자금법상 후원인의 기부한도를 위반하여 후원금을 받거나 기부를 하는 것이다. 정치자금법상 후원인의 기부한도에 관한 규정은 정치자금법 제11조 내지 제13조에 상세히 설시되어 있으므로 조문의 기재로 대체한다.

주관적 구성요건요소와 관련하여 기부행위를 할 당시 또는 기부를 받을 당시 위 기부금의 액수가 정치자금법에 따른 기부한도를 위반하였다는 점에 대한 미필적 인식을 요구하고 별도의 목적은 필요하지 않다.

이에 대하여 **대법원**은 정치자금법 제12조 제1항 단서의 해석 및 고의와 관련하여 위 단서 조항에서 정하는 모금방법은 후원회의 모금의사 내지 행위와는 무관하게 후원인의 일방

---

31 대법원 2009. 1. 30. 선고 2008도8138 판결 참조.

적인 의사와 행위에 기하여 이루어지는 경우가 있으므로 그러한 **초과사실을 알면서도 계속 모금하거나 그와 동일시할 수 있는 정도의 사정이 있는 경우에 한하여 위 위반죄가 성립**한다고 판시하고 있다.[32]

4) 처벌

본죄를 범하면 5년 이하의 징역 또는 1천만 원 이하의 벌금에 처한다. 나아가 불법정치자금법에 따라 위와 같은 범죄로 취득한 불법재산은 모두 필요적 몰수·추징의 대상이 된다(불법정치자금법 제3조, 제6조 각 참조).

라. 후원금 모금방법 규정 위반의 점(제3호)

관련조문

제45조(정치자금부정수수죄) ② 다음 각 호의 어느 하나에 해당하는 자는 5년 이하의 징역 또는 1천만 원 이하의 벌금에 처한다.

3. **제14조(후원금 모금방법)** 내지 **제16조(정치자금영수증과의 교환에 의한 모금) 제1항**의 규정을 위반하여 **고지·광고**하거나 **후원금을 모금한 자**

☞ **정치자금법 제14조(후원금 모금방법)** ① 후원회는 우편·통신(전화, 인터넷전자결제시스템 등을 말한다)에 의한 모금, 중앙선거관리위원회가 제작한 정치자금영수증(이하 "정치자금영수증"이라 한다)과의 교환에 의한 모금 또는 신용카드·예금계좌 등에 의한 모금 그 밖에 이 법과 「정당법」 및 「공직선거법」에 위반되지 아니하는 방법으로 후원금을 모금할 수

---

32 대법원 2010. 7. 15. 선고 2007도7523 판결 참조.

[판결 이유 中] 「…구 정치자금법 제45조 제2항 제2호는 제12조 제1항을 위반하여 후원금을 모금한 자를 처벌한다고 규정하고, 같은 법 제12조 제1항 단서는 '신용카드·예금계좌·전화 또는 인터넷전자결제시스템 등에 의한 모금으로 부득이하게 연간 모금한도액을 초과하게 된 때에는 그러하지 아니하되, 그 이후에는 후원금을 모금할 수 없다'고 규정하고 있는바, 위 단서 조항에서 정하는 모금방법은 후원회의 모금의사 내지 행위와는 무관하게 후원인의 일방적인 의사와 행위에 기하여 이루어지는 경우가 있어 그와 같은 방법에 의한 모금으로 연간 모금한도액을 초과하게 되었다는 사실만으로 곧바로 그 한도액 초과에 대해 후원금 모금자에게 형사책임을 지운다면 이는 형사상 자기책임의 원칙에 반하게 되는 점, 만약 위 단서 조항에 정해진 방법에 의한 모금을 하였다는 사실 외에 피고인에게 모금한도액 초과상태의 발생을 막지 못한 데에 별도의 부득이한 사유가 있었음을 증명하도록 요구한다면 이는 피고인에게 후원인들로 하여금 연간 모금한도액이 초과되지 않는 범위에서 기부하도록 하는 별도의 조치를 취할 의무를 부과하는 것이 되어 피고인에게 불리한 확장해석이 되는 점, 그 밖에 위 단서 조항의 문언 내용, 정치자금법의 입법 취지 등을 종합하여 보면, **위 단서 조항에 정해진 방법에 의하여 후원금을 모금하는 경우 그 과정에서 일시적으로 연간 모금한도액 초과상태에 이르게 된다 하더라도 그러한 사정만으로 곧바로 구 정치자금법 제45조 제2항 제2호 위반죄가 성립하는 것이라고 볼 수는 없고, 다만 그러한 초과사실을 알면서도 계속 모금하거나 그와 동일시할 수 있는 정도의 사정이 있는 경우에 한하여 위 위반죄가 성립한다고 할 것이다.**

있다. 다만, 집회에 의한 방법으로는 후원금을 모금할 수 없다.

☞ **정치자금법 제16조(정치자금영수증과의 교환에 의한 모금)** ① 후원회 또는 후원회로부터 위임을 받은 자는 정치자금영수증을 후원금과 교환하는 방법으로 모금을 할 수 있다.

정치자금법은 후원금 모금방법 규정(제14조), 정치자금영수증과의 교환에 의한 모금 관련 규정(제16조 제1항)을 위반하여 후원금을 고지·광고하거나 후원금을 모금한 자를 처벌하고 있다.

구성요건의 주체는 위와 같은 규정을 위반해 후원금에 대한 고지 또는 광고를 한 사람 또는 후원금을 모금한 사람이다. **구성요건적 행위**는 정치자금법 제14조 및 제16조에 정해진 후원금 모금방법을 위반하여 후원금을 모금하는 것으로 구체적인 모금방법은 각 법률 규정과 같다.

처벌과 관련하여 본죄를 범하면 5년 이하의 징역 또는 1천만 원 이하의 벌금에 처한다. 나아가 불법정치자금법에 따라 위와 같은 범죄로 취득한 불법재산은 모두 필요적 몰수·추징의 대상이 된다(불법정치자금법 제3조, 제6조 각 참조).

마. 후원회 규정 위반의 점(제45조 제2항 제1호 내지 제3호) 관련 범죄수익환수 사례

정치자금법 제45조 제2항 제1호 내지 제3호 위반행위를 통해 취득한 불법재산(규정을 위반하여 취득한 후원금)은 모두 필요적 몰수·추징의 대상이 된다(동조 제3항). 다만 실무상 위 구성요건으로 기소되어 몰수·추징이 선고된 사례, 위와 같이 불법적으로 수수한 정치자금에 대한 자금세탁범죄 처벌사례는 거의 확인되지 않는다.

4. 기탁금 및 기부제한 규정 위반의 점(제45조 제2항 제4호 내지 제6호)

관련조문

제45조(정치자금부정수수죄) ② 다음 각 호의 어느 하나에 해당하는 자는 5년 이하의 징역 또는 1천만 원 이하의 벌금에 처한다.

4. **제22조(기탁금의 기탁) 제1항의 규정을 위반**하여 선거관리위원회에 기탁하지 아니하고 정치자금을 기부하거나 받은 자

☞ **제22조(기탁금의 기탁)** ① 기탁금을 기탁하고자 하는 개인(당원이 될 수 없는 공무원과 사립학교 교원을 포함한다)은 각급 선거관리위원회(읍·면·동선거관리위원회를 제외한다)에 기탁하여야 한다.

5. <u>제31조(기부의 제한) 또는 제32조(특정행위와 관련한 기부의 제한)의 규정을 위반</u>하여 정치자금을 기부하거나 받은 자

☞ <u>제31조(기부의 제한)</u> ① 외국인, 국내·외의 법인 또는 단체는 정치자금을 기부할 수 없다. ② 누구든지 국내·외의 법인 또는 단체와 관련된 자금으로 정치자금을 기부할 수 없다.

☞ <u>제32조(특정행위와 관련한 기부의 제한)</u> 누구든지 **다음 각 호의 어느 하나에 해당하는 행위와 관련**하여 정치자금을 기부하거나 받을 수 없다.

1. 공직선거에 있어서 **특정인을 후보자로 추천**하는 일

2. 지방의회 의장·부의장 선거와 교육위원회 의장·부의장, 교육감·교육위원을 선출하는 일

3. **공무원이 담당·처리하는 사무에 관하여 청탁 또는 알선**하는 일

4. 다음 각 목의 어느 하나에 해당하는 **법인과의 계약이나 그 처분에 의하여 재산상의 권리·이익 또는 직위를 취득하거나 이를 알선**하는 일

   가. 국가·공공단체 또는 특별법의 규정에 의하여 설립된 법인

   나. 국가나 지방자치단체가 주식 또는 지분의 과반수를 소유하는 법인

   다. 국가나 공공단체로부터 직접 또는 간접으로 보조금을 받는 법인

   라. 정부가 지급보증 또는 투자한 법인

6. <u>제33조(기부의 알선에 관한 제한)의 규정을 위반</u>하여 정치자금의 기부를 받거나 이를 알선한 자

☞ <u>제33조(기부의 알선에 관한 제한)</u> 누구든지 업무·고용 그 밖의 관계를 이용하여 부당하게 타인의 의사를 억압하는 방법으로 기부를 알선할 수 없다.

가. 서설

정치자금법은 기탁금의 기탁 규정(법 제22조 제1항)을 위반하여 선거관리위원회에 기탁하지 않고 정치자금을 기부하거나 기부받은 사람을 처벌하고(제45조 제2항 제4호), 기부의 제한 규정(법 제31조), 특정행위와 관련한 기부의 제한 규정(법 제32조)을 위반하여 정치자금을 기부하거나 받은 사람을 처벌한다(제45조 제2항 제5호).

나아가 기부의 알선에 관한 제한(법 제33조) 규정을 위반하여 정치자금을 기부받거나 기부한 사람 또한 처벌하고 있는데(제45조 제2항 제6호) 위 각 호의 규정은 모두 범죄수익은닉규제법상 중대범죄 및 불법정치자금범죄에 해당한다.

나. 기탁금 모금방법 규정 위반의 점(제45조 제2항 제4호, 제22조 제1항)

관련조문

제45조(정치자금부정수수죄) ②다음 각 호의 어느 하나에 해당하는 자는 5년 이하의 징역 또는 1천만 원 이하의 벌금에 처한다.

  4. **제22조(기탁금의 기탁) 제1항의 규정을 위반**하여 선거관리위원회에 기탁하지 아니하고 정치자금을 기부하거나 받은 자

☞ **제22조(기탁금의 기탁)** ① 기탁금을 기탁하고자 하는 개인(당원이 될 수 없는 공무원과 사립학교 교원을 포함한다)은 각급 선거관리위원회(읍·면·동선거관리위원회를 제외한다)에 기탁하여야 한다.

---

1) 서설

기탁금은 정치자금을 정당에 기부하고자 하는 개인이 정치자금법의 규정에 의하여 선거관리위원회에 기탁하는 금전이나 유가증권 그 밖의 물건을 말한다(정치자금법 제3조 제5호 참조). 정치자금법은 음성적인 정치자금 수수를 방지하고 유착관계의 형성을 막기 위하여 기탁금을 선거관리위원회에 기탁하도록 하고 있다.

2) 구성요건적 주체 및 행위의 상대방

위 **구성요건의 주체**는 아무런 제한이 없으므로 누구든 본죄의 주체가 될 수 있다. 위 **행위의 상대방**과 관련하여 선거관리위원회에 기탁하지 아니하고 정치자금을 기부하는 행위와 기부받는 행위는 서로 대향범의 관계에 있다.

3) 구성요건적 행위

본죄의 **구성요건적 행위**는 정치자금법 제22조 제1항 규정을 위반하여 선거관리위원회가 아닌 제3자에게 기탁금을 기탁하는 것이다.

하급심 판결 중에는 지구당위원장으로서 국회의원 후보로 출마할 예정인 사람이 "**정치자금이 없어 애로를 겪고 있으니 정치자금을 지원해 달라**"고 甲에게 부탁하여 甲으로부터 "향후 국회의원 선거에 당선되면 도와 달라"는 부탁과 함께 거액이 입금되어 있는 예금통장과 도장을 건네받아 인출한 사안에서 본죄를 유죄로 인정한 사례가 있다.[33]

그런데 실무상으로 정치자금법 제45조 제1항 위반죄(법률에 정하지 아니한 방법으로 정치자금

---

[33] ☞ 부산지방법원 1994. 9. 4. 선고 93노1272 판결 참조.

을 기부하거나 기부받는 행위 처벌 규정)와 본죄의 구별이 쉽지 않으나, 위 법 제45조 제1항 위반죄의 경우 공직선거법 제265조(선거사무장등의 선거범죄로 인한 당선무효)가 적용되는 반면, 본죄는 위 공직선거법 제265조가 적용되지 않는다는 점에서 큰 차이가 있다.

4) 처벌

본죄를 범하면 5년 이하의 징역 또는 1천만 원 이하의 벌금에 처한다. 나아가 **불법정치자금법에 따라 위와 같은 범죄로 취득한 불법재산은 모두 필요적 몰수·추징의 대상이 된다**(불법정치자금법 제3조, 제6조 각 참조).

다. 일반적 기부제한 규정 위반의 점(제45조 제2항 제5호, 법 제31조 제1항, 제2항)

관련조문

제45조(정치자금부정수수죄) ② 다음 각 호의 어느 하나에 해당하는 자는 5년 이하의 징역 또는 1천만 원 이하의 벌금에 처한다.

　5. 제31조(기부의 제한) 또는 제32조(특정행위와 관련한 기부의 제한)의 규정을 위반하여 정치자금을 기부하거나 받은 자

☞ 제31조(기부의 제한) ① 외국인, 국내·외의 법인 또는 단체는 정치자금을 기부할 수 없다.
　② 누구든지 국내·외의 법인 또는 단체와 관련된 자금으로 정치자금을 기부할 수 없다.

1) 서설

정치자금법은 **기부 자체를 일절 제한하고 있는 일반적인 금지규정**(법 제31조 참조)을 두고 있다. **외국인과 국내·외의 법인 또는 단체**는 정치자금을 기부할 수 없고(법 제31조 제1항), 누구든지 국내·외의 법인 또는 단체와 관련된 자금으로 정치자금을 기부할 수 없다(법 제31조 제2항). 외국인과 법인, 단체의 정치 개입과 정경유착의 폐해를 근절하기 위한 것으로 풀이된다. 정치자금법 제45조 제2항 제5호가 규정하고 있는 기부행위의 제한은 ① 일반적 기부제한(동법 제31조) 및 ② 특정행위 관련 기부행위 제한(동법 제32조)으로 나뉘므로 이를 각각 설명한다.

이와 관련하여 헌법재판소는 위 기부제한 규정의 입법취지에 관하여 다음과 같이 결정하면서 법인과 단체의 이름으로 정치자금을 기부하도록 하는 경우 법인 또는 단체 구성원의 의사를 왜곡할 염려가 있다는 점을 언급하고 있다.[34]

---

34 헌법재판소 2010. 12. 28. 선고 2008헌바89 결정 참조.

> ### 헌법재판소 결정
>
> **(전략)** 정치자금법이 이와 같이 법인 또는 단체의 정치자금 기부를 금지하고 있는 취지는, 법인 또는 단체의 이권 등을 노린 음성적인 정치적 영향력의 행사 및 선거의 공정을 해하는 행위를 차단하고 법인 또는 단체 구성원의 의사를 왜곡하는 것을 방지하는 데에 있고, 한편 단체의 정치자금 기부 금지에 관한 입법이 이루어지는 과정에서 회사 등 법인이나 단체가 임원 등 개인을 통해서 정치자금을 제공함으로써 정치자금법 제31조 제1항에서 정한 바와 같은 단체의 정치자금 기부금지의 취지를 몰각시키는 행위를 규제하여야 할 필요성이 제기됨에 따라 그 규정의 입법취지를 살리고, 탈법행위를 방지하기 위하여 누구든지 단체와 관련된 정치자금을 기부할 수 없도록 한 정치자금법 제31조 제2항과 같은 조항이 규정되게 되었으므로, 정치자금법 제31조 제2항의 '법인 또는 단체와 관련된 자금'이란 그 **법인 또는 단체의 의사결정에 따라 기부가 가능한 자금을 말한다. 또한 여기에는 법인 또는 단체의 존립과 활동의 기초를 이루는 고유한 자산은 물론, 법인 또는 단체가 자신의 이름으로 모집·조성한 자금도 포함된다**고 할 것이다. (후략)

2) 구성요건의 주체 및 행위의 상대방

가) 법률의 규정

동법 **제31조 제1항**의 **구성요건적 주체**는 외국인, 국내·외의 법인 또는 단체로서 해당 주체는 정치자금을 기부할 수 없다. 위 **행위의 상대방**은 정치자금을 기부받는 자로서 특별한 신분상 제한이 없다.

한편 **동법 제31조 제2항**의 **구성요건적 주체**는 아무런 제한이 없고, 기부를 받는 그 **행위의 상대방** 역시 제한이 없다.

나) 해석론

그런데 위 법률규정상 **제1항**은 '**국내·외의 법인 또는 단체**'의 정치자금 기부행위를 금지하여 '**구성요건적 주체**'를 기준으로 하고 있고 **제2항**은 '**국내·외의 법인 또는 단체와 관련된 자금**'의 기부를 금지하여 '**기부하는 정치자금의 성격**'을 기준으로 하고 있어 양 조항의 관계와 성격이 무엇인지 문제된다.

이에 대하여 **대법원**은 한국국공립유치원교원연합회의 정치자금 기부가 문제된 사안에서 **법 제31조 제1항**은 법인 또는 단체 스스로 자신의 자금으로 정치자금을 기부하는 행위를 금지하는 것이고, **제31조 제2항**은 법인 또는 단체 스스로 정치자금을 기부하지 않더라도 법인 또는 단체가 기부자금의 모집·조성에 주도적으로 관여하는 경우를 처벌하는 규정으로 해석함이 상당하다는 취지로 판시한 바 있다.[35]

---

35 대법원 2013. 3. 14. 선고 2011도15418 판결 참조.

> **판례**

정치자금법 제31조 제1항에서 '법인 또는 단체는 정치자금을 기부할 수 없다'고 한 것은 같은 조 제2항과의 관계나 입법연혁 등에 비추어 **법인 또는 단체 스스로 자신의 자금으로 정치자금을 기부하는 행위를 금지하는 규정이라고 보아야 하고**, 한편 정치자금법 제31조 제2항에서 법인 또는 단체 스스로 정치자금을 기부하지 않더라도 그와 관련된 자금으로 정치자금을 기부하는 것을 금지한다고 하여 법인 또는 단체가 기부자금 마련에 어떤 형태로든 관련되기만 하면 모두 정치자금법 제31조 제2항 소정의 기부금지 대상인 '법인 또는 단체와 관련된 자금'에 해당한다고 보아서는 안 되고, 법인 또는 단체가 기부자금의 모집·조성에 주도적·적극적으로 관여함으로써 그 모집·조성된 자금을 법인 또는 단체가 처분할 수 있거나 적어도 그와 동일시 할 수 있는 정도의 자금이어야만 '법인 또는 단체와 관련된 자금'에 해당한다고 보아야 할 것이다.

나아가, 구체적 사안에서 그 자금이 법인 또는 단체와 그와 같은 관련이 있는지 여부는 그 자금 모집과 조성행위의 태양, 조성된 자금의 규모, 모금 및 기부의 경위와 기부자의 이해관계 등 모금과 기부가 이루어진 일련의 과정을 전체적으로 파악하여 판단하여야 할 것이다(대법원 2012. 6. 14. 선고 2008도10658 판결 참조).

(중략)

이러한 사실 및 사정들을 앞서 본 법리에 비추어 살펴보면, 이 사건은 정치자금법 제31조 소정의 '단체'에 해당할 수 있는 연합회가 스스로 자신의 자금으로 정치자금을 기부한 것이 아니어서 같은 조 제1항에서 금지하는 단체가 정치자금을 기부한 경우에 해당한다고 볼 수 없고, **나아가 이 사건 자금 모집과 조성행위의 태양, 조성된 자금의 규모, 모금 및 기부의 경위 등 모금과 기부가 이루어진 일련의 과정을 전체적으로 파악하여 보았을 때 연합회가 기부자금의 모집·조성에 주도적·적극적으로 관여함으로써 그 모집·조성된 자금을 법인 또는 단체가 처분할 수 있거나 적어도 그와 동일시 할 수 있는 정도의 자금에 해당된다고 볼 수 없어 같은 조 제2항에서 정한 '단체와 관련된 자금'을 정치자금으로 기부한 경우에 해당한다고 보기 어렵다.**

원심의 이유 설시에 다소 적절치 못한 점은 있지만, 피고인 정**이 정치자금법 제31조를 위반하여 정치자금을 기부하였다는 공소사실과 이를 전제로 한 피고인 임**에 대한 공소사실은 모두 범죄의 증명이 없는 경우에 해당한다고 본 원심의 판단은 결국 정당하다.

이와 달리 정치자금법 제31조 제1항은 형식적으로는 개인 소유의 자금이라고 하더라도 정치자금 기부행위가 단체에 의해 주도되는 등 실제 기부행위의 주체를 단체라고 볼 수 있는 경우까지 포함하여 넓게 보아야 하고, 같은 조 제2항은 정치자금의 성격이 단체와 관련된 자금이어서는 안된다는 의미라고 해석함이 상당하므로 이 사건에서 위 두 조항 위반사이에는 상상적 경합관계에 있다거나, 단체가 자신의 이름을 사용하여 주도적으로 정치자금을 모집·조성한 이상 제31조 제2항의 '단체와 관련된 자금'에 해당한다는 전제하에, 원심판결에 정치자금법 제31조의 해석에 관한 법리와 입법취지 및 헌법재판소의 결정취지를 오해하였거나 이 사건의 실체적 성격이 연합회가 적극적으로 후원금 기부를 주도한 점을 오인한 나머지 필요한 심리를 다하지 아니한 위법이 있다는 상고이유의 주장은 모두 받아들일 수 없다(대법원 2013. 3. 14. 선고 2011도15418 판결 참조).

다) 기부가 금지되는 '법인과 단체'의 의미

본죄의 「법인 또는 단체」의 의미에 대하여 헌법재판소는 「공동의 목적 내지 이해관계를 가지고 조직적인 의사형성 및 결정이 가능한 다수인의 지속성 있는 모임」으로 보았다.[36]

이 때 단체는 국외는 물론 국내의 법인을 포함하고 등기나 등록 여부를 불문하므로 예컨대 캐나다에 있는 고등학교 동창모임(비법인 사단)에서 돈을 모아 이를 국회의원 후원회에 기부하는 것도 허용되지 않는다고 보아야 한다.

한편 중앙선거관리위원회는 서울지방변호사회가 소속회원이 특정 국회의원의 입법활동을 보조하거나 위 소속회원에게 변호사회에서 일정액을 지원하는 것과 관련하여 다음과 같이 회신한 바 있다.

중앙선거관리위원회 질의 회신[37]

변호사 또는 변호사 단체·모임이 「국회법」 제43조·제64조 등에 따라 전문지식을 요하는 안건 등의 심사와 관련하여 심사보조자나 진술인으로 참여하거나, 입법과정에서 국회의원이나 국회 상임위원회의 의견수렴에 단순히 응하는 것은 무방할 것이나 ② 그 범위를 벗어나 무료의 용역을 제공하는 방법으로 국회의원의 입법 활동을 보조하는 것은 행위주체 및 양태에 따라 「정치자금법」 제2조 또는 제31조에 위반될 것이다"라고 회답하였고, "서울지방변호사회가 국회의원의 입법 활동을 보조하는 소속 회원에게 지원금을 제공하는 것은 국회의원의 정치활동에 소요되는 비용을 대신 부담하는 행위가 되어 법인·단체의 정치자금 기부를 금지하는 「정치자금법」 제31조에 위반된다."

---

3) 구성요건적 행위 및 처벌

본죄의 **구성요건적 행위**는 '**기부행위**'로서 이에 대하여는 이미 앞에서 본 바와 같다. 본죄를 범하면 5년 이하의 징역 또는 1천만 원 이하의 벌금에 처한다. 나아가 **불법정치자금법에 따라 위와 같은 범죄로 취득한 불법재산은 모두 필요적 몰수·추징의 대상이 된다**(불법정치자금법 제3조, 제6조 각 참조).

---

36 헌법재판소 2012. 7. 26. 자 2009헌바298 결정 참조.
37 2009. 8. 3. 중앙선거관리위원회 위원장 회답 참조.

라. 특정행위 기부제한 규정 위반의 점(제45조 제2항 제5호, 제32조 제1호 내지 제4호)

관련조문 ──────────────

제45조(정치자금부정수수죄) ② 다음 각 호의 어느 하나에 해당하는 자는 5년 이하의 징역 또는 1천만 원 이하의 벌금에 처한다.

5. 제31조(기부의 제한) 또는 **제32조(특정행위와 관련한 기부의 제한)의 규정을 위반**하여 정치자금을 기부하거나 받은 자

☞ 제32조(특정행위와 관련한 기부의 제한) 누구든지 **다음 각 호의 어느 하나에 해당하는 행위와 관련**하여 정치자금을 기부하거나 받을 수 없다.

1. 공직선거에 있어서 **특정인을 후보자로 추천**하는 일

2. 지방의회 의장·부의장 선거와 교육위원회 의장·부의장, 교육감·교육위원을 선출하는 일

3. **공무원이 담당·처리하는 사무에 관하여 청탁 또는 알선**하는 일

4. 다음 각 목의 어느 하나에 해당하는 **법인과의 계약이나 그 처분에 의하여 재산상의 권리·이익 또는 직위를 취득하거나 이를 알선**하는 일

   가. 국가·공공단체 또는 특별법의 규정에 의하여 설립된 법인

   나. 국가나 지방자치단체가 주식 또는 지분의 과반수를 소유하는 법인

   다. 국가나 공공단체로부터 직접 또는 간접으로 보조금을 받는 법인

   라. 정부가 지급보증 또는 투자한 법인

1) 서설

정치자금법은 위와 같이 기부행위 자체를 일절 제한하고 있는 규정 외에도 **일정한 행위를 특정하여 그와 같은 행위와 관련된 기부를 금지하는 규정을 마련**해 두고 있다. 이는 정치자금의 기부가 특정행위와 맞물리는 경우 공직선거와 선거의 중립성, 공정성이 훼손될 수 있고 정경유착으로 인한 부정부패 및 매관매직을 야기할 위험이 있어 이를 사전에 방지하기 위한 것으로 봄이 상당하다.

실제로 정치자금법에서 금지하는 위 '특정행위'는 공직선거에서의 **후보자 추천, 특정업무와의 대가관계를 통한 정치자금의 기부 등이 포함**되는데 이하에서는 정치자금법에서 금지하고 있는 특정행위에 대해 상세히 살펴본다.

2) 공직선거에 있어 특정인을 후보자로 추천하는 일(제45조 제2항 제5호, 제32조 제1호)

관련조문

제45조(정치자금부정수수죄) ② 다음 각 호의 어느 하나에 해당하는 자는 5년 이하의 징역 또는 1천만 원 이하의 벌금에 처한다.

　5. 제31조(기부의 제한) 또는 **제32조(특정행위와 관련한 기부의 제한)의 규정을 위반**하여 정치자금을 기부하거나 받은 자

☞ **제32조(특정행위와 관련한 기부의 제한)** 누구든지 **다음 각 호의 어느 하나에 해당하는 행위와 관련**하여 정치자금을 기부하거나 받을 수 없다.

　1. 공직선거에 있어서 **특정인을 후보자로 추천**하는 일

가) 서설

정치자금법은 **공직선거**(공직선거법 제2조에 따른 대통령, 국회의원, 지방의회 의원 및 지방자치단체장 선거를 의미함)에 **있어서 특정인을 후보자로 추천하는 것과 관련하여 정치자금을 기부하는 것을 금지**하고 있다. 다시 말해 특정 후보자를 추천해주는 것을 대가 또는 조건으로 정치자금을 기부하는 행위를 금지하여 후보자 추천 단계에서부터 금원의 영향력을 원천 봉쇄함으로써 공명정대한 선거를 담보하고자 하는 것이다.

나) 구성요건의 주체 및 행위의 상대방

본죄의 **구성요건 주체**는 아무런 제한이 없다. 다만 법인 또는 법인격 없는 사단에 적용되는 민법 이론에 따라 정당은 법률에 명문의 규정이 없으면 범죄능력이 없으므로 그 단체의 업무는 단체를 대표하는 자연인인 기관의 의사결정에 따른 대표행위에 의하여 실현될 수밖에 없다. 따라서 **특정인을 후보자로 추천하는 일과 관련하여 금품이나 그 밖의 재산상 이익을 제공받은 당사자가 정당인 경우**에는 업무를 수행하는 정당의 기관인 자연인을 위반행위의 실제 행위자로 보아야 하고, **주로 정당의 대표자가 실제 행위자로서 처벌대상이 된다.**[38]

다만 헌법상 자기책임의 원칙에 따라 비법인 사단의 대표자라는 이유만으로 그 법률상 책임을 대표자에게 지우는 것은 부당하므로 '위반행위를 한 자'를 평가함에 있어 정치자금 수수의 전 과정을 살펴 누가 정치자금 제공자와 연락하여 정치자금을 제공하게 하거나 그

---

[38] 대법원 2009. 5. 14. 선고 2008도11040 판결 참조.

수령의 의사표시를 하였는지, 수령한 정치자금의 실질적 지배나 처분권한이 누구에게 있었는지를 따져야 할 것이고, 그와 관련하여 행위자가 정치자금의 제공의 전제가 되는 후보자 추천에 어떠한 영향력을 행사하였는지가 함께 고려될 수 있다.[39] 따라서 정당이 정당 명의의 계좌를 통해 금품 등을 수수하였다고 하더라도 사회통념에 비추어 행위자가 직접 재물 또는 재산상 이익을 취득한 것과 동일하게 평가할 수 있는 관계가 있는 경우에 한하여 그 행위자에게 형사처벌을 받을 책임이 있다고 보아야 한다.[40]

그 **행위의 상대방**은 기부행위의 경우 기부를 받는 사람, 기부를 받는 행위의 경우 기부를 하는 사람이다(대향범).

다) 구성요건적 행위

본죄의 **구성요건적 행위**는 법 제32조 제1호를 위반하여 공직선거에 있어 특정인을 후보자로 추천하는 일에 관하여 정치자금을 기부하거나 기부받는 것이다.

이 때 정치자금을 기부받을 당시 반드시 특정 정당이 존재하거나 그 정당의 구체적인 후보자 추천절차가 존재할 필요는 없다. 따라서 「창당준비위원회의 활동 결과 장차 성립될 정당 또는 아직 구체적인 후보자 추천절차가 존재하지 아니하는 정당이 특정인을 후보로 추천하는 일」도 제47조의2 제1항에서 말하는 '정당이 특정인을 후보자로 추천하는 일'에 포함된다고 해석하는 것이 타당하다.[41]

한편 **대법원**은 「후보자로 추천하는 일과 관련하여」의 해석에 대하여 「**정치자금의 제공이 후보자 추천의 대가 또는 사례에 해당하거나, 그렇지 아니하더라도 후보자 추천에 있어서 어떠한 형태로든 영향을 미칠 수 있는 경우에 해당하여야**」 한다.[42] 그리고 위와 같은 관련성 유무의 판단은 정치자금 수수와 관련된 당사자들의 지위, 정치자금 수수 당시 당해 정당의 후보자 추천절차와 그 결과, 정치자금 수수의 경위와 그 금액 및 전달방법, 정치자금 수수를 전후한 당사자들의 언행 등 여러 사정을 종합하여 사회통념에 따라 합리적으로 판단하여야 한다.」고 판시하여[43] 일응의 해석기준을 제시하고 있다.

주관적 구성요건요소와 관련하여 본죄 또한 **고의범**이므로 특정인을 후보자로 추천하는 일과 관련하여 정치자금을 기부하거나 기부받는다는 인식이 있어야 하고 이러한 인식은 확

---

[39] 대법원 2013. 11. 28. 선고 2011도17163 판결 참조.
[40] 헌법재판소 2009. 10. 29.자 2008헌바146 결정 참조.
[41] 대법원 2018. 2. 8. 선고 2017도17838 판결 참조.
[42] 대법원 2007. 9. 6. 선고 2006도6307 판결, 대법원 2009. 10. 22. 선고 2009도7436 전원합의체 판결 참조.
[43] 대법원 2013. 11. 28. 선고 2011도17163 판결 참조.

정적인 것은 아니나 금원을 교부할 당시 명시적으로나 묵시적으로 공천과 관련하여 위 금원을 정당에 기부한다는 의사가 표시되어야 함은 당연하다.[44]

라) 죄수 및 처벌

공직선거법 제230조 제6항, 제47조의2 제1항에서 규정하고 있는 매수 및 이해유도죄와 위 법률규정 위반죄의 관계에 대하여 **대법원**은 양 죄의 보호법익이 서로 다르고 구성요건의 내용도 어느 한 쪽이 다른 쪽을 포함하고 있다고 볼 수 없어 양 죄는 상상적 경합의 관계에 있다고 판시한 바 있다.[45]

본죄를 범하면 5년 이하의 징역 또는 1천만 원 이하의 벌금에 처한다. 나아가 불법정치자금법에 따라 위와 같은 범죄로 취득한 불법재산은 모두 필요적 몰수·추징의 대상이 된다(불법정치자금법 제3조, 제6조 각 참조).

3) 지방의회 의장·부의장 선거와 교육위원회 의장·부의장, 교육감·교육위원을 선출하는 일(제45조 제2항 제5호, 제32조 제2호)

관련조문

제45조(정치자금부정수수죄) ② 다음 각 호의 어느 하나에 해당하는 자는 5년 이하의 징역 또는 1천만 원 이하의 벌금에 처한다.

　5. 제31조(기부의 제한) 또는 **제32조(특정행위와 관련한 기부의 제한)의 규정을 위반**하여 정치자금을 기부하거나 받은 자

☞ **제32조(특정행위와 관련한 기부의 제한)** 누구든지 **다음 각 호의 어느 하나에 해당하는 행위와 관련**하여 정치자금을 기부하거나 받을 수 없다.

　2. 지방의회 의장·부의장 선거와 교육위원회 의장·부의장, 교육감·교육위원을 선출하는 일

가) 서설

정치자금법은 법 제32조 제1호의 공직선거(공직선거법 제2조에 따른 대통령, 국회의원, 지방의회 의원 및 지방자치단체장 선거를 의미함) 외에도 지방의회, 교육위원회의 의장과 부의장을 선출하는 일 및 교육감과 교육위원을 선출하는 일과 관련하여 정치자금을 기부하거나 기부받는 것을 금지하고 있다. 위의 경우에도 **일반 공직선거와 마찬가지로 선거의 중립성, 공정**

---

[44] 대법원 2007. 4. 26. 선고 2007도218 판결 참조.
[45] 대법원 2009. 5. 14. 선고 2008도11040 판결 참조.

성이 훼손될 수 있고 정경유착으로 인한 부정부패 및 매관매직을 야기할 위험이 있다고 보고 이를 사전에 방지하기 위한 것으로 봄이 상당하다.

나) 구성요건적 주체 및 행위 상대방

본죄의 **구성요건적 주체**는 아무런 제한이 없고 **그 행위의 상대방**은 기부행위의 경우 기부를 받는 사람, 기부를 받는 행위의 경우 기부를 하는 사람이다.

다) 구성요건적 행위

본죄의 **구성요건적 행위**는 지방의회, 교육위원회 의장·부의장 및 교육감·교육위원 선출하는 일과 관련하여 정치자금을 기부하거나 받는 것이다.

지방교육자치에관한법률(이하, '교육자치법')에 따르면 교육감의 경우 정치자금법 중 시·도지사 선거에 적용되는 규정을 준용하고 있다. 따라서 교육자치법에 따라 선출되는 교육감 선거와 관련하여 금품을 수수하는 경우 정치자금법 제32조 제2호를 적용하여 처벌할 수 있을 뿐만 아니라 정치자금법 제45조 제1항도 적용할 수 있다.[46] 한편 교육위원의 경우 교육자치법 부칙에 따라 2014. 6.을 기점으로 교육위원회는 효력을 상실하게 되었고 2016. 12. 13. 교육자치법 개정으로 결국 교육위원 관련 규정은 모두 삭제되었다.[47]

구성요건적 행위인 **'선출하는 일과 관련하여'**의 해석은 제1호의 그것과 동일하나, 실무상 법 제32조 제2호 위반죄가 문제된 사례는 찾기 어렵다. 지방의회 의장 후보자가 위 선거의 투표권자인 지방의회 의원들을 매수한 사건에서 위 후보자는 뇌물공여죄로, 매수당한 의원들을 뇌물수수죄로 처벌된 사례가 있을 뿐이다.

대법원은 위 사례에서 「뇌물죄에 있어서 직무라 함은 공무원이 법령상 관장하는 직무 그 자체뿐만 아니라 그 직무와 밀접한 관계가 있는 행위 또는 관례상이나 사실상 소관하는 직무행위 및 결정권자를 보좌하거나 영향을 줄 수 있는 직무행위도 포함한다. 지방자치법 제

46 교육자치법 제50조(「정치자금법」의 준용) 교육감선거에 관하여는 「정치자금법」의 시·도지사선거에 적용되는 규정을 준용한다.[본조신설 2010. 2. 26.]

47 법제처 교육자치법(2016. 12. 13. 법률 제14372호) 개정이유 및 주요내용
[이유 中] 역사적으로 교육자치제도와 지방자치제도가 분리해서 시작했고 시행되어옴에 따라, 지방의원과 교육위원을 따로 선출해왔음. 「지방교육자치에 관한 법률」 부칙에 따라, 2014년 6월 기점으로 그동안 교육위원회는 효력을 상실하게 됨. 현재 교육위원회는 지자체 지방의회의 상임위 차원으로 운영되고 있음. 다만, 「제주특별자치도 설치 및 국제자유도시 조성을 위한 특별법」에 의해 제주도만 교육의원을 선출하고 있음.
하지만 아직까지 교육위원회 조항이 남아있음에 따라, 해당 조항을 부칙과 함께 보지 않으면 교육의원(교육위원에서 교육의원으로 변경됨)이 존재하는 것처럼 보여 국민들이 혼란스러울 수 있음. 따라서 현행법상 교육위원회 및 교육의원 제도는 「지방교육자치에 관한 법률」 개정으로 사문화된 제도이므로 해당 규정을 삭제하여 현행 법률의 체계에 맞도록 하려는 것임.

42조 제1항의 규정에 의하면 **지방의회는 의장을 의원들 간의 무기명투표로 선거하도록 되어 있으므로 의장선거에서의 투표권을 가지고 있는 군의원들이 이와 관련하여 금품 등을 수수할 경우 이는 군의원으로서의 직무와 관련된 것이라 할 것이므로 뇌물죄가 성립한다.**」고 판시한 바 있다.[48] 위 사례에서 지방의회 의장 선거와 관련하여 정치자금을 수수하여 정치자금법위반죄가 함께 성립한다면 위 뇌물수수죄와는 상상적 경합범의 관계에 따라 처벌될 것으로 보인다(私見).

라) 처벌

본죄를 범하면 5년 이하의 징역 또는 1천만 원 이하의 벌금에 처한다. 나아가 불법정치자금법에 따라 **위와 같은 범죄로 취득한 불법재산은 모두 필요적 몰수·추징의 대상이 된다**(불법정치자금법 제3조, 제6조 각 참조).

4) 공무원이 담당·처리하는 사무에 관하여 청탁 또는 알선하는 일(제45조 제2항 제5호, 제32조 제3호)

관련조문

제45조(정치자금부정수수죄) ② 다음 각 호의 어느 하나에 해당하는 자는 5년 이하의 징역 또는 1천만 원 이하의 벌금에 처한다.

5. 제31조(기부의 제한) 또는 **제32조(특정행위와 관련한 기부의 제한)의 규정을 위반**하여 정치자금을 기부하거나 받은 자

☞ **제32조(특정행위와 관련한 기부의 제한)** 누구든지 **다음 각 호의 어느 하나에 해당하는 행위와 관련**하여 정치자금을 기부하거나 받을 수 없다.

3. **공무원이 담당·처리하는 사무에 관하여 청탁 또는 알선**하는 일

가) 서설

본죄는 공무원이 담당하고 처리하는 사무에 관하여 청탁 또는 알선을 해주는 것과 관련하여 정치자금을 기부하거나 받는 행위를 금지하고 있다. **대법원**은 위 조항의 입법취지에 대하여 「…특히 같은 법 제32조는 비록 정치자금의 수수가 위 법이 정한 절차와 한도에 따른 것이라 하더라도 그것이 위 법조항이 정하는 특정행위와 관련하여 이루어지는 경우에는 **공직선거, 공무원이 담당·처리하는 사무, 공법인 등의 공정성과 중립성이 훼손되**

---

[48] 대법원 2002. 5. 10. 선고 2000도2251 판결 참조.

거나 정경유착으로 인한 부정부패를 야기할 위험이 있다고 보아 이를 미연에 방지하기 위하여 그러한 정치자금의 수수를 금지한 것으로 보아야 할 것이다.」라고 판시하고 있다.[49]

나) 구성요건의 주체 및 행위의 상대방

본죄의 **구성요건적 주체**는 아무런 제한이 없고 **그 행위의 상대방**은 기부행위의 경우 기부를 받는 사람, 기부를 받는 행위의 경우 기부를 하는 사람이다.

다) 구성요건적 행위

본죄의 **구성요건적 행위**는 공무원이 담당·처리하는 사무에 관하여 청탁·알선하는 일과 관련해 정치자금을 기부받거나 기부하는 것이다. 정치자금을 기부하거나 기부받은 이상 정치자금법 제32조 제3호 위반죄가 성립하고, 그 청탁 또는 알선행위가 당해 정치자금을 받은 자의 직무활동 범위에 속한다거나 나아가 그 청탁 또는 알선의 내용이 위법 또는 부당한 것이 아니라는 사정 또는 그에 관한 정치자금 기부행위가 정치자금법이 정한 절차와 한도 범위 내에서 이루어졌다는 사정만으로 그 죄책을 면할 수 없다.[50]

여기에서 '**청탁**'은 정치자금을 기부받은 자가 자기 또는 타인을 위하여 해당 사무를 담당·처리하는 공무원에게 직접 부탁하는 것을 의미한다. 이 때 그 청탁이 위법하거나 부당한 직무집행을 내용으로 하는 것은 물론이고 비록 청탁의 대상이 된 직무집행 자체는 위법·부당한 것이 아니라고 하더라도 **당해 직무집행을 어떤 대가관계와 연결시켜 그 직무집행에 관한 대가의 교부를 내용으로 하는 경우라면 본죄의 청탁에 해당**한다고 봄이 상당하다.

한편 '**알선**'은 일정한 사항을 중개하는 것으로 다른 공무원이 취급하는 사무의 처리에 법률상 또는 사실상 영향을 줄 수 있도록 하는 것을 말한다. 이러한 알선행위는 정치자금을 기부받은 자가 해당 사무를 담당하는 공무원에게 직접 부탁하지 않고 공무원과 잘 아는 제3자를 통해 부탁한다는 점에서 '청탁'과 구별된다.

대법원은 「정치자금법 제32조의 입법 취지, 정치자금법 제32조 제3호는 청탁행위와 알선행위를 모두 금지대상으로 하고 있는데 '청탁'은 알선과는 달리 기부행위를 받은 공무원과 분리된 다른 공무원이 담당·처리하는 사무를 당연한 전제로 하고 있지 아니한 점 등에 비추어 보면, **기부자가 당해 정치자금을 받은 공무원이 '직접' 담당·처리하는 사무에 관하여 청탁하는 일과 관련하여 정치자금을 기부하는 행위 역시 위 조항에 위배된다**.」고 판시하였다.[51]

---

49 대법원 2008. 9. 11. 선고 2007도7204 판결 참조.

50 위 대법원 2007도7204 판결 참조.

51 대법원 2013. 10. 31. 선고 2011도8649 판결 참조

　[판결이유 中] 피고인들이 공무원인 국회의원들이 담당·처리하는 사무인 청원경찰법의 개정에 관하여

본죄와 관련하여 대법원이 구체적인 법리를 설시한 사례가 있어 이를 자세히 살펴볼 필요가 있다. 서산시 국회의원인 피고인 甲이 후원회의 회계를 사실상 지배·장악하여 관리하고 있는 상태에서 丙주식회사 대표이사인 피고인 乙이 피고인 甲에게 위 회사의 공장을 그의 지역구인 서산시에 신설하는 일과 관련하여 서산시장 등과의 간담회를 가지고 시장의 협조를 구해달라고 부탁하면서 회사 직원 542명을 동원하여 피고인 甲의 후원회에 거액을 기부한 사안에서 **대법원**은 피고인 甲의 후원회는 피고인 甲이 실질적으로 그 회계를 지배·관리하고 있으므로 비록 후원금이 후원회에 지급되었다 하더라도 피고인 甲이 이를 직접 기부받은 것으로 봄이 타당하고, 위 정치자금은 공무원이 담당·처리하는 사무에 관하여 청탁·알선하는 일과 관련된 것이라고 봄이 상당하여 피고인 甲은 정치자금법 제32조 제3호 위반죄의 죄책을 지며, 피고인 乙은 위와 같이 정치자금을 기부하는 과정에서 그와 같은 사정을 알지 못하는 회사 직원들의 기부행위를 유발하고 자신의 범죄행위를 실현한 것으로 형법 제34조 제1항 간접정범으로서 정치자금법 제32조 제3호의 죄책을 진다고 판시하였다.[52] 상세한 판시 사항 및 사실관계는 다음과 같다.

> **판례**
>
> (전략) 정치자금법의 입법 목적 및 그 규정내용 등을 종합하면, 국회의원의 후원회가 위 법이 정한 단체로서의 실질을 갖추지 못한 경우이거나 단체로서의 실질은 갖추었더라도 **국회의원이 직접 또는 보조자를 통하여 후원회의 후원금 입·출금을 포함한 후원회의 회계를 사실상 지배·장악하여 관리하고 있는 경우에는, 비록 형식적으로는 후원금이 후원회에 기부되었다고 하더라도, 이는 국회의원이 직접 후원금을 기부받은 것과 마찬가지라고 보아야 할 것이다.** 또한, 국회의원이 지정한 후원회는 정치자금을 모아 국회의원에게 전달하는 데에 그 존립 목적이 있어 정치자금의 최종 귀속자 내지 독립된 제3자라기보다는 국회의원에 대한 정치자금을 관리하고 전달하는 역할을 하는 것에 불과하므로, 후원회가 위 법이 정한 단체로서의 실질을 갖추었을 뿐 아니라 독자적인 회계처리 등 정상적인 활동을 하고 있는 경우에도, **국회의원이 후원회로부터 기부받은 후원금액은 원래 기부자의 후원회에 대한 후원금 기부사실을 알지 못하였다는 등의 특별한 사정이 없는 한 원래의 기부자로부터 직접 기부받은 것과 동일하게 보아야 한다.**

자신들이 요구해 오던 청원경찰의 등급제, 정년의 연장 등이 수용되도록 **국회의원들에게 청탁하는 일과 관련하여 정치자금을 기부한 점** 등 그 판시와 같은 사정에 비추어 보면, **피고인들의 위와 같은 정치자금 기부행위는 정치자금법 제32조 제3호를 위반한 경우에 해당한다**고 판단하였다. 원심판결 이유를 앞서 본 법리와 원심이 적법하게 채택한 증거들에 비추어 보면, 원심의 위와 같은 판단은 정당하고, 거기에 상고이유 주장과 같이 정치자금법상 기부행위에 관한 법리를 오해하거나 사실인정에 있어 논리와 경험칙에 반하여 자유심증주의의 한계를 벗어나는 등의 위법이 없다.

[52] 위 대법원 2007도7204 판결 참조.

(중략) 丙회사의 대표이사 겸 회장인 피고인 2가 위 회사의 제2공장을 서산시에 신설하는 것과 관련하여 그곳 지역구 국회의원인피고인 1의 주선으로 서산시장 등과의 간담회를 가지고 피고인 1에게 도시계획 변경 및 일반지방산업단지지정에 관하여도 서산시장의 협조를 구해 달라고 부탁한 사실, 이와 관련하여 **피고인 2는 피고인 1에게 후원금을 제공하기로 마음먹고, 위 회사의 경영진과 조직을 통하여 전국에 산재한 위 회사 지점 및 영업소 직원들에게 피고인 1을 소개하면서 그에 대한 후원금 기부를 권고하고 후원한 직원들의 명단까지 파악하는 등 후원금 기부를 적극적으로 유도하여**, 이전에는 피고인 1에 대한 후원금 기부를 생각조차 하지 않던 전국 각지의 위 회사 직원들 중 무려 542명으로 하여금 불과 14일 동안 10만 원씩 모두 5,420만 원의 후원금을 피고인 1의 후원회에 집중적으로 기부하도록 함으로써 피고인 2 및 위 회사 임원 등의 후원금을 합하여 합계 5,560만 원을 기부한 사실, **피고인 1의 후원회는 형식적으로는 위 피고인과 별도로 구성되어 있기는 하나, 그 활동이 미미하고, 후원금 관리계좌가 위 피고인 명의로 개설되어 있으며, 그 통장 및 도장을 위 피고인의 변호사 사무실 여직원 겸 국회의원 정치자금 회계책임자가 위 피고인의 국회의원 정치자금 통장 및 도장과 함께 보관하면서 위 피고인의 국회의원 보좌관 겸 후원회 회계책임자의 구체적 지시·감독 아래 이를 관리하여 왔고,** 위 피고인은 그 보좌관 겸 후원회 회계책임자로부터 위 통장의 입·출금 내역 등 관리 상황을 수시로 보고받아 왔으며, 이 사건 후원금 입금에 관하여도 위와 같은 방법으로 보고받고 그 직후 피고인 2에게 직접 감사하다는 취지의 인사말까지 한 사실을 알 수 있다.

위와 같은 사실을 앞서 본 법리에 비추어 살펴보면, 비록 형식적으로는 위 후원금이 후원회에 기부된 것이라고 하더라도 **실질적으로는 후원회의 회계를 사실상 지배·장악하고 있던 피고인 1 본인이 바로 후원금을 기부받은 것으로 볼 수 있어 정치자금법 제32조 제3호가 금지하는 공무원이 담당·처리하는 사무에 관하여 청탁 또는 알선하는 일과 관련하여 정치자금을 수수한 것이라 할 것이고, 피고인 2는 자세한 내막을 알지 못하여 정치자금법 위반죄를 구성하지 않는 직원들의 기부행위를 유발하고 이를 이용하여 자신의 범죄를 실현한 것이어서 간접정범으로서의 죄책을 면할 수 없다 할 것이**다(대법원 2008. 9. 11. 선고 2007도7204 판결 참조).

라) 죄수 및 처벌

본죄의 **죄수와 관련**하여 **대법원**은 「…단체와 관련된 자금을 국회의원등에게 기부한 행위로 인한 정치자금법 제31조 제2항 위반죄와 공무원이 담당·처리하는 사무에 관하여 청탁 또는 알선하는 일과 관련하여 정치자금을 기부한 행위로 인한 정치자금법 제32조 제3호 위반죄는, 그 객관적 사실관계가 기부상대방인 국회의원별로 이루어진 하나의 기부행위를 대상으로 한 것으로 1개의 행위가 수 개의 죄에 해당하는 경우로서 형법 제40조에 정해진 상상적 경합관계에 있다고 할 것이다.」라고 판시하고 있다.[53]

---

[53] 대법원 2013. 10. 31. 선고 2011도8649 판결 참조.

나아가 위 구성요건은 형법상 알선수뢰죄(형법 제132조), 이를 가중한 특정범죄가중법 제2조 제1항(알선수뢰), 제3조(알선수재)죄와 그 행위태양이 유사한바 **대법원**은 정치자금법 제32조 제3호 위반죄와 형법상 알선수뢰죄의 경우 그 구성요건과 보호법익을 서로 달리하고 있으므로 양죄가 특별관계에 있다고 볼 수 없어 국회의원등이 공무원의 직무에 속한 알선에 관하여 금원을 수수한 경우 본조 위반과 알선수뢰죄가 각 성립한다고 판시하였는데,[54] 이 때 양죄는 상상적 경합범 관계에 있다고 봄이 상당하다.

본죄를 범하면 5년 이하의 징역 또는 1천만 원 이하의 벌금에 처한다. 나아가 불법정치자금법에 따라 위와 같은 범죄로 취득한 불법재산은 모두 필요적 몰수·추징의 대상이 된다(불법정치자금법 제3조, 제6조 각 참조).

5) 특정 법인과의 계약이나 그 처분에 의하여 재산상의 권리·이익 또는 직위를 취득하거나 이를 알선하는 일(제45조 제2항 제5호, 제32조 제4호)

관련조문

제45조(정치자금부정수수죄) ② 다음 각 호의 어느 하나에 해당하는 자는 5년 이하의 징역 또는 1천만 원 이하의 벌금에 처한다.

 5. 제31조(기부의 제한) 또는 **제32조(특정행위와 관련한 기부의 제한)의 규정을 위반**하여 정치자금을 기부하거나 받은 자

☞ **제32조(특정행위와 관련한 기부의 제한)** 누구든지 **다음 각 호의 어느 하나에 해당하는 행위와 관련**하여 정치자금을 기부하거나 받을 수 없다.

 4. 다음 각 목의 어느 하나에 해당하는 **법인과의 계약이나 그 처분에 의하여 재산상의 권리·이익 또는 직위를 취득하거나 이를 알선**하는 일

 가. 국가·공공단체 또는 특별의 규정에 의하여 설립된 법인

 나. 국가나 지방자치단체가 주식 또는 지분의 과반수를 소유하는 법인

 다. 국가나 공공단체로부터 직접 또는 간접으로 보조금을 받는 법인

 라. 정부가 지급보증 또는 투자한 법인

가) 서설

본죄의 규정취지는 국가 또는 지방자치단체·공공단체로부터 보조금이나 출자 등을 받고

---

54 대법원 2006. 5. 26. 선고 2006도1713 판결 참조.

있는 회사 기타의 법인이 보조금 등을 받고 있다는 사실에 기하여 해당 법인은 국가나 지방자치단체와 특별한 관계에 있으므로 그 특별한 관계를 유지 또는 공고히 하기 위해 정치활동을 하는 사람들과 유착하기 쉬운 점, 이에 정치활동을 하는 사람들은 이를 이용하여 영향력을 행사할 수 있는 점에 비추어 위 법인과의 계약이나 그 처분에 의해 재산상의 권리, 이익, 직위를 취득하거나 알선하는 일을 통해 정치자금을 수수하는 것을 원천 차단하고자 하는 것으로 이해된다.

나) 구성요건의 주체 및 행위의 상대방

구성요건의 주체는 아무런 제한이 없고 **그 행위의 상대방**은 기부행위의 경우 기부를 받는 사람, 기부를 받는 행위의 경우 기부를 하는 사람이다.

다) 구성요건적 행위

본죄의 **구성요건적 행위**는 기부행위와 관련하여 아래와 같은 특정 법인과의 계약이나 처분에 의해 재산상의 권리, 이익 또는 직위를 취득하거나 이를 알선하면서 정치자금을 기부하거나 받는 것이다. 그 '**특정법인**'은 국가·공공단체 또는 특별법 규정에 따라 설립된 경우(가목), 국가·지방자치단체가 주식 또는 지분의 과반수를 소유하는 경우(나목), 국가·공공단체로부터 직·간접적으로 보조금을 받는 경우(다목), 정부가 지급보증 또는 투자한 법인(라목)이다.

라) 처벌

본죄를 범하면 5년 이하의 징역 또는 1천만 원 이하의 벌금에 처한다. 나아가 **불법정치자금법에 따라 위와 같은 범죄로 취득한 불법재산은 모두 필요적 몰수·추징의 대상이** 된다(불법정치자금법 제3조, 제6조 각 참조).

마. 기부알선 제한 규정 위반의 점(제45조 제2항 제6호, 제33조)

관련조문

제45조(정치자금부정수수죄) ② 다음 각 호의 어느 하나에 해당하는 자는 5년 이하의 징역 또는 1천만 원 이하의 벌금에 처한다.

　6. <u>제33조(기부의 알선에 관한 제한)의 규정</u>을 위반하여 정치자금의 기부를 받거나 이를 알선한 자

☞ <u>제33조(기부의 알선에 관한 제한)</u> 누구든지 업무·고용 그 밖의 관계를 이용하여 부당하게 타인의 의사를 억압하는 방법으로 기부를 알선할 수 없다.

1) 서설

누구든지 업무·고용 그 밖의 관계를 이용하여 부당하게 타인의 의사를 억압하는 방법으로 기부를 알선할 수 없다. 정치자금법은 정치자금의 적정한 제공을 보장함으로써 민주정치의 건전한 발전에 기여함을 목적으로 하고 있으므로 업무·고용·기타 그 밖의 관계를 이용해 부당하게 타인의 의사에 반하여 기부를 알선하지 못하도록 한 것이다.

2) 구성요건의 주체 및 행위의 상대방

본죄의 **구성요건의 주체**는 아무런 제한이 없다. 따라서 누구든지 본죄의 주체가 될 수 있다. 나아가 **행위의 상대방**은 ① **기부를 하도록 알선하는 행위**의 경우 알선행위의 상대방이다. 따라서 그 상대방이 직접 기부행위를 하는 사람일 필요는 없다고 해석함이 상당하다. 한편 ② **기부행위를 받는 행위**의 경우 기부행위를 실제로 하는 사람이다.

3) 구성요건적 행위

본죄의 **구성요건적 행위**는 업무·고용 그 밖의 관계를 이용하여 부당하게 타인의 의사를 억압하는 방법으로 기부를 알선하는 행위 및 그와 같은 알선을 통해 기부를 받는 것이다.

특정 상대방은 정치자금을 기부할 의사가 없는데 알선행위자와의 업무, 고용 기타의 방법으로 불이익을 받을 것을 염려하여 자유로운 의사결정을 하지 못한 채 마지못해 정치자금을 내게 된다는 인식을 하면서도 부당하게 정치자금의 기부를 하도록 하는 경우 이를 처벌한다.

이 때 **의사를 억압하는 방법이나 정도**는 업무, 고용 등의 관계로 상대방의 자유로운 **의사결정을 침해하는 정도**면 족하고 협박죄에서와 같이 명시적으로 해악을 고지하거나 공갈죄에서와 같이 상대방을 외포시킬 정도의 억압이 필요한 것은 아니다.[55]

이와 관련하여 **대법원**은 「국세청의 차장, 조사국장의 지위에 있는 피고인들이 조세부과 징수권 및 세무조사권을 의식하지 않을 수 없는 해당 기업의 관계자들에게 은근히 압력을 행사하는 방법으로 한나라당에 대한 대선자금의 지원을 요청하고, 해당기업의 관계자들도 국세청 고위공무원들이 기업에 대하여 갖는 막강한 권한 때문에 당시는 이른바 IMF 사태를 전후한 시기로서 경제사정이 매우 어려운 가운데 그들이 요구하는 대선자금을 지원하게 된 사실이 있으므로 이는 '타인의 의사를 억압하는 방법'으로 정치자금의 기부를 알선한 것」이라고 판시하였다.[56]

---

[55] 대법원 2004. 4. 27. 선고 2004도482 판결 참조.
[56] 위 대법원 2004도482 판결 참조.

한편 하급심 판결 중에는 양주축산업협동조합 상임이사가 간부회의에서 지시하여 경영혁신실을 통해 조직적으로 정치자금을 기부할 신청자 명단을 작성하고 직원들로 하여금 인당 10만 원씩 합계 총 1,000만 원을 모아 국회의원의 후원회에 기부하도록 한 사안에서 축협의 상임이사는 인사 등에서 불이익을 받을 것을 염려하는, 정치자금 기부의사가 없는 직원들의 의사를 억압하여 정치자금을 기부하도록 알선한 행위에 해당하므로 정치자금법 제33조 위반에 해당한다고 판시한 사례도 있다.[57]

주관적 구성요건요소와 관련하여 ① 기부행위 알선의 경우에는 기부행위를 실제로 하는 사람들의 진정한 의사와 무관하게 기부행위가 이루어진다는 점을 인식하여야 하고, ② 기부행위를 받는 행위의 경우, 기부행위를 받는 사람은 그 기부행위가 업무·고용 그 밖의 관계를 이용하여 부당하게 타인의 의사를 억압하는 방법으로 이루어졌다는 사실을 미필적으로나마 인식하였을 것을 요한다.

4) 처벌

본죄를 범하면 5년 이하의 징역 또는 1천만 원 이하의 벌금에 처한다. 나아가 불법정치자금법에 따라 위와 같은 **범죄로 취득한 불법재산은 모두 필요적 몰수·추징의 대상**이 된다(불법정치자금법 제3조, 제6조 각 참조).

바. 기탁금 및 기부제한 규정 위반의 점 관련(제45조 제2항 제4호 내지 제6호) 범죄수익환수 사례

앞에서 살펴본 바와 같이 정치자금법위반죄로 취득한 불법재산은 모두 필요적 몰수·추징

[판결 이유 中] 피고인 이*희, 주*중이 국세청 차장, 조사국장인 지위에 있어서 그들의 조세부과·징수권 및 세무조사권을 의식하지 않을 수 없는 해당 기업의 관계자들에게 은근히 압력을 행사하는 방법으로 한나라당에 대한 대선자금의 지원을 요청한 사실, 피고인 이*성, 서*목도 피고인 이*희가 국세청 차장으로 기업에 대한 위와 같은 권한으로 영향력을 행세할 수 있는 점을 이용하여 대선자금을 모금할 것임을 인식하면서도 그에게 정치자금의 모금을 도와 달라고 요청한 사실, 해당 기업의 관계자들도 피고인 이*희, 주*중이 국세청 고위 공무원들로서 기업에 대하여 가지는 막강한 권한 때문에 당시는 이른바 IMF 사태를 전후한 시기로서 경제사정이 매우 어려운 가운데에서도 마지못해 그들이 요구하는 대선자금을 지원하게 된 사실을 각 인정하고 나서, 피고인 이*희, 주*중이 기업들로부터 정치자금을 모금한 행위는 정치자금에관한법률 제14조의 '타인의 의사를 억압하는 방법'으로 정치자금의 기부를 알선한 것이고, 피고인 이*성, 서*목 역시 피고인 이*희 등과 공모하여 정치자금의 기부를 알선하였다고 판단하였다. 위에서 본 법리와 기록에 의하여 살펴보면, 원심의 인정과 판단은 모두 수긍이 가고, 거기에 주장과 같은 '타인의 의사를 억압하는 방법' 내지 그에 대한 고의에 관한 채증법칙을 어기거나 정치자금에관한법률 제14조에 관한 법리를 오해한 위법이 없다.
57 의정부지방법원 2011고합34, 57, 61, 100, 206, 504(병합) 판결 참조(피고인 항소포기로 확정).

의 대상이 된다(법 제45조 제3항). 정치자금법에 의한 필요적 몰수 또는 추징은 위 법을 위반한 자에게 제공된 금품 기타 재산상 이익을 그들로부터 박탈하여 그들로 하여금 부정한 이익을 보유하지 못하게 함에 그 목적이 있으므로, 제공된 당해 금품 기타 재산상 이익이 그 행위자에게 귀속되었음이 인정된 범위 내에서만 추징할 수 있고, **정당에게 제공된 정치자금의 경우 그 정당의 구성원 등이 교부받은 금품을 제공한 자의 뜻에 따라 정당에 전달한 경우에는 그 부분의 이익은 실질적으로 그 행위자에게 귀속된 것이 아니어서 그 가액을 행위자로부터 추징할 것은 아니다.**[58]

한편 금품을 현실적으로 수수한 행위자가 이를 정당에 실제로 전달하지 아니한 이상 위와 같은 법리가 적용된다고 할 수 없고, 이러한 금품수수자가 자신의 개인 예금계좌에 돈을 입금함으로써 그 특정성을 상실시켜서 소비 가능한 상태에 놓았다가 동액 상당을 인출하여 금품제공자에게 반환하였다고 하더라도, 그 가액 상당을 금품수수자로부터 추징함이 상당하다.[59]

대법원은 후보자 추천과 관련하여 기부의 제한이 문제된 사안에서 「**정당이 후보자 추천과 관련하여 금전을 무상으로 대여 받는 행위**는 정치자금법이 금지하는 정치자금을 제공받는 행위에 해당하는 것이지만, 이러한 경우 그 차용금 자체를 기부받은 것으로 볼 것은 아니고 **통상적으로 유상대여가 이루어졌을 경우와 비교하여 그 이자 상당의 재산상 이익을 기부받은 것으로 봄이 상당**하고, 이러한 법리는 정당이 후보자 추천과 관련하여 금전을 통상적인 경우에 비하여 현저히 낮은 이율로 대여 받은 경우에도 마찬가지이므로 이때에는 금융기관의 대출금리 또는 법정이율 등과 실제 이율과의 차이 상당의 재산상 이익을 기부받은 것으로 보아야 하고 몰수·추징의 대상도 이에 한정하여야 한다.」고 판시하고 있다.[60]

한편 공무원이 담당·처리하는 사무에 관하여 청탁 또는 알선하는 일과 관련하여 정치자금을 기부받은 사안에서 **실제로 그와 같은 방법으로 후원회를 통하여 기부를 받은 경우 기부금액 전액을 실제로 후원금을 지급받은 국회의원으로부터 추징한 사례**가 있어 소개

---

58 대법원 2004. 4. 27. 선고 2004도482 판결 참조.

59 대법원 1996. 10. 25. 선고 96도2022 판결, 대법원 1999. 1. 29. 선고 98도3584 판결, 대법원 2008. 1. 18. 선고 2007도7700 판결 등 참조.
　　[판결 이유 中]피고인 2가 피고인 1로부터 현실적으로 수수한 총 2억 5천만 원의 정치자금 중 민주당에 실제로 전달된 117,000,000원을 제외한 나머지 133,000,000원이 추징대상이 된다고 보고, 나아가 피고인 2가 위와 같이 수수한 133,000,000원 자체를 피고인 1에게 반환한 것이 아니라 이를 일단 자신의 개인 예금계좌에 입금하였다가 같은 금액을 위 예금계좌에서 인출하여 이를 피고인 1에게 지급한 이상 피고인 2로부터 그 가액 상당을 추징하여야 한다고 판단하였는바, 이러한 원심의 판단은 앞서 본 법리에 따른 것으로서 정당하고, 거기에 상고이유의 주장과 같은 추징에 관한 법리오해 등의 위법이 없다.

60 대법원 2009. 10. 22. 선고 2009도7436 전원합의체 판결 참조.

한다. 상세한 판시사항은 다음과 같다.[61]

사례

범죄사실

피고인 1은 서산·태안지역을 지역구로 하는 X당 소속 제**대 국회의원이고, 피고인 2는 丙 주식회사(이하 '丙'이라고만 한다)의 대표이사 겸 회장인바,

1. 피고인 1은, 누구든지 공무원이 담당·처리하는 사무에 관하여 청탁 또는 알선하는 일과 관련하여 정치자금을 기부받을 수 없음에도 불구하고,

2005. 8. 초순경 사우디아라비아에서 丙 제2공장 신설사업과 관련하여 그 부지 선정에 어려움을 겪고 있던 피고인 2에게 위 제2공장의 부지로 자신의 지역구인 서산 대산지역을 추천해 주었고, 2005. 8. 22.경 서산시 시장실에서 간담회를 개최하도록 주선하고 직접 참석하기도 하는 등으로 공소외 1 서산시장과 피고인 2 사이에 공장부지 및 공장 신설 계획에 대한 논의를 할 수 있도록 해 주었으며, 2005. 9. 23. 신라호텔에서 개최된 사우디아라비아 국경일 만찬 석상에서 피고인 2로부터 공소외 1 서산시장과의 위 간담회에서 논의되었던 서산시 추천의 丙 제2공장 신설 부지에 포함된 자연녹지 지역과 관련한 도시계획을 변경해야 한다고 한다는 말을 듣고, 피고인 2에게 '그 문제는 해결해야지요'라는 취지로 말한 후, 2005. 10. 5. 피고인 2에게 전화하여 위와 같은 문제해결에 대한 공소외 1 서산시장의 협조를 구했다는 취지로 '사업을 계속하여 추진하라'고 말하였고, 2005. 11. 3.경에는 丙 제2공장 신설사업팀 소속 실무자인 상무 공소외 2의 방문을 받은 자리에서 제2공장 신설사업계획서 등에 대한 설명과 함께 '일반지방산업단지지정 신청을 하면 잘 좀 되게 협조 부탁드립니다. 도와주시면 나중에 은혜를 갚겠습니다'는 부탁을 받았으며, 다시 2005. 11. 7.경에는 피고인 2로부터 '일반지방산업단지지정 신청을 하였으니 신경 좀 써 달라'는 취지의 부탁을 받고, 알았다고 하는 등 당시 용도변경 문제가 丙의 가장 큰 문제인 상황에서 서산 내에 丙의 제2공장 신설이 신속하게 추진될 수 있도록, 서산시장인 공소외 1의 권한으로 되어 있는 위와 같은 도시계획 변경 및 향후 일반지방산업단지지정 절차상 C에 대한 의견제시와 관련하여, 피고인 2 및 그 지시를 받은 丙 직원들로부터 후원금 형태의 금품을 교부받는다는 정을 인식하면서 이를 수수하기로 마음먹고,

---

61 대전지방법원 서산지원 2007. 2. 20. 선고 2006고합60 판결 참조[이 사건은 항소심에서 무죄판결이 선고되었으나(대전고등법원 2007. 8. 22. 선고 2007노129 판결 참조), 대법원에서 유죄 취지로 파기환송되었고(대법원 2008. 9. 11. 선고 2007도7204 판결 참조), 파기환송심에서 파기환송 취지에 따라 유죄판결이 선고되어(대전고등법원 2009. 7. 17. 선고 2008노476 판결 참조), 대법원에서 재차 유죄로 확정되었다(대법원 2010. 9. 9. 2009도7920 판결 참조)].

　　2005. 12. 7.경 서산시 동문동 (이하 생략)에 있는 국회의원 피고인 1 사무실 겸 후원회 사무실에서, 공소외 1 서산시장에게 丙의 제2공장 신설과 관련하여 위와 같은 도시계획 변경 등 문제를 해결하기 위하여 위와 같이 알선해 준 것에 대한 고마움 뿐 아니라 향후에도 제2공장 신설과 관련된 문제 해결을 위해 알선해 줄 것을 부탁하는 의미로 피고인 2로부터 후원금의 형식을 빌어 100만 원을 수수한 것을 비롯하여 그 때부터 같은 달 20. 경까지 사이에 피고인 2 및 그 지시를 받은 위 회사 직원 546명으로부터 100만 원 및 10만 원 등의 소액후원금 형식을 빌어 금원을 수수하는 등 丙의 서산 대산지역 제2공장 신설사업과 관련하여 공소외 1 서산시장의 권한으로 되어 있는 자연녹지의 공업지역으로의 용도변경, 일반지방산업단지지정 신청에 있어서 C에 대한 서산시의 의견제시 등 서산시장이 담당·처리하는 사무에 관하여 청탁 또는 알선하는 일과 관련하여 5,560만 원의 정치자금을 기부받았다.

【법령의 적용】

1. 범죄사실에 대한 해당 법조
   - 피고인 1: 정치자금법 제45조 제2항 제5호, **제32조 제3호**(징역형 선택)
   - 피고인 2: 정치자금법 제45조 제2항 제5호, 제32조 제3호, 형법 제30조, 제34조, 제31조 제1항(징역형 선택)

1. 추징(피고인 1)
   정치자금법 제45조 제3항

Explanation and case of crimes subject to the recovery of criminal profits

제5편

마약류 불법거래에 관한 특례법상 마약류 범죄

제 1 장
마약류 불법거래에 관한 특례법 총설

1. 총설

마약류 불법거래에 관한 특례법(이하 '마약거래방지법'이라 한다)은 국제적으로 협력하여 마약류와 관련된 불법행위를 조장하는 행위 등을 방지함으로써 마약류범죄의 진압과 예방을 도모하고, 이에 관한 국제협약을 효율적으로 시행하기 위하여 「마약류관리에 관한 법률(이하, '마약류관리법'이라 한다)」과 그 밖의 관계 법률에 대한 특례 등을 규정함을 목적으로 한다(동법 제1조 참조).

마약거래방지법은 1995. 12. 6. 제정·시행된 법률(제5011호)이다. 당시 국내에서 급속히 확산되어 국제화·광역화·조직화되고 있는 마약범죄에 적극적으로 대처하고 마약사범의 효율적 진압을 위한 국제공조의 기틀이 되고 있는 **'88유엔마약협약'**에 가입하기 위하여 영리 목적의 마약류범죄를 가중처벌하고, 마약류범죄행위로 취득한 불법수익등을 철저히 추적·환수하기 위한 제도적 장치와 외국의 몰수·추징재판의 집행을 위한 국제공조절차 등을 마련하기 위한 목적으로 최초 제정된 것이다.[1]

본법은 마약류범죄의 효율적 수사를 위하여 마약류의 분산 및 범인의 도주 방지를 위한 충분한 감시체제가 확보된 경우 마약류범죄 혐의자의 입국 및 마약류의 반입을 예외적으로 허용할 수 있도록 입국 및 상륙절차의 특례를 규정하고, 마약 등의 수입·수출·제조 등을 업으로 한 경우 이를 가중처벌함으로써 영리목적의 마약류범죄에 대한 처벌을 강화하였다.

나아가 **마약류범죄행위로 인한 불법수익이 새로운 마약류범죄에 재투자되는 것을 방지하기 위하여 마약류범죄행위로 취득한 불법수익의 성질·소재·출처 또는 귀속관계를 은닉·가장하는 행위를 처벌**할 수 있도록 하고, 마약류범죄행위를 통하여 취득한 불법재산 등을 철저히 추적·환수하기 위하여 **형법상의 몰수보다 그 대상을 확대함으로써 마약류범죄행위로 직접 취득한 재산뿐만 아니라 그로부터 유래한 재산까지 몰수할 수 있도록** 하였다.

---

[1] 법제처, 마약거래방지법 제정이유 中.

또한 동법은 마약범죄의 형사재판에 대한 실효성을 확보하기 위하여 외국에서 선고·확정된 몰수·추징재판의 집행을 위한 국제적 공조절차를 규정함으로써 국제적인 마약류 확산방지에 이바지하기 위한 목적으로 제정·시행되었다.

동법은 범죄수익은닉규제법보다 더 빠르게 입법됨으로써 몰수·추징보전 절차에 관한 규정 등 상세한 내용을 규정하고 있고 그 이후에 입법된 범죄수익은닉규제법, 부패재산몰수법 등은 마약거래방지법의 규정을 준용하도록 하고 있으므로 사실상 범죄수익환수의 모법 기능을 하고 있다.

2. 마약거래방지법상 마약류범죄

마약거래방지법에서 규정하고 있는 마약류 범죄는 마약거래방지법 자체에 규정되어 있는 가중처벌 규정(제6조, 제9조 및 제10조의 죄)뿐만 아니라 마약류관리법 제58조부터 제61조까지의 죄를 모두 아우르고 있다.

관련조문

제2조(정의) ① 이 법에서 "마약류"란 「마약류 관리에 관한 법률」 제2조 제2호에 따른 마약, 같은 조 제3호에 따른 향정신성의약품 및 같은 조 제4호에 따른 대마를 말한다. <개정 2011. 6. 7.>

② 이 법에서 "마약류범죄"란 다음 각 호의 죄[그 죄와 다른 죄가 「형법」 제40조에 따른 상상적 경합(想像的 競合) 관계에 있는 경우에는 그 다른 죄를 포함한다]를 말한다.

1. 제6조 · 제9조 또는 제10조의 죄

2. 「마약류관리에 관한 법률」 제58조부터 제61조까지의 죄

☞ 제6조(업으로서 한 불법수입 등) ① 「마약류관리에 관한 법률」 제58조(같은 조 제4항은 제외한다), 제59조 제1항부터 제3항까지(같은 조 제1항 제1호부터 제4호까지 및 제9호에 관련된 행위만 해당하며, 같은 항 제4호 중 향정신성의약품은 제외한다) 또는 제60조 제1항 제4호(상습범 및 미수범을 포함한다)에 해당하는 행위를 업(業)으로 한 자(이들 행위와 제9조에 해당하는 행위를 함께 하는 것을 업으로 한 자를 포함한다)는 사형, 무기징역 또는 10년 이상의 징역에 처한다. 이 경우 1억 원 이하의 벌금을 병과(倂科)한다.

② 「마약류관리에 관한 법률」 제59조 제1항부터 제3항까지(같은 조 제1항 제4호부터 제7호까지 및 제10호부터 제13호까지의 규정에 관련된 행위만 해당하며, 같은 항 제4호 중 마약은 제외한다) 또는 제60조 제1항 제2호(미수범 및 상습범을 포함한다)·제3호(미수범 및 상습범을 포함한다)에 해당하는 행위를 업으로 한 자(이들 행위와 제9조에 해당하는 행위를 함께 하는 것을 업으로 한 자를 포함한다)는 3년 이상의 유기징역에 처한다. 이 경우

3천만 원 이하의 벌금을 병과한다.

☞ 제9조(마약류 물품의 수입 등) ① 마약류범죄(마약류의 수입 또는 수출에 관련된 것으로 한정한다)를 범할 목적으로 마약류로 인식하고 교부받거나 취득한 약물 또는 그 밖의 물품을 수입하거나 수출한 자는 3년 이상의 유기징역에 처한다.

② 마약류범죄(마약류의 양도·양수 또는 소지에 관련된 것으로 한정한다)를 범할 목적으로 약물이나 그 밖의 물품을 마약류로 인식하고 양도·양수하거나 소지한 자는 5년 이하의 징역 또는 500만 원 이하의 벌금에 처한다.

☞ 제10조(선동 등) 마약류범죄(제9조 및 이 조의 범죄는 제외한다), 제7조 또는 제8조의 범죄의 실행 또는 마약류의 남용을 공연히 선동하거나 권유한 자는 3년 이하의 징역 또는 1천만 원 이하의 벌금에 처한다.

따라서 마약거래방지법에서 규정하고 있는 마약류 범죄에 해당하는 구성요건은 모두 마약거래방지법상 필요적 몰수·추징 규정의 적용을 받는다. 한편 **마약류관리법 시행령 별표 1 내지 7의2에서는 동법 제2조 제2호 라, 마목, 제3호 가 내지 마목, 제4호 다목의 각 마약류를 상세히 규정**하고 있는바 이는 **본 편의 별지**로 소개한다.

3. 마약거래방지법상 몰수·추징 규정

가. 원칙(필요적 몰수·추징)

관련조문

제13조(불법수익등의 몰수) ① 다음 각 호에 해당하는 재산은 몰수한다. 다만, 제7조 제1항·제2항 또는 제8조의 죄가 불법수익 또는 불법수익에서 유래한 재산과 이들 재산 외의 재산이 합하여진 재산에 관계된 경우 그 범죄에 대하여 제3호부터 제5호까지의 규정에 따른 재산의 전부를 몰수하는 것이 타당하지 아니하다고 인정되는 경우에는 그 일부만을 몰수할 수 있다.

1. 불법수익
2. 불법수익에서 유래한 재산
3. 제7조 제1항·제2항 또는 제8조의 **범죄행위에 관계된 불법수익등**
4. 제7조 제1항·제2항 또는 제8조의 **범죄행위로 인하여 발생하거나 그 범죄행위로 얻은 재산 또는 그 범죄행위의 보수로서 얻은 재산**
5. 제3호 또는 제4호에 따른 **재산의 과실 또는 대가로서 얻은 재산 또는 이들 재산의 대가로서 얻은 재산, 그 밖에 그 재산의 보유 또는 처분으로 얻은 재산**

② 제1항에 따라 몰수하여야 할 재산의 성질, 사용 상황 또는 그 재산에 관한 범인 외의 자의 권리 유무, 그 밖의 사정을 고려한 결과 그 재산을 몰수하는 것이 타당하지 아니하다고 인정할 때에는 제1항에도 불구하고 몰수하지 아니할 수 있다.

제16조(추징) ① 제13조 제1항에 따라 몰수하여야 할 재산을 몰수할 수 없거나 같은 조 제2항에 따라 몰수하지 아니하는 경우에는 그 가액(價額)을 범인으로부터 추징(追徵)한다.

마약거래방지법은 **위 각 마약류 범죄로 취득한 불법수익등을 모두 필요적으로 몰수·추징하도록 규정**하고 있으므로(동법 제13조, 제16조 각 참조), 범죄수익은닉규제법상 임의적 몰수·추징 규정과 대조된다.

이 때 필요적 몰수·추징의 대상은 마약거래방지법상 불법수익(제1항 제1호), 불법수익에서 유래한 재산(제1항 제2호), 자금세탁범죄에 관계된 불법수익등(제1항 제3호), 자금세탁범죄로 인하여 발생하거나 그 범죄행위로 얻은 재산 또는 그 범죄행위의 보수로 얻은 재산(제1항 제4호), 자금세탁범죄에 따른 과실, 대가 및 이들 재산에 대한 대가, 그 불법수익등의 보유 또는 처분으로 얻은 재산(제1항 제5호) 등이다.

나. 필요적 몰수·추징의 예외(제13조 제2항)

관련조문

제13조(불법수익등의 몰수) ② 제1항에 따라 몰수하여야 할 재산의 성질, 사용 상황 또는 그 재산에 관한 범인 외의 자의 권리 유무, 그 밖의 사정을 고려한 결과 그 재산을 몰수하는 것이 타당하지 아니하다고 인정할 때에는 제1항에도 불구하고 몰수하지 아니할 수 있다.

그런데 마약거래방지법은 위와 같은 필요적 몰수·추징 규정이 적용됨에도 불구하고 제13조 제1항에 따라 몰수하여야 할 재산의 성질, 사용 상황 또는 그 재산에 관한 범인 외의 자의 권리 유무, 그 밖의 사정을 고려한 결과 그 재산을 몰수하는 것이 타당하지 아니하다고 인정할 때에는 제1항에도 불구하고 몰수하지 아니할 수 있다(제13조 제2항)는 규정을 두어 **필요적 몰수·추징에 대한 예외를 인정**하고 있다.

생각건대 필요적 몰수·추징 규정을 규정하여 놓고 그 재산에 관한 범인 외의 자의 권리 유무, 그 밖의 사정을 고려하는 경우 몰수하지 않을 수 있다고 규정한 것은 **불필요한 입법**이라고 생각한다(私見). 만약 몰수대상 재산에 제3자의 권리가 함께 묶여 있는 경우이거나 저당권, 전세권, 지상권 등의 권리가 함께 존재하는 경우에는 동법 제14조에 따라 혼합재산에 대한 몰수·추징의 법리에 따라 처리하면 충분하다.

관련조문

제14조(불법수익등이 합하여진 재산의 몰수) 제13조 제1항 각 호 또는 같은 조 제3항 각 호에 따른 재산(이하 "불법재산"이라 한다)이 불법재산 외의 재산과 합하여진 경우 그 불법재산을 몰수하여야 할 때에는 그것이 합하여짐으로써 생긴 재산(이하 "혼합재산"이라 한다) 중 그 불법재산(합하여지는 데에 관련된 부분만 해당한다)의 금액 또는 수량에 상당하는 부분을 몰수할 수 있다.

[전문개정 2009. 11. 2.]

또한 **제3자가 취득하여 제3자에게 귀속된 재산**이라면 동법 제15조 규정에 따라 해당 재산이 몰수요건에 해당하는지 여부를 검토하면 될 것이다.

관련조문

제15조(몰수의 요건 등) ① 제13조에 따른 몰수는 불법재산 또는 혼합재산이 범인 외의 자에게 귀속되지 아니한 경우로 한정한다. 다만, 범인 외의 자가 범죄 후 그 정황을 알면서 그 불법재산 또는 혼합재산을 취득한 경우(그 불법재산 또는 혼합재산의 취득이 제8조 단서에 따른 불법수익등의 수수에 해당하는 경우는 제외한다)에는 그 불법재산 또는 혼합재산이 범인 외의 자에게 귀속된 경우에도 그 재산을 몰수할 수 있다.

② 지상권·저당권 또는 그 밖의 권리가 그 위에 존재하는 재산을 제13조에 따라 몰수하는 경우, 범인 외의 자가 범죄 전에 그 권리를 취득한 때 또는 범인 외의 자가 범죄 후 그 정황을 알지 못하고 그 권리를 취득한 때에는 그 권리를 존속시킨다.

이 경우 제3자가 독자적으로 소유하고 있는 재산이 아니라 피의자 또는 제3자가 그와 같은 정을 알고 취득한 경우에는 제3자 참가절차(동법 제23조 이하)를 통하여 제3자를 재판에 참여하도록 함으로써 몰수 또는 추징이 가능한지 여부를 심리하게 된다. 그 과정에서 제3자가 소유하고 있는 재산임이 확인되면 제3자로부터 몰수하는 것이 불가능하므로 더욱이 제13조 제2항은 불필요한 입법이라고 생각한다. 따라서 **입법론으로는 동법 제13조 제2항은 삭제함이 상당**하다(私見).

다. 임의적 몰수·추징 규정(제3조 제3항)

관련조문

제13조(불법수익등의 몰수) ③ 다음 각 호의 어느 하나에 해당하는 재산은 몰수할 수 있다.

　1. 제7조 제3항의 **범죄행위에 관계된 불법수익등**

　2. 제7조 제3항의 **범죄행위로 인하여 발생하거나 그 범죄행위로 얻은 재산 또는 그 범죄행위의 보수로서 얻은 재산**

　3. 제1호 또는 제2호에 따른 **재산의 과실 또는 대가로서 얻은 재산 또는 이들 재산의 대가로서 얻은 재산**, 그 밖에 그 재산의 보유 또는 처분으로 얻은 재산

제16조(추징) ② 제13조 제3항에 따른 재산을 몰수할 수 없거나 그 재산의 성질, 사용 상황 또는 그 재산에 관한 범인 외의 자의 권리 유무, 그 밖의 사정을 고려한 결과 그 재산을 몰수하는 것이 타당하지 아니하다고 인정할 때에는 그 가액을 범인으로부터 추징할 수 있다.

[전문개정 2009. 11. 2.]

　한편 마약거래방지법은 임의적 몰수·추징의 대상도 함께 규정하고 있는데 자금세탁범죄 예비·음모 처벌규정(동법 제7조 제3항)에 관계된 범죄수익등(제3항 제1호), 그 예비·음모 범죄행위로 얻은 재산 또는 그 범죄행위의 보수로 얻은 재산(제3항 제2호)이 그것이다.

4. 마약거래방지법상 불법수익 몰수·추징보전의 범위

　그런데 **실무상 주로 문제되는 것은 마약거래방지법상 마약류 범죄를 범한 경우, 몰수·추징보전의 범위를 어떻게 산정할 것인지에 관한 것이다.** 마약류 범죄를 범하여 불법수익을 취득하는 경우에 한정하여 실제로 취득한 이득에 한해 몰수·추징 보전을 허용할 것인지, 아니면 마약류 범죄에 따라 피고인으로부터 추징하는 가액 전부에 대하여 그 보전을 허용할 것인지에 대한 문제다.

　이 문제의 핵심은 **'불법수익'의 개념**과 연결되는데 ① **제1설(제한설)**은 마약류를 투약하거나 이를 돈을 주고 매입하는 경우 해당 마약류의 가액을 따져 추징을 선고할 수 있을 뿐, 실제로 불법적인 수익을 얻은 것이 아니므로 **실제 추징보전액수**는 추징선고액을 기준으로 하여서는 안되고 **마약류를 실제로 판매하여 얻은 수익만을 대상으로 하여야 한다는 입장**이다. ② 한편 **제2설(비제한설)**은 마약류를 밀수입하거나 매입하여 이를 투약하는 경우에도 그러한 범죄행위로 인하여 취득한 불법수익으로 보지 못할 바 아니고 실제로 피고인에게 마약류 가액을 추징하게 되므로 보전단계에서 그 범위를 실제 얻은 수익으로 제한할 이유가

없이 피고인으로부터 추징하는 금액 전체를 추징보전액으로 산정하여야 한다는 견해이다.

이에 대하여 **대법원은 제1설의 입장**에서 마약거래방지법에 따라 추징보전의 대상이 되는 금액은 마약거래방지법 상 불법수익의 개념에 따라 실제로 마약류를 판매하고 얻은 수익에 한정되는 것이고 마약류범죄에서 취급한 마약류 자체는 마약거래방지법에서 정한 불법수익에 해당한다고 보기 어려우므로 **마약류 자체가 마약거래방지법 제13조에서 정한 몰수 대상재산에 포함되는 것을 전제로 그 가액의 추징을 보전하기 위한 추징보전명령을 할 수는 없다고 판시하였다.**[2]

> ### 대법원 결정
>
> 마약류 불법거래 방지에 관한 특례법(이하 '마약거래방지법'이라 한다)에서 정한 추징보전명령을 하려면 해당 재산이 마약거래방지법 제13조에서 정한 몰수 대상 재산에 포함되어야 하는데(제52조 제1항, 제16조), **마약거래방지법 제13조는 몰수 대상 재산 중 하나로 '불법수익'을 들고 있다.**
> 마약류 관리에 관한 법률(이하 '마약류관리법'이라 한다)은 마약류 자체의 취급·관리를 적정하게 함으로써 오용 또는 남용을 방지하기 위하여 제정되었다(제1조). 이와 달리 마약거래방지법은 마약류와 관련된 불법행위를 조장하는 행위 등을 방지함으로써 마약류범죄의 진압과 예방을 도모하고 마약류관리법의 특례를 규정하기 위하여 제정되었다(제1조).
> 마약거래방지법 제2조는 제1항에서 '마약류'에 관하여 정의하면서 제3항에서 '불법수익'에 관하여 따로 정의하고 있다. **마약거래방지법은 불법수익에 초점을 두어 불법수익이 새로운 마약류범죄에 재투자되는 것을 방지**하고 불법수익을 철저히 추적·환수하기 위한 각종 규정을 마련하고 있고(제5조, 제7조, 제8조, 제13조, 제16조), 이와 별도로 마약류에 관한 규정을 두고 있다(제3조, 제4조, 제6조, 제9조).
> 마약거래방지법은 마약거래방지법 외에 마약류관리법, 그 밖의 법령에 따라 몰수할 수 있는 재산에 대해서도 몰수보전명령을 할 수 있는 것으로 정하였지만(제33조 제1항), **추징보전명령의 경우에는 마약거래방지법에 따라 추징해야 할 경우로 한정하였다**(제52조 제1항). 마약류관리법은 몰수할 수 있는 재산으로 '이 법에 규정된 죄에 제공한 마약류'와 '그로 인한 수익금'을 구분하여 정하고 있다(제67조 본문). 이러한 마약거래방지법의 입법 목적, 제정이유, 규정체계 등을 종합하면, **마약류범죄에서 취급한 마약류 자체는 마약거래방지법에서 정한 불법수익에 해당한다고 보기 어렵다.** 따라서 마약류 자체가 마약거래방지법 제13조에서 정한 몰수 대상 재산에 포함되는 것을 전제로 그 가액의 추징을 보전하기 위한 추징보전명령을 할 수는 없다고 보아야 한다.

결국 마약거래방지법상 '불법수익'의 개념을 마약류범죄에 '제공된' 마약류까지 확대하지 않는 이상 **위 '불법수익'**은 취급한 마약류 그 자체가 아니라 실제로 마약류 등을 판매하

---

2 대법원 2019. 6. 28.자 2018모3287 결정 참조.

고 얻은 수익에 한정된다고 봄이 상당하다(제1설).

따라서 **마약류범죄에 대한 몰수·추징보전을 신청 또는 청구하는 경우** 그 가액 상당액이 마약류 범죄를 통해 '**취득한 불법수익**'인지 아니면 단순히 '**취급한 마약류 자체**'인지 여부를 명확히 구별하여야 한다. 특히 **마약류를 매입하거나 투약한 경우** 등은 그 취급행위 자체로 어떤 불법수익이 발생하는 것이 아니므로 이런 경우 **해당 마약류의 가액은 추징보전액에서 제외**함이 상당하다.

다만 마약류 '취급'이 아닌 **마약류 '밀수입'의 경우**에는 마약류는 밀수입이라는 범행을 통하여 취득한 재산이라고 봄이 상당하므로 '**밀수입' 범행을 통해 국내로 반입한 마약류의 대금 상당액은 피고인이 실제로 취득한 '불법수익'의 범주에 포함된다고 봄이 타당**하다고 생각한다(私見). 그렇지 않으면 마약류를 해외에서 국내로 밀반입하여 이를 모두 판매함으로써 막대한 수익을 얻었다 하더라도 그 수익을 모두 특정하지 못한다는 이유만으로 결국 해당 밀수입 마약류의 가액을 추징보전할 수 없게 되는 불합리가 생기기 때문이다.

5. 마약대금이 입금된 계좌에 대한 몰수보전의 문제

마약대금이 입금된 계좌에 대한 몰수보전시 해당 계좌 자체를 몰수할 수 있는지에 대하여 여러 가지 문제가 있다. 왜냐하면 해당 계좌에는 마약대금 뿐만 아니라 그와 무관한 대금이 한꺼번에 입금되어 혼화되어 있을 가능성이 있기 때문이다. 범인에 대한 추징금을 보전하기 위해 계좌를 동결하는 것과 달리 계좌에 대한 몰수는 계좌 자체를 국가의 소유권으로 귀속하는 것으로 해당 계좌에 현존하고 있는 자금의 성격이 마약대금인지 여부에 대한 명확한 입증이 필요하다.

이에 관하여 **대법원**은 다음과 같이 판시하고 있다.[3]

> ### 판례
>
> 마약류불법거래방지에관한특례법 제13조, 제14조, 제15조의 규정을 종합하여 볼 때, 불법수익 등이 정을 아는 제3자에게 이전되어 제3자의 고유재산과 혼화된 경우에도 그 혼화재산 중 불법재산의 금액 상당액은 특례법에 의한 몰수대상이 된다고 봄이 상당하지만, 불법수익등이 예금구좌에 입금되는 방법으로 수수되고 이후 동액 이상의 금원의 인출이 있었으며 **인출자의 의도 등 관련 정황으로 미루어 해당 불법수익등에서 유래한 재산이 인출되었음이 드러난 경우에는** 그 불법수익등은 그 구좌의 예금 아닌 다른 형태로 전환되었다고 보아야 하고 당해 예금구좌의 잔여 예금채권은 혼화재산으로서의 성질을 상실하여 특례

---

3 대법원 2004. 4. 16. 선고 2003도7438 판결 참조.

> **법에 의한 몰수대상은 되지 않는다고 보아야 하며**, 예금주가 불법수익 입금 이후에 그 입금과 동액 또는 그 이상의 예금이 인출된 사실을 내세우며 예금구좌에 입금된 불법수익 상당액이 다시 외부로 인출되었다고 주장하여 그 사정이 밝혀진 경우에는 **그 예금구좌의 잔존액의 몰수를 청구하는 검사로서는 입금되었던 불법수익의 전부 또는 일부가 아직 해당 예금구좌에 잔존하고 있음을 입증하여야 한다**(대법원 2004. 4. 16. 선고 2003도7438 판결 참조).

즉 마약류관리법위반죄에 따라 취득한 **불법수익의 전부 또는 일부가 아직 해당 예금구좌에 잔존하고 있다**는 사정이 충분히 입증된 경우에 한하여 이를 몰수할 수 있다는 것이다. 이에 따르면, 예를 들어 마약판매대금 1,000만 원이 입금되어 잔고가 2,000만 원 상당이 된 예금계좌가 확인되었는데 그 후 여러 차례 해당 계좌에 대한 입출금이 반복되어 잔고가 현재 300만 원 상당이라면 위 300만 원이 마약대금 1,000만 원의 일부라는 점이 입증되는 경우에 한하여 계좌 자체에 대한 몰수보전이 가능하게 된다.

실무상 이러한 경우 계좌 자체에 대한 추징보전을 통해 그 지급을 금지할 수 있고, 2020. 9. 10.경부터 경찰의 추징보전신청권 또한 인정되고 있으므로 위와 같은 사정이 소명되지 않는 경우, 몰수보전이 아닌 추징보전을 통해 계좌를 동결한 다음 범죄수익을 환수하면 충분하다.

6. 불법수익의 추정

마약거래방지법상 불법수익의 가장 큰 특징 중의 하나는 불법수익을 추정하는 규정을 두고 있다는 점이다. 이러한 불법수익 추정규정(동법 제17조)은 마약거래방지법과 공무원범죄몰수법(제7조), 불법정치자금법(제7조)에는 규정되어 있으나 정작 규정하고 있는 구성요건이 가장 많은 범죄수익은닉규제법과 부패재산몰수법에는 규정되어 있지 않다.

입법론으로는 이러한 기본적인 불법수익의 추정 규정인 마약거래방지법 제17조 규정을 범죄수익은닉규제법과 부패재산몰수법에서 각각 준용하도록 하거나 위 각 2개 법률에도 범죄수익 또는 부패재산의 추정 규정을 신설할 필요가 있다. 범죄수익의 규정과 체계, 입법취지는 모두 동일함에도 불구하고 일부 법률에만 추정규정을 두지 않은 것은 입법의 불비라고밖에 이해되지 않는다.

위 불법수익의 추정 규정은 해당 범죄를 저지른 기간 또는 직후에 취득한 재산으로서 그 가액이 취득 당시의 범인의 재산 운용 상황 등에 비추어 현저히 고액으로 인정되는 경우 등에는 그 재산을 불법수익으로 추정한다는 내용이다. 상세한 규정은 아래와 같다.

관련조문 ────────────────────────────────

> **마약거래방지법 제17조(불법수익의 추정)** 제6조의 죄에 관계된 불법수익을 산정할 때에 같은 조에 따른 행위를 업으로 한 기간에 범인이 취득한 재산으로서 그 가액이 그 기간 동안 범인의 재산 운용 상황 또는 법령에 따른 지급금의 수령 상황 등에 비추어 현저하게 고액(高額)이라고 인정되고, 그 취득한 재산이 불법수익 금액 및 재산 취득 시기 등 모든 사정에 비추어 같은 조의 죄를 범하여 얻은 불법수익으로 형성되었다고 볼만한 상당한 개연성이 있는 경우에는 그 죄에 관계된 불법수익등으로 추정한다.
>
> **공무원범죄몰수법 제7조(불법재산의 증명)** 특정공무원범죄 후 범인이 취득한 재산으로서 그 가액이 취득 당시의 범인의 재산 운용 상황 또는 법령에 따른 지급금의 수령 상황 등에 비추어 현저하게 고액(高額)이고, 그 취득한 재산이 불법수익 금액 및 재산 취득시기 등 모든 사정에 비추어 특정공무원범죄로 얻은 불법수익으로 형성되었다고 볼 만한 상당한 개연성이 있는 경우에는 특정공무원범죄로 얻은 불법수익이 그 재산의 취득에 사용된 것으로 인정할 수 있다.
>
> **불법정치자금법 제7조(불법재산의 입증)** 제2조 제1호에 규정된 죄의 범행 후 범인이 취득한 재산으로서 그 가액이 취득 당시의 범인의 재산운용상황 또는 법령에 기한 급부의 수령상황 등에 비추어 현저하게 고액이고 그 취득한 재산이 불법정치자금등의 금액·재산취득시기 등 제반사정에 비추어 불법정치자금등으로 형성되었다고 볼만한 상당한 개연성이 있는 경우에는 불법정치자금등이 그 재산의 취득에 사용된 것으로 인정할 수 있다.[전문개정 2009. 11. 2.]

7. 자금세탁범죄의 처벌

범죄수익환수를 규율하는 5대 법령상 **범죄수익, 불법수익의 취득·처분 가장, 수수, 은닉행위를 처벌하는 법률은 범죄수익은닉규제법과 마약거래방지법 2개뿐**이다. 나머지 3개 법률(부패재산몰수법, 불법정치자금법 및 공무원범죄몰수법)은 몰수와 환부 등만 규정하고 있는바, 이 또한 **입법의 불비**라고 생각한다. 결국 위 5개 법률을 통해 취득한 범죄수익, 불법수익 또는 불법재산, 부패재산 등의 취득 또는 처분을 가장하거나 이를 은닉하는 경우에는 이를 모두 처벌할 수 있도록 개정할 필요가 있다(私見).

마약거래방지법 **제7조**에서는 마약류 범죄의 발견 또는 불법수익등의 출처에 관한 수사를 방해하거나 몰수를 회피할 목적으로 불법수익등의 성질, 소재 또는 귀속관계를 숨기거나 가장하는 행위를 처벌하고, **동법 제8조**는 불법수익이라는 정황을 알면서 이를 수수하는 행위를 처벌한다. 다만 법령에 따른 의무이행으로서 제공된 것을 수수하거나 계약 당시 불법수익으로 대금을 지급받을 것이라는 사정을 알지 못한 경우에는 수수죄가 성립하지 않는다(동법 제8조 단서). 범죄수익은닉규제법상 자금세탁범죄와 그 체계가 다소 다를 뿐 대체적인 규정의 취지는 동일하다. 상세한 규정은 다음과 같다.

관련조문

제7조(불법수익등의 은닉 및 가장) ① 마약류범죄의 발견 또는 불법수익등의 출처에 관한 수사를 방해하거나 불법수익등의 몰수를 회피할 목적으로 불법수익등의 성질, 소재(所在), 출처 또는 귀속(歸屬) 관계를 숨기거나 가장(假裝)한 자는 7년 이하의 징역 또는 3천만 원 이하의 벌금에 처하거나 이를 병과할 수 있다.

② 제1항의 미수범은 처벌한다.

③ 제1항의 죄를 범할 목적으로 예비하거나 음모한 자는 2년 이하의 징역 또는 1천만 원 이하의 벌금에 처한다.

제8조(불법수익등의 수수) 불법수익이라는 정황을 알면서 불법수익등을 수수한 자는 3년 이하의 징역 또는 1천만 원 이하의 벌금에 처하거나 이를 병과할 수 있다. 다만, 법령에 따른 의무이행으로서 제공된 것을 수수한 자 또는 계약(채권자에게 상당한 재산상의 이익을 제공하는 것만 해당한다) 당시에 그 계약에 관련된 채무의 이행이 불법수익등에 의하여 이루어지는 것이라는 정황을 알지 못하고 그 계약에 관련된 채무의 이행으로서 제공된 것을 수수한 자의 경우에는 그러하지 아니하다.

이하에서는 범죄수익환수 대상범죄를 ① **마약류관리법상 마약류 범죄,** ② **마약거래방지법상 마약류 범죄**로 각각 나누어 살펴보고 주요 범죄수익환수 사례를 검토하도록 한다.

제 2 장
마약류관리법상 마약류 범죄

1 총설

마약거래방지법은 범죄수익환수의 대상이 되는 마약류관리법상 마약류범죄를 다음과 같이 규정하고 있다(마약거래방지법 제2조 제2항 제2호).

관련조문

제2조(정의) ② 이 법에서 "마약류범죄"란 다음 각 호의 죄[그 죄와 다른 죄가 「형법」 제40조에 따른 상상적 경합(想像的 競合) 관계에 있는 경우에는 그 다른 죄를 포함한다]를 말한다.
  2. **「마약류관리에 관한 법률」 제58조부터 제61조**까지의 죄

마약류관리법 제58조 내지 제61조에 규정되어 있는 구성요건은 매우 다양하므로 이를 구체적으로 살펴보고, 마약류관리법위반죄를 상당부분 준용하고 있는 마약거래방지법상 범죄수익환수 대상범죄를 추가로 검토하기로 한다.

한편 마약류관리법은 **필요적 몰수·추징 규정**을 두고 있는데 그 대상은 마약류관리법에 규정된 죄에 제공한 마약류·임시마약류 및 시설·장비·자금 또는 운반 수단과 그로 인한 수익금이다(동법 제67조 참조).

관련조문

제67조(몰수) 이 법에 규정된 죄에 제공한 마약류·임시마약류 및 시설·장비·자금 또는 운반 수단과 그로 인한 수익금은 몰수한다. 다만, 이를 몰수할 수 없는 경우에는 그 가액(價額)을 추징한다.
  [전문개정 2011. 6. 7.]

위 마약류관리에 관한 법률 제67조에 의한 몰수나 추징은 범죄행위로 인한 이득의 박탈을 목적으로 하는 것이 아니라 **'징벌적' 성질의 처분**이므로, 그 범행으로 인하여 이득을 취득한 바 없다 하더라도 **법원은 그 가액의 추징을 명하여야** 하고, **그 추징의 범위에 관하여는 죄를 범한 자가 여러 사람일 때에는 각자에 대하여 그가 취급한 범위 내에서 마약류 가액 전액의 추징**을 명하여야 한다.[1]

하지만 피고인을 기준으로 하는 경우에는 **그가 취급한 범위 내에서 마약류 가액 전액의 추징을 명하면 되는 것**이지 동일한 마약류를 취급한 피고인의 일련의 행위가 별죄를 구성한다고 하여 그 행위마다 따로 그 가액을 추징하여야 하는 것은 아니다.[2]

또한 그 소유자나 최종소지인으로부터 **마약류의 전부 또는 일부를 몰수하였다면** 다른 취급자들과의 관계에 있어서도 실질상 이를 몰수한 것과 마찬가지이므로 **그 몰수된 마약류의 가액 부분은 이를 추징할 수 없고,**[3] 수사기관이 필로폰을 압수하고 이를 감정에 사용한 다음 폐기한 경우에는 마약류 관리에 관한 법률 제67조 단서에 따라 그 가액을 추징할 수 없다.[4]

한편 몰수하기 불능한 때에 **추징하여야 할 가액은 범인이 그 물건을 보유하고 있다가 몰수의 선고를 받았더라면 잃었을 이득상당액**을 의미한다고 보아야 할 것이므로 **그 가액 산정은 재판선고시의 가격을 기준으로 하여야** 한다.[5] 이 때 추징할 마약의 가액이라 함은 **시장에서의 통상의 거래가격을 의미**하고, 통상의 거래가격이 형성되어 있지 아니한 경우에는 실제 거래된 가액에 의할 수밖에 없다.[6]

그리고 앞에서 검토한 바와 같이 마약류관리법은 몰수·추징의 대상을 본법 위반행위에 '제공된' 마약류 등 뿐만 아니라 그 '수익금'도 별도로 규정하고 있으므로 **범행에 제공된 마약류 자체**는 대법원의 판시와 같이 불법수익 그 자체로 해석할 수는 없다.

결국 이 법에 따라 몰수·추징을 구형하는 대상과 이 법을 위반하여 얻은 '수익금' 즉 마약거래방지법상 추징·보전하는 '불법수익'은 서로 다른 것으로 봄이 상당하다. 이하에서는 마약류관리법상 마약류 범죄의 구성요건을 구체적으로 살펴보도록 한다.

---

[1] 대법원 1993. 3. 23. 선고 92도3250 판결, 대법원 2001. 12. 28. 선고 2001도5158 판결 등 참조.
[2] 대법원 1997. 3. 14. 선고 96도3397 판결, 대법원 2000. 9. 8. 선고 2000도546 판결 등 참조.
[3] 대법원 2009. 6. 11. 선고 2009도2819 판결 참조.
[4] 대법원 2015. 11. 27. 선고 2015도14878 판결, 대법원 2017. 12. 22. 선고 2017도16602 판결 등 참조.
[5] 대법원 1991. 5. 28. 선고 91도352 판결 등 참조.
[6] 대법원 1983. 9. 13. 선고 83도1927 판결 참조.

2 마약류관리법 제58조 위반의 점

1. 마약의 수출입·제조·매매·알선 등 금지의 점(제58조 제1항 제1호)

관련조문

제58조(벌칙) ① 다음 각 호의 어느 하나에 해당하는 자는 무기 또는 5년 이상의 징역에 처한다. <개정 2014. 3. 18., 2016. 2. 3., 2018. 3. 13.>

1. <u>제3조 제2호·제3호, 제4조 제1항, 제18조 제1항 또는 제21조 제1항을 위반</u>하여 마약을 수출입·제조·매매하거나 매매를 알선한 자 또는 그러할 목적으로 소지·소유한 자

☞ <u>제3조(일반 행위의 금지)</u> 누구든지 다음 각 호의 어느 하나에 해당하는 행위를 하여서는 아니 된다.

2. 마약의 원료가 되는 식물을 재배하거나 그 성분을 함유하는 원료·종자·종묘(種苗)를 소지, 소유, 관리, 수출입, 수수, 매매 또는 매매의 알선을 하거나 그 성분을 추출하는 행위. 다만, 대통령령으로 정하는 바에 따라 식품의약품안전처장의 승인을 받은 경우는 제외한다.

3. 헤로인, 그 염류(鹽類) 또는 이를 함유하는 것을 소지, 소유, 관리, 수입, 제조, 매매, 매매의 알선, 수수, 운반, 사용, 투약하거나 투약하기 위하여 제공하는 행위. 다만, 대통령령으로 정하는 바에 따라 식품의약품안전처장의 승인을 받은 경우는 제외한다.

☞ <u>제4조(마약류취급자가 아닌 자의 마약류 취급 금지)</u> ① 마약류취급자가 아니면 다음 각 호의 어느 하나에 해당하는 행위를 하여서는 아니 된다.

1. 마약 또는 향정신성의약품을 소지, 소유, 사용, 운반, 관리, 수입, 수출, 제조, 조제, 투약, 수수, 매매, 매매의 알선 또는 제공하는 행위

2. 대마를 재배·소지·소유·수수·운반·보관 또는 사용하는 행위

3. 마약 또는 향정신성의약품을 기재한 처방전을 발급하는 행위

4. 한외마약을 제조하는 행위

☞ <u>제18조(마약류 수출입의 허가 등)</u> ① 마약류수출입업자가 아니면 마약 또는 향정신성의약품을 수출입하지 못한다.

☞ <u>제21조(마약류 제조의 허가 등)</u> ① 마약류제조업자가 아니면 마약 및 향정신성의약품을 제조하지 못한다.

가. 구성요건의 주체 및 객체

본죄의 **구성요건의 주체**는 ① 제3조 제2호, 제3호 위반죄의 경우 제한이 없으나, ② 제

4조 **제1항** 위반죄의 경우 **마약류 취급자가 아닌 사람**이 주체가 된다. ③ 나아가 **제18조 제1항**의 경우 마약류수출입업자가 아닌 사람이, **제21조 제1항**의 경우 마약류제조업자가 아닌 사람이 각각 주체가 된다.

본죄의 객체는 '**마약**'이다. 본법에서 규정하고 있는 **마약이라 함은 양귀비, 아편, 코카 잎 등**으로 구체적인 규정은 다음과 같다.

관련조문

제2조(정의) 이 법에서 사용하는 용어의 뜻은 다음과 같다.

2. "**마약**"이란 다음 각 목의 어느 하나에 해당하는 것을 말한다.

　가. 양귀비: 양귀비과(科)의 파파베르 솜니페룸 엘(Papaver somniferum L.), 파파베르 세티게룸 디시(Papaver setigerum DC.) 또는 파파베르 브락테아툼(Papaver brac－teatum)

　나. 아편: 양귀비의 액즙(液汁)이 응결(凝結)된 것과 이를 가공한 것. 다만, 의약품으로 가공한 것은 제외한다.

　다. 코카 잎[엽]: 코카 관목[(灌木): 에리드록시론속(屬)의 모든 식물을 말한다]의 잎. 다만, 엑고닌·코카인 및 엑고닌 알칼로이드 성분이 모두 제거된 잎은 제외한다.

　라. 양귀비, 아편 또는 코카 잎에서 추출되는 모든 알카로이드 및 그와 동일한 화학적 합성품으로서 대통령령으로 정하는 것

　마. 가목부터 라목까지에 규정된 것 외에 그와 동일하게 남용되거나 해독(害毒) 작용을 일으킬 우려가 있는 화학적 합성품으로서 대통령령으로 정하는 것

　바. 가목부터 마목까지에 열거된 것을 함유하는 혼합물질 또는 혼합제제. 다만, 다른 약물이나 물질과 혼합되어 가목부터 마목까지에 열거된 것으로 다시 제조하거나 제제(製劑)할 수 없고, 그것에 의하여 신체적 또는 정신적 의존성을 일으키지 아니하는 것으로서 총리령으로 정하는 것[이하 "한외마약"(限外麻藥)이라 한다]은 제외한다.

나. 구성요건적 행위

본죄의 **구성요건적 행위**는 마약을 ① 수출입·제조·매매하거나 매매를 알선하거나 또는 ② 그러할 목적으로 소지·소유하는 것이다. 다만 제3조 제2호 내지 제3호의 경우 대통령령으로 정하는 바에 따라 식품의약품안전처장의 승인을 받은 경우는 제외한다.

주관적 구성요건요소와 관련하여 마약을 소지·소유하는 경우 수출입·제조·매매하거나 매매를 알선할 목적을 요구한다(목적범).

다. 처벌

본죄를 범하면 무기 또는 5년 이상의 징역에 처한다. 마약류관리법은 마약 자체를 수출입하거나 제조·매매하는 행위의 죄질을 매우 무겁게 평가하여 가중처벌하고 있다. 나아가 몰수·추징과 관련하여, 위와 같이 마약 자체가 몰수대상인 것은 물론이고 마약을 수출입·매매·매매알선하고 대가로 받은 수익은 불법수익으로서 필요적 몰수·추징의 대상이 되며(마약류관리법 제67조) 이에 대하여는 마약거래방지법에 따른 보전조치가 가능하다(마약거래방지법 제2조 제2항 제2호).

2. 마약·향정신성의약품 제조목적 원료물질 수출입·제조 등 금지의 점(제58조 제1항 제2호)

관련조문 ──

제58조(벌칙) ① 다음 각 호의 어느 하나에 해당하는 자는 무기 또는 5년 이상의 징역에 처한다. <개정 2014. 3. 18., 2016. 2. 3., 2018. 3. 13.>

  2. <u>제3조 제4호</u>를 위반하여 마약 또는 향정신성의약품을 제조할 목적으로 그 원료가 되는 물질을 제조·수출입하거나 그러할 목적으로 소지·소유한 자

☞ <u>제3조(일반 행위의 금지)</u> 누구든지 다음 각 호의 어느 하나에 해당하는 행위를 하여서는 아니 된다. <개정 2013.3.23, 2016.2.3, 2016.12.2, 2018.3.13, 2018.12.11>

  4. 마약 또는 향정신성의약품을 제조할 목적으로 원료물질을 제조, 수출입, 매매, 매매의 알선, 수수, 소지, 소유 또는 사용하는 행위. 다만, 대통령령으로 정하는 바에 따라 식품의약품안전처장의 승인을 받은 경우는 제외한다.

가. 구성요건의 주체 및 객체

본죄의 **구성요건의 주체**는 아무런 제한이 없고, 그 **행위의 상대방** 또한 신분상 아무런 제한이 없다.

본죄의 **객체**는 '마약 또는 향정신성의약품'으로 본법에서 규정하고 있는 향정신성의약품(이하, '향정'이라 한다)은 다음과 같다. 그 화학성질에 따라 가목부터 마목까지 다양하게 규정되어 있고 이는 대통령령 별표에 상세히 나열되어 있으므로 구체적인 기재는 생략한다.

실무상 가장 많이 문제되는 향정인 속칭 '**필로폰**'은 '**메트암페타민**'으로서 **동법 제2조 제3호 나목의 적용**을 받는다.

관련조문

제2조(정의) 이 법에서 사용하는 용어의 뜻은 다음과 같다.

3. "향정신성의약품"이란 인간의 중추신경계에 작용하는 것으로서 이를 오용하거나 남용할 경우 인체에 심각한 위해가 있다고 인정되는 다음 각 목의 어느 하나에 해당하는 것으로서 대통령령으로 정하는 것을 말한다.

가. 오용하거나 남용할 우려가 심하고 의료용으로 쓰이지 아니하며 안전성이 결여되어 있는 것으로서 이를 오용하거나 남용할 경우 심한 신체적 또는 정신적 의존성을 일으키는 약물 또는 이를 함유하는 물질

나. 오용하거나 남용할 우려가 심하고 매우 제한된 의료용으로만 쓰이는 것으로서 이를 오용하거나 남용할 경우 심한 신체적 또는 정신적 의존성을 일으키는 약물 또는 이를 함유하는 물질

다. 가목과 나목에 규정된 것보다 오용하거나 남용할 우려가 상대적으로 적고 의료용으로 쓰이는 것으로서 이를 오용하거나 남용할 경우 그리 심하지 아니한 신체적 의존성을 일으키거나 심한 정신적 의존성을 일으키는 약물 또는 이를 함유하는 물질

라. 다목에 규정된 것보다 오용하거나 남용할 우려가 상대적으로 적고 의료용으로 쓰이는 것으로서 이를 오용하거나 남용할 경우 다목에 규정된 것보다 신체적 또는 정신적 의존성을 일으킬 우려가 적은 약물 또는 이를 함유하는 물질

마. 가목부터 라목까지에 열거된 것을 함유하는 혼합물질 또는 혼합제제. 다만, 다른 약물 또는 물질과 혼합되어 가목부터 라목까지에 열거된 것으로 다시 제조하거나 제제할 수 없고, 그것에 의하여 신체적 또는 정신적 의존성을 일으키지 아니하는 것으로서 총리령으로 정하는 것은 제외한다.

나. 구성요건적 행위

본죄의 **구성요건적 행위**는 마약 또는 향정을 제조할 목적으로 그 원료가 되는 물질을 제조·수출입하거나 그러할 목적으로 소지·소유하는 것이다. 다만 대통령령으로 정하는 바에 따라 식품의약품안전처장의 승인을 받은 경우는 제외한다(제3조 제4호 단서).

주관적 구성요건요소와 관련하여 마약 또는 향정의 원료가 되는 물질을 제조·수출입·소지·소유하는 경우 모두 **마약 또는 향정을 제조할 목적**을 요구한다(목적범).

다. 처벌

본죄를 범하면 무기 또는 5년 이상의 징역에 처한다. 마약 또는 향정을 제조할 목적의 원료가 되는 물질 자체는 모두 몰수의 대상이고 그 과정에서 대가로 받은 수익은 불법수익으

로서 필요적 몰수·추징의 대상이 되며(마약류관리법 제67조) 이에 대하여는 마약거래방지법
에 따른 보전조치가 가능하다(마약거래방지법 제2조 제2항 제2호).

3. 제2조 제3호 가목 향정의 제조·수출입·매매 등 금지의 점(제58조 제1항 제3호)

관련조문

제58조(벌칙) ① 다음 각 호의 어느 하나에 해당하는 자는 무기 또는 5년 이상의 징역에 처한
다. <개정 2014. 3. 18., 2016. 2. 3., 2018. 3. 13.>
3. <u>제3조 제5호를 위반</u>하여 제2조 제3호 가목에 해당하는 향정신성의약품 또는 그 물질을
함유하는 향정신성의약품을 제조·수출입·매매·매매의 알선 또는 수수하거나 그러할 목
적으로 소지·소유한 자
☞ <u>제3조(일반 행위의 금지)</u> 누구든지 다음 각 호의 어느 하나에 해당하는 행위를 하여서는 아
니 된다. <개정 2013.3.23, 2016.2.3, 2016.12.2, 2018.3.13, 2018.12.11>
5. 제2조 제3호 가목의 **향정신성의약품 또는 이를 함유하는 향정신성의약품을 소지, 소
유, 사용, 관리, 수출입, 제조, 매매, 매매의 알선 또는 수수하는 행위**. 다만, 대통령
령으로 정하는 바에 따라 식품의약품안전처장의 승인을 받은 경우는 제외한다.

가. 구성요건의 주체 및 객체

본죄의 **구성요건의 주체**는 아무런 제한이 없고, 그 **행위의 상대방** 또한 신분상 아무런
제한이 없다.

본죄의 **객체는 동법 제2조 제3호 가목의 향정 또는 그 물질을 함유하는 향정**으로 해
당 향정은 오용하거나 남용할 우려가 심하고 의료용으로 쓰이지 아니하며 안전성이 결여되어
있는 것으로서 이를 오용하거나 남용할 경우 심한 신체적 또는 정신적 의존성을 일으키는 약
물 또는 이를 함유하는 물질이다(동법 제2조 제3호 가목).

마약류관리법 시행령 별표 3에 의하면 **동법 제2조 제3호 가목에 해당하는 향정은 디
메톡시브로암페타민 등 약 100여 가지에 이른다**(상세한 내용은 해당 별표 참조).

나. 구성요건적 행위

본죄의 **구성요건적 행위**는 위 제2조 제3호 가목의 향정 등을 제조·수출입·매매·매매의

알선 또는 수수하거나 그러할 목적으로 소지·소유하는 것이다. 다만 대통령령으로 정하는 바에 따라 식품의약품안전처장의 승인을 받은 경우는 제외한다(제3조 제5호 단서).

주관적 구성요건요소와 관련하여 향정 등의 소지·소유의 경우 이를 제조·수출입 할 목적으로 소지·소유하고 있음이 인정되어야 한다(**목적범**).

다. 처벌

본죄를 범하면 무기 또는 5년 이상의 징역에 처한다. 향정 등은 모두 몰수의 대상이고 그 과정에서 대가로 받은 수익은 불법수익으로서 필요적 몰수·추징의 대상이 되며(마약류관리법 제67조) 이에 대하여는 마약거래방지법에 따른 보전조치가 가능하다(마약거래방지법 제2조 제2항 제2호).

4. 제2조 제3호 가목 향정의 원료가 되는 식물 등 수출입 등 금지의 점(제58조 제1항 제4호)

관련조문

제58조(벌칙) ① 다음 각 호의 어느 하나에 해당하는 자는 무기 또는 5년 이상의 징역에 처한다. <개정 2014. 3. 18., 2016. 2. 3., 2018. 3. 13.>

4. **제3조 제6호를 위반**하여 제2조 제3호 가목에 해당하는 향정신성의약품의 원료가 되는 식물 또는 버섯류에서 그 성분을 추출한 자 또는 그 식물 또는 버섯류를 수출입하거나 수출입할 목적으로 소지·소유한 자

☞ **제3조(일반 행위의 금지)** 누구든지 다음 각 호의 어느 하나에 해당하는 행위를 하여서는 아니 된다. <개정 2013.3.23, 2016.2.3, 2016.12.2, 2018.3.13, 2018.12.11>

6. 제2조 제3호 가목의 **향정신성의약품의 원료가 되는 식물 또는 버섯류에서 그 성분을 추출하거나 그 식물 또는 버섯류를 수출입, 매매, 매매의 알선, 수수, 흡연 또는 섭취하거나 흡연 또는 섭취할 목적으로 그 식물 또는 버섯류를 소지·소유하는 행위.** 다만, 대통령령으로 정하는 바에 따라 식품의약품안전처장의 승인을 받은 경우는 제외한다.

가. 구성요건의 주체 및 객체

본죄의 **구성요건의 주체**는 아무런 제한이 없고, 그 **행위의 상대방** 또한 신분상 아무런 제한이 없다.

본죄의 **객체**는 동법 제2조 제3호 가목의 향정의 원료가 되는 식물 또는 버섯류이다.

나. 구성요건적 행위

본죄의 **구성요건적 행위**는 ① 위 제2조 제3호 가목에 해당하는 향정의 원료가 되는 식물 또는 버섯류에서 그 성분을 추출하는 행위 또는 ② 그 식물 또는 버섯류를 수출입하거나 수출입할 목적으로 소지·소유하는 것이다. 다만 대통령령으로 정하는 바에 따라 식품의약품안전처장의 승인을 받은 경우는 제외한다(제3조 제6호 단서).

주관적 구성요건요소와 관련하여 향정 등의 소지·소유의 경우 이를 수출입 할 목적으로 소지·소유하고 있음이 인정되어야 한다(**목적범**).

다. 처벌

본죄를 범하면 무기 또는 5년 이상의 징역에 처한다. 향정 등은 모두 몰수의 대상이고 그 과정에서 대가로 받은 수익은 불법수익으로서 필요적 몰수·추징의 대상이 되며(마약류관리법 제67조) 이에 대하여는 마약거래방지법에 따른 보전조치가 가능하다(마약거래방지법 제2조 제2항 제2호).

5. 대마 수출입·제조·매매 등 금지의 점(제58조 제1항 제5호)

관련조문

제58조(벌칙) ① 다음 각 호의 어느 하나에 해당하는 자는 무기 또는 5년 이상의 징역에 처한다. <개정 2014. 3. 18., 2016. 2. 3., 2018. 3. 13.>

5. <u>제3조 제7호를 위반</u>하여 대마를 수입하거나 수출한 자 또는 그러할 목적으로 대마를 소지·소유한 자

☞ <u>제3조(일반 행위의 금지)</u> 누구든지 다음 각 호의 어느 하나에 해당하는 행위를 하여서는 아니 된다. <개정 2013.3.23, 2016.2.3, 2016.12.2, 2018.3.13, 2018.12.11>

7. **대마를 수출입·제조·매매하거나 매매를 알선**하는 행위. 다만, 공무, 학술연구 또는 의료 목적을 위하여 대통령령으로 정하는 바에 따라 식품의약품안전처장의 승인을 받은 경우는 제외한다.

가. 구성요건의 주체 및 객체

본죄의 **구성요건의 주체**는 아무런 제한이 없고, 그 **행위의 상대방** 또한 신분상 아무런 제한이 없다.

본죄의 **객체**는 '대마'로 구체적인 규정은 다음과 같다.

관련조문

제2조(정의) 이 법에서 사용하는 용어의 뜻은 다음과 같다.

4. **"대마"**란 다음 각 목의 어느 하나에 해당하는 것을 말한다. 다만, 대마초[칸나비스 사티바 엘(Cannabis sativa L)을 말한다. 이하 같다]의 종자(種子)·뿌리 및 성숙한 대마초의 줄기와 그 제품은 제외한다.

가. 대마초와 그 수지(樹脂)

나. 대마초 또는 그 수지를 원료로 하여 제조된 모든 제품

다. 가목 또는 나목에 규정된 것과 동일한 화학적 합성품으로서 대통령령으로 정하는 것

라. 가목부터 다목까지에 규정된 것을 함유하는 혼합물질 또는 혼합제제

나. 구성요건적 행위

본죄의 **구성요건적 행위**는 대마를 수입하거나 수출하는 행위 또는 그러할 목적으로 대마를 소지·소유하는 것이다. 다만 공무, 학술연구 또는 의료 목적을 위하여 대통령령으로 정하는 바에 따라 식품의약품안전처장의 승인을 받은 경우는 제외한다(제3조 제7호 단서).

주관적 구성요건요소와 관련하여 대마의 소지·소유의 경우 이를 수출입할 목적으로 소지·소유하고 있음이 인정되어야 한다(**목적범**).

다. 처벌

본죄를 범하면 무기 또는 5년 이상의 징역에 처한다. 본죄의 객체인 대마는 모두 몰수의 대상이고 그 과정에서 대가로 받은 수익은 불법수익으로서 필요적 몰수·추징의 대상이 되며(마약류관리법 제67조) 이에 대하여는 마약거래방지법에 따른 보전조치가 가능하다(마약거래방지법 제2조 제2항 제2호).

6. 제2조 제3항 나목 향정 등의 제조·수출입 등 금지의 점(제58조 제1항 제6호)

관련조문

제58조(벌칙) ① 다음 각 호의 어느 하나에 해당하는 자는 무기 또는 5년 이상의 징역에 처한다. <개정 2014. 3. 18., 2016. 2. 3., 2018. 3. 13.>

6. **제4조 제1항을 위반**하여 제2조 제3호 나목에 해당하는 향정신성의약품 또는 그 물질을 함유하는 향정신성의약품을 제조 또는 수출입하거나 그러할 목적으로 소지·소유한 자

☞ **제4조(마약류취급자가 아닌 자의 마약류 취급 금지)** ① 마약류취급자가 아니면 다음 각 호의 어느 하나에 해당하는 행위를 하여서는 아니 된다.

1. 마약 또는 향정신성의약품을 소지, 소유, 사용, 운반, 관리, 수입, 수출, 제조, 조제, 투약, 수수, 매매, 매매의 알선 또는 제공하는 행위

2. 대마를 재배·소지·소유·수수·운반·보관 또는 사용하는 행위

3. 마약 또는 향정신성의약품을 기재한 처방전을 발급하는 행위

4. 한외마약을 제조하는 행위

가. 구성요건의 주체 및 객체

본죄의 **구성요건의 주체**는 마약류취급자가 아닌 사람이다. 그 **행위의 상대방**은 신분에 아무런 제한이 없다.

본죄의 **객체**는 본 법상 '**제2조 제3호 나목에 해당하는 향정 또는 그 물질을 함유하는 향정**'이다. 실무상 가장 많이 문제되는 '**필로폰(메트암페타민)**'이 **제2조 제3호 나목에 해당**한다는 점은 앞에서 본 바와 같다.

나. 구성요건적 행위

본죄의 **구성요건적 행위**는 제2조 제3호 나목에 해당하는 향정 또는 그 물질을 함유하는 향정을 **제조 또는 수출입**하거나 **그러할 목적으로 소지·소유**하는 것이다.

주관적 구성요건요소와 관련하여 위 향정의 소지·소유의 경우 이를 제조 또는 수출입할 목적으로 소지·소유하고 있음이 인정되어야 한다(**목적범**).

다. 처벌

본죄를 범하면 무기 또는 5년 이상의 징역에 처한다. 본죄의 객체인 향정 등은 모두 몰수의 대상이고 그 과정에서 대가로 받은 수익은 불법수익으로서 필요적 몰수·추징의 대상이 되며(마약류관리법 제67조) 이에 대하여는 마약거래방지법에 따른 보전조치가 가능하다(마약거래방지법 제2조 제2항 제2호).

7. 미성년자 상대 마약 수수·제공 및 향정 등 매매 등 금지의 점(제58조 제1항 제7호)

관련조문

제58조(벌칙) ① 다음 각 호의 어느 하나에 해당하는 자는 무기 또는 5년 이상의 징역에 처한다. <개정 2014. 3. 18., 2016. 2. 3., 2018. 3. 13.>

　7. **제4조 제1항 또는 제5조의2 제5항을 위반**하여 미성년자에게 마약을 수수·조제·투약·제공한 자 또는 향정신성의약품이나 임시마약류를 매매·수수·조제·투약·제공한 자

☞ **제4조(마약류취급자가 아닌 자의 마약류 취급 금지)** ① 마약류취급자가 아니면 다음 각 호의 어느 하나에 해당하는 행위를 하여서는 아니 된다.

　1. 마약 또는 향정신성의약품을 소지, 소유, 사용, 운반, 관리, 수입, 수출, 제조, 조제, 투약, 수수, 매매, 매매의 알선 또는 제공하는 행위

　2. 대마를 재배·소지·소유·수수·운반·보관 또는 사용하는 행위

　3. 마약 또는 향정신성의약품을 기재한 처방전을 발급하는 행위

　4. 한외마약을 제조하는 행위

☞ **제5조의2(임시마약류 지정 등)** ⑤ 누구든지 예고임시마약류 또는 임시마약류에 대하여 다음 각 호의 어느 하나에 해당하는 행위를 하여서는 아니 된다. <개정 2018.3.13>

　1. 재배·추출·제조·수출입하거나 그러할 목적으로 소지·소유

　2. 매매·매매의 알선·수수·제공하거나 그러할 목적으로 소지·소유

　3. 소지·소유·사용·운반·관리·투약·보관

　4. 1군 또는 2군 임시마약류와 관련된 금지행위를 하기 위한 장소·시설·장비·자금 또는 운반 수단을 타인에게 제공

가. 구성요건의 주체 및 객체

　본죄의 **구성요건의 주체**는 마약류취급자가 아닌 사람이다. 그 **행위의 상대방**은 '미성년자'로 한정된다는 점이 본죄의 특징이다. 이 때 미성년자는 민법에 따라 19세가 되기 전의 사람으로 봄이 상당하다(민법 제4조).

　본죄의 **객체**는 '마약' 또는 '향정'이다. 마약 및 향정의 개념은 이미 앞에서 본 바와 같다.

나. 구성요건적 행위

본죄의 **구성요건적 행위**는 제4조 제1항 또는 제5조의2 제5항을 위반하여 미성년자에게 마약을 수수·조제·투약·제공하는 행위 또는 향정신성의약품이나 임시마약류를 매매·수수·조제·투약·제공하는 것이다. 미성년자를 상대로 하는 위와 같은 각 마약류 범죄를 엄히 처벌하기 위함이다.

주관적 구성요건요소와 관련하여 위와 같은 범죄행위를 할 때 그 행위의 상대방이 미성년자라는 점에 대한 미필적인 인식을 요한다.

다. 처벌

본죄를 범하면 무기 또는 5년 이상의 징역에 처한다. 본죄의 객체인 마약 또는 향정 등은 모두 몰수의 대상이고 그 과정에서 대가로 받은 수익은 불법수익으로서 필요적 몰수·추징의 대상이 되며(마약류관리법 제67조) 이에 대하여는 마약거래방지법에 따른 보전조치가 가능하다(마약거래방지법 제2조 제2항 제2호).

8. 1군 임시마약류에 대한 재배·매매 등 금지의 점(제58조 제1항 제8호)

관련조문

제58조(벌칙) ① 다음 각 호의 어느 하나에 해당하는 자는 무기 또는 5년 이상의 징역에 처한다. <개정 2014. 3. 18., 2016. 2. 3., 2018. 3. 13.>

8. 1군 임시마약류에 대하여 **제5조의2 제5항 제1호 또는 제2호**를 위반한 자

☞ **제5조의2(임시마약류 지정 등)** ⑤ 누구든지 예고임시마약류 또는 임시마약류에 대하여 다음 각 호의 어느 하나에 해당하는 행위를 하여서는 아니 된다. <개정 2018.3.13>

1. 재배·추출·제조·수출입하거나 그러할 목적으로 소지·소유

2. 매매·매매의 알선·수수·제공하거나 그러할 목적으로 소지·소유

가. 구성요건의 주체 및 객체

본죄의 **구성요건의 주체**는 아무런 제한이 없다. 따라서 누구든지 본죄의 주체가 될 수 있고, 그 **행위의 상대방** 또한 신분상 제한이 없다.

본죄의 **객체**는 '**1군 임시마약류**'로 이는 중추신경계에 작용하거나 마약류와 구조적·효과적 유사성을 지닌 물질로서 의존성을 유발하는 등 신체적·정신적 위해를 끼칠 가능성이 높

은 물질을 의미한다(동법 제5조의2 제1항 제1호 참조). 한편 2군 임시마약류는 의존성을 유발하는 등 신체적·정신적 위해를 끼칠 가능성이 있는 물질로 각각 식품의약품 안전처장이 지정한다.

구체적인 **임시마약류에 관한 규정**은 다음과 같다.

관련조문

제5조의2(임시마약류 지정 등) ① 식품의약품안전처장은 마약류가 아닌 물질·약물·제제·제품 등(이하 이 조에서 "물질등"이라 한다) 중 오용 또는 남용으로 인한 보건상의 위해가 우려되어 긴급히 마약류에 준하여 취급·관리할 필요가 있다고 인정하는 물질등을 임시마약류로 지정할 수 있다. 이 경우 임시마약류는 다음 각 호에서 정하는 바와 같이 구분하여 지정한다. <개정 2013. 3. 23., 2018. 3. 13.>

　1. 1군 임시마약류: 중추신경계에 작용하거나 마약류와 구조적·효과적 유사성을 지닌 물질로서 의존성을 유발하는 등 신체적·정신적 위해를 끼칠 가능성이 높은 물질

　2. 2군 임시마약류: 의존성을 유발하는 등 신체적·정신적 위해를 끼칠 가능성이 있는 물질

나. 구성요건적 행위

본죄의 **구성요건적 행위**는 예고임시마약류 또는 임시마약류에 대하여 ① 재배·추출·제조·수출입하거나 그러할 목적으로 소지·소유하는 것(제5조의2 제5항 **제1호**), ② 매매·매매의 알선·수수·제공하거나 그러할 목적으로 소지·소유하는 것(제5조의2 제5항 **제2호**)이다.

주관적 구성요건요소와 관련하여 위와 같은 범죄행위를 할 때 그 객체가 임시마약류로 지정되어 있다는 사실에 대한 인식을 요한다(**고의범**).

다. 처벌

본죄를 범하면 무기 또는 5년 이상의 징역에 처한다. 본죄의 객체인 1군 임시마약류 등은 모두 몰수의 대상이고 그 과정에서 대가로 받은 수익은 불법수익으로서 필요적 몰수·추징의 대상이 되며(마약류관리법 제67조) 이에 대하여는 마약거래방지법에 따른 보전조치가 가능하다(마약거래방지법 제2조 제2항 제2호).

9. 영리·상습범 및 미수·예비·음모 처벌의 점(제58조 제2항, 제3항, 제4항)

관련조문

제58조(벌칙) ② 영리를 목적으로 하거나 상습적으로 제1항의 행위를 한 자는 사형·무기 또는 10년 이상의 징역에 처한다.
③ 제1항과 제2항에 규정된 죄의 미수범은 처벌한다.
④ 제1항(제7호는 제외한다) 및 제2항에 규정된 죄를 범할 목적으로 예비(豫備) 또는 음모한 자는 10년 이하의 징역에 처한다.

③ 마약류관리법 제59조 위반의 점

1. 수출입·제조목적 마약 원료식물 재배 등 금지의 점(제59조 제1항 제1호, 제2호)

관련조문

제59조(벌칙) ① 다음 각 호의 어느 하나에 해당하는 자는 1년 이상의 유기징역에 처한다. <개정 2016. 2. 3., 2018. 3. 13.>
1. **제3조 제2호를 위반**하여 수출입·매매 또는 제조할 목적으로 마약의 원료가 되는 식물을 재배하거나 그 성분을 함유하는 원료·종자·종묘를 소지·소유한 자
2. **제3조 제2호를 위반**하여 마약의 성분을 함유하는 원료·종자·종묘를 관리·수수하거나 그 성분을 추출하는 행위를 한 자
☞ <u>제3조(일반 행위의 금지)</u> 누구든지 다음 각 호의 어느 하나에 해당하는 행위를 하여서는 아니 된다.
2. 마약의 원료가 되는 식물을 재배하거나 그 성분을 함유하는 원료·종자·종묘(種苗)를 소지, 소유, 관리, 수출입, 수수, 매매 또는 매매의 알선을 하거나 그 성분을 추출하는 행위. 다만, 대통령령으로 정하는 바에 따라 식품의약품안전처장의 승인을 받은 경우는 제외한다.

가. 구성요건의 주체 및 객체

본죄의 **구성요건의 주체**는 아무런 제한이 없으므로 누구든지 본죄의 주체가 될 수 있고 그 **행위의 상대방** 또한 제한이 없다.

본죄의 객체는 '**마약**'으로 본법에서 규정하고 있는 마약이라 함은 양귀비, 아편, 코카 잎 등으로 상세한 규정은 이미 앞에서 본 바와 같다.

나. 구성요건적 행위

본죄의 **구성요건적 행위**는 ① 수출입·매매 또는 제조할 목적으로 마약의 원료가 되는 식물을 재배하거나 그 성분을 함유하는 원료·종자·종묘를 소지·소유하는 것(제59조 제1항 제1호), ② 마약의 성분을 함유하는 원료·종자·종묘를 관리·수수하거나 그 성분을 추출하는 것(제59조 제1항 제2호)이다. 다만 대통령령으로 정하는 바에 따라 식품의약품안전처장의 승인을 받은 경우는 제외한다(제3조 제2호 단서).

주관적 구성요건요소와 관련하여 마약의 원료가 되는 식물을 재배하거나 그 성분을 함유하는 원료 등의 소지·소유의 경우 수출입·매매 또는 제조할 목적을 요구하는 **목적범**이다(제59조 제1항 제1호).

그러나 마약의 성분을 함유하는 원료·종자·종묘를 관리·수수하거나 그 성분을 추출하는 행위(제59조 제1항 제2호)의 경우에는 별도의 목적을 요하지 않는다.

다. 처벌

본죄를 범하면 1년 이상의 유기징역에 처한다. 나아가 위와 같이 마약의 원료가 되는 식물 등 자체가 몰수대상인 것은 물론이고 마약을 수출입·매매·매매알선하고 대가로 받은 수익은 불법수익으로서 필요적 몰수·추징의 대상이 되며(마약류관리법 제67조) 이에 대하여는 마약거래방지법에 따른 보전조치가 가능하다(마약거래방지법 제2조 제2항 제2호).

2. 헤로인 등의 소지·투약·제공 등 금지의 점(제59조 제1항 제3호)

관련조문

제59조(벌칙) ① 다음 각 호의 어느 하나에 해당하는 자는 1년 이상의 유기징역에 처한다.
  3. **제3조 제3호를 위반**하여 헤로인이나 그 염류 또는 이를 함유하는 것을 소지·소유·관리·수수·운반·사용 또는 투약하거나 투약하기 위하여 제공하는 행위를 한 자
☞ **제3조(일반 행위의 금지)** 누구든지 다음 각 호의 어느 하나에 해당하는 행위를 하여서는 아니 된다.
  3. 헤로인, 그 염류(鹽類) 또는 이를 함유하는 것을 소지, 소유, 관리, 수입, 제조, 매매, 매

매의 알선, 수수, 운반, 사용, 투약하거나 투약하기 위하여 제공하는 행위. 다만, 대통령령으로 정하는 바에 따라 식품의약품안전처장의 승인을 받은 경우는 제외한다.

가. 구성요건의 주체 및 객체

본죄의 **구성요건의 주체**는 아무런 제한이 없으므로 누구든지 본죄의 주체가 될 수 있고 그 **행위의 상대방** 또한 제한이 없다.

본죄의 객체는 '**헤로인**', 그 염류 또는 이를 함유하는 것이다. 본법에서 규정하고 있는 '헤로인'은 코카인과 마찬가지로 **동법 제2조 제2호 라목**에 규정되어 있는 '**마약**'의 일종이다(마약류관리법 시행령 제2조 제1항 및 별표1 제9목 참조).

나. 구성요건적 행위

본죄의 **구성요건적 행위**는 위 헤로인 등을 소지·소유·관리·수수·운반·사용 또는 투약하거나 투약하기 위하여 제공하는 것이다. 다만 대통령령으로 정하는 바에 따라 식품의약품안전처장의 승인을 받은 경우는 제외한다(제3조 제3호 단서).

주관적 구성요건요소와 관련하여 소지·소유·투약·제공 등의 객체가 헤로인이라는 점에 대한 미필적 인식을 요하고, 별도의 목적을 요하지 아니한다.

다. 처벌

본죄를 범하면 1년 이상의 유기징역에 처한다. 나아가 위와 같이 헤로인 및 그 원료가 되는 것 자체가 몰수대상인 것은 물론이고 헤로인 등을 사용 또는 제공하고 대가로 받은 수익은 불법수익으로서 필요적 몰수·추징의 대상이 되며(마약류관리법 제67조) 이에 대하여는 마약거래방지법에 따른 보전조치가 가능하다(마약거래방지법 제2조 제2항 제2호).

3. 마약·향정 제조 목적 원료물질 매매 등 금지의 점(제59조 제1항 제4호)

관련조문

제59조(벌칙) ① 다음 각 호의 어느 하나에 해당하는 자는 1년 이상의 유기징역에 처한다.
　4. **제3조 제4호를 위반**하여 마약 또는 향정신성의약품을 제조할 목적으로 그 원료가 되는 물질을 매매하거나 매매를 알선하거나 수수한 자 또는 그러할 목적으로 소지·소유 또는 사용한 자

☞ <u>제3조(일반 행위의 금지)</u> 누구든지 다음 각 호의 어느 하나에 해당하는 행위를 하여서는 아
    니 된다.

    4. 마약 또는 향정신성의약품을 제조할 목적으로 원료물질을 제조, 수출입, 매매, 매매의
    알선, 수수, 소지, 소유 또는 사용하는 행위. 다만, 대통령령으로 정하는 바에 따라 식품
    의약품안전처장의 승인을 받은 경우는 제외한다.

가. 구성요건의 주체 및 객체

  본죄의 **구성요건의 주체**는 아무런 제한이 없으므로 누구든지 본죄의 주체가 될 수 있고
그 **행위의 상대방** 또한 제한이 없다.

  본죄의 **객체**는 **마약 또는 향정의 원료가 되는 물질**이다. 그 **'원료물질'**이란 마약류가
아닌 물질 중 마약 또는 향정신성의약품의 제조에 사용되는 물질로서 대통령령으로 정하는
것을 말한다(동법 제2조 제6호, **동법 시행령 별표8** 참조).

나. 구성요건적 행위

  본죄의 **구성요건적 행위**는 마약 또는 향정신성의약품을 제조할 목적으로 그 원료가 되
는 물질을 매매, 매매를 알선하거나 수수 하는 것 또는 그러할 목적으로 소지·소유 또는 사
용하는 것이다. 다만 대통령령으로 정하는 바에 따라 식품의약품안전처장의 승인을 받은 경
우는 제외한다(제3조 제4호 단서).

  주관적 구성요건요소와 관련하여 그 원료물질을 매매하거나 알선·수수 등의 행위를 함
에 있어 마약 또는 향정을 제조할 목적이 있을 것을 요한다(**목적범**).

다. 처벌

  본죄를 범하면 1년 이상의 유기징역에 처한다. 나아가 위와 같이 원료물질 자체가 몰수대
상인 것은 물론이고 원료물질을 매매하고 대가로 받은 수익은 불법수익으로서 필요적 몰수·추
징의 대상이 되며(마약류관리법 제67조) 이에 대하여는 마약거래방지법에 따른 보전조치가 가
능하다(마약거래방지법 제2조 제2항 제2호).

4. 제2조 제3호 가목 향정 등 소지 등 금지의 점(제59조 제1항 제5호)

관련조문

제59조(벌칙) ① 다음 각 호의 어느 하나에 해당하는 자는 1년 이상의 유기징역에 처한다.

5. **제3조 제5호를 위반**하여 제2조 제3호 가목에 해당하는 향정신성의약품 또는 그 물질을 함유하는 향정신성의약품을 소지·소유·사용·관리한 자

☞ 제3조(일반 행위의 금지) 누구든지 다음 각 호의 어느 하나에 해당하는 행위를 하여서는 아니 된다.

5. 제2조 제3호 가목의 향정신성의약품 또는 이를 함유하는 향정신성의약품을 소지, 소유, 사용, 관리, 수출입, 제조, 매매, 매매의 알선 또는 수수하는 행위. 다만, 대통령령으로 정하는 바에 따라 식품의약품안전처장의 승인을 받은 경우는 제외한다.

가. 구성요건의 주체 및 객체

본죄의 **구성요건의 주체**는 아무런 제한이 없으므로 누구든지 본죄의 주체가 될 수 있고 그 **행위의 상대방** 또한 제한이 없다.

본죄의 객체는 **동법 제2조 제3호 가목의 향정 및 그 물질을 함유하는 것**이다.

나. 구성요건적 행위

본죄의 **구성요건적 행위**는 제2조 제3호 가목에 해당하는 향정신성의약품 또는 그 물질을 함유하는 향정신성의약품을 소지·소유·사용·관리하는 것이다. 다만 대통령령으로 정하는 바에 따라 식품의약품안전처장의 승인을 받은 경우는 제외한다(제3조 제5호 단서).

주관적 구성요건요소와 관련하여 자신이 소지·소유하고 있는 물질이 제2조 제3호 가목의 향정이라는 점에 대한 미필적 인식을 요하고, 위 향정 등을 소지·소유·사용·관리함에 있어 별도의 목적을 요하지는 아니한다.

다. 처벌

본죄를 범하면 1년 이상의 유기징역에 처한다. 나아가 위와 같이 향정 등 자체가 몰수대상인 것은 물론이고 향정 등을 사용·관리한 대가로 받은 수익은 불법수익으로서 필요적 몰수·추징의 대상이 되며(마약류관리법 제67조) 이에 대하여는 마약거래방지법에 따른 보전조치가 가능하다(마약거래방지법 제2조 제2항 제2호).

5. 제2조 제3호 가목 향정 등 소지 등 금지의 점(제59조 제1항 제6호)

관련조문

제59조(벌칙) ① 다음 각 호의 어느 하나에 해당하는 자는 1년 이상의 유기징역에 처한다.

6. <u>**제3조 제6호를 위반**</u>하여 제2조 제3호 가목에 해당하는 향정신성의약품의 원료가 되는 식물 또는 버섯류를 매매하거나 매매를 알선하거나 수수한 자 또는 그러할 목적으로 소지·소유한 자

☞ <u>제3조(일반 행위의 금지)</u> 누구든지 다음 각 호의 어느 하나에 해당하는 행위를 하여서는 아니 된다.

6. 제2조 제3호 가목의 향정신성의약품의 원료가 되는 식물 또는 버섯류에서 그 성분을 추출하거나 그 식물 또는 버섯류를 수출입, 매매, 매매의 알선, 수수, 흡연 또는 섭취하거나 흡연 또는 섭취할 목적으로 그 식물 또는 버섯류를 소지·소유하는 행위. 다만, 대통령령으로 정하는 바에 따라 식품의약품안전처장의 승인을 받은 경우는 제외한다.

가. 구성요건의 주체 및 객체

본죄의 **구성요건의 주체**는 아무런 제한이 없으므로 누구든지 본죄의 주체가 될 수 있고 그 **행위의 상대방** 또한 제한이 없다.

본죄의 **객체는 동법 제2조 제3호 가목의 향정의 원료가 되는 식물 또는 버섯류**이다.

나. 구성요건적 행위

본죄의 **구성요건적 행위**는 제2조 제3호 가목에 해당하는 향정신성의약품의 원료가 되는 식물 또는 버섯류를 **매매, 매매를 알선하거나 수수**하는 것 또는 그러할 목적으로 **소지·소유**하는 것이다. 다만 대통령령으로 정하는 바에 따라 식품의약품안전처장의 승인을 받은 경우는 제외한다(제3조 제6호 단서).

주관적 구성요건요소와 관련하여 위 향정 등의 원료가 되는 식물 또는 버섯류를 소지·소유하는 경우 이를 매매하거나 알선 또는 수수할 목적을 요구한다(**목적범**).

다. 처벌

본죄를 범하면 1년 이상의 유기징역에 처한다. 나아가 위와 같이 향정 등의 원료 식물 또는 버섯류 그 자체가 몰수대상인 것은 물론이고 위 식물 등을 매매 또는 매매알선한 대가로 받은 수익은 불법수익으로서 필요적 몰수·추징의 대상이 되며(마약류관리법 제67조) 이에 대

하여는 마약거래방지법에 따른 보전조치가 가능하다(마약거래방지법 제2조 제2항 제2호).

6. 대마 제조·매매·알선 등 금지의 점(제59조 제1항 제7호)

관련조문 ─────────

제59조(벌칙) ① 다음 각 호의 어느 하나에 해당하는 자는 1년 이상의 유기징역에 처한다.

7. <u>제3조 제7호를 위반</u>하여 대마를 제조하거나 매매·매매의 알선을 한 자 또는 그러할 목적으로 대마를 소지·소유한 자

☞ <u>제3조(일반 행위의 금지)</u> 누구든지 다음 각 호의 어느 하나에 해당하는 행위를 하여서는 아니 된다.

7. 대마를 수출입·제조·매매하거나 매매를 알선하는 행위. 다만, 공무, 학술연구 또는 의료 목적을 위하여 대통령령으로 정하는 바에 따라 식품의약품안전처장의 승인을 받은 경우는 제외한다.

───────────────────────────────────────

가. 구성요건의 주체 및 객체

본죄의 **구성요건의 주체**는 아무런 제한이 없으므로 누구든지 본죄의 주체가 될 수 있고 그 **행위의 상대방** 또한 제한이 없다.

본죄의 **객체**는 '**대마**'이다. 대마의 개념 및 종류는 이미 앞에서 본 바와 같다.

나. 구성요건적 행위

본죄의 **구성요건적 행위**는 대마를 제조하거나 매매·매매의 알선 하는 것 또는 그러할 목적으로 대마를 소지·소유하는 것이다. 다만 공무, 학술연구 또는 의료 목적을 위하여 대통령령으로 정하는 바에 따라 식품의약품안전처장의 승인을 받은 경우는 제외한다(제3조 제7호 단서).

주관적 구성요건요소와 관련하여 위 대마를 소지·소유하는 경우 이를 매매하거나 알선할 목적을 요구한다(목적범).

다. 처벌

본죄를 범하면 1년 이상의 유기징역에 처한다. 나아가 위와 같이 대마 그 자체가 몰수대상인 것은 물론이고 위 대마 등을 매매 또는 매매알선한 대가로 받은 수익은 불법수익으로

서 필요적 몰수·추징의 대상이 되며(마약류관리법 제67조) 이에 대하여는 마약거래방지법에 따른 보전조치가 가능하다(마약거래방지법 제2조 제2항 제2호).

7. 미성년자 상대 대마 수수·제공·흡연·섭취 등 금지의 점(제59조 제1항 제8호)

관련조문

제59조(벌칙) ① 다음 각 호의 어느 하나에 해당하는 자는 1년 이상의 유기징역에 처한다.

　8. **제3조 제10호 또는 제4조 제1항을 위반**하여 **미성년자에게** 대마를 수수·제공하거나 대마 또는 대마초 종자의 껍질을 흡연 또는 섭취하게 한 자

☞ <u>제3조(일반 행위의 금지)</u> 누구든지 다음 각 호의 어느 하나에 해당하는 행위를 하여서는 아니 된다.

　10. 다음 각 목의 어느 하나에 해당하는 행위

　　가. 대마 또는 대마초 종자의 껍질을 흡연 또는 섭취하는 행위(제7호 단서에 따라 의료 목적으로 섭취하는 행위는 제외한다)

　　나. 가목의 행위를 할 목적으로 대마, 대마초 종자 또는 대마초 종자의 껍질을 소지하는 행위

　　다. 가목 또는 나목의 행위를 하려 한다는 정(情)을 알면서 대마초 종자나 대마초 종자의 껍질을 매매하거나 매매를 알선하는 행위

☞ <u>제4조(마약류취급자가 아닌 자의 마약류 취급 금지)</u> ① 마약류취급자가 아니면 다음 각 호의 어느 하나에 해당하는 행위를 하여서는 아니 된다.

　1. 마약 또는 향정신성의약품을 소지, 소유, 사용, 운반, 관리, 수입, 수출, 제조, 조제, 투약, 수수, 매매, 매매의 알선 또는 제공하는 행위

　2. 대마를 재배·소지·소유·수수·운반·보관 또는 사용하는 행위

　3. 마약 또는 향정신성의약품을 기재한 처방전을 발급하는 행위

　4. 한외마약을 제조하는 행위

가. 구성요건의 주체 및 객체

본죄의 **구성요건의 주체**와 관련하여, 제3조 제10호의 경우(대마 흡연·섭취) 아무런 제한이 없으므로 누구든지 본죄의 주체가 되나, 제4조 제1항의 경우(대마 수수·제공) 마약류취급자가 아닌 사람이 주체가 된다. 위 각 행위 모두 그 **행위의 상대방**은 '**미성년자'로 한정된다**는 점이 본죄의 특징이다.

본죄의 **객체**는 제4조 제1항에 따른 수수·제공행위의 경우 '**대마**'이고, 제3조 제10호에 따른 흡연·섭취행위의 경우 '**대마 또는 대마초 종자의 껍질**'이다.

나. 구성요건적 행위

본죄의 **구성요건적 행위**는 제3조 제10호 또는 제4조 제1항을 위반하여 미성년자에게 대마를 수수·제공하거나 대마 또는 대마초 종자의 껍질을 흡연 또는 섭취하게 하는 것이다. 미성년자를 상대로 하는 위와 같은 각 마약류 범죄를 엄히 처벌하기 위함이다.

주관적 구성요건요소와 관련하여 위와 같은 범죄행위를 할 때 그 행위의 상대방이 미성년자라는 점에 대한 미필적인 인식을 요한다.

다. 처벌

본죄를 범하면 본죄를 범하면 1년 이상의 유기징역에 처한다. 나아가 위와 같이 대마 그 자체가 몰수대상인 것은 물론이고 위 대마 등을 수수·제공한 대가로 받은 수익은 불법수익으로서 필요적 몰수·추징의 대상이 되며(마약류관리법 제67조) 이에 대하여는 마약거래방지법에 따른 보전조치가 가능하다(마약거래방지법 제2조 제2항 제2호).

8. 마약 소지·소유 및 한외마약 제조금지의 점(제59조 제1항 제9호)

관련조문 ──────────────────────────────────

제59조(벌칙) ① 다음 각 호의 어느 하나에 해당하는 자는 1년 이상의 유기징역에 처한다.

　9. **제4조 제1항을 위반**하여 마약을 소지·소유·관리 또는 수수하거나 **제24조 제1항을 위반**하여 한외마약을 제조한 자

☞ **제4조(마약류취급자가 아닌 자의 마약류 취급 금지)** ① 마약류취급자가 아니면 다음 각 호의 어느 하나에 해당하는 행위를 하여서는 아니 된다.

　1. 마약 또는 향정신성의약품을 소지, 소유, 사용, 운반, 관리, 수입, 수출, 제조, 조제, 투약, 수수, 매매, 매매의 알선 또는 제공하는 행위

　2. 대마를 재배·소지·소유·수수·운반·보관 또는 사용하는 행위

　3. 마약 또는 향정신성의약품을 기재한 처방전을 발급하는 행위

　4. 한외마약을 제조하는 행위

☞ **제24조(마약류 원료 사용의 허가 등)** ① 마약류원료사용자가 아니면 마약 또는 향정신성의약품을 원료로 사용한 한외마약 또는 의약품을 제조하지 못한다.

가. 구성요건의 주체 및 객체

본죄의 **구성요건의 주체**는 마약류 취급자가 아닌 사람이다. 따라서 마약류취급자가 아니라면 누구든 본죄의 주체가 된다. 그 **행위의 상대방**은 아무런 제한이 없다.

본죄의 객체는 제4조 제1항 위반의 경우 '**마약**'이고, 제24조 제1항의 경우 '**한외마약**'이다. **한외마약**(限外麻藥)이라 함은 다른 약물이나 물질과 혼합되어 가목부터 마목까지에 열거된 것으로 다시 제조하거나 제제(製劑)할 수 없고, 그것에 의하여 신체적 또는 정신적 의존성을 일으키지 아니하는 것으로서 총리령으로 정하는 것이다(동법 제2조 바목 단서). 즉 한외마약은 **일반적인 '마약'의 범주에는 포함되지 않지만** 총리령으로 지정하여 관리하고 있는 약물로, **마약류원료사용자가 아니면 이를 제조하지 못하도록 하고 있는데** 이를 위반하여 한외마약을 제조하는 경우 처벌된다.

한외마약과 관련된 **총리령 규정**은 다음과 같다(마약류관리법 시행규칙 제2조).

관련조문

마약류 관리에 관한 법률 시행규칙

[시행 2020. 10. 1.] [총리령 제1615호, 2020. 5. 22., 일부개정]

제2조(한외마약) 「마약류 관리에 관한 법률」(이하 "법"이라 한다) 제2조 제2호바목 단서에 따른 한외마약은 다음 각호의 1에 해당하는 마약의 제제(주사제의 제제를 제외한다)로 한다. <개정 2006. 5. 23., 2012. 6. 15., 2013. 3. 23.>

1. 100그램당 코데인, 디히드로코데인 및 그 염류는 염기로서 1그램이하(수제인 경우에는 100밀리리터당 100밀리그램 이하)이고, 1회 용량이 코데인 및 그 염류는 염기로서 20밀리그램 이하, 디히드로코데인 및 그 염류는 염기로서 10밀리그램 이하이며, 마약성분외의 유효성분이 3종 이상 배합된 제제

2. 100밀리리터당 또는 100그램당 의료용 아편이 100밀리그램 이하이고, 동일한 양의 토근이 배합된 제제

3. 디펜옥시레이트가 염기로서 1회용량이 2.5밀리그램 이하이고, 당해 디펜옥시레이트 용량의 1퍼센트 이상에 해당하는 양의 아트로핀설페이트를 함유하는 제제

4. 디펜옥신 1회 용량이 0.5밀리그램 이하이고, 당해 디펜옥신 용량의 5퍼센트이상에 해당하는 양의 아트로핀설페이트를 함유하는 제제

5. 마약류취급학술연구자가 학술연구목적에 사용하는 연구시험용 시약으로서 식품의약품안전처장이 인정한 제제

나. 구성요건적 행위

본죄의 **구성요건적 행위**는 동법 제4조 제1항을 위반하여 마약을 소지·소유·관리 또는 수수하거나 동법 제24조 제1항을 위반하여 한외마약을 제조하는 것이다.

주관적 구성요건요소와 관련하여 위와 같이 마약을 소지·소유·관리 또는 수수할 때 그 객체가 '마약'이라는 정을 알아야 하고, 자신이 마약류원료취급자가 아님에도 '한외마약'을 제조한다는 점을 인식하여야 한다(고의범).

다. 처벌

본죄를 범하면 1년 이상의 유기징역에 처한다. 나아가 위와 같이 마약 또는 한외마약 그 자체가 몰수대상인 것은 물론이고 위 마약의 관리, 수수 및 한외마약의 제조 등으로 받은 수익 등은 불법수익으로서 필요적 몰수·추징의 대상이 되며(마약류관리법 제67조) 이에 대하여는 마약거래방지법에 따른 보전조치가 가능하다(마약거래방지법 제2조 제2항 제2호).

9. 제2조 제3호 다목 향정 등 제조·수출입 등 금지의 점(제59조 제1항 제10호)

관련조문

제59조(벌칙) ① 다음 각 호의 어느 하나에 해당하는 자는 1년 이상의 유기징역에 처한다.
  10. **제4조 제1항을 위반**하여 제2조 제3호다목에 해당하는 향정신성의약품 또는 그 물질을 함유하는 향정신성의약품을 제조 또는 수출입하거나 그러할 목적으로 소지·소유한 자
☞ **제4조(마약류취급자가 아닌 자의 마약류 취급 금지)** ① 마약류취급자가 아니면 다음 각 호의 어느 하나에 해당하는 행위를 하여서는 아니 된다.
  1. 마약 또는 향정신성의약품을 소지, 소유, 사용, 운반, 관리, 수입, 수출, 제조, 조제, 투약, 수수, 매매, 매매의 알선 또는 제공하는 행위
  2. 대마를 재배·소지·소유·수수·운반·보관 또는 사용하는 행위
  3. 마약 또는 향정신성의약품을 기재한 처방전을 발급하는 행위
  4. 한외마약을 제조하는 행위
☞ **제2조(정의)** 이 법에서 사용하는 용어의 뜻은 다음과 같다.
  3. "향정신성의약품"이란 인간의 중추신경계에 작용하는 것으로서 이를 오용하거나 남용할 경우 인체에 심각한 위해가 있다고 인정되는 다음 각 목의 어느 하나에 해당하는 것으로서 대통령령으로 정하는 것을 말한다.
    다. 가목과 나목에 규정된 것보다 오용하거나 남용할 우려가 상대적으로 적고 의료용으

로 쓰이는 것으로서 이를 오용하거나 남용할 경우 그리 심하지 아니한 신체적 의존
성을 일으키거나 심한 정신적 의존성을 일으키는 약물 또는 이를 함유하는 물질
☞ 마약류관리에 관한 법률 **시행령 별표5** 참조

가. 구성요건의 주체 및 객체

본죄의 **구성요건의 주체**는 마약류 취급자가 아닌 사람이다. 따라서 마약류취급자가 아니라면 누구든 본죄의 주체가 된다. 그 **행위의 상대방**은 아무런 제한이 없다.

나. 구성요건적 행위

본죄의 **구성요건적 행위**는 제2조 제3호 다목에 해당하는 향정신성의약품 또는 그 물질을 함유하는 향정신성의약품을 제조 또는 수출입하거나 그러할 목적으로 소지·소유하는 것이다.

주관적 구성요건요소와 관련하여 위와 같이 제2조 제3호 다목의 향정 등을 소지·소유하는 경우 해당 향정을 제조 또는 수출입할 목적이 있어야 한다(**목적범**).

다. 처벌

본죄를 범하면 1년 이상의 유기징역에 처한다. 나아가 위와 같이 향정 등 그 자체가 몰수 대상인 것은 물론이고 위 향정 등의 제조·수출입 등으로 받은 불법수익은 필요적 몰수·추징의 대상이 되며(마약류관리법 제67조) 이에 대하여는 마약거래방지법에 따른 보전조치가 가능하다(마약거래방지법 제2조 제2항 제2호).

10. 대마 수출·매매·제조 목적 대마초 재배금지의 점(제59조 제1항 제11호)

관련조문

제59조(벌칙) ① 다음 각 호의 어느 하나에 해당하는 자는 1년 이상의 유기징역에 처한다.

11. **제4조 제1항을 위반**하여 대마의 수출·매매 또는 제조할 목적으로 대마초를 재배한 자

☞ **제4조(마약류취급자가 아닌 자의 마약류 취급 금지)** ① 마약류취급자가 아니면 다음 각 호의 어느 하나에 해당하는 행위를 하여서는 아니 된다.

1. 마약 또는 향정신성의약품을 소지, 소유, 사용, 운반, 관리, 수입, 수출, 제조, 조제, 투약, 수수, 매매, 매매의 알선 또는 제공하는 행위

2. 대마를 재배·소지·소유·수수·운반·보관 또는 사용하는 행위

3. 마약 또는 향정신성의약품을 기재한 처방전을 발급하는 행위
4. 한외마약을 제조하는 행위

가. 구성요건의 주체 및 객체

본죄의 **구성요건의 주체**는 마약류 취급자가 아닌 사람이다. 따라서 마약류취급자가 아니라면 누구든 본죄의 주체가 된다. 그 **행위의 상대방**은 아무런 제한이 없다.

나. 구성요건적 행위

본죄의 **구성요건적 행위**는 제4조 제1항을 위반하여 대마의 수출·매매 또는 제조할 목적으로 대마초를 재배하는 것이다.

주관적 구성요건요소와 관련하여 위와 같이 대마를 재배할 당시에 대마를 수출입하거나 매매 또는 제조할 목적이 있어야 한다(**목적범**). 따라서 자연상태에서 자생한 대마를 매매한 경우에는 스스로 재배한 것이 아니고 이를 매매할 목적이 인정되기 어려워 본죄가 성립하지 않는다.

다. 처벌

본죄를 범하면 1년 이상의 유기징역에 처한다. 나아가 위와 같이 재배한 대마 그 자체가 몰수대상인 것은 물론이고 위 대마의 제조·수출입 등으로 받은 불법수익은 필요적 몰수·추징의 대상이 되며(마약류관리법 제67조) 이에 대하여는 마약거래방지법에 따른 보전조치가 가능하다(마약거래방지법 제2조 제2항 제2호).

11. 마약류취급자의 불법 마약취급 금지의 점(제59조 제1항 제12호)

관련조문

제59조(벌칙) ① 다음 각 호의 어느 하나에 해당하는 자는 1년 이상의 유기징역에 처한다.
  12. **제4조 제3항을 위반**하여 마약류(대마는 제외한다)를 취급한 자
☞ **제4조(마약류취급자가 아닌 자의 마약류 취급 금지)** ③ 마약류취급자는 이 법에 따르지 아니하고는 마약류를 취급하여서는 아니 된다. 다만, 대통령령으로 정하는 바에 따라 식품의약품안전처장의 승인을 받은 경우에는 그러하지 아니하다. <개정 2013. 3. 23.>

가. 구성요건의 주체 및 객체

본죄의 **구성요건의 주체**는 마약류취급자이다. 따라서 마약류취급자가 이 법에 따르지 않고 마약류를 취급한 경우 처벌대상이 된다. 이 때 **마약류취급자의 범위**는 다음과 같다.

관련조문

제2조(정의) 이 법에서 사용하는 용어의 뜻은 다음과 같다.

5. **"마약류취급자"**란 다음 <u>가목부터 사목까지의 어느 하나에 해당하는 자</u>로서 <u>이 법에 따라 허가 또는 지정을 받은 자</u>와 <u>아목 및 자목에 해당하는 자</u>를 말한다.

　가. **마약류수출입업자**: 마약 또는 향정신성의약품의 수출입을 업(業)으로 하는 자

　나. **마약류제조업자**: 마약 또는 향정신성의약품의 제조[제제 및 소분(小分)을 포함한다. 이하 같다]를 업으로 하는 자

　다. **마약류원료사용자**: 한외마약 또는 의약품을 제조할 때 마약 또는 향정신성의약품을 원료로 사용하는 자

　라. **대마재배자**: 섬유 또는 종자를 채취할 목적으로 대마초를 재배하는 자

　마. **마약류도매업자**: 마약류소매업자, 마약류취급의료업자, 마약류관리자 또는 마약류취급학술연구자에게 마약 또는 향정신성의약품을 판매하는 것을 업으로 하는 자

　바. **마약류관리자**: 「의료법」에 따른 의료기관(이하 "의료기관"이라 한다)에 종사하는 약사로서 그 의료기관에서 환자에게 투약하거나 투약하기 위하여 제공하는 마약 또는 향정신성의약품을 조 제·수수(授受)하고 관리하는 책임을 진 자

　사. **마약류취급학술연구자**: 학술연구를 위하여 마약 또는 향정신성의약품을 사용하거나, 대마초를 재배하거나 대마를 수입하여 사용하는 자

　아. **마약류소매업자**: 「약사법」에 따라 등록한 약국개설자로서 마약류취급의료업자의 처방전에 따라 마약 또는 향정신성의약품을 조 제하여 판매하는 것을 업으로 하는 자

　자. **마약류취급의료업자**: 의료기관에서 의료에 종사하는 의사·치과의사·한의사 또는 「수의사법」에 따라 동물 진료에 종사하는 수의사로서 의료나 동물 진료를 목적으로 마약 또는 향정신성의약품을 투약하거나 투약하기 위하여 제공하거나 마약 또는 향정신성의약품을 기재한 처방전을 발급하는 자

그 **행위의 상대방**은 아무런 제한이 없다. 한편 본죄의 적용 대상에서 대마를 제외하고 있으므로 **본죄의 객체는 마약 및 향정으로 한정**된다.

나. 구성요건적 행위

본죄의 **구성요건적 행위**는 제4조 제3항을 위반하여 마약류(대마는 제외한다)를 취급하는 것이다. 동법 제4조 제3항은 이 법에 따르지 아니한 마약류 취급을 일체 금지하고 있는데 '이법에 따르지 아니한 마약류 취급'의 개념이 매우 광범위하다. 결국 마약류관리법을 위반한 마약류취급자를 가중하여 처벌하는 규정이라 이해함이 상당하다.

주관적 구성요건요소와 관련하여 마약류취급자 스스로 법령에 따라 마약류를 취급함에 있어 마약류관리법을 위반하는 행위를 한다는 사실을 인식하고 있으면 충분하다.

다. 처벌

본죄를 범하면 1년 이상의 유기징역에 처한다. 나아가 위와 같이 마약류취급자가 취급한 마약류 그 자체가 몰수대상인 것은 물론이고 위 마약류의 불법 취급으로 인하여 얻은 수익은 불법수익으로서 필요적 몰수·추징의 대상이 되며(마약류관리법 제67조) 이에 대하여는 마약거래방지법에 따른 보전조치가 가능하다(마약거래방지법 제2조 제2항 제2호).

12. 1군 임시마약류에 대한 소지 등 금지의 점(제59조 제1항 제13호)

관련조문

제59조(벌칙) ① 다음 각 호의 어느 하나에 해당하는 자는 1년 이상의 유기징역에 처한다.

13. **1군 임시마약류**에 대하여 **제5조의2제5항 제3호를 위반**한 자

☞ **제5조의2(임시마약류 지정 등)** ⑤ 누구든지 **예고임시마약류 또는 임시마약류**에 대하여 다음 각 호의 어느 하나에 해당하는 행위를 하여서는 아니 된다. <개정 2018.3.13>

3. 소지·소유·사용·운반·관리·투약·보관

가. 구성요건의 주체 및 객체

본죄의 **구성요건의 주체**는 아무런 제한이 없다. 따라서 누구든지 본죄의 주체가 될 수 있다. 나아가 그 **행위의 상대방**도 제한이 없다. 한편 본죄의 객체는 예고임시마약류 또는 임시마약류로 한정되는데 **1군 및 2군 또는 예고 임시마약류의 개념**은 다음과 같다.

관련조문 ────────

제5조의2(임시마약류 지정 등) ① 식품의약품안전처장은 마약류가 아닌 물질·약물·제제·제품
등(이하 이 조에서 "물질등"이라 한다) 중 오용 또는 남용으로 인한 보건상의 위해가 우려
되어 긴급히 마약류에 준하여 취급·관리할 필요가 있다고 인정하는 물질등을 임시마약류로
지정할 수 있다. 이 경우 임시마약류는 다음 각 호에서 정하는 바와 같이 구분하여 지정한
다. <개정 2013. 3. 23., 2018. 3. 13.>
1. **1군 임시마약류**: 중추신경계에 작용하거나 마약류와 구조적·효과적 유사성을 지닌 물질
    로서 의존성을 유발하는 등 신체적·정신적 위해를 끼칠 가능성이 높은 물질
2. **2군 임시마약류**: 의존성을 유발하는 등 신체적·정신적 위해를 끼칠 가능성이 있는 물질
④ 제3항에 따라 지정 전에 예고한 임시마약류(이하 **"예고임시마약류"**라 한다)에 대한 효
력은 임시마약류로 예고한 날부터 임시마약류 지정 공고 전날까지로 하며, 예고임시마약류
를 임시마약류로 지정하려는 때에는 3년의 범위에서 기간을 정하여 지정하여야 한다. 다만,
마약류 지정을 검토할 필요가 있는 임시마약류에 대하여는 그 지정기간이 끝나기 전에 제3항
에 따라 예고하여 임시마약류로 다시 지정할 수 있다. <개정 2014. 3. 18., 2018. 3. 13.>

나. 구성요건적 행위

본죄의 **구성요건적 행위**는 예고임시마약류 또는 임시마약류를 소지·소유·사용·운반·
관리·투약·보관하는 것이다. 임시마약류는 식품의약품안전처장이 오용 또는 남용으로 인한
보건상의 위해가 우려되어 긴급히 마약류에 준하여 취급·관리할 필요가 있다고 인정하는
물질을 지정하는 것이므로 이에 대한 소지·소유·사용·운반·관리·투약·보관 행위 등을
일체 금지하고 있는 것이다.

주관적 구성요건요소와 관련하여 구성요건의 주체가 자신이 소지·소유·사용·운반·관리·
투약·보관하고 있는 것이 식품의약품안전처장이 지정한 임시마약류 또는 예고임시마약류
에 해당한다는 점에 대한 인식을 요한다(**고의범**).

다. 처벌

본죄를 범하면 1년 이상의 유기징역에 처한다. 나아가 위와 같은 임시마약류 등 그 자체
가 몰수대상인 것은 물론이고 위 임시마약류의 소지·소유·보관 등으로 인하여 얻은 수익
은 불법수익으로서 필요적 몰수·추징의 대상이 되며(마약류관리법 제67조) 이에 대하여는 마
약거래방지법에 따른 보전조치가 가능하다(마약거래방지법 제2조 제2항 제2호).

13. 향정 등 수출입·제조 금지의 점(제59조 제1항 제14호)

관련조문

제59조(벌칙) ① 다음 각 호의 어느 하나에 해당하는 자는 1년 이상의 유기징역에 처한다.

14. <u>제18조 제1항·제21조 제1항 또는 제24조 제1항을 위반</u>하여 향정신성의약품을 수출
입 또는 제조하거나 의약품을 제조한 자

☞ <u>제18조(마약류 수출입의 허가 등)</u> ① 마약류수출입업자가 아니면 마약 또는 향정신성의약품
을 수출입하지 못한다.

☞ <u>제21조(마약류 제조의 허가 등)</u> ① 마약류제조업자가 아니면 마약 및 향정신성의약품을 제
조하지 못한다.

☞ <u>제24조(마약류 원료 사용의 허가 등)</u> ① 마약류원료사용자가 아니면 마약 또는 향정신성의
약품을 원료로 사용한 한외마약 또는 의약품을 제조하지 못한다.

가. 구성요건의 주체 및 객체

본죄의 구성요건의 주체는 마약류수출입업자, 마약류제조업자, 마약류원료사용자가
아닌 사람이다. 위 각 자격을 보유하지 않은 누구든지 본죄의 주체가 된다. 그 행위의 상
대방은 아무런 제한이 없다.

한편 본죄의 객체는 수출입·제조의 경우 향정 전체가 그 대상이 되고(제18조 제1항, 제21조
제1항), 마약 또는 향정을 원료로 사용한 의약품의 경우 마약류원료사용자가 아닌 사람이
이를 제조하는 경우 금지의 객체가 된다(제24조 제1항).

나. 구성요건적 행위

본죄의 구성요건적 행위는 제18조 제1항·제21조 제1항 또는 제24조 제1항을 위반하여
향정신성의약품을 수출입 또는 제조하거나 의약품을 제조하는 것이다.

주관적 구성요건요소와 관련하여 위 각 구성요건의 주체가 자신이 제조·수출입하는 것
이 마약 또는 향정이거나 자신이 제조하는 것이 마약 또는 향정을 원료로 한 의약품이라는
사실을 인식할 것을 요한다(고의범).

다. 처벌

본죄를 범하면 1년 이상의 유기징역에 처한다. 나아가 위와 같이 제조한 마약, 향정 또는
의약품이 몰수대상인 것은 물론이고 위 마약 등의 제조·수출입 등으로 인하여 얻은 수익은

불법수익으로서 필요적 몰수·추징의 대상이 되며(마약류관리법 제67조) 이에 대하여는 마약 거래방지법에 따른 보전조치가 가능하다(마약거래방지법 제2조 제2항 제2호).

14. 영리·상습범 및 미수·예비·음모 처벌의 점(제59조 제2항, 제3항, 제4항)

관련조문

제59조(벌칙) ② 상습적으로 제1항의 죄를 범한 자는 3년 이상의 유기징역에 처한다.

　③ **제1항(제5호 및 제13호는 제외한다) 및 제2항**에 규정된 죄의 미수범은 처벌한다.

　④ **제1항 제7호**의 죄를 범할 목적으로 예비 또는 음모한 자는 10년 이하의 징역에 처한다.

[전문개정 2011. 6. 7.]

☞ <u>제59조(벌칙)</u> ① 다음 각 호의 어느 하나에 해당하는 자는 1년 이상의 유기징역에 처한다.

＜개정 2016. 2. 3., 2018. 3. 13.＞

　7. 제3조 제7호를 위반하여 **대마를 제조하거나 매매·매매의 알선을 한 자 또는 그러할 목적으로 대마를 소지·소유**한 자

4 마약류관리법 제60조 위반의 점

1. 서설

실무상 가장 많이 문제가 되는 조문이 **마약류관리법 제60조 위반의 점**이다. 마약, 향정, 대마를 가리지 않고 그 취급, 투약, 흡연, 매매 행위 등을 모두 규율하고 있기 때문이다. 동법 위반죄를 검토함에 있어 **유의할 점은 구성요건의 객체가 되는 마약류가 어떤 것인지, 그 마약류의 취급 방법을 나열하고 있는 구성요건이 어떻게 마련되어 있는지를 살피는 것이다.**

이하에서는 각 호별로 어떤 구성요건을 처벌하고 있는지 상세히 살펴본다.

2. 마약, 제2조 제3호 가목 향정 사용 등 금지의 점(제60조 제1항 제1호)

관련조문

제60조(벌칙) ① 다음 각 호의 어느 하나에 해당하는 자는 10년 이하의 징역 또는 1억 원 이하의 벌금에 처한다.

1. **제3조 제1호를 위반**하여 마약 또는 제2조 제3호 가목에 해당하는 향정신성의약품을 **사용**하거나 **제3조 제11호를 위반**하여 마약 또는 제2조 제3호 가목에 해당하는 향정신성의약품과 관련된 **금지된 행위를 하기 위한 장소·시설·장비·자금 또는 운반 수단을 타인에게 제공한 자**

☞ 제3조(일반 행위의 금지) 누구든지 다음 각 호의 어느 하나에 해당하는 행위를 하여서는 아니 된다.
   1. 이 법에 따르지 아니한 마약류의 사용
   11. 제4조 제1항 또는 제1호부터 제10호까지의 규정에서 금지한 행위를 하기 위한 장소·시설·장비·자금 또는 운반 수단을 타인에게 제공하는 행위

가. 구성요건의 주체 및 객체

본죄의 **구성요건의 주체**는 아무런 제한이 없으므로 누구든지 본죄의 주체가 될 수 있고 그 **행위의 상대방** 또한 제한이 없다.

본죄의 **객체**는 '마약' 및 '제2조 제3호 가목에 해당하는 향정'이다.

나. 구성요건적 행위

본죄의 **구성요건적 행위**는 제3조 제1호를 위반하여 마약 또는 제2조 제3호 가목에 해당하는 향정신성의약품을 사용하거나 제3조 제11호를 위반하여 마약 또는 제2조 제3호 가목에 해당하는 향정신성의약품과 관련된 금지된 행위를 하기 위한 장소·시설·장비·자금 또는 는 운반 수단을 타인에게 제공하는 것이다.

마약류관리법은 마약과 향정의 사용을 금지하고 이러한 금지행위를 위해 장소·시설·자금 또는 운반 수단을 제공하는 방법으로 그 범행을 용이하게 하는 것 역시 모두 금지하고 있다. 장소 등 제공의 점은 금지행위를 하는 자의 행위를 용이하게 한다는 점에서 방조범의 성격을 가지나 마약류관리법은 이 또한 정범으로서 무겁게 처벌하고 있는 것이다.

주관적 구성요건요소와 관련하여 마약 또는 제2조 제3호 가목을 불법적으로 사용한다는 점, 자신이 제공한 장소·시설·장비·자금 또는 운반수단이 동법 제4조 제1항 또는 제3조 제1호 내지 제10호의 금지행위에 사용될 것이라는 점을 모두 인식하여야 한다.

다. 처벌

본죄를 범하면 10년 이하의 징역 또는 1억 원 이하의 벌금에 처한다. 나아가 위와 같이 사용한 마약과 향정 그 자체가 몰수대상인 것은 물론이고 마약, 향정을 사용하거나 장소 등을 제공한 대가로 받은 수익은 불법수익으로서 필요적 몰수·추징의 대상이 되며(마약류관리법 제67조) 이에 대하여는 마약거래방지법에 따른 보전조치가 가능하다(마약거래방지법 제2조 제2항 제2호).

3. 제2조 제3호 나목·다목 향정 매매·알선·수수·투약·소지 등 금지의 점 (제60조 제1항 제2호)

관련조문

제60조(벌칙) ① 다음 각 호의 어느 하나에 해당하는 자는 10년 이하의 징역 또는 1억 원 이하의 벌금에 처한다.

2. <u>제4조 제1항을 위반</u>하여 **제2조 제3호 나목 및 다목에 해당하는 향정신성의약품** 또는 그 물질을 함유하는 향정신성의약품을 **매매, 매매의 알선, 수수, 소지, 소유, 사용, 관리, 조제, 투약, 제공**한 자 또는 향정신성의약품을 기재한 **처방전을 발급**한 자

☞ <u>제4조(마약류취급자가 아닌 자의 마약류 취급 금지)</u> ① 마약류취급자가 아니면 다음 각 호의 어느 하나에 해당하는 행위를 하여서는 아니 된다.

1. 마약 또는 향정신성의약품을 소지, 소유, 사용, 운반, 관리, 수입, 수출, 제조, 조제, 투약, 수수, 매매, 매매의 알선 또는 제공하는 행위
2. 대마를 재배·소지·소유·수수·운반·보관 또는 사용하는 행위
3. 마약 또는 향정신성의약품을 기재한 처방전을 발급하는 행위
4. 한외마약을 제조하는 행위

가. 구성요건의 주체 및 객체

본죄의 **구성요건의 주체**는 마약류 취급자가 아닌 사람이다. 따라서 누구든지 마약류취급자가 아닌 사람은 본죄의 주체가 된다. 그 **행위의 상대방**은 아무런 제한이 없다.

본죄의 **객체**는 '**제2조 제3호 나목, 다목에 해당하는 향정 또는 그 물질을 함유한 향정**'이다.

나. 구성요건적 행위

본죄의 **구성요건적 행위**는 제4조 제1항을 위반하여 제2조 제3호 나목 및 다목에 해당하는 향정신성의약품 또는 그 물질을 함유하는 향정신성의약품을 매매, 매매의 알선, 수수, 소지, 소유, 사용, 관리, 조제, 투약, 제공하거나 또는 향정신성의약품을 기재한 처방전을 발급하는 것이다. 실무상 소위 '**필로폰(메트암페타민)' 투약, 매매, 수수 등을 처벌하는 것으로 가장 많이 문제되는 조문이 바로 이것이다.**

주관적 구성요건요소와 관련하여 자신이 마약류취급자가 아니면서 위 각 향정을 매매, 알선, 수수, 투약, 제공한다는 점을 인식하여야 한다.

다. 처벌

본죄를 범하면 10년 이하의 징역 또는 1억 원 이하의 벌금에 처한다. 나아가 위와 같이 매매, 제공, 소지, 소유한 향정 그 자체가 몰수대상인 것은 물론이고 향정을 매매, 제공, 알선, 수수하는 대가로 받은 수익은 모두 불법수익으로서 필요적 몰수·추징의 대상이 되며(마약류관리법 제67조) 이에 대하여는 마약거래방지법에 따른 보전조치가 가능하다(마약거래방지법 제2조 제2항 제2호).

다만 앞에서도 본 바와 같이 마약류 그 자체는 마약거래방지법상 불법수익으로 볼 수 없으므로 필로폰을 투약한 사범의 경우 1회 투약분에 맞추어 추징금을 산정하여 이를 추징할 수 있을 뿐 이를 불법수익으로서 보전할 수 없음은 주의하여야 한다.

따라서 본죄를 통해 보전할 수 있는 불법수익은 위 향정의 매매, 제공 등을 통해 그 대가로 받은 수익으로 한정된다.

4. 제2조 제3호 라목 향정 제조·수출입 등 금지의 점(제60조 제1항 제3호)

관련조문

제60조(벌칙) ① 다음 각 호의 어느 하나에 해당하는 자는 10년 이하의 징역 또는 1억 원 이하의 벌금에 처한다.

  3. <u>제4조 제1항을 위반</u>하여 제2조 제3호 라목에 해당하는 향정신성의약품 또는 그 물질을 함유하는 향정신성의약품을 <u>제조 또는 수출입하거나 그러할 목적으로 소지·소유</u>한 자

☞ <u>제4조(마약류취급자가 아닌 자의 마약류 취급 금지)</u> ① 마약류취급자가 아니면 다음 각 호의 어느 하나에 해당하는 행위를 하여서는 아니 된다.

  1. 마약 또는 향정신성의약품을 소지, 소유, 사용, 운반, 관리, 수입, 수출, 제조, 조제, 투

약, 수수, 매매, 매매의 알선 또는 제공하는 행위

2. 대마를 재배·소지·소유·수수·운반·보관 또는 사용하는 행위

3. 마약 또는 향정신성의약품을 기재한 처방전을 발급하는 행위

4. 한외마약을 제조하는 행위

가. 구성요건의 주체 및 객체

본죄의 **구성요건의 주체**는 마약류 취급자가 아닌 사람이다. 따라서 누구든지 마약류취급자가 아닌 사람은 본죄의 주체가 된다. 그 **행위의 상대방**은 아무런 제한이 없다.

본죄의 객체는 '**제2조 제3호 라목에 해당하는 향정 또는 그 물질을 함유한 향정**'이다.

나. 구성요건적 행위

본죄의 **구성요건적 행위**는 제4조 제1항을 위반하여 제2조 제3호 라목에 해당하는 향정신성의약품 또는 그 물질을 함유하는 향정신성의약품을 제조 또는 수출입하거나 그러할 목적으로 소지·소유하는 것이다. 마약 및 다른 향정들과 달리 제2조 제3호 라목에 해당하는 향정의 제조·수출입의 경우 그 처벌의 수위를 낮추어 동법 제60조에 규정한 것으로 봄이 상당하다.

주관적 구성요건요소와 관련하여 자신이 마약류취급자가 아니면서 제2조 제3호 라목의 향정을 수출입·제조한다는 점을 인식하여야 한다. 나아가 위 향정 등의 소지·소유의 경우에는 이를 수출입·제조한다는 점에 대한 목적이 있을 것을 요한다(목적범).

다. 처벌

본죄를 범하면 10년 이하의 징역 또는 1억 원 이하의 벌금에 처한다. 나아가 위와 같이 제조·수출입한 향정 그 자체가 몰수대상인 것은 물론이고 향정을 제조·수출입 하는 대가로 받은 수익은 모두 불법수익으로서 필요적 몰수·추징의 대상이 되며(마약류관리법 제67조) 이에 대하여는 마약거래방지법에 따른 보전조치가 가능하다(마약거래방지법 제2조 제2항 제2호).

5. 마약류취급자의 업무 외 목적 마약류 취급 금지의 점(제60조 제1항 제4호, 제5조 제1항)

관련조문

제60조(벌칙) ① 다음 각 호의 어느 하나에 해당하는 자는 10년 이하의 징역 또는 1억 원 이하의 벌금에 처한다.

　4. **제5조 제1항**·제2항, 제9조 제1항, 제28조 제1항, 제30조 제1항, 제35조 제1항 또는 제39조를 **위반하여 마약을 취급하거나 그 처방전을 발급**한 자

☞ **제5조(마약류 등의 취급 제한)** ① **마약류취급자**는 그 업무 외의 목적을 위하여 **제4조 제1항 각 호**에 규정된 행위를 하여서는 아니 된다.

☞ **제4조(마약류취급자가 아닌 자의 마약류 취급 금지)** ① 마약류취급자가 아니면 다음 각 호의 어느 하나에 해당하는 행위를 하여서는 아니 된다.

　1. 마약 또는 향정신성의약품을 소지, 소유, 사용, 운반, 관리, 수입, 수출, 제조, 조제, 투약, 수수, 매매, 매매의 알선 또는 제공하는 행위

　2. 대마를 재배·소지·소유·수수·운반·보관 또는 사용하는 행위

　3. 마약 또는 향정신성의약품을 기재한 처방전을 발급하는 행위

　4. 한외마약을 제조하는 행위

가. 구성요건의 주체 및 객체

본죄의 **구성요건의 주체**는 마약류 취급자이다(신분범). 마약류취급자의 개념은 이미 앞에서 살펴본 바와 같다. 그 **행위의 상대방**은 아무런 제한이 없다.

본죄의 **객체**는 '**마약류 전체**'이다. 다만 동법 제4조 제1항 각호의 행위 유형에 따라 그 객체가 되는 마약류가 다소 차이가 있다.

나. 구성요건적 행위

본죄의 **구성요건적 행위**는 마약류 취급자가 그 **업무 외의 목적을 위하여** 제4조 제1항 각 호에 규정된 행위 즉 ① **마약 또는 향정신성의약품을 소지, 소유, 사용, 운반, 관리, 수입, 수출, 제조, 조제, 투약, 수수, 매매, 매매의 알선 또는 제공하는 행위**(제4조 제1항 제1호), ② **대마를 재배·소지·소유·수수·운반·보관 또는 사용하는 행위**(제4조 제1항 **제2호**), ③ **마약 또는 향정신성의약품을 기재한 처방전을 발급**하는 행위(제4조 제1항 **제3호**), ④ **한외마약을 제조하는 행위**(제4조 제1항 **제4호**)이다.

　　주관적 구성요건요소와 관련하여 자신이 마약류취급자 임에도 **그 업무 외의 목적으로** 동법 제4조 제1항 각호의 마약류를 취급하는 행위를 한다는 점에 대한 인식을 요구하는 **목적범**이다.

다. 처벌

　　본죄를 범하면 10년 이하의 징역 또는 1억 원 이하의 벌금에 처한다. 나아가 위와 같이 마약류취급자가 업무 외 목적으로 취급한 마약류 그 자체가 몰수대상인 것은 물론이고 그 행위의 대가로 받은 수익은 모두 불법수익으로서 필요적 몰수·추징의 대상이 되며(마약류관리법 제67조) 이에 대하여는 마약거래방지법에 따른 보전조치가 가능하다(마약거래방지법 제2조 제2항 제2호).

6. 마약류 등 관리자의 업무 외 목적 마약류 등 사용 금지의 점(제60조 제1항 제4호, 제5조 제2항)

관련조문

　　제60조(벌칙) ① 다음 각 호의 어느 하나에 해당하는 자는 10년 이하의 징역 또는 1억 원 이하의 벌금에 처한다.

　　4. **제5조** 제1항·**제2항**, 제9조 제1항, 제28조 제1항, 제30조 제1항, 제35조 제1항 또는 제39조를 위반하여 **마약을 취급하거나 그 처방전을 발급**한 자

☞ **제5조(마약류 등의 취급 제한)** ② 이 법에 따라 **마약류 또는 임시마약류를 소지·소유·운반 또는 관리하는 자**는 다른 목적을 위하여 이를 사용하여서는 아니 된다.

가. 구성요건의 주체 및 객체

　　본죄의 **구성요건의 주체**는 이 법에 따라 적법하게 마약류 또는 임시마약류를 소지·소유·운반 또는 관리하는 사람이다(신분범).

　　본죄의 **객체**는 '**마약류 또는 임시마약류**'이다.

나. 구성요건적 행위

　　본죄의 **구성요건적 행위**는 마약류 또는 임시마약류를 소지·소유·운반 또는 관리하는 자가 다른 목적을 위하여 이를 사용하는 것이다. 예컨대 마약류를 적법하게 관리할 수 있는

지위에 있는 사람이 그 관리의 목적과 무관하게 마약류를 함부로 사용하여 투약하거나 이를 매매하는 등의 행위를 하면 처벌된다.

주관적 구성요건요소와 관련하여 자신이 적법하게 마약류를 소지·소유·관리할 수 있음에도 불구하고 그 행위와 무관한 다른 목적으로 마약류를 사용한다는 점에 대한 인식을 요한다.

다. 처벌

본죄를 범하면 10년 이하의 징역 또는 1억 원 이하의 벌금에 처한다. 나아가 위와 같이 마약류 등 관리자가 자신이 맡은 목적 외로 사용한 마약류 그 자체가 몰수대상인 것은 물론이고 그 행위의 대가로 받은 수익은 모두 불법수익으로서 필요적 몰수·추징의 대상이 되며 (마약류관리법 제67조) 이에 대하여는 마약거래방지법에 따른 보전조치가 가능하다(마약거래방지법 제2조 제2항 제2호).

7. 마약류취급자 등의 마약류취급자가 아닌 사람으로부터의 마약류 양수 금지의 점(제60조 제1항 제4호, 제9조 제1항)

관련조문 ────────────────────────────────

제60조(벌칙) ① 다음 각 호의 어느 하나에 해당하는 자는 10년 이하의 징역 또는 1억 원 이하의 벌금에 처한다.

    4. 제5조 제1항·제2항, **제9조 제1항**, 제28조 제1항, 제30조 제1항, 제35조 제1항 또는 제39조를 위반하여 **마약을 취급하거나 그 처방전을 발급**한 자

☞ **제9조(수수 등의 제한)** ① 마약류취급자 또는 마약류취급승인자(제3조 제2호부터 제7호까지 또는 제4조 제2항 제7호에 따라 마약류 취급의 승인을 받은 자를 말한다. 이하 같다)는 마약류취급자 또는 마약류취급승인자가 아닌 자로부터 마약류를 양수할 수 없다. 다만, 제13조에 따라 허가관청의 승인을 받은 경우에는 그러하지 아니하다.

가. 구성요건의 주체 및 객체

본죄의 **구성요건의 주체**는 마약류취급자 또는 마약류취급승인자(제3조 제2호부터 제7호까지 또는 제4조 제2항 제7호에 따라 마약류 취급의 승인을 받은 자를 말한다. 이하 같다)이다(**신분범**). 그 **행위의 상대방**은 마약류취급자 또는 마약류취급승인자가 아닌 모든 사람을 의미한다. 본죄의 **객체**는 '**마약류**'이다.

나. 구성요건적 행위

본죄의 **구성요건적 행위**는 마약류취급자 또는 마약류취급승인자가 마약류취급자 또는 마약류취급승인자가 아닌 자로부터 마약류를 양수하는 것이다. 다만, 제13조에 따라 허가관청의 승인을 받은 경우에는 양수가 가능하다(동법 제9조 제1항 단서).

주관적 구성요건요소와 관련하여 자신이 마약류취급자 또는 마약류취급승인자로부터 허가관청의 승인 없이 마약류를 양수한다는 점에 대한 인식을 요한다.

다. 처벌

본죄를 범하면 10년 이하의 징역 또는 1억 원 이하의 벌금에 처한다. 나아가 위와 같이 마약류취급자 등이 마약류취급자가 아닌 사람으로부터 양수한 마약류 그 자체가 몰수대상인 것은 물론이고 그 행위의 대가로 받은 수익은 모두 불법수익으로서 필요적 몰수·추징의 대상이 되며(마약류관리법 제67조) 이에 대하여는 마약거래방지법에 따른 보전조치가 가능하다(마약거래방지법 제2조 제2항 제2호).

8. 마약류소매업자가 아닌 사람의 마약 등 판매 금지의 점(제60조 제1항 제4호, 제28조 제1항)

관련조문

제60조(벌칙) ① 다음 각 호의 어느 하나에 해당하는 자는 10년 이하의 징역 또는 1억 원 이하의 벌금에 처한다.

4. 제5조 제1항·제2항, 제9조 제1항, **제28조 제1항**, 제30조 제1항, 제35조 제1항 또는 제39조를 위반하여 **마약을 취급하거나 그 처방전을 발급**한 자

☞ **제28조(마약류의 소매)** ① 마약류소매업자가 아니면 마약류취급의료업자가 발급한 마약 또는 향정신성의약품을 기재한 처방전에 따라 조제한 마약 또는 향정신성의약품을 판매하지 못한다. 다만, 마약류취급의료업자가 「약사법」에 따라 자신이 직접 조제할 수 있는 경우는 제외한다.

가. 구성요건의 주체 및 객체

본죄의 **구성요건의 주체**는 마약류소매업자가 아닌 자이다(신분범). 이 때 **마약류소매업자**는 「약사법」에 따라 등록한 약국개설자로서 마약류취급의료업자의 처방전에 따라 마약

또는 향정신성의약품을 조제하여 판매하는 것을 업으로 하는 사람이다(동법 제2조 제5호 아목). 그 **행위의 상대방**은 마약류취급의료업자가 발급한 마약 또는 향정을 기재한 처방전에 따라 마약 또는 향정을 조제받고자 하는 사람이다. 본죄의 **객체**는 '**마약 또는 향정**'이다.

나. 구성요건적 행위

본죄의 **구성요건적 행위**는 마약류소매업자가 아닌 사람이 마약류취급의료업자가 발급한 마약 또는 향정신성의약품을 기재한 처방전에 따라 조제한 마약 또는 향정신성의약품을 판매하는 것이다. 다만, 마약류취급의료업자가 「약사법」에 따라 자신이 직접 조제할 수 있는 경우는 제외한다(동법 제28조 제1항 단서).

주관적 구성요건요소와 관련하여 자신이 마약류소매업자가 아님에도 처방전에 따라 조제한 마약 또는 향정을 판매한다는 점에 대한 인식을 요한다.

다. 처벌

본죄를 범하면 10년 이하의 징역 또는 1억 원 이하의 벌금에 처한다. 나아가 위와 같이 마약류소매업자가 아님에도 처방전에 따라 판매한 마약류 그 자체가 몰수대상인 것은 물론이고 그 행위의 대가로 받은 수익은 모두 불법수익으로서 필요적 몰수·추징의 대상이 되며(마약류관리법 제67조) 이에 대하여는 마약거래방지법에 따른 보전조치가 가능하다(마약거래방지법 제2조 제2항 제2호).

9. 마약류취급의료업자가 아닌 사람의 의료·동물진료 목적 마약 등 투약·제공·처방전 발급 금지의 점(제60조 제1항 제4호, 제30조 제1항)

관련조문

제60조(벌칙) ① 다음 각 호의 어느 하나에 해당하는 자는 10년 이하의 징역 또는 1억 원 이하의 벌금에 처한다.
4. 제5조 제1항·제2항, 제9조 제1항, 제28조 제1항, **제30조 제1항**, 제35조 제1항 또는 제39조를 위반하여 **마약을 취급하거나 그 처방전을 발급**한 자
☞ **제30조(마약류 투약 등)** ① 마약류취급의료업자가 아니면 의료나 동물 진료를 목적으로 마약 또는 향정신성의약품을 투약하거나 투약하기 위하여 제공하거나 마약 또는 향정신성의약품을 기재한 처방전을 발급하여서는 아니 된다.

가. 구성요건의 주체 및 객체

본죄의 **구성요건의 주체**는 마약류취급의료업자가 아닌 사람이다. 따라서 마약류취급의료업자가 아닌 사람은 모두 본죄의 주체가 된다. 이 때 **행위의 상대방**은 아무런 제한이 없다. 본죄의 **객체**는 '**마약 또는 향정**'이다.

나. 구성요건적 행위

본죄의 **구성요건적 행위**는 마약류취급의료업자가 아니면서도 의료나 동물 진료를 목적으로 마약 또는 향정신성의약품을 투약하거나 투약하기 위하여 제공하거나 마약 또는 향정신성의약품을 기재한 처방전을 발급하는 것이다.

마약 또는 향정은 의료나 동물진료 목적으로 제한적으로 사용가능한데 이를 사용하는 주체는 반드시 마약류취급의료업자여야 하고 그렇지 않은 사람이면 의료·동물진료 등의 목적으로라도 마약 또는 향정의 투약·제공 및 처방전 발급 등의 행위를 하여서는 안된다는 취지다.

주관적 구성요건요소와 관련하여 자신이 마약류취급의료업자가 아님에도 의료나 동물진료를 목적으로 마약 또는 향정을 투약·제공·처방전을 발급한다는 점에 대한 인식을 요한다.

다. 처벌

본죄를 범하면 10년 이하의 징역 또는 1억 원 이하의 벌금에 처한다. 나아가 위와 같이 마약류취급의료업자가 아님에도 의료목적으로 투약, 제공한 마약류 그 자체가 몰수대상인 것은 물론이고 그 행위의 대가로 받은 수익은 모두 불법수익으로서 필요적 몰수·추징의 대상이 되며(마약류관리법 제67조) 이에 대하여는 마약거래방지법에 따른 보전조치가 가능하다(마약거래방지법 제2조 제2항 제2호).

10. 마약류취급학술연구자 아닌 사람의 학술연구 목적 마약류 사용 금지의 점 (제60조 제1항 제4호, 제35조 제1항)

관련조문

제60조(벌칙) ① 다음 각 호의 어느 하나에 해당하는 자는 10년 이하의 징역 또는 1억 원 이하의 벌금에 처한다.

4. 제5조 제1항·제2항, 제9조 제1항, 제28조 제1항, 제30조 제1항, **제35조 제1항** 또는 제

39조를 위반하여 **마약을 취급하거나 그 처방전을 발급**한 자

☞ **제35조(마약류취급학술연구자)** ① 마약류취급학술연구자가 아니면 마약류를 학술연구의 목적에 사용하지 못한다.

가. 구성요건의 주체 및 객체

본죄의 **구성요건의 주체**는 마약류취급학술연구자가 아닌 사람이다. 따라서 마약류취급학술연구자가 아닌 사람은 모두 본죄의 주체가 된다. 이 때 마약류취급학술연구자는 학술연구를 위하여 마약 또는 향정신성의약품을 사용하거나, 대마초를 재배하거나 대마를 수입하여 사용하는 사람이다(동법 제2조 제5호 사목). 이 때 **행위의 상대방**은 아무런 제한이 없다. 본죄의 **객체**는 '**마약류**' 전체이다.

나. 구성요건적 행위

본죄의 **구성요건적 행위**는 마약류취급학술연구자가 아니면 마약류를 학술연구의 목적에 사용하는 것이다.

주관적 구성요건요소와 관련하여 자신이 마약류취급학술연구자가 아님에도 학술연구의 목적으로 마약류를 사용한다는 점에 대한 인식을 요한다.

다. 처벌

본죄를 범하면 10년 이하의 징역 또는 1억 원 이하의 벌금에 처한다. 나아가 위와 같이 마약류취급학술연구자가 아님에도 학술연구 목적으로 사용한 마약류 그 자체가 몰수대상인 것은 물론이고 그 행위의 대가로 받은 수익은 모두 불법수익으로서 필요적 몰수·추징의 대상이 되며(마약류관리법 제67조) 이에 대하여는 마약거래방지법에 따른 보전조치가 가능하다(마약거래방지법 제2조 제2항 제2호).

11. 마약류취급의료업자의 마약중독자에 대한 금지행위의 점(제60조 제1항 제4호, 제39조)

관련조문

제60조(벌칙) ① 다음 각 호의 어느 하나에 해당하는 자는 10년 이하의 징역 또는 1억 원 이하의 벌금에 처한다.

4. 제5조 제1항·제2항, 제9조 제1항, 제28조 제1항, 제30조 제1항, 제35조 제1항 또는 **제 39조를 위반**하여 **마약을 취급하거나 그 처방전을 발급**한 자

☞ **제39조(마약 사용의 금지)** 마약류취급의료업자는 **마약 중독자에게** 그 중독 증상을 완화시키거나 치료하기 위하여 다음 각 호의 어느 하나에 해당하는 행위를 하여서는 아니 된다. 다만, 제40조에 따른 치료보호기관에서 보건복지부장관 또는 시·도지사의 허가를 받은 경우에는 그러하지 아니하다.

1. 마약을 투약하는 행위
2. 마약을 투약하기 위하여 제공하는 행위
3. 마약을 기재한 처방전을 발급하는 행위

가. 구성요건의 주체 및 객체

본죄의 **구성요건의 주체**는 마약류취급의료업자이다(**신분범**). 이 때 마약류취급의료업자는 의료기관에서 의료에 종사하는 의사·치과의사·한의사 또는 「수의사법」에 따라 동물 진료에 종사하는 수의사로서 의료나 동물 진료를 목적으로 마약 또는 향정신성의약품을 투약하거나 투약하기 위하여 제공하거나 마약 또는 향정신성의약품을 기재한 처방전을 발급하는 사람이다(**동법 제2조 제5호 자목**).

이 때 **행위의 상대방**은 '**마약류 중독자**'이다. 마약류 중독자의 개념이 불분명할 수 있는데 동법은 마약류 중독자의 판별 및 치료를 위하여 치료보호기관 등을 설치·운영할 수 있다고 규정하고 있으므로 일응 위 마약류 중독자는 위 기관에서 마약중독자로 판별된 사람으로 해석함이 상당하다. 그렇지 않으면 법률의 적용이 자의적으로 이루어질 수 있기 때문이다.

관련조문

제40조(마약류 중독자의 치료보호) ① 보건복지부장관 또는 시·도지사는 마약류 사용자의 마약류 중독 여부를 판별하거나 마약류 중독자로 판명된 사람을 치료보호하기 위하여 치료보호기관을 설치·운영하거나 지정할 수 있다.

② 보건복지부장관 또는 시·도지사는 마약류 사용자에 대하여 제1항에 따른 치료보호기관에서 마약류 중독 여부의 판별검사를 받게 하거나 마약류 중독자로 판명된 사람에 대하여 치료보호를 받게 할 수 있다. 이 경우 판별검사 기간은 1개월 이내로 하고, 치료보호 기간은 12개월 이내로 한다.

③ 보건복지부장관 또는 시·도지사는 제2항에 따른 판별검사 또는 치료보호를 하려면 치료보호심사위원회의 심의를 거쳐야 한다.

④ 제3항에 따른 판별검사 및 치료보호에 관한 사항을 심의하기 위하여 보건복지부, 특별시, 광역시, 특별자치시, 도 및 특별자치도에 치료보호심사위원회를 둔다. <개정 2016. 2. 3.>
⑤ 제1항부터 제4항까지의 규정에 따른 치료보호기관의 설치·운영 및 지정, 판별검사 및 치료보호, 치료보호심사위원회의 구성·운영·직무 등에 관하여 필요한 사항은 대통령령으로 정한다.

본죄의 **객체**는 '마약'이다. 법문상 '마약'이라고 명시하고 있으므로 **향정 또는 대마는 이에 해당하지 않는다고 봄이 상당**하다.

나. 구성요건적 행위

본죄의 **구성요건적 행위**는 마약류취급의료업자가 마약류 중독자에게 그 중독 증상을 완화시키거나 치료하기 위하여 ① 마약을 투약하는 행위(제39조 제1호), ② 마약을 투약하기 위하여 제공하는 행위(제39조 제2호), ③ 마약을 기재한 처방전을 발급하는 행위(제39조 제3호)를 하는 것이다. 다만, 제40조에 따른 치료보호기관에서 보건복지부장관 또는 시·도지사의 허가를 받은 경우에는 그러하지 아니하다(제39조 단서).

주관적 구성요건요소와 관련하여 상대방이 마약 중독자라는 사실과 그럼에도 불구하고 마약을 투약·제공·처방전 발급을 한다는 점에 대한 인식을 요한다.

다. 처벌

본죄를 범하면 10년 이하의 징역 또는 1억 원 이하의 벌금에 처한다. 나아가 위와 같이 마약류취급의료업자가 마약중독자에게 제공한 마약류 그 자체가 몰수대상인 것은 물론이고 그 행위의 대가로 받은 수익은 모두 불법수익으로서 필요적 몰수·추징의 대상이 되며(마약류관리법 제67조) 이에 대하여는 마약거래방지법에 따른 보전조치가 가능하다(마약거래방지법 제2조 제2항 제2호).

12. 1군 임시마약류에 대한 금지행위를 하기 위한 장소·시설·장비 등 제공 금지의 점(제60조 제1항 제5호, 제5조의2 제5항 제4호)

관련조문

제60조(벌칙) ① 다음 각 호의 어느 하나에 해당하는 자는 10년 이하의 징역 또는 1억 원 이하의 벌금에 처한다.

5. 1군 임시마약류에 대하여 **제5조의2 제5항 제4호를 위반**한 자

☞ 제5조의2(임시마약류 지정 등) ⑤ 누구든지 예고임시마약류 또는 임시마약류에 대하여 다음 각 호의 어느 하나에 해당하는 행위를 하여서는 아니 된다. <개정 2018.3.13>

4. 1군 또는 2군 임시마약류와 관련된 **금지행위를 하기 위한 장소·시설·장비·자금 또는 운반 수단을 타인에게 제공**

가. 구성요건의 주체 및 객체

본죄의 **구성요건의 주체**는 아무런 제한이 없다. 따라서 누구든지 본죄의 주체가 된다. **행위의 상대방** 또한 신분상 제한이 없다. 본죄의 **객체**는 1군 임시마약류이다. 임시마약류의 개념은 이미 앞에서 본 바와 같다.

나. 구성요건적 행위

본죄의 **구성요건적 행위**는 1군 임시마약류와 관련된 금지행위를 하기 위한 장소·시설·장비·자금 또는 운반 수단을 타인에게 제공하는 것이다. 앞에서도 본 바와 같이 1군 임시마약류와 관련된 금지행위는 다음과 같다.

주관적 구성요건요소와 관련하여 자신이 제공하는 장소·시설·장비·자금 또는 운반수단 등이 1급 마약류에 대한 위 금지행위에 사용된다는 사실에 대한 미필적 인식을 요한다(**고의범**).

다. 처벌

본죄를 범하면 10년 이하의 징역 또는 1억 원 이하의 벌금에 처한다. 나아가 위와 같이 타인에게 제공한 장소·시설·장비·자금 또는 운반수단 그 자체가 몰수대상인 것은 물론이고 그 행위의 대가로 받은 수익은 모두 불법수익으로서 필요적 몰수·추징의 대상이 되며(마약류관리법 제67조) 이에 대하여는 마약거래방지법에 따른 보전조치가 가능하다(마약거래방지법 제2조 제2항 제2호).

13. 2군 임시마약류에 대한 재배·추출·제조·수출입 등 금지의 점(제60조 제1항 제6호)

관련조문

제60조(벌칙) ① 다음 각 호의 어느 하나에 해당하는 자는 10년 이하의 징역 또는 1억 원 이하의 벌금에 처한다.

6. 2군 임시마약류에 대하여 **제5조의2 제5항 제1호를 위반**한 자

☞ **제5조의2(임시마약류 지정 등)** ⑤ 누구든지 예고임시마약류 또는 임시마약류에 대하여 다음 각 호의 어느 하나에 해당하는 행위를 하여서는 아니 된다. <개정 2018.3.13>

1. 재배·추출·제조·수출입하거나 그러할 목적으로 소지·소유

가. 구성요건의 주체 및 객체

본죄의 **구성요건의 주체**는 아무런 제한이 없다. 따라서 누구든지 본죄의 주체가 된다. **행위의 상대방** 또한 제한이 없다. 본죄의 **객체**는 2군 임시마약류이다. 임시마약류의 개념은 이미 앞에서 본 바와 같다.

나. 구성요건적 행위

본죄의 **구성요건적 행위**는 2군 임시마약류를 재배·추출·제조·수출입하거나 그러할 목적으로 소지·소유하는 것이다.

주관적 구성요건요소와 관련하여 자신이 재배·추출·제조·수출입하는 것이 2급 임시마약류라는 점에 대한 미필적 인식을 요한다(고의범). 나아가 2군 마약류 소지·소유의 경우에는 해당 마약류의 재배 등 목적을 요구한다(목적범).

다. 처벌

본죄를 범하면 10년 이하의 징역 또는 1억 원 이하의 벌금에 처한다. 나아가 위와 같이 재배·추출·제조·수출입한 2급 마약류 그 자체가 몰수대상인 것은 물론이고 그 행위의 대가로 받은 수익은 모두 불법수익으로서 필요적 몰수·추징의 대상이 되며(마약류관리법 제67조) 이에 대하여는 마약거래방지법에 따른 보전조치가 가능하다(마약거래방지법 제2조 제2항 제2호).

14. 상습범 및 미수범 처벌(제60조 제2항, 제3항)

관련조문

제60조(벌칙) ② 상습적으로 제1항의 죄를 범한 자는 그 죄에 대하여 정하는 형의 2분의 1까지 가중(加重)한다.

③ 제1항과 제2항에 규정된 죄의 미수범은 처벌한다.

5 마약류관리법 제61조 위반의 점

1. 향정·대마 불법사용 금지의 점(제61조 제1항 제1호, 제3조 제1호)

관련조문

제61조(벌칙) ① 다음 각 호의 어느 하나에 해당하는 자는 5년 이하의 징역 또는 5천만 원 이하의 벌금에 처한다. <개정 2016. 2. 3., 2018. 3. 13., 2019. 12. 3.>

1. <u>제3조 제1호</u>를 위반하여 향정신성의약품(제2조 제3호 가목에 해당하는 향정신성의약품은 제외한다) 또는 대마를 <u>사용</u>하거나 제3조 제11호를 위반하여 향정신성의약품(제2조 제3호 가목에 해당하는 향정신성의약품은 제외한다) 및 대마와 관련된 금지된 행위를 하기 위한 장소·시설·장비·자금 또는 운반 수단을 타인에게 제공한 자

☞ <u>제3조(일반 행위의 금지) 누구든지</u> 다음 각 호의 어느 하나에 해당하는 행위를 하여서는 아니 된다.

1. <u>이 법에 따르지 아니한 마약류의 사용</u>

가. 구성요건의 주체 및 객체

본죄의 **구성요건의 주체**는 아무런 제한이 없다. 따라서 누구든지 본죄의 주체가 된다. **행위의 상대방** 또한 제한이 없다. 본죄의 객체는 2군 임시마약류이다. 임시마약류의 개념은 이미 앞에서 본 바와 같다.

나. 구성요건적 행위

본죄의 **구성요건적 행위**는 제3조 제1호를 위반하여 향정신성의약품(제2조 제3호가목에 해당하는 향정은 제외) 또는 대마를 사용하는 것이다. 동법 제3조 제1호는 이 법에 따르지 않는 마약류 사용을 금지하고 있는데 본죄는 그 중 제2조 제3호 가목의 향정을 제외한 나머지 향정 및 대마의 사용을 금지하되 처벌의 수위를 다소 낮추어 규정하고 있다.

주관적 구성요건요소와 관련하여 자신이 이 법에 의하지 않는 방법으로 위 향정과 대마를 사용한다는 점에 대한 미필적 인식을 요한다(고의범).

다. 처벌

본죄를 범하면 5년 이하의 징역 또는 5천만 원 이하의 벌금에 처한다. 나아가 위와 같이 불법적으로 사용한 향정과 대마는 그 자체가 몰수대상인 것은 물론이고 그 행위의 대가로

받은 수익은 모두 불법수익으로서 필요적 몰수·추징의 대상이 되며(마약류관리법 제67조) 이에 대하여는 마약거래방지법에 따른 보전조치가 가능하다(마약거래방지법 제2조 제2항 제2호).

2. 향정·대마 관련 금지행위를 위한 장소·자금 등 제공 금지의 점(제61조 제1항 제1호, 제3조 제11호)

관련조문

제61조(벌칙) ① 다음 각 호의 어느 하나에 해당하는 자는 5년 이하의 징역 또는 5천만 원 이하의 벌금에 처한다. <개정 2016. 2. 3., 2018. 3. 13., 2019. 12. 3.>

　1. 제3조 제1호를 위반하여 향정신성의약품(제2조 제3호가목에 해당하는 향정신성의약품은 제외한다) 또는 대마를 사용하거나 **제3조 제11호를 위반**하여 향정신성의약품(제2조 제3호 가목에 해당하는 향정신성의약품은 제외한다) 및 대마와 관련된 금지된 행위를 하기 위한 장소·시설·장비·자금 또는 운반 수단을 타인에게 제공한 자

☞ 제3조(일반 행위의 금지) **누구든지** 다음 각 호의 어느 하나에 해당하는 행위를 하여서는 아니 된다.

　11. **제4조 제1항 또는 제1호부터 제10호까지의 규정**에서 금지한 행위를 하기 위한 장소·시설·장비·자금 또는 운반 수단을 타인에게 제공하는 행위

☞ 제4조(마약류취급자가 아닌 자의 마약류 취급 금지) ① **마약류취급자가 아니면** 다음 각 호의 어느 하나에 해당하는 행위를 하여서는 아니 된다.

　1. 마약 또는 향정신성의약품을 소지, 소유, 사용, 운반, 관리, 수입, 수출, 제조, 조제, 투약, 수수, 매매, 매매의 알선 또는 제공하는 행위

　2. 대마를 재배·소지·소유·수수·운반·보관 또는 사용하는 행위

　3. 마약 또는 향정신성의약품을 기재한 처방전을 발급하는 행위

　4. 한외마약을 제조하는 행위

☞ 제3조(일반 행위의 금지) 누구든지 다음 각 호의 어느 하나에 해당하는 행위를 하여서는 아니 된다. <개정 2013. 3. 23., 2016. 2. 3., 2016. 12. 2., 2018. 3. 13., 2018. 12. 11.>

　1. 이 법에 따르지 아니한 마약류의 사용

　2. 마약의 원료가 되는 식물을 재배하거나 그 성분을 함유하는 원료·종자·종묘(種苗)를 소지, 소유, 관리, 수출입, 수수, 매매 또는 매매의 알선을 하거나 그 성분을 추출하는 행위. 다만, 대통령령으로 정하는 바에 따라 식품의약품안전처장의 승인을 받은 경우는 제외한다.

　3. 헤로인, 그 염류(鹽類) 또는 이를 함유하는 것을 소지, 소유, 관리, 수입, 제조, 매매, 매매의 알선, 수수, 운반, 사용, 투약하거나 투약하기 위하여 제공하는 행위. 다만, 대통령령으로 정하는 바에 따라 식품의약품안전처장의 승인을 받은 경우는 제외한다.

4. 마약 또는 향정신성의약품을 제조할 목적으로 원료물질을 제조, 수출입, 매매, 매매의 알선, 수수, 소지, 소유 또는 사용하는 행위. 다만, 대통령령으로 정하는 바에 따라 식품 의약품안전처장의 승인을 받은 경우는 제외한다.

5. 제2조 제3호가목의 향정신성의약품 또는 이를 함유하는 향정신성의약품을 소지, 소유, 사용, 관리, 수출입, 제조, 매매, 매매의 알선 또는 수수하는 행위. 다만, 대통령령으로 정하는 바에 따라 식품의약품안전처장의 승인을 받은 경우는 제외한다.

6. 제2조 제3호가목의 향정신성의약품의 원료가 되는 식물 또는 버섯류에서 그 성분을 추출하거나 그 식물 또는 버섯류를 수출입, 매매, 매매의 알선, 수수, 흡연 또는 섭취하거나 흡연 또는 섭취할 목적으로 그 식물 또는 버섯류를 소지·소유하는 행위. 다만, 대통령령으로 정하는 바에 따라 식품의약품안전처장의 승인을 받은 경우는 제외한다.

7. 대마를 수출입·제조·매매하거나 매매를 알선하는 행위. 다만, 공무, 학술연구 또는 의료 목적을 위하여 대통령령으로 정하는 바에 따라 식품의약품안전처장의 승인을 받은 경우는 제외한다.

8. 삭제<2016. 2. 3.>

9. 삭제<2016. 2. 3.>

10. 다음 각 목의 어느 하나에 해당하는 행위

    가. 대마 또는 대마초 종자의 껍질을 흡연 또는 섭취하는 행위(제7호 단서에 따라 의료 목적으로 섭취하는 행위는 제외한다)

    나. 가목의 행위를 할 목적으로 대마, 대마초 종자 또는 대마초 종자의 껍질을 소지하는 행위

    다. 가목 또는 나목의 행위를 하려 한다는 정(情)을 알면서 대마초 종자나 대마초 종자의 껍질을 매매하거나 매매를 알선하는 행위

가. 구성요건의 주체 및 객체

본죄와 관련하여 **구성요건 주체**에는 아무런 제한이 없다. 따라서 누구든지 본죄의 주체가 될 수 있다. **행위의 상대방** 또한 제한이 없다.

한편 **구성요건의 객체**는 제2조 제3호 가목에 해당하는 향정을 제외한 나머지 향정 및 대마이다.

나. 구성요건적 행위

본죄의 **구성요건적 행위**는 제3조 제11호를 위반하여 향정신성의약품(제2조 제3호 가목에 해당하는 향정신성의약품은 제외한다) 및 대마와 관련된 **금지된 행위를 하기 위한 장소·시설·**

장비·자금 또는 운반 수단을 타인에게 제공하는 것이다. 위 향정 및 대마와 관련된 금지행위와 관련한 내용을 정리하면 다음 표와 같다.

연번	조문(제61조 제1항 제1호+ 각 조문)	객체	행위
1	제3조 제11호, 제4조 제1항 제1호	마약 또는 향정	제4조 제1항 제1호에서 금지한 행위(소지, 소유, 사용, 운반, 관리, 수입, 수출, 제조, 조제, 투약, 수수, 매매, 매매의 알선 또는 제공하는 행위)를 하기 위한 장소·시설·장비·자금 또는 운반 수단을 타인에게 제공하는 행위
2	제3조 제11호, 제4조 제1항 제2호	대마	제4조 제1항 제2호에서 금지한 행위(재배·소지·소유·수수·운반·보관 또는 사용하는 행위)를 하기 위한 장소·시설·장비·자금 또는 운반 수단을 타인에게 제공하는 행위
3	제3조 제11호, 제4조 제1항 제3호	마약 또는 향정	제4조 제1항 제3호에서 금지한 행위(처방전을 발급하는 행위)를 하기 위한 장소·시설·장비·자금 또는 운반 수단을 타인에게 제공하는 행위
4	제3조 제11호, 제4조 제1항 제4호	한외마약	제4조 제1항 제4호에서 금지한 행위(제조)를 하기 위한 장소·시설·장비·자금 또는 운반 수단을 타인에게 제공하는 행위
5	제3조 제11호, 제3조 제1호 내지 제10호	제3조 제1호 내지 제10호의 각 마약류	제3조 제1호 내지 제10호에서 금지한 행위를 하기 위한 장소·시설·장비·자금 또는 운반 수단을 타인에게 제공하는 행위

위에서 보는 바와 같이 동법 제61조 제1항 제1호는 **제3조 제11호를 위반**하여 위 향정 및 대마와 관련된 **금지된 행위를 하기 위한 장소·시설·장비·자금 또는 운반 수단을 타인에게 제공**하는 행위를 처벌하는 것으로 제3조 제11호가 준용하고 있는 **금지된 행위는 제4조 제1항 제1호 내지 제4호 및 제3조 제1호 내지 제10호**를 의미한다.

본죄의 **주관적 구성요건요소**로서 자신이 타인에게 제공하는 장소 등이 모두 타인의 동법 제3조 제1호, 제11호(이 규정이 제3조 제1호 내지 제10호, 제4조 제1항 제1호 내지 제4호의 금지행위를 모두 준용) 위반행위에 제공된다는 사정을 미필적으로나마 인식하여야 한다.

다. 처벌

본죄를 범하면 5년 이하의 징역 또는 5천만 원 이하의 벌금에 처한다. 나아가 위와 같이

불법적으로 제공한 장소 등은 그 자체가 몰수대상인 것은 물론이고 그 행위의 **대가로
받은 수익**은 모두 불법수익으로서 필요적 몰수·추징의 대상이 되며(마약류관리법 제67조)
이에 대하여는 마약거래방지법에 따른 보전조치가 가능하다(마약거래방지법 제2조 제2항
제2호).

3. 원료 식물 재배 등 금지의 점(제61조 제1항 제2호, 제3조 제2호)

관련조문

제61조(벌칙) ① 다음 각 호의 어느 하나에 해당하는 자는 5년 이하의 징역 또는 5천만 원 이
하의 벌금에 처한다. <개정 2016. 2. 3., 2018. 3. 13., 2019. 12. 3.>

2. <u>제3조 제2호를 위반</u>하여 마약의 원료가 되는 식물을 재배하거나 그 성분을 함유하는 원
료·종자·종묘를 소지·소유한 자

☞ <u>제3조(일반 행위의 금지)</u> 누구든지 다음 각 호의 어느 하나에 해당하는 행위를 하여서는 아
니 된다.

2. 마약의 원료가 되는 식물을 재배하거나 그 성분을 함유하는 원료·종자·종묘(種苗)를 소지,
소유, 관리, 수출입, 수수, 매매 또는 매매의 알선을 하거나 그 성분을 추출하는 행위. 다만,
대통령령으로 정하는 바에 따라 식품의약품안전처장의 승인을 받은 경우는 제외한다.

가. 구성요건의 주체 및 객체

본죄와 관련하여 **구성요건 주체**에 아무런 제한이 없으므로 누구든지 본죄의 주체가 될
수 있다. **행위의 상대방** 또한 제한이 없다.

나아가 본죄의 **행위의 객체**는 마약의 원료가 되는 식물 및 그 성분을 함유하는 원료·종
자·종묘이다.

나. 구성요건적 행위

본죄의 **구성요건적 행위**는 마약의 원료가 되는 식물을 재배하거나 그 성분을 함유하는
원료·종자·종묘(種苗)를 소지, 소유, 관리, 수출입, 수수, 매매 또는 매매의 알선을 하거나
그 성분을 추출하는 것이다.

주관적 구성요건요소로서 자신이 재배, 소지, 소유 등 하는 객체가 마약의 원료가 되는
식물이거나 그 성분을 함유하는 원료, 종자, 종묘라는 점에 대한 인식을 요한다.

다. 처벌

본죄를 위반하면 5년 이하의 징역 또는 5천만 원 이하의 벌금에 처한다. 나아가 위와 같이 마약의 원료가 되는 식물 등 그 자체가 몰수대상인 것은 물론이고 그 행위의 대가로 받은 수익은 모두 불법수익으로서 필요적 몰수·추징의 대상이 되며(마약류관리법 제67조) 이에 대하여는 마약거래방지법에 따른 보전조치가 가능하다(마약거래방지법 제2조 제2항 제2호).

4. 제2조 제3호 가목 향정의 원료 식물·버섯류 흡연·섭취 등 금지의 점(제61조 제1항 제3호, 제3조 제6호)

관련조문

제61조(벌칙) ① 다음 각 호의 어느 하나에 해당하는 자는 5년 이하의 징역 또는 5천만 원 이하의 벌금에 처한다. <개정 2016. 2. 3., 2018. 3. 13., 2019. 12. 3.>

  3. <u>제3조 제6호</u>를 위반하여 제2조 제3호 가목에 해당하는 향정신성의약품의 원료가 되는 식물 또는 버섯류를 흡연·섭취하거나 그러할 목적으로 소지·소유한 자 또는 다른 사람에게 흡연·섭취하게 할 목적으로 소지·소유한 자

☞ <u>제3조(일반 행위의 금지)</u> 누구든지 다음 각 호의 어느 하나에 해당하는 행위를 하여서는 아니 된다.

  6. **제2조 제3호 가목**의 향정신성의약품의 원료가 되는 식물 또는 버섯류에서 그 성분을 추출하거나 그 식물 또는 버섯류를 수출입, 매매, 매매의 알선, 수수, 흡연 또는 섭취하거나 흡연 또는 섭취할 목적으로 그 식물 또는 버섯류를 소지·소유하는 행위. 다만, 대통령령으로 정하는 바에 따라 식품의약품안전처장의 승인을 받은 경우는 제외한다.

가. 구성요건의 주체 및 객체

본죄와 관련하여 **구성요건 주체**에 아무런 제한이 없으므로 누구든지 본죄의 주체가 될 수 있다. **행위의 상대방** 또한 제한이 없다.

본죄의 **행위의 객체**는 동법 제2조 제3호 가목의 향정의 원료가 되는 식물·버섯류이다.

나. 구성요건적 행위

본죄의 **구성요건적 행위**는 제2조 제3호 가목에 해당하는 향정신성의약품의 원료가 되는 식물 또는 버섯류를 흡연·섭취하거나 그러할 목적으로 소지·소유한 자 또는 다른 사람에게 흡연·섭취하게 할 목적으로 소지·소유하는 것이다.

주관적 구성요건요소와 관련하여 소지·소유하는 행위의 경우 위 향정의 원료가 되는 식물 또는 버섯류를 **흡연 또는 섭취할 목적을 요구하는** 목적범이다.

다. 처벌

본죄를 위반하면 5년 이하의 징역 또는 5천만 원 이하의 벌금에 처한다. 나아가 위와 같이 향정의 원료가 되는 식물 또는 버섯류 등 그 자체가 몰수대상인 것은 물론이고 그 행위의 대가로 받은 수익은 모두 불법수익으로서 필요적 몰수·추징의 대상이 되며(마약류관리법 제67조) 이에 대하여는 마약거래방지법에 따른 보전조치가 가능하다(마약거래방지법 제2조 제2항 제2호).

5. 대마 등 흡연·소지·매매 등 금지의 점(제61조 제1항 제4호, 제3조 제10호)

관련조문

제61조(벌칙) ① 다음 각 호의 어느 하나에 해당하는 자는 5년 이하의 징역 또는 5천만 원 이하의 벌금에 처한다. <개정 2016. 2. 3., 2018. 3. 13., 2019. 12. 3.>

4. **제3조 제10호를 위반**하여 다음 각 목의 어느 하나에 해당하는 행위를 한 자

　가. 대마 또는 대마초 종자의 껍질을 흡연하거나 섭취한 자

　나. 가목의 행위를 할 목적으로 대마, 대마초 종자 또는 대마초 종자의 껍질을 소지하고 있는 자

　다. 가목 또는 나목의 행위를 하려 한다는 정을 알면서 대마초 종자나 대마초 종자의 껍질을 매매하거나 매매를 알선한 자

☞ 제3조(일반 행위의 금지) 누구든지 다음 각 호의 어느 하나에 해당하는 행위를 하여서는 아니 된다.

10. 다음 각 목의 어느 하나에 해당하는 행위

　가. 대마 또는 대마초 종자의 껍질을 흡연 또는 섭취하는 행위(제7호 단서에 따라 의료 목적으로 섭취하는 행위는 제외한다)

　나. 가목의 행위를 할 목적으로 대마, 대마초 종자 또는 대마초 종자의 껍질을 소지하는 행위

　다. 가목 또는 나목의 행위를 하려 한다는 정(情)을 알면서 대마초 종자나 대마초 종자의 껍질을 매매하거나 매매를 알선하는 행위

가. 구성요건의 주체 및 객체

본죄와 관련하여 동법 제3조 제10호의 경우 **구성요건 주체**에 아무런 제한이 없으므로 누구든지 본죄의 주체가 될 수 있다. **행위의 상대방** 또한 제한이 없다.

나아가 본죄의 객체는 '대마' 또는 '대마초'이다.

나. 구성요건적 행위

본죄의 **구성요건적 행위**는 ① 대마 또는 대마초 종자의 껍질을 **흡연 또는 섭취**하는 행위(제7호 단서에 따라 의료 목적으로 섭취하는 행위는 제외한다)(제3조 제10호 가목), ② **가목의 행위를 할 목적**으로 대마, 대마초 종자 또는 대마초 종자의 껍질을 **소지**하는 행위(제3조 제10호 나목), ③ 가목 또는 나목의 행위를 하려 한다는 **정(情)을 알면서** 대마초 종자나 대마초 종자의 껍질을 **매매하거나 매매를 알선**하는 행위(제3조 제10호 다목)이다. 본죄는 실무상 대마 흡연, 소지, 매매 등이 문제될 때 빈번히 적용된다.

주관적 구성요건요소와 관련하여 ① 제3조 제10호 나목의 소지행위의 경우 대마 등을 흡연 또는 섭취할 목적을 요구하는 **목적범**이고, ② 제3조 제10호 다목의 매매·알선의 점은 가목의 흡연을 하려는 사정, 나목의 흡연 또는 섭취를 할 목적으로 소지하려고 한다는 사정을 모두 인식하고 있어야 한다(고의범).

다. 처벌

본죄를 위반하면 5년 이하의 징역 또는 5천만 원 이하의 벌금에 처한다. 나아가 위와 같이 대마 등 그 자체가 모두 필요적 몰수의 대상이 되는 것은 물론이고 위 각 행위의 대가로 받은 수익(제3조 제10호 다목의 대마 매매 또는 매매알선행위를 통해 얻은 수익금)은 불법수익으로서 필요적 몰수·추징의 대상이 되며(마약류관리법 제67조) 이에 대하여는 마약거래방지법에 따른 보전조치가 가능하다(마약거래방지법 제2조 제2항 제2호).

6. 제2조 제3호 라목 향정에 대한 매매·수수·투약·제공 등 금지의 점(제61조 제1항 제5호, 제4조 제1항)

관련조문

제61조(벌칙) ① 다음 각 호의 어느 하나에 해당하는 자는 5년 이하의 징역 또는 5천만 원 이하의 벌금에 처한다.

5. **제4조 제1항을 위반**하여 제2조 제3호 라목에 해당하는 향정신성의약품 또는 그 물질을 함유하는 향정신성의약품을 매매, 매매의 알선, 수수, 소지, 소유, 사용, 관리, 조제, 투약, 제공한 자 또는 향정신성의약품을 기재한 처방전을 발급한 자

☞ **제4조(마약류취급자가 아닌 자의 마약류 취급 금지)** ① 마약류취급자가 아니면 다음 각 호의 어느 하나에 해당하는 행위를 하여서는 아니 된다.

1. 마약 또는 향정신성의약품을 소지, 소유, 사용, 운반, 관리, 수입, 수출, 제조, 조제, 투약, 수수, 매매, 매매의 알선 또는 제공하는 행위
2. 대마를 재배·소지·소유·수수·운반·보관 또는 사용하는 행위
3. 마약 또는 향정신성의약품을 기재한 처방전을 발급하는 행위
4. 한외마약을 제조하는 행위

가. 구성요건의 주체 및 객체

본죄의 **구성요건 주체**는 마약류취급자가 아닌 사람이다. 따라서 마약류취급자가 아닌 누구든지 본죄의 주체가 될 수 있다. **행위의 상대방** 또한 제한이 없다.

한편 본죄의 **객체**는 제2조 제3호 라목에 해당하는 향정 또는 그 물질을 함유하는 향정이다. **제2조 제3호 가, 나, 다목 향정**에 대한 금지행위는 동법 제60조에서 더 무겁게 처벌하고 있는 것에 반하여 **라목의 향정**의 경우 그 처벌수위가 낮은 것이 특징이다.

나. 구성요건적 행위

본죄의 **구성요건적 행위**는 제4조 제1항을 위반하여 제2조 제3호 라목에 해당하는 향정신성의약품 또는 그 물질을 함유하는 향정신성의약품을 **매매, 매매의 알선, 수수, 소지, 소유, 사용, 관리, 조제, 투약, 제공하는 것** 또는 **향정신성의약품을 기재한 처방전을 발급하는 것**이다.

주관적 구성요건요소와 관련하여 자신이 매매, 알선, 수수 등 금지행위의 객체가 동법 제2조 제3항 라목의 향정이라는 점, 자신이 마약류취급자가 아니라는 사정을 모두 인식하고 있어야 한다(고의범).

다. 처벌

본죄를 위반하면 5년 이하의 징역 또는 5천만 원 이하의 벌금에 처한다. 나아가 위와 같이 향정 등 그 자체는 모두 필요적 몰수의 대상이 되는 것은 물론이고 위 각 행위의 대가로 받은 수익(제3조 제10호 다목의 향정 매매 또는 매매알선행위를 통해 얻은 수익금)은 불법수익으로서 필요적 몰수·추징의 대상이 되며(마약류관리법 제67조) 이에 대하여는 마약거래방지법에

따른 보전조치가 가능하다(마약거래방지법 제2조 제2항 제2호).

7. 대마 재배·소지·소유·수수 등 금지의 점(제61조 제1항 제6호, 제4조 제1항)

관련조문

제61조(벌칙) ① 다음 각 호의 어느 하나에 해당하는 자는 5년 이하의 징역 또는 5천만 원 이하의 벌금에 처한다.

6. **제4조 제1항을 위반**하여 대마를 재배·소지·소유·수수·운반·보관하거나 이를 사용한 자

☞ **제4조(마약류취급자가 아닌 자의 마약류 취급 금지)** ① 마약류취급자가 아니면 다음 각 호의 어느 하나에 해당하는 행위를 하여서는 아니 된다.

1. 마약 또는 향정신성의약품을 소지, 소유, 사용, 운반, 관리, 수입, 수출, 제조, 조제, 투약, 수수, 매매, 매매의 알선 또는 제공하는 행위
2. 대마를 재배·소지·소유·수수·운반·보관 또는 사용하는 행위
3. 마약 또는 향정신성의약품을 기재한 처방전을 발급하는 행위
4. 한외마약을 제조하는 행위

가. 구성요건의 주체 및 객체

본죄의 **구성요건 주체**는 **마약류취급자가 아닌 사람**이다. 따라서 마약류취급자가 아닌 누구든지 본죄의 주체가 될 수 있다. **행위의 상대방** 또한 제한이 없다. 한편 본죄의 **객체**는 '**대마**'이다.

나. 구성요건적 행위

본죄의 **구성요건적 행위**는 제4조 제1항을 위반하여 대마를 재배·소지·소유·수수·운반·보관하거나 이를 사용하는 것이다.

대마를 **흡연·섭취**하거나 소지·매매하는 행위는 **동법 제61조 제1항 제4호, 제3조 제10호에서 규율**하고 있는데 이는 일반적 금지규정에 해당한다. 그러나 대마의 **재배** 등의 경우 마약류취급자에 한하여 일정부분 허용되고 있으므로 마약류취급자가 아닌 사람이 이러한 행위를 하는 경우 이를 별도로 처벌하기 위해 마련된 것이 본조 위반죄이다.

주관적 구성요건요소와 관련하여 자신이 마약류취급자가 아니면서도 대마를 재배·소

지·소유·수수·운반·보관 또는 사용한다는 사정을 모두 인식하고 있어야 한다(고의범).

다. 처벌

본죄를 위반하면 5년 이하의 징역 또는 5천만 원 이하의 벌금에 처한다. 나아가 위와 같이 마약류취급자가 아님에도 재배한 대마 등 그 자체는 모두 필요적 몰수의 대상이 되는 것은 물론이고 위 각 행위의 대가로 받은 수익(제4조 제1항 제2호의 대마 재배를 통한 수익금 등)은 불법수익으로서 필요적 몰수·추징의 대상이 되며(마약류관리법 제67조) 이에 대하여는 마약거래방지법에 따른 보전조치가 가능하다(마약거래방지법 제2조 제2항 제2호).

8. 마약류취급자의 업무 외 목적 마약류 취급 금지의 점(제61조 제1항 제7호, 제5조 제1항)

관련조문

제61조(벌칙) ① 다음 각 호의 어느 하나에 해당하는 자는 5년 이하의 징역 또는 5천만 원 이하의 벌금에 처한다.

　7. <u>제5조 제1항</u>·제2항, 제9조 제1항 또는 제35조 제1항을 위반하여 **향정신성의약품, 대마 또는 임시마약류**를 취급한 자

☞ <u>제5조(마약류 등의 취급 제한)</u> ① 마약류취급자는 그 업무 외의 목적을 위하여 <u>제4조 제1항 각 호</u>에 규정된 행위를 하여서는 아니 된다.

☞ <u>제4조(마약류취급자가 아닌 자의 마약류 취급 금지)</u> ① 마약류취급자가 아니면 다음 각 호의 어느 하나에 해당하는 행위를 하여서는 아니 된다.

　1. 마약 또는 향정신성의약품을 소지, 소유, 사용, 운반, 관리, 수입, 수출, 제조, 조제, 투약, 수수, 매매, 매매의 알선 또는 제공하는 행위

　2. 대마를 재배·소지·소유·수수·운반·보관 또는 사용하는 행위

　3. 마약 또는 향정신성의약품을 기재한 처방전을 발급하는 행위

4. 한외마약을 제조하는 행위

가. 구성요건의 주체 및 객체

본죄의 **구성요건 주체**는 마약류취급자이다(신분범). 따라서 마약류취급자가 아닌 사람이 마약류취급자에게 가공한 경우에는 형법 제33조에 따라 공범으로 처벌될 수 있다. 한편 **행위의 상대방**은 제한이 없다. 한편 본죄의 **객체**는 향정, 대마 또는 임시마약류이다. 동법 제

4조 제1항은 마약 등도 금지행위로 규정하고 있으나 동법 제61조 제1항 제7호에서는 **향정, 대마, 임시마약류를 본죄의 객체로 한정**하고 있으므로 **마약은 제외**된다고 이해함이 상당하다.

나. 구성요건적 행위

본죄의 **구성요건적 행위**는 마약류취급자가 그 업무 외의 목적을 위하여 제4조 제1항 각 호에 규정된 행위를 하여 이를 취급하는 것으로서 구체적으로는 ① 향정신성의약품을 소지, 소유, 사용, 운반, 관리, 수입, 수출, 제조, 조제, 투약, 수수, 매매, 매매의 알선 또는 제공하는 행위(제4조 제1항 **제1호**), ② 대마를 재배·소지·소유·수수·운반·보관 또는 사용하는 행위(제4조 제1항 **제2호**), ③ 향정신성의약품을 기재한 처방전을 발급하는 행위(제4조 제1항 **제3호**), ④ 한외마약을 제조하는 행위(제4조 제1항 **제4호**)이다.

주관적 구성요건요소와 관련하여 마약류취급자가 '**업무 외의 목적**'으로 위와 같은 행위를 할 것이 요구되는 목적범이다. 마약류취급자는 업무와 관련하여 마약류를 취급할 수 있으나 이와 무관하게 **동법 제4조 제1항 각 호에 따른 행위를 업무와 무관하게 하는 경우 일반인과 동일하게 처벌하겠다는 취지**다.

다. 처벌

본죄를 위반하면 5년 이하의 징역 또는 5천만 원 이하의 벌금에 처한다. 나아가 위와 같이 마약류취급자가 업무 외 목적으로 취급한 마약류 등 그 자체는 모두 필요적 몰수의 대상이 되는 것은 물론이고 위 각 행위의 대가로 받은 수익은 불법수익으로서 필요적 몰수·추징의 대상이 되며(마약류관리법 제67조) 이에 대하여는 마약거래방지법에 따른 보전조치가 가능하다(마약거래방지법 제2조 제2항 제2호).

9. 마약류관리자 등의 다른 목적 마약류 등 사용 금지의 점(제61조 제1항 제7호, 제5조 제2항)

관련조문

제61조(벌칙) ① 다음 각 호의 어느 하나에 해당하는 자는 5년 이하의 징역 또는 5천만 원 이하의 벌금에 처한다.

7. **제5조** 제1항·**제2항**, 제9조 제1항 또는 제35조 제1항을 위반하여 향정신성의약품, 대마 또는 임시마약류를 취급한 자

☞ 제5조(마약류 등의 취급 제한) ② 이 법에 따라 마약류 또는 임시마약류를 소지·소유·운반 또는 관리하는 자는 다른 목적을 위하여 이를 사용하여서는 아니 된다. <개정 2018.3.13>

가. 구성요건의 주체 및 객체

본죄의 **구성요건 주체**는 이 법에 따라 **마약류 또는 임시마약류를 소지·소유·운반 또는 관리하는 사람**이다(신분범). 이 법은 합법적으로 마약류 등을 소지·소유·운반·관리할 수 있는 사람을 마약류취급자로 규정하고 있으므로 본죄의 주체 또한 마약류취급자로 이해함이 상당하다.

한편 마약류취급자가 아닌 사람이 마약류취급자에게 가공한 경우에는 형법 제33조에 따라 공범으로 처벌될 수 있다. 나아가 본죄의 구성요건 **행위의 상대방**은 아무런 제한이 없다. 그리고 본죄의 **객체**는 **향정, 대마 또는 임시마약류**이다.

나. 구성요건적 행위

본죄의 **구성요건적 행위**는 이 법에 따라 마약류 또는 임시마약류를 소지·소유·운반 또는 관리하는 사람이 다른 목적을 위하여 이를 취급하는 것이다. 이 때 **'다른 목적으로 사용'**한다 함은 마약류 등을 소지·소유·운반·관리하는 목적과는 달리 이를 사적인 목적 또는 용도로 취급(사용)하는 일체의 행위를 일컫는다.

주관적 구성요건요소와 관련하여 마약류취급자가 **'다른 목적'**으로 마약류를 사용할 것을 인식하여야 한다(고의범). 마약류취급자는 그 관리, 취급의 목적에 맞게 마약류를 사용할 수 있으나 이와 무관하게 사용하는 경우 일반인과 동일하게 처벌하겠다는 취지다.

다. 처벌

본죄를 위반하면 5년 이하의 징역 또는 5천만 원 이하의 벌금에 처한다. 나아가 위와 같이 마약류취급자가 다른 목적으로 취급한 마약류 등 그 자체는 모두 필요적 몰수의 대상이 되는 것은 물론이고 위 각 행위의 대가로 받은 수익은 불법수익으로서 필요적 몰수·추징의 대상이 되며(마약류관리법 제67조) 이에 대하여는 마약거래방지법에 따른 보전조치가 가능하다(마약거래방지법 제2조 제2항 제2호).

10. 마약류취급자 등의 마약류취급자 아닌 사람으로부터의 마약류 양수 금지의 점(제61조 제1항 제7호, 제9조 제1항)

관련조문

제61조(벌칙) ① 다음 각 호의 어느 하나에 해당하는 자는 5년 이하의 징역 또는 5천만 원 이하의 벌금에 처한다.

7. 제5조 제1항·제2항, **제9조 제1항** 또는 제35조 제1항을 위반하여 향정신성의약품, 대마 또는 임시마약류를 취급한 자

☞ **제9조(수수 등의 제한)** ① 마약류취급자 또는 마약류취급승인자(제3조 제2호부터 제7호까지 또는 제4조 제2항 제7호에 따라 마약류 취급의 승인을 받은 자를 말한다. 이하 같다)는 마약류취급자 또는 마약류취급승인자가 아닌 자로부터 마약류를 양수할 수 없다. 다만, 제13조에 따라 허가관청의 승인을 받은 경우에는 그러하지 아니하다.

가. 구성요건의 주체 및 객체

본죄의 **구성요건 주체**는 마약류취급자 또는 마약류취급승인자이다(**신분범**). 한편 마약류취급자가 아닌 사람이 마약류취급자에게 가공한 경우에는 형법 제33조에 따라 공범으로 처벌될 수 있다. 나아가 **행위의 상대방은 마약류취급자, 마약류취급승인자가 아닌 사람으로 한정**된다는 것이 특징이다.

본죄의 **객체**는 **향정, 대마 또는 임시마약류**이다.

나. 구성요건적 행위

본죄의 **구성요건적 행위**는 마약류취급자 또는 마약류취급승인자가 마약류취급자 또는 마약류취급승인자가 아닌 자로부터 마약류를 양수하는 방법으로 취급하는 것이다. 다만 제13조에 따라 허가관청의 승인을 받은 경우에는 그러하지 아니하다(제9조 제1항 단서).

주관적 구성요건요소와 관련하여 마약류취급자 향정, 대마 등을 양수받을 당시 그 상대방이 마약류취급자가 아닌 사람이라는 점을 인식하여야 한다(**고의범**).

다. 처벌

본죄를 위반하면 5년 이하의 징역 또는 5천만 원 이하의 벌금에 처한다. 나아가 위와 같이 마약류취급자 등이 마약류취급자 아닌 사람으로부터 양수한 마약류 등 그 자체는 모두

필요적 몰수의 대상이 되는 것은 물론이고 위 각 행위의 대가로 받은 수익은 불법수익으로서 필요적 몰수·추징의 대상이 되며(마약류관리법 제67조) 이에 대하여는 마약거래방지법에 따른 보전조치가 가능하다(마약거래방지법 제2조 제2항 제2호).

11. 마약류취급학술연구자 아닌 사람의 학술연구목적 마약류 취급금지의 점 (제61조 제1항 제7호, 제35조 제1항)

관련조문

제61조(벌칙) ① 다음 각 호의 어느 하나에 해당하는 자는 5년 이하의 징역 또는 5천만 원 이하의 벌금에 처한다.

7. 제5조 제1항·제2항, 제9조 제1항 또는 **제35조 제1항**을 위반하여 향정신성의약품, 대마 또는 임시마약류를 취급한 자

☞ 제35조(마약류취급학술연구자) ① 마약류취급학술연구자가 아니면 마약류를 학술연구의 목적에 사용하지 못한다.

가. 구성요건의 주체 및 객체

본죄의 **구성요건 주체**는 마약류취급학술연구자가 아닌 사람이다. **행위의 상대방**은 아무런 제한이 없고 본죄의 **객체**는 **향정, 대마 또는 임시마약류**이다.

나. 구성요건적 행위

본죄의 **구성요건적 행위**는 마약류취급학술연구자가 아닌 사람이 마약류를 학술연구의 목적에 사용하는 방법으로 취급하는 것이다.

주관적 구성요건요소와 관련하여 자신이 마약류취급학술연구자가 아닌 점, 그럼에도 불구하고 학술 연구의 목적으로 마약류를 취급하는 것을 모두 인식하고 있어야 하고(**고의범**), 위와 같은 마약류 취급에 학술연구의 목적을 요구한다(**목적범**).

다. 처벌

본죄를 위반하면 5년 이하의 징역 또는 5천만 원 이하의 벌금에 처한다. 나아가 위와 같이 마약류취급학술연구자가 아님에도 불구하고 취급한 마약류 등 그 자체는 모두 필요적 몰수의 대상이 되는 것은 물론이고 위 각 행위의 대가로 받은 수익은 불법수익으로서 필요적

몰수·추징의 대상이 되며(마약류관리법 제67조) 이에 대하여는 마약거래방지법에 따른 보전 조치가 가능하다(마약거래방지법 제2조 제2항 제2호).

12. 2군 마약류 매매·알선·투약 등 금지의 점(제61조 제1항 제8호, 제5조 의2 제5항 제2호 내지 제4호)

관련조문

제61조(벌칙) ① 다음 각 호의 어느 하나에 해당하는 자는 5년 이하의 징역 또는 5천만 원 이 하의 벌금에 처한다.

　8. **2군 임시마약류**에 대하여 **제5조의2 제5항 제2호부터 제4호까지의 규정을 위반**한 자

☞ **제5조의2(임시마약류 지정 등)** ⑤ **누구든지** 예고임시마약류 또는 임시마약류에 대하여 다 음 각 호의 어느 하나에 해당하는 행위를 하여서는 아니 된다. <개정 2018.3.13>

　2. 매매·매매의 알선·수수·제공하거나 그러할 목적으로 소지·소유

　3. 소지·소유·사용·운반·관리·투약·보관

　4. 1군 또는 2군 임시마약류와 관련된 금지행위를 하기 위한 장소·시설·장비·자금 또는 운반 수단을 타인에게 제공

가. 구성요건의 주체 및 객체

본죄의 **구성요건 주체**는 아무런 제한이 없으므로 누구든지 본죄의 주체가 될 수 있고 그 **행위의 상대방**도 제한이 없다. 본죄의 **객체**는 2군 임시마약류이다. 그 개념은 이미 앞에 서 본 바와 같다(제5조의2 제1항 제2호).

나. 구성요건적 행위

본죄의 **구성요건적 행위**는 2군 임시마약류를 대상으로 ① 매매·매매의 알선·수수·제 공하거나 그러할 목적으로 소지·소유하는 것(제5조의2 제5항 **제2호**), ② 소지·소유·사용·운반· 관리·투약·보관하는 것(제5조의2 제5항 **제3호**), ③ 2군 임시마약류와 관련된 금지행위를 하 기 위한 장소·시설·장비·자금 또는 운반 수단을 타인에게 제공하는 것(제5조의2 제5항 **제4호**) 이다. **주관적 구성요건요소**와 관련하여 2군 임시마약류를 소지·소유하는 경우 이를 매매·알 선·수수·제공할 목적을 요구한다(**목적범**).

다. 처벌

본죄를 위반하면 5년 이하의 징역 또는 5천만 원 이하의 벌금에 처한다. 나아가 위와 같이 불법적으로 취급한 2급 임시마약류 등 그 자체는 모두 필요적 몰수의 대상이 되는 것은 물론이고 위 각 행위의 대가로 받은 수익은 불법수익으로서 필요적 몰수·추징의 대상이 되며(마약류관리법 제67조) 이에 대하여는 마약거래방지법에 따른 보전조치가 가능하다(마약거래방지법 제2조 제2항 제2호).

13. 무허가 원료물질 수출입·제조 금지의 점(제61조 제1항 제9호, 제6조의2)

관련조문

제61조(벌칙) ① 다음 각 호의 어느 하나에 해당하는 자는 5년 이하의 징역 또는 5천만 원 이하의 벌금에 처한다.

9. **제6조의2를 위반**하여 원료물질을 수출입하거나 제조한 자

☞ 제6조의2(원료물질의 수출입업 또는 제조업의 허가) ① **대통령령**으로 정하는 원료물질의 수출입 또는 제조를 업으로 하려는 자는 총리령으로 정하는 바에 따라 식품의약품안전처장의 허가를 받아야 한다. 허가받은 사항을 변경할 때에도 또한 같다.

② 제6조 제3항 각 호의 어느 하나에 해당하는 사람은 원료물질의 수출입업자 또는 제조업자로 허가받을 수 없다.

③ 원료물질의 수출입 또는 제조를 업으로 하려는 자의 허가 제한에 관하여는 제6조 제4항을 준용한다.

☞ 마약류 관리에 관한 법률 시행령 제6조(원료물질의 수출입업 또는 제조업의 허가) 법 제6조의2 제1항 전단에서 "대통령령으로 정하는 원료물질"이란 **별표8 중 1군에 해당하는 원료물질**을 말한다.

가. 구성요건의 주체 및 객체

본죄의 **구성요건 주체**는 제한이 없으므로 누구든지 본죄의 주체가 될 수 있고 그 **행위의 상대방**도 제한이 없다. 본죄의 **객체**는 마약류관리법 시행령 제6조, **별표8 중 1군에 해당하는 원료물질**이다(상세한 사항은 별표8 참조).

나. 구성요건적 행위

본죄의 **구성요건적 행위**는 동법 시행령 **별표8 중 1군에 해당하는 원료물질**에 관하여

식품의약품안전처장의 허가 없이 이를 **수출입·제조**하는 것이다. 원료물질은 마약류로 제조하는 수단이 되므로 식품의약품안전처의 허가를 사전에 득하도록 엄격히 관리하는 취지다. **주관적 구성요건요소**와 관련하여 위 원료물질을 수출입·제조함에 있어 허가가 없다는 사실을 인식하고 있어야 한다(고의범).

다. 처벌

본죄를 위반하면 5년 이하의 징역 또는 5천만 원 이하의 벌금에 처한다. 나아가 위와 같이 불법적으로 수출입·제조한 원료물질 등 그 자체는 모두 필요적 몰수의 대상이 되는 것은 물론이고 위 각 행위의 대가로 받은 수익은 불법수익으로서 필요적 몰수·추징의 대상이 되며(마약류관리법 제67조) 이에 대하여는 마약거래방지법에 따른 보전조치가 가능하다(마약거래방지법 제2조 제2항 제2호).

14. 마약류통합정보에 포함된 개인정보 업무 외 목적 이용 등 금지의 점(제61조 제1항 제10호, 제11조의6 제1호)

관련조문

제61조(벌칙) ① 다음 각 호의 어느 하나에 해당하는 자는 5년 이하의 징역 또는 5천만 원 이하의 벌금에 처한다.

10. **제11조의6 제1호를 위반**하여 마약류 통합정보에 포함된 개인정보를 업무상 목적 외의 용도로 이용하거나 제3자에게 제공한 자

☞ **제11조의6(취급정보의 목적 외 이용·제공 제한)** 식품의약품안전처 및 통합정보센터에 종사하는 사람이나 종사하였던 사람, 마약류통합관리시스템을 구축·운영하기 위한 용역·연구·조사를 수행하는 사람이나 수행하였던 사람, **제11조의4 또는 제11조의5**에 따라 마약류 통합정보를 제공받은 사람은 업무상 알게 된 마약류 통합정보와 관련하여 다음 각 호의 행위를 하여서는 아니 된다.

1. **개인정보를 업무상 목적 외의 용도로 이용**하거나 **제3자에게 제공**하는 행위

가. 구성요건의 주체 및 객체

본죄의 **구성요건 주체**는 ① 식품의약품안전처 및 통합정보센터에 종사하는 사람이나 종사하였던 사람, ② 마약류통합관리시스템을 구축·운영하기 위한 용역·연구·조사를 수행하

는 사람이나 수행하였던 사람, ③ 제11조의4 또는 제11조의5에 따라 마약류 통합정보를 제공받은 사람이다(신분범).

행위의 상대방은 아무런 제한이 없고 본죄의 **객체**는 마약류 통합정보와 관련하여 알게 된 개인정보이다.

나. 구성요건적 행위

본죄의 **구성요건적 행위**는 마약류 통합정보에 포함된 **개인정보를 업무상 목적 외의 용도로 이용하거나 제3자에게 제공하는 것**이다. 식품의약품안전처장 및 통합정보센터의 장은 마약류의 오남용 방지 및 안전한 취급을 위하여 마약류 통합정보를 행정기관 및 공공기관에 제공할 수 있는데 이와 관련한 상세한 규정은 다음과 같다.

관련조문

제11조의4(마약류 통합정보의 제공 등) ① 식품의약품안전처장 및 통합정보센터의 장은 마약류의 오남용 방지 및 안전한 취급·관리를 위하여 마약류 통합정보(개인정보는 제외한다)를 대통령령으로 정하는 행정기관 및 공공기관에 제공할 수 있다.

② 식품의약품안전처장 및 통합정보센터의 장은 마약류 통합정보 및 제11조의2 제2항에 따라 제공받은 자료를 제3자에게 제공해서는 아니 된다. 다만, 다음 각 호의 어느 하나에 해당하는 경우에는 대통령령으로 정하는 바에 따라 마약류 통합정보를 제공할 수 있다.

1. 시·도지사 또는 시장·군수·구청장이 제41조에 따른 마약류의 취급 감시 등 안전관리 업무 수행을 위하여 필요한 경우

2. 검찰, 경찰, 그 밖의 수사기관이 법원이 발부한 압수·수색영장에 따라 범죄수사에 관련된 자료제공을 요구하는 경우

3. 마약류취급의료업자가 마약 또는 향정신성의약품의 과다·중복 처방 등 오남용을 방지하기 위하여 투약내역(일자, 약품정보, 수량을 말한다. 이하 같다)을 요청(전자적 방법을 통한 요청을 포함한다)하는 경우. 이 경우 마약류취급의료업자는 환자에게 열람요청 사실을 사전에 알려야 한다.

4. 그 밖에 식품의약품안전처장이 공익목적을 위하여 정보제공이 필요하다고 인정하는 경우. 이 경우 심의위원회의 심의를 거쳐야 한다.

③ 제2항에 따라 정보를 제공받은 자는 해당 정보를 요구 또는 요청한 목적이 달성된 때에는 지체 없이 파기하여야 한다.[본조신설 2019. 12. 3.]

주관적 구성요건요소와 관련하여 위 각 신분자들이 제공받은 마약류 통합정보를 업무와 무관하게 이용한다는 점에 대한 인식을 요한다(고의범).

다. 처벌

본죄를 위반하면 5년 이하의 징역 또는 5천만 원 이하의 벌금에 처한다. 나아가 위와 같은 업무목적 외 개인정보 이용, 제3자 제공 행위의 대가로 받은 수익은 불법수익으로서 필요적 몰수·추징의 대상이 되며(마약류관리법 제67조) 이에 대하여는 마약거래방지법에 따른 보전조치가 가능하다(마약거래방지법 제2조 제2항 제2호).

15. 마약류소매업자 아닌 사람의 향정 취급 및 처방전 발급의 점(제61조 제1항 제11호, 제28조 제1항, 제30조)

관련조문

제61조(벌칙) ① 다음 각 호의 어느 하나에 해당하는 자는 5년 이하의 징역 또는 5천만 원 이하의 벌금에 처한다.

11. **제28조 제1항 또는 제30조를 위반**하여 향정신성의약품을 취급하거나 그 처방전을 발급한 자

☞ **제28조(마약류의 소매)** ① 마약류소매업자가 아니면 마약류취급의료업자가 발급한 마약 또는 향정신성의약품을 기재한 처방전에 따라 조제한 마약 또는 향정신성의약품을 판매하지 못한다. 다만, 마약류취급의료업자가 「약사법」에 따라 자신이 직접 조제할 수 있는 경우는 제외한다.

☞ **제30조(마약류 투약 등)** ① 마약류취급의료업자가 아니면 의료나 동물 진료를 목적으로 마약 또는 향정신성의약품을 투약하거나 투약하기 위하여 제공하거나 마약 또는 향정신성의약품을 기재한 처방전을 발급하여서는 아니 된다. <개정 2019. 12. 3.>
② 마약류취급의료업자는 제11조의4 제2항 제3호에 따라 투약내역을 확인한 결과 마약 또는 향정신성의약품의 과다·중복 처방 등 오남용이 우려되는 경우에는 처방 또는 투약을 하지 아니할 수 있다. <신설 2019. 12. 3.>[전문개정 2011. 6. 7.]

가. 구성요건의 주체 및 객체

본죄의 **구성요건 주체**는 제28조 제1항의 경우 마약류소매업자가 아닌 사람이고 제30조의 경우 마약류취급의료업자가 아닌 사람이다. **행위의 상대방**은 아무런 제한이 없고 본죄의 **객체**는 '**향정**'이다.

나. 구성요건적 행위

본죄의 **구성요건적 행위**는 ① 마약류소매업자가 아님에도 마약류취급의료업자가 발급한 향정신성의약품을 기재한 처방전에 따라 조제한 **향정신성의약품을 판매**하는 것(제28조 제1항)이다. 이 때 마약류취급의료업자가 「약사법」에 따라 자신이 직접 조제할 수 있는 경우는 제외한다(제28조 제1항 단서).

또한 ② 마약류취급의료업자가 아니면서 **의료나 동물 진료를 목적**으로 향정신성의약품을 투약하거나 투약하기 위하여 제공하거나 향정신성의약품을 기재한 처방전을 발급하는 것(제30조 제1항)이다.

주관적 구성요건요소와 관련하여 제30조의 경우 마약류취급의료업자가 아님에도 불구하고 의료나 동물 진료를 목적으로 향정을 투약하거나 처방전을 발급하는 것이므로 의료나 동물 진료의 목적을 요구한다(**목적범**).

다. 처벌

본죄를 위반하면 5년 이하의 징역 또는 5천만 원 이하의 벌금에 처한다. 나아가 위와 같이 불법적으로 판매한 향정 등 그 자체는 모두 필요적 몰수의 대상이 되는 것은 물론이고 위 각 행위의 대가로 받은 수익은 불법수익으로서 필요적 몰수·추징의 대상이 되며(마약류관리법 제67조) 이에 대하여는 마약거래방지법에 따른 보전조치가 가능하다(마약거래방지법 제2조 제2항 제2호).

16. 전자거래를 통한 마약·향정 판매의 점(제61조 제1항 제12호, 제28조 제3항)

관련조문

제61조(벌칙) ① 다음 각 호의 어느 하나에 해당하는 자는 5년 이하의 징역 또는 5천만 원 이하의 벌금에 처한다.

  12. **제28조 제3항을 위반**하여 마약 또는 향정신성의약품을 전자거래를 통하여 판매한 자

☞ 제28조(마약류의 소매) ③ 마약류소매업자는 「전자문서 및 전자거래 기본법」 제2조 제5호
에 따른 전자거래를 통한 마약 또는 향정신성의약품의 판매를 하여서는 아니 된다.

가. 구성요건의 주체 및 객체

본죄의 **구성요건 주체**는 마약류소매업자이다(**신분범**). 따라서 마약류소매업자가 아닌 사
람이 인터넷 등 전자거래를 통해 마약·향정을 판매하는 경우는 본죄의 적용 대상이 아니고,
마약류소매업자와 공모하여 범행을 한 사람은 형법 제33조에 따른 공범으로 처벌될 수 있
을 뿐이다.

행위의 상대방은 아무런 제한이 없고 본죄의 **객체**는 '**마약·향정**'이다.

나. 구성요건적 행위

본죄의 **구성요건적 행위**는 「전자문서 및 전자거래 기본법」 제2조 제5호에 따른 전자거
래를 통한 마약 또는 향정을 판매하는 것이다.

이 때 '전자거래'라 함은 재화나 용역을 거래할 때 그 전부 또는 일부가 전자문서 등 **전
자적 방식으로 처리되는 거래**를 말한다(전자문서 및 전자거래기본법 제2조 제5호 참조).

주관적 구성요건요소와 관련하여 마약류 소매업자가 전자거래를 통해 마약 또는 향정을
판매한다는 사정을 모두 인식하여야 한다(**고의범**).

다. 처벌

본죄를 위반하면 5년 이하의 징역 또는 5천만 원 이하의 벌금에 처한다. 나아가 위와 같
이 마약류소매업자가 불법적으로 판매한 마약·향정 등 그 자체는 모두 필요적 몰수의 대상
이 되는 것은 물론이고 위 각 행위의 대가로 받은 수익은 불법수익으로서 필요적 몰수·추
징의 대상이 되며(마약류관리법 제67조) 이에 대하여는 마약거래방지법에 따른 보전조치가 가
능하다(마약거래방지법 제2조 제2항 제2호).

17. 상습범 및 미수범 처벌(제61조 제2항, 제3항)

관련조문

제61조(벌칙) ② 상습적으로 제1항의 죄를 범한 자는 그 죄에 대하여 정하는 형의 2분의 1까지 가중한다.

③ 제1항(제2호·제3호 및 제9호는 제외한다) 및 제2항(제1항 제2호·제3호 및 제9호를 위반한 경우는 제외한다)에 규정된 죄의 미수범은 처벌한다. <개정 2018. 3. 13.>

6 마약류관리법위반죄와 범죄수익환수 사례

1. 마약류 밀수입과 범죄수익환수 사례

마약류관리법상 범죄수익환수는 이미 앞에서 살펴본 바와 같이 마약류 자체에 대한 몰수와 그 수익금에 대한 추징 등으로 실현된다. 그 중 가장 중요한 부분이 마약류를 밀수한 다음 이를 판매하여 얻은 수익에 대한 환수 사례다.

대법원은 마약류 그 자체는 마약거래방지법상 불법수익에 해당하지 않으므로 그 가액 전부를 몰수·추징보전 할 수 없다고 판시하고 있다. 다만 **밀수입한 마약류를 제3자에게 판매하고 받은 대금 등을 추징보전액으로 하여 이에 대한 보전조치를 마치고 향후 집행함으로써 환수할 수 있다고 보았다.**

이 때 밀수입한 마약의 전체 산정 금액은 모두 추징금액으로 계산되나 보전 조치할 수 있는 예상금액의 범주는 실제로 취득한 수익에 한정됨을 유의하여야 한다.

이와 관련하여 **마약류를 밀수입한 후 판매하여 취득한 범죄수익을 추징하여 환수한 사례가 있어 소개한다.**[7]

사례

범죄사실

1. 영리 목적 MDMA, 케타민 밀수입 및 GHB, 이소부틸 니트라이트 밀수입

피고인은 마약류취급자가 아님에도 불구하고, 피고인이 태국에서 국제우편을 이용하거나 B

---

7 서울중앙지방법원 2020. 4. 24. 선고 2019고합906 판결 참조(대법원 2020도14516 판결로 확정).

를 통해 향정신성의약품인 MDMA(일명 '엑스터시', 이하 '엑스터시'라 한다) 등 마약류를 대한 민국에 있는 C에게 보내주면, C는 이를 수령하여 피고인이 지시하는 대로 소분하여 불상의 매수자들에게 판매하기로 공모하였다.

피고인은 위 공모내용에 따라 2019. 6. 14.경 태국 방콕 실롬 이하 불상지에서 엑스터시 42 정 및 케타민 55g을 비닐봉지에 담아 상자 속에 은닉한 후 수취인을 'D', 수취지를 '서울 강남 구 E, F호'로 각각 기재한 다음 국제우편을 이용하여 G편으로 위 우편물을 발송하였고, 2019. 6. 15. 20:02경 위 우편물이 인천 중구 운서동에 있는 인천공항에 도착하였으며, 2019. 6. 18. 경 B는 수취지이자 자신의 주거지인 서울 강남구 E, F호'에서 위 우편물을 수령하였다.

피고인은 이를 비롯하여 위 일시경부터 2019. 8. 30.경까지 별지 범죄일람표 기재와같 이 총 9회에 걸쳐 C 등과 공모하여 위와 같은 방법 등으로 태국에서 대한민국으로 영리 를 목적으로 향정신성의약품인 엑스터시, 케타민을 밀수입하고, 별지 범죄일람표 순번 5, 7 기재와 같이 향정신성의약품인 GHB, 임시마약류인 이소부틸 니트라이트(일명 '러쉬', 이하 '러쉬'라 한다)를 밀수입하였다.

2. 러쉬 밀수입

피고인은 2019. 10.경 J로부터 태국에서 임시마약류인 러쉬를 구해달라는 부탁을 받고, 2019. 10. 4.경 J로부터 피고인 명의의 계좌로 러쉬 대금 22만 원을 포함하여 위 러쉬와 함께 보낼 화장품 구입 비용 등 합계 31만 원을 송금받고, 태국에 있는 B에게 러쉬 2병을 J에게 보 내줄 것을 지시하였다.

피고인의 지시를 받은 B는 2019. 10.경 태국 방콕 실롬 이하 불상지에서 러쉬 2병을 식품 과 함께 상자 속에 은닉한 후 수취인을 'J', 수취지를 '서울 강남구 K L'로 각각 기재한 다음 국제우편을 이용하여 M편으로 위 우편물을 발송하였고, 2019. 10. 9. 09:45경 위 우편물이 인천 중구 운서동에 있는 인천공항에 도착하였다.

이로써 피고인은 J 등과 공모하여 태국에서 대한민국으로 임시마약류인 러쉬를 밀수입하였다.

법령의 적용

1. 범죄사실에 대한 해당법조

마약류 관리에 관한 법률 제58조 제2항, 제1항 제6호, 제4조 제1항 제1호, 제2조 제3호 나 목, 형법 제30조(영리 목적 엑스터시, 케타민 수입의 점, 포괄하여), 마약류 관리에 관한 법률 제60조 제1항 제3호, 제4조 제1항 제1호, 제2조 제3호 라목, 형법 제30조(GHB 수입의 점), 각 마약류 관리에 관한 법률 제60조 제1항 제6호, 제5조의2 제5항 제1호, 형법 제30조(러쉬 수입의 점)

1. 몰수

마약류 관리에 관한 법률 제67조 본문

1. 추징

마약류 관리에 관한 법률 제67조 단서

[추징금 산정근거]

① 판시 제1항 관련 별지 범죄일람표 기재 총 거래가액: 76,610,000원

② 압수된 별지 범죄일람표 순번 8 기재 엑스터시 98정 거래가액: 2,940,000원

③ 압수된 별지 범죄일람표 순번 9 기재 엑스터시 96정 거래가액: 2,880,000원

④ B의 주거지에서 압수된 엑스터시 4정 거래가액: 120,000원

⑤ B의 주거지에서 압수된 케타민 98g 거래가액: 8,820,000원

⑥ B의 주거지에서 압수된 러쉬 3병(90㎖)의 거래가액: 270,000원

⑦ 추징금: 61,580,000원(＝①－②－③－④－⑤－⑥)

2. 마약류 재배·제조 및 판매에 따른 범죄수익환수 사례

마약류관리법은 마약류에 대한 재배, 제조의 점을 엄하게 처벌하고 있고, 이와 같이 직접 재배 또는 제조한 마약류를 판매하여 수익을 얻는 경우 그 수익은 모두 환수대상이 된다. 이와 관련하여 **대마와 헤시시 등 마약류를 직접 재배·제조한 다음 인터넷에 광고하여 판매한 사범에 대한 환수사례**가 확인되어 소개한다.[8]

사례

범죄사실

피고인은 마약류취급자가 아님에도 향정신성의약품인 LSD와 MDMA, 대마 등을 다크웹에 개설된 마약류 판매 전문 사이트인 'B'에서 판매하기로 마음먹었다.

1. 대마 재배

피고인은 2017년 초순 또는 중순경부터 서울 강남구 D, E호에 있는 피고인의 주거지에서 재배용 그로잉(Growing) 텐트를 조립한 다음 그 안에 LED 조명기구, 공기정화용 필터, 스티로폼 용기, 플라스틱 재질의 물통, 히터 등을 장착하여 대마 재배시설을 설치하고, 아래와 같이 매매 목적으로 대마초를 재배하였다.

가. 2017. 11. 중순경 매매 목적 대마 재배

피고인은 2017. 11. 중순경 위 재배시설 내에 흙과 황토볼, 연갈탄, 코코넛 찌꺼기 성분 등

---

8 서울중앙지방법원 2018. 11. 22. 선고 2018고합788 판결 참조(대법원 2019도7907 판결로 확정).

을 혼합하여 만든 배양토에 다크웹의 'C'에서 구입한 대마 종자 2개를 파종하여 발아시킨 다음 2018. 2. 중순경까지 대마초 2그루를 재배하였다.

나. 2018. 6. 하순경 매매 목적 대마 재배

피고인은 2018. 6. 하순경 위 '가'항과 같이 재배하여 수확한 대마 종자 30개를 물에 적신 스펀지에 꽂아 어두운 곳에 3일 정도 방치하는 방법으로 16개의 대마 종자를 발아시킨 다음, 위 재배 시설 내에 있는 배양토에 옮겨 심는 방법으로 2018. 7. 24.까지 대마초 16그루를 재배하였다.

2. 대마 제조 및 소지

가. 대마 오일 제조

피고인은 다크웹의 검색엔진 'F'에서 대마 오일 제조방법을 검색하여 관련 지식을 습득한 다음, 2018. 6. 중순경 위 주거지에서 제1항과 같이 재배하여 수확한 대마초 약 25g을 분쇄작업 등을 통해 재가공한 후, 소독용 에탄올 약 2L에 분쇄한 대마잎, 대마 줄기를 섞은 다음, 끓는 물 안에 있는 스테인리스 그릇에 넣고 에탄올이 증발될 때까지 약 30~40분간 가열시켜 중탕하는 방법으로 대마 오일 약 10ml를 제조하였다.

나. 해시시 제조

피고인은 2018. 6. 하순경 위 주거지에서 위와 같이 제조한 양을 알 수 없는 대마 오일과 분쇄한 대마잎, 대마 줄기를 섞는 방법으로 해시시 약 35g을 제조하였다.

다. 해시시 소지

피고인은 2018. 7. 24. 11:35경 위 피고인의 주거지 주방에서 판매할 목적으로 위와 같이 제조한 해시시 약 30.5g을 스테인리스 그릇 안에 보관하여 소지하였다.

3. LSD, MDMA 수입

피고인은 2018. 4. 하순경 포럼 형식의 다크웹 'G' 사이트에 접속하여 약물(DRUG) 카테고리에서 이름을 알 수 없는 사람이 영문으로 요즘 인기 있는 액상 형태의 LSD 등을 판매한다는 취지의 마약류 판매 광고를 한 것을 보고, 이를 수입하여 판매하기로 마음먹었다.

피고인은 위 사람과 채팅 어플인 H를 통해서 대금은 제트캐시(Zchas) 등과 같은 암호화폐로 결제하고 LSD 40장을 피고인이 지정한 곳에 국제우편으로 발송하는 방법으로 거래하기로 한 다음 금액을 알 수 없는 암호화폐를 위 사람이 지정한 전자지갑에 송부하고, 위 사람은 피고인이 알려주는 대로 "수취인 :I 수취지: D건물 J호"라고 기재하여 LSD 50장을 국내로 발송하였다.

위와 같이 발송된 LSD 50장이 은닉되어 있는 통상우편물은 2018. 5. 17. 14:51경 KL편을 이용해서 인천공항에 도착하였다.

피고인은 이를 비롯하여 위와 같은 방법으로 이름을 알 수 없는 사람과 공모하여 아래 범죄일람표(1) 기재와 같이 그때부터 2018. 5. 31.까지 총 4회에 걸쳐 LSD 합계 91장, MDMA 합계 321정을 영리 목적으로 각각 수입하였다.

범죄일람표(1)

순번	인천공항 도착 일시 및 항공편명	우편물번호 (통상우편)	종류 및 수량	수취지	수취인
1	2018. 5. 17. 14:51, KL편(네덜란드 발)	RS00039****S1	LSD 50장	15, Eonju−ro, **−gil, Gangnam−gu, *******, ***	AX
2	2018. 5. 19. 14:46, KL편(네덜란드 발)	RS00039****S1	MDMA 101정	13 Eonju−ro, **−gil, Gangnam−gu, *****, ***	AY
3	2018. 5. 30. 14:53, KL편(네덜란드 발)	RS00040****S1	LSD 41장	15, Eonju−ro, **−gil, Gangnam−gu, *****, ***	AY
4	2018. 5. 31. 06:46, U V편(영국 발)	RS00040****S1	MDMA 220정	15, Eonju−ro, **−gil, Gangnam−gu,*****, ***	AZ

4. 마약류 판매 광고

가. 대마 판매 광고

피고인은 2018. 2. 중순경 다크웹 B 사이트에서 판매할 목적으로 제1의 가.항과 같이 재배하여 수확한 대마초 버드(꽃봉오리) 약 50g을 분쇄한 후, 담배 필터가 부착된 얇은 종이 안에 위 대마 중 약 0.5g을 넣어 담배처럼 필 수 있는 대마 담배(속칭 '조인트') 약 100개를 만든 다음, 제2항과 같이 직접 제조한 대마 오일과 해시시를 판매하기 위하여 인터넷에 대마 판매를 광고하기로 하였다.

피고인은 2018. 3. 12. 06:21경 다크웹에 개설된 마약류 판매 전문 사이트인 'B'에 아이디 'X'를 사용하여 「Y」라는 제목 아래 "… kiss dragon 팝니다 Z에서 구매했습니다 1g(sam−ple)=12, 3g(1pac)=33, 6g(2pack)=60 … 전날 미리 입금하시면 다음날 통신시간대에 받을 수 있습니다 …"라는 글을 게시하였다.

이로써 피고인은 전기통신을 이용하여 대마 판매를 광고하였다.

나. LSD 판매 광고

피고인은 2018. 6. 29. 01:31경 위 사이트에 같은 아이디를 사용하여「AA」라는 제목 아래 "… 4tab~10tab=tab당 5, 11tab~=tab 당 4, 지방 100만 원 이상 …"라는 글을 게시하였다.

이로써 피고인은 전기통신을 이용하여 LSD의 판매를 광고하였다.

5. 대마 판매

피고인은 2018. 4. 27. 위 마약류 판매 광고를 보고 연락해온 'AB'에게 '조인트' 형태의 대마 담배 4개(대마초 약 2g)를 20만 원 상당의 제트캐시 등 가상화폐로 입금받아 판매하

기로 약속하고, 서울 강남지역 지하철역 지상 혹은 지하 역사 내 화장실 안의 선반 밑 등 눈에 띄지 않는 곳에 은닉해 둔 다음, 매수자에게 그 위치를 알려주어 찾아가게 하는 방법으로 판매한 것을 비롯하여 2018. 6. 29.까지 아래 범죄일람표(2) 기재와 같이 12회에 걸쳐 대마 약 80.5g, 대마 오일 약 7.5g, 해시시 약 5.3g을 합계 890만 원에 각각 판매하였다.

범죄일람표(2)

순번	일시	매수자 ID	판매 대마 형태	수량	대마 은닉장소	금액(원)
1	2018. 4. 27.	AB	대마초 (조인트)	4개(2g)	서울 강남권 지하철 역사 부근	20만 원
2	2018. 5. 1.	AB	대마초 (조인트)	24개(12g)	〃	120만 원
3	2018. 5. 3.	AC	대마초	8g	〃	80만 원
4	2018. 5. 24.	AC	대마초	8g	〃	80만 원
5	2018. 5. 25.	AC	대마초	8g	〃	80만 원
6	2018. 5. 27.	AD	대마 오일	2.5ml	〃	50만 원
7	2018. 6. 3.	AE	대마초	10g	〃	70만 원
8	2018. 6. 3.	AF	대마 오일	5ml	〃	50만 원
9	2018. 6. 14.	AG	대마초	8g	〃	80만 원
10	2018. 6. 14.	AG	해시시	5.3g	〃	80만 원
11	2018. 6. 28.	AH	대마초	15g	〃	100만 원
12	2018. 6. 29.	AI	대마초	9.5g	〃	80만 원

총 판매금액: 890만 원(대마초 710만 원＋대마 오일 100만 원＋해시시 80만 원)

6. 대마 흡연

피고인은 2018. 7. 23. 22:00경 위 피고인의 주거지 안방에서 제1의 나.항과 같이 제조한 해시시 약 0.1g을 파이프 형태로 된 흡연 도구 안에 넣고 불을 붙여 그 연기를 흡입하는 방법으로, 대마를 흡연하였다.

법령의 적용

1. 범죄사실에 대한 해당법조 및 형의 선택

   ○ 각 구 마약류 관리에 관한 법률(2018. 3. 13. 법률 제15481호로 개정되어 2018. 9. 14. 시행되기 전의 것, 이하 같다) 제59조 제1항 제11호, 제4조 제1항 제2호(대마 재배의 점),

   ○ 각 구 마약류 관리에 관한 법률 제59조 제1항 제7호, 제3조 제7호(대마 제조의 점)

   ○ 구 마약류 관리에 관한 법률 제59조 제1항 제7호, 제3조 제7호(매매 목적 대마 소지의 점)

   ○ 각 구 마약류 관리에 관한 법률 제58조 제2항, 제1항 제3호, 제3조 제5호, 제2조 제3호 가목, 형법 제30조(영리 목적 LSD 수입의 점, 유기징역형 선택)

   ○ 각 구 마약류 관리에 관한 법률 제58조 제2항, 제1항 제6호, 제4조 제1항 제1호, 제2조 제3호 나목, 형법 제30조(영리 목적 MDMA 수입의 점, 유기징역형 선택)

   ○ 각 구 마약류 관리에 관한 법률 제62조 제1항 제3호, 제3조 제12호 가목, 나목(마약류 판매 광고의 점, 징역형 선택)

   ○ 각 구 마약류 관리에 관한 법률 제59조 제1항 제7호, 제3조 제7호(대마 매매의 점)

   ○ 구 마약류 관리에 관한 법률 제61조 제1항 제4호, 가목, 제3조 제10호 가목(대마 흡연의 점, 징역형 선택)

1. 몰수

   형법 제48조 제1항 제1호(증 제10호), 마약류관리에관한법률 제67조 본문(나머지 몰수품)

1. 추징

   마약류관리에관한법률 제67조 단서

[추징금 산정의 근거] 합계: 891만 2,000원

   ○ 대마 판매: 판매액 합계 890만 원

   ○ 해시시 0.1g 흡연: 12,000원(2018. 5. 마약류 월간동향)

제 3 장
마약거래방지법상 마약류 범죄

1 총설

마약거래방지법은 **동법 제6조, 제9조, 제10조의 죄**를 마약류범죄로 규정하고 있다. 해당 규정은 다음과 같다.

관련조문

제2조(정의) ② 이 법에서 "마약류범죄"란 다음 각 호의 죄[그 죄와 다른 죄가 「형법」 제40조에 따른 상상적 경합(想像的 競合) 관계에 있는 경우에는 그 다른 죄를 포함한다]를 말한다.
　1. **제6조·제9조 또는 제10조의 죄**

관련조문

제6조(업으로서 한 불법수입 등) ① 「마약류관리에 관한 법률」 제58조(같은 조 제4항은 제외한다), 제59조 제1항부터 제3항까지(같은 조 제1항 제1호부터 제4호까지 및 제9호에 관련된 행위만 해당하며, 같은 항 제4호 중 향정신성의약품은 제외한다) 또는 제60조 제1항 제4호(상습범 및 미수범을 포함한다)에 해당하는 행위를 업(業)으로 한 자(이들 행위와 제9조에 해당하는 행위를 함께 하는 것을 업으로 한 자를 포함한다)는 사형, 무기징역 또는 10년 이상의 징역에 처한다. 이 경우 1억 원 이하의 벌금을 병과(倂科)한다. <개정 2011. 6. 7.>
　② 「마약류관리에 관한 법률」 제59조 제1항부터 제3항까지(같은 조 제1항 제4호부터 제7호까지 및 제10호부터 제13호까지의 규정에 관련된 행위만 해당하며, 같은 항 제4호 중 마약은 제외한다) 또는 제60조 제1항 제2호(미수범 및 상습범을 포함한다)·제3호(미수범 및 상습범을 포함한다)에 해당하는 행위를 업으로 한 자(이들 행위와 제9조에 해당하는 행위를 함께 하는 것을 업으로 한 자를 포함한다)는 3년 이상의 유기징역에 처한다. 이 경우 3천만 원 이하의 벌금을 병과한다.

제9조(마약류 물품의 수입 등) ① 마약류범죄(마약류의 수입 또는 수출에 관련된 것으로 한정한

다)를 범할 목적으로 마약류로 인식하고 교부받거나 취득한 약물 또는 그 밖의 물품을 수입하거나 수출한 자는 3년 이상의 유기징역에 처한다.

② 마약류범죄(마약류의 양도·양수 또는 소지에 관련된 것으로 한정한다)를 범할 목적으로 약물이나 그 밖의 물품을 마약류로 인식하고 양도·양수하거나 소지한 자는 5년 이하의 징역 또는 500만 원 이하의 벌금에 처한다. <개정 2011. 5. 19.>

제10조(선동 등) 마약류범죄(제9조 및 이 조의 범죄는 제외한다), 제7조 또는 제8조의 범죄의 실행 또는 마약류의 남용을 공연히 선동하거나 권유한 자는 3년 이하의 징역 또는 1천만 원 이하의 벌금에 처한다.

위 각 규정은 **업으로 한 불법수입 등**(제6조), **마약류 물품의 수입 등**(제9조), **마약류 남용을 공연히 선동하거나 권유하는 행위**(제10조)로 각각 나뉜다. 위 각 범죄로 취득한 불법수익(범죄수익)은 모두 필요적 몰수·추징의 대상이 됨은 앞에서 살펴본 바와 같다(동법 제13조, 제16조 각 참조). 다만 그 보전의 범위는 마약류 자체가 아니라 마약류 범죄를 통하여 벌어들인 수익에 한정된다는 점을 주의할 필요가 있다.

이하에서는 각 마약거래방지법상 마약류 범죄에 대해 항을 나누어 살펴보도록 한다.

2 마약거래방지법 제6조 위반의 점

1. 업으로 하는 마약류 불법수출입·제조 등 금지의 점(제6조 제1항 위반의 점)

관련조문

제6조(업으로서 한 불법수입 등) ① 「마약류관리에 관한 법률」 <u>제58조</u>(같은 조 제4항은 제외한다), <u>제59조 제 1항부터 제3항까지</u>(같은 조 제1항 제1호부터 제4호까지 및 제9호에 관련된 행위만 해당하며, 같은 항 <u>제4호 중 향정신성의약품은 제외</u>한다) 또는 <u>제60조 제1항 제4호</u>(상습범 및 미수범을 포함한다)<u>에 해당하는 행위를 업(業)으로 한 자</u>(이들 행위와 제9조에 해당하는 행위를 함께 하는 것을 업으로 한 자를 포함한다)는 사형, 무기징역 또는 10년 이상의 징역에 처한다. 이 경우 1억 원 이하의 벌금을 병과(倂科)한다.

☞ <u>마약류관리법 제58조(벌칙)</u> ① 다음 각 호의 어느 하나에 해당하는 자는 무기 또는 5년 이상의 징역에 처한다.

   1. 제3조 제2호·제3호, 제4조 제1항, 제18조 제1항 또는 제21조 제1항을 위반하여 **마약을 수출입·제조·매매하거나 매매를 알선**한 자 또는 그러할 목적으로 **소지·소유**한 자

   2. 제3조 제4호를 위반하여 **마약 또는 향정신성의약품을 제조할 목적으로 그 원료가 되**

는 물질을 제조·수출입하거나 그러할 목적으로 소지·소유한 자

3. 제3조 제5호를 위반하여 제2조 제3호가목에 해당하는 **향정신성의약품 또는 그 물질을 함유하는 향정신성의약품을 제조·수출입·매매·매매의 알선 또는 수수하거나 그러할 목적으로 소지·소유**한 자

4. 제3조 제6호를 위반하여 제2조 제3호가목에 해당하는 **향정신성의약품의 원료가 되는 식물 또는 버섯류에서 그 성분을 추출한 자 또는 그 식물 또는 버섯류를 수출입하거나 수출입할 목적으로 소지·소유**한 자

5. 제3조 제7호를 위반하여 **대마를 수입하거나 수출한 자 또는 그러할 목적으로 대마를 소지·소유**한 자

6. 제4조 제1항을 위반하여 제2조 제3호나목에 해당하는 **향정신성의약품 또는 그 물질을 함유하는 향정신성의약품을 제조 또는 수출입하거나 그러할 목적으로 소지·소유**한 자

7. 제4조 제1항 또는 제5조의2제5항을 위반하여 **미성년자에게 마약을 수수·조제·투약·제공한 자 또는 향정신성의약품이나 임시마약류를 매매·수수·조제·투약·제공한** 자

8. 1군 임시마약류에 대하여 제5조의2제5항 제1호 또는 제2호를 위반한 자

② **영리를 목적으로 하거나 상습적으로 제1항의 행위를 한 자는 사형·무기 또는 10년 이상의 징역**에 처한다.

③ 제1항과 제2항에 규정된 죄의 미수범은 처벌한다.

☞ <u>제59조(벌칙)</u> ① 다음 각 호의 어느 하나에 해당하는 자는 1년 이상의 유기징역에 처한다.

1. 제3조 제2호를 위반하여 **수출입·매매 또는 제조할 목적으로 마약의 원료가 되는 식물을 재배하거나 그 성분을 함유하는 원료·종자·종묘를 소지·소유**한 자

2. 제3조 제2호를 위반하여 **마약의 성분을 함유하는 원료·종자·종묘를 관리·수수하거나 그 성분을 추출하는 행위**를 한 자

3. 제3조 제3호를 위반하여 **헤로인이나 그 염류 또는 이를 함유하는 것을 소지·소유·관리·수수·운반·사용 또는 투약하거나 투약하기 위하여 제공하는 행위**를 한 자

4. 제3조 제4호를 위반하여 **마약 또는 향정신성의약품을**[1] 제조할 목적으로 그 원료가 되는 물질을 매매하거나 매매를 알선하거나 수수한 자 또는 그러할 목적으로 소지·소유 또는 사용한 자

9. 제4조 제1항을 위반하여 **마약을 소지·소유·관리 또는 수수하거나 제24조 제1항을 위반하여 한외마약을 제조**한 자

② 상습적으로 제1항의 죄를 범한 자는 3년 이상의 유기징역에 처한다.

③ 제1항(제5호 및 제13호는 제외한다) 및 제2항에 규정된 죄의 미수범은 처벌한다.

---

1 동법 제6조 제1항은 본죄의 객체에서 향정을 제외하고 있다.

☞ 제60조(벌칙) ① 다음 각 호의 어느 하나에 해당하는 자는 10년 이하의 징역 또는 1억 원 이하의 벌금에 처한다.

　　4. 제5조 제1항·제2항, 제9조 제1항, 제28조 제1항, 제30조 제1항, 제35조 제1항 또는 제 39조를 위반하여 **마약을 취급하거나 그 처방전을 발급**한 자

　　본죄는 마약류관리법상 마약류 범죄를 준용하면서 수출입·제조 또는 그 목적 소지·소유 의 점을 **'업'으로 하는 경우를 구성요건으로 규정**하고 있다. 동법 제6조 제1항의 경우 제59조 제1항 제4호에서의 **'마약'만을 포함하고 '향정'은 제외**한다는 것이 특징이다(동법 제6조 제2항에서는 '마약'을 제외하고 '향정'만을 규정하고 있기 때문이다).

　　본죄의 주체는 그 행위를 업으로 하는 자로서 신분범이다. 다만 구성요건의 **객체, 구성 요건적 행위** 등은 모두 앞에서 살펴본 각 마약류관리법의 그것과 동일하므로 **각각의 기재 를 생략**한다[마약류관리법 제58조 제1항 내지 제3항, 제59조 제1항부터 제3항까지 중 제59조 제1항 제1호부터 제4호(향정 제외)까지 및 제9호, 제60조 제1항 제4호 해설 각 참조].

　　본죄를 위반하면 **사형, 무기징역 또는 10년 이상의 징역**에 처한다. 이 경우 1억 원 이 하의 벌금을 병과(倂科)한다. 나아가 위와 같이 불법적으로 수입한 마약류 등 그 자체는 모 두 필요적 몰수의 대상이 되는 것은 물론이고 위 각 행위의 대가로 받은 수익은 불법수익으 로서 필요적 몰수·추징의 대상이 되며(마약거래방지법 제13조, 제16조) 이는 마약거래방지법에 따른 보전조치가 가능하다(마약거래방지법 제2조 제2항 제2호).

2. 업으로 하는 마약류 불법수출입·제조 등 금지의 점(제6조 제2항 위반의 점)

관련조문 ────────────────────────

제6조(업으로서 한 불법수입 등) ② 「마약류관리에 관한 법률」 **제59조 제1항부터 제3항까지** (같은 조 제1항 제4호부터 제7호까지 및 제10호부터 제13호까지의 규정에 관련된 행위만 해당하며, **같은 항 제4호 중 마약은 제외**한다) 또는 **제60조 제1항 제2호**(미수범 및 상습 범을 포함한다)·**제3호**(미수범 및 상습범을 포함한다)에 해당하는 **행위를 업으로 한 자**(이 들 행위와 제9조에 해당하는 행위를 함께 하는 것을 업으로 한 자를 포함한다)는 3년 이상 의 유기징역에 처한다. 이 경우 3천만 원 이하의 벌금을 병과한다.

☞ 제59조(벌칙) ① 다음 각 호의 어느 하나에 해당하는 자는 1년 이상의 유기징역에 처한다. ＜개정 2016. 2. 3., 2018. 3. 13.＞

4. 제3조 제4호를 위반하여 **마약**[2] 또는 향정신성의약품을 제조할 목적으로 그 원료가 되는 물질을 매매하거나 매매를 알선하거나 수수한 자 또는 그러할 목적으로 소지·소유 또는 사용한 자

5. 제3조 제5호를 위반하여 제2조 제3호 가목에 해당하는 향정신성의약품 또는 그 물질을 함유하는 향정신성의약품을 소지·소유·사용·관리한 자

6. 제3조 제6호를 위반하여 제2조 제3호 가목에 해당하는 향정신성의약품의 원료가 되는 식물 또는 버섯류를 매매하거나 매매를 알선하거나 수수한 자 또는 그러할 목적으로 소지·소유한 자

7. 제3조 제7호를 위반하여 대마를 제조하거나 매매·매매의 알선을 한 자 또는 그러할 목적으로 대마를 소지·소유한 자

10. 제4조 제1항을 위반하여 제2조 제3호 다목에 해당하는 향정신성의약품 또는 그 물질을 함유하는 향정신성의약품을 제조 또는 수출입하거나 그러할 목적으로 소지·소유한 자

11. 제4조 제1항을 위반하여 대마의 수출·매매 또는 제조할 목적으로 대마초를 재배한 자

12. 제4조 제3항을 위반하여 마약류(대마는 제외한다)를 취급한 자

13. 1군 임시마약류에 대하여 제5조의2 제5항 제3호를 위반한 자

② 상습적으로 제1항의 죄를 범한 자는 3년 이상의 유기징역에 처한다.

③ 제1항(제5호 및 제13호는 제외한다) 및 제2항에 규정된 죄의 미수범은 처벌한다.

☞ **제60조(벌칙)** ① 다음 각 호의 어느 하나에 해당하는 자는 10년 이하의 징역 또는 1억 원 이하의 벌금에 처한다.

2. 제4조 제1항을 위반하여 제2조 제3호 나목 및 다목에 해당하는 향정신성의약품 또는 그 물질을 함유하는 향정신성의약품을 매매, 매매의 알선, 수수, 소지, 소유, 사용, 관리, 조제, 투약, 제공한 자 또는 향정신성의약품을 기재한 처방전을 발급한 자

3. 제3조 제6호를 위반하여 제2조 제3호 가목에 해당하는 향정신성의약품의 원료가 되는 식물 또는 버섯류를 흡연·섭취하거나 그러할 목적으로 소지·소유한 자 또는 다른 사람에게 흡연·섭취하게 할 목적으로 소지·소유한 자

본죄 또한 마약류관리법 상 마약류 범죄를 준용하면서 수출입·제조 또는 그 목적 소지·소유의 점을 **'업'으로 하는 행위를 구성요건으로 규정**하고 있다. 동법 제6조 제2항의 경우 제59조 제1항 제4호에서의 **'향정'만을 포함하고 '마약'은 제외**한다는 것이 특징이다(동법 제6조 제1항에서 '마약'을 포함하고 있기 때문이다).

본죄의 주체는 그 행위를 업으로 하는 자로서 신분범이다. 다만 구성요건의 **객체, 구성요건적 행위** 등은 모두 앞에서 살펴본 각 마약류관리법의 그것과 동일하므로 **각각의 기재**

---

2 동법 제6조 제2항은 본죄의 객체에서 마약을 제외하고 있다.

를 **생략**한다[제59조 제1항부터 제3항까지 중 제59조 제1항 제4호(마약 제외)부터 제7호까지 및 제10호부터 제13호까지, 제60조 제1항 제2호, 제3호 해설 각 참조].

본죄를 위반하면 3년 이상의 유기징역에 처한다. 이 경우 3천만 원 이하의 벌금을 병과한다. 나아가 위와 같이 불법적으로 수입한 마약류 등 그 자체는 모두 필요적 몰수의 대상이 되는 것은 물론이고 위 각 행위의 대가로 받은 수익은 불법수익으로서 필요적 몰수·추징의 대상이 되며(마약거래방지법 제13조, 제16조) 이에 대하여는 마약거래방지법에 따른 보전조치가 가능하다(마약거래방지법 제2조 제2항 제2호).

3 마약거래방지법 제9조 위반의 점

1. 마약류 물품의 수입 등 금지의 점(제9조 제1항)

관련조문

제9조(마약류 물품의 수입 등) ① 마약류범죄(마약류의 수입 또는 수출에 관련된 것으로 한정한다)를 범할 목적으로 마약류로 인식하고 교부받거나 취득한 약물 또는 그 밖의 물품을 수입하거나 수출한 자는 3년 이상의 유기징역에 처한다.

가. 구성요건의 주체 및 객체

본죄의 **구성요건 주체**는 아무런 제한이 없으므로 누구든지 본죄의 주체가 될 수 있고, 그 **행위 상대방** 또한 제한이 없다. 한편 **본죄의 객체**는 '**마약류**'로, 마약, 대마, 향정, 임시마약류 등을 불문한다.

나. 구성요건적 행위

본죄의 **구성요건적 행위**는 마약류의 수입 또는 수출에 관련된 마약류범죄를 범할 목적으로 **마약류로 인식하고 교부받거나 취득한 약물 또는 그 밖의 물품을 수입하거나 수출**하는 것이다. 처음부터 마약류 범죄를 범하기 위하여 국내 또는 해외로부터 마약류를 교부받아 취득한 다음 이를 수입 또는 수출하는 경우 본죄로 처벌한다.

따라서 최초 약물 또는 그 밖의 물품을 교부받았을 당시 마약류로 인식하지 못하고 교부받은 경우에는 이를 수입 또는 수출한다 하더라도 본죄가 성립한다고 볼 수 없다.

주관적 구성요건요소와 관련하여 마약류 범죄를 범할 목적을 요구한다(**목적범**).

한편 위 제9조 제1항의 규정 취지는 마약류관리법 등에 의하여 처벌되는 원료도 아니고 마약류로서의 위험성도 없는 물품을 마약류로 오인하고 수입 또는 수출하는 경우와 같이 대상의 착오로 인하여 결과의 발생이 불가능한 경우에도 이를 처벌하고자 하는 데 있으므로 마약류로서의 위험성이 전혀 없는 물품을 마약류로 오인하고 수입 또는 수출한 행위는 동법 제9조 제1항으로 처벌할 수 있다고 봄이 상당하다.[3]

다. 처벌

본죄를 위반하면 3년 이상의 유기징역에 처한다. 나아가 위와 같이 불법적으로 수입한 마약류 등 그 자체가 모두 필요적 몰수의 대상이 되는 것은 물론이고 위 각 행위의 대가로 받은 수익은 불법수익으로서 필요적 몰수·추징의 대상이 되며(마약류관리법 제67조) 이에 대하여는 마약거래방지법에 따른 보전조치가 가능하다(마약거래방지법 제2조 제2항 제2호).

2. 마약류 물품의 수입 등 금지의 점(제9조 제2항)

관련조문

제9조(마약류 물품의 수입 등) ② 마약류범죄(마약류의 양도·양수 또는 소지에 관련된 것으로 한정한다)를 범할 목적으로 약물이나 그 밖의 물품을 마약류로 인식하고 양도·양수하거나 소지한 자는 5년 이하의 징역 또는 500만 원 이하의 벌금에 처한다. <개정 2011. 5. 19.>

가. 구성요건의 주체 및 객체

본죄의 **구성요건 주체**는 아무런 제한이 없으므로 누구든지 본죄의 주체가 될 수 있고, 그 **행위 상대방** 또한 제한이 없다. 한편 본죄의 **객체**는 '마약류'로, 마약, 대마, 향정, 임시 마약류 등을 불문한다.

나. 구성요건적 행위

본죄의 **구성요건적 행위**는 마약류의 양도·양수 또는 소지에 관련된 마약류 범죄를 범할 목적으로 약물이나 그 밖의 물품을 마약류로 인식하고 양도·양수하거나 소지하는 것이다. 따라서 최초 약물 또는 그 밖의 물품을 교부받았을 당시 마약류로 인식하지 못하고 교부받은 경우에는 이를 양도, 양수 또는 소지한다 하더라도 본죄가 성립한다고 볼 수 없다.

---

[3] 서울고법 1998. 2. 13. 선고 97노2631 판결(상고취하로 확정) 참조.

주관적 **구성요건요소**와 관련하여 마약류 범죄를 범할 목적을 요구한다(**목적범**).

다. 처벌

본죄를 위반하면 5년 이하의 징역 또는 500만 원 이하의 벌금에 처한다. 나아가 위와 같이 불법적으로 양도·양수한 마약류 등 그 자체는 모두 필요적 몰수의 대상이 되는 것은 물론이고 위 각 행위의 대가로 받은 수익은 불법수익으로서 필요적 몰수·추징의 대상이 되며(마약류관리법 제67조) 이에 대하여는 마약거래방지법에 따른 보전조치가 가능하다(마약거래방지법 제2조 제2항 제2호).

4 마약거래방지법 제10조 위반의 점

관련조문

제10조(선동 등) 마약류범죄(제9조 및 이 조의 범죄는 제외한다), 제7조 또는 제8조의 범죄의 실행 또는 마약류의 남용을 공연히 선동하거나 권유한 자는 3년 이하의 징역 또는 1천만 원 이하의 벌금에 처한다.[전문개정 2009. 11. 2.]

☞ 제7조(불법수익등의 은닉 및 가장) ① 마약류범죄의 발견 또는 불법수익등의 출처에 관한 수사를 방해하거나 불법수익등의 몰수를 회피할 목적으로 불법수익등의 성질, 소재(所在), 출처 또는 귀속(歸屬) 관계를 숨기거나 가장(假裝)한 자는 7년 이하의 징역 또는 3천만 원 이하의 벌금에 처하거나 이를 병과할 수 있다.

② 제1항의 미수범은 처벌한다.

③ 제1항의 죄를 범할 목적으로 예비하거나 음모한 자는 2년 이하의 징역 또는 1천만 원 이하의 벌금에 처한다.[전문개정 2009. 11. 2.]

☞ 제8조(불법수익등의 수수) 불법수익이라는 정황을 알면서 불법수익등을 수수한 자는 3년 이하의 징역 또는 1천만 원 이하의 벌금에 처하거나 이를 병과할 수 있다. 다만, 법령에 따른 의무이행으로서 제공된 것을 수수한 자 또는 계약(채권자에게 상당한 재산상의 이익을 제공하는 것만 해당한다) 당시에 그 계약에 관련된 채무의 이행이 불법수익등에 의하여 이루어지는 것이라는 정황을 알지 못하고 그 계약에 관련된 채무의 이행으로서 제공된 것을 수수한 자의 경우에는 그러하지 아니하다.

[전문개정 2009. 11. 2.]

가. 구성요건의 주체 및 객체

본죄의 **구성요건 주체**는 아무런 제한이 없으므로 누구든지 본죄의 주체가 될 수 있고, 그 **행위 상대방** 또한 제한이 없다. **본죄의 객체**는 '마약류'로 마약, 대마, 향정, 임시마약류 등을 불문한다.

나. 구성요건적 행위

본죄의 **구성요건적 행위**는 마약류범죄(제9조 및 이 조의 범죄는 제외한다), 제7조 또는 제8조의 범죄의 실행 또는 마약류의 남용을 공연히 선동하거나 권유하는 것이다.

위 마약류 범죄는 마약거래방지법 제2조 제2항에 따른 제6조의 죄, 마약류관리법 제58조부터 제61조까지의 범죄를 모두 포함한다. 위 마약류 범죄의 시행 또는 마약류의 남용을 공연히 선동하거나 권유함으로써 마약류의 유통을 조장하거나 이에 기여하는 행위를 처벌하기 위한 것이다.

주관적 구성요건요소와 관련하여 상대방으로 하여금 마약류를 남용하도록 하거나 이를 선동, 권유한다는 사실을 인식하여야 한다(목적범).

다. 처벌

본죄를 위반하면 3년 이하의 징역 또는 1천만 원 이하의 벌금에 처한다. 나아가 위 각 행위의 대가로 받은 수익은 불법수익으로서 필요적 몰수·추징의 대상이 되며(마약류거래방지법 제13조, 제16조 참조) 이는 마약거래방지법에 따른 보전조치가 가능하다(마약거래방지법 제2조 제2항 제2호).

5 마약거래방지법에 따른 범죄수익환수 사례

1. 업으로 한 필로폰 매매의 점과 범죄수익환수 사례

실무상 필로폰 등 매매와 관련하여 이를 업으로 하는 경우 마약거래방지법 제6조 제2항, 마약류관리법 제60조 제1항 제2호 위반죄가 성립하게 되고 그 과정에서 필로폰을 판매하고 얻은 불법수익은 필요적으로 몰수·추징한다.

이와 관련하여 **조직적으로 필로폰 매매를 업으로 한 행위를 마약거래방지법위반죄로 처벌하면서 그 과정에서 취득한 불법수익을 추징한 사례**를 소개한다.[4]

---

4 수원지방법원 2019. 2. 18. 선고 2018고합382 판결 참조(항소심 서울고등법원 2019노799, 대법원 2019도

사례

범죄사실

피고인들은 모두 마약류취급자가 아님에도 불구하고, 아래와 같이 향정신성의약품인 메트암페타민(속칭 '필로폰', 이하 '필로폰'이라 함) 또는 대마를 취급하였다.

1. 피고인 A, B, C, D의 공동범행 – 마약류불법거래방지에관한특례법위반(2018고합382)

가. 피고인들이 이용한 범행 방법

피고인 A(F ID: 'G', 'H', 대화명: 'I', 'J')는 인터넷으로 필로폰 판매 광고를 한 후 그 광고를 보고 F를 이용해 연락한 불특정 다수의 필로폰 매수자들로부터 무통장송금 등의 방법으로 필로폰 대금을 송금 받고, 미리 필로폰을 소분 포장하여 숨겨 놓은 서울 일대 여러 장소의 도로명 주소 사진 등을 필로폰 매수자들에게 전송해 주는 방법으로 필로폰을 판매하기로 마음먹었다.

한편, **피고인 G는 위와 같이 필로폰을 판매함에 있어 필로폰 매수자들로부터 필로폰 대금을 송금받는 방법으로, 속칭 '대포폰'을 구입하여 인터넷 쇼핑몰 (주)K 사이트에 대포폰 명의자 인적사항으로 가입한 뒤 (주)L을 통해 가상계좌를 부여받아 필로폰 매수자들로 하여금 위 가상계좌로 필로폰 대금을 송금하도록 하고, 위 가상계좌로 송금된 금원을 이용하여 (주)K가 관리하는 모바일 상품권 판매 회사인 M, N 등으로부터 모바일 상품권을 구입한 후 이를 다시 종이 상품권으로 교환하여 직접 사용하거나 현금화 하는 방법을 이용하였다.**

나. 범행의 모의

피고인 A는 위와 같은 방법으로 범행을 하던 중 2018. 1. 초순경 피고인 D에게 '인터넷에 필로폰 판매 광고를 하거나, 서울 일대 여러 장소에 미리 필로폰을 소분 포장하여 숨겨 놓고 그 장소의 도로명 주소 사진 등을 촬영한 후 이를 피고인 A에게 전송해 주는 일[5]'을 해 달라는 부탁을 하였고, 피고인 D는 위와 같은 피고인 A의 부탁을 승낙하였다.

그리고, 피고인 A는 2018. 4. 중순경 피고인 C에게 '필로폰을 소분하여 포장하거나, 필로폰 매수자들과 F를 이용하여 연락을 하거나, 피고인 D와 같이 속칭 '던지기' 역할을 하는 사람들과 연락 하는 일'을 해달라는 부탁을 하였고, 피고인 C 역시 위와 같은 피고인 G의 부탁을 승낙하였다.

또한, 피고인 A는 2018. 6. 하순경 피고인 B에게 던지기 역할을 해 달라는 부탁을 하였고, 피고인 B도 이를 승낙하였다.

이로써 피고인들은 순차로 아래와 같은 범행을 모의하였다.

10552 판결로 확정. 이 사건으로 기소되어 처벌된 피고인은 여러 명이지만 그 중 핵심 피고인 3명에 대한 부분만 발췌하여 소개한다. 한편 피고인들에 대한 추징 부분은 항소심에서 일부 파기되었으므로 항소심 판결 이유 중 추징부분을 함께 소개한다).

5 속칭 '던지기'라 한다.

다. 범행의 실행

피고인 A는 2018. 1. 4.경 주소를 알 수 없는 장소에서 F를 이용하여 성명불상의 필로폰 매수자(입금 명의인: O)와 필로폰 거래를 하기로 한 후, 위 성명불상의 매수자로부터 우리은행 가상계좌(계좌번호: Q)로 필로폰 대금 500,000원을 송금 받고 정확한 수량을 알 수 없는 필로폰을 숨겨 놓은 장소의 도로명 주소 사진 등을 전송해 주어 위 필로폰을 찾아가게 하는 방법으로 필로폰을 판매한 것을 비롯하여, 그 때부터 2018. 8. 1.경까지 사이에 별지 **범죄일람표**(1) 내지 (12), (24) 기재와 같이 모두 511회에 걸쳐 대금 합계 222,450,000원 상당의 필로폰을 판매하였거나 매수자가 필로폰을 찾지 못하여 미수에 그쳤다.

한편, <u>위와 같은 모의에 따라, 피고인 D는 2018. 1. 4.경부터 2018. 2. 20.경까지 사이에 별지 범죄일람표(1) 기재와 같이 모두 51회에 걸쳐 대금 합계 19,750,000원 상당의 필로폰을 판매함에 있어 던지기 역할을 담당하고, 피고인 C는 2018. 4. 16.경부터 2018. 8. 1.경까지 사이에 별지 범죄일람표(3) 내지 (9), (10)의 순번 14~37, (11)의 순번 4~49, (12) 기재와 같이 모두 389회에 걸쳐 대금 합계 168,130,000원 상당의 필로폰을 판매함에 있어 '필로폰을 소분하여 포장하거나, 필로폰 매수자들과 F를 이용하여 연락을 하거나, 던지기 역할을 하는 사람들과 연락 하는 일'을 담당하고, 피고인 B는 2018. 6. 27.경부터 2018. 8. 1.경까지 사이에 별지 범죄일람표(4)의 순번 8~94, (5) 내지 (9), (11)의 순번 34~49, (12)의 순번 36, (24)의 순번 11~15 기재와 같이 모두 261회에 걸쳐 대금 합계 121,680,000원 상당의 필로폰을 판매하거나 매수자가 필로폰을 찾지 못하여 미수에 그치는 범행을 함에 있어 던지기 역할을 담당하였다.</u>

이로써 피고인들은 공모하여, <u>필로폰 매매를 업(業)으로 하였다.</u> (중략)

법령의 적용

1. 범죄사실에 대한 해당법조 및 형의 선택

가. 피고인 A

마약류 불법거래 방지에 관한 특례법 제6조 제2항, 마약류 관리에 관한 법률 제60조 제1항 제2호, 제4조 제1항 제1호, 제2조 제3호 나목, 형법 제30조(업으로 한 필로폰 매매의 점, 포괄하여, 징역형과 벌금형의 필요적 병과)**(이하 생략)**

나. 피고인 B

마약류 불법거래 방지에 관한 특례법 제6조 제2항, 마약류 관리에 관한 법률 제60조 제1항 제2호, 제4조 제1항 제1호, 제2조 제3호 나목, 형법 제30조(업으로 한 필로폰 매매의 점, 포괄하여, 징역형과 벌금형의 필요적 병과)**(이하 생략)**

다. 피고인 C

마약류 불법거래 방지에 관한 특례법 제6조 제2항, 마약류 관리에 관한 법률 제60조 제1항 제2호, 제4조 제1항 제1호, 제2조 제3호 나목, 형법 제30조(업으로 한 필로폰 매매의 점, 포

괄하여, 징역형과 벌금형의 필요적 병과)**(이하 생략)**

라. 피고인 D

각 마약류 불법거래 방지에 관한 특례법 제6조 제2항, 마약류 관리에 관한 법률 제60조 제1항 제2호, 제4조 제1항 제1호, 제2조 제3호 나목, 형법 제30조(업으로 한 필로폰 매매의 점, 시기별로 포괄하여, 각 징역형과 벌금형의 필요적 병과)**(이하 생략)**

1. 추징

피고인들: 각 마약류 불법거래 방지에 관한 특례법 제16조 제1항, 제13조 제1항 제1호, 각 마약류 관리에 관한 법률 제67조 단서

추징금 산정 관련 법리

마약류관리에 관한 법률 제67조에 의한 몰수나 추징은 범죄행위로 인한 이득의 박탈을 목적으로 하는 것이 아니라 징벌적 성질의 처분이므로, 그 범행으로 인하여 이득을 취득한 바 없다 하더라도 법원은 그 가액의 추징을 명하여야 하고, 그 추징의 범위에 관하여는 죄를 범한 자가 여러 사람일 때에는 각자에 대하여 그가 취급한 범위 내에서 마약류 가액 전액의 추징을 명하여야 하지만(대법원 1993. 3. 23. 선고 92도3250 판결, 대법원 2001. 12. 28. 선고 2001도5158 판결 등 참조), 피고인을 기준으로 하여 그가 취급한 범위 내에서 마약류 가액 전액의 추징을 명하면 되는 것이지 동일한 마약류를 취급한 피고인의 일련의 행위가 별죄를 구성한다고 하여 그 행위마다 따로 그 가액을 추징하여야 하는 것은 아니며(대법원 1997. 3. 14. 선고 96도3397 판결, 대법원 2000. 9. 8. 선고 2000도546 판결 등 참조), 그 소유자나 최종소지인으로부터 마약류의 전부 또는 일부를 몰수하였다면 다른 취급자들과의 관계에 있어서도 실질상 이를 몰수한 것과 마찬가지이므로 그 몰수된 마약류의 가액 부분은 이를 추징할 수 없다(대법원 2009. 6. 11. 선고 2009도2819 판결). 또한 수사기관이 필로폰을 압수하고, 이를 감정에 사용한 다음 폐기한 경우에는 마약류 관리에 관한 법률 제67조 단서에 따라 그 가액을 추징할 수 없다(대법원 2015. 11. 27. 선고 2015도14878 판결, 대법원 2017. 12. 22. 선고 2017도16602 판결 등 참조).

한편, 몰수하기 불능한 때에 추징하여야 할 가액은 범인이 그 물건을 보유하고 있다가 몰수의 선고를 받았더라면 잃었을 이득상당액을 의미한다고 보아야 할 것이므로 그 가액 산정은 재판선고시의 가격을 기준으로 하여야 한다(대법원 1991. 5. 28. 선고 91도352 판결 등 참조). 추징할 마약의 가액이라 함은 시장에서의 통상의 거래가격을 의미하고, 통상의 거래가격이 형성되어 있지 아니한 경우에는 실제 거래된 가액에 의할 수밖에 없다(대법원 1983. 9. 13. 선고 83도1927 판결 참조).

[서울고등법원 2019노799 판결 이유 中]

3. 피고인 B에 대한 몰수 및 피고인 A, B, C에 대한 추징 부분에 관한 직권 판단

가. 먼저 원심은 피고인 B로부터 압수된 노트북(XNOTE) 1대(수원지방검찰청 2018압제 2733호의 증 제72호)와 태블릿 PC 1대(같은 증 제86호)를 몰수하고 있다.

그러나 검사가 제출한 증거만으로는 위 각 압수물이 몰수의 대상이라고 인정할 만한 증거가 부족하고, 달리 이를 인정할 증거가 없다. 따라서 위 노트북 1대, 태블릿 PC 1대가 몰수의 대상에 해당한다고 볼 수 없다.

나. 한편 <u>원심은 피고인 B로부터 현금 3,275,000원을 범행 수익금으로 몰수한다는 전제에 서 피고인 A, B, C에 대한 추징의 기초가 되는 원심 판시 범죄사실 제1항 필로폰 판매수익을 산정함에 있어 위 3,275,000원을 제외하고 각 추징금을 219,345,000원, 115,275,000원, 164,725,000원으로 산정하였다. 그런데 위 현금 3,275,000원을 범행 수익금이라고 인정하기 어려워 몰수할 수 없는 이상, 위 범죄사실 제1항 필로폰 판매수익을 산정함에 있어 이를 제외하여서는 아니되므로, 피고인 A, B, C에 대한 각 추징금은 222,620,000원(=219,345,000원 + 3,275,000원), 118,550,000원(= 115,275,000원 + 3,275,000원), 168,000,000원(= 164,725,000원 + 3,275,000원)이 되어야 한다.</u>

다. 따라서 원심판결 중 피고인 B로부터 위 노트북, 태블릿 PC를 몰수하고, 위 현금이 범행 수익금으로 몰수된다는 전제 하에 피고인 A, B, C에 대한 추징금을 산정한 부분에는 사실을 오인하거나 몰수에 관한 법리를 오해하여 판결의 결과에 영향을 미친 위법이 있다. 따라서 원심판결 중 피고인 B에 대한 몰수 및 피고인 A, B, C에 대한 추징 부분은 더 이상 유지될 수 없게 되었다.

2. 마약류 인식 물품 등 수입의 점과 범죄수익환수 사례

실무상 외국에서 물건을 수입할 당시 이를 마약류로 인식하고 이를 국내로 반입하는 경우 본죄가 성립하게 되고 그 과정에서 마약류를 판매하고 얻은 불법수익은 필요적으로 몰수·추징한다.

이와 관련하여 **마약류로 인식하고 물품을 수입한 사건에서 해당 마약류를 몰수하고 몰수하지 못한 부분은 그 가액을 추징한 사례**가 있어 소개한다.[6]

---

6 수원지방법원 안산지원 2014. 4. 4. 선고 2013고합364 판결 참조(대법원 2014도14928 판결로 확정. 위 범죄사실 중 마약거래방지법위반의 점을 발췌하여 소개하고 나머지는 기재를 생략하였음).

사례

2. 범죄사실

가. 피고인 A

<u>피고인은 2013. 5. 3.경 일본 도쿄도(東京都) 신주쿠구(信宿區)에 있는 성인용품점에서 흥분작용을 일으키는 물질이 함유된 속칭 '알라딘 엑스', '스네이크', '러시' 등의 '합성 허브' 10개(개당 약 3g, 이하 같다)를 마약류로 인식하고 대금 50만 원에 구입한 후, 2013. 5. 5.경 자신의 여행용 가방에 담아 인천국제공항을 통하여 국내에 들여옴으로써 이를 수입하였다.</u>

나. 피고인 A, B

피고인 A, B는 2013. 5.경 '합성 허브' 및 2013. 9. 23. 식품의약품안전처 공고 제2013-173호로 임시향정신성의약품으로 지정된 '5F-PB-22' 성분이 함유된 속칭 '슈퍼 레몬'을 마약류로 인식한 채 국내에 수입하여 판매하기로 하고, 피고인 A는 일본에서 '합성 허브' 및 '슈퍼 레몬'을 구입하는 한편 국내의 매수희망자들과 교섭하는 등의 역할을 맡고, 피고인 B는 국내의 매수자들에게 '합성 허브' 및 '슈퍼 레몬'을 전달하면서 그 대금을 지급받는 등의 역할을 맡기로 공모한 후, 2013. 5. 16.경부터 인터넷 포털 사이트인 '구글' 등에 대마초와 합성 허브 등을 판매하니 구매상담은 이메일 등으로 문의하라는 내용의 광고를 하였다.

(1) 마약류 인식 물품 수입에 의한 마약류불법거래방지에관한특례법위반의 점

(가) <u>피고인 A는 2013. 6. 4.경 일본 도쿄도 신주쿠구에 있는 성인용품점에서 '합성 허브' 10개를 대금 50만 원에 구입한 후, 2013. 6. 5.경 이를 자신의 여행용 가방에 담아 인천국제공항을 통하여 국내로 들여왔다.</u>

(나) 피고인 A는 2013. 6. 12.경 일본 도쿄도 신주쿠구에 있는 성인용품점에서 '합성 허브' 10개를 대금 50만 원에 구입한 후, 2013. 6. 13.경 이를 자신의 여행용 가방에 담아 인천국제공항을 통하여 국내로 들여왔다.

(다) 피고인 A는 2013. 7. 23.경 일본 도쿄도 신주쿠구에 있는 성인용품점에서 '합성 허브' 20개를 대금 100만 원에 구입한 후, 2013. 7. 24.경 이를 자신의 여행용 가방에 담아 인천국제공항을 통하여 국내로 들여왔다.

(라) 피고인 A, B는 2013. 8. 22.경 일본 도쿄도 신주쿠구에 있는 성인용품점에서 '합성 허브' 115개 및 '슈퍼 레몬' 14개를 대금 1,000만 원에 구입한 후, 2013. 8. 24.경 이를 피고인들의 여행용 가방에 나누어 담아 인천국제공항을 통하여 국내로 들여왔다.

이로써 피고인들은 공모하여 각 마약류로 인식하고 취득한 '합성 허브' 및 '슈퍼 레몬'을 수입하였다.

(2) 마약류 인식 물품 양도에 의한 마약류불법거래방지에관한특례법위반의 점

피고인 A, B는,

(가) 2013. 7. 초순경 서울 중구 K노상에서 위와 같이 수입한 '합성 허브' 중 약 1g을 L에게 대금 12만 원에 판매하고,

(나) 2013. 7. 말경 같은 건물 앞 노상에서 위와 같이 수입한 '합성 허브' 중 약 1g을 L에게 대금 12만 원에 판매하고,

(다) 2013. 8. 말경 저녁 무렵 서울 노원구 중계동에 있는 '롯데마트' 앞 노상에서 위와 같이 수입한 '합성 허브' 중 약 2g을 피고인 C에게 대금 20만 원에 판매하고,

(라) 2013. 9. 18.경 서울 동대문구 신설동 **-75에 있는 신설동 전철역 1번 출구 앞 노상에서 위와 같이 수입한 '합성 허브' 약 1g을 L에게 대금 12만 원에 판매하고,

(마) 2013. 9. 17. 16:00경 안산시 단원구 고잔동 *** 앞 노상에서 위와 같이 수입한 '합성 허브' 중 약 3.7g(흥분작용을 일으키는 'MPHP'라는 성분이 함유된 '알라딘 엑스')을 N에게 대금 38만 원에 판매하고,

(바) 2013. 9. 중순경 서울 강남구 수서동에 있는 수서 전철역 2번 출구 앞 노상에서 위와 같이 수입한 '슈퍼 레몬' 중 약 3g을 피고인 D에게 대금 40만 원에 판매하고,

(사) 2013. 9. 21. 19:00경 서울 강서구 화곡동에 있는 화곡 전철역 7번 출구 부근의 '다이소' 앞 노상에서 위와 같이 수입한 '합성 허브' 중 약 3.7g('알라딘 엑스')을 피고인 E에게 대금 36만 원에 판매하고,

(아) 2013. 9. 29. 02:00경 서울 노원구 상계동에 있는 상계 전철역 앞 노상에서 위와 같이 수입한 '합성 허브' 중 약 2g을 피고인 C에게 대금 20만 원에 판매하고,

(자) 2013. 10. 초순경 서울 W구에 있는 전철역 1번 출구 앞 노상에서 위와 같이 수입한 '합성 허브' 중 약 1g을 피고인 F에게 대금 12만 원에 판매하였다.

이로써 피고인들은 공모하여 각 '합성 허브' 또는 '슈퍼 레몬'을 마약류로 인식하고 양도하였다.

(중략)

다. 피고인 C

피고인 C는,

(1) 2013. 8. 말경 저녁 무렵 서울 노원구 중계동에 있는 '롯데마트' 앞 노상에서 '합성 허브' 약 2g을 마약류로 인식한 채 피고인 B로부터 대금 20만 원에 매수하여 이를 양수하고,

(2) 2013. 9. 29. 02:00경 서울 노원구 상계동에 있는 상계 전철역 앞 노상에서 '합성 허브' 약 2g을 마약류로 인식한 채 피고인 B로부터 대금 20만 원에 매수하여 이를 양수하였다.

라. 피고인 D

피고인 D는 2013. 9. 중순경 서울 강남구 수서동에 있는 수서 전철역 2번 출구 앞 노상에서 '슈퍼 레몬' 약 3g을 마약류로 인식한 채 피고인 A로부터 대금 40만 원에 매수하여 이를 양수하였다.

마. 피고인 E

피고인 E는,

(1) 2013. 9. 21. 19:00경 서울 강서구 화곡동에 있는 화곡 전철역 7번 출구 부근의 'O' 앞 노상에서 '합성 허브' 약 3.7g('알라딘 엑스')을 마약류로 인식한 채 피고인 A로부터 대금 36

만 원에 매수하여 이를 양수하고,

(2) 2013. 10. 13. 00:00경 서울 종로구 소재 종로3가 전철역 앞 노상에서 피고인 A로부터 대금 36만 원에 구입한 임시향정신성의약품인 '슈퍼 레몬' 약 3.24g을 담배 종이에 싼 다음 불을 붙여 흡연함으로써 이를 사용하였다.

바. 피고인 F

피고인 F는,

(1) 2013. 10. 초순경 서울 W구에 있는 W 전철역 1번 출구 앞 노상에서 '합성 허브' 약 1g을 마약류로 인식한 채 피고인 A로부터 대금 12만 원에 매수하여 이를 양수하고,

(2) 2013. 10. 20. 22:00경 서울 서초구에 있는 뱅뱅사거리 골목에서, 인터넷 포털 사이트 '구글'에 대마를 판매한다는 내용의 글을 게시한 성명을 알 수 없는 자로부터 대마 약 0.5g을 대금 10만 원에 매수하고,

(3) 2013. 10. 20. 23:00경 서울 W구 Q에 있는 자신의 집에서 위와 같이 매수한 대마 약 0.5g을 은박지로 만든 파이프에 넣고 불을 붙여 연기를 들이마심으로써 이를 흡연하였다.

법령의 적용

1. 범죄사실에 대한 해당법조

가. 피고인 A, B

(1) 마약류 인식 물품 수입의 점: 각 마약류 불법거래 방지에 관한 특례법 제9조 제1항, 형법 제30조(단, 피고인 A의 판시 제2의 가. 범행에 대하여는 형법 제30조를 제외함)

(2) 마약류 인식 물품 양도의 점: 각 마약류 불법거래 방지에 관한 특례법 제9조 제2항, 형법 제30조(각 징역형 선택)

(3) 임시향정신성의약품 판매의 점: 각 마약류 관리에 관한 법률 제58조 제1항 제3호, 제5조의2 제5항, 제3조 제5호, 형법 제30조(각 유기징역형 선택)

나. 피고인 C, D

각 마약류 불법거래 방지에 관한 특례법 제9조 제2항(각 벌금형 선택)

다. 피고인 E

(1) 마약류 인식 물품 양수의 점: 마약류 불법거래 방지에 관한 특례법 제9조 제2항(징역형 선택)

(2) 임시향정신성의약품 사용의 점: 마약류 관리에 관한 법률 제59조 제1항 제5호, 제5조의2 제5항, 제3조 제5호

라. 피고인 F

(1) 마약류 인식 물품 양수의 점: 마약류 불법거래 방지에 관한 특례법 제9조 제2항(징역형 선택)

(2) 대마 매수의 점: 마약류 관리에 관한 법률 제59조 제1항 제7호, 제3조 제9호

(3) 대마 흡연의 점: 마약류 관리에 관한 법률 제61조 제1항 제4호 가목, 제3조 제10호 가목(징역형 선택)

8. 몰수(피고인 A, B)

각 형법 제48조 제1항 제1호

9. 추징

가. 피고인 A, B, E, F

각 마약류 불법거래 방지에 관한 특례법 제16조 제1항, 제13조 제1항 제1호, 마약류 관리에 관한 법률 제67조 단서

(1) 피고인 A

(가) '합성 허브'와 '슈퍼 레몬' 합계 24.88g(=1g+1g+2g+1g+3.7g+3g+3.7g+2g+1g+3.24g+3.24g)의 판매로 인한 수익: 합계 276만 원(=12만 원+12만 원+20만 원+12만 원+38만 원+40만 원+36만 원+20만 원+12만 원+38만 원+36만 원)

(나) 판매 및 압수되지 아니한 '합성 허브'와 '슈퍼 레몬' 합계 509.55g[={179개(=10개+10개+10개+20개+129개, 수입한 전체 개수)×약 3g(개당 중량)}−24.88g(판매량)−2.57g(피고인 A로부터 압수된 양)]의 가액: 8,492,500원[=509.55g×5만 원(개당 수입가격)/3g(개당 중량)]

(다) 합계: 276만 원+8,492,500원=11,252,500원

(2) 피고인 B

10,752,500원(피고인 A의 추징금액 11,252,500원 중 2013. 5. 3.경 수입한 '합성 허브' 10개의 수입가격 50만 원을 공제한 금액)

(3) 피고인 E

72만 원(=36만 원+36만 원)

(4) 피고인 F

22만 원(=12만 원+10만 원)

나. 피고인 C, D

각 마약류 불법거래 방지에 관한 특례법 제16조 제1항, 제13조 제1항 제1호

(1) 피고인 C: 40만 원(=20만 원+20만 원)

(2) 피고인 D: 361,333원[=40만 원×2.71g(압수되지 아니한 양)/3g, 원 미만은 버림]

6 마약거래방지법상 자금세탁범죄 처벌 사례

1. 불법수익등의 소재, 출처 또는 귀속관계를 숨기거나 가장하는 행위(제7조)

관련조문

제7조(불법수익등의 은닉 및 가장) ① 마약류범죄의 발견 또는 불법수익등의 출처에 관한 수사를 방해하거나 불법수익등의 몰수를 회피할 목적으로 불법수익등의 성질, 소재(所在), 출처 또는 귀속(歸屬) 관계를 숨기거나 가장(假裝)한 자는 7년 이하의 징역 또는 3천만 원 이하의 벌금에 처하거나 이를 병과할 수 있다.

② 제1항의 미수범은 처벌한다.

③ 제1항의 죄를 범할 목적으로 예비하거나 음모한 자는 2년 이하의 징역 또는 1천만 원 이하의 벌금에 처한다.

마약거래방지법은 앞에서 본 바와 같이 마약류범죄의 발견 또는 불법수익등의 출처에 관한 수사를 방해하거나 불법수익등의 몰수를 회피할 목적으로 불법수익등의 성질, 소재(所在), 출처 또는 귀속(歸屬) 관계를 숨기거나 가장(假裝)하는 행위를 자금세탁범죄로 처벌하고 있다.

마약거래방지법 제7조 제1항의 규정은 범죄수익은닉규제법 제3조에 대응하는 것으로 마약류범죄의 발견 또는 불법수익등의 출처에 관한 수사방해, 몰수 회피 목적으로 그 귀속관계나 성질, 소재, 출처를 숨기거나 이를 꾸미는 행위를 하면 처벌된다.

이와 관련하여 **밀수입한 마약판매대금이라는 사실을 모두 알면서도 현금 3억 원 상당을 마약밀수사범으로부터 건네받아 오피스텔에 있는 금고에 보관하여 은닉한 행위를 처벌한 사례**가 있어 소개한다.[7]

사례

범죄사실

[전제사실]

피고인 A는 대구O(지점은 서울 O)에서 피고인 주식회사 B(법인번호 L, 이하 'B'라고 함)라는 가상화폐 블록체인 원천기술 회사를 운영하는 사람으로, C[2019. 12. 31. 특정범죄가중

---

[7] 부산지방법원 2020. 9. 10. 선고 2020고단2603 판결 참조(항소심 부산지방법원 2020노2972, 대법원 2020도17735로 확정, 위 범죄사실 중 마약거래방지법위반의 점에 한정하였다).

처벌등에관한법률위반(향정)죄로 구속기소]와는 2005.경부터 알고 지낸 사이다.

피고인 A는 2018. 6.경 위 B를 설립할 무렵 C로부터 수천만 원 상당의 투자금을 받고 C의 아들인 D를 B의 이사로 등재해 두었고, 위 사업과 관련해 2019. 여름경 부산 다대포에 있는 상호불상 식당에서 E, F 등과 함께 있는 가운데 C에게 사업자금을 빌려달라고 부탁하는 등 사업과정에서 C로부터 자금지원을 받았다.

한편, 서울중앙지방검찰청에서는 2018. 6. 27. C를 마약류관리에관한법률위반(향정)죄로 지명수배(체포영장)한 바 있고, 부산지방검찰청에서는 2019. 11. 8. C에 대해 마약류관리에관한 법률위반(향정)죄로 체포영장을 발부받아 추적 중에 있었다.

(중략)

다. 마약류불법거래방지에관한특례법위반

피고인은 C가 마약류 범죄혐의로 인해 도피 중이라는 사실을 알면서, 2019. 12. 1.경 C 와 함께 O카페에서 G로부터 C가 맡겨둔 불법수익등[8]인 현금 약 3억 원을 받아 오고, 2019. 12. 3.경 위 가항 기재와 같이 B 명의로 위 송파O 오피스텔을 임차하여 C에게 은 신처로 제공하면서 위 오피스텔 내부에 돈을 보관하기 위한 금고 2개를 설치해 주었다.

그 후 C가 2019. 12. 13. 13:15경 위 오피스텔 X호에서 체포되고, 위 오피스텔 금고 안 에 있던 현금 2억 7,170만 원(5만 원권 5,434장)이 압수되자, 피고인은 2020. 1. 2. 부산지 방검찰청 제931호 검사실에 출석하여, 위 현금은 B의 운영자금으로, 회사 투자자들로부 터 가상화폐 구입자금 명목 등으로 투자받은 것이라고 거짓 진술하고, 2020. 2. 19. C에 대한 특정범죄가중처벌등에관한법률위반(향정) 사건의 재판을 진행 중인 부산지방법원 형 사제5부에 B 명의로 위 현금에 대한 압수물 환부신청서를 제출하고, 2020. 3. 3. 같은 법 원에 같은 취지의 압수물환부신청서(보충서)를 제출하였다.

계속하여 피고인은 2020. 5. 26. 부산지검 932호실에 출석하여, 피의자 조사를 받으면 서, 위 현금은 B 소유의 투자금으로 2018년경부터 계속 회사 사무실 내 캐비넷에 보관하 다가 2019. 12. 3.경 위 오피스텔로 옮겨둔 것이라고 같은 취지로 거짓 진술하였다.

이로써 피고인은 마약류범죄의 발견 또는 불법수익등의 출처에 관한 수사를 방해하거 나 불법수익등의 몰수를 회피할 목적으로 불법수익등의 소재, 출처 또는 귀속 관계를 숨 기거나 가장하는 행위를 하였다.

2. 피고인 주식회사 B

피고인은 피고인의 대표자인 A가 제1의 다항 기재와 같이 부산지방법원에 피고인 명의 압 수물환부신청서와 거짓 증빙자료를 제출하는 등 피고인의 업무에 관하여 마약류불법거래방지 에관한특례법위반 행위를 하였다.

---

8 불법수익, 불법수익에서 유래한 재산 및 그 재산과 그 재산 외의 재산이 합하여진 재산(마약거래방지법 제2조 제5항).

법령의 적용

1. 범죄사실에 대한 해당법조 및 형의 선택

　피고인 A: 형법 제151조 제1항(범인도피의 점), 전기통신사업법 제97조 제7호, 제30조(전기통신역무를 타인의 통신용으로 제공한 점), 마약류 불법거래 방지에 관한 특례법 제7조 제1항(불법수익등의 소재, 출처, 또는 귀속관계 가장의 점), 각 징역형 선택

　피고인 주식회사 B: 마약류 불법거래 방지에 관한 특례법 제18조 제1항, 제7조 제1항

---

2. 불법수익등의 수수행위(제8조)

관련조문

제8조(불법수익등의 수수) 불법수익이라는 정황을 알면서 불법수익등을 수수한 자는 3년 이하의 징역 또는 1천만 원 이하의 벌금에 처하거나 이를 병과할 수 있다. 다만, 법령에 따른 의무이행으로서 제공된 것을 수수한 자 또는 계약(채권자에게 상당한 재산상의 이익을 제공하는 것만 해당한다) 당시에 그 계약에 관련된 채무의 이행이 불법수익등에 의하여 이루어지는 것이라는 정황을 알지 못하고 그 계약에 관련된 채무의 이행으로서 제공된 것을 수수한 자의 경우에는 그러하지 아니하다.

　마약거래방지법은 불법수익이라는 정황을 알면서 불법수익등을 수수하는 행위를 처벌한다. 다만 법령에 따른 의무이행으로서 제공된 것을 수수하거나 또는 계약(채권자에게 상당한 재산상의 이익을 제공하는 것만 해당한다) 당시에 그 계약에 관련된 채무의 이행이 불법수익등에 의하여 이루어지는 것이라는 정황을 알지 못하고 그 계약에 관련된 채무의 이행으로서 제공된 것을 수수하는 경우에는 본죄가 성립하지 않는다.

　이와 관련하여 **마약류 판매 대금이라는 사실을 알면서 판매대금을 자신이 사용하는 차명계좌로 송금받은 다음 이를 마약류 판매상에게 비트코인으로 지급해준 사안에서 동법 위반죄의 성립을 인정한 사례**가 있어 소개한다.[9]

---

9 대구지방법원 2018. 7. 20. 선고 2018고합130 판결 참조(대법원 2018도17329 판결로 확정).

범죄사실

피고인은 마약류취급자가 아니다.

1. 대마, 메트암페타민, LSD, MDMA 공동판매

피고인은 2017. 11.경 인터넷 F 아이디 'D'를 사용하는 마약류 판매자(이하 'D'라고 한다)로부터 대마, 향정신성의약품인 메트암페타민(일명 '필로폰', 이하 '필로폰'이라고 한다), LSD, MDMA(일명 '몰리')를 배달해 달라는 제안을 받고 이를 수락하여, 위 'D'는 C 메신저를 이용하여 불특정 다수의 매수자들에게 마약류를 판매하면서 그 대금을 피고인이 사용하는 E 명의 F은행 계좌(G)로 입금하도록 안내하고, 피고인은 위 'D'가 알려준 위치에 마약류를 은닉하거나, 각 지역 고속버스터미널 수화물로 마약류를 보낸 후 위 판매자에게 그 사실을 알려주고, E 명의 계좌로 입금된 마약류 판매대금에서 일정 비율 수수료를 공제한 나머지 돈을 위 'D'에게 송금하는 방법으로 서로 역할을 분담하기로 공모하였다.

위와 같은 공모에 따라, 위 'D'는 2018. 2. 26.경 성명을 알 수 없는 사람에게 필로폰을 판매하기로 하고 위 하나은행 계좌로 매수대금을 입금하도록 안내하고, 피고인은 같은 날 13:43경 필로폰 판매 대금 11만 원이 위 계좌에 입금된 사실을 확인한 후 같은 날 23:09경 위 'D'의 지시에 따라 서울 강남구 H건물 1층 단자함에 필로폰 약 0.1g을 은닉해 두는 방법으로 위 'D'와 함께 필로폰을 판매하였다.

이를 비롯하여 피고인은 2017. 11. 22.경부터 2018. 3. 20.경까지 위와 같은 방법으로 별지 '범죄일람표 1' 순번 1번 내지 41번, 순번 46번 내지 48번 기재와 같이 위 'D'와 공모하여, 순번 42번 기재와 같이 C 아이디 'J'를 사용하는 마약류 판매자(이하 'J'라고 한다)와 공모하여, 순번 43번 내지 45번 기재와 같이 F 아이디 'I'를 사용하는 마약류 판매자(이하 'I'라고 한다)와 공모하여, 불특정 다수의 마약류 매수자들에게 총 48회에 걸쳐 시가 미상의 대마 약 86g, 필로폰 약 3.9g, LSD 45탭, MDMA 0.1g을 각각 판매하였다.

(중략)

6. 마약류불법거래방지에관한특례법위반

피고인은 2017. 11.경 위 'D'로부터 '내가 판매한 마약류 판매 대금을 대신 송금 받고 이를 비트코인으로 환전해서 내가 지정하는 전자지갑으로 송금해 주면 수수료를 5~10% 정도 주겠다'는 제안을 받고 이를 수락한 뒤, 2017. 11. 24.경 위 'D'가 인터넷 C 메신저를 이용하여 성명을 알 수 없는 사람에게 마약류를 판매한 대금 650,000원을 피고인이 사용하는 E 명의 F은행 예금계좌(G)로 송금받아 이를 비트코인으로 환전하여 'D'가 지정한 전자지갑으로 송금해 주었다.

피고인은 이를 비롯하여 그때부터 2018. 3. 20.경까지 별지 '범죄일람표 2' 기재와 같이 위 'D', 'I', 'J', 인터넷 C 메신저 아이디 'T'를 사용하는 마약류 판매자가 총 157회에 걸쳐 불특정 다수인에게 마약류를 판매한 대금 합계 68,173,000원을 같은 방법으로 위 E 명의 예금계좌로 송금받아 비트코인으로 환전해 주었다.

이로써 피고인은 마약류범죄의 범죄행위로 얻은 재산이라는 정황을 알면서 불법수익을 수수하였다.

법령의 적용

1. 범죄사실에 대한 해당법조 및 형의 선택

○ LSD 공동판매 및 매매 목적 LSD 소지의 점: 각 마약류 관리에 관한 법률 제58조 제1항 제3호, 제3조 제5호, 제2조 제3호 가목(유기징역형 선택), 형법 제30조(LSD 공동판매의 점에 대해서만)

○ 암페타민 수입의 점: 마약류 관리에 관한 법률 제58조 제1항 제6호, 제4조 제1항 제1호, 제2조 제3호 나목(유기징역형 선택), 형법 제30조

○ 대마 공동판매 및 매수, 매매 목적 대마 소지의 점: 각 마약류 관리에 관한 법률 제59조 제1항 제7호, 제3조 제7호, 형법 제30조(대마 공동판매의 점과 판시 범죄사실 제2의 가, 나항 각 대마 공동매수의 점에 대해서만)

○ 대마종자 매수의 점: 마약류 관리에 관한 법률 제61조 제1항 제4호 다목, 제3조 제10호 다목(징역형 선택), 형법 제30조

○ 필로폰, MDMA 공동판매 및 필로폰 공동매수의 점: 각 마약류 관리에 관한 법률 제60조 제1항 제2호, 제4조 제1항 제1호, 제2조 제3호 나목(징역형 선택), 형법 제30조

○ 불법수익 수수의 점: 마약류 불법거래 방지에 관한 특례법 제8조(징역형 선택)

1. 몰수

마약류 관리에 관한 법률 제67조 본문

1. 추징

마약류 관리에 관한 법률 제67조 단서, 마약류 불법거래 방지에 관한 특례법 제16조 제1항

1. 가납명령

형사소송법 제334조 제1항

추징금 산정 근거

○ 대마 등 공동판매 범행(판시 범죄사실 제1항): 20,966,580원[확인된 판매금액 5,215,000원 +그 밖에 판매된 금액 15,751,580원{대마 9,864,000원(137,000원/1g×72g)+필로폰 1,127,580원(939,655원/1g×1.2g)+LSD 468만 원(12만 원/1탭×39탭)+MDMA 8만 원(0.1g, 대검찰청 마약동향 2018년도 2월)}]

○ 대마 등 매수 범행(판시 범죄사실 제2, 4항): 16,782,000원(2018. 1. 중순경 필로폰 20g 매수 760만 원+2018. 3. 9. 대마 1g 매수 17만 원+2018. 3. 18. 대마 30g 매수 31만

2,000원＋2017. 11. 24. 대마 30g 매수 270만 원＋2017. 11. 26. 대마 154g 및 대마종자 83g 매수 600만 원)

○ 마약류 불법거래 방지에 관한 특례법 위반 범행(판시 범죄사실 제6항): 68,173,000원(불법수익 수수 총 157회)

○ 합계: 97,613,175원(총 판매금액 20,966,580원＋총 매수금액 16,782,000원＋불법수익 68,173,000원－압수된 마약 8,308,405원), 증거기록 569쪽 이하 참조

[별지 – 마약류관리법 시행령 별표 1 내지 7의2 각 마약류 규정]

■ 마약류 관리에 관한 법률 시행령 [별표 1] <개정 2016. 11. 1.>

법 제2조 제2호 라목에 해당하는 마약(제2조 제1항 관련)

법 제2조 제2호 라목에 해당하는 마약은 다음의 것과 그 염류로 한다.

구분	품명	화학명 또는 구조식
1	아세토르핀(Acetorphine)	(5α,7α)−7−[(2R)−2−hydroxy−2−pentanyl]−6−methoxy−17−methyl−4,5−epoxy−6,14−ethenomorphinan−3−yl acetate
2	벤질모르핀(Benzylmorphine)	(5α,6α)−3−(benzyloxy)−17−methyl−7,8−didehydro−4,5−epoxymorphinan−6−ol
3	코카인(Cocaine)	methyl−(1R,2R,3S,5S)−3−(benzoyloxy)−8−methyl−8−azabicyclo[3.2.1]octane−2−carboxylate
4	코독심(Codoxime)	({(E)−[(5α,6E)−3−methoxy−17−methyl−4,5−epoxymorphinan−6−ylidene]amino}oxy)acetic acid
5	데소모르핀(Desomorphine)	(5α)−17−methyl−4,5−epoxymorphinan−3−ol
6	디히드로모르핀(Dihydromorphine)	(5α,6α)−17−methyl−4,5−epoxymorphinan−3,6−diol
7	엑고닌(Ecgonine) 및 그 유도체. 다만, 별표 1부터 별표 6까지에서 별도로 규정한 엑고닌 유도체는 제외한다.	Ecgonine: (1R,2R,3S,5S)−3−hydroxy−8−methyl−8−azabicyclo [3.2.1]octane−2−carboxylic acid 아래의 기본구조를 가지고, R 위치에 다음의 작용기를 가지는 물질 기본구조 / R • R1: 알킬옥시[a], OH, NH2, 알킬아민[a] • R2: 수소, 알킬기[a], 아실기[a] • R3: 수소, 알킬기[a] ※ a: R에 규정된 것에 결합 가능한 작용기를 포함
8	에토르핀(Etorphine)	(5α,6β,14β,18R)−18−[(2R)−2−hydroxy−2−pentanyl]−6−methoxy−17−methyl−7,8−didehydro−18,19−dihydro−4,5−epoxy−6,14−ethenomorphinan−3−ol
9	헤로인(Heroin)	(5α,6α)−17−methyl−7,8−didehydro−4,5−epoxymorphinan−3,6−diyl diacetate
10	히드로코돈(Hydrocodone)	(5α)−3−methoxy−17−methyl−4,5−epoxymorphinan−6−one

11	히드로모르피놀 (Hydromorphinol)	$(5\alpha,6\alpha)-17-\text{methyl}-4,5-\text{epoxymorphinan}-3,6,14-\text{triol}$
12	히드로모르폰(Hydromorphone)	$(5\alpha)-3-\text{hydroxy}-17-\text{methyl}-4,5-\text{epoxymorphinan}-6-\text{one}$
13	메틸데소르핀 (Methyldesorphine)	$(5\alpha)-6,17-\text{dimethyl}-6,7-\text{didehydro}-4,5-\text{epoxymorphinan}-3-\text{ol}$
14	메틸디히드로모르핀 (Methyldihydromorphine)	$(5\alpha,6\alpha)-6,17-\text{dimethyl}-4,5-\text{epoxymorphinan}-3,6-\text{diol}$
15	메토폰(Metopon)	$3-\text{Hydroxy}-5,17-\text{dimethyl}-4,5-\text{epoxymorphinan}-6-\text{one}$
16	모르핀(Morphine)	$(5\alpha,6\alpha)-17-\text{methyl}-7,8-\text{didehydro}-4,5-\text{epoxymorphinan}-3,6-\text{diol}$
17	모르핀-엔-옥사이드 (Morphine-N-Oxide)	$(1S,4R,5R,13R,14S,17R)-4-\text{methyl}-12-\text{oxa}-4-\text{azapentacyclo}[9.6.1.01,13.05,17.07,18]\text{octadeca}-7(18),8,10,15-\text{tetraene}-10,14-\text{diol } 4-\text{oxide}$
18	미로핀(Myrophine)	$(5\alpha,6\alpha)-3-(\text{benzyloxy})-17-\text{methyl}-7,8-\text{didehydro}-4,5-\text{epoxymorphinan}-6-\text{yl myristate}$
19	니코디코딘(Nicodicodine)	$3-\text{methoxy}-17-\text{methyl}-4,5-\text{epoxymorphinan}-6-\text{yl nicotinate}$
20	니코모르핀(Nicomorphine)	$(5\alpha,6\alpha)-17-\text{methyl}-7,8-\text{didehydro}-4,5-\text{epoxymorphinan}-3,6-\text{diyl dinicotinate}$
21	노르모르핀(Normorphine)	$(5\alpha,6\alpha)-7,8-\text{didehydro}-4,5-\text{epoxymorphinan}-3,6-\text{diol}$
22	옥시코돈(Oxycodone)	$(5\alpha)-14-\text{hydroxy}-3-\text{methoxy}-17-\text{methyl}-4,5-\text{epoxymorphinan}-6-\text{one}$
23	옥시모르폰(Oxymorphone)	$(5\alpha)-3,14-\text{dihydroxy}-17-\text{methyl}-4,5-\text{epoxymorphinan}-6-\text{one}$
24	테바콘(Thebacon)	$(5\alpha)-3-\text{methoxy}-17-\text{methyl}-6,7-\text{didehydro}-4,5-\text{epoxymorphinan}-6-\text{yl acetate}$
25	테바인(Thebaine)	$(5\alpha)-3,6-\text{dimethoxy}-17-\text{methyl}-6,7,8,14-\text{tetradehydro}-4,5-\text{epoxymorphinan}$
26	아세틸디히드로코데인 (Acetyldihydrocodeine)	$(5\alpha,6\alpha)-3-\text{methoxy}-17-\text{methyl}-4,5-\text{epoxymorphinan}-6-\text{yl acetate}$
27	코데인(Codeine)	$(5\alpha,6\alpha)-3-\text{methoxy}-17-\text{methyl}-7,8-\text{didehydro}-4,5-\text{epoxymorphinan}-6-\text{ol}$
28	디히드로코데인 (Dihydrocodeine)	$(5\alpha,6\alpha)-3-\text{methoxy}-17-\text{methyl}-4,5-\text{epoxymorphinan}-6-\text{ol}$

29	에틸모르핀(Ethylmorphine)	$(5\alpha,6\alpha)-3-\text{ethoxy}-17-\text{methyl}-7,8-\text{didehydro}-4,5-\text{epoxymorphinan}-6-\text{ol}$
30	니코코딘(Nicocodine)	$(5\alpha,6\alpha)-3-\text{methoxy}-17-\text{methyl}-7,8-\text{didehydro}-4,5-\text{epoxymorphinan}-6-\text{yl} \text{ nicotinate}$
31	노르코데인(Norcodeine)	$(5\alpha,6\alpha)-3-\text{methoxy}-7,8-\text{didehydro}-4,5-\text{epoxymorphinan}-6-\text{ol}$
32	폴코딘(Pholcodine)	$(5\alpha,6\alpha)-17-\text{methyl}-3-[2-(4-\text{morpholinyl})\text{ethoxy}]-7,8-\text{didehydro}-4,5-\text{epoxymorphinan}-6-\text{ol}$
33	엔-옥사이드 또는 4급 암모늄 구조를 가지는 모르핀 유도체. 다만, 별표 1부터 별표 6까지에서 별도로 규정한 것은 제외한다.	아래의 기본구조를 가지고, R 위치에 다음의 작용기를 가지는 모르핀 유도체 R: ○ O⁻ ○ 메틸
34	디히드로에토르핀 (Dihydroetorphine)	$(5\alpha,6\beta,14\beta,18R)-18-[(2R)-2-\text{hydroxy}-2-\text{pentanyl}]-6-\text{methoxy}-17-\text{methyl}-18,19-\text{dihydro}-4,5-\text{epoxy}-6,14-\text{ethenomorphinan}-3-\text{ol}$
35	오리파빈(Oripavine)	$6,7,8,14-\text{Tetradehydro}-4,5\alpha-\text{epoxy}-6-\text{methoxy}-17-\text{methylmorphinan}-3-\text{ol}$

■ 마약류 관리에 관한 법률 시행령 [별표 2] <개정 2021. 1. 5.>

법 제2조 제2호 마목에 해당하는 마약(제2조 제2항 관련)

법 제2조 제2호 마목에 해당하는 마약은 다음의 것과 그 염류로 한다.

구분	품명	화학명
1	아세틸메타돌(Acetylmethadol)	6-(dimethylamino)-4,4-diphenyl-3-heptanyl acetate
2	알릴프로딘(Allylprodine)	3-allyl-1-methyl-4-phenyl-4-piperidinyl propionate
3	알파세틸메타돌 (Alphacetylmethadol)	(3R,6R)-6-(dimethylamino)-4,4-diphenyl-3-heptanyl acetate
4	알파메프로딘(Alphameprodine)	(3R,4S)-3-ethyl-1-methyl-4-phenyl-4-piperidinyl propionate
5	알파메타돌(Alphamethadol)	(3R,6R)-6-(dimethylamino)-4,4-diphenyl-3-heptanol
6	알파프로딘(Alphaprodine)	(3R,4S)-1,3-dimethyl-4-phenyl-4-piperidinyl propionate
7	아닐레리딘(Anileridine)	ethyl 1-[2-(4-aminophenyl)ethyl]-4-phenyl-piperidine-4-carboxylate
8	벤제티딘(Benzethidine)	ethyl 1-[2-(benzyloxy)ethyl]-4-phenyl-4-piperidinecarboxylate
9	베타세틸메타돌 (Betacetylmethadol)	(3S,6R)-6-(dimethylamino)-4,4-diphenyl-3-heptanyl acetate
10	베타메프로딘(Betameprodine)	(3R,4R)-3-ethyl-1-methyl-4-phenyl-4-piperidinyl propionate
11	베타메타돌(Betamethadol)	(3S,6R)-6-(dimethylamino)-4,4-diphenyl-3-heptanol
12	베타프로딘(Betaprodine)	(3R,4R)-1,3-dimethyl-4-phenyl-4-piperidinyl propionate
13	베지트라미드(Bezitramide)	4-[4-(2-oxo-3-propionyl-2,3-dihydro-1H-benzimidazol-1-yl)-1-piperidinyl]-2,2-diphenylbutanenitrile
14	클로니타젠(Clonitazene)	2-[2-(4-chlorobenzyl)-5-nitro-1H-benzimidazol-1-yl]-N,N-diethylethanamine
15	덱스트로모라미드 (Dextromoramide)	(3S)-3-methyl-4-(4-morpholinyl)-2,2-diphenyl-1-(1-pyrrolidinyl)-1-butanone
16	디암프로미드(Diampromide)	N-{2-[methyl(2-phenylethyl)amino]propyl}-N-phenylpropanamide

17	디에틸티암부텐 (Diethylthiambutene)	N,N−diethyl−4,4−di(2−thienyl)−3−buten−2−amine
18	디메녹사돌(Dimenoxadol)	2−(dimethylamino)ethylethoxy(diphenyl)acetate
19	디메펩타놀(Dimepheptanol)	6−(dimethylamino)−4,4−diphenyl−3−heptanol
20	디메틸티암부텐 (Dimethylthiambutene)	N,N−dimethyl−4,4−di(2−thienyl)−3−buten−2−amine
21	디옥사페틸부티레이트 (Dioxaphetylbutyrate)	ethyl 4−(4−morpholinyl)−2,2−diphenylbutanoate
22	디페녹실레이트(Diphenoxylate)	ethyl 1−(3−cyano−3,3−diphenylpropyl) −4−phenyl−4−piperidinecarboxylate
23	디피파논(Dipipanone)	4,4−diphenyl−6−(1−piperidinyl)−3−heptanone
24	에틸메틸티암부텐 (Ethylmethylthiambutene)	N−ethyl−N−methyl−4,4−di(2−thienyl)−3−buten−2−amine
25	에토니타젠(Etonitazene)	2−[2−(4−ethoxybenzyl)−5−nitro−1H−benzimidazol−1−yl]−N,N−diethylethanamine
26	에톡세리딘(Etoxeridine)	ethyl 1−[2−(2−hydroxyethoxy)ethyl]−4−phenyl−4−piperidinecarboxylate
27	펜타닐(Fentanyl)	N−phenyl−N−[1−(2−phenylethyl)−4−piperidinyl]propanamide
28	푸레티딘(Furethidine)	ethyl 4−phenyl−1−[2−(tetrahydro−2−furanylmethoxy)ethyl]−4−piperidinecarboxylate
29	히드록시페티딘 (Hydroxypethidine)	ethyl 4−(3−hydroxyphenyl)−1−methyl−4−piperidinecarboxylate
30	이소메타돈(Isomethadone)	6−(dimethylamino)−5−methyl−4,4−diphenyl−3−hexanone
31	케토베미돈(Ketobemidone)	1−[4−(3−hydroxyphenyl)−1−methyl−4−piperidinyl]−1−propanone
32	레보메토르판(Levomethorphan)	3−methoxy−17−methylmorphinan
33	레보모라미드(Levomoramide)	(3R)−3−methyl−4−(4−morpholinyl)−2,2−diphenyl−1−(1−pyrrolidinyl)−1−butanone
34	레보페나실모르판 (Levophenacylmorphan)	2−(3−hydroxymorphinan−17−yl)−1−phenylethanone
35	레보르파놀(Levorphanol)	17−methylmorphinan−3−ol
36	메타조신(Metazocine)	1,10,13−trimethyl−10−azatricyclo[7.3.1.02,7]trideca−2,4,6−trien−4−ol

37	메타돈(Methadone)	6−(dimethylamino)−4,4−diphenyl−3−heptanone
38	메타돈 제조중간체 (Methadone Intermediate)	4−(dimethylamino)−2,2−diphenylpentanenitrile
39	모라미드 제조중간체 (Moramide Intermediate)	3−methyl−4−(4−morpholinyl)−2,2−diphenylbutanoic acid
40	모르페리딘(Morpheridine)	ethyl 1−[2−(4−morpholinyl)ethyl]−4−phenyl−4−piper−idinecarboxylate
41	노라시메타돌(Noracymethadol)	6−(methylamino)−4,4−diphenyl−3−heptanyl acetate
42	노르레보르파놀 (Norlevorphanol)	morphinan−3−ol
43	노르메타돈(Normethadone)	6−(dimethylamino)−4,4−diphenyl−3−hexanone
44	노르피파논(Norpipanone)	4,4−diphenyl−6−(1−piperidinyl)−3−hexanone
45	페티딘(Pethidine)	ethyl 1−methyl−4−phenyl−4−piperidine carboxylate
46	페티딘 제조중간체 에이 (Pethidine Intermediate A)	1−methyl−4−phenyl−4−piperidinecarbonitrile
47	페티딘 제조중간체 비 (Pethidine Intermediate B)	ethyl 4−phenyl−4−piperidinecarboxylate
48	페티딘 제조중간체 시 (Pethidine Intermediate C)	1−methyl−4−phenyl−4−piperidinecarboxylic acid
49	페나독손(Phenadoxone)	6−(4−morpholinyl)−4,4−diphenyl−3−heptanone
50	페남프로미드(Phenampromide)	N−phenyl−N−[1−(1−piperidinyl)−2−prop−anyl]propanamide
51	페나조신(Phenazocine)	(1R,9R,13R)−1,13−dimethyl−10−(2−phenylethyl)−10−azatricyclo[7.3.1.02,7]trideca−2,4,6−trien−4−ol
52	페노모르판(Phenomorphan)	17−(2−phenylethyl)morphinan−3−ol
53	페노페리딘(Phenoperidine)	ethyl 1−(3−hydroxy−3−phenylpropyl)− 4−phenyl−4−piperidinecarboxylate
54	피미노딘(Piminodine)	ethyl 1−(3−anilinopropyl)−4−phenyl−4−piper−idinecarboxylate
55	피리트라미드(Piritramide)	1'−(3−cyano−3,3−diphenylpropyl)−1,4'−bipiperidine−4'−carboxamide
56	프로헵타진(Proheptazine)	1,3−dimethyl−4−phenyl−4−azepanyl propionate
57	프로페리딘(Properidine)	isopropyl 1−methyl−4−phenyl−4− piperidinecarboxylate

58	라세메토르판(Racemethorphan)	$(9\alpha,13\alpha,14\alpha)-3-$methoxy$-17-$methylmorphinan hydrobromide hydrate
59	라세모라미드(Racemoramide)	$3-$methyl$-4-(4-$morpholinyl$)-2,2-$diphenyl$-1-(1-$pyrrolidinyl$)-1-$butanone
60	라세모르판(Racemorphan)	$17-$methylmorphinan$-3-$ol
61	트리메페리딘(Trimeperidine)	$1,2,5-$trimethyl$-4-$phenyl$-4-$piperidinyl propionate
62	프로피람(Propiram)	$N-[1-(1-$piperidinyl$)-2-$propanyl$]-N-(2-$pyridinyl$)$propanamide
63	드로테바놀(Drotebanol)	$3,4-$dimethoxy$-17-$methylmorphinan$-6,14-$diol
64	디페녹신(Difenoxin)	$1-(3-$cyano$-3,3-$diphenylpropyl$)-4-$phenyl$-4-$piperidinecarboxylic acid
65	알펜타닐(Alfentanil)	$N-\{1-[2-(4-$ethyl$-5-$oxo$-4,5-$dihydro$-1H-$tetrazol$-1-$yl)ethyl$]-4-($methoxymethyl$)-4-$piperidinyl$\}-N-$phenylpropanamide
66	틸리딘(Tilidine)	ethyl $(1S,2R)-2-($dimethylamino$)-1-$phenyl$-3-$cyclohexene$-1-$carboxylate
67	프로폭시펜(Propoxyphene)	$4-($dimethylamino$)-3-$methyl$-1,2-$diphenyl$-2-$butanyl propionate
68	아세틸$-$알파$-$메틸펜타닐(Acetyl$-$alpha$-$methyl$-$fentanyl)	$N-$phenyl$-N-[1-(1-$phenyl$-2-$propanyl$)-4-$piperidinyl]acetamide
69	알파$-$메틸펜타닐(Alpha$-$methylfentanyl)	$N-$phenyl$-N-[1-(1-$phenyl$-2-$propanyl$)-4-$piperidinyl]propanamide
70	3$-$메틸펜타닐(3$-$Methylfentanyl)	$N-[3-$methyl$-1-(2-$phenylethyl$)-4-$piperidinyl$]-N-$phenylpropanamide
71	수펜타닐(Sufentanil)	$N-\{4-($methoxymethyl$)-1-[2-(2-$thienyl)ethyl$]-4-$piperidinyl$\}-N-$phenylpropanamide
72	피이피에이피(PEPAP)	$4-$phenyl$-1-(2-$phenylethyl$)-4-$piperidinyl acetate
73	엠피피피(MPPP)	$1-(4-$methylphenyl$)-2-(1-$pyrrolidinyl$)-1-$propanone
74	레미펜타닐(Remifentanil)	methyl $1-(3-$methoxy$-3-$oxopropyl$)-4-[$phenyl(propionyl)amino$]-4-$piperidinecarboxylate
75	타펜타돌(Tapentadol)	$3-[(2R,3R)-1-($dimethylamino$)-2-$methyl$-3-$pentanyl]phenol
76	티오펜타닐(Thiofentanyl)	$N-$phenyl$-N-\{1-[2-(2-$thienyl)ethyl$]-4-$piperidinyl$\}$propanamide
77	3$-$메틸티오펜타닐(3$-$Methylthiofentanyl)	$N-\{3-$methyl$-1-[2-(2-$thienyl)ethyl$]-4-$piperidinyl$\}-N-$phenylpropanamide

78	알파-메틸티오펜타닐 (Alpha-methylthiofentanyl)	N-phenyl-N-{1-[1-(2-thienyl)-2-propanyl]-4-piperidinyl}propanamide
79	베타-히드록시-3메틸펜타닐 (Beta-hydroxy-3-methyl-fentanyl)	N-[1-(2-hydroxy-2-phenylethyl)-3-methyl-4-piperidinyl]-N-phenylpropanamide
80	베타-히드록시펜타닐 (Beta-hydroxyfentanyl)	N-[1-(2-hydroxy-2-phenylethyl)-4-piperidinyl]-N-phenylpropanamide
81	파라-플루오로펜타닐 (Para-fluorofentanyl)	N-(4-fluorophenyl)-N-[1-(2-phenylethyl)-4-piperidinyl]propanamide
82	아세틸펜타닐(Acetylfentanyl)	(N-(1-Phenethylpiperidin-4-yl)-N-phenyl-acetamide))
83	에이에이치-7921(AH-7921)	3,4-dichloro-N-((1-dimethylamino)cyclohexylmethyl)benzamide
84	부티르펜타닐 (Butyrfentanyl)	N-phenyl-N-[1-(2-phenylethyl)-4-piperidinyl]butanamide
85	카르펜타닐(Carfentanil)	methyl 1-(2-phenylethyl)-4-[phenyl(propanoyl)amino]piperidine-4-carboxylate
86	푸라닐펜타닐 (Furanylfentanyl)	N-phenyl-N-[1-(2-phenylethyl)piperidin-4-yl]furan-2-carboxamide
87	옥펜타닐(Ocfentanil)	N-(2-fluorophenyl)-2-methoxy-N-[1-(2-phenylethyl)piperidin-4-yl]acetamide
88	아크릴펜타닐(Acrylfentanyl)	N-phenyl-N-[1-(2-phenylethyl)piperidin-4-yl]prop-2-enamide
89	4-플루오로이소부티르펜타닐 (4-Fluoroisobutyrfentanyl, 4-FIBF)	N-(4-fluorophenyl)-2-methyl-N-[1-(2-phenylethyl)piperidin-4-yl]propanamide
90	테트라히드로푸라닐펜타닐 (Tetrahydrofuranylfentanyl, THF-F)	N-phenyl-N-[1-(2-phenylethyl)piperidin-4-yl]oxolane-2-carboxamide
91	유-47700(U-47700)	3,4-dichloro-N-(2-dimethylamino-cyclohexyl)-N-methyl-benzamide
92	파라플루오로부티릴펜타닐 (Parafluorobutyrylfentanyl)	N-(4-fluorophenyl)-N-[1-(2-phenylethyl)piperidin-4-yl]butanamide
93	오르토-플루오로펜타닐 (Ortho-fluorofentanyl)	N-(2-fluorophenyl)-N-[1-(2-phenylethyl)piperidin-4-yl]propanamide

94	메톡시아세틸펜타닐 (Methoxyacetylfentanyl)	2 − methoxy − N − phenyl − N − [1 − (2 − phenyl − ethyl)piperidin − 4 − yl]acetamide
95	시클로프로필펜타닐 (Cyclopropylfentanyl)	N − Phenyl − N − [1 − (2 − phenylethyl)piperidin − 4 − yl]cyclopropancarboxamide
96	크로토닐펜타닐 (Crotonylfentanyl)	N − phenyl − N − 1 − (2 − phenylethyl) − 4 − piperidinyl − 2 − butenamide
97	발레릴펜타닐 (Valerylfentanyl)	N − phenyl − N − [1 − (2 − phenylethyl)piperidin − 4 − yl]pentanamide
98	펜타닐(Fentanyl)의 유사체. 다만, 별표 1부터 별표 6까지에서 별도로 규정한 펜타닐의 유사체는 제외한다.	아래의 기본구조를 가지고, R 위치에 다음의 작용기를 가지는 물질 | 기본구조	R
---	---
	• R₁: 수소, 알킬, 치환된 알킬, 아릴알킬, 치환된 아릴알킬 ※ R₁ 인접 질소의 경우 N − oxide를 포함한다. • R₂: 수소, 알콕시카르보닐, 알콕시알킬, 아릴, 치환된 아릴 • R₃: 아릴, 치환된 아릴 • R₄: 수소, 카르보닐, 치환된 카르보닐 • R₅: 수소, 알킬, 알케닐, 할로겐	

■ 마약류 관리에 관한 법률 시행령 [별표 3] <개정 2021. 1. 5.>
법 제2조 제3호 가목에 해당하는 향정신성의약품(제2조 제3항 관련)
법 제2조 제3호 가목에 해당하는 향정신성의약품은 다음의 것과 그 염 및 이성체(異性體) 또는 이성체의 염으로 한다.

구분	품명	화학명 또는 구조식
1	디메톡시브로모암페타민 (Dimethoxybromoamphetamine)	1 − (4 − bromo − 2,5 − dimethoxyphenyl) − 2 − propanamine
2	2,5 − 디메톡시암페타민 (2,5−Dimethoxyamphetamine, 2,5−DMA)	1 − (2,5 − dimethoxyphenyl) − 2 − propanamine
3	4 − 메톡시암페타민 (4−Methoxyamphetamine, PMA)	1 − (4 − methoxyphenyl) − 2 − propanamine
4	5 − 메톡시 − 3,4 − 메틸렌디옥시암페타민 (5 − Methoxy − 3,4 − methylenediox − yamphetamine, MMDA)	1 − (7 − methoxy − 1,3 − benzodioxol − 5 − yl) − 2 − propanamine
5	4 − 메틸 − 2,5 − 디메톡시암페타민 (4 − Methyl − 2,5 − dimethoxyamphet − amine, STP, DOM)	1 − (2,5 − dimethoxy − 4 − methylphenyl) − 2 − propanamine
6	3,4 − 메틸렌디옥시암페타민 (3,4 − Methylenedioxyamphetamine, MDA)	1 − (1,3 − benzodioxol − 5 − yl) − 2 − propanamine
7	3,4,5 − 트리메톡시암페타민 (3,4,5 − trimethoxyamphetamine, TMA)	1 − (3,4,5 − trimethoxyphenyl) − 2 − propanamine
8	부포테닌(Bufotenine)	3 − [2 − (dimethylamino)ethyl] − 1H − indol − 5 − ol
9	디에틸트립타민(Diethyltryptamine, DET)	N,N − diethyl − 2 − (1H − indol − 3 − yl)ethanamine
10	디메틸트립타민(Dimethyltryptamine, DMT)	2 − (1H − indol − 3 − yl) − N,N − dimethylethan − amine
11	디메틸헵틸피란(Dimethylheptylpyran, DMHP)	6,6,9 − trimethyl − 3 − (3 − methyl − 2 − octanyl) − 7,8,9,10 − tetrahydro − 6H − benzo[c]chromen − 1 − ol
12	엔 − 에틸 − 3 − 피페리딜 벤질레이트 (N − ethyl − 3 − piperidyl benzilate)	1 − ethyl − 3 − piperidinyl hydroxy (diphenyl)ace − tate

13	이보게인(Ibogaine)	12−methoxyibogamine
14	리서직산 디에틸아마이드(Lisergic acid diethylamide, LSD, LSD−25)	(8β)−N,N−diethyl−6−methyl−9,10−didehy−droergoline−8−carboxamide
15	메스칼린(Mescaline)	2−(3,4,5−trimethoxyphenyl)ethanamine
16	엔−메틸−3−피페리딜 벤질레이트(N−methyl−3−piperidyl benzilate)	1−methyl−3−piperidinyl hydroxy(diphenyl)acetate
17	파라헥실(Parahexyl)	3−hexyl−6,6,9−trimethyl−7,8,9,10−tetrahydro−6H−benzo[c]chromen−1−ol
18	페이오트(Peyote)	Lophophora williamsii
19	사일로시빈(Psilocybin)	3−[2−(dimethylamino)ethyl]−1H−indol−4−yl dihydrogen phosphate
20	사일로신(Psilocyn)	3−[2−(dimethylamino)ethyl]−1H−indol−4−ol

21	펜사이클리딘(Phencyclidine)의 유사체. 다만, 별표 1부터 별표 6까지에서 별도로 규정한 펜사이클리딘의 유사체는 제외한다.	아래의 기본구조를 가지고 R 위치에 다음의 작용기를 가지는 물질

기본구조	R
	• R_1: NH_2, N−알킬아미노, N−알킬−N′−알킬아미노, 1−피롤리디닐, 1−피페리디닐, 1−아제피닐, 1−모르포리닐(고리형 작용기에는 결합 가능한 작용기가 추가 치환될 수 있다) • R_2: 페닐, 치환된 페닐, 티에닐, 치환된 티에닐 • R_3: 수소, 알킬(각 작용기가 2 곳 이상 도입된 것을 포함한다) • X: 수소, 산소

22	메스케치논(Methcathinone) 및 그 유사체. 다만, 별표 1부터 별표 6까지에서 별도로 규정한 메스케치논 유사체 및 「약사법」 제31조·제42조에 따라 의약품으로 허가받거나 신고한 물질은 제외한다.	Methcathinone: 2−(methylamino)−1−phenyl−1−propanone 아래의 기본구조를 가지고, R 위치에 다음의 작용기를 가지는 물질

기본구조	R
	• R_1: NH_2, N−알킬아미노, N−알킬−N′−알킬아미노, 1−피롤리디닐, 1−피페리디닐, 1−모르포리닐, 1−프탈리미도 • R_2: 수소 또는 알킬[a] • Ar: 페닐, 치환된* 페닐 또는 고리가 접합된 페닐

		* 치환체: 수소, 알킬[a], 히드록시, 알콕시 및 할로겐(각 작용기가 2 곳 이상 도입된 것을 포함한다) ※ R에 규정된 알킬은 고리형을 포함한다. ※ a: R에 규정된 것에 결합 가능한 작용기를 포함한다.
23	에트립타민(Etryptamine)	1−(1H−indol−3−yl)−2−butanamine
24	4−메틸티오암페타민(4−Methylthioamphetamine, 4−MTA)	1−[4−(methylsulfanyl)phenyl]−2−propanamine
25	크라톰(Kratom)	Mitragyna speciosa
26	5−메톡시−디이소프로필트립타민 (5−Methoxy−diisopropyltryptamine, 5−Meo−DiPT)	N−isopropyl−N−[2−(5−methoxy−1H−indol−3−yl)ethyl]−2−propanamine
27	5−메톡시−메틸이소프로필트립타민 (5−Methoxy−methyliso propyltryptamine, 5−MeO−MiPT)	N−[2−(5−methoxy−1H−indol−3−yl)ethyl]−N−methyl−2−propanamine
28	5−메톡시디메틸트립타민 (5−Methoxydimethyltryptamine, 5−MeO−DMT)	2−(5−methoxy−1H−indol−3−yl)−N,N−di−methylethanamine
29	메틸이소프로필트립타민 (Methylisopropyltryptamine, MiPT)	N−[2−(1H−indol−3−yl)ethyl]−N−methyl−2−propanamine
30	5−메톡시−알파−메틸트립타민 (5−Methoxy−α−methyltryptamine, 5−MeO−AMT)	1−(5−methoxy−1H−indol−3−yl)−2−propanamine
31	디이소프로필트립타민 (Diisopropyltryptamine, DiPT)	N−[2−(1H−indol−3−yl)ethyl]−N−isopropyl−2−propanamine
32	4−아세톡시−디이소프로필트립타민 (4−Acetoxy−diisopropyltryptamine, 4−Acetoxy−DiPT)	3−[2−(diethylamino)ethyl]−1H−indol−4−yl acetate
33	제이더블유에이치(JWH)−018 및 그 유사체. 다만, 별표 1부터 별표 6까지에서 별도로 규정한 제이더블유에이치−018 유사체는 제외한다.	JWH−018: 1−naphthyl(1−pentyl−1H−indol−3−yl)methanone **기본구조 / R 또는 X** • R₁: (헤테로)방향족 고리[a], 테트라메틸사이클로프로필, 아다만틸, 아다만틸아민, 알킬[a](작용기가 에스테르 또는 아마이드 결합하는 것을 포함한다) 2 R₂: 알킬[a] • X: 탄소 또는 질소

		• R₃: 수소 또는 알킬a ※ a: R에 규정된 것에 결합 가능한 작용기를 포함

아래의 기본구조를 가지고, R 또는 X 위치에 다음의 작용기를 가지는 물질

| 34 | 제이더블유에이치−030 및 그 유사체. 다만, 별표 1부터 별표 6까지에서 별도로 규정한 제이더블유에이치−030 유사체는 제외한다. | JWH−030: 1−naphthyl(1−pentyl−1H−pyrrol−3−yl)methanone
아래의 기본구조를 가지고, R 또는 X 위치에 다음의 작용기를 가지는 물질 |

기본구조	R 또는 X
	• R₁: 알킬ᵃ • X: 탄소 또는 질소 • R₂, R₃: 수소 또는 알킬a 및 방향족 고리 ※ a: R에 규정된 것에 결합 가능한 작용기를 포함

| 35 | 제이더블유에이치−175 및 그 유사체. 다만, 별표 1부터 별표 6까지에서 별도로 규정한 제이더블유에이치−175 유사체는 제외한다. | JWH−175: 3−(1−naphthylmethyl)−1−pentyl−1H−indole
아래의 기본구조를 가지고, R 또는 X 위치에 다음의 작용기를 가지는 물질 |

기본구조	R 또는 X
	• R₁: 알킬ᵃ • X: 탄소 또는 질소 • R₂: 수소 또는 알킬ᵃ • R₃: 수소 또는 알킬ᵃ 및 알콕시 ※ a: R에 규정된 것에 결합 가능한 작용기를 포함

| 36 | 제이더블유에이치−176 및 그 유사체. 다만, 별표 1부터 별표 6까지에서 별도로 규정한 제이더블유에이치−176 유사체는 제외한다. | JWH−176:
1−[(Z)−(3−pentyl−1H−inden−1−ylidene)methyl]naphthalene |

기본구조	R
	• R₁: 알킬ᵃ • R₂: 수소 또는 알킬ᵃ ※ a: R에 규정된 것에 결합 가능한 작용기를 포함

아래의 기본구조를 가지고, R 위치에 다음의 작용기를 가지는 물질

37	에이치유－210(HU－210)	9－(hydroxymethyl)－6,6－dimethyl－3－(2－methyl－2－octanyl)－6a,7,10,10a－tetrahydro－6H－benzo[c]chromen－1－ol
38	시피(CP)－47497 및 그 유사체. 다만,별표 1부터 별표 6까지에서 별도로 규정한 시피－47497 유사체는 제외한다.	CP－47497: 2－[(1S,3R)－3－hydroxycyclohexyl]－5－(2－methyl－2－octanyl)phenol 아래의 기본구조를 가지고, R 위치에다음의작용기를 가지는 물질 <table><tr><td>기본구조</td><td>R</td></tr><tr><td></td><td>• R$_1$: 알킬^a • R$_2$: 수소 또는 알킬^a ※ a: R에 규정된 것에 결합 가능한 작용기를 포함</td></tr></table>
39	메틸렌디옥시피로발레론 (Methylenedioxypyrovalerone, MDPV)	1－(1,3－benzodioxol－5－yl)－2－(1－pyrroli－dinyl)－1－pentanone
40	4－플루오로암페타민 (4－Fluoroamphetamine, 4－FA)	1－(4－fluorophenyl)－2－propanamine
41	4－메틸암페타민 (4－Methylamphetamine, 4－MA)	1－(4－methylphenyl)－2－propanamine
42	엔－히드록시 메틸렌디옥시암페타민 (N－hydroxy methylenedioxy am－phetamine, N－hydroxy MDA)	1－(1,3－benzodioxol－5－yl)－N－hydroxy－2－propanamine
43	메틸렌디옥시에틸암페타민 (Methylenedioxyethylamphetamine, MDE)	1－(1,3－benzodioxol－5－yl)－N－ethyl－2－propanamine
44	4－메틸아미노렉스 (4－Methylaminorex)	4－methyl－5－phenyl－4,5－dihydro－1,3－ox－azol－2－amine
45	5－에이피비(5－APB)	5－(2－aminopropyl)benzofuran
46	피엠엠에이(PMMA, para－methoxymethamphetamine)	1－(4－methoxyphenyl)－N－methyl－propan－2－amine
47	엠엠디에이－2(MMDA－2)	1－(6－methoxy－1,3－benzodioxol－5－yl)propan－2－amine
48	메톡세타민(methoxetamine)	(RS)2－(3－methoxyphenyl)－2－(ethylamino)cyclohexanone
49	시비－13(CB－13)	Naphthalen－1－yl－(4－pentyloxynaphthalen－1－yl)methanone
50	5－메오－디에이엘티(5－MeO－DALT)	N－allyl－N－[2－(5－methoxy－1H－indol－3－yl)ethyl]prop－2－en－1－amine
51	메티오프로파민(methiopropamine)	1－(thiophen－2－yl)－2－methylaminopropane

52	5-에이피디비(5-APDB)	5-(2-aminopropyl)-2,3-dihydrobenzofuran
53	파라-클로로암페타민(p-chloroamphet-amine)	1-(4-chlorophenyl)propan-2-amine
54	알파- 피브이티(α-PVT)	2-(pyrrolidin-1-yl)-1-(thiophen-2-yl)pentan-1-one
55	알파-메틸트립타민(α-methyltrypt-amine)	2-(1H-indole-3-yl)-1-methyl-ethylamine
56	4-오에이치-디이티(4-OH-DET)	3-(2-diethylaminoethyl)-1H-indol-4-ol
57	데스옥시-디2피엠(Dexoxy-D2PM)	(RS)-2-(Diphenylmethyl)pyrrolidine
58	5-엠에이피비 (5-MAPB)	1-(benzofuran-5-yl)-N-methylpropan-2-amine
59	엠디에이아이 (MDAI)	6,7-dihydro-5H-cyclopenta[f][1,3]benzodioxol-6-amine
60	25시-엔비오엠이 (25C-NBOMe)	2-(4-chloro-2,5-dimethoxyphenyl)-N-[(2-methoxyphenyl)methyl]ethanamine
61	3-플루오로메트암페타민 (3-fluoromethamphetamine, 3-FMA)	1-(3-fluorophenyl)-N-methylpropan-2-amine
62	5-에이피아이 (5-API)	2-(1H-indol-5-yl)-1-methyl-ethylamine
63	5-아이에이아이 (5-IAI)	5-iodo-2,3-dihydro-1H-inden-2-amine
64	디메톡시-메트암페타민 (Dimethoxy-methamphetamine, DMMA)	2-(3,4-dimethoxyphenyl)-N-methylpropyl-amine
65	에틸페니데이트 (Ethylphenidate)	ethyl 2-phenyl-2-piperidin-2-ylacetate
66	엠티-45 (MT-45)	1-cyclohexyl-4-(1,2-diphenylethyl)piper-azine
67	5-엠이오-이피티 (5-MeO-EPT)	5-methoxy-N-ethyl-N-propyltryptamine
68	디오시 (DOC)	1-(4-chloro-2,5-dimethoxy-phenyl)propan-2-amine
69	25아이-엔비오엠이 (25I-NBOMe)	2-(4-iodo-2,5-dimethoxyphenyl)-N-[(2-methoxyphenyl)methyl]ethanamine

70	2－벤즈히드릴피페리딘 (2－Benzhydrylpiperidine, 2－DPMP)	2－benzhydrylpiperidine
71	에이－836,339(A－836,339)	N－[3－(2－methoxyethyl)－4,5－dimethyl－1,3－thiazol－2－ylidene]－2,2,3,3－tetramethylcy-clopropane－1－carboxamide
72	파라－클로로메트암페타민 (p－Chloromethamphetamine, PCMA)	1－(4－chlorophenyl)－N－methylpropan－2－amine
73	파라－브로모암페타민 (p－Bromoamphetamine, PBA)	1－(4－bromophenyl)propan－2－amine
74	25디－엔비오엠이(25D－NBOMe)	2－(2,5－dimethoxy－4－methylphenyl)－N－[(2－methoxyphenyl)methyl]ethanamine
75	5－이에이피비(5－EAPB)	1－(benzofuran－5－yl)－N－ethylpropan－2－amine
76	2시－시(2C－C)	2－(4－chloro－2,5－dimethoxyphenyl) ethan-amine
77	2시－피(2C－P)	2－(2,5－dimethoxy－4－(n)－propylphenyl) ethanamine
78	엔－메틸－2－에이아이 (N－Methyl－2－AI)	N－methyl－2,3－dihydro－1H－inden－2－amine
79	아르에이치－34(RH－34)	3－{2－[(2－methoxyphenyl)methylamino]ethyl}－1H－quinazoline－2,4－dione
80	엔－에틸노르케타민 (N－Ethylnorketamine)	2－(2－chlorophenyl)－2－(ethylamino)cyclo-hexan－1－one
81	메피라핌(Mepirapim)	(4－methylpiperazin－1－yl)－(1－pentylindol－3－yl)methanone
82	25비－엔비오엠이(25B－NBOMe)	2－(4－bromo－2,5－dimethoxyphenyl)－N－(2－methoxybenzyl)ethanamine
83	4,4'－디엠에이아르(4,4'－DMAR)	para－methyl－4－methylaminorex
84	25비－엔비에프(25B－NBF)	2－(4－bromo－2,5－dimethoxyphenyl)－N－[(2－fluorophenyl)methyl]ethanamine
85	25시－엔비에프(25C－NBF)	2－(4－chloro－2,5－dimethoxyphenyl)－N－[(2－fluorophenyl)methyl]ethanamine
86	25아이－엔비에프(25I－NBF)	2－(4－iodo－2,5－dimethoxyphenyl)－N－[(2－fluorophenyl)methyl]ethanamine

87	2-엠이오-디페니딘 (2-MeO-diphenidine)	1-[1-(2-methoxyphenyl)-2-phenyl-ethyl]piperidine
88	비오디(BOD)	2-(2,5-dimethoxy-4-methylphenyl)-2-methoxyethanamine
89	에스칼린(Escaline)	2-(4-ethoxy-3,5-dimethoxyphenyl)ethan-amine
90	알릴에스칼린(Allylescaline)	2-[4-(allyloxy)-3,5-dimethox-yphenyl]ethanamine
91	메트알릴에스칼린 (Methallylescaline)	2-{3,5-dimethoxy-4-[(2-methyl-2-propan-1-yl)oxy]phenyl}ethanamine
92	25이-엔비오엠이 (25E-NBOMe)	2-(4-ethyl-2,5-dimethoxyphenyl)-N-[(2-methoxyphenyl)methyl]ethanamine
93	25엔-엔비오엠이 (25N-NBOMe)	2-(2,5-dimethoxy-4-nitrophenyl)-N-[(2-methoxyphenyl)methyl]ethanamine
94	25시-엔비오에이치 (25C-NBOH)	2-{[2-(4-chloro-2,5-dimethox-yphenyl)ethylamino]methyl}phenol
95	25아이-엔비오에이치 (25I-NBOH)	2-{[2-(4-iodo-2,5-dimethoxyphenyl)eth-ylamino]methyl}phenol
96	라로카인 (Larocaine)	[3-(diethylamino)-2,2-dimethylpropyl]-4-aminobenzoate
97	니트라카인 (Nitracaine)	[3-(diethylamino)-2,2-dimethylpropyl]-4-nitrobenzoate
98	플루브로마제팜 (Flubromazepam)	7-bromo-5-(2-fluorophenyl)-1,3-dihydro-1,4-benzodiazepin-2-one
99	3시-이 (3C-E)	1-(4-Ethoxy-3,5-dimethoxyphenyl)propan-2-amine
100	메트암네타민 (Methamnetamine)	N-Methyl-1-(2-naphthyl)propan-2-amine
101	티-비오시-3,4-엠디엠에이 (t-BOC-3,4-MDMA)	N-[2-(1,3-Benzodioxol-5-yl)-1-methyl-ethyl]-N-methyl-carbamate

■ 마약류 관리에 관한 법률 시행령 [별표 4] <개정 2021. 1. 5.>

법 제2조 제3호 나목에 해당하는 향정신성의약품(제2조 제3항 관련)

법 제2조 제3호 나목에 해당하는 향정신성의약품은 다음의 것과 그 염 및 이성체 또는 이성체의 염으로 한다.

구분	품명	화학명 또는 구조식
1	암페타민(Amphetamine)	1-phenyl-2-propanamine
2	덱스암페타민(Dexamphetamine)	(2S)-1-phenyl-2-propanamine
3	레보암페타민(Levoamphetamine)	(2R)-1-phenyl-2-propanamine
4	메트암페타민(Methamphetamine)	N-methyl-1-phenyl-2-propanamine
5	히드록시암페타민(Hydoxyamphetamine)	4-(2-aminopropyl)phenol
6	메틸페니데이트(Methylphenidate)	methyl phenyl(2-piperidinyl)acetate
7	펜메트라진(Phenmetrazine)	3-methyl-2-phenylmorpholine
8	메클로쿠알론(Mecloqualone)	3-(2-chlorophenyl)-2-methyl-4(3H)-quinazolinone
9	메타쿠알론(Methaqualone)	2-methyl-3-(2-methylphenyl)-4(3H)-quinazolinone
10	펜사이클리딘(Phencyclidine)	1-(1-phenylcyclohexyl)piperidine
11	펜프로포렉스(Fenproporex)	3-[(1-phenyl-2-propanyl)amino]propanenitrile
12	2,5-디메톡시-4-에틸-암페타민 (2,5-Dimethoxy-4-ethylamphetamine, DOET)	1-(4-ethyl-2,5-dimethoxyphenyl)-2-propanamine
13	3,4-메틸렌디옥시-엔-메틸암페타민 (3,4-Methylenedioxy-N-methyl-amphetamine, MDMA)	1-(1,3-benzodioxol-5-yl)-N-methyl-2-propanamine
14	페네틸린 (Fenetylline)	1,3-dimethyl-7-{2-[(1-phenyl-2-propanyl)amino]ethyl}-3,7-dihydro-1H-purine-2,6-dione
15	엔-에틸-암페타민 (N-ethylamphetamine)	N-ethyl-1-phenyl-2-propanamine
16	펜캄파민(Fencamfamine)	N-ethyl-3-phenylbicyclo[2.2.1]heptan-2-amine
17	벤즈페타민(Benzphetamine)	(2S)-N-benzyl-N-methyl-1-phenyl-2-propanamine
18	세코바르비탈(Secobarbital)	5-allyl-5-(2-pentanyl)-2,4,6(1H,3H,5H)-pyrimidinetrione

19	지페프롤(Zipeprol)	1-methoxy-3-[4-(2-methoxy-2-phenyl-ethyl)-1-piperazinyl]-1-phenyl-2-prop-anol
20	2시-비(2C-B)	2-(4-bromo-2,5-dimethoxyphenyl)ethan-amine
21	아민엡틴(Amineptine)	7-(10,11-dihydro-5H-dibenzo[a,d][7]annu-len-5-ylamino)heptanoic acid
22	살비아 디비노럼(Salvia Divinorum)	Salvia divinorum
23	살비노린 에이(Salvinorin A)	methyl (2S,4aR,6aR,7R,9S,10aS,10bR)-9-ace-toxy-2-(3-furyl)-6a,10b-dimethyl-4,10-dioxododecahydro-2H-benzo[f]isochromene-7-carboxylate
24	케타민(Ketamine)	2-(2-chlorophenyl)-2-(methylamino)cyclo-hexanone
25	디메틸암페타민 (Dimethylamphetamine)	N,N-dimethyl-1-phenyl-2-propanamine
26	2시-아이(2C-I)	2-(4-iodo-2,5-dimethoxyphenyl)ethanamine
27	벤질피페라진 (Benzylpiperazine)	1-benzylpiperazine
28	메타-클로로페닐피페라진 (meta-Chlorophenylpiperazine, mCPP)	1-(3-chlorophenyl)piperazine
29	트리플루오로메틸페닐피페라진 (Trifluoromethylphenylpiperazine, TFMPP)	1-[3-(trifluoromethyl)phenyl]piperazine
30	파라-메톡시페닐피페라진 (para-Methoxyphenylpiperazine, MeOPP)	1-(4-methoxyphenyl)piperazine
31	메틸렌디옥시벤질피페라진 (Methylenedioxybenzylpiperazine, MDBZP)	1-(benzo[1,3]dioxol-5-ylmethyl)piperazine
32	2시-디 (2C-D)	2-(2,5-dimethoxy-4-methylphenyl)ethan-amine
33	2시-이 (2C-E)	2-(4-ethyl-2,5-dimethoxyphenyl)ethanamine
34	2시-티-2 (2C-T-2)	2-[4-(ethylsulfanyl)-2,5-dimethox-yphenyl]ethanamine
35	2시-티-7 (2C-T-7)	2-[2,5-dimethoxy-4-(propylsulfanyl)phe-nyl]ethanamine

36	1,3-벤조이디옥소일-엔-메틸부탄아민 (1,3-Benzodioxlyl-N-methylbutan-amine, MBDB)	1-(1,3-benzodioxol-5-yl)-N-methyl-2-butanamine
37	메틸렌디옥시디메틸암페타민 (Methylenedioxydimethylamphetamine, MDDMA)	(2-benzo[1,3]dioxol-5-yl-1-methyl-ethyl)-dimethylamine
38	부틸론 (Butylone, bk-MBDB)	1-(1,3-benzodioxol-5-yl)-2-(methylamino)-1-butanone
39	메틸벤질피페라진 (Methylbenzylpiperazine, MBZP)	1-benzyl-4-methylpiperazine
40	파라플루오로페닐피페라진 (p-fluorophenyl piperazine,pFPP)	1-(4-fluorophenyl)piperazine
41	틸레타민(Tiletamine)	2-(Ethylamino)-2-(2-thienyl)cyclohexanone
42	졸라제팜(Zolazepam)	4-(2-Fluorophenyl)-6,8-dihydro-1,3,8-trimethylpyrazolo[3,4-e][1,4]diazepin-7(1H)-one
43	리스덱스암페타민 (Lisdexamphetamine)	(2S)-2,6-diamino-N-[(2S)-1-phenyl-propan-2-yl]hexanamide
44	프로린탄 (Prolintane)	1-(1-Benzylbutyl)pyrrolidine

■ 마약류 관리에 관한 법률 시행령 [별표 5] <개정 2018. 9. 11.>
법 제2조 제3호 다목에 해당하는 향정신성의약품(제2조 제3항 관련)
법 제2조 제3호 다목에 해당하는 향정신성의약품은 다음의 것과 그 염 및 이성체 또는 이성체의 염으로 한다.

구분	품명	화학명 또는 구조식
1	알로바르비탈(Allobarbital)	5,5−diallyl−2,4,6(1H,3H,5H)−pyrimidinetrione
2	알페날(Alphenal)	5−allyl−4,6−dihydroxy−5−phenyl−2(5H)−pyrimidinone
3	아모바르비탈(Amobarbital)	5−ethyl−5−(3−methylbutyl)−2,4,6(1H,3H,5H)−pyrimidinetrione
4	아프로바르비탈(Aprobarbital)	5−allyl−4,6−dihydroxy−5−isopropyl−2(5H)−pyrimidinone
5	바르비탈(Barbital)	5,5−diethyl−2,4,6(1H,3H,5H)−pyrimidinetrione
6	브랄로바르비탈(Brallobarbital)	5−allyl−5−(2−bromo−2−propen−1−yl)−2,4,6(1H,3H,5H)−pyrimidinetrione
7	섹부타바르비탈(Secbutabarbital)	5−sec−butyl−5−ethyl−2,4,6(1H,3H,5H)−pyrimidinetrione
8	부탈비탈(Butalbital)	5−allyl−4,6−dihydroxy−5−isobutyl−2(5H)−pyrimidinone
9	부탈리로날(Butallylonal)	5−(2−bromo−2−propen−1−yl)−5−sec−butyl−2,4,6(1H,3H,5H)−pyrimidinetrione
10	부토바르비탈(Butobarbital)	5−butyl−5−ethyl−4,6−dihydroxy−2(5H)−pyrimidinone
11	시클로바르비탈(Cyclobarbital)	5−(1−cyclohexen−1−yl)−5−ethyl−2,4,6(1H,3H,5H)−pyrimidinetrione
12	시클로펜토바르비탈 (Cyclopentobarbital)	5−allyl−5−(2−cyclopenten−1−yl)−2,4,6(1H,3H,5H)−pyrimidinetrione
13	엔알릴프로피말(Enallylpropymal)	5−allyl−5−isopropyl−1−methyl−2,4,6(1H,3H,5H)−pyrimidinetrione
14	에트알로바르비탈(Ethallobarbital)	5−allyl−5−ethyl−2,4,6(1H,3H,5H)−pyrimidinetrione
15	헵타바르비탈(Heptabarbital)	5−(1−cyclohepten−1−yl)−5−ethyl−2,4,6(1H,3H,5H)−pyrimidinetrione
16	헵토바르비탈(Heptobarbital)	4,6−dihydroxy−5−methyl−5−phenyl−2(5H)−pyrimidinone
17	헥세탈(Hexethal)	5−ethyl−5−hexyl−2,4,6(1H,3H,5H)−pyrimidinetrione
18	헥소바르비탈(Hexobarbital)	5−(1−cyclohexen−1−yl)−1,5−dimethyl−2,4,6(1H,3H,5H)−pyrimidinetrione

19	메타아르비탈(Metharbital)	5,5−diethyl−1−methyl−2,4,6(1H,3H,5H)−pyrimidine−trione
20	메토헥시탈(Methohexital)	5−allyl−5−(3−hexyn−2−yl)−1−methyl−2,4,6(1H,3H,5H)−pyrimidinetrione
21	메틸페노바르비탈(Methylphenobarbital)	5−ethyl−1−methyl−5−phenyl−2,4,6(1H,3H,5H)−pyrimidinetrione
22	나르코바르비탈(Narcobarbital)	5−(2−bromo−2−propen−1−yl)−5−isopropyl−1−methyl−2,4,6(1H,3H,5H)−pyrimidinetrione
23	네알바르비탈(Nealbarbital)	5−allyl−5−(2,2−dimethylpropyl)−2,4,6(1H,3H,5H)−pyrimidinetrione
24	펜토바르비탈(Pentobarbital)	5−ethyl−5−(2−pentanyl)−2,4,6(1H,3H,5H)−pyrimidinetrione
25	페노바르비탈(Phenobarbital)	5−ethyl−5−phenyl−2,4,6(1H,3H,5H)−pyrimidinetrione
26	페타르비탈(Phetharbital)	5,5−diethyl−1−phenyl−2,4,6(1H,3H,5H)−pyrimidine−trione
27	프로바르비탈(Probarbital)	5−ethyl−4,6−dihydroxy−5−isopropyl−2(5H)−pyrimidinone
28	프로팔리로날(Propallylonal)	5−(2−bromo−2−propen−1−yl)−5−isopropyl−2,4,6(1H,3H,5H)−pyrimidinetrione
29	프로필바르비탈(Propylbarbital)	5,5−dipropyl−2,4,6(1H,3H,5H)−pyrimidinetrione
30	스피로티오바르비탈(Spirothiobarbital)	1−ethyl−2,4−dimethyl−8−thioxo−7,9−dia−zaspiro[4.5]decane−6,10−dione
31	테트라바르비탈(Tetrabarbital)	5−ethyl−5−(3−hexanyl)−2,4,6(1H,3H,5H)−pyrimidinetrione
32	티오펜탈(Thiopental)	5−ethyl−5−(2−pentanyl)−2−thioxodihydro−4,6(1H,5H)−pyrimidinedione
33	빈바르비탈(Vinbarbital)	5−ethyl−5−[(2E)−2−penten−2−yl]−2,4,6(1H,3H,5H)−pyrimidinetrione
34	바로탈룸(Barotalum)	5−[(2E)−2−buten−1−yl]−5−ethyl−2,4,6(1H,3H,5H)−pyrimidinetrione
35	디베랄(Diberal)	5−ethyl−5−(4−methyl−2−pentanyl)−2,4,6(1H,3H,5H)−pyrimidinetrione
36	도르모비트(Dormovit)	5−(2−furylmethyl)−5−isopropyl−2,4,6(1H,3H,5H)−pyrimidinetrione
37	이도부탈(Idobutal)	5−allyl−5−butyl−2,4,6(1H,3H,5H)−pyrimidinetrione
38	레포살(Reposal)	5−(bicyclo[3.2.1]oct−2−en−3−yl)−5−ethyl−2,4,6(1H,3H,5H)−pyrimidinetrione

39	비닐비탈(Vinylbital)	5-(2-pentanyl)-5-vinyl-2,4,6(1H,3H,5H)-pyrimidinetrione
40	카르부바르비탈(Carbubarbital)	2-(5-butyl-2,4,6-trioxohexahydro-5-pyrimidinyl)ethyl carbamate
41	시그모달(Sigmodal)	5-(2-bromo-2-propen-1-yl)-5-(2-pentanyl)-2,4,6(1H,3H,5H)-pyrimidinetrione
42	엘도랄(Eldoral)	5-ethyl-5-(1-piperidinyl)-2,4,6(1H,3H,5H)-pyrimidinetrione
43	티아미랄(Thiamylal)	5-allyl-5-(2-pentanyl)-2-thioxodihydro-4,6(1H,5H)-pyrimidinedione
44	클로르헥사돌(Chlorhexadol)	2-methyl-4-(2,2,2-trichloro-1-hydroxyethoxy)-2-pentanol
45	글루테티미드(Glutethimide)	3-ethyl-3-phenyl-2,6-piperidinedione
46	리저직산(Lysergic acid)	(8β)-6-methyl-9,10-didehydroergoline-8-carboxylic acid
47	리저직산 아미드(Lysergic acid amide)	(8β)-6-methyl-9,10-didehydroergoline-8-carboxamide
48	메프로바메이트(Meprobamate)	2-[(carbamoyloxy)methyl]-2-methylpentyl carbamate
49	메티프릴론(Methyprylon)	3,3-diethyl-5-methyl-2,4-piperidinedione
50	설폰디에틸메탄 (Sulfondiethylmethane)	3,3-bis(ethylsulfonyl)pentane
51	설폰에틸메탄 (Sulfonethylmethane)	2,2-bis(ethylsulfonyl)butane
52	설폰메탄(Sulfonmethane)	2,2-bis(ethylsulfonyl)propane
53	펜타조신(Pentazocine)	(1R,9R,13R)-1,13-dimethyl-10-(3-methyl-2-buten-1-yl)-10-azatricyclo[7.3.1.02,7]trideca-2,4,6-trien-4-ol
54	알릴이소프로필아세틸우레아 (Allylisopropylacetylurea, apronalide)	N-carbamoyl-2-isopropyl-4-pentenamide
55	브롬디에틸아세틸우레아 (Bromdiethylacetylurea, carbromal)	(1Z)-2-bromo-2-ethyl-N-[hydroxy(imino)methyl]butanimidic acid
56	브롬바레릴우레아 (Bromvalerylurea, bromisoval)	2-bromo-N-carbamoyl-3-methylbutanamide

57	부프레노르핀(Buprenorphine)	$(5\alpha,6\beta,14\beta,18R)-17-(cyclopropylmethyl)-18-[(2S)-2-hydroxy-3,3-dimethyl-2-butanyl]-6-methoxy-18,19-dihydro-4,5-epoxy-6,14-ethenomorphinan-3-ol$
58	에프타조신(Eptazocine)	$1,11-dimethyl-11-azatricyclo[7.4.1.02,7]tetradeca-2,4,6-trien-4-ol$
59	플루니트라제팜(Flunitrazepam)	$5-(2-fluorophenyl)-1-methyl-7-nitro-1,3-dihydro-2H-1,4-benzodiazepin-2-one$

60	5, 5`- 바르비탈산 유도체. 다만, 별표 1부터 별표 6까지에서 별도로 규정한 것은 제외한다.	Barbituric acid: $2,4,6(1H,3H,5H)-pyrimidinetrione$ 아래의 기본구조를 가지고, R 위치에 다음의 작용기를 가지는 물질

기본구조	R
	• R_1, R_2: 결합 가능한 작용기(H 제외)

61	5, 5`- 티오바르비탈산 유도체. 다만, 별표 3부터 별표 6까지에서 별도로 규정한 것은 제외한다.	Thiobarbituric acid: $2-thioxodihydro-4,6(1H,5H)-pyrimidinedione$ 아래의 기본구조를 가지고, R 위치에 다음의 작용기를 가지는 물질

기본구조	R
	• R_1, R_2: 결합 가능한 작용기(H 제외)

■ 마약류 관리에 관한 법률 시행령 [별표 6] <개정 2021. 1. 5.>
법 제2조 제3호 라목에 해당하는 향정신성의약품(제2조 제3항 관련)
법 제2조 제3호 라목에 해당하는 향정신성의약품은 다음의 것과 그 염 및 이성체 또는 이성체의 염으로 한다.

구분	품명	화학명 또는 구조식
1	알프라졸람(Alprazolam)	8 − chloro − 1 − methyl − 6 − phenyl − 4H − [1,2,4]triazolo[4,3 − a][1,4]benzodiazepine
2	암페프라몬(Amfepramone)	2 − (diethylamino) − 1 − phenyl − 1 − propanone
3	브로마제팜(Bromazepam)	7 − bromo − 5 − (2 − pyridinyl) − 1,3 − dihydro − 2H − 1,4 − benzodiazepin − 2 − one
4	브로티졸람(Brotizolam)	2 − bromo − 4 − (2 − chlorophenyl) − 9 − methyl − 6H − thieno[3,2 − f][1,2,4]triazolo[4,3 − a][1,4]diazepine
5	부토르파놀(Butorphanol)	17 − (cyclobutylmethyl)morphinan − 3,14 − diol
6	카마제팜(Camazepam)	7 − chloro − 1 − methyl − 2 − oxo − 5 − phenyl − 2,3 − dihydro − 1H − 1,4 − benzodiazepin − 3 − yl dimethylcarbamate
7	카틴(Cathine)	(1S,2S) − 2 − amino − 1 − phenyl − 1 − propanol
8	클로랄베타인(Chloral betaine)	(trimethylammonio)acetate − 2,2,2 − trichloro − 1,1 − ethanediol (1:1)
9	클로랄히드레이트(Chloral hydrate)	2,2,2 − trichloro − 1,1 − ethanediol
10	클로르디아제폭시드 (Chlordiazepoxide)	(2Z) − 7 − chloro − N − methyl − 5 − phenyl − 1,3 − dihydro − 2H − 1,4 − benzodiazepin − 2 − imine 4 − oxide
11	클로바잠(Clobazam)	7 − chloro − 1 − methyl − 5 − phenyl − 1H − 1,5 − benzo − diazepine − 2,4(3H,5H) − dione
12	클로나제팜(Clonazepam)	5 − (2 − chlorophenyl) − 7 − nitro − 1,3 − dihydro − 2H − 1,4 − benzodiazepin − 2 − one
13	클로라제페이트(Clorazepate)	7 − chloro − 2 − oxo − 5 − phenyl − 2,3 − dihydro − 1H − 1,4 − benzodiazepine − 3 − carboxylic acid
14	클로티아제팜(Clotiazepam)	5 − (2 − chlorophenyl) − 7 − ethyl − 1 − methyl − 1,3 − dihydro − 2H − thieno[2,3 − e][1,4]diazepin − 2 − one
15	클록사졸람(Cloxazolam)	10 − chloro − 11b − (2 − chlorophenyl) − 2,3,7,11b − tetrahydro[1,3]oxazolo[3,2 − d][1,4]benzodiazepin − 6(5H) − one
16	델로라제팜(Delorazepam)	7 − chloro − 5 − (2 − chlorophenyl) − 1,3 − dihydro − 2H − 1,4 − benzodiazepin − 2 − one
17	디아제팜(Diazepam)	7 − chloro − 1 − methyl − 5 − phenyl − 1,3 − dihydro − 2H − 1,4 − benzodiazepin − 2 − one

18	에스타졸람(Estazolam)	8-chloro-6-phenyl-4H-[1,2,4]triazolo[4,3-a][1,4]benzodiazepine
19	에트클로르비놀(Ethchlorvinol)	(1E)-1-chloro-3-ethyl-1-penten-4-yn-3-ol
20	에티나메이트(Ethinamate)	1-ethynylcyclohexyl carbamate
21	에틸로플라제페이트 (Ethyl Loflazepate)	ethyl 7-chloro-5-(2-fluorophenyl)-2-oxo-2,3-dihydro-1H-1,4-benzodiazepine-3-carboxylate
22	에티졸람(Etizolam)	4-(2-chlorophenyl)-2-ethyl-9-methyl-6H-thieno[3,2-f][1,2,4]triazolo[4,3-a][1,4]diazepine
23	펜플루라민(Fenfluramine)	N-ethyl-1-[3-(trifluoromethyl)phenyl]-2-propanamine
24	플루디아제팜(Fludiazepam)	7-chloro-5-(2-fluorophenyl)-1-methyl-1,3-dihydro-2H-1,4-benzodiazepin-2-one
25	플루라제팜(Flurazepam)	7-chloro-1-[2-(diethylamino)ethyl]-5-(2-fluorophenyl)-1,3-dihydro-2H-1,4-benzodiazepin-2-one
26	할라제팜(Halazepam)	7-chloro-5-phenyl-1-(2,2,2-trifluoroethyl)-1,3-dihydro-2H-1,4-benzodiazepin-2-one
27	할록사졸람(Haloxazolam)	10-bromo-11b-(2-fluorophenyl)-2,3,7,11b-tetrahydro[1,3]oxazolo[3,2-d][1,4]benzodiazepin-6(5H)-one
28	케타졸람(Ketazolam)	11-chloro-2,8-dimethyl-12b-phenyl-8,12b-dihydro-4H-[1,3]oxazino[3,2-d][1,4]benzodiazepine-4,7(6H)-dione
29	레페타민(Lefetamine)	(1R)-N,N-dimethyl-1,2-diphenylethanamine
30	로프라졸람(Loprazolam)	(2Z)-6-(2-chlorophenyl)-2-[(4-methyl-1-piperazinyl)methylene]-8-nitro-2,4-dihydro-1H-imidazo[1,2-a][1,4]benzodiazepin-1-one
31	로라제팜(Lorazepam)	7-chloro-5-(2-chlorophenyl)-3-hydroxy-1,3-dihydro-2H-1,4-benzodiazepin-2-one
32	로르메타제팜(Lormetazepam)	7-chloro-5-(2-chlorophenyl)-3-hydroxy-1-methyl-1,3-dihydro-2H-1,4-benzodiazepin-2-one
33	마진돌(Mazindol)	5-(4-chlorophenyl)-2,5-dihydro-3H-imidazo[2,1-a]isoindol-5-ol
34	메다제팜(Medazepam)	7-chloro-1-methyl-5-phenyl-2,3-dihydro-1H-1,4-benzodiazepine
35	메페노렉스(Mefenorex)	3-chloro-N-(1-phenyl-2-propanyl)-1-propanamine

36	미다졸람(Midazolam)	8−chloro−6−(2−fluorophenyl)−1−methyl−4H−imidazo[1,5−a][1,4]benzodiazepine
37	니메타제팜(Nimetazepam)	1−methyl−7−nitro−5−phenyl−1,3−dihydro−2H−1,4−benzodiazepin−2−one
38	니트라제팜(Nitrazepam)	7−nitro−5−phenyl−1,3−dihydro−2H−1,4−benzo−diazepin−2−one
39	노르다제팜(Nordazepam)	7−chloro−5−phenyl−1,3−dihydro−2H−1,4−ben−zodiazepin−2−one
40	옥사제팜(Oxazepam)	7−chloro−3−hydroxy−5−phenyl−1,3−dihydro−2H−1,4−benzodiazepin−2−one
41	옥사졸람(Oxazolam)	10−chloro−2−methyl−11b−phenyl−2,3,7,11b−tetrahydro[1,3]oxazolo[3,2−d][1,4]benzodiazepin−6(5H)−one
42	옥시페르틴(Oxypertine)	5,6−dimethoxy−2−methyl−3−[2−(4−phenyl−1−piperazinyl)ethyl]−1H−indole
43	파라알데히드(Paraldehyde)	2,4,6−trimethyl−1,3,5−trioxane
44	페몰린(Pemoline)	2−amino−5−phenyl−1,3−oxazol−4(5H)−one
45	페트리클로랄(Petrichloral)	2,2,2−trichloro−1−{3−(2,2,2−trichloro−1−hydrox−yethoxy)−2,2−bis[(2,2,2−trichloro−1−hydrox−yethoxy)methyl]propoxy}ethanol
46	펜디메트라진(Phendimetrazine)	3,4−dimethyl−2−phenylmorpholine
47	펜터민(Phentermine)	2−methyl−1−phenyl−2−propanamine
48	피나제팜(Pinazepam)	7−chloro−5−phenyl−1−(2−propyn−1−yl)−1,3−dihydro−2H−1,4−benzodiazepin−2−one
49	피프라드롤(알파 또는 감마)[Pipradrol(α,γ)]	diphenyl(2−piperidinyl)methanol
50	프라제팜(Prazepam)	7−chloro−1−(cyclopropylmethyl)−5−phenyl−1,3−dihydro−2H−1,4−benzodiazepin−2−one
51	프로필헥세드린(Propylhexedrine)	1−cyclohexyl−N−methyl−2−propanamine
52	피리틸디온(Pyrithyldione)	3,3−diethyl−2,4(1H,3H)−pyridinedione
53	피로발레론(Pyrovalerone)	1−(4−methylphenyl)−2−(1−pyrrolidinyl)−1−pentanone
54	테마제팜(Temazepam)	7−chloro−3−hydroxy−1−methyl−5−phenyl−1,3−dihydro−2H−1,4−benzodiazepin−2−one
55	테트라제팜(Tetrazepam)	7−chloro−5−(1−cyclohexen−1−yl)−1−methyl−1,3−dihydro−2H−1,4−benzodiazepin−2−one

56	트리아졸람(Triazolam)	8−chloro−6−(2−chlorophenyl)−1−methyl−4H−[1,2,4]triazolo[4,3−a][1,4]benzodiazepine
57	조피클론(Zopiclone)	6−(5−chloro−2−pyridinyl)−7−oxo−6,7−dihydro−5H−pyrrolo[3,4−b]pyrazin−5−yl 4−methyl−1−piperazinecarboxylate
58	플루토프라제팜(Flutoprazepam)	7−chloro−1−(cyclopropylmethyl)−5−(2−fluorophenyl)−1,3−dihydro−2H−1,4−benzodiazepin−2−one
59	멕사졸람(Mexazolam)	10−chloro−11b−(2−chlorophenyl)−3−methyl−2,3,7,11b−tetrahydro[1,3]oxazolo[3,2−d][1,4]benzodiazepin−6(5H)−one
60	졸피뎀(Zolpidem)	N,N−dimethyl−2−[6−methyl−2−(4−methylphenyl)imidazo[1,2−a]pyridin−3−yl]acetamide
61	아미노렉스(Aminorex)	5−phenyl−4,5−dihydro−1,3−oxazol−2−amine
62	메소카브(Mesocarb)	5−[(phenylcarbamoyl)imino]−3−(1−phenyl−2−propanyl)−5H−1,2,3−oxadiazol−3−ium−2−ide
63	날부핀(Nalbuphine)	(5α,6α)−17−(cyclobutylmethyl)−4,5−epoxymorphinan−3,6,14−triol
64	지에이치비(GHB)	4−hydroxybutanoic acid
65	덱스트로메토르판(Dextromethorphan)	(9α,13α,14α)−3−methoxy−17−methylmorphinan
66	카리소프로돌(Carisoprodol)	2−[(carbamoyloxy)methyl]−2−methylpentyl isopropylcarbamate
67	쿠아제팜(Quazepam)	7−chloro−5−(2−fluorophenyl)−1−(2,2,2−trifluoroethyl)−1,3−dihydro−2H−1,4−benzodiazepine−2−thione
68	프로포폴(Propofol)	2,6−diisopropylphenol
69	로카세린(Lorcaserin)	(1R)−8−chloro−1−methyl−2,3,4,5−tetrahydro−1H−3−benzazepine
70	페나제팜(Phenazepam)	7−Bromo−5−(2−chlorophenyl)−1,3−dihydro−2H−1,4−benzodiazepin−2−one
71	레미마졸람(Remimazolam)	Methyl 3−[(4S)−8−bromo−1−methyl−6−pyridin−2−yl−4H−imidazo[1,2−a][1,4]benzodiazepin−4−yl]propanoate

■ 마약류 관리에 관한 법률 시행령 [별표 7] 〈개정 2013.3.23〉

법 제2조 제3호마목에 해당하는 향정신성의약품(제2조 제3항 관련)

별표 3부터 별표 6까지에서 열거한 것을 함유하는 혼합물질 또는 혼합제제. 다만, 법 제2조 제3호 마목 단서에 따라 총리령으로 정하는 것은 제외한다.

■ 마약류 관리에 관한 법률 시행령 [별표 7의2] 〈신설 2016. 11. 1.〉

법 제2조 제4호 다목에 해당하는 화학적합성품(제2조 제4항 관련)

법 제2조 제4호 다목에 따른 대마초와 그 수지 또는 이를 원료로 하여 제조된 모든 제품과 동일한 화학적 합성품은 다음의 것과 그 염 및 이성체 또는 이성체의 염으로 한다.

구분	품명	화학명 또는 구조식
1	칸나비놀(Cannabinol)	$6,6,9-$Trimethyl$-3-$pentyl$-$benzo$[c]$chromen$-1-$ol
2	테트라히드로칸나비놀 ($\Delta 9-$Tetrahydrocannabinol)	$(-)-(6aR,10aR)-6,6,9-$Trimethyl$-3-$pentyl$-6a,7,8,10a$ $-$tetrahydro$-6H-$benzo$[c]$chromen$-1-$ol
3	칸나비디올(Cannabidiol)	$2-[(1R,6R)-6-$isopropenyl$-3-$methylcyclohex$-2-$en $-1-$yl$]-5-$pentylbenzene$-1,3-$diol

제6편

공무원범죄에 관한 몰수 특례법상 특정공무원범죄

제1장
공무원범죄에 관한 몰수 특례법 총설

1. 총설

공무원 범죄에 관한 몰수 특례법(이하 '공무원범죄몰수법'이라 한다.)은 공무원이 특정한 범죄 행위를 통하여 취득한 불법수익등을 철저히 추적·환수하는 제도적 장치를 마련함으로써 공직사회의 부정부패요인을 근원적으로 제거하고 깨끗한 공직풍토를 조성하기 위하여 제정되었다.[1]

위 **공무원범죄몰수법의 전반적인 내용**을 살펴보면 ① 특정공무원범죄(형법상 뇌물죄, 회계관계직원에 의한 국고등 횡령·배임죄, 특정범죄가중처벌 등에 관한 법률(이하 '특정범죄 가중법'이라 한다)상 뇌물죄 및 국고손실죄를 통하여 취득한 불법수익등을 철저히 추적·환수하기 위하여 형법상의 몰수보다 그 대상을 확대함으로써 특정공무원범죄로 직접 얻은 재산뿐만 아니라 그로부터 유래한 재산까지 몰수하고, 회계관계직원에 의한 국고손실죄와 관련된 불법재산도 몰수할 수 있도록 하고 있다.

나아가 ② 몰수대상 확대에 따른 입증의 불가능 또는 어려움을 제거하기 위하여 **범인이 취득한 재산이 불법수익으로 형성되었다고 볼만한 상당한 개연성이 있는 경우 엄격한 증명이 없더라도 이를 인정할 수 있도록 입증책임을 완화**하되 개연성의 판단자료로서 취득재산의 가액, 범인의 재산운용상황, 불법수익금액 및 재산취득시기 등 제반요소를 고려하도록 그 요건을 엄격히 하였다.

그리고 ③ 제3자의 재산이 이 법의 규정에 의하여 몰수대상이 된 경우 그 제3자가 당해 형사소송절차에 참가하여 자신의 권리를 주장할 기회를 부여하고, 귀책사유 없이 참가하지 못한 제3자는 민사소송 등 다른 절차에 의하여 권리를 구제받을 수 있도록 하였을 뿐만 아

---

1 법제처, 공무원범죄몰수법(1995. 1. 5. 법률 제4934호) 제정이유 中.

니라 ④ 몰수·추징을 피하기 위한 재산도피행위를 사전에 차단하기 위하여 기소 전 또는 기소 후 검사의 청구나 직권으로 법원이 몰수·추징보전명령을 발하여 재산에 관한 처분을 금지하도록 하고, 부동산·동산·채권 등 몰수·추징대상 재산의 종류에 따른 세부적 보전절차를 규정하였다.

2. 특정공무원범죄의 개념 및 대상범죄 개괄

공무원범죄몰수법은 대부분 일반 형법상 공무원범죄 및 특정범죄가중법상 공무원범죄를 중복하여 규율하고 있는데 해당 공무원범죄를 범한 사람에 대한 범죄수익환수의 경우 그 절차에 관하여는 공무원범죄몰수법을 적용할 수 있다는 점에서 의미가 있다.

관련조문

제2조(정의) 이 법에서 사용하는 용어의 뜻은 다음과 같다.

  1. "특정공무원범죄"란 다음 각 목의 어느 하나에 해당하는 죄[해당 죄와 다른 죄가 「형법」 제40조에 따른 상상적 경합(想像的 競合) 관계인 경우에는 그 다른 죄를 포함한다]를 말한다.

    가. 「형법」 제129조부터 제132조까지의 죄

    나. 「회계관계직원 등의 책임에 관한 법률」 제2조 제1호·제2호 또는 제4호(같은 조 제1호 또는 제2호에 규정된 사람의 보조자로서 그 회계사무의 일부를 처리하는 사람만 해당한다)에 규정된 사람이 국고(國庫) 또는 지방자치단체에 손실을 입힐 것을 알면서도 그 직무에 관하여 범한 「형법」 제355조의 죄

    다. 「특정범죄가중처벌 등에 관한 법률」 제2조 및 제5조의 죄

위 규정에 의하면 **형법상 뇌물죄, 회계관계직원 등의 책임에 관한 법률**(이하, '회계직원책임법'이라 한다)을 위반한 죄(제2조 제1호, 제2호, 제4호에 규정된 사람의 국고횡령죄), 특정범죄가중법상 뇌물죄의 가중처벌(제2조), 국고등 손실죄 가중처벌 규정(제5조) 등이 특정공무원범죄에 포함된다.

이 중 특정범죄가중법 제5조는 공무원범죄몰수법 제2조 제1호 나목의 회계직원책임법위반의 가중처벌규정(국고 손실 1억 원 이상 5억 원 미만 또는 5억 원 이상의 경우 각 가중)을 두고 있다는 점이 특징이다.

관련조문

특정범죄가중법 제5조(국고 등 손실) 「회계관계직원 등의 책임에 관한 법률」 제2조 제1호·제2호 또는 제4호(제1호 또는 제2호에 규정된 사람의 보조자로서 그 회계사무의 일부를 처리하는 사람만 해당한다)에 규정된 사람이 국고(國庫) 또는 지방자치단체에 손실을 입힐 것을 알면서 그 직무에 관하여 「형법」 제355조의 죄를 범한 경우에는 다음 각 호의 구분에 따라 가중처벌한다.

1. 국고 또는 지방자치단체의 손실이 5억 원 이상인 경우에는 무기 또는 5년 이상의 징역에 처한다.
2. 국고 또는 지방자치단체의 손실이 1억 원 이상 5억 원 미만인 경우에는 3년 이상의 유기징역에 처한다. [전문개정 2010. 3. 31.]

3. 공무원범죄몰수법상 불법수익 및 불법재산의 개념

공무원범죄몰수법은 특정공무원범죄의 범죄행위로 얻은 재산을 '**불법수익**'으로, 불법수익과 불법수익 유래재산을 모두 합한 개념을 '**불법재산**'으로 각 규정하고 있다.

범죄수익은닉규제법에서는 '**범죄수익**', 부패재산몰수법에서는 '**부패재산**', 마약거래방지법에서는 '**불법수익**'이라는 표현을 사용하고 있는데 공무원범죄몰수법은 불법정치자금법과 마찬가지로 '**불법재산**'이라는 표현을 사용하고 있는 점이 독특하다. 위 각 개념은 결국 각 법률에서 규정하고 있는 범죄행위로 취득한 재산에 해당한다는 점에서 그 본질은 차이가 없다.

관련조문

제2조(정의) 이 법에서 사용하는 용어의 뜻은 다음과 같다.

2. "**불법수익**"이란 특정공무원범죄의 범죄행위로 얻은 재산을 말한다.
3. "**불법수익에서 유래한 재산**"이란 불법수익의 과실(果實)로서 얻은 재산, 불법수익의 대가로서 얻은 재산, 이들 재산의 대가로서 얻은 재산 등 불법수익이 변형되거나 증식되어 형성된 재산(불법수익이 불법수익과 관련 없는 재산과 합하여져 변형되거나 증식된 경우에는 불법수익에서 비롯된 부분으로 한정한다)을 말한다.
4. "**불법재산**"이란 불법수익과 불법수익에서 유래한 재산을 말한다.

4. 불법재산 등의 필요적 몰수·추징 및 보전절차

공무원범죄몰수법의 적용을 받는 **특정공무원범죄로 인하여 취득한 불법재산은 모두 필요적으로 몰수하고 이를 몰수할 수 없을 경우 추징**한다(동법 제3조, 제6조 참조).

이 때 특정공무원범죄에 대한 몰수·추징보전절차는 해당 범죄가 범죄수익은닉규제법상 중대범죄에 해당하는 경우(특히, **형법상 뇌물죄**의 경우) 범죄수익은닉규제법 및 마약거래방지법에 따를 수도 있고, 공무원범죄몰수법에 따를 수도 있다.

관련조문

제3조(불법재산의 몰수) ① 불법재산은 몰수한다.

② 제1항에 따라 몰수하여야 할 재산에 대하여 재산의 성질, 사용 상황, 그 재산에 관한 범인 외의 자의 권리 유무, 그 밖의 사정을 고려한 결과 그 재산을 몰수하는 것이 타당하지 아니하다고 인정될 경우에는 제1항에도 불구하고 몰수하지 아니할 수 있다.

③ 제1항의 경우 「**형사소송법」 제333조 제1항 및 제2항**은 적용하지 아니한다.

[전문개정 2009. 11. 2.]

제6조(추징) 불법재산을 몰수할 수 없거나 제3조 제2항에 따라 몰수하지 아니하는 경우에는 그 가액(價額)을 범인에게서 추징(追徵)한다.

[전문개정 2009. 11. 2.]

☞ 형사소송법 제333조(압수장물의 환부) ①압수한 장물로서 피해자에게 환부할 이유가 명백한 것은 판결로써 피해자에게 환부하는 선고를 하여야 한다.

② 전항의 경우에 장물을 처분하였을 때에는 판결로써 그 대가로 취득한 것을 피해자에게 교부하는 선고를 하여야 한다.

---

5. 혼합재산에 대한 환수 및 제3자 재산에 대한 몰수·추징 선고

나아가 혼합재산에 대한 몰수의 경우에도 불법재산과 불법재산 외의 재산이 합쳐진 경우 불법재산의 비율에 해당하는 부분을 몰수할 수 있다(동법 제4조 참조).

관련조문

제4조(불법재산이 합하여진 재산의 몰수방법) 불법재산이 불법재산 외의 재산과 합하여진 경우에 제3조 제1항에 따라 그 불법재산을 몰수하여야 할 때에는 불법재산과 불법재산 외의 재산이 합하여진 재산(이하 "혼합재산"이라 한다) 중 불법재산의 비율에 해당하는 부분을 몰수한다.

한편 불법재산 또는 혼합재산이 범인 외의 제3자에게 귀속된 경우에도 범인 외의 자가 범죄 후 그 정황을 알면서도 그 불법재산 또는 혼합재산을 취득한 경우에는 이를 몰수할 수 있다(**동법 제5조 제1항**). 다만 지상권, 저당권 또는 그 밖의 권리가 그 위에 존재하는 재산을 동법 제3조에 따라 몰수하는 경우, 범인 외의 자가 범죄 전에 그 권리를 취득한 경우 또는 범인 외의 자가 범죄 후 그 정황을 알지 못하고 그 권리를 취득한 경우에는 해당 권리는 존속된다(**동법 제5조 제2항 참조**).

위 규정은 제3자가 자신이 취득한 권리가 불법재산 위에 존재하는 사정을 전혀 알지 못하고 그 권리를 취득한 경우 이를 그대로 해당 재산에 존속시키도록 함으로써 제3자의 재산권을 보호하기 위한 것이다.

관련조문

제5조(몰수의 요건 등) ① 제3조에 따른 몰수는 불법재산 또는 혼합재산이 범인 외의 자에게 귀속되지 아니하는 경우에만 한다. 다만, 제2조 제1호 나목의 죄와 같은 호 다목의 죄 중 「특정범죄가중처벌 등에 관한 법률」 제5조의 죄의 경우로서 불법재산 또는 혼합재산이 국가 또는 지방자치단체의 소유인 경우 및 범인 외의 자가 범죄 후 그 정황을 알면서도 그 불법재산 또는 혼합재산을 취득한 경우(법령상의 의무 이행으로서 제공된 것을 취득한 경우나 채권자에게 상당한 재산상의 이익을 제공하는 계약을 할 당시에 그 계약에 관련된 채무 이행이 불법재산 또는 혼합재산에 의한다는 사실을 알지 못하고 그 계약에 관련된 채무의 이행으로 제공된 것을 취득한 경우는 제외한다)에는 그 불법재산 또는 혼합재산이 범인 외의 자에게 귀속되었더라도 몰수할 수 있다.

② 지상권·저당권 또는 그 밖의 권리가 그 위에 존재하는 재산을 제3조에 따라 몰수하는 경우, 범인 외의 자가 범죄 전에 그 권리를 취득한 경우 또는 범인 외의 자가 범죄 후 그 정황을 알지 못하고 그 권리를 취득한 경우에는 해당 권리를 존속시킨다.

---

6. 불법재산의 추정 등

공무원범죄몰수법은 특정공무원범죄 후 범인이 취득한 재산으로서 그 가액이 취득 당시의 범인의 재산 운용 상황 또는 법령에 따른 지급금의 수령 상황 등에 비추어 현저하게 고액(高額)이고, 그 취득한 재산이 불법수익 금액 및 재산 취득시기 등 모든 사정에 비추어 특정공무원범죄로 얻은 불법수익으로 형성되었다고 볼 만한 상당한 개연성이 있는 경우에는 특정공무원범죄로 얻은 불법수익이 그 재산의 취득에 사용된 것으로 인정할 수 있다는 불법재산의 추정규정을 두고 있다(**동법 제7조**).

이는 **불법정치자금법 제7조, 마약거래방지법 제17조와 유사**한 규정인데, 범죄수익은닉 규제법에는 이러한 규정을 찾을 수 없다. 범죄수익환수의 핵심 법률이라고 할 수 있는 범죄수익은닉규제법에 위와 같은 추정규정이 없는 것은 입법의 흠결로 보인다(私見).

범죄수익은 대부분 은닉과 세탁의 과정을 통해 추적이 곤란한 고액의 현금과 외환, 수표 등으로 탈바꿈 되는데 당시 재산형성과정 등 제반 사정에 비추어 볼 때 형성된 고액의 재산이 범죄수익으로 취득한 재산이라고 추정하는 것이 사회통념상 타당하기 때문이다. 관련 규정은 아래와 같다.

관련조문

공무원범죄몰수법 제7조(불법재산의 증명) 특정공무원범죄 후 범인이 취득한 재산으로서 그 가액이 취득 당시의 범인의 재산 운용 상황 또는 법령에 따른 지급금의 수령 상황 등에 비추어 현저하게 고액(高額)이고, 그 취득한 재산이 불법수익 금액 및 재산 취득시기 등 모든 사정에 비추어 특정공무원범죄로 얻은 불법수익으로 형성되었다고 볼 만한 상당한 개연성이 있는 경우에는 특정공무원범죄로 얻은 불법수익이 그 재산의 취득에 사용된 것으로 인정할 수 있다.

불법정치자금법 제7조(불법재산의 입증) 제2조 제1호에 규정된 죄의 범행 후 범인이 취득한 재산으로서 그 가액이 취득 당시의 범인의 재산운용상황 또는 법령에 기한 급부의 수령상황 등에 비추어 현저하게 고액이고 그 취득한 재산이 불법정치자금등의 금액·재산취득시기 등 제반사정에 비추어 불법정치자금등으로 형성되었다고 볼만한 상당한 개연성이 있는 경우에는 불법정치자금등이 그 재산의 취득에 사용된 것으로 인정할 수 있다.

마약거래방지법 제17조(불법수익의 추정) 제6조의 죄에 관계된 불법수익을 산정할 때에 같은 조에 따른 행위를 업으로 한 기간에 범인이 취득한 재산으로서 그 가액이 그 기간 동안 범인의 재산 운용 상황 또는 법령에 따른 지급금의 수령 상황 등에 비추어 현저하게 고액(高額)이라고 인정되고, 그 취득한 재산이 불법수익 금액 및 재산 취득 시기 등 모든 사정에 비추어 같은 조의 죄를 범하여 얻은 불법수익으로 형성되었다고 볼만한 상당한 개연성이 있는 경우에는 그 죄에 관계된 불법수익등으로 추정한다.

---

7. 불법재산 등에 대한 추징 집행의 특례[2]

범인은 범죄행위를 통해 얻은 수익을 제3자 명의, 즉 차명으로 돌려놓는 경우가 많은데,

---

[2] 보다 상세한 내용은, 이주형, "차명으로 은닉된 범죄수익의 종국적 환수방안 연구", 법조 제741호(2020), 388면 이하 참조.

통상적인 실무는 범행을 저지른 범인만을 기소하면서 범인이 취득한 범죄수익을 몰수·추징하는 내용의 판결을 받으므로 위 차명재산 명의자인 제3자는 형사 판결문의 주문에 등장하지 않게 된다. 이 때 범인에 대한 추징 판결문으로 제3자 명의 재산을 어떻게 집행할 수 있는지의 문제가 발생하게 된다.

이처럼 범인이 명의를 돌려놓은 재산을 확보해서 범죄수익을 환수하는 방법으로 크게 2가지를 강구할 수 있다. ① **첫 번째는, 직접 '제3자'에 대한 추징금 판결 '선고'를 받아서 이를 근거로 '집행'하는 방법**이 있고, ② **두 번째는, '피고인'에 대한 추징금 판결 선고를 받은 다음 이를 근거로 제3자의 재산을 '집행'하는 방법**이 있다. 여기서 추징금 판결을 '선고'받는 것과 이를 '집행'하는 것은 완전히 다르다는 점을 주의해야 한다.

「제3자에 대한 추징금 선고」와 「차명재산에 대한 추징보전 및 집행」에 대한 근거법령은 아래와 같이 정리할 수 있다. 제3자에 대한 추징금 선고가 있으면 곧바로 제3자 재산에 '집행'할 수 있겠지만, 그렇지 않다면 **차명재산을 어떻게 환수할 것인지 그 '집행'방법이 문제된다.**

	제3자에 대한 추징금 선고	제3자에 대한 추징금 집행 특례	차명재산에 대한 추징보전
근거 법령 및 판례	부패재산몰수법 제5조 제2항 등	① 공무원범죄몰수법 제9조의2 ② 범죄수익은닉규제법 제10조의2	'실질적으로 피고인에게 귀속'되는 재산에 대한 추징보전 명령 가능 (대법원 2009모491 결정 등)
제3자에 대한 **추징금 판결 선고 여부**	○	×	×
추징금 판결 **선고 대상**	**제3자**	피고인	피고인
추징금 판결 **집행 방법**	제3자 명의 재산에 **직접 집행 가능**	제3자 명의 재산에 **직접 집행 가능**	집행권원 확보를 위한 제3자 상대 **별도의 소송제기 필요**(채권자취소/대위)
주요 사례	부산지방법원 2020고단2533, 3166 판결 등,[3] 대전지법 논산지원 2017고합58 판결 참조[4]	① 특정 공무원 범죄(뇌물사건)에 대한 차명재산 집행의 경우 및 ② 다중인명피해사고, 법인을 실질적으로 지배하는 자에 대한 차명재산 집행의 경우	일반적인 차명재산에 대한 집행 방법

위 표에서 보는 바와 같이 일반적인 경우는 차명재산에 대해 추징보전을 받은 다음 소송을 제기함으로써 제3자 명의를 범인(피고인) 앞으로 회복한 후 범죄수익을 환수하는 방법을 선택해야 함에 반해, ① 제3자를 형사재판에 참가시킴으로써 제3자에 대해 직접 추징금 판결 선고를 받아 제3자 명의 재산에 대한 별도의 집행권원을 확보하거나, ② 공무원범죄몰수법이 적용되는 사안 또는 범죄수익은닉규제법상 다중인명피해사고가 있었던 경우 등에는 범인(피고인)에 대한 추징금 판결을 집행권원으로 하여 제3자 명의의 차명재산을 직접 집행할 수 있도록 그 대상의 확장이 인정되고 있다.

관련조문

공무원범죄몰수법 제9조의2(불법재산 등에 대한 추징) 제6조의 추징은 범인 외의 자가 그 정황을 알면서 취득한 불법재산 및 그로부터 유래한 재산에 대하여 그 범인 외의 자를 상대로 **집행**할 수 있다.

범죄수익은닉규제법 제10조의2(추징 집행의 특례) 다중인명피해사고 발생에 형사적 책임이 있는 개인, 법인 및 경영지배·경제적 연관 또는 의사결정에의 참여 등을 통해 그 법인을 실질적으로 지배하는 자에 대한 이 법에 따른 몰수대상재산에 관한 추징은 범인 외의 자가 그 정황을 알면서 취득한 몰수대상재산 및 그로부터 유래한 재산에 대하여 그 범인 외의 자를 상대로 **집행**할 수 있다.

위 공무원범죄몰수법 및 범죄수익은닉규제법상 제3자 추징금 집행 특례조문은, ① **공무원범죄몰수법상 특정공무원범죄의 경우 전두환 前대통령에 대한 추징금 집행을 위하여** 2013. 7. 12. 공무원범죄몰수법을 개정하여 추가된 조문이고, ② **범죄수익은닉규제법상 다중인명피해 사고의 경우 세월호 참사 이후 세모그룹 관련 사건으로 말미암아** 2014. 11. 19. 추가된 것이다.

---

3 부산지방법원 2020노3542 판결로 확정.

4 해당 사건은 **범죄피해재산에 대한 추징** 사안으로, 비록 항소심에서 해당 추징이 모두 기각되고 대법원에서 상고 기각되어 확정되긴 하였으나, 1심에서는 참가인들 소유의 **예금채권, 자동차를 몰수하고, 참가인들로부터 금원을 추징하는 판결**이 선고된 바 있다. 해당 판결 주문례는 아래와 같다.

아 래

2. 참가인 D로부터 주식회사 하나은행 계좌(I)의 예금 중 2억 원에 대한 예금채권을, 참가인 J로부터 K투싼 승용차(차대번호 L)를 각 몰수한다.

3. 참가인 E로부터 212,000,000원을, 참가인 G로부터 4,321,339,022원을, 참가인 H로부터 935,365,000원을 각 추징한다.

결국 위와 같은 공무원범죄몰수법상 특례규정에 따라 범인 외의 자가 그 정황(범인이 범죄수익으로 재산을 취득하게 되었다는 사정)을 알면서 취득한 불법재산 및 그로부터 유래한 재산에 대하여는 그 범인 외의 사람으로부터 즉시 집행할 수 있다.

따라서 A가 특정공무원범죄를 저질러 불법수익을 취득하였는데 제3자인 B가 그와 같은 사정을 알면서도 그 재산을 취득하였다면 비록 그 명의가 B로 되어 있다 하더라도 A에 대한 추징금 판결을 집행권원으로 하여 B명의의 재산에 곧바로 집행할 수 있다는 것이다. 그러나 이와 같은 경우에 해당하지 않는다면 A에 대한 추징금 판결문을 집행권원으로 B명의의 차명재산을 곧바로 집행할 수 없어 별도의 소송절차를 거쳐야 한다. 제3자 명의 재산에 대해 직접 집행할 수 있는 예외에 해당하지 않음에도 소송절차를 거치지 않고 A에 대한 판결문을 집행권원으로 B명의의 재산을 본압류 집행하여 환가하는 것은 **하자가 명백한지 여부와 관계없이 처분의 내용이 법률상 실현될 수 없는 것이어서 당연무효**이다.[5]

이와 관련하여 위 전두환 전 대통령에 대한 추징금 집행 사례에서 **서울고등법원은 같은 취지로 아래와 같은 결정을 한 바 있고,[6] 대법원은 위 결정을 그대로 확정**하였다.[7]

관련 결정

1. 인정사실

    가. 피고인은 특정범죄가중처벌등에관한법률위반(뇌물)죄 등으로 기소되었고, 법원은 1996. 12. 16. 피고인에 대하여 무기징역, 추징 2,205억 원의 판결을 선고하였다(서울고등법원 96노1892 판결), 위 판결은 1997. 4. 17. 확정되었다.

    나. 별지 목록 순번 1 기재 부동산은 원래 E가 소유하고 있었는데, 1982. 12. 24. 피고인의 장남 F 앞으로 소유권이 이전되었다가 1999. 7. 7. 신청인 C 앞으로 소유권이 이전되었다.

    다. 별지 목록 순번 2 기재 각 부동산 중 서울 서대문구 G 대 818.9㎡(이하 'G'토지라고 한다)에 관하여 1969. 10. 1. 신청인 B 앞으로 소유권이전등기가 마쳐졌고, 그 지상 건물(이하 '이 사건 건물'이라고 한다)에 관하여는 1987. 4. 9. 신청인 B 앞으로 소유권이전등기가 마쳐졌다.

    라. 피고인이 추징금을 납부하지 아니하자 대한민국은 2013. 8. 26. 별지 목록 순번 1 기재 부동산을 압류하였고, 같은 해 9. 16. 별지 목록 순번 2 기재 각 부동산을 압류하였다.

---

5 대법원 1993. 4. 27. 선고 92누12117 판결, 대법원 2012. 4. 12. 선고 2010두4612 판결 등 참조.

6 서울고등법원 2020. 11. 20. 자 2018초기630, 96노1892 결정[재판의집행에관한이의 (96노1892 반란수괴 등)] 참조.

7 대법원 2021. 4. 12.자 2020모4001, 4005 결정 각 참조.

2. 주장의 요지

가. 신청인 B

1) 신청인 B는 1969. 10. 1.에 G 토지의 소유권을 취득하였으므로, 위 토지는 「공무원범죄에 관한 몰수 특례법」(이하 '공무원범죄몰수법'이라고 한다) 제9조의2에서 정한 '불법재산 및 그로부터 유래한 재산'에 해당하지 아니한다.

2) 이 사건 건물 역시 '불법재산 및 그로부터 유래한 재산'이 아니다.

3) 별지 목록 순번 2 기재 각 부동산은 피고인이 아닌 신청인 B의 재산이고, 피고인에 대한 판결에 기초하여 신청인 B 명의의 재산을 곧바로 압류할 수도 없다.

나. 신청인 C

1) 별지 목록 순번 1 기재 부동산은 공무원범죄몰수법 제9조의2에서 정한 '불법재산 및 그로부터 유래한 재산'에 해당하지 아니한다.

2) 피고인에 대한 판결에 기초하여 신청인 C 명의의 재산을 곧바로 압류할 수도 없다.

다. 검사

1) 별지 목록 순번 1 기재 부동산 및 별지 목록 순번 2 기재 각 부동산 중 이 사건 건물은 공무원범죄몰수법 제9조의2에서 정한 '불법재산 및 그로부터 유래한 재산'에 해당한다.

2) 별지 목록 기재 각 부동산은 신청인들이 아닌 피고인의 재산이므로, 피고인에 대한 판결에 기초하여 위 각 부동산을 압류할 수 있다.

3. 판단

가. 불법재산 및 그로부터 유래한 재산 해당 여부

1) 법리

형법 제129조 내지 제132조의 죄는 공무원범죄몰수법에서 정한 '특정공무원범죄'에 해당한다. 공무원범죄몰수법에서 정한 '불법수익'이란 '특정공무원범죄의 범죄행위로 얻은 재산'을 의미하고, '불법수익에서 유래한 재산'이란 '불법수익의 과실로서 얻은 재산, 불법수익의 대가로서 얻은 재산, 이들 재산의 대가로서 얻은 재산 등 불법수익이 변형되거나 증식되어 형성된 재산(불법수익이 불법수익과 관련 없는 재산과 합하여져 변형되거나 증식된 경우에는 불법수익에서 비롯된 부분으로 한정한다)'을 의미하며, '불법재산'이란 '불법수익과 불법수익에서 유래한 재산'을 의미한다(같은 법 제2조).

불법재산은 몰수하며(같은 법 제3조 제1항), 불법재산을 몰수할 수 없는 경우에는 그 가액을 범인에게서 추징한다(같은 법 제6조). 제6조의 추징은 범인 외의 자가 그 정황을 알면서 취득한 불법재산 및 그로부터 유래한 재산에 대하여 그 범인 외의 자를 상대로 집행할 수 있다(같은 법 제9조의2).

특정공무원범죄 후 범인이 취득한 재산으로서 그 가액이 취득 당시의 범인의 재산운용 상황 또는 법령에 따른 지급금의 수령 상황 등에 비추어 현저하게 고액이고, 그 취득한 재산이 불법수익 금액 및 재산 취득시기 등 모든 사정에 비추어 특정공무원범죄로 얻은 불법수익으로 형성되었다고 볼 만한 상당한 개연성이 있는 경우에는 특정공무원범죄로 얻은 불법수익이

그 재산의 취득에 사용된 것으로 인정할 수 있다(같은 법 제7조).

2) 판단

다음의 사정들에 비추어 볼 때 별지 목록 기재 각 부동산이 공무원범죄몰수법 제9조의2에서 정한 '불법재산 및 그로부터 유래한 재산'에 해당한다고 인정하기 어렵다.

가) **신청인들이 제출한 부동산매매계약서, 영수증(소갑제20호증)의 기재에 의하면 E는 1980. 4. 29. 별지 목록 순번 1 기재 부동산(당시 지번이 'I'이었던 것으로 보임)을 대금 5,500만 원에 매도하였고, 1980. 6. 24.경에는 매매대금을 모두 지급받은 것으로 보인다. 그런데, 이는 피고인이 J로 취임하기 전이어서 뇌물을 수수한 것에 비해 앞선 시점일 뿐만 아니라 그 액수에 비추어 볼 때 특정공무원범죄로 얻은 불법수익이 별지 목록 순번 1 기재 부동산을 취득하는 데 사용되었다고 볼 만한 상당한 개연성이 있음을 인정하기도 어렵다.**

나) 신청인 B는 G 토지를 1969. 10. 1. 취득하였는바, 이를 공무원범죄몰수법 제9조의2에서 정한 '불법재산 및 그로부터 유래한 재산'에 해당한다고 인정하기 어렵다.

다) 이 사건 건물은 G 토지 위에 있던 구옥을 철거하고 신축된 것으로 보이는데(2019. 4. 18.자 준비서면 제20쪽 참조), 검사는 위 공사에 어느 정도의 비용이 소요되었는지, 자금의 출처가 어디인지에 대해 자료를 제출하지 않았다. 한편 신청인 B는 위 공사에 150,000,000원 정도의 공사비가 소요되었다고 주장하고 있고(2020. 10. 12.자 참고서면 제4쪽 참조), 공매절차에서는 이 사건 건물의 가치를 250,632,000원으로 평가하였는바(2020. 9. 28.자 검찰의견서에 첨부된 감정평가서 참조), 이 사건 건물이 특정공무원범죄로 얻은 불법수익으로 형성되었다고 볼 만한 상당한 개연성이 있다고 인정하기 어렵다.

라) 이 사건 건물이 국고로 지어졌다는 언론의 보도가 있기는 하였으나 ① 신청인들 측에서는 위 보도가 명백한 오보라고 주장하고 있는 점, ② 행정안전부에 대한 사실조회결과에 따르면 「전직J 예우에 관한 법률」상 전직J의 사저 건축 공사비는 법률상 지원 대상에 해당하지 않는 점, ③ 이 사건 건물과 달리 K동으로 사용되고 있는 것으로 보이는 ㉠ 서울 서대문구 L 토지 및 그 지상 건물, ㉡ M 토지 및 그 지상 건물, ㉢ N 토지 및 그 지상 건물은 국가의 소유로 등기되어 있는 점 등에 비추어 볼 때 이 사건 건물이 국고로 지어진 것으로 보이지는 아니한다.

나. 차명재산을 곧바로 압류할 수 있는지 여부

다음의 사정들에 비추어 볼 때 별지 목록 기재 각 부동산이 피고인의 차명재산이라는 이유로 피고인에 대한 판결에 기초하여 이를 곧바로 압류하는 것은 허용되지 않는다고 봄이 타당하다.

1) 공무원범죄몰수법 제3조 제1항에 따르면 불법재산은 몰수할 수 있으나, 피고인 외의 자(국가 또는 지방자치단체는 제외한다)의 재산이나 지상권·저당권 또는 그 밖의 권리가 그 위에 존재하는 재산을 몰수할 필요가 있다고 인정하는 경우에는 즉시 해당재산을 가진 자나 그 재산상에 지상권·저당권 또는 그 밖의 권리를 가진 자로서 피고인 외의 자(이하 '제3자'라고 한다)에게 서면으로 '피고인에 대한 형사사건 절차에 참가신청을 할 수 있다는 취지' 등을 고

지하여야 있고(같은 법 제13조 제1항), 고지를 할 수 없을 때에는 관보나 일간신문에 싣고 검찰청 게시판에 14일간 게시하여 공고하여야 한다(같은 조 제2항). 위와 같은 절차를 거치지 아니한 채 제3자 소유의 재산이나 제3자의 권리가 그 위에 존재하는 재산을 몰수하는 것은 허용되지 아니한다(같은 법 제18조).

2) 공무원범죄몰수법 제6조에 따르면 불법재산은 몰수할 수 없는 경우에는 그 가액을 범인에게서 추징하도록 되어 있다.

3) 위와 같은 **공무원범죄몰수법의 구조에 비추어 볼 때 공무원범죄몰수법 제6조에 따른 추징은 원칙적으로 범인 본인 명의의 재산에 대하여 집행이 이루어져야 하고, 범인 외의 자를 상대로 집행을 하기 위해서는 별도의 법적 근거가 있어야 한다.**

4) **2013. 7. 12. 법률 제11883호로 개정된 공무원범죄몰수법 제9조의2에서 '제6조의 추징은 범인 외의 자가 그 정황을 알면서 취득한 불법재산 및 그로부터 유래한 재산에 대하여 그 범인 외의 자를 상대로 집행할 수 있다.'고 규정함으로써 범인 외의 자를 상대로 추징판결을 집행할 수 있는 법적 근거를 마련하였는바, 이와 같은 경우에 해당하지 않는 이상 범인 외의 자를 상대로 추징판결을 집행할 수는 없다고 봄이 타당하다.**

5) 검사는 제3자 명의의 차명재산이 추징보전명령의 대상이 된다고 본 판례의 태도에 비추어 볼 때 제3자 명의의 차명재산을 곧바로 압류하는 것도 허용이 된다고 주장하나, 추징재판의 집행을 위한 보전을 목적으로 하는 추징보전명령과 형 집행의 일종인 추징재판의 집행을 동일시할 수는 없다(오히려 대법원은 제3자 명의로 보유하고 있는 예금채권에 대한 추징보전명령 이후 추징보전명령을 본압류로 이전하여 달라는 대한민국의 채권압류 및 추심명령 신청을 받아들이지 아니한 항소심 판단을 유지한 바 있다. 수원지방법원 2017. 1. 12.자 2015라1694 결정, 대법원 2017. 5. 26.자 2017마194 결정, 수원지방법원 2017. 1. 11.자 2015라1695 결정, 대법원 2017. 5. 26.자 2017마195 결정 참조).

6) **차명재산에 대해 추징판결을 집행할 수 있는 방법이 없는 것도 아니다. 대한민국은 차명재산인 배우자 명의의 부동산에 대해 추징판결을 집행하기 위해 추징금 채권을 피보전채권으로 하여 명의신탁해지를 원인으로 한 소유권이전등기청구 소송에서 승소한 전례가 있다**(서울중앙지방법원 2011. 12. 23. 선고 2011가합2543 판결, 서울고등법원 2012. 6. 20. 선고 2012나8439 판결, 대법원 2012. 11. 15. 선고 2012다65577 판결 참조).

7) 검사는 대법원이 2017다214695 사건에서 차명재산인 임대차보증금반환채권에 대하여 추징판결을 집행하는 것을 허용하였다는 취지로 주장하나, 위 사건에는 임대차보증금반환채권을 양도하였음에도 양도통지나 채무자의 승낙이 확정일자 있는 증서에 의해 이루어지지 않아 임대차보증금반환채권을 압류한 제3자인 대한민국에게 대항할 수 없었던 사정이 있었는바, 이 사건에 원용하기에는 적절하지 아니하다(서울서부지방법원 2016. 8. 18. 선고 2016가단213612 판결, 서울고등법원 2017. 2. 3. 선고 2016나2060592 판결, 대법원 2017. 4. 28. 고지 2017다214695 판결 참조).

8) **차명재산을 곧바로 압류하는 것을 허용한다는 것은 결국 법원의 판단을 거치지 아니한 채 제3자를 상대로 한 형의 집행을 허용하는 것이 된다.** 이 경우 제3자는 형사소송법 제489조에 따라 재판의 집행에 관한 이의를 신청하거나 민사집행법 제48조에 따라 제3자이의의 소

를 제기하여야 하게 되는데, 이는 소제기 등의 부담을 일반 국민에게 전가시키는 것이어서 바람직하지 아니하다.

4. 결론

그렇다면 별지 목록 기재 각 부동산에 관한 주문 기재 각 압류처분은 위법하므로 이를 취소하기로 하여, 주문과 같이 결정한다(**대한민국으로서는 별지 목록 기재 각 부동산이 차명재산에 해당할 경우 처분금지가처분을 신청한 다음, 추징금 채권을 피보전채권으로 하는 채권자대위소송을 제기하여 피고인 앞으로 명의를 회복한 다음 추징판결을 집행할 수 있음을 지적해 둔다**).

제 2 장
공무원범죄몰수법상 특정공무원범죄

1 형법상 뇌물죄 및 특정범죄가중법상 뇌물죄 가중처벌

공무원범죄몰수법은 형법 제129조부터 제132조의 범죄(동법 제2조 제1호 가목) 및 특정범죄가중법 제2조(동법 제2조 제1호 다목)를 특정공무원범죄로 규정하고 있다.

관련조문

제2조(정의) 이 법에서 사용하는 용어의 뜻은 다음과 같다.
   1. "특정공무원범죄"란 다음 각 목의 어느 하나에 해당하는 죄[해당 죄와 다른 죄가 「형법」 제40조에 따른 상상적 경합(想像的 競合) 관계인 경우에는 그 다른 죄를 포함한다]를 말한다.
      가. 「형법」 제129조부터 제132조까지의 죄
      다. 「특정범죄가중처벌 등에 관한 법률」 제2조 및 제5조의 죄

그런데 위 각 범죄는 범죄수익은닉규제법상 중대범죄에 포함되고 이는 **「제2편 제1장 형법범죄 제1절 국가적 법익에 관한 죄」** 부분에서 모두 살펴보았으므로 이 부분에서는 그 기재를 생략한다.

2 특정범죄가중법상 국고 등 손실죄 등

1. 서설

공무원범죄몰수법은 제2조 제1호 나목에서 회계직원책임법상 특정 신분자가 형법 제355조에 따른 횡령·배임죄를 범하는 것을, 제2조 제1호 다목에서 이에 대한 금액 가중처벌 규정인 특정범죄가중법 제5조를 각 특정공무원범죄로 규정하고 있다.

그런데 회계직원책임법상 위 신분자의 횡령·배임죄는 따로 처벌하는 규정이 존재하지 않으므로 그 처벌규정은 손실 금액이 **1억 원 미만인 경우**는 **형법 제355조**를 따르게 되고, **1억 원 이상 5억 원 미만인 경우 특정범죄가중법 제5조 제2호**를, **5억 원 이상인 경우**에는 **특정범죄가중법 제5조 제1호**를 따르게 된다.

따라서 국고 등 손실을 규정하고 있는 특정범죄가중법 제5조를 이 항목에서 한꺼번에 검토하기로 한다.

2. 구성요건 및 처벌

관련조문

제2조(정의) 이 법에서 사용하는 용어의 뜻은 다음과 같다.

　1. "특정공무원범죄"란 다음 각 목의 어느 하나에 해당하는 죄[해당 죄와 다른 죄가 「형법」 제40조에 따른 상상적 경합(想像的 競合) 관계인 경우에는 그 다른 죄를 포함한다]를 말한다.

　　나. **「회계관계직원 등의 책임에 관한 법률」 제2조 제1호·제2호 또는 제4호(같은 조 제1호 또는 제2호에 규정된 사람의 보조자로서 그 회계사무의 일부를 처리하는 사람만 해당한다)에 규정된 사람이 국고(國庫) 또는 지방자치단체에 손실을 입힐 것을 알면서도 그 직무에 관하여 범한 「형법」 제355조의 죄**

　　다. **「특정범죄가중처벌 등에 관한 법률」** 제2조 및 **제5조의 죄**

☞ **제5조(국고 등 손실)** 「회계관계직원 등의 책임에 관한 법률」 제2조 제1호·제2호 또는 제4호(제1호 또는 제2호에 규정된 사람의 보조자로서 그 회계사무의 일부를 처리하는 사람만 해당한다)에 규정된 사람이 국고(國庫) 또는 지방자치단체에 손실을 입힐 것을 알면서 그 직무에 관하여 「형법」 제355조의 죄를 범한 경우에는 다음 각 호의 구분에 따라 가중처벌한다.

　1. 국고 또는 지방자치단체의 손실이 5억 원 이상인 경우에는 무기 또는 5년 이상의 징역에 처한다.

　2. 국고 또는 지방자치단체의 손실이 1억 원 이상 5억 원 미만인 경우에는 3년 이상의 유기징역에 처한다.[전문개정 2010. 3. 31.]

☞ **제355조(횡령, 배임)** ① 타인의 재물을 보관하는 자가 그 재물을 횡령하거나 그 반환을 거부한 때에는 5년 이하의 징역 또는 1천500만 원 이하의 벌금에 처한다. ＜개정 1995. 12. 29.＞

　② 타인의 사무를 처리하는 자가 그 임무에 위배하는 행위로써 재산상의 이익을 취득하거나 제삼자로 하여금 이를 취득하게 하여 본인에게 손해를 가한 때에도 전항의 형과 같다.

가. 구성요건의 주체 및 행위의 상대방

본죄의 주체는 회계직원책임법 제2조 제1호·제2호 또는 제4호(같은 조 제1호 또는 제2호에 규정된 사람의 보조자로서 그 회계사무의 일부를 처리하는 사람만 해당한다)에 규정된 사람이다(**신분범**). 따라서 위 신분자의 범행에 가공하여 범행을 한 사람은 형법 제33조 본문 및 단서에 따라 처벌된다.

관련조문

회계직원책임법 제2조(정의) 이 법에서 **"회계관계직원"**이란 다음 각 호의 어느 하나에 해당하는 사람을 말한다.

1. 「**국가재정법**」, 「**국가회계법**」, 「**국고금관리법**」 등 국가의 예산 및 회계에 관계되는 사항을 정한 법령에 따라 국가의 회계사무를 집행하는 사람으로서 다음 각 목의 어느 하나에 해당하는 사람
   가. 수입징수관, 재무관, 지출관, 계약관 및 현금출납 공무원
   나. 유가증권 취급 공무원
   다. 선사용자금출납명령관
   라. 기금의 회계사무를 처리하는 사람
   마. 채권관리관
   바. 물품관리관, 물품운용관, 물품출납 공무원 및 물품 사용 공무원
   사. 재산관리관
   아. 국세환급금의 지급을 명하는 공무원
   자. 관세환급금의 지급을 명하는 공무원
   차. 회계책임관
   카. 그 밖에 국가의 회계사무를 처리하는 사람
   타. 가목부터 카목까지에 규정된 사람의 대리자, 분임자(分任者) 또는 분임자의 대리자
2. 「**지방재정법**」 및 「**지방회계법**」 등 지방자치단체의 예산 및 회계에 관계되는 사항을 정한 법령에 따라 **지방자치단체의 회계사무를 집행하는 사람**으로서 다음 각 목의 어느 하나에 해당하는 사람
   가. 징수관, 재무관, 지출원, 출납원, 물품관리관 및 물품 사용 공무원
   나. 가목에 규정되지 아니한 사람으로서 제1호 각 목에 규정된 사람이 집행하는 회계사무에 준하는 사무를 처리하는 사람
4. 제1호부터 제3호까지에 규정된 사람의 **보조자로서 그 회계사무의 일부를 처리하는 사람**

본죄의 주체는 위와 같이 **국가재정법, 국가회계법 및 국고금관리법상** 국가의 예산 및 회계에 관계되는 사항을 정한 법령에 따라 국가의 회계사무를 집행하는 사람이므로 각 법령에 따라 국가기관의 회계담당자뿐만 아니라 해당 회계책임자를 보조하는 사람으로서 회계사무의 일부라도 처리하는 사람이면 본죄의 주체가 된다. 결국 **각 기관의 내부 규정에 따라 회계 사무를 처리하고 있는 사람인지 여부를 확인하는 것이 본죄의 성립에 관한 중요한 쟁점이다.**

이와 관련하여 **국가정보원장이 특별사업비 지출에 대해 회계직원책임법상 회계관계직원에 해당하는지 여부와 관련하여 대법원은 이를 긍정**하며 다음과 같이 판시한 바 있다.[1]

판례

[2] …(전략)…회계직원책임법 제2조에서 정한 회계관계직원은 제1호 (가)목부터 (차)목까지 열거된 직명을 갖는 사람은 물론 그러한 직명을 갖지 않는 사람이라도 **실질적으로 그와 유사한 회계관계업무를 처리하면 이에 해당하고, 반드시 그 업무를 전담하고 있을 필요도 없으며, 직위의 높고 낮음도 불문**한다. 국고금 관리법 제6조, 제9조 제1항, 제19조, 제21조 제1항, 국가회계법 제6조 제1항 등의 규정에 따르면, 중앙관서의 장은 소관 수입의 징수와 수납에 관한 사무, 소관 지출원인행위와 지출에 관한 사무 등 소관의 회계에 관한 사무를 관리하고, 소속 공무원에게 특정 사무를 위임하여 하게 할 수 있다. 이러한 규정에 따르면, **중앙관서의 회계관계업무는 원칙적으로 중앙관서의 장의 권한**이고, **그중 특정한 권한을 소속 공무원에게 위임할 수 있는 것**이므로 중앙관서의 장이 이러한 위임을 하지 않았거나 또는 법령상 중앙관서의 장이 스스로 회계관계업무를 처리하도록 되어 있는 경우에는 **중앙관서의 장도 회계직원책임법 제2조에서 정한 회계관계직원의 범위에 포함된다**고 보아야 한다.

[3] ① 국가정보원장(이하 '국정원장'이라 한다)은 중앙관서의 장으로서 소관 수입의 징수와 수납에 관한 사무, 소관 지출원인행위와 지출에 관한 사무 등 소관의 회계에 관한 사무를 관리하므로(국고금 관리법 제2조 제4호, 제6조, 제19조, 국가회계법 제6조 제1항, 정부조직법 제2조, 제17조, 국가정보원법 제7조) 국가정보원(이하 '국정원'이라 한다) **소관 회계에 관한 사무는 원칙적으로 국정원장의 권한**에 속한다.

② **회계에 관한 사무 중 하나인 지출원인행위**는 지출의 원인이 되는 계약이나 그 밖의 행위로서(국고금 관리법 제19조), **일정한 금액의 지출의무를 확정적으로 발생시키는 행위**를 의미한다. 국정원의 통상적인 예산 집행과 관련하여 국정원장은 지출원인행위를 기획조정실장에게 위임하였고, 실제로 이와 같이 위임된 업무는 국정원장의 승인 절차 없이 기획조정실장이 처리한다.

---

1 대법원 2019. 11. 28. 선고 2019도11766 판결 참조.

> 그러나 **특별사업비는 국정원장이 스스로 사용처, 지급시기와 지급할 금액 등 지출의무의 내용을 확정하고, 다른 직원이 개입할 여지가 없다.** 특별사업비 집행 과정 중에 사업명과 소요예산이 간략히 기재된 서류가 국정원 내에서 기획조정실장의 전결로 작성되기는 한다. 그러나 이는 국정원장이 확정한 금액을 예금계좌에서 인출하기 위한 절차에 불과한 것으로 보일 뿐이고, 위 서류를 작성하는 행위 자체를 지출원인행위로 볼 수는 없다.
> ③ **국정원장은 사용처를 지정하여 특별사업비의 지출을 지시**한다. 위와 같은 사정을 관련 법리에 비추어 보면, **국정원장들은 특별사업비 집행 과정에서 직접 사용처, 지급시기와 지급할 금액을 확정함으로써 지출원인행위를 수행할 뿐만 아니라 특별사업비를 실제로 지출하도록 함으로써 자금지출행위에도 관여**하는 등 회계관계업무에 해당하는 지출원인행위와 자금지출행위를 실질적으로 처리하였다. 따라서 **국정원장들은 업무의 실질에 있어 회계관계직원 등의 책임에 관한 법률 제2조 제1호 (카)목에서 정한 '그 밖에 국가의 회계사무를 처리하는 사람'에 해당하여 회계관계직원에 해당한다**고 보아야 한다(대법원 2019. 11. 28. 선고 2019도11766 판결 참조).

본죄의 **행위의 상대방**은 형법 제355조 횡령 및 배임죄의 법리와 같이 특별한 제한이 없다. 재물 또는 재산상 이익의 소유자인 피해자는 회계직원책임법상 국가 또는 지방자치단체가 된다.

나. 구성요건적 행위

본죄의 **구성요건적 행위**는 국고(國庫) 또는 지방자치단체에 **손실을 입힐 것을 알면서도 그 직무에 관하여 범한 형법 제355조의 죄**이다. 회계직원책임법은 위와 같은 행위를 별도로 처벌하는 규정이 없고, 특정범죄가중법 제5조는 위와 같은 범죄를 '국고 등 손실'죄로 규정하여 그 손실금액이 1억 원 이상 5억 원 미만인 경우, 5억 원 이상인 경우를 나누어 각각 가중처벌하고 있다.

따라서 본죄의 **구성요건적 행위**는 ① 위와 같은 신분자가 국고 또는 지방자치단체에 손실을 입힐 것을 알면서 그 직무에 관하여 범한 횡령죄 또는 배임죄(공무원범죄몰수법 **제2조 제1호 나목**) 및 ② 그 손실 액수가 1억 원 이상 5억 원 미만인 경우(특정범죄가중법 제5조 **제2호**), ③ 5억 원 이상인 경우(특정범죄가중법 제5조 **제1호**)로 나누어 볼 수 있다.

여기서 형법 제355조의 죄는 횡령죄와 배임죄를 모두 포함하는 것으로, **횡령죄**는 타인의 재물을 보관하는 자가 이를 임의로 소비하여 재물을 횡령하면 성립하고, **배임죄**는 타인의 재산상 사무를 처리하는 사람이 그 임무에 위배하여 타인에게 손해를 가하는 경우 성립한다.

이 때 재물을 횡령하거나 타인에게 손해를 가하는 행위는 공무원범죄몰수법의 특정공무원범죄 규정상 '국고 또는 지방자치단체에 손실을 가하는 행위'로 해석할 수 있다. 결국

회계직원책임법상 회계관계직원이 국가 또는 지방자치단체 소유의 재물을 보관하거나 국가 또는 지방자치단체의 재산상 사무를 처리하는 과정에서 위와 같은 범죄를 저질러 국고에 손실을 가하는 행위는 모두 특정공무원범죄에 해당하므로 **범죄피해자가 있는 횡령·배임죄 임에도 필요적 몰수·추징 규정이 적용**된다.

나아가 위 횡령·배임죄는 **국가 또는 지방자치단체의 회계관리직원이 그 직무에 관하여 범한 것**이어야 하므로 자신의 직무범위 외의 일로 국고 손실을 일으키는 횡령행위를 하는 경우 본죄가 성립하지 않는다. 각 회계관리직원이 담당하고 있는 직무는 자신이 직접 담당하는 사무뿐만 아니라 자신의 담당 사무와 직접·간접적인 연관성이 있으면 충분하다.

주관적 구성요건요소로서 회계담당 공무원이 자신이 보관하고 있는 또는 자신이 처리하고 있는 국가 또는 지방자치단체의 사무에 관하여 국가 또는 지방자치단체에 손실을 가한다는 사실을 알면서도 횡령 또는 배임행위를 하여야 한다(고의범).

다. 처벌

본죄를 범하여 국고 또는 지방자치단체에 가져온 손실이 **1억 원 미만**인 경우에는 형법 제355조 제1항 또는 제2항에 따른 횡령 및 배임죄가 그대로 성립하므로 **5년 이하 또는 1,500만 원 이하의 벌금**에 처한다.

다만 위 **손실 금액이 1억 원 이상 5억 원 미만**인 경우에는 **특정범죄가중법 제5조 제2호**에 따라 **3년 이상의 유기징역**에 처하고, **손실금액이 5억 원 이상**인 경우에는 **특정범죄가중법 제5조 제1호**에 따라 **무기 또는 5년 이상의 징역**에 처한다.

그리고 앞에서 살펴본 바와 같이 위 각 범죄는 모두 **공무원범죄몰수법상 필요적 몰수·추징 규정의 적용**을 받으므로 위와 같이 손실을 가한 재물 자체는 몰수의 대상이 되고, 이를 몰수할 수 없는 경우에는 추징의 대상이 된다.

3. 범죄수익환수 사례

이와 관련하여 **前 대통령이 국정원장으로부터 특별사업비 중 일부를 건네받은 것을 특정범죄가중법위반(국고등손실)죄로 처벌하면서 해당 범행으로 취득한 범죄수익을 공무원범죄몰수법에 따라 추징해 환수한 사례**가 있어 소개한다.[2]

---

2 서울중앙지방법원 2018. 7. 20. 선고 2018고합20 판결 참조[해당 1심 사건은 서울고등법원 2018노2150 판결로 일부 파기되었고 상고심(대법원 2019도11766 판결)에서 재차 파기 환송되었다. 그 후 서울고등법원 2019노1962 판결에서 파기환송심이 진행된 다음 재차 대법원 2020도9836 판결로 확정되었다. 위 관련 판

아래 관련 판결에서는 회계관리직원의 신분이 없는 대통령이 해당 신분이 있는 국정원장 등과 공모하여 국고손실 행위를 한 경우 형법 제33조 본문에 따라 특정범죄가중처벌등에관한법률위반(국고등손실)죄가 성립하지만 그 처벌은 형법 제33조 단서가 적용되어 그 횡령액수에 따라 특정경제범죄가중처벌등에관한법률(횡령)죄 또는 형법상 횡령죄(제355조 제1항)에 따른다고 판시하였다. 그리고 법원은 위와 같은 과정에서 취득한 **불법재산 33억 원 상당을 추징함이 상당하다고 보았는바 해당 사안은 국고등손실죄가 직접적으로 문제된 중요 참고사례**다.

사례

범죄사실

[피고인과 관련자들의 지위]

피고인은 2013. 2. 25.부터 2017. 3. 10.까지 대한민국 제18대 대통령으로 재직한 사람으로, 대한민국 헌법에 따른 국가원수이자 행정수반으로서 법령에 따라 국정원을 비롯한 모든 중앙행정기관의 장을 지휘·감독하고, 국가정보원(이하 '국정원'이라 한다)의 국정원장과 차장, 기획조정실장(이하 '기조실장'이라 한다)을 임면(임면)하며, 국정원 현안에 대한 보고를 받고 지시사항을 하달하는 등 국정원의 인사·예산·조직 등 전반에 걸쳐 법률상·사실상 막대한 권한을 가지고 있다.

공소외 1은 2013. 3. 22.부터 2014. 5. 22.까지, 공소외 2는 2014. 7. 16.부터 2015. 2. 28.까지, 공소외 3은 2015. 3. 18.부터 2017. 5. 31.까지 각 국정원장으로 재직하면서 임명권자인 대통령의 지시와 감독을 받아 국정원의 인사·예산·조직 관리 및 정책 집행, 정보·보안 업무를 총괄하는 자로서, 「회계관계직원 등의 책임에 관한 법률」상의 '기타 국가의 회계사무를 처리하는 자'에 해당한다.

공소외 5는 2013. 4. 15.부터 2017. 6. 26.까지 국정원 기조실장으로 근무하면서 국정원장의 업무를 보좌하여 인사·예산·조직 관리 등 위임된 사무를 처리하였고, 특히 국정원 회계사무 중 지출원인행위를 담당하는 재무관으로서 국정원 특수활동비 등에 대한 집행 및 관리 업무를 담당하였다.

공소외 8은 2016. 5. 16.부터 2016. 11. 2.까지 대통령비서실 비서실장(이하 '비서실장'이라 한다)으로 재직한 사람으로, 대통령의 명을 받아 대통령비서실의 사무를 총괄하고, 비서실 소속 공무원을 지휘·감독하며, 청와대 인사위원회 위원장으로서 국정원장 등 대통령이 임명하

결은 원 판결인 서울중앙지방법원 판결(2018고합20)을 기초로 소개하였다].

는 각 부처의 고위공무원 인사에 관여하는 등 대통령의 인사·예산·정책 등 각종 권한 행사를 보좌하며 그 영향력을 행사하여 왔다.

공소외 6은 2013. 3. 14.부터 2016. 10. 31.까지 대통령비서실 총무비서관으로 재직한 사람이고, 공소외 4는 2013. 3. 14.부터 2015. 1. 22.까지 대통령비서실 제2부속비서관, 2015. 1. 23.부터 2016. 10. 31.까지 대통령비서실 홍보수석실 국정홍보비서관으로 재직한 사람이고, 공소외 7은 2013. 3. 22.부터 2016. 10. 31.까지 대통령비서실 제1부속비서관 및 부속비서관으로 재직한 사람이다.

[범죄사실]

1. 피고인에게 교부된 국정원 자금 관련 특정범죄가중처벌등에관한법률위반(국고등손실) 피고인은 대통령 취임 직후인 2013년 5월경부터 국정원장 공소외 1, 공소외 2, 공소외 3(이하 '국정원장들'이라 한다)에게 순차적으로 국정원장의 특별사업비 중 일부를 자신에게 교부해 줄 것을 요구하였다.

이에 국정원장들은 국정원 예산 중 그 사용처를 증빙하지 않아도 되는 연 40억 원 규모의 특별사업비(특수공작사업비, 이하 '특별사업비'라 한다)가 국정원장에게 배정되어 있음을 기화로 위와 같은 피고인의 요구에 응하기로 마음먹고 국정원 기조실장인 공소외 5에게 국정원 자금 중에서 매월 5,000만 원 내지 2억 원 상당의 금액을 마련하도록 지시하였다.

가. 공소외 1 국정원장 재직시 범행

국정원장 공소외 1은 2013년 5월경 피고인으로부터 공소외 4를 통해 '국정원에서 청와대로 매월 5,000만 원 씩 보내 달라'는 취지의 요청을 받고, 서울 서초구 △△동에 있는 국정원장 사무실에서 국정원장 정책특별보좌관 공소외 10에게 '청와대에서 돈을 좀 보내 달라는 연락이 왔다. 특별사업비 중에서 5,000만 원을 현금으로 만들어 비서실장 공소외 11을 통해 청와대에 전달하라'는 취지로 지시하였다.

공소외 10은 그 무렵 기획조정실 예산관 공소외 14로부터 2억 원 상당의 특별사업비를 현금으로 건네받아 이를 보관하다가 2013년 5월 중순경 국정원장 비서실장인 공소외 11에게 보관 중이던 특별사업비 중 5,000만 원을 담은 서류봉투를 건네주면서 "청와대에 전달해 달라"고 요청하였고, 공소외 11은 청와대 총무비서관 공소외 6에게 연락하여 사전에 만날 날짜와 약속시간을 협의하였다.

한편 피고인은 2013년 5월경 공소외 6에게 "국정원으로부터 돈이 올 테니 받아놓아라"는 지시를 하였고, 그 지시를 받은 공소외 6은 2013년 5월경부터 공소외 11로 하여금 연풍문 안내실을 통한 출입통제를 거치지 않고 청와대 경내로 들어올 수 있게 하기 위해 서로 약속한 청와대 인근 특정 장소에 청와대 차량을 보내 공소외 11을 탑승시켜 청와대 경내로 들어오게 하기도 하였고, 공소외 11 역시 총무비서관인 공소외 6 접견이 목적임에도 파견 국정원 직원 접견을 목적으로 기재하고 청와대 경내로 들어가는 방법을 이용하였다.

결국 **피고인은 공소외 6을 통하여 2013년 5월경 서울 종로구 □□□로에 있는 청와대 총무비서관실에서 공소외 11로부터 5만 원권 현금 5,000만 원이 들어 있는 봉투를 건네받은 것을 비롯하여, 그 무렵부터 2014년 4월경까지 별지 범죄일람표 1 기재와 같이 12회에 걸쳐 총무비서관 사무실에서 공소외 11을 통해 공소외 1로부터 매월 현금 5,000만 원, 합계 6억 원을 교부받았다.**

이로써 **피고인은 국정원장 공소외 1과 공모하여 특별사업비로 편성된 국정원 자금 6억 원을 '기밀유지가 요구되는 정보 및 사건 수사' 등과 무관하게 임의로 인출·사용하여 국고를 손실하였다.**

나. 공소외 2 국정원장 재직시 범행

국정원장 공소외 2는 2014. 7. 18.경 국정원장으로 부임한 후 서울 서초구 △△동에 있는 국정원장 사무실에서 공소외 5로부터 "전임 공소외 1 국정원장님 때부터 특별사업비 중에서 매월 5,000만 원을 청와대에 보내왔다"는 업무보고를 받았고, 그 무렵 공소외 9 경제부총리로부터 '청와대 교부액을 늘려주라'는 취지의 요청까지 받은 후, 피고인의 요구에 응하여 피고인에게 2배 증액된 국정원 자금을 교부하기로 마음먹고, 연 40억 원 규모의 특별사업비 중에서 매월 1억 원의 현금을 피고인에게 교부하라는 취지로 공소외 5에게 지시하였다.

이에 공소외 5는 2014년 7월 말경 기획조정실 예산관 공소외 14로 하여금 국정원장 특별사업비 중 1억 원을 현금으로 인출하게 하고 이를 건네받아 국정원에서 준비한 서류가방에 담고, 그 무렵 공소외 4에게 연락하여 미리 만날 장소를 정한 후, 청와대 연무관 인근 골목길까지 각자 차량으로 이동한 다음, 공소외 4의 차량 안에서 만난 공소외 4와 청와대 인근을 한 바퀴 돌면서 5,000만 원 다발 2개의 묶음으로 5만 원 권 현금 1억 원이 들어있는 서류가방을 건네주었고, 공소외 4는 이와 같이 건네받은 서류가방을 공소외 6에게 전달해 주었다.

결국 피고인은 공소외 4, 공소외 6을 통하여 2014년 7월경부터 2015년 2월경까지 별지 범죄일람표 2 기재와 같이 8회에 걸쳐 공소외 2로부터 매월 1억 원, 합계 8억 원을 교부받았다.

이로써 피고인은 국정원장 공소외 2, 국정원 기조실장 공소외 5와 공모하여 특별사업비로 편성된 국정원 자금 8억 원을 '기밀유지가 요구되는 정보 및 사건 수사' 등과 무관하게 임의로 인출·사용하여 국고를 손실하였다.

다. 공소외 3 국정원장 재직시 범행

국정원장 공소외 3은 2015년 3월 중순경 서울 서초구 △△동에 있는 국정원장 사무실에서 공소외 5로부터 "이전 원장 때부터 특별사업비 중에서 매월 1억 원을 청와대에 보내왔다"는 업무보고를 받은 후 피고인에게 매월 1억 원의 국정원 자금을 교부하기로 마음먹고, 연 40억 원 규모의 특별사업비 중에서 '매월 1억 원의 현금을 대통령에게 교부하라'는 취지로 공소외 5에게 지시하였다. 한편, 피고인은 2016년 5월경 공소외 3에게 "그간 국정원에서 지원한 자금이 있지 않습니까. 그거 계속 지원해 주세요"라고 재차 요구하기도 하였다.

공소외 3의 지시를 받은 공소외 5는 2015년 3월 하순경 기획조정실 예산관 공소외 15로 하여금 국정원장 특별사업비 중 1억 원을 현금으로 인출하게 하고 이를 건네받아 국정원에서 준비한 서류가방에 담고, 그 무렵 공소외 4에게 연락하여 미리 만날 장소를 정한 후, 청와대 연무관 인근 골목길까지 각자 차량으로 이동한 다음, 공소외 4의 차량 안에서 만난 공소외 4와 청와대 인근을 한 바퀴 돌면서 5,000만 원 다발 2개의 묶음으로 5만 원 권 현금 1억 원이 들어있는 서류가방을 건네주었고, 공소외 4는 이와 같이 건네받은 서류가방을 공소외 6에게 전달해 주었다.

결국 피고인은 공소외 4, 공소외 6을 통하여 2015년 3월경부터 2016년 7월경 소위 '국정농단' 의혹 사건이 발생하면서 국정원장의 정기적인 지급이 중단될 때까지 별지 범죄일람표 3 기재와 같이 19회에 걸쳐 2015년 9월경의 추석, 2016년 1월경의 설 명절을 포함하여 공소외 3으로부터 매월 1억 원, 합계 19억 원을 교부받았다.

이로써 피고인은 국정원장 공소외 3, 국정원 기조실장 공소외 5와 공모하여 특별사업비로 편성된 국정원 자금 19억 원을 '기밀유지가 요구되는 정보 및 사건 수사' 등과 무관하게 임의로 인출·사용하여 국고를 손실하였다.

2. 공소외 8 비서실장에게 교부된 국정원 자금 관련 특정범죄가중처벌등에관한법률위반(국고 등손실)

피고인은 2016년 5월경 서울 종로구 (주소 생략)에 있는 청와대 대통령 집무실에서 국정원장 공소외 3을 독대한 후, 공소외 3에게 "국정원에서 비서실장에게 매월 5,000만 원 정도 지원해 줬으면 좋겠다"고 지시하였고, 공소외 3은 "예, 알겠습니다"라고 답하였다.

이후 공소외 3은 2016년 6월 초순경 서울 서초구 △△동에 있는 국정원장 사무실에서 국정원장의 특별사업비 중에서 현금 5,000만 원을 쇼핑백에 넣은 후 국정원장 비서실장 공소외 12를 불러 쇼핑백을 건네주면서 "포장해서 청와대 공소외 8 비서실장께 가져다 드려라"고 지시하였다. 이와 같은 지시를 받은 공소외 12는 현금 5,000만 원을 선물 상자에 넣고, 빈 공간에 흔들리지 않도록 휴지를 채워넣은 후 끈으로 상자를 묶어 쇼핑백에 담는 방법으로 현금 5,000만 원을 포장하였다. 이후 공소외 12는 청와대 비서실에 연락하여 미리 비서실장의 일정을 확인하고, 사전에 방문할 날짜와 약속시간을 협의한 후 국정원 차량으로 청와대까지 이동하였고, 비서실 측 비서의 안내로 대통령비서실장 집무실로 찾아갔다.

공소외 8은 그 무렵 대통령비서실장 집무실에서 "원장님께서 보내셨습니다."라고 말하는 공소외 12로부터 5,000만 원이 든 쇼핑백을 건네받은 것을 비롯하여, 그 무렵부터 2016년 8월 초순경까지 같은 방법으로 3회에 걸쳐 국정원장 공소외 3으로부터 매월 현금 5,000만 원, 합계 1억 5,000만 원을 교부받았다.

이로써 피고인은 공소외 3과 공모하여 2016년 6월 초순경부터 2016년 8월 초순경까지 특별사업비로 편성된 국정원의 자금 1억 5,000만 원을 '기밀유지가 요구되는 정보 및 사건 수사' 등과 무관하게 임의로 인출·사용함으로써 국고를 손실하였다.

(후략)

【법령의 적용】

1. 범죄사실에 대한 해당법조

각 특정범죄 가중처벌 등에 관한 법률 제5조 제1호, 회계관계직원 등의 책임에 관한 법률 제2조 제1호, 형법 제355조 제1항, 제30조(판시 제1항 기재 국고손실의 점, 각 국정원장 재직 시의 범행별로 포괄하여, 다만 피고인에게는 회계관계직원 등의 책임에 관한 법률 제2조 제1호에 규정된 '회계관계직원'의 신분이 없으므로 형법 제33조 단서에 따라 횡령죄로 처벌하되, 각 국정원장 재직시의 범행별 이득액이 5억 원 이상이므로 특정경제범죄 가중처벌 등에 관한 법률 제3조 제1항 제2호에 따라 가중처벌함), 특정범죄 가중처벌 등에 관한 법률 제5조 제2호, 회계관계직원 등의 책임에 관한 법률 제2조 제1호, 형법 제355조 제1항, 제30조(판시 제2항 기재 국고손실의 점, 포괄하여, 다만 피고인에게는 회계관계직원 등의 책임에 관한 법률 제2조 제1호에 규정된 '회계관계직원'의 신분이 없으므로 형법 제33조 단서에 따라 형법 제355조 제1항의 횡령죄에 정한 형으로 처벌함)

[검사는, 특정범죄가중처벌등에관한법률위반(국고등손실)죄는 회계관계직원 등의 책임에 관한 법률 제2조가 정한 '회계관계직원'의 신분을 가진 자에 대하여 성립하는 진정신분범이므로, 회계관계직원에 해당하는 국정원장들과 공모한 피고인을 형법 제33조 본문에 따라 특정범죄가중처벌등에관한법률위반(국고등손실)죄에 정한 형으로 처벌하여야 한다는 취지로 주장한다. 그러나 <u>위 죄는 회계관계직원 등의 책임에 관한 법률의 해당 조항에 규정된 지위에 있는 자가 형법 제355조의 죄를 범한 때에 성립하는 것이어서 단순횡령죄에 대한 가중규정으로서 신분관계로 인하여 형의 경중이 있는 경우라고 할 것이므로, 그와 같은 신분관계가 없는 피고인이 그러한 신분관계가 있는 국정원장들과 공모하여 횡령죄를 저질렀다면 피고인에 대하여는 형법 제33조 단서에 의하여 형법 제355조 제1항의 횡령죄에 정한 형으로 처단하여야 한다</u>. 다만, 특정경제범죄 가중처벌 등에 관한 법률 제3조 제1항은 형법 제355조 제1항의 단순 횡령죄를 저지른 경우에도 그로 인하여 취득한 이득액이 5억 원 이상인 때에는 가중처벌하도록 규정하고 있는바, 이는 이득액에 따라 형을 가중해 놓은 것일 뿐 별개 또는 추가 구성요건을 규정한 것이 아니므로 <u>판시 제1항 기재 국고손실죄와 관련하여 피고인에게 특정범죄가중처벌등에관한법률위반(국고등손실)죄의 공동정범이 성립하고 그로 인한 이득액이 5억 원을 넘는 이상 피고인을 특정경제범죄 가중처벌 등에 관한 법률 제3조 제1항 제2호에 의하여 처단함이 타당하다.</u>

1. 추징

공무원범죄에 관한 몰수 특례법 제6조, 제3조 제2항, 제1항, 제2조 제1호 다목, 특정범죄 가중처벌 등에 관한 법률 제5조 제1호

[추징금 산정의 근거]: 판시 제1항 기재 특정범죄가중처벌등에관한법률위반(국고등손실)죄로 취득한 특별사업비 3,300,000,000원

[검사는 피고인에 대한 뇌물수수죄가 유죄로 인정됨을 전제로 형법 제134조에 따른 추징을 구하나, 피고인에 대한 이 사건 뇌물수수의 점은 아래에서 보는 바와 같이 모두 무죄로 판단하므로 형법 제134조에 따른 추징은 할 수 없다. 다만, 공무원범죄에 관한 몰수 특례법은 제2조 제1호에서 특정범죄가중처벌등에관한법률위반(국고등손실)죄로 취득한 불법재산을 몰수할 것을 규정하고 있으므로 위 규정에 따라 피고인에 대하여 유죄로 인정되는 이 사건 국고손실 범행으로 얻은 재산인 위 33억 원의 특별사업비 상당액을 추징한다.

한편 검사는 피고인이 2016년 9월경 공소외 3으로부터 받은 2억 원에 관하여도 추징을 구하나, 공무원범죄에 관한 몰수 특례법 제6조에 의한 필요적 몰수 또는 추징은 범인이 취득한 당해 재산을 범인으로부터 박탈하여 범인으로 하여금 부정한 이익을 보유하지 못하게 함에 그 목적이 있는 것인데(대법원 2004. 10. 27. 선고 2003도6738 판결 참조), 아래에서 보는 바와 같이 피고인이 수수한 위 2억 원에 관하여는 뇌물수수의 점 외에 국고손실의 점에 대하여도 피고인과 공소외 3 사이의 공모관계가 인정되지 않아 무죄로 판단하는 이상, 피고인에 대하여 위 2억 원에 관한 추징 판결을 선고할 수는 없다(**다만 공무원범죄에 관한 몰수 특례법 제 9조의2는 '제6조의 추징은 범인 외의 자가 그 정황을 알면서 취득한 불법재산 및 그로부터 유래한 재산에 대하여 그 범인 외의 자를 상대로 집행할 수 있다'고 규정하고 있으므로, 위 규정에 따라 위 2억 원의 국고손실에 관한 범인에 대한 추징 판결에 터잡아 범인 외의 자를 상대로 집행할 수 있는지 여부는 별론으로 한다**).]

(서울중앙지방법원 2018. 7. 20. 선고 2018고합20 판결)

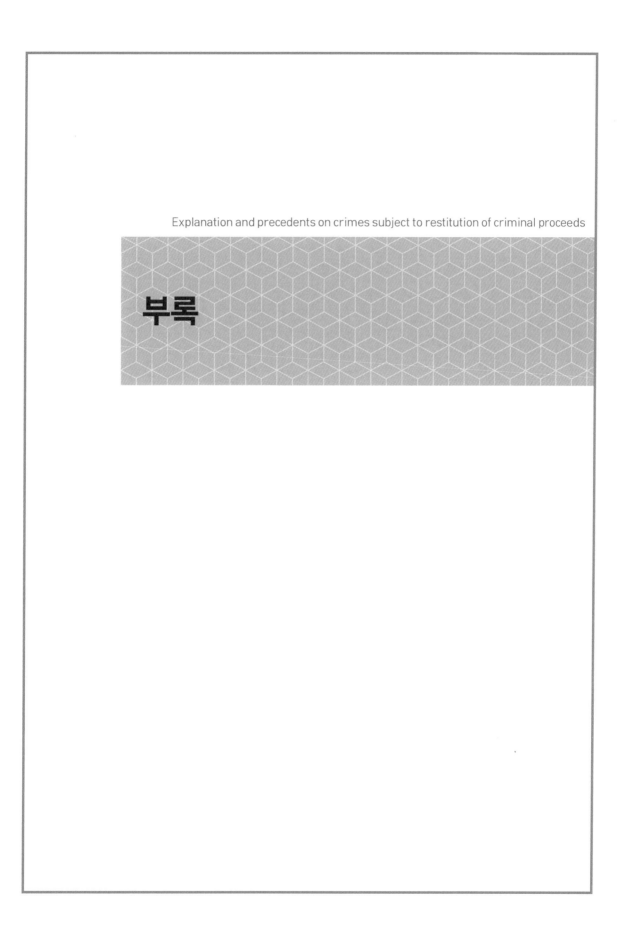

Explanation and precedents on crimes subject to restitution of criminal proceeds

부록

범죄수익은닉의 규제 및 처벌 등에 관한 법률(약칭: 범죄수익은닉규제법)

[시행 2021. 3. 25.] [법률 제17113호, 2020. 3. 24., 타법개정]

제1조(목적) 이 법은 특정범죄와 관련된 범죄수익(犯罪收益)의 취득 등에 관한 사실을 가장(假裝)하거나 특정범죄를 조장할 목적 또는 적법하게 취득한 재산으로 가장할 목적으로 범죄수익을 은닉(隱匿)하는 행위를 규제하고, 특정범죄와 관련된 범죄수익의 몰수 및 추징(追徵)에 관한 특례를 규정함으로써 특정범죄를 조장하는 경제적 요인을 근원적으로 제거하여 건전한 사회질서의 유지에 이바지함을 목적으로 한다.

[전문개정 2010. 3. 31.]

제2조(정의) 이 법에서 사용하는 용어의 뜻은 다음과 같다. 〈개정 2014. 5. 28., 2014. 11. 19.〉

1. "특정범죄"란 재산상의 부정한 이익을 취득할 목적으로 범한 죄로서 별표에 규정된 죄(이하 "중대범죄"라 한다)와 제2호 나목에 규정된 죄를 말한다. 이 경우 중대범죄 및 제2호 나목에 규정된 죄와 다른 죄가 「형법」 제40조에 따른 상상적 경합(想像的 競合) 관계에 있는 경우에는 그 다른 죄를 포함하며, 외국인이 대한민국 영역 밖에서 한 행위가 대한민국 영역 안에서 행하여졌다면 중대범죄 또는 제2호 나목에 규정된 죄에 해당하고 행위지(行爲地)의 법령에 따라 죄에 해당하는 경우 그 죄를 포함한다.

2. "범죄수익"이란 다음 각 목의 어느 하나에 해당하는 것을 말한다.

　가. 중대범죄에 해당하는 범죄행위에 의하여 생긴 재산 또는 그 범죄행위의 보수(報酬)로 얻은 재산

　나. 다음의 어느 하나의 죄에 관계된 자금 또는 재산

　　1) 「성매매알선 등 행위의 처벌에 관한 법률」 제19조 제2항 제1호(성매매알선등행위 중 성매매에 제공되는 사실을 알면서 자금·토지 또는 건물을 제공하는 행위만 해당한다)의 죄

　　2) 「폭력행위 등 처벌에 관한 법률」 제5조 제2항 및 제6조(제5조 제2항의 미수범만 해당한다)의 죄

　　3) 「국제상거래에 있어서 외국공무원에 대한 뇌물방지법」 제3조 제1항의 죄

　　4) 「특정경제범죄 가중처벌 등에 관한 법률」 제4조의 죄

　　5) 「국제형사재판소 관할 범죄의 처벌 등에 관한 법률」 제8조부터 제16조까지의 죄

　　6) 「공중 등 협박목적 및 대량살상무기확산을 위한 자금조달행위의 금지에 관한 법률」 제6조 제1항·제4항(제6조 제1항 제1호의 미수범에 한정한다)의 죄

3. "범죄수익에서 유래한 재산"이란 범죄수익의 과실(果實)로 얻은 재산, 범죄수익의 대가(對價)로 얻은 재산 및 이들 재산의 대가로 얻은 재산, 그 밖에 범죄수익의 보유 또는 처분에 의하여 얻은 재산을 말한다.

4. "범죄수익등"이란 범죄수익, 범죄수익에서 유래한 재산 및 이들 재산과 그 외의 재산이 합쳐진 재산을 말한다.

5. "다중인명피해사고"란 고의 또는 과실에 의한 화재, 붕괴, 폭발, 선박·항공기·열차 사고를 포함하는 교통사고, 화생방사고, 환경오염사고 등으로서 국가 또는 지방자치단체 차원의

대처가 필요한 인명피해를 야기한 사고를 말
한다.

[전문개정 2010. 3. 31.]

제3조(범죄수익등의 은닉 및 가장) ① 다음 각 호의
어느 하나에 해당하는 자는 5년 이하의 징역 또는 3
천만원 이하의 벌금에 처한다.

1. 범죄수익등의 취득 또는 처분에 관한 사실을
   가장한 자
2. 범죄수익의 발생 원인에 관한 사실을 가장한 자
3. 특정범죄를 조장하거나 적법하게 취득한 재산
   으로 가장할 목적으로 범죄수익등을 은닉한 자

② 제1항의 미수범은 처벌한다.

③ 제1항의 죄를 범할 목적으로 예비하거나 음모한
자는 2년 이하의 징역 또는 1천만원 이하의 벌금에
처한다.

[전문개정 2010. 3. 31.]

제4조(범죄수익등의 수수) 그 정황을 알면서 범죄수
익등을 수수(收受)한 자는 3년 이하의 징역 또는 2
천만원 이하의 벌금에 처한다. 다만, 법령에 따른
의무 이행으로서 제공된 것을 수수한 자 또는 계약
(채권자가 상당한 재산상의 이익을 제공하는 것만
해당한다) 시에 그 계약에 관련된 채무의 이행이
범죄수익등에 의하여 행하여지는 것이라는 정황을
알지 못하고 그 계약과 관련된 채무의 이행으로서
제공된 것을 수수한 자의 경우에는 그러하지 아니
하다.

[전문개정 2010. 3. 31.]

제5조(금융회사등의 신고 등) ① 「특정 금융거래정보
의 보고 및 이용 등에 관한 법률」 제2조 제1호에 따
른 금융회사등(이하 "금융회사등"이라 한다)에 종사
하는 사람은 같은 법 제2조 제2호에 따른 금융거래
등과 관련하여 수수한 재산이 범죄수익등이라는 사
실을 알게 되었을 때 또는 금융거래등의 상대방이
제3조의 죄에 해당하는 행위를 하고 있다는 사실을
알게 되었을 때에는 다른 법률의 규정에도 불구하
고 지체 없이 관할 수사기관에 신고하여야 한다.
〈개정 2011. 5. 19., 2020. 3. 24.〉

② 금융회사등에 종사하는 사람은 제1항에 따라 신
고를 하려는 경우 또는 신고를 한 경우에 그 사실을
그 신고와 관련된 금융거래등의 상대방 및 그의 관
계자에게 누설하여서는 아니 된다. 〈개정 2011. 5.
19., 2020. 3. 24.〉

③ 제1항이나 제2항을 위반한 사람은 2년 이하의
징역 또는 1천만원 이하의 벌금에 처한다.

[전문개정 2010. 3. 31.]

[제목개정 2011. 5. 19.]

제6조(징역과 벌금의 병과) 제3조, 제4조 및 제5조
제3항에 따른 죄를 범한 자에게는 징역과 벌금을
병과(併科)할 수 있다.

[전문개정 2010. 3. 31.]

제7조(양벌규정) 법인의 대표자나 법인 또는 개인의
대리인, 사용인, 그 밖의 종업원이 그 법인 또는 개
인의 업무에 관하여 제3조부터 제5조까지의 어느
하나에 해당하는 위반행위를 하면 그 행위자를 벌
하는 외에 그 법인 또는 개인에게도 해당 조문의 벌
금형을 과(科)한다. 다만, 법인 또는 개인이 그 위반
행위를 방지하기 위하여 해당 업무에 관하여 상당
한 주의와 감독을 게을리하지 아니한 경우에는 그
러하지 아니하다.

[전문개정 2010. 3. 31.]

제7조의2(국외범) 제3조 및 제4조는 대한민국 영역
밖에서 해당 죄를 범한 내국인에게도 적용한다.

[전문개정 2010. 3. 31.]

제8조(범죄수익등의 몰수) ① 다음 각 호의 재산은
몰수할 수 있다.

1. 범죄수익
2. 범죄수익에서 유래한 재산
3. 제3조 또는 제4조의 범죄행위에 관계된 범죄
   수익등
4. 제3조 또는 제4조의 범죄행위에 의하여 생긴
   재산 또는 그 범죄행위의 보수로 얻은 재산
5. 제3호 또는 제4호에 따른 재산의 과실 또는 대
   가로 얻은 재산 또는 이들 재산의 대가로 얻은
   재산, 그 밖에 그 재산의 보유 또는 처분에 의

하여 얻은 재산

② 제1항에 따라 몰수할 수 있는 재산(이하 "몰수대상재산"이라 한다)이 몰수대상재산 외의 재산과 합쳐진 경우 그 몰수대상재산을 몰수하여야 할 때에는 합쳐짐으로써 생긴 재산[이하 "혼화재산"(混和財産)이라 한다] 중 몰수대상재산(합쳐지는 데에 관련된 부분만 해당한다)의 금액 또는 수량에 상당하는 부분을 몰수할 수 있다.

③ 제1항에도 불구하고 같은 항 각 호의 재산이 범죄피해재산(재산에 관한 죄, 「특정범죄 가중처벌 등에 관한 법률」 제5조의2 제1항 제1호·제2항 제1호의 죄 또는 「채무자 회생 및 파산에 관한 법률」 제650조·제652조 및 제654조의 죄에 해당하는 범죄행위에 의하여 그 피해자로부터 취득한 재산 또는 그 재산의 보유·처분에 의하여 얻은 재산을 말한다. 이하 같다)인 경우에는 몰수할 수 없다. 제1항 각 호의 재산 중 일부가 범죄피해재산인 경우에는 그 부분에 대하여도 또한 같다.

[전문개정 2010. 3. 31.]

제9조(몰수의 요건 등) ① 제8조 제1항에 따른 몰수는 몰수대상재산 또는 혼화재산이 범인 외의 자에게 귀속(歸屬)되지 아니하는 경우에만 할 수 있다. 다만, 범인 외의 자가 범죄 후 그 정황을 알면서 그 몰수대상재산 또는 혼화재산을 취득한 경우(그 몰수대상재산 또는 혼화재산의 취득이 제4조 단서에 해당하는 경우는 제외한다)에는 그 몰수대상재산 또는 혼화재산이 범인 외의 자에게 귀속된 경우에도 몰수할 수 있다.

② 지상권·저당권 또는 그 밖의 권리가 설정된 재산을 제8조 제1항에 따라 몰수하는 경우 범인 외의 자가 범죄 전에 그 권리를 취득하였을 때 또는 범죄 후 그 정황을 알지 못하고 그 권리를 취득하였을 때에는 그 권리를 존속시킨다.

[전문개정 2010. 3. 31.]

제10조(추징) ① 제8조 제1항에 따라 몰수할 재산을 몰수할 수 없거나 그 재산의 성질, 사용 상황, 그 재산에 관한 범인 외의 자의 권리 유무, 그 밖의 사정으로 인하여 그 재산을 몰수하는 것이 적절하지 아니하다고 인정될 때에는 그 가액(價額)을 범인으로부터 추징할 수 있다.

② 제1항에도 불구하고 제8조 제1항의 재산이 범죄피해재산인 경우에는 그 가액을 추징할 수 없다.

[전문개정 2010. 3. 31.]

제10조의2(추징 집행의 특례) 다중인명피해사고 발생에 형사적 책임이 있는 개인, 법인 및 경영지배·경제적 연관 또는 의사결정에의 참여 등을 통해 그 법인을 실질적으로 지배하는 자에 대한 이 법에 따른 몰수대상재산에 관한 추징은 범인 외의 자가 그 정황을 알면서 취득한 몰수대상재산 및 그로부터 유래한 재산에 대하여 그 범인 외의 자를 상대로 집행할 수 있다.

[본조신설 2014. 11. 19.]

제10조의3(몰수·추징의 집행을 위한 검사의 처분) ① 검사는 이 법에 따른 몰수·추징의 집행을 위하여 필요하다고 인정되면 그 목적에 필요한 최소한의 범위에서 다음 각 호의 처분을 할 수 있다. 다만, 범인 외의 자에 대한 제4호 및 제5호의 처분은 제3항에 따른 영장이 있어야 한다. 〈개정 2020. 3. 24.〉

1. 관계인의 출석 요구 및 진술의 청취
2. 서류나 그 밖의 물건의 소유자·소지자 또는 보관자에 대한 제출 요구
3. 「특정 금융거래정보의 보고 및 이용 등에 관한 법률」 제10조 제1항에 따른 특정금융거래정보의 제공 요청
4. 「국세기본법」 제81조의13에 따른 과세정보의 제공 요청
5. 「금융실명거래 및 비밀보장에 관한 법률」 제4조 제1항에 따른 금융거래의 내용에 대한 정보 또는 자료의 제공 요청
6. 그 밖의 공공기관 또는 단체에 대한 사실조회나 필요한 사항에 대한 보고 요구

② 제1항의 자료제공 요청에 대하여 해당 기관은 군사, 외교, 대북관계 등 국가안위에 중대한 영향을 미치는 경우를 제외하고는 다른 법률을 근거로 이

를 거부할 수 없다.

③ 검사는 제1항의 몰수·추징의 집행을 위하여 필요한 경우 지방법원 판사에게 청구하여 발부받은 영장에 의하여 압수·수색 또는 검증을 할 수 있다.

　[본조신설 2014. 11. 19.]

제10조의4(범죄수익등의 추정) 다음 각 호에 해당하는 죄에 관계된 범죄수익등을 산정할 때에는 범죄행위를 한 기간에 범인이 취득한 재산으로서 그 취득한 재산이 범죄수익등의 금액 및 재산 취득 시기 등 제반 사정에 비추어 같은 조의 죄를 범하여 얻은 범죄수익등으로 형성되었다고 볼만한 상당한 개연성이 있는 경우에는 그 죄에 관계된 범죄수익등으로 추정한다.

　1. 「아동·청소년의 성보호에 관한 법률」 제11조, 제12조 및 제15조의 죄

　2. 「성폭력범죄의 처벌 등에 관한 특례법」 제14조 및 제14조의2의 죄

　[본조신설 2020. 5. 19.]

제11조(국제 공조) 특정범죄와 제3조 및 제4조의 죄에 해당하는 행위에 대한 외국의 형사사건에 관하여 그 외국으로부터 몰수 또는 추징의 확정재판의 집행이나 몰수 또는 추징을 위한 재산 보전(保全)의 공조(共助) 요청이 있을 때에는 다음 각 호의 어느 하나에 해당하는 경우를 제외하고는 그 요청에 관하여 공조할 수 있다.

　1. 공조 요청의 대상이 되는 범죄와 관련된 행위가 대한민국 내에서 행하여진 경우 그 행위가 대한민국의 법령에 따라 특정범죄 또는 제3조 및 제4조의 죄에 해당하지 아니한다고 인정되는 경우

　2. 대한민국이 같은 종류의 공조 요청을 할 경우 그 요청에 응한다는 취지의 공조요청국의 보증이 없는 경우

　3. 「마약류 불법거래 방지에 관한 특례법」 제64조 제1항 각 호의 어느 하나에 해당하는 경우

　[전문개정 2010. 3. 31.]

제12조(「마약류 불법거래 방지에 관한 특례법」의 준용) 이 법에 따른 몰수 및 추징과 국제 공조에 관하여는 「마약류 불법거래 방지에 관한 특례법」 제19조부터 제63조까지, 제64조 제2항 및 제65조부터 제78조까지의 규정을 준용한다.

　[전문개정 2010. 3. 31.]

제13조(포상금 지급) ① 법무부장관은 몰수대상재산이 몰수·추징되어 국고에 귀속된 경우에는 수사기관에 신고한 자 또는 몰수·추징에 공로가 있는 자에게 포상금을 지급할 수 있다. 다만, 공무원이 그 직무와 관련하여 신고하거나 금융회사등에 종사하는 사람이 제5조 제1항에 따라 신고한 경우에는 포상금을 감액하거나 지급하지 아니할 수 있다.

② 제1항에 따른 포상금 지급 대상이 되는 신고 또는 공로의 범위, 포상금 지급의 기준·방법 및 절차 등에 관하여 필요한 사항은 대통령령으로 정한다.

　[본조신설 2013. 5. 28.]

　　부칙　〈제17263호, 2020. 5. 19.〉

이 법은 공포한 날부터 시행한다. 다만, 제10조의4 및 별표 제39호의 개정규정 중 「성폭력범죄의 처벌 등에 관한 특례법」 제14조의2에 관한 부분은 2020년 6월 25일부터 시행한다.

■ 범죄수익은닉의 규제 및 처벌 등에 관한 법률 [별표] 〈개정 2020. 5. 19.〉

중대범죄(제2조제1호 관련)

1. 「형법」 중 다음 각 목의 죄

　가. 제2편 제5장 공안을 해하는 죄 중 제114조의 죄

　나. 제2편 제7장 공무원의 직무에 관한 죄 중 제129조부터 제133조까지의 죄

　다. 제2편 제18장 통화에 관한 죄 중 제207조·제208조·제212조(제207조 및 제208조의 미수범만 해당한다) 및 제213조의 죄

　라. 제2편 제19장 유가증권, 우표와 인지에 관한 죄 중 제214조부터 제217조까지의 죄, 제223조(제214조부터 제217조까지의 미수범만 해당한다) 및 제224조(제214조 및 제215조의 예비·음모만 해당한다)의 죄

　마. 제2편 제20장 문서에 관한 죄 중 제225조부터 제227조까지, 제227조의2, 제228조 제1항, 제229조(제228조 제2항은 제외한다), 제231조, 제232조, 제232조의2, 제233조, 제234조 및 제235조[제225조부터 제227조까지, 제227조의2, 제228조 제1항, 제229조(제228조 제2항은 제외한다), 제231조, 제232조, 제232조의2, 제233조 및 제234조의 미수범만 해당한다]의 죄

　바. 제2편 제22장 성풍속에 관한 죄 중 제243조 및 제244조의 죄

　사. 제2편 제23장 도박과 복표에 관한 죄 중 제246조 제2항 및 제247조의 죄

　아. 제2편 제24장 살인의 죄 중 제250조·제254조(제250조의 미수범만 해당한다) 및 제255조(제250조의 예비·음모만 해당한다)의 죄

　자. 제2편 제29장 체포와 감금의 죄 중 제276조부터 제281조까지(체포는 제외한다)의 죄

　차. 제2편 제31장 약취, 유인 및 인신매매의 죄 중 제287조부터 제292조까지, 제294조 및 제296조의 죄

　카. 제2편 제34장 신용, 업무와 경매에 관한 죄 중 제314조 및 제315조의 죄

　타. 제2편 제37장 권리행사를 방해하는 죄 중 제323조, 제324조, 제324조의2부터 제324조의5까지, 제325조 및 제326조의 죄

　파. 제2편 제38장 절도와 강도의 죄 중 제329조부터 제331조까지, 제333조부터 제340조까지, 제342조(제331조의2·제332조 및 제341조의 미수범은 제외한다) 및 제343조의 죄

　하. 제2편 제39장 사기와 공갈의 죄 중 제350조, 제350조의2 및 제352조(제350조 및 제350조의2의 미수범만 해당한다)의 죄

　거. 제2편 제39장 사기와 공갈의 죄 및 같은 편 제40장 횡령과 배임의 죄 중 제347조, 제347조의2, 제348조, 제351조(제347조, 제347조의2 및 제348조의 상습범만 해당한다), 제355조 또는 제356조의 죄(각 범죄행위로 인하여 취득하거나 제3자로 하여금 취득하게 한 재물 또는 재산상 이익의 가액이 3억원 이상 5억원 미만인 경우만 해당한다)

　너. 제2편 제40장 횡령과 배임의 죄 중 제355조[「회계관계직원 등의 책임에 관한 법률」 제2조 제1호·제2호 또는 제4호(제1호 또는 제2호에 규정된 사람의 보조자로서 그 회계사무의 일부를 처리하는 사람만 해당한다)에 규정된 사람이 국고 또는 지방자치단체에 손실을 미칠 것을 알면서도 그 직무에 관하여 「형법」 제355조의 죄를 범한 경우만 해당한다] 및 제357조 제1항·제2항의 죄

　더. 제2편 제41장 장물에 관한 죄 중 제362조의 죄

2. 「경륜·경정법」 제26조·제27조·제29조 및 제30조의 죄

3. 「관세법」 제269조·제270조의2 및 제271조 제2항(제269조의 미수범만 해당한다)의 죄

4. 「대외무역법」 제53조 제2항 제2호·제3호 및 제9호의 죄

5. 「변호사법」 제111조의 죄

6. 「부정수표 단속법」 제5조의 죄

7. 「사행행위 등 규제 및 처벌 특례법」 제30조 제1항 및 제2항의 죄

8. 「상법」 제622조 및 제624조(제622조의 미수범만 해당한다)의 죄

9. 「상표법」 제230조, 「저작권법」 제136조 제1항의 죄

10. 「자본시장과 금융투자업에 관한 법률」 제443조 및 제445조 제42호의 죄

11. 「아동복지법」 제71조 제1항 제1호·제1호의2 및 제73조의 죄

12. 「여신전문금융업법」 제70조 제1항, 같은 조 제3항 제2호 가목·나목 및 같은 조 제6항의 죄

13. 「성매매알선 등 행위의 처벌에 관한 법률」 제18조·제19조 제2항(성매매알선등행위 중 성매매에 제공되는 사실을 알면서 자금·토지 또는 건물을 제공하는 행위는 제외한다)·제22조 및 제23조(제18조·제19조의 미수범만 해당한다)의 죄

14. 「게임산업진흥에 관한 법률」 제44조 제1항의 죄

15. 「정치자금법」 제45조 제1항 및 제2항의 죄

16. 「직업안정법」 제46조 및 제47조 제1호의 죄

17. 「총포·도검·화약류 등의 안전관리에 관한 법률」 제70조의 죄

18. 「특정경제범죄 가중처벌 등에 관한 법률」 제3조·제5조 및 제7조의 죄

19. 「특정범죄 가중처벌 등에 관한 법률」 제2조·제3조·제5조·제5조의2·제5조의4·제6조 및 제8조(「조세범 처벌법」 제3조 제1항, 제4조 및 제5조, 「지방세기본법」 제102조 제1항에 규정된 죄 중 조세 및 지방세를 환급받는 경우만 해당한다)

20. 「채무자 회생 및 파산에 관한 법률」 제650조·제652조·제654조의 죄

21. 「폭력행위 등 처벌에 관한 법률」 제2조부터 제4조까지, 제5조 제1항 및 제6조[제2조·제3조·제4조 제2항 (「형법」 제136조·제255조·제314조·제315조·제335조, 제337조 후단, 제340조 제2항 후단 및 제343조의 죄는 제외한다) 및 제5조 제1항의 미수범만 해당한다]의 죄

22. 「한국마사회법」 제50조 제1항·제2항 및 제51조 제1호·제2호·제4호의 죄

23. 「식품위생법」 제94조 제1항 제1호, 「건강기능식품에 관한 법률」 제43조 제1항 제3호 및 「보건범죄단속에 관한 특별조치법」 제2조 제1항(「식품위생법」 제6조를 위반한 경우만 해당한다)의 죄

24. 「정보통신망 이용촉진 및 정보보호 등에 관한 법률」 제71조 제1항 제2호·제3호·제5호·제6호 및 제74조 제1항 제2호·제6호의 죄

25. 「영화 및 비디오물의 진흥에 관한 법률」 제95조 제6호의 죄

26. 「폐기물관리법」 제64조 제5호·제6호의 죄

27. 「출입국관리법」 제93조의2 제2항의 죄

28. 「여권법」 제24조(부정한 방법으로 여권 등의 발급, 재발급을 알선한 사람만 해당한다) 및 제25조 제2호의 죄

29. 「석유 및 석유대체연료 사업법」 제44조 제3호의 죄

30. 「청소년 보호법」 제55조부터 제57조까지 및 제58조 제5호의 죄

31. 「아동·청소년의 성보호에 관한 법률」 제11조·제12조 및 제15조의 죄

32. 「대부업 등의 등록 및 금융이용자 보호에 관한 법률」 제19조 제2항 제3호의 죄

33. 「의료법」 제87조 제1항 제2호 및 제88조 제2호의 죄

34. 「산지관리법」 제53조 제1호의 죄

35. 「국토의 계획 및 이용에 관한 법률」 제140조 제1호의 죄

36. 「주식회사 등의 외부감사에 관한 법률」 제40조의 죄

37. 「공인회계사법」 제53조 제1항 제1호의 죄

38. 「개인정보 보호법」 제71조 및 제72조의 죄

39. 「성폭력범죄의 처벌 등에 관한 특례법」 제14조 및 제14조의2의 죄

40. 「도시 및 주거환경정비법」 제135조 제2호의 죄

41. 「산업기술의 유출방지 및 보호에 관한 법률」 제36조 제1항의 죄

42. 「부정경쟁방지 및 영업비밀보호에 관한 법률」 제18조 제1항의 죄

43. 「방위산업기술 보호법」 제21조 제1항 및 제2항의 죄

44. 「화학물질관리법」 제58조 제2호·제2호의2·제3호 및 제4호의 죄

45. 「국민보호와 공공안전을 위한 테러방지법」 제17조 제1항의 죄

46. 「국민체육진흥법」 제47조 및 제48조의 죄

부패재산의 몰수 및 회복에 관한 특례법(약칭: 부패재산몰수법)

[시행 2021. 1. 5.] [법률 제17829호, 2021. 1. 5., 일부개정]

제1장 총칙

제1조(목적) 이 법은 「국제연합부패방지협약」 및 그밖의 관련 국제협약을 효율적으로 이행하기 위하여 부패재산의 몰수 및 추징, 환수 등에 관한 특례를 규정함으로써 부패범죄를 조장하는 경제적 요인을 근원적으로 제거하여 부패범죄를 효과적으로 방지·척결하고 청렴한 국제사회질서 확립에 이바지함을 목적으로 한다.

제2조(정의) 이 법에서 사용하는 용어의 정의는 다음과 같다. 〈개정 2016. 12. 20., 2019. 8. 20.〉

1. "부패범죄"란 불법 또는 부당한 방법으로 물질적·사회적 이득을 얻거나 다른 사람으로 하여금 얻도록 도울 목적으로 범한 죄로서 별표에 규정된 죄를 말한다.

2. "부패재산"이란 범죄수익 및 범죄수익에서 유래한 재산을 말한다.

　가. "범죄수익"이란 부패범죄의 범죄행위에 의하여 생긴 재산 또는 그 범죄행위의 보수로서 얻은 재산을 말한다.

　나. "범죄수익에서 유래한 재산"이란 범죄수익의 과실(果實)로서 얻은 재산, 범죄수익의 대가로서 얻은 재산 및 이들 재산의 대가로서 얻은 재산, 그 밖에 범죄수익의 보유 또는 처분에 의하여 얻은 재산을 말한다.

3. "범죄피해재산"이란 별표에 규정된 죄 가운데 다음 각 목의 어느 하나에 해당하는 죄의 범죄행위에 의하여 그 피해자로부터 취득한 재산 또는 그 재산의 보유·처분에 의하여 얻은 재산을 말한다.

　가. 「형법」 제2편 제39장 사기와 공갈의 죄 중 제347조, 제347조의2 및 제351조(제347조 및 제347조의2의 상습범만 해당한다)에 해당하는 죄[「형법」 제114조에 따른 범죄단체를 조직하여 범행한 경우, 「유사수신행위의 규제에 관한 법률」 제2조에 따른 유사수신행위 또는 「방문판매 등에 관한 법률」 제2조 제5호에 따른 다단계판매의 방법으로 기망(欺罔)하여 범행한 경우 및 「전기통신금융사기 피해 방지 및 피해금 환급에 관한 특별법」 제2조 제2호에 따른 전기통신금융사기에 해당하는 경우(이하 "특정사기범죄"라 한다)로 한정한다]와 「특정경제범죄 가중처벌 등에 관한 법률」 제3조 중 「형법」 제347조, 제347조의2 및 제351조(제347조 및 제347조의2의 상습범만 해당한다)에 해당하는 죄(특정사기범죄로 한정한다)

　나. 「형법」 제2편 제40장 횡령과 배임의 죄 중 제355조, 제356조 및 제359조의 죄와 「특정경제범죄 가중처벌 등에 관한 법률」 제3조 중 「형법」 제355조 및 제356조에 해당하는 죄

4. "집행재산등"이란 다음 각 목의 어느 하나에 해당하는 경우 그 공조실시에 관계된 재산 또는 가액을 말한다.

　가. 외국으로부터 몰수 또는 추징의 확정재판의 집행이나 몰수 또는 추징을 위한 재산보전의 공조요청이 있는 경우

　나. 외국에 대하여 몰수 또는 추징의 확정재판

의 집행이나 몰수 또는 추징을 위한 재산 보전의 공조요청을 하는 경우

5. "요청국"이란 부패범죄에 해당하는 행위에 대한 형사사건과 관련하여 대한민국에 대하여 몰수 또는 추징의 확정재판의 집행이나 몰수 또는 추징을 위한 재산보존의 공조를 요청하는 국가를 말한다.

제2장 부패재산의 몰수 및 추징

제3조(부패재산의 몰수) ① 부패재산은 몰수할 수 있다. 다만, 다른 법령에 따라 부패재산을 몰수하여야 하는 경우에는 그 법령에 따라 몰수한다.

② 제1항에 따라 몰수하는 부패재산이 부패재산 외의 재산과 합하여진 경우에는 부패재산과 그 외의 재산이 합하여진 재산(이하 "혼합재산"이라 한다) 중 부패재산의 비율에 상당하는 부분을 몰수할 수 있다.

제4조(몰수의 요건 등) ① 제3조에 따른 몰수는 부패재산 또는 혼합재산이 범인 외의 자에게 귀속되지 아니한 경우에 한한다. 다만, 범인외의 자가 범죄 후 그 정(情)을 알면서 그 부패재산 또는 혼합재산을 취득한 경우(그 부패재산 또는 혼합재산의 취득이 「범죄수익은닉의 규제 및 처벌 등에 관한 법률」 제4조 단서에 해당하는 경우에는 제외한다)에는 그 부패재산 또는 혼합재산이 범인 외의 자에게 귀속된 경우에도 몰수할 수 있다.

② 부패재산 또는 혼합재산이 범인 외의 자에게 상속이나 증여 등으로 무상(無償) 또는 현저한 저가(低價)로 귀속된 경우에는 범인 외의 자가 그 정을 알지 못하고 그 부패재산 또는 혼합재산을 취득한 때에도 전부 또는 일부를 몰수할 수 있다.

③ 지상권, 저당권, 그 밖의 권리가 그 위에 존재하는 재산을 제3조에 따라 몰수하는 경우에 범인 외의 자가 범죄 전에 그 권리를 취득한 때 또는 범인 외의 자가 범죄 후 그 정을 알지 못하고 그 권리를 취득한 때에는 이를 존속시킨다.

제5조(추징) ① 부패재산을 몰수할 수 없거나 그 재산의 성질, 사용상황, 그 재산에 관한 범인 외의 자의 권리 유무, 그 밖의 사정으로 인하여 이를 몰수함이 상당하지 아니하다고 인정될 때에는 그 가액(價額)을 범인으로부터 추징한다.

② 제4조 제1항 또는 제2항에 따라 범인 외의 자로부터 추징하는 경우에는 제1항을 준용한다.

제6조(범죄피해재산의 특례) ① 제3조의 재산이 범죄피해재산으로서 범죄피해자가 그 재산에 관하여 범인에 대한 재산반환청구권 또는 손해배상청구권 등을 행사할 수 없는 등 피해회복이 심히 곤란하다고 인정되는 경우에는 몰수·추징할 수 있다.

② 이 법에 따라 몰수·추징된 범죄피해재산은 피해자에게 환부(還付)한다.

③ 범죄피해재산의 환부 요건 및 절차 등 범죄피해재산의 환부에 필요한 사항은 대통령령으로 정한다.

제3장 몰수 및 추징 보전절차, 몰수재판 및 추징재판의 집행과 보전에 관한 국제공조절차

제7조(국제공조의 실시) 부패범죄에 해당하는 행위에 대한 외국의 형사사건과 관련하여 그 외국으로부터 집행재산등의 반환요청이 있는 때에는 다음 각 호의 어느 하나에 해당하는 경우를 제외하고는 그 요청에 관하여 공조할 수 있다.

1. 공조요청의 대상이 되는 범죄와 관련된 행위가 대한민국 내에서 행하여지고 그 행위가 대한민국의 법령에 따라 부패범죄에 해당하지 아니한다고 인정되는 경우

2. 대한민국이 행하는 같은 종류의 공조요청에 응한다는 취지의 요청국의 보증이 없는 경우

3. 요청국이 집행재산등의 원소유자, 범죄피해자 또는 정당한 권리있는 사람에게 집행재산등을 양도할 것이라는 보증을 하지 아니하는 경우

4. 「마약류 불법거래방지에 관한 특례법」 제64조 제1항 각 호의 어느 하나에 해당하는 경우

제8조(「마약류 불법거래방지에 관한 특례법」의 준용)
이 법에 따른 몰수 및 추징과 국제공조에 관하여는
「마약류 불법거래방지에 관한 특례법」 제19조부터
제63조까지, 제64조 제2항 및 제65조부터 제78조까
지의 규정을 준용한다.

제4장 부패재산의 회복에 관한 특례 및 절차

제9조(반환요청의 접수 및 집행재산등의 인도) 반환요
청의 접수와 요청국에 대한 집행재산등의 인도는
외교부장관이 행한다. 다만, 긴급을 요하는 사정이
나 특별한 사정이 있는 경우에는 법무부장관이 외
교부장관의 동의를 받아 이를 행할 수 있다. 〈개정
2013. 3. 23.〉

제10조(반환요청서의 송부) 외교부장관은 요청국으
로부터 집행재산등의 반환요청을 받은 때에는 반환
요청서를 법무부장관에게 송부하여야 한다. 〈개정
2013. 3. 23.〉

제11조(집행재산등의 반환 결정 등) ① 법무부장관은
요청국으로부터 집행재산등의 반환요청이 있는 때
에는 그 전부 또는 일부의 반환을 결정할 수 있다.
다만, 요청국에서 반환요청을 철회하거나 집행재산
등의 가치가 미미하거나 주권(主權), 국가안전보장,
안녕질서 또는 미풍양속 등 대한민국의 중대한 이
익 보호를 위하여 집행재산등을 반환하는 것이 적
당하지 아니하다고 인정되는 경우에는 그러하지 아
니하다.

② 법무부장관은 집행재산등의 전부 또는 일부를
반환하기로 결정한 때에는 그 반환을 위하여 상당
하다고 인정되는 지방검찰청검사장(이하 "검사장"
이라 한다)에게 제7조에 따른 공조에 필요한 조치
를 명하고, 그 집행재산등을 반환하기 위하여 보관
할 것을 명하여야 한다.

③ 법무부장관은 다음 각 호의 어느 하나에 해당하
는 경우에는 제2항에 따른 결정을 하기 전이라도
필요하다고 인정하는 때에는 검사장에게 제8조에
따른 국제공조에 필요한 조치를 명하거나 집행재산

등의 전부 또는 일부를 임시보관할 것을 명할 수
있다.

  1. 집행재산등의 반환요청에 응하여야 할 상당한
    개연성이 있다고 판단되는 경우

  2. 요청국으로부터 반환요청이 있을 것으로 예상
    되는 경우

제12조(반환 관련 협의) 법무부장관은 이 법에 따라
집행재산등을 반환할 수 없거나 반환하지 아니하는
것이 상당하다고 인정하는 경우 또는 반환을 연기
하려는 경우에는 외교부장관과 협의하여야 한다.
〈개정 2013. 3. 23.〉

제13조(검사장의 조치) ① 제11조 제2항에 따른 명
령을 받은 검사장은 소속 검사에게 집행재산등의
반환에 필요한 조치를 취하도록 명하여야 한다.

② 제11조 제2항에 따른 명령을 받은 검사장은 반
환을 위한 집행재산등의 보관을 종료한 때에는 지
체 없이 집행재산등을 법무부장관에게 인도하여야
한다.

제14조(집행재산등의 이관) ① 법무부장관은 제13조
에 따른 집행재산등을 인도받은 때에는 이를 외교
부장관에게 이관하여야 한다. 〈개정 2013. 3. 23.〉

② 법무부장관은 제1항에 따라 집행재산등을 이관
하는 경우에 그 집행재산등의 사용·반환 등에 관하
여 요청국이 지켜야 할 준수사항을 정하여 그 이행
의 보증을 요구하도록 외교부장관에게 요청할 수
있다. 〈개정 2013. 3. 23.〉

③ 외교부장관은 법무부장관으로부터 제2항에 따른
요청을 받은 때에는 적절한 조치를 취하고 그 결과
를 법무부장관에게 통지하여야 한다. 〈개정 2013.
3. 23.〉

제15조(해외 부패재산의 환수요청) ① 법무부장관은
외국에 대하여 몰수 또는 추징의 확정재판 집행이
나 몰수 또는 추징을 위한 재산보존의 공조를 요청
할 수 있다. 이 경우 법무부장관은 집행재산등의 환
수(還收)를 요청할 수 있다.

② 법무부장관은 제1항에 따라 집행재산등의 환수
를 요청하는 경우 환수요청서를 외교부장관에게 송

부하여야 한다. 다만, 긴급을 요하는 사정이나 특별한 사정이 있는 경우에는 외교부장관의 동의를 받아 환수요청서를 직접 외국에 송부할 수 있다. 〈개정 2013. 3. 23.〉

③ 고위공직자범죄수사처장은 외국에 대하여 몰수 또는 추징을 위한 재산보존의 공조요청을 하려면 법무부장관에게 공조요청서를 송부하여야 한다. 〈신설 2021. 1. 5.〉

제16조(환수요청서의 송부) 외교부장관은 법무부장관으로부터 제15조에 따른 환수요청서를 송부받은 때에는 이를 해당 국가에 송부하여야 한다. 다만, 외교관계상 환수요청하는 것이 상당하지 아니하다고 인정하는 경우에는 이에 관하여 법무부장관과 협의하여야 한다. 〈개정 2013. 3. 23.〉

제17조(해외 집행재산등의 환수 등) ① 외국으로부터 집행재산등의 환수는 외교부장관이 행한다. 〈개정 2013. 3. 23.〉

② 외교부장관은 환수받은 집행재산등을 법무부장관에게 이관하여야 한다. 〈개정 2013. 3. 23.〉

제18조(해외 집행재산등의 처분) ① 법무부장관은 송부받은 집행재산등이 금전 이외의 재산인 때에는 검사로 하여금 이를 환가(換價)하거나 징수하게 할 수 있다.

② 제1항에도 불구하고 환수받은 집행재산등의 가액이 현저하게 낮거나 집행재산등의 매각에 있어 경제적 효용성이 없는 등의 사유로 매수인이 없거나 매각하더라도 매수인이 없을 것이 분명한 때에는 그 집행재산등을 폐기할 수 있다.

③ 검사는 외국에 대하여 집행재산등의 매각을 공조요청할 필요가 있는 경우에는 법무부장관에게 매각요청서를 송부하여야 하고, 법무부장관은 공조요청하는 것이 상당하다고 인정하는 경우에는 이를 외교부장관에게 송부하여야 한다. 〈개정 2013. 3. 23.〉

제5장 보칙

제19조(부패범죄 신고자의 보호) 부패범죄 신고자의 보호에 관하여는 「특정범죄신고자 등 보호법」 제3조부터 제17조까지의 규정을 준용한다.

제20조(「형사소송법」의 준용 등) ① 이 법에 따른 몰수·추징의 집행 및 처분에 있어서 이 법에 특별한 규정이 없는 한 그 성질에 반하지 아니한 것은 「형사소송법」을 준용한다.

② 제18조에 규정된 집행재산등의 처분은 「검찰청법」 제11조에 따른 압수물 및 징수 사무에 관한 규정에 따라 절차를 진행한다.

제21조(검찰총장 경유) 이 법에 따라 법무부장관이 검사장 또는 검사에게 하는 명령·서류송부와 검사장 또는 검사가 법무부장관에게 하는 보고·서류송부는 검찰총장을 거쳐야 한다. 다만, 고위공직자범죄수사처장 또는 그 소속 검사의 경우에는 그러하지 아니하다. 〈개정 2021. 1. 5.〉

부칙 〈제17829호, 2021. 1. 5.〉
이 법은 공포한 날부터 시행한다.

■ 부패재산의 몰수 및 회복에 관한 특례법 [별표] 〈개정 2019. 8. 20.〉

부패범죄(제2조제1호 관련)

1. 「형법」 중 다음 각 목의 죄
   가. 제2편 제7장 공무원의 직무에 관한 죄 중 제129조부터 제133조까지의 죄
   나. 제2편 제34장 신용, 업무와 경매에 관한 죄 중 제315조의 죄
   다. 제2편 제39장 사기와 공갈의 죄 중 제347조, 제347조의2 및 제351조(제347조 및 제347조의2의 상습범만 해당한다)에 해당하는 죄(특정사기범죄로 한정한다)
   라. 제2편 제40장 횡령과 배임의 죄 중 제355조부터 제357조까지 및 제359조의 죄
2. 「형법」 외의 법률에서 규정한 공무원 의제에 따른 「형법」 제129조부터 제132조까지의 죄
3. 「특정범죄가중처벌 등에 관한 법률」 제2조 및 제3조의 죄
4. 「특정경제범죄 가중처벌 등에 관한 법률」 중 다음 각 목의 죄
   가. 제3조 중 「형법」 제347조, 제347조의2 및 제351조(제347조 및 제347조의2의 상습범만 해당한다)에 해당하는 죄(특정사기범죄로 한정한다)
   나. 제3조 중 「형법」 제355조 및 제356조에 해당하는 죄
   다. 제5조부터 제9조까지의 죄
5. 「국제상거래에 있어서 외국공무원에 대한 뇌물방지법」 제3조 제1항의 죄
6. 「국민투표법」 제99조 및 제100조의 죄
7. 「공직선거법」 제230조부터 제233조까지 및 제235조의 죄
8. 「정치자금법」 제45조의 죄
9. 「부패방지 및 국민권익위원회의 설치와 운영에 관한 법률」 제86조의 죄
10. 「변호사법」 제33조 및 제109조부터 제111조까지의 죄
11. 「선박소유자 등의 책임제한절차에 관한 법률」 제93조 및 제94조의 죄
12. 「상법」 제630조, 제631조 및 제634조의2의 죄
13. 「주식회사 등의 외부감사에 관한 법률」 제40조의 죄
14. 「채무자 회생 및 파산에 관한 법률」 제645조, 제646조, 제655조 및 제656조의 죄
15. 「경륜·경정법」 제29조부터 제31조까지의 죄
16. 「한국마사회법」 제51조 제1호부터 제3호까지의 죄
17. 「독점규제 및 공정거래에 관한 법률」 제19조 제1항 및 제66조 제1항 제9호의 죄
18. 「건설산업기본법」 제38조의2, 제95조 및 제95조의2의 죄
19. 「고등교육법」 제64조 제2항 제2호의 죄
20. 「공인회계사법」 제22조 제3항 및 제53조 제1항의 죄
21. 「국민체육진흥법」 제47조 제1호 및 제48조 제1호·제2호의 죄
22. 「근로기준법」 제9조 및 제107조의 죄
23. 「금융지주회사법」 제48조의3 제1항 및 제70조 제2항 제2호의 죄
24. 「보험업법」 제201조 및 제203조의 죄

25. 「선주상호보험조합법」 제59조 및 제60조의 죄

26. 「신용협동조합법」 제30조의2 및 제99조 제2항 제3호의 죄

27. 「유류오염손해배상 보장법」 제58조 및 제59조의 죄

28. 삭제 〈2016.12.20〉

29. 「전통소싸움경기에 관한 법률」 제25조 및 제27조의 죄

불법정치자금 등의 몰수에 관한 특례법(약칭: 불법정치자금법)

[시행 2021. 1. 5.] [법률 제17830호, 2021. 1. 5., 일부개정]

제1장 총칙

제1조(목적) 이 법은 불법정치자금의 몰수 등에 관한 특례를 규정함으로써 불법정치자금등의 조성을 근원적으로 막고, 정치자금의 투명성을 제고함을 그 목적으로 한다.

제2조(정의) 이 법에서 사용하는 용어의 정의는 다음과 같다. 〈개정 2017. 10. 31.〉

1. "불법정치자금등"이라 함은 다음 각 목의 어느 하나에 해당하는 죄(그 죄와 다른 죄가 「형법」 제40조의 관계에 있는 경우에는 그 다른 죄를 포함한다)의 범죄행위로 얻은 재산을 말한다.

가. 「정치자금법」 제45조의 죄

나. 「공직선거법」 제2조의 규정에 따른 선거에 의하여 취임한 공무원이 범한 「형법」 제129조부터 제132조까지, 「특정범죄가중처벌 등에 관한 법률」 제2조 또는 제3조, 「부패방지 및 국민권익위원회의 설치와 운영에 관한 법률」 제86조의 죄

2. "불법정치자금등에서 유래한 재산"이라 함은 불법정치자금등의 과실로서 얻은 재산, 불법정치자금등의 대가로서 얻은 재산, 이들 재산의 대가로서 얻은 재산 등 불법정치자금등의 변형 또는 증식으로 형성된 재산(불법정치자금등이 불법정치자금 등과 관련 없는 재산과 합하여져 변형되거나 증식된 경우에는 불법정치자금등에서 비롯된 부분에 한한다)을 말한다.

3. "불법재산"이라 함은 불법정치자금등 및 불법정치자금등에서 유래한 재산을 말한다.

제2장 몰수의 범위 및 요건에 관한 특례

제3조(불법재산의 몰수) ① 불법재산은 이를 몰수한다.

② 제1항의 규정에 의하여 몰수하여야 할 재산에 대하여 재산의 성질, 사용상황, 그 재산에 관한 범인 외의 자의 권리유무 그 밖의 사정으로 이를 몰수함이 상당하지 아니하다고 인정될 때에는 제1항의 규정에 불구하고 몰수하지 아니할 수 있다.

제4조(불법재산이 합하여진 재산의 몰수방법) 불법재산이 불법재산 외의 재산과 합하여진 경우에 제3조제1항의 규정에 의하여 그 불법재산을 몰수하여야 하는 때에는 불법재산과 그 외의 재산이 합하여진 재산(이하 "혼합재산"이라 한다) 중 불법재산의 비율에 상당하는 부분을 몰수한다.

제5조(몰수의 요건 등) ① 제3조의 규정에 의한 몰수는 불법재산 또는 혼합재산이 범인 외의 자에게 귀속되지 아니하는 경우에 한한다. 다만, 범인 외의 자가 범죄 후 그 정을 알면서 그 불법재산 또는 혼합재산을 취득한 경우에는 그 불법재산 또는 혼합재산이 범인 외의 자에게 귀속된 경우에도 몰수할 수 있다.

② 지상권·저당권 그 밖의 권리가 그 위에 존재하는 재산을 제3조의 규정에 의하여 몰수하는 경우에 범인 외의 자가 범죄 전에 그 권리를 취득한 때 또는 범인 외의 자가 범죄 후 그 정을 알지 못하고 그 권리를 취득한 때에는 이를 존속시킨다.

③ 제1항 단서에 있어서 범인 외의 자가 정당인 경우 정당대표자·회계책임자 또는 회계사무보조자가 그 정을 알았을 때에 정당이 안 것으로 본다.

제6조(추징) 불법재산을 몰수할 수 없거나 제3조 제

2항의 규정에 의하여 몰수하지 아니하는 때에는 그 가액을 범인으로부터 추징한다.

제7조(불법재산의 입증) 제2조 제1호에 규정된 죄의 범행 후 범인이 취득한 재산으로서 그 가액이 취득 당시의 범인의 재산운용상황 또는 법령에 기한 급부의 수령상황 등에 비추어 현저하게 고액이고 그 취득한 재산이 불법정치자금등의 금액·재산취득시기 등 제반사정에 비추어 불법정치자금등으로 형성되었다고 볼만한 상당한 개연성이 있는 경우에는 불법정치자금등이 그 재산의 취득에 사용된 것으로 인정할 수 있다.

제3장 몰수에 관한 절차 등의 특례

제8조(제3자의 권리존속 등) 법원은 지상권·저당권 그 밖의 권리가 그 위에 존재하는 재산을 몰수하는 경우 제5조 제2항의 규정에 의하여 당해 권리를 존속시키는 때에는 몰수의 선고와 동시에 그 취지를 선고하여야 한다.

제9조(몰수된 재산의 처분 등) ① 몰수된 재산은 검사가 이를 처분하여야 한다.

② 검사는 채권의 몰수재판이 확정된 때에는 그 채권의 채무자에게 몰수재판의 초본을 송부하여 그 요지를 통지하여야 한다.

제10조(몰수의 재판에 기한 등기등) 권리의 이전에 등기 또는 등록(이하 "등기등"이라 한다)을 요하는 재산을 몰수하는 재판에 기하여 권리의 이전등의 등기등을 관계기관에 촉탁하는 경우 몰수에 의하여 효력을 잃은 처분의 제한에 관련된 등기등이 있거나 몰수에 의하여 소멸된 권리의 취득에 관련된 등기등이 있는 때 또는 그 몰수에 관하여 제5장제1절의 규정에 의한 몰수보전명령 또는 부대보전명령에 관련된 등기등이 있는 때에는 위 각 등기등도 말소를 촉탁한 것으로 본다.

제11조(형사보상의 특례) 채권 등의 몰수집행에 대한 「형사보상 및 명예회복에 관한 법률」에 의한 보상의 내용에 관하여는 같은 법 제5조 제6항을 준용한다. 〈개정 2011. 5. 23.〉

제4장 제3자 참가절차 등의 특례

제12조(고지) ① 검사는 공소를 제기함에 있어서 이 법의 규정에 의하여 피고인 외의 자(「정치자금법」 제50조의 규정에 의하여 공동피고인이 된 정당·후원회 또는 법인·단체를 포함한다)의 재산 또는 지상권·저당권 그 밖의 권리가 그 위에 존재하는 재산의 몰수가 필요하다고 인정하는 때에는 즉시 위 재산을 가진 자 또는 그 재산 위에 지상권·저당권 그 밖의 권리를 가진 자로서 피고인 외의 자(이하 "제3자"라 한다)에게 서면으로 다음 사항을 고지하여야 한다. 다만, 「정치자금법」 제50조의 규정에 의하여 공동피고인이 된 정당·후원회 또는 법인·단체의 경우 제1호·제2호 또는 제7호의 사항에 대한 고지를 생략할 수 있다.

1. 피고인에 대한 형사사건이 계속 중인 법원
2. 피고인에 대한 형사사건명 및 피고인의 성명
3. 몰수하여야 할 재산의 품명·수량 그 밖에 그 재산을 특정할 만한 사항
4. 몰수의 이유가 될 사실의 요지
5. 피고인에 대한 형사사건절차에의 참가신청이 가능하다는 취지
6. 참가신청이 가능한 기간
7. 피고인에 대한 형사사건에 대하여 공판기일이 정하여진 경우에는 공판기일

② 검사는 제3자의 소재를 알 수 없거나 그 밖의 사유로 제1항의 고지를 할 수 없을 때에는 제1항 각 호의 사항을 관보나 일간신문에 게재하고 검찰청 또는 고위공직자범죄수사처 게시장에 14일간 게시하여 공고하여야 한다. 〈개정 2021. 1. 5.〉

③ 검사가 제1항 또는 제2항의 규정에 의한 고지 또는 공고를 한 때에는 이를 증명하는 서면을 법원에 제출하여야 한다.

제13조(참가절차) ① 몰수될 염려가 있는 재산을 가진 제3자는 제1심 재판이 있기까지(약식절차에 의

한 재판이 있는 경우에는 정식재판 청구가 가능한 기간이 경과하기까지를 말하며, 이 경우 정식재판 청구가 있는 때에는 통상의 공판절차에 의한 제1심 재판이 있기까지를 말한다. 이하 같다) 피고인에 대한 형사사건이 계속 중인 법원에 대하여 서면으로 그 형사사건절차에의 참가신청을 할 수 있다. 다만, 제12조 제1항 또는 제2항의 규정에 의한 고지 또는 공고가 있은 때에는 고지 또는 공고가 있은 날부터 14일 이내에 한하여 참가신청을 할 수 있다.

② 검사가 제12조 제1항 또는 제2항의 규정에 의하여 고지 또는 공고한 법원이 피고인에 대한 형사사건을 이송한 경우 그 법원에 참가신청이 있는 때에는 신청을 받은 법원은 피고인에 대한 형사사건을 이송받은 법원에 그 신청서면을 송부하여야 한다. 이 경우 그 서면이 송부된 때에는 처음부터 피고인에 대한 형사사건을 이송받은 법원에 대하여 참가신청을 한 것으로 본다.

③ 법원은 참가신청이 법률상의 방식에 위반되거나 제1항에 규정된 기간이 경과한 후에 이루어진 때와 몰수하여야 할 재산 또는 몰수하여야 할 재산 위에 존재하는 지상권·저당권 그 밖의 권리가 신청인에게 귀속하지 아니함이 명백한 때에는 참가신청을 기각하여야 한다. 다만, 제1항 단서에 규정된 기간 내에 참가신청을 하지 아니한 것이 신청인의 책임으로 돌릴 수 없는 사유에 의한 것으로 인정될 때에는 제1심 재판이 있기까지 참가를 허가할 수 있다.

④ 법원은 제3항의 경우를 제외하고는 참가신청을 허가하여야 한다. 다만, 몰수하는 것이 불가능하거나 몰수가 필요하지 아니하다는 취지의 검사의 의견이 상당하다고 인정될 때에는 참가신청을 기각할 수 있다.

⑤ 법원이 참가를 허가한 경우에 있어서 몰수하여야 할 재산 또는 몰수하여야 할 재산 위에 존재하는 지상권·저당권 그 밖의 권리가 참가가 허가된 자(이하 "참가인"이라 한다)에게 귀속하지 아니함이 명백하게 된 때에는 참가를 허가한 재판을 취소하여야 하며, 몰수하는 것이 불가능하거나 몰수가 불

필요하다는 취지의 검사의 의견이 상당하다고 인정될 때에는 참가를 허가한 재판을 취소할 수 있다.

⑥ 참가에 관한 재판은 검사, 참가신청인 또는 참가인, 피고인 또는 변호인의 의견을 듣고 결정하여야 한다.

⑦ 검사, 참가신청인 또는 참가인은 참가신청을 기각한 결정 또는 참가를 허가한 재판을 취소한 결정에 대하여 즉시 항고할 수 있다.

⑧ 참가의 취하는 서면으로 하여야 한다. 다만, 공판기일에는 구술로 할 수 있다.

제14조(참가인의 권리) ① 참가인은 이 법에 특별한 규정이 있는 외에는 몰수에 관하여 피고인과 동일한 소송상의 권리를 가진다.

② 제1항의 규정은 참가인을 증인으로서 조사하는 것을 방해하지 아니한다.

제15조(참가인의 출석 등) ① 참가인은 공판기일에 출석할 것을 요하지 아니한다.

② 법원은 참가인의 소재를 알 수 없는 때에는 공판기일의 통지 그 밖에 서류의 송달을 요하지 아니한다.

③ 법원은 공판기일에 출석한 참가인에 대하여 몰수의 이유가 될 사실의 요지, 참가 전의 공판기일에 있어서의 심리에 관한 중요한 사항 그 밖에 참가인의 권리를 보호하기 위하여 필요하다고 인정하는 사항을 고지하고 몰수에 관하여 진술할 기회를 주어야 한다.

제16조(증거) ① 참가인의 참가는 「형사소송법」 제310조의2 내지 제318조의3의 규정을 적용하는데 영향을 미치지 아니한다.

② 법원은 「형사소송법」 제318조 및 제318조의3 본문의 규정에 의하여 증거로 하는 것이 가능한 서면 또는 진술을 조사한 경우에 참가인이 그 서면 또는 진술의 내용이 된 진술을 한 자를 증인으로 조사할 것을 청구한 때에는 그 권리의 보호에 필요하다고 인정되는 한 이를 조사하여야 한다. 참가인의 참가 전에 조사한 증인에 대하여 참가인이 다시 그 조사를 청구한 때에도 같다.

제17조(몰수재판의 제한) 제3자가 참가허가를 받지 못한 때에는 다음 각 호의 어느 하나에 해당하는 경우를 제외하고는 몰수재판을 할 수 없다.

1. 제12조 제1항 또는 제2항의 규정에 의한 고지 또는 공고가 있은 날부터 14일이 경과된 때. 다만, 몰수하여야 할 재산 또는 몰수하여야 할 재산 위에 존재하는 지상권·저당권 그 밖의 권리가 참가신청인 또는 참가인에게 귀속하지 아니함이 명백하다는 이유로 또는 몰수하는 것이 불가능하거나 불필요하다는 취지의 검사의 의견에 기하여 참가신청이 기각되거나 참가를 허가한 재판이 취소된 경우를 제외한다.
2. 참가신청이 법률상의 방식에 위반되어 기각된 때
3. 참가가 취하된 때

제18조(상소) ① 원심의 참가인은 상소심에서도 참가인으로서의 지위를 잃지 아니한다.

② 참가인이 상소한 때에는 검사 또는 피고인이 상소를 하지 아니하거나 상소의 포기 또는 취하를 한 경우에도 원심 재판 중 몰수에 관한 부분은 확정되지 아니한다.

③ 제2항의 경우에 피고인은 상소심 및 그 후의 심급에 있어서 공판기일에 출석할 것을 요하지 아니한다. 이 경우「형사소송법」제33조·제282조 및 제283조의 규정은 이를 적용하지 아니한다.

④ 제2항 및 제3항의 규정은 약식절차에 의한 재판에 대하여 참가인이 정식재판의 청구를 한 경우 이를 준용한다.

제19조(대리인) ① 이 법의 규정에 의하여 피고인에 대한 형사사건절차에 관여하는 제3자는 변호사 중에서 대리인을 선임하여 소송행위를 대리하게 할 수 있다. 이 경우「형사소송법」제32조 제1항 및 제35조의 규정을 준용한다.

② 대리인은 참가인의 서면에 의한 동의가 없으면 참가의 취하, 정식재판 청구의 취하, 상소의 포기 또는 취하를 할 수 없다.

제20조(「형사소송법」의 준용) ① 제3자의 소송능력에 관하여는「형사소송법」제26조 내지 제28조의 규정을, 제3자의 소송비용부담에 관하여는 동법 제186조 및 제191조의 규정을 각각 준용한다.

② 제12조 제1항에 규정된 재산을 몰수하는 절차에 관하여는 이 법에 특별한 규정이 있는 경우를 제외하고는「형사소송법」의 규정을 준용한다.

제21조(다른 절차와의 관계) 제12조 제1항에 규정된 재산을 몰수하는 재판을 자기의 책임으로 돌릴 수 없는 사유로 피고인에 대한 형사사건절차에서 권리를 주장할 수 없었던 제3자의 권리에는 영향을 미치지 아니한다.

제5장 보전절차

제1절 몰수보전

제22조(몰수보전명령) ① 법원은 제2조 제1호에 규정된 죄에 관련된 피고인에 대한 형사사건에 관하여 이 법의 규정에 의하여 몰수할 수 있는 재산(이하 "몰수대상재산"이라 한다)에 해당한다고 판단할 만한 상당한 이유가 있고, 그 재산을 몰수하기 위하여 필요하다고 인정될 때에는 검사의 청구에 의하여 또는 직권으로 몰수보전명령을 발하여 그 재산에 관한 처분을 금지할 수 있다.

② 법원은 지상권·저당권 그 밖의 권리가 그 위에 존재하는 재산에 대하여 몰수보전명령을 발한 경우 또는 발하고자 하는 경우 그 권리가 몰수에 의하여 소멸된다고 볼만한 상당한 이유가 있고 그 재산을 몰수하기 위하여 필요하다고 인정될 때 또는 그 권리가 가장된 것이라고 볼만한 상당한 이유가 있다고 인정될 때에는 검사의 청구에 의하여 또는 직권으로 별도의 부대보전명령을 발하여 그 권리의 처분을 금지할 수 있다.

③ 몰수보전명령서 또는 부대보전명령서에는 피고인의 성명, 죄명, 공소사실의 요지, 몰수의 근거가 되는 법령의 조항, 처분을 금지하는 재산 또는 권리의 표시, 이들 재산이나 권리를 가진 자(명의인이 다른 경우 명의인을 포함한다)의 성명, 발부연월일

그 밖에 대법원규칙에서 정하는 사항을 기재하고 재판한 법관이 서명날인하여야 한다.

④ 재판장은 긴급을 요하는 경우에는 제1항 또는 제2항에 규정된 처분을 하거나 합의부의 구성원에게 그 처분을 하게 할 수 있다.

⑤ 부동산 또는 동산에 대한 몰수보전은 「형사소송법」의 규정에 의한 압수를 방해하지 아니한다.

제23조(기소 전 몰수보전명령) ① 검사는 제22조 제1항 또는 제2항의 이유와 필요가 있다고 인정되는 경우에는 공소가 제기되기 전이라도 지방법원판사에게 청구하여 동조 제1항 또는 제2항의 규정에 의한 처분을 받을 수 있으며, 사법경찰관은 검사에게 신청하여 검사의 청구로 위 처분을 받을 수 있다.

② 사법경찰관은 몰수보전명령 또는 부대보전명령이 발하여진 경우에는 지체 없이 관계 서류를 검사에게 송부하여야 한다.

③ 제1항의 규정에 의한 청구는 청구하는 검사가 소속하는 지방검찰청 또는 지청 소재지를 관할하는 지방법원 또는 지원의 판사에게 하여야 하고, 고위공직자범죄수사처에 소속된 검사의 경우에는 그에 대응하는 법원의 판사에게 하여야 한다. 〈개정 2021. 1. 5.〉

④ 제1항의 규정에 의하여 청구를 받은 판사는 몰수보전에 관하여 법원 또는 재판장과 동일한 권한을 가진다.

⑤ 검사는 제1항의 규정에 의한 몰수보전 후 공소를 제기한 때에는 그 요지를 몰수보전명령을 받은 자(피고인을 제외한다)에게 통지하여야 한다. 다만, 그 사람의 소재가 불명하거나 그 밖의 이유로 통지할 수 없을 때에는 통지에 갈음하여 그 요지를 관할 지방검찰청 또는 그 지청, 고위공직자범죄수사처의 게시장에 7일간 게시하여 공고하여야 한다. 〈개정 2021. 1. 5.〉

제24조(몰수보전에 관한 재판의 집행) ① 몰수보전에 관한 재판은 검사의 지휘에 의하여 집행한다.

② 몰수보전명령의 집행은 그 명령에 의하여 처분이 금지되는 재산을 가진 자에게 몰수보전명령의 등본이 송달되기 전에도 할 수 있다.

제25조(몰수보전의 효력) 몰수보전된 재산(이하 "몰수보전재산"이라 한다)에 대하여 당해 보전 이후에 된 처분은 몰수에 관하여 그 효력을 발생하지 아니한다. 다만, 제36조 제1항 본문에 규정된 경우(제39조 제4항 및 제5항의 규정에 의하여 준용하는 경우를 포함한다) 및 몰수보전명령에 대항할 수 있는 담보권의 실행으로서의 처분에 관하여는 그러하지 아니하다.

제26조(부동산의 몰수보전) ① 부동산의 몰수보전은 그 처분을 금지하는 취지의 몰수보전명령에 의하여 한다.

② 제1항의 몰수보전명령의 등본은 부동산의 소유자(명의인이 다른 경우 명의인을 포함한다)에게 송달하여야 한다.

③ 부동산에 대한 몰수보전명령의 집행은 몰수보전등기를 하는 방법에 의하여 한다.

④ 제3항의 등기는 검사가 촉탁한다.

⑤ 부동산에 대한 몰수보전의 효력은 몰수보전등기가 된 때에 발생한다.

⑥ 부동산에 대하여 등기청구권을 보전하기 위한 처분금지 가처분의 등기가 된 후 몰수보전등기가 된 경우에 그 가처분채권자가 보전하려는 등기청구권에 기한 등기를 할 때에는 몰수보전등기에 의한 처분의 제한은 그 가처분등기에 기한 권리의 취득 또는 소멸에 영향을 미치지 아니한다.

⑦ 「민사집행법」 제83조 제2항·제94조 제2항 및 제95조의 규정은 부동산의 몰수보전에 관하여 이를 준용한다. 이 경우 같은 법 제83조 제2항 중 "채무자"는 "몰수보전재산을 가진 자"로, 제94조 제2항 중 "제1항" 및 제95조 중 "제94조"는 「불법정치자금 등의 몰수에 관한 특례법」 제26조 제4항"으로, 제95조 중 "법원"은 "검사"로 본다.

제27조(선박 등의 몰수보전) 등기할 수 있는 선박, 「항공안전법」에 의하여 등록된 항공기, 「자동차관리법」에 의하여 등록된 자동차, 「건설기계관리법」에 의하여 등록된 건설기계의 몰수보전에 관하여는

부동산에 대한 몰수보전의 예에 의한다. 〈개정 2016. 3. 29.〉

제28조(동산의 몰수보전) ① 동산(제27조에 규정된 것 외의 것을 말한다. 이하 이 조에서 같다)의 몰수보전은 그 처분을 금지하는 취지의 몰수보전명령에 의하여 한다.

② 제1항의 몰수보전명령의 등본은 동산의 소유자(명의인이 다른 경우 명의인을 포함한다. 이하 이 조에서 같다)에게 송달하여야 한다.

③ 「형사소송법」의 규정에 의하여 압수되지 아니한 동산 또는 같은 법 제130조 제1항의 규정에 의하여 간수자를 두거나 소유자 또는 적당한 자에게 보관하게 할 수 있는 동산에 관하여 몰수보전명령이 있는 때에는 검사는 공시서를 첨부시키거나 그 밖의 상당한 방법으로 그 취지를 공시하는 조치를 하여야 한다.

④ 동산의 몰수보전의 효력은 몰수보전명령의 등본이 소유자에게 송달된 때에 발생한다.

제29조(채권의 몰수보전) ① 채권의 몰수보전은 채권자(명의인이 다른 경우 명의인을 포함한다. 이하 이 조에서 같다)에게는 채권의 처분과 영수를 금하고, 채무자에게는 채권자에 대한 지급을 금하는 취지의 몰수보전명령에 의하여 한다.

② 제1항의 몰수보전명령의 등본은 채권자 및 채무자에게 송달하여야 한다.

③ 채권의 몰수보전의 효력은 몰수보전명령의 등본이 채무자에게 송달된 때에 발생한다.

④ 「민사집행법」 제228조, 제248조 제1항 및 제4항 본문의 규정은 채권의 몰수보전에 관하여 이를 준용한다. 이 경우 같은 법 제228조 제1항 중 "압류"는 "몰수보전"으로, "채권자"는 "검사"로, 제228조 제1항 및 제2항 중 "압류명령" 및 제248조 제1항 중 "압류"는 각각 "몰수보전명령"으로, 제248조 제1항 및 제4항 본문 중 "제3채무자"는 각각 "채무자"로, 같은 조 제4항 중 "법원"은 "몰수보전명령을 발한 법원"으로 본다.

제30조(기타재산권의 몰수보전) ① 제26조 내지 제29조에 규정된 재산외의 재산권(이하 이 조에서 "기타재산권"이라 한다)의 몰수보전에 관하여는 이 조에 특별히 정한 사항을 제외하고는 채권의 몰수보전의 예에 의한다.

② 기타재산권 중 채무자 또는 이에 준하는 자가 없는 경우(제3항의 경우를 제외한다) 몰수보전의 효력은 몰수보전명령이 그 권리자에게 송달된 때에 발생한다.

③ 제26조 제3항 내지 제6항과 「민사집행법」 제94조 제2항 및 제95조의 규정은 기타 재산권 중 권리의 이전에 등기 등을 요하는 경우에 이를 준용한다. 이 경우 같은 법 제94조 제2항중 "제1항" 및 제95조 중 "제94조"는 각각 "「불법정치자금 등의 몰수에 관한 특례법」 제30조 제3항에서 준용하는 제26조 제4항"으로, 제95조 중 "법원"은 "검사"로 본다.

제31조(몰수보전명령의 취소) ① 법원은 몰수보전의 이유 또는 필요가 없어지거나 몰수보전의 기간이 부당하게 길어진 때에는 검사나 몰수보전재산을 가진 자(그 사람이 피고인 또는 피의자인 경우에는 그 변호인을 포함한다)의 청구 또는 직권에 의한 결정으로 몰수보전명령을 취소하여야 한다.

② 법원은 검사의 청구에 의한 경우를 제외하고는 제1항의 결정을 할 때 검사의 의견을 들어야 한다.

제32조(몰수보전명령의 실효) ① 몰수보전명령은 몰수선고가 없는 재판(「형사소송법」 제327조 제2호의 규정에 의한 경우를 제외한다)이 확정된 때에는 그 효력을 잃는다.

② 「형사소송법」 제327조 제2호의 규정에 의한 공소기각의 재판이 있은 경우 공소기각의 재판이 확정된 날부터 30일 이내에 그 사건에 대하여 공소가 제기되지 아니할 때에는 몰수보전명령은 그 효력을 잃는다.

제33조(실효 등 경우의 조치) 검사는 몰수보전이 실효된 때에는 지체없이 몰수보전등기 등에 대한 말소촉탁을 하고, 공시서의 제거 그 밖의 필요한 조치를 하여야 한다.

제34조(몰수보전재산에 대한 강제집행절차의 제한)

① 몰수보전이 된 후에 그 몰수보전의 대상이 된 부동산 또는 제27조에 규정된 선박·항공기·자동차 또는 건설기계에 대하여 강제경매개시결정이 된 경우 또는 그 몰수보전의 대상이 된 유체동산에 대하여 강제집행에 의한 압류가 된 경우에는 강제집행에 의한 환가절차는 몰수보전이 실효된 후가 아니면 이를 진행할 수 없다.

② 몰수보전된 채권에 대하여 강제집행에 의한 압류명령이 발하여진 경우 그 압류채권자는 압류된 채권 중 몰수보전된 부분에 대하여 몰수보전이 실효되지 아니하면 채권을 영수할 수 없다.

③ 제1항의 규정은 몰수보전이 된 후에 강제집행에 의하여 압류된 채권이 조건부 또는 기한부이거나 반대이행과 관련되어 있거나 그 밖의 사유로 추심하기 곤란한 경우에 이를 준용한다.

④ 몰수보전된 그 밖의 재산권(「민사집행법」 제251조 제1항에 규정된 그 밖의 재산권을 말한다)에 대한 강제집행에 관하여는 몰수보전된 채권에 대한 강제집행의 예에 의한다.

제35조(제3채무자의 공탁) ① 금전의 지급을 목적으로 하는 채권(이하 "금전채권"이라 한다)의 채무자(이하 "제3채무자"라 한다)는 당해 채권이 몰수보전된 후에 그 몰수보전의 대상이 된 채권에 대하여 강제집행에 의한 압류명령의 송달을 받은 때에는 그 채권의 전액을 채무이행지의 지방법원 또는 지원에 공탁할 수 있다.

② 제3채무자가 제1항의 규정에 의한 공탁을 한 때에는 그 사유를 몰수보전명령을 발한 법원 및 압류명령을 발한 법원에 신고하여야 한다.

③ 제1항의 규정에 의하여 공탁된 경우 집행법원은 공탁된 금원 중에서 몰수보전된 금전채권의 금액에 상당하는 부분에 관하여는 몰수보전이 실효된 때, 그 나머지 부분에 관하여는 공탁된 때 배당절차를 개시하거나 변제금의 교부를 실시한다.

④ 제1항 및 제2항의 규정은 강제집행에 의하여 압류된 금전채권에 관하여 몰수보전이 된 경우 제3채무자의 공탁에 관하여 이를 준용한다.

⑤ 제1항(제4항에서 준용하는 경우를 포함한다)의 규정에 의하여 공탁된 경우 「민사집행법」 제247조의 규정을 적용함에 있어서 동조 제1항 제1호중 "제248조 제4항"은 「불법정치자금 등의 몰수에 관한 특례법」 제35조 제1항(동조 제4항에서 준용하는 경우를 포함한다)"으로 본다.

제36조(강제집행의 대상이 된 재산의 몰수제한) ① 몰수보전되기 전에 강제경매개시결정 또는 강제집행에 의하여 압류된 재산에 대하여는 몰수재판을 할 수 없다. 다만, 압류채권자의 채권이 가장된 것일 때, 압류채권자가 몰수대상재산이라는 사실을 알면서 강제집행을 신청한 때 또는 압류채권자가 범인일 때에는 그러하지 아니하다.

② 몰수대상재산 위에 존재하는 지상권 그 밖의 권리로서 부대보전명령에 의하여 처분이 금지된 것에 대하여 그 처분금지 전에 강제경매개시결정 또는 강제집행에 의하여 압류된 경우에 그 재산을 몰수할 때에는 그 권리를 존속시키고 몰수한다는 취지를 선고하여야 한다. 다만, 압류채권자의 채권이 가장된 것일 때, 압류채권자가 몰수에 의하여 그 권리가 소멸된다는 사실을 알면서 강제집행을 신청한 때 또는 압류채권자가 범인일 때에는 그러하지 아니하다.

제37조(강제집행의 정지) ① 법원은 강제경매개시결정 또는 강제집행에 의하여 압류된 재산에 관하여 몰수보전명령을 발한 경우 또는 발하고자 하는 경우 제36조 제1항 단서에 규정된 사유가 있다고 판단할만한 상당한 이유가 있다고 인정되는 때에는 검사의 청구 또는 직권에 의한 결정으로 강제집행의 정지를 명할 수 있다.

② 집행법원은 검사가 제1항의 결정등본을 집행법원에 제출한 때에는 강제집행을 정지하여야 한다. 이 경우 「민사집행법」의 규정을 적용함에 있어서 같은 법 제49조 제2호의 서류가 제출된 것으로 본다.

③ 법원은 몰수보전이 실효된 때, 제1항의 이유가 없어진 때 또는 강제집행정지기간이 부당하게 길어

진 때에는 검사나 압류채권자의 청구에 의하여 또는 직권으로 제1항의 결정을 취소하여야 한다. 이 경우 제31조 제2항의 규정을 준용한다.

제38조(담보권의 실행을 위한 경매절차와의 조정) ① 몰수보전재산 위에 존재하는 담보권이 몰수보전된 후에 성립되거나 부대보전명령에 의하여 처분이 금지된 경우 그 담보권의 실행(압류를 제외한다)은 몰수보전 또는 부대보전명령에 의한 처분금지가 실효되지 아니하면 이를 할 수 없다.

② 담보권의 실행을 위한 경매절차가 개시된 후 그 담보권에 관하여 부대보전명령이 발하여진 경우 검사가 그 명령의 등본을 제출한 때에는 집행법원은 그 절차를 정지하여야 한다. 이 경우 「민사집행법」의 규정을 적용함에 있어서는 같은 법 제266조 제1항 제5호(같은 법 제269조 및 제272조에서 준용하는 경우를 포함한다)의 문서가 제출된 것으로 본다.

제39조(그 밖의 절차와의 조정) ① 제34조의 규정은 몰수보전된 재산이 체납처분(「국세징수법」 및 「지방세징수법」의 규정 또는 그 예에 의하는 각종 징수절차를 말한다. 이하 같다)에 의하여 압류된 경우, 몰수보전된 재산을 가진 자에 대하여 파산선고 또는 화의개시결정(이하 "파산선고등"이라 한다)이 있는 경우 또는 몰수보전된 재산을 가진 회사에 대하여 정리절차개시결정이 있는 경우 그 절차의 제한에 관하여 이를 준용한다. 〈개정 2010. 3. 31., 2016. 12. 27.〉

② 제35조의 규정은 몰수보전된 금전채권에 대하여 체납처분에 의한 압류가 있는 경우 또는 체납처분에 의하여 압류된 금전채권에 대하여 몰수보전이 있는 경우 제3채무자의 공탁에 관하여 이를 준용한다.

③ 제35조 제1항 및 제2항의 규정은 몰수보전된 금전채권에 대하여 가압류가 있는 경우 또는 가압류된 금전채권에 대하여 몰수보전이 있는 경우에 제3채무자의 공탁에 관하여 이를 준용한다.

④ 제36조의 규정은 몰수보전이 되기 전 그 몰수보전의 대상이 된 재산에 대하여 가압류가 있는 경우 또는 몰수대상재산 위에 존재하는 지상권 그 밖의 권리로서 부대보전명령에 의하여 처분이 금지된 것에 대하여 그 처분금지 전에 가압류가 있는 경우 그 재산의 몰수제한에 관하여 이를 준용한다.

⑤ 제36조 제1항 본문의 규정은 몰수보전이 되기 전 그 몰수보전의 대상이 된 재산에 대하여 체납처분에 의한 압류가 있는 경우, 몰수보전이 되기 전 그 몰수보전의 대상이 된 재산을 가진 자에 대하여 파산선고등이 있는 경우 또는 몰수보전이 되기 전 그 몰수보전의 대상이 된 재산을 가진 회사에 대하여 정리절차개시결정이 있는 경우 그 재산의 몰수제한에 관하여 이를 준용한다.

⑥ 제36조 제2항 본문의 규정은 몰수대상재산 위에 존재하는 지상권 그 밖의 권리로서 부대보전명령에 의하여 처분이 금지된 것에 관하여 그 처분금지 전에 체납처분에 의한 압류가 있는 경우, 몰수대상재산 위에 존재하는 지상권 그 밖의 권리로서 부대보전명령에 의하여 처분이 금지된 권리의 권리자에 대하여 그 처분금지 전에 파산선고등이 있는 경우 또는 몰수대상재산 위에 존재하는 지상권 그 밖의 권리로서 부대보전명령에 의하여 처분이 금지된 권리를 가진 회사에 대하여 그 처분금지 전에 정리절차개시결정이 있는 경우 그 재산의 몰수제한에 관하여 이를 준용한다.

⑦ 제37조의 규정은 가압류된 재산에 대하여 몰수보전명령을 발한 경우 또는 발하고자 하는 경우에 강제집행정지에 관하여 이를 준용한다.

제40조(부대보전명령의 효력 등) ① 부대보전명령은 그 명령에 관계된 몰수보전의 효력이 존속하는 동안 그 효력이 있다.

② 부대보전명령에 의한 처분금지에 관하여는 이 법에 특별한 규정이 있는 경우를 제외하고는 몰수보전에 관한 규정을 준용한다.

제2절 추징보전

제41조(추징보전명령) ① 법원은 제2조 제1호에 규정된 죄에 관련된 피고인에 대한 형사사건에 관하여 제6조의 규정에 의하여 추징하여야 할 경우에

해당한다고 판단할 만한 상당한 이유가 있는 경우에 추징재판을 집행할 수 없게 될 염려가 있거나 집행이 현저히 곤란할 염려가 있다고 인정될 때에는 검사의 청구에 의하여 또는 직권으로 추징보전명령을 발하여 피고인에 대하여 재산의 처분을 금지할 수 있다.

② 추징보전명령은 추징재판의 집행을 위하여 보전하는 것이 상당하다고 인정되는 금액(이하 "추징보전액"이라 한다)을 정하여 특정재산에 대하여 발하여야 한다. 다만, 유체동산에 관하여는 그 목적물을 특정하지 아니할 수 있다.

③ 추징보전명령에는 추징보전명령의 집행정지나 집행처분의 취소를 위하여 피고인이 공탁하여야 할 금원(이하 "추징보전해방금"이라 한다)의 금액을 정하여야 한다.

④ 추징보전명령서에는 피고인의 성명, 죄명, 공소사실의 요지, 추징의 근거가 되는 법령의 조항, 추징보전액, 처분을 금지하는 재산의 표시, 추징보전해방금의 금액, 발부연월일 그 밖에 대법원규칙에서 정하는 사항을 기재하고 재판한 법관이 서명날인하여야 한다.

⑤ 제22조 제4항의 규정은 추징보전에 관하여 이를 준용한다.

제42조(기소 전 추징보전명령) ① 검사는 제41조 제1항의 이유와 필요가 있다고 인정되는 경우에는 공소가 제기되기 전이라도 지방법원판사에게 청구하여 동조동항에 규정된 처분을 받을 수 있다.

② 제23조 제3항 및 제4항의 규정은 제1항의 규정에 의한 추징보전에 관하여 이를 준용한다.

제43조(추징보전명령의 집행) ① 추징보전명령은 검사의 명령에 의하여 집행한다. 이 경우 검사의 명령은 「민사집행법」의 규정에 의한 가압류명령과 동일한 효력을 가진다.

② 추징보전명령의 집행은 추징보전명령의 등본이 피고인 또는 피의자에게 송달되기 전에도 할 수 있다.

③ 추징보전명령의 집행에 관하여는 이 법에 특별한 규정이 있는 경우를 제외하고는 「민사집행법」 그 밖에 가압류집행의 절차에 관한 법령의 규정을 준용한다. 이 경우 법령의 규정에 의하여 가압류명령을 발한 법원이 가압류 집행법원으로서 관할하도록 되어 있는 가압류의 집행에 관하여는 제1항의 규정에 의한 명령을 발한 검사가 소속하는 검찰청 또는 고위공직자범죄수사처에 대응하는 법원이 관할한다. 〈개정 2021. 1. 5.〉

제44조(금전채권 채무자의 공탁) 추징보전명령에 기하여 추징보전집행된 금전채권의 채무자는 그 채권액에 상당한 금원을 공탁할 수 있다. 이 경우 채권자의 공탁금출급청구권에 대하여 추징보전집행이 된 것으로 본다.

제45조(추징보전해방금의 공탁과 추징 등의 재판의 집행) ① 추징보전해방금이 공탁된 후에 추징재판이 확정된 때 또는 가납재판이 선고된 때에는 공탁된 금액의 범위안에서 추징 또는 가납재판의 집행이 있은 것으로 본다.

② 추징선고된 경우에 공탁된 추징보전해방금이 추징금액을 초과하는 때에는 그 초과액은 피고인에게 환부하여야 한다.

제46조(추징보전명령의 취소) 법원은 추징보전의 이유 또는 필요가 없게 되거나 추징보전기간이 부당하게 길어진 때에는 검사, 피고인·피의자나 그 변호인의 청구 또는 직권에 의한 결정으로 추징보전명령을 취소하여야 한다. 이 경우 제31조 제2항의 규정을 준용한다.

제47조(추징보전명령의 실효) ① 추징보전명령은 추징선고가 없는 재판(「형사소송법」 제327조 제2호의 규정에 의한 경우를 제외한다)이 확정된 때에는 그 효력을 잃는다.

② 「형사소송법」 제327조 제2호의 규정에 의한 공소기각의 재판이 있은 경우 추징보전명령의 효력에 관하여는 제32조 제2항의 규정을 준용한다.

제48조(추징보전명령이 실효된 경우의 조치) 검사는 추징보전명령이 실효되거나 추징보전해방금이 공탁된 경우 신속하게 제43조 제1항의 규정에 의한 명

령을 취소함과 동시에 추징보전명령에 기한 추징보전집행의 정지 또는 취소를 위하여 필요한 조치를 하여야 한다.

제3절 보칙

제49조(송달) 몰수보전 또는 추징보전(추징보전명령에 기한 추징보전집행을 제외한다. 이하 이 절에서 같다)에 관한 서류의 송달에 관하여는 대법원규칙에 특별히 정한 경우를 제외하고는 민사소송에 관한 법령의 규정을 준용한다. 이 경우 「민사소송법」 제194조 제1항에 규정된 공시송달의 효력발생시기는 같은 법 제196조 제1항 본문 및 제2항의 규정에 불구하고 7일로 한다.

제50조(상소제기기간 중의 처분 등) 상소제기기간 내의 사건으로 아직 상소가 제기되지 아니한 사건과 상소하였으나 소송기록이 상소법원에 도달하지 아니한 사건에 관하여 몰수보전 또는 추징보전에 관한 처분을 하여야 할 경우에는 원심법원이 그 처분을 하여야 한다.

제51조(불복신청) ① 몰수보전 또는 추징보전에 관한 법원의 결정에 대하여는 항고할 수 있다.

② 몰수보전 또는 추징보전에 관한 법관의 재판에 불복이 있는 경우 그 법관이 소속한 법원에 그 재판의 취소 또는 변경을 청구할 수 있다.

③ 제2항의 규정에 의한 불복신청의 절차에 관하여는 「형사소송법」 제416조 제1항에서 규정한 재판의 취소 또는 변경의 청구에 관련된 절차규정을 준용한다.

　　부칙 〈제17830호, 2021. 1. 5.〉
　이 법은 공포한 날부터 시행한다.

마약류 불법거래 방지에 관한 특례법(약칭: 마약거래방지법)

[시행 2021. 1. 5.] [법률 제17826호, 2021. 1. 5., 일부개정]

제1장 총칙 〈개정 2009. 11. 2.〉

제1조(목적) 이 법은 국제적으로 협력하여 마약류와 관련된 불법행위를 조장하는 행위 등을 방지함으로써 마약류범죄의 진압과 예방을 도모하고, 이에 관한 국제협약을 효율적으로 시행하기 위하여 「마약류관리에 관한 법률」과 그 밖의 관계 법률에 대한 특례 등을 규정함을 목적으로 한다.

[전문개정 2009. 11. 2.]

제2조(정의) ① 이 법에서 "마약류"란 「마약류 관리에 관한 법률」 제2조 제2호에 따른 마약, 같은 조 제3호에 따른 향정신성의약품 및 같은 조 제4호에 따른 대마를 말한다. 〈개정 2011. 6. 7.〉

② 이 법에서 "마약류범죄"란 다음 각 호의 죄[그 죄와 다른 죄가 「형법」 제40조에 따른 상상적 경합(想像的 競合) 관계에 있는 경우에는 그 다른 죄를 포함한다]를 말한다.

1. 제6조·제9조 또는 제10조의 죄

2. 「마약류관리에 관한 법률」 제58조부터 제61조까지의 죄

③ 이 법에서 "불법수익"이란 마약류범죄의 범죄행위로 얻은 재산, 그 범죄행위의 보수(報酬)로 얻은 재산이나 「마약류 관리에 관한 법률」 제60조 제1항 제1호 또는 제61조 제1항 제1호(미수범을 포함한다)의 죄에 관계된 자금을 말한다. 〈개정 2011. 6. 7.〉

④ 이 법에서 "불법수익에서 유래한 재산"이란 불법수익의 과실(果實)로서 얻은 재산, 불법수익의 대가(對價)로서 얻은 재산, 이들 재산의 대가로서 얻은 재산, 그 밖에 불법수익의 보유 또는 처분으로 얻은 재산을 말한다.

⑤ 이 법에서 "불법수익등"이란 불법수익, 불법수익에서 유래한 재산 및 그 재산과 그 재산 외의 재산이 합하여진 재산을 말한다.

[전문개정 2009. 11. 2.]

제2장 입국 절차 및 상륙 절차 등의 특례
〈개정 2009. 11. 2.〉

제3조(입국 절차 및 상륙 절차의 특례) ① 출입국관리 공무원은 「출입국관리법」 제11조 제1항 제1호에 해당하는 사람으로 의심되는 외국인으로부터 입국허가 신청을 받은 경우, 마약류의 분산 및 그 외국인의 도주를 방지하기 위하여 충분한 감시체제가 확보되어 있는 마약류범죄의 수사에 관하여 그 외국인을 입국시킬 필요가 있다는 검사의 요청이 있을 때에는 법무부장관의 승인을 받아 「출입국관리법」 제11조 제1항 제1호에도 불구하고 그 외국인의 입국을 허가할 수 있다.

② 출입국관리 공무원은 「출입국관리법」 제11조 제1항 제1호에 해당하는 사람으로 의심되는 외국인으로부터 같은 법 제14조 제1항에 따른 상륙허가 신청을 받은 경우, 마약류의 분산 및 그 외국인의 도주를 방지하기 위하여 충분한 감시체제가 확보되어 있는 마약류범죄의 수사에 관하여 그 외국인을 상륙시킬 필요가 있다는 검사의 요청이 있을 때에는 법무부장관의 승인을 받아 같은 법 제14조 제1항 단서에도 불구하고 그 외국인의 상륙을 허가할 수 있다.

③ 출입국관리 공무원은 제1항에 따른 입국허가 또

는 제2항에 따른 상륙허가를 받은 외국인에 대하여 검사로부터 계속 대한민국에 체류하도록 하는 것이 적당하지 아니하다는 통보를 받았을 때에는 즉시 그 외국인의 입국 또는 상륙 당시 그 외국인이 「출입국관리법」 제11조 제1항 제1호에 해당하였는지를 심사하여야 한다.

④ 출입국관리 공무원은 제3항에 따른 심사 결과 그 외국인이 「출입국관리법」 제11조 제1항 제1호에 해당한다고 인정할 때에는 법무부장관의 승인을 받아 그 외국인에 대한 입국허가 또는 상륙허가를 취소하여야 한다.

⑤ 사법경찰관은 제1항부터 제3항까지의 규정에 따라 요청 또는 통보를 할 것을 검사에게 신청할 수 있다. 이 경우 신청을 받은 검사가 제1항부터 제3항까지의 규정에 따른 요청 또는 통보를 한다.

　[전문개정 2009. 11. 2.]

제4조(세관 절차의 특례) ① 세관장은 「관세법」 제246조에 따라 화물을 검사할 때에 화물에 마약류가 감추어져 있다고 밝혀지거나 그러한 의심이 드는 경우, 그 마약류의 분산을 방지하기 위하여 충분한 감시체제가 확보되어 있는 마약류범죄의 수사에 관하여 그 마약류가 외국으로 반출되거나 대한민국으로 반입될 필요가 있다는 검사의 요청이 있을 때에는 다음 각 호의 조치를 할 수 있다. 다만, 그 조치를 하는 것이 관세 관계 법령의 입법 목적에 비추어 타당하지 아니하다고 인정할 때에는 요청한 검사와의 협의를 거쳐 그 조치를 하지 아니할 수 있다.

　1. 해당 화물(그 화물에 감추어져 있는 마약류는 제외한다)에 대한 「관세법」 제241조에 따른 수출입 또는 반송의 면제

　2. 그 밖에 검사의 요청에 따르기 위하여 필요한 조치

② 제1항(같은 항 제1호는 제외한다)은 「관세법」 제257조에 따라 우편물을 검사할 때에 그 물건에 마약류가 감추어져 있는 것이 밝혀지거나 그러한 의심이 드는 경우에 준용한다. 이 경우 그 마약류에 대하여는 「관세법」 제240조를 적용하지 아니한다.

③ 사법경찰관은 제1항 및 제2항에 따라 요청을 할 것을 검사에게 신청할 수 있다. 이 경우 검사가 제1항 및 제2항에 따른 요청을 한다.

　[전문개정 2009. 11. 2.]

제5조(금융회사등에 의한 신고) ① 「금융실명거래 및 비밀보장에 관한 법률」 제2조 제1호에 따른 금융회사등(이하 "금융회사등"이라 한다)에 종사하는 사람으로서 같은 조 제3호에 따른 금융거래를 수행하는 사람은 그 업무를 하면서 수수(收受)한 재산이 불법수익등임을 알게 되었을 때 또는 그 업무에 관계된 거래 상대방이 제7조의 죄에 해당하는 행위를 하였음을 알게 되었을 때에는 다른 법령의 규정에도 불구하고 지체 없이 대통령령으로 정하는 바에 따라 서면으로 검찰총장에게 신고하여야 한다. 〈개정 2011. 7. 14.〉

② 제1항의 경우 금융회사등에 종사하는 사람은 같은 항에 따라 신고를 하려고 하거나 신고한 경우, 그 사실을 그 신고에 관련된 거래 상대방 및 그 거래 상대방과 관계된 자에게 누설하여서는 아니 된다. 〈개정 2011. 7. 14.〉

　[전문개정 2009. 11. 2.]

　[제목개정 2011. 7. 14.]

제3장 벌칙 〈개정 2009. 11. 2.〉

제6조(업으로서 한 불법수입 등) ① 「마약류관리에 관한 법률」 제58조(같은 조 제4항은 제외한다), 제59조 제1항부터 제3항까지(같은 조 제1항 제1호부터 제4호까지 및 제9호에 관련된 행위만 해당하며, 같은 항 제4호 중 향정신성의약품은 제외한다) 또는 제60조 제1항 제4호(상습범 및 미수범을 포함한다)에 해당하는 행위를 업(業)으로 한 자(이들 행위와 제9조에 해당하는 행위를 함께 하는 것을 업으로 한 자를 포함한다)는 사형, 무기징역 또는 10년 이상의 징역에 처한다. 이 경우 1억원 이하의 벌금을 병과(併科)한다. 〈개정 2011. 6. 7.〉

② 「마약류관리에 관한 법률」 제59조 제1항부터 제

3항까지(같은 조 제1항 제4호부터 제7호까지 및 제10호부터 제13호까지의 규정에 관련된 행위만 해당하며, 같은 항 제4호 중 마약은 제외한다) 또는 제60조 제1항 제2호(미수범 및 상습범을 포함한다)·제3호(미수범 및 상습범을 포함한다)에 해당하는 행위를 업으로 한 자(이들 행위와 제9조에 해당하는 행위를 함께 하는 것을 업으로 한 자를 포함한다)는 3년 이상의 유기징역에 처한다. 이 경우 3천만원 이하의 벌금을 병과한다. 〈개정 2011. 6. 7.〉

[전문개정 2009. 11. 2.]

제7조(불법수익등의 은닉 및 가장) ① 마약류범죄의 발견 또는 불법수익등의 출처에 관한 수사를 방해하거나 불법수익등의 몰수를 회피할 목적으로 불법수익등의 성질, 소재(所在), 출처 또는 귀속(歸屬) 관계를 숨기거나 가장(假裝)한 자는 7년 이하의 징역 또는 3천만원 이하의 벌금에 처하거나 이를 병과할 수 있다.

② 제1항의 미수범은 처벌한다.

③ 제1항의 죄를 범할 목적으로 예비하거나 음모한 자는 2년 이하의 징역 또는 1천만원 이하의 벌금에 처한다.

[전문개정 2009. 11. 2.]

제8조(불법수익등의 수수) 불법수익이라는 정황을 알면서 불법수익등을 수수한 자는 3년 이하의 징역 또는 1천만원 이하의 벌금에 처하거나 이를 병과할 수 있다. 다만, 법령에 따른 의무이행으로서 제공된 것을 수수한 자 또는 계약(채권자에게 상당한 재산상의 이익을 제공하는 것만 해당한다) 당시에 그 계약에 관련된 채무의 이행이 불법수익등에 의하여 이루어지는 것이라는 정황을 알지 못하고 그 계약에 관련된 채무의 이행으로서 제공된 것을 수수한 자의 경우에는 그러하지 아니하다.

[전문개정 2009. 11. 2.]

제9조(마약류 물품의 수입 등) ① 마약류범죄(마약류의 수입 또는 수출에 관련된 것으로 한정한다)를 범할 목적으로 마약류로 인식하고 교부받거나 취득한 약물 또는 그 밖의 물품을 수입하거나 수출한 자는 3년 이상의 유기징역에 처한다.

② 마약류범죄(마약류의 양도·양수 또는 소지에 관련된 것으로 한정한다)를 범할 목적으로 약물이나 그 밖의 물품을 마약류로 인식하고 양도·양수하거나 소지한 자는 5년 이하의 징역 또는 500만원 이하의 벌금에 처한다. 〈개정 2011. 5. 19.〉

[전문개정 2009. 11. 2.]

제10조(선동 등) 마약류범죄(제9조 및 이 조의 범죄는 제외한다), 제7조 또는 제8조의 범죄의 실행 또는 마약류의 남용을 공연히 선동하거나 권유한 자는 3년 이하의 징역 또는 1천만원 이하의 벌금에 처한다.

[전문개정 2009. 11. 2.]

제11조(불법수익등에 대한 미신고 등) 제5조를 위반한 자는 2년 이하의 징역 또는 1천만원 이하의 벌금에 처한다.

[전문개정 2009. 11. 2.]

제12조(국외범) 제6조부터 제8조까지 및 제10조는 「형법」 제5조의 예에 따라 대한민국 영역 밖에서 해당 죄를 범한 외국인에게도 적용한다.

[전문개정 2009. 11. 2.]

제13조(불법수익등의 몰수) ① 다음 각 호에 해당하는 재산은 몰수한다. 다만, 제7조 제1항·제2항 또는 제8조의 죄가 불법수익 또는 불법수익에서 유래한 재산과 이들 재산 외의 재산이 합하여진 재산에 관계된 경우 그 범죄에 대하여 제3호부터 제5호까지의 규정에 따른 재산의 전부를 몰수하는 것이 타당하지 아니하다고 인정되는 경우에는 그 일부만을 몰수할 수 있다.

1. 불법수익

2. 불법수익에서 유래한 재산

3. 제7조 제1항·제2항 또는 제8조의 범죄행위에 관계된 불법수익등

4. 제7조 제1항·제2항 또는 제8조의 범죄행위로 인하여 발생하거나 그 범죄행위로 얻은 재산 또는 그 범죄행위의 보수로서 얻은 재산

5. 제3호 또는 제4호에 따른 재산의 과실 또는 대

가로서 얻은 재산 또는 이들 재산의 대가로서 얻은 재산, 그 밖에 그 재산의 보유 또는 처분으로 얻은 재산

② 제1항에 따라 몰수하여야 할 재산의 성질, 사용 상황 또는 그 재산에 관한 범인 외의 자의 권리 유무, 그 밖의 사정을 고려한 결과 그 재산을 몰수하는 것이 타당하지 아니하다고 인정할 때에는 제1항에도 불구하고 몰수하지 아니할 수 있다.

③ 다음 각 호의 어느 하나에 해당하는 재산은 몰수할 수 있다.

1. 제7조 제3항의 범죄행위에 관계된 불법수익등
2. 제7조 제3항의 범죄행위로 인하여 발생하거나 그 범죄행위로 얻은 재산 또는 그 범죄행위의 보수로서 얻은 재산
3. 제1호 또는 제2호에 따른 재산의 과실 또는 대가로서 얻은 재산 또는 이들 재산의 대가로서 얻은 재산, 그 밖에 그 재산의 보유 또는 처분으로 얻은 재산

[전문개정 2009. 11. 2.]

제14조(불법수익등이 합하여진 재산의 몰수) 제13조 제1항 각 호 또는 같은 조 제3항 각 호에 따른 재산(이하 "불법재산"이라 한다)이 불법재산 외의 재산과 합하여진 경우 그 불법재산을 몰수하여야 할 때에는 그것이 합하여짐으로써 생긴 재산(이하 "혼합재산"이라 한다) 중 그 불법재산(합하여지는 데에 관련된 부분만 해당한다)의 금액 또는 수량에 상당하는 부분을 몰수할 수 있다.

[전문개정 2009. 11. 2.]

제15조(몰수의 요건 등) ① 제13조에 따른 몰수는 불법재산 또는 혼합재산이 범인 외의 자에게 귀속되지 아니한 경우로 한정한다. 다만, 범인 외의 자가 범죄 후 그 정황을 알면서 그 불법재산 또는 혼합재산을 취득한 경우(그 불법재산 또는 혼합재산의 취득이 제8조 단서에 따른 불법수익등의 수수에 해당하는 경우는 제외한다)에는 그 불법재산 또는 혼합재산이 범인 외의 자에게 귀속된 경우에도 그 재산을 몰수할 수 있다.

② 지상권·저당권 또는 그 밖의 권리가 그 위에 존재하는 재산을 제13조에 따라 몰수하는 경우, 범인 외의 자가 범죄 전에 그 권리를 취득한 때 또는 범인 외의 자가 범죄 후 그 정황을 알지 못하고 그 권리를 취득한 때에는 그 권리를 존속시킨다.

[전문개정 2009. 11. 2.]

제16조(추징) ① 제13조 제1항에 따라 몰수하여야 할 재산을 몰수할 수 없거나 같은 조 제2항에 따라 몰수하지 아니하는 경우에는 그 가액(價額)을 범인으로부터 추징(追徵)한다.

② 제13조 제3항에 따른 재산을 몰수할 수 없거나 그 재산의 성질, 사용 상황 또는 그 재산에 관한 범인 외의 자의 권리 유무, 그 밖의 사정을 고려한 결과 그 재산을 몰수하는 것이 타당하지 아니하다고 인정할 때에는 그 가액을 범인으로부터 추징할 수 있다.

[전문개정 2009. 11. 2.]

제17조(불법수익의 추정) 제6조의 죄에 관계된 불법수익을 산정할 때에 같은 조에 따른 행위를 업으로 한 기간에 범인이 취득한 재산으로서 그 가액이 그 기간 동안 범인의 재산 운용 상황 또는 법령에 따른 지급금의 수령 상황 등에 비추어 현저하게 고액(高額)이라고 인정되고, 그 취득한 재산이 불법수익 금액 및 재산 취득 시기 등 모든 사정에 비추어 같은 조의 죄를 범하여 얻은 불법수익으로 형성되었다고 볼만한 상당한 개연성이 있는 경우에는 그 죄에 관계된 불법수익등으로 추정한다.

[전문개정 2009. 11. 2.]

제18조(양벌규정) ① 법인의 대표자나 법인 또는 개인의 대리인, 사용인, 그 밖의 종업원이 그 법인 또는 개인의 업무에 관하여 제6조부터 제8조까지, 제9조 제2항, 제10조 또는 제11조의 어느 하나에 해당하는 위반행위를 하면 그 행위자를 벌하는 외에 그 법인 또는 개인에게도 해당 조문의 벌금형을 과(科)한다. 다만, 법인 또는 개인이 그 위반행위를 방지하기 위하여 해당 업무에 관하여 상당한 주의와 감독을 게을리하지 아니한 경우에는 그러하지

아니하다.

② 법인의 대표자나 법인 또는 개인의 대리인, 사용인, 그 밖의 종업원이 그 법인 또는 개인의 업무에 관하여 제9조 제1항의 위반행위를 하면 그 행위자를 벌하는 외에 그 법인 또는 개인에게도 1억원 이하의 벌금형을 과한다. 다만, 법인 또는 개인이 그 위반행위를 방지하기 위하여 해당 업무에 관하여 상당한 주의와 감독을 게을리하지 아니한 경우에는 그러하지 아니하다.

[전문개정 2009. 12. 29.]

제4장 몰수에 관한 절차 등의 특례
〈개정 2009. 11. 2.〉

제19조(권리 존속의 선고) 법원은 지상권·저당권 또는 그 밖의 권리가 그 위에 존재하는 재산을 몰수하는 경우, 제15조 제2항에 따라 그 권리를 존속시킬 때에는 몰수의 선고와 동시에 그 취지를 선고하여야 한다.

[전문개정 2009. 11. 2.]

제20조(몰수된 재산의 처분 등) ① 몰수된 재산은 검사가 처분하여야 한다.

② 검사는 채권에 대한 몰수재판이 확정된 경우 그 채권의 채무자에게 몰수재판의 초본을 송부하여 그 요지를 통지하여야 한다.

[전문개정 2009. 11. 2.]

제21조(몰수재판에 따른 등기등) ① 권리를 이전할 때에 등기 또는 등록(이하 "등기등"이라 한다)이 필요한 재산을 몰수하는 재판에 따른 권리 이전 등의 등기등은 검사가 촉탁한다.

② 검사가 제1항에 따른 등기등을 관계 기관에 촉탁하는 경우, 몰수에 의하여 효력을 잃은 처분의 제한에 관련된 등기등 또는 몰수에 의하여 소멸된 권리의 취득에 관련된 등기등이 되어 있거나 그 몰수에 관하여 제6장제1절에 따라 몰수보전명령(沒收保全命令) 또는 부대보전명령(附帶保全命令)에 관련된 등기등이 되어 있을 때에는 그 등기등의 말소도

각각 촉탁한 것으로 본다.

[전문개정 2009. 11. 2.]

제22조(형사보상의 특례) 부동산이나 동산이 아닌 재산의 몰수집행에 대한 형사보상에 관하여는 「형사보상 및 명예회복에 관한 법률」 제5조 제6항을 준용한다. 〈개정 2011. 5. 23.〉

[전문개정 2009. 11. 2.]

제5장 제3자 참가신청 등의 특례
〈개정 2009. 11. 2.〉

제23조(고지) ① 검사가 공소를 제기할 때에는 이 법에 따라 피고인 외의 자의 재산이나 지상권·저당권 또는 그 밖의 권리가 그 위에 존재하는 재산에 대하여 몰수가 필요하다고 인정하는 경우에는 즉시 그 재산을 가진 자나 그 재산상에 지상권·저당권 또는 그 밖의 권리를 가진 자로서 피고인 외의 자(이하 "제3자"라 한다)에게 서면으로 다음 사항을 고지하여야 한다.

1. 피고인에 대한 형사사건이 계속(係屬) 중인 법원
2. 피고인에 대한 형사사건명 및 피고인의 성명
3. 몰수하여야 할 재산의 품명, 수량, 그 밖에 그 재산을 특정할 수 있는 사항
4. 몰수의 이유가 되는 사실의 요지
5. 피고인에 대한 형사사건 절차에 참가신청을 할 수 있다는 취지
6. 참가신청이 가능한 기간
7. 피고인에 대한 형사사건에 대하여 공판기일이 정하여진 경우에는 그 공판기일

② 검사는 제3자의 소재를 알 수 없거나 그 밖의 사유로 제1항에 따른 고지를 할 수 없을 때에는 제1항 각 호의 사항을 관보 또는 일간신문에 싣고 소속 지방검찰청 또는 지청, 고위공직자범죄수사처의 게시판에 14일간 게시하여 공고하여야 한다. 〈개정 2021. 1. 5.〉

③ 검사가 제1항이나 제2항에 따른 고지 또는 공고

를 하였을 때에는 그 사실을 증명하는 서면을 법원에 제출하여야 한다.

[전문개정 2009. 11. 2.]

제24조(참가 절차) ① 몰수될 염려가 있는 재산을 가진 제3자는 제1심재판이 있기 전까지(약식절차에 따른 재판이 있는 경우에는 정식재판 청구가 가능한 기간이 지나기 전까지를 말하며, 이 경우 정식재판 청구가 있을 때에는 통상의 공판절차에 따른 제1심재판이 있기 전까지를 말한다. 이하 같다) 피고인에 대한 형사사건이 계속 중인 법원에 대하여 서면으로 피고인에 대한 형사사건 절차에 대한 참가신청을 할 수 있다. 다만, 제23조 제1항 또는 제2항에 따른 고지 또는 공고가 있은 때에는 고지 또는 공고가 있었던 날부터 14일 이내에 참가신청을 할 수 있다.

② 제23조 제3항에 따라 고지 또는 공고에 관한 서면을 제출받은 법원이 피고인에 대한 형사사건을 다른 법원에 이송한 후에 참가신청을 받았을 때에는 피고인에 대한 형사사건을 이송받은 법원에 그 신청서면을 송부하여야 한다. 이 경우에는 피고인에 대한 형사사건을 이송한 법원에 대하여 참가신청을 한 때에 참가신청을 한 것으로 본다.

③ 법원은 제3자의 참가신청이 다음 각 호의 어느 하나에 해당하는 경우에는 기각하여야 한다. 다만, 제1항 단서에 따른 기간에 참가신청을 하지 아니한 것이 신청인의 책임으로 돌릴 수 없는 사유에 의한 것이라고 인정할 때에는 제1심재판이 있기 전까지 참가를 허가할 수 있다.

1. 법률에 규정된 방식을 위반한 경우
2. 제1항에 따른 기간이 지난 후에 신청한 경우
3. 몰수하여야 할 재산이나 몰수하여야 할 재산상에 존재하는 지상권·저당권 또는 그 밖의 권리가 신청인에게 귀속하지 아니함이 명백한 경우

④ 법원은 제3항 각 호의 경우를 제외하고는 참가신청을 허가하여야 한다. 다만, 몰수가 불가능하거나 불필요하다는 검사의 의견이 타당하다고 인정할 때에는 참가신청을 기각할 수 있다.

⑤ 법원이 참가를 허가한 경우 몰수하여야 할 재산이나 몰수하여야 할 재산상에 존재하는 지상권·저당권 또는 그 밖의 권리가 참가가 허가된 사람(이하 이 장에서 "참가인"이라 한다)에게 귀속하지 아니함이 명백하게 되었을 때에는 참가를 허가한 재판을 취소하여야 하며, 몰수가 불가능하거나 불필요하다는 검사의 의견이 타당하다고 인정할 때에는 참가를 허가한 재판을 취소할 수 있다.

⑥ 참가에 관한 재판은 검사, 참가신청인, 참가인, 피고인 또는 변호인의 의견을 듣고 결정하여야 한다.

⑦ 검사, 참가신청인 또는 참가인은 참가신청을 기각한 결정 또는 참가를 허가한 재판을 취소한 결정에 대하여 즉시항고(卽時抗告)할 수 있다.

⑧ 참가신청의 취하(取下)는 서면으로 하여야 한다. 다만, 공판기일에는 말로써 할 수 있다.

[전문개정 2009. 11. 2.]

제25조(참가인의 권리) ① 참가인은 이 법에 특별한 규정이 있는 경우를 제외하고는 몰수에 관하여 피고인과 동일한 소송상(訴訟上)의 권리를 가진다.

② 제1항은 참가인을 증인으로서 신문(訊問)하는 것을 방해하지 아니한다.

[전문개정 2009. 11. 2.]

제26조(참가인의 출석 등) ① 참가인은 공판기일에 출석하지 아니하여도 된다.

② 법원이 참가인의 소재를 알 수 없을 때에는 공판기일의 통지나 그 밖의 서류의 송달을 하지 아니하여도 된다.

③ 법원은 공판기일에 출석한 참가인에게 몰수의 이유가 되는 사실의 요지, 참가 전의 공판기일에 있어서의 심리(審理)에 관한 중요한 사항, 그 밖에 참가인의 권리를 보호하기 위하여 필요하다고 인정하는 사항을 고지하고, 몰수에 관하여 진술할 기회를 주어야 한다.

[전문개정 2009. 11. 2.]

제27조(증거) ① 참가인의 참가는 「형사소송법」 제

310조의2, 제311조부터 제318조까지, 제318조의2 및 제318조의3을 적용하는 데 영향을 미치지 아니한다.

② 법원은 「형사소송법」 제318조 및 제318조의3 본문에 따라 증거로 하는 것이 가능한 서면 또는 진술을 조사한 경우, 참가인이 그 서면 또는 진술의 내용이 된 진술을 한 사람을 증인으로 조사할 것을 청구하였을 때에는 참가인의 권리 보호에 필요하다고 인정하면 이를 조사하여야 한다. 참가인이 참가하기 전에 조사한 증인에 대하여 참가인이 다시 그 조사를 청구한 경우에도 또한 같다.

  [전문개정 2009. 11. 2.]

제28조(몰수재판의 제한) 제3자가 참가허가를 받지 못한 경우에는 다음 각 호의 어느 하나에 해당하는 경우를 제외하고는 제3자가 가진 재산이나 제3자가 지상권·저당권 또는 그 밖의 권리를 그 위에 가지고 있는 재산에 대하여 몰수재판을 할 수 없다.

  1. 제23조 제1항에 따른 고지 또는 같은 조 제2항에 따른 공고가 있었던 날부터 14일이 지났을 경우. 다만, 다음 각 목의 어느 하나에 해당하면 몰수재판을 할 수 없다.
    가. 몰수하여야 할 재산이나 몰수하여야 할 재산상에 존재하는 지상권·저당권 또는 그 밖의 권리가 참가신청인 또는 참가인에게 귀속하지 아니함이 명백하다는 이유로 참가신청이 기각되었을 때
    나. 몰수가 불가능하거나 불필요하다는 검사의 의견에 따라 참가신청이 기각되었을 때
    다. 참가를 허가한 재판이 취소되었을 때
  2. 참가신청이 법률에 규정된 방식에 위반되어 기각되었을 경우
  3. 참가신청의 취하가 있을 경우

  [전문개정 2009. 11. 2.]

제29조(상소) ① 원심의 참가인은 상소심(上訴審)에서도 참가인으로서의 지위를 가진다.

② 참가인이 상소를 하면 검사 또는 피고인이 상소를 하지 아니하거나 상소의 포기 또는 취하를 한 경우에도 원심재판 중 몰수에 관한 부분은 확정되지 아니한다.

③ 제2항의 경우 피고인은 상소심 및 그 후의 심급(審級)에서는 공판기일에 출석하지 아니하여도 된다. 이 경우 「형사소송법」 제33조·제282조 및 제283조는 적용하지 아니한다.

④ 약식절차에 의한 재판에 대하여 참가인이 정식재판을 청구한 경우에는 제2항 및 제3항을 준용한다.

  [전문개정 2009. 11. 2.]

제30조(대리인) ① 이 법에 따라 피고인에 대한 형사사건 절차에 관여하는 제3자는 변호사 중에서 대리인을 선임하여 소송행위를 대리하게 할 수 있다. 이 경우에는 「형사소송법」 제32조 제1항 및 제35조를 준용한다.

② 대리인은 참가인의 서면에 의한 동의가 없으면 참가의 취하, 정식재판 청구의 취하, 상소의 포기 또는 취하를 할 수 없다.

  [전문개정 2009. 11. 2.]

제31조(「형사소송법」의 준용) ① 제3자의 소송능력에 관하여는 「형사소송법」 제26조부터 제28조까지의 규정을 준용하고, 제3자의 소송비용부담에 관하여는 같은 법 제186조 및 제191조를 준용한다.

② 제23조 제1항에 따른 재산을 몰수하는 절차에 관하여는 이 법에 특별한 규정이 있는 경우를 제외하고는 「형사소송법」을 준용한다.

  [전문개정 2009. 11. 2.]

제32조(다른 절차와의 관계) 제23조 제1항에 따른 재산을 몰수하는 재판은 자기의 책임으로 돌릴 수 없는 사유로 피고인에 대한 형사사건 절차에서 권리를 주장할 수 없었던 제3자의 권리에는 영향을 미치지 아니한다.

  [전문개정 2009. 11. 2.]

제6장 보전 절차 〈개정 2009. 11. 2.〉

제1절 몰수보전 〈개정 2009. 11. 2.〉

제33조(몰수보전명령) ① 법원은 마약류범죄 등에

관련된 피고인에 대한 형사사건에 관하여 이 법, 「마약류관리에 관한 법률」, 그 밖의 법령에 따라 몰수할 수 있는 재산(이하 "몰수대상재산"이라 한다)에 해당한다고 판단할 만한 상당한 이유가 있고 그 재산을 몰수하기 위하여 필요하다고 인정하면 검사의 청구를 받아 또는 법원의 직권으로 몰수보전명령을 함으로써 그 재산에 관한 처분을 금지할 수 있다.

② 법원은 지상권·저당권 또는 그 밖의 권리가 그 위에 존재하는 재산에 대하여 몰수보전명령을 한 경우 또는 하려는 경우, 그 권리가 몰수에 의하여 소멸된다고 볼만한 상당한 이유가 있고 그 재산을 몰수하기 위하여 필요하다고 인정할 때 또는 그 권리가 가장된 것이라고 볼 만한 상당한 이유가 있다고 인정할 때에는 검사의 청구에 의하여 또는 법원의 직권으로 별도의 부대보전명령을 하여 그 권리의 처분을 금지할 수 있다.

③ 몰수보전명령서 또는 부대보전명령서에는 피고인의 성명, 죄명, 공소사실의 요지, 몰수의 근거가 되는 법령의 조항, 처분을 금지하는 재산 또는 권리의 표시, 이들 재산이나 권리를 가진 자의 성명, 발급연월일, 그 밖에 대법원규칙으로 정하는 사항을 적고 재판한 법관이 서명날인하여야 한다.

④ 재판장은 긴급한 조치가 필요한 경우에는 제1항 또는 제2항에 따른 처분을 하거나 합의부의 구성원에게 그 처분을 하게 할 수 있다.

⑤ 부동산 또는 동산에 대한 몰수보전은 「형사소송법」에 따른 압수를 방해하지 아니한다.

[전문개정 2009. 11. 2.]

제34조(기소 전 몰수보전명령) ① 검사는 제33조 제1항 또는 제2항에 따른 이유와 필요가 있다고 인정하는 경우에는 공소가 제기되기 전이라도 지방법원 판사에게 청구하여 같은 조 제1항 또는 제2항에 따른 처분을 받을 수 있으며, 사법경찰관은 검사에게 신청하여 검사의 청구로 처분을 받을 수 있다.

② 사법경찰관은 몰수보전명령 또는 부대보전명령이 내려진 경우에는 지체 없이 관계 서류를 검사에게 송부하여야 한다.

③ 제1항에 따른 청구는 검사가 소속된 지방검찰청 또는 지청 소재지를 관할하는 지방법원 또는 지원의 판사에게 하여야 하고, 고위공직자범죄수사처에 소속된 검사의 경우에는 그에 대응하는 법원의 판사에게 하여야 한다. 〈개정 2021. 1. 5.〉

④ 제1항에 따른 청구를 받은 판사는 몰수보전에 관하여 법원 또는 재판장과 동일한 권한을 가진다.

⑤ 검사는 제1항에 따른 몰수보전 후 공소를 제기한 경우에는 그 요지를 몰수보전명령을 받은 자(피고인은 제외한다)에게 통지하여야 한다. 다만, 그 사람의 소재가 분명하지 아니하거나 그 밖의 이유로 통지를 할 수 없을 때에는 통지를 갈음하여 그 요지를 소속 지방검찰청이나 그 지청 또는 고위공직자범죄수사처의 게시판에 7일간 게시하여 공고하여야 한다. 〈개정 2021. 1. 5.〉

[전문개정 2009. 11. 2.]

제35조(몰수보전에 관한 재판의 집행) ① 몰수보전에 관한 재판은 검사의 지휘에 따라 집행한다.

② 제1항에 따른 몰수보전명령의 집행은 그 명령에 따라 처분이 금지되는 재산을 가진 자에게 그 명령의 등본이 송달되기 전에도 할 수 있다.

[전문개정 2009. 11. 2.]

제36조(몰수보전의 효력) 몰수보전된 재산(이하 "몰수보전재산"이라 한다)에 대하여 그 보전 후에 된 처분은 몰수에 관하여 그 효력을 발생하지 아니한다. 다만, 제47조 제1항 본문에 따른 경우(제50조 제4항 및 제5항에 따라 준용되는 경우를 포함한다)와 몰수보전명령에 대항할 수 있는 담보권의 실행으로서의 처분인 경우에는 그러하지 아니하다.

[전문개정 2009. 11. 2.]

제37조(부동산의 몰수보전) ① 부동산의 몰수보전은 그 처분을 금지하는 내용의 몰수보전명령에 따라 한다.

② 제1항의 몰수보전명령의 등본은 부동산의 소유자에게 송달하여야 한다.

③ 부동산에 대한 몰수보전명령의 집행은 몰수보전

등기를 하는 방법으로 한다.

④ 제3항의 등기는 검사가 촉탁한다.

⑤ 부동산에 대한 몰수보전의 효력은 몰수보전등기가 된 때에 발생한다.

⑥ 부동산에 대하여 등기청구권을 보전하기 위한 처분금지가처분(處分禁止假處分)의 등기가 된 후 몰수보전등기가 된 경우에 그 가처분채권자가 보전하려는 등기청구권에 따라 등기를 할 때에는 몰수보전등기에 의한 처분의 제한은 그 가처분등기에 따른 권리의 취득 또는 소멸에 영향을 미치지 아니한다.

⑦ 부동산의 몰수보전에 관하여는 「민사집행법」 제83조 제2항, 제94조 제2항 및 제95조를 준용한다. 이 경우 「민사집행법」 제83조 제2항 중 "채무자"는 "몰수보전재산을 가진 자"로 보고, 같은 법 제94조 제2항 중 "제1항" 및 같은 법 제95조 중 "제94조"는 "「마약류 불법거래 방지에 관한 특례법」 제37조 제4항"으로 보며, 「민사집행법」 제95조 중 "법원"은 "검사"로 본다.

　[전문개정 2009. 11. 2.]

제38조(선박 등의 몰수보전) 등기할 수 있는 선박, 「항공안전법」에 따라 등록된 항공기, 「자동차관리법」에 따라 등록된 자동차, 「건설기계관리법」에 따라 등록된 건설기계, 그 밖에 등기 또는 등록에 의하여 권리 변동이 이루어지는 물건 등의 몰수보전에 관하여는 부동산에 대한 몰수보전의 예에 따른다. 〈개정 2016. 3. 29.〉

　[전문개정 2009. 11. 2.]

제39조(동산의 몰수보전) ① 동산(제38조에서 규정한 것 외의 것을 말한다. 이하 이 조에서 같다)의 몰수보전은 그 처분을 금지하는 내용의 몰수보전명령에 따라 한다.

② 제1항의 몰수보전명령의 등본은 동산의 소유자(점유자가 다른 경우 그 점유자를 포함한다)에게 송달하여야 한다.

③ 「형사소송법」에 따라 압수되지 아니한 동산 또는 같은 법 제130조 제1항에 따라 간수자(看守者)

를 두거나 소유자 또는 적당한 자에게 보관하게 할 수 있는 동산에 관하여 몰수보전명령이 있는 때에는 검사는 공시서(公示書)를 첨부시키거나 그 밖의 적절한 방법으로 그 취지를 공시하는 조치를 하여야 한다.

④ 동산에 대한 몰수보전의 효력은 몰수보전명령 등본이 소유자에게 송달된 때에 발생한다.

　[전문개정 2009. 11. 2.]

제40조(채권의 몰수보전) ① 채권의 몰수보전은 채권자에게는 채권의 처분과 영수(領收)를 금지하고, 채무자에게는 채권자에 대한 지급을 금지하는 내용의 몰수보전명령에 따라 한다.

② 제1항의 몰수보전명령 등본은 채권자 및 채무자에게 송달하여야 한다.

③ 채권에 대한 몰수보전의 효력은 몰수보전명령 등본이 채무자에게 송달된 때에 발생한다.

④ 몰수보전명령에 따라 몰수보전된 금전의 지급을 목적으로 하는 채권(이하 "금전채권"이라 한다)의 채무자(이하 제46조 및 제50조에서 "제3채무자"라 한다)는 그 채권액에 상당하는 금액을 공탁할 수 있다. 이 경우 채권자의 공탁금 출급청구권에 대하여 몰수보전집행이 된 것으로 본다.

⑤ 채권의 몰수보전에 관하여는 「민사집행법」 제228조를 준용한다. 이 경우 「민사집행법」 제228조 제1항 중 "압류"는 "몰수보전"으로, "채권자"는 "검사"로 보고, 같은 조 제1항 및 제2항 중 "압류명령"은 "몰수보전명령"으로 본다.

　[전문개정 2009. 11. 2.]

제41조(그 밖의 재산권에 대한 몰수보전) ① 제37조부터 제40조까지의 규정에 따른 재산 외의 재산권(이하 이 조에서 "그 밖의 재산권"이라 한다)의 몰수보전에 관하여는 이 조에 특별히 정한 사항을 제외하고는 채권의 몰수보전의 예에 따른다.

② 그 밖의 재산권 중 채무자 또는 이에 준하는 자가 없는 경우(제3항의 경우는 제외한다) 몰수보전의 효력은 몰수보전명령 등본이 그 권리자에게 송달된 때에 발생한다.

③ 그 밖의 재산권 중 권리 이전을 할 때 등기등이 필요한 경우에 관하여는 제37조 제3항부터 제6항까지, 「민사집행법」 제94조 제2항 및 제95조를 준용한다. 이 경우 「민사집행법」 제94조 제2항 중 "제1항" 및 같은 법 제95조 중 "제94조"는 "「마약류 불법거래 방지에 관한 특례법」 제41조 제3항에 따라 준용되는 제37조 제4항"으로 보고, 「민사집행법」 제95조 중 "법원"은 "검사"로 본다.

[전문개정 2009. 11. 2.]

제42조(몰수보전명령의 취소) ① 법원은 몰수보전의 이유 또는 필요가 없어지거나 몰수보전의 기간이 부당하게 길어진 때에는 검사 또는 몰수보전재산을 가진 자(그 사람이 피고인 또는 피의자인 경우에는 그 변호인을 포함한다)의 청구 또는 법원의 직권에 의한 결정으로 몰수보전명령을 취소하여야 한다.

② 법원은 검사의 청구에 의한 경우를 제외하고는 제1항의 결정을 할 때에 검사의 의견을 들어야 한다.

[전문개정 2009. 11. 2.]

제43조(몰수보전명령의 실효) ① 몰수보전명령은 몰수선고가 없는 재판(「형사소송법」 제327조 제2호에 따른 경우는 제외한다)이 확정된 때에는 그 효력을 잃는다.

② 「형사소송법」 제327조 제2호에 따른 공소기각(公訴棄却)의 판결이 있는 경우 그 판결이 확정된 날부터 30일 이내에 그 사건에 대하여 공소가 제기되지 아니한 때에는 몰수보전명령은 그 효력을 잃는다.

[전문개정 2009. 11. 2.]

제44조(실효된 경우의 조치) 검사는 몰수보전이 실효된 때에는 지체 없이 몰수보전등기에 대한 말소 촉탁을 하고, 공시서를 제거하거나 그 밖에 필요한 조치를 하여야 한다.

[전문개정 2009. 11. 2.]

제45조(몰수보전재산에 대한 강제집행 절차의 제한) ① 몰수보전이 된 후에 그 몰수보전의 대상이 된 부동산 또는 제38조에 따른 선박·항공기·자동차 또

는 건설기계, 그 밖에 등기 또는 등록에 의하여 권리변동이 이루어지는 물건 등에 대하여 강제경매개시가 결정된 경우 또는 그 몰수보전의 대상이 된 유체동산(有體動産)이 강제집행에 의하여 압류된 경우에는 강제집행에 의한 환가(換價) 절차는 몰수보전이 실효된 후가 아니면 진행할 수 없다.

② 몰수보전된 채권에 대하여 강제집행에 의한 압류명령이 내려진 경우 그 압류채권자는 압류된 채권 중 몰수보전된 부분에 대하여는 몰수보전이 실효되지 아니하면 채권을 영수할 수 없다.

③ 몰수보전이 된 후에 강제집행에 의하여 압류된 채권이 조건부 또는 기한부(期限附)이거나 반대의무의 이행과 관련되어 있거나 그 밖의 사유로 추심(推尋)하기 곤란한 경우에는 제1항을 준용한다.

④ 몰수보전된 그 밖의 재산권(「민사집행법」 제251조 제1항에 따른 그 밖의 재산권을 말한다)에 대한 강제집행에 관하여는 몰수보전된 채권에 대한 강제집행의 예에 따른다.

[전문개정 2009. 11. 2.]

제46조(제3채무자의 공탁) ① 금전채권의 제3채무자는 그 채권이 몰수보전된 후에 그 몰수보전의 대상이 된 채권에 대하여 강제집행에 의한 압류명령을 송달받았을 때에는 그 채권의 전액을 채무 이행지(履行地)를 관할하는 지방법원 또는 지원에 공탁할 수 있다.

② 제3채무자가 제1항에 따른 공탁을 하였을 때에는 그 사유를 몰수보전명령을 한 법원에 신고하여야 한다.

③ 제3채무자가 제1항에 따라 공탁을 하였을 때에는 집행법원은 공탁된 금액 중에서 몰수보전된 금전채권의 금액에 상당하는 부분에 관하여는 몰수보전이 실효된 때에, 그 나머지 부분에 관하여는 공탁된 때에 각각 배당 절차를 시작한다.

④ 강제집행에 의하여 압류된 금전채권에 관하여 몰수보전이 된 경우 제3채무자의 공탁에 관하여는 제1항 및 제2항을 준용한다. 이 경우 "몰수보전명령을 한 법원"은 "압류명령을 한 법원"으로 본다.

⑤ 제3채무자가 제1항(제4항에서 준용하는 경우를 포함한다)에 따라 공탁한 경우 「민사집행법」 제247 조를 적용할 때에 같은 조 제1항 제1호의 "제248조 제4항"은 "「마약류 불법거래 방지에 관한 특례법」 제46조 제2항(같은 조 제4항에서 준용하는 경우를 포함한다)"으로 본다.

[전문개정 2009. 11. 2.]

제47조(강제집행의 대상이 된 재산의 몰수제한) ① 몰수보전되기 전에 강제경매 개시 결정 또는 강제집행에 의하여 압류된 재산에 대하여는 몰수재판을 할 수 없다. 다만, 다음 각 호의 어느 하나에 해당하면 몰수재판을 할 수 있다.

1. 압류채권자의 채권이 가장된 것일 때
2. 압류채권자가 몰수대상재산이라는 사실을 알면서 강제집행을 신청한 때
3. 압류채권자가 범인일 때

② 몰수대상재산상에 존재하는 지상권·저당권 또는 그 밖의 권리로서 부대보전명령에 따라 처분이 금지된 것에 대하여 그 처분금지 전에 강제경매 개시 결정 또는 강제집행에 의하여 압류된 경우 그 재산을 몰수할 때에는 그 권리는 존속시키는 것으로 하고 몰수의 선고와 동시에 그 취지를 선고하여야 한다. 다만, 다음 각 호의 어느 하나에 해당하면 그러하지 아니하다.

1. 압류채권자의 채권이 가장된 것일 때
2. 압류채권자가 몰수에 의하여 그 권리가 소멸된다는 사실을 알면서 강제집행을 신청하였을 때
3. 압류채권자가 범인일 때

③ 강제경매 개시 결정 또는 강제집행에 의하여 압류된 재산에 대하여 몰수보전명령이 내려진 경우 그 재산에 관하여 압류채권자(피고인인 압류채권자는 제외한다)가 해당 형사사건 절차에 참가를 허가받지 못하였을 때에는 그 재산에 대하여 몰수재판을 할 수 없다. 제2항에 따른 재산의 몰수에 있어서도 또한 같다.

④ 제3항의 몰수에 관한 절차에 관하여는 제5장의 제3자 참가신청 등의 특례에 관한 규정을 준용한다.

[전문개정 2009. 11. 2.]

제48조(강제집행의 정지) ① 법원은 강제경매 개시 결정 또는 강제집행에 의하여 압류된 재산에 대하여 몰수보전명령을 한 경우 또는 하려는 경우, 제47조 제1항 단서에 따른 사유가 있다고 판단할 만한 상당한 이유가 있을 때에는 검사의 청구 또는 법원의 직권에 의한 결정으로 강제집행의 정지를 명할 수 있다.

② 검사가 제1항의 결정서 등본을 집행법원에 제출하였을 때에는 집행법원은 강제집행을 정지하여야 한다. 이 경우 「민사집행법」의 규정을 적용할 때에는 같은 법 제49조 제2호의 서류가 제출된 것으로 본다.

③ 법원은 몰수보전이 실효된 때, 제1항의 이유가 없어진 때 또는 강제집행정지기간이 부당하게 길어진 때에는 검사나 압류채권자의 청구 또는 법원의 직권에 의하여 제1항의 결정을 취소하여야 한다.

④ 제3항의 경우에는 제42조 제2항을 준용한다.

[전문개정 2009. 11. 2.]

제49조(담보권의 실행을 위한 경매 절차와의 조정) ① 몰수보전재산상에 존재하는 담보권이 몰수보전된 후에 성립되거나 부대보전명령에 따라 처분이 금지된 경우 그 담보권의 실행(압류는 제외한다)은 몰수보전명령 또는 부대보전명령에 따른 처분금지가 실효되지 아니하면 할 수 없다.

② 담보권을 실행하기 위한 경매 절차가 시작된 후 그 담보권에 대하여 부대보전명령이 내려진 경우 검사가 그 명령의 등본을 제출하였을 때에는 집행법원은 그 절차를 정지하여야 한다. 이 경우 「민사집행법」을 적용할 때에는 같은 법 제266조 제1항 제5호(같은 법 제269조 및 제272조에서 준용하는 경우를 포함한다)의 문서가 제출된 것으로 본다.

[전문개정 2009. 11. 2.]

제50조(그 밖의 절차와의 조정) ① 다음 각 호의 어느 하나에 해당하는 경우 그 절차의 제한에 관하여는 제45조를 준용한다. 〈개정 2010. 3. 31., 2016. 12. 27.〉

1. 몰수보전된 재산이 체납처분(「국세징수법」 및 「지방세징수법」의 규정 또는 그 예에 따른 각종 징수 절차를 말한다. 이하 같다)에 의하여 압류된 경우
2. 몰수보전된 재산을 가진 자에 대하여 파산선고 또는 화의개시(和議開始) 결정(이하 이 조에서 "파산선고등"이라 한다)이 있는 경우
3. 몰수보전된 재산을 가진 회사에 대하여 정리절차 개시결정이 있는 경우

② 다음 각 호의 어느 하나에 해당하는 경우 제3채무자의 공탁에 관하여는 제46조를 준용한다.

1. 몰수보전된 금전채권에 대하여 체납처분에 의한 압류가 있는 경우
2. 체납처분에 따라 압류된 금전채권에 대하여 몰수보전이 있는 경우

③ 다음 각 호의 어느 하나에 해당하는 경우 제3채무자의 공탁에 관하여는 제46조 제1항 및 제2항을 준용한다.

1. 몰수보전된 금전채권에 대하여 가압류(假押留)가 있는 경우
2. 가압류된 금전채권에 대하여 몰수보전이 있는 경우

④ 다음 각 호의 어느 하나에 해당하는 경우 이러한 재산의 몰수제한에 관하여는 제47조를 준용한다.

1. 몰수보전이 되기 전에 그 몰수보전의 대상이 된 재산에 대하여 가압류가 있는 경우
2. 몰수대상재산상에 존재하는 지상권·저당권 또는 그 밖의 권리로서 부대보전명령에 따라 처분이 금지된 것에 대하여 그 처분금지 전에 가압류가 있는 경우

⑤ 다음 각 호의 어느 하나에 해당하는 경우 이러한 재산의 몰수제한에 관하여는 제47조 제1항 본문을 준용한다.

1. 몰수보전이 되기 전에 그 몰수보전의 대상이 된 재산에 대하여 체납처분에 의한 압류가 있는 경우
2. 몰수보전이 되기 전에 그 몰수보전의 대상이 된 재산을 가진 자에 대하여 파산선고등이 있는 경우
3. 몰수보전이 되기 전에 그 몰수보전의 대상이 된 재산을 가진 회사에 대하여 정리절차 개시결정이 있는 경우

⑥ 몰수대상재산상에 존재하는 지상권·저당권 또는 그 밖의 권리로서 부대보전명령에 따라 처분이 금지된 것에 관하여 다음 각 호의 어느 하나에 해당하는 경우 그 재산의 몰수제한에 관하여는 제47조 제2항 본문을 준용한다.

1. 그 처분금지 전에 체납처분에 의한 압류가 있는 경우
2. 그 권리를 가진 권리자에 대하여 그 처분금지 전에 파산선고등이 있는 경우
3. 그 권리를 가진 회사에 관하여 그 처분금지 전에 정리절차 개시결정이 있는 경우

⑦ 가압류된 재산에 대하여 몰수보전명령을 한 경우 또는 하려는 경우 강제집행정지에 관하여는 제48조를 준용한다.

[전문개정 2009. 11. 2.]

제51조(부대보전명령의 효력 등) ① 부대보전명령은 그 명령에 관계된 몰수보전의 효력이 존속하는 동안 그 효력이 있다.

② 부대보전명령에 따른 처분금지에 관하여는 이 법에 특별한 규정이 있는 경우를 제외하고는 몰수보전에 관한 규정을 준용한다.

[전문개정 2009. 11. 2.]

제2절 추징보전 〈개정 2009. 11. 2.〉

제52조(추징보전명령) ① 법원은 마약류범죄 등에 관련된 피고인에 대한 형사사건에 관하여 제16조에 따라 추징하여야 할 경우에 해당한다고 판단할 만한 상당한 이유가 있는 경우로서 추징재판을 집행할 수 없게 될 염려가 있거나 집행이 현저히 곤란하게 될 염려가 있다고 인정할 때에는 검사의 청구에 의하여 또는 법원의 직권으로 추징보전명령을 하여 피고인에 대하여 재산의 처분을 금지할 수 있다.

② 추징보전명령은 추징재판을 집행하기 위하여 보전하는 것이 상당하다고 인정되는 금액(이하 이 조에서 "추징보전액"이라 한다)을 정한 후 특정재산에 대하여 하여야 한다. 다만, 유체동산에 관하여는 그 목적물을 특별히 정하지 아니할 수 있다.

③ 추징보전명령에는 추징보전명령의 집행정지나 집행처분의 취소를 위하여 피고인이 공탁하여야 할 금액(이하 "추징보전해방금"이라 한다)을 정하여야 한다.

④ 추징보전명령서에는 피고인의 성명, 죄명, 공소사실의 요지, 추징의 근거가 되는 법령의 조항, 추징보전액, 처분을 금지하는 재산의 표시, 추징보전해방금, 발급연월일, 그 밖에 대법원규칙으로 정하는 사항을 적고 재판한 법관이 서명날인하여야 한다.

⑤ 추징보전에 관하여는 제33조 제4항을 준용한다.

  [전문개정 2009. 11. 2.]

제53조(기소 전 추징보전명령) ① 검사는 제52조 제1항에 따른 추징보전의 이유와 필요가 있다고 인정하는 경우에는 공소가 제기되기 전이라도 지방법원 판사에게 청구하여 같은 항에 규정된 처분을 받을 수 있으며, 사법경찰관은 검사에게 신청하여 검사의 청구로 처분을 받을 수 있다. 〈개정 2020. 6. 9.〉

② 사법경찰관은 추징보전명령이 내려진 경우에는 지체 없이 관계 서류를 검사에게 송부하여야 한다. 〈신설 2020. 6. 9.〉

③ 검사는 사법경찰관에게 추징보전과 관련한 신청, 보완·수정, 취소 등의 요구를 할 수 있다. 〈신설 2020. 6. 9.〉

④ 제3항의 요구가 있는 경우 사법경찰관은 지체 없이 검사의 요구에 따른 조치를 취하여야 한다. 〈신설 2020. 6. 9.〉

⑤ 제1항에 따른 추징보전에 관하여는 제34조 제3항 및 제4항을 준용한다. 〈개정 2020. 6. 9.〉

  [전문개정 2009. 11. 2.]

제54조(추징보전명령의 집행) ① 추징보전명령은 검사의 명령에 따라 집행한다. 이 경우 검사의 명령은 「민사집행법」에 따른 가압류명령과 동일한 효력을 가진다.

② 추징보전명령의 집행은 추징보전명령 등본이 피고인 또는 피의자에게 송달되기 전에도 할 수 있다.

③ 추징보전명령의 집행에 관하여는 이 법에 특별한 규정이 있는 경우를 제외하고는 「민사집행법」이나 그 밖에 가압류집행의 절차에 관한 법령의 규정을 준용한다. 이 경우 법령에 따라 가압류명령을 한 법원이 가압류 집행법원으로서 관할하도록 되어 있는 가압류의 집행에 관하여는 제1항에 따른 명령을 한 검사가 소속하는 검찰청 또는 고위공직자범죄수사처에 대응하는 법원이 관할한다. 〈개정 2021. 1. 5.〉

  [전문개정 2009. 11. 2.]

제55조(금전채권 채무자의 공탁) 추징보전명령에 따라 추징보전이 집행된 금전채권의 채무자는 그 채권액에 상당하는 금액을 공탁할 수 있다. 이 경우 채권자의 공탁금 출급청구권에 대하여 추징보전집행이 된 것으로 본다.

  [전문개정 2009. 11. 2.]

제56조(추징보전해방금 공탁 및 추징 등에 대한 재판의 집행) ① 추징보전해방금이 공탁된 후에 추징재판이 확정된 때 또는 가납재판(假納裁判)이 선고된 때에는 공탁된 금액의 범위에서 추징 또는 가납재판의 집행이 있은 것으로 본다.

② 추징선고된 경우 공탁된 추징보전해방금이 추징금액을 초과할 때에는 법원은 그 초과액을 피고인에게 돌려주어야 한다.

  [전문개정 2009. 11. 2.]

제57조(추징보전명령의 취소) 법원은 추징보전의 이유 또는 필요가 없게 되거나 추징보전기간이 부당하게 길어진 경우에는 검사, 피고인·피의자나 그 변호인의 청구 또는 법원의 직권에 의한 결정으로 추징보전명령을 전부 또는 일부 취소하여야 한다. 이 경우 제42조 제2항을 준용한다. 〈개정 2020. 6. 9.〉

  [전문개정 2009. 11. 2.]

제58조(추징보전명령의 실효) ① 추징보전명령은 추징선고가 없는 재판(「형사소송법」 제327조 제2호에 따른 경우는 제외한다)이 확정된 때에는 그 효력을 잃는다.

② 「형사소송법」 제327조 제2호에 따른 공소기각의 판결이 있는 경우 추징보전명령의 효력에 관하여는 제43조 제2항을 준용한다.

[전문개정 2009. 11. 2.]

제59조(추징보전명령이 실효된 경우의 조치) 검사는 추징보전명령이 실효되거나 추징보전해방금이 공탁된 경우에는 신속하게 제54조 제1항에 따른 명령을 취소함과 동시에 추징보전명령에 따른 추징보전집행의 정지 또는 취소를 위하여 필요한 조치를 하여야 한다.

[전문개정 2009. 11. 2.]

제3절 보칙 〈개정 2009. 11. 2.〉

제60조(송달) 몰수보전 또는 추징보전(추징보전명령에 따른 추징보전집행은 제외한다. 이하 이 절에서 같다)에 관한 서류의 송달에 관하여는 대법원규칙에 특별한 규정이 있는 경우를 제외하고는 민사소송에 관한 법령의 규정을 준용한다. 이 경우 「민사소송법」 제194조 제1항에 따른 공시송달의 효력발생시기에 관하여는 같은 법 제196조 제1항 본문 및 제2항에도 불구하고 그 기간을 7일로 한다.

[전문개정 2009. 11. 2.]

제61조(상소제기기간 중의 처분 등) 상소제기기간에 발생한 사건으로서 아직 상소가 제기되지 아니한 사건과 상소하였으나 소송 기록이 상소법원에 도달하지 아니한 사건에 관하여 몰수보전 또는 추징보전에 관한 처분을 하여야 할 경우에는 원심법원이 그 처분을 하여야 한다.

[전문개정 2009. 11. 2.]

제62조(불복신청) ① 몰수보전 또는 추징보전에 관한 법원의 결정에 대하여는 항고할 수 있다.

② 몰수보전 또는 추징보전에 관한 법관의 재판에 불복하는 자는 그 법관이 소속한 법원에 그 재판의

취소 또는 변경을 청구할 수 있다.

③ 제2항에 따른 불복신청의 절차에 관하여는 「형사소송법」 제416조 제1항에 따른 재판의 취소 또는 변경의 청구에 관련되는 절차 규정을 준용한다.

[전문개정 2009. 11. 2.]

제63조(준용) 몰수보전 및 추징보전에 관한 절차에 관하여는 이 법에 특별한 규정이 있는 경우를 제외하고는 「형사소송법」을 준용한다.

[전문개정 2009. 11. 2.]

제7장 몰수재판 및 추징재판의 집행과 보전에 관한 국제 공조 절차 〈개정 2009. 11. 2.〉

제64조(공조의 실시) ① 마약류범죄 등에 해당하는 행위에 대한 외국의 형사사건에 관하여 그 외국으로부터 조약에 따라 몰수 또는 추징에 관한 확정재판의 집행이나 몰수 또는 추징을 위한 재산 보전(保全)의 공조요청이 있을 때에는 다음 각 호의 어느 하나에 해당하는 경우를 제외하고는 그 요청에 관하여 공조를 할 수 있다.

1. 공조범죄(공조요청의 대상이 되는 범죄를 말한다. 이하 같다)에 관하여 대한민국의 법령에 따라 형벌을 과(科)할 수 없다고 인정되는 경우

2. 공조범죄에 관한 사건에 대하여 대한민국 법원에서 재판이 계속 중이거나 확정재판이 있는 경우 또는 공조대상재산에 관하여 이미 몰수보전명령 또는 추징보전명령이 내려진 경우

3. 몰수의 확정재판에 관한 집행공조 또는 몰수를 목적으로 한 보전공조요청에 관계된 재산이 대한민국 법령에 따라 몰수재판 또는 몰수보전을 할 수 있는 재산에 해당되지 아니하는 경우

4. 추징의 확정재판에 관한 집행공조 또는 추징을 목적으로 한 보전공조요청에 관계된 공조범죄에 대하여 대한민국 법령에 따라 추징재판 또는 추징보전을 할 수 없다고 인정되는 경우

5. 몰수의 확정재판에 관한 집행공조요청에 관계된 재산을 가지거나 그 재산상에 지상권·저당

권 또는 그 밖의 권리를 가지고 있다고 인정할 만한 상당한 이유가 있는 제3자가 자기의 책임으로 돌릴 수 없는 사유로 그 재판 절차에서 자기의 권리를 주장할 수 없었다고 인정되는 경우

6. 몰수 또는 추징을 목적으로 한 보전공조에 대하여 제33조 제1항 또는 제52조 제1항에 따른 사유가 없다고 인정되는 경우. 다만, 보전공조 요청이 요청국의 법원이나 법관이 집행한 몰수 또는 추징을 목적으로 한 보전재산에 근거한 요청이거나 몰수재판 또는 추징재판 확정 후의 요청인 경우에는 그러하지 아니하다.

② 지상권·저당권 또는 그 밖의 권리가 설정된 재산에 관하여 몰수 확정재판의 집행공조를 할 때에 대한민국의 법령에 따라 그 재산을 몰수할 경우 그 권리를 존속시켜야 할 경우에 해당되면 그 권리를 존속시켜야 한다.

　[전문개정 2009. 11. 2.]

제65조(추징으로 보는 몰수) ① 불법재산을 갈음하여 그 가액이 불법재산의 가액에 상당하는 재산으로서 그 재판을 받은 자가 가지는 재산을 몰수하는 확정재판의 집행에 관한 공조를 요청하는 경우, 그 확정재판은 이 법에 따른 공조 실시에 관하여는 그 자로부터 그 재산의 가액을 추징하는 확정재판으로 본다.

② 불법재산을 갈음하여 그 가액이 불법재산의 가액에 상당하는 재산을 몰수하는 것을 목적으로 한 보전공조요청에 관하여도 제1항을 준용한다.

　[전문개정 2009. 11. 2.]

제66조(요청의 접수) 공조요청의 접수는 외교부장관이 한다. 다만, 긴급한 조치가 필요한 경우나 특별한 사정이 있는 경우에는 법무부장관이 외교부장관의 동의를 받아 그 요청을 접수할 수 있다. 〈개정 2013. 3. 23.〉

　[전문개정 2009. 11. 2.]

제67조(법원의 심사) ① 검사는 공조요청이 몰수 또는 추징 확정재판의 집행에 관한 것일 경우에는 법원에 대하여 공조를 할 수 있는 경우에 해당하는지에 관하여 심사를 청구하여야 한다.

② 법원은 심사 결과 심사청구가 적법하지 아니하면 이를 각하하는 결정을 하여야 하고, 공조요청에 관계된 확정재판의 전부 또는 일부에 대하여 공조할 수 있는 경우에 해당하면 해당 부분에 대한 공조허가 결정을 하여야 하며, 그 전부에 대하여 공조할 수 없는 경우에 해당하면 공조거절 결정을 하여야 한다.

③ 법원은 몰수 확정재판 집행의 공조요청에 대하여 공조허가 결정을 하는 경우 제64조 제2항에 따라 존속시켜야 할 권리가 있을 때에는 그 권리를 존속시키는 취지의 결정을 동시에 하여야 한다.

④ 법원은 추징 확정재판 집행의 공조요청에 대하여 공조허가 결정을 할 때에는 추징하여야 할 금액을 대한민국의 원화로 환산하여 같이 표시하여야 한다.

⑤ 법원은 제1항에 따른 심사를 할 때에 공조요청에 관련한 확정재판의 당부(當否)에 대하여는 심사할 수 없다.

⑥ 제1항에 따른 심사를 하는 경우 다음 각 호의 자(이하 "이해관계인"이라 한다)가 해당 심사청구사건의 절차에 참가하는 것을 허가하지 아니한 경우에는 공조허가 결정을 할 수 없다.

1. 몰수 확정재판의 집행공조인 경우에는 요청에 관계된 재산을 가지거나 그 재산상에 지상권·저당권 또는 그 밖의 권리를 가지고 있다고 인정할 만한 상당한 이유가 있는 자 또는 이들 재산이나 권리에 관하여 몰수보전이 되기 전에 강제경매 개시 결정 또는 강제집행에 의한 압류·가압류가 되어 있는 경우의 압류채권자 또는 가압류채권자

2. 추징 확정재판의 집행공조인 경우에는 그 재판을 받은 자

⑦ 법원은 심사청구에 관하여 결정을 할 때에는 검사 및 심사청구사건의 절차에 참가가 허가된 사람(이하 "공조심사참가인"이라 한다)의 의견을 들어야

한다.

⑧ 법원은 공조심사참가인이 말로 의견을 진술하려는 경우 또는 법원이 증인이나 감정인을 신문하는 경우에는 신문일(訊問日)을 정하여 공조심사참가인에게 지정된 신문일에 출석할 기회를 주어야 한다. 이 경우 공조심사참가인이 출석할 수 없어 신문일에 대리인을 출석시켰을 때 또는 공조심사참가인에게 서면으로 의견을 진술할 기회를 주었을 때에는 공조심사참가인에게 출석할 기회를 준 것으로 본다.

⑨ 검사는 제8항에 따른 신문일의 절차에 참여할 수 있다.

 [전문개정 2009. 11. 2.]

제68조(항고) ① 검사 및 공조심사참가인은 심사청구에 관한 결정에 대하여 항고할 수 있다.

② 제1항의 항고제기기간은 14일로 한다.

 [전문개정 2009. 11. 2.]

제69조(결정의 효력) 몰수 또는 추징에 관한 확정재판 집행의 공조요청에 대하여 공조허가 결정이 확정되었을 때에는 그 몰수 또는 추징에 관한 확정재판은 공조의 실시에 관하여 대한민국 법원이 선고한 몰수 또는 추징의 확정재판으로 본다.

 [전문개정 2009. 11. 2.]

제70조(결정의 취소) ① 법원은 몰수 또는 추징에 관한 확정재판 집행의 공조요청에 대하여 공조허가 결정이 확정된 경우 그 몰수 또는 추징에 관한 확정재판이 취소되거나 그 밖에 그 효력이 없어진 경우에는 검사 또는 이해관계인의 청구에 의하여 결정으로 공조허가 결정을 취소하여야 한다.

② 제1항의 취소 결정이 확정되었을 때에는 「형사보상 및 명예회복에 관한 법률」에 따른 몰수 또는 추징집행으로 인한 보상의 예에 따라 보상한다. 〈개정 2011. 5. 23.〉

③ 제1항의 청구에 의한 결정에 관하여는 제68조를 준용한다.

 [전문개정 2009. 11. 2.]

제71조(몰수보전의 청구) ① 검사는 공조요청이 몰수를 목적으로 한 보전에 관한 것일 때에는 판사에게 몰수보전명령을 청구하여야 한다. 이 경우 검사는 필요하다고 인정하면 부대보전명령을 청구할 수 있다.

② 제67조 제1항의 심사청구가 있은 후에는 몰수보전에 관한 처분은 심사청구를 받은 법원이 집행한다.

 [전문개정 2009. 11. 2.]

제72조(추징보전의 청구) ① 검사는 공조요청이 추징을 목적으로 한 보전에 관한 것일 때에는 판사에게 추징보전명령을 청구하여야 한다.

② 추징보전에 관한 처분에 관하여는 제71조 제2항을 준용한다.

 [전문개정 2009. 11. 2.]

제73조(공소 제기 전의 보전기간) ① 몰수 또는 추징을 목적으로 하는 보전공조요청이 공소가 제기되지 아니한 사건에 대한 것인 경우에는 몰수보전명령 또는 추징보전명령이 내려진 날부터 45일 이내에 요청국으로부터 그 사건에 대하여 공소가 제기되었다는 취지의 통지가 없을 때에는 그 몰수보전명령 또는 추징보전명령은 효력을 잃는다.

② 법관은 요청국으로부터 부득이한 사유로 제1항에 따른 기간에 공소를 제기할 수 없다는 취지의 통지가 있는 때에는 검사의 청구에 의하여 30일을 초과하지 아니하는 범위에서 보전기간을 갱신할 수 있다. 부득이한 사유로 갱신된 기간에 공소를 제기할 수 없다는 취지의 통지가 있는 경우에도 또한 같다.

 [전문개정 2009. 11. 2.]

제74조(절차의 취소) ① 검사는 공조요청을 철회하는 취지의 통지가 있을 때에는 지체 없이 심사청구, 몰수보전청구 또는 추징보전청구를 취소하거나 몰수보전명령 또는 추징보전명령의 취소를 청구하여야 한다.

② 법원 또는 법관은 제1항에 따른 몰수보전명령 또는 추징보전명령의 취소청구가 있을 때에는 지체 없이 몰수보전명령 또는 추징보전명령을 취소하여야 한다.

[전문개정 2009. 11. 2.]
제75조(사실의 조사) 법원 또는 판사는 이 장에 따른 심사·몰수보전 또는 추징보전에 관한 처분을 할 필요가 있을 때에는 사실의 조사를 할 수 있다. 이 경우 증인을 신문하거나 검증을 할 수 있고 감정·통역 또는 번역을 명할 수 있다.

[전문개정 2009. 11. 2.]
제76조(검사의 처분) ① 검사는 이 장에 따른 몰수보전 또는 추징보전청구, 몰수보전명령 또는 추징보전명령의 집행에 관하여 필요하다고 인정하면 관계인의 출석을 요구하여 진술을 들을 수 있고, 감정·통역 또는 번역을 촉탁하거나 실황(實況)을 조사할 수 있으며, 서류나 그 밖의 물건의 소유자·소지자 또는 보관자에게 그 제출을 요구하거나, 공공기관이나 그 밖의 단체에 대하여 그 사실을 조회하거나 필요한 사항을 보고하도록 요구할 수 있다.
② 검사는 이 장에 따른 몰수보전 또는 추징보전의 청구, 몰수보전명령 또는 추징보전명령의 집행에 관하여 필요하다고 인정하면 지방법원판사에게 청구하여 발급받은 영장에 의하여 압수·수색 또는 검증을 할 수 있다.
③ 검사는 사법경찰관리에게 제1항 및 제2항에 따른 처분을 명할 수 있다.

[전문개정 2009. 11. 2.]
제77조(관할 법원) 이 장에 따른 심사, 몰수보전, 추징보전 또는 영장발급의 청구는 청구한 검사가 소속하는 검찰청의 소재지를 관할하는 지방법원이나 그 지원 또는 그에 소속된 판사에게 하여야 하고, 고위공직자범죄수사처에 소속된 검사의 경우에는 그에 대응하는 법원의 판사에게 하여야 한다. 〈개정 2021. 1. 5.〉

[전문개정 2009. 11. 2.]
제78조(준용) 이 장에 특별한 규정이 있는 경우를 제외하고는 법원 또는 법관이 한 심사, 처분 또는 영장의 발급, 검사 또는 사법경찰관리 등이 한 처분, 이해관계인의 참가에 대하여는 이 법 제4장부터 제6장까지, 「형사소송법」, 「형사소송비용 등에 관한 법률」을 준용하고, 공조요청을 수리한 경우 그 조치에 대하여는 「국제형사사법 공조법」 및 「범죄인인도법」을 각각 그 성질에 반하지 아니하는 범위에서 준용한다.

[전문개정 2009. 11. 2.]

부칙 〈제17826호, 2021. 1. 5.〉
이 법은 공포한 날부터 시행한다.

공무원범죄에 관한 몰수 특례법(약칭: 공무원범죄몰수법)
[시행 2021. 3. 25.] [법률 제17113호, 2020. 3. 24., 타법개정]

제1장 총칙 〈개정 2009. 11. 2.〉

제1조(목적) 이 법은 특정공무원범죄(特定公務員犯罪)를 범한 사람이 그 범죄행위를 통하여 취득한 불법수익 등을 철저히 추적·환수(還收)하기 위하여 몰수 등에 관한 특례를 규정함으로써 공직사회의 부정부패 요인을 근원적으로 제거하고 깨끗한 공직 풍토를 조성함을 목적으로 한다.

[전문개정 2009. 11. 2.]

제2조(정의) 이 법에서 사용하는 용어의 뜻은 다음과 같다.

1. "특정공무원범죄"란 다음 각 목의 어느 하나에 해당하는 죄[해당 죄와 다른 죄가 「형법」 제40조에 따른 상상적 경합(想像的 競合) 관계인 경우에는 그 다른 죄를 포함한다]를 말한다.
   가. 「형법」 제129조부터 제132조까지의 죄
   나. 「회계관계직원 등의 책임에 관한 법률」 제2조 제1호·제2호 또는 제4호(같은 조 제1호 또는 제2호에 규정된 사람의 보조자로서 그 회계사무의 일부를 처리하는 사람만 해당한다)에 규정된 사람이 국고(國庫) 또는 지방자치단체에 손실을 입힐 것을 알면서도 그 직무에 관하여 범한 「형법」 제355조의 죄
   다. 「특정범죄가중처벌 등에 관한 법률」 제2조 및 제5조의 죄
2. "불법수익"이란 특정공무원범죄의 범죄행위로 얻은 재산을 말한다.
3. "불법수익에서 유래한 재산"이란 불법수익의 과실(果實)로서 얻은 재산, 불법수익의 대가로서 얻은 재산, 이들 재산의 대가로서 얻은 재산 등 불법수익이 변형되거나 증식되어 형성된 재산(불법수익이 불법수익과 관련 없는 재산과 합하여져 변형되거나 증식된 경우에는 불법수익에서 비롯된 부분으로 한정한다)을 말한다.
4. "불법재산"이란 불법수익과 불법수익에서 유래한 재산을 말한다.

[전문개정 2009. 11. 2.]

제2장 몰수의 범위 및 요건에 관한 특례
〈개정 2009. 11. 2.〉

제3조(불법재산의 몰수) ① 불법재산은 몰수한다.
② 제1항에 따라 몰수하여야 할 재산에 대하여 재산의 성질, 사용 상황, 그 재산에 관한 범인 외의 자의 권리 유무, 그 밖의 사정을 고려한 결과 그 재산을 몰수하는 것이 타당하지 아니하다고 인정될 경우에는 제1항에도 불구하고 몰수하지 아니할 수 있다.
③ 제1항의 경우 「형사소송법」 제333조 제1항 및 제2항은 적용하지 아니한다.

[전문개정 2009. 11. 2.]

제4조(불법재산이 합하여진 재산의 몰수방법) 불법재산이 불법재산 외의 재산과 합하여진 경우에 제3조 제1항에 따라 그 불법재산을 몰수하여야 할 때에는 불법재산과 불법재산 외의 재산이 합하여진 재산(이하 "혼합재산"이라 한다) 중 불법재산의 비율에 해당하는 부분을 몰수한다.

[전문개정 2009. 11. 2.]

제5조(몰수의 요건 등) ① 제3조에 따른 몰수는 불법재산 또는 혼합재산이 범인 외의 자에게 귀속되지 아니하는 경우에만 한다. 다만, 제2조 제1호 나목의 죄와 같은 호 다목의 죄 중 「특정범죄가중처벌 등에 관한 법률」 제5조의 죄의 경우로서 불법재산 또는 혼합재산이 국가 또는 지방자치단체의 소유인 경우 및 범인 외의 자가 범죄 후 그 정황을 알면서도 그 불법재산 또는 혼합재산을 취득한 경우(법령상의 의무 이행으로서 제공된 것을 취득한 경우나 채권자에게 상당한 재산상의 이익을 제공하는 계약을 할 당시에 그 계약에 관련된 채무 이행이 불법재산 또는 혼합재산에 의한다는 사실을 알지 못하고 그 계약에 관련된 채무의 이행으로 제공된 것을 취득한 경우는 제외한다)에는 그 불법재산 또는 혼합재산이 범인 외의 자에게 귀속되었더라도 몰수할 수 있다.

② 지상권·저당권 또는 그 밖의 권리가 그 위에 존재하는 재산을 제3조에 따라 몰수하는 경우, 범인 외의 자가 범죄 전에 그 권리를 취득한 경우 또는 범인 외의 자가 범죄 후 그 정황을 알지 못하고 그 권리를 취득한 경우에는 해당 권리를 존속시킨다.

　[전문개정 2009. 11. 2.]

제6조(추징) 불법재산을 몰수할 수 없거나 제3조 제2항에 따라 몰수하지 아니하는 경우에는 그 가액(價額)을 범인에게서 추징(追徵)한다.

　[전문개정 2009. 11. 2.]

제7조(불법재산의 증명) 특정공무원범죄 후 범인이 취득한 재산으로서 그 가액이 취득 당시의 범인의 재산 운용 상황 또는 법령에 따른 지급금의 수령 상황 등에 비추어 현저하게 고액(高額)이고, 그 취득한 재산이 불법수익 금액 및 재산 취득시기 등 모든 사정에 비추어 특정공무원범죄로 얻은 불법수익으로 형성되었다고 볼 만한 상당한 개연성이 있는 경우에는 특정공무원범죄로 얻은 불법수익이 그 재산의 취득에 사용된 것으로 인정할 수 있다.

　[전문개정 2009. 11. 2.]

제3장 몰수에 관한 절차 등의 특례
〈개정 2009. 11. 2.〉

제8조(제3자의 권리 존속 등) 지상권·저당권 또는 그 밖의 권리가 그 위에 존재하는 재산을 몰수하는 경우에 제5조 제2항에 따라 해당 권리를 존속시키려면 법원은 몰수를 선고하는 동시에 그 취지를 선고하여야 한다.

　[전문개정 2009. 11. 2.]

제9조(몰수된 재산의 처분 등) ① 몰수된 재산은 검사가 처분하여야 한다.

② 검사는 채권의 몰수재판이 확정된 때에는 그 채권의 채무자에게 몰수재판의 초본을 송부하여 그 요지를 알려야 한다.

　[전문개정 2009. 11. 2.]

제9조의2(불법재산 등에 대한 추징) 제6조의 추징은 범인 외의 자가 그 정황을 알면서 취득한 불법재산 및 그로부터 유래한 재산에 대하여 그 범인 외의 자를 상대로 집행할 수 있다.

　[본조신설 2013. 7. 12.]

제9조의3(몰수·추징 집행을 위한 검사 처분) ① 검사는 이 법에 따른 몰수·추징의 집행을 위하여 필요하다고 인정되면 그 목적에 필요한 최소한의 범위에서 다음 각 호의 처분을 할 수 있다. 다만, 범인 외의 자에 대한 제4호 및 제5호의 처분은 제3항에 따른 영장이 있어야 한다. 〈개정 2020. 3. 24.〉

1. 관계인의 출석 요구 및 진술의 청취
2. 서류나 그 밖의 물건 소유자·소지자 또는 보관자에 대한 제출 요구
3. 「특정 금융거래정보의 보고 및 이용 등에 관한 법률」 제10조 제1항에 따른 특정금융거래정보의 제공 요청
4. 「국세기본법」 제81조의13에 따른 과세정보의 제공 요청
5. 「금융실명거래 및 비밀보장에 관한 법률」 제4조 제1항에 따른 금융거래 정보 또는 자료의 제공 요청

6. 그 밖의 공공기관 또는 단체에 대한 사실조회
나 필요한 사항에 대한 보고 요구

② 제1항의 자료제공 요청에 대하여 해당 기관은 다른 법률을 근거로 이를 거부할 수 없다.

③ 검사는 이 법에 따른 몰수·추징의 집행을 위하여 필요한 경우 지방법원판사에게 청구하여 발부받은 영장에 의하여 압수·수색 또는 검증을 할 수 있다.

　[본조신설 2013. 7. 12.]

제9조의4(몰수·추징의 시효) 특정공무원범죄에 관한 몰수·추징의 시효는 「형법」 제78조에도 불구하고 10년으로 한다.

　[본조신설 2013. 7. 12.]

제10조(몰수재판에 따른 등기 등) 권리를 이전(移轉)할 때 등기 또는 등록(이하 "등기등"이라 한다)이 필요한 재산을 몰수하는 재판에 따라 권리의 이전 등의 등기등을 관계 기관에 촉탁(囑託)하는 경우, 다음 각 호의 어느 하나의 경우에는 해당 각 등기등도 말소를 촉탁한 것으로 본다.

1. 몰수에 의하여 효력을 잃은 처분의 제한에 관련된 등기등이 있거나 몰수에 의하여 소멸된 권리의 취득에 관련된 등기등이 있는 경우

2. 그 몰수에 관하여 제5장제1절에 따른 몰수보전명령(沒收保全命令) 또는 부대보전명령(附帶保全命令)에 관련된 등기등이 있는 경우

　[전문개정 2009. 11. 2.]

제11조(형사보상의 특례) 채권 등의 몰수 집행에 대한 「형사보상 및 명예회복에 관한 법률」에 따른 보상의 내용에 관하여는 같은 법 제5조 제6항을 준용한다.〈개정 2011. 5. 23.〉

　[전문개정 2009. 11. 2.]

제12조(몰수재산 처분의 특례) ① 제2조 제1호 나목의 범죄행위 또는 같은 호 다목 중 「특정범죄가중처벌 등에 관한 법률」 제5조의 범죄행위와 관련하여 몰수판결 또는 추징판결이 확정된 경우, 피해를 입은 국가의 특별회계 관리주체와 지방자치단체는 국가에 대하여 피해액에 상당하는 금액의 지급을

요구할 수 있다.

② 국가는 제1항의 요구가 정당하다고 인정하는 경우에는 해당 범죄행위와 관련한 몰수 또는 추징으로 국고에 귀속된 금액의 범위에서 피해액에 상당하는 금액을 지급하여야 한다.

　[전문개정 2009. 11. 2.]

제4장 제3자 참가 절차 등의 특례
〈개정 2009. 11. 2.〉

제13조(고지) ① 검사는 공소를 제기할 때 이 법에 따라 피고인 외의 자(국가 또는 지방자치단체는 제외한다)의 재산이나 지상권·저당권 또는 그 밖의 권리가 그 위에 존재하는 재산을 몰수할 필요가 있다고 인정하는 경우에는 즉시 해당 재산을 가진 자나 그 재산상에 지상권·저당권 또는 그 밖의 권리를 가진 자로서 피고인 외의 자(이하 "제3자"라 한다)에게 서면으로 다음 각 호의 사항을 고지하여야 한다.

1. 피고인에 대한 형사사건이 계속(係屬) 중인 법원

2. 피고인에 대한 형사사건명 및 피고인의 성명

3. 몰수하여야 할 재산의 품명, 수량, 그 밖에 그 재산을 특정할 만한 사항

4. 몰수의 이유가 되는 사실의 요지

5. 피고인에 대한 형사사건 절차에 참가신청을 할 수 있다는 취지

6. 참가신청이 가능한 기간

7. 피고인에 대한 형사사건에 대하여 공판기일이 정하여진 경우에는 그 공판기일

② 검사는 제3자의 소재(所在)를 알 수 없거나 그 밖의 사유로 제1항의 고지를 할 수 없을 때에는 제1항 각 호의 사항을 관보나 일간신문에 싣고 검찰청 또는 고위공직자범죄수사처 게시판에 14일간 게시하여 공고하여야 한다.〈개정 2021. 1. 5.〉

③ 검사가 제1항 또는 제2항에 따른 고지 또는 공고를 하였을 때에는 그 사실을 증명하는 서면을 법원

에 제출하여야 한다.

　[전문개정 2009. 11. 2.]

제14조(참가 절차) ① 몰수될 염려가 있는 재산을 가진 제3자는 제1심 재판이 있기까지(약식절차에 의한 재판이 있는 경우에는 정식재판 청구가 가능한 기간이 지나기까지를 말하며, 이 경우 정식재판 청구가 있을 때에는 통상의 공판절차에 의한 제1심 재판이 있기까지를 말한다. 이하 같다) 피고인에 대한 형사사건이 계속 중인 법원에 서면으로 그 형사사건 절차에 대한 참가신청을 할 수 있다. 다만, 제13조 제1항 또는 제2항에 따른 고지 또는 공고가 있은 때에는 고지 또는 공고가 있었던 날부터 14일 이내에만 참가신청을 할 수 있다.

② 검사가 제13조 제1항 또는 제2항에 따라 고지 또는 공고한 법원이 피고인에 대한 형사사건을 이송한 경우에 그 법원에 제3자가 참가신청을 하였을 때에는, 신청을 받은 법원은 피고인에 대한 형사사건을 이송받은 법원에 그 신청 서면을 송부하여야 한다. 이 경우 그 서면이 송부되면 피고인에 대한 형사사건에의 참가신청은 처음부터 이송받은 법원에 한 것으로 본다.

③ 법원은 제3자의 참가신청이 다음 각 호의 어느 하나에 해당하는 경우에는 기각(棄却)하여야 한다. 다만, 제1항 단서에 규정된 기간에 참가신청을 하지 아니한 것이 신청인의 책임으로 돌릴 수 없는 사유에 의한 것이라고 인정할 때에는 제1심 재판이 있기까지 참가를 허가할 수 있다.

　1. 법률에 규정된 방식을 위반한 경우

　2. 제1항에 규정된 기간이 지난 후에 신청한 경우

　3. 몰수하여야 할 재산이나 몰수하여야 할 재산상에 존재하는 지상권·저당권 또는 그 밖의 권리가 신청인에게 귀속하지 아니함이 명백한 경우

④ 법원은 제3항 각 호의 경우를 제외하고는 참가신청을 허가하여야 한다. 다만, 몰수가 불가능하거나 불필요하다는 검사 의견이 타당하다고 인정할 때에는 참가신청을 기각할 수 있다.

⑤ 법원이 참가를 허가한 경우 몰수하여야 할 재산 또는 몰수하여야 할 재산상에 존재하는 지상권·저당권 또는 그 밖의 권리가 참가가 허가된 자(이하 "참가인"이라 한다)에게 귀속하지 아니함이 명백하게 되었을 때에는 참가를 허가한 재판을 취소하여야 하며, 몰수가 불가능하거나 불필요하다는 검사 의견이 타당하다고 인정할 때에는 참가를 허가한 재판을 취소할 수 있다.

⑥ 참가에 관한 재판은 검사, 참가신청인 또는 참가인, 피고인 또는 변호인의 의견을 듣고 결정하여야 한다.

⑦ 검사, 참가신청인 또는 참가인은 참가신청을 기각한 결정 또는 참가를 허가한 재판을 취소한 결정에 대하여 즉시항고(卽時抗告)할 수 있다.

⑧ 참가신청의 취하(取下)는 서면으로 하여야 한다. 다만, 공판기일에는 말로써 할 수 있다.

　[전문개정 2009. 11. 2.]

제15조(참가인의 권리) ① 참가인은 이 법에 특별한 규정이 있는 경우를 제외하고는 몰수에 관하여 피고인과 동일한 소송상의 권리를 가진다.

② 제1항은 참가인을 증인으로서 조사하는 것을 방해하지 아니한다.

　[전문개정 2009. 11. 2.]

제16조(참가인의 출석 등) ① 참가인은 공판기일에 출석하지 아니하여도 된다.

② 법원은 참가인의 소재를 알 수 없을 때에는 공판기일의 통지나 그 밖의 서류의 송달을 하지 아니하여도 된다.

③ 법원은 공판기일에 출석한 참가인에게 몰수의 이유가 되는 사실의 요지, 참가 전의 공판기일에 있어서의 심리(審理)에 관한 중요한 사항, 그 밖에 참가인의 권리를 보호하기 위하여 필요하다고 인정하는 사항을 고지하고, 몰수에 관하여 진술할 기회를 주어야 한다.

　[전문개정 2009. 11. 2.]

제17조(증거) ① 참가인의 참가는 「형사소송법」 제310조의2, 제311조부터 제318조까지, 제318조의2

및 제318조의3을 적용하는 데에 영향을 미치지 아니한다.

② 법원은 「형사소송법」 제318조 및 제318조의3 본문에 따라 증거로 하는 것이 가능한 서면 또는 진술을 조사한 경우에 참가인이 그 서면 또는 진술의 내용이 된 진술을 한 사람을 증인으로 조사할 것을 청구하였을 때에는 그 권리의 보호에 필요하다고 인정하면 조사를 하여야 한다. 참가인이 참가하기 전에 조사한 증인에 대하여 참가인이 다시 그 조사를 청구한 경우에도 같다.

[전문개정 2009. 11. 2.]

제18조(몰수재판의 제한) 제3자가 참가허가를 받지 못하였을 때에는 다음 각 호의 어느 하나에 해당하는 경우를 제외하고는 몰수재판을 할 수 없다.

1. 제13조 제1항에 따른 고지 또는 같은 조 제2항에 따른 공고가 있은 날부터 14일이 지난 경우. 다만, 다음 각 목의 어느 하나에 해당하면 몰수재판을 할 수 없다.

   가. 몰수하여야 할 재산이나 몰수하여야 할 재산상에 존재하는 지상권·저당권 또는 그 밖의 권리가 참가신청인 또는 참가인에게 귀속하지 아니함이 명백하다는 이유로 참가신청이 기각되었을 때

   나. 몰수가 불가능하거나 불필요하다는 검사 의견에 따라 참가신청이 기각되었을 때

   다. 참가를 허가한 재판이 취소되었을 때

2. 참가신청이 법률에 규정된 방식에 위반되어 기각된 경우

3. 참가신청이 취하된 경우

[전문개정 2009. 11. 2.]

제19조(상소) ① 원심(原審)의 참가인은 상소심(上訴審)에서도 참가인으로서의 지위를 잃지 아니한다.

② 참가인이 상소를 하면 검사 또는 피고인이 상소를 하지 아니하거나 상소의 포기 또는 취하를 한 경우에도 원심 재판 중 몰수에 관한 부분은 확정되지 아니한다.

③ 제2항의 경우 피고인은 상소심 및 그 후의 심급

(審級)과 관련하여 공판기일에 출석하지 아니하여도 된다. 이 경우 「형사소송법」 제33조·제282조 및 제283조는 적용하지 아니한다.

④ 약식절차에 의한 재판에 대하여 참가인이 정식재판을 청구한 경우에는 제2항과 제3항을 준용한다.

[전문개정 2009. 11. 2.]

제20조(대리인) ① 이 법에 따라 피고인에 대한 형사사건 절차에 관여하는 제3자는 변호사 중에서 대리인을 선임하여 소송행위를 대리하게 할 수 있다. 이 경우 「형사소송법」 제32조 제1항 및 제35조를 준용한다.

② 대리인은 참가인이 서면으로 동의하지 아니하면 참가의 취하, 정식재판 청구의 취하, 상소의 포기 또는 취하를 할 수 없다.

[전문개정 2009. 11. 2.]

제21조(「형사소송법」의 준용) ① 제3자의 소송능력에 관하여는 「형사소송법」 제26조부터 제28조까지의 규정을 준용하고, 제3자의 소송비용 부담에 관하여는 같은 법 제186조 및 제191조를 준용한다.

② 제13조 제1항에 규정된 재산을 몰수하는 절차에 관하여는 이 법에 특별한 규정이 있는 경우를 제외하고는 「형사소송법」을 준용한다.

[전문개정 2009. 11. 2.]

제22조(다른 절차와의 관계) 제13조 제1항에 규정된 재산을 몰수하는 재판은 자기의 책임으로 돌릴 수 없는 사유로 피고인에 대한 형사사건 절차에서 권리를 주장할 수 없었던 제3자의 권리에는 영향을 미치지 아니한다.

[전문개정 2009. 11. 2.]

제5장 보전 절차 〈개정 2009. 11. 2.〉
제1절 몰수보전 〈개정 2009. 11. 2.〉

제23조(몰수보전명령) ① 법원은 특정공무원범죄에 관련된 피고인에 대한 형사사건에서 이 법에 따라 몰수할 수 있는 재산(이하 "몰수대상재산"이라 한다)에 해당한다고 판단할 만한 상당한 이유가 있고, 그 재산을 몰수하기 위하여 필요하다고 인정할 때

에는 검사의 청구에 의하여 또는 법원의 직권으로 몰수보전명령을 하여 그 재산에 관한 처분을 금지할 수 있다.

② 법원은 지상권·저당권 또는 그 밖의 권리가 그 위에 존재하는 재산에 대하여 몰수보전명령을 한 경우 또는 하려는 경우, 그 권리가 몰수에 의하여 소멸된다고 볼 만한 상당한 이유가 있고 그 재산을 몰수하기 위하여 필요하다고 인정할 때 또는 그 권리가 가장(假裝)된 것이라고 볼 만한 상당한 이유가 있다고 인정할 때에는 검사의 청구에 의하여 또는 법원의 직권으로 따로 부대보전명령을 하여 그 권리의 처분을 금지할 수 있다.

③ 몰수보전명령서 또는 부대보전명령서에는 피고인의 성명, 죄명, 공소 사실의 요지, 몰수의 근거가 되는 법령의 조항, 처분을 금지하는 재산 또는 권리의 표시, 그 재산 또는 권리를 가진 사람(명의인이 다른 경우 명의인을 포함한다)의 성명, 발급연월일, 그 밖에 대법원규칙으로 정하는 사항을 적고 재판한 법관이 서명날인하여야 한다.

④ 재판장은 긴급한 조치가 필요한 경우에는 직접 제1항 또는 제2항에 따른 처분을 하거나 합의부(合議部)의 구성원에게 그 처분을 하게 할 수 있다.

⑤ 부동산 또는 동산에 대한 몰수보전은 「형사소송법」에 따른 압수를 방해하지 아니한다.

[전문개정 2009. 11. 2.]

제24조(기소 전 몰수보전명령) ① 검사는 제23조 제1항 또는 제2항의 이유와 필요가 있다고 인정하는 경우에는 공소가 제기되기 전이라도 지방법원 판사에게 청구하여 같은 조 제1항 또는 제2항에 따른 처분을 받을 수 있으며, 사법경찰관은 검사에게 신청하여 검사의 청구로 해당 처분을 받을 수 있다.

② 사법경찰관은 몰수보전명령 또는 부대보전명령이 내려진 경우에는 지체 없이 관계 서류를 검사에게 송부하여야 한다.

③ 제1항에 따른 청구는 검사가 소속된 지방검찰청 또는 그 지청(支廳) 소재지를 관할하는 지방법원 또는 그 지원(支院)의 판사에게 하여야 하며, 고위공

직자범죄수사처에 소속된 검사의 경우에는 그에 대응하는 법원의 판사에게 하여야 한다. 〈개정 2021. 1. 5.〉

④ 제1항에 따라 청구를 받은 판사는 몰수보전에 관하여 법원 또는 재판장과 동일한 권한을 가진다.

⑤ 검사는 제1항에 따른 몰수보전 후 공소를 제기한 경우에는 그 요지를 몰수보전명령을 받은 사람(피고인은 제외한다)에게 알려야 한다. 다만, 그 사람의 소재가 분명하지 아니하거나 그 밖의 이유로 인하여 알릴 수 없을 때에는 통지를 갈음하여 그 요지를 관할 지방검찰청이나 그 지청 또는 고위공직자범죄수사처의 게시판에 7일간 게시하여 공고하여야 한다. 〈개정 2021. 1. 5.〉

[전문개정 2009. 11. 2.]

제25조(몰수보전에 관한 재판의 집행) ① 몰수보전에 관한 재판은 검사의 지휘에 따라 집행한다.

② 몰수보전명령의 집행은 그 명령에 따라 처분이 금지되는 재산을 가진 자에게 몰수보전명령의 등본이 송달되기 전에도 할 수 있다.

[전문개정 2009. 11. 2.]

제26조(몰수보전의 효력) 몰수보전된 재산(이하 "몰수보전재산"이라 한다)에 대하여 그 보전 이후에 된 처분은 몰수에 관하여 그 효력을 발생하지 아니한다. 다만, 제37조 제1항 본문에 규정된 경우(제40조 제4항 및 제5항에 따라 준용하는 경우를 포함한다) 및 몰수보전명령에 대항할 수 있는 담보권의 실행으로서의 처분에 관하여는 그러하지 아니하다.

[전문개정 2009. 11. 2.]

제27조(부동산의 몰수보전) ① 부동산의 몰수보전은 그 처분을 금지하는 내용의 몰수보전명령에 따라 한다.

② 제1항의 몰수보전명령의 등본은 부동산의 소유자(명의인이 다른 경우 명의인을 포함한다)에게 송달하여야 한다.

③ 부동산에 대한 몰수보전명령의 집행은 몰수보전등기를 하는 방법으로 한다.

④ 제3항의 등기는 검사가 촉탁한다.

⑤ 부동산에 대한 몰수보전의 효력은 몰수보전등기가 된 때에 발생한다.

⑥ 부동산에 대하여 등기청구권을 보전하기 위한 처분 금지 가처분의 등기가 된 후 몰수보전등기가 된 경우에 그 가처분 채권자가 보전하려는 등기청구권에 따른 등기를 할 때에는 몰수보전등기에 의한 처분의 제한은 그 가처분등기에 의한 권리의 취득 또는 소멸에 영향을 미치지 아니한다.

⑦ 부동산의 몰수보전에 관하여는 「민사집행법」 제83조 제2항, 제94조 제2항 및 제95조를 준용한다. 이 경우 「민사집행법」 제83조 제2항 중 "채무자"는 "몰수보전재산을 가진 자"로 보고, 같은 법 제94조 제2항 중 "제1항" 및 같은 법 제95조 중 "제94조"는 "「공무원범죄에 관한 몰수 특례법」 제27조 제4항" 으로 보며, 「민사집행법」 제95조 중 "법원"은 "검사"로 본다.

　［전문개정 2009. 11. 2.］

제28조(선박 등의 몰수보전) 등기할 수 있는 선박, 「항공안전법」에 따라 등록된 항공기, 「자동차관리법」에 따라 등록된 자동차, 「건설기계관리법」에 따라 등록된 건설기계의 몰수보전에 관하여는 부동산에 대한 몰수보전의 예에 따른다. 〈개정 2016. 3. 29.〉

　［전문개정 2009. 11. 2.］

제29조(동산의 몰수보전) ① 동산(제28조에 규정된 것 외의 것을 말한다. 이하 이 조에서 같다)의 몰수보전은 그 처분을 금지하는 내용의 몰수보전명령에 따라 한다.

② 제1항에 따른 몰수보전명령의 등본은 동산의 소유자(명의인이 다른 경우 명의인을 포함한다. 이하 이 조에서 같다)에게 송달하여야 한다.

③ 「형사소송법」에 따라 압수되지 아니한 동산이나 같은 법 제130조 제1항에 따라 간수자(看守者)를 두거나 소유자 또는 적당한 자에게 보관하게 할 수 있는 동산에 관하여 몰수보전명령이 있는 때에는 검사는 공시서(公示書)를 첨부시키거나 그 밖의 적절한 방법으로 그 내용을 공시하는 조치를 하여야 한다.

④ 동산의 몰수보전의 효력은 몰수보전명령의 등본이 소유자에게 송달된 때에 발생한다.

　［전문개정 2009. 11. 2.］

제30조(채권의 몰수보전) ① 채권의 몰수보전은 채권자(명의인이 다른 경우 명의인을 포함한다. 이하 이 조에서 같다)에게는 채권의 처분과 영수(領收)를 금지하고, 채무자에게는 채권자에 대한 지급을 금지하는 내용의 몰수보전명령에 따라 한다.

② 제1항의 몰수보전명령의 등본은 채권자 및 채무자에게 송달하여야 한다.

③ 채권의 몰수보전의 효력은 몰수보전명령의 등본이 채무자에게 송달된 때에 발생한다.

④ 채권의 몰수보전에 관하여는 「민사집행법」 제228조, 제248조 제1항 및 제4항 본문을 준용한다. 이 경우 「민사집행법」 제228조 제1항 중 "압류"는 "몰수보전"으로, "채권자"는 "검사"로 보고, 같은 조 제1항 및 제2항 중 "압류명령" 및 같은 법 제248조 제1항 중 "압류"는 "몰수보전명령"으로 보며, 같은 법 제248조 제1항 및 제4항 본문 중 "제3채무자"는 "채무자"로 보고, 같은 조 제4항 본문 중 "법원"은 "몰수보전명령을 한 법원"으로 본다.

　［전문개정 2009. 11. 2.］

제31조(그 밖의 재산권의 몰수보전) ① 제27조부터 제30조까지에 규정된 재산 외의 재산권(이하 이 조에서 "그 밖의 재산권"이라 한다)의 몰수보전에 관하여는 이 조에 특별히 정한 사항을 제외하고는 채권의 몰수보전의 예에 따른다.

② 그 밖의 재산권 중 채무자 또는 이에 준하는 자가 없는 경우(제3항의 경우는 제외한다) 몰수보전의 효력은 몰수보전명령이 그 권리자에게 송달된 때에 발생한다.

③ 그 밖의 재산권 중 권리 이전을 할 때 등기등이 필요한 재산권에 대하여는 제27조 제3항부터 제6항까지의 규정과 「민사집행법」 제94조 제2항 및 제95조를 준용한다. 이 경우 「민사집행법」 제94조 제2항 중 "제1항" 및 같은 법 제95조 중 "제94조"는 "「공무원범죄에 관한 몰수 특례법」 제31조 제3항에서

준용한 제27조 제4항"으로 보고, 「민사집행법」 제
95조 중 "법원"은 "검사"로 본다.

[전문개정 2009. 11. 2.]

제32조(몰수보전명령의 취소) ① 법원은 몰수보전의
이유 또는 필요가 없어지거나 몰수보전의 기간이
부당하게 길어진 때에는 검사나 몰수보전재산을 가
진 자(그 사람이 피고인 또는 피의자인 경우에는 그
변호인을 포함한다)의 청구 또는 법원의 직권에 의
한 결정으로 몰수보전명령을 취소하여야 한다.
② 법원은 검사의 청구에 의한 경우를 제외하고는
제1항의 결정을 할 때 검사의 의견을 들어야 한다.

[전문개정 2009. 11. 2.]

제33조(몰수보전명령의 실효) ① 몰수보전명령은 몰
수선고가 없는 재판(「형사소송법」 제327조 제2호에
따른 경우는 제외한다)이 확정된 때에는 그 효력을
잃는다.
② 「형사소송법」 제327조 제2호에 따른 공소기각
(公訴棄却)의 판결이 있는 경우 공소기각의 판결이
확정된 날부터 30일 이내에 해당 사건에 대하여 공
소가 제기되지 아니한 때에는 몰수보전명령은 그
효력을 잃는다.

[전문개정 2009. 11. 2.]

제34조(실효된 경우의 조치) 검사는 몰수보전이 실효
된 때에는 지체 없이 몰수보전등기 등에 대한 말소
촉탁을 하고, 공시서를 제거하거나 그 밖에 필요한
조치를 하여야 한다.

[전문개정 2009. 11. 2.]

제35조(몰수보전재산에 대한 강제집행 절차의 제한)
① 몰수보전이 된 후에 그 몰수보전의 대상이 된 부
동산 또는 제28조에 규정된 선박·항공기·자동차
또는 건설기계에 대하여 강제경매 개시가 결정된
경우 또는 그 몰수보전의 대상이 된 유체동산(有體
動産)이 강제집행에 의하여 압류된 경우에는 강제
집행에 의한 환가(換價) 절차는 몰수보전이 실효된
후가 아니면 진행할 수 없다.
② 몰수보전된 채권에 대하여 강제집행에 의한 압
류명령이 내려진 경우 그 압류채권자는 압류된 채

권 중 몰수보전된 부분에 대하여 몰수보전이 실효
되지 아니하면 채권을 영수할 수 없다.
③ 몰수보전이 된 후에 강제집행에 의하여 압류된
채권이 조건부 또는 기한부(期限附)이거나 반대의
무의 이행과 관련되어 있거나 그 밖의 사유로 추심
(推尋)하기 곤란한 경우에는 제1항을 준용한다.
④ 몰수보전된 그 밖의 재산권(「민사집행법」 제251
조 제1항에 규정된 그 밖의 재산권을 말한다)에 대
한 강제집행에 관하여는 몰수보전된 채권에 대한
강제집행의 예에 따른다.

[전문개정 2009. 11. 2.]

제36조(제3채무자의 공탁) ① 금전 지급을 목적으로
하는 채권(이하 "금전채권"이라 한다)의 채무자(이
하 "제3채무자"라 한다)는 해당 채권이 몰수보전된
후에 그 몰수보전의 대상이 된 채권에 대하여 강제
집행에 의한 압류명령을 송달받은 때에는 그 채권
의 전액을 채무 이행지(履行地)의 관할 지방법원 또
는 지원에 공탁(供託)할 수 있다.
② 제3채무자가 제1항에 따른 공탁을 하였을 때에
는 그 사유를 몰수보전명령을 한 법원 및 압류명령
을 한 법원에 신고하여야 한다.
③ 제1항에 따라 공탁된 경우 집행법원은 공탁된
금액 중에서 몰수보전된 금전채권의 금액에 상당하
는 부분에 관하여는 몰수보전이 실효된 때에, 그 나
머지 부분에 관하여는 공탁된 때에 배당 절차를 시
작하거나 변제금의 지급을 실시한다.
④ 강제집행에 의하여 압류된 금전채권에 관하여
몰수보전이 된 경우에 제3채무자의 공탁에 관하여
는 제1항과 제2항을 준용한다.
⑤ 제1항(제4항에서 준용하는 경우를 포함한다)에
따라 공탁된 경우에 「민사집행법」 제247조를 적용
할 때에는 같은 조 제1항 제1호의 "제248조 제4항"
은 "「공무원범죄에 관한 몰수 특례법」 제36조 제2
항(같은 조 제4항에서 준용하는 경우를 포함한다)"
으로 본다.

[전문개정 2009. 11. 2.]

제37조(강제집행의 대상이 된 재산의 몰수 제한) ①

몰수보전되기 전에 강제경매 개시의 결정 또는 강제집행에 의하여 압류된 재산에 대하여는 몰수재판을 할 수 없다. 다만, 다음 각 호의 어느 하나에 해당하면 몰수재판을 할 수 있다.

1. 압류채권자의 채권이 가장된 것일 때
2. 압류채권자가 몰수대상재산이라는 사실을 알면서 강제집행을 신청한 때
3. 압류채권자가 범인일 때

② 몰수대상재산상에 존재하는 지상권 또는 그 밖의 권리로서 부대보전명령에 따라 처분이 금지된 것에 대하여 그 처분 금지 전에 강제경매 개시의 결정 또는 강제집행에 의하여 압류된 재산을 몰수할 때에는, 그 권리는 존속시키고 몰수한다는 취지를 선고하여야 한다. 다만, 다음 각 호의 어느 하나에 해당하면 그러하지 아니하다.

1. 압류채권자의 채권이 가장된 것일 때
2. 압류채권자가 몰수에 의하여 그 권리가 소멸된다는 사실을 알면서 강제집행을 신청한 때
3. 압류채권자가 범인일 때

[전문개정 2009. 11. 2.]

제38조(강제집행의 정지) ① 법원은 강제경매 개시의 결정 또는 강제집행에 의하여 압류된 재산에 관하여 몰수보전명령을 한 경우 또는 하려는 경우 제37조 제1항 단서에 규정된 사유가 있다고 판단할 만한 상당한 이유가 있다고 인정할 때에는 검사의 청구 또는 법원의 직권에 의한 결정으로 강제집행의 정지를 명할 수 있다.

② 검사가 제1항의 결정 등본을 집행법원에 제출하였을 때에는 집행법원은 강제집행을 정지하여야 한다. 이 경우 「민사집행법」을 적용할 때에는 같은 법 제49조 제2호의 서류가 제출된 것으로 본다.

③ 법원은 몰수보전이 실효된 때, 제1항의 이유가 없어진 때 또는 강제집행정지기간이 부당하게 길어진 때에는 검사나 압류채권자의 청구에 의하여 또는 법원의 직권으로 제1항의 결정을 취소하여야 한다. 이 경우 제32조 제2항을 준용한다.

[전문개정 2009. 11. 2.]

제39조(담보권의 실행을 위한 경매 절차와의 조정) ① 몰수보전재산상에 존재하는 담보권이 몰수보전된 후에 성립되거나 부대보전명령에 따라 처분이 금지된 경우 그 담보권의 실행(압류는 제외한다)은 몰수보전명령 또는 부대보전명령에 따른 처분 금지가 실효되지 아니하면 할 수 없다.

② 담보권의 실행을 위한 경매 절차가 시작된 후 그 담보권에 관하여 부대보전명령이 내려진 경우 검사가 그 명령의 등본을 제출하였을 때에는 집행법원은 그 절차를 정지하여야 한다. 이 경우 「민사집행법」을 적용할 때에는 같은 법 제266조 제1항 제5호(같은 법 제269조 및 제272조에서 준용하는 경우를 포함한다)의 문서가 제출된 것으로 본다.

[전문개정 2009. 11. 2.]

제40조(그 밖의 절차와의 조정) ① 다음 각 호의 어느 하나에 해당하는 경우 그 절차의 제한에 관하여는 제35조를 준용한다. 〈개정 2010. 3. 31., 2016. 12. 27.〉

1. 몰수보전된 재산이 체납처분(「국세징수법」 및 「지방세징수법」의 규정 또는 그 예에 따른 각종 징수 절차를 말한다. 이하 같다)에 따라 압류된 경우
2. 몰수보전된 재산을 가진 자에 대하여 파산선고 또는 화의개시(和議開始) 결정(이하 "파산선고 등"이라 한다)이 있는 경우
3. 몰수보전된 재산을 가진 회사에 대하여 정리절차 개시결정이 있는 경우

② 다음 각 호의 어느 하나에 해당하는 경우 제3채무자의 공탁에 관하여는 제36조를 준용한다.

1. 몰수보전된 금전채권에 대하여 체납처분에 따른 압류가 있는 경우
2. 체납처분에 따라 압류된 금전채권에 대하여 몰수보전이 있는 경우

③ 다음 각 호의 어느 하나에 해당하는 경우 제3채무자의 공탁에 관하여는 제36조 제1항 및 제2항을 준용한다.

1. 몰수보전된 금전채권에 대하여 가압류(假押留)

가 있는 경우

2. 가압류된 금전채권에 대하여 몰수보전이 있는 경우

④ 다음 각 호의 어느 하나에 해당하는 경우에 이러한 재산의 몰수 제한에 관하여는 제37조를 준용한다.

1. 몰수보전이 되기 전에 그 몰수보전의 대상이 된 재산에 대하여 가압류가 있는 경우

2. 몰수대상재산상에 존재하는 지상권 또는 그 밖의 권리로서 부대보전명령에 따라 처분이 금지된 것에 대하여 그 처분 금지 전에 가압류가 있는 경우

⑤ 다음 각 호의 어느 하나에 해당하는 경우에 이러한 재산의 몰수 제한에 관하여는 제37조 제1항 본문을 준용한다.

1. 몰수보전이 되기 전에 그 몰수보전의 대상이 된 재산에 대하여 체납처분에 따른 압류가 있는 경우

2. 몰수보전이 되기 전에 그 몰수보전의 대상이 된 재산을 가진 자에 대하여 파산선고등이 있는 경우

3. 몰수보전이 되기 전에 그 몰수보전의 대상이 된 재산을 가진 회사에 대하여 정리절차 개시 결정이 있는 경우

⑥ 다음 각 호의 어느 하나에 해당하는 경우에 이러한 재산의 몰수 제한에 관하여는 제37조 제2항 본문을 준용한다.

1. 몰수대상재산상에 존재하는 지상권 또는 그 밖의 권리로서 부대보전명령에 따라 처분이 금지된 것에 관하여 그 처분 금지 전에 체납처분에 따른 압류가 있는 경우

2. 몰수대상재산상에 존재하는 지상권 또는 그 밖의 권리로서 부대보전명령에 따라 처분이 금지된 권리의 권리자에 대하여 그 처분 금지 전에 파산선고등이 있는 경우

3. 몰수대상재산상에 존재하는 지상권 또는 그 밖의 권리로서 부대보전명령에 따라 처분이 금지

된 권리를 가진 회사에 대하여 그 처분 금지 전에 정리절차 개시결정이 있는 경우

⑦ 가압류된 재산에 대하여 몰수보전명령을 한 경우 또는 하려는 경우에 강제집행정지에 관하여는 제38조를 준용한다.

［전문개정 2009. 11. 2.］

제41조(부대보전명령의 효력 등) ① 부대보전명령은 그 명령에 관계된 몰수보전의 효력이 존속하는 동안 그 효력이 있다.

② 부대보전명령에 따른 처분 금지에 관하여는 이 법에 특별한 규정이 있는 경우를 제외하고는 몰수보전에 관한 규정을 준용한다.

［전문개정 2009. 11. 2.］

제2절 추징보전 〈개정 2009. 11. 2.〉

제42조(추징보전명령) ① 법원은 특정공무원범죄에 관련된 피고인에 대한 형사사건에 관하여 제6조에 따라 추징을 하여야 할 경우에 해당한다고 판단할 만한 상당한 이유가 있는 경우에 추징재판을 집행할 수 없게 될 염려가 있거나 집행이 현저히 곤란할 염려가 있다고 인정할 때에는 검사의 청구에 의하여 또는 법원의 직권으로 추징보전명령을 하여 피고인에 대하여 재산의 처분을 금지할 수 있다.

② 추징보전명령을 할 때에는 추징재판의 집행을 위하여 보전하는 것이 타당하다고 인정되는 금액(이하 "추징보전액"이라 한다)을 정한 후 특정 재산에 대하여 하여야 한다. 다만, 유체동산에 관하여는 그 목적물을 특별히 정하지 아니할 수 있다.

③ 추징보전명령을 할 때에는 추징보전명령의 집행정지나 집행처분의 취소를 위하여 피고인이 공탁하여야 할 금액(이하 "추징보전해방금"이라 한다)을 정하여야 한다.

④ 추징보전명령서에는 피고인의 성명, 죄명, 공소사실의 요지, 추징의 근거가 되는 법령의 조항, 추징보전액, 처분을 금지하는 재산의 표시, 추징보전해방금, 발급연월일, 그 밖에 대법원규칙으로 정하는 사항을 적고 재판한 법관이 서명날인하여야 한

다.

⑤ 추징보전에 관하여는 제23조 제4항을 준용한다.

  [전문개정 2009. 11. 2.]

제43조(기소 전 추징보전명령) ① 검사는 제42조 제1항에 따른 추징보전의 이유와 필요가 있다고 인정하는 경우에는 공소가 제기되기 전이라도 지방법원 판사에게 청구하여 같은 항에 규정된 처분을 받을 수 있다.

② 제1항에 따른 추징보전에 관하여는 제24조 제3항 및 제4항을 준용한다.

  [전문개정 2009. 11. 2.]

제44조(추징보전명령의 집행) ① 추징보전명령은 검사의 명령에 따라 집행한다. 이 경우 검사의 명령은 「민사집행법」에 따른 가압류명령과 동일한 효력을 가진다.

② 추징보전명령의 집행은 추징보전명령의 등본이 피고인 또는 피의자에게 송달되기 전에도 할 수 있다.

③ 추징보전명령의 집행에 관하여는 이 법에 특별한 규정이 있는 경우를 제외하고는 「민사집행법」이나 그 밖에 가압류 집행의 절차에 관한 법령의 규정을 준용한다. 이 경우 법령에 따라 가압류명령을 한 법원이 가압류 집행법원으로서 관할하도록 되어 있는 가압류의 집행에 관하여는 제1항에 따른 명령을 한 검사가 소속하는 검찰청 또는 고위공직자범죄수사처에 대응하는 법원이 관할한다. 〈개정 2021. 1. 5.〉

  [전문개정 2009. 11. 2.]

제45조(금전채권 채무자의 공탁) 추징보전명령에 따라 추징보전이 집행된 금전채권의 채무자는 그 채권액에 상당한 금액을 공탁할 수 있다. 이 경우 채권자의 공탁금출급청구권(供託金出給請求權)에 대하여 추징보전이 집행된 것으로 본다.

  [전문개정 2009. 11. 2.]

제46조(추징보전해방금의 공탁과 추징 등의 재판의 집행) ① 추징보전해방금이 공탁된 후에 추징재판이 확정된 때 또는 가납재판(假納裁判)이 선고된 때에는 공탁된 금액의 범위에서 추징 또는 가납재판의 집행이 있은 것으로 본다.

② 추징선고된 경우 공탁된 추징보전해방금이 추징금액을 초과할 때에는 법원은 그 초과액을 피고인에게 돌려주어야 한다.

  [전문개정 2009. 11. 2.]

제47조(추징보전명령의 취소) 법원은 추징보전의 이유 또는 필요가 없게 되거나 추징보전기간이 부당하게 길어진 때에는 검사, 피고인·피의자 및 그 변호인의 청구 또는 법원의 직권에 의한 결정으로 추징보전명령을 취소하여야 한다. 이 경우 제32조 제2항을 준용한다.

  [전문개정 2009. 11. 2.]

제48조(추징보전명령의 실효) ① 추징보전명령은 추징선고가 없는 재판(「형사소송법」 제327조 제2호에 따른 경우는 제외한다)이 확정된 때에는 그 효력을 잃는다.

② 「형사소송법」 제327조 제2호에 따른 공소기각의 판결이 있은 경우 추징보전명령의 효력에 관하여는 제33조 제2항을 준용한다.

  [전문개정 2009. 11. 2.]

제49조(추징보전명령이 실효된 경우의 조치) 검사는 추징보전명령이 실효되거나 추징보전해방금이 공탁된 경우 신속하게 제44조 제1항에 따른 명령을 취소함과 동시에 추징보전명령에 따른 추징보전 집행의 정지 또는 취소를 위하여 필요한 조치를 하여야 한다.

  [전문개정 2009. 11. 2.]

제3절 보칙 〈개정 2009. 11. 2.〉

제50조(송달) 몰수보전 또는 추징보전(추징보전명령에 따른 추징보전 집행은 제외한다. 이하 이 절에서 같다)에 관한 서류의 송달에 관하여는 대법원규칙으로 특별히 정한 경우를 제외하고는 민사소송에 관한 법령의 규정을 준용한다. 이 경우 「민사소송법」 제194조 제1항에 규정된 공시송달의 효력 발생시기는 같은 법 제196조 제1항 본문 및 제2항에도 불

구하고 7일로 한다.

　[전문개정 2009. 11. 2.]

제51조(상소 제기기간 중의 처분 등) 상소 제기기간
에 발생한 사건으로서 아직 상소가 제기되지 아니
한 사건과 상소하였으나 소송기록이 상소법원에 도
달하지 아니한 사건에 관하여 몰수보전 또는 추징
보전에 관한 처분을 하여야 할 경우에는 원심법원
이 그 처분을 하여야 한다.

　[전문개정 2009. 11. 2.]

제52조(불복신청) ① 몰수보전 또는 추징보전에 관
한 법원의 결정에 대하여는 항고할 수 있다.

② 몰수보전 또는 추징보전에 관한 법관의 재판에
불복하는 경우에는 그 법관이 소속한 법원에 그 재
판의 취소 또는 변경을 청구할 수 있다.

③ 제2항에 따른 불복신청의 절차에 관하여는 「형
사소송법」 제416조 제1항에 따른 재판의 취소 또는
변경의 청구에 관련된 절차 규정을 준용한다.

　[전문개정 2009. 11. 2.]

　부칙 〈제17824호, 2021. 1. 5.〉

이 법은 공포한 날부터 시행한다.

[고등법원]

저자약력

서울 상문고등학교 졸업
연세대학교 법학과 졸업
제50회 사법시험 합격
사법연수원 41기
군법무관
5군단 검찰관
1군단 국선변호장교
6군단 군판사
서울서부지방검찰청 검사
대전지방검찰청 서산지청 검사
부산지방검찰청 검사
대검찰청 검찰연구관(現)

수상경력

법무부장관표창(2018)
형사부 우수검사(2018)
공판송무부 우수검사(2019)
모범검사(2020)

주요저서 및 논문

알아두면 쓸데 있는 범죄수익환수 TIP(2020, 부산지방검찰청)
차명으로 은닉된 범죄수익의 종국적 환수방안 연구(2020, 법조)
자금세탁범죄에 관계된 범죄수익 등의 몰수추징에 관한 연구(2020. 형사법의 신동향)

범죄수익환수 대상범죄 해설과 판례

초판발행   2022년 1월 20일

지은이   이주형
펴낸이   안종만·안상준

편 집   이승현
기획/마케팅   정성혁
표지디자인   Benstory
제 작   고철민·조영환

발행처   (주) 박영사
               서울특별시 금천구 가산디지털2로 53, 210호(가산동, 한라시그마밸리)
               등록 1959. 3. 11. 제300-1959-1호(倫)

전 화   02)733-6771
f a x   02)736-4818
e-mail   pys@pybook.co.kr
homepage   www.pybook.co.kr
ISBN   979-11-303-3931-3 93360

정 가   69,000원